JN344215

혜택 2

독끝 NCS 전과목 무료 수강권 추가 제공!

강의를 더 듣고 싶다면 필독!
NCS 전영역 인기강의를 추가로 지원합니다.

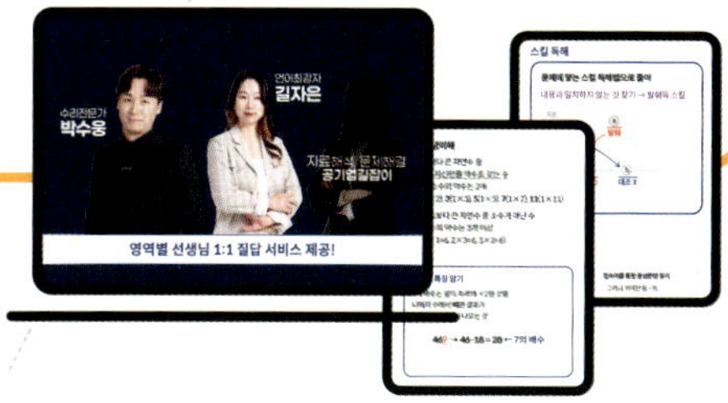

혜택 ② 받으러 가기

공기업 NCS 시험을 준비하는 모든 분들에게
반드시 필요한 기초 + 심화 강좌 모두, 1위 독끝 NCS가 무료로 배포합니다.

혜택 3

독끝 NCS 온라인 무료스터디 제공!

독학이 힘든 분을 위해,
학습 동기부여 + 공부자극 스터디를 지원합니다.

NCS 기본(개념/유형) 익히기

STEP 1 NCS 통합기본서

① NCS 영역별로 어떠한 유형의 문제들이 출제되는지 빠르게 1회독
② 필수 출제영역인 의사·수리·문제·자원관리 PSAT+모듈 위주로 선행학습
※ 틀린 문제도 이해가 안 가면 과감히 넘기기
※ 나머지 영역(정보/기술·조직이해·대인관계·자기개발·직업윤리 등)은 시험 1~2달 전 모듈형 학습

STEP 2 NCS 수리·기초수학

① 수포자를 위한 기초(중등) 수학 93개념
② 빠른 풀이를 위한 시간단축 팁+빈출 유형별 풀이팁
※ 실전에 강한 수리 전문가 〈박수웅〉 강사가 전달하는 수리 기초+실전팁!

스터디 종료 후 2~3주 기본서 회독 추가학습

NCS 실전 문제풀이 연습

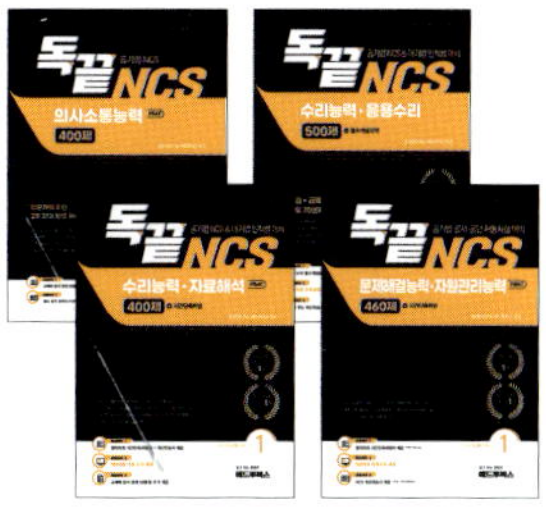

실전문제 풀이 일일 권장 학습량
- 의사소통 : 일 3~5문제
- 자료해석 : 일 5~10문제
- 응용수리 : 일 10~15문제
- 문제해결/자원관리: 일 5~7문제

스터디 종료 후 2~3개월 문풀+오답 회독 추가학습

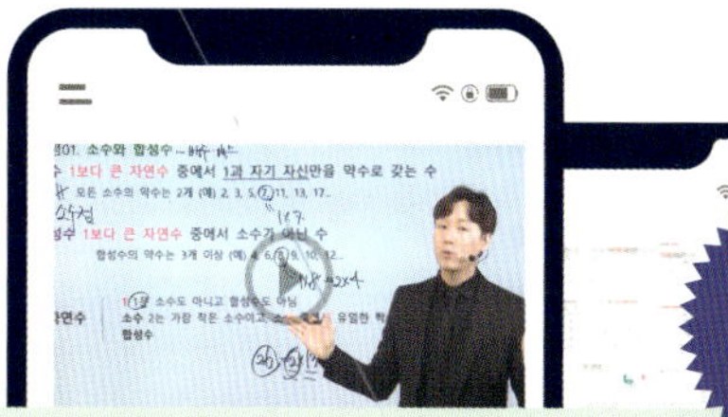

학습습관 완성

혜택 ③ 받으러 가기

공기업 NCS 4주 완성, 지금 바로 참여하세요!

N 지금 바로 검색창에서 "독끝 NCS"를 검색하세요!

독학으로 끝내는 시리즈

독끝 NCS

공기업 NCS

의사소통능력 PSAT

400제

기본편 1

독끝

CONSTRUCTION & FEATURES

구성 및 활용

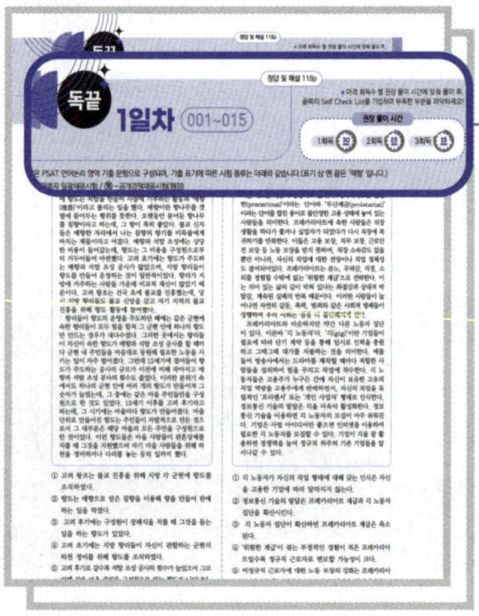

1 독끝 1일차 시작!

- 각 회독수 "권장 풀이시간"에 맞추어서 일차별로 문제풀이를 시작하세요!
- 기 학습자라면, 2회독 기준의 권장 풀이시간으로 학습을 시작하시고, 최종적으로는 15문제를 약 15분 이내로 풀 수 있도록 학습해주세요!

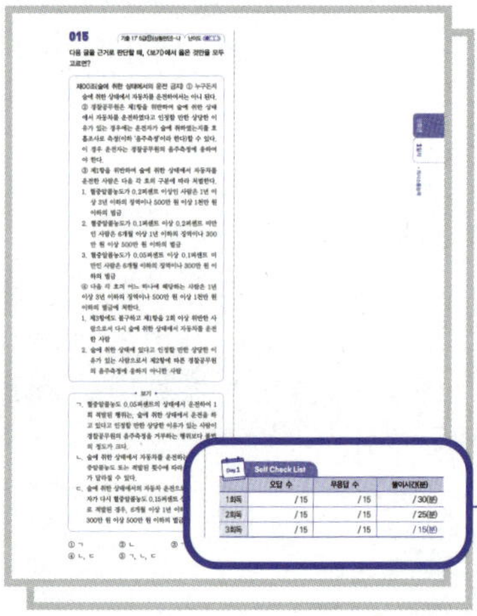

2 잊지말고 Self Check!

- 일차별로 문제풀이 종료 후, 페이지 끝의 "Self Check List"를 기입하여 내가 약한 부분이 무엇인지 확인해보세요!
- "무응답 수"는 권장 풀이시간 내 풀지 못한 문항 수 입니다.
- 체크결과 오답수가 어느정도 줄었다면, 다음으로는 무응답 수를 최소화해야 합니다.

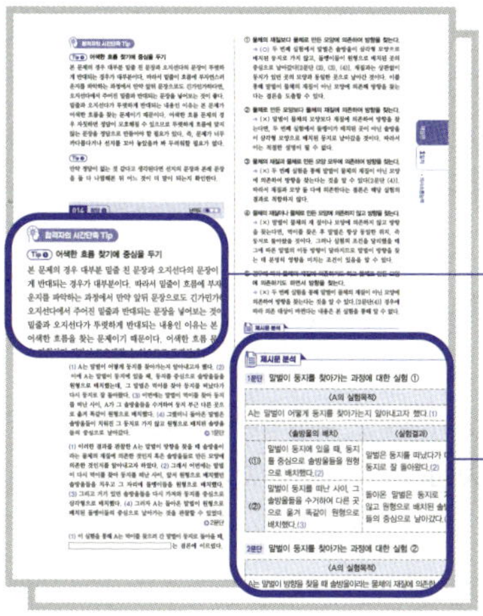

3 접근전략 & 제시문 분석 확인!

- 초보자도 무조건 이해할 수 있도록 모든 문항에 걸쳐 "접근 전략"과 상세한 해설을 확인할 수 있어요!
- 자주 틀리는 유형의 문제는 "제시문 분석" 내용을 확인하면서 주어진 지문을 구조화하는 연습을 하세요!

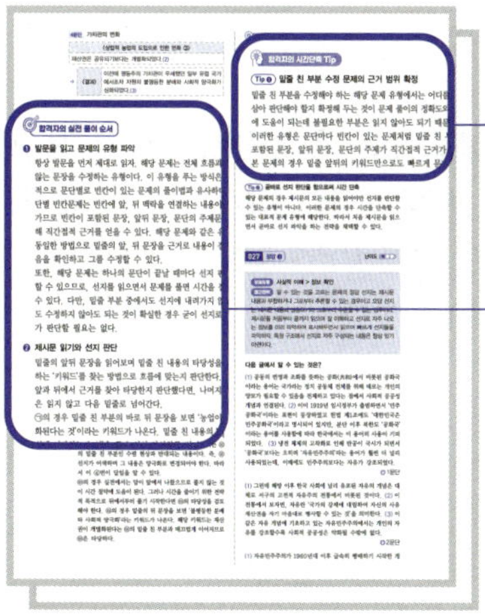

4 실제 합격자의 풀이순서 & 시간단축 Tip

- 맞춘 문제더라도 "합격자의 시간단축 Tip" 학습을 통해 더욱 빠르게 답을 찾는 연습을 할 수 있습니다.
- 잘 풀리지 않는 문제는 "합격자의 실전 풀이순서"를 통해 문제를 푸는 접근 방향을 학습할 수 있어요!

독끝

GUIDE

공기업 길잡이의 이야기

"합격을 결정짓는 옳은 공부 방법"

의사소통능력 영역은 지문과 문제가 모두 한글로 작성되어 있으므로 시험을 보는 모든 수험생이 문제를 읽고 이해하는 데 어려움은 없습니다. 그런데도 해당 영역에서 수험생들의 정확성과 문제 풀이 속도는 크게 차이가 납니다. 이 때문에 '언어 관련 적성 시험은 점수가 DNA에 이미 적혀있고 노력으로 점수를 높일 수 없다.' 라는 말이 나오기도 합니다. 그러나 실제 합격생들의 합격 수기를 보면 언어 관련 적성 시험에서 성적을 크게 올린 사례가 존재합니다. 그렇다면 성적을 올린 사람과 올리지 못한 사람 간의 차이는 무엇일까요?
저는 **"필요한 능력"**을 **"옳은 공부 방법"**으로 **"적절한 시간"을 투자함으로써 길렀는가** 여부라고 생각합니다.

의사소통능력 영역에서 **좋은 성적을 얻기 위해 "필요한 능력"**은 무엇일까요? 이를 알기 위해서는 의사소통능력 문제의 특징을 보아야 합니다. 적성 시험에 나올 만큼 잘 작성된 글들은 구조와 문맥의 흐름이 서로 유사합니다. 또한, 선지로 출제되는 문장들은 지문에서 중요한 역할을 맡거나, 선지로 만들기에 적합한 형태의 문장들입니다.
결국, **"글의 구조를 파악하는 능력"**과 **"선지에 나올 중요 문장들을 찾는 능력"**이 의사소통능력 영역에서 높은 점수를 얻기 위해 필수적으로 요구됩니다. 또한, 실전에서 좋은 성적을 얻는 것이 목표이기 때문에 어느 상황에서든 "긴장하지 않고 자신만의 풀이 방법을 적용할 수 있는 능력"이 필요합니다.

제가 수험생이었던 시절에는 위의 세 가지 능력을 기를 수 있는 "옳은 공부 방법"을 찾기 위해 2년의 시행착오를 겪어야 했습니다. 본 교재는 저처럼 오랜 시간 시행착오를 겪은 행정고시 합격자들이 위 세 가지 능력을 기르기에 **"옳은 공부 방법"을 제시하기 위해 자신들만의 풀이법을 녹여낸 책**입니다. 해설의 꼼꼼한 **'제시문 분석'**을 통해 "글의 구조를 파악하는 능력"을, **'합격자의 실전 풀이 순서'**를 통해 "선지에 나올 중요 문장들을 찾는 능력"을 기르시길 바랍니다. 또한, 1권과 2권의 총 400문제의 문제 풀이 연습을 하신다면 언제 어디서나 "긴장하지 않고 자신만의 풀이 방법을 적용할 수 있는 능력"을 갖추실 수 있을 것입니다.

본 교재에서 의사소통능력 영역에서 "필요한 능력"을 기르기에 "옳은 공부 방법"을 제시하고 있으므로, 수험생분들께서는 **본 교재의 공부에 "적절한 시간"을 투자해주시길 바랍니다.** DNA에 이미 점수가 적혀있거나, 세월과 노력의 무게가 이기지 못하는 시험 과목은 없다는 사실을 기억해주십시오. 점수를 올릴 수 있다는 믿음을 갖고 꾸준히 본 교재를 활용해 공부하신다면 원하시던 점수로 목표하던 바를 이루실 수 있으시리라 생각합니다.

부디 본 교재가 수험생분들의 시행착오와 수험생활에 대한 걱정을 줄이실 수 있게 되길 기원합니다.

공기업 길잡이 추천 공부방법

같은 교재를 사용하더라도 공부를 어떻게 하느냐에 따라 공부의 효율은 달라집니다. 본 교재의 작성자 중 한 명으로서 본 교재를 100% 활용하기 위해 다음과 같은 공부법을 추천 드립니다.

1 매일 꾸준히 교재를 풀어야 합니다.

의사소통능력이라는 말에서 알 수 있듯이 하나의 "능력"은 단기간에 갖출 수 있는 것이 아닙니다. 매일 떨어지는 물방울이 바위를 뚫듯 매일 꾸준한 노력만이 나의 사고 과정을 변화시키고 의사소통능력을 기르게 해줍니다. 시험을 앞두고 급하게 기출 문제를 몰아 풀기보다 매일 공부시간을 정해서 꾸준히 문제를 푸십시오. **총 26일 차**(기본편/심화편 각 13일차씩 별도구성)로 구성된 본 교재는 매일 꾸준히 공부하는 습관을 기르는 데 도움이 될 것입니다.

2 문제 풀이에 소모되는 시간을 측정하면서 본인의 문제 풀이 호흡을 파악해야 합니다.

긴장되는 시험장 내에서 시간 및 정확도 조절은 굉장히 중요합니다. 따라서 공부를 할 때부터 자신이 몇 분 내에 몇 문제를 정확히 맞힐 수 있는지 측정을 하며 푸는 것이 좋습니다. 본 교재에 수록된 회독 별 "권장 풀이 시간"에 맞추어 푸는 것을 권고 드립니다. 다만, 적성 시험의 경우 풀이 시간보다 정확성이 더욱 중요하므로 몇 분 안에 몇 문제를 '정확히' 풀겠다는 목표를 갖고 문제 풀이 연습을 하시길 바랍니다.

3 해설의 '제시문 분석'을 꼼꼼히 확인해야 합니다.

적성 시험에 출제될 만큼 잘 작성된 글은 유사한 구조와 흐름을 갖고 있습니다. 해설에서 꼼꼼히 제시된 '제시문 분석'을 통해 본 제시문의 흐름이 어떠한지, 중요한 문장은 어디에 있는지를 확인해보십시오. 어려운 구조의 지문은 교재의 '제시문 분석'을 직접 따라 써보는 것도 좋습니다. 여러 제시문을 분석하다 보면 글의 흐름을 읽는 눈이 생기게 될 것이고, 새로운 지문의 내용도 빠르게 파악하는 능력을 갖추게 되실 것입니다.

4 해설의 '합격자의 실전 풀이 순서'와 '합격자의 시간단축 Tip'을 숙지해야 합니다.

본 교재의 '합격자의 실전 풀이 순서'와 '합격자의 시간단축 Tip'은 이미 PSAT 시험을 2년 이상 공부한 합격생들에 의해 가장 실전에 적합한 풀이법으로 작성되었습니다. 따라서 '합격자의 실천 풀이 순서'를 익혀둔다면 적합한 문제 풀이 방법을 찾기 위한 2년 이상의 시행착오 기간을 생략할 수 있습니다. 또한, '합격자의 시간단축 Tip'에는 합격자들이 오랜 기간의 기출 문제 분석으로 정리해둔 '선지에 자주 나오는 표현들'이 제시되어있습니다. 이를 암기함으로써 지문 분석 단계에서 미리 선지의 내용을 예측하는 능력을 기르시길 바랍니다.

5 가장 중요한 것은 "반복" 학습이라는 것을 잊지 마십시오.

NCS와 같은 적성 시험의 성적을 올리기 위해서는 나의 사고 과정 자체를 변화시켜야 합니다. 사고 과정을 변화시키기 위해서는 오랜 기간, 꾸준히, 반복해서 문제를 푸는 연습을 해야 합니다. 따라서 하루에 교재에서 할당한 열다섯 문제만을 풀지 마시고, 전에 학습한 내용을 간단히라도 재확인하는 시간을 갖으시길 바랍니다. 특히 틀린 문제가 있다면 '합격자의 실전 풀이 순서'에 맞게 눈 감고도 풀 수 있도록 반복해서 풀어보시길 바랍니다.

독끝

STUDY PLAN

학습 플랜 & NCS 학습 커리큘럼

→ 의사소통능력 400제 13일 완성 학습 플랜

1일차	2일차	3일차	4일차	5일차
• 학습범위 : 001~015번 • 권장 풀이 시간 1회독 시 : 30분 2회독 시 : 25분 3회독 시 : 15분	• 학습범위 : 016~030번 • 권장 풀이 시간 1회독 시 : 30분 2회독 시 : 25분 3회독 시 : 15분	• 학습범위 : 031~045번 • 권장 풀이 시간 1회독 시 : 30분 2회독 시 : 25분 3회독 시 : 15분	• 학습범위 : 046~060번 • 권장 풀이 시간 1회독 시 : 30분 2회독 시 : 25분 3회독 시 : 15분	• 학습범위 : 061~075번 • 권장 풀이 시간 1회독 시 : 30분 2회독 시 : 25분 3회독 시 : 15분

6일차	7일차	8일차	9일차	10일차
• 학습범위 : 076~090번 • 권장 풀이 시간 1회독 시 : 30분 2회독 시 : 25분 3회독 시 : 15분	• 학습범위 : 091~105번 • 권장 풀이 시간 1회독 시 : 30분 2회독 시 : 25분 3회독 시 : 15분	• 학습범위 : 106~120번 • 권장 풀이 시간 1회독 시 : 30분 2회독 시 : 25분 3회독 시 : 15분	• 학습범위 : 121~135번 • 권장 풀이 시간 1회독 시 : 30분 2회독 시 : 25분 3회독 시 : 15분	• 학습범위 : 136~150번 • 권장 풀이 시간 1회독 시 : 30분 2회독 시 : 25분 3회독 시 : 15분

11일차	12일차	13일차
• 학습범위 : 151~165번 • 권장 풀이 시간 1회독 시 : 30분 2회독 시 : 25분 3회독 시 : 15분	• 학습범위 : 166~180번 • 권장 풀이 시간 1회독 시 : 30분 2회독 시 : 25분 3회독 시 : 15분	• 학습범위 : 181~200번 • 권장 풀이 시간 1회독 시 : 40분 2회독 시 : 33분 3회독 시 : 20분

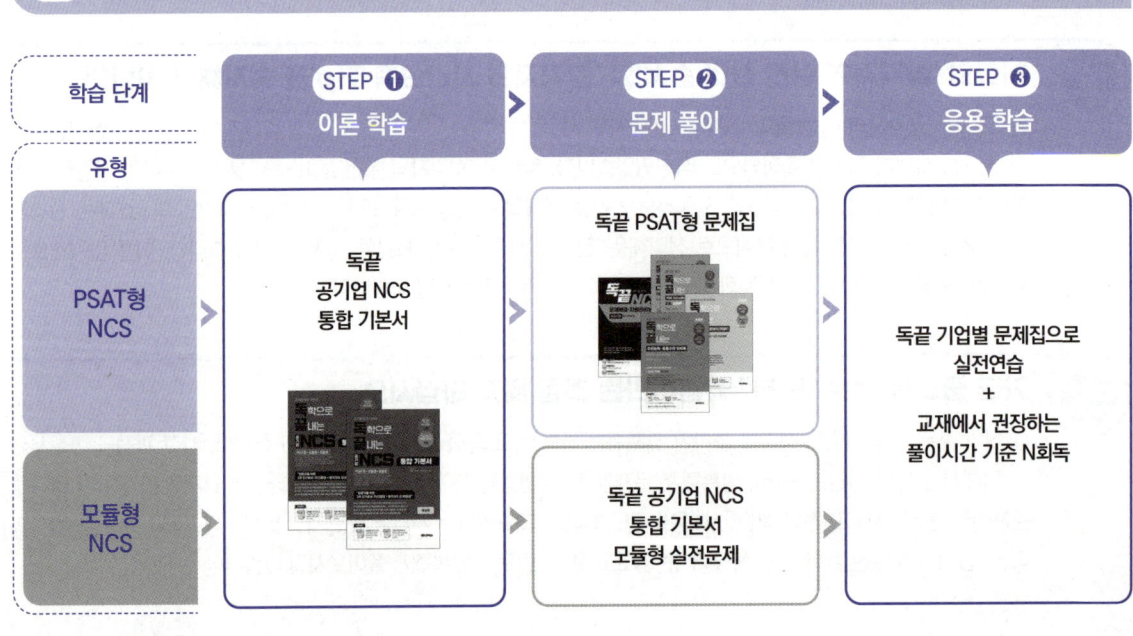

→ 독끝 NCS 학습 커리큘럼

학습 단계	STEP ❶ 이론 학습	STEP ❷ 문제 풀이	STEP ❸ 응용 학습
유형			
PSAT형 NCS	독끝 공기업 NCS 통합 기본서	독끝 PSAT형 문제집	독끝 기업별 문제집으로 실전연습 + 교재에서 권장하는 풀이시간 기준 N회독
모듈형 NCS	독끝 공기업 NCS 통합 기본서	독끝 공기업 NCS 통합 기본서 모듈형 실전문제	독끝 기업별 문제집으로 실전연습 + 교재에서 권장하는 풀이시간 기준 N회독

독끝

CONTENTS

차례

PART A 기본편 독끝 Daily 200제

PART B 정답 및 해설

독학으로 끝내는 PSAT 의사소통능력

독끝

Daily 200제

기본편

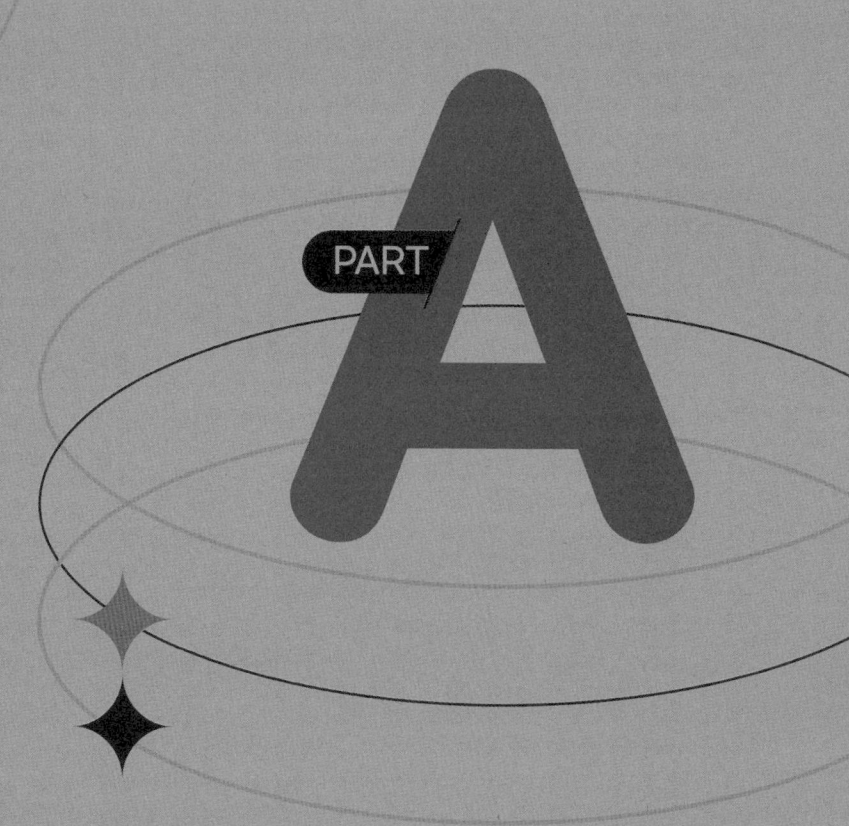

PART A

정답 및 해설 118p

독끝 1일차 (001~015)

*아래 회독수 별 권장 풀이 시간에 맞춰 풀이 후, 끝쪽의 Self Check List를 기입하여 부족한 부분을 파악하세요!

권장 풀이 시간

1회독 30 min / 2회독 25 min / 3회독 15 min

본 문항은 PSAT 언어논리 영역 기출 문항으로 구성되며, 기출 표기에 따른 시험 종류는 아래와 같습니다.(표기 상 맨 끝은 '책형' 입니다.)

[민] - 민간경력자 일괄채용시험 / [행] - 공개경쟁채용시험(행정)

001

기출 21' 5급[민]-나 | 난이도 ●○○

다음 글의 내용과 부합하는 것은?

고려 초기에는 지방 여러 곳에 불교 신자들이 모여 활동하는 '향도(香徒)'라는 이름의 단체가 있었다. 당시에 향도는 석탑을 만들어 사찰에 기부하는 활동과 '매향(埋香)'이라고 불리는 일을 했다. 매향이란 향나무를 갯벌에 묻어두는 행위를 뜻한다. 오랫동안 묻어둔 향나무를 침향이라고 하는데, 그 향이 특히 좋았다. 불교 신자들은 매향한 자리에서 나는 침향의 향기를 미륵불에게 바치는 제물이라고 여겼다. 매향과 석탑 조성에는 상당한 비용이 들어갔는데, 향도는 그 비용을 구성원으로부터 거두어들여 마련했다. 고려 초기에는 향도가 주도하는 매향과 석탑 조성 공사가 많았으며, 지방 향리들이 향도를 만들어 운영하는 것이 일반적이었다. 향리가 지방에 거주하는 사람들 가운데 비교적 재산이 많았기 때문이다. 고려 왕조는 건국 초에 불교를 진흥했는데, 당시 지방 향리들도 불교 신앙을 갖고 자기 지역의 불교 진흥을 위해 향도 활동에 참여했다.

향리들이 향도의 운영을 주도하던 때에는 같은 군현에 속한 향리들이 모두 힘을 합쳐 그 군현 안에 하나의 향도만 만드는 경우가 대다수였다. 그러한 곳에서는 향리들이 자신이 속한 향도가 매향과 석탑 조성 공사를 할 때마다 군현 내 주민들을 마음대로 동원해 필요한 노동을 시키는 일이 자주 벌어졌다. 그런데 12세기에 접어들어 향도가 주도하는 공사의 규모가 이전에 비해 작아지고 매향과 석탑 조성 공사의 횟수도 줄었다. 이러한 분위기 속에서도 하나의 군현 안에 여러 개의 향도가 만들어져 그 숫자가 늘었는데, 그 중에는 같은 마을 주민들만을 구성원으로 한 것도 있었다. 13세기 이후를 고려 후기라고 하는데, 그 시기에는 마을마다 향도가 만들어졌다. 마을 단위로 만들어진 향도는 주민들이 자발적으로 만든 것으로서 그 대부분은 해당 마을의 모든 주민을 구성원으로 한 것이었다. 이런 향도들은 마을 사람들이 관혼상제를 치를 때 그것을 지원했으며 자기 마을 사람들을 위해 하천을 정비하거나 다리를 놓는 등의 일까지 했다.

① 고려 왕조는 불교 진흥을 위해 지방 각 군현에 향도를 조직하였다.

② 향도는 매향으로 얻은 침향을 이용해 향을 만들어 판매하는 일을 하였다.

③ 고려 후기에는 구성원이 장례식을 치를 때 그것을 돕는 일을 하는 향도가 있었다.

④ 고려 초기에는 지방 향리들이 자신이 관할하는 군현의 하천 정비를 위해 향도를 조직하였다.

⑤ 고려 후기로 갈수록 석탑 조성 공사의 횟수가 늘었으며 그로 인해 같은 마을 주민을 구성원으로 하는 향도가 나타났다.

002

기출 21' 5급[민]-나 | 난이도 ●○○

다음 글에서 알 수 있는 것은?

비정규직 근로자들이 늘어나면서 '프레카리아트'라고 불리는 새로운 계급이 형성되고 있다. 프레카리아트란 '불안한(precarious)'이라는 단어와 '무산계급(proletariat)'이라는 단어를 합친 용어로 불안정한 고용 상태에 놓여 있는 사람들을 의미한다. 프레카리아트에 속한 사람들은 직장생활을 하다가 쫓겨나 실업자가 되었다가 다시 직장에 복귀하기를 반복한다. 이들은 고용 보장, 직무 보장, 근로안전 보장 등 노동 보장을 받지 못하며, 직장 소속감도 없을 뿐만 아니라, 자신의 직업에 대한 전망이나 직업 정체성도 결여되어있다. 프레카리아트는 분노, 무력감, 걱정, 소외를 경험할 수밖에 없는 '위험한 계급'으로 전락한다. 이는 의미 있는 삶의 길이 막혀 있다는 좌절감과 상대적 박탈감, 계속된 실패의 반복 때문이다. 이러한 사람들이 늘어나면 자연히 갈등, 폭력, 범죄와 같은 사회적 병폐들이 성행하여 우리 사회는 점점 더 불안해지게 된다.

프레카리아트와 비슷하지만 약간 다른 노동자 집단이 있다. 이른바 '긱 노동자'다. '긱(gig)'이란 기업들이 필요에 따라 단기 계약 등을 통해 임시로 인력을 충원하고 그때그때 대가를 지불하는 것을 의미한다. 예를 들어 방송사에서는 드라마를 제작할 때마다 적합한 사람들을 섭외하여 팀을 꾸리고 작업에 착수한다. 긱 노동자들은 고용주가 누구든 간에 자신이 보유한 고유의 직업 역량을 고용주에게 판매하면서, 자신의 직업을 독립적인 '프리랜서' 또는 '개인 사업자' 형태로 인식한다. 정보통신 기술의 발달은 긱을 더욱더 활성화한다. 정보통신 기술을 이용하면 긱 노동자의 모집이 아주 쉬워진다. 기업은 사업 아이디어만 좋으면 인터넷을 이용하여 필요한 긱 노동자를 모집할 수 있다. 기업이 긱을 잘 활용하면 경쟁력을 높여 정규직 위주의 기존 기업들을 앞서나갈 수 있다.

① 긱 노동자가 자신의 직업 형태에 대해 갖는 인식은 자신을 고용한 기업에 따라 달라지지 않는다.

② 정보통신 기술의 발달은 프레카리아트 계급과 긱 노동자 집단을 확산시킨다.

③ 긱 노동자 집단이 확산하면 프레카리아트 계급은 축소된다.

④ '위험한 계급'이 겪는 부정적인 경험이 적은 프레카리아트일수록 정규직 근로자로 변모할 가능성이 크다.

⑤ 비정규직 근로자에 대한 노동 보장의 강화는 프레카리아트 계급을 축소시키고 긱 노동자 집단을 확산시킨다.

003

기출 21' 5급[민]-나 난이도 ●●●

다음 글의 빈칸에 들어갈 말로 가장 적절한 것은?

서구사회의 기독교적 전통 하에서 이 전통에 속하는 이들은 자신들을 정상적인 존재로, 이러한 전통에 속하지 않는 이들을 비정상적인 존재로 구별하려 했다. 후자에 해당하는 대표적인 것이 적그리스도, 이교도들, 그리고 나병과 흑사병에 걸린 환자들이었는데, 그들에게 부과한 비정상성을 구체적인 형상을 통해 재현함으로써 그들이 전통 바깥의 존재라는 사실을 명확히 했다.

당연하게도 기독교에서 가장 큰 적으로 꼽는 것은 사탄의 대리자인 적그리스도였다. 기독교 초기, 몽티에랑데르나 힐데가르트 등이 쓴 유명한 저서들뿐만 아니라 적그리스도의 얼굴이 묘사된 모든 종류의 텍스트들에서 그의 모습은 충격적일 정도로 외설스러울 뿐만 아니라 받아들이기 힘들 정도로 추악하게 나타난다.

두 번째는 이교도들이었는데, 서유럽과 동유럽의 기독교인들이 이교도들에 대해 사용했던 무기 중 하나가 그들을 추악한 얼굴의 악마로 묘사하는 것이었다. 또한 이교도들이 즐겨 입는 의복이나 진미로 여기는 음식을 끔찍하게 묘사하여 이교도들을 자신들과는 분명히 구분되는 존재로 만들었다.

마지막으로, 나병과 흑사병에 걸린 환자들을 꼽을 수 있다. 당시의 의학 수준으로 그런 병들은 치료가 불가능했으며, 전염성이 있다고 믿어졌다. 때문에 자신을 정상적 존재라고 생각하는 사람들은 해당 병에 걸린 불행한 사람들을 신에게서 버림받은 죄인이자 공동체에서 추방해야 할 공공의 적으로 여겼다. 그들의 외모나 신체 또한 실제 여부와 무관하게 항상 뒤틀어지고 지극히 흉측한 모습으로 형상화되었다.

정리하자면, [   ]

① 서구의 종교인과 예술가들은 이방인을 추악한 이미지로 각인시키는 데 있어 중심적인 역할을 하였다.
② 서구의 기독교인들은 자신들보다 강한 존재를 추악한 존재로 묘사함으로써 심리적인 우월감을 확보하였다.
③ 정상적 존재와 비정상적 존재의 명확한 구별을 위해 추악한 형상을 활용하는 것은 동서고금을 막론하고 지속되어 왔다.
④ 서구의 기독교적 전통 하에서 추악한 형상은 그 전통에 속하지 않는 이들을 전통에 속한 이들과 구분짓기 위해 활용되었다.
⑤ 서구의 기독교인들이 자신들과는 다른 타자들을 추악하게 묘사했던 것은 다른 종교에 의해 자신들의 종교가 침해되는 것을 두려워했기 때문이다.

004

기출 21' 5급[민]-나 난이도 ●●●

다음 글의 흐름에 맞지 않는 곳을 ㉠~㉤에서 찾아 수정할 때 가장 적절한 것은?

에르고딕 이론에 따르면 그룹의 평균을 활용해 개인에 대한 예측치를 이끌어낼 수 있는데, 이를 위해서는 다음의 두 가지 조건을 먼저 충족해야 한다. 첫째는 그룹의 모든 구성원이 ㉠ 질적으로 동일해야 하며, 둘째는 그 그룹의 모든 구성원이 미래에도 여전히 동일해야 한다는 것이다. 특정 그룹이 이 두 가지 조건을 충족하면 해당 그룹은 '에르고딕'으로 인정되면서, ㉡ 그룹의 평균적 행동을 통해 해당 그룹에 속해 있는 개인에 대한 예측을 이끌어낼 수 있다.

그런데 이 이론에 대해 심리학자 몰레나는 다음과 같은 설명을 덧붙였다. "그룹 평균을 활용해 개인을 평가하는 것은 인간이 모두 동일하고 변하지 않는 냉동 클론이어야만 가능하겠지요? 그런데 인간은 냉동 클론이 아닙니다." 그런데도 등급화와 유형화 같은 평균주의의 결과물들은 정책 결정의 과정에서 중요한 근거로 쓰였다. 몰레나는 이와 같은 위험한 가정을 '에르고딕 스위치'라고 명명했다. 이는 평균주의의 유혹에 속아 집단의 평균에 의해 개인을 파악함으로써 ㉢ 실재하는 개인적 특성을 모조리 무시하게 되는 것을 의미한다.

지금 타이핑 실력이 뛰어나지 않은 당신이 타이핑 속도의 변화를 통해 오타를 줄이고 싶어 한다고 가정해 보자. 평균주의식으로 접근할 경우 여러 사람의 타이핑 실력을 측정한 뒤에 평균 타이핑 속도와 평균 오타 수를 비교하게 된다. 그 결과 평균적으로 타이핑 속도가 더 빠를수록 오타 수가 더 적은 것으로 나타났다고 하자. 이때 평균주의자는 당신이 타이핑의 오타 수를 줄이고 싶다면 ㉣ 타이핑을 더 빠른 속도로 해야 한다고 말할 것이다. 바로 여기가 '에르고딕 스위치'에 해당하는 지점인데, 사실 타이핑 속도가 빠른 사람들은 대체로 타이핑 실력이 뛰어난 편이며 그만큼 오타 수는 적을 수밖에 없다. 더구나 ㉤ 타이핑 실력이라는 요인이 통제된 상태에서 도출된 평균치를 근거로 당신에게 내린 처방은 적절하지 않을 가능성이 높다.

① ㉠을 '질적으로 다양해야 하며'로 고친다.
② ㉡을 '개인의 특성을 종합하여 집단의 특성에 대한 예측'으로 고친다.
③ ㉢을 '실재하는 그룹 간 편차를 모조리 무시'로 고친다.
④ ㉣을 '타이핑을 더 느린 속도로 해야 한다'로 고친다.
⑤ ㉤을 '타이핑 실력이라는 요인이 통제되지 않은 상태에서'로 고친다.

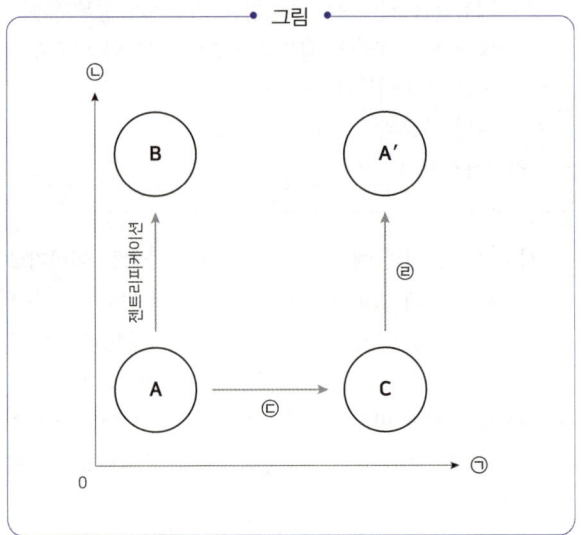

005

기출 17' 5급[민][상황판단]-나 | 난이도

다음 글을 근거로 판단할 때, 〈보기〉에서 규정을 위반한 행위만을 모두 고르면?

제○○조(청렴의 의무) ① 공무원은 직무와 관련하여 직접적이든 간접적이든 사례·증여 또는 향응을 주거나 받을 수 없다.

② 공무원은 직무상의 관계가 있든 없든 그 소속 상관에게 증여하거나 소속 공무원으로부터 증여를 받아서는 아니 된다.

제00조(정치운동의 금지) ① 공무원은 정당이나 그 밖의 정치단체의 결성에 관여하거나 이에 가입할 수 없다.

② 공무원은 선거에서 특정 정당 또는 특정인을 지지 또는 반대하기 위한 다음의 행위를 하여서는 아니 된다.

1. 투표를 하거나 하지 아니하도록 권유 운동을 하는 것
2. 기부금을 모집 또는 모집하게 하거나, 공공자금을 이용 또는 이용하게 하는 것
3. 타인에게 정당이나 그 밖의 정치단체에 가입하게 하거나 가입하지 아니하도록 권유 운동을 하는 것

③ 공무원은 다른 공무원에게 제1항과 제2항에 위배되는 행위를 하도록 요구하거나, 정치적 행위에 대한 보상 또는 보복으로서 이익 또는 불이익을 약속하여서는 아니 된다.

제00조(집단행위의 금지) ① 공무원은 노동운동이나 그 밖에 공무 외의 일을 위한 집단행위를 하여서는 아니 된다. 다만, 사실상 노무에 종사하는 공무원은 예외로 한다.

② 제1항 단서에 규정된 공무원으로서 노동조합에 가입된 자가 조합 업무에 전임하려면 소속 장관의 허가를 받아야 한다.

보기

ㄱ. 공무원 甲은 그 소속 상관에게 직무상 관계 없이 고가의 도자기를 증여하였다.

ㄴ. 사실상 노무에 종사하는 공무원으로서 노동조합에 가입된 乙은 소속 장관의 허가를 받아 조합 업무에 전임하고 있다.

ㄷ. 공무원 丙은 동료 공무원 丁에게 선거에서 A정당을 지지하기 위한 기부금을 모집하도록 요구하였다.

ㄹ. 공무원 戊는 국회의원 선거기간에 B후보를 낙선시키기 위해 해당 지역구 지인들을 대상으로 다른 후보에게 투표하도록 권유 운동을 하였다.

① ㄱ, ㄴ ② ㄴ, ㄷ ③ ㄷ, ㄹ
④ ㄱ, ㄴ, ㄹ ⑤ ㄱ, ㄷ, ㄹ

006

기출 21' 5급[민]-나 | 난이도

다음 글에 비추어 볼 때, 아래 〈그림〉의 ㉠~㉣에 들어갈 말을 적절하게 나열한 것은?

도시재생 사업의 목표는 지역 역량의 강화와 지역 가치의 제고라는 두 마리 토끼를 잡는 것이다. 그 결과, 아래 〈그림〉에서 지역의 상태는 A에서 A'으로 변화한다. 둘 중 하나라도 이루어지지 않는다면 도시재생 사업의 목표가 달성되었다고 볼 수 없다. 그러한 실패 사례의 하나가 젠트리피케이션이다. 이는 지역 역량이 강화되지 않은 채 지역 가치만 상승하는 현상을 의미한다.

도시재생 사업의 모범적인 양상은 지역 자산화이다. 지역 자산화는 두 단계로 이루어진다. 첫 번째 단계는 공동체 역량 강화 과정이다. 이는 지역 문제 해결을 위한 프로그램 및 정책 수립, 물리적 시설의 개선, 운영 관리 등으로 구성된 공공 주도 과정이다. 이를 통해 지역 가치와 지역 역량이 모두 낮은 상태에서 일단 지역 역량을 키워 지역 기반의 사회적 자본을 형성하게 된다. 그 다음 두 번째 단계로 전문화 과정이 이어진다. 전문화는 민간의 전문성과 창의성을 적극적으로 활용함으로써, 강화된 지역 역량의 토대 위에서 지역 가치 제고를 이끌어낸다. 이 과정에서 주민과 민간 조직의 전문성에 대한 신뢰를 바탕으로, 공유 시설이나 공간의 설계, 관리, 운영 등 많은 권한이 시민단체를 비롯한 중간 지원 조직에 통합적으로 위임된다.

그림

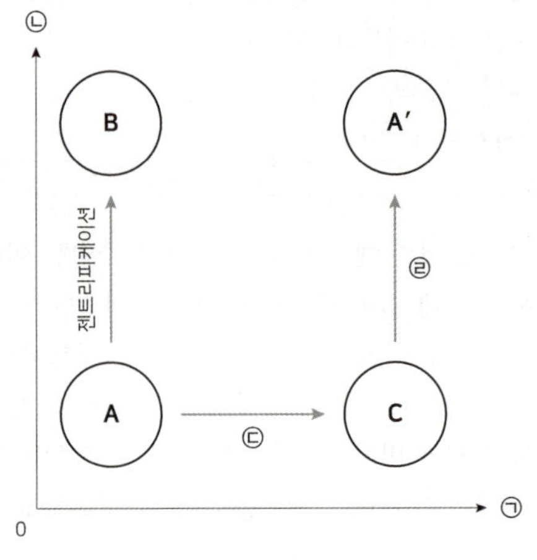

	㉠	㉡	㉢	㉣
①	지역 역량	지역 가치	공동체 역량 강화	전문화
②	지역 역량	지역 가치	공동체 역량 강화	지역 자산화
③	지역 역량	지역 가치	지역 자산화	전문화
④	지역 가치	지역 역량	공동체 역량 강화	지역 자산화
⑤	지역 가치	지역 역량	지역 자산화	전문화

007

기출 21' 5급[민]-나 난이도 ●○○

다음 글의 A~C에 대한 판단으로 가장 적절한 것은?

정책 네트워크는 다원주의 사회에서 정책 영역에 따라 실질적인 정책 결정권을 공유하고 있는 집합체이다. 정책 네트워크는 구성원 간의 상호 의존성, 외부로부터 다른 사회 구성원들의 참여 가능성, 의사결정의 합의 효율성, 지속성의 특징을 고려할 때 다음 세 가지 모형으로 분류될 수 있다.

특징 모형	상호 의존성	외부 참여 가능성	합의 효율성	지속성
A	높음	낮음	높음	높음
B	보통	보통	보통	보통
C	낮음	높음	낮음	낮음

A는 의회의 상임위원회, 행정 부처, 이익집단이 형성하는 정책 네트워크로서 안정성이 높아 마치 소정부와 같다. 행정부 수반의 영향력이 작은 정책 분야에서 집중적으로 나타나는 형태이다. A에서는 참여자 간의 결속과 폐쇄적 경계를 강조하며, 배타성이 매우 강해 다른 이익집단의 참여를 철저하게 배제하는 것이 특징이다.

B는 특정 정책과 관련해 이해관계를 같이하는 참여자들로 구성된다. B가 특정 이슈에 대해 유기적인 연계 속에서 기능하면, 전통적인 관료제나 A의 방식보다 더 효과적으로 정책 목표를 달성할 수 있다. B의 주요 참여자는 정치인, 관료, 조직화된 이익집단, 전문가 집단이며, 정책 결정은 주요 참여자 간의 합의와 협력에 의해 일어난다.

C는 특정 이슈를 중심으로 이해관계나 전문성을 가진 이익집단, 개인, 조직으로 구성되고, 참여자는 매우 자율적이고 주도적인 행위자이며 수시로 변경된다. 배타성이 강한 A만으로 정책을 모색하면 정책 결정에 영향을 미칠 수 있는 C와 같은 개방적 참여자들의 네트워크를 놓치기 쉽다. C는 관료제의 영향력이 작고 통제가 약한 분야에서 주로 작동하는데, 참여자가 많아 합의가 어려워 결국 정부가 위원회나 청문회를 활용하여 의견을 조정하려는 경우가 종종 발생한다.

① 외부 참여 가능성이 높은 모형은 관료제의 영향력이 작고 통제가 약한 분야에서 나타나기 쉽다.
② 상호 의존성이 보통인 모형에서는 배타성이 강해 다른 이익집단의 참여를 철저하게 배제한다.
③ 합의 효율성이 높은 모형이 가장 효과적으로 정책 목표를 달성할 수 있다.
④ A에 참여하는 이익집단의 정책 결정 영향력이 B에 참여하는 이익집단의 정책 결정 영향력보다 크다.
⑤ C에서는 참여자의 수가 많아질수록 네트워크의 지속성이 높아진다.

008

기출 20' 5급[민]-가 난이도 ●○○

다음 글에서 알 수 있는 것은?

많은 국가들의 소년사법 제도는 영국의 관습법에서 유래한다. 영국 관습법에 따르면 7세 이하 소년은 범죄 의도를 소유할 능력이 없는 것으로 간주되고, 8세 이상 14세 미만의 소년은 형사책임을 물을 수 없고, 14세 이상의 소년에 대해서는 형사책임을 물을 수 있다.

우리나라의 소년사법 역시 소년의 나이에 따라 세 그룹으로 구분하여 범죄 의도 소유 능력 여부와 형사책임 여부를 결정한다. 다만 그 나이의 기준을 9세 이하, 10세 이상 14세 미만, 그리고 14세 이상 19세 미만으로 구분할 뿐이다. 우리나라 『소년법』은 10세 이상 14세 미만의 소년 중 형벌 법령에 저촉되는 행위를 한 자를 촉법소년으로 규정하여 소년사법의 대상으로 하고 있다. 또한, 10세 이상 19세 미만의 소년 중 이유 없는 가출을 하거나 술을 마시는 행동을 하는 등 그대로 두면 장래에 범법행위를 할 우려가 있는 소년을 우범소년으로 규정하여 소년사법의 대상으로 하고 있다. 일부에서는 단순히 불량성이 있을 뿐 범죄를 저지르지 않았음에도 소년사법의 대상이 되는 우범소년 제도에 의문을 품기도 한다.

소년사법은 범죄를 저지르지 않은 소년까지도 사법의 대상으로 한다는 점에서 자기책임주의를 엄격히 적용하는 성인사법과 구별된다. 소년사법의 이러한 특징은 국가가 궁극적 보호자로서 아동을 양육하고 보호해야 한다는 국친 사상에 근거를 둔다. 과거 봉건 국가 시대에는 친부모가 자녀에 대한 양육·보호를 제대로 하지 못하는 경우 왕이 양육·보호책임을 진다고 믿었다. 이런 취지에서 오늘날에도 비록 죄를 범하지는 않았지만 그대로 둔다면 범행을 할 가능성이 있는 소년까지 소년사법의 대상으로 보는 것이다. 이처럼 소년사법의 철학적 기초에는 국친 사상이 있다.

① 국친 사상은 소년사법의 대상 범위를 축소하는 철학적 기초이다.
② 성인범도 국친 사상의 대상이 되어 범행할 가능성이 있으면 처벌을 받는다.
③ 우리나라 소년법상 촉법소년은 범죄 의도를 소유할 수 없는 것으로 간주된다.
④ 영국의 관습법상 7세의 소년은 범죄 의도는 소유할 수 있지만, 형사책임이 없는 것으로 간주된다.
⑤ 우리나라 소년법상 10세 이상 19세 미만의 소년은 범죄를 저지를 우려가 있으면 범죄를 저지르지 않아도 소년사법의 적용을 받을 수 있다.

009

기출 20' 5급(민)-가 난이도 ●○○

다음 글에서 알 수 있는 것은?

> 바르트는 언어를 '랑그', '스틸', '에크리튀르'로 구분해서 파악했다. 랑그는 영어의 'language'에 해당한다. 인간은 한국어, 중국어, 영어 등 어떤 언어를 공유하는 집단에서 태어난다. 그때 부모나 주변 사람들이 이야기하는 언어가 '모어(母語)'이고 그것이 랑그이다.
>
> 랑그에 대해 유일하게 말할 수 있는 사실은, 태어날 때부터 부모가 쓰는 언어여서 우리에게 선택권이 없다는 것이다. 인간은 '모어 속에 던져지는' 방식으로 태어나기 때문에 랑그에는 관여할 수 없다. 태어나면서 쉼 없이 랑그를 듣고 자라기 때문에 어느새 그 언어로 사고하고, 그 언어로 숫자를 세고, 그 언어로 말장난을 하고, 그 언어로 신어(新語)를 창조한다.
>
> 스틸의 사전적인 번역어는 '문체'이지만 실제 의미는 '어감'에 가깝다. 이는 언어에 대한 개인적인 호오(好惡)의 감각을 말한다. 누구나 언어의 소리나 리듬에 대한 호오가 있다. 글자 모양에 대해서도 사람마다 취향이 다르다. 이는 좋고 싫음의 문제이기 때문에 어쩔 도리가 없다. 따라서 스틸은 기호에 대한 개인적 호오라고 해도 좋다. 다시 말해 스틸은 몸에 각인된 것이어서 주체가 자유롭게 선택할 수 없다.
>
> 인간이 언어기호를 조작할 때에는 두 가지 규제가 있다. 랑그는 외적인 규제, 스틸은 내적인 규제이다. 에크리튀르는 이 두 가지 규제의 중간에 위치한다. 에크리튀르는 한국어로 옮기기 어려운데, 굳이 말하자면 '사회방언'이라고 할 수 있다. 방언은 한 언어의 큰 틀 속에 산재하고 있으며, 국소적으로 형성된 것이다. 흔히 방언이라고 하면 '지역방언'을 떠올리는데, 이는 태어나 자란 지역의 언어이므로 랑그로 분류된다. 하지만 사회적으로 형성된 방언은 직업이나 생활양식을 선택할 때 동시에 따라온다. 불량청소년의 말, 영업사원의 말 등은 우리가 선택할 수 있다.

① 랑그는 선택의 여지가 없지만, 스틸과 에크리튀르는 자유로운 선택이 가능하다.
② 방언에 대한 선택은 언어에 대한 개인의 호오 감각에 기인한다.
③ 동일한 에크리튀르를 사용하는 사람들은 같은 지역 출신이다.
④ 같은 모어를 사용하는 형제라도 스틸은 다를 수 있다.
⑤ 스틸과 에크리튀르는 언어 규제상 성격이 같다.

010

기출 17' 5급(민)[상황판단]-나 난이도 ●○○

다음 글과 〈상황〉을 근거로 판단할 때 옳은 것은?

> 민사소송에서 당사자가 질병, 장애, 연령, 그 밖의 사유로 인한 정신적·신체적 제약으로 소송관계를 분명하게 하기 위하여 필요한 진술을 하기 어려운 경우가 있다. 이때 당사자는 법원의 허가를 받아 진술을 도와주는 사람(진술보조인)과 함께 출석하여 진술할 수 있는데, 이를 '진술보조인제도'라 한다. 이 제도는 말이 어눌하거나 말귀를 잘 알아듣지 못하는 당사자가 재판에서 받을 수 있는 불이익을 방지하기 위하여 그와 의사소통이 잘되는 사람이 법정에 출석하여 당사자를 보조하게 하는 것이다.
>
> 진술보조인이 될 수 있는 사람은 당사자의 배우자, 직계친족, 형제자매, 가족, 그 밖에 동거인으로서 당사자와의 생활관계에 비추어 충분한 자격이 인정되는 경우 등으로 제한된다. 이 제도를 이용하려는 당사자는 1심, 2심, 3심의 각 법원마다 서면으로 진술보조인에 대한 허가신청을 해야 한다. 법원은 이를 허가한 이후에도 언제든지 그 허가를 취소할 수 있다.
>
> 법원의 허가를 받은 진술보조인은 변론기일에 당사자 본인과 동석하여 당사자 본인의 진술을 법원과 상대방 당사자, 그 밖의 소송관계인이 이해할 수 있도록 중개하거나 설명할 수 있다. 이때 당사자 본인은 진술보조인의 중개 또는 설명을 즉시 취소할 수 있다. 한편, 진술보조인에 의한 중개 또는 설명의 정확성을 확인하기 위해 진술보조인에게 질문할 수 있는데 그 질문은 법원만이 한다. 진술보조인은 변론에서 당사자의 진술을 조력하는 사람일 뿐이다. 따라서 진술보조인은 당사자를 대신해서 출석하여 진술할 수 없고, 상소의 제기와 같이 당사자만이 할 수 있는 행위도 할 수 없다.

상황

> 甲은 乙을 피고로 하여 A주택의 인도를 구하는 민사소송을 제기하였다. 한편, 乙은 교통사고를 당하여 현재 소송관계를 분명하게 하기 위하여 필요한 진술을 하기 어려운 상태에 있다. 이에 1심 법원은 乙로부터 진술보조인에 대한 허가신청을 받아 乙의 배우자 丙을 진술보조인으로 허가하였다. 1심 변론기일에 乙과 丙은 함께 출석하였다.

① 변론기일에 丙이 한 설명에 대한 정확성을 확인하기 위해 甲은 재판에서 직접 丙에게 질문할 수 있다.
② 변론기일에 丙이 한 설명은 乙을 위한 것이므로, 乙은 즉시라 할지라도 그 설명을 취소할 수 없다.
③ 1심 법원은 丙을 진술보조인으로 한 허가를 취소할 수 없다.
④ 1심 법원이 乙에게 패소판결을 선고한 경우 이 판결에 대해 丙은 상소를 제기할 수 없다.
⑤ 2심이 진행되는 경우, 2심 법원에 진술보조인에 대한 허가신청을 하지 않아도 丙의 진술보조인 자격은 그대로 유지된다.

011

기출 20' 5급[민]-가 | 난이도 ●○○

다음 글의 내용과 부합하는 것은?

조선 시대에는 왕실과 관청이 필요로 하는 물품을 '공물'이라는 이름으로 백성들로부터 수취하는 제도가 있었다. 조선 왕조는 각 지역의 특산물이 무엇인지 조사한 후, 그 결과를 바탕으로 백성들이 내야 할 공물의 종류와 양을 지역마다 미리 규정해두었다. 그런데 시간이 지남에 따라 환경 변화 등으로 그 물품이 생산되지 않는 곳이 많아졌다. 이에 백성들은 부과된 공물을 상인으로 하여금 생산지에서 구매해 대납하게 했는데, 이를 '방납'이라고 부른다.

방납은 16세기 이후 크게 성행했다. 그런데 방납을 의뢰받은 상인들은 대개 시세보다 높은 값을 부르거나 품질이 떨어지는 물품을 대납해 부당 이익을 취했다. 이런 폐단이 날로 심해지자 "공물을 면포나 쌀로 거둔 후, 그것으로 필요한 물품을 관청이 직접 구매하자."라는 주장이 나타났다. 이런 주장은 임진왜란이 끝난 후 거세졌다. 한백겸과 이원익 등은 광해군 즉위 초에 경기도에 한해 '백성들이 소유한 토지의 다과에 따라 쌀을 공물로 거두고, 이렇게 수납한 쌀을 선혜청으로 운반해 국가가 필요로 하는 물품을 구매'하는 정책, 즉 '대동법'을 시행하자고 했다. 광해군이 이를 받아들이자 경기도민들은 크게 환영했다. 광해군은 이 정책에 대한 반응이 좋다는 것을 알고 경기도 외에 다른 곳으로 확대 시행할 것을 고려했으나 그렇게 하지는 못했다.

광해군을 몰아내고 왕이 된 인조는 김육의 주장을 받아들여 강원도, 충청도, 전라도까지 대동법을 확대 시행했다. 그런데 그 직후 전국에 흉년이 들어 농민들이 제대로 쌀을 구하지 못할 정도가 되었다. 이에 인조는 충청도와 전라도에 대동법을 시행한다는 결정을 철회했다. 인조의 뒤를 이은 효종은 전라도 일부 지역과 충청도가 흉년에서 벗어났다고 생각해 그 지역들에 대동법을 다시 시행했고, 효종을 이은 현종도 전라도 전역에 대동법을 확대 시행했다. 이처럼 대동법 시행 지역은 조금씩 늘어났다.

① 현종은 방납의 폐단을 없애기 위해 대동법을 전국 모든 지역에 시행하였다.
② 효종은 김육의 요청대로 충청도, 전라도, 경상도에 대동법을 적용하였다.
③ 광해군이 국왕으로 재위할 때 공물을 쌀로 내게 하는 조치가 경기도에 취해졌다.
④ 인조는 이원익 등의 제안대로 방납이라는 방식으로 공물을 납부하는 행위를 전면 금지하였다.
⑤ 한백겸은 상인이 관청의 의뢰를 받아 특산물을 생산지에서 구매해 대납하는 것은 부당하다고 하였다.

012

기출 20' 5급[민]-가 | 난이도 ●○○

다음 글에서 알 수 있는 것은?

불교가 이 땅에 전래된 후 불교신앙을 전파하고자 신앙결사를 만든 승려가 여러 명 나타났다. 통일신라 초기에 왕실은 화엄종을 후원했는데, 화엄종 계통의 승려들은 수도에 대규모 신앙결사를 만들어 놓고 불교신앙에 관심을 가진 귀족들을 대상으로 불교 수행법을 전파했다. 통일신라가 쇠퇴기에 접어든 신라 하대에는 지방에도 신앙결사가 만들어졌다. 신라 하대에 나타난 신앙결사는 대부분 미륵신앙을 지향하는 정토종 승려들이 만든 것이었다.

신앙결사 운동이 더욱 확장된 것은 고려 때의 일이다. 고려 시대 가장 유명한 신앙결사는 지눌의 정혜사다. 지눌은 명종 때 거조사라는 절에서 정혜사라는 이름의 신앙결사를 만들었다. 그는 돈오점수 사상을 내세우고, 조계선이라는 수행 방법을 강조했다. 지눌이 만든 신앙결사에 참여해 함께 수행하는 승려가 날로 늘었다. 그 가운데 가장 유명한 사람이 요세라는 승려다. 요세는 무신집권자 최충헌이 명종을 쫓아내고 신종을 국왕으로 옹립한 해에 지눌과 함께 순천으로 근거지를 옮기는 도중에 따로 독립했다. 순천으로 옮겨 간 지눌은 그곳에서 정혜사라는 명칭을 수선사로 바꾸어 활동했고, 요세는 강진에서 백련사라는 결사를 새로 만들어 활동했다.

지눌의 수선사는 불교에 대한 이해가 높은 사람들을 대상으로 다소 난해한 돈오점수 사상을 전파하는 데 주력했다. 그 때문에 대중적이지 않다는 평을 받았다. 요세는 지눌과 달리 불교 지식을 갖추지 못한 평민도 쉽게 수행할 수 있도록 간명하게 수행법을 제시한 천태종을 중시했다. 또 그는 평민들이 백련사에 참여하는 것을 당연하다고 여겼다. 백련사가 세워진 후 많은 사람들이 참여하자 권력층도 관심을 갖고 후원하기 시작했다. 명종 때부터 권력을 줄곧 독차지하고 있던 최충헌을 비롯해 여러 명의 고위 관료들이 백련사에 토지와 재물을 헌납해 그 활동을 도왔다.

① 화엄종은 돈오점수 사상을 전파하고자 신앙결사를 만들어 활동하였다.
② 백련사는 수선사와는 달리 조계선이라는 수행 방법을 고수해 주목받았다.
③ 요세는 무신이 권력을 잡고 있던 시기에 불교 신앙결사를 만들어 활동하였다.
④ 정혜사는 강진에서 조직되었던 반면 백련사는 순천에 근거지를 두고 활동하였다.
⑤ 지눌은 정토종 출신의 승려인 요세가 정혜사에 참여하자 그를 설득해 천태종으로 끌어들였다.

013

기출 20' 5급(민)-가 | 난이도 ●●●

다음 글의 흐름에 맞지 않는 곳을 ㉠~㉤에서 찾아 수정할 때 가장 적절한 것은?

> 경제적 차원에서 가장 불리한 계층, 예컨대 노예와 날품팔이는 ㉠ <u>특정한 종교 세력에 편입되거나 포교의 대상이 된 적이 없었다.</u> 기독교 등 고대 종교의 포교활동은 이들보다는 소시민층, 즉 야심을 가지고 열심히 노동하며 경제적으로 합리적인 생활을 하는 계층을 겨냥하였다. 고대사회의 대농장에서 일하던 노예들에게 관심을 갖는 종교는 없었다.
>
> 모든 시대의 하층 수공업자 대부분은 ㉡ <u>독특한 소시민적 종교 경향을 지니고 있었다.</u> 이들은 특히 공인되지 않은 종파적 종교성에 기우는 경우가 매우 흔하였다. 곤궁한 일상과 불안정한 생계 활동에 시달리며 동료의 도움에 의존해야 하는 하층 수공업자층은 공인되지 않은 신흥 종교집단이나 비주류 종교집단의 주된 포교 대상이었다.
>
> 근대에 형성된 프롤레타리아트는 ㉢ <u>종교에 우호적이며 관심이 많았다.</u> 이들은 자신의 처지가 자신의 능력과 업적에 의존한다는 의식이 약하고 그 대신 사회적 상황이나 경기 변동, 법적으로 보장된 권력관계에 종속되어 있다는 의식이 강하였다. 이에 반해 자신의 처지가 주술적 힘, 신이나 우주의 섭리와 같은 것에 종속되어 있다는 견해에는 부정적이었다.
>
> 프롤레타리아트가 스스로의 힘으로 ㉣ <u>특정 종교 이념을 창출하는 것은 쉽지 않았다.</u> 이들에게는 비종교적인 이념들이 삶을 지배하는 경향이 훨씬 우세했기 때문이다. 물론 프롤레타리아트 가운데 경제적으로 불안정한 최하위 계층과 지속적인 곤궁으로 인해 프롤레타리아트화의 위험에 처한 몰락하는 소시민계층은 ㉤ <u>종교적 포교의 대상이 되기 쉬웠다.</u> 특히 이들을 포섭한 많은 종교는 원초적 주술을 사용하거나, 아니면 주술적·광란적 은총 수여에 대한 대용물을 제공했다. 이 계층에서 종교 윤리의 합리적 요소보다 감정적 요소가 훨씬 더 쉽게 성장할 수 있었다.

① ㉠을 "고대 종교에서는 주요한 세력이자 포섭 대상이었다."로 수정한다.

② ㉡을 "종교나 정치와는 괴리된 삶을 살았다."로 수정한다.

③ ㉢을 "종교에 우호적이지도 관심이 많지도 않았다."로 수정한다.

④ ㉣을 "특정 종교 이념을 창출한 경우가 많았다."로 수정한다.

⑤ ㉤을 "종교보다는 정치집단의 포섭 대상이 되었다."로 수정한다.

014

기출 20' 5급(민)-가 | 난이도 ●●●

다음 글의 빈칸에 들어갈 내용으로 가장 적절한 것은?

> A는 말벌이 어떻게 둥지를 찾아가는지 알아내고자 했다. 이에 A는 말벌이 둥지에 있을 때, 둥지를 중심으로 솔방울들을 원형으로 배치했는데, 그 말벌은 먹이를 찾아 둥지를 떠났다가 다시 둥지로 잘 돌아왔다. 이번에는 말벌이 먹이를 찾아 둥지를 떠난 사이, A가 그 솔방울들을 수거하여 둥지 부근 다른 곳으로 옮겨 똑같이 원형으로 배치했다. 그랬더니 돌아온 말벌은 솔방울들이 치워진 그 둥지로 가지 않고 원형으로 배치된 솔방울들의 중심으로 날아갔다.
>
> 이러한 결과를 관찰한 A는 말벌이 방향을 찾을 때 솔방울이라는 물체의 재질에 의존한 것인지 혹은 솔방울들로 만든 모양에 의존한 것인지를 알아내고자 하였다. 그래서 이번에는 말벌이 다시 먹이를 찾아 둥지를 떠난 사이, 앞서 원형으로 배치했던 솔방울들을 치우고 그 자리에 돌멩이들을 원형으로 배치했다. 그리고 거기 있던 솔방울들을 다시 가져와 둥지를 중심으로 삼각형으로 배치했다. 그러자 A는 돌아온 말벌이 원형으로 배치된 돌멩이들의 중심으로 날아가는 것을 관찰할 수 있었다.
>
> 이 실험을 통해 A는 먹이를 찾으러 간 말벌이 둥지로 돌아올 때, [   ]는 결론에 이르렀다.

① 물체의 재질보다 물체로 만든 모양에 의존하여 방향을 찾는다

② 물체로 만든 모양보다 물체의 재질에 의존하여 방향을 찾는다

③ 물체의 재질과 물체로 만든 모양 모두에 의존하여 방향을 찾는다

④ 물체의 재질이나 물체로 만든 모양에 의존하지 않고 방향을 찾는다

⑤ 경우에 따라 물체의 재질에 의존하기도 하고 물체로 만든 모양에 의존하기도 하면서 방향을 찾는다

015

기출 17' 5급(민)[상황판단]-나 난이도 ●●○

다음 글을 근거로 판단할 때, 〈보기〉에서 옳은 것만을 모두 고르면?

제00조(술에 취한 상태에서의 운전 금지) ① 누구든지 술에 취한 상태에서 자동차를 운전하여서는 아니 된다.
② 경찰공무원은 제1항을 위반하여 술에 취한 상태에서 자동차를 운전하였다고 인정할 만한 상당한 이유가 있는 경우에는 운전자가 술에 취하였는지를 호흡조사로 측정(이하 '음주측정'이라 한다)할 수 있다. 이 경우 운전자는 경찰공무원의 음주측정에 응하여야 한다.
③ 제1항을 위반하여 술에 취한 상태에서 자동차를 운전한 사람은 다음 각 호의 구분에 따라 처벌한다.
1. 혈중알콜농도가 0.2퍼센트 이상인 사람은 1년 이상 3년 이하의 징역이나 500만 원 이상 1천만 원 이하의 벌금
2. 혈중알콜농도가 0.1퍼센트 이상 0.2퍼센트 미만인 사람은 6개월 이상 1년 이하의 징역이나 300만 원 이상 500만 원 이하의 벌금
3. 혈중알콜농도가 0.05퍼센트 이상 0.1퍼센트 미만인 사람은 6개월 이하의 징역이나 300만 원 이하의 벌금

④ 다음 각 호의 어느 하나에 해당하는 사람은 1년 이상 3년 이하의 징역이나 500만 원 이상 1천만 원 이하의 벌금에 처한다.
1. 제3항에도 불구하고 제1항을 2회 이상 위반한 사람으로서 다시 술에 취한 상태에서 자동차를 운전한 사람
2. 술에 취한 상태에 있다고 인정할 만한 상당한 이유가 있는 사람으로서 제2항에 따른 경찰공무원의 음주측정에 응하지 아니한 사람

보기

ㄱ. 혈중알콜농도 0.05퍼센트의 상태에서 운전하여 1회 적발된 행위는, 술에 취한 상태에서 운전을 하고 있다고 인정할 만한 상당한 이유가 있는 사람이 경찰공무원의 음주측정을 거부하는 행위보다 불법의 정도가 크다.
ㄴ. 술에 취한 상태에서 자동차를 운전하는 행위는 혈중알콜농도 또는 적발된 횟수에 따라 처벌의 정도가 달라질 수 있다.
ㄷ. 술에 취한 상태에서의 자동차 운전으로 2회 적발된 자가 다시 혈중알콜농도 0.15퍼센트 상태의 운전으로 적발된 경우, 6개월 이상 1년 이하의 징역이나 300만 원 이상 500만 원 이하의 벌금에 처해진다.

① ㄱ ② ㄴ ③ ㄱ, ㄷ
④ ㄴ, ㄷ ⑤ ㄱ, ㄴ, ㄷ

Day 1 Self Check List

	오답 수	무응답 수	풀이시간(분)
1회독	/ 15	/ 15	/ 30(분)
2회독	/ 15	/ 15	/ 25(분)
3회독	/ 15	/ 15	/ 15(분)

정답 및 해설 147p

독끝 2일차 (016~030)

＊아래 회독수 별 권장 풀이 시간에 맞춰 풀이 후, 끝쪽의 Self Check List를 기입하여 부족한 부분을 파악하세요!

권장 풀이 시간

1회독 30 min　2회독 25 min　3회독 15 min

본 문항은 PSAT 언어논리 영역 기출 문항으로 구성되며, 기출 표기에 따른 시험 종류는 아래와 같습니다.(표기 상 맨 끝은 '책형' 입니다.)

[민] – 민간경력자 일괄채용시험 / [행] – 공개경쟁채용시험(행정)

016

기출 19' 5급[민]–나 | 난이도 ●○○

다음 글에서 알 수 없는 것은?

A효과란 기업이 시장에 최초로 진입하여 무형 및 유형의 이익을 얻는 것을 의미한다. 반면 뒤늦게 뛰어든 기업이 앞서 진출한 기업의 투자를 징검다리로 이용하여 성공적으로 시장에 안착하는 것을 B효과라고 한다. 물론 B효과는 후발진입기업이 최초진입기업과 동등한 수준의 기술 및 제품을 보다 낮은 비용으로 개발할 수 있을 때만 가능하다.

생산량이 증가할수록 평균생산비용이 감소하는 규모의 경제 효과 측면에서, 후발진입기업에 비해 최초진입기업이 유리하다. 즉, 대량 생산, 인프라 구축 등에서 우위를 조기에 확보하여 효율성 증대와 생산성 향상을 꾀할 수 있다. 반면 후발진입기업 역시 연구개발 투자 측면에서 최초진입기업에 비해 상대적으로 유리한 면이 있다. 후발진입기업의 모방 비용은 최초진입기업이 신제품 개발에 투자한 비용 대비 65 % 수준이기 때문이다. 최초진입기업의 경우, 규모의 경제 효과를 얼마나 단기간에 이룰 수 있는가가 성공의 필수 요건이 된다. 후발진입기업의 경우, 절감된 비용을 마케팅 등에 효과적으로 투자하여 최초진입기업의 시장 점유율을 단기간에 빼앗아 오는 것이 성공의 핵심 조건이다.

규모의 경제 달성으로 인한 비용상의 이점 이외에도 최초진입기업이 누릴 수 있는 강점은 강력한 진입 장벽을 구축할 수 있다는 것이다. 시장에 최초로 진입했기에 소비자에게 우선적으로 인식된다. 그로 인해 후발진입기업에 비해 적어도 인지도 측면에서는 월등한 우위를 확보한다. 또한 기술적 우위를 확보하여 라이센스, 특허 전략 등을 통해 후발진입기업의 시장 진입을 방해하기도 한다. 뿐만 아니라 소비자들이 후발진입기업의 브랜드로 전환하려고 할 때 발생하는 노력, 비용, 심리적 위험 등을 마케팅에 활용하여 후발진입기업이 시장에 진입하기 어렵게 할 수도 있다. 결국 A효과를 극대화할 수 있는지는 규모의 경제 달성 이외에도 얼마나 오랫동안 후발주자가 진입하지 못하도록 할 수 있는가에 달려 있다.

① 최초진입기업은 후발진입기업에 비해 매년 더 많은 마케팅 비용을 사용한다.

② 후발진입기업의 모방 비용은 최초진입기업이 신제품 개발에 투자한 비용보다 적다.

③ 최초진입기업이 후발진입기업에 비해 인지도 측면에서 우위에 있다는 것은 A효과에 해당한다.

④ 후발진입기업이 성공하려면 절감된 비용을 효과적으로 투자하여 최초진입기업의 시장점유율을 단기간에 빼앗아 와야 한다.

⑤ 후발진입기업이 최초진입기업과 동등한 수준의 기술 및 제품을 보다 낮은 비용으로 개발할 수 없다면 B효과를 얻을 수 없다.

017

기출 19' 5급[민]–나 | 난이도 ●○○

다음 글에서 추론할 수 있는 것은?

종자와 농약을 생산하는 대기업들은 자신들이 유전자 기술로 조작한 종자가 농약을 현저히 적게 사용해도 되기 때문에 농부들이 더 많은 이윤을 낼 수 있다고 주장하였다. 그러나 미국에서 유전자 변형 작물을 재배한 16년(1996년 ~ 2011년) 동안의 농약 사용량을 살펴보면, 이 주장은 사실이 아님을 알 수 있다.

유전자 변형 작물은 해충에 훨씬 더 잘 견디는 장점이 있다. 유전자 변형 작물이 해충을 막기 위해 자체적으로 독소를 만들어내기 때문이다. 독소를 함유한 유전자 변형 작물을 재배함으로써 일반 작물 재배와 비교하여 16년 동안 살충제 소비를 약 56,000톤 줄일 수 있었다. 그런데 제초제의 경우는 달랐다. 처음 4 ~ 5년 동안에는 제초제의 사용이 감소하였다. 그렇지만 전체 재배 기간을 고려하면 일반 작물 재배와 비교할 때 약 239,000톤이 더 소비되었다. 늘어난 제초제의 양에서 줄어든 살충제의 양을 빼면 일반 작물 재배와 비교하여 농약 사용이 재배 기간 16년 동안 183,000톤 증가했다.

M사의 제초제인 글리포세이트에 내성을 가진 유전자 변형 작물을 재배하기 시작한 농부들은 그 제초제를 매년 반복해서 사용했다. 이로 인해 그 지역에서는 글리포세이트에 대해 내성을 가진 잡초가 생겨났다. 이와 같이 제초제에 내성을 가진 잡초를 슈퍼잡초라고 부른다. 유전자 변형 작물을 재배하는 농지는 대부분 이러한 슈퍼잡초로 인해 어려움을 겪게 되었다. 슈퍼잡초를 제거하기 위해서는 제초제를 더 자주 사용하거나 여러 제초제를 섞어서 사용하거나 아니면 새로 개발된 제초제를 사용해야 한다. 이로 인해 농부들은 더 많은 비용을 지불할 수밖에 없었다.

① 유전자 변형 작물을 재배하는 지역에서는 모든 종류의 농약 사용이 증가했다.

② 유전자 변형 작물을 도입한 해부터 그 작물을 재배하는 지역에 슈퍼잡초가 나타났다.

③ 유전자 변형 작물을 도입한 후 일반 작물 재배의 경우에도 살충제의 사용이 증가했다.

④ 유전자 변형 작물 재배로 슈퍼잡초가 발생한 지역에서는 작물 생산 비용이 증가했다.

⑤ 유전자 변형 작물을 재배하는 지역과 일반 작물을 재배하는 지역에서 슈퍼잡초의 발생 정도가 비슷했다.

018

기출 19' 5급(민)-나 | 난이도 ●●●

다음 글의 내용과 부합하지 않는 것은?

기원전 3천 년쯤 처음 나타난 원시 수메르어 문자 체계는 두 종류의 기호를 사용했다. 한 종류는 숫자를 나타냈고, 1, 10, 60 등에 해당하는 기호가 있었다. 다른 종류의 기호는 사람, 동물, 사유물, 토지 등을 나타냈다. 두 종류의 기호를 사용하여 수메르인들은 많은 정보를 보존할 수 있었다.

이 시기의 수메르어 기록은 사물과 숫자에 한정되었다. 쓰기는 시간과 노고를 요구하는 일이었고, 기호를 읽고 쓸 줄 아는 사람은 얼마 되지 않았다. 이런 고비용의 기호를 장부 기록 이외의 일에 활용할 이유가 없었다. 현존하는 원시 수메르어 문서 가운데 예외는 하나뿐이고, 그 내용은 기록하는 일을 맡게 된 견습생이 교육을 받으면서 반복해서 썼던 단어들이다. 지루해진 견습생이 자기 마음을 표현하는 시를 적고 싶었더라도 그는 그렇게 할 수 없었다. 원시 수메르어 문자 체계는 완전한 문자 체계가 아니었기 때문이다. 완전한 문자 체계란 구어의 범위를 포괄하는 기호 체계, 즉 시를 포함하여 사람들이 말하는 것은 무엇이든 표현할 수 있는 체계이다. 반면에 불완전한 문자 체계는 인간 행동의 제한된 영역에 속하는 특정한 종류의 정보만 표현할 수 있는 기호 체계다. 라틴어, 고대 이집트 상형문자, 브라유 점자는 완전한 문자 체계이다. 이것들로는 상거래를 기록하고, 상법을 명문화하고, 역사책을 쓰고, 연애시를 쓸 수 있다. 이와 달리 원시 수메르어 문자 체계는 수학의 언어나 음악 기호처럼 불완전했다. 그러나 수메르인들은 불편함을 느끼지 않았다. 그들이 문자를 만들어 쓴 이유는 구어를 고스란히 베끼기 위해서가 아니라 거래 기록의 보존처럼 구어로는 하지 못할 일을 하기 위해서였기 때문이다.

① 원시 수메르어 문자 체계는 구어를 보완하는 도구였다.
② 원시 수메르어 문자 체계는 감정을 표현하는 일에 적합하지 않았다.
③ 원시 수메르어 문자를 당시 모든 구성원이 사용할 줄 아는 것은 아니었다.
④ 원시 수메르어 문자는 사물과 숫자를 나타내는 데 상이한 종류의 기호를 사용하였다.
⑤ 원시 수메르어 문자와 마찬가지로 고대 이집트 상형문자는 구어의 범위를 포괄하지 못했다.

019

기출 19' 5급(민)-나 | 난이도 ●●●

다음 글에서 알 수 있는 것은?

고려의 수도 개경 안에는 궁궐이 있고, 그 주변으로 가옥과 상점이 모여 시가지를 형성하고 있었다. 이 궁궐과 시가지를 둘러싼 성벽을 개경 도성이라고 불렀다. 개경 도성에는 여러 개의 출입문이 있었는데, 서쪽에 있는 문 가운데 가장 많은 사람이 드나든 곳은 선의문이었다. 동쪽에는 숭인문이라는 문도 있었다. 도성 안에는 선의문과 숭인문을 잇는 큰 도로가 있었다. 이 도로는 궁궐의 출입문인 광화문으로부터 도성 남쪽 출입문 방향으로 나 있는 다른 도로와 만나는데, 두 도로의 교차점을 십자가라고 불렀다.

고려 때에는 개경의 십자가로부터 광화문까지 난 거리를 남대가라고 불렀다. 남대가 양편에는 관청의 허가를 받아 영업하는 상점인 시전들이 도로를 따라 나란히 위치해 있었다. 이 거리는 비단이나 신발을 파는 시전, 과일 파는 시전 등이 밀집한 번화가였다. 고려 정부는 이 거리를 관리하기 위해 남대가의 남쪽 끝 지점에 경시서라는 관청을 두었다.

개경에는 남대가에만 시전이 있는 것이 아니었다. 십자가에서 숭인문 방향으로 몇백 미터를 걸어가면 그 도로 북쪽 편에 자남산이라는 조그마한 산이 있었다. 이 산은 도로에서 불과 몇십 미터 떨어져 있지 않은데, 그 산과 남대가 사이의 공간에 기름만 취급하는 시전들이 따로 모인 유시 골목이 있었다. 또 십자가에서 남쪽으로 이어진 길로 백여 미터만 가도 그 길에 접한 서쪽면에 돼지고기만 따로 파는 저전들이 있었다. 이외에도 십자가와 선의문 사이를 잇는 길의 중간 지점에 수륙교라는 다리가 있었는데, 그 옆에 종이만 파는 저시 골목이 있었다.

① 남대가의 북쪽 끝에 궁궐의 출입문이 자리잡고 있었다.
② 수륙교가 있던 곳으로부터 서북쪽 방향에 자남산이 있다.
③ 숭인문과 경시서의 중간 지점에 저시 골목이 위치해 있었다.
④ 선의문과 십자가를 연결하는 길의 중간 지점에 저전이 모여 있었다.
⑤ 십자가에서 유시 골목으로 가는 길의 중간 지점에 수륙교가 위치해 있었다.

문항편 2일차 • 의사소통능력

020

기출 17' 5급[민][상황판단]-나 난이도 ●●●

다음 글을 근거로 판단할 때 옳은 것은?

제00조(성년후견) ① 가정법원은 질병, 장애, 노령, 그 밖의 사유로 인한 정신적 제약으로 사무를 처리할 능력이 지속적으로 결여된 사람에 대하여 본인, 배우자, 4촌 이내의 친족, 검사 또는 지방자치단체의 장의 청구에 의하여 성년후견개시의 심판을 한다.

② 성년후견인은 피성년후견인의 법률행위를 취소할 수 있다.

③ 제2항에도 불구하고 일용품의 구입 등 일상생활에 필요하고 그 대가가 과도하지 아니한 법률행위는 성년후견인이 취소할 수 없다.

제00조(피성년후견인의 신상결정) ① 피성년후견인은 자신의 신상에 관하여 그의 상태가 허락하는 범위에서 단독으로 결정한다.

② 성년후견인이 피성년후견인을 치료 등의 목적으로 정신병원이나 그 밖의 다른 장소에 격리하려는 경우에는 가정법원의 허가를 받아야 한다.

제00조(성년후견인의 선임) ① 성년후견인은 가정법원이 직권으로 선임한다.

② 가정법원은 성년후견인이 선임된 경우에도 필요하다고 인정하면 직권으로 또는 청구권자의 청구에 의하여 추가로 성년후견인을 선임할 수 있다.

① 성년후견인의 수는 1인으로 제한된다.
② 지방자치단체의 장은 가정법원에 성년후견개시의 심판을 청구할 수 있다.
③ 성년후견인은 피성년후견인이 행한 일용품 구입행위를 그 대가의 정도와 관계없이 취소할 수 없다.
④ 가정법원은 성년후견개시의 심판절차에서 직권으로 성년후견인을 선임할 수 없다.
⑤ 성년후견인은 가정법원의 허가 없이 단독으로 결정하여 피성년후견인을 치료하기 위해 정신병원에 격리할 수 있다.

021

기출 19' 5급[민]-나 난이도 ●●●

다음 글에서 알 수 있는 것은?

탁주는 혼탁한 술이다. 탁주는 알코올 농도가 낮고, 맑지 않아 맛이 텁텁하다. 반면 청주는 탁주에 비해 알코올 농도가 높고 맑은 술이다. 그러나 얼마만큼 맑아야 청주이고 얼마나 흐려야 탁주인가 하는 질문에는 명쾌하게 답을 내리기가 쉽지 않다. 탁주의 정의 자체에 혼탁이라는 다소 불분명한 용어가 쓰이기 때문이다. 과학적이라고 볼 수는 없지만, 투명한 병에 술을 담고 그 병 뒤에 작은 물체를 두었을 경우 그 물체가 희미하게 보이거나 아예 보이지 않으면 탁주라고 부른다. 술을 담은 병 뒤에 둔 작은 물체가 희미하게 보일 때 이 술의 탁도는 350 ebc 정도이다. 청주의 탁도는 18 ebc 이하이며, 탁주 중에 막걸리는 탁도가 1,500 ebc 이상인 술이다.

막걸리를 만들기 위해서는 찹쌀, 보리, 밀가루 등을 시루에 쪄서 만든 지에밥이 필요하다. 적당히 말린 지에밥에 누룩, 효모와 물을 섞어 술독에 넣고 나서 며칠 지나면 막걸리가 만들어진다. 술독에서는 미생물에 의한 당화과정과 발효과정이 거의 동시에 일어나며, 이 두 과정을 통해 지에밥의 녹말이 알코올로 바뀌게 된다. 효모가 녹말을 바로 분해하지 못하므로, 지에밥에 들어있는 녹말을 엿당이나 포도당으로 분해하는 당화과정에서는 누룩곰팡이가 중요한 역할을 한다. 누룩곰팡이가 갖고 있는 아밀라아제는 녹말을 잘게 잘라 엿당이나 포도당으로 분해한다. 이 당화과정에서 만들어진 엿당이나 포도당을 효모가 알코올로 분해하는 과정을 발효과정이라 한다. 당화과정과 발효과정 중에 나오는 에너지로 인하여 열이 발생하게 되며, 이 열로 술독 내부의 온도인 품온(品溫)이 높아진다. 품온은 막걸리의 질과 풍미를 결정하기에 적정 품온이 유지되도록 술독을 관리해야 하는데, 일반적인 적정 품온은 23 ~ 28°C이다.

※ ebc: 유럽양조협회에서 정한 탁도의 단위

① 청주와 막걸리의 탁도는 다르지만 알코올 농도는 같다.
② 지에밥의 녹말이 알코올로 변하면서 발생하는 열이 품온을 높인다.
③ 누룩곰팡이가 지닌 아밀라아제는 엿당이나 포도당을 알코올로 분해한다.
④ 술독에 넣는 효모의 양을 조절하면 청주와 막걸리를 구분하여 만들 수 있다.
⑤ 막걸리를 만들 때, 술독 안의 당화과정은 발효과정이 완료된 이후에 시작된다.

022

기출 19' 5급㉠-나 난이도 ●●●

다음 글의 ㉠에 대한 비판으로 가장 적절한 것은?

"프랑스 수도가 어디지?"라는 가영의 물음에 나정이 "프랑스 수도는 로마지."라고 대답했다고 하자. 나정이 가영에게 제공한 것을 정보라고 할 수 있을까? 정보의 일반적 정의는 '올바른 문법 형식을 갖추어 의미를 갖는 자료'다. 이 정의에 따르면 나정의 대답은 정보를 담고 있다. 다음 진술은 이런 관점을 대변하는 진리 중립성 논제를 표현한다. "정보를 준다는 것이 반드시 그 내용이 참이라는 것을 의미하지는 않는다." 이 논제의 관점에서 보자면, 올바른 문법 형식을 갖추어 의미를 해석할 수 있는 자료는 모두 정보의 자격을 갖는다. 그 내용이 어떤 사태를 표상하든, 참을 말하든, 거짓을 말하든 상관없다.

그러나 이 조건만으로는 불충분하다는 지적이 있다. 철학자 플로리디는 전달된 자료를 정보라고 하려면 그 내용이 참이어야 한다고 주장한다. 즉, 정보란 올바른 문법 형식을 갖춘, 의미 있고 참인 자료라는 것이다. 이를 ㉠ <u>진리성 논제</u>라고 한다. 그라이스는 이렇게 말한다. "거짓 '정보'는 저급한 종류의 정보가 아니다. 그것은 아예 정보가 아니기 때문이다." 이 점에서 그 역시 이 논제를 받아들이고 있다.

이런 논쟁은 용어법에 관한 시시한 언쟁처럼 보일 수도 있지만, 두 진영 간에는 정보 개념이 어떤 역할을 해야 하는가에 대한 근본적인 견해 차이가 있다. 진리성 논제를 비판하는 사람들은 틀린 '정보'도 정보로 인정되어야 한다고 말한다. 자료의 내용이 그것을 이해하는 주체의 인지 행위에서 분명한 역할을 수행한다는 이유에서다. '프랑스 수도가 로마'라는 말을 토대로 가영은 이런저런 행동을 할 수 있다. 가령, 프랑스어를 배우기 위해 로마로 떠날 수도 있고, 프랑스 수도를 묻는 퀴즈에서 오답을 낼 수도 있다. 거짓인 자료는 정보가 아니라고 볼 경우, '정보'라는 말이 적절하게 사용되는 사례들의 범위를 부당하게 제한하는 꼴이 된다.

① '정보'라는 표현이 일상적으로 사용되는 사례가 모두 적절한 것은 아니다.
② 올바른 문법 형식을 갖추지 못한 자료는 정보라는 지위에 도달할 수 없다.
③ 사실과 다른 내용의 자료를 숙지하고 있는 사람은 정보를 안다고 볼 수 없다.
④ 내용이 거짓인 자료를 토대로 행동을 하는 사람은 자신이 의도한 결과에 도달할 수 없다.
⑤ 거짓으로 밝혀질 자료도 그것을 믿는 사람의 인지 행위에서 분명한 역할을 한다면 정보라고 볼 수 있다.

023

기출 19' 5급㉠-나 난이도 ●●●

다음 글에서 알 수 있는 것은?

무신 집권자 최우는 몽골이 침입하자 항복하고, 매년 공물을 보내기로 약속하였다. 그러나 그는 약속을 어기고, 강화도로 수도를 옮겼다. 이에 몽골은 살리타를 대장으로 삼아 두 번째로 침입하였다. 몽골군은 한동안 고려의 여러 지방을 공격하다가 살리타가 처인성에서 전사하자 퇴각하였다. 몽골은 이후 몇 차례 고려에 개경 복귀를 요구하였다. 당시 대신 중에는 이를 받아들이자고 주장하는 사람이 많았다. 하지만 최우는 몽골이 결국 자기의 권력을 빼앗을 것이라고 걱정해 이를 묵살하였다. 이에 몽골은 1235년에 세 번째로 침입하였다. 이때 최우는 강화도를 지키는 데 급급할 뿐 항전을 하지 않았다. 아무런 저항을 받지 않은 몽골군은 고려에 무려 4년 동안 머물며 전국을 유린하다가 철군하였다. 몽골은 이후 한동안 침입하지 않다가 1247년에 다시 침입해 약탈을 자행하다가 2년 후 돌아갔다. 그 직후에 최우가 죽고, 뒤를 이어 최항이 집권하였다.

몽골은 1253년에 예쿠라는 장수를 보내 또 침입해 왔다. 몽골군은 고려군의 저항을 쉽사리 물리치며 남하해 충주성까지 공격했다. 충주성의 천민들은 관군의 도움 없이 몽골군에 맞서 끝까지 성을 지켜냈다. 남하를 멈춘 몽골군이 개경 인근으로 되돌아온다는 소식을 들은 최항은 강화 협상에 나서기로 했으나 육지로 나오라는 요구는 묵살했다. 몽골은 군대를 일단 철수했다가 이듬해인 1254년에 잔인하기로 이름난 자랄타이로 하여금 다시 침입하게 했다. 그는 무려 20만 명을 포로로 잡아 그해 말 돌아갔다.

거듭된 전란에도 아랑곳하지 않고 강화도에서 권력을 휘두르던 최항은 집권한 지 9년 만에 죽었다. 그해에 자랄타이는 다시금 고려를 침입했는데, 최항의 뒤를 이은 최의가 집권 11개월 만에 김준, 유경에 의해 죽자 고려가 완전히 항복할 것이라 보고 군대를 모두 철수하였다. 실제로 고려 정부는 항복 의사를 전달했으며, 이로써 장기간 고려를 괴롭힌 전쟁은 끝날 수 있게 되었다.

① 몽골군은 최우가 집권한 이후 모두 다섯 차례 고려를 침입하였다.
② 자랄타이가 고려를 처음으로 침입하기 직전에 최의가 집권하였다.
③ 김준과 유경은 무신 집권자 최의를 죽이고 고려 국왕에게 권력을 되돌려 주었다.
④ 최항이 집권한 시기에 예쿠가 이끄는 몽골군은 충주성을 공격했으나 점령하지 못했다.
⑤ 고려를 침입한 살리타가 처인성에서 사망하자 최우는 개경에서 강화도로 수도를 옮겼다.

024

기출 19' 5급(민)-나 난이도 ●●○

다음 글의 빈칸에 들어갈 내용으로 가장 적절한 것은?

알레르기는 도시화와 산업화가 진행되는 지역에서 매우 빠르게 증가하고 있는데, 알레르기의 발병 원인에 대한 20세기의 지배적 이론은 알레르기는 병원균의 침입에 의해 발생하는 감염성 질병이라는 것이다. 하지만 1989년 영국 의사 S는 이 전통적인 이론에 맞서 다음 가설을 제시했다.

[　　　　　　　　　　]

S는 1958년 3월 둘째 주에 태어난 17,000명 이상의 영국 어린이를 대상으로 그들이 23세가 될 때까지 수집한 개인 정보 데이터베이스를 분석하여, 이 가설을 뒷받침하는 증거를 찾았다. 이들의 가족 관계, 사회적 지위, 경제력, 거주 지역, 건강 등의 정보를 비교 분석한 결과, 두 개 항목이 꽃가루 알레르기와 상관관계를 가졌다. 첫째, 함께 자란 형제자매의 수이다. 외동으로 자란 아이의 경우 형제가 서넛인 아이에 비해 꽃가루 알레르기에 취약했다. 둘째, 가족 관계에서 차지하는 서열이다. 동생이 많은 아이보다 손위 형제가 많은 아이가 알레르기에 걸릴 확률이 낮았다.

S의 주장에 따르면 가족 구성원이 많은 집에 사는 아이들은 가족 구성원, 특히 손위 형제들이 집안으로 끌고 들어오는 온갖 병균에 의한 잦은 감염 덕분에 장기적으로는 알레르기 예방에 오히려 유리하다. S는 유년기에 겪은 이런 감염이 꽃가루 알레르기를 비롯한 알레르기성 질환으로부터 아이들을 보호해 왔다고 생각했다.

① 알레르기는 유년기에 병원균 노출의 기회가 적을수록 발생 확률이 높아진다.
② 알레르기는 가족 관계에서 서열이 높은 가족 구성원에게 더 많이 발생한다.
③ 알레르기는 성인보다 유년기의 아이들에게 더 많이 발생한다.
④ 알레르기는 도시화에 따른 전염병의 증가로 인해 유발된다.
⑤ 알레르기는 형제가 많을수록 발생 확률이 낮아진다.

025

기출 16' 5급(민)[상황판단]-5 난이도 ●○○

동산 X를 甲, 乙, 丙 세 사람이 공유하고 있다. 다음 A국의 규정을 근거로 판단할 때, 〈보기〉에서 옳은 것만을 모두 고르면?

제00조(물건의 공유) ① 물건이 지분에 의하여 여러 사람의 소유로 된 때에는 공유로 한다.
② 공유자의 지분은 균등한 것으로 추정한다.
제00조(공유지분의 처분과 공유물의 사용, 수익) 공유자는 자신의 지분을 다른 공유자의 동의 없이 처분할 수 있고 공유물 전부를 지분의 비율로 사용, 수익할 수 있다.
제00조(공유물의 처분, 변경) 공유자는 다른 공유자의 동의 없이 공유물을 처분하거나 변경하지 못한다.
제00조(공유물의 관리, 보존) 공유물의 관리에 관한 사항은 공유자의 지분의 과반수로써 결정한다. 그러나 보존행위는 각자가 할 수 있다.
제00조(지분포기등의 경우의 귀속) 공유자가 그 지분을 포기하거나 상속인 없이 사망한 때에는 그 지분은 다른 공유자에게 각 지분의 비율로 귀속한다.

보기

ㄱ. 甲, 乙, 丙은 X에 대해 각자 1/3씩 지분을 갖는 것으로 추정된다.
ㄴ. 甲은 단독으로 X에 대한 보존행위를 할 수 있다.
ㄷ. 甲이 X에 대한 자신의 지분을 처분하기 위해서는 乙과 丙의 동의를 얻어야 한다.
ㄹ. 甲이 상속인 없이 사망한 경우, X에 대한 甲의 지분은 乙과 丙에게 각 지분의 비율에 따라 귀속된다.

① ㄱ, ㄴ　② ㄴ, ㄷ　③ ㄷ, ㄹ
④ ㄱ, ㄴ, ㄹ　⑤ ㄱ, ㄷ, ㄹ

026

기출 18' 5급[민]-가 난이도 ●○○

다음 글의 ㉠~㉤에서 전체 흐름과 맞지 않는 한 곳을 찾아 수정할 때, 가장 적절한 것은?

상업적 농업이란 전통적인 자급자족 형태의 농업과 달리 ㉠ 판매를 위해 경작하는 농업을 일컫는다. 농업이 상업화된다는 것은 산출할 수 있는 최대의 수익을 얻기 위해 경작이 이루어짐을 뜻한다. 이를 위해 쟁기질, 제초작업 등과 같은 생산 과정의 일부를 인간보다 효율이 높은 기계로 작업하게 되고, 농장에서 일하는 노동자도 다른 산업 분야처럼 경영상의 이유에 따라 쉽게 고용되고 해고된다. 이처럼 상업적 농업의 도입은 근대 사회의 상업화를 촉진한 측면이 있다.

홉스봄은 18세기 유럽에 상업적 농업이 도입되면서 일어난 몇 가지 변화에 주목했다. 중세 말기 장원의 해체로 인해 지주와 소작인 간의 인간적이었던 관계가 사라진 것처럼, ㉡ 농장주와 농장 노동자의 친밀하고 가까웠던 관계가 상업적 농업의 도입으로 인해 사라졌다. 토지는 삶의 터전이라기보다는 수익의 원천으로 여겨지게 되었고, 농장 노동자는 시세대로 고용되어 임금을 받는 존재로 변화하였다. 결국 대량 판매 시장을 위한 ㉢ 대규모 생산이 점점 더 강조되면서 기계가 인간을 대체하기 시작했다.

또한 상업적 농업의 도입은 중요한 사회적 결과를 가져왔다. 점차적으로 ㉣ 중간 계급으로의 수렴현상이 나타난 것이다. 저임금 구조의 고착화로 농장주와 농장 노동자 간의 소득 격차는 갈수록 벌어졌고, 농장 노동자의 처지는 위생과 복지의 양 측면에서 이전보다 더욱 열악해졌다.

나아가 상업화로 인해 그 동안 호혜성의 원리가 적용되어왔던 대상들의 성격이 변화하였는데, 특히 돈과 관련된 것, 즉 재산권이 그러했다. 수익을 얻기 위한 토지 매매가 본격화되면서 ㉤ 재산권은 공유되기보다는 개별화되었다. 이에 따라 이전에 평등주의 가치관이 우세했던 일부 유럽 국가에서조차 자원의 불평등한 분배와 사회적 양극화가 심화되었다.

① ㉠을 "개인적인 소비를 위해 경작하는 농업"으로 고친다.
② ㉡을 "농장주와 농장 노동자의 이질적이고 사용 관계에 가까웠던 관계"로 고친다.
③ ㉢을 "기술적 전문성이 점점 더 강조되면서 인간이 기계를 대체"로 고친다.
④ ㉣을 "계급의 양극화가 나타난 것이다."로 고친다.
⑤ ㉤을 "재산권은 개별화되기보다는 사회 구성원 내에서 공유되었다."로 고친다.

027

기출 18' 5급[민]-가 난이도 ●○○

다음 글에서 알 수 있는 것은?

공동의 번영과 조화를 뜻하는 공화(共和)에서 비롯된 공화국이라는 용어는 국가라는 정치 공동체 전체를 위해 때로는 개인의 양보가 필요할 수 있음을 전제하고 있다는 점에서 사회적 공공성 개념과 연결된다. 이미 1919년 임시정부가 출범하면서 '민주공화국'이라는 표현이 등장하였고 헌법 제1조에도 '대한민국은 민주공화국'이라고 명시되어 있지만, 분단 이후 북한도 '공화국'이라는 용어를 사용함에 따라 한국에서는 이 용어의 사용이 기피되었다. 냉전 체제의 고착화로 인해 반공이 국시가 되면서 '공화국'보다는 오히려 '자유민주주의'라는 용어가 훨씬 더 널리 사용되었는데, 이때에도 민주주의보다는 자유가 강조되었다.

그런데 해방 이후 한국 사회에 널리 유포된 자유의 개념은 대체로 서구의 고전적 자유주의 전통에서 비롯된 것이다. 이 전통에서 보자면, 자유란 '국가의 강제에 대립하여 자신의 사유 재산권을 자기 마음대로 행사할 수 있는 것'을 의미한다. 이 같은 자유 개념에 기초하고 있는 자유민주주의에서는 개인의 자유를 강조할수록 사회적 공공성은 약화될 수밖에 없다.

자유민주주의가 1960년대 이후 급속히 팽배하기 시작한 개인주의와 결합하면서 사회적 공공성은 더욱 후퇴하였다. 이 시기 군사정권이 내세웠던 "잘 살아보세." 라는 표어는 우리 공동체 전체가 다 함께 잘 사는 것이라기보다는 사실상 나 또는 내 가족만큼은 잘 살아보자는 개인적 욕망의 합리화를 의미했다. 그 결과 공동체 전체의 번영을 위한 사회 전반의 공공성이 강화되기보다는 사유 재산의 증대를 위해 국가의 간섭을 배제해야 한다는 논리가 강화되었던 것이다.

① 한국 사회에서 자유민주주의라는 용어는 공화국의 이념을 충실하게 수용한 것이다.
② 임시 정부에서 민주공화국이라는 용어를 사용한 것은 자유주의 전통에 따른 것이다.
③ 고전적 자유주의에서 비롯된 자유 개념을 강조할수록 사회적 공공성이 약화될 수 있다.
④ 반공이 국시가 된 이후 국가 공동체에 대한 충성을 강조한 결과 공공성에 대한 관심이 증대되었다.
⑤ 1960년대 이후 개인주의와 자유민주주의의 결합은 공동체 전체의 번영이라는 사회적 결과를 낳았다.

028

기출 18' 5급㊗-가 난이도 ●●●

다음 글에서 알 수 있는 것은?

구글의 디지털도서관은 출판된 모든 책을 디지털화하여 온라인을 통해 제공하는 프로젝트이다. 이는 전 세계 모든 정보를 취합하여 정리한다는 목표에 따라 진행되며, 이미 1,500만 권의 도서를 스캔하였다. 덕분에 셰익스피어 저작집 등 저작권 보호 기간이 지난 책들이 무료로 서비스되고 있다.

이에 대해 미국 출판업계가 소송을 제기하였고, 2008년에 구글이 1억 2,500만 달러를 출판업계에 지급하는 것으로 양자 간 합의안이 도출되었다. 그러나 연방법원은 이 합의안을 거부하였다. 디지털도서관은 많은 사람들에게 혜택을 줄 수 있지만, 이는 구글의 시장독점을 초래할 우려가 있으며, 저작권 침해의 소지도 있기에 저작권자도 소송에 참여하라고 주문하였다.

구글의 지식 통합 작업은 많은 이점을 가져오겠지만, 모든 지식을 한곳에 집중시키는 것이 옳은 방향인가에 대해서는 숙고가 필요하다. 문명사회를 지탱하고 있는 사회계약이란 시민과 국가 간의 책임과 권리에 관한 암묵적 동의이며, 집단과 구성원 간, 또는 개인 간의 계약을 의미한다. 이러한 계약을 위해서는 쌍방이 서로에 대해 비슷한 정도의 지식을 가지고 있어야 한다는 전제조건이 충족되어야 한다. 그런데 지식 통합 작업을 통한 지식의 독점은 한쪽 편이 상대방보다 훨씬 많은 지식을 가지는 지식의 비대칭성을 강화한다. 따라서 사회계약의 토대 자체가 무너질 수 있다. 또한, 지식 통합 작업은 지식을 수집하여 독자들에게 제공하고자 하는 것이지만, 더 나아가면 지식의 수집뿐만 아니라 선별하고 배치하는 편집 권한까지 포함하게 된다. 이에 따라 사람들이 알아도 될 것과 그렇지 않은 것을 결정하는 막강한 권력을 구글이 갖게 되는 상황이 초래될 수 있다.

① 구글과 저작권자의 갈등은 소송을 통해 해결되었다.
② 구글의 지식 통합 작업은 사회계약의 전제조건을 더 공고하게 할 것이다.
③ 구글의 지식 통합 작업은 독자들과 구글 사이에 평등한 권력 관계를 확대할 것이다.
④ 구글의 디지털도서관은 지금까지 스캔한 1,500만 권의 책을 무료로 서비스하고 있다.
⑤ 구글의 지식 통합 작업은 지식의 수집에서 편집권을 포함하는 것까지 확대될 수 있다.

029

기출 18' 5급㊗-가 난이도 ●●●

다음 글의 빈칸에 들어갈 진술로 가장 적절한 것은?

조선 후기에는 이앙법이 전국적으로 확산되었다. 이앙법을 수용하면 잡초 제거에 드는 시간과 노동력이 줄어든다. 상당수 역사학자들은 조선 후기 이앙법의 확대 수용 결과 광작(廣作)이 확산되고 상업적 농업 경영이 가능하게 되었다고 생각한다. 즉 한 사람이 경작할 수 있는 면적이 늘어남은 물론 많은 양의 다양한 농작물 수확이 가능하게 되어 판매까지 활성화되었다는 것이다. 그 결과 양반과 농민 가운데 다수의 부농이 나타나게 되었다고 주장한다.

그런데 A는 조선 후기에 다수의 양반이 광작을 통해 부농이 되었다는 주장을 근거가 없다고 비판한다. 그에 의하면 조선 전기에는 자녀 균분 상속이 일반적이었다. 그런데 균분 상속을 하게 되면 자식들이 소유하게 될 땅의 면적이 선대에 비해 줄어들게 된다. 이에 조선 후기 양반들은 가문의 경제력을 보전해야 한다고 생각해 대를 이을 장자에게만 전답을 상속해주기 시작했고, 그 결과 장자를 제외한 사람들은 영세한 소작인으로 전락했다는 것이 그의 주장이다.

또한, A는 조선 후기의 대다수 농민은 소작인이었으며, 그나마 이들이 소작할 수 있는 땅도 적었다고 주장한다. 그는 반복된 자연재해로 전답의 상당수가 황폐해져 전체적으로 경작지가 줄어들었기 때문에 이앙법 확산의 효과를 기대하기 어려운 여건이었다고 하였다. 이런 여건에서 정부의 재정 지출 증가로 농민의 부세 부담 또한 늘어났고, 늘어난 부세를 부담하기 위해 한정된 경작지에 되도록 많은 작물을 경작하려 한 결과 집약적 농업이 성행하게 되었다고 보았다. 그런데 집약적으로 농사를 짓게 되면 농업 생산력이 높아질 리 없다는 것이 그의 주장이다. 가령 면화를 재배하면서도 동시에 다른 작물을 면화 사이에 심어 기르는 경우가 많았는데, 이렇듯 제한된 면적에 한꺼번에 많은 양의 작물을 재배하면 지력이 떨어지고 수확량은 줄어들어 자연히 시장에 농산물을 내다 팔 여력이 거의 없게 된다는 것이다.

요컨대 A의 주장은 __________ 는 것이다.

① 이앙법의 확산 효과는 시기별, 신분별로 다르게 나타났다
② 자녀 균분 상속제가 사라져 농작물 수확량이 급속히 감소하였다
③ 집약적 농업이 성행하였기 때문에 이앙법의 확산을 기대하기 어려웠다
④ 조선 후기에는 양반이든 농민이든 부농으로 성장할 수 있는 가능성이 높지 않았다
⑤ 대다수 농민이 광작과 상업적 농업에 주력했음에도 불구하고 자연재해로 인해 생산력은 오히려 낮아졌다

030

기출 16' 5급㉤[상황판단]-5 난이도 ●○○

다음 A국의 규정을 근거로 판단할 때 옳은 것은?

제00조 ① 법령 등을 제정·개정 또는 폐지(이하 "입법"이라 한다)하려는 경우에는 해당 입법안을 마련한 행정청은 이를 예고하여야 한다. 다만, 다음 각 호의 어느 하나에 해당하는 경우에는 예고를 하지 아니할 수 있다.

1. 신속한 국민의 권리 보호 또는 예측 곤란한 특별한 사정의 발생 등으로 입법이 긴급을 요하는 경우
2. 상위 법령 등의 단순한 집행을 위한 경우
3. 예고함이 공공의 안전 또는 복리를 현저히 해칠 우려가 있는 경우

② 법제처장은 입법예고를 하지 아니한 법령안의 심사 요청을 받은 경우에 입법예고를 하는 것이 적당하다고 판단할 때에는 해당 행정청에 입법예고를 권고하거나 직접 예고할 수 있다.

제00조 ① 행정청은 입법안의 취지, 주요 내용 또는 전문(全文)을 관보·공보나 인터넷·신문·방송 등을 통하여 널리 공고하여야 한다.

② 행정청은 입법예고를 할 때에 입법안과 관련이 있다고 인정되는 중앙행정기관, 지방자치단체, 그 밖의 단체 등이 예고사항을 알 수 있도록 예고사항을 통지하거나 그 밖의 방법으로 알려야 한다.

③ 행정청은 예고된 입법안의 전문에 대한 열람 또는 복사를 요청받았을 때에는 특별한 사유가 없으면 그 요청에 따라야 하며, 복사에 드는 비용을 복사를 요청한 자에게 부담시킬 수 있다.

① 행정청은 신속한 국민의 권리 보호를 위해 입법이 긴급을 요하는 경우 입법예고를 하지 않을 수 있다.
② 행정청은 예고된 입법안 전문에 대한 복사 요청을 받은 경우 복사에 드는 비용을 부담하여야만 한다.
③ 행정청은 법령의 단순한 집행을 위해 그 하위 법령을 개정하는 경우 입법예고를 하여야만 한다.
④ 법제처장은 입법예고를 하지 않은 법령안의 심사를 요청받은 경우 그 법령안의 입법예고를 직접 할 수 없다.
⑤ 행정청은 법령을 폐지하는 경우 입법예고를 하지 않는다.

Day 2 Self Check List

	오답 수	무응답 수	풀이시간(분)
1회독	/ 15	/ 15	/ 30(분)
2회독	/ 15	/ 15	/ 25(분)
3회독	/ 15	/ 15	/ 15(분)

정답 및 해설 179p

독끝 3일차 (031~045)

*아래 회독수 별 권장 풀이 시간에 맞춰 풀이 후, 끝쪽의 Self Check List를 기입하여 부족한 부분을 파악하세요!

권장 풀이 시간

1회독 30 min 2회독 25 min 3회독 15 min

본 문항은 PSAT 언어논리 영역 기출 문항으로 구성되며, 기출 표기에 따른 시험 종류는 아래와 같습니다.(표기 상 맨 끝은 '책형' 입니다.)
㉶ – 민간경력자 일괄채용시험 / ㉹ – 공개경쟁채용시험(행정)

031

기출 18' 5급㉶-가 난이도 ●○○

다음 글에서 알 수 있는 것은?

체험사업을 운영하는 이들은 아이들에게 다양한 식업의 현장과 삶의 실상, 즉 현실을 체험하게 해준다고 홍보한다. 직접 겪지 못하는 현실을 잠시나마 체험함으로써 미래에 더 좋은 선택을 할 수 있게 한다는 것이다. 체험은 생산자에게는 홍보와 돈벌이 수단이 되고, 소비자에게는 교육의 연장이자 주말 나들이 거리가 된다. 이런 필요와 전략이 맞물려 체험사업이 번성한다. 그러나 이때의 현실은 체험하는 사람의 필요와 여건에 맞추어 미리 짜놓은 현실, 치밀하게 계산된 현실이다. 다른 말로 하면 가상현실이다. 아이들의 상황을 고려해서 눈앞에 보일 만한 것, 손에 닿을 만한 것, 짧은 시간에 마칠 수 있는 것을 잘 계산해서 마련해 놓은 맞춤형 가상현실인 것이다. 눈에 보이지 않는 구조, 손에 닿지 않는 제도, 장기간 반복되는 일상은 체험행사에서는 제공될 수 없다.

여기서 주목해야 할 것은 경험과 체험의 차이이다. 경험은 타자와의 만남이다. 반면 체험 속에서 인간은 언제나 자기 자신만을 볼 뿐이다. 타자들로 가득한 현실을 경험함으로써 인간은 스스로 변화하는 동시에 현실을 변화시킬 동력을 얻는다. 이와 달리 가상현실에서는 그것을 체험하고 있는 자신을 재확인하는 것으로 귀결되기 마련이다. 경험 대신 체험을 제공하는 가상현실은 실제와 가상의 경계를 모호하게 할 뿐만 아니라 우리를 현실에 순응하도록 이끈다. 요즘 미래 기술로 각광받는 디지털 가상현실 기술은 경험을 체험으로 대체하려는 오랜 시도의 결정판이다. 버튼 하나만 누르면 3차원으로 재현된 세계가 바로 앞에 펼쳐진다. 한층 빠르고 정교한 계산으로 구현한 가상현실은 우리에게 필요한 모든 것을 눈앞에서 체험할 수 있는 본격 체험사회를 예고하는 것만 같다.

① 체험사업은 장기간의 반복적 일상을 가상현실을 통해 경험하도록 해준다.
② 현실을 변화시킬 수 있는 동력은 체험이 아닌 현실을 경험함으로써 얻게 된다.
③ 가상현실은 실제와 가상 세계의 경계를 구분하여 자기 자신을 체험할 수 없도록 한다.
④ 체험사업은 아이들에게 타자와의 만남을 경험하게 해줌으로써 경제적 이윤을 얻고 있다.
⑤ 디지털 가상현실 기술은 아이들에게 현실을 경험하게 함으로써 미래에 더 좋은 선택을 하도록 돕는다.

032

기출 18' 5급㉶-가 난이도 ●○○

다음 글에서 알 수 없는 것은?

고대에는 별이 뜨고 지는 것을 통해 방위를 파악했다. 최근까지 서태평양 캐롤라인 제도의 주민은 현대식 항해 장치 없이도 방위를 파악하여 카누 하나만으로 드넓은 열대 바다를 항해하였다. 인류학자들에 따르면, 그들은 별을 나침반처럼 이용하여 여러 섬을 찾아다녔고 이때의 방위는 북쪽의 북극성, 남쪽의 남십자성, 그 밖에 특별히 선정한 별이 뜨고 지는 것에 따라 정해졌다.

캐롤라인 제도는 적도의 북쪽에 있어서 그 주민들은 북쪽 수평선의 바로 위쪽에서 북극성을 볼 수 있다. 북극성은 천구의 북극점으로부터 매우 가까운 거리에서 작은 원을 그리며 공전한다. 천구의 북극점은 지구 자전축의 북쪽 연장선상에 있기 때문에 천구의 북극점에 있는 별은 공전을 하지 않고 정지된 것처럼 보인다. 이처럼 천구의 북극점에 있는 별을 제외하고 북극성을 포함한 별이 천구의 북극점을 중심으로 공전하는 것처럼 보이는 것은 지구가 자전하기 때문이다.

캐롤라인 제도의 주민이 북쪽을 찾기 위해 이용했던 북극성은 자기(磁氣) 나침반보다 더 정확하게 천구의 북극점을 가리킨다. 이는 나침반의 바늘이 지구의 자전축으로부터 거리가 멀리 떨어져 있는 지구자기의 북극점을 향하기 때문이다. 또한 천구의 남극점 근처에서 쉽게 관측할 수 있는 고정된 별은 없으므로 캐롤라인 제도의 주민은 남극점 자체를 볼 수 없다. 그러나 남십자성이 천구의 남극점 주위를 돌고 있으므로 남쪽을 파악하는 데는 큰 어려움이 없다.

① 고대에 사용되었던 방위 파악 방법 중에는 최근까지 이용된 것도 있다.
② 캐롤라인 제도의 주민은 밤하늘에 있는 남십자성을 이용하여 남쪽을 알아낼 수 있었다.
③ 지구 자전축의 연장선상에 별이 있다면, 밤하늘을 보았을 때 그 별은 정지된 것처럼 보인다.
④ 자기 나침반을 이용하면 북극성을 이용할 때보다 더 정확히 천구의 북극점을 찾을 수 있다.
⑤ 캐롤라인 제도의 주민이 관찰한 별이 천구의 북극점을 중심으로 공전하는 것처럼 보이는 이유는 지구가 자전하기 때문이다.

033

기출 18' 5급ⓜ-가 난이도 ●●○

다음 글에 대한 분석으로 적절한 것만을 〈보기〉에서 모두 고르면?

우리는 흔히 행위를 윤리적 관점에서 '해야 하는 행위'와 '하지 말아야 하는 행위'로 구분한다. 그리고 전자에는 '윤리적으로 옳음'이라는 가치 속성을, 후자에는 '윤리적으로 그름'이라는 가치 속성을 부여한다. 그런데 윤리적 담론의 대상이 되는 행위 중에는 윤리적으로 권장되는 행위나 윤리적으로 허용되는 행위도 존재한다.

윤리적으로 권장되는 행위는 자선을 베푸는 것과 같이 윤리적인 의무는 아니지만 윤리적으로 바람직하다고 판단되는 행위를 의미한다. 이와 달리 윤리적으로 허용되는 행위는 윤리적으로 그르지 않으면서 정당화 가능한 행위를 의미한다. 예를 들어, 응급환자를 태우고 병원 응급실로 달려가던 중 신호를 위반하고 질주하는 행위는 맥락에 따라 윤리적으로 정당화 가능한 행위라고 판단될 것이다. 우리가 윤리적으로 권장되는 행위나 윤리적으로 허용되는 행위에 대해 옳음이나 그름이라는 윤리적 가치 속성을 부여한다면, 이 행위들에는 윤리적으로 옳음이라는 속성이 부여될 것이다.

이런 점에서 '윤리적으로 옳음'이란 윤리적으로 해야 하는 행위, 권장되는 행위, 허용되는 행위 모두에 적용되는 매우 포괄적인 용어임에 유의할 필요가 있다. '윤리적으로 옳은 행위가 무엇인가?'라는 질문에 답할 때, 이러한 포괄성을 염두에 두지 않고, 윤리적으로 해야 하는 행위, 즉 적극적인 윤리적 의무에 대해서만 주목하는 경향이 있다. 하지만 구체적인 행위에 대해 '윤리적으로 옳은가?'라는 질문을 할 때에는 위와 같은 분류를 바탕으로 해당 행위가 해야 하는 행위인지, 권장되는 행위인지, 혹은 허용되는 행위인지 따져볼 필요가 있다.

보기

ㄱ. 어떤 행위는 그 행위가 이루어진 맥락에 따라 윤리적으로 허용되는지의 여부가 결정된다.
ㄴ. '윤리적으로 옳은 행위가 무엇인가?'라는 질문에 답하기 위해서는 적극적인 윤리적 의무에만 주목해야 한다.
ㄷ. 윤리적으로 권장되는 행위와 윤리적으로 허용되는 행위에 대해서는 윤리적으로 옳음이라는 가치 속성이 부여될 수 있다.

① ㄱ ② ㄴ ③ ㄱ, ㄷ
④ ㄴ, ㄷ ⑤ ㄱ, ㄴ, ㄷ

034

기출 18' 5급ⓜ-가 난이도 ●●○

다음 글에서 알 수 있는 것은?

불교가 삼국에 전래될 때 대개 불경과 불상 그리고 사리가 들어왔다. 이에 예불을 올리고 불상과 사리를 모실 공간으로 사찰이 건립되었다. 불교가 전래된 초기에는 불상보다는 석가모니의 진신사리를 모시는 탑이 예배의 중심이 되었다.

불교에서 전하기를, 석가모니가 보리수 아래에서 열반에 든 후 화장(火葬)을 하자 여덟 말의 사리가 나왔다고 한다. 이것이 진신사리이며 이를 모시는 공간이 탑이다. 탑은 석가모니의 분신을 모신 곳으로 간주되어 사찰의 중심에 놓였다. 그러나 진신사리는 그 수가 한정되어 있었기 때문에 삼국시대 말기에는 사리를 대신하여 작은 불상이나 불경을 모셨다. 이제 탑은 석가모니의 분신을 모신 곳이 아니라 사찰의 상징적 건축물로 그 의미가 변했고, 예배의 중심은 탑에서 불상을 모신 금당으로 자연스럽게 옮겨갔다.

삼국시대 사찰은 탑을 중심으로 하고 그 주위를 회랑※으로 두른 다음 부속 건물들을 정연한 비례에 의해 좌우대칭으로 배치하는 구성을 보였다. 그리하여 이 시기 사찰에서는 기본적으로 남문·중문·탑·금당·강당·승방 등이 남북으로 일직선상에 놓였다. 그리고 반드시 중문과 강당 사이를 회랑으로 연결하여 탑을 감쌌다. 동서양을 막론하고 모든 고대국가의 신전에는 이러한 회랑이 공통적으로 보이는데, 이는 신전이 성역임을 나타내기 위한 건축적 장치가 회랑이기 때문이다. 특히 삼국시대 사찰은 후대의 산사와 달리 도심 속 평지 사찰이었기 때문에 회랑이 필수적이었다.

※ 회랑: 종교 건축이나 궁궐 등에서 중요 부분을 둘러싸고 있는 지붕 달린 복도

① 삼국시대의 사찰에서 탑은 중문과 강당 사이에 위치한다.
② 진신사리를 모시는 곳은 탑에서 금당의 불상으로 바뀌었다.
③ 삼국시대 말기에는 진신사리가 부족하여 탑 안을 비워두었다.
④ 삼국시대 이후에는 평지 사찰과 산사를 막론하고 회랑을 세우지 않았다.
⑤ 탑을 사찰의 중심에 세웠던 것은 사찰이 성역임을 나타내기 위해서였다.

035

기출 15' 5급㉯[상황판단]-인 난이도 ●○○

다음 글을 근거로 판단할 때, 재산등록 의무자(A ~ E)의 재산등록 대상으로 옳은 것은?

재산등록 및 공개 제도는 재산등록 의무자가 본인, 배우자 및 직계존·비속의 재산을 주기적으로 등록·공개하도록 하는 제도이다. 이 제도는 재산등록 의무자의 재산 및 변동사항을 국민에게 투명하게 공개함으로써 부정이 개입될 소지를 사전에 차단하여 공직 사회의 윤리성을 높이기 위해 도입되었다.

- 재산등록 의무자: 대통령, 국무총리, 국무위원, 지방자치단체장 등 국가 및 지방자치단체의 정무직 공무원, 4급 이상의 일반직·지방직 공무원 및 이에 상당하는 보수를 받는 별정직 공무원, 대통령령으로 정하는 외무공무원 등
- 등록대상 친족의 범위: 본인, 배우자, 본인의 직계존·비속. 다만, 혼인한 직계비속인 여성, 외증조부모, 외조부모 및 외손자녀, 외증손자녀는 제외한다.
- 등록대상 재산: 부동산에 관한 소유권·지상권 및 전세권, 자동차·건설기계·선박 및 항공기, 합명회사·합자회사 및 유한회사의 출자 지분, 소유자별 합계액 1천만 원 이상의 현금·예금·증권·채권·채무, 품목당 5백만 원 이상의 보석류, 소유자별 연간 1천만 원 이상의 소득이 있는 지식재산권

※ 직계존속: 부모, 조부모, 증조부모 등 조상으로부터 자기에 이르기까지 직계로 이어 내려온 혈족

※ 직계비속: 자녀, 손자, 증손 등 자기로부터 아래로 직계로 이어 내려가는 혈족

① 시청에 근무하는 4급 공무원 A의 동생이 소유한 아파트
② 시장 B의 결혼한 딸이 소유한 1,500만 원의 정기예금
③ 도지사 C의 아버지가 소유한 연간 600만 원의 소득이 있는 지식재산권
④ 정부부처 4급 공무원 상당의 보수를 받는 별정직 공무원 D의 아들이 소유한 승용차
⑤ 정부부처 4급 공무원 E의 이혼한 전처가 소유한 1,000만 원 상당의 다이아몬드

036

기출 18' 5급㉯-가 난이도 ●○○

다음 글에서 추론할 수 없는 것은?

동물의 행동을 선하다거나 악하다고 평가할 수 없는 이유는 동물이 단지 본능적 욕구에 따라 행동할 뿐이기 때문이다. 오직 인간만이 욕구와 감정에 맞서서 행동할 수 있다. 인간만이 이성을 가지고 있다. 그러나 인간이 전적으로 이성적인 존재는 아니다. 다른 동물과 마찬가지로 인간 또한 감정과 욕구를 가진 존재다. 그래서 인간은 이성과 감정의 갈등을 겪게 된다.

그러한 갈등에도 불구하고 인간이 도덕적 행위를 할 수 있는 까닭은 이성이 우리에게 도덕적인 명령을 내리기 때문이다. 도덕적 명령에 따를 때에야 비로소 우리는 의무에서 비롯된 행위를 한 것이다. 만약 어떤 행위가 이성의 명령에 따른 것이 아닐 경우 그것이 결과적으로 의무와 부합할지라도 의무에서 나온 행위는 아니다. 의무에서 나온 행위가 아니라면 심리적 성향에서 비롯된 행위가 되는데, 심리적 성향에서 비롯된 행위는 도덕성과 무관하다. 불쌍한 사람을 보고 마음이 아파서 도움을 주었다면 이는 결국 심리적 성향에 따라 행동한 것이다. 그것은 감정과 욕구에 따른 것이기 때문에 도덕적 행위일 수가 없다.

감정이나 욕구와 같은 심리적 성향에 따른 행위가 도덕적일 수 없는 또 다른 이유는, 그것이 상대적이기 때문이다. 감정이나 욕구는 주관적이어서 사람마다 다르며, 같은 사람이라도 상황에 따라 변하기 마련이다. 때문에 이는 시공간을 넘어 모든 인간에게 적용될 수 있는 보편적인 도덕의 원리가 될 수 없다. 감정이나 욕구가 어떠하든지 간에 이성의 명령에 따르는 것이 도덕이다. 이러한 입장이 사랑이나 연민과 같은 감정에서 나온 행위를 인정하지 않는다거나 가치가 없다고 평가하는 것은 아니다. 단지 사랑이나 연민은 도덕적 차원의 문제가 아닐 뿐이다.

① 동물의 행위는 도덕적 평가의 대상이 아니다.
② 감정이나 욕구는 보편적인 도덕의 원리가 될 수 없다.
③ 심리적 성향에서 비롯된 행위는 도덕적 행위일 수 없다.
④ 이성의 명령에 따른 행위가 심리적 성향에 따른 행위와 일치하는 경우는 없다.
⑤ 인간의 행위 중에는 심리적 성향에서 비롯된 것도 있고 의무에서 나온 것도 있다.

037

기출 18' 5급[민]-가 | 난이도 ●○○

다음 글의 내용 흐름상 가장 적절한 문단 배열의 순서는?

(가) 회전문의 축은 중심에 있다. 축을 중심으로 통상 네 짝의 문이 계속 돌게 되어 있다. 마치 계속 열려 있는 듯한 착각을 일으키지만, 사실은 네 짝의 문이 계속 안 또는 밖을 차단하도록 만든 것이다. 실질적으로는 열려 있는 순간 없이 계속 닫혀 있는 셈이다.

(나) 문은 열림과 닫힘을 위해 존재한다. 이 본연의 기능을 하지 못한다는 점에서 계속 닫혀 있는 문이 무의미하듯이, 계속 열려 있는 문 또한 그 존재 가치와 의미가 없다. 그런데 현대 사회의 문은 대부분의 경우 닫힌 구조로 사람들을 맞고 있다. 따라서 사람들을 환대하는 것이 아니라 박대하고 있다고 할 수 있다. 그 대표적인 예가 회전문이다. 가만히 회전문의 구조와 그 기능을 머릿속에 그려보라. 그것이 어떤 식으로 열리고 닫히는지 알고는 놀랄 것이다.

(다) 회전문은 인간이 만들고 실용화한 문 가운데 가장 문명적이고 가장 발전된 형태로 보일지 모르지만, 사실상 열림을 가장한 닫힘의 연속이기 때문에 오히려 가장 야만적이며 가장 미개한 형태의 문이다.

(라) 또한 회전문을 이용하는 사람들은 회전문의 구조와 운동 메커니즘에 맞추어야 실수 없이 문을 통과해 안으로 들어가거나 밖으로 나올 수 있다. 어린아이, 허약한 사람, 또는 민첩하지 못한 노인은 쉽게 그것에 맞출 수 없다. 더구나 휠체어를 탄 사람이라면 더 말할 나위도 없다. 이들에게 회전문은 문이 아니다. 실질적으로 닫혀 있는 기능만 하는 문은 문이 아니기 때문이다.

① (가) – (나) – (라) – (다)
② (가) – (라) – (나) – (다)
③ (나) – (가) – (라) – (다)
④ (나) – (다) – (라) – (가)
⑤ (다) – (가) – (라) – (나)

038

기출 18' 5급[민]-가 | 난이도 ●○○

다음 글의 내용과 부합하는 것은?

유교 전통에서는 이상적 정치가 군주 개인의 윤리적 실천에 의해 실현된다고 보았을 뿐 윤리와 구별되는 정치 그 자체의 독자적 영역을 설정하지는 않았다. 달리 말하면 유교 전통에서는 통치자의 윤리만을 문제 삼았을 뿐, 갈등하는 세력들 간의 공존을 위한 정치나 정치 제도에는 관심을 두지 않았다. 유교 전통의 이런 측면은 동아시아에서의 민주주의의 실현 가능성을 제한하였다.

'조화(調和)'를 이상으로 생각하는 유교의 전통 또한 차이와 갈등을 긍정하는 서구의 민주주의 정치 전통과는 거리가 있다. 유교 전통에 따르면, 인간의 행위와 사회 제도는 모두 자연의 운행처럼 조화를 이루어야 한다. 조화를 이루지 못하는 것은 근본적으로 그릇된 것이기 때문에 모든 것은 계절이 자연스럽게 변화하듯 조화를 실현해야 한다. 그러나 서구의 개인주의적 맥락에서 보자면 정치란 서로 다른 개인들 간의 갈등을 조정하는 제도적 장치를 마련하는 과정이었다. 그 결과 서구의 민주주의 사회에서는 다양한 정치적 입장들이 독자적인 형태를 취하면서 경쟁하며 공존할 수 있었다.

물론 유교 전통 하에서도 다양한 정치적 입장들이 존재했다고 주장할 수 있다. 군주 절대권이 인정되었다고 해도, 실질적 국가운영을 맡았던 것은 문사(文士) 계층이었고 이들은 다양한 정치적 견해를 군주에게 전달할 수 있었다. 문사 계층은 윤리적 덕목을 군주가 실천하도록 함으로써 갈등 자체가 발생하지 않도록 힘썼다. 또한 이들은 유교 윤리에서 벗어난 군주의 그릇된 행위를 비판하기도 하였다. 그렇다고 하더라도 이들이 서구의 계몽사상가들처럼 기존의 유교적 질서와 다른 정치적 대안을 제시할 수는 없었다. 이들에게 정치는 윤리와 구별되는 독자적 영역으로 인식되지 못하였다.

① 유교 전통에서 사회적 갈등을 원활히 관리하지 못하는 군주는 교체될 수 있었다.
② 유교 전통에서 문사 계층은 기존 유교적 질서와 다른 정치적 대안을 제시하지는 못했다.
③ 조화를 강조하는 유교 전통에서는 서구의 민주주의와 다른 새로운 유형의 민주주의가 등장하였다.
④ 유교 전통에서는 조화의 이상에 따라 군주의 주도로 갈등하는 세력이 공존하는 정치가 유지될 수 있었다.
⑤ 군주의 통치 행위에 대해 다양하게 비판할 수 있었던 유교 전통으로 인해 동아시아에서 민주주의가 발전하였다.

039

기출 18' 5급(민)-가 난이도 ●●○

다음 글의 주장을 강화하는 것만을 〈보기〉에서 모두 고르면?

우리는 물체까지의 거리 자체를 직접 볼 수는 없다. 거리는 눈과 그 물체를 이은 직선의 길이인데, 우리의 망막에는 직선의 한쪽 끝 점이 투영될 뿐이기 때문이다. 그러므로 물체까지의 거리 판단은 경험을 통한 추론에 의해서 이루어진다고 보아야 한다. 예컨대 우리는 건물, 나무 같은 친숙한 대상들의 크기가 얼마나 되는지, 이들이 주변 배경에서 얼마나 공간을 차지하는지 등을 경험을 통해 이미 알고 있다. 우리는 물체와 우리 사이에 혹은 물체 주위에 이런 친숙한 대상들이 어느 정도 거리에 위치해 있는지를 우선 지각한다. 이로부터 우리는 그 물체가 얼마나 멀리 떨어져 있는지를 추론하게 된다. 또한 그 정도 떨어진 다른 사물들이 보이는 방식에 대한 경험을 토대로, 그보다 작고 희미하게 보이는 대상들은 더 멀리 떨어져 있다고 판단한다. 거리에 대한 이런 추론은 과거의 경험에 기초하는 것이다.

반면에 물체가 손이 닿을 정도로 아주 가까이에 있는 경우, 물체까지의 거리를 지각하는 방식은 이와 다르다. 우리의 두 눈은 약간의 간격을 두고 서로 떨어져 있다. 이에 우리는 두 눈과 대상이 위치한 한 점을 연결하는 두 직선이 이루는 각의 크기를 감지함으로써 물체까지의 거리를 알게 된다. 물체를 바라보는 두 눈의 시선에 해당하는 두 직선이 이루는 각은 물체까지의 거리가 멀어질수록 필연적으로 더 작아진다. 대상까지의 거리가 몇 미터만 넘어도 그 각의 차이는 너무 미세해서 우리가 감지할 수 없다. 하지만 팔 뻗는 거리 안의 가까운 물체에 대해서는 그 각도를 감지하는 것이 가능하다.

보기

ㄱ. 100미터 떨어진 지점에 민수가 한 번도 본 적이 없는 대상만 보이도록 두고 다른 사물들은 보이지 않도록 민수의 시야 나머지 부분을 가리는 경우, 민수는 그 대상을 보고도 얼마나 떨어져 있는지 판단하지 못한다.

ㄴ. 아무것도 보이지 않는 캄캄한 밤에 안개 속의 숲길을 걷다가 앞쪽 멀리서 반짝이는 불빛을 발견한 태훈이가 불빛이 있는 곳까지의 거리를 어렵잖게 짐작한다.

ㄷ. 태어날 때부터 한쪽 눈이 실명인 영호가 30센티미터 거리에 있는 낯선 물체 외엔 어떤 것도 보이지 않는 상황에서 그 물체까지의 거리를 옳게 판단한다.

① ㄱ ② ㄷ ③ ㄱ, ㄴ
④ ㄴ, ㄷ ⑤ ㄱ, ㄴ, ㄷ

040

기출 14' 5급(민)[상황판단]-A 난이도 ●○○

다음 글을 근거로 판단할 때, 〈보기〉에서 옳은 것만을 모두 고르면?

□ 사업개요

1. 사업목적
   - 취약계층 아동에게 맞춤형 통합서비스를 제공하여 아동의 건강한 성장과 발달을 도모하고, 공평한 출발기회를 보장함으로써 건강하고 행복한 사회구성원으로 성장할 수 있도록 지원함
2. 사업대상
   - 0세 ~ 만 12세 취약계층 아동

   ※ 0세는 출생 이전의 태아와 임산부를 포함

   ※ 초등학교 재학생이라면 만 13세 이상도 포함

□ 운영계획

1. 지역별 인력구성
   - 전담공무원: 3명
   - 아동통합서비스 전문요원: 4명 이상

   ※ 아동통합서비스 전문요원은 대상 아동 수에 따라 최대 7명까지 배치 가능
2. 사업예산
   - 시·군·구별 최대 3억 원(국비 100 %) 한도에서 사업 환경을 반영하여 차등지원

   ※ 단, 사업예산의 최대 금액은 기존사업지역 3억 원, 신규사업지역 1억 5천만 원으로 제한

보기

ㄱ. 임신 6개월째인 취약계층 임산부는 사업대상에 해당되지 않는다.

ㄴ. 내년 초등학교 졸업을 앞둔 만 14세 취약계층 학생은 사업대상에 해당한다.

ㄷ. 대상 아동 수가 많은 지역이더라도 해당 사업의 전담공무원과 아동통합서비스 전문요원을 합한 인원은 10명을 넘을 수 없다.

ㄹ. 해당 사업을 신규로 추진하고자 하는 △△시는 사업예산을 최대 3억 원까지 국비로 지원받을 수 있다.

① ㄱ, ㄴ ② ㄱ, ㄹ ③ ㄴ, ㄷ
④ ㄴ, ㄹ ⑤ ㄷ, ㄹ

041

기출 18' 5급[민]-가 | 난이도 ●○○

다음 글에서 알 수 없는 것은?

루머는 구전과 인터넷을 통해 확산되고, 그 과정에서 여러 사람들의 의견이 더해진다. 루머는 특히 사회적 불안감이 형성되었을 때 빠르게 확산되는데, 이는 사람들이 사회적·개인적 불안감을 해소하기 위한 수단으로 루머에 의지하기 때문이다.

나아가 루머가 확산되는 데는 사회적 동조가 중요한 영향을 미친다. 사회적 동조란 '다수의 의견이나 사회적 규범에 개인의 의견과 행동을 맞추거나 동화시키는 경향'을 뜻한다. 사회적 동조는 루머가 사실로 인식되고 대중적으로 수용되는 과정에서도 큰 영향력을 행사한다.

사회적 동조는 개인이 어떤 정보에 대해 판단하거나 그에 대한 태도를 결정하는 데 정당성을 제공한다. 다수의 의견을 따름으로써 어떤 정보를 믿는 것에 대한 합리적 이유를 갖게 되는 것이다. 실제로 루머에 대한 지지 댓글을 많이 본 사람들은 루머에 대한 반박 댓글을 많이 본 사람들에 비해 루머를 사실로 믿는 경향이 더욱 강한 것으로 나타났다. 또한 사회적 동조가 있는 상태에서는 개인의 성향과 상관없이 루머를 사실이라고 믿는 경우가 많았다.

사회적 동조의 또 다른 역할은 사람들이 자신의 의견을 제시할 때 사회적 분위기를 고려하게 하는 것이다. 소속된 집단으로부터 소외되지 않기 위해서 다수에 의해 지지되는 의견을 따라가는 현상이 발생하기도 한다. 이와 같은 현상은 개인주의 문화권보다는 집단주의 문화권에 있는 사람들에게서 더 잘 나타난다. 집단주의 문화권 사람들은 루머를 믿는 사람들로부터 루머에 대한 정보를 얻고 그것을 근거로 하여 판단하며, 다른 사람들의 의견에 개인의 생각을 일치시키는 경향이 두드러진다.

① 사람들은 루머를 사회적 불안감을 해소하기 위한 수단으로 삼기도 한다.
② 사회적 동조는 개인이 루머를 사실로 받아들이는 결정을 함에 있어 정당성을 제공한다.
③ 집단주의 문화권에서는 개인주의 문화권보다 사회적 동조가 루머의 확산에 미치는 영향이 더 크게 나타난다.
④ 루머에 대한 반박 댓글을 많이 본 사람들이 지지 댓글을 많이 본 사람들보다 루머를 사실로 믿는 경향이 더 약하다.
⑤ 사회적 동조가 있을 때, 충동적인 사람들은 충동적이지 않은 사람들에 비해 루머를 사실로 믿는 경향이 더 강하다.

042

기출 18' 5급[민]-가 | 난이도 ●○○

다음 (가)~(다)에 대한 평가로 적절한 것만을 〈보기〉에서 모두 고르면?

(가) 기술의 발전 덕분에 더 풍요로운 세계를 만들 수 있다. 원료, 자본, 노동 같은 생산요소의 투입량을 줄이면서 산출량은 더 늘릴 수 있는 세계 말이다. 디지털 기술의 발전은 경외감을 불러일으키는 개선과 풍요의 엔진이 된다. 반면 그것은 시간이 흐를수록 부, 소득, 생활수준, 발전 기회 등에서 점점 더 큰 격차를 만드는 엔진이기도 하다. 즉 기술의 발전은 경제적 풍요와 격차를 모두 가져온다.

(나) 기술의 발전에 따른 풍요가 더 중요한 현상이며, 격차도 풍요라는 기반 위에 있기 때문에 모든 사람의 삶이 풍요로워지는 데 초점을 맞추어야 한다. 고도로 숙련된 노동자와 나머지 사람들과의 격차가 벌어지고 있다는 것을 인정하지만, 모든 사람들의 경제적 삶이 나아지고 있기에 누군가의 삶이 다른 사람보다 더 많이 나아지고 있다는 사실에 관심을 둘 필요가 없다.

(다) 중산층들이 과거에 비해 경제적으로 더 취약해졌기 때문에 기술의 발전에 따른 풍요보다 격차에 초점을 맞추어야 한다. 실제로 주택, 보건, 의료 등과 같이 그들의 삶에서 중요한 항목에 들어가는 비용의 증가율은 시간이 흐르면서 가계 소득의 증가율에 비해 훨씬 더 높아지고 있다. 설상가상으로 소득 분포의 밑바닥에 속한 가정에서 태어난 아이가 상층으로 이동할 기회는 점점 더 줄어들고 있다.

보기

ㄱ. 현재의 정보기술은 덜 숙련된 노동자보다 숙련된 노동자를 선호하고, 노동자보다 자본가에게 돌아가는 수익을 늘린다는 사실은 (가)의 논지를 약화한다.
ㄴ. 기술의 발전이 전 세계의 가난한 사람들에게도 도움을 주며, 휴대전화와 같은 혁신사례들이 모든 사람들의 소득과 기타 행복의 수준을 개선한다는 연구결과는 (나)의 논지를 강화한다.
ㄷ. 기술의 발전이 가져온 경제적 풍요가 엄청나게 벌어진 격차를 보상할 만큼은 아니라는 것을 보여주는 자료는 (다)의 논지를 약화한다.

① ㄱ　② ㄴ　③ ㄱ, ㄷ
④ ㄴ, ㄷ　⑤ ㄱ, ㄴ, ㄷ

043

기출 18' 5급㉥-가 난이도 ●●○

다음 글에서 알 수 있는 것만을 〈보기〉에서 모두 고르면?

사람은 사진이나 영상만 보고도 어떤 사물의 이미지인지 아주 쉽게 분별하지만 컴퓨터는 매우 복잡한 과정을 거쳐야만 분별할 수 있다. 이를 해결하기 위해 컴퓨터가 스스로 학습하면서 패턴을 찾아내 분류하는 기술적 방식인 '기계학습'이 고안됐다. 기계학습을 통해 컴퓨터가 입력되는 수많은 데이터 중에서 비슷한 것들끼리 분류할 수 있도록 학습시킨다. 데이터 분류 방식을 컴퓨터에게 학습시키기 위해 많은 기계학습 알고리즘이 개발되었다.

기계학습 알고리즘은 컴퓨터에서 사용되는 사물 분별 방식에 기반하고 있는데, 이러한 사물 분별 방식은 크게 '지도 학습'과 '자율 학습' 두 가지로 나뉜다. 초기의 기계학습 알고리즘들은 대부분 지도 학습에 기초하고 있다. 지도 학습 방식에서는 컴퓨터에 먼저 '이런 이미지가 고양이야'라고 학습시키면, 컴퓨터는 학습된 결과를 바탕으로 고양이 사진을 분별하게 된다. 따라서 사전 학습 데이터가 반드시 제공되어야 한다. 사전 학습 데이터가 적으면 오류가 커지므로 데이터의 양도 충분해야만 한다. 반면 지도 학습 방식보다 진일보한 방식인 자율 학습에서는 이 과정이 생략된다. '이런 이미지가 고양이야'라고 학습시키지 않아도 컴퓨터는 자율적으로 '이런 이미지가 고양이군'이라고 학습하게 된다. 이러한 자율 학습 방식을 응용하여 '심화신경망' 알고리즘을 활용한 기계학습 분야를 '딥러닝'이라고 일컫는다.

그러나 딥러닝 작업은 고도의 연산 능력이 요구되기 때문에, 웬만한 컴퓨팅 능력으로는 이를 시도하기 쉽지 않았다. A 교수가 1989년에 필기체 인식을 위해 심화신경망 알고리즘을 도입했을 때 연산에만 3일이 걸렸다는 사실은 잘 알려져 있다. 하지만 고성능 CPU가 등장하면서 연산을 위한 시간의 문제는 자연스럽게 해소되었다. 딥러닝 기술의 활용 범위는 RBM과 드롭아웃이라는 새로운 알고리즘이 개발된 후에야 비로소 넓어졌다.

보기

ㄱ. 지도 학습 방식을 사용하여 컴퓨터가 사물을 분별하기 위해서는 사전 학습 데이터가 주어져야 한다.
ㄴ. 자율 학습은 지도 학습보다 학습의 단계가 단축되었기에 낮은 연산 능력으로도 수행 가능하다.
ㄷ. 딥러닝 기술의 활용 범위는 새로운 알고리즘 개발보다는 고성능 CPU 등장 때문에 넓어졌다.

① ㄱ　② ㄷ　③ ㄱ, ㄴ
④ ㄴ, ㄷ　⑤ ㄱ, ㄴ, ㄷ

044

기출 18' 5급㉥-가 난이도 ●●○

다음 글에서 추론할 수 없는 것은?

미국과 영국은 1921년 워싱턴 강화회의를 기점으로 태평양 및 중국에 대한 일본의 침략을 견제하기 시작하였다. 가중되는 외교적 고립으로 인해 일본은 광물과 곡물을 수입하는 태평양 경로를 상실할 위험에 처하였다. 이에 대처하기 위해 일본은 식민지 조선의 북부 지역에서 광물과 목재 등 군수산업 원료를 약탈하는 데 주력하게 되었다. 콩 또한 확보해야 할 주요 물자 중 하나였는데, 콩은 당시 일본에서 선호하던 식량일 뿐만 아니라 군수산업을 위한 원료이기도 하였다.

일본은 확보된 공업 원료와 식량 자원을 자국으로 수송하는 물류 거점으로 함경도를 수목하였나. 특히 청진·나진·웅기 등 대륙 종단의 시발점이 되는 항구와 조선의 최북단 지역이던 무산·회령·종성·온성을 중시하였다. 또한 조선의 남부 지방에서는 면화, 북부 지방에서는 양모 생산을 장려하였던 조선총독부의 정책에 따라 두만강을 통해 바로 만주로 진출할 수 있는 회령·종성·온성은 양을 목축하는 축산 거점으로 부상하였다. 일본은 만주와 함경도에서 생산된 광물자원과 콩, 두만강변 원시림의 목재를 일본으로 수송하기 위해 함경선, 백무선 등의 철도를 잇따라 부설하였다. 더불어 무산과 회령, 경흥에서는 석탄 및 철광 광산을 본격적으로 개발하였다. 이에 따라 오지의 작은 읍이었던 무산·회령·종성·온성의 개발이 촉진되어 근대적 도시로 발전하였다. 일본의 정책들은 함경도를 만주와 같은 경제권으로 묶음으로써 조선의 다른 지역과 경제적으로 분리시켰다.

철도 부설 및 광산 개발을 위해 일본은 조선 노동자들을 강제 동원하였고, 수많은 조선 노동자들이 강제 노동 끝에 산록과 땅 속 깊은 곳에서 비참한 삶을 마쳤다. 1935년 회령의 유선탄광에서 폭약이 터져 800여 명의 광부가 매몰돼 사망했던 사건은 그 단적인 예이다. 영화 〈아리랑〉의 감독 겸 주연이었던 나운규는 그의 고향 회령에서 청진까지 부설되었던 철도 공사에 조선인 노동자들이 강제 동원되어 잔혹한 노동에 혹사되는 참상을 목도하였다. 그때 그는 노동자들이 부르던 아리랑의 애달픈 노랫가락을 듣고 영화 〈아리랑〉의 기본 줄거리를 착상하였다.

① 영화 〈아리랑〉 감독의 고향에서 탄광 폭발사고가 발생하였다.
② 조선 최북단 지역의 몇몇 작은 읍들은 근대적 도시로 발전하였다.
③ 축산 거점에서 대륙 종단의 시발점이 되는 항구까지 부설된 철도가 있었다.
④ 군수산업 원료를 일본으로 수송하는 것이 함경선 부설의 목적 중 하나였다.
⑤ 일본은 함경도를 포함하여 한반도와 만주를 같은 경제권으로 묶는 정책을 폈다.

045

기출 14' 5급[민][상황판단]-A 난이도 ●○○

다음 글의 (가) ~ (라)와 〈보기〉의 ㄱ ~ ㄹ을 옳게 짝지은 것은?

법의 폐지란 법이 가진 효력을 명시적·묵시적으로 소멸시키는 것을 말한다. 여기에는 4가지 경우가 있다.

(가) 법에 시행기간(유효기간)을 두고 있는 때에는 그 기간의 종료로 당연히 그 법은 폐지된다. 이렇게 일정기간 동안만 효력을 발생하도록 제정된 법을 '한시법'이라 한다.

(나) 신법에서 구법의 규정 일부 또는 전부를 폐지한다고 명시적으로 정한 때에는 그 규정은 당연히 폐지된다. 이러한 경우에 신법은 구법을 대신하여 효력을 갖는다.

(다) 동일 사항에 관하여 구법과 서로 모순·저촉되는 신법이 제정되면 그 범위 내에서 구법은 묵시적으로 폐지된다. 이처럼 신법은 구법을 폐지한다. 그러나 특별법은 일반법에 우선하여 적용되므로 신 일반법은 구특별법을 폐지하지 못한다.

(라) 처음부터 일정한 조건의 성취, 목적의 달성을 위하여 제정된 법은 그 조건의 성취, 목적의 달성이나 소멸로 인해 당연히 폐지된다.

보기

ㄱ. A법에는 "공포 후 2014년 12월 31일까지 시행한다"고 규정되어 있다.
ㄴ. "B법의 제00조는 폐지한다"는 규정을 신법C에 두었다.
ㄷ. D법으로 규율하고자 했던 목적이 완전히 달성되었다.
ㄹ. 동일 사항에 대하여, 새로 제정된 E법(일반법)에 F법(특별법)과 다른 규정이 있는 경우에는 F법이 적용된다.

	(가)	(나)	(다)	(라)
①	ㄱ	ㄴ	ㄷ	ㄹ
②	ㄱ	ㄴ	ㄹ	ㄷ
③	ㄴ	ㄱ	ㄷ	ㄹ
④	ㄴ	ㄹ	ㄱ	ㄷ
⑤	ㄷ	ㄹ	ㄴ	ㄱ

Day 3 Self Check List

	오답 수	무응답 수	풀이시간(분)
1회독	/ 15	/ 15	/ 30(분)
2회독	/ 15	/ 15	/ 25(분)
3회독	/ 15	/ 15	/ 15(분)

정답 및 해설 212p

독끝 4일차 (046~060)

*아래 회독수 별 권장 풀이 시간에 맞춰 풀이 후, 끝쪽의 Self Check List를 기입하여 부족한 부분을 파악하세요!

권장 풀이 시간

1회독 30 min 2회독 25 min 3회독 15 min

본 문항은 PSAT 언어논리 영역 기출 문항으로 구성되며, 기출 표기에 따른 시험 종류는 아래와 같습니다.(표기 상 맨 끝은 '책형' 입니다.)
[민] - 민간경력자 일괄채용시험 / [행] - 공개경쟁채용시험(행정)

046

기출 18' 5급[민]-가 난이도 ●○○

다음 글의 '나'의 견해와 부합하는 것만을 〈보기〉에서 모두 고르면?

이제 '나'는 사람들이 동물실험의 모순적 상황을 직시하기를 바랍니다. 생리에 대한 실험이건, 심리에 대한 실험이건, 동물을 대상으로 하는 실험은 동물이 어떤 자극에 대해 반응하고 행동하는 양상이 인간과 유사하다는 것을 전제합니다. 동물실험을 옹호하는 측에서는 인간과 동물이 유사하기 때문에 실험결과에 실효성이 있다고 주장합니다. 그런데 설령 동물실험을 통해 아무리 큰 성과를 얻을지라도 동물실험 옹호자들은 중대한 모순을 피할 수 없습니다. 그들은 인간과 동물이 다르다는 것을 실험에서 동물을 이용해도 된다는 이유로 제시하고 있기 때문입니다. 이것은 명백히 모순적인 상황이 아닐 수 없습니다.

이러한 모순적 상황은 영장류의 심리를 연구할 때 확연히 드러납니다. 최근 어느 실험에서 심리 연구를 위해 아기 원숭이를 장기간 어미 원숭이와 떼어놓아 정서적으로 고립시켰습니다. 사람들은 이 실험이 우울증과 같은 인간의 심리적 질환을 이해하기 위한 연구라는 구실을 앞세워 이 잔인한 행위를 합리화하고자 했습니다. 즉 이 실험은 원숭이가 인간과 유사하게 고통과 우울을 느끼는 존재라는 사실을 가정하고 있습니다. 인간과 동물이 심리적으로 유사하다는 사실을 인정하면서도 사람에게는 차마 하지 못할 잔인한 행동을 동물에게 하고 있는 것입니다.

또 동물의 피부나 혈액을 이용해서 제품을 실험할 때, 동물실험 옹호론자들은 이 실험이 오로지 인간과 동물 사이의 '생리적 유사성'에만 바탕을 두고 있을 뿐이라고 변명합니다. 이처럼 인간과 동물이 오로지 '생리적'으로만 유사할 뿐이라고 생각한다면, 이는 동물실험의 모순적 상황을 외면하는 것입니다.

보기

ㄱ. 동물실험은 동물이 인간과 유사하면서도 유사하지 않다고 가정하는 모순적 상황에 놓여 있다.
ㄴ. 인간과 동물 간 생리적 유사성에도 불구하고 심리적 유사성이 불확실하기 때문에 동물실험은 모순적 상황에 있다.
ㄷ. 인간과 원숭이 간에 심리적 유사성이 존재하기 때문에 인간의 우울증 연구를 위해 아기 원숭이를 정서적으로 고립시키는 실험은 윤리적으로 정당화된다.

① ㄱ ② ㄴ ③ ㄱ, ㄷ
④ ㄴ, ㄷ ⑤ ㄱ, ㄴ, ㄷ

047

기출 18' 5급[민]-가 난이도 ●○○

다음 글에서 알 수 있는 것은?

주주 자본주의는 주주의 이윤을 극대화하는 것을 회사 경영의 목표로 하는 시스템을 말한다. 이 시스템은 자본가 계급을 사업가와 투자가로 나누어 놓았다. 그런데 주주 자본주의가 바꿔놓은 것이 하나 더 있다. 그것은 바로 노동자의 지위다. 주식회사가 생기기 이전에는 노동자가 생산수단들을 소유할 수 없었지만 이제는 거의 모든 생산수단이 잘게 쪼개져 누구나 그 일부를 구입할 수 있다. 노동자는 사업가를 위해서 일하고 사업가는 투자가를 위해 일하지만, 투자가들 중에는 노동자도 있는 것이다.

주주 자본주의를 비판하는 사람들은 기업이 주주의 이익만을 고려한다면, 다수의 사람들이 이익을 얻는 것이 아니라 소수의 독점적인 투자가들만 이익을 보장받는다고 지적한다. 또한 그들은 주주의 이익뿐만 아니라 기업과 연계되어 있는 이해관계자들 전체, 즉 노동자, 소비자, 지역사회 등을 고려해야 한다고 주장한다. 이러한 입장을 이해관계자 자본주의라고 한다.

주주 자본주의와 이해관계자 자본주의는 '기업이 존재하는 목적이 무엇인가?'라는 물음에 대한 답변이라고 할 수 있다. 물론 오늘날의 기업들은 극단적으로 한 가지 형태를 띠는 것이 아니라 양자가 혼합된 모습을 보인다. 기업은 주주의 이익을 최우선적으로 고려하지만, 노조 활동을 인정하고, 지역과 환경에 투자하며, 기부와 봉사 등 사회적 활동을 위해 노력하기도 한다.

① 주주 자본주의에서 주주의 이익과 사회적 공헌이 상충할 때 기업은 사회적 공헌을 우선적으로 선택한다.
② 주주 자본주의에서는 과거에 생산수단을 소유할 수 없었던 이들이 그것을 부분적으로 소유할 수 있게 되었다.
③ 이해관계자 자본주의에서는 지역사회의 일반 주민까지도 기업 경영의 전반적 영역에서 주도적인 역할을 담당한다.
④ 주주 자본주의와 이해관계자 자본주의가 혼합되면 기업의 사회적 공헌활동은 주주 자본주의에서보다 약화될 것이다.
⑤ 주주 자본주의와 이해관계자 자본주의가 혼합된 형태의 기업은 지역사회의 이익을 높이는 것을 최우선적으로 고려한다.

048

기출 21' 5급(민)-나 난이도 ●●○

다음 글에서 알 수 있는 것은?

1883년에 조선과 일본이 맺은 조일통상장정 제41관에는 "일본인이 조선의 전라도, 경상도, 강원도, 함경도 연해에서 어업 활동을 할 수 있도록 허용한다."라는 내용이 있다. 당시 양측은 이 조항에 적시되지 않은 지방 연해에서 일본인이 어업 활동을 하는 것은 금하기로 했다. 이 장정 체결 직후에 일본은 자국의 각 부·현에 조선해통어조합을 만들어 조선 어장에 대한 정보를 제공하기 시작했다. 이러한 지원으로 조선 연해에서 조업하는 일본인이 늘었는데, 특히 제주도에는 일본인들이 많이 들어와 전복을 마구 잡는 바람에 주민들의 전복 채취량이 급감했다. 이에 제주목사는 1886년 6월에 일본인의 제주도 연해 조업을 금했다. 일본은 이 조치가 조일통상장정 제41관을 위반한 것이라며 항의했고, 조선도 이를 받아들여 조업 금지 조치를 철회하게 했다. 이후 조선은 일본인이 아무런 제약 없이 어업 활동을 하게 해서는 안 된다고 여기게 되었으며, 일본과 여러 차례 협상을 벌여 1889년에 조일통어장정을 맺었다.

조일통어장정에는 일본인이 조일통상장정 제41관에 적시된 지방의 해안선으로부터 3해리 이내 해역에서 어업 활동을 하고자 할 때는 조업하려는 지방의 관리로부터 어업준단을 발급받아야 한다는 내용이 있다. 어업준단의 유효기간은 발급일로부터 1년이었으며, 이를 받고자 하는 자는 소정의 어업세를 먼저 내야 했다. 이 장정 체결 직후에 일본은 조선해통어조합연합회를 만들어 자국민의 어업준단 발급 신청을 지원하게 했다. 이후 일본은 1908년에 '어업에 관한 협정'을 강요해 맺었다. 여기에는 앞으로 한반도 연해에서 어업 활동을 하려는 일본인은 대한제국 어업 법령의 적용을 받도록 한다는 조항이 있다. 대한제국은 이듬해에 한반도 해역에서 어업을 영위하고자 하는 자는 먼저 어업 면허를 취득해야 한다는 내용의 어업법을 공포했고, 일본은 자국민도 이 법의 적용을 받게 해야 한다는 입장을 관철했다. 일본은 1902년에 조선해통어조합연합회를 없애고 조선해수산조합을 만들었는데, 이 조합은 어업법 공포 후 일본인의 어업 면허 신청을 대행하는 등의 일을 했다.

① 조선해통어조합은 '어업에 관한 협정'에 따라 일본인의 어업 면허 신청을 대행하는 업무를 보았다.

② 조일통어장정에는 제주도 해안선으로부터 3해리 밖에서 조선인이 어업 활동을 하는 것을 모두 금한다는 조항이 있다.

③ 조선해통어조합연합회가 만들어져 활동하던 당시에 어업준단을 발급받고자 하는 일본인은 어업세를 내도록 되어 있었다.

④ 조일통상장정에는 조선해통어조합연합회를 조직해 일본인이 한반도 연해에서 조업할 수 있도록 지원한다는 내용이 있다.

⑤ 한반도 해역에서 조업하는 일본인은 조일통상장정 제41관에 따라 조선해통어조합으로부터 어업 면허를 발급받아야 하였다.

049

기출 21' 5급(민)-나 난이도 ●●○

다음 글에서 알 수 없는 것은?

1859년에 프랑스의 수학자인 르베리에는 태양과 수성 사이에 미지의 행성이 존재한다는 가설을 세웠고, 그 미지의 행성을 '불칸'이라고 이름 붙였다. 당시의 천문학자들은 르베리에를 따라 불칸의 존재를 확신하고 그 첫 번째 관찰자가 되기 위해서 노력했다. 이렇게 확신한 이유는 르베리에가 불칸을 예측하는 데 사용한 방식이 해왕성을 성공적으로 예측하는 데 사용한 방식과 동일했기 때문이다. 해왕성 예측의 성공으로 인해 르베리에에 대한, 그리고 불칸의 예측 방법에 대한 신뢰가 높았던 것이다.

르베리에 또한 죽을 때까지 불칸의 존재를 확신했는데, 그가 그렇게 확신할 수 있었던 것 역시 해왕성 예측의 성공 덕분이었다. 1781년에 천왕성이 처음 발견된 뒤, 천문학자들은 천왕성보다 더 먼 위치에 다른 행성이 존재할 경우에만 천왕성의 궤도에 대한 관찰 결과가 뉴턴의 중력 법칙에 따라 설명될 수 있다고 생각했다. 이에 르베리에는 관찰을 통해 얻은 천왕성의 궤도와 뉴턴의 중력 법칙에 따라 산출한 궤도 사이의 차이를 수학적으로 계산하여 해왕성의 위치를 예측했다. 천문학자인 갈레는 베를린 천문대에서 르베리에의 편지를 받은 그날 밤, 르베리에가 예측한 바로 그 위치에 해왕성이 존재한다는 사실을 확인하였다.

르베리에는 수성의 운동에 대해서도 일찍부터 관심을 가지고 있었다. 르베리에는 수성의 궤도에 대한 관찰 결과 역시 뉴턴의 중력 법칙으로 예측한 궤도와 차이가 있음을 제일 먼저 밝힌 뒤, 1859년에 그 이유를 천왕성-해왕성의 경우와 마찬가지로 수성의 궤도에 미지의 행성이 영향을 끼치기 때문이라는 가설을 세운다. 르베리에는 이 미지의 행성에 '불칸'이라는 이름까지 미리 붙였던 것이며, 마침 르베리에의 가설에 따라 이 행성을 발견했다고 주장하는 천문학자까지 나타났던 것이다. 하지만 불칸의 존재에 대해 의심하는 천문학자들 또한 있었고, 이후 아인슈타인의 상대성이론을 이용해 수성의 궤도를 정확하게 설명하는 데 성공함으로써 가상의 행성인 불칸을 상정해야 할 이유는 사라졌다.

① 르베리에에 의하면 수성의 궤도를 정확하게 설명하기 위해서는 뉴턴의 중력 법칙을 대신할 다른 법칙이 필요하지 않다.

② 르베리에에 의하면 천왕성의 궤도를 정확하게 설명하기 위해서는 뉴턴의 중력 법칙을 대신할 다른 법칙이 필요하다.

③ 수성의 궤도에 대한 르베리에의 가설에 기반하여 연구한 천문학자가 있었다.

④ 르베리에는 해왕성의 위치를 수학적으로 계산하여 추정하였다.

⑤ 르베리에는 불칸의 존재를 수학적으로 계산하여 추정하였다.

050

기출 14' 5급㉥[상황판단]-A 난이도 ●●●

다음 글을 근거로 판단할 때, 스프링클러설비를 설치해야 하는 곳은?

스프링클러설비를 설치해야 하는 곳은 다음과 같다.

1. 종교시설(사찰·제실·사당은 제외한다), 운동시설(물놀이형 시설은 제외한다)로서 수용인원이 100명 이상인 경우에는 모든 층
2. 판매시설, 운수시설 및 창고시설 중 물류터미널로서 다음의 어느 하나에 해당하는 경우에는 모든 층
   - 층수가 3층 이하인 건축물로서 바닥면적 합계가 6,000 ㎡ 이상인 것
   - 층수가 4층 이상인 건축물로서 바닥면적 합계가 5,000 ㎡ 이상인 것
3. 다음의 어느 하나에 해당하는 경우에는 모든 층
   - 의료시설 중 정신의료기관, 노인 및 어린이 시설로서 해당 용도로 사용되는 바닥면적의 합계가 600 ㎡ 이상인 것
   - 숙박이 가능한 수련시설로서 해당 용도로 사용되는 바닥면적의 합계가 600 ㎡ 이상인 것
4. 기숙사(교육연구시설·수련시설 내에 있는 학생 수용을 위한 것을 말한다) 또는 복합건축물로서 연면적 5,000 ㎡ 이상인 경우에는 모든 층
5. 교정 및 군사시설 중 다음의 어느 하나에 해당하는 경우에는 해당 장소
   - 보호감호소, 교도소, 구치소, 보호관찰소, 갱생보호시설, 치료감호시설, 소년원의 수용거실
   - 경찰서 유치장

① 경찰서 민원실
② 수용인원이 500명인 사찰의 모든 층
③ 연면적 15,000 ㎡인 5층 복합건축물의 모든 층
④ 2층 건축물로서 바닥면적 합계가 5,000 ㎡인 물류터미널의 모든 층
⑤ 외부에서 입주한 편의점의 바닥면적을 포함한 바닥면적 합계가 500 ㎡인 정신의료기관의 모든 층

051

기출 17' 5급㉥-나 난이도 ●●●

다음 글에서 알 수 있는 것은?

1937년 중일전쟁 이후 일제가 앞세운 내선일체(內鮮一體)와 황국신민화(皇國臣民化)의 구호는 조선인의 민족의식과 저항정신을 상실케 하려는 기만적 통치술이었다. 일제는 조선인이 일본인과의 차이를 극복하고 혼연일체가 된 것이 내선일체이고 그 혼연일체 상태가 심화되면 조선인 또한 황국의 신민이 될 수 있다고 주장하였다. 조선인이 황국의 진정한 신민으로 거듭난다면 일왕과 신민의 관계가 군신 관계에서 부자 관계로 변화하여 일대가족국가를 이루게 된다는 것이 그들이 획책한 황국신민화의 논리였다. 이를 위해 일제는 조선인에게 '국가총동원령'에 충실히 부응함으로써 대동아공영권(大東亞共榮圈) 건설에 복무하고 일왕에 충심을 다함으로써 내선의 차이를 해소하는 데 총력을 기울일 것을 강요하였다.

그러나 일제의 황국신민화 정책은 현실과 필연적으로 괴리될 수밖에 없었다. 일본인이 중심부를 형성하고 조선인이 주변부에 위치하는 엄연한 현실 속에서 그들이 내세우는 황국신민화의 논리는 허구에 불과했다. 일제는 황국신민화 정책을 통해 조선인을 명목상의 일본국민으로 삼아 제국주의 전쟁에 동원하고자 하였다. 일제는 1945년 4월부터 조선인의 참정권을 허용한다고 하였으나 실제 선거는 한번도 시행되지 않았다. 그럼에도 불구하고 조선의 친일파는 황국신민화가 그리는 모호한 이상과 미래를 적극적으로 내면화하여 자신들의 친일 행위를 합리화하였다. 그들은 황국신민화의 이상이 실현되면 조선인과 일본인 그 누구도 우월한 지위를 가질 수 없다는 일제의 주장을 맹신하였다. 그리고 이러한 단계에 도달하기 위해서는 먼저 조선인 스스로 진정한 '일본인'이 되기 위한 노력을 다해야 한다고 선동하였다. 어리석게도 친일파는 일제의 내선차별은 문명화가 덜 된 조선인에게 원인이 있으며, 제국의 황민으로 인정받겠다는 조선인의 자각과 노력이 우선될 때 그 차별이 해소될 수 있다고 보았던 것이다. 이와 같은 헛된 믿음으로 친일파는 일제의 강제 징용과 징병에 적극적으로 응하도록 조선인을 독려했다.

① 황국신민화의 이상이 실현되면 일왕과 신민의 군신 관계가 강화된다.
② 친일파는 조선인들이 노력하기에 따라 일본인과 같은 황민이 될 수 있다고 믿었다.
③ 황국신민화 정책은 친일파를 제외한 조선인이 독립운동의 필요성을 자각하는 계기가 되었다.
④ 친일파는 내선의 차별을 해소하기 위해 먼저 일본이 조선인에게 참정권을 허용해야 한다고 주장하였다.
⑤ 일제는 황국신민화의 논리로써 일본인과 조선인이 중심부와 주변부의 관계로 위계화된 현실을 극복하고자 하였다.

052

기출 17' 5급ⓟ-나 난이도 ●○○

다음 글에서 알 수 있는 것은?

내가 어렸을 때만 하더라도 원래 북아메리카에는 100만 명 가량의 원주민밖에 없었다고 배웠다. 이렇게 적은 수라면 거의 빈 대륙이라고 할 수 있으므로 백인들의 아메리카 침략은 정당해 보였다. 그러나 고고학 발굴과 미국의 해안 지방을 처음 밟은 유럽 탐험가들의 기록을 자세히 검토한 결과 원주민들이 처음에는 수천 만 명에 달했다는 것을 알게 되었다. 아메리카 전체를 놓고 보았을 때 콜럼버스가 도착한 이후 한두 세기에 걸쳐 원주민 인구는 최대 95 %가 감소한 것으로 추정된다.

그런데 유럽의 총칼에 의해 전쟁터에서 목숨을 잃은 아메리카 원주민보다 유럽에서 온 전염병에 의해 목숨을 잃은 원주민 수가 훨씬 많았다. 이 전염병은 대부분의 원주민들과 그 지도자들을 죽이고 생존자들의 사기를 떨어뜨림으로써 그들의 저항을 약화시켰다. 예를 들자면 1519년에 코르테스는 인구 수천만의 아스텍 제국을 침탈하기 위해 멕시코 해안에 상륙했다. 코르테스는 단 600명의 스페인 병사를 이끌고 아스텍의 수도인 테노치티틀란을 무모하게 공격했지만 병력의 3분의 2만 잃고 무사히 퇴각할 수 있었다. 여기에는 스페인의 군사적 강점과 아스텍족의 어리숙함이 함께 작용했다. 코르테스가 다시 쳐들어왔을 때 아스텍인들은 더이상 그렇게 어리숙하지 않았고 몹시 격렬한 싸움을 벌였다. 그런데도 스페인이 우위를 점할 수 있었던 것은 바로 천연두 때문이었다. 이 병은 1520년에 스페인령 쿠바에서 감염된 한 노예와 더불어 멕시코에 도착했다. 그때부터 시작된 유행병은 거의 절반에 가까운 아스텍족을 몰살시켰으며 거기에는 쿠이틀라우악 아스텍 황제도 포함되어 있었다. 이 수수께끼의 질병은 마치 스페인인들이 무적임을 알리려는 듯 스페인인은 내버려두고 원주민만 골라 죽였다. 그리하여 처음에는 약 2,000만에 달했던 멕시코 원주민 인구가 1618년에는 약 160만으로 곤두박질치고 말았다.

① 전염병에 대한 유럽인의 면역력은 그들의 호전성을 높여주었다.
② 스페인의 군사력이 아스텍 제국의 저항을 무력화하는 원동력이 되었다.
③ 아메리카 원주민의 수가 급격히 감소한 주된 원인은 전염병 감염이다.
④ 유럽인과 아메리카 원주민의 면역력 차이가 스페인과 아스텍 제국의 1519년 전투 양상을 변화시켰다.
⑤ 코르테스가 다시 침입했을 때 아스텍인들이 격렬히 저항한 것은 아스텍 황제의 죽음에 분노했기 때문이다.

053

기출 21' 5급ⓟ민-나 난이도 ●●○

다음 대화의 빈칸에 들어갈 내용으로 가장 적절한 것은?

갑: 이번 프로젝트는 정보 보안이 매우 중요해서 1인당 2대의 업무용 PC를 사용하기로 하였습니다. 원칙적으로, 1대는 외부 인터넷 접속만 할 수 있는 외부용 PC이고 다른 1대는 내부 통신망만 이용할 수 있는 내부용 PC입니다. 둘 다 통신을 제외한 다른 기능을 사용하는 데는 아무런 제한이 없습니다.
을: 외부용 PC와 내부용 PC는 각각 별도의 저장 공간을 사용하나요?
갑: 네, 맞습니다. 그러나 두 PC 간 자료를 공유하려면 두 가지 방법만 쓰도록 되어 있습니다. 첫 번째 방법은 이메일을 이용하는 것입니다. 본래 내부용 PC는 내부 통신망용이라 이메일 계정에 접속할 수 없지만, 프로젝트 팀장의 승인을 받아 ○○메일 계정에 접속한 뒤 자신의 ○○메일 계정으로 자료를 보내는 것만 허용하였습니다.
을: 그러면 첫 번째 방법은 내부용 PC에서 외부용 PC로 자료를 보낼 때만 가능하겠군요. 두 번째 방법을 이용하면 외부용 PC에서 내부용 PC로도 자료를 보낼 수 있나요?
갑: 물론입니다. 두 번째 방법은 내부용 PC와 외부용 PC에 설치된 자료 공유 프로그램을 이용하는 것인데, 이를 이용하면 두 PC 간 자료의 상호 공유가 가능합니다.
을: 말씀하신 자료 공유 프로그램을 이용하면 두 PC 사이에 자료를 자유롭게 공유할 수 있는 건가요?
갑: 파일 개수, 용량, 공유 횟수에는 제한이 없습니다. 다만, 이 프로그램을 사용할 때는 보안을 위해 프로젝트 팀장이 비밀번호를 입력해 주어야만 합니다.
을: 그렇군요. 그런데 외부용 PC로 ○○메일이 아닌 일반 이메일 계정에도 접속할 수 있나요?
갑: 아닙니다. 원칙적으로는 외부용 PC에서 자료를 보내거나 받기 위하여 사용 가능한 이메일 계정은 ○○메일 뿐입니다. 그러나 예외적으로 필요한 경우에 한해 보안 부서에 공문으로 요청하여 승인을 받으면, 일반 이메일 계정에 접속하여 자료를 보내거나 받을 수 있습니다.
을: 아하! 외부 자문위원의 자료를 전달 받아 내부용 PC에 저장하기 위해서는 [   ]

① 굳이 프로젝트 팀장이 비밀번호를 입력할 필요가 없겠군요.
② 사전에 보안 부서에 요청하여 외부용 PC로 일반 이메일 계정에 접속할 수 있는 권한을 부여받는 방법밖에 없겠네요.
③ 외부 자문위원의 PC에서 ○○메일 계정으로 자료를 보낸 뒤, 내부용 PC로 ○○메일 계정에 접속하여 자료를 내려받으면 되겠군요.
④ 외부 자문위원의 PC에서 일반 이메일 계정으로 자료를 보낸 뒤, 사전에 보안 부서의 승인을 받아 내부용 PC로 일반 이메일 계정에 접속하여 자료를 내려받으면 되겠네요.
⑤ 외부 자문위원의 PC에서 ○○메일 계정으로 자료를 보낸 뒤, 외부용 PC로 ○○메일 계정에 접속해 자료를 내려받아 자료 공유 프로그램을 이용하여 내부용 PC로 보내면 되겠네요.

054

기출 21' 5급[민]-나 난이도 ●●○

다음 글의 (가)와 (나)에 대한 판단으로 적절한 것만을 〈보기〉에서 모두 고르면?

확률적으로 가능성이 희박한 사건이 우리 주변에서 생각보다 자주 일어나는 것처럼 보인다. 왜 이러한 현상이 발생하는지를 설명하는 다음과 같은 두 입장이 있다.

(가) 만일 당신이 가능한 모든 결과들의 목록을 완전하게 작성한다면, 그 결과들 중 하나는 반드시 나타난다. 표준적인 정육면체 주사위를 던지면 1에서 6까지의 수 중 하나가 나오거나 어떤 다른 결과, 이를테면 주사위가 탁자 아래로 떨어져 찾을 수 없게 되는 일 등이 벌어질 수 있다. 동전을 던지면 앞면 또는 뒷면이 나오거나, 동전이 똑바로 서는 등의 일이 일어날 수 있다. 아무튼 가능한 결과 중 하나가 일어나리라는 것만큼은 확실하다.

(나) 한 사람에게 특정한 사건이 발생할 확률이 매우 낮더라도, 충분히 많은 사람에게는 그 사건이 일어날 확률이 매우 높을 수 있다. 예컨대 어떤 불행한 사건이 당신에게 일어날 확률은 낮을지 몰라도, 지구에 현재 약 70억 명이 살고 있으므로, 이들 중 한두 사람이 그 불행한 일을 겪고 있다는 것은 이상한 일이 아니다.

보기

ㄱ. 로또 복권 1장을 살 경우 1등에 당첨될 확률은 낮지만, 모든 가능한 숫자의 조합을 모조리 샀을 때 추첨이 이루어진다면 무조건 당첨된다는 사례는 (가)로 설명할 수 있다.

ㄴ. 어떤 사람이 교통사고를 당할 확률은 매우 낮지만, 대한민국에서 교통사고는 거의 매일 발생한다는 사례는 (나)로 설명할 수 있다.

ㄷ. 주사위를 수십 번 던졌을 때 1이 연속으로 여섯 번 나올 확률은 매우 낮지만, 수십만 번 던졌을 때는 이런 사건을 종종 볼 수 있다는 사례는 (가)로 설명할 수 있으나 (나)로는 설명할 수 없다.

① ㄱ ② ㄷ ③ ㄱ, ㄴ
④ ㄴ, ㄷ ⑤ ㄱ, ㄴ, ㄷ

055

기출 14' 5급[민][상황판단]-A 난이도 ●○○

다음 글을 근거로 판단할 때, 〈사례〉의 甲 ~ 丁 중에서 사업자등록을 하여야 하는 사람만을 모두 고르면?

다음 요건을 모두 갖춘 경우 사업자등록을 하여야 한다.

- 사업자이어야 한다.
  사업자란 사업목적이 영리이든 비영리이든 관계없이 사업상 독립적으로 재화 또는 용역을 공급하는 사람(법인 포함)을 말한다.
- 계속성·반복성을 가져야 한다.
  재화나 용역을 계속적이고 반복적으로 공급하여야 한다. 계속적이고 반복적인 공급이란 시간을 두고 여러 차례에 걸쳐 이루어지는 것을 말한다.
- 독립성을 가져야 한다.
  사업의 독립성이란 사업과 관련하여 재화 또는 용역을 공급하는 주체가 다른 사업자에게 고용되거나 종속되지 않은 경우를 말한다.

보기

- 용돈이 필요하여 자신이 사용하던 200만 원 가치의 카메라 1대를 인터넷 중고매매 카페에 매물로 1회 등록한 甲
- 자사의 제품을 판매하기 위해 열심히 일하는 영업사원 乙
- 결식 어린이 돕기 성금 모금을 위하여 자원봉사자들이 직접 만든 공예품을 8년째 판매하고 있는 비영리법인 丙
- 자신이 개발한 발명품을 10년 동안 직접 판매하면서 생활비 정도를 벌고 있는 丁

① 甲, 乙 ② 甲, 丙 ③ 乙, 丙
④ 乙, 丁 ⑤ 丙, 丁

056

기출 17' 5급㉯-나 | 난이도 ●○○

다음 글의 중심 내용으로 가장 적절한 것은?

2015년 한국직업능력개발원 보고서에 따르면 전체 대졸 취업자의 전공 불일치 비율이 6년 간 3.6 %p 상승했다. 이는 우리 대학교육이 취업 환경의 급속한 변화를 따라가지 못하고 있음을 보여준다. 기존의 교육 패러다임으로는 오늘 같은 직업생태계의 빠른 변화에 대응하기 어려워 보인다. 중고등학교 때부터 직업을 염두에 둔 맞춤 교육을 하는 것이 어떨까? 그것은 두 가지 점에서 어리석은 방안이다. 한 사람의 타고난 재능과 역량이 가시화되는 데 훨씬 더 오랜 시간과 경험이 필요하다는 것이 첫 번째 이유이고, 사회가 필요로 하는 직업 자체가 빠르게 변하고 있다는 것이 두 번째 이유이다.

그렇다면 학교는 우리 아이들에게 무엇을 가르쳐야 할까? 교육이 아이들의 삶뿐만 아니라 한 나라의 미래를 결정한다는 사실을 고려하면 이것은 우리 모두의 운명을 좌우할 물음이다. 문제는 세계의 환경이 급속히 변하고 있다는 것이다. 2030년이면 현존하는 직종 가운데 80 %가 사라질 것이고, 2011년에 초등학교에 입학한 어린이 중 65 %는 아직 존재하지도 않는 직업에 종사하게 되리라는 예측이 있다. 이런 상황에서 교육이 가장 먼저 고려해야 할 것은 변화하는 직업 환경에 성공적으로 대응하는 능력에 초점을 맞추는 일이다.

이미 세계 여러 나라가 이런 관점에서 교육을 개혁하고 있다. 핀란드는 2020년까지 학교 수업을 소통, 창의성, 비판적 사고, 협동을 강조하는 내용으로 개편한다는 계획을 발표했다. 이와 같은 능력들은 빠르게 현실화되고 있는 '초연결 사회'에서의 삶에 필수적이기 때문이다. 말레이시아의 학교들은 문제해결 능력, 네트워크형 팀워크 등을 교과과정에 포함시키고 있고, 아르헨티나는 초등학교와 중학교에서 코딩을 가르치고 있다. 우리 교육도 개혁을 생각하지 않으면 안 된다.

① 한 국가의 교육은 당대의 직업구조의 영향을 받는다.
② 미래에는 현존하는 직업 중 대부분이 사라지는 큰 변화가 있을 것이다.
③ 세계 여러 국가는 변화하는 세상에 대응하여 전통적인 교육을 개편하고 있다.
④ 빠르게 변하는 불확실성의 세계에서는 미래의 유망 직업을 예측하는 일이 중요하다.
⑤ 교육은 다음 세대가 사회 환경의 변화에 대응하는 데 필요한 역량을 함양하는 방향으로 변해야 한다.

057

기출 17' 5급㉯-나 | 난이도 ●○○

다음 글에서 알 수 없는 것은?

현대 심신의학의 기초를 수립한 연구는 1974년 심리학자 애더에 의해 이루어졌다. 애더는 쥐의 면역계에서 학습이 가능하다는 주장을 발표하였는데, 그것은 면역계에서는 학습이 이루어지지 않는다고 믿었던 당시의 과학적 견해를 뒤엎는 발표였다. 당시까지는 학습이란 뇌와 같은 중추신경계에서만 일어날 수 있을 뿐 면역계에서는 일어날 수 없다고 생각했다.

애더는 시클로포스파미드가 면역세포인 T세포의 수를 감소시켜 쥐의 면역계 기능을 억제한다는 사실을 알고 있었다. 어느 날 그는 구토를 야기하는 시클로포스파미드를 투여하기 전 사카린 용액을 먼저 쥐에게 투여했다. 그러자 그 쥐는 이후 사카린 용액을 회피하는 반응을 일으켰다. 그 원인을 찾던 애더는 쥐에게 시클로포스파미드는 투여하지 않고 단지 사카린 용액만 먹여도 쥐의 혈류 속에서 T세포의 수가 감소된다는 것을 알아내었다. 이것은 사카린 용액이라는 조건자극이 T세포 수의 감소라는 반응을 일으킨 것을 의미한다.

심리학자들은 자극-반응 관계 중 우리가 태어날 때부터 가지고 있는 것을 '무조건자극-반응'이라고 부른다. '음식물-침 분비'를 예로 들 수 있고, 애더의 실험에서는 '시클로포스파미드-T세포 수의 감소'가 그 예이다. 반면에 무조건자극이 새로운 조건자극과 연결되어 반응이 일어나는 과정을 '파블로프의 조건형성'이라고 부른다. 애더의 실험에서 쥐는 조건형성 때문에 사카린 용액만 먹여도 시클로포스파미드를 투여 받았을 때처럼 T세포 수의 감소 반응을 일으킨 것이다. 이런 조건형성 과정은 경험을 통한 행동의 변화라는 의미에서 학습과정이라 할 수 있다.

이 연구 결과는 몇 가지 점에서 중요하다고 할 수 있다. 심리적 학습은 중추신경계의 작용으로 이루어진다. 그런데 면역계에서도 학습이 이루어진다는 것은 중추신경계와 면역계가 독립적이지 않으며 어떤 방식으로든 상호작용한다는 것을 말해준다. 이 발견으로 연구자들은 마음의 작용이나 정서 상태에 의해 중추신경계의 뇌세포에서 분비된 신경전달물질이나 호르몬이 우리의 신체 상태에 어떠한 영향을 끼치게 되는지를 더 면밀히 탐구하게 되었다.

① 쥐에게 시클로포스파미드를 투여하면 T세포 수가 감소한다.
② 애더의 실험에서 사카린 용액은 새로운 조건자극의 역할을 한다.
③ 애더의 실험은 면역계가 중추신경계와 상호작용할 수 있음을 보여준다.
④ 애더의 실험 이전에는 중추신경계에서 학습이 가능하다는 것이 알려지지 않았다.
⑤ 애더의 실험에서 사카린 용액을 먹은 쥐의 T세포 수가 감소하는 것은 면역계의 반응이다.

058

기출 21' 5급㉯-나 | 난이도 ●●○

다음 논쟁에 대한 평가로 적절한 것만을 〈보기〉에서 모두 고르면?

A: 현실적으로 과학 연구를 위해서는 상당한 규모의 연구비가 필요하기 때문에, 연구자들에게 공공 자원을 배분하는 역할을 하는 사람들은 자신들의 결정이 해당 분야의 발전에 큰 영향을 미친다는 사실을 유념해야 한다. 그들의 의사결정에서 가장 중요한 문제는 공공 자원을 어떤 원칙에 따라 배분할 것인가이다. 각 분야의 주류 견해를 형성하고 있는 연구자들에게만 자원이 편중되어 비주류 연구들이 고사된다면, 그 결과 해당 분야 전체의 발전은 저해될 것이다.

B: 과학 연구에 공공 자원을 배분하는 기준으로는 무엇보다 연구 성과가 우선되어야 한다. 객관적으로 드러난 연구 성과가 가장 우수한 연구자에게 자원을 우선 배분하는 것이 공정성에도 부합할 뿐 아니라, 투자의 사회적 효율성도 높일 수 있다.

A: 그와 같은 원칙으로는 한 분야의 주류 연구자들이 자원을 독점하게 될 가능성이 높다. 비주류 연구에서 우수한 연구 성과가 나오는 일은 상대적으로 드물거나 오랜 시간이 걸리기 때문이다. 특정 분야 내에 상충되는 내용을 가진 연구들이 많을수록 그 분야의 발전 가능성도 커진다. 이는 한 연구의 문제점을 파악하는 것이 자체 시각만으로는 쉽지 않으며, 문제가 감지되더라도 다른 연구자의 관점이 개입되어야 그 문제의 성격이 명확히 파악될 수 있다는 것을 뜻한다.

B: 우수한 연구에 자원을 집중하는 것이 효율성 측면에서 바람직하다. 최근의 과학 연구에서는 연구비 규모가 큰 과제일수록 더 우수한 성과를 얻는 경향이 강해지고 있기 때문이다. 과학의 발전을 위해 성과가 저조한 연구자들이 난립하는 것보다 우수한 연구자에게 자원을 집중적으로 투입하는 것이 낫다.

보기

ㄱ. 공공 자원을 연구 성과에 따라 배분하지 않으면 도덕적 해이가 발생할 가능성이 커진다는 사실은 A의 주장을 강화한다.
ㄴ. 연구 성과에 대한 평가가 시간이 지나 뒤집히는 경우가 자주 있다는 사실은 B의 주장을 강화한다.
ㄷ. 성과만을 기준으로 연구자들을 차등 대우하면 연구자들의 사기가 저하되어 해당 분야 전체의 발전이 저해된다는 사실은 A의 주장을 강화하지만 B의 주장은 강화하지 않는다.

① ㄴ ② ㄷ ③ ㄱ, ㄴ
④ ㄱ, ㄷ ⑤ ㄱ, ㄴ, ㄷ

059

기출 21' 5급㉯-나 | 난이도 ●●○

다음 글에서 알 수 있는 것은?

우리나라 국기인 태극기에는 태극 문양과 4괘가 그려져 있는데, 중앙에 있는 태극 문양은 만물이 음양 조화로 생장한다는 것을 상징한다. 또 태극 문양의 좌측 하단에 있는 이괘는 불, 우측 상단에 있는 감괘는 물, 좌측 상단에 있는 건괘는 하늘, 우측 하단에 있는 곤괘는 땅을 각각 상징한다. 4괘가 상징하는 바는 그것이 처음 만들어질 때부터 오늘날까지 변함이 없다.

태극 문양을 그린 기는 개항 이전에도 조선 수군이 사용한 깃발 등 여러 개가 있는데, 태극 문양과 4괘만 사용한 기는 개항 후에 처음 나타났다. 1882년 5월 조미수호조규 체결을 위한 전권대신으로 임명된 이응준은 회담 장소에 내걸 국기가 없어 곤란해 하다가 회담 직전 태극 문양을 활용해 기를 만들고 그것을 회담장에 걸어두었다. 그 기에 어떤 문양이 담겼는지는 오랫동안 알려지지 않았다. 그런데 2004년 1월 미국 어느 고서점에서 미국 해군부가 조미수호조규 체결 한 달 후에 만든 『해상 국가들의 깃발들』이라는 책이 발견되었다. 이 책에는 이응준이 그린 것으로 짐작되는 '조선의 기'라는 이름의 기가 실려 있다. 그 기의 중앙에는 태극 문양이 있으며 네 모서리에 괘가 하나씩 있는데, 좌측 상단에 감괘, 우측 상단에 건괘, 좌측 하단에 곤괘, 우측 하단에 이괘가 있다.

조선이 국기를 공식적으로 처음 정한 것은 1883년의 일이다. 1882년 9월에 고종은 박영효를 수신사로 삼아 일본에 보내면서, 그에게 조선을 상징하는 기를 만들어 사용해본 다음 귀국하는 즉시 제출하게 했다. 이에 박영효는 태극 문양이 가운데 있고 4개의 모서리에 각각 하나씩 괘가 있는 기를 만들어 사용한 후 그것을 고종에게 바쳤다. 고종은 이를 조선 국기로 채택하고 통리교섭사무아문으로 하여금 각국 공사관에 배포하게 했다. 이 기는 일본에 의해 강제 병합되기까지 국기로 사용되었는데, 언뜻 보기에 『해상 국가들의 깃발들』에 실린 '조선의 기'와 비슷하다. 하지만 자세히 보면 두 기는 서로 다르다. 조선 국기 좌측 상단에 있는 괘가 '조선의 기'에는 우측 상단에 있고, '조선의 기'의 좌측 상단에 있는 괘는 조선 국기의 우측 상단에 있다. 또 조선 국기의 좌측 하단에 있는 괘는 '조선의 기'의 우측 하단에 있고, '조선의 기'의 좌측 하단에 있는 괘는 조선 국기의 우측 하단에 있다.

① 미국 해군부는 통리교섭사무아문이 각국 공사관에 배포한 국기를 『해상 국가들의 깃발들』에 수록하였다.
② 조미수호조규 체결을 위한 회담 장소에서 사용하고자 이응준이 만든 기는 태극 문양이 담긴 최초의 기다.
③ 통리교섭사무아문이 배포한 기의 우측 상단에 있는 괘와 '조선의 기'의 좌측 하단에 있는 괘가 상징하는 것은 같다.
④ 오늘날 태극기의 우측 하단에 있는 괘와 고종이 조선 국기로 채택한 기의 우측 하단에 있는 괘는 모두 땅을 상징한다.
⑤ 박영효가 그린 기의 좌측 상단에 있는 괘는 물을 상징하고 이응준이 그린 기의 좌측 상단에 있는 괘는 불을 상징한다.

060

기출 14' 5급ⓜ[상황판단]-A 난이도 ●○○

다음 글을 근거로 판단할 때, 〈보기〉에서 옳은 것만을 모두 고르면?

제00조 ① 개발부담금을 징수할 수 있는 권리(개발부담금 징수권)와 개발부담금의 과오납금을 환급받을 권리(환급청구권)는 행사할 수 있는 시점부터 5년간 행사하지 아니하면 소멸시효가 완성된다.

② 제1항에 따른 개발부담금 징수권의 소멸시효는 다음 각 호의 어느 하나의 사유로 중단된다.

1. 납부고지
2. 납부독촉
3. 교부청구
4. 압류

③ 제2항에 따라 중단된 소멸시효는 다음 각 호의 어느 하나에 해당하는 기간이 지난 시점부터 새로이 진행한다.

1. 고지한 납부기간
2. 독촉으로 재설정된 납부기간
3. 교부청구 중의 기간
4. 압류해제까지의 기간

④ 제1항에 따른 환급청구권의 소멸시효는 환급청구권 행사로 중단된다.

※ 개발부담금이란 개발이익 중 국가가 부과·징수하는 금액을 말한다.

※ 소멸시효는 일정한 기간 권리자가 권리를 행사하지 않으면 권리가 소멸하는 것을 말한다.

보기

ㄱ. 개발부담금 징수권의 소멸시효는 고지한 납부기간이 지난 시점부터 중단된다.

ㄴ. 국가가 개발부담금을 징수할 수 있는 때로부터 3년간 징수하지 않으면 개발부담금 징수권의 소멸시효가 완성된다.

ㄷ. 국가가 개발부담금을 징수할 수 있는 날로부터 2년이 경과한 후 납부의무자에게 납부고지하면, 개발부담금 징수권의 소멸시효가 중단된다.

ㄹ. 납부의무자가 개발부담금을 기준보다 많이 납부한 경우, 그 환급을 받을 수 있는 때로부터 환급청구권을 3년간 행사하지 않으면 소멸시효가 완성된다.

① ㄱ　② ㄷ　③ ㄱ, ㄹ
④ ㄴ, ㄷ　⑤ ㄴ, ㄹ

문항편 4일차 · 의사소통능력

Day 4 Self Check List

	오답 수	무응답 수	풀이시간(분)
1회독	/ 15	/ 15	/ 30(분)
2회독	/ 15	/ 15	/ 25(분)
3회독	/ 15	/ 15	/ 15(분)

정답 및 해설 241p

독끝 5일차 (061~075)

*아래 회독수 별 권장 풀이 시간에 맞춰 풀이 후, 끝쪽의 Self Check List를 기입하여 부족한 부분을 파악하세요!

권장 풀이 시간

1회독 30 min 2회독 25 min 3회독 15 min

본 문항은 PSAT 언어논리 영역 기출 문항으로 구성되며, 기출 표기에 따른 시험 종류는 아래와 같습니다.(표기 상 맨 끝은 '책형' 입니다.)
㊞ – 민간경력자 일괄채용시험 / ⓗ – 공개경쟁채용시험(행정)

061

기출 17' 5급㊞–나 난이도 ●○○

다음 글에 비추어 ㉠이 적절하게 이루어진 사례만을 <보기>에서 모두 고르면?

국제·외교관계에서 조약은 국가 간, 국제기구 간, 국가와 국제기구 간 서면형식으로 체결되며 국제법에 의해 규율되는 합의이다. 반면, ㉠ 기관 간 약정은 국가를 제외한 정부기관이 동일 또는 유사 업무를 수행하는 외국의 정부기관과 체결하는 합의로 법적 구속력이 없다. 이때 기관 간 약정의 서명은 해당 기관의 장이 하는 것이 원칙이다. 다만 해당 기관의 장이 사정상 직접 서명할 수 없는 경우에는 그의 위임을 받은 해당 기관의 고위직 인사가 서명을 할 수도 있다. 만일 기관 간 약정을 조속히 체결할 필요성이 있으나 양국 관계부처 간의 방문 계획이 없어서 체결이 지연되고 이로 인해 양국 관계부처 간 불편이 야기될 가능성이 있는 등의 경우에는, 우편으로 서명문서를 교환하거나 외교통상부 재외공관을 통하여 서명문서를 교환하는 방법으로 그 체결을 행할 수 있다.

해당 기관의 장이 사정상 직접 서명할 수 없어서 그의 위임을 받은 고위직 인사가 서명을 대신할 때, 정부기관장 명의의 전권위임장을 만들어 제출하는 경우가 있는데, 이는 적절하지 않다. 전권위임장이란 국가 간 조약문안의 교섭·채택이나 인증을 위하여 또는 조약에 대한 국가의 기속적 동의를 표시하기 위하여 어떤 사람으로 하여금 국가를 대표하도록 임명하는 문서이기 때문이다. 만약 상대국에서 굳이 서명 위임에 대한 인증 문건의 제출을 요구한다면, 위임장을 제출하는 방향으로 검토해 볼 수 있을 것이다. 또한 기관 간 약정에 서명을 할 때 양국 정상이 임석하는 경우가 있는데, 이는 기관 간 약정이 양국 간의 조약으로 오해될 소지가 있으므로 부적절하다.

보기

ㄱ. A국 산업통상자원부 장관 명의의 전권위임장을 제출한 산업통상자원부 차관과 B국 기업에너지산업전략부 장관 간에 '에너지산업협력 약정'이 체결된 사례
ㄴ. 국외출장이 어려운 상황에서 시급한 약정의 조속한 체결을 위해 A국 산업통상자원부 장관과 B국 자원개발부 장관 간에 우편으로 서명문서를 교환한 사례
ㄷ. A국 대통령의 B국 방문을 계기로 양국 정상의 임석하에 A국 기술무역부 장관과 B국 과학기술부 장관 간에 '과학기술협력에 관한 약정'이 체결된 사례

① ㄱ ② ㄴ ③ ㄱ, ㄷ
④ ㄴ, ㄷ ⑤ ㄱ, ㄴ, ㄷ

062

기출 17' 5급㊞–나 난이도 ●○○

다음 글에서 알 수 있는 것은?

우리들 대부분이 당연시하지만 세상을 이해하는 데 필요한 몇몇 범주는 표준화를 위해 노력한 국가적 사업에 그 기원이 있다. 성(姓)의 세습이 대표적인 사례이다.

부계(父系) 성의 고착화는 대부분의 경우 국가적 프로젝트였으며, 관리가 시민들의 신원을 분명하게 확인할 수 있도록 설계되었다. 이 프로젝트의 성공은 국민을 '읽기 쉬운' 대상으로 만드는 데 달려 있다. 개개인의 신원을 확보하고 이를 친족 집단과 연결시키는 방법 없이는 세금 징수, 소유권 증서 발행, 징병 대상자 목록 작성 등은 어렵기 때문이다. 여기서 짐작할 수 있는 것처럼 부계 성을 고착화하려는 노력은 한층 견고하고 수지맞는 재정 시스템을 구축하려는 국가의 의도에서 비롯되었다.

국민을 효율적으로 통치하기 위한 성의 세습은 시기적으로 일찍 발전한 국가에서 나타났다. 이 점과 관련해 중국은 인상적인 사례이다. 대략 기원전 4세기에 진(秦)나라는 세금 부과, 노역, 징집 등에 이용하기 위해 백성 대다수에게 성을 부여한 다음 그들의 호구를 파악한 것으로 알려져 있다. 이러한 시도가 '라오바이싱'[老百姓]이라는 용어의 기원이 되었으며, 이는 문자 그대로 '오래된 100개의 성'이란 뜻으로 중국에서 '백성'을 의미하게 되었다.

예로부터 중국에 부계전통이 있었지만 진나라 이전에는 몇몇 지배 계층의 가문 및 그 일족을 제외한 백성은 성이 없었다. 그들은 성이 없었을 뿐만 아니라 지배 계층을 따라 성을 가질 생각도 하지 않았다. 부계 성을 따르도록 하는 진나라의 국가 정책은 가족 내에서 남편에게 우월한 지위를 부여하고, 부인, 자식, 손아랫사람에 대한 법적인 지배권을 주면서 가족 전체에 대한 재정적 의무를 지도록 했다. 이러한 정책은 모든 백성에게 인구 등록을 요구했다. 아무렇게나 불리던 사람들의 이름에 성을 붙여 분류한 다음, 아버지의 성을 후손에게 영구히 물려주도록 한 것이다.

① 부계전통의 확립은 중국에서 처음 이루어졌다.
② 진나라는 모든 백성에게 새로운 100개의 성을 부여하였다.
③ 중국의 부계전통은 진나라가 부계 성 정책을 시행함에 따라 만들어졌다.
④ 진나라의 부계 성 정책은 몇몇 지배 계층의 기존 성을 확산하려는 시도였다.
⑤ 진나라가 백성에게 성을 부여한 목적은 통치의 효율성을 높이고자 한 것이었다.

063

기출 21' 5급㉯-나 난이도 ●●○

다음 대화의 빈칸에 들어갈 내용으로 가장 적절한 것은?

갑: 국회에서 법률들을 제정하거나 개정할 때, 법률에서 조례를 제정하여 시행하도록 위임하는 경우가 있습니다. 그리고 이런 위임에 따라 지방자치단체에서는 조례를 새로 제정하게 됩니다. 각 지방자치단체가 법률의 위임에 따라 몇 개의 조례를 제정했는지 집계하여 '조례 제정 비율'을 계산하는데, 이 지표는 작년에 이어 올해도 지방자치단체의 업무 평가 기준에 포함되었습니다.

을: 그렇군요. 그 평가 방식이 구체적으로 어떻게 되고, A 시의 작년 평가 결과는 어땠는지 말씀해 주세요.

갑: 먼저 그 해 1월 1일부터 12월 31일까지 법률에서 조례를 제정하도록 위임한 사항이 몇 건인지 확인한 뒤, 그 중 12월 31일까지 몇 건이나 조례로 제정되었는지로 평가합니다. 작년에는 법률에서 조례를 제정하도록 위임한 사항이 15건이었는데, 그 중 A 시에서 제정한 조례는 9건으로 그 비율은 60 %였습니다.

을: 그러면 올해는 조례 제정 상황이 어떻습니까?

갑: 1월 1일부터 7월 10일 현재까지 법률에서 조례를 제정하도록 위임한 사항은 10건인데, A 시는 이 중 7건을 조례로 제정하였으며 조례로 제정하기 위하여 입법 예고 중인 것은 2건입니다. 현재 시의회에서 조례로 제정되기를 기다리며 계류 중인 것은 없습니다.

을: 모든 조례는 입법 예고를 거친 뒤 시의회에서 제정되므로, 현재 입법 예고 중인 2건은 입법 예고 기간이 끝나야만 제정될 수 있겠네요. 이 2건의 제정 가능성은 예상할 수 있나요?

갑: 어떤 조례는 신속히 제정되기도 합니다. 그러나 때로는 시의회가 계속 파행하기도 하고 의원들의 입장에 차이가 커 공전될 수도 있기 때문에 현재 시점에서 조례 제정 가능성을 단정하기는 어렵습니다.

을: 그러면 A 시의 조례 제정 비율과 관련하여 알 수 있는 것은 무엇이 있을까요?

갑: A 시는 [   ]

① 현재 조례로 제정하기 위하여 입법 예고가 필요한 것이 1건입니다.
② 올 한 해의 조례 제정 비율이 작년보다 높아집니다.
③ 올 한 해 총 9건의 조례를 제정하게 됩니다.
④ 현재 시점을 기준으로 평가를 받으면 조례 제정 비율이 90 %입니다.
⑤ 올 한 해 법률에서 조례를 제정하도록 위임 받은 사항이 작년보다 줄어듭니다.

064

기출 21' 5급㉯-나 난이도 ●●○

다음 글에서 추론할 수 있는 것만을 〈보기〉에서 모두 고르면?

두 입자만으로 이루어지고 이들이 세 가지의 양자 상태 1, 2, 3 중 하나에만 있을 수 있는 계(system)가 있다고 하자. 여기서 양자 상태란 입자가 있을 수 있는 구별 가능한 어떤 상태를 지시하며, 입자는 세 가지 양자 상태 중 하나에 반드시 있어야 한다. 이때 그 계에서 입자들이 어떻게 분포할 수 있는지 경우의 수를 세는 문제는, 각 양자 상태에 대응하는 세 개의 상자 [1│2│3]에 두 입자가 있는 경우의 수를 세는 것과 같다. 경우의 수는 입자들끼리 서로 구별 가능한지와 여러 개의 입자가 하나의 양자 상태에 동시에 있을 수 있는지에 따라 달라진다.

두 입자가 구별 가능하고, 하나의 양자 상태에 여러 개의 입자가 있을 수 있다고 가정하자. 이것을 'MB 방식'이라고 부르며, 두 입자는 각각 a, b로 표시할 수 있다. a가 1의 양자 상태에 있는 경우는 [ab│ │], [a│b│], [a│ │b]의 세 가지이고, a가 2의 양자 상태에 있는 경우와 a가 3의 양자 상태에 있는 경우도 각각 세 가지이다. 그러므로 MB 방식에서 경우의 수는 9이다.

두 입자가 구별되지 않고, 하나의 양자 상태에 여러 개의 입자가 있을 수 있다고 가정하자. 이것을 'BE 방식'이라고 부른다. 이때에는 두 입자 모두 a로 표시하게 되므로 [aa│ │], [│aa│], [│ │aa], [a│a│], [a│ │a], [│a│a]가 가능하다. 그러므로 BE 방식에서 경우의 수는 6이다.

두 입자가 구별되지 않고, 하나의 양자 상태에 하나의 입자만 있을 수 있다고 가정하자. 이것을 'FD 방식'이라고 부른다. 여기에서는 BE 방식과 달리 하나의 양자 상태에 두 개의 입자가 동시에 있는 경우는 허용되지 않으므로 [a│a│], [a│ │a], [│a│a]만 가능하다. 그러므로 FD 방식에서 경우의 수는 3이다.

양자 상태의 가짓수가 다를 때에도 MB, BE, FD 방식 모두 위에서 설명한 대로 입자들이 놓이게 되고, 이때 경우의 수는 달라질 수 있다.

〈보기〉

ㄱ. 두 개의 입자에 대해, 양자 상태가 두 가지이면 BE 방식에서 경우의 수는 2이다.
ㄴ. 두 개의 입자에 대해, 양자 상태의 가짓수가 많아지면 FD 방식에서 두 입자가 서로 다른 양자 상태에 각각 있는 경우의 수는 커진다.
ㄷ. 두 개의 입자에 대해, 양자 상태가 두 가지 이상이면 경우의 수는 BE 방식에서보다 MB 방식에서 언제나 크다.

① ㄱ ② ㄷ ③ ㄱ, ㄴ
④ ㄴ, ㄷ ⑤ ㄱ, ㄴ, ㄷ

065

기출 13' 5급[민][상황판단]-인 난이도 ●○○

다음 글을 근거로 판단할 때 옳은 것은?

> 법 제00조(정의) 이 법에서 "재외동포"란 다음 각 호의 어느 하나에 해당하는 자를 말한다.
> 1. 대한민국의 국민으로서 외국의 영주권(永住權)을 취득한 자 또는 영주할 목적으로 외국에 거주하고 있는 자(이하 "재외국민"이라 한다)
> 2. 대한민국의 국적을 보유하였던 자(대한민국정부 수립 전에 국외로 이주한 동포를 포함한다) 또는 그 직계비속(直系卑屬)으로서 외국국적을 취득한 자 중 대통령령으로 정하는 자(이하 "외국국적동포"라 한다)
>
> 시행령 제00조(재외국민의 정의) ① 법 제00조 제1호에서 "외국의 영주권을 취득한 자"라 함은 거주국으로부터 영주권 또는 이에 준하는 거주목적의 장기체류자격을 취득한 자를 말한다.
>
> ② 법 제00조 제1호에서 "영주할 목적으로 외국에 거주하고 있는 자"라 함은 해외이주자로서 거주국으로부터 영주권을 취득하지 아니한 자를 말한다.
>
> 제00조(외국국적동포의 정의) 법 제00조 제2호에서 "대한민국의 국적을 보유하였던 자(대한민국정부 수립 이전에 국외로 이주한 동포를 포함한다) 또는 그 직계비속으로서 외국국적을 취득한 자 중 대통령령이 정하는 자"란 다음 각 호의 어느 하나에 해당하는 자를 말한다.
> 1. 대한민국의 국적을 보유하였던 자(대한민국정부 수립 이전에 국외로 이주한 동포를 포함한다. 이하 이 조에서 같다)로서 외국국적을 취득한 자
> 2. 부모의 일방 또는 조부모의 일방이 대한민국의 국적을 보유하였던 자로서 외국국적을 취득한 자

① 대한민국 국민은 재외동포가 될 수 없다.

② 재외국민이 되기 위한 필수 요건은 거주국의 영주권 취득이다.

③ 할아버지가 대한민국 국적을 보유하였던 미국 국적자는 재외국민이다.

④ 대한민국 국민으로서 회사업무를 위해 중국출장 중인 사람은 외국국적동포이다.

⑤ 과거에 대한민국 국적을 보유하였던 자로서 현재 브라질 국적을 취득한 자는 외국국적동포이다.

066

기출 17' 5급[민]-나 난이도 ●○○

다음 글에서 추론할 수 있는 것은?

> 조선후기 숙종 때 서울 시내의 무뢰배가 검계를 결성하여 무술훈련을 하였다. 좌의정 민정중이 '검계의 군사훈련 때문에 한양의 백성들이 공포에 떨고 있으니 이들을 처벌해야 한다.'고 상소하자 임금이 포도청에 명하여 검계 일당을 잡아들이게 하였다. 포도대장 장붕익은 몸에 칼자국이 있는 자들을 잡아들였는데, 이는 검계 일당이 모두 몸에 칼자국을 내어 자신들과 남을 구별하는 징표로 삼았기 때문이다.
>
> 검계는 원래 향도계에서 비롯하였다. 향도계는 장례를 치르기 위해 결성된 계였다. 비용이 많이 소요되는 장례에 대비하기 위해 계를 구성하여 평소 얼마간 금전을 갹출하고, 구성원 중에 상을 당한 자가 있으면 갹출한 금전에 얼마를 더하여 비용을 마련해주는 방식이었다. 향도계는 서울 시내 백성들에게 널리 퍼져 있었으며, 양반들 중에도 가입하는 이들이 있었다. 향도계를 관리하는 조직을 도가라 하였는데, 도가는 점차 죄를 지어 법망을 피하려는 자들을 숨겨주는 소굴이 되었다. 이 도가 내부의 비밀조직이 검계였다.
>
> 검계의 구성원들은 스스로를 왈짜라 부르고 있었다. 왈짜는 도박장이나 기생집, 술집 등 도시의 유흥공간을 세력권으로 삼아 활동하는 이들이었다. 하지만 모든 왈짜가 검계의 구성원이었던 것은 아니다. 왈짜와 검계는 모두 폭력성을 지녔고 활동하는 주 무대도 같았지만 왈짜는 검계와 달리 조직화된 집단은 아니었다. 부유한 집안의 아들이었던 김홍연은 대과를 준비하다가 너무 답답하다는 이유로 중도에 그만두고 무과 공부를 하였다. 그는 무예에 탁월했지만 지방 출신이라는 점이 출세하는 데 장애가 될 것을 염려하여 무과 역시 포기하고 왈짜가 되었다. 김홍연은 왈짜였지만 검계의 일원은 아니었다.

① 도가의 장은 향도계의 장을 겸임하였다.

② 향도계의 구성원 중에는 검계 출신이 많았다.

③ 향도계는 공공연한 조직이었지만 검계는 비밀조직이었다.

④ 몸에 칼자국이 없으면서 검계의 구성원인 왈짜도 있었다.

⑤ 김홍연이 검계의 일원이 되지 못하고 왈짜에 머물렀던 것은 지방 출신이었기 때문이다.

067

기출 17' 5급㉯-나 | 난이도 ●○○

다음 글의 (가)～(다)에 들어갈 진술을 〈보기〉에서 골라 짝지은 것으로 가장 적절한 것은?

비어즐리는 '제도론적 예술가'와 '낭만주의적 예술가'의 개념을 대비시킨다. 낭만주의적 예술가는 사회의 모든 행정과 교육의 제도로부터 독립하여 작업하는 사람이다. 그는 자기만의 상아탑에 칩거하며, 혼자 캔버스 위에서 일하고, 자신의 돌을 깎고, 자신의 소중한 서정시의 운율을 다듬는다.

그러나 사회와 동떨어져 혼자 작업하더라도 예술가는 작품을 만드는 동안 예술 제도로부터 단절될 수 없다. [(가)] 즉 예술가는 특정 예술 제도 속에서 예술의 사례들을 경험하고, 예술적 기술의 훈련이나 교육을 받음으로써 예술에 대한 배경지식을 얻게 된다. 그리고 이와 같은 배경지식이 예술가의 작품 활동에 반영된다.

낭만주의적 예술가 개념은 예술 창조의 주도권이 완전히 개인에게 있으며 예술가가 문화의 진공 상태 안에서 작품을 창조할 수 있다고 가정한다. 하지만 그런 낭만주의적 예술가는 사실상 존재하기 어렵다. 심지어 어린 아이들의 그림이나 놀이조차도 문화의 진공 상태에서 이루어지지 않는다. [(나)]

어떤 사람이 예술작품을 전혀 본 적 없는 상태에서 진흙으로 어떤 형상을 만들어냈다고 가정해 보자. 이것이 지금까지 본 적이 없던 새로운 형상이라 하더라도, 그 사람은 예술작품을 창조한 것이라 볼 수 없다. [(다)] 비어즐리의 주장과는 달리 예술가는 아무 맥락 없는 진공 상태에서 창작하지 않는다. 예술은 어떤 사람이 문화적 역할을 수행한 산물이며, 언제나 문화적 주형(鑄型) 안에 존재한다.

보기

ㄱ. 왜냐하면 어떤 사람이 예술작품을 창조하였다고 하기 위해서는 그는 예술작품이 무엇인가에 대한 개념을 가지고 있어야 하기 때문이다.
ㄴ. 왜냐하면 사람은 두세 살만 되어도 인지구조가 형성되고, 이 과정에서 문화의 영향을 받을 수밖에 없기 때문이다.
ㄷ. 왜냐하면 예술가들은 예술작품을 만들 때 의식적이든 무의식적이든 예술교육을 받으면서 수용한 가치 등을 고려하는데, 그러한 교육은 예술 제도 안에서 이루어지기 때문이다.

	(가)	(나)	(다)
①	ㄱ	ㄴ	ㄷ
②	ㄴ	ㄱ	ㄷ
③	ㄴ	ㄷ	ㄱ
④	ㄷ	ㄱ	ㄴ
⑤	ㄷ	ㄴ	ㄱ

068

기출 21' 5급㉯-나 | 난이도 ●●○

다음 글에서 추론할 수 있는 것은?

생쥐가 새로운 소리 자극을 받으면 이 자극 신호는 뇌의 시상에 있는 청각시상으로 전달된다. 청각시상으로 전달된 자극 신호는 뇌의 편도에 있는 측핵으로 전달된다. 측핵에 전달된 신호는 편도의 중핵으로 전달되고, 중핵은 신체의 여러 기관에 전달할 신호를 만들어서 반응이 일어나게 한다.

연구자 K는 '공포' 또는 '안정'을 학습시켰을 때 나타나는 신경생물학적 특징을 탐구하기 위해 두 개의 실험을 수행했다.

첫 번째 실험에서 공포를 학습시켰다. 이를 위해 K는 생쥐에게 소리 자극을 준 뒤에 언제나 공포를 일으킬 만한 충격을 가하여, 생쥐에게 이 소리가 충격을 예고한다는 것을 학습시켰다. 이렇게 학습된 생쥐는 해당 소리 자극을 받으면 방어적인 행동을 취했다. 이 생쥐의 경우, 청각시상으로 전달된 소리 자극 신호는 학습을 수행하기 전 상태에서 전달되는 것보다 훨씬 센 강도의 신호로 증폭되어 측핵으로 전달된다. 이 증폭된 강도의 신호는 중핵을 거쳐 신체의 여러 기관에 전달되고 이는 학습된 공포 반응을 일으킨다.

두 번째 실험에서는 안정을 학습시켰다. 이를 위해 K는 다른 생쥐에게 소리 자극을 준 뒤에 항상 어떤 충격도 주지 않아서, 생쥐에게 이 소리가 안정을 예고한다는 것을 학습시켰다. 이렇게 학습된 생쥐는 이 소리를 들어도 방어적인 행동을 전혀 취하지 않았다. 이 경우 소리 자극 신호를 받은 청각시상에서 만들어진 신호가 측핵으로 전달되는 것이 억제되기 때문에 측핵에 전달된 신호는 매우 미약해진다. 대신 청각시상은 뇌의 선조체에서 반응을 일으킬 수 있는 자극 신호를 만들어서 선조체에 전달한다. 선조체는 안정 상태와 같은 긍정적이고 좋은 느낌을 느낄 수 있게 하는 것에 관여하는 뇌 영역인데, 선조체에서 반응이 세게 나타나면 안정감을 느끼게 되어 학습된 안정 반응을 일으킨다.

① 중핵에서 만들어진 신호의 세기가 강한 경우에는 학습된 안정 반응이 나타난다.
② 학습된 공포 반응을 일으키지 않는 소리 자극은 선조체에서 약한 반응이 일어나게 한다.
③ 학습된 공포 반응을 일으키는 소리 자극은 청각시상에서 선조체로 전달되는 자극 신호를 억제한다.
④ 학습된 안정 반응을 일으키는 청각시상에서 받는 소리 자극 신호는 학습된 공포 반응을 일으키는 청각시상에서 받는 소리 자극 신호보다 약하다.
⑤ 학습된 안정 반응을 일으키는 경우와 학습된 공포 반응을 일으키는 경우 모두, 청각시상에서 측핵으로 전달되는 신호의 세기가 학습하기 전과 달라진다.

069

기출 21' 5급㉧-나 | 난이도 ●●○

다음 글의 〈실험 결과〉에서 추론할 수 있는 것은?

연구자 K는 동물의 뇌 구조 변화가 일어나는 방식을 규명하기 위해 다음의 실험을 수행했다. 실험용 쥐를 총 세 개의 실험군으로 나누었다. 실험군 1의 쥐에게는 운동은 최소화하면서 학습을 시키는 '학습 위주 경험'을 하도록 훈련시켰다. 실험군 2의 쥐에게는 특별한 기술을 학습할 필요 없이 수행할 수 있는 쳇바퀴 돌리기를 통해 '운동 위주 경험'을 하도록 훈련시켰다. 실험군 3의 쥐에게는 어떠한 학습이나 운동도 시키지 않았다.

〈실험 결과〉

- 뇌 신경세포 한 개당 시냅스의 수는 실험군 1의 쥐에서 크게 증가했고 실험군 2와 3의 쥐에서는 거의 변하지 않았다.
- 뇌 신경세포 한 개당 모세혈관의 수는 실험군 2의 쥐에서 크게 증가했고 실험군 1과 3의 쥐에서는 거의 변하지 않았다.
- 실험군 1의 쥐에서는 대뇌 피질의 지각 영역에서 구조 변화가 나타났고, 실험군 2의 쥐에서는 대뇌 피질의 운동 영역과 더불어 운동 활동을 조절하는 소뇌에서 구조 변화가 나타났다. 실험군 3의 쥐에서는 뇌 구조 변화가 거의 나타나지 않았다.

① 대뇌 피질의 구조 변화는 학습 위주 경험보다 운동 위주 경험에 더 큰 영향을 받는다.
② 학습 위주 경험은 뇌의 신경세포당 시냅스의 수에, 운동 위주 경험은 뇌의 신경세포당 모세혈관의 수에 영향을 미친다.
③ 학습 위주 경험과 운동 위주 경험은 뇌의 특정 부위에 있는 신경세포의 수를 늘려 그 부위의 뇌 구조를 변하게 한다.
④ 특정 형태의 경험으로 인해 뇌의 특정 영역에 발생한 구조 변화가 뇌의 신경세포당 모세혈관 또는 시냅스의 수를 변화시킨다.
⑤ 뇌가 영역별로 특별한 구조를 갖는 것이 그 영역에서 신경세포당 모세혈관 또는 시냅스의 수를 변화시켜 특정 형태의 경험을 더 잘 수행할 수 있게 한다.

070

기출 13' 5급㉧[상황판단]-인 | 난이도 ●○○

다음 글을 근거로 판단할 때, 〈보기〉의 甲 ~ 丁이 권장 시기에 맞춰 정기검진을 받는다면 첫 정기검진까지의 기간이 가장 적게 남은 사람부터 순서대로 나열한 것은? (단, 甲 ~ 丁은 지금까지 건강검진을 받은 적이 없다.)

암 검진은 암을 조기 발견하여 생존률을 높일 수 있기 때문에 매우 중요하다. 일반적으로 권장하는 정기검진의 시작 시기와 주기는 위암은 만 40세부터 2년 주기, 대장암은 만 50세부터 1년 주기, 유방암은 만 40세부터 2년 주기 등이다. 폐암은 흡연자인 경우 만 40세부터 1년 주기로, 비흡연 여성도 만 60세부터 검진을 받아야 한다. 간경변증을 앓고 있는 사람이거나 B형 또는 C형 간염 바이러스 보균자는 만 30세부터 6개월 간격으로 간암 정기검진을 받아야 한다.

그런데 많은 암환자들이 가족력을 가지고 있는 것으로 알려져 있다. 우리나라 암 사망 원인 1위인 폐암은 부모나 형제자매 가운데 해당 질병을 앓은 사람이 있으면 발병 확률이 일반인의 1.95배나 된다. 대장암 환자의 30 %도 가족력이 있다. 부모나 형제자매 중에 한 명의 대장암 환자가 있으면 발병 확률은 일반인의 2 ~ 3배가 되고, 두 명이 있으면 그 확률은 4 ~ 6배로 높아진다. 우리나라 여성들이 많이 걸리는 유방암도 가족력이 큰 영향을 미친다. 따라서 가족력이 있으면 대장암은 검진 시기를 10년 앞당겨야 하며, 유방암도 검진 시기를 15년 앞당기고 검사 주기도 1년으로 줄여야 한다.

보기

ㄱ. 매운 음식을 자주 먹는 만 38세 남성 甲의 위암 검진
ㄴ. 대장암 가족력이 있는 만 33세 남성 乙의 대장암 검진
ㄷ. 유방암 가족력이 있는 만 25세 여성 丙의 유방암 검진
ㄹ. 흡연자인 만 36세 여성 丁의 폐암 검진

① 甲, 乙, 丙, 丁　② 甲, 丙, 丁, 乙
③ 丙, 甲, 丁, 乙　④ 丙, 丁, 乙, 甲
⑤ 丁, 乙, 丙, 甲

071

기출 17' 5급㊞-나 | 난이도 ●○○

다음 글에서 알 수 있는 것은?

아리스토텔레스는 정치체제를 세 가지로 구분하는데, 군주정, 귀족정, 제헌정이 그것이다. 세 번째 정치체제는 재산의 등급에 기초한 정치체제로서, 금권정으로 불러야 마땅하지만, 대부분의 사람들은 제헌정이라고 부른다. 이것들 가운데 최선은 군주정이며 최악은 금권정이다.

또한 그는 세 가지 정치체제가 각기 타락한 세 가지 형태를 제시한다. 참주정은 군주정의 타락한 형태이다. 양자 모두 일인 통치 체제이긴 하지만 그 차이는 엄청나다. 군주는 모든 좋은 점에 있어서 다른 사람들을 능가하기 때문에 자신을 위해 어떤 것도 필요로 하지 않는다. 그래서 군주는 자기 자신에게 이익이 되는 것이 아니라 다스림을 받는 사람에게 이익이 되는 것을 추구한다. 반면 참주는 군주의 반대이다. 못된 군주가 참주가 된다. 참주는 자신에게만 이익이 되는 것을 추구하기에, 참주정은 최악의 정치체제이다.

귀족정이 과두정으로 타락하는 것은 지배자 집단의 악덕 때문이다. 그 지배자 집단은 도시의 소유물을 올바르게 배분하지 않으며, 좋은 것들 전부 혹은 대부분을 자신들에게 배분하고 공직은 항상 자신들이 차지한다. 그들이 가장 중요하게 생각하는 것은 부를 축적하는 일이다. 과두정에서는 소수만이 다스리는데, 훌륭한 사람들이 아니라 못된 사람들이 다스린다.

민주정은 다수가 통치하는 체제이다. 민주정은 금권정으로부터 나온다. 금권정 역시 다수가 통치하는 체제인데, 일정 재산 이상의 자격 요건을 갖춘 사람들은 모두 동등하기 때문이다. 타락한 정치체제 중에서는 민주정이 가장 덜 나쁜 것이다. 제헌정의 기본 틀에서 약간만 타락한 것이기 때문이다.

① 정치체제의 형태는 일곱 가지이다.
② 군주정은 민주정보다 나쁜 정치체제이다.
③ 제헌정, 참주정, 귀족정, 과두정 중에서 최악의 정치체제는 제헌정이다.
④ 금권정에서 타락한 형태의 정치체제가 과두정보다 더 나쁜 정치체제이다.
⑤ 군주정과 참주정은 일인 통치 체제이지만, 제헌정과 민주정은 다수가 통치하는 체제이다.

072

기출 17' 5급㊞-나 | 난이도 ●○○

다음 글의 논지를 지지하는 진술로 적절한 것만을 〈보기〉에서 모두 고르면?

과학과 예술이 무관하다는 주장의 첫 번째 근거는 과학과 예술이 인간의 지적 능력의 상이한 측면을 반영한다는 것이다. 즉 과학은 주로 분석·추론·합리적 판단과 같은 지적 능력에 기인하는 반면에, 예술은 종합·상상력·직관과 같은 지적 능력에 기인한다고 생각한다. 두 번째 근거는 과학과 예술이 상이한 대상을 다룬다는 것이다. 과학은 인간 외부에 실재하는 자연의 사실과 법칙을 다루기에 과학자는 사실과 법칙을 발견하지만, 예술은 인간의 내면에 존재하는 심성을 탐구하며, 미적 가치를 창작하고 구성하는 활동이라고 본다. 그러나 이렇게 과학과 예술을 대립시키는 태도는 과학과 예술의 특성을 지나치게 단순화하는 것이다. 과학이 단순한 발견의 과정이 아니듯이 예술도 순수한 창조와 구성의 과정이 아니기 때문이다. 과학에는 상상력을 이용하는 주체의 창의적 과정이 개입하며, 예술 활동은 전적으로 임의적인 창작이 아니라 논리적 요소를 포함하는 창작이다. 과학 이론이 만들어지기 위해 필요한 것은 냉철한 이성과 객관적 관찰만이 아니다. 새로운 과학 이론의 발견을 위해서는 상상력과 예술적 감수성이 필요하다. 반대로 최근의 예술적 성과 중에는 과학기술의 발달에 의해 뒷받침된 것이 많다.

보기

ㄱ. 과학자 왓슨과 크릭이 없었더라도 누군가 DNA 이중나선 구조를 발견하였겠지만, 셰익스피어가 없었다면 『오셀로』는 결코 창작되지 못 하였을 것이다.
ㄴ. 물리학자 파인만이 주장했듯이 과학에서 이론을 정립하는 과정은 가장 아름다운 그림을 그려나가는 예술가의 창작 작업과 흡사하다.
ㄷ. 입체파 화가들은 수학자 푸앵카레의 기하학 연구를 자신들의 그림에 적용하고자 하였으며, 이런 의미에서 피카소는 "내 그림은 모두 연구와 실험의 산물이다."라고 말하였다.

① ㄱ ② ㄷ ③ ㄱ, ㄴ
④ ㄴ, ㄷ ⑤ ㄱ, ㄴ, ㄷ

073

기출 21' 5급(민)-나 | 난이도 ●●○

다음 글의 〈실험 결과〉에 대한 판단으로 적절한 것만을 〈보기〉에서 모두 고르면?

박쥐 X가 잡아먹을 수컷 개구리의 위치를 찾기 위해 사용하는 방법에는 두 가지가 있다. 하나는 수컷 개구리의 울음소리를 듣고 위치를 찾아내는 '음탐지' 방법이다. 다른 하나는 X가 초음파를 사용하여, 울음소리를 낼 때 커졌다 작아졌다 하는 울음주머니의 움직임을 포착하여 위치를 찾아내는 '초음파탐지' 방법이다. 울음주머니의 움직임이 없으면 이 방법으로 수컷 개구리의 위치를 찾을 수 없다.

〈실험〉

한 과학자가 수컷 개구리를 모방한 두 종류의 로봇개구리를 제작했다. 로봇개구리 A는 수컷 개구리의 울음소리를 내고, 커졌다 작아졌다 하는 울음주머니도 가지고 있다. 로봇개구리 B는 수컷 개구리의 울음소리만 내고, 커졌다 작아졌다 하는 울음주머니는 없다. 같은 수의 A 또는 B를 크기는 같지만 서로 다른 환경의 세 방 안에 같은 위치에 두었다. 세 방의 환경은 다음과 같다.

- 방 1: 로봇개구리 소리만 들리는 환경
- 방 2: 로봇개구리 소리뿐만 아니라, 로봇개구리가 있는 곳과 다른 위치에서 로봇개구리 소리와 같은 소리가 추가로 들리는 환경
- 방 3: 로봇개구리 소리뿐만 아니라, 로봇개구리가 있는 곳과 다른 위치에서 로봇개구리 소리와 전혀 다른 소리가 추가로 들리는 환경

각 방에 같은 수의 X를 넣고 실제로 로봇개구리를 잡아먹기 위해 공격하는 데 걸리는 평균 시간을 측정했다. X가 로봇개구리의 위치를 빨리 알아낼수록 공격하는 데 걸리는 시간은 짧다.

〈실험 결과〉

- 방 1: A를 넣은 경우는 3.4초였고 B를 넣은 경우는 3.3초로 둘 사이에 유의미한 차이는 없었다.
- 방 2: A를 넣은 경우는 8.2초였고 B를 넣은 경우는 공격하지 않았다.
- 방 3: A를 넣은 경우는 3.4초였고 B를 넣은 경우는 3.3초로 둘 사이에 유의미한 차이는 없었다.

보기

ㄱ. 방 1과 2의 〈실험 결과〉는, X가 음탐지 방법이 방해를 받는 환경에서는 초음파탐지 방법을 사용한다는 가설을 강화한다.
ㄴ. 방 2와 3의 〈실험 결과〉는, X가 소리의 종류를 구별할 수 있다는 가설을 강화한다.
ㄷ. 방 1과 3의 〈실험 결과〉는, 수컷 개구리의 울음소리와 전혀 다른 소리가 들리는 환경에서는 X가 초음파탐지 방법을 사용한다는 가설을 강화한다.

① ㄱ　② ㄷ　③ ㄱ, ㄴ
④ ㄴ, ㄷ　⑤ ㄱ, ㄴ, ㄷ

074

기출 21' 5급(민)-나 | 난이도 ●●○

다음 글에 대한 분석으로 적절한 것만을 〈보기〉에서 모두 고르면?

'자연화'란 자연과학의 방법론에 따라 자연과학이 수용하는 존재론을 토대 삼아 연구를 수행한다는 의미이다. 심리학을 자연과학의 하나라고 생각하는 철학자 A는, 인식론의 자연화를 주장하기 위해 다음의 〈논증〉을 제시하였다.

〈논증〉

(1) 전통적 인식론은 적어도 다음의 두 가지 목표를 가진다. 첫째, 세계에 관한 믿음을 정당화하는 것이고, 둘째, 세계에 관한 믿음을 나타내는 문장을 감각 경험을 나타내는 문장으로 번역하는 것이다.
(2) 전통적 인식론은 첫째 목표도 달성할 수 없고 둘째 목표도 달성할 수 없다.
(3) 만약 전통적 인식론이 이 두 가지 목표 중 어느 하나라도 달성할 수가 없다면, 전통적 인식론은 폐기되어야 한다.
(4) 전통적 인식론은 폐기되어야 한다.
(5) 만약 전통적 인식론이 폐기되어야 한다면, 인식론자는 전통적 인식론 대신 심리학을 연구해야 한다.
(6) 인식론자는 전통적 인식론 대신 심리학을 연구해야 한다.

보기

ㄱ. 전통적 인식론의 목표에 (1)의 '두 가지 목표' 외에 "세계에 관한 믿음이 형성되는 과정을 규명하는 것"이 추가된다면, 위 논증에서 (6)은 도출되지 않는다.
ㄴ. (2)를 "전통적 인식론은 첫째 목표를 달성할 수 없거나 둘째 목표를 달성할 수 없다."로 바꾸어도 위 논증에서 (6)이 도출된다.
ㄷ. (4)는 논증 안의 어떤 진술들로부터 나오는 결론일 뿐만 아니라 논증 안의 다른 진술의 전제이기도 하다.

① ㄱ　② ㄷ　③ ㄱ, ㄴ
④ ㄴ, ㄷ　⑤ ㄱ, ㄴ, ㄷ

075

기출 13' 5급[민][상황판단]-인 | 난이도 ●○○

다음 글을 근거로 판단할 때, 〈보기〉에서 인공임신중절수술이 허용되는 경우만을 모두 고르면?

법 제00조(인공임신중절수술의 허용한계) ① 의사는 다음 각 호의 어느 하나에 해당되는 경우에만 본인과 배우자(사실상의 혼인관계에 있는 사람을 포함한다. 이하 같다)의 동의를 받아 인공임신중절수술을 할 수 있다.

1. 본인이나 배우자가 대통령령으로 정하는 우생학적(優生學的) 또는 유전학적 정신장애나 신체질환이 있는 경우
2. 본인이나 배우자가 대통령령으로 정하는 전염성 질환이 있는 경우
3. 강간 또는 준강간(準强姦)에 의하여 임신된 경우
4. 법률상 혼인할 수 없는 혈족 또는 인척 간에 임신된 경우
5. 임신의 지속이 보건의학적 이유로 모체의 건강을 심각하게 해치고 있거나 해칠 우려가 있는 경우

② 제1항의 경우에 배우자의 사망·실종·행방불명, 그 밖에 부득이한 사유로 동의를 받을 수 없으면 본인의 동의만으로 그 수술을 할 수 있다.

③ 제1항의 경우 본인이나 배우자가 심신장애로 의사표시를 할 수 없을 때에는 그 친권자나 후견인의 동의로, 친권자나 후견인이 없을 때에는 부양의무자의 동의로 각각 그 동의를 갈음할 수 있다.

시행령 제00조(인공임신중절수술의 허용한계) ① 법 제00조에 따른 인공임신중절수술은 임신 24주일 이내인 사람만 할 수 있다.

② 법 제00조 제1항 제1호에 따라 인공임신중절수술을 할 수 있는 우생학적 또는 유전학적 정신장애나 신체질환은 연골무형성증, 낭성섬유증 및 그 밖의 유전성 질환으로서 그 질환이 태아에 미치는 위험성이 높은 질환으로 한다.

③ 법 제00조 제1항 제2호에 따라 인공임신중절수술을 할 수 있는 전염성 질환은 풍진, 톡소플라즈마증 및 그 밖에 의학적으로 태아에 미치는 위험성이 높은 전염성 질환으로 한다.

〈보기〉

ㄱ. 태아에 미치는 위험성이 높은 연골무형성증의 질환이 있는 임신 20주일 임산부와 그 남편이 동의한 경우
ㄴ. 풍진을 앓고 있는 임신 28주일 임산부가 동의한 경우
ㄷ. 남편이 실종 중인 상황에서 임신중독증으로 생명이 위험한 임신 20주일 임산부가 동의한 경우
ㄹ. 남편이 실업자가 되어 도저히 아이를 키울 수 없다고 판단한 임신 16주일 임산부와 그 남편이 동의한 경우

① ㄱ, ㄴ ② ㄱ, ㄷ ③ ㄴ, ㄹ
④ ㄱ, ㄷ, ㄹ ⑤ ㄴ, ㄷ, ㄹ

Day 5 Self Check List

	오답 수	무응답 수	풀이시간(분)
1회독	/ 15	/ 15	/ 30(분)
2회독	/ 15	/ 15	/ 25(분)
3회독	/ 15	/ 15	/ 15(분)

정답 및 해설 270p

독끝 6일차 (076~090)

*아래 회독수 별 권장 풀이 시간에 맞춰 풀이 후, 끝쪽의 Self Check List를 기입하여 부족한 부분을 파악하세요!

권장 풀이 시간: 1회독 30min / 2회독 25min / 3회독 15min

본 문항은 PSAT 언어논리 영역 기출 문항으로 구성되며, 기출 표기에 따른 시험 종류는 아래와 같습니다.(표기 상 맨 끝은 '책형' 입니다.)
㉥ – 민간경력자 일괄채용시험 / ㉻ – 공개경쟁채용시험(행정)

076

기출 17' 5급㉥-나 | 난이도 ●○○

다음 글의 ㉠을 지지하는 것만을 〈보기〉에서 모두 고르면?

카나리아의 수컷과 암컷은 해부학적으로 동일한 구조의 발성기관을 가지고 있다. 또 새끼 때 모든 카나리아는 종 특유의 지저귀는 소리를 들으며 자란다. 그러나 성체가 되면 수컷만이 종 특유의 소리로 지저귄다. 수컷 카나리아는 다른 수컷들과 경쟁하거나 세력권을 주장할 때 이 소리를 낸다. 수컷은 암컷을 유혹할 때도 이 소리를 내는데, 이는 암컷이 종 특유의 소리를 내지는 못해도 그것을 알고 있음을 시사한다.

아비의 울음소리를 들으며 자라던 어린 카나리아는 둥지를 떠나 서식지를 이동하면서 다른 종의 새들과도 만나게 된다. 둥지를 떠난 후에도 어린 카나리아는 한동안 그들 종 특유의 울음소리를 내지 못할 뿐만 아니라 지저귀지도 않는다. 그러나 이듬해 봄이 가까워 오고 낮이 차츰 길어지면서 어린 수컷 카나리아의 몸에서는 수컷에만 있는 기관 A가 발달해 커지기 시작하고, 기관 A에서 분비되는 물질 B의 분비량도 증가한다. 이로 인해 수컷의 몸에서 물질 B의 혈중 농도가 높아지고, 그에 따라 수컷은 지저귀는 소리를 내려고 하기 시작한다. 수컷 카나리아가 처음 내는 소리는 종 특유의 울음소리가 아니다. 그러나 다른 수컷들에게서 그 소리를 배울 수 없는 상황에서도 수컷 카나리아가 내는 소리는 종 특유의 소리에 점점 가까워지고 결국 종 특유의 소리가 된다.

과학자들은 왜 카나리아의 수컷만 종 특유의 소리로 지저귀는지를 연구하였다. 그리고 ㉠ 그 이유가 수컷의 몸에서만 분비되는 물질 B가 종 특유의 소리를 내는 데 필요한 뇌의 특정 부분을 발달시키기 때문이라는 것을 알아냈다.

〈보기〉

ㄱ. 봄이 시작될 무렵부터 조금씩 양을 늘려가면서 어린 암컷 카나리아에게 물질 B를 주사하였더니 결국 종 특유의 소리로 지저귀게 되었다.
ㄴ. 어린 수컷 카나리아의 뇌에 물질 B의 효과를 억제하는 성분의 약물을 꾸준히 투여하였더니 성체가 되어도 종 특유의 울음소리를 내지 못하였다.
ㄷ. 둥지를 떠나기 직전에 어린 수컷 카나리아의 기관 A를 제거하였지만 다음 봄에는 종 특유의 소리로 지저귈 수 있었다.

① ㄱ　② ㄷ　③ ㄱ, ㄴ
④ ㄴ, ㄷ　⑤ ㄱ, ㄴ, ㄷ

077

기출 17' 5급㉥-나 | 난이도 ●○○

다음 글의 ㉠의 의미로 가장 적절한 것은?

이스라엘 공군 소속 장교들은 훈련생들이 유난히 비행을 잘했을 때에는 칭찬을 해봤자 비행 능력 향상에 도움이 안 된다고 믿는다. 실제로 훈련생들은 칭찬을 받고 나면 다음 번 비행이 이전 비행보다 못했다. 그렇지만 장교들은 비행을 아주 못한 훈련생을 꾸짖으면 비판에 자극 받은 훈련생이 거의 항상 다음 비행에서 향상된 모습을 보여준다고 생각한다. 그래서 장교들은 상급 장교에게 저조한 비행 성과는 비판하되 뛰어난 성과에 대해서는 칭찬하지 않는 게 바람직하다고 건의했다. 하지만 이런 추론의 이면에는 ㉠ 오류가 있다.

유난히 비행을 잘하거나 유난히 비행을 못하는 경우는 둘 다 흔치 않다. 따라서 칭찬과 비판 여부에 상관없이 어느 조종사가 유난히 비행을 잘하거나 못했다면 그 다음 번 비행에서는 평균적인 수준으로 돌아갈 확률이 높다. 평균적인 수준의 비행은 극도로 뛰어나거나 떨어지는 비행보다는 훨씬 빈번하게 나타난다. 그러므로 어쩌다 뛰어난 비행을 한 조종사는 아마 다음 번 비행에서는 그보다 못할 것이다. 어쩌다 실력을 발휘하지 못한 조종사는 아마 다음 번 비행에서 훨씬 나은 모습을 보여줄 것이다.

어떤 사건이 극단적일 때에 같은 종류의 다음 번 사건은 그만큼 극단적이지 않기 마련이다. 예를 들어, 지능 지수가 아주 높은 부모가 있다고 하자. 그 부모는 예외적으로 유전자들이 잘 조합되어 그렇게 태어났을 수도 있고 특별히 지능을 계발하기에 유리한 환경에서 자랐을 수도 있다. 이 부모는 극단적인 사례이기 때문에 이들은 자기보다 지능이 낮은 자녀를 둘 확률이 높다.

① 비행 이후보다는 비행 이전에 칭찬을 해야 한다는 점을 깨닫지 못하는 오류
② 비행을 잘한 훈련생에게는 칭찬보다는 비판이 유효하다는 점을 깨닫지 못하는 오류
③ 훈련에 충분한 시간을 투입하면 훈련생의 비행 실력은 향상된다는 점을 깨닫지 못하는 오류
④ 훈련생의 비행에 대한 과도한 칭찬과 비판이 역효과를 낼 수 있다는 점을 깨닫지 못하는 오류
⑤ 뛰어난 비행은 평균에서 크게 벗어난 사례라서 연속해서 발생하기 어렵다는 점을 깨닫지 못하는 오류

078

기출 21' 5급[민]-나 난이도 ●●○

다음 글에 대한 분석으로 적절한 것만을 〈보기〉에서 모두 고르면?

어떤 사람이 당신에게 다음과 같이 제안했다고 하자. 당신은 호화 여행을 즐기게 된다. 다만 먼저 10만 원을 내야 한다. 여기에 하나의 추가 조건이 있다. 그것은 제안자의 말인 아래의 (1)이 참이면 그는 10만 원을 돌려주지 않고 약속대로 호화 여행은 제공하는 반면, (1)이 거짓이면 그는 10만 원을 돌려주고 약속대로 호화 여행도 제공한다는 것이다.

(1) 나는 당신에게 10만 원을 돌려주거나 ⓐ 당신은 나에게 10억 원을 지불한다.

당신은 이 제안을 받아들였고 10만 원을 그에게 주었다.

이때 어떤 결과가 따를지 검토해 보자. (1)은 참이거나 거짓일 것이다. (1)이 거짓이라고 가정해 보자. 그러면 추가 조건에 따라 그는 당신에게 10만 원을 돌려준다. 또한 가정상 (1)이 거짓이므로, ㉠ 그는 당신에게 10만 원을 돌려주지 않는다. 결국 (1)이 거짓이라고 가정하면 그는 당신에게 10만 원을 돌려준다는 것과 돌려주지 않는다는 것이 모두 성립한다. 이는 가능하지 않다. 따라서 ㉡ (1)은 참일 수밖에 없다. 그런데 (1)이 참이라면 추가 조건에 따라 그는 당신에게 10만 원을 돌려주지 않는다. 따라서 ⓐ가 반드시 참이어야 한다. 즉, ㉢ 당신은 그에게 10억 원을 지불한다.

보기

ㄱ. ㉠을 추론하는 데는 'A이거나 B'의 형식을 가진 문장이 거짓이면 A도 B도 모두 반드시 거짓이라는 원리가 사용되었다.

ㄴ. ㉡을 추론하는 데는 어떤 가정 하에서 같은 문장의 긍정과 부정이 모두 성립하는 경우 그 가정의 부정은 반드시 참이라는 원리가 사용되었다.

ㄷ. ㉢을 추론하는 데는 'A이거나 B'라는 형식의 참인 문장에서 A가 거짓인 경우 B는 반드시 참이라는 원리가 사용되었다.

① ㄱ ② ㄷ ③ ㄱ, ㄴ
④ ㄴ, ㄷ ⑤ ㄱ, ㄴ, ㄷ

079

기출 21' 5급[민]-나 난이도 ●●○

다음 글의 ㉠과 ㉡에 대한 평가로 적절한 것만을 〈보기〉에서 모두 고르면?

연역과 귀납, 이 두 종류의 방법은 지적 작업에서 사용될 수 있는 모든 추론을 포괄한다. 철학과 과학을 비롯한 모든 지적 작업에 연역적 방법이 필수적이라는 것을 부정하는 사람은 아무도 없다. 귀납적 방법의 경우 사정은 크게 다르다. 귀납적 방법이 철학적 작업에 들어설 여지가 없다고 믿는 사람이 있는가 하면, 한 걸음 더 나아가 어떠한 지적 작업에도 귀납적 방법이 불필요하다고 주장하는 사람들도 있다.

㉠ 귀납적 방법이 철학이라는 지적 작업에서 불필요하다는 견해는 독단적인 철학관에 근거한다. 이런 견해에 따르면 철학적 주장의 정당성은 선험적인 것으로, 경험적 지식을 확장하기 위해 사용되는 귀납적 방법에 의존할 수 없다. 그러나 이런 견해는 철학적 주장이 경험적 가설에 의존해서는 안 된다는 부당하게 편협한 철학관과 '귀납적 방법'의 모호성을 딛고 서 있다. 실제로 철학사에 나타나는 목적론적 신 존재 증명이나 외부 세계의 존재에 관한 형이상학적 논증 가운데는 귀납적 방법인 유비 논증과 귀추법을 교묘히 적용하고 있는 것도 있다.

㉡ 모든 지적 작업에서 귀납적 방법의 필요성을 부정하는 견해는 중요한 철학적 성과를 낳기도 하였다. 포퍼의 철학이 그런 사례 가운데 하나이다. 포퍼는 귀납적 방법의 정당화 가능성에 관한 회의적 결론을 받아들이고, 과학의 탐구가 귀납적 방법으로 진행된다는 견해는 근거가 없음을 보인다. 그에 따르면, 과학의 탐구 과정은 연역 논리 법칙에 따라 전개되는 추측과 반박의 작업으로 이루어진다. 이런 포퍼의 이론은 귀납적 방법의 필요성에 대한 전면적인 부정이 낳을 수 있는 흥미로운 결과 가운데 하나라고 할 수 있다.

보기

ㄱ. 과학의 탐구가 귀납적 방법에 의해 진행된다는 주장은 ㉠을 반박한다.

ㄴ. 철학의 일부 논증에서 귀추법의 사용이 불가피하다는 주장은 ㉡을 반박한다.

ㄷ. 연역 논리와 경험적 가설 모두에 의존하는 지적 작업이 있다는 주장은 ㉠과 ㉡을 모두 반박한다.

① ㄱ ② ㄴ ③ ㄱ, ㄷ
④ ㄴ, ㄷ ⑤ ㄱ, ㄴ, ㄷ

080

기출 20' 5급(민)[상황판단]-가 난이도 ●●○

다음 글을 근거로 판단할 때 옳은 것은?

> 제00조 ① 수입신고를 하려는 자(업소를 포함한다)는 해당 수입식품의 안전성 확보 등을 위하여 식품의약품안전처장이 정하는 기준에 따라 해외제조업소에 대하여 위생관리 상태를 점검할 수 있다.
> ② 제1항에 따라 위생관리 상태를 점검한 자는 식품의약품안전처장에게 우수수입업소 등록을 신청할 수 있다.
> ③ 식품의약품안전처장은 제2항에 따라 신청된 내용이 식품의약품안전처장이 정하는 기준에 적합한 경우에는 우수수입업소 등록증을 신청인에게 발급하여야 한다.
> ④ 우수수입업소 등록의 유효기간은 등록된 날부터 3년으로 한다.
> ⑤ 식품의약품안전처장은 우수수입업소가 다음 각 호의 어느 하나에 해당하는 경우에는 그 등록을 취소하거나 시정을 명할 수 있다. 다만 우수수입업소가 제1호에 해당하는 경우에는 등록을 취소하여야 한다.
> 1. 거짓이나 그 밖의 부정한 방법으로 등록된 경우
> 2. 수입식품 수입·판매업의 시설기준을 위배하여 영업정지 2개월 이상의 행정처분을 받은 경우
> 3. 수입식품에 대한 부당한 표시를 하여 영업정지 2개월 이상의 행정처분을 받은 경우
>
> ⑥ 제5항에 따라 등록이 취소된 업소는 그 취소가 있은 날부터 3년 동안 우수수입업소 등록을 신청할 수 없다.
>
> 제00조 ① 식품의약품안전처장은 수입신고된 수입식품에 대하여 관계공무원으로 하여금 필요한 검사를 하게 하여야 한다.
> ② 식품의약품안전처장은 수입신고된 수입식품이 다음 각 호의 어느 하나에 해당하는 경우에는 제1항에도 불구하고 수입식품의 검사 전부 또는 일부를 생략할 수 있다.
> 1. 우수수입업소로 등록된 자가 수입하는 수입식품
> 2. 해외우수제조업소로 등록된 자가 수출하는 수입식품

① 업소 甲이 우수수입업소 등록을 신청하기 위해서는 식품의약품안전처장이 정하는 기준에 따라 국내 자기업소에 대한 위생관리 상태를 점검하여야 한다.

② 업소 乙이 2020년 2월 20일에 우수수입업소로 등록되었다면, 그 등록은 2024년 2월 20일까지 유효하다.

③ 업소 丙이 부정한 방법으로 우수수입업소로 등록된 경우 식품의약품안전처장은 등록을 취소하지 않고 시정을 명할 수 있다.

④ 우수수입업소 丁이 수입식품 수입·판매업의 시설기준을 위배하여 영업정지 1개월의 행정처분을 받았다면, 그 때로부터 3년 동안 丁은 우수수입업소 등록을 신청할 수 없다.

⑤ 식품의약품안전처장은 우수수입업소 戊가 수입신고한 수입식품에 대한 검사를 전부 생략할 수 있다.

081

기출 17' 5급(민)-나 난이도 ●○○

다음 글의 A의 가설을 약화하는 것만을 〈보기〉에서 모두 고르면?

> 얼룩말의 얼룩무늬가 어떻게 생겨났는지는 과학계의 오랜 논쟁거리다. 월러스는 "얼룩말이 물을 마시러 가는 해질녘에 보면 얼룩무늬가 위장 효과를 낸다."라고 주장했지만, 다윈은 "눈에 잘 띌 뿐"이라며 그 주장을 일축했다. 검은 무늬는 쉽게 더워져 공기를 상승시키고 상승한 공기가 흰 무늬 부위로 이동하면서 작은 소용돌이가 일어나 체온조절을 돕는다는 가설도 있다. 위험한 체체파리나 사자의 눈에 얼룩무늬가 잘 보이지 않는다거나, 고유의 무늬 덕에 얼룩말들이 자기 무리를 쉽게 찾는다는 견해도 있다.
>
> 최근 A는 실험을 토대로 새로운 가설을 제시했다. 그는 얼룩말과 같은 속(屬)에 속하는 검은 말, 갈색 말, 흰 말을 대상으로 몸통에서 반사되는 빛의 특성을 살펴보았다. 검정이나 갈색처럼 짙은 색 몸통에서 반사되는 빛은 수평 편광으로 나타났다. 수평 편광은 물 표면에서 반사되는 빛의 특성이기도 한데, 물에서 짝짓기를 하고 알을 낳는 말파리가 아주 좋아하는 빛이다. 편광이 없는 빛을 반사하는 흰색 몸통에는 말파리가 훨씬 덜 꼬였다. A는 몸통 색과 말파리의 행태 간에 상관관계가 있다고 생각하고, 말처럼 생긴 일정 크기의 모형에 검은색, 흰색, 갈색, 얼룩무늬를 입힌 뒤 끈끈이를 발라 각각에 말파리가 얼마나 꼬이는지를 조사했다. 이틀간의 실험 결과 검은색 말 모형에는 562마리, 갈색에는 334마리, 흰색에 22마리의 말파리가 붙은 데 비해 얼룩무늬를 가진 모형에는 8마리가 붙었을 뿐이었다. 이것은 실제 얼룩말의 무늬와 유사한 얼룩무늬가 말파리를 가장 덜 유인한다는 결과였다. A는 이를 바탕으로 얼룩말의 얼룩무늬가 말의 피를 빠는 말파리를 피하는 방향으로 진행된 진화의 결과라는 가설을 제시했다.

보기

ㄱ. 실제 말에 대한 말파리의 행동반응이 말 모형에 대한 말파리의 행동반응과 다르다는 연구결과
ㄴ. 말파리가 실제로 흡혈한 피의 99% 이상이 검은색이나 진한 갈색 몸통을 가진 말의 것이라는 연구결과
ㄷ. 얼룩말 고유의 무늬 때문에 초원 위의 얼룩말이 사자 같은 포식자 눈에 잘 띈다는 연구결과

① ㄱ ② ㄷ ③ ㄱ, ㄴ
④ ㄴ, ㄷ ⑤ ㄱ, ㄴ, ㄷ

082

기출 16' 5급ⓜ-5 난이도 ●○○

다음 글의 내용과 부합하는 것은?

'청렴(淸廉)'은 현대 사회에서 좁게는 반부패와 동의어로 사용되며 넓게는 투명성과 책임성 등을 포괄하는 통합적 개념으로 사용되고 있다. 유학자들은 청렴을 효제와 같은 인륜의 덕목보다는 하위에 두었지만 군자라면 마땅히 지켜야 할 일상의 덕목으로 중시하였다. 조선의 대표적 유학자였던 이황과 이이는 청렴을 사회 규율이자 개인 처세의 지침으로 강조하였다. 특히 공적 업무에 종사하는 사람이라면 사회 규율로서의 청렴이 개인의 처세와 직결된다는 점에 유념해야 한다고 보았다.

청렴에 대한 논의는 정약용의 『목민심서』에서 본격적으로 나타난다. 정약용은 청렴이야말로 목민관이 지켜야 할 근본적인 덕목이며 목민관의 직무는 청렴이 없이는 불가능하다고 강조하였다. 정약용은 청렴을 당위의 차원에서 주장하는 기존의 학자들과 달리 행위자 자신에게 실질적 이익이 된다는 점을 들어 설득하고자 한다. 그는 청렴은 큰 이득이 남는 장사라고 말하면서, 지혜롭고 욕심이 큰 사람은 청렴을 택하지만 지혜가 짧고 욕심이 작은 사람은 탐욕을 택한다고 설명한다. 정약용은 "지자(知者)는 인(仁)을 이롭게 여긴다."라는 공자의 말을 빌려 "지혜로운 자는 청렴함을 이롭게 여긴다."라고 하였다. 비록 재물을 얻는 데 뜻이 있더라도 청렴함을 택하는 것이 결과적으로는 지혜로운 선택이라고 정약용은 말한다. 목민관의 작은 탐욕은 단기적으로 보면 눈 앞의 재물을 취하여 이익을 얻을 수 있겠지만 궁극에는 개인의 몰락과 가문의 불명예를 가져올 수 있기 때문이다.

정약용은 청렴을 지키는 것은 두 가지 효과가 있다고 보았다. 첫째, 청렴은 다른 사람에게 긍정적 효과를 미친다. 목민관이 청렴할 경우 백성을 비롯한 공동체 구성원에게 좋은 혜택이 돌아갈 것이다. 둘째, 청렴한 행위를 하는 것은 목민관 자신에게도 좋은 결과를 가져다준다. 청렴은 그 자신의 덕을 높이는 것일 뿐 아니라 자신의 가문에 빛나는 명성과 영광을 가져다줄 것이다.

① 정약용은 청렴이 목민관이 반드시 지켜야 할 덕목임을 당위론 차원에서 정당화하였다.
② 정약용은 탐욕을 택하는 것보다 청렴을 택하는 것이 이롭다는 공자의 뜻을 계승하였다.
③ 정약용은 청렴한 사람은 욕심이 작기 때문에 재물에 대한 탐욕에 빠지지 않는다고 보았다.
④ 정약용은 청렴이 백성에게 이로움을 줄 뿐 아니라 목민관 자신에게도 이로운 행위라고 보았다.
⑤ 이황과 이이는 청렴을 개인의 처세에 있어 주요 지침으로 여겼으나 사회 규율로는 보지 않았다.

083

기출 18' 5급ⓗ-나 난이도 ●○○

다음 글의 내용과 부합하는 것은?

국민주권에 바탕을 둔 민주주의 원리는 모든 국가기관의 의사가 국민의 의사로 귀착될 수 있어야 한다는 것이다. 이러한 민주주의 원리로부터 국민의 생활에 중요한 영향을 미치는 국가기관일수록 국민의 대표성이 더 반영되어야 한다는 '민주적 정당성'의 원리가 도출된다. 헌법재판 역시 그 중대성을 감안할 때 국민의 대의기관이 직접 담당하는 것이 민주적 정당성의 원리에 부합할 것이다. 헌법재판은 과거 세대와 현재 및 미래 세대에게 아울러 적용되는 헌법과 인권의 가치를 수호하는 특수한 기능을 수행한다. 헌법재판소는 항구적인 인권 가치를 수호하기 위하여 의회입법이나 대통령의 행위를 위헌이라고 선언할 수 있다. 이는 현재 세대의 의사와 배치될 수도 있는 작업이다. 그렇다면 이는 의회와 같은 현 세대의 대표자가 직접 담당하기에는 부적합하다. 헌법재판관들은 현재 다수 국민들의 실제 의사를 반영하기 위하여 임명되는 것이 아니다. 그들의 임무는 현재 국민들이 헌법을 개정하지 않는 한 헌법에 선언된 과거 국민들의 미래에 대한 약정을 최대한 실현하는 것이다. 그렇다면 헌법재판은 의회로부터 어느 정도 독립되고, 전문성을 갖춘 재판관들이 담당해야 한다.

한편 헌법재판은 사법적으로 이루어질 때 보다 공정하고 독립적으로 이루어질 수 있다. 이는 독립된 재판관에 의하여 이루어지는 법해석을 중심으로 판단이 이루어져야 한다는 것을 말한다. 그런데 독립된 헌법재판소를 두더라도 헌법재판관의 구성방법이 문제된다. 헌법 제1조 제2항에 따라 모든 국가권력은 국민에게 귀착되어야 하는 정당성의 사슬로 연결되어 있기에 헌법재판관 선출은 국민의 직접 위임에 의한 것이 이상적이다. 그러나 현실적으로 국민의 직접선거로 재판관을 선출하는 것은 용이하지 않다. 따라서 대의기관이 관여하여 헌법재판관을 임명함으로써 최소한의 민주적 정당성을 갖추어야 할 것이다. 그러므로 헌법재판관들이 선출되지 않은 소수 혹은 국민에 대하여 책임지지 않는 소수라는 이유만으로 민주적 정당성이 없다고 하는 것은, 헌법재판관 선출에 의회와 대통령이 관여한다는 점에서 무리한 비판이라고 볼 것이다.

① 헌법재판관들은 현행 헌법 개정에 구속되지 않고 미래 세대에 대한 약정을 최대한 실현해야 한다.
② 헌법재판소가 다수의 이익을 대표하는 대의기관의 행위를 위헌이라고 판단하는 것은 민주적 정당성의 원리에 배치된다.
③ 현재 헌법재판관 선출방법은 모든 국가권력이 국민에게 귀착되어야 한다는 민주적 정당성의 원리를 이상적으로 실현하고 있다.
④ 헌법재판은 현재와 미래 세대에게 아울러 적용되는 헌법과 항구적인 인권의 가치를 수호해야 하지만, 이는 현재 세대의 의사와 배치되어서는 안 된다.
⑤ 헌법재판은 사법기관이 담당하는 것이 바람직하며, 그 기관은 현재 세대를 대표하는 대의기관으로부터 어느 정도 독립되고 전문성을 갖출 필요가 있다.

084

기출 21' 5급㉺-나 | 난이도 ●●●

다음 글의 빈칸에 들어갈 내용으로 가장 적절한 것은?

> 민간 문화 교류 증진을 목적으로 열리는 국제 예술 공연의 개최가 확정되었다. 이번 공연이 민간 문화 교류 증진을 목적으로 열린다면, 공연 예술단의 수석대표는 정부 관료가 맡아서는 안 된다. 만일 공연이 민간 문화 교류 증진을 목적으로 열리고 공연 예술단의 수석대표는 정부 관료가 맡아서는 안 된다면, 공연 예술단의 수석대표는 고전음악 지휘자나 대중음악 제작자가 맡아야 한다. 현재 정부 관료 가운데 고전음악 지휘자나 대중음악 제작자는 없다. 예술단에 수석대표는 반드시 있어야 하며 두 사람 이상이 공동으로 맡을 수도 있다. 전체 세대를 아우를 수 있는 사람이 아니라면 수석대표를 맡아서는 안 된다. 전체 세대를 아우를 수 있는 사람이 극히 드물기에, 위에 나열된 조건을 다 갖춘 사람은 모두 수석대표를 맡는다.
>
> 누가 공연 예술단의 수석대표를 맡을 것인가와 더불어, 참가하는 예술인이 누구인가도 많은 관심의 대상이다. 그런데 아이돌 그룹 A가 공연 예술단에 참가하는 것은 분명하다. 왜냐하면 만일 갑이나 을이 수석대표를 맡는다면 A가 공연 예술단에 참가하는데, __________ 때문이다.

① 갑은 고전음악 지휘자이며 전체 세대를 아우를 수 있기
② 갑이나 을은 대중음악 제작자 또는 고전음악 지휘자이기
③ 갑과 을은 둘 다 정부 관료가 아니며 전체 세대를 아우를 수 있기
④ 을이 대중음악 제작자가 아니라면 전체 세대를 아우를 수 없을 것이기
⑤ 대중음악 제작자나 고전음악 지휘자라면 누구나 전체 세대를 아우를 수 있기

085

기출 20' 5급㉺[상황판단]-가 | 난이도 ●●○

다음 글을 근거로 판단할 때 옳은 것은?

> 제00조 이 규칙은 법원이 소지하는 국가기밀에 속하는 문서 등의 보안업무에 관한 사항을 규정함을 목적으로 한다.
>
> 제00조 이 규칙에서 비밀이라 함은 그 내용이 누설되는 경우 국가안전보장에 유해한 결과를 초래할 우려가 있는 국가기밀로서 이 규칙에 의하여 비밀로 분류된 것을 말한다.
>
> 제00조 ① Ⅰ급비밀 취급 인가권자는 대법원장, 대법관, 법원행정처장으로 한다.
> ② Ⅱ급 및 Ⅲ급비밀 취급 인가권자는 다음과 같다.
> 1. Ⅰ급비밀 취급 인가권자
> 2. 사법연수원장, 고등법원장, 특허법원장, 사법정책연구원장, 법원공무원교육원장, 법원도서관장
> 3. 지방법원장, 가정법원장, 행정법원장, 회생법원장
>
> 제00조 ① 비밀 취급 인가권자는 비밀을 취급 또는 비밀에 접근할 직원에 대하여 해당 등급의 비밀 취급을 인가한다.
> ② 비밀 취급의 인가는 대상자의 직책에 따라 필요한 최소한의 인원으로 제한하여야 한다.
> ③ 비밀 취급 인가를 받은 자가 다음 각 호의 어느 하나에 해당하는 경우에는 그 취급의 인가를 해제하여야 한다.
> 1. 고의 또는 중대한 과실로 중대한 보안 사고를 범한 때
> 2. 비밀 취급이 불필요하게 된 때
> ④ 비밀 취급의 인가 및 해제와 인가 등급의 변경은 문서로 하여야 하며 직원의 인사기록사항에 이를 기록하여야 한다.
>
> 제00조 ① 비밀 취급 인가권자는 임무 및 직책상 해당 등급의 비밀을 항상 사무적으로 취급하는 자에 한하여 비밀 취급을 인가하여야 한다.
> ② 비밀 취급 인가권자는 소속직원의 인사기록카드에 기록된 비밀 취급의 인가 및 해제사유와 임용시의 신원조사회보서에 의하여 새로 신원조사를 행하지 아니하고 비밀 취급을 인가할 수 있다. 다만 Ⅰ급비밀 취급을 인가하는 때에는 새로 신원조사를 실시하여야 한다.

① 비밀 취급 인가의 해제는 구술로 할 수 있다.
② 법원행정처장은 Ⅰ급비밀, Ⅱ급비밀, Ⅲ급비밀 모두에 대해 취급 인가권을 가진다.
③ 비밀 취급 인가는 대상자의 직책에 따라 가능한 한 제한 없이 충분한 인원에게 하여야 한다.
④ 비밀 취급 인가를 받은 자가 중대한 보안 사고를 범한 경우 고의가 없었다면 그 취급의 인가를 해제할 수 없다.
⑤ 비밀 취급 인가권자는 소속직원에 대해 새로 신원조사를 행하지 아니하고 Ⅰ급비밀 취급을 인가할 수 있다.

086

기출 16' 5급㉥-5 | 난이도 ●○○

다음 글에서 알 수 있는 것은?

중국에서는 기원전 8 ~ 7세기 이후 주나라에서부터 청동전이 유통되었다. 이후 진시황이 중국을 통일하면서 화폐를 통일해 가운데 네모난 구멍이 뚫린 원형 청동 엽전이 등장했고, 이후 중국 통화의 주축으로 자리 잡았다. 하지만 엽전은 가치가 낮고 금화와 은화는 아직 주조되지 않았기 때문에 고액 거래를 위해서는 지폐가 필요했다. 결국 11세기경 송나라에서 최초의 법정 지폐인 교자(交子)가 발행되었다. 13세기 원나라에서는 강력한 국가 권력을 통해 엽전을 억제하고 교초(交鈔)라는 지폐를 유일한 공식 통화로 삼아 재정 문제를 해결했다.

아시아와 유럽에서 지폐의 등장과 발달 과정은 달랐다. 우선 유럽에서는 금화가 비교적 자유롭게 사용되어 대중들 사이에서 널리 유통되었다. 반면에 아시아의 통치자들은 금의 아름다움과 금이 상징하는 권력을 즐겼다는 점에서는 서구인들과 같았지만, 비천한 사람들이 화폐로 사용하기에는 금이 너무 소중하다고 여겼다. 대중들 사이에서 유통되도록 금을 방출하면 권력이 약화된다고 본 것이다. 대신에 일찍부터 지폐가 널리 통용되었다.

마르코 폴로는 쿠빌라이 칸이 모든 거래를 지폐로 이루어지게 하는 것을 보고 깊은 인상을 받았다. 사실상 종잇조각에 불과한 지폐가 그렇게 널리 통용되었던 이유는 무엇 때문일까? 칸이 만든 지폐에 찍힌 그의 도장은 금이나 은과 같은 권위가 있었다. 이것은 지폐의 가치를 확립하고 유지하는 데 국가 권력이 핵심 요소라는 사실을 보여준다.

유럽의 지폐는 그 초기 형태가 민간에서 발행한 어음이었으나, 아시아의 지폐는 처음부터 국가가 발행권을 갖고 있었다. 금속 주화와는 달리 내재적 가치가 없는 지폐가 화폐로 받아들여지고 사용되기 위해서는 신뢰가 필수적이다. 중국은 강력한 왕권이 이 신뢰를 담보할 수 있었지만, 유럽에서 지폐가 사람들의 신뢰를 얻기까지는 그보다 오랜 시간과 성숙된 환경이 필요했다. 유럽의 왕들은 종이에 마음대로 숫자를 적어 놓고 화폐로 사용하라고 강제할 수 없었다. 그래서 서로 잘 아는 일부 동업자들끼리 신뢰를 바탕으로 자체 지폐를 만들어 사용해야 했다. 하지만 민간에서 발행한 지폐는 신뢰 확보가 쉽지 않아 주기적으로 금융 위기를 초래했다. 정부가 나서기까지는 오랜 시간이 걸렸고, 17 ~ 18세기에 지폐의 법정화와 중앙은행의 설립이 이루어졌다. 중앙은행은 금을 보관하고 이를 바탕으로 금 태환(兌換)을 보장하는 증서를 발행해 화폐로 사용하기 시작했고, 그것이 오늘날의 지폐로 이어졌다.

① 유럽에서 금화의 대중적 확산은 지폐가 널리 통용되는 결정적인 계기가 되었다.
② 유럽에서는 민간 거래의 신뢰를 기반으로 지폐가 중국에 비해 일찍부터 통용되었다.
③ 중국에서 청동으로 만든 최초의 화폐는 네모난 구멍이 뚫린 원형 엽전의 형태였다.
④ 중국에서 지폐 거래의 신뢰를 확보할 수 있었던 것은 강력한 국가 권력이 있었기 때문이다.
⑤ 아시아와 유럽에서는 금화의 사용을 권력의 상징으로 여겨 금화의 제한적인 유통이 이루어졌다.

087

기출 16' 5급㉥-5 | 난이도 ●○○

다음 글에서 알 수 없는 것은?

광장의 기원은 고대 그리스의 아고라에서 찾을 수 있다. '아고라'는 사람들이 모이는 곳이란 뜻을 담고 있다. 호메로스의 작품에 처음 나오는 이 표현은 물리적 장소만이 아니라 사람들이 모여서 하는 각종 활동과 모임도 의미한다. 아고라는 사람들이 모이는 도심의 한복판에 자리 잡되 그 주변으로 사원, 가게, 공공시설, 사교장 등이 자연스럽게 둘러싸고 있는 형태를 갖는다. 물론 그 안에 분수도 있고 나무도 있어 휴식 공간이 되기는 하지만 그것은 부수적 기능일 뿐이다. 아고라 곧 광장의 주요 기능은 시민들이 모여 행하는 다양한 활동 그 자체에 있다.

르네상스 이후 광장은 유럽의 여러 제후들이 도시를 조성할 때 일차적으로 고려하는 사항이 된다. 광장은 제후들이 권력 의지를 실현하는 데 중요한 역할을 할 수 있었기 때문이다. 이 시기 유럽의 도시에서는 고대 그리스 이후 자연스럽게 발전해 온 광장이 의식적으로 조성되기 시작한다. 도시를 설계할 때 광장의 위치와 넓이, 기능이 제후들의 목적에 따라 결정된다.

『광장』을 쓴 프랑코 만쿠조는 유럽의 역사가 곧 광장의 역사라고 말한다. 그에 따르면, 유럽인들에게 광장은 일상생활의 통행과 회합, 교환의 장소이자 동시에 권력과 그 의지를 실현하는 장이고 프랑스 혁명 이후 근대 유럽에서는 저항하는 대중의 연대와 소통의 장이라는 의미도 갖게 된다. 우리나라의 역사적 경험에서도 광장은 그와 같은 공간이었다. 우리의 마당이나 장터는 유럽과 형태는 다를지라도 만쿠조가 말한 광장의 기능과 의미를 담당해왔기 때문이다.

이처럼 광장은 인류의 모든 활동이 수렴되고 확산되는 공간이며 문화 마당이고 예술이 구현되는 장이며 더 많은 자유를 향한 열정이 집결하는 곳이다. 특히 근대 이후 광장을 이런 용도로 사용하는 것은 시민의 정당한 권리가 된다. 광장은 권력의 의지가 발현되는 공간이면서 동시에 시민에게는 그것을 넘어서고자 하는 자유의 열망이 빚어지는 장이다.

① 근대 이후 광장은 시민의 자유에 대한 열망이 모이는 장이었다.
② 고대 그리스의 아고라는 사람들이 모이는 장소 이상의 의미를 갖는다.
③ 유럽의 여러 제후들이 광장을 중요시한 것은 거주민의 의견을 반영하기 위해서였다.
④ 프랑스 혁명 이후 유럽에서 광장은 저항하는 이들의 소통 공간이라는 의미도 갖는다.
⑤ 우리나라의 역사적 경험에서도 광장은 권력과 그 의지를 실현하는 장이자 저항하는 대중의 연대와 소통의 장이었다.

088

기출 18' 5급㉔-나 | 난이도 ●●●

다음 글에서 알 수 없는 것은?

사유 재산 제도와 시장 경제가 자본주의의 양대 축을 이루기 때문에 토지 또한 민간의 소유이어야만 한다고 하는 이들이 많다. 토지사유제의 정당성을 그것이 자본주의의 성립 근거라는 점에서 찾고자 하는 학자도 있다. 토지에 대해서는 절대적이고 배타적인 소유권을 인정할 수 없다고 하면 이들은 신성불가침 영역에 대한 도발이라며 이에 반발한다. 토지가 일반 재화나 자본에 비해 지닌 근본적인 차이는 무시하고 말이다. 과연 자본주의 경제는 토지사유제 없이 성립할 수 없는 것일까?

싱가포르, 홍콩, 대만, 핀란드 등의 사례는 위의 물음에 직접적인 답변을 제시한다. 이들은 토지공유제를 시행하였거나 토지의 공공성을 인정했음에도 불구하고 자본주의의 경제를 모범적으로 발전시켜온 사례이다. 물론 토지사유제를 당연하게 여기는 사람들이 이런 사례들을 토지 공공성을 인정해야만 하는 당위의 근거로서 받아들이는 것은 아니다. 그들은 오히려 토지의 공공성 강조가 사회주의적 발상이라고 비판한다. 하지만 이와 같은 비판은 토지와 관련된 권리 제도에 대한 무지에 기인한다.

토지 소유권은 사용권, 처분권, 수익권의 세 가지 권리로 구성된다. 각각의 권리를 누가 갖느냐에 따라 토지 제도는 다음과 같이 분류된다. 세 권리 모두 민간이 갖는 토지사유제, 세 권리 모두 공공이 갖는 사회주의적 토지공유제, 그리고 사용권은 민간이 갖고 수익권은 공공이 갖는 토지가치공유제이다. 한편, 토지가치공유제는 처분권을 누가 갖느냐에 따라 두 가지 제도로 분류된다. 처분권을 완전히 민간이 갖는 토지가치세제와 공공이 처분권을 갖지만 사용권을 가진 자에게 한시적으로 처분권을 맡기는 토지공공임대제이다. 토지 소유권을 구성하는 세 가지 권리를 민간과 공공이 적당히 나누어 갖는 경우가 많으므로 실제의 토지 제도는 이 분류보다 훨씬 더 다양하다.

이 중 자본주의 경제와 결합될 수 없는 토지 제도는 사회주의적 토지공유제뿐이다. 물론 어느 토지 제도가 더 나은 경제적 성과를 보이는가는 그 이후의 문제이다. 토지사유제 옹호론에 따르면, 토지 자원의 효율적 배분이 가능하기 위해 토지에 대한 절대적, 배타적 소유권을 인정해야만 한다. 토지사유제만이 토지의 오용을 막을 수 있으며, 나아가 토지 사용의 안정성을 보장할 수 있다는 것이다. 하지만 토지 자원의 효율적 배분을 위해 토지의 사용권, 처분권, 수익권 모두를 민간이 가져야 할 필요는 없다. 토지 위 시설물에 대한 소유권을 민간이 갖고, 토지에 대해서 민간은 배타적 사용권만 가지면 충분하다.

① 토지사유제는 자본주의 성립을 위한 필수 조건이 아니다.
② 토지사유제를 보장하지 않아도 토지 사용의 안정성을 이룰 수 있다.
③ 토지사유제와 토지가치세제에서는 토지 사용권을 모두 민간이 갖는다.
④ 토지사유제에서는 토지 자원의 성격과 일반 재화의 성격이 서로 다른 것으로 인정된다.
⑤ 토지가치세제와 토지공공임대제 이외에도 토지 소유권을 어떻게 나누느냐에 따라 다양한 토지 제도가 존재한다.

089

기출 21' 5급㉥-나 | 난이도 ●●●

다음 글의 갑~병에 대한 판단으로 적절한 것만을 〈보기〉에서 모두 고르면?

다음 두 삼단논법을 보자.

(1) 모든 춘천시민은 강원도민이다.
모든 강원도민은 한국인이다.
따라서 모든 춘천시민은 한국인이다.

(2) 모든 수학 고득점자는 우등생이다.
모든 과학 고득점자는 우등생이다.
따라서 모든 수학 고득점자는 과학 고득점자이다.

(1)은 타당한 삼단논법이지만 (2)는 부당한 삼단논법이다. 하지만 어떤 사람들은 (2)도 타당한 논증이라고 잘못 판단한다. 왜 이런 오류가 발생하는지 설명하기 위해 세 가지 입장이 제시되었다.

갑: 사람들은 '모든 A는 B이다'를 '모든 B는 A이다'로 잘못 바꾸는 경향이 있다. '어떤 A도 B가 아니다'나 '어떤 A는 B이다'라는 형태에서는 A와 B의 자리를 바꾸더라도 아무런 문제가 없다. 하지만 '모든 A는 B이다'라는 형태에서는 A와 B의 자리를 바꾸면 논리적 오류가 생겨난다.

을: 사람들은 '모든 A는 B이다'를 약한 의미로 이해해야 하는데도 강한 의미로 이해하는 잘못을 저지르는 경향이 있다. 여기서 약한 의미란 그것을 'A는 B에 포함된다'로 이해하는 것이고, 강한 의미란 그것을 'A는 B에 포함되고 또한 B는 A에 포함된다'는 뜻에서 'A와 B가 동일하다'로 이해하는 것이다.

병: 사람들은 전제가 모두 '모든 A는 B이다'라는 형태의 명제로 이루어진 것일 경우에는 결론도 그런 형태이기만 하면 타당하다고 생각하고, 전제 가운데 하나가 '어떤 A는 B이다'라는 형태의 명제로 이루어진 것일 경우에는 결론도 그런 형태이기만 하면 타당하다고 생각하는 경향이 있다.

〈보기〉

ㄱ. 대다수의 사람이 "어떤 과학자는 운동선수이다. 어떤 철학자도 과학자가 아니다."라는 전제로부터 "어떤 철학자도 운동선수가 아니다."를 타당하게 도출할 수 있는 결론이라고 응답했다는 심리 실험 결과는 갑에 의해 설명된다.
ㄴ. 대다수의 사람이 "모든 적색 블록은 구멍이 난 블록이다. 모든 적색 블록은 삼각 블록이다."라는 전제로부터 "모든 구멍이 난 블록은 삼각 블록이다."를 타당하게 도출할 수 있는 결론이라고 응답했다는 심리 실험 결과는 을에 의해 설명된다.
ㄷ. 대다수의 사람이 "모든 물리학자는 과학자이다. 어떤 컴퓨터 프로그래머는 과학자이다."라는 전제로부터 "어떤 컴퓨터 프로그래머는 물리학자이다."를 타당하게 도출할 수 있는 결론이라고 응답했다는 심리 실험 결과는 병에 의해 설명된다.

① ㄱ ② ㄷ ③ ㄱ, ㄴ
④ ㄴ, ㄷ ⑤ ㄱ, ㄴ, ㄷ

090

기출 19' 5급[민][상황판단]-나 난이도 ●●○

다음 글을 근거로 판단할 때, 〈보기〉에서 옳은 것만을 모두 고르면?

제00조 지방자치단체의 장은 행정재산에 대하여 그 목적 또는 용도에 장애가 되지 않는 범위에서 사용 또는 수익을 허가할 수 있다.

제00조 ① 행정재산의 사용·수익허가기간은 그 허가를 받은 날부터 5년 이내로 한다.

② 지방자치단체의 장은 허가기간이 끝나기 전에 사용·수익허가를 갱신할 수 있다.

③ 제2항에 따라 사용·수익허가를 갱신 받으려는 자는 사용·수익허가기간이 끝나기 1개월 전에 지방자치단체의 장에게 사용·수익허가의 갱신을 신청하여야 한다.

제00조 ① 지방자치단체의 장은 행정재산의 사용·수익을 허가하였을 때에는 매년 사용료를 징수한다.

② 지방자치단체의 장은 행정재산의 사용·수익을 허가할 때 다음 각 호의 어느 하나에 해당하면 제1항에도 불구하고 그 사용료를 면제할 수 있다.

1. 국가나 다른 지방자치단체가 직접 해당 행정재산을 공용·공공용 또는 비영리 공익사업용으로 사용하려는 경우
2. 천재지변이나 재난을 입은 지역주민에게 일정기간 사용·수익을 허가하는 경우

제00조 ① 지방자치단체의 장은 행정재산의 사용·수익허가를 받은 자가 다음 각 호의 어느 하나에 해당하면 그 허가를 취소할 수 있다.

1. 지방자치단체의 장의 승인 없이 사용·수익의 허가를 받은 행정재산의 원상을 변경한 경우
2. 해당 행정재산의 관리를 게을리하거나 그 사용 목적에 위배되게 사용한 경우

② 지방자치단체의 장은 사용·수익을 허가한 행정재산을 국가나 지방자치단체가 직접 공용 또는 공공용으로 사용하기 위하여 필요로 하게 된 경우에는 그 허가를 취소할 수 있다.

③ 제2항의 경우에 그 취소로 인하여 해당 허가를 받은 자에게 손실이 발생한 경우에는 이를 보상한다.

보기

ㄱ. A시의 장은 A시의 행정재산에 대하여 B기업에게 사용허가를 했더라도 국가가 그 행정재산을 직접 공용으로 사용하기 위해 필요로 하게 된 경우, 그 허가를 취소할 수 있다.

ㄴ. C시의 행정재산에 대하여 C시의 장이 천재지변으로 주택을 잃은 지역주민에게 임시 거처로 사용하도록 허가한 경우, C시의 장은 그 사용료를 면제할 수 있다.

ㄷ. D시의 행정재산에 대하여 사용허가를 받은 E기업이 사용 목적에 위배되게 사용한다는 이유로 허가가 취소되었다면, D시의 장은 E기업의 손실을 보상하여야 한다.

ㄹ. 2014년 3월 1일에 5년 기한으로 F시의 행정재산에 대하여 수익허가를 받은 G가 허가 갱신을 받으려면, 2019년 2월 28일까지 허가 갱신을 신청하여야 한다.

① ㄱ, ㄴ ② ㄴ, ㄷ ③ ㄷ, ㄹ
④ ㄱ, ㄴ, ㄹ ⑤ ㄴ, ㄷ, ㄹ

Day 6 Self Check List

	오답 수	무응답 수	풀이시간(분)
1회독	/ 15	/ 15	/ 30(분)
2회독	/ 15	/ 15	/ 25(분)
3회독	/ 15	/ 15	/ 15(분)

독끝 7일차 (091~105)

정답 및 해설 298p

* 아래 회독수 별 권장 풀이 시간에 맞춰 풀이 후, 끝쪽의 Self Check List를 기입하여 부족한 부분을 파악하세요!

권장 풀이 시간

1회독 30 min　2회독 25 min　3회독 15 min

본 문항은 PSAT 언어논리 영역 기출 문항으로 구성되며, 기출 표기에 따른 시험 종류는 아래와 같습니다.(표기 상 맨 끝은 '책형' 입니다.)

[민] – 민간경력자 일괄채용시험 / [행] – 공개경쟁채용시험(행정)

091

기출 16' 5급[민]-5　난이도 ●○○

다음 글의 빈 칸에 들어갈 내용으로 가장 적절한 것은?

현상의 원인을 찾는 방법들 가운데 최선의 설명을 이용하는 방법이 있다. 우리는 주어진 현상을 일으키는 원인을 찾아 이 원인이 그 현상을 일으켰다고 말함으로써 현상을 설명하곤 한다. 우리는 여러 가지 가능한 설명들 중에서 가장 좋은 설명에 나오는 원인이 현상의 진정한 원인이라고 결론 내릴 수 있다.

지구에 조수 현상이 있는데 이 현상의 원인은 무엇일까? 우리는 조수 현상을 일으킬 수 있는 원인들을 일종의 가설로서 설정할 수 있다. 만일 지구의 물과 달 사이에 중력이나 자기력 같은 인력이 작용한다면, 이런 인력은 지구에 조수 현상을 일으키는 원인일 수 있다. 지구와 달 사이에 유동 물질이 있고 그 물질이 지구를 누른다면, 이런 누름은 지구에 조수 현상을 일으키는 원인일 수 있다. 지구가 등속도로 자전하지 않아 지구 전체가 흔들거린다면, 이런 지구의 흔들거림은 지구에 조수 현상을 일으키는 원인일 수 있다.

우리는 이런 설명들을 견주어 어떤 것이 다른 것보다 낫다는 것을 언제든 주장할 수 있으며, 나은 순으로 줄을 세워 가장 좋은 설명을 찾을 수 있다. 우리는 조수 현상에 대한 설명들로, 지구의 물과 달 사이에 인력 때문에 조수가 생긴다는 설명, 지구와 달 사이의 물질이 지구를 누르기 때문에 조수가 생긴다는 설명, 지구 전체의 흔들거림 때문에 조수가 생긴다는 설명을 갖고 있다. 이 설명들 가운데 지구 전체의 흔들거림 때문에 조수가 생긴다는 설명보다 지구와 달 사이의 물질이 지구를 누르기 때문에 조수가 생긴다는 설명이 더 낫다. [　　　　　　　　　　]. 따라서 우리는 조수 현상의 원인이 지구의 물과 달 사이에 작용하는 인력이라고 결론 내릴 수 있다.

① 지구 전체의 흔들거림 때문에 조수가 생긴다는 설명보다 지구와 달 사이에 인력 때문에 조수가 생긴다는 설명이 더 낫다
② 지구의 물과 달 사이에 인력 때문에 조수가 생긴다는 설명보다 지구 전체의 흔들거림 때문에 조수가 생긴다는 설명이 더 낫다
③ 지구와 달 사이의 물질이 지구를 누르기 때문에 조수가 생긴다는 설명보다 지구 전체의 흔들거림 때문에 조수가 생긴다는 설명이 더 낫다
④ 지구의 물과 달 사이에 인력 때문에 조수가 생긴다는 설명보다 지구와 달 사이의 물질이 지구를 누르기 때문에 조수가 생긴다는 설명이 더 낫다
⑤ 지구와 달 사이의 물질이 지구를 누르기 때문에 조수가 생긴다는 설명보다 지구의 물과 달 사이에 인력 때문에 조수가 생긴다는 설명이 더 낫다

092

기출 16' 5급[민]-5　난이도 ●○○

다음 글에서 추론할 수 있는 것만을 〈보기〉에서 모두 고르면?

'독재형' 어머니는 아이가 실제로 어떠한 욕망을 지니고 있는지에 무관심하며, 자신의 욕망을 아이에게 공격적으로 강요한다. 독재형 어머니는 자신의 규칙과 지시에 아이가 순응하기를 기대하며, 그것을 따르지 않을 경우 폭력을 행사하는 경우가 많다. 독재형 어머니 밑에서 자란 아이들은 공격적 성향과 파괴적 성향을 많이 보이는 것이 특징이다. 또한, 어린 시절 받은 학대로 인해 상상이나 판타지 속에 머무르는 시간이 많고, 이것은 심각한 망상으로 나타나기도 한다.

'허용형' 어머니는 오로지 아이의 욕망에만 관심을 지니면서, '아이의 욕망을 내가 채워 주고 싶다'는 식으로 자기 욕망을 형성한다. 허용형 어머니는 자녀가 요구하는 것은 무엇이든 해주기 때문에 이런 어머니 밑에서 양육된 아이들은 자아 통제가 부족하기 쉽다. 따라서 이 아이들은 충동적이고 즉흥적인 성향이 강하며, 도덕적 책임 의식이 결여된 경우가 많다.

한편, '방임형' 어머니의 경우 아이와 정서적으로 차단되어 있기 때문에 아이의 욕망에 무관심할 뿐만 아니라, 아이 입장에서도 어머니의 욕망을 전혀 파악할 수 없다. 방치된 아이들은 자신의 욕망도 모르고 어머니의 욕망도 파악하지 못하기 때문에, 어떤 방식으로든 오직 어머니의 관심을 끄는 것만이 아이의 유일한 욕망이 된다. 이 아이들은 "엄마, 제발 나를 봐주세요.", "엄마, 내가 나쁜 짓을 해야 나를 볼 것인가요?", "엄마, 내가 정말 잔인한 짓을 할지도 몰라요."라면서 어머니의 관심을 끊임없이 요구한다.

〈보기〉

ㄱ. 허용형 어머니는 방임형 어머니에 비해 아이의 욕망에 높은 관심을 갖는다.
ㄴ. 허용형 어머니의 아이는 독재형 어머니의 아이보다 도덕적 의식이 높은 경우가 많다.
ㄷ. 방임형 어머니의 아이는 독재형 어머니의 아이보다 어머니의 욕망을 더 잘 파악한다.

① ㄱ　② ㄴ　③ ㄱ, ㄷ
④ ㄴ, ㄷ　⑤ ㄱ, ㄴ, ㄷ

093

기출 18' 5급[행]-나 / 난이도 ●●○

다음 글에서 알 수 없는 것은?

현존하는 한국 범종 중에서 신라 범종이 으뜸이다. 신라 범종으로는 상원사 동종, 성덕대왕 신종, 용주사 범종이 있으며 모두 국보로 지정되어 있다. 이 가운데 에밀레종이라 알려진 성덕대왕 신종은 세계의 보배라 여겨진다. 그러나 이러한 평가는 미술이나 종교의 차원에 국한될 뿐, 에밀레종이 갖는 음향공학 차원의 가치는 간과되고 있다.

에밀레종을 포함한 한국 범종은 종신(鐘身)이 작고 종구(鐘口)가 벌어져 있는 서양 종보다 종신이 훨씬 크다는 점에서는 중국 범종과 유사하다. 또한 한국 범종은 높은 종탑에 매다는 서양 종과 달리 높지 않은 종각에 매단다는 점에서도 중국 범종과 비슷하다. 하지만 중국 범종은 종신의 중앙 부분에 비해 종구가 나팔처럼 벌어져 있는 반면, 한국 범종은 종구가 항아리처럼 오므라져 있다. 또한 한국 범종은 중국 범종에 비해 지상에 더 가까이 땅에 닿을 듯이 매단다.

나아가 한국 범종은 종신과 대칭 형태로 바닥에 커다란 반구형의 구덩이를 파두는데, 바로 여기에 에밀레종이나 여타 한국 범종의 숨은 진가가 있다. 한국 범종의 이러한 구조는 종소리의 조음에 영향을 미쳐 독특한 음향을 내게 한다. 이 구덩이는 100헤르츠 미만의 저주파 성분이 땅속으로 스며들게 하고, 커다란 울림통으로 작용하여 소리의 여운을 길게 한다.

땅속으로 음파를 밀어 넣어 주려면 뒤에서 받쳐 주는 지지대가 있어야 하는데, 한국 범종에서는 땅에 닿을 듯이 매달려 있는 거대한 종신이 바로 이 역할을 한다. 이를 음향공학에서는 뒷판이라 한다. 땅을 거쳐 나온 저주파 성분은 종신 꼭대기에 있는 음통관을 거쳐 나온 고주파 성분과 조화를 이루면서 인간이 듣기에 가장 적합한 소리, 곧 장중하고 그윽하며 은은히 울려 퍼지는 여음이 발생하는 것이다.

① 현존하는 한국 범종 중 세 개 이상이 국보로 지정되어 있다.
② 한국 범종과 중국 범종은 종신 중앙 부분의 지름이 종구의 지름보다 크다.
③ 한국 범종의 종신은 저주파 성분을 땅속으로 밀어 넣어 주는 뒷판 역할을 한다.
④ 한국 범종의 독특한 소리는 종신과 대칭 형태로 파놓은 반구형의 구덩이와 관련이 있다.
⑤ 성덕대왕 신종의 여음은 음통관을 거쳐 나오는 소리와 땅을 거쳐 나오는 소리가 조화되어 만들어진다.

094

기출 20' 5급[민]-가 / 난이도 ●●●

다음 글에서 알 수 있는 것은?

부처의 말씀을 담은 경장과 그 해설서인 논장, 수행자의 계율을 담은 율장 외에 여러 가지 불교 관련 자료들을 모아 펴낸 것을 대장경이라고 부른다. 고려는 몇 차례 대장경 간행 사업을 벌였는데, 처음 대장경 간행에 돌입한 것은 거란의 침입을 받았던 현종 때 일이다. 당시 고려는 대장경을 만드는 데 필요한 자료들을 확보하지 못해 애를 먹다가 거란에서 만든 대장경을 수입해 분석한 후 선종 때 이를 완성했다. 이 대장경을 '초조대장경'이라고 부른다.

한편 고려는 몽골이 침략해 들어오자 불교 신앙으로 국난을 극복하겠다는 뜻에서 다시 대장경 제작 사업에 돌입했다. 이 대장경은 두 번째로 만든 것이라고 해서 '재조대장경'이라 불렀다. 고려는 재조대장경을 활자로 인쇄하기로 하고, 전국 각지에서 나무를 베어 경판을 만들었다. 완성된 경판의 숫자가 8만여 개에 이르기 때문에 이 대장경을 '팔만대장경'이라고도 부른다. 재조대장경을 찍어내기 위해 만든 경판은 현재까지 남아 있는데, 이는 전세계에 남아 있는 대장경 인쇄용 경판 가운데 가장 오래된 것이다. 재조대장경판은 그 규모가 무척 커서 제작을 시작한 지 16년 만에 완성할 수 있었다.

재조대장경을 찍어내고자 수많은 경판을 만들었다는 사실에서 알 수 있듯이 한반도에서는 인쇄술이 일찍부터 발달해 있었다. 이를 잘 보여주는 유물이 불국사에서 발견된 『무구정광대다라니경』이다. 분석 결과, 이 유물은 통일신라 경덕왕 때 목판으로 찍어낸 것으로 밝혀졌다. 『무구정광대다라니경』은 목판으로 인쇄되어 전하는 자료 가운데 세계에서 가장 오래된 것이다. 금속활자를 이용한 인쇄술도 일찍부터 발달했다. 몽골의 1차 고려 침략이 시작된 해에 세계 최초로 금속활자를 이용한 『상정고금예문』이 고려에서 발간되었다고 알려져 있다. 이처럼 고려 사람들은 선진 인쇄술을 바탕으로 문화를 발전시켜 나갔다.

① 재조대장경판의 제작이 완료되기 전에 금속활자로 『상정고금예문』을 발간한 일이 있었던 것으로 전해진다.
② 재조대장경은 고려 현종 때 외적의 침입을 막고자 거란에서 들여온 대장경을 참고해 만든 것이다.
③ 고려 시대에 만들어진 대장경판으로서 현재 남아있는 것 중 가장 오래된 것은 초조대장경판이다.
④ 『무구정광대다라니경』은 목판으로 인쇄되었으며, 재조대장경은 금속활자로 인쇄되었다.
⑤ 불교 진흥을 위해 고려 시대에 만들어진 최초의 대장경은 팔만대장경이다.

095

기출 17' 5급[민][상황판단]-나 | 난이도 ●●○

다음 〈연구용역 계약사항〉을 근거로 판단할 때, 〈보기〉에서 옳은 것만을 모두 고르면?

연구용역 계약사항

□ 과업수행 전체회의 및 보고

- 참석대상 : 발주기관 과업 담당자, 연구진 전원
- 착수보고 : 계약일로부터 10일 이내
- 중간보고 : 계약기간 중 2회
  - 과업 진척상황 및 중간결과 보고, 향후 연구계획 및 내용 협의
- 최종보고 : 계약만료 7일 전까지
- 수시보고 : 연구 수행상황 보고 요청 시, 긴급을 요하거나 특이사항 발생 시 등
- 전체회의 : 착수보고 전, 각 중간보고 전, 최종보고 전

□ 과업 산출물

- 중간보고서 20부, 최종보고서 50부, 연구 데이터 및 관련 자료 CD 1매

□ 연구진 구성 및 관리

- 연구진 구성: 책임연구원, 공동연구원, 연구보조원
- 연구진 관리
  - 연구 수행기간 중 연구진은 구성원을 임의로 교체할 수 없음. 단, 부득이한 경우 사전에 변동사유와 교체될 구성원의 경력 등에 관한 서류를 발주기관에 제출하여 승인을 받은 후 교체할 수 있음

□ 과업의 일반조건

- 연구진은 연구과제의 시작부터 종료(최종보고서 제출)까지 과업과 관련된 제반 비용의 지출행위에 대해 책임을 지고 과업을 진행해야 함
- 연구진은 용역완료(납품) 후에라도 발주기관이 연구결과와 관련된 자료를 요청할 경우에는 관련 자료를 성실히 제출하여야 함

보기

ㄱ. 발주기관은 연구용역이 완료된 후에도 연구결과와 관련된 자료를 요청할 수 있다.
ㄴ. 과업수행을 위한 전체회의 및 보고 횟수는 최소 8회이다.
ㄷ. 연구진은 연구 수행기간 중 책임연구원과 공동연구원을 변경할 수 없지만 연구보조원의 경우 임의로 교체할 수 있다.
ㄹ. 중간보고서의 경우 그 출력과 제본 비용의 지출행위에 대해 발주기관이 책임을 진다.

① ㄱ, ㄴ ② ㄱ, ㄷ ③ ㄱ, ㄹ
④ ㄴ, ㄷ ⑤ ㄷ, ㄹ

096

기출 16' 5급[민]-5 | 난이도 ●○○

다음 글에서 추론할 수 있는 것은?

두뇌 연구는 지금까지 뉴런을 중심으로 진행되어 왔다. 뉴런 연구로 노벨상을 받은 카얄은 뉴런이 '생각의 전화선'이라는 이론을 확립하여 사고와 기억 등 두뇌에서 일어나는 모든 현상을 뉴런의 연결망과 뉴런 간의 전기 신호로 설명했다. 그러나 두뇌에는 뉴런 외에도 신경교 세포가 존재한다. 신경교 세포는 뉴런처럼 그 수가 많지만 전기 신호를 전달하지 못한다. 이 때문에 과학자들은 신경교 세포가 단지 두뇌 유지에 필요한 영양 공급과 두뇌 보호를 위한 전기 절연의 역할만을 가진다고 여겼다.

최근 과학자들은 신경교 세포에서 그 이상의 기능을 발견했다. 신경교 세포 중에도 '성상세포'라 불리는 별 모양의 세포는 자신만의 화학적 신호를 가진다는 것이 밝혀졌다. 성상세포는 뉴런처럼 전기를 이용하지는 않지만, '뉴런송신기'라고 불리는 화학물질을 방출하고 감지한다. 과학자들은 이러한 화학적 신호의 연쇄반응을 통해 신경교 세포가 전체 뉴런을 조정한다고 추론했다.

A 연구팀은 신경교 세포가 전체 뉴런을 조정하면서 기억력과 사고력을 향상시킨다고 예상하고서, 이를 확인하기 위해 인간의 신경교 세포를 갓 태어난 생쥐의 두뇌에 주입했다. 쥐가 자라면서 주입된 인간의 신경교 세포도 성장했다. 이 세포들은 쥐의 뉴런들과 완벽하게 결합되어 쥐의 두뇌 전체에 걸쳐 퍼지게 되었다. 심지어 어느 두뇌 영역에서는 쥐의 뉴런의 숫자를 능가하기도 했다. 뉴런과 달리 쥐와 인간의 신경교 세포는 비교적 쉽게 구별된다. 인간의 신경교 세포는 매우 길고 무성한 섬유질을 가지기 때문이다. 쥐에 주입된 인간의 신경교 세포는 그 기능을 그대로 간직한다. 그렇게 성장한 쥐들은 다른 쥐들과 잘 어울렸고, 다른 쥐들의 관심을 끄는 것에 흥미를 보였다. 이 쥐들은 미로를 통과해 치즈를 찾는 테스트에서 더 뛰어났다. 보통의 쥐들은 네다섯 번의 시도 끝에 올바른 길을 배웠지만, 인간의 신경교 세포를 주입받은 쥐들은 두 번 만에 학습했다.

① 인간의 신경교 세포를 쥐에게 주입하면, 쥐의 뉴런은 전기 신호를 전달하지 못할 것이다.
② 인간의 뉴런 세포를 쥐에게 주입하면, 쥐의 두뇌에는 화학적 신호의 연쇄 반응이 더 활발해질 것이다.
③ 인간의 뉴런 세포를 쥐에게 주입하면, 그 뉴런 세포는 쥐의 두뇌 유지에 필요한 영양을 공급할 것이다.
④ 인간의 신경교 세포를 쥐에게 주입하면, 그 신경교 세포는 쥐의 뉴런을 보다 효과적으로 조정할 것이다.
⑤ 인간의 신경교 세포를 쥐에게 주입하면, 그 신경교 세포는 쥐의 신경교 세포의 기능을 갖도록 변화할 것이다.

097

기출 16' 5급㉤-5 | 난이도 ●○○

다음 글의 중심 주제로 가장 적절한 것은?

맹자는 다음과 같은 이야기를 전한다. 송나라의 한 농부가 밭에 나갔다 돌아오면서 처자에게 말한다. "오늘 일을 너무 많이 했다. 밭의 싹들이 빨리 자라도록 하나하나 잡아당겨줬더니 피곤하구나." 아내와 아이가 밭에 나가보았더니 싹들이 모두 말라 죽어 있었다. 이렇게 자라는 것을 억지로 돕는 일, 즉 조장(助長)을 하지 말라고 맹자는 말한다. 싹이 빨리 자라기를 바란다고 싹을 억지로 잡아 올려서는 안 된다. 목적을 이루기 위해 가장 빠른 효과를 얻고 싶겠지만 이는 도리어 효과를 놓치는 길이다. 억지로 효과를 내려고 했기 때문이다. 싹이 자라기를 바라 싹을 잡아당기는 것은 이미 시작된 과정을 거스르는 일이다. 효과가 자연스럽게 나타날 가능성을 방해하고 막는 일이기 때문이다. 당연히 싹의 성장 가능성은 땅 속의 씨앗에 들어있는 것이다. 개입하고 힘을 쏟고자 하는 대신에 이 잠재력을 발휘할 수 있도록 하는 것이 중요하다.

피해야 할 두 개의 암초가 있다. 첫째는 싹을 잡아당겨서 직접적으로 성장을 이루려는 것이다. 이는 목적성이 있는 적극적 행동주의로서 성장의 자연스러운 과정을 존중하지 않는 것이다. 달리 말하면 효과가 숙성되도록 놔두지 않는 것이다. 둘째는 밭의 가장자리에 서서 자라는 것을 지켜보는 것이다. 싹을 잡아당겨서도 안 되고 그렇다고 단지 싹이 자라는 것을 지켜만 봐서도 안 된다. 그렇다면 무엇을 해야 하는가? 싹 밑의 잡초를 뽑고 김을 매주는 일을 해야 하는 것이다. 경작이 용이한 땅을 조성하고 공기를 통하게 함으로써 성장을 보조해야 한다. 기다리지 못함도 삼가고 아무것도 안함도 삼가야 한다. 작동 중에 있는 자연스런 성향이 발휘되도록 기다리면서도 전력을 다할 수 있도록 돕는 노력도 멈추지 말아야 한다.

① 인류사회는 자연의 한계를 극복하려는 인위적 노력에 의해 발전해 왔다.
② 싹이 스스로 성장하도록 그대로 두는 것이 수확량을 극대화하는 방법이다.
③ 어떤 일을 진행할 때 가장 중요한 것은 명확한 목적성을 설정하는 것이다.
④ 자연의 순조로운 운행을 방해하는 인간의 개입은 예기치 못한 화를 초래할 것이다.
⑤ 잠재력을 발휘하도록 하려면 의도적 개입과 방관적 태도 모두를 경계해야 한다.

098

기출 18' 5급㉻-나 | 난이도 ●○○

다음 글에서 알 수 있는 것은?

우주론자들에 따르면 우주는 빅뱅으로부터 시작되었다고 한다. 빅뱅이란 엄청난 에너지를 가진 아주 작은 우주가 폭발하듯 갑자기 생겨난 사건을 말한다. 그게 사실이라면 빅뱅 이전에는 무엇이 있었느냐는 질문이 나오는 게 당연하다. 아마 아무것도 없었을 것이다. 하지만 빅뱅 이전에 아무것도 없었다는 말은 무슨 뜻일까? 영겁의 시간 동안 단지 진공이었다는 뜻이다. 움직이는 것도, 변화하는 것도 없었다는 것이다.

그런데 이런 식으로 사고하려면, 아무 일도 일어나지 않고 시간만 존재하는 것을 상상할 수 있어야 한다. 그것은 곧 시간을 일종의 그릇처럼 상상하고 그 그릇 안에 담긴 것과 무관하게 여긴다는 뜻이다. 시간을 이렇게 본다면 변화는 일어날 수 없다. 여기서 변화는 시간의 경과가 아니라 사물의 변화를 가리킨다. 이런 전제하에서 우리가 마주하는 문제는 이것이다. 어떤 변화가 생겨나기도 전에 영겁의 시간이 있었다면, [㉠] 설명할 수 없다. 단지 지금 설명할 수 없다는 뜻이 아니라 설명 자체가 있을 수 없다는 뜻이다. 어떻게 설명이 가능하겠는가? 수도관이 터진 이유는 그 전에 닥쳐온 추위로 설명할 수 있다. 공룡이 멸종한 이유는 그 전에 지구와 운석이 충돌했을 가능성으로 설명하면 된다. 바꿔 말해서, 우리는 한 사건을 설명하기 위해 그 사건 이전에 일어났던 사건에서 원인을 찾는다. 그러나 빅뱅의 경우에는 그 이전에 아무것도 없었으므로 어떠한 설명도 찾을 수 없는 것이다.

'빅뱅 이전에 아무 일도 없었다'는 말을 달리 해석하는 방법도 있다. 그것은 바로 [㉡] 고 해석하는 것이다. 그 경우 '빅뱅 이전'이라는 개념 자체가 성립하지 않으므로 그 이전에 아무 일도 없었던 것은 당연하다. 그렇게 해석한다면 빅뱅이 일어난 이유도 설명할 수 있게 된다. 즉 빅뱅은 '0년'을 나타내는 것이다. 시간의 시작은 빅뱅의 시작으로 정의되기 때문에 우주가 그 이전이든 이후이든 왜 탄생했느냐고 묻는 것은 이치에 닿지 않는다.

① ㉠ : 왜 우주가 탄생하게 되었는지를
　㉡ : 시간은 변화와 무관하다
② ㉠ : 왜 우주가 탄생하게 되었는지를
　㉡ : 빅뱅 이전에는 시간도 없었다
③ ㉠ : 사물의 변화가 어떻게 시간의 경과를 가져왔는지를
　㉡ : 시간은 변화와 무관하다
④ ㉠ : 사물의 변화가 어떻게 시간의 경과를 가져왔는지를
　㉡ : 빅뱅 이전에는 시간도 없었다
⑤ ㉠ : 왜 그토록 긴 시간이 지난 후에야 빅뱅이 생겨났는지를
　㉡ : 시간은 변화와 무관하다

099

기출 20' 5급㉤-가 난이도 ●●●

다음 글에서 추론할 수 없는 것은?

아이를 엄격하게 키우는 것은 부모와 다른 사람들에 대해 반감과 공격성을 일으킬 수 있고, 그 결과 죄책감과 불안감을 낳으며, 결국에는 아이의 창조적인 잠재성을 해치게 된다. 반면에 아이를 너그럽게 키우는 것은 그와 같은 결과를 피하고, 더 행복한 인간관계를 만들며, 풍요로운 마음과 자기신뢰를 고취하고, 자신의 잠재력을 발전시킬 수 있도록 한다. 이와 같은 진술은 과학적 탐구의 범위에 속하는 진술이다. 논의의 편의상 이 두 주장이 실제로 강력하게 입증되었다고 가정해보자. 그렇다면 우리는 이로부터 엄격한 방식보다는 너그러운 방식으로 아이를 키우는 것이 더 좋다는 점이 과학적 연구에 의해 객관적으로 확립되었다고 말할 수 있을까?

위의 연구를 통해 확립된 것은 다음과 같은 조건부 진술일 뿐이다. 만약 우리의 아이를 죄책감을 지닌 혼란스러운 영혼이 아니라 행복하고 정서적으로 안정된 창조적인 개인으로 키우고자 한다면, 아이를 엄격한 방식보다는 너그러운 방식으로 키우는 것이 더 좋다. 이와 같은 진술은 상대적인 가치판단을 나타낸다. 상대적인 가치판단은 특정한 목표를 달성하려면 어떤 행위가 좋다는 것을 진술하는데, 이런 종류의 진술은 경험적 진술이고, 경험적 진술은 모두 관찰을 통해 객관적인 과학적 테스트가 가능하다. 반면 "아이를 엄격한 방식보다는 너그러운 방식으로 키우는 것이 더 좋다."라는 문장은 가령 "살인은 악이다."와 같은 문장처럼 절대적인 가치판단을 표현한다. 그런 문장은 관찰에 의해 테스트할 수 있는 주장을 표현하지 않는다. 오히려 그런 문장은 행위의 도덕적 평가기준 또는 행위의 규범을 표현한다. 절대적인 가치판단은 과학적 테스트를 통한 입증의 대상이 될 수 없다. 왜냐하면 그와 같은 판단은 주장을 표현하는 것이 아니라 행위의 기준이나 규범을 나타내기 때문이다.

① 아이를 엄격한 방식보다는 너그러운 방식으로 키우는 것이 더 좋다는 것은 경험적 진술이 아니다.
② 아이를 엄격한 방식보다는 너그러운 방식으로 키우는 것이 더 좋다는 것은 상대적인 가치판단이다.
③ 아이를 엄격한 방식보다는 너그러운 방식으로 키우는 것이 더 좋다는 것은 과학적 연구에 의해 객관적으로 입증될 수 있는 주장이 아니다.
④ 정서적으로 안정된 창조적 개인으로 키우려면, 아이를 엄격한 방식보다는 너그러운 방식으로 키우는 것이 더 좋다는 것은 상대적인 가치판단이다.
⑤ 정서적으로 안정된 창조적 개인으로 키우려면, 아이를 엄격한 방식보다는 너그러운 방식으로 키우는 것이 더 좋다는 것은 과학적으로 테스트할 수 있다.

100

기출 17' 5급㉤[상황판단]-나 난이도 ●●○

다음 글과 〈상황〉을 근거로 판단할 때, 〈보기〉에서 옳은 것만을 모두 고르면?

제00조(우수현상광고) ① 광고에 정한 행위를 완료한 자가 수인(數人)인 경우에 그 우수한 자에 한하여 보수(報酬)를 지급할 것을 정하는 때에는 그 광고에 응모기간을 정한 때에 한하여 그 효력이 생긴다.
② 전항의 경우에 우수의 판정은 광고에서 정한 자가 한다. 광고에서 판정자를 정하지 아니한 때에는 광고자가 판정한다.
③ 우수한 자가 없다는 판정은 할 수 없다. 그러나 광고에서 다른 의사표시가 있거나 광고의 성질상 판정의 표준이 정하여져 있는 때에는 그러하지 아니하다.
④ 응모자는 제2항 및 제3항의 판정에 대하여 이의를 제기하지 못한다.
⑤ 수인의 행위가 동등으로 판정된 때에는 각각 균등한 비율로 보수를 받을 권리가 있다. 그러나 보수가 그 성질상 분할할 수 없거나 광고에 1인만이 보수를 받을 것으로 정한 때에는 추첨에 의하여 결정한다.

※ 현상광고: 어떤 목적으로 조건을 붙여 보수(상금, 상품 등)를 지급할 것을 약속한 광고

〈상황〉

A청은 아래와 같은 내용으로 우수논문공모를 위한 우수현상광고를 하였고, 대학생 甲, 乙, 丙 등이 응모하였다.

우수논문공모

- 논문주제: 청렴한 공직사회 구현을 위한 정책방안
- 참여대상: 대학생
- 응모기간: 2017년 4월 3일 ~ 4월 28일
- 제 출 처: A청
- 수 상 자: 1명(아래 상금 전액 지급)
- 상금: 금 1,000만 원정
- 특이사항
  - 논문의 작성 및 응모는 단독으로 하여야 한다.
  - 기준을 충족한 논문이 없다고 판정된 경우, 우수논문을 선정하지 않을 수 있다.

〈보기〉

ㄱ. 우수논문의 판정은 A청이 한다.
ㄴ. 우수논문이 없다는 판정이 이루어질 수 있다.
ㄷ. 甲, 乙, 丙 등은 우수의 판정에 대해 이의를 제기할 수 있다.
ㄹ. 심사결과 甲과 乙의 논문이 동등한 최고점수로 판정되었다면, 甲과 乙은 500만 원씩 상금을 나누어 받는다.

① ㄱ, ㄴ ② ㄱ, ㄷ ③ ㄷ, ㄹ
④ ㄱ, ㄴ, ㄹ ⑤ ㄴ, ㄷ, ㄹ

101

기출 16' 5급(민)-5 난이도 ●○○

다음 글에서 알 수 있는 것은?

우리가 조선의 왕을 부를 때 흔히 이야기하는 태종, 세조 등의 호칭은 묘호(廟號)라고 한다. 왕은 묘호뿐 아니라 시호(諡號), 존호(尊號) 등도 받았으므로 정식 칭호는 매우 길었다. 예를 들어 선조의 정식 칭호는 '선조소경정륜입극성덕홍렬지성대의격천희운현문의무성예달효대왕(宣祖昭敬正倫立極盛德洪烈至誠大義格天熙運顯文毅武聖睿達孝大王)'이다. 이 중 '선조'는 묘호, '소경'은 명에서 내려준 시호, '정륜입극성덕홍렬'은 1590년에 올린 존호, '지성대의격천희운'은 1604년에 올린 존호, '현문의무성예달효대왕'은 신하들이 올린 시호다.

묘호는 왕이 사망하여 삼년상을 마친 뒤 그 신주를 종묘에 모실 때 사용하는 칭호이다. 묘호에는 왕의 재위 당시의 행적에 대한 평가가 담겨 있다. 시호는 왕의 사후 생전의 업적을 평가하여 붙여졌는데, 중국 천자가 내린 시호와 조선의 신하들이 올리는 시호 두 가지가 있었다. 존호는 왕의 공덕을 찬양하기 위해 올리는 칭호이다. 기본적으로 왕의 생전에 올렸지만 경우에 따라서는 '추상존호(追上尊號)'라 하여 왕의 승하 후 생전의 공덕을 새롭게 평가하여 존호를 올리는 경우도 있었다.

왕실의 일원들을 부르는 호칭도 경우에 따라 달랐다. 왕비의 아들은 '대군'이라 부르고, 후궁의 아들은 '군'이라 불렀다. 또한, 왕비의 딸은 '공주'라 하고, 후궁의 딸은 '옹주'라 했으며, 세자의 딸도 적실 소생은 '군주', 부실 소생은 '현주'라 불렀다. 왕실에 관련된 다른 호칭으로 '대원군'과 '부원군'도 있었다. 비슷한 듯 보이지만 크게 차이가 있었다. 대원군은 왕을 낳아준 아버지, 즉 생부를 가리키고, 부원군은 왕비의 아버지를 가리키는 말이었다. 조선시대에 선조, 인조, 철종, 고종은 모두 방계에서 왕위를 계승했기 때문에 그들의 생부가 모두 대원군의 칭호를 얻게 되었다. 그런데 이들 중 살아 있을 때 대원군의 칭호를 받은 이는 고종의 아버지 흥선대원군 한 사람뿐이었다. 왕비의 아버지를 부르는 호칭인 부원군은 경우에 따라 책봉된 공신(功臣)에게도 붙여졌다.

① 세자가 왕이 되면 적실의 딸은 옹주로 호칭이 바뀔 것이다.
② 조선시대 왕의 묘호에는 명나라 천자로부터 부여받은 것이 있다.
③ 왕비의 아버지가 아님에도 부원군이라는 칭호를 받은 신하가 있다.
④ 우리가 조선시대 왕을 지칭할 때 사용하는 일반적인 칭호는 존호이다.
⑤ 흥선대원군은 왕의 생부이지만 고종이 왕이 되었을 때 생존하지 않았더라면 대원군이라는 칭호를 부여받지 못했을 것이다.

102

기출 16' 5급(민)-5 난이도 ●○○

다음 글에서 알 수 있는 것은?

경제학자들은 환경자원을 보존하고 환경오염을 억제하는 방편으로 환경세 도입을 제안했다. 환경자원을 이용하거나 오염물질을 배출하는 제품에 환경세를 부과하면 제품 가격 상승으로 인해 그 제품의 소비가 감소함에 따라 환경자원을 아낄 수 있고 환경오염을 줄일 수 있다.

일부에서는 환경세가 소비자의 경제적 부담을 늘리고 소비와 생산의 위축을 가져올 수 있다고 우려한다. 그러나 많은 경제학자들은 환경세 세수만큼 근로소득세를 경감하는 경우 환경보존과 경제성장이 조화를 이룰 수 있다고 본다.

환경세는 환경오염을 유발하는 상품의 가격을 인상시킴으로써 가계의 경제적 부담을 늘려 실질소득을 떨어뜨리는 측면이 있다. 하지만 환경세 세수만큼 근로소득세를 경감하게 되면 근로자의 실질소득이 증대되고, 그 증대효과는 환경세 부과로 인한 상품가격 상승효과를 넘어설 정도로 크다. 왜냐하면 상품가격 상승으로 인한 경제적 부담은 연금생활자나 실업자처럼 고용된 근로자가 아닌 사람들 사이에도 분산되는 반면, 근로소득세 경감의 효과는 근로자에게 집중되기 때문이다. 근로자의 실질소득 증대는 사실상 근로자의 실질임금을 높이고, 이것은 대체로 노동공급을 증가시키는 경향이 있다.

또한, 환경세가 부과되더라도 노동수요가 늘어날 수 있다. 근로소득세 경감은 기업의 입장에서 노동이 그만큼 저렴해지는 효과가 있다. 더욱이 환경세는 노동자원보다는 환경자원의 가격을 인상시켜 상대적으로 노동을 저렴하게 하는 효과가 있다. 이렇게 되면 기업의 노동수요가 늘어난다.

결국 환경세 세수를 근로소득세 경감으로 재순환시키는 조세구조 개편은 한편으로는 노동의 공급을 늘리고, 다른 한편으로는 노동에 대한 수요를 늘린다. 이것은 고용의 증대를 낳고, 결국 경제 활성화를 가져온다.

① 환경세의 환경오염 억제 효과는 근로소득세 경감에 의해 상쇄된다.
② 환경세를 부과하더라도 그만큼 근로소득세를 경감할 경우, 근로자의 실질소득은 늘어난다.
③ 환경세를 부과할 경우 근로소득세 경감이 기업의 고용 증대에 미치는 효과가 나타나지 않는다.
④ 환경세를 부과하더라도 노동집약적 상품의 상대가격이 낮아진다면 기업의 고용은 늘어나지 않는다.
⑤ 환경세 부과로 인한 상품가격 상승효과는 근로소득세 경감으로 인한 근로자의 실질소득 상승효과보다 크다.

103

기출 18' 5급[행]-나 | 난이도 ●●○

다음 글에서 알 수 있는 것만을 〈보기〉에서 모두 고르면?

기존 암치료법은 암세포의 증식을 막는 데 초점이 맞춰져 있으나, 컴퓨터 설명 모형이 새로 나와 이와는 다른 암치료법이 개발될 수 있다는 가능성이 제시되었다. W 교수의 연구에 따르면, 종전의 공간 모형은 종양의 3차원 공간 구조를 잘 설명하지만 암세포들 간 유전 변이를 잘 설명하지는 못한다. 또 다른 종전 모형인 비공간 모형은 암세포들 간 유전 변이를 잘 설명해 종양의 진화 과정은 정교하게 그려냈지만 종양의 3차원 공간 구조는 잡아내지 못했다. 그러나 종양의 성장과 진화를 이해하려면 종양의 3차원 공간 구조뿐만 아니라 유전 변이를 잘 설명할 수 있어야 한다.

새로 개발된 컴퓨터 설명 모형은 왜 모든 암세포들이 그토록 많은 유전 변이들을 갖고 있으며, 그 가운데 약제 내성을 갖는 '주동자 변이'가 어떻게 전체 종양에 퍼지게 되는지를 잘 설명해준다. 이 설명의 열쇠는 암세포들이 이곳저곳으로 옮겨 다닐 수 있는 능력을 갖고 있다는 데 있다. W 교수는 "사실상 환자를 죽게 만드는 암의 전이는 암세포의 자체 이동 능력 때문"이라고 말한다. 종전의 공간 모형에 따르면 암세포는 빈곳이 있을 때만 분열할 수 있고 다른 세포를 올라 타고서만 다른 곳으로 옮겨갈 수 있다. 그래서 암세포가 분열할 수 있는 곳은 제한되어 있다. 하지만 새 모형에 따르면 암세포가 다른 세포의 도움 없이 빈곳으로 이동할 수 있다. 이런 식으로 암세포는 여러 곳으로 이동하여 그곳에서 증식함으로써 새로운 유전 변이를 얻게 된다. 바로 이 때문에 종양은 종전 모형의 예상보다 더 빨리 자랄 수 있고 이상할 정도로 많은 유전 변이들을 가질 수 있다.

보기

ㄱ. 컴퓨터 설명 모형은 종전의 공간 모형보다 암세포의 유전 변이를 더 잘 설명한다.
ㄴ. 종전의 공간 모형은 컴퓨터 설명 모형보다 암세포의 3차원 공간 구조를 더 잘 설명한다.
ㄷ. 종전의 공간 모형과 비공간 모형은 암세포의 자체 이동 능력을 인정하지만 이를 설명할 수 없다.

① ㄱ　　② ㄴ　　③ ㄱ, ㄷ
④ ㄴ, ㄷ　　⑤ ㄱ, ㄴ, ㄷ

104

기출 20' 5급[민]-가 | 난이도 ●●●

다음 글의 실험 결과를 가장 잘 설명하는 가설은?

한 무리의 개미들에게 둥지에서 먹이통 사이를 오가는 왕복 훈련을 시킨 후 120마리를 포획하여 20마리씩 6그룹으로 나눴다.

먼저 1 ~ 3그룹의 개미들을 10 m 거리에 있는 먹이통으로 가게 한 후, 다음처럼 일부 그룹의 다리 길이를 조절하는 처치를 했다. 1그룹은 모든 다리의 끝 분절을 제거하여 다리 길이를 줄이고, 2그룹은 모든 다리에 돼지의 거친 털을 붙여 다리 길이를 늘이고, 3그룹은 다리 길이를 그대로 둔 것이다. 이렇게 처치를 끝낸 1 ~ 3그룹의 개미들을 둥지로 돌아가게 한 결과, 1그룹 개미들은 둥지에 훨씬 못 미쳐 멈췄고, 2그룹 개미들은 둥지를 훨씬 지나 멈췄으며, 3그룹 개미들만 둥지에서 멈췄다.

이제 4 ~ 6그룹의 개미들은 먹이통으로 출발하기 전에 미리 앞서와 같은 방식으로 일부 그룹의 다리 길이를 조절하는 처치를 했다. 즉, 4그룹은 다리 길이를 줄이고, 5그룹은 다리 길이를 늘이고, 6그룹은 다리 길이를 그대로 두었다. 이 개미들을 10 m 거리에 있는 먹이통까지 갔다 오게 했더니, 4 ~ 6그룹의 개미 모두가 먹이통까지 갔다가 되돌아와 둥지에서 멈췄다. 4 ~ 6그룹의 개미들은 그룹별로 이동 거리의 차이가 없었다.

① 개미의 이동 거리는 다리 길이에 비례한다.
② 개미는 걸음 수에 따라서 이동 거리를 판단한다.
③ 개미의 다리 끝 분절은 개미의 이동에 필수적인 부위이다.
④ 개미는 다리 길이가 조절되고 나면 이동 거리를 측정하지 못한다.
⑤ 개미는 먹이를 찾으러 갈 때와 둥지로 되돌아올 때, 이동 거리를 측정하는 방법이 다르다.

105

기출 16' 5급㊞[상황판단]-5 난이도 ●●○

다음 글을 근거로 판단할 때 옳은 것은?

> 토지와 그 정착물을 부동산이라 하고, 부동산 이외의 물건을 동산이라 한다. 계약(예 : 매매, 증여 등)에 의하여 부동산의 소유권을 취득하려면 양수인(예 : 매수인, 수증자) 명의로 소유권이전등기를 마쳐야 한다. 반면에 상속·공용징수(강제수용)·판결·경매나 그 밖의 법률규정에 의하여 부동산의 소유권을 취득하는 경우에는 등기를 필요로 하지 않는다. 다만 등기를 하지 않으면 그 부동산을 처분하지 못한다. 한편 계약에 의하여 동산의 소유권을 취득하려면 양도인(예 : 매도인, 증여자)이 양수인에게 그 동산을 인도하여야 한다.

① 甲이 자신의 부동산 X를 乙에게 1억 원에 팔기로 한 경우, 乙이 甲에게 1억 원을 지급할 때 부동산 X의 소유권을 취득한다.
② 甲의 부동산 X를 경매를 통해 취득한 乙이 그 부동산을 丙에게 증여하고 인도하면, 丙은 소유권이전등기 없이 부동산 X의 소유권을 취득한다.
③ 甲이 점유하고 있는 자신의 동산 X를 乙에게 증여하기로 한 경우, 甲이 乙에게 동산 X를 인도하지 않더라도 乙은 동산 X의 소유권을 취득한다.
④ 甲의 상속인으로 乙과 丙이 있는 경우, 乙과 丙이 상속으로 甲의 부동산 X에 대한 소유권을 취득하려면 乙과 丙 명의로 소유권이전등기를 마쳐야 한다.
⑤ 甲과의 부동산 X에 대한 매매계약에 따라 乙이 甲에게 매매대금을 지급하였더라도 乙 명의로 부동산 X에 대한 소유권이전등기를 마치지 않은 경우, 乙은 그 소유권을 취득하지 못한다.

Day 7 Self Check List

	오답 수	무응답 수	풀이시간(분)
1회독	/ 15	/ 15	/ 30(분)
2회독	/ 15	/ 15	/ 25(분)
3회독	/ 15	/ 15	/ 15(분)

독끝 8일차 (106~120)

*아래 회독수 별 권장 풀이 시간에 맞춰 풀이 후, 끝쪽의 Self Check List를 기입하여 부족한 부분을 파악하세요!

권장 풀이 시간

1회독 30 min　2회독 25 min　3회독 15 min

본 문항은 PSAT 언어논리 영역 기출 문항으로 구성되며, 기출 표기에 따른 시험 종류는 아래와 같습니다.(표기 상 맨 끝은 '책형' 입니다.)
㉥ – 민간경력자 일괄채용시험 / ㉦ – 공개경쟁채용시험(행정)

106

기출 16' 5급㉥-5　난이도 ●○○

다음 글의 ㉠과 ㉡에 들어갈 말을 가장 적절하게 나열한 것은?

아담 스미스의 '보이지 않는 손'이라는 가정은 시장에서 개인의 이익추구 활동을 제한하지 않는 것이 전체 이윤을 극대화하는 최선의 방책임을 보여주는 것으로 간주되었다. 그렇다면 다음의 경우는 어떠한가?

공동 소유의 목초지에 양을 치기에 알맞은 풀이 자라고 있다고 생각해 보자. 일정 넓이의 목초지에 방목할 수 있는 가축 두수에는 일정한 한계가 있기 마련이다. 즉 '수용 한계'가 존재하는 것이다. 그 목초지에 한 마리를 더 방목시킨다고 해서 다른 가축들이 갑자기 죽거나 병에 걸리는 것은 아니다. 하지만 목초지의 수용 한계를 넘어 양을 키울 경우, 목초가 줄어들어 그 목초지에서 양을 키워 얻을 수 있는 전체 생산량이 줄어든다. 나아가 수용 한계를 과도하게 초과할 정도로 사육 두수가 늘어날 경우 목초지 자체가 거의 황폐화된다.

예를 들어 수용 한계가 양 20마리인 공동 목초지에서 4명의 농부가 각각 5마리의 양을 키우고 있다고 해 보자. 그 목초지의 수용 한계에 이미 도달한 상태이지만, 그 중 한 농부가 자신의 이익을 늘리고자 방목하는 양의 두수를 늘리려 한다. 그러면 5마리를 키우고 있는 농부들은 목초지의 수용 한계로 인하여 기존보다 이익이 줄어들지만, 두수를 늘린 농부의 경우 그의 이익이 기존보다 조금 늘어난다. 손실을 만회하기 위해 다른 농부들도 사육 두수를 늘리고자 할 것이다. 이러한 상황이 장기화될 경우, / [　㉠　]

이와 같이 아담 스미스의 '보이지 않는 손'에 시장을 맡겨 둘 경우 [　㉡　] 결과가 나타날 것이다.

① ㉠ : 농부들의 총이익은 기존보다 증가할 것이다.
　㉡ : 한 사회의 공공 영역이 확장되는
② ㉠ : 농부들의 총이익은 기존보다 감소할 것이다.
　㉡ : 한 사회의 전체 이윤이 감소하는
③ ㉠ : 농부들의 총이익은 기존보다 감소할 것이다.
　㉡ : 한 사회의 전체 이윤이 유지되는
④ ㉠ : 농부들의 총이익은 기존과 동일하게 될 것이다.
　㉡ : 한 사회의 전체 이윤이 유지되는
⑤ ㉠ : 농부들의 총이익은 기존과 동일하게 될 것이다.
　㉡ : 한 사회의 공공 영역이 보호되는

107

기출 16' 5급㉥-5　난이도 ●○○

다음 글의 ㉠과 ㉡이 모방하는 군집 현상의 특성을 가장 적절하게 짝지은 것은?

다양한 생물체의 행동 원리를 관찰하여 모델링한 알고리즘을 생체모방 알고리즘이라 한다. 날아다니는 새 떼, 야생 동물 떼, 물고기 떼, 그리고 박테리아 떼 등과 같은 생물 집단에서 쉽게 관찰할 수 있는 군집 현상에 관한 연구가 최근 활발히 진행되고 있다. 군집 현상은 무질서한 개체들이 외부 작용 없이 스스로 질서화된 상태로 변해가는 현상을 총칭하며, 분리성, 정렬성, 확장성, 결합성의 네 가지 특성을 나타낸다. 첫째, 분리성은 각 개체가 서로 일정한 간격을 유지하여 독립적 공간을 확보하는 특성을 의미하고 둘째, 정렬성은 각 개체가 다수의 개체들이 선택하는 경로를 이용하여 자신의 이동 방향을 결정하는 특성을 의미하며 셋째, 확장성은 개체수가 증가해도 군집의 형태를 유지하는 특성을 의미한다. 마지막으로 결합성은 각 개체가 주변 개체들과 동일한 행동을 하는 특성을 의미한다.

㉠ 알고리즘A는 시력이 없는 개미 집단이 개미집으로부터 멀리 떨어져 있는 먹이를 가장 빠른 경로를 통해 운반하는 행위로부터 영감을 얻어 개발된 알고리즘이다. 개미가 먹이를 발견하면 길에 남아 있는 페로몬을 따라 개미집으로 먹이를 운반하게 된다. 이러한 방식으로 개미 떼가 여러 경로를 통해 먹이를 운반하다 보면 개미집과 먹이와의 거리가 가장 짧은 경로에 많은 페로몬이 쌓이게 된다. 개미는 페로몬이 많은 쪽의 경로를 선택하여 이동하는 특징이 있어 일정 시간이 지나면 개미 떼는 가장 짧은 경로를 통해서 먹이를 운반하게 된다. 이 알고리즘은 통신망 설계, 이동체 경로 탐색, 임무 할당 등의 다양한 최적화 문제에 적용되어 왔다.

㉡ 알고리즘B는 반딧불이들이 반짝거릴 때 초기에는 각자의 고유한 진동수에 따라 반짝거리다가 점차 시간이 지날수록 상대방의 반짝거림에 맞춰 결국엔 한 마리의 거대한 반딧불이처럼 반짝거리는 것을 지속하는 현상에서 영감을 얻어 개발된 알고리즘이다. 개체들이 초기 상태에서는 각자 고유의 진동수에 따라 진동하지만, 점차 상호 작용을 통해 그 고유 진동수에 변화가 생기고 결국에는 진동수가 같아지는 특성을 반영한 것이다. 이 알고리즘은 집단 동기화 현상을 효과적으로 모델링하는 데 적용되어 왔다.

	㉠	㉡
①	정렬성	결합성
②	확장성	정렬성
③	분리성	결합성
④	결합성	분리성
⑤	정렬성	확장성

108

기출 18' 5급㉺-나 난이도 ●○○

다음 논쟁에 대한 평가로 적절한 것만을 〈보기〉에서 모두 고르면?

A : '거문고'라는 이름은 어디에서 유래했다고 생각하니?

B : 흥미로운 쟁점이야. 그에 관해서는 여러 가지 설이 있지만, 그 가운데 어느 것이 옳은가에 대해선 지금도 논란이 분분하지.

A : 내 주장은 '거문고'에서 '거문'은 색깔을 가리키는 말에서 유래했다는 것이야. '거문'은 '검다'로 해석되고, 한자로는 '玄'이라 쓰지. 김부식의 『삼국사기』에 따르면, 고구려의 왕산악이 진나라의 칠현금을 개량해 새 악기를 만들고, 겸해서 백여 곡을 지어 연주했다고 해. 그러자 현학(玄鶴) 즉 검은 학이 날아와 춤을 추었고, 이로부터 악기의 이름을 '현학금'이라고 지었대. '현학금'이 훗날 '현금'으로 변했고, 다시 우리말 '검은고(거문고)'로 바뀐 것이지.

B : 내 주장은 '거문고'에서 '거문'은 나라 이름을 가리키는 말에서 유래했다는 것이야. 원래 '거문'은 '거무' 혹은 '☐ᄆᆞ'로 발음되기도 하는데, 옛날에는 '고구려'를 '거무'나 '☐ᄆᆞ'라고 불렀고, 이 말들은 '개마'라는 용어와도 쓰임이 같거든. '개마'는 고대 한민족이 부족사회를 세웠던 장소의 명칭이잖아. 일본인들은 고구려를 '고마'라고 발음하기도 해. 따라서 '거문고'는 '고구려 현악기' 혹은 '고구려 악기'라고 정의될 수 있어.

• 보기 •

ㄱ. '단군왕검'에서 '검'이 '신(神)'을 뜻하는 옛말로 '곰', '감' 등과 통용되었다는 사실은 A와 B의 주장을 모두 강화한다.

ㄴ. 현악기를 지칭할 때 '고'와 '금(琴)'을 혼용하였다는 사실은 B의 주장을 약화한다.

ㄷ. '가얏고(가야+고)'의 사례에서 보듯이 악기의 이름 맨 앞에 국명을 붙이는 관습이 있었다는 사실은 A의 주장을 강화하지 않는다.

① ㄴ ② ㄷ ③ ㄱ, ㄴ
④ ㄱ, ㄷ ⑤ ㄱ, ㄴ, ㄷ

109

기출 20' 5급㉷-가 난이도 ●●●

다음 대화의 ㉠과 ㉡에 들어갈 말을 적절하게 짝지은 것은?

갑 : 신입직원 가운데 일부가 봉사활동에 지원했습니다. 그리고 [㉠]

을 : 지금 하신 말씀에 따르자면, 제 판단으로는 하계연수에 참여하지 않은 사람 중에 신입직원이 있다는 결론이 나오는군요.

갑 : 그렇게 판단하신 게 정확히 맞습니다. 아니, 잠깐만요. 아차, 제가 앞에서 말씀드린 부분 중에 오류가 있었군요. 죄송합니다. 신입직원 가운데 일부가 봉사활동에 지원했다는 것은 맞는데, 그 다음이 틀렸습니다. 봉사활동 지원자는 전부 하계연수에도 참여했다고 말씀드렸어야 했습니다.

을 : 알겠습니다. 그렇다면 아까와 달리 "[㉡]"라는 결론이 나오는 것이로군요.

갑 : 바로 그렇습니다.

① ㉠: 하계연수 참여자 가운데는 봉사활동에 지원했던 사람이 없습니다.
  ㉡: 신입직원 가운데 하계연수 참여자가 있다.

② ㉠: 하계연수 참여자 가운데는 봉사활동에 지원했던 사람이 없습니다.
  ㉡: 신입직원 가운데 하계연수 참여자는 한 명도 없다.

③ ㉠: 하계연수 참여자는 모두 봉사활동에도 지원했던 사람입니다.
  ㉡: 신입직원 가운데 하계연수 참여자는 한 명도 없다.

④ ㉠: 하계연수 참여자 가운데 봉사활동에도 지원했던 사람이 있습니다.
  ㉡: 신입직원 가운데 하계연수 참여자가 있다.

⑤ ㉠: 하계연수 참여자 가운데 봉사활동에도 지원했던 사람이 있습니다.
  ㉡: 신입직원은 모두 하계연수 참여자이다.

110

기출 15' 5급(민)[상황판단]-인 | 난이도 ●●○

다음 글과 〈상황〉을 근거로 판단할 때 옳은 것은?

헌법재판소가 위헌으로 결정한 법률 또는 법률조항은 그 위헌결정이 있는 날부터 효력을 상실한다. 그러나 위헌으로 결정된 형벌에 관한 법률 또는 법률조항(이하 '형벌조항'이라고 함)은 소급하여 그 효력을 상실한다. 이는 죄형법정주의 원칙에 의할 때, 효력이 상실된 형벌조항에 따라 유죄의 책임을 지는 것은 타당하지 않다는 점을 고려한 것이다.

그러나 위헌인 형벌조항에 대해서 일률적으로 해당 조항의 제정 시점까지 소급효를 인정하는 것은 문제가 있다. 왜냐하면 헌법재판소가 기존에 어느 형벌조항에 대해서 합헌결정을 하였지만 그 후 시대 상황이나 국민의 법감정 등 사정변경으로 위헌결정을 한 경우, 해당 조항의 제정 시점까지 소급하여 그 효력을 상실하게 하여 과거에 형사처벌을 받은 사람들까지도 재심을 청구할 수 있게 하는 것은 부당하기 때문이다. 따라서 위헌으로 결정된 형벌조항에 대해서 종전에 합헌결정이 있었던 경우에는 그 결정이 선고된 날의 다음 날로 소급하여 효력을 상실하는 것으로 규정함으로써 그 소급효를 제한한다. 이러한 소급효 제한의 취지로 인해 동일한 형벌조항에 대해서 헌법재판소가 여러 차례 합헌결정을 한 때에는 최후에 합헌결정을 선고한 날의 다음 날로 소급하여 그 형벌조항의 효력이 상실되는 것으로 본다.

한편, 헌법재판소의 위헌결정이 내려진 형벌조항에 근거하여 유죄의 확정판결을 받은 사람은 '무죄임을 확인해 달라'는 취지의 재심청구가 인정된다. 또한 그 유죄판결로 인해 실형을 선고받고 교도소에서 복역하였던 사람은 구금일수에 따른 형사보상금 청구가 인정되며, 벌금형을 선고받아 이를 납부한 사람도 형사보상금 청구가 인정된다.

※ 소급효: 법률이나 판결 등의 효력이 과거 일정 시점으로 거슬러 올라가서 미치는 것

상황

1953. 9. 18.에 제정된 형법 제241조의 간통죄에 대해서, 헌법재판소는 1990. 9. 10./ 1993. 3. 31./ 2001. 10. 25./ 2008. 10. 30.에 합헌결정을 하였지만, 2015. 2. 26.에 위헌결정을 하였다. 다음과 같이 형사처벌을 받았던 甲, 乙, 丙은 재심청구와 형사보상금 청구를 하였다.

甲: 2007. 10. 1. 간통죄로 1년의 징역형이 확정되어 1년간 교도소에서 복역하였다.

乙: 2010. 6. 1. 간통죄로 징역 1년과 집행유예 2년을 선고받고, 교도소에서 복역한 바 없이 집행유예기간이 경과되었다.

丙: 2013. 8. 1. 간통죄로 1년의 징역형이 확정되어 1년간 교도소에서 복역하였다.

※ 집행유예: 유죄판결을 받은 사람에 대하여 일정 기간 형의 집행을 유예하고, 그 기간을 무사히 지내면 형의 선고는 효력을 상실하는 것으로 하여 실형을 과하지 않는 제도

① 甲의 재심청구는 인정되나 형사보상금 청구는 인정되지 않는다.
② 乙의 재심청구와 형사보상금 청구는 모두 인정된다.
③ 乙의 재심청구는 인정되나 형사보상금 청구는 인정되지 않는다.
④ 丙의 재심청구와 형사보상금 청구는 모두 인정되지 않는다.
⑤ 丙의 재심청구는 인정되나 형사보상금 청구는 인정되지 않는다.

111

기출 15' 5급(민)-인 | 난이도 ●○○

다음 글에서 알 수 있는 것만을 〈보기〉에서 모두 고르면?

공직의 기강은 상령하행(上令下行)만을 일컫는 것이 아니다. 법으로 규정된 직분을 지켜 위에서 명령하고 아래에서 따르되, 그 명령이 공공성에 기반한 국가 법제를 벗어나지 않았을 때 기강은 바로 설 수 있다. 만약 명령이 법 바깥의 사적인 것인데 그것을 수행한다면 이는 상령하행의 원칙을 잘못 이해한 것이다. 무릇 고위의 상급자라 하더라도 그가 한 개인으로서 하급자를 반드시 복종하게 할 권위가 있는 것은 아니다. 권위는 오직 그 명령이 국가의 법제를 충실히 따랐을 때 비로소 갖춰지는 것이다.

조선시대에는 6조의 수장인 판서가 공적인 절차와 내용에 따라 무엇을 행하라 명령하는데 아랫사람이 시행하지 않으면 사안의 대소에 관계없이 아랫사람을 파직하였다. 그러나 판서가 공적인 절차를 벗어나 법 외로 사적인 명령을 내리면 비록 미관말직이라 해도 이를 따르지 않는 것이 올바른 것으로 인정되었다. 이처럼 공적인 것에 반드시 복종하는 것이 기강이요, 사적인 것에 복종하지 않는 것도 기강이다. 만약 세력에 압도되고 이욕에 이끌려, 부당하게 직무의 분한(分限)을 넘나들며 간섭하고 간섭받게 된다면 공적인 지휘 체계는 혼란에 빠지고 기강은 무너질 것이다. 그러므로 기강을 확립할 때, 그 근간이 되는 상령하행과 공적 직분의 엄수는 둘이 아니라 하나이다. 공직의 기강은 곧 국가의 동맥이니, 이 맥이 잘나라도 끊어지면 어떤 지경에 이를 것인가? 공직자들은 깊이 생각해 보아야 할 것이다.

보기

ㄱ. 상급자의 직위가 높아야만 명령의 권위가 갖춰진다.
ㄴ. 조선시대에는 상령하행이 제대로 준수되지 않았다.
ㄷ. 하급자가 상급자의 명령을 언제나 수행해야 하는 것은 아니다.

① ㄱ　② ㄷ　③ ㄱ, ㄴ
④ ㄴ, ㄷ　⑤ ㄱ, ㄴ, ㄷ

112

기출 15' 5급(민)-인 난이도 ●○○

다음 글의 전체 흐름과 맞지 않는 한 곳을 ㉠~㉤에서 찾아 수정하려고 할 때, 가장 적절한 것은?

소아시아 지역에 위치한 비잔틴 제국의 수도 콘스탄티노플이 이슬람교를 신봉하는 오스만인들에 의해 함락되었다는 소식이 인접해 있는 유럽 지역에까지 전해지자 그 곳 교회의 한 수도원 서기는 "㉠ 지금까지 이보다 더 끔찍했던 사건은 없었으며, 앞으로도 결코 없을 것이다."라고 기록했다. 1453년 5월 29일 화요일, 해가 뜨자마자 오스만 제국의 군대는 난공불락으로 유명한 케르코포르타 성벽의 작은 문을 뚫고 진군하기 시작했다. 해가 질 무렵, 약탈당한 도시에 남아있는 모든 것들은 그들의 차지가 되었다. 비잔틴 제국의 86번째 황제였던 콘스탄티노스 11세는 서쪽 성벽 아래에 있는 좁은 골목에서 전사하였다. 이것으로 ㉡ 1,100년 이상 존재했던 소아시아 지역의 기독교도 황제가 사라졌다.

잿빛 말을 타고 화요일 오후 늦게 콘스탄티노플에 입성한 술탄 메흐메드 2세는 우선 성소피아 대성당으로 갔다. 그는 이 성당을 파괴하는 대신 이슬람 사원으로 개조하라는 명령을 내렸고, 우선 그 성당을 철저하게 자신의 보호 하에 두었다. 또한 학식이 풍부한 그리스 정교회 수사에게 격식을 갖추어 공석중인 총대주교직을 수여하고자 했다. 그는 이슬람 세계를 위해 ㉢ 기독교의 제단뿐만 아니라 그 이상의 것들도 활용했다. 역대 비잔틴 황제들이 제정한 법을 그가 주도하고 있던 법제화의 모델로 이용하였던 것이다. 이러한 행위들은 ㉣ 단절을 추구하는 정복왕 메흐메드 2세의 의도에서 비롯된 것이라고 할 수 있다.

그는 자신이야말로 지중해를 '우리의 바다'라고 불렀던 로마 제국의 진정한 계승자임을 선언하고 싶었던 것이다. 일례로 그는 한때 유럽과 아시아를 포함한 지중해 전역을 지배했던 제국의 정통 상속자임을 선언하면서, 의미심장하게도 자신의 직함에 '룸 카이세리', 즉 로마의 황제라는 칭호를 추가했다. 또한 그는 패권 국가였던 로마의 옛 명성을 다시 찾기 위한 노력의 일환으로 로마 사람의 땅이라는 뜻을 지닌 루멜리아에 새로 수도를 정했다. 이렇게 함으로써 그는 ㉤ 오스만 제국이 유럽으로 확대될 것이라는 자신의 확신을 보여주었다.

① ㉠을 '지금까지 이보다 더 영광스러운 사건은 없었으며'로 고친다.
② ㉡을 '1,100년 이상 존재했던 소아시아 지역의 이슬람 황제가 사라졌다'로 고친다.
③ ㉢을 '기독교의 제단뿐만 아니라 그 이상의 것들도 파괴했다'로 고친다.
④ ㉣을 '연속성을 추구하는 정복왕 메흐메드 2세의 의도에서 비롯된 것'으로 고친다.
⑤ ㉤을 '오스만 제국이 아시아로 확대될 것이라는 자신의 확신을 보여주었다'로 고친다.

113

기출 18' 5급(행)-나 난이도 ●○○

다음 글에서 알 수 있는 것은?

조선시대에는 변경의 급보를 전할 때 봉수를 이용하는 경우가 많았다. 봉수의 '봉'은 횃불을 의미하며, '수'는 연기라는 뜻을 지닌다. 봉수란 밤에는 횃불, 낮에는 연기를 사용해 릴레이식으로 신호를 보내는 것이다.

봉수 제도는 삼국시대부터 있었다. 그러나 그것이 체계적으로 정비된 것은 조선시대 세종 때의 일이다. 세종은 병조 아래에 무비사(武備司)라는 기구를 두어 봉수를 관할하도록 하는 한편, 각 지방에 봉수대를 설치하였다. 봉수대는 연변봉수대, 내지봉수대, 경봉수대로 나뉘어져 있었다. 연변봉수대에서는 외적이 접근할 때 곧바로 연기나 불을 올려 급보를 전했다. 그러면 그 소식이 여러 곳의 봉수대를 거쳐 한양으로 전해지도록 되어 있었다.

봉수로는 다섯 개 노선으로 나뉘어져 있었다. 제1로는 함경도 경흥에서 출발하여 각지의 봉수대를 거친 다음 한양의 경봉수대로 이어졌다. 제2로는 동래에서 출발하는 노선이었고, 제3로와 제4로는 평안도 강계와 의주에서 각각 출발하는 노선이었다. 제5로도 순천에서 시작하여 경봉수대까지 연결되어 있었다. 봉수대에서는 봉수를 다섯 개까지 올릴 수 있었다. 평상시에는 봉수를 1개만 올렸고, 적이 멀리서 접근하는 것이 보이면 2개를 올렸다. 적이 국경에 거의 다가왔을 때에는 3개, 국경을 침범하면 4개를 올렸다. 또 조선군이 외적과 전투를 시작할 때 5개를 올려 이를 알려야 했다.

연변봉수대가 외적의 접근을 알리는 봉수를 올리면 그 소식이 하루 안에 한양으로 전달되었다고 한다. 그러나 아무리 봉수를 올려도 어떤 내지봉수대에서는 앞 봉수대의 신호가 잘 보이지 않는 경우가 있었다. 날씨 때문에 앞 봉수대에서 봉수가 몇 개 올라갔는지 분간하기 어려울 수 있었던 것이다. 그때에는 봉수군이 직접 그 봉수대까지 달려가서 확인해야 했다.

봉수대를 지키는 봉수군에게는 매일 올리는 봉수를 꺼지지 않도록 할 의무가 있었다. 그러나 그 일이 너무 고되었기 때문에 의무를 다하지 않고 도망가 버리는 경우가 적지 않았다. 이 때문에 을묘왜변 때에는 연변봉수대의 신호가 내지봉수대들에게 제대로 전달되지 못했다. 선조는 선왕이 을묘왜변 당시 발생한 이 문제를 시정하지 못했다는 점을 인지하고, 봉수가 원활하게 전달되지 않을 때를 대비하여 파발 제도를 운영하였다.

① 선조는 내지봉수대가 제 기능을 하지 않자 을묘왜변 때 봉수 제도를 폐지하고 파발을 운영하였다.
② 햇빛이 강한 날에는 정해진 규칙에 따라 봉수를 올리지 않고 봉수군이 다음 봉수대로 달려가 소식을 전했다.
③ 연변봉수대는 군사적으로 긴급한 상황이 발생할 때 낮에 횃불을 올리고 밤에는 연기를 올려 경봉수대에 알려야 했다.
④ 연변봉수대는 평상시에 1개의 봉수를 올렸지만, 외적이 국경을 넘으면 바로 2개의 봉수를 올려 위급한 상황을 알렸다.
⑤ 조선군이 국경을 넘은 외적과 싸우기 시작할 때 연변봉수대는 5개의 봉수를 올려 이 사실을 내지봉수대로 전해야 했다.

114

기출 20' 5급㉥-가 난이도 ●●●

다음 갑 ~ 병의 주장에 대한 평가로 적절한 것만을 〈보기〉에서 모두 고르면?

갑: 어떤 나라의 법이 불공정하거나 악법이라고 해도 그 나라의 시민은 그것을 준수해야 한다. 그 나라의 시민으로 살아간다는 것이 법을 준수하겠다는 암묵적인 합의를 한 것이나 마찬가지이기 때문이다. 우리에게는 약속을 지켜야 할 의무가 있다. 만일 우리의 법이 마음에 들지 않았다면 처음부터 이 나라를 떠나 이웃 나라로 이주할 수 있는 자유가 언제나 있었던 것이다. 이 나라에서 시민으로 일정 기간 이상 살았다면 법을 그것의 공정 여부와 무관하게 마땅히 지켜야만 하는 것이 우리 시민의 의무이다.

을: 법을 지키겠다는 암묵적 합의는 그 법이 공정한 것인 한에서만 유효한 것이다. 만일 어떤 법이 공정하지 않다면 그런 법을 지키는 것은 오히려 타인의 인권을 침해할 소지가 있고, 따라서 그런 법의 준수를 암묵적 합의의 일부로 간주해서는 안 될 것이다. 그러므로 공정한 법에 대해서만 선별적으로 준수의 의무를 부과하는 것이 타당하다.

병: 법은 정합적인 체계로 구성되어 있어서 어떤 개별 법 조항도 다른 법과 무관하게 독자적으로 주어질 수 없다. 모든 법은 상호 의존적이어서 어느 한 법의 준수를 거부하면 반드시 다른 법의 준수 여부에도 영향을 미칠 수밖에 없다. 예를 들어, 조세법이 부자에게 유리하고 빈자에게 불리한 불공정한 법이라고 해서 그것 하나만 따로 떼어내어 선별적으로 거부한다는 것은 불가능하다. 그렇게 했다가는 결국 아무 문제가 없는 공정한 법의 준수 여부에까지 영향을 미치게 될 것이다. 따라서 법의 선별적 준수는 전체 법체계의 유지에 큰 혼란을 불러올 우려가 있으므로 받아들여서는 안 된다.

보기

ㄱ. 예외적인 경우에 약속을 지키지 않아도 된다면 갑의 주장은 강화된다.

ㄴ. 법의 공정성을 판단하는 별도의 기준이 없다면 을의 주장은 약화된다.

ㄷ. 이민자를 차별하는 법이 존재한다면 병의 주장은 약화된다.

① ㄱ ② ㄴ ③ ㄱ, ㄷ
④ ㄴ, ㄷ ⑤ ㄱ, ㄴ, ㄷ

115

기출 15' 5급㉥[상황판단]-인 난이도 ●●○

다음 글과 〈상황〉을 근거로 판단할 때, 甲에게 가장 적절한 유연근무제는?

유연근무제는 획일화된 공무원의 근무형태를 개인·업무·기관별 특성에 맞게 다양화하여 일과 삶의 균형을 꾀하고 공직생산성을 향상시키는 것을 목적으로 하며, 시간제근무, 탄력근무제, 원격근무제로 나눌 수 있다.

시간제근무는 다른 유연근무제와 달리 주 40시간보다 짧은 시간을 근무하는 것이다. 수시로 신청할 수 있으며 보수 및 연가는 근무시간에 비례하여 적용한다.

탄력근무제에는 네 가지 유형이 있다. '시차출퇴근형'은 1일 8시간 근무체제를 유지하면서 출퇴근시간을 자율적으로 조정할 수 있다. 07:00 ~ 10:00에 30분 단위로 출근시간을 스스로 조정하여 8시간 근무 후 퇴근한다. '근무시간선택형'은 주 5일 근무를 준수해야 하지만 1일 8시간을 반드시 근무해야 하는 것은 아니다. 근무가능 시간대는 06:00 ~ 24:00이며 1일 최대 근무시간은 12시간이다. '집약근무형'은 1일 8시간 근무체제에 구애받지 않으며, 주 3.5 ~ 4일만을 근무한다. 근무가능 시간대는 06:00 ~ 24:00이며 1일 최대 근무시간은 12시간이다. 이 경우 정액급식비 등 출퇴근을 전제로 지급되는 수당은 출근하는 일수만큼만 지급한다. '재량근무형'은 출퇴근 의무 없이 프로젝트 수행으로 주 40시간의 근무를 인정하는 형태이며 기관과 개인이 협의하여 수시로 신청한다.

원격근무제에는 '재택근무형'과 '스마트워크근무형'이 있는데, 실시 1주일 전까지 신청하면 된다. 재택근무형은 사무실이 아닌 자택에서 근무하는 것이며, 초과근무는 불인정된다. 스마트워크근무형은 자택 인근의 스마트워크센터 등 별도 사무실에서 근무하며, 초과근무를 위해서는 사전에 부서장의 승인이 필요하다.

상황

A부서의 공무원 甲은 유연근무제를 신청하고자 한다. 甲은 원격근무보다는 A부서 사무실에 출근하여 일하는 것을 원하며, 주 40시간의 근무시간은 지킬 예정이다. 이틀은 아침 7시에 출근하여 12시간씩 근무하고, 나머지 사흘은 5 ~ 6시간의 근무를 하고 일찍 퇴근하려는 계획을 세웠다.

① 근무시간선택형
② 시차출퇴근형
③ 시간제근무
④ 집약근무형
⑤ 재택근무형

116

기출 15' 5급[민]-인 난이도 ●●●

다음 '철학의 여인'의 논지를 따를 때, ㉠으로 적절한 것만을 〈보기〉에서 모두 고르면?

다음은 철학의 여인이 비탄에 잠긴 보에티우스에게 건네는 말이다.

"나는 이제 네 병의 원인을 알겠구나. 이제 네 병의 원인을 알게 되었으니 ㉠ 너의 건강을 회복할 수 있는 방법을 찾을 수 있게 되었다. 그 방법은 병의 원인이 되는 잘못된 생각을 바로잡아 주는 것이다.

너는 너의 모든 소유물을 박탈당했다고, 사악한 자들이 행복을 누리게 되었다고, 네 운명의 결과가 불의하게도 제멋대로 바뀌었다는 생각으로 비탄에 빠져 있다. 그런데 그런 생각은 잘못된 전제에서 비롯된 것이다. 네가 눈물을 흘리며 너 자신이 추방당하고 너의 모든 소유물들을 박탈당했다고 생각하는 것은 행운이 네게서 떠났다고 슬퍼하는 것과 다름없는데, 그것은 네가 운명의 본모습을 모르기 때문이다. 그리고 사악한 자들이 행복을 가졌다고 생각하는 것이나 사악한 자가 선한 자보다 더 행복을 누린다고 한탄하는 것은 네가 실로 만물의 목적이 무엇인지 모르고 있기 때문이다. 다시 말해 만물의 궁극적인 목적이 선을 지향하는 데 있다는 것을 모르고 있기 때문이다. 또한 너는 세상이 어떤 통치원리에 의해 다스려지는지 잊어버렸기 때문에 제멋대로 흘러가는 것이라고 믿고 있다. 그러나 만물의 목적에 따르면 악은 결코 선을 이길 수 없으며 사악한 자들이 행복할 수는 없다. 따라서 세상은 결국에는 불의가 아닌 정의에 의해 다스려지게 된다. 그럼에도 불구하고 너는 세상의 통치원리가 정의와는 거리가 멀다고 믿고 있다. 이는 그저 병의 원인일 뿐 아니라 죽음에 이르는 원인이 되기도 한다. 그러나 다행스럽게도 자연은 너를 완전히 버리지는 않았다. 이제 너의 건강을 회복할 수 있는 작은 불씨가 생명의 불길로 타올랐으니 너는 조금도 두려워할 필요가 없다."

보기

ㄱ. 만물의 궁극적인 목적이 선을 지향하는 데 있다는 것을 아는 것
ㄴ. 세상이 제멋대로 흘러가는 것이 아니라 정의에 의해 다스려진다는 것을 깨닫는 것
ㄷ. 자신이 박탈당했다고 여기는 모든 것들, 즉 재산, 품위, 권좌, 명성 등을 되찾을 방도를 아는 것

① ㄱ ② ㄴ ③ ㄱ, ㄴ
④ ㄴ, ㄷ ⑤ ㄱ, ㄴ, ㄷ

117

기출 15' 5급[민]-인 난이도 ●●●

다음 글에서 추론할 수 있는 것은?

조선이 임진왜란 중 필사적으로 보존하고자 한 서적은 바로 조선왕조실록이다. 실록은 원래 서울의 춘추관과 성주·충주·전주 4곳의 사고(史庫)에 보관되었으나, 임진왜란 이후 전주 사고의 실록만 온전한 상태였다. 전란이 끝난 후 단 1벌 남은 실록을 다시 여러 벌 등서하자는 주장이 제기되었다. 우여곡절 끝에 실록 인쇄가 끝난 것은 1606년이었다. 재인쇄 작업의 결과 원본을 포함해 모두 5벌의 실록을 갖추게 되었다. 원본은 강화도 마니산에 봉안하고 나머지 4벌은 서울의 춘추관과 평안도 묘향산, 강원도의 태백산과 오대산에 봉안했다.

이 5벌 중에서 서울 춘추관의 것은 1624년 이괄의 난 때 불에 타 없어졌고, 묘향산의 것은 1633년 후금과의 관계가 악화되자 전라도 무주의 적상산에 사고를 새로 지어 옮겼다. 강화도 마니산의 것은 1636년 병자호란 때 청군에 의해 일부 훼손되었던 것을 현종 때 보수하여 숙종 때 강화도 정족산에 다시 봉안했다. 결국 내란과 외적 침입으로 인해 5곳 가운데 1곳의 실록은 소실되었고, 1곳의 실록은 장소를 옮겼으며, 1곳의 실록은 손상을 입었던 것이다.

정족산, 태백산, 적상산, 오대산 4곳의 실록은 그 후 안전하게 지켜졌다. 그러나 일본이 다시 여기에 손을 대었다. 1910년 조선 강점 이후 일제는 정족산과 태백산에 있던 실록을 조선총독부로 이관하고 적상산의 실록은 구황궁 장서각으로 옮겼으며 오대산의 실록은 일본 동경제국대학으로 반출했다. 일본으로 반출한 것은 1923년 관동대지진 때 거의 소실되었다. 정족산과 태백산의 실록은 1930년에 경성제국대학으로 옮겨져 지금까지 서울대학교에 보존되어 있다. 한편 장서각의 실록은 6·25전쟁 때 북으로 옮겨져 현재 김일성종합대학에 소장되어 있다.

① 재인쇄하였던 실록은 모두 5벌이다.
② 태백산에 보관하였던 실록은 현재 일본에 있다.
③ 현재 한반도에 남아 있는 실록은 모두 4벌이다.
④ 적상산에 보관하였던 실록은 일부가 훼손되었다.
⑤ 현존하는 가장 오래된 실록은 서울대학교에 있다.

118

기출 18' 5급(행)-나 | 난이도 ●●○

다음 글에서 알 수 있는 것은?

1651년에 러시아는 헤이룽강 상류 지역에 진출하여 알바진 성을 쌓고 군사 기지로 삼았다. 다음해 러시아군은 헤이룽강을 타고 동쪽으로 진출하였다. 러시아군은 그 강과 우수리강이 합류하는 지점에 이르러 새로 군사 기지를 건설하려 했다. 청은 러시아가 우수리강 하구에 기지를 만들려 한다는 소식을 접하고 영고탑(寧古塔)에 주둔하던 부대로 하여금 러시아군을 막게 했다. 청군은 즉시 북상해 러시아군과 교전했으나 화력에 압도당하여 패배하였다.

이에 청은 파병을 요청해왔다. 조선은 이를 받아들여 변급이라는 장수를 파견하였다. 변급의 부대는 두만강을 건너 영고탑으로 이동한 후, 그곳에 있던 청군과 함께 북상하였다. 출발 이후 줄곧 걸어서 북상한 조선군은 도중에 청군과 함께 배에 올라 강을 타고 이동하였다. 그 무렵 기지를 출발한 러시아 함대는 알바진과 우수리강 하구 사이의 중간에 있는 헤이룽강의 지류 입구로 접어들어 며칠 동안 남하하고 있었다. 양측은 의란이라는 곳에서 만나 싸웠다. 당시 조선과 청의 연합군이 탑승한 배는 크고 견고한 러시아 배의 적수가 되지 못했다. 이에 연합군은 청군이 러시아 함대를 유인하고, 조선군이 강변의 산 위에서 숨어 있다가 적이 나타나면 사격을 가하는 전법을 택했다. 작전대로 조선군이 총탄을 퍼붓자 러시아 함대는 큰 피해를 입고 퇴각하였다. 조선군은 사상자 없이 개선하였다.

청은 1658년에 또 파병을 요청했다. 조선은 이를 받아들여 신유라는 사람을 대장으로 삼아 군대를 파견하였다. 조선군은 청군과 합세하고자 예전에 변급의 부대가 이용했던 경로로 영고탑까지 북상했다. 함께 이동하기 시작한 조·청 연합군은 쑹화강과 헤이룽강의 합류 지점에 이르러 러시아군과 교전했다. 청군은 보유한 전선을 최대한 투입했다. 조선군도 배 위에서 용감히 싸웠다. 조선군이 갈고리를 이용해 러시아 배로 건너가 싸우자 러시아 병사들은 배를 버리고 도망쳤다. 조선군은 러시아군에 비해 성능이 떨어지는 총을 보유했지만, 평소 갈고 닦은 전투력을 바탕으로 승리할 수 있었다.

패배한 러시아군은 알바진으로 후퇴하였다. 러시아와 청은 몇 차례 회담을 거쳐 네르친스크 조약을 맺었다. 이 조약에 따라 러시아는 알바진과 우수리강의 하구 지점을 잇는 수로를 포기하고 그 북쪽의 외흥안령 산맥까지 물러났다. 또 그 산맥 남쪽 지역을 청의 영토로 인정하였다.

① 신유의 부대는 두만강을 건너 북상하다가 의란에서 러시아군과 교전하였다.
② 변급의 부대는 러시아군을 우수리강의 하구 지점에서 만나 전투를 벌였다.
③ 변급의 부대는 러시아군과 교전할 때 산 위에 대기하다가 러시아 함대를 향해 사격하는 방법으로 승리했다.
④ 변급의 부대가 러시아군과 만나 싸운 장소는 네르친스크 조약의 체결에 따라 러시아 영토에 편입되었다.
⑤ 신유의 부대는 배를 타고 두만강 하구로 나갔다가 그 배로 쑹화강과 헤이룽강의 합류 지점으로 들어가 러시아군과 싸웠다.

119

기출 20' 5급(민)-가 | 난이도 ●●●

다음 글에 비추어 볼 때, 〈실험〉에 대한 분석으로 적절한 것만을 〈보기〉에서 모두 고르면?

통계학자들은 오직 두 가설, 즉 영가설과 대립가설만을 고려하는 경우가 있다. 여기서 영가설이란 취해진 조치가 조치의 대상에 아무런 영향을 주지 않는다는 가설이고, 대립가설이란 영향을 준다는 가설이다. 예컨대 의사의 조치가 특정 질병 치료에 아무런 효과도 없다는 가설은 영가설이고, 의사의 조치가 그 질병을 치료하는 데 효과가 있다는 가설은 대립가설이다.

실험

A는 다음의 두 가설과 관련하여 아래 실험을 수행하였다.

- 가설 1: 쥐가 동일한 행동을 반복할 때 이전 행동에서 이루어진 강제조치가 다음 번 행동에 영향을 준다.
- 가설 2: 쥐가 동일한 행동을 반복할 때 이전 행동에서 이루어진 강제조치가 다음 번 행동에 영향을 주지 않는다.

왼쪽 방향 또는 오른쪽 방향으로 갈 수 있는 갈림길이 있는 미로가 있다. 실험자는 쥐 1마리를 이 미로의 입구에 집어넣었다. 미로에 들어간 쥐가 갈림길에 도달하면 실험자가 개입하여 쥐가 한 쪽 방향으로 가도록 강제조치했다. 그런 다음 실험자는 미로의 출구 부분에서 쥐를 꺼내 다시 미로의 입구에 집어넣고 쥐가 갈림길에서 어느 방향으로 가는지를 관찰하였다. 100마리의 쥐를 대상으로 이러한 실험을 실시한 결과 대부분의 쥐들은 이전에 가지 않았던 방향으로 갔다.

보기

ㄱ. 가설 1은 대립가설이고 가설 2는 영가설이다.
ㄴ. 〈실험〉의 결과는 대립가설을 강화한다.
ㄷ. 〈실험〉에서 미로에 처음 들어간 쥐들에게 갈림길에서 50마리의 쥐들은 왼쪽 방향으로, 나머지 50마리의 쥐들은 오른쪽 방향으로 가도록 실험자가 강제조치하였다는 사실이 밝혀진다면 영가설은 강화된다.

① ㄱ ② ㄷ ③ ㄱ, ㄴ
④ ㄴ, ㄷ ⑤ ㄱ, ㄴ, ㄷ

120 기출 14' 5급(민)[상황판단]-A 난이도 ●●○

다음 글을 근거로 판단할 때, 〈보기〉에서 옳은 것만을 모두 고르면?

□ 증여세의 납세의무자는 누구이며 부과대상은 무엇입니까?
- 증여세는 타인으로부터 재산을 무상으로 받은 사람, 즉 수증자가 원칙적으로 납세의무를 부담합니다.
- 또한 법인 아닌 사단·재단, 비영리법인은 증여세 납세의무를 부담합니다. 다만 증여받은 재산에 대해 법인세가 과세되는 영리법인은 증여세 납부의무가 없습니다.
- 수증자가 국내거주자이면 증여받은 '국내외 모든 재산', 수증자가 국외거주자이면 증여받은 '국내소재 재산, 국외 예금과 국외 적금'이 증여세 부과대상입니다.

□ 증여자가 예외적으로 수증자와 함께 납세의무를 부담하는 경우도 있습니까?
- 수증자가 국외거주자인 경우, 증여자는 연대납세의무를 부담합니다.
- 또한 수증자가 다음 중 어느 하나에 해당하는 경우에도 증여자는 연대납세의무를 부담합니다.
  - 수증자의 주소 또는 거소가 분명하지 아니한 경우로서 조세채권의 확보가 곤란한 경우
  - 수증자가 증여세를 납부할 능력이 없다고 인정되는 경우로서 체납처분을 하여도 조세채권의 확보가 곤란한 경우

〈보기〉

ㄱ. 甲이 국내거주자 장남에게 자신의 강릉 소재 빌딩(시가 10억 원 상당)을 증여한 경우, 甲은 원칙적으로 증여세를 납부할 의무가 있다.
ㄴ. 乙이 평생 모은 재산 10억 원을 국내소재 사회복지법인 丙(비영리법인)에게 기부한 경우, 丙은 증여세를 납부할 의무가 있다.
ㄷ. 丁이 자신의 국외 예금(10억 원 상당)을 해외에 거주하고 있는 아들에게 증여한 경우, 丁은 연대납세의무를 진다.
ㄹ. 戊로부터 10억 원을 증여받은 국내거주자 己가 현재 파산상태로 인해 체납처분을 하여도 조세채권의 확보가 곤란한 경우, 己는 증여세 납부의무가 없다.

① ㄱ, ㄴ ② ㄱ, ㄷ ③ ㄴ, ㄷ
④ ㄴ, ㄹ ⑤ ㄷ, ㄹ

Day 8 **Self Check List**

	오답 수	무응답 수	풀이시간(분)
1회독	/ 15	/ 15	/ 30(분)
2회독	/ 15	/ 15	/ 25(분)
3회독	/ 15	/ 15	/ 15(분)

정답 및 해설 349p

독끝 9일차 (121~135)

*아래 회독수 별 권장 풀이 시간에 맞춰 풀이 후, 끝쪽의 Self Check List를 기입하여 부족한 부분을 파악하세요!

권장 풀이 시간

1회독 30 min 2회독 25 min 3회독 15 min

본 문항은 PSAT 언어논리 영역 기출 문항으로 구성되며, 기출 표기에 따른 시험 종류는 아래와 같습니다.(표기 상 맨 끝은 '책형' 입니다.)
[민] - 민간경력자 일괄채용시험 / [행] - 공개경쟁채용시험(행정)

121

기출 15' 5급[민]-인 난이도 ●○○

다음 글의 내용과 부합하지 않는 것은?

고대 철학자인 피타고라스는 현이 하나 달린 음향 측정 기구인 일현금을 사용하여 음정 간격과 수치 비율이 대응하는 원리를 발견하였다. 이를 바탕으로 피타고라스는 모든 것이 숫자 또는 비율에 의해 표현될 수 있다고 주장하였다.

그를 신봉한 피타고라스주의자들은 수와 기하학의 규칙이 무질서하게 보이는 자연과 불가해한 가변성의 세계에 질서를 부여한다고 믿었다. 즉 피타고라스주의자들은 자연의 온갖 변화는 조화로운 규칙으로 환원될 수 있다고 믿었다. 이는 피타고라스주의자들이 물리적 세계가 수학적 용어로 분석될 수 있다는 현대 수학자들의 사고에 단초를 제공한 것이라고 할 수 있다.

그러나 피타고라스주의자들은 현대 수학자들과는 달리 수에 상징적이고 심지어 신비적인 의미를 부여했다. 피타고라스주의자들은 '기회', '정의', '결혼'과 같은 추상적인 개념을 특정한 수의 가상적 특징, 즉 특정한 수에 깃들어 있으리라고 추정되는 특징과 연계시켰다. 또한 이들은 여러 물질적 대상에 수를 대응시켰다. 예를 들면 고양이를 그릴 때 다른 동물과 구별되는 고양이의 뚜렷한 특징을 드러내려면 특정한 개수의 점이 필요했다. 이때 점의 개수는 곧 고양이를 가리키는 수가 된다. 이것은 세계에 대한 일종의 원자적 관점과도 관련된다. 이 관점에서는 단위(unity), 즉 숫자 1은 공간상의 한 물리적 점으로 간주되기 때문에 물리적 대상들은 수 형태인 단위 점들로 나타낼 수 있다. 이처럼 피타고라스주의자들은 수를 실재라고 여겼는데 여기서 수는 실재와 무관한 수가 아니라 실재를 구성하는 수를 가리킨다.

피타고라스의 사상이 수의 실재성이라는 신비주의적이고 형이상학적인 관념에 기반하고 있다는 점은 틀림없다. 그럼에도 불구하고 피타고라스주의자들은 자연을 이해하는 데 있어 수학이 중요하다는 점을 알아차린 최초의 사상가들임이 분명하다.

① 피타고라스는 음정 간격을 수치 비율로 나타낼 수 있다는 것을 발견하였다.
② 피타고라스주의자들은 자연을 이해하는 데 있어 수학의 중요성을 인식하였다.
③ 피타고라스주의자들은 물질적 대상뿐만 아니라 추상적 개념 또한 수와 연관시켰다.
④ 피타고라스주의자들은 물리적 대상을 원자적 관점에서 실재와 무관한 단위 점으로 나타낼 수 있다고 믿었다.
⑤ 피타고라스주의자들은 수와 기하학적 규칙을 통해 자연의 변화를 조화로운 규칙으로 환원할 수 있다고 믿었다.

122

기출 15' 5급[민]-인 난이도 ●○○

다음 글의 핵심 내용으로 가장 적절한 것은?

1948년에 제정된 대한민국 헌법은 공동체의 정치적 문제는 기본적으로 국민의 의사에 의해 결정된다는 점을 구체적인 조문으로 명시하고 있다. 그러나 이러한 공화제적 원리는 1948년에 이르러 갑작스럽게 등장한 것이 아니다. 이미 19세기 후반부터 한반도에서는 이와 같은 원리가 공공 영역의 담론 및 정치적 실천 차원에서 표명되고 있었다.

공화제적 원리는 1885년부터 발행되기 시작한 근대적 신문인『한성주보』에서도 어느 정도 언급된 바 있지만 특히 1898년에 출현한 만민공동회에서 그 내용이 명확하게 드러난다. 독립협회를 중심으로 촉발되었던 만민공동회는 민회를 통해 공론을 형성하고 이를 국정에 반영하고자 했던 완전히 새로운 형태의 정치운동이었다. 이것은 전통적인 집단상소나 민란과는 전혀 달랐다. 이 민회는 자치에 대한 국민의 자각을 기반으로 공동생활의 문제들을 협의하고 함께 행동해나가려 하였다. 이것은 자신들이 속한 정치공동체에 대한 소속감과 연대감을 갖지 않고서는 불가능한 현상이었다. 즉 만민공동회는 국민이 스스로 정치적 주체가 되고자 했던 시도였다. 전제적인 정부가 법을 통해 제한하려고 했던 정치 참여를 국민들이 스스로 쟁취하여 정치체제를 변화시키고자 하였던 것이다.

19세기 후반부터 한반도에 공화제적 원리가 표명되고 있었다는 사례는 이뿐만이 아니다. 당시 독립협회가 정부와 함께 개최한 관민공동회에서 발표한 「헌의6조」를 살펴보면 제3조에 "예산과 결산은 국민에게 공표할 일"이라고 명시하고 있는 것을 확인할 수 있다. 이것은 오늘날의 재정운용의 기본원칙으로 여겨지는 예산공개의 원칙과 정확하게 일치하는 것으로 국민과 함께 협의하여 정치를 하여야 한다는 공화주의 원리를 보여주고 있다.

① 만민공동회는 전제 정부의 법적 제한에 맞서 국민의 정치 참여를 쟁취하고자 했다.
② 한반도에서 예산공개의 원칙은 19세기 후반 관민공동회에서 처음으로 표명되었다.
③ 예산과 결산이라는 용어는 관민공동회가 열렸던 19세기 후반에 이미 소개되어 있었다.
④ 만민공동회를 통해 대한민국 헌법에 공화제적 원리를 포함시키는 것이 결정되었다.
⑤ 한반도에서 공화제적 원리는 이미 19세기 후반부터 담론 및 실천의 차원에서 표명되고 있었다.

123

기출 18' 5급㉻-나 | 난이도 ●●●

다음 글에서 알 수 있는 것은?

'인간'이란 말의 의미는 '호모 속(屬)에 속하는 동물'이고, 호모 속에는 사피엔스 외에도 여타의 종(種)이 존재했다. 불을 가졌던 사피엔스는 선조들에 비해 치아와 턱이 작았고 뇌의 크기는 우리와 비슷한 수준이었다. 사피엔스는 7만 년 전 아라비아 반도로 퍼져나갔고, 이후 다른 지역으로 급속히 퍼져나가 번성했다. 기술과 사회성이 뛰어난 사피엔스는 이미 그 지역에 정착해 있었던 다른 종의 인간들을 멸종시키기 시작하였다.

사피엔스의 확산은 인지혁명 덕분이었다. 이 혁명은 약 7만 년 전부터 3만 년 전 사이에 출현한 사고방식의 변화와 의사소통 방식의 변화를 가리킨다. 이와 같은 변화의 중심에는 그들의 언어가 있었다. 그렇다면, 사피엔스의 언어에 어떤 특별한 점이 있었기에 그들이 세계를 정복할 수 있었을까?

사피엔스는 제한된 개수의 소리와 기호를 연결해 각기 다른 의미를 지닌 무한한 개수의 문장을 만들 수 있었다. 곧 그들의 언어는 유연성을 지녔다. 이로써 그들은 자기 주변 환경에 대한 막대한 양의 정보를 공유할 수 있었다. 사피엔스가 다른 종의 인간들을 내몰 수 있었던 까닭이 공유된 정보의 양 때문이었다는 이론이 널리 알려져 있기는 하다. 그러나 공유된 정보의 양이 성공의 직접적 원인은 아니라는 이론 또한 존재한다. 이에 따르면 사피엔스가 세계를 정복할 수 있었던 원인은 오히려 그들의 언어가 사회적 협력을 다른 언어보다 더 원활하게 해주었다는 데 있다. 사피엔스는 주변 환경에 대한 담화를 할 수 있었을 뿐 아니라 다른 사회 구성원에 대한 담화도 할 수 있었다. 그런 담화는 상호 간의 관계를 더욱 긴밀하게 했고 협력을 증진시켰다. 작은 무리의 사피엔스는 이렇게 더욱 긴밀한 협력 관계를 유지할 수 있었다.

위의 두 이론, 곧 유연성 이론과 담화 이론은 사피엔스의 정복을 부분적으로는 설명해 줄 수 있을 것이다. 하지만 그 직접적 원인은 그들이 사용한 언어만이 존재하지도 않는 것에 대한 정보를 공유할 수 있게끔 해주었다는 데 있다. 직접 보거나 만지거나 냄새 맡지 못한 것에 대해 이야기할 수 있었던 존재는 사피엔스뿐이었다. 그들이 지닌 언어의 이와 같은 특성 때문에 사피엔스는 개인적인 상상을 집단적으로 공유할 수 있게 되었으며 공통의 신화들을 짜낼 수 있었다. 그 덕분에 그들의 사회는 서로 모르는 구성원들 사이에서도 협력 관계를 유지하고 복잡한 거대 사회로 발전될 수 있었다.

① 사피엔스의 뇌 크기는 인지혁명 이후에야 현재 인류의 그것과 비슷해졌다.
② 유연성 이론과 담화 이론에 따르면 공유한 정보의 양이 사피엔스 성공의 직접적 원인이었다.
③ 사피엔스가 다른 인간 종을 몰아내기 시작한 것은 그들이 이주를 시도한 때부터 약 4만 년 후였다.
④ 담화 이론에 따르면, 자기 주변 환경에 대한 정보가 사회 구성원들에 대한 정보보다 사피엔스에게 더 중요하였다.
⑤ 사피엔스가 다른 인간 종을 멸종시킬 수 있었던 원인은 상상이나 신화와 같은 허구를 사회적으로 공유할 수 있는 능력에 있었다.

124

기출 20' 5급㉤-가 | 난이도 ●●●

다음 글에 대한 분석으로 적절한 것만을 〈보기〉에서 모두 고르면?

갑: 우리는 예전에 몰랐던 많은 과학 지식을 가지고 있다. 예를 들어, 과거에는 물이 산소와 수소로 구성된다는 것을 몰랐지만 현재는 그 사실을 알고 있다. 과거에는 어떤 기준 좌표에서 관찰하더라도 빛의 속도가 일정하다는 것을 몰랐지만 현재의 우리는 그 사실을 알고 있다. 이처럼 우리가 알게 된 과학 지식의 수는 누적적으로 증가하고 있으며, 이 점에서 과학은 성장한다고 말할 수 있다.

을: 과학의 역사에서 과거에 과학 지식이었던 것이 더 이상 과학 지식이 아닌 것으로 판정된 사례는 많다. 예를 들어, 과거에 우리는 플로지스톤 이론이 옳다고 생각했지만 현재 그 이론이 옳다고 생각하는 사람은 아무도 없다. 이런 점에서 과학 지식의 수는 누적적으로 증가하고 있지 않다.

병: 그렇다고 해서 과학이 성장한다고 말할 수 없는 것은 아니다. 과학에서 해결해야 할 문제들은 정해져 있으며, 그 중 해결된 문제의 수는 증가하고 있다. 예를 들어 과거의 뉴턴 역학은 수성의 근일점 이동을 정확하게 예측할 수 없었지만 현재의 상대성 이론은 정확하게 예측할 수 있다. 따라서 해결된 문제의 수가 증가하고 있다는 이유에서 과학은 성장한다고 말할 수 있다.

정: 그렇게 말할 수 없다. 우리가 어떤 과학 이론을 받아들이냐에 따라서 해결해야 할 문제가 달라지고, 해결된 문제의 수가 증가했는지 판단할 수도 없기 때문이다. 서로 다른 이론을 받아들이는 사람들이 해결한 문제의 수는 서로 비교할 수 없다.

• 보기 •

ㄱ. 갑과 병은 모두 과학의 성장 여부를 평가할 수 있는 어떤 기준이 있다는 것을 인정한다.
ㄴ. 을은 과학 지식의 수가 실제로 누적적으로 증가하지 않는다는 이유로 갑을 비판한다.
ㄷ. 정은 과학의 성장 여부를 말할 수 있는 근거의 진위를 판단할 수 없다는 점을 들어 병을 비판한다.

① ㄱ ② ㄷ ③ ㄱ, ㄴ
④ ㄴ, ㄷ ⑤ ㄱ, ㄴ, ㄷ

125

기출 13' 5급㉤[상황판단]-인 난이도 ●●○

다음 글을 근거로 판단할 때, A ~ E 중 유통이력 신고의무가 있는 사람은?

甲국의 유통이력관리제도는 사회안전 및 국민보건을 위해 관세청장이 지정하는 수입물품(이하 "지정물품"이라 한다)에 대해 유통단계별 물품 거래내역(이하 "유통이력"이라 한다)을 추적·관리하는 제도이다. 유통이력에 대한 신고의무가 있는 사람은 수입자와 유통업자이며, 이들이 지정물품을 양도(판매, 재판매 등)한 경우 유통이력을 관세청장에게 신고하여야 한다. 지정물품의 유통이력 신고의무는 아래 〈표〉의 시행일자부터 발생한다.

- 수입자: 지정물품을 수입하여 세관에 신고하는 자
- 유통업자: 수입자로부터 지정물품을 양도받아 소매업자 또는 최종소비자에게 양도하는 자(도매상 등)
- 소매업자: 지정물품을 최종소비자에게 판매하는 자
- 최종소비자: 지정물품의 형체를 변형해서 사용하는 자를 포함하는 최종단계 소비자(개인, 식당, 제조공장 등)

〈표〉 유통이력신고 대상물품

시행일자	지정물품
2009.8.1.	공업용 천일염, 냉동복어, 안경테
2010.2.1.	황기, 백삼, 냉동고추, 뱀장어, 선글라스
2010.8.1.	구기자, 당귀, 곶감, 냉동송어, 냉동조기
2011.3.1.	건고추, 향어, 활낙지, 지황, 천궁, 설탕
2012.5.1.	산수유, 오미자
2013.2.1.	냉동옥돔, 작약, 황금

※ 위의 〈표〉에서 제시되지 않은 물품은 신고의무가 없는 것으로 간주한다.

① 수입한 선글라스를 2009년 10월 안경전문점에 판매한 안경테 도매상 A
② 당귀를 수입하여 2010년 5월 동네 한약방에 판매한 한약재 전문 수입자 B
③ 구기자를 수입하여 2012년 2월 건강음료 제조공장에 판매한 식품 수입자 C
④ 도매상으로부터 수입 냉동복어를 구입하여 만든 매운탕을 2011년 1월 소비자에게 판매한 음식점 주인 D
⑤ 수입자로부터 냉동옥돔을 구입하여 2012년 8월 음식점에 양도한 도매상 E

126

기출 15' 5급㉤-인 난이도 ●●○

다음 글의 A와 B의 견해에 대한 평가로 올바른 것만을 〈보기〉에서 모두 고르면?

여성의 사회 활동이 활발한 편에 속하는 미국에서조차 공과대학에서 여학생이 차지하는 비율은 20 %를 넘지 않는다. 독일 대학의 경우도 전기 공학이나 기계 공학 분야의 여학생 비율이 2.3 %를 넘지 않는다. 우리나라 역시 공과대학의 여학생 비율은 15 %를 밑돌고 있고, 여교수의 비율도 매우 낮다.

여성주의자들 중 A는 기술에 각인된 '남성성'을 강조함으로써 이 현상을 설명하려고 한다. 그에 따르면, 지금까지의 기술은 자연과 여성에 대한 지배와 통제를 끊임없이 추구해 온 남성들의 속성이 반영된, 본질적으로 남성적인 것이다. 이에 반해 여성은 타고난 출산 기능 때문에 자연에 적대적일 수 없고 자연과 조화를 추구한다고 한다. 남성성은 공격적인 태도로 자연을 지배하려 하지만, 여성성은 순응적인 태도로 자연과 조화를 이루려한다. 때문에 여성성은 자연을 지배하는 기술과 대립할 수밖에 없다. 이에 따라 A는 여성성에 바탕을 둔 기술을 적극적으로 개발해야만 비로소 여성과 기술의 조화가 가능해진다고 주장한다.

다른 여성주의자 B는 여성성과 남성성 사이에 근본적인 차이가 존재하지 않는다고 주장한다. 그는 여성에게 주입된 성별 분업 이데올로기와 불평등한 사회 제도에 의해 여성의 능력이 억눌리고 있다고 생각한다. 그에 따르면, 여성은 '기술은 남성의 것'이라는 이데올로기를 어릴 적부터 주입받게 되어 결국 기술 분야 진출을 거의 고려하지 않게 된다. 설령 소수의 여성이 기술 분야에 어렵게 진출하더라도 남성에게 유리한 각종 제도의 벽에 부딪치면서 자신의 능력을 사장시키게 된다. 이에 따라 B는 여성과 기술의 관계에 대한 인식을 제고하는 교육을 강화하고 여성의 기술 분야 진출과 승진을 용이하게 하는 제도적 장치를 마련해야 한다고 주장한다. 그래야만 기술 분야에서 여성이 겪는 소외를 극복하고 여성이 자기 능력을 충분히 발휘할 수 있는 여건이 만들어질 수 있다고 보기 때문이다.

• 보기 •

ㄱ. A에 따르면 여성과 기술의 조화를 위해서는 자연과 조화를 추구하는 기술을 개발해야 한다.
ㄴ. B에 따르면 여성이 남성보다 기술 분야에 많이 참여하지 않는 것은 신체적인 한계 때문이다.
ㄷ. A와 B에 따르면 한 사람은 남성성과 여성성을 동시에 갖고 있다.

① ㄱ ② ㄴ ③ ㄱ, ㄷ
④ ㄴ, ㄷ ⑤ ㄱ, ㄴ, ㄷ

127

기출 15' 5급(민)-인 난이도 ●○○

다음 글의 내용과 부합하지 않는 것은?

정보화로 인해 폭발적으로 늘어난 큰 규모의 정보를 활용하는 빅데이터 분석이 샘플링과 설문조사 전문가들의 작업을 대체하고 있다. 이제 연구에 필요한 정보는 사람들이 평소대로 행동하는 동안 자동적으로 수집된다. 그 결과 샘플링과 설문지 사용에서 기인하는 편향이 사라졌다. 또한 휴대전화 통화정보로 드러나는 인맥이나 트위터를 통해 알 수 있는 사람들의 정서처럼 전에는 수집이 불가능했던 정보의 수집이 가능해졌다. 그리고 가장 중요한 점은 샘플을 추출해야 할 필요성이 사라졌다는 사실이다.

네트워크 이론에 관한 세계적인 권위자 바라바시는 전체 인구의 규모에서 사람들 간의 소통을 연구하고 싶었다. 그래서 유럽의 한 국가 전체 인구의 1/5을 고객으로 하고 있는 무선통신 사업자로부터 4개월 치의 휴대전화 통화내역을 제공받아 네트워크 분석을 행하였다. 그렇게 큰 규모로 통화기록을 분석하자 다른 방식으로는 결코 밝혀낼 수 없었을 사실을 알아냈다.

흥미롭게도 그가 발견한 사실은 더 작은 규모의 연구 결과들과 상반된 것이었다. 그는 한 커뮤니티 내에서 링크를 많이 가진 사람을 네트워크로부터 제거하면 네트워크의 질은 저하되지만, 기능이 상실되는 수준은 아님을 발견하였다. 반면 커뮤니티 외부와 링크를 많이 가진 사람을 네트워크에서 제거하면 갑자기 네트워크가 와해되어 버렸다. 구조가 허물어지는 것처럼 말이다. 이것은 기존 연구를 통해서는 예상할 수 없었던 중요한 결과였다. 네트워크 구조의 안정성이라는 측면에서 봤을 때, 친한 친구를 많이 가진 사람보다 친하지 않은 사람들과 연락을 많이 하는 사람이 훨씬 더 중요할 거라고 누가 생각이나 해보았겠는가? 이것은 사회나 그룹 내에서 중요한 것이 동질성보다는 다양성일 수 있다는 점을 시사한다.

사실 기존의 통계학적 샘플링은 만들어진 지 채 100년도 되지 않는 통계 기법으로서 기술적 제약이 있던 시대에 개발된 것이다. 이제 더 이상 그런 제약들은 그때와 같은 정도로 존재하지는 않는다. 빅데이터 시대에 무작위 샘플을 찾는 것은 자동차 시대에 말채찍을 드는 것과 같다. 특정한 경우에는 여전히 샘플링을 사용할 수 있겠지만 더 이상 샘플링이 사회현상 분석의 주된 방법일 수는 없다. 우리는 이제 샘플이 아닌 전체를 분석할 수 있게 되었기 때문이다.

① 빅데이터 분석이 설문조사 전문가들의 작업을 대체하고 있다.
② 샘플링 기법은 현재보다 기술적 제약이 컸던 시대의 산물이다.
③ 샘플링이나 설문지를 사용하는 연구의 경우에는 어느 정도의 편향이 발생한다.
④ 빅데이터 시대에 샘플링은 더 이상 사회현상 연구의 주된 방법으로 간주되지 않게 되었다.
⑤ 바라바시의 연구에 의하면 커뮤니티 외부와 링크를 많이 가진 사람을 네트워크에서 제거해도 네트워크가 와해되지는 않는다.

128

기출 18' 5급(행)-나 난이도 ●○○

다음 글에서 알 수 있는 것은?

오스만 제국은 정복 지역민의 개종을 통한 통치보다 정복되기 이전의 사회, 경제적 지배 체제를 이용한 통치를 선호하였다. 정복 지역의 기존 세력이 경제적 기반을 유지할 수 있도록 허용하였고, 종교 자치구도 인정하였던 한편, 정복 지역의 인재를 제국의 엘리트로 영입하기 위한 교육 제도 또한 운영하였다. 이와 같은 정책의 실행이 정복 지역에 대한 제국의 안정적 지배에 크게 기여하였다.

제국의 경작지와 목축용 토지는 사원에 대한 기부 토지인 와크프의 경우를 제외하고는 전적으로 술탄의 개인 재산이었다. 그러나 제국의 영토가 정복에 의해 확장되면서 이와 같은 토지 정책은 유지될 수 없었다. 티마르는 술탄이 정복지 토착 귀족이나 토후에게 하사했던 토지이다. 이는 중세 유럽의 봉건 영지와 유사한 것으로 잘못 비교되기도 한다. 티마르 영지를 분배받은 이들은 그로부터 세금을 거둘 권리를 갖기는 했지만 유럽의 중세 영주와는 달리 사법권을 갖지는 못했다.

밀레트는 종교, 문화적 자유가 인정된 종교 자치구인데, 해당 자치구 내에서는 전통적인 공동체의 유지와 그에 입각한 교육도 허용되었다. 콘스탄티노플의 대주교를 총대주교로 하는 정교회 교구가 그 중 하나였다. 총대주교는 정교회의 행동에 대한 모든 책임까지 져야 하는 행정 관리이기도 하였다. 한편, 오스만 제국은 기독교 신자 등 비이슬람 교도 관리를 위해 종교 자치구를 인정했지만, 개별 민족을 위한 자치구까지 허용하지는 않았다. 오스만 제국의 정복 지역에서는 여러 민족들이 서로를 차별하는 현상이 빈번했다. 그러나 이러한 현상이 제국의 종교 자치구 정책 시행 때문에 생겨난 것인가의 여부는 판단하기 어렵다.

데브쉬르메는 지역의 인재를 제국의 엘리트로 양성하여 그들이 차출된 지역으로 다시 파견하거나 또는 그들을 제국의 중앙관리로 영입하는 인사 제도였다. 그러나 이 제도는 실상 남자 어린이 징용제도와도 같았다. 각 가정의 장남을 6, 7세 때 개종과 제국 중심의 교육을 위해 콘스탄티노플이나 아나톨리아 등의 중심도시로 끌고 갔다. 제국은 이 제도로 매년 1천 ~ 3천 명의 새로운 전사나 충성스런 관리를 충원해 나갈 수 있었다. 데브쉬르메 제도에서 교육받은 이들은 자신이 제국의 엘리트라는 의식이 강했고 종교적으로는 이슬람으로 무장되어 있었다.

① 콘스탄티노플의 대주교는 종교 자치구의 행정 관리로서 역할을 하였다.
② 밀레트는 종교 자치구로 민족끼리의 상호 차별을 예방하기 위한 것이었다.
③ 데브쉬르메 제도는 징용된 어린이를 볼모로 삼아 정복 지역의 반란을 예방하기 위한 수단이 되었다.
④ 티마르 영지를 분배받은 이들의 영지에 대한 권리는 중세 봉건 영지에 대한 영주의 권리와 동일하였다.
⑤ 오스만 제국의 통치 정책은 정복지에 형성되었던 기존의 종교적, 사회적, 경제적 질서를 더욱 견고하게 유지하기 위한 것이었다.

129

기출 19' 5급㉦-나 | 난이도 ●●●

다음 글의 문맥상 (가) ~ (마)에 들어갈 내용으로 적절하지 않은 것은?

'방언(方言)'이라는 용어는 표준어와 대립되는 개념으로 사용될 수 있다. 이때 방언이란 '교양 있는 사람들이 두루 쓰는 현대 서울말'로서의 표준어가 아닌 말, 즉 비표준어라는 뜻을 갖는다. 가령 [(가)] 는 생각에는 방언을 비표준어로서 낮잡아 보는 인식이 담겨 있다. 이러한 개념으로서의 방언은 '사투리'라는 용어로 바뀌어 쓰이는 수가 많다. '충청도 사투리', '평안도 사투리'라고 할 때의 사투리는 대개 이러한 개념으로 쓰이는 경우이다. 이때의 방언이나 사투리는, 말하자면 표준어인 서울말이 아닌 어느 지역의 말을 가리키거나, 더 나아가 [(나)] 을 일컫는다. 이러한 용법에는 방언이 표준어보다 열등하다는 오해와 편견이 포함되어 있다. 여기에는 표준어보다 못하다거나 세련되지 못하고 규칙에 엄격하지 않다와 같은 부정적 평가가 담겨 있는 것이다. 그런가 하면 사투리는 한 지역의 언어 체계 전반을 뜻하기보다 그 지역의 말 가운데 표준어에는 없는, 그 지역 특유의 언어 요소만을 일컫기도 한다. [(다)] 고 할 때의 사투리가 그러한 경우에 해당된다.

언어학에서의 방언은 한 언어를 형성하고 있는 하위 단위로서의 언어 체계 전부를 일컫는 말로 사용된다. 가령 한국어를 예로 들면 한국어를 이루고 있는 각 지역의 말 하나하나, 즉 그 지역의 언어 체계 전부를 방언이라 한다. 서울말은 이 경우 표준어이면서 한국어의 한 방언이다. 그리고 나머지 지역의 방언들은 [(라)]. 이러한 의미에서의 '충청도 방언'은, 충청도에서만 쓰이는, 표준어에도 없고 다른 도의 말에도 없는 충청도 특유의 언어 요소만을 가리키는 것이 아니다. '충청도 방언'은 충청도의 토박이들이 전래적으로 써 온 한국어 전부를 가리킨다. 이 점에서 한국어는 [(마)].

① (가): 바른말을 써야 하는 아나운서가 방언을 써서는 안 된다
② (나): 표준어가 아닌, 세련되지 못하고 격을 갖추지 못한 말
③ (다): 사투리를 많이 쓰는 사람과는 의사소통이 어렵다
④ (라): 한국어라는 한 언어의 하위 단위이기 때문에 방언이다
⑤ (마): 표준어와 지역 방언의 공통부분을 지칭하는 개념이다

130

기출 12' 5급㉦[상황판단]-인 | 난이도 ●●○

다음 글에 근거할 때, 〈보기〉의 甲, 乙 각각의 부양가족 수가 바르게 연결된 것은? (단, 위 각 세대 모든 구성원은 주민등록표상 같은 주소에 등재되어 있고 현실적으로 생계를 같이하고 있다.)

부양가족이란 주민등록표상 부양의무자와 세대를 같이하는 사람으로서 해당 부양의무자의 주소에서 현실적으로 생계를 같이하는 다음 중 어느 하나에 해당하는 사람을 말한다.

1. 배우자
2. 본인 및 배우자의 60세(여성인 경우에는 55세) 이상의 직계존속과 60세 미만의 직계존속 중 장애의 정도가 심한 사람
3. 본인 및 배우자의 20세 미만의 직계비속과 20세 이상의 직계비속 중 장애의 정도가 심한 사람
4. 본인 및 배우자의 형제자매 중 장애의 정도가 심한 사람

※ '장애의 정도가 심한 사람'이란 다음 중 어느 하나에 해당하는 사람을 말한다.
가. 장애등급 제1급부터 제6급까지
나. 상이등급 제1급부터 제7급까지
다. 장해등급 제1급부터 제6급까지

보기

ㄱ. 부양의무자 甲은 배우자, 75세 아버지, 15세 자녀 1명, 20세 자녀 1명, 장애 6급을 가진 39세 처제 1명과 함께 살고 있다.
ㄴ. 부양의무자 乙은 배우자, 58세 장인과 56세 장모, 16세 조카 1명, 18세 동생 1명과 함께 살고 있다.

	甲	乙
①	4명	2명
②	4명	3명
③	5명	2명
④	5명	3명
⑤	5명	4명

131

기출 15' 5급[민]-인 난이도 ●○○

다음 A ~ C의 주장에 대한 평가로 적절한 것만을 〈보기〉에서 모두 고르면?

A : 정당에 대한 충성도와 공헌도를 공직자 임용 기준으로 삼아야 한다. 이는 전쟁에서 전리품은 승자에게 속한다는 국제법의 규정에 비유할 수 있다. 즉 주기적으로 실시되는 대통령 선거에서 승리한 정당이 공직자 임용의 권한을 가져야 한다. 이러한 임용 방식은 공무원에 대한 정치 지도자의 지배력을 강화시켜 지도자가 구상한 정책 실현을 용이하게 할 수 있다.

B : 공직자 임용 기준은 개인의 능력·자격·적성에 두어야 하며 공개경쟁 시험을 통해 공무원을 선발하는 것이 좋다. 그러면 신규 채용 과정에서 공개와 경쟁의 원칙이 준수되기 때문에 정실 개입의 여지가 줄어든다. 공개경쟁 시험은 무엇보다 공직자 임용에서 기회균등을 보장하여 우수한 인재를 임용함으로써 행정의 능률을 높일 수 있고 공무원의 정치적 중립을 통하여 행정의 공정성이 확보될 수 있다는 장점을 가지고 있다. 또한 공무원의 신분보장으로 행정의 연속성과 직업적 안정성도 강화될 수 있다.

C : 사회를 구성하는 모든 지역 및 계층으로부터 인구 비례에 따라 공무원을 선발하고, 그들을 정부 조직 내의 각 직급에 비례적으로 배치함으로써 정부 조직이 사회의 모든 지역과 계층에 가능한 한 공평하게 대응하도록 구성되어야 한다. 공무원들은 가치중립적인 존재가 아니다. 그들은 자신의 출신 집단의 영향을 받은 가치관과 신념을 가지고 정책 결정과 정책 집행에 깊숙이 개입하고 있으며, 이 과정에서 자신의 견해나 가치를 반영하고자 노력한다.

보기

ㄱ. 공직자 임용의 정치적 중립성을 보장할 필요성이 대두된다면, A의 주장은 설득력을 얻는다.

ㄴ. 공직자 임용과정의 공정성을 높일 필요성이 부각된다면, B의 주장은 설득력을 얻는다.

ㄷ. 인구의 절반을 차지하는 비수도권 출신 공무원의 비율이 1/4에 그쳐 지역 편향성을 완화할 필요성이 제기된다면, C의 주장은 설득력을 얻는다.

① ㄱ ② ㄴ ③ ㄷ
④ ㄱ, ㄷ ⑤ ㄴ, ㄷ

132

기출 15' 5급[민]-인 난이도 ●○○

다음 글의 결론을 지지하지 않는 것은?

지구와 태양 사이의 거리와 지구가 태양 주위를 도는 방식은 인간의 생존에 유리한 여러 특징을 지니고 있다. 인간을 비롯한 생명이 생존하려면 행성은 액체 상태의 물을 포함하면서 너무 뜨겁거나 차갑지 않아야 한다. 이를 위해 행성은 태양과 같은 별에서 적당히 떨어져 있어야 한다. 이 적당한 영역을 '골디락스 영역'이라고 한다. 또한 지구가 태양의 중력장 주위를 도는 타원 궤도는 충분히 원에 가깝다. 따라서 연중 태양에서 오는 열에너지가 비교적 일정하게 유지될 수 있다. 만약 태양과의 거리가 일정하지 않았다면 지구는 여름에는 바다가 모두 끓어 넘치고 겨울에는 거대한 얼음 덩어리가 되는 불모의 행성이었을 것이다.

우리 우주에 작용하는 근본적인 힘의 세기나 물리법칙도 인간을 비롯한 생명의 탄생에 유리하도록 미세하게 조정되어 있다. 예를 들어 근본적인 힘인 강한 핵력이나 전기력의 크기가 현재 값에서 조금만 달랐다면, 별의 내부에서 탄소처럼 무거운 원소는 만들어질 수 없었고 행성도 만들어질 수 없었을 것이다. 최근 들어 물리학자들은 이들 힘을 지배하는 법칙이 현재와 다르다면 우주는 구체적으로 어떤 모습이 될지 컴퓨터 모형으로 계산했다. 그 결과를 보면 강한 핵력의 강도가 겨우 0.5 % 다르거나 전기력의 강도가 겨우 4 % 다를 경우에도 탄소나 산소는 우주에서 합성되지 않는다. 따라서 생명 탄생의 가능성도 사라진다. 결국 강한 핵력이나 전기력을 지배하는 법칙들을 조금이라도 건드리면 우리가 존재할 가능성은 사라지는 것이다.

결론적으로 지구 주위 환경뿐만 아니라 보편적 자연법칙까지도 인류와 같은 생명이 진화해 살아가기에 알맞은 범위 안에 제한되어 있다고 할 수 있다. 만일 그러한 제한이 없었다면 태양계나 지구가 탄생할 수 없었을 뿐만 아니라 생명 또한 진화할 수 없었을 것이다. 우리가 아는 행성이나 생명이 탄생할 가능성을 열어두면서 물리법칙을 변경할 수 있는 폭은 매우 좁다.

① 탄소가 없는 상황에서도 생명은 자연적으로 진화할 수 있다.
② 중력법칙이 현재와 조금만 달라도 지구는 태양으로 빨려 들어간다.
③ 원자핵의 질량이 현재보다 조금 더 크다면 우리 몸을 이루는 원소는 합성되지 않는다.
④ 별 주위의 '골디락스 영역'에 행성이 위치할 확률은 매우 낮지만 지구는 그 영역에 위치한다.
⑤ 핵력의 강도가 현재와 약간만 달라도 별의 내부에서 무거운 원소가 거의 전부 사라진다.

133

기출 18' 5급[행]-나 난이도 ●●●

다음 글의 내용과 부합하지 않는 것은?

1890년 독점 및 거래제한 행위에 대한 규제를 명시한 셔먼법이 제정됐다. 셔먼은 반독점법 제정이 소비자의 이익 보호와 함께 소생산자들의 탈집중화된 경제 보호라는 목적이 있다는 점을 강조했다. 그는 독점적 기업결합 집단인 트러스트가 독점을 통한 인위적인 가격 상승으로 소비자를 기만한다고 보았다. 더 나아가 트러스트가 사적 권력을 강화해 민주주의에 위협이 된다고 비판했다. 이런 비판의 사상적 배경이 된 것은 시민 자치를 중시하는 공화주의 전통이었다.

이후 반독점 운동에서 브랜다이스가 영향력 있는 인물로 부상했다. 그는 독점 규제를 통해 소비자의 이익이 아니라 독립적 소생산자의 경제를 보호하고자 했다. 반독점법의 취지는 거대한 경제 권력의 영향으로부터 독립적 소생산자들을 보호함으로써 자치를 지켜내는 데 있다는 것이다. 이런 생각에는 공화주의 전통이 반영되어 있었다. 브랜다이스는 거대한 트러스트에 집중된 부와 권력이 시민 자치를 위협한다고 보았다. 이 점에서 그는 반독점법이 소생산자의 이익 자체를 도모하는 것보다는 경제와 권력의 집중을 막는 데 초점을 맞추어야 한다고 주장했다.

반독점법이 강력하게 집행된 것은 1930년대 후반에 이르러서였다. 1938년 아놀드가 법무부 반독점국의 책임자로 임명되었다. 아놀드는 소생산자의 자치와 탈집중화된 경제의 보호가 대량 생산 시대에 맞지 않는 감상적인 생각이라고 치부하고, 시민 자치권을 근거로 하는 반독점 주장을 거부했다. 그는 독점 규제의 목적이 권력 집중에 대한 싸움이 아니라 경제적 효율성의 향상에 맞춰져야 한다고 주장했다. 독점 규제를 통해 생산과 분배의 효율성을 증가시키고 그 혜택을 소비자에게 돌려주는 것이 핵심 문제라는 것이다. 이 점에서 반독점법의 목적이 소비자 가격을 낮춰 소비자 복지를 증진시키는 데 있다고 본 것이다. 그는 사람들이 반독점법을 지지하는 이유도 대기업에 대한 반감이나 분노 때문이 아니라, '돼지갈비, 빵, 안경, 약, 배관공사 등의 가격'에 대한 관심 때문이라고 강조했다. 이 시기 아놀드의 견해가 널리 받아들여진 것도 소비자 복지에 대한 당시 사람들의 관심사를 반영했기 때문으로 볼 수 있다. 이런 점에서 소비자 복지에 근거한 반독점 정책은 안정된 법적, 정치적 제도로서의 지위를 갖게 되었다.

① 셔먼과 브랜다이스의 견해는 공화주의 전통에 기반을 두고 있었다.
② 아놀드는 독점 규제의 목적에 대한 브랜다이스의 견해에 비판적이었다.
③ 셔먼과 아놀드는 소비자 이익을 보호한다는 점에서 반독점법을 지지했다.
④ 반독점 주장의 주된 근거는 1930년대 후반 시민 자치권에서 소비자 복지로 옮겨 갔다.
⑤ 브랜다이스는 독립적 소생산자와 소비자의 이익을 보호하여 시민 자치를 지키고자 했다.

134

기출 19' 5급[민]-나 난이도 ●●●

다음 글에서 알 수 있는 것은?

1996년 미국, EU 및 캐나다는 일본에서 위스키의 주세율이 소주에 비해 지나치게 높다는 이유로 일본을 WTO에 제소했다. WTO 패널은 제소국인 미국, EU 및 캐나다의 손을 들어주었다. 이 판정을 근거로 미국과 EU는 한국에 대해서도 소주와 위스키의 주세율을 조정해줄 것을 요구했는데, 받아들여지지 않자 한국을 WTO에 제소했다. 당시 소주의 주세율은 증류식이 50 %, 희석식이 35 %였는데, 위스키의 주세율은 100 %로 소주에 비해 크게 높았다. 한국에 위스키 원액을 수출하던 EU는 1997년 4월에 한국을 제소했고, 5월에는 미국도 한국을 제소했다. 패널은 1998년 7월에 한국의 패소를 결정했다.

패널의 판정은, 소주와 위스키가 직접적인 경쟁 관계에 있고 동시에 대체 관계가 존재하므로 국산품인 소주에 비해 수입품인 위스키에 높은 주세율을 적용하고 있는 한국의 주세 제도가 WTO 협정의 내국민대우 조항에 위배된다는 것이었다. 그리고 3개월 후 한국이 패널의 판정에 대해 상소했으나 상소 기구에서 패널의 판정이 그대로 인정되었다. 따라서 한국은 소주와 위스키 간 주세율의 차이를 해소해야 했는데, 그 방안은 위스키의 주세를 낮추거나 소주의 주세를 올리는 것이었다. 당시 어느 것이 옳은가에 대한 논쟁이 적지 않았다. 결국 소주의 주세율은 올리고 위스키의 주세율은 내려서, 똑같이 72 %로 맞추는 방식으로 2000년 1월 주세법을 개정하여 차이를 해소했다.

① WTO 협정에 따르면, 제품 간 대체 관계가 존재하면 세율이 같아야 한다.
② 2000년 주세법 개정 결과 희석식 소주가 증류식 소주보다 주세율 상승폭이 컸다.
③ 2000년 주세법 개정 이후 소주와 위스키의 세금 총액은 개정 전에 비해 증가하였다.
④ 미국, EU 및 캐나다는 일본과의 WTO 분쟁 판정 결과를 근거로 한국에서도 주세율을 조정하고자 했다.
⑤ 한국의 소주와 위스키의 주세율을 일본과 동일하게 하라는 권고가 WTO 패널의 판정에 포함되어 있다.

135

기출 11' 5급㉠[상황판단]-간 난이도 ●●○

다음 글에 부합하는 것은?

> 녹색성장에서 중요시되고 있는 것은 신재생에너지 분야이다. 유망 산업으로 주목받고 있는 신재생에너지 분야는 국가의 성장동력으로 집중 육성될 필요가 있다. 우리 정부가 2030년까지 전체 에너지 중 신재생에너지의 비율을 11 %로 확대하려는 것은 탄소배출량 감축과 성장동력 육성이라는 두 마리 토끼를 잡기 위한 전략이다. 우리나라에서 신재생에너지란 수소, 연료전지, 석탄 가스화 복합발전 등의 신에너지와 태양열, 태양광, 풍력, 바이오, 수력, 지열, 폐기물 등의 재생가능에너지를 통칭해 부르는 용어이다. 2007년을 기준으로 신재생에너지의 구성비를 살펴보면 폐기물이 77 %, 수력이 14 %, 바이오가 6.6 %, 풍력이 1.4 %, 기타가 1 %이었으며, 이들 신재생에너지가 전체 에너지에서 차지하는 비율은 2.4 %에 불과했다.
>
> 따라서 정부는 '에너지 및 자원 사업 특별회계'와 '전력 기금'으로 신재생에너지 기술개발 지원사업을 확대할 필요가 있다. 특히 산업파급효과가 큰 태양광, 연료전지, 풍력 분야에 대한 국산화 지원과 더불어 예산 대비 보급효과가 큰 바이오 연료, 폐기물 연료 분야에 대한 지원을 강화하기 위한 정책도 개발되어야 한다. 이러한 지원정책과 함께 정부는 신재생에너지의 공급을 위한 다양한 규제정책도 도입해야 할 것이다.

① 환경보전을 위해 경제성장을 제한하고 삶의 질을 높여야 한다.

② 신에너지가 전체 에너지에서 차지하는 비율은 재생가능에너지보다 크다.

③ 2007년을 기준으로 폐기물을 이용한 에너지가 전체 에너지에서 차지하는 비율은 매우 낮다.

④ 정부는 녹색성장을 위해 규제정책을 포기하고 시장친화 정책을 도입해야 한다.

⑤ 산업파급효과가 큰 에너지 분야보다 예산 대비 보급효과가 큰 에너지 분야에 대한 지원이 시급하다.

Day 9 Self Check List

	오답 수	무응답 수	풀이시간(분)
1회독	/ 15	/ 15	/ 30(분)
2회독	/ 15	/ 15	/ 25(분)
3회독	/ 15	/ 15	/ 15(분)

정답 및 해설 376p

독끝 10일차 (136~150)

*아래 회독수 별 권장 풀이 시간에 맞춰 풀이 후, 끝쪽의 Self Check List를 기입하여 부족한 부분을 파악하세요!

권장 풀이 시간

1회독 30 min 2회독 25 min 3회독 15 min

본 문항은 PSAT 언어논리 영역 기출 문항으로 구성되며, 기출 표기에 따른 시험 종류는 아래와 같습니다.(표기 상 맨 끝은 '책형' 입니다.)
[민] - 민간경력자 일괄채용시험 / [행] - 공개경쟁채용시험(행정)

136

기출 14' 5급[민]-A 난이도 ●○○

다음 글에서 알 수 있는 것은?

소설과 영화는 둘 다 '이야기'를 '전달'해 주는 예술 양식이다. 그래서 역사적으로 소설과 영화는 매우 가까운 관계였다. 초기 영화들은 소설에서 이야기의 소재를 많이 차용했으며, 원작 소설을 각색하여 영화의 시나리오로 만들었다.

하지만 소설과 영화는 인물, 배경, 사건과 같은 이야기 구성 요소들을 공유하고 있다 하더라도 이야기를 전달하는 방법에 뚜렷한 차이를 보인다. 예컨대 어떤 인물의 내면 의식을 드러낼 때 소설은 문자 언어를 통해 표현하지만, 영화는 인물의 대사나 화면 밖의 목소리를 통해 전달하거나 혹은 연기자의 표정이나 행위를 통해 암시적으로 표현한다. 또한 소설과 영화의 중개자는 각각 서술자와 카메라이기에 그로 인한 서술 방식의 차이도 크다. 가령 1인칭 시점의 원작 소설과 이를 각색한 영화를 비교해 보면, 소설의 서술자 '나'의 경우 영화에서는 화면에 인물로 등장해야 하므로 이들의 서술 방식은 달라진다.

이처럼 원작 소설과 각색 영화 사이에는 이야기가 전달되는 방식에서 큰 차이가 발생한다. 소설은 시공간의 얽매임을 받지 않고 풍부한 재현이나 표현의 수단을 가지고 있지만, 영화는 모든 것을 직접적인 감각성에 의존한 영상과 음향으로 표현해야 하기 때문에 재현이 어려운 심리적 갈등이나 내면 묘사, 내적 독백 등을 소설과 다른 방식으로 나타내야 하는 것이다. 요컨대 소설과 영화는 상호 유사한 성격을 지니고 있으면서도 각자 독자적인 예술 양식으로서의 특징을 지니고 있다.

① 영화는 소설과 달리 인물의 내면 의식을 직접적으로 표현하지 못한다.
② 소설과 영화는 매체가 다르므로 두 양식의 이야기 전달 방식도 다르다.
③ 매체의 표현 방식에도 진보가 있는데 영화가 소설보다 발달된 매체이다.
④ 소설과 달리 영화는 카메라의 촬영 기술과 효과에 따라 주제가 달라진다.
⑤ 문자가 영상의 기초가 되므로 영화도 소설처럼 문자 언어적 표현 방식에 따라 화면이 구성된다.

137

기출 14' 5급[민]-A 난이도 ●○○

다음 글의 결론으로 가장 적절한 것은?

이론 P에 따르면 복지란 다른 시민의 기본권을 침해하지 않는 한, 각 시민이 갖고 있는 현재의 선호들만 만족시키는 것이다. 현재 선호만을 만족시켜야 한다고 주장하는 근거는 크게 두 가지이다. 첫째, 지금은 사라진 그 어떤 과거 선호들보다 현재의 선호가 더 강렬하다는 것이다. 둘째, 어떤 사람이 지금 선호하지 않는 것을 그에게 지금 제공하는 것은 그에게 만족의 기쁨을 주지 못한다는 사실이다. 만일 이 근거들이 약점을 갖고 있다면 우리는 이론 P를 받아들일 이유가 없다.

첫째 근거에 대해 이런 반론을 제기할 수 있다. 현재 선호와 과거 선호의 강렬함을 현재 시점에서 비교하는 것은 공정하지 않다. 시간에서 벗어나 둘을 비교한다면 현재의 선호보다 더 강렬했던 과거 선호가 있을 수 있다. 예컨대 10년 전 김 씨가 자신의 고향인 개성에 방문하기를 바랐던 것이 일생에서 가장 강렬한 선호였을 수 있다. 둘째 근거에 대해서는 이런 반론을 제기할 수 있다. 선호하는 시점과 만족하는 시점은 대부분의 경우 시간차가 존재한다. 만일 사람들의 선호가 자주 바뀐다면 그들의 현재 선호가 그것이 만족되는 시점까지 지속하리라는 보장이 없다. 이것이 사실이라면 정부가 시민의 현재 선호를 만족시키려고 노력하는 것은 낭비를 낳는다. 이처럼 현재 선호만을 만족시켜야 한다는 주장을 뒷받침하는 근거들은 허점이 많다.

① 사람들의 선호는 시간이 지남에 따라 변하기 때문에 그의 현재 선호도 만족시킬 수 없다.
② 복지를 시민의 현재 선호를 만족시키는 것으로 보는 이론은 받아들이기 어렵다.
③ 어느 선호가 더 강렬한 선호인지를 결정하는 것은 중요하지 않다.
④ 복지 문제에서 과거 선호를 만족시키는 것도 중요하다.
⑤ 복지가 무엇인지 정의하는 것은 불가능하다.

138

기출 18' 5급(행)-나 난이도 ●○○

다음 글의 논지로 가장 적절한 것은?

베블런에 의하면 사치품 사용 금기는 전근대적 계급에 기원을 두고 있다. 즉, 사치품 소비는 상류층의 지위를 드러내는 과시소비이기 때문에 피지배계층이 사치품을 소비하는 것은 상류층의 안락감이나 쾌감을 손상한다는 것이다. 따라서 상류층은 사치품을 사회적 지위 및 위계질서를 나타내는 기호(記號)로 간주하여 피지배계층의 사치품 소비를 금지했다. 또한 베블런은 사치품의 가격 상승에도 그 수요가 줄지 않고 오히려 증가하는 이유가 사치품의 소비를 통하여 사회적 지위를 과시하려는 상류층의 소비행태 때문이라고 보았다.

그러나 소득 수준이 높아지고 대량 생산에 의해 물자가 넘쳐흐르는 풍요로운 현대 대중사회에서 서민들은 과거 왕족들이 쓰던 물건들을 일상생활 속에서 쓰고 있고 유명한 배우가 쓰는 사치품도 쓸 수 있다. 모든 사람들이 명품을 살 수 있는 돈을 갖고 있을 때 명품의 사용은 더 이상 상류층을 표시하는 기호가 될 수 없다. 따라서 새로운 사회의 도래는 베블런의 과시소비이론으로 설명하기 어려운 소비행태를 가져왔다. 이 때 상류층이 서민들과 구별될 수 있는 방법은 오히려 아래로 내려가는 것이다. 현대의 상류층에게는 차이가 중요한 것이지 사물 그 자체가 중요한 것이 아니기 때문이다. 월급쟁이 직원이 고급 외제차를 타면 사장은 소형 국산차를 타는 것이 그 예이다.

이와 같이 현대의 상류층은 고급, 화려함, 낭비를 과시하기보다 서민들처럼 소박한 생활을 한다는 것을 과시한다. 이것은 두 가지 효과가 있다. 사치품을 소비하는 서민들과 구별된다는 점이 하나이고, 돈 많은 사람이 소박하고 겸손하기까지 하여 서민들에게 친근감을 준다는 점이 다른 하나이다.

그러나 그것은 극단적인 위세의 형태일 뿐이다. 뽐냄이 아니라 남의 눈에 띄지 않는 겸손한 태도와 검소함으로 자신을 한층 더 드러내는 것이다. 이런 행동들은 결국 한층 더 심한 과시이다. 소비하기를 거부하는 것이 소비 중에서도 최고의 소비가 된다. 다만 그들이 언제나 소형차를 타는 것은 아니다. 차별화해야 할 아래 계층이 없거나 경쟁 상대인 다른 상류층 사이에 있을 때 그들은 마음 놓고 경쟁적으로 고가품을 소비하며 자신을 마음껏 과시한다. 현대사회에서 소비하지 않기는 고도의 교묘한 소비이며, 그것은 상류층의 표시가 되었다. 그런 점에서 상류층을 따라 사치품을 소비하는 서민층은 순진하다고 하지 않을 수 없다.

① 현대의 상류층은 낭비를 지양하고 소박한 생활을 지향함으로써 서민들에게 친근감을 준다.
② 현대의 서민들은 상류층을 따라 겸손한 태도로 자신을 한층 더 드러내는 소비행태를 보인다.
③ 현대의 상류층은 그들이 접하는 계층과는 무관하게 절제를 통해 자신의 사회적 지위를 과시한다.
④ 현대에 들어와 위계질서를 드러내는 명품을 소비하면서 과시적으로 소비하는 새로운 행태가 나타났다.
⑤ 현대의 상류층은 사치품을 소비하는 것뿐만 아니라 소비하지 않기를 통해서도 자신의 사회적 지위를 과시한다.

139

기출 19' 5급(민)-나 난이도 ●●●

다음 글에 대한 분석으로 적절하지 않은 것은?

공포영화에 자주 등장하는 좀비는 철학에서도 자주 논의된다. 철학적 논의에서 좀비는 '의식을 갖지는 않지만 겉으로 드러나는 행동에서는 인간과 구별되지 않는 존재'로 정의된다. 이를 '철학적 좀비'라고 하자. ㉠ 인간은 고통을 느끼지만, 철학적 좀비는 고통을 느끼지 못한다. 즉 고통에 대한 의식을 가질 수 없는 존재라는 것이다. 그러나 ㉡ 철학적 좀비도 압정을 밟으면 인간과 마찬가지로 비명을 지르며 상처 부위를 부여잡을 것이다. 즉 행동 성향에서는 인간과 차이가 없다. 그렇기 때문에 겉으로 드러나는 모습만으로는 철학적 좀비와 인간을 구별할 수 없다. 그러나 ㉢ 인간과 철학적 좀비는 동일한 존재가 아니다. ㉣ 인간이 철학적 좀비와 동일한 존재라면, 인간도 고통을 느끼지 못하는 존재여야 한다.

물론 철학적 좀비는 상상의 산물이다. 그러나 우리가 철학적 좀비를 모순 없이 상상할 수 있다는 사실은 마음에 관한 이론인 행동주의에 문제가 있다는 점을 보여준다. 행동주의는 마음을 행동 성향과 동일시하는 입장이다. 이에 따르면, ㉤ 마음은 특정 자극에 따라 이러저러한 행동을 하려는 성향이다. ㉥ 행동주의가 옳다면, 인간이 철학적 좀비와 동일한 존재라는 점을 인정할 수밖에 없다. 그러나 인간과 달리 철학적 좀비는 마음이 없어서 어떤 의식도 가질 수 없는 존재다. 따라서 ㉦ 행동주의는 옳지 않다.

① ㉠과 ㉡은 동시에 참일 수 있다.
② ㉠과 ㉣이 모두 참이면, ㉢도 반드시 참이다.
③ ㉡과 ㉥이 모두 참이면, ㉤도 반드시 참이다.
④ ㉢과 ㉥이 모두 참이면, ㉦도 반드시 참이다.
⑤ ㉤과 ㉦은 동시에 거짓일 수 없다.

140

기출 11' 5급[민][상황판단]-간 난이도 ●●○

다음 규정을 근거로 판단할 때, '차'에 해당하는 것을 〈보기〉에서 모두 고르면?

제00조(정의) 이 법에서 사용하는 용어의 정의는 다음과 같다.

1. '차'라 함은 다음의 어느 하나에 해당하는 것을 말한다.
   가. 자동차
   나. 건설기계
   다. 원동기장치자전거
   라. 자전거
   마. 사람 또는 가축의 힘이나 그 밖의 동력에 의하여 운전되는 것. 다만, 철길이나 가설된 선에 의하여 운전되는 것과 유모차 및 보행보조용 의자차는 제외한다.
2. '자동차'라 함은 철길이나 가설된 선에 의하지 아니하고 원동기를 사용하여 운전되는 차(견인되는 자동차도 자동차의 일부로 본다)를 말한다.
3. '원동기장치자전거'라 함은 다음 각 목의 어느 하나에 해당하는 차를 말한다.
   가. 이륜자동차 가운데 배기량 125 cc 이하의 이륜자동차
   나. 배기량 50 cc 미만(전기를 동력으로 하는 경우에는 정격출력 0.59 kw 미만)의 원동기를 단 차

보기

ㄱ. 경운기　　ㄴ. 자전거　　ㄷ. 유모차
ㄹ. 기차　　ㅁ. 50 cc 스쿠터

① ㄱ, ㄴ　　② ㄴ, ㄷ　　③ ㄷ, ㄹ
④ ㄱ, ㄴ, ㅁ　　⑤ ㄴ, ㄹ, ㅁ

141

기출 14' 5급[민]-A 난이도 ●○○

다음 글의 ㉠의 사례로 보기 어려운 것은?

디지털 이미지는 사용자가 가장 손쉽게 정보를 전달할 수 있는 멀티미디어 객체이다. 일반적으로 디지털 이미지는 화소에 의해 정보가 표현되는데, M × N 개의 화소로 이루어져 있다. 여기서 M과 N은 가로와 세로의 화소 수를 의미하며, M 곱하기 N을 한 값을 해상도라 한다.

무선 네트워크와 모바일 기기의 사용이 보편화되면서 다양한 스마트 기기의 보급이 진행되고 있다. 스마트 기기는 그 사용 목적이나 제조 방식, 가격 등의 요인에 의해 각각의 화면 표시 장치들이 서로 다른 해상도와 화면 비율을 가진다. 이에 대응하여 동일한 이미지를 다양한 화면 표시 장치 환경에 맞출 필요성이 발생했다. 하나의 멀티미디어의 객체를 텔레비전용, 영화용, 모바일 기기용 등 표준적인 화면 표시 장치에 맞추어 각기 독립적인 이미지 소스로 따로 제공하는 것이 아니라, 하나의 이미지 소스를 다양한 화면 표시 장치에 맞도록 적절히 변환하는 기술을 요구하고 있다.

이러한 변환 기술을 '이미지 리타겟팅'이라고 한다. 이는 A × B의 이미지를 C × D 화면에 맞추기 위해 해상도와 화면 비율을 조절하거나 이미지의 일부를 잘라 내는 방법 등으로 이미지를 수정하는 것이다. 이러한 수정에서 입력 이미지에 있는 콘텐츠 중 주요 콘텐츠는 그대로 유지되어야 한다. 즉 리타겟팅 처리 후에도 원래 이미지의 중요한 부분을 그대로 유지하면서 동시에 왜곡을 최소화하는 형태로 주어진 화면에 맞게 이미지를 변형하여야 한다. 이러한 조건을 만족하기 위해 ㉠ 다양한 접근이 일어나고 있는데, 이미지의 주요한 콘텐츠 및 구조를 분석하는 방법과 분석된 주요 사항을 바탕으로 어떤 식으로 이미지 해상도를 조절하느냐가 주요 연구 방향이다.

① 광고 사진에서 화면 전반에 걸쳐 흩어져 있는 콘텐츠를 무작위로 추출하여 화면을 재구성하는 방법
② 풍경 사진에서 전체 풍경에 대한 구도를 추출하고 구도가 그대로 유지될 수 있도록 해상도를 조절하는 방법
③ 인물 사진에서 얼굴 추출 기법을 사용하여 인물의 주요 부분을 왜곡하지 않고 필요 없는 부분을 잘라 내는 방법
④ 정물 사진에서 대상물의 영역은 그대로 두고 배경 영역에 대해서는 왜곡을 최소로 하며 이미지를 축소하는 방법
⑤ 상품 사진에서 상품을 충분히 인지할 수 있을 정도의 범위 내에서 가로와 세로의 비율을 화면에 맞게 조절하는 방법

142

기출 14' 5급㉠-A 난이도 ●●●

다음 글의 논지로 가장 적절한 것은?

최근 다도해 지역을 해양사의 관점에서 새롭게 주목하는 논의가 많아졌다. 그들은 주로 다도해 지역의 해로를 통한 국제 교역과 사신의 왕래 등을 거론하면서 해로와 포구의 기능과 해양 문화의 개방성을 강조하고 있다. 한편 다도해는 오래전부터 유배지로 이용되었다는 사실이 자주 언급됨으로써 그동안 우리에게 고립과 단절의 이미지로 강하게 남아 있다. 이처럼 다도해는 개방성의 측면과 고립성의 측면에서 모두 조명될 수 있다. 이는 섬이 바다에 의해 격리되는 한편 그 바다를 통해 외부 세계와 연결되기 때문이다.

다도해의 문화적 특징을 말할 때 흔히 육지에 비해 옛 모습의 문화가 많이 남아 있다는 점이 거론된다. 섬이 단절된 곳이므로 육지에서는 이미 사라진 문화가 섬에는 아직 많이 남아 있다고 여기는 것이다. 또한 섬이라는 특수성 때문에 무속이 성하고 마을굿도 풍성하다고 생각하는 이들도 있다. 이런 견해는 다도해를 고립되고 정체된 곳이라고 생각하는 관점과 통한다. 실제로는 육지에도 무당과 굿당이 많은데도 관념적으로 섬을 특별하게 여기는 것이다.

이런 관점에서 '진도 다시래기'와 같은 축제식 장례 풍속을 다도해 토속 문화의 대표적인 사례로 드는 경우도 있다. 지금도 진도나 신안 등지에 가면 상가(喪家)에서 노래하고 춤을 추며 굿을 하는 것을 볼 수 있는데, 이런 모습은 고대 역사서의 기록과 흡사하므로 그 풍속이 고풍스러운 것은 분명하다. 하지만 기존 연구에서 밝혀졌듯이 진도 다시래기가 지금의 모습을 갖추게 된 데에는 육지의 남사당패와 같은 유희 유랑 집단에서 유입된 요소들의 영향도 적지 않다. 이런 연구 결과도 다도해의 문화적 특징을 일방적인 관점에서 접근해서는 안 된다는 점을 시사해 준다.

① 유배지로서의 다도해 역사를 제대로 이해해야 한다.
② 옛 모습이 많이 남아 있는 다도해의 문화를 잘 보존해야 한다.
③ 다도해의 문화적 특징을 논의할 때 개방성의 측면을 간과해서는 안 된다.
④ 다도해의 관념적 측면을 소홀히 해서는 그 풍속을 제대로 이해하기 어렵다.
⑤ 다도해의 토속 문화를 제대로 이해하기 위해서는 고전의 기록을 잘 살펴봐야 한다.

143

기출 18' 5급㉡-나 난이도 ●●●

다음 글의 빈칸에 들어갈 진술로 가장 적절한 것은?

야생의 자연이라는 이상을 고집하는 자연 애호가들은 인류가 자연과 내밀하면서도 창조적인 관계를 맺었던 반(反) 야생의 자연, 즉 정원을 간과한다. 정원은 울타리를 통해 농경지보다 야생의 자연과 분명한 경계를 긋는다. 집약적인 토지 이용이라는 전통은 정원에서 시작되었다. 정원은 대규모의 농경지 경작이 행해지지 않은 원시적인 문화에서도 발견된다. 만여 종의 경작용 식물들은 모두 대량 생산에 들어가기 전에 정원에서 자라는 단계를 거쳐 온 것으로 보인다.

농업경제의 역사에서 정원이 갖는 의미는 시대와 지역에 따라 매우 달랐다. 좁은 공간에서 집약적인 농사를 짓는 지역에서는 농부가 곧 정원사였다. 반면 예전의 독일 농부들은 정원이 곡물 경작에 사용될 퇴비를 앗아가므로 정원을 악으로 여기기도 했다. 하지만 여성들의 입장은 지역적인 편차가 없었다. 아메리카의 푸에블로 인디언부터 근대 독일의 농부 집안까지 정원은 농업 혁신에 주도적인 역할을 해온 여성들에게는 자신들의 제국이자 자존심이었다. 그곳에는 여성들이 경험을 통해 쌓은 지식 전통이 살아 있었다. 환경사에서 여성이 갖는 특별한 역할의 물질적 근간은 대부분 정원에서 발견된다. 지난 세기들의 경우 이는 특히 여성 제후들과 관련되어 있으며 자료가 풍부하다. 작센의 여성 제후인 안나는 식물에 관한 지식을 늘 공유했던 긴밀하고도 광범위한 사회적 네트워크를 가지고 있었는데 그 중에는 식물 경제학에 관심이 깊은 고귀한 신분의 여성들도 많았으며 수도원 소속의 여성들도 있었다.

여성들이 정원에서 쌓은 경험의 특징은 무엇일까? 정원에서는 땅을 면밀히 살피고 손으로 흙을 부스러뜨리는 습관이 생겨났을 것이다. 정원에서 즐겨 이용되는 삽도 다양한 토질의 층을 자세히 연구하도록 부추겼을 것이 분명하다. 넓은 경작지보다는 정원에서 땅을 다룰 때 더 아끼고 보호했을 것이다. 정원이라는 매우 제한된 공간에는 옛날에도 충분한 퇴비를 줄 수 있었다. 경작지보다도 다양한 종류의 퇴비로 실험할 수 있었고 새로운 작물을 키우며 경험을 수집할 수 있었다. 정원에서는 좁은 공간에서 다양한 식물이 자라기 때문에 모든 종류의 식물들이 서로 잘 지내지는 않는다는 사실에도 주의를 기울였다. 이는 식물 생태학의 근간을 이루는 통찰이었다.

결론적으로 정원은 [   ]

① 자연을 즐기고 자연과 교감할 수 있는 야생의 공간으로서 집안에 들여놓은 자연의 축소판이었다.
② 여성들이 자연을 통제하고자 하는 이룰 수 없는 욕구를 충족하기 위하여 인공적으로 구축한 공간이었다.
③ 경작용 식물들이 서로 잘 지낼 수 있도록 농경지를 구획하는 울타리를 헐어버림으로써 구축한 인위적 공간이었다.
④ 여성 제후들이 농부들의 경작 경험을 집대성하여 환경사의 근간을 이루는 식물 생태학의 기초를 다지는 공간이었다.
⑤ 여성들이 주도가 되어 토양과 식물을 이해하고 농경지 경작에 유용한 지식과 경험을 배양할 수 있는 좋은 장소였다.

144

기출 19' 5급[민]-나 난이도 ●●●

다음 글의 내용이 참일 때, 참인지 거짓인지 알 수 있는 것만을 〈보기〉에서 모두 고르면?

머신러닝은 컴퓨터 공학에서 최근 주목 받고 있는 분야이다. 이 중 샤펠식 과정은 성공적인 적용 사례들로 인해 우리에게 많이 알려진 학습 방법이다. 머신러닝의 사례 가운데 샤펠식 과정에 해당하면서 의사결정트리 방식을 따르지 않는 경우는 없다.

머신러닝은 지도학습과 비지도학습이라는 두 배타적 유형으로 나눌 수 있고, 모든 머신러닝의 사례는 이 두 유형 중 이디엔기 속한다. 샤펠식 과정은 모두 전자에 속한다. 머신러닝에서 새로 떠오르는 방법은 강화학습인데, 강화학습을 활용하는 모든 경우는 후자에 속한다. 그리고 의사결정트리 방식을 적용한 사례들 가운데 강화학습을 활용하는 머신러닝의 사례도 있다.

보기

ㄱ. 의사결정트리 방식을 적용한 모든 사례는 지도학습의 사례이다.

ㄴ. 샤펠식 과정의 적용 사례가 아니면서 의사결정트리 방식을 적용한 경우가 존재한다.

ㄷ. 강화학습을 활용하는 머신러닝 사례들 가운데 의사결정트리 방식이 적용되지 않은 경우는 없다.

① ㄴ ② ㄷ ③ ㄱ, ㄴ
④ ㄱ, ㄷ ⑤ ㄱ, ㄴ, ㄷ

145

기출 11' 5급[민][상황판단]-간 난이도 ●●○

다음 글을 읽고 〈보기〉에서 옳게 추론한 것을 모두 고르면?

甲 : 한 사회에서 무엇이 옳은가는 그 사회의 도덕률에 의해 결정됩니다. 그런데 서로 다른 사회에는 서로 다른 도덕률이 존재하기 마련입니다. 이는 결국 어떤 특정 사회의 규칙이 다른 사회의 규칙보다 더 좋다고 판단할 수 있는 객관적인 기준이 없다는 것을 의미합니다. 또한 우리 사회의 도덕률이라고 해서 특별한 지위를 갖고 있는 것은 아니며, 많은 도덕률 중의 하나일 뿐임을 의미합니다. 무엇보다도 다른 사회 구성원의 행위를 우리 사회의 잣대로 판단하려 하는 것은 오만한 태도임을 기억해야 합니다. 따라서 우리는 다른 문화의 관습에 대해 관용적이고 개방적인 태도를 취해야 합니다.

乙 : 甲의 입장을 받아들이는 경우 다음과 같은 문제가 발생할 수 있습니다. 첫째, 우리는 더 이상 다른 사회의 관습이 우리 사회의 관습보다 도덕적으로 열등하다고 말할 수 없을 것입니다. 둘째, 다른 사회의 규칙을 비판하는 것이 허용되지 않을 뿐만 아니라 우리 사회의 규칙을 비판하는 것 또한 허용되지 않을 것입니다. 셋째, 어쩌면 가장 심각한 문제는 우리가 보편적 도덕과 도덕적 진보에 관한 일체의 믿음을 갖지 못하게 된다는 것입니다. 따라서 무조건적인 관용은 결코 바람직하지 않습니다.

보기

ㄱ. 甲은 일부 이슬람 국가에서 여성들에게 운전면허증을 발급하지 않는 관습을 다른 국가가 비판하는 것이 옳지 않다고 주장할 것이다.

ㄴ. 乙은 싱가포르 정부가 절도죄로 체포된 자에게 태형(笞刑)을 가한 일을 야만적인 행위라며 비난한 미국정부의 행동을 정당하다고 옹호할 것이다.

ㄷ. 甲은 다른 사회의 문화에 대한 상대주의적 태도가 자국 문화의 절대적 우월성에 대한 믿음으로 이어질 것으로 본다.

ㄹ. 乙은 서로 다른 문화를 가진 사회들 간에 도덕적 수준의 차이가 존재할 수 있다고 본다.

① ㄱ, ㄴ ② ㄱ, ㄷ ③ ㄷ, ㄹ
④ ㄱ, ㄴ, ㄹ ⑤ ㄴ, ㄷ, ㄹ

146

기출 14' 5급[민]-A 난이도 ●○○

다음 글에서 알 수 있는 것은?

유럽 국가들은 대부분 가장 먼저 철도를 개통한 영국의 규격을 채택하여 철로의 간격을 1.435 m로 하였다. 이러한 이유로 영국의 철로는 '표준궤'로 불렸다. 하지만 일부 국가들은 전시에 주변 국가들이 철도를 이용해 침입할 것을 우려하여 궤간을 다르게 하였다. 또한 열차 속력과 운송량, 건설 비용 등을 고려하여 궤간을 조정하였다.

일본은 첫 해외 식민지였던 타이완에서는 자국의 철도와 같이 협궤(狹軌)를 설치하였으나 조선의 철도는 대륙 철도와의 연결을 고려하여 표준궤로 하고자 하였다. 청일전쟁 이후 러시아의 영향력이 강해져 조선의 철도 궤간으로 광궤(廣軌)를 채택할 것인지 아니면 표준궤를 채택할 것인지를 두고 러시아와 대립하기도 했지만 결국 일본은 표준궤를 강행하였다.

서구 열강이 중국에 건설한 철도는 기본적으로 표준궤였다. 하지만 만주 지역에 건설된 철도 중 러시아가 건설한 구간은 1.524 m의 광궤였다. 러일전쟁 과정에서 일본은 자국의 열차를 그대로 사용하기 위해 러시아가 건설한 그 철도 구간을 협궤로 개조하는 작업을 시작했다. 그러다가 러일전쟁 이후 포츠머스조약으로 일본이 러시아로부터 그 구간의 철도를 얻게 되자 표준궤로 개편하였다.

1911년 압록강 철교가 준공되자 표준궤를 채택한 조선 철도는 만주의 철도와 바로 연결이 가능해졌다. 1912년 일본 신바시에서 출발해 시모노세키—부산 항로를 건너 조선의 경부선과 경의선을 따라 압록강 대교를 통과해 만주까지 이어지는 철도 수송 체계가 구축되었다.

① 러일전쟁 당시 일본 국내의 철도는 표준궤였다.
② 부산에서 만주까지를 잇는 철도는 광궤로 구축되었다.
③ 러일전쟁 이전 만주 지역의 철도는 모두 광궤로 건설되었다.
④ 청일전쟁 이후 러시아는 조선의 철도를 광궤로 할 것을 주장하였다.
⑤ 영국의 표준궤는 유럽 국가들이 철도를 건설하는 데 경제적 부담을 줄여 주었다.

147

기출 14' 5급[민]-A 난이도 ●○○

다음 글의 내용과 부합하지 않는 것은?

한국 사회의 근대화 과정은 급속한 산업화와 도시화라는 특징을 가진다. 1960년대 이후 급속한 근대화에 따라 전통적인 농촌공동체를 떠나 도시로 이주하는 사람들이 급격하게 증가하였으며, 이로 인해 전통적인 사회구조가 해체되었다. 이 과정에서 직계가족이 가치판단의 중심이 되는 가족주의가 강조되었다. 이는 전통적 공동체가 힘을 잃은 상황에서 가족이 매우 중요한 역할을 담당했기 때문이다. 국가의 복지가 부실한 상황에서 가족은 노동력의 재생산 비용을 담당했다.

가족은 물질적 생존의 측면뿐만 아니라 정서적 생존을 위해서도 중요한 보호막으로 기능했다. 말하자면, 전통적 사회구조가 약화되면서 나타나는 사회적 긴장과 불안을 해소하는 역할을 해 왔다는 것이다. 서구 사회의 근대화 과정에서는 개인의 자율적 판단과 선택을 강조하는 개인주의 윤리나 문화가 그러한 사회적 긴장과 불안을 해소하는 역할을 담당했다. 하지만 한국 사회의 경우 근대화가 급속하게 압축적으로 이루어졌기 때문에 서구 사회와 같은 근대적 개인주의 문화가 제대로 정착하지 못했다. 그래서 한국 사회에서는 가족주의 문화가 근대화 과정의 긴장과 불안을 해소하는 역할을 담당하게 되었다.

한편, 전통적 공동체 문화는 학연과 지연을 매개로 하여 유사가족주의 형태로 나타났다. 1960년대 이후 농촌을 떠나온 사람들이 도시에서 만든 계나 동창회와 같은 것들이 유사가족주의의 단적인 사례이다.

① 근대화 과정을 거치면서 한국 사회에서는 가족주의가 강조되었다.
② 한국의 근대화 과정에서 전통적 공동체 문화는 유사가족주의로 변형되기도 했다.
③ 근대화 과정에서 한국의 가족주의 문화와 서구의 개인주의 문화는 유사한 역할을 수행했다.
④ 한국의 근대화 과정에서 서구의 개인주의 문화가 정착하지 못한 것은 가족주의 문화 때문이었다.
⑤ 한국의 근대화 과정에서 가족주의 문화는 급속한 산업화가 야기한 불안과 긴장을 해소하는 기제로 작용했다.

148

기출 18' 5급㉻-나 | 난이도 ●●●

다음 글의 빈칸에 들어갈 진술로 가장 적절한 것은?

> 기분관리 이론은 사람들의 기분과 선택 행동의 관계에 대해 설명하기 위한 이론이다. 이 이론의 핵심은 사람들이 현재의 기분을 최적 상태로 유지하려고 한다는 것이다. 따라서 기분관리 이론은 흥분 수준이 최적 상태보다 높을 때는 사람들이 이를 낮출 수 있는 수단을 선택한다고 예측한다. 반면에 흥분 수준이 낮을 때는 이를 회복시킬 수 있는 수단을 선택한다고 예측한다. 예를 들어, 음악 선택의 상황에서 전자의 경우에는 차분한 음악을 선택하고 후자의 경우에는 흥겨운 음악을 선택한다는 것이다. 기분조정 이론은 기분관리 이론이 현재 시점에만 초점을 맞추고 있다는 점을 지적하고 이를 보완하고자 한다. 기분조정 이론을 음악 선택의 상황에 적용하면, [　　　　　　　　　　]고 예측할 수 있다.
>
> 연구자 A는 음악 선택 상황을 통해 기분조정 이론을 검증하기 위한 실험을 했다. 그는 실험 참가자들을 두 집단으로 나누고 집단 1에게는 한 시간 후 재미있는 놀이를 하게 된다고 말했고, 집단 2에게는 한 시간 후 심각한 과제를 하게 된다고 말했다. 집단 1은 최적 상태 수준에서 즐거워했고, 집단 2는 최적 상태 수준을 벗어날 정도로 기분이 가라앉았다. 이 때 연구자 A는 참가자들에게 기다리는 동안 음악을 선택하게 했다. 그랬더니 집단 1은 다소 즐거운 음악을 선택한 반면, 집단 2는 과도하게 흥겨운 음악을 선택했다. 그런데 30분이 지나고 각 집단이 기대하는 일을 하게 될 시간이 다가오자 두 집단 사이에는 뚜렷한 차이가 나타났다. 집단 1의 선택에는 큰 변화가 없었으나, 집단 2는 기분을 가라앉히는 차분한 음악을 선택하는 쪽으로 변하는 경향을 보인 것이다. 이러한 선택의 변화는 기분조정 이론을 뒷받침하는 것으로 간주되었다.

① 사람들은 현재의 기분을 지속하는 데 도움이 되는 음악을 선택한다.

② 사람들은 다음에 올 상황을 고려해 흥분을 유발할 수 있는 음악을 선택한다.

③ 사람들은 다음에 올 상황에 맞추어 현재의 기분을 조정하는 음악을 선택한다.

④ 사람들은 현재의 기분과는 상관없이 자신이 평소 선호하는 음악을 선택한다.

⑤ 사람들은 현재의 기분이 즐거운 경우에는 그것을 조정하기 위해 그와 반대되는 기분을 자아내는 음악을 선택한다.

149

기출 19' 5급㉷-나 | 난이도 ●●●

다음 글의 ⓐ와 ⓑ에 들어가기에 적절한 것을 〈보기〉에서 골라 알맞게 짝지은 것은?

> 귀납주의란 과학적 탐구 방법의 핵심이 귀납이라는 입장이다. 즉, 과학적 이론은 귀납을 통해 만들어지고, 그 정당화 역시 귀납을 통해 이루어진다는 것이다. 그러나 실제 과학의 역사를 고려하면 귀납주의는 문제에 처하게 된다. 이러한 문제 상황은 다음과 같은 타당한 논증을 통해 제시될 수 있다.
>
> 만약 귀납이 과학의 역사에서 사용된 경우가 드물다면, 과학의 역사는 바람직한 방향으로 발전하지 않았거나 또는 귀납주의는 실제로 행해진 과학적 탐구 방법의 특징을 드러내는 데 실패했다고 보아야 한다. 과학의 역사가 바람직한 방향으로 발전하지 않았다면, 귀납주의에서는 수많은 과학적 지식을 정당화되지 않은 것으로 간주해야 한다. 그리고 귀납주의가 실제로 행해진 과학적 탐구 방법의 특징을 드러내는 데 실패했다면, 귀납주의는 과학적 탐구 방법에 대한 잘못된 이론이다. 그런데 우리는 과학의 역사가 바람직한 방향으로 발전하지 않았거나, 귀납주의가 실제로 행해진 과학적 탐구 방법의 특징을 드러내는 데 실패했다고 보아야 한다. 그 이유는 [　　ⓐ　　]는 것이다. 그리고 이로부터 우리는 다음 결론을 도출하게 된다. [　　ⓑ　　].

보기

ㄱ. 과학의 역사에서 귀납이 사용된 경우는 드물다

ㄴ. 과학의 역사에서 귀납 외에도 다양한 방법들이 사용되었다

ㄷ. 귀납주의는 과학적 탐구 방법에 대한 잘못된 이론이고, 귀납주의에서는 수많은 과학적 지식을 정당화되지 않은 것으로 간주해야 한다

ㄹ. 귀납주의가 과학적 탐구 방법에 대한 잘못된 이론이라면, 귀납주의에서는 수많은 과학적 지식을 정당화되지 않은 것으로 간주해야 한다

ㅁ. 귀납주의가 과학적 탐구 방법에 대한 잘못된 이론이 아니라면, 귀납주의에서는 수많은 과학적 지식을 정당화되지 않은 것으로 간주해야 한다

	ⓐ	ⓑ
①	ㄱ	ㄷ
②	ㄱ	ㄹ
③	ㄱ	ㅁ
④	ㄴ	ㄹ
⑤	ㄴ	ㅁ

150

기출 11' 5급㉥[상황판단]-간 난이도 ●●○

다음 규정을 근거로 판단할 때, 〈보기〉에서 옳은 것을 모두 고르면?

제00조(감사) ① 감사는 총회에서 선임한다.
② 감사는 감사업무를 총괄하며, 감사결과를 총회에 서면으로 보고하여야 한다.

제00조(감사의 보조기구) ① 감사는 직무수행을 위하여 감사인과 직원으로 구성된 보조기구를 둔다.
② 단체장은 다음 각 호의 어느 하나에 해당하는 자를 감사인으로 임명할 수 있다.
1. 4급 이상으로 그 근무기간이 1년 이상이 경과된 자로서, 계약심사·IT·회계·인사분야 업무에서 3년 이상 근무한 경력이 있는 자
2. 공인회계사(CPA), 공인내부감사사(CIA) 또는 정보시스템감사사(CISA) 자격증을 갖고 있는 직원
③ 제2항에도 불구하고 다음 각 호의 결격사유 중 어느 하나에 해당하는 자는 감사인이 될 수 없다.
1. 형사처벌을 받은 자
2. 징계 이상의 처분을 받은 날로부터 3년이 경과되지 않은 자
④ 감사가 당해 감사업무에 필요하다고 인정할 때에는 소관부서장과 협의하여 그 소속 직원으로 하여금 감사업무를 수행하게 할 수 있다.

보기

ㄱ. 계약심사 업무를 4년 간 담당한 5급 직원 甲은 원칙적으로 감사인으로 임명될 수 있다.
ㄴ. 정보시스템감사사 자격증을 가지고 있고 규정에 정한 결격사유가 없는 경력 2년의 5급 직원 乙은 감사인으로 임명될 수 있다.
ㄷ. 2년 전 징계를 받은 적이 있고 공인내부감사사 자격증을 가지고 있는 직원 丙은 감사인으로 임명될 수 있다.
ㄹ. 감사는 인사부서장과 협의하여, 계약심사 업무를 2년 간 담당하고 현재 인사부서에서 일하고 있는 5급 직원 丁으로 하여금 감사업무를 수행하게 할 수 있다.

① ㄱ, ㄴ ② ㄱ, ㄷ ③ ㄴ, ㄷ
④ ㄴ, ㄹ ⑤ ㄷ, ㄹ

Day 10 Self Check List

	오답 수	무응답 수	풀이시간(분)
1회독	/ 15	/ 15	/ 30(분)
2회독	/ 15	/ 15	/ 25(분)
3회독	/ 15	/ 15	/ 15(분)

정답 및 해설 401p

독끝 11일차 (151~165)

＊아래 회독수 별 권장 풀이 시간에 맞춰 풀이 후, 끝쪽의 Self Check List를 기입하여 부족한 부분을 파악하세요!

권장 풀이 시간

1회독 30 min 2회독 25 min 3회독 15 min

본 문항은 PSAT 언어논리 영역 기출 문항으로 구성되며, 기출 표기에 따른 시험 종류는 아래와 같습니다.(표기 상 맨 끝은 '책형' 입니다.)
㉥ - 민간경력자 일괄채용시험 / ㉻ - 공개경쟁채용시험(행정)

151

기출 14' 5급㉥-A 난이도 ●○○

다음 글의 내용과 부합하는 것을 〈보기〉에서 모두 고르면?

이슬람 금융 방식은 돈만 빌려 주고 금전적인 이자만을 받는 행위를 금지하는 이슬람 율법에 따라 실물자산을 동반하는 거래의 대가로서 수익을 분배하는 방식을 말한다. 이슬람 금융 방식에는 '무라바하', '이자라', '무다라바', '무샤라카', '이스티스나' 등이 있다.

무라바하와 이자라는 은행이 채무자가 원하는 실물자산을 매입할 경우 그것의 소유권이 누구에게 있느냐에 따라 구별된다. 실물자산의 소유권이 은행에서 채무자로 이전되면 무라바하이고, 은행이 소유권을 그대로 보유하면 이자라이다. 무다라바와 무샤라카는 주로 투자 펀드나 신탁 금융에서 활용되는 방식으로서 투자자와 사업자의 책임 여부에 따라 구별된다. 사업 시 발생하는 손실에 대한 책임이 투자자에게만 있으면 무다라바이다. 양자의 협상에 따라 사업에 대한 이익을 배분하긴 하지만, 손실이 발생할 경우 사업자는 그 손실에 대한 책임을 가지지 않는다. 반면에 투자자와 사업자가 공동으로 사업에 대한 책임과 이익을 나누어 가지면 무샤라카이다. 이스티스나는 장기 대규모 건설 프로젝트에 활용되는 금융 지원 방식으로서 투자자인 은행은 건설 자금을 투자하고 사업자는 건설을 담당한다. 완공 시 소유권은 투자자에게 귀속되고, 사업자는 그 자산을 사용해서 얻은 수입으로 투자자에게 임차료를 지불한다.

• 보기 •

ㄱ. 사업에 대한 책임이 투자자가 아니라 사업자에게만 있으면 무다라바가 아니라 무샤라카이다.
ㄴ. 은행과 사업자가 공동으로 투자하여 사업을 수행하고 이익을 배분하면 무샤라카가 아니라 이스티스나이다.
ㄷ. 은행이 채무자가 원하는 부동산을 직접 매입 후 소유권 이전 없이 채무자에게 임대하면 무라바하가 아니라 이자라이다.

① ㄱ ② ㄷ ③ ㄱ, ㄴ
④ ㄴ, ㄷ ⑤ ㄱ, ㄴ, ㄷ

152

기출 14' 5급㉥-A 난이도 ●○○

다음 글의 논지로 가장 적절한 것은?

최근에 사이버공동체를 중심으로 한 시민의 자발적 정치 참여 현상이 많은 관심을 끌고 있다. 이러한 현상과 관련하여 A의 연구가 새삼 주목 받고 있다. A의 연구에 따르면 공동체의 구성원이 됨으로써 얻게 되는 '사회적 자본'이 시민사회의 성숙과 민주주의 발전을 가져오는 원동력이다. A의 이론에서는 공동체에 대한 자발적 참여를 통해 사회 구성원 간의 상호 의무감과 신뢰, 구성원들이 공유하는 규칙과 관행, 사회적 유대 관계와 같은 사회적 자본이 늘어나면, 사회 구성원 간의 협조적인 행위가 가능하게 된다고 보았다. 더 나아가 A는 자원봉사자와 같이 공동체 참여도가 높은 사람이 투표할 가능성이 높고 정부 정책에 대한 의견 개진도 활발해지는 등 정치 참여도가 높아진다고 주장하였다.

몇몇 학자들은 A의 이론을 적용하여 면대면 접촉에 따른 인간관계의 산물인 사회적 자본이 사이버공동체에서도 충분히 형성될 수 있다고 보았다. 그리고 사이버공동체에서 사회적 자본의 증가는 곧 정치 참여도 활성화시킬 것으로 기대했다. 하지만 이러한 기대와는 달리 정치 참여가 활성화되지 않았다. 요즘 젊은이들을 보면 각종 사이버공동체에 자발적으로 참여하는 수준은 높지만 투표나 다른 정치 활동에는 무관심하거나 심지어 정치를 혐오하기도 한다. 이런 측면에서 A의 주장은 사이버공동체가 활성화된 오늘날에는 잘 맞지 않는다.

이러한 이유 때문에 오늘날 사이버공동체를 중심으로 한 정치 참여를 더 잘 이해하기 위해서 '정치적 자본' 개념의 도입이 필요하다. 정치적 자본은 사회적 자본의 구성 요소와는 달리 정치 정보의 습득과 이용, 정치적 토론과 대화, 정치적 효능감 등으로 구성된다. 정치적 자본은 사회적 자본과 마찬가지로 공동체 참여를 통해서 획득되지만, 정치 과정에의 관여를 촉진한다는 점에서 사회적 자본과는 구분될 필요가 있다. 사회적 자본만으로 정치 참여를 기대하기 어렵고, 사회적 자본과 정치 참여 사이를 정치적 자본이 매개할 때 비로소 정치 참여가 활성화된다.

① 사이버공동체를 통해 축적된 사회적 자본에 정치적 자본이 더해질 때 정치 참여가 활성화된다.
② 사회적 자본은 정치적 자본을 포함하기 때문에 그 자체로 정치 참여의 활성화를 가져온다.
③ 사회적 자본이 많은 사회는 정치 참여가 활발하기 때문에 민주주의가 실현된다.
④ 사이버공동체의 특수성으로 인해 시민들의 정치 참여가 어렵게 되었다.
⑤ 사이버공동체에의 자발적 참여 증가는 정치 참여를 활성화시킨다.

153

기출 18' 5급[행]-나 난이도 ●●●

다음 ㉠을 약화하는 진술로 가장 적절한 것은?

침팬지, 오랑우탄, 피그미 침팬지 등 유인원도 자신이 다른 개체의 입장이 됐을 때 어떤 생각을 할지 미루어 짐작해 보는 능력이 있다는 연구 결과가 나왔다. 그동안 다른 개체의 입장에서 생각을 미루어 짐작해 보는 능력은 사람에게만 있는 것으로 여겨져 왔다. 연구팀은 오랑우탄 40마리에게 심리테스트를 위해 제작한 영상을 보여주었다. 그들은 '시선 추적기'라는 특수 장치를 이용하여 오랑우탄들의 시선이 어디를 주목하는지 조사하였다. 영상에는 유인원의 의상을 입은 두 사람 A와 B가 싸우는 장면이 보인다. A와 싸우던 B가 건초더미 뒤로 도망친다. 화가 난 A가 문으로 나가자 B는 이 틈을 이용해 옆에 있는 상자 뒤에 숨는다. 연구팀은 몽둥이를 든 A가 다시 등장하는 장면에서 피험자 오랑우탄들의 시선이 어디로 향하는지를 분석하였다. 이 장면에서 오랑우탄 40마리 중 20마리는 건초더미 쪽을 주목했다. B가 숨은 상자를 주목한 오랑우탄은 10마리였다. 이 결과를 토대로 연구팀은 피험자 오랑우탄 20마리는 B가 상자 뒤에 숨었다는 사실을 모르는 A의 입장이 되어 건초더미를 주목했다는 ㉠ 해석을 제시하였다. 이 실험으로 오랑우탄에게도 다른 개체의 생각을 미루어 짐작하는 능력이 있는 것으로 볼 수 있으며, 이러한 점은 사람과 유인원의 심리 진화 과정을 밝히는 실마리가 될 것으로 보인다.

① 상자를 주목한 오랑우탄들은 A보다 B와 외모가 유사한 개체들임이 밝혀졌다.
② 사람 40명을 피험자로 삼아 같은 실험을 하였더니 A의 등장 장면에서 30명이 건초더미를 주목하였다.
③ 새로운 오랑우탄 40마리를 피험자로 삼고 같은 실험을 하였더니 A의 등장 장면에서 21마리가 건초더미를 주목하였다.
④ 오랑우탄 20마리는 단지 건초더미가 상자보다 자신들에게 가까운 곳에 있었기 때문에 건초더미를 주목한 것임이 밝혀졌다.
⑤ 건초더미와 상자 중 어느 쪽도 주목하지 않은 나머지 오랑우탄 10마리는 영상 속의 유인원이 가짜라는 것을 알고 있었다.

154

기출 19' 5급[민]-나 난이도 ●●●

다음 글의 논증을 약화하는 것만을 〈보기〉에서 모두 고르면?

인간 본성은 기나긴 진화 과정의 결과로 생긴 복잡한 전체다. 여기서 '복잡한 전체'란 그 전체가 단순한 부분들의 합보다 더 크다는 의미이다. 인간을 인간답게 만드는 것, 즉 인간에게 존엄성을 부여하는 것은 인간이 갖고 있는 개별적인 요소들이 아니라 이것들이 모여 만들어내는 복잡한 전체이다. 또한 인간 본성이라는 복잡한 전체를 구성하고 있는 하부 체계들은 상호 간에 극단적으로 밀접하게 연관되어 있다. 따라서 그중 일부라도 인위적으로 변경하면, 이는 불가피하게 전체의 통일성을 무너지게 한다. 이 때문에 과학기술을 이용해 인간 본성을 인위적으로 변경하여 지금의 인간을 보다 향상된 인간으로 만들려는 시도는 금지되어야 한다. 이런 시도를 하는 사람들은 인간이 가져야 할 훌륭함이 무엇인지 스스로 잘 안다고 생각하며, 거기에 부합하지 않는 특성들을 선택해 이를 개선하고자 한다. 그러나 인간 본성의 '좋은' 특성은 '나쁜' 특성과 밀접하게 연결되어 있기 때문에, 후자를 개선하려는 시도는 전자에 대해서도 영향을 미칠 수밖에 없다. 예를 들어, 우리가 질투심을 느끼지 못한다면 사랑 또한 느끼지 못하게 된다는 것이다. 사랑을 느끼지 못하는 인간들이 살아가는 사회에서 어떤 불행이 펼쳐질지 우리는 가늠조차 할 수 없다. 즉 인간 본성을 선별적으로 개선하려 들면, 복잡한 전체를 무너뜨리는 위험성이 불가피하게 발생하게 된다. 따라서 우리는 인간 본성을 구성하는 어떠한 특성에 대해서도 그것을 인위적으로 개선하려는 시도에 반대해야 한다.

보기

ㄱ. 인간 본성은 인간이 갖는 도덕적 지위와 존엄성의 궁극적 근거이다.
ㄴ. 모든 인간은 자신을 포함하여 인간 본성을 지닌 모든 존재가 지금의 상태보다 더 훌륭하게 되길 희망한다.
ㄷ. 인간 본성의 하부 체계는 상호 분리된 모듈들로 구성되어 있기 때문에 인간 본성의 특정 부분을 인위적으로 변경하더라도 그 변화는 모듈 내로 제한된다.

① ㄱ ② ㄷ ③ ㄱ, ㄴ
④ ㄴ, ㄷ ⑤ ㄱ, ㄴ, ㄷ

155

기출 11' 5급[민][상황판단]-간 난이도 ●●○

다음 규정을 근거로 판단할 때, 〈보기〉에서 옳은 것을 모두 고르면?

제00조 ① 의회는 다음 각 호의 사유를 제외하고는 재적의원 과반수의 출석과 출석의원 과반수의 찬성으로 안건을 의결한다. 가부동수(可否同數)인 때에는 부결된 것으로 한다.

1. 국무총리 또는 국무위원의 해임 건의
2. 국무총리·국무위원·행정각부의 장·헌법재판소 재판관·법관에 대한 탄핵소추
3. 대통령에 대한 탄핵소추
4. 헌법개정안
5. 의회의원 제명
6. 대통령이 재의를 요구한 법률안에 대한 재의결

② 제1항 제1호와 제2호는 재적의원 과반수의 찬성으로 의결한다.

③ 제1항 제3호, 제4호, 제5호는 재적의원 3분의 2 이상의 찬성으로 의결한다.

④ 제1항 제6호는 재적의원 과반수의 출석과 출석의원 3분의 2 이상의 찬성으로 의결한다.

보기

ㄱ. 탄핵소추의 대상에 따라 탄핵소추를 의결하는데 필요한 정족수가 다르다.

ㄴ. 의회 재적의원 과반수의 찬성이 있더라도 의회는 직접 국무위원을 해임시킬 수 없다.

ㄷ. 의회의 의결정족수 중 대통령이 재의를 요구한 법률안을 의회가 재의결하는 데 필요한 의결정족수가 가장 크다.

ㄹ. 헌법개정안을 의회에서 의결하기 위해서는 의회 재적의원 과반수의 출석과 출석의원 과반수의 찬성을 요한다.

① ㄱ, ㄴ ② ㄴ, ㄷ ③ ㄷ, ㄹ
④ ㄱ, ㄴ, ㄷ ⑤ ㄴ, ㄷ, ㄹ

156

기출 13' 5급[민]-인 난이도 ●○○

다음 글의 내용과 부합하는 것은?

중세 동아시아 의학의 특징은 강력한 중앙권력의 주도 아래 통치수단의 방편으로서 활용되었다는 점이다. 권력자들은 최상의 의료 인력과 물자를 독점적으로 소유함으로써 의료를 충성에 대한 반대급부로 삼았다. 이러한 특징은 국가 간의 관계에서도 나타나 중국의 황제는 조공국에게 약재를 하사함으로써 위세와 권위를 과시했다. 고려의 국왕 또한 가부장적 이데올로기에 입각하여 의료를 신민 지배의 한 수단으로 삼았다. 국왕은 일년 중 정해진 날에 종4품 이상의 신료에게 약재를 내렸는데, 이를 납약(臘藥)이라 하였다. 납약은 중세 국가에서 약재가 일종의 위세품(威勢品)으로 작용하였음을 잘 보여주는 사례이다.

역병이 유행하면 고려의 국왕은 이에 상응하는 약재를 분배하였다. 1018년 개경에 유행성 열병인 장역(瘴疫)이 유행하자 현종은 관의(官醫)에게 병에 걸린 문무백관의 치료를 명령하고 필요한 약재를 하사하였다. 하층 신민에 대해서는 혜민국과 구제도감 등 다양한 의료기관을 설립하여 살피게 했다. 전염병이 유행하면 빈민들의 희생이 컸기에 소극적이나마 빈민을 위한 의료대책을 시행하지 않을 수 없었다. 1110년과 1348년 전염병이 유행하였을 때에는 개경 시내에 빈민의 주검이 많이 방치되어 있었고, 이는 전염병이 유행하게 되는 또 다른 요인이 되었다. 이들 빈민 환자를 한 곳에 모아 관리해야 할 필요성에서 빈민의료가 시작되었다. 그러나 혜민국은 상설 기관이 아니라 전염병 유행과 같은 비상시에 주로 기능하는 임시 기관이었다. 애민(愛民)정책 아래 만들어진 이들 기관의 실상은 치료보다는 통치를 위한 격리를 목적으로 하였다.

① 고려는 역병을 예방하기 위해 혜민국을 설치하였다.
② 고려 국왕은 병든 문무백관의 치료를 위해 납약을 하사하였다.
③ 가부장적 이데올로기는 고려시대 전염병의 발병률 감소에 기여하였다.
④ 중세 동아시아 의학은 상·하층 신민의 질병을 치료하기 위한 목적으로 발전하였다.
⑤ 중세 동아시아의 권력자는 의료 인력과 약재를 독점하여 신료의 충성을 유도하였다.

157

기출 13' 5급(민)-인 난이도 ●○○

다음 글의 내용과 부합하지 않는 것은?

컴퓨터 매체에 의존한 전자 심의가 민주정치의 발전을 가져올 수 있을까? 이 질문에 답하는 데 도움이 될 만한 실험들이 있었다. 한 실험에 따르면, 전자 심의에서는 시각적 커뮤니케이션이 없었지만 토론이 지루해지지 않았고 오히려 대면 심의에서는 드러나지 않았던 내밀한 내용들이 쉽게 표출되었다. 이것으로 미루어 보건대, 인터넷은 소극적이고 내성적인 사람들이 자신의 의견을 적극 표출하도록 만들 수 있다는 장점이 있다. 하지만 다른 실험은 대면 심의 집단이 질적 판단을 요하는 복합적 문제를 다루는 경우 전자 심의 집단보다 우월하다는 결과를 보여주었다.

이런 관점에서 보면 전자 심의는 소극적인 시민들의 생활에 숨어있는 다양한 의견들을 표출하기에 적합하며, 대면 심의는 책임감을 요하는 정치적 영역의 심의에 더 적합하다고 볼 수 있다. 정치적 영역의 심의는 복합적 성격의 쟁점, 도덕적 갈등 상황, 그리고 최종 판단의 타당성 여부가 불확실한 문제들과 깊이 관련되어 있기 때문이다. 어려운 정치적 결정일수록 참여자들 사이에 타협과 협상을 필요로 하는데, 그 타협은 일정 수준의 신뢰 등 '사회적 자본'이 확보되어 있을 때 용이해진다. 정치적 사안을 심의하려면 토론자들이 서로 간에 신뢰하고 있을 뿐 아니라 심의 결과에 대해 책임의식을 느끼고 있어야 하고, 이런 바탕 위에서만 이성적 심의나 분별력 있는 심의가 가능하다. 하지만 이것은 인터넷 공간에서는 확보되기 어려운 것으로 보인다.

① 인터넷을 통한 전자 심의는 내밀한 내용이 표출된다는 점에서 신뢰를 증진시킬 수 있다.
② 질적 판단을 요하는 복합적 문제를 다루는 데에는 대면 심의 집단이 우월한 경우가 있다.
③ 인터넷은 소극적이고 내성적인 사람들이 자신의 의견을 표출하도록 만들 수 있다는 장점이 있다.
④ 정치적 사안을 심의하려면 토론자들이 서로 신뢰하고 심의 결과에 대해 책임의식을 느껴야 한다.
⑤ 불확실성이 개입된 복합적 문제에 대한 정치적 결정에서는 참여자들 사이에 타협과 협상이 필요하다.

158

기출 18' 5급(행)-나 난이도 ●○○

다음 글의 논증을 약화하는 것만을 〈보기〉에서 모두 고르면?

나는 계통수 가설을 지지한다. 그것은 모든 유기체들이 같은 기원을 갖는다고 말한다. 지구상의 식물과 동물이 공통의 조상을 갖는다고 생각하는 이유는 무엇인가?

이 물음에 답하는 데 사용되는 표준 증거는 유전 암호가 보편적이라는 점이다. DNA 암호를 전사받은 메신저 RNA는 뉴클레오타이드 3개가 코돈을 이루고 하나의 코돈이 하나의 아미노산의 유전 정보를 지정한다. 예를 들어 코돈 UUU는 페닐알라닌의 정보를, 코돈 AUA는 아이소류신의 정보를, 코돈 GCU는 알라닌의 정보를 지정한다. 각각의 아미노산의 정보를 지정하기 위해 사용되는 암호는 모든 생명체에서 동일하다. 이것은 모든 지상의 생명체가 연결되어 있다는 증거다.

생물학자들은 유전 암호가 임의적이어서 어떤 코돈이 특정한 아미노산의 정보를 지정해야 할 기능적인 이유가 없다고 한다. 우리가 관찰하는 유전 암호가 가장 기능적으로 우수한 물리적 가능성을 갖는다면 모든 생물 종들이 각각 별도의 기원들은 갖고 있다고 하더라도 그 암호를 사용했으리라고 기대할 것이다. 그러나 유전 암호가 임의적인데도 그것이 보편적이라는 사실은 모든 생명이 공통의 기원을 갖는다는 가설을 옹호한다.

왜 언어학자들은 상이한 인간 언어들이 서로 이어져 있다고 믿는지 생각해 보자. 모든 언어가 수에 해당하는 단어를 포함한다는 사실은 그 언어들이 공통의 기원을 갖는다는 증거가 될 수 없다. 숫자는 명백한 기능적 효용성을 갖기 때문이다. 반면에 몇 종류의 언어들이 수에 비슷한 이름을 부여하고 있다는 사실은 놀라운 증거가 된다. 가령, 2를 의미하는 프랑스어 단어는 'deux', 이탈리아어 단어는 'due', 스페인어 단어는 'dos'로 유사하다. 수에 대한 이름들은 임의적으로 선택되기 때문에 이런 단어들의 유사성은 이 언어들이 공통의 기원을 갖는다는 강력한 증거가 된다. 이렇게 적응으로 생겨난 유사성과 달리 임의적 유사성은 생명체가 공통의 조상을 가지고 있다는 강력한 증거가 된다.

보기

ㄱ. UUU가 페닐알라닌이 아닌 다른 아미노산의 정보를 지정하는 것이 기능적으로 불가능한 이유가 있다.
ㄴ. 사람은 유아기에 엄마가 꼭 필요하기 때문에 엄마를 의미하는 유아어가 모든 언어에서 발견된다.
ㄷ. 코돈을 이루는 뉴클레오타이드가 4개인 것이 3개인 것보다 기능이 우수하다.

① ㄱ ② ㄴ ③ ㄱ, ㄷ
④ ㄴ, ㄷ ⑤ ㄱ, ㄴ, ㄷ

159

기출 19' 5급[민]-나 | 난이도 ●●●

다음 글의 ㉠과 ㉡에 대한 평가로 적절하지 않은 것은?

미국 수정헌법 제1조는 국가가 시민들에게 진리에 대한 권위주의적 시각을 강제하는 일을 금지함으로써 정부가 다양한 견해들에 중립적이어야 한다는 중립성 원칙을 명시하였다. 특히 표현에 관한 중립성 원칙은 지난 수십 년에 걸쳐 발전해 왔다. 이 발전 과정의 초기에 미국 연방대법원은 표현의 자유를 부르짖는 급진주의자들의 요구에 선동적 표현의 위험성을 근거로 내세우며 맞섰다. 1940 ~ 50년대에 연방대법원은 수정헌법 제1조가 보호하는 표현과 그렇지 않은 표현을 구분하는 ㉠ 이중기준론을 표방하면서, 수정헌법 제1조의 보호 대상이 아닌 표현들이 있다고 판결했다. 추잡하고 음란한 말, 신성 모독적인 말, 인신공격이나 타인을 모욕하는 말, 즉 발언만으로도 누군가에게 해를 입히거나 사회의 양속을 해칠 말이 이에 포함되었다.

이중기준론의 비판자들은 연방대법원이 표현의 범주를 구분하는 과정에서 표현의 내용에 관한 가치 판단을 내림으로써 실제로 표현의 자유를 침해했다고 공격하였다. 1960 ~ 70년대를 거치며 연방대법원은 점차 비판자들의 견해를 수용했다. 1976년 연방대법원이 상업적 표현도 수정헌법 제1조의 보호범위에 포함된다고 판결한 데 이어, 인신 비방 발언과 음란성 표현 등도 표현의 자유에 포함되기에 이르렀다.

정부가 모든 표현에 대해 중립적이어야 한다는 원칙은 1970 ~ 80년대에 ㉡ 내용중립성 원칙을 통해 한층 더 또렷이 표명되었다. 내용중립성 원칙이란, 정부가 어떤 경우에도 표현되는 내용에 대한 평가에 근거하여 표현을 제한해서는 안 된다는 것이다. 다시 말해 정부는 표현되는 사상이나 주제나 내용을 이유로 표현을 제한할 수 없다. 이렇게 해석된 수정헌법 제1조에 따르면, 미국 정부는 특정 견해를 편들 수 없을 뿐만 아니라 어떤 문제가 공공의 영역에서 토론하거나 논쟁할 가치가 있는지 없는지 미리 판단하여 선택해서도 안 된다.

① 시민을 보호하기 위해 제한해야 할 만큼 저속한 표현의 기준을 정부가 정하는 것은 ㉠과 상충하지 않는다.
② 음란물이 저속하고 부도덕하다는 이유에서 음란물 유포를 금하는 법령은 ㉠과 상충한다.
③ 어떤 영화의 주제가 나치즘 찬미라는 이유에서 상영을 금하는 법령은 ㉡에 저촉된다.
④ 경쟁 기업을 비방하는 내용의 광고라는 이유로 광고의 방영을 금지하는 법령은 ㉡에 저촉된다.
⑤ 인신공격하는 표현으로 특정 정치인을 힐난하는 내용의 기획물이라는 이유로 TV 방송을 제재할 것인지에 관해 ㉠과 ㉡은 상반되게 답할 것이다.

160

기출 11' 5급[민][상황판단]-간 | 난이도 ●●○

다음 글을 근거로 판단할 때, 〈보기〉에서 옳게 추론한 것을 모두 고르면?

종묘는 역대 왕들의 신위를 모시는 곳이었다. 『예기』에 따르면 조선은 원칙적으로 5묘제를 실시하도록 되어 있었다. 5묘제란 건국시조와 현재왕의 직계 선왕 4대의 신위를 종묘의 정전에 모시고 그 외 신위는 없애는 것을 말한다. 처음 종묘를 건축했을 당시 태조는 자신의 4대조(목조 – 익조 – 탁조 – 환조)까지 왕으로 추존(追尊)하고, 서쪽을 상석으로 하여 제1실에 목조를, 제2실에 익조의 신위를 모셨다. 태조가 승하하고 그의 신위가 종묘의 정전에 모셔지면서 비로소 5묘제가 시작되었다.

세종은 제2대 정종이 승하하자 그 신위를 정전에 모시고, 5묘제로 모실 수 없는 첫 신위를 별도의 사당인 영녕전을 지어 그곳에 옮겨 모셨다. 그런 의미에서 조선왕조는 『예기』의 5묘제를 그대로 지키지 않은 셈이다. 한편 후대로 가면서 태종, 세종과 같이 위대한 업적을 남긴 왕의 신위를 그대로 정전에 두기 위해 건물을 일렬로 잇대어 증축하였다. 그 밖의 신주는 영녕전으로 옮겨 모셨다. 그 결과 종묘의 정전에는 19위의 왕과 30위의 왕후 신주가 모셔졌으며, 영녕전에는 정전에서 옮겨진 15위의 왕과 17위의 왕후 신주가 모셔졌다.

신주의 봉안 순서는 정전의 경우 서쪽을 상석으로 하고, 제1실에 태조의 신위를 봉안한 이후, 그 신위는 옮겨지지 않았다. 영녕전에는 추존조(追尊祖)인 4왕(목조 – 익조 – 탁조 – 환조)을 정중앙에 모시고, 정전과 마찬가지로 서쪽을 상석으로 하여 차례대로 모셨다.

※ 조선의 왕은 태조 – 정종 – 태종 – 세종 – 문종... 순이었다.
※ 신위(神位) : 신령이 의지할 자리
　신주(神主) : 죽은 사람의 위(位)를 베푸는 나무 패

• 보기 •

ㄱ. 정전에는 총 49위의 신주가 모셔져 있을 것이다.
ㄴ. 영녕전 서쪽 제1실에 익조의 신위가 모셔져 있을 것이다.
ㄷ. 시대가 지남에 따라 정전은 동쪽으로 증축되었을 것이다.
ㄹ. 종묘를 건축했을 당시 정전 서쪽 제3실에는 탁조의 신위를 모셨을 것이다.

① ㄱ, ㄴ　② ㄴ, ㄹ　③ ㄷ, ㄹ
④ ㄱ, ㄴ, ㄷ　⑤ ㄱ, ㄷ, ㄹ

161

기출 13' 5급㉤-인 | 난이도 ●○○

다음 글에서 추론할 수 있는 것은?

나균은 1,600개의 제 기능을 하는 정상 유전자와 1,100개의 제 기능을 하지 못하는 화석화된 유전자를 가지고 있다. 이에 반해 분류학적으로 나균과 가까운 종인 결핵균은 4,000개의 정상 유전자와 단 6개의 화석화된 유전자를 가지고 있다. 이는 화석화된 유전자의 비율이 결핵균보다 나균에서 매우 높다는 것을 보여준다. 왜 이런 차이가 날까?

결핵균과 달리 나균은 오로지 숙주세포 안에서만 살 수 있기 때문에 수많은 대사과정을 숙주에 의존한다. 숙주세포의 유전자들이 나균의 유전자가 수행해야 하는 온갖 일을 도맡아 해주다 보니, 나균이 가지고 있던 많은 유전자의 기능이 필요 없게 되었다. 이에 따라 세포 내에 기생하는기생충과 병균처럼 나균에서도 유전자 기능의 대량 상실이 일어나게 되었다.

유전자의 화석화는 후손의 진화 방향에 중요한 영향을 미친다. 기능을 상실하기 시작한 유전자는 복합적인 결함을 일으키기 때문에, 한번 잃은 기능은 돌이킬 수 없게 된다. 즉 유전자 기능의 상실은 일방통행이다. 유전자의 화석화와 기능 상실은 특정 계통의 진화 방향에 제약을 가하는 것이다. 이는 아주 오랜 시간이 흘러 새로운 환경에 적응하기 위해 화석화된 유전자의 기능이 필요하다고 하더라도 이 유전자의 기능을 잃어버린 종은 그 기능을 다시 회복할 수 없다는 것을 의미한다.

① 결핵균은 과거에 숙주세포 없이는 살 수 없었을 것이다.
② 현재의 나균과 달리 기생충에서는 유전자의 화석화가 일어나지 않았을 것이다.
③ 숙주세포 유전자의 화석화는 나균 유전자의 소멸과 밀접한 관련이 있을 것이다.
④ 어떤 균의 화석화된 유전자는 이 균이 새로운 환경에 적응하는 데 기능할 것이다.
⑤ 화석화된 나균 유전자의 대부분은 나균이 숙주세포에 의존하는 대사과정과 관련된 유전자일 것이다.

162

기출 13' 5급㉤-인 | 난이도 ●○○

다음 글에서 알 수 있는 것은?

조선의 수령은 그가 다스리는 군현의 행정권과 사법권을 독점하는 존재로서 막강한 권력을 행사하였다. 수령은 범죄의 유형이나 정도에 상관없이 태형 50대 이하의 처벌은 언제나 실행할 수 있고 경우에 따라서는 최고 형벌인 사형도 내릴 수 있는 사법권을 가지고 있었다.

수령이 사법권을 행사할 때에는 법전의 규정에 따라 신중하게 실행할 것이 요구되었다. 하지만 이러한 원칙은 어디까지나 법전 속 문구에 지나지 않았다. 실제로 수령 중에는 죄인을 마음대로 처벌하는 남형(濫刑)이나 법규 이상으로 혹독하게 처벌하는 혹형(酷刑), 죄인을 함부로 죽이는 남살(濫殺)을 행사하는 이들이 많았다. 예를 들어 고령현감에 재직 중이던 김수묵은 자신을 모함했다는 이유로 향리 이진신을 비롯한 가족 3명을 잔혹하게 곤장으로 쳐 죽였다. 그는 그들의 숨이 끊어질 때까지 형벌을 가했지만 어떤 문책도 당하지 않았다. 오히려 해이해진 기강을 단속하여 백성을 잘 다스린다는 평가를 받는 수령들은 남형이나 혹형, 남살을 일삼는 경우가 많았다.

그런데 수령의 남형이나 혹형, 남살보다 더 큰 문제는 하급 관속이 백성들에게 사적인 형벌을 마구 휘둘렀던 데 있었다. 특히 도적 체포와 치안 유지를 위해 백성들과 직접 접촉을 했던 포교, 포졸, 관교 등의 비리나 폭력이 심각하였다. 범죄자를 잡는다거나 치안을 유지한다는 명목으로 이들이 죄 없는 백성들에 대해 자행한 불법적인 폭력은 수령의 과도한 사법권 행사와 함께 사회 불안을 조장하는 주요 요소였다.

① 포교의 비리보다 포졸의 비리가 더 많았다.
② 법적으로 허용된 수령의 처벌권은 50대 이하의 태형에 국한되었다.
③ 남형, 혹형, 남살을 일삼는 수령들이 유능하다는 평가를 받기도 하였다.
④ 법전에 규정된 수령의 사법권은 사회 불안을 조장하는 주요 요소였다.
⑤ 백성에게 비리와 폭력을 일삼는 하급 관속들은 법규에 따라 처벌되었다.

163

기출 18' 5급(행)-나 | 난이도 ●●○

다음 글에서 알 수 있는 것은?

송시열은 임진왜란 때 조선에 원군을 보낸 명나라 신종과 그 마지막 황제인 의종의 제사를 거행하고자 했으나 그 뜻을 이루지 못했다. 송시열의 제자인 권상하는 스승의 유명(遺命)을 이어받아 괴산군 청천면에 만동묘(萬東廟)를 만들고 매년 두 황제에 대한 제사를 지냈다. 만동묘라는 명칭은 경기도 가평군 조종암(朝宗巖)에 새겨진 선조의 어필 '만절필동(萬折必東)'이라는 글자의 처음과 끝 자를 딴 것이다. '만절필동'이라는 글자에는 황하가 여러 번 굽이쳐도 결국은 동쪽으로 나아가 황해로 흘러 들어가듯이, 조선 역시 어떠한 상황에도 명이 원병을 보냈다는 사실을 잊지 않고 의리를 지키겠다는 의지가 담겨 있다.

창덕궁 후원에 있는 대보단(大報壇)도 명 신종을 제사 지내기 위해 건립된 제단이다. 대보단의 제례는 국왕이 직접 주관하는 것이 원칙이었고, 그때 사용하는 제물과 기구는 문묘 제례 때 쓰던 것과 같았다. 영조 25년부터 이 대보단에서 명나라의 태조와 그 마지막 황제 의종도 함께 매년 제사 지내기 시작했다. 영조는 중앙 관료들로 하여금 빠짐없이 대보단 제례에 참석하도록 했는데, 정조는 이를 고쳐 제례 집행자만 참례하게 했다. 그렇지만 영조의 전례에 따라 대보단에 자주 행차하여 돌아보는 등 큰 관심을 표명했다.

당시 학자들 사이에서는 명이 망한 뒤에 중화의 정통을 이은 나라가 조선밖에 남지 않았다는 의식이 확산되고 있었다. 대보단 제례는 그와 같은 분위기 속에서 더욱 중요한 의미를 가지게 되었다. 만동묘를 중시하는 분위기도 확산되었다. 만동묘에서 명 황제들에 대한 제사를 지낼 무렵이 되면 전국의 유생이 구름같이 모여들었고, 이로 인해 제사 비용은 날로 많아졌다. 이 소식을 들은 영조는 만동묘에 전답을 하사하여 제사 비용을 조달하는 데 어려움이 없도록 해주었다. 헌종 때에는 만동묘에서 제사를 지낼 때마다 충청도 관찰사가 참석하도록 하는 조치도 취해졌다. 만동묘는 이처럼 위상이 높았지만, 운영비 조달을 핑계로 양민의 재산을 함부로 빼앗는 등 폐해가 컸다.

만동묘를 싫어하던 흥선대원군은 대보단에서 거행하는 것과 같은 제사를 만동묘에서 또 지낼 필요가 없다고 보았다. 그러한 이유에서 그는 만동묘가 설립될 때부터 매년 지내오던 제사를 폐지하였다. 또 명 황제들의 신주를 만동묘에서 대보단으로 옮겼다. 흥선대원군이 실각한 후 만동묘 제사는 부활되었지만 순종 황제 재위 때 다시 철폐되었다.

① 영조는 만동묘를 없애고 그 제사를 대보단으로 옮겨 지내도록 하였다.
② 만동묘에서 제사를 지낼 때에는 국왕이 직접 참석하는 것이 관례였다.
③ 헌종 때부터 대보단에서 제사를 지낼 시에 충청도 관찰사가 참석하였다.
④ 정조 때 만동묘와 대보단 두 곳에서 모두 명나라의 신종과 의종을 기려 제사를 지냈다.
⑤ 만동묘라는 이름은 선조가 그 건립을 기념하기 위해 내린 어필의 처음과 끝 글자를 딴 것이다.

164

기출 19' 5급(민)-나 | 난이도 ●●●

다음 글의 빈칸에 들어갈 내용으로 가장 적절한 것은?

노랑초파리에 있는 Ir75a 유전자는 시큼한 냄새가 나는 아세트산을 감지하는 후각수용체 단백질을 만들 수 있다. 하지만 세이셸 군도의 토착종인 세셸리아초파리는 Ir75a 유전자를 가지고 있지만 아세트산 냄새를 못 맡는다. 따라서 이 세셸리아초파리의 Ir75a 유전자는 해당 단백질을 만들지 못하는 '위유전자(pseudogene)'라고 여겨졌다. 세셸리아초파리는 노니의 열매만 먹고 살기 때문에 아세트산의 시큼한 냄새를 못 맡아도 별 문제가 없다. 그런데 스위스 로잔대 연구진은 세셸리아초파리가 땀 냄새가 연상되는 프로피온산 냄새를 맡을 수 있다는 사실을 발견했다.

이 발견이 중요한 이유는 [　　　　　　　] 그렇다면 세셸리아초파리의 Ir75a 유전자도 후각수용체 단백질을 만든다는 것인데, 왜 세셸리아초파리는 아세트산 냄새를 못 맡을까? 세셸리아초파리와 노랑초파리의 Ir75a 유전자가 만드는 후각수용체 단백질의 아미노산 서열을 비교한 결과, 냄새 분자가 달라붙는 걸로 추정되는 부위에서 세 군데가 달랐다. 단백질의 구조가 바뀌어 감지할 수 있는 냄새 분자의 목록이 달라진 것이다. 즉 노랑초파리의 Ir75a 유전자가 만드는 후각수용체는 아세트산과 프로피온산에 반응하고, 세셸리아초파리의 이것은 프로피온산과 들쩍지근한 다소 불쾌한 냄새가 나는 부티르산에 반응한다.

흥미롭게도 세셸리아초파리의 주식인 노니의 열매는 익으면서 부티르산이 연상되는 냄새가 강해진다. 연구자들은 세셸리아초파리의 Ir75a 유전자는 위유전자가 아니라 노랑초파리와는 다른 기능을 하는 후각수용체 단백질을 만드는 유전자로 진화한 것이라 주장하며, 세셸리아초파리의 Ir75a 유전자를 '위-위유전자(pseudo-pseudogene)'라고 불렀다.

① 세셸리아초파리가 주로 먹는 노니의 열매는 프로피온산 냄새가 나지 않기 때문이다.
② 프로피온산 냄새를 담당하는 후각수용체 단백질은 Ir75a 유전자와 상관이 없기 때문이다.
③ 노랑초파리에서 프로피온산 냄새를 담당하는 후각수용체 유전자는 위유전자가 되었기 때문이다.
④ 세셸리아초파리와 노랑초파리에서 Ir75a 유전자가 만드는 후각수용체 단백질이 똑같기 때문이다.
⑤ 노랑초파리에서 프로피온산 냄새를 담당하는 후각수용체 단백질을 만드는 것이 Ir75a 유전자이기 때문이다.

165 기출 20' 5급(민)[상황판단]-가 | 난이도 ●●●

다음 글을 근거로 판단할 때 옳은 것은?

> 제00조 ① 광역교통위원회는 위원장 1명과 상임위원 1명 및 다음 각 호의 위원을 포함하여 30명 이내로 구성한다.
> 1. 대도시권 광역교통 관련 업무를 담당하는 중앙행정기관 소속 고위공무원 중 대통령령으로 정하는 사람
> 2. 대도시권에 포함되는 광역지방자치단체의 부단체장 중 대통령령으로 정하는 사람
> 3. 그 밖에 광역교통 관련 전문지식과 경험이 풍부한 사람
>
> ② 광역교통위원회의 위원장은 국토교통부장관의 제청으로 대통령이 임명하고, 위원은 국토교통부장관이 임명 또는 위촉한다.
>
> 제00조 ① 실무위원회는 다음 각 호의 사항을 심의한다.
> 1. 광역교통위원회에 부칠 안건의 사전검토 또는 조정에 관한 사항
> 2. 그 밖에 실무위원회의 위원장이 심의가 필요하다고 인정하는 사항
>
> ② 실무위원회의 위원장은 광역교통위원회의 상임위원이 된다.
>
> ③ 실무위원회의 위원은 다음 각 호의 사람이 된다.
> 1. 기획재정부·행정안전부·국토교통부 및 행정중심복합도시건설청 소속 공무원 중 소속 기관의 장이 지명하는 사람
> 2. 대도시권에 포함되는 시·도 또는 시·군·구(자치구를 말한다) 소속 공무원 중 소속 기관의 장이 광역교통위원회와 협의해 지명하는 사람
> 3. 교통·도시계획·재정·행정·환경 등 광역교통에 관한 학식과 경험이 풍부한 사람 중에서 광역교통위원회의 위원장이 성별을 고려해 위촉하는 50명 이내의 사람

① 실무위원회의 위원 위촉 시 성별은 고려하지 않는다.
② 광역교통위원회의 구성원은 실무위원회의 구성원이 될 수 없다.
③ 광역교통위원회 위원장의 위촉 없이도 실무위원회의 위원이 될 수 있다.
④ 공무원이 아닌 사람은 실무위원회의 위원은 될 수 있으나, 광역교통위원회의 위원은 될 수 없다.
⑤ 광역교통위원회의 위원으로 행정안전부 소속 공무원을 선정하는 경우 행정안전부장관이 임명한다.

Day 11 Self Check List

	오답 수	무응답 수	풀이시간(분)
1회독	/ 15	/ 15	/ 30(분)
2회독	/ 15	/ 15	/ 25(분)
3회독	/ 15	/ 15	/ 15(분)

정답 및 해설 428p

*아래 회독수 별 권장 풀이 시간에 맞춰 풀이 후, 끝쪽의 Self Check List를 기입하여 부족한 부분을 파악하세요!

독끝 12일차 (166~180)

권장 풀이 시간

1회독 30 min　2회독 25 min　3회독 15 min

본 문항은 PSAT 언어논리 영역 기출 문항으로 구성되며, 기출 표기에 따른 시험 종류는 아래와 같습니다.(표기 상 맨 끝은 '책형' 입니다.)

[민] – 민간경력자 일괄채용시험 / [행] – 공개경쟁채용시험(행정)

166

기출 13' 5급[민]-인　난이도 ●○○

다음 글에서 추론할 수 있는 것만을 〈보기〉에서 모두 고르면?

아기를 키우다보면 정확히 확인해야 할 것이 정말 많다. 육아 훈수를 두는 주변 사람들이 많은데 어디까지 믿어야 할지 헷갈리는 때가 대부분이다. 특히 아기가 먹는 음식에 관한 것이라면 난감하기 그지없다. 이럴 때는 전문가의 답을 들어 보는 것이 우리가 선택할 수 있는 최상책이다.

A박사는 아기 음식에 대한 권위자다. 미국 유명 어린이 병원의 진료 부장인 그의 저서에는 아기의 건강과 성장 등에 관한 200여개 속설이 담겨 있고, 그것들이 왜 잘못된 것인지가 설명되어 있다. 다음은 A박사의 설명 중 대표적인 두 가지이다.

속설에 따르면 어떤 아기는 모유에 대해 알레르기 반응을 보인다. 하지만 이것은 사실이 아니다. 엄마의 모유에 대해서 알레르기 반응을 일으키는 아기는 없다. 이는 생물학적으로 불가능한 이야기이다. 어떤 아기가 모유를 뱉어낸다고 해서 알레르기가 있는 것은 아니다. A박사에 따르면 이러한 생각은 착각일 뿐이다.

또 다른 속설은 당분을 섭취하면 아기가 흥분한다는 것이다. 하지만 이것도 사실이 아니다. 아기는 생일 케이크의 당분 때문이 아니라 생일이 좋아서 흥분하는 것인데 부모가 이를 혼동하는 것이다. 이는 대부분의 부모가 믿고 있어서 정말로 부수기 어려운 속설이다. 당분을 섭취하면 흥분한다는 어떤 연구 결과도 보고된 바가 없다.

• 보기 •

ㄱ. 엄마가 갖지 않은 알레르기는 아기도 갖지 않는다.
ㄴ. 아기의 흥분된 행동과 당분 섭취 간의 인과적 관계는 확인된 바 없다.
ㄷ. 육아에 관한 주변 사람들의 훈수는 모두 비과학적인 속설에 근거하고 있다.

① ㄴ　② ㄷ　③ ㄱ, ㄴ
④ ㄱ, ㄷ　⑤ ㄱ, ㄴ, ㄷ

167

기출 13' 5급[민]-인　난이도 ●○○

다음 글의 내용과 부합하지 않는 것은?

2007년부터 시작되어 역사상 유례없는 전 세계의 동시 불황을 촉발시킨 금융 위기로 신자유주의의 권위는 흔들리기 시작했고, 향후 하나의 사조로서 신자유주의는 더 이상 주류적 지위를 유지하지 못하고 퇴조해갈 것이 거의 확실하다. 경제정책으로서의 신자유주의 역시 앞으로 대부분의 국가에서 예전과 같은 지지를 받기는 어려울 것이다.

세계 각국은 금융 위기로부터의 탈출과 함께 조속한 경기 회복을 위한 대책을 강구하는 데 총력을 기울일 것이다. 이 과정에서 기존의 경제 시스템을 각국의 실정에 부합하도록 전환하기 위한 다양한 모색도 활발해질 것으로 보인다. 국가별로 내부 시스템의 전환을 위한 모색이 방향을 잡아감에 따라 새로운 국제 경제 질서에 대한 논의도 동시에 진행될 것이다.

그렇다면 각국은 내부 경제 시스템의 전환과 위기 탈출을 위해 어떤 선택을 할 수 있을까? 물론 모든 문제를 해결하는 보편적 해법은 없다. 변형된 신자유주의부터 1929년 대공황 이후 약 40년 간 세계 경제를 지배했던 케인즈주의, 신자유주의의 이식 정도가 낮아서 금융 위기의 충격을 덜 받고 있는 북유럽 모델, 그리고 남미에서 실험되고 있는 21세기 사회주의까지 대단히 폭넓은 선택지를 두고 생존을 위한 실험이 시작될 것이다.

그렇다면 우리나라는 신자유주의 이후의 모델을 어디서부터 모색할 것인가? 해답은 고전적 문헌 속이나 기상천외한 이론에 있지 않다. 경제는 오늘과 내일을 살아가는 수많은 사람들의 삶의 틀을 규정하는 문제이기 때문이다. 새로운 모색은 현재 벌어지고 있는 세계적 금융 위기의 현실과 경제 침체가 고용대란으로 이어질 가능성마저 보이고 있는 우리 경제의 현실에서 이루어져야 한다.

① 신자유주의의 권위는 세계적 불황을 촉발시킨 금융 위기로 인해 위협받고 있다.
② 우리는 신자유주의의 후속 모델을 현재의 세계적 금융 위기의 현실에서 찾아야 한다.
③ 신자유주의의 이식 정도가 낮은 북유럽에서는 금융 위기에 의한 충격을 상대적으로 덜 받고 있다.
④ 각국은 경제 위기를 극복하기 위해 새로운 단일 경제체제를 공동 개발하는 방안을 활발히 논의하고 있다.
⑤ 경기 회복 대책 수립 과정에서 기존의 경제 시스템을 새로운 시스템으로 전환하는 방안이 활발하게 검토될 것이다.

168

기출 18' 5급[행]-나 난이도 ●●○

다음 글에서 알 수 있는 것은?

네트워크란 구성원들이 위계적이지 않으며 독자적인 의사소통망을 통해 서로 활발히 연결되어 있는 구조라고 할 수 있다. 마약조직 등에 나타나는 점조직은 기초적인 형태의 네트워크이며, 정교한 형태의 네트워크로는 행위자들이 하나의 행위자에 개별적으로 연결되어 있는 '허브' 조직이나 모든 행위자들이 서로 연결되어 있는 '모든 채널' 조직이 있다. 네트워크가 복잡해질수록 이를 유지하기 위해 의사소통 체계를 구축하는 비용이 커지지만, 정부를 비롯한 외부 세력이 와해시키기도 어렵게 된다. 특정한 지도자가 없고 핵심 기능들이 여러 구성원에 중복 분산되어 있어, 조직 내의 한 지점을 공격해도 전체적인 기능이 조만간 복구되기 때문이다. 이런 네트워크의 구성원들이 이념과 목표를 공유하고 실현하는 데 필요한 것들을 직접 행동에 옮긴다면, 이러한 조직을 상대하기는 더욱 힘들어진다.

네트워크가 반드시 첨단 기술을 전제로 하는 것은 아니며, 서로 연결되어 있기만 하면 그것은 네트워크다. 그렇지만 인터넷과 통신 기술과 같은 첨단 기술의 발달은 정교한 형태의 네트워크 유지에 필요한 비용을 크게 줄여놓았다. 이 때문에 세계의 수많은 시민 단체, 범죄 조직, 그리고 테러 단체들이 과거에는 상상할 수 없었던 힘을 발휘하게 되었으며, 정치, 외교, 환경, 범죄에 이르기까지 사회의 모든 부문에 영향력을 미치고 있다. 이렇듯 네트워크를 활용하는 비국가행위자들의 영향력이 확대되면서 국가가 사회에서 차지하는 역할의 비중이 축소되었다. 반면 비국가행위자들은 정보통신 기술의 힘을 얻은 네트워크를 통해 그동안 억눌렸던 자신들의 목소리를 낼 수 있게 되었다.

이러한 변화는 두 얼굴을 가진 야누스이다. 인권과 민주주의, 그리고 평화의 확산을 위해 애쓰는 시민사회 단체들은 네트워크의 힘을 바탕으로 기존의 국가 조직이 손대지 못한 영역에서 긍정적인 변화를 이끌어낼 것이다. 반면 테러 및 범죄 조직 역시 네트워크를 통해 국가의 추격을 피해가며 전 세계로 그 활동 범위를 넓혀나갈 것이다. 정보통신 기술의 발달과 네트워크의 등장으로 양쪽 모두 전례 없는 기회를 얻었다. 시민사회 단체들의 긍정적인 측면을 최대한 끌어내 정부의 기능을 보완, 견제하고 테러 및 범죄 조직의 발흥을 막을 수 있는 시스템을 구축하는 것이 시대의 과제가 될 것이다.

① 여러 형태의 네트워크 중 점조직의 결집력이 가장 강하다.
② 네트워크의 확산은 인류 미래에 부정적인 영향보다 긍정적인 영향을 더 크게 할 것이다.
③ 네트워크의 외부 공격에 대한 대응력은 조직의 정교성이나 복잡성과는 관계가 없을 것이다.
④ 기초적인 형태의 네트워크는 구성원의 수가 적어질수록 정교한 형태의 네트워크로 발전할 가능성이 크다.
⑤ 정교한 형태의 네트워크 유지에 들어가는 비용이 낮아진 것은 국가가 사회에 미치는 영향력이 약화된 결과를 낳았다.

169

기출 18' 5급[민]-가 난이도 ●●●

다음 글의 ⓐ와 ⓑ에 들어갈 말을 〈보기〉에서 골라 적절하게 나열한 것은?

갈릴레오는 망원경으로 목성을 항상 따라다니는 네 개의 위성을 관찰하였다. 이 관찰 결과는 지동설을 지지해 줄 수 있는 것이었다. 당시 지동설에 대한 반대 논증 중 하나는 다음과 같은 타당한 논증이었다.

(가) ______ⓐ______.
(나) 달은 지구를 항상 따라다닌다.
따라서 (다) 지구는 공전하지 않는다.

갈릴레오의 관찰 결과는 이 논증의 (가)를 반박할 수 있는 것이었다. 왜냐하면 목성이 공전한다는 것은 당시 천동설 학자들도 받아들이고 있었고 그의 관찰로 인해 위성들이 공전하는 목성을 따라다닌다는 것이 밝혀지는 셈이기 때문이다. 그런데 문제는 당시의 학자들이 망원경을 통한 관찰을 신뢰하지 않는다는 데 있었다. 당시 학자들 대부분은 육안을 통한 관찰로만 실제 존재를 파악할 수 있다고 믿었다. 따라서 갈릴레오는 망원경을 통한 관찰이 육안을 통한 관찰만큼 신뢰할 만하다는 것을 입증해야 했다. 이를 보이기 위해 그는 '빛 번짐 현상'을 활용하였다.

빛 번짐 현상이란, 멀리 떨어져 있는 작고 밝은 광원을 어두운 배경에서 볼 때 실제 크기보다 광원이 크게 보이는 현상이다. 육안으로 금성을 관찰할 경우, 금성이 주변 환경에 비해 더 밝게 보이는 밤에 관찰하는 것보다 낮에 관찰하는 것이 더 정확하다. 그런데 낮에 관찰한 결과는 연중 금성의 외견상 크기가 변한다는 것을 보여준다.

그렇다면 망원경을 통한 관찰이 신뢰할 만하다는 것은 어떻게 보일 수 있었을까? 갈릴레오는 밤에 금성을 관찰할 때 망원경을 사용하면 빛 번짐 현상을 없앨 수 있다는 것을 강조하면서 다음과 같은 논증을 펼쳤다.

(라) ____ⓑ____면, 망원경에 의한 관찰 자료를 신뢰할 수 있다.
(마) ____ⓑ____.
따라서 (바) 망원경에 의한 관찰 자료를 신뢰할 수 있다.

결국 갈릴레오는 (마)를 입증함으로써, (바)를 보일 수 있었다.

〈보기〉

ㄱ. 지구가 공전한다면, 달은 지구를 따라다니지 못한다
ㄴ. 달이 지구를 따라다니지 못한다면, 지구는 공전한다
ㄷ. 낮에 망원경을 통해 본 금성의 크기 변화와 낮에 육안으로 관찰한 금성의 크기 변화가 유사하다
ㄹ. 낮에 망원경을 통해 본 금성의 크기 변화와 밤에 망원경을 통해 본 금성의 크기 변화가 유사하다
ㅁ. 낮에 육안으로 관찰한 금성의 크기 변화와 밤에 망원경을 통해 본 금성의 크기 변화가 유사하다

	ⓐ	ⓑ
①	ㄱ	ㄷ
②	ㄱ	ㅁ
③	ㄴ	ㄷ
④	ㄴ	ㄹ
⑤	ㄴ	ㅁ

문항편 12일차 • 의사소통능력

170

기출 20' 5급(민)[상황판단]-가 난이도 ●●●

다음 글을 근거로 판단할 때 옳은 것은?

제○○조 이 법에서 사용하는 용어의 뜻은 다음과 같다.
1. '배아'란 인간의 수정란 및 수정된 때부터 발생학적으로 모든 기관이 형성되기 전까지의 분열된 세포군을 말한다.
2. '잔여배아'란 체외수정으로 생성된 배아 중 임신의 목적으로 이용하고 남은 배아를 말한다.

제△△조 ① 누구든지 임신 외의 목적으로 배아를 생성하여서는 아니 된다.
② 누구든지 배아를 생성할 때 다음 각 호의 어느 하나에 해당하는 행위를 하여서는 아니 된다.
1. 특정의 성을 선택할 목적으로 난자와 정자를 선별하여 수정시키는 행위
2. 사망한 사람의 난자 또는 정자로 수정하는 행위
3. 미성년자의 난자 또는 정자로 수정하는 행위. 다만 혼인한 미성년자가 그 자녀를 얻기 위하여 수정하는 경우는 제외한다.
③ 누구든지 금전, 재산상의 이익 또는 그 밖의 반대급부를 조건으로 배아나 난자 또는 정자를 제공 또는 이용하거나 이를 유인하거나 알선하여서는 아니 된다.

제□□조 ① 배아의 보존기간은 5년으로 한다. 다만 난자 또는 정자의 기증자가 배아의 보존기간을 5년 미만으로 정한 경우에는 이를 보존기간으로 한다.
② 제1항에도 불구하고 제1항의 기증자가 항암치료를 받는 경우 그 기증자는 보존기간을 5년 이상으로 정할 수 있다.
③ 배아생성의료기관은 제1항 또는 제2항에 따른 보존기간이 끝난 배아 중 제◇◇조에 따른 연구의 목적으로 이용하지 아니할 배아는 폐기하여야 한다.

제◇◇조 제□□조에 따른 배아의 보존기간이 지난 잔여배아는 발생학적으로 원시선(原始線)이 나타나기 전까지만 체외에서 다음 각 호의 연구 목적으로 이용할 수 있다.
1. 난임치료법 및 피임기술의 개발을 위한 연구
2. 희귀·난치병의 치료를 위한 연구

※ 원시선: 중배엽 형성 초기에 세포의 이동에 의해서 형성되는 배반(胚盤)의 꼬리쪽 끝에서 볼 수 있는 얇은 선

① 배아생성의료기관은 불임부부를 위해 반대급부를 조건으로 배아의 제공을 알선할 수 있다.
② 난자 또는 정자의 기증자는 항암치료를 받지 않더라도 배아의 보존기간을 6년으로 정할 수 있다.
③ 배아생성의료기관은 혼인한 미성년자의 정자를 임신 외의 목적으로 수정하여 배아를 생성할 수 있다.
④ 보존기간이 남은 잔여배아는 발생학적으로 원시선이 나타나기 전이라면 체내에서 난치병 치료를 위한 연구 목적으로 이용할 수 있다.
⑤ 생성 후 5년이 지나지 않은 잔여배아도 발생학적으로 원시선이 나타나기 전까지 체외에서 피임기술 개발을 위한 연구에 이용하는 것이 가능한 경우가 있다.

171

기출 13' 5급(인)-인 난이도 ●●●

다음 글에서 추론할 수 없는 것은?

언뜻 보아서는 살쾡이와 고양이를 구별하기 힘들다. 살쾡이가 고양잇과의 포유동물이어서 고양이와 흡사하기 때문이다. 그래서인지 '살쾡이'란 단어는 '고양이'와 연관이 있다. '살쾡이'의 '쾡이'가 '괭이'와 연관이 있는데, '괭이'는 '고양이'의 준말이기 때문이다.

'살쾡이'는 원래 '삵'에 '괭이'가 붙어서 만들어진 단어이다. '삵'은 그 자체로 살쾡이를 뜻하는 단어였다. 살쾡이의 모습이 고양이와 비슷해도 단어 '삵'은 '고양이'와는 아무런 연관이 없다. 그런데도 '삵'에 고양이를 뜻하는 '괭이'가 덧붙게 되었다. 그렇다고 '살쾡이'가 '삵과 고양이', 즉 '살쾡이와 고양이'란 의미를 가지는 것은 아니다. 단지 '삵'에 비해 '살쾡이'가 후대에 생겨난 단어일 뿐이다. '호랑이'란 단어도 이런 식으로 생겨났다. '호랑이'는 '호'(虎, 범)와 '랑'(狼, 이리)으로 구성되어 있으면서도 '호랑이와 이리'란 뜻을 가진 것이 아니라 그 뜻은 역시 '범'인 것이다.

'살쾡이'는 '삵'과 '괭이'가 합쳐져 만들어진 단어이기 때문에 '삵괭이' 또는 '삭괭이'로도 말하는 지역이 있으며, '삵'의 'ㄱ' 때문에 뒤의 '괭이'가 된소리인 '꽹이'가 되어 '삭꽹이' 또는 '살꽹이'로 말하는 지역도 있다. 그리고 '삵'에 거센소리가 발생하여 '살쾡이'로 발음하는 지역도 있다. 주로 서울 지역에서 '살쾡이'로 발음하기 때문에 '살쾡이'를 표준어로 삼았다. 반면에 북한의 사전에서는 '살쾡이'를 찾을 수 없고 '살괭이'만 찾을 수 있다. 남한에서 '살괭이'를 '살쾡이'의 방언으로 처리한 것과는 다르다.

① '호랑이'는 '호'(虎, 범)보다 나중에 형성되었다.
② 두 단어가 합쳐져 하나의 대상을 지시할 수 있다.
③ '살쾡이'가 남·북한 사전 모두에 실려 있는 것은 아니다.
④ '살쾡이'는 가장 광범위하게 사용되기 때문에 표준어로 정해졌다.
⑤ '살쾡이'의 방언이 다양하게 나타나는 것은 지역의 발음 차이 때문이다.

172

기출 13' 5급[민]-인 난이도 ●●○

다음 글에서 추론할 수 있는 것만을 〈보기〉에서 모두 고르면?

하나의 세포가 표적세포로 신호를 전달하는 방법에는 여러 종류가 있다. 이 중 직접 결합 방법은 세포가 표적세포와 직접 결합하여 신호를 전달하는 방법이다. 또한 측분비 방법은 세포가 신호 전달 물질을 분비하여 근접한 거리에 있는 표적세포에 신호를 전달하는 방법이다. 그리고 내분비 방법은 세포가 신호 전달 물질의 일종인 호르몬을 분비하여 이 물질이 순환계를 통해 비교적 먼 거리를 이동한 후 표적세포에 신호를 전달하는 방법이다.

동물의 면역세포에서 분비되는 신호 전달 물질은 세포 사이에 존재하는 공간을 통해 확산되어 근거리에 위치한 표적세포에 작용한다. 특정 면역세포가 히스타민을 분비하여 알레르기 반응을 일으키는 것이 대표적인 예이다. 신경세포 사이의 신호 전달은 신경세포에서 분비되는 신경전달물질에 의해 일어난다. 신경전달물질은 세포 사이에 존재하는 공간을 통해 확산되어 근거리에 있는 표적세포에 작용한다.

내분비샘 세포에서 분비된 호르몬은 모세혈관으로 확산되어 혈액을 따라 이동하고 표적세포의 근처에 도달했을 때 혈관으로부터 빠져나와 표적세포에 작용한다. 따라서 표적세포에서 반응을 일으키는 데 걸리는 시간은 호르몬이 신경전달물질보다 더 오래 걸린다.

보기

ㄱ. 신경전달물질에 의한 신호 전달은 측분비 방법을 통해 이루어진다.

ㄴ. 내분비 방법이 측분비 방법보다 표적세포에서 더 빠른 반응을 일으킨다.

ㄷ. 하나의 세포가 표적세포로 신호를 전달하기 위해서는 신호 전달 물질의 분비가 필수적이다.

① ㄱ　② ㄷ　③ ㄱ, ㄴ
④ ㄴ, ㄷ　⑤ ㄱ, ㄴ, ㄷ

173

기출 18' 5급[행]-나 난이도 ●●○

다음 A, B 학파에 대한 판단으로 적절하지 않은 것은?

비정규 노동은 파트타임, 기간제, 파견, 용역, 호출 등의 근로형태를 의미한다. IMF 외환위기 이후 정규직과 비정규직 사이의 차별이 사회문제로 대두되었는데 그 중 가장 심각한 문제가 임금차별이다. 정규직과 비정규직 사이의 임금수준 격차는 점차 커져 비정규직 임금이 2001년에는 정규직의 63 % 수준이었다가 2016년에는 53.5 % 수준으로 떨어졌다. 이 문제를 어떻게 해결할 것인가를 놓고 크게 두 가지 시각이 대립한다.

A 학파는 차별적 관행을 고수하는 기업들은 비차별적 기업들과의 경쟁에서 자연적으로 도태되기 때문에 기업 간 경쟁이 임금차별 완화의 핵심이라고 이야기한다. 기업이 노동자 개인의 능력 이외에 다른 잣대를 바탕으로 차별하는 행위는 비합리적이기 때문에, 기업들 사이의 경쟁이 강화될수록 임금차별은 자연스럽게 줄어들 수밖에 없다는 것이다. 예를 들어 정규직과 비정규직 가릴 것 없이 오직 능력에 비례하여 임금을 결정하는 회사는 정규직 또는 비정규직이라는 이유만으로 무능한 직원들을 임금 면에서 우대하고 유능한 직원들을 홀대하는 회사보다 경쟁에서 앞서나갈 것이다.

B 학파는 실제로는 고용주들이 비정규직을 차별한다고 해서 기업 간 경쟁에서 불리해지지는 않는 현실을 근거로 A 학파를 비판한다. B 학파에 따르면 고용주들은 오직 사회적 비용이라는 추가적 장애물의 위협에 직면했을 때에만 정규직과 비정규직 사이의 임금차별 관행을 근본적으로 재고한다. 여기서 말하는 사회적 비용이란, 국가가 제정한 법과 제도를 수용하지 않음으로써 조직의 정당성이 낮아짐을 뜻한다. 기업의 경우엔 조직의 정당성이 낮아지게 되면 조직의 생존 가능성 역시 낮아지게 된다. 그래서 기업은 임금차별을 줄이는 강제적 제도를 수용함으로써 사회적 비용을 낮추는 선택을 하게 된다는 것이다. 따라서 B 학파는 법과 제도에 의한 규제를 통해 임금차별이 줄어들 것이라고 본다.

① A 학파에 따르면 경쟁이 치열한 산업군일수록 근로형태에 따른 임금 격차는 더 적어진다.

② A 학파는 시장에서 기업 간 경쟁이 약화되는 것을 방지하기 위한 보완 정책이 수립되어야 한다고 본다.

③ A 학파는 정규직과 비정규직 사이의 임금차별이 어떻게 줄어드는가에 대해 B 학파와 견해를 달리한다.

④ B 학파는 기업이 자기 조직의 생존 가능성을 낮춰가면서까지 임금차별 관행을 고수하지는 않을 것이라고 전제한다.

⑤ B 학파에 따르면 다른 조건이 동일할 때 기업의 비정규직에 대한 임금차별은 주로 강제적 규제에 의해 시정될 수 있다.

174

기출 18' 5급㉥-가 | 난이도 ●●●

다음 글의 빈칸에 들어갈 진술로 가장 적절한 것은?

모두가 서로를 알고 지내는 작은 규모의 사회에서는 거짓이나 사기가 번성할 수 없다. 반면 그렇지 않은 사회에서는 누군가를 기만하여 이득을 보는 경우가 많이 발생한다. 이런 현상이 발생하는 이유를 확인하는 연구가 이루어졌다. A 교수는 그가 마키아벨리아니즘이라고 칭한 성격 특성을 지닌 사람을 판별하는 검사를 고안해냈다. 이 성격 특성은 다른 사람을 교묘하게 이용하고 기만하는 능력을 포함한다. 그의 연구는 사람들 중 일부는 다른 사람들을 교묘하게 이용하거나 기만하여 자기 이익을 챙긴다는 사실을 보여준다. 수백 명의 학생을 대상으로 한 조사에서, 마키아벨리아니즘을 갖는 것으로 분류된 학생들은 대체로 대도시 출신임이 밝혀졌다.

위 연구들이 보여주는 바를 대도시 사람들의 상호작용을 이해하기 위해 확장시켜 보자. 일반적으로 낯선 사람들이 모여 사는 대도시에서는 자기 이익을 위해 다른 사람을 이용하는 성향을 지닌 사람이 많다고 생각하기 쉽다. 대도시 사람들은 모두가 사기꾼처럼 보인다는 주장이 일리 있게 들리기도 한다. 그러나 다른 사람들의 협조 성향을 이용하여 도움을 받으면서도 다른 사람에게 도움을 주지 않는 사람이 존재하기 위해서는 일정한 틈새가 만들어져 있어야 한다. [   ] 때문에 이 틈새가 존재할 수 있는 것이다. 이는 기생 식물이 양분을 빨아먹기 위해서는 건강한 나무가 있어야 하는 것과 같다. 나무가 건강을 잃게 되면 기생 식물 또한 기생할 터전을 잃게 된다. 그렇다면 어떤 의미에서는 모든 사람들이 사기꾼이라는 냉소적인 견해는 낯선 사람과의 상호작용을 잘못 이해한 것이다. 모든 사람들이 사기꾼이라면 사기를 칠 가능성도 사라지게 된다고 이해하는 것이 맞다.

① 대도시라는 환경적 특성
② 인간은 사회를 필요로 하기
③ 많은 사람들이 진정으로 협조하기
④ 많은 사람들이 이기적 동기에 따라 행동하기
⑤ 누가 마키아벨리아니즘을 갖고 있는지 판별하기 어렵기

175

기출 20' 5급㉥[상황판단]-가 | 난이도 ●●●

다음 글을 근거로 판단할 때, 〈보기〉에서 저작권자의 허락 없이 허용되는 행위만을 모두 고르면?

제00조 타인의 공표된 저작물의 내용·형식을 변환하거나 그 저작물을 복제·배포·공연 또는 공중송신(방송·전송을 포함한다)하기 위해서는 특별한 규정이 없는 한 저작권자의 허락을 받아야 한다.

제00조 ① 누구든지 공표된 저작물을 저작권자의 허락 없이 시각장애인을 위하여 점자로 복제·배포할 수 있다.

② 시각장애인을 보호하고 있는 시설, 시각장애인을 위한 특수학교 또는 점자도서관은 영리를 목적으로 하지 아니하고 시각장애인의 이용에 제공하기 위하여, 공표된 어문저작물을 저작권자의 허락없이 녹음하여 복제하거나 디지털음성정보기록방식으로 복제·배포 또는 전송할 수 있다.

제00조 ① 누구든지 공표된 저작물을 저작권자의 허락 없이 청각장애인을 위하여 한국수어로 변환할 수 있으며 이러한 한국수어를 복제·배포·공연 또는 공중송신할 수 있다.

② 청각장애인을 보호하고 있는 시설, 청각장애인을 위한 특수학교 또는 한국어수어통역센터는 영리를 목적으로 하지 아니하고 청각장애인의 이용에 제공하기 위하여, 공표된 저작물에 포함된 음성 및 음향 등을 저작권자의 허락없이 자막 등 청각장애인이 인지할 수 있는 방식으로 변환할 수 있으며 이러한 자막 등을 청각장애인이 이용할 수 있도록 복제·배포·공연 또는 공중송신할 수 있다.

※ 어문저작물: 소설·시·논문·각본 등 문자로 이루어진 저작물

보기

ㄱ. 학교도서관이 공표된 소설을 청각장애인을 위하여 한국수어로 변환하고 이 한국수어를 복제·공중송신하는 행위
ㄴ. 한국어수어통역센터가 영리를 목적으로 청각장애인의 이용에 제공하기 위하여, 공표된 영화에 포함된 음성을 자막으로 변환하여 배포하는 행위
ㄷ. 점자도서관이 영리를 목적으로 하지 아니하고 시각장애인의 이용에 제공하기 위하여, 공표된 피아니스트의 연주 음악을 녹음하여 복제·전송하는 행위

① ㄱ　② ㄴ　③ ㄱ, ㄷ
④ ㄴ, ㄷ　⑤ ㄱ, ㄴ, ㄷ

176

기출 13' 5급㉤-인 | 난이도 ●○○

다음 글에 제시된 논리적 오류의 사례로 적절하지 않은 것은?

흔히 주변에서 암 검진 결과 암의 징후가 없다는 판정을 받은 후 암이 발견되면 검진이 엉터리였다고 비난하는 것을 본다. 우리 몸의 세포들을 모두 살펴보지 않은 이상 암세포가 없다고 결론지을 수 없다는 것은 논리적으로 명확한데 말이다. 우리는 1,000마리의 까마귀를 관찰하여 모두 까맣다고 해서 까맣지 않은 까마귀가 없다고 단정할 수는 없다고 학교에서 배웠다. 하지만 교실에서 범하지 않는 논리적 오류를 실생활에서는 흔히 범하곤 한다. 예를 들어, 1960년대에 의사들은 모유가 분유에 비해 이점이 있다는 증거를 찾지 못하였다. 그러자 당시 의사들은 모유가 특별한 이점이 없다고 결론지었다. 그 결과, 많은 사람들이 대가를 치러야만 했다. 수십 년이 지난 후에, 유아기에 모유를 먹지 않은 사람들은 특정 암을 비롯하여 여러 가지 질병에 걸릴 위험성이 높다는 사실이 밝혀진 것이다. 이와 같이 우리는 '증거의 없음'을 '없음의 증거'로 오인하곤 한다.

① 다양한 물질의 전기 저항을 조사한 결과 전기 저항이 0인 경우는 없었다. 따라서 전기 저항이 0인 물질은 없다.
② 어떤 사람이 술과 담배를 즐겼지만 몸에 어떤 이상도 발견되지 않았다. 따라서 그 사람에게는 술과 담배가 무해하다.
③ 경찰은 어떤 피의자가 확실한 알리바이가 있다는 것을 확인했다. 따라서 그 피의자는 해당 범죄 현장에 있지 않았다.
④ 주변에서 빛을 내는 것을 조사해보니 열 발생이 동반되지 않는 것이 없었다. 그러므로 열을 내지 않는 발광체는 없다.
⑤ 현재까지 수많은 노력에도 불구하고 외계 지적 생명체는 발견되지 않았다. 그러므로 외계 지적 생명체는 존재하지 않는다.

177

기출 13' 5급㉤-인 | 난이도 ●○○

(가)와 (나)에 대한 평가로 적절한 것만을 〈보기〉에서 모두 고르면?

(가) 어린 시절 과학 선생님에게 가을에 단풍이 드는 까닭을 물어본 적이 있다면, 단풍은 "나무가 겨울을 나려고 잎을 떨어뜨리다 보니 생기는 부수적인 현상"이라는 답을 들었을 것이다. 보통 때는 초록빛을 내는 색소인 엽록소가 카로틴, 크산토필 같은 색소를 가리므로 우리는 잎에서 다른 빛깔을 보지 못한다. 가을이 오면, 잎을 떨어뜨리고자 잎자루 끝에 떨켜가 생기면서 가지와 잎 사이의 물질 이동이 중단된다. 이에 따라 엽록소가 파괴되면서 감춰졌던 다른 색소들이 자연스럽게 드러나서 잎이 노랗거나 주홍빛을 띠게 된다. 요컨대 단풍은 나무가 월동 준비 과정에서 우연히 생기는 부산물이다.

(나) 생물의 내부를 들여다보면 화려한 색은 거의 눈에 띄지 않는다. 물론 척추동물의 몸 속에 흐르는 피는 예외이다. 상처가 난 당사자에게 피의 강렬한 색이 사태의 시급성을 알려 준다면, 피의 붉은 색깔은 특정한 목적을 가지고 진화적으로 출현했다고 볼 수 있다. 마찬가지로 타는 듯한 가을 단풍은 나무가 해충에 보내는 경계 신호라고 볼 수 있다. 진딧물처럼 겨울을 나기 위해 가을에 적당한 나무를 골라서 알을 낳는 곤충들을 향해 나무가 자신의 경계 태세가 얼마나 철저한지 알려 주는 신호가 가을 단풍이라는 것이다. 단풍의 색소를 만드는 데는 적지 않은 비용이 따르므로, 오직 건강한 나무만이 진하고 뚜렷한 가을 빛깔을 낼 수 있다. 진딧물은 이러한 신호들에 반응해서 가장 형편없이 단풍이 든 나무에 내려앉는다. 휘황찬란한 단풍은 나무와 곤충이 진화하면서 만들어 낸 적응의 결과물이다.

• 보기 •

ㄱ. 단풍이 드는 나무 중에서 떨켜를 만들지 않는 종이 있다는 연구 결과는 (가)의 주장을 강화한다.
ㄴ. 식물의 잎에서 주홍빛을 내는 색소가 가을에 새롭게 만들어진다는 연구 결과는 (가)의 주장을 강화한다.
ㄷ. 가을에 인위적으로 어떤 나무의 단풍색을 더 진하게 만들었더니 그 나무에 알을 낳는 진딧물의 수가 줄었다는 연구 결과는 (나)의 주장을 강화한다.

① ㄱ　　② ㄷ　　③ ㄱ, ㄴ
④ ㄴ, ㄷ　　⑤ ㄱ, ㄴ, ㄷ

178

기출 18' 5급[행]-나 난이도 ●●○

다음 ㉠~㉣에 들어갈 말을 가장 적절하게 나열한 것은?

신체의 운동이 뇌에 의해 통제되고 조절된다는 것은 당연하게 여겨지지만, 여전히 뇌의 어느 부위가 어떤 운동 기능을 담당하는지는 정확하게 이해되고 있지 않다. 이는 뇌의 여러 부분이 동시에 신체 운동에 관여하기 때문이다. 신체 운동에 관여하는 중요한 뇌의 부위에는 운동 피질, 소뇌, 기저핵이 있다. 대뇌에 있는 운동 피질은 의지에 따른 운동을 주로 조절한다. 소뇌와 기저핵은 숙달되어 생각하지 않아도 일어나는 운동들을 조절한다. 평균대 위에서 재주를 넘는 체조선수의 섬세한 몸동작은 반복된 훈련을 통하여 생각 없이 자동으로 이루어지는데 이러한 일은 주로 소뇌가 관여하여 일어난다. 기저핵의 두 부위인 선조체와 흑색질은 서로 대립적으로 신체 운동을 조절한다. 선조체는 신체 운동을 [㉠]하고, 흑색질은 신체 운동을 [㉡]하는 역할을 한다. 뇌의 이상으로 발생하는 운동 장애로 헌팅턴 무도병과 파킨슨병이 있다. 이 두 질병은 그 증세가 서로 대조적이다. 전자는 신체의 근육들이 제멋대로 움직여서 거칠고 통제할 수 없는 운동을 유발한다. 반면에 파킨슨병은 근육의 경직과 떨림으로 움직이려 하여도 근육이 제대로 움직여 주지 않는다. 이러한 대조적인 증세는 대립적으로 작용하는 기저핵의 두 부위에서 일어난 손상으로 인하여 발생한다. 선조체가 손상을 입으면 헌팅턴 무도병에 걸리고 흑색질에 손상을 입으면 파킨슨병에 걸린다. 따라서 [㉢]의 기능을 향상시키는 약을 쓰면 파킨슨병의 증세가 완화되고 [㉣]의 기능을 억제하는 약을 쓰면 헌팅턴 무도병의 증세가 완화된다.

	㉠	㉡	㉢	㉣
①	억제	유발	흑색질	흑색질
②	억제	유발	흑색질	선조체
③	억제	유발	선조체	선조체
④	유발	억제	선조체	흑색질
⑤	유발	억제	흑색질	선조체

179

기출 18' 5급[민]-가 난이도 ●●●

다음 글에서 추론할 수 있는 것만을 〈보기〉에서 모두 고르면?

우리가 가진 믿음들은 때때로 여러 방식으로 표현된다. 예를 들어, 영희가 일으킨 교통사고 현장을 목격한 철수를 생각해보자. 영희는 철수가 아는 사람이므로, 현장을 목격한 철수는 영희가 사고를 일으켰다는 믿음을 가지게 되었다. 철수의 이런 믿음을 표현하는 한 가지 방법은 "철수는 영희가 교통사고를 일으켰다고 믿는다."라고 표현하는 것이다. 이것을 진술 A라고 하자. 진술 A의 의미를 분명히 생각해보기 위해서, "영희는 민호의 아내다."라고 가정해보자. 그럼 진술 A로부터 "철수는 민호의 아내가 교통사고를 일으켰다고 믿는다."가 참이라는 것이 반드시 도출되는가? 그렇지 않다. 왜냐하면 철수는 영희가 민호의 아내라는 것을 모를 수도 있고, 다른 사람의 아내로 잘못 알 수도 있기 때문이다.

한편 철수의 믿음은 "교통사고를 일으켰다고 철수가 믿고 있는 사람은 영희다."라고도 표현될 수 있다. 이것을 진술 B라고 하자. 다시 "영희는 민호의 아내다."라고 가정해보자. 그리고 진술 B로부터 "교통사고를 일으켰다고 철수가 믿고 있는 사람은 민호의 아내다."가 도출되는지 생각해보자. 진술 B는 '교통사고를 일으켰다고 철수가 믿고 있는 사람'이 가리키는 것과 '영희'가 가리키는 것이 동일하다는 것을 의미한다. 그리고 '영희'가 가리키는 것은 '민호의 아내'가 가리키는 것과 동일하다. 그러므로 '교통사고를 일으켰다고 철수가 믿고 있는 사람'이 가리키는 것은 '민호의 아내'가 가리키는 것과 동일하다. 따라서 진술 B로부터 "교통사고를 일으켰다고 철수가 믿고 있는 사람은 민호의 아내다."가 도출된다. 이처럼 철수의 믿음을 표현하는 두 방식 사이에는 차이가 있다.

보기

ㄱ. "영희는 민호의 아내가 아니다."라고 가정한다면, 진술 A로부터 "철수는 민호의 아내가 교통사고를 일으켰다고 믿지 않는다."가 도출된다.

ㄴ. "영희가 초보운전자이고 철수가 이 사실을 알고 있다."라고 가정한다면, 진술 A로부터 "철수는 어떤 초보운전자가 교통사고를 일으켰다고 믿는다."가 도출된다.

ㄷ. "영희가 동철의 엄마이지만 철수는 이 사실을 모르고 있다."라고 가정한다면, 진술 B로부터 "교통사고를 일으켰다고 철수가 믿고 있는 사람은 동철의 엄마다."가 도출된다.

① ㄱ　② ㄴ　③ ㄱ, ㄷ
④ ㄴ, ㄷ　⑤ ㄱ, ㄴ, ㄷ

180

기출 20' 5급(민)[상황판단]-가 | 난이도 ●●●

다음 글을 근거로 판단할 때 옳은 것은?

제○○조 ① 국유재산은 다음 각 호의 어느 하나에 해당하지 않는 경우에는 매각할 수 있다.
1. 제△△조에 의한 매각제한의 대상에 해당하는 경우
2. 제□□조에 의한 총괄청의 매각승인을 받지 않은 경우

② 국유재산의 매각은 일반경쟁입찰을 원칙으로 한다. 다만 필요한 경우에는 제한경쟁, 지명경쟁 또는 수의계약의 방법으로 매각할 수 있다.

제△△조 다음 각 호의 어느 하나에 해당하는 경우에는 매각할 수 없다.
1. 중앙관서의 장이 행정목적으로 사용하기 위하여 그 국유재산을 행정재산으로 사용 승인한 경우
2. 소유자 없는 부동산에 대하여 공고를 거쳐 국유재산으로 취득한 후 10년이 지나지 아니한 경우. 다만 해당 국유재산에 대하여 중앙관서의 장이 공익사업에 필요하다고 인정한 경우와 행정재산의 용도로 사용하던 소유자 없는 부동산을 행정재산으로 취득하였으나 그 행정재산을 당해 용도로 사용하지 아니하게 된 경우에는 그러하지 아니하다.

제□□조 ① 국유일반재산인 토지의 면적이 특별시·광역시 지역에서는 1,000제곱미터를, 그 밖의 시 지역에서는 2,000제곱미터를 초과하는 재산을 매각하고자 하는 경우에는 총괄청의 승인을 받아야 한다.

② 제1항에도 불구하고 다음 각 호의 어느 하나에 해당하는 경우에는 총괄청의 승인을 요하지 아니한다.
1. 수의계약의 방법으로 매각하는 경우
2. 다른 법률에 따른 무상귀속
3. 법원의 확정판결·결정 등에 따른 소유권의 변경

① 중앙관서의 장이 행정목적으로 사용하기 위하여 행정재산으로 사용 승인한 국유재산인 건물은 총괄청의 매각승인을 받아야 매각될 수 있다.

② 총괄청의 매각승인 대상인 국유일반재산이더라도 그 매각방법이 지명경쟁인 경우에는 총괄청의 승인없이 매각할 수 있다.

③ 법원의 확정판결로 국유일반재산의 소유권을 변경하려는 경우 총괄청의 승인을 받아야 한다.

④ 광역시에 소재하는 국유일반재산인 1,500제곱미터 면적의 토지를 수의계약의 방법으로 매각하려는 경우에는 총괄청의 승인을 받아야 한다.

⑤ 행정재산의 용도로 사용하던 소유자 없는 500제곱미터 면적의 토지를 공고를 거쳐 행정재산으로 취득한 후 이를 당해 용도로 사용하지 않게 된 경우, 취득한 때로부터 10년이 경과하지 않았더라도 매각할 수 있다.

Day 12 Self Check List

	오답 수	무응답 수	풀이시간(분)
1회독	/ 15	/ 15	/ 30(분)
2회독	/ 15	/ 15	/ 25(분)
3회독	/ 15	/ 15	/ 15(분)

정답 및 해설 456p

* 아래 회독수 별 권장 풀이 시간에 맞춰 풀이 후, 끝쪽의 Self Check List를 기입하여 부족한 부분을 파악하세요!

권장 풀이 시간

1회독 40 min　2회독 33 min　3회독 20 min

본 문항은 PSAT 언어논리 영역 기출 문항으로 구성되며, 기출 표기에 따른 시험 종류는 아래와 같습니다.(표기 상 맨 끝은 '책형' 입니다.)
㉠ - 민간경력자 일괄채용시험 / ㉡ - 공개경쟁채용시험(행정)

181

기출 13' 5급㉠-인　난이도 ●○○

다음 글의 밑줄 친 주장을 강화하는 사례만을 〈보기〉에서 모두 고르면?

최근에 트랜스 지방은 그 건강상의 위해 효과 때문에 주목받고 있다. 우리가 즐겨 먹는 많은 식품에는 트랜스 지방이 숨어 있다. 그렇다면 트랜스 지방이란 무엇일까?

지방에는 불포화 지방과 포화 지방이 있다. 식물성 기름의 주성분인 불포화 지방은 포화 지방에 비하여 수소의 함유 비율이 낮고 녹는점도 낮아 상온에서 액체인 경우가 많다.

불포화 지방은 그 안에 존재하는 이중 결합에서 수소 원자들의 결합 형태에 따라 시스(cis)형과 트랜스(trans)형으로 나뉘는데 자연계에 존재하는 대부분의 불포화 지방은 시스형이다. 그런데 조리와 보존의 편의를 위해 액체 상태인 식물성 기름에 수소를 첨가하여 고체 혹은 반고체 상태로 만드는 과정에서 트랜스 지방이 만들어진다. 그래서 대두, 땅콩, 면실유를 경화시켜 얻은 마가린이나 쇼트닝은 트랜스 지방의 함량이 높다. 또한 트랜스 지방은 식물성 기름을 고온으로 가열하여 음식을 튀길 때도 발생한다. 따라서 튀긴 음식이나 패스트푸드에는 트랜스 지방이 많이 들어 있다.

<u>트랜스 지방은 포화 지방인 동물성 지방처럼 심혈관계에 해롭다</u>. 트랜스 지방은 혈관에 나쁜 저밀도지방단백질(LDL)의 혈중 농도를 증가시키는 한편 혈관에 좋은 고밀도지방단백질(HDL)의 혈중 농도는 감소시켜 혈관벽을 딱딱하게 만들어 심장병이나 동맥경화를 유발하고 악화시킨다.

보기

ㄱ. 쥐의 먹이에 함유된 트랜스 지방 함량을 2% 증가시키자 쥐의 심장병 발병률이 25% 증가하였다.
ㄴ. 사람들이 마가린을 많이 먹는 지역에서 마가린의 트랜스 지방 함량을 낮추자 동맥경화의 발병률이 1년 사이에 10% 감소하였다.
ㄷ. 성인 1,000명에게 패스트푸드를 일정 기간 지속적으로 섭취하게 한 후 검사해 보니, HDL의 혈중 농도가 섭취 전에 비해 20% 감소하였다.

① ㄱ　② ㄴ　③ ㄱ, ㄷ
④ ㄴ, ㄷ　⑤ ㄱ, ㄴ, ㄷ

182

기출 13' 5급㉠-인　난이도 ●○○

갑~병의 논증에 대한 분석으로 적절한 것만을 〈보기〉에서 모두 고르면?

갑: 절대적으로 확실한 지식은 존재하지 않는다. 왜냐하면 그런 지식으로 인도해 줄 방법은 없기 때문이다. 첫째, 사람의 감각은 믿을 수가 없으며, 실제 외부세계의 본질에 대해서 아무것도 말해 주지 않는다. 둘째, 확실한 것으로 받아들여지는 논리적 방법도, 주어진 사실에 바탕을 두고 그것을 전제로 해서 새로운 사실을 결론짓는 것이므로, 결국 불확실한 것에 바탕을 두었을 따름이다.

을: 정상적인 감각기관을 통하여 얻어낸 감각 경험은 믿을 만하고, 우리는 이 감각 경험에 기초한 판단이 참인지 아닌지를 가릴 수 있다. 그러므로 감각 경험을 통해서 우리는 절대적으로 확실한 지식을 얻게 된다.

병: 나는 인간의 경험에 의존한 방법이나 이성적 추론을 통한 방법은 의심이 가능하며 믿을 수 없다고 생각했었다. 하지만 이런 의심을 거듭한 결과 나는 놀라운 결론에 이르렀다. 그것은 모든 것을 의심한다고 하더라도 의심할 수 없는 것이 있다는 사실이다. 그것은 바로 의심하는 내가 있다는 것이다. 결국 나는 거듭 의심하는 방법을 사용하여 절대적으로 확실한 지식을 발견하였다.

보기

ㄱ. 갑의 결론은 을의 결론과 양립 불가능하다.
ㄴ. 갑의 결론은 병의 결론과 양립 불가능하다.
ㄷ. 을과 병은 모두 절대적으로 확실한 지식이 있다고 주장한다.

① ㄱ　② ㄴ　③ ㄱ, ㄷ
④ ㄴ, ㄷ　⑤ ㄱ, ㄴ, ㄷ

183

기출 18' 5급[행]-나 난이도 ●●○

다음 ㉠을 평가한 것으로 가장 적절한 것은?

일어나기 매우 어려운 사건이 일어났다고 매우 믿을 만한 사람이 증언했을 때, 우리는 그 사건이 일어났다고 추론할 수 있는가? 증언하는 사람이 거짓말을 자주 해서 믿을 만하지 않은 사람이거나 증언이 진기한 사건에 관한 것이라면, 증언의 믿음직함은 떨어질 수밖에 없다. 흄은 증언이 단순히 진기한 사건 정도가 아니라 기적 사건에 관한 것인 경우를 다룬다. 기적이 일어났다고 누군가 증언했다고 생각해 보자. 흄의 이론에 따르면, 그 증언이 거짓일 확률과 그 기적이 실제로 일어날 확률을 비교해서, 후자가 더 낮다면 우리는 기적 사건이 일어나지 않았다고 생각하고, 전자가 더 낮다면 우리는 그 증언이 거짓이 아니라고 생각해야 한다. 한편 프라이스의 이론에 따르면, 그 증언이 참일 확률이 기적이 일어날 확률보다 훨씬 높으면, 우리는 그 증언으로부터 기적이 실제로 일어났으리라고 추론할 수 있다.

예컨대 가람은 ㉠ <u>거의 죽어가는 사람이 살아나는 기적</u>이 일어났다고 증언했다. 그런 기적이 일어날 확률은 0.01%지만, 가람은 매우 믿을 만한 사람이어서 그의 증언이 거짓일 확률은 0.1%다. 의심 많은 나래는 가람보다 더 믿을 만한 증인이다. 나래도 그런 기적을 증언했는데 그의 증언이 거짓일 확률은 0.001%다.

① 흄의 이론에 따르면, 나래가 ㉠에 대해 거짓말했다고 생각해야 한다.
② 흄의 이론에 따르면, ㉠에 대한 가람의 증언이 받아들일 만하다고 생각해야 한다.
③ 프라이스의 이론에 따르면, 가람이 ㉠에 대해 거짓말했다고 생각해야 한다.
④ 흄의 이론에 따르든 프라이스의 이론에 따르든, 가람의 증언으로부터 ㉠이 실제로 일어났으리라고 추론할 수 있다.
⑤ 흄의 이론에 따르든 프라이스의 이론에 따르든, 나래의 증언으로부터 ㉠이 실제로 일어났으리라고 추론할 수 있다.

184

기출 18' 5급[민]-가 난이도 ●●●

다음 ㉠과 ㉡에 들어갈 말을 가장 적절하게 나열한 것은?

음향학에 관련된 다음의 두 가지 명제는 세 개의 원형 판을 가지고 실험함으로써 입증될 수 있다. 하나의 명제는 "지름과 모양이 같은 동일 재질의 원형 판이 진동할 때 발생하는 진동수는 두께에 비례한다."이고 다른 명제는 "모양과 두께가 같은 동일 재질의 원형 판이 진동할 때 발생하는 진동수는 판 지름의 제곱에 반비례한다."이다. 이를 입증하기 위해 모양이 같은 동일 재질의 원형 판 A, B 그리고 C를 준비하되 A와 B는 두께가 같고 C는 두께가 A의 두께의 두 배이며, A와 C는 지름이 같고 B의 지름은 A의 지름의 절반이 되도록 한다. 판을 때려서 발생하는 음을 듣고 B는 A보다 [㉠] 음을 내고, C는 A보다 [㉡] 음을 내는 것을 확인한다. 진동수가 두 배가 될 때 한 옥타브 높은 음이 나므로 두 명제는 입증이 된다.

	㉠	㉡
①	한 옥타브 낮은	두 옥타브 낮은
②	한 옥타브 높은	두 옥타브 높은
③	두 옥타브 낮은	한 옥타브 높은
④	두 옥타브 높은	한 옥타브 낮은
⑤	두 옥타브 높은	한 옥타브 높은

185

기출 19' 5급(민)[상황판단]-나 난이도 ●●●

다음 글과 〈상황〉을 근거로 판단할 때 옳은 것은?

제00조 이 법에서 사용하는 용어의 뜻은 다음과 같다.
1. '자연장(自然葬)'이란 화장한 유골의 골분(骨粉)을 수목·화초·잔디 등의 밑이나 주변에 묻어 장사하는 것을 말한다.
2. '개장(改葬)'이란 매장한 시신이나 유골을 다른 분묘에 옮기거나 화장 또는 자연장하는 것을 말한다.

제00조 ① 사망한 때부터 24시간이 지난 후가 아니면 매장 또는 화장을 하지 못한다.
② 누구든지 허가를 받은 공설묘지, 공설자연장지, 사설묘지 및 사설자연장지 외의 구역에 매장하여서는 안 된다.

제00조 ① 매장(단, 자연장 제외)을 한 자는 매장 후 30일 이내에 매장지를 관할하는 시장·군수·구청장(이하 '시장 등'이라 한다)에게 신고하여야 한다.
② 화장을 하려는 자는 화장시설을 관할하는 시장 등에게 신고하여야 한다.
③ 개장을 하려는 자는 다음 각 호의 구분에 따라 시신 또는 유골의 현존지(現存地) 또는 개장지(改葬地)를 관할하는 시장 등에게 각각 신고하여야 한다.
1. 매장한 시신 또는 유골을 다른 분묘로 옮기거나 화장하는 경우: 시신 또는 유골의 현존지와 개장지
2. 매장한 시신 또는 유골을 자연장하는 경우: 시신 또는 유골의 현존지

제00조 ① 국가, 시·도지사 또는 시장 등이 아닌 자는 가족묘지, 종중·문중묘지 등을 설치·관리할 수 있다.
② 제1항의 묘지를 설치·관리하려는 자는 해당 묘지 소재지를 관할하는 시장 등의 허가를 받아야 한다.

상황

甲은 90세의 나이로 2019년 7월 10일 아침 7시 A시에서 사망하였다. 이에 甲의 자녀는 이미 사망한 甲의 배우자 乙의 묘지(B시 소재 공설묘지)에서 유골을 옮겨 가족묘지를 만드는 것을 포함하여 장례에 대하여 논의하였다.

① 甲을 2019년 7월 10일 매장할 수 있다.
② 甲을 C시 소재 화장시설에서 화장하려는 경우, 그 시설을 관할하는 C시의 장에게 신고하여야 한다.
③ 甲의 자녀가 가족묘지를 설치·관리하려는 경우, 그 소재지의 관할 시장 등에게 신고하여야 한다.
④ 甲의 유골의 골분을 자연장한 경우, 자연장지 소재지의 관할 시장에게 2019년 8월 10일까지는 허가를 받아야 한다.
⑤ 乙의 유골을 甲과 함께 D시 소재 공설묘지에 합장하려는 경우, B시의 장과 D시의 장의 허가를 각각 받아야 한다.

186

기출 12' 5급(민)-인 난이도 ●●●

다음 글의 내용과 부합하는 것은?

우리는 음악을 일반적으로 감정의 예술로 이해한다. 아름다운 선율과 화음은 듣는 사람들의 마음속으로 파고든다. 그래서인지 음악을 수(數) 또는 수학(數學)과 연결시키기 어렵다고 생각하는 경우가 많다. 하지만 음악 작품은 다양한 화성과 리듬으로 구성되고, 이들은 3도 음정, 1도 화음, 3/4 박자, 8분 음표처럼 수와 관련되어 나타난다. 음악을 구성하는 원리로 수학의 원칙과 질서 등이 활용되는 것이다.

고대에도 음악과 수, 음악과 수학의 관계는 음악을 설명하는 중요한 사고의 틀로 작동했다. 중세 시대의 『아이소리듬 모테트』와 르네상스 시대 오케겜의 『36성부 카논』은 서양 전통 음악 장르에서 사용되는 작곡 기법도 수의 비율 관계로 설명할 수 있다는 것을 보여준다. 음정과 음계는 수학적 질서를 통해 음악의 예술적 특성과 음악의 미적 가치를 효과적으로 전달했다. 20세기에 들어와 음악과 수, 음악과 수학의 관계는 더욱 밀접해졌다. 피보나치 수열을 작품의 중심 모티브로 연결한 바르톡, 건축가 르 코르뷔지에와의 공동 작업으로 건축적 비례를 음악에 연결시킨 제나키스의 현대 음악 작품들은 좋은 사례이다. 12음 기법과 총렬음악, 분석 이론의 일종인 집합론을 활용한 현대 음악 이론에서도 음악과 수, 음악과 수학의 밀접한 관계는 잘 드러난다.

① 수학을 통해 음악을 설명하려는 경향은 현대에 생겨났다.
② 음악의 미적 가치는 수학적 질서를 통해 드러날 수 있다.
③ 건축학 이론은 현대 음악의 특성을 건축설계에 반영한다.
④ 음악은 감정의 예술이 아니라 감각의 예술로 이해해야 한다.
⑤ 수의 상징적 의미는 음악의 수학적 질서를 통해 구체화된다.

187

기출 12' 5급[민]-인 난이도 ●●○

다음 글의 철학자의 주장으로부터 추론할 수 없는 것은?

어떤 고대 그리스 철학자는 눈, 우박, 얼음의 생성에 대해 다음과 같이 주장했다. 특정한 구름이 바람에 의해 강력하고 지속적으로 압축될 때 그 구름에 구멍이 있다면, 작은 물 입자들이 구멍을 통해서 구름 밖으로 배출된다. 그리고 배출된 물은 하강하여 더 낮은 지역에 있는 구름 내부의 극심한 추위 때문에 동결되어 눈이 된다. 또는 습기를 포함하고 있는 구름들이 옆에 나란히 놓여서 서로 압박할 때, 이를 통해 압축된 구름 속에서 물이 동결되어 배출되면서 눈이 된다. 구름은 물을 응고시켜서 우박을 만드는데, 특히 봄에 이런 현상이 빈번하게 생긴다.

얼음은 물에 있던 둥근 모양의 입자가 밀려나가고 이미 물 안에 있던 삼각형 모양의 입자들이 함께 결합하여 만들어진다. 또는 밖으로부터 들어온 삼각형 모양의 물 입자가 함께 결합하여 둥근 모양의 물 입자를 몰아내고 물을 응고시킬 수도 있다.

① 구름의 압축은 바람에 의해 발생하는 경우도 있고, 구름들의 압박에 의해 발생하는 경우도 있다.
② 날씨가 추워지면 둥근 모양의 물 입자가 삼각형 모양의 물 입자로 변화한다.
③ 물에는 둥근 모양의 입자뿐 아니라 삼각형 모양의 입자도 있다.
④ 봄에는 구름이 물을 응고시키는 경우가 자주 발생한다.
⑤ 얼음에는 삼각형 모양의 물 입자들이 결합되어 있다.

188

기출 18' 5급[행]-나 난이도 ●●○

다음 ㉠을 지지하는 관찰 결과로 가장 적절한 것은?

멜라토닌은 포유동물의 뇌의 일부분인 송과선이라는 내분비 기관에서 분비되는 호르몬이다. 멜라토닌은 밤에 많이 생성되고 낮에는 덜 생성된다. 이러한 특성을 이용하여 포유동물은 멜라토닌에 의해 광주기의 변화를 인지한다. 포유동물은 두부(頭部)의 피부나 망막에 들어오는 빛의 양을 감지하여 멜라토닌의 생성을 조절하는 방식으로 생체 리듬을 조절한다. 일몰과 함께 멜라토닌의 생성이 증가하면서 졸음이 오게 된다. 동이 트면 멜라토닌의 생성이 감소하면서 잠이 깨고 정신을 차리게 된다. 청소년기에는 멜라토닌이 많이 생성되기 때문에 청소년은 성인보다 더 오래 잠을 자려는 경향이 있다. 또한 ㉠ 멜라토닌은 생식 기관의 발달과 성장을 억제한다. 멜라토닌이 시상하부에 작용하여 생식선자극호르몬방출호르몬(LHRH)의 분비를 억제하면, 난자와 정자의 생성이나 생식 기관의 성숙을 일으키는 테스토스테론과 에스트로겐의 분비가 억제되어 생식 기관의 성숙이 억제된다.

① 송과선을 제거한 포유동물이 비정상적으로 성적 성숙이 더뎌졌다.
② 봄이 되면 포유동물의 혈액 속 멜라토닌의 평균 농도가 높아지고 번식과 짝짓기가 많아진다.
③ 성숙한 포유동물을 지속적으로 어둠 속에서 키웠더니 혈액 속 멜라토닌의 평균 농도가 낮아졌다.
④ 어린 포유동물을 밤마다 긴 시간 동안 빛에 노출하였더니 생식 기관이 비정상적으로 조기에 발달하였다.
⑤ 생식 기관의 발달이 비정상적으로 저조한 포유동물 개체들이 생식 기관의 발달이 정상적인 같은 종의 개체들보다 혈액 속 멜라토닌의 평균 농도가 낮았다.

189

기출 17' 5급㉷-나 난이도 ●●●

다음 글에서 추론할 수 있는 것은?

인간이 부락집단을 형성하고 인간의 삶 전체가 반영된 이야기가 시작되었을 때부터 설화가 존재하였다. 설화에는 직설적인 표현도 있지만, 풍부한 상징성을 가진 것이 많다. 이 이야기들에는 민중이 믿고 숭상했던 신들에 관한 신성한 이야기인 신화, 현장과 증거물을 중심으로 엮은 역사적인 이야기인 전설, 민중의 욕망과 가치관을 보여주는 허구적 이야기인 민담이 있다. 설화 속에는 원(願)도 있고 한(恨)도 있으며, 아름답고 슬픈 사연도 있다. 설화는 한 시대의 인간들의 삶과 문화이며 바로 그 시대에 살았던 인간의식 그 자체이기에 설화 수집은 중요한 일이다.

상주지방에 전해오는 '공갈못설화'를 놓고 볼 때 공갈못의 생성은 과거 우리의 농경사회에서 중요한 역사적 사건으로서 구전되고 인식되었지만, 이에 관한 당시의 문헌 기록은 단 한 줄도 전해지지 않고 있다. 이는 당시 신라의 지배층이나 관의 입장에서 공갈못 생성에 관한 것이 기록할 가치가 있는 정치적 사건은 아니라는 인식을 보여준다. 공갈못 생성은 다만 농경생활에 필요한 농경민들의 사건이었던 것이다.

공갈못 관련 기록은 조선시대에 와서야 발견된다. 이에 따르면 공갈못은 삼국시대에 형성된 우리나라 3대 저수지의 하나로 그 중요성이 인정되었다. 당대에 기록되지 못하고 한참 후에서야 단편적인 기록들만이 전해진 것이다. 일본은 고대 역사를 제대로 정리한 기록이 없는데도 주변에 흩어진 기록과 구전(口傳)을 모아 『일본서기』라는 그럴싸한 역사책을 완성하였다. 이 점을 고려할 때 역사성과 현장성이 있는 전설을 가볍게 취급해서는 결코 안 된다. 이러한 의미에서 상주지방에 전하는 지금의 공갈못에 관한 이야기도 공갈못 생성의 증거가 될 수 있는 역사성을 가진 귀중한 자료인 것이다.

① 공갈못설화는 전설에 해당한다.
② 설화가 기록되기 위해서는 원이나 한이 배제되어야 한다.
③ 삼국의 사서에는 농경생활 관련 사건이 기록되어 있지 않다.
④ 한국의 3대 저수지 생성 사건은 조선시대에 처음 기록되었다.
⑤ 조선과 일본의 역사기술 방식의 차이는 전설에 대한 기록 여부에 있다.

190

기출 19' 5급㉷[상황판단]-나 난이도 ●●●

다음 글과 〈상황〉을 근거로 판단할 때, 〈보기〉에서 옳은 것만을 모두 고르면?

제00조 ① 기획재정부장관은 각 국제금융기구에 출자를 할 때에는 국무회의의 심의를 거쳐 대통령의 승인을 받아 미합중국통화 또는 그 밖의 자유교환성 통화나 금(金) 또는 내국통화로 그 출자금을 한꺼번에 또는 분할하여 납입할 수 있다.
② 기획재정부장관은 제1항에 따라 내국통화로 출자하는 경우에 그 출자금의 전부 또는 일부를 국무회의의 심의를 거쳐 대통령의 승인을 받아 내국통화로 표시된 증권으로 출자할 수 있다.

제00조 ① 기획재정부장관은 전조(前條) 제2항에 따라 출자한 증권의 전부 또는 일부에 대하여 각 국제금융기구가 지급을 청구하면 지체 없이 이를 지급하여야 한다.
② 기획재정부장관은 제1항에 따른 지급의 청구를 받은 경우에 지급할 재원(財源)이 부족하여 그 청구금액의 전부 또는 일부를 지급할 수 없을 때에는 국무회의의 심의를 거쳐 대통령의 승인을 받아 한국은행으로부터 차입하여 지급하거나 한국은행으로 하여금 그 금액에 상당하는 증권을 해당 국제금융기구로부터 매입하게 할 수 있다.

상황

기획재정부장관은 적법한 절차에 따라 A국제금융기구에 일정액을 출자한다.

보기

ㄱ. 기획재정부장관은 출자금을 자유교환성 통화로 납입할 수 있다.
ㄴ. 기획재정부장관은 출자금을 내국통화로 분할하여 납입할 수 없다.
ㄷ. 출자금 전부를 내국통화로 출자하는 경우, 그 중 일부액을 미합중국통화로 표시된 증권으로 출자할 수 있다.
ㄹ. 만약 출자금을 내국통화로 표시된 증권으로 출자한다면, A국제금융기구가 그 지급을 청구할 경우에 한국은행장은 지체 없이 이를 지급하여야 한다.

① ㄱ ② ㄴ ③ ㄱ, ㄹ
④ ㄷ, ㄹ ⑤ ㄴ, ㄷ, ㄹ

191

기출 12' 5급㉳-인 | 난이도 ●○○

다음 글의 내용과 부합하지 않는 것은?

1970년대 이후 미국의 사회 규범과 제도는 소득 불균형을 심화시켰고 그런 불균형을 묵과했다고 볼 수 있다. 그 예로 노동조합의 역사를 보자. 한때 노동조합은 소득 불균형을 제한하는 역할을 하였고, 노동조합이 몰락하자 불균형을 억제하던 힘이 사라졌다.

제조업이 미국경제를 주도할 때 노동조합도 제조업 분야에서 가장 활발했다. 그러나 지금 미국경제를 주도하는 것은 서비스업이다. 이와 같은 산업구조의 변화는 기술의 발전이 주된 요인이지만 많은 제조업 제품을 주로 수입에 의존하게 된 것이 또 다른 요인이다. 이러한 사실에 기초하여 노동조합의 몰락은 산업구조의 변화가 그 원인이라는 견해가 지배적이었다. 그러나 노동조합이 전반적으로 몰락한 주요 원인을 제조업 분야의 쇠퇴에서 찾는 이러한 견해는 틀린 것으로 판명되었다.

1973년 전체 제조업 종사자 중 39 %였던 노동조합원의 비율이 2005년에는 13 %로 줄어들었을 뿐더러, 새롭게 부상한 서비스업 분야에서도 조합원들을 확보하지 못했다. 예를 들어 대표적인 서비스 기업인 월마트는 제조업에 비해 노동조합이 생기기에 더 좋은 조건을 갖추고 있었다. 월마트 직원들이 더 높은 임금과 더 나은 복리후생 제도를 요구할 수 있는 노동조합에 가입되어 있었더라면, 미국의 중산층은 수십만 명 더 늘었을 것이다. 그런데도 월마트에는 왜 노동조합이 없는가?

1960년대에는 노동조합을 인정하던 기업과 이에 관련된 이해집단들이 1970년대부터는 노동조합을 공격하기 시작했다. 1970년대 말과 1980년대 초에는, 노동조합을 지지하는 노동자 20명 중 적어도 한 명이 불법적으로 해고되었다. 1970년대 중반 이후 기업들은 보수적 성향의 정치적 영향력에 힘입어서 노동조합을 압도할 수 있게 되었다. 소득의 불균형에 강력하게 맞섰던 노동조합이 축소된 것이다. 이처럼 노동조합의 몰락은 정치와 기업이 결속한 결과이다.

① 1973년부터 2005년 사이에 미국 제조업에서는 노동조합원의 비율이 감소하였다.
② 1970년대 중반 이후 노동조합의 몰락에는 기업뿐 아니라 보수주의적 정치도 일조하였다.
③ 미국에서 제조업 상품의 수입의존도 상승은 서비스업이 경제를 주도하는 산업 분야가 되는 요인 중 하나였다.
④ 미국 제조업 분야 내에서의 노동조합 가입률 하락은 산업구조의 변화로 인한 서비스업의 성장 때문이다.
⑤ 1970년대 말 이후 미국 기업이 노동조합을 지지하는 노동자들에게 행한 조치 중에는 합법적이지 못한 경우도 있었다.

192

기출 12' 5급㉳-인 | 난이도 ●○○

다음 글에 대한 평가로 적절한 것은?

김 과장은 아들 철수가 최근 출시된 '디아별로' 게임에 몰두한 나머지 학업을 소홀히 하고 있다는 것을 알았다. 그러던 중 컴퓨터 게임과 학업 성적에 대한 다음과 같은 연구 결과를 접하게 되었다. 그 연구 결과에 의하면, 하루 1시간 이내로 게임을 하는 아이들은 1시간 이상 게임을 하는 아이들보다 성적이 높았고 상위권에 속했으나, 하루 1시간 이상 게임을 하는 아이들의 경우 게임을 더 오래 하는 아이들이 성적이 더 낮은 것으로 나타났다. 연구보고서는 아이들이 게임을 하는 시간을 부모가 1시간 이내로 통제한다면, 아이들의 학교 성적이 상위권에서 유지될 것이라고 결론을 내리고 있다.

① 게임을 하는 시간보다 책 읽는 시간이 더 많은 아이들이 그렇지 않은 아이들보다 성적이 더 높았다면, 이는 위 글의 결론을 강화한다.
② 하루 1시간 이상 3시간 이내 게임을 하던 아이들의 게임 시간을 줄였으나 성적이 오르지 않았다면, 이는 위 글의 결론을 강화한다.
③ 하루에 게임을 하는 시간을 1시간 이내로 줄인 아이들이 여분의 시간을 책 읽는 데 썼다면, 이는 위 글의 결론을 약화한다.
④ 평균 이하의 성적을 보이는 아이들이 대부분 하루에 3시간 이상씩 게임을 하였다면, 이는 위 글의 결론을 약화한다.
⑤ 아이들의 게임 시간을 하루 1시간 이상으로 늘려도 성적에 변화가 없었다면, 이는 위 글의 결론을 약화한다.

193

기출 15' 5급㉻-인 | 난이도 ●●○

다음 글의 내용과 부합하지 않는 것은?

지증왕 대 이전까지 신라왕들은 즉위한 후 시조묘에 제사를 지냈다. 여기서 시조란 신라의 첫 번째 왕 박혁거세를 가리킨다. 시조묘는 혁거세의 아들로 신라의 두 번째 왕인 남해차차웅이 건립하였으며, 남해차차웅의 친누이인 아로(阿老)가 제사를 주관하였다. 신라의 왕은 박씨에서 석씨 그리고 김씨로 바뀌었지만, 김씨 성인 미추이사금이 시조묘에서 제사를 지낸 사례를 통해서 박씨 이외의 다른 성씨의 왕들도 즉위 후 시조묘에서 제사를 지냈음을 알 수 있다. 하지만 미추이사금이 박혁거세의 묘에서 제사를 지낸 것은 혁거세 자체만을 제사지낸 것이지 그의 직계 조상까지 제사지낸 것은 아니었다. 시조묘 제사는 신라를 건국한 시조, 즉 국조(國祖)에 대한 제사였기 때문이다.

혁거세는 '불구내(弗矩內)'라고도 불렸다. 불구내는 우리말의 '붉은 해'를 비슷한 발음의 한자로 옮긴 것으로 해석되며, 이는 『삼국유사』에서 불구내를 밝음의 의미인 광명(光明)으로 해석한 것과 동일하다. 또한 불구내에서 마지막 글자 내는 안의 의미를 가진 한자 '내(內)'로 옮긴 것으로도 해석된다. 즉 불구내는 '불구안'으로도 해석된다. 불구안은 몽골어나 투르크어의 '불칸'과 같은 음이며, 이는 하늘신, 즉 광명신(光明神)이라는 의미이다. 어떻게 해석하든 불구내라는 명칭은 신라인들이 혁거세를 하늘신으로 인식했음을 보여주는 것이다. 신라의 건국신화에서 혁거세가 하늘로부터 내려온 알에서 태어났으며, 그가 죽은 후 승천하였다고 한 것은 신라인들이 혁거세를 하늘신으로 인식한 사실을 신화적으로 표현한 것이다. 따라서 시조묘에 대한 제사는 하늘신에 대한 제사, 즉 제천의례였다.

혁거세는 또한 '알지거서간(閼智居西干)'이라고도 불렸는데, '알지'의 '알'은 곡물을 가리키는 말이며, '지'는 존칭어미이다. 즉 알지란 농업생산의 풍요를 가져다주는 농경신을 가리키는 말이다. 이와 관련하여 혁거세가 죽어서 승천하였다가 시신이 오분되어 땅에 떨어졌으며, 오체(五體)를 각기 장사지냈다고 하는 건국신화가 주목된다. 신이나 왕의 절단된 유해를 여기저기 뿌리거나 각기 다른 장소에 매장하였다는 세계 각지의 신화는 모두 대지의 풍요나 다산을 기원하기 위한 것이었다. 노르웨이의 왕 하프단이 죽은 후 토지의 풍요를 위해 왕의 시신을 넷으로 나누어 여러 지방에 묻은 것과 혁거세가 죽은 후 오체를 각기 다른 장소에 장례지냈다는 것은 동일한 의미를 가진다. 따라서 신라의 시조묘에 대한 제사는 제천행사이면서 농경신에 대한 제사, 즉 농경의례이기도 하였다.

① 시조묘의 건립뿐 아니라 건립 당시 제사도 시조왕의 자식이 주관하였다.
② 김씨 왕들은 시조묘의 제사에서 자신들의 왕조 시조인 김알지에 대해 제사를 지냈다.
③ 혁거세가 강림한 알에서 태어나고 죽어서 하늘로 올라갔다는 신화는 그를 광명신으로 인식하였음을 보여준다.
④ 혁거세의 별칭인 '弗矩內'의 '內'를 '내'로 보느냐, '안'으로 보느냐에 상관없이 '弗矩內'는 밝음의 의미를 가진다.
⑤ 혁거세가 '알지'로 불렸던 것과 사체가 토막 나 지상에 떨어진 후 장사지냈다는 것은 혁거세가 농경신임을 의미한다.

194

기출 17' 5급㉤-나 | 난이도 ●●●

다음 글의 ㉠을 약화하는 증거로 가장 적절한 것은?

1966년 석가탑 해체 보수 작업은 뜻밖에도 엄청난 보물을 발견하는 계기가 되었다. 이때 발견된 다라니경은 한국뿐만 아니라 전세계의 이목을 끌었다. 이 놀라운 발견 이전에는 770년에 목판 인쇄된 일본의 불경이 세계사에서 최고(最古)의 현존 인쇄본으로 여겨졌다. 그러나 이 한국의 경전을 조사한 결과, 일본의 것보다 앞서 만들어진 것으로 밝혀졌다.

불국사가 751년에 완공된 것이 알려져 있으므로 석가탑의 축조는 같은 시기이거나 그 이전일 것임에 틀림없다. 이 경전의 연대 확정에 도움을 준 것은 그 문서가 측천무후가 최초로 사용한 12개의 특이한 한자를 포함하고 있다는 사실이었다. 측천무후는 690년에 제위에 올랐고 705년 11월에 죽었다. 측천무후가 만든 한자들이 그녀의 사후에 중국에서 사용된 사례는 발견되지 않았다. 그러므로 신라에서도 그녀가 죽은 뒤에는 이 한자들을 사용하지 않았을 것이라는 추정이 가능하다. 이러한 증거로 다라니경이 늦어도 705년경에 인쇄되었다고 판단할 수 있다.

그러나 이 특이한 한자들 때문에 몇몇 중국의 학자들은 ㉠ <u>'다라니경이 신라에서 인쇄된 것이 아니라 중국 인쇄물이다.'</u> 라고 주장하였다. 그들은 신라가 그 당시 중국과 독립적이었기 때문에 신라인들이 측천무후 치세 동안 사용된 특이한 한자들을 사용하지는 않았을 것이라고 주장한다. 그러나 중국인들의 이 견해는 『삼국사기』에서 얻을 수 있는 명확한 반대 증거로 인해 반박된다. 『삼국사기』는 신라가 695년에 측천무후의 역법을 도입하는 등 당나라의 새로운 정책을 자발적으로 수용하고 있었음을 보여준다. 그러므로 신라인들이 당시에 중국의 역법 개정을 채택했다면 마찬가지로 측천무후에 의해 도입된 특이한 한자들도 채용했을 것이라고 추정하는 것이 합리적이다.

① 서역에서 온 다라니경 원전을 처음으로 한역(漢譯)한 사람은 측천무후 시대의 중국의 국사(國師)였던 법장임이 밝혀졌다.
② 측천무후 사후에 나온 신라의 문서들에 측천무후가 발명한 한자가 쓰이지 않았음이 밝혀졌다.
③ 측천무후 즉위 이후 중국의 문서에 쓸 수 없었던 글자가 다라니경에서 쓰인 것이 발견되었다.
④ 705년경에 중국에서 제작된 문서들이 다라니경과 같은 종이를 사용한 것이 발견되었다.
⑤ 다라니경의 서체는 705년경부터 751년까지 중국에서 유행하였던 것으로 밝혀졌다.

195

기출 19' 5급㉫[상황판단]-나 난이도 ●●●

다음 글을 근거로 판단할 때 옳은 것은?

제00조 ① 재산명시절차의 관할법원은 재산명시절차에서 채무자가 제출한 재산목록의 재산만으로 집행채권의 만족을 얻기에 부족한 경우, 그 재산명시를 신청한 채권자의 신청에 따라 개인의 재산 및 신용에 관한 전산망을 관리하는 공공기관·금융기관·단체 등에 채무자 명의의 재산에 관하여 조회할 수 있다.

② 채권자가 제1항의 신청을 할 경우에는 조회할 기관·단체를 특정하여야 하며 조회에 드는 비용을 미리 내야 한다.

③ 법원이 제1항의 규정에 따라 조회할 경우에는 채무자의 인적 사항을 적은 문서에 의하여 해당 기관·단체의 장에게 채무자의 재산 및 신용에 관하여 그 기관·단체가 보유하고 있는 자료를 한꺼번에 모아 제출하도록 요구할 수 있다.

④ 공공기관·금융기관·단체 등은 정당한 사유 없이 제1항 및 제3항의 조회를 거부하지 못한다.

⑤ 제1항 및 제3항의 조회를 받은 기관·단체의 장이 정당한 사유 없이 거짓 자료를 제출하거나 자료를 제출할 것을 거부한 때에는 결정으로 500만 원 이하의 과태료에 처한다.

제00조 ① 누구든지 재산조회의 결과를 강제집행 외의 목적으로 사용하여서는 안 된다.

② 제1항의 규정에 위반한 사람은 2년 이하의 징역 또는 500만 원 이하의 벌금에 처한다.

① 채무자 甲이 제출한 재산목록의 재산만으로 집행채권의 만족을 얻기 부족한 경우에는 재산명시절차의 관할법원은 직권으로 금융기관에 甲 명의의 재산에 관해 조회할 수 있다.

② 재산명시절차의 관할법원으로부터 채무자 명의의 재산에 관해 조회를 받은 공공기관은 정당한 사유가 있는 경우 이를 거부할 수 있다.

③ 채무자 乙의 재산조회 결과를 획득한 채권자 丙은 해당 결과를 강제집행 외의 목적으로도 사용할 수 있다.

④ 재산명시절차의 관할법원으로부터 채무자 명의의 재산에 관해 조회를 받은 기관의 장이 정당한 사유 없이 자료 제출을 거부하였다면, 법원은 결정으로 500만 원의 벌금에 처한다.

⑤ 채권자 丁이 채무자 명의의 재산에 관한 조회를 신청할 경우, 조회에 드는 비용은 재산조회가 종료된 후 납부하면 된다.

196

기출 12' 5급㉫-인 난이도 ●○○

다음 글의 내용과 부합하는 것은?

대체재와 대안재의 구별은 소비자뿐만 아니라 판매자에게도 중요하다. 형태는 달라도 동일한 핵심 기능을 제공하는 제품이나 서비스는 각각 서로의 대체재가 될 수 있다. 대안재는 기능과 형태는 다르나 동일한 목적을 충족하는 제품이나 서비스를 의미한다.

사람들은 회계 작업을 위해 재무 소프트웨어를 구매하여 활용하거나 회계사를 고용해 처리하기도 한다. 회계 작업을 수행한다는 측면에서, 형태는 다르지만 동일한 기능을 갖고 있는 두 방법 중 하나를 선택할 수 있다.

이와는 달리 형태와 기능이 다르지만 같은 목적을 충족시켜주는 제품이나 서비스가 있다. 여가 시간을 즐기고자 영화관 또는 카페를 선택해야 하는 상황을 보자. 카페는 물리적으로 영화관과 유사하지도 않고 기능도 다르다. 하지만 이런 차이에도 불구하고 사람들은 여가 시간을 보내기 위한 목적으로 영화관 또는 카페를 선택한다.

소비자들은 구매를 결정하기 전에 대안적인 상품들을 놓고 저울질한다. 일반 소비자나 기업 구매자 모두 그러한 의사결정 과정을 갖는다. 그러나 어떤 이유에서인지 우리가 파는 사람의 입장이 됐을 때는 그런 과정을 생각하지 못한다. 판매자들은 고객들이 대안 산업군 전체에서 하나를 선택하게 되는 과정을 주목하지 못한다. 반면에 대체재의 가격 변동, 상품 모델의 변화, 광고 캠페인 등에 대한 새로운 정보는 판매자들에게 매우 큰 관심거리이므로 그들의 의사결정에 중요한 역할을 한다.

① 판매자들은 대안재보다 대체재 관련 정보에 민감하게 반응한다.

② 판매자들은 소비자들의 대안재 선택 과정을 잘 이해한다.

③ 재무 소프트웨어와 회계사는 서로 대안재의 관계에 있다.

④ 소비자들은 대안재보다 대체재를 선호하는 경향이 있다.

⑤ 영화관과 카페는 서로 대체재의 관계에 있다.

197

기출 12' 5급[민]-인 난이도 ●○○

다음 글에서 추론할 수 없는 것은?

조선시대의 궁궐은 남쪽에서 북쪽에 걸쳐 외전(外殿), 내전(內殿), 후원(後苑)의 순서로 구성되었다. 공간배치상 가장 앞쪽에 배치된 외전은 왕이 의례, 외교, 연회 등 정치행사를 공식적으로 치르는 공간이며, 그 중심은 정전(正殿) 혹은 법전(法殿)이라고 부르는 건물이었다. 정전은 회랑(回廊)으로 둘러싸여 있는데, 그 회랑으로 둘러싸인 넓은 마당이 엄격한 의미에서 조정(朝庭)이 된다.

내전은 왕과 왕비의 공식 활동과 일상적인 생활이 이루어지는 공간으로서 위치상으로 궁궐의 중앙부를 차지할 뿐만 아니라 그 기능에서도 궁궐의 핵을 이루는 곳이다. 그 가운데서도 왕이 일상적으로 기거하는 연거지소(燕居之所)는 왕이 가장 많은 시간을 보내는 곳이다. 주요 인물들을 만나 정치 현안에 대해 의견을 나누는 곳으로 실질적인 궁궐의 핵심이라 할 수 있다. 왕비의 기거 활동 공간인 중궁전은 중전 또는 중궁이라고도 불렸는데 궁궐 중앙부의 가장 깊숙한 곳에 위치한다. 동궁은 차기 왕위 계승자인 세자의 활동 공간으로 내전의 동편에 위치한다. 세자도 동궁이라 불리기도 하였는데, 그 이유는 다음 왕위를 이을 사람이기에 '떠오르는 해'라는 상징적 의미를 가졌기 때문이다. 내전과 동궁 일대는 왕, 왕비, 세자와 같은 주요 인물의 공간이다. 그들을 시중드는 사람들의 기거 활동 공간은 내전의 뒤편에 배치되었다. 이 공간은 내전의 연장으로 볼 수 있고, 뚜렷한 명칭이 따로 있지는 않았다.

후원은 궁궐의 북쪽 산자락에 있는 원유(苑囿)를 가리킨다. 위치 때문에 북원(北苑)으로 부르거나, 아무나 들어갈 수 없는 금단의 구역이기에 금원(禁苑)이라고도 불렀다. 후원은 일차적으로는 휴식 공간이었다. 또한 부차적으로는 내농포(內農圃)라는 소규모 논을 두고 왕이 직접 농사를 체험하며 농민들에게 권농(勸農)의 모범을 보이는 실습장의 기능도 가지고 있었다.

① 내농포는 금원에 배치되었다.
② 내전에서는 국왕의 일상생활과 정치가 병행되었다.
③ 궁궐 남쪽에서 공간적으로 가장 멀리 위치한 곳은 중궁전이다.
④ 외국 사신을 응대하는 국가의 공식 의식은 외전에서 거행되었다.
⑤ 동궁은 세자가 활동하는 공간의 이름이기도 하고 세자를 가리키는 별칭이기도 하였다.

198

기출 15' 5급[행]-인 난이도 ●●○

다음 글에서 알 수 있는 것은?

현존하는 족보 가운데 가장 오래된 것은 성종 7년(1476)에 간행된 안동 권씨의 『성화보(成化譜)』이다. 이 족보의 간행에는 달성 서씨인 서거정이 깊이 관여하였는데, 그가 안동 권씨 권근의 외손자였기 때문이다. 조선 전기 족보의 가장 큰 특징을 바로 여기에서 찾을 수 있다. 『성화보』에는 모두 9,120명이 수록되어 있는데, 이 가운데 안동 권씨는 9.5퍼센트인 867명에 불과하였다. 배우자가 다른 성씨라 하더라도 절반 정도는 안동 권씨이어야 하는데 어떻게 이런 현상이 나타났을까?

그것은 당시의 친족 관계에 대한 생각이 이 족보에 고스란히 반영되었기 때문이다. 우선 『성화보』에서는 아들과 딸을 차별하지 않고 출생 순서대로 기재하였다. 이러한 관념이 확대되어 외손들도 모두 친손과 다름없이 기재되었다. 안동 권씨가 당대의 유력 성관이고, 안동 권씨의 본손은 물론이고 인척 관계의 결연으로 이루어진 외손까지 상세히 기재하다 보니, 조선 건국에서부터 당시까지 과거 급제자의 절반 정도가 『성화보』에 등장한다.

한편 『성화보』의 서문에서 서거정은 매우 주목할 만한 발언을 하고 있다. 즉 "우리나라는 자고로 종법이 없고 족보가 없어서 비록 거가대족(巨家大族)이라도 기록이 빈약하여 겨우 몇 대를 전할 뿐이므로 고조나 증조의 이름과 호(號)도 기억하지 못하는 이가 있다."라고 한 것이다. 『성화보』 역시 시조 쪽으로 갈수록 기록이 빈약한 편이다.

『성화보』 이후 여러 성관의 족보가 활발히 편찬되면서 양반들은 대개 족보를 보유하게 되었다. 하지만 가계의 내력을 정확하게 파악할 수 있는 자료가 충분하지 않아서 조상의 계보와 사회적 지위를 윤색하거나 은폐하기도 하였다. 대다수의 양반 가계가 족보를 편찬하면서 중인은 물론 평민들도 족보를 보유하고자 하였다.

① 족보를 보유하면 양반 가문으로 인정받았다.
② 조선시대 이전에는 가계 전승 기록이 존재하지 않았다.
③ 『성화보』는 조선 후기와 달리 모계 중심의 친족 관계를 반영하였다.
④ 『성화보』 간행 이후 족보의 중요성이 인식되어 거가대족의 족보는 정확하게 작성되었다.
⑤ 태조부터 성종 때까지 유력 성관과 친인척 관계인 과거 급제자들이 많았다.

199

기출 17' 5급(민)-나 난이도 ●●●

다음 글의 장치 A에 대하여 바르게 판단한 것만을 〈보기〉에서 모두 고르면?

신용카드 거래가 사기 거래일 확률은 1,000분의 1이다. 신용카드 사기를 감별하는 장치 A는 정당한 거래의 99 %를 정당한 거래로 판정하지만 1 %는 사기 거래로 오판한다. 또한 A는 사기 거래의 99 %를 사기 거래로 판정하지만 1 %는 정당한 거래로 오판한다. A가 어떤 거래를 사기 거래라고 판단하면, 신용카드 회사는 해당 카드를 정지시켜 후속 거래를 막는다. A에 의해 카드 사용이 정지된 사례가 오판에 의한 카드 정지 사례일 확률이 50 %보다 크면, A는 폐기되어야 한다.

보기

ㄱ. A가 정당한 거래로 판정한 거래는 모두 정당한 거래이다.

ㄴ. 무작위로 10만 건의 거래를 검사했을 때, A가 사기 거래를 정당한 거래라고 오판하는 건수는 정당한 거래를 사기 거래라고 오판하는 건수보다 적을 것이다.

ㄷ. A는 폐기되어야 한다.

① ㄱ ② ㄴ ③ ㄱ, ㄷ
④ ㄴ, ㄷ ⑤ ㄱ, ㄴ, ㄷ

200

기출 19' 5급(민)[상황판단]-나 난이도 ●●●

다음 글과 〈상황〉을 근거로 판단할 때, 〈보기〉에서 옳은 것만을 모두 고르면?

소송절차의 '정지'란 소송이 개시된 뒤 절차가 종료되기 전에 소송절차가 법률상 진행되지 않는 상태를 말한다. 여기에는 '중단'과 '중지'가 있다.

소송절차의 중단은 소송진행 중 당사자에게 소송을 수행할 수 없는 사유가 발생하였을 경우, 새로운 소송수행자가 나타나 소송에 관여할 수 있을 때까지 법률상 당연히 절차진행이 정지되는 것이다. 예컨대 당사자가 사망한 경우, 그 상속인이 소송을 수행할 수 있을 때까지 절차진행이 정지되며, 이후 상속인의 수계신청 또는 법원의 속행명령에 의해 중단이 해소되고 절차는 다시 진행된다. 다만 사망한 당사자에게 이미 변호사가 소송대리인으로 선임되어 있을 때는 변호사가 소송을 대리하는 데 지장이 없으므로 절차는 중단되지 않는다. 소송대리인인 변호사의 사망도 중단사유가 아니다. 당사자가 절차를 진행할 수 있기 때문이다.

소송절차의 중지는 법원이나 당사자에게 소송을 진행할 수 없는 장애가 생겼거나 진행에 부적당한 사유가 발생하여 법률상 당연히 또는 법원의 재판에 의하여 절차가 정지되는 것이다. 이는 새로운 소송수행자로 교체되지 않는다는 점에서 중단과 다르다. 소송절차의 중지에는 당연중지와 재판중지가 있다. 당연중지는 천재지변이나 그 밖의 사고로 법원이 직무수행을 할 수 없게 된 경우에 법원의 재판 없이 당연히 절차진행이 정지되는 것을 말한다. 이 경우 법원의 직무수행불능 상태가 소멸함과 동시에 중지도 해소되고 절차는 진행된다. 재판중지는 법원이 직무수행을 할 수 있지만 당사자가 법원에 출석하여 소송을 진행할 수 없는 장애사유가 발생한 경우, 예컨대 전쟁이나 그 밖의 사유로 교통이 두절되어 당사자가 출석할 수 없는 경우에 법원의 재판에 의해 절차진행이 정지되는 것을 의미한다. 이때는 법원의 취소재판에 의하여 중지가 해소되고 절차는 진행된다.

※ 수계신청: 법원에 대해 중단된 절차의 속행을 구하는 신청

상황

원고 甲과 피고 乙 사이에 대여금반환청구소송이 A법원에서 진행 중이다. 甲은 변호사 丙을 소송대리인으로 선임하였지만, 乙은 소송대리인을 선임하지 않았다.

보기

ㄱ. 소송진행 중 甲이 사망하였다면, 절차진행은 중단되며 甲의 상속인의 수계신청에 의해 중단이 해소되고 절차가 진행된다.

ㄴ. 소송진행 중 丙이 사망하였다면, 절차진행은 중단되며 甲이 새로운 변호사를 소송대리인으로 선임하면 중단은 해소되고 절차가 진행된다.

ㄷ. 소송진행 중 A법원의 건물이 화재로 전소(全燒)되어 직무수행이 불가능해졌다면, 절차진행은 중단되며 이후 A법원의 속행명령이 있으면 절차가 진행된다.

ㄹ. 소송진행 중 乙이 거주하고 있는 장소에서만 발생한 지진으로 교통이 두절되어 乙이 A법원에 출석할 수 없는 경우, A법원의 재판에 의해 절차진행이 중지되며 이후 A법원의 취소재판에 의해 중지는 해소되고 절차가 진행된다.

① ㄹ ② ㄱ, ㄴ ③ ㄱ, ㄹ
④ ㄴ, ㄷ ⑤ ㄷ, ㄹ

Day 13 Self Check List

	오답 수	무응답 수	풀이시간(분)
1회독	/ 20	/ 20	/ 40(분)
2회독	/ 20	/ 20	/ 33(분)
3회독	/ 20	/ 20	/ 20(분)

독학으로 끝내는 PSAT 의사소통능력

독끝

Daily 200제

기본편 · 정답 및 해설

PART B

독끝 1일차 (001~015)

정답

001	③	002	①	003	④	004	⑤	005	⑤
006	①	007	①	008	⑤	009	④	010	④
011	③	012	③	013	③	014	①	015	②

001 정답 ③

난이도 ●○○

문제유형 사실적 이해 > 정보 확인

접근전략 본 제시문에서는 고려의 향도의 개념을 정의한 다음, 향도에서 하는 활동과 함께 시간의 흐름에 따라 변화하는 향도의 특징을 열거하고 있다. 이러한 서술 기법은 어디에서나 많이 쓰이는 것으로, 점차 설명의 범위를 확장하는 기법이기도 하다. 큰 주제의 흐름 안에 세부적인 내용이 각각 존재한다고 생각하며 독해하도록 한다.

다음 글의 내용과 부합하는 것은?

(1) 고려 초기에는 지방 여러 곳에 불교 신자들이 모여 활동하는 '향도(香徒)'라는 이름의 단체가 있었다. (2) 당시에 향도는 석탑을 만들어 사찰에 기부하는 활동과 '매향(埋香)'이라고 불리는 일을 했다. (3) 매향이란 향나무를 갯벌에 묻어두는 행위를 뜻한다. (4) 오랫동안 묻어둔 향나무를 침향이라고 하는데, 그 향이 특히 좋았다. (5) 불교 신자들은 매향한 자리에서 나는 침향의 향기를 미륵불에게 바치는 제물이라고 여겼다. (6) 매향과 석탑 조성에는 상당한 비용이 들어갔는데, 향도는 그 비용을 구성원으로부터 거두어들여 마련했다. (7) 고려 초기에는 향도가 주도하는 매향과 석탑 조성 공사가 많았으며, 지방 향리들이 향도를 만들어 운영하는 것이 일반적이었다. (8) 향리가 지방에 거주하는 사람들 가운데 비교적 재산이 많았기 때문이다. (9) 고려 왕조는 건국 초에 불교를 진흥했는데, 당시 지방 향리들도 불교 신앙을 갖고 자기 지역의 불교 진흥을 위해 향도 활동에 참여했다.

▶ 1문단

(1) 향리들이 향도의 운영을 주도하던 때에는 같은 군현에 속한 향리들이 모두 힘을 합쳐 그 군현 안에 하나의 향도만 만드는 경우가 대다수였다. (2) 그러한 곳에서는 향리들이 자신이 속한 향도가 매향과 석탑 조성 공사를 할 때마다 군현 내 주민들을 마음대로 동원해 필요한 노동을 시키는 일이 자주 벌어졌다. (3) 그런데 12세기에 접어들어 향도가 주도하는 공사의 규모가 이전에 비해 작아지고 매향과 석탑 조성 공사의 횟수도 줄었다. (4) 이러한 분위기 속에서도 하나의 군현 안에 여러 개의 향도가 만들어져 그 숫자가 늘었는데, 그 중에는 같은 마을 주민들만을 구성원으로 한 것도 있었다. (5) 13세기 이후를 고려 후기라고 하는데, 그 시기에는 마을마다 향도가 만들어졌다. (6) 마을 단위로 만들어진 향도는 주민들이 자발적으로 만든 것으로서 그 대부분은 해당 마을의 모든 주민을 구성원으로 한 것이었다. (7) 이런 향도들은 마을 사람들이 관혼상제를 치를 때 그것을 지원했으며 자기 마을 사람들을 위해 하천을 정비하거나 다리를 놓는 등의 일까지 했다.

▶ 2문단

① 고려 왕조는 불교 진흥을 위해 지방 각 군현에 향도를 조직하였다.

→ (×) 고려 초기에는 지방 향리들이 불교 진흥을 위해 지방 군현 당 하나씩 향도를 만들어 운영하는 것이 일반적이었다.[1문단(7), 2문단(1)] 또한, 13세기 이후 고려 후기에는 마을마다 향도가 만들어졌으며[2문단(5)], 이는 주민들이 자발적으로 만든 것이다.[2문단(6)] 따라서 고려 왕조에 의해 향도가 조직되었다는 내용은 확인할 수 없으므로 해당 선지는 옳지 않다.

② 향도는 매향으로 얻은 침향을 이용해 향을 만들어 판매하는 일을 하였다.

→ (×) 매향으로 얻은 침향의 향기는 미륵불에게 바치는 제물로 여겨졌다. [1문단(5)] 그러나 향도가 침향을 이용해 향을 만들어 판매하였는지에 대한 서술은 없으므로, 이는 알 수 없는 내용이다.

③ 고려 후기에는 구성원이 장례식을 치를 때 그것을 돕는 일을 하는 향도가 있었다.

→ (○) 고려 후기 마을 단위로 만들어진 향도들은 마을 사람들이 관혼상제를 치를 때 그것을 지원했다.[2문단(7)] 관혼상제는 관례·혼례·상례·제례를 아울러 이르는 말로, 상례는 장례식을 의미한다. 따라서 향도가 장례식을 치르는 것을 지원했음을 알 수 있다.

④ 고려 초기에는 지방 향리들이 자신이 관할하는 군현의 하천 정비를 위해 향도를 조직하였다.

→ (×) 고려 초기에 향도를 조직한 이유는 석탑을 조성하고 '매향' 활동을 하기 위함이다.[1문단(2)] 제시문에서 하천 정비는 고려 후기에 마을 사람들이 자발적으로 만든 향도가 마을 사람들을 위해 한 일로서 언급되어 있으나[2문단(7)], 이것이 향도 조직의 목적인지는 확인할 수 없다.

⑤ 고려 후기로 갈수록 석탑 조성 공사의 횟수가 늘었으며 그로 인해 같은 마을 주민을 구성원으로 하는 향도가 나타났다.

→ (×) 13세기 이후에 같은 마을의 주민을 구성원으로 하는 향도가 나타났던 것은 맞으나[2문단(4)], 12세기에 접어들면서 향도가 주도하는 공사 규모가 작아지고 매향과 석탑 조성 공사의 횟수도 줄었다.[2문단(3)] 따라서 고려 후기로 갈수록 석탑 조성 공사의 횟수가 늘었다는 진술은 적절하지 않다.

제시문 분석

1문단 향도의 개념과 활동

〈향도의 개념〉		〈향도의 활동〉
고려 초기에 지방 여러 곳에 불교 신자들이 모여 활동하는 단체(1)	→	① 석탑을 만들어 사찰에 기부 ② 매향 : 향나무를 갯벌에 묻어두는 행위(2),(3)

1·2문단 고려 초기 향도의 특징

〈고려 초기 향도의 특징 1〉		〈고려 초기 향도의 특징 2〉		〈고려 초기 향도의 특징 3〉
향도가 주도하는 매향과 석탑 조성 공사가 많고 지방 향리들이 향도를 만들어 운영하는 것이 일반적임[1문단(7)]	⊕	지방 향리들이 자기 지역의 불교 진흥을 위해 향도 활동에 참여함[1문단(9)]	⊕	같은 군현에 속한 향리들이 힘을 합쳐 그 군현 안에 하나의 향도만 만드는 경우가 대다수임[2문단(1)]

→ 〈향리들의 마을 주민 착취〉	향리들이 자신이 속한 향도가 매향과 석탑 조성 공사를 할 때마다 군현 내 주민들을 마음대로 동원해 필요한 노동을 시키는 일이 자주 벌어졌다. [2문단(2)]

2문단 12세기와 고려 후기 향도의 특징

〈12세기 향도의 특징 〉
향도가 주도하는 매향과 석탑 조성 공사의 횟수가 줄어들면서 하나의 군현 안에 여러 개의 향도가 만들어지고, 그중에는 같은 마을 주민들만을 구성원으로 한 것도 있었음.(3),(4)

〈고려 후기 향도의 특징 1〉		〈고려 후기 향도의 특징 2〉		〈고려 후기 향도의 특징 3〉
향도가 마을마다 만들어짐(5)	⊕	주민들이 자발적으로 만든 마을 단위 향도 대부분은 해당 마을의 모든 주민을 구성원으로 함(6)	⊕	마을 사람들의 관혼상제를 지원하거나 하천을 정비하고 다리를 놓는 등의 일을 함(7)

합격자의 실전 풀이 순서 한국사 비문학 유형

⓿ 발문 확인하기

이 단계에서는 발문의 종류에 따라 풀이방법이 달라진다.

(1) 다음 글에서 알 수 있는/없는 것은?

이때 알 수 '있는' 것인지, '없는' 것인지를 확실히 표시하고 간다. 중요한 것은 두 개의 기호를 다르게 하는 것이다. 예를 들어 알 수 있는 것을 묻는다면 '있는' 위에 동그라미를 치고, 알 수 없는 것을 묻는다면 '없는' 위에 세모를 쳐 시각적으로 다시 한번 나타낸다.

다음 글에서 알 수 있는 것은?

(2) 특정한 주제에 대해 묻는 경우

예 고려 초기 향도에 대해 옳은 것은?

먼저 지문에서 해당 단어를 찾아, 주제에 대한 정보를 제대로 이해한 뒤 선지로 간다. 다만 이 경우는 최근 매우 드물다.

(3) 다음 글의 ㉠에 대한 평가/반박/지지…로 적절한 것은?

이는 강화약화 유형, 즉 논증과 반박 유형에 해당한다. 글에 등장하는 주장과 근거를 명확히 이해하고 개념화하여 푼다. 이 유형에선 단순 암기보다 인과의 파악이 중요하다.

❶ 유형 파악하기

이 유형은 한국사 유형으로, 다음과 같은 특징들이 있다.

- 사건의 인과관계, 연표에 따른 단순 선후관계, 계급 체계에 따른 상하관계 등이 한 문제에 복합적으로 등장한다.
- 작은따옴표 '를 통해 생소한 개념이 소개된다. 작은따옴표가 붙은 단어는 지문 전체에서 강조하고자 하는 개념인 경우가 많으므로 집중하여 살펴야 한다.
- 홑낫표 「」, 겹낫표 『』 등으로 문헌·예술작품 등이 인용된다. 지문에 이름이 유사한 작품이 여러 개 등장한 뒤, 선지에서 혼동을 유도하는 경우도 종종 있다.
- 구체적인 시대 표현이 등장한다. n년, n세기, OO시대 전·중·후기 등의 시대 표현은 선지에서 사건들이 발생한 선후관계를 묻는 기준점으로 사용된다.
- 상황판단 영역과 유사한 문항도 등장한다. 지문에서 봉급, 세금, 형벌 등 체계를 파악해 간단한 사칙연산을 통해 선지의 사례에 적용할 것을 요구한다.

이렇게 다양한 변화가 존재하고 한자어의 난도도 높은 이유는, 현재 NCS PSAT를 보는 기관 대다수가 한국사능력검정시험을 서류요건/가산점 요건으로 채택하고 있기 때문이다. 따라서 자신이 특수직렬이라 하더라도 기본적인 한국사 지식 정도는 알아 두어야 독해시험 대비에 유리하다.

❷ 지문 훑어보기

첫째로 문단의 길이를 확인한다. 문단의 길이가 길다면 이는 문단 하나 속에 소주제가 많음을 의미한다. 따라서 같은 문단 내 내용이어도 여러 단위로 끊어 읽어야 함을 상기하면서 읽는다. 문단의 길이가 짧으면 쉽게 이해할 수 있는 내용인데, 일부러 늘려 설명함으로써 난도를 올린 지문이기 때문이다.

둘째로, 정의하는 문장에 반드시 밑줄을 쳐가면서 읽는다. 예컨대 향도라는 조직, 침향의 정의 등등은 밑줄을 친다. 설령 그것이 선지화되지 않는다고 해도 마찬가지다. 이 과정을 거치는 이유는

(1) 용어를 뇌 속에 저장하지 않고 종이에 저장하기 위함이고,

(2) 문장이 연결되지 않을 때 단어의 의미를 상기할 수 있기 때문이다.

예컨대 A → B → C를 읽는데 C가 이해가 되지 않는다면, A로 돌아간 뒤 다시 B를 거치지 않고 C로 올 수 있다. 정의 문장이 중간에 있다면 해당 지점이 일종의 세이브 포인트가 되어 독해를 처음부터 다시 할 필요가 없게 해준다. 모르는 개념이 복합적으로 쓰인 문장을 읽을 때도 이정표를 마련해주는 역할을 한다.

❸ 선지 적용하기

① **고려 왕조는 불교 진흥을 위해 지방 각 군현에 향도를 조직하였다.**

이 선지는 3개의 명제로 나누어 분석한다.

① 고려 왕조는 불교를 진흥시키려고 하였다.

② 고려 왕조는 지방 군현에 향도를 조직하였다.

③ ②는 ①의 의도였다.

이때 ②, ③번 명제의 확인이 불가능하므로 틀린 선지가 된다.

② **향도는 매향으로 얻은 침향을 이용해 향을 만들어 판매하는 일을 하였다.**

판매를 했는지는 한국사에서 중요한 부분이다. 왜냐하면, 한국사는 사농공상의 전통하에 상업을 권장하지 않는 분위기였기 때문이다. 즉, 한국사에서 상업이 등장할 때에는 반드시 국가가 연계되어 나온다.

③ **고려 후기에는 구성원이 장례식을 치를 때 그것을 돕는 일을 하는 향도가 있었다.**

고려 후기 → 마을마다 향도 → 관혼상제를 지원

선지가 '고려 후기'라는 시대 표현으로 시작되므로, 해당 시대에 한정된 내용임을 알 수 있다. 지문에서 고려 후기의 향도에 대한 부분을 찾으니 마을 단위로 향도가 만들어졌으며[2문단(5)], 이런 향도들은 마을 주민의 관혼상제를 지원했다는 내용[2문단(7)]을 찾을 수 있다. 이때 관혼상제가 성인식인 관례, 결혼식을 올리는 혼례, 장례를 치르는 상례, 제사를 지내는 제례의 큰 행사 4가지를 통칭하는 단어임을 잘 몰랐다면 여기서 꼭 숙지하고 넘어가자.

④ **고려 초기에는 지방 향리들이 자신이 관할하는 군현의 하천 정비를 위해 향도를 조직하였다.**

이 선지를 ②번 선지처럼 분할해 보면, 2개 혹은 3개의 명제로 나눌 수 있다. 이렇게 명제를 분할하는 것은 출제자가 함정을 만드는 수단이 된다.

⑤ 고려 후기로 갈수록 석탑 조성 공사의 횟수가 늘었으며 그로 인해 같은 마을 주민을 구성원으로 하는 향도가 나타났다.

석탑 공사 → 고려 초기에 석탑 공사 많았음 → 12세기 들어 횟수 감소

선지가 '고려 후기로 갈수록'이라는 비교 표현으로 시작되므로, 지문에 등장하는 모든 시대를 확인해야 함을 알 수 있다. 다만 이 지문처럼 시대 표현을 명시적으로 제공하는 경우는 난도가 대폭 감소한다.

어려운 선지로 만드는 경우는 예컨대 이런 것이다.

'고려 후기에는 마을 주민을 구성원으로 하는 향도가 나타나 석탑 조성 공사를 행하였고, 기존 향리가 주도하는 향도의 석탑 조성 횟수는 줄어들었다.'라는 선지가 있다고 해보자. 이 경우는 일견 부합하는 것처럼 보이지만 사실은 틀린 선지다. 전단도 틀렸고 후단도 틀렸다. 각자 확인해 보길 바란다.

합격자의 시간단축 Tip

Tip ❶ 시대 표현에 집중하자.

본 문제의 지문에는 세 종류의 시대 표현이 등장한다. 이를 타임라인으로 나타내면 다음과 같다.

고려 초기	→	12세기	→	13세기 이후 = 고려 후기
1문단 첫째 줄		2문단 다섯째 줄		2문단 여덟째 줄

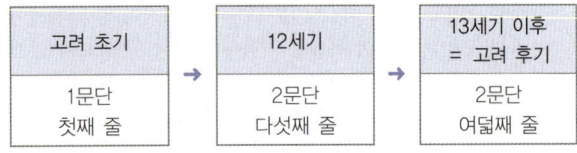

한국사 비문학 유형에서는 시대 표현이 십중팔구 등장하며, 십중팔구 선지에도 등장한다. 선지에서 시대 표현은 지문 속 사건들이 발생한 선후관계를 묻는 기준점으로 사용된다.

시대 표현이 지문에 나타나는 순서는 일반적으로 시간순서와 같다. 본 문제의 지문에서도 고려 초기가 지문 가장 앞부분에 등장하고, 그다음 시대인 12세기, 마지막인 13세기 이후 순으로 등장한다. 그러나 시대 표현이 친절하게 한 문단에 하나씩 등장하거나, 각 문단의 앞부분에만 등장하는 것은 아니다. 즉, 한국사 비문학 유형에서는 지문 이곳저곳에 시대 표현을 심어둠으로써 독해 난도를 높이고 있다.

따라서 지문을 읽을 때 시대 표현을 찾았다면 시각적인 표시를 해 둘 것을 추천한다. 위 문단과 같이 시대의 타임라인을 그리기에는 지나치게 많은 시간이 소요되지만, 동그라미, 네모와 같은 기호로 시간을 나타내는 표현 위에 간단히 표시하고 넘어가는 정도라면 효율적으로 지문을 읽어야 할 구간을 설정할 수 있다.

Tip ❷ 시대순이 아닌 지문은 사람이나 사건을 중심으로 메모한다.

역사 지문은 일반적으로 이 지문처럼 시대순으로 나열되어 글의 흐름을 보여주지만, 그렇지 않은 경우도 가끔 등장한다. 이때 수험생이 취할 전략은 두 가지다.

1) 과감하게 읽은 시간을 매몰비용으로 간주하고 건너뛴다.

2) 시대순으로 문단을 재구성하여 두 번 읽는다.

둘 중 어느 것을 취해도 사실 점수 차이는 크지 않다. 다만 이런 작업을 하지 않을 경우 오답을 고를 확률이 높아진다. 그 이유는 1) 출제자가 의도적으로 꼬아버린 지문이기 때문에 문제도 어려운 경우가 많고, 2) 선지에서 정답을 찾으려고 지문으로 돌아갈 때 순서가 뒤틀려 헷갈릴 수 있기 때문이다.

따라서 수험생은 반드시 구조화 작업을 거쳐야 한다. 이때 구조화란 머릿속으로 정리하는 것이 아니라 지문의 옆에 순서 표시를 하거나 화살표를 그어서 표기하는 것을 말한다. 혹은 수험생 자신이 창의적으로 생각한 별도의 기호를 통해 나타낼 수도 있을 것이다.

002 정답 ❶ 난이도 ●●●

문제유형 사실적 이해 > 정보 확인

접근전략 '알 수 있는 것'을 고르는 문제의 정답 선지는 제시문 내용과 부합하거나 그로부터 추론할 수 있는 경우이고, 오답 선지는 제시문 내용과 상충하거나 그로부터 추론할 수 없는 경우이다. 항상 주의해야 할 것은, 지문의 일부만 발췌해서 풀 수 있는 선지와 전체적인 연결이 있어야만 풀 수 있는 선지를 구별하는 것이다. 이에 유의하면서 지문을 읽는다.

다음 글에서 알 수 있는 것은?

(1) 비정규직 근로자들이 늘어나면서 '프레카리아트'라고 불리는 새로운 계급이 형성되고 있다. (2) 프레카리아트란 '불안한(precarious)'이라는 단어와 '무산계급(proletariat)'이라는 단어를 합친 용어로 불안정한 고용 상태에 놓여 있는 사람들을 의미한다. (3) 프레카리아트에 속한 사람들은 직장 생활을 하다가 쫓겨나 실업자가 되었다가 다시 직장에 복귀하기를 반복한다. (4) 이들은 고용 보장, 직무 보장, 근로안전 보장 등 노동 보장을 받지 못하며, 직장 소속감도 없을 뿐만 아니라, 자신의 직업에 대한 전망이나 직업 정체성도 결여되어있다. (5) 프레카리아트는 분노, 무력감, 걱정, 소외를 경험할 수밖에 없는 '위험한 계급'으로 전락한다. (6) 이는 의미 있는 삶의 길이 막혀 있다는 좌절감과 상대적 박탈감, 계속된 실패의 반복 때문이다. (7) 이러한 사람들이 늘어나면 자연히 갈등, 폭력, 범죄와 같은 사회적 병폐들이 성행하여 우리 사회는 점점 더 불안해지게 된다. ▶ 1문단

(1) 프레카리아트와 비슷하지만 약간 다른 노동자 집단이 있다. (2) 이른바 '긱 노동자'다. (3) '긱(gig)'이란 기업들이 필요에 따라 단기 계약 등을 통해 임시로 인력을 충원하고 그때그때 대가를 지불하는 것을 의미한다. (4) 예를 들어 방송사에서는 드라마를 제작할 때마다 적합한 사람들을 섭외하여 팀을 꾸리고 작업에 착수한다. (5) 긱 노동자들은 고용주가 누구든 간에 자신이 보유한 고유의 직업 역량을 고용주에게 판매하면서, 자신의 직업을 독립적인 '프리랜서' 또는 '개인 사업자' 형태로 인식한다. (6) 정보통신 기술의 발달은 긱을 더욱더 활성화한다. 정보통신 기술을 이용하면 긱 노동자의 모집이 아주 쉬워진다. (7) 기업은 사업 아이디어만 좋으면 인터넷을 이용하여 필요한 긱 노동자를 모집할 수 있다. (8) 기업이 긱을 잘 활용하면 경쟁력을 높여 정규직 위주의 기존 기업들을 앞서나갈 수 있다. ▶ 2문단

① 긱 노동자가 자신의 직업 형태에 대해 갖는 인식은 자신을 고용한 기업에 따라 달라지지 않는다.

→ (O) 긱 노동자들은 고용주가 누구든 간에 자신이 보유한 고유의 작업 역량을 고용주에게 판매하면서, 자신의 직업을 독립적인 '프리랜서' 또는 '개인 사업자' 형태로 인식한다.[2문단(5)] 이때 고용주는 자신을 고용한 기업에 해당하므로, 긱 노동자가 자신의 직업 형태에 갖는 인식은 자신을 고용한 기업에 따라 달라지지 않는다는 것을 알 수 있다.

② 정보통신 기술의 발달은 프레카리아트 계급과 긱 노동자 집단을 확산시킨다.

→ (×) 정보통신 기술의 발달은 긱 노동자의 모집을 용이하게 하며, 긱을 더욱 활성화한다.[2문단(6)] 그러나 프레카리아트 계급이 확산되는지의 여부는 제시문에 나타나 있지 않다.[2문단(2)]

③ 긱 노동자 집단이 확산하면 프레카리아트 계급은 축소된다.
→ (×) 긱 노동자는 프레카리아트와 비슷하지만 약간 다른 노동자 집단이다.[2문단(1)] 두 집단의 특징은 다른 부분이 있으나, 긱 노동자 집단이 확산하면 프레카리아트 계급이 축소되는지는 제시문을 통해 알 수 없다.

④ '위험한 계급'이 겪는 부정적인 경험이 적은 프레카리아트일수록 정규직 근로자로 변모할 가능성이 크다.
→ (×) 프레카리아트는 정규직이 아니며 불안정한 고용 상태에 놓여있는 사람들을 말한다.[1문단(2)] 또한, 이들은 분노, 무력감, 걱정, 소외를 경험할 수밖에 없는 '위험한 계급'으로 전락한다.[1문단(5)] 그러나 '위험한 계급'의 부정적인 경험을 적게 겪는 프레카리아트는 제시문에 나와 있지 않고, 이들이 정규직 근로자로 변모할 가능성에 대해서도 언급하지 않고 있다. 따라서 해당 선지는 제시문을 통해 알 수 없는 내용이다.

⑤ 비정규직 근로자에 대한 노동 보장의 강화는 프레카리아트 계급을 축소시키고 긱 노동자 집단을 확산시킨다.
→ (×) 프레카리아트는 비정규직이 늘어나면서 형성된 새로운 계급인데[1문단(1)] 이들의 특징 중 하나는 고용 보장, 직무 보장, 근로안전 보장 등 노동 보장을 받지 못한다는 것이다.[1문단(4)] 따라서 비정규직 근로자에 대한 노동 보장을 강화한다면 프레카리아트 계급은 축소될 수 있다. 그러나 비정규직 근로자에 대한 노동 보장 강화와 긱 노동자의 관계에 대한 근거는 제시문에서 확인할 수 없다.

제시문 분석

1문단 프레카리아트의 정의와 특징

〈프레카리아트의 정의〉
프레카리아트 = '불안한(precarious)' + '무산계급(proletariat)' = 불안정한 고용 상태에 놓여 있는 사람들(2)

〈프레카리아트의 특징〉			
〈특징 1〉	직장 생활을 하다가 쫓겨나 실업자가 되었다가 다시 직장에 복귀하기를 반복(3)		
〈특징 2〉	고용 보장, 직무 보장, 근로안전 보장 등 노동 보장을 받지 못함(4)		
〈특징 3〉	직장 소속감과 자신의 직업에 대한 전망, 직업 정체성도 결여되어 있음(4)		
〈특징 4〉	분노, 무력감, 걱정, 소외를 경험할 수 밖에 없는 '위험한 계급'으로 전락함(5)	〈원인〉	의미 있는 삶의 길이 막혀 있다는 좌절감과 상대적 박탈감, 계속된 실패의 반복 때문(6)

→ 〈결과〉 프레카리아트가 늘어나게 되면 자연히 갈등, 폭력, 범죄와 같은 사회적 병폐들이 성행하여 우리 사회는 점점 더 불안해지게 됨(7)

2문단 긱의 정의와 특징

〈긱의 정의〉		〈긱의 예시〉		〈자기 인식〉
'긱(gig)' = 기업들이 필요에 따라 단기 계약 등을 통해 임시로 인력을 충원하고 그때그때 대가를 지불하는 것(3)	⊕	방송사에서 드라마를 제작할 때마다 적합한 사람들을 섭외하여 팀을 꾸리고 작업에 착수하는 것(4)	⊕	긱 노동자들은 고용주가 누구든 간에 자신이 보유한 고유의 직업 역량을 고용주에게 판매 → 자신의 직업을 독립적인 '프리랜서' 또는 '개인 사업자' 형태로 인식(5)

3문단 정보통신 기술의 발달이 긱 노동자의 모집과 기업에 미친 영향

정보통신 기술 발달		모집의 용이화		기업의 기회
정보통신 기술의 발달은 긱을 더욱더 활성화했으며 정보통신 기술을 이용하면 긱 노동자의 모집이 아주 쉬워짐(6)	⊕	기업은 사업 아이디어만 좋으면 인터넷을 통해 필요한 긱 노동자 모집 가능(7)	→	기업이 긱을 잘 활용하면 경쟁력을 높여 정규직 위주의 기존 기업을 앞설 수 있음(8)

합격자의 실전 풀이 순서

한국사 비문학 유형

❶ 발문 확인 및 유형 파악

1. 다음 글에서 알 수 있는/없는 것은?

알 수 '있는' 것인지, '없는' 것인지를 확실히 표시하고 간다. 예를 들어 알 수 있는 것을 묻는다면 '있는' 위에 동그라미를 치고, 알 수 없는 것을 묻는다면 '없는' 위에 세모를 쳐 시각적으로 다시 한번 나타낸다.

> 다음 글에서 알 수 있는 것은?

❷ 지문 훑어보기

이 단계에서는 문단의 구조를 살펴본다. 주로 살펴볼 것은 문단의 길이 및 문단 초두에서 어떤 내용이 전개되는가이다. 문단 길이가 길고, 문단의 초두에서 서로 다른 내용이 제시된다는 것('약간 다른 노동자 집단'이란 키워드로부터 추출할 수 있다)을 10초 내로 확인할 수 있다.

그 후 문단별로 따로 해석해야 한다는 점에 착안하여 1문단만 해석한 뒤 2문단을 1문단과 비교하면서 읽거나, 1문단이 너무 어렵다면 2문단을 먼저 읽고 1문단을 읽어 본다. 그러나 해당 지문은 1문단이 더 쉬운 편이다.

① 긱 노동자가 자신의 직업 형태에 대해 갖는 인식은 자신을 고용한 기업에 따라 달라지지 않는다.
이 선지는 2문단만 보고 풀어야 한다. 또한, 만약 선지에서 프레카리아트에 대해서만 물었다면 사실 1, 2문단 모두 보고 풀어야 한다. 그 이유는 이미 소개된 내용이라면 다른 문단에서 예외사항이나 기타 언급되지 않았던 비교문장들을 첨가할 수 있기 때문이다. 이러한 이유로, 처음 제시문을 읽을 때 문단별로 분류를 잘 하고 읽어야 한다.

③ 긱 노동자 집단이 확산하면 프레카리아트 계급은 축소된다.
프레카리아트와 비슷하지만 약간 다른 긱 노동자 집단 ⇏ 긱 노동자 집단과 프레카리아트 계급의 상관관계
선지 ③은 대표적인 추론형 선지다. 즉, 선지에 나온 표현 그대로 지문에서 찾으려 하면 찾을 수 없다. 단순비교형 선지 ①이 '인식'이라는 단어 그대로 지문에 실려 있는 것과 대비되는 특성이다.
이때, 수험생이 두 노동자 집단이 다르다는 것에 착안하여 "한쪽이 줄어들면 한쪽이 늘어나지 않을까?"라는 생각을 한다면 틀린 생각이다. 그 이유는 1)정규적 고용형태가 시장에 존재하며(1문단에서 추론 가능) 2)사업자도 존재하기 때문이다.(1문단, 2문단에서 추론 가능). 그 외 실업자나 기타 변수도 고려할 수 있지만, 지문에서 그런 것까지 추론할 수는 없다.

⑤ 비정규직 근로자에 대한 노동 보장의 강화는 프레카리아트 계급을 축소시키고 긱 노동자 집단을 확산시킨다.
노동 보장 → 프레카리아트는 노동 보장을 받지 못함 ⇏ 긱 노동자 집단

선지 ⑤ 또한 추론형이다. 노동 보장이 두 집단과 어떤 관련이 있는지 찾아보면, 프레카리아트는 노동 보장을 받지 못하는 계급이므로[1문단(4)] 노동 보장 강화는 이를 축소시킬 것임을 추론할 수 있다. 출제자의 의도는 '프레카리아트가 발전, 능동적 노동자가 될 경우 그것이 곧 긱 노동자이다.'라는 착각을 유도한 것으로 보이나, 사실 긱인 동시에 프레카리아트 상태인 것이 가능하다. 즉, 긱 노동자 집단과 노동 보장 간의 상관관계는 찾을 수 없다.

합격자의 시간단축 Tip

Tip ❶ '일수록'에 주의하자.

'a일수록 b다.'라는 문장이 있다. 이 문장의 진위를 판별하려면 어떻게 해야 할까? 먼저 가능한 모든 개체의 a 정도를 파악한다. 다음으로, a 정도가 강한 개체일수록 b 정도도 강한지 확인해야 할 것이다.
본 문제의 경우, 선지 ④가 '~일수록'을 사용하고 있다. 이 선지를 판단하려면 프레카리아트 계급을 부정적인 경험의 양에 따라 나눌 수 있는지 파악하고, 만약 가능하다면 부정적인 경험이 적은 그룹이 많은 그룹보다 정규직으로의 변모 가능성이 높은지를 파악해야 한다.
이처럼 '일수록'이 내포한 맥락은 생각보다 복잡하다. 비문학 유형의 선지에서 '일수록'이 등장하면 거의 무조건 추론형 선지라 보면 된다. 난도가 낮은 선지 여러 개를 빠르게 제거하고 싶다면 '일수록'이 나오는 비례/반비례 성격의 선지는 일단 패스하자. 반면 난도가 높은 선지 중에 정답이 있을 확률이 높다고 본다면, '~일수록' 먼저 처리할 수도 있다.

Tip ❷ 부정적/긍정적 어휘에 모두 주목한다.

사람은 심리학적으로 부정적 어휘에는 민감하게 반응하지만(1문단) 긍정적 어휘에는 둔감하게 반응한다. 그러니까 부정적 어휘가 없다는 것만으로 2문단을 읽으면서 긍정적 어휘가 있었던 것처럼 해석할 수 있다. 심지어 2문단은 사업주 입장에서 긍정적 어휘가 있었기 때문에 글의 전체적인 인상이 아주 긍정적으로 비추어지기 마련이다. 여기에 ③번과 ⑤번 선지의 함정이 있다. 따라서 수험생은 항상 긍정적 어휘가 진짜로 있었는지, 있었다면 그것이 내가 생각한 대상을 향해서 수식하는 것인지 반드시 파악해야 한다. 부정적 어휘를 가지고 해당 작업을 하는 것은 아주 쉽고 누구나 할 수 있지만, 긍정적 어휘를 동일하게 확인하는 것은 부단한 노력이 필요할 것이다.

003 정답 ④ 난이도 ●○○

문제유형 사실적 이해 > 빈칸 채우기

접근전략 빈칸 채우기 유형은 지문에 기반하여 제시되지 않은 내용 일부를 추론하도록 하는 문제다. 이 유형은 앞선 비문학 유형과 접근방법이 다르다. 일반적인 비문학 유형에서는 '토씨 하나 안 틀리고 확인하기'가 중요했다면, 빈칸 채우기 유형에서는 '핵심 내용 파악하기'가 더 중요하다. 즉, 지문에 등장하는 모든 정보를 세심히 확인할 필요가 없다는 것이다. 작은 논거들이 모여서 뒷받침하는 큰 주장이 무엇인지, 글의 전체적인 구성이 어떻게 되는지에 집중하면 된다. 이러한 특징 덕에 빈칸 채우기 유형은 많은 수험생이 비교적 짧은 시간에 해결하는 편이다.

다음 글의 빈칸에 들어갈 말로 가장 적절한 것은?

(1) 서구사회의 기독교적 전통 하에서 이 전통에 속하는 이들은 자신들을 정상적인 존재로, 이러한 전통에 속하지 않는 이들을 비정상적인 존재로 구별하려 했다. (2) 후자에 해당하는 대표적인 것이 적그리스도, 이교도들, 그리고 나병과 흑사병에 걸린 환자들이었는데, 그들에게 부과한 비정상성을 구체적인 형상을 통해 재현함으로써 그들이 전통 바깥의 존재라는 사실을 명확히 했다. ▶ 1문단

(1) 당연하게도 기독교에서 가장 큰 적으로 꼽는 것은 사탄의 대리자인 적그리스도였다. (2) 기독교 초기, 몽티에랑데르나 힐데가르트 등이 쓴 유명한 저서들뿐만 아니라 적그리스도의 얼굴이 묘사된 모든 종류의 텍스트들에서 그의 모습은 충격적일 정도로 외설스러울 뿐만 아니라 받아들이기 힘들 정도로 추악하게 나타난다. ▶ 2문단

(1) 두 번째는 이교도들이었는데, 서유럽과 동유럽의 기독교인들이 이교도들에 대해 사용했던 무기 중 하나가 그들을 추악한 얼굴의 악마로 묘사하는 것이었다. (2) 또한 이교도들이 즐겨 입는 의복이나 진미로 여기는 음식을 끔찍하게 묘사하여 이교도들을 자신들과는 분명히 구분되는 존재로 만들었다. ▶ 3문단

(1) 마지막으로, 나병과 흑사병에 걸린 환자들을 꼽을 수 있다. (2) 당시의 의학 수준으로 그런 병들은 치료가 불가능했으며, 전염성이 있다고 믿어졌다. (3) 때문에 자신을 정상적 존재라고 생각하는 사람들은 해당 병에 걸린 불행한 사람들을 신에게서 버림받은 죄인이자 공동체에서 추방해야 할 공공의 적으로 여겼다. (4) 그들의 외모나 신체 또한 실제 여부와 무관하게 항상 뒤틀어지고 지극히 흉측한 모습으로 형상화되었다. ▶ 4문단

정리하자면, [　　　　　　　　　　]

① 서구의 종교인과 예술가들은 이방인을 추악한 이미지로 각인시키는 데 있어 중심적인 역할을 하였다.
→ (×) 제시문에는 서구사회의 기독교적 전통하에서 이 전통에 속하는 이들은 자신들을 정상적인 존재로, 이러한 전통에 속하지 않는 이들을 비정상적인 존재로 구별하려 했다고 언급되어 있다.[1문단(1)] 그러나 누가 중심이 되었는지는 제시문에 나와 있지 않아 알 수 없는 내용이다.

② 서구의 기독교인들은 자신들보다 강한 존재를 추악한 존재로 묘사함으로써 심리적인 우월감을 확보하였다.
→ (×) 서유럽과 동유럽, 즉 서구의 기독교인들은 적그리스도, 이교도, 나병과 흑사병 환자들을 추악한 존재로 묘사하였고[2문단(2), 3문단(1), 4문단(4)], 이를 통해 그들을 비정상적인 존재로, 정상적인 자신들과 구별하고자 했다.[1문단(1), (2)] 그러나 그들이 자신보다 강한 존재였는지 여부는 본문에 제시되지 않는다.

③ 정상적 존재와 비정상적 존재의 명확한 구별을 위해 추악한 형상을 활용하는 것은 동서고금을 막론하고 지속되어 왔다.
→ (×) 서구사회의 기독교적 전통 하에서 이 전통에 속하는 이들은 자신들을 정상적인 존재로, 이러한 전통에 속하지 않는 이들을 비정상적인 존재로 구별하려 했다.[1문단(1)] 그러나 동서고금을 막론하고 이러한 현상이 지속되어 왔는지에 대해서는 서술되어 있지 않으므로 해당 선지의 내용은 알 수 없고, 따라서 글의 결론으로도 적절하지 않다.

④ 서구의 기독교적 전통 하에서 추악한 형상은 그 전통에 속하지 않는 이들을 전통에 속한 이들과 구분 짓기 위해 활용되었다.

→ (○) 서구사회의 기독교적 전통 하에서 이 전통에 속하는 이들은 자신들을 정상적인 존재로, 이러한 전통에 속하지 않는 이들을 비정상적인 존재로 구별하려 했으며[1문단(1)], 그들에게 부과한 비정상성을 구체적인 형상, 즉 추악한 형상을 통해 재현함으로써 그들이 전통 바깥의 존재라는 사실을 명확히 했다.[1문단(2)] 즉 서구의 기독교적 전통에서는, 추악한 형상을 통해 그들의 전통에 속하지 않는 이들을 전통에 속한 이들과 구분 지으려 한 것이다. 이는 제시문의 핵심 주제이기 때문에 내용을 정리하고자 하는 빈칸에 들어갈 말로 가장 적절하다.

⑤ 서구의 기독교인들이 자신들과는 다른 타자들을 추악하게 묘사했던 것은 다른 종교에 의해 자신들의 종교가 침해되는 것을 두려워했기 때문이다.

→ (×) 서구의 기독교인들이 타자들의 비정상성을 구체적인 형상을 통해 재현함으로써 그들이 전통 바깥의 존재라는 사실을 명확히 했다는 사실만 드러나 있을 뿐[1문단(2)], 자신들의 종교가 침해되는 것을 두려워했는지 여부는 서술되어 있지 않아서 알 수 없다.

제시문 분석

1문단 기독교적 전통 하의 비정상적 존재 구별

〈서구사회 기독교적 전통 하에서의 정상적인 존재 구별〉
서구사회의 기독교적 전통 하에서 이 전통에 속하는 이들은 자신들을 정상적인 존재로, 이러한 전통에 속하지 않는 이들을 비정상적인 존재로 구별하려 했다.(1)

〈비정상적인 존재 사례〉		〈비정상적인 존재 구별 방법〉
대표적인 것이 적그리스도, 이교도들, 그리고 나병과 흑사병에 걸린 환자들이었다.(2)	⊕	그들에게 부과한 비정상성을 구체적인 형상을 통해 재현함으로써 그들이 전통 바깥의 존재라는 사실을 명확히 했다.(2)

2, 3, 4문단 기독교적 전통 하에서 비정상적인 존재들 형상 재현

〈적그리스도〉		적그리스도는 사탄의 대리자로서 기독교에서 가장 큰 적으로 꼽힌다.[2문단(2)]
〈이교도들〉	〈형상 묘사〉	서유럽과 동유럽의 기독교인들이 이교도들에 대해 사용했던 무기 중 하나가 그들을 추악한 얼굴의 악마로 묘사하는 것이었다.[3문단(1)]
	〈의식주 묘사〉	이교도들이 즐겨 입는 의복이나 진미로 여기는 음식을 끔찍하게 묘사하여 이교도들을 자신들과는 분명히 구분되는 존재로 만들었다.[3문단(2)]
〈나병과 흑사병 환자들〉	〈나병과 흑사병 인식〉	당시의 의학 수준으로 그런 병들은 치료가 불가능했으며, 전염성이 있다고 믿어졌다.[4문단(2)]
	〈환자들에 대한 인식〉	자신을 정상적 존재라고 생각하는 사람들은 해당 병에 걸린 불행한 사람들을 신에게서 버림받은 죄인이자 공동체에서 추방해야 할 공공의 적으로 여겼다.[4문단(3)]
	〈형상 재현〉	그들의 외모나 신체 또한 실제 여부와 무관하게 항상 뒤틀어지고 지극히 흉측한 모습으로 형상화되었다.[4문단(4)]

→

〈결론〉	서구의 기독교적 전통 하에서 추악한 형상은 그 전통에 속하지 않는 이들을 전통에 속한 이들과 구분짓기 위해 활용되었다.[선지 ④번]

합격자의 실전 풀이 순서

빈칸 채우기 유형

⓿ 유형 식별하기

빈칸 채우기 유형은 발문과 지문의 형태에서 바로 파악할 수 있다.

- **발문**: 다음 글의 빈칸에 들어갈 말로 가장 적절한 것은?
- **지문**: 일부 문장 대신 빈칸이 뚫린 형태

❶ 빈칸 확인하기

빈칸에 들어갈 내용이 어떤 역할을 수행하는지 파악하는 것이 이 유형의 핵심이다. 빈칸의 성격에 따라 문제풀이의 방법도 달라진다.

(1) 중심 내용

최근 출제되는 대부분의 빈칸 채우기 문항은 이 경우에 해당한다. 이 경우 수험생은 지문을 처음부터 끝까지 읽은 후, 지문이 말하고자 하는 최종적인 결론을 찾아내야 한다. 구체적인 지표나 통계 자료에 매몰되지 않고, '그래서 이 지표가 어떠한 결론으로 이끄는가?', '이 모든 문장이 함축된 결론은 무엇인가?'를 끊임없이 질문하며 읽어야 한다.

본 문제도 마찬가지다. 빈칸은 지문의 맨 끝인 5문단에 위치하며, '정리하자면' 표현이 앞에 붙어 있다. 즉, 빈칸에는 앞선 4문단의 내용을 모두 함축할 수 있는 한 문장이 들어갈 것이다. 이 경우 수험생은 글의 촘촘한 세부 내용보다는 전체를 파악하겠다는 목표를 잡고 접근해야 한다.

(2) 뒷받침 내용

글 전체의 결론과 관련이 적은 뒷받침 문장이 빈칸으로 제시되는 경우도 가끔 있다. 이 경우 수험생은 먼저 지문의 핵심 내용을 확인한 뒤, 빈칸 앞뒤 문장들을 집중적으로 읽으며 문맥을 추론하는 접근을 취해야 한다. 이 경우 지문에서까지 핵심 내용을 추론하기 어렵게 출제하지는 않으므로, 핵심 내용을 빠르게 파악하고 빈칸으로 이동하는 순서로 해결하면 된다.

❷ 지문 파악하기

이 단계에서는 지문을 처음부터 끝까지 읽으며 글의 얼개를 파악하고, 핵심 내용을 이해한다. 빈칸이 중심 내용에 들어가는 최근 출제 경향 하에서 발췌독은 추천하지 않으며, 글 전체를 통독하는 것이 바람직하다. 이 과정에서는 엄밀성보다 포괄성에 중점을 둔다. 지금까지 일반적인 비문학 문제들에서 숫자나 구체적인 용어가 등장하면 놓치지 않으려 집중했지만, 빈칸 채우기 문제에서는 '이런 개념이 제시되는구나.' 정도로 보고 넘어가면 족하다.

지문을 읽으면서 중심 내용과 밀접하다고 판단되는 문장 또는 단어에 밑줄을 긋거나, 동그라미를 치는 등 시각적 표시를 하는 것도 유용하다. 혹은 시간을 최대한 아끼기 위해 아무 표시 없이 머릿속으로 이해만 하며 읽어내려 갈 수도 있다. 이는 수험생 개개인의 취향이자 선택이다.

❸ 선지 고르기

마지막 단계에서는 지문을 이해한 바를 바탕으로, 빈칸에 들어갈 내용을 추론한다. 해설에서 다루는 내용이 바로 이 단계에 해당한다. 문제를 해결하는 사고 과정은 해설에 들어있지만, 수험생은 그 직접적인 해결 단계에 도달하기까지 몇 단계를 의식적 또는 무의식적으로 거치게 된다. 실전 풀이순서는 해결 전까지 거치면 좋을 단계에는 어떤 것이 있는지 수험생이 파악하고, 더 효율적인 풀이 단계를 스스로 찾을 수 있도록 돕는 것이다.

4문단까지의 내용을 바탕으로 글 전체의 중심 내용을 생각해 보자. 1문단에서는 기독교적 전통하에서 이루어진 비정상적인 존재와의 구별과 그 방식에 대해 다루고 있으며 2~4문단에 적그리스도, 이교도, 나병과 흑사병 환자의 사례를 나열하여 1문단의 내용을 구체화하고 있다. 빈칸 앞에 '정리하자면'이라는 말이 있다는 것은 앞의 내용을 정리하되 이들 내용을 전부 포괄하는 내용을 골라야 하므로 정답은 ④번이 된다.

합격자의 시간단축 Tip

Tip ❶ 빈칸문제의 근거 범위 확정

빈칸문제가 등장했을 시 어떤 부분을 근거로 삼을지 기준을 미리 잡아 두면 문제풀이가 훨씬 수월하고 빨라진다. 보통 빈칸문제의 근거는 빈칸이 포함된 문장, 앞뒤 문장, 빈칸이 포함된 주제문을 근거로 삼을 수 있다. 여기서 직접적인 근거를 못 얻더라도 최소한 근거를 얻을 실마리는 얻을 수 있으니 이들을 참고해서 풀자.

Tip ❷ 첫 문장이 읽기 매우 어려운 경우

지문의 전체적인 난이도에 비해 첫 문장, 혹은 처음 두 문장이 어려운 지문들이 있다. 이 지문이 첫 문장이 어려운 경우에 해당한다. 이는 '서구사회', '기독교적 전통에 속하는' 등 의도적으로 어렵게 쓰인 구절들이 존재하기 때문이다. 이를 쉽게 나타내면 '과거 유럽의 기독교 종교사회는 다른 지역 다른 종교를 비정상으로 규정하였다.'라는 쉽고 간편한 문장으로 바꿀 수 있다.
이렇게 의도적으로 어렵게 쓰인 문장들은 어떻게 독해해야 하는가? 두 가지 방법이 있다.

(1) 어렵게 쓰인 문장은 보통 학술적인 단어를 쓰며, 많은 내용을 압축한 경우가 많다. 이 지문의 경우 '왜 서구인가?', '왜 기독교 전통인가?'와 같은 물음에 대한 답이 원래 녹아있는 것이다. 따라서 첫 문장을 대충 읽고 다음 내용을 읽기 시작하면서 첫 문장을 나중에 읽는다. (두 번째 문장까지 어려운 경우에도 또한 같다.)
(2) 첫 번째 문장이 선지 해결에 필요한 정보인지 확인한다. 또한, 선지에서 첫 번째 문장을 재해석할 수 있다면 이를 응용한다. 특히 이 문제의 경우 첫 번째 문장은 사실상 정답인 ④번 선지와 굉장히 유사한 의미를 가진다. 이렇듯 선지로부터 해석에 도움을 받을 수 있거나, 만약 어떤 선지에도 해당되지 않는다면 그 문장은 버려도 되는 문장이다.

004 정답 ⑤ 난이도 ●○○

문제유형 비판적 사고 > 판단하기
접근전략 지문 수정 유형은 글의 흐름에 맞지 않는 문장들을 옳게 고치도록 하는 유형이다. 이 유형을 해결하기 위해서는 '글의 흐름'을 파악하는 것이 가장 중요하다. 이어서 ㉠~㉤의 5개 부분에 그 흐름을 적용하고, 흐름과 맞는지, 맞지 않는지 여부를 확인한 후, 선지가 각 부분을 적절하게 수정하였는지 파악하는 순으로 문제를 풀면 된다.

다음 글의 흐름에 맞지 않는 곳을 ㉠~㉤에서 찾아 수정할 때 가장 적절한 것은?

(1) 에르고딕 이론에 따르면 그룹의 평균을 활용해 개인에 대한 예측치를 이끌어낼 수 있는데, 이를 위해서는 다음의 두 가지 조건을 먼저 충족해야 한다. (2) 첫째는 그룹의 모든 구성원이 ㉠ 질적으로 동일해야 하며, 둘째는 그 그룹의 모든 구성원이 미래에도 여전히 동일해야 한다는 것이다. (3) 특정 그룹이 이 두 가지 조건을 충족하면 해당 그룹은 '에르고딕'으로 인정되면서, ㉡ 그룹의 평균적 행동을 통해 해당 그룹에 속해 있는 개인에 대한 예측을 이끌어낼 수 있다. ▶ 1문단

(1) 그런데 이 이론에 대해 심리학자 몰레나는 다음과 같은 설명을 덧붙였다. "그룹 평균을 활용해 개인을 평가하는 것은 인간이 모두 동일하고 변하지 않는 냉동 클론이어야만 가능하겠지요? 그런데 인간은 냉동 클론이 아닙니다." (2) 그런데도 등급화와 유형화 같은 평균주의의 결과물들은 정책 결정의 과정에서 중요한 근거로 쓰였다. (3) 몰레나는 이와 같은 위험한 가정을 '에르고딕 스위치'라고 명명했다. (4) 이는 평균주의의 유혹에 속아 집단의 평균에 의해 개인을 파악함으로써 ㉢ 실재하는 개인적 특성을 모조리 무시하게 되는 것을 의미한다. ▶ 2문단

(1) 지금 타이핑 실력이 뛰어나지 않은 당신이 타이핑 속도의 변화를 통해 오타를 줄이고 싶어 한다고 가정해 보자. (2) 평균주의의 식으로 접근할 경우 여러 사람의 타이핑 실력을 측정한 뒤에 평균 타이핑 속도와 평균 오타 수를 비교하게 된다. (3) 그 결과 평균적으로 타이핑 속도가 더 빠를수록 오타 수가 더 적은 것으로 나타났다고 하자. (4) 이때 평균주의자는 당신이 타이핑의 오타 수를 줄이고 싶다면 ㉣ 타이핑을 더 빠른 속도로 해야 한다고 말할 것이다. (5) 바로 여기가 '에르고딕 스위치'에 해당하는 지점인데, 사실 타이핑 속도가 빠른 사람들은 대체로 타이핑 실력이 뛰어난 편이며 그만큼 오타 수는 적을 수밖에 없다. (6) 더구나 ㉤ 타이핑 실력이라는 요인이 통제된 상태에서 도출된 평균치를 근거로 당신에게 내린 처방은 적절하지 않을 가능성이 높다. ▶ 3문단

① ㉠을 '질적으로 다양해야 하며'로 고친다.
→ (×) 에르고딕 이론에 따르면, 그룹의 평균을 활용해 개인에 대한 예측치를 이끌어낼 수 있다.[1문단(1)] 그러나 이 이론에 대해 심리학자 몰레나는 그룹 평균을 활용해 개인을 평가하는 것은 인간이 모두 동일하고 변하지 않는 냉동 클론이어야만 가능하다고 말한다.[2문단(1)] 따라서 에르고딕 이론은 구성원이 모두 질적으로 동일해야 한다는 조건을 가지고 있음을 알 수 있다.

② ㉡을 '개인의 특성을 종합하여 집단의 특성에 대한 예측'으로 고친다.
→ (×) 에르고딕 이론에 따르면 그룹의 평균을 활용해 개인에 대한 예측치를 이끌어 낼 수 있다.[1문단(1)] 특정 그룹의 모든 구성원이 질적으로 동일하며, 미래에도 동일해야 한다는 두 가지 조건을 충족하면 해당 그룹은 '에르고딕'으로 인정되기에[1문단(2),(3)], 이후 바로 이어지는 ㉡문장은 적절하다.[1문단(3)] 해당 선지는 개인과 집단이 서로 뒤바뀐 문장으로 틀렸다.

③ ㉢을 '실재하는 그룹 간 편차를 모조리 무시'로 고친다.
→ (×) ㉢은 에르고딕 스위치라고 명명된 평균주의의 맹점에 대해 언급하고 있다.[2문단(3),(4)] 여기서 평균주의는 '에르고딕'이라는 개념을 통해 그룹의 평균으로 개인을 예측하며[1문단(3)], '에르고딕'의 조건 중 하나는 모든 구성원이 질적으로 동일해야 한다 했으므로[1문단(2)] 평균주의가 개인적 특성을 모조리 무시한다는 ㉢의 내용은 적절하다. 그룹 간 차이는 지문의 고려사항이 아니다.

④ ㉣을 '타이핑을 더 느린 속도로 해야 한다'로 고친다.
→ (×) 평균주의식으로 접근할 경우 여러 사람의 타이핑 실력을 측정한 뒤에 평균 타이핑 속도와 평균 오타 수를 비교하게 된다.[3문단(2)] 그 결과 평균적으로 타이핑 속도가 더 빠

를수록 오타 수가 더 적은 것으로 나타났다.[3문단(3)] 따라서 평균주의자는 타이핑의 오타 수를 줄이기 위해서는 타이핑을 더 빠른 속도로 해야 한다고 주장할 것이므로, ㉣은 적절하다.

⑤ ㉤을 '타이핑 실력이라는 요인이 통제되지 않은 상태에서'로 고친다.

→ (O) 제시문에서는 사실 타이핑 속도가 빠른 사람들은 대체로 타이핑 실력이 뛰어난 편이며 그만큼 오타 수는 적을 수밖에 없다고 설명한다.[3문단(5)] 평균주의자들은 타이핑 속도가 빠르다는 것은 대체로 타이핑 실력도 뛰어나다는 것을 의미하고, 이것이 오타 수에도 영향을 준다는 사실을 간과하고 있다는 것이다. 다시 말하면 '타이핑 실력'이라는 요인이 통제되지 않은 상황이고, 이 상황에서 내리는 처방은 적절하지 않을 수 있다고 비판한다. 따라서 ㉤은 '타이핑 실력이라는 요인이 통제되지 않은 상태에서'로 고쳐야 한다.

제시문 분석

1문단 에르고딕 이론의 특징

〈에르고딕 이론 정의〉	
에르고딕 이론에 따르면 그룹의 평균을 활용해 개인에 대한 예측치를 이끌어낼 수 있는데, 이를 위해서는 다음의 두 가지 조건을 먼저 충족해야 한다.(1)	
〈성립 조건 1〉	〈성립 조건 2〉
그룹의 모든 구성원이 질적으로 동일해야 한다.(2)	그 그룹의 모든 구성원이 미래에도 여전히 동일해야 한다.(2)

↓

〈에르고딕 이론 충족 결과〉
특정 그룹이 이 두 가지 조건을 충족하면 해당 그룹은 '에르고딕'으로 인정되면서, 그룹의 평균적 행동을 통해 해당 그룹에 속해 있는 개인에 대한 예측을 이끌어낼 수 있다.(3)

2문단 심리학자 몰레나의 에르고딕에 대한 반론

〈심리학자 몰레나의 반론〉		〈정책 결정에 사용〉		〈에르고딕 스위치〉
"그룹 평균을 활용해 개인을 평가하는 것은 인간이 모두 동일하고 변하지 않는 냉동 클론이어야만 가능하겠지요? 그런데 인간은 냉동 클론이 아닙니다."(1)	⊕	그런데도 등급화와 유형화 같은 평균주의의 결과물들은 정책 결정의 과정에서 중요한 근거로 쓰였다.(2)	→	에르고딕 스위치는 위험한 가정으로, 평균주의의 유혹에 속아 집단의 평균에 의해 개인을 파악함으로써 실재하는 개인적 특성을 모조리 무시하게 되는 것을 의미한다.(3),(4)

3문단 평균주의식 접근의 폐해

〈상황〉		〈평균 산출〉		〈산출 결과〉
타이핑 실력이 뛰어나지 않은 사람이 타이핑 속도의 변화를 통해 오타를 줄이고 싶어 하는 상황(1)	→	평균주의식으로 접근할 경우 여러 사람의 타이핑 실력을 측정한 뒤에 평균 타이핑 속도와 평균 오타 수를 비교하게 된다.(2)	→	평균적으로 타이핑 속도가 더 빠를수록 오타 수가 더 적은 것으로 나타났다.(3)

→

〈평균주의자의 생각〉	평균주의자는 당신이 타이핑의 오타 수를 줄이고 싶다면 타이핑을 더 빠른 속도로 해야 한다고 말할 것이다.(4)

↓

〈에르고딕 스위치〉	
〈타이핑 실력〉	〈평균주의자의 오류〉
사실 타이핑 속도가 빠른 사람들은 대체로 타이핑 실력이 뛰어난 편이며 그만큼 오타 수는 적을 수밖에 없다.(5)	더구나 타이핑 실력이라는 요인이 통제되지 않은 상태에서 도출된 평균치를 근거로 당신에게 내린 처방은 적절하지 않을 가능성이 높다.(6)

합격자의 실전 풀이 순서

지문 수정 유형

⓿ 유형 식별하기

지문 수정 유형은 발문과 지문의 형태에서 바로 파악할 수 있다.

- **발문:** 다음 글의 흐름에 맞지 않는 곳을 ㉠~㉤에서 찾아 수정할 때 … 적절한/적절하지 않은 것은?
- **지문:** 5개의 문장 또는 표현에 밑줄과 기호 ㉠~㉤이 붙은 형태
- **선지:** ㉠~㉤ 부분에 선지가 일대일로 대응되어 수정된 형태

즉, 지문의 수정 대상은 5개이며, 그중 1개가 다른 4개와 달리 수정이 필요하거나 필요하지 않은 상황이 제시된다. (스스로 이미지를 형성해 보자. 어릴 적 많이 보던 짝짓기 게임으로 환원 시, 왼쪽의 점 네 개는 지문의 밑줄이고, 오른쪽의 점 네 개는 선지의 내용이다. 변환이 바람직한지 연결해 보자.)

❶ 지문 훑어보기

에르고딕 이론이라는 낯선 단어로 지문이 시작된다. 이때 이 단어 자체는 중요하지 않다. '이론'이라는 단어가 등장했다는 것이 중요하다. 이론이라는 단어가 등장하면 반드시 그 이론에 대한 설명이 뒤따라온다. 따라서 그 설명을 이해하는 데 집중한다. 특히 사례가 제시되지는 않는지 확인하면서, 사례와 혼합해서 이해해야 한다. 이때, 이론의 요지를 파악하는 것은, 수험생 자신이 이론을 받아들였는지, 타당하다고 생각하는지 여부와는 일절 상관이 없다. 단지 이론의 전제와 결론을 파악할 수 있으면 족하다.(이 과정이 상상이 가지 않는다면, 독자 본인을 '전달자' 혹은 '전령'이라고 생각하자.) 둘의 차이를 기억해 두고 이 지문을 꼼꼼하게 분석해 보자. 1문단을 온전히 해석했다면 2, 3문단은 완벽히 연결된다.

❷ 논지 파악하기

이 단계에서는 지문을 처음부터 끝까지 읽으며 글의 얼개를 파악하고, 흐름을 이해한다. 지문 수정 유형에서 중요한 것은 '흐름'이다. 이때 흐름이란 결론을 도출하기 적절한지의 여부를 말한다. 어느 문장이 수정 대상이 되든 '흐름'을 제대로 알아야 문제를 해결할 수 있을 것이다. 즉, 중심 문장이 '흐름'을 제시하고, 이어지는 문장들은 '흐름'의 적용이다. 본 문제에 적용해 보자. 지문에서는 두 가지 주장이 충돌하고 있다. 〈에르고딕 이론–평균주의〉의 주장과, 〈심리학자 몰레나–에르고딕 스위치〉의 주장이다. 전자를 뒷받침하는 문단이 1문단, 전자에 대해 반박하면서 후자를 뒷받침하는 문단이 2, 3문단인 것이다. 전자는 그룹의 평균을 통해 그룹에 속한 개인을 예측할 수 있다고 주장하지만, 후자는 이를 비판하고 있음을 이해했다면 지문을 잘 파악했다고 할 수 있다.

❸ 선지 적용하기

마지막 단계에서는 지문을 이해한 바를 바탕으로 ㉠~㉤이 수정이 필요한 부분인지, 아닌지 판단한다. ㉠~㉤ 부분이 둘 중 어느 쪽 입장에서 서술되었는지, 논지와 부합하는 것은 어느 쪽인지에 집중해 선지를 확인하도록 한다.

본 문제의 경우, 다음과 같은 과정을 거쳐 정답을 찾을 수 있다.

- ㉠: 에르고딕 이론의 입장이다. 같은 문장 후단의 '여전히'를 근거로 수정이 불필요함을 알 수 있다.
- ㉡: 에르고딕 이론의 입장이다. 1문단 첫째 줄을 근거로 수정이 불필요함을 알 수 있다.
- ㉢: 에르고딕 스위치 입장이다. 직접적인 근거는 지문에서 등장하지 않지만, 평균주의를 비판하는 입장이므로 '개인적 특성을 무시한다.'라는 비판은 흐름과 일치한다. 또한, 선지가 제시한 수정본의 '그룹 간 편차'는 지문의 핵심을 벗어난 부분이므로, 수정이 불필요함을 알 수 있다.
- ㉣: 에르고딕 이론의 입장이다. 3문단 넷째 줄을 근거로 수정이 불필요함을 알 수 있다.
- ㉤: 에르고딕 스위치 입장이다. 3문단의 첫째 줄로부터 평균주의식으로 접근할 경우 타이핑 실력을 측정하여 평균 타이핑 속도와 평균 오타 수의 관계를 도출함을 알 수 있다. 즉, 이 경우 타이핑 실력이라는 요인은 통제되지 않았다. 선지가 제시한 수정본은 이 부분을 적절하게 고치고 있으므로, 수정이 필요함을 알 수 있다.

합격자의 시간단축 Tip

Tip ❶ 선지는 필요할 때 확인하자.

지문 수정 유형의 마지막 단계에서 모든 선지를 다 확인해야만 하는 것은 아니다. 그렇다면 어떤 선지를 확인해야 하고 어떤 선지는 확인할 필요가 없을까?

본 문제의 선지 적용하기 단계에서 ㉠~㉤까지 어떤 풀이를 거쳤는지 살펴보자. ㉠, ㉡, ㉣의 경우, 지문에 이미 제시된 내용을 비슷한 표현으로 말만 바꾼 부분이다. 이런 부분은 지문 내에서 정보 간 단순한 비교만으로 수정이 필요한지 여부를 확인할 수 있다. 굳이 선지까지 확인하지 않고 지문을 쭉 읽는 것만으로 흐름에 맞음을 알 수 있다.

반면 ㉢, ㉤의 경우 해당 부분이 지문에 직접 제시된 바가 없다. 즉 이 부분이 흐름과 합치하는지 파악하기 위해서는 지문의 내용으로부터 추론해야 한다. 이 경우, 부족한 정보를 보완하기 위해 선지를 참고할 수 있다. ㉢의 경우 선지의 내용이 지문의 핵심을 벗어났으므로 수정이 불필요하다는 근거가 되었다. ㉤의 경우, 지문에서 이 부분이 이상하다고 느낀 수험생이 선지를 보고 판단에 확신을 얻을 수 있을 것이다.

이처럼 필요한 상황에서만 선지를 확인하는 선택과 집중 풀잇법은 시간 단축에 큰 도움이 된다. 선지니까 모두 보고 넘어가야 할 것 같은 불안이 들 수 있지만, 문제풀이에 숙련될수록 직접 확인하는 선지가 줄어들 것이다.

Tip ❷ 독해가 너무 어렵다면?

이 지문의 독해를 어려워하는 경우는 크게 3가지로 나뉜다. 각각의 해결법을 소개한다.

(1) **이름이 너무 낯설어서 순간 정신을 놓아버리고, 그 이후 심리학까지 등장하면서 독해의 방향을 잃는 경우**

이 경우 낯선 용어에 익숙해지는 작업이 필요한 것이 아니다. 오히려 익숙한 부분을 제대로 이해할 수 있다면 결국 낯선 단어도 기존 개념을 조합해서 읽을 수 있게 된다. '에르고딕 이론'이 뭔지 몰라도, 그 이론의 핵심을 알 수만 있다면 '에르고딕 스위치'는 스위치의 기능적 의미를 앎으로써 짐작해볼 수 있다. 또한 '질적으로 동일' 하다거나 '그룹의 평균적 행동'이라는 개념을 본인이 알고 있다면 에르고딕 이론은 단지 고유명사에 준하는 역할을 한다는 것을 알 수 있다. 즉, 낯선 이름은 그 자체로 내버려 두고 다른 부분의 해독을 쉽게 하는 것이 해결책이다.

(2) **지문을 읽을 때는 이해했는데 그래서 뭐가 중요한지 기억이 나지 않는 경우**

자신에게 맞는 이론으로 이름을 변경해 본다. 어차피 모르는 이론이라면 외워도 문제를 풀 때 쓸 수 없기 때문이다. 예컨대 에르고딕 이론은 흔히 아는 '성급한 일반화의 오류'로 바꿔볼 수 있다. 이 외에도 '숲은 보고 나무는 보지 못하는 오류'라거나 '전체주의' 등 다양한 이름으로 기억할 수 있다. 이렇듯 핵심을 추출해서 다시 기억함으로써 기억을 효율적으로 할 수 있다.

(3) **이론이 이해도 되고 기억도 나지만 선지파악할 때 너무 시간이 오래 걸리는 경우**

이 유형에선 해당하지 않는 경우다. 그러나 일반적으로 좀 더 고난도 유형에 이 지문이 출제된다면 이러한 선지들이 다수 등장한다. 이때 선지가 무엇을 말하고자 하는지 본인이 지문을 읽었던 것처럼 다시 이해하면 좋다. 선지에 지문의 결론을 끼워 맞추는 것이 아니라, 선지도 따로 결론을 내고 지문도 따로 결론을 내서 서로 비교해보는 것이다.

005 정답 ⑤ 난이도 ●●●

문제유형 법조문형 > 규정확인

접근전략 법조문 유형 중 규정을 바탕으로 규정을 위반한 <보기>를 고르는 규정확인문제이다. 법조문 유형을 풀 때는 조문의 구체적인 내용을 독해하는 것보다, 법조문의 구조를 파악한 후 <보기>에서 묻고 있는 정보를 찾아 올라가는 형태로 푸는 것이 좋다. 본 문제의 경우, 공무원의 의무는 적극적 제시(~를 해야 한다), 소극적 제시(~를 해서는 안된다) 2가지 방식으로 제시될 수 있음에 유의한다. 참고로 국가공무원법, 청렴 관련 조문들은 빈출되므로, 조문의 내용 자체를 숙지해두는 것도 좋다.

다음 글을 근거로 판단할 때, <보기>에서 규정을 위반한 행위만을 모두 고르면?

제○○조(청렴의 의무) ① 공무원은 직무와 관련하여 직접적이든 간접적이든 사례·증여 또는 향응을 주거나 받을 수 없다.
② 공무원은 직무상의 관계가 있든 없든 그 소속 상관에게 증여하거나 소속 공무원으로부터 증여를 받아서는 아니 된다.

제○○조(정치운동의 금지) ① 공무원은 정당이나 그 밖의 정치단체의 결성에 관여하거나 이에 가입할 수 없다.
② 공무원은 선거에서 특정 정당 또는 특정인을 지지 또는 반대하기 위한 다음의 행위를 하여서는 아니 된다.
1. 투표를 하거나 하지 아니하도록 권유 운동을 하는 것
2. 기부금을 모집 또는 모집하게 하거나, 공공자금을 이용 또는 이용하게 하는 것
3. 타인에게 정당이나 그 밖의 정치단체에 가입하게 하거나 가입하지 아니하도록 권유 운동을 하는 것
③ 공무원은 다른 공무원에게 제1항과 제2항에 위배되는 행위를 하도록 요구하거나, 정치적 행위에 대한 보상 또는 보복으로서 이익 또는 불이익을 약속하여서는 아니 된다.

제○○조(집단행위의 금지) ① 공무원은 노동운동이나 그 밖에 공무 외의 일을 위한 집단행위를 하여서는 아니 된다. 다만, 사실상 노무에 종사하는 공무원은 예외로 한다.

② 제1항 단서에 규정된 공무원으로서 노동조합에 가입된 자가 조합 업무에 전임하려면 소속 장관의 허가를 받아야 한다.

보기

ㄱ. 공무원 甲은 그 소속 상관에게 직무상 관계 없이 고가의 도자기를 증여하였다.

→ (○) 제1조 제2항에 따르면 공무원은 직무상의 관계가 있든 없든 그 소속 장관에게 증여할 수 없다. 따라서 공무원 甲이 그 소속 장관에게 고가의 도자기를 증여하였다면, 이는 직무상의 관계가 있든 없든 제1조 청렴의 의무를 위반한 행위이다.

ㄴ. 사실상 노무에 종사하는 공무원으로서 노동조합에 가입된 乙은 소속 장관의 허가를 받아 조합 업무에 전임하고 있다.

→ (×) 제3조 제2항에 따르면 사실상 노무에 종사하는 공무원으로서 노동조합에 가입된 자가 조합 업무에 전임하려면 소속 장관의 허가를 받아야 한다. 따라서 사실상 노무에 종사하는 공무원 乙이 노동조합에 가입하고 소속 장관의 허가를 받아 조합 업무에 전임하고 있다면, 이는 규정을 위반한 행위가 아니다.

ㄷ. 공무원 丙은 동료 공무원 丁에게 선거에서 A정당을 지지하기 위한 기부금을 모집하도록 요구하였다.

→ (○) 제2조 제2항 제2호와 동조 제3항에 따르면 공무원은 다른 공무원에게 선거에서 특정 정당을 지지하기 위한 기부금을 모집하는 행위를 요구하여서는 아니 된다. 따라서 공무원 丙이 공무원 丁에게 선거에서 A 정당을 지지하기 위한 기부금을 모집하도록 요구하였다면, 이는 제2조 정치운동의 금지를 위반한 행위이다.

ㄹ. 공무원 戊는 국회의원 선거기간에 B후보를 낙선시키기 위해 해당 지역구 지인들을 대상으로 다른 후보에게 투표하도록 권유 운동을 하였다.

→ (○) 제2조 제2항 제1호에 따르면 공무원은 선거에서 특정인을 반대하기 위하여 투표를 하거나 하지 아니하도록 권유 운동을 하여서는 아니 된다. 따라서 공무원 戊가 국회의원 선거기간에 B후보를 낙선시키기 위해 다른 후보에게 투표하도록 권유 운동을 하였다면, 이는 제2조 정치운동의 금지를 위반한 행위이다.

① ㄱ, ㄴ → (×)
② ㄴ, ㄷ → (×)
③ ㄷ, ㄹ → (×)
④ ㄱ, ㄴ, ㄹ → (×)
⑤ ㄱ, ㄷ, ㄹ → (○)

합격자의 실전 풀이 순서

❶ 문제 유형 파악

본 문제의 경우 발문에 규정이라는 말이 나오고, 제시문으로 법조문이 주어졌으므로 법조문 유형임을 알 수 있다. 특히 법조문 유형 중에서도 규정의 내용을 확인하여 규정을 위반한 〈보기〉를 고르는 규정확인 문제이다. 법조문 유형은 조문의 구체적인 내용을 독해하는 것보다, 법조문의 구조를 파악한 후 선지에서 묻고 있는 정보를 찾아 올라가는 형태로 푸는 것이 좋다. 법 조문의 구조 파악이란 각 조나 항마다 가로로 길게 선을 그어 조문들을 시각적으로 구분하고, 단서와 괄호에 강조 표시를 하는 것을 의미한다. 또한, 본 문제가 규정을 위반한 행위를 고르는 문제라는 것을 인지하기 위해 "위반한 행위"에 밑줄이나 동그라미 등 표시를 한다.

…, 〈보기〉에서 규정을 위반한 행위만을 모두 고르면?

❷ 법조문 구조 분석

구조 분석이란 각 조문의 내용 및 조문 간 관계를 이해하는 것이다. 법조문 전체를 읽되, 세부적인 내용을 기억하기 보다는 어떤 정보가 있는지 파악하는 것에 중점을 둔다. 이때 기호를 적절히 활용할 수 있다. 활용의 예시는 Tip으로 별도 기재하였다. 이러한 분석 과정을 거치며 선지에 등장할만한 부분을 발견할 수 있다.

본문의 규정은 세 개의 조로 구성되어 있다. 조문의 제목이 있으므로 이를 기준으로 내용을 구분할 수 있다. 가독성을 높이기 위해 가로선으로 각 조를 구분하고, '1, 2, 3'으로 숫자를 써둔다. 이하 편의상 첫 번째 조부터 '제1조', '제2조' 등으로 표기한다.

제1조는 청렴의 의무를 규정한다. 제1항은 직무와 관련하여 대가를 주고받을 수 없음을, 제2항은 직무와 무관하게 대가를 주고받을 수 없는 경우를 규정하고 있다. 제1항과 제2항의 차이점은, 제1항과 달리 제2항의 경우 직무와 무관하게 적용된다는 점과 사례, 증여, 향응의 금지를 규정한 제1항과 달리 제2항의 경우 그 소속 상관 혹은 소속 공무원과의 증여 금지만을 규정하였다는 것이다. 두 조문의 차이점에 표시한다.

제2조는 공무원의 정치활동과 관련된 행위를 금지하는 조문이다. 제1항은 정치와 관련한 단체의 결성 또는 가입 금지이고, 제2항은 선거에서 특정인을 지지·반대하는 행위에 대한 금지다. 제1항에서는 '정당', '정치단체', 제2항에서는 '선거'에 표시한다. 제3항의 경우 제1항과 제2항에 위배되는 행동을 타인에게 강요하는 것을 금지하고 있다. '다른 공무원' 부분에 표시한다.

제3조는 공무원의 집단행위를 금지하는 조문이다. 그런데 제1항에서는 공무원이 노동운동이나 그 밖에 공무 외의 일을 위한 집단행위를 하여서는 아니 된다고 함으로써 공무를 위한 집단행위는 가능함을 암시하고 있다. 또한 사실상 노무에 종사하는 공무원의 경우 단서 조항이 적용된다는 것을 확인한다. 본문의 '집단행위'에 표시하고, 단서의 '사실상 노무'에는 △로 표시한다. 제2항도 단서와 관련되어 있으므로 연결해두고, '노동조합'과 '허가'에 표시한다.

❸ 선지 판단

선지를 읽고, 해당 내용이 기재된 규정으로 돌아가 꼼꼼히 읽은 뒤 정오를 판단한다. 선지 판단 시 규정을 '위반'한 〈보기〉를 골라야 하는 점을 유의한다.

보기 ㄱ은 직무상 관계없이 소속 상관에게 증여하였다는 내용이므로 제1조 제2항과 비교한다. 규정을 위반한 행위이므로 선지 ②번, ③번이 소거된다.

보기 ㄴ은 사실상 노무에 종사하는 공무원이 노동조합 업무를 하는 것이므로 제3조 제1항 단서 및 제3조 제2항과 비교한다. 규정을 위반하지 않으므로 정답은 5번이다.

다른 보기도 판단한다면, 보기 ㄷ은 선거에서 동료 공무원에게 특정 행위를 요구하는 내용이므로 제2조 제2항 각 호 및 제3항과 비교한다. 보기 ㄹ은 공무원이 선거에서 정치적 성향을 드러내는 행위에 대한 내용이므로 제2조 제2항과 비교한다.

또한, 본 문제와 같이 선지가 〈보기〉의 조합으로 구성되는 경우 하나의 보기를 확인한 후 해당 보기와 관련된 선지를 먼저 판단한다.

합격자의 시간단축 Tip

Tip ❶ 발문을 정확히 파악

위와 같은 문제에서 주의해야 할 것은, 단순히 옳거나 옳지 않은 것을 고르는 문제와는 달리 위반하는 것을 고르는 문제라는 점이다. 따라서 보기에 제시된 내용이 가능하다면 위반한 행위가 아니며, 제시된 내용이 불가능하다면 위반한 행위인 것이다. 실전에서 이를 헷갈리기 쉽기 때문에 제대로 풀고도 답을 잘못 선택하지 않도록 특별히 주의하자.

Tip ❷ 조문의 이름을 활용

본 문제와 같이 법조문의 이름이 주어진 경우, 이를 선지 판단에 활용하는 것이 좋다. 조문의 이름을 쭉 훑으며 선지 판단을 위해 어떤 조문을 참고해야 할 것인지 판단한다. 본 문제의 경우 조문의 이름을 훑어보면 규정을 위반하는 경우는 제1조 정렴의 의무를 위반하거나, 제2조를 위반해 정치운동을 하거나, 제3조를 위반해 집단행위를 한 경우를 뜻한다. 선지의 내용이 어떤 조문의 내용에 해당하는지 판단한 후 해당 조문을 독해한다.

Tip ❸ 단서와 괄호의 내용에 주의

법조문 유형 및 규정확인 유형은 단서와 괄호의 내용이 선지에 나오는 경우가 매우 많다. 제3조 제1항 단서와 같이 예외조항이 있는 경우에는 항상 출제 포인트가 된다. 이러한 예외조항에 대해서는 미리 체크해두고 관련된 조문(제3조 제2항)까지 꼼꼼하게 확인해주는 것이 좋다.

006 정답 ①

난이도 ●●●

문제유형 비판적 사고 > 빈칸 채우기

접근전략 그래프에 들어갈 말을 찾는 문제이다. 일반적으로 그래프의 변수는 비례/반비례 관계(A가 증가하면 B가 증가/감소한다.) 또는 인과 관계(A로 인해 B가 발생한다)로 볼 수 있으므로, 본문에서 이와 관련된 표현이 등장할 때 잘 기억해 두거나 자신만의 기호로 표시한다면 조금 더 정확하고 빠른 풀이가 가능하다. 심지어 이런 변수 간 관계 설정에 익숙해진다면 암기가 자동으로 되는 경지까지 도달할 수 있다.

다음 글에 비추어 볼 때, 아래 〈그림〉의 ㉠ ~ ㉣에 들어갈 말을 적절하게 나열한 것은?

(1) 도시재생 사업의 목표는 지역 역량의 강화와 지역 가치의 제고라는 두 마리 토끼를 잡는 것이다. (2) 그 결과, 아래 〈그림〉에서 지역의 상태는 A에서 A'으로 변화한다. 둘 중 하나라도 이루어지지 않는다면 도시재생 사업의 목표가 달성되었다고 볼 수 없다. (3) 그러한 실패 사례의 하나가 젠트리피케이션이다. (4) 이는 지역 역량이 강화되지 않은 채 지역 가치만 상승하는 현상을 의미한다. ▶ 1문단

(1) 도시재생 사업의 모범적인 양상은 지역 자산화이다. (2) 지역 자산화는 두 단계로 이루어진다. (3) 첫 번째 단계는 공동체 역량 강화 과정이다. (4) 이는 지역 문제 해결을 위한 프로그램 및 정책 수립, 물리적 시설의 개선, 운영 관리 등으로 구성된 공공 주도 과정이다. (5) 이를 통해 지역 가치와 지역 역량이 모두 낮은 상태에서 일단 지역 역량을 키워 지역 기반의 사회적 자본을 형성하게 된다. (6) 그 다음 두 번째 단계로 전문화 과정이 이어진다. (7)전문화는 민간의 전문성과 창의성을 적극적으로 활용함으로써, 강화된 지역 역량의 토대 위에서 지역 가치 제고를 이끌어낸다. (8) 이 과정에서 주민과 민간 조직의 전문성에 대한 신뢰를 바탕으로, 공유 시설이나 공간의 설계, 관리, 운영 등 많은 권한이 시민단체를 비롯한 중간 지원 조직에 통합적으로 위임된다. ▶ 2문단

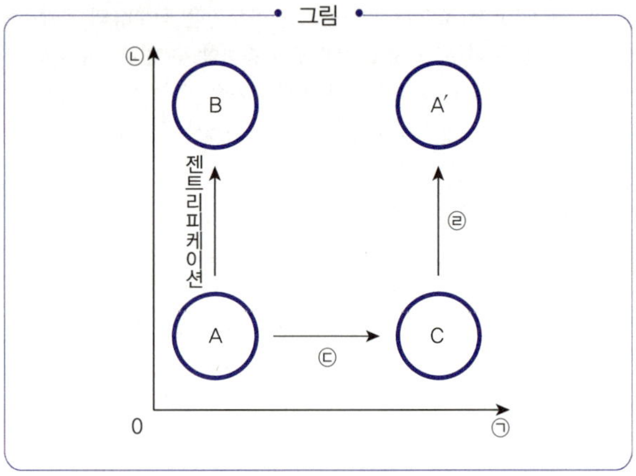

	㉠	㉡	㉢	㉣
①	지역 역량	지역 가치	공동체 역량 강화	전문화

→ (O) 젠트리피케이션은 지역 역량이 강화되지 않은 채 지역 가치만 상승하는 현상이며[1문단(3), (4)] 〈그림〉은 A에서 B로 가는 과정을 젠트리피케이션이라고 보여주고 있다. 이때 B는 ㉡은 높고, ㉠은 낮은 상태이다. 따라서 ㉠은 지역 역량이고, ㉡은 지역 가치이다.[1문단(3), (4)] 그리고 A에서 A′는 지역 역량과 지역 가치가 모두 높은 성공적인 도시재생 사업의 목표이다.[1문단(2)] 이때 우선 지역 역량이 강화된 C로 가기 위해서는, 공동체 역량 강화가 필요하다.[2문단(5)] 즉, 공동체 역량 강화는 도시 재생 사업의 모범적인 양상인 지역 자산화의 첫 번째 단계로서[2문단(3)], 지역 가치와 지역 역량이 모두 낮은 상태(=A)에서 일단 지역 역량을 강화시켜준다.[2문단(5)] 이는 A에서 C로 갈 수 있게 해주는 과정이므로, ㉢에는 공동체 역량 강화가 들어가는 것이 적절하다. 그리고 마지막으로 지역 자산화의 두 번째 단계인 전문화는[2문단(6)], 강화된 지역 역량을 토대로, 지역 가치의 제고를 이끌어낸다.[2문단(7)] 따라서 지역 역량만 강화된 C에서 두 요소 모두 강화된 A′로 가기 위해서는 ㉣에 전문화가 들어가는 것이 적절하다.[1문단(2), 2문단(1), (2)]

②	지역 역량	지역 가치	공동체 역량 강화	지역 자산화

→ (×) 지역 자산화는 도시재생 사업의 모범적인 양상으로서, 공동체 역량 강화와 전문화 두 과정을 모두 아우르는 개념이다.[2문단(1), (2)] 따라서 지역 가치가 강화된 ㉣에는 전문화 과정만 들어가야 하므로, 지역 자산화는 옳지 않다.

③	지역 역량	지역 가치	지역 자산화	전문화

→ (×)

④	지역 가치	지역 역량	공동체 역량 강화	지역 자산화

→ (×)

⑤	지역 가치	지역 역량	지역 자산화	전문화

→ (×)

제시문 분석

1문단 도시재생 사업의 목표와 실패 사례

〈도시재생 사업의 목표〉		〈실패 사례: 젠트리피케이션〉
지역 역량의 강화, 지역 가치의 제고라는 두 마리 토끼를 잡는 것(1)	→	지역 역량이 강화되지 않은 채 지역 가치만 상승하는 현상(4)

2문단 도시재생 사업의 모범적인 양상인 지역 자산화

〈도시재생 사업 모범적인 양상: 지역 자산화〉		
〈1단계: 공동체 역량 강화 과정〉	〈특징〉	지역 문제 해결을 위한 프로그램 및 정책 수립, 물리적 시설의 개선, 운영 관리 등으로 구성된 공공 주도 과정이다.(4)
	〈결과〉	지역 가치와 지역 역량이 모두 낮은 상태에서 일단 지역 역량을 키워 지역 기반의 사회적 자본을 형성하게 된다.(5)
〈2단계: 전문화 과정〉	〈특징〉	민간의 전문성과 창의성을 적극적으로 활용, 주민과 민간 조직의 전문성에 대한 신뢰를 바탕으로, 공유 시설이나 공간의 설계, 관리, 운영 등 많은 권한이 시민단체를 비롯한 중간 지원 조직에 통합적으로 위임(7),(8)
	〈결과〉	지역 가치 제고를 이끌어냄(7)

합격자의 실전 풀이 순서

사실 확인 유형

⓿ 유형 식별하기

본 문제는 다수의 빈칸 채우기로서 흐름을 이해하는 것이 중요하다. 다만 본 문제에는 이해를 돕기 위한 도식이 등장하며, 도식을 이해해야만 문제를 해결할 수 있다는 차이점이 존재한다. 그래프나 그림 등이 제시되면 글은 궁극적으로 그 그림을 설명하기 위해서 존재한다는 사실을 강조하면서 접근하자.

❶ 빈칸 확인하기

다른 글들과 달리 여러 개의 빈칸 채우기 문제는 선지가 특정 내용이 반복되거나 글의 흐름과 직결되는 경우가 대부분이다. 따라서 선지를 보고 빈칸에서 묻는 내용을(혹은 그 종류만이라도) 파악한다. 본 문제의 경우, 〈그림〉 그래프의 두 축인 ㉠, ㉡과 그래프 상 상태 변화를 나타내는 화살표 ㉢, ㉣에 각각 들어갈 내용을 묻고 있다. 지문을 읽을 때 중점적으로 볼 내용이므로 잘 숙지하고 지문으로 올라간다.

❷ 지문 파악하기

본 문제의 지문은 두 개의 문단 구성으로 길이가 짧다. 문장 하나하나가 모두 필수적인 정보를 담고 있을 확률이 높음을 숙지하고 지문을 읽는 단계다. 지문 내용으로부터 빈칸에 들어갈 내용을 정리하면 다음과 같다.

- 1문단
  (1)~(2): ㉠, ㉡은 각각 지역 역량, 지역 가치 중 하나
  (4): ㉠은 젠트리피케이션 과정에서 불변한 지역 역량, ㉡은 젠트리피케이션 과정에서 상승한 지역 가치
- 2문단
  (2), (4): ㉢는 A → C 과정, 즉 지역 자산화의 첫 번째 단계인 공동체 역량 강화
  (5)~(6): ㉣은 C → A' 과정, 즉 지역 자산화의 두 번째 단계인 전문화

❸ 선지 고르기

마지막 단계에서는 빈칸에 들어갈 내용을 바탕으로 정답인 선지를 가려낸다. 앞 단계에서 ㉠~㉣에 들어갈 것을 모두 파악했으므로 곧바로 선지 ①이 정답임을 알 수 있다.
또는, ㉠부터 ㉣까지 순서대로 선지를 소거할 수도 있다. 각 빈칸에 들어갈 것을 찾는 즉시 선지로 내려가 옳지 않은 선지들을 소거하는 방법이 더 빠른 문제 해결이 가능하다. 본 문제의 경우 1문단 (4)문까지 읽고 선지 ④, ⑤를 소거, 2문단 (4)문까지 읽고 선지 ③을 소거, 마지막으로 선지 ②를 소거하는 순서다. 단, 지문과 선지를 번갈아 확인해야 하니 헷갈리지 않도록 주의하자.

합격자의 시간단축 Tip

Tip ❶ 그래프형 문제의 풀이는 결국 인과관계와 비례/반비례이다.

그래프는 결국 어떤 한 요소가 증가할 때 다른 요소가 증가/감소하거나 혹은 어떤 요소(한 축)에 의해 다른 요소(다른 축)가 해석할 수 있다. 그러므로 그래프를 중심으로 문제가 이루어져 있다면 제시문을 독해할 때 '어떤 것이 다른 것을 일으키는가?(인과관계)', '어떤 요소가 증가할 때 다른 요소가 증가/감소하는가?(비례/반비례 관계)'에 초점을 맞추어 읽도록 하자. 예를 들면, 1문단에서는 '지역 가치 상승과 지역 역량의 미강화(원인) → 젠트리피케이션(결과)'이라는 인과 관계가 주어져 있었고, 이를 통해 ㉠, ㉡을 채울 수 있었으며 2문단에서 '공동체 역량 강화(원인) → 지역 역량 상승(결과)', '전문화 과정(원인) → 지역 가치 제고(결과)'라는 인과 관계 파악을 통해 ㉢, ㉣을 채울 수 있었다. 이처럼, 그래프를 중심으로 이루어진 문제는 인과관계와 비례/반비례 관계 파악에 집중한다면 이를 어렵지 않게 풀 수 있다.

Tip ❷ 도식을 이해하는 데 부가적인 문장들은 일단 배제한다.

예컨대 2문단 (4)나 2문단 (7) 등의 문장은 좋은 효과나 기능이 나열되어 있지만, 그것이 도식을 이해하는 데 도움이 되는 문장들은 아니다. 물론 이들 내용을 완전히 배제하자는 것은 아니지만, 이들을 제대로 이해하는 것은 후순위로 미뤄 두어도 무방하다는 의미이다. 이 유형은 거의 순수한 퍼즐 맞추기 작업으로 절대 지문 전체에 대해 완벽한 이해를 하려고 해서는 안 된다.

007 정답 ❶

난이도 ●○○

문제유형 비판적 사고 > 판단하기

접근전략 지문에 표, 그래프, 도식 기타 등등 글이 아닌 것이 나온다면 결국 지문은 해당 요소를 설명하기 위한 것이다. 다시 말하면, 그림을 미리 이해하고 있을 경우 글의 내용은 가볍게 읽으면서 넘어가도 좋다.
또한, 글의 어느 부분이 그림의 어느 부분을 설명하는지 체크하면서 읽도록 한다. 출제자는 변별력을 높이기 위해 가능한 한 글과 그림을 섞어서 한눈에 알아보기 힘들게 출제하기 때문이다.

다음 글의 A~C에 대한 판단으로 가장 적절한 것은?

(1) 정책 네트워크는 다원주의 사회에서 정책 영역에 따라 실질적인 정책 결정권을 공유하고 있는 집합체이다. (2) 정책 네트워크는 구성원 간의 상호 의존성, 외부로부터 다른 사회 구성원들의 참여 가능성, 의사결정의 합의 효율성, 지속성의 특징을 고려할 때 다음 세 가지 모형으로 분류될 수 있다.

모형 \ 특징	상호 의존성	외부 참여 가능성	합의 효율성	지속성
A	높음	낮음	높음	높음
B	보통	보통	보통	보통
C	낮음	높음	낮음	낮음

▶ 1문단

(1) A는 의회의 상임위원회, 행정 부처, 이익집단이 형성하는 정책 네트워크로서 안정성이 높아 마치 소정부와 같다. (2) 행정부 수반의 영향력이 작은 정책 분야에서 집중적으로 나타나는 형태이다. (3) A에서는 참여자 간의 결속과 폐쇄적 경계를 강조하며, 배타성이 매우 강해 다른 이익집단의 참여를 철저하게 배제하는 것이 특징이다. ▶ 2문단

(1) B는 특정 정책과 관련해 이해관계를 같이하는 참여자들로 구성된다. (2) B가 특정 이슈에 대해 유기적인 연계 속에서 기능하면, 전통적인 관료제나 A의 방식보다 더 효과적으로 정책 목표를 달성할 수 있다. (3) B의 주요 참여자는 정치인, 관료, 조직화된 이익집단, 전문가 집단이며, 정책 결정은 주요 참여자 간의 합의와 협력에 의해 일어난다. ▶ 3문단

(1) C는 특정 이슈를 중심으로 이해관계나 전문성을 가진 이익집단, 개인, 조직으로 구성되고, 참여자는 매우 자율적이고 주도적인 행위자이며 수시로 변경된다. (2) 배타성이 강한 A만으로 정책을 모색하면 정책 결정에 영향을 미칠 수 있는 C와 같은 개방적 참여자들의 네트워크를 놓치기 쉽다. (3) C는 관료제의 영향력이 작고 통제가 약한 분야에서 주로 작동하는데, 참여자가 많아 합의가 어려워 결국 정부가 위원회나 청문회를 활용하여 의견을 조정하려는 경우가 종종 발생한다. ▶ 4문단

① 외부 참여 가능성이 높은 모형은 관료제의 영향력이 작고 통제가 약한 분야에서 나타나기 쉽다.

➜ (○) 외부 참여 가능성이 높은 모형은 C이다.[1문단(2)] 이는 관료제의 영향력이 작고 통제가 약한 분야에서 주로 작동되므로[4문단(3)], 해당 선지는 적절하다.

② 상호 의존성이 보통인 모형에서는 배타성이 강해 다른 이익집단의 참여를 철저하게 배제한다.

➜ (×) 상호 의존성이 보통인 모형은 B이며[1문단(2)] 배타성이 강해 다른 이익집단의 참여를 철저하게 배제하는 것은 A이다.[2문단(3)] 따라서 해당 선지는 적절하지 않다.

③ 합의 효율성이 높은 모형이 가장 효과적으로 정책 목표를 달성할 수 있다.

➜ (×) 합의 효율성이 높은 모델은 A이다.[1문단(2)] A는 안정성이 높지만[2문단(1)], B가 특정 이슈에 대해 유기적인 연계 속에서 기능한다면 A의 방식보다 더 효과적으로 정책 목표를 달성할 수 있다.[3문단(2)] 따라서 유기적 연계 속에서 기능하는 경우 A가 B보다 가장 효과적으로 정책 목표를 달성할 수 있는 것은 아니므로, 해당 선지는 오답이다.

④ A에 참여하는 이익집단의 정책 결정 영향력이 B에 참여하는 이익집단의 정책 결정 영향력보다 크다.

➜ (×) A는 행정부 수반의 영향력이 작은 정책 분야에서 일어나며[2문단(2)] B에 참여하는 이익집단은 그들에 의해 정책이 결정된다는 사실만 제시되어 있을 뿐, 어느 모형의 참여 이익집단의 정책 결정 영향력이 더 큰지는 알 수 없다. 따라서 해당 선지는 적절하지 않다.

⑤ C에서는 참여자의 수가 많아질수록 네트워크의 지속성이 높아진다.

➜ (×) C에서는 참여자의 수가 많아 합의가 어려워, 결국 정부가 위원회나 청문회를 활용하여 의견을 조정하려는 경우가 종종 발생한다.[4문단(3)] 따라서 참여자의 수가 많아질수록 합의가 잘 이루어지지 않아 네트워크의 지속이 어려울 수 있다는 것을 알 수 있다.

제시문 분석

1문단 정책 네트워크의 개념과 분류 기준

〈정책 네트워크〉	〈정책 네트워크의 분류 기준〉
다원주의 사회에서 정책 영역에 따라 실질적인 정책 결정권을 공유하고 있는 집합체(1)	구성원 간의 상호 의존성, 외부로부터 다른 사회 구성원들의 참여 가능성, 의사결정의 합의 효율성, 지속성(2)

2문단 모형 A의 특징

〈모형 A의 특징〉				
〈분류 속성의 특징〉	〈상호 의존성〉	〈외부 참여 가능성〉	〈합의 효율성〉	〈지속성〉
	높음	낮음	높음	높음
〈형태〉	행정부 수반의 영향력이 작은 정책 분야에서 집중적으로 나타나는 형태(2)			
〈기타 특징〉	안정성이 높아 마치 소정부와 같음(1)			
	참여자 간의 결속과 폐쇄적 경계를 강조하며, 배타성이 매우 강해 다른 이익집단의 참여를 철저하게 배제하는 것이 특징(3)			

3문단 모형 B의 특징

〈모형 B의 특징〉				
〈분류 속성의 특징〉	〈상호 의존성〉	〈외부 참여 가능성〉	〈합의 효율성〉	〈지속성〉
	보통	보통	보통	보통
〈주요 참여자〉	정치인, 관료, 조직화된 이익집단, 전문가 집단이며, 정책 결정은 주요 참여자 간의 합의와 협력에 의해 일어난다.(3)			
〈장점〉	특정 이슈에 대해 유기적인 연계 속에서 기능하면, 전통적인 관료제나 A의 방식보다 더 효과적으로 정책 목표를 달성할 수 있다.(2)			
	참여자 간의 결속과 폐쇄적 경계를 강조하며, 배타성이 매우 강해 다른 이익집단의 참여를 철저하게 배제하는 것이 특징(3)			

4문단 모형 C의 특징

〈모형 C의 특징〉				
〈분류 속성의 특징〉	〈상호 의존성〉	〈외부 참여 가능성〉	〈합의 효율성〉	〈지속성〉
	낮음	높음	낮음	낮음
〈참여자 특징〉	참여자는 매우 자율적이고 주도적인 행위자이며 수시로 변경(1)			
	개방적 참여자들의 네트워크 → 배타성이 강한 A만으로 정책을 모색하면 정책 결정에 영향을 미칠 수 있는 C와 같은 개방적 참여자들의 네트워크를 놓치기 쉽다.(2)			
〈기타 특징〉	C는 관료제의 영향력이 작고 통제가 약한 분야에서 주로 작동하는데, 참여자가 많아 합의가 어려워 결국 정부가 위원회나 청문회를 활용하여 의견을 조정하려는 경우가 종종 발생한다.(3)			

합격자의 실전 풀이 순서

비문학 유형

❶ **발문 확인하기**

이 문제의 발문은 A, B, C와 그림을 제시함으로써 체계적인 정보를 담은 지문임을 짐작하게 한다. (단, 이것이 지문 서술 자체가 체계적임을 뜻하는 것은 아니다.)

이때 그림이 없다면 각 알파벳이 서로 대립한다거나 다른 논점을 지닐 수 있지만, 그림이 주어져 있으므로 같은(혹은 유사한) 논점이 계속 반복될 것을 짐작할 수 있다.

또한, A, B, C가 발문에 제시되어 있지 않다면 어떤 글이 나올지 알 수 없다. 다행히 이 문제에선 A, B, C가 명시됨으로써 그들을 비교하는 문제일 것이라 짐작할 수 있다. 이때 비교는 서로 대립하는 것뿐만 아니라 다양한 요소/다양한 이론/다양한 설명방식 등 여러 갈래가 나올 수 있으므로 표의 형태를 보고 수험생이 직접 머릿속으로 보충할 필요가 있다.

❷ **지문 훑어보기**

그림이 나온 지문에서는 문단 구조가 알아보기 쉬운지 확인한다. 문단 초두가 A, B, C로 시작하므로 내용이 비교적 분절적임을 쉽게 확인할 수 있다.

각 문단을 독해할 때는 해당 문장이 그림의 어떤 부분을 설명하는지, 그리고 그것은 직접적인지, 아니면 간접적인지 확인한다. 예컨대 2문단의 경우 (3)은 그림을 직접 풀어 쓴 문장이나, (1)과 (2)는 표를 가지고 사례로 응용한 문장이다. 이처럼 두 내용을 구분하여 표시한다면 나중에 선지를 볼 때 부담이 줄어든다. 나머지 문단도 확인해 보자.

❸ **함정선지 피해가기**

선지의 구성은 그림 설명 → 글 설명으로 되어 있어 알아보기 쉽다. 이는 난도를 낮추는 요인이 된다. 본인만 실수하지 않도록 반드시 ④, ⑤번 선지처럼 다른 선지도 A, B, C를 써놓도록 한다. 밑에 있는 화살표는 정답을 도출하는 흐름이다.

③ **합의 효율성이 높은 모형이 가장 효과적으로 정책 목표를 달성할 수 있다.**

합의 효율성 높음 → A 모형 ⇏ 가장 효과적인 정책 목표 달성

'가장'이라는 표현은 제시된 모든 개체의 비교를 전제한다. 제시문에서 정책효과에 대한 비교는 3문단밖에 없으며 그마저도 '특정한 경우'를 전제하므로 효과적으로 정책 목표를 달성할 수 있는지는 제시되어 있지 않다고 할 수 있다.

④ **A에 참여하는 이익집단의 정책 결정 영향력이 B에 참여하는 이익집단의 정책 결정 영향력보다 크다.**

이익집단의 정책 결정 영향력 ⇏ A 모형, B 모형

이익집단이라는 단어는 세 이론에 모두 등장하지만, 이익집단이나 특정 집단이 어떤 영향력을 행사하는지는 나와 있지 않다. '네트워크 안에서의 행동'이라는 개념으로 일반화하면 더 편리하게 답을 도출할 수 있다.

⑤ **C에서는 참여자의 수가 많아질수록 네트워크의 지속성이 높아진다.: 참여자의 수 ⇏ 지속성**

제시문에서 C는 참여자 수가 많아 의견 조정 필요하다고 설명하지만, 이것이 지속성에 어떤 영향을 미치는지는 나와 있지 않다(예컨대 참여자의 수가 많을수록 일부 참여자에 의해 네트워크가 '유지는' 될 수 있다고 생각할 수도 있다). 다만 A, B에 비교해서 지속성이 낮다는 점은 분명하므로, 정오를 판단할 수 있다.

합격자의 시간단축 Tip

Tip ❶ '가장'이라는 표현에 주의하자.

'a, b, c 중 가장 d한 것은 b다'라는 문장이 있다. 이 문장의 진위를 판별하려면 어떻게 해야 할까? 먼저 a, b, c의 d 수준을 파악한다. 다음으로 d 수준을 비교하여 가장 수준이 높은 개체가 b인지 확인해야 할 것이다.

본 문제의 경우, 선지 ③이 '가장'을 사용하고 있다. 이 선지를 판단하려면 세 가지 모형의 합의 효율성이 계량화 가능한지 파악하고, 만약 가능하다면 각 모형의 합의 효율성을 확인하고 비교하여 가장 높은 모형이 무엇인지 알아내야 한다. 이처럼 '가장'이 내포한 맥락은 생각보다 복잡하다. 비문학 유형의 선지에서 등장하면 거의 무조건 추론형 선지라 보면 된다. 난도가 낮은 선지 여러 개를 빠르게 제거하고 싶다면 '가장'이 나오는 선지는 일단 패스하자. 반면 난도가 높은 선지 중에 정답이 있을 확률이 높다고 본다면 오히려 먼저 처리할 수도 있다.

Tip ❷ 지문을 깊게 이해할 필요가 없다.

이 지문은 행정학을 배운 사람이라면 누구나 쉽게 풀 수 있는 지문이었다. 다시 말하면 공시생/고시생에게 매우 유리한 지문이었다는 뜻이다. 이는 PSAT(공직적격성평가)의 취지와 관련된 것으로, 사실 PSAT지문 몇 개는(급수 불문) 공무원 시험을 준비하는 수험생의 편의를 위해서 쓰여진다. 따라서 NCS와는 결이 좀 다르다.

이렇게 수험생에게 친숙하지 않은, 특정 취지를 가진 지문이 나오는 경우 어떻게 독해해야 할까? 첫째, 선지에 나오는 것만 풀어야 하며(다행히 문단 구조가 쉽게 설정되어 있다) 둘째, 표에 나온 용어 정도는 스스로 이해할 정도로 읽어야 한다(다행히 지문을 읽다 보면 어느 정도 해석이 가능하다).

이를 달성하기 위해서 전체 표의 내용을 전부 이해하려고 하지 말자. "왜 A, B, C 순으로 저런 관계가 형성되는지" 등을 고민할 필요가 없다. 그 시간에 "이 관계를 정말로 선지에서 물을까?"를 고민하자.

008 정답 ⑤ 　　난이도 ●○○

문제유형 사실적 이해 > 정보 확인

접근전략 법 제도의 경우 사례 적용으로도, 단순 내용 일치로도 자주 등장하는 소재이다. 국가 간 특정 법 제도의 차이점을 비교하거나, 우리나라 특정 법의 변천사, 특정 행위에 대한 법적 분석 등 다양한 유형으로 문제가 출제될 수 있다. 법적 용어가 등장하기 때문에 일부 수험생들은 지문에서 심적 부담감을 느끼기도 한다. 하지만 그렇다고 해서 문제 푸는 것을 두려워하거나, 굳이 어려운 법학 도서를 읽어 법적 용어를 눈에 익힐 필요는 없다.

법 용어는 보편적으로 / 일률적으로 적용되어야 하므로 그 단어 사용이 동일하게 반복되는 것이 특징이다. 예컨대 아래 지문의 '소년사법'이라는 낯선 용어는 글 전체에 걸쳐서 완전히 동일한 단어로 계속 반복되고 있다. 이것이 법학 지문의 특징이므로 반복되는 것을 틀린그림찾기처럼 찾아서 체크하는 것이 중요하다.

다음 글에서 알 수 있는 것은?

(1) 많은 국가들의 소년사법 제도는 영국의 관습법에서 유래한다. (2) 영국 관습법에 따르면 7세 이하 소년은 범죄 의도를 소유할 능력이 없는 것으로 간주되고, 8세 이상 14세 미만의 소년은 형사책임을 물을 수 없고, 14세 이상의 소년에 대해서는 형사책임을 물을 수 있다. ▶1문단

(1) 우리나라의 소년사법 역시 소년의 나이에 따라 세 그룹으로 구분하여 범죄 의도 소유 능력 여부와 형사책임 여부를 결정한다. (2) 다만 그 나이의 기준을 9세 이하, 10세 이상 14세 미만, 그리고 14세 이상 19세 미만으로 구분할 뿐이다. (3) 우리나라 『소년법』은 10세 이상 14세 미만의 소년 중 형벌 법령에 저촉되는 행위를 한 자를 촉법소년으로 규정하여 소년사법의 대상으로 하고 있다. (4) 또한, 10세 이상 19세 미만의 소년 중 이유 없는 가출을 하거나 술을 마시는 행동을 하는 등 그대로 두면 장래에 범법행위를 할 우려가 있는 소년을 우범소년으로 규정하여 소년사법의 대상으로 하고 있다. (5) 일부에서는 단순히 불량성이 있을 뿐 범죄를 저지르지 않았음에도 소년사법의 대상이 되는 우범소년 제도에 의문을 품기도 한다. ▶ 2문단

(1) 소년사법은 범죄를 저지르지 않은 소년까지도 사법의 대상으로 한다는 점에서 자기책임주의를 엄격히 적용하는 성인사법과 구별된다. (2) 소년사법의 이러한 특징은 국가가 궁극적 보호자로서 아동을 양육하고 보호해야 한다는 국친 사상에 근거를 둔다. (3) 과거 봉건 국가 시대에는 친부모가 자녀에 대한 양육·보호를 제대로 하지 못하는 경우 왕이 양육·보호책임을 진다고 믿었다. (4) 이런 취지에서 오늘날에도 비록 죄를 범하지는 않았지만 그대로 둔다면 범행을 할 가능성이 있는 소년까지 소년사법의 대상으로 보는 것이다. (5) 이처럼 소년사법의 철학적 기초에는 국친 사상이 있다. ▶ 3문단

① 국친 사상은 소년사법의 대상 범위를 축소하는 철학적 기초이다.
➜ (×) 국친 사상에 근거를 둔 소년사법은[3문단(5)] 범죄를 저지르지는 않았지만, 장래에 범법행위를 할 우범소년까지도 그 대상으로 하고 있다. [2문단(4)] 따라서 국친 사상은 소년사법의 대상 범위를 축소하는 것이 아니라, 범위를 확대하는 철학적 기초에 해당한다.

② 성인범도 국친 사상의 대상이 되어 범행할 가능성이 있으면 처벌을 받는다.
➜ (×) 소년사법은 범죄를 저지르지 않은 소년까지도 사법의 대상으로 한다는 점에서 자기책임주의를 엄격히 적용하는 성인사법과 구별된다고 하였다.
[3문단(1)] 이를 통해 성인법은 국친 사상의 대상이 되지 않음을 알 수 있다.

③ 우리나라 소년법상 촉법소년은 범죄 의도를 소유할 수 없는 것으로 간주된다.
➜ (×) 우리나라의 소년사법은 범죄 의도 소유 능력 여부와 형사책임 여부를 결정하는 나이 기준을 9세 이하, 10세 이상 14세 미만, 14세 이상 19세 미만으로 구분하였다.[2문단(1),(2)] 우리나라 소년법상 촉법소년은 10세 이상 14세 미만의 소년 중 형벌 법령에 저촉되는 행위를 한 자이며 소년사법의 대상이 된다.[2문단(3)] 이를 통해 우리나라 소년법상 촉법소년은 범죄 의도를 소유할 능력이 있는 것으로 간주됨을 알 수 있다.

④ 영국의 관습법상 7세의 소년은 범죄 의도는 소유할 수 있지만, 형사책임이 없는 것으로 간주된다.
➜ (×) 영국 관습법에 따르면 7세 이하 소년은 범죄 의도를 소유할 능력이 없는 것으로 간주된다.[1문단(2)] 또한, 형사책임을 물을 수 있는 건 14세 이상의 소년이므로[1문단(2)] 선지는 오답이다.

⑤ 우리나라 소년법상 10세 이상 19세 미만의 소년은 범죄를 저지를 우려가 있으면 범죄를 저지르지 않아도 소년사법의 적용을 받을 수 있다.
➜ (O) 우리나라 소년사법은 10세 이상 19세 미만의 소년 중 그대로 두면 장래에 범법행위를 할 우려가 있는 소년을 우범소년으로 규정하여 소년사법의 대상으로 하고 있다.[2문단(4)]

제시문 분석

1문단 영국의 관습법

〈영국의 관습법〉	
〈7세 이하〉	범죄 의도를 소유할 능력이 없는 것으로 간주됨.(2)
〈8세 이상~14세 미만〉	형사책임을 물을 수 없음.(2)
〈14세 이상〉	형사책임을 물을 수 있음.(2)

2문단 우리나라 소년사법 제도

〈나이 기준〉		〈촉법소년〉		〈우범소년〉
우리나라의 소년사법은 9세 이하, 10세 이상 14세 미만, 14세 이상 19세 미만으로 구분하여 범지 의도 소유 능력 여부와 형사책임 여부를 결정한다. (1),(2)	⊕	우리나라 『소년법』은 10세 이상 14세 미만의 소년 중 형벌 법령에 저촉되는 행위를 한 자를 촉법소년으로 규정하여 소년사법의 대상으로 하고 있다.(3)	⊕	10세 이상 19세 미만의 소년 중 그대로 두면 장래에 범법행위를 할 우려가 있는 소년을 우범소년으로 규정하여 소년사법의 대상으로 하고 있다.(4)

➜ 〈비판〉 일부에서는 단순히 불량성이 있을 뿐 범죄를 저지르지 않았음에도 소년사법의 대상이 되는 우범소년 제도에 의문을 품기도 한다.(5)

3문단 국친 사상에 기초한 소년사법

〈소년사법의 특징〉		〈특징의 근거〉
소년사법은 범죄를 저지르지 않은 소년까지도 사법의 대상으로 한다는 점에서 자기책임주의를 엄격히 적용하는 성인사법과 구별된다.(1)	➜	이러한 특징은 국가가 궁극적 보호자로서 아동을 양육하고 보호해야 한다는 국친 사상에 근거를 둔다.(2),(5)

〈봉건 국가 시대의 국친 사상〉
과거 봉건 국가 시대에는 친부모가 자녀에 대한 양육·보호를 제대로 하지 못하는 경우 왕이 양육·보호책임을 진다고 믿었다.(3)

➜ 〈영향〉 이런 취지에서 오늘날에도 비록 죄를 범하지는 않았지만 그대로 둔다면 범행을 할 가능성이 있는 소년까지 소년사법의 대상으로 보는 것이다.(4)

합격자의 실전 풀이 순서

❶ 첫 문단을 꼼꼼히 읽는다.

첫 문단 첫 줄 '소년사법'에 대한 이야기가 등장한다. 이를 통해 글의 전반적인 소재가 '소년사법'에 관한 내용임을 예측할 수 있다. 소년사법의 내용을 모르더라도 1문단의 〈영국〉 관습법에 따른 소년사법 제도가 설명되어 있으므로 이를 정독한다. 글을 읽으면서 어렴풋이 '앞으로 우리나라 소년사법에 대한 설명도 나오지 않을까?'라는 막연한 추측도 해볼 수 있다.

❷ 지문을 통독하며 비교 지점과 특징에 표시를 한다.

첫 문단에서 글의 핵심 소재가 '소년사법'이라는 것을 알았으므로, 2, 3문단은 이를 인지한 상태로 글을 읽어 내려간다. 2문단의 경우 '우리나라 소년사법 대상의 나이 기준'이 주요

내용이므로 구분 지점이 되는 나이에만 가볍게 체크하면서 글을 읽도록 한다. 동시에 '1문단의 영국 나이 기준과 우리나라 나이 기준을 비교하지 않을까?'라는 생각을 해볼 수 있다.
3문단의 경우 소년사법의 근거가 되는 국친 사상을 설명하고 있다. 국친 사상을 반영한 소년사법과 성인사법과의 차이점을 가볍게 체크하고 글 읽기를 마무리한다.

❸ 발문의 함정에 유의하며 선지 확인에 들어선다.

'다음 글에서 알 수 있는 것은?'의 문제의 경우 '알 수 없는 것'보다 고려해야 하는 부분이 더 많다. 이에 선지를 통해 확인해야 하는 부분과 지문에서의 시선을 이동하는 과정을 설명하도록 하겠다.

① 국친 사상은 소년사법의 대상 범위를 축소하는 철학적 기초이다.
'국친 사상'의 경우 3문단에 이르러서 비로소 등장하므로 바로 3문단으로 가서 확인한다.

② 성인범도 국친 사상의 대상이 되어 범행할 가능성이 있으면 처벌을 받는다.
성인범의 경우 성인사법이 적용될 것이다. 성인사법의 경우 3문단에 '성인사법'에 대한 정보가 제시되어 있으므로 3문단에서 해결할 수 있다.

③ 우리나라 소년법상 촉법소년은 범죄 의도를 소유할 수 없는 것으로 간주된다.
우리나라 소년사법에 관한 내용이므로 2문단에서 확인할 수 있다. 또한, 범죄의도를 소유할 수 있는 능력에 대한 자세한 서술은 1문단에 나와 있었으니 이 두 문단의 내용을 확인 후 연결하여 선지의 정오를 판단할 수 있다.

④ 영국의 관습법상 7세의 소년은 범죄 의도는 소유할 수 있지만, 형사책임이 없는 것으로 간주된다.
영국의 소년사법에 관한 내용이므로 1문단에서 확인할 수 있다.

⑤ 우리나라 소년법상 10세 이상 19세 미만의 소년은 범죄를 저지를 우려가 있으면 범죄를 저지르지 않아도 소년사법의 적용을 받을 수 있다.
우리나라의 소년사법에서 규정한 '10세 이상 19세 미만의 소년'에 관한 내용이므로 2문단에서 확인할 수 있다.

합격자의 시간단축 Tip

Tip ❶ 법률용어를 잘 체크해두자.

법률용어는 어렵지만, 선지에 다른 용어로 치환되지 않고 그대로 제시된다는 특징이 있다. 따라서 지문을 읽을 때 법률용어가 나온다면 용어 자체를 체크해두는 것이 중요하다. 선지를 읽을 때 관련된 설명이 어디에 있는지 바로 찾을 수 있기 때문이다. 위의 문제에서도 '촉법소년', '국친 사상'이 그 예이다.

Tip ❷ 구분성이 뚜렷한 키워드를 중심으로 돌아가자.

선지에서 제시문으로 돌아가 정보를 다시 찾아야 할 때, 어떤 것을 중심으로 삼아 돌아가야 할지 정해야 하는데 그 중심이 되는 키워드는 '구분성'이 뚜렷한 키워드로 삼는 것이 가장 낫다. 구분성이 뚜렷하다는 말은 제시문 전반에 걸친 내용이 아닌 특정 부분에 존재하는 내용을 말한다. 예를 들어 '국친 사상은 소년사법의 대상 범위를 축소하는 철학적 기초이다.'라는 ①번 선지의 내용을 생각해 봤을 때, 제시문 전반에 언급되는 '소년사법'이라는 키워드보다는, 비교적 일부분에 존재하는 '국친사상'이나 '철학적 기초'를 키워드 삼아 돌아가는 것이 나을 것이다.

Tip ❸ 나이 기준을 파악해두자.

① 숫자가 나왔고 그것이 반복되고 있으므로 중요하며 ② 소년과 성년의 기준도 나이라는 숫자이기 때문에 개념의 치환(n세 → 소년)에 중요하기 때문이다.
실제로 선지 ④와 ⑤번은 나이를 묻고 있다.

Tip ❹ 발문은 두 번 본다는 마음으로 봐야 한다.

낯선 단어가 반복되고 있으므로 아무리 꼼꼼하게 읽어도 한 번에 모든 의미를 파악할 수 없다. 또한, 그 단어가 반복되기 때문에 독자가 읽으면서 의미를 눈치 챌 때쯤 되면 앞의 내용이 기억나지 않는 것이 정상이다.
이것이 출제자의 의도라 할 수 있다. 따라서 이런 지문을 첫 번째 볼 때는 지문의 유형을 파악하기 위해서 보고 두 번째 볼 때는 문제에서 묻는 바와 함정을 파악하기 위해서 본다.
이 지문의 경우 처음엔 '일치부합' 형태라는 것을 발문 및 전체적인 글의 전개를 통해 확인할 수 있고 나중에 볼 때는 '지문에 나온 것만 찾아야 한다'는 것을 확인할 수 있다.

009 정답 ④

난이도 ●●●

문제유형 사실적 이해 > 정보 확인

접근전략 하나의 소재에서 다양한 개념이 나오는 경우 글의 정보량이 많아 부담스럽게 느껴질 수 있다.
다(多)개념이 나오는 경우 주로 오지선다는 개념의 특징 간 비교에서, 또는 개념과 의미를 잘못 연결해서 오답을 만드는 형식으로 이루어지기 때문에 모든 것을 독해시에 머릿속에 담으려고 하면 안 된다. 실수할 가능성이 높기 때문이다.
염두에 두어야 할 점은 읽으면서 절대 특징을 암기하지 않는다는 것이다. 첫 문단에서 주요 개념들을 소개하므로 첫 문단을 정독하며 문제를 풀어보도록 하자. 특히 서로 연결될 수 있는 단 하나의 기준을 구축하면서 그걸 기준으로 읽는 것이 중요하다. 이 지문은 "언어생활"이라는 기준일 것이다.
이 기준은 구체적으로 단어로 표현하지 않아도, 자신의 머릿속에 두루뭉술한 개념으로 떠오르기만 하면 된다.

다음 글에서 알 수 있는 것은?

(1) 바르트는 언어를 '랑그', '스틸', '에크리튀르'로 구분해서 파악했다. (2) 랑그는 영어의 'language'에 해당한다. (3) 인간은 한국어, 중국어, 영어 등 어떤 언어를 공유하는 집단에서 태어난다. (4) 그때 부모나 주변 사람들이 이야기하는 언어가 '모어(母語)'이고 그것이 랑그이다. ▶ 1문단

(1) 랑그에 대해 유일하게 말할 수 있는 사실은, 태어날 때부터 부모가 쓰는 언어여서 우리에게 선택권이 없다는 것이다. (2) 인간은 '모어 속에 던져지는' 방식으로 태어나기 때문에 랑그에는 관여할 수 없다. (3) 태어나면서 쉼 없이 랑그를 듣고 자라기 때문에 어느새 그 언어로 사고하고, 그 언어로 숫자를 세고, 그 언어로 말장난을 하고, 그 언어로 신어(新語)를 창조한다. ▶ 2문단

(1) 스틸의 사전적인 번역어는 '문체'이지만 실제 의미는 '어감'에 가깝다. 이는 언어에 대한 개인적인 호오(好惡)의 감각을 말한다. (2) 누구나 언어의 소리나 리듬에 대한 호오가 있다. 글자 모양에 대해서도 사람마다 취향이 다르다. (3) 이는 좋고 싫음의 문제이기 때문에 어찌 도리가 없다. (4) 따라서 스틸은 기호에 대한 개인적 호오라고 해도 좋다. (5) 다시 말해 스틸은 몸에 각인된 것이어서 주체가 자유롭게 선택할 수 없다. ▶ 3문단

(1) 인간이 언어기호를 조작할 때에는 두 가지 규제가 있다. 랑그는 외적인 규제, 스틸은 내적인 규제이다. (2) 에크리튀르는 이 두 가지 규제의 중간에 위치한다. (3) 에크리튀르는 한국어로 옮기기 어려운데, 굳이 말하자면 '사회방언'이라고 할 수 있다. (4) 방언은 한 언어의 큰 틀 속에 산재하고 있으며, 국소적으로 형성된 것이다. (5) 흔히 방언이라고 하면 '지역방언'을 떠올리는데, 이는 태어나 자란 지역의 언어이므로 랑그로 분류된다. (6) 하지만 사회적으로 형성된 방언은 직업이나 생활양식을 선택할 때 동시에 따라온다. 불량청소년의 말, 영업사원의 말 등은 우리가 선택할 수 있다. ▶ 4문단

① 랑그는 선택의 여지가 없지만, 스틸과 에크리튀르는 자유로운 선택이 가능하다.
→ (×) 랑그는 태어날 때부터 부모가 쓰는 언어여서 우리에게 선택권이 없고[2문단(1)], 스틸 또한 몸에 각인된 것이어서 주체가 자유롭게 선택할 수 없다.[3문단(5)] 그러나 에크리튀르[4문단(3)]는 우리가 선택할 수 있다.
[4문단(6)] 따라서 스틸이 자유로운 선택이 가능하다고 설명하는 해당 선지는 적절하지 않다.

② 방언에 대한 선택은 언어에 대한 개인의 호오 감각에 기인한다.
→ (×) 언어에 대한 개인의 호오 감각을 의미하는 것은 스틸이다.[3문단(1)] 그러나 사회방언은 에크리튀르, 지역방언은 랑그에 해당한다.[4문단(3),(5)] 랑그는 태어날 때부터 결정되는 것이고, 에크리튀르는 직업이나 생활양식을 선택해 결정되는 것이므로 방언은 스틸에 기인하지 않는다는 사실을 알 수 있다.

③ 동일한 에크리튀르를 사용하는 사람들은 같은 지역 출신이다.
→ (×) 지역 방언은 태어나 자란 지역의 언어이므로 랑그로 분류된다.[4문단(5)] 에크리튀르는 사회방언이기 때문에[4문단(3)], 동일한 에크리튀르를 사용하는 사람들이 같은 지역 출신인지 여부는 알 수 없고 같은 직업이나 생활양식을 선택한 사람들이라는 것을 알 수 있다.[4문단(6)]

④ 같은 모어를 사용하는 형제라도 스틸은 다를 수 있다.
→ (○) 스틸은 언어에 대한 개인적인 호오의 감각을 의미한다.[3문단(1)] 또한, 누구나 언어의 소리나 리듬에 대한 호오가 있으며 글자 모양에 대해서도 사람마다 취향이 다르다는 내용을 보아[3문단(2)] 이는 개인마다 다르다는 것을 알 수 있다.

⑤ 스틸과 에크리튀르는 언어 규제상 성격이 같다.
→ (×) 언어 규제상 랑그는 외적인 규제, 스틸은 내적인 규제에 해당하며 [4문단(1)] 에크리튀르는 이 두 가지 규제의 중간에 위치한다.[4문단(2)] 따라서 스틸과 에크리튀르가 언어 규제상 성격이 같다고 설명하는 것은 적절하지 않다.

제시문 분석

1, 2문단 랑그의 정의와 특징

〈랑그의 정의〉	
랑그는 영어의 'language'에 해당한다. [1문단(2)]	6인간은 어떤 언어를 공유하는 집단에서 태어나고, 그때 부모나 주변 사람들이 이야기하는 언어가 '모어(母語)'이고 그것이 랑그이다.[1문단(3),(4)]

〈랑그의 선천성①〉		〈랑그의 선천성②〉		〈랑그의 사용〉
랑그에 대해 유일하게 말할 수 있는 사실은, 태어날 때부터 부모가 쓰는 언어여서 우리에게 선택권이 없다는 것이다. [2문단(1)]	⊕	인간은 '모어 속에 던져지는' 방식으로 태어나기 때문에 랑그에는 관여할 수 없다. [2문단(2)]	⊕	태어나면서 쉼 없이 랑그를 듣고 자라기 때문에 어느새 그 언어로 사고하고, 숫자를 세고, 말장난을 하고, 신어(新語)를 창조한다.[2문단(3)]

3문단 스틸의 정의와 특징

〈스틸의 정의〉
스틸의 사전적인 번역어는 '문체'이지만 실제 의미는 '어감'에 가깝다. 이는 언어에 대한 개인적인 호오(好惡)의 감각을 말한다.(1)

→

〈특징〉	스틸은 몸에 각인된 것이어서 주체가 자유롭게 선택할 수 없다.(4)

4문단 에크리튀르의 정의와 특징

〈에크리튀르의 정의〉
에크리튀르는 한국어로 옮기기 어려운데, 굳이 말하자면 '사회방언'이라고 할 수 있다.(3)

→

〈특징〉	랑그로 분류되는 지역방언과 달리, 사회적으로 형성된 방언은 직업이나 생활양식을 선택할 때 동시에 따라온다.(5),(6) 불량청소년의 말이나 영업사원의 말등은 우리가 선택할 수 있다.(6)

합격자의 실전 풀이 순서

❶ 첫 문단을 꼼꼼히 읽는다.
첫 문단의 경우 언어를 '랑그', '스틸', '에크리튀르'로 구분하고 있다. 이에 언어를 3가지 구분으로 나누었음을 알 수 있다.

❷ 전체적인 글을 한번 훑어 글의 전개 과정을 살펴본다.
다(多) 개념 같은 경우 짧은 시간을 들여 글의 전체 문단을 한 번 10초 이내로 훑으면서 다른 개념들이 설명되고 있는지 확인하는 것이 좋다. 이를 통해 1문단에서 읽은 내용이 전체 맥락과 일치하는지 확인한다. 특히 이러한 여러 개념이 나오는 문제의 경우, 하나의 개념이 그 문단의 중심 내용이 되는 경우가 있기 때문이다. 이를 통해 각 문단을 요약하는 시간을 효과적으로 줄일 수 있다.
예를 들어 2문단은 '랑그', 3문단의 경우는 '스틸'에 관한 내용이 나와 있다. 4문단의 경우 '에크리튀르'에 관한 내용이 나와 있으므로 문단 내용을 요약하는 과정에서 시간이 많이 단축될 것이다.
나머지는 문단을 읽어 내려가면서 주요 특징들에 가볍게 표기를 하면 된다. 이때, 2문단의 내용을 확인한 후 1문단의 랑그에 대한 보충내용을 2문단과 연결시켜서 표시해주면 더 좋다.

❸ 발문을 확인한 뒤 선지 확인에 들어선다.
'다음 글에서 알 수 있는 것은?'의 문제의 경우 '알 수 없는 것'보다 고려해야 하는 부분이 더 많다. 이에 선지를 통해 체크해야 하는 부분과 지문에서 시선을 이동하는 과정을 설명하도록 하겠다.
① 랑그는 선택의 여지가 없지만, 스틸과 에크리튀르는 자유로운 선택이 가능하다.
랑그의 경우 2문단을, 스틸의 경우 3문단, 에크리튀르의 경우 4문단을 살펴보면 된다. 문단을 많이 살펴봐야 한다

는 부담감이 있을 수 있겠지만 각 문단의 특징들을 체크해 두었다면 쉽게 시선을 이동할 수 있다.

② 방언에 대한 선택은 언어에 대한 개인의 호오 감각에 기인한다.
개인의 호오 감각은 3문단의 키워드이다.

③ 동일한 에크리튀르를 사용하는 사람들은 같은 지역 출신이다.
에크리튀르의 내용은 4문단에 제시되어 있다.

④ 같은 모어를 사용하는 형제라도 스틸은 다를 수 있다.
모어에 관한 내용은 2문단에 있으며 스틸의 내용은 3문단에 있다.

⑤ 스틸과 에크리튀르는 언어 규제상 성격이 같다.
스틸의 경우 3문단, 에크리튀르의 경우 4문단에 제시되어 있다.

합격자의 시간단축 Tip

Tip ❶ 다(多)개념 문제의 경우 문제를 다르게 접근할 것

개념이 여러 개 등장하는 경우 주로 개념들끼리의 비교가 오지선다에 등장한다. 따라서 여러 개념이 제시된 문제의 경우, 각각의 개념이 가진 특징들을 체크해 두는 것이 필요하다. 오지선다에 오답으로 활용될 가능성이 있기 때문이다.

여러 개념 문제의 경우 오답을 만드는 유형이 다양하다. 우선 첫 번째 유형은 개념과 특징을 맞바꾸는 경우다. 예를 들어 지문에 'A는 a의 특징을 가지고 B는 b의 특징을 가진다.'라고 설명되어 있으면, 선지에는 'A는 b의 특징을 가지고 있다.'라고 말하는 식이다. 혹은 개념을 드러내면 문제가 쉬워질 수 있으므로 문제 난이도를 높이기 위해 주어를 A나 B와 같은 개념이 아닌 a나 b와 같은 특징으로 내세우기도 한다. 'b한 단어는 ~한다.'와 같은 형식이다.

두 번째, 하나의 기준을 가지고 개념들을 비교하는 경우다. 이러한 문제는 기준에 관한 키워드를 중심축으로 하고, 개념들이 존재하는 각 문단으로 가서 그 키워드를 찾는 방식으로 답을 찾아낼 수 있다.

그 외에도 다양한 유형이 있지만, 위의 두 가지 유형이 가장 많이 활용되는 유형이다. 위의 두 사례 외의 다른 유형이 나오는 경우, 해당 문제에서 다시 언급하도록 하겠다.

Tip ❷ 하나의 문단이 하나의 개념만 설명하는지 확인한다.

이 지문의 경우 랑그가 1, 2문단에 걸쳐서 서술되고 있으며 4문단 초두에 랑그와 스틸의 일부 특성이 나와 있다. 하나의 개념의 모든 내용이 한 문단에 들어차 있는 경우는 많지 않으므로 선지판단시에 한 문단만 판단하려는 생각을 버려야 한다.

010 정답 ④ 난이도 ●●●

문제유형 제시문형 > 분석추론

접근전략 실제 법적인 내용인 제시문 형태로 제시되나, 이를 1~2분 내에 완벽히 파악하고 선지로 넘어가는 것은 일반적으로 기대하기 어렵다. 이 경우 개념 사이의 관계, 상황에서 주체 사이의 관계에 집중해서 제시문을 독해한 후, 선지 판단 시 제시문의 구체적 내용을 확인하는 방식으로 문제를 해결하는 연습을 하는 것이 필요하다. 낯선 문제를 통한 연습이 필요하므로, 기출을 전부 해결한 후에는 모의고사 등을 통해 연습한다.

다음 글과 〈상황〉을 근거로 판단할 때 옳은 것은?

(1) 민사소송에서 당사자가 질병, 장애, 연령, 그 밖의 사유로 인한 정신적·신체적 제약으로 소송관계를 분명하게 하기 위하여 필요한 진술을 하기 어려운 경우가 있다. (2) 이때 당사자는 법원의 허가를 받아 진술을 도와주는 사람(진술보조인)과 함께 출석하여 진술할 수 있는데, 이를 '진술보조인제도'라 한다. (3) 이 제도는 말이 어눌하거나 말귀를 잘 알아듣지 못하는 당사자가 재판에서 받을 수 있는 불이익을 방지하기 위하여 그와 의사소통이 잘되는 사람이 법정에 출석하여 당사자를 보조하게 하는 것이다. ▶ 1문단

(1) 진술보조인이 될 수 있는 사람은 당사자의 배우자, 직계친족, 형제자매, 가족, 그 밖에 동거인으로서 당사자와의 생활관계에 비추어 충분한 자격이 인정되는 경우 등으로 제한된다. (2) 이 제도를 이용하려는 당사자는 1심, 2심, 3심의 각 법원마다 서면으로 진술보조인에 대한 허가신청을 해야 한다. (3) 법원은 이를 허가한 이후에도 언제든지 그 허가를 취소할 수 있다. ▶ 2문단

(1) 법원의 허가를 받은 진술보조인은 변론기일에 당사자 본인과 동석하여 당사자 본인의 진술을 법원과 상대방 당사자, 그 밖의 소송관계인이 이해할 수 있도록 중개하거나 설명할 수 있다. (2) 이때 당사자 본인은 진술보조인의 중개 또는 설명을 즉시 취소할 수 있다. (3) 한편, 진술보조인에 의한 중개 또는 설명의 정확성을 확인하기 위해 진술보조인에게 질문할 수 있는데 그 질문은 법원만이 한다. (4) 진술보조인은 변론에서 당사자의 진술을 조력하는 사람일 뿐이다. (5) 따라서 진술보조인은 당사자를 대신해서 출석하여 진술할 수 없고, 상소의 제기와 같이 당사자만이 할 수 있는 행위도 할 수 없다. ▶ 3문단

• 상황 •

甲은 乙을 피고로 하여 A주택의 인도를 구하는 민사소송을 제기하였다. 한편, 乙은 교통사고를 당하여 현재 소송관계를 분명하게 하기 위하여 필요한 진술을 하기 어려운 상태에 있다. 이에 1심 법원은 乙로부터 진술보조인에 대한 허가신청을 받아 乙의 배우자 丙을 진술보조인으로 허가하였다. 1심 변론기일에 乙과 丙은 함께 출석하였다.

① 변론기일에 丙이 한 설명에 대한 정확성을 확인하기 위해 甲은 재판에서 직접 丙에게 질문할 수 있다.
→ (×) 3문단 세 번째 문장에 따르면 진술보조인에 의한 설명의 정확성을 확인하기 위해 진술보조인에게 질문할 수 있는데 그 질문은 법원만이 한다. 따라서 진술보조인 丙이 한 설명에 대한 정확성을 확인하기 위해 법원이 아닌 상대방 甲은 질문할 수 없다.

② 변론기일에 丙이 한 설명은 乙을 위한 것이므로, 乙은 즉시라 할지라도 그 설명을 취소할 수 없다.
→ (×) 3문단 두 번째 문장에 따르면 당사자 본인은 진술보조인의 설명을 즉시 취소할 수 있다. 따라서 당사자 乙은 진술보조인 丙의 설명을 즉시 취소할 수 있다.

③ 1심 법원은 丙을 진술보조인으로 한 허가를 취소할 수 없다.
→ (×) 2문단 세 번째 문장에 따르면 법원은 진술보조인 신청을 허가한 이후에도 언제든지 그 허가를 취소할 수 있다. 따라서 1심 법원은 丙을 진술보조인으로 한 허가 이후에도 이를 취소할 수 있다.

④ 1심 법원이 乙에게 패소판결을 선고한 경우 이 판결에 대해 丙은 상소를 제기할 수 없다.

→ (○) 3문단 다섯 번째 문장에 따르면 진술보조인은 상소의 제기와 같이 당사자만이 할 수 있는 행위를 할 수 없다. 따라서 진술보조인 丙은 당사자 乙만이 할 수 있는 상소의 제기를 할 수 없다.

⑤ **2심이 진행되는 경우, 2심 법원에 진술보조인에 대한 허가신청을 하지 않아도 丙의 진술보조인 자격은 그대로 유지된다.**
→ (×) 2문단 두 번째 문장에 따르면 진술보조인제도를 이용하려는 당사자는 1심, 2심, 3심의 각 법원마다 서면으로 진술보조인에 대한 허가신청을 해야 한다. 따라서 당사자 乙은 2심이 진행되는 경우 2심 법원에 진술보조인에 대한 허가신청을 해야 한다.

합격자의 실전 풀이 순서

❶ 문제 유형 파악

제시문의 형식은 법조문이 아니나, 〈상황〉이 주어졌다는 점에서 규정 적용 유형임을 알 수 있다. 제시문 첫 문장의 '민사소송'을 고려할 때, 소송 관련 규정을 적용하는 문제임을 예상할 수 있다. 제시문이 법조문 형식이 아닌 규정 적용 유형에서는 적용할 규정을 찾으며 제시문을 읽어야 한다. 불필요한 부분은 생략하고, 생략할 부분이 없다면 일반적인 법조문 문제와 같이 접근한다. 제시문의 내용을 모두 파악하기보다는 규정의 구조와 선지에 나올만한 정보를 파악하고, 구체적인 내용은 선지 판단 시에 확인한다. 또한, 본 문제가 옳은 것을 고르는 문제라는 것을 인지하기 위해 "옳은"이라는 단어에 밑줄이나 동그라미 등 표시를 한다.

06. 다음 글과 〈상황〉을 근거로 판단할 때 옳은 것은?

❷ 제시문 독해 및 규정 파악

제시문 독해 시에는 규정의 구조를 파악하고 선지에 나올 만한 내용들에 표시를 한다.
1문단은 '진술보조인제도'의 개념을 소개하고 있다. 1문단 (1) 문장은 진술보조인제도가 활용되는 경우에 대하여 제시하고 있고, (2), (3) 문장은 진술보조인제도에 대하여 설명한다. 개념 설명은 적용할 규정이 아니므로 이해하면 충분하고, 선지 판단에 필요하다면 돌아와 확인한다.
2문단 (1) 문장은 진술보조인이 될 수 있는 사람을 규정하고 있다. 각 대상을 빗금으로 구분하며 읽는다. (2) 문장은 당사자의 신청을 요구하고 있으며, 각 심급 및 '법원', '서면', '허가신청'에 표시한다. (3) 문장은 법원이 허가를 취소할 수 있다는 내용이다. 특히 (3) 문장과 같이 '언제든지' 취소할 수 있다는 내용이 나오면 선지에 활용될 가능성이 높으므로 강조 표시를 해둔다.
3문단은 진술보조인이 할 수 있는 행위와 할 수 없는 행위를 언급하고 있다. 문장 (1)에서는 '변론기일', (2)에서는 '취소', (3)에서는 '질문', (5)에서는 '할 수 없다'에 표시한다. 이때 (2) 문장의 '즉시'와 (3) 문장의 '법원만이'처럼 단정적인 표현에는 별도로 강조 표시를 하고 이에 유의한다.

❸ 상황 독해 및 선지 판단

제시문의 내용을 〈상황〉에 적용하며 선지를 판단한다. 〈상황〉에서 甲은 상대방, 乙은 당사자, 丙은 乙의 진술보조인이다. 배우자는 2문단에 있는 진술보조인이 될 수 있는 자이며, 1심 법원의 허가가 있었다. 이를 바탕으로 선지를 분석한다.
선지 ①번은 상대방 甲이 재판에서 할 수 있는 행위에 대한 내용이므로 3문단과 비교한다. 특히 강조 표시를 해 둔 질문은 법원만이 할 수 있다는 부분과 비교하면 된다.
선지 ②번은 당사자 乙이 진술보조인 丙의 설명을 취소할 수 있는지 묻고 있는데, 이는 법원에서 이루어지는 행위이므로 3문단과 비교한다. 강조 표시를 해 둔 당사자가 즉시 취소할 수 있다는 부분과 비교하면 된다.
선지 ③번은 법원이 허가를 취소할 수 있는지 묻고 있으므로 2문단과 비교한다. 선지 ①, ②, ③번의 판단에는 '법원만이', '즉시', '언제든지'와 같이 제시문에 나온 단정적 표현들이 활용되었음을 알 수 있다.
선지 ④번은 진술보조인이 할 수 있는 행위에 관한 내용이므로 3문단과 비교한다. 특히 문단 마지막의 진술보조인이 할 수 없는 행위 부분과 비교한다.
선지 ④번을 넘어갔을 경우, 선지 ⑤번은 진술보고인에 대한 허가신청에 관한 내용이므로 2문단과 비교한다.

합격자의 시간단축 Tip

Tip ❶ 甲, 乙, 丙의 지칭 대상을 파악

본 문제와 같이 〈상황〉에 甲, 乙, 丙의 기호가 주어진 경우 제시된 인물들(甲, 乙, 丙)이 누구인지를 먼저 파악하는 것이 좋다. 예컨대 진술보조인이라는 제도가 제시되었으므로 甲, 乙, 丙 중에서 진술보조인이 누군지 찾은 후 그를 중심으로 지문과 선지를 파악하는 것이다. 헷갈린다면 판단 기준이 되는 인물을 기호로 표시하는 것도 좋다. 예를 들어 〈상황〉과 선지의 丙에 ○ 표시를 해두는 것이다.
(설문의 경우는 정답률이 96프로를 상회하기도 하고, 소재가 재판이기는 하지만 어려운 내용이 제시되고 있지 않은 것 같습니다.)

Tip ❷ 제시문의 구조와 맥락을 이해한 후 선지 판단

설문과 같이 지문의 내용을 〈상황〉에 적용해야 하는 경우 기본적으로 지문에서 설명하고 있는 내용과 상황의 맥락을 이해할 수 있어야 한다. 따라서 정보확인형 문제처럼 단편적으로 정보일치 여부를 성급하게 확인하기 보다는 지문의 전반적인 맥락과 내용을 이해한 다음, 차분하게 문제풀이로 들어가는 것이 좋다.

Tip ❸ 선지에 나올 만한 표현들에 주목하며 제시문 독해

다양한 문제를 풀어봄으로써 선지에 나올 내용을 예상하는 능력을 기를 수 있다. 만약 선지의 근거가 되는 표현들에 미리 표시를 해두었다면 선지를 빠르게 판단할 수 있다. 주로 선지에 많이 출제되는 표현으로는 '언제든지', '~만이', '즉시' 등이 있다. 다양한 문제들의 선지에 어떤 내용이 나왔는지 꼼꼼히 분석해본다면 선지에 나오는 표현에 대한 감각을 익힐 수 있다. 이밖에 선지에 자주 나오는 표현은 **Tip ❼**의 3에 기재하였다.

Tip ❹ 〈상황〉에 대한 접근법

〈상황〉과 제시문 중 무엇을 먼저 독해할지는 〈상황〉의 내용에 따라 결정한다. 만약 상황에 많은 정보가 나열되어 있다면, 상황을 먼저 읽고 법조문에서 무엇을 주목하여 읽어야 할지 결정할 수 있다. 반면, 스토리텔링 형의 상황에는 불필요한 정보가 포함된 경우가 많다. 이 경우 본문의 규정을 먼저 읽고 필요한 정보만을 추출하는 것이 효율적이다. 상황을 먼저 독해하더라도 알 수 있는 정보는 등장인물과 규정의 소재 정도이다. 본 문제의 〈상황〉은 사례형으로, 상황을 먼저 읽는 효용이 높지 않다. 따라서 법조문 분석부터 시도한다.

Tip ❺ 규정 적용 유형의 제시문 독해

제시문이 법조문 형식이 아니더라도 〈상황〉이나 〈예시〉가 있는 경우 '규정 적용' 유형임을 예상할 수 있다. 해당 유형에서는 제시문을 읽으며 적용할 규정을 찾아야 한다. 제시문 전체가 적용할 규정의 나열이라면 구조와 키워드만 파악하고, 세부 내용은 선지를 판단할 때 돌아와 읽는다. 반면 제시문의 일부만 적용할 규정이라면 해당 부분을 중점적으로 읽고, 선지로 넘어간다. 이때 '정의'는 보통 적용의 대상이 되지 않으므로 조문 구조 파악 단계에서는 가볍게 읽어도 된다. 구조 파악 시에는 제목이 없는 법조문이라고 생각하고 독해하면 된다. 문단 하나가 하나의 '조', 세부 내용은 '항'으로 보는 것이다. 문단별로 중심 내용을 찾아 조문의 제목이라고 생각하면, 내용을 찾기도 수월해진다.

본 문제의 경우 1문단은 정의이므로 적용 규정이 아니다. 2문단은 진술보조인 허가 신청까지, 3문단은 허가 이후 변론기일에 적용되는 규정이다. 이 중에서도 3문단의 문장(4)와 같은 경우 적용 규정이 아니므로, 넘어가도 무방하다.

Tip ❻ 〈상황〉은 필요한 만큼만 읽기

발문과 규정을 읽고 필요한 정보를 파악하고, 〈상황〉에서는 필요한 정보만을 찾아 읽는 것이 효율적이다. 발문과 제시문을 읽어보면 필요한 정보는 甲, 乙, 丙의 역할이다. 따라서 〈상황〉의 내용 중 필요한 정보는 甲이 乙을 피고로 소를 제기하였고, 丙은 乙의 진술보조인이며, 乙과 丙이 함께 변론기일에 출석하였다는 것이다.

Tip ❼ 법조문 유형 풀이의 기본

❶ 법조문에 대한 이해

법조문 유형은 선지가 규정과 일치하는지 확인하는 '규정확인' 유형과, 규정의 내용을 예시에 적용하는 '규정적용'유형으로 나뉜다. 규정적용은 단순 적용의 경우도 있지만 보험료, 인지세 등 계산을 요하는 경우도 있다.

두 유형 모두 기본은 규정을 파악하는 것이기 때문에 기본적인 법조문의 구조와 용어에 익숙해지면 문제 풀이가 비교적 수월해진다.

법조문은 '○○조-○○항-(1, 2, …)호-(가, 나, …)목' 순으로 구성된다.

- 하나의 '조'는 하나의 주제에 대하여 설명한다. 그 주제는 '○○조' 옆에 괄호로 표시되기도 한다.
- '항'은 조에서의 주제를 세분화하여 설명할 때 사용한다.
- '호'는 조와 항 내에서 대상을 나열할 때 사용한다.
- '목'은 호 내에서 대상을 나열할 때 사용한다.
- '단서'는 "다만,"으로 시작하며 앞 문장의 주된 내용에 대한 예외를,
- '후단'은 "이 경우"로 시작되며 주된 내용에 대한 부수적·보완적 사항을 규정할 때 사용한다.
- 부수적 내용이 괄호로 제시되는 경우도 있다.

법조문 유형은 빠르게 풀기보다는 정확하게 푸는 것을 전략으로 하는 것이 좋다. 상황판단 과목은 모든 문제를 빠르게 푸는 것이 아니라 풀 수 있는 문제와 풀 수 없는 문제를 구분하여 풀어, 푼 문제의 정답률을 높이는 것이 일반적인 접근 방법이다. 난해한 퀴즈 문제와 달리 법조문은 제시문 내에 정답이 있으므로, 특별히 어려운 문제가 아니라면 꼭 맞춘다는 생각으로 접근하자.

❷ 법조문 유형 접근법

일반적인 법조문 유형에서는 제○○조 옆의 조문 제목 및 규정의 키워드로 조문의 구조만을 파악하고, 선지를 판단할 때 세부 내용을 읽는 접근방식을 추천한다. 법조문의 세부 내용을 모두 기억하기 어렵고, 독해에도 시간이 걸리기 때문이다. 어떤 조항에 어떤 내용이 있는지를 파악하고, 세부 조건인 호나 목은 선지에서 묻는 경우 발췌독하면 된다. 다만 '규정적용'유형 중 계산형 문제는 계산에 필요한 구체적 내용을 파악하며 조문을 읽어야 한다.

❸ 선지에 자주 활용되는 내용의 특징

법조문의 구조를 파악할 때 선지로 등장할만한 부분을 미리 체크한다면 풀이 시간을 단축할 수 있을 것이다. 아래 내용은 주로 선지에 등장하는 내용의 특징과 선지에 등장하는 방식이다. 기출 분석을 통해 빈출 패턴을 익히면 실수를 방지하고 풀이 속도를 높이는 데에 도움이 될 것이다.

- **단서(다만)**: 단서가 적용됨에도 적용하지 않거나, 적용되지 않음에도 적용하여 제시
- **후단(이 경우)이나 괄호(보완 내용)**: 해당 내용을 사례로 제시
- **날짜, 시기, 횟수, 수치 등**: 숫자를 바꾸어 제시
- **어느 하나**: 모든 조건이 적용되는 것으로 제시
- **하부 개념**: 상부 개념과 하부 개념을 바꾸거나, 복수의 하부 개념의 특징을 서로 바꾸어 제시
- **주어**: 행위 주체를 바꾸어 제시
- **술어**: 허가를 신고로, 신고를 허가로 바꾸어 제시
- **재량(임의규정)과 기속(강행규정)**: '할 수 있다'와 '해야 한다'를 바꾸어 제시

이 밖에도 기출 풀이 과정에서 놓치는 부분이 있다면 추가하여 익혀두자.

❹ 법조문 구조 분석 시 기호 활용의 예시

구조 분석이란 각 조문의 내용 및 조문 간 관계를 이해하는 것이다. 이 단계에서는 법조문 전체를 읽되, 세부적인 내용 기억보다는 어떤 정보가 있는지 파악하는 것에 중점을 둔다. 이때 밑줄 등 기호를 적절히 활용할 수 있다.

- **가로선**: 조문의 길이가 긴 경우 각 조를 구별하는 데 활용
- **○**: 각 조의 제목, 조항별 대표 키워드
- **△**: 단서(다만), 원칙에 대한 예외, 앞의 내용과 반대되는 내용 등
- **□**: 후단(이 경우), 세부 상황별 규정
- **연결선**: 조문 간 연결 관계가 있는 경우, 일반법과 그 세부 내용을 규정한 대통령령
- 괄호 안의 내용에도 그 기능에 따라 적절한 기호를 사용

위의 기호들은 예시일 뿐이다. 기호는 선지와 관련된 내용을 쉽게 찾을 수 있도록 하는 이정표이므로 자신에게 맞는 것을 잘 활용하면 된다.

011 정답 ③ 난이도 ●●●

문제유형 사실적 이해 > 정보 확인

접근전략 역사적 소재는 시험에 자주 출제되는 소재이다. 특히 하나의 제도가 역사적인 변천을 거쳐 어떻게 변화했는지가 지문으로 자주 등장하기 때문에, 이를 이용해 오답을 만들기도 용이하다.

이러한 문제의 경우 대체로 특정 제도의 내용 설명→특정 제도에 대한 비판→제도에 대한 의견들 or 수정방안→차후 제도의 발전과 같은 전개로 이루어진다. 이에 더해 역대 왕들에 따라 제도에 대한 인식이 달라져 중간에 제도가 폐지되기도 하며, 제도가 일부 수정되기도 하고 적용 범위가 축소되기도 한다. 이런 경우 왕의 통치 시기 간 제도의 차이점 등을 물어볼 수 있으므로 특정 왕의 통치 시기를 기준으로 글을 읽어 내려가도록 하자.

다음 글의 내용과 부합하는 것은?

(1) 조선 시대에는 왕실과 관청이 필요로 하는 물품을 '공물'이라는 이름으로 백성들로부터 수취하는 제도가 있었다. (2) 조선 왕조는 각 지역의 특산물이 무엇인지 조사한 후, 그 결과를 바탕으로 백성들이 내야 할 공물의 종류와 양을 지역마다 미리 규정해두었다. (3) 그런데 시간이 지남에 따라 환경 변화 등으로 그 물품이 생산되지 않는 곳이 많아졌다. (4)이에 백성들은 부과된 공물을 상인으로 하여금 생산지에서 구매해 대납하게 했는데, 이를 '방납'이라고 부른다. ▶1문단

(1) 방납은 16세기 이후 크게 성행했다. 그런데 방납을 의뢰받은 상인들은 대개 시세보다 높은 값을 부르거나 품질이 떨어지는 물품을 대납해 부당 이익을 취했다. (2) 이런 폐단이 날로 심해지자 "공물을 면포나 쌀로 거둔 후, 그것으로 필요한 물품을 관청이 직접 구매하자."라는 주장이 나타났다. (3) 이런 주장은 임진왜란이 끝난 후 거세졌다. (4) 한백겸과 이원익 등은 광해군 즉위 초에 경기도에 한해 '백성들이 소유한 토지의 다과에 따라 쌀을 공물로 거두고, 이렇게 수납한 쌀을 선혜청으로 운반해 국가가 필요로 하는 물품을 구매'하는 정책, 즉 '대동법'을 시행하자고 했다. (5) 광해군이 이를 받아들이자 경기도민들은 크게 환영했다. (6) 광해군은 이 정책에 대한 반응이 좋다는 것을 알고 경기도 외에 다른 곳으로 확대 시행할 것을 고려했으나 그렇게 하지는 못했다. ▶2문단

(1) 광해군을 몰아내고 왕이 된 인조는 김육의 주장을 받아들여 강원도, 충청도, 전라도까지 대동법을 확대 시행했다. (2) 그런데 그 직후 전국에 흉년이 들어 농민들이 제대로 쌀을 구하지 못할 정도가 되었다. (3) 이에 인조는 충청도와 전라도에 대동법을 시행한다는 결정을 철회했다. (4) 인조의 뒤를 이은 효종은 전라도 일부 지역과 충청도가 흉년에서 벗어났다고 생각해 그 지역들에 대동법을 다시 시행했고, 효종을 이은 현종도 전라도 전역에 대동법을 확대 시행했다. 이처럼 대동법 시행 지역은 조금씩 늘어났다. ▶3문단

① 현종은 방납의 폐단을 없애기 위해 대동법을 전국 모든 지역에 시행하였다.
→ (×) 임진왜란이 끝난 후 방납의 폐단을 없애기 위해 대동법을 시행하자는 주장이 거세졌고, 광해군은 경기도에 한해 대동법을 시행하기 시작했다.[2문단(4)] 이어서 인조와 효종은 강원도, 충청도, 전라도까지 대동법을 확대 시행했고[3문단(1),(4)] 현종 또한 전라도 전역에 대동법을 확대 시행했다.[3문단(4)] 이처럼 대동법 시행 지역은 조금씩 늘어났지만 현종이 대동법을 전국 모든 지역에 시행한 것은 아니다.

② 효종은 김육의 요청대로 충청도, 전라도, 경상도에 대동법을 적용하였다.
→ (×) 김육의 요청을 받아들인 것은 효종이 아니라 인조다.[3문단(1)] 인조는 김육의 주장을 받아들여 강원도, 충청도, 전라도까지 대동법을 확대 시행했다.[3문단(1)] 이때 경상도는 확대 시행한 지역에 포함되지 않았다. 따라서 이는 틀린 설명이다. 또한, 효종은 전라도의 일부지역과 충청도만을 대동법의 시행대상지역으로 여겼다.

③ 광해군이 국왕으로 재위할 때 공물을 쌀로 내게 하는 조치가 경기도에 취해졌다.
→ (O) 광해군 즉위 초에 경기도에 한해 공물을 쌀로 내게 하는 조치인 대동법이 시행됐다.[2문단(4)]

④ 인조는 이원익 등의 제안대로 방납이라는 방식으로 공물을 납부하는 행위를 전면 금지하였다.
→ (×) 이원익 등의 제안으로 대동법을 시행한 것은 인조가 아니라 광해군이다.[2문단(4)] 또한, 이에 인조는 충청도와 전라도에 대동법을 시행한다는 결정을 철회했다.[3문단(3)]라고 언급하고 있다.

⑤ 한백겸은 상인이 관청의 의뢰를 받아 특산물을 생산지에서 구매해 대납하는 것은 부당하다고 하였다.
→ (×) 한백겸이 대동법 시행을 주장한 것은 맞지만[2문단(4)], 한백겸이 비판한 것은 방납의 정의상 관청의 의뢰가 아니라 백성들의 의뢰이다.[1문단(4)] 관청의 의뢰를 받아 대납하는 것은 대동법의 취지이다.

제시문 분석

1문단 공물과 방납

〈조선 시대의 수취 제도〉
조선 시대에는 왕실과 관청이 필요로 하는 물품을 '공물'이라는 이름으로 백성들로부터 수취하는 제도가 있었다.(1)

〈공물〉		〈납부의 어려움〉		〈방납의 등장〉
조선 왕조는 각 지역의 특산물이 무엇인지 조사한 후, 그 결과를 바탕으로 공물의 종류와 양을 지역마다 규정해 두었다.(2)	→	그런데 시간이 지남에 따라 환경 변화 등으로 그 물품이 생산되지 않는 곳이 많아졌다.(3)	→	이에 백성들은 부과된 공물을 상인으로 하여금 생산지에서 구매해 대납하게 했는데, 이를 '방납'이라고 부른다.(4)

2문단 방납의 폐단과 대동법의 시행

〈방납의 폐단〉		〈새로운 주장〉		〈대동법 시행〉
방납은 16세기 이후 크게 성행했으나, 방납을 의뢰받은 상인들은 대개 시세보다 높은 값을 부르거나 품질이 떨어지는 물품을 대납해 부당 이익을 취했다.(1)	→	이런 폐단이 날로 심해지자 "공물을 면포나 쌀로 거둔 후, 그것으로 필요한 물품을 관청이 직접 구매하자."라는 주장이 나타났다.(2)	→	한백겸과 이원익 등은 광해군 즉위 초에 경기도에 한해 '대동법'을 시행하자고 했고, 광해군이 이를 받아들였다.(4),(5)

→	〈대동법〉	백성들이 소유한 토지의 다과에 따라 쌀을 공물로 거두고, 수납한 쌀을 선혜청으로 운반해 국가가 필요로 하는 물품을 구매하는 정책(4)

3문단 대동법의 확대 과정

〈대동법의 확대 과정〉	
〈인조〉	인조는 김육의 주장을 받아들여 강원도, 충청도, 전라도까지 대동법을 확대 시행했으나, 전국에 흉년이 들어 충청도와 전라도 대동법 시행 결정을 철회했다.(1),(2),(3)
〈효종〉	전라도 일부 지역과 충청도에 대동법을 다시 시행했다.(4)
〈현종〉	전라도 전역에 대동법을 확대 시행했다.(5)

합격자의 실전 풀이 순서

❶ 첫 문단을 정독하며 소재를 파악한다.

첫 문단을 정독하며 글의 소재를 파악하는 것을 시작으로 한다. 특히 첫 문장을 정독하면 '공물'제도에 대해 말하고 있음을 알 수 있다. 이후 '그런데 시간이 지남에 따라'부터 본다면 공물이 방납으로 변화했음을 알 수 있다. (이때 방납의 정의

도 공물과 비교하며 정독해 둔다.) 이를 통해 앞으로의 글의 전개 방향이 수취 제도의 변천임을 추측할 수 있다.

❷ 글 전체를 통독하면서 간단한 표기를 한다.

두 번째 문단부터는 1문단의 주요 비교 지점을 토대로 간단하게 지문에 표기를 진행한다. 특히 주의해서 표기해야 할 점은 '변환점'이 되는 부분들이다. 예를 들어 2문단에서 방납의 문제점 → 방납의 폐단에 대한 새 주장 등장 → 대동법의 전개로 글이 전개되므로, '이런 폐단'을 시점으로 자신만의 구분 기호를 사용하여(예컨대 / 표시) 글을 구분하는 것도 좋다. 또한, 중간중간 '한백겸', '이원익', '광해군'과 같이 여러 인물이 등장하기 때문에 인물에 대한 체크와 더불어 인물에 따라 변화한 제도의 시행 범위도 가볍게 표시해 두도록 한다. 이때 인물과 제도의 특징을 연결해서 기억하거나, 혹은 지문에 공통된 기호로 표시하는 연습을 해두는 것도 좋은 방법이다.

3문단의 경우는 광해군 이후 다른 왕들로부터 대동법 시행 범위를 다루고 있다. 인조, 효종, 현종을 체크해두고 지역의 범위가 어떻게 변화했는지만 가볍게 읽어두도록 한다.

❸ 선지를 확인하고 지문에서 답을 찾는다.

선지를 확인하고 지문에서 표기한 곳으로 올라가 답을 찾는다.

① 현종은 방납의 폐단을 없애기 위해 대동법을 전국 모든 지역에 시행하였다.
현종의 대동법 시행 범위를 묻고 있다. 현종의 경우 3문단에 언급되므로, 3문단으로 이동하여 현종의 대동법 시행 범위를 찾는다.

② 효종은 김육의 요청대로 충청도, 전라도, 경상도에 대동법을 적용하였다.
효종의 대동법 시행 범위를 묻고 있다. 효종의 경우 3문단에 언급되므로, 3문단으로 이동하여 효종의 대동법 시행 범위를 체크한다.

③ 광해군이 국왕으로 재위할 때 공물을 쌀로 내게 하는 조치가 경기도에 취해졌다.
광해군 때 시행된 제도와 범위를 묻고 있다. 광해군의 경우 2문단에 언급되어 있으므로 2문단을 보며 광해군의 대동법이 경기도에 취해졌는지 체크하도록 한다.

④ 인조는 이원익 등의 제안대로 방납이라는 방식으로 공물을 납부하는 행위를 전면 금지하였다.
인조와 이원익이 등장한다. 인조의 경우 3문단, 이원익의 경우 2문단에 언급되어 있다. '인조'를 3문단에 가서 확인한 뒤 2문단에서 '이원익'을 찾는다.

⑤ 한백겸은 상인이 관청의 의뢰를 받아 특산물을 생산지에서 구매해 대납하는 것은 부당하다고 하였다.
한백겸은 2문단에 이원익과 같이 언급된다. 이에 2문단을 읽으며 한백겸의 주장을 다시 살펴보도록 한다.

합격자의 시간단축 Tip

Tip ❶ 시간적 변화를 잘 파악하도록 한다.

역사적 문제의 경우 시간적 변화를 정확하게 파악하는 것이 중요하다. 역사관련 제시문에서는 위와 같이 왕을 기점으로 제도가 변화하는 경우가 대부분이기 때문이다. 이에 역사적 소재를 풀 땐 통독을 하며 왕이 나오는 부분을 기준 삼아 글을 읽도록 한다. 혹은 경제, 사회적 변화가 발생하는 경우 // 와 같은 표기를 통해 선후를 분명하게 구분하도록 한다. 인물이 많이 등장할수록 헷갈리기 쉽고, 제도의 변화와 시대별 왕의 업적을 왜곡시켜 연결해 오답을 만들기가 용이하기 때문이다.

Tip ❷ 같은 문단 내에서도 여러 인물 / 제도가 나올 수 있음에 유의한다.

특히 비교적 문단의 길이가 긴 경우 문단 안에 여러 내용을 집어넣었을 가능성이 크다. 이때 문단 하나를 재주껏 나누어 표시하는 것이 중요하다. 역사 지문에서 대표적인 기준으로는 〈왕, 사건〉이 있다.

012 정답 ❸

난이도 ●●●

문제유형 사실적 이해 > 정보 확인

접근전략 다양한 역사 소재 중 하나인 종교도 또한 '제도' 소재와 유사한 방법으로 접근하면 된다. 제도 관련 제시문의 경우 특정 제도를 설명하고 시간의 변화에 따라 제도의 변천사를 설명하는 형식으로 글이 전개되는 경우가 대부분이었다. 역사적인 종교, 특정 사상도 소재만 다를 뿐이지 그 전개 과정은 비슷하다. 특정 사상이 주 소재가 되어 글이 전개되는 경우, 사상에 대한 설명과 그에 관련된 인물이 나오며, 시간의 변화에 따른 사상의 추가, 변경, 소멸이 이루어진다. 특정 제도의 역사적 변천을 설명할 때, 관련 왕(혹은 국가)이나 인물이 등장하고 시대의 변화에 따라 제도의 변경, 폐지, 추가가 이루어진다. 사상도 이와 유사하다. 그러므로 소재만 다를 뿐 접근 방식은 동일하므로 걱정하지 말고 글을 읽도록 하자.

다음 글에서 알 수 있는 것은?

(1) 불교가 이 땅에 전래된 후 불교신앙을 전파하고자 신앙결사를 만든 승려가 여러 명 나타났다. (2) 통일신라 초기에 왕실은 화엄종을 후원했는데, 화엄종 계통의 승려들은 수도에 대규모 신앙결사를 만들어 놓고 불교신앙에 관심을 가진 귀족들을 대상으로 불교 수행법을 전파했다. (3) 통일신라가 쇠퇴기에 접어든 신라 하대에는 지방에도 신앙결사가 만들어졌다. (4) 신라 하대에 나타난 신앙결사는 대부분 미륵신앙을 지향하는 정토종 승려들이 만든 것이었다. ▶ 1문단

(1) 신앙결사 운동이 더욱 확장된 것은 고려 때의 일이다. (2) 고려 시대 가장 유명한 신앙결사는 지눌의 정혜사다. (3) 지눌은 명종 때 거조사라는 절에서 정혜사라는 이름의 신앙결사를 만들었다. (4) 그는 돈오점수 사상을 내세우고, 조계선이라는 수행 방법을 강조했다. 지눌이 만든 신앙결사에 참여해 함께 수행하는 승려가 날로 늘었다. (5) 그 가운데 가장 유명한 사람이 요세라는 승려다. 요세는 무신집권자 최충헌이 명종을 쫓아내고 신종을 국왕으로 옹립한 해에 지눌과 함께 순천으로 근거지를 옮기는 도중에 따로 독립했다. (6) 순천으로 옮겨 간 지눌은 그곳에서 정혜사라는 명칭을 수선사로 바꾸어 활동했고, 요세는 강진에서 백련사라는 결사를 새로 만들어 활동했다. ▶ 2문단

(1) 지눌의 수선사는 불교에 대한 이해가 높은 사람들을 대상으로 다소 난해한 돈오점수 사상을 전파하는 데 주력했다. (2) 그 때문에 대중적이지 않다는 평을 받았다. (3) 요세는 지눌과 달리 불교 지식을 갖추지 못한 평민도 쉽게 수행할 수 있도록 간명하게 수행법을 제시한 천태종을 중시했다. (4) 또 그는 평민들이 백련사에 참여하는 것을 당연하다고 여겼다. (5) 백련사가 세워진 후 많은 사람들이 참여하자 권력층도 관심을 갖고 후원하기 시작했다. (6) 명종 때부터 권력을 줄곧 독차지하고 있던 최충헌을 비롯해 여러 명의 고위 관료들이 백련사에 토지와 재물을 헌납해 그 활동을 도왔다. ▶ 3문단

① 화엄종은 돈오점수 사상을 전파하고자 신앙결사를 만들어 활동하였다.

→ (×) 돈오점수 사상을 전파하고자 신앙결사를 만들어 활동한 것은 지눌이다.[2문단(4)] 화엄종이 불교 수행법을 전파하고자 신앙결사를 만들었다는 설명은 제시되어 있지만[1문단(2)], 어떤 사상을 전파했는지는 알 수 없다. 또한, 지눌이 화엄종인지도 제시된 바 없다.

② 백련사는 수선사와는 달리 조계선이라는 수행 방법을 고수해 주목받았다.

→ (×) 조계선은 지눌이 강조했던 수행 방법이다.[2문단(4)] 백련사가 조계선을 고수했다는 설명은 옳지 않다. 백련사는 천태종을 중시한 요세가 만든 신앙결사이다.[2문단(6)] 백련사는 평민도 쉽게 수행할 수 있는 천태종을 중시한 신앙결사다.[3문단(3)]

③ 요세는 무신이 권력을 잡고 있던 시기에 불교 신앙결사를 만들어 활동하였다.

→ (O) 요세는 무신집권자 최충헌이 명종을 쫓아내고 신종을 국왕으로 옹립한 해에 지눌과 함께 순천으로 근거지를 옮기는 도중에 따로 독립했고
[2문단(5)], 강진에서 백련사라는 결사를 새로 만들어 활동했다.[2문단(6)] 이를 통해 요세는 무신이 권력을 잡고 있던 시기에 불교 신앙결사를 만들어 활동했음을 알 수 있다.

④ 정혜사는 강진에서 조직되었던 반면 백련사는 순천에 근거지를 두고 활동하였다.

→ (×) 정혜사는 거조사라는 절에서 조직된 신앙결사이고[2문단(3)], 강진에서 조직된 신앙결사는 백련사이다.[2문단(6)] 순천에 근거지를 두고 활동한 신앙결사는 수선사이며, 이는 지눌이 순천으로 옮겨 가 정혜사라는 명칭을 수선사로 바꾼 것이다.[2문단(6)]

⑤ 지눌은 정토종 출신의 승려인 요세가 정혜사에 참여하자 그를 설득해 천태종으로 끌어들였다.

→ (×) 정토종은 신라 하대에 나타난 신앙결사인데[1문단(4)], 요세가 정토종 출신이라는 설명은 제시되어 있지 않다. 또한, 천태종은 요세가 백련사를 조직한 후 중시했던 수행 방법이며[3문단(3)] 지눌이 천태종에 있었다고 할 수 없다.

제시문 분석

1문단 통일신라의 신앙결사

〈통일신라 초기〉		〈통일신라 하대〉
통일신라 초기에 왕실은 화엄종을 후원했는데, 화엄종 계통의 승려들은 수도에 대규모 신앙결사를 만들어 놓고 귀족들을 대상으로 불교 수행법을 전파했다.(2)	→	통일신라가 쇠퇴기에 접어든 신라 하대에는 지방에도 신앙결사가 만들어졌으며, 이들은 대부분 미륵신앙을 지향하는 정토종 승려들이 만든 것이었다.(3),(4)

2문단 고려의 신앙결사

〈지눌의 신앙결사〉	
〈정혜사〉	지눌은 명종 때 거조사라는 절에서 정혜사라는 이름의 신앙결사를 만들었다.(3)
〈특징〉	그는 돈오점수 사상을 내세우고, 조계선이라는 수행 방법을 강조했다.(4)
〈변화〉	순천으로 옮겨 간 지눌은 그곳에서 정혜사라는 명칭을 수선사로 바꾸어 활동했다.(6)

〈요세의 신앙결사〉	
〈요세〉	지눌이 만든 신앙결사에 참여해 함께 수행한 승려 중 가장 유명한 사람이 요세이다.(5)
〈독립 과정〉	요세는 무신집권자 최충헌이 명종을 쫓아내고 신종을 국왕으로 옹립한 해에 지눌과 함께 순천으로 근거지를 옮기는 도중에 따로 독립했다.(5)
〈백련사〉	요세는 강진에서 백련사라는 결사를 새로 만들어 활동했다.(6)

3문단 지눌과 요세의 차이점

〈지눌의 수선사〉
지눌의 수선사는 불교에 대한 이해가 높은 사람들을 대상으로 다소 난해한 돈오점수 사상을 전파하는 데 주력했다.(1)

→ 〈평가〉 그 때문에 대중적이지 않다는 평을 받았다.(2)

〈요세의 백련사〉
요세는 지눌과 달리 불교 지식을 갖추지 못한 평민도 쉽게 수행할 수 있도록 간명하게 수행법을 제시한 천태종을 중시했고, 또 그는 평민들이 백련사에 참여하는 것을 당연하다고 여겼다.(3),(4)

→ 〈결과〉 백련사가 세워진 후 많은 사람들이 참여하자 권력층도 관심을 갖고 후원하기 시작했다.(5)

합격자의 실전 풀이 순서

❶ 첫 문단을 정독하며 소재를 파악한다.

첫 문단을 정독하며 글의 소재를 파악한다. 첫 문단의 경우 '불교'가 나오는 것으로 보아 불교가 글의 주요 소재임을 알 수 있다. 이어서 전반적인 내용을 정독하며 앞으로의 글 전개 내용을 유추하도록 한다. 통일신라 초기, 통일신라 쇠퇴기를 지나며 불교의 전파 과정을 설명하고 있는데, 이에 앞으로의 전개 과정도 불교의 전파 방식과 시간에 따른 변천사를 설명할 것임을 예측할 수 있다.

❷ 글 전체를 통독하면서 간단한 표기를 한다.

두 번째 문단부터 글 전체를 통독하면서 간단하게 지문에 표기를 진행한다. 기준은 불교가 되어야 하며, 이때 시점과 함께 등장하는 인물들을 중심으로 표기를 하며 글을 읽어 내려간다.

2문단의 경우 '고려' 시대 때부터 시작해 '지눌의 정혜사'에 대한 이야기가 전개되고 있다. 이 문단에서는 지눌의 사상과 수행 방법을 체크한다. 또한 '요세의 백련사' 결사가 후반부에 나오기 때문에 이에 표시하며 글을 읽는다.

3문단의 경우 요세와 지눌의 차이점을 설명하고 있으므로, 이 점을 체크하고 명종이라는 시점을 확인하면서 글을 읽도록 한다.

❸ 선지를 확인하고 지문에서 답을 찾는다.

선지를 확인하고 지문에서 표기한 곳으로 올라가 답을 찾는다.

① 화엄종은 돈오점수 사상을 전파하고자 신앙결사를 만들어 활동하였다.

본 선지에서 확인해야 할 것은,

(1) 화엄종이 돈오점수 사상을 전파하고자 했는지,
(2) 돈오점수 사상을 전파하고자 신앙 결사를 만든 것인지

를 확인해야 한다. ①번 선지는 특정 키워드의 정보 설명에 오답이 나는 것이 아니라 어휘(사상, 결사) 각각에 대

한 설명은 옳으나 잘못된 대응관계로 서술하는 경우이다. 예를 들어 화엄종, 돈오점수 사상, 신앙결사를 만들어 활동한 내용은 지문에 다 있는 내용이지만 그것들의 인과관계는 별개의 문제이다. 단편적으로 생각하면 지문에 모두 제시된 내용이라 맞는 설명이라고 판단할 수 있기 때문이다. 하지만 이러한 오답의 경우 단어들은 독립적이고 인과관계와 무관한 경우가 대부분이다. 이러한 점을 파악한다면 쉽게 오답을 찾아낼 수 있을 것이다.

② **백련사는 수선사와는 달리 조계선이라는 수행 방법을 고수해 주목받았다.**
백련사와 수선사의 수행 방법을 이야기하고 있다. 이에 백련사와 수선사를 표기해 둔 부분에서 정오 여부를 체크한다. 이때 수선사의 경우 정혜사의 명칭이 바뀐 것만 염두에 두도록 한다.

③ **요세는 무신이 권력을 잡고 있던 시기에 불교 신앙결사를 만들어 활동하였다.**
요세의 활동 시기를 물어보고 있다. 요세가 활동했던 시점을 체크한 곳으로 가서 내용의 오류 여부를 확인하기만 하면 된다.

④ **정혜사는 강진에서 조직되었던 반면 백련사는 순천에 근거지를 두고 활동하였다.**
정혜사와 백련사의 근거지에 관한 질문이다. 이에 정혜사와 백련사에 대한 표기에 찾아가서 관련 정오를 판단한다. 정혜사의 경우 수선사로 이름을 바꾸어 활동했으며 백련사는 강진에서 활동했다는 사실을 통해 강진에 근거지를 두었음을 알 수 있다.[2문단(6)]

⑤ **지눌은 정토종 출신의 승려인 요세가 정혜사에 참여하자 그를 설득해 천태종으로 끌어들였다.**
중점적으로 확인해야 하는 것은 지눌이 요세를 설득해 천태종으로 끌어들였는지의 여부이다. 지눌, 요세, 천태종의 소재의 경우 지문에 제시되어 있어 익숙한 소재이지만, 본 문장의 인과관계는 지문에서 파악하기가 어렵다.

합격자의 시간단축 Tip

Tip ❶ 알 수 없는 정보에 대한 섣부른 판단을 주의하자.

정보의 오답 여부가 지문에서 바로 확인 가능한 경우는 오답 여부를 판단하기가 쉽지만, 정보가 지문에 주어지지 않는 경우 다른 곳에 정보가 있을 것이라는 생각에 지문을 살펴보는 데 소요하는 시간이 길어질 수 있고, 또 정보가 주어져 있지 않음에도 불구하고 다른 정보를 조합해 억측으로 인한 오답이 발생할 수 있기 때문이다.
하지만 정보가 없는 경우는 지문에서 알 수 없는 정보이기 때문에 바로 오답이 된다. 오로지 정답인 경우는 지문에 정보가 나와 있는 경우일 뿐이다. 지문을 통독하면서 읽어 내려왔을 때 표기한 정보들이 전부임을 인지하면서 다른 부분을 불필요하게 조합함으로써 시간을 낭비하지 않도록 하자.

Tip ❷ 시간의 흐름에 따른 변화에 주목하자.

비문학에서는 자주 반복해서 나오는 구조가 있고, 이 구조에서 자주 선지로 구성되는 내용도 존재한다. 이를 평소에 미리 파악해 두면 독해와 선지 판단의 속도가 빨라진다. 시간의 흐름에 따른 변화에서는 시간이 흘러감에 따라 생기는 변화와 차이점을 통해 선지를 자주 구성하니 이에 주목하자.

Tip ❸ 같은 문단 내에서도 여러 인물/제도가 나올 수 있음에 유의한다.[2문단 후반부 '요세']

특히 비교적 문단의 길이가 긴 경우 문단 안에 여러 내용을 집어넣었을 가능성이 크다. 이때 문단 하나를 재주껏 나누어 표시하는 것이 중요하다. 특히 큰 줄기에서 다른 내용이 나올 때는 대부분 맨 끝부분에 나오므로 문단별 독해에서 강약을 조절하는 것도 방법이다.

013 정답 ③

난이도 ●●●

문제유형 비판적 사고 > 판단하기
접근전략 '수정할 때 가장 적절한 것'을 찾는 유형은 글의 흐름과 맞지 않는 문장을 찾는 것처럼 문제에 접근한다. 본 문제의 경우 5가지의 밑줄이 있고 오지선다에는 밑줄과 상반되는 내용이 적혀있다. 표면적으로는 가장 적절한 수정 내용을 판단해야 하므로, 수정 내용의 적절성도 살펴봐야 한다. 그러나 대부분 문제에서는 5개 중 1개의 문장만이 글의 흐름에 맞지 않기 때문에, 흐름에 맞지 않는 문장만 찾으면 거의 답을 찾아낸 것이라 볼 수 있다. 글의 흐름 파악 문제의 경우 독해에 있어 강약 조절을 잘 하는 것이 중요하다. 밑줄 앞뒤 전까지는 통독을 통해 글을 읽되 밑줄 주변에 도달했을 때에는 글을 정독하는 것이다. 정독 후 문장의 흐름이 어색하다는 생각이 든다면 오지선다로 내려가 해당 문장을 수정한 부분을 다시 읽어본다. 수정한 부분을 밑줄의 자리에 대신 넣어서 글을 읽어보고 답을 표기한다. 아닌 것 같다면 다시 지문을 읽으며 다른 밑줄을 찾아 위 방법을 반복하도록 하자.

다음 글의 흐름에 맞지 않는 곳을 ㉠~㉤에서 찾아 수정할 때 가장 적절한 것은?

(1) 경제적 차원에서 가장 불리한 계층, 예컨대 노예와 날품팔이는 ㉠ 특정한 종교 세력에 편입되거나 포교의 대상이 된 적이 없었다. (2) 기독교 등 고대 종교의 포교활동은 이들보다는 소시민층, 즉 야심을 가지고 열심히 노동하며 경제적으로 합리적인 생활을 하는 계층을 겨냥하였다. (3) 고대사회의 대농장에서 일하던 노예들에게 관심을 갖는 종교는 없었다. ▶ 1문단

(1) 모든 시대의 하층 수공업자 대부분은 ㉡ 독특한 소시민적 종교 경향을 지니고 있었다. (2) 이들은 특히 공인되지 않은 종파적 종교성에 기우는 경우가 매우 흔하였다. (3) 곤궁한 일상과 불안정한 생계 활동에 시달리며 동료의 도움에 의존해야 하는 하층 수공업자층은 공인되지 않은 신흥 종교집단이나 비주류 종교집단의 주된 포교 대상이었다. ▶ 2문단

(1) 근대에 형성된 프롤레타리아트는 ㉢ 종교에 우호적이며 관심이 많았다. (2) 이들은 자신의 처지가 자신의 능력과 업적에 의존한다는 의식이 약하고 그 대신 사회적 상황이나 경기 변동, 법적으로 보장된 권력관계에 종속되어 있다는 의식이 강하였다. (3) 이에 반해 자신의 처지가 주술적 힘, 신이나 우주의 섭리와 같은 것에 종속되어 있다는 견해에는 부정적이었다. ▶ 3문단

(1) 프롤레타리아트가 스스로의 힘으로 ㉣ 특정 종교 이념을 창출하는 것은 쉽지 않았다. (2) 이들에게는 비종교적인 이념들이 삶을 지배하는 경향이 훨씬 우세했기 때문이다. (3) 물론 프롤레타리아트 가운데 경제적으로 불안정한 최하위 계층과 지속적인 곤궁으로 인해 프롤레타리아트화의 위험에 처한 몰락하는 소시민계층은 ㉤ 종교적 포교의 대상이 되기 쉬웠다. (4) 특히 이들을 포섭한 많은 종교는 원초적 주술을 사용하거나, 아니면 주술적·광란적 은총 수여에 대한 대용물을 제공했다. (5) 이 계층에서 종교 윤리의 합리적 요소보다 감정적 요소가 훨씬 더 쉽게 성장할 수 있었다. ▶ 4문단

① ㉠을 "고대 종교에서는 주요한 세력이자 포섭 대상이었다."로 수정한다.
→ (×) ㉠은 글의 흐름에 맞는 내용이다. 뒷문장에서 고대사회의 노예들에게 관심을 갖는 종교는 없었다고 설명하기 때문이다.[1문단(3)] 따라서 해당 선지처럼 노예와 날품팔이가 고대 종교에서 주요한 세력이자 포섭 대상으로 보는 것은 적절하지 않다.

② ㉡을 "종교나 정치와는 괴리된 삶을 살았다."로 수정한다.
→ (×) 제시문에서는 하층 수공업자 대부분은 공인되지 않은 종파적 종교성에 기우는 경우가 매우 흔하였다고 했고[2문단(2)], 이는 ㉡과 같이 독특한 소시민적 경향성이라고 보아도 무방하다. 또한, 하층 수공업자들은 신흥 종교집단이나 비주류 종교집단의 주된 포교 대상이었다는 설명이 제시되어 있으므로[2문단(3)], 해당 선지처럼 그들이 종교나 정치와는 괴리된 삶을 살았다고 보는 것은 적절하지 않다.

③ ㉢을 "종교에 우호적이지도 관심이 많지도 않았다."로 수정한다.
→ (○) 근대 프롤레타리아트는 자신의 처지가 주술적 힘, 신이나 우주의 섭리와 같은 것에 종속되어 있다는 견해에는 부정적이었다는 설명을 통해[3문단(3)], 이들은 종교에 우호적이지도 관심이 많지도 않았음을 알 수 있다. 따라서 해당 선지처럼 ㉢을 수정하는 것이 적절하다.

④ ㉣을 "특정 종교 이념을 창출한 경우가 많았다."로 수정한다.
→ (×) 프롤레타리아트는 비종교적 이념들이 삶을 지배하는 경향이 훨씬 우세했다는 문장이 후행하므로[4문단(2)], 특정 종교 이념을 창출하는 것이 쉽지 않았다는 ㉣의 내용은 적절하다.

⑤ ㉤을 "종교보다는 정치집단의 포섭 대상이 되었다."로 수정한다.
→ (×) 후행하는 문장에 몰락하는 소시민계층을 포섭한 종교에 대한 부연 설명이 있으므로, 이들이 종교적 포교의 대상이 되기 쉬웠다는 ㉤의 내용은 적절하다.

제시문 분석

1문단 고대 사회의 종교에서 배제된 노예 계층

〈종교에서 배제된 노예 계층〉		〈고대 종교의 포교활동 대상〉
노예와 날품팔이는 특정한 종교세력에 편입되거나 포교의 대상이 된 적이 없었다. 고대 사회의 노예들에게 관심을 갖는 종교는 없었다.(1),(3)	→	고대 종교의 포교활동은 이들보다는 소시민층, 즉 야심을 가지고 열심히 노동하며 경제적으로 합리적인 생활을 하는 계층을 겨냥하였다.(2)

2문단 하층 수공업자의 종교 경향

〈하층 수공업자의 종교 경향〉
모든 시대의 하층 수공업자 대부분은 독특한 소시민적 종교 경향을 지니고 있었다.(1)

→	〈특징〉	하층 수공업자층은 공인되지 않은 신흥 종교집단이나 비주류 종교집단의 주된 포교 대상이었다.(3)

3문단 프롤레타리아트의 종교 경향

〈프롤레타리아트의 종교 경향〉		〈특징〉
프롤레타리아트는 종교에 우호적이지도 관심이 많지도 않았다.(선지③)	→	이들은 자신의 처지가 사회적 상황이나 경기 변동, 권력관계에 종속되어 있다고 보는 의식이 강하였고, 주술적 힘이나 우주의 섭리와 같은 것에 종속되어 있다는 견해에는 부정적이었다.(2),(3)

4문단 몰락하는 소시민계층의 종교 경향

〈몰락하는 소시민〉		〈종교의 특징〉		〈결과〉
프롤레타리아트 가운데 경제적으로 불안정한 최하위 계층과 몰락하는 소시민 계층은 종교적 포교의 대상이 되기 쉬웠다.(3)	→	이들을 포섭한 많은 종교는 원초적 주술을 사용하거나, 아니면 주술적·광란적 은총 수여에 대한 대용물을 제공했다.(4)	→	이 계층에서 종교 윤리의 합리적 요소보다 감정적 요소가 더 쉽게 성장할 수 있었다.(5)

합격자의 실전 풀이 순서

❶ 첫 번째 밑줄의 앞뒤를 정독한다.

첫 번째 밑줄의 경우 초반부에 위치하므로 초반부부터 밑줄 앞뒤의 글을 정독하면서 문장의 흐름을 파악한다. 대부분 문장의 흐름을 파악하는 문제는 앞뒤 문장과 얼마나 호응 정도가 높은지만을 살펴보면 된다. 우선 밑줄이 맞다고 가정하고 글을 읽으면서, 흐름의 자연스러움을 파악하는 것이다.
본 맥락의 경우 노예와 날품팔이의 종교 대상 여부를 물어보고 있다. 바로 뒷 문장에서 포교활동은 '이들보다' 소시민층을 겨냥하고 있다고 이야기하고 있으므로 자연스럽게 첫 번째 문장이 흐름에 맞음을 알 수 있다.

❷ 두 번째 밑줄의 앞뒤 문장을 정독한다.

두 번째 밑줄이 2문단 첫째 줄에 있으므로 1문단의 마지막 문장까지 꼼꼼하게 읽고 넘어가지 않고 바로 두 번째 문단부터 정독해도 충분하다. 왜냐하면 문단이 바뀌면서 새로운 내용이 시작되므로 굳이 1문단 마지막까지 읽을 필요는 없기 때문이다. 예외적으로 만약 첫 문장의 시작에 '하지만'과 같은 내용 등이 있다면 앞의 내용도 단서가 될 수 있으므로 읽어두도록 한다.
문제의 경우 독특한 소시민적 종교 경향을 지니고 있는지가 주요 논점인데, 바로 뒷 문장에서 공인되지 않은 종파적 종교성에 기우는 경우가 많다는 내용이 제시되어 있으므로 두 번째 문장이 흐름에 맞음을 알 수 있다.

❸ 세 번째 밑줄의 앞뒤 문장을 정독한다.

세 번째 밑줄의 경우 3문단의 처음에 위치한다. 이에 2번째 문장을 해석했던 것과 유사한 방법으로 정오 여부를 판별한다. 세 번째 밑줄의 경우 종교에 우호적이며 관심이 많았는지의 여부가 문제가 된다. 이에 뒷 문장에서 '법적으로 보장된 권력 관계에 종속되어 있다는 의식이 강하다.'라고 제시되어 있으므로 '종교에 관심이 있는 것은 아니다.'라는 추측이 가능하다. 하지만 이것만으로 정답의 판별이 불분명하다면 바로 다음 문장을 읽는다. 다음 문장에서 주술적 힘 등에 부정적이라고 언급되어 있으므로 세 번째 밑줄의 흐름이 맞지 않음을 확실하게 알 수 있다.

❹ 세 번째 밑줄을 수정한 부분에 가서 수정한 부분이 정확한지 파악한다.

세 번째 밑줄의 흐름이 부자연스럽다는 것을 파악했다. 본 문제의 경우 세 번째 밑줄을 수정한 부분에 가서 수정한 내용이 알맞게 수정되었는지 파악한다. 본 문제의 경우 세 번째 밑줄이 흐름상 어색하기 때문에 오지선다에서 수정 부분을 파악한 것이며, 만약 다른 밑줄이 흐름상 어색하다면 그 해당 밑줄에 해당하는 오지선다를 확인하도록 한다. 해당 문제의 경우 수정 부분에 문제가 없으므로 바로 답을 체크할 수 있다.

합격자의 시간단축 Tip

Tip ❶ 어색한 흐름 찾기에 중심을 두기

본 문제의 경우 대부분 밑줄 친 문장과 오지선다의 문장이 뚜렷하게 반대되는 경우가 대부분이다. 따라서 밑줄이 흐름에 부자연스러운지를 파악하는 과정에서 만약 앞뒤 문장으로도 긴가민가하다면, 오지선다에서 주어진 밑줄과 반대되는 문장을 넣어보는 것이 좋다. 밑줄과 오지선다가 뚜렷하게 반대되는 내용인 이유는 본 문제가 어색한 흐름을 찾는 문제이기 때문이다. 어색한 흐름 문제의 경우 자칫하면 정답이 모호해질 수 있으므로 뚜렷하게 흐름에 맞지 않는 문장을 정답으로 만들어야 할 필요가 있다. 즉, 문제가 너무 까다롭다거나 선지를 꼬아 놓았을까 봐 두려워할 필요가 없다.

Tip ❷

만약 정답이 없는 것 같다고 생각된다면 선지의 문장과 본래 문장을 둘 다 나열해본 뒤 어느 것이 더 말이 되는지 확인한다.

014 정답 ❶ 　　난이도 ●○○

문제유형 비판적 사고 > 빈칸 채우기

접근전략 빈칸 문제의 경우 가장 처음 빈칸과 빈칸 앞뒤를 정독해 빈칸의 성격을 파악하는 것으로 접근을 시작한다. 이후 빈칸의 성격에 따라 지문을 읽어 내려가도록 한다. 실험과 빈칸이 연계된 문제의 경우, 처음이나 마지막에 가설을 빈칸으로 내어 추측하게 하는 경우가 대부분이다.
문장 앞쪽에 빈칸이 위치하는 경우는 실험 내용을 예상해, 처음 설정한 가설을 역으로 추측하는 방식으로 문제에 접근하면 된다. 문장 아래쪽에 빈칸이 위치하는 경우 실험을 읽으며 두 실험의 차이점을 찾아 결론을 도출하도록 한다. 결론 도출의 경우 가설을 도출할 때보다는 접근이 쉬운 편이다. 앞에서 전제가 제시되기 때문에 실험들에서 차이가 나는 부분만 빠르게 파악한다면 바로 답을 찾을 수 있다.

다음 글의 빈칸에 들어갈 내용으로 가장 적절한 것은?

(1) A는 말벌이 어떻게 둥지를 찾아가는지 알아내고자 했다. (2) 이에 A는 말벌이 둥지에 있을 때, 둥지를 중심으로 솔방울들을 원형으로 배치했는데, 그 말벌은 먹이를 찾아 둥지를 떠났다가 다시 둥지로 잘 돌아왔다. (3) 이번에는 말벌이 먹이를 찾아 둥지를 떠난 사이, A가 그 솔방울들을 수거하여 둥지 부근 다른 곳으로 옮겨 똑같이 원형으로 배치했다. (4) 그랬더니 돌아온 말벌은 솔방울들이 치워진 그 둥지로 가지 않고 원형으로 배치된 솔방울들의 중심으로 날아갔다. ▶1문단

(1) 이러한 결과를 관찰한 A는 말벌이 방향을 찾을 때 솔방울이라는 물체의 재질에 의존한 것인지 혹은 솔방울들로 만든 모양에 의존한 것인지를 알아내고자 하였다. (2) 그래서 이번에는 말벌이 다시 먹이를 찾아 둥지를 떠난 사이, 앞서 원형으로 배치했던 솔방울들을 치우고 그 자리에 돌멩이들을 원형으로 배치했다. (3) 그리고 거기 있던 솔방울들을 다시 가져와 둥지를 중심으로 삼각형으로 배치했다. (4) 그러자 A는 돌아온 말벌이 원형으로 배치된 돌멩이들의 중심으로 날아가는 것을 관찰할 수 있었다. ▶2문단

(1) 이 실험을 통해 A는 먹이를 찾으러 간 말벌이 둥지로 돌아올 때, [　　　　　]는 결론에 이르렀다.

① 물체의 재질보다 물체로 만든 모양에 의존하여 방향을 찾는다.
→ (○) 두 번째 실험에서 말벌은 솔방울이 삼각형 모양으로 배치된 둥지로 가지 않고, 돌멩이들이 원형으로 배치된 곳의 중심으로 날아갔다[2문단 (2), (3), (4)]. 재질과는 상관없이 둥지가 있던 곳의 모양과 동일한 곳으로 날아간 것이다. 이를 통해 말벌이 물체의 재질이 아닌 모양에 의존해 방향을 찾는다는 결론을 도출할 수 있다.

② 물체로 만든 모양보다 물체의 재질에 의존하여 방향을 찾는다.
→ (×) 말벌이 물체의 모양보다 재질에 의존하여 방향을 찾는다면, 두 번째 실험에서 돌멩이가 배치된 곳이 아닌 솔방울이 삼각형 모양으로 배치된 둥지로 날아갔을 것이다. 따라서 이는 적절한 설명이 될 수 없다.

③ 물체의 재질과 물체로 만든 모양 모두에 의존하여 방향을 찾는다.
→ (×) 두 번째 실험을 통해 말벌이 물체의 재질이 아닌 모양에 의존하여 방향을 찾는다는 것을 알 수 있다[2문단 (4)]. 따라서 재질과 모양 둘 다에 의존한다는 결론은 해당 실험의 결과로 적합하지 않다.

④ 물체의 재질이나 물체로 만든 모양에 의존하지 않고 방향을 찾는다.
→ (×) 말벌이 물체의 재 질이나 모양에 의존하지 않고 방향을 찾는다면, 먹이를 찾은 후 말벌은 항상 동일한 위치, 즉 둥지로 돌아왔을 것이다. 그러나 실험의 조건을 달리했을 때 그에 따른 말벌의 이동 방향이 달라지므로 말벌이 방향을 찾는 데 분명히 영향을 미치는 조건이 있음을 알 수 있다.

⑤ 경우에 따라 물체의 재질에 의존하기도 하고 물체로 만든 모양에 의존하기도 하면서 방향을 찾는다.
→ (×) 두 번째 실험을 통해 말벌이 물체의 재질이 아닌 모양에 의존하여 방향을 찾는다는 것을 알 수 있다.[2문단(4)] 경우에 따라 의존 대상이 바뀐다는 내용은 본 실험을 통해 알 수 없다.

제시문 분석

1문단 말벌이 둥지를 찾아가는 과정에 대한 실험 ①

〈A의 실험목적〉
A는 말벌이 어떻게 둥지를 찾아가는지 알아내고자 했다.(1)

	〈솔방울의 배치〉	〈실험결과〉
〈①〉	말벌이 둥지에 있을 때, 둥지를 중심으로 솔방울들을 원형으로 배치했다.(2)	말벌은 둥지를 떠났다가 다시 둥지로 잘 돌아왔다.(2)
〈②〉	말벌이 둥지를 떠난 사이, 그 솔방울들을 수거하여 다른 곳으로 옮겨 똑같이 원형으로 배치했다.(3)	돌아온 말벌은 둥지로 가지 않고 원형으로 배치된 솔방울들의 중심으로 날아갔다.(4)

2문단 말벌이 둥지를 찾아가는 과정에 대한 실험 ②

〈A의 실험목적〉
A는 말벌이 방향을 찾을 때 솔방울이라는 물체의 재질에 의존한 것인지 혹은 솔방울들로 만든 모양에 의존한 것인지를 알아내고자 하였다.(1)

〈실험설계 ①〉		〈실험설계 ②〉		〈결과〉
말벌이 둥지를 떠난 사이, 앞서 원형으로 배치했던 솔방울들을 치우고 그 자리에 돌멩이들을 원형으로 배치했다.(2)	⊕	그리고 거기 있던 솔방울들을 다시 가져와 둥지를 중심으로 삼각형으로 배치했다.(3)	→	돌아온 말벌이 원형으로 배치된 돌멩이들의 중심으로 날아갔다.(4)

3문단 결론

〈A의 결론〉
이 실험을 통해 A는 먹이를 찾으러 간 말벌이 둥지로 돌아올 때, 물체의 재질보다 물체로 만든 모양에 의존하여 방향을 찾는다는 결론에 이르렀다. (1), 선지①

합격자의 실전 풀이 순서

❶ 빈칸을 먼저 읽는다.

빈칸을 읽으며 빈칸의 성격을 파악한다. 빈칸의 경우 '~라는 결론에 이르렀다.'로 문장이 종결되고 있으며 '먹이를 찾으러 간 말벌이 둥지로 돌아올 때'라는 조건이 붙어있다. 이를 통해 우리는 실험의 결론을 도출해야 한다는 것과 말벌이 둥지로 돌아오는 시점에 말벌의 다음 행동을 파악해야 한다는 것을 알 수 있다.

❷ 글을 통독하며 각 실험 결과의 차이점을 파악한다.

실험 문제의 경우 세부적인 내용을 파악하는 데 주력하기보다는, 지문에 등장하는 두 번의 실험 결과의 차이를 명확하게 분석하고 실험 결과에 차이가 나는 변인을 파악하는 것이 좋다. 이를 위해서는 두 실험에서 동일하게 설정한 변수와 다르게 처치한 변수를 구별해 내는 것이 필요하다.

문제의 경우 가장 차이점을 둔 부분은 솔방울의 배치모양과 재질이다. 이 점에서 물체의 모양과 재질이 실험의 중요한 요소를 차지하고 있음을 추측할 수 있다.

❸ 오지선다를 살펴 답을 유추한다.

만약 실험이 아닌 단순한 빈칸 문제였다면, 빈칸 근처까지 읽었을 때 빈칸 주변을 한 번 더 정독하고 그에 들어갈 내용을 대략적으로 짐작하는 방법을 택했을 것이다. 하지만 실험을 다루는 제시문의 경우 빈칸 주변을 굳이 정독할 필요가 없다. 찾고자 하는 바가 명확하므로 바로 오지선다로 내려가 답을 유추하도록 한다. 이때 유추를 할 때는 앞에서 찾아놓은 실험의 차이점을 활용한다.

앞에서는 물체의 모양이 중요한 차이점으로 파악되었다. 이에 '모양에 의존한다'를 중심으로 선지를 먼저 추려낸다. 이에 ①, ③, ⑤번이 '모양에 의존한다'의 내용이 포함되어 정답의 후보로 도출된다. 이후 모양과 재질 모두인지, 모양만인지, 모양 혹은 재질인지를 세세하게 파악해야 한다. 이때 만약 앞의 접근에서 차이점을 완벽하게 파악했다면 실험에서 말벌이 둥지를 찾을 때 의존한 것은 모양만이고, 재질은 상관이 없음을 알 수 있다.

합격자의 시간단축 Tip

Tip ❶ 오지선다를 잘 활용하기

실험 소재 문제의 경우 추론 문제로 출제되기도 하지만, 빈칸으로 나오는 경우도 적지 않다. 추론 문제로 나오는 경우 난이도가 높아질 수 있는 반면, 빈칸으로 나오는 경우에는 상대적으로 난이도가 쉽게 출제된다. 빈칸에 들어갈 오지선다를 잘 활용하면 되기 때문이다.

만약에 위의 접근 방법에서 실험 결과의 차이점을 찾지 못했더라도, 오지선다를 찾아가서 변수를 확인하면 된다. 본 문제의 경우에도 오지선다를 보면 대략적으로 물체의 재질과 물체의 모양이 나옴을 알 수 있기 때문이다. 시간이 부족하고 이해가 어렵다면 오지선다를 통해서 변수들을 추측하고, 다시 지문으로 돌아가 실험의 맥락을 파악하는 것도 좋은 방법이다.

Tip ❷ 반복되는 선지 어구를 활용하기

선지의 구절이 〈의존/방향〉을 중심으로 반복된다는 것을 눈치챘다면 변수를 지문에서 찾을 때 어디를 봐야 할지 명확해진다. 어디를 향해 날아가는지 1문단을 읽지 않고도 빈칸 근처의 설명을 통해 바로 판단할 수 있다.

015 정답 ❷

난이도 ●○○

문제유형 법조문형 > 규정적용

접근전략 법조문 유형 중 규정을 바탕으로 〈보기〉에서 옳은 것을 고르는 규정확인문제이다. 법조문 유형을 풀 때는 조문의 구체적인 내용을 독해하는 것보다, 법조문의 구조를 파악한 후 〈보기〉에서 묻고 있는 정보를 찾아 올라가는 형태로 푸는 것이 좋다. 본 문제의 경우, ○○조 2항에서 경찰의 측정은 재량이며, 운전자가 응하는 것은 의무인 구조에 유의한다. ○○조 3항, 4항에 제시되는 처벌조항은 〈요건〉-〈효과〉라는 기본구조에서 ①혈중알콜농도의 증가 ②재차 음주운전이라는 요건이 주어질 때 처벌이 강화되는 구조를 인식하는 것이 필요하다.

다음 글을 근거로 판단할 때, 〈보기〉에서 옳은 것만을 모두 고르면?

제○○조(술에 취한 상태에서의 운전 금지) ① 누구든지 술에 취한 상태에서 자동차를 운전하여서는 아니 된다.

② 경찰공무원은 제1항을 위반하여 술에 취한 상태에서 자동차를 운전하였다고 인정할 만한 상당한 이유가 있는 경우에는 운전자가 술에 취하였는지를 호흡조사로 측정(이하 '음주측정'이라 한다)할 수 있다. 이 경우 운전자는 경찰공무원의 음주측정에 응하여야 한다.

③ 제1항을 위반하여 술에 취한 상태에서 자동차를 운전한 사람은 다음 각 호의 구분에 따라 처벌한다.

1. 혈중알콜농도가 0.2퍼센트 이상인 사람은 1년 이상 3년 이하의 징역이나 500만 원 이상 1천만 원 이하의 벌금
2. 혈중알콜농도가 0.1퍼센트 이상 0.2퍼센트 미만인 사람은 6개월 이상 1년 이하의 징역이나 300만 원 이상 500만 원 이하의 벌금
3. 혈중알콜농도가 0.05퍼센트 이상 0.1퍼센트 미만인 사람은 6개월 이하의 징역이나 300만 원 이하의 벌금

④ 다음 각 호의 어느 하나에 해당하는 사람은 1년 이상 3년 이하의 징역이나 500만 원 이상 1천만 원 이하의 벌금에 처한다.

1. 제3항에도 불구하고 제1항을 2회 이상 위반한 사람으로서 다시 술에 취한 상태에서 자동차를 운전한 사람
2. 술에 취한 상태에 있다고 인정할 만한 상당한 이유가 있는 사람으로서 제2항에 따른 경찰공무원의 음주측정에 응하지 아니한 사람

보기

ㄱ. 혈중알콜농도 0.05퍼센트의 상태에서 운전하여 1회 적발된 행위는, 술에 취한 상태에서 운전을 하고 있다고 인정할 만한 상당한 이유가 있는 사람이 경찰공무원의 음주측정을 거부하는 행위보다 불법의 정도가 크다.

→ (×) 제3항 제3호에 따르면 혈중알콜농도가 0.05퍼센트인 상태에서 자동차를 운전한 사람은 6개월 이하의 징역이나 300만 원 이하의 벌금에 처한다. 한편 제4항 제2호에 따르면 술에 취한 상태에서 운전을 하

고 있다고 인정할 만한 상당한 이유가 있는 사람이 경찰공무원의 음주측정을 거부한 경우 1년 이상 3년 이하의 징역이나 500만 원 이상 1천만 원 이하의 벌금에 처한다. 후자의 최소 처벌 강도가 전자의 최대 처벌 강도보다 높으므로, 혈중알콜농도 0.05퍼센트의 상태에서 운전하여 1회 적발된 행위는 술에 취한 상태에서 운전을 하고 있다고 인정할 만한 상당한 이유가 있는 사람이 경찰공무원의 음주측정을 거부하는 행위보다 불법의 정도가 작다.

ㄴ. 술에 취한 상태에서 자동차를 운전하는 행위는 혈중알콜농도 또는 적발된 횟수에 따라 처벌의 정도가 달라질 수 있다.
→ (O) 제3항에 의하면 혈중알콜농도가 높을수록 처벌의 강도가 크다. 또한 제4항 제1호에 의하면 음주운전이 3회 이상 적발될 경우 혈중알콜농도와 무관하게 1년 이상 3년 이하의 징역이나 500만 원 이상 1천만 원 이하의 벌금에 처한다. 따라서 혈중알콜농도 또는 적발된 횟수에 따라 음주운전 처벌의 정도가 달라질 수 있다.

ㄷ. 술에 취한 상태에서의 자동차 운전으로 2회 적발된 자가 다시 혈중알콜농도 0.15퍼센트 상태의 운전으로 적발된 경우, 6개월 이상 1년 이하의 징역이나 300만 원 이상 500만 원 이하의 벌금에 처해진다.
→ (×) 제4항 제1호에 따르면 술에 취한 상태에서의 자동차 운전으로 2회 적발된 사람으로서 다시 술에 취한 상태에서 자동차를 운전한 사람은 제3항에도 불구하고 1년 이상 3년 이하의 징역이나 500만 원 이상 1천만 원 이하의 벌금에 처한다. 따라서 술에 취한 상태에서의 자동차 운전으로 2회 적발된 자가 다시 혈중알콜농도 0.15퍼센트 상태의 운전으로 적발된 경우, 제3항 제2호가 아닌 제4항 제1호가 적용되어 1년 이상 3년 이하의 징역이나 500만 원 이상 1천만 원 이하의 벌금에 처해진다.

① ㄱ → (×)
② ㄴ → (O)
③ ㄱ, ㄷ → (×)
④ ㄴ, ㄷ → (×)
⑤ ㄱ, ㄴ, ㄷ → (×)

합격자의 실전 풀이 순서

❶ 문제 유형 파악

본 문제의 경우 제시문으로 법조문이 주어졌으므로 법조문 유형임을 쉽게 알 수 있다. 특히 법조문 유형 중에서도 규정의 내용을 확인하여 〈보기〉에서 옳은 내용을 고르는 규정확인문제이다. 법조문 유형은 조문의 구체적인 내용을 독해하는 것보다, 법조문의 구조를 파악한 후 선지에서 묻고 있는 정보를 찾아 올라가는 형태로 푸는 것이 좋다. 또한, 옳은 것을 고르는 문제라는 것을 인지하기 위해 "옳은"이라는 단어에 밑줄이나 동그라미 등 표시를 한다.

다음 글을 근거로 판단할 때, 〈보기〉에서 옳은 것만을 모두 고르면?

❷ 법조문 구조 분석

구조 분석이란 각 조문의 내용 및 조문 간 관계를 이해하는 것이다. 법조문 전체를 읽되, 세부적인 내용을 기억하기 보다는 어떤 정보가 있는지 파악하는 것에 중점을 둔다. 이때 기호를 적절히 활용하면 좋다. 이러한 분석 과정을 거치며 선지에 등장할만한 부분을 발견할 수 있다.

본문의 규정은 하나의 조로 구성되어 있다. 조문의 제목이 있으므로 규정의 대상을 알 수 있다. 각 항의 내용을 읽으며 구체적인 키워드를 찾는다.

제1항은 술에 취한 상태에서 자동차 운전 금지, 즉 음주운전을 금지하는 규정이다.

제2항은 경찰공무원이 운전자가 술에 취하였는지를 호흡조사로 측정하는 것, 즉 음주측정에 관한 조항이다. 본문의 주체는 경찰공무원이며 재량규정이다. '상당한 이유', '호흡조사'='음주측정'에 표시한다. 후단의 주체는 운전자이며, 응하여야 한다고 규정한다.

제3항과 제4항은 음주운전자를 처벌하는 조항이다. 제3항 각호는 혈중알콜농도별로 처벌 강도를 달리하므로, 구체적 내용은 〈보기〉 판단 시 돌아와 읽는다. 제4항 제1호는 '2회 이상', 제2호는 '상당한 이유'에 표시하고, 제4항 제2호는 제2항과 연결해둔다. 제3항은 제1항을 위반한 경우에 대한 처벌 규정을 다루고 있고, 제4항의 각호는 각각 제1항을 2회 이상 위반한 경우, 제2항의 음주측정을 거부한 경우의 처벌 규정을 다루고 있다. 제4항 제1호는 3항에 대한 특별규정으로 볼 수 있고, 결국 위반이 있는 경우 처벌 기준의 적용 순서는 〈4조→3조〉가 된다. 조문이 하나밖에 없고 그중에서도 처벌조항이 절반이므로 법조문의 구조를 통해 각 경우에 어떠한 처벌이 주어지는지 구분하는 것이 문제의 핵심요소임을 예측할 수 있다.

❸ 〈보기〉 및 선지 판단

〈보기〉를 읽고, 해당 내용이 기재된 규정으로 돌아가 꼼꼼히 읽고 정오를 판단한다.

보기 ㄱ은 제3항 제3호 및 제4항 제2호와 비교한다. 다만 조문에 '불법의 정도'의 판단 기준이 없다. 애매하다면 일단 다른 〈보기〉를 먼저 판단하고 필요한 경우 돌아오기로 한다. 단순히 처벌의 강도와 비례한다고 생각하고 풀면 옳지 않은 내용이다.

보기 ㄴ은 '혈중알콜농도'는 제3항 각 호, '적발된 횟수'는 제4항 제1호의 내용을 근거로 판단하면 된다. 처벌의 강도가 다르게 규정되어 있으므로 옳다. 보기 ㄷ은 제4항 제1호와 비교한다. 처벌의 정도는 혈중알콜농도와 무관하게 결정된다. 정답은 선지 ②번이다.

이처럼 선지가 〈보기〉의 구성으로 주어지는 경우 하나의 보기를 읽고, 해당 보기와 관련된 선지를 지워간다. 예컨대 보기 ㄱ은 옳지 않으므로 선지 ①, ③, ⑤번이 제외된다. 남은 선지가 모두 보기 ㄴ을 포함하고 있으므로 보기 ㄴ은 자동적으로 옳은 보기이다. 마지막으로 보기 ㄷ을 처리하여 정답을 도출한다.

본 문제에서 활용하지 않았더라도 다른 문제에서 출제될 수 있는 내용을 학습하는 것도 실력향상에 도움이 된다. 본 문제의 경우 제3항 제1호와 제4항의 처벌 강도가 동일하다. 설문에서는 이를 활용하지 않았으나 다른 조항에서 동일한 처벌을 규정하고 있는 경우 두 조항의 처벌 강도를 비교하는 문제로 언제든지 출제 가능성이 있다.

합격자의 시간단축 Tip

Tip 법조문의 구조만을 파악한 후 〈보기〉 판단

법조문 분석 시에는 구조와 규정 간의 관계만을 파악한 후, 규정의 구체적 내용은 〈보기〉 판단 시에 확인한다. 구조 파악 시 키워드에 표시해두면 내용을 찾기 수월하다. 본 문제는 법조문의 대부분이 처벌 기준으로 구성되어 있고, 〈보기〉에서도 처벌 강도를 중심으로 묻고 있다. 이 경우 처벌 대상인 행위를 기준으로 구조를 파악하면 된다. 따라서 조문에서 구체적인 수치를 제시하는 경우에는 규정이 어떻게 구분되고 있는지만 인지하고 보기와 비교할 때 구체적으로 확인한다.

독끝 2일차 (016~030)

정답

016	①	017	④	018	⑤	019	①	020	②
021	②	022	⑤	023	④	024	①	025	④
026	④	027	③	028	⑤	029	④	030	①

016 정답 ❶ 난이도 ●○○

문제유형 사실적 이해 > 정보 확인

접근전략 글에서 알 수 없는 것을 묻는 문제는 대체로 제시문과 상충하기보다는 제시문에서 끌어내어 판단할 근거가 없는 선지가 정답이 된다. 또한, 대립하는 두 대상의 차이점을 위주로 제시문이 전개되는데 이러한 차이점을 명확히 체크해가며 읽도록 하자.

다음 글에서 알 수 없는 것은?

(1) A효과란 기업이 시장에 최초로 진입하여 무형 및 유형의 이익을 얻는 것을 의미한다. (2) 반면 뒤늦게 뛰어든 기업이 앞서 진출한 기업의 투자를 징검다리로 이용하여 성공적으로 시장에 안착하는 것을 B효과라고 한다. (3) 물론 B효과는 후발진입기업이 최초진입기업과 동등한 수준의 기술 및 제품을 보다 낮은 비용으로 개발할 수 있을 때만 가능하다. ▶ 1문단

(1) 생산량이 증가할수록 평균생산비용이 감소하는 규모의 경제 효과 측면에서, 후발진입기업에 비해 최초진입기업이 유리하다. (2) 즉, 대량 생산, 인프라 구축 등에서 우위를 조기에 확보하여 효율성 증대와 생산성 향상을 꾀할 수 있다. (3) 반면 후발진입기업 역시 연구개발 투자 측면에서 최초진입기업에 비해 상대적으로 유리한 면이 있다. (4) 후발진입기업의 모방 비용은 최초진입기업이 신제품 개발에 투자한 비용 대비 65 % 수준이기 때문이다. (5) 최초진입기업의 경우, 규모의 경제 효과를 얼마나 단기간에 이룰 수 있는가가 성공의 필수 요건이 된다. (6) 후발진입기업의 경우, 절감된 비용을 마케팅 등에 효과적으로 투자하여 최초진입기업의 시장 점유율을 단기간에 빼앗아 오는 것이 성공의 핵심 조건이다. ▶ 2문단

(1) 규모의 경제 달성으로 인한 비용상의 이점 이외에도 최초진입기업이 누릴 수 있는 강점은 강력한 진입 장벽을 구축할 수 있다는 것이다. (2) 시장에 최초로 진입했기에 소비자에게 우선적으로 인식된다. (3) 그로 인해 후발진입기업에 비해 적어도 인지도 측면에서는 월등한 우위를 확보한다. (4) 또한 기술적 우위를 확보하여 라이센스, 특허 전략 등을 통해 후발진입기업의 시장 진입을 방해하기도 한다. (5) 뿐만 아니라 소비자들이 후발진입기업의 브랜드로 전환하려고 할 때 발생하는 노력, 비용, 심리적 위험 등을 마케팅에 활용하여 후발진입기업이 시장에 진입하기 어렵게 할 수도 있다. (6) 결국 A효과를 극대화할 수 있는지는 규모의 경제 달성 이외에도 얼마나 오랫동안 후발주자가 진입하지 못하도록 할 수 있는가에 달려 있다. ▶ 3문단

① 최초진입기업은 후발진입기업에 비해 매년 더 많은 마케팅 비용을 사용한다.
→ (×) 소비자들이 후발진입기업의 브랜드로 전환하려고 할 때 발생하는 노력, 비용, 심리적 위험 등을 마케팅에 활용하여 후발진입기업이 시장에 진입하기 어렵게 할 수도 있다[3문단(5)]는 설명이 있지만 매년 더 많은 비용을 사용하는지는 제시문의 내용만으로 알 수 없다.

② 후발진입기업의 모방 비용은 최초진입기업이 신제품 개발에 투자한 비용보다 적다.
→ (○) 후발진입기업의 모방 비용은 최초진입기업이 신제품 개발에 투자한 비용 대비 65 % 수준이다.[2문단(4)] 따라서 해당 선지의 내용은 지문에서 알 수 있는 정보이다.

③ 최초진입기업이 후발진입기업에 비해 인지도 측면에서 우위에 있다는 것은 A효과에 해당한다.
→ (○) A효과는 기업이 시장에 최초로 진입하여 무형 및 유형의 이익을 얻는 것을 의미한다.[1문단(1)] 최초진입기업은 소비자에게 우선적으로 인식되어, 후발진입기업에 비해 인지도 측면에서는 월등한 우위를 확보한다.[3문단(3)] 이는 최초진입기업이 얻는 이익에 해당하므로 A효과라고 볼 수 있다. 따라서 해당 선지는 지문에서 알 수 있는 정보이다.

④ 후발진입기업이 성공하려면 절감된 비용을 효과적으로 투자하여 최초진입기업의 시장점유율을 단기간에 빼앗아 와야 한다.
→ (○) 후발진입기업의 경우, 절감된 비용을 마케팅 등에 효과적으로 투자하여 최초진입기업의 시장 점유율을 단기간에 빼앗아 오는 것이 성공의 핵심 조건이다.[2문단(6)] 따라서 해당 선지의 내용은 지문에서 알 수 있는 정보이다.

⑤ 후발진입기업이 최초진입기업과 동등한 수준의 기술 및 제품을 보다 낮은 비용으로 개발할 수 없다면 B효과를 얻을 수 없다.
→ (○) B효과는 후발진입기업이 최초진입기업과 동등한 수준의 기술 및 제품을 보다 낮은 비용으로 개발할 수 있을 때만 가능하다.[1문단(3)] 따라서 해당 선지의 내용은 지문에서 알 수 있는 정보이다.

제시문 분석

1문단 A효과와 B효과

〈A효과의 개념〉		〈B효과의 개념〉
A효과란 기업이 시장에 최초로 진입하여 무형 및 유형의 이익을 얻는 것을 의미한다. (1)	⬌	뒤늦게 뛰어든 기업이 앞서 진출한 기업의 투자를 징검다리로 이용하여 성공적으로 시장에 안착하는 것을 B효과라고 한다. (2)

2문단 최초진입기업과 후발진입기업의 비교

〈최초진입기업〉	〈후발진입기업〉
생산량이 증가할수록 평균생산비용이 감소하는 규모의 경제 효과 측면에서, 후발진입기업에 비해 최초진입기업이 유리하다.(1)	후발진입기업 역시 연구개발 투자 측면에서 최초진입기업에 비해 상대적으로 유리한 면이 있다.(3)
규모의 경제 효과를 얼마나 단기간에 이룰 수 있는가가 성공의 필수 요건이 된다.(5)	절감된 비용을 마케팅 등에 효과적으로 투자하여 최초진입기업의 시장 점유율을 단기간에 빼앗아 오는 것이 성공의 핵심 조건이다.(6)

3문단 최초 진입 기업의 강점과 극대화 전략

〈강점①〉		〈강점②〉		〈강점③〉
시장에 최초로 진입했기에 소비자에게 우선적으로 인식되고, 그로 인해 후발진입기업에 비해 인지도 측면에서 월등한 우위를 확보한다.(2)	⊕	기술적 우위를 확보하여 라이센스, 특허 전략 등을 통해 후발진입기업의 시장 진입을 방해하기도 한다.(4)	⊕	소비자들이 후발진입기업의 브랜드로 전환하려고 할 때 발생하는 노력, 비용, 심리적 위험 등을 마케팅에 활용하여 후발진입기업이 시장에 진입하기 어렵게 할 수도 있다.(5)

→

〈극대화 전략〉	결국 A효과를 극대화할 수 있는지는 규모의 경제 달성 이외에도 얼마나 오랫동안 후발주자가 진입하지 못하도록 할 수 있는가에 달려 있다.(6)

합격자의 실전 풀이 순서

⓿ 발문 읽기 및 문제 유형 파악

항상 발문을 먼저 제대로 읽자. 본 문제는 글에서 알 수 없는 것을 고르는 일치부합·내용추론 유형의 문제이다. 알 수 없는 것을 고르는 문제는 추론할 수 없는 것을 고르는 문제와 같다. 해당 유형은 제시문 내용과 부합하지 않거나 그로부터 추론 불가능한 선지가 정답이 되며, 제시문 내용과 일치거나 그로부터 추론할 수 있는 선지가 오답이 된다. 긴장되는 시험장에서 알 수 '없는' 것을 고르는 문제에서 알 수 '있는' 것을 고르는 문제로 잘못 보아 처음 검토한 선지를 고르는 실수를 할 수 있다는 사실을 명심해야 한다. 따라서 알 수 '없는' 것을 묻는 문제가 나오면 발문에 크게 ×표시를 하여 실수를 하지 않도록 유의해야 한다.

본 문제와 같은 정보확인유형을 푸는 방법으로는 두 가지가 있다.

❶ 제시문 먼저 읽기

첫 번째로는 처음부터 제시문을 꼼꼼히 읽어 선지 확인을 위해 제시문을 다시 읽는 시간을 단축하는 방법이다. 이 방법의 경우 제시문을 읽는 과정에서 선지에 나올 만한 내용을 주의 깊게 읽고, 복잡한 제시문의 내용을 어느 정도 이해한 후 선지를 읽어야 한다. 이 방법을 사용하면서 시간을 단축하고 싶다면, 문단별로 나누어 한 문단을 꼼꼼히 읽고 그 문단에 상응하는 선지부터 판단하는 방법을 응용할 수 있다. 다만, 첫 번째 방법의 경우 제시문의 내용을 잊어버리면 다시 제시문을 읽게 되어 시간이 낭비되기 때문에 매우 긴 제시문이 있는 문제에는 적합하지 않다. 또한, 문단별로 선지를 확인하는 방식은 문단 간의 정보를 결합해야 하는 선지에는 취약하다는 한계가 있다.

❷ 선지 먼저 읽기

두 번째로는 선지를 읽고 선지에서 필요한 내용을 제시문에서 꼼꼼히 찾아가는 방법이 있다. 두 번째 방법은 제시문 내에서 선지와 일치하는 내용을 찾는 단순 일치부합 문제나 제시문이 매우 긴 경우 또는 제시문의 구조가 깔끔할 때 효과적이다. 그러나 두 번째 방법은 능숙하지 않은 사람이 시험장에서 시도한다면 성공률이 낮다는 한계가 있다. 두 번째 방식을 익숙하게 하기 위해서는 다양한 제시문을 첫 번째 방법처럼 꼼꼼히 분석하는 과정이 필요하다. 다양한 제시문을 접하고 글의 구조를 이해하게 되면 두 번째 방식을 효과적으로 활용할 수 있다. 각자 본인에게 적합한 방법은 다를 수 있다. 두 방법을 모두 시도해보고, 자신에게 맞는 방법을 찾아 풀면 된다.

제시문을 먼저 읽는 풀이의 경우

(1) 제시문 읽기

본 문제를 정보확인문제를 푸는 첫 번째 방법으로 해결해보겠다. 즉, 제시문의 구조와 선지에 나올 만한 내용을 파악하며 제시문을 빠르게 읽겠다. 먼저 1문단에서는 제재인 A효과와 B효과에 대해 소개하고 있다. 1문단 (3) 문장과 같이 '~인 때만'처럼 강조의 표현이 나온다면 반드시 그 부분에 표시하며 읽어야 한다.

2문단에는 'A효과-B효과'와 '최초진입기업-후발진입기업'이라는 대립 대상이 등장하고 각각의 차이점을 위주로 서술하고 있다. 이처럼 대립하는 두 대상이 제시될 때에는 대상 간 공통점과 차이점에 유의하여 읽는다. 특히 차이점이 강조되는 경우, 대립하는 각 대상을 △, ▽와 같은 기호로 표시하며 읽자. 대립하는 두 대상의 공통점 및 차이점은 선지로 자주 구성되므로 미리 잘 파악하고 읽는다. 또한, 같거나 비슷한 범주의 있는 말은 묶어 인식하며 읽자. 예를 들어 A효과는 최초진입기업과, B효과는 후발진입기업과 관련된 효과이므로 이들을 묶어서 인식하도록 하자. 제시문에서 같거나 비슷한 범주의 내용을 엮어내어 문제로 잘 출제하기 때문이다.

3문단에서는 규모의 경제 외에 최초진입기업이 누릴 수 있는 강점을 소개하고 있다. 총 세 가지의 강점이 소개되고 있는데, 강점마다 번호를 표시하여 내용을 구분하는 것이 좋다. 예컨대 3문단 (2) 문장, (4) 문장, (5) 문장 위에 작게 ①, ②, ③의 숫자를 써둔다.

(2) 선지 판단

제시문을 읽으며 글의 구조와 선지에 나올만한 내용들에 표시를 해두었다면, 이제 선지 판단을 위해 필요한 내용을 제시문에서 찾으며 정답을 찾아가면 된다.

①번 선지와 ③번 선지는 최초진입기업이 후발진입기업에 비해 갖는 강점에 대한 내용이므로, 3문단을 읽어 정오를 판단할 수 있다. ②번 선지와 ④번 선지는 후발진입기업과 최초진입기업의 특징을 비교하고 있으므로 2문단을 읽어 옳은 선지임을 판단할 수 있다. 마지막으로 ⑤번 선지는 1문단을 읽으며 '~일 때만'이라는 강조의 표현이 있어 주의 깊게 읽은 1문단 (3) 문장에 근거가 있다. 따라서 빠르게 옳은 선지임을 판단할 수 있다.

선지를 먼저 읽는 풀이의 경우

(1) 선지 읽기

선지의 키워드를 확인하며 읽는다.

① 최초진입기업 〉 후발진입기업, 마케팅 비용
② 후발진입기업-모방비용 〈 최초진입기업-신제품 개발비용
③ 최초진입기업 〉 후발진입기업, 인지도, A효과
④ 최초진입기업, 후발진입기업, 성공하려면
⑤ 최초진입기업, 후발진입기업, 낮은 개발 비용, B효과

최초진입기업과 후발진입기업 간 비용의 비교 및 상호 관계에 대한 A효과, B효과가 무엇인지 파악하며 읽어야 함을 알 수 있다.

(2) 제시문 독해 및 선지 판단

1문단은 A효과와 B효과의 개념을 설명한다. 인지도는 유무형의 이익이라고 볼 수 있으므로 ③은 옳을 것이다. 문장 (3)

에서 ⑤도 옳음을 알 수 있다.

2문단은 최초진입기업과 후발진입기업 각각의 강점 및 성공 조건을 설명한다. 모방 비용, 신제품 개발 비용, 성공 등의 키워드를 찾을 수 있다. 문장 (4)에 따라 ②는 옳다. 문장 (6)에 따라 ④도 옳다. 정답은 ①일 것이다.

3문단에 최초진입기업의 마케팅 비용에 대한 내용은 등장하지 않는다. 정답은 ①이다.

합격자의 시간단축 Tip

Tip ❶ 선지에 나올 만한 내용에 주목

제시문을 읽는 실력이 향상된다면, 제시문의 내용을 단지 수용하는 단계에서나아가 선지에 나올 만한 내용을 적극적으로 모색하는 단계로 나아갈 수 있다. 주로 선지에서 자주 나오는 내용으로는, 두 대상의 공통점과 차이점, 인과 관계, 두 대상의 성능 및 효과 비교, 접속어로 시작하는 문장의 주요 내용, '반드시', '필수적'과 같은 표현으로 강조되는 내용 등이 있다. 다양한 정보확인 문제를 통해 선지에서 주로 묻는 내용이 무엇인지 정리한 뒤, 제시문에서 선지에 나올만한 내용을 미리 파악하며 읽는 습관을 들이자.

Tip ❷ 내용-개념(대상) 간 차이점, 공통점을 위주로 서술되는 경우

글 전반이 어떤 내용 간 차이점이나 공통점 위주로 서술되는 경우 이들이 선지로 자주 출제되는 요소일 수밖에 없으므로 꼭 이를 잘 체크하며 읽자. 이때 두 대상을 구분하기 위해 △과 ▽, 또는 ○과 □ 같은 시각적인 기호를 쓰면 더욱 좋다. 이 문제의 경우 '최초진입기업'과 '후발진입기업'이 비교 대상이지만 글 전반에 거쳐 빈번하게 등장하므로 기호로 표시하기에는 적합하지 않다. 제시문이 복잡해져 오히려 헷갈릴 수 있기 때문이다. 따라서 비교의 기준이 되는 각종 비용들에 표시를 해두면 찾아가기가 쉬울 것이다.

Tip ❸ 같거나 비슷한 말을 연결하여 인식한다.

같거나 비슷한 계열의 말은 미리 묶어서 인식하도록 하자. 비슷한 계열의 말은 자주 연결되어 선지로 구성되기 때문에 빠른 판단이 가능하다. 이 문제에서는 '모방 비용'과 '신제품 개발 비용'을 예로 들 수 있다.

Tip ❹ 제시문으로 돌아갈 시 구분성이 뚜렷한 키워드 사용

제시문으로 돌아가서 판단할 때에도 구분성이 뚜렷한 키워드를 중심으로 돌아가도록 한다. 구분성이란 글 전반적인 부분이 아니라 비교적 특정한 부분에서 언급되는 것을 말한다. 예를 들어 '최초진입기업은 후발진입기업에 비해 매년 더 많은 마케팅 비용을 사용한다.'와 같은 선지를 판단해야 한다면 글 전반에 있는 '후발진입기업'보다는 '마케팅'이라는 키워드를 중심으로 돌아가는 것이 더 좋다.

Tip ❺ 정답이 ①번일 경우 대비하기

①번이 답이 되는 문제의 경우 ①번을 답으로 찍고 넘어갈 수 있는 것이 가장 중요하다. 따라서 ①번이 답임이 스스로 확신이 들면 다른 선지를 볼 필요 없이 바로 다음 문제로 넘어갈 수 있도록 하는 경험을 여러 번 해보아야 한다. 다만 실수를 방지하기 위해 추가로 한 번의 체크는 하는 것이 좋다. 만약 불안하다면 문제를 표시해두었다가 모든 문제를 풀고도 시간이 남는다면 다시 돌아와 나머지 선지가 오답임을 확인해보면 된다.

017 정답 ④

난이도 ●●●

문제유형 비판적 사고 > 지문에서 추론하기

접근전략 '다음 글에서 추론할 수 있는 것'을 묻는 문제는 '다음 글에서 알 수 있는 것'을 묻는 문제와 다르지 않다. 오답 선지 구성 원리는 제시문과 상충하는 내용이나 추론 근거가 없는 내용으로 구성한다. 그러므로 추론 근거가 없는 선지에 붙잡히지 말고 과감하게 다음 선지로 넘어가자.

다음 글에서 추론할 수 있는 것은?

(1) 종자와 농약을 생산하는 대기업들은 자신들이 유전자 기술로 조작한 종자가 농약을 현저히 적게 사용해도 되기 때문에 농부들이 더 많은 이윤을 낼 수 있다고 주장하였다. (2) 그러나 미국에서 유전자 변형 작물을 재배한 16년(1996년 ~ 2011년) 동안의 농약 사용량을 살펴보면, 이 주장은 사실이 아님을 알 수 있다. ▶ 1문단

(1) 유전자 변형 작물은 해충에 훨씬 더 잘 견디는 장점이 있다. (2) 유전자 변형 작물이 해충을 막기 위해 자체적으로 독소를 만들어내기 때문이다. (3) 독소를 함유한 유전자 변형 작물을 재배함으로써 일반 작물 재배와 비교하여 16년 동안 살충제 소비를 약 56,000톤 줄일 수 있었다. (4) 그런데 제초제의 경우는 달랐다. (5) 처음 4 ~ 5년 동안에는 제초제의 사용이 감소하였다. (6) 그렇지만 전체 재배 기간을 고려하면 일반 작물 재배와 비교할 때 약 239,000톤이 더 소비되었다. (7) 늘어난 제초제의 양에서 줄어든 살충제의 양을 빼면 일반 작물 재배와 비교하여 농약 사용이 재배 기간 16년 동안 183,000톤 증가했다. ▶ 2문단

(1) M사의 제초제인 글리포세이트에 내성을 가진 유전자 변형 작물을 재배하기 시작한 농부들은 그 제초제를 매년 반복해서 사용했다. (2) 이로 인해 그 지역에서는 글리포세이트에 대해 내성을 가진 잡초가 생겨났다. (3) 이와 같이 제초제에 내성을 가진 잡초를 슈퍼잡초라고 부른다. (4) 유전자 변형 작물을 재배하는 농지는 대부분 이러한 슈퍼잡초로 인해 어려움을 겪게 되었다. (5) 슈퍼잡초를 제거하기 위해서는 제초제를 더 자주 사용하거나 여러 제초제를 섞어서 사용하거나 아니면 새로 개발된 제초제를 사용해야 한다. (6) 이로 인해 농부들은 더 많은 비용을 지불할 수밖에 없었다. ▶ 3문단

① 유전자 변형 작물을 재배하는 지역에서는 모든 종류의 농약 사용이 증가했다.

→ (×) 독소를 함유한 유전자 변형 작물을 재배함으로써 살충제 소비는 줄었지만[2문단(3)], 제초제의 소비량은 더 늘었다.[2문단(6)] 늘어난 제초제의 양에서 줄어든 살충제의 양을 빼면 농약 사용의 증감 정도를 알 수 있다고 했으므로[2문단(7)] 제초제와 살충제가 농약의 종류임을 추론할 수 있다. 따라서 살충제 소비는 줄었지만, 제초제의 소비량이 늘었으므로 모든 종류의 농약 사용이 증가했다는 설명은 옳지 않다.

② 유전자 변형 작물을 도입한 해부터 그 작물을 재배하는 지역에 슈퍼잡초가 나타났다.

→ (×) 유전자 변형 작물을 재배하는 과정에서 제초제를 반복해서 사용한 결과, 그 지역에는 제초제에 내성을 가진 잡초인 슈퍼잡초가 생겨났다. 또한, 처음 4~5년 동안 제초제 사용이 감소했으나 전체적으로는 그렇지 않았다는 점을 보아[2문단(4),(5)] 적어도 도입한 해부터라고는 할 수 없다.

③ 유전자 변형 작물을 도입한 후 일반 작물 재배의 경우에도 살충제의 사용이 증가했다.

➜ (×) 해당 제시문에는 일반 작물 재배 시 살충제의 사용 증감에 대한 설명은 제시되어 있지 않으므로 해당 선지의 내용은 알 수 없다.

④ 유전자 변형 작물 재배로 슈퍼잡초가 발생한 지역에서는 작물 생산 비용이 증가했다.

➜ (O) 유전자 변형 작물을 재배하는 농지는 슈퍼잡초로 인해 어려움을 겪게 되었다.[3문단(4)] 슈퍼잡초를 제거하기 위해서는 제초제를 더 자주 사용하거나 여러 제초제를 섞어서 사용하거나 아니면 새로 개발된 제초제를 사용해야 함으로써 농부들은 더 많은 비용을 지불할 수밖에 없었다.[3문단(5),(6)] 이를 통해 작물 생산 비용이 증가했음을 추론할 수 있다.

⑤ 유전자 변형 작물을 재배하는 지역과 일반 작물을 재배하는 지역에서 슈퍼잡초의 발생 정도가 비슷했다.

➜ (×) 제초제에 내성을 가진 유전자 변형 작물을 재배하면서 슈퍼잡초가 생겨났다.[3문단(2),(3)] 그러나 일반 작물을 재배하는 지역에서 슈퍼잡초의 발생 여부에 대해서는 언급하지 않으므로 발생 정도가 비슷하다는 추론은 할 수 없다.

제시문 분석

1문단 대기업의 잘못된 주장

〈대기업의 잘못된 주장〉
종자와 농약을 생산하는 대기업들은 유전자 기술로 조작한 농자가 농약을 현저히 적게 사용해도 되기 때문에 농부들이 더 많은 이윤을 낼 수 있다고 주장했지만, 사실이 아니다.(1),(2)

2문단 살충제 사용 감소와 제초제 사용 증가

〈유전자 변형 작물의 장점〉		〈살충제 소비 감소 효과〉
유전자 변형 작물이 해충을 막기 위해 자체적으로 독소를 만들어내기 냄으로써, 유전자 변형 작물은 해충에 훨씬 더 잘 견디는 장점이 있다.(1),(2)	➜	일반 작물 재배와 비교하여 16년 동안 살충제 소비를 약 56,000톤 줄일 수 있었다.(3)

〈살충제 사용 감소와는 대비되는 제초제 사용 증가〉
제초제 사용 이후 몇 년간은 제초제의 사용이 감소하였지만, 전체 재배 기간을 고려하면 일반 작물 재배와 비교할 때 약 239,000톤이 더 소비되었으며 전체 농약 사용이 더 증가했다.(4),(5),(6),(7)

3문단 슈퍼잡초의 등장과 그로 인한 문제점

〈슈퍼잡초의 개념과 생성 배경〉
제초제에 내성을 가진 유전자 변형 작물을 재배하기 시작한 농부들은 그 제초제를 매년 반복해서 사용했으며 이 지역에서는 제초제에 내성을 가진 잡초가 생겨났다. 이와 같이 제초제에 내성을 가진 잡초를 슈퍼잡초라고 부른다.(1),(2),(3)

➜	〈문제점〉	슈퍼잡초를 제거하기 위해서는 제초제를 더 자주 사용하거나 여러 제초제를 섞어서 사용하거나 새로 개발된 제초제를 사용해야 하므로, 농부들은 더 많은 비용을 지불할 수밖에 없었다.(5),(6)

합격자의 시간단축 Tip

⓿ 발문 읽기 및 문제 유형 파악

항상 발문을 먼저 제대로 읽자. 본 문제는 추론할 수 있는 것을 고르는 내용추론 유형의 문제이다. 추론할 수 있는 것을 고르는 문제는 알 수 있는 것을 고르는 문제와 같다. 해당 유형은 제시문 내용과 부합하거나 그로부터 추론 가능한 선지가 정답이 되며, 제시문 내용과 상충하거나 그로부터 추론할 수 없는 선지가 오답이 된다. 또한, 추론할 수 있는 것은 제시문 내용과 같은 방향의 선지를 고르는 문제이니 발문에 O표시를 해두고 풀면 추론할 수 없는 것을 고르는 실수를 크게 줄일 수 있다. 본 문제와 같은 정보확인유형을 푸는 방법으로는 두 가지가 있다.

❶ 제시문 먼저 읽기

첫 번째로는 처음부터 제시문을 꼼꼼히 읽어 선지 확인을 위해 제시문을 다시 읽는 시간을 단축하는 방법이다. 이 방법의 경우 제시문을 읽는 과정에서 선지에 나올 만한 내용을 주의 깊게 읽고, 복잡한 제시문의 내용을 어느 정도 이해한 후 선지를 읽어야 한다. 이 방법을 사용하면서 시간을 단축하고 싶다면, 문단별로 나누어 한 문단을 꼼꼼히 읽고 그 문단에 상응하는 선지부터 판단하는 방법을 응용할 수 있다. 다만, 첫 번째 방법의 경우 제시문의 내용을 잊어버리면 다시 제시문을 읽게 되어 시간이 낭비되기 때문에 매우 긴 제시문이 있는 문제에는 적합하지 않다. 또한, 문단별로 선지를 확인하는 방식은 문단 간의 정보를 결합해야 하는 선지에는 취약하다는 한계가 있다.

❷ 선지 먼저 읽기

두 번째로는 선지를 읽고 선지에서 필요한 내용을 제시문에서 꼼꼼히 찾아가는 방법이 있다. 두 번째 방법은 제시문 내에서 선지와 일치하는 내용을 찾는 단순 일치부합 문제나 제시문이 매우 긴 경우 또는 제시문의 구조가 깔끔할 때 효과적이다. 그러나 두 번째 방법은 능숙하지 않은 사람이 시험장에서 시도한다면 성공률이 낮다는 한계가 있다. 두 번째 방식을 익숙하게 하기 위해서는 다양한 제시문을 첫 번째 방법처럼 꼼꼼히 분석하는 과정이 필요하다. 다양한 제시문을 접하고 글의 구조를 이해하게 되면 두 번째 방식을 효과적으로 활용할 수 있다. 각자 본인에게 적합한 방법은 다를 수 있다. 두 방법을 모두 시도해보고, 자신에게 맞는 방법을 찾아 풀면 된다.

제시문을 먼저 읽는 풀이의 경우

(1) 제시문 독해

본 문제의 제시문은 추론할 수 있는 것을 묻고 있어 선지 중 4개가 추론할 수 없는 내용을 포함한다. 추론할 수 없는 것은 제시문과 무관한 것도 포함하므로 선지를 먼저 읽는 것이 비효율적일 수 있다. 또한, 구조가 복잡하지 않고, 내용도 그리 어렵지 않으므로 정보확인유형을 푸는 두 가지 방법 중 첫 번째 방식으로 푸는 것이 좋다.

먼저 1문단에는 1문단 (2) 문장에서 본 제시문의 주제문이 제시되어 있다. 이처럼 글의 전환을 의미하는 접속어 '그러나' 뒤에 중요한 문장이 나온다는 사실에 유의하며 제시문을 읽을 필요가 있다. 또한, 여기에서 비문학에서 자주 나오는 구조인 '주장-글쓴이의 반박'의 구조를 확인할 수 있다.

다음으로 2문단과 3문단은 '시간의 흐름에 따른 변화'의 구조로 되어있다. 특히 2문단에서는 '일반 재배 작물'에 비교해 '유전자 재배 작물'이 어떤 특성을 가졌는지 주목해야 한다. 2문단 (4) 문장을 전후로 '일반 재배 작물'과 '유전자 재배 작물'의 비교 기준이 살충제에서 제초제로 변화하므로 해당 문장의 앞에 빗금을 그어 내용을 구분할 필요가 있다. 3문단은 제초제를 반복하여 사용한 결과로 등장한 슈퍼잡초에 관한 내용인데, 그 내용이 어렵지 않아 이해하기 쉽다.

(2) 선지 판단

제시문의 내용이 어렵지 않았으므로, 선지의 판단 역시 복잡하지 않았다. ①번과 ②번 선지는 각각 '모든 종류의', '도입한 해부터'라는 일부분의 내용이 틀려 오선지에 해당한다. ③번과 ⑤번 선지는 제시문에서 알 수 없는 선지에 해당하였다. ④번 선지는 3문단의 내용으로부터 추론할 수 있으므로 옳은 선지이다.

선지를 먼저 읽는 풀이의 경우

(1) 선지 읽기

선지의 키워드를 확인하며 읽는다.

① 유전자 변형 작물, 모든 종류, 농약 사용 증가

② 유전자 변형 작물, 도입한 해, 슈퍼잡초

③ 유전자 변형 작물, 도입한 후, 일반 작물, 살충제 사용 증가

④ 유전자 변형 작물, 슈퍼잡초, 작물 생산 비용 증가

⑤ 유전자 변형 작물, 일반 작물, 슈퍼잡초 발생 정도 비슷

유전자 변형 작물과 그에 따른 농약 및 살충제 사용량, 슈퍼잡초 발생 정도, 그리고 일반 작물 재배의 경우와 비교하여 어떠한지를 파악하며 읽어야 할 것이다.

(2) 제시문 독해 및 선지 판단

선지에서 찾은 키워드를 발견하면 그에 표시하며 독해한다.

[1문단] 유전자 변형 작물에 대한 통념을 제시하고, 그에 반하는 내용으로 글이 전개될 것임을 보여준다.

[2문단] 유전자 변형 작물에 대한 '살충제' 소비는 감소한 반면, '제초제' 소비는 재배 초기에만 감소하고 전체적으로는 증가했다고 설명한다. 문장 (3)을 봤을 때 농약의 일종인 '살충제' 사용은 증가했다고 볼 수 없으므로 ①은 옳지 않다. 문장 (7)을 보면 제초제와 살충제를 통칭하여 '농약'이라고 함을 알 수 있다. 농약 사용량은 일반 작물보다 유전자 변형 작물이 더 많다. 일반 작물의 경우 살충제 사용이 증가했는지는 알 수 없으므로 ③은 옳지 않을 것이다. 다만 이하 관련 내용이 제시될 수 있으므로 바로 소거하지는 않는다. 참고로 선지에 구체적인 수치를 묻고 있지는 않으므로 몇 톤이 증감했는지까지 읽을 필요는 없다.

[3문단] 제초제에 내성을 가진 '슈퍼잡초'에 대해 설명한다. 슈퍼잡초를 제거하기 위해 제초제를 더 사용해야 하므로 결국 농부들이 더 많은 '비용'을 지불하게 되었다고 설명한다. 정답은 ④이다.

실전에서는 정답을 도출하고 넘어가면 된다. 오답의 근거를 찾아보자면, 일반 작물의 살충제 사용 관련 내용은 등장하지 않으므로 ③은 옳지 않다. 슈퍼잡초를 설명하는 3문단에서는 일반 작물에 관한 내용은 등장하지 않았으므로 ⑤는 무관하며, 3문단에서 시기를 짐작할 수 있는 문장은 (1), (2) 정도이나 ②를 옳다고 판단할 근거는 없다.

합격자의 시간단축 Tip

Tip ❶ 제시문에 자주 나오는 구조 파악

비문학에서 자주 나오는 구조에 주목하자. 특정 구조에는 자주 나오는 부분이 있다. 해당 제시문에는 '주장－글쓴이의 반박'과 '시간의 흐름에 따른 변화'의 구조로 되어있다. '주장－반박'의 구조에서는 주장과 반박을 뒤바꿔 자주 오답을 구성하고 '시간의 흐름에 따른 변화'에서는 시간이 지나며 생기는 차이점과 변화를 자주 묻는다. 선지로 나올만한 부분은 미리 파악하여 선지 판단 시간을 줄일 수 있다.

Tip ❷ 대비되는 대상의 공통점과 차이점을 파악

서로 다른 두 대상 간 공통점과 차이점을 미리 잘 파악하며 읽자. 해당 지문에서는 '일반 재배 작물'과 '유전자 재배 작물'과 같은 서로 다른 두 대상이 등장한다. 공통점과 차이점을 미리 파악하여 선지 판단 시간을 줄이자. 또한, 농약의 일종으로 '살충제'와 '제초제'가 제시되고, 증가 방향도 각기 달리 제시되므로, 주목해서 읽을 필요가 있다.

Tip ❸ 근거 없는 선지에 대한 대비

'다음 글에서 알 수 있는 것은?'처럼 제시문으로부터 추론하는 문제의 오답 선지는 글과 상충하는 내용뿐만 아니라 '근거 없음' 또한 존재한다. 따라서, 없는 근거를 찾느라 시간을 낭비하기보다 '근거 없음'의 오답 선지도 있음을 인지하고 근거가 분명한 다른 선지로 과감하게 넘어가자.

Tip ❹ '모든'과 같은 표현에 주의

이 문제의 선지 ①번의 '모든'과 같은 표현은 큰 힌트가 된다. 주로 나오는 표현으로는 '모든', '항상', '일관된' 등이 있다. 하나라도 예외가 있으면 옳지 않은 선지가 되므로 소거가 쉽다. 다만 정답인 경우도 있으므로 이러한 표현이 나오는 경우 주의 깊게 살펴보도록 하자.

Tip ❺ 과잉추론을 하지 않도록 주의

선지 ④번을 판단함에 있어 제초제 관련 비용이 증가한 것을 생산 비용이 증가한 것으로 볼 수 있는지에 대한 의문이 생기는 수험생이 있을 수 있다. 물론 제초제 관련 비용이 증가했다 해도 다른 비용이 줄어들면 총생산 비용은 줄어들 수도 있다. 하지만 이는 PSAT에서 요구하는 추론의 범위를 넘어선다. 문제에 제시된 내용만으로 추론하는 연습이 필요하다.

018 정답 ⑤

난이도 ●○○

문제유형 사실적 이해 > 정보 확인

접근전략 글과 부합하지 않는 선지를 고르는 문제는 본문 내용과 상충하거나 본문으로부터 알 수 없는(즉, 추론할 근거가 없는) 선지가 정답이 된다. 제시문은 서로 다른 두 대상의 차이점을 위주로 서술되어 있으니 이들 간 공통점 및 차이점에 유의하며 읽도록 하자.

다음 글의 내용과 부합하지 않는 것은?

(1) 기원전 3천 년쯤 처음 나타난 원시 수메르어 문자 체계는 두 종류의 기호를 사용했다. (2) 한 종류는 숫자를 나타냈고, 1, 10, 60 등에 해당하는 기호가 있었다. (3) 다른 종류의 기호는 사람, 동물, 사유물, 토지 등을 나타냈다. (4) 두 종류의 기호를 사용하여 수메르인들은 많은 정보를 보존할 수 있었다. ▶ 1문단

(1) 이 시기의 수메르어 기록은 사물과 숫자에 한정되었다. (2) 쓰기는 시간과 노고를 요구하는 일이었고, 기호를 읽고 쓸 줄 아는 사람은 얼마 되지 않았다. (3) 이런 고비용의 기호를 장부 기록 이외의 일에 활용할 이유가 없었다. (4) 현존하는 원시 수메르어 문서 가운데 예외는 하나뿐이고, 그 내용은 기록하는 일을 맡게 된 견습생이 교육을 받으면서 반복해서 썼던 단어들이다. (5) 지루해진 견습생이 자기 마음을 표현하는 시를 적고 싶었더라도 그는 그렇게 할 수 없었다. (6) 원시 수메르어 문자 체계는 완전한 문자 체계가 아니었기 때문이다. (7) 완전한 문자 체계란

구어의 범위를 포괄하는 기호 체계, 즉 시를 포함하여 사람들이 말하는 것은 무엇이든 표현할 수 있는 체계이다. (8) 반면에 불완전한 문자 체계는 인간 행동의 제한된 영역에 속하는 특정한 종류의 정보만 표현할 수 있는 기호 체계다. (9) 라틴어, 고대 이집트 상형문자, 브라유 점자는 완전한 문자 체계이다. 이것들로는 상거래를 기록하고, 상법을 명문화하고, 역사책을 쓰고, 연애시를 쓸 수 있다. (10) 이와 달리 원시 수메르어 문자 체계는 수학의 언어나 음악 기호처럼 불완전했다. (11) 그러나 수메르인들은 불편함을 느끼지 않았다. 그들이 문자를 만들어 쓴 이유는 구어를 고스란히 베끼기 위해서가 아니라 거래 기록의 보존처럼 구어로는 하지 못할 일을 하기 위해서였기 때문이다. ▶2문단

① 원시 수메르어 문자 체계는 구어를 보완하는 도구였다.
→ (○) 수메르인들이 문자를 만들어 쓴 이유는 구어로는 하지 못할 일을 하기 위해서였다.[2문단(11)] 이를 통해 원시 수메르어 문자 체계는 구어를 보완하는 도구였음을 알 수 있다.

② 원시 수메르어 문자 체계는 감정을 표현하는 일에 적합하지 않았다.
→ (○) 원시 수메르어를 사용하는 견습생이 자기 마음을 표현하는 시를 적고 싶었더라도 원시 수메르어 문자 체계는 완전한 문자 체계가 아니었기 때문에 그렇게 할 수 없었다.[2문단(5),(6)] 이를 통해 원시 수메르어 문자 체계는 감정을 표현하는 일에 적합하지 않았다는 것을 알 수 있다.

③ 원시 수메르어 문자를 당시 모든 구성원이 사용할 줄 아는 것은 아니었다.
→ (○) 원시 수메르어 기호를 읽고 쓸 줄 아는 사람은 얼마 되지 않았다.[2문단(2)]는 내용을 통해, 원시 수메르어 문자를 당시 모든 구성원이 사용할 줄 아는 것은 아니었음을 알 수 있다.

④ 원시 수메르어 문자는 사물과 숫자를 나타내는 데 상이한 종류의 기호를 사용하였다.
→ (○) 원시 수메르어 문자 체계는 두 종류의 기호를 사용했는데[1문단(1)], 한 종류는 숫자를 나타내고[1문단(2)] 다른 종류는 사람, 동물, 사유물, 토지 등을 나타내었다.[1문단(3)] 이를 통해 원시 수메르어 문자는 사물과 숫자를 나타내는 데 상이한 종류의 기호를 사용했음을 알 수 있다.

⑤ 원시 수메르어 문자와 마찬가지로 고대 이집트 상형문자는 구어의 범위를 포괄하지 못했다.
→ (×) 구어의 범위를 포괄하는 기호 체계는 완전한 문자 체계이다.[2문단(7)] 원시 수메르어 문자는 완전한 문자 체계가 아니었기 때문에 구어의 범위를 포괄하지 못했다.[2문단(6)] 그러나 고대 이집트 상형문자는 완전한 문자 체계에 해당하므로[2문단(9)], 원시 수메르어 문자와는 달리 구어의 범위를 포괄했음을 알 수 있다.

제시문 분석

1·2문단 원시 수메르어 문자 체계

〈원시 수메르어 문자 체계〉	
기원전 3천 년쯤 처음 나타난 원시 수메르어 문자 체계는 두 종류의 기호를 사용했다. 이를 통해 수메르인들은 많은 정보를 보존할 수 있었다.[1문단(1),(4)]	
〈숫자〉	〈사람, 동물, 사유물, 토지〉
한 종류는 숫자를 나타냈고, 10, 10, 60 등에 해당하는 기호가 있었다.[1문단(2)]	다른 종류의 기호는 사람, 동물, 사유물, 토지 등을 나타냈다.[1문단(3)]

→

〈한계〉	이 시기의 수메르어 기록은 사물과 숫자에 한정되었다.[2문단(1)]
	쓰기는 시간과 노고를 요구하는 일이었고, 기호를 쓸 줄 아는 사람은 얼마 되지 않았다.[2문단(2)]

2문단 완전한 문자 체계와 불완전한 문자 체계

〈완전한 문자 체계〉	〈불완전한 문자 체계〉
구어의 범위를 포괄하는 기호 체계, 즉 시를 포함하여 사람들이 말하는 것은 무엇이든 표현할 수 있는 체계.(7)	인간 행동의 제한된 영역에 속하는 특정한 정보만 표현할 수 있는 기호 체계.(8)
〈예시〉	〈예시〉
라틴어, 고대 이집트 상형문자, 브라유 점자는 완전한 문자 체계이다. 이것들로는 상거래를 기록하고, 상법을 명문화하고, 역사책을 쓰고, 연애시를 쓸 수 있다.(9)	원시 수메르어 문자 체계는 수학의 언어나 음악 기호처럼 불완전했다.(10)

→

〈원시 수메르어 문자의 사용 목적〉	그들이 문자를 만들어 쓴 이유는 구어로는 하지 못할 일을 하기 위해서였기 때문에, 불편함을 느끼지 않았다.(11)

합격자의 실전 풀이 순서

⓪ 발문 제대로 읽기 및 문제 유형 파악

항상 발문을 먼저 제대로 읽자. 글의 내용과 부합하지 않는 것을 고르는 일치부합·내용추론 문제이다. 본문 내용과 상충하거나 그로부터 추론할 수 없는 선지가 정답이 된다. 오답이 되는 선지는 보통 본문 내용과 일치하거나 그로부터 추론할 수 있는 선지이다. 또한, 부합하지 않는 내용을 고르는 것은 제시문과 반대의 내용의 선지를 고르라는 것이기 때문에 발문에 ×표시를 의식적으로 치고 문제를 풀면, 부합하는 것을 고르는 실수를 방지할 수 있다.

본 문제와 같은 정보확인유형을 푸는 방법으로는 두 가지가 있다.

❶ 제시문 먼저 읽기

첫 번째로는 처음부터 제시문을 꼼꼼히 읽어 선지 확인을 위해 제시문을 다시 읽는 시간을 단축하는 방법이다. 이 방법의 경우 제시문을 읽는 과정에서 선지에 나올 만한 내용을 주의 깊게 읽고, 복잡한 제시문의 내용을 어느 정도 이해한 후 선지를 읽어야 한다. 이 방법을 사용하면서 시간을 단축하고 싶다면, 문단별로 나누어 한 문단을 꼼꼼히 읽고 그 문단에 상응하는 선지부터 판단하는 방법을 응용할 수 있다. 다만, 첫 번째 방법의 경우 제시문의 내용을 잊어버리면 다시 제시문을 읽게 되어 시간이 낭비되기 때문에 매우 긴 제시문이 있는 문제에는 적합하지 않다. 또한, 문단별로 선지를 확인하는 방식은 문단 간의 정보를 결합해야 하는 선지에는 취약하다는 한계가 있다.

❷ 선지 먼저 읽기

두 번째로는 선지를 읽고 선지에서 필요한 내용을 제시문에서 꼼꼼히 찾아가는 방법이 있다. 두 번째 방법은 제시문 내에서 선지와 일치하는 내용을 찾는 단순 일치부합 문제나 제시문이 매우 긴 경우 또는 제시문의 구조가 깔끔할 때 효과적이다. 그러나 두 번째 방법은 능숙하지 않은 사람이 시험장에서 시도한다면 성공률이 낮다는 한계가 있다. 두 번째 방식을 익숙하게 하기 위해서는 다양한 제시문을 첫 번째 방법처럼 꼼꼼

히 분석하는 과정이 필요하다. 다양한 제시문을 접하고 글의 구조를 이해하게 되면 두 번째 방식을 효과적으로 활용할 수 있다. 각자 본인에게 적합한 방법은 다를 수 있다. 두 방법을 모두 시도해보고, 자신에게 맞는 방법을 찾아 풀면 된다.

제시문을 먼저 읽는 풀이의 경우

(1) 제시문 독해

본 문제의 제시문은 구조가 복잡하지 않고 내용이 어렵지 않기 때문에 앞서 언급한 두 가지 방법 중 첫 번째 방법을 활용하는 것이 좋다. 1문단에는 수메르어 문자 체계의 두 종류의 기호를 소개하고 있다. 이렇게 분류를 나누는 내용은 선지에 자주 나올 수 있으므로 주의 깊게 읽는다.

2문단에는 수메르어 문자를 기록하였던 주된 인물이 누구였는지 설명하고, 완전한 문자 체계인 라틴어, 고대 이집트 상형문자, 브라유 점자와 불완전한 문자인 수메르어 문자 체계를 비교하고 있다. 이처럼 구별되는 두 대상과 내용은 문제로 자주 출제되니 그 공통점과 차이점을 잘 체크하며 읽자.

(2) 선지 판단

①번과 ②번 선지는 완전한 문자 체계와 불완전한 문자 체계를 비교하는 과정에서 언급된 내용이다. ③번 선지는 수메르어를 기록하는 특정 계층에 관한 내용이었고, ④번 선지는 1문단의 기호의 두 종류를 설명하고 있다. 이처럼 선지에 자주 나오는 내용이 무엇인지 파악해둔다면 다른 정보확인유형을 풀 때도 선지에 나올 내용을 예측하며 제시문을 읽을 수 있다.

선지 판단을 할 때는 제시문에 돌아가지 않은 편이 좋지만 돌아가야 한다면 구분성이 뚜렷한 키워드를 중심으로 돌아간다. 예를 들어 '원시 수메르어 문자 체계는 구어를 보완하는 도구였다.'와 같은 선지는 제시문 전반에 걸쳐 있는 '수메르어'라는 키워드보다 '구어'라는 키워드를 중심으로 돌아가 근거를 찾는 것이 더 빠를 것이다.

선지를 먼저 읽는 풀이의 경우

(1) 선지 읽기

선지의 키워드를 확인하며 읽는다.

① 원시 수메르어, 구어 보완
② 감정
③ 모든 구성원
④ 사물과 숫자, 상이한 종류 기호
⑤ 고대 이집트 상형문자, 구어의 범위

공통 키워드는 원시 수메르어이며, 그 기능과 활용에 대한 내용이 제시될 것으로 보인다. 또한, 고대 이집트 상형문자와의 비교에도 주목하며 읽을 필요가 있을 것이다.

(2) 제시문 독해 및 선지 판단

선지에서 찾은 키워드를 발견하면 그에 표시하며 독해한다.

1문단에 '사물'과 '숫자'가 등장한다. 각각 다른 종류의 기호를 사용한다고 하였으므로 ④는 옳다.

2문단 문장 (2)에서 ③이 옳음을 알 수 있다. (5)까지 읽으면 수메르어가 감정 표현에 쓰일 수 없음을 알 수 있다. ②도 옳다.

문장 (7)에 '구어의 범위' (9)에 '고대 이집트 상형문자'가 등장한다. 원시 수메르어와 달리 고대 이집트 상형문자는 '완전한 문자체계'이므로 구어의 범위를 포괄한다. ⑤는 옳지 않다. 정답은 ⑤이다.

마지막 문장에 ①의 근거가 등장한다. ①도 옳다.

합격자의 시간단축 Tip

Tip ❶ 선지에 나올 만한 내용에 주목

제시문을 읽는 실력이 향상된다면, 제시문의 내용을 단지 수용하는 단계에서 나아가 선지에 나올 만한 내용을 적극적으로 모색하는 단계로 나아갈 수 있다. 본 문제에서 파악할 수 있는 선지에서 자주 나오는 내용으로는, 수메르어와 대비되는 고대 이집트 상형문자 등 두 대상의 공통점과 차이점, 인과 관계, 두 대상의 성능 및 효과 비교, 접속어로 시작하는 문장의 주요 내용이 있다. 다양한 정보확인문제를 통해 선지에서 주로 묻는 내용이 무엇인지 정리한 뒤, 제시문에서 선지에 나올만한 내용을 미리 파악하며 읽는 습관을 들이자.

Tip ❷ 구별되는 두 대상이 나오는 경우

구별되는 두 대상이나 내용의 공통점과 차이점은 선지로 자주 구성되어 나오니 독해 시부터 잘 체크하자. 해당 제시문에서는 '숫자기호-사유물 등의 기호'와 '완전한 문자 체계-불완전한 문자 체계'같은 구별대상이 존재한다. 후자의 경우 그 예시도 중요하다. 실제로 정답인 ⑤번 선지는 문자 체계 간 차이점으로 선지를 구성했다.

Tip ❸ 구분성이 뚜렷한 키워드 찾기

선지 판단 시 제시문으로 돌아가야 할 때는 '구분성'이 뚜렷한 키워드를 중심으로 돌아가라. 이때 '구분성'이란 글 전반에 걸쳐 있는 내용이 아닌 비교적 특정 부분에 있는 키워드를 말한다.

019 정답 ❶

난이도 ●●○

문제유형 사실적 이해 > 정보 확인

접근전략 정보확인의 문제 경우 첫 문단을 읽고 글의 구조를 잘 파악하는 것이 중요하다. 특히 첫 문단에 있어서 대부분 글의 소재와 함께 앞으로의 글 전개의 방향성이 나오기 때문에 첫 문단을 정독하는 것이 중요할 것이다.

더해 역사적인 소재는 정보확인에서 자주 나오는 소재다. 다만 그 세부적인 내용과 소재가 아주 다양한데, 문제와 같이 지리적인 문제가 나오는 경우가 많다. 이 경우 많은 수험생들이 어려워하는 소재인데 공간적인 상상이 어려운 수험생의 경우 시간적 압박에 문제를 하나도 건드리지 못할 수 있다. 이 경우 만약 남쪽, 북서 등의 방향에 따른 키워드가 나온다면 그림을 그려 지문 내용을 표기하는 것도 좋은 방법이다. 다만 그림을 그리는 방법은 자칫 시간을 더 많이 사용하게 만드는 경우가 있으므로 사전에 어느 정도로 간단한 그림을 그릴지 미리 생각해 준비하는 것이 필요하다.

다음 글에서 알 수 있는 것은?

(1) 고려의 수도 개경 안에는 궁궐이 있고, 그 주변으로 가옥과 상점이 모여 시가지를 형성하고 있었다. (2) 이 궁궐과 시가지를 둘러싼 성벽을 개경 도성이라고 불렀다. (3) 개경 도성에는 여러 개의 출입문이 있었는데, 서쪽에 있는 문 가운데 가장 많은 사람이 드나든 곳은 선의문이었다. (4) 동쪽에는 숭인문이라는 문도 있었다. (5) 도성 안에는 선의문과 숭인문을 잇는 큰 도로가 있었다. (6) 이 도로는 궁궐의 출입문인 광화문으로부터 도성 남쪽 출입문 방향으로 나 있는 다른 도로와 만나는데, 두 도로의 교차점을 십자가라고 불렀다.

▶ 1문단

(1) 고려 때에는 개경의 십자가로부터 광화문까지 난 거리를 남대가라고 불렀다. (2) 남대가 양편에는 관청의 허가를 받아 영업

하는 상점인 시전들이 도로를 따라 나란히 위치해 있었다. (3) 이 거리는 비단이나 신발을 파는 시전, 과일 파는 시전 등이 밀집한 번화가였다. (4) 고려 정부는 이 거리를 관리하기 위해 남대가의 남쪽 끝 지점에 경시서라는 관청을 두었다. ▶ 2문단

(1) 개경에는 남대가에만 시전이 있는 것이 아니었다. (2) 십자가에서 숭인문 방향으로 몇백 미터를 걸어가면 그 도로 북쪽 편에 자남산이라는 조그마한 산이 있었다. (3) 이 산은 도로에서 불과 몇십 미터 떨어져 있지 않은데, 그 산과 남대가 사이의 공간에 기름만 취급하는 시전들이 따로 모인 유시 골목이 있었다. (4) 또 십자가에서 남쪽으로 이어진 길로 백여 미터만 가도 그 길에 접한 서쪽면에 돼지고기만 따로 파는 저전들이 있었다. (5) 이외에도 십자가와 선의문 사이를 잇는 길의 중간 지점에 수륙교라는 다리가 있었는데, 그 옆에 종이만 파는 저시 골목이 있었다.

▶ 3문단

① 남대가의 북쪽 끝에 궁궐의 출입문이 자리잡고 있었다.

➜ (O) 개경의 십자가로부터 광화문까지 난 거리를 남대가라고 불렀고[2문단(1)], 광화문은 궁궐의 출입문이다.[1문단(6)] 도성 서쪽에는 선의문, 동쪽에는 숭인문이 있었고 이 둘을 잇는 큰 도로가 있었다고 했다.[1문단(5)] 또한, 십자가에서 도성 남쪽으로 나 있는 도로가 이미 있기 때문에[1문단(6)] 남대가는 십자가 북쪽으로 향해 있을 수밖에 없다. 따라서 남대가의 북쪽 끝에 궁궐의 출입문, 즉 광화문이 자리잡고 있었다는 설명은 옳은 설명이다.

② 수륙교가 있던 곳으로부터 서북쪽 방향에 자남산이 있다.

➜ (×) 자남산은 숭인문 방향으로 몇백 미터를 걸어가면 그 도로 북쪽 편에 위치한 산이었고[3문단(2)], 숭인문은 도성 동쪽에 위치해 있었다.[1문단(4)]. 수륙교는 십자가와 선의문 사이를 잇는 길의 중간 지점에 위치해 있었고[3문단(5)], 선의문은 도성의 서쪽에 위치해 있었다.[1문단(3)] 따라서 자남산은 수륙교가 있던 곳으로부터 서북쪽 방향이 아니라, 북동쪽 방향에 있었음을 알 수 있다.

③ 숭인문과 경시서의 중간 지점에 저시 골목이 위치해 있었다.

➜ (×) 숭인문은 도성 동쪽에 위치해 있었고[1문단(4)], 경시서는 남대가의 남쪽 끝 지점에 위치해 있었다.[2문단(4)] 남대가는 도성 북쪽에 위치한 광화문과 십자가를 잇는 거리이므로, 남대가의 남쪽 끝 지점은 십자가 부근이었음을 알 수 있다. 저시 골목이 위치한 수륙교는 십자가와 선의문 사이, 즉 십자가와 서쪽을 잇는 길의 중간 지점에 있었다고 했으므로[3문단(5)] 저시 골목은 서쪽에 있었음을 알 수 있다.

④ 선의문과 십자가를 연결하는 길의 중간 지점에 저전이 모여 있었다.

➜ (×) 선의문은 도성 서쪽에 위치해 있었다.[1문단(3)] 그러나 저전은 십자가에서 남쪽으로 이어진 길에 있었다고 했으므로[3문단(4)] 해당 선지는 옳지 않다.

⑤ 십자가에서 유시 골목으로 가는 길의 중간 지점에 수륙교가 위치해 있었다.

➜ (×) 유시 골목은 자남산과 남대가 사이의 공간에 있었다고 했으므로[3문단(3)] 십자가 북동쪽에 있었음을 알 수 있다. 수륙교는 서쪽에 있는 선의문으로 가는 길, 즉 십자가의 서쪽에 있었기 때문에 십자가에서 유시 골목으로 가는 길의 중간 지점에 수륙교가 위치해 있었다는 설명은 옳지 않다.

제시문 분석

1문단 개경 도성 내 위치한 출입문

〈개경 도성〉
고려의 수도 개경 안에는 궁궐이 있고, 그 주변으로 가옥과 상점이 모여 시가지를 형성하고 있었다. 이 궁궐과 시가지를 둘러싼 성벽을 개경 도성이라고 불렀다.(1),(2)

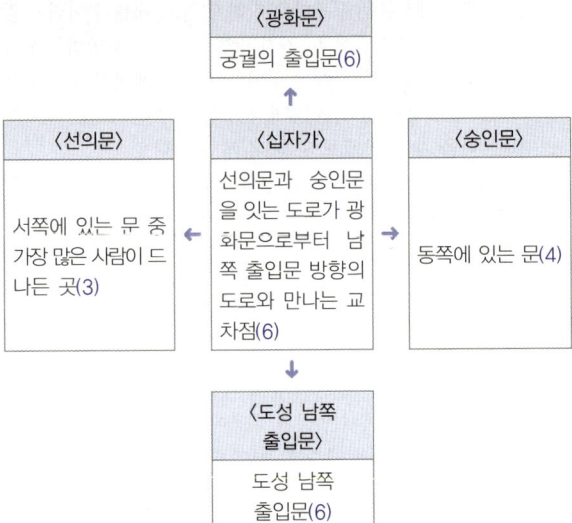

〈광화문〉 궁궐의 출입문(6)

↑

〈선의문〉 서쪽에 있는 무 중 가장 많은 사람이 드나든 곳(3) ← 〈십자가〉 선의문과 숭인문을 잇는 도로가 광화문으로부터 남쪽 출입문 방향의 도로와 만나는 교차점(6) → 〈숭인문〉 동쪽에 있는 문(4)

↓

〈도성 남쪽 출입문〉 도성 남쪽 출입문(6)

2문단 남대가

〈남대가〉 개경의 십자가로부터 광화문까지 난 거리.(1) → 〈시전〉 남대가 양편에는 시전들이 도로를 따라 나란히 위치해 있었다.(2) → 〈경시서〉 고려 정부는 이 거리를 관리하기 위해 남대가의 남쪽 끝 지점에 경시서라는 관청을 두었다.(4)

3문단 개경 도성 내 다양한 시전들

〈자남산〉	십자가에서 숭인문 방향으로 걸어가면 그 도로 북쪽 편에 자남산이 있었다.(2)	그 산과 남대가 사이의 공간에 기름만 취급하는 시전들이 따로 모인 유시 골목이 있었다.(3)
〈남쪽 길〉	십자가에서 남쪽으로 이어진 길로 가도 그 길에 접한 서쪽면에 돼지고기만 따로 파는 저전들이 있었다.(4)	
〈수륙교〉	십자가와 선의문 사이를 잇는 길이 중간 지점에 수륙교가 있었다.(5)	그 옆에 종이만 파는 저시 골목이 있었다.(5)

합격자의 실전 풀이 순서

⓿ 발문 읽고 문제의 유형 파악

항상 발문을 먼저 제대로 읽자. 본 문제는 글에서 알 수 있는 것을 고르는 일치부합·내용추론 유형의 문제이다. 알 수 있는 것을 고르는 문제는 추론할 수 있는 것을 고르는 문제와 같다. 해당 유형은 제시문 내용과 부합하거나 그로부터 추론 가능한 선지가 정답이 되며, 제시문 내용과 상충하거나 그로부터 추론할 수 없는 선지가 오답이 된다. 이 유형에서는 '제시문에 명확한 근거 없음'으로 오답인 선지가 구성되는 경우도 존재하므로 조심해야 한다. 또한, 발문에 ○ 표시를 해놓고 문제를 풀면 옳은 것을 골라야 하는 문제에서 옳지 않은 것을 고르게 되는 실수가 줄어든다.

본 문제와 같은 정보확인유형을 푸는 방법으로는 두 가지가

있다.

❶ **제시문 먼저 읽기**

첫 번째로는 처음부터 제시문을 꼼꼼히 읽어 선지 확인을 위해 제시문을 다시 읽는 시간을 단축하는 방법이다. 이 방법의 경우 제시문을 읽는 과정에서 선지에 나올 만한 내용을 주의 깊게 읽고, 복잡한 제시문의 내용을 어느 정도 이해한 후 선지를 읽어야 한다. 이 방법을 사용하면서 시간을 단축하고 싶다면, 문단별로 나누어 한 문단을 꼼꼼히 읽고 그 문단에 상응하는 선지부터 판단하는 방법을 응용할 수 있다. 다만, 첫 번째 방법의 경우 제시문의 내용을 잊어버리면 다시 제시문을 읽게 되어 시간이 낭비되기 때문에 매우 긴 제시문이 있는 문제에는 적합하지 않다. 또한, 문단별로 선지를 확인하는 방식은 문단 간의 정보를 결합해야 하는 선지에는 취약하다는 한계가 있다.

❷ **선지 먼저 읽기**

두 번째로는 선지를 읽고 선지에서 필요한 내용을 제시문에서 꼼꼼히 찾아가는 방법이 있다. 두 번째 방법은 제시문 내에서 선지와 일치하는 내용을 찾는 단순 일치부합 문제나 제시문이 매우 긴 경우 또는 제시문의 구조가 깔끔할 때 효과적이다. 그러나 두 번째 방법은 능숙하지 않은 사람이 시험장에서 시도한다면 성공률이 낮다는 한계가 있다. 두 번째 방식을 익숙하게 하기 위해서는 다양한 제시문을 첫 번째 방법처럼 꼼꼼히 분석하는 과정이 필요하다. 다양한 제시문을 접하고 글의 구조를 이해하게 되면 두 번째 방식을 효과적으로 활용할 수 있다.

각자 본인에게 적합한 방법은 다를 수 있다. 두 방법을 모두 시도해보고, 자신에게 맞는 방법을 찾아 풀면 된다.

제시문을 먼저 읽는 풀이의 경우

(1) 제시문과 선지를 훑고 제시문을 읽는 방향성 설정

제시문 독해에 들어가기에 앞서 제시문과 선지를 간단하게 훑어보면 어떠한 내용에 집중하여 제시문을 읽을 것인지 방향성이 도출된다. 제시문에서는 여러 가지의 장소가 나오고 있고, 오지선다를 보면 대상의 위치를 추측하는 선지가 있는 것으로 보아 지리적인 요소를 파악하는 것이 문제의 핵심임을 파악할 수 있다.

(2) 제시문 독해

제시문의 경우 지형에 따른 각 건물이나 장소의 위치에 대한 정보가 많다. 이에 제시문 옆에 공간이 있다면 〈제시문 분석〉처럼 주어진 정보를 도식화해서 그려보는 것도 지문을 이해하는 데 도움이 된다. 광화문의 위치 등 수험생이 제시문을 통해 추론할 사실이 많은 글이기 때문이다. 그림을 그릴 때는 모든 정보를 포함하기보다는 자신이 이해할 수 있는 수준으로 간단히, 키워드만을 포함하여 그리는 것만으로 충분하다. 미처 제시문을 읽을 때 그림을 그리지 못한 상태에서 장소를 묻는 선지를 직면하게 된다면, 그림을 그리지 않은 상태에서 선지를 해결하려고 하기보다는 차라리 빠르게 제시문을 다시 읽으며 그림을 그려 시각적으로 파악하는 것이 좋다. 그림을 그리지 않고 푸는 법과 그림을 그리며 푸는 법을 모두 사용해보면 알겠지만, 해당 유형의 경우는 그림을 그릴 때 압도적으로 짧은 시간 내에 문제를 풀 수 있다. 최근 5급 공채 언어논리 시험에서도 이처럼 위치를 파악하는 정보확인문제가 자주 출제되고 있다. 따라서 대상 간의 위치를 설명하는 제시문이 나오면 당황하지 않고 곧바로 그림을 그리는 습관을 들이는 것이 좋다.

(3) 선지 판단

선지 적용의 경우 〈제시문 분석〉에 나와 있는 그림에 따라 선지를 분석하면 되므로 자세한 풀이를 생략한다. 선지를 판단하던 중 제시문의 내용을 다시 확인해야 한다면, 구분성이 뚜렷한 키워드를 중심으로 돌아간다. 예를 들어 '숭인문과 경시서의 중간 지점에 저시 골목이 위치해 있었다.'와 같은 선지는 '숭인문'보다 '저시 골목'이라는 키워드가 비교적 특정한 부분에서 언급되기 때문에 이를 키워드 삼아 돌아가면 좋다. 또한, 선지 판단 시 북쪽, 서북쪽, 중간 지점 등과 같은 키워드를 유념하도록 한다.

선지를 먼저 읽는 풀이의 경우

(1) 선지 읽기

선지의 키워드를 확인하며 읽는다.

① 남대가, 북쪽 끝, 궁궐의 출입문
② 수륙교, 서북, 자남산
③ 숭인문, 경시서, 중간, 저시 골목
④ 선의문, 십자가, 중간, 저전
⑤ 십자가, 유시 골목, 중간, 수륙교

건축물들의 위치를 지형과 함께 파악하며 읽어야 함을 알 수 있다. 각 건축물의 이름이 낯설어 바로 기억하기는 어려우므로, 눈에 띄도록 선지를 읽으며 각 명칭에 동그라미로 표시를 해 둔다.

(2) 제시문 독해 및 선지 판단

선지에서 찾은 키워드를 발견하면 표시를 하며 독해한다. 1문단에 선의문, 숭인문, 궁궐의 출입문, 십자가 등 선지에서 본 명칭이 등장한다. 또한, 이들 간 기본적인 위치 관계가 나타나므로, 그림을 그려두는 것이 좋다. 1문단에서 얻을 수 있는 정보로는 선지를 판단하기 어려우므로 2문단으로 넘어간다. 2문단에 남대가, 경시서 등의 명칭이 등장한다. 판단가능한 선지가 있는지 보고 먼저 판단한다. 남대가의 북쪽 끝에 '궁궐의 출입문인 광화문'이 있으므로 ①이 옳다. 다른 선지는 2문단만 읽고는 판단이 어렵다. 정답을 찾았으므로, 실수는 없는지 한번 확인한 뒤 넘어간다.

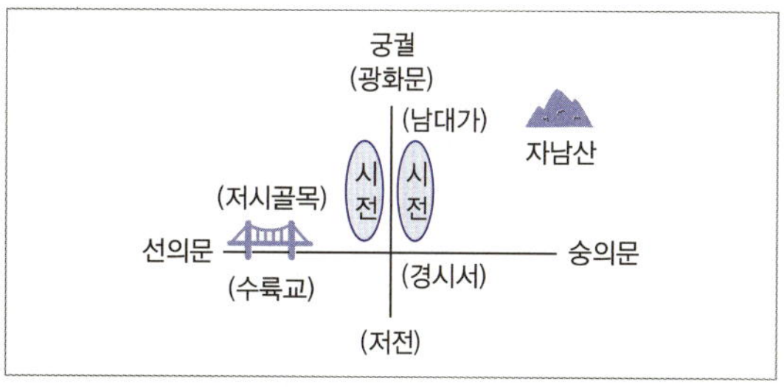

해당 제시문은 특정 대상의 구조에 대한 정보가 많은 제시문인데, 이를 간단히 시각화해서 옆에 간단한 그림을 그려가며 읽는 것이 좋다. 특히 광화문의 위치 등 수험생이 제시문을 통해 추론할 사실이 많은 글이기 때문이다.

합격자의 시간단축 Tip

Tip ❶ 제시문 파악 시 그림 활용

특정 대상의 구조의 정보가 많은 글을 읽을 때 간단히 그림을 그려 시각화하며 그리도록 한다. 이것이 시간을 많이 뺏는 것 같아도 막연하게 읽고 풀어서 헤매거나 선지 판단이 유보되는 것보다 훨씬 시간도 줄고 정확성도 높아진다. 다만 이 경우 미리 연습하지 않은 상태로 시험장에서 그림을 그리다 보면 지나치게 구체적으로 그리거나 정보가 파악조차 되지 않을 정도로 간소하게 그리는 경우가 있다. 따라서 유사한 유형의 문제를 풀어보며 미리 어

느 정도의 그림을 그리는 것이 시간이 적게 걸리면서 정보 파악에 도움이 되는지를 연습해야 할 필요가 있다. 어렵다면 선지에 있는 키워드를 살펴본 뒤 키워드들을 중심으로 그리는 연습을 해보자.

Tip ❷ 제시문 재확인 시 키워드를 활용

제시문으로 돌아가서 판단할 때에도 구분성이 뚜렷한 키워드를 중심으로 돌아가도록 한다. 구분성이란 글 전반적인 부분이 아니라 비교적 특정한 부분에서 언급되는 것을 말한다. 또한, 처음 읽을 때부터 정보를 찾기 수월하게 대상물들에 표시하며 읽는 것이 좋다.

Tip ❸ 간소한 정보만을 활용하여 선지 판단

실제 시험에서 이러한 문제를 풀게 될 때는 틀린 선지가 구체적으로 어떻게 되어야 맞는 선지가 되는지까지 탐구할 필요는 없다. 예를 들어 ②번 선지의 경우 수륙교는 십자가 서쪽 방향에 있고, 자남산은 십자가 동쪽 방향에 있기 때문에 수륙교가 있던 곳으로부터 자남산은 동쪽 방향에 있을 것이다. 구체적으로 남동쪽인지 북동쪽인지는 전혀 구별할 필요가 없으며 실제 시험에서는 최대한 선지의 정오를 구별할 간소한 정보만을 파악하려 노력해야 한다.

Tip ❹ 명칭의 수식어 주의

1문단에 '궁궐의 출입문인 광화문'이라는 부분을 그림에 광화문으로만 반영하면 선지 판단 시 ①을 옳지 않다고 판단할 수 있다. 낯선 개념이 등장하면 그 명칭뿐 아니라 수식어도 기억하여 실수를 방지하자.

020 정답 ❷

난이도 ●○○

문제유형 법조문형 > 규정확인

접근전략 법조문 유형 중 규정을 바탕으로 선지에서 옳은 것을 고르는 규정확인문제이다. 법조문 유형을 풀 때는 조문의 구체적인 내용을 독해하는 것보다, 법조문의 구조를 파악한 후 〈보기〉에서 묻고 있는 정보를 찾아 올라가는 형태로 푸는 것이 좋다. 본 문제의 경우, 후견인은 피후견인의 행위를 취소할 수 있으나 본인은 아니므로 취소할 수 없는 예외가 존재할 것이다. 그리고 이 경우 후견인은 어떻게 선정할지, 후견인의 권리는 어디까지 제한되는지가 조문으로 제시될 것이다. 타인의 법률행위에 어디까지 관여할 수 있는지를 정리해놓은 것이 해당 법조문이므로 생각보다 상식에 근거하여 조문을 예측하고 읽어나갈 수 있다.

다음 글을 근거로 판단할 때 옳은 것은?

제○○조(성년후견) ① 가정법원은 질병, 장애, 노령, 그 밖의 사유로 인한 정신적 제약으로 사무를 처리할 능력이 지속적으로 결여된 사람에 대하여 본인, 배우자, 4촌 이내의 친족, 검사 또는 지방자치단체의 장의 청구에 의하여 성년후견개시의 심판을 한다.
② 성년후견인은 피성년후견인의 법률행위를 취소할 수 있다.
③ 제2항에도 불구하고 일용품의 구입 등 일상생활에 필요하고 그 대가가 과도하지 아니한 법률행위는 성년후견인이 취소할 수 없다.

제○○조(피성년후견인의 신상결정) ① 피성년후견인은 자신의 신상에 관하여 그의 상태가 허락하는 범위에서 단독으로 결정한다.
② 성년후견인이 피성년후견인을 치료 등의 목적으로 정신병원이나 그 밖의 다른 장소에 격리하려는 경우에는 가정법원의 허가를 받아야 한다.

제○○조(성년후견인의 선임) ① 성년후견인은 가정법원이 직권으로 선임한다.
② 가정법원은 성년후견인이 선임된 경우에도 필요하다고 인정하면 직권으로 또는 청구권자의 청구에 의하여 추가로 성년후견인을 선임할 수 있다.

① 성년후견인의 수는 1인으로 제한된다.
→ (×) 제3조 제2항에 따르면 가정법원은 성년후견인이 선임된 경우에도 필요하다고 인정하면 추가로 성년후견인을 선임할 수 있다. 따라서 성년후견인의 수는 1인으로 제한되지 않는다.

② 지방자치단체의 장은 가정법원에 성년후견개시의 심판을 청구할 수 있다.
→ (○) 제1조 제1항에 따르면 가정법원은 사무를 처리할 능력이 지속적으로 결여된 사람에 대하여 지방자치단체의 장 등의 청구에 의하여 성년후견개시의 심판을 한다. 따라서 지방자치단체의 장도 가정법원에 성년후견개시의 심판을 청구할 수 있다.

③ 성년후견인은 피성년후견인이 행한 일용품 구입행위를 그 대가의 정도와 관계없이 취소할 수 없다.
→ (×) 제1조 제3항에 따르면 일용품의 구입 등 일상생활에 필요하고 그 대가가 과도하지 아니한 법률행위는 성년후견인이 취소할 수 없다. 따라서 성년후견인은 피성년후견인이 행한 일용품 구입행위의 대가가 과도한지 아닌지에 따라 취소 가능 여부가 달라진다.

④ 가정법원은 성년후견개시의 심판절차에서 직권으로 성년후견인을 선임할 수 없다.
→ (×) 제3조 제1항에 따르면 성년후견인은 가정법원이 직권으로 선임한다.

⑤ 성년후견인은 가정법원의 허가 없이 단독으로 결정하여 피성년후견인을 치료하기 위해 정신병원에 격리할 수 있다.
→ (×) 제2조 제2항에 따르면 성년후견인이 피성년후견인을 치료하기 위해 정신병원에 격리하려는 경우에는 가정법원의 허가를 받아야 한다. 따라서 성년후견인은 가정법원의 허가 없이 단독으로 피성년후견인을 정신병원에 격리할 수 없다.

합격자의 실전 풀이 순서

❶ 문제 유형 파악

본 문제의 경우 제시문으로 법조문이 주어졌으므로 법조문 유형임을 쉽게 알 수 있다. 특히 법조문 유형 중에서도 규정의 내용을 확인하여 선지에서 옳은 내용을 고르는 규정확인문제이다. 법조문 유형은 조문의 구체적인 내용을 독해하는 것보다, 법조문의 구조를 파악한 후 선지에서 묻고 있는 정보를 찾아 올라가는 형태로 푸는 것이 좋다. 또한, 본 문제가 옳은 것을 고르는 문제라는 것을 인지하기 위해 "옳은"이라는 단어에 밑줄이나 동그라미 등 표시를 한다.

다음 글을 근거로 판단할 때 옳은 것은?

❷ 법조문 구조 분석

구조 분석이란 각 조문의 내용 및 조문 간 관계를 이해하는 것이다. 법조문 전체를 읽되, 세부적인 내용을 기억하기보다는 어떤 정보가 있는지 파악하는 것에 중점을 둔다. 이때 기호를 적절히 활용하면 좋다. 이러한 분석 과정을 거치며 선지에 등장할만한 부분을 발견할 수 있다.

본문의 규정은 세 개의 조로 구성되어 있다. 조문의 제목이 있으므로 이를 기준으로 내용을 구분할 수 있다. 각 항의 내용을 읽으며 구체적인 키워드를 찾는다. 가독성을 높이기 위해 가로선으로 각 조를 구분하고, '1, 2, 3'으로 숫자를 써둔다. 이하 편의상 첫 번째 조부터 '제1조', '제2조' 등으로 표기한다. 제1조 제1항은 성년후견의 대상과 심판의 청구인 및 주체를 규정한다. '가정법원'에 표시하고, '질병~사람에 대하여/본인~지방자치단체의 장' 두 부분을 구분해둔다. '청구'에도 표시한다. 제2항은 성년후견인이 할 수 있는 행위를 규정하고 있으며, '취소'에 표시한다. 제3항은 성년후견인이 할 수 없는 행위를 규정하고 있다. '제2항에도 불구하고'라는 표현에서 제3항이 2항에 대한 특별규정임을 알 수 있다. 제2항과 3항을 연결하여 둔다.

제2조 제1항은 피성년후견인이 할 수 있는 행위를 규정하고 있으며, 제2항은 성년후견인이 피성년후견인을 격리하는 경우에 관한 조항이다. 제1항의 '단독', 제2항의 '치료', '격리' 및 '허가'에 표시한다.

제3조 제1항은 성년후견인의 선임 주체를 규정하고 있으며, 제2항은 성년후견인을 추가로 선임할 수 있다, 즉 복수의 성년후견인을 둘 수 있다는 조항이다. '직권'과 '추가'에 표시한다.

❸ 선지 판단

선지를 읽고, 해당 내용이 기재된 규정으로 돌아가 꼼꼼히 읽고 정오를 판단한다. 조문에 제목이 달려있는 경우 이를 선지 판단 시 활용하는 것이 좋다. 즉 조문의 제목을 쭉 훑어보고 선지 판단을 위해 어떠한 조문을 참고해야 하는지 결정한다.

선지 ①번은 성년후견인의 수에 관한 내용이므로 제3조 제2항과 비교한다.

선지 ②번은 성년후견개시의 심판에 대한 내용이므로 제1조 제1항과 비교한다. 특히 후반부 '청구인' 부분과 비교하면 지방자치단체의 장을 찾을 수 있다.

선지 ②번을 넘어갔을 경우 선지 ③번은 성년후견인이 무언가를 취소할 수 없다는 내용이므로 성년후견인이 할 수 없는 행위를 규정한 제1조 제3항과 비교한다.

선지 ④번은 가정법원이 성년후견인 선임 주체가 될 수 있는지에 대한 내용이므로 '직권'을 찾아 제3조 제1항과 비교한다.

선지 ⑤번은 성년후견인이 치료 목적으로 피성년후견인을 격리하는 내용이므로 제2조 제2항과 비교한다.

합격자의 시간단축 Tip

Tip ❶ 선지 판단에 조문의 제목을 활용

법조문의 조항 및 규정에 제목이 제시된 경우 이를 선지 판단에 적극적으로 활용하는 것이 좋다. 예컨대 선지 판단 전에 각 조문의 제목을 쭉 훑어본 후 선지 판단을 위해 어떤 조문을 참고해야 하는지 결정한다.

Tip ❷ 정답을 도출하였다면 다음 선지 판단은 생략

선지가 비교적 단순하게 제시되어 있으므로 정답 선지를 빠르게 찾았다면 다음 선지의 판단은 생략하고 넘어간다. ②번 선지에서 정답을 확신하였다면 굳이 뒤의 선지를 확인할 필요 없이 다음 문제로 넘어간다. 만약 정답에 대한 확신이 없을 경우 다른 선지를 확인하기보다 정답으로 생각되는 선지를 꼼꼼히 한 번 더 검토한다.

Tip ❸ 문장이 긴 경우 주체, 객체, 행위를 나누어 파악

법조문의 문장이 길어서 한 번에 내용이 이해되지 않는다면, 일단 주어와 술어를 먼저 파악하는 것이 좋다. 다음으로 대상을 파악하고, 세부 내용을 빗금으로 끊어서 주어와 술어 사이를 채워 넣는 것이다. 예를 들어 본 문제의 제1조 제1항에서 주어는 '가정법원' 서술어는 '성년후견개시의 심판을 한다'이다. 이 사이에 채워 넣을 정보는 성년후견의 대상과 심판의 청구인이다. 결국 문장은 크게 '(주체)가정법원은/(객체)질병~사람에 대하여/(청구인)본인~장의 청구에 의하여/(행위)성년후견개시의 심판을 한다'와 같이 네 부분으로 나누어 이해할 수 있다. 이렇게 나누면 선지 ②번을 보고 청구인 정보의 위치를 찾기도 수월해진다.

021 정답 ❷

난이도 ●●●

문제유형 사실적 이해 > 정보 확인

접근전략 다음 글에서 알 수 있는 것을 묻는 문제의 오답 구성원리는 제시문 내용과의 상충뿐만 아니라 제시문 내용으로부터 추론할 수 없음이다. 그러므로 없는 근거를 찾는 데에 시간을 뺏기지 말고 과감하게 넘어가자. 또한, 구분되는 두 대상의 공통점과 차이(탁주-청주)를 잘 체크하고 과정, 메커니즘이 나오는 구조는 각 단계에 간단한 숫자를 매기고 단계별로 어떤 변화/차이가 일어나는지 확인하자.

다음 글에서 알 수 있는 것은?

(1) 탁주는 혼탁한 술이다. 탁주는 알코올 농도가 낮고, 맑지 않아 맛이 텁텁하다. (2) 반면 청주는 탁주에 비해 알코올 농도가 높고 맑은 술이다. (3) 그러나 얼마만큼 맑아야 청주이고 얼마나 흐려야 탁주인가 하는 질문에는 명쾌하게 답을 내리기가 쉽지 않다. (4) 탁주의 정의 자체에 혼탁이라는 다소 불분명한 용어가 쓰이기 때문이다. (5) 과학적이라고 볼 수는 없지만, 투명한 병에 술을 담고 그 병 뒤에 작은 물체를 두었을 경우 그 물체가 희미하게 보이거나 아예 보이지 않으면 탁주라고 부른다. (6) 술을 담은 병 뒤에 둔 작은 물체가 희미하게 보일 때 이 술의 탁도는 350 ebc 정도이다. (7) 청주의 탁도는 18ebc 이하이며, 탁주 중에 막걸리는 탁도가 1,500 ebc 이상인 술이다. ▶ 1문단

(1) 막걸리를 만들기 위해서는 찹쌀, 보리, 밀가루 등을 시루에 쪄서 만든 지에밥이 필요하다. (2) 적당히 말린 지에밥에 누룩, 효모와 물을 섞어 술독에 넣고 나서 며칠 지나면 막걸리가 만들어진다. (3) 술독에서는 미생물에 의한 당화과정과 발효과정이 거의 동시에 일어나며, 이 두 과정을 통해 지에밥의 녹말이 알코올로 바뀌게 된다. (4) 효모가 녹말을 바로 분해하지 못하므로, 지에밥에 들어있는 녹말을 엿당이나 포도당으로 분해하는 당화과정에서는 누룩곰팡이가 중요한 역할을 한다. (5) 누룩곰팡이가 갖고 있는 아밀라아제는 녹말을 잘게 잘라 엿당이나 포도당으로 분해한다. (6) 이 당화과정에서 만들어진 엿당이나 포도당을 효모가 알코올로 분해하는 과정을 발효과정이라 한다. (7) 당화과정과 발효과정 중에 나오는 에너지로 인하여 열이 발생하게 되며, 이 열로 술독 내부의 온도인 품온(品溫)이 높아진다. (8) 품온은 막걸리의 질과 풍미를 결정하기에 적정 품온이 유지되도록 술독을 관리해야 하는데, 일반적인 적정 품온은 23 ~ 28 ℃이다. ▶ 2문단

※ ebc: 유럽양조협회에서 정한 탁도의 단위

① 청주와 막걸리의 탁도는 다르지만 알코올 농도는 같다.

➜ (×) 청주의 탁도는 18ebc 이하이며, 막걸리는 탁도가 1,500ebc 이상인 술이다.[1문단(7)] 따라서 두 술의 탁도는 다르다. 또한, 청주는 탁주에 비해 알코올 농도가 높다고 하

였다.[1문단(2)] 막걸리는 탁주에 포함되므로[1문단(7)], 청주보다 알코올 농도가 낮다.

② 지에밥의 녹말이 알코올로 변하면서 발생하는 열이 품온을 높인다.

→ (O) 지에밥의 녹말은 당화과정과 발효과정을 통해 알코올로 변하게 된다.[2문단(3)] 당화과정과 발효과정 중에 나오는 에너지로 인하여 열이 발생하게 되며, 이 열로 술독 내부의 온도인 품온이 높아진다.[2문단(7)] 따라서 지에밥의 녹말이 알코올로 변하면서 발생하는 열이 품온을 높이게 된다는 설명은 옳은 설명이다.

③ 누룩곰팡이가 지닌 아밀라아제는 엿당이나 포도당을 알코올로 분해한다.

→ (×) 누룩곰팡이가 지닌 아밀라아제는 녹말을 잘게 잘라 엿당이나 포도당으로 분해한다.[2문단(5)] 엿당이나 포도당을 알코올로 분해하는 것은 효모이다.[2문단(6)]

④ 술독에 넣는 효모의 양을 조절하면 청주와 막걸리를 구분하여 만들 수 있다.

→ (×) 제시문에서는 청주와 막걸리를 구분하여 만드는 방법에 대해서는 언급하고 있지 않다.

⑤ 막걸리를 만들 때, 술독 안의 당화과정은 발효과정이 완료된 이후에 시작된다.

→ (×) 당화과정과 발효과정은 거의 동시에 일어나는데[2문단(3)], 당화과정에서 만들어진 엿당이나 포도당을 효모가 알코올로 분해하는 과정을 발효과정이라고 한다.[2문단(6)] 따라서 당화과정이 일어난 후 발효과정이 일어나는 것이라고 할 수 있다.

제시문 분석

1문단 탁주와 청주

〈탁주〉		〈청주〉
탁주는 혼탁한 술이다. 알코올 농도가 낮고, 맑지 않아 맛이 텁텁하다.(1)	⬌	청주는 탁주에 비해 알코올 농도가 높고 맑은 술이다.(2)

〈탁주와 청주의 구분〉
그러나 얼마만큼 맑아야 청주이고 얼마나 흐려야 탁주인가 하는 질문에는 명쾌하게 답을 내리기가 쉽지 않다.(3)

→

〈기준〉	투명한 병에 술을 담고 그 병 뒤에 작은 물체를 두었을 경우 그 물체가 희미하게 보이거나 아예 보이지 않으면 탁주라고 부른다.(5)

2문단 막걸리의 제조 과정

〈재료〉		〈제조 방법〉
막걸리를 만들기 위해서는 찹쌀, 보리, 밀가루 등을 시루에 쪄서 만든 지에밥이 필요하다.(1)	→	적당히 말린 지에밥에 누룩, 효모와 물을 섞어 술독에 넣고 며칠 지나면 막걸리가 만들어진다.(2)

〈술독에서 발생하는 과정〉	
〈당화과정〉	누룩곰팡이가 갖고 있는 아밀라아제가 지에밥에 들어 있는 녹말을 엿당이나 포도당으로 분해하는 과정.(4),(5)
〈발효과정〉	당화과정에서 만들어진 엿당이나 포도당을 효모가 알코올로 분해하는 과정.(6)

→

〈품온〉	당화과정과 발효과정 중에 나오는 에너지로 인하여 열이 발생하게 되며, 이 열로 품온(品溫)이 높아진다.(7)
	품온은 막걸리의 질과 풍미를 결정하기에 적정 품온이 유지되도록 술독을 관리해야 하는데, 일반적인 적정 품온은 23~28℃이다.(8)

합격자의 실전 풀이 순서

발문을 읽고 문제의 유형 파악

항상 발문을 먼저 제대로 읽자. 본 문제는 글에서 알 수 있는 것을 고르는 일치부합·내용추론 유형의 문제이다. 알 수 있는 것을 고르는 문제는 추론할 수 있는 것을 고르는 문제와 같다. 해당 유형은 제시문 내용과 부합하거나 그로부터 추론 가능한 선지가 정답이 되며, 제시문 내용과 상충하거나 그로부터 추론할 수 없는 선지가 오답이 된다. 발문에 ○ 표시를 해놓고 문제를 풀도록 하면 옳은 것을 골라야 하는 문제에서 옳지 않은 것을 고르게 되는 실수가 줄어든다. 이 유형에서는 제시문과 상충하는 경우뿐만 아니라 '제시문에 명확한 근거 없음'으로 오답인 선지가 구성되는 경우도 존재하므로 조심해야 한다.

본 문제와 같은 정보확인유형을 푸는 방법으로는 두 가지가 있다.

❶ 제시문 먼저 읽기

첫 번째로는 처음부터 제시문을 꼼꼼히 읽어 선지 확인을 위해 제시문을 다시 읽는 시간을 단축하는 방법이다. 이 방법의 경우 제시문을 읽는 과정에서 선지에 나올 만한 내용을 주의 깊게 읽고, 복잡한 제시문의 내용을 어느 정도 이해한 후 선지를 읽어야 한다. 이 방법을 사용하면서 시간을 단축하고 싶다면, 문단별로 나누어 한 문단을 꼼꼼히 읽고 그 문단에 상응하는 선지부터 판단하는 방법을 응용할 수 있다. 다만, 첫 번째 방법의 경우 제시문의 내용을 잊어버리면 다시 제시문을 읽게 되어 시간이 낭비되기 때문에 매우 긴 제시문이 있는 문제에는 적합하지 않다. 또한, 문단별로 선지를 확인하는 방식은 문단 간의 정보를 결합해야 하는 선지에는 취약하다는 한계가 있다.

❷ 선지 먼저 읽기

두 번째로는 선지를 읽고 선지에서 필요한 내용을 제시문에서 꼼꼼히 찾아가는 방법이 있다. 두 번째 방법은 제시문 내에서 선지와 일치하는 내용을 찾는 단순 일치부합 문제나 제시문이 매우 긴 경우 또는 제시문의 구조가 깔끔할 때 효과적이다. 그러나 두 번째 방법은 능숙하지 않은 사람이 시험장에서 시도한다면 성공률이 낮다는 한계가 있다. 두 번째 방식을 익숙하게 하기 위해서는 다양한 제시문을 첫 번째 방법처럼 꼼꼼히 분석하는 과정이 필요하다. 다양한 제시문을 접하고 글의 구조를 이해하게 되면 두 번째 방식을 효과적으로 활용할 수 있다.

각자 본인에게 적합한 방법은 다를 수 있다. 두 방법을 모두 시도해보고, 자신에게 맞는 방법을 찾아 풀면 된다.

제시문을 먼저 읽는 풀이의 경우

(1) 제시문 독해

본 문제의 경우 제시문의 구조가 복잡하지는 않지만, 2문단이 과학적 내용을 담고 있어 그 내용을 바로 암기하기 어렵다. 따라서 정보확인유형을 푸는 두 가지 방법 중 두 번째 방식으로 푸는 것이 타당하다. 즉, 구조와 키워드를 파악하며 제시문을 빠르게 읽은 후, 선지에 필요한 정보를 찾아 제시문으로 올라가는 방식으로 푼다.

1문단부터 청주와 탁주라는 대립하는 두 대상이 등장함을 알 수 있다. 이처럼 대립하는 두 대상이나 내용이 등장할 때에는 △, ▽같은 기호로 구분하여 표시해 읽고 그 공통점과 차이점을 미리 유의하며 읽자. 이 같은 요소들이 선지로 자주 구성되기 때문이다.

2문단과 같이 과정이나 메커니즘이 제시되는 경우 단계를 잘 구분해서 체크하도록 한다. 2문단에서는 '당화과정'과 '발효과정'이라는 단계가 제시되어 있으며 각 단계에서 일어나는 일, 단계를 거치면서 일어나는 변화나 차이 등을 잘 체크하자. 또는, 2문단의 내용을 '당화과정'과 '발효과정'이라는 서로 다른 두 대상의 존재로 보고 각각을 구분하여 체크하는 것도 괜찮다. 2문단에서 주의 깊게 표시해야 할 키워드로는 당화과정, 발효과정, 누룩곰팡이, 아밀라아제, 품온 등이 있다.

(2) 선지 판단

선지를 판단할 때는 선지의 내용을 바르게 이해하기 위해 반드시 선지를 끊어서 판단하자. 예를 들면, ②번 선지는 '지에밥의 녹말이/ 알콜로 변하면서/ 발생하는 열이 품온을 높인다.'라고 끊어서 판단하도록 하자. 이렇게 선지를 끊어 읽을 경우, 선지의 내용을 빠르게 파악할 수 있을 뿐만 아니라, 선지 일부만 보고 선지의 정오를 잘못 생각하는 오류를 방지할 수 있다.

또한, 선지의 정오 판단을 위해 제시문으로 돌아가야 할 경우에는 '구분성'이 뚜렷한 키워드를 중심으로 돌아간다. '구분성'이 뚜렷한 키워드란 비교적 좁은 특정 범위에 존재하는 키워드를 말한다. 본 제시문에서 찾을 수 있는 '구분성'이 뚜렷한 키워드로는 품온, 누룩곰팡이 등이 있다.

선지를 먼저 읽는 풀이의 경우

(1) 선지 읽기

선지의 키워드를 확인하며 읽는다.

① 청주, 막걸리, 탁도 다름, 알코올 농도 같음
② 지에밥의 녹말, 알코올, 품온
③ 누룩곰팡이, 아밀라아제, 엿당이나 포도당, 알코올로 분해
④ 효모, 청주, 막걸리, 구분
⑤ 막걸리, 당화과정, 발효과정 이후

청주와 막걸리의 제조과정을 설명하는 글일 것으로 예상된다. 각각의 과정 및 차이점 등을 파악하며 읽어야 함을 알 수 있다.

(2) 제시문 독해 및 선지 판단

선지에서 찾은 키워드를 발견하면 그에 표시하며 독해한다. 1문단 (1), (2)에 청주와 탁주의 '알코올 농도'가 등장한다. (7)에서 막걸리가 탁주임을 알 수 있으므로 ①은 옳지 않다. 2문단 (1)에 '지에밥'이 등장한다. 이하 막걸리 제조과정은 연속적인 것이므로, 키워드 체크를 하며 전체를 읽고 나머지 선지를 판단한다.

> 막걸리를 만들기 위해서는 찹쌀, 보리, 밀가루 등을 시루에 쪄서 만든 지에밥이 필요하다. 적당히 말린 지에밥에 누룩, 효모와 물을 섞어 술독에 넣고 나서 며칠 지나면 막걸리가 만들어진다. 술독에서는 미생물에 의한 당화과정과 발효과정이 거의 동시에 일어나며, 이 두 과정을 통해 지에밥의 녹말이 알코올로 바뀌게 된다. 효모가 녹말을 바로 분해하지 못하므로, 지에밥에 들어있는 녹말을 엿당이나 포도당으로 분해하는 당화과정에서는 누룩곰팡이가 중요한 역할을 한다. 누룩곰팡이가 갖고 있는 아밀라아제는 녹말을 잘게 잘라 엿당이나 포도당을 효모가 알코올로 분해하는 과정을 발효과정이라 한다. 당화과정과 발효과정 중에 나오는 에너지로 인하여 열이 발생하게 되며, 이 열로 술독 내부의 온도인 품온(品溫)이 높아진다. …

당화과정과 발효과정은 거의 동시에 일어나므로 ⑤는 옳지 않다.

당화과정과 발효과정은 곧 지에밥의 녹말이 알코올로 바뀌는 과정이며, 이때 나오는 에너지로 품온이 높아지므로 ②가 옳다. 정답은 ②이다.

누룩곰팡이가 갖고 있는 아밀라아제는 녹말을 엿당이나 포도당으로 분해한다. ③은 옳지 않다.

2문단은 막걸리 제조 과정으로, 청주에 제조 방법은 알 수 없다. ④도 옳지 않다.

합격자의 시간단축 Tip

Tip ❶ 선지에 나올 만한 내용에 주목

제시문을 읽는 실력이 향상된다면, 제시문의 내용을 단지 수용하는 단계에서 나아가 선지에 나올 만한 내용을 적극적으로 모색하는 단계로 나아갈 수 있다. 본 문제에서 파악할 수 있는 선지에서 자주 나오는 내용으로는, 두 대상의 공통점과 차이점, 인과 관계, 두 대상의 성능 및 효과 비교, 접속어로 시작하는 문장의 주요 내용이 있다. 다양한 정보확인문제를 통해 선지에서 주로 묻는 내용이 무엇인지 정리한 뒤, 제시문에서 선지에 나올만한 내용을 미리 파악하며 읽는 습관을 들이자.

Tip ❷ 알 수 없는 내용의 선지에 대비

알 수 있는 것을 고르는 문제의 오답 선지 구성원리는 본문 내용과 상충하는 내용뿐만 아니라 유추할 근거 없음도 포함한다. 유추할 근거가 없는 근거를 찾는 데에 시간을 쓰지 말고 과감하게 다음 선지로 넘어가서 오답 판단을 빠르게 내리도록 하자.

Tip ❸ 단계별 변화에 주의

단계/메커니즘의 구조가 제시되면 단계별로 어떤 변화나 차이가 일어나는지 잘 체크하자. 이 또한 선지로 자주 구성되어 출제되기 때문이다. 각 단계에 간단히 숫자를 매기며 읽는 것도 좋다. 돌아와서 근거를 찾아야 할 때 빠르게 찾을 수 있기 때문이다.

Tip ❹ 정보의 연결에 주의

최근 일치부합이나 내용추론 문제에서 여러 문장의 정보를 조합해서 정오를 판단해야 하는 선지가 자주 등장하고 있다. 따라서 독해를 하며 선지에서 묻는 키워드를 표시하고, 선지가 옳은지 판단할 때 하나의 키워드가 아닌 선지 전체의 키워드를 제시문에서 찾는 연습이 필요하다. 판단의 근거가 특정 키워드 근처에 없을 수도 있음을 염두에 두고 문제를 풀 필요가 있다. 이 문제의 정답도 2문단 초반부와 후반부의 정보를 조합해야 도출할 수 있었다.

022 정답 ⑤

난이도 ●●●

문제유형 비판적 사고 > 판단하기

접근전략 특정 내용에 대한 비판을 찾는 문제이다. 이러한 문제는 보통 해당 내용과 상충하거나 내용을 부정하는 선지가 정답이 되며, 제시문 중간에 직접 제시되어 있기도 하다. 이 경우 해당 내용과 대응되는 선지가 있는지 보고 정답을 채택한 뒤 바로 넘어가도록 한다.

다음 글의 ㉠에 대한 비판으로 가장 적절한 것은?

(1) "프랑스 수도가 어디지?"라는 가영의 물음에 나정이 "프랑스 수도는 로마지."라고 대답했다고 하자. 나정이 가영에게 제공한 것을 정보라고 할 수 있을까? (2) 정보의 일반적 정의는 '올바른 문법 형식을 갖추어 의미를 갖는 자료'다. 이 정의에 따르면 나정의 대답은 정보를 담고 있다. (3) 다음 진술은 이런 관점을 대변하는 진리 중립성 논제를 표현한다. (4) "정보를 준다는 것이 반드시 그 내용이 참이라는 것을 의미하지는 않는다." (5) 이 논제의 관점에서 보자면, 올바른 문법 형식을 갖추어 의미를 해석할 수 있는 자료는 모두 정보의 자격을 갖는다. (6) 그 내용이 어떤 사태를 표상하든, 참을 말하든, 거짓을 말하든 상관없다.

▶1문단

(1) 그러나 이 조건만으로는 불충분하다는 지적이 있다. (2) 철학자 플로리디는 전달된 자료를 정보라고 하려면 그 내용이 참이어야 한다고 주장한다. 즉, 정보란 올바른 문법 형식을 갖춘, 의미 있고 참인 자료라는 것이다. (3) 이를 ㉠ 진리성 논제라고 한다. (4) 그라이스는 이렇게 말한다. "거짓 '정보'는 저급한 종류의 정보가 아니다. 그것은 아예 정보가 아니기 때문이다." (5) 이 점에서 그 역시 이 논제를 받아들이고 있다. ▶2문단

(1) 이런 논쟁은 용어법에 관한 시시한 언쟁처럼 보일 수도 있지만, 두 진영 간에는 정보 개념이 어떤 역할을 해야 하는가에 대한 근본적인 견해 차이가 있다. (2) 진리성 논제를 비판하는 사람들은 틀린 '정보'도 정보로 인정되어야 한다고 말한다. (3) 자료의 내용이 그것을 이해하는 주체의 인지 행위에서 분명한 역할을 수행한다는 이유에서다. (4) '프랑스 수도가 로마'라는 말을 토대로 가영은 이런저런 행동을 할 수 있다. 가령, 프랑스어를 배우기 위해 로마로 떠날 수도 있고, 프랑스 수도를 묻는 퀴즈에서 오답을 낼 수도 있다. (5) 거짓인 자료는 정보가 아니라고 볼 경우, '정보'라는 말이 적절하게 사용되는 사례들의 범위를 부당하게 제한하는 꼴이 된다. ▶3문단

① **'정보'라는 표현이 일상적으로 사용되는 사례가 모두 적절한 것은 아니다.**

➜ (×) '정보'라는 표현이 일상적으로 사용되는 사례는 진리 중립성 논제의 입장에 따른 활용 사례에 해당한다.[1문단 (2),(3)] 그런데 본 선지에서는 이러한 사례가 모두 적절한 것은 아니라고 했으므로, 이는 진리 중립성 논제를 비판하며 진리성 논제를 옹호하는 것이다.

② **올바른 문법 형식을 갖추지 못한 자료는 정보라는 지위에 도달할 수 없다.**

➜ (×) 진리 중립성 논제는 올바른 문법 형식을 갖추어 의미를 갖는 자료를 정보로 보고 있으며[1문단(2),(3)], 진리성 논제 또한 올바른 문법 형식을 갖추는 것이 정보의 전제 조건이라고 보고 있다.[2문단(2),(3)] 따라서 본선지는 진리 중립성 논제와 진리성 논제 모두를 지지하는 선지이다.

③ **사실과 다른 내용의 자료를 숙지하고 있는 사람은 정보를 안다고 볼 수 없다.**

➜ (×) 진리성 논제에서 정보는 올바른 문법 형식을 갖춘, 의미 있고 참인 자료이다.[2문단(2),(3)] 따라서 사실과 다른 내용의 자료를 숙지하고 있는 사람은 정보를 안다고 할 수 없다는 내용의 해당 선지는 진리성 논제를 지지하는 선지이다.

④ **내용이 거짓인 자료를 토대로 행동을 하는 사람은 자신이 의도한 결과에 도달할 수 없다.**

➜ (×) 내용이 거짓인 자료를 토대로 행동했을 때 결과가 어떠하다는 것은 정보의 자격에 대한 논쟁과 무관하다.

⑤ **거짓으로 밝혀질 자료도 그것을 믿는 사람의 인지 행위에서 분명한 역할을 한다면 정보라고 볼 수 있다.**

➜ (○) 진리성 논제를 비판하는 사람들은 자료의 내용이 그것을 이해하는 주체의 인지 행위에서 분명한 역할을 수행하기 때문에, 틀린 '정보'도 정보로 인정되어야 한다고 말한다.[3문단(2),(3)] 따라서 틀린 정보, 즉 거짓으로 밝혀질 정보도 그것을 믿는 사람의 인지 행위에서 분명한 역할을 한다면 정보라고 볼 수 있다는 본선지는 진리성 논제를 비판하는 선지에 해당한다.

제시문 분석

1문단 진리 중립성 논제에서의 정보

〈정보의 일반적 정의〉		〈진리 중립성 논제〉
'올바른 문법 형식을 갖추어 의미를 갖는 자료'(2)	➜	"정보를 준다는 것이 반드시 그 내용이 참이라는 것을 의미하지는 않는다."(4)

➜

〈정보의 자격〉	올바른 문법 형식을 갖추어 의미를 해석할 수 있는 자료는 그 내용이 참을 말하든, 거짓을 말하든 상관없이 모두 정보의 자격을 갖는다.(4),(5)

2문단 진리성 논제에서의 정보

〈정보에 대한 플로리디의 정의〉		〈진리성 논제〉
'올바른 문법 형식을 갖춘, 의미 있고 참인 자료'(2)	➜	"거짓 '정보'는 저급한 종류의 정보가 아니다. 그것은 아예 정보가 아니기 때문이다."(4)

3문단 진리성 논제에 대한 비판

〈진리성 논제에 대한 비판〉
자료의 내용이 그것을 이해하는 주체의 인지 행위에서 분명한 역할을 수행하기 때문에, 틀린 '정보'도 정보로 인정되어야 한다.(2),(3)

↓

거짓인 자료는 정보가 아니라고 볼 경우, '정보'라는 말이 적절하게 사용되는 사례들의 범위를 부당하게 제한하는 꼴이 된다.(5)

합격자의 실전 풀이 순서

❶ 발문 읽기 및 문제 유형 파악

우선 발문을 제대로 먼저 읽자. 특정 내용에 대한 비판으로 알맞은 것을 고르는 논리추론·강화약화 문제이다. ㉠을 '비판'하라는 것은 약화하라는 것과 같은 의미이므로 본 문제를 일종의 강화약화 유형으로 보아도 좋다. 정답이 되는 선지의 논리는 ㉠을 부정하거나 내용과 상충하는 내용이다. 강화약화 유형을 풀기 위해서는 먼저 비판의 대상이 되는 주장이 무엇인지 바르게 파악해야 한다. 또한, 비판의 내용이 제시문에 명확히 나와 있거나 제시문으로부터 추론해야 하는 경우가 있는데, 전자의 경우 해당 부분을 근거로 정답을 바로 낼 수 있다면 제시문을 전부 읽지 않아도 된다.

❷ 제시문 독해 및 선지 판단

글에 대한 비판을 묻는 문제는 비판의 대상이 되는 주장이 무엇인지 바르게 파악해야 한다. 따라서 먼저 ㉠의 내용이 무엇인지 2문단 (2) 문장과 (3) 문장을 통해 정확히 파악한다. 또한, 제시문에 이미 해당 주장을 비판하는 내용이 있는지 찾아본다. 해당 문제는 비판될 내용이 3문단 (2) '진리성 논제를 비판하는 사람들은~'이라고 하며 명확히 주어짐을 확인할 수 있다. 이 경우 해당 내용에 대응하는 선지가 있는지 확인하고

있다면 제시문을 끝까지 읽지 않고 넘어간다. 본 문제의 경우 선지 ⑤의 내용이 3문단 (3)의 내용과 일치하므로 정답을 쉽게 찾을 수 있다.

본 문제를 푸는 다른 방법으로는 제시문의 내용을 꼼꼼히 파악하며 정답을 찾는 것이다. 대립하는 두 대상이나 내용이 등장할 때 그 차이와 공통점을 반드시 제대로 짚자. 해당 제시문에서는 '진리 중립성 논제'와 '진리성 논제'라는 두 내용의 대상이 등장하는데 이를 통해 문제를 구성하는 경우가 많으므로 이들 간 차이점을 명확히 짚자. 실제로 해당 문제의 ㉠은 진리성 논제였고 이와 대립하는 진리 중립성 논제에 관한 내용이 정답의 결정적인 근거가 되었다.

합격자의 시간단축 Tip

Tip ❶ 제시문에서 비판하는 내용 확인

비판으로 가장 적절한 것을 찾는 문제는 기본적으로 해당 내용과 상충하거나 내용을 부정하는 선지가 정답이 되는데, 제시문 중간에 직접 제시되어 끝까지 읽지 않아도 되는 경우도 존재한다. 이 경우 선지에 대응되는 말이 있으면 체크한 뒤 바로 다음 문제로 넘어가자.

Tip ❷ 대립하는 대상의 공통점과 차이점에 주목

대립하는 두 대상간 차이점과 공통점을 짚으며 읽자. 이는 선지 구성과 이를 판단하는 데에 핵심이 되기 때문이다. 이를 미리 제대로 파악한다면 선지의 판단이 빨라진다.

Tip ❸ 선지의 활용

비판하는 선지를 찾는 경우, 오답 선지는 해당 대상을 옹호하거나, 옹호도 비판도 아닌 무관한 내용에 대해 언급하는 경우가 된다. 실제 시험에서는 비판이 아니라는 점만을 체크하고 넘어가면 충분하나, 연습 과정에서는 구체적으로 옹호인지, 무관한 내용인지를 확인해보는 것이 유사한 유형에 대한 대비 방법이 된다.

Tip ❹ 제시문 구조 파악

제시문 구조를 파악하면 꼼꼼히 읽지 않아도 문제를 쉽게 풀 수 있다. 제시문은 '견해–반론–재반론'의 구조로 볼 수 있다. 이러한 구조는 접속어에서 명확히 드러난다. 2문단의 '그러나~지적이 있다.'라는 부분에서 2문단의 내용이 1문단의 견해와 대립하는 것임을 알 수 있다. 또한, 3문단의 '진리성 논제를 비판하는 사람들은~' 부분은 '비판'이라는 단어를 통해 2문단의 견해의 재반론이 3문단에 제시됨을 드러낸다. 문제에서는 2문단의 '반론' 부분의 비판으로 적절한 것을 묻고 있다. 따라서 문제에서 묻는 비판 내용은 3문단의 '재반론' 부분에서 찾을 수 있을 것이다.

023 정답 ④

난이도 ●○○

문제유형 사실적 이해 > 정보 확인

접근전략 알 수 있는 것을 고르는 문제의 오답 구성원리는 본문 내용과의 상충 또는 본문 내용으로부터 유추 불가가 있으니 애초에 유추할 근거가 없는 선지는 과감하게 넘어가서 푼다. 또한, 제시문은 '시간의 흐름에 따른 변화'의 구조로 되어있고 시간이 흐름에 따라 어떤 변화와 차이점이 생기는지가 출제 포인트이기 때문에 이를 잘 확인하며 읽자. 이때, 연도보다 왕위 변화가 변화나 차이를 더 잘 보여주기 때문에 이를 기준으로 독해하자.

다음 글에서 알 수 있는 것은?

(1) 무신 집권자 최우는 몽골이 침입하자 항복하고, 매년 공물을 보내기로 약속하였다. (2) 그러나 그는 약속을 어기고, 강화도로 수도를 옮겼다. (3) 이에 몽골은 살리타를 대장으로 삼아 두 번째로 침입하였다. 몽골군은 한동안 고려의 여러 지방을 공격하다가 살리타가 처인성에서 전사하자 퇴각하였다. (4) 몽골은 이후 몇 차례 고려에 개경 복귀를 요구하였다. 당시 대신 중에는 이를 받아들이자고 주장하는 사람이 많았다. (5) 하지만 최우는 몽골이 결국 자기의 권력을 빼앗을 것이라고 걱정해 이를 묵살하였다. (6) 이에 몽골은 1235년에 세 번째로 침입하였다. 이때 최우는 강화도를 지키는 데 급급할 뿐 항전을 하지 않았다. (7) 아무런 저항을 받지 않은 몽골군은 고려에 무려 4년 동안 머물며 전국을 유린하다가 철군하였다. (8) 몽골은 이후 한동안 침입하지 않다가 1247년에 다시 침입해 약탈을 자행하다가 2년 후 돌아갔다. (9) 그 직후에 최우가 죽고, 뒤를 이어 최항이 집권하였다.

▶ 1문단

(1) 몽골은 1253년에 예쿠라는 장수를 보내 또 침입해 왔다. 몽골군은 고려군의 저항을 쉽사리 물리치며 남하해 충주성까지 공격했다. (2) 충주성의 천민들은 관군의 도움 없이 몽골군에 맞서 끝까지 성을 지켜냈다. (3) 남하를 멈춘 몽골군이 개경 인근으로 되돌아온다는 소식을 들은 최항은 강화 협상에 나서기로 했으나 육지로 나오라는 요구는 묵살했다. (4) 몽골은 군대를 일단 철수했다가 이듬해인 1254년에 잔인하기로 이름난 자랄타이로 하여금 다시 침입하게 했다. 그는 무려 20만 명을 포로로 잡아 그해 말 돌아갔다.

▶ 2문단

(1) 거듭된 전란에도 아랑곳하지 않고 강화도에서 권력을 휘두르던 최항은 집권한 지 9년 만에 죽었다. (2) 그해에 자랄타이는 다시금 고려를 침입했는데, 최항의 뒤를 이은 최의가 집권 11개월 만에 김준, 유경에 의해 죽자 고려가 완전히 항복할 것이라 보고 군대를 모두 철수하였다. (3) 실제로 고려 정부는 항복 의사를 전달했으며, 이로써 장기간 고려를 괴롭힌 전쟁은 끝날 수 있게 되었다.

▶ 3문단

① 몽골군은 최우가 집권한 이후 모두 다섯 차례 고려를 침입하였다.
→ (×) 몽골군은 최우가 집권한 이후 1235년에 세 번째로 침입하였고[1문단(6)], 1247년[1문단(8)], 1253년[2문단(1)], 1254년[2문단(4)]과 최항이 죽은 해에도 고려를 침입해왔다.[2문단(2)]. 따라서 몽골군은 최우가 집권한 이후 총 일곱 차례 고려를 침입하였다.

② 자랄타이가 고려를 처음으로 침입하기 직전에 최의가 집권하였다.
→ (×) 자랄타이가 처음으로 고려에 침입한 시기는 최의가 집권하기 이전의 집권자였던 최항이 집권하고 있을 때인 1254년이다.[2문단(4)]

③ 김준과 유경은 무신 집권자 최의를 죽이고 고려 국왕에게 권력을 되돌려 주었다.
→ (×) 김준과 유경이 무신 집권자 최의를 죽인 것은 맞으나[3문단(2)], 이들이 고려 국왕에게 권력을 되돌려 주었는지는 알 수 없다.

④ 최항이 집권한 시기에 예쿠가 이끄는 몽골군은 충주성을 공격했으나 점령하지 못했다.
→ (○) 최우가 죽은 후 최강이 이어서 집권하였고[1문단(9)], 이후 몽골은 예쿠라는 장수를 보내 침입해왔다.[2문단(1)] 이들은 충주성까지 공격했으나 충주성의 천민들이 몽골군에 맞서 끝까지 성을 지켜냈고[2문단(2)], 결국 몽골군은 남하를

멈추었다.[2문단(3)] 이를 통해 최항이 집권한 시기에 예쿠가 이끄는 몽골군이 충주성을 공격했으나 점령하지 못했다는 사실을 알 수 있다.

⑤ 고려를 침입한 살리타가 처인성에서 사망하자 최우는 개경에서 강화도로 수도를 옮겼다.
→ (×) 최우가 강화도로 수도를 옮긴 것은 살리타가 두 번째로 침입하기 전에 발생한 일이다.[1문단(2)] 살리타가 처인성에서 사망한 것은 두 번째 침입 중에 발생한 일이므로 해당 선지는 선후 관계가 옳지 않다.

제시문 분석

1문단 몽골의 침입 – 최우 집권기

〈몽골의 침입 ①〉	〈몽골의 침입 ②〉
최우는 몽골이 침입하자 항복하고, 매년 공물을 보내기로 약속하였다. 그러나 그는 약속을 어기고 강화도로 수도를 옮겼다. (1),(2)	몽골은 살리타를 대장으로 삼아 두 번째로 침입하였고, 살리타가 처인성에서 전사하자 퇴각하였다. (3)
〈몽골의 침입 ③〉	〈몽골의 침입 ④〉
몽골은 이후 몇 차례 고려에 개경 복귀를 요구하였으나, 최우는 이를 묵살하였다. 이에 몽골은 1235년에 세 번째로 침입하였다.(4),(5),(6)	몽골은 이후 한동안 침입하지 않다고 1247년에 다시 침입해 약탈을 자행하다가 2년 후 돌아갔다. 그 직후에 최우가 죽고, 최항이 집권하였다.(8),(9)

2문단 몽골의 침입 – 최항 집권기

〈몽골의 침입 ⑤〉		〈결과〉		〈몽골의 침입 ⑥〉
몽골은 1253년에 예쿠를 보내 또 침입해 왔다. 몽골군은 충주성까지 공격했으나, 충주성의 천민들은 끝까지 성을 지켜냈다.(1),(2)	→	남하를 멈춘 몽골군이 개경 인근으로 되돌아온다는 소식을 들은 최항은 강화 협상에 나서기로 했으나 육지로 나오라는 요구는 묵살했다.(3)	→	몽골은 군대를 일단 철수했다가 이듬해인 1254년에 자랄타이로 하여금 다시 침입하게 했다.(4)

3문단 몽골의 침입 – 최의 집권기, 그 이후

〈최항의 죽음〉		〈몽골의 침입 ⑦〉		〈고려의 항복〉
강화도에서 권력을 휘두르던 최항은 집권한 지 9년 만에 죽었고, 최의가 뒤를 이어 집권했다.(1),(2)	→	그해에 자랄타이는 다시금 고려를 침입했는데, 최의가 집권 11개월 만에 죽자 고려가 완전히 항복할 것이라 보고 군대를 철수하였다.(2)	→	고려 정부는 항복 의사를 전달했으며, 이로써 장기간 고려를 괴롭힌 전쟁은 끝날 수 있게 되었다.(3)

합격자의 실전 풀이 순서

발문 읽기 및 문제 유형 파악

항상 발문을 먼저 제대로 읽자. 본 문제는 글에서 알 수 있는 것을 고르는 일치부합·내용추론 유형의 문제이다. 알 수 있는 것을 고르는 문제는 추론할 수 있는 것을 고르는 문제와 같다. 해당 유형은 제시문 내용과 부합하거나 그로부터 추론 가능한 선지가 정답이 되며, 제시문 내용과 상충하거나 그로부터 추론할 수 없는 선지가 오답이 된다. 이 유형에서는 '제시문에 명확한 근거 없음'으로 오답인 선지가 구성되는 경우도 존재하므로 조심해야 한다. 또한, 발문에 ○ 표시를 해놓고 문제를 풀면 옳은 것을 골라야 하는 문제에서 옳지 않은 것을 고르게 되는 실수가 줄어든다. 본 문제와 같은 정보확인유형을 푸는 방법으로는 두 가지가 있다.

❶ 제시문 먼저 읽기

첫 번째로는 처음부터 제시문을 꼼꼼히 읽어 선지 확인을 위해 제시문을 다시 읽는 시간을 단축하는 방법이다. 이 방법의 경우 제시문을 읽는 과정에서 선지에 나올 만한 내용을 주의 깊게 읽고, 복잡한 제시문의 내용을 어느 정도 이해한 후 선지를 읽어야 한다. 이 방법을 사용하면서 시간을 단축하고 싶다면, 문단별로 나누어 한 문단을 꼼꼼히 읽고 그 문단에 상응하는 선지부터 판단하는 방법을 응용할 수 있다. 다만, 첫 번째 방법의 경우 제시문의 내용을 잊어버리면 다시 제시문을 읽게 되어 시간이 낭비되기 때문에 매우 긴 제시문이 있는 문제에는 적합하지 않다. 또한, 문단별로 선지를 확인하는 방식은 문단 간의 정보를 결합해야 하는 선지에는 취약하다는 한계가 있다.

❷ 선지 먼저 읽기

두 번째로는 선지를 읽고 선지에서 필요한 내용을 제시문에서 꼼꼼히 찾아가는 방법이 있다. 두 번째 방법은 제시문 내에서 선지와 일치하는 내용을 찾는 단순 일치부합 문제나 제시문이 매우 긴 경우 또는 제시문의 구조가 깔끔할 때 효과적이다. 그러나 두 번째 방법은 능숙하지 않은 사람이 시험장에서 시도한다면 성공률이 낮다는 한계가 있다. 두 번째 방식을 익숙하게 하기 위해서는 다양한 제시문을 첫 번째 방법처럼 꼼꼼히 분석하는 과정이 필요하다. 다양한 제시문을 접하고 글의 구조를 이해하게 되면 두 번째 방식을 효과적으로 활용할 수 있다.

각자 본인에게 적합한 방법은 다를 수 있다. 두 방법을 모두 시도해보고, 자신에게 맞는 방법을 찾아 풀면 된다.

제시문을 먼저 읽는 풀이의 경우

(1) 제시문 독해
본 문제의 제시문은 시간에 따른 흐름으로 구성되어 구조가 뚜렷하고, 많은 정보가 제공되고 있어 그 내용을 암기하고 있기 어렵다. 따라서 정보확인유형을 푸는 두 가지 방법 중 두 번째 방식으로 푸는 것이 타당하다. 즉, 제시문을 읽으며 가볍게 구조를 파악하고, 핵심키워드에 기호를 표시한다. 이후 제시문을 정리해둔 내용을 바탕으로 선지를 판단한다. 비문학에서 자주 나오는 구조에 주목하자. 해당 지문은 '시간의 흐름에 따른 변화'구조로 되어있다. 이런 구조에서는 시간이 흐름에 따라 어떤 변화나 차이가 생기는지 체크하며 읽도록 하자. 그런데 해당 제시문에서는 시간 흐름의 기준을 '년도'로 보지 말고 몽골의 침략 시기별로 보는 것이 더 낫다. 몽골의 침략 시기에 따라 일어나는 변화와 차이가 더 뚜렷하기 때문이다. 따라서 새로운 몽골의 침략이 있을 때마다 빗금을 그어 앞뒤 내용과 구별할 필요가 있다. 구체적으로는 1문단 (6) 문장과 (8) 문장, 2문단 (4) 문장 앞에 빗금을 긋고 각 몽골의 침략 사건마다 어떠한 일이 일어났는지 주의 깊게 읽는다.

(2) 선지 판단
실수를 방지하기 위해서 선지는 '최항이 집권한 시기에/예쿠가 이끄는 몽골군은/충주성을 공격했으나 점령하지 못했다.' 처럼 되도록 끊어서 판단하는 것이 좋다. 또한, 되도록 제시문으로 돌아가지 않는 편이 좋지만 돌아가야 한다면 구분성이 뚜렷한 키워드를 중심으로 돌아간다. 구분성이 뚜렷한 키워드란 비교적 좁은 부분에 분포하는 키워드를 얘기한다.

선지를 먼저 읽는 풀이의 경우

(1) 선지 읽기

선지의 키워드를 확인하며 읽는다.

① 몽골군, 최우, 다섯 차례, 고려 침입

② 자랄타이, 침입 직전, 최의

③ 김준, 유경, 최의를 죽이고, 고려 국왕

④ 최항, 예쿠, 충주성, 공격했으나 점령 ×

⑤ 실리타, 처인성, 최우, 개경 → 강화도

고려시대 외세의 침입과 관련된 역사 지문으로 추정된다. 사건의 순서를 파악해야 할 것이다. 또한 인물의 이름에 체크하며 읽는 것이 좋을 것이다.

(2) 제시문 독해 및 선지 판단

선지에서 찾은 키워드를 발견하면 그에 표시하며 독해한다. 1문단에 '최우'의 집권기에 발생한 사건들이 제시된다. 문장 (2), (3)을 보면 강화도로 수도를 옮긴 것은 살리타 사망 전이다. ⑤는 옳지 않다.

1문단 전반에서 몽골의 침입은 네 번 등장한다. 2문단 (1)에 다섯 번째 침입이, 이하 몽골의 침입이 (4)에 또 등장한다. 따라서 ①도 옳지 않다.

1문단 (9)에 이어, 2문단은 '최항'의 집권기를 설명한다. 문장 (1), (2)에서 '예쿠'가 충주성까지 공격했으나 끝내 성을 지켜냈음을 알 수 있다. ④가 옳은 선지이다.

나머지 선지는 보지 않고, 정답 선지에 반하는 내용이 2문단 이하에 제시되어 있는지 확인하고 넘어간다. 이하 ④와 상충하는 내용은 없다.

합격자의 시간단축 Tip

Tip ❶ 알 수 없는 선지에 대비

알 수 있는 것을 고르는 문제의 오답 선지 구성 원리는 본문 내용과 상충하는 내용뿐만 아니라 유추할 근거 없음도 포함한다. 유추할 근거가 없는 근거를 찾는 데에 시간을 쓰지 말고 과감하게 다음 선지로 넘어가서 오답 판단을 빠르게 내리도록 하자.

Tip ❷ 시간의 흐름에 따른 구조에 주목

비문학에서 자주 나오는 구조에 주목하자. 제시문은 시간의 흐름에 따른 변화의 구조이며 이 경우 시간의 흐름에 따라 어떤 변화/차이점이 생기는지가 출제 포인트가 된다. 이를 미리 파악한다면 빠르고 정확한 풀이가 가능하다. 또한, 시간의 흐름 기준을 잘 잡아두는 것도 중요한데 해당 지문은 '왕위 변화'도 시간의 변화를 뚜렷하게 보여주기 때문에 '왕위 변화'를 기준으로 삼고 이에 표시를 하며 읽는 것도 좋다.

Tip ❸ 구분성이 뚜렷한 키워드를 활용

제시문으로 돌아가야 한다면 '구분성'이 뚜렷한 키워드를 중심으로 돌아가자. '구분성'이 뚜렷하다는 말은 글 전반에 걸치지 않고 비교적 특정 부분에 존재하는 키워드를 말한다. 이런 키워드를 중심으로 돌아가면 근거를 빠르게 찾을 수 있다. 본 문제에서 구분성이 뚜렷한 키워드로는 장수의 이름, 지역명 등이 있다.

Tip ❹ 선지를 나누어 꼼꼼히 선지를 판단

최근 정보확인문제에서 선지의 앞부분은 옳은 설명이나, 뒷부분이 틀린 설명이어서 오선지를 구성하는 사례가 늘고 있다. 이러한 함정에 넘어가지 않기 위해서는 선지를 빗금으로 전단부와 후단부로 나누어 각각이 옳은 설명에 해당하는지 검토할 필요가 있다. 특히 앞부분이 틀린 설명이고 뒷부분이 옳은 설명인 경우, 이를 옳은 선지로 오인하는 경우가 많다. 따라서 선지의 내용을 여러 부분으로 나누고 하나하나 검토하는 습관을 반드시 들여야 한다.

024 정답 ①

난이도 ●●○

문제유형 비판적 사고 > 빈칸 채우기

접근전략 빈칸 채우기 유형의 문제는 빈칸에 대응되는 내용을 찾아 그것을 근거로 채우도록 한다. 이때 대응되는 내용을 모두 포괄해야만 하며, 대응되는 내용에 비해 너무 좁거나 광범위하면 안 된다. 이때 오답 선지의 구성원리는 대응 내용보다 너무 좁거나 광범위함 또는 근거를 찾을 수 없음이 된다.

다음 글의 빈칸에 들어갈 내용으로 가장 적절한 것은?

(1) 알레르기는 도시화와 산업화가 진행되는 지역에서 매우 빠르게 증가하고 있는데, 알레르기의 발병 원인에 대한 20세기의 지배적 이론은 알레르기는 병원균의 침입에 의해 발생하는 감염성 질병이라는 것이다. (2) 하지만 1989년 영국 의사 S는 이 전통적인 이론에 맞서 다음 가설을 제시했다. [　　　　　　]

▶ 1문단

(1) S는 1958년 3월 둘째 주에 태어난 17,000명 이상의 영국 어린이를 대상으로 그들이 23세가 될 때까지 수집한 개인 정보 데이터베이스를 분석하여, 이 가설을 뒷받침하는 증거를 찾았다. (2) 이들의 가족 관계, 사회적 지위, 경제력, 거주 지역, 건강 등의 정보를 비교 분석한 결과, 두 개 항목이 꽃가루 알레르기와 상관관계를 가졌다. (3) 첫째, 함께 자란 형제자매의 수이다. (4) 외동으로 자란 아이의 경우 형제가 서넛인 아이에 비해 꽃가루 알레르기에 취약했다. (5) 둘째, 가족 관계에서 차지하는 서열이다. (6) 동생이 많은 아이보다 손위 형제가 많은 아이가 알레르기에 걸릴 확률이 낮았다.

▶ 2문단

(1) S의 주장에 따르면 가족 구성원이 많은 집에 사는 아이들은 가족 구성원, 특히 손위 형제들이 집안으로 끌고 들어오는 온갖 병균에 의한 잦은 감염 덕분에 장기적으로는 알레르기 예방에 오히려 유리하다. (2) S는 유년기에 겪은 이런 감염이 꽃가루 알레르기를 비롯한 알레르기성 질환으로부터 아이들을 보호해 왔다고 생각했다.

▶ 3문단

① 알레르기는 유년기에 병원균 노출의 기회가 적을수록 발생 확률이 높아진다.

→ (O) 빈칸의 가설은 알레르기가 감염성 질병이라는 주장을 반박해야 한다.[1문단(1),(2)] 본선지의 가설은 감염원(병원균 노출)이 줄었는데 질병(알레르기 발생)이 늘었다는 것이므로 알레르기가 감염성 질병이라는 주장을 정면으로 반박하는 내용이다. 또한, S가 실시한 실험 결과, 유년기에 겪은 온갖 병균에 의한 잦은 감염이 알레르기성 질환을 막는다고 했으므로[3문단(1)] 이는 병원균 노출의 기회가 적을수록 발생 확률이 높아진다는 주장을 강화하는 근거이다. 따라서 본선지는 빈칸에 들어가기에 적절하다.

② 알레르기는 가족 관계에서 서열이 높은 가족 구성원에게 더 많이 발생한다.

→ (×) S는 손위 형제가 많은 아이, 즉 서열이 높지 않은 아이가 알레르기에 걸릴 확률이 낮았다고 밝힌 후[2문단(6)] 이

에 대한 해석으로 유년기에 겪은 잦은 감염이 장기적으로는 알레르기성 질환으로부터 아이들을 보호해준다고 설명하고 있다.[3문단(2)] 즉, 손위 형제가 많은 아이는 유년기 동안 자신보다 먼저 태어난 형제가 많았음을 바탕으로 해석한 것이다. 따라서 해당 선지는 S가 제시한 두 가지 근거 중 두 번째 근거만을 포괄하고 있으므로 빈칸에 들어가기 적절하지 않다.

③ 알레르기는 성인보다 유년기의 아이들에게 더 많이 발생한다.
→ (×) 제시문에서는 성인의 알레르기 발생 빈도가 언급되어 있지 않다. 따라서 이는 알 수 없는 정보이다.

④ 알레르기는 도시화에 따른 전염병의 증가로 인해 유발된다.
→ (×) S의 이론에서 알레르기와 도시화 간 상관관계는 드러나 있지 않다. 따라서 이는 알 수 없는 정보이다.

⑤ 알레르기는 형제가 많을수록 발생 확률이 낮아진다.
→ (×) 이 문장으로만 보면 맞는 설명이지만, 빈칸에 들어갈 내용은 S의 가설 내 상관관계 항목 두 가지인 형제자매 수와 가족 관계 내 서열을 모두 포함하는 내용이 들어가야 하므로 형제자매 수만을 언급하는 내용은 적절하지 않다. 즉, ②번 선지와 마찬가지로 ⑤번 선지 역시 S가 제시한 두 가지 근거 중 하나만을 포괄하고 있어 빈칸에 들어가기에 적절하지 않다.

제시문 분석

1문단 알레르기에 관한 지배적 이론과 S의 가설

〈알레르기에 관한 지배적 이론〉	↔	〈S의 가설〉
"알레르기는 병원균의 침입에 의해 발생하는 감염성 질병이다."(1)	↔	"알레르기는 유년기에 병원균 노출의 기회가 적을수록 발생 확률이 높아진다." (①번 선지)

2문단 알레르기와 상관관계를 갖는 두 가지 항목

〈알레르기와 상관관계를 갖는 두 가지 항목〉	
〈1. 형제자매의 수〉	〈2. 가족관계에서 차지하는 서열〉
외동으로 자란 아이가 형제가 서넛인 아이에 비해 알레르기에 취약했다.(3),(4)	동생이 많은 아이보다 손위 형제가 많은 아이가 알레르기에 걸릴 확률이 낮았다.(5),(6)

3문단 유년기에 겪는 잦은 감염의 장점

〈S의 주장〉
가족 구성원이 많은 집에 사는 아이들은 그들이 집안으로 끌고 들어오는 온갖 병균에 의한 잦은 감염 덕분에 장기적으로는 알레르기 예방에 오히려 유리하다.(1)

→	〈결론〉	S는 유년기에 겪은 이런 감염이 알레르기성 질환으로부터 아이들을 보호해 왔다고 생각했다.(2)

합격자의 실전 풀이 순서

❶ 발문 제대로 읽기 문제 유형 파악

항상 발문을 먼저 제대로 읽자. 빈칸에 들어갈 내용을 찾는 빈칸추론 문제이다. 빈칸추론 유형은 중심 내용 및 맥락 연결 두 유형으로 나뉜다. 여러 개의 빈칸이 제시문 전체에 분포되어 있거나, 빈칸 두 개가 짝지어 한 문장 내에 병렬적으로 제시된 경우 후자라고 판단할 수 있다. 그러나 이러한 형식적 특징이 없다면 빈칸의 위치만 보고 유형을 바로 파악하기는 어렵다. 다만 빈칸 근처 문장에서 유형의 힌트를 얻을 수 있다.

이 문제의 경우 빈칸은 1문단 마지막 문장이므로 빈칸의 유형 파악을 위해 빈칸의 앞 문장을 본다. '하지만'으로 시작하는 빈칸 앞 문장을 통해 빈칸에 들어갈 내용이 중심 내용이며, 근거가 빈칸 이하에서 제시될 것임을 알 수 있다.

참고로 이러한 주제문 찾기 유형은 주제문을 찾는 방법만 익힌다면 푸는 시간을 획기적으로 단축할 수 있다. 처음 주제문 찾기 유형을 풀 때는 제시문의 첫 문장부터 마지막까지 쭉 독해하면서 빈칸이 포함된 문장, 그 앞뒤 문장을 통해 빈칸에 들어갈 내용에 대한 직간접적 근거를 얻고 이를 통해 정답을 확정하는 연습을 한다. 그러나 이윽고 이 유형이 익숙해진다면 모든 제시문의 내용을 읽을 필요가 없다는 것을 깨달을 것이다. 주로 앞 문단에는 제시문의 제재를 소개하는 정도에 그칠 뿐이기 때문에 과감히 생략하고, 빈칸 앞뒤의 문장과 각 문단의 주요 문장을 통해 주제문을 도출할 수 있게 된다. 이를 위해서는 다양한 제시문을 분석하는 연습이 필수적이다.

❷ 제시문 독해 및 선지 판단

먼저 1문단에서 빈칸의 앞뒤 문장을 읽어보면, 빈칸의 내용이 빈칸 앞의 '전통적인 이론'의 내용과 대립하는 S의 가설임을 확인할 수 있다. 그렇다면 적어도 정답은 앞의 내용과 상충하는 내용이 와야 함을 인지하고 다음 문단을 읽어 나간다.

2문단에서는 S의 가설을 설명한다. 주의 깊게 읽어야 할 내용은 S의 연구를 통해 밝혀낸 꽃가루 알레르기와 두 개 항목의 상관관계이다. 즉 2문단 (3)부터 (6)까지의 문장만 주의 깊게 읽으면 된다.

3문단 (1) 문장에는 S의 주장이 대놓고 명시되어 있다. 빈칸에 들어갈 내용도 S가 주장하는 가설에 해당하므로 빈칸에는 해당 문장과 같은 내용이되, 이를 일반화한 문장이 들어가야 함을 알 수 있다. 이렇게 판단 근거를 설정한다면 정답이 될 수 있는 선지는 ①번밖에 없음을 확인할 수 있다.

❸ 선지 해석

주제문 찾기 유형은 시험장에서는 시간 단축을 위해 옳은 선지만 찾고 틀린 선지는 읽어보지 않아도 된다. 그러나 문제의 복습을 위해 해당 문제의 오답이 되는 선지 구성 원리를 살펴본다면 다음과 같다.

1) 대응하는 내용과 무관한 내용: ③
2) 대응하는 내용에 비해 지나치게 광범위하거나 좁은 내용: ⑤, ②
3) 대응 내용과 상충하는 내용: ④

이 세 가지 오답 구성 원리를 인지하고 오답을 걸러내고 정답을 선택한다.

합격자의 시간단축 Tip

Tip ❶ 빈칸의 근거 범위 확정

빈칸 채우기 문제의 핵심은 빈칸과 대응되는 내용을 최대한 빨리 찾아 그를 근거로 너무 광범위하거나 좁지 않은 범위의 선지를 고르는 것이다. 해당 제시문은 빈칸의 앞 문장에서 빈칸의 내용이 주제문이라는 것을 파악할 수 있다. 주제문을 도출하기 위해 빈칸 이하의 내용이 모두 근거가 되었다. 이 문제와 달리 맥락을 연결하는 내용이 빈칸에 들어간다면, 지문 전체를 읽지 않고 대응되는 근거만 찾아 바로 선지를 고를 수 있는 경우도 있다. 후자의 경우는 빠르게 전부 읽을 필요 없이 빠르게 답을 찍고 넘어간다.

Tip ❷ 선지의 구성 원리 파악

빈칸 채우기 문제의 선지 구성 원리를 미리 알아두면 판단이 빨라진다. 이 경우 오답 선지의 구성 원리는 근거로 삼은 내용과 무관하거나, 지나치게 광범위하거나 좁고 또한 상충하는 경우이다. 이러한 원리를 미리 체득하고 있으면 선지 판단 및 소거가 빨라진다.

Tip ❸ 모든 내용을 포괄하는 주제문 선택

이번 문제의 경우와 같이 하나의 가설의 근거에 대해 두 가지 근거가 제시된 경우 빈칸은 반드시 두 가지 근거를 모두 포괄해야만 한다. 따라서 이를 힌트로 삼아 문제를 푸는 것이 중요하다.

025 정답 ④ 난이도 ●●●

문제유형 법조문형 > 규정확인

접근전략 법규정 유형 중 규정을 바탕으로 〈보기〉에서 옳은 것을 고르는 규정확인문제이다. 법조문 유형을 풀 때는 조문의 구체적인 내용을 독해하는 것보다, 법조문의 구조를 파악한 후 〈보기〉에서 묻고 있는 정보를 찾아 올라가는 형태로 푸는 것이 좋다. 본 문제의 경우, 주어진 재산권을 어떻게 배분하는지는 〈상속〉 외에도 해당 문제에 제시된 공유지분 문제 등으로 문제화될 수 있다. 〈추정〉 〈처분〉 〈귀속〉 등의 법률용어에 유의하며 법조문을 읽어 내려간다. 보기에 선지가 4개 존재하는데, 각각이 요건과 효과를 전부 포함하고 있다는 것에 유의한다.

동산 ×를 甲, 乙, 丙 세 사람이 공유하고 있다. 다음 A국의 규정을 근거로 판단할 때, 〈보기〉에서 옳은 것만을 모두 고르면?

제○○조(물건의 공유) ① 물건이 지분에 의하여 여러 사람의 소유로 된 때에는 공유로 한다.
② 공유자의 지분은 균등한 것으로 추정한다.

제○○조(공유지분의 처분과 공유물의 사용, 수익) 공유자는 자신의 지분을 다른 공유자의 동의 없이 처분할 수 있고 공유물 전부를 지분의 비율로 사용, 수익할 수 있다.

제○○조(공유물의 처분, 변경) 공유자는 다른 공유자의 동의 없이 공유물을 처분하거나 변경하지 못한다.

제○○조(공유물의 관리, 보존) 공유물의 관리에 관한 사항은 공유자의 지분의 과반수로써 결정한다. 그러나 보존행위는 각자가 할 수 있다.

제○○조(지분포기등의 경우의 귀속) 공유자가 그 지분을 포기하거나 상속인 없이 사망한 때에는 그 지분은 다른 공유자에게 각 지분의 비율로 귀속한다.

• 보기 •

ㄱ. 甲, 乙, 丙은 ×에 대해 각자 1/3씩 지분을 갖는 것으로 추정된다.
➜ (○) 제1조 제2항에 따르면 공유자의 지분은 균등한 것으로 추정한다. 공유물 ×를 세 사람이 공유하고 있으므로, 공유자 甲, 乙, 丙 세 사람은 공유물 ×에 대해 각자 1/3의 지분을 갖는 것으로 추정한다.

ㄴ. 甲은 단독으로 ×에 대한 보존행위를 할 수 있다.
➜ (○) 제4조 제2문에 따르면 공유물의 보존행위는 각자가 할 수 있다. 따라서 공유자 甲은 단독으로 공유물 ×에 대한 보존행위를 할 수 있다.

ㄷ. 甲이 ×에 대한 자신의 지분을 처분하기 위해서는 乙과 丙의 동의를 얻어야 한다.
➜ (×) 제2조에 따르면 공유자는 자신의 지분을 다른 공유자의 동의 없이 처분할 수 있다. 따라서 공유자 甲은 공유물 ×에 대한 자신의 지분을 다른 공유자 乙, 丙의 동의 없이 처분할 수 있다.

ㄹ. 甲이 상속인 없이 사망한 경우, ×에 대한 甲의 지분은 乙과 丙에게 각 지분의 비율에 따라 귀속된다.
➜ (○) 제5조에 따르면 공유자가 상속인 없이 사망한 때에는 그 지분은 다른 공유자에게 각 지분의 비율로 귀속한다. 따라서 공유자 甲이 상속인 없이 사망한 경우 그 지분은 다른 공유자 乙과 丙에게 각 지분의 비율로 귀속한다.

① ㄱ, ㄴ ➜ (×)
② ㄴ, ㄷ ➜ (×)
③ ㄷ, ㄹ ➜ (×)
④ ㄱ, ㄴ, ㄹ ➜ (○)
⑤ ㄱ, ㄷ, ㄹ ➜ (×)

합격자의 실전 풀이 순서

❶ 문제 유형 파악

본 문제의 경우 발문에서 '규정'이라는 단어가 있고, 제시문으로 법조문이 주어졌으므로 법조문 유형임을 쉽게 알 수 있다. 특히 법조문 유형 중에서도 규정의 내용을 확인하여 〈보기〉에서 옳은 선지를 고르는 규정확인문제이다. 법조문 유형은 조문의 구체적인 내용을 독해하는 것보다, 법조문의 구조를 파악한 후 선지에서 묻고 있는 정보를 찾아 올라가는 방식으로 푸는 것이 좋다. 법 조문의 구조 파악이란 각 조나 항마다 가로로 길게 선을 그어 조문들을 시각적으로 구분하고, 단서와 괄호에 강조 표시를 하는 것을 의미한다. 더불어 본 문제가 옳은 것을 고르는 문제라는 것을 인지하기 위해 "옳은"이라는 단어에 밑줄이나 동그라미 등 표시를 한다. 또한, 문제에 동산 ×를 甲, 乙, 丙 세 사람이 공유하고 있다는 표현이 등장하므로 이를 바탕으로 조문을 읽는다.

❷ 법조문 구조 분석

구조 분석이란 각 조문의 내용 및 조문 간 관계를 이해하는 것이다. 먼저 법조문 전체를 훑으며 법조문의 구조를 파악한다. 이때 기호를 적절히 활용한다. 조문의 길이가 긴 경우 가로선을 활용하여 각 조를 구별하고, 각 조의 제목이나 조항별 대표적 키워드에 ○ 표시를 한다. '다만'이라는 단어가 나오면 △, '이 경우'라는 단어가 나오면 □ 표시를 해두고, 괄호가 나오면 괄호의 처음과 끝에 별표를 해둔다. 아래의 조문이 위의 조문 일부에 한정된 내용일 경우에는 해당 조문들을 서로 연결하여 표시한다. 이러한 기호들은 선지나 〈보기〉에서 관련 내용을 찾는 이정표 역할을 한다. 법조문의 구조 파악을 통해 선지에 어떤 내용이 나올지도 예상해볼 수 있다.

본 문제는 5개의 조로 구성되어 있다. 모두 '제○○조'로 표기되어 구분이 어렵다면 순서대로 숫자를 매긴다. 조문에 제목이 주어져 있으므로 규정의 구조 파악이 그리 어렵지 않았다. 제1조 제1항은 물건이 공유되는 경우에 관한 규정이며, 제2항은 공유의 지분을 동일하게 한다고 규정하였다. 발문에 제시된 상황을 이해할 수 있다. 현재 세 사람의 동산 × 지분은 균등하다고 추정된다. '여러 사람의 소유', '지분은 균등'이 각 항의 키워드이다.

제2조는 공유자 자신의 지분에 대한 처분, 사용, 수익에 관한 조문이다. 제3조는 공유물의 지분이 아닌 공유물 자체의 처분과 변경에 관한 조문이고, 다른 공유자의 동의 없이는 할 수 없다는 점에서 동의 없이도 가능한 제2조와 대비된다.

제4조는 공유물의 관리와 보존에 관한 조문이다. 제1문의 키워드는 '과반'이다. 제2문이 '그러나'로 시작되는데, '다만'과

같은 뜻이므로 기능상 단서로 볼 수 있다. △표시를 하고 '보존행위'에 체크한다.

제5조는 지분의 포기 또는 사망 시 해당 지분의 귀속에 대한 조문이다. '포기', '사망' 등이 키워드가 될 것이다.

❸ **선지 판단**

문제와 조문을 종합하면 동산 ×는 공유물이고 甲, 乙, 丙은 각각 동산 ×의 공유자이다. 이를 바탕으로 보기를 검토한다. 선지의 내용을 제시문에서 빠르게 찾기 위해서는 법조문의 제목을 활용한다.

보기 ㄱ은 공유의 지분에 대한 내용이므로 제1조와 비교한다. 보기 ㄴ은 공유물의 보존에 대한 내용이므로 제4조와 비교한다. 보기 ㄷ은 공유물의 지분을 처분하는 것에 대한 내용이므로 제2조와 비교한다. 보기 ㄹ은 공유자의 사망에 관한 내용이므로 제5조와 비교한다.

본 문제와 같이 선지가 〈보기〉의 조합으로 구성되는 경우, 하나의 보기를 판단하고 해당 보기와 관련된 선지를 해결한다. 예컨대, 보기 ㄱ은 옳으므로 선지 ②번과 ③번이 제외된다. 보기 ㄴ도 옳으므로 선지 ⑤번이 제외된다. 마지막으로 보기 ㄹ을 처리하여 정답을 도출한다.

합격자의 시간단축 Tip

Tip ❶ 문제의 키워드와 조문의 형태를 통해 문제를 예측

문제에서 '동산'이라는 표현이 등장하며 별다른 〈상황〉이 제시되지 않았으므로 〈보기〉에서 구체적인 상황이 제시될 것임을 파악한다. 그런데 조문의 제목이 제시되어 있으므로 유사한 유형의 문제들과 비교하여 난이도가 낮을 것임을 알 수 있다.

Tip ❷ 법조문의 제목을 활용

법조문형에서 조문 제목이 제시되어 있는 경우, 제목을 중심으로 조문의 구조를 파악하고 선지 판단에 조문의 제목을 활용한다. 선지의 내용을 파악한 후 법조문의 제목을 빠르게 훑어보며 어떤 조문을 참조해야 하는지 판단한다. 특히 해당 제시문의 경우, 보기 ㄷ에서 '공유지분의 처분'과 '공유물의 처분'을 구별하지 못했다면 함정에 빠질 수 있다. 조문 제목을 통해 미리 '처분'이라는 용어가 서로 다른 조문에 반복하여 등장한다는 것을 인지하였다면, 실수를 방지할 수 있었을 것이다.

Tip ❸ 판단이 가능한 선지를 우선 판단

〈보기〉를 ㄱ부터 판단할 때, 바로 정오 판단이 어렵다면 조문으로 돌아가기 전에 ㄴ~ㄹ 중 판단 가능한 것을 먼저 찾아보자. 〈보기〉 하나씩 내용을 찾는 것보다 한두 개의 보기를 먼저 소거하고 선지에서 고른다면 조문을 읽는 시간을 절약할 수 있다.

Tip ❹ 선지에 등장을 예상할 수 있는 부분 파악

〈실전 풀이 순서〉의 〈2. 법조문 구조 분석〉에서 구조를 파악하며 선지에 어떤 내용이 나올지 예상해볼 수 있다고 하였다. 본 법조문에서 선지화를 예상할 수 있는 특징적 부분은 (1)제1조 제2항의 '균등', (2)제2조와 제3조의 대비, (3)제4조의 '그러나' 등이다.

(1)의 경우, 발문에 세 명의 공유 상황이 제시되었는데, 제1조는 이러한 상황에 대한 일종의 정의 조항이므로 주의 깊게 읽어야 한다. 또한 제2항의 '균등'은 수치로 나타내지 않았으나 숫자나 계산과 관련된 부분이므로 특징적이다. (보기 ㄱ)

(2)의 경우, 제2조는 동의가 없어도 가능하지만 제3조는 동의가 없으면 불가능한 것을 규정하여 대비되므로 특징적이다. (보기 ㄷ)

(3)의 경우, 제4조의 '그러나' 이하의 제2문은 단서조항으로 기능하여 특징적이다. (보기 ㄴ)

위와 같은 내용들은 일반적인 비문학 지문에서 선지에 자주 등장하는 부분의 특징과도 유사하다.

Tip ❺ 법조문 유형 풀이의 기본

1. 법조문에 대한 이해

법조문 유형은 선지가 규정과 일치하는지 확인하는 '규정확인' 유형과, 규정의 내용을 예시에 적용하는 '규정적용' 유형으로 나뉜다. 규정적용은 단순 적용의 경우도 있지만 보험료, 인지세 등 계산을 요하는 경우도 있다.

두 유형 모두 기본은 규정을 파악하는 것이기 때문에 기본적인 법조문의 구조에 익숙해지면 법조문 유형의 문제풀이가 비교적 수월해진다. 법조문은 '○○조-○○항-(1, 2, …)호-(가, 나, …)목' 순으로 구성된다.

1) 하나의 '조'는 하나의 주제에 대하여 설명한다. 그 주제는 '○○조' 옆에 괄호로 표시되기도 한다.
2) '항'은 조에서의 주제를 세분화하여 설명할 때 사용한다.
3) '호'는 조와 항 내에서 대상을 나열할 때 사용한다.
4) '목'은 호 내에서 대상을 나열할 때 사용한다.
5) '단서'는 "다만,"으로 시작하며 앞 문장의 주된 내용에 대한 예외를,
6) '후단'은 "이 경우"로 시작되며 주된 내용에 대한 부수적·보완적 사항을 규정할 때 사용한다.
7) 부수적 내용은 괄호로 제시되는 경우도 있다.

법조문 유형은 빠르게 풀기보다는 정확하게 푸는 것을 전략으로 하는 것이 좋다. 상황판단 과목은 모든 문제를 빠르게 푸는 것이 아니라 풀 수 있는 문제와 풀 수 없는 문제를 구분하여 풀어, 푼 문제의 정답률을 높이는 것이 일반적인 접근 방법이다. 난해한 퀴즈 문제와 달리 법조문은 제시문 내에 정답이 있으므로, 꼭 맞춘다는 생각으로 접근하는 것이 좋다.

2. 법조문의 구조를 먼저 파악

일반적인 법조문 유형에서는 제○○조 옆의 괄호 및 키워드로 조문의 구조만을 파악하고, 선지를 판단할 때 세부 내용을 읽는 접근방식을 추천한다. 법조문의 세부 내용을 모두 기억하기 어렵고, 독해에도 시간이 걸리기 때문이다. 어떤 조항에 어떤 내용이 있는지를 파악하고, 세부 조건인 호나 목은 선지에서 묻는 경우 발췌독하는 것이다. 다만 '규정적용' 유형 중 계산형 문제는 계산에 필요한 구체적 내용을 파악하며 조문을 읽어야 한다.

3. 선지에 자주 등장하는 조문의 특징

법조문의 구조를 파악할 때 선지로 등장할만한 부분을 체크한다면 풀이 시간을 단축할 수 있을 것이다. 아래 내용은 주로 선지에 등장하는 내용의 특징과 선지에 등장하는 방식이다. 기출 분석을 통해 빈출 패턴을 익히면 실수를 방지하고 풀이 속도를 높이는 데에 도움이 될 것이다.

- **단서(다만)**: 단서가 적용됨에도 적용하지 않거나, 적용되지 않음에도 적용하여 제시
- **후단(이 경우)이나 괄호(보완 내용)**: 해당 내용을 사례로 제시
- **날짜, 시기, 횟수, 수치 등**: 숫자를 바꾸어 제시
- **어느 하나**: 모든 조건이 적용되는 것으로 제시
- **하부 개념**: 상부 개념과 하부 개념을 바꾸거나, 복수의 하부 개념의 특징을 서로 바꾸어 제시
- **주어**: 행위 주체를 바꾸어 제시
- **술어**: 허가를 신고로, 신고를 허가로 바꾸어 제시
- **재량(임의규정)과 기속(강행규정)**: '할 수 있다'와 '해야 한다'를 바꾸어 제시

026 정답 ④ 난이도 ●○○

문제유형 비판적 사고 > 판단하기

접근전략 해당 유형은 밑줄 친 부분을 수정하는 문제인데, 수정 여부와 어떤 내용으로 수정할지의 근거는 해당 부분이 포함된 문장, 앞뒤 문장, 해당 문단의 주제문이 되니 이들을 근거로 판단하자. 또한, 이들이 포함된 문단 내에서 판단 가능하므로 문단이 끝날 때마다 이들을 판단하러 선지로 돌아가도 좋다. 단, 이미 자연스러운 부분이라고 판단된다면 그냥 넘어가도 좋다.

다음 글의 ㉠~㉤에서 전체 흐름과 맞지 않는 한 곳을 찾아 수정할 때, 가장 적절한 것은?

(1) 상업적 농업이란 전통적인 자급자족 형태의 농업과 달리 ㉠ 판매를 위해 경작하는 농업을 일컫는다. (2) 농업이 상업화된다는 것은 산출할 수 있는 최대의 수익을 얻기 위해 경작이 이루어짐을 뜻한다. (3) 이를 위해 쟁기질, 제초작업 등과 같은 생산 과정의 일부를 인간보다 효율이 높은 기계로 작업하게 되고, 농장에서 일하는 노동자도 다른 산업 분야처럼 경영상의 이유에 따라 쉽게 고용되고 해고된다. (4) 이처럼 상업적 농업의 도입은 근대 사회의 상업화를 촉진한 측면이 있다. ▶ 1문단

(1) 홉스봄은 18세기 유럽에 상업적 농업이 도입되면서 일어난 몇 가지 변화에 주목했다. (2) 중세 말기 장원의 해체로 인해 지주와 소작인 간의 인간적이었던 관계가 사라진 것처럼, ㉡ 농장주와 농장 노동자의 친밀하고 가까웠던 관계가 상업적 농업의 도입으로 인해 사라졌다. (3) 토지는 삶의 터전이라기보다는 수익의 원천으로 여겨지게 되었고, 농장 노동자는 시세대로 고용되어 임금을 받는 존재로 변화하였다. (4) 결국 대량 판매 시장을 위한 ㉢ 대규모 생산이 점점 더 강조되면서 기계가 인간을 대체하기 시작했다. ▶ 2문단

(1) 또한 상업적 농업의 도입은 중요한 사회적 결과를 가져왔다. 점차적으로 ㉣ 중간 계급으로의 수렴현상이 나타난 것이다. (2) 저임금 구조의 고착화로 농장주와 농장 노동자 간의 소득 격차는 갈수록 벌어졌고, 농장 노동자의 처지는 위생과 복지의 양 측면에서 이전보다 더욱 열악해졌다. ▶ 3문단

(1) 나아가 상업화로 인해 그동안 호혜성의 원리가 적용되어왔던 대상들의 성격이 변화하였는데, 특히 돈과 관련된 것, 즉 재산권이 그러했다. (2) 수익을 얻기 위한 토지 매매가 본격화되면서 ㉤ 재산권은 공유되기보다는 개별화되었다. (3) 이에 따라 이전에 평등주의 가치관이 우세했던 일부 유럽 국가에서조차 자원의 불평등한 분배와 사회적 양극화가 심화되었다. ▶ 4문단

※ 호혜성: 서로 혜택을 누리게 되는 성질

① ㉠을 "개인적인 소비를 위해 경작하는 농업"으로 고친다.
→ (×) 상업적 농업은 자급자족 형태의 농업과는 달리 산출할 수 있는 최대의 수익을 얻기 위해 경작이 이루어짐을 뜻한다.[1문단(2)] 따라서 ㉠'판매를 위해 경작하는 농업'은 상업적 농업의 의미와 동일하므로, 수정할 필요가 없다.

② ㉡을 "농장주와 농장 노동자의 이질적이고 사용 관계에 가까웠던 관계"로 고친다.
→ (×) 지주와 소작인 간의 인간적이었던 관계가 사라진 것처럼 상업적 농업의 도입으로 ㉡이 사라졌다고 했으므로, ㉡에는 인간적인 관계와 유사한 말이 들어가야 한다. 따라서 기존의 ㉡'농장주와 농장 노동자의 친밀하고 가까웠던 관계'는 해당 의미와 일치해 수정할 필요가 없다.

③ ㉢을 "기술적 전문성이 점점 더 강조되면서 인간이 기계를 대체"로 고친다.
→ (×) 농장 노동자는 시세대로 고용되어 임금을 받는 존재로 고용되었다고 했다.[2문단(3)] 또한, 대량판매시장을 위한다고 밑줄 앞 부분에서 말하고 있으므로[2문단(4)] 기술적 전문성이 아니라 대규모 생산이 점점 더 강조되었음을 알 수 있다. 즉 ㉢에는 인간보다 기계가 대규모 생산에 적합하므로 수정할 필요가 없다.

④ ㉣을 "계급의 양극화가 나타난 것이다."로 고친다.
→ (○) 상업적 농업의 도입으로 저임금 구조가 고착화되어 농장주와 농장 노동자 간의 소득 격차가 갈수록 벌어졌다고 했다.[3문단(2)] 이는 곧 계급의 양극화가 극심해졌다는 뜻이다. 계급의 양극화가 심해졌다는 것은, 중간 계급의 존재가 많이 사라졌다는 것을 의미하므로, 중간 계급으로의 수렴현상이 나타났다는 밑줄 친 부분의 내용은 문맥에 맞지 않으며, 해당 선지와 같이 수정하는 것이 더 적합하다.

⑤ ㉤을 "재산권은 개별화되기보다는 사회 구성원 내에서 공유되었다."로 고친다.
→ (×) 농업의 상업화로 인해 이전에 평등주의 가치관이 우세했던 일부 유럽 국가에서조차 자원의 불평등한 분배와 사회적 양극화가 심화되었다고 했다.[4문단(3)] 또한, 모두가 혜택을 누리는 '호혜성의 원리'가 적용됐던 재산권의 성격이 달라졌고[4문단(1)], 수익을 위한 토지매매가 본격화되었다[4문단(2)]는 것을 보아 ㉤에는 기존처럼 '재산권이 개별화되었다'는 설명이 적합하며 수정할 필요가 없다.

제시문 분석

1문단 상업적 농업의 의미와 이로 인한 결과

〈의미〉		〈영향〉		〈결과〉
상업적 농업이란 판매를 위해 경작하는 농업을 일컫는다.(1)	→	이를 위해 생산 과정의 일부를 인간보다 효율이 높은 기계로 작업하게 되고, 농장 노동자도 쉽게 고용되고 해고된다.(3)	→	상업적 농업의 도입은 근대 사회의 상업화를 촉진한 측면이 있다.(4)

2문단 인간관계의 변화

〈상업적 농업의 도입으로 인한 변화 ①〉
농장주와 농장 노동자의 친밀하고 가까웠던 관계가 사라졌다.(2)

〈토지〉	삶의 터전이라기보다는 수익의 원천으로 여겨지게 되었다.(2)
〈농장 노동자〉	시세대로 고용되어 임금을 받는 존재로 변화하였다.(3)

→ 〈결과〉 결국 대량 판매 시장을 위한 대규모 생산이 점점 더 강조되면서 기계가 인간을 대체하기 시작했다.(4)

3문단 사회구조의 변화

〈상업적 농업의 도입으로 인한 변화 ②〉
점차적으로 계급의 양극화가 나타났다.(④번 선지)

→ 〈결과〉 저임금 구조의 고착화로 농장주와 농장 노동자 간의 소득 격차는 갈수록 벌어졌고, 농장 노동자의 처지는 더욱 열악해졌다.(2)

4문단 가치관의 변화

〈상업적 농업의 도입으로 인한 변화 ③〉
재산권은 공유되기보다는 개별화되었다.(2)

➜ 〈결과〉	이전에 평등주의 가치관이 우세했던 일부 유럽 국가에서조차 자원의 불평등한 분배와 사회적 양극화가 심화되었다.(3)

합격자의 실전 풀이 순서

❶ 발문을 읽고 문제의 유형 파악

항상 발문을 먼저 제대로 읽자. 해당 문제는 전체 흐름과 맞지 않는 문장을 수정하는 유형이다. 이 유형을 푸는 방식은 기본적으로 문단별로 빈칸이 있는 문제의 풀이법과 유사하다. 문단별 빈칸문제는 빈칸에 앞, 뒤 맥락을 연결하는 내용이 들어가므로 빈칸이 포함된 문장, 앞뒤 문장, 문단의 주제문을 통해 직간접적 근거를 얻을 수 있다. 해당 문제와 같은 유형도 동일한 방법으로 밑줄의 앞, 뒤 문장을 근거로 내용이 잘못됐음을 확인하고 그를 수정할 수 있다.

또한, 해당 문제는 하나의 문단이 끝날 때마다 선지 판단을 할 수 있으므로, 선지를 읽으면서 문제를 풀면 시간을 절약할 수 있다. 다만, 밑줄 부분 중에서도 선지에 내려가지 않더라도 수정하지 않아도 되는 것이 확실한 경우 굳이 선지로 내려가 판단할 필요는 없다.

❷ 제시문 읽기와 선지 판단

밑줄의 앞뒤 문장을 읽어보며 밑줄 친 내용의 타당성을 담보하는 '키워드'를 찾는 방법으로 흐름에 맞는지 판단한다. 밑줄 앞과 뒤에서 근거를 찾아 타당한지 판단했다면, 나머지 문장은 읽지 않고 다음 밑줄로 넘어간다.

㉠의 경우 밑줄 친 부분의 바로 뒤 문장을 보면 '농업이 상업화된다는 것'이라는 키워드가 나온다. 밑줄 친 내용의 '판매를 위해 경작하는 농업'은 곧 농업의 상업화를 의미하는 것이므로 ㉠은 타당하다.

㉡의 경우 밑줄의 바로 앞 문장을 보면 '인간적이었던 관계'라는 키워드가 나온다. 인간적이었던 관계란 친밀하고 가까웠던 관계와 일맥상통하므로 ㉡역시 타당하다.

㉢의 경우 밑줄의 바로 앞을 보면 '대량 판매 시장'이라는 키워드가 나온다. 대량 판매를 위해서는 대규모 생산이 필요하므로 ㉢의 전반부 흐름이 매끄러움을 알 수 있다. 또한, 1문단 (3) 문장을 보면 '생산 과정의 일부를 인간보다 효율이 높은 기계로 작업하게 된다.'라는 내용이 나온다. 즉 ㉢의 후반부인 기계가 인간을 대체한다는 표현 역시 타당하다.

㉣의 경우 밑줄의 뒤 문장을 보면 '농장주와 농장 노동자 간의 소득 격차가 갈수록 벌어졌다.'라는 내용이 나온다. 이는 ㉣의 밑줄 친 부분인 수렴 현상과 반대되는 내용이다. 즉, ㉣ 선지가 어색하며 그 내용은 양극화로 변경되어야 한다. 따라서 이 ④번이 답임을 알 수 있다.

㉤의 경우 실전에서는 답이 앞에서 나왔으므로 풀지 않는 것이 시간 절약에 도움이 된다. 그러나 시간을 줄이기 위한 전략적 목적으로 뒤에서부터 풀기 시작한다면 ㉤의 타당성을 검토해야 한다. ㉤의 경우 밑줄의 뒤 문장을 보면 '불평등한 분배와 사회적 양극화'라는 키워드가 나온다. 해당 키워드는 재산권이 개별화된다는 ㉤의 밑줄 친 부분과 매끄럽게 이어지므로 ㉤은 타당하다.

합격자의 시간단축 Tip

Tip ❶ 밑줄 친 부분 수정 문제의 근거 범위 확정

밑줄 친 부분을 수정해야 하는 해당 문제 유형에서는 어디를 근거 삼아 판단해야 할지 확정해 두는 것이 문제 풀이의 정확도와 속도에 도움이 되는데 불필요한 부분은 읽지 않아도 되기 때문이다. 이러한 유형은 문단마다 빈칸이 있는 문제처럼 밑줄 친 부분이 포함된 문장, 앞뒤 문장, 문단의 주제가 직간접적 근거가 된다. 본 문제의 경우 밑줄 앞뒤의 키워드만으로도 빠르게 문제를 풀 수 있다.

Tip ❷ 자연스러운 부분의 선지 검토 생략

해당 유형의 밑줄 친 부분이 모두 수정되어야 하는 것은 아니다. 앞서 말했듯 밑줄 부분이 포함된 문장, 앞뒤 문장, 문단 주제에 비추어 자연스럽다면, 고칠 필요가 없는 내용이라 생각하고 이하 내용은 읽지 않고 바로 다음 문단으로 넘어가자.

Tip ❸ 곧바로 선지 판단을 함으로써 시간 단축

해당 문제의 경우 제시문의 모든 내용을 읽어야만 선지를 판단할 수 있는 유형이 아니다. 이러한 문제의 경우 시간을 단축할 수 있는 대표적 문제 유형에 해당한다. 따라서 처음 제시문을 읽으면서 곧바로 선지 파악을 하는 전략을 채택할 수 있다.

027 정답 ③

난이도 ●○○

문제유형 사실적 이해 > 정보 확인

접근전략 알 수 있는 것을 고르는 문제의 정답 선지는 제시문 내용과 부합하거나 그로부터 추론할 수 있는 경우이고 오답 선지는 제시문 내용과 상충하거나 그로부터 추론할 수 없는 경우이다. 제시문을 처음부터 끝까지 읽으며 잘 이해하고 선지로 자주 나오는 정보를 미리 파악하여 표시해두면서 읽으며 빠르게 선지들을 파악하자. 특정 구조에서 선지로 자주 구성되는 내용은 항상 있기 마련이다.

다음 글에서 알 수 있는 것은?

(1) 공동의 번영과 조화를 뜻하는 공화(共和)에서 비롯된 공화국이라는 용어는 국가라는 정치 공동체 전체를 위해 때로는 개인의 양보가 필요할 수 있음을 전제하고 있다는 점에서 사회적 공공성 개념과 연결된다. (2) 이미 1919년 임시정부가 출범하면서 '민주공화국'이라는 표현이 등장하였고 헌법 제1조에도 '대한민국은 민주공화국'이라고 명시되어 있지만, 분단 이후 북한도 '공화국'이라는 용어를 사용함에 따라 한국에서는 이 용어의 사용이 기피되었다. (3) 냉전 체제의 고착화로 인해 반공이 국시가 되면서 '공화국'보다는 오히려 '자유민주주의'라는 용어가 훨씬 더 널리 사용되었는데, 이때에도 민주주의보다는 자유가 강조되었다.

▶ 1문단

(1) 그런데 해방 이후 한국 사회에 널리 유포된 자유의 개념은 대체로 서구의 고전적 자유주의 전통에서 비롯된 것이다. (2) 이 전통에서 보자면, 자유란 '국가의 강제에 대립하여 자신의 사유재산권을 자기 마음대로 행사할 수 있는 것'을 의미한다. (3) 이 같은 자유 개념에 기초하고 있는 자유민주주의에서는 개인의 자유를 강조할수록 사회적 공공성은 약화될 수밖에 없다.

▶ 2문단

(1) 자유민주주의가 1960년대 이후 급속히 팽배하기 시작한 개

인주의와 결합하면서 사회적 공공성은 더욱 후퇴하였다. (2) 이 시기 군사정권이 내세웠던 "잘 살아보세."라는 표어는 우리 공동체 전체가 다 함께 잘 사는 것이라기보다는 사실상 나 또는 내 가족만큼은 잘 살아보자는 개인적 욕망의 합리화를 의미했다. (3) 그 결과 공동체 전체의 번영을 위한 사회 전반의 공공성이 강화되기보다는 사유 재산의 증대를 위해 국가의 간섭을 배제해야 한다는 논리가 강화되었던 것이다. ▶ 3문단

① 한국 사회에서 자유민주주의라는 용어는 공화국의 이념을 충실하게 수용한 것이다.

→ (×) 공화국의 이념은 사회적 공공성과 연관되는데[1문단(1)] 우리나라의 자유민주주의에서는 '자유'가 강조되었고[1문단(3)] 이로 인해 사회 전반의 공공성이 약화된다.[2문단(3)] 그러므로 '자유'와 '공화국'은 대립하는 용어이므로 오답이다.

② 임시 정부에서 민주공화국이라는 용어를 사용한 것은 자유주의 전통에 따른 것이다.

→ (×) 임시 정부에서 민주공화국이라는 용어를 사용한 것은 맞으나[1문단(2)], 이것이 자유주의 전통에 따른 것인지는 알 수 없다. 자유주의 전통에 따라 한국에서 널리 유포된 개념은 '자유'이다.[2문단(1)] 그리고 지문에서는 자유와 공화국을 대립시키고 있기에 자유주의 전통에 따라 민주공화국이란 용어를 사용했다고 보는 것은 옳지 않다. 또한, 제시문에서 다루는 고전적 자유주의는 자유주의의 분파에 해당하므로 더 작은 개념이다. 따라서 선지의 자유주의 전통을 고전적 자유주의의 전통과 동일시하면 안 된다.

③ 고전적 자유주의에서 비롯된 자유 개념을 강조할수록 사회적 공공성이 약화될 수 있다.

→ (O) 고전적 자유주의 전통에서 자유란, '국가의 강제에 대립하여 자신의 사유 재산권을 자기 마음대로 행사할 수 있는 것'을 의미한다.[2문단(2)] 이러한 개념을 강조할수록 공동체를 개인보다 우선순위에 두는 사회적 공공성은 약화될 수밖에 없다.[2문단(3)]

④ 반공이 국시가 된 이후 국가 공동체에 대한 충성을 강조한 결과 공공성에 대한 관심이 증대되었다.

→ (×) 반공이 국시가 되면서 '공화국'보다는 '자유민주주의'라는 용어가 훨씬 더 널리 사용되었다.[1문단(3)] 그러나 한국의 자유민주주의는 고전적 자유주의 전통에서 비롯된 것으로, 이를 강조할수록 사회적 공공성은 약화될 수밖에 없다.[2문단(3)] 따라서 반공이 국시가 된 이후 국가 공동체에 대한 충성보다는 개인의 자유를 강조했고, 그 결과 사회적 공공성은 약화되었다.

⑤ 1960년대 이후 개인주의와 자유민주주의의 결합은 공동체 전체의 번영이라는 사회적 결과를 낳았다.

→ (×) 공동체의 번영을 낳았다는 이야기는 사회전반의 공공성이 강화되었다는 말과 같은 의미이다. 그러나 1960년대 이후 자유민주주의와 개인주의의 결합은 공동체 전체의 번영이 아닌, 개인 사유 재산의 증대를 위한 국가 간섭의 배제 논리의 강화로 이어졌다.[3문단(3)] 이는 사회적 공공성의 후퇴라는 사회적 결과를 낳았기에[3문단(1)] 해당 선지의 내용과 반대된다.

제시문 분석

1문단 한국 사회에서의 '자유'민주주의 용어 성립

〈임시정부〉		〈분단 이후〉		〈냉전 체제 고착화〉
1919년 임시정부가 출범하면서 '민주공화국'이라는 표현이 등장하였고 헌법 제1조에도 '대한민국은 민주공화국'이라고 명시되어 있다.(2)	→	분단 이후 북한도 '공화국'이라는 용어를 사용함에 따라 한국에서는 이 용어의 사용이 기피되었다.(2)	→	냉전 체제의 고착화로 인해 반공이 국시가 되면서 '공화국'보다는 '자유민주주의'라는 용어가 훨씬 더 널리 사용되었는데, 이때에도 민주주의보다는 자유가 강조되었다.(3)

2문단 한국 사회에서의 '자유'의 개념

〈해방 이후 한국 사회의 '자유'의 개념〉
서구의 고전적 자유주의 전통(1)

↓

자유란, 국가의 강제에 대립하여 자신의 사유 재산권을 자기 마음대로 행사할 수 있는 것(2)

→	〈결과〉	이 같은 자유 개념에 기초하고 있는 자유민주주의에서는 사회적 공공성이 약화될 수밖에 없다.(3)

3문단 자유민주주의와 개인주의의 결합

〈자유민주주의와 개인주의의 결합〉
자유민주주의가 1960년대 이후 개인주의와 결합하면서 사회적 공공성은 더욱 후퇴하였다.(1)

〈당시 사회적 표어: "잘 살아보세"〉		〈결과〉
우리 공동체 전체가 다 함께 잘 사는 것이라기보다는 사실상 개인적 욕망의 합리화를 의미했다.(2)	→	사회 전반의 공공성이 강화되기보다는, 사유 재산의 증대를 위해 국가의 간섭을 배제해야 한다는 논리가 강화되었다.(3)

합격자의 실전 풀이 순서

발문 제대로 읽기 및 문제 유형 파악

항상 발문을 먼저 제대로 읽자. 본 문제는 글에서 알 수 있는 것을 고르는 일치부합·내용추론 유형의 문제이다. 해당 유형은 정보 확인 유형의 일종으로, 제시문 내용과 부합하거나 그로부터 추론 가능한 선지가 정답이 되며, 제시문 내용과 상충하거나 그로부터 추론할 수 없는 선지가 오답이 된다.

본 문제와 같은 정보 확인 유형을 푸는 방법으로는 두 가지가 있다.

❶ 제시문 먼저 읽기

첫 번째로는 처음부터 제시문을 꼼꼼히 읽어 선지 확인을 위해 제시문을 다시 읽는 시간을 단축하는 방법이다. 이 방법의 경우 제시문을 읽는 과정에서 선지에 나올 만한 내용을 주의 깊게 읽고, 복잡한 제시문의 내용을 어느 정도 이해한 후 선지를 읽어야 한다. 이 방법을 사용하면서 시간을 단축하고 싶다면, 문단별로 나누어 한 문단을 꼼꼼히 읽고 그 문단에 상응하는 선지부터 판단하는 방법을 응용할 수 있다. 다만, 첫 번째 방법의 경우 제시문의 내용을 잊어버리면 다시 제시문을 읽게 되어 시간이 낭비되기 때문에 매우 긴 제시문이 있는 문제에

는 적합하지 않다. 또한, 문단별로 선지를 확인하는 방식은 문단 간의 정보를 결합해야 하는 선지에는 취약하다는 한계가 있다.

❷ 제시문 구조 파악 후 선지 먼저 읽기

두 번째로는 제시문의 구조와 키워드만 빠르게 파악한 후, 선지를 읽고 선지에서 필요한 내용을 다시 제시문에서 꼼꼼히 찾아가는 방법이 있다. 두 번째 방법은 제시문이 매우 긴 경우 또는 제시문의 구조가 깔끔할 때 효과적이다. 그러나 두 번째 방법은 능숙하지 않은 사람이 시험장에서 시도한다면 성공률이 낮다는 한계가 있다. 두 번째 방식을 익숙하게 하기 위해서는 다양한 제시문을 첫 번째 방법처럼 꼼꼼히 분석하는 과정이 필요하다. 다양한 제시문을 접하고 글의 구조를 이해하게 되면 두 번째 방식을 효과적으로 활용할 수 있다.

각자 본인에게 적합한 방법은 다를 수 있다. 두 방법을 모두 시도해보고, 자신에게 맞는 방법을 찾아 풀면 된다.

제시문을 먼저 읽는 풀이의 경우

(1) 제시문 독해

① 본 문제를 앞서 제시한 두 가지 풀이 방법 중 두 번째 방법으로 풀어보도록 하자.

1문단은 '공화국'이라는 용어와 관련하여 '사회적 공공성'의 개념을 제시하며, 임시정부 이래 한국의 정치체제를 지칭하는 단어가 '민주공화국'에서 '자유민주주의'로 변화하며 '민주주의'보다 '자유'가 강조되었다고 설명한다. 1문단을 읽으며 '사회적 공공성' 및 '공화'의 개념 및 '사회적 공공성－공화국', '자유－자유민주주의'의 연관 관계를 파악할 수 있다.

2문단은 해방 이후 유포된 서구 고전적 자유주의에 기반한 '자유'의 개념을 제시하고, 자유민주주의에서 '개인의 자유'의 강조가 '사회적 공공성'의 약화를 유발한다고 설명한다. 2문단을 읽으며 '자유'의 개념 및 '자유'와 '사회적 공공성'과의 대립 관계를 파악할 수 있다.

3문단은 1960년대 이후 자유민주주의의 확장이 한국의 '사회적 공공성'을 더욱 후퇴시켰음을 설명한다. 2문단의 연장선에 있는 내용이다.

② 본 문제의 경우 구조가 강조되기보다는 시간의 흐름에 따른 키워드가 강조되는 문제이다. 따라서 처음 제시문을 읽을 때 키워드에 동그라미나 세모 등 표시를 하며 읽는 방법이 효과적이다. 키워드로 삼을 만한 단어들은 반복되는 단어, 시간의 흐름을 알려주는 표현, 숫자, 제시문에서 강조되는 주요 개념, 책의 제목 또는 사람의 이름 등이 있다.

본 문제를 예시로 들어보면 1문단의 키워드로는 (1) 문장의 '사회적 공공성', (2) 문장의 '1919년', '임시정부', '민주공화국', (3) 문장의 '냉전 체제', '반공', '자유민주주의'가 될 수 있다.

2문단의 키워드로는 (1) 문장의 '해방', '고전적 자유주의'를 찾을 수 있고 3문단의 키워드로는 (1) 문장의 '1960년대', '개인주의'를 찾을 수 있다.

③ 키워드를 찾는 눈을 기르기 위해서는 다양한 제시문을 읽으며 자신만의 기준으로 키워드를 찾는 연습을 해야 한다. 만약 키워드를 찾는 것이 어렵다면 반복되는 단어, 책의 제목, 사람의 이름, 숫자를 먼저 찾아봄으로써 연습할 수 있다. 더불어 선지에 나올만한 내용을 생각하면서 제시문을 읽는 방법도 효과적이다. 선지로 자주 등장하는 부분들의 예시는 다음의 시간단축 tip을 참고하기 바란다.

아래는 키워드를 기호로 표시하는 독해의 예시이다.

> 공동의 번영과 조화를 뜻하는 공화(共和)에서 비롯된 공화국이라는 용어는 국가라는 정치 공동체 전체를 위해 때로는 개인의 양보가 필요할 수 있음을 전제하고 있다는 점에서 사회적 공공성 개념과 연결된다. 이미 1919년 임시정부가 출범하면서 민주공화국이라는 표현이 등장 … 분단 이후 … 반공이 국시가 되면서 '공화국'보다는 오히려 '자유민주주의'라는 용어가 훨씬 더 널리 사용되었는데, 이때에도 민주주의보다는 자유가 강조되었다. ▶ 1문단
>
> 그런데 해방 이후 … 자유란 '국가의 강제에 대립하여 자신의 사유 재산권을 자기 마음대로 행사할 수 있는 것'을 의미한다. 이 같은 자유 개념에 기초하고 있는 자유민주주의에서는 개인의 자유를 강조할수록 사회적 공공성은 약화될 수밖에 없다. ▶ 2문단
>
> 자유민주주의가 1960년대 이후 급속히 팽배하기 시작한 개인주의와 결합하면서 사회적 공공성은 더욱 후퇴하였다. 이 시기 군사정권이 … 공동체 전체의 번영을 위한 사회 전반의 공공성이 강화되기보다는 사유 재산의 증대를 위해 국가의 간섭을 배제해야 한다는 논리가 강화되었던 것이다. ▶ 3문단

(2) 선지 판단

제시문의 키워드를 표시하고 선지로 내려온 후에는 선지에 있는 키워드가 제시문에서 어느 위치에 있는지 파악해야 한다.

①번 선지의 경우 '자유민주주의'라는 키워드를 발견할 수 있다. 이는 1문단 (3) 문장에서 파악한 키워드이다. 본 문장의 내용을 통해 ①번 선지의 내용이 틀렸음을 알 수 있다. 한편 '자유민주주의'라는 키워드가 1문단 (3) 문장 외에도 여러 번 제시되기 때문에 선지를 풀기 위한 제시문의 위치를 바로 찾기 어려울 것이라는 우려가 있을 수 있다. 그러나 선지는 '자유민주주의'가 '공화국의 이념'을 수행한 것인지 묻는다. '공화국의 이념'은 1문단에 등장하며, 마지막 문장에서 둘의 대립 관계를 알 수 있다. 제시문 독해를 통해 '사회적 공공성－공화국', '자유－자유민주주의' 간 연관 및 대립 관계를 이미 파악했으므로 어렵지 않게 정오를 판단할 수 있다. 이처럼 제시문의 키워드를 찾을 때 이미 제시문의 내용과 흐름을 어느 정도 숙지하였다면 키워드가 반복되더라도 내용을 찾는 데에 무리가 없다. 그래도 우려스럽다면, 키워드가 반복될 경우 앞에서부터 키워드가 들어간 문장의 내용을 확인한다는 식으로 자신만의 법칙을 만들어 놓을 필요가 있다.

②번 선지의 경우 '임시 정부'라는 키워드가 제시되어 있다. 이 키워드는 1문단 (2) 문장에서 표시해두었다. 해당 문장을 읽어보면 선지의 내용을 알 수 없음을 파악할 수 있다. 혹여 뒤 내용에 임시 정부와 관련된 내용을 놓치지 않았는지 확인하기 위해, 제시문에 '임시 정부'라는 단어가 다시 나오는지 빠르게 훑어볼 필요가 있다.

③번 선지의 경우 '고전적 자유주의'라는 키워드가 나온다. 이 키워드는 2문단 (1) 문장에 있다. 다만 2문단 전체가 '고전적 자유주의'에 관한 부연설명이므로 해당 문장뿐만 아니라 2문단 전체의 내용을 읽고 선지를 판단해야 한다. 2문단의 중심 내용이므로 옳은 선지임을 알 수 있다.

④번 선지의 경우 시간의 흐름을 나타내는 '반공'과 주요 개념인 '자유민주주의'가 키워드가 된다. 해당 키워드들은 모두 1문단 (3) 문장에 있다. 그러나 1문단 (3) 문장만으로는 해당 선지의 판단을 할 수 없는데, 이러한 경우에는 '자유민

주주의'라는 키워드가 들어간 다른 문장들을 살펴볼 필요가 있다. 그 결과 2문단 (3) 문장에서 ④번 선지의 판단 근거를 찾을 수 있다. 다만 1문단 (3) 문장이 '자유'가 더 강조되었다고 서술하고 있으므로, 제시문을 이해했다면 그와 대립 관계인 '공공성'에 대한 관심이 증대되지 않았다고 판단할 수 있다.

⑤번 선지의 경우 '1960년대', '개인주의'가 키워드가 된다. 이는 3문단에 있는 키워드이므로 3문단에서 ⑤번 선지의 판단 근거를 찾을 수 있다. '공동체 전체의 번영'은 '사회적 공공성'의 설명이므로 옳지 않다.

선지를 먼저 읽는 풀이의 경우

(1) 선지 읽기

선지의 키워드를 확인하며 읽는다.

① 한국, 자유민주주의, 공화국의 이념
② 임시 정부, 민주공화국, 자유주의 전통
③ 고전적 자유주의, 자유 개념, 사회적 공공성, 약화
④ 반공, 공동체 충성, 공공성 관심, 증대
⑤ 1960년대 이후, 개인주의, 자유민주주의, 공동체 번영

자유민주주의, 민주공화국 등 정치체제와 자유, 공공성 등의 특징과 관계를 파악하며 읽어야 함을 알 수 있다.

(2) 제시문 독해 및 선지 판단

1문단 (1), (2) 문장에서 공화국, 사회적 공공성, 임시정부 등의 키워드를 찾을 수 있다. ②에 대한 근거는 찾을 수 없다. 그러나 이하에 관련 내용이 나올 수 있으므로 바로 소거하지는 않는다.

1문단 (3) 문장에서 반공, 공화국, 자유민주주의 등의 키워드를 찾을 수 있다. ①, ④와 관련이 있으나 명확한 판단 근거는 부족하므로 판단을 보류하고 2문단을 읽는다.

2문단에서 고전적 자유주의, 사회적 공공성이라는 키워드를 찾을 수 있다. ③이 2문단의 내용과 부합하므로 정답이다. 정답이 명확하지만 시간이 부족하지 않다면 오답의 근거를 추가로 찾아도 된다. 2문단까지 읽으면 자유민주주의와 사회적 공공성, 그와 연결되는 공화국의 이념이 대립함을 알 수 있다. ①은 소거된다.

3문단에서 1960년대, 개인주의 등의 키워드를 찾을 수 있다. (3)에 '공동체 전체의 번영을 위한 사회 전반의 공공성이 강화되기보다는'이라는 표현에서 ⑤가 오답임을 알 수 있다. 글 전체를 읽었으나 ②, ④가 옳다는 근거를 찾을 수 없다.

합격자의 시간단축 Tip

Tip ❶ 글의 중심 내용을 파악

일치부합, 내용추론 문제에서도 이 문제와 같이 글의 중심 내용을 알면 쉽게 답을 고를 수 있는 경우가 있다. 또한, 중심 내용을 기준으로 글을 읽으면 세부적인 내용의 이해도 쉽다. 따라서 세부적인 내용에 집중하기 이전에 중심 내용이 무엇인지 파악하는 것이 중요하다. 한 문단을 읽으며 중심 내용을 찾는 연습이 필요하다. 더불어 제시문에 나타나는 개념의 정의를 명확히 알아야 한다. 이 문제의 제시문은 '사회적 공공성'과 '자유'의 개념을 제시하고 있다.

Tip ❷ 제시문의 구조 파악

제시문을 처음 읽을 때 모든 내용을 암기하기보다는 구조와 키워드를 파악하며 빠르게 읽고, 선지에서 요구하는 키워드를 제시문에서 찾아가는 방법을 활용하면 시간을 단축하면서 독해의 정확성을 높일 수 있다. 구조 파악이란 제시문의 흐름을 파악하는 것을 의미한다. 예컨대 주요 주장이 먼저 제시되고 이후에 주요 주장에 대한 근거 1, 근거 2 순으로 제시될 수 있다. 또는 갑의 주장이 제시된 후 을이 이에 대해 반박하는 순서로 글이 구성될 수 있다. 구조를 빠르게 파악하기 위해서는 다양한 제시문들의 구조를 시간을 들여 꼼꼼히 분석하는 연습이 필요하다.

Tip ❸ 독해 시 키워드 표시

제시문의 키워드로는 중심 내용에 포함되는 개념, 반복되는 단어, 시간의 흐름을 알려주는 표현, 숫자, 제시문에서 강조되는 주요 개념, 책의 제목 또는 사람의 이름 등이 될 수 있다. 키워드는 선지에서 필요한 정보를 제시문에서 빠르게 찾도록 도와주므로 동그라미, 세모, 네모, 괄호 등 눈에 잘 띄는 형태로 표시해둘 필요가 있다. 키워드 찾기 연습 또한 다양한 제시문의 분석이 필요하다. 비교적 찾기 쉬운 책의 제목, 사람의 이름부터 키워드로 삼는 연습을 하면 자신만의 키워드 찾기 기준이 잡힐 것이다.

Tip ❹ 선지에 나올 만한 내용에 주목

제시문을 읽는 실력이 향상된다면, 제시문의 내용을 단지 수용하는 단계에서 나아가 선지에 나올 만한 내용을 적극적으로 모색하는 단계로 나아갈 수 있다. 예컨대,

(1) 글쓴이가 부정하는 사실들은 긍정하는 내용으로 뒤집어서 자주 오답 선지로 구성되므로 괄호와 같은 기호로 표시해두자.
보통 이는 'A가 아니라 B', A라기보다는 B'와 같은 식으로 나타난다. 제시문에서는 1문단 (3)에 '공화국보다는~', 3문단 (2)에 '잘 사는 것이라기보다는~'과 같은 부분이 존재한다.

(2) 제시문 내에서 비교되는 개념 또한 선지로 자주 등장한다.
A와 B가 대비될 때, A의 특징으로 B의 특징을 제시하는 등으로 선지가 구성될 수 있다. 이 글에서는 '사회적 공공성'과 '자유'가 대비되어 제시된다.

(3) 앞의 내용과 대비되는 내용이 전개되면 선지로 등장하기 쉽다.
'하지만', '그러나', '그럼에도' 등과 같은 역접 접속사가 등장하면 그 뒤의 내용에 주목하자.

이 밖에도 기출문제 분석을 통해 자주 선지화되는 부분을 발견한다면 정리해두고 독해에 활용할 것을 추천한다.

028 정답 ⑤ 난이도 ●○○

문제유형 사실적 이해 > 정보 확인

접근전략 알 수 있는 것을 고르는 문제의 정답 선지는 제시문 내용과 부합하거나 그로부터 추론할 수 있는 경우이고 오답 선지는 제시문 내용과 상충하거나 그로부터 추론할 수 없는 경우이다. 제시문을 처음부터 끝까지 읽으며 잘 이해하고 선지로 자주 나오는 정보를 미리 파악하여 표시해두면서 읽으며 빠르게 선지들을 파악하자. 특정 구조에서 선지로 자주 구성되는 내용은 항상 있기 마련이다.

다음 글에서 알 수 있는 것은?

(1) 구글의 디지털도서관은 출판된 모든 책을 디지털화하여 온라인을 통해 제공하는 프로젝트이다. (2) 이는 전 세계 모든 정보를 취합하여 정리한다는 목표에 따라 진행되며, 이미 1,500만 권의 도서를 스캔하였다. (3) 덕분에 셰익스피어 저작집 등 저작권 보호 기간이 지난 책들이 무료로 서비스되고 있다. ▶ 1문단

(1) 이에 대해 미국 출판업계가 소송을 제기하였고, 2008년에 구글이 1억 2,500만 달러를 출판업계에 지급하는 것으로 양자

간 합의안이 도출되었다. (2) 그러나 연방법원은 이 합의안을 거부하였다. (3) 디지털도서관은 많은 사람들에게 혜택을 줄 수 있지만, 이는 구글의 시장독점을 초래할 우려가 있으며, 저작권 침해의 소지도 있기에 저작권자도 소송에 참여하라고 주문하였다.

▶ 2문단

(1) 구글의 지식 통합 작업은 많은 이점을 가져오겠지만, 모든 지식을 한곳에 집중시키는 것이 옳은 방향인가에 대해서는 숙고가 필요하다. (2) 문명사회를 지탱하고 있는 사회계약이란 시민과 국가 간의 책임과 권리에 관한 암묵적 동의이며, 집단과 구성원 간, 또는 개인 간의 계약을 의미한다. (3) 이러한 계약을 위해서는 쌍방이 서로에 대해 비슷한 정도의 지식을 가지고 있어야 한다는 전제조건이 충족되어야 한다. (4) 그런데 지식 통합 작업을 통한 지식의 독점은 한쪽 편이 상대방보다 훨씬 많은 지식을 가지는 지식의 비대칭성을 강화한다. 따라서 사회계약의 토대 자체가 무너질 수 있다. (5) 또한 지식 통합 작업은 지식을 수집하여 독자들에게 제공하고자 하는 것이지만, 더 나아가면 지식의 수집뿐만 아니라 선별하고 배치하는 편집 권한까지 포함하게 된다. (6) 이에 따라 사람들이 알아도 될 것과 그렇지 않은 것을 결정하는 막강한 권력을 구글이 갖게 되는 상황이 초래될 수 있다.

▶ 3문단

① 구글과 저작권자의 갈등은 소송을 통해 해결되었다.

➜ (×) 미국 출판업계와 구글은 합의안을 도출했지만[2문단(1)], 연방법원은 이 합의안을 거부하고[2문단(2)] 저작권자도 소송에 참여하라고 주문하였다.[2문단(3)] 그러나 구글과 저작권자의 갈등 해결 여부나 소송 진행 상황에 대해서는 알 수 없다.

② 구글의 지식 통합 작업은 사회계약의 전제조건을 더 공고하게 할 것이다.

➜ (×) 사회계약의 전제조건은 쌍방이 서로에 대해 비슷한 정도의 지식을 가지고 있어야 한다는 것이다.[3문단(3)] 그러나 구글의 지식 통합 작업을 통한 지식의 독점은 지식의 비대칭성을 강화하므로 사회계약의 토대 자체가 무너질 수 있다.[3문단(4)] 따라서 구글의 지식 통합 작업은 사회계약의 전제조건을 위협한다.

③ 구글의 지식 통합 작업은 독자들과 구글 사이에 평등한 권력 관계를 확대할 것이다.

➜ (×) 구글의 지식 통합 작업은 지식의 수집 권한뿐 아니라 선별하고 배치하는 편집 권한까지 포함하게 되는데[3문단(5)], 이에 따라 구글은 사람들이 알아도 될 것과 그렇지 않은 것을 결정하는 막강한 권력을 갖게 될 수 있다.[3문단(6)] 이는 독자들과 구글 사이에 평등한 권력 관계가 아닌, 불평등한 권력 관계를 확대하는 것이다.

④ 구글의 디지털도서관은 지금까지 스캔한 1,500만 권의 책을 무료로 서비스하고 있다.

➜ (×) 구글의 디지털도서관은 지금까지 1,500만 권의 책을 스캔한 것은 맞지만[1문단(2)], 지문을 통해 알 수 있는 무료로 서비스하고 있는 책은 저작권 보호 기간이 지난 책들뿐이다.[1문단(3)]

⑤ 구글의 지식 통합 작업은 지식의 수집에서 편집권을 포함하는 것까지 확대될 수 있다.

➜ (○) 구글의 지식 통합 작업은 지식의 수집뿐 아니라, 더 나아가면 선별하고 배치하는 편집 권한까지 포함하게 된다.[3문단(5)]

제시문 분석

1·2문단 구글 디지털도서관에 얽힌 갈등

〈구글의 디지털도서관〉
구글의 디지털도서관은 출판된 모든 책을 디지털화하여 온라인을 통해 제공하는 프로젝트이다.[1문단(1)]

〈미국 출판업계의 소송 제기〉		〈법원의 주장〉
이에 대해 미국 출판업계가 소송을 제기하였고, 구글과 출판업계 간 합의안이 도출되었으나 연방법원은 이를 거부하였다.[2문단(1),(2)]	➜	디지털도서관은 구글의 시장 독점을 초래할 우려가 있으며, 저작권 침해의 소지도 있기에 저작권자도 소송에 참여해야 한다.[2문단(3)]

3문단 구글의 지식 통합 작업이 갖는 위험성①: 사회계약의 측면

〈사회계약〉
시민과 국가 간의 책임과 권리에 관한 암묵적 동의이며, 집단과 구성원 간, 또는 개인 간의 계약을 의미한다.(2)

〈전제조건〉		〈지식 통합 작업의 위험성〉
쌍방이 서로에 대해 비슷한 정도의 지식을 가지고 있어야 한다는 전제조건이 충족되어야 한다.(3)	➜	지식 통합 작업을 통한 지식의 독점은 지식의 비대칭성을 강화하여, 사회계약의 토대 자체가 무너질 수 있다.(4)

3문단 구글의 지식 통합 작업이 갖는 위험성②: 권력 불평등의 측면

〈지식 통합 작업의 권한〉		〈권력 불평등 초래〉
지식 통합 작업은 지식의 수집뿐만 아니라 선별하고 배치하는 편집 권한까지 포함하게 될 수도 있다.(5)	➜	사람들이 알아도 될 것과 그렇지 않은 것을 결정하는 막강한 권력을 구글이 갖게 되는 상황이 초래될 수 있다.(6)

합격자의 실전 풀이 순서

발문 제대로 읽기 및 문제 유형 파악

항상 발문을 먼저 제대로 읽자. 본 문제는 글에서 알 수 있는 것을 고르는 일치부합·내용추론 유형의 문제이다. 알 수 있는 것을 고르는 문제는 추론할 수 있는 것을 고르는 문제와 같다. 해당 유형은 제시문 내용과 부합하거나 그로부터 추론 가능한 선지가 정답이 되며, 제시문 내용과 상충하거나 그로부터 추론할 수 없는 선지가 오답이 된다.

본 문제와 같은 정보확인유형을 푸는 방법으로는 두 가지가 있다.

❶ 제시문 먼저 읽기

첫 번째로는 처음부터 제시문을 꼼꼼히 읽어 선지 확인을 위해 제시문을 다시 읽는 시간을 단축하는 방법이다. 이 방법의 경우 제시문을 읽는 과정에서 선지에 나올 만한 내용을 주의 깊게 읽고, 복잡한 제시문의 내용을 어느 정도 이해한 후 선지를 읽어야 한다. 이 방법을 사용하면서 시간을 단축하고 싶다면, 문단별로 나누어 한 문단을 꼼꼼히 읽고 그 문단에 상응하는 선지부터 판단하는 방법을 응용할 수 있다. 다만, 첫 번째 방법의 경우 제시문의 내용을 잊어버리면 다시 제시문을 읽게 되어 시간이 낭비되기 때문에 매우 긴 제시문이 있는 문제에는 적합하지 않다. 또한, 문단별로 선지를 확인하는 방식은 문단 간의 정보를 결합해야 하는 선지에는 취약하다는 한계가 있다.

❷ **제시문 구조 파악 후 선지 먼저 읽기**

두 번째로는 제시문의 구조와 키워드만 빠르게 파악한 후, 선지를 읽고 선지에서 필요한 내용을 다시 제시문에서 꼼꼼히 찾아가는 방법이 있다. 두 번째 방법은 제시문이 매우 긴 경우 또는 제시문의 구조가 깔끔할 때 효과적이다. 그러나 두 번째 방법은 능숙하지 않은 사람이 시험장에서 시도한다면 성공률이 낮다는 한계가 있다. 두 번째 방식을 익숙하게 하기 위해서는 다양한 제시문을 첫 번째 방법처럼 꼼꼼히 분석하는 과정이 필요하다. 다양한 제시문을 접하고 글의 구조를 이해하게 되면 두 번째 방식을 효과적으로 활용할 수 있다.

각자 본인에게 적합한 방법은 다를 수 있다. 두 방법을 모두 시도해보고, 자신에게 맞는 방법을 찾아 풀면 된다.

제시문을 먼저 읽는 풀이의 경우

(1) 제시문 독해

제시문을 빠르게 훑어서 제시문의 구조를 파악하자. 본 문제의 경우 구조가 그리 복잡하지 않다. 구조를 파악해보면, 1문단에서 제시문의 제재인 구글의 디지털도서관에 대해 소개하고, 2문단에서 디지털도서관과 관련된 출판업계와 구글의 소송 내용이 제시된다. 3문단에서는 구글의 지식 통합 작업에 대한 숙고가 필요한 두 가지 이유를 제시하고 있다. 3문단 (2) 문장부터 (4) 문장까지는 사회계약의 측면에서 설명하고 있고, 이후의 (5) 문장부터 (6) 문장까지는 권력의 독점 측면에서 설명하고 있다. '또한'이라는 접속사는 (5) 문장부터 병렬적인 새로운 내용이 제시될 것임을 알려준다. 제시문의 구조를 파악할 때는 구조가 눈에 잘 띄도록 표시할 필요가 있다. 문단과 문단 사이에는 가로로 길게 밑줄을 긋고, 3문단 내에 (5) 문장을 기점으로 주장의 내용이 변화할 때도 (5) 문장 앞에 커다란 빗금을 그어 표시한다.

3문단 내의 구조를 더욱 세분화하여 파악하자면, '문제－원인' 구조가 존재한다. 첫 번째로 '사회계약의 토대 무너짐(문제)－지식 통합 작업에 의한 비대칭성 강화(원인)', 그다음으로는 '권력의 독점화(문제)－지식 통합 작업에 의한 지식의 편집 권한 획득(원인)' 정도가 있다. 특정 문제에 대한 원인을 왜곡하여 틀린 선지를 내는 경우가 있으니 이를 조심하자.

제시문의 구조를 파악하는 것 외에도 선지에 나올만한 주요 문장에 표시해둘 필요가 있다. 보통 '그러나', '그런데', '따라서'와 같은 접속어 뒤에 오는 내용에는 별표를 침으로써 선지에 해당 내용이 나왔을 때 빠르게 찾을 수 있도록 준비해두는 것이 좋다. 이러한 습관을 연습해본다면, 제시문의 접속사 뒤에서 얼마나 많은 선지의 내용을 찾을 수 있는지 알 수 있을 것이다.

(2) 선지 판단

①번 선지의 경우 판단 근거를 2문단 (2) 문장에서 찾을 수 있다. 그런데 앞서 말했듯이 해당 문장은 '그러나'라는 접속어로 시작되는 문장이므로, 제시문을 읽을 때 이미 표시를 해둔 문장일 것이다. 따라서 ①번 선지를 빠르게 풀 수 있다.

②번 선지의 경우 판단 근거를 3문단 (4) 문장에서 찾을 수 있다. 이 역시 '따라서'라는 접속어로 시작되는 문장이므로, 미리 표시를 해두었다면 빠르게 해당 선지를 풀 수 있다.

③번 선지의 경우 3문단에서 구글의 지식 통합 작업에 대한 숙고가 필요한 이유 중 두 번째 이유에 관한 것이므로 3문단 후단에서 쉽게 선지의 판단 근거를 찾을 수 있다.

④번 선지의 경우 확인해야 하는 정보가 두 가지인 선지에 해당한다. 확인해야 하는 첫 번째 정보는 구글의 디지털도서관이 스캔한 책의 수가 1,500만 권이 맞는지 여부이다. 두 번째 정보는 구글이 이러한 1,500만 권의 책을 모두 무료로 서비스하는지 여부이다. 이처럼 선지에 확인해야 하는 정보가 두 개인 경우, 한 가지 정보만 확인하고 넘어가지 않도록 반드시 빗금을 통해 확인해야 하는 정보를 구분할 필요가 있다. 선지의 전반부 내용이 맞되, 후반부 내용이 틀린 오선지를 내는 경우가 많기 때문이다. ④번 선지 역시 전반부의 1,500만 권이라는 숫자는 옳으나, 이 모든 책을 무료로 서비스하는 것은 아니므로 후반부 내용이 틀려 오선지가 된다.

⑤번 선지 역시 ③번 선지와 마찬가지로 3문단 후단에서 쉽게 선지의 판단 근거를 찾을 수 있다.

선지를 먼저 읽는 풀이의 경우

(1) 선지 읽기

선지의 키워드를 확인하며 읽는다.

① 구글, 저작권자, 소송
② 구글, 지식 통합 작업, 사회계약의 전제조건
③ 구글, 지식 통합 작업, 독자, 평등한 권력 관계
④ 구글, 디지털도서관, 스캔, 1,500만 권, 무료
⑤ 구글, 지식 통합 작업, 편집권 포함, 확대

구글의 지식 통합 작업이 무엇인지, 그 영향이 무엇인지 파악하며 읽을 필요가 있음을 알 수 있다.

선지의 문장 구조에서도 얻을 수 있는 정보가 있다. ①, ④는 사실을 설명하고 있으므로 단순 사실확인이 가능한 내용이다. ②, ③는 '~할 것이다'라는 문장에서 추론이 필요한 내용임을 알 수 있다. ⑤는 '확대될 수 있다'고 하므로, 단순 사실확인이 가능할 수 있고, 추론이 필요할 수도 있을 것이다.

(2) 제시문 독해 및 선지 판단

1문단에서 디지털도서관 및 1,500만 권이라는 키워드를 찾을 수 있다. 저작권 보호 기간이 지난 책들이 무료로 서비스된다고 하였으므로, 1,500만 권의 책이 모두 무료로 서비스된다고 볼 수 없다. ④는 소거된다.

2문단에서 소송, 저작권자라는 키워드를 찾을 수 있다. 그러나 구글과 저작권자의 갈등이 있다는 내용도 없고, 소송을 통해 갈등이 해결되었는지도 드러나지 않는다. 다만 이하에 관련 내용이 제시될 수 있으므로 바로 ①을 소거하지는 않는다.

3문단 초반부에서 지식 통합 작업, 사회계약이라는 키워드를 찾을 수 있다. 문장 (3)에 전제조건이 설명되고, (4)에서 '그런데'로 문장이 시작되며 이러한 전제조건이 실현되지 않음을 설명하므로, ②는 소거된다.

3문단 문장 (5) 이하에서 독자와 편집권이라는 키워드를 찾을 수 있다. (5)에서 편집 권한까지 구글의 지식 통합 작업에 포함됨을 알 수 있다. 정답은 ⑤이다.

3문단 (6)에서 구글이 막강한 권력을 갖게 된다고 하였으므로 ③은 틀린 내용이다.

구글과 저작권자의 갈등내용 언급된 바 없으므로 ①은 소거된다.

합격자의 시간단축 Tip

Tip ❶ 제시문 읽으면서 구조 파악하기

제시문을 처음 읽을 때 모든 내용을 암기하기보다는 구조를 파악하며 빠르게 읽고, 선지에서 요구하는 내용을 제시문에서 찾아가는 방법을 통해 시간을 단축하면서 정확성을 높일 수 있다. 예컨대 주요 주장이 먼저 제시되고 이후에 주요 주장에 대한 근거 1, 근거 2 순으로 제시될 수 있다. 또는 갑의 주장이 제시된 후 을이 이에 대해 반박하는 순서로 글이 구성될 수 있다. 구조를 빠르게 파악하기 위해서는 다양한 제시문들의 구조를 시간을 들여 꼼꼼

히 분석하는 연습이 필요하다. 또한 제시문 3문단 (5)의 '또한'과 같은 접속사는 대등한 층위의 근거를 나열할 때 등장하므로 접속사를 확인하면 글의 구조를 파악하는 데 도움이 된다.

Tip ❷ 역접 및 강조 접속어 뒤에 나오는 문장에 주목

접속어는 문장과 문장을 이어주는 역할 외에도 글의 흐름을 전환하거나 뒤에 나올 문장의 내용을 강조하는 역할을 한다. 특히 접속어가 글의 흐름을 전환하거나 뒤의 내용을 강조하기 위해 제시되는 경우, 접속어로 시작되는 문장에 매우 중요한 내용이 담기는 경우가 많다. 따라서 접속어로 시작되는 문장이 선지의 판단 근거가 될 가능성이 높다. 그러므로 글의 흐름을 전환하는 접속어인 '그러나', '그런데', '반면'과 같은 접속어 또는, 글의 요지를 정리하는 접속어인 '따라서', '그러므로', '요컨대'와 같은 접속어가 등장하였을 때는 별표를 쳐두는 것이 좋다. 미리 자신만의 기호로 표시해둔다면 이후 선지에서 해당 내용을 묻더라도 쉽게 제시문의 위치를 찾을 수 있다.

Tip ❸ 문제-해결(해소) 구조의 파악

'문제-원인-해결(해소)' 구조는 정보 확인 유형에서 자주 나오는 구조이다. 이 구조에서는 문제에 대한 원인이나 해결책을 왜곡시켜 오답 선지를 자주 구성하기 때문에, 해당 구조 내의 원인과 해결책을 미리 잘 파악해두면 빠르고 정확한 오답 판별이 가능하다.

029 정답 ④

난이도 ●●○

문제유형 비판적 사고 > 빈칸 채우기

접근전략 기본적으로 빈칸문제는 빈칸을 포함한 문장, 앞뒤 문장, 빈칸이 포함된 문단의 주제문을 통해 직간접적 근거를 얻을 수 있다. 우선 글을 대강 훑어 어느 곳에 빈칸이 들어가는지 확인하는 것이 좋은데, 해당 제시문의 빈칸 문장은 그 후반부에 '요컨대'라는 접속사를 가졌으므로 주제문이 들어갈 것을 알 수 있다. 즉, 구체적으로 본 문제의 빈칸은 A의 주장을 요약한 내용이 들어가야 한다는 것이다. A의 주장은 2문단과 3문단에 걸쳐 제시되고 있으므로 2문단과 3문단의 내용을 아우르는 진술이 정답이다.

다음 글의 빈칸에 들어갈 진술로 가장 적절한 것은?

(1) 조선 후기에는 이앙법이 전국적으로 확산되었다. 이앙법을 수용하면 잡초 제거에 드는 시간과 노동력이 줄어든다. (2) 상당수 역사학자들은 조선 후기 이앙법의 확대 수용 결과 광작(廣作)이 확산되고 상업적 농업 경영이 가능하게 되었다고 생각한다. (3) 즉 한 사람이 경작할 수 있는 면적이 늘어남은 물론 많은 양의 다양한 농작물 수확이 가능하게 되어 판매까지 활성화되었다는 것이다. (4) 그 결과 양반과 농민 가운데 다수의 부농이 나타나게 되었다고 주장한다. ▶ 1문단

(1) 그런데 A는 조선 후기에 다수의 양반이 광작을 통해 부농이 되었다는 주장을 근거가 없다고 비판한다. (2) 그에 의하면 조선 전기에는 자녀 균분 상속이 일반적이었다. 그런데 균분 상속을 하게 되면 자식들이 소유하게 될 땅의 면적이 선대에 비해 줄어들게 된다. (3) 이에 조선 후기 양반들은 가문의 경제력을 보전해야 한다고 생각해 대를 이을 장자에게만 전답을 상속해주기 시작했고, 그 결과 장자를 제외한 사람들은 영세한 소작인으로 전락했다는 것이 그의 주장이다. ▶ 2문단

(1) 또한 A는 조선 후기의 대다수 농민은 소작인이었으며, 그나마 이들이 소작할 수 있는 땅도 적었다고 주장한다. (2) 그는 반복된 자연재해로 전답의 상당수가 황폐해져 전체적으로 경작지가 줄어들었기 때문에 이앙법 확산의 효과를 기대하기 어려운 여건이었다고 하였다. (3) 이런 여건에서 정부의 재정 지출 증가로 농민의 부세 부담 또한 늘어났고, 늘어난 부세를 부담하기 위해 한정된 경작지에 되도록 많은 작물을 경작하려 한 결과 집약적 농업이 성행하게 되었다고 보았다. (4) 그런데 집약적으로 농사를 짓게 되면 농업 생산력이 높아질 리 없다는 것이 그의 주장이다. (5) 가령 면화를 재배하면서도 동시에 다른 작물을 면화 사이에 심어 기르는 경우가 많았는데, 이렇듯 제한된 면적에 한꺼번에 많은 양의 작물을 재배하면 지력이 떨어지고 수확량은 줄어들어 자연히 시장에 농산물을 내다 팔 여력이 거의 없게 된다는 것이다. ▶ 3문단

(1) 요컨대 A의 주장은 [　　　　　　　　　　]는 것이다.

① 이앙법의 확산 효과는 시기별, 신분별로 다르게 나타났다.
→ (×) 조선 후기 이앙법이 전국적으로 확산되었다는 사실은 제시되어 있지만[1문단(1)], 확산 효과가 시기별, 신분별로 다르게 나타났다는 내용은 지문에 나와 있지 않다. 구체적으로 A는 조선 후기를 기준으로 이앙법과 관련된 주장을 펼치고 있다. 또한, 장자를 제외한 사람들은 영세한 소작인으로 전락했기에[2문단(3)] 이앙법 확산의 효과를 기대하기 어려웠다고 본다.[3문단(2)] 따라서 시기별, 신분별 이앙법의 확산 효과 차이가 존재했다고 할 수 없다.

② 자녀 균분 상속제가 사라져 농작물 수확량이 급속히 감소하였다.
→ (×) 제시문에서는 자녀 균분 상속을 하게 되면 자식들이 소유하게 될 땅의 면적이 줄어들기 때문에[2문단(2)], 조선 후기 양반들은 대를 이을 장자에게만 상속해주기 시작했다.[2문단(3)] 따라서 장자를 제외한 사람들이 영세한 소작인으로 전락했지만[2문단(3)], 농작물 수확량까지 감소했는지는 알 수 없다. 즉, 자녀 균분 상속제 폐지가 농작물 수확량에 어떤 영향을 주었는지는 지문을 통해서는 확인할 수 없다.

③ 집약적 농업이 성행하였기 때문에 이앙법의 확산을 기대하기 어려웠다.
→ (×) 조선 후기에 이앙법이 전국적으로 확산되었던 것은 사실이다.[1문단(1)] 다만 A의 주장에 따르면 반복된 자연재해로 줄어든 경작지에서는 이앙법 확산의 효과를 기대할 수 없었다.[3문단(2)] 그런 상황 속에서 농민들이 늘어난 부세를 부담하려다 보니 집약적 농업이 성행하게 된 것이다.[3문단(3)] 따라서 본선지의 내용은 옳지 않다.

④ 조선 후기에는 양반이든 농민이든 부농으로 성장할 수 있는 가능성이 높지 않았다.
→ (○) A는 조선 후기에 다수의 양반이 광작을 통해 부농이 되었다는 주장이 근거가 없다고 비판한다.[2문단(1)] 그 이유는 양반의 장자를 제외한 사람들은 영세한 소작인으로 전락했고[2문단(3)], 소작인이 경작할 수 있는 땅도 적었으며[3문단(1)] 농민의 부세 부담 또한 늘어났기 때문이다.[3문단(3)] 따라서 A는 양반이든 농민이든 조선 후기 부농으로 성장할 가능성이 높지 않았음을 주장했다고 볼 수 있다. 즉, 2문단과 3문단의 내용을 모두 아우르는 해당 선지가 빈칸에 들어갈 진술로 가장 적절하다.

⑤ 대다수 농민이 광작과 상업적 농업에 주력했음에도 불구하고 자연재해로 인해 생산력은 오히려 낮아졌다.
→ (×) 상당수 역사학자들은 조선 후기 이앙법의 확대 수용 결과 광작이 확산되고 상업적 농업 경영이 가능하게 되었다고

생각한다.[1문단(2)] 그러나 A는 이에 대해 비판하는 입장이며[2문단(1)], 자연재해가 농업 생산력에 준 악영향을 언급한 것은 사실이다.[3문단(2)] 다만, 조선 후기 대다수의 농민이 광작과 상업적 농업에 주력했는지는 알 수 없다.

제시문 분석

1문단 역사학자들이 생각한 이앙법의 확대 수용 결과

〈이앙법의 수용〉		〈영향〉		〈결과〉
조선 후기에는 이앙법이 전국적으로 확산되었다. 이앙법을 수용하면 잡초 제거에 드는 시간과 노동력이 줄어든다.(1)	→	상당수 역사학자들은 이앙법의 수용을 통해 광작이 확산되고 상업적 농업 경영이 가능하게 되었다고 생각한다.(2)	→	그 결과 양반과 농민 가운데 다수의 부농이 나타나게 되었다고 주장한다.(4)

2문단 A의 비판 ①: 양반 가운데 다수의 부농이 나타날 수 없다.

〈역사학자들의 생각에 대한 A의 비판 ①〉
A는 조선 후기에 다수의 양반이 광작을 통해 부농이 되었다는 주장을 근거가 없다고 비판한다.(1)

〈조선 전기-자녀 균분 상속〉		〈조선 후기-장자 상속〉
조선 전기에는 자녀 균분 상속이 일반적이었으나, 그렇게 되면 자식들이 소유하게 될 땅의 면적이 선대에 비해 줄어들게 된다.(2)	→	이에 조선 후기 양반들은 장자에게만 전답을 상속해주기 시작했고, 그 결과 장자를 제외한 사람들은 영세한 소작인으로 전락했다는 것이 그의 주장이다.(3)

3문단 A의 비판 ②: 농민 가운데 다수의 부농이 나타날 수 없다.

〈역사학자들의 생각에 대한 A의 비판 ②〉
A는 조선 후기의 대다수 농민은 소작인이었으며, 그나마 이들이 소작할 수 있는 땅도 적었다고 주장한다.(1)

〈자연재해〉		〈부세 부담 증가〉		〈집약적 농업의 한계〉
반복된 자연재해로 전답의 상당수가 황폐해져 경작지가 줄어들었기 때문에 이앙법 확산의 효과를 기대하기 어려웠다.(2)	⊕	정부의 재정 지출 증가로 농민의 부세 부담 또한 늘어났고, 그 결과 집약적 농업이 성행하게 되었다.(3)	→	집약적으로 농사를 짓게 되면 농업 생산력이 높아질 리 없다는 것이 그의 주장이다.(4)

합격자의 실전 풀이 순서

❶ 발문을 읽고 문제의 유형 파악

항상 먼저 발문을 반드시 제대로 읽고 시작하자. 해당 문제는 빈칸을 채우는 문제이고 이에 대응되는 내용을 찾아서 그를 근거로 채우면 된다.

빈칸 채우기 유형은 두 가지로 구분할 수 있다.

(1) 빈칸에 글의 맥락을 연결하는 내용이 들어가는 유형

이 유형에서 빈칸의 근거 범위가 빈칸이 포함된 문장, 앞뒤 문장, 문단의 주제문이 있다. 이들을 통해 답을 직접 낼 수 있을 뿐만 아니라 최소한 대응되는 내용을 찾을 결정적 단서를 얻을 수 있다.

(2) 빈칸에 중심 내용이 들어가는 유형

이 유형에서는 전체적인 구조와 주요 문장을 파악하여 빈칸에 들어갈 말을 찾아야 한다. 제시문 전체를 독해하여 결론이 무엇인지 도출해야 하는 것이다. 이를 위해 독해를 하면서 '이 모든 문장이 함축된 결론이 무엇인가'를 생각해야 한다.

해당 문제는 두 번째 유형에 해당한다. 빈칸의 위치는 마지막 문단이며, '요컨대 A의 주장은 ( )는 것이다.'라는 문장을 볼 때, 글에 등장하는 A의 주장의 결론이 빈칸의 내용임을 알 수 있다. 빈칸 채우기 두 유형을 빠르게 구분하기 위해서는 다양한 빈칸 채우기 문제를 풀어볼 필요가 있다. 특히 두 유형을 구분하는 눈을 갖기 전까지는 주요 문장만 발췌독하는 습관을 들이지 않을 것을 추천한다. 발췌독하는 경우, 첫 번째 유형은 빠르게 풀 수 있으나 전체적 구조를 파악해야 하는 두 번째 유형에서 헤맬 수 있다.

❷ 제시문의 구조 파악

먼저 제시문의 전개 구조를 파악해야 한다. 구조를 파악하는 쉬운 방법으로는 문단의 첫 번째, 두 번째 문장만 빠르게 훑어보는 것을 추천한다. 제시문의 구조를 파악한 결과 1문단에서 '상당수 역사학자들'의 주장이 전개되고, 2문단과 3문단에서 A가 1문단의 주장에 대해 비판하는 구조임을 알 수 있다. 2문단은 '그런데 A는'으로 시작하므로 A의 주장이 1문단의 내용과 대비됨을 알 수 있고, 3문단은 '또한 A는'으로 시작하므로 A의 또 다른 주장이 설명된다는 것을 알 수 있다.

제시문에서는 이처럼 A의 비판 내용이 2문단과 3문단으로 구분된 점에 주목할 필요가 있다. 문단이 나뉜다는 점은 A가 비판하고 있는 주장이 달라진다는 의미이다. 즉, 1문단의 '상당수 역사학자들'이 두 가지 내용을 주장하고 있고 A가 이에 대해 2문단, 3문단에서 각각 비판하고 있음을 알 수 있다. 이를 염두에 두고 독해에 들어간다.

❸ 제시문 독해

'상당수 역사학자들'이 주장하고 있는 두 가지 내용이 무엇인가? 이를 확인하기 위해서는 1문단의 (3)과 (4) 문장을 읽어보자. 해당 문장에 주목해야 하는 이유는 "즉"과 "그 결과"라는 접속사가 '상당수 역사학자들'의 주장을 요약하고 있음을 알려주고 있기 때문이다. 1문단의 (3) 문장에는 '즉 한 사람이 경작할 수 있는 면적이 늘어남은 물론 많은 양의 다양한 농작물 수확이 가능하게 되어 판매까지 활성화되었다는 것이다.'라고 제시되어 있다. 해당 문장은 두 가지 주장으로 나뉜다. 첫 번째는 '한 사람이 경작할 수 있는 면적이 늘어났다'라는 것이고, 두 번째는 '많은 양의 다양한 농작물 수확이 가능하게 되어 판매까지 활성화되었다'라는 것이다. 또한, 1문단 (4)는 조선 후기 이앙법 확대의 결과 양반과 농민 가운데 다수의 부농이 나타나게 되었다는 '상당수 역사학자' 주장의 결론이 제시되어 있다.

제시문을 살펴보면, 2문단에서 A가 '상당수 역사학자들'의 첫 번째 주장인 '한 사람이 경작할 수 있는 면적이 늘어났다'를 비판하고 있고, 3문단에서 A가 두 번째 주장인 '많은 양의 다양한 농작물 수확이 가능하게 되어 판매까지 활성화되었다'를 비판하고 있음을 알 수 있다.

❹ 빈칸에 들어갈 선지 파악

그렇다면 빈칸에 들어가야 할 진술은 무엇일까? A가 '상당수 역사학자들'의 주장에 대해 아직 비판하지 않은 것이 하나 존재한다. 그것은 '상당수 역사학자들'의 주장의 결론이다. 이는 1문단의 (4) 문장의 '양반과 농민 가운데 다수의 부농이 나타나게 되었다'에 해당한다. A는 '상당수 역사학자들'의 주장을

비판하고 있으므로, 그들의 주장의 결론과 정반대되는 ④번 선지, '조선 후기에는 양반이든 농민이든 부농으로 성장할 수 있는 가능성이 높지 않았다'가 A의 주장 내용이 된다. 즉, 빈칸에는 ④번 선지가 들어가야 한다.

요컨대, A는 '상당수 역사학자들'의 주장에 대해, 1문단 (3) 문장의 첫 번째 내용인 '한 사람이 경작할 수 있는 면적이 늘어났다'를 2문단에서, 1문단 (3) 문장의 두 번째 내용인 '많은 양의 다양한 농작물 수확이 가능하게 되어 판매까지 활성화되었다'를 3문단에서, 1문단 (4) 문장의 '상당수 역사학자들'의 주장의 결론을 빈칸이 들어간 4문단에서 비판하고 있음을 알 수 있다.

	전제	결론	
상당수 역사학자 ⇕ A	경작 면적 증대 ⇕ 다수의 경작지 축소	다양한 농작물 수확 가능 ⇕ 집약적 농사로 생산량 감소	양반과 농민 중 다수의 부농 발생 ⇕ (빈칸)

합격자의 시간단축 Tip

Tip ❶ 제시문에서 빈칸의 근거 탐색

간혹 빈칸 채우기 문제를 풀 때 제시문에 제시되지 않은 새로운 결론을 창출하는 선지를 고르는 오류를 범하곤 한다. 그러나 빈칸 채우기 문제를 풀 때 빈칸에 들어갈 내용은 ① 이미 제시된 결론을 다른 단어로 표현한 내용이거나, ② 제시문의 문장을 그대로 반박하는 내용이거나, ③ 제시문의 각 문단의 주요 문장을 엮어놓은 내용 중 하나이다. 즉 빈칸의 근거가 되는 문장을 반드시 제시문에서 찾을 수 있기 때문에, 빈칸에 들어갈 내용을 새롭게 창출한다는 마음이 아니라 빈칸에 들어갈 말을 제시문에서 찾는다는 마음으로 풀면 더욱 쉽게 접근할 수 있다. 예컨대 본 문제의 경우 빈칸에 들어갈 진술은 1문단 (4) 문장에서 곧바로 찾을 수 있다.

Tip ❷ 비판하는 내용의 구조 검토

갑의 진술에 대해 을이 비판하는 내용인 경우, 을은 갑의 진술 순서에 따라 자신의 비판 내용을 전개한다. 즉 갑이 a, b, c의 순서로 주장을 전개할 경우 을도 a, b, c의 순서로 갑의 주장을 비판한다. 결국, 을의 주장 중에 빈칸이 존재하는 경우, 을이 비판하고자 하는 갑의 진술 순서를 따라간다면 빈칸을 손쉽게 찾을 수 있다. 본 문제 역시 A가 비판하고자 하는 '상당수 역사학자들'의 주장이 1문단에서 어떠한 순서로 전개되는지 확인한다면 쉽게 풀 수 있는 문제에 해당했다.

Tip ❸ 빈칸문제의 근거 범위 확정

앞서 언급하였듯이 빈칸 채우기 문제의 유형은 두 가지로 나눌 수 있다. 첫 번째는 빈칸에 그 앞, 뒤 맥락을 연결하는 내용이 들어가기 때문에 빈칸의 근거를 지엽적으로 찾아 푸는 유형이고, 두 번째는 본 문제와 같이 빈칸에 중심 내용이 들어가기 때문에 전체적인 구조를 파악해야 하는 문제이다. 본 문제는 해당되지 않지만, 첫 번째 유형을 풀기 위해서는 어떤 부분을 근거로 삼을지 기준을 미리 잡아 두면 문제 풀이가 훨씬 수월하고 빨라진다. 보통 빈칸문제의 근거는 빈칸이 포함된 문장, 앞뒤 문장, 빈칸이 포함된 주제문을 근거로 삼을 수 있다. 여기서 직접적인 근거를 못 얻더라도 최소한 근거를 얻을 실마리는 얻을 수 있으니 이들부터 먼저 참고해서 풀자. 또한, '즉', '그 결과', '요컨대' 등의 요약하는 접속사가 들어간 문장에서 빈칸의 근거를 찾는 경우가 많다.

Tip ❹ 첫 문단, 첫 문장에 주의

빈칸이 A의 주장을 묻고 있고, 1문단에는 A의 주장이 없기 때문에 자칫 1문단을 소홀히 읽을 수 있다. 그러나 1문단에 정답의 근거가 모두 있으므로 1문단을 주의해서 읽어야 한다. 1문단에 제시된 '상당수 역사학자'들의 주장은 결국 조선 후기에 양반과 농민 가운데 다수의 부농이 나타나게 되었다는 것이다. 선지 ④의 '조선 후기', '양반이든 농민이든', '부농' 부분이 모두 1문단에서 도출된다. 각 문단 첫 번째 문장의 '조선 후기' 부분도 놓치지 않도록 유의한다.

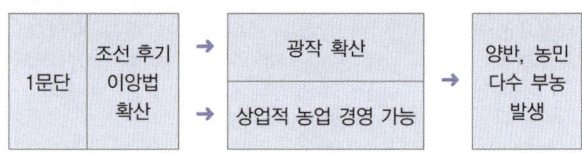

1문단	조선 후기 이앙법 확산	→ 광작 확산 → 상업적 농업 경영 가능	→ 양반, 농민 다수 부농 발생

030 정답 ①

난이도 ●●●

문제유형 법조문형 〉 규정확인

접근전략 법조문 유형 중 규정을 바탕으로 선지에서 옳은 것을 고르는 규정확인문제이다. 법조문 유형을 풀 때는 조문의 구체적인 내용을 독해하는 것보다, 법조문의 구조를 파악한 후 〈보기〉에서 묻고 있는 정보를 찾아 올라가는 형태로 푸는 것이 좋다. 본 문제의 경우, 법조문에 〈입법-입법예고-예외사유〉, 그리고 〈입법예고와 구분되는 공고-공고비용 부담〉 이렇게 2축이 존재한다는 것에 유의한다. 해당 구조는 다른 행정입법 관련 문제에서도 되풀이될 수 있다.

다음 A국의 규정을 근거로 판단할 때 옳은 것은?

제○○조 ① 법령 등을 제정·개정 또는 폐지(이하 "입법"이라 한다)하려는 경우에는 해당 입법안을 마련한 행정청은 이를 예고하여야 한다. 다만, 다음 각 호의 어느 하나에 해당하는 경우에는 예고를 하지 아니할 수 있다.
1. 신속한 국민의 권리 보호 또는 예측 곤란한 특별한 사정의 발생 등으로 입법이 긴급을 요하는 경우
2. 상위 법령 등의 단순한 집행을 위한 경우
3. 예고함이 공공의 안전 또는 복리를 현저히 해칠 우려가 있는 경우

② 법제처장은 입법예고를 하지 아니한 법령안의 심사 요청을 받은 경우에 입법예고를 하는 것이 적당하다고 판단할 때에는 해당 행정청에 입법예고를 권고하거나 직접 예고할 수 있다.

제○○조 ① 행정청은 입법안의 취지, 주요 내용 또는 전문(全文)을 관보·공보나 인터넷·신문·방송 등을 통하여 널리 공고하여야 한다.

② 행정청은 입법예고를 할 때에 입법안과 관련이 있다고 인정되는 중앙행정기관, 지방자치단체, 그 밖의 단체 등이 예고사항을 알 수 있도록 예고사항을 통지하거나 그 밖의 방법으로 알려야 한다.

③ 행정청은 예고된 입법안의 전문에 대한 열람 또는 복사를 요청받았을 때에는 특별한 사유가 없으면 그 요청에 따라야 하며, 복사에 드는 비용을 복사를 요청한 자에게 부담시킬 수 있다.

① 행정청은 신속한 국민의 권리 보호를 위해 입법이 긴급을 요하는 경우 입법예고를 하지 않을 수 있다.

→ (O) 제1조 제1항 단서 및 제1호에 따르면 행정청은 신속한 국민의 권리 보호를 위해 입법이 긴급을 요하는 경우 입법예

고를 하지 아니할 수 있다.

② 행정청은 예고된 입법안 전문에 대한 복사 요청을 받은 경우 복사에 드는 비용을 부담하여야만 한다.
→ (×) 제2조 제3항에 따르면 행정청은 예고된 입법안의 전문에 대한 복사를 요청받았을 때에는 복사에 드는 비용을 복사를 요청한 자에게 부담시킬 수 있다. 따라서 행정청이 반드시 복사에 드는 비용을 부담하여야만 하는 것은 아니다.

③ 행정청은 법령의 단순한 집행을 위해 그 하위 법령을 개정하는 경우 입법예고를 하여야만 한다.
→ (×) 제1조 제1항 단서 및 제2호에 따르면 행정청은 상위 법령 등의 단순한 집행을 위한 경우 입법예고를 하지 아니할 수 있다.

④ 법제처장은 입법예고를 하지 않은 법령안의 심사를 요청받은 경우 그 법령안의 입법예고를 직접 할 수 없다.
→ (×) 제1조 제2항에 따르면 법제처장은 입법예고를 하지 아니한 법령안의 심사 요청을 받은 경우에 입법예고를 하는 것이 적당하다고 판단할 때에는 직접 입법예고를 할 수 있다.

⑤ 행정청은 법령을 폐지하는 경우 입법예고를 하지 않는다.
→ (×) 제1조 제1항에 따르면 법령을 폐지, 즉 입법하려는 경우 해당 입법안을 마련한 행정청은 이를 예고하여야 한다. 따라서 행정청은 법령을 폐지하는 경우에도 입법예고를 하여야 한다.

합격자의 실전 풀이 순서

❶ 문제 유형 파악

본 문제의 경우 발문에 규정이라는 말이 나오고, 제시문으로 법조문이 주어졌으므로 법조문 유형임을 알 수 있다. 특히 법조문 유형 중에서도 규정의 내용을 확인하여 선지에서 옳은 내용을 고르는 규정확인 문제이다. 법조문 유형은 조문의 구체적인 내용을 독해하는 것보다, 법조문의 구조를 파악한 후 선지에서 묻고 있는 정보를 찾아 올라가는 형태로 푸는 것이 좋다. 법 조문의 구조 파악이란 각 조나 항마다 가로로 길게 선을 그어 조문들을 시각적으로 구분하고, 단서와 괄호에 강조 표시를 하는 것을 의미한다. 또한, 본 문제가 옳은 것을 고르는 문제라는 것을 인지하기 위해 "옳은"이라는 단어에 밑줄이나 동그라미 등 표시를 한다.

❷ 법조문 구조 분석

구조 분석이란 각 조문의 내용 및 조문 간 관계를 이해하는 것이다. 먼저 법조문 전체를 훑으며 법조문의 구조를 파악한다. 이때 기호를 적절히 활용한다. 조문의 길이가 긴 경우 가로선을 활용하여 각 조를 구별하고, 각 조의 제목이나 조항별 대표적 키워드에 ○ 표시를 한다. '다만'이라는 단어가 나오면 △, '이 경우'라는 단어가 나오면 □ 표시를 해두고, 괄호가 나오면 괄호의 처음과 끝에 별표를 해둔다. 아래의 조문이 위의 조문 일부에 한정된 내용일 경우에는 해당 조문들을 서로 연결하여 표시한다. 이러한 기호들은 선지나 〈보기〉에서 관련 내용을 찾는 이정표 역할을 한다. 법조문의 구조 파악을 통해 선지에 어떤 내용이 나올지도 예상해볼 수 있다.
규정은 두 개의 조로 구성되어 있다. 구별의 편의를 위해 가로선으로 각 조를 구분한다. 각각 '1, 2'로 숫자를 써두어도 좋다. 각 조의 제목은 없으므로, 키워드를 찾으며 대략적 내용을 파악한다.
제1조 제1항은 입법을 할 때 행정청의 예고에 관한 조항이다. 법령 등을 제정, 개정 또는 폐지하는 행위를 입법이라고 하며, 단서조항으로 예고를 하지 않는 예외규정을 두고 있다. 제2항은 법제처장이 입법예고를 권고 또는 직접 예고하는 경우를 규정하고 있다. 즉, 제1조는 입법예고를 하는 것 자체에 대한 규정이다. 제1항의 주체는 '행정청'이나, 제2항의 주체는 '법제처장'임에 유의한다. 제1항의 단서에 △ 표시를 하고, 각호는 입법예고의 예외인 단서에 해당된다는 것만 인지하고 넘어간다.
제2조 제1항은 행정청이 입법안을 일반 국민에게 공고하여야 한다고 규정하고 있다. 제2항은 관련 단체에게 공고하여야 한다는 조항이며, 제3항은 열람 또는 복사요청 관련 사항과 비용 부담자를 규정하고 있다. 즉, 제2조는 입법예고를 알리는 것을 대상별로 규정하고 있다.
본 문제의 법조문에는 단서나 괄호가 많이 사용되지 않았으므로, 각 항을 구분해두는 것만으로도 법조문의 구조를 충분히 파악할 수 있다.

❸ 선지 판단

법조문 분석을 바탕으로 보기를 검토한다. 선지 ①번은 행정청이 입법예고를 하지 않는 경우이므로 제1조 제1항 단서조항과 비교한다. 각호의 내용 중 해당 내용이 있는지 확인하는 것이다. 제1호에서 바로 정답임을 알 수 있지만, 실수를 방지하기 위해 나머지 선지도 확인해본다.
선지 ②번은 복사요청에 대한 내용이므로 제2조 제3항과 비교한다. 선지 ③번은 입법예고를 해야 하는지에 대한 조항이므로 제1조 제1항과 비교한다. 단서 각호에 해당하지 않는지 확인하면 된다. 선지 ④번은 법제처장의 입법예고에 대한 조항이므로 제1조 제2항과 비교한다. 선지 ⑤번은 법령 폐지, 즉 조문의 '입법'에 관한 내용이므로 제1조 제1항 단서 각호와 비교한다.

합격자의 시간단축 Tip

Tip ❶ 단서와 괄호를 주의

법조문 유형 및 규정확인유형은 단서와 괄호의 내용이 선지에 나오는 경우가 많다. 특히 설문과 같이 단서조항이 예외규정인 경우 정답인 선지로 구성할 확률이 높다. 단서조항을 특히 확인하고 넘어가야 하는 이유가 여기에 있다.

Tip ❷ 단어의 정의를 활용

법조문에서 개념을 정의하는 조항이 나오는 경우 해당 개념이 선지에 활용될 확률이 높다. 본 문제의 경우 제1조 제1항과 같이 법령 등을 제정·개정 또는 폐지하는 것을 '입법'이라고 규정한 경우에 이를 활용한 선지가 등장할 수 있다. 예컨대 선지 ③번과 ⑤번에서 각각 법령을 개정하는 경우와 폐지하는 경우가 제시되었는데 이를 입법하는 경우라고 자연스럽게 치환할 수 있어야 한다. 그러기 위해서는 조문에서 어떤 행위를 규정하는 단어가 제시된 경우 이를 확실하게 파악하고 가는 습관을 길러야 한다.

Tip ❸ 강행규정과 임의규정을 구분

선지 ②번과 관련하여, 강행규정(~하여야 한다.)과 임의규정(~할 수 있다.)의 구별은 법조문 유형에서 높은 빈도로 출제된다. 조문을 읽을 때 강행규정과 임의규정의 차이를 고려하고 관련 표현에 미리 표시해두면 그와 관련된 선지를 보다 신속하게 처리할 수 있다.

Tip ❹ 선지를 확인한 조건은 별도로 표시

다수의 조건이 병렬적으로 나열된 경우, 선지에서 같은 조건이 두 번 쓰이는 경우는 드물다. 만약 동일 조건을 묻는 경우가 등장한다면 이미 앞의 선지에서 읽은 조건이므로 바로 판단이 가능할 것이다. 따라서 선지와 대조가 끝난 조건에는 'V' 등으로 표시해 두고 다른 조건을 먼저 확인하면 제시문을 읽는 시간을 절약할 수 있다.

본 문제의 제1조 제1항 단서 각호와 관련된 선지 ①, ③, ⑤도 중복된 조건을 묻지 않는다. ①은 제1호, ③은 제2호를 묻고 있고, 선지 ⑤는 단서 각호에 모두 해당하지 않았다.

독끝 3일차 (031~045)

정답

031	②	032	④	033	③	034	①	035	④
036	④	037	③	038	②	039	①	040	③
041	⑤	042	②	043	①	044	⑤	045	②

031 정답 ❷

난이도 ●○○

문제유형 사실적 이해 > 정보 확인

접근전략 알 수 있는 것을 고르는 문제의 정답 선지는 제시문 내용과 부합하거나 그로부터 추론할 수 있는 경우이고 오답 선지는 제시문 내용과 상충하거나 그로부터 추론할 수 없는 경우이다. 제시문을 처음부터 끝까지 읽으며 잘 이해하고 선지로 자주 나오는 정보를 미리 파악하여 표시해두면서 읽으며 빠르게 선지들을 파악하자. 특정 구조에서 선지로 자주 구성되는 내용은 항상 있기 마련이다.

다음 글에서 알 수 있는 것은?

(1) 체험사업을 운영하는 이들은 아이들에게 다양한 직업의 현장과 삶의 실상, 즉 현실을 체험하게 해준다고 홍보한다. (2) 직접 겪지 못하는 현실을 잠시나마 체험함으로써 미래에 더 좋은 선택을 할 수 있게 한다는 것이다. (3) 체험은 생산자에게는 홍보와 돈벌이 수단이 되고, 소비자에게는 교육의 연장이자 주말 나들이 거리가 된다. 이런 필요와 전략이 맞물려 체험사업이 번성한다. (4) 그러나 이때의 현실은 체험하는 사람의 필요와 여건에 맞추어 미리 짜놓은 현실, 치밀하게 계산된 현실이다. 다른 말로 하면 가상현실이다. (5) 아이들의 상황을 고려해서 눈앞에 보일만한 것, 손에 닿을 만한 것, 짧은 시간에 마칠 수 있는 것을 잘 계산해서 마련해 놓은 맞춤형 가상현실인 것이다. (6) 눈에 보이지 않는 구조, 손에 닿지 않는 제도, 장기간 반복되는 일상은 체험행사에서는 제공될 수 없다. ▶ 1문단

(1) 여기서 주목해야 할 것은 경험과 체험의 차이이다. (2) 경험은 타자와의 만남이다. (3) 반면 체험 속에서 인간은 언제나 자기 자신만을 볼 뿐이다. (4) 타자들로 가득한 현실을 경험함으로써 인간은 스스로 변화하는 동시에 현실을 변화시킬 동력을 얻는다. (5) 이와 달리 가상현실에서는 그것을 체험하고 있는 자신을 재확인하는 것으로 귀결되기 마련이다. (6) 경험 대신 체험을 제공하는 가상현실은 실제와 가상의 경계를 모호하게 할 뿐만 아니라 우리를 현실에 순응하도록 이끈다. (7) 요즘 미래 기술로 각광받는 디지털 가상현실 기술은 경험을 체험으로 대체하려는 오랜 시도의 결정판이다. 버튼 하나만 누르면 3차원으로 재현된 세계가 바로 앞에 펼쳐진다. (8) 한층 빠르고 정교한 계산으로 구현한 가상현실은 우리에게 필요한 모든 것을 눈앞에서 체험할 수 있는 본격 체험사회를 예고하는 것만 같다. ▶ 2문단

① 체험사업은 장기간의 반복적 일상을 가상현실을 통해 경험하도록 해준다.
→ (×) 체험사업에서는 장기간 반복되는 일상은 제공될 수 없다.[1문단(6)] 그저 가시적인 것들만 잘 계산해서 마련해 놓은 것이 가상현실이다.

② 현실을 변화시킬 수 있는 동력은 체험이 아닌 현실을 경험함으로써 얻게 된다.
→ (○) 타자들로 가득한 현실을 경험함으로써 인간은 스스로 변화하는 동시에 현실을 변화시킬 동력을 얻는다.[2문단(4)] 반면 체험 속에서 인간은 언제나 자기 자신만을 볼 뿐이기 때문에[2문단(3)], 현실을 변화시킬 동력을 얻을 수 없다.

③ 가상현실은 실제와 가상 세계의 경계를 구분하여 자기 자신을 체험할 수 없도록 한다.
→ (×) 가상현실은 실제와 가상의 경계를 모호하게 하며[2문단(6)], 가상현실에서는 그것을 체험하고 있는 자신을 재확인하는 것으로 귀결된다.[2문단(5)] 따라서 해당 선지는 지문의 내용과 반대된다.

④ 체험사업은 아이들에게 타자와의 만남을 경험하게 해줌으로써 경제적 이윤을 얻고 있다.
→ (×) 체험사업은 가상현실을 통해 소비자에게 어떤 체험의 기회를 제공함으로써[2문단(6)] 경제적 이윤을 얻는다. 하지만 경험과 체험은 구별되는 것이다.[2문단(1)] '타자와의 만남'은 경험을 통해서만 이루어지고 체험을 통해서는 실현될 수 없다.[2문단(2)] 따라서 체험사업은 타자와의 만남을 제공해주지 못한다.

⑤ 디지털 가상현실 기술은 아이들에게 현실을 경험하게 함으로써 미래에 더 좋은 선택을 하도록 돕는다.
→ (×) 디지털 가상현실 기술은 경험을 체험으로 대체하려는 오랜 시도의 결정판이다.[2문단(7)] 따라서 디지털 가상현실은 아이들에게 현실을 경험하게 하지는 못하고 체험의 기회를 제공하는 것을 목표로 한다.

제시문 분석

1문단 체험사업의 특징과 한계

〈특징 및 의의〉	직접 겪지 못하는 현실을 잠시나마 체험함으로써 미래에 더 좋은 선택을 할 수 있게 한다고 홍보한다.(2)
	체험은 생산자에게는 홍보와 돈벌이 수단이 되고, 소비자에게는 교육의 연장이자 주말 나들이 거리가 된다.(3)
〈한계〉	그러나 이때의 현실은 일종의 가상현실로, 눈에 보이지 않는 구조, 손에 닿지 않는 제도, 장기간 반복되는 일상은 제공될 수 없다.(4),(6)

2문단 경험과 체험의 차이

〈경험 – 현실〉		〈체험 – 가상현실〉
경험 = 타자와의 만남(2)		체험 = 자기 자신과만의 만남(3)
현실을 경험함으로써 인간은 스스로 변화하는 동시에 현실을 변화시킬 동력을 얻는다.(4)	→	가상현실에서는 그것을 체험하고 있는 자신을 재확인하는 것으로 귀결되며, 실제와 가상의 경계를 모호하게 할 뿐만 아니라 우리를 현실에 순응하도록 이끈다.(5),(6)

3문단 디지털 가상현실 기술: 경험을 체험으로 대체

〈디지털 가상현실 기술〉		〈시사점〉
디지털 가상현실 기술은 경험을 체험으로 대체하려는 오랜 시도의 결정판이다.(7)	→	한층 빠르고 정교한 계산으로 구현한 가상현실은 우리에게 필요한 모든 것을 눈앞에서 체험할 수 있는 본격 체험사회를 예고하는 것만 같다.(8)

합격자의 실전 풀이 순서

발문 제대로 읽기 및 문제 유형 파악

항상 발문을 먼저 제대로 읽자. 본 문제는 글에서 알 수 있는 것을 고르는 일치부합·내용추론 유형의 문제이다. 알 수 있는 것을 고르는 문제는 추론할 수 있는 것을 고르는 문제와 같다. 해당 유형은 제시문 내용과 부합하거나 그로부터 추론 가능한 선지가 정답이 되며, 제시문 내용과 상충하거나 그로부터 추론할 수 없는 선지가 오답이 된다.

본 문제와 같은 정보확인유형을 푸는 방법으로는 두 가지가 있다.

❶ 제시문 먼저 읽기

첫 번째로는 처음부터 제시문을 꼼꼼히 읽어 선지 확인을 위해 제시문을 다시 읽는 시간을 단축하는 방법이다. 이 방법의 경우 제시문을 읽는 과정에서 선지에 나올 만한 내용을 주의 깊게 읽고, 복잡한 제시문의 내용을 어느 정도 이해한 후 선지를 읽어야 한다. 이 방법을 사용하면서 시간을 단축하고 싶다면, 문단별로 나누어 한 문단을 꼼꼼히 읽고 그 문단에 상응하는 선지부터 판단하는 방법을 응용할 수 있다. 다만, 첫 번째 방법의 경우 제시문의 내용을 잊어버리면 다시 제시문을 읽게 되어 시간이 낭비되기 때문에 매우 긴 제시문이 있는 문제에는 적합하지 않다. 또한, 문단별로 선지를 확인하는 방식은 문단 간의 정보를 결합해야 하는 선지에는 취약하다는 한계가 있다.

❷ 제시문 구조 파악 후 선지 먼저 읽기

두 번째로는 제시문의 구조와 키워드만 빠르게 파악한 후, 선지를 읽고 선지에서 필요한 내용을 다시 제시문에서 꼼꼼히 찾아가는 방법이 있다. 두 번째 방법은 제시문이 매우 긴 경우 또는 제시문의 구조가 깔끔할 때 효과적이다. 그러나 두 번째 방법은 능숙하지 않은 사람이 시험장에서 시도한다면 성공률이 낮다는 한계가 있다. 두 번째 방식을 익숙하게 하기 위해서는 다양한 제시문을 첫 번째 방법처럼 꼼꼼히 분석하는 과정이 필요하다. 다양한 제시문을 접하고 글의 구조를 이해하게 되면 두 번째 방식을 효과적으로 활용할 수 있다.

각자 본인에게 적합한 방법은 다를 수 있다. 두 방법을 모두 시도해보고, 자신에게 맞는 방법을 찾아 풀면 된다.

제시문을 먼저 읽는 풀이의 경우

(1) 제시문 독해

제시문을 빠르게 훑어서 제시문의 구조를 파악하자.

1문단에서는 체험사업의 특징을 나열하다가 접속사 '그러나' 이후부터 체험사업에 대한 글쓴이의 비판의식이 드러난다. 2문단에서는 '체험'과 '경험'의 대조가 드러나기 시작하면서 '체험'을 '체험사업', '가상현실'과 연결하고 있다.

이처럼 서로 다른 두 대상의 공통점 및 차이점을 위주로 진행되는 경우 △, ▽와 같은 구분되는 기호를 이용하며 읽자. 예를 들어, '체험', '체험사업', '가상현실'에 모두 △을 표시하고, '경험'에 모두 ▽을 표시한다면, 선지에서 해당 키워드의 내용을 물을 때 △ 또는 ▽ 기호를 찾음으로써 빠르게 선지의 판단 근거를 찾을 수 있다.

> 여기서 주목해야 할 것은 경험과 체험의 차이이다. 경험은 타자와의 만남이다. 반면 체험 속에서 인간은 언제나 자기 자신만을 볼 뿐이다. 타자들로 가득한 현실을 경험함으로써 인간은 스스로 변화하는 동시에 현실을 변화시킬 동력을 얻는다. 이와 달리 가상현실에서는 그것을 체험하고 있는 자신을 재확인하는 것으로 귀결되기 마련이다. 경험 대신 체험을 제공하는 가상현실은 실제와 가상의 경계를 모호하게 할 뿐만 아니라 우리를 현실에 순응하도록 이끈다. 요즘 미래 기술로 각광받는 디지털 가상현실 기술은 경험을 체험으로 대체하려는 오랜 시도의 결정판이다.… ▶ 2문단

다음으로 선지에 나올만한 내용에 주목하면서 제시문을 읽을 필요가 있다. 제시문에서 부정되고 있는 사실이나 내용은 긍정의 내용으로 뒤집어 오답 선지로 자주 구성되니 괄호와 같은 기호로 미리 표시하며 읽자. 예컨대 본 문제에서는 제시문 1문단 (6)에 '~제시될 수 없다.'와 같은 내용이 있다. 또한, 제시문에는 1문단의 '체험사업', '가상현실', 2문단의 '체험'에 대한 화자의 부정적 인식을 확인할 수 있다. 이 역시 화자가 부정적으로 서술한 내용이 긍정적인 내용으로 뒤집혀 부합하지 않는 선지가 될 수 있음을 인식하자.

한편, 일상적인 언어가 제시문에서 특별한 의미로 사용된 경우에는 일상적인 의미를 기반으로 문제를 푸는 오류를 범하지 않도록 주의해야 한다. 제시문 "체험'과 '경험'을 평상시의 배경 지식을 기반으로 풀다가 이 둘의 개념을 정확하게 구분하지 못하는 문제가 발생할 수 있다. 지문에서 정확하게 대조하고 있는 개념이니, 지문에서 '체험'과 '경험'을 어떻게 대조시켜 서술하고 있는지를 정확하게 파악하여야 한다.

(2) 선지 판단

제시문을 읽으며 핵심키워드인 '체험'과 경험'에 각각 △과 ▽의 기호를 표시해두었다면, 선지를 풀기 위해 제시문으로 돌아갈 때는 제시문의 기호를 찾으며 선지의 근거를 찾는 것이 좋다. 특히 본 문제의 선지는 모두 '체험'과 '경험'의 차이를 묻고 있다. 따라서 '체험'의 특징을 묻고 있는 ①, ③, ④ 선지를 풀 때는 △ 기호를 찾으며 빠르게 선지의 근거를 찾는다. 또한, '경험'의 특징을 묻고 있는 ②, ⑤ 선지를 풀 때는 ▽ 기호를 찾으며 선지의 근거를 찾는다. 한편, ①번은 제시문에서 부정되고 있는 사실을 뒤집어 선지를 구성하고 있는데, 이러한 방식으로 오선지를 구성하는 경우가 빈번하므로 제시문에 부정문이 나왔을 때에는 별도의 표시를 해둘 필요가 있다.

선지를 먼저 읽는 풀이의 경우

(1) 선지 읽기

선지의 키워드를 확인하며 읽는다.

① 체험사업, 반복적 일상, 가상현실, 경험
② 현실 변화 동력, 체험이 아닌 현실을 경험
③ 가상현실, 경계, 체험할 수 없도록
④ 체험사업, 타자와의 만남, 경험, 경제적 이윤
⑤ 디지털 가상현실 기술, 경험, 아이들

체험사업, 가상현실의 내용과 특징을 파악하며 제시문을 읽어야 함을 알 수 있다. 특이한 점은 ②에 '체험이 아닌 현실을 경험'이라고 하며 '체험'과 '현실 경험'을 구분하고 있다는 것이다. 체험과 경험을 혼동하지 않아야 할 것이라 짐작할 수 있다.

(2) 제시문 독해 및 선지 판단

1문단에서 체험사업, 아이들, 가상현실 등의 키워드를 찾을 수 있다. 그러나 선지의 정오를 판단할 구체적 근거는 부족하다. ①, ④가 체험사업에 대한 선지이기는 하지만 '반복적 일상', '타자와의 만남' 등 키워드를 찾을 수 없기 때문이다. 따라서 2문단으로 넘어간다.

2문단 첫 문장에서 '경험과 체험의 차이'를 언급한다. 구분

을 위하여 △, ▽ 등의 기호를 활용한다.
2문단 전반부에서 '타자와의 만남', '현실 변화 동력' 등의 키워드를 찾을 수 있다. '현실 변화 동력'은 '경험'의 특징이다. ②가 옳으므로 정답이다.
정답은 도출하였으나 남은 제시문을 읽고 오답의 근거를 찾아본다.
편의를 위해 선지에도 △, ▽를 표시한다. 1문단에서 체험사업은 가상현실이라고 하였으므로 ▽로 표시하면 된다.

> ① 체험사업은 장기간의 반복적 일상을 가상현실을 통해 경험하도록 해준다.
> ② 현실을 변화시킬 수 있는 동력은 체험이 아닌 현실을 경험함으로써 얻게 된다.
> ③ 가상현실은 실제와 가상 세계의 경계를 구분하여 자기 자신을 체험할 수 없도록 한다.
> ④ 체험사업은 아이들에게 타자와의 만남을 경험하게 해줌으로써 경제적 이윤을 얻고 있다.
> ⑤ 디지털 가상현실 기술은 아이들에게 현실을 경험하게 함으로써 미래에 더 좋은 선택을 하도록 돕는다.

②를 제외하고는 모두 주어와 특징의 기호의 모양이 다르므로 옳지 않음을 알 수 있다.

합격자의 시간단축 Tip

Tip ❶ 기호를 통해 병렬적인 두 대상의 차이점과 공통점 파악

병렬적으로 주어진 내용이나 대상의 차이점과 공통점은 선지로 자주 구성되어 나오므로, 제시문을 읽을 때 기호를 활용하여 두 대상을 빠르게 비교할 준비를 해두는 것이 좋다. 해당 제시문처럼 둘 사이의 차이점을 위주로 진행되는 경우 △, ▽와 같은 기호로 구분해가며 읽자. 선지를 판단할 때는 제시문에서 기호를 찾음으로써 선지의 설명이 타당한지 빠르게 파악할 수 있다.

Tip ❷ 제시문에서 부정되고 있는 내용/사실 표시

비문학에서는 제시문 상에서 부정되고 있는 내용이나 사실을 긍정하는 내용으로 바꾸어 오답 선지를 자주 구성한다. 그러므로 이들은 발견 시 미리 괄호와 같은 기호로 표시를 해두면 오답 선지를 빠르게 판단할 수 있다. 제시문에서는 체험사업과 가상현실 및 체험에 대한 글쓴이의 부정적 인식, 1문단 (6)에 '~제시될 수 없다.'와 같은 부분에 등장했다.

Tip ❸ 역접의 접속어 뒤에 나오는 문장에 주목

접속어가 글의 흐름을 전환하기 위해 제시되는 경우, 중요 내용이거나 앞에 등장한 개념의 특징과 대비되는 특징이 제시된다. 이 부분이 선지로 구성되는 경우가 많으므로 독해 시 집중하여 읽을 필요가 있다. '그러나', '그런데', '반면'과 같은 접속어 미리 자신만의 기호로 표시해둔다면 이후 선지에서 해당 내용을 묻더라도 쉽게 제시문의 위치를 찾을 수 있다.
이 문제에서도 1문단 (4)의 '그러나' 이후 가상현실을 비판하는 글의 논조가 드러나며, 2문단에서 경험의 특징이 제시된 다음, (3)의 '반면', (5)의 '이와 달리' 이후 체험의 특징이 제시된다.

Tip ❹ 제시문 내 개념 정의에 주목

익숙한 개념이든, 낯선 개념이든 제시문에 언급되는 개념의 정의는 꼭 이해해야 한다. 정답의 근거는 제시문 안에 있기 때문에 익숙한 개념이라도 제시문 내의 개념에 따라 문제를 풀어야 하기 때문이다. 낯선 개념이라면 더더욱 제시문 내의 표현으로 정의를 이해해야 세부적인 내용의 이해도 쉬워진다.

032 정답 ④

난이도 ●○○

문제유형 사실적 이해 > 정보 확인

접근전략 정보 확인 문제 중 과학 원리를 소재로 한 지문은 이론에 대한 깊은 이해를 요구하지 않기 때문에 내용의 인과 관계를 꼼꼼히 정리하고 파악한다. 이처럼 글에서 알 수 없는 것을 고르는 문제의 정답 선지는 제시문 내용과 상충하거나 그로부터 추론할 수 없는 내용, 오답 선지는 제시문 내용과 일치하거나 그로부터 추론 가능한 내용이 된다. 제시문을 처음부터 끝까지 읽으며 잘 이해하고 선지로 자주 나오는 정보를 미리 파악하여 표시해두면서 읽으며 빠르게 선지들을 파악하자. 특정 구조에서 선지로 자주 구성되는 내용은 항상 있기 마련이다.

다음 글에서 알 수 없는 것은?

(1) 고대에는 별이 뜨고 지는 것을 통해 방위를 파악했다. (2) 최근까지 서태평양 캐롤라인 제도의 주민은 현대식 항해 장치 없이도 방위를 파악하여 카누 하나만으로 드넓은 열대 바다를 항해하였다. (3) 인류학자들에 따르면, 그들은 별을 나침반처럼 이용하여 여러 섬을 찾아다녔고 이때의 방위는 북쪽의 북극성, 남쪽의 남십자성, 그 밖에 특별히 선정한 별이 뜨고 지는 것에 따라 정해졌다. ▶ 1문단

(1) 캐롤라인 제도는 적도의 북쪽에 있어서 그 주민들은 북쪽 수평선의 바로 위쪽에서 북극성을 볼 수 있다. (2) 북극성은 천구의 북극점으로부터 매우 가까운 거리에서 작은 원을 그리며 공전한다. (3) 천구의 북극점은 지구 자전축의 북쪽 연장선상에 있기 때문에 천구의 북극점에 있는 별은 공전을 하지 않고 정지된 것처럼 보인다. (4) 이처럼 천구의 북극점에 있는 별을 제외하고 북극성을 포함한 별이 천구의 북극점을 중심으로 공전하는 것처럼 보이는 것은 지구가 자전하기 때문이다. ▶ 2문단

(1) 캐롤라인 제도의 주민이 북쪽을 찾기 위해 이용했던 북극성은 자기(磁氣) 나침반보다 더 정확하게 천구의 북극점을 가리킨다. (2) 이는 나침반의 바늘이 지구의 자전축으로부터 거리가 멀리 떨어져 있는 지구자기의 북극점을 향하기 때문이다. (3) 또한, 천구의 남극점 근처에서 쉽게 관측할 수 있는 고정된 별은 없으므로 캐롤라인 제도의 주민은 남극점 자체를 볼 수 없다. (4) 그러나 남십자성이 천구의 남극점 주위를 돌고 있으므로 남쪽을 파악하는 데는 큰 어려움이 없다. ▶ 3문단

① 고대에 사용되었던 방위 파악 방법 중에는 최근까지 이용된 것도 있다.
→ (○) 고대에는 별이 뜨고 지는 것을 통해 방위를 파악했고 [1문단(1)], 최근까지 캐롤라인 제도의 주민 또한 별을 나침반처럼 이용하여 여러 섬을 찾아다녔다.[1문단(3)] 이를 통해 고대에 사용되었던 별을 통한 방위 파악 방법이 최근까지도 이용되었음을 알 수 있다.

② 캐롤라인 제도의 주민은 밤하늘에 있는 남십자성을 이용하여 남쪽을 알아낼 수 있었다.
→ (○) 캐롤라인 제도의 주민은 남극점 자체는 볼 수 없지만 [3문단(3)], 남십자성이 남극점 주위를 돌고 있으므로 남쪽을 파악하는 데는 큰 어려움이 없다.[3문단(4)] 이를 통해 캐롤라인 제도의 주민은 남십자성을 이용하여 남쪽을 파악함을 알 수 있다.

③ 지구 자전축의 연장선상에 별이 있다면, 밤하늘을 보았을 때 그 별은 정지된 것처럼 보인다.

→ (○) 천구의 북극점은 지구 자전축의 북쪽 연장선상에 있기 때문에 천구의 북극점에 있는 별은 공전하지 않고 정지된 것처럼 보인다.[2문단(3)] 이를 통해 지구 자전축의 연장선상에 있는 별은 정지된 것처럼 보인다는 것을 알 수 있다.

④ 자기 나침반을 이용하면 북극성을 이용할 때보다 더 정확히 천구의 북극점을 찾을 수 있다.
→ (×) 북극성은 자기 나침반보다 더 정확하게 천구의 북극점을 가리킨다.[3문단(1)] 따라서 선지와는 반대로 북극성을 이용하면 자기 나침반을 이용할 때보다 더 정확히 천구의 북극점을 찾을 수 있다.

⑤ 캐롤라인 제도의 주민이 관찰한 별이 천구의 북극점을 중심으로 공전하는 것처럼 보이는 이유는 지구가 자전하기 때문이다.
→ (○) 북극성을 포함한 별이 천구의 북극점을 중심으로 공전하는 것처럼 보이는 것은 지구가 자전하기 때문이다.[2문단(4)]

제시문 분석

1문단 별을 이용한 방위 파악

〈고대〉		〈최근〉
고대에는 별이 뜨고 지는 것을 통해 방위를 파악하였다.(1)	→	최근까지 서태평양 캐롤라인 제도의 주민은 별을 나침반처럼 이용하여 드넓은 열대 바다를 항해하였다.(2),(3)

2문단 북극성과 북극점에 있는 별

〈캐롤라인 제도의 지리적 특성〉
캐롤라인 제도는 적도의 북쪽에 있어서 그 주민들은 북쪽 수평선의 바로 위쪽에서 북극성을 볼 수 있다.(1)

〈북극성〉	북극성은 천구의 북극점으로부터 매우 가까운 거리에서 작은 원을 그리며 공전한다.(2)
〈북극점에 있는 별〉	천구의 북극점은 지구 자전축의 북쪽 연장선상에 있기 때문에 천구의 북극점에 있는 별은 공전을 하지 않고 정지된 것처럼 보인다.(3)

↓

〈이유〉
천구의 북극성에 있는 별을 제외하고, 북극성을 포함한 별이 천구의 북극점을 중심으로 공전하는 것처럼 보이는 것은 지구가 자전하기 때문이다.(4)

3문단 별을 이용한 방위 파악의 장점

〈북극성을 이용한 방위 파악의 장점〉
캐롤라인 제도의 주민이 이용했던 북극성은 자기 나침반보다 더 정확하게 천구의 북극점을 가리킨다.(1)

→	〈이유〉	나침반의 바늘이 지구의 자전축으로부터 거리가 멀리 떨어져 있는 지구자기의 북극점을 향하기 때문이다.(2)

〈캐롤라인 제도 주민의 남쪽 파악 방법〉
천구의 남극점 근처에서 쉽게 볼 수 있는 고정된 별은 없으므로 캐롤라인 제도의 주민은 남극점 자체를 볼 수는 없지만, 남십자성이 남극점 주위를 돌고 있으므로 남쪽을 파악할 수 있다.(3),(4)

합격자의 실전 풀이 순서

⓪ 발문 제대로 읽기 및 문제 유형 파악

항상 발문을 먼저 제대로 읽자. 본 문제는 글에서 알 수 없는 것을 고르는 일치부합·내용추론 유형의 문제이다. 알 수 없는 것을 고르는 문제는 추론할 수 없는 것을 고르는 문제와 같다. 해당 유형은 제시문 내용과 부합하지 않거나 그로부터 추론 불가능한 선지가 정답이 되며, 제시문 내용과 일치거나 그로부터 추론할 수 있는 선지가 오답이 된다. 긴장되는 시험장에서 알 수 '없는' 것을 고르는 문제에서 알 수 '있는' 것을 고르는 문제로 잘못 보아 처음 검토한 선지를 고르는 실수를 할 수 있다는 사실을 명심해야 한다. 따라서 알 수 '없는' 것을 묻는 문제가 나오면 발문에 크게 × 표시를 하여 실수를 하지 않도록 유의해야 한다.

본 문제와 같은 정보확인유형을 푸는 방법으로는 두 가지가 있다.

❶ 제시문 먼저 읽기

첫 번째로는 처음부터 제시문을 꼼꼼히 읽어 선지 확인을 위해 제시문을 다시 읽는 시간을 단축하는 방법이다. 이 방법의 경우 제시문을 읽는 과정에서 선지에 나올 만한 내용을 주의 깊게 읽고, 복잡한 제시문의 내용을 어느 정도 이해한 후 선지를 읽어야 한다. 이 방법을 사용하면서 시간을 단축하고 싶다면, 문단별로 나누어 한 문단을 꼼꼼히 읽고 그 문단에 상응하는 선지부터 판단하는 방법을 응용할 수 있다. 다만, 첫 번째 방법의 경우 제시문의 내용을 잊어버리면 다시 제시문을 읽게 되어 시간이 낭비되기 때문에 매우 긴 제시문이 있는 문제에는 적합하지 않다. 또한, 문단별로 선지를 확인하는 방식은 문단 간의 정보를 결합해야 하는 선지에는 취약하다는 한계가 있다.

❷ 제시문 구조 파악 후 선지 먼저 읽기

두 번째로는 제시문의 구조와 키워드만 빠르게 파악한 후, 선지를 읽고 선지에서 필요한 내용을 다시 제시문에서 꼼꼼히 찾아가는 방법이 있다. 두 번째 방법은 제시문이 매우 긴 경우 또는 제시문의 구조가 깔끔할 때 효과적이다. 그러나 두 번째 방법은 능숙하지 않은 사람이 시험장에서 시도한다면 성공률이 낮다는 한계가 있다. 두 번째 방식을 익숙하게 하기 위해서는 다양한 제시문을 첫 번째 방법처럼 꼼꼼히 분석하는 과정이 필요하다. 다양한 제시문을 접하고 글의 구조를 이해하게 되면 두 번째 방식을 효과적으로 활용할 수 있다.

제시문을 먼저 읽는 풀이의 경우

(1) 제시문 독해

본 문제의 경우 제시문의 길이가 길지 않고 구조도 복잡한 편이 아니므로 정보확인문제를 푸는 두 가지 방법 중 첫 번째 방법을 활용할 수 있다. 즉, 제시문을 처음 읽을 때부터 선지에 나올만한 부분에 표시하고 제시문의 내용을 이해해야 한다. 또한, 앞서 언급하였듯이 문단별로 해당 문단에 해당하는 선지를 판단하며 읽으면 시간을 단축할 수 있다.

제시문을 읽으며 표시를 해두어야 하는 내용으로는 다음과 같다.

첫째, 두 대상의 공통점과 차이점이 제시되는 경우 이를 묻는 선지가 많으므로 제시문에 해당 내용에 대해 눈에 띄도록 표시해야 한다. 예를 들어, 1문단에서 '고대'와 '캐롤라인 제도 주민' 간 내용 간 공통점이 제시된다.

둘째, 인과 관계를 설명하는 문장이 나온다면 어떠한 원인이 어떠한 결과를 유발하는지 정확히 파악해야 한다. 2문단의 (3), (4) 문장에는 두 가지 인과 관계가 나오는데, 이를 표로 정리하면 다음과 같다.

	원인	결과
(3)문장	천구의 북극점은 지구 자전축의 북쪽 연장선상에 있기 때문에	천구의 북극점에 있는 별은 공전을 하지 않고 정지된 것처럼 보인다.
(4)문장	지구가 자전하기 때문에	천구의 북극점에 있는 별을 제외하고 북극성을 포함한 별이 천구의 북극점을 중심으로 공전하는 것처럼 보인다.

실전에서 위 표와 같이 자세히 정리하기는 어렵지만, 적어도 제시문의 위에 조그맣게 원인, 결과라고 적어둘 필요가 있다. 또는 ←와 →같은 기호를 표시함으로써 어떠한 원인이 어떠한 결과를 유발하는지 한 눈에 보이도록 표시할 수 있다. 셋째, 두 대상을 비교하며 'A가 B보다 낫다'라는 표현이 등장한다면 이 역시 제시문에 표시를 해두어야 한다. 시각적인 효과를 위해서는 〉와 〈의 기호를 사용해 한눈에 파악할 수 있다.

넷째, 접속어로 시작되는 문장에 주의해야 한다. 특히 내용의 전환을 의미하는 '그러나', '그런데', '반면'과 같은 접속어가 등장하면 그 뒤의 내용에 괄호와 같은 표시를 해두어야 한다.

한편, 제시문의 2문단부터 과학에 관한 내용이 시작되는데, 과학 지문을 읽을 시 몇 가지 유의점을 고려해야 한다. 첫째, 머릿속에 단순화하며 그리며 읽자. 2문단 (3)의 경우 지구의 자전축을 그리고 그것을 북쪽으로 연장해 그 위에 '북극점'이라는 하나의 점을 상상한다. 기술/과학 지문의 경우 이런 식의 연습을 많이 하면, 해당 제재에 마주했을 때 독해가 더 수월해진다. 둘째, 어려울수록 '개념어'의 구분에 유의하자. '북극성'과 '북극점'은 서로 다른 개념인데, 급하게 읽다 보면 같은 말로 착각하기 쉽고, 그렇게 되면 독해에 큰 혼란이 오게 된다. 셋째, 완벽한 이해가 힘들 경우, '논리 관계' 자체에만 치중해서 읽도록 하자. 예를 들어 2문단 (3)을 보고 '왜 지구 자전축의 북쪽 연장선 상에 있으면 별이 정지된 것처럼 보이지?'와 같은 이해를 하려 하기보다는, '아 그냥 지구 자전축의 북쪽 연장선상에 있다는 〈원인〉 때문에, 정지된 것처럼 보이는 〈결과〉가 일어나는구나' 정도의 인식과 이해가 필요하다.

(2) 선지 판단

①번 선지는 두 대상간 공통점을 이용해 선지를 구성했다. ②번 선지는 내용의 전환을 의미하는 접속사인 '그러나'로 시작되는 3문단 (4) 문장에서 판단의 근거를 찾을 수 있다. ③, ⑤번 선지는 인과 관계를 보여주는 2문단 (3), (4) 문장에서, ④번 선지는 북극성과 나침반을 비교하는 3문단 (1) 문장에서 판단 근거를 찾을 수 있다. 이처럼 선지에 자주 나오는 표현들을 외워두고, 제시문에 이를 크게 표시하면서 읽는다면 빠른 선지 판단이 가능하다.

더불어 ③, ⑤번 선지를 통해 우리가 알 수 있는 사실은, 과학 지문이 깊은 이해 그 자체를 요구하지는 않는다는 것이다. 두 선지 모두 이해하기 다소 어려웠던 2문단에서 출제되었는데 깊은 이해를 통해 판단할 수 있던 선지가 아니었다. 2문단 (3), (4) 문장의 인과 관계 설명에 대해 '이러한 원인이 왜 결과를 일으키지?'와 같은 깊은 이해를 시도하기보다 '이러한 원인은 이러한 결과를 만드는구나.' 정도의 인식이 중요하다는 것이다. 실제로 선지 또한 이 정도 인식을 통해 판단할 수 있게끔 출제되었다.

선지를 먼저 읽는 풀이의 경우

(1) 선지 읽기

선지의 키워드를 확인하며 읽는다.

① 고대, 방위 파악 방법, 최근까지

② 캐롤라인 제도, 남십자성, 남쪽

③ 지구 자전축의 연장선상에 별, 정지된 것처럼 보인다

④ 자기 나침반, 북극성, 더 정확히, 천구의 북극점

⑤ 캐롤라인 제도, 천구의 북극점을 중심으로 공전, 이유, 자전

천문학 주제의 지문으로 보이며, 남십자성, 북극성, 자기 나침반 등을 이용한 방위 파악 방법이 무엇인지 찾으며 읽을 필요가 있음을 알 수 있다. ①, ②, ④는 방위 파악 방법을 묻고 있고, 자기 나침반과 북극성을 활용한 방위 파악 방법의 비교가 눈에 띈다. ③, ⑤는 천체관측 시 관찰되는 것을 묻고 있다. 제시문 독해 시 이를 참고한다.

(2) 제시문 독해 및 선지 판단

1문단에서 캐롤라인 제도, 북극성, 남십자성 등의 키워드를 찾을 수 있다. (2), (3)에서 최근까지 별을 통한 방위 파악 방법이 쓰이고 있음을 알 수 있으므로 ①은 옳다. (3)의 '이때의 방위는 ~남쪽의 남십자성'을 통해 ②도 옳음을 알 수 있다.

2문단에서 정지된 것처럼 보인다, 공전, 자전 등의 키워드를 찾을 수 있다. (3)을 통해 ③이 옳음을, (4)를 통해 ⑤가 옳음을 알 수 있다.

3문단의 첫 문장에서 ④가 옳지 않음을 알 수 있다. 정답은 ④이다.

합격자의 시간단축 Tip

Tip ❶ 선지에 나올 만한 내용에 주목

제시문을 읽는 실력이 향상된다면, 제시문의 내용을 단지 수용하는 단계에서 나아가 선지에 나올 만한 내용을 적극적으로 모색하는 단계로 나아갈 수 있다. 본 문제에서 파악할 수 있는 선지에서 자주 나오는 내용으로는, 두 대상의 공통점과 차이점, 인과 관계, 두 대상의 성능 및 효과 비교, 접속어로 시작하는 문장의 주요 내용이 있다. 다양한 정보확인문제를 통해 선지에서 주로 묻는 내용이 무엇인지 정리한 뒤, 제시문에서 선지에 나올만한 내용을 미리 파악하며 읽는 습관을 들이자.

Tip ❷ 과학/기술 제재 지문의 이해

과학/기술 부분은 많은 사람이 이해에 어려움을 겪는 경우가 많은데 이 경우 제대로 이해하려고 하면 시간만 뺏기고 제대로 된 이해는 하지 못한 채로 선지와 마주할 수 있다. 이 경우에는 깊은 이해를 하려 하기보다는 '논리 관계' 정도만 체크하며 읽자. 즉, A 때문에 B가 된다고 하면, 왜 A가 B를 일으키는지를 이해하려 하기보다는 A라는 원인 때문에 B라는 결과가 일어난다는 정도의 인식만 하자는 것이다. 이때 관찰된 사실이 이해가 되지 않는다면 어절을 통째로 선지와 비교해도 된다. 선지 ③, ⑤를 2문단의 (3), (4)와 어절 단위로 비교하는 것이다. 그것이 일치한다면 본문을 이해하지 못했더라도 옳은 선지임은 파악할 수 있다.

033 정답 ③ 난이도 ●●●

문제유형 비판적 사고 > 판단하기

접근전략 글에 대한 분석으로 적절한 것을 고르는 문제는 사실상 추론 가능한 것을 고르는 문제와 크게 다르지 않다. 즉, 정답 선지는 본문 내용과 부합하거나 그로부터 추론할 수 있는 내용이고, 오답 선지는 본문 내용과 상충하거나 그로부터 추론할 수 없는 내용이 된다. 제시문부터 잘 읽으면서 구조를 파악하고 선지로 자주 구성될 만한 내용(글에서 부정되는 내용/사실 등)을 미리 확보해가며 읽은 뒤 선지를 판단하자. 본 제시문처럼 두 개념이 병렬적으로 제시될 경우에는 개념 간의 공통점이나 차이점을 물을 확률이 높다. 글을 읽으며 각 개념에 해당하는 정보에 표시해두자.

다음 글에 대한 분석으로 적절한 것만을 〈보기〉에서 모두 고르면?

(1) 우리는 흔히 행위를 윤리적 관점에서 '해야 하는 행위'와 '하지 말아야 하는 행위'로 구분한다. (2) 그리고 전자에는 '윤리적으로 옳음'이라는 가치 속성을, 후자에는 '윤리적으로 그름'이라는 가치 속성을 부여한다. (3) 그런데 윤리적 담론의 대상이 되는 행위 중에는 윤리적으로 권장되는 행위나 윤리적으로 허용되는 행위도 존재한다. ▶ 1문단

(1) 윤리적으로 권장되는 행위는 자선을 베푸는 것과 같이 윤리적인 의무는 아니지만 윤리적으로 바람직하다고 판단되는 행위를 의미한다. (2) 이와 달리 윤리적으로 허용되는 행위는 윤리적으로 그르지 않으면서 정당화 가능한 행위를 의미한다. (3) 예를 들어, 응급환자를 태우고 병원 응급실로 달려가던 중 신호를 위반하고 질주하는 행위는 맥락에 따라 윤리적으로 정당화 가능한 행위라고 판단될 것이다. (4) 우리가 윤리적으로 권장되는 행위나 윤리적으로 허용되는 행위에 대해 옳음이나 그름이라는 윤리적 가치 속성을 부여한다면, 이 행위들에는 윤리적으로 옳음이라는 속성이 부여될 것이다. ▶ 2문단

(1) 이런 점에서 '윤리적으로 옳음'이란 윤리적으로 해야 하는 행위, 권장되는 행위, 허용되는 행위 모두에 적용되는 매우 포괄적인 용어임에 유의할 필요가 있다. (2) '윤리적으로 옳은 행위가 무엇인가?'라는 질문에 답할 때, 이러한 포괄성을 염두에 두지 않고, 윤리적으로 해야 하는 행위, 즉 적극적인 윤리적 의무에 대해서만 주목하는 경향이 있다. (3) 하지만 구체적인 행위에 대해 '윤리적으로 옳은가?'라는 질문을 할 때에는 위와 같은 분류를 바탕으로 해당 행위가 해야 하는 행위인지, 권장되는 행위인지, 혹은 허용되는 행위인지 따져볼 필요가 있다. ▶ 3문단

보기

ㄱ. 어떤 행위는 그 행위가 이루어진 맥락에 따라 윤리적으로 허용되는지의 여부가 결정된다.
→ (O) 신호를 위반하고 질주하는 행위는 맥락에 따라 윤리적으로 정당화 가능한 행위라고 판단될 것이다.[2문단(3)] 이를 통해 어떤 행위는 그 행위가 이루어진 맥락을 반영하여 윤리적 허용 여부가 결정됨을 알 수 있다.

ㄴ. '윤리적으로 옳은 행위가 무엇인가?'라는 질문에 답하기 위해서는 적극적인 윤리적 의무에만 주목해야 한다.
→ (×) '윤리적으로 옳은 행위가 무엇인가?'라는 질문에 답할 때는 적극적인 윤리적 의무에 대해서만 주목하는 것이 아니라, '윤리적 옳음'의 포괄성을 고려하여 해당 행위가 해야 하는 행위인지, 권장되는 행위인지, 혹은 허용되는 행위인지 따져보아야 한다.[3문단(2),(3)]

ㄷ. 윤리적으로 권장되는 행위와 윤리적으로 허용되는 행위에 대해서는 윤리적으로 옳음이라는 가치 속성이 부여될 수 있다.
→ (O) 우리가 윤리적으로 권장되는 행위나 윤리적으로 허용되는 행위에 대해 옳음이나 그름이라는 가치 속성을 부여한다면, 해당 행위들에는 '윤리적으로 옳음'이라는 가치 속성이 부여될 것이다.[2문단(4)]

① ㄱ → (×)
② ㄴ → (×)
③ ㄱ, ㄷ → (O)
④ ㄴ, ㄷ → (×)
⑤ ㄱ, ㄴ, ㄷ → (×)

제시문 분석

1문단 윤리적으로 '해야 하는 행위'와 '하지 말아야 하는 행위'

〈해야 하는 행위〉	〈하지 말아야 하는 행위〉
'윤리적으로 옳음'(2)	'윤리적으로 그름'(2)

→ 그러나 윤리적 담론의 대상이 되는 행위 중에는 윤리적으로 권장되는 행위나 윤리적으로 허용되는 행위도 존재한다.(3)

2문단 윤리적으로 '권장되는 행위'와 '허용되는 행위'

〈권장되는 행위〉	〈허용되는 행위〉
윤리적인 의무는 아니지만 윤리적으로 바람직하다고 판단되는 행위(1)	윤리적으로 그르지 않으면서 정당화 가능한 행위(2)
예) 자선을 베푸는 것(1)	예) 응급환자를 태우고 응급실로 달려가던 중 신호를 위반하고 질주하는 행위(3)
윤리적으로 옳음(4)	

3문단 '윤리적으로 옳음'의 의미

〈'윤리적으로 옳음'의 포괄성〉
윤리적으로 해야 하는 행위, 권장되는 행위, 허용되는 행위 모두에 적용되는 매우 포괄적인 용어이다.(1)

↓

〈'윤리적으로 옳음'의 판단 유의점〉
'윤리적으로 옳은 행위가 무엇인가?'라는 질문에 대하여 '포괄성'을 염두하지 않고 주로 적극적인 윤리적 의무인 윤리적으로 해야 하는 행위에만 주목하는 경향이 있다.(2) 구체적인 행위에 대해 '윤리적으로 옳은가?'라는 질문을 할 때에는 해당 행위가 해야 하는 행위인지, 권장되는 행위인지, 혹은 허용되는 행위인지 따져볼 필요가 있다.(3)

합격자의 실전 풀이 순서

발문 제대로 읽기 및 문제 유형 파악

항상 발문을 먼저 제대로 읽자. 글에 대한 분석을 묻고 있는데, 이 경우 보통 논리 추론 유형이 많다. 사실상 추론할 수 있는 것을 고르는 정보확인유형과 접근 방법이 같다고 할 수 있다. 이때 정답 선지는 제시문 내용과 부합하거나 그로부터 추론할 수 있는 내용이고, 오답 선지는 제시문 내용과 상충하거나 그로부터 추론할 수 없는 내용이 된다.

본 문제와 같은 정보확인유형을 푸는 방법으로는 두 가지가 있다.

❶ 제시문 먼저 읽기

첫 번째로는 처음부터 제시문을 꼼꼼히 읽어 선지 확인을 위해 제시문을 다시 읽는 시간을 단축하는 방법이다. 이 방법의 경우 제시문을 읽는 과정에서 선지에 나올 만한 내용을 주의 깊게 읽고, 복잡한 제시문의 내용을 어느 정도 이해한 후 선지를 읽어야 한다. 이 방법을 사용하면서 시간을 단축하고 싶다면, 문단별로 나누어 한 문단을 꼼꼼히 읽고 그 문단에 상응하는 선지부터 판단하는 방법을 응용할 수 있다. 다만, 첫 번째 방법의 경우 제시문의 내용을 잊어버리면 다시 제시문을 읽게 되어 시간이 낭비되기 때문에 매우 긴 제시문이 있는 문제에는 적합하지 않다. 또한, 문단별로 선지를 확인하는 방식은 문단 간의 정보를 결합해야 하는 선지에는 취약하다는 한계가 있다.

❷ 제시문 구조 파악 후 선지 먼저 읽기

두 번째로는 제시문의 구조와 키워드만 빠르게 파악한 후, 선지를 읽고 선지에서 필요한 내용을 다시 제시문에서 꼼꼼히 찾아가는 방법이 있다. 두 번째 방법은 제시문이 매우 긴 경우 또는 제시문의 구조가 깔끔할 때 효과적이다. 그러나 두 번째 방법은 능숙하지 않은 사람이 시험장에서 시도한다면 성공률이 낮다는 한계가 있다. 두 번째 방식을 익숙하게 하기 위해서는 다양한 제시문을 첫 번째 방법처럼 꼼꼼히 분석하는 과정이 필요하다. 다양한 제시문을 접하고 글의 구조를 이해하게 되면 두 번째 방식을 효과적으로 활용할 수 있다. 각자 본인에게 적합한 방법은 다를 수 있다. 두 방법을 모두 시도해보고, 자신에게 맞는 방법을 찾아 풀면 된다.

제시문을 먼저 읽는 풀이의 경우

(1) 제시문 독해

본 문제의 제시문은 길이가 짧고 난이도가 쉬우므로 앞서 제시한 두 가지 풀이법 중 첫 번째 방법을 통해 풀 수 있다. 1문단에서는 '해야 하는 행위'와 '하지 말아야 하는 행위', 2문단에서는 '윤리적으로 권장하는 행위'와 '윤리적으로 허용되는 행위'를 비교하고 있다. 이처럼 유사한 층위의 키워드가 병렬적으로 제시된 경우 ○과 □ 같은 도형을 통해 구별하거나, ①과 ② 같은 숫자를 키워드 위에 작게 적음으로써 둘을 시각적으로 구분할 수 있다. 또한, 글 전반이 병렬적으로 전개되는 경우 내용 간 경계를 분명히 표시해 두고(ex. 윤리적으로 허용되는 내용의 범위 2문단 (2), (3)임을 간단한 기호로 표시)그들 간의 차이점 및 공통점이나 관계를 파악하며 읽도록 하자. 이외에도 정보확인문제를 풀 때와 마찬가지로 '그런데', '하지만', 그러나'와 같은 접속어로 시작하는 문장이나, 제시문에서 든 예시에는 괄호를 쳐두고 주의 깊게 읽을 필요가 있다.

더불어 본 문제의 제시문은 다소 난이도가 낮지만, 이런 추상적인 주제에 대한 제시문은 자신이 충분히 이해했다고 생각하기 쉽다. '권장되는 행위'에 해당하는 게 무엇이 있는지, '허용되는 행위'가 무엇이 있는지 등을 자신이 정확히 떠올릴 수 있는 것이 정확하게 이해한 것이다. 그렇기에 추상적인 제시문을 읽을 때는 제시문에서 나온 사례를 주의 깊게 읽는 등 내용을 구체화시켜 정확하게 독해하려는 노력이 필요하다.

(2) 선지 판단

ㄱ의 경우 어떤 행위의 구체적인 예시를 묻고 있다. 선지에서 예시를 묻는 경우 대부분은 이미 제시문에서 나온 사례를 확인하려는 차원이다. 본 문제 외에도 제시문에서 나온 사례를 선지에서 다시 묻는 문제가 많으므로 사례가 나왔을 때는 제시문을 읽을 때부터 주의 깊게 볼 필요가 있다.

ㄴ의 경우 선지의 판단 근거를 3문단 (3) 문장에서 찾을 수 있다. 그런데 해당 문장은 글의 전환을 의미하는 '하지만'이라는 접속어로 시작하는 문장이다. 이처럼 글의 전환을 의미하는 접속어로 시작하는 문장에서 선지의 판단 근거를 찾는 경우가 많으므로 제시문을 읽을 때 접속어에 △등의 표시를 해두는 것이 좋다.

ㄷ의 경우 '윤리적으로 권장되는 행위'와 '윤리적으로 허용되는 행위'의 공통점을 묻고 있는 선지이다. 이처럼 병렬적 대상의 공통점과 차이점에 대해 묻는 선지가 많으므로, 제시문을 읽을 때부터 이에 유의하며 읽어야 한다.

선지를 먼저 읽는 풀이의 경우

(1) 선지 읽기

선지의 키워드를 확인하며 읽는다.

ㄱ. 맥락, 윤리적으로 허용되는지 여부 결정

ㄴ. 윤리적으로 옳은, 적극적인 윤리적 의무

ㄷ. 윤리적으로 권장/허용/옳음

윤리학 지문이며, 윤리적 허용/옳음/의무/권장 등의 개념 및 조건을 파악하며 읽을 필요가 있음을 알 수 있다. ㄷ을 보면 이들 개념이 완전히 배타적이지 않을 가능성이 있다.

(2) 제시문 독해 및 선지 판단

1문단은 윤리적 담론의 대상이 되는 행위를 옳음/그름, 권장/허용으로 분류하고 있다. 전자와 후자는 독립된 분류 기준으로 보인다. 1문단만으로는 선지의 판단 근거를 찾기 어려우므로 2문단을 읽는다.

2문단에서 윤리적으로 권장, 허용, 맥락 등의 키워드를 찾을 수 있다. '권장'의 특징과 '허용'의 특징이 헷갈릴 수 있으므로, 기호를 활용한다.

> 윤리적으로 권장되는 행위는 자선을 베푸는 것과 같이 윤리적인 의무는 아니지만 윤리적으로 바람직하다고 판단되는 행위를 의미한다. 이와 달리 윤리적으로 허용되는 행위는 윤리적으로 그르지 않으면서 정당화 가능한 행위를 의미한다. 예를 들어, 응급환자를 태우고 병원 응급실로 달려가던 중 신호를 위반하고 질주하는 행위는 맥락에 따라 윤리적으로 정당화 가능한 행위라고 판단될 것이다. 우리가 윤리적으로 권장되는 행위나 윤리적으로 허용되는 행위에 대해 옳음이나 그름이라는 윤리적 가치 속성을 부여한다면, 이 행위들에는 윤리적으로 옳음이라는 속성이 부여될 것이다.
>
> ▶ 2문단

맥락에 따라 윤리적 정당화 가능 여부를 판단할 수 있고, 윤리적으로 허용되는 행위는 옳으면서 정당화 가능한 행위이므로, '맥락'은 윤리적 허용의 판단 기준이 될 것이다. ㄱ은 옳다. 2문단 (4)를 통해 ㄷ도 옳음을 알 수 있다.

3문단에서 윤리적으로 옳음, 적극적인 윤리적 의무라는 키워드를 찾을 수 있다. 문장 (2), (3)에서 ㄴ이 옳지 않음을 알 수 있다. 정답은 ②이다.

합격자의 시간단축 Tip

Tip ❶ 병렬적으로 주어진 개념 및 내용의 관계 파악

해당 제시문은 각 내용이 병렬적으로 나타나 있다. 보통 글 전반의 구조가 병렬적일 때 서로 간의 관계 및 공통점과 차이점을 자주 물으니 이를 확인하며 읽자. 이를 미리 파악해두면 선지 판단도 빠르고 정확해지기 때문이다. 빠른 비교를 위해서는 기호나 숫자를 활용하여 시각적인 구분 효과를 줄 수 있다. 또한, 각 개념어와 내용이 어디에서 어디까지 존재하는지 잘 확인해두고 문제 풀이시 미리 파악해 둔 위치를 근거로 돌아가 근거를 확인해 풀자. 제시문에서는 '해야 하는 행위', '하지 말아야 하는 행위', '윤리적으로 권장되는 행위', '윤리적으로 허용되는 행위', '적극적인 윤리 의무' 등의 개념들이 제시되었고, 이들의 관계 파악을 통해 문제를 풀 수 있었다.

Tip ❷ 역접의 접속사에 주목

접속어가 글의 흐름을 전환하기 위해 제시되는 경우, 중요 내용이거나 앞에 등장한 개념의 특징과 대비되는 특징이 제시된다. 2문단 문장 (2)의 '이와 달리'는 병렬적 개념의 상이한 특징을 서술하는 데 쓰였고, 3문단 문장 (3)의 '하지만'은 앞 문장의 내용을 반박하는 데 쓰였다. 또한 각각 선지 ㄱ과 ㄴ의 판단 근거가 된다. 이처럼 앞의 내용과의 차이를 나타내는 접속사 이하의 내용이 선지로 자주 출제되므로 주목하며 읽는 것이 좋다.

034 정답 ①

난이도 ●●○

문제유형 사실적 이해 > 정보 확인

접근전략 글에서 알 수 있는 것을 고르는 문제의 정답 선지는 제시문 내용과 일치하거나 그로부터 추론할 수 있는 내용이 되고 오답 선지는 제시문 내용과 상충하거나 그로부터 추론할 수 없는 내용이 된다. 제시문부터 잘 읽으면서 구조를 파악하고 선지로 자주 구성될 만한 내용(글에서 부정되는 내용/사실 등)을 미리 확보해가며 읽은 뒤 선지를 판단하자. 구체적으로 해당 지문의 경우, 특정 건축물의 구조 배치에 대해 설명하고 있다. 이렇게 글만으로 파악하기 어려운 정보가 주어졌을 때, 글을 읽으며 간단한 그림을 그리는 것도 좋은 방법이다.

다음 글에서 알 수 있는 것은?

(1) 불교가 삼국에 전래될 때 대개 불경과 불상 그리고 사리가 들어왔다. (2) 이에 예불을 올리고 불상과 사리를 모실 공간으로 사찰이 건립되었다. (3) 불교가 전래된 초기에는 불상보다는 석가모니의 진신사리를 모시는 탑이 예배의 중심이 되었다.

▶ 1문단

(1) 불교에서 전하기를, 석가모니가 보리수 아래에서 열반에 든 후 화장(火葬)을 하자 여덟 말의 사리가 나왔다고 한다. (2) 이것이 진신사리이며 이를 모시는 공간이 탑이다. (3) 탑은 석가모니의 분신을 모신 곳으로 간주되어 사찰의 중심에 놓였다. (4) 그러나 진신사리는 그 수가 한정되어 있었기 때문에 삼국시대 말기에는 사리를 대신하여 작은 불상이나 불경을 모셨다. (5) 이제 탑은 석가모니의 분신을 모신 곳이 아니라 사찰의 상징적 건축물로 그 의미가 변했고, 예배의 중심은 탑에서 불상을 모신 금당으로 자연스럽게 옮겨갔다.

▶ 2문단

(1) 삼국시대 사찰은 탑을 중심으로 하고 그 주위를 회랑※으로 두른 다음 부속 건물들을 정연한 비례에 의해 좌우대칭으로 배치하는 구성을 보였다. (2) 그리하여 이 시기 사찰에서는 기본적으로 남문·중문·탑·금당·강당·승방 등이 남북으로 일직선상에 놓였다. (3) 그리고 반드시 중문과 강당 사이를 회랑으로 연결하여 탑을 감쌌다. (4) 동서양을 막론하고 모든 고대국가의 신전에는 이러한 회랑이 공통적으로 보이는데, 이는 신전이 성역임을 나타내기 위한 건축적 장치가 회랑이기 때문이다. (5) 특히 삼국시대 사찰은 후대의 산사와 달리 도심 속 평지 사찰이었기 때문에 회랑이 필수적이었다.

▶ 3문단

※ 회랑: 종교 건축이나 궁궐 등에서 중요 부분을 둘러싸고 있는 지붕 달린 복도

① 삼국시대의 사찰에서 탑은 중문과 강당 사이에 위치한다.
→ (○) 삼국시대 사찰은 기본적으로 남문, 중문, 탑, 금당, 강당, 승방 등이 남북으로 일직선상에 놓였다.[3문단(2)] 그리고 반드시 중문과 강당 사이를 회랑으로 연결하여 탑을 감싸고 있는 형태였다.[3문단(3)] 따라서 탑은 중문과 강당 사이에 위치했음을 알 수 있다.

② 진신사리를 모시는 곳은 탑에서 금당의 불상으로 바뀌었다.
→ (×) 탑이 진신사리를 모시는 곳이었던 것은 맞으나[2문단(2)] 진신사리의 수가 한정되어 있어 삼국시대 말기에는 탑에 사리를 대신하여 불상이나 불경을 모신 것이지[2문단(4)], 진신사리를 모시는 장소가 바뀐 것은 아니다. 예배의 중심이 진신사리를 모시는 탑에서 불상을 모시는 금당으로 바뀐 것이다.

③ 삼국시대 말기에는 진신사리가 부족하여 탑 안을 비워두었다.
→ (×) 삼국시대 말기에는 진신마리의 수가 한정되어 있기 때문에 사리를 대신하여 불상과 불경을 모시기 시작했다.[2문단(4)] 그렇기에 예배의 중심은 탑에서 불상이나 불경을 모신 금당으로 바뀌었고 탑은 사찰의 상징적 건물로 바뀌었음을 알 수 있다.[2문단(5)] 그러나 이를 통해 진신사리가 부족해 탑 안을 비워두었는지는 지문에서 확인할 수 없다.

④ 삼국시대 이후에는 평지 사찰과 산사를 막론하고 회랑을 세우지 않았다.
→ (×) 삼국시대 사찰은 후대의 산사와 달리 도심 속 평지 사찰이었기 때문에 회랑이 필수적이었다는 설명만으로[3문단(5)], 삼국시대 이후에는 회랑을 세우지 않았다고 단정할 수 없다.

⑤ 탑을 사찰의 중심에 세웠던 것은 사찰이 성역임을 나타내기 위해서였다.
→ (×) 탑을 사찰의 중심에 세웠던 것은 탑이 석가모니의 분신을 모신 곳으로 간주되었기 때문이다.[2문단(3)] 또한, 삼국시대 사찰은 도심 속 평치 사찰이었기 때문에[3문단(5)] 사찰이 성역임을 나타내기 위한 건축적 장치인 회랑을 이용해[3문단(4)] 중문과 강당 사이를 연결하여 탑을 감쌌다.[3문단(3)]

제시문 분석

1·2문단 삼국시대 탑의 의미 변화

〈초기〉		〈변화〉		〈말기〉
석가모니의 진신사리를 모시는 탑은 곧 석가모니의 분신을 모신 곳으로 간주되어 사찰의 중심에 놓였다. [1문단(3), 2문단(3)]	→	그러나 진신사리는 그 수가 한정되어 있었기 때문에 삼국시대 말기에는 사리를 대신하여 작은 불상이나 불경을 모셨다. [2문단(4)]	→	이제 탑은 사찰의 상징적 건축물로 그 의미가 변했고, 예배의 중심은 탑에서 불상을 모신 금당으로 옮겨갔다. [2문단(5)]

3문단 삼국시대 사찰의 건축양식적 특징

〈특징①〉		〈특징②〉		〈특징③〉
삼국시대 사찰은 탑을 중심으로 하고 그 주위를 회랑으로 두른 다음 부속 건물들을 정연한 비례에 의해 좌우대칭으로 배치하는 구성을 보였다.(1)	⊕	그리하여 기본적으로 남문·중문·탑·금당·강당·승방 등이 남북으로 일직선상에 놓였다.(2)	⊕	그리고 반드시 중문과 강당 사이를 회랑으로 연결하여 탑을 감쌌다.(3)

→	〈회랑〉	동서양을 막론하고 모든 고대 국가의 신전에는 회랑이 공통적으로 보이는데, 이는 신전이 성역임을 나타내기 위한 건축적 장치가 회랑이기 때문이다.(4)
		특히 삼국시대 사찰은 후대의 산사와 달리 도심 속 평지 사찰이었기 때문에 회랑이 필수적이었다.(5)

합격자의 실전 풀이 순서

발문 제대로 읽기 및 문제 유형 파악

항상 발문을 먼저 제대로 읽자. 본 문제는 글에서 알 수 있는 것을 고르는 일치부합·내용추론 유형의 문제이다. 알 수 있는 것을 고르는 문제는 추론할 수 있는 것을 고르는 문제와 같다. 제시문 내용과 부합하거나 그로부터 추론 가능한 선지가 정답이 되며, 제시문 내용과 상충하거나 그로부터 추론할 수 없는 선지가 오답이 된다.

본 문제와 같은 정보확인유형을 푸는 방법으로는 두 가지가 있다.

❶ 제시문 먼저 읽기

첫 번째로는 처음부터 제시문을 꼼꼼히 읽어 선지 확인을 위해 제시문을 다시 읽는 시간을 단축하는 방법이다. 이 방법의 경우 제시문을 읽는 과정에서 선지에 나올 만한 내용을 주의 깊게 읽고, 복잡한 제시문의 내용을 어느 정도 이해한 후 선지를 읽어야 한다. 이 방법을 사용하면서 시간을 단축하고 싶다면, 문단별로 나누어 한 문단을 꼼꼼히 읽고 그 문단에 상응하는 선지부터 판단하는 방법을 응용할 수 있다. 다만, 첫 번째 방법의 경우 제시문의 내용을 잊어버리면 다시 제시문을 읽게 되어 시간이 낭비되기 때문에 매우 긴 제시문이 있는 문제에는 적합하지 않다. 또한, 문단별로 선지를 확인하는 방식은 문단 간의 정보를 결합해야 하는 선지에는 취약하다는 한계가 있다.

❷ 제시문 구조 파악 후 선지 먼저 읽기

두 번째로는 제시문의 구조와 키워드만 빠르게 파악한 후, 선지를 읽고 선지에서 필요한 내용을 다시 제시문에서 꼼꼼히 찾아가는 방법이 있다. 두 번째 방법은 제시문이 매우 긴 경우 또는 제시문의 구조가 깔끔할 때 효과적이다. 그러나 두 번째 방법은 능숙하지 않은 사람이 시험장에서 시도한다면 성공률이 낮다는 한계가 있다. 두 번째 방식을 익숙하게 하기 위해서는 다양한 제시문을 첫 번째 방법처럼 꼼꼼히 분석하는 과정이 필요하다. 다양한 제시문을 접하고 글의 구조를 이해하게 되면 두 번째 방식을 효과적으로 활용할 수 있다.

제시문을 먼저 읽는 풀이의 경우

(1) 제시문 독해

본 문제의 경우 제시문의 길이가 짧고 구조가 강조되는 문제가 아니므로 앞서 언급한 두 가지 풀이 방법 중 첫 번째 방법을 사용하는 것이 타당하다. 다만 제시문이 시간적 흐름에 따라 전개되고 있으므로 이와 같은 간단한 구조는 파악하고 접근하는 것이 좋다. 먼저 1문단에 '초기에는'이라는 표현이 등장하는 것으로 보아, 시간의 흐름에 따른 변화가 주어질 가능성이 매우 크므로 시간이 흐름에 따라 어떤 변화와 차이점이 나타나는지에 주목하자. 실제로 2문단에 삼국시대 전기에서 후기로 넘어가면서 어떤 변화가 생겨나는지 제시됨을 확인할 수 있는데 석가모니의 분신으로 모신 대상이 진신사리에서 작은 불상이나 불경으로 변화, 탑의 의미와 예배 중심지의 변화 등이 있다.

본 문제가 정보확인유형인 만큼 제시문을 읽을 때부터 선지에 자주 나오는 표현들에 유의하며 읽어야 한다. 1문단 (3) 문장에 불상보다 탑이 예배의 중심이 되었다는 비교의 표현이 나타났는데, 이에 '불상 〈 탑'이라는 기호를 통해 시각적 효과를 줄 수 있다. 2문단 (4) 문장은 글의 전환을 의미하는 접속어 '그러나'로 시작하는 문장이므로 이에 표시를 해두어야 한다. 또한, 2문단 (5) 문장에는 시간의 흐름에 따른 변화가 나타나므로 이를 '탑→금당'으로 정리할 수 있다. 3문단에서는 (3) 문장에 '반드시'라는 표현이 나오고, (4) 문장에 동서양의 공통점이 나와 이에도 표시를 해두어야 한다. 또한 (5) 문장에는 '필수적'이라는 표현이 나와 이에도 주목해야 한다.

더불어 3문단처럼 특정 구조를 설명하는 데에 많은 정보가 제시되고 있는 경우 해당 구조를 단순화하며 머릿속으로 그리며 읽되 정보량이 지나치게 많다면 제시문 옆에 간단한 그림을 그려가며 읽는 것이 좋다. 해당 제시문의 경우는 간단한 그림을 그릴 필요까지는 없어 보인다. 다만 최근 장소를 활용한 고난도 정보확인유형이 출제되고 있어 제시문을 읽을 때 시각적으로 정리할 수 있는 내용은 미리 정리해두어야 제시문을 두 번 읽는 일을 방지할 수 있다.

(2) 선지 판단

선지를 판단할 때 유의할 점은 제시문을 읽으며 중요하다고 표시한 부분을 중점적으로 판단 근거를 찾아야 하며, 선지를 부분으로 나누어 모든 부분이 옳은 설명에 해당하는지 확인해야 한다는 점이다.

①번 선지의 경우 '반드시'라는 표현이 들어간 3문단 (3) 문장에, ④번 선지의 경우 '필수적'이라는 표현이 들어간 3문단 (5) 문장에 판단 근거가 존재한다. 이처럼 강조의 표현이 존재하는 문장에는 별표를 치고 유의 깊게 읽어야 한다. 또한, ③번 선지의 경우 '그러나'로 시작되는 2문단 (4) 문장에 판단 근거가 존재하므로, 글의 전환을 의미하는 접속어로 시작되는 문장이 중요하다는 점을 알 수 있다. 이처럼 제시문을 읽을 때 선지에 나올만하다고 생각되는 부분을 미리 표시해두면 선지를 판단하는 시간을 단축할 수 있다.

②번과 ⑤번 선지는 선지를 판단할 때 선지를 부분으로 나누어 해당 부분들이 모두 옳은 설명인지 확인해야 함을 보여준다. 예컨대 ②번 선지의 경우 '신진사리를 모시는 곳은/ 탑에서 금당의 불상으로 바뀌었다'와 같이 문장을 나눌 수 있다. 선지의 뒷부분의 경우 시간의 흐름을 나타내는 표현인 2문단 (5) 문장에서 근거를 찾을 수 있다. 그러나 중요한 점은 '예배의 중심'이 탑에서 금당으로 장소가 옮겨간 것은 옳지만, 선지의 앞부분인 '신진사리를 모시는 곳'이라는 표현이 틀렸다는 사실이다. 즉, 선지의 주어 부분이 틀렸으므로 ②번은 틀린 선지가 된다. ⑤번 선지를 판단할 때 역시 '탑을 사찰의 중심에 세웠던 것은/ 사찰이 성역임을 나타내기 위해서였다'로 선지를 나누고, 탑이 사찰의 중심에 있었던 것이 맞는지와 그 이유가 성역임을 나타내기 위해서였는지를 모두 판단해야 한다.

선지를 먼저 읽는 풀이의 경우

(1) 선지 읽기

선지의 키워드를 확인하며 읽는다.

① 삼국시대 사찰, 탑, 중문과 강당 사이 위치
② 진신사리, 탑→금당 불상
③ 삼국시대 말기, 진신사리 부족, 탑 비워둠
④ 삼국시대 이후, ~회랑

⑤ 탑, 사찰의 중심, 성역
역사/문화 지문으로 보이며, 시대별 사찰 내 구조물의 특징에 유의하여 읽을 필요가 있음을 알 수 있다.

(2) 제시문 독해 및 선지 판단
1문단에서 삼국, 진신사리, 탑 등의 키워드를 찾을 수 있다. 일단 ②의 전단부는 옳다. 선지의 정오를 판단하기에 정보가 부족하므로 2문단으로 넘어간다.
2문단에서 진신사리, 탑, 삼국시대 말기, 금당 등의 키워드를 찾을 수 있다. 문장 (5)에서 예배의 중심이 불상을 모신 금당으로 옮겨갔다는 것을 알 수 있지만 진신사리를 모시는 곳이 바뀐 것은 아니다. ②는 옳지 않다. 문장 (4)에서 사리의 수가 한정되어 사리 대신 작은 불상이나 불경을 모셨다고 하였으므로, ③도 옳지 않다.
3문단에서 탑, 회랑, 중문과 강당 사이, 성역 등의 키워드를 찾을 수 있다. 문장 (5)를 볼 때 ④는 옳지 않다. 문장 (4)에서 성역임을 나타내는 장치는 '회랑'임을 알 수 있으므로 ⑤도 옳지 않다. 문장 (2)의 남문–중문–탑–금당–강당–승방이 일직선상에 놓였다는 부분에서 ①이 옳음을 알 수 있다.

합격자의 시간단축 Tip

Tip ❶ 선지에 나올 만한 내용에 주목

제시문을 읽는 실력이 향상된다면, 제시문의 내용을 단지 수용하는 단계에서 나아가 선지에 나올 만한 내용을 적극적으로 모색하는 단계로 나아갈 수 있다. 주로 선지에서 자주 나오는 내용으로는, 두 대상의 공통점과 차이점, 인과 관계, 두 대상의 성능 및 효과 비교, 접속어로 시작하는 문장의 주요 내용, '반드시', '필수적'과 같은 표현으로 강조되는 내용 등이 있다. 다양한 정보확인 문제를 통해 선지에서 주로 묻는 내용이 무엇인지 정리한 뒤, 제시문에서 선지에 나올만한 내용을 미리 파악하며 읽는 습관을 들이자.
이 문제의 경우 1문단 (3)과 2문단 (5)의 '예배의 중심'의 변화, 2문단 문장 (4)의 '그러나', 3문단 문장 (5)의 특히 등이 눈에 띈다.

Tip ❷ 선지를 나누어 꼼꼼히 선지를 판단

최근 정보확인문제에서 선지의 앞부분은 옳은 설명이나, 뒷부분이 틀린 설명이어서 오선지를 구성하는 사례가 늘고 있다. 이러한 함정에 넘어가지 않기 위해서는 선지를 빗금으로 전단부와 후단부로 나누어 각각이 옳은 설명에 해당하는지 검토할 필요가 있다. 특히 앞부분이 틀린 설명이고 뒷부분이 옳은 설명인 경우, 이를 옳은 선지로 오인하는 경우가 많다. 따라서 선지의 내용을 여러 부분으로 나누고 하나하나 검토하는 습관을 반드시 들여야 한다.

Tip ❸ 시간의 흐름에 따른 변화에 주목

비문학에서는 자주 반복해서 나오는 구조가 있고, 이 구조에서 자주 선지로 구성되는 내용도 존재한다. 이를 평소에 미리 파악해 두면 독해와 선지 판단의 속도가 빨라진다. 시간의 흐름에 따른 변화에서는 시간이 흘러감에 따라 생기는 변화와 차이점을 통해 선지를 자주 구성하니 이에 주목하자. 해당 제시문에서는 삼국시대 초기에서 말기로 이행하면서 나타나는 변화가 나타났다.

Tip ❹ 제시문 내 예시 활용

정답의 근거로 판단되는 문장을 구체적으로 그리기 어려운데 예시가 주어져 있다면 예시를 적극 활용하여 선지를 판단하자. 정답인 선지 ①은 3문단 문장 (3)에서도 근거를 찾을 수 있지만 문장 (2)에도 그 근거가 드러난다. 낯선 단어가 나열된 탓에 복잡해 보이지만, 이해하고 머릿속에서 그려야 하는 문장 (3)보다 필요한 단어의 위치만 찾으면 되므로 오히려 직관적이다. 문장 (2)를 근거로 활용하면 단순 일치부합처럼 풀 수 있어 더욱 쉽게 풀 수 있다.

035 정답 ④

난이도 ●●●

문제유형 제시문형 > 분석추론

접근전략 법조문이 주어지지는 않았지만, 제시문에 주어진 규정을 파악하고 이를 선지에 적용한다는 점에서 법조문 유형과 유사하다. 법조문 유형과 마찬가지로 첫 독해 시에는 규정의 구조와 규정 간의 관계를 파악하고, 선지 파악 시에 구체적 규정의 내용을 확인한다. 본 문제의 경우, 선택지에서 친족과 재산대상의 사례가 제시되고 있으므로 이를 표시하여 선지에 적용해보자. 1문단은 가볍게 읽고 아래로 내려가 요건을 어떻게 끊어 읽을지에 집중한다.

다음 글을 근거로 판단할 때, 재산등록 의무자(A~E)의 재산등록 대상으로 옳은 것은?

재산등록 및 공개 제도는 재산등록 의무자가 본인, 배우자 및 직계존·비속의 재산을 주기적으로 등록·공개하도록 하는 제도이다. 이 제도는 재산등록 의무자의 재산 및 변동사항을 국민에게 투명하게 공개함으로써 부정이 개입될 소지를 사전에 차단하여 공직 사회의 윤리성을 높이기 위해 도입되었다.

- **재산등록 의무자:** 대통령, 국무총리, 국무위원, 지방자치단체장 등 국가 및 지방자치단체의 정무직 공무원, 4급 이상의 일반직·지방직 공무원 및 이에 상당하는 보수를 받는 별정직 공무원, 대통령령으로 정하는 외무공무원 등
- **등록대상 친족의 범위:** 본인, 배우자, 본인의 직계존·비속. 다만, 혼인한 직계비속인 여성, 외증조부모, 외조부모 및 외손자녀, 외증손자녀는 제외한다.
- **등록대상 재산:** 부동산에 관한 소유권·지상권 및 전세권, 자동차·건설기계·선박 및 항공기, 합명회사·합자회사 및 유한회사의 출자 지분, 소유자별 합계액 1천만 원 이상의 현금·예금·증권·채권·채무, 품목당 5백만 원 이상의 보석류, 소유자별 연간 1천만 원 이상의 소득이 있는 지식재산권

※ 직계존속: 부모, 조부모, 증조부모 등 조상으로부터 자기에 이르기까지 직계로 이어 내려온 혈족
※ 직계비속: 자녀, 손자, 증손 등 자기로부터 아래로 직계로 이어 내려가는 혈족

① 시청에 근무하는 4급 공무원 A의 동생이 소유한 아파트
→ (×) 시청에 근무하는 4급 공무원 A는 재산등록 의무자에 해당하나, A의 동생은 등록대상 친족의 범위에 해당하지 않는다. 따라서 A의 동생이 소유한 아파트는 재산등록 대상이 아니다.

② 시장 B의 결혼한 딸이 소유한 1,500만 원의 정기예금
→ (×) 시장 B는 지방자치단체장으로서 재산등록 의무자에 해당하나, 혼인한 직계비속인 여성은 등록대상 친족의 범위에 해당하지 않으므로 B의 결혼한 딸은 등록대상 친족의 범위에 해당하지 않는다. 따라서 B의 딸이 소유한 1,500만 원의 정기예금은 재산등록 대상이 아니다.

③ 도지사 C의 아버지가 소유한 연간 600만 원의 소득이 있는 지식재산권

→ (×) 도지사 C는 지방자치단체장으로서 재산등록 의무자에 해당하고, C의 아버지는 등록대상 친족의 범위에 해당한다. 그러나 연간 1천만 원 이상의 소득이 있는 지식재산권에 한하여 등록대상 재산으로 인정되므로 연간 600만 원의 소득이 있는 지식재산권은 등록대상 재산으로 인정되지 않는다.

④ 정부부처 4급 공무원 상당의 보수를 받는 별정직 공무원 D의 아들이 소유한 승용차

→ (○) 정부부처 4급 공무원 상당의 보수를 받는 별정직 공무원 D는 재산등록 의무자에 해당하고, D의 아들은 등록대상 친족의 범위에 해당한다. 자동차는 등록대상 재산에 해당하므로, D의 아들이 소유한 승용차는 재산등록 대상이다.

⑤ 정부부처 4급 공무원 E의 이혼한 전처가 소유한 1,000만 원 상당의 다이아몬드

→ (×) 정부부처 4급 공무원 E는 재산등록 의무자에 해당하나, E의 이혼한 전처는 등록대상 친족의 범위에 해당하지 않는다. 따라서 E의 이혼한 전처가 소유한 1,000만 원 상당의 다이아몬드는 재산등록 대상에 해당하지 않는다.

합격자의 실전 풀이 순서

❶ 문제 유형 파악

제시문의 형태를 볼 때 규정을 파악하고 〈보기〉에 규정을 적용하는 문제이다. 해당 유형은 법조문이 주어지지는 않았지만, 규정을 적용한다는 점에서 법조문형 문제의 규정적용 유형과 유사하다. 처음 제시문을 읽을 때는 규정의 구조와 규정 간의 관계만을 파악한 후, 〈보기〉를 판단할 때 구체적 규정의 내용을 확인한다. 또한, 재산등록 대상으로 옳은 것을 고르는 문제라는 것을 인지하기 위해 "재산등록"이라는 단어에 밑줄이나 동그라미 등 표시를 한다. 인물이 5명 등장하므로, 제시문에서 직업이나 직위별로 다른 조건이 제시될 것이며, 이 부분을 중점적으로 파악해야 함을 예상할 수 있다.

❷ 제시문 독해 및 규정 확인

제시문의 앞부분은 재산등록 및 공개 제도의 의의 및 도입배경에 대한 내용이다. 이처럼 규정의 구체적 내용과 무관한 사전지식에 관한 내용은 가볍게만 훑어보고 선지 판단에 필요한 경우 다시 돌아와서 본다. 실질적으로 재산등록 대상 여부를 판단하는 기준은 그 이하의 세 가지 사항이므로 이를 순차적으로 검토한다.

제시문 독해 단계에서는 먼저 적용할 규정이 당사자, 친족 범위, 재산으로 구분됨을 확인한다. 다수의 명사가 나열되어 있으므로 선지를 먼저 보고 해당 내용을 찾는 것이 더 효율적이다. 따라서 각 규정의 구체적 내용을 확인할 필요는 없으나, 단서나 예외사항에는 미리 △로 표시해둔다. 본 문제는 두 번째 조건인 친족의 범위에 단서가 포함되어 있다. 이처럼 단서가 한두 개에 그치는 경우 단서를 다룬 선지를 미리 지우는 것도 효과적인 문제 풀이 방법이 될 수 있다. 단서의 수가 적다면 이를 빼먹는 실수가 발생할 수 있기 때문이다.

❸ 선지 판단

제시문 독해를 바탕으로 선지가 각각의 사항에 적용되는지를 선지별로 살펴본다. 복수의 조건이 나열된 선지의 경우 두 가지 접근이 가능하다.

먼저, 선지별로 요건 세 가지의 충족 여부를 검토하는 것이다. 선지 ①번은 '등록대상 친족의 범위', 선지 ②번은 '등록대상 친족의 범위', 선지 ③번은 '등록대상 재산'에 각각 해당되지 않아 재산등록 대상이 아니다. 또한, 선지 ⑤번은 '등록대상 친족의 범위'에 해당되지 않아 재산등록 대상이 아니다. 만약 단서에 해당하는 선지가 있는지를 먼저 확인한다면, '등록대상 친족의 범위' 단서에 해당하는 선지 ②번을 먼저 소거할 수도 있다.

이때, 상대적으로 목록이 짧은 '등록대상 친족의 범위'를 먼저 적용하는 것이 효율적이다. ①, ②, ⑤가 해당 요건에 해당하여 소거된다. 다음으로 짧은 것은 '재산등록 의무자'이지만 정무직, 별정직 등 직위를 포괄하는 용어로 구성되어 판단이 쉽지 않다. 따라서 '지식재산권', '자동차'라는 특정 용어를 찾을 수 있는 '등록대상 재산'을 먼저 확인하여 정답을 도출한다.

합격자의 시간단축 Tip

Tip ❶ 상황판단 영역에 자주 나오는 개념을 숙지한다.

각주로 직계존속과 직계비속이 주어졌으나, 이 정도의 단어는 법조문 유형에서 자주 나오므로 각주로 주어지지 않아도 알고 있는 것이 좋다.

Tip ❷ 규정의 구조만 파악한 후 선지 판단을 시도한다.

법조문 유형과 규정확인유형의 경우 제시문 독해 시 제시문의 구조만을 파악한 후, 구체적인 제시문의 내용은 선지 판단 시 확인한다. 또한, 1문단과 같이 개념의 정의를 소개한 문단은 규정확인유형에서 생략해도 무방하다. 본 문제는 재산등록 의무가 있는지만 확인하면 되므로 1문단의 독해를 생략하고, 규정에서 대상과 조건이 단순 나열되고 있다는 것을 확인하였다면 자세한 내용을 읽지 않고 바로 선지로 넘어간다. 대신 이러한 유형의 문제는 실수할 가능성이 높으므로, 모든 선지를 되도록 꼼꼼하게 검토한다. 충족해야 할 요건이 3가지이므로 어느 하나라도 해당하지 않는다면 바로 다음 선지를 확인하면 된다.

Tip ❸ 정답이 될 선지부터 판단한다.

금액의 하한 또는 상한 조건이 있는 경우, 해당 금액과 관련된 정보가 선지의 정오를 판단하는 기준이 될 가능성이 높다. 따라서 보기 2번째와 3번째가 등록대상 재산에 해당하는지 여부를 우선적으로 확인해본다. 비슷한 맥락에서 문제의 각주에서 날짜의 계산을 설명하는 경우 날짜 계산 선지가 정답이 될 확률이 유의미하게 높으므로, 해당 선지부터 해결한다.

Tip ❹ 선지 판단 시 적용이 쉬운 조건을 먼저 적용

다수 조건이 순차로 나열된 경우, 조건별로 선지를 판단하는 접근이 유용하다. 이때 놓치기 쉬운 단서를 먼저 적용하고, 적용이 쉬운 조건의 순서대로 적용하는 것이 좋다. 적용이 쉬운 조건이란 대상의 범위가 좁거나 특정성이 높은 단어가 있는 조건이다. 규정의 용어나 길이 등을 통해 판단할 수 있으며, **Tip ❸**의 '금액'도 대상의 범위를 좁히는 기능을 한다. 만약 판단이 쉽지 않다면 일단 더 짧은 규정을 먼저 적용하되, 선지가 쉽게 소거되지 않는다면 해당 규정은 일단 보류하고 다른 규정을 적용해보자.

Tip ❺ 쉬운 용어로 치환

'직계비속', '직계존속' 등 법률 용어가 친숙하지 않다면 선지 판단 시에는 쉬운 용어로 치환하면 된다. '자식'과 '부모'라고 생각하는 것이다. '혼인한 직계비속인 여성'도 '결혼한 딸'이라고 이해하면 쉽다.

036 정답 ④ 난이도 ●●●

문제유형 비판적 사고 > 지문에서 추론하기

접근전략 추론할 수 없는 것을 고르는 문제의 정답 선지는 제시문 내용과 부합하지 않거나 이로부터 추론할 수 없는 내용이고 오답 선지는 제시문 내용과 부합하거나 이로부터 추론할 수 있는 내용이다. 제시문부터 잘 읽으면서 구조를 파악하고 선지로 자주 구성될 만한 내용(글에서 부정되는 내용/사실 등)을 미리 확보해 가며 읽은 뒤 선지를 판단하자.

다음 글에서 추론할 수 없는 것은?

(1) 동물의 행동을 선하다거나 악하다고 평가할 수 없는 이유는 동물이 단지 본능적 욕구에 따라 행동할 뿐이기 때문이다. (2) 오직 인간만이 욕구와 감정에 맞서서 행동할 수 있다. 인간만이 이성을 가지고 있다. (3) 그러나 인간이 전적으로 이성적인 존재는 아니다. 다른 동물과 마찬가지로 인간 또한 감정과 욕구를 가진 존재다. (4) 그래서 인간은 이성과 감정의 갈등을 겪게 된다.

▶ 1문단

(1) 그러한 갈등에도 불구하고 인간이 도덕적 행위를 할 수 있는 까닭은 이성이 우리에게 도덕적인 명령을 내리기 때문이다. (2) 도덕적 명령에 따를 때에야 비로소 우리는 의무에서 비롯된 행위를 한 것이다. (3) 만약 어떤 행위가 이성의 명령에 따른 것이 아닐 경우 그것이 결과적으로 의무와 부합할지라도 의무에서 나온 행위는 아니다. (4) 의무에서 나온 행위가 아니라면 심리적 성향에서 비롯된 행위가 되는데, 심리적 성향에서 비롯된 행위는 도덕성과 무관하다. (5) 불쌍한 사람을 보고 마음이 아파서 도움을 주었다면 이는 결국 심리적 성향에 따라 행동한 것이다. 그것은 감정과 욕구에 따른 것이기 때문에 도덕적 행위일 수가 없다.

▶ 2문단

(1) 감정이나 욕구와 같은 심리적 성향에 따른 행위가 도덕적일 수 없는 또 다른 이유는, 그것이 상대적이기 때문이다. (2) 감정이나 욕구는 주관적이어서 사람마다 다르며, 같은 사람이라도 상황에 따라 변하기 마련이다. (3) 때문에 이는 시공간을 넘어 모든 인간에게 적용될 수 있는 보편적인 도덕의 원리가 될 수 없다. (4) 감정이나 욕구가 어떠하든지 간에 이성의 명령에 따르는 것이 도덕이다. (5) 이러한 입장이 사랑이나 연민과 같은 감정에서 나온 행위를 인정하지 않는다거나 가치가 없다고 평가하는 것은 아니다. (6) 단지 사랑이나 연민은 도덕적 차원의 문제가 아닐 뿐이다.

▶ 3문단

① 동물의 행위는 도덕적 평가의 대상이 아니다.

→ (O) 동물은 단지 본능적 욕구에 따라 행동하기 때문에, 동물의 행동을 선하다거나 악하다고 평가할 수 없다.[1문단(1)] 즉, 동물의 행위는 도덕적 평가의 대상이 아니다.

② 감정이나 욕구는 보편적인 도덕의 원리가 될 수 없다.

→ (O) 감정이나 욕구는 상대적이고[3문단(1)] 주관적이어서 사람마다 다르며, 같은 사람이라도 상황에 따라 변하기 마련이다.[3문단(2)] 따라서 이는 시공간을 넘어 모든 인간에게 적용될 수 있어야 하는 보편적인 도덕의 원리가 될 수 없다.[3문단(3)]

③ 심리적 성향에서 비롯된 행위는 도덕적 행위일 수 없다.

→ (O) 심리적 성향에서 비롯된 행위는 감정과 욕구에 따른 것이기 때문에 도덕적 행위일 수가 없다.[2문단(4),(5)] 이성의 명령에 따른 행위가 아니라면, 그것이 결과적으로는 도덕적 의무에 부합할지라도 도덕적 행위가 될 수 없기 때문이다.[2문단(3)]

④ 이성의 명령에 따른 행위가 심리적 성향에 따른 행위와 일치하는 경우는 없다.

→ (×) 이성이 내리는 도덕적 명령에 따른 행위를 따라야 비로소 우리는 의무에서 비롯된 행위를 한다.[2문단(1),(2)] 그렇지만 이성의 명령에 따른 것이 아닌 행위, 즉 심리적 성향에 따른 행위가 결과적으로 의무에 부합하는 경우도 있다.[2문단(3)] 이를 통해 심리적 성향에 따른 행위가 이성의 명령에 따른 행위와 일치할 수도 있음을 확인할 수 있다.

⑤ 인간의 행위 중에는 심리적 성향에서 비롯된 것도 있고 의무에서 나온 것도 있다.

→ (O) 도덕적 명령을 따를 때 인간은 의무에서 비롯된 행위를 하는 것이고[2문단(2)], 의무에서 나온 행위가 아니라면 심리적 성향에서 비롯된 행위가 된다.[2문단(4)] 이러한 심리적 성향에 따른 행위는 감정과 욕구에 따른 행위인 것이다. 따라서 인간의 행위 중에는 감정과 욕구와 같은 심리적 성향에서 비롯된 것도 있고 이성적 명령 하에 의무에서 나온 것도 있다.

제시문 분석

1문단 인간의 차별점: 이성

〈인간〉	〈동물〉
이성을 가진 존재로서 욕구와 감정에 맞서서 행동할 수 있다.(2)	단지 본능적 욕구에 따라 행동한다.(1)
인간이 전적으로 이성적인 존재는 아니기에, 동물과 마찬가지로 인간 또한 감정과 욕구를 가진다.(3)	

→ 인간은 이성과 감정의 갈등을 겪게 된다.(4)

2문단 인간의 도덕적 행위

〈도덕적 명령에 따른 행위〉	〈심리적 성향에서 비롯된 행위〉
인간이 도덕적 행위를 할 수 있는 까닭은 이성이 우리에게 도덕적 명령을 내리기 때문이다.(1)	심리적 성향에서 비롯된 행위는 도덕성과 무관하다.(4)
도덕적 명령에 따를 때에야 비로소 우리는 의무에서 비롯된 행위를 한 것이다.(2)	감정과 욕구에 따른 행위는 이성의 명령에 따른 것이 아니기 때문에 그것이 결과적으로 의무와 부합할지라도 의무에서 나온 행위는 아니다.(3),(5)

3문단 심리적 성향에 따른 행위가 도덕적 평가 대상이 아닌 이유

〈도덕〉
감정이나 욕구가 어떠하든지 간에 이성의 명령에 따르는 것이 도덕이다.(4)

↓

〈감정과 욕구의 특성〉		〈이로 인한 한계〉
감정이나 욕구는 상대적이고 주관적이어서 사람마다 다르며, 같은 사람이라도 상황에 따라 변하기 마련이다.(2)	→	때문에 이는 시공간을 넘어 모든 인간에게 적용될 수 있는 보편적인 도덕의 원리가 될 수 없다.(3)

→ 이러한 입장이 감정에서 나온 행위를 인정하지 않는다거나 가치가 없다고 평가하는 것은 아니며, 단지 사랑이나 연민은 도덕적 차원의 문제가 아니라고 본다.(5),(6)

합격자의 실전 풀이 순서

발문 제대로 읽기 및 문제의 유형 파악

항상 발문을 먼저 제대로 읽자. 글에서 추론할 수 '없는' 것을 고르라는 발문을 봤을 때, 내용추론이거나 논리추론 유형의 문제이다. 추론할 수 없는 것을 고르는 문제는 결국 내용확인을 통해 알 수 없는 것을 고르는 문제와 접근방법이 유사하다. 해당 유형은 제시문 내용과 부합하지 않거나 그로부터 추론 불가능한, 즉 무관한 선지가 정답이 되며, 제시문 내용과 일치하거나 그로부터 추론할 수 있는 선지가 오답이 된다. 긴장되는 시험장에서 추론할 수 '없는' 것을 고르는 문제에서 추론할 수 '있는' 것을 고르는 문제로 잘못 보아 처음 검토한 선지를 고르는 실수를 할 수 있다는 사실을 명심해야 한다. 따라서 추론할 수 '없는' 것을 묻는 문제가 나오면 발문에 크게 × 표시를 하여 실수를 하지 않도록 유의해야 한다.

본 문제와 같은 정보확인유형을 푸는 방법으로는 두 가지가 있다.

❶ 제시문 먼저 읽기

첫 번째로는 처음부터 제시문을 꼼꼼히 읽어 선지 확인을 위해 제시문을 다시 읽는 시간을 단축하는 방법이다. 이 방법의 경우 제시문을 읽는 과정에서 선지에 나올 만한 내용을 주의 깊게 읽고, 복잡한 제시문의 내용을 어느 정도 이해한 후 선지를 읽어야 한다. 이 방법을 사용하면서 시간을 단축하고 싶다면, 문단별로 나누어 한 문단을 꼼꼼히 읽고 그 문단에 상응하는 선지부터 판단하는 방법을 응용할 수 있다. 다만, 첫 번째 방법의 경우 제시문의 내용을 잊어버리면 다시 제시문을 읽게 되어 시간이 낭비되기 때문에 매우 긴 제시문이 있는 문제에는 적합하지 않다. 또한, 문단별로 선지를 확인하는 방식은 문단 간의 정보를 결합해야 하는 선지에는 취약하다는 한계가 있다.

❷ 제시문 구조 파악 후 선지 먼저 읽기

두 번째로는 제시문의 구조와 키워드만 빠르게 파악한 후, 선지를 읽고 선지에서 필요한 내용을 다시 제시문에서 꼼꼼히 찾아가는 방법이 있다. 두 번째 방법은 제시문이 매우 긴 경우 또는 제시문의 구조가 깔끔할 때 효과적이다. 그러나 두 번째 방법은 능숙하지 않은 사람이 시험장에서 시도한다면 성공률이 낮다는 한계가 있다. 두 번째 방식을 익숙하게 하기 위해서는 다양한 제시문을 첫 번째 방법처럼 꼼꼼히 분석하는 과정이 필요하다. 다양한 제시문을 접하고 글의 구조를 이해하게 되면 두 번째 방식을 효과적으로 활용할 수 있다.

제시문을 먼저 읽는 풀이의 경우

(1) 제시문 독해

본 문제의 경우 제시문의 길이가 짧고 구조가 특징적이지 않으므로 앞서 언급한 두 가지 풀이 방법 중 첫 번째 방법을 선택하는 것이 효과적이다. 즉, 한 문단씩 꼼꼼히 읽고 해당 문단에서 판단할 수 있는 선지부터 해결해 나간다.

제시문의 독해 시 글 전반에 걸쳐 대립하는 내용이 자주 등장하므로, 차이점과 공통점을 모두 잘 확인하며 읽자. 1문단에서는 인간과 동물, 2문단에서는 도덕적 명령으로 인한 행위와 심리적 성향으로 인한 행위가 비교되고 있다. 비록 차이점이 중심 내용일지라도 공통점 또한 물을 수 있으니 반드시 이를 잘 체크하자.

한편, 최근 언어논리 시험에서 정보 확인 유형과 논리 퀴즈 유형이 결합되어 고난도 유형으로 나오는 경우가 많으므로 제시문을 읽으며 논리학적 구조로 정리할 수 있는 문장이 있다면 정리해두는 것이 좋다. 본 문제의 경우 2문단에서 그러한 문장들이 많이 발견된다. 예컨대 2문단 (3) 문장의 경우 '~이성의 명령→~의무'로 정리할 수 있으며, 2문단 (4) 문장의 경우 전단부를 '~의무→심리적 성향'으로 정리할 수 있다. 이렇게 '~인 경우', '~라면'과 같은 표현이 나올 때 논리학적 지식을 활용해 간단히 정리해둔다면, 이를 사용해야 하는 고난도 문제를 풀 때 빠르게 풀 수 있다.

더불어, 제시문에서 부정되는 내용이나 사실은 긍정의 내용으로 뒤집어 상충하는 선지로 자주 구성하기 때문에 이를 잘 확인하고 괄호와 같은 기호로 표시하며 읽자. 1문단 (3)에는 '~전적으로 이성적인 존재는 아니다.', 2문단 (3)에는 '~전적으로 의무에서 나온 행위는 아니다.', (3)에 '~도덕적 행위일 수 없다.', 3문단 (3)에 '~보편적인 도덕의 원리가 될 수 없다.', (5)에 '~가치가 없다고 평가하는 것은 아니다.'와 같은 부분이 있다.

(2) 선지 판단

①번 선지의 경우 1문단의 인간과 동물들의 차이점을 통해 판단 가능하며, ②, ③번은 도덕적 명령으로 인한 행위와 심리적 성향으로 인한 행위의 차이이지만 ④, ⑤번의 경우는 이들 간 공통점을 통해 선지를 구성했다. 이처럼, 차이점을 위주로 서술되는 경우 이들 간의 공통점과 차이점이 주된 출제 요소라 볼 수 있으며 차이점 위주라 할지라도 공통점은 존재하고 이것이 선지로 자주 출제되기에 잘 확인하자.

선지를 먼저 읽는 풀이의 경우

(1) 선지 읽기

선지의 키워드를 확인하며 읽는다.

① 동물의 행위, ~도덕적 평가의 대상
② 감정이나 욕구, ~보편적인 도덕 원리
③ 심리적 성향, ~도덕적 행위
④ 이성의 명령, 심리적 성향, ~일치
⑤ 인간의 행위, 심리적 성향∨의무

윤리학 지문으로 보이며, 인간의 행위 유발 요인에 따른 특징과 그 관계가 무엇인지 파악하며 읽을 필요가 있음을 알 수 있다. 선지의 문장 구조가 논증의 일부라는 느낌이 든다. 그러나 선지를 읽는 것은 제시문 독해의 키워드를 찾는 것이 목적이므로 명제 형태로 정리할 필요는 없다.

(2) 제시문 독해 및 선지 판단

1문단에서 동물, 욕구와 감정이라는 키워드를 찾을 수 있다. 문장 (1)은 동물은 본능적 욕구에 따라서만 행동하고, 그 때문에 선하거나 악하다고 평가할 수 없다고 설명한다. 이는 선지 ①과 관련된 것이다. 그러나 선과 악을 평가하는 것이 도덕적 평가인지는 아직 명확히 알 수 없으므로 이하 내용을 읽고 정오를 판단한다.

또한, 1문단 문장 (2)의 구조를 봤을 때, 이 문제는 논리 추론 문제인 것으로 보인다. 따라서 이하 본문의 명제 형태의 문장은 간략히 단순화 및 기호화하며 읽는다.

1문단 (2) 이성→인간
2문단 (3) ~이성 (∧ 결과 의무 부합)→~의무
2문단 (4) ~의무→심리
2문단 (5) 심리→감정 욕구→~도덕

2문단 (5)를 통해 ②, ③이 옳음을 알 수 있다.

2문단 (4)는 그 대우명제인 '~심리→의무'와 같고, 2문단 (5)에서 인간의 행위 중에 심리적 성향에서 비롯된 것이 있음을 알 수 있다. 심리적 성향에서 비롯된 것이 아니라면 곧

의무에서 나온 것이므로 ⑤도 옳다.

또한, 2문단 (4)는 심리적 성향에서 비롯된 행위는 도덕성과 무관하다고 설명한다. 3문단 (1)에서 감정이나 욕구가 심리적 성향에 따른 행위임을 알 수 있다. 이를 1문단 (1)의 문장을 함께 고려하면 ①도 옳다.

④를 기호로 단순화하면 다음과 같다.

> ④ 이성의 명령에 따른 행위가 심리적 성향에 따른 행위와 일치하는 경우는 없다.
> = ~(이성∧심리) = ~이성 ∨ ~심리 = 이성→~심리 = 심리→~이성

제시문에서 '이성→~심리' 혹은 '심리→~이성'을 도출할 수 없다. '~이성→심리' 및 '~심리→이성'에서 위와 같은 명제를 도출하는 것은 후건긍정의 오류이다. 따라서 정답은 ④이다.

④를 해설과 같이 판단할 수도 있다. 2문단 (3)에서 이성의 명령에 따른 행위가 아니더라도 결과적으로 의무와 부합할 수 있음을 언급한다. 이성의 명령에 따르지 않은 행위는 곧 심리적 성향에 따른 행위이다. 즉, 심리적 성향에 따른 행위도 결과적으로 의무와 부합할 수 있다. 2문단 (3)의 대우명제에 따라 의무에서 나온 행위는 이성의 명령에 따른 행위이므로, 심리적 성향에 따른 행위가 이성의 명령에 따른 행위와 일치할 수도 있는 것이다. 그러나 개인적으로 '결과적으로 의무와 부합하는 행위'가 '의무에서 나온 행위'와 같다는 근거를 제시문에서 찾지 못하여 기호화를 통한 풀이를 택했다.

합격자의 시간단축 Tip

Tip ❶ 내용-개념(대상) 간 차이점, 공통점을 위주로 서술되는 경우

글 전반이 어떤 내용 간 차이점이나 공통점 위주로 서술되는 경우 이들이 선지로 출제될 가능성이 높으므로 이를 잘 체크하며 읽자. 또한, 차이점을 위주로 서술되어있어도 이들 간의 공통점도 존재할 수 있고 이것도 선지로 자주 출제되기 때문에 애초에 차이점 및 공통점을 잘 확인하며 읽으면 선지 판단의 정확도가 올라가고 그 속도가 빨라진다.

Tip ❷ 부정되고 있는 내용과 사실 미리 파악

제시문에서 부정되고 있는 내용과 사실들은 미리 괄호와 같은 기호로 표시하며 읽자. 보통 이런 내용은 'A라기보다는 B, A가 아니라 B'의 형식으로 자주 제시되며, 긍정되고 있다는 내용으로 뒤집어 오답 선지로 자주 구성된다. 이를 미리 파악해둔다면 빠르고 정확한 선지 판단이 가능할 것이다.

Tip ❸ 논리학적 지식을 활용한 문장 요약

최근 언어논리 시험에서 정보 확인 유형과 논리 퀴즈 유형이 결합되어 고난도 유형으로 나오는 경우가 많다. 따라서 제시문을 읽으며 논리학적 구조로 정리할 수 있는 문장이 있다면 정리해두는 것이 좋다. 제시문을 읽을 때 정리해두지 않으면 선지를 판단하기 위해 제시문을 두 번 읽는 문제가 발생하기 때문에 처음 제시문을 읽을 때부터 눈에 띄는 문장은 정리해두어야 한다. 비록 선지에서 이를 묻지 않더라도 논리학적 지식을 활용하여 문장을 간략히 요약해둔다면 제시문을 빠르게 이해하는 데에 효과적이다. 선지의 문장이 쉽게 파악되지 않는다면 선지도 함께 단순화하여 푼다. 기호를 활용하면 효율적으로 문장을 요약할 수 있다. 문장을 기호로 단순화하는 것이 낯설다면 아래 내용을 참고하여 체화하면 좋다.

기호	~A = not A	A∧B = A and B	A∨B = A or B
관계	~(A∧B) = ~A∨~B		
	~(A∨B) = ~A∧~B		
	A이면 B이다 = A→B = ~B→~A (대우) = ~A∨B		
	A이면 B이다의 반례 = ~(~A∨B) = A∧~B = A이나 B가 아니다		

A	B	A이면 B이다
○	○	참
○	×	거짓
×	○	참
×	×	참
A이면 B이다 ⇔ A이고 B가 아니다 = ~(~A∨B) = A∧~B		

Tip ❹ 후건 긍정의 오류/전건 부정의 오류 주의

문장 요약을 한 뒤 도식화하여 선지를 판단할 때 후건긍정의 오류, 혹은 전건부정의 오류를 범하지 않도록 주의한다. A→B가 성립하더라도 B→A인 것은 아니며(후건긍정의 오류), ~A→~B도 아니다(전건부정의 오류). 기본적인 것이지만 문장으로 제시되면 착각하기 쉬우므로 주의를 요한다.

037 정답 ③ 난이도 ●○○

문제유형 비판적 사고 > 논리적 결론의 전제·원인 찾기

접근전략 문단 배열 순서의 문제는 주로 문단별 첫 문장과 마지막 문장을 결정적 근거로 삼아 풀 수 있다. 이때, 1) 첫 문단은 넓은 범위의 이야기에서 좁은 범위로 좁혀간다는 점 2) 접속사, 대명사를 유의해야 한다는 점 3) 앞 문단의 후반부 내용과 다음 문단의 첫 문장의 연관성 등을 이용해 각 순서를 판단할 수 있다. 또한, 다음에 올 문단을 선택할 때마다 선지로 돌아가 당장 정답을 선택할 수 있는지 확인하면 시간을 크게 단축할 수 있다.

다음 글의 내용 흐름상 가장 적절한 문단 배열의 순서는?

(가) (1) 회전문의 축은 중심에 있다. 축을 중심으로 통상 네 짝의 문이 계속 돌게 되어 있다. (2) 마치 계속 열려 있는 듯한 착각을 일으키지만, 사실은 네 짝의 문이 계속 안 또는 밖을 차단하도록 만든 것이다. (3) 실질적으로는 열려 있는 순간 없이 계속 닫혀 있는 셈이다.

(나) (1) 문은 열림과 닫힘을 위해 존재한다. (2) 이 본연의 기능을 하지 못한다는 점에서 계속 닫혀 있는 문이 무의미하듯이, 계속 열려 있는 문 또한 그 존재 가치와 의미가 없다. (3) 그런데 현대 사회의 문은 대부분의 경우 닫힌 구조로 사람들을 맞고 있다. (4) 따라서 사람들을 환대하는 것이 아니라 박대하고 있다고 할 수 있다. (5) 그 대표적인 예가 회전문이다. 가만히 회전문의 구조와 그 기능을 머릿속에 그려보라. 그것이 어떤 식으로 열리고 닫히는지 알고는 놀랄 것이다.

(다) (1) 회전문은 인간이 만들고 실용화한 문 가운데 가장 문명적이고 가장 발전된 형태로 보일지 모르지만, 사실상 열림을 가장한 닫힘의 연속이기 때문에 오히려 가장 야만적이며 가장 미개한 형태의 문이다.

(라) (1) 또한, 회전문을 이용하는 사람들은 회전문의 구조와 운동 메커니즘에 맞추어야 실수 없이 문을 통과해 안으로 들어가거나 밖으로 나올 수 있다. (2) 어린아이, 허약한 사람, 또는 민첩하지 못한 노인은 쉽게 그것에 맞출 수 없다. (3)

더구나 휠체어를 탄 사람이라면 더 말할 나위도 없다. (4) 이들에게 회전문은 문이 아니다. 실질적으로 닫혀 있는 기능만 하는 문은 문이 아니기 때문이다.

① (가) – (나) – (라) – (다) ➜ (×)

② (가) – (라) – (나) – (다) ➜ (×)

③ (나) – (가) – (라) – (다) ➜ (○)

(1) (가)~(라)의 중심 내용을 정리하면, (가)는 회전문의 구조, (나)는 문의 의미 고찰과 현대 사회의 문에 대한 비판, (다)는 회전문의 야만성과 미개성, (라)는 회전문 이용의 불편함이라고 볼 수 있다. (가)~(라)를 글의 흐름에 적절하게 배열하면 다음과 같다.

(2) (나)에서는 문의 총체적 의미와 현대 사회 문에 대한 문제의식을 제기한다. 그 대표적인 예시로 회전문을 소개하며 소재의 범위를 좁히고 있다. 나머지 문단들은 전부 회전문이라는 구체화된 소재를 다루고 있으므로 (나) 문단이 글의 맨 앞에 오는 것이 적절하다.

(3) (나)의 말미에서 회전문의 구조와 그 기능을 생각해보라고 했으므로, 회전문의 닫힌 구조를 설명하는 (가)가 이어지는 것이 적절하다.

(4) (다)에서는 회전문이 야만적이고 미개하다고 결론지으며 회전문에 대한 비판의식을 강화하였다. 이는 (가)의 내용만으로 도출되기에는 부자연스럽다. 따라서 회전문의 구조는 사회적 약자가 이용하기 어렵게 만들어 문으로서의 존재가치를 상실했다는 내용의 (라)가 먼저 제시되면 자연스럽다.
따라서 (나) – (가) – (라) – (다) 순이 적절하다.

④ (나) – (다) – (라) – (가) ➜ (×)

⑤ (다) – (가) – (라) – (나) ➜ (×)

제시문 분석

제시문 (나) – 문의 의미 고찰과 현대 사회의 문에 대한 비판

〈문의 존재 가치와 의미〉
문은 열림과 닫힘을 위해 존재한다.(1) 계속 닫혀 있는 문과 계속 열려 있는 문은 그 존재 가치와 의미가 없다.(2)

〈현대 사회의 문〉		〈문제의식〉
현대 사회의 문은 대부분의 경우 닫힌 구조로 사람들을 맞고 있다.(3)	➜	따라서 사람들을 환대하는 것이 아니라 박대하고 있다고 할 수 있다.(4)

… 〈대표예시〉 회전문(5)

제시문 (가) – 회전문의 구조

〈회전문의 닫힌 구조〉		〈문의 기능을 상실한 회전문〉
회전문의 축은 중심에 있으며, 축을 중심으로 통상 네 짝의 문이 계속 돌게 되어있어, 네 짝의 문이 계속 안 또는 밖을 차단하고 있다.(1),(2)	➜	실질적으로 열려 있는 순간 없이 계속 닫혀 있는 셈이다.(3)

제시문 (라) – 회전문 이용의 불편함

〈원리〉		〈박대당하는 사회적 약자〉		〈존재가치를 상실한 회전문〉
회전문의 구조와 운동 매커니즘에 맞추어야 실수 없이 문을 통과해 출입할 수 있다.(1)	➜	어린아이, 허약한 사람, 민첩하지 못한 노인, 휠체어를 탄 사람은 쉽게 그것에 맞출 수 없다.(2),(3)	➜	이들에게 회전문은 문이 아니다. 실질적으로 닫혀 있는 기능만 하는 문은 문이 아니기 때문이다.(4)

제시문 (다) – 회전문의 야만성과 미개성

〈회전문에 대한 비판의식〉
회전문은 사실상 열림을 가장한 닫힘의 연속이기 때문에, 가장 야만적이며 가장 미개한 형태의 문이다.(1)

합격자의 실전 풀이 순서

❶ 발문 제대로 읽기 및 문제 유형 파악

항상 발문을 먼저 제대로 읽자. 문단의 순서를 정하는 문제 유형이다. 문단의 순서를 알 수 있는 가장 결정적인 단서는 문단의 맨 첫 문장과 마지막 문장이다. 우선 각 문단 첫 문장을 읽어보며 처음에 올 만한 문단을 찾아본다. 그리고 순서를 하나씩 확정할 때마다 선지로 내려가 정답이 있는지를 확인하면 좋다. 해당 제시문의 경우 정답인 (나) – (가)로 시작하는 선지가 하나밖에 없으므로 정답의 후보를 빨리 체크할 수 있는데 혹시나 불안하다면, 첫 문장과 마지막 문장을 중심으로 순서가 맞는지를 빠르게 훑어서 마무리하자.
해당 유형은 선지를 활용하여 처음에 올 문단을 예상하는 방식으로 시간을 단축할 수도 있다. 이후의 순서를 정할 때도 선지에서 제시하고 있는 순서를 검토하여 이를 선지 판단에 참고할 수 있다.

❷ 제시문 독해 및 선지 판단

(1) 우선 각 문단의 첫 문장을 읽어보는데 (라)의 경우는 '또한'이라는 접속사가 앞 내용과 뒤 내용을 대등하게 연결해 주므로 첫 문단으로는 될 수 없다. 회전문에 관한 이야기로 시작하는 (가)와 (나)와 비교했을 때 (나)는 문에 관한 이야기로 시작하므로 (나)를 먼저 읽어보는 게 좋다. 왜냐하면, 대부분의 글쓰기 특징상 첫 문단의 내용은 더 넓은 범위의 이야기로 시작해서 점점 좁은 범위로 좁혀가 말하고자 하는 바를 제시하는 것이 일반적이기 때문에 '문'이라는 더 넓은 범위의 이야기에서 '회전문'이라는 좁은 범위로 좁혀갈 것이라 예상할 수 있기 때문이다.

(2) 예상대로 (나)의 내용이 '문'에 관한 내용으로 시작하여 '회전문'이라는 내용으로 좁혀감을 확인할 수 있어 첫 문단임을 확신할 수 있다. 또한, 다음 문단을 고르는 단서를 확보하기 위해 후반부 내용을 잘 살펴보면 회전문의 구조와 기능에 관한 이야기로 문단이 마무리됨을 확인할 수 있다.

(3) 그 다음 문단을 골라야 하는데, (라)의 경우 '또한'이라는 접속사 뒤에 회전문 작동 시의 특징을 언급하는 내용이 있는 것을 확인할 수 있다. 그 앞 내용도 그러한 내용이 와야 함을 고려하면, (라)는 (나) 뒤에 올 수 없으며 회전문의 구조와 원리와 관련된 내용으로 시작하는 (가)가 와야 함을 알 수 있다.

(4) (가)의 경우 마지막 문장이 회전문 작동 시 특징에 관해 언급하고 있으므로, 그러한 내용이 접속사 '또는'을 통해 대등하게 연결되는 (라)가 와야 한다.

(5) 마지막으로, (가)와 (라)를 통해 회전문의 부정적 면모를 이야기하고 그 내용을 심화하며 마무리하는 (다)의 내용이 마지막에 와야 한다. 결론적으로, 정답의 순서는 (나) – (가) – (라) – (다)임을 알 수 있다.

(6) 선지를 활용하는 방식도 소개한다. 먼저 선지를 활용하여 처음 올 문단의 후보를 확인한다. 이 문제의 경우 첫 문단이 (가)인 선지가 두 개, (나)인 선지가 두 개, (다)인 선지가 하나이므로 (가)와 (나) 중 하나가 처음에 올 확률이 높다. 따라서 (가)와 (나)를 먼저 읽는다.

(가)는 회전문의 작동원리를 설명한다. (나)는 문에 대한 이야기로 시작하여, 회전문이 예시로 등장한다. 직후 '그것이 어떤 식으로 열리고 닫히는지'라는 부분을 볼 때 (나)－(가)가 자연스럽게 이어진다. 이러한 선지는 ③뿐이다.

확인 차 나머지 문단도 (라)－(다)의 순서로 읽어보고 자연스러운지 확인한다.

합격자의 시간단축 Tip

Tip ❶ 문단 순서 판단 문제의 결정적 근거 확보

문단의 순서를 판단하는 문제는 우선 첫 문장과 마지막 문장이 주요 근거가 되며 이들 안에 순서를 판단할 수 있는 결정적 요소들이 몇 개 있다. 이들을 대표적으로 몇 개 나열하면 다음과 같다.

(1) 첫 문단은 일반적으로 '넓은 범위'의 이야기에서 시작해서 '좁은 범위'의 이야기로 좁혀간다. 예를 들어, 제시문에서는 '문' 이야기로 시작해서 상대적으로 좁은 범위인 '회전문' 이야기로 좁혀감을 알 수 있다. 이를 통해 첫 문단 결정 시 첫 문장의 내용이 비교적 넓은 범위를 가진 것을 선택하면 정답일 확률이 매우 높다.

(2) 접속사에 주의하자. 접속사는 앞 문장과 뒤 문장 사이에 들어가 이들의 연결을 매끄럽게 해주는 역할을 하므로 이들을 통해 앞과 뒤 문장에 어떤 내용이 들어갈지 잘 파악할 수 있다. 예를 들어, '그러나'라는 접속사가 있다면 앞의 내용을 뒤집어 주는 접속사이기 때문에 이 접속사 앞과 뒤의 문장은 정반대여야 함을 알 수 있다.

(3) 대명사에 주의하자. 해당 문제에는 결정적 근거로 등장하지 않지만, 기본적으로 대명사는 앞에 이미 나온 것을 다시 한번 가리키는 것이므로 첫 문장에 이러한 대명사가 있다면 바로 앞 내용에 이에 대응하는 말이 분명히 있을 것이므로 이를 통해 순서 판단이 가능하다.

(4) 앞 문단의 후반부 내용과 연관성 정도를 통해 다음 문단을 판단할 수 있다. 제시문을 예로 들어 말하자면, 앞 문단 후반부가 '구조와 원리'에 관해 이야기했다면 다음 문단의 시작은 이와 밀접한 이야기로 시작할 가능성이 매우 크다.

Tip ❷ 선지의 적극적 활용

문단의 순서를 정하는 문제는 선지에서 이미 주어진 문단의 순서 중 타당한 것을 골라야 한다. 본 문제의 경우 그리 어렵지 않은 문제에 해당하지만, 난이도가 높은 순서 결정 유형의 경우 선지에서 주어진 문단의 순서를 참고하는 것이 효과적이다. 예컨대 선지에서 첫 번째 순서로 나올 수 있는 문단으로 (가)와 (나)만을 제시하고 있는 경우 해당 두 문단만을 비교하여 빠르게 선지 소거가 가능하다. 또한, 해당 문제처럼 두 번째 순서까지조차 겹치지 않는 경우 두 개의 문단만 보고도 답을 빠르게 내릴 수 있으니 뒤에 올 문단 판단이 끝날 때마다 선지로 내려가 보자. 혹시, 답을 선택하고도 불안한 느낌이 든다면 **Tip ❶**에 있는 기준을 통해 선택한 정답 순서대로 빠르게 훑어서 맞는지 확인하자.

038 정답 ②

난이도 ●●○

문제유형 사실적 이해 > 정보 확인

접근전략 글의 내용과 부합하는 것을 고르는 문제의 정답 선지는 본문의 내용과 일치하는 내용이며 오답 선지는 본문 내용과 상충하거나 그로부터 추론할 수 없는 내용이 된다. 제시문부터 잘 읽으면서 구조를 파악하고 선지로 자주 구성될 만한 내용(글에서 부정되는 내용/사실 등)을 미리 확보해가며 읽은 뒤 선지를 판단하자. 해당 문제처럼 대상 간 비교가 두드러지는 제시문일 경우 이를 바탕으로 한 선지가 구성될 가능성이 크므로 이를 기호로 표시해두자.

다음 글의 내용과 부합하는 것은?

(1) 유교 전통에서는 이상적 정치가 군주 개인의 윤리적 실천에 의해 실현된다고 보았을 뿐 윤리와 구별되는 정치 그 자체의 독자적 영역을 설정하지는 않았다. (2) 달리 말하면 유교 전통에서는 통치자의 윤리만을 문제 삼았을 뿐, 갈등하는 세력들 간의 공존을 위한 정치나 정치제도에는 관심을 두지 않았다. (3) 유교 전통의 이런 측면은 동아시아에서의 민주주의의 실현 가능성을 제한하였다. ▶ 1문단

(1) '조화(調和)'를 이상으로 생각하는 유교의 전통 또한 차이와 갈등을 긍정하는 서구의 민주주의 정치 전통과는 거리가 있다. (2) 유교 전통에 따르면, 인간의 행위와 사회 제도는 모두 자연의 운행처럼 조화를 이루어야 한다. (3) 조화를 이루지 못하는 것은 근본적으로 그릇된 것이기 때문에 모든 것은 계절이 자연스럽게 변화하듯 조화를 실현해야 한다. (4) 그러나 서구의 개인주의적 맥락에서 보자면 정치란 서로 다른 개인들 간의 갈등을 조정하는 제도적 장치를 마련하는 과정이었다. (5) 그 결과 서구의 민주주의 사회에서는 다양한 정치적 입장들이 독자적인 형태를 취하면서 경쟁하며 공존할 수 있었다. ▶ 2문단

(1) 물론 유교 전통 하에서도 다양한 정치적 입장들이 존재했다고 주장할 수 있다. (2) 군주 절대권이 인정되었다고 해도, 실질적 국가운영을 맡았던 것은 문사(文士) 계층이었고 이들은 다양한 정치적 견해를 군주에게 전달할 수 있었다. (3) 문사 계층은 윤리적 덕목을 군주가 실천하도록 함으로써 갈등 자체가 발생하지 않도록 힘썼다. (4) 또한 이들은 유교 윤리에서 벗어난 군주의 그릇된 행위를 비판하기도 하였다. (5) 그렇다고 하더라도 이들이 서구의 계몽사상가들처럼 기존의 유교적 질서와 다른 정치적 대안을 제시할 수는 없었다. (6) 이들에게 정치는 윤리와 구별되는 독자적 영역으로 인식되지 못하였다. ▶ 3문단

① **유교 전통에서 사회적 갈등을 원활히 관리하지 못하는 군주는 교체될 수 있었다.**

→ (×) 이상적 정치를 실현하지 못하는 군주의 윤리성을 문제 삼았을 수는 있겠으나[1문단(2)] 제시문의 내용만으로는 군주의 교체 여부까지는 알 수 없다.

② **유교 전통에서 문사 계층은 기존 유교적 질서와 다른 정치적 대안을 제시하지는 못했다.**

→ (○) 유교 전통 하에서 문사 계층은 다양한 정치적 견해를 군주에게 전달할 수 있었으나[3문단(2)], 그렇다고 하더라도 이들이 기존의 유교적 질서와 다른 정치적 대안을 제시할 수는 없었다.[3문단(5)]

③ **조화를 강조하는 유교 전통에서는 서구의 민주주의와 다른 새로운 유형의 민주주의가 등장하였다.**

→ (×) 제시문에서 새로운 유형의 민주주의가 등장했다는 언급은 존재하지 않으며, 오히려 조화를 강조하는 유교 전통이 동아시아에서의 민주주의 실현 가능성을 제한하였다고 설명한다.[1문단(3)] 따라서 유교 전통에서 새로운 유형의 민주주의가 등장했을 가능성은 낮다.

④ **유교 전통에서는 조화의 이상에 따라 군주의 주도로 갈등하는 세력이 공존하는 정치가 유지될 수 있었다.**

→ (×) 갈등 세력이 경쟁하며 공존하는 정치가 유지되는 것은 유교 전통이 아닌 서구의 민주주의에 사회에서 가능했다.[2문단(5)] 유교 전통 사회의 경우, 문사 계층이 군주로 하여금 윤리적 덕목을 실천하도록 하여 갈등 자체가 애초에 발생하지 않도록 힘썼다.[3문단(3)]

⑤ **군주의 통치 행위에 대해 다양하게 비판할 수 있었던 유교 전통으로 인해 동아시아에서 민주주의가 발전하였다.**

→ (×) 유교 전통에서는 유교 윤리에서 벗어난 군주의 그릇된 행위에 대해서는 비판하였으나[3문단(4)], 기존의 유교적 질서와 어긋나는 대안을 제시할 수는 없었기에[3문단(5)] 군주의 행위에 대해 다양한 비판은 불가했다. 유교 전통의 이런 측면은 동아시아에서의 민주주의의 실현 가능성을 제한하였다.[1문단(3)]

제시문 분석

1문단 유교 전통의 정치적 특징

〈유교 전통의 정치적 특징〉		〈결과〉
유교 전통에서는 이상적 정치가 군주 개인의 윤리적 실천에 의해 실현된다고 보았을 뿐, 정치나 정치제도에는 관심을 두지 않았다.(1),(2)	→	유교 전통의 이러한 측면은 동아시아에서의 민주주의의 실현 가능성을 제한하였다.(3)

2문단 유교 정치 전통과 서구의 민주주의 정치 전통

〈유교 정치 전통〉		〈서구 민주주의 정치 전통〉
'조화'가 곧 이상이며, 인간의 행위와 사회 제도는 모두 자연의 운행처럼 조화를 이루어야 한다.(1),(2)	↔	정치란 서로 다른 개인들 간의 갈등을 조정하는 제도적 장치를 마련하는 과정이다.(4)
조화를 이루지 못하는 것은 근본적으로 그릇된 것이기 때문에 모든 것은 조화를 실현해야 한다.(3)		차이와 갈등을 긍정한다.(1)

→	〈결과〉	서구의 민주주의 사회에서는 다양한 정치적 입장들이 독자적인 형태를 취하면서 경쟁하며 공존할 수 있었다.(5)

3문단 유교 전통 속 정치에 대한 입장의 한계

〈유교 전통 내 다양한 입장들의 존재〉
유교 전통 하에서도 다양한 정치적 입장들이 존재했다고 주장할 수 있다.(1)

〈문사(文士) 계층〉		〈역할 ①〉		〈역할 ②〉
실질적 국가운영을 맡았던 것은 문사(文士)계층이었고 이들은 다양한 정치적 견해를 군주에게 전달할 수 있었다.(2)	→	문사 계층은 윤리적 덕목을 군주가 실천하도록 함으로써 갈등 자체가 발생하지 않도록 힘썼다.(3)	→	유교 윤리에서 벗어난 군주의 그릇된 행위를 비판하기도 하였다.(4)

→	〈한계〉	그러나 이들이 서구의 계몽 사상가들처럼 기존의 유교 질서와 다른 정치적 대안을 제시할 수는 없었으며, 이들에게 정치는 윤리와 구별되는 독자적 영역으로 인식되지 못하였다.(5),(6)

합격자의 실전 풀이 순서

발문 제대로 읽기 및 문제 유형 파악

항상 발문을 먼저 제대로 읽자. 글의 내용과 부합하는 것을 고르는 일치부합 문제이다. 글의 내용과 일치하는 선지가 정답이므로 오답이 되는 선지는 보통 본문 내용과 상충하거나 그로부터 추론할 수 없는 선지가 된다. 또한, 부합하는 내용을 고르는 것은 제시문과 유사한 서술을 하는 선지를 고르라는 것이기 때문에 발문에 O표시를 의식적으로 치고 문제를 풀면, 부합하지 않는 것을 고르는 실수를 방지할 수 있다.

본 문제와 같은 정보확인유형을 푸는 방법으로는 두 가지가 있다.

❶ 제시문 먼저 읽기

첫 번째로는 처음부터 제시문을 꼼꼼히 읽어 선지 확인을 위해 제시문을 다시 읽는 시간을 단축하는 방법이다. 이 방법의 경우 제시문을 읽는 과정에서 선지에 나올 만한 내용을 주의 깊게 읽고, 복잡한 제시문의 내용을 어느 정도 이해한 후 선지를 읽어야 한다. 이 방법을 사용하면서 시간을 단축하고 싶다면, 문단별로 나누어 한 문단을 꼼꼼히 읽고 그 문단에 상응하는 선지부터 판단하는 방법을 응용할 수 있다. 다만, 첫 번째 방법의 경우 제시문의 내용을 잊어버리면 다시 제시문을 읽게 되어 시간이 낭비되기 때문에 매우 긴 제시문이 있는 문제에는 적합하지 않다. 또한, 문단별로 선지를 확인하는 방식은 문단 간의 정보를 결합해야 하는 선지에는 취약하다는 한계가 있다.

❷ 제시문 구조 파악 후 선지 먼저 읽기

두 번째로는 제시문의 구조와 키워드만 빠르게 파악한 후, 선지를 읽고 선지에서 필요한 내용을 다시 제시문에서 꼼꼼히 찾아가는 방법이 있다. 두 번째 방법은 제시문이 매우 긴 경우 또는 제시문의 구조가 깔끔할 때 효과적이다. 그러나 두 번째 방법은 능숙하지 않은 사람이 시험장에서 시도한다면 성공률이 낮다는 한계가 있다. 두 번째 방식을 익숙하게 하기 위해서는 다양한 제시문을 첫 번째 방법처럼 꼼꼼히 분석하는 과정이 필요하다. 다양한 제시문을 접하고 글의 구조를 이해하게 되면 두 번째 방식을 효과적으로 활용할 수 있다.

제시문을 먼저 읽는 풀이의 경우

(1) 제시문 독해

먼저 제시문의 문단별 주요 내용을 파악하기 위해 가로로 길게 줄을 그어 시각적으로 문단을 확연히 구분한다. 1문단은 윤리와 정치를 구분하지 않는 유교 전통의 특징을 설명한다. 2문단은 조화를 중시하는 유교 전통과 개인주의를 중시하는 서구의 정치를 비교하고, 3문단은 문사 계층이 주도한 유교 전통 정치의 특징을 설명한다. 이처럼 각 문단의 주요 내용을 정리하는 동시에 '그러나', '그 결과'와 같은 접속어에 기호를 표시하여 문맥의 흐름을 파악한다.

처음 제시문을 읽을 때부터 선지에 나올만한 내용에 미리 표시를 해두며 능동적인 자세로 문제를 대해야 한다. 제시문에서 부정되고 있는 사실이나 내용은 긍정의 내용으로 뒤집어 상충하는 선지로 출제될 수 있기 때문에 반드시 괄호와 같은 기호로 표시하며 읽자. 해당 제시문에서는 1문단 (2)부분에 '달리 말하면 유교 전통에서는 통치자의 윤리만을 문제 삼았을 뿐, 갈등하는 세력들 간의 공존을 위한 정치나 정치제도에는 관심을 두지 않았다.', 2문단의 (5), (6)부분에 '그렇다고 하더라도 이들이 서구의 계몽사상가들처럼 기존의 유교

적 질서와 다른 정치적 대안을 제시할 수는 없었다.', '이들에게 정치는 윤리와 구별되는 독자적 영역으로 인식되지 못하였다.' 등이 있다.

2문단부터는 서구의 정치 전통과의 차이점을 위주로 글이 서술됨을 확인할 수 있다. 이처럼 대립하는 내용은 선지로 자주 구성되기 때문에 이를 잘 파악하는 것이 중요하다. 2문단에서는 유교 정치 전통과 서구 민주주의 정치 전통에서 각각 정치와 사회 제도를 어떻게 바라보았는가의 차이점을 설명한다. 특히 2문단 (4) 문장을 기준으로 유교 전통과 서구의 전통에 대한 설명이 나뉘므로 긴 가로줄이나 표시나 빗금을 통해 문맥의 전환이 이루어짐을 표시해야 한다.

(2) 선지 판단

선지 판단을 하기 위해 제시문으로 돌아가야 한다면, 문단별로 파악한 주제와 제시문을 읽으면서 중요하다고 판단하여 표시해둔 부분을 기준으로 돌아가는 것이 좋다. 즉, 제시문을 읽으며 제시문에 다양한 표시를 해두어야 하는 이유는 선지 판단 시 빠르게 제시문의 위치를 찾기 위해서이다. 이때 구분성이 뚜렷한 키워드를 제시문에 표시해두고 이를 중심으로 돌아간다면 효과적이다. 여기서 구분성이란 본문 전반에 걸쳐서 존재하는 키워드가 아닌 비교적 좁은 특정 범위 내에 존재하는 키워드를 말한다.

한편, 최근 선지의 길이가 길어지고 선지의 앞부분은 맞되, 뒷부분이 틀려 오선지를 구성하는 경우가 늘고 있다. 실수를 방지하기 위해서는 선지를 끊어가며 판단하는 것이 효과적이다. ②번 선지의 경우 긍정의 내용으로 뒤집히지는 않았지만, 3문단 (5) 부분에 본문에서 부정되고 있는 내용을 통해 정답 선지를 구성했으며, 같은 부분을 긍정으로 뒤집어 ⑤번 선지도 구성했음을 확인할 수 있다. 또한, ③, ④번 선지의 경우는 내용 간 차이점을 통해 선지를 구성하였다. 이처럼, 글에서 부정되고 있는 내용, 사실 및 내용 간 차이점은 선지로 자주 구성되니 독해할 때부터 미리 잘 확인해두자.

선지를 먼저 읽는 풀이의 경우

(1) 선지 읽기

선지의 키워드를 확인하며 읽는다.

① 유교 전통, 사회적 갈등, 군주 교체
② 유교 전통, 문사 계층, 대안 제시×
③ 유교 전통, 조화 강조, 서구 민주주의, 새로운 유형 민주주의
④ 유교 전통, 조화의 이상, 갈등 세력 공존
⑤ 유교 전통, 군주 비판, 동아시아 민주주의 발전

유교 전통 하에서의 정치체제에 관한 내용의 글로 예상된다. 선지의 상세한 내용을 모두 기억할 필요는 없고, '문사 계층', '서구 민주주의', '공존 정치', '동아시아' 등이 어디에 등장하는지 파악하며 읽으면 될 것이다.

(2) 제시문 독해 및 선지 판단

1문단 (2)에서 공존을 위한 정치제도에 관심을 두지 않는다는 부분, (3)에서 동아시아 민주주의 실현 가능성 제한이라는 부분으로 ④, ⑤는 정답이 아님을 알 수 있다.

2문단에서 '서구 민주주의' 키워드가 등장한다. 그러나 유교 전통에서 서구 민주주의와 다른 새로운 유형의 민주주의가 등장했다는 내용은 보이지 않는다. 다만 이하에 관련 내용이 제시될 수 있으므로, 정오 판단을 보류하고 3문단을 읽는다.

3문단에서는 '문사 계층' 키워드가 등장한다. (5)에서 ②가 옳음을 알 수 있다.

시간이 부족하지 않다면 남은 선지가 오답인 근거를 찾아본다. 1문단에서 유교는 갈등하는 세력들 간 공존에 관심이 없다고 하였으며 군주 교체에 관한 내용은 등장하지 않으므로 ①은 오답이다. 1문단에서 유교 전통이 동아시아에서의 민주주의 실현 가능성을 제한하였다고 하였고, 이하 '새로운 민주주의'를 추론한 내용도 등장하지 않으므로 ③도 오답이다.

합격자의 시간단축 Tip

Tip ❶ 내용-개념(대상) 간 차이점, 공통점을 위주로 서술되는 경우

글 전반이 어떤 내용 간 차이점이나 공통점 위주로 서술되는 경우 이들이 선지로 자주 출제되는 요소일 수밖에 없으므로 꼭 이를 잘 체크하며 읽자. 또한, 차이점을 위주로 서술되어있어도 이들 간의 공통점도 존재할 수 있고 이것도 선지로 자주 출제되기 때문에 애초에 차이점 및 공통점을 잘 확인하며 읽으면 선지 판단의 정확도가 올라가고 그 속도가 빨라진다.

제시문은 2문단 이하에서 유교 전통과 서구 민주주의 정치 전통을 비교한다. '그러나', '그렇다고 하더라도'라는 접속어 앞, 뒤의 내용에서 비교기준 및 공통점과 차이점을 찾을 수 있다.

Tip ❷ 부정되고 있는 내용과 사실 미리 파악하기

제시문에서 부정되고 있는 내용과 사실들은 미리 괄호와 같은 기호로 표시하며 읽자. 보통 이런 내용은 'A라기보다는 B, A가 아니라 B'의 형식으로 자주 제시되며, 긍정되고 있다는 내용으로 뒤집어 오답 선지로 자주 구성된다. 이를 미리 파악해둔다면 빠르고 정확한 선지 판단이 가능할 것이다.

Tip ❸ 선지를 나누어 꼼꼼히 선지를 판단

최근 정보확인문제에서 선지의 앞부분은 옳은 설명이나, 뒷부분이 틀린 설명이어서 오선지를 구성하는 사례가 늘고 있다. 이러한 함정에 넘어가지 않기 위해서는 선지를 빗금으로 전단부와 후단부로 나누어 각각이 옳은 설명에 해당하는지 검토할 필요가 있다. 특히 이 문제의 선지 ③, ④와 같이 앞부분이 옳은 설명이고 뒷부분이 틀린 설명인 경우, 이를 옳은 선지로 오인하는 경우가 많다. 따라서 선지의 내용을 여러 부분으로 나누고 하나하나 검토하는 습관을 반드시 들여야 한다.

Tip ❹ 첫 문단을 제대로 이해한다.

첫 문단, 첫 문장은 글의 내용에 대한 중요한 단서를 제공하는 경우가 많다. 새로운 글을 읽기 시작하면, 첫 문단이 눈에 잘 들어오지 않을 때가 많아 선지를 읽고 다시 첫 문단을 읽는 상황이 종종 발생한다. 이렇게 시간을 낭비하지 않도록 첫 문단을 제대로 이해하도록 노력하자. 이 문제의 경우에도 첫 문단에서 옳지 않은 선지의 힌트를 모두 발견할 수 있었다.

039 정답 ①

난이도 ●●○

문제유형 비판적 사고 > 논지 강화·약화하기

접근전략 글의 주장을 강화하는 것을 고르는 문제는 사실상 추론할 수 있는 것을 고르는 문제와 같다 볼 수 있다. 즉, 정답 선지가 제시문과 부합하거나 추론할 수 있는 내용이 된다는 것이다. 그러므로 글을 우선 제대로 이해하며 읽으며 선지로 구성될만한 정보를 미리 확보하며 읽고 난 뒤 이를 통해 빠르게 선지를 판단하자. 또한, 과학/기술 제재를 어려워하는 경우가 많은데 해당 내용을 단순화하며 머릿속에 그리는 것이 중요하므로 평소에 이러한 제재로 꾸준히 연습하자.

다음 글의 주장을 강화하는 것만을 〈보기〉에서 모두 고르면?

(1) 우리는 물체까지의 거리 자체를 직접 볼 수는 없다. 거리는 눈과 그 물체를 이은 직선의 길이인데, 우리의 망막에는 직선의 한쪽 끝 점이 투영될 뿐이기 때문이다. (2) 그러므로 물체까지의 거리 판단은 경험을 통한 추론에 의해서 이루어진다고 보아야 한다. (3) 예컨대 우리는 건물, 나무 같은 친숙한 대상들의 크기가 얼마나 되는지, 이들이 주변 배경에서 얼마나 공간을 차지하는지 등을 경험을 통해 이미 알고 있다. (4) 우리는 물체와 우리 사이에 혹은 물체 주위에 이런 친숙한 대상들이 어느 정도 거리에 위치해 있는지를 우선 지각한다. (5) 이로부터 우리는 그 물체가 얼마나 멀리 떨어져 있는지를 추론하게 된다. (6) 또한 그 정도 떨어진 다른 사물들이 보이는 방식에 대한 경험을 토대로, 그보다 작고 희미하게 보이는 대상들은 더 멀리 떨어져 있다고 판단한다. (7) 거리에 대한 이런 추론은 과거의 경험에 기초하는 것이다. ▶ 1문단

(1) 반면에 물체가 손이 닿을 정도로 아주 가까이에 있는 경우, 물체까지의 거리를 지각하는 방식은 이와 다르다. (2) 우리의 두 눈은 약간의 간격을 두고 서로 떨어져 있다. (3) 이에 우리는 두 눈과 대상이 위치한 한 점을 연결하는 두 직선이 이루는 각의 크기를 감지함으로써 물체까지의 거리를 알게 된다. (4) 물체를 바라보는 두 눈의 시선에 해당하는 두 직선이 이루는 각은 물체까지의 거리가 멀어질수록 필연적으로 더 작아진다. (5) 대상까지의 거리가 몇 미터만 넘어도 그 각의 차이는 너무 미세해서 우리가 감지할 수 없다. (6) 하지만 팔 뻗는 거리 안의 가까운 물체에 대해서는 그 각도를 감지하는 것이 가능하다. ▶ 2문단

보기

ㄱ. 100미터 떨어진 지점에 민수가 한 번도 본 적이 없는 대상만 보이도록 두고 다른 사물들은 보이지 않도록 민수의 시야 나머지 부분을 가리는 경우, 민수는 그 대상을 보고도 얼마나 떨어져 있는지 판단하지 못한다.

➜ (○) 우리는 물체와 우리 사이에 혹은 물체 주위에 친숙한 대상들이 어느 정도 거리에 위치해 있는지를 우선 지각한 후, 이로부터 해당 물체가 얼마나 멀리 떨어져 있는지를 추론하게 된다.[1문단(4),(5)] 즉, 민수가 한 번도 경험해보지 못한 물체와의 거리를 판단하는 과정 중에 그 주위에 친숙한 대상들마저 없다면, 그 물체와의 거리를 추론하는 것이 어려워진다. ㄱ에서는 민수가 먼 물체까지의 거리 추론에 참고할 수 있는 경험의 대상이 없는 상황에서 물체가 얼마나 떨어져 있는지 판단하지 못한다고 말하고 있으므로 지문의 주장을 강화한다.

ㄴ. 아무것도 보이지 않는 캄캄한 밤에 안개 속의 숲길을 걷다가 앞쪽 멀리서 반짝이는 불빛을 발견한 태훈이가 불빛이 있는 곳까지의 거리를 어렵잖게 짐작한다.

➜ (×) 지문에서는 물체까지의 거리 판단이 경험을 통한 추론에 의해서 이루어진다고 주장한다.[1문단(2)] 즉, 물체와 우리 사이 혹은 물체 주위에 친숙한 대상들이 어느 정도 거리에 위치해 있는지를 우선 지각한다.[1문단(4)] 그러나 아무것도 보이지 않는 밤에는 이러한 지각이 불가능하다. 따라서 이러한 상황에서 태훈이가 거리를 어렵잖게 짐작한다는 것은 이러한 주장과 일치하지 않으므로, 지문의 주장을 약화한다.

ㄷ. 태어날 때부터 한쪽 눈이 실명인 영호가 30센티미터 거리에 있는 낯선 물체 외엔 어떤 것도 보이지 않는 상황에서 그 물체까지의 거리를 옳게 판단한다.

➜ (×) 물체가 가까이 있는 경우, 우리는 두 눈과 대상이 위치한 한 점을 연결하는 두 직선이 이루는 각의 크기를 감지함으로써 물체까지의 거리를 알게 된다.[2문단(3)] 그러나 영호는 한쪽 눈이 실명이기에 눈에서 물체까지의 직선이 영호에게는 한 개밖에 없으므로 '두 직선이 이루는 물체의 각'을 확인할 수가 없다. 그렇기에 물체까지의 거리를 옳게 판단할 수가 없으므로 지문의 논지를 약화하는 선지이다.

① ㄱ ➜ (○)
② ㄷ ➜ (×)
③ ㄱ, ㄴ ➜ (×)
④ ㄴ, ㄷ ➜ (×)
⑤ ㄱ, ㄴ, ㄷ ➜ (×)

제시문 분석

1문단 먼 물체까지의 거리 지각 방식 및 추론 과정

〈물체까지의 거리 판단 과정〉
우리는 물체까지의 거리 자체를 직접 볼 수는 없기 때문에, 물체까지의 거리 판단은 경험을 통한 추론에 의해서 이루어진다고 보아야 한다.(1),(2)

〈①: 경험〉		〈②: 지각〉		〈③: 추론〉
우리는 친숙한 대상들의 크기가 얼마나 되는지, 이들이 얼마나 공간을 차지하는 지 등을 경험을 통해 이미 알고 있다.(3)	➜	우리는 물체와 우리 사이에 혹은 물체 주위에 이런 친숙한 대상들이 어느 정도 거리에 위치해 있는지를 우선 지각한다.(4)	➜	이로부터 우리는 그 물체가 얼마나 멀리 떨어져 있는지를 추론하게 된다.(5)

➜ 〈한계〉	그러나 이들이 서구의 계몽 사상가들처럼 기존의 유교 질서와 다른 정치적 대안을 제시할 수는 없었으며, 이들에게 정치는 윤리와 구별되는 독자적 영역으로 인식되지 못하였다.(5),(6)

2문단 가까운 물체까지의 거리 지각 방식 및 한계

〈눈의 구조〉		〈거리 지각 방식〉
우리의 두 눈은 약간의 간격을 두고 서로 떨어져 있다.(2)	➜	이에 우리는 두 눈과 대상이 위치한 한 점을 연결하는 두 직선이 이루는 각의 크기를 감지함으로써 물체까지의 거리를 알게 된다.(3)

➜ 〈한계〉	팔 뻗는 거리 안의 가까운 물체에 대해서는 그 각도를 감지하는 것이 가능하지만, 대상까지의 거리가 몇 미터만 넘어도 그 각의 차이는 너무 미세해서 우리가 감지할 수 없다.(5),(6)

합격자의 실전 풀이 순서

❶ **발문 제대로 읽기 및 문제 유형 파악**

우선 발문을 제대로 읽자. '주장을 강화하는 선지'를 묻는 강화약화 문제이다. 주장을 강화하는 선지를 고르는 문제는 사실상 추론할 수 있는 것을 고르는 문제와 같다. 즉, 제시문의 내용과 부합하거나 그로부터 추론할 수 있는 선지가 정답(강화한다), 제시문의 내용과 상충하거나 그로부터 추론할 수 없는 선지는 오답(약화한다)이 된다.

이러한 강화약화 유형은 조금만 복잡하게 나올 경우, 난이도가 급상승한다. 따라서 강화약화 유형에 대한 자신만의 풀이 기준을 마련해두어야 한다. 먼저 강화약화 유형을 제대로 풀기 위해서는 강화 또는 약화해야 하는 주제문이 무엇인지를 정확히 파악해야 한다. 주제문은 한 문장으로 요약되기도 하고, 'A이면 B이다'(A → B)와 같이 논리학적으로 제시되기도 한다. 또한, 본 문제와 같이 문단별 주제문이 존재하여 강화 또는 약화해야 할 대상이 두 개인 경우도 있다. 주제문을 찾는 방법으로는 '즉', '결국', '따라서', '요컨대', '그러므로'와 같은 접속어를 찾거나, 문단의 맨 앞 또는 뒤에 존재하는 문장을 읽어보는 방법이 있다. 또는 예시를 들어 설명하고자 하는 문장이 주제문인 경우도 있다. 강화 또는 약화해야 하는 주제문을 파악한 후에는 선지의 내용이 주제문의 내용과 일치하는지 또는 주제문으로부터 추론 가능한지를 판단하며 문제를 해결해 나가야 한다.

❷ 제시문 독해

본 문제는 강화해야 하는 주제문과 대상이 두 개씩 있다. 첫 번째 문단의 주제문은 접속어 '그러므로'가 들어간 1문단 (2) 문장이다. 즉, 본 문제에서 강화해야 하는 첫 번째 대상은 물체가 멀리 있는 경우 경험을 통한 추론에 의해 이루어지는 거리 판단 메커니즘이다. 두 번째 문단의 주제문은 첫 번째 문장인 2문단 (1) 문장을 통해 알 수 있다. 본 문제에서 강화해야 하는 두 번째 대상은 물체가 가까이에 있는 경우의 물체까지의 거리 판단 메커니즘이다.

강화해야 하는 대상이 무엇인지 찾았으면, 그 대상, 즉 거리 판단 메커니즘의 구체적 내용을 확인해야 한다. 1문단에 멀리 있는 물체를 인식하는 메커니즘이 제시되어 있으니, 이 순서를 잘 체크하며 읽자. 이 순서를 왜곡시켜 틀린 선지를 구성하기도 하기 때문이다. 필자의 경우 1문단 (4)~(6) 부분까지는 머릿속으로 단순해서 그림과 동시에 아래처럼 간단한 넘버링을 하며 읽었다.

> ① 우리는 물체와 우리 사이에 혹은 물체 주위에 이런 친숙한 대상들이 어느 정도 거리에 위치해 있는지를 우선 지각한다. ② 이로부터 우리는 그 물체가 얼마나 멀리 떨어져 있는지를 추론하게 된다. ③ 또한, 그 정도 떨어진 다른 사물들이 보이는 방식에 대한 경험을 토대로, 그보다 작고 희미하게 보이는 대상들은 더 멀리 떨어져 있다고 판단한다.

2문단에서 강화해야 하는 대상은 물체가 가까이에 있는 경우의 물체까지의 거리 판단 메커니즘이다. 2문단의 내용을 통해 물체가 가까이에 있을 때 두 눈과 대상이 위치한 점을 연결하는 각의 크기로 물체까지의 거리를 판단함을 알 수 있다. 또한, 1문단이 '먼 물체'를 보는 방식이고, 2문단이 '가까운 물체'를 보는 방식임을 잘 파악해야 한다. 선지에서는 먼 물체인데도 가까운 물체로 보는 방식을 쓴다고 서술하거나 그 반대로 서술하여 틀린 선지를 구성할 여지가 충분하다.

본 문제의 제시문은 다소 어렵게 느껴질 만한 과학적 제재에 대해 다루고 있다. 이러한 내용의 글들은 최대한 머릿속으로 단순화해서 그리며 독해해야 한다. 예를 들어, 1문단 (1)의 내용인 '거리는 눈과 그 물체를 이은 직선의 길이인데, 우리의 망막에는 직선의 한쪽 끝 점이 투영될 뿐이기 때문이다.' 같은 부분은 머릿속에 아무 물체(예를 들어 펜)를 떠올리고 눈으로부터 그 물체 간 직선을 긋는 모습을 그리고, 그 물체와 직선이 만나는 점을 상상하며 그리며 읽는다. 이렇게 읽지 않으면, 문제 풀이 자체가 매우 힘들 수 있으므로 평소에 과학 기술 지문을 읽을 때마다 미리 이렇게 읽는 훈련을 해 두자.

❸ 선지 판단

ㄱ 선지는 100미터 떨어진 지점에 관한 내용이므로 1문단의 물체가 멀리 있는 경우 물체까지의 거리 판단 메커니즘과 관련되어 있다. 이 메커니즘은 친숙한 대상들의 크기를 통해 이루어지므로, 한 번도 본 적 없는 대상만 보이고 다른 사물들이 보이지 않는 경우 거리 판단을 하지 못해야 한다. 따라서 ㄱ 선지는 1문단의 주장을 강화한다.

ㄴ 선지도 멀리서 반짝이는 불빛에 관한 것이므로 ㄱ 선지와 마찬가지로 1문단에 관한 선지이다. ㄴ의 상황 역시 친숙한 대상들이 보이지 않으므로 거리를 판단하지 못해야 한다. 따라서 1문단의 내용에 반하는 ㄴ 선지는 1문단의 주장을 약화한다.

ㄷ 선지는 30센치미터 거리에 있는 물체에 관한 것이므로 2문단의 가까운 물체에 대한 거리 판단 메커니즘과 관련되어 있다. 해당 메커니즘은 두 눈을 통해 이루어지므로 한쪽 눈밖에 사용할 수 없는 영호는 거리를 판단할 수 없어야 한다. 즉, ㄷ 선지는 제시문에서 나온 가까운 물체 인식 방식과 부합하지 않기 때문에 오답 선지가 된다.

❹ 선지를 활용한 시간 단축 풀이

(1) 1문단을 먼저 읽는다. 물체와의 거리를 판단하는 데에 주변 물체를 활용한 추론이 작용한다는 내용이다. 이어서 2문단은 '반면에'로 시작되며, 아주 가까이 있는 물체의 지각 방식은 1문단과 다르다는 것이 첫 문장이다.

(2) 여기까지 읽었을 때 1문단과 2문단은 각각 멀리 있는 물체, 가까이 있는 물체와의 거리 지각 방식을 병렬적으로 설명하고 있음을 알 수 있다. 따라서 1문단만으로 판단이 가능한 선지가 있을 것으로 보인다. 따라서 2문단 나머지를 읽기 전에 먼저 선지를 한번 본다.

(3) ㄱ은 100미터 떨어진 지점의 대상에 대한 내용이다. 1문단의 내용만으로도 정오 판단이 가능하다. 멀리 있는 물체의 거리 판단에 주변 물체를 활용하지 못하도록 했으므로 거리 판단이 불가능할 것이다. ㄱ은 옳다.

(4) ㄴ도 멀리서 반짝이는 불빛을 설명하므로 1문단 내용으로 풀 수 있다. 아무것도 보이지 않으므로 거리 판단이 불가능 할 것이다. ㄴ은 옳지 않다. ㄱ, ㄴ 판단으로 정답이 ①임을 알 수 있다.

(5) 시간이 부족하지 않다면 ㄷ을 판단해도 좋다. ㄷ은 '한쪽 눈이 실명'임에도 30센티미터 거리의 가까운 물체의 거리를 판단할 수 있는지에 대한 내용이다. 2문단은 '두 눈과 대상이 위치한 한 점'을 연결한 각의 크기로 가까운 물체의 거리를 인지한다고 설명한다. 따라서 한쪽 눈만으로는 거리 가늠이 어려울 것이다. ㄷ은 옳지 않다.

합격자의 시간단축 Tip

Tip ❶ 강화약화의 대상 파악

강화약화 유형을 제대로 풀기 위해서는 강화 또는 약화해야 하는 주제문과 대상이 무엇인지를 정확히 파악해야 한다. 주제문은 한 문장으로 요약되기도 하고, 'A이면 B이다'(A → B)와 같이 논리학적으로 제시되기도 한다. 주제문을 찾는 방법으로는 '즉', '결국', '따라서', '요컨대'와 같은 접속어를 찾거나, 문단의 맨 앞 또는 뒤에 존재하는 문장을 읽어보는 방법이 있다. 또는 예시를 들어 설명하고자 하는 문장이 주제문인 경우도 있다. 강화 또는 약화해야 하는 대상이 본 문제와 같이 하나의 메커니즘인 경우, 그 메커니즘이 어떻게 구성되는지 정확히 파악해야 한다. 문단 전체가 아닌 강화약화의 대상에 집중하여 강화약화 여부를 판단하면 더욱 쉽게 해당 유형을 풀 수 있다.

Tip ❷ 과학/기술 지문 머릿속으로 그리며 읽기

보통 사람들은 과학/기술 제재 지문을 마주하면 어려워하고, 실제로 그러한 것도 맞다. 다만 이런 글은 제시문의 내용을 살려 머릿속으로 단순화해 그리며 읽어야 하는데 이는 평소에 이러한 제재를 마주하며 연습해야 할 부분이다. 예시가 제시되어 있다면 예시를 활용하는 것도 머릿속에 내용을 그리는 데 도움이 된다. 우선 이런 독해 방식이 익숙해지면 과학/기술 제재도 어렵지 않게 읽을 수 있게 되니 평소에 꼭 꾸준히 연습해 두자.

Tip ❸ 독해의 강약 조절하기

만약 글에 제시된 정보가 많은데 실전에서 쉽게 내용이 이해되지 않는다면 일단 한 문단 전체를 읽고 그 내용이 필수적으로 이해해야 하는 부분인지 판단한다. 이때 판단의 기준은 중심 내용과 관련 있는 내용인지, 그리고 그 문단의 내용을 묻는 선지의 판단이 가능한지가 된다. 이 문제의 경우 1문단에 여러 내용이 제시되지만, 중심 내용은 사람이 물체와의 거리를 가늠할 때 친숙한 주변 사물을 활용하여 추론한다는 것이다. 따라서 눈이 길이를 인식하는 방식이라던가, 그 인식 과정 등을 꼼꼼하게 읽는 것은 시간 낭비가 된다.

Tip ❹ 선지를 소거하기

ㄱ~ㄷ, 혹은 ㄱ~ㄹ으로 제시된 박스형 문제는 보기 제거 순서에 따라 보지 않아도 되는 보기가 존재하기도 한다. 앞서 제시한 4. 선지를 활용한 시간 단축 풀이와 같이 보기 하나의 정오를 판단하고, 선지를 확인하여 소거하는 방식으로 풀이 시간을 절약할 수 있다. 참고로 까다로운 〈보기〉를 먼저 판단할 때 쉬운 선지를 판단하지 않아도 되도록 선지가 구성되는 경우가 많다. 다만, 이 문제의 경우 특별히 판단이 더 까다로운 선지는 없었고, 1문단만 읽어도 선지 소거를 통해 답을 도출할 수 있었다.

040 정답 ③

난이도 ●○○

문제유형 제시문형 > 분석추론

접근전략 본 문제는 법조문이 주어지지는 않았지만, 제시문에 주어진 규정을 파악하고 이를 〈보기〉에 적용한다는 점에서 법조문 유형과 유사하다. 법조문 유형과 마찬가지로 첫 독해 시에는 규정의 구조와 규정 간의 관계를 파악하고, 〈보기〉 판단 시에 구체적 규정의 내용을 확인한다. 본 문제의 경우, 사업의 목적은 가볍게 넘기고, 사업대상에는 〈0세에 태아가 포함된다는 것 초등학교 재학생의 예외조건〉에 유의해야겠다는 것, 운영계획에서는 인력구성의 숫자와 사업예산 단서가 출제될 수 있다는 것을 예상하며 제시문을 읽는다.

다음 글을 근거로 판단할 때, 〈보기〉에서 옳은 것만을 모두 고르면?

□ 사업개요

1. 사업목적
   ○ 취약계층 아동에게 맞춤형 통합서비스를 제공하여 아동의 건강한 성장과 발달을 도모하고, 공평한 출발기회를 보장함으로써 건강하고 행복한 사회구성원으로 성장할 수 있도록 지원함
2. 사업대상
   ○ 0세 ~ 만 12세 취약계층 아동
   ※ 0세는 출생 이전의 태아와 임산부를 포함
   ※ 초등학교 재학생이라면 만 13세 이상도 포함

□ 운영계획

1. 지역별 인력구성
   ○ 전담공무원 : 3명
   ○ 아동통합서비스 전문요원 : 4명 이상
   ※ 아동통합서비스 전문요원은 대상 아동 수에 따라 최대 7명까지 배치 가능
2. 사업예산
   ○ 시·군·구별 최대 3억 원(국비 100 %) 한도에서 사업 환경을 반영하여 차등지원
   ※ 단, 사업예산의 최대 금액은 기존사업지역 3억 원, 신규사업지역 1억 5천만 원으로 제한

보기

ㄱ. 임신 6개월째인 취약계층 임산부는 사업대상에 해당되지 않는다.
➜ (×) 사업개요 – 사업대상에 따르면 0세~만 12세 취약계층 아동이 대상인데 0세는 출생 이전의 태아와 임산부를 포함한다. 따라서 임신 6개월째인 취약계층 임산부는 사업대상에 해당된다.

ㄴ. 내년 초등학교 졸업을 앞둔 만 14세 취약계층 학생은 사업대상에 해당한다.
➜ (○) 사업개요 – 사업대상에 따르면 0세~만 12세 취약계층 아동이 대상인데 초등학교 재학생이라면 만 13세 이상도 포함한다. 내년 초등학교 졸업을 앞둔 만 14세 취약계층 학생은 초등학교 재학생이므로 만 13세 이상이라도 사업대상에 해당한다.

ㄷ. 대상 아동 수가 많은 지역이더라도 해당 사업의 전담공무원과 아동통합서비스 전문요원을 합한 인원은 10명을 넘을 수 없다.
➜ (○) 운영계획 – 지역별 인력구성에 따르면 전담공무원은 3명이며, 아동통합서비스 전문요원은 4명 이상, 대상 아동 수에 따라 최대 7명까지 배치 가능하다. 따라서 해당 사업의 전담공무원과 아동통합서비스 전문요원을 합한 최대 인원은 10명이다.

ㄹ. 해당 사업을 신규로 추진하고자 하는 △△시는 사업예산을 최대 3억 원까지 국비로 지원받을 수 있다.
➜ (×) 운영계획 – 사업예산에 따르면 사업예산은 시·군·구별 최대 3억 원 한도에서 차등지원하나, 신규사업지역의 경우 최대 1억 5천만 원으로 제한된다. 따라서 해당 사업을 신규로 추진하고자 하는 △△시는 사업예산을 최대 1억 5천만 원까지 국비로 지원받을 수 있다.

① ㄱ, ㄴ ➜ (×)
② ㄱ, ㄹ ➜ (×)
③ ㄴ, ㄷ ➜ (○)
④ ㄴ, ㄹ ➜ (×)
⑤ ㄷ, ㄹ ➜ (×)

합격자의 실전 풀이 순서

❶ 문제 유형 파악

제시문의 형태를 볼 때 규정을 파악하고 〈보기〉에 규정을 적용하는 문제에 해당한다. 해당 유형은 법조문이 주어지지는 않았지만, 규정을 응용한다는 점에서 법조문 규정확인 유형과 유사하다. 따라서 법조문 유형을 풀 때와 마찬가지로 처음 제시문을 읽을 때는 규정의 구조와 규정 간의 관계를 파악한 후,

〈보기〉를 판단할 때 구체적 규정의 내용을 확인한다. 또한, 옳은 것을 고르는 문제라는 것을 인지하기 위해 "옳은"이라는 단어에 밑줄이나 동그라미 등 표시를 한다. 이러한 장치를 통해 옳지 않은 것을 고르는 실수를 방지할 수 있다.

❷ 제시문 및 규정 파악

규정 파악 단계에서는 규정의 구조를 파악하고, 단서와 괄호, 각주 등에 강조 표시를 한다. 본 문제의 경우 규정의 구조는 매우 단순하다. 사업개요와 운영계획의 두 가지 항목이 있으며, 사업개요에는 사업의 목적과 대상을 규정하고, 운영계획에는 지역별로 인력을 어떻게 구성해야 하는지 및 예산은 어떤 방식으로 지원되는지 규정하고 있다. 다만 본 제시문은 ※ 기호로 시작하는 단서가 매우 많다. 단서와 괄호는 선지로 출제되는 경우가 매우 많으므로, 이에 강조 표시를 해두고 선지 판단 시 이를 먼저 참고한다.

❸ 선지 판단

규정 파악을 바탕으로 보기를 검토한다. 보기 ㄱ과 보기 ㄴ은 사업대상에 대한 내용이므로 사업개요 항목의 사업대상과 비교한다. 보기 ㄷ은 인력구성에 대한 내용이므로 운영계획 항목의 지역별 인력구성과 비교한다. 보기 ㄹ은 사업예산에 대한 내용이므로 운영계획 항목의 사업예산과 비교한다. 보기가 어디서 출제되었는지 생각해보면, ※ 이후의 단서에서 보기가 모두 출제되었음을 알 수 있다.

본 문제와 같이 하나의 선지가 보기들의 조합으로 구성되는 경우 보기를 해결한 후 해당 보기와 관련된 선지를 먼저 처리하는 것이 좋다. 예컨대, 보기 ㄱ은 옳지 않으므로 선지 ①번과 ②번이 제외된다. 보기 ㄴ은 옳으므로 선지 ⑤번이 제외되고, 마지막으로 보기 ㄷ 또는 보기 ㄹ을 처리하여 정답을 도출한다.

합격자의 시간단축 Tip

Tip ❶ 선지 판단 단계에서 제시문의 구체적 내용 확인

규정 형태의 제시문이 등장하는 경우, 결국 보기에 구체적인 상황이 주어지기 때문에 지문은 구조만 파악한 후 보기에 주어진 상황을 공고에 적용하는 형태로 문제를 푸는 것이 좋다.

Tip ❷ 중요하지 않은 부분의 독해는 생략

대체로 법조문이나 규정의 맨 앞에 제시되는 정의, 목적 등은 문제풀이에 필요 없는 경우가 많다. 비슷한 이유로 표나 규정 앞에 있는 글은 주제나 제재를 소개하는 경우가 많으므로 이 역시 독해를 생략해도 된다. 만약 문제풀이가 막힌다면 해당 부분을 독해하며 필요한 정보를 찾는다.

Tip ❸ 단서와 괄호의 내용에 주목

법조문 및 규정확인유형의 문제에서 ※표시와 같은 단서조항과 괄호의 내용은 보기 및 선지를 구성할 때 1순위이다. 처음 글을 읽을 때도 의식을 해야 하며, 보기 및 선지를 풀이하는 과정에서도 혹시 놓친 단서조항이 있지는 않은지 확인하는 습관을 들이는 것이 좋다.

Tip ❹ 문제에서 자주 나오는 요소에 유의

〈태아〉는 대부분의 법조문 문제에서 중요한 요소로 나오므로 이를 유의해서 본다. 태아를 한 명의 사람으로 볼 것인지는 중요하며 이에 의해 정답 선지가 갈릴 가능성이 높다.

Tip ❺ ㄷ이나 ㄹ을 먼저 확인

4개의 〈보기〉로 구성된 경우, 마지막 보기를 먼저 처리할 때 답이 빨리 도출되는 경우가 많다. 보통은 ㄹ부터 확인하고, ㄹ이 너무 복잡한 경우 ㄷ을 먼저 보는 것을 추천한다. 복수의 조건을 적용해야 하는 문제의 경우도 마지막 조건을 먼저 적용할 때 선지가 다수 소거되는 경우가 많다. 해당 문제도 ㄹ이나 ㄷ을 먼저 판단하면 두 개의 보기만으로 정답 도출이 가능하다. (물론 반드시 이렇게 풀어야 하는 것은 아니다. 다만 경험상 시간 절약이 가능했으므로 시도해 볼 만하다고 판단하였다.)

041 정답 ⑤

난이도 ●●●

문제유형 사실적 이해 > 정보 확인

접근전략 글에서 알 수 없는 것을 고르는 문제의 정답 선지는 제시문 내용과 상충하거나 그로부터 추론할 수 없는 내용, 오답 선지는 제시문 내용과 일치하거나 그로부터 추론 가능한 내용이 된다. 제시문부터 잘 읽으면서 구조를 파악하고 선지로 자주 구성될 만한 내용(글에서 부정되는 내용/사실 등)을 미리 확보해가며 읽은 뒤 선지를 판단하자.

다음 글에서 알 수 없는 것은?

(1) 루머는 구전과 인터넷을 통해 확산되고, 그 과정에서 여러 사람들의 의견이 더해진다. (2) 루머는 특히 사회적 불안감이 형성되었을 때 빠르게 확산되는데, 이는 사람들이 사회적·개인적 불안감을 해소하기 위한 수단으로 루머에 의지하기 때문이다.

▶ 1문단

(1) 나아가 루머가 확산되는 데는 사회적 동조가 중요한 영향을 미친다. (2) 사회적 동조란 '다수의 의견이나 사회적 규범에 개인의 의견과 행동을 맞추거나 동화시키는 경향'을 뜻한다. (3) 사회적 동조는 루머가 사실로 인식되고 대중적으로 수용되는 과정에서도 큰 영향력을 행사한다. ▶ 2문단

(1) 사회적 동조는 개인이 어떤 정보에 대해 판단하거나 그에 대한 태도를 결정하는 데 정당성을 제공한다. (2) 다수의 의견을 따름으로써 어떤 정보를 믿는 것에 대한 합리적 이유를 갖게 되는 것이다. (3) 실제로 루머에 대한 지지 댓글을 많이 본 사람들은 루머에 대한 반박 댓글을 많이 본 사람들에 비해 루머를 사실로 믿는 경향이 더욱 강한 것으로 나타났다. (4) 또한 사회적 동조가 있는 상태에서는 개인의 성향과 상관없이 루머를 사실이라고 믿는 경우가 많았다. ▶ 3문단

(1) 사회적 동조의 또 다른 역할은 사람들이 자신의 의견을 제시할 때 사회적 분위기를 고려하게 하는 것이다. (2) 소속된 집단으로부터 소외되지 않기 위해서 다수에 의해 지지되는 의견을 따라가는 현상이 발생하기도 한다. (3) 이와 같은 현상은 개인주의 문화권보다는 집단주의 문화권에 있는 사람들에게서 더 잘 나타난다. (4) 집단주의 문화권 사람들은 루머를 믿는 사람들로부터 루머에 대한 정보를 얻고 그것을 근거로 하여 판단하며, 다른 사람들의 의견에 개인의 생각을 일치시키는 경향이 두드러진다.

▶ 4문단

① 사람들은 루머를 사회적 불안감을 해소하기 위한 수단으로 삼기도 한다.

→ (O) 루머는 특히 사회적 불안감이 형성되었을 때 빠르게 확산되는데, 이는 사람들이 사회적·개인적 불안감을 해소하기 위한 수단으로 루머에 의지하기 때문이다.[1문단(2)]

② 사회적 동조는 개인이 루머를 사실로 받아들이는 결정을 함에 있어 정당성을 제공한다.

→ (○) 사회적 동조는 개인이 어떤 정보에 대해 판단하거나 그에 대한 태도를 결정하는 데 정당성을 제공한다.[3문단(1)] 이를 통해 개인이 루머를 사실로 인식하고 수용하는 과정에서[2문단(3)] 사회적 동조가 정당성을 제공한다고 이해할 수 있다.

③ 집단주의 문화권에서는 개인주의 문화권보다 사회적 동조가 루머의 확산에 미치는 영향이 더 크게 나타난다.

→ (○) 루머가 확산되는 데는 사회적 동조가 중요한 영향을 미친다.[2문단(1)] 그런데 사회적 동조는 소속된 집단으로부터 소외되지 않기 위해서 다수에 의해 지지되는 의견을 따라가는 현상을 발생시키고[4문단(2)], 이러한 현상은 개인주의 문화권보다 집단주의 문화권에서 더 잘 나타난다.[4문단(3)]

④ 루머에 대한 반박 댓글을 많이 본 사람들이 지지 댓글을 많이 본 사람들보다 루머를 사실로 믿는 경향이 더 약하다.

→ (○) 루머에 대한 지지 댓글을 많이 본 사람들은 반박 댓글을 많이 본 사람들에 비해 루머를 사실로 믿는 경향이 더 강하다.[3문단(3)] 따라서 반대로 반박 댓글을 본 사람들이 루머를 사실로 믿는 경향이 더 약하다는 진술 또한 옳다.

⑤ 사회적 동조가 있을 때, 충동적인 사람들은 충동적이지 않은 사람들에 비해 루머를 사실로 믿는 경향이 더 강하다.

→ (×) 충동적인 사람과 충동적이지 않은 사람을 비교한다는 것은 '충동성'에 대한 개인의 성향을 고려하는 것과 같다. 사회적 동조가 있는 상황에서는 개인의 성향과 상관없이 루머를 사실이라고 믿는 경우가 많았기 때문에[3문단(4)], 충동적 성향이 루머를 사실로 믿게 하는 것에 영향을 미친다고 볼 수 없다.

제시문 분석

1문단 루머 확산의 가속화

〈루머의 확산〉		〈사회적 불안감과의 관계〉
루머는 구전과 인터넷을 통해 확산되고, 그 과정에서 여러 사람들의 의견이 더해진다.(1)	→	루머는 특히 사회적 불안감이 형성되었을 때 빠르게 확산되는데, 이는 사람들이 사회적·개인적 불안감을 해소하기 위한 수단으로 루머에 의지하기 때문이다.(2)

2문단 루머의 확산에 미치는 사회적 동조의 영향

〈사회적 동조〉
다수의 의견이나 사회적 규범에 개인의 의견과 행동을 맞추거나 동화시키는 경향(2)

↓

사회적 동조는 루머가 사실로 인식되고 대중적으로 수용되는 과정에서도 큰 영향력을 행사한다.(3)

3·4문단 사회적 동조의 역할

〈역할 ①: 정당성 제공〉	〈역할 ②: 집단성 강화〉
개인이 어떤 정보에 대해 판단하거나 그에 대한 태도를 결정하는 데 정당성을 제공한다.[3문단(1)]	사람들이 자신의 의견을 제시할 때 사회적 분위기를 고려하게 한다.[4문단(1)]
사회적 동조가 있는 상태에서는 개인의 성향과 상관없이 루머를 사실이라고 믿는 경우가 많았다.[3문단(4)]	집단주의 문화권 사람들은 루머를 믿는 사람들로부터 루머에 대한 정보를 얻고 그것을 근거로 하여 판단하며, 다른 사람들의 의견에 개인의 생각을 일치시키는 경향이 두드러진다.[4문단(4)]

합격자의 실전 풀이 순서

발문 제대로 읽기 및 문제 유형 파악

항상 발문을 먼저 제대로 읽자. 본 문제는 글에서 알 수 없는 것을 고르는 일치부합·내용추론 유형의 문제이다. 알 수 없는 것을 고르는 문제는 추론할 수 없는 것을 고르는 문제와 같다. 해당 유형은 제시문 내용과 부합하지 않거나 그로부터 추론 불가능한 선지가 정답이 되며, 제시문 내용과 일치하거나 그로부터 추론할 수 있는 선지가 오답이 된다. 긴장되는 시험장에서 알 수 '없는' 것을 고르는 문제에서 알 수 '있는' 것을 고르는 문제로 잘못 보아 처음 검토한 선지를 고르는 실수를 할 수 있다는 사실을 명심해야 한다. 따라서 알 수 '없는' 것을 묻는 문제가 나오면 발문에 크게 × 표시를 하여 실수를 하지 않도록 유의해야 한다.

본 문제와 같은 정보확인유형을 푸는 방법으로는 두 가지가 있다.

❶ 제시문 먼저 읽기

첫 번째로는 처음부터 제시문을 꼼꼼히 읽어 선지 확인을 위해 제시문을 다시 읽는 시간을 단축하는 방법이다. 이 방법의 경우 제시문을 읽는 과정에서 선지에 나올 만한 내용을 주의 깊게 읽고, 복잡한 제시문의 내용을 어느 정도 이해한 후 선지를 읽어야 한다. 이 방법을 사용하면서 시간을 단축하고 싶다면, 문단별로 나누어 한 문단을 꼼꼼히 읽고 그 문단에 상응하는 선지부터 판단하는 방법을 응용할 수 있다. 다만, 첫 번째 방법의 경우 제시문의 내용을 잊어버리면 다시 제시문을 읽게 되어 시간이 낭비되기 때문에 매우 긴 제시문이 있는 문제에는 적합하지 않다. 또한, 문단별로 선지를 확인하는 방식은 문단 간의 정보를 결합해야 하는 선지에는 취약하다는 한계가 있다.

❷ 제시문 구조 파악 후 선지 먼저 읽기

두 번째로는 제시문의 구조와 키워드만 빠르게 파악한 후, 선지를 읽고 선지에서 필요한 내용을 다시 제시문에서 꼼꼼히 찾아가는 방법이 있다. 두 번째 방법은 제시문이 매우 긴 경우 또는 제시문의 구조가 깔끔할 때 효과적이다. 그러나 두 번째 방법은 능숙하지 않은 사람이 시험장에서 시도한다면 성공률이 낮다는 한계가 있다. 두 번째 방식을 익숙하게 하기 위해서는 다양한 제시문을 첫 번째 방법처럼 꼼꼼히 분석하는 과정이 필요하다. 다양한 제시문을 접하고 글의 구조를 이해하게 되면 두 번째 방식을 효과적으로 활용할 수 있다.

제시문을 먼저 읽는 풀이의 경우

(1) 제시문 독해

해당 제시문의 경우 내용 자체가 그다지 어렵지 않다. 따라서 제시문을 읽을 때 문단별 주제를 간략히 파악하고, 제시문의 내용을 이해하며 읽으면 충분하다. 1문단에서는 루머의 개념을, 2문단에서는 사회적 동조의 개념을, 3문단과 4문단은 사회적 동조의 역할을 설명하고 있다. 문단별 내용은 이해하는 데 어렵지 않다.

제시문을 읽을 때 선지에서 물어볼 것 같은 내용에 표시하며 읽어가야 한다. 3문단 (3) 문장과 같은 실제적 사례는 선지에서 묻는 경우가 많으므로 표시를 해두자. 또한, 제시문에서 부정되는 내용은 긍정되고 있다는 내용으로 뒤집어 오답 선지로 자주 구성되므로, 3문단(4)에 제시문에서 부정되는 내용인 '사회적 동조가 있는 상태에서는 개인의 성향과 상관없이~' 부분에 표시해둔다. 더불어 개념 간 공통점과 차이점은 선지로 자주 구성되어 나오므로, 4문단에 집단주의 문화권

사람들과 개인주의 문화권 사람들 간의 차이를 잘 파악하자.

(2) 선지 판단

선지 판단을 하기 위해 제시문으로 돌아가야 한다면, 문단별로 파악한 주제와 제시문을 읽으면서 중요하다고 판단하여 표시해둔 부분을 기준으로 돌아가는 것이 좋다. 즉, 제시문을 읽으며 제시문에 다양한 표시를 해두어야 하는 이유는 선지 판단 시 빠르게 제시문의 위치를 찾기 위해서이다. 이때 구분성이 뚜렷한 키워드를 제시문에 표시해두고 이를 중심으로 돌아간다면 효과적이다. 여기서 구분성이란 본문 전반에 걸쳐서 존재하는 키워드가 아닌 비교적 좁은 특정 범위 내에 존재하는 키워드를 말한다.

한편, 최근 선지의 길이가 길어지고 선지의 앞부분은 맞되, 뒷부분이 틀려 오선지를 구성하는 경우가 늘고 있다. 실수를 방지하기 위해서는 선지를 끊어가며 판단하는 것이 효과적이다.

①번 선지는 루머에 대해, ②번 선지는 사회적 동조에 대해 다루고 있으므로 해당 주제를 다루고 있는 1문단과 2문단으로 가면 각각 선지의 근거를 쉽게 찾을 수 있다. ③번 선지의 경우 제시문을 읽으며 미리 파악한 4문단의 개인주의 문화권과 집단주의 문화권의 차이이기 때문에 쉽게 선지 판단이 가능하다. ④번 선지와 관련하여서는 제시문에서 실례가 제시된 경우 선지에 나올 가능성이 높으므로 미리 표시해두는 것이 좋다고 설명한 바 있다. 정답인 ⑤번 선지는 제시문에서 부정된 내용이 긍정의 내용으로 뒤집혀 출제됐음을 확인할 수 있다. 이처럼, 제시문에서 부정되는 내용이나 사실을 미리 잘 파악해두면 선지 판단의 정확도와 속도가 올라간다.

선지를 먼저 읽는 풀이의 경우

(1) 선지 읽기

선지의 키워드를 확인하며 읽는다.

① 루머, 사회적 불안감 해소
② 사회적 동조, 루머 정당성
③ 집단주의, 개인주의, 사회적 동조, 루머의 확산
④ 루머, 반박 댓글, 지지 댓글, 사실로 믿는
⑤ 사회적 동조, 충동적, 루머, 사실로 믿는

루머의 확산 요인을 특히 사회적 동조를 중심으로 설명하는 글로 예상된다. 사회적 동조 외 다른 변수들 및 그 변수들이 루머의 확산을 강화하는지 약화하는지 파악하며 읽을 필요가 있음을 알 수 있다.

(2) 제시문 독해 및 선지 판단

1문단에서 '사회적 불안감' 키워드를 찾을 수 있다. 문장 (2)에 부합하는 ①은 옳다.

2문단에 '사회적 동조'가 등장한다. 그 정의 및 루머에 미치는 효과가 제시된다.

3문단에 '정당성' 키워드가 등장한다. 문장 (1)에 부합하는 ②는 옳다. 다음으로 '댓글' 키워드가 등장한다. 문장 (3)의 문장 구조에서 주어를 '반박 댓글을 많이 본 사람'으로, 서술어를 '약하다'로 반전시켰으나, 그 내용은 결국 (3)과 동일하므로 ④도 옳다. 문장 (4)에서 '개인의 성향과 상관없이'라는 부분에서 ⑤가 오답임을 추측할 수 있다. 다만 관련 내용이 정확히 언급될 수도 있으니 다음 문단을 읽는다.

4문단에 '개인주의 문화권', '집단주의 문화권' 키워드가 등장한다. 그런데 '충동'에 관한 언급은 없다. 따라서 ③에 대해서 판단할 필요 없이, 관련 내용이 등장하지 않은 ⑤가 정답이다. ③의 근거는 4문단 문장 (3)에 드러난다.

합격자의 시간단축 Tip

Tip ❶ 내용-개념(대상) 간 차이점, 공통점을 위주로 서술되는 경우

글 전반이 어떤 내용 간 차이점이나 공통점 위주로 서술되는 경우 이들이 선지로 자주 출제되는 요소일 수밖에 없으므로 꼭 이를 잘 체크하며 읽자. 또한, 차이점을 위주로 서술되어있어도 이들 간의 공통점도 존재할 수 있고 이것도 선지로 자주 출제되기 때문에 애초에 차이점 및 공통점을 잘 확인하며 읽으면 선지 판단의 정확도가 올라가고 그 속도가 빨라진다.

제시문에서는 '~에 비해', '~보다는' 등의 조사로 한 문장 내에서 두 대상의 비교가 나타난다.

Tip ❷ 부정되고 있는 내용과 사실 미리 파악

제시문에서 부정되고 있는 내용과 사실들은 미리 괄호와 같은 기호로 표시하며 읽자. 보통 이런 내용은 'A라기보다는 B, A가 아니라 B'의 형식으로 자주 제시되며, 긍정되고 있다는 내용으로 뒤집어 오답 선지로 자주 구성된다. 이를 미리 파악해둔다면 빠르고 정확한 선지 판단이 가능할 것이다.

Tip ❸ 접속사 뒤 문장에 주목

접속사 뒤에 이어지는 내용은 앞의 내용을 보충하거나, 반대되는 내용이 많은데 이 부분이 선지로 자주 등장하므로 접속사에 주목할 필요가 있다. 이 문제에서는 설명 뒤에 구체적 예시로 제시되고 있는 부분이 선지로 출제되었다. '실제로', '또한', '이와 같은' 이하의 예시를 이해하며 읽으면 빠른 선지 판단이 가능하다.

042 정답 ❷

난이도 ●○○

문제유형 비판적 사고 > 판단하기

접근전략 '글에 대한 평가'를 묻는 문제는 대체로 '강화하느냐' 또는 '약화하느냐'를 묻는다. 선지의 판단은 '일치/불일치/추론 가능/무관 여부'로 갈리게 되니 너무 복잡하게 생각할 필요 없이 제시문 독해에 집중하고, 선지 판단 기준을 단순화해서 풀도록 하자. 이 기준은 아래 실전 풀이를 참고하자.

다음 (가) ~ (다)에 대한 평가로 적절한 것만을 〈보기〉에서 모두 고르면?

(가) (1) 기술의 발전 덕분에 더 풍요로운 세계를 만들 수 있다. 원료, 자본, 노동 같은 생산요소의 투입량을 줄이면서 산출량은 더 늘릴 수 있는 세계 말이다. (2) 디지털 기술의 발전은 경외감을 불러일으키는 개선과 풍요의 엔진이 된다. (3) 반면 그것은 시간이 흐를수록 부, 소득, 생활수준, 발전 기회 등에서 점점 더 큰 격차를 만드는 엔진이기도 하다. (4) 즉 기술의 발전은 경제적 풍요와 격차를 모두 가져온다.

(나) (1) 기술의 발전에 따른 풍요가 더 중요한 현상이며, 격차도 풍요라는 기반 위에 있기 때문에 모든 사람의 삶이 풍요로워지는 데 초점을 맞추어야 한다. (2) 고도로 숙련된 노동자와 나머지 사람들과의 격차가 벌어지고 있다는 것을 인정하지만, 모든 사람들의 경제적 삶이 나아지고 있기에 누군가의 삶이 다른 사람보다 더 많이 나아지고 있다는 사실에 관심을 둘 필요가 없다.

(다) (1) 중산층들이 과거에 비해 경제적으로 더 취약해졌기 때문에 기술의 발전에 따른 풍요보다 격차에 초점을 맞추어야 한다. (2) 실제로 주택, 보건, 의료 등과 같이 그들의 삶에서 중요한 항목에 들어가는 비용의 증가율은 시간이 흐르면서

가계 소득의 증가율에 비해 훨씬 더 높아지고 있다. (3) 설상가상으로 소득 분포의 밑바닥에 속한 가정에서 태어난 아이가 상층으로 이동할 기회는 점점 더 줄어들고 있다.

보기

ㄱ. 현재의 정보기술은 덜 숙련된 노동자보다 숙련된 노동자를 선호하고, 노동자보다 자본가에게 돌아가는 수익을 늘린다는 사실은 (가)의 논지를 약화한다.
➜ (×) (가)는 기술의 발전이 더 풍요로운 세계를 만드는 동시에[가(1)] 부와 소득 등에서 점점 더 큰 격차를 만든다고 하였다.[가(3)] ㄱ 또한 숙련된 노동자와 덜 숙련된 노동자, 노동자와 자본가 간 발생하는 격차를 말하고 있으므로 (가)의 논지를 강화한다.

ㄴ. 기술의 발전이 전 세계의 가난한 사람들에게도 도움을 주며, 휴대전화와 같은 혁신사례들이 모든 사람들의 소득과 기타 행복의 수준을 개선한다는 연구결과는 (나)의 논지를 강화한다.
➜ (○) (나)는 기술의 발전을 통해 모든 사람들의 경제적 삶이 나아지고 있다고 주장한다.[나(2)] 따라서 ㄴ 또한 기술의 발전이 전 세계의 가난한 사람들에게 도움을 주며, 혁신사례들이 모든 사람들에게 도움이 된다고 말하고 있으므로 (나)의 논지를 강화한다.

ㄷ. 기술의 발전이 가져온 경제적 풍요가 엄청나게 벌어진 격차를 보상할 만큼은 아니라는 것을 보여주는 자료는 (다)의 논지를 약화한다.
➜ (×) (다)는 기술의 발전에 따른 풍요보다 격차에 초점을 맞추어야 한다고 주장한다.[다(1)] ㄷ 또한 풍요가 격차를 보상할 만큼은 아니라고 말하고 있으므로 (다)의 논지를 강화한다.

① ㄱ ➜ (×)
② ㄴ ➜ (○)
③ ㄱ, ㄷ ➜ (×)
④ ㄴ, ㄷ ➜ (×)
⑤ ㄱ, ㄴ, ㄷ ➜ (×)

제시문 분석

가 기술의 발전은 경제적 풍요와 격차를 모두 가져온다.

〈개선과 풍요의 엔진〉		〈격차를 만드는 엔진〉
기술의 발전 덕분에 더 풍요로운 세계를 만들 수 있으며, 디지털 기술의 발전은 개선과 풍요의 엔진이 된다.(1),(2)	⬌	반면 그것은 시간이 흐를수록 부, 소득, 생활수준, 발전 기회 등에서 점점 더 큰 격차를 만드는 엔진이기도 하다.(3)

➜

〈결론〉	기술의 발전은 '경제적 풍요' + '경제적 격차' 모두를 가져온다.(4)

나 기술의 발전에 따른 풍요가 더 중요한 현상이다.

〈기술의 발전에 따른 풍요가 격차보다 더 중요하다〉
기술의 발전에 따른 풍요가 더 중요한 현상이며, 격차도 풍요라는 기반 위에 있기 때문에 모든 사람의 삶이 풍요로워지는 데 초점을 맞추어야 한다.(1)

〈근거〉	모든 사람의 경제적 삶의 나아진다는 사실 ↓ 누군가의 삶이 다른 사람보다 더 많이 나아지고 있다는 사실(2)

다 기술의 발전에 따른 격차가 더 중요한 현상이다.

〈기술의 발전에 따른 격차가 풍요보다 더 중요한 현상이다〉
중산층들이 과거에 비해 경제적으로 더 취약해졌기 때문에 기술의 발전에 따른 풍요보다 격차에 초점을 맞추어야 한다.(1)

〈근거〉	가계 필수 비용의 증가율 〉 가계 소득의 증가율(2)
	소득 하층 가정 아이의 상층으로 이동 기회 ↓ (3)

합격자의 실전 풀이 순서

❶ 발문 제대로 읽기 및 문제 유형 파악

우선 발문을 제대로 읽자. '글에 대한 평가'를 묻고 있는 논리추론·강화약화 문제이다. 해당 문제의 제시문은 (가), (나), (다)로 나뉘어 제시되고, 선지는 각 주장에 대하여 'A는 제시문을 약화/강화한다.'식으로 구성된다. 이러한 강화약화 유형은 조금만 복잡하게 나올 경우, 난이도가 급상승한다. 따라서 강화약화 유형에 대한 자신만의 풀이 기준을 마련해두어야 한다. 먼저 강화약화 유형을 제대로 풀기 위해서는 강화 또는 약화해야 하는 주제문이 무엇인지를 정확히 파악해야 한다. 주제문은 본문과 같이 한 문장으로 요약되기도 하고, 'A이면 B이다'(A → B)와 같이 논리학적으로 제시되기도 한다. 주제문을 찾는 방법으로는 '즉', '결국', '따라서', '요컨대'와 같은 접속어를 찾거나, 문단의 맨 앞 또는 뒤에 존재하는 문장을 읽어보는 방법이 있다. 또는 예시를 들어 설명하고자 하는 문장이 주제문인 경우도 있다. 강화 또는 약화해야 하는 주제문을 파악한 후에는 선지의 내용이 주제문의 내용과 일치하는지 또는 주제문으로부터 추론 가능한지를 판단하며 문제를 해결해 나가야 한다.

더불어 이 문제와 같이 (가), (나), (다)로 주장이 각각 제시되는 강화약화 유형은 제시문으로 주어진 여러 주장이 서로 독립적이다. 또한, 선지도 각각 하나의 주장을 강화하는지 약화하는지를 묻고 있다. 따라서 주어진 주장들을 모두 읽은 후 선지를 판단하기보다 하나의 주장을 읽고 그와 관련된 선지를 먼저 해결하는 것이 효과적이다. 이러한 방식을 통해 제시문을 두 번 읽는 것을 방지할 수 있다.

❷ 제시문 독해

해당 문제의 경우 각 주장이 같은 논제를 두고 이야기하기 때문에 각 주장을 잘 정리하고 이들 간 관계에 초점을 두어 읽으면 된다. (가)의 경우 기술의 발전이 경제적 풍요와 격차 모두를 가져온다고 하며 풍요와 격차 둘 중 어느 한 편에서 이야기하고 있지 않다. (나)의 경우는 경제적 풍요에, (다)의 경우는 경제적 격차에 초점을 두고 이야기하고 있으므로, (나)와 (다)는 대립하는 내용 관계를 띈다고 할 수 있다. 제시문을 읽은 후 선지를 판단할 때는 제시문 전체를 읽고 선지를 판단하기보다 주장별로 주장과 관련된 선지를 먼저 판단하여 시간을 단축할 수 있다.

❸ 선지 판단

글 내용에 관한 평가를 묻는 문제는 일반적으로 선지의 구성이 '강화/약화한다' 또는 '강화/약화하지 않는다'로 되어있다. 이러한 강화약화 유형은 일반적으로 추론 가능/불가능 여부를 묻는 문제의 선지와 크게 다르지 않다. 아래의 표를 보고 선지가 판단되는 방식을 익혀두자.

A가 강화한다.	A가 본문 내용과 일치 또는 본문 내용으로부터 추론 가능
A가 강화하지 않는다.	A가 추론될 근거 없음 또는 A가 본문 내용과 상충하거나 무관함
A가 약화한다.	A가 본문 내용과 상충
A가 약화하지 않는다.	A가 본문으로부터 추론 가능 또는 일치하거나 무관함

(1) ㄱ의 앞부분은 '현재의 정보기술은 덜 숙련된 노동자보다 숙련된 노동자를 선호하고, 노동자보다 자본가에게 돌아가는 수익을 늘린다는 사실'이다. 선지의 앞부분 내용이 경제적 격차에 대해 언급하고 있고, (가) 또한 경제적 격차에 대해 언급하여 부합하기 때문에 강화한다. 따라서 (가)의 논지를 약화하고 있다는 선지의 진술은 틀렸다.

(2) ㄴ 선지의 경우 '기술의 발전이 전 세계의 가난한 사람들에게도 도움을 주며, 휴대전화와 같은 혁신사례들이 모든 사람들의 소득과 기타 행복의 수준을 개선한다는 연구결과'라는 앞부분 내용은 경제적 풍요에 대해 언급하는 내용이고 (나) 또한 기술 발전에 따른 경제적 풍요에 초점을 맞추고 있어 요지가 부합하기 때문에 강화한다 할 수 있다.

(3) ㄷ 선지의 경우 '기술의 발전이 가져온 경제적 풍요가 엄청나게 벌어진 격차를 보상할 만큼은 아니라는 것을 보여주는 자료'라는 앞 내용이 경제적 격차에 초점을 맞추고 있으므로 경제적 격차에 대해 언급하는 (다) 내용과 부합하기 때문에 강화한다고 할 수 있다.

❹ 선지를 활용한 시간 단축 풀이

(1) (가)의 경우 기술의 발전이 경제적 풍요와 격차 모두를 가져온다고 설명한다. ㄱ은 '덜 숙련된 노동자-숙련된 노동자', '노동자-자본가'라는 정보기술로 인한 격차를 제시한다. (가)는 디지털 기술 발전으로 인한 격차를 인정하므로 이를 논지를 약화하는 사례로 볼 수 없다. ㄱ은 옳지 않다. ㄱ이 포함되는 선지 ①, ③, ⑤를 소거할 수 있다. ②, ④에 모두 ㄴ이 포함되므로, ㄷ을 먼저 판단하기 위해 (다)를 먼저 읽는다.

(2) (다)는 경제적 격차에 초점을 두고 이야기하고 있다. 따라서 풍요가 격차를 보상할 수 없다는 자료는 (다)를 강화한다. ㄷ은 옳지 않다. 정답은 ②이다.

시간이 부족하지 않다면 ㄴ이 옳은지 확인해도 좋다. (나)는 기술 발전으로 인한 경제적 풍요를 중시하므로 기술 발전으로 인한 소득 등의 수준 개선 사례는 (나)의 논지를 강화한다.

합격자의 시간단축 Tip

Tip ❶ 강화약화의 대상이 되는 주제문 파악

강화약화 유형을 제대로 풀기 위해서는 강화 또는 약화해야 하는 주제문이 무엇인지를 정확히 파악해야 한다. 주제문은 한 문장으로 요약되기도 하고, 'A이면 B이다'(A → B)와 같이 논리학적으로 제시되기도 한다. 주제문을 찾는 방법으로는 '즉', '결국', '따라서', '요컨대'와 같은 접속어를 찾거나, 문단의 맨 앞 또는 뒤에 존재하는 문장을 읽어보는 방법이 있다. 또는 예시를 들어 설명하고자 하는 문장이 주제문인 경우도 있다. 하나의 문단 전체가 아닌 주제문에 집중하여 강화약화 여부를 판단하면 더욱 쉽게 해당 유형을 풀 수 있다.

Tip ❷ 글에 대한 평가를 묻는 문제의 선지 판단

글에 대한 평가를 묻는 선지의 판단은 '강화/약화한다' 또는 '강화/약화하지 않는다'의 구성으로 되어있다. 그러나 이들 선지의 판단은 추론 가능/불가능을 묻는 문제와 크게 다르지 않으므로 위의 표를 참고하여 판단 방식을 자동화해두면 판단의 정확도와 속도가 빨라진다.

Tip ❸ 각각의 주장별로 강화약화 여부 판단

강화약화 유형에 주어지는 주장들의 내용은 독립적이다. 따라서 주어진 주장들을 모두 읽은 후 선지를 판단하기보다 하나의 주장을 읽고 그와 관련된 선지를 먼저 해결하는 것이 효과적이다. 이러한 방식을 통해 제시문을 두 번 읽는 것을 방지할 수 있다.

Tip ❹ 선지를 소거하기

ㄱ~ㄷ, 혹은 ㄱ~ㄹ으로 제시된 박스형 문제는 보기 제거 순서에 따라 보지 않아도 되는 보기가 존재하기도 한다. 앞서 제시한 4. 선지를 활용한 시간 단축 풀이와 같이 보기 하나의 정오를 판단하고, 선지를 확인하여 소거하는 방식으로 풀이 시간을 절약할 수 있다. 참고로 까다로운 〈보기〉를 먼저 판단할 때 쉬운 선지를 판단하지 않아도 되도록 선지가 구성되는 경우가 많다. 이 문제의 경우 ㄱ이 풍요와 격차 모두를 긍정하고 있고, ㄱ의 사례는 격차에 대한 것이므로 ㄴ, ㄷ에 비해 판단이 까다로웠다. 따라서 ㄱ을 먼저 판단하면 시간 절약이 가능했다.

043 정답 ①

난이도 ●○○

문제유형 사실적 이해 > 정보 확인

접근전략 알 수 있는 것을 고르는 문제의 정답 선지는 제시문 내용과 부합하거나 그로부터 추론할 수 있는 경우이고 오답 선지는 제시문 내용과 상충하거나 그로부터 추론할 수 없는 경우이다. 제시문을 처음부터 끝까지 읽으며 구조와 선지로 자주 나오는 정보를 미리 파악하고 표시해두면서 읽고 빠르게 선지들을 파악하자. 특정 구조에서 선지로 자주 구성되는 내용은 항상 있기 마련이다. 또한, 해당 지문은 문제-원인-해결 구조의 형태를 띤다. 이때 오답 선지 구성은 원인이나 해결책의 내용을 일부 바꾸어 이루어진다. 따라서 제시문의 독해 시 내용 정리 및 메모를 철저히 해두자.

다음 글에서 알 수 있는 것만을 〈보기〉에서 모두 고르면?

(1) 사람은 사진이나 영상만 보고도 어떤 사물의 이미지인지 아주 쉽게 분별하지만 컴퓨터는 매우 복잡한 과정을 거쳐야만 분별할 수 있다. (2) 이를 해결하기 위해 컴퓨터가 스스로 학습하면서 패턴을 찾아내 분류하는 기술적 방식인 '기계학습'이 고안됐다. (3) 기계학습을 통해 컴퓨터가 입력되는 수많은 데이터 중에서 비슷한 것들끼리 분류할 수 있도록 학습시킨다. (4) 데이터 분류 방식을 컴퓨터에게 학습시키기 위해 많은 기계학습 알고리즘이 개발되었다. ▶ 1문단

(1) 기계학습 알고리즘은 컴퓨터에서 사용되는 사물 분별 방식에 기반하고 있는데, 이러한 사물 분별 방식은 크게 '지도 학습'과 '자율 학습' 두 가지로 나뉜다. (2) 초기의 기계학습 알고리즘들은 대부분 지도 학습에 기초하고 있다. 지도 학습 방식에서는 컴퓨터에 먼저 '이런 이미지가 고양이야'라고 학습시키면, 컴퓨터는 학습된 결과를 바탕으로 고양이 사진을 분별하게 된다. (3) 따라서 사전 학습 데이터가 반드시 제공되어야 한다. 사전 학습 데이터가 적으면 오류가 커지므로 데이터의 양도 충분해야만 한다. (4) 반면 지도 학습 방식보다 진일보한 방식인 자율 학습에서는 이 과정이 생략된다. (5) '이런 이미지가 고양이야'라고 학습시키지 않아도 컴퓨터는 자율적으로 '이런 이미지가 고양이군'이라고

학습하게 된다. (6) 이러한 자율 학습 방식을 응용하여 '심화신경망' 알고리즘을 활용한 기계학습 분야를 '딥러닝'이라고 일컫는다. ▶2문단

(1) 그러나 딥러닝 작업은 고도의 연산 능력이 요구되기 때문에, 웬만한 컴퓨팅 능력으로는 이를 시도하기 쉽지 않았다. (2) A 교수가 1989년에 필기체 인식을 위해 심화신경망 알고리즘을 도입했을 때 연산에만 3일이 걸렸다는 사실은 잘 알려져 있다. (3) 하지만 고성능 CPU가 등장하면서 연산을 위한 시간의 문제는 자연스럽게 해소되었다. (4) 딥러닝 기술의 활용 범위는 RBM과 드롭아웃이라는 새로운 알고리즘이 개발된 후에야 비로소 넓어졌다. ▶3문단

보기

ㄱ. 지도 학습 방식을 사용하여 컴퓨터가 사물을 분별하기 위해서는 사전 학습 데이터가 주어져야 한다.
→ (O) 지도 학습 방식에서는 사전 학습 데이터가 반드시 제공되어야 한다.[2문단(3)] 제공된 사전 학습 데이터를 바탕으로 컴퓨터가 학습하여야 어떤 사물의 이미지인지 분별할 수 있기 때문이다. 따라서 ㄱ은 옳은 설명이다.

ㄴ. 자율 학습은 지도 학습보다 학습의 단계가 단축되었기에 낮은 연산 능력으로도 수행 가능하다.
→ (X) 자율 학습에는 지도 학습과 달리 사전 학습데이터를 통해 학습하는 과정이 생략된다.[2문단(4)] 하지만 자율 학습 방식을 응용하여 심화신경망 알고리즘을 활용한 기계학습 분야를 '딥러닝'이라고 하고[2문단(6)], 딥러닝 작업은 고도의 연산 능력이 요구된다고 하였다.[3문단(1)] 따라서 자율 학습이 낮은 연산 능력으로도 수행 가능하다는 ㄴ의 설명은 틀린 설명이다.

ㄷ. 딥러닝 기술의 활용 범위는 새로운 알고리즘 개발보다는 고성능 CPU 등장 때문에 넓어졌다.
→ (X) 딥러닝 기술의 활용 범위는 RBM과 드롭아웃이라는 새로운 알고리즘이 개발된 후에야 비로소 넓어졌다.[3문단(4)] 고성능 CPU의 등장은 딥러닝 기술의 활용 범위가 아니라 연산을 위한 시간의 문제를 해소해 주었다.[3문단(3)]

① ㄱ → (O)
② ㄷ → (X)
③ ㄱ, ㄴ → (X)
④ ㄴ, ㄷ → (X)
⑤ ㄱ, ㄴ, ㄷ → (X)

제시문 분석

1문단 컴퓨터의 기계학습

〈기계학습의 등장 배경〉		
사람은 사진이나 영상만 보고도 어떤 사물의 이미지인지 아주 쉽게 분별하지만, 컴퓨터는 매우 복잡한 과정을 거쳐야만 분별할 수 있다.(1)	→	사람은 사진이나 영상만 보고도 어떤 사물의 이미지인지 아주 쉽게 분별하지만, 컴퓨터는 매우 복잡한 과정을 거쳐야만 분별할 수 있다.(1)

2문단 기계학습 알고리즘의 기반-지도 학습과 자율 학습

〈지도 학습〉		〈자율 학습〉
초기의 기계학습 알고리즘들은 대부분 지도 학습에 기초하고 있다.(2)		지도 학습 방식보다 진일보한 방식이다.(4)
'이런 이미지가 고양이야'라고 학습시키면, 컴퓨터는 학습된 결과를 바탕으로 고양이 사진을 분별하게 된다.(2)	↔	'이런 이미지가 고양이야'라고 학습시키지 않아도 컴퓨터는 자율적으로 '이런 이미지가 고양이군'이라고 학습하게 된다.(5)
사전 학습 데이터가 반드시 제공되어야 하며, 그 양도 충분해야만 한다.(3)		

↓

〈딥러닝〉
이러한 자율 학습 방식을 응용하여 '심화신경망' 알고리즘을 활용한 기계학습 분야가 '딥러닝'이다.(6)

3문단 딥러닝 작업의 한계와 극복

〈딥러닝 작업의 한계〉		
딥러닝 작업은 고도의 연산 능력이 요구되기 때문에, 웬만한 컴퓨팅 능력으로는 이를 시도하기가 쉽지 않았다.(1)	→	〈고성능 CPU의 등장〉 하지만 고성능 CPU가 등장하면서 연산을 위한 시간의 문제는 해소되었다.(3) 〈새로운 알고리즘의 개발〉 딥러닝 기술의 활용 범위는 RBM과 드롭아웃이라는 새로운 알고리즘이 개발된 후에야 비로소 넓어졌다.(4)

합격자의 실전 풀이 순서

발문 제대로 읽기 및 문제 유형 파악

항상 발문을 먼저 제대로 읽자. 글의 내용으로부터 알 수 있는 것을 고르는 일치부합·내용추론 문제이다. 이는 글의 내용과 일치하는 선지가 정답이 된다. 오답이 되는 선지는 보통 본문 내용과 상충하거나 그로부터 추론할 수 없는 선지가 된다. 또한, 알 수 있는 것을 고르는 것은 제시문과 유사한 서술을 하는 선지를 고르라는 것이기 때문에 발문에 O표시를 의식적으로 치고 문제를 풀면, 알 수 없는 것을 고르는 실수를 방지할 수 있다.
본 문제와 같은 정보확인유형을 푸는 방법으로는 두 가지가 있다.

❶ 제시문 먼저 읽기

첫 번째로는 처음부터 제시문을 꼼꼼히 읽어 선지 확인을 위해 제시문을 다시 읽는 시간을 단축하는 방법이다. 이 방법의 경우 제시문을 읽는 과정에서 선지에 나올 만한 내용을 주의 깊게 읽고, 복잡한 제시문의 내용을 어느 정도 이해한 후 선지를 읽어야 한다. 이 방법을 사용하면서 시간을 단축하고 싶다면, 문단별로 나누어 한 문단을 꼼꼼히 읽고 그 문단에 상응하는 선지부터 판단하는 방법을 응용할 수 있다. 다만, 첫 번째 방법의 경우 제시문의 내용을 잊어버리면 다시 제시문을 읽게 되어 시간이 낭비되기 때문에 매우 긴 제시문이 있는 문제에는 적합하지 않다. 또한, 문단별로 선지를 확인하는 방식은 문단 간의 정보를 결합해야 하는 선지에는 취약하다는 한계가 있다.

❷ 제시문 구조 파악 후 선지 먼저 읽기

두 번째로는 제시문의 구조와 키워드만 빠르게 파악한 후, 선지를 읽고 선지에서 필요한 내용을 다시 제시문에서 꼼꼼히 찾아가는 방법이 있다. 두 번째 방법은 제시문이 매우 긴 경우 또는 제시문의 구조가 깔끔할 때 효과적이다. 그러나 두 번째 방법은 능숙하지 않은 사람이 시험장에서 시도한다면 성공률이 낮다는 한계가 있다. 두 번째 방식을 익숙하게 하기 위해서는 다양한 제시문을 첫 번째 방법처럼 꼼꼼히 분석하는 과정이 필요하다. 다양한 제시문을 접하고 글의 구조를 이해하게 되면 두 번째 방식을 효과적으로 활용할 수 있다.

제시문을 먼저 읽는 풀이의 경우

(1) 제시문 독해

본 문제의 경우 구조가 단순하므로 정보확인유형을 푸는 두 가지 방법 중 두 번째 방식을 통해 쉽게 풀 수 있다. 즉, 문단별 주요 내용과 제시문의 흐름을 파악하고 중요한 문장들에 표시하며 빠르게 제시문을 읽은 후 선지의 정오를 판단한다.

① 1문단에서는 사람과 컴퓨터 간 차이를 언급하면서 문제점이 등장하고 후에 이에 대한 해결책이 등장한다. 즉, '문제(컴퓨터가 이미지 분별 어려움) – 해결('기계학습' 고안)'의 구조로 되어있다. 문제에 대한 해결책을 왜곡시켜 선지로 자주 구성하니 이를 잘 확인하자.

② 2문단부터는 '지도 학습'과 '자율 학습' 두 학습의 차이점을 위주로 내용이 전개되므로 이들 간 차이점과 공통점에 유의하며 읽자. 이를테면 사전 학습데이터를 통한 학습의 존재 여부 등의 차이가 있다. 제시문에서 2문단 (4) 문장을 기준으로 '지도 학습'과 '자율 학습'의 내용이 나뉘므로, 해당 문장 앞에 빗금을 그어 시각적 효과를 줄 필요가 있다.

또한, 2문단에는 선지에 나올 만한 중요한 문장들이 많으므로 이에 표시하며 제시문을 읽어야 한다. 먼저, 2문단 (3) 문장에는 접속어 '따라서'와 강조를 의미하는 단어인 '반드시'가 포함되어 있다. 이처럼 결론을 내리는 접속어와 강조를 의미하는 단어가 들어간 문장은 선지에서 자주 나오기 때문에 해당 문장을 읽으며 별표를 표시하는 것이 좋다. 이어서, 2문단 (4) 문장과 같이 글의 전환을 의미하는 접속어 '반면'이 포함된 문장도 중요하므로 표시해두어야 한다. 한편 2문단 (6) 문장의 경우 '자율 학습'을 응용한 사례로서 '딥러닝'을 소개하고 있다. 이 경우 '딥러닝'이 '자율 학습'의 하위 분야이므로 '딥러닝' ⊂ '자율 학습'과 같이 포함관계를 시각적으로 표시해둘 필요가 있다. 최근 이러한 포함관계를 묻는 선지가 늘고 있다.

③ 3문단부터는 문제점과 원인, 그에 대한 해결책의 등장이 연이어 나타난다. 우선 첫 번째로 '문제(딥러닝 기술 시도의 어려움) – 원인(연산 능력의 부족) – 해결(고성능 CPU 등장)', 그다음으로는 '문제(딥러닝 기술의 활용 범위 협소) – 해결(새로운 알고리즘 등장)'이 나온다. 이때, 위에서 언급했듯 문제에 대한 원인 또는 해결을 왜곡시켜 틀린 선지를 자주 구성하므로 이를 잘 파악하는 것이 중요하다. 3문단을 읽을 때 역시 전환을 의미하는 접속어 '그러나', '하지만'에 표시해두어야 한다. 또한, 3문단 (4) 문장에 '비로소'라는 단어가 나오는데 이 역시 강조를 의미하는 단어이므로 해당 문장을 주의 깊게 읽어야 한다.

(2) 선지 판단

선지를 판단할 때는 선지의 내용을 나누어 꼼꼼하게 검토하여야 한다. 선지의 앞부분은 옳지만, 뒷부분이 틀려 오선지를 구성할 수도 있기 때문이다. 또한, 선지의 판단 근거를 찾을 때는 미리 제시문을 읽으며 표시해둔 부분을 중점적으로 보아야 한다.

① ㄱ 선지의 경우는 2문단의 '지도 학습'과 '자율 학습' 간 차이점을 통해 판단 가능하다. 해당 선지의 판단 근거가 되는 2문단 (3) 문장은 접속어 '따라서'와 '반드시'가 들어간 문장이다. 제시문을 읽을 때 해당 문장에 미리 표시를 해두었다면 빠르게 선지 판단이 가능했을 것이다.

② ㄴ 선지는 확인해야 하는 정보가 두 개인 선지에 해당한다. 확인해야 할 첫 번째 정보는 '자율 학습이 지도 학습보다 학습의 단계가 단축되었다'라는 사실이다. 두 번째 정보는 '자율 학습이 낮은 연산 능력으로도 수행 가능하다'라는 사실이다. 첫 번째 정보는 2문단 (4) 문장에서 근거를 찾을 수 있다. 이 문장 역시 접속어 '반면'이 들어간 문장이므로 제시문을 읽을 때 미리 표시해두었어야 한다. 두 번째 정보는 3문단의 첫 번째 '문제 – 원인 – 해결' 구조를 생각했다면 쉽게 자율 학습 시도가 어려웠던 원인이 연산 능력 부족이었기 때문에 어렵지 않게 판단할 수 있다. 이처럼 선지에서 묻는 정보가 두 개인 경우, 빗금을 이용해 해당 정보들을 구분한 후 앞에서부터 차근차근 각 정보의 타당성을 확인해야 한다.

③ ㄷ 선지는 3문단의 첫 번째 문제에 대한 해결책과 두 번째 문제에 대한 해결책을 뒤바꾸어 틀린 선지를 구성했다. ㄷ 선지의 근거는 3문단 (4) 문장에 있다. 해당 문장처럼 '비로소'와 같은 강조의 표현이 있는 경우 선지로 나올 확률이 높으므로 주의 깊게 읽어야 한다.

선지를 먼저 읽는 풀이의 경우

(1) 선지 읽기

선지의 키워드를 확인하며 읽는다.

ㄱ. 지도 학습, 사전 학습 데이터

ㄴ. 자율 학습, 지도 학습, 단계, 연산 능력

ㄷ. 딥러닝 기술, 새로운 알고리즘, 고성능 CPU

인공지능의 학습 관련 내용의 지문으로 보인다. ㄴ에서 '자율 학습'과 '지도 학습'을 비교하고 있으므로, 비교 부분에 주목하며 읽을 필요가 있을 것이다.

(2) 제시문 독해 및 선지 판단

1문단은 기계학습을 설명한다. 〈보기〉를 판단할 근거가 없으므로 2문단으로 넘어간다.

2문단에서 '지도 학습'과 '자율 학습' 키워드가 등장한다. 문장 (3)에 '사전 학습 데이터'가 등장한다. 이는 '지도 학습'에 관한 설명이다. ㄱ은 옳다.

3문단에 '연산 능력' 키워드가 등장한다. '딥러닝'은 고도의 연산 능력이 요구되는데, 2문단 말미에 '자율 학습'을 응용한 기계학습 분야가 '딥러닝'이라고 언급되므로, ㄴ은 옳지 않다.

ㄱ은 옳고 ㄴ은 옳지 않으므로 선지를 소거하면 정답은 ①이다. 시간이 부족하지 않다면 ㄷ의 정오를 판단해도 좋다. 3문단 (4)에서 ㄷ이 옳지 않음을 알 수 있다.

합격자의 시간단축 Tip

Tip ❶ 선지에 나올 만한 내용에 주목

제시문을 읽는 실력이 향상된다면, 제시문의 내용을 단지 수용하는 단계에서 나아가 선지에 나올 만한 내용을 적극적으로 모색하는 단계로 나아갈 수 있다. 주로 선지에서 자주 나오는 내용으로는, 두 대상의 공통점과 차이점, 인과 관계, 두 대상의 성능 및 효과 비교, 접속어로 시작하는 문장의 주요 내용 등이 있다. 특히, '반드시', '필수적'과 같은 표현으로 강조되는 내용 및 '그러나', '반면' 등 이전의 내용과 대비되는 내용이 등장하는 경우 선지로 자주 등장한다. 다양한 정보확인문제를 통해 선지에서 주로 묻는 내용이 무엇인지 정리한 뒤, 제시문에서 선지에 나올만한 내용을 미리 파악하며 읽는 습관을 들이자.

Tip ❷ 문제-해결(해소) 구조의 파악

비문학에서 자주 나오는 구조 중 하나가 '문제-원인-해결(해소)' 구조인데, 여기서는 문제에 대한 원인이나 해결책을 왜곡시켜 오답 선지를 자주 구성하기 때문에 이들 각각을 미리 잘 파악해두면 빠르고 정확한 오답 선지가 가능하다.

Tip ❸ 내용-개념(대상) 간 차이점, 공통점을 위주로 서술되는 경우

글 전반이 어떤 내용 간 차이점이나 공통점 위주로 서술되는 경우 이들이 선지로 자주 출제되는 요소일 수밖에 없으므로 꼭 이를 잘 체크하며 읽자. 또한, 차이점을 위주로 서술되어있어도 이들 간의 공통점도 존재할 수 있고 이것도 선지로 자주 출제되기 때문에, 애초에 차이점 및 공통점을 잘 확인하며 읽으면 선지 판단의 정확도가 올라가고 그 속도가 빨라진다.

Tip ❹ 선지를 나누어 꼼꼼히 선지를 판단

최근 정보확인문제에서 선지의 앞부분은 옳은 설명이나, 뒷부분이 틀린 설명이어서 오선지를 구성하는 사례가 늘고 있다. 이러한 함정에 넘어가지 않기 위해서는 선지를 빗금으로 전단부와 후단부로 나누어 각각이 옳은 설명에 해당하는지 검토할 필요가 있다. 특히 앞부분이 틀린 설명이고 뒷부분이 옳은 설명인 경우, 이를 옳은 선지로 오인하는 경우가 많다. 따라서 선지의 내용을 여러 부분으로 나누고 하나하나 검토하는 습관을 반드시 들여야 한다.

Tip ❺ 선지를 소거하기

ㄱ~ㄷ, 혹은 ㄱ~ㄹ으로 제시된 박스형 문제는 보기 제거 순서에 따라 보지 않아도 되는 보기가 존재하기도 한다. 앞서 제시한 (선지를 먼저 읽는 풀이의 경우)와 같이 보기 하나의 정오를 판단하고, 선지를 확인하여 소거하는 방식으로 풀이 시간을 절약할 수 있다. 참고로 까다로운 〈보기〉를 먼저 판단할 때 쉬운 선지를 판단하지 않아도 되도록 선지가 구성되는 경우가 많다. 이 문제의 경우 ㄴ이 2, 3문단에 거쳐 제시되는 내용을 종합하여 판단해야 하고, 전단은 옳으나 후단이 틀린 내용으로 제시되어 ㄱ, ㄷ에 비해 판단이 까다로웠다. 따라서 ㄴ을 먼저 판단하면 시간 절약이 가능했다.

044 정답 ❺ 난이도 ●●○

문제유형 비판적 사고 > 지문에서 추론하기

접근전략 추론할 수 없는 것을 고르는 문제의 정답 선지는 제시문 내용과 상충하거나 그로부터 추론할 근거가 없는 내용이고 오답 선지는 제시문 내용과 부합하거나 그로부터 추론할 수 있는 내용이다. 제시문을 처음부터 끝까지 읽으며 구조와 선지로 자주 나오는 정보를 미리 파악하고 표시해두면서 읽고 빠르게 선지들을 파악하자. 특정 구조에서 선지로 자주 구성되는 내용은 항상 있기 마련이다. 본 지문은 특정 지역과 그 지역의 특징을 병렬적으로 나열하고 있다. 선지에서 서술하고 있는 내용이 제시문에서 언급되고 있는지 빠르고 정확하게 판단할 수 있도록 독해할 때 기호로 정보 연결을 해두는 것을 추천한다.

다음 글에서 추론할 수 없는 것은?

(1) 미국과 영국은 1921년 워싱턴 강화회의를 기점으로 태평양 및 중국에 대한 일본의 침략을 견제하기 시작하였다. (2) 가중되는 외교적 고립으로 인해 일본은 광물과 곡물을 수입하는 태평양 경로를 상실할 위험에 처하였다. (3) 이에 대처하기 위해 일본은 식민지 조선의 북부 지역에서 광물과 목재 등 군수산업 원료를 약탈하는 데 주력하게 되었다. (4) 콩 또한 확보해야 할 주요 물자 중 하나였는데, 콩은 당시 일본에서 선호하던 식량일 뿐만 아니라 군수산업을 위한 원료이기도 하였다. ▶1문단

(1) 일본은 확보된 공업 원료와 식량 자원을 자국으로 수송하는 물류 거점으로 함경도를 주목하였다. (2) 특히 청진·나진·웅기 등 대륙 종단의 시발점이 되는 항구와 조선의 최북단 지역이던 무산·회령·종성·온성을 중시하였다. (3) 또한 조선의 남부 지방에서는 면화, 북부 지방에서는 양모 생산을 장려하였던 조선총독부의 정책에 따라 두만강을 통해 바로 만주로 진출할 수 있는 회령·종성·온성은 양을 목축하는 축산 거점으로 부상하였다. (4) 일본은 만주와 함경도에서 생산된 광물자원과 콩, 두만강변 원시림의 목재를 일본으로 수송하기 위해 함경선, 백무선 등의 철도를 잇따라 부설하였다. (5) 더불어 무산과 회령, 경흥에서는 석탄 및 철광 광산을 본격적으로 개발하였다. (6) 이에 따라 오지의 작은 읍이었던 무산·회령·종성·온성의 개발이 촉진되어 근대적 도시로 발전하였다. (7) 일본의 정책들은 함경도를 만주와 같은 경제권으로 묶음으로써 조선의 다른 지역과 경제적으로 분리시켰다. ▶2문단

(1) 철도 부설 및 광산 개발을 위해 일본은 조선 노동자들을 강제 동원하였고, 수많은 조선 노동자들이 강제 노동 끝에 산록과 땅속 깊은 곳에서 비참한 삶을 마쳤다. (2) 1935년 회령의 유선탄광에서 폭약이 터져 800여 명의 광부가 매몰돼 사망했던 사건은 그 단적인 예이다. (3) 영화 〈아리랑〉의 감독 겸 주연이었던 나운규는 그의 고향 회령에서 청진까지 부설되었던 철도 공사에 조선인 노동자들이 강제 동원되어 잔혹한 노동에 혹사되는 참상을 목도하였다. (4) 그때 그는 노동자들이 부르던 아리랑의 애달픈 노랫가락을 듣고 영화 〈아리랑〉의 기본 줄거리를 착상하였다. ▶3문단

① **영화 〈아리랑〉 감독의 고향에서 탄광 폭발사고가 발생하였다.**
➜ (○) 영화 〈아리랑〉 감독 나운규의 고향은 회령이고[3문단(3)], 1935년에 회령의 유선탄광에서 폭약이 터졌다고 했으므로[3문단(2)] 해당 선지는 옳은 추론이다.

② **조선 최북단 지역의 몇몇 작은 읍들은 근대적 도시로 발전하였다.**
➜ (○) 무산·회령·종성·온성은 조선의 최북단 지역에 위치한[2문단(2)] 작은 읍이었지만[2문단(6)], 일본에 의해 이들 지역의 개발이 촉진되어 근대적 도시로 발전하였다.[2문단(6)] 따라서 이는 옳은 추론이다.

③ **축산 거점에서 대륙 종단의 시발점이 되는 항구까지 부설된 철도가 있었다.**
➜ (○) 회령·종성·온성은 양을 목축하는 축산 거점이었고[2문단(3)], 청진·나진·웅기는 대륙 종단의 시발점이 되는 항구였다.[2문단(2)] 회령에서 청진까지 철도가 부설되었다고 했으므로[3문단(3)] 축산 거점에서 대륙 종단의 시발점이 되는 항구까지 부설된 철도가 있었음을 추론할 수 있다.

④ **군수산업 원료를 일본으로 수송하는 것이 함경선 부설의 목적 중 하나였다.**
➜ (○) 일본은 만주와 함경도에서 생산된 광물자원과 콩, 목

재를 일본으로 수송하기 위해 함경선을 부설하였다.[2문단(4)] 이때 광물과 목재, 그리고 콩은 군수산업 원료에 해당하므로[1문단(3),(4)], 일본은 군수산업 원료를 일본으로 수송하기 위해 함경선을 부설하였다는 것을 추론할 수 있다.

⑤ **일본은 함경도를 포함하여 한반도와 만주를 같은 경제권으로 묶는 정책을 폈다.**

➜ (×) 일본의 정책들은 함경도를 만주와 같은 경제권으로 묶음으로써 조선의 다른 지역과 경제적으로 분리시켰다.[2문단(7)] 즉, 한반도 전체를 만주와 묶은 것이 아니라, 한반도에서 함경도만을 분리하여 만주와 같은 경제권으로 묶은 것이다. 따라서 일본이 함경도를 포함한 한반도를 만주와 같은 경제권으로 묶는 정책을 폈다는 추론은 적절하지 않다.

제시문 분석

1문단 1921년 이후 일본이 맞이한 위기

〈워싱턴 강화회의〉		〈위기〉		〈대처 전략〉
미국과 영국은 1921년 워싱턴 강화회의를 기점으로 태평양 및 중국에 대한 일본의 침략을 견제하기 시작했다.(1)	➜	가중되는 외교적 고립으로 인해 일본은 광물과 곡물을 수입하는 태평양 경로를 상실할 위험에 처하였다.(2)	➜	이에 대처하기 위해 일본은 식민지 조선의 북부 지역에서 광물과 목재, 콩 등 군수산업 원료를 약탈하는 데 주력하게 되었다.(3),(4)

2문단 일본의 물자 약탈 정책

〈일본의 물자 약탈 정책〉	
일본은 확보된 공업 원료와 식량 자원을 자국으로 수송하는 물류 거점으로 함경도를 주목하였다.(1)	
〈청진·나진·웅기〉	대륙 종단의 시발점이 되는 항구(2)
〈무산·회령·종성·온성〉	
조선의 최북단 지역(2). 개발로 인해 근대적 도시로 발전(6)	
〈회령·종성·온성〉	양을 목축하는 축산 거점으로 부상(3)
〈무산·회령·경흥〉	석탄 및 철광 광산 본격 개발(5)
〈철도 부설〉	일본은 만주와 함경도에서 생산된 광물자원과 콩, 두만강변 원시림의 목재를 일본으로 수송하기 위해 함경선, 백무선 등의 철도를 잇따라 부설하였다.(4)

➜	〈결과〉	일본의 정책들은 함경도를 만주와 같은 경제권으로 묶음으로써 조선의 다른 지역과 경제적으로 분리시켰다.(7)

3문단 조선 노동자들의 비참한 삶과 영화 〈아리랑〉

〈조선 노동자들의 비참한 삶〉		〈영화 〈아리랑〉〉
철도 부설 및 광산 개발을 위해 일본은 조선 노동자들을 강제 동원하였고, 수많은 조선 노동자들이 강제 노동 끝에 산록과 땅 속 깊은 곳에서 비참한 삶을 마쳤다.(1)	➜	영화 〈아리랑〉의 감독 겸 주연 나운규는 철도 공사에 조선인 노동자들이 강제 동원되어 혹사되는 참상을 목도하였고, 그때 노동자들이 부르던 노랫가락에서 〈아리랑〉의 기본 줄거리를 착상하였다.(3),(4)

합격자의 실전 풀이 순서

발문 제대로 읽기 및 문제 유형 파악

항상 발문을 먼저 제대로 읽자. 본 문제는 글에서 추론할 수 '없는' 것을 고르는 내용추론 유형의 문제이다. 추론할 수 없는 것을 고르는 문제는 알 수 없는 것을 고르는 문제와 같다. 해당 유형은 제시문 내용과 부합하지 않거나 그로부터 추론 불가능한 선지가 정답이 되며, 제시문 내용과 일치하거나 그로부터 추론할 수 있는 선지가 오답이 된다. 긴장되는 시험장에서 추론할 수 '없는' 것을 고르는 문제에서 추론할 수 '있는' 것을 고르는 문제로 잘못 보아 처음 검토한 선지를 고르는 실수를 할 수 있다는 사실을 명심해야 한다. 따라서 추론할 수 '없는' 것을 묻는 문제가 나오면 발문에 크게 × 표시를 하여 실수를 하지 않도록 유의해야 한다.

본 문제와 같은 정보확인유형을 푸는 방법으로는 두 가지가 있다.

❶ 제시문 먼저 읽기

첫 번째로는 처음부터 제시문을 꼼꼼히 읽어 선지 확인을 위해 제시문을 다시 읽는 시간을 단축하는 방법이다. 이 방법의 경우 제시문을 읽는 과정에서 선지에 나올 만한 내용을 주의 깊게 읽고, 복잡한 제시문의 내용을 어느 정도 이해한 후 선지를 읽어야 한다. 이 방법을 사용하면서 시간을 단축하고 싶다면, 문단별로 나누어 한 문단을 꼼꼼히 읽고 그 문단에 상응하는 선지부터 판단하는 방법을 응용할 수 있다. 다만, 첫 번째 방법의 경우 제시문의 내용을 잊어버리면 다시 제시문을 읽게 되어 시간이 낭비되기 때문에 매우 긴 제시문이 있는 문제에는 적합하지 않다. 또한, 문단별로 선지를 확인하는 방식은 문단 간의 정보를 결합해야 하는 선지에는 취약하다는 한계가 있다.

❷ 제시문 구조 파악 후 선지 먼저 읽기

두 번째로는 제시문의 구조와 키워드만 빠르게 파악한 후, 선지를 읽고 선지에서 필요한 내용을 다시 제시문에서 꼼꼼히 찾아가는 방법이 있다. 두 번째 방법은 제시문이 매우 긴 경우 또는 제시문의 구조가 깔끔할 때 효과적이다. 그러나 두 번째 방법은 능숙하지 않은 사람이 시험장에서 시도한다면 성공률이 낮다는 한계가 있다. 두 번째 방식을 익숙하게 하기 위해서는 다양한 제시문을 첫 번째 방법처럼 꼼꼼히 분석하는 과정이 필요하다. 다양한 제시문을 접하고 글의 구조를 이해하게 되면 두 번째 방식을 효과적으로 활용할 수 있다.

각자 본인에게 적합한 방법은 다를 수 있다. 두 방법을 모두 시도해보고, 자신에게 맞는 방법을 찾아 풀면 된다.

제시문을 먼저 읽는 풀이의 경우

(1) 제시문 독해

본 문제의 제시문은 글의 구조가 특별하지 않지만, 낯설고 새로운 정보가 연달아 제시되고 있다. 따라서 주제문이나 접속어를 찾는 방식은 해당 문제를 푸는 방법으로 적합하지 않다. 오히려 문단별로 정보를 꼼꼼히 파악한 후 해당 문단에서 찾을 수 있는 정보가 포함된 선지를 먼저 해결하는 것이 효과적이다.

제시문을 읽을 때는 설명하는 대상이 같은 경우 그 대상을 서로 연결하며 읽자. 2문단부터 특정 지역들과 그 특징들이 쭉 나열되는데 그들을 동그라미와 같은 기호로 표시해서 서로 연결해가며 읽는 것이 좋다. 또한, 같은 지역들이 한 번 더 나왔을 때 이 또한 앞에 똑같은 지역과 연결하며 읽자. 문제에서 이들 간 관계를 세부적으로 물으면 다시 돌아와서 판단해야 할 때 어려움을 크게 덜기 위해서다. 필자의 경우 다음과 같이 표시하며 읽었다. 이처럼, 정보를 동그라미와 같은 표시로 연결해 읽으면 제시문으로 돌아와 정보를 찾아야 할 때 훨씬 편하다.

(1) 일본은 확보된 공업 원료와 식량 자원을 자국으로 수송하는 물류 거점으로 함경도를 주목하였다. (2) 특히 청진·나진·웅기 등 대륙 종단의 시발점이 되는 항구와 조선의 최북단 지역이던 무산·회령·종성·온성을 중시하였다. (3) 또한 조선의 남부 지방에서는 면화, 북부 지방에서는 양모 생산을 장려하였던 조선총독부의 정책에 따라 두만강을 통해 바로 만주로 진출할 수 있는 회령·종성·온성은 양을 목축하는 축산 거점으로 부상하였다. (4) 일본은 만주와 함경도에서 생산된 광물자원과 콩, 두만강변 원시림의 목재를 일본으로 수송하기 위해 함경선, 백무선 등의 철도를 잇따라 부설하였다. (5) 더불어 무산과 회령, 경흥에서는 석탄 및 철광 광산을 본격적으로 개발하였다. (6) 이에 따라 오지의 작은 읍이었던 무산·회령·종성·온성의 개발이 촉진되어 근대적 도시로 발전하였다. (7) 일본의 정책들은 함경도를 만주와 같은 경제권으로 묶음으로써 조선의 다른 지역과 경제적으로 분리시켰다.

▶ 2문단

(2) 선지 판단

선지 판단 시 선지를 끊어서 판단하는 것이 좋고, 본문으로 돌아갈 때 구분성이 뚜렷한 키워드를 기준으로 돌아가는 것이 좋다. 구분성이 뚜렷하다는 것은 본문 전반에 걸쳐 존재하는 키워드가 아니라 일정 부분에만 존재하는 키워드를 말한다.

해당 문제가 어렵게 느껴지는 이유는 선지가 선지를 구성하는 두 문장을 잇는 키워드를 생략하고 있기 때문이다. 예컨대 ①번 선지의 경우 3문단 (2) 문장과 (3) 문장이 결합하였다. 이 두 문장을 연결하는 키워드는 '회령'인데, 선지에는 의도적으로 '회령'이 생략되어 있다. 따라서 ①번 선지를 풀 때는 영화 〈아리랑〉 감독의 고향을 찾아 회령이라는 키워드를 꺼내고, 회령에서 탄광 폭발사고가 발생하였는지 두 가지 정보를 확인해야 한다. ②번 선지에는 2문단 (2) 문장과 (6) 문장을 연결하는 무산·회령·종성·온성이라는 키워드가, ③번 선지에는 2문단 (2) 문장과 (3) 문장, 3문단 (3) 문장을 연결하는 회령과 청진이라는 키워드가 생략되어 있다. ④번 선지는 1문단 (3) 문장과 (4) 문장, 2문단 (4) 문장을 연결하는 광물, 목재, 콩이 생략되어 있다. 이처럼 숨겨진 키워드가 있어 ①번부터 ④번까지 선지를 판단하는 것이 어렵게 느껴졌을 것이다. 더불어 조심해야 할 것은 선지를 구성하는 여러 개의 문장 중 한 부분의 근거만 보고, 연결되는 또 다른 근거를 인지 못 한 채 '근거 없음'으로 틀린 선지로 판단할 수 있다는 것이다.

이렇게 키워드가 생략된 경우 '제시문 독해' 단계에서 언급하였듯이 제시문을 읽을 때부터 같은 대상을 서로 연결해두어야 문제를 풀기 쉽다. 만약 제시문을 읽을 때 미리 표시하지 못했다면, 확인해야 하는 정보가 여러 개인 선지를 푸는 것처럼 풀면 된다. 즉, 선지를 여러 부분으로 나누고 각 부분을 차근차근 검토해야 한다. 예컨대, ②번 선지의 경우 근대적 도시로 발전한 도시가 무산·회령·종성·온성인지, 그리고 해당 도시들이 최북단 지역에 있는지 두 가지 정보를 확인하여 해결할 수 있다. 또한, 본 문제처럼 어려운 선지에 대해 선지 판단에 시간이 오래 걸리겠다고 생각되는 경우 해당 선지는 일단 넘어가는 방식을 택할 수 있다. 실제로 정답이 된 ⑤번 선지의 경우 다른 선지보다 어렵지 않았다.

선지를 먼저 읽는 풀이의 경우

(1) 선지 읽기

선지의 키워드를 확인하며 읽는다.

① 영화 〈아리랑〉, 감독의 고향, 탄광 폭발사고
② 조선 최북단 몇몇 작은 읍, 근대적 도시로 발전
③ 축산 거점, 대륙 종단 항구, 철도
④ 군수산업 원료, 일본 수송, 함경선
⑤ 일본, 함경도 포함 한반도, 만주, 같은 경제권

조선 후기 일본과 관련한 산업 발전 등을 주제로 한 역사 분야 지문으로 추정된다. 각 선지가 각각 독립적인 구체적 정보를 묻고 있으므로, 글 전체 이해보다는 키워드 및 해당 내용을 찾는 것이 필요할 것이다.

(2) 제시문 독해 및 선지 판단

1문단에서 '군수산업 원료'라는 키워드를 찾을 수 있다. 광물, 목재, 콩 등이 군수산업 원료에 해당한다. 아직 선지의 정오를 판단할 근거는 부족하므로 2문단으로 넘어간다.

2문단에서 '군수산업 원료'와 관련된 선지 ④의 키워드 '함경선'을 찾아본다. 문장 (4)에 광물자원, 콩, 목재 등을 수송하기 위한 '함경선'이 언급된다. ④는 옳다.

다시 2문단을 처음부터 읽는다.

2문단 (2)에 '대륙 종단의 시발점이 되는 항구'로 '청진, 나진, 웅기'가, 문장 (3)에 '축산 거점'으로 '회령, 종성, 온성'이 등장한다. '철도'는 문장 (4)에 등장하나 ③이 옳은지 판단할만한 정보가 보이지 않으므로 일단 넘어간다.

2문단 (6)에 '근대적 도시'가 등장한다. 그러나 도시명을 찾으러 돌아가기에 시간이 걸리므로 일단 다음으로 넘어간다.

2문단 (7)에 '일본의 정책', '같은 경제권' 등의 키워드가 등장한다. 그 내용은 '함경도+만주'를 묶어 '조선의 다른 지역'과 분리했다는 것으로 '함경도+만주+한반도'를 하나의 경제권으로 묶었다는 ⑤의 내용과 다르다. 정답은 ⑤이다.

시간적 여유가 된다면 나머지 선지의 정오를 판단한다. 2문단 (2)와 (6)에서 ②의 근거를, 3문단 (2), (3)에서 ①의 근거를, (3) '회령에서 청진까지 부설되었던 철도'에서 ③의 근거를 찾을 수 있다.

다만 실전에서 이 문제를 접했다면 ⑤가 정답인지만 다시 한 번 체크 하고 바로 다음 문제로 넘어갈 것이다. 판단하지 않은 선지들은 표시해두었다가 문제를 끝까지 풀고도 시간이 남는다면 돌아와서 확인해 볼 것이다. 작성한 풀이 내용이 다소 비체계적이고 거칠다고 생각할 수 있지만, 실전에서는 판단이 복잡한 선지는 넘어갈 것이기 때문에 위와 같이 작성하였다.

합격자의 시간단축 Tip

Tip ❶ 정보량이 많은 경우 기호 활용

내용이 어렵지 않아도 정보량 자체가 많은 경우, 선지 판단 시 실수하기 굉장히 쉽기 때문에 독해 시 동그라미와 같은 기호를 잘 쓰고, 앞서 나온 개념어가 또 나오면 이를 연결해서 읽자. 이렇게 하면 전반적으로 선지를 판단할 때 더 빠르고 정확해지는데, 특히 떨어져 있는 내용들을 연결해 나오는 선지를 판단할 때 좋다. 해당 제시문의 경우 조선의 최북단 지역인 무산, 회령, 종성, 온성 중 일부 지역에 대한 특징이 뒤에 재등장한다. 선지는 지문 곳곳에 퍼져있는 정보를 종합하여 구성되므로, 기호를 활용하여 지문 속 개념을 찾기 쉽게 표시해두자.

Tip ❷ 복잡한 선지 판단은 일단 생략

본 문제처럼 선지가 모두 판단하기 어렵다면 답을 찾는데 지나치게 시간이 오래 걸릴 수 있다. 따라서 막히는 선지가 있다면 일단 넘어갈 필요가 있다. 본 문제의 경우 정답이 된 ⑤번 선지는 다른 앞선 선지들에 비해 난이도가 쉬워, 오히려 복잡한 선지를 넘어갔을 때 빠르게 정답을 찾을 수 있었다. 지나간 선지들은 모든 선지를 살펴보아도 답을 찾을 수 없을 때 되돌아가서 차분히 검토해도 늦지 않는다.

045 정답 ②

난이도 ●●●

문제유형 제시문형 > 분석추론

접근전략 제시문에서 법의 폐지에 대한 4가지 경우가 제시되며 〈보기〉 역시 4개인 것을 보고, 4가지 경우 각각에 해당하는 선지를 1-1로 대응시키는 사례찾기문제임을 알 수 있다. 개념의 필수 조건과 키워드를 도출하고 이를 바탕으로 적절한 사례를 찾아간다. 하나의 개념을 읽고 해당 개념의 사례를 〈보기〉에서 도출하며, 선지의 구성을 참고하여 문제풀이 시간을 단축할 수 있다.

다음 글의 (가)~(라)와 〈보기〉의 ㄱ~ㄹ을 옳게 짝지은 것은?

법의 폐지란 법이 가진 효력을 명시적·묵시적으로 소멸시키는 것을 말한다. 여기에는 4가지 경우가 있다.

(가) 법에 시행기간(유효기간)을 두고 있는 때에는 그 기간의 종료로 당연히 그 법은 폐지된다. 이렇게 일정기간 동안만 효력을 발생하도록 제정된 법을 '한시법'이라 한다.
(나) 신법에서 구법의 규정 일부 또는 전부를 폐지한다고 명시적으로 정한 때에는 그 규정은 당연히 폐지된다. 이러한 경우에 신법은 구법을 대신하여 효력을 갖는다.
(다) 동일 사항에 관하여 구법과 서로 모순·저촉되는 신법이 제정되면 그 범위 내에서 구법은 묵시적으로 폐지된다. 이처럼 신법은 구법을 폐지한다. 그러나 특별법은 일반법에 우선하여 적용되므로 신일반법은 구특별법을 폐지하지 못한다.
(라) 처음부터 일정한 조건의 성취, 목적의 달성을 위하여 제정된 법은 그 조건의 성취, 목적의 달성이나 소멸로 인해 당연히 폐지된다.

〈보기〉

ㄱ. A법에는 "공포 후 2014년 12월 31일까지 시행한다"고 규정되어 있다.
ㄴ. "B법의 제○○조는 폐지한다"는 규정을 신법C에 두었다.
ㄷ. D법으로 규율하고자 했던 목적이 완전히 달성되었다.
ㄹ. 동일 사항에 대하여, 새로 제정된 E법(일반법)에 F법(특별법)과 다른 규정이 있는 경우에는 F법이 적용된다.

보기 ㄱ은 "공포 후 2014년 12월 31일까지 시행한다"라고 하여 시행 기간을 두고 있으므로 (가)와 연결한다.
보기 ㄴ은 신법에 구법을 폐지한다고 명시적으로 정하고 있으므로 (나)와 연결한다.
보기 ㄷ은 목적을 달성하기 위하여 제정된 경우이므로 (라)와 연결한다.
보기 ㄹ은 신법과 구법에 모순이 있는 경우이므로 (다)와 연결한다.

	(가)	(나)	(다)	(라)
①	ㄱ	ㄴ	ㄷ	ㄹ → (×)
②	ㄱ	ㄴ	ㄹ	ㄷ → (○)
③	ㄴ	ㄱ	ㄷ	ㄹ → (×)
④	ㄴ	ㄹ	ㄱ	ㄷ → (×)
⑤	ㄷ	ㄹ	ㄴ	ㄱ → (×)

합격자의 실전 풀이 순서

❶ 문제 유형 파악

제시된 개념과 〈보기〉의 사례를 연결하는 사례 찾기 유형이다. 제시문의 (가)~(라)와 〈보기〉의 ㄱ~ㄹ을 짝지으라는 발문에서 설명과 사례가 각각 네 개씩 주어짐을 알 수 있다. 해당 유형은 개념의 키워드를 빠르게 파악하고 〈보기〉와 연결하는 능력을 요구한다. 또한, 본 문제가 옳게 짝지은 것을 고르는 문제라는 것을 인지하기 위해 "옳게"라는 단어에 밑줄이나 동그라미 등 표시를 한다.

❷ 제시문 독해 및 선지 판단

사례 찾기 유형은 제시문의 내용을 잊어버리는 문제를 방지하기 위해 (가)~(라)를 하나씩 읽고 그 내용에 해당하는 사례를 〈보기〉에서 찾는다. 제시문을 읽을 때는 특징적인 부분을 찾는 데 집중한다.
지문은 법 폐지의 개념 및 법이 폐지되는 네 가지 경우 (가)~(라)를 서술한다. (가)에서는 '일정기간 동안만 효력을 발생'이라는 부분이 특징적이다. 〈보기〉를 살펴보면, '~까지 시행한다'는 내용이 있는 ㄱ이 이 특징에 부합한다. 선지 ③번~⑤번이 소거되므로, (나)는 읽지 않고 바로 (다) 혹은 (라)를 읽고 ㄷ과 ㄹ을 비교하면 된다. 둘 중에서는 지문의 길이가 더 짧은 (라)를 읽는 것이 효율적일 것이다.
(라)에서는 '조건의 성취, 목적의 달성'이 특징적이다. ㄷ의 '목적이 완전히 달성' 부분이 이에 부합하므로, 정답은 선지 ②번이다.
만약 (다)를 먼저 본다면 특별법의 경우 예외가 되는 경우가 있다는 것에 유의해야 한다.
이처럼 본 문제와 같이 하나의 선지가 보기들의 조합으로 구성되는 경우 보기를 해결한 후 해당 보기와 관련된 선지를 먼저 처리하는 것이 좋다.

합격자의 시간단축 Tip

Tip ❶ 개념을 바르고 정확하게 파악

지문과 보기를 짝짓는 문제의 경우 지문을 정확하게 이해하는 것이 중요하다. 지문의 (가)~(라)가 각각 어떤 경우인지 정확하게 이해해야 보기를 처리할 때 시간을 낭비하지 않고 해결할 수 있다. 구체적인 방법으로는 개념의 명확한 조건이나 키워드를 도출한다. 이때 키워드는 주관적으로 구분이 쉬운 것으로 도출하면 된다. 예를 들어, 본 문제에서 (가)의 키워드로 '시행기간'을 꼽을 수 있다. 그러나 '일정기간 동안만'이 〈보기〉를 판단하는 문구로 더 적합하다고 생각된다면 해당 문구를 키워드로 삼는 것이다. 상황판단영역에서 지문이 제시되었을 때 시간을 단축하는 방법은 빨리 읽는 것도 중요하지만 정확하게 읽는 것이 핵심이다.

Tip ❷ 예외규정에 주목

문제 해결에 영향이 있는 것은 아니나, 지문의 (다)에서 특별법과 일반법에 대한 예외규정이 존재하며 보기 ㄹ은 예외규정에 해당하는 경우이다. 이처럼 예외규정은 선지 또는 보기로 구성될 확률이 상당히 높으므로 예외규정이 등장하는 경우 항상 표시하는 습관을 기르도록 하자.

Tip ❸ 사례 짝짓기 유형의 접근법

설명과 사례를 짝짓는 유형의 경우 제시문을 먼저 읽는 방식뿐 아니라, 〈보기〉를 먼저 읽는 방식도 유용하다. 먼저 전자의 경우 〈실전 풀이순서〉와 같이 설명 하나를 읽고, 바로 해당하는 사례를 찾는 것이 효율적이다. 후자의 경우 〈보기〉 전체를 읽고, 제시문을 읽으며 바로 해당하는 사례를 매칭하면 된다. 본 문제와 같이 〈보기〉의 내용이 짧은 경우 후자와 같은 방법이 시간을 단축하는 하나의 방법이 될 수 있다.

Tip ❹ 선지의 구성을 활용

선지가 〈보기〉의 조합으로 이루어지는 경우, 선지의 구성을 활용하여 문제풀이 시간을 단축할 수 있다. (가)에 대응되는 것이 보기 ㄱ이기 때문에 선지 ③, ④, ⑤번을 지울 수 있고 보기 ㄴ은 볼 필요가 없다. 보기 ㄷ과 ㄹ 중에서도 하나만 확인하면 되며, 이때 더 읽기 편한 것을 선택하면 된다.

독끝 4일차 (046~060)

정답

046	①	047	②	048	③	049	②	050	③
051	②	052	③	053	⑤	054	③	055	⑤
056	⑤	057	④	058	②	059	④	060	②

046 정답 ①

난이도 ●○○

문제유형 비판적 사고 > 유사한 내용·사례 찾기

접근전략 특정 내용과 부합하는 것을 고르는 문제는 특정 내용을 제대로 파악한 뒤 이와 부합하거나 이로부터 추론할 수 있는 선지를 고르면 된다. 다만, 글 내에 특정 내용과 대립하는 내용이 존재할 가능성이 크고 이는 오답 선지로 구성될 만한 내용이니 이들을 잘 파악하며 읽자. 또한, 앞서 설명한 내용에 대한 예시가 후에 등장할 경우, 이들을 연결하며 독해하면 선지 판단 시 시간을 단축할 수 있다.

다음 글의 '나'의 견해와 부합하는 것만을 〈보기〉에서 모두 고르면?

(1) 이제 '나'는 사람들이 동물실험의 모순적 상황을 직시하기를 바랍니다. (2) 생리에 대한 실험이건, 심리에 대한 실험이건, 동물을 대상으로 하는 실험은 동물이 어떤 자극에 대해 반응하고 행동하는 양상이 인간과 유사하다는 것을 전제합니다. (3) 동물실험을 옹호하는 측에서는 인간과 동물이 유사하기 때문에 실험결과에 실효성이 있다고 주장합니다. (4) 그런데 설령 동물실험을 통해 아무리 큰 성과를 얻을지라도 동물실험 옹호론자들은 중대한 모순을 피할 수 없습니다. (5) 그들은 인간과 동물이 다르다는 것을 실험에서 동물을 이용해도 된다는 이유로 제시하고 있기 때문입니다. 이것은 명백히 모순적인 상황이 아닐 수 없습니다.

▶ 1문단

(1) 이러한 모순적 상황은 영장류의 심리를 연구할 때 확연히 드러납니다. (2) 최근 어느 실험에서 심리 연구를 위해 아기 원숭이를 장기간 어미 원숭이와 떼어놓아 정서적으로 고립시켰습니다. (3) 사람들은 이 실험이 우울증과 같은 인간의 심리적 질환을 이해하기 위한 연구라는 구실을 앞세워 이 잔인한 행위를 합리화하고자 했습니다. (4) 즉 이 실험은 원숭이가 인간과 유사하게 고통과 우울을 느끼는 존재라는 사실을 가정하고 있습니다. (5) 인간과 동물이 심리적으로 유사하다는 사실을 인정하면서도 사람에게는 차마 하지 못할 잔인한 행동을 동물에게 하고 있는 것입니다.

▶ 2문단

(1) 또 동물의 피부나 혈액을 이용해서 제품을 실험할 때, 동물실험 옹호론자들은 이 실험이 오로지 인간과 동물 사이의 '생리적 유사성'에만 바탕을 두고 있을 뿐이라고 변명합니다. (2) 이처럼 인간과 동물이 오로지 '생리적'으로만 유사할 뿐이라고 생각한다면, 이는 동물실험의 모순적 상황을 외면하는 것입니다.

▶ 3문단

〈보기〉

ㄱ. 동물실험은 동물이 인간과 유사하면서도 유사하지 않다고 가정하는 모순적 상황에 놓여 있다.
➜ (O) 동물실험을 옹호하는 측에서는 인간과 동물이 유사하기 때문에 실험결과에 실효성이 있다고 주장하면서[1문단(3)], 실험에서 동물을 사용해도 되는 이유로 인간과 동물이 다르다는 것을 제시한다. [1문단(5)] 제시문의 '나'는 이것을 모순적인 상황이라고 지적하기 때문에, ㄱ은 '나'의 견해와 부합한다.

ㄴ. 인간과 동물 간 생리적 유사성에도 불구하고 심리적 유사성이 불확실하기 때문에 동물실험은 모순적 상황에 있다.
➜ (×) '나'는 동물실험 옹호론자가 인간과 동물이 심리적으로 유사하다는 사실을 인정하면서도 사람에게는 차마 하지 못할 짓을 하고 있다는 것을 지적하며 동물실험의 모순적 상황을 주장한다.[2문단(5)] 반면, ㄴ은 인간과 동물 간 심리적 유사성이 불확실하기 때문에 동물실험이 모순적 상황에 있다고 보고 있기에 '나'의 의견과 부합하지 않는다. 제시문은 인간과 동물이 심리적으로 유사하다고 인정하고 있기 때문이다.

ㄷ. 인간과 원숭이 간에 심리적 유사성이 존재하기 때문에 인간의 우울증 연구를 위해 아기 원숭이를 정서적으로 고립시키는 실험은 윤리적으로 정당화된다.
➜ (×) '나'는 동물실험 옹호론자들이 인간과 동물이 심리적 유사성을 가진다고 인정하면서도 사람에게는 차마 하지 못할 비윤리적인 짓을 하고 있다고 지적한다.[2문단(5)] 따라서 인간과 원숭이 간 심리적 유사성이 존재한다는 사실이 동물실험을 윤리적으로 정당화한다는 ㄷ은 '나'의 의견과 부합하지 않는다.

① ㄱ ➜ (O)
② ㄴ ➜ (×)
③ ㄱ, ㄷ ➜ (×)
④ ㄴ, ㄷ ➜ (×)
⑤ ㄱ, ㄴ, ㄷ ➜ (×)

제시문 분석

1문단 동물실험의 모순적 상황

〈동물실험 옹호론자들의 주장〉	
〈인간과 동물의 유사성〉	〈인간과 동물의 구별성〉
인간과 동물이 유사하기 때문에 실험결과에 실효성이 있다.(3)	인간과 동물이 다르다는 것이 실험에서 동물을 이용해도 되는 이유이다.(5)

➜ 〈'나'의 비판〉 이것은 명백히 모순적인 상황이 아닐 수 없다.(4)

2문단 모순적 상황의 예시－영장류의 심리 연구

〈실험〉		〈근거〉		〈모순〉
최근 어느 실험에서 심리 연구를 위해 아기 원숭이를 장기간 어미 원숭이와 떼어 놓아 정서적으로 고립시켰다.(2)	⊕	즉 이 실험은 원숭이가 인간과 유사하게 고통과 우울을 느끼는 존재라는 사실을 가정하고 있다.(4)	➜	그러나 이 실험은 인간과 동물이 심리적으로 유사하다는 사실을 인정하면서도 사람에게는 차마 하지 못할 잔인한 행동을 동물에게 하고 있는 것이다.(5)

3문단 모순적 상황의 예시-동물의 생리 실험

〈실험〉		〈근거〉		〈모순〉
동물의 피부나 혈액을 이용해서 제품을 실험한다.(1)	⊕	이 실험이 오로지 인간과 동물 사이의 '생리적 유사성'에만 관심을 두고 있을 뿐이라고 변명한다.(1)	→	인간과 동물이 오로지 '생리적'으로만 유사할 뿐이라고 생각한다면, 이는 동물실험의 모순적 상황을 외면하는 것이다.(2)

합격자의 실전 풀이 순서

❶ **발문 제대로 읽기 및 문제 유형 파악**

항상 발문을 먼저 제대로 읽고 문제의 유형을 파악하자. '나'의 견해와 부합하는 선지를 고르는 일치부합·내용추론 문제이다. 이 경우 '나'는 대부분 글쓴이이므로 글쓴이의 주요 주장과 견해가 무엇인지 정확히 파악하는 것이 가장 중요하다. 여기서 글쓴이의 주요 주장이란 제시문의 주제문을 의미한다. 주제문을 파악하는 방법으로는 '즉', '결국', '따라서', '요컨대', '그러므로'와 같은 접속어를 찾거나, 문단의 맨 앞 또는 뒤에 존재하는 문장을 읽는 방법이 있다. 또는 예시를 들어 설명하고자 하는 문장이 주제문인 경우도 있다. 또한, 문단별 주제문도 글쓴이의 주요 견해가 되므로 이도 파악해야 한다. 이후 '나'의 견해와 부합하거나 그로부터 추론할 수 있는 내용의 선지를 선택하면 된다. 일반적으로 글 내에서 글쓴이에 의해 부정되는 사실이나 내용('A가 아니라 B이다', 'A라기보다는 B이다') 및 글쓴이와 대립하는 주장, 견해가 오답 선지로 나올 가능성이 매우 크므로 이들을 유의해서 읽자.

❷ **제시문 독해**

앞서 언급하였듯이 제시문을 읽을 때는 글쓴이의 주요 주장, 즉 제시문의 문단별 주제문에 주목하며 읽어야 한다. 1문단의 주제문은 '그런데'가 들어간 1문단 (4) 문장과 (5) 문장으로, '동물실험 옹호론자들은 중대한 모순을 피할 수 없다'라는 내용 및 이때의 모순은 동물실험이 인간과 동물이 유사성과 상이함을 모두 동물실험의 옹호 근거로 활용한다는 점이다. 2문단의 주제문은 '즉'이 들어간 2문단 (5) 문장 이하에 있다. 이는 동물실험이 원숭이와 인간이 심리적으로 유사하다는 점을 알면서도 사람에게 못하는 잔인한 행동을 일삼는다는 것이다. 3문단의 주제문은 '이처럼'이 들어간 3문단 (2) 문장이다. 즉, 인간과 동물이 생리적으로만 유사하다는 생각은 동물실험의 모순을 외면한다는 내용이다.

원칙적으로는 주제문만 파악하고 빠르게 선지를 확인하여 문제를 풀 수 있다. 그러나 여력이 남는 경우 문단별 주제문 파악할 뿐만 아니라 선지에 나올만한 내용에 표시하며 제시문을 읽을 수 있다. 1문단에는 글쓴이의 견해와 대립하는 동물실험 옹호론자들의 견해가 제시되고 있다. 동물실험의 모순을 지적하는 글쓴이의 견해 파악도 물론 중요하지만 이와 대립하는 견해도 틀린 선지로 나올 가능성이 크기 때문에 잘 유의하면서 읽자. 2, 3문단은 1문단 동물실험의 사례들이 제시되어 있다. 예시와 함께 글이 전개될 경우, '내용이 구체화된다'라고 한다. 이처럼 특정 내용이나 그것을 구체화를 위해 사용된 예시 모두 어렵지 않다면 예시를 빨리 읽어도 좋지만, 둘 중 하나라도 어렵다면 반드시 양쪽 모두를 연결하면서 읽도록 하자. 예를 들어 2문단 (4)에 '인간과 유사하게 고통과 우울을 느끼는 존재라는 사실을 가정'이라는 내용은 1문단 (3)에 '동물실험을 옹호하는 측에서는 인간과 동물이 유사하기 때문에 실험결과에 실효성이 있다고 주장합니다.' 내용에 대응하는 예시이므로 연결하여 읽는 것이다. 그러나 해당 제시문은 어렵지 않기 때문에 이렇게까지 읽을 필요는 없다. 중요한 것은, 특정 내용과 그것을 구체화하기 위해 사용된 예시는 서로 연결되어 선지로 자주 구성된다는 것이다.

❸ **선지 판단**

제시문을 제대로 독해하고, 문단별 주제문을 제대로 파악하였다면 선지의 판단은 그다지 어렵지 않았을 것으로 보인다.

(1) ㄱ 선지는 1문단의 주제문, ㄴ 선지는 2문단과 3문단의 주제문, ㄷ 선지는 2문단의 주제문을 통해 그 근거를 찾을 수 있다. ㄱ의 경우 1문단의 주제문이므로 옳다.

(2) ㄴ 선지는 '생리적' 유사성만을 고려하는 것은 동물실험의 모순적 상황을 외면하는 것이라는 3문단의 중심 내용과 달리, '생리적' 유사성은 인정되고 '심리적' 유사성은 인정되지 않는 것이 모순적 상황에 있다고 서술한다. 또한 '나'는 심리적 유사성이 불확실한 것이 모순적인 이유라고 주장한 바 없다. 따라서 ㄴ은 글쓴이의 견해와 부합하지 않으므로 틀리다.

(3) ㄷ의 경우 1문단의 동물실험 옹호론자의 주장과 2문단의 예시 부분을 연결하여 선지를 만들었지만 제시문은 윤리적 정당화에 대해서는 언급하지 않았으므로, 어렵지 않게 오답임을 판단할 수 있었다.

합격자의 시간단축 Tip

Tip ❶ 특정 내용에 부합하는 문제의 오답 선지

특정 내용을 판단하는 문제의 제시문을 보면 그 내용과 대립하는 내용들이 등장하는 경우가 많다. 이들은 명백한 오답 선지로 구성되기 쉬우므로 읽을 때부터 잘 파악해 두면 오답 선지의 판단을 빠르고 정확하게 할 수 있다. 제시문의 경우 '나'의 의견과 대립하는 동물실험 옹호론자들의 내용이 나왔었고, 이들의 주장이 ㄷ 선지로 구성되어 오답 선지가 되었다.

Tip ❷ 내용과 그 예시가 연결되는 경우

특정 내용이 서술된 뒤 그에 대한 예시가 다소 길게 제시되면 이 둘 내용을 연결해 선지로 구성되는 경우가 많다. 이렇다고 해서 제시문을 독해할 때마다 이 둘을 연결하며 읽을 필요는 없다. 내용이 쉬운 편이라면 자연스럽게 읽으면 되고, 어려운 경우에는 독해 때부터 바로바로 둘을 연결하며 읽는 것이 오히려 좋다. 글이 어려운 경우 선지 판단을 위해 제시문으로 다시 돌아와 두 내용을 연결하는 것이 오히려 더 어렵고 시간도 많이 들기 때문이다.

Tip ❸ 주제문 파악

글에서 제시된 견해에 부합하는 내용을 찾기 위해서는 먼저 견해의 주요 내용, 즉 주제문을 찾아야 한다. 주제문을 찾는 방법으로는 '즉', '결국', '따라서', '요컨대'와 같은 접속어를 찾거나, 문단의 맨 앞 또는 뒤에 존재하는 문장을 읽어보는 방법이 있다. 또는 예시를 들어 설명하고자 하는 문장이 주제문인 경우도 있다. 선지 판단을 할 때는 제시문에 있는 여러 문장에서 근거를 찾기보다는 견해에 해당하는 주제문에만 집중하여 선지의 타당성을 판단해야 한다.

047 정답 ② 난이도 ●●●

문제유형 사실적 이해 > 정보 확인

접근전략 알 수 있는 것을 고르는 문제의 정답 선지는 제시문 내용과 부합하거나 그로부터 추론할 수 있는 경우이고 오답 선지는 제시문 내용과 상충하거나 그로부터 추론할 수 없는 경우이다. 제시문을 처음부터 끝까지 읽으며 구조와 선지로 자주 나오는 정보를 미리 파악하고 표시해두면서 읽고 빠르게 선지들을 파악하자. 특정 구조에서 선지로 자주 구성되는 내용은 항상 있기 마련이다. 해당 지문은 시간에 따라 확장되는 자본주의의 다양한 개념을 제시하고 있는데, 이러한 변화를 잘 구분해두자.

다음 글에서 알 수 있는 것은?

(1) 주주 자본주의는 주주의 이윤을 극대화하는 것을 회사 경영의 목표로 하는 시스템을 말한다. (2) 이 시스템은 자본가 계급을 사업가와 투자가로 나누어 놓았다. (3) 그런데 주주 자본주의가 바꿔놓은 것이 하나 더 있다. 그것은 바로 노동자의 지위다. (4) 주식회사가 생기기 이전에는 노동자가 생산수단들을 소유할 수 없었지만 이제는 거의 모든 생산수단이 잘게 쪼개져 누구나 그 일부를 구입할 수 있다. (5) 노동자는 사업가를 위해서 일하고 사업가는 투자가를 위해 일하지만, 투자가들 중에는 노동자도 있는 것이다. ▶1문단

(1) 주주 자본주의를 비판하는 사람들은 기업이 주주의 이익만을 고려한다면, 다수의 사람들이 이익을 얻는 것이 아니라 소수의 독점적인 투자가들만 이익을 보장받는다고 지적한다. (2) 또한 그들은 주주의 이익뿐만 아니라 기업과 연계되어 있는 이해관계자들 전체, 즉 노동자, 소비자, 지역사회 등을 고려해야 한다고 주장한다. 이러한 입장을 이해관계자 자본주의라고 한다. ▶2문단

(1) 주주 자본주의와 이해관계자 자본주의는 '기업이 존재하는 목적이 무엇인가?'라는 물음에 대한 답변이라고 할 수 있다. (2) 물론 오늘날의 기업들은 극단적으로 한 가지 형태를 띠는 것이 아니라 양자가 혼합된 모습을 보인다. (3) 기업은 주주의 이익을 최우선적으로 고려하지만, 노조 활동을 인정하고, 지역과 환경에 투자하며, 기부와 봉사 등 사회적 활동을 위해 노력하기도 한다. ▶3문단

① **주주 자본주의에서 주주의 이익과 사회적 공헌이 상충할 때 기업은 사회적 공헌을 우선적으로 선택한다.**
→ (×) 주주 자본주의는 주주의 이윤을 극대화하는 것을 회사 경영의 목표로 하는 시스템이다.[1문단(1)] 따라서 주주의 이익과 사회적 공헌이 상충할 때 주주 자본주의의 기업은 주주의 이익을 우선적으로 선택할 것이다.

② **주주 자본주의에서는 과거에 생산수단을 소유할 수 없었던 이들이 그것을 부분적으로 소유할 수 있게 되었다.**
→ (○) 주식회사가 생기기 이전에는 노동자가 생산수단을 소유할 수 없었지만, 이제는 거의 모든 생산수단이 잘게 쪼개져 누구나 그 일부를 구입할 수 있게 되었다.[1문단(4)] 따라서 과거에 생산수단을 소유할 수 없었던 노동자들이 주주 자본주의에서는 그것을 부분적으로 소유할 수 있게 된 것이다.

③ **이해관계자 자본주의에서는 지역사회의 일반 주민까지도 기업 경영의 전반적 영역에서 주도적인 역할을 담당한다.**
→ (×) 이해관계자 자본주의는 기업과 연계되어 있는 이해관계자들 전체를 고려해야 한다고 주장하지만[2문단(2)], 이들이 기업 경영의 전반적 영역에서 주도적인 역할을 담당하는지는 제시문을 통해 알 수 없는 정보이다.

④ **주주 자본주의와 이해관계자 자본주의가 혼합되면 기업의 사회적 공헌활동은 주주 자본주의에서보다 약화될 것이다.**
→ (×) 주주 자본주의와 이해관계자 자본주의가 혼합되면 기업은 주주의 이익을 최우선적으로 고려하지만, 동시에 사회적 활동을 위해 노력하기도 한다.[3문단(3)] 따라서 주주 자본주의와 이해관계자 자본주의가 혼합된 형태에서는 주주의 이익만을 고려하는 주주 자본주의에서보다 사회적 공헌활동이 활발해질 것이다.

⑤ **주주 자본주의와 이해관계자 자본주의가 혼합된 형태의 기업은 지역사회의 이익을 높이는 것을 최우선적으로 고려한다.**
→ (×) 주주 자본주의와 이해관계자 자본주의가 혼합되더라도 여전히 주주의 이익을 최우선적으로 고려한다.[3문단(3)] 다만 이해관계자 자본주의는 지역사회의 이익을 고려한다는 점에서 이전의 주주 자본주의와 차이가 있다.

제시문 분석

1문단 주주 자본주의

〈주주 자본주의〉
주주 자본주의는 주주의 이윤을 극대화하는 것을 회사 경영의 목표로 하는 시스템을 말한다.(1)

↓

〈이로 인한 변화〉	
① 자본가 계급을 사업가와 투자가로 나누어 놓았다.(2)	② 노동자의 지위를 바꾸었다.(3) 누구나 생산수단의 일부를 구입할 수 있게 되어 노동자도 투자자가 될 수 있는 것이다. (4),(5)

2문단 주주 자본주의에 대한 비판과 이해관계자 자본주의

〈주주 자본주의 비판〉		〈이해관계자 자본주의〉
기업이 주주의 이익만을 고려한다면, 다수의 사람들이 이익을 얻는 것이 아니라 소수의 독점적인 투자가들만 이익을 보장받는다.(1)	→	이해관계자 자본주의는 주주의 이익뿐만 아니라 기업과 연계되어 있는 이해관계자들 전체, 즉 노동자, 소비자, 지역사회 등을 고려해야 한다고 보는 입장이다.(2)

3문단 주주 자본주의와 이해관계자 자본주의의 혼합

	〈오늘날의 기업〉	오늘날의 기업들은 극단적으로 한 가지 형태를 띠는 것이 아니라 양자가 혼합된 모습을 보인다.(2)
→	〈혼합된 모습〉	기업은 주주의 이익을 최우선적으로 고려하지만, 노조 활동을 인정하고, 지역과 환경에 투자하며, 기부와 봉사 등 사회적 활동을 위해 노력하기도 한다.(3)

합격자의 실전 풀이 순서

발문 제대로 읽기 및 문제 유형 파악

항상 발문을 먼저 제대로 읽자. 본 문제는 글에서 알 수 있는 것을 고르는 일치부합·내용추론 유형의 문제이다. 알 수 있는 것을 고르는 문제는 추론할 수 있는 것을 고르는 문제와 같다. 해당 유형은 제시문 내용과 부합하거나 그로부터 추론 가능한 선지가 정답이 되며, 제시문 내용과 상충하거나 그로부터 추론할 수 없는 선지가 오답이 된다. 또한, 알 수 있는 것은 제시문 내용과

같은 방향의 선지를 고르는 문제이니 발문에 ㅇ표시를 해두고 풀면 알 수 없는 것을 고르는 실수를 크게 줄일 수 있다.
본 문제와 같은 정보확인유형을 푸는 방법으로는 두 가지가 있다.

❶ 제시문 먼저 읽기

첫 번째로는 처음부터 제시문을 꼼꼼히 읽어 선지 확인을 위해 제시문을 다시 읽는 시간을 단축하는 방법이다. 이 방법의 경우 제시문을 읽는 과정에서 선지에 나올 만한 내용을 주의 깊게 읽고, 복잡한 제시문의 내용을 어느 정도 이해한 후 선지를 읽어야 한다. 이 방법을 사용하면서 시간을 단축하고 싶다면, 문단별로 나누어 한 문단을 꼼꼼히 읽고 그 문단에 상응하는 선지부터 판단하는 방법을 응용할 수 있다. 다만, 첫 번째 방법의 경우 제시문의 내용을 잊어버리면 다시 제시문을 읽게 되어 시간이 낭비되기 때문에 매우 긴 제시문이 있는 문제에는 적합하지 않다. 또한, 문단별로 선지를 확인하는 방식은 문단 간의 정보를 결합해야 하는 선지에는 취약하다는 한계가 있다.

❷ 제시문 구조 파악 후 선지 먼저 읽기

두 번째로는 제시문의 구조와 키워드만 빠르게 파악한 후, 선지를 읽고 선지에서 필요한 내용을 다시 제시문에서 꼼꼼히 찾아가는 방법이 있다. 두 번째 방법은 제시문이 매우 긴 경우 또는 제시문의 구조가 깔끔할 때 효과적이다. 그러나 두 번째 방법은 능숙하지 않은 사람이 시험장에서 시도한다면 성공률이 낮다는 한계가 있다. 두 번째 방식을 익숙하게 하기 위해서는 다양한 제시문을 첫 번째 방법처럼 꼼꼼히 분석하는 과정이 필요하다. 다양한 제시문을 접하고 글의 구조를 이해하게 되면 두 번째 방식을 효과적으로 활용할 수 있다.
각자 본인에게 적합한 방법은 다를 수 있다. 두 방법을 모두 시도해보고, 자신에게 맞는 방법을 찾아 풀면 된다.

제시문을 먼저 읽는 풀이의 경우

(1) 제시문 독해

제시문을 독해할 때는 문단 별 주제문과 선지에서 나올 만한 내용에 주목하며 읽어야 한다. 선지에서 자주 묻는 내용으로는 '그러나', '그런데'와 같은 접속어가 포함된 문장, 시간의 흐름에 따른 변화, 대조되는 대상 간의 공통점과 차이점 등이 있다.

① 1문단에서는 주주 자본주의에 대해 설명하고 있으며 이로 인한 노동자의 지위 변화가 제시되어 있다. 1문단 (3) 문장은 접속어 '그런데'로 강조되면서 시작되는 문장이므로 주의 깊게 읽을 필요가 있다. 또한, 시간의 흐름에 따른 변화가 주어지면 선지로 자주 구성되기 때문에 어떤 변화나 차이점이 생기는지 주목하자.

② 2문단에서는 주주 자본주의를 비판하며 이해관계자 자본주의라는 개념이 등장한다. 이때 중요한 것은 서로 다른 개념이나 내용이 등장하기 때문에 이들 간의 차이점과 공통점을 미리 잘 확인하는 것이다.

③ 3문단에는 주주 자본주의와 이해관계자 자본주의를 아우르는 오늘날의 기업의 특성도 나오니 이것도 잘 확인하자.

④ 글에서 부정되고 있는 사실이나 내용은 뒤집어서 긍정의 내용으로 만들어 상충하는 선지로 만들 수 있으니 괄호와 같은 기호로 잘 표시하자. 제시문의 경우는 2문단 (1)부분에 '주주 자본주의를 비판하는 사람들은 기업이 주주의 이익만을 고려한다면, 다수의 사람들이 이익을 얻는 것이 아니라', 3문단 (2)부분에 '물론 오늘날의 기업들은 극단적으로 한 가지 형태를 띠는 것이 아니라'와 같은 부분이 있다.

(2) 선지 판단

① 선지 판단 시 선지를 끊어서 판단하는 것이 좋고, 본문으로 돌아갈 때 구분성이 뚜렷한 키워드를 기준으로 돌아가는 것이 좋다. 구분성이 뚜렷하다는 것은 본문 전반에 걸쳐 존재하는 키워드가 아니라 일정 부분에만 존재하는 키워드를 말한다.

② 내용 자체가 크게 어렵지 않아 판단도 어렵지 않았을 것으로 보인다. ①, ②번은 주주 자본주의에 대해서 이야기하므로 1문단으로, ③번은 이해관계자 자본주의이므로 2문단, ④, ⑤번은 그들의 혼합 형태를 얘기하므로 3문단을 참고하면 어렵지 않게 풀 수 있다.

③ ②번 선지의 경우, 접속어 '그런데'가 들어간 1문단 (3) 문장에 판단 근거가 있다. 이처럼 흐름의 전환을 의미하는 '그런데', '그러나', '반면'과 같은 접속어가 들어가는 문장에서 중요한 선지가 자주 나온다는 점을 명심하자. 또한 ③번 선지에서는 선지를 끊어서 판단하는 것의 중요성을 알 수 있다. ③번 선지의 앞부분인 '지역사회의 일반 주민'이라는 키워드만 보고 옳은 선지라고 잘못 판단할 수 있으나, 이들이 기업 경영에서 주도적인 역할을 담당한다는 뒷부분이 틀리므로 틀린 선지가 된다.

선지를 먼저 읽는 풀이의 경우

(1) 선지 읽기

선지의 키워드를 확인하며 읽는다.

① 주주 자본주의, 주주의 이익, 사회적 공헌, 상충, 기업
② 주주 자본주의, 생산수단, 부분적 소유
③ 이해관계자 자본주의, 일반 주민, 기업 경영, 주도
④ 주주 자본주의, 이해관계자 자본주의, 혼합, 기업 공헌, 약화
⑤ 주주 자본주의, 이해관계자 자본주의, 혼합, 기업, 지역사회이익, 최우선

자본주의의 두 유형에 대한 내용으로 예상된다. 각각의 개념과 특징, 그리고 두 유형이 혼합된 경우의 특징까지 파악하며 읽어야 함을 알 수 있다.

(2) 제시문 독해 및 선지 판단

1문단은 '주주 자본주의'의 개념 및 특징을 설명한다. 문장 (1)에 '주주의 이윤'을 극대화하는 것이 주주 자본주의 기업의 목표라고 나오므로 ①이 옳지 않음을 알 수 있다. 1문단 문장 (4)에 '생산수단 소유'라는 키워드가 나온다. ②는 옳다. 시간적 여유가 있다면 나머지 선지를 판단해도 좋다. 그러나 옳지 않은 선지에는 지문 내에 언급되지 않는 것도 포함하므로 판단에 시간이 걸릴 수 있다. 따라서 정답 선지가 정확한지만 한 번 더 확인하고 다음 문제로 넘어가는 것을 추천한다.

합격자의 시간단축 Tip

Tip ❶ 선지에 나올 만한 내용에 주목

제시문을 읽는 실력이 향상된다면, 제시문의 내용을 단지 수용하는 단계에서 나아가 선지에 나올 만한 내용을 적극적으로 모색하는 단계로 나아갈 수 있다. 주로 선지에서 자주 나오는 내용으로는, 두 대상의 공통점과 차이점, 인과 관계, 두 대상의 성능 및 효과 비교, 접속어로 시작하는 문장의 주요 내용, '반드시', '필수적'과 같은 표현으로 강조되는 내용 등이 있다. 다양한 정보확인문제를 통해 선지에서 주로 묻는 내용이 무엇인지 정리한 뒤, 제시문에서 선지에 나올만한 내용을 미리 파악하며 읽는 습관을 들이자.

Tip ❷ 내용-개념(대상) 간 차이점, 공통점을 위주로 서술되는 경우

글 전반이 어떤 내용 간 차이점이나 공통점 위주로 서술되는 경우 이들이 선지로 자주 출제되는 요소일 수밖에 없으므로 꼭 이를 잘 체크하며 읽자. 또한, 차이점을 위주로 서술되어있어도 이들 간의 공통점도 존재할 수 있고 이것도 선지로 자주 출제되기 때문에 애초에 차이점 및 공통점을 잘 확인하며 읽으면 선지 판단의 정확도가 올라가고 그 속도가 빨라진다.

Tip ❸ 제시문에서 부정되고 있는 내용/사실 표시

비문학에서는 제시문 상에서 부정되고 있는 내용이나 사실을 긍정하는 내용으로 바꾸어 오답 선지를 자주 구성한다. 그러므로 이들은 발견 시 미리 괄호와 같은 기호로 표시를 해두면 오답 선지를 빠르게 판단할 수 있다.

Tip ❹ 옳은 것의 근거 확인

'알 수 있는 것'을 묻는 문제는 지문에 분명히 근거가 존재한다. 그러나 오답인 '알 수 없는 것'들은 지문 내에 근거가 있을 수도, 없을 수도 있다. 따라서 이 경우 정답을 빠르게 찾았다면 정답의 근거가 맞는지 제시문을 확인하고 나머지 선지는 넘어가는 것이 시간을 절약하는 방법이다.

048 정답 ③

난이도 ●●○

문제유형 사실적 이해 > 정보 확인

접근전략 제시문은 일본인의 조선에서의 어업 활동에 관해 조선과 일본 사이에 맺어진 조약을 시간의 흐름에 따라 분석하고 있다. 제시문의 세부적 정보를 토대로 선택지에서 알 수 있는 것을 찾아내면 된다. 해당 문제의 유형은 지문을 훑어 지문의 주제와 키워드를 대강 파악한 후 선지를 살펴보고 지문으로 다시 돌아가서 풀도록 하자.

다음 글에서 알 수 있는 것은?

(1) 1883년에 조선과 일본이 맺은 조일통상장정 제41관에는 "일본인이 조선의 전라도, 경상도, 강원도, 함경도 연해에서 어업 활동을 할 수 있도록 허용한다."라는 내용이 있다. (2) 당시 양측은 이 조항에 적시되지 않은 지방 연해에서 일본인이 어업 활동을 하는 것은 금하기로 했다. (3) 이 장정 체결 직후에 일본은 자국의 각 부·현에 조선해통어조합을 만들어 조선 어장에 대한 정보를 제공하기 시작했다. (4) 이러한 지원으로 조선 연해에서 조업하는 일본인이 늘었는데, 특히 제주도에는 일본인들이 많이 들어와 전복을 마구 잡는 바람에 주민들의 전복 채취량이 급감했다. (5) 이에 제주목사는 1886년 6월에 일본인의 제주도 연해 조업을 금했다. (6) 일본은 이 조치가 조일통상장정 제41관을 위반한 것이라며 항의했고, 조선도 이를 받아들여 조업 금지 조치를 철회하게 했다. (7) 이후 조선은 일본인이 아무런 제약 없이 어업 활동을 하게 해서는 안 된다고 여기게 되었으며, 일본과 여러 차례 협상을 벌여 1889년에 조일통어장정을 맺었다. ▶1문단

(1) 조일통어장정에는 일본인이 조일통상장정 제41관에 적시된 지방의 해안선으로부터 3해리 이내 해역에서 어업 활동을 하고자 할 때는 조업하려는 지방의 관리로부터 어업준단을 발급받아야 한다는 내용이 있다. (2) 어업준단의 유효기간은 발급일로부터 1년이었으며, 이를 받고자 하는 자는 소정의 어업세를 먼저 내야 했다. (3) 이 장정 체결 직후에 일본은 조선해통어조합연합회를 만들어 자국민의 어업준단 발급 신청을 지원하게 했다. (4) 이후 일본은 1908년에 '어업에 관한 협정'을 강요해 맺었다. (5) 여기에는 앞으로 한반도 연해에서 어업 활동을 하려는 일본인은 대한제국 어업 법령의 적용을 받도록 한다는 조항이 있다. (6) 대한제국은 이듬해에 한반도 해역에서 어업을 영위하고자 하는 자는 먼저 어업 면허를 취득해야 한다는 내용의 어업법을 공포했고, 일본은 자국민도 이 법의 적용을 받게 해야 한다는 입장을 관철했다. (7) 일본은 1902년에 조선해통어조합연합회를 없애고 조선해수산조합을 만들었는데, 이 조합은 어업법 공포 후 일본인의 어업 면허 신청을 대행하는 등의 일을 했다.

▶2문단

① 조선해통어조합은 '어업에 관한 협정'에 따라 일본인의 어업 면허 신청을 대행하는 업무를 보았다.

→ (×) 일본인의 어업 면허 신청은 '어업에 관한 협정'에 따른 것이 아니라, 대한제국의 어업법에 의한 것이다.[2문단(6)] 또한, 어업 면허 신청을 대행하는 업무를 본 것은 조선해통어조합이 아닌 조선해수산조합이며 [2문단(7)], 조선해통어조합은 조선 어장에 대한 정보를 제공했다.[1문단(3)] 따라서 해당 선지는 옳지 않다.

② 조일통어장정에는 제주도 해안선으로부터 3해리 밖에서 조선인이 어업 활동을 하는 것을 모두 금한다는 조항이 있다.

→ (×) 조일통어장정에는 조일통상장정 제41관에 적시된 지방의 해안선으로부터 3해리 이내 해역에서 어업 활동을 하고자 할 때 조업하려는 지방의 관리로부터 어업준단을 발급받아야 한다는 내용이 있다.[2문단(1)] 그러나 제시문을 통해 제주도 해안선으로부터 3해리 밖에서 조선인이 어업 활동을 하는 것을 모두 금한다는 조항이 조일통어장정에 있다는 것인지 알 수 없다.

③ 조선해통어조합연합회가 만들어져 활동하던 당시에 어업준단을 발급받고자 하는 일본인은 어업세를 내도록 되어 있었다.

→ (○) 조선해통어조합연합회는 조일통어장정 체결 직후에 만들어졌으며[2문단(3)], 조일통어장정에 따르면 어업준단을 발급받고자 하는 자는 소정의 어업세를 먼저 내야 했다.[2문단(2)]

④ 조일통상장정에는 조선해통어조합연합회를 조직해 일본인이 한반도 연해에서 조업할 수 있도록 지원한다는 내용이 있다.

→ (×) 조일통상장정 체결 후, 일본은 조선해통어조합연합회가 아니라 조선해통어조합을 만들어 조선 어장에 대한 정보를 제공하기 시작함으로써 일본인이 한반도 연해에서 조업하는 것을 지원했다.[1문단(3)] 조선해통어조합연합회는 조일통상장정 체결 이후에 조일통어장정이 체결되고 난 직후 조직되었으나[2문단(3)] 이것이 조일통상장정에 있는 내용에 따른 것인지는 알 수 없다.

⑤ 한반도 해역에서 조업하는 일본인은 조일통상장정 제41관에 따라 조선해통어조합으로부터 어업 면허를 발급받아야 하였다.

→ (×) 한반도 해역에서 조업하고자 하는 일본인이 어업 면허를 발급받아야 하는 것은, 조일통상장정 제 41관에 따른 것이 아닌 대한제국에서 공포한 어업법에 따른 것이다.[2문단(6)] 또한, 어업법에 따라 일본인의 어업 면허 신청을 대행한 곳은 조선해통어조합이 아니라 조선해수산조합이다.[2문단(7)] 따라서 해당 선지는 옳지 않다.

제시문 분석

1문단 조일통상장정 제 41관의 내용 및 조일통어장정의 체결 배경

〈조일통상장정 제 41관〉	〈조일통어장정 체결〉
일본인이 조선의 전라도, 경상도, 강원도, 함경도 연해에서 어업 활동을 할 수 있으며 일본인의 이 지방 외의 연해에서의 어업 활동을 금지함(1),(2)	일본인의 조선 연해 조업이 늘고 특히 제주도에서 일본인 조업에 의한 주민 전복 채취량이 급감하자 제주목사가 일본인의 제주도 연해 조업을 금함.(4),(5)
↓	↓
〈일본의 반응 ①〉	〈일본의 반응 ②〉
이 장정 이후 조선해통어조합이 만들어짐(조선 어장에 대한 정보 제공)(3)	이에 일본이 항의하고 조선도 조업 금지 조치를 철회하면서 여러 차례 협상 후 조일통어장정을 체결함(6),(7)

2문단 조일통어장정의 특징과 어업에 관한 협정 체결

〈조일통어장정 특징 1〉		〈조일통어장정 특징 2〉		〈조일통어장정 특징 3〉
일본인이 조선 해안에서 어업 활동을 하고자 할 때는 조업하려는 지방의 관리로부터 어업준단을 발급 받아야 함(1)	⊕	어업준단의 유효기간은 발급일로부터 1년이며 소정의 어업세를 내야함(2)	⊕	이후 일본은 조선해통어조합연합회를 만들어 자국민의 어업준단 발급 신청을 지원함(3)

→

〈어업에 관한 협정〉	이후 일본은 1908년에 '어업에 관한 협정'을 강요해 맺었는데, 여기에는 앞으로 한반도 연해에서 어업 활동을 하려는 일본인은 대한제국 어업 법령의 적용을 받도록 한다는 조항이 있다.(4),(5)

2문단 대한제국의 어업법 공포와 조선해수산조합 설립

〈대한제국의 어업법 공포〉	〈조선해수산조합〉
한반도 해역에서 어업을 영위하고자 하는 자는 어업 면허를 취득해야 하며 이 법은 일본인에게도 적용됨(6)	일본은 1902년에 조선해통어조합연합회를 없애고 조선해수산조합을 만들었는데, 이 조합은 일본인의 어업 면허 신청을 대행하는 역할을 함(7)

합격자의 실전 풀이 순서

한국사 비문학 유형

❶ 발문 확인하기

이 단계에서는 발문의 종류에 따라 대처가 달라진다.

(1) 다음 글에서 알 수 있는/없는 것은?

가장 먼저 알 수 '있는' 것인지, '없는' 것인지를 확실히 표시하고 간다. 예를 들어 알 수 있는 것을 묻는다면 '있는' 위에 동그라미를 치고, 알 수 없는 것을 묻는다면 '없는' 위에 세모를 쳐 시각적으로 다시 한 번 나타낸다.

(2) 특정한 주제에 대해 묻는 경우

예 조일통어장정에 대해 옳은 설명은?

먼저 지문에서 해당 단어를 찾아, 주제에 대한 정보를 제대로 이해한 뒤 선지로 간다. 이 지문은 특히 이름들이 헷갈리게 나왔기 때문에 해당 유형으로도 충분히 출제될 수 있다.

NCS에 좀 더 적합한 스타일로 바꾼다면 독립운동가 여러 명+그들의 활동을 지문에 제시한 다음 "다음 중 글의 내용과 일치하지 않는 것은?"이라고 출제했을 수도 있다.

(3) 다음 글의 ㉠에 대한 평가/반박/지지…로 적절한 것은?

이는 강화약화 유형, 즉 별개의 유형에 해당한다.

❷ 지문 훑어보기

이 단계에서는 30초보다 짧은 시간에 지문의 주제와 키워드를 대강 파악한다. 눈에 띄는 부분이 있는지 체크한다.

예 19세기 조선과 일본의 어업에 대한 글이구나. 구체적인 연도가 5개 등장하고, 유사한 협정이나 단체 이름이 많이 나오니 주의하자.

❸ 선지 적용하기

① **조선해통어조합은 '어업에 관한 협정'에 따라 일본인의 어업 면허 신청을 대행하는 업무를 보았다.**

조선해통어조합 ⇏ 어업 면허

조선해통어조합과 관련된 내용(1문단 3) 중에 어업 면허에 대한 내용[2문단(6)]은 찾을 수 없다.

조선해통어조합은 1883년 조일통상장정 직후, '어업에 관한 협정'은 1908년 사건이므로 무관하다고 판단하는 것도 좋다.

④ **조일통상장정에는 조선해통어조합연합회를 조직해 일본인이 한반도 연해에서 조업할 수 있도록 지원한다는 내용이 있다.**

조일통상장정 ⇏ 조선해통어조합연합회

조일통상장정과 관련된 단체는 조선해통어조합으로[1문단(3)], 그마저도 조일통상장정의 내용에 있는지는 확인할 수 없다. 명제를 항상 두 개로 나눠서 생각하는 연습을 해야 한다.

⑤ **한반도 해역에서 조업하는 일본인은 조일통상장정 제41관에 따라 조선해통어조합으로부터 어업 면허를 발급받아야 하였다.**

조업허가 가능 여부가 시대의 흐름에 따라 달라지는데도 불구하고 마치 항상 그랬던 것 마냥 쓰인 선지다. 이런 경우 대부분은 틀리다. 만약 보편적으로 성립하는 선지라면 그 또한 지문에서 금방 확인할 수 있으므로 이런 선지에 시간을 오래 쓸 필요가 없다. 달라지는 부분, 벗어나는 부분 등을 찾으면 빨리 소거할 수 있다.

합격자의 시간단축 Tip

Tip ❶ 비슷한 이름들에 주의하자.

본 문제는 시간 순서에 따라 지문이 전개된다는 점에서 다른 문항들과 유사하다. 그러나 유사한 조약 및 단체의 이름들이 여러 개 등장한다는 점에서는 차이를 갖는다. 유사한 이름들은 물론 수험생을 헷갈리게 만드는 함정이다. 가장 뻔히 보이는 함정 중 하나지만, 여기에 보란 듯이 걸려들지 않으려면 주의를 기울여야 한다. 비슷한 이름 함정에 대처하는 방법으로 크게 두 가지를 소개한다.

(1) 각 선지에 등장하는 이름을 지문에 표시하기

선지 먼저 확인하고 지문으로 올라가는, 실전 풀이순서를 따르는 방법이다. 선지 하나를 확인할 때마다 바로 지문에 그 위치를 표시함으로써 틀리지 않도록 한다. 본 문제의 선지 ①을 예로 들면 다음과 같다.

① 조선해통어조합은 '어업에 관한 협정'에 따라 일본인의 어업 면허 신청을 대행하는 업무를 보았다.

'조선해통어조합'을 지문에서 찾으니 1문단 다섯째 줄에 처음으로 등장한다. 다음으로 '어업에 관한 협정'은 2문단 여섯째 줄에 등장한다. 각 단어 위에 ①을 적어서 위치를 표시한다. 이렇게 표시가 끝난 뒤에 선지의 내용을 꼼꼼히 읽는 단계에 들어간다.

나머지 선지들에도 똑같은 과정을 거친다. 시간이 걸리지

만, 본 문제처럼 헷갈리는 문제는 시간을 써야 한다. 그렇지 않으면 어이없게 점수를 놓치는 불상사가 발생할 수 있다.

(2) **지문을 한번 통독하며 등장하는 이름을 모두 정리하기**
지문에 등장하는 이름을 한꺼번에 정리한 후에, 선지 5개에 일괄적으로 적용하는 방법이다. 등장하는 이름도 많은데 선지마다 부분부분 지문을 확인하는 것이 불안한 경우 이 방법을 추천한다. 지문에 나오는 이름들에 동그라미와 같은 기호로 표시한 뒤 제시문에 해당 이름들이 나온다면, 그에 맞춰서 지문으로 돌아가 판단하도록 하자.

① 조선해통어조합은 '어업에 관한 협정'에 따라 일본인의 어업 면허 신청을 대행하는 업무를 보았다.
② 조일통어장정에는 제주도 해안선으로부터 3해리 밖에서 조선인이 어업 활동을 하는 것을 모두 금한다는 조항이 있다.
③ 조선해통어조합연합회가 만들어져 활동하던 당시에 어업준단을 발급받고자 하는 일본인은 어업세를 내도록 되어 있었다.
④ 조일통상장정에는 조선해통어조합연합회를 조직해 일본인이 한반도 연해에서 조업할 수 있도록 지원한다는 내용이 있다.
⑤ 한반도 해역에서 조업하는 일본인은 조일통상장정 제41관에 따라 조선해통어조합으로부터 어업 면허를 발급받아야 하였다.

이와 같이 선지별로 조약이나 단체의 이름을 중심으로 표시한 후 제시문으로 돌아가면, 더욱 쉽게 판단할 수 있다.

Tip ❷ 조약과 조합을 구분해야 할 경우

이 지문에는 단어는 비슷하지만 성격이 다른 '장정'과 '조합'들이 등장한다. 마치 갑상선과 갑상선호르몬의 관계와도 같이 단어들을 두 분류로 나눠야 하는 경우 머릿속 연결이 복잡해질 수 있다. 예컨대 조일통상장정－조일통어장정－어업법 이 한 묶음이고, 조선해통어조합－조선해통어조합연합회－조선해수산조합 이 한 묶음인 것이다. 이를 2×3으로 묶어야 할지, 3×2로 묶어야 할지 고민하는 수험생이 있을 수 있다.

이때 단순히 나열－조립하는 것은 도움이 안 된다. 머릿속에 혼란만 가중될 뿐이다. 수험생은 둘 중 하나를 택해서 확실하게 두 개념 간 우열관계를 만들어야 한다. 이 경우 대부분은 '조합'이라는 단어가 익숙함에도 불구하고 '장정'을 중심으로 정렬하는 것이 편할 것이다. 이것은 〈법=환경 / 조합=행동〉으로써 우리의 직관에 더 부합하기 때문이다.

이처럼 직관을 활용해서 가장 상위의 개념으로 묶고, 나머지 요소는 하위 개념으로 포섭하도록 하자. 암기에 자신이 없어 문제를 못 풀 것을 걱정할 필요는 없다. 이 시험은 오픈북이기 때문이다.

049 정답 ❷

난이도 ●●○

문제유형 사실적 이해 > 정보 확인

접근전략 지문 초두에 가설 또는 실험이 나오는 경우, 어려운 지문이라고 지레짐작하는 수험생이 많다. 그러나 일단 선지까지 확인한 후 체감 난도를 결정하는 것이 옳다. 이 지문은 겉보기에는 과학적인 내용이지만, 실제로는 단순히 학자들의 주장을 요약 정리하는 지문이다. 이러한 문제는 용어만 주의해서 읽는다면 오히려 쉬운 축에 속한다. 다만 이 지점까지 판단할 수 있는 능력이 중요할 뿐이다.

다음 글에서 알 수 없는 것은?

(1) 1859년에 프랑스의 수학자인 르베리에는 태양과 수성 사이에 미지의 행성이 존재한다는 가설을 세웠고, 그 미지의 행성을 '불칸'이라고 이름 붙였다. (2) 당시의 천문학자들은 르베리에를 따라 불칸의 존재를 확신하고 그 첫 번째 관찰자가 되기 위해서 노력했다. (3) 이렇게 확신한 이유는 르베리에가 불칸을 예측하는 데 사용한 방식이 해왕성을 성공적으로 예측하는 데 사용한 방식과 동일했기 때문이다. (4) 해왕성 예측의 성공으로 인해 르베리에에 대한, 그리고 불칸의 예측 방법에 대한 신뢰가 높았던 것이다. ▶1문단

(1) 르베리에 또한 죽을 때까지 불칸의 존재를 확신했는데, 그가 그렇게 확신할 수 있었던 것 역시 해왕성 예측의 성공 덕분이었다. (2) 1781년에 천왕성이 처음 발견된 뒤, 천문학자들은 천왕성보다 더 먼 위치에 다른 행성이 존재할 경우에만 천왕성의 궤도에 대한 관찰 결과가 뉴턴의 중력 법칙에 따라 설명될 수 있다고 생각했다. (3) 이에 르베리에는 관찰을 통해 얻은 천왕성의 궤도와 뉴턴의 중력 법칙에 따라 산출한 궤도 사이의 차이를 수학적으로 계산하여 해왕성의 위치를 예측했다. (4) 천문학자인 갈레는 베를린 천문대에서 르베리에의 편지를 받은 그날 밤, 르베리에가 예측한 바로 그 위치에 해왕성이 존재한다는 사실을 확인하였다. ▶2문단

(1) 르베리에는 수성의 운동에 대해서도 일찍부터 관심을 가지고 있었다. (2) 르베리에는 수성의 궤도에 대한 관찰 결과 역시 뉴턴의 중력 법칙으로 예측한 궤도와 차이가 있음을 제일 먼저 밝힌 뒤, 1859년에 그 이유를 천왕성－해왕성의 경우와 마찬가지로 수성의 궤도에 미지의 행성이 영향을 끼치기 때문이라는 가설을 세운다. (3) 르베리에는 이 미지의 행성에 '불칸'이라는 이름까지 미리 붙였던 것이며, 마침 르베리에의 가설에 따라 이 행성을 발견했다고 주장하는 천문학자까지 나타났던 것이다. (4) 하지만 불칸의 존재에 대해 의심하는 천문학자들 또한 있었고, 이후 아인슈타인의 상대성이론을 이용해 수성의 궤도를 정확하게 설명하는 데 성공함으로써 가상의 행성인 불칸을 상정해야 할 이유는 사라졌다. ▶3문단

① **르베리에에 의하면 수성의 궤도를 정확하게 설명하기 위해서는 뉴턴의 중력 법칙을 대신할 다른 법칙이 필요하지 않다.**
→ (○) 르베리에는 수성의 궤도에 대한 관찰 결과 역시 뉴턴의 중력법칙으로 예측한 궤도와 차이가 있음을 밝힌 뒤, 뉴턴의 중력법칙을 사용했던 천왕성－해왕성의 경우와 마찬가지로[2문단(3)] 수성의 궤도에 미지의 행성이 영향을 끼치기 때문이라는 가설을 세웠다.[3문단(2)] 따라서 르베리에는 뉴턴의 중력 법칙만으로 수성의 궤도를 정확하게 설명하려 했으므로, 뉴턴의 중력 법칙을 대신할 다른 법칙은 필요하지 않았다.

② **르베리에에 의하면 천왕성의 궤도를 정확하게 설명하기 위해서는 뉴턴의 중력 법칙을 대신할 다른 법칙이 필요하다.**
→ (×) 르베리에는 관찰을 통해 얻은 천왕성의 궤도와 뉴턴의 중력 법칙에 따라 산출한 궤도 사이의 차이를 수학적으로 계산하여 해왕성의 위치를 예측했다.[2문단(3)] 따라서 르베리에는 천왕성의 궤도를 정확하게 설명하기 위해서 뉴턴의 중력 법칙을 사용했으며 이 법칙을 대신할 다른 법칙이 필요하다고 말하지 않았다.

③ **수성의 궤도에 대한 르베리에의 가설에 기반하여 연구한 천문학자가 있었다.**
→ (○) 르베리에는 천왕성－해왕성의 경우와 마찬가지로 수성의 궤도에 영향을 끼치는 미지의 행성에 대한 가설을 세웠

고[3문단(2)], 이 가설에 따라 미지의 행성인 '불칸'을 발견했다는 천문학자가 있었다.[3문단(3)] 이를 통해 수성의 궤도에 대한 르베리에의 가설에 기반하여 연구한 천문학자가 있었다는 것을 알 수 있다.

④ 르베리에는 해왕성의 위치를 수학적으로 계산하여 추정하였다.
→ (○) 르베리에는 관찰을 통해 얻은 천왕성의 궤도와 뉴턴의 중력 법칙에 따라 산출한 궤도 사이의 차이를 수학적으로 계산하여 해왕성의 위치를 예측했다.[2문단(3)] 따라서 르베리에는 해왕성의 위치를 수학적으로 계산하여 추정하였음을 알 수 있다.

⑤ 르베리에는 불칸의 존재를 수학적으로 계산하여 추정하였다.
→ (○) 르베리에가 불칸을 예측하는 데 사용한 방식은 해왕성을 예측하는데 사용한 방식과 동일했으며[1문단(3)] 해왕성의 위치를 계산하는 방식은 수학적이었다.[2문단(3)] 따라서 르베리에는 불칸의 존재 역시 수학적으로 계산하여 추정했음을 알 수 있다.

제시문 분석

1문단 불칸의 정의

〈불칸의 정의〉
1859년에 프랑스의 수학자인 르베리에는 태양과 수성 사이에 미지의 행성이 존재한다는 가설을 세웠고, 그 미지의 행성을 '불칸'이라고 이름 붙였다.(1)

1·2문단 불칸에 대한 르베리에와 당시 천문학자들의 확신

〈르베리에〉		〈당시의 천문학자들〉
죽을 때까지 불칸의 존재에 대한 확신을 가지고 있었다.[2문단(2)]		르베리에를 따라 불칸의 존재를 확신하고 그 첫 번째 관찰자가 되기 위해 노력했다.[1문단(2)]
〈확신의 이유〉	⊕	〈확신의 이유〉
르베리에 또한 죽을 때까지 불칸의 존재를 확신했는데, 그가 그렇게 확신할 수 있었던 것 역시 해왕성 예측의 성공 덕분이었다.[2문단(1)]		르베리에가 불칸을 예측하는 데 사용한 방식이 해왕성을 성공적으로 예측하는 데 사용한 방식과 동일했기 때문이다.[1문단(3)]

2문단 해왕성 예측 성공의 과정

〈과정 ①〉	1781년에 천왕성이 처음 발견된 뒤, 천문학자들은 천왕성보다 더 먼 위치에 다른 행성이 존재할 경우에만 천왕성의 궤도에 대한 관찰 결과가 뉴턴의 중력 법칙에 따라 설명될 수 있다고 생각했다.(2)

↓

〈과정 ②〉	이에 르베리에는 관찰을 통해 얻은 천왕성의 궤도와 뉴턴의 중력 법칙에 따라 산출한 궤도 사이의 차이를 수학적으로 계산하여 해왕성의 위치를 예측했다.(3)

↓

〈과정 ③〉	천문학자인 갈레는 베를린 천문대에서 르베리에의 편지를 받은 그날 밤, 르베리에가 예측한 바로 그 위치에 해왕성이 존재한다는 사실을 확인하였다.(4)

3문단 불칸에 대한 가설과 그 결과

〈관찰결과〉		〈가설〉		〈명명과 주장〉
르베리에는 수성의 궤도에 대한 관찰 결과 역시 뉴턴의 중력 법칙으로 예측한 궤도와 차이가 있음을 제일 먼저 밝힌 뒤(2)	→	1859년에 그 이유를 천왕성-해왕성의 경우와 마찬가지로 수성의 궤도에 미지의 행성이 영향을 끼치기 때문이라는 가설을 세운다.(2)	→	르베리에는 이 미지의 행성에 '불칸'이라는 이름까지 미리 붙였던 것이며, 마침 르베리에의 가설에 따라 이 행성을 발견했다고 주장하는 천문학자까지 나타났다.(3)

→ 〈결과〉	하지만 불칸의 존재에 대해 의심하는 천문학자들 또한 있었고, 이후 아인슈타인의 상대성이론을 이용해 수성의 궤도를 정확하게 설명하는 데 성공함으로써 가상의 행성인 불칸을 상정해야 할 이유는 사라졌다.(4)

합격자의 실전 풀이 순서

비문학 유형

❶ 발문 확인하기

알 수 '있는' 것인지, '없는' 것인지를 확실히 표시하고 간다. 예를 들어 알 수 있는 것을 묻는다면 '있는' 위에 동그라미를 치고, 알 수 없는 것을 묻는다면 '없는' 위에 세모를 쳐 시각적으로 다시 한번 나타낸다.

특히 본 문제의 경우, '없는' 것을 묻고 있기에 이 단계에서 실수를 범하기 쉽다. 꼭 수험생 자신 나름대로의 표시를 해 두자.

다음 글에서 알 수 없는 것은?

❷ 지문 독해하기

지문에 가설이 먼저 등장할 경우 실험 지문이라 착각하기 쉽다. 물론 실험 지문도 그 구조를 알고 있다면 그렇게 어려울 것이 없지만, 많은 수험생들이 '실험'이라는 단어만 등장해도 그 문제를 기피하는 것이 사실이다.

이 문제는 그런 점을 노리고 실험 지문인 '척' 하는 평범한 지문이다. 이를 수험생들이 문제를 풀기 전 구분할 수 있을까? 답은 'Yes'이다. 그 경로는 세 가지가 있다.

(1) 지문 속에 르베리에라는 이름이 계속 등장한다. 이는 르베리에라는 과학자를 중심으로 글이 이어지는 것이지, 실험을 중심으로 글이 전개되지 않는다는 유력한 증거가 된다.

(2) 선지에 '~에 따르면'이라는 표현이 많이 보인다. 이는 누군가의 주장과 근거, 혹은 기타 등등을 요약하라는 것이지 실험과 그 과학적 사고를 묻는 선지가 아니다.

(3) 과학 실험은 그 용어 설명과 실험 설계부터 시작된다. 예컨대 첫 문장은 '불칸'이라는 행성의 개념을 설명하고 있다. 그런데 그다음 문장은 그것을 조작(manipulation)하는 것이 들어가 있지 않다. 따라서 실험 지문의 특징을 가지지 못하였다.

그 외에 지문에 그림이 없다거나, 각 문단의 초두만 읽어 본다거나 하는 식으로 이것이 실험 지문인지를 판별할 수 있다. 이처럼 과학 소재라 하더라도 실험과 관계없는 지문이 실험 지문보다 더 많다. 따라서 수험생들은 둘을 잘 구분해서 풀도록 하자.

❸ 선지 적용하기

① 르베리에에 의하면 수성의 궤도를 정확하게 설명하기 위해서는 뉴턴의 중력 법칙을 대신할 다른 법칙이 필요하지 않다.

② 르베리에에 의하면 천왕성의 궤도를 정확하게 설명하기 위해서는 뉴턴의 중력 법칙을 대신할 다른 법칙이 필요하다.

선지 ①과 ②는 외형이 유사하며, 본질적으로 같은 구조이다. 르베리에에 의하면 수성의 궤도(3문단)와 천왕성의 궤도(2문단) 모두 뉴턴의 중력 법칙을 대신할 다른 법칙이 필요하다. 발문에서 알 수 '없는' 것을 묻고 있으며 두 선지의 문장 끝부분이 다르다는 것을 꼼꼼하게 파악했다면 해결하기 쉽다.

③ 수성의 궤도에 대한 르베리에의 가설에 기반하여 연구한 천문학자가 있었다.

이 선지는 르베리에가 미친 '영향'이라고 환원할 수 있다. 이에 착안하여 지문의 후반부를 위주로 탐색하면 된다.

④ 르베리에는 해왕성의 위치를 수학적으로 계산하여 추정하였다.

⑤ 르베리에는 불칸의 존재를 수학적으로 계산하여 추정하였다.

선지 ④와 ⑤는 외형이 유사하지만, 본질적인 구조는 다르다. 선지 ④의 해왕성의 예측 과정은 2문단에 직접적으로 제시되지만, 선지 ⑤의 불칸의 예측 과정은 1문단에 간접적으로 제시되기 때문이다. 선지의 순서와 문단의 순서가 반대이기에 많은 수험생은 선지 ④에서 2문단을 확인한 후, 선지 ⑤에서 1문단을 확인하고 이어지는 2문단을 한 번 더 빠르게 읽음으로써 확신을 얻고 선지를 제거할 것이다. 물론, 앞선 선지들에서 정답을 찾고 신속하게 넘어갔다면 이 단계를 수행하지 않을 수도 있다.

합격자의 시간단축 Tip

Tip ❶ 구분성이 뚜렷한 키워드를 중심으로 돌아가기

선지 판단 시 제시문으로 돌아가야 한다면 '구분성이 뚜렷한 키워드'를 중심으로 돌아가자. 구분성이 뚜렷하다는 의미는 지문 전반에 걸치지 않고 비교적 특정 부분에 존재하는 키워드를 말한다. 구분성이 뚜렷한 키워드를 중심으로 돌아가면 선지 판단에 필요한 근거를 찾기 수월해진다. ①번의 '르베리에에 의하면 수성의 궤도를 정확하게 설명하기 위해서는 뉴턴의 중력 법칙을 대신할 다른 법칙이 필요하지 않다.'와 같은 선지의 경우 작품 전반에 존재하는 '르비리에'같은 키워드보다는 '수성'이라는 키워드가 근거를 찾기에 더 수월할 것이다.

Tip ❷ 과학 법칙에는 상대성 이론만 있는 것이 아님을 알자.

최근 과학 유튜브 채널을 통해서 과학지식을 얻는 경우가 많은데, 이들은 양자역학과 상대성 이론에만 집중하는 경향이 있다. 물론 이들의 직관은 매우 매력적이나 어디까지나 이 정보들은 상업적으로 선택된 것들임에 유념한다. 실제 과학사 관련 지문이 나오는 경우 그들은 매우 곁가지로 나오거나 나오지 않기도 한다. 만일 최신 이론만 출제할 경우 순수 배경지식 싸움이 되어 대비가 너무 쉬워지고, 수험생이 보유한 배경지식에 따른 편파성도 심해지기 때문이다.

즉, 지문을 읽을 때 항상 최신 이론이거나 현재 맞는 것으로 알려진 이론에만 집중할 필요가 없다.

Tip ❸ 읽기가 너무 힘들다면 주어와 동사 위주로 읽는다.

해당 지문은 소재와 인물 면에서 모두 낯선 단어가 반복된다. (정확히는 반복되는 단어로 인해 피로도가 높다.) 이는 원래 긴 문장을 단문으로 나눠 썼기 때문이다. 예컨대 1문단의 (3)과 (4) 문장은 단순하게 통합할 수 있다.

이럴 때는 주어와 동사, 그리고 나머지로 읽으면서 흐름을 파악해야 한다. '르베리에가 신뢰를 얻었구나. 기존에 성공했구나.'라는 식으로 단순명료하게 기억하며 가야 한다. 이것이 가능한 이유는 어차피 나머지 단어들은 유사하게 반복되기 때문이다.

050 정답 ③ 　　난이도 ●●●

문제유형 법조문형 > 규정적용

접근전략 본 문제는 법조문이 주어지지는 않았지만, 제시문에 주어진 규정을 파악하고 이를 〈보기〉에 적용한다는 점에서 법조문 유형과 유사하다. 법조문 유형과 마찬가지로 첫 독해 시에는 규정의 구조와 규정 간의 관계를 파악하고, 〈보기〉 판단 시에 구체적 규정의 내용을 확인한다. 본 문제의 경우, 시설별로 설치규정이 다르다는 것, 수용인원/층수/바닥면적 정도가 기준이라는 구조 정도를 파악하고 선지로 넘어가서 법조문과 선지를 연결시켜 정오를 판단한다.

다음 글을 근거로 판단할 때, 스프링클러설비를 설치해야 하는 곳은?

스프링클러설비를 설치해야 하는 곳은 다음과 같다.

1. 종교시설(사찰·제실·사당은 제외한다), 운동시설(물놀이형) 층
2. 판매시설, 운수시설 및 창고시설 중 물류터미널로서 다음의 어느 하나에 해당하는 경우에는 모든 층
   - 층수가 3층 이하인 건축물로서 바닥면적 합계가 6,000 m^2 이상인 것
   - 층수가 4층 이상인 건축물로서 바닥면적 합계가 5,000 m^2 이상인 것
3. 다음의 어느 하나에 해당하는 경우에는 모든 층
   - 의료시설 중 정신의료기관, 노인 및 어린이 시설로서 해당 용도로 사용되는 바닥면적의 합계가 600 m^2 이상인 것
   - 숙박이 가능한 수련시설로서 해당 용도로 사용되는 바닥면적의 합계가 600 m^2 이상인 것
4. 기숙사(교육연구시설·수련시설 내에 있는 학생 수용을 위한 것을 말한다) 또는 복합건축물로서 연면적 5,000 m^2 이상인 경우에는 모든 층
5. 교정 및 군사시설 중 다음의 어느 하나에 해당하는 경우에는 해당 장소
   - 보호감호소, 교도소, 구치소, 보호관찰소, 갱생보호시설, 치료감호시설, 소년원의 수용거실
   - 경찰서 유치장

① 경찰서 민원실

→ (×) 5호에 따르면 경찰서 유치장에는 스프링클러설비를 설치해야 한다. 그러나 경찰서 민원실에 스프링클러설비를 설치해야 하는지는 알 수 없다.

② 수용인원이 500명인 사찰의 모든 층

→ (×) 1호에 따르면 종교시설로서 수용인원이 100명 이상인 경우 모든 층에 스프링클러설비를 설치해야 한다. 그러나 사찰은 제외되므로 스프링클러설비를 설치하지 않아도 된다.

③ 연면적 15,000 m^2인 5층 복합건축물의 모든 층

→ (○) 4호에 따르면 복합건축물로서 연면적 5,000m^2 이상인 경우 모든 층에 스프링클러설비를 설치해야 한다. 따라서 연면적 15,000m^2인 5층 복합건축물에는 모든 층에 스프링클러설비를 설치해야 한다.

④ 2층 건축물로서 바닥면적 합계가 5,000 m^2인 물류터미널의 모든 층

→ (×) 2호에 따르면 층수가 3층 이하인 물류터미널로서 바닥면적 합계가 6,000m^2 이상인 경우 모든 층에 스프링클러설비를 설치해야 한다. 그러나 2층 건축물로서 바닥면적 합

계가 5,000m²인 물류터미널은 이에 해당하지 않으므로 스프링클러설비를 설치하지 않아도 된다.

⑤ **외부에서 입주한 편의점의 바닥면적을 포함한 바닥면적 합계가 500m²인 정신의료기관의 모든 층**

→ (×) 3호에 따르면 의료시설 중 정신의료기관으로 사용되는 바닥면적의 합계가 600m² 이상인 경우 모든 층에 스프링클러설비를 설치해야 한다. 그러나 외부에서 입주한 편의점의 바닥면적을 포함한 바닥면적 합계가 500m²인 정신의료기관은 정신의료기관으로 사용되는 바닥면적의 합계가 600m² 이상인 경우에 해당하지 않으므로 스프링클러설비를 설치하지 않아도 된다.

합격자의 실전 풀이 순서

❶ 문제 유형 파악

제시문의 규정과 선지를 통해 발문에서 묻고 있는 정보를 확인해야 하는 문제이다. 규정확인 문제의 경우 처음 규정을 읽을 때는 규정의 구조와 규정 간의 관계를 파악한 후, 〈보기〉를 판단할 때 구체적 규정의 내용을 확인한다. 규정의 구조 파악이란 각 조나 항마다 가로로 길게 선을 그어 규정들을 시각적으로 구분하고, 단서와 괄호에 강조 표시를 하는 것을 의미한다. 또한, 스프링클러설비를 설치해야 하는 곳을 고르는 문제라는 것을 인지하기 위해 발문의 "스프링클러설비 설치"라는 단어에 밑줄이나 동그라미 등 표시를 한다.

❷ 규정의 구조 분석

규정을 분석할 때는 각 조나 항을 구분하고, 단서와 괄호에 강조 표시를 한다.

규정은 '설비를 설치해야 하는 곳'을 정하고 있다. 발문이 '설치해야 하는 곳'을 묻고 있으므로 설치하지 않아도 되는 예외 규정을 놓치지 않아야 할 것이다. 호별로 세부 내용이 여러 개 있으므로 이를 긴 가로줄을 통해 구분해두는 것이 좋다. 또한, 괄호를 통해 예외사항과 구체적 내용을 설명하고 있으므로 해당 내용에 기호로 표시한다. 주의할 점은 명시적으로 제시되지 않은 예외사항이 있다는 점이다. 제1호의 경우, 수용인원이 100명 이상인 경우를 규정한다. 이는 수용인원이 100명 미만이면 설치를 하지 않아도 된다는 의미이다. 다만 이를 일일이 기억할 필요는 없고, 각호가 무엇을 규정하는지 그 범위만 표시하고, 선지에서 필요한 경우 돌아와 자세히 해석하면 된다. 기호 표시의 예시는 다음과 같다.

스프링클러설비를 설치해야 하는 곳은 다음과 같다.
1. 종교시설(사찰·제실·사당은 제외한다), 운동시설(물놀이형 시설은 제외한다)로서 수용인원이 100명 이상인 경우에는 모든 층
2. 판매시설, 운수시설 및 창고시설 중 물류터미널로서 다음의 어느 하나에 해당하는 경우에는 모든 층
   - 층수가 3층 이하인 건축물로서 바닥면적 합계가 6,000 m² 이상인 것
   - 층수가 4층 이상인 건축물로서 바닥면적 합계가 5,000 m² 이상인 것
3. 다음의 어느 하나에 해당하는 경우에는 모든 층
   - 의료시설 중 정신의료기관, 노인 및 어린이 시설로서 해당 용도로 사용되는 바닥면적의 합계가 600 m² 이상인 것
   - 숙박이 가능한 수련시설로서 해당 용도로 사용되는 바닥면적의 합계가 600 m² 이상인 것
4. 기숙사(교육연구시설·수련시설 내에 있는 학생 수용을 위한 것을 말한다) 또는 복합건축물로서 연면적 5,000 m² 이상인 경우에는 모든 층
5. 교정 및 군사시설 중 다음의 어느 하나에 해당하는 경우에는 해당 장소
   - 보호감호소, 교도소, 구치소, 보호관찰소, 갱생보호시설, 치료감호시설, 소년원의 수용거실
   - 경찰서 유치장

❸ 선지 판단

규정 분석을 바탕으로 선지를 검토한다. 선지 ①번은 경찰서를 제시하였으므로 5호와 비교한다. 제5호는 교정 및 군사시설 중 다음의 어느 하나에 해당하지 않으면 설치하지 않아도 된다는 것으로 해석할 수 있다. 따라서 민원실은 설치해야 하는 곳이 아니라고 판단할 수 있다. 그러나 경찰서 민원실이 직접 규정에 나와 있지 않으므로 일단 해당 선지에 대한 판단을 생략하고 넘어가는 것도 좋다.

선지 ②번은 사찰을 제시하였으므로 1호와 비교한다. ②번 선지의 판단에 괄호 안의 단서가 적용되었다.

선지 ③번은 복합건축물을 제시하였으므로 4호와 비교한다.

선지 ④번은 물류터미널을 제시하였으므로 2호와 비교한다.

선지 ⑤번은 의료기관을 제시하였으므로 3호와 비교한다.

합격자의 시간단축 Tip

Tip ❶ 선지 판단 단계에서 제시문의 구체적 내용 확인

정답을 도출하기 위해서는 각각의 선지가 제시문의 규정과 부합하는지 파악하여야 한다. 따라서 처음 규정을 읽을 때는 각 호에서 어떤 시설을 규정하고 있는지만 빠르게 파악한 후 규정의 구체적 내용은 선지 판단 단계에서 독해한다. 이때 내용을 찾기 쉽도록 기호를 활용한다. 특히 호의 제약 또는 예외규정에 주의하여 선지를 검토한다.

Tip ❷ 유사한 단어를 주의

주어진 조문과 같이 대상이 구체적으로 특정·분류되는 조문에서는 용어를 엄밀하게 구분하는 것이 중요하다. 예를 들어, 경찰서 건물 중에서도 조문에 주어진 경찰서 유치장 외에는 정답으로 골라서는 안 된다.

Tip ❸ 괄호 및 단서에 주의

법조문 및 규정확인유형에서는 (괄호)로 제외사항이 주어지는 경우 이것이 선지로 출제될 가능성이 높다. 본 문제의 경우 종교시설, 운동시설의 경우 제외사항이 괄호 안에 제시되어 있다. 습관적으로 (괄호) 안에 있는 내용이 쓰였는지를 체크해보는 것도 좋다.

051 정답 ❷

난이도 ●●●

문제유형 사실적 이해 > 정보 확인

접근전략 해당 제시문은 한자어로 제시한 개념에 대한 설명 및 필자의 태도가 드러나는 글이다. 특히 역사 제시문은 다른 글보다 글쓴이의 태도가 명확하게 드러나므로 이를 잘 파악해야 한다. 한자어가 많아 단번에 읽히지 않는 글이지만, 선지를 먼저 읽으며 제시문에서 중요하게 다루는 대상을 파악한 후에 독해를 진행한다면 쉽게 문제의 답을 찾아낼 수 있다.

다음 글에서 알 수 있는 것은?

(1) 1937년 중일전쟁 이후 일제가 앞세운 내선일체(內鮮一體)와 황국신민화(皇國臣民化)의 구호는 조선인의 민족의식과 저항정신을 상실케 하려는 기만적 통치술이었다. (2) 일제는 조선인이 일본인과의 차이를 극복하고 혼연일체가 된 것이 내선일체이고 그 혼연일체 상태가 심화되면 조선인 또한 황국의 신민이 될 수 있다고 주장하였다. (3) 조선인이 황국의 진정한 신민으로 거듭난다면 일왕과 신민의 관계가 군신 관계에서 부자 관계로 변화하여 일대가족국가를 이루게 된다는 것이 그들이 획책한 황국신민화의 논리였다. (4) 이를 위해 일제는 조선인에게 '국가 총동원령'에 충실히 부응함으로써 대동아공영권(大東亞共榮圈) 건설에 복무하고 일왕에 충심을 다함으로써 내선의 차이를 해소하는 데 총력을 기울일 것을 강요하였다. ▶1문단

(1) 그러나 일제의 황국신민화 정책은 현실과 필연적으로 괴리될 수밖에 없었다. (2) 일본인이 중심부를 형성하고 조선인이 주변부에 위치하는 엄연한 현실 속에서 그들이 내세우는 황국신민화의 논리는 허구에 불과했다. (3) 일제는 황국신민화 정책을 통해 조선인을 명목상의 일본 국민으로 삼아 제국주의 전쟁에 동원하고자 하였다. (4) 일제는 1945년 4월부터 조선인의 참정권을 허용한다고 하였으나 실제 선거는 한번도 시행되지 않았다. (5) 그럼에도 불구하고 조선의 친일파는 황국신민화가 그리는 모호한 이상과 미래를 적극적으로 내면화하여 자신들의 친일 행위를 합리화하였다. (6) 그들은 황국신민화의 이상이 실현되면 조선인과 일본인 그 누구도 우월한 지위를 가질 수 없다는 일제의 주장을 맹신하였다. (7) 그리고 이러한 단계에 도달하기 위해서는 먼저 조선인 스스로 진정한 '일본인'이 되기 위한 노력을 다해야 한다고 선동하였다. (8) 어리석게도 친일파는 일제의 내선차별은 문명화가 덜 된 조선인에게 원인이 있으며, 제국의 황민으로 인정받겠다는 조선인의 자각과 노력이 우선될 때 그 차별이 해소될 수 있다고 보았던 것이다. (9) 이와 같은 헛된 믿음으로 친일파는 일제의 강제 징용과 징병에 적극적으로 응하도록 조선인을 독려했다. ▶2문단

① 황국신민화의 이상이 실현되면 일왕과 신민의 군신 관계가 강화된다.

→ (×) 일제는 황국신민화의 이상이 실현되면 일왕과 신민의 군신 관계가 부자 관계로 변화하여 일대가족국가를 이루게 된다는 논리를 주장하였다.[1문단(3)] 따라서 군신 관계가 강화된다는 해당 선지의 설명은 옳지 않다.

② 친일파는 조선인들이 노력하기에 따라 일본인과 같은 황민이 될 수 있다고 믿었다.

→ (○) 친일파는 황국신민화의 이상이 실현되기 위해서는 먼저 조선인 스스로 진정한 '일본인'이 되기 위한 노력을 다해야 한다고 선동하였다.[2문단(7)] 또한, 그들은 제국의 황민으로 인정받겠다는 조선인의 자각과 노력이 우선되어야 일본인과 동등한 지위를 가질 수 있다고 보았으므로[2문단(8)] 해당 선지의 내용은 옳다.

③ 황국신민화 정책은 친일파를 제외한 조선인이 독립운동의 필요성을 자각하는 계기가 되었다.

→ (×) 일제가 황국신민화 정책을 통해 조선인을 명목상의 일본 국민으로 삼아 제국주의 전쟁에 동원하고자 했다는 내용은 존재한다.[2문단(3)] 그러나 해당 정책으로 인해 조선인이 독립운동의 필요성을 자각하는 계기가 되었다는 내용은 제시문에서 확인할 수 없으므로 틀린 선지이다.

④ 친일파는 내선의 차별을 해소하기 위해 먼저 일본이 조선인에게 참정권을 허용해야 한다고 주장하였다.

→ (×) 친일파는 내선의 차별은 문명화가 덜 된 조선인에게 원인이 있으며, 제국의 황민으로 인정받겠다는 조선인의 자각과 노력이 우선될 때 그 차별이 해소될 수 있다고 보았다.[2문단(8)] 즉, 차별 해소를 위해서는 조선인이 먼저 노력해야 한다는 것이다. 그러므로 친일파가 내선의 차별을 해소하기 위해 먼저 일본이 조선인에게 참정권을 허용해야 한다고 주장했다는 내용은 옳지 않다.

⑤ 일제는 황국신민화의 논리로써 일본인과 조선인이 중심부와 주변부의 관계로 위계화된 현실을 극복하고자 하였다.

→ (×) 일본인이 중심부를 형성하고 조선인이 주변부에 위치한 현실 속에서 일제의 황국신민화 논리는 허구에 불과했다는 내용이 존재하지만[2문단(2)], 일제가 이러한 현실을 극복하고자 하였는지는 알 수 없다.

제시문 분석

1문단 일제의 황국신민화 논리

〈일본의 기만적 통치술〉		
〈내선일체〉		〈황국신민화〉
조선인이 일본인과의 차이를 극복하고 혼연일체가 된 것(2)	→	조선인이 황국의 진정한 신민으로 거듭난다면 일왕과 신민의 관계가 부자 관계로 변화하여 일대가족국가를 이루게 됨.(3)

→	〈일제의 통치 방식〉	조선인에게 대동아공영권(大東亞共榮圈) 건설에 복무하고 일왕에 충심을 다함으로써 내선의 차이를 해소하는 데 총력을 기울일 것을 강요.(4)

2문단 친일파의 황국신민화 내면화

〈황국신민화 정책과 현실의 괴리〉
일본인이 중심부를 형성하고 조선인이 주변부에 위치하는 현실 속에서 황국신민화의 논리는 허구에 불과했다.(2)

→	〈사례〉	조선인을 명목상의 일본 국민으로 삼아 전쟁에 동원하고자 하였으나, 조선인의 실제 참정권은 보장되지 않았다.(3),(4)

〈친일파의 태도〉		
그럼에도 불구하고 조선의 친일파는 황국신민화가 그리는 이상과 미래를 내면화하여 자신들의 친일 행위를 합리화하였다.(5)		
〈황국신민화 논리의 내면화〉		〈친일 행위〉
황국신민화의 이상이 실현되기 위해서는 조선인 스스로 진정한 '일본인'이 되기 위한 노력을 다해야 한다고 선동하였다.(7)	→	이와 같은 헛된 믿음으로 친일파는 일제의 강제 징용과 징병에 적극적으로 응하도록 조선인을 독려했다.(9)

합격자의 실전 풀이 순서

❶ 제시문의 주제 파악하기

본 문제의 제시문은 한국사가 소재이다. 한국사는 언어논리 영역에서 가장 자주 등장하는 제시문 소재 중 하나로, 주로 각 책형의 앞부분에 등장한다. 해당 주제의 제시문의 특징을 가볍게 상기하면서 본격적인 풀이에 들어가 보자. 한국사 소재 제시문에는 다음과 같은 특징들이 있다.

사건의 인과관계, 연표에 따른 단순 선후관계, 계급 체계에 따른 상하관계 등이 한 문제에 복합적으로 등장한다.

작은따옴표 ' '를 통해 생소한 개념이 소개된다. 작은따옴표가

붙은 단어는 제시문 전체에서 강조하고자 하는 개념인 경우가 많으므로 집중해 살펴야 한다.

큰따옴표 " "를 통해 인물의 주장 또는 문헌이 인용된다. 큰따옴표가 붙은 문장은 그 자체를 토씨 하나 안 틀리고 파악하기보다는, 제시문 전체에서 문장이 갖는 맥락 이해하기에 초점을 둔다.

홑낫표 「」, 겹낫표 『』 등으로 문헌·예술작품 등의 이름이 제시된다. 제시문에 이름이 유사한 작품이 여러 개 등장한 뒤, 선지에서 혼동을 유도하는 경우도 종종 있다.

구체적인 시대 표현이 등장한다. n년, n세기, OO시대 전·중·후기 등의 시대 표현은 선지에서 사건들이 발생한 선후관계를 묻는 기준점으로 사용된다.

이런 특징들을 암기해도 물론 유용하겠지만, 가장 효과적인 방법은 직접 다양한 문제를 풀어보면서 체득하는 것이다.

❷ 발문 읽기 및 선지 유형 파악

항상 발문을 먼저 제대로 읽자. 본 문제는 글에서 알 수 있는 것을 고르는 유형의 문제이다. 알 수 있는 것을 고르는 문제는 부합하는 것을 고르는 문제와 같다. 해당 유형은 제시문 내용과 일치하거나 그로부터 추론 가능한 선지가 정답이 되며, 제시문 내용과 상충하거나 그로부터 추론할 수 없는 선지가 오답이 된다. 이 유형에서는 '제시문에 명확한 근거 없음'으로 오답인 선지가 구성되는 경우도 존재하므로 조심해야 한다. 또한, 발문에 ㅇ 표시를 해놓고 문제를 풀면 옳은 것을 골라야 하는 문제에서 옳지 않은 것을 고르게 되는 실수가 줄어든다.

정보확인유형을 푸는 방법으로는 크게 선지를 먼저 읽고 제시문에서 선지의 내용을 찾는 방법과 제시문을 간략히 읽은 후 선지를 판단하는 방법 두 가지로 나뉜다. 첫 번째 방법은 선지로부터 키워드를 찾고, 키워드를 제시문에서 찾아가는 방식이다. 두 번째 방법은 제시문의 구조와 선지에서 나올만한 중요한 내용을 파악하며 1분에서 2분 사이 내에 제시문을 읽은 후 선지를 판단하는 방식이다. 본 문제의 경우 구조가 특별하지 않고, 선지에서 자주 나오는 표현들도 많지 않으므로, 이하에서는 첫 번째 방법을 활용하여 정보확인유형을 푸는 법을 소개하겠다.

❸ 선지를 읽으며 키워드 도출

선지에서 자주 등장하는 용어인 황국신민화 정책, 친일파, 일제 등을 통해 제시문의 대상을 파악한다. 이외에 선지에서 언급된 단어(군신 관계, 노력, 독립운동, 참정권, 위계화 등)를 키워드로 체크해두고, 제시문에서 해당 단어가 등장하는 부분을 중점적으로 위주로 읽는다면 문제풀이 시간을 줄일 수 있다.

❹ 제시문을 읽으며 선지 판단

1문단에서 확인할 수 있는 내용은 일제가 내세운 내선일체, 황국신민화 구호의 논리이다. 이때 ①번 선지에서 나온 용어인 군신 관계를 확인할 수 있는 문장을 주의 깊게 읽으며 해당 선지를 해결한다. 2문단에서는 황국신민화 정책과 현실과의 괴리감, 그리고 친일 행위의 합리화를 다룬다. ②번 선지에서 '조선인의 노력', ④번 선지에서 '참정권 허용'과 관련된 내용을 제시문에서 확인할 수 있기에 정답 여부를 판단할 수 있다.

한편, 본 문제의 경우 ①, ②, ④번 선지는 제시문에서 명확한 근거를 찾을 수 있지만, ③, ⑤번 선지의 경우 제시문에서 알 수 없는 선지에 해당한다. ①, ②, ④번 선지에 대해서는 명확한 근거를 제시문에서 찾을 수 있으므로 우선 ②번으로 답을 고른다. 만약 소거법으로 정답을 확실하게 고르고자 한다면 ③, ⑤가 정답이 아닌 이유를 제시문을 보며 다시 따져보아야 한다.

우선 ③번의 키워드인 '독립운동의 필요성'은 제시문에서 찾아볼 수 없다. 오히려 황국신민화 정책을 통해 친일파가 자신들의 친일 행위를 합리화했다는 문장만 확인할 수 있기에 제시문에서 알 수 없는 사실이다.

⑤번의 키워드인 '위계화된 현실'은 직접적으로 제시문에서 언급되어 있지는 않다. 그러나 주변부와 중심부라는 다른 단어가 제시문에 있으며, 앞뒤 맥락을 통해 본 선지의 내용을 파악할 수 없음을 알 수 있다.

합격자의 시간단축 Tip

Tip ❶ 모르는 용어에 집착하지 말자.

첫 문장부터 한자가 가득하였고, 일상에서 잘 쓰이지 않는 단어가 제시문 곳곳에 있었기에 한 번에 읽히지 않는 글이었다. 그러나 이에 반해 선지의 정오를 판단하는 것은 쉬웠다. 이처럼 모르는 용어가 많아 보여도, 선지를 먼저 읽고 객관적인 근거만 제시문에서 찾을 수 있다면 정답을 빠르게 고를 수 있다. 즉, 모르는 단어가 있다고 당황하지 않는 것이 중요하다.

Tip ❷ 자의적 판단을 주의하자.

친일파에 관한 제시문이기에 기본 배경지식이 있다고 생각하여, 읽지 않고 선지의 진위 여부를 판단하려 하는 것은 금물이다. 해당 문제는 옳은 선지를 고르는 것이 아니라, '다음 글에서 알 수 있는 것'을 고르는 것이 목표이다. 본인의 주관대로 선지를 판단했다가 오답을 고르게 될 수 있다.

예를 들어 ③번 선지는 제시문의 내용과 관계없이 타당해 보이는 선지이다. 황국신민화 정책으로 친일파가 생기고, 이에 대응하기 위해 독립운동이 활성화되었던 것은 역사적으로도 사실이기 때문이다. 그러나 사실과 관계없이 이 내용을 제시문에서 확인할 수 없기에 오답이었다.

Tip ❸ 제시문의 서술대상과 그에 대한 서술 의도를 파악하자.

서술의 대상인 일제의 황국신민화, 내선일체 및 그에 대한 친일파의 태도에 대한 필자의 의도는 어떠한지 파악해야 한다. 서술대상에 대해 파악할 때는 황국신민화가 무엇인지, 이를 시행하는 '일제'의 태도 및 '친일파'의 태도는 무엇인지 구분하며 읽으면 선지 판단에 도움이 된다. ①, ③은 황국신민화에 대하여, ②, ④는 그에 대한 친일파의 태도, ⑤는 일제의 태도를 묻고 있기 때문이다. 더불어 제시문의 의도가 대상을 비판 또는 옹호하는 것인지, 혹은 객관적인 설명만 나열하는지, 장점과 단점을 모두 아우르는 식의 언급을 하고 있는지 등 글쓴이의 〈태도〉를 파악할 수 있어야 한다. 일반적으로 일제의 통치 시기에 대한 서술은 양면적 서술보다는 비판 위주의 서술이 주를 이루고 있다.

이는 강조어구를 통해 더 쉽게 판단할 수 있다. 1문단의 〈기만적 통치술〉, 〈강요하였다〉, 2문단의 〈필연적 괴리〉, 〈허구에 불과했다〉, 3문단에 〈어리석게도〉 등은 일반적인 설명문에는 잘 사용되지 않는 강한 어구들이다. 이를 통해 필자의 대상에 대한 태도를 직관적으로 파악할 수 있다.

052 정답 ❸ 난이도 ●○○

문제유형 사실적 이해 > 정보 확인

접근전략 선지를 먼저 확인하는 것만으로도 제시문의 내용을 대강 예측할 수 있다. 제시문에 특정 사건의 원인과 결과가 연속적으로 등장하는 만큼 사건의 인과 관계를 올바르게 판단하길 요구하는 선지가 많았다. 선지를 먼저 보고 제시문에서 중요하게 읽어야 할 부분을 파악한 후, 독해 과정 중에 선지로 구성될 만한 정보를 기호로 잘 표시해두면 좋다.

다음 글에서 알 수 있는 것은?

(1) 내가 어렸을 때만 하더라도 원래 북아메리카에는 100만 명 가량의 원주민밖에 없었다고 배웠다. (2) 이렇게 적은 수라면 거의 빈 대륙이라고 할 수 있으므로 백인들의 아메리카 침략은 정당해 보였다. (3) 그러나 고고학 발굴과 미국의 해안 지방을 처음 밟은 유럽 탐험가들의 기록을 자세히 검토한 결과 원주민들이 처음에는 수천 만 명에 달했다는 것을 알게 되었다. (4) 아메리카 전체를 놓고 보았을 때 콜럼버스가 도착한 이후 한두 세기에 걸쳐 원주민 인구는 최대 95 %가 감소한 것으로 추정된다.

▶ 1문단

(1) 그런데 유럽의 총칼에 의해 전쟁터에서 목숨을 잃은 아메리카 원주민보다 유럽에서 온 전염병에 의해 목숨을 잃은 원주민 수가 훨씬 많았다. (2) 이 전염병은 대부분의 원주민들과 그 지도자들을 죽이고 생존자들의 사기를 떨어뜨림으로써 그들의 저항을 약화시켰다. (3) 예를 들자면 1519년에 코르테스는 인구 수천만의 아스텍 제국을 침탈하기 위해 멕시코 해안에 상륙했다. (4) 코르테스는 단 600명의 스페인 병사를 이끌고 아스텍의 수도인 테노치티틀란을 무모하게 공격했지만 병력의 3분의 2만 잃고 무사히 퇴각할 수 있었다. (5) 여기에는 스페인의 군사적 강점과 아스텍족의 어리숙함이 함께 작용했다. (6) 코르테스가 다시 쳐들어왔을 때 아스텍인들은 더이상 그렇게 어리숙하지 않았고 몹시 격렬한 싸움을 벌였다. (7) 그런데도 스페인이 우위를 점할 수 있었던 것은 바로 천연두 때문이었다. (8) 이 병은 1520년에 스페인령 쿠바에서 감염된 한 노예와 더불어 멕시코에 도착했다. (9) 그때부터 시작된 유행병은 거의 절반에 가까운 아스텍족을 몰살시켰으며 거기에는 쿠이틀라우악 아스텍 황제도 포함되어 있었다. (10) 이 수수께끼의 질병은 마치 스페인인들이 무적임을 알리려는 듯 스페인인은 내버려두고 원주민만 골라 죽였다. (11) 그리하여 처음에는 약 2,000만에 달했던 멕시코 원주민 인구가 1618년에는 약 160만으로 곤두박질치고 말았다.

▶ 2문단

① **전염병에 대한 유럽인의 면역력은 그들의 호전성을 높여주었다.**
→ (×) 전염병인 천연두가 멕시코 원주민 인구만을 골라 죽였다.[2문단(9)] 이는 곧 해당 전염병에 대해 유럽인과 아메리카 원주민의 면역력 차이가 있었다는 것을 보여준다. 그러나 이러한 면역력과 전쟁을 좋아한다는 호전성 간의 관계는 제시문에 언급되어 있지 않다. 따라서 이는 알 수 없는 내용이다.

② **스페인의 군사력이 아스텍 제국의 저항을 무력화하는 원동력이 되었다.**
→ (×) 코르테스가 이끄는 군사가 다시 쳐들어왔을 때, 아스텍인들은 이전처럼 어리숙하지 않았고 몹시 격렬한 싸움을 벌이며 저항했다.[2문단(5)] 그러나 이러한 저항에도 스페인이 우위를 점할 수 있었던 것은 천연두 때문이었다.[2문단(6)] 즉, 아스텍 제국의 저항을 무력화하는 원동력이 되었던 것은 스페인의 군사력이 아닌 천연두에 해당한다.

③ **아메리카 원주민의 수가 급격히 감소한 주된 원인은 전염병 감염이다.**
→ (O) 아메리카 원주민의 수는 최대 95%가 감소하였다.[1문단(4)] 이때, 유럽의 총칼에 의해 전쟁터에서 목숨을 잃은 아메리칸 원주민보다 유럽에서 온 전염병에 의해 목숨을 잃은 원주민 수가 훨씬 많았으므로 [2문단(1)], 아메리카 원주민 인구 감소의 주된 원인은 전염병 감염이었다는 것을 알 수 있다.

④ **유럽인과 아메리카 원주민의 면역력 차이가 스페인과 아스텍 제국의 1519년 전투 양상을 변화시켰다.**
→ (×) 1519년은 코르테스가 이끄는 스페인 군사가 아스텍 제국을 처음 쳐들어 왔던 해이고[2문단(3)], 이때의 전투 양상에는 스페인의 군사적 강점과 아스텍족의 어리숙함이 함께 작용해 영향을 미쳤다.[2문단(4)] 전염병에 대한 면연력 차이가 문제가 되었던 전투는 1520년 이후 코르테스가 다시 쳐들어왔을 때이다.[2문단(7)]

⑤ **코르테스가 다시 침입했을 때 아스텍인들이 격렬히 저항한 것은 아스텍 황제의 죽음에 분노했기 때문이다.**
→ (×) 코르테스가 다시 침입했을 때 아스텍인들이 격렬히 저항한 것은 그들이 더 이상 이전과 같이 어리숙하지 않았기 때문이다.[2문단(5)] 또한, 이렇게 아스텍인들이 격렬하게 저항했음에도 불구하고 아스텍 황제를 포함하여 많은 아스텍족들이 몰살되었던 것은 전염병 때문이었다.[2문단(8)] 따라서, 해당 선지의 내용은 사건의 인과관계가 성립하지 않는다.

제시문 분석

1문단 아메리카 원주민 인구수에 대한 오해

〈아메리카 원주민 인구 감소〉		
〈오해〉		〈실제〉
필자는 북아메리카에는 100만 명 가량의 적은 원주민밖에 없었다고 배웠기 때문에 아메리카 침략이 정당해 보였다. (1),(2)	→	그러나 고고학 발굴과 미국의 해안 지방을 처음 밟은 유럽 탐험가들의 기록을 자세히 검토한 결과 원주민들이 처음에는 수천 만 명에 달했다는 것을 알게 되었다.(3)

2문단 아메리카 원주민 감소 원인과 사례

〈전염병〉
전염병은 대부분의 원주민들과 그 지도자들을 죽이고 생존자들의 사기를 떨어뜨림으로써 그들의 저항을 약화시켰다.(2)

〈코르테스와 아스텍 제국의 첫 번째 전투〉		
〈원인〉		〈결과〉
스페인의 군사적 강점과 아스텍족의 어리숙함이 함께 작용했다.(4)	→	코르테스는 단 600명의 스페인 병사를 이끌고 아스텍의 수도인 테노치티틀란을 무모하게 공격했지만 병력의 3분의 2만 잃고 무사히 퇴각할 수 있었다.(3)

〈코르테스와 아스텍 제국의 두 번째 전투〉		
〈원인〉		〈결과〉
스페인이 우위를 점할 수 있었던 것은 바로 천연두 때문이었다.(6)	→	이 수수께끼의 질병은 마치 스페인인들이 무적임을 알리려는 듯 스페인인은 내버려두고 원주민만 골라 죽였다.(9)

→	〈아메리카 원주민 인구의 급격한 감소〉	그리하여 처음에는 약 2,000만에 달했던 멕시코 원주민 인구가 1618년에는 약 160만으로 곤두박질치고 말았다.(10)

합격자의 실전 풀이 순서

❶ 발문 읽기 및 선지 유형 파악

항상 발문을 먼저 제대로 읽자. 본 문제는 글에서 알 수 있는 것을 고르는 유형의 문제이다. 알 수 있는 것을 고르는 문제는 부합하는 것을 고르는 문제와 같다. 해당 유형은 제시문 내용과 일치하거나 그로부터 추론 가능한 선지가 정답이 되며, 제시문 내용과 상충하거나 그로부터 추론할 수 없는 선지가 오답이 된다. 이 유형에서는 '제시문에 명확한 근거 없음'으로 오답인 선지가 구성되는 경우도 존재하므로 조심해야 한다. 또한, 발문에 ○ 표시를 해놓고 문제를 풀면 옳은 것을 골라야 하는 문제에서 옳지 않은 것을 고르게 되는 실수가 줄어든다.

❷ 제시문 독해

제시문 독해 시, 제시문을 어느 정도로 꼼꼼히 읽을 것인지는 각자의 풀이법에 따라 달라진다. 언어논리 고득점자 중에는 선지로부터 키워드를 찾고, 키워드를 제시문에서 찾아가는 방식으로 정보확인유형 문제를 푸는 사람도 있다. 그러나 초심자에게 해당 방식을 채택하는 것을 추천하지 않는다. 선지의 키워드를 제시문에서 찾으려는 경우, 글의 구조가 어떻게 구성되는지 알지 못하거나 시험장에서 지나치게 긴장하여 해당 키워드를 찾지 못하는 불상사가 발생할 수 있기 때문이다. 또한, 최근에는 문단 간의 정보를 연결해야 하는 문제가 나와 키워드 찾기 방식의 효용이 떨어지고 있다. 따라서 처음에는 시간을 들여 모든 제시문을 꼼꼼히 분석하는 연습을 하고, 차차 자신이 안정적으로 선지를 판단할 수 있는 수준으로 제시문 독해 시간을 줄여가는 것을 추천한다.

독해 실력이 특출나지 않는 사람들 대다수에게는 제시문의 구조와 선지에서 나올만한 중요한 내용을 파악하며 1분에서 2분 사이 내에 제시문을 읽는 것을 추천한다. 이때 선지에서 나올만한 내용으로는, 두 대상의 공통점과 차이점, 인과 관계, 두 대상의 성능 및 효과 비교, 접속어로 시작하는 문장의 주요 내용, '반드시', '필수적'과 같은 표현으로 강조되는 내용 등이 있다. 다양한 정보확인문제를 통해 선지에서 주로 묻는 내용이 무엇인지 정리한 뒤, 제시문에서 선지에 나올만한 내용을 미리 파악하며 읽는 습관을 들이자.

1문단은 아메리카 원주민 인구가 유럽의 침략에 의해 급격히 감소했다는 내용으로 요약할 수 있다. '~인 듯 하다.', '~인 듯 보인다.' 식의 뉘앙스를 가진 내용은 후에 반박될 가능성이 매우 크다. 실제로, 본 문제의 1문단 (2), (3)을 보면, '~해 보였다.'라는 표현이 나온 후 '그러나'라는 접속어로 시작되는 문장으로 반박됨을 확인할 수 있다. 이처럼 제시문 내에서 반박되거나 부정되는 내용은 선지에서 선후관계가 바뀌어 출제될 수 있으니 괄호와 같은 기호로 표시해두자.

2문단 첫 문장부터 전염병이 인구 감소에 중대한 영향을 미쳤다는 힌트가 나온다. 이와 함께 집중해야 할 나라 이름들이 전투의 예시로 등장한다. 이때 각 전쟁을 '시간의 흐름'이라고 인식하고, 시간의 흐름에 따라 어떤 변화나 차이점이 생겼는지 잘 파악하자. 두 번의 전투에서 스페인군이 승리한 요인에 차이가 존재한다는 것을 확인할 수 있다. 또한, 대조, 반전되는 내용이 서술되는 경우 선지로 제시될 수 있어 주의하여 읽는 것이 좋다. 2문단 문장 (1)의 '그런데'나 (6)의 '그런데도'는 부분은 앞서 언급한 내용과 대조, 반전되는 내용을 서술하는 접속사이다. 이 부분이 선지 ③과 같이 등장하였다.

❸ 선지 판단

전쟁과 관련된 지문이었던 만큼 인과 관계가 옳은지 판단하는 선지가 많다.

① 호전성이라는 키워드는 제시문에서 확인할 수 없었기에 우선 정답이 아니다.

② 아스텍의 '저항'은 두 번째 침략 때의 '격렬한 싸움'과 대응된다. 두 번째 침략은 전투력 차이보다는 전염병에 의해 승패가 결정되었으므로, 본선지는 오답이다.

③ 두 번째 문단 전체를 요약하는 한 문장이고, 정답이다.

④, ⑤ 모두 스페인과 아스텍 사이에서 발생한 첫 번째 전투와 두 번째 전투 결과의 원인이 어떻게 다른지를 묻고 있다. 제시문을 읽으면서 이 두 전투의 차이를 잘 이해했다면 쉽게 오답임을 확인하고 다음 문제로 넘어갈 수 있다.

합격자의 시간단축 Tip

(Tip) 중요하지 않은 부분은 빠르게 읽자.

첫 문단의 100만, 95%라는 숫자에 갇혀있지 말고, 어떠한 원인에 의해 아메리카 원주민 인구가 급격히 감소했다는 사실 정도만 알고 넘어가도 좋다. 이 제시문의 핵심적인 내용은 두 번째 문단에 몰려 있기 때문이다.

053 정답 ⑤

난이도 ●●○

문제유형 비판적 사고 > 빈칸 채우기

접근전략 해당 문제는 빈칸 채우기 유형으로, 보기보다 내용을 정확히 이해하여 그들 간 논리적인 관계를 파악해 정답을 도출하는 문제이다. 동시에 대화 형태로 주어져 있어서 문답이 오고 가는 과정에서 질문을 중심으로 내용을 정리할 수 있다. 이렇게 문답 형태로 구성되어 있다면 단 하나의 주제가 있다기보다 이전의 내용들이 제약조건으로 작동하는 경우가 많다. 같은 내용에 대해 반복해서 물을 수는 없기 때문이다. 따라서 어떤 명확한 주제를 찾기보다는 내용 간 관계 파악을 우선으로 하고, 그들을 간단히 정리하며 읽다가 빈칸을 마주했을 때 정리한 것을 바탕으로 빈칸을 채우는 것이 중요하다.

다음 대화의 빈칸에 들어갈 내용으로 가장 적절한 것은?

갑: (1) 이번 프로젝트는 정보 보안이 매우 중요해서 1인당 2대의 업무용 PC를 사용하기로 하였습니다. (2) 원칙적으로, 1대는 외부 인터넷 접속만 할 수 있는 외부용 PC이고 다른 1대는 내부 통신망만 이용할 수 있는 내부용 PC입니다. (3) 둘 다 통신을 제외한 다른 기능을 사용하는 데는 아무런 제한이 없습니다.

을: (4) 외부용 PC와 내부용 PC는 각각 별도의 저장 공간을 사용하나요?

갑: (5) 네, 맞습니다. (6) 그러나 두 PC 간 자료를 공유하려면 두 가지 방법만 쓰도록 되어 있습니다. (7) 첫 번째 방법은 이메일을 이용하는 것입니다. (8) 본래 내부용 PC는 내부 통신망용이라 이메일 계정에 접속할 수 없지만, 프로젝트 팀장의 승인을 받아 ○○메일 계정에 접속한 뒤 자신의 ○○메일 계정으로 자료를 보내는 것만 허용하였습니다.

을: (9) 그러면 첫 번째 방법은 내부용 PC에서 외부용 PC로 자료를 보낼 때만 가능하겠군요. (10) 두 번째 방법을 이용하면 외부용 PC에서 내부용 PC로도 자료를 보낼 수 있나요?

갑: (11) 물론입니다. (12) 두 번째 방법은 내부용 PC와 외부용 PC에 설치된 자료 공유 프로그램을 이용하는 것인데, (13) 이를 이용하면 두 PC 간 자료의 상호 공유가 가능합니다.

을: (14) 말씀하신 자료 공유 프로그램을 이용하면 두 PC 사이에 자료를 자유롭게 공유할 수 있는 건가요?

갑: (15) 파일 개수, 용량, 공유 횟수에는 제한이 없습니다. (16) 다만, 이 프로그램을 사용할 때는 보안을 위해 프로젝트 팀장이 비밀번호를 입력해 주어야만 합니다.

을: (17) 그렇군요. (18) 그런데 외부용 PC로 ㅇㅇ메일이 아닌 일반 이메일 계정에도 접속할 수 있나요?

갑: (19) 아닙니다. (20) 원칙적으로는 외부용 PC에서 자료를 보내거나 받기 위하여 사용 가능한 이메일 계정은 ㅇㅇ메일뿐입니다. (21) 그러나 예외적으로 필요한 경우에 한해 보안 부서에 공문으로 요청하여 승인을 받으면, 일반 이메일 계정에 접속하여 자료를 보내거나 받을 수 있습니다.

을: (22) 아하! 외부 자문위원의 자료를 전달 받아 내부용 PC에 저장하기 위해서는 [　　　　　　　　　　　　]

① 굳이 프로젝트 팀장이 비밀번호를 입력할 필요가 없겠군요.

→ (×) 외부용 PC에서 일반 메일을 이용하는 방법을 사용하든(21), ㅇㅇ메일을 이용하는 방법을 사용하든(20), 외부용 PC에서 내부용 PC에 자료를 보내려면 반드시 자료 공유 프로그램을 이용해야 한다.(12),(13). 이 프로그램을 사용하기 위해서는 보안을 위해 프로젝트 팀장이 비밀번호를 입력해 주어야 한다.(16) 즉 어떤 방법을 택하든 반드시 프로젝트 팀장이 비밀번호를 입력해야 하므로, 해당 선지는 빈칸에 들어가기에 적절하지 않다.

② 사전에 보안 부서에 요청하여 외부용 PC로 일반 이메일 계정에 접속할 수 있는 권한을 부여받는 방법밖에 없겠네요.

→ (×) 외부 자문위원의 자료를 내부용 PC에 저장하기 위한 방법 중 하나로 다음의 방법이 있다. 외부 자문의 PC에서 외부용 PC를 거쳐 내부용 PC에 자료를 저장하는 것이다. 외부 자문이 ㅇㅇ메일 계정으로 자료를 보내고, 승인 없이 외부용 PC에서 ㅇㅇ메일 계정에 접속하여 자료를 받는다.(20) 그리고 프로젝트 팀장이 비밀번호를 입력해 줌으로써(16) 자료 공유 프로그램을 이용해 내부용 PC로 자료를 공유하는 것이다.(12).(13) 이 방법을 사용하면 외부용 PC로 일반 이메일 계정에 접속할 필요가 없다. 물론 외부 자문위원이 일반 메일로 자료를 보내고, 사전에 보안 부서에 요청하여 외부용 PC로 일반 이메일 계정에 접속하여 자료를 받고(21), 자료 공유 프로그램을 이용해 내부용 PC에 자료를 전달하는 방법도 가능하다.(12),(13) 그러나 앞서 설명한 외부용 PC가 일반 메일을 사용하지 않는 첫 번째 방법이 있으므로, 반드시 두 번째 방법밖에 없는 게 아니다. 따라서 해당 선지는 빈칸에 들어갈 내용으로 적절하지 않다.

③ 외부 자문위원의 PC에서 ㅇㅇ메일 계정으로 자료를 보낸 뒤, 내부용 PC로 ㅇㅇ메일 계정에 접속하여 자료를 내려 받으면 되겠군요.

→ (×) 프로젝트 팀장의 승인을 받는다면 내부용 PC에서 ㅇㅇ메일 계정에 접속하는 것은 가능하다.(8) 그러나 자료는 자신의 ㅇㅇ메일 계정에 보내는 것만 가능하다.(8) 따라서 ㅇㅇ메일 계정을 통해 내부용 PC에 자료를 저장할 수는 없으므로(8), 해당 선지는 빈칸에 들어갈 내용으로 적절하지 않다.

④ 외부 자문위원의 PC에서 일반 이메일 계정으로 자료를 보낸 뒤, 사전에 보안 부서의 승인을 받아 내부용 PC로 일반 이메일 계정에 접속하여 자료를 내려받으면 되겠네요.

→ (×) 내부용 PC는 어떤 경우에도 일반 이메일 계정에 접속할 수 없다. (2),(7),(8) 일반 이메일 계정을 이용하는 방법은 외부용 PC가 보안 부서의 승인을 받아 일반 이메일 계정에 접속하여 전달받는 방법뿐이다.(12), (13),(21) 따라서 해당 선지는 빈칸에 들어갈 내용으로 적절하지 않다.

⑤ 외부 자문위원의 PC에서 ㅇㅇ메일 계정으로 자료를 보낸 뒤, 외부용 PC로 ㅇㅇ메일 계정에 접속해 자료를 내려받아 자료 공유 프로그램을 이용하여 내부용 PC로 보내면 되겠네요.

→ (O) 우선 외부 자문위원의 자료를 내부용 PC에 저장하기 위한 방법 중 한 가지는 외부 자문의 PC에서 메일을 통해 외부용 PC를 거쳐 자료 공유 프로그램으로 내부용 PC에 자료를 저장하는 것이다. 즉, 외부 자문이 ㅇㅇ메일 계정으로 자료를 보내고, 승인 없이 외부용 PC에서 ㅇㅇ메일 계정에 접속하여 자료를 받는다(20). 그리고 프로젝트 팀장이 비밀번호를 입력해 줌으로써(16) 자료 공유 프로그램을 이용해 내부용 PC로 자료를 공유하는 것이다.(12).(13) ⑤번 선지는 두 번째 방법에 해당하므로, 빈칸에 들어갈 내용으로 적절하다.

제시문 분석

제시문 프로젝트에서 사용하는 2대의 업무용 PC의 통신 특성

	〈차이점〉	〈공통점〉
〈외부용 PC〉	외부 인터넷 접속만 가능(2)	통신을 제외한 다른 기능을 사용하는 데는 아무런 제한이 없음(3)
〈내부용 PC〉	내부 통신망만 이용할 수 있음(2)	

제시문 두 PC 간 자료를 공유하는 방법

〈첫 번째 방법: 이메일 이용(7)〉

본래 내부용 PC는 내부 통신망용이라 이메일 계정에 접속할 수 없지만, 프로젝트 팀장의 승인을 받아 ㅇㅇ메일 계정에 접속한 뒤 자신의 ㅇㅇ메일 계정으로 자료를 보내는 것만 허용(8)

↓

내부용 PC에서 외부용 PC로 자료를 보낼 때만 가능한 방법(9)

〈두 번째 방법: PC에 설치된 자료 공유 프로그램 이용〉

파일 개수, 용량, 공유 횟수에는 제한 ×(15)
이 프로그램을 사용할 때는 보안을 위해
프로젝트 팀장이 비밀번호를 입력해주어야만 한다.(16)

↓

두 PC 간 자료의 상호 공유 가능(14)

제시문 외부용 PC로 ㅇㅇ메일이 아닌 일반 이메일 계정에도 접속 가능 여부

〈원칙〉	〈예외〉
원칙적으로 외부용 PC에서 자료를 보내거나 받기 위하여 사용 가능한 이메일 계정은 ㅇㅇ메일뿐(20).	예외적으로 필요한 경우에 한해 보안 부서에 공문 요청하여 승인을 받으면, 일반 이메일 계정에 접속하여 자료를 보내거나 받을 수 있음(21)

합격자의 실전 풀이 순서

사실 확인 유형

❶ 유형 식별하기

본 문제의 발문이 '빈칸에 들어갈 것'을 묻고 있음에도 다른 빈칸 채우기 유형과 다른 이유는 지문으로 대화가 제시되었기 때문이다. 즉, 학술적 개념에 대한 설명문이 아니라 가상의 상황에 대한 명제들이 제시된 것이다. 물론 대화 구조가 어떤 이론에 관한 궁금증과 해결일 수도 있다. 둘 중 어떤 유형인지는 지문에서 확인해야 하며 이는 쉽게 확인할 수 있다. 그러나 대부분은 "A라면 어떻게 되는가?" "B라면 어떻게 되

는가?"라는 식으로 질문하는 대화가 나오기 때문에 확률적으로 하나의 이론을 다루는 것이 아니라고 전제하고 독해를 시작해도 좋다.

빈칸 채우기 유형에 해당하는 5문에서는 '핵심 내용 파악하기'가 중요하다고 설명한 바 있다. 그러나 이 문제에서는 지문 전체를 아우르는 주제 내지는 주장이 무엇인지 찾을 수도, 필요도 없다. 그 실질이 논리 퀴즈에 가깝기 때문이다.

결과적으로, 문제에서 요구하는 빈칸을 채우기 위해서는 일반적인 빈칸 채우기 유형과 같이 대주제와 소주제를 찾는 것이 아니라, 명제들 간의 논리적 관계를 파악하는 것이 중요하다. 다만, 본 문제는 복잡한 추론이나 논리학 규칙을 요구하지 않는다. 제시된 지문을 정확히 읽고 이해했다면 누구든 풀 수 있는 문제다.

❷ **지문 파악하기**

본 문제는 지문의 대화에 제시된 단편적인 정보들을 서로 연결하여 빈칸에 들어갈 정보를 추론하는 형태다. 즉, 대화를 정확하게 이해하는 것이 중요하다. 그런데 이런 대화형식은 고의적으로 규칙을 흩뿌려두는 식으로 구성되곤 한다. 따라서 대화 내용을 본인이 스스로 정리해보는 과정이 필요하다.

대화 내용을 정리하면 다음과 같다. 이를 실전에서 해야 하는데, 모든 글씨를 다 적을 필요는 없고 내부-외부 간 화살표를 중심으로 정리하면 된다.

내부용 PC	외부용 PC
내부 통신망만 이용 가능 이메일 접속 불가 예외: 정보공유 방법 ①	외부 인터넷 접속만 가능 이메일은 ○○메일만 접속 가능 예외: 보안 부서에 공문으로 요청&승인 시 일반 이메일 접속 가능

PC 간 정보공유 방법
① 이메일 (내부 → 외부) 내부용 PC에서 프로젝트 팀장의 승인 → 자신의 ○○메일 계정으로 자료 수신
② 자료 공유 프로그램 (내부 ↔ 외부) 자료 공유 프로그램에서 프로젝트 팀장이 비밀번호 입력 → PC 간 자료 공유

❸ **선지 고르기**

마지막 단계에서는 지문을 이해한 바를 바탕으로 빈칸에 들어갈 내용을 추론한다. 외부 자문위원의 자료를 전달받아 최종적으로 내부용 PC에 저장하기 위해서는 다음과 같은 단계를 거쳐야 한다.

외부 자문위원	→ (일반 이메일 계정 또는 ○○메일 계정)	외부용 PC	→ (자료 공유 프로그램)	내부용 PC

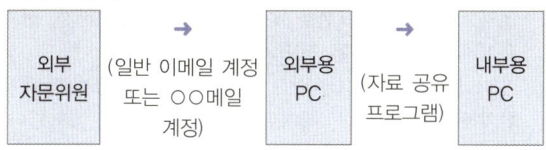

선지 ⑤가 ○○메일 계정을 사용하는 방법을 정확하게 제시하고 있으므로, 정답임을 알 수 있다.

합격자의 시간단축 Tip

Tip ❶ 케이스 분류 구조의 문제풀이

해당 문제는 특정 상황에 대응하는 방법들이 제시되는 구조로 이루어져 있다. 예를 들어 두 PC 간 자료를 해야 하는 상황에는 이메일 이용 또는 자료 공유 프로그램을 사용하는 두 가지의 방법들이, 외부용 PC에 메일 계정으로 접속하는 상황에는 OO메일로 접속하거나 예외적으로 승인 하에 일반 이메일 계정으로 접속하는 방법들이 제시되고 있다. 이처럼 한 상황에 대해 복수의 방법들이 제시되는 경우에는 이를 응용하여 문제를 내는 경우가 많기 때문에, 제시문을 읽을 때부터 미리 상황별 방법들을 나누어 정리해 읽는 것이 좋다.

Tip ❷ ○○메일이라는 단어에 집착하면 안 된다.

메일은 송수신이 가능하므로 내부-외부 간 자유로운 전달이 가능할 것으로 착각하기 쉽다. 그러나 을의 두 번째 대화를 보면 지문 내에서의 자체적인 결론을 사용하여 명확히 제한조건을 정해주고 있다. 이처럼 지문 내 특수한 조건을 간과해서는 안 된다. 이를 확보하기 위해서는 갑의 실질 내용에만 집중하지 말고 을의 질문 자체에도 집중해야 한다. 또한, 을의 결론에 대해 갑이 반박의 말이 없다면 그게 가장 효과적인 요약임에 유의한다.

Tip ❸ 요약이 힘들다면 간략화한다.

예컨대 <보안 부서에 공문으로 요청&승인 시 일반 이메일 접속 가능>이라는 구절은 '보안+공문+승인'이라고 간략화할 수 있다. 더 심하게 요약한다면 '보안승인'이라고만 할 수도 있다. 이렇게 필기를 간략화해서 하는 습관을 들이면 빠른 문제 해결에 유리하다.

054 정답 ③ 난이도 ●●○

문제유형 비판적 사고 > 판단하기

접근전략 해당 문제는 제시문 내에 구체적인 사례를 확인하고 이를 <보기>의 선지에 적용하는 문제이다. 여기서는 지문의 핵심 내용과 제시문의 각 사례를 파악한 후, 이를 잘 정리하여 이들을 바탕으로 선지를 판단하자.

다음 글의 (가)와 (나)에 대한 판단으로 적절한 것만을 <보기>에서 모두 고르면?

(1) 확률적으로 가능성이 희박한 사건이 우리 주변에서 생각보다 자주 일어나는 것처럼 보인다. (2) 왜 이러한 현상이 발생하는지를 설명하는 다음과 같은 두 입장이 있다.

(가) (3) 만일 당신이 가능한 모든 결과들의 목록을 완전하게 작성한다면, 그 결과들 중 하나는 반드시 나타난다. (4) 표준적인 정육면체 주사위를 던지면 1에서 6까지의 수 중 하나가 나오거나 어떤 다른 결과, 이를테면 주사위가 탁자 아래로 떨어져 찾을 수 없게 되는 일 등이 벌어질 수 있다. (5) 동전을 던지면 앞면 또는 뒷면이 나오거나, 동전이 똑바로 서는 등의 일이 일어날 수 있다. (6) 아무튼 가능한 결과 중 하나가 일어나리라는 것만큼은 확실하다.

(나) (7) 한 사람에게 특정한 사건이 발생할 확률이 매우 낮더라도, 충분히 많은 사람에게는 그 사건이 일어날 확률이 매우 높을 수 있다. (8) 예컨대 어떤 불행한 사건이 당신에게 일어날 확률은 낮을지 몰라도, 지구에 현재 약 70억 명이 살고 있으므로, 이들 중 한두 사람이 그 불행한 일을 겪고 있다는 것은 이상한 일이 아니다.

보기

ㄱ. 로또 복권 1장을 살 경우 1등에 당첨될 확률은 낮지만, 모든 가능한 숫자의 조합을 모조리 샀을 때 추첨이 이루어진다면 무조건 당첨된다는 사례는 (가)로 설명할 수 있다.

→ (O) 로또 복권에 들어가는 숫자의 모든 가능한 조합을 모조리 산다면, 그 안에는 무조건 당첨 숫자가 들어갈 수밖에 없다(3). 이는 표준적인 정육면체 주사위를 던지거나(4), 동전을 던졌을 때(5) 가능한 모든 결과들의 목록을 완전하게 작성한다면, 그 결과들 중 하나는 반드시 나타난다(3)는 (가)의 내용과 일치한다.

ㄴ. 어떤 사람이 교통사고를 당할 확률은 매우 낮지만, 대한민국에서 교통사고는 거의 매일 발생한다는 사례는 (나)로 설명할 수 있다.

→ (O) 이는 한 사람에게 특정한 사건이 발생할 확률을 매우 낮더라도, 충분히 많은 사람에게는 그 사건이 일어날 확률이 매우 높을 수 있다(7)는 (나)의 내용과 일치한다. 교통사고라는 불행한 사건이 어떤 사람에게 발생할 확률은 낮지만, 충분히 많은 사람이 있는 대한민국에서는 교통사고가 일어날 확률이 매우 높아서 거의 매일 발생할 수 있기 때문이다(8).

ㄷ. 주사위를 수십 번 던졌을 때 1이 연속으로 여섯 번 나올 확률은 매우 낮지만, 수십만 번 던졌을 때는 이런 사건을 종종 볼 수 있다는 사례는 (가)로 설명할 수 있으나 (나)로는 설명할 수 없다.

→ (×) 주사위를 수십 번 던지는 정도의 작은 수의 시행으로는 1이 연속으로 여섯 번 나올 확률을 매우 적다. 그러나 수십만 번, 즉 충분한 수의 시행에서는 이런 사건을 종종 볼 수 있다. 이는 한 사람과 같이 적은 수의 경우에서 특정한 사건, 즉 1이 연속으로 여섯 번 나올 확률을 매우 낮지만, 수십만 번의 충분한 수의 경우에는 이런 특정한 사건이 일어날 가능성이 매우 높다(7)는 (나)의 내용으로 설명할 수 있다.

① ㄱ → (×)
② ㄷ → (×)
③ ㄱ, ㄴ → (O)
④ ㄴ, ㄷ → (×)
⑤ ㄱ, ㄴ, ㄷ → (×)

제시문 분석

제시문 확률적으로 희박한 사건이 자주 일어나 보이는 이유

〈확률적으로 희박한 사건〉
확률적으로 가능성이 희박한 사건이 우리 주변에서 생각보다 자주 일어나는 것처럼 보인다. 이러한 현상이 발생하는 원인을 설명하는 두 입장이 있다.(1),(2)

첫 번째 입장

〈첫 번째 입장〉	
만일 당신이 가능한 모든 결과들의 목록을 완전하게 작성한다면, 그 결과들 중 하나는 반드시 나타난다.(3)	
〈예시〉	
〈가능한 결과①-주사위 던지기〉	〈가능한 결과②-동전 던지기〉
1~6까지의 수, 주사위가 탁자 아래로 떨어져서 찾을 수 없게 되는 일 등(4)	앞면 또는 뒷면, 동전이 똑바로 서는 일 등 (5)

→

〈결론〉	아무튼 가능한 결과 중 하나가 일어나리라는 것은 확실하다.(6)

두 번째 입장

〈두 번째 입장〉
한 사람에게 특정한 사건이 발생할 확률이 매우 낮더라도, 충분히 많은 사람에게는 그 사건이 일어날 확률이 매우 높을 수 있다.(7)
↓
예컨대 어떤 불행한 사건이 당신에게 일어날 확률은 낮을지 몰라도, 지구에 현재 약 70억 명이 살고 있으므로, 이들 중 한두 사람이 그 불행한 일을 겪고 있다는 것은 이상한 일이 아니다.(8)

합격자의 실전 풀이 순서

사례 적용 유형

사례적용 유형은 지문에서 구체적인 사례를 제시한 후, 이를 선지 또는 보기에 적용하는 구조의 문제들을 말한다. 추론 중 유비추론 능력을 테스트하는 유형이라고 할 수 있다.

❶ 유형 식별하기

- **발문:** 사례에 대한 판단으로 적절한 것은?
- **지문:** 특정한 주제에 대한 사례가 (가), (나), (다) 등의 기호로 제시되는 형식
- **선지 또는 보기:** 사례가 적용 가능한지, 사례를 반박하는지 등을 물음

이런 것들을 종합해서 판단할 수 있다.

❷ 지문 파악하기

이 단계에서는 지문의 핵심 내용은 무엇인지, 지문에 제시된 각 사례는 무엇을 말하고자 하는지 파악한다. 사례적용 유형에 제시되는 지문은 대부분 구조가 간단하기에, 글의 얼개를 파악하는 데에 오랜 시간이 걸리지 않을 것이다. 지문의 구조를 파악한 후에는 각 사례가 한 문장으로 정리되는 수준으로 파악하도록 한다.

본 문제의 구조 및 각 사례의 내용을 정리하면 다음과 같다.

- **핵심 내용:** 확률이 낮은 사건이 우리 주변에서 생각보다 자주 일어난다고 느껴지는 현상의 원인은 무엇인가?
- **(가):** 가능한 모든 결과의 목록을 완전하게 작성한다면, 그중 하나는 무조건 발생한다.
- **(나):** 한 사람에게 발생할 확률이 매우 낮은 사건이라도, 충분히 많은 사람에게 적용한다면 발생할 확률이 높을 수 있다.

❸ 보기 적용하기

지문의 내용을 이해했다면, 이 단계에서는 보기 또는 선지에 적용하여 정답을 찾는다. 이 단계에서는 두 가지를 명심하자.

첫째, '있다/없다' 표현을 헷갈리지 않도록 주의하자. 선지에 표기하면서 진행하는 것도 좋다.

'있다/없다' 표현에 O/× 표시를 한 기준은 〈보기〉의 내용과 합치하는지 여부이다. 제대로 풀었을 경우 사례 ㄱ과 ㄴ이 옳고, ㄷ은 옳지 않음을 시각적으로 바로 알 수 있다.

둘째, 사례에서 추론할 수 없는 내용을 자의적으로 넘겨짚은 것은 아닌지 항상 의심하자.

본 문제의 〈보기〉를 두 가지 규칙을 주의하여 해결하면 다음과 같다.

- ㄱ. 사례 (가)의 내용을 복권에 적용한 보기이므로, (가)로 설명할 수 있다. 구체적으로 판단하면 다음과 같다.
  ① 가능한 모든 경우의 수 = 모든 복권 번호 조합
  ② 가능한 결과 = 당첨
- ㄴ. 사례 (나)의 내용을 교통사고에 적용한 보기이므로, (나)로 설명할 수 있다. 구체적으로 판단하면 다음과 같다.
  ① 교통사고 = 불행한 사건

② 충분히 많은 사람 = 대한민국

• ㄷ. 사례 (나)의 내용을 주사위 던지기에 적용한 보기이므로, (가)로는 설명할 수 없으나 (나)로는 설명할 수 있다. (가)로 설명할 수 없는 이유는 다음과 같다.
  (1) 주사위를 수십 번 던졌을 때 나올 경우의 수 나열이 제시되지 않음(1이 연속으로 6번 나오는 경우의 수도 존재함)
  (2) 가능한 결과와 확률이 낮음은 반대의 뉘앙스

합격자의 시간단축 Tip

Tip ❶ 선지를 다 보는 것은 결코 손해가 아니다.

선지들은 간단한 선지와 복잡한 선지로 구성된다. 복잡한 선지는 정답에 직결되는 경우가 많지만, 지문을 완벽하게 이해한 경우가 아니면 판단 자체가 어려운 경우가 많다. 이 문제도 그러한 경우로, ㄱ 선지와 ㄴ 선지는 지문 내용으로부터 쉽게 판단할 수 있지만, ㄷ 선지는 ㄱ과 ㄴ을 전부 해결하고 이를 기반으로 추론해야 정오판단이 쉬워진다. 이처럼 쉬운 선지는 문제에 대한 이해를 돕는 동시에 시간이 부족할 경우 찍기 확률을 높여준다. 따라서 쉬운 선지부터 푸는 것이 우월전략이며, 이 경우 찍기 확률도 올라간다.

Tip ❷ 지문의 내용을 본인이 받아들일 수 있는지는 중요하지 않다.

예컨대 (가)의 경우는 우리가 직관적으로 받아들이기 힘들다. 따라서 지문 이해도 어렵다. 그래서 수험생은 이를 직관적으로 이해하면서 읽어야 할 필요가 없다. 〈보기〉에 있는 ㄱ과 같은 구조를 가지는지 보면서 읽으면 그만이다. 이해는 결국 선지를 해결하기 위한 것임에 유의한다.

055 정답 ⑤

난이도 ●○○

문제유형 제시문형 > 분석추론

접근전략 해당 문항은 제시문 형태로 구성되었으니 사실상 조항이 3개인 법조문 문항이라고 봐도 무방하다. 제시문의 규정을 파악하고 〈보기〉에 규정을 적용해야 하기 때문이다. 특히 사례에 제시된 4명의 사람 관련 많은 정보들이 제시되는데, 이를 전부 사업자/계속성-반복성/독립성이라는 3가지 기준으로 걸러내는 것이 필요하다. 그 외의 정보는 불필요한 부가정보이므로 간략히 독해한다.

다음 글을 근거로 판단할 때, 〈사례〉의 甲~丁 중에서 사업자등록을 하여야 하는 사람만을 모두 고르면?

다음 요건을 모두 갖춘 경우 사업자등록을 하여야 한다.

• 사업자이어야 한다.
  사업자란 사업목적이 영리이든 비영리이든 관계없이 사업상 독립적으로 재화 또는 용역을 공급하는 사람(법인 포함)을 말한다.
• 계속성·반복성을 가져야 한다.
  재화나 용역을 계속적이고 반복적으로 공급하여야 한다. 계속적이고 반복적인 공급이란 시간을 두고 여러 차례에 걸쳐 이루어지는 것을 말한다.
• 독립성을 가져야 한다.
  사업의 독립성이란 사업과 관련하여 재화 또는 용역을 공급하는 주체가 다른 사업자에게 고용되거나 종속되지 않은 경우를 말한다.

사례

• 용돈이 필요하여 자신이 사용하던 200만 원 가치의 카메라 1대를 인터넷 중고매매 카페에 매물로 1회 등록한 甲
• 자사의 제품을 판매하기 위해 열심히 일하는 영업사원 乙
• 결식 어린이 돕기 성금 모금을 위하여 자원봉사자들이 직접 만든 공예품을 8년째 판매하고 있는 비영리법인 丙
• 자신이 개발한 발명품을 10년 동안 직접 판매하면서 생활비 정도를 벌고 있는 丁

→ 甲은 사업상 독립적으로 카메라 1대를 등록하였으므로 사업자이다. 그러나 용돈이 필요하여 카메라 1대를 인터넷 중고매매 카페에 1회 등록했기 때문에 계속성과 반복성이 없다. 따라서 甲은 사업자등록을 하지 않아도 된다.
乙은 회사의 영업사원으로 다른 사업자에게 고용된 경우이므로 독립성이 없다. 사업자는 사업상 독립적으로 재화 또는 용역을 공급하는 사람이므로 乙은 사업자가 아니어서 사업자등록을 하지 않아도 된다.
→ 丙은 비영리법인이지만 사업상 독립적으로 자원봉사자들이 직접 만든 공예품을 판매하고 있으므로 사업자이다. 또한 공예품을 8년째 판매하고 있으므로 계속성·반복성을 지니고 있으며, 공예품을 공급하는 주체인 자원봉사자가 다른 사업자에게 고용되거나 종속되지 않았으므로 독립성도 지닌다. 따라서 丙은 사업자등록을 하여야 한다.
→ 丁은 사업상 독립적으로 자신이 개발한 발명품을 판매하고 있으므로 사업자이다. 또한, 발명품을 10년째 판매하고 있으므로 계속성·반복성을 지니고 있으며, 발명품을 공급하는 주체인 본인이 다른 사업자에게 고용되거나 종속되지 않았으므로 독립성도 지닌다. 따라서 丁은 사업자등록을 하여야 한다.

① 甲, 乙 → (×)
② 甲, 丙 → (×)
③ 乙, 丙 → (×)
④ 乙, 丁 → (×)
⑤ 丙, 丁 → (○)

합격자의 실전 풀이 순서

❶ 문제 유형 파악

제시문의 형태를 볼 때 규정을 파악하고 〈사례〉에 규정을 적용하는 문제에 해당한다. 해당 유형은 법조문이 주어지지는 않았지만, 규정을 적용한다는 점에서 법조문 유형과 유사하다. 〈사례〉나 〈상황〉이 주어지면 제시문이 완전한 법조문의 형식이 아니라도 규정적용 유형임을 알 수 있다. 처음 제시문을 읽을 때는 규정의 구조와 규정 간의 관계를 파악한 후, 〈보기〉를 판단할 때 구체적 규정의 내용을 확인한다. 또한, 사업자등록을 하여야 하는 사람을 고르는 문제라는 것을 인지하기 위해 "사업자등록"이라는 단어에 밑줄이나 동그라미 등 표시를 한다.

❷ 제시문 독해 및 선지 판단

제시문은 사업자등록의 요건으로 세 가지를 제시하고 있다. 요건을 '모두' 갖추어야 대상이 된다는 점에 유의한다. 첫 번째는 주체 요건으로 '사업자'가, 두 번째와 세 번째는 성질에 관한 요건으로 '계속성·반복성' 및 '독립성'이 주어져 있다. 각 키워드에 표시하고, 그 아래 문장을 읽고 의미를 이해한다. 놓치기 쉬우므로 사업자의 설명 중 괄호의 '법인 포함'에 표시를 한다.

사례를 지문에 적용하여 문제를 해결한다. 사례의 각각의 인물이 사업자이고, 계속성, 반복성 및 독립성을 가질 경우 사업자등록을 하여야 한다. 즉, 하나라도 충족되지 않는다면 해당하지 않는 것이다.

선지 판단 시 본 문제와 같이 하나의 선지가 보기들의 조합으로 구성되는 경우 보기를 해결한 후 해당 보기와 관련된 선지를 먼저 처리하는 것이 좋다. 예컨대, 甲은 사업자등록을 하지 않아도 되므로 선지 ①번과 ②번이 제외된다. 乙은 사업자등록을 하지 않아도 되므로 정답이 도출된다.

합격자의 시간단축 Tip

Tip ❶ 세 가지 요건을 꼼꼼히 검토

설문의 경우 발문에서 사업자등록을 하여야 하는 사람을 골라야 하며, 지문에서 사업자등록의 요건을 제시하였으므로 바로 사례를 지문에 대입하여 정답을 도출한다. 이때 모든 요건을 갖추어야 사업자등록을 하기 때문에 세 가지 요건 모두를 검토하는 것이 아니라 세 가지 중 하나라도 갖추지 못했다면 바로 다음 사례로 넘어간다. 예를 들어, 乙의 경우 사업자가 아니므로 다른 요건을 검토할 필요가 없이 바로 丙을 확인하면 된다.

Tip ❷ 인물이 아닌 요건을 기준으로 검토

〈보기〉의 요건을 빠르게 검토하기 위해서는 인물이 아닌 요건을 기준으로 사업자 등록 필요 여부를 확인하는 것이 좋다. 즉, 한번 적용한 기준을 다수의 주체에게 적용하는 것이 필요하다. 매번 주체가 바뀔 때마다 적용기준을 달리하면 작업시간도 오래 걸리고 그 과정에서 실수할 확률이 높다. 쉽게 말해 사업자 요건의 충족 여부를 甲부터 丁까지 쭉 검토한 후, 계속성·반복성 요건, 독립성 요건을 순서대로 검토한다.

Tip ❸ 효과적인 선지 판단 순서를 숙지

여러 개의 선지가 제시된 경우 선지의 후단부터, 그리고 숫자가 제시된 선지부터 해결하는 것이 좋다. 출제자는 최대한 모든 조건이 정답 도출에 활용되기를 바랄 것이기 때문이다. 예를 들어, 본 문제의 경우 후단에 배치된 丁, 그리고 거기에 사용된 10년, 그 앞에 사용된 8년 등이 정답선지를 고르는데 아예 사용되지 않는 경우를 상상해보자. 그 경우 버려진 정보가 발생하며 이는 출제자의 의도에 부합하지 않을 가능성이 높다.

다만, 후단의 선지를 쉽게 판단하기 어렵다면 쉬운 선지를 먼저 해결하는 융통성은 있어야 한다. 이러한 순서는 어디까지나 시간단축을 위한 것이기 때문이다. 본 문제와 같이 모든 조건을 충족하는 경우를 골라야 하는 문제는 하나라도 충족하지 않는 선지를 먼저 소거하는 방식으로 접근하는 것이 더 빠르다. 따라서 丁이 해당자인지 분명하게 판단하기 어렵다면 해당하지 않는 조건이 있는 인물을 찾아보자.

056 정답 ⑤ 난이도 ●○○

문제유형 사실적 이해 > 중심 내용 파악

접근전략 중심 내용을 찾는 문제이므로, 제시문의 세부 내용보다 주제를 파악하는 것이 중요하다. 보통 글의 특정 부분에 중심 문장이 위치하므로 나머지 부분은 빠르게 읽고 넘어가면 문제풀이 시간을 단축할 수 있다. 또한, 선지에서 제시문의 제한된 부분에만 존재하는 좁은 범위의 내용이나 제시문 내용보다 더 많은 내용을 담아 주제보다 넓은 범위의 내용은 오답이 되니 주의하자.

다음 글의 중심 내용으로 가장 적절한 것은?

(1) 2015년 한국직업능력개발원 보고서에 따르면 전체 대졸 취업자의 전공 불일치 비율이 6년 간 3.6 %p 상승했다. (2) 이는 우리 대학교육이 취업 환경의 급속한 변화를 따라가지 못하고 있음을 보여준다. (3) 기존의 교육 패러다임으로는 오늘 같은 직업 생태계의 빠른 변화에 대응하기 어려워 보인다. (4) 중고등학교 때부터 직업을 염두에 둔 맞춤 교육을 하는 것이 어떨까? (5) 그것은 두 가지 점에서 어리석은 방안이다. (6) 한 사람의 타고난 재능과 역량이 가시화되는 데 훨씬 더 오랜 시간과 경험이 필요하다는 것이 첫 번째 이유이고, 사회가 필요로 하는 직업 자체가 빠르게 변하고 있다는 것이 두 번째 이유이다. ▶ 1문단

(1) 그렇다면 학교는 우리 아이들에게 무엇을 가르쳐야 할까? (2) 교육이 아이들의 삶뿐만 아니라 한 나라의 미래를 결정한다는 사실을 고려하면 이것은 우리 모두의 운명을 좌우할 물음이다. (3) 문제는 세계의 환경이 급속히 변하고 있다는 것이다. (4) 2030년이면 현존하는 직종 가운데 80 %가 사라질 것이고, 2011년에 초등학교에 입학한 어린이 중 65 %는 아직 존재하지도 않는 직업에 종사하게 되리라는 예측이 있다. (5) 이런 상황에서 교육이 가장 먼저 고려해야 할 것은 변화하는 직업 환경에 성공적으로 대응하는 능력에 초점을 맞추는 일이다. ▶ 2문단

(1) 이미 세계 여러 나라가 이런 관점에서 교육을 개혁하고 있다. (2) 핀란드는 2020년까지 학교 수업을 소통, 창의성, 비판적 사고, 협동을 강조하는 내용으로 개편한다는 계획을 발표했다. (3) 이와 같은 능력들은 빠르게 현실화되고 있는 '초연결 사회'에서의 삶에 필수적이기 때문이다. (4) 말레이시아의 학교들은 문제해결 능력, 네트워크형 팀워크 등을 교과과정에 포함시키고 있고, 아르헨티나는 초등학교와 중학교에서 코딩을 가르치고 있다. (5) 우리 교육도 개혁을 생각하지 않으면 안 된다. ▶ 3문단

① 한 국가의 교육은 당대의 직업구조의 영향을 받는다.

→ (×) 교육이 고려해야 할 것은 변화하는 직업 환경에 성공적으로 대응하는 능력에 초점을 맞추는 일이다.[2문단(5)] 그러나 직업구조로 인해 교육이 영향을 받는다는 내용은 찾아볼 수 없다. 오히려 제시문에서는 직업을 염두에 둔 맞춤 교육이 어리석다고[1문단(5)] 비판하고 있기에, 중심 내용이라고 보기에 적합하지 않다.

② 미래에는 현존하는 직업 중 대부분이 사라지는 큰 변화가 있을 것이다.

→ (×) 2030년이면 현존하는 직종 가운데 80%가 사라질 것이라는 예측을 통해[2문단(4)] 필자는 교육이 변화하는 직업 환경에 대응하는 방향으로 개혁해야 함을 주장하고 있다. 즉, 따라서 해당 선지는 제시문의 주제를 뒷받침하는 자료일 뿐, 중심 내용은 아니다.

③ 세계 여러 국가는 변화하는 세상에 대응하여 전통적인 교육을 개편하고 있다.

→ (×) 핀란드와 말레이시아, 아르헨티나의 사례[3문단(2),(4)]를 보아 세계 여러 국가가 급속히 변하는 사회에 대응하기 위해 이미 전통적인 교육을 개편하고 있음을 알 수 있다. 그러나 이는 교육이 개편이 필요하다는 본 제시문의 논지를 뒷받침하는 근거일 뿐, 중심 내용으로 적절하지 않다.

④ 빠르게 변하는 불확실성의 세계에서는 미래의 유망 직업을 예측하는 일이 중요하다.

→ (×) 본 제시문에서는 미래의 유망 직업을 예측해야 한다는 내용을 찾아볼 수 없다. 오히려 교육의 초점이 새로운 환경

에 성공적으로 대응할 수 있는 근본적인 능력 자체를 기르는 것에 집중해야 한다고 주장한다.[2문단(5)]

⑤ **교육은 다음 세대가 사회 환경의 변화에 대응하는 데 필요한 역량을 함양하는 방향으로 변해야 한다.**

→ (O) 본 제시문에서는 교육이 가장 먼저 고려해야 할 것은 변화하는 직업 환경에 성공적으로 대응하는 능력에 초점을 맞추는 일이라고 주장한다.[2문단(5)] 1, 2문단에서는 급변하는 직업 환경의 현실과 그에 따른 교육 개혁의 고민을, 3문단에서는 세계에서 이루어진 교육 개혁의 사례를 제시함으로써 주장을 뒷받침하고 있다. 따라서 해당 선지는 제시문의 중심 내용으로 적절하다.

제시문 분석

문제점 우리나라 교육 개혁의 필요성

→ 〈기존 교육에 대한 문제의식〉	기존의 교육 패러다임으로는 오늘 같은 직업 생태계의 빠른 변화에 대응하기 어려워 보인다.[1문단(3)]

해결 과정 교육 개혁의 방향성 고민

중고등학교 때부터 직업을 염두에 둔 맞춤 교육을 하는 것이 어떨까?

↳ 〈한계①〉	한 사람의 타고난 재능과 역량이 가시화되는 데 훨씬 더 오랜 시간과 경험이 필요하다는 것[1문단(6)]
↳ 〈한계②〉	사회가 필요로 하는 직업 자체가 빠르게 변하고 있다는 것[1문단(6)]

그렇다면 학교는 우리 아이들에게 무엇을 가르쳐야 할까?

↳ 〈고민①〉	교육이 아이들의 삶뿐만 아니라 한 나라의 미래를 결정한다는 사실을 고려하면 이것은 우리 모두의 운명을 좌우할 물음이다.[2문단(2)]
↳ 〈고민②〉	2030년이면 현존하는 직종 가운데 80%가 사라질 것이고, 2011년에 초등학교에 입학한 어린이 중 65%는 아직 존재하지도 않는 직업에 종사하게 되리라는 예측이 있다.[2문단(4)]

해결책 교육 개혁의 초점

글쓴이의 주장
이런 상황에서 교육이 가장 먼저 고려해야 할 것은 변화하는 직업 환경에 성공적으로 대응하는 능력에 초점을 맞추는 일이다.[2문단(5)]

〈세계의 사례〉	
↳ 〈핀란드〉	소통, 창의성, 비판적 사고, 협동 강조 수업[3문단(2)]
↳ 〈말레이시아〉	교과과정에 문제해결 능력, 네트워크형 팀워크 포함[3문단(4)]
↳ 〈아르헨티나〉	초등학교와 중학교에서 코딩 교육[3문단(4)]

합격자의 실전 풀이 순서

❶ 발문 읽기 및 문제 유형 파악

발문을 읽어보면 글의 중심 내용을 파악하는 문제임을 알 수 있다. 글의 중심 내용이란 곧 주제문을 의미하는 것이므로, 이 문제는 제시문의 내용을 가장 잘 요약한 선지를 찾아야 한다. 주제문 찾기 유형은 주제문을 찾는 방법만 익힌다면 푸는 시간을 획기적으로 단축할 수 있다. 처음 주제문 찾기 유형을 풀 때는 제시문의 첫 문장부터 마지막까지 쭉 독해하면서 빈칸이 포함된 문장, 그 앞뒤 문장을 통해 빈칸에 들어갈 내용에 대한 직간접적 근거를 얻고 이를 통해 정답을 확정하는 연습을 한다. 그러나 이윽고 이 유형이 익숙해진다면 모든 제시문의 내용을 읽을 필요가 없다는 것을 알 수 있다. '그러나', '따라서' 등의 접속어로 시작하는 문장에 주의하고, 제시문에서 주어진 질문에 답을 찾으며, 중요한 내용이 주로 나오는 표현들에 주목한다면 주제문을 쉽게 도출할 수 있다.

❷ 제시문 독해

앞서 언급하였듯이, 제시문의 주제문은 '그러나', '따라서' 등의 접속사 뒤, 그리고 '필수적', '가장 중요한' 등의 표현이 나온 문장에서 찾을 수 있다. 주제문을 찾는 가장 좋은 다른 방법으로는 제시문에 질문이 나올 경우 해당 질문에 대한 답변을 찾는 것이다. 2문단 (1) 문장에 질문이 제시되어 있는데, 해당 문단의 주제문은 그 질문에 대한 답변인 2문단 (5) 문장이다. 특히 2문단 (5) 문장은 '가장 먼저 고려해야 할 것'이라는 표현을 통해 해당 내용이 강조되고 있음을 알 수 있다. 또한, 본 문제의 제시문은 전형적인 '문제 제기–해결책 제시' 구조인데, 이러한 구조에서는 보통 해결책이 주제가 된다. 1문단에서 현 교육의 문제를 제기하고, 2문단에서 사회가 변화할 모습을 예측함으로써 궁극적으로는 '변화에 대응하는 역량 중심 교육을 해결책으로서 제시한다. 3문단에서 이를 실천하는 국가의 예시를 제시하여 2문단의 해결책을 뒷받침하고 있다. 결국, 제시문의 주제문은 해결책이 들어간 2문단의 중심 문장, 즉 2문단 (5) 문장이 된다.

❸ 선지 판단

제시문의 키워드를 생각하며 읽는다. '교육의 개혁 필요'가 제시문의 핵심 주제이므로 이를 중심으로 선지의 정답 여부를 판단하는 것이 좋다.

우선 ①번 선지와 ④번 선지는 제시문에서 언급되지 않은 내용이므로 제외하고 생각한다.

②, ③, ⑤선지는 제시문에서 찾을 수 있는 내용이므로 이 중 어떤 선지가 가장 주제를 잘 설명하는지 판단한다.

②, ③ 선지는 교육이 개편되어야 한다는 주장을 뒷받침하기 위한 자료이다. 구체적으로 ②번 선지는 교육 개편이 필요한 이유 중 급격히 변화하는 사회에 해당한다.

③번 선지는 이미 다른 나라들이 새로운 교육 방향을 실천하고 있기에 우리나라의 교육 개편 역시 시급함을 뒷받침하는 근거이다. 즉, ②, ③번 선지는 제시문의 특정 부분의 내용이기 때문에 중심 내용이 될 수 없다.

⑤번 선지는 제시문의 '문제 제기–해결책 제시' 구조에서 '해결책'에 해당하는 부분이기 때문에 주제문이 된다.

합격자의 시간단축 Tip

Tip ❶ 독해의 강약조절

중심 내용을 찾는 문제는 세부적인 내용은 가볍게 읽고 중심 내용을 찾는 것에 집중하여 빠르게 읽어야 한다. 이러한 문제는 무의식적으로 꼼꼼하게 읽을 수 있다. 따라서 제시문을 읽기 전 발문을 먼저 보고 중심 내용을 찾는 문제임을 파악하는 것이 시간 단축의 길이다.

Tip ❷ 제시문의 구조를 통해 주제를 짐작할 수 있다.

일반적으로 특정 구조에서 중요한 내용은 정해져 있기 마련이다. 제시문처럼 '문제점–해결책'의 구조로 되어있을 때 문제점에 대한 해결책이 주로 주제가 된다.

Tip ❸ 지문은 명시적인 해답을 제시하지 않은 상태에서 끝날 수도 있다.

해당 지문은 〈직업 환경에 성공적으로 대응하는 능력의 중요성〉, 〈소통, 창의성, 비판적 사고, 협동 강조〉 등의 내용을 담고 있으나, 구체적으로 어떤 개혁이 이루어질 것인지까지는 이야기하지 않고 있다. 이처럼 해결책이 추상적인 방향성 정도만 언급하고 끝날 수 있다는 가능성을 염두에 두고, 의문을 갖지 않고 바로 문제를 푸는 것이 필요하다.

057 정답 ❹ 난이도 ●●●

문제유형 사실적 이해 > 정보 확인

접근전략 실험 내용을 다루는 제시문인 만큼 정보량이 많고, 생소한 단어가 눈에 띈다. 실험 제시문의 특징을 이미 알고 있다면 빠르게 글을 읽을 수 있을 것이다. '알 수 있는/없는'을 판단하는 정보 확인 문제이기에, 선지를 먼저 확인하고 지문을 읽으면 정답 유무를 빠르게 판단할 수 있다.

다음 글에서 알 수 없는 것은?

(1) 현대 심신의학의 기초를 수립한 연구는 1974년 심리학자 애더에 의해 이루어졌다. (2) 애더는 쥐의 면역계에서 학습이 가능하다는 주장을 발표하였는데, 그것은 면역계에서는 학습이 이루어지지 않는다고 믿었던 당시의 과학적 견해를 뒤엎는 발표였다. (3) 당시까지는 학습이란 뇌와 같은 중추신경계에서만 일어날 수 있을 뿐 면역계에서는 일어날 수 없다고 생각했다. ▶ 1문단

(1) 애더는 시클로포스파미드가 면역세포인 T세포의 수를 감소시켜 쥐의 면역계 기능을 억제한다는 사실을 알고 있었다. (2) 어느 날 그는 구토를 야기하는 시클로포스파미드를 투여하기 전 사카린 용액을 먼저 쥐에게 투여했다. (3) 그러자 그 쥐는 이후 사카린 용액을 회피하는 반응을 일으켰다. (4) 그 원인을 찾던 애더는 쥐에게 시클로포스파미드는 투여하지 않고 단지 사카린 용액만 먹여도 쥐의 혈류 속에서 T세포의 수가 감소된다는 것을 알아내었다. (5) 이것은 사카린 용액이라는 조건자극이 T세포의 감소라는 반응을 일으킨 것을 의미한다. ▶ 2문단

(1) 심리학자들은 자극-반응 관계 중 우리가 태어날 때부터 가지고 있는 것을 '무조건자극-반응'이라고 부른다. (2) '음식물-침 분비'를 예로 들 수 있고, 애더의 실험에서는 '시클로포스파미드-T세포 수의 감소'가 그 예이다. (3) 반면에 무조건자극이 새로운 조건자극과 연결되어 반응이 일어나는 과정을 '파블로프의 조건형성'이라고 부른다. (4) 애더의 실험에서 쥐는 조건형성 때문에 사카린 용액만 먹여도 시클로포스파미드를 투여 받았을 때처럼 T세포 수의 감소 반응을 일으킨 것이다. (5) 이런 조건형성 과정은 경험을 통한 행동의 변화라는 의미에서 학습과정이라 할 수 있다. ▶ 3문단

(1) 이 연구 결과는 몇 가지 점에서 중요하다고 할 수 있다. 심리적 학습은 중추신경계의 작용으로 이루어진다. (2) 그런데 면역계에서도 학습이 이루어진다는 것은 중추신경계와 면역계가 독립적이지 않으며 어떤 방식으로든 상호작용한다는 것을 말해준다. (3) 이 발견으로 연구자들은 마음의 작용이나 정서 상태에 의해 중추신경계의 뇌세포에서 분비된 신경전달물질이나 호르몬이 우리의 신체 상태에 어떠한 영향을 끼치게 되는지를 더 면밀히 탐구하게 되었다. ▶ 4문단

① 쥐에게 시클로포스파미드를 투여하면 T세포 수가 감소한다.
→ (○) 애더의 실험에서 '시클로포스파미드-T세포 수의 감소'는 '무조건자극-반응' 관계에 해당한다.[3문단(2)] 그렇기에 애더는 시클로포스파미드가 면역세포인 T세포의 수를 감소시켜 쥐의 면역계 기능을 억제한다는 사실을 알고 있었다.[2문단(1)]

② 애더의 실험에서 사카린 용액은 새로운 조건자극의 역할을 한다.
→ (○) 애더는 쥐에게 사카린 용액만 먹여도 T세포의 수가 감소된다는 것을 알아내었는데[2문단(4)], 이는 곧 사카린 용액이라는 새로운 조건자극이 T세포 수의 감소라는 반응을 일으킨 것을 의미한다.[2문단(5)]

③ 애더의 실험은 면역계가 중추신경계와 상호작용할 수 있음을 보여준다.
→ (○) 애더의 실험 결과가 중요한 이유는 중추신경계뿐만 아니라 면역계에도 학습이 이루어진다는 것을 밝혀냈기 때문이다.[1문단(2)] 이는 중추신경계와 면역계가 독립적이지 않으며 어떤 방식으로든 상호작용한다는 것을 말해준다.[4문단(2)]

④ 애더의 실험 이전에는 중추신경계에서 학습이 가능하다는 것이 알려지지 않았다.
→ (×) 애더의 실험 이전에는 학습이란 뇌와 같은 중추신경계에서만 일어날 수 있을 뿐 면역계에서는 일어날 수 없다고 생각했다.[1문단(3)] 이를 통해 애더의 실험 이전에도 중추신경계에서 학습이 가능하다는 것은 알려져 있었다는 것을 알 수 있다.

⑤ 애더의 실험에서 사카린 용액을 먹은 쥐의 T세포 수가 감소하는 것은 면역계의 반응이다.
→ (○) 시클로포스파미드와 T세포 수의 감소는 '무조건 자극-반응'의 관계를 가진다.[3문단(2)] 애더의 실험에서 쥐는 면역계의 학습을 통해 무조건 자극이 사카린 용액이라는 새로운 조건 자극과 연결되어 반응이 일어난다.[3문단(3)] 그 결과, 쥐에게 사카린 용액만 먹여도 시클로포스파미드를 투여했을 때와 같이 'T세포 수의 감소'라는 면역계의 반응을 일으킨다.[3문단(4)]

제시문 분석

1문단 면역계 학습에 관한 애더의 발표

〈애더의 발표〉
애더는 쥐의 면역계에서 학습이 가능하다는 주장을 발표(2)

→

〈기존의 견해〉	당시까지는 학습이란 뇌와 같은 중추신경계에서만 일어날 수 있을 뿐 면역계에서는 일어날 수 없다고 생각했다.(3)

2문단 애더의 실험

〈애더의 실험 과정〉		
〈실험 배경〉		〈실험 과정〉
애더는 시클로포스파미드가 면역세포인 T세포의 수를 감소시켜 쥐의 면역계 기능을 억제한다는 사실을 알고 있었다.(1)	→	그는 시클로포스파미드를 투여하기 전 사카린 용액을 먼저 쥐에게 투여했고, 그러자 그 쥐는 이후 사카린 용액을 회피하는 반응을 일으켰다.(2),(3)

→

〈결과〉	이것은 사카린 용액이라는 조건자극이 T세포 수의 감소라는 반응을 일으킨 것을 의미한다.(5)

3문단 애더의 실험과 자극-반응 관계

〈자극-반응 관계〉	
〈무조건자극-반응〉	〈파블로프의 조건형성〉
자극-반응 관계 중 우리가 태어날 때부터 가지고 있는 것.(1)	무조건자극이 새로운 조건자극과 연결되어 반응이 일어나는 과정.(3)
	↳ 경험을 통한 행동의 변화라는 의미에서 학습과정(5)
↓	↓
〈애더의 실험〉	〈애더의 실험〉
'시클로포스파미드-T세포 수의 감소'(2)	사카린 용액만 먹여도 T세포 수의 감소 반응을 일으킨 것.(4)

4문단 애더 연구의 결론 및 의의

〈애더 연구의 결론〉
면역계에서도 학습이 이루어진다는 것은 중추신경계와 면역계가 독립적이지 않으며 어떤 방식으로든 상호작용한다는 것을 말해준다.(2)

→ 〈의의〉	이 발견으로 연구자들은 중추신경계의 뇌세포에서 분비된 신경전달물질이나 호르몬이 신체 상태에 어떠한 영향을 끼치게 되는지를 더 면밀히 탐구하게 되었다.(3)

합격자의 실전 풀이 순서

❶ 발문 읽기 및 문제의 유형 판단

항상 발문을 먼저 제대로 읽자. 본 문제는 글에서 알 수 없는 것을 고르는 유형의 문제이다. 알 수 없는 것을 고르는 문제는 추론할 수 없는 것을 고르는 문제와 같다. 해당 유형은 제시문 내용과 부합하지 않거나 그로부터 추론 불가능한 선지가 정답이 되며, 제시문 내용과 일치하거나 그로부터 추론할 수 있는 선지가 오답이 된다. 긴장되는 시험장에서 알 수 '없는' 것을 고르는 문제에서 알 수 '있는' 것을 고르는 문제로 잘못 보아 처음 검토한 선지를 고르는 실수를 할 수 있다는 사실을 명심해야 한다. 따라서 알 수 '없는' 것을 묻는 문제가 나오면 발문에 크게 × 표시를 하여 실수를 하지 않도록 유의해야 한다. 또한, 과학 소재의 제시문의 경우 연구의 과정과 결과를 설명하는 경우가 대다수이다. 연구 결과를 설명하는 지문은 대개 연구 배경, 연구 과정, 연구 결과, 연구의 의의 순으로 서술되는 경우가 으므로, 이에 유의하여 제시문을 읽어야 한다.

❷ 제시문 독해

제시문 독해 시, 제시문을 어느 정도로 꼼꼼히 읽을 것인지는 각자의 풀이법에 따라 달라진다. 언어논리 고득점자 중에는 선지로부터 키워드를 찾고, 키워드를 제시문에서 찾아가는 방식으로 정보확인유형 문제를 푸는 사람도 있다. 그러나 초심자에게 해당 방식을 채택하는 것을 추천하지 않는다. 선지의 키워드를 제시문에서 찾으려는 경우, 글의 구조가 어떻게 구성되는지 알지 못하거나 시험장에서 지나치게 긴장하여 해당 키워드를 찾지 못하는 불상사가 발생할 수 있기 때문이다. 또한, 최근에는 문단 간의 정보를 연결해야 하는 문제가 나와 키워드 찾기 방식의 효용이 떨어지고 있다. 따라서 처음에는 시간을 들여 모든 제시문을 꼼꼼히 분석하는 연습을 하고, 차차 자신이 안정적으로 선지를 판단할 수 있는 수준으로 제시문 독해 시간을 줄여가는 것을 추천한다.

독해 실력이 특출나지 않는 사람들 대다수에게는 제시문의 구조와 선지에서 나올만한 중요한 내용을 파악하며 1분에서 2분 사이 내에 제시문을 읽는 것을 추천한다. 이때 선지에서 나올만한 내용으로는, 두 대상의 공통점과 차이점, 인과 관계, 두 대상의 성능 및 효과 비교, 접속어로 시작하는 문장의 주요 내용, '반드시', '필수적'과 같은 표현으로 강조되는 내용 등이 있다. 다양한 정보확인문제를 통해 선지에서 주로 묻는 내용이 무엇인지 정리한 뒤, 제시문에서 선지에 나올만한 내용을 미리 파악하며 읽는 습관을 들이자.

본 제시문의 경우 글 전반에 대립하는 두 대상이 나타난다. 1문단에서는 기존의 견해와 애더의 발표내용, 3문단에서는 '무조건자극-반응'과 '파블로프의 조건형성' 내용이 그러하다. 이와 같이 대립하는 대상이 나올 경우 선지로 출제될 가능성이 높다. 따라서 제시문을 읽을 때 이들 간 차이점과 공통점을 미리 잘 파악하자. 또한, 제시문에서 부정되는 내용을 선지에서는 긍정의 내용으로 뒤집어 출제할 수 있으니 괄호와 같은 기호를 이용해 표시하며 읽자. 제시문에서는 2문단 (4)에 '시클로포스파미드는 투여하지 않고~', 4문단 (2)에 '그런데~독립적이지 않으며'와 같은 부분이 있다.

더불어 2문단에서 실험 결과가 나오고, 3, 4문단에서 그에 대한 해석 및 분석이 등장한다. 이 두 부분은 연결되어 선지가 구성되기 쉬우므로 미리 관련지어 파악해두는 것이 좋다. 예를 들어 3문단의 '무조건자극'과 '파블로프의 조건형성', 4문단의 '면역계 반응'은 각각 2문단 어디에 대응되는지 아래 표와 같이 생각하며 읽는 것이다.

1문단	기존-중추신경계만 학습 애더연구-면역계도 학습	
2문단	애더연구-면역계 (T세포=면역세포)	
	시클로~→T세포 감소	사카린→시클로~→T세포 감소
3문단	무조건자극	파블로프의 조건형성=학습과정
4문단	면역계 학습가능→면역계와 중추신경계 상호작용	

❸ 선지 판단

②, ⑤번은 실험 내용과 그에 대한 해석 및 분석이 연결되어 선지가 구성되었음을, ③, ④번은 1문단에서 애더의 발표와 기존 견해의 차이점을 인식했다면 어렵지 않게 파악할 수 있었던 선지이다. 이처럼, 선지로 구성되어 나올 확률이 높은 정보를 미리 확보해서 읽으면 선지 판단이 쉬워진다. 한편 ①번 선지의 경우 2문단 실험의 구체적 내용에 관해 묻고 있다. ①번 선지에는 '시클로프스파미드'라는 뚜렷한 키워드가 있으므로 이를 제시문에서 찾으면 해당 선지의 내용을 빠르게 찾을 수 있다.

합격자의 시간단축 Tip

Tip ❶ 실험 제시문은 비교적 명확한 구조를 갖는다.

실험을 다루는 글인 경우, 대개 실험을 하게 된 배경, 실험 과정 및 관련 지식, 실험의 결과, 실험이 갖는 의의를 나열하는 경우가 많다.

이 제시문도 마찬가지로 1문단에서 애더의 연구 결과가 밝혀지기 전의 당시의 견해를 서술하고 있다. 이후, 2문단은 애더의 연구 과정, 3문단은 관련 이론, 마지막으로 4문단에서 연구의 의의를 언급한다.

이처럼 구조가 명확한 분야의 글은 예측하며 글을 읽기가 가능하고, 각 문단의 핵심 내용을 이해하기 쉽다. 그러나 이러한 구조 자체가 낯설게 느껴질 수도 있으므로, 실험 지문들을 여러 개 모아놓고 반복적으로 학습하여 해당 구조의 흐름에 익숙해질 필요가 있다.

Tip ❷ 첫 문단을 이해하기

과학, 실험 지문은 낯선 개념이 등장하기 때문에 방향성을 잡으면 독해에 도움이 된다. 첫 문단은 애더의 연구가 '학습이란 뇌와 같은 중추신경계에서만 일어날 수 있을 뿐 면역계에서는 일어날 수 없다'는 당시 과학적 견해를 뒤엎었다는 내용이다. 따라서 이하 내용이 면역계에서도 학습이 일어날 수 있다는 것을 설명하는 것임을 예측할 수 있다. 2문단부터 서술되는 복잡한 실험 내용이 이를 어떻게 설명하는지를 중심으로 독해가 가능해진다.

Tip ❸ 병렬적으로 제시된 개념/내용 간 관계 파악

병렬적으로 제시된 개념과 내용을 동그라미와 같은 기호로 표시하고 그들 간 공통점/차이점 및 관계를 파악하며 읽자. 이는 선지로 자주 구성되어 나오는 부분이기 때문에, 미리 파악해두면 선지 판단의 정확도와 속도가 올라간다. 제시문에서는 '애더의 발표와 기존 견해', '무조건자극－반응'과 '파블로프의 조건형성' 등이 제시되어 있다.

Tip ❹ 실험 내용과 그 해석 및 분석의 연결 파악

실험/연구 내용이 제시되고 그에 대한 해석 및 분석이 등장하면, 이들 간 연결을 통해 선지가 구성될 확률이 매우 높다. 선지를 보고 돌아가서 각 정보가 연결되는지 확인하기보다, 읽으면서 미리 연결해 읽는 것이 더 빠르고 정확한 판단에 도움이 된다. 학습자는 실험/연구 내용과 그 해석 및 분석이 자주 연결된다는 인식을 미리 갖고 있는 것이 좋다.

058 정답 ❷

난이도 ●●○

문제유형 비판적 사고 > 판단하기

접근전략 본 문제의 선지에서 강화·약화 여부를 묻고 있으므로 이는 강화/약화 유형에 해당한다. 이 유형은 학설·견해·실험 결과 등을 제시한 후 보기의 선지가 이를 강화·약화하는지를 묻는 문제이다. 제시문에 몇 개의 학설이 제시되었는지, 각 내용의 핵심은 무엇이고 어떤 점을 반박하는지 잘 파악하며 읽자.

다음 논쟁에 대한 평가로 적절한 것만을 〈보기〉에서 모두 고르면?

A: (1) 현실적으로 과학 연구를 위해서는 상당한 규모의 연구비가 필요하기 때문에, 연구자들에게 공공 자원을 배분하는 역할을 하는 사람들은 자신들의 결정이 해당 분야의 발전에 큰 영향을 미친다는 사실을 유념해야 한다. (2) 그들의 의사결정에서 가장 중요한 문제는 공공 자원을 어떤 원칙에 따라 배분할 것인가이다. (3) 각 분야의 주류 견해를 형성하고 있는 연구자들에게만 자원이 편중되어 비주류 연구들이 고사된다면, 그 결과 해당 분야 전체의 발전은 저해될 것이다.

B: (4) 과학 연구에 공공 자원을 배분하는 기준으로는 무엇보다 연구 성과가 우선되어야 한다. (5) 객관적으로 드러난 연구 성과가 가장 우수한 연구자에게 자원을 우선 배분하는 것이 공정성에도 부합할 뿐 아니라, 투자의 사회적 효율성도 높일 수 있다.

A: (6) 그와 같은 원칙으로는 한 분야의 주류 연구자들이 자원을 독점하게 될 가능성이 높다. (7) 비주류 연구에서 우수한 연구 성과가 나오는 일은 상대적으로 드물거나 오랜 시간이 걸리기 때문이다. (8) 특정 분야 내에 상충되는 내용을 가진 연구들이 많을수록 그 분야의 발전 가능성도 커진다. (9) 이는 한 연구의 문제점을 파악하는 것이 자체 시각만으로는 쉽지 않으며, 문제가 감지되더라도 다른 연구자의 관점이 개입되어야 그 문제의 성격이 명확히 파악될 수 있다는 것을 뜻한다.

B: (10) 우수한 연구에 자원을 집중하는 것이 효율성 측면에서 바람직하다. (11) 최근의 과학 연구에서는 연구비 규모가 큰 과제일수록 더 우수한 성과를 얻는 경향이 강해지고 있기 때문이다. (12) 과학의 발전을 위해 성과가 저조한 연구자들이 난립하는 것보다 우수한 연구자에게 자원을 집중적으로 투입하는 것이 낫다.

〈보기〉

ㄱ. 공공 자원을 연구 성과에 따라 배분하지 않으면 도덕적 해이가 발생할 가능성이 커진다는 사실은 A의 주장을 강화한다.
→ (×) 공공 자원을 연구 성과에 따라 배분하지 않으면 도덕적 해이가 발생할 가능성이 커진다는 사실은 곧 공공 자원을 연구 성과에 따라 배분해야 한다는 주장을 뒷받침하는 것으로, B의 주장을 강화하는 내용이다.

ㄴ. 연구 성과에 대한 평가가 시간이 지나 뒤집히는 경우가 자주 있다는 사실은 B의 주장을 강화한다.
→ (×) 연구 성과에 대한 평가가 시간이 지나 뒤집히는 경우가 자주 있다는 것은 연구 성과를 '객관적인 것'으로 전제한 B의 주장을 약화한다(5).

ㄷ. 성과만을 기준으로 연구자들을 차등 대우하면 연구자들의 사기가 저하되어 해당 분야 전체의 발전이 저해된다는 사실은 A의 주장을 강화하지만 B의 주장은 강화하지 않는다.
→ (O) ㄷ의 내용은 A의 주장을 강화하나 B의 주장은 강화하지 않는다. A는 성과만을 기준으로 자원 배분을 결정하는 것을 반대한다(2). 이렇게 되면 한 분야의 주류 견해를 가진 연구자에게만 자원이 편중되어 비주류 연구들이 고사되고, 그 결과 해당 분야 전체의 발전이 저해될 것이기 때문이다(3). 그러나 B는 우수한 성과를 가진 연구자들에게 집중적으로 자원을 투입하는 것이 효율적이며 투자의 사회적 효용을 높이고, 공정성에 부합하며 과학의 발전에 더욱 도움이 된다고 말한다.(4),(5),(10),(12)

① ㄴ → (×)
② ㄷ → (O)
③ ㄱ, ㄴ → (×)
④ ㄱ, ㄷ → (×)
⑤ ㄱ, ㄴ, ㄷ → (×)

제시문 분석

제시문 연구자 공공 자원 배분 원칙에 대한 주장①

〈연구자 공공 자원 배분 원칙에 대한 주장①〉	
〈A의 주장①〉	각 분야의 주류 견해를 형성하고 있는 연구자들에게만 자원이 편중되어 비주류 연구들이 고사된다면, 그 결과 해당 분야 전체의 발전은 저해될 것이다.(3)
〈B의 주장①〉	객관적으로 드러난 연구 성과가 가장 우수한 연구자에게 자원을 우선 배분하는 것이 공정성에도 부합할 뿐 아니라, 투자의 사회적 효율성도 높일 수 있다.(5)

↓

〈A의 반박〉	그와 같은 원칙으로는 한 분야의 주류 연구자들이 자원을 독점하게 될 가능성이 높다. 비주류 연구에서 우수한 연구 성과가 나오는 일은 상대적으로 드물거나 오랜 시간이 걸리기 때문이다.(6),(7)

제시문 연구자 공공 자원 배분 원칙에 대한 주장②

〈연구자 공공 자원 배분 원칙에 대한 주장②〉	
〈A의 주장②〉	특정 분야 내에 상충되는 내용을 가진 연구들이 많을수록 그 분야의 발전 가능성도 커진다. 이는 한 연구의 문제점을 파악하는 것이 자체 시각만으로는 쉽지 않으며, 문제가 감지되더라도 다른 연구자의 관점이 개입되어야 그 문제의 성격이 명확히 파악될 수 있다는 것을 뜻한다.(8),(9)
〈B의 주장②〉	우수한 연구에 자원을 집중하는 것이 효율성 측면에서 바람직하다. 최근의 과학 연구에서는 연구비 규모가 큰 과제일수록 더 우수한 성과를 얻는 경향이 강해지고 있기 때문이다.(10),(11)

합격자의 실전 풀이 순서

강화약화 유형

❶ 유형 식별하기

강화약화 유형을 식별하는 것은 쉽다. 본인이 강화/약화 유형에 자신이 없다면 발문이나 선지를 통해 빠르게 문제를 걸러낼 수 있다. 강화/약화 유형에서는 발문 또는 선지에 직접적으로 강화/약화, 지지/반박 등 표현이 등장하기 때문이다.

- 발문: 다음 논쟁/학설/의견에 대한 평가/설명으로 적절한 것은?
- 선지 또는 보기: 추가적인 증거를 제시하고 강화되는지 약화되는지를 물음.

❷ 대상 파악하기

강화약화 유형에서는 가장 먼저 강화/약화의 대상이 무엇인지 확인해야 한다. 그리고, 대상의 내용을 정확히 이해해야 한다.

이 방식으로 본 문제를 풀어보자. 먼저 발문을 확인하고 지문으로 내려가는 순으로 진행하도록 한다. 본 문제의 경우 상충하는 주장 2개가 번갈아 가며 제시된다. 이 경우 지문을 다 읽은 후에 선지로 내려가는 것이 각 주장을 헷갈리지 않고 확실히 파악할 수 있어 안전하다.

(1) 발문 확인

> 다음 논쟁에 대한 평가로 적절한 것만을 〈보기〉에서 모두 고르면?

평가의 대상이 '논쟁'임을 알 수 있다. 논쟁이란 두 개의 대립적인 입장이다. 입장들이 무엇을 중심으로 다투는지(주제), 어떤 의견을 내는지(주장), 근거는 무엇인지에 유념해야 함을 알 수 있다.

(2) 지문에서 대상 확인

지문에서 대상을 확인하는 법은 논쟁 속에서 두 사람이 공통적으로 무엇을 말하고 있는지 보는 것이다. 이 지문의 경우에는 '연구비의 분배 방식'이 될 것이다. 현실의 토론에서는 주제를 옮기거나, 고의적으로 숨기거나, 근거를 왜곡하는 경우가 많지만 '시험'이라는 특성상 그런 글은 나오지 않는다. 따라서 두 사람의 대립점은 비교적 명확하게 제시되므로 일단 토론의 주제부터 파악한다.

다음은 어떤 의견을 내는지다. 이 역시 '시험'에서는 간단하게 나온다. 상대방이 공격하는 것이 바로 그의 주장이다. 그리고 지문 속 화자가 주장하는 것은 주로 '따라서' 등의 접속어로 이어지는 경우가 많다. 이에 유의하며 주장을 찾아보도록 한다. 근거는 주장과 구분되는 기호로 표시해두면 족하다. 핵심적인 내용은 바로 암기하여 선지의 정오를 판단할 때 선지와 지문을 번갈아 확인하는 시간을 줄이면 더욱 좋다. 키워드로 생각되는 부분에 동그라미를 치는 등 시각적 표시를 할 수도 있다.

❸ 보기 판단하기

지문의 학설을 모두 이해했다면, 보기 또는 선지를 하나씩 읽고 옳은지 여부를 확인한다. 이때 보기를 판단하는 경우는 3가지로 나뉜다.

(1) 대상을 강화함

대상과 합치하거나, 동일한 내용인 경우를 말한다.

예 보기 ㄷ. 성과만을 기준으로 연구자들을 차등 대우하면 연구자들의 사기가 저하되어 해당 분야 전체의 발전이 저해된다는 사실

→ 연구 성과만 가지고 자원을 배분하는 것은 바람직하지 않다는 주장 A를 강화한다.

(2) 대상을 약화함

대상의 반례에 해당하거나 상충하는 내용을 말한다.

예 보기 ㄱ. 공공 자원을 연구 성과에 따라 배분하지 않으면 도덕적 해이가 발생할 가능성이 커진다는 사실

→ 연구 성과만 가지고 자원을 배분하는 것은 바람직하지 않다는 주장 A를 약화한다.

(3) 강화도 약화도 하지 않음

가장 유의해야 하는 경우로, 대상과 아무 관련이 없는 정보를 서술하는 경우다. 지문과 보기가 주는 정보만으로 관련성이 추론된다고 착각하면 오답이 된다. 다만 본 문제에서는 이와 같은 보기가 없다.

합격자의 시간단축 Tip

Tip ❶ 진위를 판단하지 말자.

강화약화 문제에서 지문이나 선지가 객관적으로 옳은지, 그른지는 중요하지 않다. 중요한 것은 대상과 이에 대한 평가 간의 주관적 관계이다. 즉, 본 문제의 '연구 성과'를 과연 실제로도 정량화할 수 있는지와 같은 문제는 판단해서는 안 되고, 판단할 수도 없다.

보기의 경우도 마찬가지다. 각 보기에서 '밝혀졌다.'라고 제시되는 정보들은 어디까지나 논리를 적용하기 위한 가정일 뿐이다. 보기들은 '대상과 관련이 있는가? 어떤 부분이 관련 있는가?'의 관점에서만 의미가 있다. 그 이상 무의미한 생각은 하지 말자.

Tip ❷ 대립적인 주장일 경우, 둘을 모두 강화하기는 매우 힘들다.

당연한 말 같지만, 선지를 고르는 좋은 전략이 될 수 있다. 예컨대 ㄱ과 ㄴ 선지를 보면 A, B가 반대로 쓰여져 있는데, 이것으로

부터 바로 오답임을 추론할 수 있다. 그러나 해당 기술을 어떤 문제에도 적용할 수 있다는 것은 아니며, “동의한다”의 구절로 선지가 구성될 경우에는 쓰지 말아야 하는 방법이다.

059 정답 ④ 난이도 ●●○

문제유형 사실적 이해 > 정보 확인

접근전략 한국사 주제는 시대순으로 정보가 제시되는 경우, 시간의 흐름에 따른 독해를 하는 것이 좋다. 그런데 의도적으로 시대순으로 구성하지 않은 문제들이 있다. 이 경우 지문에 ‘언제 있었던 일인지’를 정확히 표시한 후, 선지에 언급된 시기를 그 표시에 따라 분류한다. 그 후 지문과 선지를 대조하면서 정답을 도출하면 된다. 시간 순서를 꼬아 놓은 지문은, 역으로 말하면 그것이 정답의 결정적인 단서가 되기 때문이다.

다음 글에서 알 수 있는 것은?

(1) 우리나라 국기인 태극기에는 태극 문양과 4괘가 그려져 있는데, 중앙에 있는 태극 문양은 만물이 음양 조화로 생장한다는 것을 상징한다. (2) 또 태극 문양의 좌측 하단에 있는 이괘는 불, 우측 상단에 있는 감괘는 물, 좌측 상단에 있는 건괘는 하늘, 우측 하단에 있는 곤괘는 땅을 각각 상징한다. (3) 4괘가 상징하는 바는 그것이 처음 만들어질 때부터 오늘날까지 변함이 없다.
▶ 1문단

(1) 태극 문양을 그린 기는 개항 이전에도 조선 수군이 사용한 깃발 등 여러 개가 있는데, 태극 문양과 4괘만 사용한 기는 개항 후에 처음 나타났다. (2) 1882년 5월 조미수호조규 체결을 위한 전권대신으로 임명된 이응준은 회담 장소에 내걸 국기가 없어 곤란해 하다가 회담 직전 태극 문양을 활용해 기를 만들고 그것을 회담장에 걸어두었다. (3) 그 기에 어떤 문양이 담겼는지는 오랫동안 알려지지 않았다. (4) 그런데 2004년 1월 미국 어느 고서점에서 미국 해군부가 조미수호조규 체결 한 달 후에 만든 『해상 국가들의 깃발들』이라는 책이 발견되었다. (5) 이 책에는 이응준이 그린 것으로 짐작되는 ‘조선의 기’라는 이름의 기가 실려 있다. (6) 그 기의 중앙에는 태극 문양이 있으며 네 모서리에 괘가 하나씩 있는데, 좌측 상단에 감괘, 우측 상단에 건괘, 좌측 하단에 곤괘, 우측 하단에 이괘가 있다.
▶ 2문단

(1) 조선이 국기를 공식적으로 처음 정한 것은 1883년의 일이다. (2) 1882년 9월에 고종은 박영효를 수신사로 삼아 일본에 보내면서, 그에게 조선을 상징하는 기를 만들어 사용해본 다음 귀국하는 즉시 제출하게 했다. (3) 이에 박영효는 태극 문양이 가운데 있고 4개의 모서리에 각각 하나씩 괘가 있는 기를 만들어 사용한 후 그것을 고종에게 바쳤다. (4) 고종은 이를 조선 국기로 채택하고 통리교섭사무아문으로 하여금 각국 공사관에 배포하게 했다. (5) 이 기는 일본에 의해 강제 병합되기까지 국기로 사용되었는데, 언뜻 보기에 『해상 국가들의 깃발들』에 실린 ‘조선의 기’와 비슷하다. (6) 하지만 자세히 보면 두 기는 서로 다르다. (7) 조선 국기 좌측 상단에 있는 괘가 ‘조선의 기’에는 우측 상단에 있고, ‘조선의 기’의 좌측 상단에 있는 괘는 조선 국기의 우측 상단에 있다. (8) 또 조선 국기의 좌측 하단에 있는 괘는 ‘조선의 기’의 우측 하단에 있고, ‘조선의 기’의 좌측 하단에 있는 괘는 조선 국기의 우측 하단에 있다.
▶ 3문단

① 미국 해군부는 통리교섭사무아문이 각국 공사관에 배포한 국기를 『해상 국가들의 깃발들』에 수록하였다.
➜ (×) 통리교섭사무아문이 각국 공사관에 배포한 국기는 박영효가 만든 조선 국기이다[3문단(3)]. 미국 해군부가 만든[2문단(4)] 『해상 국가들의 깃발들』에 실린 기는 이응준이 그린 ‘조선의 기’이므로[2문단(5)], 두 기는 다르다.

② 조미수호조규 체결을 위한 회담 장소에서 사용하고자 이응준이 만든 기는 태극 문양이 담긴 최초의 기다.
➜ (×) 이응준이 만든 ‘조선의 기’에도 태극 문양이 담겨 있었다.[2문단(2)] 그러나 태극 문양을 그린 기는 개항 이전에도 조선 수군이 사용한 깃발 등 여러 개가 있었다.[2문단(1)] 따라서 이응준이 만든 기는 태극 문양이 담긴 최초의 기가 아니다.

③ 통리교섭사무아문이 배포한 기의 우측 상단에 있는 괘와 ‘조선의 기’의 좌측 하단에 있는 괘가 상징하는 것은 같다.
➜ (×) 통리교섭사무아문이 배포한 기는 고종이 채택한 조선 국기이다.[3문단(4)] 조선 국기의 우측 상단에 있는 감괘는 ‘조선의 기’의 좌측 하단이 아니라, 좌측 상단에 있는 괘와 같다.[3문단(7)] 4괘가 상징하는 바는 그것이 처음 만들어질 때부터 오늘날까지 변함이 없으므로[1문단(3)], 서로 상징하는 것이 다르다는 것을 알 수 있다.

④ 오늘날 태극기의 우측 하단에 있는 괘와 고종이 조선 국기로 채택한 기의 우측 하단에 있는 괘는 모두 땅을 상징한다.
➜ (○) 오늘날 태극기의 우측 하단에는 곤괘가 있으며 땅을 상징한다.[1문단(2)] 고종이 조선 국기로 채택한 기의 우측 하단에 있는 괘는 ‘조선의 기’의 좌측 하단에 있는 괘와 같다.[3문단(8)] 또한, ‘조선의 기’의 좌측 하단에 있는 기는 곤괘이다.[2문단(6)] 4괘가 상징하는 바는 처음 만들어질 때부터 오늘날까지 변함이 없으므로[1문단(3)], 오늘날 태극기의 우측 하단과 고종이 조선 국기로 택한 기의 우측 하단에 존재하는 곤괘는 모두 땅을 상징한다.[1문단(2)] 따라서 해당 선지의 내용은 옳다는 것을 알 수 있다.

⑤ 박영효가 그린 기의 좌측 상단에 있는 괘는 물을 상징하고 이응준이 그린 기의 좌측 상단에 있는 괘는 불을 상징한다.
➜ (×) 박영효가 그린 기는 고종이 조선 국기로 채택한 기이며[3문단(3),(4)], 이응준이 그린 기는 ‘조선의 기’이다.[2문단(5)] 처음 박영효가 그린 기의 좌측 상단에 있는 괘는 ‘조선의 기’의 우측 상단에 있는 괘[3문단(7)], 즉 건괘와 같다.[2문단(6)] 4괘가 상징하는 바는 처음 만들어질 때부터 오늘날까지 변함이 없으므로[1문단(3)], 건괘는 하늘을 상징한다.[1문단(2)]. ‘조선의 기’의 좌측 상단에 있는 괘는 감괘이며[3문단(7)], 4괘가 상징하는 바는 처음 만들어질 때부터 오늘날까지 변함이 없으므로[1문단(3)] 감괘는 물을 상징한다.[1문단(2)] 따라서 해당 선지의 내용은 옳지 않다.

제시문 분석

1문단 우리나라 태극기 특징

〈우리나라 국기 태극기〉	
문양 좌측 상단: 건괘, 하늘 상징(2)	문양 우측 상단: 감괘, 물 상징(2)
태극 문양은 중앙에 위치, 만물이 음양 조화로 생장한다는 것을 상징(1)	
문양 좌측 하단: 이괘, 불 상징(2)	문양 우측 하단: 곤괘, 땅 상징(2)
4괘가 상징하는 바는 처음 만들어질 때부터 오늘날까지 변함이 없음(3)	

2문단 이응준의 '조선의 기' 제작과 발견

〈개항 이전〉
태극 문양을 그린 기는 개항 이전에도 조선 수군이 사용한 깃발 등 여러 개가 있었으며 태극 문양과 4괘만 사용한 기는 개항 후에 처음 나타났다.(1)

〈이응준의 기 제작〉		〈책 발견〉		〈조선의 기 그림〉
1882년 5월 조미 수호조규 체결을 위한 전권대신으로 임명된 이응준은 회담 직전 태극 문양을 활용해 기를 만들고 그것을 회담장에 걸어두었다.(2)	→	2004년 1월 미국 어느 고서점에서 미국 해군부가 조미수호조규 체결 한 달 후에 만든 『해상 국가들의 깃발들』이라는 책이 발견되었다.(4)	→	이응준이 그린 것으로 짐작되는 '조선의 기': 그 기의 중앙에는 태극 문양이 있으며 네 모서리에 괘가 하나씩 있는데, 좌측 상단에 감괘, 우측 상단에 건괘, 좌측 하단에 곤괘, 우측 하단에 이괘가 있다.(5),(6)

2·3문단 조선의 국기 공식 제정과 '조선의 기'와의 차이점

〈공식적인 국기 채택〉
조선이 국기를 공식적으로 처음 정한 것은 1883년의 일이다.(1)

〈기 제작 지시〉		〈박영효의 제작〉		〈조선의 국기 배포〉
1882년 9월에 고종은 박영효를 수신사로 삼아 일본에 보내면서, 조선을 상징하는 기를 만들어 사용해본 다음 귀국하는 즉시 제출하게 했다.(2)	→	이에 박영효는 태극 문양이 가운데 있고 4개의 모서리에 각각 하나씩 괘가 있는 기를 만들어 사용한 후 그것을 고종에게 바쳤다.(3)	→	고종은 이를 조선 국기로 채택하고 통리교섭사무아문으로 하여금 각국 공사관에 배포하게 했다.(4)

〈고종이 채택한 조선 국기와 '조선의 기'의 차이점〉				
〈조선의 기〉			〈조선의 국기〉	
감괘(6)	건괘(6)	↔	건괘(7)	감괘(7)
곤괘(6)	이괘(6)		이괘(8)	곤괘(8)

합격자의 실전 풀이 순서

이 문제는 선지를 조금만 뒤튼다면 상황판단에도 응용될 수 있는 지문이다. 따라서 이 문제만을 풀기 위한 방법과, 태극기를 직접 그려서 비교·대조하는 방법을 둘 다 익히도록 한다.

❶ 유형 파악하기

한국사 비문학 유형의 특징을 다시 한 번 상기해 보자.

- 사건의 인과관계, 연표에 따른 단순 선후관계, 계급 체계에 따른 상하관계 등이 한 문제에 복합적으로 등장한다.
- 작은따옴표 ' '를 통해 생소한 개념이 소개된다. 작은따옴표가 붙은 단어는 지문 전체에서 강조하고자 하는 개념인 경우가 많으므로 집중해 살펴야 한다.
- 홑낫표 「」, 겹낫표 『』 등으로 문헌·예술작품 등이 인용된다. 지문에 이름이 유사한 작품이 여러 개 등장한 뒤, 선지에서 혼동을 유도하는 경우도 종종 있다.
- 구체적인 시대 표현이 등장한다. n년, n세기, OO시대 전·중·후기 등의 시대 표현은 선지에서 사건들이 발생한 선후관계를 묻는 기준점으로 사용된다.
- 상황판단 영역과 유사한 문항도 등장한다. 지문에서 봉급, 세금, 형벌 등 체계를 파악해 간단한 사칙연산을 통해 선지의 사례에 적용할 것을 요구한다.

❷ 발문 확인하기

이 단계에서는 알 수 '있는' 것인지, '없는' 것인지를 확실히 표시하고 간다.

> 다음 글에서 알 수 있는 것은?

❸ 지문 독해하기

한국사 지문은 시대순으로 서술되는 경우가 대부분이지만, 이 지문의 경우는 〈현재-과거-개항기〉로 구성되어 있다. 1문단에 나온 내용이 중심 내용과 관련이 없더라도 마찬가지다. 시대를 말하는 표현이 나오는 순간 반드시 체크해야 한다. 그렇다면 어떻게 해야 시대를 잊지 않으면서도 지문 내용의 일관성을 유지할 수 있는가? 문단 독해의 순서를 바꾸는 것은 바람직하지 못하다. 그렇다고 연표까지 그려가면서 접근하는 것은 더더욱 바람직하지 못하다. 연표만 등장한다면 써 볼 만하지만, 해당 문제는 태극기의 모양까지 필기해야 하기 때문에 현실적이지 않다.

필자가 쓰는 방법은 우선 괘의 모양의 차이는 읽지 않고 나머지 부분을 읽은 뒤, 일부 선지를 해결하면서 글의 내용을 더 숙지한 후 나머지 괘의 모양을 중심으로 각 문단을 정리하는 것이다.

그 외에 다른 고득점자가 추천하는 방법은, 글을 괘의 모양만으로 정리한 후에 선지를 오픈북 식으로 확인하는 것이다. 이 경우 ①, ②번 선지는 확인하지 못한다는 단점이 있지만 3개 선지가 전부 괘의 모양을 판별할 것을 요구하고 있으므로 오답을 구성하려 한다는 점에서 확률적으로 타당한 독해법이다.

❹ 선지 적용하기

선지의 키워드를 확인한 후 지문으로 올라가서 키워드의 위치를 찾는다. '알 수 있는 것은?'을 묻는 문항의 경우 키워드의 앞뒤 2~3문장 내 정답이 그대로 제시되어 있지 않은 경우도 많으므로 정확한 의미를 파악하는 것이 중요하다.

해당 단계에서는 선지를 판단하는 단축경로 및 주요 함정을 극복하는 것을 제시하고자 한다.

① 미국 해군부는 통리교섭사무아문이 각국 공사관에 배포한 국기를 『해상 국가들의 깃발들』에 수록하였다.

통리교섭사무아문으로부터 조선 국기로 채택된 '이' 기가 박영효가 만든 것임을 알 수 있다.[3문단(3)] 〈해상 국가들의 깃발들〉이 어떤 정보를 바탕으로 만들어졌는지 알 수 있다면 이응준과 직결된다는 것을 알 수 있고, 통리교섭사무아문은 박영효랑 관련되었으므로 틀린 선지임을 알 수 있다.

③ 통리교섭사무아문이 배포한 기의 우측 상단에 있는 괘와 '조선의 기'의 좌측 하단에 있는 괘가 상징하는 것은 같다.

본 선지는 단순비교형이지만 까다롭다. 그 이유는 3문단 6문 이하가 유사한 명칭의 두 개체, 조선 국기와 '조선의 기'를 비교하며 수험생의 혼동을 노리는 부분이기 때문이다. 이 부분을 읽을 때는 시간 걱정은 잠시 접고 온 정신을 집중해서 읽도록 하자. 이 선지를 해결하는 법은 대각선끼리 매칭되는 태극기가 있는지 살펴보는 것이다. 이어지는 선지 ④, ⑤에서도 네 괘의 위치를 묻고 있으므로 처음 읽을 때 꼼꼼히 읽어두어야 한다.

④ 오늘날 태극기의 우측 하단에 있는 괘와 고종이 조선 국기로 채택한 기의 우측 하단에 있는 괘는 모두 땅을 상징한다.

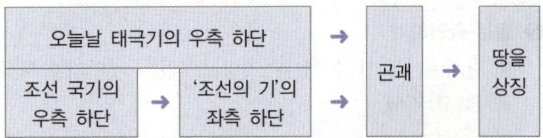

오늘날 태극기의 우측 하단 → 곤괘 → 땅을 상징
조선 국기의 우측 하단 → '조선의 기'의 좌측 하단 → 곤괘 → 땅을 상징

본 선지는 선지 하나를 판단하기 위해 1~3문단을 모두 확인해야 하는 고난도의 추론형 선지다. 그러나 두 개의 명제로 분리한다면 보기보다 쉽게 해결할 수 있다.
(1) 오늘날 태극기와 조선 국기의 괘는 같다.
(2) (둘 중 하나의) 우측 하단 괘는 땅을 상징한다.
두 명제만 성립하면 참이 될 수 있다. 중요한 것은 (1) 명제가 성립하는지 확인하는 것이다.

⑤ 박영효가 그린 기의 좌측 상단에 있는 괘는 물을 상징하고 이응준이 그린 기의 좌측 상단에 있는 괘는 불을 상징한다.

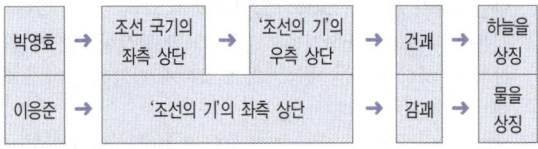

박영효 → 조선 국기의 좌측 상단 → '조선의 기'의 우측 상단 → 건괘 → 하늘을 상징
이응준 → '조선의 기'의 좌측 상단 → 감괘 → 물을 상징

선지 ④를 해결했다면 본 선지에는 긴 시간이 들지 않을 것이다. 본 선지 또한 출발점이 2개지만, ④와 달리 끝맺는 점도 2개인 병렬적 구성이다.
이 경우 판단하는 방법이 두 가지로 나뉜다. 첫 번째 방법은 물과 불이 서로 좌우만 바뀐 것으로 제시되는지 확인하는 것이고, 두 번째 방법은 두 과거의 깃발이 좌측 상단에 그려놓은 괘가 무엇인지 확인하는 것이다. 둘 중 어떤 방법을 선택하든 태극기의 괘를 필기해두는 것은 필요하다.

합격자의 시간단축 Tip

Tip ❶ 정보의 위치에 주목하자.

비문학 유형의 문제들을 풀다 보면, 둘 이상의 선지에서 같은 그룹에 속한 정보들을 요구하는 경우가 종종 있다. 예를 들어 본 문제의 선지 ③, ④, ⑤는 조선 국기의 괘가 어디에 위치하며, 각각 무엇을 상징하는지 묻는다. 이를 풀기 위해서는 (조선 국기의 괘 위치→'조선의 기'의 괘 위치→'조선의 기'의 괘 종류→괘 종류와 상징) 순서로 정보를 찾아야 한다. 이는 시선 이동이 필수적으로 수반되는 과정이다.
긴 지문을 왔다 갔다 하는 시간을 최소화하려면, 각 정보의 위치를 로딩 없이 빠르게 짚는 것이 필수이다. 지문을 한번 쓱 훑는 것만으로도 1문단 뒷부분에 괘 종류와 상징이, 2문단 뒷부분에 '조선의 기'의 괘 종류가, 3문단 뒷부분에 조선 국기와 '조선의 기'의 괘 위치가 있음을 외울 수 있다면 이상적이겠다. 그러나 이는 현실적으로 불가능할뿐더러, 가능하다고 해도 실수할 확률이 높다. 따라서 필요한 정보의 위치를 찾는 즉시 강조 표시를 쳐 두거나, 옆 공간에 짧게 필기해 두는 것은 누구든지 할 수 있다. 작은 연습이 쌓이면 숙련이 된다.

Tip ❷ 핵심이 되는 정보와 아닌 정보를 구분하자.

이 지문의 경우 지문의 뉘앙스로 보든, 선지 구성으로 보든 깃발의 제작연도와 괘가 어떻게 이뤄져 있는지가 가장 핵심적인 내용이다. 그러나, 그렇다고 해서 꼭 깃발과 괘에 대한 모든 정보를 중심으로 읽어야 할까? 그렇지 않다. 중심과 주변부를 나누어 둘을 별도로 표시하며 읽는 것이 이상적인 읽기 방식이다. 예컨대 ①, ②번 선지는 괘의 모양은 전혀 다루고 있지 않다. 선지에서 단 하나의 주제만 계속 물어보기엔 난이도가 지나치게 낮아질 수 있기 때문에 글 전체를 묻는 선지를 첨가할 수밖에 없고, 그 내용들은 핵심에 대한 이해와 암기 없이도 풀 수 있는, 단순 정오판단 선지가 대부분이다.
또한, 이는 반대로 말하면, 괘의 모양만 제대로 그릴 수 있다면 문제 해결의 난이도가 아주 쉬워짐을 뜻한다. 즉, 지문에 나오는 세 개의 태극기를 전부 다 그려놓는다면 선지에서 무엇을 묻고자 하는지 명확해진다.

Tip ❸ 태극기의 모양을 그림으로 그릴 필요는 없다.

문제에서 주로 묻는 것은 괘의 위치다. 이를 빠르게 판단하기 위해 각각의 위치를 '건곤감리'라는 글자로 써도 되고, '천지수화'로 써도 되고, 조금 우스꽝스럽지만 '천지물불'로 써도 된다. 중요한 것은 위치의 비교지 모양의 비교가 아니기 때문이다. 극단적으로는 1234로 써도 될 것이다. 이처럼 정보를 분리해서 필기하는 것은 아는 것과 모르는 것을 구분하는 시발점이 되어 선지를 빠르게 판단하도록 도와준다. 글을 읽을 때 모양을 모른다는 것을 인정하도록 하자.

Tip ❹ 복합 정보제시 지문은 난도가 높다.

이 문제는 특정 문단을 읽고 선지를 판단할 수 없고, 글 전체의 구조를 확립해야 하는 유형이다. 최근 늘어나고 있는 이런 유형은 난이도(그리고 오답률)가 실제로 상당히 높게 출제되곤 한다. 따라서 만약 한눈에 이 유형인지를 구별할 수 있다면, 전략상 건너뛰는 것을 추천한다.
이러한 유형의 문제를 구분하는 방법으로는 1) 1문단에 비교적 많은 정보가 들어있고 2) 2문단이나 3문단이 서로 이어지는 이야기를 하는 경우이다.
이 경우 2문단과 3문단은 각각 1문단 구조를 반복하지 않는다. 반복하고자 했다면 1문단이 많은 정보를 담고 있을 리 없기 때문이다. 더불어, 서로 이어지지 않는 문단이라면 정보를 분설적으로 말하고 있다는 뜻이기 때문에 내용 분별이 쉽다. 따라서 위의 두 조건이 충족되는 경우가 제일 고난도의 유형이라고 말할 수 있겠다.

060 정답 ②

난이도 ●○○

문제유형 법조문형 > 규정확인

접근전략 법규정 유형 중 규정을 바탕으로 〈보기〉에서 옳은 것을 고르는 규정확인문제이다. 법조문 유형을 풀 때는 조문의 구체적인 내용을 독해하는 것보다, 법조문의 구조를 파악한 후 〈보기〉에서 묻고 있는 정보를 찾아 올라가는 형태로 푸는 것이 좋다. 본 문제의 경우, 특정 권리에 〈소멸시효〉가 있고, 이를 중단시키는 사유가 존재하며, 중단된 소멸시효가 새로이 진행될 수 있다는 구조를 파악해야 한다. ○○조 1항에서 권리가 징수권과 환급청구권 2개가 제시된다는 것을 놓치지 않아야 4항에서 짧게 제시된 〈환급 청구권의 소멸시효〉에 대해 이해할 수 있다.

다음 글을 근거로 판단할 때, 〈보기〉에서 옳은 것만을 모두 고르면?

제○○조 ① 개발부담금을 징수할 수 있는 권리(개발부담금 징수권)와 개발부담금의 과오납금을 환급받을 권리(환급청구권)는 행사할 수 있는 시점부터 5년간 행사하지 아니하면 소멸시효가 완성된다.
② 제1항에 따른 개발부담금 징수권의 소멸시효는 다음 각 호의 어느 하나의 사유로 중단된다.

1. 납부고지
2. 납부독촉
3. 교부청구
4. 압류
③ 제2항에 따라 중단된 소멸시효는 다음 각 호의 어느 하나에 해당하는 기간이 지난 시점부터 새로이 진행한다.
1. 고지한 납부기간
2. 독촉으로 재설정된 납부기간
3. 교부청구 중의 기간
4. 압류해제까지의 기간
④ 제1항에 따른 환급청구권의 소멸시효는 환급청구권 행사로 중단된다.

※ 개발부담금이란 개발이익 중 국가가 부과·징수하는 금액을 말한다.
※ 소멸시효는 일정한 기간 권리자가 권리를 행사하지 않으면 권리가 소멸하는 것을 말한다.

보기

ㄱ. 개발부담금 징수권의 소멸시효는 고지한 납부기간이 지난 시점부터 중단된다.
→ (×) 제2항에 따르면 개발부담금 징수권의 소멸시효는 납부고지한 때 중단되고, 제3항에 따르면 중단된 소멸시효는 고지한 납부기간이 지난 시점부터 새로이 진행한다.

ㄴ. 국가가 개발부담금을 징수할 수 있는 때로부터 3년간 징수하지 않으면 개발부담금 징수권의 소멸시효가 완성된다.
→ (×) 제1항에 따르면 개발부담금 징수권은 행사할 수 있는 시점부터 5년간 행사하지 아니하면 소멸시효가 완성된다. 따라서 국가가 개발부담금을 징수할 수 있는 때로부터 3년간 징수하지 않아도 개발부담금 징수권의 소멸시효가 완성되지 않는다.

ㄷ. 국가가 개발부담금을 징수할 수 있는 날로부터 2년이 경과한 후 납부의무자에게 납부고지하면, 개발부담금 징수권의 소멸시효가 중단된다.
→ (○) 제1항에 따르면 개발부담금 징수권은 행사할 수 있는 시점부터 5년간 행사하지 아니하면 소멸시효가 완성되므로 개발부담금을 징수할 수 있는 날로부터 2년이 경과한 때에는 소멸시효가 완성되지 않았고, 따라서 제2항에 따르면 개발부담금 징수권의 소멸시효는 납부고지한 때 중단된다.

ㄹ. 납부의무자가 개발부담금을 기준보다 많이 납부한 경우, 그 환급을 받을 수 있는 때로부터 환급청구권을 3년간 행사하지 않으면 소멸시효가 완성된다.
→ (×) 제1항에 따르면 납부의무자가 개발부담금을 기준보다 많이 납부한 경우, 그 과오납금을 환급받을 권리인 환급청구권은 행사할 수 있는 시점부터 5년간 행사하지 아니하면 소멸시효가 완성된다. 따라서 과오납금을 환급받을 수 있는 때로부터 환급청구권을 3년간 행사하지 않았어도 환급청구권의 소멸시효가 완성되지 않는다.

① ㄱ → (×)
② ㄷ → (○)
③ ㄱ, ㄹ → (×)
④ ㄴ, ㄷ → (×)
⑤ ㄴ, ㄹ → (×)

합격자의 실전 풀이 순서

❶ 문제 유형 파악

본 문제의 경우 제시문으로 법조문이 주어졌으므로 법조문 유형임을 알 수 있다. 특히 법조문 유형 중에서도 규정의 내용을 확인하여 〈보기〉에서 옳은 선지를 고르는 규정확인문제이다. 법조문 유형은 조문의 구체적인 내용을 독해하는 것보다, 법조문의 구조를 파악한 후 선지에서 묻고 있는 정보를 찾아 올라가는 형태로 푸는 것이 좋다. 법 조문의 구조 파악이란 각 조나 항마다 가로로 길게 선을 그어 조문들을 시각적으로 구분하고, 단서와 괄호에 강조 표시를 하는 것을 의미한다. 또한, 본 문제가 옳은 것을 고르는 문제라는 것을 인지하기 위해 "옳은"이라는 단어에 밑줄이나 동그라미 등 표시를 한다.

❷ 법조문 구조 분석

구조 분석이란 각 조문의 내용 및 조문 간 관계를 이해하는 것이다. 먼저 법조문 전체를 훑으며 법조문의 구조를 파악한다. 이때 기호를 적절히 활용한다. 조문의 길이가 긴 경우 가로선을 활용하여 각 조를 구별하고, 각 조의 제목이나 조항별 대표적 키워드에 ○ 표시를 한다. '다만'이라는 단어가 나오면 △, '이 경우'라는 단어가 나오면 □ 표시를 해두고, 괄호가 나오면 괄호의 처음과 끝에 별표를 해둔다. 아래의 조문이 위의 조문 일부에 한정된 내용일 경우에는 해당 조문들을 서로 연결하여 표시한다. 이러한 기호들은 선지나 〈보기〉에서 관련 내용을 찾는 이정표 역할을 한다. 법조문의 구조 파악을 통해 선지에 어떤 내용이 나올지도 예상해볼 수 있다.
규정은 하나의 조문과 네 개의 항으로 구성되어 있다. 별도로 조항 제목은 없으므로 규정의 키워드를 찾으며 구조를 파악한다. 제1항은 개발부담금 징수권과 환급청구권의 소멸시효를 규정한다. 개발부담금과 소멸시효가 무엇인지 알기 어려우므로 각주에서 추가적으로 설명하고 있다. 제2항은 개발부담금 징수권의 소멸시효가 중단되는 경우를 규정하며, 제3항은 중단되었다가 다시 진행되는 경우를 규정한다. 제4항은 환급청구권의 소멸시효가 중단되는 경우를 규정하고 있다.
본 문제의 법조문에는 단서나 괄호는 사용되지 않았으므로, 각 항을 구분해두는 것만으로도 아래와 같은 법조문의 구조를 충분히 파악할 수 있다.

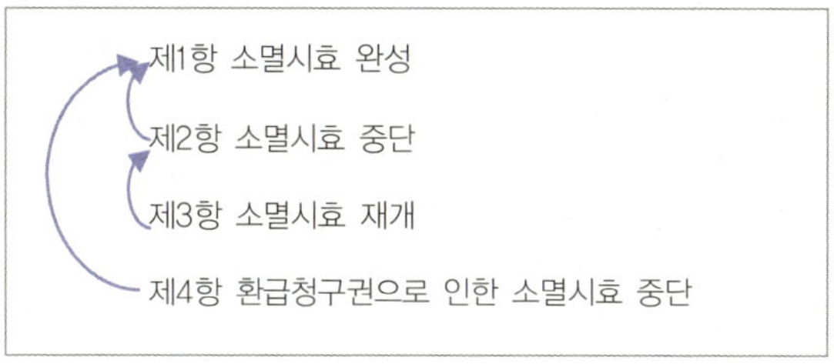

❸ 선지 판단

법조문 분석을 바탕으로 보기를 검토한다.
보기 ㄱ은 개발부담금 징수권의 소멸시효 중단에 대한 내용이므로 제2항과 비교한다. 제2항 각호에 없는 내용이므로 바로 틀렸다고 판단할 수 있지만, 판단이 어렵다면 '고지한 납부기간이 지난'을 기준으로 제3항을 봐도 된다. 제3항은 소멸시효 재개 규정이므로 ㄱ이 틀렸음을 알 수 있다.
보기 ㄴ은 개발부담금 징수권의 소멸시효에 대한 내용이므로 제1항과 비교한다. 보기 ㄷ은 개발부담금 징수권의 소멸시효의 중단에 대한 내용이므로 제2항과 비교한다. 보기 ㄹ은 환급청구권의 소멸시효에 대한 내용이므로 제1항과 비교한다. ㄴ, ㄹ과 관련하여, 조문에 '소멸시효 완성'과 관련하여 언급된 기간은 '5년' 뿐이므로 다른 기간은 모두 틀렸다고 판단하면 된다.

본 문제와 같이 하나의 선지가 보기들의 조합으로 구성되는 경우 보기를 해결한 후 해당 보기와 관련된 선지를 먼저 처리하는 것이 좋다. 예컨대, 보기 ㄱ은 옳지 않으므로 선지 ①번과 ③번이 제외된다. 보기 ㄴ도 옳지 않으므로 정답이 도출된다.

합격자의 시간단축 Tip

Tip ❶ 자주 나오는 개념을 숙지

보기 ㄹ의 경우 납부의무자가 개발부담금을 기준보다 많이 납부한 것은 과오납금을 의미하는데, 과오납금은 상식선에서 해결할 수 있는 단어는 아니므로 일반적으로 그에 대한 설명이 각주로 주어져야 한다. 그러나 설문의 경우 주어지지 않았는데, 이렇듯 엄밀하지 못한 문제도 가끔 출제되므로 이번 기회에 과오납금이라는 단어를 알아두면 좋을 것이다.

Tip ❷ 소멸시효의 개념을 숙지

소멸시효가 주된 쟁점이므로 구체적인 연수가 중요하다. 5년이라는 기간에 동그라미 등의 표시를 하며 글을 읽는다. 소멸시효는 자주 출제되는 주제이므로 소멸시효의 '중단', '진행' 등의 의미는 배경지식으로 알아두면 좋다.

Tip ❸ 이해하기 어려운 개념은 시각화

본 문제와 같이 소멸시효의 개념을 글로 한 번에 이해하기 어려운 경우, 수평선을 그려서 어떨 때 소멸시효가 진행되고 중단되는지를 시각화시키는 것이 좋다. 해당 내용은 실제로 행정법 / 공법 분야의 전문지식에 해당하는 내용이라 한 번에 이해하기 어려울 수밖에 없다.

Tip ❹ 법조문 유형 풀이의 기본

본 문제에서 활용되지는 않았지만, 전반적인 법조문 유형에 대비하여 기본적으로 알아두어야 하는 내용을 소개한다.

1. 법조문에 대한 이해

법조문 유형은 선지가 규정과 일치하는지 확인하는 '규정확인' 유형과, 규정의 내용을 예시에 적용하는 '규정적용' 유형으로 나뉜다. 규정적용은 단순 적용의 경우도 있지만 보험료, 인지세 등 계산을 요하는 경우도 있다.

두 유형 모두 기본은 규정을 파악하는 것이기 때문에 기본적인 법조문의 구조에 익숙해지면 법조문 유형의 문제풀이가 비교적 수월해진다. 법조문은 'ㅇㅇ조-ㅇㅇ항-(1, 2, …)호-(가, 나, …)목' 순으로 구성된다.

1) 하나의 '조'는 하나의 주제에 대하여 설명한다. 그 주제는 'ㅇㅇ조' 옆에 괄호로 표시되기도 한다.
2) '항'은 조에서의 주제를 세분화하여 설명할 때 사용한다.
3) '호'는 조와 항 내에서 대상을 나열할 때 사용한다.
4) '목'은 호 내에서 대상을 나열할 때 사용한다.
5) '단서'는 "다만,"으로 시작하며 앞 문장의 주된 내용에 대한 예외를,
6) '후단'은 "이 경우"로 시작되며 주된 내용에 대한 부수적·보완적 사항을 규정할 때 사용한다.
7) 부수적 내용은 괄호로 제시되는 경우도 있다.

법조문 유형은 빠르게 풀기보다는 정확하게 푸는 것을 전략으로 하는 것이 좋다. 상황판단 과목은 모든 문제를 빠르게 푸는 것이 아니라 풀 수 있는 문제와 풀 수 없는 문제를 구분하여 풀어, 푼 문제의 정답률을 높이는 것이 일반적인 접근 방법이다. 난해한 퀴즈 문제와 달리 법조문은 제시문 내에 정답이 있으므로, 꼭 맞춘다는 생각으로 접근하는 것이 좋다.

2. 법조문의 구조를 먼저 파악

일반적인 법조문 유형에서는 제ㅇㅇ조 옆의 괄호 및 키워드로 조문의 구조만을 파악하고, 선지를 판단할 때 세부 내용을 읽는 접근방식을 추천한다. 법조문의 세부 내용을 모두 기억하기 어렵고, 독해에도 시간이 걸리기 때문이다. 어떤 조항에 어떤 내용이 있는지를 파악하고, 세부 조건인 호나 목은 선지에서 묻는 경우 발췌독하는 것이다. 다만 '규정적용' 유형 중 계산형 문제는 계산에 필요한 구체적 내용을 파악하며 조문을 읽어야 한다.

3. 선지에 자주 등장하는 조문의 특징

법조문의 구조를 파악할 때 선지로 등장할만한 부분을 미리 체크한다면 풀이 시간을 단축할 수 있을 것이다. 아래 내용은 주로 선지에 등장하는 내용의 특징과 선지에 등장하는 방식이다. 기출 분석을 통해 빈출 패턴을 익히면 실수를 방지하고 풀이 속도를 높이는 데에 도움이 될 것이다.

- 단서(다만): 단서가 적용됨에도 적용하지 않거나, 적용되지 않음에도 적용하여 제시
- 후단(이 경우)이나 괄호(보완 내용): 해당 내용을 사례로 제시
- 날짜, 시기, 횟수, 수치 등: 숫자를 바꾸어 제시
- 어느 하나: 모든 조건이 적용되는 것으로 제시
- 하부 개념: 상부 개념과 하부 개념을 바꾸거나, 복수의 하부 개념의 특징을 서로 바꾸어 제시
- 주어: 행위 주체를 바꾸어 제시
- 술어: 허가를 신고로, 신고를 허가로 바꾸어 제시
- 재량(임의규정)과 기속(강행규정): '할 수 있다'와 '해야 한다'를 바꾸어 제시

독끝 **5일차** (061~075)

정답

061	②	062	⑤	063	①	064	④	065	⑤
066	③	067	⑤	068	⑤	069	②	070	③
071	⑤	072	④	073	③	074	④	075	②

061 정답 ❷

난이도 ●●●

문제유형 비판적 사고 > 유사한 내용·사례 찾기

접근전략 지문의 내용을 문제 〈보기〉의 사례에 적용하는 문제이다. 제시문을 읽을 때 미리 기관 간 약정에 대한 설명을 메모하거나, 밑줄을 쳐두어야 사례와 비교하기 좋다. 또한, 제시문에서 등장하는 적절하지 않은 경우와 예외상황 등이 오답 선지 구성을 위한 함정으로 활용될 수 있으니, 이들을 괄호와 같은 기호로 표시해두어 함정에 빠지지 않도록 한다.

다음 글에 비추어 ㉠이 적절하게 이루어진 사례만을 〈보기〉에서 모두 고르면?

(1) 국제·외교관계에서 조약은 국가 간, 국제기구 간, 국가와 국제기구 간 서면형식으로 체결되며 국제법에 의해 규율되는 합의이다. (2) 반면, ㉠ 기관 간 약정은 국가를 제외한 정부기관이 동일 또는 유사 업무를 수행하는 외국의 정부기관과 체결하는 합의로 법적 구속력이 없다. (3) 이 때 기관 간 약정의 서명은 해당 기관의 장이 하는 것이 원칙이다. (4) 다만 해당 기관의 장이 사정상 직접 서명할 수 없는 경우에는 그의 위임을 받은 해당 기관의 고위직 인사가 서명을 할 수도 있다. (5) 만일 기관 간 약정을 조속히 체결할 필요성이 있으나 양국 관계부처 간의 방문 계획이 없어서 체결이 지연되고 이로 인해 양국 관계부처 간 불편이 야기될 가능성이 있는 등의 경우에는, 우편으로 서명문서를 교환하거나 외교통상부 재외공관을 통하여 서명문서를 교환하는 방법으로 그 체결을 행할 수 있다. ▶ 1문단

(1) 해당 기관의 장이 사정상 직접 서명할 수 없어서 그의 위임을 받은 고위직 인사가 서명을 대신할 때, 정부기관장 명의의 전권위임장을 만들어 제출하는 경우가 있는데, 이는 적절하지 않다. (2) 전권위임장이란 국가 간 조약문안의 교섭·채택이나 인증을 위하여 또는 조약에 대한 국가의 기속적 동의를 표시하기 위하여 어떤 사람으로 하여금 국가를 대표하도록 임명하는 문서이기 때문이다. (3) 만약 상대국에서 굳이 서명 위임에 대한 인증 문건의 제출을 요구한다면, 위임장을 제출하는 방향으로 검토해 볼 수 있을 것이다. (4) 또한 기관 간 약정에 서명을 할 때 양국 정상이 임석하는 경우가 있는데, 이는 기관 간 약정이 양국 간의 조약으로 오해될 소지가 있으므로 부적절하다. ▶ 2문단

〈보기〉

ㄱ. A국 산업통상자원부 장관 명의의 전권위임장을 제출한 산업통상자원부 차관과 B국 기업에너지산업전략부 장관 간에 '에너지산업협력 약정'이 체결된 사례

➜ (×) 해당 기관의 장이 직접 서명할 수 없어서 그의 위임을 받은 고위직 인사가 서명을 대신할 때, 정부기관장 명의의 전권위임장을 만들어 제출하는 것은 적절하지 않다.[2문단(1)] ㄱ은 정부 기관인 산업통상자원부에서 차관이 서명을 대신할 때 장관 명의의 전권위임장을 만들어 제출한 사례이다. 따라서 이는 적절한 기관 간 약정이 아니다.

ㄴ. 국외출장이 어려운 상황에서 시급한 약정의 조속한 체결을 위해 A국 산업통상자원부 장관과 B국 자원개발부 장관 간에 우편으로 서명문서를 교환한 사례

➜ (○) 해당 선지의 사례는 국가를 제외한 정부 기관이 유사업무를 수행하는 외국의 정부기관과 체결하는 협의이므로, 기관 간 약정에 해당한다.[1문단(2)] 이때 기관 간 약정을 조속히 체결할 필요성이 있으나 양국 관계부처 간의 방문 계획이 없어서 체결이 지연되고 이로 인해 양국 관계부처 간 불편이 야기될 가능성이 있는 등의 경우에는, 우편으로 서명문서를 교환하거나 외교통상부 재외공관을 통하여 서명문서를 교환하는 방법으로 그 체결을 행할 수 있다.[1문단(5)] 해당 선지의 사례는 시급한 약정이기에 약정을 조속히 체결할 필요성이 있는 것이고, 국외출장이 어려운 상황이므로 양국 관계부처 간의 방문 계획이 없는 것이다. 이러한 이유로 우편으로 서명문서를 교환한 것이므로, 약정 체결이 적절히 이루어졌다고 볼 수 있다.

ㄷ. A국 대통령의 B국 방문을 계기로 양국 정상의 임석 하에 A국 기술무역부 장관과 B국 과학기술부 장관 간에 '과학기술협력에 관한 약정'이 체결된 사례

➜ (×) 기관 간 약정에 서명을 할 때 양국 정상이 임석하는 경우, 양국 간의 조약으로 오해될 소지가 있으므로 부적절하다.[2문단(4)] 따라서 양국 정상 임석 하에 A국, B국 기관의 장관이 체결한 약정은 부적절하다.

① ㄱ ➜ (×)
② ㄴ ➜ (○)
③ ㄱ, ㄷ ➜ (×)
④ ㄴ, ㄷ ➜ (×)
⑤ ㄱ, ㄴ, ㄷ ➜ (×)

제시문 분석

제시문 기관 간 약정의 원칙과 예외

〈기관 간 약정〉
국가를 제외한 정부기관이 동일 또는 유사 업무를 수행하는 외국의 정부기관과 체결하는 합의로, 법적 구속력이 없다.[1문단(2)]

〈기관 간 약정의 원칙〉		
기관 간 약정의 서명은 해당 기관의 장이 하는 것이 원칙이다.[1문단(3)]		
〈예외상황 ①〉		〈가능한 대처〉
해당 기관의 장이 사정상 직접 서명할 수 없는 경우[1문단(4)]	➜	그의 위임을 받은 해당 기관의 고위직 인사가 서명을 할 수도 있다.[1문단(4)]
〈예외상황 ②〉		〈가능한 대처〉
기관 간 약정을 조속히 체결할 필요성이 있으나 양국 관계부처 간의 방문 계획이 없어서 체결이 지연되고 이로 인해 양국 관계부처 간 불편이 야기될 가능성이 있는 등의 경우[2문단(5)]	➜	우편으로 서명문서를 교환하거나 외교통상부 재외공관을 통하여 서명문서를 교환하는 방법으로 그 체결을 행할 수 있다.[2문단(5)]

2문단 기관 간 약정 시 적절하지 않은 경우

〈적절하지 않은 경우①〉
해당 기관의 장이 사정상 직접 서명할 수 없어서 그의 위임을 받은 고위직 인사가 서명을 대신할 때, 정부기관장 명의의 전권위임장을 만들어 제출하는 경우가 있는데, 이는 적절하지 않다.(1)

→ 〈이유〉	전권위임장이란 국가 간 조약문안의 교섭·채택이나 인증을 위하여 또는 조약에 대한 국가의 기속적 동의를 표시하기 위하여 어떤 사람으로 하여금 국가를 대표하도록 임명하는 문서이기 때문이다.(2)

〈적절하지 않은 경우②〉
기관 간 약정에 서명을 할 때 양국 정상이 임석하는 경우(4)

→ 〈이유〉	이는 기관 간 약정이 양국 간의 조약으로 오해될 소지가 있으므로 부적절하다.(4)

합격자의 실전 풀이 순서

❶ 발문 확인 및 문제 유형 파악

발문을 통해 본 문제가 제시문의 개념에 적합한 사례를 찾는 사례 적용 유형임을 알 수 있다. 해당 유형에서 바람직한 사례를 찾기 위해서는 먼저 사례를 찾아야 하는 대상의 구체적인 내용을 바르게 찾아야 한다. 즉, 본 문제의 경우 기관 간 약정이 적절하게 이루어진 사례를 골라야 하므로, 이를 위해서는 제시문에서 등장하는 기관 간 약정의 조건을 명확히 파악해야 한다. 또한, '적절한 것'을 찾으라고 했으니 이는 글과 동일한 방향의 내용을 선택하는 것이다. 따라서 발문에 'O'와 같은 기호로 표시하면 적절하지 않은 것을 고르는 실수를 줄일 수 있다.

❷ 제시문 독해

본 제시문의 경우 숨어있는 구조가 있으므로 이를 파악하면서 읽는 것이 가장 중요하였다. 1문단 (1) 문장부터 (2) 문장까지는 조약과 대비되는 기관 간 약정의 개념을 설명하고 있으며, (3) 문장 이하에서는 약정이 성립 가능한 두 가지 예외적 상황을 설명하고 있다. 1문단 (3), (4)는 위임을 설명하고 있으며, (5) 문장에서는 비대면 약정 체결방식을 설명한다. 2문단에서는 (1) 문장부터 (3) 문장까지 전권위임장을, (4) 문장에서는 정상의 임석을 설명하고 있다. 즉, 약정의 조건 네 가지를 설명하고 있으므로, 조건마다 ①, ②의 숫자를 부여할 수 있다. 첫 번째 조건은 1문단 (3), (4)의 위임(①)이며, 두 번째 조건은 1문단 (5)의 비대면 약정 체결방식(②)이다. 세 번째 조건은 2문단 (1)부터 (3)까지의 전권위임장(③)이며, 네 번째 조건은 2문단 (4)의 정상의 임석(④)이다. 해당 네 가지 조건들은 선지에서 모두 나온다고 생각하고 있는 것이 좋다. 또한, 선지에서 몇 번째 조건을 묻고 있는지 판단하여 해당 부분의 제시문을 읽는다.

본 문제와 같이 예외상황이 나오는 경우, '예외상황'에 괄호와 같은 기호로 표시해두자. 1문단의 경우 위임과 비대면약정 모두 예외상황을 중심으로 내용이 전개되고 있으므로 인식하기 쉽지만, 2문단의 경우에는 '전권위임장'에 관한 예외로 위임장 제출이 나온다. 선지 구성 시 예외상황을 통해 함정을 만드는 경우가 많으니 읽을 때부터 잘 확인하자.

또한, 글에서 부정되고 있는 사실이나 내용 또한 괄호와 같은 기호로 표시하자. 이는 긍정되고 있는 내용으로 뒤집어 오답 선지로 자주 구성되기 때문이다. 발문은 '적절한 경우'인데 반해 2문단에는 '적절하지 않은 경우'들이 등장하니 해당 이들 내용이 오답 선지로 구성될 것임을 예측하며 읽자. 예를 들어, 기관 간 약정이 가능한 내용은 ◯로, 불가능한 내용을 △로, 예외상황을 (괄호)로 표시하여 읽을 수 있다.

> …반면, ㉠ 기관 간 약정은 국가를 제외한 정부기관이 동일 또는 유사 업무를 수행하는 외국의 정부기관과 체결하는 합의로 법적 구속력이 없다. 이 때 기관 간 약정의 서명은 해당 기관의 장이 하는 것이 원칙이다. 다만 해당 기관의 장이 사정상 직접 서명할 수 없는 경우에는 그의 위임을 받은 해당 기관의 고위직 인사가 서명을 할 수도 있다. 만일 기관 간 약정을 조속히 체결할 필요성이 있으나 양국 관계부처 간의 방문 계획이 없어서 체결이 지연되고 이로 인해 양국 관계부처 간 불편이 야기될 가능성이 있는 등의 경우에는, 우편으로 서명문서를 교환하거나 외교통상부 재외공관을 통하여 서명문서를 교환하는 방법으로 그 체결을 행할 수 있다.
> …정부기관장 명의의 전권위임장을 만들어 제출하는 경우가 있는데, 이는 적절하지 않다. … 만약 상대국에서 굳이 서명 위임에 대한 인증 문건의 제출을 요구한다면, 위임장을 제출하는 방향으로 검토해 볼 수 있을 것이다. 또한 기관 간 약정에 서명을 할 때 양국 정상이 임석하는 경우가 있는데, 이는 기관 간 약정이 양국 간의 조약으로 오해될 소지가 있으므로 부적절하다.

❸ 선지 판단

보기에 ㄱ, ㄴ, ㄷ 세 개의 사례가 나와 있으며 이 중에서 제시문에서 설명한 ㉠ 기관 간 약정이 적절하게 이루어진 것만 고르는 문제이다. 제시문의 내용과 네 가지 조건을 바탕으로 선지를 하나씩 따져보면 되는데 이때, 제시문의 조건과 선지를 대응시키는 과정에서 시간을 단축하는 방법이 있다.

예를 들어 ㄱ 선지의 경우, A국 산업통상자원부, B국 기업에너지산업전략부 등 긴 단어에 집착하지 말고 그저 국가를 제외한 정부 기관이라는 것만을 확인하고 넘어가면 된다. ㄱ 선지는 조건 ①(위임)과, 조건 ③(전권위임장)을 활용하고 있어 해당 부분을 읽으며 선지 판단을 할 수 있다. 특히 ㄱ 선지는 장관 명의의 전권위임장 제출(조건 ③)을 다루고 있는데, 이는 2문단에서 적절하지 않은 기관 간 약정이라는 명확한 설명이 있다. 만약 제시문 독해단계에서 약정이 불가능한 내용에 △표시를 하며 읽었다면, 더욱 쉽게 찾을 수 있다.

마찬가지로 ㄴ 선지는 조건 ②(비대면 약정 체결방식)를, ㄷ 선지 조건 ④(정상의 임석)를 묻고 있다. ㄴ 선지에서 A국 산업통상자원부와 B국 자원 개발부, ㄷ 선지에서 A국 기술무역부와 B국 과학기술부, 그리고 조약 이름과 같은 정보가 제시되어 있다. 이에 집중하기보다는 정오판단에 중요한 정보인 '우편', '임석' 등의 키워드를 중심으로 내용을 빠르게 파악하는 것이 중요하다. 우편은 ◯이며, 괄호에 '조속히 체결할 필요성'이 있어 적절하며, 임석은 △로 표시되어 있으므로 빠르게 부적절하다고 판단할 수 있다.

합격자의 시간단축 Tip

Tip ❶ 지문의 핵심 내용을 정확하게 파악하자.

문제에서 요구하는 것은 적절하게 이루어진 기관 간 약정 사례이므로 해당 정보에 집중하여 지문을 읽는다. 크게 이 지문의 정보를 기관 간 약정이 적절할 때와 적절하지 않을 때로 나눌 수 있다. 이를 단번에 기억하려 하지 말고 잘 표시해뒀다가 〈보기〉를 읽으며 문제를 해결하는 것이 좋다.

Tip ❷ 선지에서 정답을 판별할 키워드 중심으로 읽자.

사례를 설명하는 선지이므로 길이가 길다. 선지의 모든 정보를 전부 이해하려고 하기보다는 정답의 유무를 판별할 키워드를 표시해두자. 이때 서로 비교되는 다른 맥락의 키워드는 ◯, △, □ 등 각각 다른 기호로 표시하거나, 본 문제를 푼 방법과 같이

①, ②와 같은 숫자로 묶는 것이 좋다. 이를 활용하면 제시문에서 언급한 기관 간 약정의 조건에 알맞게 대응시키면 빠르게 정답을 고를 수 있다.

Tip ❸ 문제의식을 가지고 독해를 진행한다.

해당 지문은 〈기관 간 약정은 국가가 참여하는 약정과 어떻게 다른가?〉라는 문제에 대한 답으로 구성되어 있다. 이 경우 '국가 간 조약과의 차이점'이라는 독해기준을 잡고 글을 읽어내려가면 독해를 수월하게 진행할 수 있다. 참고로 국가 간 조약의 특성에 대해서는 이 기회에 배경지식으로 정리해두면 좋다. 제시문을 독해할 때 관련 지식을 미리 알고 있는 것이 가장 좋지만, 차선책은 그와 대비되는 개념이라도 배경지식으로 안 상태에서 독해를 진행하는 것이다.

062 정답 ⑤

난이도 ●●●

문제유형 사실적 이해 > 정보 확인

접근전략 글에서 알 수 있는 정보를 찾는 문제이다. 유의할 점은, 명백하게 제시문 내에서 드러나는 내용을 찾는 것보다 정보를 통해 추론하는 형태에 가깝다는 것이다. 그 과정에서 글에서 제시된 내용 외 기존의 배경지식을 활용해 문제를 풀지 않도록 주의한다. 지문을 통해 알 수 있는 내용을 바탕으로 문제를 푸는 것이 중요하다.

다음 글에서 알 수 있는 것은?

(1) 우리들 대부분이 당연시하지만 세상을 이해하는 데 필요한 몇몇 범주는 표준화를 위해 노력한 국가적 사업에 그 기원이 있다. (2) 성(姓)의 세습이 대표적인 사례이다. ▶ 1문단

(1) 부계(父系) 성의 고착화는 대부분의 경우 국가적 프로젝트였으며, 관리가 시민들의 신원을 분명하게 확인할 수 있도록 설계되었다. (2) 이 프로젝트의 성공은 국민을 '읽기 쉬운' 대상으로 만드는 데 달려 있다. (3) 개개인의 신원을 확보하고 이를 친족 집단과 연결시키는 방법 없이는 세금 징수, 소유권 증서 발행, 징병 대상자 목록 작성 등은 어렵기 때문이다. (4) 여기서 짐작할 수 있는 것처럼 부계 성을 고착화하려는 노력은 한층 견고하고 수지맞는 재정 시스템을 구축하려는 국가의 의도에서 비롯되었다. ▶ 2문단

(1) 국민을 효율적으로 통치하기 위한 성의 세습은 시기적으로 일찍 발전한 국가에서 나타났다. (2) 이 점과 관련해 중국은 인상적인 사례이다. 대략 기원전 4세기에 진(秦)나라는 세금 부과, 노역, 징집 등에 이용하기 위해 백성 대다수에게 성을 부여한 다음 그들의 호구를 파악한 것으로 알려져 있다. (3) 이러한 시도가 '라오바이싱'[老百姓]이라는 용어의 기원이 되었으며, 이는 문자 그대로 '오래된 100개의 성'이란 뜻으로 중국에서 '백성'을 의미하게 되었다. ▶ 3문단

(1) 예로부터 중국에 부계전통이 있었지만 진나라 이전에는 몇몇 지배 계층의 가문 및 그 일족을 제외한 백성은 성이 없었다. (2) 그들은 성이 없었을 뿐만 아니라 지배 계층을 따라 성을 가질 생각도 하지 않았다. (3) 부계 성을 따르도록 하는 진나라의 국가 정책은 가족 내에서 남편에게 우월한 지위를 부여하고, 부인, 자식, 손아랫사람에 대한 법적인 지배권을 주면서 가족 전체에 대한 재정적 의무를 지도록 했다. (4) 이러한 정책은 모든 백성에게 인구 등록을 요구했다. (5) 아무렇게나 불리던 사람들의 이름에 성을 붙여 분류한 다음, 아버지의 성을 후손에게 영구히 물려주도록 한 것이다. ▶ 4문단

① 부계전통의 확립은 중국에서 처음 이루어졌다.

➜ (×) 국민을 효율적으로 통치하기 위한 성의 세습은 시기적으로 일찍 발전한 국가에서 나타났다.[3문단(1)] 부계 전통 확립의 사례로 중국을 제시하기는 했지만, 그 시작이 중국에서 이루어졌다는 내용은 언급되어 있지 않다. 따라서 이는 알 수 없는 정보이다.

② 진나라는 모든 백성에게 새로운 100개의 성을 부여하였다.

➜ (×) 진나라는 세금 부과, 노역, 징집 등에 이용하기 위해 백성 대다수에게 성을 부여한 다음 그들의 호구를 파악한 것으로 알려져 있고, 이는 문자 그대로 '오래된 100개의 성'이란 뜻으로 중국에서 '백성'을 의미하게 되었다.[3문단(2),(3)] 그러나 백성 '대다수'에게만 성을 부여했다고 하였으므로, '모든' 백성에게 성을 부여하였는지는 알 수 없다.

③ 중국의 부계전통은 진나라가 부계 성 정책을 시행함에 따라 만들어졌다.

➜ (×) 진나라의 부계 성 정책이 시행되기 이전에도 예로부터 중국에는 부계 전통이 있었다.[4문단(1)] 따라서 해당 정책으로 인해 중국의 부계 전통이 형성되었다는 선지의 내용은 적절하지 않다.

④ 진나라의 부계 성 정책은 몇몇 지배 계층의 기존 성을 확산하려는 시도였다.

➜ (×) 부계 성을 따르도록 하는 진나라의 국가 정책은 가족 내에서 남편에게 우월한 지위를 부여하고 부인, 자식, 손아랫사람에 대한 법적인 지배권을 주면서 가족 전체에 대한 재정적 의무를 지게 했다.[4문단(3)] 이처럼 부계 성 정책은 인구 등록을 통한 국가의 재정 시스템을 위한 것으로, 기존 성을 확산하려는 시도는 아니었다.

⑤ 진나라가 백성에게 성을 부여한 목적은 통치의 효율성을 높이고자 한 것이었다.

➜ (○) 기원전 4세기에 진나라는 세금 부과, 노역, 징집 등에 이용하기 위해 백성 대다수에게 성을 부여한 다음 그들의 호구를 파악한 것으로 알려져 있다.[3문단(2)] 즉, 진나라가 백성에게 성을 부여한 것은 시민들의 신원을 분명하게 확인함으로써[2문단(1)] 국민을 '읽기 쉬운' 대상으로 만들기 위함이다.[2문단(2)] 따라서 진나라가 백성에게 성을 부여한 목적은 통치의 효율성을 높이고자 한 것이라고 볼 수 있다.

제시문 분석

2문단 부계 성 정책의 목적

〈부계 성 정책의 목적〉
부계 성을 고착화하려는 노력은 한층 견고하고 수지맞는 재정 시스템을 구축하려는 국가의 의도에서 비롯되었다.(4)

3·4문단 중국의 사례

〈중국의 부계 성 정책〉
부계 성 정책은 모든 백성에게 인구 등록을 요구하여 사람들의 이름에 성을 붙여 분류한 다음, 아버지의 성을 후손에게 영구히 물려주도록 했다.[4문단(4),(5)]

〈목적〉		〈결과〉
기원전 4세기에 진(秦)나라는 세금 부과, 노역, 징집 등에 이용하기 위해 백성 대다수에게 성을 부여한 다음 그들의 호구를 파악한 것으로 알려져 있다. [3문단(4)]	→	부계 성을 따르도록 하는 진나라의 국가 정책은 가족 내에서 남편에게 우월한 지위를 부여하고, 부인, 자식, 손아랫사람에 대한 법적인 지배권을 주면서 가족 전체에 대한 재정적 의무를 지도록 했다.[4문단(4)]

합격자의 실전 풀이 순서

발문 확인 및 문제 유형 파악

항상 발문을 먼저 제대로 읽자. 본 문제는 글에서 알 수 있는 것을 고르는 유형의 문제이다. 알 수 있는 것을 고르는 문제는 부합하는 것을 고르는 문제와 같다. 해당 유형은 제시문 내용과 일치하거나 그로부터 추론 가능한 선지가 정답이 되며, 제시문 내용과 상충하거나 그로부터 추론할 수 없는 선지가 오답이 된다. 이 유형에서는 '제시문에 명확한 근거 없음'으로 오답인 선지가 구성되는 경우도 존재하므로 조심해야 한다. 또한, 발문에 ○ 표시를 해놓고 문제를 풀면 옳은 것을 골라야 하는 문제에서 옳지 않은 것을 고르게 되는 실수가 줄어든다.

정보확인유형을 푸는 방법으로는 크게 선지를 먼저 읽고 제시문에서 선지의 내용을 찾는 방법과 제시문을 간략히 읽은 후 선지를 판단하는 방법 두 가지로 나뉜다. 첫 번째 방법은 선지로부터 키워드를 찾고, 키워드를 제시문에서 찾아가는 방식이다. 두 번째 방법은 제시문의 구조와 선지에서 나올만한 중요한 내용을 파악하며 1분에서 2분 사이 내에 제시문을 읽은 후 선지를 판단하는 방식이다. 본 문제의 경우 구조가 특별하지 않고, 선지에서 자주 나오는 표현들도 많지 않으므로, 이하에서는 첫 번째 방법을 활용하여 정보확인유형을 푸는 법을 소개하겠다.

❶ 선지 파악 및 키워드 도출

첫 번째 방식으로 정보확인유형을 풀기 위해서는 우선 선지별로 어떤 정보를 요구하는지 파악하고, 제시문에서 찾을 키워드를 도출한다.

① 부계전통의 첫 확립이 중국에서 이루어졌는지
② 진나라의 성 부여 정책이 무엇인지
③ 중국의 부계전통이 진나라에 따라 만들어졌는지
④ 진나라의 부계 성 정책의 취지가 무엇인지
⑤ 진나라가 백성에게 성을 부여한 목적이 무엇인지

이로써 지문의 내용이 부계 성 정책과 관련되었음을 알 수 있다.

❷ 제시문을 읽으며 선지 판단

먼저 1문단은 표준화를 위한 국가적 사업 중 성의 세습이라는 사례가 있음을 소개하고 있다. 선지의 정보를 직접적으로 판단할 근거는 없으므로 빠르게 읽고 넘어간다.

2문단에서는 부계 성 고착화 프로젝트의 목적이 간접적으로 서술되어 있다. 요약하자면 국민을 '읽기 쉬운' 대상으로 만들어 신원을 분명하게 확인하고, 견고한 재정 시스템을 구축하려는 의도였다는 것이다.

3문단은 성의 세습이 나타난 사례의 예시로 중국을 들고 있다. 선지 ①번부터 ⑤번까지 모두 중국과 관련된 선지이기에 이제부터의 내용이 선지 판단을 위해 중요하다. 그중 진나라가 백성 대다수에게 성을 부여했다는 문장에서 백성 '모두'에게 부여했다는 ②번 선지가 오답임을 알 수 있다. 또한, 진나라가 세금 부과, 노역, 징집 등 효율적인 통치를 위해 이러한 정책을 시행했음을 알 수 있다. 즉, ⑤번 선지가 정답이다.

4문단 역시 진나라의 부계 성 정책에 대한 설명이 나온다. 예로부터 중국에 부계전통이 존재했다는 언급이 있으므로 ③번 선지는 오답이다. 또한, 진나라의 정책은 모든 백성에게 인구 등록을 요구하기 위함이므로 지배 계층의 기존 성을 확산하려는 시도라고 할 수 없다. 그러므로 ④번 선지 역시 오답이다. 마지막으로, 지문을 끝까지 읽었음에도 중국에서 처음으로 부계전통이 확립되었다는 언급이 없으므로 ①번 선지 역시 정답이 아니다.

합격자의 시간단축 Tip

Tip ❶ 선지를 먼저 읽고 찾아야 할 정보를 파악한다.

정보확인유형은 선지를 먼저 읽은 후 글에서 불필요한 부분은 빠르게 넘기는 것이 좋다. 이 글 역시 여러 문단으로 나누어져 있고, 선지 판단을 위해 필요한 정보는 주로 3문단과 4문단에 위치한다. 1문단과 2문단을 통해 지문의 소재 정도만 파악하고, 선지에서 요약한 정보를 바탕으로 이어진 글을 읽는다.

Tip ❷ 지문에 제시된 내용을 바탕으로 정답을 고른다.

정보확인 유형은 지문에서 명시된 정보를 바탕으로 선지를 고르는 것이 관건이다. 즉, 지문에서 언급되지 않았다면 틀린 선지이다. 이 문제에서 ①번 선지는 정답으로 착각할 수 있는 매력적인 선지였다. 제시문에서 성의 세습은 시기적으로 일찍 발전한 국가에서 나타났고, 그 예시로 중국이 있다고 설명하고 있는데, 이에 의해 중국에서 처음으로 부계전통이 확립되었다고 오인하기 쉽다. ②번 선지의 경우, 본문의 '오래된 100개의 성'을 '새로운 100개의 성'으로 나타내어 착각을 유도하였는데, '100개'란 상징적으로 활용된 것으로 실제 100개의 성을 주었다는 내용은 없다. 또한 '대다수' 백성에게 부여했다고 하였으므로 답이 될 수 없다. 이처럼 한 끗 차이로 오답인 선지를 정답으로 착각할 수 있기에 지문에 제시된 내용을 선지와 꼼꼼히 비교해야 한다.

Tip ❸ 제시문의 전체적인 구조를 파악하자.

3, 4문단은 결국 1, 2문단의 사례를 보여주는 내용이라는 것을 파악한다면 글에 대한 이해가 훨씬 명확해질 수 있다.

해당 지문은 단 한 문장으로 압축하자면 2문단의 (4) 문장을 꼽을 수 있다. 그 뒤에 제시되는 3, 4문단은 이에 대한 사례를 보여주며 부연하는 내용이다. 이를 인지하고 전체 내용을 읽어나가는 것이 필요하다.

Tip ❹ 선지를 나누어 꼼꼼히 선지를 판단

정보확인문제에서 선지의 내용 중 일부분만 틀려서 오선지를 구성하는 경우가 많다. 이러한 함정에 넘어가지 않기 위해서는 선지를 빗금으로 여러 부분으로 나누어 각각이 옳은 설명에 해당하는지 검토할 필요가 있다. 예컨대 본 문제의 ②번 선지는 '진나라는/ 모든 백성에게/ 새로운/ 100개의 성을/ 부여하였다.'라고 구분할 수 있고, '모든 백성'과 '새로운'이라는 표현이 이미 성이 있던 몇몇 지배 계층의 사례를 포함하지 못해서 틀린 선지임을 알 수 있다. 더불어 이러한 방식으로 풀 경우, 앞부분이 틀린 설명이고 뒷부분이 옳은 설명인 선지를 옳은 선지로 오인하지 않을 수 있다. 따라서 고난도 선지에 대비하기 위해 선지의 내용을 여러 부분으로 나누고 하나하나 검토하는 것이 좋다.

063 정답 ① 난이도 ●●○

문제유형 비판적 사고 > 빈칸 채우기

접근전략 해당 문제는 일반적인 빈칸문제처럼 대주제와 소주제를 찾는 것이 아니라 제약조건들을 통해서 참이 되는 진술을 찾는 논증 문제다. 논증이라고 논리학적으로 접근할 것은 아니고, 문제 해결 유형과 같이 규칙을 충족하는 것을 찾으면 된다.

다음 대화의 빈칸에 들어갈 내용으로 가장 적절한 것은?

갑: (1) 국회에서 법률들을 제정하거나 개정할 때, 법률에서 조례를 제정하여 시행하도록 위임하는 경우가 있습니다. (2) 그리고 이런 위임에 따라 지방자치단체에서는 조례를 새로 제정하게 됩니다. (3) 각 지방자치단체가 법률의 위임에 따라 몇 개의 조례를 제정했는지 집계하여 '조례 제정 비율'을 계산하는데, 이 지표는 작년에 이어 올해도 지방자치단체의 업무 평가 기준에 포함되었습니다.

을: (4) 그렇군요. (5) 그 평가 방식이 구체적으로 어떻게 되고, A 시의 작년 평가 결과는 어땠는지 말씀해 주세요.

갑: (6) 먼저 그 해 1월 1일부터 12월 31일까지 법률에서 조례를 제정하도록 위임한 사항이 몇 건인지 확인한 뒤, 그 중 12월 31일까지 몇 건이나 조례로 제정되었는지로 평가합니다. (7) 작년에는 법률에서 조례를 제정하도록 위임한 사항이 15건이었는데, 그 중 A 시에서 제정한 조례는 9건으로 그 비율은 60 %였습니다.

을: (8) 그러면 올해는 조례 제정 상황이 어떻습니까?

갑: (9) 1월 1일부터 7월 10일 현재까지 법률에서 조례를 제정하도록 위임한 사항은 10건인데, A 시는 이 중 7건을 조례로 제정하였으며 조례로 제정하기 위하여 입법 예고 중인 것은 2건입니다. (10) 현재 시의회에서 조례로 제정되기를 기다리며 계류 중인 것은 없습니다.

을: (11) 모든 조례는 입법 예고를 거친 뒤 시의회에서 제정되므로, 현재 입법 예고 중인 2건은 입법 예고 기간이 끝나야만 제정될 수 있겠네요. (12) 이 2건의 제정 가능성은 예상할 수 있나요?

갑: (13) 어떤 조례는 신속히 제정되기도 합니다. (14) 그러나 때로는 시의회가 계속 파행하기도 하고 의원들의 입장에 차이가 커 공전될 수도 있기 때문에 현재 시점에서 조례 제정 가능성을 단정하기는 어렵습니다.

을: (15) 그러면 A 시의 조례 제정 비율과 관련하여 알 수 있는 것은 무엇이 있을까요?

갑: A 시는 [   ]

① 현재 조례로 제정하기 위하여 입법 예고가 필요한 것이 1건입니다.

➜ (○) 현재 법률에서 위임받은 사항은 10개이며, 2건이 입법 예고되어 있다(9). 또한, 모든 조례는 제정되기 위해서는 입법 예고를 거쳐야 하므로(11) 현재 조례로 제정하기 위해서 입법 예고는 꼭 필요하다. 이때 시의회에서 조례로 제정되기를 기다리며 계류 중인 것은 없으므로(10), 현시점에서 입법 예고가 필요한 것은 10개 중에서 남은 1건뿐이다.

② 올 한 해의 조례 제정 비율이 작년보다 높아집니다.

➜ (×) 조례 제정 비율이란 각 지방자치단체가 법률의 위임에 따라 몇 개의 조례를 제정했는지 집계하여 계산된 것이다(3). 작년 A시의 법률에서 위임한 사항 15건에, A시가 제정한 조례가 9건이었으므로 조례 제정 비율은 9/15*100=60%였다(7). 올해 7/10까지는 A 시가 법률에서 위임한 사항이 10건인데, 현재 7건을 제정했으므로 조례 제정 비율은 70%이다(9). 그러나 이는 7/10까지의 비율이고, 7/11부터 12/31까지 법률에서 위임한 사항이 늘어나는 것에 비해 제정된 사항들이 느리게 늘어날 수 있으므로, 최종적인 한 해의 제정 비율은 60%보다 낮아질 수 있다. 따라서 해당 선지는 알 수 없는 내용이다.

③ 올 한 해 총 9건의 조례를 제정하게 됩니다.

➜ (×) 현재 제정한 사항이 9건이고, 입법 예고 중인 사항이 7건이다(9). 입법 예고 중인 사항이 모두 제정된다면 9건이 된다. 그러나 올 한 해 입법 예고 중인 사항이 모두 제정되리라고 확신할 수 없고, 7/11부터 12/31 사이에 법률에서 사항을 더 위임할 수 있으며, 현재 10건 중 남은 1건이 제정될 수도 있다. 따라서 올 한 해의 남은 기간에 몇 건이 제정될지는 불확실하므로 해당 선지는 알 수 없는 내용이다.

④ 현재 시점을 기준으로 평가를 받으면 조례 제정 비율이 90%입니다.

➜ (×) 현재 시점을 기준으로 평가를 받는다면, 현재 시점에 제정된 조례를 위임받은 사항으로 나눠서 조례 제정 비율을 구할 수 있다(7). 그런데 위임된 사항이 10개고 제정된 사항이 7개이므로 7/10*100을 하여 조례 제정 비율은 70%이다(9). 따라서 해당 선지는 틀린 내용이다.

⑤ 올 한 해 법률에서 조례를 제정하도록 위임 받은 사항이 작년보다 줄어듭니다.

➜ (×) 작년에 법률에서 위임받은 사항이 15건이었고(7), 현재는 10건이다(9). 따라서 현재 시점까지는 위임받은 사항이 작년보다 적다. 그러나 남은 올 한 해의 기간 동안 법률에서 사항을 더 위임할 수 있으므로, 법률에서 조례를 제정하도록 위임받은 사항이 작년보다 줄어든다고 단정할 수는 없다.

제시문 분석

조례 제정 비율의 개념과 지방자치단체 평가

〈조례 제정 비율〉	〈지방 자치 단체의 평가〉
각 지방자치단체가 법률의 위임에 따라몇 개의 조례를 제정했는지 집계하여 계산한 것이며, 이 지표는 지방자치단체의 업무평가 기준에 포함됨(3)	그해 1월 1일부터 12월 31일까지 법률에서 조례를 제정하도록 위임한 사항이 몇 건인지 확인한 뒤, 그중 12월 31일까지 몇 건이나 조례로 제정되었는지로 평가(6)

A 시의 조례 제정 비율

〈A 시의 조례 제정 비율〉	
〈작년 A 시의 평가〉	작년에는 법률에서 조례를 제정하도록 위임한 사항이 15건이었는데, 그 중 A 시에서 제정한 조례는 9건으로 그 비율은 60 %이다.(7)
〈올해 7/10까지의 A 시의 평가〉	법률에서 조례를 제정하도록 위임한 사항은 10건이다.(9)
	조례로 제정된 것은 7건이다.(9)
	조례로 제정하기 위해 입법 예고 중인 것은 2건이다.(9)
	조례로 제정되기를 기다리며 계류 중인 것은 없다.(10)

조례 제정의 어려움

〈입법 예고 중인 조례〉		〈조례 제정의 어려움〉		〈원인〉
입법 예고 중인 2건은 입법 예고 기간이 끝나야만 제정될 수 있음(13)	→	현재 시점에서 조례 제정 가능성을 단정하기는 어려움(13)	→	때로는 시의회가 계속 파행하기도 하고 의원들의 입장에 차이가 커 공전될 수도 있기 때문(14)

합격자의 실전 풀이 순서 사실확인 유형

❶ **유형 식별하기**

본 문제는 일반적인 빈칸 채우기 유형과 같이 대주제와 소주제를 찾는 것이 아니라, 제시된 지문을 정확히 읽고 규칙에 맞는 진술을 찾는 문제다. 이를 구분하기 위해서는 선지를 필수적으로 참고해야 한다. 빈칸 채우기 유형은 독자가 하는 것이 아니라 선지가 하는 것이므로, 선지와의 상호작용이 필수적이다. 즉, 다른 유형은 지문을 먼저 읽을지 선지를 먼저 볼지 논란이 있을 수 있으나 빈칸 채우기는 반드시 빈칸과 선지를 먼저 봐야 한다.

❷ **빈칸과 선지 확인하기**

빈칸에서 묻는 내용을 파악한다. 을의 질문이 '알 수 있는 것'을 묻고 있으므로, 이제 선지를 보고 이에 해당하는 내용 및 그 이전의 을의 질문이 '결론'을 유도하는 글들인지 확인한다. 이제 독자는 '무엇을 알 수 있는 것인지' 궁금해질 것이다. 이때 마지막에 나올 말은 단순한 사실판단이 아니다. 글의 처음부터 끝까지 주제로 다루어졌던 '조례 제정 비율'을 올바르게 구했는지가 질문의 핵심이다. 이제 지문에서 구해야 하는 것은 명백하다. 선지가 지문의 규칙에 부합하는지를 찾는다.

❸ **지문 파악하기**

본 문제는 지문의 대화에 제시된 단편적인 정보들을 서로 연결하여 빈칸에 들어갈 정보를 추론하는 형태다. 즉 대화를 정확하게 이해하는 것이 중요하다.
대화 내용을 정리하면 다음과 같다.

> ※ A시의 조례 제정 비율: $\frac{\text{A시에서 위임받아 제정한 조례 건수}}{\text{법률에서 조례를 제정하도록 위임한 건수}}$
>
> 작년: $\frac{9}{15}=60\%$
>
> 올해
> -1.1.~7.10. 위임한 건수 10건
> -위임받아 제정한 조례 7건
> -입법 예고 중인 조례 2건
> 조례 제정 순서: 입법 예고→(시의회 파행, 공전, 계류 등) →시의회에서 제정

이때 분수식을 쓰는 동시에 그 분자의 범위가 정확히 어디까지인지 표시하면 좋다. 예컨대 아래와 같이 한 다음, 분자는 맨 왼쪽만 포함된다고 기록하는 것이다.

제정한 건수	입법예고 건수	그 외
조례 위임 건수		

또한, 수험생들은 7월 10일까지라는 조건을 보지 못했거나, 보았다 하더라도 정리하는 데 어려움을 느꼈을 수 있다. 우선 후자는 $\frac{\text{7월까지 조례 제정건수+이후 위임된 건수}}{\text{7월까지 위임된 건수+이후 위임된 건수}}$라는 분수를 떠올릴 수 있다.

분자	입법예고	그 외	+	분자	입법예고	그 외
7월까지 분모			+	그 이후 분모		

이렇게 7월 이후에도 같은 분수가 반복된다고 기억하면 편하다. 진짜 문제가 되는 전자의 경우 숫자에 집중할 필요가 있다. 숫자가 여러 개 나온다면 그것을 분류해서 하나의 묶음으로 기억해야 한다. 예컨대 1월 1일 같은 "날짜", 7건, 2건 등 "사건", 60% 같은 "비율"을 각각의 규칙으로 이해해야 한다. 이렇게 '나눠서' 살펴볼 수 있다면 빠트리는 부분이 크게 줄어들 수 있다. 이 역시 부단한 연습이 필요하다.

합격자의 시간단축 Tip

Tip ❶ 을의 질문에 집중한다.

Q&A 식의 지문은 질문자가(을) 문단의 주제를, 답변자가 문단의 내용을 설명하는 식으로 내용이 전개된다. 즉, 답변이 무엇을 위한 것인지 독자는 항상 파악하면서 읽어야 한다. 세부 내용은 곁가지다.
실제로 함정 문단이었던 (5)번 질문을 본다면 규칙과 사례를 동시에 제시하고 있다. 이를 읽으며 수험생은 규칙을 미리 필기해야 하고, 이러한 서술 구조가 (8)번 질문에서도 반복됨을 알 수 있다.

Tip ❷ 개념화를 활용한다.

많은 이들이 걸렸을 함정인 12월 31일과 7월 10일이라는 함정은, 사실 표 형태로 나왔으면 아무도 틀리지 않았을 선지다. 지문 형식의 규칙 제시는 난도를 상승시킨다. 이는 아무리 꼼꼼하게 읽는다고 하더라도 시간과의 싸움을 하는 수험생은 절대로 극복할 수 없는 문제이며, 고득점자라 해도 다르지 않다.
그렇다면 수험생은 앉아서 손 놓고 틀려야 하는가? 그렇지 않다. 1월 1일과 12월 31일은 "1년"이라고 치환될 수 있다. 1년이 채워졌는지 여부를 판단하면 실수율을 크게 줄일 수 있다. 보통 조직의 일정이 1년 단위로 진행됨을 떠올리면 좀 더 쉬워질 수 있다.

064 정답 ④ 난이도 ●●○

문제유형 비판적 사고 > 지문에서 추론하기

접근전략 추론할 수 있는 것을 묻는 문제는, 제시문의 내용과 일치하거나 그로부터 추론 가능한 내용을 찾는 문제이다. 특히 제시문의 줄글 외에도 그림, 그래프, 표 등과 같은 장치들을 통해서 알 수 있는 것을 파악하는 것 또한 중요하다. 본 문제에서는 이중 그림을 이해하는 것이 중요하며, 선지에서도 이와 관련된 내용이 출제될 것임을 항상 염두에 두고 제시문을 읽어야 한다. 중요하다.

다음 글에서 추론할 수 있는 것만을 〈보기〉에서 모두 고르면?

(1) 두 입자만으로 이루어지고 이들이 세 가지의 양자 상태 1, 2, 3 중 하나에만 있을 수 있는 계(system)가 있다고 하자. (2) 여기서 양자 상태란 입자가 있을 수 있는 구별 가능한 어떤 상태를 지시하며, 입자는 세 가지 양자 상태 중 하나에 반드시 있어야

한다. (3) 이때 그 계에서 입자들이 어떻게 분포할 수 있는지 경우의 수를 세는 문제는, 각 양자 상태에 대응하는 세 개의 상자 [1|2|3]에 두 입자가 있는 경우의 수를 세는 것과 같다. (4) 경우의 수는 입자들끼리 서로 구별 가능한지와 여러 개의 입자가 하나의 양자 상태에 동시에 있을 수 있는지에 따라 달라진다. ▶ 1문단

(1) 두 입자가 구별 가능하고, 하나의 양자 상태에 여러 개의 입자가 있을 수 있다고 가정하자. (2) 이것을 'MB 방식'이라고 부르며, 두 입자는 각각 a, b로 표시할 수 있다. (3) a가 1의 양자 상태에 있는 경우는 [ab| |], [a|b|], [a| |b]의 세 가지이고, a가 2의 양자 상태에 있는 경우와 a가 3의 양자 상태에 있는 경우도 각각 세 가지이다. (4) 그러므로 MB 방식에서 경우의 수는 9이다. ▶ 2문단

(1) 두 입자가 구별되지 않고, 하나의 양자 상태에 여러 개의 입자가 있을 수 있다고 가정하자. (2) 이것을 'BE 방식'이라고 부른다. (3) 이때에는 두 입자 모두 a로 표시하게 되므로 [aa| |], [|aa|], [| |aa], [a|a|], [a| |a], [|a|a]가 가능하다. (4) 그러므로 BE 방식에서 경우의 수는 6이다. ▶ 3문단

(1) 두 입자가 구별되지 않고, 하나의 양자 상태에 하나의 입자만 있을 수 있다고 가정하자. (2) 이것을 'FD 방식'이라고 부른다. 여기에서는 BE 방식과 달리 하나의 양자 상태에 두 개의 입자가 동시에 있는 경우는 허용되지 않으므로 [a|a|], [a| |a], [|a|a]만 가능하다. (3) 그러므로 FD 방식에서 경우의 수는 3이다. ▶ 4문단

(1) 양자 상태의 가짓수가 다를 때에도 MB, BE, FD 방식 모두 위에서 설명한 대로 입자들이 놓이게 되고, 이때 경우의 수는 달라질 수 있다. ▶ 5문단

• 보기 •

ㄱ. 두 개의 입자에 대해, 양자 상태가 두 가지이면 BE 방식에서 경우의 수는 2이다.
➜ (×) BE 방식은 두 입자가 구별되지 않고, 하나의 양자 상태에 여러 개의 입자가 있을 수 있다고 가정하는 방식이다.[3문단(1),(2)] ㄱ에서 두 개의 입자라고 하였으므로, 두 입자는 모두 a라고 표시한다. [3문단(3)] 양자 상태가 두 가지이면 두 개의 상자 [1|2]에 a 입자 두 개가 있는 경우를 세는 것과 같다.[1문단(3)] [aa|], [|aa], [a|a]로 3가지 경우가 있다.[3문단(3)] 따라서 두 개의 입자에 대해 양자 상태가 두 가지이면, BE 방식에서의 경우의 수는 3가지이므로 ㄱ은 추론할 수 없는 선지이다.

ㄴ. 두 개의 입자에 대해, 양자 상태의 가짓수가 많아지면 FD 방식에서 두 입자가 서로 다른 양자 상태에 각각 있는 경우의 수는 커진다.
➜ (○) FD 방식은 두 입자가 구별되지 않고, 하나의 양자 상태에 하나의 입자만 있을 수 있다고 가정하는 방식이다.[4문단(1),(2)] 두 개의 입자에 대해, 양자 상태의 가짓수가 많아진다는 것은 각 입자가 있을 수 있는 상자의 개수가 많아진다는 의미이다.[1문단(3)] 따라서 두 개의 입자에 대해, 양자 상태의 가짓수가 많아지면 FD 방식에서 두 입자가 서로 다른 양자 상태에 각각 있는 경우의 수는 커진다. 예시는 다음과 같다. 제시문에 나타난 것처럼 양자 상태의 가짓수가 세 개일 때 경우의 수는 3이다. 두 개의 입자를 a라고 하고, 양자 상태의 수가 4가지가 된다면, [a|a| |], [a| |a|], [a| | |a], [|a|a|], [|a| |a], [| |a|a]로 경우의 수는 5가지로 추론할 수 있다. 즉, 상자의 개수가 많아질수록 입자가 차지할 수 있는 상자의 공간의 경우의 수가 많아진다.

ㄷ. 두 개의 입자에 대해, 양자 상태가 두 가지 이상이면 경우의 수는 BE 방식에서보다 MB 방식에서 언제나 크다.
➜ (○) MB 방식은 두 입자가 구별 가능하고, 하나의 양자 상태에 여러 개의 입자가 있을 수 있다고 가정하는 방식이다.[2문단(1),(2)] BE 방식은 두 입자가 구별되지 않고, 하나의 양자 상태에 여러 개의 입자가 있을 수 있다고 가정하는 방식이다.[3문단(1),(2)] 이때 MB 방식에서의 두 입자는 서로 다른 a, b 입자로 가정할 수 있고[2문단(2)], BE 방식에서의 두 입자는 같은 a 입자로 가정할 수 있다.[3문단(3)] 두 방식 모두 하나의 양자 상태에 여러 개의 입자가 있을 수 있으므로[2문단(1),(2),3문단(1),(2)] 한 양자 상태에 두 입자가 들어갔을 때의 경우의 수는 두 방식 모두 같다. 그러나 한 양자 상태당 한 입자씩 들어가는 경우에는 MB 방식의 경우의 수가 BE 방식에서보다 언제나 두 배 더 크다. 세 양자상태에서 1, 2번 양자 상태가 채워진다고 가정해 보자. BE 방식에서는 [a|a|]만 가능하다.[3문단(3)] 그러나 MB 방식의 경우, [a|b|], [b|a|] 모두 가능하다.[2문단(3)] a와 b가 다른 입자기 때문에, 1, 2번 양자 상태에 채워지는 순서에 따라 다른 경우의 수로 세어지기 때문이다.[2문단(3),(4)] 따라서 총 경우의 수를 생각해볼 때, MB 방식이 BE 방식에서보다 경우의 수가 언제나 크다고 추론할 수 있다.

① ㄱ ➜ (×)
② ㄷ ➜ (×)
③ ㄱ, ㄴ ➜ (×)
④ ㄴ, ㄷ ➜ (○)
⑤ ㄱ, ㄴ, ㄷ ➜ (×)

제시문 분석

1문단 계와 양자 상태의 개념 및 입자 분포 경우의 수

〈계(system)〉	두 입자만으로 이루어지고 이들이 세 가지의 양자 상태 1, 2, 3 중 하나에만 있을 수 있는 계(system)(1)
〈양자 상태〉	입자가 있을 수 있는 구별 가능한 어떤 상태를 지시하며, 입자는 세 가지 양자 상태 중 하나에 반드시 있어야 한다.(2)
〈입자들이 분포하는 경우의 수〉	계에서 입자들이 어떻게 분포할 수 있는지 경우의 수 = 각 양자 상태에 대응하는 세 개의 상자 [1|2|3]에 두 입자가 있는 경우의 수이다.(3)
	경우의 수는 입자들끼리 서로 구별 가능한지와 여러 개의 입자가 하나의 양자 상태에 동시에 있을 수 있는지에 따라 달라진다.(4)

2문단 입자 분포의 경우의 수-MB 방식

〈MB 방식〉	
두 입자는 각각 a, b(2)	두 입자가 구별 가능하고, 하나의 양자 상태에 여러 개의 입자가 있을 수 있다고 가정(1)

〈계에서 입자들이 분포하는 경우의 수 세기〉				
a가 1의 양자 상태에 있는 경우는 [ab│ │], [a│b│], [a│ │b]의 세 가지(3)	*	a가 2의 양자 상태에 있는 경우와 a가 3의 양자 상태에 있는 경우도 각각 세 가지(3)	=	MB 방식의 경우 9가지(4)
3		3		9

3문단 입자 분포의 경우의 수-BE 방식

〈BE 방식〉	
두 입자는 모두 a(3)	두 입자가 구별되지 않고, 하나의 양자 상태에 여러 개의 입자가 있을 수 있다고 가정(1)

〈계에서 입자들이 분포하는 경우의 수 세기〉		
[aa│ │], [│aa│], [│ │aa], [a│a│], [a│ │a], [│a│a]가 가능하다.(3)	➜	총 6가지(4)

4문단 입자 분포의 경우의 수-FD방식

〈FD 방식(2)〉	
두 입자는 모두 a(1)	두 입자가 구별되지 않고, 하나의 양자 상태에 하나의 입자만 있을 수 있다고 가정(1) 여기에서는 BE 방식과 달리 하나의 양자 상태에 두 개의 입자가 동시에 있는 경우는 허용되지 않음(2)

〈계에서 입자들이 분포하는 경우의 수 세기〉		
[a│a│], [a│ │a], [│a│a]만 가능하다.(2)	➜	총 3가지(3)

5문단 양자의 가짓수가 다른 경우

〈양자 상태의 가짓수가 다를 때〉
양자 상태의 가짓수가 다를 때에도 MB, BE, FD 방식 모두 위에서 설명한 대로 입자들이 놓이게 되고, 이때 경우의 수는 달라질 수 있다.(1)

합격자의 실전 풀이 순서

비문학 유형

❶ 유형 식별하기

본 문제는 가장 일반적인 비문학 유형에 해당한다. 즉, 지문을 읽고 선지 중 그와 일치하거나, 문맥이 통하거나, 그로부터 추론 가능한 내용이 있는지 파악하는 문제다. 이처럼 특색이 옅은 문제는 기본기를 갖춘 수험생일수록 빠르게, 또 정확하게 해결할 수 있다.

❷ 지문 훑어보기

이 단계에서는 30초보다 짧은 시간에 지문의 주제와 키워드를 대강 파악한다. 눈에 띄는 부분이 있는지 체크한다.

예 입자와 양자에 대한 글이구나. 'MB 방식', 'BE 방식', 'FD 방식'에 작은따옴표로 강조가 되어있는 걸 보니 3종의 방식을 비교하는 내용이겠다.

❸ 발문 확인하기

본 문제는 최근 빈출되는 '알 수 있는 것은?'을 묻는 형태에 해당한다. 일반적인 '알 수 있는 것은?' 유형에서는 선지를 먼저 보고 지문으로 올라가는 순서를 추천한다. 다만 지문에서 병렬적으로 제시된 내용들이 서로 비교되고 있으므로 헷갈리지 않기 위해 지문 먼저 살피는 것도 좋다.

이번에는 후자의 방법을 소개하겠다. 본 문제의 지문을 3가지 방식을 중점으로 정리하면 다음과 같다.

- 양자 상태 3가지 = 3칸 [1│2│3]으로 표현
- 입자의 분포 경우의 수 세는 방식
  1. MB 방식: 입자 구별 O, 한 칸에 여러 입자 O
  2. BE 방식: 입자 구별 ×, 한 칸에 여러 입자 O
  3. FD 방식: 입자 구별 ×, 한 칸에 여러 입자 ×
- 양자 상태의 가짓수, 입자의 개수에 따라 경우의 수 달라질 수 있음

❹ 보기 적용하기

본 문제의 특징은 모든 보기가 추론형이라는 것이다. 즉, 지문에 나와 있는 정보만 가지고 해결 가능한 보기가 없다. 지문의 정보는 입자 2개, 양자 상태 3가지의 예시에 한정되어 있다. 따라서 지문의 핵심 논리를 이해해, 보기에서 제시되는 다른 상황들에 바로바로 적용할 것이 요구된다.

그렇기에 시선이 이동하는 경로가 단순하다. 각 방식이 어떤 특징을 갖는지만 확인하면 나머지는 스스로 풀어야 한다. 구체적인 풀이는 해설에서 이미 다룬 바 있다.

ㄱ. 두 개의 입자에 대해, 양자 상태가 두 가지이면 BE 방식에서 경우의 수는 2이다.
BE 방식→입자 구별 ×, 한 칸에 여러 입자 O

ㄴ. 두 개의 입자에 대해, 양자 상태의 가짓수가 많아지면 FD 방식에서 두 입자가 서로 다른 양자 상태에 각각 있는 경우의 수는 커진다.
FD 방식→입자 구별 ×, 한 칸에 여러 입자 ×

ㄷ. 두 개의 입자에 대해, 양자 상태가 두 가지 이상이면 경우의 수는 BE 방식에서보다 MB 방식에서 언제나 크다.
BE 방식→입자 구별 ×, 한 칸에 여러 입자 O, MB 방식→입자 구별 O, 한 칸에 여러 입자 O

❺ 선지 고르기

마지막 단계에서는 빈칸에 들어갈 내용을 바탕으로 정답인 선지를 가려낸다. 앞 단계에서 보기 ㄱ~ㄷ을 모두 파악했으므로 곧바로 선지 ④가 정답임을 알 수 있다.

합격자의 시간단축 Tip

Tip❶ 병렬적으로 주어진 개념이나 내용에 주목

병렬적이라는 의미는 내용상 대등하다는 의미이다. 어떤 개념이나 내용이 병렬적으로 주어진 경우 이들 간 관계(대립-옹호 등)와 차이점과 공통점은 선지로 매우 자주 구성되어 나오니 미리 주목하면서 읽자. 해당 제시문은 입자 분포의 경우의 수의 방법들이 병렬적으로 제시되었고 ㄷ 선지의 경우 방법 간 차이점을 물어보았다. 이러한 점이 미리 파악된다면, 선지의 판단은 더 빠르고 정확해진다.

Tip❷ 선지를 확인하며 〈보기〉를 선택한다.

〈보기〉를 전략적으로 선택하여 오답인 선지를 미리 소거할 수 있다. 본 문제의 경우, 〈보기〉 ㄱ이 옳지 않음을 판단했다면 선지 ①, ③, ⑤가 옳지 않음을 알 수 있다. 따라서 남은 ②, ④번 선지

에 모두 포함된 ㄷ은 무조건 옳은 선지이므로 ㄴ만 판단하면 된다. 이를 통해 정오판단 시 가장 과정이 복잡한 ㄷ을 풀지 않고 넘어갈 수 있다. 이처럼 선지를 확인하며 〈보기〉를 선택하면 시간 단축에 유리하다.

Tip ❸ 경우의 수를 떠올릴 수 있다면 그걸로 풀자.

퀴즈에 대한 기본기가 탄탄하다면

MB방식의 경우는 $(\text{상태})^{(\text{입자수})}$로 나타낼 수 있고

BE방식의 경우는 $\dfrac{(\text{상태}+\text{입자수}-1)!}{(\text{상태}-1)!\,(\text{입자수})!}$로 나타낼 수 있고

FD방식의 경우는 $\binom{n}{r}$ 혹은 ${}_nC_r$로 나타낼 수 있다.

지문에 나온 그림을 그대로 수식으로 떠올릴 수 있다면 오히려 지문을 이해하는 데 도움을 주기도 한다.

특히 이 중 BE 방식의 수식은 스스로 증명하거나 찾아내도 좋으나, 증명하지 못한다면 최소한 MB 〉 BE 〉 FD인 것만 보여도 좋다.

065 정답 ⑤ 난이도 ●●●

문제유형 법조문형 > 규정확인

접근전략 법규정 유형 중 규정을 확인하여 옳은 선지를 고르는 문제이다. 법조문 유형을 풀 때는 조문의 구체적인 내용을 독해하는 것보다, 법조문의 구조를 파악한 후 〈보기〉에서 묻고 있는 정보를 찾아 올라가는 형태로 푸는 것이 좋다. 본 문제의 경우 법-시행령의 상하관계에 유의하며, 정의가 제시되는 경우 반대해석을 사용하는 것이 문제풀이에 유용하겠다는 것을 염두에 두고 문제풀이에 들어간다.

다음 글을 근거로 판단할 때 옳은 것은?

법 제○○조(정의) 이 법에서 "재외동포"란 다음 각 호의 어느 하나에 해당하는 자를 말한다.

1. 대한민국의 국민으로서 외국의 영주권(永住權)을 취득한 자 또는 영주할 목적으로 외국에 거주하고 있는 자(이하 "재외국민"이라 한다)
2. 대한민국의 국적을 보유하였던 자(대한민국정부 수립 전에 국외로 이주한 동포를 포함한다) 또는 그 직계비속(直系卑屬)으로서 외국국적을 취득한 자 중 대통령령으로 정하는 자(이하 "외국국적동포"라 한다)

시행령 제○○조(재외국민의 정의) ① 법 제○○조 제1호에서 "외국의 영주권을 취득한 자"라 함은 거주국으로부터 영주권 또는 이에 준하는 거주목적의 장기체류자격을 취득한 자를 말한다.
② 법 제○○조 제1호에서 "영주할 목적으로 외국에 거주하고 있는 자"라 함은 해외이주자로서 거주국으로부터 영주권을 취득하지 아니한 자를 말한다.

제○○조(외국국적동포의 정의) 법 제○○조 제2호에서 "대한민국의 국적을 보유하였던 자(대한민국정부 수립 이전에 국외로 이주한 동포를 포함한다) 또는 그 직계비속으로서 외국국적을 취득한 자 중 대통령령이 정하는 자"란 다음 각 호의 어느 하나에 해당하는 자를 말한다.

1. 대한민국의 국적을 보유하였던 자(대한민국정부 수립 이전에 국외로 이주한 동포를 포함한다. 이하 이 조에서 같다)로서 외국국적을 취득한 자
2. 부모의 일방 또는 조부모의 일방이 대한민국의 국적을 보유하였던 자로서 외국국적을 취득한 자

① 대한민국 국민은 재외동포가 될 수 없다.
→ (×) 법 제1조 제1호에 따르면 대한민국의 국민으로서 외국의 영주권을 취득한 자 또는 영주할 목적으로 외국에 거주하고 있는 자는 재외국민으로 재외동포에 해당한다. 따라서 대한민국 국민도 재외동포가 될 수 있다.

② 재외국민이 되기 위한 필수 요건은 거주국의 영주권 취득이다.
→ (×) 법 제1조 제1호에 따르면 재외국민은 대한민국의 국민으로서 외국의 영주권을 취득한 자 또는 영주할 목적으로 외국에 거주하고 있는 자이다. 시행령 제1조 제2항에 따르면 영주할 목적으로 외국에 거주하고 있는 자는 해외이주자로서 거주국으로부터 영주권을 취득하지 아니한 자를 말한다. 따라서 거주국의 영주권 취득이 재외국민이 되기 위한 필수 요건이라고 할 수 없다.

③ 할아버지가 대한민국 국적을 보유하였던 미국 국적자는 재외국민이다.
→ (×) 시행령 제2조 제2호에 따르면 조부모의 일방이 대한민국의 국적을 보유하였던 자로서 외국국적을 취득한 자는 외국국적동포이다. 따라서 할아버지가 대한민국 국적을 보유하였던 미국 국적자는 재외국민이 아니라 외국국적동포이다.

④ 대한민국 국민으로서 회사업무를 위해 중국출장 중인 사람은 외국국적동포이다.
→ (×) 법 제1조 제2호에 따르면 외국국적동포란 대한민국의 국적을 보유하였던 자 또는 그 직계비속으로서 외국국적을 취득한 자를 말한다. 대한민국 국민으로서 회사업무를 위해 중국출장 중인 사람은 여전히 대한민국의 국적을 보유하고 있는 사람이므로 외국국적동포가 아니다.

⑤ 과거에 대한민국 국적을 보유하였던 자로서 현재 브라질 국적을 취득한 자는 외국국적동포이다.
→ (○) 법 제1조 제2호에 따르면 외국국적동포란 대한민국의 국적을 보유하였던 자 또는 그 직계비속으로서 외국국적을 취득한 자 중 대통령령으로 정하는 자를 의미하며, 시행령 제2조 제1호에 따르면 대한민국의 국적을 보유하였던 자로서 외국국적을 취득한 자는 외국국적동포이다. 따라서 대한민국 국적을 보유하였던 자로서 현재 브라질 국적을 취득한 자는 외국국적동포이다.

합격자의 실전 풀이 순서

❶ 문제 유형 파악

본 문제의 경우 제시문이 법조문 형태로 주어졌으므로 법조문 유형임을 알 수 있다. 특히 법률을 근거로 판단할 때 옳은 것을 고르라고 하고 있으므로, 법조문 유형 중에서도 규정의 내용을 확인하는 문제임을 추론할 수 있다. 법 조문 유형은 구체적인 조문의 내용을 독해하는 것보다, 법 조문의 구조를 파악한 후 〈보기〉에서 묻고 있는 정보를 찾아 올라가는 형태로 푸는 것이 좋다. 법 조문의 구조 파악이란 각 조나 항마다 가로로 길게 선을 그어 조문들을 시각적으로 구분하고, 단서와 괄호에 강조 표시를 하는 것을 의미한다. 또한, 본 문제가 옳은 것을 고르는 문제라는 것을 인지하기 위해 "옳은"이라는 단어에 밑줄이나 동그라미 등 표시를 한다. 이러한 장치를 통해 옳지 않은 것을 고르는 실수를 방지할 수 있다.

❷ 법조문 구조 분석

먼저 법조문 전체를 훑으며 법조문의 구조를 파악한다. 법조문을 분석할 때는 각 조나 항을 구분하고, 단서와 괄호에 강조 표시를 한다. 조문의 길이가 긴 경우 가로선을 활용하고, 구

체적으로 '다만'이라는 단어가 나오면 △, '이 경우'라는 단어에는 ㅁ 표시를 해두고, 괄호가 나오면 괄호의 처음과 끝에 별표를 해둔다. 아래의 조문이 위의 조문의 내용의 일부에 대하여 설명하고 있는 경우, 해당 조문들을 서로 연결하여 표시한다. 이러한 표시들은 선지나 〈보기〉를 읽고, 해당되는 부분을 찾는 이정표 역할을 한다. 이렇게 법조문을 읽으며 선지에 어떤 내용이 나올지도 예상해본다.

법과 시행령이 제시되어 있다. 모두 '제○○조'로 표기되어 있어 구분이 어렵다면 순서대로 숫자를 매기고, 구분이 쉽도록 각 조 사이에 가로선을 긋는다. 각 조마다 괄호가 있으므로, 괄호와 대략적인 키워드를 확인하고 기호로 표시하며 구조를 파악한다. 또한, 본 문제와 같이 법률과 시행령의 내용이 이어지는 경우, 관련된 법률들을 연결해두는 것이 좋다. 즉, 법률 1호와 시행령 1조, 법률 2호와 시행령 2조를 화살표로 이어둔다.

법 제1조는 재외동포를 정의하는 규정이다. 제1호는 재외국민, 제2호는 외국국적동포를 각각 정의하였다. 외국국적동포의 경우에는 대한민국정부 수립 전에 국외로 이주한 동포를 포함한다는 괄호의 내용을 확인한다. 각 호 중 하나에 해당하면 재외동포이다. '재외동포', '재외국민', '외국국적동포'에 표시한다.

시행령 제1조는 법 제1조 제1호를 구체적으로 정의하며, 시행령 제2조는 법 제1조 제2호를 구체적으로 정의한다. 시행령 제2조 제1호의 경우 대한민국정부 수립 이전에 국외로 이주한 동포를 포함한다는 괄호의 내용을 확인한다.

❸ 선지 판단

법조문 분석을 바탕으로 보기를 검토한다. 재외동포의 하위 항목인 재외국민과 외국국적동포 중 선지가 어디에 해당하는지 판단한다. 선지 ①번은 재외동포에 관한 내용이므로 법 및 시행령 전체와 비교하여야 한다. 선지 ②번과 선지 ③번은 재외국민에 관한 내용이므로 법 제1조 제1호 및 시행령 제1조와 비교한다. 선지 ④번과 선지 ⑤번은 외국국적동포에 관한 내용이므로 법 제1조 제2호 및 시행령 제2조와 비교하며, 이때 단서규정에 유의한다.

합격자의 시간단축 Tip

Tip ❶ 법조문의 제목을 활용

본 문제와 같이 법조문의 제목이 괄호로 주어진 경우, 이를 적극적으로 활용하는 것이 좋다. 선지의 내용을 파악한 후 법조문의 제목을 빠르게 훑어보며 어떤 조문을 참조해야 하는지 판단한다.

Tip ❷ 오선지의 구성원리 이해

재외국민과 외국국적동포라는 두 가지 유형이 나오는 경우, 내용을 서로 교차하여 오선지를 내는 경우가 많다. 예컨대, 선지 ③번은 재외국민인지 여부를 물어봤는데 해당 부분의 내용은 외국국적동포에 대한 내용이다. 재외국민의 필수 요건은 대한민국의 국민이므로, 대한민국 국적자가 아닌 미국 국적자는 재외국민이 아니다. 따라서 선지 ③번은 옳지 않다. 외국국적동포인지 여부를 확인할 필요가 없다.

Tip ❸ 연결되는 조문을 주의

법과 시행령이 연결되어 있기 때문에 법에는 해당하더라도 시행령에는 해당하지 않을 수 있다. 따라서 설문과 같이 조문이 연결된 경우에는 빠르게 해결하는 것보다 정확하게 해결하는 것이 중요하다. 이를 위해서는 관련된 조문들을 화살표로 서로 연결해두는 것이 좋다.

Tip ❹ 법률의 구체적 내용보다 구조를 파악

일반적인 법조문 유형에서는 '제○○조' 옆의 괄호 및 키워드로 조문의 구조만을 파악하고, 선지를 판단할 때 세부 내용을 읽는 방식을 추천한다. 어떤 조항에 어떤 내용이 있는지를 파악하고, 세부 조건인 호나 목은 선지에서 묻는 경우 구체적인 부분을 발췌독하는 것이다. 다만 '규정적용' 유형 중 계산형 문제는 계산에 필요한 구체적 내용을 파악하며 조문을 읽어야 한다.

Tip ❺ 기본적인 사전지식 숙지

헌법·행정법에 대한 배경지식이 없다면, 대통령령 = 시행령, 총리령·부령 = 시행규칙이라는 것 정도는 기억해두자. 법조문 유형에서 '대통령령으로 정하는 바에 따라' 혹은 '장관이 정하는 바에 따라' 와 같은 문구가 있는 경우 하위 시행령이나 시행규칙 조문이 주어져 있는지 확인하고 상위 법령과 하위 법령을 연결해서 이해해야 한다. 또한, 자주 등장하는 용어로 '직계비속'은 자녀, '직계존속'은 부모라는 것도 알아두자.

Tip ❻ 선지 판단 시 반대해석을 활용

선지 판단을 할 때 반대해석을 활용하면 빠르게 판단할 수 있다. 선지 ①번의 경우 될 수 있는 사례가 있는지, ②번의 경우 영주권 취득 없이도 재외국민이 되는 방법이 있는지, ③번의 경우 외국국적동포가 될 수는 없는지, ④번의 경우 외국국적동포가 아닐 가능성은 없는지 이렇게 전부 반대해석을 통해 반례가 가능한지를 생각해보는 것이 효과적인 접근방법이다.

Tip ❼ 법조문 유형 풀이의 기본

1. 법조문에 대한 이해

법조문 유형은 선지가 규정과 일치하는지 확인하는 '규정확인' 유형과, 규정의 내용을 예시에 적용하는 '규정적용'유형으로 나뉜다. 규정적용은 단순 적용의 경우도 있지만 보험료, 인지세 등 계산을 요하는 경우도 있다.

두 유형 모두 기본은 규정을 파악하는 것이기 때문에 기본적인 법조문의 구조에 익숙해지면 법조문 유형의 문제 풀이가 비교적 수월해진다. 법조문은 '○○조-○○항-(1, 2, …)호-(가, 나, …)목' 순으로 구성된다.

1) 하나의 '조'는 하나의 주제에 대하여 설명한다. 그 주제는 '○○조' 옆에 괄호로 표시되기도 한다.
2) '항'은 조에서의 주제를 세분화하여 설명할 때 사용한다.
3) '호'는 조와 항 내에서 대상을 나열할 때 사용한다.
4) '목'은 호 내에서 대상을 나열할 때 사용한다.
5) '단서'는 "다만,"으로 시작하며 앞 문장의 주된 내용에 대한 예외를,
6) '후단'은 "이 경우"로 시작되며 주된 내용에 대한 부수적·보완적 사항을 규정할 때 사용한다.
7) 부수적 내용은 괄호로 제시되는 경우도 있다.

법조문 유형은 빠르게 풀기보다는 정확하게 푸는 것을 전략으로 하는 것이 좋다. 상황판단 과목은 모든 문제를 빠르게 푸는 것이 아니라 풀 수 있는 문제와 풀 수 없는 문제를 구분하여 풀어, 푼 문제의 정답률을 높이는 것이 일반적인 접근방법이다. 난해한 퀴즈 문제와 달리 법조문은 제시문 내에 정답이 있으므로, 꼭 맞춘다는 생각으로 접근하는 것이 좋다.

2. 법률의 구체적 내용보다 구조를 파악

일반적인 법조문 유형에서는 제○○조 옆의 괄호 및 키워드로 조문의 구조만을 파악하고, 선지를 판단할 때 세부 내용을 읽는 방식을 추천한다. 법조문의 세부 내용을 모두 기억하기 어렵고, 독해에도 시간이 걸리기 때문이다. 어떤 조항에 어떤 내용이 있는지를 파악하고, 세부 조건인 호나 목은 선지에서

묻는 경우 발췌독하는 것이다. 다만 '규정적용' 유형 중 계산형 문제는 계산에 필요한 구체적 내용을 파악하며 조문을 읽어야 한다.

3. 선지에 자주 등장하는 조문의 특징

법조문의 구조를 파악할 때 선지로 등장할만한 부분을 체크한다면 풀이 시간을 단축할 수 있을 것이다. 아래 내용은 주로 선지에 등장하는 내용의 특징과 선지에 등장하는 방식이다. 기출 분석을 통해 빈출 패턴을 익히면 실수를 방지하고 풀이 속도를 높이는 데에 도움이 될 것이다.

- 단서(다만): 단서가 적용됨에도 적용하지 않거나, 적용되지 않음에도 적용하여 제시
- 후단(이 경우)이나 괄호(보완 내용): 해당 내용을 사례로 제시
- 주어: 행위 주체를 바꾸어 제시
- 술어: 허가를 신고로, 신고를 허가로 바꾸어 제시
- 날짜, 시기, 횟수: 숫자를 바꾸어 제시
- 어느 하나: 모든 조건이 적용되는 것으로 제시
- 하부 개념: 상부 개념과 하부 개념을 바꾸거나, 복수의 하부 개념의 특징을 서로 바꾸어 제시
- 재량과 기속: '할 수 있다'와 '해야 한다'를 바꾸어 제시

066 정답 ③ 난이도 ●●●

문제유형 비판적 사고 > 지문에서 추론하기

접근전략 정보 확인 문제와 유사하게 접근하는 동시에, 선지의 특정 단어가 지문에 그대로 제시되어 있다는 보장이 없으므로 선지 내용을 가볍게 이해하고 넘어간다. 지문을 읽으며 문단별로 내용을 요약하고 바로 정오 판단이 가능한 선지를 먼저 확인한다. 이후, 남은 선지와 요약한 내용을 다시 읽으며 언급되지 않은 내용이 포함된 보기를 배제하여 확실하게 정답을 고를 수 있다. 이때, 논리적 비약에 해당하는 선지에 주의한다.

다음 글에서 추론할 수 있는 것은?

(1) 조선후기 숙종 때 서울 시내의 무뢰배가 검계를 결성하여 무술훈련을 하였다. (2) 좌의정 민정중이 '검계의 군사훈련 때문에 한양의 백성들이 공포에 떨고 있으니 이들을 처벌해야 한다.'고 상소하자 임금이 포도청에 명하여 검계 일당을 잡아들이게 하였다. (3) 포도대장 장붕익은 몸에 칼자국이 있는 자들을 잡아들였는데, 이는 검계 일당이 모두 몸에 칼자국을 내어 자신들과 남을 구별하는 징표로 삼았기 때문이다. ▶ 1문단

(1) 검계는 원래 향도계에서 비롯하였다. (2) 향도계는 장례를 치르기 위해 결성된 계였다. (3) 비용이 많이 소요되는 장례에 대비하기 위해 계를 구성하여 평소 얼마간 금전을 갹출하고, 구성원 중에 상을 당한 자가 있으면 갹출한 금전에 얼마를 더하여 비용을 마련해주는 방식이었다. (4) 향도계는 서울 시내 백성들에게 널리 퍼져 있었으며, 양반들 중에도 가입하는 이들이 있었다. (5) 향도계를 관리하는 조직을 도가라 하였는데, 도가는 점차 죄를 지어 법망을 피하려는 자들을 숨겨주는 소굴이 되었다. (6) 이 도가 내부의 비밀조직이 검계였다. ▶ 2문단

(1) 검계의 구성원들은 스스로를 왈짜라 부르고 있었다. (2) 왈짜는 도박장이나 기생집, 술집 등 도시의 유흥공간을 세력권으로 삼아 활동하는 이들이었다. (3) 하지만 모든 왈짜가 검계의 구성원이었던 것은 아니다. (4) 왈짜와 검계는 모두 폭력성을 지녔고 활동하는 주 무대도 같았지만 왈짜는 검계와 달리 조직화된 집단은 아니었다. (5) 부유한 집안의 아들이었던 김홍연은 대과를 준비하다가 너무 답답하다는 이유로 중도에 그만두고 무과 공부를 하였다. (6) 그는 무예에 탁월했지만 지방 출신이라는 점이 출세하는 데 장애가 될 것을 염려하여 무과 역시 포기하고 왈짜가 되었다. (7) 김홍연은 왈짜였지만 검계의 일원은 아니었다. ▶ 3문단

① 도가의 장은 향도계의 장을 겸임하였다.
→ (×) 도가는 향도계를 관리하는 조직이지만[2문단(5)], 도가의 장이 향도계의 장을 겸임하였는지는 지문을 통해 알 수 없다.

② 향도계의 구성원 중에는 검계 출신이 많았다.
→ (×) 검계는 원래 향도계에서 비롯한 것은 맞으나[2문단(1)], 향도계의 구성원 중 검계 출신이 많다는 정보는 지문에 없다. 따라서 이는 알 수 없는 내용이다.

③ 향도계는 공공연한 조직이었지만 검계는 비밀조직이었다.
→ (○) 향도계는 서울 시내 백성들에게 널리 퍼져 있었으며, 양반들 중에도 가입하는 이들이 있었다.[2문단(4)] 이를 통해 향도계가 공공연한 조직이었음을 알 수 있다. 이와 달리, 검계는 도가 내부의 비밀조직이었으므로 [2문단(6)] 해당 선지의 내용은 옳다.

④ 몸에 칼자국이 없으면서 검계의 구성원인 왈짜도 있었다.
→ (×) 검계 일당은 모두 몸에 칼자국을 내어 자신들과 남을 구별하는 징표로 삼았다.[1문단(3)] 따라서 몸에 칼자국이 없다면 검계의 구성원이 아니다.

⑤ 김홍연이 검계의 일원이 되지 못하고 왈짜에 머물렀던 것은 지방 출신이었기 때문이다.
→ (×) 모든 왈짜가 검계의 구성원이 아니었다.[3문단(3)] 김홍연 역시 왈짜였지만 검계의 일원은 아니었는데, 그것이 곧 그가 검계의 일원이 되고 싶었지만 되지 못했다는 것은 아니다. 김홍연이 검계의 일원이 되려고 했다는 내용은 찾을 수 없기에 해당 선지는 정답일 수 없다.

제시문 분석

2문단 검계의 기원

〈검계의 기원〉				
〈향도계〉		〈도가〉		〈검계〉
향도계는 장례를 치르기 위해 결성된 계였다.(2) 서울 시내 백성들에게 널리 퍼져 있었으며, 양반들 중에도 가입하는 이들이 있었다.(4)	→	향도계를 관리하는 조직을 도가라 하였는데, 도가는 점차 죄를 지어 법망을 피하려는 자들을 숨겨주는 소굴이 되었다.(5)	→	이 도가 내부의 비밀조직이 검계였으며, 이들은 모두 몸에 칼자국을 내어 자신들과 남을 구별하는 징표로 삼았다.(6)

3문단 검계와 왈짜의 구분

〈왈짜〉		〈검계와의 관계〉
왈짜는 도박장이나 기생집, 술집 등 도시의 유흥공간을 세력권으로 삼아 활동하는 이들이었다.(2)	→	하지만 모든 왈짜가 검계의 구성원이었던 것은 아니다.(3)

	〈왈짜〉	〈검계〉
〈공통점〉	폭력성을 지녔고, 활동하는 주 무대도 같았다.(4)	
〈차이점〉	조직화된 집단 ×(4)	조직화된 집단 ○(4)

합격자의 실전 풀이 순서

❶ 발문 확인 및 문제 유형 파악

항상 발문을 먼저 제대로 읽자. 본 문제는 추론할 수 있는 것 고르는 유형의 문제이다. 추론할 수 있는 것을 고르는 문제는 알 수 있는 것을 고르는 문제와 같다. 해당 유형은 제시문 내용과 부합하거나 그로부터 추론 가능한 선지가 정답이 되며, 제시문 내용과 상충하거나 그로부터 추론할 수 없는 선지가 오답이 된다. 또한, 추론할 수 있는 것은 제시문 내용과 같은 방향의 선지를 고르는 문제이니 발문에 ○표시를 해두고 풀면 추론할 수 없는 것을 고르는 실수를 크게 줄일 수 있다.

정보확인유형을 푸는 방법으로는 크게 선지를 먼저 읽고 제시문에서 선지의 내용을 찾는 방법과 제시문을 간략히 읽은 후 선지를 판단하는 방법 두 가지로 나뉜다. 첫 번째 방법은 선지로부터 키워드를 찾고, 키워드를 제시문에서 찾아가는 방식이다. 두 번째 방법은 제시문의 구조와 선지에서 나올만한 중요한 내용을 파악하며 1분에서 2분 사이 내에 제시문을 읽은 후 선지를 판단하는 방식이다. 본 문제의 경우 구조가 특별하지 않고, 선지에서 자주 나오는 표현들도 많지 않으므로, 이하에서는 첫 번째 방법을 활용하여 정보확인유형을 푸는 법을 소개하겠다.

❷ 선지 파악 및 키워드 도출

첫 번째 방식으로 정보확인유형을 풀기 위해서는 우선 선지별로 어떤 정보를 요구하는지 파악하고, 제시문에서 찾을 키워드를 도출한다.

① 도가의 장, 향도계의 장
② 향도계, 검계 출신, 많다
③ 향도계, 공공연 ↔ 검계, 비밀
④ 칼자국, 검계, 왈짜
⑤ 김홍연, 지방 출신

향도계와 검계를 구분하여 비교하며 읽을 필요가 있음을 알 수 있다. 또한 '검계'가 등장하는 선지의 비율이 높으므로, 도가나 향도계 등 다른 조직과 비교하며 '검계'에 초점을 맞춘 글이라고 추측할 수 있다.

❸ 제시문을 읽으며 선지 판단

제시문 독해 시 선지별 키워드가 나오는 부분에 밑줄을 긋고, 문단별로 주로 어떤 내용을 설명하고 있는지 메모해둔다. 추론 문제는 지문 곳곳에 퍼진 정보를 다시 모아 타당한 답을 도출해야 하는 문제이기 때문이다.

1문단은 검계와 관련된 역사적 기록을 서술하고 있다. 세부적으로 칼자국과 관련된 내용이 나온다. 검계 일당은 모두 칼자국을 내어서 남과 구별하는 징표로 삼았다는 서술을 통해 ④번 선지를 정답 후보로부터 제외할 수 있다.

2문단은 검계의 기원을 설명하고 있다. 이 문단에서 향도계와 도가에 관한 정보를 확인할 수 있다. 이때, 향도계는 서울 시내 백성들에게 널리 퍼져 있지만 검계는 비밀조직이므로 ③번 선지는 옳은 서술이다.

3문단은 왈짜에 관한 설명이 주를 이룬다. 왈짜와 검계의 차이점과 김홍연의 사례를 언급하고 있다.

이 정도로 문단별 내용을 요약하고, 나머지 선지의 정답 여부를 다시 꼼꼼히 확인한다.

❹ 선지 재확인

이미 정답이 ③번이라는 것은 알았지만, 나머지 선지를 확실히 배제함으로써 정답이 맞는지 확인하는 절차를 거친다.

먼저 ①번에서 도가의 장이 향도계의 장을 겸임하였다는 내용은 지문을 통해 알 수 없다. 도가가 향도계를 관리하는 조직이라는 정보는 존재하지만, 이는 ①번 선지 내용과 다르다.

②번 역시 같은 맥락으로 오답이다. 검계는 향도계에서 비롯한 조직이지만, 이 정보만을 가지고 향도계의 구성원 중 검계 출신이 많다고 추론할 수 없다.

①번과 ②번 선지 모두 지문 내용을 통해 예측은 가능하지만, 논리적인 추론 결과가 아니므로 오답이다.

합격자의 시간단축 Tip

Tip ❶ 선지를 먼저 읽고 핵심어를 표시한다.

추론 문제 역시 지문에서 필요한 내용을 찾아야 하므로 선지를 먼저 읽는다. 이때, 선지의 내용이 지문에 그대로 나오지는 않으므로 대략의 내용만 파악하는 것도 좋다.

Tip ❷ 충분한 근거를 바탕으로 추론한다.

추론은 정보 확인의 확장일 뿐이다. 곧, 지문 속에 주어진 정보를 바탕으로 논리적인 사고를 거쳐 선지의 내용을 도출해야 한다. ②번 선지에서 검계가 향도계에서 비롯되었다는 설명만으로 향도계의 구성원 중 검계 출신이 많다고 추론하는 것은 성급한 판단이다.

Tip ❸ 제시문에서 부정되고 있는 내용/사실을 표시 해둔다.

비문학에서는 제시문 상에서 부정되고 있는 내용이나 사실을, 긍정하는 내용으로 바꾸어 오답 선지를 자주 구성한다. 그러므로 이들은 발견 시 미리 괄호와 같은 기호로 표시를 해두면 오답 선지를 빠르게 판단할 수 있다. 예를 들어 3문단 (3)에 '하지만 모든 왈짜가 검계의 구성원이었던 것은 아니다', (4)에 '~조직화된 집단은 아니었다'와 같은 부분이 있다.

Tip ❹ 키워드끼리의 관계를 서술하는 문장에 주목한다.

2문단 (1) 문장은 검계와 향도계 포함관계를 설명하고 있다. (1) 이후 문장들은 해당 문장을 부연하는 서술이자 사례로 구성되어 있다. (1) 문장을 보자마자 이후 제시되는 내용은 해당 문장을 구체화할 것이며, 이는 선지로 재구성될 확률이 매우 높다는 것을 인지하면 좋다.

Tip ❺ 정답을 찾았다면 다음 문제로 넘어간다.

실전에서는 확실한 정답을 찾았다면 다른 선지를 보지 않고 다음 문제로 넘어가는 것이 시간을 절약하는 방법이다. 다만 이는 일치부합 문제나 이 문제와 같이 일치부합과 유사하게 풀 수 있는 추론문제와 같이 정답임을 확실히 판단할 수 있는 문제에만 해당된다. 여기서는 2문단에서 정답이 도출되므로, 실수 방지 차원에서 정답이 맞는지 한 번 더 확인하고 나머지는 보지 않고 넘어간다. 물론 언어논리에서 시간이 부족하지 않은 수험생의 경우 모두 읽고 판단해도 무방하다.

067 정답 ⑤ 난이도 ●○○

문제유형 비판적 사고 > 빈칸 채우기

접근전략 전형적인 빈칸 채우기 문제이다. 기본적으로 빈칸문제는 '빈칸을 포함한 문장', '앞뒤 문장', '빈칸이 포함된 문단의 주제문'을 통해 직간접적 근거를 얻을 수 있다. 우선 글을 훑어 어느 곳에 빈칸이 들어가는지 확인하는 것이 좋은데, 제시문처럼 문단별로 빈칸이 존재하는 경우는 빈칸이 포함된 문단 내에 근거가 있다고 생각하는 것이 좋다.

다음 글의 (가) ~ (다)에 들어갈 진술을 〈보기〉에서 골라 짝지은 것으로 가장 적절한 것은?

(1) 비어즐리는 '제도론적 예술가'와 '낭만주의적 예술가'의 개념을 대비시킨다. (2) 낭만주의적 예술가는 사회의 모든 행정과 교육의 제도로부터 독립하여 작업하는 사람이다. (3) 그는 자기만의 상아탑에 칩거하며, 혼자 캔버스 위에서 일하고, 자신의 돌을 깎고, 자신의 소중한 서정시의 운율을 다듬는다. ▶ 1문단

(1) 그러나 사회와 동떨어져 혼자 작업하더라도 예술가는 작품을 만드는 동안 예술 제도로부터 단절될 수 없다. [(가)] (2) 즉 예술가는 특정 예술 제도 속에서 예술의 사례들을 경험하고, 예술적 기술의 훈련이나 교육을 받음으로써 예술에 대한 배경지식을 얻게 된다. (3) 그리고 이와 같은 배경지식이 예술가의 작품 활동에 반영된다. ▶ 2문단

(1) 낭만주의적 예술가 개념은 예술 창조의 주도권이 완전히 개인에게 있으며 예술가가 문화의 진공 상태 안에서 작품을 창조할 수 있다고 가정한다. (2) 하지만 그런 낭만주의적 예술가는 사실상 존재하기 어렵다. (3) 심지어 어린 아이들의 그림이나 놀이조차도 문화의 진공 상태에서 이루어지지 않는다. [(나)] ▶ 3문단

(1) 어떤 사람이 예술작품을 전혀 본 적 없는 상태에서 진흙으로 어떤 형상을 만들어냈다고 가정해 보자. (2) 이것이 지금까지 본 적이 없던 새로운 형상이라 하더라도, 그 사람은 예술작품을 창조한 것이라 볼 수 없다. [(다)] (3) 비어즐리의 주장과는 달리 예술가는 아무 맥락 없는 진공 상태에서 창작하지 않는다. (4) 예술은 어떤 사람이 문화적 역할을 수행한 산물이며, 언제나 문화적 주형(鑄型) 안에 존재한다. ▶ 4문단

보기

ㄱ. 왜냐하면 어떤 사람이 예술작품을 창조하였다고 하기 위해서는 그는 예술작품이 무엇인가에 대한 개념을 가지고 있어야 하기 때문이다.
➜ 해당 선지는 예술작품을 창조하였다고 말할 수 있는 조건에 대해 설명한다. (다)의 앞에서는 예술 작품을 본 적 없는 사람이 진흙으로 어떠한 형상을 만들었을 때, 그 사람이 예술작품을 창조했다고 말할 수 없다는 내용이 제시되어 있다. 따라서 왜 그러한지에 대한 설명이 이어지는 것이 적절하므로 ㄱ은 (다)에 들어간다.

ㄴ. 왜냐하면 사람은 두세 살만 되어도 인지구조가 형성되고, 이 과정에서 문화의 영향을 받을 수밖에 없기 때문이다.
➜ 해당 선지는 아무리 어린 아이라도 문화의 영향으로부터 자유로울 수 없다는 내용이다. 이것은 어린아이들의 그림이나 놀이조차도 문화의 진공 상태에서 이루어지지 않는다[3문단(3)]는 문장 뒤에 올 근거이다. 그러므로 (나)에 ㄴ이 들어가는 것이 적절하다.

ㄷ. 왜냐하면 예술가들은 예술작품을 만들 때 의식적이든 무의식적이든 예술교육을 받으면서 수용한 가치 등을 고려하는데, 그러한 교육은 예술 제도 안에서 이루어지기 때문이다.
➜ 해당 선지는 예술가가 작품을 만드는 동안 예술 제도로부터 단절될 수 없다고 하며[2문단(1)] 예술 제도의 영향에 대해 언급하고 있다. (가)의 뒷문장 또한 예술가는 특정 예술 제도 속에서 예술의 사례들을 경험하고, 예술적 기술의 훈련이나 교육을 받음으로써 예술에 대한 배경지식을 얻게 된다는 내용을 설명하고 있으므로[2문단(3)] ㄷ이 (가)에 들어가기에 적절하다.

	(가)	(나)	(다)	
①	ㄱ	ㄴ	ㄷ	➜ (×)
②	ㄴ	ㄱ	ㄷ	➜ (×)
③	ㄴ	ㄷ	ㄱ	➜ (×)
④	ㄷ	ㄱ	ㄴ	➜ (×)
⑤	ㄷ	ㄴ	ㄱ	➜ (○)

제시문 분석

1 · 3문단 비어즐리가 제시한 '낭만주의적 예술가'의 개념

〈낭만주의적 예술가〉		
〈특징①〉		〈특징②〉
사회의 모든 행정과 교육의 제도로부터 독립하여 작업하는 사람이다. [1문단(2)]	⊕	예술 창조의 주도권이 완전히 개인에게 있으며 예술가가 문화의 진공 상태 안에서 작품을 창조할 수 있다고 가정한다. [3문단(1)]

2 · 4문단 비어즐리의 주장에 대한 반박

〈비어즐리의 주장에 대한 반박〉		
〈① 예술 제도로부터의 단절〉		〈근거〉
사회와 동떨어져 혼자 작업하더라도 예술가는 작품을 만드는 동안 예술 제도로부터 단절될 수 없다.[2문단(1)]	⊕	예술가는 특정 예술 제도 속에서 예술의 사례들을 경험하고, 예술적 기술의 훈련이나 교육을 받음으로써 예술에 대한 배경지식을 얻게 된다.[2문단(2)]
〈② 문화의 진공 상태〉		〈근거〉
예술가는 아무 맥락 없는 진공 상태에서 창작하지 않는다. [4문단(3)]	⊕	예술은 어떤 사람이 문화적 역할을 수행한 산물이며, 언제나 문화적 주형(鑄型) 안에 존재한다.[4문단(4)]

합격자의 실전 풀이 순서

❶ 발문 확인 및 문제 유형 파악

항상 먼저 발문을 반드시 제대로 읽고 시작하자. 해당 문제는 빈칸 채우기 유형이므로, 빈칸에 대응되는 내용을 찾아서 그를 근거로 빈칸을 채우는 문제이다. 빈칸 채우기 유형은 크게 두 가지 종류로 나뉜다.

첫 번째, 빈칸의 근거를 지엽적으로 찾아 푸는 유형이다. 이는 주로 글 전체의 결론과 관련이 적은 뒷받침 문장이 빈칸으로 제시되는 경우에 해당한다. 첫 번째 유형을 푸는 경우 수험생은 먼저 제시문의 핵심 내용을 확인한 뒤, 빈칸이 포함된 문장과 빈칸 앞뒤 문장들을 집중적으로 읽으며 문맥을 추론하는 접근을 취해야 한다.

두 번째, 전체적인 글의 흐름과 제시문의 주제문을 파악하여 빈칸에 들어갈 말을 찾는 유형이 있다. 두 번째 유형의 경우 수험생은 제시문을 처음부터 끝까지 읽은 후, 제시문이 말하고자 하는 최종적인 결론을 찾아내야 한다. 구체적인 지표나 통계 자료에 매몰되지 않고, '그래서 이 지표가 어떠한 결론으로 이끄는가?', '이 모든 문장이 함축된 결론은 무엇인가?'를 끊임없이 질문하며 읽어야 한다. 또는, 제시문의 주제문이 글의 맨 앞이나 맨 뒤, '그러나' 등의 접속어 뒤에 제시되어 있어 이를 찾아 빈칸에 대입하여 푸는 경우도 존재한다.

본 문제의 경우 빈칸의 근거를 지엽적으로 찾는 첫 번째 유형에 해당한다. 즉, 빈칸의 근거를 빈칸이 들어간 문장의 앞뒤 문장에서 찾을 수 있다.

❷ **제시문 독해 및 선지 판단**

제시문의 빈칸에 어떤 내용이 와야 할지 예측하며 글을 읽는다. 빈칸이 세 개이므로 제시문을 다 읽고 선지를 판단하기보다, 제시문과 보기를 번갈아 보며 판단하는 것이 효율적일 것이다.

1문단에서는 비어즐리가 제시한 '낭만주의적 예술가'란 제도로부터 독립하여 작업하는 사람이라고 설명한다. 2문단 (1) 문장은 '그러나'라는 접속사를 통해 '낭만주의적 예술가'의 개념을 반박하고 있다. 빈칸 (가)는 2문단의 (2) 문장으로 등장하므로 빈칸 안에 '그러나', '반면' 등의 접속어가 없다면 2문단 (1) 문장과 문맥을 같이할 것이다. 또한, 빈칸 (가) 뒤 문장은 '즉'으로 시작하므로 빈칸 (가)와 유사한 맥락으로 전개될 것이다. 결국, 빈칸 (가)에는 2문단 (1), (2) 문장과 유사한 말이 들어가야 함을 알 수 있다. 해당 문장들에서 눈에 띄는 키워드는 예술 제도와 교육이 있다. 따라서 해당 키워드들이 모두 포함된 ㄷ이 빈칸 (가) 안에 들어가야 한다.

3문단은 문화의 진공 상태 안에서 작품을 창조할 수 있다는 것이 불가능하다고 주장한다. (나)의 앞 문장은 어린아이들의 활동조차 문화의 진공 상태에서 이루어지지 않는다는 내용이다. (나)의 앞 문장의 내용이 어린아이와 문화에 관한 이야기이므로 앞 문장과 유사하게 두세 살의 어린아이를 이야기하는 ㄴ이 빈칸 (나)에 들어가야 함을 알 수 있다. 따라서 ⑤를 정답으로 도출할 수 있다.

빈칸 (가)와 (나)를 채우는 것만으로 정답이 도출되지만, 학습을 위해 빈칸(다)도 채워보자. 빈칸 (다)의 앞 문장을 보면 어떤 사람이 예술작품을 창조하는 사례가 등장한다. 따라서 앞 문장과 같이 '어떤 사람이 예술작품을 창조'라는 표현이 나오는 ㄱ이 빈칸 (다)에 들어가야 함을 알 수 있다. 이처럼 빈칸의 근거를 지엽적으로 찾는 빈칸 채우기 문제는 빈칸 앞뒤에서 키워드를 찾아내서 그 키워드가 반복되는 내용을 빈칸 내에 넣으며 푼다.

합격자의 시간단축 Tip

Tip ❶ 예측하며 글을 읽는다.

글을 읽으며 빈칸에 어떤 내용이 들어갈지 예측한 후, 〈보기〉를 본다면 더 빠르게 문제를 풀 수 있다. 이때, 빈칸 앞뒤 문장의 내용을 비교하는 것이 중요하다.

이 문제의 경우 빈칸에 들어갈 내용이 모두 앞 문장의 근거였기에 주변의 흐름이 역접되지 않았다. 따라서 앞 문장만 참고하더라도 정답을 쉽게 고를 수 있었지만, 경우에 따라 빈칸 주변 맥락의 흐름이나 문단의 도입부 등을 함께 보아야 한다.

예를 들어 (나) 다음으로 오는 4문단의 내용이 3문단의 내용과 상반된다면, (나)는 단순히 3문단의 내용을 뒷받침하는 근거라고 하기 어렵다.

Tip ❷ 접속사를 주의 깊게 본다.

역접의 접속사 외에도 빈칸의 내용을 쉽게 추리할 수 있게 하는 단어가 있다.

앞 내용을 다시 서술하는 '즉', '다시 말해서', '곧' 등이 그 예시이다. 이 지문에서는 (가)의 뒤 문장이 '즉'으로 시작하며, 예술가가 예술 제도 속에서 예술에 대한 배경지식을 얻는다는 내용이다. 이를 통해 (가) 역시 비슷한 내용일 것임을 추측할 수 있다.

Tip ❸ 빈칸문제의 근거 범위를 확정한다.

빈칸문제가 등장했을 시 어떤 부분을 근거로 삼을지 기준을 미리 잡아 두면 문제풀이가 훨씬 수월하고 빨라진다. 빈칸의 근거를 지엽적으로 찾는 문제에서는 빈칸이 포함된 문장, 앞뒤 문장, 빈칸이 포함된 주제문을 근거로 삼을 수 있다. 여기서 직접적인 근거를 얻지 못하더라도, 최소한 근거를 얻을 실마리는 얻을 수 있으니 이들부터 먼저 참고하자. 다만 이러한 방법은 전체적인 글의 흐름과 제시문의 주제문을 파악하여 빈칸을 채워야 하는 문제에는 타당하지 않을 수 있다. 주제문을 찾는 경우에는 '그러나', '따라서' 등의 접속어로 시작하는 문장에 주의하고, '반드시', '필수적'과 같이 중요한 내용이 주로 나오는 표현들에 주목한다. 이처럼 근거를 잡을 수 있는 범위를 확정시켜 훈련하면 선지 판단의 속도가 올라간다.

Tip ❹ 지문 내용을 익숙한 구도로 치환하여 이해한다.

제시문의 내용을 극도로 단순화하면 〈사회 vs 개인〉 구도를 예술 분야에 적용한 것이다. '개인은 사회로부터 독립적으로 존재하는가'라는 익숙한 구도를 예술가에 적용한 지문이라는 점을 파악하면, 길잡이로 삼을 것이 생긴 것이므로 지문을 더 쉽게 독해할 수 있다.

068 정답 ⑤

난이도 ●●○

문제유형 비판적 사고 > 지문에서 추론하기

접근전략 글의 제재는 과학이다. 과학 분야의 글은 흔히 인과관계 및 그에 관한 과정으로 주요 개념을 설명한다. 정보량이 많으므로 화살표 등을 사용하여 주요 어휘들을 연결하며 요약하는 것이 유리하다. 본 제시문의 핵심은 '공포'와 '안정'이라는 두 개의 대비되는 학습 실험이다. 생쥐의 소리 자극에 대한 반응 실험이라는 동일한 범위 안에서 '공포'와 '안정' 두 실험의 차이점을 포착해야 한다. 이 내용이 문제의 정답 선지로 구성될 것임은 자명하기 때문이다. 추론 유형의 문제는 본문과 선지를 단순 비교하여 정답을 찾아내기는 쉽지 않다. 이는 곧 선지를 먼저 읽는 것은 큰 효과를 얻지 못한다는 것을 의미한다. 또한, 일반적으로 따옴표(' ')로 제시된 단어는 글의 중요 어휘임을 인지해야 한다. 이처럼 필자가 제공하는 신호를 놓치지 않고 독해한다면 글의 핵심 내용을 파악하는 데 도움을 받을 수 있다.

다음 글에서 추론할 수 있는 것은?

(1) 생쥐가 새로운 소리 자극을 받으면 이 자극 신호는 뇌의 시상에 있는 청각시상으로 전달된다. (2) 청각시상으로 전달된 자극 신호는 뇌의 편도에 있는 측핵으로 전달된다. (3) 측핵에 전달된 신호는 편도의 중핵으로 전달되고, 중핵은 신체의 여러 기관에 전달할 신호를 만들어서 반응이 일어나게 한다. ▶ 1문단

(1) 연구자 K는 '공포' 또는 '안정'을 학습시켰을 때 나타나는 신경생물학적 특징을 탐구하기 위해 두 개의 실험을 수행했다. ▶ 2문단

(1) 첫 번째 실험에서 공포를 학습시켰다. (2) 이를 위해 K는 생쥐에게 소리 자극을 준 뒤에 언제나 공포를 일으킬 만한 충격을 가하여, 생쥐에게 이 소리가 충격을 예고한다는 것을 학습시켰다. (3) 이렇게 학습된 생쥐는 해당 소리 자극을 받으면 방어적인 행동을 취했다. (4) 이 생쥐의 경우, 청각시상으로 전달된 소리 자극 신호는 학습을 수행하기 전 상태에서 전달되는 것보다 훨씬 센 강도의 신호로 증폭되어 측핵으로 전달된다. (5) 이 증폭된 강도의 신호는 중핵을 거쳐 신체의 여러 기관에 전달되고 이는 학습된 공포 반응을 일으킨다. ▶ 3문단

(1) 두 번째 실험에서는 안정을 학습시켰다. (2) 이를 위해 K는 다른 생쥐에게 소리 자극을 준 뒤에 항상 어떤 충격도 주지 않아서, 생쥐에게 이 소리가 안정을 예고한다는 것을 학습시켰다. (3) 이렇게 학습된 생쥐는 이 소리를 들어도 방어적인 행동을 전혀 취하지 않았다. (4) 이 경우 소리 자극 신호를 받은 청각시상에서 만들어진 신호가 측핵으로 전달되는 것이 억제되기 때문에 측핵에 전달된 신호는 매우 미약해진다. (5) 대신 청각시상은 뇌의 선조체에서 반응을 일으킬 수 있는 자극 신호를 만들어서 선조체에 전달한다. (6) 선조체는 안정 상태와 같은 긍정적이고 좋은 느낌을 느낄 수 있게 하는 것에 관여하는 뇌 영역인데, 선조체에서 반응이 세게 나타나면 안정감을 느끼게 되어 학습된 안정 반응을 일으킨다. ▶ 4문단

① 중핵에서 만들어진 신호의 세기가 강한 경우에는 학습된 안정 반응이 나타난다.

➜ (×) '중핵은 신체의 여러 기관에 전달할 신호를 만들어서 반응이 일어나게 한다'[1문단(3)]를 통해 신호가 만들어진다는 점은 알 수 있지만, 중핵을 거쳐 전달되는 신호의 강도가 센 경우는 공포 학습에 해당한다.[3문단(4)] 따라서 이 경우 학습된 안정 반응이 아니라 학습된 공포 반응이 나타나므로 해당 선지는 적절하지 않다.[3문단(5)]

② 학습된 공포 반응을 일으키지 않는 소리 자극은 선조체에서 약한 반응이 일어나게 한다.

➜ (×) 학습된 공포 반응을 일으키지 않는 소리 자극은 학습된 안정 반응을 일으키는 소리 자극이다.[4문단(3)] 안정 학습의 경우 측핵에 전달되는 신호는 매우 미약하다.[4문단(4)] 그러나 청각시상이 뇌의 선조체에서 반응을 일으킬 수 있는 자극 신호를 만들어 선조체로 전달한다.[4문단(5)] 이때 선조체에서는 반응이 세게 나타남으로써 학습된 안정 반응이 일어나므로[4문단(6)] 해당 선지는 적절하지 않다.

③ 학습된 공포 반응을 일으키는 소리 자극은 청각시상에서 선조체로 전달되는 자극 신호를 억제한다.

➜ (×) '학습된 공포 반응을 일으키는 소리 자극'은 청각시상에서 신호 증폭 후 측핵으로 전달[3문단(4)] 이후, 중핵을 거쳐 신체의 여러 기관으로 전달[3문단(5)]이라고만 제시되어 있을 뿐, '선조체로 전달되는 자극 신호를 억제한다.'라는 언급은 찾아볼 수 없다. 자극 신호가 억제되는 경우는 안정 학습 때 청각시상에서 만들어진 신호가 측핵으로 전달될 때이다.[4문단(4)] 따라서 해당 선지는 적절하지 않다.

④ 학습된 안정 반응을 일으키는 청각시상에서 받는 소리 자극 신호는 학습된 공포 반응을 일으키는 청각시상에서 받는 소리 자극 신호보다 약하다.

➜ (×) 안정 반응을 일으키는 소리 자극이든, 공포 반응을 일으키는 소리 자극이든 청각시상에서 받는 소리는 각각 증폭과 억제 과정을 거치기 전의 신호들이다. 이 신호들이 각 학습 결과에 따라 청각시상에서 증폭 혹은 억제 되어 측핵으로 전달되는 것이다.[3문단(4), 4문단(4)] 따라서 해당 선지는 적절하지 않다.

⑤ 학습된 안정 반응을 일으키는 경우와 학습된 공포 반응을 일으키는 경우 모두, 청각시상에서 측핵으로 전달되는 신호의 세기가 학습하기 전과 달라진다.

➜ (O) 안정 반응을 일으키는 경우에는 청각시상에서 측핵으로 전달되는 것이 억제되므로, 신호의 세기가 매우 미약해지고[4문단(4)], 공포 반응을 일으키는 경우에는 청각 시상으로 전달된 신호의 세기가 측핵에 전달될 때 증폭됨을 알 수 있다.[3문단(4)] 즉, 두 경우 모두 청각시상에서 측핵으로 전달되는 신호의 세기가 학습하기 전과 달라지므로 적절한 진술이다.

제시문 분석

1문단 생쥐의 소리 자극 신호 전달 과정

〈생쥐의 소리 자극 신호 전달 과정〉
소리 자극 수용 → 청각 시상에 전달 → 측핵에 전달 → 중핵에 전달 → 중핵에서 신체의 여러 기관에 전달할 신호 생성 → 반응[1문단 전체]

3 · 4문단 생쥐를 대상으로 한 공포, 안정 학습 실험

〈실험 수행〉		
〈공포 학습〉		〈안정 학습〉
① 실험 절차 특정 소리에 대한 공포 부여 → 반복 후 공포 학습 완료 → 해당 소리에 방어적 행동 표현 [3문단(1),(2),(3)]		① 실험 절차 특정 소리에 대한 안정 부여 → 반복 후 안정 학습 완료 → 소리에 방어적 행동 표현 무 [4문단(1),(2),(3)]
② 학습 후 신호 전달 과정 청각시상으로 소리 전달 → 청각시상에서 신호 세기 증폭 → 측핵으로 신호 전달 → 중핵으로 전달 → 여러 신체 기관으로 전달 → 공포 반응 [3문단(4),(5)]	↔	② 학습 후 신호 전달 과정 청각시상으로 소리 전달 → 청각시상에서 측핵으로 신호 전달 억제 (측핵 신호 미약) 및 선조체에 반응 유발 신호 전달(안정감 발현) → 안정 반응 [4문단(4),(5),(6)]

합격자의 실전 풀이 순서

과학 소재 비문학 유형

❶ 과학 소재 지문을 대하는 자세

과학 소재의 비문학 문항은 짧지 않은 지문에 압축적으로 제시되는 정보량이 매우 많아, 배경지식이 약한 비전공자의 입장에서는 체감 난도가 높은 유형이다. 물론 운 좋게 배경지식을 갖춘 전공 분야가 출제된다면 간단히 문제를 해결할 수 있겠지만, 대부분의 수험생들이 처음 들어 보는 지식이라는 점에서 비전공자가 크게 불리할 것도 없다. 이는 이과계열 전공자도 마찬가지다. 해당 지문에 익숙한 사람은 극소수 전공자밖에 없다.

❷ 발문 확인하기

과학과 추론이 결합되면 실험의 결과를 해석하는 지문이 된다. 자신이 실험 지문에서 특히 약하다면, 여기까지 보고 빠르게 걸러내는 것을 추천한다. 다만 실험지문에 익숙하다면 실험의 가설과 집단 분류, 그리고 결론까지 생각하고 들어간다. 이 요소들을 미리 지문 근처에 필기해두어도 좋다.

❸ 지문 파악하기

우선 생물을 대상으로 한 실험이므로 자극과 반응이 따라서 나올 수밖에 없다. 유기체는 환경과 상호작용하는 존재기 때문이다. 어떤 자극인지, 또 어떤 반응이 나타나는지 체크해가면서 읽는다. 특히 그 반응이 '예외없이 항상' 일어나는지 체크하면 좋다.

실험이 여러 번 진행되는 경우 실험이 동일한 가정 하에서 진행되는지 살펴보아야 한다. 먼저 그 구조가 같은지 확인하고, 구조가 달라졌다면 어떤 점이 변경되었는지 확인해야 한다. 이른바 '이중 맹검'이라는 개념이 쓰이는 지문이 가끔 등장하는데, 이렇게 실험이 반복수행될 경우 전략상 풀지 않는 것을

추천한다. 다만 해당 지문은 실험이 두 번 진행되지만 사실상 같은 실험으로 연결될 수 있으므로 안정적인 득점을 위해서는 푸는 것이 좋다.

❹ 함정선지 피해가기

① 중핵에서 만들어진 신호의 세기가 강한 경우에는 학습된 안정 반응이 나타난다.

② 학습된 공포 반응을 일으키지 않는 소리 자극은 선조체에서 약한 반응이 일어나게 한다.

③ 학습된 공포 반응을 일으키는 소리 자극은 청각시상에서 선조체로 전달되는 자극 신호를 억제한다.

①, ②, ③선지는 공통적으로 서로 반대되는 자극과 반응을 말하고 있다. 이처럼 선지가 대칭적으로 제시되는 경우 오답을 판별하기 수월하다. 다만, 선지 모두 명백하게 틀린 것이 아니라 '알 수 없는' 것임에 유의한다. 중핵에서 신호가 센 동시에 학습된 안정 반응이 나올 수도 있다. 지문에는 측핵만 제시되었기 때문이다. ②, ③번 선지도 마찬가지다.

④ 학습된 안정 반응을 일으키는 청각시상에서 받는 소리 자극 신호는 학습된 공포 반응을 일으키는 청각시상에서 받는 소리 자극 신호보다 약하다.

학습된 안정 반응을 일으키는 소리 자극	→	측핵으로 전달되는 청각시상의 신호 억제
학습된 공포 반응을 일으키는 소리 자극	→	측핵으로 전달되는 청각시상의 신호 증폭

⑤ 학습된 안정 반응을 일으키는 경우와 학습된 공포 반응을 일으키는 경우 모두, 청각시상에서 측핵으로 전달되는 신호의 세기가 학습하기 전과 달라진다.

공포 반응 학습	→	학습 이전보다 증폭된 신호가 측핵에 전달
안정 반응 학습	→	학습 이전보다 억제된 신호가 측핵에 전달

선지 ④~⑤는 단순비교형으로 비교적 난도가 낮다.

합격자의 시간단축 Tip

Tip ❶ 다시 한번 훑어보자.

선지 하나의 정오를 판단하기 위해 문장 한두 개만 확인해도 된다면 좋겠지만, 그렇지 못한 선지도 물론 존재한다.
본 문제의 경우, 지문 앞부분과 뒷부분에서 고루 정보를 찾아야 하는 선지 ①, ②가 후자에 속한다. 이런 선지들은 선지를 판단하기 위해 필요한 정보들이 글 전반에 걸쳐 존재한다. 과학 소재의 비문학 지문은 다른 소재에 비해 전체적인 맥락의 중요성이 낮다. 따라서 '중심 문장'을 찾을 수도 없고, 문단 앞부분만 보고 필요한 정보가 어디서 나올지 감을 잡을 수도 없다. 즉, 이런 선지를 해결하기 위해서는 무조건 글 전체를 확인해야 한다. 글 전체를 빠르고 정확하게 스캔하여, 주의 부족으로 놓치는 일이 없어야 한다. 한 번의 속독으로 이해하기 힘들었다면 다시 읽는 것도 나쁘지 않은 방법이다. 주요 정보를 이해하지 못한 채 문제를 푸는 것보다는 짧은 시간을 더 투자하는 것이 낫기 때문이다. 다시 읽을 때는 직전에 훑어볼 때 꼼꼼히 보지 못한 부분, 제대로 이해하지 못했는데 시간적 압박으로 넘어간 부분 등을 집중적으로 확인하자.

Tip ❷ 실험지문의 유형 분류

(1) 실험지문의 유형은 실증실험과 사고실험으로 나뉜다.
실증실험은 가설과 실험으로 이뤄지고, 사고실험은 전제와 결론으로 이뤄진다. 이 중 더 자주 출제되는 유형은 실증실험이다.

(2) 실험지문의 소재는 크게 무생물과 생물, 그리고 인간으로 나뉜다.
(이는 피라미드 형태에서 인간을 최상위에 두는 방식이다.) 무생물은 물리법칙의 검증이나 관측결과와 연결되며, 생물은 흔히 알려진 실험이고, 인간은 행동이나 체내 신호(호르몬 등)의 변화가 제시된다.

(3) 실험지문의 논점은 크게 결론파악과 오류공격으로 나뉜다.
결론파악의 경우는 실험에서 밝혀진 것들, 밝혀내지 못한 것들을 제대로 구별하는 게 목적이며, 오류공격은 실험의 전제나 결론을 공격해서 약화하는 것이 목적이다.
위의 세 가지 요소가 조합되어 실험지문과 그 문제를 구성하므로, 본인이 실험지문에 약하다면 오답노트를 만들 때 유형 분류를 하여 어느 유형에서 많이 틀리는지 스스로를 점검하도록 하자. 의외로 실험지문의 모든 영역에서 약한 사람은 매우 소수이다.

069 정답 ②

난이도 ●●○

문제유형 비판적 사고 > 지문에서 추론하기
접근전략 본 제시문처럼 특정 실험과 결과로 글이 구성될 경우, 독립 변인과 종속 변인을 잘 파악하고 이들을 통해 얻는 실험 결과와 관계(인과관계, 비례/반비례 등)를 잘 정리하자.

다음 글의 〈실험 결과〉에서 추론할 수 있는 것은?

(1) 연구자 K는 동물의 뇌 구조 변화가 일어나는 방식을 규명하기 위해 다음의 실험을 수행했다. (2) 실험용 쥐를 총 세 개의 실험군으로 나누었다. (3) 실험군 1의 쥐에게는 운동은 최소화하면서 학습을 시키는 '학습 위주 경험'을 하도록 훈련시켰다. (4) 실험군 2의 쥐에게는 특별한 기술을 학습할 필요 없이 수행할 수 있는 쳇바퀴 돌리기를 통해 '운동 위주 경험'을 하도록 훈련시켰다. (5) 실험군 3의 쥐에게는 어떠한 학습이나 운동도 시키지 않았다.

〈실험 결과〉
- (6) 뇌 신경세포 한 개당 시냅스의 수는 실험군 1의 쥐에서 크게 증가했고 실험군 2와 3의 쥐에서는 거의 변하지 않았다.
- (7) 뇌 신경세포 한 개당 모세혈관의 수는 실험군 2의 쥐에서 크게 증가했고 실험군 1과 3의 쥐에서는 거의 변하지 않았다.
- (8) 실험군 1의 쥐에서는 대뇌 피질의 지각 영역에서 구조 변화가 나타났고, 실험군 2의 쥐에서는 대뇌 피질의 운동 영역과 더불어 운동 활동을 조절하는 소뇌에서 구조 변화가 나타났다. (9) 실험군 3의 쥐에서는 뇌 구조 변화가 거의 나타나지 않았다.

① 대뇌 피질의 구조 변화는 학습 위주 경험보다 운동 위주 경험에 더 큰 영향을 받는다.
→ (×) 대뇌 피질의 구조 변화는 '학습 위주 경험'을 훈련시킨 실험군 1과 '운동 위주 경험'을 훈련시킨 실험군 2 모두에서 나타났으나(8), 어느 쪽이 더 크게 변했는지는 알 수 없다. 따라서 해당 선지는 적절하지 않다.

② 학습 위주 경험은 뇌의 신경세포당 시냅스의 수에, 운동 위주 경험은 뇌의 신경세포당 모세혈관의 수에 영향을 미친다.
→ (○) 뇌의 신경세포당 시냅스의 수는, 학습 위주 경험을 훈련시킨 실험군 1의 쥐에서 크게 증가했으며(6), 뇌의 신경세포 당 모세혈관의 수는 운동 위주 경험을 훈련시킨 실험군 2에서 크게 증가했다(7). 따라서 학습 위주 경험은 뇌의 신경세포당 시냅스의 수에, 운동 위주 경험은 뇌의 신경세포 당 모세혈관의 수에 영향을 미친다는 것을 알 수 있다.

③ 학습 위주 경험과 운동 위주 경험은 뇌의 특정 부위에 있는 신경세포의 수를 늘려 그 부위의 뇌 구조를 변하게 한다.

→ (×) 뇌의 신경세포당 시냅스 수는, 학습 위주 경험을 훈련시킨 실험군 1의 쥐에서 크게 증가했으며(6), 뇌의 신경세포당 모세혈관의 수는 운동 위주 경험을 훈련시킨 실험군 2에서 크게 증가했다(7). 그러나 이는 신경세포 수 자체가 증가한 것이 아니라, 하나의 신경세포 내부에 있는 요소(시냅스, 모세혈관)의 수가 증가한 것이다. 따라서 해당 선지는 적절하지 않다.

④ 특정 형태의 경험으로 인해 뇌의 특정 영역에 발생한 구조 변화가 뇌의 신경세포당 모세혈관 또는 시냅스의 수를 변화시킨다.

→ (×) 해당 선지에서 말하는 특정 형태의 경험은 학습 위주 경험과 운동 위주 경험이다(3),(4). 실험군 1의 쥐들은 학습 위주 경험을 훈련받았고(3), 뇌의 신경세포당 시냅스의 수가 크게 증가하였고(6), 대뇌 피질의 지각 영역에서 구조 변화가 나타났다(8). 그러나 이 두 가지 변화는 학습 위주 경험으로 인해 나타난 나타났다는 사실만 확인할 수 있을 뿐, 시냅스의 수가 뇌의 특정 영역의 구조 변화를 일으켰다는 사실은 확인할 수 없다. 실험군 2의 쥐들은 운동 위주 경험을 훈련 받았고(4), 뇌의 신경세포당 모세혈관의 수가 크게 증가하였고(7), 대뇌 피질의 운동 영역과 더불어 운동 활동을 조절하는 소뇌에서 구조 변화가 나타났다(8). 그러나 실험군 1과 마찬가지로 이러한 두 변화는 운동 위주 경험으로 인해 일어났다는 것만 알 수 있을 뿐, 뇌의 특정 영역 구조 변화가 신경세포당 모세혈관의 수를 변화시켰다는 사실은 확인할 수 없다. 따라서 해당 선지는 적절하지 않다.

⑤ 뇌가 영역별로 특별한 구조를 갖는 것이 그 영역에서 신경세포당 모세혈관 또는 시냅스의 수를 변화시켜 특정 형태의 경험을 더 잘 수행할 수 있게 한다.

→ (×) 제시문의 실험에서는 특정 형태의 경험이 뇌가 영역별로 특별한 구조를 갖는 것, 즉 뇌 구조 변화와 그 영역에서 신경세포당 모세혈관 또는 시냅스의 수를 변화시킨다는 사실만 알 수 있을 뿐(3),(4),(6),(7),(8), 뇌의 구조가 신경세포당 모세혈관이나 시냅스의 수에 변화를 준다는 사실은 확인할 수 없다. 따라서 해당 선지는 인과관계가 잘못 설정된 진술이다.

제시문 분석

제시문 실험 내용

〈실험 목적〉
동물의 뇌 구조 변화가 일어나는 방식을 규명하기 위함(1)

〈실험용 쥐들이 속한 세 개의 실험군〉		
〈실험군 1〉	〈실험군 2〉	〈실험군 3〉
운동은 최소화하면서 학습을 시키는 '학습 위주 경험'을 하도록 훈련시킴(2)	특별한 기술을 학습할 필요 없이 수행할 수 있는 쳇바퀴 돌리기를 통해 '운동 위주 경험'을 하도록 훈련시킴(3)	어떠한 학습이나 운동도 시키지 않음(4)

제시문 실험 결과

〈실험군 별 실험 결과〉			
	〈뇌 신경세포 한 개당 시냅스의 수(6)〉	〈뇌 신경세포 한 개당 모세혈관의 수(7)〉	〈뇌 구조 변화(8, 9)〉
〈실험군 1〉	크게 증가(6)	거의 변화×(7)	대뇌 피질의 지각 영역에서(8)
〈실험군 2〉	거의 변화×(6)	크게 증가(7)	대뇌 피질의 운동 영역과 운동 활동을 조절하는 소뇌에서(8)
〈실험군 3〉	거의 변화×(6)	거의 변화×(7)	거의 변화×(9)

합격자의 실전 풀이 순서

비문학 유형

본 문제는 일반적인 비문학 유형에 해당한다. 즉, 지문을 읽고 선지에 그와 일치하거나, 문맥이 통하거나, 그로부터 추론 가능한 내용이 있는지 파악하는 문제다.

❶ 발문 확인하기

발문이 추론 가능한 것을 묻고 있으나 해당 지문은 사실상 '알 수 있는' 것을 묻는 것과 다름없다. 다만 이런 경우는 요행에 가깝고, 대개 발문에 추론이 들어가면 논리적 함축, 혹은 인과관계를 질문한다. 이점을 주의하도록 하자.

다만, 아무리 '알 수 있는(없는)' 것을 묻는 것과 유사하다고 해도 추론 유형은 근본적으로 일부 문단만 발췌독하는 것으로는 풀 수 없게 출제되곤 한다. 따라서 글의 전반적인 문제의식 정도는 기억해 두면서 읽도록 한다.

❷ 지문 훑어보기

20초보다 짧은 시간 안에 지문의 주제와 키워드를 대강 파악한다. 눈에 띄는 부분이 있는지 체크한다. 이 단계에서 지문의 소재가 실험임을 확인하고, 실험의 간단한 구조, 혹은 분야를 확인하면 더 좋다.

예 뇌에 대한 실험이 소재구나. '학습 위주 경험'과 '운동 위주 경험'이 작은따옴표로 강조되어 있네. 결과에 신경세포가 뭔가 변했나 보다.

실험 지문에서 이런 밑 작업을 하는 이유는, 소재를 파악하고 실험의 진행과 결과를 명확하게 분리하기 위함이다.

❸ 실험 구조 파악하기

비문학 지문에서 특정한 실험 상황을 소개하고 있는 경우, 선지에서 실험을 제대로 이해했는지 물을 것이 당연하므로 이 실험의 구조를 제대로 파악하는 것이 중요하다. 다음은 지문에서 제시된 실험의 구조를 표로 나타낸 것이다.

실험군	조작	결과		
		신경세포 1개당		뇌 구조
		시냅스 수	모세혈관 수	
1	학습 위주 경험 (운동× 학습○)	↑	–	대뇌 피질 지각 영역
2	운동 위주 경험 (운동○ 학습×)	–	↑	대뇌 피질 운동 영역 소뇌
3	대조군 (운동× 학습×)	–	–	–

중요한 점은, '신경세포 1개당'이라는 구절을 잊지 말도록 하는 것이다. 이를 기억하기 힘들다면 먼저 선지에서 '신경세포의 개수'를 별도로 확인해야 한다.

❹ 함정선지 피해가기

③ 학습 위주 경험과 운동 위주 경험은 뇌의 특정 부위에 있는 신경세포의 수를 늘려 그 부위의 뇌 구조를 변하게 한다.

학습 위주 경험, 운동 위주 경험 ⇏ 신경세포의 수 증가

헷갈리는 표현을 이용해 오답을 유도하는 선지다. 지문에서는 '신경세포 1개당 시냅스·모세혈관의 수'를 제시했을 뿐 '신경세포의 수'는 제시한 바 없다.

④ 특정 형태의 경험으로 인해 뇌의 특정 영역에 발생한 구조 변화가 뇌의 신경세포당 모세혈관 또는 시냅스의 수를 변화시킨다.

학습 위주 경험	→	실험군1	→	신경세포당 시냅스 수 변화
				대뇌 피질의 지각 영역 구조 변화
운동 위주 경험	→	실험군2	→	신경세포당 모세혈관 수 변화
				대뇌 피질의 운동 영역 & 소뇌 구조 변화

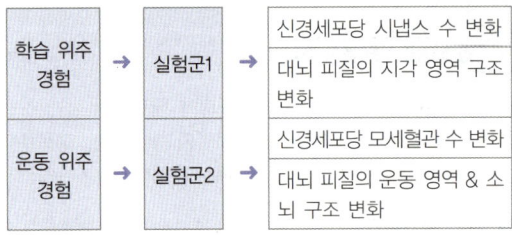

잘못된(허위의) 인과관계를 제시함으로써 오답을 유도하는 선지다. 즉, "경험 → (구조 변화 & 신경세포 변화)"라고 지문에는 나와 있으나 해당 선지에선 "경험 → 구조 변화 → 신경세포 변화"라고 착각을 유도하는 것이다. 이를 일반화하면 "A → B&C 혹은 A → B and A → C가 되며 B → C는 성립하지 않는다."라는 구조가 된다.

⑤ 뇌가 영역별로 특별한 구조를 갖는 것이 그 영역에서 신경세포당 모세혈관 또는 시냅스의 수를 변화시켜 특정 형태의 경험을 더 잘 수행할 수 있게 한다.

뇌의 영역별 구조 ⇏ 신경세포 1개당 모세혈관 또는 시냅스의 수 변화

본 선지는 대상과 아무 관련이 없는 정보를 연결지어 서술하는 경우다. 지문과 선지가 주는 정보만으로 관련성이 추론된다고 착각하면 오답이 된다.

합격자의 시간단축 Tip

Tip ❶ 실험이 등장하면 세 가지를 기억하자.

실험을 정리할 때는 '실험군, 변인, 결과'를 빠짐없이 정리했는지 확인하도록 한다.

첫째, 실험군은 지문을 읽음으로써 쉽게 파악 가능한 경우가 많다. 조작이 가해지는 실험군과 아무 조작도 가하지 않는 대조군이 있는지, 있다면 몇 개의 집단이 있는지, 각 실험군의 차이는 무엇인지 확인해야 한다.

둘째, 실험 분석의 핵심은 변인이다. 변인은 다양한 값을 가질 수 있는 사건이나 사물 혹은 현상을 말한다. 연구자가 조작하는 독립변인은 무엇이고, 그로부터 영향을 받는 종속변인은 무엇인지 지문을 읽고 정확하게 파악해야 한다.

마지막으로 실험 결과는 독립변수와 종속변수 간의 인과관계를 드러내 준다. 고난도의 실험 소재 문제에서는 4개 이상의 실험군, 2개 이상의 변인이 섞여 매우 복잡한 결과가 제시되기도 한다. 줄글 형태의 지문에서 실험 결과를 일목요연하게 이해하고 정리하는 실력이 빠른 문제 해결을 이끈다.

Tip ❷ 생물이 등장하는 실험에서는 신체 부위를 중심으로 기억하자.

신체 부위는 다른 화학성분과 달리 직관적이고 이름을 기억하기도 쉽다. 예컨대 해당 지문에서는 뇌 및 신경세포가 기준이 된다(사람에 따라 시냅스를 신체 부위로도 해석할 수도 있다.). 대뇌 피질 및 소뇌도 주요 기준이 될 수 있다.

이 실험은 호르몬이나 물질대사가 나오지 않아서 비교적 난도가 낮았다. 그러나 실험 구조가 어려워질수록 기준을 잡고 기억하는 것이 훨씬 이해를 돕는다는 사실을 꼭 기억하자.

070 정답 ❸

난이도 ●○○

문제유형 제시문형 > 분석추론

다음 글을 근거로 판단할 때, 〈보기〉의 甲~丁이 권장 시기에 맞춰 정기검진을 받는다면 첫 정기검진까지의 기간이 가장 적게 남은 사람부터 순서대로 나열한 것은? (단, 甲~丁은 지금까지 건강검진을 받은 적이 없다.)

암 검진은 암을 조기 발견하여 생존률을 높일 수 있기 때문에 매우 중요하다. 일반적으로 권장하는 정기검진의 시작 시기와 주기는 위암은 만 40세부터 2년 주기, 대장암은 만 50세부터 1년 주기, 유방암은 만 40세부터 2년 주기 등이다. 폐암은 흡연자인 경우 만 40세부터 1년 주기로, 비흡연 여성도 만 60세부터 검진을 받아야 한다. 간경변증을 앓고 있는 사람이거나 B형 또는 C형 간염 바이러스 보균자는 만 30세부터 6개월 간격으로 간암 정기검진을 받아야 한다. ▶ 1문단

그런데 많은 암 환자들이 가족력을 가지고 있는 것으로 알려져 있다. 우리나라 암 사망 원인 1위인 폐암은 부모나 형제자매 가운데 해당 질병을 앓은 사람이 있으면 발병 확률이 일반인의 1.95배나 된다. 대장암 환자의 30 %도 가족력이 있다. 부모나 형제자매 중에 한 명의 대장암 환자가 있으면 발병 확률은 일반인의 2 ~ 3배가 되고, 두 명이 있으면 그 확률은 4 ~ 6배로 높아진다. 우리나라 여성들이 많이 걸리는 유방암도 가족력이 큰 영향을 미친다. 따라서 가족력이 있으면 대장암은 검진 시기를 10년 앞당겨야 하며, 유방암도 검진 시기를 15년 앞당기고 검사 주기도 1년으로 줄여야 한다. ▶ 2문단

보기

ㄱ. 매운 음식을 자주 먹는 만 38세 남성 甲의 위암 검진
➜ 1문단 둘째 줄에 따르면 위암은 만 40세부터 2년 주기로 검진을 받아야 한다. 만 38세인 남성 甲은 만 40세부터 위암 검진을 받아야 하므로, 첫 위암 정기검진을 받기까지 2년이 남아 있다.

ㄴ. 대장암 가족력이 있는 만 33세 남성 乙의 대장암 검진
➜ 1문단 셋째 줄에 따르면 대장암은 만 50세부터 1년 주기로 검진을 받아야 하며, 2문단 일곱째 줄에 따르면 가족력이 있는 경우 대장암 검진 시기를 10년 앞당겨야 한다. 대장암 가족력이 있는 만 33세 남성 乙은 만 40세부터 대장암 검진을 받아야 하므로, 첫 대장암 정기검진을 받기까지 7년이 남아 있다.

ㄷ. 유방암 가족력이 있는 만 25세 여성 丙의 유방암 검진
➜ 1문단 셋째 줄에 따르면 유방암은 만 40세부터 2년 주기로 검진을 받아야 하며, 2문단 일곱째 줄에 따르면 가족력이 있는 경우 유방암 검진 시기를 15년 앞당기고 검사 주기도 1년으로 줄여야 한다. 만 25세인 여성 丙은 만 25세부터 유방암 검진을 받아야 하므로, 즉시 첫 유방암 정기검진을 받아야 한다.

ㄹ. 흡연자인 만 36세 여성 丁의 폐암 검진
➜ 1문단 넷째 줄에 따르면 폐암은 흡연자인 경우 만 40세부터 1년 주기로, 비흡연 여성도 만 60세부터 검진을 받아야 한다. 흡연자인 만 36세 여성 丁은 만 40세부터 폐암 검진을 받아야 하므로, 첫 폐암 정기검진을 받기까지 4년이 남아 있다.

① 甲, 乙, 丙, 丁 ➜ (×)
② 甲, 丙, 丁, 乙 ➜ (×)
③ 丙, 甲, 丁, 乙 ➜ (○)
④ 丙, 丁, 乙, 甲 ➜ (×)
⑤ 丁, 乙, 丙, 甲 ➜ (×)

합격자의 실전 풀이 순서

❶ 첫 정기검진까지의 기간이 가장 적게 남은 사람부터 순서대로 나열하는 문제라는 것을 인지하기 위해 "적게 남은"이라는 단어에 밑줄이나 동그라미 등 표시를 한다. 정기검진의 기간을 구해야 하므로 기간을 중심으로 지문을 읽는다.
❷ 1문단은 위암, 대장암, 유방암, 폐암, 간암의 정기검진 주기를 설명한다.
❸ 2문단은 가족력이 있는 경우를 설명한다. 마지막 문장에 따르면 가족력이 있는 경우 대장암, 유방암의 검진 시기와 검사 주기가 변화한다. 또한 가족력이 있는 경우 발병 확률이 상승한다고 서술하고 있다. 그런데 이것만으로는 정기검진의 기간이 얼마나 변화하는지 알 수 없다. 마지막 문장과 같이 구체적인 수치가 주어져야 알 수 있는 것이다. 따라서 기간에 초점을 두었다면 2문단 첫째 줄부터 여섯째 줄까지는 문제 해결과는 관련이 없다는 것을 알 수 있다.
❹ 이를 바탕으로 보기를 검토한다. 기본적으로 1문단에 따라 첫 정기검진까지의 기간을 계산하되, 대장암과 유방암의 경우 가족력이 있는지 파악한 후 가족력이 있다면 2문단까지 살펴보아야 한다. 보기 ㄴ은 대장암 가족력이 있는 경우, 보기 ㄷ은 유방암 가족력이 있는 경우이므로 2문단까지 고려한다.

합격자의 시간단축 Tip

Tip ❶ 큰 틀에서 대략 먼저 파악한다.
기간을 묻고 있고 보기의 경우 개인마다 검진해야 하는 병도 다르기 때문에, 지문을 구체적으로 읽기보다 1문단은 각 질병별로 첫 검진 시기와 주기, 2문단은 가족력이 있는 경우와 같이 대략적으로 파악하면 시간을 절약할 수 있다. 다만 뒷부분에서 검진시기와 주기를 앞당겨야 하는 경우 등에 대해서 서술하고 있으므로 보기와 비교할 때에 문단 끝부분까지 관련 내용이 있는지 확인해야 한다.

Tip ❷ 정보를 간단히 정리하며 읽는다.
이러한 유형의 정보가 주어졌을 때에는 문제지 여백에 간단한 표를 그려서 정보를 정리하는 것도 좋은 방법이다. 예를 들어, 하단의 표와 같이 스스로 알아볼 수 있을 정도로만 글 내용을 가독성 좋게 정리해두면 보기를 해결하는 시간을 줄일 수 있다. 단, 표의 틀 자체는 시각적 편의성을 위해 넣어둔 것일 뿐이고, 여러분은 본인이 알아보기 쉽게 간략히 필기해두면 된다.

	위암	대장암	유방암	폐암
시작시기	40세	50세 / 40세	40세 / 25세	40세 / 60세
주기	2년	1년	2년 / 1년	1년

071 정답 ⑤ 난이도 ●○○

문제유형 사실적 이해 > 정보 확인
접근전략 '글에서 알 수 있는 것'을 확인하는 정보 확인 문제이므로, 선지를 먼저 읽고 필요한 정보를 정리한 후 문제를 풀면 된다. 본 지문처럼 여러 개념을 제시한 후 분류하는 글은 각 개념끼리 헷갈릴 가능성이 크다. 특정 기준을 두고 지문에서 등장하는 6가지 정치체제 형태를 분류하고, 각각의 내용을 대응시켜 메모한다. 이때, 본인만의 기호를 사용한다면 더욱 파악하기 쉬울 것이다.

다음 글에서 알 수 있는 것은?

(1) 아리스토텔레스는 정치체제를 세 가지로 구분하는데, 군주정, 귀족정, 제헌정이 그것이다. (2) 세 번째 정치체제는 재산의 등급에 기초한 정치체제로서, 금권정으로 불러야 마땅하지만, 대부분의 사람들은 제헌정이라고 부른다. (3) 이것들 가운데 최선은 군주정이며 최악은 금권정이다. ▶1문단
(1) 또한 그는 세 가지 정치체제가 각기 타락한 세 가지 형태를 제시한다. (2) 참주정은 군주정의 타락한 형태이다. (3) 양자 모두 일인 통치 체제이긴 하지만 그 차이는 엄청나다. (4) 군주는 모든 좋은 점에 있어서 다른 사람들을 능가하기 때문에 자신을 위해 어떤 것도 필요로 하지 않는다. (5) 그래서 군주는 자기 자신에게 이익이 되는 것이 아니라 다스림을 받는 사람에게 이익이 되는 것을 추구한다. (6) 반면 참주는 군주의 반대이다. (7) 못된 군주가 참주가 된다. (8) 참주는 자신에게만 이익이 되는 것을 추구하기에, 참주정은 최악의 정치체제이다. ▶2문단
(1) 귀족정이 과두정으로 타락하는 것은 지배자 집단의 악덕 때문이다. (2) 그 지배자 집단은 도시의 소유물을 올바르게 배분하지 않으며, 좋은 것들 전부 혹은 대부분을 자신들에게 배분하고 공직은 항상 자신들이 차지한다. (3) 그들이 가장 중요하게 생각하는 것은 부를 축적하는 일이다. (4) 과두정에서는 소수만이 다스리는데, 훌륭한 사람들이 아니라 못된 사람들이 다스린다. ▶3문단
(1) 민주정은 다수가 통치하는 체제이다. (2) 민주정은 금권정으로부터 나온다. (3) 금권정 역시 다수가 통치하는 체제인데, 일정 재산 이상의 자격 요건을 갖춘 사람들은 모두 동등하기 때문이다. (4) 타락한 정치체제 중에서는 민주정이 가장 덜 나쁜 것이다. (5) 제헌정의 기본 틀에서 약간만 타락한 것이기 때문이다. ▶4문단

① 정치체제의 형태는 일곱 가지이다.
➜ (×) 아리스토텔레스는 정치체제를 세 가지로 구분하는데, 군주정, 귀족정, 제헌정이 그것이다.[1문단(1)] 동시에, 이들 세 가지 정치체제가 각기 타락한 세 가지 형태를 제시한다.[2문단(1)] 따라서 정치체제의 형태는 '군주정–참주정, 귀족정–과두정, 제헌정(=금권정)–민주정'에 해당하는 총 여섯 가지이다. 금권정은 제헌정과 사실상 같은 것이므로[1문단(2)], 다른 것으로 보면 안 된다.

② 군주정은 민주정보다 나쁜 정치체제이다.
➜ (×) 세 가지 정치체제 중 최선은 군주정이며 최악은 금권정이다.[1문단(3)] 또한, 민주정은 금권정으로부터 나온 것이고[4문단(2)], 금권정의 기본 틀에서 약간만 타락한 것이다.[4문단(5)] 비록 민주정이 타락한 정치체제 중에서 가장 덜 나쁘지만[4문단(4)] 타락한 정치체제라는 사실은 변하지 않는다. 따라서 군주정은 민주정보다 좋은 정치체제이다.

③ 제헌정, 참주정, 귀족정, 과두정 중에서 최악의 정치체제는 제헌정이다.

→ (×) 참주정과 과두정은 타락한 정치체제에 해당하고[2문단(2), 3문단(1)], 제헌정과 귀족정은 타락하지 않은 정치체제이다.[1문단(1)] 이를 통해 타락한 정치체제인 참주정과 과두정이 타락하지 않은 정치체제인 제헌정보다 나쁜 정치체제임을 알 수 있다. 따라서, 이들 중 제헌정이 최악의 정치체제라고 보는 해당 선지의 내용은 옳지 않다.

④ 금권정에서 타락한 형태의 정치체제가 과두정보다 더 나쁜 정치체제이다.

→ (×) 금권정에서 타락한 형태의 정치체제는 민주정이다.[4문단(2)] 민주정은 제헌정의 기본 틀에서 약간만 타락한 것이기 때문에[4문단(5)] 타락한 정치체제 중 가장 덜 나쁜 것이다.[4문단(4)] 따라서, 귀족정에서 타락한 형태인 과두정이 금권정에서 타락한 형태인 민주정보다 더 나쁜 정치체계이다.

⑤ 군주정과 참주정은 일인 통치 체제이지만, 제헌정과 민주정은 다수가 통치하는 체제이다.

→ (O) 참주정은 군주정의 타락한 형태이며[2문단(2)], 양자 모두 일인 통치 체제이다.[2문단(3)] 이와 달리 민주정은 제헌정이 타락한 형태로[4문단(2)] 두 정치체제 모두 다수가 통치하는 체제이다.[4문단(1), (3)] 따라서 해당 선지의 내용은 적절하다.

제시문 분석

제시문 아리스토텔레스가 구분한 세 가지 정치체제와 그 타락한 형태

〈아리스토텔레스가 구분한 정치체제〉
아리스토텔레스는 정치체제를 세 가지로 구분하는데, 군주정, 귀족정, 제헌정(=금권정)이 그것이다.[1문단(1)]

〈정치체제의 비교〉		
〈군주정〉	〈귀족정〉	〈제헌정=금권정〉
- 정치체제 중 최선 [1문단(3)] - 일인 통치 체제 [2문단(3)] - 군주: 다스림 받는 사람의 이익을 추구 [2문단(5)]	- 지배자 집단으로 인한 타락 가능성 [3문단(1)]	- 정치체제 중 최악 [1문단(3)] - 재산의 등급에 기초한 정치체제 [1문단(2)] - 다수가 통치하는 체제[4문단(3)]

↓

〈정치체제의 타락〉

↓

〈참주정〉	〈과두정〉	〈민주정〉
- 참주(↔군주): 못된 군주가 참주 [2문단(6)] - 최악의 정치체제 [2문단(8)]	- 지배자가 못된 소수 [3문단(4)]	- 다수가 통치하는 체제[4문단(1)] - 타락한 정치체제 중에서 가장 덜 나쁜 것[4문단(4)]

합격자의 실전 풀이 순서

❶ 발문 확인 및 문제 유형 파악

항상 발문을 먼저 제대로 읽자. 본 문제는 글에서 알 수 있는 것을 고르는 유형의 문제이다. 알 수 있는 것을 고르는 문제는 부합하는 것을 고르는 문제와 같다. 해당 유형은 제시문 내용과 일치하거나 그로부터 추론 가능한 선지가 정답이 되며, 제시문 내용과 상충하거나 그로부터 추론할 수 없는 선지가 오답이 된다. 이 유형에서는 '제시문에 명확한 근거 없음'으로 오답인 선지가 구성되는 경우도 존재하므로 조심해야 한다. 또한, 발문에 ○ 표시를 해놓고 문제를 풀면 옳은 것을 골라야 하는 문제에서 옳지 않은 것을 고르게 되는 실수가 줄어든다. 또한, 본 문제의 경우 제시문을 훑어봤을 때, 첫 문장에서 '아리스토텔레스'와 '정치체제'라는 단어가 눈에 띈다. 이에 고전 정치사상과 관련된 글이라고 추측할 수 있다. 정치나 법 관련 사회 지문 역시 생소한 단어가 많이 나오기에, 문제 유형에 따라 적절한 읽기 전략을 택해야 한다.

❷ 제시문 독해

제시문 독해 시, 제시문을 어느 정도로 꼼꼼히 읽을 것인지는 각자의 풀이법에 따라 달라진다. 언어논리 고득점자 중에는 선지로부터 키워드를 찾고, 키워드를 제시문에서 찾아가는 방식으로 정보확인유형 문제를 푸는 사람도 있다. 그러나 초심자에게 해당 방식을 채택하는 것을 추천하지 않는다. 선지의 키워드를 제시문에서 찾으려는 경우, 글의 구조가 어떻게 구성되는지 알지 못하거나 시험장에서 지나치게 긴장하여 해당 키워드를 찾지 못하는 불상사가 발생할 수 있기 때문이다. 또한, 본 문제와 같이 구조가 명확할 경우 선지를 먼저 읽은 후 키워드 찾기 방식의 효용이 높지 않다. 따라서 본 문제에서는 제시문의 구조와 선지에서 나올만한 중요한 내용을 파악하며 1분에서 2분 사이 내에 제시문을 읽는 것을 추천한다.

본 문제의 제시문은 아리스토텔레스가 구분한 정치체제에 대해 설명하고 있다. 따라서 각 정치체제의 개념을 정확히 구분하여 파악하는 것이 가장 중요하다. 1문단에서는 아리스토텔레스가 군주정, 귀족정, 제헌정 세 가지로 정치체제를 구분하고 있고, 이하에서는 이 세 가지를 중심으로 글이 전개됨을 알 수 있으므로 각각을 다른 기호, 또는 숫자로 구분하여 표시하면 구분이 쉽다. 본 제시문의 경우 구분해야 하는 대상이 3개 이상이므로, 숫자를 활용할 것을 추천한다. 즉, 군주정에 1, 귀족정에 2, 제헌정에 3을 작성한다. 또한, 1문단 (2)에서 제헌정이 원래 금권정으로 불러야 마땅하다고 했으므로 제헌정=금권정으로 표시하거나, 동일한 숫자로 표시한다. 더불어 1문단 (3)에서 이 세 가지 정치체제 중 '군주정이 최선'이며 '금권정이 최악'이라는 정보가 주어져 있으므로 군주정(1)〉귀족정(2)〉금권정(3)으로 메모한다. 혹은 군주정(1)〉금권정(3)과 같이 귀족정이 그 사이에 있음을 알 수 있도록 제시문에 기호로 표시하는 방식도 가능하다.

2문단에서 타락한 정치체제로서 첫 번째로 소개하는 타락한 정치체제는 군주정이 변형된 형태로서 참주정이다. 군주정(1)이 변형되었다는 사실을 보여주기 위해 참주정에는 숫자 ①을 부여할 수 있다. 이어서 3문단의 귀족정(2)가 타락한 형태인 과두정에는 숫자 ②를, 4문단의 민주정(3)이 타락한 형태인 민주정에는 숫자 ③을 부여한다. 또한, 문단마다 정치체제의 원형과 타락한 형태를 비교하고 있는데, 이처럼 유사한 대상이 비교되는 부분은 선지에 자주 나올 확률이 높으므로 해당 내용의 위치를 파악해두어야 한다.

❸ 선지 판단

선지 ①번의 경우, 1문단에서 세 가지 정치체제를 소개하고 있고, 2문단에서 이 세 가지 정치체제가 타락한 형태 역시 세 가지라고 언급하고 있다. 이를 통해 아리스토텔레스가 제시한 정치체제의 형태는 총 6가지라고 추측할 수 있다. 따라서 선지 ①번은 오답이다.

②번과 ④번 선지의 경우, 4문단 (4)를 보면 민주정은 타락한

정치체제 중 최선의 정치체제이다. 따라서 민주정이 타락하지 않은 정치체제인 군주정보다 좋은 것은 아니므로 ②번은 오답이며, 민주정이 과두정보다 나은 체제이므로 ④번도 오답이다.
③번 선지의 경우, 2문단 (8)에서 참주정이 정치체제 중 최악이라는 특이한 정보를 발견할 수 있다. 이를 통해 ③번이 오답임을 알 수 있다.
⑤번 선지의 경우, 2문단에서 군주정과 참주정이 모두 일인통치체제임을 알 수 있고, 4문단에서 금권정과 민주정 모두 다수가 통치하는 체제임을 알 수 있다. 따라서 ⑤번이 정답이다.

합격자의 시간단축 Tip

Tip ❶ 동일 층위의 개념은 기호와 숫자를 활용하여 이해

본 제시문은 여러 개념을 제시한 후, 이를 분류하고 비교하는 방식의 전개를 보인다. 동일 층위의 다양한 개념이 등장하고 이들을 비교하는 글을 읽을 때는 ㅇ과 ㅁ 같은 기호나, 1, 2, 1+2, 1-1과 같은 숫자를 활용하는 것이 좋다. 본 제시문과 같이 설명되는 대상이 3개 이상인 경우, 기호보다 숫자를 활용하여 대상들을 구분하는 것이 더 편리하다. 또한, 숫자를 활용할 경우 대상 간의 공통점과 차이점, 포함관계를 표기할 수 있다는 장점이 있다. 예컨대, 본 제시문의 경우 군주정에 숫자 1을, 군주정이 타락한 형태인 참주정에 숫자 ①을 부여하였다. 또한, A의 하위 항목으로서 b와 c가 있다면, A에 1을 부여하고 b와 c에는 각각 1-1, 1-2를 부여할 수 있다. 반대로 b와 c에 각각 1과 2를 부여하였다면, A는 1+2로 표현할 수도 있다.

Tip ❷ 기호를 적극적으로 활용

제시문을 읽을 때 시각화는 제시문 이해와 독해 시간 단축을 조화시키는 방법이다. 본 문제와 같이 병렬적인 대상 간의 우위를 비교하는 경우 부등호(〈, 〉)를 이용하면 선지를 고를 때 정보를 한눈에 알아보기 쉽다. 지문의 정보를 기호 및 등호를 활용하여 간략화하면 다음과 같다.

- **정치체제 세 가지와 타락한 형태:** 군주정 → 참주정, 귀족정 → 과두정, 제헌정(=금권정) → 민주정
- **좋은 정치체제 순서:** 군주정 〉 귀족정 〉 제헌정(=금권정), 민주정〉과두정〉참주정

지문에서는 타락하기 전의 정치체제와 타락한 후의 정치체제를 따로 분류하여 무엇이 더 나은지 비교하고 있으므로, 이에 주의한다. 또한, 금권정과 제헌정이 같은 의미임에도 불구하고 지문에서 두 표현이 번갈아 등장한다. 이렇게 의미가 같은 단어를 등호로 표시해둔다면 헷갈리지 않을 것이다.

Tip ❸ 특이한 구조의 문장에 유의하자.

4문단의 (4)문장과 같은 특이한 구조의 문장에 유의한다. "타락한 정치체제 중에서는 민주정이 가장 덜 나쁜 것이다."라는 문장의 구조를 정확히 이해할 필요가 있다. 한정&부정이 동시에 있는 문장으로, 민주정이 가장 덜 나쁘다는 주장은 〈타락한 정치체제 중에서〉라는 한정일 때 성립한다는 것을 명심해야 한다. 이런 구조의 문장은 선지로 구성하여 매력적인 오답을 제작하기에 아주 좋다.

072 정답 ④

난이도 ●●●

문제유형 비판적 사고 > 논지 강화·약화하기

접근전략 발문을 확인했을 때 '글의 논지'를 파악하는 것이 우선이므로, 제시문을 먼저 읽는다. 이때, 역접의 접속사 '그러나'를 기점으로 앞뒤 내용이 상반되기에 이후 내용이 글의 주제임을 알 수 있다. 〈보기〉에서 예술과 과학이 관련 있음을 뜻하는 사례를 찾으면 정답이다. 주의해야 할 점은 논지를 지지하는 진술을 고를 때 글의 논지와 무관한 진술을 고르지 않도록 해야 한다는 것이다. 정답이 되는 선지는 제시문과 부합하거나 그로부터 추론할 수 있는 내용이다.

다음 글의 논지를 지지하는 진술로 적절한 것만을 〈보기〉에서 모두 고르면?

(1) 과학과 예술이 무관하다는 주장의 첫 번째 근거는 과학과 예술이 인간의 지적 능력의 상이한 측면을 반영한다는 것이다. (2) 즉 과학은 주로 분석·추론·합리적 판단과 같은 지적 능력에 기인하는 반면에, 예술은 종합·상상력·직관과 같은 지적 능력에 기인한다고 생각한다. (3) 두 번째 근거는 과학과 예술이 상이한 대상을 다룬다는 것이다. (4) 과학은 인간 외부에 실재하는 자연의 사실과 법칙을 다루기에 과학자는 사실과 법칙을 발견하지만, 예술은 인간의 내면에 존재하는 심성을 탐구하며, 미적 가치를 창작하고 구성하는 활동이라고 본다. (5) 그러나 이렇게 과학과 예술을 대립시키는 태도는 과학과 예술의 특성을 지나치게 단순화하는 것이다. (6) 과학이 단순한 발견의 과정이 아니듯이 예술도 순수한 창조와 구성의 과정이 아니기 때문이다. (7) 과학에는 상상력을 이용하는 주체의 창의적 과정이 개입하며, 예술 활동은 전적으로 임의적인 창작이 아니라 논리적 요소를 포함하는 창작이다. (8) 과학 이론이 만들어지기 위해 필요한 것은 냉철한 이성과 객관적 관찰만이 아니다. (9) 새로운 과학 이론의 발견을 위해서는 상상력과 예술적 감수성이 필요하다. (10) 반대로 최근의 예술적 성과 중에는 과학기술의 발달에 의해 뒷받침된 것이 많다.

보기

ㄱ. 과학자 왓슨과 크릭이 없었더라도 누군가 DNA 이중나선 구조를 발견하였겠지만, 셰익스피어가 없었다면 『오셀로』는 결코 창작되지 못 하였을 것이다.
→ (×) ㄱ은 과학을 단순히 발견의 과정으로 보고, 예술은 순수한 창조와 구성의 과정으로 보고 있다. 즉, 과학 이론의 발견과 예술적 성과를 대립시키고 있다. 그러나 이는 과학과 예술의 특성을 지나치게 단순화하는 것이며(5), 과학에는 상상력을 이용하는 주체의 창의적 과정이 개입하며, 예술 활동도 논리적 요소를 포함한다는 사실을 간과한 주장이다(6). 따라서 ㄱ은 지문의 논지를 지지하는 진술이 아니다.

ㄴ. 물리학자 파인만이 주장했듯이 과학에서 이론을 정립하는 과정은 가장 아름다운 그림을 그려나가는 예술가의 창작 작업과 흡사하다.
→ (O) 새로운 과학 이론의 발견을 위해서는 상상력과 예술적 감수성이 필요하다(9). ㄴ은 과학에서 이론을 정립하는 과정이 예술가의 창작 작업과 흡사하다는 파인만의 주장을 설명하고 있다. 이는 과학이 예술과 대립한 단순한 발견의 과정이 아님을 뒷받침하는 근거이므로, 지문의 논지를 지지하는 진술이다.

ㄷ. 입체파 화가들은 수학자 푸앵카레의 기하학 연구를 자신들의 그림에 적용하고자 하였으며, 이런 의미에서 피카소는 "내 그림은 모두 연구와 실험의 산물이다."라고 말하였다.

→ (O) 예술 활동은 전적으로 임의적인 창작이 아니라 논리적 요소를 포함하는 창작이므로(7), 최근의 예술적 성과 중에는 과학기술의 발달에 의해 뒷받침된 것이 많다(10). 피카소를 포함한 입체파 화가들이 기하학 연구를 그림에 적용하고자 했다는 ㄷ의 진술 또한 예술이 과학적인 요소를 포함한다는 것을 의미한다. 따라서 해당 선지는 본문의 논지를 지지한다.

① ㄱ → (×)
② ㄷ → (×)
③ ㄱ, ㄴ → (×)
④ ㄴ, ㄷ → (O)
⑤ ㄱ, ㄴ, ㄷ → (×)

제시문 분석

제시문 과학과 예술의 관련성에 대한 상반된 입장

〈과학과 예술은 대립한다〉		
〈첫 번째 근거〉		〈두 번째 근거〉
과학과 예술은 인간의 지적 능력의 상이한 측면을 반영한다.(1)	⊕	과학과 예술은 상이한 대상을 다룬다.(3)

↕

〈과학과 예술은 상호보완적 관계이다〉
과학에는 상상력을 이용하는 주체의 창의적 과정이 개입하며, 예술 활동은 논리적 요소를 포함하는 창작이다.(7)

합격자의 실전 풀이 순서

❶ 발문 제대로 읽고 문제의 유형 파악

우선 발문을 제대로 읽자. 글의 논지를 지지하는 진술을 찾고 있는데, 이는 글의 논지를 강화하는 진술을 찾는 것과 같으므로 넓은 의미에서 강화약화 유형에 해당한다. 이러한 강화약화 유형은 조금만 복잡하게 나올 경우, 난이도가 급상승한다. 따라서 강화약화 유형에 대한 자신만의 풀이 기준을 마련해두어야 한다. 먼저 강화약화 유형을 제대로 풀기 위해서는 강화 또는 약화해야 하는 대상이 무엇인지를 정확히 파악해야 한다. 강화약화의 대상이 명확하게 주어지는 문제도 있지만, 본 문제와 같이 단순히 제시문 전체에 대한 평가를 묻고 있다면 구체적인 강화 또는 약화의 대상으로서 주제문을 찾아야 한다. 강화 또는 약화해야 하는 대상을 파악한 후에는 선지의 내용이 대상의 내용과 일치하는지 또는 대상으로부터 추론 가능한지를 판단하며 문제를 해결해 나가야 한다. 강화 또는 약화한다는 의미가 무엇인지는 아래의 표를 통해 알 수 있다.

A가 강화한다.	A가 본문 내용과 일치 또는 본문 내용으로부터 추론 가능
A가 강화하지 않는다.	A가 추론될 근거 없음 또는 A가 본문 내용과 상충하거나 무관함
A가 약화한다.	A가 본문 내용과 상충
A가 약화하지 않는다.	A가 본문으로부터 추론 가능 또는 일치하거나 무관함

❷ 제시문에서 강화약화의 대상 찾기

강화약화 유형의 경우 강화 또는 약화해야 하는 대상을 찾는 것이 중요한데, 제시문 전체를 강화해야 하는 경우 강화의 직접적인 대상으로서 제시문의 주제문을 찾아야 한다고 언급한 바 있다. 주제문을 찾기 위해서는 '그러나', '따라서', '결론적으로' 등의 접속어로 시작하는 문장에 주의하고, '무엇보다도', 'A가 아닌 B'와 같이 중요한 내용이 주로 나오는 표현들에 주목한다면 주제문을 쉽게 도출할 수 있다. '그러나'라는 접속어 뒤에 주제문이 자주 나오는 이유는 일반적인 사회적 관념을 먼저 제시하고, 사회적 관념을 반박함으로써 주제문을 극적으로 강조하는 글이 많기 때문이다.

이러한 주제문 찾기 방식을 본 제시문에 적용해보면 (5) 문장과 (8), (9) 문장에 주목해야 한다. (5) 문장은 '그러나'라는 접속어로 시작하며, (8)과 (9) 문장은 '과학 이론이 만들어지기 위해 필요한 것은 A가 아니라 B이다'라는 표현이 들어가 있기 때문이다. 해당 문장들은 모두 과학과 예술은 대립의 대상이 아니며, 과학이론의 발전에도 상상력과 예술적 감수성이 필요하다고 이야기하고 있다. 결국, 위 내용이 본 문제에서 강화해야 하는 주제문이며, 문제를 풀기 위해서는 해당 내용에 합치하거나 해당 내용으로부터 추론 가능한 선지를 골라야 함을 알 수 있다.

❸ 보기 읽고 정답 고르기

ㄱ은 DNA 이중나선 발견이라는 과학적 발견과 셰익스피어의 『오셀로』라는 예술적 활동을 대조하고 있다. 이는 과학과 예술의 특성을 지나치게 단순화하는 것이므로 제시문의 논지를 지지하지 않는다.

ㄴ과 ㄷ은 각각 과학에 적용되는 예술적 요소의 사례, 예술 창작에 적용되는 과학적 요소의 사례를 설명하고 있다. 따라서 ㄴ과 ㄷ은 모두 지문의 논지를 지지하는 근거에 해당하므로, 답은 ④번이다.

합격자의 시간단축 Tip

Tip ❶ 접속사에 유의하며 글을 읽자.

글의 논지를 파악하기 위해서는 지문에 사용된 '접속사'가 중요하다. 역접의 접속사가 등장한다면 그 이후의 내용이 글의 주제일 가능성이 크다. 예를 들어 이 글에서 '그러나' 뒤에 있는 문장을 살펴보면 다음과 같다.

"그러나 이렇게 과학과 예술을 대립시키는 태도는 과학과 예술의 특성을 지나치게 단순화하는 것이다."

이 문장 앞에서는 과학과 예술을 대립시키는 태도를 설명했지만, 해당 문장을 기점으로 이후에는 그 태도의 문제점을 설명하고 있다. 글의 주제를 찾거나 논지를 파악해야 하는 문제에 역접의 접속사가 존재할 경우 그 뒤 문장이 주제일 가능성이 높으므로 이를 중점적으로 읽는 것이 글 전체를 유심히 읽는 것보다 효율적이다.

Tip ❷ 글의 논지를 지지하지 않는 진술에는 무관한 진술 역시 포함된다.

글의 논지를 파악한 후에는 〈보기〉의 내용이 이를 지지하는지 판단해야 한다. 이 문제의 경우 ㄴ, ㄷ은 글의 논지를 지지하는 진술이었지만, ㄱ은 논지를 반박하는 진술이었다. 그렇기에 이번 문제에서는 답을 고를 때 혼동할 요소가 적었으나, 경우에 따라 논지와 아예 관련 없는 진술이 선지로 구성될 수 있으므로 주의한다. 논지를 지지하는 진술은 제시문과 부합하거나 그로부터 추론할 수 있는 내용의 선지가 정답이 된다는 것을 항상 명심하자.

Tip ❸ 제시문과 관련된 배경지식을 쌓자.

과학과 예술 사이 연관성을 다루는 배경지식을 보강한다.
해당 지문에는 우리가 흔히 이분법적으로 이해하는 〈과학－이성 vs 예술－감성〉 구도에 대한 비판이 포함되어 있다.
완전히 부합하는 지식은 아니지만, 관련 배경지식으로, 아서 클라크의 〈과학 3법칙〉 중에 〈충분히 발달한 과학기술은 마법과 구별할 수 없다. (Any sufficiently advanced technology is indistinguishable from magic.)〉는 내용이 있다. 배경지식으로 알아둔다.

073 정답 ❸

난이도 ●●○

문제유형 비판적 사고 > 판단하기
접근전략 본 제시문의 "결과에 대한 판단"이라는 의미는 세부 내용을 암기하는 것이 아니라 실험을 제대로 이해했는지 물어본다는 뜻이다. 실험과 결과가 주어지면 독립 변인과 종속 변인을 잘 파악하고 이들을 통해 얻는 관계(인과관계, 비례/반비례 등)를 잘 정리하자.

다음 글의 〈실험 결과〉에 대한 판단으로 적절한 것만을 〈보기〉에서 모두 고르면?

(1) 박쥐 ×가 잡아먹을 수컷 개구리의 위치를 찾기 위해 사용하는 방법에는 두 가지가 있다. (2) 하나는 수컷 개구리의 울음소리를 듣고 위치를 찾아내는 '음탐지' 방법이다. (3) 다른 하나는 ×가 초음파를 사용하여, 울음소리를 낼 때 커졌다 작아졌다 하는 울음주머니의 움직임을 포착하여 위치를 찾아내는 '초음파탐지' 방법이다. (4) 울음주머니의 움직임이 없으면 이 방법으로 수컷 개구리의 위치를 찾을 수 없다.

〈실 험〉
(5) 한 과학자가 수컷 개구리를 모방한 두 종류의 로봇개구리를 제작했다. (6) 로봇개구리 A는 수컷 개구리의 울음소리를 내고, 커졌다 작아졌다 하는 울음주머니도 가지고 있다. (7) 로봇개구리 B는 수컷 개구리의 울음소리만 내고, 커졌다 작아졌다 하는 울음주머니는 없다. (8) 같은 수의 A 또는 B를 크기는 같지만 서로 다른 환경의 세 방 안에 같은 위치에 두었다. (9) 세 방의 환경은 다음과 같다.

- (10) 방 1: 로봇개구리 소리만 들리는 환경
- (11) 방 2: 로봇개구리 소리뿐만 아니라, 로봇개구리가 있는 곳과 다른 위치에서 로봇개구리 소리와 같은 소리가 추가로 들리는 환경
- (12) 방 3: 로봇개구리 소리뿐만 아니라, 로봇개구리가 있는 곳과 다른 위치에서 로봇개구리 소리와 전혀 다른 소리가 추가로 들리는 환경

(13) 각 방에 같은 수의 ×를 넣고 실제로 로봇개구리를 잡아먹기 위해 공격하는 데 걸리는 평균 시간을 측정했다. (14) ×가 로봇개구리의 위치를 빨리 알아낼수록 공격하는 데 걸리는 시간은 짧다.

〈실험 결과〉
- (15) 방 1: A를 넣은 경우는 3.4초였고 B를 넣은 경우는 3.3초로 둘 사이에 유의미한 차이는 없었다.
- (16) 방 2: A를 넣은 경우는 8.2초였고 B를 넣은 경우는 공격하지 않았다.
- (17) 방 3: A를 넣은 경우는 3.4초였고 B를 넣은 경우는 3.3초로 둘 사이에 유의미한 차이는 없었다.

보기

ㄱ. 방 1과 2의 〈실험 결과〉는, ×가 음탐지 방법이 방해를 받는 환경에서는 초음파탐지 방법을 사용한다는 가설을 강화한다.
→ (○) 방 1에서는 ×가 개구리 A와 B를 유사한 시간 안에 찾을 수 있었다(15). 개구리 A와 B 모두 수컷 개구리의 울음소리를 내고(6, 7) 방 1은 로봇 개구리 소리만 들리는 환경이기 때문에(10), 음 탐지 방법을 사용한 것이다(2). 그러나 방 2에서는 로봇 개구리 소리가 로봇 개구리의 위치뿐만 아니라 다른 위치에서도 들리는 상황으로, 음 탐지 방법이 방해받고 있는 상황에 해당한다(2). 결과적으로 ×가 울음주머니가 없는 개구리 B는 찾지 못하였는데(16), 이는 ×가 초음파 탐지 방법을 사용했다는 것이 된다(3),(4). 따라서 ㄱ은 옳은 선지이다.

ㄴ. 방 2와 3의 〈실험 결과〉는, ×가 소리의 종류를 구별할 수 있다는 가설을 강화한다.
→ (○) 방 2에서는 로봇 개구리와 같은 울음소리가 실제 로봇 개구리의 위치와는 다른 곳에서 동시에 들려온다(11). 그러나 방 3에서는 로봇 개구리와 다른 소리가 실제 로봇 개구리와의 위치와 다른 곳에서 들려온다(12). 이때 방 2에서는 ×가 A를 찾은 데 걸린 시간이 8.2초이다(16). 방 2의 경우 소리의 종류에 따라 시간이 달라지고 로봇 개구리 B는 다른 방에서 다른 소리가 난 방 3의 경우에만 공격을 받았으므로 방 2에서는 공격할 곳을 찾지 못한 것이라 말할 수 있다. 따라서 이러한 행동은 소리의 종류를 구별할 수 있다는 것이 전제되어야 설명할 수 있다.

ㄷ. 방 1과 3의 〈실험 결과〉는, 수컷 개구리의 울음소리와 전혀 다른 소리가 들리는 환경에서는 ×가 초음파탐지 방법을 사용한다는 가설을 강화한다.
→ (×) 방 1과 방 3의 차이는 '다른 위치에서 다른 소리가 들리는 것'밖에 없다(10),(12). 그리고 박쥐의 행동도 차이가 없다. 그런데 초음파탐지 기법은 울음주머니가 없으면 사용하지 못한다(4). 따라서 초음파탐지 기법을 사용해도 B를 잡아낼 수 없으므로 해당 가설을 강화하지 못한다.

① ㄱ → (×)
② ㄷ → (×)
③ ㄱ, ㄴ → (○)
④ ㄴ, ㄷ → (×)
⑤ ㄱ, ㄴ, ㄷ → (×)

제시문 분석

제시문 박쥐가 수컷 개구리의 위치를 찾는 방법

〈음탐지〉	〈초음파탐지〉
수컷 개구리의 울음소리를 듣고 위치를 찾아냄(2)	초음파를 사용하여, 울음소리를 낼 때 커졌다 작아졌다 하는 울음주머니의 움직임을 포착하여 위치를 찾아냄(3)
	울음주머니의 움직임이 없으면 이 방법으로 수컷 개구리의 위치를 찾을 수 없음(4)

제시문 실험 내용 및 실험 환경, 방식

〈두 종류의 로봇개구리〉	
〈A 개구리〉	〈B 개구리〉
수컷 개구리의 울음소리를 내고, 울음주머니도 가지고 있다.(6)	수컷 개구리의 울음소리만 내고, 울음주머니는 없다.(7)

↓

〈위치 형성〉
같은 수의 A 또는 B를 크기는 같지만 서로 다른 환경의 세 방 안에 같은 위치에 두었다.(8)

〈실험 환경과 방식〉		
〈방 환경〉	〈방 1〉	로봇개구리 소리만 들리는 환경(10)
	〈방 2〉	로봇개구리 소리뿐만 아니라, 로봇개구리가 있는 곳과 다른 위치에서 로봇개구리 소리와 같은 소리가 추가로 들리는 환경(11)
	〈방 3〉	로봇개구리 소리뿐만 아니라, 로봇개구리가 있는 곳과 다른 위치에서 로봇개구리 소리와 전혀 다른 소리가 추가로 들리는 환경(12)
〈실험 방법〉		각 방에 같은 수의 X(박쥐)를 넣고 실제로 로봇개구리를 잡아먹기 위해 공격하는 데 걸리는 평균 시간을 측정(13)
		X가 로봇개구리의 위치를 빨리 알아낼수록 공격하는 데 걸리는 시간은 짧다.(14)

제시문 실험 결과

	〈실험 결과〉	〈박쥐의 방식〉
〈방 1〉	A 3.4초, B 3.3초로 유의미한 차이는 없었다.(15)	→ '음탐지' 방식 사용
〈방 2〉	A는 8.2초, B 공격하지 않음(16)	→ 초음파 방식 사용
〈방 3〉	A 3.4초, B 3.3초로 유의미한 차이는 없었다.(15)	→ '음탐지' 방식 사용

합격자의 실전 풀이 순서 강화약화 유형

❶ 유형 식별하기

본 문항은 실험을 소재로 한 강화약화 유형이다. 따라서 보통의 강화약화 유형과 접근방법이 부분적으로 유사하다. 그러나 그 구성은 훨씬 복잡하다. 그 이유는 변인과 환경이 둘 다 변화하고 있기 때문이다. 변인은 개구리의 울음주머니 유무를 통해서, 환경은 세 개의 '방'을 통해서 제시되고 있어 총 3×2번, 즉 여섯 번의 실험이 이뤄진 것이나 다름없다.

❷ 대상 파악하기

강화약화 유형에서는 가장 먼저 강화/약화의 대상이 무엇인지 확인해야 하고, 동시에 대상의 내용을 정확히 이해해야 한다. 따라서 중요한 키워드는 박쥐 ×, 개구리, 탐지방법과 그 요소들(울음주머니 등)이다.

이러한 키워드들은 주로 글의 윗부분에 제시되며, 그것들은 아래쪽에서 실증 실험과 결과로 다시 한번 반복된다. 따라서 위나 아래만을 읽어서는 안 되고, 반대로 위나 아래만 읽고 모든 것을 이해할 필요도 없다. 실험과 그 개념을 동시에 여러 번 반복해서 보면서(단, 이 경우 한 번 회독은 부분적으로 이뤄지며 짧은 시간 내에 이뤄져야 한다. 구체적으로 말하자면, 2분 내로 3번 이상을 볼 수 있어야 한다.) 전체적인 구조를 파악하고, 글쓴이의 문제의식을 확인하는 것이 정석이다. 그렇다면 실험의 대상이란 무엇인가? 실험은 변수와 메커니즘으로 이루어져 있다. 즉, 독립변수와 종속변수, 그리고 가설로 구성된다. 이들을 확인하는 것이 제1 목표다.

그 다음 목표는 그 가설과 실험의 결과를 매칭시키는 것이다. 그래서 가설의 결론을 알고 선지를 이해할 수 있게 되어야 한다. 이 과정에서 스스로 구조화를 할 수 있으면 더 좋다. 그 구조는 다음 목차에 나와 있다.

❸ 구조 정리하기

방	독립변인	종속변인
1	A 또는 B 소리	X가 A 또는 B의 위치를 파악·공격하는 데 걸린 평균 시간
2	A 또는 B 소리 + 다른 위치에서 같은 소리	
3	A 또는 B 소리 + 다른 위치에서 전혀 다른 소리	

글의 내용을 정리하면 위의 표와 같다. 이를 토대로 실험결과 표를 만들면 다음과 같다.

결과		a	b
(단위: 초)	비고		주머니×
1	잡음×	3.4	3.3
2	같은 잡음	8.2	×
3	다른 잡음	3.4	3.3

❹ 보기 판단하기

지문의 실험 구조를 파악했다면, 보기 또는 선지를 하나씩 읽고 옳은지 여부를 확인한다. 본 문제는 〈실험 결과〉가 각 보기의 가설을 평가하는 구조이다.

이 문제의 선지들은 "해당 실험 결과는 어떤 가설을 강화한다"라고 서술되어 있는데, 이는 "실험 결과가 이런 가설과 합치한다"라는 뜻이다. 강화를 넘어서 연구의 결론과 상통한다고 생각하고 풀면 된다. (합리적으로 생각해보자. 가설이 연구의 결론과 간접적인 관계만 있는 형태로 주어진 경우, 다른 가설의 가능성 때문에 강화한다고 볼 수 없게 된다. 쉽게 말하면 '무관'함이 너무 쉽게 드러나 버린다.) 이제 이 원칙에 따라 선지를 확인해 보자.

(1) 대상을 강화함

대상과 합치하거나 제시문으로부터 추론할 수 있는 내용이다.

예 방 1과 2의 〈실험 결과〉 → 소리만 듣고 위치를 파악할 수 없는 방 2에서는 초음파탐지를 사용해 A를 공격하였으므로, 보기 ㄱ의 가설을 강화한다.

이를 좀 더 쉽게 판단하기 위해서는, ㄱ에 나온 가설이 옳다고 가정한 뒤 실험 결과가 이것을 설명하는지 역으로 추론해서 보면 된다.

(2) 대상을 약화함

대상의 반례에 해당하거나 상충하는 내용이다.

예 방 1과 3의 〈실험 결과〉 → 전혀 다른 소리가 들리는 방 3에서도 초음파탐지가 불가한 B를 공격하였으므로, 보기 ㄷ의 가설을 약화한다. 이 역시 마찬가지로 ㄴ에 나온 가설이 옳다고 가정한 뒤 실험 결과를 살펴보자.

(3) 강화도 약화도 하지 않음

가장 유의해야 하는 경우로, 대상과 아무 관련이 없는 정보를 서술한다. 지문과 보기가 주는 정보만으로 관련성이 추론된다고 착각하면 오답이 된다. 다만 본 문제에는 이런 보기가 없다. 이러한 유형으로 매력적인 오답을 만들기가 상당히 어렵기 때문이다. 따라서 필자가 예시를 하나 들고자 한다.

"방 1과 방 2의 실험 결과는, 박쥐는 소리가 여러 군데서 들리면 우선 천천히 다가가면서 울음소리가 더 또렷해지는 쪽을 확인하는 식으로 위치를 찾는다는 사실을 강화하지 않는다."

이 가설이 실험 결과를 설명하지 못한다고 생각하는가? 그렇지 않다.

1) 다른 방 쪽으로 다가가도 울음소리는 뚜렷해질 수 있고

2) 실험이 여러 번 시행됐다고 언급된 적이 없기 때문에 이 가설은 실험결과에도 불구하고 약화되지도, 강화되지도 않는다.

합격자의 시간단축 Tip

Tip ❶ 실험이 등장하면 세 가지를 기억하자.

실험을 정리할 때는 '실험군, 변인, 결과'를 빠짐없이 정리했는지 확인하도록 한다.

첫째, 실험군은 지문을 읽음으로써 쉽게 파악 가능한 경우가 대부분이다. 조작이 가해지는 실험군과 아무 조작도 가하지 않는 대조군이 있는지, 있다면 몇 개나 있는지, 각 실험군의 차이는 무엇인지 확인해야 한다.

둘째, 실험 분석의 핵심은 변인이다. 변인은 다양한 값을 가질 수 있는 사건이나 사물 혹은 현상을 말한다. 연구자가 조작하는 독립변인은 무엇이고, 그로부터 영향을 받는 종속변인은 무엇인지 지문을 읽고 정확하게 파악해야 한다.

마지막으로 실험 결과는 독립변수와 종속변수 간의 인과관계를 고난도의 실험 소재 문제에서는 4개 이상의 실험군, 2개 이상의 변인이 섞여 매우 복잡한 결과가 제시되기도 한다. 줄글 형태의 지문에서 실험 결과를 일목요연하게 이해하고 정리하는 실력이 빠른 문제 해결로 이끈다.

Tip ❷ 해결되지 않은 과제, 즉 내용의 공백이 주어진 경우

몇몇 제시문을 보면 글쓴이가 내용에 대한 과제를 남겨두고 그에 대한 답은 내리지 않은 채 글을 끝내는 경우가 있다. 위 지문 같은 경우 각 실험 상황에서 박쥐가 어떤 방법을 썼는지에 대해 언급하지 않은 채로 진행되고 있다. 이 경우 내용의 공백이 선지로 구성되어 나올 확률이 매우 높다. 물론 선지를 판단하면서도 내용의 공백을 파악할 수 있겠지만, 독해 시 무엇이 빠져있는지 미리 판단하는 것이 더 빠르고 정확하다.

(주의점: 무엇이 빠져있는지에 대한 대답을 도출하라는 것이 아니다! 어떤 부분에 대한 설명이 빠져있다는 것만 인지하고 있으면 된다.)

Tip ❸ 다른 선지의 답을 끌고 오지 말자.

'알 수 있는', 즉 일치부합 유형과 다르게 주의할 점은 반드시 해당 선지에서 나온 방끼리만 비교해야 한다는 것이다. 만약 다른 선지까지 한 번에 해결하는 유일한 가설을 도출하고자 할 경우, 시간이 오래 걸리고 심지어 그 답은 오답이 될 가능성이 높다. 실제로 그런 문제들이 다른 기출에 여러 차례 나온 바 있다.

074 정답 ❹

난이도 ●●○

문제유형 비판적 사고 > 판단하기

접근전략 명제 합치기 유형은 단편적인 명제들을 합치면 어떤 결론이 도출되는지 묻는 유형이다. 많은 수험생이 비교적 난도가 높다고 느끼는 유형이지만, 본 문제는 그중에서 상대적으로 쉬운 편에 속한다. 쉬운 문제부터 시작해 명제 합치기 유형에 적응해 보자.

다음 글에 대한 분석으로 적절한 것만을 〈보기〉에서 모두 고르면?

(1) '자연화'란 자연과학의 방법론에 따라 자연과학이 수용하는 존재론을 토대 삼아 연구를 수행한다는 의미이다. (2) 심리학을 자연과학의 하나라고 생각하는 철학자 A는, 인식론의 자연화를 주장하기 위해 다음의 〈논증〉을 제시하였다.

〈논 증〉

(1) (3) 전통적 인식론은 적어도 다음의 두 가지 목표를 가진다. (4) 첫째, 세계에 관한 믿음을 정당화하는 것이고, 둘째, 세계에 관한 믿음을 나타내는 문장을 감각 경험을 나타내는 문장으로 번역하는 것이다.

(2) (5) 전통적 인식론은 첫째 목표도 달성할 수 없고 둘째 목표도 달성할 수 없다.

(3) (6) 만약 전통적 인식론이 이 두 가지 목표 중 어느 하나라도 달성할 수가 없다면, 전통적 인식론은 폐기되어야 한다.

(4) (7) 전통적 인식론은 폐기되어야 한다.

(5) (8) 만약 전통적 인식론이 폐기되어야 한다면, 인식론자는 전통적 인식론 대신 심리학을 연구해야 한다.

(6) (9) 인식론자는 전통적 인식론 대신 심리학을 연구해야 한다.

〈보기〉

ㄱ. 전통적 인식론의 목표에 (1)의 '두 가지 목표' 외에 "세계에 관한 믿음이 형성되는 과정을 규명하는 것"이 추가된다면, 위 논증에서 (6)은 도출되지 않는다.

→ (×) (1)에 "세계에 관한 믿음이 형성되는 과정을 규명하는 것"이 추가된다고 하더라도, (2)는 앞선 '두 가지 목표'에 대한 것만 이야기하고 있다(5). 즉, 세 번째 목표가 추가되어도, (2), (3)에서 두 가지 목표의 달성 여부만 다루고 있기 때문에 (6)은 도출될 수 있다.

ㄴ. (2)를 "전통적 인식론은 첫째 목표를 달성할 수 없거나 둘째 목표를 달성할 수 없다."로 바꾸어도 위 논증에서 (6)이 도출된다.

→ (O) 먼저 (2)가 (3)의 가정부분에 부합한다면 (4), (5)를 거쳐 (6)도 도출될 수 있다. (2) 뒤에 나오는 (3)을 보면 전통적 인식론이 두 가지 목표 중 어느 하나라도 달성할 수가 없다면 전통적 인식론은 폐기되어야 한다고 나타나 있다(6). 이는 곧 목표를 둘 다 달성하는 상황이 아니라면 인식론은 폐기되어야 한다는 것이다. 바뀐 (2)는 첫째 목표를 달성할 수 없거나, 둘째 목표를 달성할 수 없다고 말하고 있으므로 두 목표 모두 달성할 수는 없다는 말과 같아 (3)의 가정 부분에 부합한다. 따라서 (2)가 ㄴ과 같이 바뀌더라도 (6)이 도출될 수 있다.

ㄷ. (4)는 논증 안의 어떤 진술들로부터 나오는 결론일 뿐만 아니라 논증 안의 다른 진술의 전제이기도 하다.

→ (O) (3)은 '만약 전통적 인식론이 이 두 가지 목표 중 어느 하나라도 달성할 수가 없다면 전통적 인식론은 폐지되어야 한다'고 말한다(6). 따라서 '전통적 인식론은 폐기되어야 한다'를 말하는 (4)는 (3)의 결론이 된다(7). 또한, (5)는 '만약 전통적 인식론이 폐기되어야 한다면,'으로 문장을 시작하여(8) 전통적 인식론이 폐기되어야 한다는 (4)의 내용을 전제로 하고 있다(7). 따라서 ㄷ은 적절한 선지이다.

① ㄱ → (×)
② ㄷ → (×)
③ ㄱ, ㄴ → (×)
④ ㄴ, ㄷ → (O)
⑤ ㄱ, ㄴ, ㄷ → (×)

제시문 분석

제시문 자연화의 의미, 철학자 A

〈자연화〉
자연과학의 방법론에 따라 자연과학이 수용하는 존재론을 토대 삼아 연구를 수행한다는 의미(1)

〈철학자 A〉
심리학을 자연과학의 하나라고 생각하는 철학자 A는, 인식론의 자연화를 주장하기 위해 다음의 〈논증〉을 제시(2)

제시문 철학자 A의 〈논증〉 1단계

〈전통적 인식론의 두 가지 목표〉
첫째, 세계에 관한 믿음을 정당화하는 것이고, 둘째, 세계에 관한 믿음을 나타내는 문장을 감각 경험을 나타내는 문장으로 번역하는 것이다.(4)

〈대전제①〉		〈소전제①〉		〈결론①〉
만약 전통적 인식론이 이 두 가지 목표 중 어느 하나라도 달성할 수가 없다면, 전통적 인식론은 폐기되어야 한다.(6)	⊕	전통적 인식론은 첫째 목표도 달성할 수 없고 둘째 목표도 달성할 수 없다.(5)	→	전통적 인식론은 폐기되어야 한다.(7)

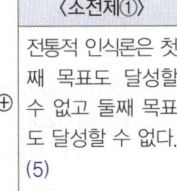

제시문 철학자 A의 〈논증〉 2단계

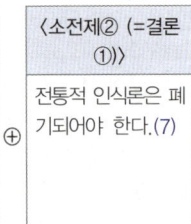

〈대전제②〉		〈소전제② (=결론①)〉		〈결론②〉
만약 전통적 인식론이 폐기되어야 한다면, 인식론자는 전통적 인식론 대신 심리학을 연구해야 한다.(8)	⊕	전통적 인식론은 폐기되어야 한다.(7)	→	인식론자는 전통적 인식론 대신 심리학을 연구해야 한다.(9)

합격자의 실전 풀이 순서

명제 합치기 유형

❶ 유형 식별하기

명제 합치기 문항은 발문, 지문, 선지·보기의 3개 부분으로 이루어진다. 비교적 다양한 형식을 갖추고 있지만, 본질은 모두 같으므로 다양한 기출 문제를 접하면서 익숙해지자.

- 발문: 다음 글(의 ㉠~㉤)에 대한 평가/분석/판단…으로 적절한 것은?
- 지문: 2~3문단의 인문사회(대부분 철학) 소재로, 글 중간중간 ㉠, ㉡ 등 기호가 붙은 문장들이 보임
- 선지·보기: 기호가 붙은 문장들 간의 관계를 다룸 (예 ㉠과 ㉡은 함께 ㉢을 도출한다.)

(주의 : 처음에 자연과학이라는 말이 등장했다고 과학내용이 아니라는 점에 유의한다. 사실 진짜 과학을 소재로 했다면 '자연과학'이라고 구태여 부를 필요가 없을 것이다.)

❷ 명제 간략화하기

명제 합치기 유형은 지문에서 기호가 붙은 문장들만 가지고 정답 도출이 가능하다. 즉, 어떤 문제가 명제 합치기 유형임을 확인했다면, 지문 전체의 구조에 관심을 가질 필요가 없다. 곧바로 기호가 붙은 문장들을 명제로 정리하는 단계에 들어간다.

간략화는 각 문장의 가독성을 높여 명제들의 관계 및 겹치는 구성요소를 쉽게 파악하기 위함이다. 본 문제의 〈논증〉 (1)~(6)을 간략화하면 다음과 같다.

- (1): (첫째 목표 ∈ 전통적 인식론) ∩ (둘째 목표∈ 전통적 인식론)
- (2): 전통적 인식론 → (~첫째 목표 ∩ ~둘째 목표)
- (3): (~첫째 목표 U ~둘째 목표) → (4)폐기
- (4): 전통적 인식론 → 폐기
- (5): (4) → (6)
- (6): 인식론자 → (~전통적 인식론 ∩ 심리학)

문장을 정리하는 과정에서 논리 기호를 사용하였다. 이는 대부분의 수험생이 친숙하게 느낄 기호이기에 사용했을 뿐, 꼭 위와 같은 형식을 취해야 하는 것은 아니다. 논리학의 기호 사용 규칙을 엄격히 지킬 필요도 없다. 편하게 사용할 수 있고 쉽게 이해되는 기호를 택하면 된다. 그 외에도 명제 (2)의 후건 중 하나인 '첫째 목표를 달성할 수 없다'의 경우, 명제 (1)과 연결하기 위해 '~첫째 목표'로 바꿔 쓴다. 이러한 융통성이 명제 합치기 유형과 일반 논리퀴즈 유형의 차이점이다.

본 문제의 경우 명제의 개수가 많아도, 각 명제가 직접적으로 서로를 인용하고 있기에 상대적으로 간단한 명제 합치기 문항에 해당한다. 만약 이보다 더 복잡한 고난도 문항이 출제되어도 풀이의 가이드가 되는 필기가 덧붙여지면 명제끼리 헷갈릴 위험이 줄어든다.

풀이로 돌아와서, 명제화의 목적은 명제 간의 관계를 쉽게 파악하기 위함이라 밝힌 바 있다. 명제 간 관계는 같거나 비슷한 요소가 있는지, 한 명제가 다른 명제의 전건 또는 후건인지, 삼단논법을 통해 이끌어 낼 수 있는 결론은 없는지 등을 체크하여 알 수 있다. 본 문제의 명제 (1)~(6)에 적용해 보자.

- 명제 (2)가 명제 (1)의 부정명제라고 착각할 수 있으나, 두 명제는 서로 양립 가능하다.
- 명제 (2)와 (4)는 각각 명제 (3)의 전건과 후건에 해당한다. 즉 명제 (2)와 (3)이 모두 참이라면, 또는 (2)와 (3)이 합쳐진다면 명제 (3)의 후건인 명제 (4)가 참이 될 것임을 짐작할 수 있다.
- 명제 (4)와 (6)은 각각 명제 (5)의 전건과 후건에 해당한다. 이 경우에도 명제 (4)와 (5)가 모두 참이라면, 또는 (4)와 (5)가 합쳐진다면 명제 (5)의 후건인 명제 (6)이 참이 될 것임을 짐작할 수 있다.
- A가 제시한 명제 (1)~(5)가 모두 참이라면, 논증으로부터 명제 (6)이 도출된다.

이처럼 간략화하기 단계는 명제 간의 관계를 명료하게 파악해, 추후 문제에서 물어볼 내용을 예측할 수 있다. 논리퀴즈 유형을 많이 접해 숙달될수록 이 단계에 걸리는 시간이 짧아

질 것이다. 다만 실제 풀이 시에는 위 예시처럼 자세하게 분석할 필요는 없다. 어차피 보기를 대입하여 문제를 해결할 것이기 때문이다.

❸ 보기 대입하기

명제를 정리했다면, 주어진 보기 또는 선지를 하나씩 대입하여 문제를 해결해 보자. 본 문제의 경우 보기가 난도를 높이는 장치다. 일부 보기에서 새로운 정보가 추가되기 때문이다. 해결 방법은 본질적으로 해설과 같다.

ㄱ. 명제 (1)에 '두 가지 목표' 외에 새로운 목표가 추가되면 이후의 명제들에 영향을 미쳐 명제 (6)이 도출되지 않는지 묻는다.

ㄴ. 명제 (2)를 '전통적 인식론→(~첫째 목표∪~둘째 목표)'로 바꿔도 명제 (6)이 도출 가능한지 묻는다.

ㄷ. 명제 (4)가 논증 안에서 전건으로 작용하는 부분이 있는지 묻는다.

이를 바탕으로 보기를 하나씩 적용해 문제를 해결한다.

합격자의 시간단축 Tip

Tip ❶ 논리퀴즈 문제의 명제화

비문학의 유형을 띄고 있지만 사실상 논리퀴즈 유형인 경우, 각 문장을 신속히 논리기호화하여 그들 간의 관계를 위주로 정리하면서 내용을 읽도록 하자. 선지들 또한 관계가 정리된 명제들을 중심으로 판단하게 되어있기 때문이다. 이 같은 방식은 단순히 그 방식을 안다고 해서 쉽게 적용되는 것이 아니라, 연습을 통해 체득되는 것이므로 이러한 유형을 마주할 때마다 쉬운 문제일지라도 연습하는 습관을 들이도록 하자. 그러나, 실전에서는 굳이 명제화하지 않고 쉽게 풀 수 있는 문제라면 구태여 그렇게 할 필요는 없다. 다만, 논리퀴즈 형식의 어려운 문제가 출제되었을 때 남들보다 빠르고 정확히 풀 수 있는 이점을 얻을 수 있기 때문에 연습 단계에서는 명제화를 이용하도록 하자.

Tip ❷ 같은 명제가 반복된다면 합칠 수 있다.

예컨대 좌측에서 간략화한 명제를 보자(지문이 아니다). 최초의 대전제인 (1)을 제외하고는 전부 일련의 화살표로 이을 수 있다. 즉, (2)~(6)으로 나열할 필요 없이 하나의 명제, 단 화살표가 여러 개인 명제로 줄일 수 있다.

이렇게 나열하는 것의 장점은 무엇인가? 하나의 선지를 보더라도 전체적인 맥락에서 조망할 수 있다는 데 있다. 즉, 빠지는 전제가 없게 된다. 물론 이렇게 전체를 합치는 문제는 극히 드물고 보통은 2~3개의 명제를 하나로 합칠 수 있게 출제된다. 반드시 합치도록 한다.

Tip ❸ 겉보기에 명제로 보여도 하나의 개념일 수 있다.

예컨대 '전통적 인식론은 폐기되어야 한다.'라는 문장은 명제에 해당하긴 하지만 다시 분설되지 않는다. 이때 실전 풀이순서의 (4)처럼 쓰지 않고 그냥 "폐기"라고만 쓸 수 있다. 이처럼 겉보기에는 명제처럼 보여도 실제로는 그냥 알파벳 ×로 환산될 수 있는 것이 있음에 유의한다.

075 정답 ❷ 난이도 ●●●

문제유형 법조문형 > 규정적용

접근전략 법규정 유형 중 규정을 응용하여 발문에서 묻고 있는 정보를 도출하는 문제이다. 법조문 유형을 풀 때는 조문의 구체적인 내용을 독해하는 것보다, 법조문의 구조를 파악한 후 〈보기〉에서 묻고 있는 정보를 찾아 올라가는 형태로 푸는 것이 좋다. 본 문제의 경우 법과 시행령 사이 상하관계, 〈허용한계〉의 경우 한계를 벗어나면 해당행위가 허용되지 않는다는 것에 유의해 법조문을 읽어내려갈 필요가 있다.

다음 글을 근거로 판단할 때, 〈보기〉에서 인공임신중절수술이 허용되는 경우만을 모두 고르면?

법 제○○조(인공임신중절수술의 허용한계) ① 의사는 다음 각 호의 어느 하나에 해당되는 경우에만 본인과 배우자(사실상의 혼인관계에 있는 사람을 포함한다. 이하 같다)의 동의를 받아 인공임신중절수술을 할 수 있다.

1. 본인이나 배우자가 대통령령으로 정하는 우생학적(優生學的) 또는 유전학적 정신장애나 신체질환이 있는 경우
2. 본인이나 배우자가 대통령령으로 정하는 전염성 질환이 있는 경우
3. 강간 또는 준강간(準强姦)에 의하여 임신된 경우
4. 법률상 혼인할 수 없는 혈족 또는 인척 간에 임신된 경우
5. 임신의 지속이 보건의학적 이유로 모체의 건강을 심각하게 해치고 있거나 해칠 우려가 있는 경우

② 제1항의 경우에 배우자의 사망·실종·행방불명, 그 밖에 부득이한 사유로 동의를 받을 수 없으면 본인의 동의만으로 그 수술을 할 수 있다.

③ 제1항의 경우 본인이나 배우자가 심신장애로 의사표시를 할 수 없을 때에는 그 친권자나 후견인의 동의로, 친권자나 후견인이 없을 때에는 부양의무자의 동의로 각각 그 동의를 갈음할 수 있다.

시행령 제○○조(인공임신중절수술의 허용한계) ① 법 제○○조에 따른 인공임신중절수술은 임신 24주일 이내인 사람만 할 수 있다.

② 법 제○조 제1항 제1호에 따라 인공임신중절수술을 할 수 있는 우생학적 또는 유전학적 정신장애나 신체질환은 연골무형성증, 낭성섬유증 및 그 밖의 유전성 질환으로서 그 질환이 태아에 미치는 위험성이 높은 질환으로 한다.

③ 법 제○조 제1항 제2호에 따라 인공임신중절수술을 할 수 있는 전염성 질환은 풍진, 톡소플라즈마증 및 그 밖에 의학적으로 태아에 미치는 위험성이 높은 전염성 질환으로 한다.

보기

ㄱ. 태아에 미치는 위험성이 높은 연골무형성증의 질환이 있는 임신 20주일 임산부와 그 남편이 동의한 경우
→ (O) 법 제1조 제1항 제1호, 시행령 제1조 제2항에 따르면 임산부 본인이 태아에 미치는 위험성이 높은 연골무형성증이 있는 경우 본인과 배우자의 동의를 받아 인공임신중절수술을 할 수 있다. 또한 시행령 제1조 제1항에 따르면 임신 24주일 이내인 경우에 한하여 인공임신중절수술을 할 수 있다. 따라서 태아에 미치는 위험성이 높은 연골무형성증의 질환이 있는 임신 20주일 임산부와 그 남편이 동의한 경우, 인공임신중절수술을 할 수 있다.

해설편 5일차 • 의사소통능력

ㄴ. 풍진을 앓고 있는 임신 28주일 임산부가 동의한 경우
→ (×) 법 제1조 제1항 제2호, 시행령 제1조 제3항에 따르면 임산부 본인이 풍진을 앓고 있는 경우, 본인과 배우자의 동의를 받아 인공임신중절수술을 할 수 있다. 또한 시행령 제1조 제1항에 따르면 임신 24주일 이내인 경우에 한하여 인공임신중절수술을 할 수 있다. 풍진을 앓고 있는 임신 28주일 임산부는 임신 24주일을 지났으므로 인공임신중절수술을 할 수 없다.

ㄷ. 남편이 실종 중인 상황에서 임신중독증으로 생명이 위험한 임신 20주일 임산부가 동의한 경우
→ (○) 법 제1조 제1항 제5호에 따르면 임신의 지속이 보건의학적 이유로 모체의 건강을 심각하게 해치고 있거나 해칠 우려가 있는 경우 본인과 배우자의 동의를 받아 인공임신중절수술을 할 수 있다. 그러나 법 제1조 제2항에 따르면 배우자가 실종되어 동의를 받을 수 없을 때 임산부 본인의 동의만으로 수술을 할 수 있다. 또한, 시행령 제1조 제1항에 따르면 임신 24주일 이내인 경우에 한하여 인공임신중절수술을 할 수 있다. 따라서 남편이 실종 중인 상황에서 임신중독증으로 생명이 위험한 임신 20주일 임산부가 동의한 경우, 인공임신중절수술을 할 수 있다.

ㄹ. 남편이 실업자가 되어 도저히 아이를 키울 수 없다고 판단한 임신 16주일 임산부와 그 남편이 동의한 경우
→ (×) 법 제1조 제1항에 따르면 의사는 제1항 각 호의 어느 하나에 해당되는 경우에만 인공임신중절수술을 할 수 있다. 남편이 실업자가 되어 도저히 아이를 키울 수 없다고 판단한 경우는 법 제1조 제1항 각 호에 해당하지 않으므로 인공임신중절수술을 할 수 없다.

① ㄱ, ㄴ → (×)
② ㄱ, ㄷ → (○)
③ ㄴ, ㄹ → (×)
④ ㄱ, ㄷ, ㄹ → (×)
⑤ ㄴ, ㄷ, ㄹ → (×)

합격자의 실전 풀이 순서

❶ 문제 유형 파악

본 문제의 경우 제시문이 법조문이 주어졌으므로 법조문 유형임을 알 수 있다. 특히 법조문 유형 중에서도 규정의 내용을 확인하여 인공임신중절수술이 허용되는 경우를 찾아야 하므로 규정적용문제이다. 법조문 유형은 조문의 구체적인 내용을 독해하는 것보다, 법조문의 구조를 파악한 후 선지에서 묻고 있는 정보를 찾아 올라가는 형태로 푸는 것이 좋다. 법 조문의 구조 파악이란 각 조나 항마다 가로로 길게 선을 그어 조문들을 시각적으로 구분하고, 단서와 괄호에 강조 표시를 하는 것을 의미한다. 또한, 본 문제가 인공임신중절수술이 허용되는 경우를 고르는 문제라는 것을 인지하기 위해 "인공임신중절수술"이라는 단어에 밑줄이나 동그라미 등 표시를 한다.

❷ 법조문 구조 분석

먼저 법조문 전체를 훑으며 법조문의 구조를 파악한다. 법조문을 분석할 때는 각 조나 항을 구분하고, 단서와 괄호에 강조 표시를 한다. 조문의 길이가 긴 경우 가로선을 활용하고, 구체적으로 '다만'이라는 단어가 나오면 △, '이 경우'라는 단어에는 ㅁ 표시를 해두고 괄호가 나오면 괄호의 처음과 끝에 별표를 해둔다. 아래의 조문이 위의 조문의 내용의 일부에 대하여 설명하고 있는 경우, 해당 조문들을 서로 연결하여 표시한다. 이러한 표시들은 선지나 〈보기〉를 읽고, 해당되는 부분을 찾는 이정표 역할을 한다. 이렇게 법조문을 읽으며 선지에 어떤 내용이 나올지도 예상해본다.

법과 시행령이 제시되어 있다. 구분이 쉽도록 법과 시행령 사이에 가로선을 긋는다. 각 조마다 괄호가 있으므로, 괄호와 대략적인 키워드를 확인하고 기호로 표시하며 구조를 파악한다. 법과 시행령의 괄호 안 내용이 같으므로, 시행령은 법의 내용을 구체적으로 적용하는 내용일 것이다.

법 제1조 제1항은 의사가 본인(당사자)과 배우자의 동의를 받아 인공임신중절수술을 할 수 있는 경우를 제한적으로 규정하고 있다. 이 때 배우자에는 사실상의 혼인관계에 있는 사람을 포함한다는 괄호 내용에 유의한다. 각 호의 구체적 내용은 〈보기〉를 읽고 돌아와 다시 자세히 읽는다. 제2항은 배우자의 동의를 받을 수 없는 경우 본인의 동의만으로 수술을 할 수 있음을 규정한다. 제3항은 본인이나 배우자가 의사표시를 할 수 없을 때 동의를 갈음할 수 있는 경우를 규정하고 있다. 시행령 제1조 제1항은 법 제1조에 따라 인공임신중절수술을 할 수 있는 사람을 임신 기간에 따라 제한하고 있다. 제2항은 법 제1조 제1항 제1호, 제3항은 법 제1조 제1항 제2호 규정을 각각 세부적으로 규정하는 조항이다. 이처럼 법률의 내용이 하위 법령으로 구체화되는 경우 해당 부분을 연결해두는 것이 좋다. 즉, 시행령 제2항은 법률 제1조 제1항 제1호와 시행령 제3항은 법률 제1조 제1항 제2호와 화살표로 연결한다.

❸ 선지 판단

법조문 분석을 바탕으로 보기를 검토한다. 조문의 구조 파악으로 기억할 수 있는 정보는 다음과 같다. 어떤 경우에도 모두 적용되는 조건은 '임신 24주 이내'이다. 기본적으로 본인과 배우자의 동의가 있어야 하나 특수한 경우 해당 요건은 변경되어 적용되며 그 내용은 법 제 2항, 3항에 있다. 질환의 명칭은 시행령 제2항, 3항에 있다.

보기를 판단할 때는 여러 부분으로 나누어 각각의 구분들을 꼼꼼히 검토하는 것이 좋다. 예컨대, 보기 ㄷ은 '남편이 실종 중인 상황에서/ 임신중독증으로 생명이 위험한/ 임신 20주일 /임산부가 동의한 경우'로 분류할 수 있다. 이때 임신 20주일이라는 부분이 틀려서 오선지가 되었다.

보기 ㄱ은 '연골무형성증'이라는 단어를 찾는다. 시행령 제2항에 있으므로 다음으로 동의 기준 충족 여부를 살펴보면 된다. 질병의 종류와 관계없이 28주라는 점에서 허용되지 않음을 쉽게 알 수 있다. 보기 ㄷ은 남편의 동의를 받을 수 없고 생명이 위험한 경우이므로 법 제1조 제1항 제5호 및 제2항, 시행령 제1조 제1항과 비교한다. 보기 ㄹ은 법 제1조 제1항 각 호에 해당하지 않는 경우이므로 인공임신중절수술이 허용되지 않는다. 이처럼 대다수의 선지가 법률과 시행령을 모두 사용하도록 설계되었다.

또한, 본 문제와 같이 하나의 선지가 보기들의 조합으로 구성되는 경우 보기를 해결한 후 해당 보기와 관련된 선지를 먼저 처리하는 것이 좋다. 예컨대, 보기 ㄱ은 허용되는 경우이므로 선지 ③번과 ⑤번이 제외된다. 보기 ㄴ은 허용되지 않음을 쉽게 알 수 있어 마지막으로 보기 ㄹ을 처리하여 정답을 도출한다.

합격자의 시간단축 Tip

Tip ❶ 쉬운 조건 우선 적용

'임신 24주일 이내' 조건은 모든 경우에 적용되는 것이며, 확인도 쉽기 때문에 먼저 적용해보는 것을 추천한다. 본 문제는 운이 좋게도 ㄴ을 소거하면 ㄹ만 추가적으로 판단하여 답을 도출할 수 있다.

Tip ❷ 충족되지 않은 조건 발견 시 바로 넘어가기

법 제1조 제1항 각 호에 해당하는지 여부, 본인 및 배우자의 동의가 있는지 여부, 예외에 해당하는지 여부, 임신기간 등을 고려해야 한다. 선지를 확인할 때에는 여러 조건 중에서 하나만 충족하지 못해도 인공임신중절 수술이 허용되지 않으므로 더 이상 판단하지 않고 다음 선지를 확인한다.

Tip ❸ 법조문의 숫자에 유의

시행령 ㅇㅇ조의 〈24주일 이내〉에 유의한다. 24주는 제시된 법조문 중에 유일하게 〈숫자〉로 제시된 내용이다. 그에 비해 선지에는 전부 기간이 등장하므로, 선지의 정오를 판단할 때 가장 핵심적인 정보란 것을 알 수 있다.

독끝 6일차 (076~090)

정답

076	③	077	⑤	078	⑤	079	②	080	⑤
081	①	082	④	083	⑤	084	①	085	②
086	④	087	③	088	④	089	④	090	①

076 정답 ③

난이도 ●○○

문제유형 비판적 사고 > 논지 강화·약화하기

접근전략 지문의 전체적인 내용을 완벽하게 이해하지 않아도, ㉠의 내용만을 잘 파악한다면 정답을 쉽게 고를 수 있는 문제이다. 과학 지문의 경우 과학 원리를 설명한 후 그 의의나 구체적인 관찰 결과를 설명하는 것이 일반적이다. 이 지문 역시 수컷 카나리아만이 종 특유의 울음소리를 낼 수 있다고 언급한 후 관련된 과학 원리를 설명하고 있다. 이때, 과학 원리를 서술한 문단에서 어떠한 원인이 어떠한 결과를 가져오는지 파악하는 것이 중요하다.

다음 글의 ㉠을 지지하는 것만을 〈보기〉에서 모두 고르면?

(1) 카나리아의 수컷과 암컷은 해부학적으로 동일한 구조의 발성기관을 가지고 있다. (2) 또 새끼 때 모든 카나리아는 종 특유의 지저귀는 소리를 들으며 자란다. (3) 그러나 성체가 되면 수컷만이 종 특유의 소리로 지저귄다. (4) 수컷 카나리아는 다른 수컷들과 경쟁하거나 세력권을 주장할 때 이 소리를 낸다. (5) 수컷은 암컷을 유혹할 때도 이 소리를 내는데, 이는 암컷이 종 특유의 소리를 내지는 못해도 그것을 알고 있음을 시사한다. ▶1문단

(1) 아비의 울음소리를 들으며 자라던 어린 카나리아는 둥지를 떠나 서식지를 이동하면서 다른 종의 새들과도 만나게 된다. (2) 둥지를 떠난 후에도 어린 카나리아는 한동안 그들 종 특유의 울음소리를 내지 못할 뿐만 아니라 지저귀지도 않는다. (3) 그러나 이듬해 봄이 가까워 오고 낮이 차츰 길어지면서 어린 수컷 카나리아의 몸에서는 수컷에만 있는 기관 A가 발달해 커지기 시작하고, 기관 A에서 분비되는 물질 B의 분비량도 증가한다. (4) 이로 인해 수컷의 몸에서 물질 B의 혈중 농도가 높아지고, 그에 따라 수컷은 지저귀는 소리를 내려고 하기 시작한다. (5) 수컷 카나리아가 처음 내는 소리는 종 특유의 울음소리가 아니다. (6) 그러나 다른 수컷들에게서 그 소리를 배울 수 없는 상황에서도 수컷 카나리아가 내는 소리는 종 특유의 소리에 점점 가까워지고 결국 종 특유의 소리가 된다. ▶2문단

(1) 과학자들은 왜 카나리아의 수컷만 종 특유의 소리로 지저귀는지를 연구하였다. (2) 그리고 ㉠그 이유가 수컷의 몸에서만 분비되는 물질 B가 종 특유의 소리를 내는 데 필요한 뇌의 특정 부분을 발달시키기 때문이라는 것을 알아냈다. ▶3문단

보기

ㄱ. 봄이 시작될 무렵부터 조금씩 양을 늘려가면서 어린 암컷 카나리아에게 물질 B를 주사하였더니 결국 종 특유의 소리로 지저귀게 되었다.

➜ (○) 물질 B의 분비량이 증가함에 따라 수컷은 지저귀는 소리를 내려고 하기 시작하고[2문단(4)], 이 소리는 결국 종 특유의 소리가 된다.[2문단(6)] ㉠은 물질 B가 종 특유의 소리를 내는 데 필요한 뇌의 특정 부분을 발달시킨다는 내용이다. 따라서 ㄱ은 암컷 카나리아에게 물질 B를 주사하자 종 특유의 소리를 낼 수 있게 되었다는 내용이므로 ㉠을 지지한다.

ㄴ. 어린 수컷 카나리아의 뇌에 물질 B의 효과를 억제하는 성분의 약물을 꾸준히 투여하였더니 성체가 되어도 종 특유의 울음소리를 내지 못하였다.

➜ (○) ㄴ은 뇌에서 물질 B의 효과를 억제하게 된다면 카나리아 수컷은 종 특유의 울음소리를 내지 못한다는 내용이다. 이는 물질 B가 종 특유의 울음소리를 내게 하는 뇌의 특정 부분을 발달시킨다는 것을 뒷받침하는 진술이므로, ㄴ은 ㉠을 지지한다.

ㄷ. 둥지를 떠나기 직전에 어린 수컷 카나리아의 기관 A를 제거하였지만 다음 봄에는 종 특유의 소리로 지저귈 수 있었다.

➜ (×) ㄷ은 기관 A를 제거해도 카나리아가 종 특유의 소리를 낼 수 있다는 내용이다. 이는 곧 기관 A에서 분비되는 물질 B가 분비되지 않아도 종 특유의 소리로 지저귈 수 있다는 것을 의미한다. 그러나 ㉠은 물질 B가 종 특유의 소리를 내는 데 필요한 뇌의 특정 부분을 발달시킨다고 주장하므로, 해당 선지는 ㉠의 논지를 약화한다.

① ㄱ ➜ (×)
② ㄷ ➜ (×)
③ ㄱ, ㄴ ➜ (○)
④ ㄴ, ㄷ ➜ (×)
⑤ ㄱ, ㄴ, ㄷ ➜ (×)

제시문 분석

1문단 카나리아 암컷과 수컷의 공통점과 차이점

	〈암컷〉	〈수컷〉
〈공통점〉	해부학적으로 동일한 구조의 발성기관을 가지고 있으며, 새끼 때 종 특유의 지저귀는 소리를 들으며 자란다. (1),(2)	
〈차이점〉	종 특유의 소리를 알고 있으나 내지는 못한다.(5)	성체가 되면 수컷만이 종 특유의 소리로 지저귄다.(3)

2·3문단 카나리아 수컷이 소리를 내는 원리

〈어린 카나리아〉		〈변화〉		〈결과〉
어린 카나리아는 한동안 그들 종 특유의 울음소리를 내지 못할 뿐만 아니라 지저귀지도 않는다.[2문단(2)]	➜	차츰 어린 수컷 카나리아의 몸에서는 기관 A가 발달해 커지기 시작하고, 기관 A에서 분비되는 물질 B의 분비량도 증가한다.[2문단(3)]	➜	수컷의 몸에서 물질 B의 혈중 농도가 높아지고, 그에 따라 수컷은 지저귀는 소리를 내려고 하기 시작한다.[2문단(4)]

〈결론〉
수컷의 몸에서만 분비되는 물질 B가 종 특유의 소리를 내는 데 필요한 뇌의 특정 부분을 발달시키기 때문이라는 것을 알아냈다.[3문단(2)]

합격자의 실전 풀이 순서

❶ 발문 읽기 및 문제 유형 파악

우선 발문을 제대로 읽자. ㉠을 지지하는 것을 찾아야 하는데, 이는 ㉠을 강화하는 진술을 찾는 것과 같으므로 본 문제는 넓은 의미에서 강화약화 유형에 해당한다. 이러한 강화약화 유형은 조금만 복잡하게 나올 경우, 난이도가 급상승한다. 따라서 강화약화 유형에 대한 자신만의 풀이 기준을 마련해두어야 한다. 먼저 강화약화 유형을 제대로 풀기 위해서는 강화 또는 약화해야 하는 대상이 무엇인지를 정확히 파악해야 한다. 본 문제의 경우 평가의 대상으로 ㉠을 명시하고 있지만, 단순히 제시문 전체에 대한 평가를 묻고 있다면 구체적인 강화 또는 약화의 대상으로서 주제문을 찾아야 한다. 강화 또는 약화해야 하는 대상을 파악한 후에는 선지의 내용이 대상의 내용과 일치하는지 또는 대상으로부터 추론 가능한지를 판단하며 문제를 해결해 나가야 한다. 강화 또는 약화한다는 의미가 무엇인지는 아래의 표를 통해 알 수 있다.

A가 강화한다.	A가 본문 내용과 일치 또는 본문 내용으로부터 추론 가능
A가 강화하지 않는다.	A가 추론될 근거 없음 또는 A가 본문 내용과 상충하거나 무관함
A가 약화한다.	A가 본문 내용과 상충
A가 약화하지 않는다.	A가 본문으로부터 추론 가능 또는 일치하거나 무관함

❷ 강화약화의 대상 파악 및 제시문 독해

강화약화 유형에서는 가장 먼저 강화/약화의 대상이 무엇인지 확인해야 한다. 그리고, 대상의 내용을 정확히 이해해야 한다.

이 방식으로 본 문제를 풀어보자. 대상은 발문을 통해 확인할 수 있으며, 대상의 내용은 제시문을 통해 이해할 수 있다.

(1) 발문을 통해 대상 확인

> 다음 글의 ㉠을 지지하는 것만을 〈보기〉에서 모두 고르면?

평가의 대상이 '㉠' 임을 알 수 있다. 따라서 곧바로 제시문으로 내려간다.

(2) 제시문에서 내용 확인

강화약화 유형의 대상은 지지·반박이 가능한 주관적인 주장인 경우가 많다. 본 문제의 경우, ㉠로 표시된 부분, 즉 수컷 카나리아만 종 특유의 소리로 지저귀는 이유는 물질 B 때문이라는 주장이 강화의 대상이 된다.

이어서 제시문에서 ㉠의 구체적 내용을 찾아야 한다. ㉠을 강화하기 위해서는 해당 주장이 성립하는 메커니즘을 찾아야 하는 문제가 많기 때문이다. ㉠에 눈에 띄는 표현으로서 물질 B가 있으므로 해당 키워드를 제시문에서 찾아본다. 그 결과 2문단 (3)부터 (6) 문장까지 수컷 카나리아가 종 특유의 소리를 갖게 되는 메커니즘을 설명하고 있음을 알 수 있다. 제시문에서는 ㉠과 2문단 (3)부터 (6) 문장까지만 읽고 선지로 넘어간다.

❸ 보기를 읽고 선지 판단

〈보기〉 중 ㉠을 지지하는 것을 고른다. 이때 ㉠을 지지한다, 즉 강화한다는 의미는 ㉠과 내용이 합치하거나, 동일한 내용인 경우를 말한다.

ㄱ은 암컷 카나리아임에도 불구하고, 물질 B를 주사하였을 때 종 특유의 소리로 지저귀게 되었다는 관찰 결과를 설명하고 있다. 원래 암컷 카나리아는 물질 B를 분비하는 기관 A가 없기에 종 특유의 소리를 내지 못 하지만 물질 B를 주사하면 종 특유의 울음소리를 낸다는 것이다. 즉, 이는 종 특유의 소리를 내는 데 물질 B가 필요하다는 ㉠을 지지한다.

ㄴ은 뇌에 물질 B의 효과를 억제하는 성분을 투여했을 때 수컷이 종 특유의 울음소리를 내지 못한다는 관찰 결과이다. 이는 '물질 B가 없으면 특유의 울음소리를 내지 못한다'로 나타낼 수 있다. 따라서 ㄴ 역시 ㉠을 지지하는 진술이다.

반대로 ㄷ은 기관 A를 제거하여도 종 특유의 소리를 낸 수컷 카나리아의 사례를 설명하고 있다. 이는 기관 A에서 분비되는 '물질 B가 없이도 종 특유의 소리를 낼 수 있다'는 것을 의미한다. 그러나 제시문에서는 기관 A에서 분비되는 물질 B가 종 특유의 소리를 내는 데 중요한 기능을 한다고 보았으므로, 이는 ㉠을 약화하는 진술이다. 사실 기관 A에서만 물질 B가 나온다는 내용이 제시문에 명시적으로 드러난 바는 없으므로 무관하다고 판단해도 된다. 이렇게 메커니즘을 묻는 선지를 해결하기 위해 제시문 독해 과정에서 ㉠의 구체적 내용을 찾은 것이다.

따라서 답은 ㄱ, ㄴ임을 알 수 있다.

합격자의 시간단축 Tip

Tip ❶ 과학 원리와 이를 뒷받침하는 사례를 잘 연결하자.

과학 지문의 글이고, ㉠을 지지하는 사례를 찾는 것이 관건이다. 사례에서 수컷 카나리아와 암컷 카나리아의 차이점이 무엇인지, 물질 B의 투여 여부에 따라 관찰 결과가 어떻게 다른지 유의한다. ㉠을 지지하기 위해서는 '물질 B가 존재해야 종 특유의 울음소리를 낼 수 있다'라는 내용이 필요하다. 이와 반대되는 ㄷ은 오답이라는 것을 쉽게 알 수 있다.

Tip ❷ 생물 분야 지문의 독특한 논리 구조를 이해한다.

생물 분야에서는 선천 여부와 후천 여부, 암수구별, 호르몬-기관구조, 양육환경의 영향 등 고유한 논리 구조가 있다. 관련 내용에서 유의해야 할 부분은 다른 지문이나 실험과 달리 한번 변화가 일어나면 이를 원점으로 돌리는 것이 불가능에 가깝다는 점이다. 예를 들면 2차 성징이 나타난 후에 성별 특성이 없어진 상태로 돌리는 것은 성전환 수술과 같은 매우 이례적인 조치를 가했을 때나 가능하며, 이마저도 완벽하지 않다. 이는 물리/화학/지학 분야에서는 잘 제시되지 않는 생물지문만의 고유한 특성이므로 반드시 이 점에 유의하며 독해를 진행해야 한다.

077 정답 ⑤ 난이도 ●●●

문제유형 비판적 사고 > 유사한 내용·사례 찾기

접근전략 지문에서 설명하는 오류가 무엇인지, 이를 오류라고 할 수 있는 이유가 무엇인지 ㉠을 기준으로 나열해주고 있다. 이 때문에 ㉠의 앞뒤 내용만 잘 파악한다면 정답을 쉽게 고를 수 있다. 이처럼 특정 단어나 개념의 의미만을 묻는 문제의 경우, 지문의 전체 내용을 읽을 필요는 없다. 동시에, 지문에서 칭찬과 비판 여부가 비행 성과와 상관없다는 내용을 토대로 소거법을 이용해 정답을 고를 수도 있다.

다음 글의 ㉠의 의미로 가장 적절한 것은?

(1) 이스라엘 공군 소속 장교들은 훈련생들이 유난히 비행을 잘했을 때에는 칭찬을 해봤자 비행 능력 향상에 도움이 안 된다고

믿는다. (2) 실제로 훈련생들은 칭찬을 받고 나면 다음 번 비행이 이전 비행보다 못했다. (3) 그렇지만 장교들은 비행을 아주 못한 훈련생을 꾸짖으면 비판에 자극 받은 훈련생이 거의 항상 다음 비행에서 향상된 모습을 보여준다고 생각한다. (4) 그래서 장교들은 상급 장교에게 저조한 비행 성과는 비판하되 뛰어난 성과에 대해서는 칭찬하지 않는 게 바람직하다고 건의했다. (5) 하지만 이런 추론의 이면에는 ㉠ 오류가 있다. ▶1문단

(1) 유난히 비행을 잘하거나 유난히 비행을 못하는 경우는 둘 다 흔치 않다. (2) 따라서 칭찬과 비판 여부에 상관없이 어느 조종사가 유난히 비행을 잘하거나 못했다면 그 다음 번 비행에서는 평균적인 수준으로 돌아갈 확률이 높다. (3) 평균적인 수준의 비행은 극도로 뛰어나거나 떨어지는 비행보다는 훨씬 빈번하게 나타난다. (4) 그러므로 어쩌다 뛰어난 비행을 한 조종사는 아마 다음 번 비행에서는 그보다 못할 것이다. (5) 어쩌다 실력을 발휘하지 못한 조종사는 아마 다음 번 비행에서 훨씬 나은 모습을 보여줄 것이다. ▶2문단

(1) 어떤 사건이 극단적일 때에 같은 종류의 다음 번 사건은 그만큼 극단적이지 않기 마련이다. (2) 예를 들어, 지능 지수가 아주 높은 부모가 있다고 하자. (3) 그 부모는 예외적으로 유전자들이 잘 조합되어 그렇게 태어났을 수도 있고 특별히 지능을 계발하기에 유리한 환경에서 자랐을 수도 있다. (4) 이 부모는 극단적인 사례이기 때문에 이들은 자기보다 지능이 낮은 자녀를 둘 확률이 높다. ▶3문단

① 비행 이후보다는 비행 이전에 칭찬을 해야 한다는 점을 깨닫지 못하는 오류

→ (×) ㉠은 칭찬을 한 다음 비행은 이전 비행보다 못하기에, 뛰어난 성과에 대해 칭찬하지 않는 것이 바람직하다는 추론이 가진 오류를 뜻한다.[1문단(4)] 즉, 칭찬을 언제 해야 하는지는 ㉠과 관련이 없다.

② 비행을 잘한 훈련생에게는 칭찬보다는 비판이 유효하다는 점을 깨닫지 못하는 오류

→ (×) ㉠은 칭찬과 비판의 효과 차이를 비교하는 것이 아니다. 다음 비행을 위해 잘한 비행을 칭찬하지 않는 것이 옳은 추론이 아님을 서술하는 것이다. 따라서 해당 선지는 오답이다.

③ 훈련에 충분한 시간을 투입하면 훈련생의 비행 실력은 향상된다는 점을 깨닫지 못하는 오류

→ (×) ㉠이 설명하는 오류는 유난히 잘한 비행 이후는 다시 평범한 비행으로 돌아갈 수밖에 없다는 것을 고려하지 못하는 점이다.[2문단(4)] 훈련에 투입되는 시간에 관한 내용은 지문에서 찾을 수 없다.

④ 훈련생의 비행에 대한 과도한 칭찬과 비판이 역효과를 낼 수 있다는 점을 깨닫지 못하는 오류

→ (×) ㉠은 칭찬과 비판의 정도가 비행에 어떤 영향을 미치는지에 대해 설명하고 있는 것이 아니다. 칭찬과 비판 여부와 상관없이, 어느 조종사가 유난히 비행을 잘하거나 못했다면 그 다음번 비행에서는 평균적인 수준으로 돌아갈 확률이 높다.[2문단(2)] 즉, 칭찬과 비판 자체가 비행 능력에 미치는 영향에 대해 설명하고 있는 것이 아니다.

⑤ 뛰어난 비행은 평균에서 크게 벗어난 사례라서 연속해서 발생하기 어렵다는 점을 깨닫지 못하는 오류

→ (O) 어떤 사건이 극단적일 때에 같은 종류의 다음번 사건은 그만큼 극단적이지 않기 마련이고[3문단(1)], 제시문에서 드러난 극단적인 사건은 흔치 않은 뛰어난 비행이다.[2문단(1)] 따라서 평균에서 크게 벗어난 사례보다 평균적인 수준의 비행이 훨씬 빈번하게 일어난다.[2문단(3)] 결국, 이러한 점을 깨닫지 못하고 그저 잘한 비행에 대해 칭찬을 하면 다음 비행이 이전 비행보다 못하다고 판단하는 것이 바로 ㉠의 의미이므로 해당 선지의 내용은 옳다.

제시문 분석

1문단 이스라엘 공군 소속 장교의 믿음

〈이스라엘 공군 소속 장교의 믿음〉		
〈칭찬을 할 경우〉		〈비판을 할 경우〉
실제로 훈련생들은 칭찬을 받고 나면 다음 번 비행이 이전 비행보다 못했다.(2)	⇔	장교들은 비행을 아주 못한 훈련생을 꾸짖으면 비판에 자극 받은 훈련생이 거의 항상 다음 비행에서 향상된 모습을 보여준다고 생각한다.(3)

→ 〈결론〉 장교들은 상급 장교에게 저조한 비행 성과는 비판하되 뛰어난 성과에 대해서는 칭찬하지 않는 게 바람직하다고 건의했다.(4)

2·3문단 이스라엘 공군 소속 장교들의 추론 오류

〈기본 논리〉

어떤 사건이 극단적일 때에 같은 종류의 다음번 사건은 그만큼 극단적이지 않기 마련이다.[3문단(1)]

〈추론의 오류〉

칭찬과 비판 여부에 상관없이 어느 조종사가 유난히 비행을 잘하거나 못했다면 그 다음번 비행에서는 평균적인 수준으로 돌아갈 확률이 높다.[2문단(2)]

〈뛰어난 비행〉		〈저조한 비행〉
어쩌다 뛰어난 비행을 한 조종사는 아마 다음번 비행에서는 그보다 못할 것이다.[2문단(4)]	⇔	어쩌다 실력을 발휘하지 못한 조종사는 아마 다음번 비행에서 훨씬 나은 모습을 보여줄 것이다.[2문단(5)]

합격자의 실전 풀이 순서

❶ 발문 읽기 및 문제 유형 파악

발문을 읽어보면 ㉠의 의미를 파악하는 내용추론유형임을 알 수 있다. 이러한 내용추론유형은 제시문에서 주어진 사례와 반례를 통해 ㉠에 들어갈 내용을 추론하는 문제이다. 한편으로 추론해야 하는 내용이 제시문의 주제문인 경우가 대부분이기 때문에, 내용추론유형도 넓게 보면 주제문 찾기 유형과 같다고 할 수 있다. 내용추론유형을 주제문 찾기 유형과 유사하다고 본다면, 이를 쉽게 풀기 위해서는 문단별 주요 문장을 찾아야 한다. 한 문단이 제시문의 주제문을 부연 설명하고 있다면, 해당 문단의 주요 문장 역시 제시문의 주제문과 같은 내용일 확률이 매우 높기 때문이다. 문단별 주요 문장을 찾는 방법으로는 '즉', '결국', '따라서', '요컨대'와 같은 접속어를 찾거나, 문단의 맨 앞 또는 뒤에 존재하는 문장을 읽어보는 방법이 있다. 또는 예시를 들어 설명하고자 하는 문장이 주요 문장인 경우도 있다.

❷ 제시문을 읽고 정답 고르기

앞서 언급하였듯이 내용추론유형은 제시문에서 주어진 사례와 반례를 통해 ㉠에 들어갈 내용을 추론해야 한다. 제시문의 내용이 ㉠의 반례인지, 사례인지는 문맥을 통해 파악해야 한

다. 또한, 주어진 사례를 ㉠에 적용하기 위해 요약할 때는 문단 내의 주요 문장을 찾아야 한다.

㉠이 있는 1문단 (5)문장은 '하지만'이라는 접속어로 시작하며 '이러한 추론의 이면에는 오류가 있다'라는 내용이므로, 해당 문장 앞의 내용은 ㉠의 반례임을 알 수 있다. 1문단의 ㉠ 앞의 내용을 요약해보자면, 비행을 잘한 훈련생을 칭찬하면 실력이 하락하고, 비행을 잘못한 훈련생을 꾸짖으면 실력이 향상된다는 내용이다. 즉, ㉠에는 이러한 추론을 반박하는 내용이 들어가야 한다.

이어서 2문단과 3문단은 ㉠에 대한 부연 설명에 해당하므로, 해당 문단의 주요 문장이 ㉠과 일맥상통할 것을 추론할 수 있다. 따라서 해당 문단들의 주요 문장을 찾아보면, 2문단에서는 '따라서'라는 접속어로 시작하는 2문단 (2) 문장을, 3문단에서는 뒤 문장에서 예시를 들어 설명하고자 하는 3문단 (1) 문장을 주요 문장으로 꼽을 수 있다. 해당 문장들은 모두 극단적인 사례 이후에는 평균적인 수준으로 돌아간다는 내용을 담고 있다. 1문단의 공군 장교 사례를 반박하면서, 2문단과 3문단의 주요 문장과 같은 내용을 담고 있는 선지는 ⑤번 선지이다. 즉, ⑤번이 답임을 알 수 있다.

합격자의 시간단축 Tip

Tip ❶ 주제문 찾는 법 익히기

제시문의 주제문과 문단 내의 주요 문장을 찾는 법은 본 문제와 같은 내용추론유형뿐만 아니라, 빈칸 채우기 유형, 강화약화유형 등 다양한 유형의 문제풀이에 유용하게 사용된다. 따라서 주제문을 찾는 몇 가지 방법을 체화해두고 중요한 문장이 나올 때마다 해당 문장을 별표나 괄호 표시를 통해 시각적으로 강조해둘 필요가 있다. 주제문을 쉽게 찾는 방법으로는 '즉', '결국', '따라서', '요컨대'와 같은 접속어를 찾거나, 문단의 맨 앞 또는 뒤에 존재하는 문장을 읽어보는 방법이 있다. 또는 본 문제의 3문단과 같이 예시를 들어 설명하고자 하는 문장이 주요 문장인 경우도 있다. 이외에도 '무엇보다도', 'A가 아닌 B'와 같이 중요한 내용이 주로 나오는 표현들에 주목하는 방법이 있다. 가장 쉬우면서도 유용한 방법으로는 '그러나', '그런데'와 같은 전환을 의미하는 접속어를 찾는 것이다. 전환의 접속어 뒤에 주제문이 자주 나오는 이유는 일반적인 사회적 관념을 먼저 제시하고, 사회적 관념을 반박함으로써 주제문을 극적으로 강조하는 글이 많기 때문이다.

Tip ❷ 지문과 관련된 배경지식을 쌓아 두자.

확률적 대칭 구조와 사건 간 독립이라는 확률개념을 이해하면 좋다.

해당 제시문의 〈오류〉는 유난히 잘하거나 / 유난히 못 하는 경우는 확률적으로 대칭이라는 전제 위에 성립한다. 이런 구조를 이해하고 있으면 해당 지문은 상당히 쉽게 이해할 수 있다.

덧붙여 해당 제시문과는 반대의 내용이지만, 〈도박사의 오류〉라는 확률적 개념은 기존에 a라는 사건이 일어났을 때, 그다음 회차에 특정 사건이 일어날 확률은 a사건 발생과 독립적이라는 개념이다. 이는 매우 중요한 오류이며 적성시험에 이미 출제된 바 있다. 따라서 해당 개념이 또다시 실전에서 출제될 것에 대비하기 위하여 〈도박사의 오류〉를 검색하여 배경지식을 숙지하도록 한다. 확률 관련 지문은 배경지식 없이 1~2분 만에 핵심을 파악하기는 어렵다.

078 정답 ⑤

난이도 ●●○

문제유형 비판적 사고 > 판단하기

접근전략 원리 적용 유형은 특정한 명제가 도출되기까지 사용된 논리학 원리를 묻는 유형이다. 명제 합치기 유형과 유사한 면이 있지만, 수험생이 논리학에 얼마나 익숙한지 직접적으로 묻는다는 점에서 다르다. 이런 문제는 논증의 전제와 연결을 지문이나 선지 근처 여백 공간에 쓰면서 나아가야 한다. 문법적으로 비문이 많아서 독해 속도가 현격히 느려지고, 또한 그 내용이 합리적이거나 상식적이지 않은 경우가 많기 때문이다. 따라서 내용을 빠르게 기호화하면서 정답에 최대한 근접하도록 한다.

다음 글에 대한 분석으로 적절한 것만을 〈보기〉에서 모두 고르면?

(1) 어떤 사람이 당신에게 다음과 같이 제안했다고 하자. (2) 당신은 호화 여행을 즐기게 된다. (3) 다만 먼저 10만 원을 내야 한다. (4) 여기에 하나의 추가 조건이 있다. (5) 그것은 제안자의 말인 아래의 (1)이 참이면 그는 10만 원을 돌려주지 않고 약속대로 호화 여행은 제공하는 반면, (1)이 거짓이면 그는 10만 원을 돌려주고 약속대로 호화 여행도 제공한다는 것이다.

(1) (6) 나는 당신에게 10만 원을 돌려주거나 ⓐ 당신은 나에게 10억 원을 지불한다.

(7) 당신은 이 제안을 받아들였고 10만 원을 그에게 주었다. (8) 이때 어떤 결과가 따르는지 검토해 보자. (9) (1)은 참이거나 거짓일 것이다. (10) (1)이 거짓이라고 가정해 보자. (11) 그러면 추가 조건에 따라 그는 당신에게 10만 원을 돌려준다. (12) 또한, 가정상 (1)이 거짓이므로, ㉠ 그는 당신에게 10만 원을 돌려주지 않는다. (13) 결국 (1)이 거짓이라고 가정하면 그는 당신에게 10만 원을 돌려준다는 것과 돌려주지 않는다는 것이 모두 성립한다. (14) 이는 가능하지 않다. (15) 따라서 ㉡ (1)은 참일 수밖에 없다. (16) 그런데 (1)이 참이라면 추가 조건에 따라 그는 당신에게 10만 원을 돌려주지 않는다. (17) 따라서 ⓐ가 반드시 참이어야 한다. (18) 즉, ㉢ 당신은 그에게 10억 원을 지불한다.

보기

ㄱ. ㉠을 추론하는 데는 'A이거나 B'의 형식을 가진 문장이 거짓이면 A도 B도 모두 반드시 거짓이라는 원리가 사용되었다.
→ (O) 'A이거나 B'는 다르게 말하면, A는 참이고 B는 거짓인 경우, A와 B 모두 참인 경우, A는 거짓이고 B는 참인 경우를 모두 합친 것이다. 따라서 이것이 거짓이면 A와 B 모두 반드시 거짓이 된다(1). 역시 A=당신에게 10만 원을 돌려주거나, B=당신은 나에게 10억 원을 지불한다(6)로, 'A이거나 B'의 형식이다. 따라서 (1)이 거짓이라면 A와 B 모두 거짓이 되므로, 그는 당신에게 10만 원을 돌려주지 않는다. 따라서 해당 선지의 분석은 옳다.

ㄴ. ㉡을 추론하는 데는 어떤 가정 하에서 같은 문장의 긍정과 부정이 모두 성립하는 경우 그 가정의 부정은 반드시 참이라는 원리가 사용되었다.
→ (O) (1)이 거짓인 경우를 명제화해 본다면 '내가 당신에게 10만 원을 돌려주지 않고 당신이 나에게 10억 원을 지불하지 않는다면, 내가 당신에게 10만 원을 돌려주거나 호화 여행을 제공한다.'인데 이 경우 명제 내에서 같은 문장이 각각 긍정 및 부정되기 때문에 모순이 일어났고, 가정부분인 (1)을 다시 부정하여(즉, 가정을 부정함) (1)을 참으로 보고(15) 이를 해소했다. 따라서 해당 선지의 분석은 옳다.

ㄷ. ⓒ을 추론하는 데는 'A이거나 B'라는 형식의 참인 문장에서 A가 거짓인 경우 B는 반드시 참이라는 원리가 사용되었다.

➜ (O) (1)을 A=당신에게 10만 원을 돌려주거나, B=당신은 나에게 10억 원을 지불한다(6)로, 'A이거나 B'의 형식으로 보고, (1)이 참인 경우를 명제화해보면 '내가 당신에게 10만 원을 주거나(A) 당신이 나에게 10억 원을 지불한다면(B), 내가 당신에게 10만 원을 돌려주지 않거나(~A) 호화 여행을 제공한다'라 할 수 있다. 이때 가정 부분이 참인 상황이지만(15) A를 참으로 보게 되면 모순이 일어나므로 B라도 반드시 참이 되어야 한다는 원리로부터 ⓒ이 도출됐으므로 이는 적절하다.

① ㄱ ➜ (×)
② ㄷ ➜ (×)
③ ㄱ, ㄴ ➜ (×)
④ ㄴ, ㄷ ➜ (×)
⑤ ㄱ, ㄴ, ㄷ ➜ (O)

제시문 분석

상황

〈제안〉			
당신은 호화 여행을 즐기게 된다.(2) 다만 먼저 10만 원을 내야 한다.(3)			
〈추가 조건〉	(1) 나는 당신에게 10만 원을 돌려주거나 당신은 나에게 10억 원을 지불한다.(6)	〈참인 경우〉	그는 10만 원을 돌려주지 않고 약속대로 호화 여행은 제공(5)
		〈거짓인 경우〉	그는 10만 원을 돌려주고 약속대로 호화 여행도 제공(5)

➜ 당신은 이 제안을 받아들였고 10만 원을 그에게 주었다.(7)

결과

(1)이 거짓인 경우(10)
추가 조건에 따라 그는 당신에게 10만 원을 돌려준다.(11)
↓
가정상 (1)이 거짓이므로, 그는 당신에게 10만 원을 돌려주지 않는다.(12)
↓
결국 (1)이 거짓이라고 가정하면 그는 당신에게 10만 원을 돌려준다는 것과 돌려주지 않는다는 것이 모두 성립한다.(13) 그러나 이는 가능하지 않음(14)
↓
따라서 (1)은 참일 수밖에 없다.(15)

(1)이 참인 경우(15)
추가 조건에 따라 그는 당신에게 10만 원을 돌려주지 않는다.(16)
↓
따라서 ⓐ가 반드시 참이어야 한다.(17)
↓
즉, ⓒ 당신은 그에게 10억 원을 지불한다.(18)

합격자의 실전 풀이 순서

원리 적용 유형

⓿ 유형 식별하기

원리 적용 유형의 발문은 평범하지만, 지문과 보기·선지에 특징이 있다.

- 지문: 논리학을 소재로 하며, 중간중간 별도의 밑줄과 기호로 강조된 문장들이 있음
- 보기·선지: '~의 원리가 사용되었다.' 등의 표현이 사용되며, 해당 원리는 논리학의 기초 지식을 요구함

❶ 지문 이해하기

원리 적용 유형을 식별했다면, 지문이 어떤 논증을 펼치고 있는지 이해하는 것이 다음이다.

이때, 논리구조를 필기하는 것은 필수적인 작업이다. 물론 수험생 중 일부는 논리논증에 정말 자신이 있어서 암산으로 빠르게 풀 수 있겠지만, 대다수의 수험생은 그렇게 풀면 안 된다. 설령 풀 수 있다고 쳐도 실수할 확률이 30%p 이상 올라가기 때문이다.

여기에서는 논리기호를 사용해 간략화하는 방법을 소개한다. 아래는 1문단의 '추가 조건'과 명제 (1)을 정리한 내용이다.

- 추가 조건: {(1) → ~(+10만 원)∩호화 여행}∪{~(1) → (+10만 원)∩호화 여행}
- (1): (+10만 원)∪(−10억 원)

위와 같은 정리를 바탕으로 2문단 이하의 논증을 따라간다. 만약 (1)이 거짓이라면, 추가 조건의 '~(1) → (+10만 원)∩호화 여행'에 따라 10만 원을 돌려주어야 한다. 그러나 동시에 ~(+10만 원)∩~(−10억 원)이 참이 되므로 ㉠이 성립하는 것이다. ~(+10만 원)∩(+10만 원)은 성립할 수 없으므로 (1)은 거짓이 될 수 없다. 결국 ㉡이 성립하게 된다.

그런데 (1)이 참이라면, 추가 조건의 '(1) → ~(+10만 원)∩호화 여행'에 따라 10만 원을 돌려주지 않는다. 이로 인해 (−10억 원)이 참이 되어 ㉢이 성립한다.

❷ 보기 적용하기

지문의 논증을 이해했다면 보기를 적용할 차례다. 앞선 단계를 제대로 밟았다면 이 단계에는 긴 시간이 소요되지 않을 것이다. 본 유형이 첫인상보다 쉽다는 것을 알 수 있다. 각 보기에 대해서는 앞서 해설에서 설명하였으므로, 여기에서는 자세히 다루지 않겠다.

합격자의 시간단축 Tip

Tip ❶ 논리퀴즈 문제의 명제화

비문학의 유형을 띄고 있지만 사실상 논리퀴즈 유형인 경우, 각 문장들을 신속히 명제화하여 그들 간의 관계를 위주로 정리하면서 내용을 읽도록 하자. 선지들 또한 관계가 정리된 명제들을 중심으로 판단하게 되어있기 때문이다. 이 같은 방식은 단순히 그 방식을 안다고 해서 쉽게 적용되는 것이 아니라, 연습을 통해 체득되는 것이므로 이러한 유형을 마주할 때마다 쉬운 문제일지라도 연습하는 습관을 들이도록 하자. 그러나, 실전에서는 굳이 명제화하지 않고 쉽게 풀 수 있는 문제라면 구태여 그렇게 할 필요는 없다. 다만, 논리퀴즈 형식의 어려운 문제가 출제되었을 때 남들보다 빠르고 정확히 풀 수 있는 이점을 얻을 수 있기 때문에 연습 단계에서는 명제화를 이용하도록 하자.

Tip ❷ 논리논증 지문을 쉽게 풀려면 몇 가지 유명한 역설은 익혀 둔다.

해당 역설은 소피스트의 역설로, 논변 수업에 관한 재미있는 역설이다. 사실 PSAT이나 NCS에 나오는 논리적 역설의 출제범위는 절대 유명한 역설 10개 이하를 벗어나지 않는다. 최소한 지금까지는 그래왔다. (심지어 같은 역설이 반복 출제된 적은 있음에도 불구하고) 따라서 사자성어나 엑셀 함수 몇 개 외운다고 생각하고 빈출되는 역설 몇 가지를 외워 놓으면 논리퀴즈와 지문 이해에 도움이 될 것이다.

079 정답 ❷

난이도 ●●●

문제유형 비판적 사고 > 판단하기

접근전략 '글 또는 특정 부분에 대한 평가'를 묻는 문제는 대체로 '강화하느냐', 또는 '약화하느냐'를 묻는다. 선지의 판단은 '일치/불일치/추론 가능/무관 여부'로 갈리게 되니 너무 복잡하게 생각할 필요 없이 제시문 독해에 집중하고, 선지 판단 기준을 단순화해서 풀도록 하자. 이 기준은 아래 실전 풀이를 참고한다.

다음 글의 ㉠과 ㉡에 대한 평가로 적절한 것만을 〈보기〉에서 모두 고르면?

(1) 연역과 귀납, 이 두 종류의 방법은 지적 작업에서 사용될 수 있는 모든 추론을 포괄한다. (2) 철학과 과학을 비롯한 모든 지적 작업에 연역적 방법이 필수적이라는 것을 부정하는 사람은 아무도 없다. (3) 귀납적 방법의 경우 사정은 크게 다르다. (4) 귀납적 방법이 철학적 작업에 들어설 여지가 없다고 믿는 사람이 있는가 하면, 한 걸음 더 나아가 어떠한 지적 작업에도 귀납적 방법이 불필요하다고 주장하는 사람들도 있다. ▶1문단

(1) ㉠ 귀납적 방법이 철학이라는 지적 작업에서 불필요하다는 견해는 독단적인 철학관에 근거한다. (2) 이런 견해에 따르면 철학적 주장의 정당성은 선험적인 것으로, 경험적 지식을 확장하기 위해 사용되는 귀납적 방법에 의존할 수 없다. (3) 그러나 이런 견해는 철학적 주장이 경험적 가설에 의존해서는 안 된다는 부당하게 편협한 철학관과 '귀납적 방법'의 모호성을 딛고 서 있다. (4) 실제로 철학사에 나타나는 목적론적 신 존재 증명이나 외부 세계의 존재에 관한 형이상학적 논증 가운데는 귀납적 방법인 유비 논증과 귀추법을 교묘히 적용하고 있는 것도 있다. ▶2문단

(1) ㉡ 모든 지적 작업에서 귀납적 방법의 필요성을 부정하는 견해는 중요한 철학적 성과를 낳기도 하였다. (2) 포퍼의 철학이 그런 사례 가운데 하나이다. (3) 포퍼는 귀납적 방법의 정당화 가능성에 관한 회의적 결론을 받아들이고, 과학의 탐구가 귀납적 방법으로 진행된다는 견해는 근거가 없음을 보인다. (4) 그에 따르면, 과학의 탐구 과정은 연역 논리 법칙에 따라 전개되는 추측과 반박의 작업으로 이루어진다. (5) 이런 포퍼의 이론은 귀납적 방법의 필요성에 대한 전면적인 부정이 낳을 수 있는 흥미로운 결과 가운데 하나라고 할 수 있다. ▶3문단

• 보기 •

ㄱ. 과학의 탐구가 귀납적 방법에 의해 진행된다는 주장은 ㉠을 반박한다.
→ (×) 과학의 탐구가 귀납적 방법에 의해 진행된다는 주장은 ㉠이 아니라 ㉡을 반박한다. ㉡의 예시는 포퍼의 철학으로, 포퍼가 과학의 탐구가 귀납적 방법으로 진행된다는 견해는 근거가 없음을 보였기 때문이다.[3문단(3)] ㉠은 귀납적 방법이 과학이 아니라, 철학에서 필요하지 않다고 말하고 있다.[2문단(2)]

ㄴ. 철학의 일부 논증에서 귀추법의 사용이 불가피하다는 주장은 ㉡을 반박한다.
→ (○) 귀추법은 귀납적 방법의 일부인데[3문단(4)], ㉡은 철학을 포함한 모든 지적 작업에서 귀납적 방법의 필요성을 부정한다.[3문단(1)] 따라서 해당 선지의 내용은 옳다.

ㄷ. 연역 논리와 경험적 가설 모두에 의존하는 지적 작업이 있다는 주장은 ㉠과 ㉡을 모두 반박한다.
→ (×) 경험적 가설은 귀납적 방법을 뜻하며[2문단(2)], 이는 ㉡은 반박 가능하지만 ㉠은 반박할 수 없다. ㉡은 모든 지적 작업에서 귀납적 방법이 불필요하다고 주장하는데[3문단(1)], ㄷ에서는 연역 논리와 귀납적 방법에 모두 의존하는 지적 작업이 있다고 말하고 있기에 ㄷ은 ㉡의 내용과 상충하기 때문이다. 그러나 ㉠은 철학에서 귀납적 방법이 불필요하다고 말하고 있다.[2문단(1)] 따라서 ㄷ의 지적 작업이 철학적 작업인지는 제시되어 있지 않기 때문에 ㄷ은 ㉠을 반박할 수 없다.

① ㄱ → (×)
② ㄴ → (○)
③ ㄱ, ㄷ → (×)
④ ㄴ, ㄷ → (×)
⑤ ㄱ, ㄴ, ㄷ → (×)

제시문 분석

1문단 연역과 귀납에 대한 평가

〈연역〉	〈귀납〉
철학과 과학을 비롯한 모든 지적 작업에 연역적 방법이 필수적이라는 것을 부정하는 사람은 아무도 없다.(1)	귀납적 방법이 철학적 작업에 들어설 여지가 없다고 믿는 사람이 있는가 하면, 한 걸음 더 나아가 어떠한 지적 작업에도 귀납적 방법이 불필요하다고 주장하는 사람들도 있다.(4)

2문단 ㉠ 귀납적 방법이 철학이라는 지적 작업에서 불필요하다는 견해

〈견해 설명〉		〈반박〉
독단적인 철학관에 근거(1)	⬌	철학적 주장이 경험적 가설에 의존해서는 안 된다는 부당하게 편협한 철학관과 '귀납적 방법'의 모호성(3)
철학적 주장의 정당성은 선험적인 것으로, 경험적 지식을 확장하기 위해 사용되는 귀납적 방법에 의존할 수 없다.(2)		실제로 철학사에 나타나는 목적론적 신 존재 증명이나 외부 세계의 존재에 관한 형이상학적 논증 가운데는 귀납적 방법인 유비 논증과 귀추법을 교묘히 적용하고 있는 것도 있다.(4)

3문단 ㉡ 모든 지적 작업에서 귀납적 방법의 필요성을 부정하는 견해

〈포퍼의 부정〉		〈과학 탐구 과정〉		〈포퍼 반박의 의의〉
포퍼는 귀납적 방법의 정당화 가능성에 관한 회의적 결론을 받아들이고, 과학의 탐구가 귀납적 방법으로 진행된다는 견해는 근거가 없음을 보인다.(3)	→	과학의 탐구 과정은 연역 논리 법칙에 따라 전개되는 추측과 반박의 작업으로 이루어진다.(4)	→	포퍼의 이론은 귀납적 방법의 필요성에 대한 전면적인 부정이 낳을 수 있는 흥미로운 결과 가운데 하나(5)

합격자의 실전 풀이 순서

강화약화 유형

❶ 유형 식별하기

- 발문: 다음 논쟁/학설/의견…에 대한 평가/설명/판단…으로 적절한 것은?
- 선지 또는 보기: 사례가 적용 가능한지, 사례를 반박하는지 등을 물음

❷ 대상 파악하기

강화약화 유형에서는 가장 먼저 강화/약화의 대상이 무엇인지 확인해야 한다. 그리고, 대상의 내용을 정확히 이해해야 한다.

본 문제를 풀어보자. 먼저 발문을 확인한다.

(1) 발문 확인

> 다음 글의 ㉠와 ㉡에 대한 평가로 적절한 것만을 〈보기〉에서 모두 고르면?

평가의 대상이 지문에 밑줄로 강조된 견해 ㉠과 ㉡임을 알 수 있다. 또한, 선지에서 ㉠과 ㉡이 반박의 대상이 된다는 것을 알 수 있으므로 여기에 집중해야 함을 알 수 있다. ㉠와 ㉡에 대한 자세한 설명은 지문에 나와 있을 것이므로 곧바로 지문으로 내려간다.

(2) 지문에서 대상 확인

여기서 핵심 키워드는 '견해', '주장', '근거' 등이 있다. 잘 구분해서 표시하되, 최소한의 화살표 구조에 대한 이해는 필요하다(무엇이 무엇을 수식하는지에 대하여) 키워드로 생각되는 부분에 동그라미를 치는 등 시각적 표시를 할 수도 있다.

지문에서 우선 ㉠와 ㉡의 공통점과 차이점에 주목한다. 둘 다 귀납적 방법을 불필요하다고 여기고 있다. 이것이 공통점이다. 그렇다면 둘은 완전히 같은 주장일까? 같은 주장이라면 밑줄을 두 번 쳤을 리 없다. 혹시나 차이점을 발견하지 못했다면 이 점에 유념하도록 한다. 차이점은 '철학'과 '모든 지적 작업'이다.

❸ 보기 판단하기

지문의 실험 구조를 파악했다면, 보기 또는 선지를 하나씩 읽고 옳은지 여부를 확인한다. 본 문제는 각 보기에 제시되는 주장이 견해 ㉠과 ㉡을 평가하는 구조이다.

(1) 대상을 강화함

대상과 합치하거나, 동일한 내용이다. 다만 본 문제에는 이에 해당하는 보기가 없다.

(2) 대상을 약화함

대상의 반례에 해당하거나 상충하는 내용이다.

예 철학 일부 논증에서 귀추법이 불가피하다는 보기 ㄴ의 주장 → 모든 지적 작업에서 귀납적 방법의 필요성을 부정하는 ㉡의 반박에 해당함

(3) 강화도 약화도 하지 않음

가장 유의해야 하는 경우로, 대상과 아무 관련이 없는 정보를 서술한다. 지문과 보기가 주는 정보만으로 관련성이 추론된다고 착각하면 오답이 된다.

예 귀납적 방법이 과학에서 사용된다는 보기 ㄱ의 주장 → 귀납적 방법이 철학에서 불필요하다는 ㉠의 견해와 아무 관련이 없음

합격자의 시간단축 Tip

Tip ❶ 평가로 적절한 것을 묻는 문제의 선지 구성

평가를 묻는 문제의 선지는 대부분 약화하느냐/강화하느냐(또는 약화하지 않느냐/강화하지 않느냐)를 묻게 되는데, 이 경우 추론할 수 있는 것을 고르라는 문제로 보고 풀이 기준은 단순화해서 기계적으로 풀면 문제풀이 시간을 크게 줄일 수 있다. 그 기준은 아래 표를 참고하자. 표에 있는 표현과 똑같은 말은 아닐지라도 결국 둘 중 하나로 볼 수 있게 된다. 예를 들어, 해당 문제 선지에 있는 '반박한다'는 '약화한다'로 볼 수 있다는 것이다.

A가 강화한다.	A가 본문 내용과 일치 또는 본문 내용으로부터 추론 가능
A가 강화하지 않는다.	A가 추론될 근거 없음 또는 A가 본문 내용과 상충하거나 무관함
A가 약화한다.	A가 본문 내용과 상충
A가 약화하지 않는다.	A가 본문으로부터 추론 가능 또는 일치하거나 무관함

Tip ❷ 벤 다이어그램을 그려서 풀어본다.

벤 다이어그램은 이와 같은 단순한 논증에서 매우 강력한 직관을 제공해준다. 이런 문제에 유난히 약하다면 벤 다이어그램을 그려서 푸는 연습을 하자. 웬만한 논증문은 논리 기호를 쓰지 않고도 바로 해석이 가능하게 될 것이다.

이 문제의 경우 철학－모든 생각 간의 포함관계가 있다. 이를 바탕으로 그려놓고 다시 지문을 읽어보자.

Tip ❸ 인문학적 단어에 익숙해져야 한다.

연역과 귀납이라는 단어는 너무나도 보편적으로 쓰이기 때문에 당연히 알고 있어야 한다(혹시라도 본인이 모르고 있었다면 이 기회에 반드시 학습한다). 그런데 '지적 작업', '선험적', '경험적인 지식', '정당화', '목적론적 신', '존재 증명' 등등의 단어는 일상적으로 쓰이지 않는, 어렵고 낯선 단어들이다.

그렇다고 이 단어들의 뜻을 알아야 할까? 아니다. 이들을 자신이 아는 일상적인 단어로 바꿔서 알아듣는 것이 중요하다. 예컨대 '선험적'과 '경험적'은 '사전', '사후'로 바꿔 읽을 수 있고, 목적론적 신은 '인간을 초월한 신'으로 바꿔 읽을 수 있다. 이런 식으로 철학적인 단어는 사실 일상적인 단어를 어렵게 표현한 것에 불과하다.

그렇다면 이들을 어떻게 알아들을 수 있을까? 두 가지 방법을 제시하고자 한다.

(1) 해당하는 영어 단어나 한자를 생각해본다.

구체적인 영어 단어는 몰라도 된다. 단지 '번역한다면 어떻게 할 수 있을까? 좀 더 다양한 의미를 가지지는 않을까?' 하는 문제의식이 단어를 알아듣는 데 도움이 된다. 예컨대 '경험적'이라는 말은 '경험해야 알 수 있는'이라고 바꿔볼 수 있고, 이렇게 번역이 가능할 것이다.

(2) 결론에 짜 맞춰서 해석하는 기법이 있다.

예컨대 '지적 작업'이라는 단어를 몰라도, 최소한 철학보다 넓

은 범위라는 것은 맞다. 만약 더 '좁은' 범위라면 '모든 지적 작업'이라고 명명할 수 없다. 이런 식으로 일단 자신이 특정한 결론을 내리고 단어를 해석해본 다음, 그것이 틀리다 싶으면 재빨리 반대해석으로 넘어가 본다. 2문단 3의 '회의적 결론'이라는 단어도 이 방식으로 해석해보자.

080 정답 ⑤ 난이도 ●●○

문제유형 법조문형 > 규정확인

접근전략 법조문 유형 중 규정을 바탕으로 선지에서 옳은 것을 고르는 규정확인문제이다. 법조문 유형을 풀 때는 조문의 구체적인 내용을 독해하는 것보다, 법조문의 구조를 파악한 후 선지에서 묻고 있는 정보를 찾아 올라가는 형태로 푸는 것이 좋다. 본 문제의 경우, 3년과 2개월 등 기간이 등장한다는 점, 등록 취소/시정에 있어 재량과 의무여부가 등장한다는 점, 수입식품에 대해 검사가 이뤄지며 행정청인 〈식약처장〉과 검사를 받는 〈수입신고하려는 자(업소포함)〉이라는 주체-대상 관계가 존재한다는 것에 유의하며 조문을 독해한다.

다음 글을 근거로 판단할 때 옳은 것은?

제○○조 ① 수입신고를 하려는 자(업소를 포함한다)는 해당 수입식품의 안전성 확보 등을 위하여 식품의약품안전처장이 정하는 기준에 따라 해외제조업소에 대하여 위생관리 상태를 점검할 수 있다.

② 제1항에 따라 위생관리 상태를 점검한 자는 식품의약품안전처장에게 우수수입업소 등록을 신청할 수 있다.

③ 식품의약품안전처장은 제2항에 따라 신청된 내용이 식품의약품안전처장이 정하는 기준에 적합한 경우에는 우수수입업소 등록증을 신청인에게 발급하여야 한다.

④ 우수수입업소 등록의 유효기간은 등록된 날부터 3년으로 한다.

⑤ 식품의약품안전처장은 우수수입업소가 다음 각 호의 어느 하나에 해당하는 경우에는 그 등록을 취소하거나 시정을 명할 수 있다. 다만 우수수입업소가 제1호에 해당하는 경우에는 등록을 취소하여야 한다.

1. 거짓이나 그 밖의 부정한 방법으로 등록된 경우
2. 수입식품 수입·판매업의 시설기준을 위배하여 영업정지 2개월 이상의 행정처분을 받은 경우
3. 수입식품에 대한 부당한 표시를 하여 영업정지 2개월 이상의 행정처분을 받은 경우

⑥ 제5항에 따라 등록이 취소된 업소는 그 취소가 있은 날부터 3년 동안 우수수입업소 등록을 신청할 수 없다.

제○○조 ① 식품의약품안전처장은 수입신고된 수입식품에 대하여 관계공무원으로 하여금 필요한 검사를 하게 하여야 한다.

② 식품의약품안전처장은 수입신고된 수입식품이 다음 각 호의 어느 하나에 해당하는 경우에는 제1항에도 불구하고 수입식품의 검사 전부 또는 일부를 생략할 수 있다.

1. 우수수입업소로 등록된 자가 수입하는 수입식품
2. 해외우수제조업소로 등록된 자가 수출하는 수입식품

① 업소 甲이 우수수입업소 등록을 신청하기 위해서는 식품의약품안전처장이 정하는 기준에 따라 국내 자기업소에 대한 위생관리 상태를 점검하여야 한다.

➜ (×) 제1조 제1항에 따라 수입신고를 하려는 업소는 해당 수입식품의 안전성 확보 등을 위하여 식품의약품안전처장이 정하는 기준에 따라 해외제조업소에 대하여 위생관리 상태를 점검할 수 있고, 제1항에 따라 위생관리 상태를 점검한 자는 우수수입업소 등록을 신청할 수 있다. 따라서 업소 甲은 우수수입업소 등록 신청을 위하여 해외제조업소에 대하여 위생관리 상태를 점검하여야 하며, 국내 자기업소에 대한 위생관리 상태는 점검하지 않아도 된다.

② 업소 乙이 2020년 2월 20일에 우수수입업소로 등록되었다면, 그 등록은 2024년 2월 20일까지 유효하다.

➜ (×) 제1조 제4항에 따르면 우수수입업소 등록의 유효기간은 등록된 날부터 3년이다. 업소 乙이 2020년 2월 20일에 우수수입업소로 등록되었다면, 그 등록은 2024년이 아닌 2023년 2월 20일까지 유효하다. 4년을 가리키는 조항이 있는지(4년 또는 3년 이상/초과)를 체크해보는 것이 좋다.

③ 업소 丙이 부정한 방법으로 우수수입업소로 등록된 경우 식품의약품안전처장은 등록을 취소하지 않고 시정을 명할 수 있다.

➜ (×) 제1조 제5항 단서 및 제1호에 따르면 식품의약품안전처장은 우수수입업소가 거짓이나 그 밖의 부정한 방법으로 등록된 경우에는 그 등록을 취소하여야 한다. 따라서 업소 丙이 부정한 방법으로 우수수입업소로 등록된 경우 식품의약품안전처장은 반드시 丙의 등록을 취소하여야 한다.

④ 우수수입업소 丁이 수입식품 수입·판매업의 시설기준을 위배하여 영업정지 1개월의 행정처분을 받았다면, 그 때로부터 3년 동안 丁은 우수수입업소 등록을 신청할 수 없다.

➜ (×) 제1조 제5항에 따르면 우수수입업소가 수입식품 수입·판매업의 시설기준을 위배하여 영업정지 2개월 이상의 행정처분을 받은 경우 식품의약품안전처장은 그 등록을 취소하거나 시정을 명할 수 있다. 또한, 동조 제6항에 따르면 그 중 등록이 취소된 업소는 그 취소가 있은 날부터 3년 동안 우수수입업소 등록을 신청할 수 없다. 따라서 우수수입업소 丁이 수입식품 수입·판매업의 시설기준을 위배하여 영업정지 1개월의 행정처분을 받았다면, 식품의약품안전처장은 그 등록을 취소할 수 없고, 따라서 丁은 기간에 상관없이 우수수입업소 등록을 신청할 수 있다.

⑤ 식품의약품안전처장은 우수수입업소 戊가 수입신고한 수입식품에 대한 검사를 전부 생략할 수 있다.

➜ (○) 제2조 제2항 제1호에 따르면 식품의약품안전처장은 수입신고된 수입식품이 우수수입업소로 등록된 자가 수입하는 수입식품인 경우에는 수입식품의 검사 전부 또는 일부를 생략할 수 있다. 따라서 식품의약품안전처장은 우수수입업소 戊가 수입신고한 수입식품에 대하여는 검사를 전부 생략할 수 있다.

합격자의 실전 풀이 순서

❶ 문제 유형 파악

본 문제의 경우 제시문으로 법조문이 주어졌으므로 법조문 유형임을 쉽게 알 수 있다. 특히 법조문 유형 중에서도 규정을 바탕으로 옳은 선지를 고르는 규정확인문제이다. 법조문 유형은 조문의 구체적인 내용을 독해하는 것보다, 법조문의 구조를 파악한 후 선지에서 묻고 있는 정보를 찾아 올라가는 형태로 푸는 것이 좋다. 또한, 본 문제가 옳은 것을 고르는 문제라는 것을 인지하기 위해 "옳은"이라는 단어에 밑줄이나 동그라미 등 표시를 한다.

다음 글을 근거로 판단할 때 옳은 것은?

❷ **법조문 구조 분석**

구조 분석이란 각 조문의 내용 및 조문 간 관계를 이해하는 것이다. 법조문 전체를 읽되, 세부적인 내용을 기억하기 보다는 어떤 정보가 있는지 파악하는 것에 중점을 둔다. 이때 기호를 적절히 활용할 수 있다. 또한, 이러한 분석 과정을 거치며 선지에 등장할만한 부분을 발견할 수 있다. 본문의 규정은 두 개의 조로 구성되어 있다. 조문의 제목이 없으므로 읽으면서 키워드를 파악한다. 가독성을 높이기 위해 가로선으로 각 조를 구분하고, '1, 2'로 숫자를 써둔다. 이하 편의상 첫 번째 조부터 '제1조', '제2조' 등으로 표기한다.

제1조 제1항은 수입신고를 하려는 자가 해외제조업소의 위생관리 상태를 점검할 수 있음을 규정하고 있다. 제2항은 위생관리 상태 점검 이후 우수수입업소의 등록을 신청하는 조항이다. 제3항은 우수수입업소의 등록증 발급에 대한 조항이고, 주체는 '식품의약품안전처장'이며 강행규정임에 유의한다. 제4항은 등록의 유효기간을 3년으로 규정하고 있으므로 이에 표시한다. 제5항은 등록의 취소 또는 시정명령에 대한 조항인데, 제1호의 경우 취소 의무를 규정하는 단서조항이 있다. 즉, 제1호는 기속, 제2호 및 3호는 재량규정이 된다. 최근 재량과 기속을 구분하는 선지가 자주 출제되고 있으므로 이에 유의한다. 제6항은 등록이 취소된 업소의 재등록 금지 기간을 규정하고 있으므로 '취소'와 '3년'에 표시한다.

제2조 제1항은 수입신고된 수입식품의 검사에 관한 조항이다. 제1항은 '식품의약품안전처장'이 주체이며 기속규정에 해당한다. 제2항은 제1항의 예외규정으로서 검사의 전부 또는 일부 생략에 관한 재량조항이다. 제2항과 같은 예외규정도 선지에 자주 나옴을 유의한다. 각 호의 내용은 선지 판단시 돌아와 읽는다.

❸ **선지 판단**

〈보기〉를 읽고, 해당 내용이 기재된 규정으로 돌아가 꼼꼼히 읽고 각 보기의 정오를 판단한다.

선지 ①번은 업소의 위생관리 상태 점검에 대한 내용이므로 제1조 제1항과 비교한다. 선지 ②번은 우수수입업소의 유효기간에 대한 내용이므로 제1조 제4항과 비교한다. 선지 ③번은 시정명령에 대한 내용이므로 제1조 제5항과 비교한다. 특히 반드시 취소해야 하는 제1호에 해당하는 것이 아닌지 확인한다. 해당 선지에 단서의 내용 및 재량과 기속의 구별기준이 활용되었음을 알 수 있다. 선지 ④번은 재등록 금지 기간에 대한 내용이므로 제1조 제6항과 비교한다.

선지 ①~④번 중 하나를 넘어갔을 경우 선지 ⑤번은 검사의 전부 생략에 대한 내용이므로 제2조 제2항과 비교한다. ⑤번 선지를 통해 원칙 규정이 아니라 예외규정이 선지에 활용되었음을 알 수 있다.

합격자의 시간단축 Tip

Tip ❶ 선지를 여러 부분으로 나누어 꼼꼼히 분석

①번 선지를 제1조 1항이 재량규정이어서 틀린 선지로 오인할 수 있다. 그러나 제1조 제1항의 재량규정은 '수입신고'를 함에 있어서 위생관리 상태점검에 대한 재량이 있다는 의미이고, 제1조 제2항의 문언과 제1항 및 제2항과의 관계를 고려했을 때 '우수수입업소 등록 신청'에 있어서는 위생관리 상태 점검 실시가 필수요건이라고 보는 것이 타당하다. 해당 선지가 오선지인 이유는 '국내 자기업소'라는 부분 때문이다. 이처럼 선지와 조문을 꼼꼼히 비교해야 하는 경우는 선지와 조문을 각각 여러 부분으로 나누어 꼼꼼히 분석해야 한다. 예컨대, ①번 선지는 '업소 甲이/ 우수수입업소 등록을 신청하기 위해서는/ 식품의약품안전처장이 정하는 기준에 따라/ 국내 자기업소에 대한/ 위생관리 상태를 점검하여야 한다.'라고 구분할 수 있다. 이렇게 선지를 모두 쪼갠 후 조각조각이 조문에 부합하는지 검토한다.

Tip ❷ 선지 판단 시 사전지식을 활용

선지 ④번은 제1조 제6항과 관련된 내용이나, 제6항은 '제5항에 따라 등록이 취소된 업소'를 전제로 한다. 그런데 업소 丁은 제1조 제5항 제2호 요건에 해당하지 않으므로, 전제부터 적용이 되지 않는 업소이다. 기본적으로 어떤 것을 취소하는 것은 상대방에게 불이익한 것이므로, 국민의 권리를 필요한 경우에 한하여 법률로써 제한해야 한다는 헌법 제37조 제2항의 법률유보원칙에 따라 법에 규정이 되어 있어야만 가능하다는 것을 기억해 두면 좋다. 법조문 유형은 실제로 존재하는 법조문을 토대로 만들어지는 경우가 대부분이므로 법 분야에 대한 사전지식이 있는 경우 문제 풀이에 적용할 수 있다.

Tip ❸ 반복되는 문제풀이를 통해 유형에 적응

설문에 제시된 조문은 상황판단영역 법조문 유형에서 전형적으로 출제되는 소재들이 많이 포함되어 있는 조문이다. 정답을 맞췄더라도, 조문 구조와 선지들을 다시 한번 확인하면서 유형에 익숙해지도록 노력해보자. 유형에 익숙해지면 조문을 읽는 것만으로도 선지구성을 예측할 수 있으며, 훨씬 빠르고 수월하게 문제를 해결할 수 있다.

Tip ❹ 선지에 나올 만한 내용을 예측하며 법조문 분석

법조문 유형에 대한 실력이 향상될 경우 법조문 분석 단계에서 선지에 나올 만한 표현들을 선제적으로 대비할 수 있다. 선지에 자주 나오는 표현으로는 기간, 단서와 예외조항, 내용이 서로 연결되는 법조문의 내용 등이 있다. 특히 최근에는 '신고'와 '허가'의 구분, 재량과 기속규정의 구분이 선지로 나오는 문제가 많아 이에 유의해야 한다. 또한, 행정청의 이름이 많이 나오는 경우, 행위의 주체를 바꿔 오선지를 구성하는 문제도 자주 나온다. 다양한 법조문 유형 풀이를 통해 어떠한 표현이 선지에 주로 나오는지 정리해둔다. 본 문제에서 선지에 나올 만한 부분은 다음과 같다.

(1) 강행규정과 임의규정의 구분

'해야 한다'와 '할 수 있다'를 바꾸어 선지를 구성하는 경우가 있다. 따라서 강행규정인지 임의규정인지를 구분하며 읽어야 한다. 본 문제의 제1조 제5항과 같이 단서 규정으로 강행규정과 임의규정을 나누기도 하므로 유의해야 한다.

(2) 숫자 표현

기간이나 숫자 표현은 선지에 자주 활용된다. 본 문제의 경우 숫자는 두 번 등장하는데 모두 '3년'이기 때문에 숫자에 표시만 제대로 해두었다면 선지 ②번의 정오를 판단하는 것은 어렵지 않았다.

(3) 행위의 종류

행위의 종류를 바꾸어 선지를 구성하기도 한다. 본 문제에서는 등록 취소와 영업정지 및 시정명령을 구분해야 한다.

Tip ❺ 주체를 확인

주체를 확인하면 해당하는 조문을 쉽게 찾을 수 있다. 선지 ①번과 ④번의 경우 주체는 업소이다. 조문에서 주체가 업소인 경우는 제1조 제1항 및 제2항과 제6항이다. 선지 ③번과 ⑤번은 주체가 식품의약품안전처장이며, 조문에서 장이 주체인 경우는 제1조 제5항 및 제2조이다.

081 정답 ① 난이도 ●●●

문제유형 비판적 사고 > 논지 강화·약화하기

접근전략 'A의 가설을 약화하는 것'을 고르는 문제인 만큼, A의 가설이 무엇인지 파악하는 것이 우선이다. A가 언급되지 않은 1문단보다는 2문단에 문제를 푸는 데 필요한 정보가 주로 분포할 가능성이 높다. 1문단의 내용은 빠르게 넘어가고 2문단을 주의 깊게 읽는다. 이후 〈보기〉를 판단할 때는 가설과 관련 없는 선지를 고르지 않도록 주의한다.

다음 글의 A의 가설을 약화하는 것만을 〈보기〉에서 모두 고르면?

(1) 얼룩말의 얼룩무늬가 어떻게 생겨났는지는 과학계의 오랜 논쟁거리다. (2) 월러스는 "얼룩말이 물을 마시러 가는 해질녘에 보면 얼룩무늬가 위장 효과를 낸다."라고 주장했지만, 다윈은 "눈에 잘 띌 뿐"이라며 그 주장을 일축했다. (3) 검은 무늬는 쉽게 더워져 공기를 상승시키고 상승한 공기가 흰 무늬 부위로 이동하면서 작은 소용돌이가 일어나 체온조절을 돕는다는 가설도 있다. (4) 위험한 체체파리나 사자의 눈에 얼룩무늬가 잘 보이지 않는다거나, 고유의 무늬 덕에 얼룩말들이 자기 무리를 쉽게 찾는다는 견해도 있다. ▶ 1문단

(1) 최근 A는 실험을 토대로 새로운 가설을 제시했다. (2) 그는 얼룩말과 같은 속(屬)에 속하는 검은 말, 갈색 말, 흰 말을 대상으로 몸통에서 반사되는 빛의 특성을 살펴보았다. (3) 검정이나 갈색처럼 짙은 색 몸통에서 반사되는 빛은 수평 편광으로 나타났다. (4) 수평 편광은 물 표면에서 반사되는 빛의 특성이기도 한데, 물에서 짝짓기를 하고 알을 낳는 말파리가 아주 좋아하는 빛이다. (5) 편광이 없는 빛을 반사하는 흰색 몸통에는 말파리가 훨씬 덜 꼬였다. (6) A는 몸통 색과 말파리의 행태 간에 상관관계가 있다고 생각하고, 말처럼 생긴 일정 크기의 모형에 검은색, 흰색, 갈색, 얼룩무늬를 입힌 뒤 끈끈이를 발라 각각에 말파리가 얼마나 꼬이는지를 조사했다. (7) 이틀간의 실험 결과 검은색 말 모형에는 562마리, 갈색에는 334마리, 흰색에 22마리의 말파리가 붙은 데 비해 얼룩무늬를 가진 모형에는 8마리가 붙었을 뿐이었다. (8) 이것은 실제 얼룩말의 무늬와 유사한 얼룩무늬가 말파리를 가장 덜 유인한다는 결과였다. (9) A는 이를 바탕으로 얼룩말의 얼룩무늬가 말의 피를 빠는 말파리를 피하는 방향으로 진행된 진화의 결과라는 가설을 제시했다. ▶ 2문단

보기

ㄱ. 실제 말에 대한 말파리의 행동반응이 말 모형에 대한 말파리의 행동반응과 다르다는 연구결과
→ (○) A는 말처럼 생긴 일정 크기의 모형에 검은색, 흰색, 갈색, 얼룩무늬를 입힌 뒤 끈끈이를 발라 각각에 말파리가 얼마나 꼬이는지를 조사했다.[2문단(6)] 이를 통해 A는 얼룩말의 얼룩무늬가 말의 피를 빠는 말파리를 피하는 방향으로 진행된 진화의 결과라는 가설을 제시했다.[2문단(9)] 그러나 실제 말에 대한 말파리의 행동반응이 말 모형에 대한 것과 다르다면 가설의 의미가 사라진다. 따라서 ㄱ은 A의 가설을 약화한다.

ㄴ. 말파리가 실제로 흡혈한 피의 99 % 이상이 검은색이나 진한 갈색 몸통을 가진 말의 것이라는 연구결과
→ (×) A의 실험에 따르면 검은색, 갈색, 흰색, 얼룩무늬의 모형 순으로 말파리를 덜 유인한다.[2문단(7)] 말파리가 실제로 흡혈한 피의 99% 이상이 검은색이나 진한 갈색 몸통을 가진 말의 것이라는 연구 결과는 실험 결과와 유사하므로, ㄴ은 A의 가설을 강화한다.

ㄷ. 얼룩말 고유의 무늬 때문에 초원 위의 얼룩말이 사자 같은 포식자 눈에 잘 띈다는 연구결과
→ (×) A가 제시한 것은 말의 몸통 색과 말파리의 행태 간의 상관관계이므로[2문단(9)], 얼룩말이 포식자 눈에 잘 띈다는 연구결과는 이와 관련이 없다. 따라서 ㄷ은 A의 가설을 강화하지도, 약화하지도 않는다.

① ㄱ → (○)
② ㄷ → (×)
③ ㄱ, ㄴ → (×)
④ ㄴ, ㄷ → (×)
⑤ ㄱ, ㄴ, ㄷ → (×)

제시문 분석

1문단 얼룩말의 얼룩무늬에 대한 여러 추측들

〈얼룩무늬의 기원에 관한 추측〉		
〈월러스〉		〈다윈〉
얼룩말이 물을 마시러 가는 해질녘에 보면 얼룩무늬가 위장 효과를 낸다.(2)	↔	다윈은 "눈에 잘 띌 뿐"이라며 그 주장을 일축했다.(2)

〈이외 가설 3가지〉		
〈가설①〉	〈가설②〉	〈가설③〉
검은 무늬는 쉽게 더워져 공기를 상승시키고 상승한 공기가 흰 무늬 부위로 이동하면서 작은 소용돌이가 일어나 체온조절을 돕는다.(3)	위험한 체체파리나 사자의 눈에 얼룩무늬가 잘 보이지 않는다.(4)	고유의 무늬 덕에 얼룩말들이 자기 무리를 쉽게 찾는다.(4)

2문단 얼룩말의 얼룩무늬에 대한 A의 실험과 가설

〈A의 가설 도출 과정〉	
〈① 전제〉	검정이나 갈색처럼 짙은 색 몸통에서 반사되는 수평 편광은 말파리가 아주 좋아하는 반면, 편광이 없는 빛을 반사하는 흰색 몸통에는 말파리가 훨씬 덜 꼬였다.(3),(5)
〈② 실험 설계〉	A는 말처럼 생긴 일정 크기의 모형에 검은색, 흰색, 갈색, 얼룩무늬를 입힌 뒤 끈끈이를 발라 각각에 말파리가 얼마나 꼬이는지를 조사했다.(6)
〈③ 실험 결과〉	얼룩무늬의 모형에 가장 적은 수의 말파리가 붙었고, 이는 실제 얼룩말의 무늬와 유사한 얼룩무늬가 말파리를 가장 덜 유인한다는 결과였다.(7),(8)
〈④ 가설 도출〉	A는 이를 바탕으로 얼룩말의 얼룩무늬가 말의 피를 빠는 말파리를 피하는 방향으로 진행된 진화의 결과라는 가설을 제시했다.(9)

합격자의 실전 풀이 순서

❶ 발문 제대로 읽고 문제의 유형 파악

우선 발문을 제대로 읽자. A의 가설을 약화하는 것을 묻고 있으므로, 본 문제는 강화약화 유형에 해당함을 알 수 있다. 이러한 강화약화 유형은 조금만 복잡하게 나올 경우, 난이도

가 급상승한다. 따라서 강화약화 유형에 대한 자신만의 풀이 기준을 마련해두어야 한다. 먼저 강화약화 유형을 제대로 풀기 위해서는 강화 또는 약화해야 하는 대상이 무엇인지를 정확히 파악해야 한다. 본 문제의 경우 평가의 대상으로 A의 가설을 명시하고 있지만, 단순히 제시문 전체에 대한 평가를 묻고 있다면 구체적인 강화 또는 약화의 대상으로서 주제문을 찾아야 한다. 강화 또는 약화해야 하는 대상을 파악한 후에는 선지의 내용이 대상의 내용과 일치하는지 또는 대상으로부터 추론 가능한지를 판단하며 문제를 해결해 나가야 한다.

이러한 강화약화 유형을 식별하는 것은 쉽다. 발문 또는 선지에 직접적으로 강화/약화, 지지/반박 등 표현이 등장할 것이다.

- 발문
  - 다음 논쟁/학설/의견에 대한 평가/설명으로 적절한 것은?
  - 다음 학설/제시문을 강화/약화하는 것으로 적절한 것은? (본 문제)
- 선지 또는 보기: 제시된 사례가 강화/약화의 대상에 적용 가능한지, 혹은 상충하는지 등을 물음

❷ 강화약화의 대상 파악 및 제시문 독해

강화약화 유형에서는 가장 먼저 강화/약화의 대상이 무엇인지 확인해야 한다. 그리고, 대상의 내용을 정확히 이해해야 한다.

이 방식으로 본 문제를 풀어보자. 대상은 발문을 통해 확인할 수 있으며, 대상의 내용은 제시문을 통해 이해할 수 있다.

(1) 발문 확인

다음 글의 A의 가설을 약화하는 것만을 〈보기〉에서 모두 고르면?

평가의 대상이 A의 가설임을 알 수 있다. 따라서 곧바로 제시문으로 내려간다.

(2) 제시문에서 대상 확인

1문단에서 얼룩무늬의 기원에 의문을 제기하고, 이에 대한 여러 가설을 나열하고 있다. 약화의 대상인 A의 가설을 찾기 위해 일단 A가 언급되지 않는 1문단은 생략하고 2문단부터 읽는다. 만약 1문단을 읽고 문제가 풀리지 않는 경우 그때 1문단을 빠르게 읽어도 충분하다.

2문단은 A의 실험을 위한 이론적 배경, 실험 방법, 실험 결과, 그리고 실험을 토대로 한 그의 가설을 소개하고 있다. 이는 연구하게 된 배경, 연구 과정, 연구 결과와 그 의의로 구성되는 과학 지문의 전형적인 구조를 따르고 있다. 2문단에서 가장 중요한 내용은 가설의 구체적 내용인 2문단 (9) 문장, 즉 얼룩말의 얼룩무늬가 말파리를 피하는 방법으로 진행되었다는 주장이다. 다만, A가 가설을 도출하는 과정을 비판함으로써 그의 주장을 약화할 수도 있으므로, A의 실험 과정도 이해해둔다.

❸ 선지 판단

제시문을 모두 이해했다면, 보기 또는 선지를 하나씩 읽고 옳은지 여부를 확인한다. 이때 선지를 판단하는 기준은 3가지로 나뉜다.

(1) 대상을 강화함

대상과 합치하거나, 동일한 내용인 경우를 말한다.

(2) 대상을 약화함

대상의 반례에 해당하거나 상충되는 내용을 말한다.

(3) 강화도 약화도 하지 않음

가장 유의해야 하는 경우로, 대상과 아무 관련이 없는 정보를 서술하는 경우다. 제시문과 선지가 주는 정보만으로 관련성이 추론된다고 착각하면 오답이 된다.

ㄱ은 말 모형에 관한 결과와 실제 말에 관한 결과가 다르다는 내용이다. 이는 곧 A가 연구 결과를 도출하기 위해 진행한 실험 방법에 오류가 있다는 것을 뜻하므로, 가설을 약화하는 선지이다.

ㄴ은 말파리가 실제로 흡혈한 피 대부분이 얼룩무늬 말 이외의 것이었다는 내용이다. 이는 얼룩무늬 말의 무늬가 말파리를 피할 수 있도록 생겼다는 근거에 해당하므로, 가설을 지지하는 선지이다.

ㄷ은 얼룩말 무늬 때문에 포식자 눈에 잘 띈다는 내용으로, 이는 얼룩무늬와 말파리 행동 간 관계와 관련이 없다. 따라서 해당 선지는 가설을 시시하지도, 약화하지도 않는다.

합격자의 시간단축 Tip

Tip ❶ 중요하지 않은 문단이나 문장은 빠르게 넘어가자.

독해를 할 때 전체 맥락상 1문단의 역할을 이해하고, 1문단 (3)(4) 문장을 빠르게 넘어간다. 우리가 찾아야 하는 것은 A의 가설과 가설 수립의 근거이므로 그와 무관한 1문단 (3)(4) 문장은 빠르게 읽어 내려갈 수 있다. 해당 문장은 문두에 제시된 〈얼룩무늬의 발생기원〉에 대해서도 완결된 답을 제공하고 있지 못하다. 여기서 조금 더 나아가면, 다음 문단에는 완결된 답을 제공하는 가설이 나오겠다는 예측을 할 수도 있다.

2문단에서는 (1)문장에서 새로운 가설을 제시하고, 마지막인 (8) 문장에서 해당 가설 진술에 대해 정리해주고 있다. 이 역시 마지막 문장을 가볍게 살펴본 다음에 해당 문단을 읽으면 상대적으로 쉽게 이해할 수 있다.

Tip ❷ 가설을 지지하지도, 약화하지도 않는 선지를 조심한다.

지문에서 자주 다루는 소재가 얼룩말의 무늬지만, 이것이 언급되었다고 정답으로 골라선 안 된다. 예를 들어 본 문제의 ㄷ처럼 얼룩말의 무늬를 다루지만, 지문과 관련 없는 내용을 서술하는 선지가 있다. 이렇게 논지에 포함되지 않는 선지는 가설을 지지하지도, 약화하지도 않으므로 정답으로 고르지 않도록 주의한다.

Tip ❸ 강화/약화하는 것을 묻는 문제의 선지 구성을 파악하자.

강화/약화하는 것을 묻는 문제의 선지는, '추론할 수 있는 것'을 고르라는 문제와 같이 풀이 기준을 단순화하면 문제풀이 시간을 줄일 수 있다. 그 기준은 아래 표를 참고하자.

A가 강화한다.	A가 본문 내용과 일치 또는 본문 내용으로부터 추론 가능
A가 강화하지 않는다.	A가 추론될 근거 없음 또는 A가 본문 내용과 상충하거나 무관함
A가 약화한다.	A가 본문 내용과 상충
A가 약화하지 않는다.	A가 본문으로부터 추론 가능 또는 일치하거나 무관함

082 정답 ④ 난이도 ●●●

문제유형 사실적 이해 > 정보 확인

접근전략 지문의 내용과 부합하는 선지를 찾는 문제는 선지가 지문과 일치하는지를 판단하는 정보 확인 유형으로, 난이도가 낮아 시간 절약이 가능한 문제에 해당한다. 그러나 정보량이 많은 지문의 경우, 지문을 다 읽은 후 선지를 판단하게 되면 재확인을 하는 과정에서 불필요한 시간이 소요될 수 있다. 이때는 과감하게 읽던 것을 포기하고 선지로 가서 중간점검을 하자.

다음 글의 내용과 부합하는 것은?

(1) '청렴(淸廉)'은 현대 사회에서 좁게는 반부패와 동의어로 사용되며 넓게는 투명성과 책임성 등을 포괄하는 통합적 개념으로 사용되고 있다. (2) 유학자들은 청렴을 효제와 같은 인륜의 덕목보다는 하위에 두었지만 군자라면 마땅히 지켜야 할 일상의 덕목으로 중시하였다. (3) 조선의 대표적 유학자였던 이황과 이이는 청렴을 사회 규율이자 개인 처세의 지침으로 강조하였다. (4) 특히 공적 업무에 종사하는 사람이라면 사회 규율로서의 청렴이 개인의 처세와 직결된다는 점에 유념해야 한다고 보았다.

▶ 1문단

(1) 청렴에 대한 논의는 정약용의 『목민심서』에서 본격적으로 나타난다. (2) 정약용은 청렴이야말로 목민관이 지켜야 할 근본적인 덕목이며 목민관의 직무는 청렴이 없이는 불가능하다고 강조하였다. (3) 정약용은 청렴을 당위의 차원에서 주장하는 기존의 학자들과 달리 행위자 자신에게 실질적 이익이 된다는 점을 들어 설득하고자 한다. (4) 그는 청렴은 큰 이득이 남는 장사라고 말하면서, 지혜롭고 욕심이 큰 사람은 청렴을 택하지만 지혜가 짧고 욕심이 작은 사람은 탐욕을 택한다고 설명한다. (5) 정약용은 "지자(知者)는 인(仁)을 이롭게 여긴다."라는 공자의 말을 빌려 "지혜로운 자는 청렴함을 이롭게 여긴다."라고 하였다. (6) 비록 재물을 얻는 데 뜻이 있더라도 청렴함을 택하는 것이 결과적으로는 지혜로운 선택이라고 정약용은 말한다. (7) 목민관의 작은 탐욕은 단기적으로 보면 눈 앞의 재물을 취하여 이익을 얻을 수 있겠지만 궁극에는 개인의 몰락과 가문의 불명예를 가져올 수 있기 때문이다.

▶ 2문단

(1) 정약용은 청렴을 지키는 것은 두 가지 효과가 있다고 보았다. (2) 첫째, 청렴은 다른 사람에게 긍정적 효과를 미친다. (3) 목민관이 청렴할 경우 백성을 비롯한 공동체 구성원에게 좋은 혜택이 돌아갈 것이다. (4) 둘째, 청렴한 행위를 하는 것은 목민관 자신에게도 좋은 결과를 가져다준다. (5) 청렴은 그 자신의 덕을 높이는 것일 뿐 아니라 자신의 가문에 빛나는 명성과 영광을 가져다줄 것이다.

▶ 3문단

① 정약용은 청렴이 목민관이 반드시 지켜야 할 덕목임을 당위론 차원에서 정당화하였다.

→ (×) 정약용은 청렴이야말로 목민관이 지켜야 할 근본적인 덕목이라고 하였으나[2문단(2)], 청렴을 당위의 차원에서 주장하는 기존의 학자들과는 달리 행위자 자신에게 실질적 이익이 된다는 점을 들어 설득하고자 하였다.[2문단(3)] 따라서 정약용이 청렴이 목민관이 반드시 지켜야 할 덕목임을 당위론 차원에서 정당화했다는 선지는 옳지 않다.

② 정약용은 탐욕을 택하는 것보다 청렴을 택하는 것이 이롭다는 공자의 뜻을 계승하였다.

→ (×) 정약용은 공자의 말을 빌려 "지혜로운 자는 청렴함을 이롭게 여긴다"라고 강조하면서[2문단(5)], 작은 탐욕은 궁극적으로 개인의 몰락과 가문의 불명예를 가져올 수 있으므로 청렴함을 택하는 것이 지혜로운 선택이라고 주장하였다.[2문단(6),(7)] 그러나 공자는 지자는 인을 지혜롭게 여긴다고 했을 뿐[2문단(5)] 탐욕보다 청렴을 택하는 것이 이롭다고 했는지는 확인할 수 없다.

③ 정약용은 청렴한 사람은 욕심이 작기 때문에 재물에 대한 탐욕에 빠지지 않는다고 보았다.

→ (×) 정약용은 지혜롭고 욕심이 큰 사람은 청렴을 택하고, 오히려 지혜가 짧고 욕심이 적은 사람이 탐욕을 택한다고 설명하였다.[2문단(4)] 따라서 정약용이 청렴한 사람은 욕심이 작기 때문에 탐욕에 빠지지 않는다고 주장했다는 해당 선지는 옳지 않다.

④ 정약용은 청렴이 백성에게 이로움을 줄 뿐 아니라 목민관 자신에게도 이로운 행위라고 보았다.

→ (O) 정약용은 목민관이 청렴할 경우 백성을 비롯한 공동체 구성원에게 좋은 혜택이 돌아갈 것이라고 보았고[3문단(3)], 목민관 자신의 덕을 높이고 가문에 빛나는 명성과 영광을 가져다주어 목민관 자신에게도 좋은 결과를 가져다준다고 보았다.[3문단(4),(5)] 따라서 정약용이 청렴이 백성에게 이로움을 줄 뿐 아니라 목민관 자신에게도 이로운 행위라고 보았다는 선지는 옳다.

⑤ 이황과 이이는 청렴을 개인의 처세에 있어 주요 지침으로 여겼으나 사회 규율로는 보지 않았다.

→ (×) 이황과 이이는 청렴을 사회 규율이자 개인 처세의 지침으로 강조하였다.[1문단(3)] 따라서 해당 선지는 옳지 않다.

제시문 분석

1문단 청렴의 개념과 유학자들의 견해

〈청렴의 협의 및 광의〉		〈유학자들이 본 청렴〉		〈이황과 이이〉
'청렴'은 현대 사회에서 좁게는 반부패와 동의어로 사용되며 넓게는 투명성과 책임성 등을 포괄하는 통합적 개념으로 사용된다. (1)	→	유학자들은 청렴을 군자라면 마땅히 지켜야 할 일상의 덕목으로 중시하였다. (2)	→	이황과 이이는 청렴을 사회 규율이자 개인 처세의 지침으로 강조하였고, 특히 공적 업무에 종사하는 사람이라면 사회 규율로서의 청렴이 개인의 처세와 직결된다는 점에 유념해야 한다고 보았다. (3),(4)

2문단 목민관의 덕목으로서의 청렴 – 정약용, 〈목민심서〉

〈정약용의 견해 ①〉		〈정약용의 견해 ②〉		〈정약용의 견해 ③〉
청렴은 목민관이 지켜야 할 근본적 덕목이며 목민관의 직무는 청렴이 없이는 불가능하다. (1),(2)	⊕	청렴은 행위자 자신에게 실질적 이익이 되므로(3), 지혜롭고 욕심이 큰 사람은 청렴을 이롭게 여긴다. (4),(5)	⊕	목민관의 작은 탐욕은 궁극적으로 개인의 몰락과 가문의 불명예를 가져올 수 있으므로(7), 재물을 얻는데 뜻이 있더라도 청렴을 택하는 것이 더 지혜로운 선택이다.(6)

3문단 정약용이 본 청렴의 두 가지 효과

〈효과 ①〉		〈효과 ②〉
목민관이 청렴할 경우 백성을 비롯한 공동체 구성원에게 좋은 혜택이 돌아가는 등(3) 청렴은 다른 사람에게 긍정적 효과를 미친다.(2)	⊕	청렴은 그 자신의 덕을 높이는 것일 뿐 아니라 자신의 가문에 빛나는 명성과 영광을 가져다주는 등(5), 목민관 자신에게도 좋은 결과를 가져다준다.(4)

합격자의 실전 풀이 순서

❶ 발문 읽기

항상 발문을 먼저 제대로 읽자. 글의 내용과 부합하는 것을 고르는 문제인데 이는 글의 내용과 일치하는 선지가 정답이 된다. 오답이 되는 선지는 보통 본문 내용과 상충하거나 그로부터 추론할 수 없는 선지가 된다.

발문에 ○ 표시를 의식적으로 치고 문제를 풀면, 부합하지 않는 것을 고르는 실수를 방지할 수 있다. 예컨대 ×○× 순으로 판단했다고 할 때 갑자기 ③번을 골라버리는 불상사를 예방할 수 있다. 다만 선지를 먼저 읽고 본문 읽을 때 선지 내용을 기억하기 어렵다면 제시문을 먼저 읽고 선지의 정오를 판단하는 것을 추천한다.

❷ 제시문 독해 및 선지 판단

(1) 선지를 보고 키워드를 먼저 정리한 경우

1문단부터 지문을 빠르게 읽다가 키워드 등장 시 속도를 낮추고 해당 문장과 앞, 뒤 문장의 정보를 꼼꼼하게 확인하여 선지와 선지의 정오 판단을 한다.

(2) 지문을 그냥 읽기 시작한 경우

(1)번 문장을 모든 내용을 담아가려고 해선 안 된다. 사실 아무리 정보량이 많은 지문이라 해도 개별 문장만으로 아주 결정적인 내용이 있을 가능성은 낮다. 특히 그게 (1)번 문장이라면 더욱 그렇다(본인이 출제자라고 생각해 보자). 청렴이 반부패와 동의어라면 그냥 반부패라는 말을 삭제해도 되고, 투명성과 책임성이란 단어는 기억하지 못해도 좋다. 그냥 정직한 공무원을 생각하면 될 것이다. 혹은 '청렴결백'이라는 사자성어를 생각해도 좋다.

이때 (2)번을 보면 현대와 대비되는 조선 시대가 나오는데, 확률적으로 당연히 조선 시대가 지문의 중심축임을 짐작할 수 있어야 한다. 만약 짐작에 의심이 간다면 다른 문단의 첫 부분을 보고 '조선'이 이어지는지 확인하면 된다.

(3) 역사적 인물이 나오면 반드시 표시해준다.

이때 겉보기 문단에 상관없이 별도의 '내용적 문단 구분'을 하면 더 좋다.

(4) '달리'와 같이 대조를 나타내는 부사가 나올 경우

세모 등의 표시를 해서 선지로 등장할 가능성이 큰 개념이나 정보에 주의한다. 제시문에는 2문단 (3) 문장에 '정약용은 청렴을 당위의 차원에서 주장하는 기존의 학자들과 달리 행위자 자신에게 실질적 이익이 된다는 점을 들어 설득하고자 한다.' 같은 부분이 존재했다.

합격자의 시간단축 Tip

Tip ❶ 선지 키워드 먼저 확인하기

지문을 다 읽은 후 선지로 넘어가게 되면, 정확히 기억이 나지 않아 지문을 재확인하게 된다. 이 과정에서 불필요한 시간이 소모되므로 선지의 키워드를 먼저 체크하여 어떤 단어가 나왔을 때 더 집중하여 읽어야 할지를 먼저 파악한다. 지문을 읽어가다가 해당 키워드가 나왔을 때 바로 선지로 가서 하나씩 정오 판단을 하고, 선지의 키워드가 없는 부분은 흐름이나 원리만 이해하는 정도로 빠르게 읽고 넘어간다.

이를 오해하여 〈선지를 지문보다 먼저 봐야 한다〉 혹은 〈지문을 먼저 보는 사람은 쓸 수 없다〉라고 생각하는 사람들이 있는데 절대 그렇지 않다. 정보량이 많은 지문은 그만큼 내용이 압축적일 수밖에 없고, 그만큼 글의 흐름에 구애받을 필요가 없다는 뜻이기도 하다. 즉, 지문을 두 번에 걸쳐서 나눠서 봐도 전혀 지장이 없다는 뜻이다. 예컨대 위 지문에서 공자와 정약용은 전혀 다른 글이라고 봐도 무방하다.

따라서 지문을 꼭 봐야 성이 차는 수험생들도 전혀 염려할 필요가 없이, 그냥 1문단만 읽고 선지로 가도 된다(물론 선지를 먼저 보는 수험생들은 하던 대로 하면 된다). 절대 지문을 먼저 보는 수험생들이 불리하지 않으니 안심하라.

Tip ❷ 기호를 사용하여 개념어 간 관계 표현하기

선지 ③의 경우, 논리상 청렴한 사람은 욕심이 없다는 것이 상식적으로 옳다고 여겨져 혼동하게 될 수 있고, 그 과정에서 시간이 소요될 수 있다. 이처럼 '크다', '작다', '높다', '낮다' 등의 개념이 대조되어 나타나는 경우 선지로 등장할 가능성이 크므로, 헷갈리지 않도록 지문에 위아래 화살표 등으로 표시하는 것이 좋다(ex. 욕심↑ →청렴 / 욕심↓ →탐욕).

한 발짝 더 나아가면, 독해시험의 지문에는 단어의 일상적인 의미를 일부러 비트는 경우가 있다. 물론 그 경우 단서문장을 주는데, 지문에선 2문단 (7)이 그것이다.

Tip ❸ 3문단 없이도 답을 도출할 수 있는지 검토한다.

면밀히 검토해보면 3문단 내용 없이도 선지의 답은 찾을 수 있다. 이 경우 2문단까지 독해한 후에, 3문단을 읽을 때 〈이미 나온 내용이구나〉하는 판단을 할 수 있는지 스스로 생각해본다. 해당 지문의 경우 난이도를 낮추기 위해 3문단에서 앞서 나온 내용을 재진술한 경우에 속한다. 다른 지문의 경우 재진술하며 특별한 내용을 추가하고, 그를 선지화할 가능성이 높다. 이 경우에 3문단 앞과 3문단 사이의 공통점과 차이점을 빠르게 포착할 수 있는지가 중요하다.

Tip ❹ 문단별 주제를 중심으로 읽기

독해시간 단축을 위해서는 강약조절을 하며 읽을 필요가 있다. 먼저 중심내용을 파악하고, 세부내용은 선지를 판단할 때 필요한 경우 자세히 읽는 것이다. 예를 들어 3문단의 중심 내용은 '청렴의 두 가지 효과'이며, 이는 각각 '다른 사람에게 끼치는 긍정적 효과'와 '목민관 자신에게 오는 좋은 결과'이다. 이하 '~ 때문이다.'로 이어지는 내용을 모르더라도 정답을 고를 수 있다.

Tip ❺ 알 수 없는 선지 넘기기

①번부터 ⑤번까지의 선지를 순서대로 보는 중 정오판단을 할 수 없는 선지가 나오더라도 본문으로 돌아가지 않고 ⑤번까지 보는 것을 추천한다. 오답 선지를 판단하는 데에는 시간이 걸리지만, 정답은 의외로 쉽게 도출되는 문제들이 많기 때문이다.

083 정답 ⑤ 난이도 ●●●

문제유형 이해 > 내용 파악

접근전략 일치부합형 문제는 일반적으로 첫 문단을 정독하며 글의 소재를 파악하고 앞으로의 글의 방향성을 파악하는 방식으로 독해를 시작하는 것이 중요하다. 이후 다음 문단들을 통독하면서 전반적인 내용을 파악하고 특징들을 체크해 두는 것이 좋다. 특징들을 외운다는 생각보다는 나중에 오지선다를 봤을 때 쉽게 찾을 수 있을 만한 특이한 키워드 중심으로 체크를 해둔다. 그러나 만약 본 문제처럼 글의 구조상 큰 문단이 2개가 있고 두 문단의 길이가 길다면, 첫 문단을 무조건 정독하기보다는 처음부터 각 문단의 전반적인 내용과 흐름을 파악하며 글을 통독하는 방식으로 읽어내려가는 것도 좋다. 이처럼 선지를 판단하기 전에 발문과 전체 글의 구조를 꼭 파악하는 과정을 거치도록 한다.

다음 글의 내용과 부합하는 것은?

(1) 국민주권에 바탕을 둔 민주주의 원리는 모든 국가기관의 의사가 국민의 의사로 귀착될 수 있어야 한다는 것이다. (2) 이러한 민주주의 원리로부터 국민의 생활에 중요한 영향을 미치는 국가기관일수록 국민의 대표성이 더 반영되어야 한다는 '민주적 정당성'의 원리가 도출된다. (3) 헌법재판 역시 그 중대성을 감안할 때 국민의 대의기관이 직접 담당하는 것이 민주적 정당성의 원리에 부합할 것이다. (4) 헌법재판은 과거 세대와 현재 및 미래 세대에게 아울러 적용되는 헌법과 인권의 가치를 수호하는 특수한 기능을 수행한다. (5) 헌법재판소는 항구적인 인권 가치를 수호하기 위하여 의회입법이나 대통령의 행위를 위헌이라고 선언할 수 있다. (6) 이는 현재 세대의 의사와 배치될 수도 있는 작업이다. (7) 그렇다면 이는 의회와 같은 현 세대의 대표자가 직접 담당하기에는 부적합하다. (8) 헌법재판관들은 현재 다수 국민들의 실제 의사를 반영하기 위하여 임명되는 것이 아니다. (9) 그들의 임무는 현재 국민들이 헌법을 개정하지 않는 한 헌법에 선언된 과거 국민들의 미래에 대한 약정을 최대한 실현하는 것이다. (10) 그렇다면 헌법재판은 의회로부터 어느 정도 독립되고, 전문성을 갖춘 재판관들이 담당해야 한다. ▶ 1문단

(1) 한편 헌법재판은 사법적으로 이루어질 때 보다 공정하고 독립적으로 이루어질 수 있다. (2) 이는 독립된 재판관에 의하여 이루어지는 법해석을 중심으로 판단이 이루어져야 한다는 것을 말한다. (3) 그런데 독립된 헌법재판소를 두더라도 헌법재판관의 구성방법이 문제된다. (4) 헌법 제1조 제2항에 따라 모든 국가권력은 국민에게 귀착되어야 하는 정당성의 사슬로 연결되어 있기에 헌법재판관 선출은 국민의 직접 위임에 의한 것이 이상적이다. (5) 그러나 현실적으로 국민의 직접선거로 재판관을 선출하는 것은 용이하지 않다. (6) 따라서 대의기관이 관여하여 헌법재판관을 임명함으로써 최소한의 민주적 정당성을 갖추어야 할 것이다. (7) 그러므로 헌법재판관들이 선출되지 않은 소수 혹은 국민에 대하여 책임지지 않는 소수라는 이유만으로 민주적 정당성이 없다고 하는 것은, 헌법재판관 선출에 의회와 대통령이 관여한다는 점에서 무리한 비판이라고 볼 것이다. ▶ 2문단

① 헌법재판관들은 현행 헌법 개정에 구속되지 않고 미래 세대에 대한 약정을 최대한 실현해야 한다.
→ (×) 헌법재판관은 현재 국민들이 헌법을 개정하지 않는 한 헌법에 선언된 과거 국민들의 미래에 대한 약정을 최대한 실현해야 한다.[1문단(9)] 이를 통해 헌법재판관들도 현행 헌법 개정에는 구속을 받는다는 것을 알 수 있다.

② 헌법재판소가 다수의 이익을 대표하는 대의기관의 행위를 위헌이라고 판단하는 것은 민주적 정당성의 원리에 배치된다.
→ (×) 헌법재판소는 항구적인 인권 가치를 수호하기 위하여 의회입법이나 대통령의 행위를 위헌이라고 선언할 수 있다.[1문단(5)] 또한, 민주적 정당성이란 국민 생활에 중요한 영향을 미치는 국가기관일수록 대표성이 더 반영되어야 한다는 것이다.[1문단(2)] 이때, 헌법재판소가 대의기관의 행위를 위헌이라 한 것이 대표성을 잘 반영한 것이라면 이는 민주적 정당성에 배치되지 않을 것이다. 따라서 헌법재판소가 대의기관의 행위를 위헌이라고 판단하는 것은 민주적 정당성의 원리에 배치되지 않는다.

③ 현재 헌법재판관 선출방법은 모든 국가권력이 국민에게 귀착되어야 한다는 민주적 정당성의 원리를 이상적으로 실현하고 있다.
→ (×) 헌법재판관 선출은 국민의 직접 위임에 의한 것이 이상적이다.[2문단(4)] 그러나 현실적으로 국민의 직접선거로 재판관을 선출하는 것은 용이하지 않으므로, 대의기관이 관여하여 헌법재판관을 임명함으로써 최소한의 민주적 정당성을 갖추고자 한다.[2문단(5),(6)] 따라서 현재 헌법재판관 선출방법은 국민의 직접 위임에 의한 것이 아니므로, 민주적 정당성의 원리를 이상적으로 실현하고 있다고 볼 수는 없다.

④ 헌법재판은 현재와 미래 세대에게 아울러 적용되는 헌법과 항구적인 인권의 가치를 수호해야 하지만, 이는 현재 세대의 의사와 배치되어서는 안 된다.
→ (×) 헌법재판은 과거 세대와 현재 및 미래 세대에게 아울러 적용되는 헌법과 인권의 가치를 수호하는 특수한 기능을 수행한다.[1문단(4)] 헌법재판소는 항구적인 인권 가치를 수호하기 위하여 의회입법이나 대통령의 행위를 위헌이라고 선언할 수 있는데[1문단(5)], 이는 현재 세대의 의사와 배치될 수도 있는 작업이다.[1문단(6)]

⑤ 헌법재판은 사법기관이 담당하는 것이 바람직하며, 그 기관은 현재 세대를 대표하는 대의기관으로부터 어느 정도 독립되고 전문성을 갖출 필요가 있다.
→ (○) 헌법재판은 의회로부터 어느 정도 독립되고, 전문성을 갖춘 재판관들이 담당해야 하며[1문단(10)], 헌법재판은 사법적으로 이루어질 때 보다 공정하고 독립적으로 이루어질 수 있다.[2문단(1)]

제시문 분석

1문단 민주적 정당성과 헌법재판의 특징

〈대전제①〉		〈대전제②〉
국민주권에 바탕을 둔 민주주의 원리는 모든 국가기관의 의사가 국민의 의사로 귀착될 수 있어야 한다는 것이다.(1)	⊕	민주주의 원리로부터 국민의 생활에 중요한 영향을 미치는 국가기관일수록 국민의 대표성이 더 반영되어야 한다는 '민주적 정당성'의 원리가 도출된다.(2)

〈결론〉
헌법재판 역시 그 중대성을 감안할 때 국민의 대의기관이 직접 담당하는 것이 민주적 정당성의 원리에 부합할 것이다.(3)

〈헌법재판의 특징〉	
〈기능〉	과거 세대와 현재 및 미래 세대에게 아울러 적용되는 헌법과 인권의 가치를 수호.(4)
〈특수성〉	항구적인 인권 가치를 수호하기 위하여 의회입법이나 대통령의 행위를 위헌이라고 선언할 수 있으며, 이는 현재 세대의 의사와 배치될 수도 있는 작업이다.(5),(6)

해설편 6일차 • 의사소통능력

〈임무〉	현재 국민들이 헌법을 개정하지 않는 한 헌법에 선언된 과거 국민들의 미래에 대한 약정을 최대한 실현하는 것.(9)

2문단 헌법재판관의 구성방법

〈헌법재판소의 독립성〉
헌법재판은 사법적으로 이루어질 때 보다 공정하고 독립적으로 이루어질 수 있으며, 이는 독립된 재판관에 의하여 이루어지는 법해석을 중심으로 판단이 이루어져야 한다는 것을 말한다.(1),(2)

〈헌법재판관의 구성방법〉		
〈이상론〉		〈현실론〉
헌법 제1조 제2항에 따라 모든 국가권력은 국민에게 귀착되어야 하는 정당성의 사슬로 연결되어 있기에 헌법재판관 선출은 국민의 직접 위임에 의한 것이 이상적이다.(4)	↔	대의기관이 관여하여 헌법재판관을 임명함으로써 최소한의 민주직 징딩성을 갖추어야 한다.(6)

합격자의 실전 풀이 순서

❶ 발문과 선지, 전체 글의 구조를 확인한다.

일치부합형 문제의 독해 핵심은 문단의 길이이다. 짧은 문단이 여러 개 연결되어 있다면 문단별로 크게 구조를 파악하면서 읽는 것이 도움이 되지만, 문단의 길이가 길 경우 문단의 중심 내용도 어디에 있는지 알 수 없는 경우가 많다. 이 경우 꼼꼼한 이해가 필요하다.

❷ 각 문단의 글의 흐름에 유의하며 큰 줄기를 잡는다는 느낌으로 독해한다.

1문단의 경우, 민주적 정당성 개념의 제시, 이를 현재에 적용한 결과, 최종적으로 도출되는 이상적인 헌법재판이 핵심 흐름이다.

2문단의 경우, 1문단의 논의에서 '독립성'을 구체화하여 재판관의 구성방법 등을 다루고 있다. 마지막 문장을 보면 결국 〈선출된 헌법재판에 대한 민주적 정당성이 없다〉는 비판에 반박하기 위해 해당 문단이 쓰였음을 확인할 수 있다.

이렇게 기본적인 내용을 파악하면서도 특징이 되는 부분에 가볍게 밑줄이나 〈 〉, 키워드에 동그라미들을 해둔다. 예를 들어 2문단에서 보면 '헌법 제 1조 제 2항'이나 〈그러나 현실적으로 국민의 직접선거로 재판관을 선출하는 것은 용이하지 않다〉 등을 표시해두면 차후 오지선다에서 답을 찾을 때 용이할 수 있다.

글의 흐름을 파악하기 힘들다면 각 문장의 끝을 확인해 본다. 언어논리의 지문은 각 문장이 논리적 관계를 형성하고 있는 경우가 절대다수이므로 문장이 어떤 내용을 긍정으로 확정하는지, 어떤 내용을 부정으로 확정하는지 파악하면서 읽는 것도 좋은 독해 방법이다. 예컨대 1문단 중간의 "선언할 수 있다."라는 구절의 다음 문장은 ""의회"에서 맡기 "부적절"하다' 라는 내용으로 부정적으로 단정하고 있음을 알 수 있다.

❸ 각 문단의 핵심 흐름과 '소거법'을 모두 활용하여 선지를 판단한다.

단정적 표현이 선지에 포함된 ①, ③, ④번을 먼저 판단하며, 해당 선지와 지문이 상호모순인지 먼저 고려한다. 이 경우 〈반문의 가능성〉을 고려한다. ①번의 경우 헌법 개정에 구속될 수는 없는지, ③번의 경우 이상적인지, ④번의 경우 배치될 순 없는지를 고려하면 선지 판단을 정확하게 할 수 있다. 그 이후에 다른 선지로 넘어간다.

합격자의 시간단축 Tip

Tip ❶ 어려운 어휘는 맥락으로 채워가며 읽는다.

해당 제시문의 경우 글의 소재 자체도 만만치 않을뿐더러 어려운 어휘가 많아 독해하기 쉽지 않았을 것이다. 예를 들어 1문단 (5) 부분의 '항구적인'과 같은 어휘는 이미 알고 있을 가능성이 낮다. 이 경우 앞뒤의 맥락으로 해당 어휘의 의미를 메꾸면 좋다. 바로 앞부분 1문단 (4)에서 헌법과 인권의 가치가 과거 세대와 현재 및 미래 세대에 아울러 적용되었다고 했으므로 '항구적인'이라는 어휘의 의미를 '세대를 아울러 적용되는' 정도의 의미로 봐도 좋다. 실제로 '항구적인'이라는 어휘의 의미는 '변하지 않고 오래 가는 것'이라는 뜻으로, 앞서 유추한 의미와 비슷한 것을 확인할 수 있다.

Tip ❷ 선지 중 단정적 표현에 유의한다.

①번의 〈구속되지 않고〉, ③번의 〈이상적으로〉, ④번의 〈안된다〉 등은 출제자가 의도적으로 강한 단어를 고른 결과이다. 왜냐하면, 이는 핵심 내용과 직결되며 해당 내용이 선지로 구성될 확률이 크기 때문이다. 또한, 부정적으로 단정된 내용의 경우에는 이를 긍정의 내용으로 뒤집어 오답 선지로 내는 경우가 많으므로 이에 유의하자.

Tip ❸ 접속어에 유의한다.

2문단의 경우 〈그런데, 그러나, 그러므로〉라는 접속사가 3번 연속으로 등장하는 결과를 가져왔다. 접속어에 유의해 독해할 경우 글의 흐름을 쉽게 파악할 수 있다. 특히 '그런데', '그러나', '그러므로'와 같은 단어 뒤에 나오는 문장은 특징이나 핵심 문장일 수 있으므로 별도 표기를 해두도록 한다.

Tip ❹ 선지별로 몇 개의 내용을 묻는 것인지 확인한다.

예컨대 ①번 선지의 경우 구속되지 않는지 / 미래 세대에 대한 약정인지 / 최대한 실현인지 총 세 개를 묻고 있다. 선지를 알아듣기 힘들거나, 해석이 너무 오래 걸린다면 이렇게 분할해서 ○, ×를 판단하는 것도 좋다.

084 정답 ❶ 난이도 ●●●

문제유형 비판적 사고 > 빈칸 채우기

접근전략 빈칸 채우기 문제는 빈칸이 포함된 문장을 먼저 읽어야 명확한 목적의식을 갖고 제시문을 독해할 수 있다. 이후 선지에서 간혹 빈칸이 포함된 문장과 선지 간의 언어 논리를 통해 제시문을 읽지 않고도 답을 찾을 수 있는 경우가 있기 때문에, 제시문보다는 선지를 먼저 확인하는 것이 좋다. 이 문제의 경우 갑과 을의 수석대표에 관한 언급이 있고, 빈칸과 A의 참가가 인과관계로 제시되어 있다. 즉 논증의 형태인 동시에 규칙적용이 중요한 문제다. 따라서 A의 참가와 갑이나 을이 수석대표가 되기 위한 요건과의 연관성에 주목하며 독해한다. 이때 빈칸과 A의 참가가 인과로 연결되고 있으므로, 빈칸은 A와의 공통 범주인 '세대'라는 내용을 반드시 포함해야 한다.

다음 글의 빈칸에 들어갈 내용으로 가장 적절한 것은?

(1) 민간 문화 교류 증진을 목적으로 열리는 국제 예술 공연의 개최가 확정되었다. (2) 이번 공연이 민간 문화 교류 증진을 목적으로 열린다면, 공연 예술단의 수석대표는 정부 관료가 맡아서는 안 된다. (3) 만일 공연이 민간 문화 교류 증진을 목적으로 열리

고 공연 예술단의 수석대표는 정부 관료가 맡아서는 안 된다면, 공연 예술단의 수석대표는 고전음악 지휘자나 대중음악 제작자가 맡아야 한다. (4) 현재 정부 관료 가운데 고전음악 지휘자나 대중음악 제작자는 없다. (5) 예술단에 수석대표는 반드시 있어야 하며 두 사람 이상이 공동으로 맡을 수도 있다. (6) 전체 세대를 아우를 수 있는 사람이 아니라면 수석대표를 맡아서는 안 된다. (7) 전체 세대를 아우를 수 있는 사람이 극히 드물기에, 위에 나열된 조건을 다 갖춘 사람은 모두 수석대표를 맡는다.

▶ 1문단

(1) 누가 공연 예술단의 수석대표를 맡을 것인가와 더불어, 참가하는 예술인이 누구인가도 많은 관심의 대상이다. (2) 그런데 아이돌 그룹 A가 공연 예술단에 참가하는 것은 분명하다. (3) 왜냐하면 만일 갑이나 을이 수석대표를 맡는다면 A가 공연 예술단에 참가하는데, ☐ 때문이다. ▶ 2문단

① 갑은 고전음악 지휘자이며 전체 세대를 아우를 수 있기
→ (O) 빈칸과 아이돌 그룹 A의 공연 예술단 참가가 서로 인과관계를 이루기 위해서는 '세대'와 관련된 이야기가 포함되어야 한다.[2문단(2)] 따라서 4의 조건이 반드시 필요하고, 갑이 전체 세대를 아우를 수 있다는 조건은 이를 만족한다. 동시에 갑은 고전음악 지휘자이기에 2의 조건도 만족한다.[1문단(3)] 또한, 현재 정부 관료 가운데 고전음악 지휘자나 대중음악 제작자는 없으므로[1문단(4)] 갑은 정부 관료일 수 없다. 따라서 1의 조건도 만족하며[1문단(2)], 반드시 수석대표가 두 명일 필요는 없으므로 3의 조건도 만족한다.[1문단(5)] 이처럼 ①번의 갑은 '세대'와 관련된 자격 요건과 수석대표가 될 수 있는 자격 요건을 모두 갖추고 있으므로 ①번 선지는 적절하다.

② 갑이나 을은 대중음악 제작자 또는 고전음악 지휘자이기
→ (×) 1, 2, 3의 조건을 만족하지만, '세대'와 관련된 내용이 누락되어 적절하지 않다.[2문단(2)]

③ 갑과 을은 둘 다 정부 관료가 아니며 전체 세대를 아우를 수 있기
→ (×) '세대'와 관련된 내용이 포함되어 있고 조건 4도 만족하지만, 정부 관료가 아니라고 해서 고전음악 지휘자나 대중음악 제작자임을 보장하는 것은 아니므로 조건 2를 만족시키지 못한다.

④ 을이 대중음악 제작자가 아니라면 전체 세대를 아우를 수 없을 것이기
→ (×) 을이 전체 세대를 아우를 수 있다고 해서 을이 대중음악 제작자라고만 말할 수는 없으므로, 해당 선지의 내용은 빈칸에 들어가기에 적절하지 않다.

⑤ 대중음악 제작자나 고전음악 지휘자라면 누구나 전체 세대를 아우를 수 있기
→ (×) 갑과 을이 대중음악 /고전음악 제작자라는 조건이 제시되어 있지 않으며, 빈칸에 들어갈 내용은 아이돌 그룹 A와 연관 지어 세대 이야기를 포함해야 한다.

제시문 분석

1문단 공연예술단의 수석대표가 될 수 있는 요건

〈수석대표의 자격 요건〉
⓪ 공연은 민간 문화 교류 증진을 목적으로 열린다.(1)
① 정부 관료가 맡아서는 안 된다.(2)
② 현재 정부 관료 가운데 고전음악 지휘자나 대중음악 제작자는 없다.(4) → 1 수석대표는 절대 정부 관료가 아니다.
③ 정부 관료가 맡아서는 안 된다면, 고전음악 지휘자나 대중음악 제작자가 맡아야 한다.(3) → 2 수석대표는 반드시 고전음악 지휘자나 대중음악 제작자이어야 한다.
④ 예술단에 수석대표는 반드시 있어야 하며 두 사람 이상이 공동으로 맡을 수도 있다.(5) → 3 반드시 1명 이상의 수석대표가 존재한다.
⑤ 전체 세대를 아우를 수 있는 사람이 아니라면 수석대표를 맡아서는 안 된다.(6) → 4 수석대표는 반드시 전체 세대를 아우를 수 있는 사람이어야 한다.
⑥ 전체 세대를 아우를 수 있는 사람이 극히 드물기에, 위에 나열된 조건을 다 갖춘 사람은 모두 수석대표를 맡는다.(7) → 1, 2, 3, 4 의 조건을 모두 갖춘 사람은 반드시 수석대표이다.

2문단 참가하는 예술인과 관련된 수석대표의 실제 사례

〈참가하는 예술인과 관련된 수석대표의 실제 사례 〉
아이돌 그룹 A가 공연예술단에 참가하는 것은 분명하다.(2) → 아이돌 그룹 A는 앞선 자격 요건 중 세대를 아우르는 것과 관련 있는 예시이다. → 4 수석대표는 반드시 전체 세대를 아우를 수 있는 사람이어야 한다.

합격자의 실전 풀이 순서

논리퀴즈 유형

❶ 유형 식별하기

본 문제는 빈칸 채우기 유형의 탈을 쓴 논리퀴즈 유형이다. 문제에서 요구하는 빈칸을 채우기 위해서는 일반적인 빈칸 채우기 유형과 같이 대주제와 소주제를 찾는 것이 아니라, 명제 간의 논리적 관계를 파악하는 것이 중요하다.

이 문제에서는 지문 전체를 아우르는 주제 내지는 주장이 무엇인지 찾을 수도, 찾을 필요도 없다. 문제의 실질적인 유형이 논리퀴즈에 해당하기 때문이다.

지문의 각 문장들은 논리퀴즈의 명제이므로, 축약 또는 기호화를 거쳐도 문제 해결에 지장이 없다. 즉, 토씨 하나 틀림없이 기억하려고 노력할 필요가 없다. 문장의 중심 내용 정확히 기호화하는 연습을 한다고 생각하고 접근하자.

❷ 빈칸 확인하기

빈칸에서 묻는 내용을 파악한다. 본 문제의 경우, '갑이나 을이 수석대표를 맡는다면 A가 공연 예술단에 참가하게 되는 근거'를 묻고 있다. 이를 임의로 기호화하면, 빈칸의 명제와 지문에 제시된 정보, '{수석대표 → (갑∪을)} → A 참가'를 합쳐 'A 참가' 명제가 도출되어야 한다. 빈칸 앞에 제시된 명제가 복잡한 것으로 미루어보아, 지문에서 제시되는 정보의 양이 많다는 것을 알 수 있다. 이를 유념하며 지문으로 올라간다.

❸ 지문 파악하기

지문에 제시된 거의 모든 문장이 명제로써 유의미한 정보를 담고 있다. 이를 정확하게 정리하는 것이 문제 해결의 핵심이다. 정리하는 방법은 수험생 자신에게 잘 맞는 대로 따르면 되지만, 기호화를 하는 경우 기본적인 논리 기호화 규칙은 지키도록 하자.

아래는 본 문제의 지문을 임의의 방법에 따라 기호화한 것이다. 보통은 문제 아래 시험지의 빈 공간에 정리한다. 시간에

쫓기는 상황에서 아래의 분량을 손으로 직접 쓰기 부담스러울 수 있으나, 본 문제처럼 고난도 문제의 경우 눈으로만 푸는 것보다 오히려 직접 정리해보는 것이 문제 해결에 효과적이다. 또한, 처음 연습하는 단계의 수험생일수록 문장 하나하나 기호화하는 연습을 많이 해 보길 추천한다. 숙련될수록 속도가 빨라질 것이다.

1문단	• 문화교류 • 문화교류 목적 → ~관료 수석대표 • (문화교류 목적∩~관료 수석대표) → (고전음악 지휘자∪대중음악 제작자) • 관료 → ~(고전음악 지휘자∪대중음악 제작자) • 수석대표 • 수석대표 → 세대를 아우를 수 있는 사람 위의 조건을 모두 충족하는 사람은 모두 수석대표를 맡음 *수석대표의 조건 • 조건①: 정부 관료이면 안 됨. • 조건②: 고전음악 지휘자나 대중음악 제작자여야 함 (충족 시① 따질 필요 없음) • 조건③: 세대를 아우를 수 있는 사람이어야 함
2문단	• 아이돌 그룹 A 참가 • (갑 수석대표∪을 수석대표) → 아이돌 그룹 A 참가 • [ ]

❸ 선지 고르기

마지막 단계에서는 지문을 정리한 것을 바탕으로 빈칸에 들어갈 수 있는 선지를 찾는다. 2문단 2~4번째 줄로부터 도출되는 논리 관계는 다음과 같다.

(갑 수석대표∪을 수석대표) → A	→	A
?	→	

따라서 '(갑 수석대표∪을 수석대표)'가 참이라면 전건긍정에 해당해 후건인 'A'가 도출된다. 결국 빈칸에는 '(갑 수석대표∪을 수석대표)'의 충분조건에 해당하는 명제가 들어갈 것임을 알 수 있다. 이를 기준으로 선지를 기호화하여 살펴보면, 선지 ① '갑 → (지휘자∩세대를 아우를 수 있는 사람)'이 정답이다. 자세한 풀이는 앞서 해설에서 다루었으므로 생략한다.

합격자의 시간단축 Tip

Tip 빈칸문제의 근거 범위 확정

빈칸문제가 등장했을 시 어떤 부분을 근거로 삼을지 기준을 미리 잡아 두면 문제풀이가 훨씬 수월하고 빨라진다. 보통 빈칸문제의 근거는 빈칸이 포함된 문장, 그의 앞뒤 문장, 빈칸이 포함된 주제문을 근거로 삼을 수 있다. 여기서 직접적인 근거를 못 얻더라도 최소한 근거를 얻을 실마리는 얻을 수 있으니 이들부터 먼저 참고해서 풀자. 해당 문제는 빈칸 앞 문장을 통해 빈칸에 들어갈 문장이 '갑 수석대표∪을 수석대표'의 충분조건에 해당함을 확인하여 답을 도출할 수 있었다.

085 정답 ②

난이도 ●●○

문제유형 법조문형 > 규정확인

접근전략 법조문 유형 중 규정을 바탕으로 선지에서 옳은 것을 고르는 규정확인문제이다. 법조문 유형을 풀 때는 조문의 구체적인 내용을 독해하는 것보다, 법조문의 구조를 파악한 후 〈보기〉에서 묻고 있는 정보를 찾아 올라가는 형태로 푸는 것이 좋다. 본 문제의 경우, 비밀등급에 3단계가 존재하며, 비밀을 취급하기 위해서는 인가가 필요하며, 인가를 경우에 따라 해제할 수 있고, 신원조사도 경우에 따라 할 수 있다. 이런 구조를 거시적으로 파악하는 것이 필요한 문항이다.

다음 글을 근거로 판단할 때 옳은 것은?

제○○조 이 규칙은 법원이 소지하는 국가기밀에 속하는 문서 등의 보안업무에 관한 사항을 규정함을 목적으로 한다.

제○○조 이 규칙에서 비밀이라 함은 그 내용이 누설되는 경우 국가안전보장에 유해한 결과를 초래할 우려가 있는 국가기밀로서 이 규칙에 의하여 비밀로 분류된 것을 말한다.

제○○조

① Ⅰ급비밀 취급 인가권자는 대법원장, 대법관, 법원행정처장으로 한다.

② Ⅱ급 및 Ⅲ급비밀 취급 인가권자는 다음과 같다.

1. Ⅰ급비밀 취급 인가권자
2. 사법연수원장, 고등법원장, 특허법원장, 사법정책연구원장, 법원공무원교육원장, 법원도서관장
3. 지방법원장, 가정법원장, 행정법원장, 회생법원장

제○○조

① 비밀 취급 인가권자는 비밀을 취급 또는 비밀에 접근할 직원에 대하여 해당 등급의 비밀 취급을 인가한다.

② 비밀 취급의 인가는 대상자의 직책에 따라 필요한 최소한의 인원으로 제한하여야 한다.

③ 비밀 취급 인가를 받은 자가 다음 각 호의 어느 하나에 해당하는 경우에는 그 취급의 인가를 해제하여야 한다.

1. 고의 또는 중대한 과실로 중대한 보안 사고를 범한 때
2. 비밀 취급이 불필요하게 된 때

④ 비밀 취급의 인가 및 해제와 인가 등급의 변경은 문서로 하여야 하며 직원의 인사기록사항에 이를 기록하여야 한다.

제○○조

① 비밀 취급 인가권자는 임무 및 직책상 해당 등급의 비밀을 항상 사무적으로 취급하는 자에 한하여 비밀 취급을 인가하여야 한다.

② 비밀 취급 인가권자는 소속직원의 인사기록카드에 기록된 비밀 취급의 인가 및 해제사유와 임용시의 신원조사회보서에 의하여 새로 신원조사를 행하지 아니하고 비밀 취급을 인가할 수 있다. 다만 Ⅰ급비밀 취급을 인가하는 때에는 새로 신원조사를 실시하여야 한다.

① 비밀 취급 인가의 해제는 구술로 할 수 있다.

→ (×) 제4조 제4항에 따르면 비밀 취급의 인가 및 해제는 문서로 하여야 한다. 따라서 비밀 취급 인가의 해제는 구술로 할 수 없다. 구술이란 단어를 보는 순간 〈문서의 반의어〉라는 반대해석을 할 수 있어야 한다.

② 법원행정처장은 Ⅰ급비밀, Ⅱ급비밀, Ⅲ급비밀 모두에 대해 취급 인가권을 가진다.
→ (○) 제3조 제1항에 따르면 I급비밀 취급 인가권자는 대법원장, 대법관, 법원행정처장이며 이들은 제2항 제1호에 따르면 II급 및 III급비밀 취급 인가권자이기도 하다. 따라서 법원행정처장은 I급비밀, II급비밀, III급비밀 모두에 대해 취급 인가권을 가진다.

③ 비밀 취급 인가는 대상자의 직책에 따라 가능한 한 제한 없이 충분한 인원에게 하여야 한다.
→ (×) 제4조 제2항에 따르면 비밀 취급의 인가는 대상자의 직책에 따라 필요한 최소한의 인원으로 제한하여야 한다.

④ 비밀 취급 인가를 받은 자가 중대한 보안 사고를 범한 경우 고의가 없었다면 그 취급의 인가를 해제할 수 없다.
→ (×) 제4조 제3항 제1호에 따르면 비밀 취급 인가를 받은 자가 고의 또는 중대한 과실로 중대한 보안 사고를 범한 때에는 그 취급의 인가를 해제하여야 한다. 따라서 비밀 취급 인가를 받은 자가 중대한 보안 사고를 범한 경우, 고의가 없었더라도 중대한 과실이 인정된다면 그 취급의 인가를 해제하여야 한다.

⑤ 비밀 취급 인가권자는 소속직원에 대해 새로 신원조사를 행하지 아니하고 Ⅰ급비밀 취급을 인가할 수 있다.
→ (×) 제5조 제2항 단서에 따르면 비밀 취급 인가권자는 소속직원에 대해 I급비밀 취급을 인가하는 경우 반드시 새로 신원조사를 실시하여야 한다.

합격자의 실전 풀이 순서

❶ 문제 유형 파악

본 문제의 경우 제시문으로 법조문이 주어졌으므로 법조문 유형임을 쉽게 알 수 있다. 특히 법조문 유형 중에서도 규정을 바탕으로 옳은 선지를 고르는 규정확인문제이다. 법조문 유형은 조문의 구체적인 내용을 독해하는 것보다, 법조문의 구조를 파악한 후 선지에서 묻고 있는 정보를 찾아 올라가는 형태로 푸는 것이 좋다. 또한, 본 문제가 옳은 것을 고르는 문제라는 것을 인지하기 위해 "옳은"이라는 단어에 밑줄이나 동그라미 등 표시를 한다.

다음 글을 근거로 판단할 때 옳은 것은?

❷ 법조문 구조 분석

구조 분석이란 각 조문의 내용 및 조문 간 관계를 이해하는 것이다. 법조문 전체를 읽되, 세부적인 내용을 기억하기보다는 어떤 정보가 있는지 파악하는 것에 중점을 둔다. 이때 기호를 적절히 활용할 수 있다. 또한 이러한 분석 과정을 거치며 선지에 등장할만한 부분을 발견할 수 있다.

본문의 규정은 다섯 개의 조로 구성되어 있다. 조문의 제목이 없으므로 읽으면서 키워드를 파악한다. 가독성을 높이기 위해 가로선으로 각 조를 구분하고, '1, 2, 3, 4, 5'로 숫자를 써둔다. 이하 편의상 첫 번째 조부터 '제1조', '제2조' 등으로 표기한다.

제1조는 제시된 규칙의 목적을 규정하고 있으며, 제2조는 제시된 규칙에서 '비밀'이라는 용어를 규정하고 있다. 1조와 같은 법조문의 목적은 간단히 넘어가도 되지만, 2조의 비밀의 정의는 선지 판단에 활용될 수 있음을 유의한다.

제3조는 비밀 취급의 인가권자를 규정한다. 제1항은 I급비밀 취급 인가권자를, 제2항은 II급 및 III급비밀 취급 인가권자를 각각 규정하고 있다. '인가권자'에 표시하고, 각 호의 내용은 선지 판단 시 돌아와 구체적으로 확인한다.

제4조는 비밀 취급 인가에 대하여 규정한다. 제1항은 직원에 대한 비밀 취급 인가에 대한 조항이다. 제2항은 인가의 수를 제한하는 것에 대한 조항이다. '최소한의 인원'에 표시한다. 제3항은 인가의 해제애 관한 조항으로, '해제'에 표시하고 각 호의 구체적인 내용은 선지 판단시 확인한다. 제4항은 인가와 관련한 사항의 문서주의를 규정하고 있다. '해제'와 '등급 변경'에 표시한다.

제5조는 인가권자의 의무를 규정한다. 제1항은 비밀 취급 인가의 조건을 규정하고 있다. '항상'에 표시하고, 해당 조항에 '~에 한하여'라는 표현이 나오므로 주의 깊게 읽는다. 이어서 제2항은 인가와 관련한 신원조사에 대한 조항이다. 단서가 활용되었으므로 단서에 △ 표시를 해두고 선지 판단 시 해당 내용을 놓치지 않도록 주의한다. 단서와 본문을 종합하면, Ⅱ급 및 Ⅲ급 비밀 취급 인가는 새로 신원조사를 행하지 않고도 할 수 있다.

❸ 선지 판단

〈보기〉를 읽고, 해당 내용이 기재된 규정으로 돌아가 꼼꼼히 읽고 각 보기의 정오를 판단한다.

선지 ①번은 비밀 취급 인가의 해제 방법에 대한 내용이므로 제4조 제4항과 비교한다. 선지 ②번은 비밀의 취급 인가권에 대한 내용이므로 제3조와 비교한다.

선지 ②번을 넘어갔을 경우 선지 ③번은 비밀 취급 인가의 인원 제한에 대한 내용이므로 제4조 제2항과 비교한다. 선지 ④번은 비밀 취급 인가의 해제에 대한 내용이므로 제4조 제3항과 비교한다. 선지 ⑤번은 신원조사에 대한 내용이므로 제5조 제2항과 비교한다. ⑤번 선지에는 단서의 내용이 활용되었음을 알 수 있다.

합격자의 시간단축 Tip

Tip ❶ 선지에 나올만한 조문을 중심으로 독해

조문이 5개이지만 실질적으로 사용되는 조문은 3개이다. 제1조와 제2조는 해당 규칙의 목적과 용어 정의에 대한 조문이다. 설문과 같이 일반적으로는 선지에 직접 활용되지는 않으나, 가끔 선지의 구성이 이런 용어 정의에서 이루어지는 경우가 있기 때문에 용어도 유의하면서 읽어야 한다. 특히 제1조와 같은 법의 목적은 선지에 사용되는 경우가 거의 없으나, 2조의 개념의 정의는 선지 판단에 활용되는 경우가 있으므로 주의한다.

Tip ❷ 등급 간 포함관계에 유의

1급 비밀에 대해서 인가를 받은 자는 2, 3등급에 대해서도 접근이 가능하다는 것을 파악하는 것이 이 문제에서 가장 중요한 포인트이다. 2조 2항 1호에 1급 비밀 취급 인가권자가 포함되어 있다는 것이 명백한 근거이다.

Tip ❸ 단서에 유의

단서의 내용은 선지로 빈출되므로 놓치지 않도록 꼭 별도로 표시를 해두는 것이 좋다. 모든 내용을 표시할 필요는 없고, 구분성이 있는 키워드에 △ 표시를 해두면 된다. 예를 들어, 본 문제의 제5조 제2항 단서의 경우 Ⅰ급 비밀과 신원조사에 표시를 해두면 될 것이다. 더불어 반대해석을 통해 Ⅱ, Ⅲ급 비밀과의 차이를 생각해 본다면 선지를 빠르게 판단할 수 있다.

086 정답 ④ 난이도 ●●●

문제유형 사실적 이해 > 정보 확인

접근전략 정보 확인 유형의 경우 선지를 먼저 확인한 후, 선지에서 빈번하게 등장하는 키워드를 파악하는 것도 좋다. 이후 지문을 읽으면서 선지의 키워드를 발견하면 바로 선지의 정오 판단을 하거나, 긴 지문의 경우 중요한 부분 위주로 속독하여 정답을 찾는 전략도 효율적이다. 또한, 지문에 등장하는 시간 표현이나 역접의 접속사가 포함된 문장을 주의 깊게 읽도록 한다.

다음 글에서 알 수 있는 것은?

(1) 중국에서는 기원전 8 ~ 7세기 이후 주나라에서부터 청동전이 유통되었다. (2) 이후 진시황이 중국을 통일하면서 화폐를 통일해 가운데 네모난 구멍이 뚫린 원형 청동 엽전이 등장했고, 이후 중국 통화의 주축으로 자리 잡았다. (3) 하지만 엽전은 가치가 낮고 금화와 은화는 아직 주조되지 않았기 때문에 고액 거래를 위해서는 지폐가 필요했다. (4) 결국 11세기경 송나라에서 최초의 법정 지폐인 교자(交子)가 발행되었다. (5) 13세기 원나라에서는 강력한 국가 권력을 통해 엽전을 억제하고 교초(交鈔)라는 지폐를 유일한 공식 통화로 삼아 재정 문제를 해결했다.

▶1문단

(1) 아시아와 유럽에서 지폐의 등장과 발달 과정은 달랐다. (2) 우선 유럽에서는 금화가 비교적 자유롭게 사용되어 대중들 사이에서 널리 유통되었다. (3) 반면에 아시아의 통치자들은 금의 아름다움과 금이 상징하는 권력을 즐겼다는 점에서는 서구인들과 같았지만, 비천한 사람들이 화폐로 사용하기에는 금이 너무 소중하다고 여겼다. (4) 대중들 사이에서 유통되도록 금을 방출하면 권력이 약화된다고 본 것이다. (5) 대신에 일찍부터 지폐가 널리 통용되었다.

▶2문단

(1) 마르코 폴로는 쿠빌라이 칸이 모든 거래를 지폐로 이루어지게 하는 것을 보고 깊은 인상을 받았다. (2) 사실상 종잇조각에 불과한 지폐가 그렇게 널리 통용되었던 이유는 무엇 때문일까? (3) 칸이 만든 지폐에 찍힌 그의 도장은 금이나 은과 같은 권위가 있었다. (4) 이것은 지폐의 가치를 확립하고 유지하는 데 국가 권력이 핵심 요소라는 사실을 보여준다.

▶3문단

(1) 유럽의 지폐는 그 초기 형태가 민간에서 발행한 어음이었으나, 아시아의 지폐는 처음부터 국가가 발행권을 갖고 있었다. (2) 금속 주화와는 달리 내재적 가치가 없는 지폐가 화폐로 받아들여지고 사용되기 위해서는 신뢰가 필수적이다. (3) 중국은 강력한 왕권이 이 신뢰를 담보할 수 있었지만, 유럽에서 지폐가 사람들의 신뢰를 얻기까지는 그보다 오랜 시간과 성숙된 환경이 필요했다. (4) 유럽의 왕들은 종이에 마음대로 숫자를 적어 놓고 화폐로 사용하라고 강제할 수 없었다. (5) 그래서 서로 잘 아는 일부 동업자들끼리 신뢰를 바탕으로 자체 지폐를 만들어 사용해야 했다. (6) 하지만 민간에서 발행한 지폐는 신뢰 확보가 쉽지 않아 주기적으로 금융 위기를 초래했다. (7) 정부가 나서기까지는 오랜 시간이 걸렸고, 17 ~ 18세기에 지폐의 법정화와 중앙은행의 설립이 이루어졌다. (8) 중앙은행은 금을 보관하고 이를 바탕으로 금 태환(兌換)을 보장하는 증서를 발행해 화폐로 사용하기 시작했고, 그것이 오늘날의 지폐로 이어졌다.

▶4문단

① 유럽에서 금화의 대중적 확산은 지폐가 널리 통용되는 결정적인 계기가 되었다.

➜ (×) 유럽에서는 금화가 비교적 자유롭게 사용되어 대중들에게 널리 유통되었다.[2문단(2)] 하지만 이러한 금화의 대중적 확산이 유럽에서 지폐가 널리 통용되는 계기가 되었는지는 본문을 통해 알 수 없다.

② 유럽에서는 민간 거래의 신뢰를 기반으로 지폐가 중국에 비해 일찍부터 통용되었다.

➜ (×) 유럽에서 지폐가 사람들의 신뢰를 얻기까지는 중국보다 더 오랜 시간과 성숙된 환경이 필요했고[4문단(3)], 특히 민간에서 발행한 지폐는 신뢰 확보가 쉽지 않았다.[4문단(6)] 따라서, 강력한 왕권이 신뢰를 담보할 수 있었던 중국보다 유럽에서 지폐가 더 늦게 통용되었음을 알 수 있다.

③ 중국에서 청동으로 만든 최초의 화폐는 네모난 구멍이 뚫린 원형 엽전의 형태였다.

➜ (×) 기원전 7세기 이전에 이미 주나라에서 청동전이 유통되었고[1문단(1), (2)], 가운데 네모난 구멍이 뚫린 엽전은 진시황이 중국을 통일하면서 등장했으므로[1문단(2)] 해당 선지는 옳지 않다.

④ 중국에서 지폐 거래의 신뢰를 확보할 수 있었던 것은 강력한 국가 권력이 있었기 때문이다.

➜ (○) 중국은 강력한 왕권을 통해 지폐가 화폐로 받아들여지고 사용되기 위한 신뢰를 담보할 수 있었다.[4문단(3)] 따라서 중국에서 지폐 거래의 신뢰를 확보할 수 있었던 것은 강력한 국가 권력이 있었기 때문이라는 해당 선지는 옳다.

⑤ 아시아와 유럽에서는 금화의 사용을 권력의 상징으로 여겨 금화의 제한적인 유통이 이루어졌다.

➜ (×) 아시아의 통치자들은 대중들 사이에서 금이 유통되도록 하면 권력이 약화된다고 보았던 반면[2문단(4)], 유럽에서는 금화가 비교적 자유롭게 사용되어 대중들 사이에서 널리 유통되었다.[2문단(2)] 따라서 아시아와 유럽 모두에서 금화의 제한적인 유통이 이루어졌다는 해당 선지는 옳지 않다.

제시문 분석

1문단 중국의 화폐 역사

〈중국의 화폐 역사〉

〈기원전 8-7세기 주나라〉		〈진시황의 중국 통일 이후〉
중국에서는 기원전 8~7세기 이후 주나라에서부터 청동전이 유통되었다.(1)	➜	진시황이 중국을 통일하면서 화폐를 통일해 가운데 네모난 구멍이 뚫린 원형 청동 엽전이 등장했고, 이후 중국 통화의 주축으로 자리 잡았다.(2)
11세기 송나라, 최초 지폐 발행		**13세기 원나라**
하지만 엽전은 가치가 낮고 금화와 은화는 아직 주조되지 않았기 때문에 고액 거래를 위해서는 지폐가 필요했다.(3) 결국 11세기경 송나라에서 최초의 법정 지폐인 교자(交子)가 발행되었다.(4)	➜	13세기 원나라에서는 강력한 국가 권력을 통해 엽전을 억제하고 교초(交鈔)라는 지폐를 유일한 공식 통화로 삼아 재정 문제를 해결했다.(5)

2문단 유럽과 아시아의 금 지폐사용 여부 차이

〈유럽과 아시아의 금 지폐사용 여부 차이〉		
〈유럽〉		〈아시아〉
유럽에서는 금화가 비교적 자유롭게 사용되어 대중들 사이에서 널리 유통되었다.(2)	↔	아시아의 통치자들은 비천한 사람들이 화폐로 사용하기에는 금이 너무 소중하다고 여겼다.(3)
		대중들 사이에서 유통되도록 금을 방출하면 권력이 약화된다고 보았다.(4) 대신 일찍부터 지폐가 널리 통용되었다.(5)

3문단 종이 지폐가 널리 통용된 이유

〈종이지폐가 널리 통용된 이유〉
마르코 폴로는 쿠빌라이 칸이 모든 거래를 지폐로 이루어지게 하는 것을 보고 깊은 인상을 받았다.(1) 사실상 종잇조각에 불과한 지폐가 그렇게 널리 통용되었던 이유는 무엇 때문일까?(2)

〈칸 지폐의 권위〉		〈지폐 가치확립의 중요성〉
칸이 만든 지폐에 찍힌 그의 도장은 금이나 은과 같은 권위가 있었다.(3)	→	이것은 지폐의 가치를 확립하고 유지하는 데 국가 권력이 핵심 요소라는 사실을 보여준다.(4)

4문단 유럽과 아시아의 화폐 통용 특징

〈유럽〉		〈아시아〉
유럽의 지폐는 그 초기 형태가 민간에서 발행한 어음이었다.(1)		아시아의 지폐는 처음부터 국가가 발행권을 갖고 있었다.(1)
지폐가 사람들의 신뢰를 얻기까지는 오랜 시간과 성숙된 환경이 필요했다.(3)	↔	중국은 강력한 왕권이 지폐의 신뢰를 담보할 수 있었다.(3)
일부 동업자들끼리 신뢰를 바탕으로 자체 지폐를 만들어 사용해야 했는데, 이는 신뢰 확보가 쉽지 않아 주기적으로 금융 위기를 초래했다.(5),(6)		

→	〈지폐 법정화와 중앙은행 설립〉	17~18세기 유럽에서는 지폐의 법정화와 중앙은행의 설립이 이루어졌다.(7) 또한, 중앙은행은 금을 보관하고 이를 바탕으로 금 태환(兌換)을 보장하는 증서를 발행해 화폐로 사용하기 시작했고, 그것이 오늘날의 지폐로 이어졌다.(8)

합격자의 실전 풀이 순서

❶ 발문 제대로 읽기

일치부합 문제이며 알 수 있는 것(옳은 것)을 고르는 문제이다. 항상 발문을 먼저 제대로 읽자. 알 수 있는 것을 고르는 문제의 정답 선지는 제시문 내용과 일치하거나 그로부터 추론할 수 있는 내용이고, 오답 선지는 제시문 내용과 상충하거나 그로부터 추론할 수 없는 내용이 된다. 또한, 발문에 O표시를 해두고 풀면 알 수 없는 것을 고르는 실수를 크게 줄일 수 있다. 그 후, 선지를 먼저 빠르게 훑고 키워드를 파악한다. 다만 선지를 먼저 읽고 본문 읽을 때 선지 내용을 기억하기 어렵다면 제시문을 먼저 읽고 선지의 정오를 판단하는 것을 추천한다.

❷ 제시문 독해 및 선지 판단

(1) 다른 문항에서는 지문을 먼저 볼 때 독해 요령 위주로 서술했다면 이 문제는 선지를 먼저 보고 문제를 푸는 요령을 주로 서술할 것이다. 물론 이 문제도 다른 문항들과 같이 지문을 두 번에 걸쳐서 읽으면 선지를 먼저 읽지 않아도 충분히 독해할 수 있다.

(2) 선지를 먼저 읽는 경우, 선지에서 아주 간단하고 포괄적인 키워드만 잡아야 한다. 구체적이고 특수한 키워드를 잡으려고 하면 결론적으로 〈기억해야 할 지문의 길이만 길어지는〉 부작용을 낳는다. 선지를 먼저 보는 것은 지문 독해 시 강세를 두기 위한 것이므로 소재를 파악할 수 있는 정도면 충분하다.

(3) 예컨대 〈유럽, 금화, 중국, 최초〉 정도면 충분하고, 현대보다는 중세 이전의 이야기임을 파악할 수 있다면 충분하다.

(4) 키워드를 파악하고 독해를 시작할 경우, 지문을 길게 읽을 필요가 없다. 최대한 짧게 읽으면서 선지와 대조한다. 이는 선지를 암기하고, 쓸모없는 선지를 소거하는 효과를 가져온다. 예컨대 ①번 선지는 1문단을 다 읽기도 전에 바로 지울 수 있어야 한다. 그래야 선지를 먼저 보는 것의 효용이 살아난다.

(5) 이 문제의 경우 1문단은 초기 동전에서 화폐가 발행되기까지의 중국 화폐의 역사, 2문단은 아시아와 유럽의 지폐 유통 배경 비교, 3문단은 지폐 가치의 확립과 유지에 국가 권력이 핵심 요소라는 것, 4문단은 아시아의 경우 국가가 초기 지폐 발행권을 보유하였으나 유럽은 그렇지 않았다는 것, 그 원인이 3문단에서 언급된 국가 권력의 차이라는 것이 요지이다.

합격자의 시간단축 Tip

Tip ❶ 선지와 상관없는 내용 빠르게 넘어가기

선지를 먼저 읽고 키워드를 파악했다면, 지문을 독해할 때 중점적으로 읽어야 할 부분을 알 수 있다. 따라서 해당 문제의 경우, 1문단 4, 5문장의 송나라, 원나라, 교자 등 선지의 키워드와 상관없는 부분은 내용 흐름만 파악하는 정도로 훑고 넘어간다.
반면, 제시문을 먼저 읽었다면, 중심내용을 먼저 파악하고, 세부적인 것은 빠르게 읽고 이를 바탕으로 선지의 정오를 판단한다. 선지 ①번은 2문단, 선지 ②번은 4문단, 선지 ③번은 1문단, 선지 ④번은 4문단에서 근거를 찾아 정답을 고를 것이다. 선지 ②번의 경우 문단의 요지만으로 그 정보가 어디 있었는지 바로 떠오르지 않을 수 있다. 다만, 4문단을 대충이라도 읽었다면 '신뢰'라는 단어에서 4문단에 근거가 있음을 알 수 있다.

Tip ❷ 시간의 흐름을 나타내는 표현 주의하기

'이후' 등과 같이 시간을 나타내는 말이 등장할 경우, 시간의 순서와 관련한 선지로 등장할 가능성이 크다. 따라서 시간을 나타내는 표현은 ○, △ 등으로 표시하며 주의를 기울인다. 예를 들어, 해당 지문에서 중국의 화폐 역사를 설명하기 위해 '이후', '~세기', 국가 이름 등 시간을 나타내는 표현이 쓰인다. 이러한 단어를 중심으로 지문의 내용을 정리해둔다. 특히 역사를 다루는 지문에서 유용한 방법이다.

Tip ❸ 내용 간 대조에 주목하기

이 글은 아시아와 유럽의 화폐 발달 과정의 비교를 2문단과 4문단, 두 문단에 걸쳐 설명하고 있다. 이러한 비교 내용에서 하나 이상의 선지가 도출될 수 있으므로 ◯나 △ 등으로 눈에 띄게 표시를 해두면 좋다. 특히 '반면에'와 같은 단어는 명시적으로 대조되는 내용이 진행됨을 보여주기 때문에 주의하며 읽을 필요가 있다. 2문단 3문장의 '반면에'는 선지 ⑤번에 활용되었다.

Tip ❹ 비교를 억지로 다 하지 말기

지문은 전체적으로 계속하여 아시아와 유럽을 비교하고 있다. 심지어 최초의 지폐가 어디였는지도 비교하고 있다. 그러나 이 모든 것을 다 기억할 필요는 없다. 비교가 중요한 것은 선지에 나오기 때문이다. 선지를 먼저 읽은 경우는 무엇을 비교하는지 미리 정리하고 지문을 읽으면 되고, 지문을 먼저 읽는 경우는 일단 비교가 존재하는 영역을 포괄적으로 동그라미 친 후, 비교를 제외한 선지(예컨대 ③번)만 푼 다음 비교를 중심으로 풀어 간다. 이 지문에서는 아쉽게도 비교가 없는 선지가 하나밖에 나오지 않았지만, 지문에서 그대로 차용한 선지도 많기 때문에 그렇게 시간이 오래 걸리지 않았을 것이다.

087 정답 ❸

난이도 ●○○

문제유형 사실적 이해 > 정보 확인

접근전략 글에서 알 수 없는 것을 고르는 문제의 정답 선지는 제시문 내용과 상충하거나 그로부터 추론할 수 없는 내용, 오답 선지는 제시문 내용과 일치하거나 그로부터 추론 가능한 내용이 된다. 특히 지문에서 한 개념을 중심으로 어떻게 시공간적 확장이 이뤄지는지를 살펴보면서 독해한다. 광장히 전형적인 지문이므로 확장(추론)방식 자체에 익숙해질 필요가 있다.

다음 글에서 알 수 없는 것은?

(1) 광장의 기원은 고대 그리스의 아고라에서 찾을 수 있다. (2) '아고라'는 사람들이 모이는 곳이란 뜻을 담고 있다. (3) 호메로스의 작품에 처음 나오는 이 표현은 물리적 장소만이 아니라 사람들이 모여서 하는 각종 활동과 모임도 의미한다. (4) 아고라는 사람들이 모이는 도심의 한복판에 자리 잡되 그 주변으로 사원, 가게, 공공시설, 사교장 등이 자연스럽게 둘러싸고 있는 형태를 갖는다. (5) 물론 그 안에 분수도 있고 나무도 있어 휴식 공간이 되기는 하지만 그것은 부수적 기능일 뿐이다. (6) 아고라 곧 광장의 주요 기능은 시민들이 모여 행하는 다양한 활동 그 자체에 있다. ▶ 1문단

(1) 르네상스 이후 광장은 유럽의 여러 제후들이 도시를 조성할 때 일차적으로 고려하는 사항이 된다. (2) 광장은 제후들이 권력 의지를 실현하는 데 중요한 역할을 할 수 있었기 때문이다. (3) 이 시기 유럽의 도시에서는 고대 그리스 이후 자연스럽게 발전해 온 광장이 의식적으로 조성되기 시작한다. (4) 도시를 설계할 때 광장의 위치와 넓이, 기능이 제후들의 목적에 따라 결정된다. ▶ 2문단

(1) 『광장』을 쓴 프랑코 만쿠조는 유럽의 역사가 곧 광장의 역사라고 말한다. (2) 그에 따르면, 유럽인들에게 광장은 일상생활의 통행과 회합, 교환의 장소이자 동시에 권력과 그 의지를 실현하는 장이고 프랑스 혁명 이후 근대 유럽에서는 저항하는 대중의 연대와 소통의 장이라는 의미도 갖게 된다. (3) 우리나라의 역사적 경험에서도 광장은 그와 같은 공간이었다. (4) 우리의 마당이나 장터는 유럽과 형태는 다를지라도 만쿠조가 말한 광장의 기능과 의미를 담당해왔기 때문이다. ▶ 3문단

(1) 이처럼 광장은 인류의 모든 활동이 수렴되고 확산되는 공간이며 문화 마당이고 예술이 구현되는 장이며 더 많은 자유를 향한 열정이 집결하는 곳이다. (2) 특히 근대 이후 광장을 이런 용도로 사용하는 것은 시민의 정당한 권리가 된다. (3) 광장은 권력의 의지가 발현되는 공간이면서 동시에 시민에게는 그것을 넘어서고자 하는 자유의 열망이 빚어지는 장이다. ▶ 4문단

① 근대 이후 광장은 시민의 자유에 대한 열망이 모이는 장이었다.
→ (○) 근대 이후 광장은 권력의 의지가 발현되는 공간이면서 동시에 시민에게는 그것을 넘어서고자 하는 자유의 열망이 빚어지는 장이다.[4문단(3)] 따라서 해당 선지는 옳다.

② 고대 그리스의 아고라는 사람들이 모이는 장소 이상의 의미를 갖는다.
→ (○) 고대 그리스의 아고라는 사람들이 모이는 곳이라는 물리적 장소만을 의미하는 것이 아니라, 사람들이 모여서 하는 각종 활동과 모임도 의미한다.[1문단(2),(3)] 따라서 해당 선지의 내용은 옳다.

③ 유럽의 여러 제후들이 광장을 중요시한 것은 거주민의 의견을 반영하기 위해서였다.
→ (×) 유럽의 여러 제후들이 광장을 중요시한 것은 거주민의 의견을 반영하기 위함이 아니라, 광장이 제후들이 권력 의지를 실현하는 데 중요한 역할을 할 수 있었기 때문이다.[2문단(1),(2)] 따라서 이는 틀린 선지이다.

④ 프랑스 혁명 이후 유럽에서 광장은 저항하는 이들의 소통 공간이라는 의미도 갖는다.
→ (○) 프랑스 혁명 이후 근대 유럽에서 광장은 저항하는 대중의 연대와 소통의 장이라는 의미도 갖게 되었으므로[3문단(2)], 해당 선지는 옳다.

⑤ 우리나라의 역사적 경험에서도 광장은 권력과 그 의지를 실현하는 장이자 저항하는 대중의 연대와 소통의 장이었다.
→ (○) 유럽인들에게 광장은 권력과 그 의지를 실현하는 장이자 프랑스 혁명 이후 대중의 연대와 소통의 장이었고[3문단(2)], 우리나라의 역사적 경험에서도 마당과 장터가 광장의 의미와 기능을 담당했다고 하면서[3문단(4)] 광장이 유럽의 것과 같은 공간이었다고 하였으므로[3문단(3)] 해당 선지는 옳다.

제시문 분석

1문단 아고라의 의미와 형태, 그리고 기능

〈아고라의 의미와 형태, 그리고 기능〉	
〈의미〉	'사람들이 모이는 곳'이라는 뜻을 담고 있으며, 물리적 장소만이 아니라 사람들이 모여서 하는 각종 활동과 모임도 의미한다.(2), (3)
〈형태〉	아고라는 사람들이 모이는 도심의 한복판에 자리 잡되 그 주변으로 사원, 가게, 공공시설, 사교장 등이 자연스럽게 둘러싸고 있는 형태를 갖는다.(4)
〈기능〉	아고라 안에는 분수도 있고 나무도 있어 휴식 공간이 되기는 하지만 그것은 부수적 기능일 뿐이다.(5) 아고라 곧 광장의 주요 기능은 시민들이 모여 행하는 다양한 활동 그 자체에 있다.(6)

2문단 르네상스 이후 광장의 역할과 변화

〈르네상스 이후 광장의 역할〉
르네상스 이후 광장은 유럽의 여러 제후들이 도시를 조성할 때 일차적으로 고려하는 사항이 된다.(1)

→

〈이유〉	광장은 제후들이 권력 의지를 실현하는 데 중요한 역할을 할 수 있었기 때문이다.(2)

〈광장의 변화〉		〈결과〉
이 시기 유럽의 도시에서는 고대 그리스 이후 자연스럽게 발전해 온 광장이 의식적으로 조성되기 시작한다.(3)	→	도시를 설계할 때 광장의 위치와 넓이, 기능이 제후들의 목적에 따라 결정된다.(4)

3문단 유럽과 우리나라에서의 광장의 의미

〈유럽과 우리나라에서의 광장의 의미〉	
〈유럽〉	〈우리나라〉
유럽인들에게 광장은 일상생활의 통행과 회합, 교환의 장소이자 동시에 권력과 그 의지를 실현하는 장이고 프랑스 혁명 이후 근대 유럽에서는 저항하는 대중의 연대와 소통의 장이라는 의미도 갖게 된다.(2)	우리나라의 역사적 경험에서도 광장은 그와 같은 공간이었다. 우리의 마당이나 장터는 유럽과 형태는 다를지라도 만쿠조가 말한 광장의 기능과 의미를 담당해 왔기 때문이다.(3),(4)

4문단 광장의 의의

〈광장의 의의 ①〉		〈광장의 의의 ②〉		〈광장의 의의 ③〉
광장은 인류의 모든 활동이 수렴되고 확산되는 공간이며 문화 마당이고 예술이 구현되는 장이며 더 많은 자유를 향한 열정이 집결하는 곳이다.(1)	⊕	특히 근대 이후 광장을 이런 용도로 사용하는 것은 시민의 정당한 권리가 된다.(2)	⊕	광장은 권력의 의지가 발현되는 공간이면서 동시에 시민에게는 그것을 넘어서고자 하는 자유의 열망이 빚어지는 장이다.(3)

합격자의 실전 풀이 순서

❶ 발문 확인 및 문제 유형 파악

일치부합 문제이며 알 수 없는 것(옳지 않은 것)을 고르는 문제이다. 항상 발문을 먼저 제대로 읽자. 알 수 없는 것을 고르는 문제는 제시문 내용과 상충하거나 그로부터 추론할 수 없는 선지가 정답이 되며 제시문 내용과 일치하거나 그로부터 추론할 수 있는 선지가 오답이 된다. 또한, 발문에 ×표시를 해두고 문제를 풀면 알 수 있는 것을 고르는 실수를 방지할 수 있다.

❷ 제시문 독해

(1) 지문 전반에 시간의 흐름에 따른 변화가 제시되어 있다. 지문 전반에 '광장'의 기능이나 의미의 변화가 '고대 그리스－르네상스－근대 이후'를 걸쳐 나타나 있다. 이 경우 시간의 흐름에 따른 변화나 차이점이 문제로 나오기 쉽기 때문에 이를 잘 파악해 두자. 또한, 시간의 흐름을 나타내는 표현은(ex. 연도, 시기) 동그라미와 같은 기호로 미리 표시해두면 선지 판단 시 제시문으로 돌아갈 때 정확하고 빠르게 판단이 가능하다.

(2) 많은 수험생들이 호메로스, 프랑코 만쿠조 등의 고유명사에 방점을 두는 경향이 있다. 물론 그렇게 풀어야 하는 문제들도 있다. 그러나 이 지문을 읽어 보면 사실 문제풀이에 도움이 되지 않는 부가적인 내용이었다.(사실 인문학적 소양이 풍부한 수험생이었다면 그냥 바로 넘길 수 있는 배경지식 같은 거였지만 지식이 부족한 경우는 문제가 될 수 있다.) 그렇다면 이를 어떻게 구분할 수 있는가? 두 가지 해법이 있다.

<u>① 첫째로 선지에 외국어나 어려운 한자가 등장하는지 보는 것이다.</u> 살펴보면 '아고라'를 제외한 다른 단어들은 일반적 용어들이 쓰이고 있음을 알 수 있다. 즉 이름보다 실질적 개념이 훨씬 중요하다.

<u>② 둘째로 조금 더 일반적인 개념으로 묶어서 보는 것이다.</u> 예컨대 프랑코라는 이름은 사실 『광장』의 저자 이름이므로 그냥 생략해도 좋다. 호메로스라는 이름 또한 '아고라'가 처음 등장하는 것으로 쓰였다는 정보를 빼면 사실 작가(작품)에 대한 언급은 없다. 특히 두 번째 방법에 익숙해지기 위해선 부단한 연습이 필요하다.

(3) 3문단에서는 유럽과 우리나라 광장의 기능에 대해 공통점이 제시된다. 이처럼 내용이나 대상간 공통점은 선지로 구성되기 좋기 때문에 이를 잘 확인해 두자. 특히 '국가'가 나오면 거의 필연적으로 국가 간 비교가 등장한다고 보면 된다.

❸ 선지 판단

(1) ①번 선지는 근대 이후에 대해 묻고 있다. 시간의 흐름을 표현에 미리 표시했다면, 근대 이후에 관해 서술되어있는 4문단 (2)로 돌아가 빠른 판단이 가능하다. 마찬가지로 ②번도 '고대 그리스'라는 시간 표현에 돌아갔다면 어렵지 않게 해결할 수 있었다.

(2) 시간을 줄이기 위해 제시문으로 돌아가는 일은 줄이는 편이 좋지만, 돌아가야 한다면 보통 구분성이 뚜렷한 키워드를 중심으로 돌아간다. 여기서 구분성이란 본문 전반에 걸쳐서 존재하는 키워드가 아닌 '비교적' 좁은, 특정 범위 내에 존재하는 키워드를 말한다. 특히 '비교적'이라는 개념은 단기간에 습득할 수 있는 것이 아니므로 PSAT기출을 열심히 풀면서 익혀야 할 것이다.

이를 토대로 ③, ④번 선지를 각각 '여러 제후', '프랑스 혁명'과 같은 키워드를 중심으로 돌아가면 빠르게 근거를 찾을 수 있다.

(3) ⑤번 선지의 경우 위에서 언급했듯 비교하는 지점을 주목해서 읽었다면, 어렵지 않게 찾아가 내용을 확인할 수 있었다.

088 정답 ④ 난이도 ●●●

문제유형 이해 > 내용 파악

접근전략 첫 문단에 물음을 제기하면서 시작하는 지문은 대부분 글쓴이의 주장이 강한 지문이거나, 어떤 학자의 주장이 '문제 의식→연구 진행→결론'의 구조로 서술된 지문이다.(예시: 뉴턴은 어떻게 사과가 떨어지는 것으로부터 중력의 성질을 추론했을까?) 중에서 해당 지문은 전자, 즉 글쓴이의 주장이 강하게 드러나는 지문에 해당한다. 지문이 둘 중 무엇에 해당하든, 물음이 있는 문단을 읽을 때에는 그에 대한 답변이 핵심이므로 이를 파악하려 해야 한다.

다음 글에서 알 수 없는 것은?

(1) 사유 재산 제도와 시장 경제가 자본주의의 양대 축을 이루기 때문에 토지 또한 민간의 소유이어야만 한다고 하는 이들이 많다. (2) 토지사유제의 정당성을 그것이 자본주의의 성립 근거라는 점에서 찾고자 하는 학자도 있다. (3) 토지에 대해서는 절대적이고 배타적인 소유권을 인정할 수 없다고 하면 이들은 신성불가침 영역에 대한 도발이라며 이에 반발한다. (4) 토지가 일반 재화나 자본에 비해 지닌 근본적인 차이는 무시하고 말이다. (5) 과연 자본주의 경제는 토지사유제 없이 성립할 수 없는 것일까?

▶ 1문단

(1) 싱가포르, 홍콩, 대만, 핀란드 등의 사례는 위의 물음에 직접적인 답변을 제시한다. (2) 이들은 토지공유제를 시행하였거나 토지의 공공성을 인정했음에도 불구하고 자본주의의 경제를 모범적으로 발전시켜온 사례이다. (3) 물론 토지사유제를 당연하게 여기는 사람들이 이런 사례들을 토지 공공성을 인정해야만 하는 당위의 근거로서 받아들이는 것은 아니다. (4) 그들은 오히려 토지의 공공성 강조가 사회주의적 발상이라고 비판한다. (5) 하지만 이와 같은 비판은 토지와 관련된 권리 제도에 대한 무지에 기인한다. ▶ 2문단

(1) 토지 소유권은 사용권, 처분권, 수익권의 세 가지 권리로 구성된다. (2) 각각의 권리를 누가 갖느냐에 따라 토지 제도는 다음과 같이 분류된다. (3) 세 권리 모두 민간이 갖는 토지사유제, 세 권리 모두 공공이 갖는 사회주의적 토지공유제, 그리고 사용권은 민간이 갖고 수익권은 공공이 갖는 토지가치공유제이다. (4) 한편, 토지가치공유제는 처분권을 누가 갖느냐에 따라 두 가지 제도로 분류된다. (5) 처분권을 완전히 민간이 갖는 토지가치세제와 공공이 처분권을 갖지만 사용권을 가진 자에게 한시적으로 처분권을 맡기는 토지공공임대제이다. (6) 토지 소유권을 구성하는 세 가지 권리를 민간과 공공이 적당히 나누어 갖는 경우가 많으므로 실제의 토지 제도는 이 분류보다 훨씬 더 다양하다. ▶ 3문단

(1) 이 중 자본주의 경제와 결합될 수 없는 토지 제도는 사회주의적 토지공유제뿐이다. (2) 물론 어느 토지 제도가 더 나은 경제적 성과를 보이는가는 그 이후의 문제이다. (3) 토지사유제 옹호론에 따르면, 토지 자원의 효율적 배분이 가능하기 위해 토지에 대한 절대적, 배타적 소유권을 인정해야만 한다. (4) 토지사유제만이 토지의 오용을 막을 수 있으며, 나아가 토지 사용의 안정성을 보장할 수 있다는 것이다. (5) 하지만 토지 자원의 효율적 배분을 위해 토지의 사용권, 처분권, 수익권 모두를 민간이 가져야 할 필요는 없다. (6) 토지 위 시설물에 대한 소유권을 민간이 갖고, 토지에 대해서 민간은 배타적 사용권만 가지면 충분하다. ▶ 4문단

① 토지사유제는 자본주의 성립을 위한 필수 조건이 아니다.
→ (○) 토지사유제 옹호론자는 토지사유제가 자본주의의 성립 근거라고 본다.[1문단(2)] 그러나 이에 대해 글쓴이는 토지공유제를 시행하였음에도 불구하고 자본주의의 경제를 모범적으로 발전시켜온 사례를 제시하며[2문단(2)], 토지사유제는 자본주의 성립을 위한 필수 조건이 아니라고 하였다.

② 토지사유제를 보장하지 않아도 토지 사용의 안정성을 이룰 수 있다.
→ (○) 토지사유제 옹호론자는 토지사유제만이 토지의 오용을 막을 수 있으며, 나아가 토지 사용의 안정성을 보장할 수 있다고 본다.[4문단(4)] 그러나 글쓴이는 토지 자원의 효율적 배분을 위해 토지 위 시설물에 대한 소유권을 민간이 갖고, 토지에 대해서 민간은 배타적 사용권만 가지면 충분하다고 주장하였다.[4문단(5),(6)] 따라서 토지사유제를 보장하지 않아도 토지 사용의 안정성을 충분히 이룰 수 있다.

③ 토지사유제와 토지가치세제에서는 토지 사용권을 모두 민간이 갖는다.
→ (○) 토지 소유권은 사용권, 처분권, 수익권의 세 가지 권리로 구성되며[3문단(1)], 토지사유제는 세 권리 모두 민간이 갖는 제도이다.[3문단(3)] 토지가치세제는 사용권은 민간, 수익권은 공공, 처분권은 민간이 갖는 제도이다.[3문단(5)] 따라서 토지사유제와 토지가치세제에서는 토지 사용권을 모두 민간이 갖는다.

④ 토지사유제에서는 토지 자원의 성격과 일반 재화의 성격이 서로 다른 것으로 인정된다.
→ (×) 글쓴이는 토지사유제에 대해, 토지가 일반 재화나 자본에 비해 지닌 근본적인 차이는 무시한 제도라고 비판한다.[1문단(4)] 이를 통해 토지사유제에서는 토지 자원의 성격과 일반 재화의 성격을 서로 같은 것으로 전제한다는 것을 알 수 있다.

⑤ 토지가치세제와 토지공공임대제 이외에도 토지 소유권을 어떻게 나누느냐에 따라 다양한 토지 제도가 존재한다.
→ (○) 토지 소유권을 구성하는 세 가지 권리를 민간과 공공이 적당히 나누어 갖는 경우가 많으므로 실제의 토지 제도는 토지가치세제와 토지공공임대제 등의 분류보다 훨씬 더 다양하다.[3문단(6)] 이를 통해 토지 소유권을 어떻게 나누느냐에 따라 다양한 토지 제도가 존재한다는 것을 알 수 있다.

제시문 분석

제시문 토지사유제 옹호론과 비판론

〈문제제기〉
자본주의의 경제는 토지사유제 없이 성립할 수 없는 것일까?[1문단(5)]

	〈토지사유제 옹호론〉	〈토지사유제 비판론〉
〈전제〉	토지와 일반 재화 사이에 근본적인 차이는 없다.[1문단(4)]	토지와 일반 재화 사이에 근본적인 차이가 있다.[1문단(4)]
〈논지〉	토지 소유권 모두가 민간의 소유이어야 한다.[3문단(3)]	토지에 대해서 민간은 배타적 사용권만 가지면 충분하다.[4문단(6)]
〈논거〉	토지사유제가 자본주의의 성립 근거이다.[1문단(2)]	토지의 공공성을 인정했음에도 불구하고 자본주의의 경제를 모범적으로 발전시켜온 사례가 있다.[2문단(2)]
	토지의 공공성 강조는 사회주의적 발상이다.[2문단(4)]	토지 소유권을 구성하는 세 가지 권리를 민간과 공공이 적당히 나누어 갖는 경우가 많다.[3문단(6)]
	토지사유제만이 토지 사용의 안정성을 보장할 수 있다.[4문단(4)]	토지에 대해서 민간은 배타적 사용권만 가지면 토지 자원의 효율적 배분이 가능하다.[4문단(6)]

합격자의 실전 풀이 순서

[방법 1]

❶ **글을 읽을 때 선지를 먼저 보는 방법과 지문을 먼저 보는 방법이 있다.**

선지를 먼저 볼 경우 지문을 읽지 않은 상태에서는 단지 "토지사유제"라는 글 전체의 소재와, '그것이 어떤 성질을 가지는지 묻고 있다'는 질문의 방향성만 도출하고 나서 지문으로 올라가야 한다. 선지를 너무 꼼꼼하게 분석하는 것은 독이다.

지문을 먼저 볼 경우 문단이 짧게 4개로 구성되므로 문단별 주제를 파악하면서 읽으면 좋다. 특히 여러 문단 중에서 특정 문단이 이해가 어려우면 첫 문장과 마지막 문장에 밑줄만 치고 넘어간다. 예컨대 3문단의 경우 구조도 복잡하고 정보가 많으므로 '세 가지 권리'와 '실제의 토지 제도는 훨씬 다양하다.' 까지 파악해 놓는 것으로 족하다. '어떤 방법을 선택할 것인가'보다 중요한 것은, 1회독에 모든 것을 담아가려 하지 않아도 된다는 것이다.

❷ **다양한 제도와 함께 그들 간의 차이가 제시되고 있으므로, 이에 중심을 두며 지문을 읽는다.**

이때, 차이점의 기준을 잡기 어려울 수 있으나 3문단 (2)에 따르면 제시문에서 사용권, 처분권, 수익권 세 가지 권리를 누가 갖느냐에 제도의 차이가 생긴다고 했다. 따라서 이들을 기준으로 차이를 파악하면 된다.

또한, 글 전반이 토지사유제에 대한 찬성과 그에 대한 글쓴이의 반박으로 이루어져 있으므로 둘 간 의견을 잘 구분하며 읽자.

❸ **선지를 볼 때 각 선지가 어떤 제도를 묻는지 간단하게 기호화하면서 풀면 좋다.**

예컨대 토지사유제를 ㉠으로 표시해두고 풀면 실수가 크게 줄어든다(나머지를 ㉡㉢으로 표시해볼 것). 이러한 분류 유형은 연도를 가리지 않고 한 문제 이상 꼭 출제되므로 반드시 익숙해져야 한다.

[방법 2]

❶ **1문단을 읽으며 글의 중심 소재와 앞으로의 방향성을 파악한다.**

일반적으로 1문단에는 글의 중심 소재와 앞으로의 글의 방향성이 적시되어 있다.

❷ **언어논리 독해 지문의 종류는 크게 두 가지다.**

필자의 주장이 강한 지문과 약한 지문이 바로 그것이다. 주장이 강한 경우 그 입장을 받아들이면 독해가 쉬워진다. 이처럼 어조나 표현으로 간접적으로 드러나는 주장을 '뉘앙스'라고 부르기로 한다. 문제의 경우 글의 뉘앙스가 토지사유제를 비판적으로 바라보고 있음을 파악할 수 있다. 또한, 마지막의 '과연~것일까?' 문장을 통해 앞으로의 글의 전개가 '자본주의 경제도 토지 사유제 없이 성립할 수 있다.'와 같은 내용임을 추측할 수 있다.

❸ **2문단부터 4문단까지 글의 전반적인 내용을 파악하며 글을 통독한다.**

2문단부터 4문단까지 글을 통독하며 글의 전반적인 흐름을 파악한다. 글을 읽으면서는 주요 핵심 내용에 가볍게 체크하도록 한다. 예를 들면 2문단의 경우 사례들과 토지 공유제, 토지의 공공성 등에 체크하고, 3문단의 경우 사용권, 처분권, 수익권이나 분류에 있어 토지사유제, 사회주의적 토지공유제, 토지가치공유제 등의 명칭에 체크한다. 4문단의 경우 사회주의적 토지공유제, 토지사유제 옹호론 입장과 '하지만' 뒷부분을 가볍게 체크해둔다.

이때 체크의 기준이 반드시 해설과 같을 필요는 없다. 중요한 것은 선지 파악에 도움이 되는 내용을 확인하기 쉽도록 체크하는 것이다.

❹ **체크해 둔 내용을 바탕으로 오지선다에서 정오를 판단한다.**

오지선다의 경우 헷갈릴만한 내용만 검토하도록 한다.

④ **토지사유제에서는 토지 자원의 성격과 일반 재화의 성격이 서로 다른 것으로 인정된다.**

토지 사유제 내용에서 토지 자원의 성격과 일반 재화의 성격이 다르다는 내용이 지문에 명확하게 나와 있지 않아 알 수 없는 정보라고 생각할 수 있다. 하지만 언제나 내용 일치는 오지선다의 내용에 대한 근거가 똑같이 지문에 내용이 제시되어 있는 것도 아니며, 다른 표현 방식으로 지문에 적혀있을 수 있음을 인지해야 한다. 본 문제의 경우에도 1문단의 '토지가 일반 재화나 자본에 지닌 근본적인 차이를 무시한다'의 측면에서 ④번 문항이 틀렸음을 파악할 수 있다.

합격자의 시간단축 Tip

Tip ❶ 논리성이 가미된 문제는 나중에 풀도록 한다.

논리 공부가 부족한 경우에는 현장에서 어려움을 겪을 수 있으므로 지문에서 비교적 수월하게 근거로 찾아서 확인할 수 있는 선지부터 풀도록 한다.

Tip ❷ 역접의 접속사가 나오는 경우 뒷부분을 유의해 글을 읽도록 한다.

특히 '하지만', '그러나' 등 역접의 접속사일 경우 앞에 등장하는 내용과 반대의 이야기가 나올 것이며 이 부분에 글쓴이의 의도가 들어가는 경우가 많다. 따라서 역접 접속사 뒷문장에 주목하도록 한다. 최근에는 역접이 두 번 들어가서 구성을 헷갈리게 하는 경우가 있다. 반론이 있으면 그에 대한 재반론이 있는 구성이다. 그러나 재반론이 반드시 타 주장에 대한 동조라고 할 수 없다. 예컨대, 환경보호에 있어 기술 옹호론과 기술 폐기론이 대립한다고 하자, 이때 제3의 반론으로 기술 폐기론을 비판하는 '종말론'이 있다고 하자(기술을 폐기해도 멸망을 피할 수 없다는 의견). 종말론이 반드시 기술 옹호론일 이유는 없다.

Tip ❸ 1문단을 정독하며 글의 방향성을 파악하는 것이 글의 전체적인 흐름을 파악하는데 중요하다.

문제의 경우 1문단 마지막에 질문이 등장하는데, 해당 질문은 〈그렇지 않다〉는 제시문 필자의 의도가 담겨 있는 질문이다. 따라서 앞으로의 내용을 예측하며 읽을 수 있다. 이는 글의 전개를 예측함으로써 글의 구조 및 핵심 내용 파악과 독해를 더 쉽게 한다.

089 정답 ④ 난이도 ●●●

문제유형 비판적 사고 > > 판단하기

접근전략 각 견해에 관한 판단을 묻는 문제는 선지에서 강화-약화를 물을 수도 있고, 선지가 제시문의 내용에 부합하는지를 물을 수도 있다. 해당 제시문은 부합 여부를 묻는 문제로, 이 경우 제시문의 각 견해를 잘 이해하고 정리하되 그들 간 공통점과 차이점도 잘 파악하며 읽도록 하자. 단, 이렇게 여러 견해가 등장할 경우 어떤 의견은 참이 아닐 수 있으므로 그것을 너무 깊게 생각할 필요가 없다.

다음 글의 갑~병에 대한 판단으로 적절한 것만을 〈보기〉에서 모두 고르면?

(1) 다음 두 삼단논법을 보자.

(1) (2) 모든 춘천시민은 강원도민이다.
(3) 모든 강원도민은 한국인이다.
(4)따라서 모든 춘천시민은 한국인이다.

(2) (5) 모든 수학 고득점자는 우등생이다.
(6) 모든 과학 고득점자는 우등생이다.
(7) 따라서 모든 수학 고득점자는 과학 고득점자이다.
(8) (1)은 타당한 삼단논법이지만 (2)는 부당한 삼단논법이다. (9) 하지만 어떤 사람들은 (2)도 타당한 논증이라고 잘못 판단한다. (10) 왜 이런 오류가 발생하는지 설명하기 위해 세 가지 입장이 제시되었다.

갑: (11) 사람들은 '모든 A는 B이다'를 '모든 B는 A이다'로 잘못 바꾸는 경향이 있다. (12) '어떤 A도 B가 아니다'나 '어떤 A는 B이다'라는 형태에서는 A와 B의 자리를 바꾸더라도 아

무런 문제가 없다. (13) 하지만 '모든 A는 B이다'라는 형태에서는 A와 B의 자리를 바꾸면 논리적 오류가 생겨난다.

을: (14) 사람들은 '모든 A는 B이다'를 약한 의미로 이해해야 하는데도 강한 의미로 이해하는 잘못을 저지르는 경향이 있다. (15) 여기서 약한 의미란 그것을 'A는 B에 포함된다'로 이해하는 것이고, 강한 의미란 그것을 'A는 B에 포함되고 또한 B는 A에 포함된다'는 뜻에서 'A와 B가 동일하다'로 이해하는 것이다.

병: (16) 사람들은 전제가 모두 '모든 A는 B이다'라는 형태의 명제로 이루어진 것일 경우에는 결론도 그런 형태이기만 하면 타당하다고 생각하고, 전제 가운데 하나가 '어떤 A는 B이다'라는 형태의 명제로 이루어진 것일 경우에는 결론도 그런 형태이기만 하면 타당하다고 생각하는 경향이 있다.

보기

ㄱ. 대다수의 사람이 "어떤 과학자는 운동선수이다. 어떤 철학자도 과학자가 아니다."라는 전제로부터 "어떤 철학자도 운동선수가 아니다."를 타당하게 도출할 수 있는 결론이라고 응답했다는 심리 실험 결과는 갑에 의해 설명된다.
→ (×) 갑의 입장은 '모든 A는 B이다'에서 A와 B의 위치를 바꾸면 안 된다는 것이다(13). 그런데 ㄱ에서 나타난 명제는 두 개로, 둘 다 '어떤'으로 시작하므로 앞뒤를 바꿔도 문제가 없다. 따라서 '아무런 문제가 없다'는 갑의 주장(12)은 ㄱ의 심리 실험 결과를 설명할 수 없다.

ㄴ. 대다수의 사람이 "모든 적색 블록은 구멍이 난 블록이다. 모든 적색 블록은 삼각 블록이다."라는 전제로부터 "모든 구멍이 난 블록은 삼각 블록이다."를 타당하게 도출할 수 있는 결론이라고 응답했다는 심리 실험 결과는 을에 의해 설명된다.
→ (O) ㄴ에서는 '모든 A는 B이다'를 강한 의미, 즉 A와 B가 동일하다고 해석하는 오류가 나타나 있다(15). 적색 블록 안에 구멍이 난 블록과 삼각 블록이 포함되어 있을 뿐, 구멍이 난 블록과 삼각 블록이 같다고 할 수는 없기 때문이다. 이는 을의 입장과 일치한다(14),(15),(16).

ㄷ. 대다수의 사람이 "모든 물리학자는 과학자이다. 어떤 컴퓨터 프로그래머는 과학자이다."라는 전제로부터 "어떤 컴퓨터 프로그래머는 물리학자이다."를 타당하게 도출할 수 있는 결론이라고 응답했다는 심리 실험 결과는 병에 의해 설명된다.
→ (O) 병은 전제 가운데 하나가 '어떤 A는 B이다'의 형태일 경우 결론도 같은 형태이면 타당하다고 생각한다고 주장한다. ㄱ의 전제는 중 하나는 '어떤 A이면 B이다'로 이루어져 있다. 또한, 결론 역시 '어떤 A이면 B이다'로 나타나 있고, 타당하다고 응답했다고 제시되어 있다. 따라서 병의 주장에 부합하는 사례다.

① ㄱ → (×)
② ㄷ → (×)
③ ㄱ, ㄴ → (×)
④ ㄴ, ㄷ → (O)
⑤ ㄱ, ㄴ, ㄷ → (×)

제시문 분석

제시문 삼단논법 예시

〈첫 번째 삼단논법〉
모든 춘천시민은 강원도민이다.(2)
모든 강원도민은 한국인이다.(3)
⇒ 따라서 모든 춘천시민은 한국인이다.(4)
↓
타당함(8)

〈두 번째 삼단논법〉
모든 수학 고득점자는 우등생이다.(5)
모든 과학 고득점자는 우등생이다.(6)
⇒ 따라서 모든 수학 고득점자는 과학 고득점자이다.(7)
↓
타당하지 않음(8)

제시문 두 번째 삼단논법의 오류를 설명하기 위한 세 가지 입장

〈갑의 입장〉	
〈오류〉	'모든 A는 B이다'라는 형태에서는 A와 B의 자리를 바꾸면 논리적 오류가 생겨난다.(13)
〈타당〉	'어떤 A도 B가 아니다'나 '어떤 A는 B이다'라는 형태에서는 A와 B의 자리를 바꾸더라도 아무런 문제가 없다.(12)

<table>
<tr><th colspan="3">〈을의 입장〉</th></tr>
<tr><td rowspan="3">〈오류〉</td><td colspan="2">사람들은 '모든 A는 B이다'를 약한 의미로 이해해야 하는데도 강한 의미로 이해하는 잘못을 저지르는 경향이 있다.(14)</td></tr>
<tr><td>〈강한 의미〉</td><td>〈약한 의미〉</td></tr>
<tr><td>'A는 B에 포함되고 또한 B는 A에 포함된다'는 뜻에서 'A와 B가 동일하다' (15)</td><td>'A는 B에 포함된다'(15)</td></tr>
</table>

〈병의 입장〉		
〈오류〉	전제가 모두 '모든 A는 B이다'라는 형태의 명제로 이루어진 것일 경우에는 결론도 그런 형태이기만 하면 타당하다고 생각(16)	전제 가운데 하나가 '어떤 A는 B이다'라는 형태의 명제로 이루어진 것일 경우에는 결론도 그런 형태이기만 하면 타당하다고 생각하는 경향(16)

합격자의 실전 풀이 순서

견해 판단 유형

특정 견해에 대한 판단을 요구하는 유형이다. 이 경우, 제시문에서는 지문·학설·견해·실험 결과 등을 제시한다. 선지의 구성이 강화/약화를 물을 때도 있고, 논리 관계를 물을 때도 있으며 단순히 특정 견해의 내용과 부합 가능한지를 묻는 경우도 있다. 해당 문제의 선지는 대부분 특정 견해 내용과 부합하는지를 묻고 있으며, 일부는 그 안에 논리 판단을 묻기도 했다.

❶ 유형 식별하기

- 발문: 다음 논쟁/학설/의견…에 대한 평가/설명/판단…으로 적절한 것은?
- 선지 또는 보기: 제시문 특정 견해에 내용과 부합하는지 물음

❷ 대상 파악하기

해당 유형에서는 가장 먼저 각 견해가 말하고자 하는 것이 무엇인지 확인하고 이해해야 한다. 우선 제시문과 선지를 빠르게 훑어보면 다양한 견해가 제시되어 있으며 그와 부합하는 내용을 찾는 문제임을 알 수 있다. 해당 문제는 여러 사람의 견해를 위주로 진행되기 때문에 제시문을 먼저 잘 읽은 뒤 문제를 풀어보자.

❸ 제시문 읽기

여러 사람의 견해가 제시된 경우 각각의 견해를 잘 이해하며 정리하고, 견해 간 어떤 공통점이나 차이점이 있는지 미리 잘 확인하며 읽으면 좋다. 아래에는 특정 논리적 오류에 대한 여러 사람의 견해가 주어져 있다. 이를 간단히 정리해 보면 다음과 같다.

갑	'모든 A는 B이다'에서 A와 B를 바꾸는 오류
을	'모든 A는 B이다'를 약한 의미로 이해해야 하는데 강한 의미로 이해하는 오류
병	(1) 전제가 모두 '모든 A는 B이다' 형태이고 결론도 '모든 A는 B이다'인 경우 (2) 전제 가운데 하나가 '어떤 A는 B이다' 형태이고 결론이 '어떤 A는 B이다' 형태인 경우 (1)과 (2)를 타당하다고 생각하는 오류

❹ 선지 판단

- ㄱ의 경우 제시문 내용과 부합 여부를 묻지만, 동시에 꽤 복잡한 논리적 판단을 요구한다. 이 경우 각각을 명제화하여 그 관계를 파악하는 것이 중요하다. 또한, 하나의 문장이 여러 명제를 나타낼 수도 있으므로 상황에 따라 적절한 명제 또는 집합 관계로 바꿔주며 풀어주면 좋다. 예를 들어 "어떤 철학자도 운동선수가 아니다."의 명제는 "모든 운동선수는 철학자가 아니다."의 명제로도 표현할 수 있고, 이를 통해 좀 더 쉬운 판단이 가능하다.
- ㄴ의 경우 전제들에 전부 '모두'라는 표현이 있고 결론에도 '모두'라는 표현이 있다 보니 병의 의견으로 생각하고 실수할 여지가 존재한다. 병렬적으로 어떤 견해가 제시됐을 때 주의해야 할 점은, 꼭 특정 견해에만 맞다 해서 다른 견해에 대해서는 무조건 틀리다 할 수 없다는 것이다. 사실상 따져보면 다른 견해에도 부합할 수 있으니, 이 경우도 반드시 따져야 한다.

합격자의 시간단축 Tip

Tip ❶ 병렬적으로 주어진 개념 및 내용의 관계 파악

해당 제시문은 각 내용이 병렬적으로 나타나 있다. 보통 글 전반의 구조가 병렬적일 때 기본적으로 각 내용을 잘 이해하고 정리하며 읽자. 또한, 문제에서 서로 간의 관계 및 공통점과 차이점을 자주 물으니 이를 잘 확인하며 읽는 것이 좋다. 마지막으로 주의해야 할 점이 하나 있는데, 선지의 내용이 특정 내용에 부합하다 해서 반드시 다른 내용에는 부합하지 않을 것이라고 섣불리 판단하지 않는 것이다. 특정한 내용 외에 선지에서 묻는 그 견해와도 부합하는지 또한 꼭 따져보자.

Tip ❷ 주장이 타당한지 파악하지 말자.

수험생들, 특히 구력이 쌓인 수험생일수록 일반적인 독해 지문, 특히 행동경제학이나 심리학 지문들로 인하여 '사람들이 ~라고 생각한다.'라는 식의 글을 읽을 때 〈공감〉하며 읽는 특징이 있다. 예컨대 이 지문에서 갑/을/병의 주장 중에 하나 정도는 공감이 갔을지도 모른다. 그러나 그렇게 읽으면 다른 두 개의 지문에는 공감할 수 없다. 주장 두 개에 공감했다 쳐도 마찬가지다. 이렇게 다양한 주장, 혹은 해석이 나오는 지문의 경우, 반드시 핵심 주장과 그 근거를 일단 병렬적으로 나열하는 독해를 해야 한다. 그렇지 않으면 이해도 더 어려워지고(물론 자기가 '공감'하는 지문에 대해선 더 빨라지지만, 그렇지 못한 지문을 읽음으로써 생기는 손실이 더 크다.) 선지 적용도 더 힘들어진다. 이는 제대로 이해가 이루어지지 않기 때문이다.

090 정답 ❶ 난이도 ●●○

문제유형 법조문형 > 규정확인

접근전략 법조문 유형 중 규정을 바탕으로 선지에서 옳은 것을 고르는 규정확인문제이다. 법조문 유형을 풀 때는 조문의 구체적인 내용을 독해하는 것보다, 법조문의 구조를 파악한 후 〈보기〉에서 묻고 있는 정보를 찾아 올라가는 형태로 푸는 것이 좋다. 본 문제의 경우, 행정법상의 〈행정재산의 사용수익－허가〉를 문제화시킨 문항이다. 5년, 1개월, 매년 등의 기간에 유의하고, 〈허가취소〉와 관련해 4조 1항과 2항 모두 연결되는 특징에 유의하여 선지를 판단한다.

다음 글을 근거로 판단할 때, 〈보기〉에서 옳은 것만을 모두 고르면?

제○○조 지방자치단체의 장은 행정재산에 대하여 그 목적 또는 용도에 장애가 되지 않는 범위에서 사용 또는 수익을 허가할 수 있다.

제○○조 ① 행정재산의 사용·수익허가기간은 그 허가를 받은 날부터 5년 이내로 한다.
② 지방자치단체의 장은 허가기간이 끝나기 전에 사용·수익 허가를 갱신할 수 있다.
③ 제2항에 따라 사용·수익허가를 갱신 받으려는 자는 사용·수익허가기간이 끝나기 1개월 전에 지방자치단체의 장에게 사용·수익허가의 갱신을 신청하여야 한다.

제○○조 ① 지방자치단체의 장은 행정재산의 사용·수익을 허가하였을 때에는 매년 사용료를 징수한다.
② 지방자치단체의 장은 행정재산의 사용·수익을 허가할 때 다음 각 호의 어느 하나에 해당하면 제1항에도 불구하고 그 사용료를 면제할 수 있다.
1. 국가나 다른 지방자치단체가 직접 해당 행정재산을 공용·공공용 또는 비영리 공익사업용으로 사용하려는 경우
2. 천재지변이나 재난을 입은 지역주민에게 일정기간 사용·수익을 허가하는 경우

제○○조 ① 지방자치단체의 장은 행정재산의 사용·수익허가를 받은 자가 다음 각 호의 어느 하나에 해당하면 그 허가를 취소할 수 있다.
1. 지방자치단체의 장의 승인 없이 사용·수익의 허가를 받은 행정재산의 원상을 변경한 경우
2. 해당 행정재산의 관리를 게을리하거나 그 사용 목적에 위배되게 사용한 경우
② 지방자치단체의 장은 사용·수익을 허가한 행정재산을 국가나 지방자치단체가 직접 공용 또는 공공용으로 사용하기 위하여 필요로 하게 된 경우에는 그 허가를 취소할 수 있다.
③ 제2항의 경우에 그 취소로 인하여 해당 허가를 받은 자에게 손실이 발생한 경우에는 이를 보상한다.

보기

ㄱ. A시의 장은 A시의 행정재산에 대하여 B기업에게 사용허가를 했더라도 국가가 그 행정재산을 직접 공용으로 사용하기 위해 필요로 하게 된 경우, 그 허가를 취소할 수 있다.
→ (O) 제4조 제2항에 따르면 지방자치단체의 장은 사용·수익을 허가한 행정재산을 국가나 지방자치단체가 직접 공용 또는 공공용으로 사용하기 위하여 필요로 하게 된 경우에는 그 허가를 취소할 수 있다. A시의 장은 B기업에게 사용·수익을 허가한 행정재산을 국가가 직접 공용으로 사용하기 위해 필요로 하게 되었다면 그 허가를 취소할 수 있다.

ㄴ. C시의 행정재산에 대하여 C시의 장이 천재지변으로 주택을 잃은 지역주민에게 임시 거처로 사용하도록 허가한 경우, C시의 장은 그 사용료를 면제할 수 있다.
→ (O) 제3조 제2항 제2호에 따르면 지방자치단체의 장은 행정재산의 사용·수익을 허가할 때 천재지변이나 재난을 입은 지역주민에게 일정기간 사용·수익을 허가하는 경우 사용료를 면제할 수 있다. C시의 장이 행정재산의 사용을 허가할 때 천재지변으로 주택을 잃은 지역주민에게 임시 거처로 사용하도록 허가했다면, C시의 장은 그 사용료를 면제할 수 있다.

ㄷ. D시의 행정재산에 대하여 사용허가를 받은 E기업이 사용 목적에 위배되게 사용한다는 이유로 허가가 취소되었다면, D시의 장은 E기업의 손실을 보상하여야 한다.
→ (×) 제4조 제3항에 따르면 국가나 지방자치단체가 직접 공용 또는 공공용으로 사용하기 위하여 필요로 하게 된 때 행정재산의 사용·수익허가를 취소하였다면 그 취소로 인하여 해당 허가를 받은 자에게 발생한 손실을 보상해야 한다. E기업이 사용 목적에 위배되게 사용한다는 이유로 허가가 취소되었다면, 이는 국가가 지방자치단체가 직접 공용 또는 공공용으로 사용하기 위하여 필요로 하게 되어 허가가 취소된 경우가 아니다. 따라서 이 경우 D시의 장은 E기업의 손실을 보상하지 않는다.

ㄹ. 2014년 3월 1일에 5년 기한으로 F시의 행정재산에 대하여 수익허가를 받은 G가 허가 갱신을 받으려면, 2019년 2월 28일까지 허가 갱신을 신청하여야 한다.
→ (×) 제2조 제1항에 따르면 행정재산의 사용·수익허가 기간은 그 허가를 받은 날부터 5년 이내이며, 제3항에 따르면 행정재산의 사용·수익허가를 갱신받으려는 자는 그 기간이 끝나기 1개월 전에 지방자치단체의 장에게 사용·수익허가의 갱신을 신청하여야 한다. 따라서 2014년 3월 1일에 5년 기한으로 F시의 행정재산에 대하여 수익허가를 받은 G는 그 기간이 끝나기 전인 2019년 2월 28일이 아니라 그 기간이 끝나기 1개월 전인 2019년 1월 31일까지 허가 갱신을 신청하여야 한다.

① ㄱ, ㄴ → (O)
② ㄴ, ㄷ → (×)
③ ㄷ, ㄹ → (×)
④ ㄱ, ㄴ, ㄹ → (×)
⑤ ㄴ, ㄷ, ㄹ → (×)

합격자의 실전 풀이 순서

❶ 문제 유형 파악

본 문제의 경우 제시문으로 법조문이 주어졌으므로 법조문 유형임을 쉽게 알 수 있다. 특히 법조문 유형 중에서도 규정을 바탕으로 〈보기〉의 옳은 선지를 고르는 규정확인문제이다. 법조문 유형은 조문의 구체적인 내용을 독해하는 것보다, 법조문의 구조를 파악한 후 선지에서 묻고 있는 정보를 찾아 올라가는 형태로 푸는 것이 좋다. 법 조문의 구조 파악이란 각 조나 항마다 가로로 길게 선을 그어 조문들을 시각적으로 구분하고, 단서와 괄호에 강조 표시를 하는 것을 의미한다. 또한, 본 문제가 옳은 것을 고르는 문제라는 것을 인지하기 위해 "옳은"이라는 단어에 밑줄이나 동그라미 등 표시를 한다.

… 〈보기〉에서 옳은 것만을 모두 고르면?

❷ 법조문 구조 분석

구조 분석이란 각 조문의 내용 및 조문 간 관계를 이해하는 것이다. 법조문 전체를 읽되, 세부적인 내용을 기억하기보다는 어떤 정보가 있는지 파악하는 것에 중점을 둔다. 이때 기호를 적절히 활용할 수 있다. 활용의 예시는 Tip으로 별도 기재하였다. 또한, 이러한 분석 과정을 거치며 선지에 등장할만한 부분을 발견할 수 있다.

본문의 규정은 네 개의 조로 구성되어 있다. 조문의 제목이 없으므로 읽으면서 키워드를 파악한다. 가독성을 높이기 위해 가로선으로 각 조를 구분하고, '1, 2, 3, 4'로 숫자를 써둔다. 이하 편의상 첫 번째 조부터 '제1조', '제2조' 등으로 표기한다.

제1조는 행정재산의 사용·수익허가를 규정하는 조문이다. 사용·수익허가를 하려면, 지방자치단체의 장이, 행정재산을, 목적 또는 용도에 장애가 되지 않는 범위에서 해야 한다.

제2조 제1항은 행정재산의 사용·수익허가의 기간을 규정한다. 제2항은 사용·수익허가의 갱신에 대한 규정이며, 제3항은 갱신의 신청에 대하여 규정한다. '5년', '갱신', '1개월'에 각각 표시한다.

제3조 제1항은 행정재산의 사용·수익허가 시 사용료 징수에 대한 규정이며, 제2항은 사용료 징수의 면제조항이다. '사용료', '매년', '면제'에 표시하고, 각 호 중 하나에만 해당되어도 면제가 가능함에 유의한다.

제4조 제1항과 제2항은 행정재산의 사용·수익허가의 취소에 대한 규정이다. 제1항은 사용·수익허가를 받은 자의 귀책사유, 제2항은 국가나 지방자치단체가 필요로 하게 된 경우를 규정하며, 모두 재량규정이다. 제3항은 제2항의 취소에 대해 상대방에게 손실을 보상하는 규정이다. 제4조 3항은 2항에 대한 부연 설명이므로 해당 조문들을 서로 연결해둔다.

❸ 선지 판단

〈보기〉를 읽고, 해당 내용이 기재된 규정으로 돌아가 꼼꼼히 읽고 각 보기의 정오를 판단한다. 보기 ㄱ은 허가의 취소에 대한 내용으로, 국가에 대한 내용 이므로 제4조 제2항과 비교한다. 옳은 내용이므로 선지 ②번, ③번, ⑤번이 소거되어 보기 ㄹ만 추가로 판단하면 된다. 보기 ㄹ은 허가 갱신 신청에 대한 내용이므로 제2조 제3항과 비교한다.

본 문제와 같이 선지가 〈보기〉의 구성으로 이어지는 경우 하나의 보기를 판단한 후 해당 보기와 관련된 선지를 먼저 지운다.

합격자의 시간단축 Tip

Tip ❶ 내용이 연결되는 조문들을 주의

제4조 3항과 2항처럼 내용이 서로 연결되는 조문이 있는 경우 법조문 분석 시에 연결선을 통해 이러한 조문들을 연결해둔다. 본 문제의 제4조 제1항과 제2항은 모두 행정재산의 사용·수익 허가의 취소조항인데, 제1항은 허가를 받은 상대방에게 귀책사유가 있는 경우이며 제2항은 국가나 지방자치단체의 필요에 의한 경우이다. 따라서 같은 취소조항이라도 제3항의 손실보상 조항이 제1항이 아닌 제2항에만 적용된다는 사실을 파악하여야 한다. 어떤 조항이 어떤 경우에만 적용되는지는 출제하기 좋은 포인트이기 때문이다. 이러한 포인트들을 미리 잘 파악한다면 보기를 처리하는 것이 훨씬 수월하다. 실제로 보기 ㄷ은 손실보상 규정이 적용되지 않는 제4조 제1항의 경우이다. (다만 선지 구성상 실전에서 보기 ㄷ을 처리할 이유는 없다.)

Tip ❷ 낯선 개념에 당황하지 않고 문제 풀이

법조문 유형의 경우 조문 제목이 제시되는 문제가 있고, 제시되지 않는 문제도 있다. 설문처럼 별도로 제목이 제시되지 않는 경우에는 조문 내용을 통해 각 조문의 주제를 어느 정도 범주화하면서 읽으면 문제풀이에 도움이 된다. 예컨대, 2조는 사용 수익허가의 갱신, 3조는 사용수익 허가의 사용료, 4조는 사용 수익허가의 취소로 정리될 수 있다.

Tip ❸ 선지에 자주 나오는 표현을 중시

상황판단 영역 실력이 향상되면 법조문 분석 시에 선지에 나올만한 표현들을 예상할 수 있다. 법조문 유형의 선지에 자주 나오는 표현으로는 단서와 괄호의 내용, 기한에 대한 조문, 내용이 서로 연결되는 조문들이 있다. 특히 기한에 대한 조문은 선지에 자주 나오는 표현이므로 조문에 기한이 나온다면 미리 동그라미나 세모 표시를 해둔다. 본 문제의 선지 ㄹ의 경우 법조문에서 기한을 제시하는 조문으로 바로 넘어가 기간을 비교하면서 선지의 정오 판단을 진행한다. 그 밖의 빈출되는 표현은 마지막 Tip에 별도로 정리하였다.

Tip ❹ 〈보기〉 판단 후 바로 선지를 소거

〈보기〉가 있는 경우, 하나의 보기를 판단하고 바로 선지를 소거한다. 판단해야 하는 보기의 개수를 줄여 시간을 단축할 수 있다.

Tip ❺ 법조문 유형 풀이의 기본

1. 법조문에 대한 이해

   법조문 유형은 선지가 규정과 일치하는지 확인하는 '규정확인' 유형과, 규정의 내용을 예시에 적용하는 '규정적용'유형으로 나뉜다. 규정적용은 단순 적용의 경우도 있지만 보험료, 인지세 등 계산을 요하는 경우도 있다.

   두 유형 모두 기본은 규정을 파악하는 것이기 때문에 기본적인 법조문의 구조와 용어에 익숙해지면 문제 풀이가 비교적 수월해진다.

   법조문은 '○○조－○○항－(1, 2, …)호－(가, 나, …)목' 순으로 구성된다.

   - 하나의 '조'는 하나의 주제에 대하여 설명한다. 그 주제는 '○○조' 옆에 괄호로 표시되기도 한다.
   - '항'은 조에서의 주제를 세분화하여 설명할 때 사용한다.
   - '호'는 조와 항 내에서 대상을 나열할 때 사용한다.
   - '목'은 호 내에서 대상을 나열할 때 사용한다.
   - '단서'는 "다만,"으로 시작하며 앞 문장의 주된 내용에 대한 예외를,
   - '후단'은 "이 경우"로 시작되며 주된 내용에 대한 부수적·보완적 사항을 규정할 때 사용한다.
   - 부수적 내용이 괄호로 제시되는 경우도 있다.

   법조문 유형은 빠르게 풀기보다는 정확하게 푸는 것을 전략으로 하는 것이 좋다. 상황판단 과목은 모든 문제를 빠르게 푸는 것이 아니라 풀 수 있는 문제와 풀 수 없는 문제를 구분하여 풀어, 푼 문제의 정답률을 높이는 것이 일반적인 접근 방법이다. 난해한 퀴즈 문제와 달리 법조문은 제시문 내에 정답이 있으므로, 특별히 어려운 문제가 아니라면 꼭 맞춘다는 생각으로 접근하자.

2. 법조문 유형 접근법

   일반적인 법조문 유형에서는 제○○조 옆의 조문 제목 및 규정의 키워드로 조문의 구조만을 파악하고, 선지를 판단할 때 세부 내용을 읽는 접근방식을 추천한다. 법조문의 세부 내용을 모두 기억하기 어렵고, 독해에도 시간이 걸리기 때문이다. 어떤 조항에 어떤 내용이 있는지를 파악하고, 세부 조건인 호나 목은 선지에서 묻는 경우 발췌독하면 된다. 다만 '규정적용' 유형 중 계산형 문제는 계산에 필요한 구체적 내용을 파악하며 조문을 읽어야 한다.

3. 선지에 자주 활용되는 내용의 특징

   법조문의 구조를 파악할 때 선지로 등장할만한 부분을 미리 체크한다면 풀이 시간을 단축할 수 있을 것이다. 아래 내용은 주로 선지에 등장하는 내용의 특징과 선지에 등장하는 방식이다. 기출 분석을 통해 빈출 패턴을 익히면 실수를 방지하고 풀이 속도를 높이는 데에 도움이 될 것이다.

   - **단서(다만)**: 단서가 적용됨에도 적용하지 않거나, 적용되지 않음에도 적용하여 제시
   - **후단(이 경우)이나 괄호(보완 내용)**: 해당 내용을 사례로 제시
   - **날짜, 시기, 횟수, 수치 등**: 숫자를 바꾸어 제시
   - **어느 하나**: 모든 조건이 적용되는 것으로 제시
   - **하부 개념**: 상부 개념과 하부 개념을 바꾸거나, 복수의 하부 개념의 특징을 서로 바꾸어 제시
   - **주어**: 행위 주체를 바꾸어 제시
   - **술어**: 허가를 신고로, 신고를 허가로 바꾸어 제시
   - **재량(임의규정)과 기속(강행규정)**: '할 수 있다'와 '해야 한다'를 바꾸어 제시

   이 밖에도 기출 풀이 과정에서 놓치는 부분이 있다면 추가하여 익혀두자.

4. 법조문 구조 분석 시 기호 활용의 예시

   구조 분석이란 각 조문의 내용 및 조문 간 관계를 이해하는 것이다. 이 단계에서는 법조문 전체를 읽되, 세부적인 내용 기억보다는 어떤 정보가 있는지 파악하는 것에 중점을 둔다. 이때 밑줄 등 기호를 적절히 활용할 수 있다.

   - **가로선**: 조문의 길이가 긴 경우 각 조를 구별하는 데 활용
   - ○: 각 조의 제목, 조항별 대표 키워드
   - △: 단서(다만), 원칙에 대한 예외, 앞의 내용과 반대되는 내용 등
   - □: 후단(이 경우), 세부 상황별 규정
   - **연결선**: 조문 간 연결 관계가 있는 경우, 일반법과 그 세부 내용을 규정한 대통령령
   - 괄호 안의 내용에도 그 기능에 따라 적절한 기호를 사용

   위의 기호들은 예시일 뿐이다. 기호는 선지와 관련된 내용을 쉽게 찾을 수 있도록 하는 이정표이므로 자신에게 맞는 것을 잘 활용하면 된다.

독끝 7일차 (091~105)

정답

091	⑤	092	①	093	②	094	①	095	①
096	④	097	⑤	098	②	099	②	100	①
101	③	102	②	103	①	104	②	105	⑤

091 정답 ⑤ 난이도 ●○○

문제유형 비판적 사고 > 빈칸 채우기

접근전략 전형적인 빈칸 채우기 문제이다. 기본적으로 빈칸문제는 빈칸을 포함한 문장, 앞뒤 문장, 빈칸이 포함된 문단의 주제문을 통해 직간접적 근거를 얻을 수 있다. 우선 글을 대강 훑어 어느 곳에 빈칸이 들어가는지 확인하는 것이 좋은데, 빈칸이 후반부에 있는 경우 빈칸까지 우선 제시문을 잘 이해하며 독해한 뒤 빈칸 근처의 근거를 이용해 정답을 도출하자. 특히 빈칸이 지문과 연결되어 주장의 연결고리의 어디를 채우는지 파악해야 한다.

다음 글의 빈 칸에 들어갈 내용으로 가장 적절한 것은?

(1) 현상의 원인을 찾는 방법들 가운데 최선의 설명을 이용하는 방법이 있다. (2) 우리는 주어진 현상을 일으키는 원인을 찾아 이 원인이 그 현상을 일으켰다고 말함으로써 현상을 설명하곤 한다. (3) 우리는 여러 가지 가능한 설명들 중에서 가장 좋은 설명에 나오는 원인이 현상의 진정한 원인이라고 결론 내릴 수 있다. ▶ 1문단

(1) 지구에 조수 현상이 있는데 이 현상의 원인은 무엇일까? (2) 우리는 조수 현상을 일으킬 수 있는 원인들을 일종의 가설로서 설정할 수 있다. (3) 만일 지구의 물과 달 사이에 중력이나 자기력 같은 인력이 작용한다면, 이런 인력은 지구에 조수 현상을 일으키는 원인일 수 있다. (4) 지구와 달 사이에 유동 물질이 있고 그 물질이 지구를 누른다면, 이런 누름은 지구에 조수 현상을 일으키는 원인일 수 있다. (5) 지구가 등속도로 자전하지 않아 지구 전체가 흔들거린다면, 이런 지구의 흔들거림은 지구에 조수 현상을 일으키는 원인일 수 있다. ▶ 2문단

(1) 우리는 이런 설명들을 견주어 어떤 것이 다른 것보다 낫다는 것을 언제든 주장할 수 있으며, 나은 순으로 줄을 세워 가장 좋은 설명을 찾을 수 있다. (2) 우리는 조수 현상에 대한 설명들로, 지구의 물과 달 사이에 인력 때문에 조수가 생긴다는 설명, 지구와 달 사이의 물질이 지구를 누르기 때문에 조수가 생긴다는 설명, 지구 전체의 흔들거림 때문에 조수가 생긴다는 설명을 갖고 있다. (3) 이 설명들 가운데 지구 전체의 흔들거림 때문에 조수가 생긴다는 설명보다 지구와 달 사이의 물질이 지구를 누르기 때문에 조수가 생긴다는 설명이 더 낫다. (4) [ ]. (5) 따라서 우리는 조수 현상의 원인이 지구의 물과 달 사이에 작용하는 인력이라고 결론 내릴 수 있다. ▶ 3문단

① 지구 전체의 흔들거림 때문에 조수가 생긴다는 설명보다 지구와 달 사이에 인력 때문에 조수가 생긴다는 설명이 더 낫다.
→ (×)

② 지구의 물과 달 사이에 인력 때문에 조수가 생긴다는 설명보다 지구 전체의 흔들거림 때문에 조수가 생긴다는 설명이 더 낫다.
→ (×)

③ 지구와 달 사이의 물질이 지구를 누르기 때문에 조수가 생긴다는 설명보다 지구 전체의 흔들거림 때문에 조수가 생긴다는 설명이 더 낫다.
→ (×)

④ 지구의 물과 달 사이에 인력 때문에 조수가 생긴다는 설명보다 지구와 달 사이의 물질이 지구를 누르기 때문에 조수가 생긴다는 설명이 더 낫다.
→ (×)

⑤ 지구와 달 사이의 물질이 지구를 누르기 때문에 조수가 생긴다는 설명보다 지구의 물과 달 사이에 인력 때문에 조수가 생긴다는 설명이 더 낫다.
→ (○) 현상의 원인을 찾을 때 가장 좋은 설명에 나오는 원인이 현상의 진정한 원인이라 결론을 내릴 수 있다고 하였으므로[1문단(3)], 조수 현상의 원인이 지구의 물과 달 사이에 작용하는 인력이라는 결론을 내기 위해서는[3문단(5)] 지구의 물과 달 사이 인력이 조수 현상의 원인이라는 설명이 가장 좋은 설명이어야 한다. 빈칸 앞 문장에서 지구 전체의 흔들거림이 원인이라는 설명보다 지구와 달 사이의 물질이 지구를 누르기 때문이라는 설명이 더 좋다고 언급했으므로[3문단(3)], 빈칸에는 지구 달 사이 물질이 지구를 누르는 것이 원인이라는 설명보다 지구의 물과 달 사이의 인력이 조수 현상의 원인이라는 설명이 더 낫다는 내용이 들어가야 한다.

제시문 분석

1문단 최선의 설명을 이용하여 원인을 찾는 방법

〈현상의 원인 찾기〉		〈가장 좋은 설명〉
현상의 원인을 찾는 방법들 가운데 최선의 설명을 이용하는 방법이 있다.(1)	→	우리는 여러 가지 가능한 설명 중에서 가장 좋은 설명에 나오는 원인이 현상의 진정한 원인이라고 결론 내릴 수 있다.(3)

2문단 조수 현상의 원인 가설

〈조수 현상의 원인〉	
〈가설 1〉	지구의 물과 달 사이의 인력(3)
〈가설 2〉	지구와 달 사이의 유동 물질이 지구를 누름(4)
〈가설 3〉	지구가 등속도로 자전하지 않아 발생하는 지구 전체의 흔들거림(5)

3문단 조수 현상에 대한 가장 좋은 설명

〈가설 견주기〉
우리는 이런 설명들을 견주어 어떤 것이 다른 것보다 낫다는 것을 언제든 주장할 수 있으며, 나은 순으로 줄을 세워 가장 좋은 설명을 찾을 수 있다.(1)

〈가설 1〉		〈가설 2〉		〈가설 3〉
지구 전체의 흔들거림 때문에 조수가 생긴다.(2)	⊕	지구와 달 사이의 물질이 지구를 누르기 때문에 조수가 생긴다.(2)	⊕	지구의 물과 달 사이에 인력 때문에 조수가 생긴다.(선지⑤)

→ 〈결론〉 따라서 우리는 조수 현상의 원인이 지구의 물과 달 사이에 작용하는 인력이라고 결론 내릴 수 있다.(5)

합격자의 실전 풀이 순서

❶ 발문 확인 및 문제 유형 파악

빈칸 문제이며 적절한 것(옳은 것)을 고르는 문제이다. 항상 먼저 발문을 반드시 제대로 읽고 시작하자. 해당 문제는 빈칸을 채우는 문제이고 이에 대응되는 내용을 찾아서 그를 근거로 채우면 된다. 빈칸 채우기 문제의 근거 범위는 빈칸이 포함된 문장, 앞뒤 문장, 문단의 주제문이 있다. 이들을 통해 답을 직접 낼 수 있을 뿐만 아니라 최소한 대응되는 내용을 찾을 결정적 단서를 얻을 수 있다. 제시문의 경우 후반부에 빈칸이 있으므로 빈칸까지 글 전반을 잘 이해하며 읽고 빈칸 근처의 근거를 통해 정답을 찾으면 된다.

❷ 제시문 읽기&선지 판단

(1) 위에서 말한 순서대로 지문을 읽어 본다. 빈칸과 근처 문장을 읽었다면 그 이후에는 지문의 전체적인 주제 및 결론을 찾아서 역순으로 논리 관계를 파악하며 읽으면 된다.

(2) 빈칸의 앞뒤 문장을 통해서 '가설 비교 후 〈인력이 원인이다〉라는 결론을 도출하는 것'이 글의 전체적인 흐름임을 알 수 있다. 이제 글을 읽으면서 "가설이란 무엇인지"를 다음 순서로 가져가면 된다. 이처럼 "거꾸로"올라가야 함을 항상 명심하자.

(3) 1문단에서 어찌 보면 당연하기도 하고, 어찌 보면 아리송하기도 한 설명이 나오고 있다. 이런 문장들은 사실 의미를 알고 보면 쉬운데 서술 방식을 복잡하게 한 문장이다. 이런 문장은 결국 뒤 문단들에서 다시 설명이 나오기 때문에 완벽히 이해할 필요가 없다. 다만 "지금까지 내가 알던 지식과 상충하지 않는구나. 이상한 검증방법을 쓰는 것은 아니구나."라는 정도로 이해하고 넘어가면 된다.

(4) 결론을 내리고 보면 1문단 내용은 그다지 쓸모 없었던 게 아닌가 하는 생각이 들 수 있다. 사실 맞다. 그리고 이것이 역순으로 논리 관계를 파악해야 하는 이유다. 논증문의 대전제는 원래 공리(Axiom)에 가깝기 때문에 불필요한 경우가 많다.

문장의 주제문을 통해 빈칸 뒤 문장에서 조수 현상의 원인을 지구의 물과 달 사이에 작용하는 인력으로 본 이유가 이것이 가장 나은 설명이었음을 알 수 있고, 빈칸에는 이것이 가장 나은 설명이라는 내용이 들어가야 한다. 그런데 빈칸 앞 문장에서 지구 전체의 흔들림에 의해 조수가 생긴다는 설명보다 지구와 달 사이에 있는 물질이 지구를 누른다는 설명이 낫다고 하므로 '지구와 달 사이의 물질이 지구를 누르기 때문에 조수가 생긴다는 설명보다 지구의 물과 달 사이에 인력 때문에 조수가 생긴다는 설명이 더 낫다'는 선지가 정답이 된다.

합격자의 시간단축 Tip

Tip❶ 빈칸 문제의 근거 범위 확정

빈칸 문제가 등장했을 시 어떤 부분을 근거로 삼을지 기준을 미리 잡아 두면 문제 풀이가 훨씬 수월하고 빨라진다. 보통 빈칸문제의 근거는 빈칸이 포함된 문장, 앞뒤 문장, 빈칸이 포함된 주제문을 근거로 삼을 수 있다. 여기서 직접적인 근거를 못 얻더라도 최소한 근거를 얻을 실마리는 얻을 수 있으니 이들부터 먼저 참고해서 풀자. 단, 빈칸문제도 난이도가 올라갈수록 지문 전체에 대한 이해가 필요하기 때문에 빈칸 앞, 뒤를 보고 답이 도출되지 않는다면 바로 첫 문단부터 읽어야 한다.

또한, 선지를 먼저 보는 수험생의 경우, 선지로부터 꼭 빈칸의 후보군을 정할 생각을 하면 안 된다. 선지 중 하나를 반드시 넣어야겠다는 마음을 버리고 선지의 구조와 중심 소재를 우선 보자. 빈칸이나 본문의 형식을 구체적으로 알 수 없기 때문이다. 예컨대 이 문제는 선지들의 구조가 반복되고 있으므로 논리적 관계를 묻는 거라는 걸 추론할 수 있고, 조수 간만의 차에 대한 과학지문임을 파악하는 것으로 족하다.

Tip❷ 병렬적으로 제시된 내용은 각 핵심을 표시해두며 읽자.

세 가지 가설을 ①, ②, ③으로 지문에 표시하면 헷갈리지 않고 더 정확하고 쉽게 지문을 파악할 수 있어서 시간 단축이 가능하다. 이때 반드시 가설의 모든 정보를 다 이해하거나 담아가려고 하지 말고, 구분되는 키워드를 표시하고 그 옆에 번호를 매기는 것이 가장 좋다.

예컨대 〈중력이나 자기력같은 인력〉이라는 구절을 봤다 하여 만유인력이나 지구 내핵의 전자기적 성질 등을 생각할 필요가 전혀 없다. 그냥 "이게 원인으로 지목된 게 맞나?"하는 정도로만 기억하면서 번호를 매기면 된다. 마찬가지로 두 번째 가설에서 〈지구를 누르기 때문에〉라는 표현이 어떻게 밀물과 썰물을 일으키는지 메커니즘을 이해하는 것은 전혀 중요하지 않다. 그냥 "물질이 원인이다"라는 주장으로 기억하는 것으로 족하다.

Tip❸ 지문의 논리를 파악할 때 〉, =, 〈 등의 부등호를 활용하면 더 쉽고 보기 편하게 정리가 가능하다. 즉, 보기 편하게 정리할 수 있다.(ex. ③ 〈 ② 〈 ①)

사실 이는 기본적인 삼단논법 문제와도 같다. 부등호라는 관계 자체를 명제로 본다면

명제 1: ③ 〈 ②

명제 2: ② 〈 ①

결론 : ③ 〈 ①

로 재해석할 수 있다. 특히 삼단논법은 논리기호로 표시하지 않고도 문장만 보고 바로 구조를 파악할 수 있도록 훈련한다.

092 정답 ①

난이도 ●○○

문제유형 비판적 사고 > 지문에서 추론하기

접근전략 추론을 묻는 문제는 논리적 연결을 묻는 선지가 나온다. 연결이란 논리적으로 참/거짓을 판단하는 것을 말한다. 그렇다고 반드시 논리 기호를 쓸 필요는 없고, A라는 개념에 대한 a라는 설명이 제대로 선지에 드러나는지를 찾으면 된다. 즉, 지문 속에 있는 관계를 잘 파악하고 공통 전제가 있는지 함정에 주의하면서 읽으면 된다.

다음 글에서 추론할 수 있는 것만을 〈보기〉에서 모두 고르면?

(1) '독재형' 어머니는 아이가 실제로 어떠한 욕망을 지니고 있는지에 무관심하며, 자신의 욕망을 아이에게 공격적으로 강요한다. (2) 독재형 어머니는 자신의 규칙과 지시에 아이가 순응하기를 기대하며, 그것을 따르지 않을 경우 폭력을 행사하는 경우가 많다. (3) 독재형 어머니 밑에서 자란 아이들은 공격적 성향과 파괴적 성향을 많이 보이는 것이 특징이다. (4) 또한, 어린 시절 받은 학대로 인해 상상이나 판타지 속에 머무르는 시간이 많고, 이것은 심각한 망상으로 나타나기도 한다. ▶ 1문단

(1) '허용형' 어머니는 오로지 아이의 욕망에만 관심을 지니면서, '아이의 욕망을 내가 채워 주고 싶다'는 식으로 자기 욕망을 형성한다. (2) 허용형 어머니는 자녀가 요구하는 것은 무엇이든 해주기 때문에 이런 어머니 밑에서 양육된 아이들은 자아 통제가 부족하기 쉽다. (3) 따라서 이 아이들은 충동적이고 즉흥적인 성향이 강하며, 도덕적 책임 의식이 결여된 경우가 많다. ▶ 2문단

(1) 한편, '방임형' 어머니의 경우 아이와 정서적으로 차단되어 있기 때문에 아이의 욕망에 무관심할 뿐만 아니라, 아이 입장에서도 어머니의 욕망을 전혀 파악할 수 없다. (2) 방치된 아이들은 자신의 욕망도 모르고 어머니의 욕망도 파악하지 못하기 때문에, 어떤 방식으로든 오직 어머니의 관심을 끄는 것만이 아이의 유일한 욕망이 된다. (3) 이 아이들은 "엄마, 제발 나를 봐주세요.", "엄마, 내가 나쁜 짓을 해야 나를 볼 것인가요?", "엄마, 내가 정말 잔인한 짓을 할지도 몰라요."라면서 어머니의 관심을 끊임없이 요구한다. ▶3문단

보기

ㄱ. 허용형 어머니는 방임형 어머니에 비해 아이의 욕망에 높은 관심을 갖는다.
→ (O) 허용형 어머니는 오로지 아이의 욕망에만 관심을 지니는 반면[2문단(1)], 방임형 어머니는 이이와 정서적으로 차단되어 있기 때문에 아이의 욕망에 무관심하다.[3문단(1)] 따라서 해당 선지의 내용은 옳다.

ㄴ. 허용형 어머니의 아이는 독재형 어머니의 아이보다 도덕적 의식이 높은 경우가 많다.
→ (×) 허용형 어머니 밑에서 양육된 아이들은 도덕적 책임 의식이 결여된 경우가 많다고 제시된 반면[2문단(3)], 독재형 어머니의 아이들의 도덕적 의식에 대해서는 지문에 제시되어 있지 않다. 따라서 허용형 어머니의 아이가 독재형 어머니의 아이보다 도덕적 의식이 높은 경우가 많다고 추론하는 것은 옳지 않다.

ㄷ. 방임형 어머니의 아이는 독재형 어머니의 아이보다 어머니의 욕망을 더 잘 파악한다.
→ (×) 방임형 어머니로부터 방치된 아이들은 자신의 욕망도 모르고 어머니의 욕망을 전혀 파악할 수가 없다.[3문단(1)] 반대로 독재형 어머니의 경우 아이의 욕망에 무관심하다고 제시되어 있으나[1문단(1)], 아이가 어머니의 욕망을 잘 파악하는지는 지문에 제시되어 있지 않다. 따라서 방임형 어머니의 아이가 독재형 어머니의 아이보다 어머니의 욕망을 더 잘 파악한다는 추론은 옳지 않다.

* 독재형 어머니가 많이 투사하는 욕망을 아이가 쉽게 파악할 수 있다고 추론해도 무방하다. 다만 논리적으로 필연적인 관계는 아니라는 것만 기억하면 된다.

① ㄱ → (O)
② ㄴ → (×)
③ ㄱ, ㄷ → (×)
④ ㄴ, ㄷ → (×)
⑤ ㄱ, ㄴ, ㄷ → (×)

제시문 분석

1문단 '독재형' 어머니의 양육 특징

〈'독재형' 어머니의 양육 특징〉		〈결과〉
독재형 어머니는 아이가 실제로 어떠한 욕망을 지니고 있는지에 무관심하며, 자신의 욕망을 아이에게 공격적으로 강요한다.(1)	→	독재형 어머니 밑에서 자란 아이들은 공격적 성향과 파괴적 성향을 많이 보이는 것이 특징이며, 어린 시절 받은 학대로 인해 상상이나 판타지 속에 머무르는 시간이 많고, 이는 심각한 망상으로 나타나기도 한다.(3),(4)
자신의 규칙과 지시에 아이가 순응하기를 기대하며, 그것을 따르지 않을 경우 폭력을 행사하는 경우가 많다.(2)		

2문단 '허용형' 어머니의 양육특징

〈'허용형' 어머니의 양육 특징〉		〈결과〉
허용형 어머니는 오로지 아이의 욕망에만 관심을 지니면서, 아이의 욕망을 내가 채워주고 싶다는 식으로 자기 욕망을 형성한다.(1)	→	허용형 어머니의 아이들은 충동적이고 즉흥적인 성향이 강하며, 도덕적 책임 의식이 결여된 경우가 많다.(3)
자녀가 요구하는 것은 무엇이든 해주기 때문에 이런 어머니 밑에서 양육된 아이들은 자아 통제가 부족하기 쉽다.(2)		

3문단 '방임형' 어머니의 양육 특징

〈'방임형' 어머니의 양육 특징〉		〈결과〉
방임형 어머니는 아이와 정서적으로 차단되어 있기 때문에 아이의 욕망에 무관심할 뿐만 아니라, 아이 입장에서도 어머니의 욕망을 전혀 파악할 수 없다.(1)	→	방치된 아이들은 자신의 욕망도 모르고 어머니의 욕망도 파악하지 못하기 때문에, 어떤 방식으로든 오직 어머니의 관심을 끄는 것만이 아이의 유일한 욕망이 된다.(2)
		어머니의 관심을 끊임없이 요구한다.(3)

합격자의 실전 풀이 순서

❶ 발문 확인 및 문제 유형 파악

추론 문제이며 추론할 수 있는 것(옳은 것)을 고르는 문제이다. 항상 발문을 먼저 제대로 읽자. 추론할 수 있는 것을 고르는 문제는 제시문 내용과 일치하거나 그로부터 추론할 수 있는 선지가 정답이 되며 제시문 내용과 상충하거나 그로부터 추론할 수 없는 선지가 오답이 된다. 또한, 발문에 ○ 표시를 해두고 문제를 풀면 추론할 수 없는 것을 고르는 실수를 방지할 수 있다. '모두' 고르는 ㄱㄴㄷ 박스형 문제에서 실수가 잦다면 선지 박스 옆에 크게 ○ 표시를 해두는 것을 추천한다.

❷ 제시문 독해

크게 어렵지 않은 제시문이다. '독재형 어머니, 허용형 어머니, 방임형 어머니' 세 어머니의 양육 방식에 관한 내용이 병렬적으로 주어져 있다. 제시문으로 돌아와 해당 부분을 찾기 쉽도록 각 병렬적 내용을 대표하는 키워드를 동그라미와 같은 기호로 표시하며 읽자.

또한, 내용이 병렬적으로 제시된 경우에는 내용 간 관계를 파악하고 공통점 및 차이점을 위주로 독해하도록 하자. 이때 무슨 특징이 있고 그게 개념별로 차이가 난다는 정도로는 부족하고, 차이가 "어디서" 나는지를 반드시 확인하며 읽는다. 예컨대 1문단(3),(4)와 2문단(2),(3), 3문단(2),(3)이 비교가 되는데 이를 1문단을 읽으면서 바로 파악할 수는 없다. (비교될 특징이 나왔다고 다음 문단으로 바로 넘어가서 읽으면 안 된다.) 그렇다면 이를 어떻게 정리 및 표시해야 할까? 어디에서 차이가 발생할 거라 봐야 할까?

이를 극복하기 위해서 가상의 집단을 하나 만들어야 한다. 좌표평면에서 원점과도 같은 것이다. 이 지문은 당연히 성격을 말할 때 "정상인에 비해"라는 전제를 깔고 들어가고 있다. 즉, 세 개의 비교가 아니라 원점으로부터 3방향의 비교라고 생각해야 하고, 총 네 개의 집단이 있다고 생각해야 한다.

또한, 아이의 성격을 설명함에 있어서 각각의 마지막 문장은

부연설명에 불과하다. 사실 이는 1문단을 읽으면서 눈치껏 파악할 수 있어야 할 것이다.

❸ 선지 판단

이 지문은 문단별로 정보가 뚜렷하게 구분되는 경우 선지에서 묻는 바를 편하게 찾을 수 있다.(잘 정렬된 사전과도 같다.) 단, 해당 지문은 모든 선지에서 두 개념을 비교하고 있으므로 제대로 지문이 정리되어 있지 않으면 오래 걸린다. (물론 이 지문은 워낙 정보량이 적어서 쉬웠지만 원칙적으로 두 주장을 비교하는 문제라 생각해 보자.)

해결책은 두 가지다.

(1) 첫째는 선지를 하나 보는 순간 각 주장에 대해서 다시 선지를 중심으로 재정리하는 것이다. 예컨대 ㄱ선지를 보는 순간 "아이의 욕망"뿐 아니라 "부모의 욕망"이라는 내용도 연계시켜서 세 부모를 다시 정리해 본다. 그러면 바로 ㄷ선지까지 판단할 수 있고, ㄴ도 그 와중에 정리되어 쉽게 해결이 가능하다(즉, 선지 → 지문 → 선지).

(2) 두 번째 해결법은 선지 중에서 좀 더 판단이 쉬워 보이는 선지를 먼저 확인하고, 그 내용에 따라 재정리하는 것이다. 이 문제의 경우 세 선지 중에 ㄱ선지가 가장 직관적으로 확인하기 쉽다. 그리고 바로 이어서 아이의 이상행동을 나타내는 ㄴ선지를 확인하기가 쉬울 것이다. 가장 확인이 힘든 것은 '욕망의 주체'를 잘 구별해야 하는 ㄷ선지다. 이 순서대로 지문을 순차적으로 확인 및 정렬하면 된다(즉, 선지 → 선지 → 지문).

합격자의 시간단축 Tip

Tip ❶ 글 전반이 병렬적 구조인 경우

글 전반적인 구조가 병렬적인 경우, 각 개념어와 내용이 어디에서 어디까지 존재하는지 잘 확인해두고 문제풀이 미리 파악해 둔 위치를 근거로 돌아가 근거를 확인해 풀자. 여기서 글의 전반적 구조가 병렬적이라는 것은 다음과 같다.

주제: 동아시아 국가별 문화의 특징	
1문단	한국의 문화
2문단	대만 및 중국의 문화
3문단	일본의 문화
4문단	정리 및 의의

이처럼 글 전반적으로 병렬적, 즉 내용상 대등한 것들이 나란히 제시되며 전개되는 경우 '1문단은 한국의 문화구나', '2문단 3번째 문장까진 대만, 2문단 4번째부터 마지막까지는 중국 문화구나'라는 식으로 글을 빨리 읽고 선지에서 일본 문화 내용을 묻는다면 3문단으로 돌아가면 된다. 단, 중요한 것은 해당 문제처럼 내용 간 공통점의 존재를 파악했다면 타 문단에서도 근거를 찾을 수 있게 된다는 것이다. 예를 들어, 1문단에 일본의 문화적 요소가 한국과 공통적이라는 내용이 존재한다면 일본 문화에 대한 선지 판단 시 3문단에 근거가 없더라도 1문단 또한 참고해야 한다는 것이다. 해당 제시문의 경우 1문단부터 차례대로 독재형 어머니, 허용형 어머니, 방임형 어머니에 대해 설명하고 있다. 선지에서 주로 두 개의 양육 방식의 차이를 비교하고 있으므로 관련 설명이 제시된 문단들을 참고한다.

물론 모든 지문이 요소별로 다 써놓는 것은 아니다. 그러면 분량이 무한대로 늘어날 것이다. 단, 생략하는 경우 반드시 선지화되므로 반드시 비교 지점을 확실히 기억 및 표시하면서 읽어야 한다. 이때 지문에 나오지 않은 것까지 추론하지 않도록 유의한다.

Tip ❷ 전체를 개괄하는 문장이 없이 3가지 유형이 제시되고, 3가지 유형 모두 단점이 있을 수 있다는 것에 유의한다.

해당 제시문은 글 전체를 개괄하는, 소위 〈여는 문장〉이 존재하지 않는다. 바로 첫 번째 유형 소개로 들어가고 있으며, 특기할만한 지점은 3가지 유형 어머니 모두 단점이 제시되고 있다. 이런 지문의 경우 〈알 수 없는 선지〉가 제시될 때 '셋 중 하나 정도는 장점 내지 더 나은 점이 있을 것'이라는 막연한 추측으로 오답을 고를 수 있으므로 주의해야 한다.

Tip ❸ 병렬적으로 나열된 경우 반드시 순서대로 읽을 필요는 없다.

특히 세 개 이상의 주장이 나열되어 있을 경우 문단의 구성이 상당히 분절적이다. 이는 꼭 반드시 논쟁이 아니더라도 그러하다. 따라서 처음 읽을 때는 순서대로 읽더라도 선지를 보고 돌아올 때는 순서가 상관 없으며, 심지어는 한 문단을 읽다가 막히는 경우 다른 문단에서 새로 시작해도 전혀 상관없다.

Tip ❹ 셋 이상의 대상이 등장하고 둘씩 비교하는 경우 공통된 대상을 포함한 선지들을 먼저 판단한다.

이는 제시문을 반복해서 읽는 것을 방지하기 위함이다. 예를 들어, ㄱ선지와 ㄴ선지는 모두 '허용형 어머니'와 다른 유형을 비교하고 있으므로 2문단을 기준으로 잡고 ㄱ과 ㄴ의 정오를 먼저 판단한다. 허용형 어머니는 '아이들의 욕망에만 관심'을 가지므로 ㄱ이 맞음을 추측하며 3문단에서 '욕망' 부분만 찾아 읽고, 허용형 어머니에게 양육된 자녀는 '도덕적 책임 의식이 결여되어' 있으므로 ㄴ이 옳지 않음을 추측하며 1문단에 '도덕' 관련 내용이 있는지 찾는 것이다.

093 정답 ❷ 난이도 ●○○

문제유형 이해 > 내용 파악

접근전략 내용 일치의 경우 첫 문단이 화제를 제시하고 있으며 앞으로의 글 방향성을 제시하고 있다는 것을 파악할 필요가 있다. 그 이후의 문단들은 첫 문단에서 제시된 화제를 중심으로 읽고 글의 전체적인 흐름을 파악하는 것을 초점으로 하며 글을 읽는 것이 중요하다. 이에 더해 주요 특징이나, 강조되는 키워드가 있다면 체크해 두는 것이 문제를 푸는 데 있어 도움이 될 것이다. 특히 본 문제와 같이 한국 고유의 특성을 드러내는 지문은 한국 특유 것의 '고유성'을 중심으로 밑줄을 치면서 독해한다.

다음 글에서 알 수 없는 것은?

(1) 현존하는 한국 범종 중에서 신라 범종이 으뜸이다. (2) 신라 범종으로는 상원사 동종, 성덕대왕 신종, 용주사 범종이 있으며 모두 국보로 지정되어 있다. (3) 이 가운데 에밀레종이라 알려진 성덕대왕 신종은 세계의 보배라 여겨진다. (4) 그러나 이러한 평가는 미술이나 종교의 차원에 국한될 뿐, 에밀레종이 갖는 음향공학 차원의 가치는 간과되고 있다. ▶ 1문단

(1) 에밀레종을 포함한 한국 범종은 종신(鐘身)이 작고 종구(鐘口)가 벌어져 있는 서양 종보다 종신이 훨씬 크다는 점에서는 중국 범종과 유사하다. (2) 또한 한국 범종은 높은 종탑에 매다는 서양 종과 달리 높지 않은 종각에 매단다는 점에서도 중국 범종과 비슷하다. (3) 하지만 중국 범종은 종신의 중앙 부분에 비해 종구가 나팔처럼 벌어져 있는 반면, 한국 범종은 종구가 항아리처럼 오므라져 있다. (4) 또한 한국 범종은 중국 범종에 비해 지상에 더 가까이 땅에 닿을 듯이 매단다. ▶ 2문단

해설편 7일차 • 의사소통능력

(1) 나아가 한국 범종은 종신과 대칭 형태로 바닥에 커다란 반구형의 구덩이를 파두는데, 바로 여기에 에밀레종이나 여타 한국 범종의 숨은 진가가 있다. (2) 한국 범종의 이러한 구조는 종소리의 조음에 영향을 미쳐 독특한 음향을 내게 한다. (3) 이 구덩이는 100헤르츠 미만의 저주파 성분이 땅속으로 스며들게 하고, 커다란 울림통으로 작용하여 소리의 여운을 길게 한다.

▶ 3문단

(1) 땅속으로 음파를 밀어 넣어 주려면 뒤에서 받쳐 주는 지지대가 있어야 하는데, 한국 범종에서는 땅에 닿을 듯이 매달려 있는 거대한 종신이 바로 이 역할을 한다. (2) 이를 음향공학에서는 뒷판이라 한다. (3) 땅을 거쳐 나온 저주파 성분은 종신 꼭대기에 있는 음통관을 거쳐 나온 고주파 성분과 조화를 이루면서 인간이 듣기에 가장 적합한 소리, 곧 장중하고 그윽하며 은은히 울려 퍼지는 여음이 발생하는 것이다.

▶ 4문단

① 현존하는 한국 범종 중 세 개 이상이 국보로 지정되어 있다.

→ (○) 신라 범종으로는 상원사 동종, 성덕대왕 신종, 용주사 범종이 있으며 모두 국보로 지정되어 있다.[1문단(2)] 신라 범종이 국보로 3개가 지정되어 있다면, 신라 범종을 포함한 한국 범종은 그 범주가 더 크기 때문에 국보가 적어도 세 개 이상이라는 것을 추론할 수 있다.

② 한국 범종과 중국 범종은 종신 중앙 부분의 지름이 종구의 지름보다 크다.

→ (×) 중국 범종은 종신의 중앙 부분에 비해 종구가 나팔처럼 벌어져 있는 반면, 한국 범종은 종구가 항아리처럼 오므라져 있다.[2문단(3)] 즉, 중국 범종은 종신 중앙 부분에 비해 종구가 나팔처럼 벌어져 있으므로 종신 중앙 부분의 지름이 종구의 지름보다 더 작다. 그러나 한국 범종은 종신 중앙 부분에 비해 종구가 항아리처럼 오므라져 있으므로, 종신 중앙 부분의 지름이 종구의 지름보다 크다.

③ 한국 범종의 종신은 저주파 성분을 땅속으로 밀어 넣어주는 뒷판 역할을 한다.

→ (○) 한국 범종의 구덩이는 저주파 성분이 땅속으로 스며들게 하고[3문단(3)], 이때 종신이 음파를 밀어 넣어 주기 위한 지지대 역할을 한다.[4문단(1)] 이를 음향공학에서는 뒷판이라 한다.[4문단(2)]

④ 한국 범종의 독특한 소리는 종신과 대칭 형태로 파놓은 반구형의 구덩이와 관련이 있다.

→ (○) 한국 범종은 종신과 대칭 형태로 바닥에 커다란 반구형의 구덩이를 파두는데[3문단(1)], 이러한 구조는 종소리의 조음에 영향을 미쳐 독특한 음향을 내게 한다.[3문단(2)]

⑤ 성덕대왕 신종의 여음은 음통관을 거쳐 나오는 소리와 땅을 거쳐 나오는 소리가 조화되어 만들어진다.

→ (○) 한국 범종은 땅을 거쳐 나온 저주파 성분과 종신 꼭대기에 있는 음통관을 거쳐 나온 고주파 성분이 조화를 이루면서 여음이 발생한다.[4문단(3)] 따라서 한국 범종에 속하는 성덕대왕 신종 역시 이와 같은 특징을 가진다는 것을 추론할 수 있다.

제시문 분석

제시문 한국 범종의 가치와 특징

〈한국 범종의 가치〉
한국 범종 중 하나인 에밀레종은 독특한 음향공학 차원의 가치를 가지고 있다.[1문단(4)]

〈한국 범종의 특징〉	
〈특징 ①〉	한국 범종은 종구가 항아리처럼 오므라져 있고, 지상에 더 가까이 땅에 닿을 듯이 매단다.[2문단(3),(4)]
〈특징 ②〉	한국 범종은 종신과 대칭 형태로 바닥에 커다란 반구형의 구덩이를 파두는데, 이러한 구조는 종소리의 조음에 영향을 미쳐 독특한 음향을 내게 한다.[3문단(1),(2)]
〈특징 ③〉	땅을 거쳐 나온 저주파 성분은 종신 꼭대기에 있는 음통관을 거쳐 나온 고주파 성분과 조화를 이루면서 여음이 발생한다.[4문단(3)]

합격자의 실전 풀이 순서

[방법 1]

❶ 역사 지문에서 한자어가 많이 나올 경우 한자어가 고유명사인지 일반명사인지 구분하면서 읽도록 한다. 특히 일반명사인 경우기나, 고유명사가 반복되는 경우에는 더욱 중요하다.

❷ 선지에서 중요 단어들을 파악한다.

① 세 개 이상 국보 ② 한국, 중국, 종신, 종구 ③ 종신, 뒷판 ④ 반구형의 구덩이 ⑤ 여음

이를 통해 제시문의 내용을 대략적으로 예측할 수 있다. 또한, 제시문 독해 시 여기서 파악한 중요 단어에 관한 내용이 나올 때 바로 돌아가 찾을 수 있다.

❸ 각 문단의 역할을 파악한다.

1문단은 신라 범종에 대한 개괄 및 글쓴이의 문제 제기, 2문단은 한국 범종의 특성(중국 범종과의 공통점-차이점), 3, 4문단은 한국 범종의 특성을 부연하고 있다. 1문단의 〈간과〉는 글쓴이의 문제의식을 나타내며, 2문단의 〈하지만〉은 한국-중국 간의 비교를, 3문단의 〈나아가〉, 4문단의 〈땅속으로〉라는 문두는 해당 문단이 앞 내용에 대한 부연 문단임을 짐작하게 하는 부분이다. 역사 소재의 지문은 한국의 고유함과 우수함을 다각적으로 서술하는 경우가 많으므로, 이런 흐름을 "어떻게" 지문에서 구현하고 있는지 그 흐름을 파악하는 것이 중요하다.

❹ 선지 판단을 진행한다.

2번 과정이 잘 진행되었다면, 선지 내용 자체는 어렵지 않다. 어느 부분을 찾아가 선지와 비교해야 할지 문단별 특성이 가이드 역할을 하기 때문이다. 내용을 기억하지 못해 제시문으로 돌아가야 한다면 구분성이 뚜렷한 키워드를 중심으로 제시문으로 돌아가자. 여기서 구분성이란 비교적 글 전반에 걸쳐 존재하지 않고 부분적으로 존재하는 내용을 뜻한다. 예를 들면, ①번 선지의 경우 '범종'처럼 글 전반에 존재하는 키워드보다는 '국보'와 같이 부분적으로 존재하는 키워드를 기준으로 제시문으로 돌아가면 좋다.

[방법 2]

❶ 1문단을 정독하면서 글의 소재와 앞으로의 글의 방향성을 파악하도록 한다.

1문단을 정독하면서 앞으로 전개될 글의 방향성이나 소재를 파악하도록 한다. 본 문제의 1문단에서는 신라 범종, 에밀레종 이야기를 제시하며, 마지막 문장에서 에밀레종이 갖는 음향공학 차원의 가치는 '간과되고 있다'라는 표현을 통해 앞으로의 글에서는 에밀레종의 음향공학적 가치가 언급될 것임을 추측해볼 수 있다. 따라서, 앞으로 에밀레종의 특징이나 가치를 잘 정리하고 적절한 개념어에 동그라미와 같은 기호로 표시해가며 읽자는 생각을 할 수 있다.

❷ **2문단부터 4문단까지 글을 통독하면서 글의 특징을 표기해놓는다.**

이후 문단들의 전체적인 내용을 통독하며 앞서 말했듯 중간중간 글의 특징들은 동그라미, 세모 등으로 표기하며 글을 읽도록 한다. 예를 들면 2문단의 경우 '종신', '종구', '한국/중국 범종' 등을 체크해 두도록 한다.

❸ **오지선다를 통해 정답을 찾는다.**

오지선다로 내려가서 정답을 찾도록 한다. 본 문제에서는 헷갈릴 것 같은 오지선다만 체크해 보도록 한다.

② **한국 범종과 중국 범종은 종신 중앙 부분의 지름이 종구의 지름보다 크다.**

한국 범종과 중국 범종의 지름을 비교하고 물어보고 있다. 하지만 결과적으로 지문에서 두 범종의 비교에 대해서는 나오지 않았다. 그렇기 때문에 알 수 없는 내용이 된다.

합격자의 시간단축 Tip

Tip ❶ 1문단을 통해 제시된 필자의 문제의식에 유의한다.

대체적으로 길이가 짧은 1문단의 경우 글의 핵심 소재와 함께 앞으로의 글의 방향성이 제시되는 경우가 대부분이다. 이 점에 유의하며 1문단을 주의 깊게 읽도록 하자. 문제 푸는 시간이 더 단축될 것이다.

예를 들면 1문단을 통해 필자는 에밀레종의 〈음향공학 차원의 가치〉를 강조하고 있다는 것을 파악할 수 있다. 〈에밀레종이 음향공학 차원에서 어떤 것이 특별한가?〉라는 질문에 대해 해당 글은 그 대답을 제시하고 있는 것이다. 따라서 이를 기억하고 2문단으로 넘어가 이를 중점으로 독해하도록 한다.

Tip ❷ 한국사 소재 유형에서 자주 나오는 내용을 숙지하자.

한국사 지문의 유형은 1)비교역사적 시각과 2)역사적 사건의 전개과정을 묻는 것으로 출제된다. 해당 지문은 1)유형이다. 비교는 공통점과 차이점을 중심으로 전개되므로 이에 유념하면서 읽는다. 특히 근현대 이전은 중국과의 비교가 대부분이다. 일반적으로 동서양의 비교는 역사 영역으로는 잘 등장하지 않고 고고학, 인류학 등의 문화 비교 유형으로 출제된다.

Tip ❸ 글을 읽을 때 비교하는 부분이 나온다면 체크해 두도록 한다.

비교지점은 오지선다에서 가장 많이 출제될 수 있는 부분이다. 그렇기 때문에 대상에 대한 여러 가지 비교가 나온다면 별도로 체크를 해두는 것이 중요하며, 어디까지 비교를 했고 어디까지 하지 않았는지를 명확하게 체크해두는 것이 필요하다. 구체적으로, 공통점과 차이점을 분류하는 본인의 기호를 마련해두는 것이 좋다. 예컨대 이 지문의 경우는 중국 범종과의 차이점이 주요 방점이 된다.

Tip ❹ 머릿속으로 단순화하며 그려가는 연습을 하자.

어떤 요소의 구조/구성에 대해 나온다면 이를 머릿속에서 단순화하고 그려가며 읽는 연습을 하자. 그렇게 하면 독해가 훨씬 매끄럽고 편해진다. 이는 일반적으로 과학/기술 지문에서 많이 쓰이는 방법이지만 해당 제시문처럼 구조/구성을 중점으로 진행되는 글이라면 어떤 분야의 글에서든 충분히 쓰일 수 있다.

094 정답 ①

난이도 ●●●

문제유형 사실적 이해 > 정보 확인

접근전략 역사 소재는 시간 순서로 쓰여있지 않더라도 시간 순으로 사건을 배열하려는 독해가 반드시 필요하다. 시점 간의 선후 관계로 오답을 만들기가 쉽기 때문이다. 그러므로 통독을 하면서 시점의 변화가 나오는 부분은 밑줄과 다른 네모 등 별도 표기를 하도록 한다. 통독 시에는 시점 간의 특징을 다 외운다기보다는 몇 번의 변화가 있었는지를 확실하게 구분한 뒤, 강조되는 이름이나 특징만을 가볍게 표시하는 것이 중요하다.

주로 소재의 변화가 제시될 경우 '처음'이라고 표기된 부분에 체크를 해두는 것이 좋다. 처음 만들어지거나 처음 시도된 것, 처음 시행된 것에 관한 설명은, 오답을 만들기도 편하고 시점의 기준이 되기도 편하니 유념하도록 하자.

또한, 동시대에 여러 변화가 있을 수 있는데 이때 어떤 시대를 기준으로 잡고 변화 양상을 정리하는 것이 좋다.

다음 글에서 알 수 있는 것은?

(1) 부처의 말씀을 담은 경장과 그 해설서인 논장, 수행자의 계율을 담은 율장 외에 여러 가지 불교 관련 자료들을 모아 펴낸 것을 대장경이라고 부른다. (2) 고려는 몇 차례 대장경 간행 사업을 벌였는데, 처음 대장경 간행에 돌입한 것은 거란의 침입을 받았던 현종 때 일이다. (3) 당시 고려는 대장경을 만드는 데 필요한 자료들을 확보하지 못해 애를 먹다가 거란에서 만든 대장경을 수입해 분석한 후 선종 때 이를 완성했다. 이 대장경을 '초조대장경'이라고 부른다. ▶ 1문단

(1) 한편 고려는 몽골이 침략해 들어오자 불교 신앙으로 국난을 극복하겠다는 뜻에서 다시 대장경 제작 사업에 돌입했다. (2) 이 대장경은 두 번째로 만든 것이라고 해서 '재조대장경'이라 불렀다. (3) 고려는 재조대장경을 활자로 인쇄하기로 하고, 전국 각지에서 나무를 베어 경판을 만들었다. (4) 완성된 경판의 숫자가 8만여 개에 이르기 때문에 이 대장경을 '팔만대장경'이라고도 부른다. (5) 재조대장경을 찍어내기 위해 만든 경판은 현재까지 남아 있는데, 이는 전세계에 남아 있는 대장경 인쇄용 경판 가운데 가장 오래된 것이다. (6) 재조대장경판은 그 규모가 무척 커서 제작을 시작한 지 16년 만에 완성할 수 있었다. ▶ 2문단

(1) 재조대장경을 찍어내고자 수많은 경판을 만들었다는 사실에서 알 수 있듯이 한반도에서는 인쇄술이 일찍부터 발달해 있었다. (2) 이를 잘 보여주는 유물이 불국사에서 발견된 『무구정광대다라니경』이다. (3) 분석 결과, 이 유물은 통일신라 경덕왕 때 목판으로 찍어낸 것으로 밝혀졌다. (4) 『무구정광대다라니경』은 목판으로 인쇄되어 전하는 자료 가운데 세계에서 가장 오래된 것이다. (5) 금속활자를 이용한 인쇄술도 일찍부터 발달했다. 몽골의 1차 고려 침략이 시작된 해에 세계 최초로 금속활자를 이용한 『상정고금예문』이 고려에서 발간되었다고 알려져 있다. (6) 이처럼 고려 사람들은 선진 인쇄술을 바탕으로 문화를 발전시켜 나갔다. ▶ 3문단

① **재조대장경판의 제작이 완료되기 전에 금속활자로 『상정고금예문』을 발간한 일이 있었던 것으로 전해진다.**

→ (O) 재조대장경판은 몽골이 침략해 들어올 때 제작을 시작했고[2문단(1)], 제작을 시작한 지 16년 만에 완성할 수 있었다.[2문단(6)] 한편 몽골의 1차 고려 침략이 시작된 해에 세계 최초로 금속활자를 이용한 『상정고금예문』이 고려에서 발간되었다고 알려져 있다.[3문단(5)] 이를 통해 재조대장경

판의 제작 완료 전에 『상정고금예문』이 발간되었음을 알 수 있다.

② 재조대장경은 고려 현종 때 외적의 침입을 막고자 거란에서 들여온 대장경을 참고해 만든 것이다.

➜ (×) 고려 현종 때 외적의 침입을 막고자 거란에서 들어온 대장경을 참고해 만든 것은 재조대장경이 아닌 초조대장경이다.[1문단(2),(3)] 또한, 제시문에서 외적의 침입을 막고자 거란에서 대장경을 들여왔다는 사실은 확인할 수 없다.

③ 고려 시대에 만들어진 대장경판으로서 현재 남아있는 것 중 가장 오래된 것은 초조대장경판이다.

➜ (×) 현재까지 남아있는 대장경 인쇄용 경판 가운데 가장 오래된 것은 재조대장경이다.[2문단(5)]

④ 『무구정광대다라니경』은 목판으로 인쇄되었으며, 재조대장경은 금속활자로 인쇄되었다.

➜ (×) 『무구정광대다라니경』은 통일신라 경덕왕 때 목판으로 찍어낸 것으로 밝혀졌고[3문단(3)], 재조대장경 또한 나무를 베어 경판을 만들었다는 설명을 통해[2문단(3)] 목판으로 인쇄되었음을 알 수 있다. 따라서 재조대장경이 금속활자로 인쇄되었다는 설명은 틀린 설명이다.

⑤ 불교 진흥을 위해 고려 시대에 만들어진 최초의 대장경은 팔만대장경이다.

➜ (×) 불교 진흥을 위해 만들었는지는 글 어디에도 나와 있지 않다.

제시문 분석

1문단 최초의 대장경, 초조대장경

〈대장경〉
부처의 말씀을 담은 경장과 그 해설서인 논장, 수행자의 계율을 담은 율장 외에 여러 가지 불교 관련 자료들을 모아 펴낸 것.(1)

〈고려의 초조대장경〉		
고려에서 처음 대장경 간행에 돌입한 것은 거란의 침입을 받았던 현종 때 일이다.(2)	➜	당시 고려는 거란에서 만든 대장경을 수입해 분석한 후 선종 때 초조대장경을 완성했다.(3)

2문단 재조대장경의 제작 과정과 의의

〈제작 배경〉		〈과정〉		〈제작 기간〉
고려는 몽골이 침략해오자 불교 신앙으로 국난을 극복하겠다는 뜻에서 다시 대장경 제작 사업에 돌입했고, 이를 재조대장경 또는 팔만대장경이라고 한다.(1),(2),(4)	⊕	고려는 재조대장경을 활자로 인쇄하기로 하고, 전국 각지에서 나무를 베어 경판을 만들었다.(3)	⊕	재조대장경판은 그 규모가 무척 커서 제작을 시작한 지 16년 만에 완성할 수 있었다.(6)

➜	〈의의〉	재조대장경판은 전세계에 남아있는 대장경 인쇄용 경판 가운데 가장 오래된 것이다.(5)

3문단 한반도의 발달한 인쇄술

『무구정광대다라니경』	『상정고금예문』
통일신라 경덕왕 때 목판으로 찍어낸 것으로, 목판 인쇄 자료 중 세계에서 가장 오래된 것이다.(3),(4)	몽골의 1차 고려 침략이 시작된 해에 세계 최초로 금속활자를 이용한 『상정고금예문』이 고려에서 발간되었다.(5)

합격자의 실전 풀이 순서

❶ 첫 문단을 꼼꼼히 읽는다.

특히 정의(definition)가 있는 문장에 주목하여 읽는다. 이때 그 문장의 의미를 한번에 파악할 수가 없다면 그 문단의 다른 부분을 통해서 보충한다. 예컨대 본 문단의 경우 첫 문장에 '대장경'의 의미가 나와 있다.

그러나 이 문장만으로는 어떤 지문인지 알 수가 없고 의미 해석도 오래 걸린다. 이때 그 문장에 집착하지 말고 다음 문장들을 본다. 문단의 다른 문장들을 통해서 '고려시대', '초조대장경' 등의 단어를 캐치한다면 지문의 저술 목적이 불교라는 종교적 목적보다 〈고려의 대장경 사업〉에 있음을 추측할 수 있다.

❷ 지문을 통독하며 비교 지점과 특징에 표시를 한다.

접근 전략에도 언급했듯이 대장경 간행이 소재라는 것을 파악했다면 앞으로의 글 내용이 대장경의 변천사임을 예측해 볼 수 있다. 이를 통해 나머지 문단에서 염두에 둘 만한 특징을 더 쉽게 표시할 수 있어 글의 통독 속도가 더 빨라질 수 있다. ①대장경들의 특징 및 ②완성한 왕의 이름, 그리고 직관적인 키워드가 아닌 한자어 '초조대장경' 등 ③대장경의 이름에 유념해 글을 읽도록 한다.

체크 시 가장 주의해야 할 점은 세부 내용을 암기하지 않는 것이다. 통독은 각 문단에서 말하는 핵심 내용만을 기억하며 읽어 내려가는 것이다. 위 지문처럼 대부분의 문단 핵심 주제는 두괄식으로 첫 문장에 나타나므로, 시작 문장을 유념해서 보도록 하자.

가령 2문단의 경우, 핵심 내용이 초조대장경의 연장선인 대장경 제작에 관한 내용임을 첫 문장에서 파악할 수 있다. 그 뒤는 문단을 가볍게 읽으면서 '두 번째로 제작된 대장경', '팔만대장경'에 표시하고 '가장 오래된 것', '제작 시작 16년 만의 완성' 등을 가볍게 표시해 둔다.

3문단의 경우 대장경 사업과 관련된 인쇄술의 흐름을 설명하고 있다. '무구정광대다라니경', '목판 중 오래된 것', '상정고금예문', '세계 최초 금속활자' 등을 가볍게 표시해 둔다. 원칙적으로는 어느 기술이 어느 대장경과 관련되는지 매칭하는 독해가 필요하다. 다만 지문 독해 중에 그런 부분을 찾아볼 수 없으므로 별개의 내용으로 보면 된다. 다만 이 경우는 단순히 시대적 선후관계로만 나열되어 있음을 '몽골'이라는 키워드를 통해서 확인할 수 있다.

❸ 발문을 확인한 뒤 선지 확인에 들어선다.

'다음 글에서 알 수 있는 것은?'의 문제의 경우 '알 수 없는 것'보다 고려해야 하는 부분이 더 많다. 이에 선지를 통해 체크해야 하는 부분과 지문에서의 시선을 이동하는 과정을 메모하면 다음과 같다.

① 재조대장경판의 제작이 완료되기 전에 금속활자로 『상정고금예문』을 발간한 일이 있었던 것으로 전해진다.

(1) 재조대장경판의 제작 완료 전 상정고금예문이 발간되었는지

(2) 상정고금예문이 금속활자로 발간된 것인지를 검토한다.

상정고금예문의 경우 3문단에 나와 있는 소재이므로 3문단을 우선 살핀다. 이에 '몽골의 1차 침략이 시작된 해'라고 명시되어 있으므로, 다음은 재조대장경판에 대한 설명이 있는 2문단으로 가서 재조대장경판 제작 완료 시점과 몽골 1차 침략 시점의 선후 관계를 검토한다. 핵심 사건이 상정고금예문 발간이므로 3문단→2문단으로 시선을 이동하면 된다.

② 재조대장경은 고려 현종 때 외적의 침입을 막고자 거란에서 들여온 대장경을 참고해 만든 것이다.

오로지 재조대장경에 대한 설명이므로 2문단으로 바로 가면 된다.

선지 ①을 풀면서 1, 3문단이 재조대장경과 관련된 내용이 없었다는 사실을 상기하면 더 좋다. 물론 선지 ①보다 선지 ②를 먼저 풀어도 무방하다.

③ 고려 시대에 만들어진 대장경판으로서 현재 남아있는 것 중 가장 오래된 것은 초조대장경판이다.

(1) 초조대장경판이 가장 오래되었는지
(2) 고려 시대에 만들어져 현재까지 남아있는지를 검토한다.

초조대장경판은 1문단에서 보았듯 초조대장경은 처음 만들어진 대장경이므로 가장 오래된 대장경임은 확인할 수 있다. 하지만 현재까지 남아있는지에 대한 정보가 1문단에 없으므로, 체크한 키워드 중 2문단에 '가장 오래된 것'이 있으므로 해당 부분에 시선을 옮긴다. 이를 통해서 (2) 부분이 맞지 않아 정답이 아닌 것을 알 수 있다.

④ 『무구정광대다라니경』은 목판으로 인쇄되었으며, 재조대장경은 금속활자로 인쇄되었다.

(1) 무구정광대다라니경이 목판으로 인쇄되었는지
(2) 재조대장경이 금속활자로 인쇄되었는지를 체크한다.

굳이 문단과 문단 사이에 시선을 옮길 필요 없이 3문단에서 쉽게 확인할 수 있다.

⑤ 불교 진흥을 위해 고려 시대에 만들어진 최초의 대장경은 팔만대장경이다.

(1) 고려 시대 최초의 대장경이 팔만대장경인지
(2) 팔만대장경이 불교 진흥을 위해 만들어졌는지를 검토한다.

팔만대장경의 경우 2문단에 있으므로 선지 판단에 대한 모든 정보를 2문단에서 확인할 수 있다.

합격자의 시간단축 Tip

Tip ❶ 해당 문단에 정보가 전부 없더라도 당황하지 않는다.

문제를 쉽게 낸다면 해당 문단에서 오답 여부를 찾을 수 있겠지만, 해당 문단에서 정오를 완전하게 판단하지 못해 다른 문단으로 넘어가야 하는 경우가 충분히 생길 수 있다. 이때 당황해 아무 문단이나 왔다갔다하지 않도록 하자. 문단들 속에서 체크한 정보들을 지문 전체로 쭉 훑은 다음 사용할 수 있는 정보가 들어간 문단으로 시선을 옮기는 것이 좋다.

이때 어느 문단에 어느 정보가 '없다'라는 사실도 선지판단에 있어 귀중한 정보가 될 수 있음에 유념한다.

Tip ❷ 시점의 경우 치환을 통한 오답이 많을 수 있음을 염두에 둔다.

역사 지문의 경우 소재의 변화가 일어나면서 한 시대 내 다양한 사건들이 등장한다. 이때 시점 치환을 통한 오답이 자주 발생하는데, 문제를 풀 때 이러한 점을 미리 염두에 두는 것이 좋다. 가령 ①번의 경우 몽골 침입과 재조대장경판의 제작 시작, 제작 완료 시점이 관계가 있다. 만약 쉽게 출제하고자 했다면 '재조대장경판의 제작이 완료되기 전에'를 '몽골의 1차 침략이 시작된 해'로 바꿔서 출제했을 것이다. 하지만 그렇지 않은 것으로 보아 난이도를 한층 높이려고 의도한 것임을 알 수 있다.

이때 시점 치환에 대한 인지가 없다면, 3문단에서 '몽골의 1차 침략이 시작된 해'를 보았을 때, 주어진 문단에 정보가 없어서 당황할 수 있다. 하지만 시점은 충분히 치환될 수 있음을 염두에 두도록 하자. 절대 당황하지 말고 바로 재조대장경판의 제작에 관한 내용이 있는 문단으로 시선을 집중하면 충분히 문제를 해결할 수 있을 것이다.

Tip ❸ ⑤와 같이 글에 나오지 않은 내용을 묻는 선지는 선지의 키워드를 그 '나오지 않은' 내용에 집중에서 기억한 뒤 글 전체를 조망한다.

대장경은 오로지 국난 극복 및 인쇄술과 관련된 내용만 있었다는 점을 기억한다면 선지 ⑤도 쉽게 해결할 수 있다. 중요한 것은 나오지 않은 내용을 헷갈리지 않는 것이다.

095 정답 ❶

난이도 ●●○

문제유형 제시문형 > 분석추론

접근전략 법조문이 주어지지는 않았지만, 제시문에 주어진 규정을 파악하고 이를 선지에 적용한다는 점에서 법조문 유형과 유사하다. 법조문 유형과 마찬가지로 첫 독해 시에는 규정의 구조와 규정 간의 관계를 파악하고, 선지 파악 시에 구체적 규정의 내용을 확인한다. 본 문제의 경우, 〈계약사항〉을 판단의 근거가 되는 법조문으로, 선지는 요건을 제시하고 그에 맞는 법적 판단을 묻는 법문제로 치환해서 접근하도록 하자. 네모로 표시된 큰 범주의 규정위주로 구조를 파악하고, 개별 규정에서는 숫자가 등장하는 규정에 유의하고, 그 후에 선지와 연결시켜 정오를 판단하는 것이 좋다.

다음 〈연구용역 계약사항〉을 근거로 판단할 때, 〈보기〉에서 옳은 것만을 모두 고르면?

연구용역 계약사항

□ 과업수행 전체회의 및 보고
- 참석대상 : 발주기관 과업 담당자, 연구진 전원
- 착수보고 : 계약일로부터 10일 이내
- 중간보고 : 계약기간 중 2회
  - 과업 진척상황 및 중간결과 보고, 향후 연구계획 및 내용 협의
- 최종보고 : 계약만료 7일 전까지
- 수시보고 : 연구 수행상황 보고 요청 시, 긴급을 요하거나 특이사항 발생 시 등
- 전체회의 : 착수보고 전, 각 중간보고 전, 최종보고 전

□ 과업 산출물
- 중간보고서 20부, 최종보고서 50부, 연구 데이터 및 관련 자료 CD 1매

□ 연구진 구성 및 관리
- 연구진 구성 : 책임연구원, 공동연구원, 연구보조원
- 연구진 관리
  - 연구 수행기간 중 연구진은 구성원을 임의로 교체할 수 없음. 단, 부득이한 경우 사전에 변동사유와 교체될 구성원의 경력 등에 관한 서류를 발주기관에 제출하여 승인을 받은 후 교체할 수 있음

□ 과업의 일반조건
- 연구진은 연구과제의 시작부터 종료(최종보고서 제출)까지 과업과 관련된 제반 비용의 지출행위에 대해 책임을 지고 과업을 진행해야 함
- 연구진은 용역완료(납품) 후에라도 발주기관이 연구결과와 관련된 자료를 요청할 경우에는 관련 자료를 성실히 제출하여야 함

• 보기 •

ㄱ. 발주기관은 연구용역이 완료된 후에도 연구결과와 관련된 자료를 요청할 수 있다.
→ (O) '과업의 일반조건'에 따르면 연구진은 용역완료 후에라도 발주기관이 연구결과와 관련된 자료를 요청할 경우에는 관련 자료를 성실히 제출하여야 한다. 따라서 발주기관은 용역완료 후에도 연구결과와 관련된 자료를 요청할 수 있다.

ㄴ. 과업수행을 위한 전체회의 및 보고 횟수는 최소 8회이다.
→ (O) '과업수행 전체회의 및 보고'에 따르면 착수보고는 계약일로부터 10일 이내에 1회, 중간보고는 계약기간 중 2회, 최종보고는 계약만료 7일 전까지 1회에 하여야 한다. 수시보고는 연구 수행상황 보고 요청 시, 긴급을 요하거나 특이사항 발생 시 등에 할 수 있으나 수시보고를 하지 않아도 무방하므로, 과업수행을 위한 최소 보고 횟수는 4회이다. 한편 전체회의는 착수보고 전, 각 중간보고 전, 최종보고 전 실시하므로 전체회의 횟수는 4회이다. 따라서 과업수행을 위한 전체회의 및 보고 횟수는 최소 8회이다.

ㄷ. 연구진은 연구 수행기간 중 책임연구원과 공동연구원을 변경할 수 없지만 연구보조원의 경우 임의로 교체할 수 있다.
→ (×) '연구진 구성 및 관리'에 따르면 연구진에는 책임연구원, 공동연구원, 연구보조원이 있으며, 연구 수행기간 중 연구진은 구성원을 임의로 교체할 수 없다. 따라서 연구진은 연구 수행기간 중 책임연구원, 공동연구원, 연구보조원을 임의로 교체할 수 없다.

ㄹ. 중간보고서의 경우 그 출력과 제본 비용의 지출행위에 대해 발주기관이 책임을 진다.
→ (×) '과업의 일반조건'에 따르면 연구진은 연구과제의 시작부터 최종보고서를 제출하는 종료 때까지 과업과 관련된 제반 비용의 지출행위에 대해 책임을 지고 과업을 진행해야 한다. 따라서 중간보고서의 출력과 제본 비용의 지출행위에 대해 책임을 지는 주체는 발주기관이 아닌 연구진이다.

① ㄱ, ㄴ → (O)
② ㄱ, ㄷ → (×)
③ ㄱ, ㄹ → (×)
④ ㄴ, ㄷ → (×)
⑤ ㄷ, ㄹ → (×)

합격자의 실전 풀이 순서

❶ 문제 유형 파악

발문 및 제시문의 형태에서 규정확인 유형임을 알 수 있다. 법조문의 형태는 아니지만, 〈계약사항〉도 규정이므로 법조문 유형과 유사하게 접근하면 된다. 처음 제시문을 읽을 때는 규정의 구조와 규정 간의 관계만을 파악한 후, 〈보기〉를 판단할 때 구체적 규정의 내용을 확인한다. 또한, 옳은 것을 고르는 문제라는 것을 인지하기 위해 "옳은"이라는 단어에 밑줄이나 동그라미 등 표시를 한다.

> … 〈보기〉에서 옳은 것만을 모두 고르면?

❷ 규정확인 및 구조 분석

규정을 파악할 때는 각 규정을 대목차를 기준으로 가로줄을 통해 구분해두고, 단서나 괄호에 별도의 표시를 해둔다. 〈연구용역 계약사항〉에는 '과업수행 전체회의 및 보고', '과업 산출물', '연구진 구성 및 관리', '과업의 일반조건' 등의 네 가지 대목차가 존재한다. 각각을 조문의 제목으로 볼 수 있다.
첫 번째 〈과업수행 전체회의 및 보고〉에서는 참석 대상, 여러 종류의 보고 및 회의의 시기를 규정한다. 내용이 많으므로 구체적 시기는 〈보기〉 판단에 필요할 때 다시 확인한다.
두 번째 〈과업 산출물〉은 산출물의 종류 및 분량을 규정한다. 이 역시 세부 내용은 보기 판단 시 돌아와 확인한다.
세 번째 〈연구진 구성 및 관리〉는 연구진에 포함되는 직위와 연구진 교체 방식을 규정한다. 연구 수행 기간 중 임의 교체는 원칙적으로 허용되지 않으나, 단서에 예외가 규정되어 있다. 서류 제출 및 승인에 △로 표시한다.
네 번째 〈과업의 일반조건〉은 연구진의 책임과 의무를 규정한다. 첫 번째 조건은 연구 수행 기간 중의 지출행위 책임, 두 번째 조건은 용역완료 후 자료 제출 의무이다. 별도의 하부 목차 제목이 없으므로, '지출행위'와 '자료 제출'에 표시한다. 연구과제의 종료 기준은 최종보고서 제출이며, 용역완료는 납품을 의미한다는 괄호의 내용도 놓치지 않도록 유의한다.

❸ 선지 판단

〈보기〉를 읽고, 해당 내용이 기재된 규정으로 돌아가 꼼꼼히 읽고 정오를 판단한다. 특히 본 문제는 규정마다 제목이 붙어 있으므로 이를 선지 판단 시 활용하는 것이 좋다. 규정의 제목을 빠르게 훑어보고 〈보기〉 판단 시 어떤 규정을 참고해야 하는지 파악한다.
보기 ㄱ은 용역 완료 후 자료 요청에 관한 내용이므로 '과업의 일반조건'의 두 번째 조건과 비교한다. 옳은 내용이므로 선지 ④번, ⑤번이 소거된다.
보기 ㄴ은 전체회의 및 보고에 대한 내용이므로 '과업수행 전체회의 및 보고'와 비교한다. 중간보고가 2회이므로, 중간보고 전 전체회의도 2회임에 유의한다. 정답은 ①번이다.
단순 합산이지만 그래도 계산을 피하고 싶다면 ㄷ을 먼저 보아도 된다. 보기 ㄷ은 연구진 임의 교체에 대한 내용이므로 '연구진 구성 및 관리'와 비교한다. 보기 ㄹ은 지출행위에 대한 책임소재를 묻고 있으므로 '과업의 일반조건'의 첫 번째 조건과 비교한다. 본 문제와 같이 선지가 보기의 조합으로 구성되는 경우 하나의 보기를 확인한 후 해당 보기와 관련된 선지를 먼저 판단한다.

합격자의 시간단축 Tip

Tip ❶ 규정과 법조문의 제목을 활용

규정과 법조문에 제목이 있는 경우, 이를 선지 판단에 적극적으로 활용한다. 설문의 〈연구용역 계약사항〉과 같이 지문이 아닌 공고문 등의 형태로 제시될 경우 규정의 내용을 꼼꼼하게 읽기보다는 대목차를 중심으로 가볍게 파악하고 보기나 상황을 중점적으로 확인하는 것이 좋다. 다만 본 문제의 '과업의 일반조건'의 경우 대목차만으로 내용을 분류하기 어려우므로, 대략적으로 내용을 파악하는 것이 좋다. 이후 보기를 판단할 때는 규정의 제목을 활용한다. 이는 마치 법조문 유형에서 조문의 제목이 제시된 것과 같다. 조문 또는 규정의 제목이 주어진 경우, 이를 빠르게 훑어보며 보기 판단을 위해 어떤 규정을 확인해야 하는지 검토한다.

Tip ② **자신에게 맞는 보기 판단 순서를 결정**

선지가 〈보기〉의 조합으로 구성되는 경우 자신에게 알맞은 〈보기〉 판단 순서를 결정해야 한다. 첫째로, 상대적으로 간단한 〈보기〉부터 판단하는 방법이 있다. 예를 들어 보기 ㄴ과 같이 하나씩 세는 것이 번거롭다고 느낀다면 상대적으로 보기 ㄷ과 ㄹ이 복잡하지 않은 보기이므로 이를 먼저 해결한다. 둘째로, 정답이 될 것으로 예상하는 선지부터 판단하는 방법이 있다. 예컨대 숫자가 들어가는 ㄴ선지는 매우 높은 확률로 정답을 가르는 선지가 되므로, 이를 먼저 풀 수도 있다. 첫 번째 방법과 두 번째 방법 중에 어떤 방법이 적합할지는 많은 문제 풀이를 통해서 찾을 수 있을 것이다.

096 정답 ④

난이도 ●○○

문제유형 비판적 사고 > 지문에서 추론하기

접근전략 과학과 추론의 결합 문제는 실험 지문인 경우가 많다. 그게 아니더라도 최소한 if A then B의 선지 구조를 취하는 경우가 대다수다. 그 이유는 과학적 추론이란 이론을 상황에 적용하는 것이고, 이론이란 상관관계, 혹은 비례식으로 나타나는 경우가 많기 때문이다(사실 상대성이론도 큰 틀에선 비례식에 불과하다).

다음 글에서 추론할 수 있는 것은?

(1) 두뇌 연구는 지금까지 뉴런을 중심으로 진행되어 왔다. (2) 뉴런 연구로 노벨상을 받은 카얄은 뉴런이 '생각의 전화선'이라는 이론을 확립하여 사고와 기억 등 두뇌에서 일어나는 모든 현상을 뉴런의 연결망과 뉴런 간의 전기 신호로 설명했다. (3) 그러나 두뇌에는 뉴런 외에도 신경교 세포가 존재한다. (4) 신경교 세포는 뉴런처럼 그 수가 많지만 전기 신호를 전달하지 못한다. (5) 이 때문에 과학자들은 신경교 세포가 단지 두뇌 유지에 필요한 영양 공급과 두뇌 보호를 위한 전기 절연의 역할만을 가진다고 여겼다. ▶ 1문단

(1) 최근 과학자들은 신경교 세포에서 그 이상의 기능을 발견했다. (2) 신경교 세포 중에도 '성상세포'라 불리는 별 모양의 세포는 자신만의 화학적 신호를 가진다는 것이 밝혀졌다. (3) 성상세포는 뉴런처럼 전기를 이용하지는 않지만, '뉴런송신기'라고 불리는 화학물질을 방출하고 감지한다. (4) 과학자들은 이러한 화학적 신호의 연쇄반응을 통해 신경교 세포가 전체 뉴런을 조정한다고 추론했다. ▶ 2문단

(1) A 연구팀은 신경교 세포가 전체 뉴런을 조정하면서 기억력과 사고력을 향상시킨다고 예상하고서, 이를 확인하기 위해 인간의 신경교 세포를 갓 태어난 생쥐의 두뇌에 주입했다. (2) 쥐가 자라면서 주입된 인간의 신경교 세포도 성장했다. (3) 이 세포들은 쥐의 뉴런들과 완벽하게 결합되어 쥐의 두뇌 전체에 걸쳐 퍼지게 되었다. (4) 심지어 어느 두뇌 영역에서는 쥐의 뉴런의 숫자를 능가하기도 했다. (5) 뉴런과 달리 쥐와 인간의 신경교 세포는 비교적 쉽게 구별된다. (6) 인간의 신경교 세포는 매우 길고 무성한 섬유질을 가지기 때문이다. (7) 쥐에 주입된 인간의 신경교 세포는 그 기능을 그대로 간직한다. (8) 그렇게 성장한 쥐들은 다른 쥐들과 잘 어울렸고, 다른 쥐들의 관심을 끄는 것에 흥미를 보였다. (9) 이 쥐들은 미로를 통과해 치즈를 찾는 테스트에서 더 뛰어났다. (10) 보통의 쥐들은 네다섯 번의 시도 끝에 올바른 길을 배웠지만, 인간의 신경교 세포를 주입받은 쥐들은 두 번 만에 학습했다. ▶ 3문단

① 인간의 신경교 세포를 쥐에게 주입하면, 쥐의 뉴런은 전기 신호를 전달하지 못할 것이다.

→ (×) 지문에서는 신경교 세포가 전기 신호를 전달하지 못한다고 언급되어 있을 뿐[1문단(4)], 그것이 쥐에게 주입될 경우 쥐의 뉴런이 전기 신호를 전달하지 못할 것이라는 내용은 제시되어 있지 않다.

② 인간의 뉴런 세포를 쥐에게 주입하면, 쥐의 두뇌에는 화학적 신호의 연쇄 반응이 더 활발해질 것이다.

→ (×) 지문에서는 인간의 신경교 세포를 쥐에게 주입한 실험의 사례만 제시하고 있다. 따라서 인간의 뉴런 세포를 쥐에게 주입하면 어떻게 되는지는 알 수 없다.

③ 인간의 뉴런 세포를 쥐에게 주입하면, 그 뉴런 세포는 쥐의 두뇌 유지에 필요한 영양을 공급할 것이다.

→ (×) 두뇌 유지에 필요한 영양을 공급하는 것은 신경교세포이며 지문에는 인간의 신경교 세포를 쥐의 두뇌에 주입한 실험의 사례만 제시되어 있을 뿐, 인간의 뉴런 세포를 쥐에게 주입한 경우는 언급되어 있지 않으므로 알 수 없다.

④ 인간의 신경교 세포를 쥐에게 주입하면, 그 신경교 세포는 쥐의 뉴런을 보다 효과적으로 조정할 것이다.

→ (○) 과학자들은 화학적 신호의 연쇄반응을 통해 인간의 신경교 세포가 전체 뉴런을 조정한다고 추론하였고[2문단(4)], 쥐에 주입된 인간의 신경교 세포는 그 기능을 그대로 간직한다고 하였다.[3문단(7)] 그리고 신경교 세포가 주입되어 성장한 쥐는 다른 쥐들과 잘 어울리며 테스트에서도 다른 쥐들보다 더 뛰어난 모습을 보이기도 했다.[3문단(8),(9)] 이를 통해 쥐에게 주입한 인간의 신경교 세포가 쥐의 뉴런을 보다 효과적으로 조정한 것을 확인할 수 있으므로 이는 옳은 추론이다.

⑤ 인간의 신경교 세포를 쥐에게 주입하면, 그 신경교 세포는 쥐의 신경교 세포의 기능을 갖도록 변화할 것이다.

→ (×) 쥐에 주입된 인간의 신경교 세포는 그 기능을 그대로 간직한다고 하였으므로[3문단(7)], 쥐에게 주입된 인간의 신경교 세포가 쥐의 신경교 세포의 기능을 갖도록 변화할 것이라는 추론은 옳지 않다.

제시문 분석

1문단 기존의 두뇌 연구 경향

〈기존의 두뇌 연구 경향〉

〈뉴런 중심의 두뇌 연구〉		〈신경교 세포에 대한 인식〉
두뇌 연구는 지금까지 뉴런을 중심으로 진행되어 왔다.(1)		두뇌에 존재하는 신경교 세포는 뉴런처럼 그 수가 많지만 전기신호를 전달하지 못한다.(3),(4)
뉴런 연구로 노벨상을 받은 카얄은 뉴런이 '생각의 전화선'이라는 이론을 확립하여 두뇌에서 일어나는 모든 현상을 뉴런의 연결망과 뉴런 간의 전기 신호로 설명했다.(2)	⊕	과학자들은 신경교 세포가 단지 두뇌 유지에 필요한 영양 공급과 두뇌 보호를 위한 전기 절연의 역할만을 가진다고 여겼다.(5)

2문단 최근의 두뇌 연구 경향–'성상세포'의 기능 발견

〈새로운 발견〉		〈성상세포의 기능〉		〈과학자들의 추론〉
최근 신경교 세포 중 '성상세포'가 자신만의 화학적 신호를 가진다는 것이 밝혀졌다.(2)	→	성상세포는 뉴런처럼 전기를 이용하지는 않지만, '뉴런 송신기'라고 불리는 화학물질을 방출하고 감지한다.(3)	→	과학자들은 이러한 화학적 신호의 연쇄반응을 통해 신경교 세포가 전체 뉴런을 조정한다고 추론했다.(4)

3문단 신경교 세포 기능 확인 실험

〈연구 목적〉		〈연구 과정〉		〈연구 결과〉
A 연구팀은 신경교 세포가 전체 뉴런을 조정하면서 기억력과 사고력을 향상시킨다고 예상하고서, 이를 확인하기 위해 인간의 신경교 세포를 쥐에게 주입했다.(1)	→	쥐가 자라면서 주입된 인간의 신경교 세포도 성장했고, 이 세포들은 쥐의 뉴런들과 완벽하게 결합되어 쥐의 두뇌 전체에 걸쳐 퍼지게 되었다.(2),(3)	→	그렇게 성장한 쥐들은 다른 쥐들과 잘 어울렸고, 다른 쥐들의 관심을 끄는 것에 흥미를 보였으며 미로를 통과해 치즈를 찾는 테스트에서 더 뛰어난 모습을 보였다.(8),(9)

합격자의 실전 풀이 순서

❶ 발문 제대로 읽기

항상 발문을 먼저 제대로 읽자. 추론할 수 있는 것은 제시문 내용과 같은 방향의 선지를 고르는 문제이니 발문에 ○ 표시를 해두고 풀면 추론할 수 없는 것을 고르는 실수를 크게 줄일 수 있다.

❷ 제시문 독해

(1) 1문단에서 뉴런을 중심으로 연구해온 두뇌 연구의 기존 경향이 제시되고 있다가 2문단부터 신경교 세포에 대한 발견이 제시되고 있다. 이를 시간의 흐름에 따른 변화라고 보고 선지로 자주 구성되어 나오므로 어떤 변화나 차이점이 생겼는지 확인한다. 특히 기존 경향을 자신이 이미 알고 있는 경우는 상관없으나, 모르는 분야라면 사실 기존 경향(통념)도 낯선 주제일 수 있으므로 새로운 경향(주장)에 대해서만 집중하는 것을 경계해야 한다.

(2) 과학 소재 지문은 사실들 위주로 전개된다. 지문의 특색이 그럴뿐더러, 논리적으로도 '사실' 자체는 추론을 통해서 부정할 수가 없기 때문이다. 예컨대 이 지문에서 1문단 (4)의 사실이 그러하다. 지문을 다시 살펴 보면 신경교 세포를 기존에 경시한 것은 '과학자의 해석'이지 '사실'이 아니다. 하지만 '전기 신호를 전달하지 못한다.'라는 것은 엄연히 밝혀진 〈사실〉이다. 이는 새로운 견해가 등장해도 재활용이 가능한 논리적 전제로, 앞 문단을 읽으면서 반드시 건져가야 한다. 성상세포가 화학물질을 방출하고 감지하는 것도 해석이 아니라 밝혀진 사실이다.

❸ 선지 판단

(1) 본 제시문 선지에서는 뉴런과 신경교세포인 '성상세포' 간 차이를 이용해 선지를 많이 구성하였다. ①번의 경우 신경교세포는 전기 신호를 전달할 수 없다는 내용을 통해 ②, ③, ⑤번의 경우 쥐 실험은 뉴런이 아닌 신경교 세포를 삽입한 실험을 했다는 점을 통해 판단할 수 있었다. 이처럼, 서로 다른 두 대상의 공통점과 차이점은 선지로 자주 구성되어 나오는 요소이니 독해 시 잘 파악해 두자.

(2) 과학적 추론은 실험과 관련되므로 조건문 형태의 선지가 많이 나온다. 흔히 과학실험을 떠올려 보자. 어떤 조작을 가하면 반응이 일어난다. 온도계에 뜨거운 물을 갖다 대면 올라가는 것과 마찬가지다. 갑자기 빛을 쬐면 눈이 부신 것도 마찬가지다. 이처럼 상황을 변조해서 어떤 결과가 나오는지 보는 것이 실험이다. 그래서 과학지문의 선지는 조건문으로 구성된다.
조건문에서 가장 중요한 것은 무엇인가? 바로 어디가 변하는지를 파악하는 것이다. 그 지점은 지문에서 본 키워드들이 등장하는 곳을 찾으면 된다. 그리고 그 지점은 "항상 변할 수 있음"을 항상 유의한다. 그러면 1번과 2번 선지에 나오는 세포 종류를 헷갈릴 이유가 없어진다.
지문에는 등장하지 않았지만 쥐의 뉴런, 쥐의 신경교 세포뿐 아니라, 쥐의 전기 신호나 쥐의 섬유질로 나온다 해도 쉽게 풀 수 있어야 한다.

합격자의 시간단축 Tip

Tip ❶ 시간의 흐름에 따른 변화나 차이점 체크하기

시간의 흐름에 따른 변화가 나타날 시, 연도와 같은 시간 지표를 기호로 표시해가며 시간이 흐름에 따라 어떤 변화나 차이점이 생겼는지 확인하자. 시간의 흐름 구조에서는 이러한 점들이 자주 선지로 구성되기 때문이다. 해당 제시문에서는 직접적인 시간 표현이 사용되지는 않는다. 그러나 두뇌 연구의 최근 경향이 기존과 차별화된다는 점을 설명하고 있으므로 시간이 흐름에 따른 변화를 다루는 지문임을 알 수 있다.

Tip ❷ 서로 다른 두 대상, 내용 간 차이점과 공통점 잘 파악하기

서로 다른 두 대상, 내용의 공통점이나 차이점이 글에서 제시될 때, 이들은 선지로 자주 구성되어 나오기 때문에 독해 시 미리 잘 파악해 두자. 이렇게 차이점과 공통점을 독해할 때부터 미리 파악해 둔다면 선지를 판단 시 더 빠르고 정확한 판단이 가능하다. 실제로 해당 제시문에서는 대부분의 선지가 뉴런과 신경교세포 간 차이점을 위주로 구성되었다.

Tip ❸ 실험이 나오는 경우 반드시 실험 외 지문 내용과 연결점을 찾아서 읽는다.

결국 실험과 그 결론은 특정 내용을 보충하기 위한 '증거'에 불과하다. 따라서 실험이 무엇을 위한 것인지 반드시 글을 읽을 때 염두에 둬야 한다. 물론 글 전체의 틀을 이해하면서 한 번에 읽어낼 수 있다면 필요 없는 작업이지만 아쉽게도 평균적인 수험생 수준에서 그것을 기대할 수는 없다.

Tip ❹ 구분되는 개념 표시하기

과학지문은 낯선 개념이 등장하기 때문에 한 번 읽고 바로 선지의 정오를 판단하기 어려운 경우가 많다. 이때 기호를 활용하여 개념을 구분하면 선지의 내용을 보고 본문을 다시 읽을 때 시간 절약이 가능하다. 첫 번째 문단을 통해서 뉴런과 신경교세포가 다른 것임을 알 수 있고 두 번째 문단에서 성상세포가 신경교세포의 일종임을 알 수 있다. 따라서 아래와 같이 표시할 수 있다.

> …그러나 두뇌에는 뉴런 외에도 신경교 세포가 존재한다.…
> …신경교 세포 중에도 '성상세포'라 불리는 별 모양의 세포는…

097 정답 ⑤ 난이도 ●●○

문제유형 사실적 이해 > 중심 내용 파악

접근전략 주제를 찾는 유형의 경우, 정보 확인 유형처럼 선지와 지문 내용을 일대일로 대응시키는 것이 아니다. 전체적인 내용을 통해 중심 내용(주제)을 파악하는 방식으로 접근하여 선지 판단을 해야 더 빠르고 정확하게 답을 찾아낼 수 있다. 세부적인 정보를 요구하는 문제는 아니지만, 제시문에서 부정되고 있는 내용이나 사실이 오답으로 자주 구성되니 이를 괄호와 같은 기호를 이용해 미리 잘 파악해 두자.

다음 글의 중심 주제로 가장 적절한 것은?

(1) 맹자는 다음과 같은 이야기를 전한다. (2) 송나라의 한 농부가 밭에 나갔다 돌아오면서 처자에게 말한다. (3) "오늘 일을 너무 많이 했다. (4) 밭의 싹들이 빨리 자라도록 하나하나 잡아당겨 줬더니 피곤하구나." (5) 아내와 아이가 밭에 나가보았더니 싹들이 모두 말라 죽어 있었다. (6) 이렇게 자라는 것을 억지로 돕는 일, 즉 조장(助長)을 하지 말라고 맹자는 말한다. (7) 싹이 빨리 자라기를 바란다고 싹을 억지로 잡아 올려서는 안 된다. (8) 목적을 이루기 위해 가장 빠른 효과를 얻고 싶겠지만 이는 도리어 효과를 놓치는 길이다.(9) 억지로 효과를 내려고 했기 때문이다. (10) 싹이 자라기를 바라 싹을 잡아당기는 것은 이미 시작된 과정을 거스르는 일이다. (11) 효과가 자연스럽게 나타날 가능성을 방해하고 막는 일이기 때문이다. (12) 당연히 싹의 성장 가능성은 땅 속의 씨앗에 들어있는 것이다. (13) 개입하고 힘을 쏟고자 하는 대신에 이 잠재력을 발휘할 수 있도록 하는 것이 중요하다.

▶ 1문단

(1) 피해야 할 두 개의 암초가 있다. (2) 첫째는 싹을 잡아당겨서 직접적으로 성장을 이루려는 것이다. (3) 이는 목적성이 있는 적극적 행동주의로서 성장의 자연스러운 과정을 존중하지 않는 것이다. (4) 달리 말하면 효과가 숙성되도록 놔두지 않는 것이다. (5) 둘째는 밭의 가장자리에 서서 자라는 것을 지켜보는 것이다. (6) 싹을 잡아당겨서도 안 되고 그렇다고 단지 싹이 자라는 것을 지켜만 봐서도 안 된다. (7) 그렇다면 무엇을 해야 하는가? (8) 싹 밑의 잡초를 뽑고 김을 매주는 일을 해야 하는 것이다. (9) 경작이 용이한 땅을 조성하고 공기를 통하게 함으로써 성장을 보조해야 한다. (10) 기다리지 못함도 삼가고 아무것도 안함도 삼가야 한다. (11) 작동 중에 있는 자연스런 성향이 발휘되도록 기다리면서도 전력을 다할 수 있도록 돕는 노력도 멈추지 말아야 한다.

▶ 2문단

① 인류사회는 자연의 한계를 극복하려는 인위적 노력에 의해 발전해 왔다.
➜ (×) 맹자는 싹이 빨리 자라기를 바라 싹을 잡아당기는 등의 인위적 노력은 효과가 자연스럽게 나타날 가능성을 방해하고 막는 일이므로 옳지 않다고 보았다.[1문단(10), (11)] 따라서 인류사회가 자연의 한계를 극복하려는 인위적 노력에 의해 발전해 왔다는 해당 선지는, 지문의 주제로 볼 수 없다.

② 싹이 스스로 성장하도록 그대로 두는 것이 수확량을 극대화하는 방법이다.
➜ (×) 맹자는 싹이 자라는 것을 지켜만 봐서도 안 되며[2문단(6)], 싹 밑의 잡초를 뽑고 김을 매주는 일을 해야 한다고 하였다.[2문단(8)] 따라서 싹이 스스로 성장하도록 그대로 두는 것이 수확량을 극대화하는 방법이라는 해당 선지는 옳지 않다.

③ 어떤 일을 진행할 때 가장 중요한 것은 명확한 목적성을 설정하는 것이다.
➜ (×) 맹자는 싹을 잡아당겨서 직접적으로 성장을 이루려는 것은 목적성이 있는 적극적 행동주의로서 성장의 자연스러운 과정을 존중하지 않는 것으로 보았으므로 주제라고 할 수 없다.[2문단(2), (3)]

④ 자연의 순조로운 운행을 방해하는 인간의 개입은 예기치 못한 화를 초래할 것이다.
➜ (×) 맹자는 싹이 자라도록 지켜만 보며 아무것도 안 하는 것도 삼가야 한다고 말하며[2문단(6), (10)] 작동 중에 있는 자연스런 성향이 발휘되도록 기다리면서도 전력을 다할 수 있도록 돕는 노력이 필요하다고 보았다.[2문단(11)] 즉, 맹자는 인간의 개입 자체를 전면적으로 부정하지는 않은 것이다. 따라서 자연의 순조로운 운행을 방해하는 인간의 개입은 예기치 못한 화를 초래할 것이라는 해당 선지는 옳지 않다.
〈순조로운〉이라는 단어에 강하게 인상을 받으면 해당 선지를 맞다고 판단할 수도 있다. 그럴 때는 해당 내용이 발문처럼 〈중심〉인지를 판단해보면 좋다.

⑤ 잠재력을 발휘하도록 하려면 의도적 개입과 방관적 태도 모두를 경계해야 한다.
➜ (○) 맹자는 싹을 잡아당겨서도 안 되고 그렇다고 단지 싹이 자라는 것을 지켜만 봐서도 안 된다고 말하며[2문단(6)] 작동 중인 자연스런 성향이 발휘되도록 기다리면서도 전력을 다할 수 있도록 돕는 노력도 멈추지 말아야 한다고 보았다.[2문단(11)] 즉, 억지로 효과를 내려는 의도적 개입과 아무것도 하지 않는 방관적 태도 모두를 경계해야 한다는 해당 선지는 지문의 주제로 적절하다.

제시문 분석

1문단 맹자의 주장

〈맹자의 주장〉		
〈과정을 거스르는 일〉		〈효과를 얻는 일〉
싹이 빨리 자라기를 바란다고 싹을 억지로 잡아 올리는 것은 효과를 놓치는 길이며 이미 시작된 과정을 거스르는 길이다.(7), (9)	➜	개입하는 대신에 잠재력을 발휘할 수 있도록 하는 것이 중요하다.(13)

2문단 피해야 할 두 개의 암초

〈첫 번째 암초〉		〈두 번째 암초〉
싹을 잡아당겨 직접적으로 성장을 이루려는 것.(2)	⊕	밭의 가장자리에 서서 자라는 것을 지켜보는 것.(5)
이는 목적성이 있는 적극적 행동주의로서 성장의 자연스러운 과정을 존중하지 않는 것이다.(3)		싹을 잡아당겨서도 안 되고 그렇다고 단지 싹이 자라는 것을 지켜만 보는 것도 안 된다.(6)

➜

〈해야 할 일〉	
	싹 밑의 잡초를 뽑고 김을 매주는 일, 경작이 용이한 땅을 조성하고 공기를 통하게 함으로써 성장을 보조해야 한다.(9), (10)
	자연스러운 성향이 발휘되도록 기다리면서도 전력을 다할 수 있도록 돕는 노력을 멈추지 말아야 한다.(11)

합격자의 실전 풀이 순서

❶ 발문 확인 및 문제 유형 파악

주제를 찾는 문제이며 가장 적절한 것(옳은 것)을 고르는 문제이다. 논지를 찾는 문제는 꼼꼼히 읽기보다 빠르게 읽으며 문단별로 요지를 파악하고, 글 전반의 이해를 통해 주제를 빠르게 찾아내는 것이 핵심이다.

❷ 제시문 독해

(1) 1문단의 경우 비유로 주제를 전달하는 (1)~(5)까지의 내용은 가볍게 읽어도 된다. (6)과 (13)의 '이렇게 자라는 것을 억지로 돕는 일, 즉 조장(助長)을 하지 말라고 맹자는 말한다.', '개입하고 힘을 쏟고자 하는 대신에 이 잠재력을 발휘할 수 있도록 하는 것이 중요하다.'라는 문장들을 1문단의 중심 내용이라고 볼 수 있다.

(2) 2문단에는 경계해야 할 내용 두 가지가 병렬적으로 제시되어 있다. 중심문장은 (10)의 '기다리지 못함도 삼가고 아무것도 안함도 삼가야 한다.'로 볼 수 있다. 병렬적으로 구성된 글의 경우 주제문은 제시된 내용들을 모두 포괄해야 한다. 즉, 해당 제시문에서는 경계해야 할 내용 중 개입이나 방관 중 하나만 포함하고 있는 선지는 정답이 될 수 없다는 것이다.

(3) 일반적으로 주제 파악 문항에서 디테일한 정보에 너무 주목할 필요는 없지만, 글 전반에서 부정되고 있는 내용이나 사실은 긍정의 내용으로 뒤집어 오답 선지로 구성되기 좋기 때문에 이를 괄호와 같은 기호로 표시하며 읽어두자. 예를 들어 1문단 (7), (10)에 '싹이 빨리 자라기를 바란다고 싹을 억지로 잡아 올려서는 안 된다.', '싹이 자라기를 바라 싹을 잡아당기는 것은 이미 시작된 과정을 거스르는 일이다.'와 같은 부분이, 2문단 (3)과 (10)에 '이는 목적성이 있는 적극적 행동주의로서 성장의 자연스러운 과정을 존중하지 않는 것이다.', '기다리지 못함도 삼가고 아무것도 안함도 삼가야 한다.'와 같은 부분이 있다.

❸ 선지 판단

오답 선지들이 대부분 제시문 내용과 상충하는 부분이 많다. 특히, 제시문에서 부정되는 내용들에 해당하는 선지들이 많이 나옴을 확인할 수 있다. ①번의 경우 1문단 (10)의 내용, ②, ④번 내용은 2문단 (6), ③번의 경우 2문단 (3)의 내용이 나오는 등 각자 제시문에서 부정되고 있는 내용이나 사실이 긍정되는 내용으로 구성됨을 확인할 수 있다. 그러므로, 빠른 오답 판단을 위해서라도 제시문에서 부정되는 내용들은 미리 파악해두면 좋다. 또한, 최근의 대세는 지문의 일부 내용과 일치하지만 주제는 아닌 문장들이 오답 선지로 자주 구성되므로 이러한 선지들도 신경써서 소거하도록 한다.

(1) 선지를 보면 어떤 선지는 농사일만을 말하고 있고, 어떤 선지는 인간의 태도 자체를 꼬집고 있다. 또 어떤 선지는 자연과의 관계를 말하고 있다. 이 경우 농사일은 답이 안 되는 경우가 많다. 단지 주장의 구체적인 예시로 보는 것이다. 그렇지만 항상 이게 성립하는 것은 아니다.

(2) ①번 선지를 '인위적 노력'의 범위를 넓혀서 "잡초를 뽑고 김을 매주는"역할로 보는 수험생이 있을 수 있다. 그러나 '인위'라는 키워드가 지문에 명시되므로 정말 '아 다르고 어 다른' 선지라서 오답이다.

(3) 만약 둘 중에 헷갈리는 문제가 나온다면 어떻게 해결할까? 예를 들어 ⑤번 선지와 〈억지로 성장을 돕는 것과 가만히 지켜보는 것은 둘 다 자연스러운 성장을 막는다.〉라는 진술을 비교해 보자. 둘 중 무엇이 주제에 더 가까울까? 잠재력이라는 키워드가 더 포함되는 ⑤번 선지가 더 적절하다. 또한, 〈농사에 있어 중요한 것은 씨앗이 본래 가진 잠재력을 극대화하도록 환경을 조성하는 것이다〉라는 문장과 ⑤번 선지를 비교해 보자. 둘 중 정답은 역시 ⑤번 선지다. 이는 '농사'라서 오답인 것이 아니라 〈환경을 조성〉하는 것이어서 오답임에 유의한다. 잠재력을 발휘하도록 돕는 것이 꼭 환경에 국한되지는 않는다.

합격자의 시간단축 Tip

Tip ❶ 제시문에서 부정되고 있는 내용/사실 표시

비문학에서는 제시문 상에서 부정되고 있는 내용이나 사실을 긍정하는 내용으로 바꾸어 오답 선지를 자주 구성한다. 그러므로 이들은 발견 시 미리 괄호와 같은 기호로 표시를 해두면 오답 선지를 빠르게 판단할 수 있다. 주제 파악 문제는 일반적으로 디테일한 정보를 위주로 선지가 잘 구성되지는 않지만 이러한 내용들을 이용해 오답 선지를 자주 구성하므로 잘 파악해 두자.

Tip ❷ 주제문에서 병렬적 구조가 제시되는 경우

주제문을 찾는 문제에서 내용이 병렬적으로 제시되는 경우 이들을 모두 포괄하는 내용을 정답으로 해야 한다. 이 경우 병렬적으로 제시된 내용 중 빠뜨리는 내용이 있다면, 이는 오답이 된다. 이를 미리 인지해두면 주제 찾기 문제에서 병렬구조를 마주쳤을 때 좀 더 빠르고 정확한 판단을 할 수 있다.

Tip ❸ '좀 더 좋은 문장은 뭐가 있을까?'를 평소에 생각한다.

예컨대 ①번 선지의 경우, 〈인간의 노력으로 인류 사회는 번영할 수 있었다.〉라는 선지가 있었다면 좀 더 정답시비가 걸릴 것이다. 물론 이 경우 '어떤 노력인지 주어지지 않았고 실제 번성했다'는 진술이 주제에 없으므로 오답인 것은 변하지 않는다.
마찬가지로 ②번 선지도 정답이 되기 위해선 '그대로 두는' 것이 아니라 〈환경을 조성해주는〉으로 바뀐다면 정답이 될 수 있다.

098 정답 ❷

난이도 ●○○

문제유형 비판적 사고 > 논지의 일관성

접근전략 빈칸 추론형의 경우 앞뒤 문장의 논지가 일관적으로 이어져야 한다. 이에 따라 빈칸이 포함된 앞뒤 문장의 논리 구조를 먼저 파악하는 방식으로 접근한다. 빈칸이 포함된 문장과 앞뒤 문장을 읽으며 빈칸의 성격을 확인했다면, 이후 각 문단을 읽으며 글의 전체 내용을 파악한다. 중요한 것은 빈칸 주변에 도달했을 때 빈칸 주변을 다시 한번 정독하는 것이다. 이 과정에서 전체 내용과 연계하여 빈칸의 문장을 읽으며 빈칸에 무엇이 들어갈지를 예측하고, 오지선다를 통해 정답을 도출해보도록 한다.

다음 글에서 알 수 있는 것은?

(1) 우주론자들에 따르면 우주는 빅뱅으로부터 시작되었다고 한다. (2) 빅뱅이란 엄청난 에너지를 가진 아주 작은 우주가 폭발하듯 갑자기 생겨난 사건을 말한다. (3) 그게 사실이라면 빅뱅 이전에는 무엇이 있었느냐는 질문이 나오는 게 당연하다. (4) 아마 아무것도 없었을 것이다. (5) 하지만 빅뱅 이전에 아무것도 없었다는 말은 무슨 뜻일까? (6) 영겁의 시간 동안 단지 진공이었다는 뜻이다. 움직이는 것도, 변화하는 것도 없었다는 것이다.

▶ 1문단

(1) 그런데 이런 식으로 사고하려면, 아무 일도 일어나지 않고 시간만 존재하는 것을 상상할 수 있어야 한다. (2) 그것은 곧 시간을 일종의 그릇처럼 상상하고 그 그릇 안에 담긴 것과 무관하게 여긴다는 뜻이다. (3) 시간을 이렇게 본다면 변화는 일어날 수 없다. (4) 여기서 변화는 시간의 경과가 아니라 사물의 변화를 가리킨다. (5) 이런 전제 하에서 우리가 마주하는 문제는 이것이다. (6) 어떤 변화가 생겨나기도 전에 영겁의 시간이 있었다면, [㉠] 설명할 수 없다. (7) 단지 지금 설명할 수 없다는 뜻이 아니라 설명 자체가 있을 수 없다는 뜻이다. 어떻게 설명이 가능하겠는가? (8) 수도관이 터진 이유는 그 전에 닥쳐온 추위로 설명할 수 있다. (9) 공룡이 멸종한 이유는 그 전에 지구와 운석이 충돌했을 가능성으로 설명하면 된다. (10) 바꿔 말해서, 우리는 한 사건을 설명하기 위해 그 사건 이전에 일어났던 사건에서 원인을 찾는다. (11) 그러나 빅뱅의 경우에는 그 이전에 아무것도 없었으므로 어떠한 설명도 찾을 수 없는 것이다. ▶2문단

(1) '빅뱅 이전에 아무 일도 없었다'는 말을 달리 해석하는 방법도 있다. (2) 그것은 바로 [㉡]고 해석하는 것이다. (3) 그 경우 '빅뱅 이전'이라는 개념 자체가 성립하지 않으므로 그 이전에 아무 일도 없었던 것은 당연하다. (4) 그렇게 해석한다면 빅뱅이 일어난 이유도 설명할 수 있게 된다. (5) 즉 빅뱅은 '0년'을 나타내는 것이다. (6) 시간의 시작은 빅뱅의 시작으로 정의되기 때문에 우주가 그 이전이든 이후이든 왜 탄생했느냐고 묻는 것은 이치에 닿지 않는다. ▶3문단

① ㉠: 왜 우주가 탄생하게 되었는지를
㉡: 시간은 변화와 무관하다
→ (×)

② ㉠: 왜 우주가 탄생하게 되었는지를
㉡: 빅뱅 이전에는 시간도 없었다
→ (○) ㉠ 우리는 한 사건을 설명하기 위해 그 사건 이전에 일어났던 사건에서 원인을 찾는다.[2문단(10)] 이에 대한 예시로 [이전에 닥쳐온 추위(원인)→수도관 터짐(결과)][2문단(8)], [지구와 운석의 충돌(원인)→공룡 멸종(결과)][2문단(9)]를 들고 있다. 그러나 빅뱅, 즉 우주의 탄생의 경우 우주의 탄생 이전에는 아무것도 없었으므로 "왜 우주가 탄생하게 되었는지"에 대해 어떠한 설명도 할 수 없다.[2문단(11)] 따라서 ㉠에는 '왜 우주가 탄생하게 되었는지를'이 들어가야 한다.
㉡ 3문단에서 ㉡을 제시한 후 이에 대한 부연 설명을 한 다음, '즉'이라는 동치 접속부사(즉, 같은 말을 다시 하는 부사)를 이용하여 '빅뱅은 0년을 나타내는 것이다.'라고 하면서 요약하고 있다.[3문단(5)] 따라서 ㉡에는 이와 같은 내용이 들어가야 하므로, '빅뱅 이전에는 시간도 없었다.'가 들어가야 한다. 시간의 시작은 빅뱅의 시작으로 정의되기 때문이다.[3문단(6)]

③ ㉠: 사물의 변화가 어떻게 시간의 경과를 가져왔는지를
㉡: 시간은 변화와 무관하다
→ (×)

④ ㉠: 사물의 변화가 어떻게 시간의 경과를 가져왔는지를
㉡: 빅뱅 이전에는 시간도 없었다
→ (×)

⑤ ㉠: 왜 그토록 긴 시간이 지난 후에야 빅뱅이 생겨났는지를
㉡: 시간은 변화와 무관하다
→ (×)

제시문 분석

2문단 '빅뱅 이전에 아무것도 없었다'에 대한 첫 번째 해석

〈첫 번째 해석〉		
〈전제〉		〈한계〉
아무 일도 일어나지 않고 시간만 존재하며, 이는 곧 시간을 일종의 그릇처럼 상상하고 그 그릇 안에 담긴 것과 무관하게 여긴다는 뜻이다.(1),(2)	→	어떤 변화가 생겨나기도 전에 영겁의 시간이 있었다면, 왜 우주가 탄생하게 되었는지를 설명할 수 없다.(6)

〈이유〉	우리는 한 사건을 설명하기 위해 그 사건 이전에 일어났던 사건에서 원인을 찾는데, 빅뱅은 그 이전에 아무것도 없었으므로 어떠한 설명도 찾을 수 없다.(10),(11)

3문단 '빅뱅 이전에 아무것도 없었다'에 대한 두 번째 해석

〈두 번째 해석〉		
〈전제〉		〈결과〉
빅뱅 이전에는 시간도 없었다. [선지 ②]	→	'빅뱅 이전'이라는 개념 자체가 성립하지 않으므로, 그 이전에 아무 일도 없었던 것은 당연하다.[3문단(3)]

〈의의〉
빅뱅은 '0년'을 나타내는 것이 되고, 시간의 시작은 빅뱅의 시작으로 정의되기 때문에 우주가 그 이전이든 이후이든 왜 탄생했느냐고 묻는 것은 이치에 닿지 않는다.[3문단(5),(6)]

합격자의 실전 풀이 순서

❶ 빈칸 추론형 문제이므로 빈칸 ㉠, ㉡의 앞뒤를 먼저 읽는다.

그러나 해당 문제는 ㉠, ㉡의 앞뒤 문장만으로 전체 맥락을 파악하기는 어렵다. 이 경우 한 걸음 물러나서 1-2-3문단의 흐름 속에서 각 빈칸이 어떤 위치에 있는지를 파악한다. 더 나아가 각각의 빈칸이 어떤 성격을 가지는지를 유추해보도록 한다.

❷ 1-2-3문단의 논리 구조를 단순화하여 이해한다.

PSAT의 빈칸 추론형 문제는 절대 그 주변만 읽어서는 풀 수 없다. 문제 출제 시 철저한 검수와 난이도 조절 과정을 거치기 때문이다. 따라서 글의 맥락을 이해하는 것이 반드시 선행되어야 하므로, 문단별 핵심내용을 가볍게 정리해가면서 읽는다. 단, 세부적인 내용 파악에 집착할 필요는 없다.

1문단은 〈빅뱅 이전에 아무것도 없었다는 것의 의미〉라는 화제 제시, 2문단은 〈시간만 있는 경우에 문제점〉, 3문단은 〈2문단의 전제를 변경한 경우 해석이 달라질 가능성〉에 대해 다루고 있다. 이러한 과정 중 빈칸 부분을 읽게 된다면, 빈칸 주변과 문단의 전체 내용과 빈칸이 어떤 연관성이 있는지를 생각해 보도록 한다.

❸ 선지로 넘어가 정오를 판단한다.

선지 구조를 보면 ㉠에 〈우주의 탄생이유〉, 〈사물의 변화--시간의 경과〉 중에 어떤 것이 들어가야 하는지, ㉡에 〈시간과 변화의 무관성〉, 〈빅뱅 이전에 시간이 없었다〉 중에 어떤 것이 적절한지를 체크하는 것이 필요하다.

이 중에 적절한 것을 고를 수도 있고, 부적절한 것을 소거할 수도 있다. 문제 풀이 처음부터 소거를 택하는 것은 위험하지만, 지문을 숙지한 다음에는 소거법을 충분히 쓸 수 있다. 이때 빈칸에 들어갈 것을 고를 경우 선지에 있는 내용을 빈칸에

넣어 앞뒤 내용이 자연스러운지를 살펴보는 방식으로 문제를 풀 수도 있다.

합격자의 시간단축 Tip

Tip ❶ 해당 지문의 설명방식에 대해 숙지하자.

〈설명할 수 없다(문제) / 전제를 다르게 해석하면 설명할 수 있다(해결)〉는 식의 서술방식은 논증/설명 지문에서 빈번하게 등장한다. 이는 자주 등장하는 '문제-원인-해결'구조의 연장선이기 때문이다. 이러한 사고의 흐름이 펼쳐질 수 있음을 예상하고 읽는다면 다른 지문에서 독해가 한결 수월할 것이다.

Tip ❷ 질문 이후의 내용을 예상한다.

물음 이후에 제시된 이후의 내용 전개방식에는 여러 가지 경우의 수가 있다. 그러나 이 경우 핵심은 물음에 대한 대답이 된다. 따라서, 물음 이후에는 그에 대한 답을 중심으로 독해하도록 한다.

Tip ❸ 각 문단의 메시지를 압축해본다.

2문단은 〈변화 전에 영겁의 시간이 있다면, ㉠을 설명할 수 없다〉 3문단은 〈㉡이라고 달리 해석하면, 일어난 이유를 설명하고 있으며, 이전/이후에 왜 탄생했냐고 묻는 것은 이치에 맞지 않는다〉 이렇게 압축해볼 수 있다.
빈칸 ㉠과 ㉡에 들어가야 하는 것이 오답 시비의 여지 없이 타당해야 하므로, 문단의 핵심을 압축할 수 있다면 답을 고르는 것은 어렵지 않다. 즉, 세부적인 내용보다도 핵심적인 내용을 주요 근거로 삼는 빈칸 문제의 특성상 이를 통해 오히려 시간을 줄이고 풀이의 정확도를 높일 수 있다.

Tip ❹ 빈칸 유형의 문제는 처음부터 지문을 읽어 내려가는 대신 빈칸 부분을 먼저 확인한다.

빈칸 유형의 문제는 다른 문제와 다르게 빈칸 부분의 위치를 먼저 파악한 뒤에 빈칸의 앞뒤 부분을 읽어보는 것이 좋다. 예를 들어 본 문제의 경우는 빈칸의 성격이 특정 내용을 설명하는 것이었다면, 다른 문제에서는 빈칸의 성격이 지문의 전체 내용을 요약하는 두괄식 혹은 미괄식 문장일 수도 있다. 빈칸의 성격이 무엇이냐에 따라서 글의 접근 방식을 다르게 할 수 선택할 수 있으므로, 빈칸과 주변 문장을 먼저 살펴보도록 한다.

Tip ❺ 철학 소재 글의 구조를 미리 파악해 두자.

철학 소재는 언어논리 지문에 자주 출제되는 주제이다. 본 문제의 지문은 과학지문으로 보이지만, 사실 사고실험이라는 철학 지문으로 분류하는 것이 타당하다. 철학에서는 모든 것이 부정(否定)될 수 있으므로 항상 모든 가능성을 열어두는 것이 중요하다. 즉, 어떤 가설이나 주장이 나오고 이에 대한 반박/한계가 나온 후 그에 의해 개선된 가설이나 주장이 나오는 과정이 주를 이룬다는 것이다. 이러한 소재에서는 '주장-반박(또는 한계)-새로운 주장'이 주를 이루기 때문에 이들을 중심으로 글을 파악한다.

099 정답 ❷ 난이도 ●●●

문제유형 비판적 사고 > 지문에서 추론하기

접근전략 지문을 추론하는 문제는 내용 일치 문제보다 난이도가 좀 더 높다. 기존 내용 일치 문제의 경우 단순히 지문에 제시된 내용과 사실적 정보들에 집중하면 되지만, 추론의 경우 주어진 정보를 가지고 한 단계 더 생각하는 과정이 필요하기 때문이다. 이 과정에서 지문에서 주어진 정보 이상을 개인의 주관으로 억측하지 않는 것이 중요하다.
또한, 아래 문제처럼 두 개념을 비교하는 문제는 과학, 철학, 논리 등 다양한 소재에서 사용되며 오답을 만들기도 좋다. 이때 어려운 소재와 결합하는 경우 많은 수험생들이 낯선 단어 등장에 당황하여 문제의 전체 구조를 놓치는 경우가 많다. 하지만 어려운 단어로 형성된 문제도 개념 비교의 문제라면, 통독하며 구조를 파악하는 것만으로도 깊은 이해 없이도 정답을 고를 수 있다. 그러므로 소재의 첫인상만 보고 두려워하지 말고 자신 있게 읽어나가도록 하자.

다음 글에서 추론할 수 없는 것은?

(1) 아이를 엄격하게 키우는 것은 부모와 다른 사람들에 대해 반감과 공격성을 일으킬 수 있고, 그 결과 죄책감과 불안감을 낳으며, 결국에는 아이의 창조적인 잠재성을 해치게 된다. (2) 반면에 아이를 너그럽게 키우는 것은 그와 같은 결과를 피하고, 더 행복한 인간관계를 만들며, 풍요로운 마음과 자기신뢰를 고취하고, 자신의 잠재력을 발전시킬 수 있도록 한다. (3) 이와 같은 진술은 과학적 탐구의 범위에 속하는 진술이다. (4) 논의의 편의상 이 두 주장이 실제로 강력하게 입증되었다고 가정해보자. 그렇다면 우리는 이로부터 엄격한 방식보다는 너그러운 방식으로 아이를 키우는 것이 더 좋다는 점이 과학적 연구에 의해 객관적으로 확립되었다고 말할 수 있을까? ▶ 1문단

(1) 위의 연구를 통해 확립된 것은 다음과 같은 조건부 진술일 뿐이다. (2) 만약 우리의 아이를 죄책감을 지닌 혼란스러운 영혼이 아니라 행복하고 정서적으로 안정된 창조적인 개인으로 키우고자 한다면, 아이를 엄격한 방식보다는 너그러운 방식으로 키우는 것이 더 좋다. (3) 이와 같은 진술은 상대적인 가치판단을 나타낸다. (4) 상대적인 가치판단은 특정한 목표를 달성하려면 어떤 행위가 좋다는 것을 진술하는데, 이런 종류의 진술은 경험적 진술이고, 경험적 진술은 모두 관찰을 통해 객관적인 과학적 테스트가 가능하다. (5) 반면 "아이를 엄격한 방식보다는 너그러운 방식으로 키우는 것이 더 좋다."라는 문장은 가령 "살인은 악이다."와 같은 문장처럼 절대적인 가치판단을 표현한다. (6) 그런 문장은 관찰에 의해 테스트할 수 있는 주장을 표현하지 않는다. (7) 오히려 그런 문장은 행위의 도덕적 평가기준 또는 행위의 규범을 표현한다. (8) 절대적인 가치판단은 과학적 테스트를 통한 입증의 대상이 될 수 없다. (9) 왜냐하면 그와 같은 판단은 주장을 표현하는 것이 아니라 행위의 기준이나 규범을 나타내기 때문이다. ▶ 2문단

① 아이를 엄격한 방식보다는 너그러운 방식으로 키우는 것이 더 좋다는 것은 경험적 진술이 아니다.
→ (○) 경험적 진술은 특정한 목표를 달성하기 위해 어떤 행위가 좋다는 것을 진술해야 한다.[2문단(4)] 하지만 "아이를 엄격한 방식보다는 너그러운 방식으로 키우는 것이 더 좋다."라는 문장은 그렇지 않고 절대적인 가치판단을 표현한다.[2문단(5)] 따라서 위 문장은 경험적 진술이 아니다.

② 아이를 엄격한 방식보다는 너그러운 방식으로 키우는 것이 더 좋다는 것은 상대적인 가치판단이다.
→ (×) "아이를 엄격한 방식보다는 너그러운 방식으로 키우는 것이 더 좋다."라는 문장은 경험적 진술이 아니므로 상대적인 가치판단이 아닌 절대적인 가치판단을 표현한다.[2문단(5)]

③ 아이를 엄격한 방식보다는 너그러운 방식으로 키우는 것이 더 좋다는 것은 과학적 연구에 의해 객관적으로 입증될 수 있는

주장이 아니다.

→ (○) 경험적 진술은 모두 관찰을 통해 객관적인 과학적 테스트가 가능하다.[2문단(4)] 그런데 "아이를 엄격한 방식보다는 너그러운 방식으로 키우는 것이 더 좋다."라는 문장은 절대적인 가치판단을 표현하므로[2문단(5)], 경험적 진술이 아니다. 따라서 위 문장은 과학적 연구에 의해 객관적으로 입증될 수 있는 주장이 아니다.

④ 정서적으로 안정된 창조적 개인으로 키우려면, 아이를 엄격한 방식보다는 너그러운 방식으로 키우는 것이 더 좋다는 것은 상대적인 가치판단이다.

→ (○) "정서적으로 안정된 창조적 개인으로 키우려면, 아이를 엄격한 방식보다는 너그러운 방식으로 키우는 것이 더 좋다."라는 진술은 정한 목표를 달성하기 위해 어떤 행위가 좋다는 것을 진술해야 하는 경험적 진술에 해당하므로[2문단(4)] 상대적인 가치판단을 나타낸다.[2문단(2),(3)]

⑤ 정서적으로 안정된 창조적 개인으로 키우려면, 아이를 엄격한 방식보다는 너그러운 방식으로 키우는 것이 더 좋다는 것은 과학적으로 테스트할 수 있다.

→ (○) "정서적으로 안정된 창조적 개인으로 키우려면, 아이를 엄격한 방식보다는 너그러운 방식으로 키우는 것이 더 좋다."라는 진술은 정한 목표를 달성하기 위해 어떤 행위가 좋다는 것을 진술해야 하는 경험적 진술에 해당하므로[2문단(4)] 상대적인 가치판단을 나타낸다.[2문단(2),(3)] 상대적인 가치판단을 나타내는 진술은 경험적 진술이고, 경험적 진술은 모두 관찰을 통해 객관적인 과학적 테스트가 가능하다.[2문단(4)]

제시문 분석

1문단 과학적 탐구의 범위에 속하는 두 가지 진술

〈과학적 탐구의 범위에 속하는 진술〉		
〈엄격한 양육방식〉		〈너그러운 양육방식〉
아이를 엄격하게 키우는 것은 부모와 다른 사람들에 대해 반감과 공격성을 일으킬 수 있고, 그 결과 죄책감과 불안감을 낳으며, 결국에는 아이의 창조적인 잠재성을 해치게 된다.(1)	↔	아이를 너그럽게 키우는 것은 그와 같은 결과를 피하고, 더 행복한 인간관계를 만들며, 풍요로운 마음과 자기신뢰를 고취하고, 자신의 잠재력을 발전시킬 수 있도록 한다.(2)

→

〈질문〉	두 주장이 입증되었다고 가정했을 때, 엄격한 방식보다 너그러운 방식으로 아이를 키우는 것이 더 좋다는 점이 과학적인 연구에 의해 확립되었다고 말할 수 있을까?(4)

2문단 상대적인 가치판단과 절대적인 가치판단

〈상대적인 가치판단〉		〈특징〉
만약 우리의 아이를 죄책감을 지닌 혼란스러운 영혼이 아니라 행복하고 정서적으로 안정된 창조적인 개인으로 키우고자 한다면, 아이를 엄격한 방식보다는 너그러운 방식으로 키우는 것이 더 좋다.(2)	→	상대적인 가치판단은 특정한 목표를 달성하려면 어떤 행위가 좋다는 것을 진술하는데, 이런 종류의 진술은 경험적 진술이고, 경험적 진술은 모두 관찰을 통해 객관적인 과학적 테스트가 가능하다.(4)

〈절대적인 가치판단〉		〈특징〉
아이를 엄격한 방식보다는 너그러운 방식으로 키우는 것이 더 좋다.(5)	→	행위의 도덕적 평가기준 또는 규범을 표현하는 것이기 때문에, 과학적 테스트를 통합 입증의 대상이 될 수 없다.(7),(8)

합격자의 실전 풀이 순서

❶ 첫 문장을 정독한다.

첫 문장을 정독하며 글의 중심 소재 및 글의 전개과정을 파악하도록 한다. 여기서 첫 문단이 아니라 첫 문장인 이유는, ① 문단의 길이가 비교적 길고 ②첫 문장이 저자의 〈비판〉으로 가득 차 있기 때문이다.

이후 1문단을 읽으며 '아이를 엄격하게 키우는 것'과 '아이를 너그럽게 키우는 것'의 주장이 존재함을 파악하고, 마지막 의문문 문장을 통해 앞으로의 글의 전개과정을 추측하도록 한다. 이때 논리적 화살표 관계를 도출하면 더 좋다. 예컨대 〈엄격→죄책감→좋지 않음〉 이러한 구조를 만들고, 여기서 저자가 어디를 공격하려 하는지 파악하면 좋다.

❷ 지문을 읽을 때 비교 지점과 특징에 표시하고 서로 어떻게 연결되는지를 따져본다.

2문단을 통독하며 비교 지점과 특징에 표기를 해 나간다. 1문단의 '아이를 엄격하게 키우는 것'과 '아이를 너그럽게 키우는 것'이라는 진술이 이어지는 것을 파악하며 '반면'을 기점으로 비교가 되는 두 대상을 ㅁ 나 △와 같이 다른 기호를 사용해 표기하도록 한다. 또한, 위 문제의 경우 비교 대상이 단어가 아니라 문장이므로, 효과적인 구분을 위해 〈 〉와 같은 표기를 사용하는 것도 도움이 된다. 가령 〈만약 우리의 아이를 죄책감을 지닌 혼란스러운 영혼이 아니라 행복하고 정서적으로 안정된 창조적인 개인으로 키우고자 한다면, 아이를 엄격한 방식보다는 너그러운 방식으로 키우는 것이 더 좋다.〉와 같은 형식이다.

이렇게 표시된 비교지점이 1문단의 어디와 연결되는지 확인하여 최종적인 글의 결론을 도출하면 된다.

❸ 발문을 확인 뒤 선지 확인에 들어선다.

'다음 글에서 추론할 수 없는 것은?'의 경우 접근 전략에서 언급한 것과 같이 단순히 통독을 통해 표기한 개념을 찾아서 정답을 파악하기가 어렵다. 이에 선지 관련 시선 처리와 더불어 어떻게 선지에 접근하면 되는지 분석하면 다음과 같다.

① 아이를 엄격한 방식보다는 너그러운 방식으로 키우는 것이 더 좋다는 것은 경험적 진술이 아니다.

'경험적 진술'이라는 키워드를 중심으로 제시문으로 돌아가 보면 4문단 (4) 부분을 통해 경험적 진술이란 '특정한 목표를 달성하려면 어떤 행위가 좋다는 것을 진술'이라는 것을 확인할 수 있다. 이를 통해 '아이를 엄격한 방식보다는 너그러운 방식으로 키우는 것이 더 좋다'라는 진술은 경험적 진술이 아님을 알 수 있다. 이때 목표와 경험적 진술이 왜 연결되는지를 판단해보는 것이 좋다. 이 경우는 위에서 서술한 죄책감→좋지 않음 사이의 연결고리가 문제된다.

② 아이를 엄격한 방식보다는 너그러운 방식으로 키우는 것이 더 좋다는 것은 상대적인 가치판단이다.

②의 〈아이를 엄격한 방식보다는 너그러운 방식으로 키우는 것이 더 좋다〉의 문장의 경우 2문단에서 제시된 문장

과 동일한 문장으로, 지문에서 직접 "절대적인 가치판단을 표현한다."라고 명시하고 있다. 이를 통해 ②번이 오답이라는 것을 추론할 수 있다.

이러한 쉬운 선지를 통해서 〈절대 vs 상대〉의 지문 내에서의 개념을 판단하는 것이 좋다. 즉, 지문에 나오지 않은 일종의 '사례'가 되는 것이다. 또한, 선지 후반부의 '좋다는 것은'이라는 구절은 '좋다는 진술은'으로 바뀔 수도 있다.

③ **아이를 엄격한 방식보다는 너그러운 방식으로 키우는 것이 더 좋다는 것은 과학적 연구에 의해 객관적으로 입증될 수 있는 주장이 아니다.**

〈아이를 엄격한 방식보다는 너그러운 방식으로 키우는 것이 좋다〉의 문장은 특정 정보를 조합해 복잡하게 추론할 필요 없이 '절대적 가치판단' – →'과학적 테스트 입증 불가능'로 연결하여 정답 여부 판별이 가능하다. 사실상 ②번과 ③번은 같은 진술이며 이렇게 선지끼리 통합해서 판단하면 실수를 줄일 수 있다.

④ **정서적으로 안정된 창조적 개인으로 키우려면, 아이를 엄격한 방식보다는 너그러운 방식으로 키우는 것이 더 좋다는 것은 상대적인 가치판단이다.**

본 문장은 바로 정오 여부를 확인할 수 있는데 다. 해당 문장이 제시된 2문단 (2)부분으로 가서 그 뒤의 문장을 참조하면 이것이 상대적인 가치판단임을 확인할 수 있다.

⑤ **정서적으로 안정된 창조적 개인으로 키우려면, 아이를 엄격한 방식보다는 너그러운 방식으로 키우는 것이 더 좋다는 것은 과학적으로 테스트할 수 있다.**

본 문장도 바로 정오 여부를 확인할 수 있다. '경험적 진술' – →'과학적 테스트 가능'으로 확인이 가능하다.

합격자의 시간단축 Tip

Tip ❶ 병렬적으로 주어진 내용과 개념의 관계 파악

병렬적이라는 것은 내용상 대등하다는 것인데, 병렬적으로 주어진 내용이나 개념 간 공통점 및 차이점과 관계는 선지에서 자주 구성되어 묻는 내용이니 독해할 때부터 미리 파악해두면 선지 판단의 정확도와 속도가 올라간다. 해당 제시문에서는 '상대적인 가치판단'과 '절대적인 가치판단'이라는 두 개념이 대조적 관계로 주어졌고, 이들의 차이를 위주로 선지가 구성되어 있음을 확인할 수 있었다.

Tip ❷ 〈진술〉, 〈과학〉, 〈경험〉이라는 용어의 말 뜻을 정확히 숙지하도록 하자.

진술과 주장은 동치로 놓을 수 있으며 과학이란 단순히 실험이 아니라 비판적 사고를 포괄한다. 또한, 경험은 물리세계에 존재하고 그것을 확인할 수 있음을 의미한다. 이러한 용어사용은 실생활에서의 사용과 다르므로 지문을 읽을 때 이것 때문에 막히지 않도록 주의해야 한다.

100 정답 ❶ 난이도 ●●○

문제유형 법조문형 〉 규정적용

접근전략 법조문 유형 중 규정을 바탕으로 선지에서 옳은 것을 고르는 규정확인문제이다. 법조문 유형을 풀 때는 조문의 구체적인 내용을 독해하는 것보다, 법조문의 구조를 파악한 후 〈보기〉에서 묻고 있는 정보를 찾아 올라가는 형태로 푸는 것이 좋다. 본 문제의 경우, 이중부정구조 법조문과 상황제시, 숫자가 들어간 선지의 존재 등 법조문 문제의 다양한 형태가 다 포함되어있는 문항이다. 따라서 개별 조문 간 관계와 해당 조문이 상황에 적용되는 방식 등에 유의하여 스스로 정리해볼 만한 문제이다.

다음 글과 〈상황〉을 근거로 판단할 때, 〈보기〉에서 옳은 것만을 모두 고르면?

제○○조(우수현상광고) ① 광고에 정한 행위를 완료한 자가 수인(數人)인 경우에 그 우수한 자에 한하여 보수(報酬)를 지급할 것을 정하는 때에는 그 광고에 응모기간을 정한 때에 한하여 그 효력이 생긴다.

② 전항의 경우에 우수의 판정은 광고에서 정한 자가 한다. 광고에서 판정자를 정하지 아니한 때에는 광고자가 판정한다.

③ 우수한 자가 없다는 판정은 할 수 없다. 그러나 광고에서 다른 의사표시가 있거나 광고의 성질상 판정의 표준이 정하여져 있는 때에는 그러하지 아니하다.

④ 응모자는 제2항 및 제3항의 판정에 대하여 이의를 제기하지 못한다.

⑤ 수인의 행위가 동등으로 판정된 때에는 각각 균등한 비율로 보수를 받을 권리가 있다. 그러나 보수가 그 성질상 분할할 수 없거나 광고에 1인만이 보수를 받을 것으로 정한 때에는 추첨에 의하여 결정한다.

※ 현상광고: 어떤 목적으로 조건을 붙여 보수(상금, 상품 등)를 지급할 것을 약속한 광고

상황

A청은 아래와 같은 내용으로 우수논문공모를 위한 우수현상광고를 하였고, 대학생 甲, 乙, 丙 등이 응모하였다.

우수논문공모

○ 논문주제 : 청렴한 공직사회 구현을 위한 정책방안
○ 참여대상 : 대학생
○ 응모기간 : 2017년 4월 3일 ~ 4월 28일
○ 제 출 처 : A청
○ 수 상 자 : 1명(아래 상금 전액 지급)
○ 상 금 : 금 1,000만 원정
○ 특이사항
  – 논문의 작성 및 응모는 단독으로 하여야 한다.
  – 기준을 충족한 논문이 없다고 판정된 경우, 우수논문을 선정하지 않을 수 있다.

보기

ㄱ. 우수논문의 판정은 A청이 한다.
➜ (O) 제2항에 따르면 우수의 판정은 광고에서 정한 자가 하며, 광고에서 판정자를 정하지 아니한 때에는 광고자가 판정한다. 〈상황〉에 따르면 광고에서 판정자를 정하지 아니하였으므로 광고자인 A청이 우수논문을 판정한다.

ㄴ. 우수논문이 없다는 판정이 이루어질 수 있다.
➜ (O) 제3항에 따르면 우수한 자가 없다는 판정은 할 수 없으나, 광고에서 다른 의사표시가 있는 경우에는 그러하지 아니하다. 〈상황〉에 따르면 기준을 충족한 논문이 없다고 판정된 경우 우수논문을 선정하지 않을 수 있다고 하여 별도의 의사표시를 하였다고 볼 수 있다. 따라서 우수논문이 없다는 판정이 이루어질 수 있다.

ㄷ. 甲, 乙, 丙 등은 우수의 판정에 대해 이의를 제기할 수 있다.
→ (×) 제4항에 따르면 응모자 甲, 乙, 丙은 우수의 판정에 대해 이의를 제기하지 못한다.

ㄹ. 심사결과 甲과 乙의 논문이 동등한 최고점수로 판정되었다면, 甲과 乙은 500만 원씩 상금을 나누어 받는다.
→ (×) 제5항에 따르면 2인의 행위가 동등으로 판정된 때에는 각각 균등한 비율로 보수를 받을 수 있다. 그러나 광고에 1인만이 보수를 받을 것으로 정한 때에는 추첨에 의하여 결정한다. 〈상황〉에 따르면 광고에 수상자는 1명으로 정해져 있으므로, 甲 과 乙의 논문이 동등한 최고점수로 판정되었다면 甲과 乙이 균등하게 나누어 받는 것이 아니라 추첨을 통해 1명이 1,000만 원의 상금을 받는다.

① ㄱ, ㄴ → (○)
② ㄱ, ㄷ → (×)
③ ㄷ, ㄹ → (×)
④ ㄱ, ㄴ, ㄹ → (×)
⑤ ㄴ, ㄷ, ㄹ → (×)

합격자의 실전 풀이 순서

❶ 문제 유형 파악

본 문제의 경우 제시문으로 법조문이 주어졌으므로 법조문 유형임을 알 수 있다. 특히 법조문 유형 중에서도 규정의 내용을 주어진 〈상황〉에 적용하는 규정적용문제이다. 법조문 유형은 조문의 구체적인 내용을 독해하는 것보다, 법조문의 구조를 파악한 후 〈보기〉에서 묻고 있는 정보를 찾아 올라가는 형태로 푸는 것이 좋다. 또한, 본 문제가 옳은 것을 고르는 문제라는 것을 인지하기 위해 "옳은"이라는 단어에 밑줄이나 동그라미 등 표시를 한다.

… 〈보기〉에서 옳은 것만을 모두 고르면?

❷ 법조문 구조 분석

구조 분석이란 각 조문의 내용 및 조문 간 관계를 이해하는 것이다. 법조문 전체를 읽되, 세부적인 내용을 기억하기보다는 어떤 정보가 있는지 파악하는 것에 중점을 둔다. 이때 기호를 적절히 활용하면 좋다. 이러한 분석 과정을 거치며 선지에 등장할만한 부분을 발견할 수 있다.
본문의 규정은 하나의 조로 구성되어 있다. 조문의 제목이 있으므로 규정의 대상을 알 수 있다. 각 항의 내용을 읽으며 구체적인 키워드를 찾는다.
제1항은 우수현상광고의 효력이 생기는 경우를 규정하고 있다. 이때 조문의 이름과 각주를 통하여 '우수한 자에 한하여 보수를 지급할 것을 정하는' 광고가 우수현상광고라는 것을 파악한다. 즉 우수현상광고가 효력이 생기려면 광고에 응모기간을 정해야 한다는 내용이다.
제2항은 우수한 자를 판정하는 주체에 대한 조항이다. '판정'에 표시한다.
제3항은 우수한 자를 반드시 판정하여야 한다는 조항이며, 단서로서 우수한 자를 판정하지 않아도 되는 예외조항을 규정하고 있다. '그러나'에 △ 표시하고, 두 경우(다른 의사표시/판정의 표준)를 빗금으로 구분하여 둔다.
제4항은 응모자에 대한 이의제기의 금지규정이므로 '이의'에 표시한다.
제5항은 여러 사람이 동등하게 판정될 경우 보수 지급에 관한 규정이다. '동등'과 '균등'에 표시하고, 그러나 이하 단서 중 '추첨'에 △ 표시한다.

❸ 상황 독해 및 선지 판단

〈상황〉에서 응모자가 수인(數人)임을 알 수 있다. 그 밖의 구체적 내용은 〈보기〉에서 묻는 내용이 있을 때 찾는 것이 효율적일 것으로 보인다. 따라서 〈상황〉은 응모기간, 상금 등의 정보가 있다는 정도로만 간략히 파악한 후 〈상황〉과 〈보기〉를 함께 검토한다.
보기 ㄱ은 우수논문의 판정에 대한 내용이므로 제2항과 비교한다. 광고에 판정자에 대한 내용은 없으므로 광고자 A청이 판정자이다. 옳은 내용이므로 선지 ③번과 ⑤번이 소거된다.
보기 ㄴ은 우수논문이 없다는 판정이므로 제3항과 비교한다. 3항 단서와 〈상황〉의 특이사항 두 번째 내용을 근거로 판단해야 한다. 옳은 내용이므로 선지 ②번이 소거된다. 따라서 다음으로 ㄹ을 판단한다.
보기 ㄹ은 상금의 분배에 관한 내용이므로 제5항과 비교한다. 5항의 단서와 〈상황〉의 수상자 1명을 근거로 판단해야 한다. 선지 ㄴ과 ㄹ은 '그러나'로 시작하는 단서의 내용을 활용해야 했다.
이처럼 선지가 〈보기〉의 구성으로 주어지는 경우 하나의 보기를 읽고, 해당 보기와 관련된 선지를 지워간다.

합격자의 시간단축 Tip

Tip ❶ 법조문의 구조를 파악한 후 〈상황〉과 선지를 파악

조문이 하나이고 이름이 제시되어 있으므로 이를 바탕으로 조문의 구조를 분석한 후 〈상황〉을 살펴보면 조금 더 편하게 접근할 수 있다. 현상광고라는 것이 생소할 수 있기 때문에 각주에 현상광고의 개념을 제시하고 있다. 〈상황〉에는 세부 내용이 나열되어 있는데, 이는 특정 조문과 결합해야 유의미한 정보가 된다. 따라서 〈상황〉의 내용을 모두 읽기보다는, 〈보기〉에서 묻는 법조문을 보고 필요한 정보를 〈상황〉에서 찾는 것이 효율적이다. "조문 구조 파악 → 〈보기〉 → 조문 → 〈상황〉" 순서로 문제를 푸는 것이다. 수상자, 상금, 특이사항 처럼 조문의 예외조항에 해당하는 내용들이 다수 제시되어 있는데 특별한 정보가 없다고 할 수 있는지 잘 모르겠습니다.

Tip ❷ 예외 및 단서조항에 주목

법조문 유형과 규정확인유형은 예외조항과 단서조항의 내용이 항상 출제 포인트가 된다. 특히 설문의 경우 〈상황〉에 적용하는 유형이므로, 〈상황〉의 경우가 제3항 혹은 제5항의 예외사유에 해당하는지 여부를 미리 파악해두면 〈보기〉의 정오판단과정에서 시간을 절약하고 정확도를 높일 수 있다.

Tip ❸ 이중부정의 해석에 유의

조문과 발문에 이중부정의 표현이 등장하는 경우 이를 해석할 시 주의해야 한다. 해당 조문의 경우 이중부정이 등장하는 바, 〈없다는 판정은 할 수 없으나, ~한 때에는 그러하지 아니하다.〉는 이중부정은 쉽게 헷갈릴 수 있으므로 정오판단에 유의할 필요가 있다.

101 정답 ③ 난이도 ●○○

문제유형 사실적 이해 > 정보 확인

접근전략 알 수 있는 것을 고르는 문제의 정답 선지는 제시문 내용과 부합하거나 그로부터 추론할 수 있는 경우이고 오답 선지는 제시문 내용과 상충하거나 그로부터 추론할 수 없는 경우이다. 또한, 한자가 많이 나오는 경우 한자를 '왜' 썼는지를 이해하면서 읽어 보자. 그 감(感)이 쌓여서 실전에서 한자어를 빠르게 넘길 수 있는 발판이 될 것이다.

다음 글에서 알 수 있는 것은?

(1) 우리가 조선의 왕을 부를 때 흔히 이야기하는 태종, 세조 등의 호칭은 묘호(廟號)라고 한다. (2) 왕은 묘호뿐 아니라 시호(諡號), 존호(尊號) 등도 받았으므로 정식 칭호는 매우 길었다. (3) 예를 들어 선조의 정식 칭호는 '선조소경정륜입극성덕홍렬지성대의격천희운현문의무성예달효대왕(宣祖昭敬正倫立極盛德洪烈至誠大義格天熙運顯文毅武聖睿達孝大王)'이다. (4) 이 중 '선조'는 묘호, '소경'은 명에서 내려준 시호, '정륜입극성덕홍렬'은 1590년에 올린 존호, '지성대의격천희운'은 1604년에 올린 존호, '현문의무성예달효대왕'은 신하들이 올린 시호다. ▶1문단

(1) 묘호는 왕이 사망하여 삼년상을 마친 뒤 그 신주를 종묘에 모실 때 사용하는 칭호이다. (2) 묘호에는 왕의 재위 당시의 행적에 대한 평가가 담겨 있다. (3) 시호는 왕의 사후 생전의 업적을 평가하여 붙여졌는데, 중국 천자가 내린 시호와 조선의 신하들이 올리는 시호 두 가지가 있었다. (4) 존호는 왕의 공덕을 찬양하기 위해 올리는 칭호이다. (5) 기본적으로 왕의 생전에 올렸지만 경우에 따라서는 '추상존호(追上尊號)'라 하여 왕의 승하 후 생전의 공덕을 새롭게 평가하여 존호를 올리는 경우도 있었다. ▶2문단

(1) 왕실의 일원들을 부르는 호칭도 경우에 따라 달랐다. (2) 왕비의 아들은 '대군'이라 부르고, 후궁의 아들은 '군'이라 불렀다. (3) 또한 왕비의 딸은 '공주'라 하고, 후궁의 딸은 '옹주'라 했으며, 세자의 딸도 적실 소생은 '군주', 부실 소생은 '현주'라 불렀다. (4) 왕실에 관련된 다른 호칭으로 '대원군'과 '부원군'도 있었다. (5) 비슷한 듯 보이지만 크게 차이가 있었다. (6) 대원군은 왕을 낳아준 아버지, 즉 생부를 가리키고, 부원군은 왕비의 아버지를 가리키는 말이었다. (7) 조선시대에 선조, 인조, 철종, 고종은 모두 방계에서 왕위를 계승했기 때문에 그들의 생부가 모두 대원군의 칭호를 얻게 되었다. (8) 그런데 이들 중 살아 있을 때 대원군의 칭호를 받은 이는 고종의 아버지 흥선대원군 한 사람뿐이었다. (9) 왕비의 아버지를 부르는 호칭인 부원군은 경우에 따라 책봉된 공신(功臣)에게도 붙여졌다. ▶3문단

① 세자가 왕이 되면 적실의 딸은 옹주로 호칭이 바뀔 것이다.
→ (×) 적실은 본처를 의미하므로, 세자가 왕이 되면 적실은 왕비가 된다. 왕비의 딸은 '공주'라 하므로[3문단(3)], 세자가 왕이 되면 적실의 딸은 옹주가 아니라 공주로 호칭이 바뀔 것이다.

② 조선시대 왕의 묘호에는 명나라 천자로부터 부여받은 것이 있다.
→ (×) 시호에는 중국 천자가 내린 시호와 조선의 신하들이 올리는 시호가 두 가지 있었다는 것만 알 수 있을 뿐[2문단(3)], 조선시대 왕의 묘호가 명나라 천자로부터 부여받은 것인지 알 수 없다.

③ 왕비의 아버지가 아님에도 부원군이라는 칭호를 받은 신하가 있다.
→ (○) 왕비의 아버지를 부르는 호칭인 부원군은 경우에 따라 책봉된 공신에게도 붙여졌으므로[3문단(9)], 왕비의 아버지가 아님에도 부원군이라는 칭호를 받은 신하가 있다는 해당 선지는 옳다.

④ 우리가 조선시대 왕을 지칭할 때 사용하는 일반적인 칭호는 존호이다.
→ (×) 우리가 조선시대 왕을 부를 때 흔히 이야기하는 태종, 세조 등의 호칭은 묘호이며[1문단(1)], 존호는 왕의 공덕을 찬양하기 위해 올리는 칭호이다.[2문단(3)]

⑤ 흥선대원군은 왕의 생부이지만 고종이 왕이 되었을 때 생존하지 않았더라면 대원군이라는 칭호를 부여받지 못했을 것이다.
→ (×) 대원군은 왕의 생부를 의미한다.[3문단(6)] 조선시대에 선조, 인조, 철종, 고종은 모두 방계에서 왕위를 계승했기 때문에 그들의 생부가 모두 대원군의 칭호를 얻게 되었고[3문단(7)] 이들 중 살아있을 때 대원군의 칭호를 받은 이는 고종의 아버지 흥선대원군 한 사람뿐이라고 하였다. [3문단(8)] 즉 흥선대원군 이외에는 모두 사망 후 대원군의 칭호를 받은 것이므로, 것이다. 따라서 흥선대원군 역시 고종이 왕이 되었을 때 생존하지 않았더라도 대원군의 칭호를 부여받을 수 있었을 것이다.

제시문 분석

1·2문단 조선시대 왕의 호칭

〈조선시대 왕의 호칭〉	
왕은 묘호, 신호, 존호 등도 받았으므로 정식 칭호는 매우 길었다. [1문단(2)]	
〈묘호〉	왕이 사망하여 삼년상을 마친 뒤 그 신주를 종묘에 모실 때 사용하는 칭호[2문단(1)]
	왕의 재위 당시의 행적에 대한 평가가 담겨 있다.[2문단(2)]
〈시호〉	왕의 사후 생전의 업적을 평가하여 붙임.[2문단(3)]
	중국 천자가 내린 시호와 조선의 신하들이 올리는 시호 두 가지가 있었다.[2문단(3)]
〈존호〉	왕의 공덕을 찬양하기 위해 올리는 칭호.[2문단(4)]
	기본적으로 왕의 생전에 올렸지만 '추상존호'라고 하여 왕의 승하 후 생전의 공덕을 새롭게 평가하여 존호를 올리는 경우도 있었다.[2문단(5)]

3문단 왕실의 일원들을 부르는 호칭

	〈아들〉	〈딸〉
〈왕비〉	'대군'(2)	'공주'(3)
〈후궁〉	'군'(2)	'옹주'(3)

〈세자의 딸〉	
〈적실 소생〉	〈부실 소생〉
'군주'(4)	'현주'(4)

〈대원군과 부원군〉	
〈대원군〉	〈부원군〉
왕을 낳아준 아버지, 즉 생부(6)	왕비의 아버지(6)
선조, 인조, 철종, 고종은 모두 방계에서 왕위를 계승했기 때문에 그들의 생부가 모두 대원군의 칭호를 얻게 되었는데, 이들 중 살아있을 때 대원군의 칭호를 받은 이는 흥선대원군 한 사람뿐이었다.(7),(8)	부원군은 경우에 따라 책봉된 공신(功臣)에게도 붙여졌다.(9)

합격자의 실전 풀이 순서

❶ 발문 제대로 읽기

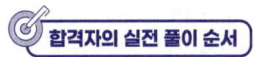

항상 발문을 먼저 제대로 읽자. 글에서 알 수 있는 것을 고르는 문제이다. 이는 추론할 수 있는 것을 고르는 문제와 같고 제시문 내용과 부합하거나 그로부터 추론 가능한 선지가 정답이 되며, 오답이 되는 선지는 제시문 내용과 상충하거나 그로부터 추론할 수 없는 내용이다. 또한, 제시문과 같은 방향의 선지가 정답이 되므로 발문에 ○표시를 하고 읽으면, 알 수 없는 것을 고르는 실수를 크게 줄일 수 있다. 또한 발문을 파악하는 단계에서 '우리가 조선의 왕을' 정도의 구절은 같이 읽을 수 있다면 좋다. 이 구절만 보고 글의 전체적인 소재를 파악한다. 대충 '조선시대 + 왕 관련'이라는 소재를 미리 파악하고, 그것과 발문을 통합해서 기억하는 것이 좋다.

❷ 제시문 독해

내용 자체는 크게 어렵지 않지만, 글 길이 대비 정보의 양이 많아 선지를 판단하기에 헷갈릴 수 있다. 이럴수록 개념 간의 관계를 잘 파악하고, 동그라미와 같은 기호로 잘 표시하며 읽어야 한다. 아래에는 필자가 제시문을 읽었을 때 신경 쓴 몇 가지를 제시해보고자 한다.

(1) 1문단이 2문단의 예시임을 파악: 1문단의 경우 복잡해 보이지만 2문단의 예시이므로 제시문의 내용대로 끊어 읽으면 2문단을 이해하는 데 도움이 된다. '선조/소경/정륜입극성덕홍렬/지성대의격천희운/현문의무성예달효대왕'으로 구분하여 '묘호/명에서 내려준 시호/1590년 존호/1604년 존호/신하들이 올린 시호'임을 파악하는 것이다.

(2) 상위-하위 개념 파악: 상위-하위 개념은 간단히 말해서 포함관계를 얘기한다. 예를 들어 과일의 종류에는 바나나, 사과, 딸기 등이 있는데 여기서 과일은 바나나, 사과, 딸기와 같은 개념을 포함하며 과일이 상위개념, 그에 속해있는 바나나, 사과, 딸기 등은 하위개념이 된다. 제시문에서는 시호의 종류로 2문단 (3)에 중국 천자가 내린 시호와 조선의 신하들이 올리는 시호 두 종류를 제시하고 있다. 이때 '중국 천자가 내린 시호'와 '신하들이 올리는 시호'는 하위개념이 된다. 마찬가지로 2문단 (2)에 '왕의 아들'의 하위 개념으로 '대군'과 '부군'이 있다. 이와 같은 관계를 유의하며 읽으면 좋은 것이, 보통 개념상 같은 단계에 있는 개념들(예를 들어 왕의 아들과 대군, 부군은 단계가 다르고 대군과 부군은 같은 단계이다)은 서로 그 내용을 바꾸어 오답선지로 자주 출제되니 중요하게 생각하자. 이를테면, 후궁의 아들을 대군으로, 왕비의 아들을 군으로 바꾸어 오답선지를 구성할 수 있다.

(3) 같거나 비슷한 개념: 말 그대로 같은 것을 칭하거나 거의 비슷한 내용을 가진 개념을 얘기한다. 이들은 동그라미와 같은 기호를 쳐서 서로 연결하며 읽는다. 예를 들어 '왕비의 아들=대군', '후궁의 아들=군'처럼 같은 개념 관계가 존재한다.

> 왕비의 아들은 '대군'이라 부르고, 후궁의 아들은 '군'이라 불렀다. –
> 왕비의 딸은 '공주'라 하고, 후궁의 딸은 '옹주'라 했으며 –

또한, 1, 2문단과 3문단의 내용이 크게 다른 것을 확인하는 것이 좋다. 이는 문단의 첫 부분만 봐도 알 수 있다. 3문단에 와서 갑자기 '왕실의 일원'이 등장하는데 이게 끝까지 유지되는지 보는 방법(즉, 3문단에도 왕과 직접 관련된 내용이 나오는지 확인하는 방법)은 두 가지가 있다. 1) 첫째로 선지에 2문단까지 접하지 않은 내용이 나오는지 확인하는 것이고 2) 일단 "아들, 딸"만 딱 읽고 정리해 보는 것이다. 그러면 자연스럽게 문단의 절반을 읽으면서 훑기까지 되는데 그 과정에서 왕과 관련된 내용이 없음을 알아낼 수 있다.

❸ 선지 판단

(1) 정보량이 많아 선지 판단 시 본문으로 돌아갈 때 구분성이 뚜렷한 키워드를 기준으로 돌아가는 것이 좋다. 구분성이 뚜렷하다는 것은 본문 전반에 걸쳐 존재하는 키워드가 아니라 일정 부분에만 존재하는 키워드를 말한다.

(2) 선지 ①은 '적실', ②는 '명', ③은 '부원군', ④는 1문단, ⑤는 '흥선대원군'이 있는 문단을 찾아가는 것이다. ④의 경우, 앞서 언급한 대로 1문단을 제대로 읽었다면 바로 1문단으로 가 우리가 일반적으로 사용하는 칭호인 '선조'에 해당하는 부분이 '존호'인지 여부를 확인할 수 있을 것이다.

(3) 대부분의 오답 선지가 같은 단계에 있는 개념들을 서로 바꾸어 출제됐음을 알 수 있다. ①번의 경우 '공주'와 '옹주', ②번은 '시호'와 '묘호', ④번은 '존호'와 '묘호'처럼 같은 단계의 개념들을 서로 바꾸어 오답 선지를 구성했다. 따라서, 독해할 때부터 이러한 부분에 유의하면 오답 선지를 빠르게 판단할 수 있을 것이다.

합격자의 시간단축 Tip

Tip ❶ 다수의 개념과 내용이 주어졌을 때 관계 파악하기

제시문에 특정 개념과 내용이 많은 경우 이들 간의 관계를 제대로 파악하는 데 주력하자. 제시문의 경우 상위-하위개념이 많이 제시되어 있었고 실제로 이를 통해 많은 오답 선지를 만들었다. 특히, 같은 단계에 있는 개념의 경우 그들 간 내용을 바꾸어 오답 선지를 자주 구성하니 이를 주의하자. 그리고 이들 간의 관계를 동그라미와 같은 기호로 잘 표시하고 연결하여 읽도록 하자.
특히 개념 간 비교가 여러 번 등장하는 경우 반드시 그 비교의 공통 기준이 있다. 왕비와 후궁, 대원군과 부원군 등, 여러 번 반복되는 비교에 집중해서 본다.

Tip ❷ 원칙과 예외가 제시될 때 예외에 좀 더 집중한다.

한국사 지문에는 명칭을 부여하거나 분류를 할 때 원칙과 예외가 등장하는 경우가 많다. 원칙이 보통 있지만 오랜 세월 간 그 원칙이 항상 지켜지지는 않기 때문에 일반적으로 예외가 발생하고, 예외는 원칙과 묶여서 선지화되는 경우가 많다. 해당 제시문의 경우에도 부원군, 존호를 올리는 경우 등에 있어 예외가 제시되었다.

Tip ❸ 길게 나열된 단어 끊어읽기 요령

이 팁은 독해 요령이 아니라 오히려 규칙적용 문제의 이해 요령에 가까운 팁이다. 본문에는 〈선조소경정륜입극성덕홍렬지성대의격천희운현문의무성예달효대왕〉 이라는 단어가 등장하고 그것을 설명하는 문장이 밑에 나온다. 이를 끊어 읽을 때 '몇 글자', '어디서부터', '어디까지' 등 요령을 활용하는 것이 아니다. 이러면 무조건 실수가 생긴다.
그러면 무슨 순서로 해야 할까? 우선 지문이 "순차적으로 설명하는지"를 본다. 모든 것을 볼 필요 없다. 우선 선조+소경만 확인하고 맨 끝 글자와 1문단의 맨 아래를 확인하면 된다.(달효대왕) 이때 각각이 묘호, 시호 등 어떤 개념인지는 절대 확인하면 안 된다. 일단 다 끊어놓고 나서 표기해야 한다.

만약 중간에 순서가 바뀔 수도 있지 않은지 궁금증이 들 수도 있겠지만 그것은 중간에 같은 글자가 있는지 단 두 글자만 순차적으로 검증하는 것으로 끝낼 수 있다. 예컨대 지문에서는 정륜과 지성이 순차적으로 나열되어 있으므로 저 긴 단어에서 실제로 두 개의 순서가 바뀌지 않았는지만 보면 된다.

Tip ❹ 한국사 관련 기본 지식 공부하기

NCS든 PSAT든 한국사에 대한 기본지식은 필수적이다. 물론 한국사 고급 이상의 어려운 지식까지 전부 다 알 필요는 없지만, 최소한 이 지문에서 나오는 〈후궁, 대군, 군, 공주, 옹주, 세자, 적실, 방계〉 정도는 알아둘 정도의 지식은 쌓아야 한다. (굳이 따지면 한국사 4급 정도일 것이다.)

한국사 지문은 배경지식이 없다면 사실 굉장히 고난도 소재에 속한다. 당장 외국인이 이 지문을 영어 번역하여 푼다고 생각해 보자. 또한 한국사는 각종 공기업에서 가점요건으로 쓰이며, NCS 출제의 기준 중 하나인 PSAT는 응시자격을 한국사능력검정시험 2급 이상을 요구하고 있다. 따라서 최소한의 기준선을 충족시키는 것이 좋다.

102 정답 ②

난이도 ●○○

문제유형 사실적 이해 > 정보 확인

접근전략 알 수 있는 것을 고르는 문제의 정답 선지는 제시문 내용과 부합하거나 그로부터 추론할 수 있는 경우이고 오답 선지는 제시문 내용과 상충하거나 그로부터 추론할 수 없는 경우이다. 특히 한 문단이 짧게 구성된 경우 문단별로 하나의 주장만 포함하므로 문단을 연결해서 통합적인 주제를 찾는 것도 필요하다. 예컨대 이 지문에서 1,2문단이나 2,3문단을 서로 연결해 보자. 다르지만 같게, 같지만 다르게 이해하는 연습을 통해 글을 더 빨리 읽을 수 있게 될 것이다.

다음 글에서 알 수 있는 것은?

(1) 경제학자들은 환경자원을 보존하고 환경오염을 억제하는 방편으로 환경세 도입을 제안했다. (2) 환경자원을 이용하거나 오염물질을 배출하는 제품에 환경세를 부과하면 제품 가격 상승으로 인해 그 제품의 소비가 감소함에 따라 환경자원을 아낄 수 있고 환경오염을 줄일 수 있다. ▶1문단

(1) 일부에서는 환경세가 소비자의 경제적 부담을 늘리고 소비와 생산의 위축을 가져올 수 있다고 우려한다. (2) 그러나 많은 경제학자들은 환경세 세수만큼 근로소득세를 경감하는 경우 환경보존과 경제성장이 조화를 이룰 수 있다고 본다. ▶2문단

(1) 환경세는 환경오염을 유발하는 상품의 가격을 인상시킴으로써 가계의 경제적 부담을 늘려 실질소득을 떨어뜨리는 측면이 있다. (2) 하지만 환경세 세수만큼 근로소득세를 경감하게 되면 근로자의 실질소득이 증대되고, 그 증대효과는 환경세 부과로 인한 상품가격 상승효과를 넘어설 정도로 크다. (3) 왜냐하면 상품가격 상승으로 인한 경제적 부담은 연금생활자나 실업자처럼 고용된 근로자가 아닌 사람들 사이에도 분산되는 반면, 근로소득세 경감의 효과는 근로자에게 집중되기 때문이다. (4) 근로자의 실질소득 증대는 사실상 근로자의 실질임금을 높이고, 이것은 대체로 노동공급을 증가시키는 경향이 있다. ▶3문단

(1) 또한, 환경세가 부과되더라도 노동수요가 늘어날 수 있다. (2) 근로소득세 경감은 기업의 입장에서 노동이 그만큼 저렴해지는 효과가 있다. (3) 더욱이 환경세는 노동자원보다는 환경자원의 가격을 인상시켜 상대적으로 노동을 저렴하게 하는 효과가 있다. (4) 이렇게 되면 기업의 노동수요가 늘어난다. ▶4문단

(1) 결국 환경세 세수를 근로소득세 경감으로 재순환시키는 조세구조 개편은 한편으로는 노동의 공급을 늘리고, 다른 한편으로는 노동에 대한 수요를 늘린다. (2) 이것은 고용의 증대를 낳고, 결국 경제 활성화를 가져온다. ▶5문단

① 환경세의 환경오염 억제 효과는 근로소득세 경감에 의해 상쇄된다.

➜ (×) 많은 경제학자들은 환경세 세수만큼 근로소득세를 경감하는 경우 환경보존과 경제성장이 조화를 이룰 수 있다고 하였는데[2문단(2)] 이는 근로소득세 경감을 통해 환경세의 부작용을 상쇄한다는 뜻이다.[2문단(2)] 따라서 환경세의 환경오염 억제 효과가 근로소득세 경감에 의해 상쇄된다는 것은 옳지 않다. 특히 〈상쇄〉라는 단어에 압도되어 맞다고 판단할 수 있으므로 유의한다.

② 환경세를 부과하더라도 그만큼 근로소득세를 경감할 경우, 근로자의 실질소득은 늘어난다.

➜ (○) 환경세 세수만큼 근로소득세를 경감하면 근로자의 실질소득이 증대되고, 그 증대효과는 환경세 부과로 인한 상품가격 상승효과를 넘어설 정도로 크다고 하였으므로[3문단(2)], 해당 선지는 옳다.

③ 환경세를 부과할 경우 근로소득세 경감이 기업의 고용 증대에 미치는 효과가 나타나지 않는다.

➜ (×) 환경세 세수를 근로소득세 경감으로 재순환시키는 조세구조 개편은 노동의 공급과 수요를 동시에 늘리며, 이는 고용이 증대되는 효과를 낳는다.[5문단(1),(2)]고 했으므로 틀린 선지이다.

④ 환경세를 부과하더라도 노동집약적 상품의 상대가격이 낮아진다면 기업의 고용은 늘어나지 않는다.

➜ (×) 환경세 부가에 따라 노동집약적 상품의 상대가격이 낮아지는 경우와 관련된 내용은 지문에 제시되어 있지 않으므로, 해당 선지의 내용은 틀렸다.

⑤ 환경세 부과로 인한 상품가격 상승효과는 근로소득세 경감으로 인한 근로자의 실질소득 상승효과보다 크다.

➜ (×) 환경세 세수만큼 근로소득세를 경감하는 경우 근로자의 실질소득 증대효과는 환경세 부과로 인한 상품가격 상승효과를 넘어설 정도로 크다고 하였다.[3문단(2)] 따라서 해당 선지는 옳지 않다.

제시문 분석

1문단 환경세 도입 정책 제안

〈환경세 도입 정책 제안〉		〈기대되는 효과〉
경제학자들은 환경자원을 보존하고 환경오염을 억제하는 방편으로 환경세 도입을 제안했다.(1)	➜	환경자원을 이용하거나 오염물질을 배출하는 제품에 환경세를 부과하면 제품 가격 상승으로 인해 그 제품의 소비가 감소함에 따라 환경자원을 아낄 수 있고 환경오염을 줄일 수 있다.(2)

2문단 환경세 도입 정책의 문제점과 해결책

〈우려되는 점〉
일부에서는 환경세가 소비자의 경제적 부담을 늘리고 소비와 생산의 위축을 가져올 수 있다고 우려한다.(1)

→

〈해결책〉	그러나 많은 경제학자는 환경세 세수만큼 근로소득세를 경감하는 경우 환경보존과 경제성장이 조화를 이룰 수 있다고 본다.(2)

3문단 근로소득세 경감의 효과 – 노동공급의 증가

〈환경세 부과의 역효과〉	→	〈근로소득세 경감 정책〉
환경세는 환경오염을 유발하는 상품의 가격을 인상시킴으로써 가계의 경제적 부담을 늘려 실질소득을 떨어뜨리는 측면이 있다.(1)	→	환경세 세수만큼 근로소득세를 경감하게 되면 근로자의 실질소득이 증대되고, 그 증대효과는 환경세 부과로 인한 상품가격 상승효과를 넘어설 정도로 크다. 근로소득세 경감의 효과는 근로자에게 집중되기 때문이다.(2),(3)

→

〈노동공급 증가〉	근로자의 실질소득 증대는 사실상 근로자의 실질임금을 높이고, 이것은 대체로 노동공급을 증가시키는 경향이 있다.(4)

4문단 근로소득세 경감의 효과 – 노동수요 증가

〈기업의 노동비용 감소〉	⊕	〈노동비용의 상대적 감소〉	→	〈노동수요 증가〉
근로소득세 경감은 기업의 입장에서 노동이 그만큼 저렴해지는 효과가 있다.(2)	⊕	환경세는 노동자원보다는 환경자원의 가격을 인상시켜 상대적으로 노동을 저렴하게 하는 효과가 있다.(3)	→	이렇게 되면 기업의 노동수요가 늘어난다.(4)

5문단 조세구조 개편의 효과

〈조세구조 개편의 결과〉
결국 환경세 세수를 근로소득세 경감으로 재순환시키는 조세구조 개편은 한편으로는 노동의 공급을 늘리고, 다른 한편으로는 노동에 대한 수요를 늘린다.(1)

→

〈효과〉	이것은 고용의 증대를 낳고, 결국 경제 활성화를 가져온다.(2)

합격자의 실전 풀이 순서

❶ 발문 확인 및 문제 유형 파악

일치부합 문제이며 알 수 있는 것(옳은 것)을 고르는 문제이다. 항상 발문을 먼저 제대로 읽자. 글에서 알 수 있는 것을 고르는 문제이다. 이는 추론할 수 있는 것을 고르는 문제와 같고 제시문 내용과 부합하거나 그로부터 추론 가능한 선지가 정답이 되며, 오답이 되는 선지는 제시문 내용과 상충하거나 그로부터 추론할 수 없는 내용이다. 또한, 제시문과 같은 방향의 선지가 정답이 되므로 발문에 O표시를 하고 읽으면, 알 수 없는 것을 고르는 실수를 크게 줄일 수 있다. 우선 글을 제대로 읽고 이해하며 자주 나올만한 내용을 확보한 뒤 선지를 판단한다.

❷ 제시문 독해

(1) 경제 분야의 내용이며, 제시문의 구조가 '문제 – 해결'구조로 되어있다. 1문단은 환경세 부과의 환경오염 억제 기능을, 2문단은 소비와 생산 측면에서의 '환경세의 부작용(문제) – 근로소득세 경감(해결)'의 구조로 되어있다. 3문단은 환경세의 소비 측면의 부작용인 실질소득 감소를 근로소득세 경감으로 해결하는 원리를, 4문단은 공급 측면의 부작용인 노동수요 축소를 근로소득세 경감으로 해결하는 원리를 설명한다. 문제에 대응하는 해결을 왜곡시켜 오답 선지를 자주 구성하니 문제와 그에 대한 해결 또는 원인을 잘 연결하며 인식해 두자.

(2) 경제지문에서 두드러지는 특징 중 하나는 개념 간의 관계가 많이 주어진다는 것이다. 특히 해당 제시문은 개념 간의 인과관계가 많이 주어진 것을 알 수 있는데 이들 간의 인과관계 또한 원인과 결과를 뒤집는 경우가 있기 때문에 이들도 잘 파악하여 읽자. 이를테면 2문단 (2)에는 '근로소득세 경감 → 근로자의 실질소득 증가'와 같은 인과관계가 존재했다. 이처럼 경제 제재 지문에서는 '비례 – 반비례', '인과관계' 등의 개념 간 관계를 자주 물으니 이를 잘 파악하며 읽자.

(3) 3문단 (3)은 사실 경제학적 지식이 없으면 상당히 이해하기 어려운 문장이며 심지어 선지에도 안 나오는 함정 문장이다. 이 문장을 읽지 않고 바로 (4)문장으로 가도 글의 내용 및 선지 파악에 아무런 지장이 없다.
그렇다면 이런 문장을 어떻게 피해갈 수 있을까? 피해가는 요령은 다른 변수에 미치는 영향이 있는지 여부다. 만일 문장에 그게 드러나 있지 않다면 별도의 기호로 표시한 뒤 선지에서 '읽지 못한 내용'이 나왔을 때 후 순위로 읽는 것이 좋다. 이런 걸 피해가는 것이 5초 이상 절약하는 노하우다.

(4) 3문단 (4)의 끝을 잘 보면 '대체로'와 '경향'이 있다. 이는 사실 논리필연적 관계가 아님을 시인하는 표현이다. 그래서 실제로 노동공급 증가 관련 선지가 등장하지 않았다. 만일 나오더라도 이런 표현에는 주의한다.

❸ 선지 판단

(1) 선지 전반이 개념 간의 관계를 위주로 구성되어 있음을 알 수 있다. ①번은 환경오염 억제 효과와 근로소득세 경감, ②번은 근로소득세 경감과 실질소득, ③, ④번은 근로소득세 경감과 기업의 고용 증대 등을 묻고 있다. 이처럼 경제 제재에서는 개념 간 관계에 집중해서 읽자.

(2) ④번 선지의 경우 엄밀히 말하면 '단순히 지문에 나오지 않았다.'라는 것으로 끝내면 안 된다. "환경세를 부과하더라도" 라는 구절은 사실 없어도 그만인 더미(dummy) 조건이며, 궁극적으로 판단해야 하는 것은 '노동집약 상품의 상대가격이 낮아지는 경우 고용량이 줄어드는지' 이다.
이때 노동집약의 의미가 제시되어 있지 않기 때문에 정오판단에는 문제가 없지만, '노동집약적 상품'의 의미가 제시되어 있다면 상당히 어려운 문제가 된다(그리고 사실 이게 난이도 조절 이전의 본래 문제로 보인다).
알려진 사실인 〈노동집약 상품의 상대가격이 낮아지면 기업의 노동수요가 줄어든다〉라는 진술이 참이라고 하자. 이러면 정오판단을 할 수 있겠는가? 할 수 있어야 한다. 그리고 답은 '알 수 없음'이다. 한 번 확인해보기 바란다.

합격자의 시간단축 Tip

Tip ❶ 경제 제재에서 개념 간 관계 파악에 주력하기

경제 제재에서는 개념 간의 관계가 많이 주어지고, 실제로 이를

중심으로 선지를 자주 구성한다. 그러므로 읽을 때부터 이들 간 관계 파악에 주력해 두면 선지 판단의 속도와 정확도가 올라가게 된다. 이때 주로 나오는 관계는 '비례－반비례 관계', '인과관계' 등이 있다. 인과관계를 파악할 때는 일종의 '독립변수'와 '종속변수'가 무엇인지 인지하고 관계를 이해하면 더 쉽다. 해당 지문에서 변화의 원인이 되는 독립변수는 '환경세'와 '근로소득세'이며, 이들이 영향을 미치는 종속변수는 '실질소득'과 '노동 가격'이다. 환경세의 경우 '환경오염'도 종속변수가 된다. 이를 파악하면 '근로소득세 경감－근로자의 실질소득 증가', '근로소득세 경감－노동 가격 하락'이라는 인과관계구조가 더 잘 이해될 것이다.

Tip ❷ 양면적인 내용이 제시되리라 예측한다.

적성시험에서 특정 제도를 소개할 때 일반적으로 제도의 장점과 단점, 예상치 못한 점, 단점을 극복할 수 있는 방안 등이 제시된다. 해당 제시문 역시 〈세금은 경제활동에 해롭다〉는 일반적인 경제학의 통설에 반대되는 내용, 즉 근로소득세 경감을 도입할 경우 나타나는 상황들이 제시되고 있다.

Tip ❸ 구분성이 뚜렷한 키워드를 중심으로 돌아가자.

선지를 판단할 때, 제시문의 내용을 다시 확인하기 위해서는 구분성이 뚜렷한 키워드를 중심으로 돌아가야 한다. 이때, 구분성이 뚜렷하다는 것은 지문 전반에 걸친 것이 아닌 특정한 부분에만 존재한다는 것을 뜻한다. 또한, 선지에선 다른 선지에 등장하지 않는 단어가 구분성 있는 단어가 된다. 예를 들어 ①번 선지에서는 '환경오염 억제 효과'를 키워드로 삼는 것이 유리하다.

Tip ❹ 문단이 지나치게 짧은 경우

문단이 짧다는 것은 필연적으로 정보가 적음을 의미한다. 또한 그만큼 다른 문단에 의존할 수밖에 없다는 뜻이다. 따라서 겉보기 문단 구조와 달리, 문단을 이어서 독해할 필요가 있다. 이때 잇는 것은 본인의 역량과 사고방식에 따라 다르다. 어떤 이는 1, 2문단을, 어떤 이는 2, 3문단을, 어떤 이는 1~3문단을 다 이어서 볼 수도 있다.

이렇게 이어서 보기 위해선 이전 문단의 내용을 깔끔하게 요약하여 기억하는 것이 선행되어야 한다. 예컨대 1문단에서 환경자원과 환경오염은 다른 단어지만 두 개념이 움직이는 방향, 혹은 사회가 추구하는 변화 방향은 똑같다. 이를 굳이 나누지 않고 그냥 '환경'이라고 기억하는 것으로 족하다.

이때, "환경자원"같은 것은 중요 키워드가 아닌지 궁금한 수험생이 있을 것이다. 물론 사실이다. 그런데 그게 1문단에서까지 중요한가? 그렇지 않다.

또한 '환경오염'도 "환경자원"과 대등한 위치의 키워드인데 왜 '환경오염'에 대해선 의문을 가지지 않았나 자문해보자. 그건 단어의 익숙함 차이 때문이다. 어차피 "환경자원"이라는 말을 한 번 지문에서 본 이상, 내용 정리 여부와 상관없이 머릿속에는 기억이 남을 수밖에 없고, 그것은 4문단에서 다시 등장할 때 독해 기반이 된다. 따라서 굳이 1문단에서 억지로 모든 정보를 추출하면 안 된다.

103 정답 ①

난이도 ●●●

문제유형 이해 > 내용 추론

접근전략 이론의 발전 및 이론별 비교를 묻는 유형이다. 이러한 유형의 경우 기존 이론의 해결된 한계점이 새로운 이론의 장점이 된다. 이 경우 기존 이론과 새로운 이론의 차이점을 잘 파악하되, 해결된 부분이 핵심이 된다. 만약 두 이론의 단점을 모두 극복하는 이론이 나오는 경우일지라도 그것이 완벽한 이론은 아닐 수 있다는 점에 유의한다.

다음 글에서 알 수 있는 것만을 〈보기〉에서 모두 고르면?

(1) 기존 암치료법은 암세포의 증식을 막는 데 초점이 맞춰져 있으나, 컴퓨터 설명 모형이 새로 나와 이와는 다른 암치료법이 개발될 수 있다는 가능성이 제시되었다. (2) W 교수의 연구에 따르면, 종전의 공간 모형은 종양의 3차원 공간 구조를 잘 설명하지만 암세포들 간 유전 변이를 잘 설명하지는 못한다. (3) 또 다른 종전 모형인 비공간 모형은 암세포들 간 유전 변이를 잘 설명해 종양의 진화 과정은 정교하게 그려냈지만 종양의 3차원 공간 구조는 잡아내지 못했다. (4) 그러나 종양의 성장과 진화를 이해하려면 종양의 3차원 공간 구조뿐만 아니라 유전 변이를 잘 설명할 수 있어야 한다. ▶1문단

(1) 새로 개발된 컴퓨터 설명 모형은 왜 모든 암세포들이 그토록 많은 유전 변이들을 갖고 있으며, 그 가운데 약제 내성을 갖는 '주동자 변이'가 어떻게 전체 종양에 퍼지게 되는지를 잘 설명해 준다. (2) 이 설명의 열쇠는 암세포들이 이곳저곳으로 옮겨 다닐 수 있는 능력을 갖고 있다는 데 있다. (3) W 교수는 "사실상 환자를 죽게 만드는 암의 전이는 암세포의 자체 이동 능력 때문"이라고 말한다. (4) 종전의 공간 모형에 따르면 암세포는 빈곳이 있을 때만 분열할 수 있고 다른 세포를 올라 타고서만 다른 곳으로 옮겨갈 수 있다. (5) 그래서 암세포가 분열할 수 있는 곳은 제한되어 있다. (6) 하지만 새 모형에 따르면 암세포가 다른 세포의 도움 없이 빈곳으로 이동할 수 있다. (7) 이런 식으로 암세포는 여러 곳으로 이동하여 그곳에서 증식함으로써 새로운 유전 변이를 얻게 된다. (8) 바로 이 때문에 종양은 종전 모형의 예상보다 더 빨리 자랄 수 있고 이상할 정도로 많은 유전 변이들을 가질 수 있다. ▶2문단

보기

ㄱ. 컴퓨터 설명 모형은 종전의 공간 모형보다 암세포의 유전 변이를 더 잘 설명한다.
➜ (O) 종전의 공간 모형은 암세포들 간 유전 변이를 잘 설명하지 못한다.[1문단(2)] 이와 달리 컴퓨터 설명 모형은 왜 모든 암세포들이 그토록 많은 유전자 변이들을 갖고 있으며, 그 가운데 '주동자 변이'가 어떻게 전체 종양에 퍼지게 되는지를 잘 설명해 준다.[2문단(1)]

ㄴ. 종전의 공간 모형은 컴퓨터 설명 모형보다 암세포의 3차원 공간 구조를 더 잘 설명한다.
➜ (×) 종전의 공간 모형은 종양의 3차원 공간 구조를 잘 설명한다.[1문단(2)] 그러나 컴퓨터 설명 모형은 암세포의 3차원 공간 구조를 잘 설명할 수 있는지 제시문에 서술되지 않았기 때문에, 해당 기준에서는 두 모형을 비교하여 판단할 수 없다.

ㄷ. 종전의 공간 모형과 비공간 모형은 암세포의 자체 이동 능력을 인정하지만 이를 설명할 수 없다.
➜ (×) 종전의 공간 모형에 따르면 암세포는 빈 곳이 있을 때만 분열할 수 있고 다른 세포를 올라 타고서만 다른 곳으로 옮겨갈 수 있다.[2문단(4)] 즉, 종전의 공간 모형은 암세포의 자체 이동 능력이 없다고 본다. 비공간 모형은 암세포의 자체 이동 능력을 인정하는지 제시문에 서술되지 않았으므로, 인정 여부를 알 수 없다.

① ㄱ → (○)
② ㄴ → (×)
③ ㄱ, ㄷ → (×)
④ ㄴ, ㄷ → (×)
⑤ ㄱ, ㄴ, ㄷ → (×)

제시문 분석

1문단 종양을 설명하는 공간 모형과 비공간 모형

〈종양의 성장과 진화 이해의 조건〉
종양의 성장과 진화를 이해하려면 종양의 3차원 공간 구조뿐만 아니라 유전 변이를 잘 설명할 수 있어야 한다.(4)

〈종전 모형의 한계〉		
〈공간 모형〉		〈비공간 모형〉
종양의 3차원 구조를 잘 설명하지만, 암세포들 간 유전 변이를 잘 설명하지는 못한다.(2)	↔	암세포들 간 유전 변이를 잘 설명해 종양의 진화 과정은 정교하게 그려냈지만, 종양의 3차원 공간 구조는 잡아내지 못했다.(3)

2문단 컴퓨터 설명 모형

〈종전의 공간 모형과 컴퓨터 설명 모형의 차이점〉		
〈공간 모형의 전제〉		〈컴퓨터 설명 모형의 전제〉
암세포는 독자적 이동 능력이 없다.(4)	↔	암세포는 독자적 이동 능력이 있다.(6)
↓		↓
〈결론〉		〈결론〉
암세포가 분열할 수 있는 곳은 제한되어 있다.(5)	↔	종양은 종전 모형의 예상보다 더 빨리 자랄 수 있고 이상할 정도로 많은 유전 변이들을 가질 수 있다.(8)

〈컴퓨터 설명 모형의 의의〉
컴퓨터 설명 모형은 왜 모든 암세포들이 그토록 많은 유전 변이들을 갖고 있으며, 그 가운데 약제 내성을 갖는 '주동자 변이'가 어떻게 전체 종양에 퍼지게 되는지를 잘 설명해준다.(1)

합격자의 실전 풀이 순서

❶ 발문과 선지를 확인한다.

'알 수 있는 것'을 묻는 선지이며, ㄱ, ㄴ, ㄷ의 보기를 가지고 있다. ㄱ, ㄴ, ㄷ의 보기는 개수가 3개에 불과하기 때문에 지문을 읽기 전 빠르게 훑어보는 것이 좋다. 가장 먼저 잡아내야 할 키워드는 "종전의", "모형"이다.

모형(모델)이란 단어는 일반명사이며, 종전이라는 단어를 통해 특정 이론의 발달과 변모가 드러날 것을 판단할 수 있다. 따라서, 특정 이론의 등장과 그 전의 이론을 각각 잘 파악하고 이들 간 차이를 잘 파악해야겠다고 생각할 수 있다. 그 외 〈'유전변이', '3차원', '자체이동능력'〉 등을 키워드로 잡아낼 수 있다.

❷ 전체 글의 흐름을 파악하면서 글의 중요한 특징 부분을 체크한다.

기존 모형과 새로운 모형을 대비시키고 있음을 확인한 후에, 가장 큰 차이는 무엇인지, 그리고 "차이를 통해 설명하려는 것은 무엇인지"에 유의하며 독해한다.

1문단 마지막 문장에서 모형은 종양의 성장과 진화를 이해한다는 목적을 위한 것이라는 것, 2문단은 새로운 모형이 "왜 그러한 목적에 적합한지"에 대해 설명하고 있다.

따라서, 글을 읽으며 '종전의 공간 모형', '컴퓨터 설명 모형' 등 모형들의 특징들을 간단한 기호를 이용해 체크한다. 이는 글의 내용이 이들 모형 자체의 특징 및 이들 간 비교를 중심으로 되어 있어서 언제든 돌아와 확인해야 하기 때문이다.

❸ 선지로 내려가 판단한다.

과정 2가 잘 진행된 경우, 1, 2문단의 내용을 완벽하게 암기하기보다는 선지로 내려가 "무엇을 비교하는지"를 확인한 후에 본문과 선지를 번갈아 읽으며 선지 정오를 판단한다.

이러한 과정에서 실수가 발생하는 것을 막기 위해, 지문확인을 하면서 반드시 어느 모형에 관련된 것인지 모형별로 다른 표시를 해야 한다.

합격자의 시간단축 Tip

Tip ❶ 시간의 흐름에 따른 변화가 등장하면 체크한다

1문단 문두에 "기존", 2문단 문두에 "새로 개발된"을 보고, 시차를 둔 2가지 모형을 다루는 글이라는 것을 파악한다. 이처럼 시차 간 차이를 나타내는 지표를 확인했다면, 시간이 흐름에 따라 어떤 차이나 변화가 생겨나는지 잘 체크하자.

Tip ❷ 한계지점이 나오면 이를 잘 체크한다.

1문단 후반부에 있는 〈~있어야 한다〉는 표현은 '〈~〉가 필요하다.'라는 말과 같다. 특히 이러한 표현이 해당 제시문처럼 모형/이론의 발달을 다루는 글에서 나온다면 기존 모형/이론의 한계를 나타내는 표현이 된다. 이 경우 다음 등장하는 모형/이론은 이를 보완한 방향으로 나올 것임을 예측할 수 있으며 이것이 곧 핵심내용이 된다. 따라서 다음 문단에 ~가 어떻게 구현되는지 유의하며 독해하며 이를 화살표를 그려 시각적으로 표시하는 것도 좋다.

Tip ❸ "더 잘 설명한다"에 유의한다.

선지 ㄱ, ㄴ에는 "더 잘 설명한다."라고 해서 비교급 표현이 등장한다. 더 잘 설명한다는 것은, 열위에 있는 비교 대상 또한 설명 불가능은 아니라는 점을 의미하기도 한다. 이는 충분히 함정 선지로 출제될 수 있으며 이론/모형의 발달을 다루는 지문에서 왜 이들 간 차이를 주목해야 하는지 보여주는 부분이다.

104 정답 ②

난이도 ●●●

문제유형 비판적 사고 > 논리적 결론의 전제·원인 찾기

접근전략 실험의 경우 가설과 결과로 이루어진다. 해당 문제처럼 실험 결과를 통해 가설을 추론하는 유형이 있고, 반대로 주어진 가설과 실험을 통해 최종 결과를 유추하거나 결과들을 비교하는 유형도 있다.
결과를 통해 가설을 추측하는 경우는 실험에서 변수로 둔 주요 기준이 무엇인지를 염두에 두며 글을 읽는다. 실험 결과를 도출하기 위해서는 적어도 상황을 바꾸어 실험을 2번 이상 해야 하므로, 각각의 실험의 차이점이 무엇인지를 빠르게 파악한다면 문제 해결 시간이 단축될 것이다.

다음 글의 실험 결과를 가장 잘 설명하는 가설은?

(1) 한 무리의 개미들에게 둥지에서 먹이통 사이를 오가는 왕복 훈련을 시킨 후 120마리를 포획하여 20마리씩 6그룹으로 나눴다. ▶ 1문단

(1) 먼저 1 ~ 3그룹의 개미들을 10 m 거리에 있는 먹이통으로 가게 한 후, 다음처럼 일부 그룹의 다리 길이를 조절하는 처치를 했다. (2) 1그룹은 모든 다리의 끝 분절을 제거하여 다리 길이를 줄이고, 2그룹은 모든 다리에 돼지의 거친 털을 붙여 다리 길이를 늘이고, 3그룹은 다리 길이를 그대로 둔 것이다. (3) 이렇게 처치를 끝낸 1 ~ 3그룹의 개미들을 둥지로 돌아가게 한 결과, 1그룹 개미들은 둥지에 훨씬 못 미쳐 멈췄고, 2그룹 개미들은 둥지를 훨씬 지나 멈췄으며, 3그룹 개미들만 둥지에서 멈췄다.

▶ 2문단

(1) 이제 4 ~ 6그룹의 개미들은 먹이통으로 출발하기 전에 미리 앞서와 같은 방식으로 일부 그룹의 다리 길이를 조절하는 처치를 했다. (2) 즉, 4그룹은 다리 길이를 줄이고, 5그룹은 다리 길이를 늘이고, 6그룹은 다리 길이를 그대로 두었다. (3) 이 개미들을 10 m 거리에 있는 먹이통까지 갔다 오게 했더니, 4 ~ 6그룹의 개미 모두가 먹이통까지 갔다가 되돌아와 둥지에서 멈췄다. (4) 4 ~ 6그룹의 개미들은 그룹별로 이동 거리의 차이가 없었다.

▶ 3문단

① 개미의 이동 거리는 다리 길이에 비례한다.

→ (×) 1~3그룹의 경우 둥지로 돌아올 때 개미의 이동 거리는 다리 길이에 비례했지만[2문단(3)], 4~6그룹은 다리 길이와 상관없이 이동 거리의 차이가 없었다.[3문단(4)] 따라서 본 선지는 해당 실험 결과를 설명하는 가설로 적절하지 않다.

② 개미는 걸음 수에 따라서 이동 거리를 판단한다.

→ (○) 1~3그룹의 개미들에게는 먹이통으로 이동한 후 다리 길이를 조절하는 처치를 했기 때문에[2문단(1)], 먹이통까지 갈 때의 걸음 수는 모두 동일했다. 따라서 둥지로 돌아올 때도 그 걸음 수를 기억해 동일한 걸음 수로 돌아왔지만, 돌아올 때는 다리 길이가 달라졌기 때문에 멈춘 지점도 그에 따라 달라졌던 것이다.[2문단(3)] 4~6그룹의 개미들에게는 먹이통으로 출발하기 전 다리 길이를 조절하는 처치를 했기 때문에[3문단(1)], 먹이통까지 갈 때 걸음 수가 서로 달랐다. 각 그룹의 개미들은 다리 길이에 맞게 걸음 수를 기억했고 돌아올 때도 동일한 걸음 수로 둥지까지 왔기 때문에 모두가 둥지에서 멈출 수 있었던 것이다.[3문단(3)] 이를 통해 개미는 걸음 수에 따라서 이동 거리를 판단한다는 본 내용이 해당 실험 결과를 가장 잘 설명하는 가설임을 알 수 있다.

③ 개미의 다리 끝 분절은 개미의 이동에 필수적인 부위이다.

→ (×) 개미의 다리 끝 분절이 개미의 이동에 필수적인 부위인지의 여부는 실험 결과와 무관하다. 또한, 제시문에서 다리 끝 분절을 제거한 4그룹은 먹이통까지 갔다가 둥지로 제대로 돌아온 것으로 보아[3문단(2),(3)] 이동에 큰 어려움을 겪지 않은 것으로 보인다.

④ 개미는 다리 길이가 조절되고 나면 이동 거리를 측정하지 못한다.

→ (×) 4~6그룹의 경우 다리 길이가 조절되어도 이동 거리를 바르게 측정했음을 알 수 있다.[3문단(4)]

⑤ 개미는 먹이를 찾으러 갈 때와 둥지로 되돌아올 때, 이동 거리를 측정하는 방법이 다르다.

→ (×) 본 실험에서 개미가 먹이통으로 갈 때와 둥지로 되돌아올 때 이동 거리를 측정하는 방법이 다른지는 알 수 없다.

제시문 분석

1문단 실험 설정

〈실험 설정〉
한 무리의 개미들에게 둥지와 먹이통을 사이를 오가는 왕복 훈련을 시킨 후 120마리를 포획하여 20마리씩 6그룹으로 나눴다.(1)

2문단 1~3그룹 - 먹이통 이동 후 다리 길이 조절

〈먹이통 이동 후 다리 길이 처치〉
1~3그룹의 개미들을 10m 거리에 있는 먹이통으로 가게 한 후, 다음처럼 일부 그룹의 다리 길이를 조절하는 처치를 했다.(1)

〈그룹〉	〈처치 내용〉	〈결과〉
〈1그룹〉	다리의 끝 분절을 제거하여 다리 길이를 줄임(2)	둥지에 훨씬 못 미쳐 멈췄다.(3)
〈2그룹〉	돼지의 거친 털을 붙여 다리 길이를 늘임(2)	둥지를 훨씬 지나 멈췄다.(3)
〈3그룹〉	다리 길이를 그대로 둠(2)	둥지에서 멈췄다.(3)

3문단 4~6그룹 - 먹이통 이동 전 다리 길이 조절

〈먹이통 이동 전 다리 길이 처치〉
4~6그룹의 개미들은 먹이통으로 출발하기 전에 미리 다리 길이를 조절하는 처치를 했다.(1)

〈그룹〉	〈처치 내용〉	〈결과〉
〈4그룹〉	다리 길이를 줄임(2)	모두가 둥지에서 멈췄으며, 그룹별로 이동 거리의 차이가 없었음(3),(4)
〈5그룹〉	다리 길이를 늘임(2)	
〈6그룹〉	다리 길이를 그대로 둠(2)	

합격자의 실전 풀이 순서

❶ 처음 실험의 변화를 준 변수와 결과 간의 상관관계를 파악한다.

처음 실험에서 실험 대상자들에게 어떤 변화를 주었는지, 그리고 그 결과는 어떻게 되었는지를 파악하며 문제를 읽는다. 위 문제의 경우 먹이통으로 이동하게 한 뒤 개미들의 다리 길이를 조절했으며, 그 결과 개미들의 둥지 도달 정확도에서 차이가 났다. 실험 내용을 읽으면서 개미들의 다리 길이와 거리 인식이 어떠한 관계가 있다는 사실을 추측할 수 있다. 추측이 머릿속에 자리잡지 못했을 경우, 지문에 화살표로 표시해 보도록 한다. 특히 어려운 실험 유형의 경우 변수도 두 개 이상이고 설명 메커니즘도 복잡해 머릿속으로는 이해하기 어려운 경우가 많다.

❷ 두 번째 실험과 첫 번째 실험의 차이점을 찾는다.

두 번째 실험을 읽으며 똑같이 인과관계를 파악한다. 다리의 길이를 조절했지만, 실험 1과 다르게 거리 차이가 나지 않았다. 이때 실험 1과 실험 2에서 다르게 처리한 조건을 비교하며 체크한다. 문제의 경우 다리를 자른 시점의 차이가 있었다. 이를 통해 먹이통에 한번 간 개미는 어떤 매커니즘을 통해 거리를 고정적으로 인식한다는 점을 대략적으로 추론한다.

❸ 오지선다를 통해 정답을 찾는다.

정답은 선지에 있으므로 차이점을 찾는 과정에서 굳이 가설을 구체적으로 추측할 필요가 없다. 단순히 실험에서 조절한 변수가 무엇일지만을 파악하고 선지를 보는 것만으로도 충분히 정답을 찾을 수 있다. 내가 추측한 내용이어도 선지의 표현은 다르게 나올 가능성이 높으며, 추측에는 한계가 있기 때문이

다. 위 문제의 경우에도 차이점에 있어 개미가 거리를 한 번 가면 그 거리를 고정적으로 인식한다는 어떤 매커니즘이 있음을 예상하기만 했지, 그 매커니즘이 구체적으로 무엇인지는 알기가 어렵다.

선지를 읽을 때는 거리를 인식하는 '매커니즘'이 〈어떻게〉 나와 있는지 중심으로 정답을 찾는다. 이때 '다리 길이'가 직접적인 원인이 아님을 파악해야 한다.(선지 ①) 다리 길이가 어떤 변수와 관련되어 있고, 개미가 무엇을 기준으로 거리를 인식하는지(예컨대 관절의 운동횟수) 파악해볼 필요가 있다.

합격자의 시간단축 Tip

Tip ❶ 모든 실험은 원인과 결과가 있음을 유념한다.

실험은 '원인이 있다면 결과가 있는지', 그리고 '원인이 없다면 결과가 없는지'의 두 단계를 거쳐서 이뤄진다. 두 경우가 지문에 모두 등장하지 않더라도 반드시 숙지하도록 한다.

Tip ❷ 실험집단 간 어떤 차이가 있는지를 찾는다.

실험의 경우 결과물을 통해 보여주고 싶어하는 특정한 결론(혹은 가설/이론/주장)이 존재한다. 결과물을 분명하게 보여주려면, 실험에서 보여주고자 하는 요소에만 차이를 두고 나머지 요인은 같게 해야 한다. 그래야 설득력이 증가하기 때문이다. 따라서 가설을 추론할 때는 각 실험에서 차이를 둔 변수를 찾도록 한다. 실험이 2개가 아닌 3개여도 마찬가지다.

이때, 어느 것이 차이를 둔 변수인지는 선지를 통해 보조할 수 있도록 한다.

Tip ❸ 일대일 대응인 관계가 있는지를 확인한다.

일대일 대응은 NCS의 다양한 영역에서 출제되는 요소다. 즉 A와 B는 서로 필연적인 관계에 있음을 말하는데 해당 지문에서는 ④번 선지가 그에 해당된다. NCS 문제해결이나 기초수리 영역에서도 "매년 증가한다." "~에 해당된다" 등으로 반복 출제되므로 일대일 대응인지를 확인하는 사고는 반드시 숙지하도록 한다.

105 정답 ⑤

난이도 ●●○

문제유형 제시문형 > 분석추론

접근전략 본 문제는 법조문이 주어지지는 않았지만, 제시문에 주어진 규정을 파악하고 이를 선지에 적용한다는 점에서 법조문 유형과 유사하다. 법조문 유형과 마찬가지로 첫 독해 시에는 제시문의 구조와 규정 간의 관계를 파악하고, 선지 판단 시에 구체적 규정의 내용을 확인한다. 본 문제의 경우, 민법을 활용해 출제한 문제이다. 1~2분 내에 법조문을 완벽하게 이해하려 하기보다는, 키워드를 중심으로 이해한 후에 선지를 지문과 매칭시켜 모순되는 선지를 소거해나가는 방법으로 접근하는 것이 좋다.

다음 글을 근거로 판단할 때 옳은 것은?

(1) 토지와 그 정착물을 부동산이라 하고, 부동산 이외의 물건을 동산이라 한다. (2) 계약(예 매매, 증여 등)에 의하여 부동산의 소유권을 취득하려면 양수인(예 매수인, 수증자) 명의로 소유권이전등기를 마쳐야 한다. (3) 반면에 상속·공용징수(강제수용)·판결·경매나 그 밖의 법률규정에 의하여 부동산의 소유권을 취득하는 경우에는 등기를 필요로 하지 않는다. (4) 다만 등기를 하지 않으면 그 부동산을 처분하지 못한다. (5) 한편 계약에 의하여 동산의 소유권을 취득하려면 양도인(예 매도인, 증여자)이 양수인에게 그 동산을 인도하여야 한다.

① **甲이 자신의 부동산 X를 乙에게 1억 원에 팔기로 한 경우, 乙이 甲에게 1억 원을 지급할 때 부동산 X의 소유권을 취득한다.**
→ (×) 두 번째 문장에 따르면 매매에 의하여 부동산의 소유권을 취득하려면 양수인 명의로 소유권이전등기를 마쳐야 한다. 따라서 양수인 甲이 자신의 부동산 X를 乙에게 1억 원에 팔기로 한 경우, 乙이 부동산의 소유권을 취득하려면 자신의 명의로 소유권이전등기를 마쳐야 한다.

② **甲의 부동산 X를 경매를 통해 취득한 乙이 그 부동산을 丙에게 증여하고 인도하면, 丙은 소유권이전등기 없이 부동산 X의 소유권을 취득한다.**
→ (×) 세 번째 문장에 따르면 경매에 의하여 부동산의 소유권을 취득하는 경우에는 등기를 필요로 하지 않으나, 두 번째 문장에 따르면 증여계약에 의하여 부동산의 소유권을 취득하려면 양수인 명의로 소유권이전등기를 마쳐야 한다. 따라서 乙이 경매를 통해 부동산을 취득한 경우 乙은 부동산 X의 소유권을 취득하지만, 丙이 증여를 통해 부동산의 소유권을 취득하려면 자신의 명의로 소유권이전등기를 마쳐야 한다.

③ **甲이 점유하고 있는 자신의 동산 ×를 乙에게 증여하기로 한 경우, 甲이 乙에게 동산 ×를 인도하지 않더라도 乙은 동산 X의 소유권을 취득한다.**
→ (×) 마지막 문장에 따르면 계약에 의하여 동산의 소유권을 취득하려면 양도인이 양수인에게 그 동산을 인도하여야 한다. 두 번째 문장에 따라 계약에는 증여 등이 포함된다. 따라서 증여계약에 의하여 乙이 동산 X의 소유권을 취득하려면, 양도인 甲이 양수인 乙에게 동산 X를 인도하여야 한다.

④ **甲의 상속인으로 乙과 丙이 있는 경우, 乙과 丙이 상속으로 甲의 부동산 X에 대한 소유권을 취득하려면 乙과 丙 명의로 소유권이전등기를 마쳐야 한다.**
→ (×) 세 번째 문장에 따르면 상속에 의하여 부동산의 소유권을 취득하는 경우에는 등기를 필요로 하지 않는다. 따라서 乙과 丙이 상속으로 甲의 부동산 ×에 대한 소유권을 취득하는 경우에는 소유권이전등기를 하지 않아도 된다.

⑤ **甲과의 부동산 X에 대한 매매계약에 따라 乙이 甲에게 매매대금을 지급하였더라도 乙 명의로 부동산 ×에 대한 소유권이전등기를 마치지 않은 경우, 乙은 그 소유권을 취득하지 못한다.**
→ (○) 두 번째 문장에 따르면 매매계약으로 부동산의 소유권을 취득하려면 양수인 명의로 소유권이전등기를 마쳐야 한다. 양수인 乙이 본인 명의로 부동산 X에 대한 소유권이전등기를 마치지 않았다면, 매매계약으로 부동산 X의 소유권을 취득하지 못한다.

합격자의 실전 풀이 순서

❶ 문제의 유형 파악

짧은 제시문이 주어져 있지만, 제시문 내의 규정을 파악하고 해당 보기를 선지에 적용한다는 점에서 규정파악문제와 유사하다. 각 문장이 규정을 하나씩 소개하고 있으므로, 각 규정이 어떤 경우를 설명하고 있는지를 파악한다. 또한, 본 문제가 옳은 것을 고르는 문제라는 것을 인지하기 위해 "옳은"이라는 단어에 밑줄이나 동그라미 등 표시를 한다.

❷ 제시문 및 규정 분석

제시문이 짧지만 여러 규정을 한 번에 소개하고 있으므로, 각 문장이 어떠한 상황에서의 규정인지 빠르고 정확하게 파악할 필요가 있다. (1) 문장에서 부동산과 동산에 대한 설명이 있으므로, 부동산과 동산에 관한 규정이 각각 있을 것을 예측할 수 있다. (2) 문장은 계약과 부동산에 대한 규정이다. (3), (4) 문장은 상속·공용징수(강제수용)·판결·경매나 그 밖의 법률규정 등 계약이 아닌 사유에 의하여 부동산의 소유권을 취득한 경우의 규정이다. (5) 문장은 계약과 동산에 대한 규정이다.

❸ 선지 판단

제시문 및 규정 분석을 바탕으로 선지를 검토한다. ①과 ⑤번 선지는 매매와 부동산과 관련된 (2) 문장의 규정과 관련된다. ②번 선지는 경매와 부동산에 관한 내용이므로, ④번 선지는 상속과 부동산에 관한 내용이므로 (3) 문장의 규정과 관련이 있다. ③번 선지는 동산에 대한 (5) 문장과 관련된다. 이처럼 각 선지가 어떠한 규정과 관련되었는지만 확인했다면, 제시문의 내용을 확인하여 선지의 정오를 쉽게 판단할 수 있다.

합격자의 시간단축 Tip

Tip ❶ 선지의 구성을 통해 정답을 추측

부동산에 관한 선지가 4개이고, 동산에 관한 선지가 1개이다. 이러한 경우 상당히 높은 확률로 동산에 관한 선지는 답이 아니다. 즉 동산의 소유권 취득에 관해서는 관심을 갖지 않아도 된다는 말이다. 혹여나 부동산에 관한 4개의 선지가 모두 옳지 않다면 동산에 관한 선지가 옳으므로 역시 관심을 갖지 않는다.

Tip ❷ 시간이 오래 걸릴 문제는 생략

지문이 짧아서 난이도가 높지는 않았으나, 선지가 각각의 상황을 나타내는 경우 그 상황을 지문에 맞게 각각 해석해야 하므로 기본적으로 시간이 많이 소모되는 문제유형이다. 따라서 설문은 시간에 쫓긴다면 풀지 않아야 할 유형이다.

Tip ❸ 단서의 내용을 주의

제시문 형태의 규정확인문제 역시 단서의 내용을 주의 깊게 읽어야 한다. 선지 2번에서, '다만'으로 시작되는 (4) 문장에 따라 경매를 통해 부동산 ×를 취득한 乙이 소유권이전등기를 하지 않으면 乙은 그 부동산을 처분하지 못한다. 따라서 혹여 丙이 소유권이전등기를 마쳤다고 하더라도, 乙의 소유권이전등기 여부에 따라 부동산 ×의 소유권을 취득할 수 있는지 여부가 달라진다.

Tip ❹ 선지와 관련된 규정을 파악

선지 판단 시 해당 선지와 관련된 규정이 무엇인지 정확하고 빠르게 파악해야 한다. 지문이 짧기는 하지만 계약과 그 외를 구분하고 있기 때문에 선지를 확인할 때 가장 먼저, 계약인지 아닌지를 확인할 수 있도록 한다. 특히 직접적으로 계약이라고 하지 않고 증여라고 표현하기도 하므로 괄호 안을 놓치지 않도록 주의한다.

Tip ❺ 법조문과 선지를 잘 끊어 읽기

법조문 선지의 경우, 선지에도 굉장히 많은 정보가 새로 제시된다. 이럴 때는 주체/객체/대상물을 잘 구분하고, 그리고 특히 선지에서 ' ,(쉼표) '가 있는 경우 쉼표 앞뒤로 내용을 끊어서 읽는 것이 필요하다. 법조문 선지를 한 번에 읽고 모든 것을 이해하려고 하기보다는, 짧은 호흡으로 정보를 분류하며 정오판단을 진행하는 것이 필요하다.

독끝 8일차 (106~120)

정답

106	②	107	①	108	②	109	①	110	③
111	②	112	④	113	⑤	114	②	115	①
116	③	117	⑤	118	③	119	③	120	③

106 정답 ❷ 난이도 ●○○

문제유형 비판적 사고 > 빈칸 채우기

접근전략 전형적인 빈칸 채우기 문제이다. 기본적으로 빈칸문제는 빈칸을 포함한 문장, 앞뒤 문장, 빈칸이 포함된 문단의 주제문을 통해 직간접적 근거를 얻을 수 있다. 우선 글을 살펴 어느 곳에 빈칸이 들어가는지 확인하는 것이 좋은데, 제시문처럼 빈칸이 후반부에 있는 경우 초반부 내용은 단지 이해하는 것으로 충분하다. 등산하듯 점점 강세를 두면서 쭉 읽어서 빈칸의 답을 찾는다. 또한, 사례가 포함된 지문이므로 관련 내용을 함께 언급된 이론과 연결하며 독해하자.

다음 글의 ㉠과 ㉡에 들어갈 말을 가장 적절하게 나열한 것은?

(1) 아담 스미스의 '보이지 않는 손'이라는 가정은 시장에서 개인의 이익추구 활동을 제한하지 않는 것이 전체 이윤을 극대화하는 최선의 방책임을 보여주는 것으로 간주되었다. (2) 그렇다면 다음의 경우는 어떠한가? ▶ 1문단

(1) 공동 소유의 목초지에 양을 치기에 알맞은 풀이 자라고 있다고 생각해 보자. (2) 일정 넓이의 목초지에 방목할 수 있는 가축 두수에는 일정한 한계가 있기 마련이다. (3) 즉 '수용 한계'가 존재하는 것이다. (4) 그 목초지에 한 마리를 더 방목시킨다고 해서 다른 가축들이 갑자기 죽거나 병에 걸리는 것은 아니다. (5) 하지만 목초지의 수용 한계를 넘어 양을 키울 경우, 목초가 줄어들어 그 목초지에서 양을 키워 얻을 수 있는 전체 생산량이 줄어든다. (6) 나아가 수용 한계를 과도하게 초과할 정도로 사육 두수가 늘어날 경우 목초지 자체가 거의 황폐화된다. ▶ 2문단

(1) 예를 들어 수용 한계가 양 20마리인 공동 목초지에서 4명의 농부가 각각 5마리의 양을 키우고 있다고 해 보자. (2) 그 목초지의 수용 한계에 이미 도달한 상태이지만, 그 중 한 농부가 자신의 이익을 늘리고자 방목하는 양의 두수를 늘리려 한다. (3) 그러면 5마리를 키우고 있는 농부들은 목초지의 수용 한계로 인하여 기존보다 이익이 줄어들지만, 두수를 늘린 농부의 경우 그의 이익이 기존보다 조금 늘어난다. (4) 손실을 만회하기 위해 다른 농부들도 사육 두수를 늘리고자 할 것이다. (5) 이러한 상황이 장기화될 경우, [㉠] ▶ 3문단

(1) 이와 같이 아담 스미스의 '보이지 않는 손'에 시장을 맡겨 둘 경우 [㉡] 결과가 나타날 것이다. ▶ 4문단

① ㉠: 농부들의 총이익은 기존보다 증가할 것이다. → (×)
㉡: 한 사회의 공공 영역이 확장되는 → (×)

② ㉠: 농부들의 총이익은 기존보다 감소할 것이다. → (○)
목초지의 수용 한계를 넘어 양을 키울 경우, 목초가 줄어들어 그 목초지에서 양을 키워 얻을 수 있는 전체 생산량이 줄어들게 된다.[2문단(5)] 따라서 농부들의 총이익은 기존보다 감소할 것이다.

㉡: 한 사회의 전체 이윤이 감소하는 → (○)
아담 스미스의 '보이지 않는 손'이라는 가정은 시장에서 개인의 이익추구 활동을 제한하지 않는 것은 전체 이윤을 극대화하는 최선의 방책임을 보여주는 것으로 간주되었다.[1문단(1)] 그런데 3문단의 사례에서는 농부들이 개인의 이익만을 추구하자 총이익이 감소하여 궁극적으로는 사회 총 이윤이 감소하는 결과가 나타났다. 이를 통해 아담 스미스의 '보이지 않는 손'에 시장을 맡겨 둘 경우 사회 전체 이윤은 감소하는 결과가 나타날 것임을 알 수 있다.

③ ㉠: 농부들의 총이익은 기존보다 감소할 것이다. → (×)
㉡: 한 사회의 전체 이윤이 유지되는 → (×)

④ ㉠: 농부들의 총이익은 기존과 동일하게 될 것이다. → (×)
㉡: 한 사회의 전체 이윤이 유지되는 → (×)

⑤ ㉠: 농부들의 총이익은 기존과 동일하게 될 것이다. → (×)
㉡: 한 사회의 공공 영역이 보호되는 → (×)

제시문 분석

1문단 아담 스미스의 '보이지 않는 손'

〈아담 스미스의 '보이지 않는 손'〉

〈개인의 이익추구 활동〉	→	〈전체 이윤 극대화〉
시장에서 개인의 이익추구 활동을 제한하지 않는 것(1)	→	전체 이윤을 극대화하는 최선의 방책(1)

2문단 공동 목초지의 수용 한계 상황 가정

〈공동 목초지의 가축 두수의 한계〉
일정 넓이의 목초지에 방목할 수 있는 가축 두수에는 일정한 한계가 있기 마련이다.(2)

→ 〈수용 한계〉 즉, '수용 한계'가 존재하는 것이다.(3)

〈추가 방목〉	→	〈전체 생산량 감소〉	→	〈목초지의 황폐화〉
그 목초지에 한 마리를 더 방목시킨다고 해서 다른 가축들이 갑자기 죽거나 병에 걸리는 것은 아니다.(4)	→	하지만 목초지의 수용 한계를 넘어 양을 키울 경우, 목초가 줄어들어 그 목초지에서 양을 키워 얻을 수 있는 전체 생산량이 줄어든다.(5)	→	나아가 수용 한계를 과도하게 초과할 정도로 사육 두수가 늘어날 경우 목초지 자체가 거의 황폐화된다.(6)

3문단 공동 목초지의 수용 한계 상황 사례

〈상황〉
수용 한계가 양 20마리인 공동 목초지에서 4명의 농부가 각각 5마리의 양을 키우고 있다고 해 보자.(1)

〈개인의 이익 추구〉	→	〈결과〉	→	〈다른 농부들의 반응〉
그 목초지의 수용 한계에 이미 도달한 상태이지만, 그 중 한 농부가 자신의 이익을 늘리고자 방목하는 양의 두수를 늘리려 한다.(2)	→	그러면 5마리를 키우고 있는 농부들은 목초지의 수용 한계로 인하여 기존보다 이익이 줄어들지만, 두수를 늘린 농부의 경우 그의 이익이 기존보다 조금 늘어난다.(3)	→	손실을 만회하기 위해 다른 농부들도 사육 두수를 늘리고자 할 것이다.(4)

〈총이익 감소〉	이러한 상황이 장기화될 경우, 농부들의 총이익은 기존보다 감소할 것이다.(5)

4문단 아담 스미스 이론에 대한 결론

〈아담 스미스 이론에 대한 결론〉
아담 스미스의 '보이지 않는 손'에 시장을 맡겨 둘 경우 한 사회의 전체 이윤이 감소하는 결과가 나타날 것이다.(1)

합격자의 실전 풀이 순서

❶ 발문 확인 및 문제 유형 파악

빈칸문제이며 두 개의 빈칸에 들어갈 각각의 적절한 말(옳은 것)을 고르는 문제이다. 항상 먼저 발문을 반드시 제대로 읽고 시작하자. 빈칸 채우기 문제의 근거 범위는 빈칸이 포함된 문장, 앞뒤 문장, 문단의 주제문이 있다. 이들을 통해 답을 직접 낼 수 있을 뿐만 아니라 최소한 대응되는 내용을 찾을 결정적 단서를 얻을 수 있다. 해당 문제의 경우 빈칸이 마지막 부분에 존재하므로 글 전반을 잘 이해하며 읽은 후 빈칸에 도달했을 때 문장의 근처를 근거 삼아 답을 내자.

❷ 제시문 독해 및 선지 판단

(1) 1문단은 아담 스미스 이론에 대해 질문을 하면서 마무리되는데 제시문에 나온 질문의 답은 반드시 잘 파악해 두자. 이 답이 지문의 정답은 아니다. 다만 글의 주제와 굉장히 깊은 관련이 있는 것은 맞다. 이는 시험의 특성상 지문이 짧을 수밖에 없기 때문이다.

(2) 2문단은 전체가 하나의 사례(상황)를 설명하고 있다. 이는 사례를 단순히 예시가 아니라 그 자체로 하나의 체계를 가진다는 뜻이다. 사례 파트라고 넘기는 수험생들이 있는데, 이렇게 긴 경우는 반드시 사례의 핵심을 숙지해야 한다. (이 이야기는 고등학교 논술부터, 독해 시험 중 가장 어렵다는 LEET시험까지 모든 영역에 걸쳐서 등장하는 사례이므로 부담이 적다.)

특히 3문단은 2문단을 이용한 더 구체적 사례로, 2문단의 사례인 것이다. 이처럼 사례도 이론처럼 기능할 수 있다. 예컨대 물리학 실험 내용에서 '쇠구슬', '도르래' 같은 단어가 등장한다고 그것이 사례는 아닌 것처럼, 2문단은 사례 같지만 사실 이론이나 다름없다(이를 사고실험이라 한다).

(3) ㉠ 빈칸 바로 앞 문장을 보니 '이러한 상황이 장기화될 경우'라고 나와 있다. 그렇다면 우선 '이러한'이라는 표현이 어떤 상황을 가리키는지 파악하고 '장기화될 경우'라는 표현이 그 상황에 따른 결과를 묻고 있으므로 그 결과를 추론해야 한다. 우선 '이러한'이라는 표현이 가리키는 상황을 파악해보면 목초지의 개인들이 자신의 사익을 위해 수용 한계를 넘어 두수를 늘리는 상황이다. 그렇다면, 빈칸에 들어갈 말은 수용 한계를 넘어 두수를 늘리는 상황의 결과가 들어가야 할 것이다.

(4) 그런데 앞서 말했듯 사례는 그 사례에 대한 원래 내용(즉, 구체화되기 전의 내용)에 대응하기 때문에 우리는 2문단으로 올라가 직접적인 근거를 찾을 수 있게 된다. 2문단 마지막 부분에 '수용 한계를 과도하게 초과할 정도로 사육 두수가 늘어날 때 목초지 자체가 거의 황폐화된다.'라는 내용이 제시되어 있고 이는 수용 한계를 초과할 상황의 결과에 대해 언급하고 있으므로 빈칸의 직접적인 근거가 된다. 그러므로 그 결과인 '목초지 자체가 거의 황폐화된다'에 대응되는 말을 골라야 하고 목초지가 황폐화되면 결국 농부들이 모두 손해를 보기 때문에 '농부들의 총이익은 기존보다 감소할 것이다.'가 답이 된다. 또한, 이로 인해 선지 ①④⑤가 소거된다.

(5) ㉡에 들어갈 내용을 찾기 위해 이것이 포함된 문장을 읽어보면 이는 목초지의 사례를 통해 1문단의 아담 스미스 이론에 대한 질문의 답을 제시하라는 것이다. 이는 ㉠ 선지 판단을 통해 보았듯 사익을 채우기 위한 행동이 총이익을 감소시켰기 때문에 '한 사회의 전체 이윤이 감소하는'이라는 내용이 정답이 된다. 그런데 위에서 언급했듯 제시문에 질문이 나오면 그에 대한 해답을 찾으며 읽어야 한다 했기 때문에, 그에 유의하며 읽었다면 금방 정답을 찾을 수 있었을 것이다.

합격자의 시간단축 Tip

Tip ❶ 빈칸 문제의 근거 범위 확정

빈칸 문제가 등장했을 시 어떤 부분을 근거로 삼을지 기준을 미리 잡아 두면 문제 풀이가 훨씬 수월하고 빨라진다. 보통 빈칸 문제의 근거는 빈칸이 포함된 문장, 앞뒤 문장, 빈칸이 포함된 주제문을 근거로 삼을 수 있다. 여기서 직접적인 근거를 못 얻더라도 최소한 근거를 얻을 실마리는 얻을 수 있으니 이들부터 먼저 참고해서 풀자.

Tip ❷ 내용-사례 간 관계 이용하기

어떤 내용이 나오고, 그를 구체적으로 설명하기 위해(흔히 이를 구체화한다고 한다) 사례를 도입한 경우 이들은 긴밀히 연결된다. 물론 사례는 실전적으로 그 내용이 쉽다면 빨리 읽어도 좋다. 하지만 이 두 내용은 연결되어 선지로 자주 구성되기도 하고 두 내용 간 관계가 해당 문제처럼 빈칸문제를 푸는데 결정적인 근거가 되기도 하므로 이들의 관계를 잘 이용하면 빠르고 정확한 문제 풀이에 큰 도움이 된다. 해당 문제의 경우 아담 스미스의 이론과 3문단에 제시된 사례를 연결하여 이해하는 것이 관건이었다.

Tip ❸ 글에 제시된 과제나 질문의 답 찾기

일반적으로 글에서 어떤 과제나 질문이 주어진 경우, 이들에 대한 답이 제시문 전체의 핵심, 주제가 되기도 하고 문제로 자주 나오기도 하기 때문에 이들을 꼭 파악하며 읽자. 이들의 답은 지문에 직접 제시될 때도 있으나 불친절하게도 그 근거만 던져준 후 알아서 답을 찾게 할 때도 있다. 중요한 건 어떤 경우가 됐건 반드시 그에 대한 답은 파악하며 읽어야 한다는 것이다.

또한, 해당 글은 1문단에서 〈~한 가정은 ~한 것으로 간주되었다. 그렇다면 다음의 경우는 어떠한가?〉라고 하여, 가정 내지 통념에 대한 반박이 뒤에 올 것을 예상할 수 있다. 이 질문에 대한 답이 뒤에 이어지리라고 예상하며 글을 읽는다.

Tip ❹ 빈칸에서 선지 활용법

사실 빈칸을 혼자서 채우는 것은 매우 막막한 일이다. 그러므로 빈칸 채우기는 사실 '알맞은 선지 고르기'와 같다. 이 지문에서 빈칸 ㄱ을 보자. 지문만으로 빈칸에 들어갈 내용을 알 수는 없지만 세 개 중에 고르는 것은 쉽다.

사실 위 내용은 누구나 할 수 있는 말이고, 상당수 수험생들은 이미 이용하고 있는 요령이다. 그러나 여기서 끝나면 안 된다. 시간 단축을 위해서라면 ①번 선지만 보고도 알맞은 빈칸을 추론할 수 있어야 한다. 세 가지 경우 중에 정답을 고르는 것은 쉽지만 한 가지만 보고도 정답을 도출하는 것은 더 고난도 요령이다. ①번 선지에서 ㄱ이 얼토당토않다는 것을 확인했다면 당연히 다른 선지에 그 반대 방향의 선지가 나올 것을 추측하고, 그것부터 찾아야 한다. 만약 그런 선지가 없는 경우 독해를 시작부터 잘못한 것이므로 아예 다른 빈칸에서 다시 처음부터 시도한다(필요가 없다고 생각했는가? 빈칸ㄴ을 ㄱ자리에 두고 해 보자. 절대 쉽지 않을 것이다).

Tip ❺ 각 빈칸 별 선지 문장의 구성 보기

선지의 정오를 바로 판단하기 전에 다섯 가지 선지의 문장구조를 보면 풀이가 수월해진다. 정오를 판단해야 하는 부분의 범위를 알 수 있기 때문이다. 선지의 구조를 통해 ㉠에 대해서는 농부들의 이익 변동을, ㉡에 대해서는 사회 전체 이윤, 혹은 공공 영역의 변화에 대해서만 판단하면 된다는 것을 알 수 있다. 또한 지문 전체에 '공공영역'에 관한 내용은 없으므로 ①⑤를 바로 제거할 수도 있다.

107 정답 ❶

난이도 ●●●

문제유형 비판적 사고 > 유사한 내용·사례 찾기

접근전략 해당 문제는 내용의 대응성을 이용해 정답을 도출하는 문제이다. 이 경우 제시문을 제대로 전부 다 읽고 선지를 판단하기보다 문제를 풀면서 답을 낸다면 더 빠르고 정확하게 풀이를 할 수 있다. 이는 제시문을 전부 다 읽고 문제를 풀게 되면, 제시문 내용이 일부 휘발되어 오히려 풀이가 부정확하고 느려지기 때문이다.

다음 글의 ㉠과 ㉡이 모방하는 군집 현상의 특성을 가장 적절하게 짝지은 것은?

(1) 다양한 생물체의 행동 원리를 관찰하여 모델링한 알고리즘을 생체모방 알고리즘이라 한다. (2) 날아다니는 새 떼, 야생 동물 떼, 물고기 떼, 그리고 박테리아 떼 등과 같은 생물 집단에서 쉽게 관찰할 수 있는 군집 현상에 관한 연구가 최근 활발히 진행되고 있다. (3) 군집 현상은 무질서한 개체들이 외부 작용 없이 스스로 질서화된 상태로 변해가는 현상을 총칭하며, 분리성, 정렬성, 확장성, 결합성의 네 가지 특성을 나타낸다. (4) 첫째, 분리성은 각 개체가 서로 일정한 간격을 유지하여 독립적 공간을 확보하는 특성을 의미하고 둘째, 정렬성은 각 개체가 다수의 개체들이 선택하는 경로를 이용하여 자신의 이동 방향을 결정하는 특성을 의미하며 셋째, 확장성은 개체수가 증가해도 군집의 형태를 유지하는 특성을 의미한다. (5) 마지막으로 결합성은 각 개체가 주변 개체들과 동일한 행동을 하는 특성을 의미한다. ▶ 1문단

(1) ㉠ 알고리즘A는 시력이 없는 개미 집단이 개미집으로부터 멀리 떨어져 있는 먹이를 가장 빠른 경로를 통해 운반하는 행위로부터 영감을 얻어 개발된 알고리즘이다. (2) 개미가 먹이를 발견하면 길에 남아 있는 페로몬을 따라 개미집으로 먹이를 운반하게 된다. (3) 이러한 방식으로 개미 떼가 여러 경로를 통해 먹이를 운반하다 보면 개미집과 먹이와의 거리가 가장 짧은 경로에 많은 페로몬이 쌓이게 된다. (4) 개미는 페로몬이 많은 쪽의 경로를 선택하여 이동하는 특징이 있어 일정 시간이 지나면 개미 떼는 가장 짧은 경로를 통해서 먹이를 운반하게 된다. (5) 이 알고리즘은 통신망 설계, 이동체 경로 탐색, 임무 할당 등의 다양한 최적화 문제에 적용되어 왔다. ▶ 2문단

(1) ㉡ 알고리즘B는 반딧불이들이 반짝거릴 때 초기에는 각자의 고유한 진동수에 따라 반짝거리다가 점차 시간이 지날수록 상대방의 반짝거림에 맞춰 결국엔 한 마리의 거대한 반딧불이처럼 반짝거리는 것을 지속하는 현상에서 영감을 얻어 개발된 알고리즘이다. (2) 개체들이 초기 상태에서는 각자 고유의 진동수에 따라 진동하지만, 점차 상호 작용을 통해 그 고유 진동수에 변화가 생기고 결국에는 진동수가 같아지는 특성을 반영한 것이다. (3) 이 알고리즘은 집단 동기화 현상을 효과적으로 모델링하는 데 적용되어 왔다. ▶ 3문단

㉠ ㉡

① 정렬성 결합성 ➜ (○)

알고리즘A는 시력이 없는 개미 집단이 개미집으로부터 멀리 떨어져 있는 먹이를 가장 빠른 경로를 통해 운반하는 행위로부터 영감을 얻은 알고리즘으로[2문단(1)], 개미는 페로몬이 많은 쪽의 경로를 선택하고 그 경로로 이동하여 일정 시간이 지나면 개미 떼는 가장 짧은 경로를 통해서 먹이를 운반하게 된다.[2문단(4)]. 정렬성은 각 개체가 다수의 개체들이 선택하는 경로를 이용하여 자신의 이동 방향을 결정하는 특성을 의미하므로, 알고리즘A는 정렬성과 짝지어진다.

알고리즘B는 개체들이 초기 상태에서는 각자 고유의 진동수에 따라 진동하지만, 점차 상호 작용을 통해 그 고유 진동수에 변화가 생기고 결국에는 진동수가 같아지는 특성을 반영한 것이다.[3문단(1),(2)] 따라서 이는 각 개체가 주변 개체들과 동일한 행동을 하는 특성인 결합성과 짝짓는 것이 적절하다.

② 확장성 정렬성 ➜ (×)

③ 분리성 결합성 ➜ (×)

④ 결합성 분리성 ➜ (×)

⑤ 정렬성 확장성 ➜ (×)

제시문 분석

1문단 군집 현상의 네 가지 특성

〈군집 현상〉
군집 현상은 무질서한 개체들이 외부 작용 없이 스스로 질서화된 상태로 변해가는 현상을 총칭하며, 분리성, 정렬성, 확장성, 결합성의 네 가지 특성을 나타낸다.(3)

〈군집 현상의 네 가지 특성〉	
〈분리성〉	〈정렬성〉
각 개체가 서로 일정한 간격을 유지하여 독립적 공간을 확보하는 특성(4)	각 개체가 다수의 개체들이 선택하는 경로를 이용하여 자신의 이동 방향을 결정하는 특성(4)
〈확장성〉	〈결합성〉
개체수가 증가해도 군집의 형태를 유지하는 특성(4)	각 개체가 주변 개체들과 동일한 행동을 하는 특성(5)

2문단 생체 모방 알고리즘 사례–알고리즘A

〈알고리즘A의 특성〉
알고리즘A는 시력이 없는 개미 집단이 개미집으로부터 멀리 떨어져 있는 먹이를 가장 빠른 경로를 통해 운반하는 행위로부터 영감을 얻어 개발된 알고리즘이다.(1)

〈개미의 행동원리〉				
〈먹이 발견〉		〈페로몬 누적〉		〈짧은 경로 이용〉
개미가 먹이를 발견하면 길에 남아 있는 페로몬으로 먹이를 운반하게 된다.(2)	➜	개미 떼가 여러 경로를 통해 먹이를 운반하다 보면 개미집과 먹이와의 거리가 가장 짧은 경로에 많은 페로몬이 쌓인다.(3)	➜	개미 떼는 이를 통해서 먹이를 운반하게 된다.(4)

➜ 〈적용〉 이 알고리즘은 통신망 설계, 이동체 경로 탐색, 임무 할당 등의 다양한 최적화 문제에 적용되어 왔다.(5)

3문단 생체 모방 알고리즘 사례 – 알고리즘B

〈알고리즘B의 특성〉				
반딧불이들이 반짝거리는 모습으로부터 영감을 얻어 개발된 알고리즘이다.(1)				
〈반딧불이의 행동 원리〉				
〈초기〉		〈상호작용〉		〈진동수 일치〉
초기에는 각자의 고유한 진동수에 따라 반짝거린다.(2)	→	점차 상호 작용을 통해 그 고유 진동수에 변화가 생긴다.(2)	→	결국에는 진동수가 같아진다.(2)

→	〈적용〉	이 알고리즘은 집단 동기화 현상을 효과적으로 모델링하는 데 적용되어 왔다.(3)

합격자의 실전 풀이 순서

❶ 발문 제대로 읽기

항상 먼저 발문을 반드시 제대로 읽고 시작하자. ㉠과 ㉡이 등장하므로 지문보다 이들을 먼저 찾도록 한다. 특히 알고리즘 A, B가 문단 초두에 있는 경우 두 문단이 서로 독립적이고 이질성이 강하다고 추측하는 것은 필수다. 따라서 제시문을 끝까지 읽은 뒤에 판단하기보다는 웬만하면 독해를 하면서 바로바로 이들이 어떤 군집 현상에 대응하는지 파악하는 것이 더 빠르고 정확하다.

❷ 제시문 독해

아무리 ㄱ과 ㄴ을 분리해서 읽는다고 해도 일단 1문단의 내용을 읽는 것은 필수다. 그래야 알고리즘이 결국 무엇을 위한 것인지 알 수 있기 때문이다. 제시문을 살펴보면 군집 현상의 총 네 가지 특성이 나오고, 알고리즘이 그들 중 하나를 설명한다는 것을 파악할 수 있다. 따라서 군집이 어떻게 형성되는지 동태적 모습을 상상하면서 읽도록 해야 할 것이다.

이때, 네 성질을 검토하다 보면 사람은 반복을 쉽게 하기 위해서 알고리즘 중에 하나만 열심히 반복하게 된다. 그럴 바에는 차라리 한 알고리즘만 읽고 바로 선지로 가서 판단하는 것이 더 좋다. 특히 선지를 보지 않아도 분리성 같은 경우는 정답 가능성이 없다는 것을 쉽게 알 수 있을 것이다.

지문에서 2문단과 3문단의 마지막 내용은 사실 별 필요가 없다. 이를 읽는 것은 시간 낭비일 것이다. 그런 점에서 역시 한 문단을 보고 바로 선지를 판단하는 것은 유의미하다. 2문단에서 한 번 당했으면 3문단에서는 면역이 생길 수 있기 때문이다.

❸ 선지 판단

먼저 알고리즘이 성질 하나만을 설명하는지, 아니면 두 개 이상을 설명하는지도 선지에서 보도록 한다(입법고시 psat를 제외하면, 현재까지는 지문에서 두 개 이상이 대응되어 〈정답의 조합〉이 여러 개가 될 수 있는 함정 문제는 나온 적이 없다). 주의할 점은 두 알고리즘이 반드시 다른 성질에 대응한다는 보장은 없다는 것이다. 두 알고리즘이 똑같이 정렬성에 대응할 수도 있다. 이 점 주의하면서 대응시켜 보도록 한다.

합격자의 시간단축 Tip

Tip ❶ 내용의 대응성을 이용한 문제의 풀이

내용의 대응성을 이용해 정답을 내는 문제는 제시문을 전부 다 읽고 정답을 도출하기보다 대응되는 내용을 읽자마자 바로 답을 내는 것이 더 빠르고 정확한 풀이를 담보한다. 예를 들어 해당 문제에서는 '군집 현상'의 특징이 먼저 나오고 ㉠과 ㉡이 나왔기 때문에 각각을 읽을 때마다 군집 현상 내용과 연결하여 답을 냈다.

Tip ❷ 소거법을 활용한다.

결국 해당 문제를 단순화시키면 원 제시문에 제시된 4가지 특성 중에 최소 2가지 이상을 소거하고 남은 특성 중에 답을 고르는 것이다. 2가지가 명확히 보이지 않는 경우에는 소거될 것을 찾는 것도 방법이다. 예를 들어 2문단의 내용과 분리성은 아예 관련이 없기 때문에 ㉠과 짝지을 수 없다. 따라서 ③번을 정답 후보에서 제외할 수 있다.

Tip ❸ 통합 암기를 해 보자.

1문단에서 군집 현상의 4가지 형태가 등장한다. 이를 각각 기억하는 것은 꽤나 벅찬 일이다. 이를 쉽게 기억하기 위해선, 이 성질을 "모두" 가진 형태를 머릿속으로 그려 보는 것이다.

예컨대 분리성과 정렬성을 합치면 행진하는 개미 떼를 연상할 수 있다. (첨언하자면, 제시문에 개미나 벌이 등장하지 않은 것은 지문 난이도에 영향을 준다.)

혹은 생물이라는 요소를 빼고 기하학적 형태인 '점선'으로 치환해도 좋다. 또한 확장성을 포함하려면 그냥 그 줄의 길이를 치즈처럼 늘리면 되는 것이고, 결합성은 정렬의 확장판이라 생각하면 될 것이다. (이를 생각할 때 바둑판 여러 개를 겹친다고 생각해도 좋다.)

결론적으로, 수험생은 이 글을 읽으면서 속성 한 두개만 가진 집단을 떠올리지 말고 최대한 많은 속성을 한 번에 가진 집단을 떠올려야 한다. 왜냐하면 선지를 보고 다시 그 성질을 생각할 때, 그 집단을 계속 재활용할 수 있기 때문이다.

Tip ❹ 개념이 어렵다면 예시와 연결하며 읽는다.

이 문제는 개념과 뜻이 낯설지 않고 간단한 편이지만 개념이 많거나 그 뜻과 매칭이 어렵고 헷갈리는 문제도 등장할 수 있다. 이럴 때는 아래에 주어진 예시를 개념 내용과 연결하며 읽는다. 또한, 해당 내용을 일상적으로 우리가 접할 수 있는 것(일종의 배경지식)과 연결하며 읽는 훈련을 하도록 하자. 이를 내용 스키마(shema)독해라 한다.

108 정답 ❷ 난이도 ●○○

문제유형 논리적 비판 > 논지의 강화 및 약화

접근전략 논지의 강화 및 약화 여부를 묻는 유형은 2가지를 파악하는 것이 중요하다. 첫 번째는 논쟁의 중심 소재이다. 논쟁에 대한 평가 문제의 경우 특정 소재를 중심으로 각 인물의 입장이 달라지기 때문이다. 두 번째는 각 인물들의 소재에 대한 핵심 입장이다. 이때 많은 수험생들이 근거는 명확하게 파악하면서 주장은 두루뭉술하게 이해하곤 한다. 그러나 문제를 해결하기 위해서는 무엇을 주장하는지, 주장에 대한 근거는 무엇인지 모두 명확하게 파악해야 한다. 강화/약화는 주장을 정면으로 공격하거나, 근거의 허점을 노리는 식으로 선지가 출제되기 때문이다.

다음 논쟁에 대한 평가로 적절한 것만을 〈보기〉에서 모두 고르면?

A: (1) '거문고'라는 이름은 어디에서 유래했다고 생각하니?

B: (2) 흥미로운 쟁점이야. 그에 관해서는 여러 가지 설이 있지만, 그 가운데 어느 것이 옳은가에 대해선 지금도 논란이 분분하지.

A: (3) 내 주장은 '거문고'에서 '거문'은 색깔을 가리키는 말에서

유래했다는 것이야. (4) '거문'은 '검다'로 해석되고, 한자로는 '玄'이라 쓰지. (5) 김부식의 『삼국사기』에 따르면, 고구려의 왕산악이 진나라의 칠현금을 개량해 새 악기를 만들고, 겸해서 백여 곡을 지어 연주했다고 해. (6) 그러자 현학(玄鶴), 즉 검은 학이 날아와 춤을 추었고, 이로부터 악기의 이름을 '현학금'이라고 지었대. (7) '현학금'이 훗날 '현금'으로 변했고, 다시 우리말 '검은고(거문고)'로 바뀐 것이지.

B: (8) 내 주장은 '거문고'에서 '거문'은 나라 이름을 가리키는 말에서 유래했다는 것이야. (9) 원래 '거문'은 '거무' 혹은 'ᄀᆞᆷ'로 발음되기도 하는데, 옛날에는 '고구려'를 '거무'나 'ᄀᆞᆷ'라고 불렀고, 이 말들은 '개마'라는 용어와도 쓰임이 같거든. (10) '개마'는 고대 한민족이 부족사회를 세웠던 장소의 명칭이잖아. (11) 일본인들은 고구려를 '고마'라고 발음하기도 해. (12) 따라서 '거문고'는 '고구려 현악기' 혹은 '고구려 악기'라고 정의될 수 있어.

보기

ㄱ. '단군왕검'에서 '검'이 '신(神)'을 뜻하는 옛말로 'ᄀᆞᆷ', '감' 등과 통용되었다는 사실은 A와 B의 주장을 모두 강화한다.
→ (×) A는 거문고에서 '거문'의 이름이 색깔 이름에서 유래되었다고 주장하고(3), B는 '나라 이름'에서 유래되었다고 주장한다(8). 그러나 '단군왕검'에서 '검'이 '신(神)'을 뜻하는 옛말로 'ᄀᆞᆷ', '감' 등과 통용되었다는 사실은 A와 B의 주장과 무관하므로, 두 주장을 강화하지 않는다.

ㄴ. 현악기를 지칭할 때 '고'와 '금(琴)'을 혼용하였다는 사실은 B의 주장을 약화한다.
→ (×) A의 주장과 B의 주장은 '거문고'에서 '거문'의 이름의 유래에 대해서 차이가 나는 것이지(3),(8), '고'에 대해서 주장이 상반되는 것은 아니다. 따라서 현악기를 지칭할 때 '고'와 '금(琴)'을 혼용하였다는 사실은 B의 주장과 아무런 관련성이 없으므로, B를 약화하지도, 강화하지도 않는다.

ㄷ. '가얏고(가야 + 고)'의 사례에서 보듯이 악기의 이름 맨 앞에 국명을 붙이는 관습이 있었다는 사실은 A의 주장을 강화하지 않는다.
→ (O) A는 거문고에서 '거문'의 이름이 색깔 이름에서 유래되었다고 주장하고(3), B는 '나라 이름'에서 유래되었다고 주장한다(8). 그런데 '가얏고(가야 + 고)'처럼 악기의 이름 맨 앞에 국명을 붙이는 관습이 있었다는 사실은, '거문'이 국명에서 비롯되었다는 B의 주장과 동일한 관점이다. 따라서 해당 내용은 B를 강화한다. 반면 악기 이름이 국명에서 비롯되었다고 보는 관점은, 거문고의 이름이 '색깔' 이름에서 유래되었다고 보는 A의 주장과 관련성이 없으므로 A의 주장을 강화하지 않는다.

① ㄴ → (×)
② ㄷ → (O)
③ ㄱ, ㄴ → (×)
④ ㄱ, ㄷ → (×)
⑤ ㄱ, ㄴ, ㄷ → (×)

제시문 분석

제시문 '거문고'의 이름 유래에 대한 두 가지 견해

〈쟁점〉
'거문고'라는 이름 중 '거문'은 어디에서 유래했을까?(1)

〈A의 주장〉	〈B의 주장〉
'거문고'에서 '거문'은 색깔을 가리키는 말에서 유래했다.(3)	'거문고'에서 '거문'은 나라 이름을 가리키는 말에서 유래했다.(8)
↑	↑
〈A의 근거〉	**〈B의 근거〉**
현학(玄鶴), 즉 검은 학이 날아와 춤을 추었고, 이로부터 악기의 이름을 '현학금'이라고 지었다. '현학금'이 훗날 '현금'으로 변했고, 다시 우리말 '검은고(거문고)'로 바뀌었다.(6),(7)	원래 '거문'은 '거무' 혹은 'ᄀᆞᆷ'로 발음되기도 하는데, 옛날에는 '고구려'를 '거무'나 'ᄀᆞᆷ'라고 불렀다.(9)

합격자의 실전 풀이 순서

❶ 발문과 선지를 파악한다.

강화약화 유형이며, 특히 선지 ㄱ에는 "모두 강화한다"에 대한 판단을 요구하고 있다. 이러한 선지는 〈한 가지만 강화하지 않는지?〉에 대해 반문하며 독해한다.

❷ A와 B의 핵심을 잡아 독해한다.

A는 '거문고'의 '거문'이라는 이름이 색깔에서 유래, B는 나라 이름에서 유래하였다는 것이 지문의 핵심내용이다. 나머지 서술들은 전부 그것을 보조/부연하는 내용이라고 파악해야 한다. 즉, 삼국사기의 현학이야기, 고구려-개마 이야기 등은 개별 사례로 독해할 것이 아니라, A와 B가 각각 주장하는 색깔, 또는 나라 이름과 연결하여 이해해야 한다. 또한, 이러한 것들이 주장의 근거가 되기 때문에 잘 체크해 두도록 한다.

❸ 보기로 내려가 선지 판단을 진행한다.

ㄱ의 '단군왕검', ㄴ의 '고와 금 혼용', ㄷ의 '국명관습'이 색깔/나라 이름 중 어느 것과 연관이 있는지, 혹은 두 가지 모두와 연관이 있는지에 유의하며 선지를 판단한다. 또한, 강화/약화 문제의 경우 '강화한다', '약화한다' 뿐만 아니라 '무관함'도 존재하기 때문에 이를 유념해서 선지 판단을 하도록 한다.

합격자의 시간단축 Tip

Tip ❶ 강화/약화 문제에서는 핵심 주장과 근거 파악이 중요하다.

논지의 강화/약화를 묻는 문제 유형은 각 인물의 핵심 주장과 이를 뒷받침하는 근거를 파악하는 것이 가장 중요하다. 왜냐하면, 강화/약화의 경우 대부분 위 문제의 〈보기〉처럼 특정 사실을 가정한 다음 그 사실이 A나 B의 주장을 강화하는지 약화하는지를 물어보기 때문이다. 이때 보기에서 제시한 사실들의 강화/약화 여부를 판별하려면 기본적으로 각각의 주장과 근거를 잘 체크해 두는 수밖에 없다.

Tip ❷ 선지가 본문에서 변형되어 출제된다는 것을 예상한다.

'거문고' 중 '거문'의 이름 유래에 대해 A는 '색깔', B는 '나라 이름'을 각자의 가설로 제시하고 있다. 이 경우 선지는 색깔이나 나라 이름을 제시하되, 본문에는 등장하지 않은 사례를 가져와 해당 내용이 A, B를 강화/약화하는지 물어볼 것이다. 이를 예측하고 선지 판단에 들어가야 한다. 실제로 선지 ㄷ의 경우 〈가얏고〉라는 사례를 이용하여 선지를 만들었다.

Tip ❸ 한 가설이나 주장만 강화/약화할 수 있다는 점을 알아야 한다.

해당 글은 〈거문고 이름의 유래〉에 대해 A와 B의 두 가설만을 제시하고 있다. 그러나 유래에 관해 이 두 가지 가설만 배타적으로 존재한다는 진술은 없다. 이런 경우, 특히 특정 진술이 A를 강화하는 것인 동시에 B를 약화하는 것인지를 물을 가능성이 크다. 실제로 이러한 유형이 선지로 출제된 적이 있다.

Tip ❹ 평가로 적절한 것을 묻는 문제의 선지 구성

평가를 묻는 문제의 선지는 대부분 약화하느냐/강화하느냐(또는 약화하지 않느냐/강화하지 않느냐)를 묻게 되는데, 이 경우 추론할 수 있는 것을 고르라는 문제로 보고 풀이 기준은 단순화해서 기계적으로 풀면 문제 풀이 시간을 크게 줄일 수 있다. 그 기준은 아래 표를 참고하자. 표에 있는 표현과 똑같은 말은 아닐지라도 결국 둘 중 하나로 볼 수 있게 된다. 예를 들어, 문제 선지에 있는 '반박한다'는 '약화한다'로 볼 수 있다는 것이다.

A가 강화한다.	A가 본문 내용과 일치 또는 본문 내용으로부터 추론 가능
A가 강화하지 않는다.	A가 추론될 근거 없음 또는 A가 본문 내용과 상충하거나 무관함
A가 약화한다.	A가 본문 내용과 상충
A가 약화하지 않는다.	A가 본문으로부터 추론 가능 또는 일치하거나 무관함

109 정답 ❶ 난이도 ●●●

문제유형 논리퀴즈 문제 > 빈칸 채우기

접근전략 빈칸 문제의 경우 다양한 유형이 존재하는데, 그중 하나는 논리 문제와 결합하는 경우다. 이 경우에는 대화와 빈칸의 형식을 띠고 있지만 본질적으로는 논리 문제로 접근하는 것이 중요하다. 대화의 내용은 실질적으로 중요하지 않기 때문이다. 따라서 빈칸 앞뒤의 내용을 유심히 읽되 나머지 대화의 부분은 가볍게 내용을 정리하며 읽는 것이 좋다. 또한, 이처럼 논리형 문제로 접근해야 하는 경우 제시문의 내용만으로 정답을 이끌어 내기 어려우므로 선지의 내용을 빈칸에 넣은 뒤 특정 결론이 자연스럽게 도출되고 제시문의 내용과 상충하지 않으면 정답으로 선택할 수 있다.

다음 대화의 ㉠과 ㉡에 들어갈 말을 적절하게 짝지은 것은?

갑: (1) 신입직원 가운데 일부가 봉사활동에 지원했습니다. 그리고 [㉠]
을: (2) 지금 하신 말씀에 따르자면, 제 판단으로는 하계연수에 참여하지 않은 사람 중에 신입직원이 있다는 결론이 나오는군요.
갑: (3) 그렇게 판단하신 게 정확히 맞습니다. 아니, 잠깐만요. 아차, 제가 앞에서 말씀드린 부분 중에 오류가 있었군요. 죄송합니다. (4) 신입직원 가운데 일부가 봉사활동에 지원했다는 것은 맞는데, 그 다음이 틀렸습니다. (5) 봉사활동 지원자는 전부 하계연수에도 참여했다고 말씀드렸어야 했습니다.
을: (6) 알겠습니다. 그렇다면 아까와 달리 "[㉡]"라는 결론이 나오는 것이로군요.
갑: 바로 그렇습니다.

* 제시된 조건들을 정리하면 다음과 같다.
ⓐ: 신입직원 일부가 봉사활동에 지원함.
ⓑ: 하계연수에 참여하지 않은 신입직원이 있음.
ⓒ: 봉사활동 지원자는 모두 하계연수에 참여함.

① ㉠: 하계연수 참여자 가운데는 봉사활동에 지원했던 사람이 없습니다.
㉡: 신입직원 가운데 하계연수 참여자가 있다.
→ (O) 'ⓐ∧㉠→ⓑ'가 되기 위해서는 봉사활동을 지원한 사람은 하계연수에 지원하지 않았다는 조건이 추가되어야 한다. 따라서 이 명제의 대우에 해당하는 '하계연수 참여자 가운데는 봉사활동에 지원했던 사람이 없다.'가 ㉠에 들어가야 한다. 'ⓐ∧ⓒ→㉡'이 되기 위해서는 봉사활동을 지원한 신입직원 일부는 하계연수에 참여했다고 볼 수 있으므로 '신입직원 가운데 하계연수 참여자가 있다.'가 ㉡에 들어가는 것이 적절하다.

② ㉠: 하계연수 참여자 가운데는 봉사활동에 지원했던 사람이 없습니다.
㉡: 신입직원 가운데 하계연수 참여자는 한 명도 없다.
→ (×)

③ ㉠: 하계연수 참여자는 모두 봉사활동에도 지원했던 사람입니다.
㉡: 신입직원 가운데 하계연수 참여자는 한 명도 없다.
→ (×)

④ ㉠: 하계연수 참여자 가운데 봉사활동에도 지원했던 사람이 있습니다.
㉡: 신입직원 가운데 하계연수 참여자가 있다.
→ (×)

⑤ ㉠: 하계연수 참여자 가운데 봉사활동에도 지원했던 사람이 있습니다.
㉡: 신입직원은 모두 하계연수 참여자이다.
→ (×)

제시문 분석

논리 전개 과정 ①

〈갑의 주장〉	
신입직원 가운데 일부가 봉사활동에 지원했다.(1)	하계연수 참여자 가운데는 봉사활동에 지원했던 사람이 없다. (선지①)

→ 〈결론〉 하계연수에 참여하지 않은 사람 중에 신입직원이 있다.(2)

논리 전개 과정 ②

〈갑의 주장〉	
신입직원 가운데 일부가 봉사활동에 지원했다.(1)	봉사활동 지원자는 전부 하계연수에도 참여했다.(5)

→ 〈결론〉 신입직원 가운데 하계연수 참여자가 있다.(선지①)

합격자의 실전 풀이 순서

❶ 첫 번째 빈칸 앞뒤를 정독하고 선지를 확인한다.

위와 같은 문제의 경우 첫 번째 빈칸의 앞뒤를 정독하며 빈칸의 특성을 파악한다. 위 빈칸의 경우 빈칸 앞에서 갑이 정보를 제공하며, 을에서 결론으로 이어짐을 알 수 있다. 그러므로 앞의 정보와 빈칸을 통해 결론을 도출한다고 생각하고 문제에 접근한다. 이때 본 문제는 주관식이 아니라 객관식이라는 것을 인지하고 선지를 적극적으로 활용하도록 한다.

선지를 살펴보면 ㉠에 들어갈 문장으로는 '하계연수 참여자 가운데는 봉사활동에 지원했던 사람이 없습니다.', '하계연수 참여자는 모두 봉사활동에도 지원했던 사람입니다.', '하계연수 참여자 가운데 봉사활동에도 지원했던 사람이 있습니다.'가 존재한다. 전제를 도출하는 것이 어렵다면, 선지에서 제시된 위 3개의 문장을 각각 넣어 을의 결론 도출이 가능할지를 점검해보는 것이 좋다.

❷ **두 번째 빈칸 앞뒤를 정독하고 선지를 확인한다.**

두 번째 빈칸 주변을 정독하고 빈칸의 특성을 파악한다. 두 번째 빈칸의 경우 '아까와 달리~결론'으로 명시되어 있다. 이에 앞서 일정 정보가 변경되었음을 알 수 있으며 갑을 통해 맞은 정보와 틀린 정보를 다시 명확하게 확인하고 선지를 살피도록 한다. 이미 첫 단계에서 ㉠을 도출했기 때문에 현재 정답은 ①번 아니면 ②번인 상태다. '신입직원 가운데 하계연수 참여자가 있다.'와 '신입직원 가운데 하계연수 참여자는 한 명도 없다.'를 대입해 정답을 도출한다.

합격자의 시간단축 Tip

Tip ❶ 선지를 적극적으로 활용한다.

본 문제에 있어서 시간을 단축하려면 선지를 적극적으로 활용하는 것도 중요하다. 선지의 내용을 각각 대입해보는 것이 오히려 답을 찾는 시간을 줄여주기 때문이다. 본 시험은 객관식 문제이기 때문에 선지는 단서로 활용될 수 있다. 특정 선지 내용을 빈칸에 넣었을 시 특정 사실을 논리적으로 도출할 수 있고 제시문의 내용과 상충하지 않는다면 이를 정답이라 할 수 있다.

Tip ❷ ㉠, ㉡을 반드시 순서대로 판단할 필요는 없다.

해당 지문은 논리 문제이며 가정이 중간에 바뀌므로 둘 중에 쉬운 가정부터 풀면 된다. 이 경우는 ㉡이 상대적으로 더 판단하기 쉽다. 이후 ㉠을 판단할 때 선지가 ①, ④로 줄어듦으로 판단이 쉬워진다.

Tip ❸ 선지를 결론으로 삼아서 확인해 본다.

즉, 신입직원 가운데 일부가 봉사활동에 지원했고, 하계연수에 참여하지 않았다. 라는 주장을 도출할 수 있다.

110 정답 ❸

난이도 ●●○

문제유형 제시문형 > 분석추론

접근전략 제시문 형태이지만 법률상 개념을 소개하고, 〈사례〉에 해당하는 〈상황〉이 주어진다는 점에서 법조문 유형 또는 규정확인유형이라고 보고 접근해야 한다. 규정확인유형을 풀 때와 마찬가지로 개념의 구체적 내용을 암기하기보다 제시문의 구조를 파악하며 제시문을 독해한다. 1문단에서 위헌결정의 개념제시, 2문단에서 문제점 제시, 문제해결방안이 제시되며, 3문단에서는 〈재심청구〉라는 대응방안이 새롭게 제시된다. 또한, 〈상황〉의 내용을 먼저 읽은 후 키워드를 도출하여 제시문 독해에 참고해도 좋다.

다음 글과 〈상황〉을 근거로 판단할 때 옳은 것은?

헌법재판소가 위헌으로 결정한 법률 또는 법률조항은 그 위헌결정이 있는 날부터 효력을 상실한다. 그러나 위헌으로 결정된 형벌에 관한 법률 또는 법률조항(이하 '형벌조항'이라고 함)은 소급하여 그 효력을 상실한다. 이는 죄형법정주의 원칙에 의할 때, 효력이 상실된 형벌조항에 따라 유죄의 책임을 지는 것은 타당하지 않다는 점을 고려한 것이다. ▶ 1문단

그러나 위헌인 형벌조항에 대해서 일률적으로 해당 조항의 제정 시점까지 소급효를 인정하는 것은 문제가 있다. 왜냐하면 헌법재판소가 기존에 어느 형벌조항에 대해서 합헌결정을 하였지만 그 후 시대 상황이나 국민의 법감정 등 사정변경으로 위헌결정을 한 경우, 해당 조항의 제정 시점까지 소급하여 그 효력을 상실하게 하여 과거에 형사처벌을 받은 사람들까지도 재심을 청구할 수 있게 하는 것은 부당하기 때문이다. 따라서 위헌으로 결정된 형벌조항에 대해서 종전에 합헌결정이 있었던 경우에는 그 결정이 선고된 날의 다음 날로 소급하여 효력을 상실하는 것으로 규정함으로써 그 소급효를 제한한다. 이러한 소급효 제한의 취지로 인해 동일한 형벌조항에 대해서 헌법재판소가 여러 차례 합헌결정을 한 때에는 최후에 합헌결정을 선고한 날의 다음 날로 소급하여 그 형벌조항의 효력이 상실되는 것으로 본다. ▶ 2문단

한편, 헌법재판소의 위헌결정이 내려진 형벌조항에 근거하여 유죄의 확정판결을 받은 사람은 '무죄임을 확인해 달라'는 취지의 재심청구가 인정된다. 또한 그 유죄판결로 인해 실형을 선고받고 교도소에서 복역하였던 사람은 구금일수에 따른 형사보상금 청구가 인정되며, 벌금형을 선고받아 이를 납부한 사람도 형사보상금 청구가 인정된다. ▶ 3문단

※ 소급효: 법률이나 판결 등의 효력이 과거 일정 시점으로 거슬러 올라가서 미치는 것

상황

1953. 9. 18.에 제정된 형법 제241조의 간통죄에 대해서, 헌법재판소는 1990. 9. 10., 1993. 3. 31., 2001. 10. 25., 2008. 10. 30.에 합헌결정을 하였지만, 2015. 2. 26.에 위헌결정을 하였다. 다음과 같이 형사처벌을 받았던 甲, 乙, 丙은 재심청구와 형사보상금 청구를 하였다.

甲: 2007. 10. 1. 간통죄로 1년의 징역형이 확정되어 1년간 교도소에서 복역하였다.

乙: 2010. 6. 1. 간통죄로 징역 1년과 집행유예 2년을 선고받고, 교도소에서 복역한 바 없이 집행유예기간이 경과되었다.

丙: 2013. 8. 1. 간통죄로 1년의 징역형이 확정되어 1년간 교도소에서 복역하였다.

※ 집행유예: 유죄판결을 받은 사람에 대하여 일정 기간 형의 집행을 유예하고, 그 기간을 무사히 지내면 형의 선고는 효력을 상실하는 것으로 하여 실형을 과하지 않는 제도

① 甲의 재심청구는 인정되나 형사보상금 청구는 인정되지 않는다.

→ (×) 甲은 2007. 10. 1.에 형이 확정되었으며 2008. 10. 30 합헌결정 이전에는 위헌결정의 소급효가 미치지 않아 당시에 간통죄는 합헌이었으므로 甲은 재심청구 및 형사보상금 청구는 인정되지 않는다.

② 乙의 재심청구와 형사보상금 청구는 모두 인정된다.

→ (×) 乙은 2010. 6. 1.에 형이 확정되었으며 위헌결정의 소급효에 따라 당시에 간통죄는 위헌이었으므로 재심청구가 인정된다. 그러나 형사보상금 청구는 실형을 선고받아야 하므로 집행유예를 선고받은 乙의 형사보상금 청구는 인정되지 않는다.

③ 乙의 재심청구는 인정되나 형사보상금 청구는 인정되지 않는다.
➜ (O) 乙은 2010. 6. 1.에 형이 확정되었으며 위헌결정의 소급효에 따라 당시에 간통죄는 위헌이었으므로 재심청구가 인정된다. 그러나 형사보상금 청구는 실형을 선고받아야 하므로 집행유예를 선고받은 乙의 형사보상금 청구는 인정되지 않는다.

④ 丙의 재심청구와 형사보상금 청구는 모두 인정되지 않는다.
➜ (×) 丙은 2013. 8. 1.에 형이 확정되었으며 위헌결정의 소급효에 따라 당시에 간통죄는 위헌이었으므로 재심청구가 인정된다. 또한 형사보상금 청구는 실형을 선고받아야 하므로 징역형을 선고받은 丙은 형사보상금 청구도 인정된다.

⑤ 丙의 재심청구는 인정되나 형사보상금 청구는 인정되지 않는다.
➜ (×) 丙은 2013. 8. 1.에 형이 확정되었으며 위헌결정의 소급효에 따라 당시에 간통죄는 위헌이었으므로 재심청구가 인정된다. 또한 형사보상금 청구는 실형을 선고받아야 하므로 징역형을 선고받은 丙은 형사보상금 청구도 인정된다.

합격자의 실전 풀이 순서

❶ 문제 유형 파악

본 문제는 제시문이 주어졌으므로 정보확인유형으로 오인할 수 있으나, 제시문에서 규정을 정확히 파악하고 〈상황〉에 적용한다는 점에서 규정확인유형 혹은 법조문 유형과 유사하다고 보는 것이 타당하다. 줄글 형식의 제시문이 주어진 규정적용 유형의 문제는 정보확인유형처럼 제시문의 글을 꼼꼼히 읽는 것이 아니라, 불필요한 부분은 넘기고 선지에 적용할 규정을 파악하며 읽어야 한다. 규정과 원칙이 정해진 경우 원인과 과정은 문제 해결에 필요하지 않은 경우가 대부분이다. 또한, 본 문제가 옳은 것을 고르는 문제라는 것을 인지하기 위해 "옳은"이라는 단어에 밑줄이나 동그라미 등 표시를 한다.

❷ 제시문 독해

제시문 독해 시에는 제시문의 세부 내용을 확인하기보다는 선지에 적용할 원칙을 정확하고 간략하게 파악하겠다는 목적의식을 지닌다. 또한, 제시문의 어떤 부분에 주목하여야 하는지 알기 위해 〈상황〉을 참고할 수 있다. 〈상황〉에는 '형벌', '합헌결정', '위헌결정', '재심청구', '형사보상금 청구'의 키워드를 찾을 수 있으므로 이에 유의하여 제시문을 읽는다.
1문단 첫 번째 문장은 헌법재판소가 위헌으로 결정한 법률 또는 법률조항의 효력 상실 시점을 서술한다. 두 번째 문장과 마지막 문장은 그 예외로서 형벌조항을 제시하며 그러한 예외를 두는 이유를 서술한다. 〈상황〉이 형벌에 대한 내용이었으므로, 두 번째 문장에 밑줄을 긋는다.
2문단 첫 번째와 두 번째 문장은 1문단에서 서술한 형벌조항의 소급 시점에 대한 문제를 제기한다. 세 번째 문장은 그러한 문제 제기의 결과 형벌조항의 효력 상실 시점을 서술한다. 중요한 내용은 '따라서' 이하의 내용이다. 그 시점은 종전에 합헌결정이 있었던 경우에 그 결정이 선고된 날의 다음 날이므로 해당 부분에 밑줄을 긋는다. 마지막 문장은 여러 차례 합헌결정을 한 특이한 경우에 대한 서술이며, 그 시점은 최후에 합헌결정을 선고한 날의 다음 날이므로 해당 부분에 밑줄을 긋는다.
3문단은 재심청구와 형사보상금 청구에 대하여 서술한다. 첫 문장은 재심청구의 개념이자 인정 조건이며, 두 번째 문장도 형사보상금 청구의 인정 조건이다.
제시문에서 1문단과 같은 예외상황 또는 2문단 마지막 문장과 같은 특수한 상황, 그리고 3문단과 같은 특별한 개념에 관한 서술이 있는 경우 이를 〈상황〉의 판단에 모두 활용할 가능성이 크므로 독해를 하면서 밑줄 등으로 표시해둔다.

❸ 상황 독해 및 선지 판단

〈상황〉은 간통죄에 대한 위헌결정 상황을 설명한다. 눈에 띄는 것은 여러 차례 합헌결정이 있었다는 것이다. 2문단 마지막 문장의 내용이 적용됨을 알 수 있다. 구체적으로 2015.2. 26. 위헌결정을 하였으므로, 2문단 마지막 문장에 따라 최후에 합헌결정을 선고한 날의 다음 날인 2008. 10. 31.부터 형벌조항의 효력이 상실된다. 따라서 2008. 10. 31. 이후에 간통죄로 처벌받은 사람은 재심청구와 형사보상금 청구가 가능할 것이다. 이를 바탕으로 甲, 乙, 丙이 재심청구와 형사보상금 청구를 하는 상황을 3문단과 비교한다. 재심청구는 2008. 10. 31. 이후 간통죄로 유죄판결을 받기만 하면 모두 인정되지만, 형사보상금청구는 교도소에 복역하였거나 벌금을 납부한 자에게만 인정된다는 것을 이해하면 된다.

합격자의 시간단축 Tip

Tip ❶ 개념이 어렵다면 문제를 생략한다.

공무원 시험을 준비하면서 헌법을 공부하지 않았다면 지문의 내용 자체가 어려울 것이다. 각주에 소급효라는 단어가 제시되어 있으나 이를 이해하는 것 자체도 힘들 수 있다. 심지어 지문의 정오를 판단하는 것이 아니라 지문을 바탕으로 상황을 이해하는 유형이기 때문에 설문을 풀지 않고 넘어가는 것도 전략이 될 수 있다.

Tip ❷ 독해 전 규정적용 유형임을 파악

법조문 형식이 아니라 줄글의 제시문이 주어져 있지만, 문제가 '규정적용' 유형임을 먼저 파악해야 한다. 이는 효율적으로 독해하기 위해서이다. 규정적용 유형은 일반적인 비문학 유형과 달리 제시문에서 필요한 부분이 명확하다. '적용할 규정'을 찾으면 되는 것이다. 규정적용 유형임은 〈상황〉의 존재를 통해 파악할 수 있다.
어떤 문장이 규정인지는 문장의 내용으로 알 수 있다. 예를 들어, 본 제시문의 1문단에서 규정은 첫 문장과 두 번째 문장이다. 형벌조항에 대한 예외를 규정한 이유인 세 번째 문장은 규정이 아니므로 주의 깊게 읽을 필요가 없다. 2문단의 경우도 앞의 두 문장은 '따라서' 다음 문장의 이유를 설명하는 것이지 규정은 아니다. 규정은 '따라서' 이하 두 문장이므로 이 문장들만 밑줄을 그어두면 된다.

Tip ❸ 선지 구성과 〈상황〉을 통해 목적의식을 설정

선지 구성과 〈상황〉을 통해 무엇에 주목하여 제시문을 독해해야 할지 참고할 수 있다. 특히, 본 문제는 문제를 스캔했을 때 선지의 구성이 독특한 것을 확인할 수 있다. 즉 사람만 다르지 물어보는 것은 재심청구와 형사보상금 청구로 동일하다. 〈상황〉 역시 형벌조항에 대한 위헌 판정과 재심청구와 형사보상금 청구에 대한 인정 여부를 다루고 있다. 따라서 재심청구가 형사보상금 청구가 어떻게 인정되는지를 파악하고자 한다. 이는 지문의 3문단에 위치해 있다.
그런데 그 청구가 인정되기 위해서는 3문단 첫째 줄과 같이 헌법재판소의 위헌결정이 내려진 형벌조항에 근거하여 유죄의 확정판결을 받아야 한다. 즉 형벌조항이 헌법에 위배된다고 헌법재판소가 결정하여야 한다. 그렇다면 어떤 경우에 헌법재판소는 형벌조항이 헌법에 위배된다고 결정하는지를 파악하고자 한다. 지문이 어려우므로 어떤 부분을 중점적으로 읽어야 하는지를 생각하면서 읽는다.

Tip ❹ 규정 파악에 접속사를 활용

규정확인유형을 풀기 위해서 제시문의 규정을 빠르고 정확하게 파악해야 한다고 언급한 바 있다. 중요하지 않은 부분을 생략하고, 필요한 규정만 파악하기 위해서는 접속어를 활용할 수 있다. 1문단 두 번째 줄의 '그러나', 2문단 첫 번째 줄의 '그러나', 2문단 여섯 번째 줄의 '따라서'라는 접속사를 통하여 2문단 여섯 번째 줄 이하를 주목한다. 즉 위헌으로 결정된 형벌조항에 대해서 종전에 합헌결정이 있는 경우에는 그 결정이 선고된 날의 다음 날로 소급하여 효력을 상실하는 것으로 규정한다. 한편 각주에 따르면 소급효는 법률이나 판결 등의 효력이 과거 일정 시점으로 거슬러 올라가서 미치는 것이므로, 위헌으로 결정된 형벌조항에 대해서 종전에 합헌결정이 있는 경우에는 그 결정이 선고된 날의 다음 날부터 효력을 상실하는 것이다. 2문단 마지막 문장을 읽지 않더라도 2008. 10. 30.에 합헌결정이 있었으므로 그 다음 날인 2008. 10. 31.부터 효력을 상실한다. 이를 기준으로 상황을 검토하여 정답을 도출한다.

111 정답 ❷ 난이도 ●○○

문제유형 사실적 이해 > 정보 확인

접근전략 'A는 B만을 의미하는 것은 아니다'라는 식의 서술구조는 'A에 B의 의미도 포함'되어있으며, 잇따른 글의 전개에서 'A를 구성하는 것 중에서 B를 제외한 나머지 것들'이 제시될 것이라는 암시이기도 하다.
아래 지문 역시 공직의 기강이 상령하행만을 의미하는 것이 아니라는 문장으로 글이 시작된다. 따라서 공직의 기강을 의미하는 것 중에서 상령하행을 제외한 나머지 것이 무엇인지를 염두에 두고 글을 읽어나가야 한다. 이를 통해 공직의 기강과 상령하행, 그리고 나머지 것들에 해당하는 '공적 직분의 엄수' 간 관계를 잘 설정한다면 어렵지 않게 풀 수 있는 문제다.

다음 글에서 알 수 있는 것만을 〈보기〉에서 모두 고르면?

(1) 공직의 기강은 상령하행(上令下行)만을 일컫는 것이 아니다. (2) 법으로 규정된 직분을 지켜 위에서 명령하고 아래에서 따르되, 그 명령이 공공성에 기반한 국가 법제를 벗어나지 않았을 때 기강은 바로 설 수 있다. (3) 만약 명령이 법 바깥의 사적인 것인데 그것을 수행한다면 이는 상령하행의 원칙을 잘못 이해한 것이다. (4) 무릇 고위의 상급자라 하더라도 그가 한 개인으로서 하급자를 반드시 복종하게 할 권위가 있는 것은 아니다. (5) 권위는 오직 그 명령이 국가의 법제를 충실히 따랐을 때 비로소 갖춰지는 것이다. ▶ 1문단

(1) 조선시대에는 6조의 수장인 판서가 공적인 절차와 내용에 따라 무엇을 행하라 명령하는데 아랫사람이 시행하지 않으면 사안의 대소에 관계없이 아랫사람을 파직하였다. (2) 그러나 판서가 공적인 절차를 벗어나 법 외로 사적인 명령을 내리면 비록 미관말직이라 해도 이를 따르지 않는 것이 올바른 것으로 인정되었다. (3) 이처럼 공적인 것에 반드시 복종하는 것이 기강이요, 사적인 것에 복종하지 않는 것도 기강이다. (4) 만약 세력에 압도되고 이욕에 이끌려, 부당하게 직무의 분한(分限)을 넘나들며 간섭하고 간섭받게 된다면 공적인 지휘 체계는 혼란에 빠지고 기강은 무너질 것이다. (5) 그러므로 기강을 확립할 때, 그 근간이 되는 상령하행과 공적 직분의 엄수는 둘이 아니라 하나이다. (6) 공직의 기강은 곧 국가의 동맥이니, 이 맥이 찰나라도 끊어지면 어떤 지경에 이를 것인가? (7) 공직자들은 깊이 생각해 보아야 할 것이다. ▶ 2문단

보기

ㄱ. 상급자의 직위가 높아야만 명령의 권위가 갖춰진다.
→ (×) 제시문에 따르면 고위의 상급자라고 해서 하급자를 복종하게 할 권위가 있는 것은 아니며[1문단(4)], 명령의 권위는 오직 국가의 법을 충실히 따랐을 때 갖춰진다고 언급하고 있다.[1문단(5)]

ㄴ. 조선시대에는 상령하행이 제대로 준수되지 않았다.
→ (×) 상령하행(上令下行)이란 '위에서 명령하고 아래에서 따르는 것'을 의미한다. 제시문에 따르면 조선시대에는 6조 수장인 판서가 명령하는데 그것이 법 외로 사적인 명령이라면 비록 미관말직이라 해도 이를 따르지 않는 것이 올바른 것으로 인정되었다. 하지만 공적인 절차와 내용에 따라 이루어진 판서의 명령을 아랫사람이 시행하지 않으면 아랫사람을 파직했다.[2문단(1)] 이런 규율이 잘 지켜졌는지는 제시문에 나와있지 않다.

ㄷ. 하급자가 상급자의 명령을 언제나 수행해야 하는 것은 아니다.
→ (○) 만약 명령이 법 밖의 사적인 것일 때, 즉 공공성에 기반하지 않은 경우에 그것을 수행하는 것은 상령하행을 잘못 이해한 것이라고 하였다.[1문단(2),(3)] 2문단에 나타난 조선시대의 예시에 따르면 상급자에 해당하는 판서 역시도 법 외로 사적인 명령을 내릴 경우에는 지위가 아무리 낮은 미관말직일지라도 이를 따르지 않는 것이 올바른 것이라고 하였다.[2문단(2)] 따라서 하급자라고 해서 상급자의 명령을 언제나 따라야 하는 것은 아니다.

① ㄱ → (×)
② ㄷ → (○)
③ ㄱ, ㄴ → (×)
④ ㄴ, ㄷ → (×)
⑤ ㄱ, ㄴ, ㄷ → (×)

제시문 분석

1문단 공직 기강이 바로 서는 경우

〈공직의 기강이 바로 설 때〉

〈상령하행〉		〈공적 직분의 엄수〉
공직의 기강은 상령하행(上令下行)만 일컫는 것은 아니다.(1)	⊕	명령이 공공성에 기반을 두는 국가 법제를 벗어나지 않을 때 기강은 바로 선다.(2)

〈상령하행의 이해〉		〈권위의 이해〉
명령이 법 바깥의 사적인 것인데 수행하는 경우는 상령하행을 잘못 이해한 것이다.(3)	⊕	상급자라고 해서 하급자를 반드시 복종하게 할 권위가 있지는 않다.(4)

〈해석〉
명령의 권위는 국가의 법제를 따랐을 때 비로소 갖춰진다.(5)

2문단 공직 기강 세우기의 필요성

〈공직의 기강이 바로 설 때-예시〉		
〈상령하행〉		〈공적 직분의 엄수〉
조선시대에는 판서의 명령에 아랫사람이 따르지 않으면 아랫사람은 파직되었다.(1)	⊕	판서가 법 외의 사적인 명령을 내릴 때는 따르지 않는 것이 올바르다고 여겨졌다.(2)
〈기강의 특징 1〉		〈기강의 특징 2〉
공적인 것에 복종하는 것이면서 사적인 것에는 복종하지 않는 것이다.(3)	⊕	직무의 높낮이나 경계를 넘는 간섭이 있다면 공적 지휘 체계가 흔들리고 기강은 무너진다.(4)
〈기강의 의미〉		
상령하행과 공적 직분의 엄수는 둘 다 국가의 동맥과 다름없는 공직의 기강을 확립하는 데에 필수적이다.(5),(6)		

합격자의 실전 풀이 순서

❶ 발문을 확인한다.

'다음 글에서 알 수 있는 것만을 〈보기〉에서 모두 고르면?' 알 수 '있는' 것인지, '없는' 것인지를 확실히 표시하고 간다. 예를 들어 알 수 있는 것을 묻는다면 발문의 '있는'에 동그라미를 치고, 알 수 없는 것을 묻는다면 발문의 '없는'에 세모를 쳐 반대의 경우로 착각하지 않도록 시각적으로 나타낸다.

❷ 첫 문장을 통해 이 글이 '공직의 기강'에 관한 글임을 깨닫는다.

첫 문장 속 '공직의 기강이 상령하행만을 일컫는 것이 아니다'는 문장을 통해 추후 '공직의 기강이 무엇을 의미하는지, 어떨 때 지켜지는지에 관한 서술이 등장할 것'임을 유추할 수 있다. 이때 상령하행의 한자 뜻을 알 수 있으면 좋다. 이는 한자를 알아서 되는 것이 아니라, "상명하복"으로부터 유추하거나, 혹은 공직의 기강과 상하관계라는 측면에서 유추해야 한다.

❸ 공직의 기강이 확립되는 때를 찾으며 지문을 읽는다.

공직의 기강이 확립되는 때는 언제이며, 확립되지 않는 때는 언제인지, 그리고 이게 상령하행과는 어떻게 다른지 주의하며 지문을 읽는다. 이때 〈상령하행 이외의 공직기강〉에 최우선점을 두고 독해한다.

❹ 선지를 확인한다.

상급자와 하급자라는 단어보다 상령하행에서 〈상○하○〉이라는 개념으로 치환하여 보면 좋다. 상령하행과 그것이 아닌 것을 중심으로 내용을 이해했다면 정답을 쉽게 고를 수 있는 문제다. 이때 ○에는 특정 단어를 넣으라는 소리가 아니라 상-하간 관계를 어떻게 설정할지 백지로 주어져 있다는 뜻이므로 굳이 단어로 기억하지 않아도 된다.

합격자의 시간단축 Tip

Tip ❶ 짧은 지문일 경우, 제시문을 먼저 읽는 것을 추천한다.

'합격자의 실전 풀이 순서 2'에도 적어두었듯, 두 문단 남짓의 짧은 지문은 선지를 먼저 확인하거나, 선지와 대조하며 글을 읽는 방법보다는 통째로 글을 읽어 내려가는 것이 오히려 시간을 줄이는 방법이 된다. 이처럼 정보 확인 문제라는 이유로 무조건 선지를 먼저 읽을 필요는 없으므로 지문의 형태나 길이 등을 고려하여 유연하게 풀이 전략을 택하도록 한다.

Tip ❷ 2문단 (1)문장 구조에 유의한다.

2문단 (1)문장은 〈×가 Y일 때는 ~에 관계없이 ~하였다.〉는 구조를 가지고 있다. 이런 문장은 〈~에 관계없이〉에만 주목하는 경우 〈Y일 때는〉을 놓칠 위험이 있는 문장이다. 실제로 선지 ㄷ이 이를 활용하여 출제되었다.

해당 함정에 빠지지 않기 위해서는, 〈대소에 관계없이〉라는 문구를 접했을 때 다른 예외사유는 정말 없는지를 유심히 살펴보는 습관을 들이면 좋다.

Tip ❸ 비슷하지만 다른 두 개념을 비교하는 이미지

상령하행(상명하복)과 공직의 기강은 비슷하지만 다르다는 것이 취지다. 이를 단지 벤다이어그램의 교집합으로 나타낼 수도 있지만 뭔가 직관적이지 않다. 이는 공직 기강과 상명하복이 따로 존재하는데, 그중에 우연히 교집합이 있다고 뇌가 인식하기 때문이다.

상명하복이 기강을 잡는 경우	상명하복이 아닌 것이 기강을 잡는 경우
상명하복이 기강을 못 잡는 경우	

이런 식으로 나타낸다면 하나의 이상향(ideal type)에서 출발하여 서로 예외가 되는 케이스를 구분하는 이미지가 된다. 따라서 좀 더 명확하게 글의 구조를 파악 가능하다.

112 정답 ④

난이도 ●○○

문제유형 비판적 사고 > 판단하기

접근전략 지문의 내용 중에서 전체 흐름에 벗어난 곳을 찾아 수정하는 유형이다. 이를 위해선 글의 전체 흐름을 파악하는 것이 절대적으로 중요하다. 지문에서 내용의 반전이 시작되는 구간은 어디인지, 대명사가 의미하는 바는 무엇인지 등 전체 흐름에 영향을 줄 수 있는 요소들을 명확히 하며 지문을 읽어야 한다. 어렵지 않은 유형이므로 침착하게만 접근하면 된다.

다음 글의 전체 흐름과 맞지 않는 한 곳을 ㉠~㉤에서 찾아 수정하려고 할 때, 가장 적절한 것은?

(1) 소아시아 지역에 위치한 비잔틴 제국의 수도 콘스탄티노플이 이슬람교를 신봉하는 오스만인들에 의해 함락되었다는 소식이 인접해 있는 유럽 지역에까지 전해지자 그곳 교회의 한 수도원 서기는 "㉠ 지금까지 이보다 더 끔찍했던 사건은 없었으며, 앞으로도 결코 없을 것이다."라고 기록했다. (2) 1453년 5월 29일 화요일, 해가 뜨자마자 오스만 제국의 군대는 난공불락으로 유명한 케르코포르타 성벽의 작은 문을 뚫고 진군하기 시작했다. (3) 해가 질 무렵, 약탈당한 도시에 남아있는 모든 것들은 그들의 차지가 되었다. (4) 비잔틴 제국의 86번째 황제였던 콘스탄티노스 11세는 서쪽 성벽 아래에 있는 좁은 골목에서 전사하였다. (5) 이것으로 ㉡ 1,100년 이상 존재했던 소아시아 지역의 기독교도 황제가 사라졌다. ▶ 1문단

(1) 잿빛 말을 타고 화요일 오후 늦게 콘스탄티노플에 입성한 술탄 메흐메드 2세는 우선 성소피아 대성당으로 갔다. (2) 그는 이 성당을 파괴하는 대신 이슬람 사원으로 개조하라는 명령을 내렸고, 우선 그 성당을 철저하게 자신의 보호 하에 두었다. (3) 또한, 학식이 풍부한 그리스 정교회 수사에게 격식을 갖추어 공석 중인 총대주교직을 수여하고자 했다. (4) 그는 이슬람 세계를 위해 ㉢ 기독교의 제단뿐만 아니라 그 이상의 것들도 활용했다. (5) 역대 비잔틴 황제들이 제정한 법을 그가 주도하고 있던 법제화의

모델로 이용하였던 것이다. (6) 이러한 행위들은 ㉣ 단절을 추구하는 정복왕 메흐메드 2세의 의도에서 비롯된 것이라고 할 수 있다. ▶ 2문단

(1) 그는 자신이야말로 지중해를 '우리의 바다'라고 불렀던 로마 제국의 진정한 계승자임을 선언하고 싶었던 것이다. (2) 일례로 그는 한때 유럽과 아시아를 포함한 지중해 전역을 지배했던 제국의 정통 상속자임을 선언하면서, 의미심장하게도 자신의 직함에 '룸 카이세리', 즉 로마의 황제라는 칭호를 추가했다. (3) 또한 그는 패권 국가였던 로마의 옛 명성을 다시 찾기 위한 노력의 일환으로 로마 사람의 땅이라는 뜻을 지닌 루멜리아에 새로 수도를 정했다. (4) 이렇게 함으로써 그는 ㉤ 오스만 제국이 유럽으로 확대될 것이라는 자신의 확신을 보여주었다. ▶ 3문단

① ㉠을 '지금까지 이보다 더 영광스러운 사건은 없었으며'로 고친다.
→ (×) 비잔틴 제국은 기독교 국가이다.[1문단(5)] 따라서 기독교 국가인 비잔틴 제국 내 콘스탄티노플이 이슬람 국가에게 함락되었다는 소식을 들은 교회 서기는 '끔찍하다.'라는 부정적 반응을 보이는 것이 옳다.

② ㉡을 '1,100년 이상 존재했던 소아시아 지역의 이슬람 황제가 사라졌다'로 고친다.
→ (×) 1,100년 이상 존재했던 소아시아 지역의 국가는 비잔틴 제국이다.
[1문단(1)] 또한, 교회 서기의 기록[1문단(1)]이나 콘스탄티노플의 성소피아 대성당[2문단(1)] 등으로 미루어보아 비잔틴 제국은 기독교 국가임을 알 수 있다. 따라서 좁은 골목에서 전사한 비잔틴 제국의 황제 콘스탄티노스 11세를 이슬람 황제라고 칭하는 것은 옳지 않다. 이 글에서 이슬람 황제는 콘스탄티노플을 함락한 오스만 제국의 술탄 메흐메드 2세를 의미하는 것이다.

③ ㉢을 '기독교의 제단뿐만 아니라 그 이상의 것들도 파괴했다'로 고친다.
→ (×) 오스만 제국의 술탄 메흐메드 2세는 성당을 파괴하는 대신 자신의 철저한 보호 아래에 두고 이슬람 사원으로 개조할 것을 명령했다.[2문단(2)] 따라서 기독교의 제단을 파괴했다고 고치는 것은 적절하지 않다.

④ ㉣을 '연속성을 추구하는 정복왕 메흐메드 2세의 의도에서 비롯된 것'으로 고친다.
→ (○) 메흐메드 2세가 단절을 추구하였다면 성당을 비롯한 비잔틴 제국의 흔적을 파괴했을 것이다. 하지만 그는 성당을 보호 및 개조하였고, 그리스 정교회 수사에게도 총대주교직을 수여하고자 했다.[2문단(2),(3)] 또한, 비잔틴 제국의 법을 자신의 법제화 모델로 이용했다.[2문단(5)] 이런 행동들은 비잔틴 제국과의 단절보다는 그의 계승을 의미한다고 보는 것이 적절하다. 더불어 그는 자신이 로마 제국의 계승자임을 선언하고 싶어 했다.[3문단(1)] 따라서 메흐메드 2세는 단절보다는 연속성을 추구했다고 보는 것이 적절하다.

⑤ ㉤을 '오스만 제국이 아시아로 확대될 것이라는 자신의 확신을 보여주었다'로 고친다.
→ (×) 그는 로마의 옛 명성을 되찾기 위해 노력했다.[3문단(3)] 또한, 자신이 한때 유럽과 아시아를 포함한 지중해 전역을 지배했던 로마 제국의 정통 상속자임을 선언했다.[3문단(2)] 따라서 로마 제국을 계승하고자 하는 오스만제국이 아시아로 확대될 것이라는 문맥은 옳지 않다.

제시문 분석

1문단 콘스탄티노플의 함락

〈콘스탄티노플의 함락〉
기독교를 믿는 비잔틴 제국의 수도 콘스탄티노플이 이슬람교를 신봉하는 오스만인들에게 함락되었다.(1),(5)

〈함락 과정 1〉		〈함락 과정 2〉		〈함락 과정 3〉
화요일, 해가 뜨자마자 오스만 제국의 군대가 진군했다.(2)	⊕	해가 질 무렵, 오스만 군대는 약탈한 도시의 모든 것을 가졌다.(3)	⊕	비잔틴 제국의 기독교도 황제는 전사했다.(4),(5)

2문단 오스만 제국의 술탄

〈오스만 제국 술탄의 등장〉
오스만 제국의 술탄 메흐메드 2세는 콘스탄티노플에 입성했다.(1)

〈술탄의 행위 1〉		〈술탄의 행위 2〉		〈술탄의 행위 3〉
성소피아 대성당을 파괴하는 대신 이슬람 사원으로 개조하라는 명령을 내렸다.(1),(2)	⊕	학식이 풍부한 그리스 정교회 수사에게 총대주교직을 수여하고자 했다.(3)	⊕	비잔틴 황제들이 제정해둔 법을 자신이 주도하던 법제화의 모델로 이용했다.(5)

〈술탄의 행위 해석〉
이런 행위는 연속성을 추구하는 술탄 메흐메드 2세의 의도에서 비롯되었다.(6)

3문단 술탄의 행보

〈술탄의 행보〉		
〈로마의 황제 칭호 추가〉		〈수도 지정〉
자신이 로마제국의 진정한 상속자임을 선언하면서, 자신의 직함에 '룸 카이세리'라는 로마 황제의 칭호를 추가했다.(1),(2)	⊕	로마 사람의 땅이라는 뜻을 가진 루멜리아를 수도로 정했다.(3)

〈술탄의 행보 해석〉
자신이 로마 제국의 계승자이며, 로마제국처럼 오스만 제국도 유럽으로 확대될 것이라는 확신을 보여주었다.(2),(4)

합격자의 실전 풀이 순서

❶ 발문을 확인해 유형을 파악한다.

> 다음 글의 전체 흐름과 맞지 않는 한 곳을 찾아 수정하려고 할 때, 가장 적절한 것은?

전체 흐름과 맞지 않는 것을 파악하려면 전체 흐름부터 알아야 한다. 흐름이란 세부적인 정보보다 전체적인 줄기를 의미하므로 중간에 부자연스러운 부분이 있더라도 그냥 쭉 읽도록 한다. 부자연스러운 부분이 몇 군데 보인다면 그중에서 고르면 된다.

❷ 지문을 읽는다.

지문을 읽다보면 전체 흐름에서 벗어난 곳이 쉽게 눈에 띌 수도 있다. 보통 흐름에 맞지 않는 곳을 찾는 문제의 경우, 명확하게 반대의 뜻을 지닌 단어를 문장 속에 넣기 때문이다. 따라서 정답을 찾았다면 바로 선지로 가서 의미를 대조해 보는 것이 좋다. 만약 그래도 의심이 든다면 나머지 지문 부분은 빠르

게 읽어 내려가도 좋다. 그러나 전체 흐름에서 벗어난 곳이 쉽게 눈에 띄지 않을 때에도 당황할 필요는 없다. 일단 전체 지문을 차근차근 읽어내려 간다.

해당 문제는 〈맞지 않는 한 곳〉을 고르라고 했으므로 밑줄 중에 정선지가 4개에 해당한다. 그러나 문제 난이도가 높을 경우 〈맞는 한 곳〉을 고르라고 물어볼 수 있다.

해당 유형을 풀 때 중요한 지점은 어느 정도로 수정하는 게 타당한가를 "타 선지 대비"라는 기준을 세워 적정 수준에서 정오판단을 진행하는 것이다. 너무 생각을 깊게 하면 주어진 시간 내에 5가지의 수정에 대해 정오판단을 진행하기 어렵다.

❸ 선지를 확인한다.

전체 흐름에서 벗어난 곳을 쉽게 파악한 경우 해당 선지만 대입해 정답이 맞는지 확인한다. 이때 선지와 원래 내용이 어디서 정확히 대립하는지 알고, 이지선다라고 생각하고 풀어본다.

지문을 읽으며 정답을 찾아내지 못한 경우에는 선지를 하나씩 대입해 수정된 지문을 읽어 본다. 하나씩 대입해 수정된 지문을 읽어 보았을 때도 정답이 잘 보이지 않는다면 지문을 집중해서 읽지 못한 것이니 처음부터 다시 풀어보도록 하자.

합격자의 시간단축 Tip

Tip❶ 상반되는 어휘를 참고한다.

지문의 흐름에 맞지 않는 문장을 찾는 맥락 파악 유형이다. 이런 문제 유형의 경우 헷갈리거나 모호한 용어를 수정안으로 제시하지 않는다. 예를 들자면 '해체-결합', '승리-패배'와 같이 명확한 반대의 의미를 지닌 선지를 제시하니 참고하면 좋다. 본 선지에서 '단절'을 '연속성'으로 바꾸어야 한다고 제시한 것도 같은 맥락이다.

Tip❷ 동일한 대상을 칭하는 용어에 같은 기호로 표시한다.

이 글의 경우 한 대상을 칭하는 용어로 여러 가지가 사용되고 있다. 이를테면 술탄 메흐메드 2세[2문단(1)]는 그[2문단(2)], 그[2문단(4)], 그[2문단(5)], 정복왕 메흐메드 2세[2문단(6)]로 다양한 용어가 사용되고 있다. 같은 문단인 2문단에서 성소피아 대성당[2문단(1)]은 이 성당[2문단(2)], 그 성당[2문단(2)]으로 표기됐으며 2문단 (4)의 '그 이상의 것들'에서 '그' 역시 기독교의 제단, 즉 성소피아 대성당을 포함한 의미로 사용됐다. 이렇게 동일한 대상을 칭하는 용어가 여러 가지거나 대명사가 많이 등장하는 지문에서는 동그라미, 세모, 네모 표시를 이용해 그 의미를 명확히 해주는 게 좋다.

> (1) 잿빛 말을 타고 화요일 오후 늦게 콘스탄티노플에 입성한 술탄 메흐메드 2세는 우선 성소피아 대성당으로 갔다. (2) 그는 이 성당을 파괴하는 대신 이슬람 사원으로 개조하라는 명령을 내렸고, 우선 그 성당을 철저하게 자신의 보호 하에 두었다. (3) 또한 학식이 풍부한 그리스 정교회 수사에게 격식을 갖추어 공석중인 총대주교직을 수여하고자 했다. (4) 그는 이슬람 세계를 위해 ⓒ 기독교의 제단뿐만 아니라 그 이상의 것들도 활용했다. (5) 역대 비잔틴 황제들이 제정한 법을 그가 주도하고 있던 법제화의 모델로 이용하였던 것이다. (6) 이러한 행위들은 ⓔ 단절을 추구하는 정복왕 메흐메드 2세의 의도에서 비롯된 것이라고 할 수 있다.
>
> ▶ 2문단

더불어 본 지문처럼 대립하는 '비잔틴 제국'과 '오스만 제국' 관련된 용어들이 줄줄이 등장할 때 둘을 동그라미, 세모 등의 표시를 이용해 구분해주는 것도 내용의 빠른 이해에 도움을 준다. 그 예시는 다음과 같다.

> (1) 소아시아 지역에 위치한 비잔틴 제국의 수도 콘스탄티노플이 이슬람교를 신봉하는 오스만인들에 의해 함락되었다는 소식이 인접해 있는 유럽 지역에까지 전해지자 그 곳 교회의 한 수도원 서기는 "㉠ 지금까지 이보다 더 끔찍했던 사건은 없었으며, 앞으로도 결코 없을 것이다."라고 기록했다. (2) 1453년 5월 29일 화요일, 해가 뜨자마자 오스만 제국의 군대는 난공불락으로 유명한 케르코포르타 성벽의 작은 문을 뚫고 진군하기 시작했다. (3) 해가 질 무렵, 약탈당한 도시에 남아있는 모든 것들은 그들의 차지가 되었다. (4) 비잔틴 제국의 86번째 황제였던 콘스탄티노스 11세는 서쪽 성벽 아래에 있는 좁은 골목에서 전사하였다. (5) 이것으로 ㉡ 1,100년 이상 존재했던 소아시아 지역의 기독교도 황제가 사라졌다.

113 정답 ⑤

난이도 ●●●

문제유형 이해 > 내용 파악

접근전략 한 소재에 대해 집중적으로 설명하는 글은 주로 해당 소재의 개념과 사용 방법, 변화 과정에 대한 내용으로 구성된다. 따라서 글의 전체 맥락을 이해하며 지문의 세부 내용을 확인하도록 한다. 가장 먼저 지문의 첫 줄을 읽으며 소재를 파악하고, 선지를 먼저 훑어본 후 집중해서 읽어야 할 부분을 확인하는 것이 좋다. 또한, 언제든 돌아와서 확인하기 쉽도록 문단별 핵심 키워드에 표시를 해두어 문단의 핵심 내용을 파악한다.

다음 글에서 알 수 있는 것은?

(1) 조선시대에는 변경의 급보를 전할 때 봉수를 이용하는 경우가 많았다. (2) 봉수의 '봉'은 횃불을 의미하며, '수'는 연기라는 뜻을 지닌다. (3) 봉수란 밤에는 횃불, 낮에는 연기를 사용해 릴레이식으로 신호를 보내는 것이다. ▶ 1문단

(1) 봉수 제도는 삼국시대부터 있었다. 그러나 그것이 체계적으로 정비된 것은 조선시대 세종 때의 일이다. (2) 세종은 병조 아래에 무비사(武備司)라는 기구를 두어 봉수를 관할하도록 하는 한편, 각 지방에 봉수대를 설치하였다. (3) 봉수대는 연변봉수대, 내지봉수대, 경봉수대로 나뉘어져 있었다. (4) 연변봉수대에서는 외적이 접근할 때 곧바로 연기나 불을 올려 급보를 전했다. (5) 그러면 그 소식이 여러 곳의 봉수대를 거쳐 한양으로 전해지도록 되어 있었다. ▶ 2문단

(1) 봉수로는 다섯 개 노선으로 나뉘어져 있었다. (2) 제1로는 함경도 경흥에서 출발하여 각지의 봉수대를 거친 다음 한양의 경봉수대로 이어졌다. (3) 제2로는 동래에서 출발하는 노선이었고, 제3로와 제4로는 평안도 강계와 의주에서 각각 출발하는 노선이었다. (4) 제5로도 순천에서 시작하여 경봉수대까지 연결되어 있었다. (5) 봉수대에서는 봉수를 다섯 개까지 올릴 수 있었다. (6) 평상시에는 봉수를 1개만 올렸고, 적이 멀리서 접근하는 것이 보이면 2개를 올렸다. (7) 적이 국경에 거의 다가왔을 때에는 3개, 국경을 침범하면 4개를 올렸다. (8) 또 조선군이 외적과 전투를 시작할 때 5개를 올려 이를 알려야 했다. ▶ 3문단

(1) 연변봉수대가 외적의 접근을 알리는 봉수를 올리면 그 소식이 하루 안에 한양으로 전달되었다고 한다. (2) 그러나 아무리 봉수를 올려도 어떤 내지봉수대에서는 앞 봉수대의 신호가 잘 보이지 않는 경우가 있었다. (3) 날씨 때문에 앞 봉수대에서 봉수가 몇 개 올라갔는지 분간하기 어려울 수 있었던 것이다. (4) 그때에는 봉수군이 직접 그 봉수대까지 달려가서 확인해야 했다. ▶ 4문단

(1) 봉수대를 지키는 봉수군에게는 매일 올리는 봉수를 꺼지지 않도록 할 의무가 있었다. (2) 그러나 그 일이 너무 고되었기 때문에 의무를 다하지 않고 도망가 버리는 경우가 적지 않았다. (3) 이 때문에 을묘왜변 때에는 연변봉수대의 신호가 내지봉수대들에게 제대로 전달되지 못했다. (4) 선조는 선왕이 을묘왜변 당시 발생한 이 문제를 시정하지 못했다는 점을 인지하고, 봉수가 원활하게 전달되지 않을 때를 대비하여 파발 제도를 운영하였다.
▶ 5문단

① 선조는 내지봉수대가 제 기능을 하지 않자 을묘왜변 때 봉수 제도를 폐지하고 파발을 운영하였다.
→ (×) 선조는 을묘왜변 당시 연변봉수대의 신호가 내지봉수대들에게 제대로 전달되지 못했다는 문제점을 인지하고, 봉수가 원활하게 전달되지 않을 때를 대비하여 파발 제도를 운영하였다.[5문단(4)] 이를 통해 파발 제도는 봉수 제도를 보완하기 위한 정책이었다는 것을 알 수 있다.

② 햇빛이 강한 날에는 정해진 규칙에 따라 봉수를 올리지 않고 봉수군이 다음 봉수대로 달려가 소식을 전했다.
→ (×) 햇빛이 강한 날처럼 날씨 때문에 앞 봉수대를 잘 확인하지 못하는 경우에는, 봉수를 올리지 않고 다음 봉수대로 달려가는 것이 아니라 직접 앞 봉수대까지 달려가서 확인해야 했다.[4문단(4)]

③ 연변봉수대는 군사적으로 긴급한 상황이 발생할 때 낮에 횃불을 올리고 밤에는 연기를 올려 경봉수대에 알려야 했다.
→ (×) 봉수는 밤에는 횃불, 낮에는 연기를 사용해 신호를 보내는 것이다.[1문단(3)] 따라서 군사적으로 긴급한 상황이 발생할 때 낮에 횃불을 올리고 밤에 연기를 올렸다는 설명은 옳지 않다.

④ 연변봉수대는 평상시에 1개의 봉수를 올렸지만, 외적이 국경을 넘으면 바로 2개의 봉수를 올려 위급한 상황을 알렸다.
→ (×) 적이 국경을 침범했을 때는 4개의 봉수를 올려야 한다.[3문단(7)] 따라서 외적이 국경을 넘으면 바로 4개의 봉수를 올려 위급한 상황을 알렸을 것이다.

⑤ 조선군이 국경을 넘은 외적과 싸우기 시작할 때 연변봉수대는 5개의 봉수를 올려 이 사실을 내지봉수대로 전해야 했다.
→ (○) 조선군이 외적과 전투를 시작할 때에는 봉수 5개를 올려 이를 알려야 했다.[3문단(8)] 또한, 연변봉수대의 신호가 내지봉수대에게 전해져야 함을 알 수 있다.[5문단(3)] 따라서 조선군이 국경을 넘은 외적과 싸우기 시작할 때 연변봉수대는 5개의 봉수를 올려 이 사실을 내지봉수대로 전해야 했다.

제시문 분석

1·2·3문단 조선시대의 봉수 제도와 특징

〈봉수 제도〉
봉수란 밤에는 횃불, 낮에는 연기를 사용해 릴레이식으로 신호를 보내는 것이다.[1문단(3)]

〈특징①〉		〈특징②〉		〈특징③〉
삼국시대부터 있었으나 세종 때 무비사라는 기구를 통해 체계적으로 정비되었다.[2문단(1),(2)]	⊕	연변봉수대, 내지봉수대, 경봉수대로 나뉘어져 있었다.[2문단(3)]	⊕	연변봉수대에서 외적이 접근할 때 곧바로 연기나 불을 올려 급보를 전했으며 이 소식이 여러 봉수대를 거쳐 한양으로 전해졌다.[3문단(3)]

〈봉수의 개수〉	〈1개〉	평상시[3문단(6)]
	〈2개〉	적이 멀리서 접근하는 것이 보일 때[3문단(6)]
	〈3개〉	적이 국경에 거의 다가왔을 때[3문단(7)]
	〈4개〉	국경을 침범할 때[3문단(7)]
	〈5개〉	조선군이 외적과 전투를 시작할 때[3문단(8)]

4·5문단 봉수 제도의 난점

〈① 날씨의 영향〉		
〈난점〉		〈대책〉
날씨 때문에 앞 봉수대에서 봉수가 몇 개 올라갔는지 분간하기 어려울 수 있었다.[4문단(3)]	→	그때에는 봉수군이 직접 그 봉수대까지 달려가서 확인해야 했다.[4문단(4)]

〈② 노동의 강도 ↑〉		
〈난점〉		〈대책〉
봉수대를 지키는 일이 너무 고되었기 때문에 봉수군이 도망가 버리는 경우가 적지 않았고, 이 때문에 을묘왜변에서 신호가 제대로 전달되지 못했다.[5문단(3)]	→	선조는 봉수가 원활하게 전달되지 않을 때를 대비하여 파발 제도를 운영하였다.[5문단(4)]

합격자의 실전 풀이 순서

❶ 발문과 선지를 파악한다.
'알 수 있는 것'을 고르는 문항이므로 선지를 가볍게 훑어본다. 최근 들어 특히 국사 지문에서 "판단할 수 없는 내용"이 선지에 제시될 때가 있다. 이런 경우 선지에서 특정 키워드에 집착하게 되면, 지문을 독해할 때 오히려 혼란에 빠지기 쉽다는 것에 유의한다. 〈'내지봉수대', '햇빛', '연변봉수', '평상시－외적', '국경'〉 정도를 가볍게 잡고 바로 지문으로 올라간다.

❷ 문단별 핵심을 파악한다.
1문단 '봉수의 개념', 2문단 '봉수대의 구성', 3문단 '봉수대의 5가지 노선', 4문단 '연변봉수대와 외적', 5문단 봉수대 관련 부연 내용이다.
정보가 많이 제시되므로 모든 정보를 기억하기는 어렵다. 문단별 핵심 개념 정도를 잡고 내려와야 한다.

❸ 선지 판단을 진행한다.
'판단할 수 없는 내용'이 제시될 수 있다는 것을 미리 대비하고 선지 판단에 들어간다. 옳고 그름을 떠나 '알 수 없는 것'에 대한 합리적 의심이 드는 선지는 너무 고민하지 말고 다른 선지로 넘어간다.

❹ 주요 함정을 글을 읽으며 생각해 본다.
즉, 한양－지방 / 봉수의 숫자 / 낮과 밤 정도가 글을 읽으면서 정리해 볼 수 있는 지점들이다. 이런 예측을 꾸준히 연습한다면 출제자의 의도를 쉽게 파악할 수 있다.

합격자의 시간단축 Tip

Tip ❶ 소재에 대해 숫자를 제시하며 설명하는 경우는 그 숫자의 정보를 가지고 선지를 출제하는 경우가 많다.
따라서 숫자가 등장할 때 집중해서 독해하며, 숫자가 특히 글자 형태로 주어질 때 헷갈리지 않도록 주의한다. 또한, 헷갈리고 복잡한 계산을 요구할 때도 있으므로 언제든 다시 돌아와 확인하기 쉽도록 간략히 정보를 정리한다.

Tip ❷ 선지를 보고 '추론'형임을 숙지한다.

선지들을 보면, 〈'군사적 긴급상황', '평상시 1개 봉수', '국경 넘은 외적과 싸운다'〉 등 특정 상황에서 어떤 추론이 가능한지를 묻고 있다. 이런 선지들의 경우 정오 판단의 난도가 높다.
국사 지문은 학생들 대부분에게 소재가 친숙하게 느껴지므로, 변별력을 위해 지문이나 추론의 강도가 상당하게 출제된다.

Tip ❸ 문제 상황–원인–그에 따른 해결책 구조에 유의한다.

일반적으로 문제 상황–원인–그에 대한 (역사적으로 밝혀진) 해결책이 비문학 글의 구조로 등장하는 경우가 많다. 이러한 내용을 위주로 글이 진행되는 경우 '문제–원인–해결책'들을 핵심으로 삼아 글을 파악하면 좋다. 물론 원인 또는 해결책이 등장하지 않는 경우도 많다. 제시문에서는 3문단의 〈신호가 보이지 않는 이유〉, 4문단의 〈신호가 전달되지 않은 경우〉라는 문제 상황이 등장했다.

Tip ❹ 핵심 키워드 표기를 통해 문단별 소주제를 정리한다.

문단별 길이가 짧은 편이므로 한 문단이 하나의 소주제를 담는 경우가 많다. 따라서 독해할 때 문단별로 핵심 키워드를 표기해 두도록 한다. 이는 제시문으로 돌아와야 할 때 수월하게 정보를 찾기 위해서다.

114 정답 ❷ 난이도 ●●●

문제유형 비판적 사고 > 판단하기

접근전략 주장에 대한 평가의 경우 글을 읽을 때 하나의 주장을 하나의 문단이라고 생각하면서 글을 읽는 것이 좋다. 그와 동시에, 읽으면서 각 주장이 무엇을/어디까지 말하고 있냐에 초점을 두어야 한다. 주장을 평가하는 문제의 경우 1) 각 주장들을 서로 비교하거나 2) 특정 주장에 대해 어떤 근거가 추가될 때 주장이 강화되는지 또는 약화되는지의 여부를 물어보기 때문이다. 그러므로 핵심적으로 주장하는 내용이 무엇인지 파악하면서 주장 간 내용 관계 파악을 중심으로 읽도록 하자.

다음 갑~병의 주장에 대한 평가로 적절한 것만을 〈보기〉에서 모두 고르면?

갑: (1) 어떤 나라의 법이 불공정하거나 악법이라고 해도 그 나라의 시민은 그것을 준수해야 한다. (2) 그 나라의 시민으로 살아간다는 것이 법을 준수하겠다는 암묵적인 합의를 한 것이나 마찬가지이기 때문이다. (3) 우리에게는 약속을 지켜야 할 의무가 있다. (4) 만일 우리의 법이 마음에 들지 않았다면 처음부터 이 나라를 떠나 이웃 나라로 이주할 수 있는 자유가 언제나 있었던 것이다. (5) 이 나라에서 시민으로 일정 기간 이상 살았다면 법을 그것의 공정 여부와 무관하게 마땅히 지켜야만 하는 것이 우리 시민의 의무이다.

을: (6) 법을 지키겠다는 암묵적 합의는 그 법이 공정한 것인 한에서만 유효한 것이다. (7) 만일 어떤 법이 공정하지 않다면 그런 법을 지키는 것은 오히려 타인의 인권을 침해할 소지가 있고, 따라서 그런 법의 준수를 암묵적 합의의 일부로 간주해서는 안 될 것이다. (8) 그러므로 공정한 법에 대해서만 선별적으로 준수의 의무를 부과하는 것이 타당하다.

병: (9) 법은 정합적인 체계로 구성되어 있어서 어떤 개별 법 조항도 다른 법과 무관하게 독자적으로 주어질 수 없다. (10) 모든 법은 상호 의존적이어서 어느 한 법의 준수를 거부하면 반드시 다른 법의 준수 여부에도 영향을 미칠 수밖에 없다. (11) 예를 들어, 조세법이 부자에게 유리하고 빈자에게 불리한 불공정한 법이라고 해서 그것 하나만 따로 떼어내어 선별적으로 거부한다는 것은 불가능하다. (12) 그렇게 했다가는 결국 아무 문제가 없는 공정한 법의 준수 여부에까지 영향을 미치게 될 것이다. (13) 따라서 법의 선별적 준수는 전체 법체계의 유지에 큰 혼란을 불러올 우려가 있으므로 받아들여서는 안 된다.

보기

ㄱ. 예외적인 경우에 약속을 지키지 않아도 된다면 갑의 주장은 강화된다.
→ (×) 갑은 법의 공정 여부와 무관하게 예외 없이 법을 준수해야 한다는 입장이다(1),(5). 또한, 갑은 우리에게는 약속을 지켜야 할 의무가 있으며 법을 준수하는 것은 약속을 지켜야 하는 것과 같은 의미로 주장하고 있다(1),(3) 따라서 예외적인 경우에 약속을 지키지 않아도 된다면 갑의 주장은 약화된다.

ㄴ. 법의 공정성을 판단하는 별도의 기준이 없다면 을의 주장은 약화된다.
→ (○) 을은 공정한 법에 대해서만 준수의 의무가 있다고 주장한다.(1),(8) 따라서 법의 공정성 여부를 판단할 수 없다면 을의 주장은 약화된다.

ㄷ. 이민자를 차별하는 법이 존재한다면 병의 주장은 약화된다.
→ (×) 병은 법의 선별적 준수, 즉 어느 하나만 따라 떼어내어 준수를 거부하는 것을 반대하는 입장이다.(1),(13) 따라서 만약 이민자를 차별하는 법이 이민자에게 불리하기 때문에 이를 거부해야 한다고 하면 병의 주장은 약화될 수 있다. 그러나 이민자를 차별하는 법이 존재한다는 것 자체는 병의 주장을 강화하지도, 약화하지도 않는다.

① ㄱ → (×)
② ㄴ → (○)
③ ㄱ, ㄷ → (×)
④ ㄴ, ㄷ → (×)
⑤ ㄱ, ㄴ, ㄷ → (×)

제시문 분석

제시문 법의 준수에 대한 갑~병의 주장

	〈주장〉	〈근거〉
〈갑〉	어떤 나라의 법이 불공정하거나 악법이라고 해도 그것을 준수해야 한다.(1)	다른 나라로 떠나지 않고 그 나라의 시민으로 일정 기간 살았다는 것은 법을 준수하겠다는 암묵적인 합의를 한 것이나 마찬가지이기 때문이다.(2),(4)
〈을〉	공정한 법에 대해서만 선별적으로 준수의 의무를 부과하는 것이 타당하다.(8)	만일 어떤 법이 공정하지 않다면 그런 법을 지키는 것은 오히려 타인의 인권을 침해할 소지가 있고, 따라서 그런 법의 준수를 암묵적 합의의 일부로 간주해서는 안 될 것이다.(7)
〈병〉	법의 선별적 준수는 전체 법체계의 유지에 큰 혼란을 불러올 우려가 있으므로 받아들여서는 안 된다.(13)	모든 법은 상호 의존적이어서 어느 한 법의 준수를 거부하면 반드시 다른 법의 준수 여부에도 영향을 미칠 수밖에 없다.(10)

합격자의 실전 풀이 순서

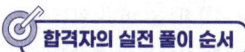

❶ 갑→을→병 순으로 주장을 읽고 해석한다.

갑, 을, 병 순으로 주장이 제시되어 있기 때문에 갑부터 차례대로 지문을 읽어나간다. 일반적으로, 주장하는 글의 경우 두괄식으로 구성되어 첫 문장이 말하고자 하는 바를 포함하는 경우가 많다. 따라서 첫 문장을 언제나 정독하거나 밑줄을 그어두는 것이 중요하다.

갑은 '어떤 나라의 법이 불공정하거나 악법이라고 해도 그 나라의 시민은 그것을 준수해야 한다.'라고 하였다. 이에 이것이 갑의 핵심 주장임을 알 수 있다. 그 뒤에는 주장의 근거를 체크하도록 한다. 근거를 체크할 때는 핵심이 되는 근거를 중점으로 체크하는 것이 중요하다. 또한, 본 문장에서는 바로 뒷문장에서 '암묵적인 합의'라고 이야기하고 있다. 이에 가볍게 해당 개념에 체크하도록 한다.

을은 '법을 지키겠다는 암묵적 합의는 그 법이 공정한 것인 한에서만 유효한 것이다.'라고 주장하고 있다. 첫 문장이 주요 주장임을 알 수 있으며 갑의 주장과 어떤 차이가 있는지를 머릿속으로 체크해 두는 것이 좋다. 이것이 바로 주장의 범위에 대한 체크이다. 을의 경우에는 '공정한 것인 한에서만'이라고 명시하고 있으므로 갑과는 암묵적 합의라는 점에서 의견이 같지만, 을은 그 범위가 '공정한 것인 한'으로 정해져 있기 때문에 갑보다는 준수해야 한다고 보는 법의 범위가 더 좁다고 할 수 있다.

병은 '정합적인 체계로 구성되어 있어서 어떤 개별 법 조항도 다른 법과 무관하게 독자적으로 주어질 수 없다.'고 주장하며 이후 근거와 예시가 제시된다. 근거를 읽고 이해가 된다면 예시 부분은 가볍게 읽고, 만약 이해하지 못했다면 예시를 통해서 이해하도록 한다. 병의 경우는 법을 선별적으로 받아들이는 것이 어렵다고 이야기하고 있다. 앞서 갑, 을의 주장을 떠올리며 내용 간 관계를 파악해 본다. 병의 주장은 선별적인 준수가 어렵다는 것으로, 일부의 법만 준수할 수 있다고 보는 을의 주장과 대립한다는 것을 파악할 수 있다.

❷ 오지선다를 읽으며 정오를 파악한다.

갑, 을, 병의 주장을 파악했고 머릿속으로 상관관계들을 이해했다면 바로 오지선다로 가서 정답을 찾도록 한다. 본 오지선다의 경우에는 ㄱ~ㄷ이 전부 다 강화, 약화를 묻는 문제이다. 이에 갑, 을, 병의 포함/불포함의 상관관계는 고려하지 않아도 될 것이다. 나머지는 주장에 따라 정오를 판별하면 되기 때문에 정답 도출 과정은 생략하도록 한다.

합격자의 시간단축 Tip

Tip ❶ 말하고자 하는 바를 확실하게 파악한다.

주장의 강화, 약화를 묻는 문제의 경우 각각의 주장을 확실하게 파악해야 한다. 이 말의 뜻은 주장이 말하고자 하는 바를 넘어 과잉해석해서도 안 되며, 과소해석해서도 안 된다는 뜻이다. 주장을 확실하게 파악하지 않으면, 강화와 약화를 묻는 문제를 풀 때 실수를 저지르기 쉽다.

이때 도움이 되는 것은 각 주장 간의 관계를 파악하는 일이다. 대부분 주장 문제는 갑, 을, 병과 같이 여러 사람이 나오며 각자의 주장과 포함하는 범위가 각각 다르다. 따라서 각자의 주장을 읽으며 글의 주장과 포함 범위를 생각해보는 것도 주장을 확실하게 파악하는 데 도움이 된다.

Tip ❷ 강화, 약화, 무관함이 존재함을 인지하자.

주장의 문제 같은 경우에는 강화하는지, 약화하는지의 여부를 물어보는 경우가 많은데, 꼭 강화, 약화가 아닌 주장과 무관한 경우도 있을 수 있다는 점을 인지해야 한다. 제시된 근거가 주장을 강화하는 것이 아니라고 해서 꼭 약화하는 것은 아니며, 근거가 무관한 것일 수 있다.

예를 들어 ㄷ의 경우 '이민자를 차별하는 법이 존재한다면' 인데, 해당 법의 존재는 병의 주장을 약화시키지는 않는다. 하지만 그렇다고 해서 주장을 강화시키지도 않는다. 아예 무관한 문장인 것이다. 물론 무관한 문장의 경우까지 확실하게 파악할 필요는 없다. 오지선다의 정오를 파악하는 과정에서 강화/약화/무관함을 정확하게 물어보지는 않기 때문이다. 다만 강화, 약화 외의 무관함이 존재한다는 것을 안다면 오답을 피하고 정답을 고르기가 더 용이할 수 있다. 단순히 '강화가 아니다'라기 보다는 '강화가 아니고 무관하다'라고 인지한다면 정답을 고름에 있어 불안함이 덜할 것이기 때문이다.

Tip ❸ 각 주장의 첫 문장만 떼서 서로 비교해 보자.

주장들이 서로 대립하는 경우 주요 차이점을 근거를 제외한 채 주장끼리만 비교해 볼 수 있다. 다만 주장이 언제나 두괄식으로 쓰여져 있는 것은 아니므로 함부로 이 방법을 사용할 수는 없다. '병'의 경우 주장이 미괄식으로 끝에 나와 있으므로 ㄷ 선지를 해결하는 데는 부적절하다. 다만 시간이 부족할 경우 갑과 을의 주장만을 판단할 때는 유효한 방법이라 할 수 있다.

Tip ❹ 각 이론이 무엇을 비판하는지 확인하자.

독해 문제의 지문은 실제 글이 아니라 문제를 위한 것이기 때문에 이론들 간의 차이점을 부각시킬 수밖에 없다. 따라서 누가 누구를 공격하고 있는지 유심히 살펴보면서 독해한다.

115 정답 ❶ 난이도 ●●○

문제유형 제시문형 > 분석추론

접근전략 제시문이 주어져 있어 정보확인유형으로 오인할 수 있으나, 제시문에서 주어진 유연근무제들의 특징을 빠르게 파악하고 이를 〈상황〉에 적용하는 문제이다. 제시문을 처음부터 꼼꼼히 읽기보다 근무유형의 종류를 구분하며 간략히 제시문을 정리한다. 이후 주어진 〈상황〉의 특징과 키워드를 도출하고, 선지에 있는 유연근무제 유형의 적합 여부를 차례대로 판단한다.

다음 글과 〈상황〉을 근거로 판단할 때, 甲에게 가장 적절한 유연근무제는?

유연근무제는 획일화된 공무원의 근무형태를 개인·업무·기관별 특성에 맞게 다양화하여 일과 삶의 균형을 꾀하고 공직생산성을 향상시키는 것을 목적으로 하며, 시간제근무, 탄력근무제, 원격근무제로 나눌 수 있다. ▶1문단

시간제근무는 다른 유연근무제와 달리 주 40시간보다 짧은 시간을 근무하는 것이다. 수시로 신청할 수 있으며 보수 및 연가는 근무시간에 비례하여 적용한다. ▶2문단

탄력근무제에는 네 가지 유형이 있다. '시차출퇴근형'은 1일 8시간 근무체제를 유지하면서 출퇴근시간을 자율적으로 조정할 수 있다. 07:00 ~ 10:00에 30분 단위로 출근시간을 스스로 조정하여 8시간 근무 후 퇴근한다. '근무시간선택형'은 주 5일 근무를

해설편 | 8일차 • 의사소통능력

준수해야 하지만 1일 8시간을 반드시 근무해야 하는 것은 아니다. 근무가능 시간대는 06:00 ~ 24:00이며 1일 최대 근무시간은 12시간이다. '집약근무형'은 1일 8시간 근무체제에 구애받지 않으며, 주 3.5 ~ 4일만을 근무한다. 근무가능 시간대는 06:00 ~ 24:00이며 1일 최대 근무시간은 12시간이다. 이 경우 정액급식비 등 출퇴근을 전제로 지급되는 수당은 출근하는 일수만큼만 지급한다. '재량근무형'은 출퇴근 의무 없이 프로젝트 수행으로 주 40시간의 근무를 인정하는 형태이며 기관과 개인이 협의하여 수시로 신청한다. ▶ 3문단

원격근무제에는 '재택근무형'과 '스마트워크근무형'이 있는데, 실시 1주일 전까지 신청하면 된다. 재택근무형은 사무실이 아닌 자택에서 근무하는 것이며, 초과근무는 불인정된다. 스마트워크근무형은 자택 인근의 스마트워크센터 등 별도 사무실에서 근무하며, 초과근무를 위해서는 사전에 부서장의 승인이 필요하다. ▶ 4문단

• 상황 •

A부서의 공무원 甲은 유연근무제를 신청하고자 한다. 甲은 원격근무보다는 A부서 사무실에 출근하여 일하는 것을 원하며, 주 40시간의 근무시간은 지킬 예정이다. 이틀은 아침 7시에 출근하여 12시간씩 근무하고, 나머지 사흘은 5 ~ 6시간의 근무를 하고 일찍 퇴근하려는 계획을 세웠다.

① 근무시간선택형
→ (O) 甲은 주5일을 근무하며 이틀은 12시간씩 근무하고 나머지 사흘은 5~6시간의 근무를 하고자 하므로 근무시간선택형이 적절한 유연근무제 형태이다.

② 시차출퇴근형
→ (×) 甲은 이틀은 12시간씩 근무하고, 나머지 사흘은 일찍 퇴근하고자 하므로 1일 8시간 근무체제를 유지하는 시차출퇴근형은 적절하지 않다.

③ 시간제근무
→ (×) 甲은 주 40시간의 근무시간을 지키고자 하므로 주 40시간보다 짧은 시간을 근무하는 시간제 근무는 적절하지 않다.

④ 집약근무형
→ (×) 甲은 1주일에 총 5일을 근무하고자 하므로 주 3.5~4일만을 근무하는 집약 근무형은 적절하지 않다.

⑤ 재택근무형
→ (×) 甲은 사무실에 출근하고자 하므로 자택에서 근무하는 재택근무형은 적절하지 않다.

합격자의 실전 풀이 순서

❶ 문제 유형 파악

발문과 제시문의 형태를 통해 제시문에서 유연근무제의 유형별 특징을 파악하고 甲에게 적절한 유연근무제 유형을 고르는 규정적용 유형의 문제임을 알 수 있다. 줄글 형식의 제시문이 주어진 규정적용 유형의 문제는 불필요한 부분은 넘기고 선지에 적용할 규정을 파악하며 읽어야 한다. 특히 발문에서 묻고 있는 정보를 빠르게 파악하기 위해서는 유연근무제의 유형과 각 유형의 특징을 빠르게 파악해야 한다. 제시문을 읽을 때는 처음부터 유형의 구체적 특징을 파악하기보다 유연근무제의 유형을 구분해둔 후 〈상황〉을 적용할 때 각 유형의 특징을 구체적으로 확인한다. 이를 위하여 〈상황〉을 먼저 읽는 것도 방법이다. 또한, 적절한 유연근무제를 고르는 문제라는 것을 인지하기 위해 "적절한"이라는 단어에 밑줄이나 동그라미 등 표시를 한다.

❷ 제시문 독해

1문단은 유연근무제의 목적과 종류에 대하여 소개한다. 유연근무제의 종류에는 시간제근무, 탄력근무제, 원격근무제의 세 가지가 있으며 이는 각각 2문단, 3문단, 4문단에 제시되어 있다. 3문단에 따르면 탄력근무제에는 '시차출퇴근형', '근무시간선택형', '집약근무형', '재량근무형'의 네 가지 유형이 있으며, 4문단에 따르면 원격근무제에는 '재택근무형'과 '스마트워크근무형'의 두 가지 유형이 있다. 이렇게 다양한 종류의 대상을 소개하는 경우 숫자를 활용하여 제시문을 정리하는 것이 좋다. 예컨대 시간제근무, 탄력근무제, 원격근무제에 각각 1, 2, 3을 부여하고, 각 유형의 하위 유형에는 1-1, 1-2, 2-1 등의 숫자를 부여할 수 있다. 숫자 대신 ○, □, △, ▽ 등 서로 다른 기호를 활용해도 좋다.

❸ 선지 판단

제시문 독해를 바탕으로 상황을 분석하여 甲에게 가장 적절한 유연근무제를 도출한다. 〈상황〉을 분석할 때는 선지 판단에 필요한 키워드를 중심으로 파악한다. 예컨대, 〈상황〉은 사무실 출근, 주 40시간의 근무시간 준수, 주 40시간의 근무시간, 5일 출근하되 날짜별로 상이한 근무시간으로 요약될 수 있다. 선지에서 주어진 근무제 유형 중 정답을 골라야 하므로 甲이 원하는 조건에 맞지 않는 대상들을 순차적으로 소거해가는 방식으로 풀이하는 것이 편리하다. 모든 조건을 충족하는지 판단하는 것보다 맞지 않는 조건 하나를 찾아 소거하는 것이 더 쉽기 때문이다. 이때 불필요한 조건은 × 표시 등으로 지우는 것이 판단에 용이하다. 문제의 경우 시간제 근무와 재택근무가 아님은 쉽게 알 수 있다. 탄력근무제 내에서 어떤 유형인지 판단해야 하므로, 필요한 문장은 〈상황〉의 마지막 문장이다. 따라서 판단 시 앞의 문장을 읽지 않도록 표시를 해둔다. 또한 재량근무형은 판단할 필요가 없으므로, 본문에서 ×표시로 지워둔다.

합격자의 시간단축 Tip

Tip ❶ 키워드를 활용하여 문제의 〈상황〉을 정확히 파악

이러한 문제에서는 〈상황〉을 근거로 선지를 골라야 하므로, 〈상황〉의 조건을 정확히 파악하는 것이 가장 중요하다. 반드시 〈상황〉의 모든 조건을 확인하여 적절한 선지를 선택하자. 〈상황〉을 파악할 때는 사무실 출근, 주 40시간의 근무시간 준수 등 키워드를 활용하는 것이 좋다. 또한, 갑의 〈상황〉을 먼저 읽고 사무실, 주5일, 주 40시간 등의 키워드를 가지고 지문을 읽으면 시간을 절약할 수 있다.

Tip ❷ 글의 구조를 빠르게 파악

설문과 같은 글이 주어지는 경우, 글의 구조를 빠르게 파악하는 것이 중요하다. 특히 탄력근무제와 원격근무제의 하위분류를 빠르게 확인 및 표시하고, 선지 풀이에 필요한 정보로 빠르게 이동하여 내용을 비교할 수 있어야 한다. 이처럼 다양한 유형의 대상이 나올 때는 1, 2, 3 그리고 그 하위항목으로 1-1, 1-2 등의 숫자나 동일한 기호를 활용하는 것이 좋다.

Tip ❸ 옳지 않은 선지 소거하기

복수의 조건을 모두 충족하는 것을 찾는 것보다 하나라도 충족하지 않는 것을 소거하는 것이 더 확실한 느낌을 준다. 따라서 선지

①에 충족되지 않는 조건이 없는 것 같다면, 빠르게 다른 선지를 소거하여 ①이 정답임을 확정하면 될 것이다.

116 정답 ③ 난이도 ●●●

문제유형 비판적 사고 > 지문에서 추론하기
접근전략 ㉠에 해당하는 것을 추론해 고르는 문제 유형이다. 지문에 앞서 ㉠을 먼저 읽는다면 보다 빠르게 지문을 이해할 수 있다. 지문 대부분이 철학의 여인이 보에티우스에게 건네는 말임을 명시하며 철학의 여인의 논지를 따라가면 어렵지 않게 정답에 도달할 수 있다.

다음 '철학의 여인'의 논지를 따를 때, ㉠으로 적절한 것만을 〈보기〉에서 모두 고르면?

(1) 다음은 철학의 여인이 비탄에 잠긴 보에티우스에게 건네는 말이다.
(2) "나는 이제 네 병의 원인을 알겠구나. (3) 이제 네 병의 원인을 알게 되었으니 ㉠ 너의 건강을 회복할 수 있는 방법을 찾을 수 있게 되었다. (4) 그 방법은 병의 원인이 되는 잘못된 생각을 바로잡아 주는 것이다. ▶1문단

(1) 너는 너의 모든 소유물을 박탈당했다고, 사악한 자들이 행복을 누리게 되었다고, 네 운명의 결과가 불의하게도 제멋대로 바뀌었다는 생각으로 비탄에 빠져 있다. (2) 그런데 그런 생각은 잘못된 전제에서 비롯된 것이다. (3) 네가 눈물을 흘리며 너 자신이 추방당하고 너의 모든 소유물들을 박탈당했다고 생각하는 것은 행운이 네게서 떠났다고 슬퍼하는 것과 다름없는데, 그것은 네가 운명의 본모습을 모르기 때문이다. (4) 그리고 사악한 자들이 행복을 가졌다고 생각하는 것이나 사악한 자가 선한 자보다 더 행복을 누린다고 한탄하는 것은 네가 실로 만물의 목적이 무엇인지 모르고 있기 때문이다. (5) 다시 말해 만물의 궁극적인 목적이 선을 지향하는 데 있다는 것을 모르고 있기 때문이다. (6) 또한 너는 세상이 어떤 통치원리에 의해 다스려지는지 잊어버렸기 때문에 제멋대로 흘러가는 것이라고 믿고 있다. (7) 그러나 만물의 목적에 따르면 악은 결코 선을 이길 수 없으며 사악한 자들이 행복할 수는 없다. (8) 따라서 세상은 결국에는 불의가 아닌 정의에 의해 다스려지게 된다. (9) 그럼에도 불구하고 너는 세상의 통치원리가 정의와는 거리가 멀다고 믿고 있다. (10) 이는 그저 병의 원인일 뿐 아니라 죽음에 이르는 원인이 되기도 한다. (11) 그러나 다행스럽게도 자연은 너를 완전히 버리지는 않았다. (12) 이제 너의 건강을 회복할 수 있는 작은 불씨가 생명의 불길로 타올랐으니 너는 조금도 두려워할 필요가 없다." ▶2문단

보기

ㄱ. 만물의 궁극적인 목적이 선을 지향하는 데 있다는 것을 아는 것
➜ (○) ㉠은 철학의 여인이 보에티우스에게 건네는 말 중 일부로, 보에티누스의 건강을 회복할 수 있는 방법을 말한다.[1문단(3)] 그리고 그 방법은 보에티누스의 병의 원인인 잘못된 생각을 바로잡는 것이다.[1문단(4)] 즉, ㉠은 보에티누스의 잘못된 생각과 대치되는 올바른 생각을 하는 것을 의미한다. 철학의 여인에 따르면 보에티누스는 사악한 자들이 행복을 가졌으며, 사악한 자가 선한 자보다 더 행복을 누린다는 잘못된 생각을 가지고 있다.[2문단(4)] 그러나 이런 생각은 만물의 궁극적인 목적이 선을 지향하는 데 있다는 것을 모르고 있기 때문이라고 말한다.[2문단(5)] 따라서 선을 지향한다는 만물의 궁극적 목적을 안다면, 잘못된 생각을 바로잡을 수 있으므로 건강을 회복할 수 있다.

ㄴ. 세상이 제멋대로 흘러가는 것이 아니라 정의에 의해 다스려진다는 것을 깨닫는 것
➜ (○) 보에티우스는 세상이 제멋대로 흘러간다고 믿고 있다.[2문단(6)] 또한, 그는 세상의 통치원리가 정의와는 거리가 멀다고 믿는다.[2문단(9)] 그러나 세상은 결국에는 불의가 아닌 정의에 의해 다스려지게 된다.[2문단(8)] 따라서 세상이 제멋대로 흘러간다는 잘못된 생각을 깨닫고 세상이 정의에 의해 다스려진다는 것을 안다면 건강을 회복할 수 있을 것이다.

ㄷ. 자신이 박탈당했다고 여기는 모든 것들, 즉 재산, 품위, 권좌, 명성 등을 되찾을 방도를 아는 것
➜ (×) 보에티우스는 자신이 모든 소유물을 박탈당했다고 생각하고,[2문단(1),(3)] 그것은 선지에서 언급한 재산, 품위, 권좌, 명성 등도 포함한다. 그러나 이것은 잘못된 전제에서 비롯된 생각이다.[2문단(2)] 따라서 건강을 회복하는 방법은 보에티우스가 운명의 본모습을 알아 기존의 잘못된 생각을 바로잡는 것이지[1문단(4),2문단(3)] 잘못된 전제를 바탕으로 박탈당했다고 여기는 것들을 되찾을 방도를 알아내는 것이 아니다.

① ㄱ ➜ (×)
② ㄴ ➜ (×)
③ ㄱ, ㄴ ➜ (○)
④ ㄴ, ㄷ ➜ (×)
⑤ ㄱ, ㄴ, ㄷ ➜ (×)

제시문 분석

1문단 보에티우스의 건강 회복 방법

〈보에티우스의 건강을 회복하는 방법〉		
〈병의 원인〉		〈해결책〉
병의 원인이 되는 보에티우스의 잘못된 생각(4)	➜	잘못된 생각을 바로 잡아주는 것(4)

2문단 '철학의 여인'의 논지

〈철학의 여인의 논지〉		
〈보에티우스의 잘못된 생각 1〉		〈잘못된 생각 1의 원인〉
자신이 추방당했으며 모든 소유물을 박탈당했다고 생각한다.(3)	⊕	자신의 운명의 본모습을 모르기 때문이다.(3)
〈보에티우스의 잘못된 생각 2〉		〈잘못된 생각 2의 원인〉
사악한 자들이 행복을 가졌으며 그들이 선한 자보다 더 행복을 누린다고 생각한다.(4)	⊕	만물의 궁극적인 목적이 선을 지향하는 데 있다는 것을 모르고 있기 때문이다.(4),(5)
〈보에티우스의 잘못된 생각 3〉		〈잘못된 생각 3의 원인〉
세상이 제멋대로 흘러가며 세상의 통치원리는 정의와는 거리가 멀다고 생각한다.(6),(9)	⊕	악은 선을 이길 수 없으며 사악한 자들은 행복할 수 없다는 정의에 의해 세상이 다스려진다는 것을 모르고 있기 때문이다.(6),(7),(8)

〈결론〉
잘못된 전제에서 비롯된 생각을 바로잡으면 너의 건강을 회복할 수 있으니 두려워할 필요가 없다.(12)

합격자의 실전 풀이 순서

❶ **발문을 확인해 유형을 파악한다.**

> 다음 '철학의 여인'의 논지를 따를 때, ㉠으로 적절한 것만을 〈보기〉에서 모두 고르면?

㉠이 의미하는 바가 무엇인지 추론하는 문제다. 본 유형의 경우 지문에 앞서 ㉠을 먼저 읽어본 뒤, 지문을 읽어내려가는 것이 도움이 된다. 본 글에서 ㉠은 '너의 건강을 회복하는 방법'이므로, 우리는 글 속 등장인물이 건강이 좋지 않다는 사실을 미리 파악할 수 있으며, 건강을 회복할 수 있는 방법을 위주로 글을 읽어야겠다는 생각을 할 수 있게 된다. 실제로 지문의 (1)(2)보다 밑줄친 부분이 훨씬 중요함을 독자는 추후 파악했을 것이다.

❷ **지문을 읽는다.**

철학 지문이 나오면 덜컥 겁을 먹는 경우가 있다. 그러나 침착하게 글을 읽다 보면 본 지문의 경우 '보에티우스의 잘못된 생각'–'그 생각의 원인'&'올바른 생각'의 구조가 반복되는 것을 어렵지 않게 파악할 수 있다. 그러니 일단 침착하게 지문을 읽어 내려가자.

어떤 수험생은 지문에서 "만물의 목적(선함 추구)을 모르기 때문"이라는 조언이 어떻게 "사악한 자가 선한 자보다 더 행복을 누린다고 생각하는(병든) 것"을 치유할 수 있는지 궁금할 수 있다. 이 병든 상태는 사실 그런 세태를 한탄하는 상태가 아니라 진실로 그렇게 믿고 그렇게 행동하는 상태를 말한다. 현대과학에서 말하는 '병'에 걸리면 움직일 수 없지만, 여기서 말하는 '병'은 "건강한 정신"이 아닌 상태를 뜻한다.

❸ **선지를 확인한다.**

㉠은 보에티우스의 건강을 회복하는 방법으로, 보에티우스의 잘못된 생각을 철학의 여인이 바로잡아 준 부분에 해당한다. 본 문제의 경우 선지의 내용이 지문에 거의 동일하게 나와 있어 어렵지 않게 정답을 찾을 수 있다.

만일 헷갈린다면 ㄱ과 ㄴ이 같은 논조이고, ㄷ이 동떨어진 논조임을 이용해서 답을 짐작할 수도 있다. 물론 이때 지문을 확인하여 실수가 없도록 한다.

합격자의 시간단축 Tip

Tip ❶ 글 전체의 뉘앙스를 파악하려고 노력한다.

해당 글은 철학의 여인이라는 화자가 보에티우스에게 건네는 말로서, 일반적인 설명문이나 논설문에 비해 화자의 감정이 담긴 어조가 확연히 드러난다.

이런 경우 철학의 여인이라는 화자가 보에티우스에게 어떤 말을 하고 싶은 것인지 그 뉘앙스에 집중하는 것이 필요하다. 이런 글은 철저하게 논리적으로만 분석하기보다는, 해당 글에 대해 감각적으로 〈그래서 무슨 말이 하고 싶은 것인가?〉를 파악하려는 노력을 병행해야 한다.

Tip ❷ 밑줄 친 ㉠이 실제로 효과가 있을지는 불분명함을 안다.

지문의 내용이 이해가 안 되는 것은 다양한 철학 논조들이 섞여 있기 때문이고, 일관성도 없기 때문이다. (만약 실제 철학자 한 사람의 글이라 해도 이렇게 간주해도 좋다.) 또한, 그 철학자의 주장이 반드시 옳은 것인지도 불분명하다. (그러지 않으면 철학적 문제로 나올 리가 없다. 초등학교 바른생활 교과서에 나올 것이다.)

즉, 결론적으로 이런 논증들이 이해되지 않는 것은 너무나도 당연하다. 논리적이라고 해서 맞는 소리를 한다는 보장이 없다. 전제부터 너무 심하게 어그러진 경우 더욱 그렇다.

이제 이 사실을 받아들인다면 지문을 좀 더 건조하게 바라볼 수 있을 것이다. 우리는 흔히 어떤 조언이 어떤 고민을 해결해줄 것이라 기대하지만 사실 일상 대화가 아닌 지문에서는 반드시 그럴 수 있다는 보장이 없음을 항상 유념하자.

117 정답 ❺ 　　난이도 ●○○

문제유형 비판적 사고 > 지문에서 추론하기

접근전략 지문의 내용을 바탕으로 추론할 수 있는 것을 찾는 유형이다. 본 지문의 경우는 실록의 보관 위치와 관련한 여러 정보가 등장하는데, 이를 헷갈리지 않고 잘 읽어 내려간다면 일치 불일치 유형처럼 간단하게 풀 수 있는 문제이다. 지문의 난이도는 높지 않으나 정보량이 많은 편에 속하므로 간단한 그림이나 도식으로 지문을 정리하며 읽는다면 이해에 도움이 될 것이다.

다음 글에서 추론할 수 있는 것은?

(1) 조선이 임진왜란 중 필사적으로 보존하고자 한 서적은 바로 조선왕조실록이다. (2) 실록은 원래 서울의 춘추관과 성주·충주·전주 4곳의 사고(史庫)에 보관되었으나, 임진왜란 이후 전주 사고의 실록만 온전한 상태였다. (3) 전란이 끝난 후 단 1벌 남은 실록을 다시 여러 벌 등서하자는 주장이 제기되었다. (4) 우여곡절 끝에 실록 인쇄가 끝난 것은 1606년이었다. (5) 재인쇄 작업의 결과 원본을 포함해 모두 5벌의 실록을 갖추게 되었다. (6) 원본은 강화도 마니산에 봉안하고 나머지 4벌은 서울의 춘추관과 평안도 묘향산, 강원도의 태백산과 오대산에 봉안했다.

▶ 1문단

(1) 이 5벌 중에서 서울 춘추관의 것은 1624년 이괄의 난 때 불에 타 없어졌고, 묘향산의 것은 1633년 후금과의 관계가 악화되자 전라도 무주의 적상산에 사고를 새로 지어 옮겼다. (2) 강화도 마니산의 것은 1636년 병자호란 때 청군에 의해 일부 훼손되었던 것을 현종 때 보수하여 숙종 때 강화도 정족산에 다시 봉안했다. (3) 결국 내란과 외적 침입으로 인해 5곳 가운데 1곳의 실록은 소실되었고, 1곳의 실록은 장소를 옮겼으며, 1곳의 실록은 손상을 입었던 것이다.

▶ 2문단

(1) 정족산, 태백산, 적상산, 오대산 4곳의 실록은 그 후 안전하게 지켜졌다. (2) 그러나 일본이 다시 여기에 손을 대었다. (3) 1910년 조선 강점 이후 일제는 정족산과 태백산에 있던 실록을 조선총독부로 이관하고 적상산의 실록은 구황궁 장서각으로 옮겼으며 오대산의 실록은 일본 동경제국대학으로 반출했다. (4) 일본으로 반출한 것은 1923년 관동대지진 때 거의 소실되었다. (5) 정족산과 태백산의 실록은 1930년에 경성제국대학으로 옮겨져 지금까지 서울대학교에 보존되어 있다. (6) 한편 장서각의 실록은 6·25전쟁 때 북으로 옮겨져 현재 김일성종합대학에 소장되어 있다.

▶ 3문단

① 재인쇄하였던 실록은 모두 5벌이다.

→ (×) 임진왜란이 끝난 뒤 재인쇄 작업의 결과는 원본을 포함해 모두 5벌이었다.[1문단(5)] 임진왜란 이후 온전한 실록

은 단 1벌뿐이었으므로[1문단(3)], 재인쇄하였던 실록은 모두 4벌이었음을 알 수 있다.

② 태백산에 보관하였던 실록은 현재 일본에 있다.

→ (×) 태백산에 보관하였던 실록은 일제강점기 시기 조선총독부로 이관됐다.[3문단(3)] 이후 태백산의 실록은 1930년에 경성제국대학, 지금의 서울대학교로 옮겨졌다.[3문단(5)] 따라서 태백산에 보관하였던 실록은 현재 서울대에 있다. 일본으로 반출했던 실록은 오대산의 실록으로, 관동대지진으로 거의 소실됐다.[3문단(3),(4)]

③ 현재 한반도에 남아 있는 실록은 모두 4벌이다.

→ (×) 임진왜란 이후의 재인쇄를 통해 총 5벌의 실록이 존재하고 있었다.[1문단(5)] 이후 서울 춘추관의 것이 불에 타 없어졌다.[2문단(1)] 이로써 실록은 4개가 남게 되었다.[3문단(1)] 그러나 이마저도 오대산의 실록이 일본 동경제국대학으로 반출되어 관동대지진 때 결국 거의 소실됐다.[3문단(3),(4)] 따라서 현재 한반도에 남아있는 실록은 모두 3벌로, 그중 2벌은 정족산과 태백산의 실록으로 현재 서울대학교에 보존되어 있다.[3문단(5)] 나머지 한 벌인 장서각의 실록은 현재 북한 김일성종합대학교에 소장돼있다.[3문단(6)]

④ 적상산에 보관하였던 실록은 일부가 훼손되었다.

→ (×) 적상산에 보관하였던 실록은 본래 묘향산에 있던 것으로, 후금과의 관계가 악화되자 적상산으로 옮기게 되었다.[2문단(1)] 이후 적상산의 실록은 일본이 구황궁 장서각으로 옮겼으며[3문단(3)] 6.25 전쟁 때 북한으로 옮겨져 지금까지 김일성종합대학에 있다.[3문단(6)] 지문에 따르면 적상산에 보관하였던 실록이 훼손되었다는 표현은 찾아볼 수 없으므로 다음 글을 보고 추론할 수 있는 내용으로 옳지 않다. 일부 훼손되었던 실록은 강화도 마니산의 실록이다.[2문단(2)]

⑤ 현존하는 가장 오래된 실록은 서울대학교에 있다.

→ (○) 현존하는 가장 오래된 실록은 임진왜란 중 온전히 남은 전주 사고의 실록이다.[1문단(2)] 이외의 실록은 전주 사고의 실록을 원본을 기반으로 재인쇄 작업을 거친 것들이다.[1문단(5)] 원본인 전주 사고의 실록은 강화도 마니산에 봉안됐으며[1문단(6)], 이후 강화도 정족산에 다시 봉인되었다.[2문단(2)] 그리고 1910년 조선총독부로 이관되었고[3문단(3)], 1930년에는 경성제국대학으로 옮겨져 지금까지 서울대학교에 보존되어 있다.[3문단(5)]

제시문 분석

제시문 〈조선왕조실록〉의 보관사

조선왕조실록 원본(1문단 2)			
서울 춘추관	→	임진왜란 →	×
성주 사고	→	임진왜란 →	×
충주 사고	→	임진왜란 →	×
전주 사고	→	임진왜란 →	○

↓

〈실록의 재인쇄〉
전란이 끝난 후 단 1벌 남은 실록을 다시 여러 벌 등서하자는 주장이 제기되었다. 재인쇄 작업의 결과 원본을 포함해 모두 5벌의 실록을 갖추게 되었다. [1문단(3),(5)]

↓

조선왕조실록의 보관 위치[1문단(6)]				
춘추관	묘향산	마니산(원본)	태백산	오대산
1624 이괄의 난 때 소실 [2문단(1)]	1633 적상산으로 이동 [2문단(1)]	1636 병자호란 때 일부 훼손 ↓ 현종 때 보수 ↓ 숙종 때 강화도 정족산 봉안 [2문단(2)]		
	↓	↓		
	구황궁 장서각으로 이동 [3문단(3)] ↓ 6·25 전쟁 때 북으로 이동 ↓ 현재 김일성종합대학 소장 [3문단(6)]	조선총독부 이관 [3문단(1)] ↓ 1930 경성제국대학 이동 ↓ 현재 서울대학교 보존 [3문단(5)]		일본 동경제국대학 반출 [3문단(3)] ↓ 1923 관동대지진 때 거의 소실 [3문단(4)]

합격자의 실전 풀이 순서

❶ 발문을 확인해 유형을 파악한다.

> 다음 글에서 추론할 수 있는 것은?

글을 읽고 지문 속에서 단서를 찾아 추론하는 유형임을 파악한다.

❷ 지문을 읽는다.

위부터 차근차근 읽어내려간다. 내용이 어렵지는 않으나 정보가 연속적으로 나열되는 지문이므로 '실록의 보관 위치'를 정리하며 읽는다.

❸ 선지를 확인한다.

지문을 읽으며 정리해둔 실록의 보관 위치를 보며 선지를 판단한다. 선지에서 유도하는 몇 가지의 실수만 하지 않는다면 어렵지 않은 부분이다. 지문 이해보다는 퀴즈를 풀듯이 접근해 본다.

합격자의 시간단축 Tip

Tip ❶ 정보를 그림이나 도식으로 정리해 둔다.

합격자의 실전 풀이순서 2에서 설명했듯이, 정보량이 많고 단순나열식의 정보가 계속되는 경우에는 간단한 그림이나 도식으로 정보를 정리해두는 것이 도움이 된다.

Tip ❷ 시간의 흐름 구조가 나올 시

제시문의 눈에 띄는 구조 중 하나가 바로 '시간의 흐름'이다. 이러한 구조에서는 선지가 '시간이 흐름에 따라 어떤 차이나 변화가 생기는가?'를 자주 묻기 때문에 독해할 때부터 어떤 차이가 생기느냐를 체크해 둔다면 빠르고 정확한 선지 판단이 가능해진다.

Tip ❸ 특정 분야의 글의 전개방식을 숙지해둔다.

해당 지문의 글 전개방식/선지구성방식은 국사 분야의 일치부합에서 많이 반복되므로, 글 전개방식 자체를 암기하여 추후 비슷한 지문이 나올 때 예상하는 독해를 할 수 있도록 한다. 참고로

5급 공채 psat문제에 해당 문제와 소재뿐만 아니라 아예 글 전개 방식 자체가 거의 유사한 문제가 출제된 바 있다. 해당 지문의 특성은 시공간적 특성이 전부 나온다는 점인데, 시간의 흐름과 사고의 공간적 분포가 어떻게 글에 녹아있는지 잘 살펴보도록 한다.

Tip ❹ 선지를 눈치껏 풀기

어떤 수험생은 지문을 일부만 보고 선지를 해결하는 것이 체질에 맞을 수도 있다.

예컨대 ①번 선지를 보자. 재인쇄한 실록이 총 몇 벌인지 사실은 지문 전체를 읽어야 알 수 있다. 재인쇄를 몇 번을 했는지 모르기 때문이다. 그러나 사실 우리는 본능적으로 '재인쇄는 저기 한번 4벌을 인쇄하고 끝이다.'라는 점을 글을 읽으며 파악할 수 있다. 즉, 2문단까지만 읽고도 오답이라는 것을 알 수 있다. 이는 우리가 함정을 파악하지 못했기 때문이 아니다. 사실 그런 함정을 팔려고 했으면 "총 5벌의 실록이 재인쇄되었다."라고 선지가 서술되었을 확률이 크다. (재인쇄라는 행위 자체가 고유성이 있는지 여부에 따라 결정된다.) 우리의 착각은 사실 우리의 경험의 결과다. 이를 믿고 빨리 넘어가 주자.

118 정답 ❸

난이도 ●●●

문제유형 이해 > 내용 파악

접근전략 전투 등의 특정 역사적 사건이 나오는 지문은, 큰 흐름보다 작은 사건을 구체적으로 기술하는 지문 형태를 가진다. 이는 세부적이고 다양한 분야를 묻는 것이 출제자의 의도라 할 수 있다. 이 지문의 경우 전투의 장소 및 시간, 전투의 양상, 승리 여부, 전투의 결과 등이 선지화될 수 있다. 따라서 이러한 지점들에 특히 유의하면서 기호를 적절히 이용해 표시하고 글의 방향을 예측하며 읽어나가면 체감 난도를 한층 낮출 수 있다.

다음 글에서 알 수 있는 것은?

(1) 1651년에 러시아는 헤이룽강 상류 지역에 진출하여 알바진 성을 쌓고 군사 기지로 삼았다. (2) 다음해 러시아군은 헤이룽강을 타고 동쪽으로 진출하였다. (3) 러시아군은 그 강과 우수리강이 합류하는 지점에 이르러 새로 군사 기지를 건설하려 했다. (4) 청은 러시아가 우수리강 하구에 기지를 만들려 한다는 소식을 접하고 영고탑(寧古塔)에 주둔하던 부대로 하여금 러시아군을 막게 했다. (5) 청군은 즉시 북상해 러시아군과 교전했으나 화력에 압도당하여 패배하였다. ▶1문단

(1) 이에 청은 파병을 요청해왔다. 조선은 이를 받아들여 변급이라는 장수를 파견하였다. (2) 변급의 부대는 두만강을 건너 영고탑으로 이동한 후, 그곳에 있던 청군과 함께 북상하였다. (3) 출발 이후 줄곧 걸어서 북상한 조선군은 도중에 청군과 함께 배에 올라 강을 타고 이동하였다. (4) 그 무렵 기지를 출발한 러시아 함대는 알바진과 우수리강 하구 사이의 중간에 있는 헤이룽강의 지류 입구로 접어들어 며칠 동안 남하하고 있었다. (5) 양측은 의란이라는 곳에서 만나 싸웠다. (6) 당시 조선과 청의 연합군이 탑승한 배는 크고 견고한 러시아 배의 적수가 되지 못했다. (7) 이에 연합군은 청군이 러시아 함대를 유인하고, 조선군이 강변의 산 위에서 숨어 있다가 적이 나타나면 사격을 가하는 전법을 택했다. (8) 작전대로 조선군이 총탄을 퍼붓자 러시아 함대는 큰 피해를 입고 퇴각하였다. 조선군은 사상자 없이 개선하였다. ▶2문단

(1) 청은 1658년에 또 파병을 요청했다. (2) 조선은 이를 받아들여 신유라는 사람을 대장으로 삼아 군대를 파견하였다. (3) 조선군은 청군과 합세하고자 예전에 변급의 부대가 이용했던 경로로 영고탑까지 북상했다. (4) 함께 이동하기 시작한 조·청 연합군은 쑹화강과 헤이룽강의 합류 지점에 이르러 러시아군과 교전했다. (5) 청군은 보유한 전선을 최대한 투입했다. 조선군도 배 위에서 용감히 싸웠다. (6) 조선군이 갈고리를 이용해 러시아 배로 건너가 싸우자 러시아 병사들은 배를 버리고 도망쳤다. (7) 조선군은 러시아군에 비해 성능이 떨어지는 총을 보유했지만, 평소 갈고 닦은 전투력을 바탕으로 승리할 수 있었다. ▶3문단

(1) 패배한 러시아군은 알바진으로 후퇴하였다. (2) 러시아와 청은 몇 차례 회담을 거쳐 네르친스크 조약을 맺었다. (3) 이 조약에 따라 러시아는 알바진과 우수리강의 하구 지점을 잇는 수로를 포기하고 그 북쪽의 외흥안령 산맥까지 물러났다. 또 그 산맥 남쪽 지역을 청의 영토로 인정하였다. ▶4문단

① **신유의 부대는 두만강을 건너 북상하다가 의란에서 러시아군과 교전하였다.**

→ (×) 두만강을 건너 북상하다가 의란에서 러시아군과 교전한 부대는 변급의 부대이다.[2문단(2),(5)] 신유의 부대 또한 변급의 부대가 이용했던 경로로 북상했던 것은 맞지만[3문단(3)], 러시아군과 교전한 장소는 의란이 아닌 쑹화강과 헤이룽강의 합류 지점이다.[3문단(4)]

② **변급의 부대는 러시아군을 우수리강의 하구 지점에서 만나 전투를 벌였다.**

→ (×) 변급의 부대가 러시아군과 전투를 벌인 것은, 우수리강의 하구 지점이 아닌 의란이다.[2문단(5)]

③ **변급의 부대는 러시아군과 교전할 때 산 위에 대기하다가 러시아 함대를 향해 사격하는 방법으로 승리했다.**

→ (O) 변급의 부대는 러시아군과 교전할 때, 강변의 산 위에서 숨어 있다가 적이 나타나면 사격을 가하는 전법을 택했다.[2문단(7)]

④ **변급의 부대가 러시아군과 만나 싸운 장소는 네르친스크 조약의 체결에 따라 러시아 영토에 편입되었다.**

→ (×) 변급의 부대가 러시아군을 만나 싸운 장소는 알바진과 우수리강 하구 사이의 중간보다 더 남쪽인 의란이다.[2문단(4),(5)] 그런데 네르친스크 조약에 의하여 러시아는 알바진과 우수리강의 하구보다 더 북쪽인 외흥항령 산맥까지 물러났고, 그 산맥 남쪽 지역을 청의 영토로 인정하였다.[4문단(3)] 따라서 변급의 부대가 러시아군을 만나 싸운 장소인 의란은, 네르친스크 조약에 따라 러시아 영토에 편입된 것이 아니라 청의 영토로 확정되었다.

⑤ **신유의 부대는 배를 타고 두만강 하구로 나갔다가 그 배로 쑹화강과 헤이룽강의 합류 지점으로 들어가 러시아군과 싸웠다.**

→ (×) 신유의 부대는 변급의 부대가 이용했던 경로로 북상하였다.[3문단(3)] 그런데 변급의 부대는 두만강을 건너서 영고탑으로 이동했으므로[2문단(2)], 신유의 부대는 배를 타고 두만강 하구로 나간 것이 아니라 두만강을 건너서 영고탑으로 이동한 것이다.

제시문 분석

1·2문단 조선의 1차 파병

〈청의 파병 요청〉
러시아가 우수리강 하구에 기지를 만드는 것을 막기 위해 청군을 파견하였으나 패배하여, 청은 조선에 파병을 요청하였다.[1문단(4),2문단(1)]

〈조선의 1차 파병〉		
〈장수〉		〈이동 경로〉
조선은 변급이라는 장수를 파견하였다.[2문단(1)]	→	두만강을 건너 영고탑으로 이동한 후 북상하였다.[2문단(2)]
〈교전 장소〉		〈조선군의 전술〉
의란[2문단(5)]	→	산 위에서 숨어 있다가 적이 나타나면 사격을 가하는 전법[2문단(7)]

3·4문단 조선의 2차 파병

〈조선의 2차 파병〉		
〈장수〉		〈이동 경로〉
조선은 신유라는 사람을 대장으로 삼아 군대를 파견하였다.[3문단(2)]	→	변급의 부대와 동일[3문단(3)]
〈교전 장소〉		〈조선군의 전술〉
쑹화강과 헤이룽강의 합류 지점[3문단(4)]	→	갈고리를 이용해 러시아 배로 건너가 싸웠다.[3문단(6)]

〈전쟁 결과〉
러시아와 청은 네르친스크 조약을 맺어, 러시아는 알바진과 우수리강의 하구 지점을 잇는 수로를 포기하고 그 북쪽의 외흥안령 산맥까지 물러났다. (그 산맥 남쪽 지역을 청의 영토로 인정)[4문단(2),(3)]

합격자의 실전 풀이 순서

❶ 발문과 선지를 파악한다.

'알 수 있는 것'을 고르는 문항이므로, 선지 키워드를 빠르게 훑어본다. 그 결과 '신유', '변급'의 부대가 각기 어떤 정보와 연결되는지 묻는다는 것을 확인한다. 즉, 신유와 변급에 관한 정보를 엇갈리게 대응하여 매력적인 오답을 만들 수 있음을 예상한다.

❷ 각 문단별 핵심을 파악한다.

1문단의 러시아진출-청군파견-패배, 2문단 〈1차 파병-변급-개선〉, 3문단 〈2차 파병-신유-승리〉, 4문단 〈전투결과〉. 이와 같이 글이 전개된다는 것을 파악한다. 변급과 신유는 선지에 그대로 등장하는 이름이므로 크게 표시하여 시각화해놓는 것이 좋다.

❸ 각 문단 내부의 흐름을 키워드 중심으로 이해한다.

2문단에서 '함대를 유인하여 사격을 가해 승리', 3문단의 '갈고리를 이용하여 승리'. 이와 같이 문단 내부의 흐름을 조금 더 자세하게 이해하고 기억한다. 빈번하게 등장하는 지리적 위치 등은 일단 체크 정도만 해둔다. 개별 지명을 첫 독해에서 전부 챙겨가기는 어렵기 때문이다. 다만, 개별 지명 등은 언제든 찾기 쉽도록 동그라미와 같은 기호로 표시해두자.

❹ 선지 판단을 진행한다.

지명이 많이 등장하는 경우, 같은 단어를 다른 표현으로 바꾼 것이 없는지 확인한다. 선지 ④번의 "만나 싸운 장소", 선지 ⑤번의 "합류 지점" 등이 그 예이다. 최근 많이 등장하는 선지 구성법이다. 이 경우 지명을 키워드로 삼아 언제든 찾아 돌아갈 수 있도록 한다.

합격자의 시간단축 Tip

Tip ❶ 정보가 많을수록 큰 결과를 중심으로 지문을 이해한다.

1문단 '청 패배', 2문단 '1차 파병 승리', 3문단 '2차 파병 승리', 4문단 '네르친스크 조약 체결→청 영토 인정'과 같이, 큰 결과를 중심으로 지문을 정리하고 이들을 키워드로 삼아 언제든 돌아올 수 있어야 한다. 그래야 정보가 많은 국사 지문에 압도당하지 않을 수 있다.

Tip ❷ 다른 시기에 일어난 역사적 사건 간의 차이 유념하기

2, 3문단은 "파병으로 인한 승리"라는 공통된 결과를 가지고 있다. 이 경우 같은 파병-승리인데 어떻게 내용이 다른지가 선지화될 가능성이 크다.

Tip ❸ 연도가 등장할 때는 시간 흐름에 유의한다.

1문단에 '1651년', 3문단에 '1658년'이 등장하고 있다. 물론 해당 지문에서는 구체적인 연도가 선지로 출제되지는 않았으나, 시간적 흐름을 파악해야 해결할 수 있는 선지들이 존재하였다. 따라서 연도를 통해 시간적 차이가 문단 사이에 있음을 확인하면, 문단별로 서로 다른 내용을 매칭시킨 선지는 오답이라는 판단을 빠르게 내릴 수 있다.

Tip ❹ 동선의 이동이 많이 등장하면 기호를 이용해 표시하자.

전쟁 등의 동선이 중요한 지문의 이해가 어려울 경우, 그 경로를 동그라미와 간단한 화살표 기호를 이용해 표시할 수 있다. 각 지명에 동그라미를 치고 행선지의 순서에 따라 이전 지명에서 다음 지명으로 화살표를 이용해 연결하는 것이다. 이렇게 이동 경로를 파악하면 해당 제시문의 문제처럼 경로를 많이 묻는 문제에서 판단을 더 쉽고 빠르게 할 수 있다.

119 정답 ③ 난이도 ●●●

문제유형 비판적 사고 > 판단하기

접근전략 실험 관련 문제의 경우 문제의 유형도 다양할 뿐만 아니라 수험생들이 많이 어려워하는 문제들 중 하나다. 실험의 용어가 어렵거나 변수가 많은 경우, 글에서 거부감을 느끼거나 인과관계가 꼬여서 시간을 오래 잡아먹기 때문이다.
실험 관련 문제를 풀 때 고려해야 할 점은, 문제를 해결하는 데 실험 용어의 절대적인 이해가 필요하지는 않다는 것이다. 실험 용어를 이해하면 당연히 실험을 이해하는 데 도움이 될 것이다. 하지만 용어 자체를 이해하지 않아도 실험은 인과관계를 파악하는 것이 더 중요하기 때문에 실험에서 변수들의 관계만 제대로 파악하면 문제를 풀 수 있다. 따라서 실험 문제에서 어려운 과학 용어가 나왔다고 해도 너무 겁먹지 말고 변수 간의 관계를 파악해 가며 글을 전체적으로 조망한다는 느낌으로 문제를 풀어나가도록 하자.

다음 글에 비추어 볼 때, 〈실험〉에 대한 분석으로 적절한 것만을 〈보기〉에서 모두 고르면?

(1) 통계학자들은 오직 두 가설, 즉 영가설과 대립가설만을 고려하는 경우가 있다. (2) 여기서 영가설이란 취해진 조치가 조치의 대상에 아무런 영향을 주지 않는다는 가설이고, 대립가설이란 영향을 준다는 가설이다. (3) 예컨대 의사의 조치가 특정 질병 치료에 아무런 효과도 없다는 가설은 영가설이고, 의사의 조치가 그 질병을 치료하는 데 효과가 있다는 가설은 대립가설이다.

• 실험 •

(4) A는 다음의 두 가설과 관련하여 아래 실험을 수행하였다.
• 가설 1: 쥐가 동일한 행동을 반복할 때 이전 행동에서 이루어진 강제조치가 다음 번 행동에 영향을 준다.
• 가설 2: 쥐가 동일한 행동을 반복할 때 이전 행동에서 이루어진 강제조치가 다음 번 행동에 영향을 주지 않는다.
(5) 왼쪽 방향 또는 오른쪽 방향으로 갈 수 있는 갈림길이 있는 미로가 있다. 실험자는 쥐 1마리를 이 미로의 입구에 집어넣었다. (6) 미로에 들어간 쥐가 갈림길에 도달하면 실험자가 개입하여 쥐가 한 쪽 방향으로 가도록 강제조치했다. (7) 그런 다음 실험자는 미로의 출구 부분에서 쥐를 꺼내 다시 미로의 입구에 집어넣고 쥐가 갈림길에서 어느 방향으로 가는지를 관찰하였다. (8) 100마리의 쥐를 대상으로 이러한 실험을 실시한 결과 대부분의 쥐들은 이전에 가지 않았던 방향으로 갔다.

• 보기 •

ㄱ. 가설 1은 대립가설이고 가설 2는 영가설이다.
➜ (○) 영가설이란 취해진 조치가 조치의 대상에 아무런 영향을 주지 않는다는 가설이고, 대립가설이란 영향을 준다는 가설이다(2). 가설 1은 이전 행동의 강제조치가 다음 행동에 영향을 준다고 보기 때문에 대립가설에 해당하고, 가설 2는 이전 행동의 강제조치가 다음 행동에 영향을 주지 않는다고 보기 때문에 영가설에 해당한다.

ㄴ. 〈실험〉의 결과는 대립가설을 강화한다.
➜ (○) 〈실험〉은 실험자의 강제조치가 쥐로 하여금 이전에 가지 않았던 방향으로 가도록 영향을 주었기 때문에 대립가설을 강화한다.

ㄷ. 〈실험〉에서 미로에 처음 들어간 쥐들에게 갈림길에서 50마리의 쥐들은 왼쪽 방향으로, 나머지 50마리의 쥐들은 오른쪽 방향으로 가도록 실험자가 강제조치하였다는 사실이 밝혀진다면 영가설은 강화된다.
➜ (×) 50마리씩 서로 다른 방향으로 가도록 강제조치를 하였을 때 대부분의 쥐가 이전에 가지 않았던 방향으로 간다면 대립가설을 강화한다. 영가설이란 취해진 조치가 조치의 대상에 아무런 영향을 주지 않는다는 가설인데(2) 첫 번째 실험에서 쥐들의 선택 방향이 어느 방향이었는지를 알았다는 사실 자체로 이것이 두 번째 실험에 영향을 주지 않았다 볼 수는 없다.

① ㄱ ➜ (×)
② ㄷ ➜ (×)
③ ㄱ, ㄴ ➜ (○)
④ ㄴ, ㄷ ➜ (×)
⑤ ㄱ, ㄴ, ㄷ ➜ (×)

제시문 분석

영가설과 대립가설

〈영가설〉		〈대립가설〉
취해진 조치가 조치의 대상에 아무런 영향을 주지 않는다는 가설.(2)	⬌	취해진 조치가 조치의 대상에 영향을 준다는 가설.(2)

A의 〈실험〉

〈가설 1〉	쥐가 동일한 행동을 반복할 때 이전 행동에서 이루어진 강제조치가 다음 번 행동에 영향을 준다.(4)
〈가설 2〉	쥐가 동일한 행동을 반복할 때 이전 행동에서 이루어진 강제조치가 다음 번 행동에 영향을 주지 않는다.(4)

〈실험 과정 ①〉		〈실험 과정 ②〉		〈실험 과정 ③〉
왼쪽 방향 또는 오른쪽 방향으로 갈 수 있는 갈림길이 있는 미로가 있다. 실험자는 쥐 1마리를 이 미로의 입구에 집어넣었다.(5)	➜	미로에 들어간 쥐가 갈림길에 도달하면 실험자가 개입하여 쥐가 한 쪽 방향으로 가도록 강제조치했다.(6)	➜	그런 다음 실험자는 미로의 출구 부분에서 쥐를 꺼내 다시 미로의 입구에 집어넣고 쥐가 갈림길에서 어느 방향으로 가는지를 관찰하였다.(7)

➜	〈결과〉	100마리의 쥐를 대상으로 이러한 실험을 실시한 결과 대부분의 쥐들은 이전에 가지 않았던 방향으로 갔다.(8)

합격자의 실전 풀이 순서

❶ 실험 전 용어를 먼저 읽는다.

〈실험〉을 설명하기 전 영가설과 대립가설의 용어가 등장하고 있으므로, 이 용어가 문제에 연계되어 나온다는 것을 예측할 수 있다. 그러므로 대립가설과 영가설에 가볍게 체크를 하고 용어의 의미를 파악해 둔다.

❷ 〈실험〉을 가볍게 읽는다.

처음엔 가볍게 〈실험〉에 대한 내용을 읽어 내려가도록 한다. 실험의 특정한 부분에만 신경 쓰게 된다면, 오히려 전체 맥락을 파악하기가 힘들어지기 때문이다. 가설 1과 가설 2를 가볍게 읽어준 후, 아래의 실험도 이 어떤 과정으로 진행되었고 어떤 결과가 나왔는지만 가볍게 체크하도록 한다.
문제의 경우 쥐가 한쪽 방향 가도록 강제조치를 취했고 결과적으로 쥐들이 가지 않았던 방향으로 갔다는 이야기다. 결론적으로, 쥐에게 일정한 행동을 강요했을 때 그 행동이 쥐의 선택에 영향을 주고 있음을 알 수 있다.

❸ 보기를 읽고 정오를 파악한다.

〈실험〉을 자세히 읽고 분석하더라도 어차피 보기를 판단할 때 다시 실험 내용을 읽어야 하는 문제가 생긴다. 따라서 굳이 실험을 일일이 상세하게 분석할 필요는 없다. 맥락만 파악한 후 나머지는 보기를 읽으면서 정오를 찾는 데 집중한다.
ㄱ은 '가설 1은 대립가설이고 가설 2는 영가설이다.'이다. 실험 전 설명에서 읽었던 대립가설과 영가설의 정의를 다시 가서 파악하고, 가설과 매칭시키기만 하면 된다.
이때 대립가설이 무엇인지를 어떻게 판단하는지 의심할 수 있는데, 실험자가 어디에 개입했는지 확인하면 된다. 개입=주장이다.
ㄴ의 경우 '〈실험〉의 결과는 대립가설을 강화한다.'이므로 실험과 가설의 매칭을 물어보는 선지이다. 이때 실험의 결과가 어땠는지를 기억하고 가설과 매칭하도록 한다.
ㄷ의 경우 '〈실험〉에서 미로에 처음 들어간 쥐들에게 갈림길에서 50마리의 쥐들은 왼쪽 방향으로, 나머지 50마리의 쥐들은 오른쪽 방향으로 가도록 실험자가 강제조치하였다는 사실이 밝혀진다면 영가설은 강화된다.'라고 하였다. 이때 영가설의 강화 여부의 경우 ㄱ에서 만약 제대로 정답을 확인했더라면 영가설이 가설 1인지 가설 2인지 구할 수 있을 것이다.

이에 가설과 가정을 매칭하도록 한다.

이처럼 보기에 어떤 강화, 약화 가정이 나올지 모른다. 그렇기 때문에 실험을 세세하게 분석할 필요는 없다. 대략적인 결과와 특징만 파악한 후 보기의 정오를 판단할 때 사용하기만 하면 된다.

합격자의 시간단축 Tip

Tip ❶ 실험에서 부각하고 있는 특징 파악하기

실험 문제의 경우 대부분 '어떠한 투입을 했더니, 특정한 산출이 나왔다.'와 같은 형식으로 이루어진다. 따라서 여러 문장들 속에서 핵심적인 투입이 무엇이고 산출이 무엇인지를 정확하게 찾는 것이 중요하다. 이러한 투입과 산출이 곧 변수들을 의미하기도 하고, 또 위의 문제처럼 〈보기〉의 다른 상황 조건을 가정하고 해당 가설을 강화하거나 약화하는 근거를 찾는 문제도 존재하기 때문이다. 이때 실험에서 부각하고 있는, 주요 특징을 파악해놓는다면 다른 가정을 끼워 넣더라도 말하고자 하는 바가 무엇인지 분명하기 때문에 쉽게 강화 또는 약화의 여부를 파악할 수 있을 것이다.

Tip ❷ 영가설 및 대립가설의 정의를 반드시 숙지하고 있어야 한다.

해당 개념은 실험에 관련된 지문이 나오는 모든 시험에 출제되는 필수 단골 개념이다. 사회조사분석사, NCS(응용수리, 문제해결, 자원관리 등), PSAT, LEET까지 광범위한 분야에서 다룬다. 다만 이들 개념을 깊게 알 필요는 없고, 대립가설이 실험자가 주장하고자 하는 바라고 생각하면 된다. 해당 지문의 경우 "영향을 준다."라는 구절에 집중하자.

120 정답 ❸

난이도 ●●○

문제유형 제시문형> 분석추론

접근전략 해당 제시문은 질문과 그에 대한 답이 나와있지만, 제시문 내에서의 규정을 파악한다는 점에서 사실상 법조문 문제를 푸는 방식과 동일하게 접근해야 한다. 따라서 제시문 독해 시에는 규정의 구조만을 파악한 후, 선지 확인 시 규정의 구체적 내용을 검토하는 방식으로 문제를 해결한다. 다만, 일반적 법조문과 달리 질문-응답으로 구성되어 있으므로, 질문사항에서 물어보는 것에 대해 결국 밑에 지문이 어떻게 답했는지를 확인하는 것에 유의한다.

다음 글을 근거로 판단할 때, 〈보기〉에서 옳은 것만을 모두 고르면?

□ 증여세의 납세의무자는 누구이며 부과대상은 무엇입니까?
- ○ 증여세는 타인으로부터 재산을 무상으로 받은 사람, 즉 수증자가 원칙적으로 납세의무를 부담합니다.
- ○ 또한 법인 아닌 사단·재단, 비영리법인은 증여세 납세의무를 부담합니다. 다만 증여받은 재산에 대해 법인세가 과세되는 영리법인은 증여세 납부의무가 없습니다.
- ○ 수증자가 국내거주자이면 증여받은 '국내외 모든 재산', 수증자가 국외거주자이면 증여받은 '국내소재 재산, 국외 예금과 국외 적금'이 증여세 부과대상입니다.

□ 증여자가 예외적으로 수증자와 함께 납세의무를 부담하는 경우도 있습니까?
- ○ 수증자가 국외거주자인 경우, 증여자는 연대납세의무를 부담합니다.
- ○ 또한 수증자가 다음 중 어느 하나에 해당하는 경우에도 증여자는 연대납세의무를 부담합니다.
  - – 수증자의 주소 또는 거소가 분명하지 아니한 경우로서 조세채권의 확보가 곤란한 경우
  - – 수증자가 증여세를 납부할 능력이 없다고 인정되는 경우로서 체납처분을 하여도 조세채권의 확보가 곤란한 경우

보기

ㄱ. 甲이 국내거주자 장남에게 자신의 강릉 소재 빌딩(시가 10억 원 상당)을 증여한 경우, 甲은 원칙적으로 증여세를 납부할 의무가 있다.
➜ (×) 두 번째 질문의 답변에 따르면 수증자가 국외거주자인 경우, 수증자의 주소 또는 거소가 분명하지 아니한 경우로서 조세채권의 확보가 곤란한 경우 혹은 수증자가 증여세를 납부할 능력이 없다고 인정되는 경우로서 체납처분을 하여도 조세채권의 확보가 곤란한 경우 증여자도 연대납세의무를 부담한다. 수증자인 甲의 장남은 국내거주자이며 주소 또는 거소가 분명하지 아니하거나 증여세를 납부할 능력이 없다고 보이지 않으므로, 증여자 甲은 원칙적으로 증여세를 납부할 의무가 없다.

ㄴ. 乙이 평생 모은 재산 10억 원을 국내소재 사회복지법인 丙(비영리법인)에게 기부한 경우, 丙은 증여세를 납부할 의무가 있다.
➜ (○) 첫 번째 질문의 두 번째 답변에 따르면 법인 아닌 사단·재단, 비영리법인은 증여세 납세의무를 부담한다. 丙은 국내 소재 비영리법인이므로 증여세 납세의무를 부담한다.

ㄷ. 丁이 자신의 국외 예금(10억 원 상당)을 해외에 거주하고 있는 아들에게 증여한 경우, 丁은 연대납세의무를 진다.
➜ (○) 두 번째 질문의 첫 번째 답변에 따르면 수증자가 국외거주자인 경우 증여자는 연대납세의무를 부담한다. 수증자인 丁의 아들은 국외거주자이므로 증여자 丁도 연대납세의무를 진다.

ㄹ. 戊로부터 10억 원을 증여받은 국내거주자 己가 현재 파산상태로 인해 체납처분을 하여도 조세채권의 확보가 곤란한 경우, 己는 증여세 납부의무가 없다.
➜ (×) 첫 번째 질문의 세 번째 대답에 따르면 수증자가 국내거주자인 경우 증여받은 국내외 모든 재산이 증여세 부과대상이다. 수증자 己는 국내거주자이므로 증여받은 10억 원은 증여세 부과대상이고, 己는 증여세 납부의무가 있다. 수증자 己가 현재 파산상태로 인해 체납처분을 하여도 조세채권의 확보가 곤란한 경우 증여자인 戊 또한 납세의무를 부담할 뿐이지, 己의 증여세 납부의무가 면제되는 것은 아니다.

① ㄱ, ㄴ ➜ (×)
② ㄱ, ㄷ ➜ (×)
③ ㄴ, ㄷ ➜ (○)
④ ㄴ, ㄹ ➜ (×)
⑤ ㄷ, ㄹ ➜ (×)

합격자의 실전 풀이 순서

❶ 문제 유형 파악
제시문의 형태를 볼 때 규정을 파악하고 〈보기〉에 규정을 적용하는 문제에 해당한다. 해당 유형은 법조문이 주어지지는 않았지만, 규정을 적용한다는 점에서 법조문 유형과 유사하다. 처음 제시문을 읽을 때는 규정의 구조와 규정 간의 관계를 파악한 후, 〈보기〉를 판단할 때 구체적 규정의 내용을 확인한다. 또한, 옳은 것을 고르는 문제라는 것을 인지하기 위해 "옳은"이라는 단어에 밑줄이나 동그라미 등 표시를 한다. 이러한 장치를 통해 옳지 않은 선지를 고르는 실수를 방지할 수 있다.

❷ 제시문 독해
지문은 질문과 답변의 형식으로 되어 있다. 첫 번째 문단은 증여세를 누가 내는지, 그리고 무엇에 대하여 부과되는지에 대한 원칙을 설명하고 있으며, 두 번째 문단은 증여자도 납세의무를 부담하는 예외적인 경우를 다루고 있다.

첫 번째 문단에서 수증자의 의미를 이해하고, 납세의무자인 수증자, 법인 아닌 사단·재단, 비영리법인에 표시한다. 단서 부분에 △ 표시를 하고, 거주지에 따른 경우도 나누어 표시를 한다.

두 번째 문단에서는 '국외거주자' 및 '−'로 표시된 두 경우가 있음을 체크한다. 세부 내용은 증여자가 납세의무자인지 물을 때 돌아와 다시 읽는다. 두 문단이 원칙과 예외 관계임을 파악한 후, 가로로 긴 줄을 그어 두 문단을 시각적으로 구분해둔다.

❸ 보기 및 선지 판단
제시문 독해를 바탕으로 보기를 검토한다. 각 보기가 1문단의 원칙과 2문단의 예외 중 어디에 해당하는지부터 판단한다. 또한 헷갈리지 않도록 누가 수증자이고 증여자인지 구분하여 표시한다. 예를 들어 수증자는 ○, 증여자는 △로 표시한다.

보기 ㄱ은 甲이 증여하고 증여세를 납부하는 경우이므로 두 번째 질문과 비교한다. 보기 ㄴ은 乙이 丙에게 증여하고 丙이 증여세를 납부하는 경우이므로 첫 번째 질문과 비교한다. 보기 ㄷ은 丁이 증여하고 증여세를 납부하는 경우이므로 두 번째 질문과 비교한다. 보기 ㄹ은 戊가 己에게 증여하고 己가 증여세를 납부하는 경우이므로 첫 번째 질문과 비교한다.

본 문제와 같이 하나의 선지가 보기들의 조합으로 구성되는 경우 보기를 해결한 후 해당 보기와 관련된 선지를 먼저 처리하는 것이 좋다. 예컨대, 보기 ㄱ은 옳지 않으므로 선지 ①번과 ②번이 제외된다. 보기 ㄴ은 옳으므로 선지 ⑤번이 제외되고, 마지막으로 보기 ㄷ 또는 보기 ㄹ을 처리하여 정답을 도출한다.

합격자의 시간단축 Tip

Tip ❶ 규정의 내용을 정확히 파악
두 번째 질문은 증여자 또한 납세의무를 부담하는 경우를 물어본 것이지, 수증자는 납세의무를 부담하지 않고 증여자만 납세의무를 부담하는 경우를 물어본 것이 아니다. 따라서 증여자가 납세의무를 부담하더라도 수증자는 납세의무가 경감될 뿐 면제되는 것은 아니다. 이 부분에 있어 착각하지 않았다면 정답을 도출하는 데 큰 어려움은 없었을 것이다.

Tip ❷ 법규정의 단서와 예외사항을 주의
법규정 및 규정확인유형이 나오면 단서 및 괄호의 내용을 주의 깊게 읽어야 한다. 해당 제시문은 증여세 납세의무의 원칙과 예외, 증여자가 예외적으로 수증자와 함께 납세의무를 지는 경우에 대해 제시하고 있다.

Tip ❸ 기호를 활용한 등장인물의 역할 구분
법조문이나 규정 적용 문제에서 복수의 인물이 서로 다른 역할로 등장하면 각각의 역할을 먼저 파악해야 한다. 역할이란 '채권자/채무자', '피해자/가해자', 본 문제와 같이 '증여자/수여자' 등을 의미한다. 이때 각 역할을 다른 기호로 정해두고 표시하면 각 역할을 시각적으로 알 수 있다. 선지를 여러 번 읽지 않아도 되므로 시간 절약이 가능하다.

독끝 9일차 (121~135)

정답

121	④	122	⑤	123	⑤	124	⑤	125	③
126	①	127	⑤	128	①	129	⑤	130	①
131	⑤	132	①	133	⑤	134	②	135	③

121 정답 ④ 난이도 ●○○

문제유형 사실적 이해 > 정보 확인

접근전략 글의 내용과 부합하지 않는 것을 선지에서 찾으면 되는 유형이다. 추론보다는 일치 불일치 수준의 간단한 문제였다. 지문이 다소 긴 편이지만 내용이 어렵지 않고 예시가 나와 있어 이해하는 데는 큰 어려움이 없을 것으로 보인다. 선지를 먼저 읽은 뒤 지문을 읽으며 정답을 찾아내거나, 주요 개념의 위치 파악을 목표로 글을 속독한 뒤 선지와 비교하며 정답을 찾아내면 빠른 시간 내에 문제를 해결할 수 있을 것이다.

다음 글의 내용과 부합하지 않는 것은?

(1) 고대 철학자인 피타고라스는 현이 하나 달린 음향 측정 기구인 일현금을 사용하여 음정 간격과 수치 비율이 대응하는 원리를 발견하였다. (2) 이를 바탕으로 피타고라스는 모든 것이 숫자 또는 비율에 의해 표현될 수 있다고 주장하였다. ▶ 1문단

(1) 그를 신봉한 피타고라스주의자들은 수와 기하학의 규칙이 무질서하게 보이는 자연과 불가해한 가변성의 세계에 질서를 부여한다고 믿었다. (2) 즉 피타고라스주의자들은 자연의 온갖 변화는 조화로운 규칙으로 환원될 수 있다고 믿었다. (3) 이는 피타고라스주의자들이 물리적 세계가 수학적 용어로 분석될 수 있다는 현대 수학자들의 사고에 단초를 제공한 것이라고 할 수 있다. ▶ 2문단

(1) 그러나 피타고라스주의자들은 현대 수학자들과는 달리 수에 상징적이고 심지어 신비적인 의미를 부여했다. (2) 피타고라스주의자들은 '기회', '정의', '결혼'과 같은 추상적인 개념을 특정한 수의 가상적 특징, 즉 특정한 수에 깃들어 있으리라고 추정되는 특징과 연계시켰다. (3) 또한 이들은 여러 물질적 대상에 수를 대응시켰다. (4) 예를 들면 고양이를 그릴 때 다른 동물과 구별되는 고양이의 뚜렷한 특징을 드러내려면 특정한 개수의 점이 필요했다. (5) 이때 점의 개수는 곧 고양이를 가리키는 수가 된다. (6) 이것은 세계에 대한 일종의 원자적 관점과도 관련된다. (7) 이 관점에서는 단위(unity), 즉 숫자 1은 공간상의 한 물리적 점으로 간주되기 때문에 물리적 대상들은 수 형태인 단위 점들로 나타낼 수 있다. (8) 이처럼 피타고라스주의자들은 수를 실재라고 여겼는데 여기서 수는 실재와 무관한 수가 아니라 실재를 구성하는 수를 가리킨다. ▶ 3문단

(1) 피타고라스의 사상이 수의 실재성이라는 신비주의적이고 형이상학적인 관념에 기반하고 있다는 점은 틀림없다. (2) 그럼에도 불구하고 피타고라스주의자들은 자연을 이해하는 데 있어 수학이 중요하다는 점을 알아차린 최초의 사상가들임이 분명하다. ▶ 4문단

① 피타고라스는 음정 간격을 수치 비율로 나타낼 수 있다는 것을 발견하였다.
→ (○) 피타고라스는 일현금을 사용해 음정 간격과 수치 비율이 대응하는 원리를 발견했다.[1문단(1)] 따라서 본 선지는 글의 내용에 부합한다.

② 피타고라스주의자들은 자연을 이해하는 데 있어 수학의 중요성을 인식하였다.
→ (○) 피타고라스주의자들은 수와 기하학이 자연에 질서를 부여한다고 믿었다.[2문단(1)] 이들은 곧 자연의 온갖 변화가 수와 기하학을 통해 조화로운 규칙으로 환원될 수 있다고 믿은 것이다.[2문단(2)] 이를 통해 피타고라스주의자들이 자연을 이해하는 데 있어 수학을 중요히 여겼음을 알 수 있다. 또한, 지문의 마지막에 따르면 이들을 자연을 이해하는 데 있어 수학이 중요하다는 점을 알아차린 최초의 사상가들[4문단(2)]로 소개하였다. 따라서 본선지는 글의 내용에 부합한다.

③ 피타고라스주의자들은 물질적 대상뿐만 아니라 추상적 개념 또한 수와 연관시켰다.
→ (○) 피타고라스주의자들은 '기회', '정의', '결혼'과 같은 추상적인 개념을 수에 연관시켰고[3문단(2)], 심지어 고양이와 같은 물질적 대상에도 수를 대응시켰다.[3문단(3),(5)] 따라서 이들이 물질적 대상과 추상적 개념을 수에 연관시켰다는 본선지는 글의 내용과 부합한다.

④ 피타고라스주의자들은 물리적 대상을 원자적 관점에서 실재와 무관한 단위 점으로 나타낼 수 있다고 믿었다.
→ (×) 피타고라스주의자들은 수를 실재라고 여겼으며, 수는 실재와 무관한 수가 아니라 실재를 구성하는 수를 가리킨다고 하였다.[3문단(8)] 원자적 관점에서 단위 점이 되는 숫자 1은 공간상의 한 물리적 점이다.[3문단(7)] 이 말은 곧 원자적 관점에서 단위 숫자가 실재한다는 것을 의미하므로 물리적 대상들은 수 형태의 단위 점들로 나타낼 수 있다는 것을 뜻한다.[3문단(7)] 단위 점이 실재와 무관한 점이라면 물리적 대상들을 나타낼 수 없을 것이며, 피타고라스주의자들은 수가 실재와 무관하다고 여기지도 않았다.

⑤ 피타고라스주의자들은 수와 기하학적 규칙을 통해 자연의 변화를 조화로운 규칙으로 환원할 수 있다고 믿었다.
→ (○) 피타고라스주의자들은 수와 기하학의 규칙이 무질서하게 보이는 자연과 이해할 수 없는 가변성의 세계에 질서를 부여한다고 믿었다.[2문단(1)] 즉 자연의 온갖 변화는 수와 기하학적 규칙을 통해 조화로운 규칙으로 환원될 수 있다고 믿은 것이다.[2문단(2)] 따라서 본선지는 글의 내용에 부합한다.

제시문 분석

1·2문단 피타고라스주의자들의 사상

〈피타고라스의 주장〉		〈피타고라스주의자들의 사상〉
피타고라스는 모든 것이 숫자 또는 비율에 의해 표현될 수 있다고 주장하였다. [1문단(2)]	→	피타고라스주의자들은 수와 기하학의 규칙이 가변성의 세계에 질서를 부여함으로써 자연의 온갖 변화가 조화로운 규칙으로 환원될 수 있다고 믿었다.[2문단(1),(2)]

→ 〈현대 수학에 가지는 의의〉
피타고라스주의자들은 물리적 세계가 수학적 용어로 분석될 수 있다는 현대 수학자들의 사고에 단초를 제공한 셈이다.[2문단(3)]

3문단 피타고라스주의자들이 생각한 '수'

〈수의 의미〉
피타고라스주의자들은 현대 수학자들과는 달리 수에 상징적이고 신비적인 의미를 부여했다.(1)

〈수의 특징 1〉		〈수의 특징 2〉
추상적인 개념을 특정한 수의 가상적 특징과 연계시켰다.(2)	⊕	여러 물질적 대상에 수를 대응시켰다.(3)
추상적 개념의 예시 : '기회', '정의', '결혼' 등		예를 들면 고양이를 그릴 때 고양이를 가리키는 특정한 점의 개수가 필요했다. (4),(5)

→

〈원자적 관점〉
단위(unity)인 숫자 1은 공간상의 한 물리적 점으로 간주되기 때문에 물리적 대상들은 수 형태인 단위 점들로 나타낼 수 있다.(7)

→ 이처럼 피타고라스주의자들은 수를 실재라고 여겼는데 여기서 수는 실재와 무관한 수가 아니라 실재를 구성하는 수를 가리킨다.(8)

4문단 피타고라스 사상의 의의

〈피타고라스의 사상 특징 1〉		〈피타고라스의 사상 특징 2〉
피타고라스의 사상은 수의 실재성이라는 신비주의적이고 형이상학적인 관념에 기반하고 있다.(1)	⊕	피타고라스의 사상은 자연을 이해하는 데 있어 수학이 중요하다는 것을 알아차린 최초의 사상이다.(2)

합격자의 실전 풀이 순서

❶ 발문을 확인해 유형을 파악한다.

'다음 글의 내용과 부합하지 않는 것은?'

글을 읽고 선지와 글의 내용을 비교하며 올바르지 않은 선지를 찾는 정보 판단 문제이다. 부합하는/부합하지 않는 에 각각 다른 기호를 써서 표시한다.

❷ 선지를 먼저 보는 경우

선지를 먼저 보는 경우라 해도 지문의 첫 부분(대략 첫 줄의 1/3 정도)을 먼저 보는 것이 좋다. 이 부분이 선지보다 훨씬 논리정합적이고 맥락적으로 서술되어 있기 때문이다. "고대 철학자 피타고라스"라는 구절을 통해서 지문의 소재가 피타고라스임을 알 수 있다.

피타고라스는 누구인가? 수학과 관련된 철학자이다. 이걸 본 뒤 선지를 보면 훨씬 독해가 쉬워진다. 예컨대 ①번 선지도 그냥 보면 힘들지만, 피타고라스–수학을 알고 본다면 '비율', '발견' 등에 강세가 더 들어갈 것이다.

❸ 지문을 먼저 읽는 경우

우선 문제에 나오진 않았지만 처음 읽을 때 '피타고라스'와 2문단의 '피타고라스주의자'를 구분되게 표시해야 한다. 함정으로 나올 수 있다. 또한, 문장 내에 읽을 수 있는 부분과 읽을 수 없는 부분이 혼재할 경우 읽을 수 있는 부분으로부터 나머지를 유추한다. 예컨대 2문단 (1)문장을 보면 기하학보다는 수의 규칙이, 불가해한 가변성보다는 질서 부여가 훨씬 쉽다. 이를 통해 나머지를 유추하는 것이다. 단어 하나하나에 집착하면 절대로 제시간에 풀 수 없다.

읽다 보면 3문단부터 지문의 내용이 크게 와 닿지 않을 수 있다. 문단의 길이가 특히 길고 내용 역시도 어려운 편이기 때문이다. 이럴 때는 모든 것을 이해하려고 하기보단 지문의 어디에 어느 문장이 위치하는지를 기억해둔다는 느낌으로 지문을 읽어 본다. 어차피 이 문제는 추론을 요구하는 지문이 아니며 단순 사실 이해 문제이기 때문에 괜히 지문을 읽는 데 많은 에너지를 들일 필요가 없다.

❹ 선지를 파악한다.

선지를 대략적으로 기억하고 있다면 지문을 읽는 도중 3문단 8문 '이처럼 피타고라스주의자들은 수를 실재라고 여겼는데 여기서 수는 실재와 무관한 수가 아니라 실재를 구성하는 수를 가리킨다.'를 보고 바로 정답을 찾을 수 있을 것이다.

설령 그렇지 않더라도 선지와 지문의 내용을 하나하나 대조해 보면 어렵지 않게 정답을 찾을 수 있다. ④번 선지는 다른 선지에 비해 다소 난이도가 있는 문장으로 느껴질 수 있는데, 이런 경우에는 ④ 선지에 대한 판단을 유보하고 나머지 선지(①, ②, ③, ⑤)에 대한 판단을 먼저 함으로써 정답을 찾을 수 있다.

합격자의 시간단축 Tip

Tip ❶ 제시문에서 부정되고 있는 내용/사실 표시

비문학에서는 제시문 상에서 부정되고 있는 내용이나 사실을 긍정하는 내용으로 바꾸어 오답 선지를 자주 구성한다. 그러므로 이들은 발견 시 미리 괄호와 같은 기호로 표시를 해두면 오답 선지를 빠르게 판단할 수 있다.

Tip ❷ 구분성이 뚜렷한 키워드를 중심으로 돌아가기

선지 판단 시 제시문으로 돌아가야 하는데 마땅히 어디로 돌아가야 할지 모를 때는 일차적으로 선지 내에 구분성이 뚜렷한 키워드를 중심으로 돌아가 근거를 찾자. 구분성이 뚜렷하다는 의미는 제시문 전반이 아닌 부분적으로 존재하는 키워드를 말한다. 예를 들어, 해당 문제의 선지에서 키워드는 다음과 같다.

① 음정 간격
② 자연, 수학
③ 물질적 대상, 추상적 개념
④ 물리적 대상, 원자적 관점
⑤ 기하학적 규칙, 자연

Tip ❸ 선지와 지문 중 무엇을 먼저 봐야 하는지

무엇을 먼저 읽든 자유지만 지문 첫 번째 부분을 가장 먼저 보고 이후 내용이나 주제를 추론하면서 시작해야 한다는 것은 변하지 않는다. 또한, 지문과 선지 중 무엇을 먼저 읽을지에 대해서는 다른 문제 해설에 각각의 읽기 요령에 대해서 서술하였다. 다만 주의할 점은 둘 중 하나만 채택해서 훈련해야 한다는 것이다. 둘을 임의적으로 취사선택하다 보면 다른 유형 문제를 풀 때 사고가 꼬일 수 있다. 예컨대 규칙제시형 NCS 문제(상황판단 유사)를 볼 때도 사실 규칙을 먼저 보는 게 유리할 때가 있고 사례를 먼저 보는 게 유리할 때가 있는데, 이런 독해지문에서마저 유형별로 나눠버리면 "문제를 보기도 전에" 지쳐버린다.

Tip ❹ 지문 내 위치 암기법

글을 읽을 때 키워드 위치의 암기법은 무엇인가? 흔히 암기법을 소개하는 여러 글이나 영상을 보면, 서로 연결해서 기억하는 방법(연상법)이 많다. 우리는 연상을 할 필요가 없다. 지문에 나온, 서로 관계된 단어들끼리 연결해서 뭉텅이로 읽으면 된다. 예컨대 3문단 (2)의 '가상적 특징'이라는 단어는 '물질적 대상'이라는 단어 바로 옆에 있다. 둘은 '가상'과 '물질'이라는 단어로 대비된다.

물론 의미는 전혀 다르지만 이런 식으로 "암기"하는 것이다. 글의 맥락 파악에 방해가 되지 않느냐는 반론이 있을 수 있지만, 어차피 글의 의미를 이해하지 않고 읽기 위해서 이런 식으로 암기하는 것이기 때문에 내용과는 전혀 상관이 없다. 내용은 위치를 찾은 다음 다시 읽는 것이다.

Tip ❺ 철학적 단어 결합에 익숙해지기

3문단 (4)의 '특정한 개수의 점'이라든가 '세계에 대한 원자적 관점'이라는 구절은 일상적으로 절대 쓰이지 않는 말이다. 이를 제대로 이해하기 위해서는 머릿속에 항상 진리집합이 그려져 있어야 한다. '특정한 개수의 점'은 "n개의 점으로 나타낸 대상들을 일반화한 집합"이라고 생각하거나 "물체는 고유한 성질을 가진 요소들의 집합체라고 보는 관점을 세계 만물에 일반적으로 적용시킨 것"으로 재해석할 수 있어야 한다.
물론, 이들을 일상 용어로 표현하면, "대상을 별자리처럼 점을 연결해서 나타낸다."라든가 "사물의 성질을 숫자에 대입하고, 마치 바코드처럼 수의 집합으로 물질을 나타낼 수 있다."라는 표현으로 바꿀 수도 있을 것이다. 그러나 앞의 사고가 선행되지 않으면 일상 용어로 다시 바꿀 수가 없다. 논리적으로 진리집합을 구성할 수 없기 때문에 〈재구성〉이 아니라 〈비유〉가 되어버리기 때문이다.

122 정답 ❺

난이도 ●○○

문제유형 사실적 이해 > 중심 내용 파악
접근전략 글을 읽은 다음 선지에서 지문의 핵심 내용을 담은 문장을 찾는 문제다. 글의 맥락과 구조를 파악하고, 반복되는 개념이나 주제 문장을 찾으며 지문을 읽어내려갈 필요가 있다. 본 지문의 경우 주제 문장과 주제 문장을 뒷받침하는 사례 두 가지가 뒤이어 배치된 구조임을 어렵지 않게 파악할 수 있었다.

다음 글의 핵심 내용으로 가장 적절한 것은?

(1) 1948년에 제정된 대한민국 헌법은 공동체의 정치적 문제는 기본적으로 국민의 의사에 의해 결정된다는 점을 구체적인 조문으로 명시하고 있다. (2) 그러나 이러한 공화제적 원리는 1948년에 이르러 갑작스럽게 등장한 것이 아니다. (3) 이미 19세기 후반부터 한반도에서는 이와 같은 원리가 공공 영역의 담론 및 정치적 실천 차원에서 표명되고 있었다. ▶1문단

(1) 공화제적 원리는 1885년부터 발행되기 시작한 근대적 신문인 『한성주보』에서도 어느 정도 언급된 바 있지만 특히 1898년에 출현한 만민공동회에서 그 내용이 명확하게 드러난다. (2) 독립협회를 중심으로 촉발되었던 만민공동회는 민회를 통해 공론을 형성하고 이를 국정에 반영하고자 했던 완전히 새로운 형태의 정치운동이었다. (3) 이것은 전통적인 집단상소나 민란과는 전혀 달랐다. (4) 이 민회는 자치에 대한 국민의 자각을 기반으로 공동생활의 문제들을 협의하고 함께 행동해나가려 하였다. (5) 이것은 자신들이 속한 정치공동체에 대한 소속감과 연대감을 갖지 않고서는 불가능한 현상이었다. (6) 즉 만민공동회는 국민이 스스로 정치적 주체가 되고자 했던 시도였다. (7) 전제적인 정부가 법을 통해 제한하려고 했던 정치 참여를 국민들이 스스로 쟁취하여 정치체제를 변화시키고자 하였던 것이다. ▶2문단

(1) 19세기 후반부터 한반도에 공화제적 원리가 표명되고 있었다는 사례는 이뿐만이 아니다. (2) 당시 독립협회가 정부와 함께 개최한 관민공동회에서 발표한 「헌의6조」를 살펴보면 제3조에 "예산과 결산은 국민에게 공표할 일"이라고 명시하고 있는 것을 확인할 수 있다. (3) 이것은 오늘날의 재정운용의 기본원칙으로 여겨지는 예산공개의 원칙과 정확하게 일치하는 것으로 국민과 함께 협의하여 정치를 하여야 한다는 공화주의 원리를 보여주고 있다. ▶3문단

① 만민공동회는 전제 정부의 법적 제한에 맞서 국민의 정치 참여를 쟁취하고자 했다.
→ (×) 만민공동회가 전제 정부의 법적 제한에 맞서 국민의 정치 참여를 쟁취하고자 했던 것은 사실이다.[2문단(7)] 그러나 1문단에서는 헌법의 공화제적 원리, 3문단에서는 관민공동회 예결산 공표의 공화제적 측면에 대해 서술하고 있다. 따라서 만민공동회의 정치 참여 쟁취는 지문의 핵심 내용으로 보기에는 다른 문단 간 연관성이 약하다. 지문의 핵심 내용은 모든 문단에서 공통으로 다루고 있는 공화주의 원리라고 보는 것이 적절하다.

② 한반도에서 예산공개의 원칙은 19세기 후반 관민공동회에서 처음으로 표명되었다.
→ (×) 한반도에서 예산공개의 원칙은 19세기 후반 관민공동회의 헌의6조에서 명시됐다.[3문단(2)] 그러나 이것이 한반도 최초의 예산공개 원칙이라고 볼 근거는 지문 속에 나타나 있지 않다. 더불어 본 지문은 1문단에서는 헌법의 공화제적 원리, 2문단에서는 만민공동회의 공화제적 측면에 대해 설명하고 있다. 따라서 관민공동회의 예산공개 원칙은 본 지문의 핵심 내용으로 보기에는 부적절하다. 지문의 핵심 내용은 모든 문단에서 공통으로 다루고 있는 공화주의 원리라고 보는 것이 적절하다.

③ 예산과 결산이라는 용어는 관민공동회가 열렸던 19세기 후반에 이미 소개되어 있었다.
→ (×) 본 지문의 1문단에서는 헌법의 공화제적 원리, 2문단에서는 만민공동회의 공화제적 측면, 3문단에서는 관민공동회 예결산 공표의 공화제적 측면에 대해 설명하고 있다. 따라서 예산과 결산이라는 용어 사용 시기는 본 지문의 핵심 내용으로 보기에는 부적절하다.

④ 만민공동회를 통해 대한민국 헌법에 공화제적 원리를 포함시키는 것이 결정되었다.
→ (×) 지문의 어디에도 만민공동회를 통해 대한민국 헌법에 공화제적 원리를 포함시키기로 결정했다는 서술은 없다. 따라서 본 선지는 지문의 핵심 내용으로 보기 어렵다.

⑤ 한반도에서 공화제적 원리는 이미 19세기 후반부터 담론 및 실천의 차원에서 표명되고 있었다.
→ (○) 1문단에서는 대한민국 헌법에 명시된 공화제적 원리를 안내하며 이러한 공화제적 원리가 헌법제정 시기 갑작스럽게 등장한 것이 아니라고 밝히고 있다.[1문단(2)] 이어 한반도에서 공화제적 원리가 19세기 후반부터 담론 및 실천의 차원에서 표명되고 있었다고 말한다.[1문단(3)] 2문단에서는 만민공동회라는 민회의 형태를 소개하고 있으며, 3문단에서는 관민공동회의 예결산 공표의 예시를 소개하고 있다. 이러한 두 예시는 모두 한반도에서 표명되던 공화제적 원리의 예시를 든 것이다. 따라서 본 지문의 핵심 내용은 19세기 후반부터 담론 및 실천의 차원에서 공화제적 원리가 표명되었다는 것이다.

제시문 분석

1문단 19세기 후반의 공화제적 원리

〈19세기 후반의 한반도 공화제적 원리〉
공동체의 정치적 문제를 국민의 의사에 의해 결정한다는 공화제적 원리는 19세기 후반 한반도 공공 영역의 담론 및 정치적 실천 차원에서 표명되고 있었다.(1),(3)

2문단 19세기 후반 공화제적 원리의 사례 1-만민공동회

〈만민공동회〉
민회를 통해 공론을 형성하고 이를 국정에 반영하고자 했던 만민공동회의 모습에서 공화제적 원리가 명확하게 드러난다.(1),(2)

〈특징 ①〉		〈특징 ②〉		〈특징 ③〉
자치에 대한 국민의 자각을 기반으로 공동생활의 문제들을 협의하고 함께 행동해 나가려 했다.(4)	⊕	자신들이 속한 정치공동체에 대한 소속감과 연대감을 가진 행동이었다.(5)	⊕	국민이 스스로 정치적 주체가 되고자 했던 시도이다.(6)

→

〈해석〉	전제 정부가 법을 통해 제한하려던 정치 참여를 국민들이 스스로 쟁취하려던 것이다.(6),(7)

3문단 19세기 후반 공화제적 원리의 사례 2-관민공동회

〈관민공동회〉
관민공동회에서 "예산과 결산은 국민에게 공표할 일"이라고 명시한 것은 오늘날의 재정 운용 기본원칙으로 여겨지는 예산공개의 원칙과 정확히 일치한다.(2),(3)

→

〈해석〉
예산공개의 원칙은 국민과 함께 협의하여 정치를 해야 한다는 공화주의의 원리를 보여준다.(3)

합격자의 실전 풀이 순서

❶ 발문을 확인해 유형을 파악한다.

> 다음 글의 핵심 내용으로 가장 적절한 것은?

핵심 내용이란 결국 논지이며, 논지란 글 전체를 포괄하면서도 정리하는 문장을 말한다. 따라서 사례에 집착하지 말고 그것이 궁극적으로 의도하는 바가 무엇인지, 사례 간 공통점은 없는지 생각하며 읽어야 한다. 또 문단별로 핵심 내용을 정리해서 포괄시키는 것도 유용한 수단이다.

❷ 지문을 읽는다.

매 문단을 읽으며 다음에 주의해서 지문을 읽는다.

a. 반복적으로 제시되는 단어가 무엇일까?

b. 문단에서 전달하고자 하는 메시지가 무엇일까?

c. 사례는 무엇의 사례인가?

이렇게 정리하며 글을 읽다 보면 반복되는 개념은 공화주의(공화제) 원리이며 만민공동회와 관민공동회 사례는 모두 공화주의 원리의 사례임을 알 수 있다. 이를 통해 본 글이 19세기 후반 한반도에서 표명되는 공화주의적 원리를 다루고 있는 글이며, 2문단과 3문단은 공화주의적 원리의 예시를 다루고 있음을 어렵지 않게 파악할 수 있다. 특히 다음과 같은 독해에 주의한다.

[1문단] 여기서 연도나 헌법, 명시 등은 중요하지 않다. 19세기 후반의 사례들이 전개상 중요함을 파악할 수 있어야 한다. 신문, 민회, 완전히 새로운 등의 키워드들은 맥락상 중요하지는 않다. 오히려 (3)과 (4)의 내용이 훨씬 중요하다는 것을 읽으면서 파악해야 한다. 1문단과 무엇이 연결되는지 확인해 본다.

[3문단] 헌의 6조, 정부와 함께 개최, 예산공개의 원칙 등 키워드들은 맥락상 중요하지 않다.

❸ 선지를 판단한다.

지문을 읽으며 파악했던 반복되어 지문에 나타나는 개념, 중요하게 다루고 있는 사례 등과 비교해 보며 선지에서 정답을 찾는다. 특히 지문의 일부만을 포괄하는 내용은 답이 아님을 명심하고 실수하지 않도록 한다.

합격자의 시간단축 Tip

Tip ❶ 세부 정보보다 글의 구조를 파악하는 것이 중요하다.

난이도가 굉장히 쉬운 문제이므로 시간을 많이 들여 지문 내의 정보를 하나하나 이해해야 할 필요는 없다. 글의 구조를 파악하겠다는 다짐으로 글을 빠르게 읽되, 주제문이 무엇이며 주제문을 보충하는 근거로는 무엇이 제시되고 있는지를 대강 파악하며 빠르게 문제를 푸는 연습이 필요하다.

주제 문장이 위치할 수 있는 곳은 대략 다음과 같다. 참고하도록 하자. 다만 이런 내용은 어디까지나 지금까지의 출제에 기반한 추측이므로 보수적으로 받아들이도록 한다.

주제 문장 … 주제 문장	사과는 건강에 좋은 과일로 알려져 있다. 주제 문장 그러나 밤에 먹는 사과는 오히려 건강에 좋지 못하다.

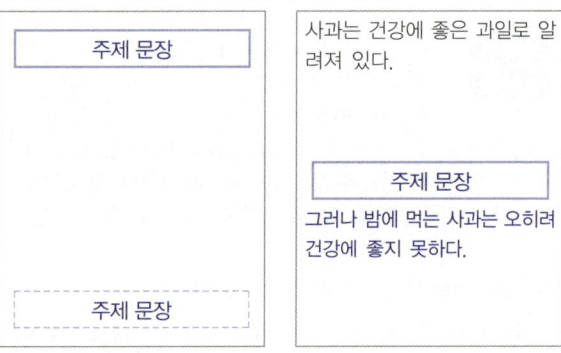

Tip ❷ 제시문에서 부정되고 있는 내용/사실 표시

맥락을 파악하는 데는 저자가 부정하는 내용을 기억하는 것이 매우 유효하다. 최소한 "부정할 가치가 있는 내용"이기 때문에 저자가 다루는 것이기 때문이다(흔히 하는 말로, '반박할 가치도 없다.'라는 말도 있지 않은가?).

Tip ❸ 지문에 꼭 긍정-부정적인 면이 다 등장하는 것은 아님에 유의한다.

해당 지문은 이례적으로 공화제적 원리가 당시에도 있었다는 소위 〈긍정적 내용〉만 제시되어 있다. 일반적으로는 장점도 있으나 한계도 존재했다는 내용이 나올법하나, 해당 지문은 그렇지 않은 상태에서 끝을 맺고 있다. 민간경력자 문제로서 5급 psat에 비해 난이도를 쉽게 만들기 위해 일부러 이렇게 지문 내용을 구성했을 수도 있으나, 이런 경우도 있다는 것을 이 기회에 잘 숙지한다.

123 정답 ⑤ 난이도 ●●●

문제유형 이해 > 내용 파악

접근전략 생물 종 분류에 관한 소재는 진화와 관련하여 이미 여러 번 출제된 바 있다. 특히 진화는 곧 생존과 번성에 관한 것으로 연결된다. 이 지문은 인간종의 생존과 번성에 관한 것이므로 인간 고유의 진화적 특성이 어떤 영향을 미쳐 번성으로 연결되는지에 유의하며 독해한다. 또한, 이러한 양상을 두고 이를 설명하려는 여러 가지 이론이 등장하므로 이들 간 공통점과 차이점을 잘 파악하며 읽고 글쓴이가 강조하는 이론의 경우 글의 핵심과 직결되므로 잘 확인한다.

다음 글에서 알 수 있는 것은?

(1) '인간'이란 말의 의미는 '호모 속(屬)에 속하는 동물'이고, 호모 속에는 사피엔스 외에도 여타의 종(種)이 존재했다. (2) 불을 가졌던 사피엔스는 선조들에 비해 치아와 턱이 작았고 뇌의 크기는 우리와 비슷한 수준이었다. (3) 사피엔스는 7만 년 전 아라비아 반도로 퍼져나갔고, 이후 다른 지역으로 급속히 퍼져나가 번성했다. (4) 기술과 사회성이 뛰어난 사피엔스는 이미 그 지역에 정착해 있었던 다른 종의 인간들을 멸종시키기 시작하였다.

▶ 1문단

(1) 사피엔스의 확산은 인지혁명 덕분이었다. (2) 이 혁명은 약 7만 년 전부터 3만 년 전 사이에 출현한 사고방식의 변화와 의사소통 방식의 변화를 가리킨다. (3) 이와 같은 변화의 중심에는 그들의 언어가 있었다. (4) 그렇다면, 사피엔스의 언어에 어떤 특별한 점이 있었기에 그들이 세계를 정복할 수 있었을까?

▶ 2문단

(1) 사피엔스는 제한된 개수의 소리와 기호를 연결해 각기 다른 의미를 지닌 무한한 개수의 문장을 만들 수 있었다. (2) 곧 그들의 언어는 유연성을 지녔다. (3) 이로써 그들은 자기 주변 환경에 대한 막대한 양의 정보를 공유할 수 있었다. (4) 사피엔스가 다른 종의 인간들을 내몰 수 있었던 까닭이 공유된 정보의 양 때문이었다는 이론이 널리 알려져 있기는 하다. (5) 그러나 공유된 정보의 양이 성공의 직접적 원인은 아니라는 이론 또한 존재한다. (6) 이에 따르면 사피엔스가 세계를 정복할 수 있었던 원인은 오히려 그들의 언어가 사회적 협력을 다른 언어보다 더 원활하게 해주었다는 데 있다. (7) 사피엔스는 주변 환경에 대한 담화를 할 수 있었을 뿐 아니라 다른 사회 구성원에 대한 담화도 할 수 있었다. (8) 그런 담화는 상호 간의 관계를 더욱 긴밀하게 했고 협력을 증진시켰다. (9) 작은 무리의 사피엔스는 이렇게 더욱 긴밀한 협력 관계를 유지할 수 있었다.

▶ 3문단

(1) 위의 두 이론, 곧 유연성 이론과 담화 이론은 사피엔스의 정복을 부분적으로는 설명해 줄 수 있을 것이다. (2) 하지만 그 직접 원인은 그들이 사용한 언어만이 존재하지도 않는 것에 대한 정보를 공유할 수 있게끔 해주었다는 데 있다. (3) 직접 보거나 만지거나 냄새 맡지 못한 것에 대해 이야기할 수 있었던 존재는 사피엔스뿐이었다. (4) 그들이 지닌 언어의 이와 같은 특성 때문에 사피엔스는 개인적인 상상을 집단적으로 공유할 수 있게 되었으며 공통의 신화들을 짜낼 수 있었다. (5) 그 덕분에 그들의 사회는 서로 모르는 구성원들 사이에서도 협력 관계를 유지하고 복잡한 거대 사회로 발전될 수 있었다.

▶ 4문단

① 사피엔스의 뇌 크기는 인지혁명 이후에야 현재 인류의 그것과 비슷해졌다.

→ (×) 인지혁명은 약 7만 년 전부터 3만 년 전 사이에 출현하였고[2문단(2)], 사피엔스의 뇌 크기는 우리와 비슷한 수준이었다.[1문단(2)] 그러나 사피엔스의 뇌 크기가 현재 인류의 그것과 비슷해진 시기가 인지혁명 이후인지에 대해서는 제시문에 언급되지 않았다.

② 유연성 이론과 담화 이론에 따르면 공유한 정보의 양이 사피엔스 성공의 직접적 원인이었다.

→ (×) 유연성 이론은 공유된 정보의 양이 사피엔스 성공의 직접적 원인이었다고 보지만[3문단(4)], 담화 이론은 공유된 정보의 양이 성공의 직접적인 원인은 아니라고 본다.[3문단(5)]

③ 사피엔스가 다른 인간 종을 몰아내기 시작한 것은 그들이 이주를 시도한 때부터 약 4만 년 후였다.

→ (×) 사피엔스는 7만 년 전 아라비아 반도로 퍼져나갔고, 이후 다른 지역으로 급속히 퍼져나가 번성했다.[1문단(3)] 그들이 이미 그 지역에 정착해 있었던 다른 종의 인간들을 멸종시킨 것은 맞지만[1문단(4)], 이것이 이주를 시도한 때부터 약 4만 년 후에 이루어졌는지는 제시문을 통해 알 수 없다.

④ 담화 이론에 따르면, 자기 주변 환경에 대한 정보가 사회 구성원들에 대한 정보보다 사피엔스에게 더 중요하였다.

→ (×) 담화 이론에 의하면, 사피엔스는 주변 환경에 대한 담화를 할 수 있었을 뿐 아니라 다른 사회 구성원에 대한 담화도 할 수 있었다.[3문단(7)] 그러나 이 둘 중 어떤 정보가 사피엔스에게 더 중요하였는지는 제시문에서 언급하고 있지 않다. 따라서 이는 알 수 없는 내용이다.

⑤ 사피엔스가 다른 인간 종을 멸종시킬 수 있었던 원인은 상상이나 신화와 같은 허구를 사회적으로 공유할 수 있는 능력에 있었다.

→ (○) 사피엔스가 사용한 언어만이 존재하지도 않는 것, 즉 상상이나 신화와 같은 허구에 대한 정보를 공유할 수 있게끔 해주었다.[4문단(2)] 이러한 특성 덕분에 사피엔스들의 사회는 구성원들 간 협력 관계를 유지하고 다른 인간종을 멸종시키며 복잡한 거대 사회로 발전할 수 있었다.[4문단(5)]

제시문 분석

2·3·4문단 사피엔스의 언어에 관한 다양한 이론

〈문제 제기〉
사피엔스의 언어에 어떤 특별한 점이 있었기에 그들이 세계를 정복할 수 있었을까?[2문단(4)]

〈유연성 이론〉		〈담화 이론〉
사피엔스의 언어는 유연성을 지녔고, 이로써 그들은 자기 주변 환경에 대한 막대한 양의 정보를 공유할 수 있었다. [3문단(3)]	↔	사피엔스는 주변 환경에 대한 담화뿐만 아니라 다른 사회 구성원에 대한 담화도 할 수 있었고, 그런 담화는 협력을 증진시켰다.[3문단(7),(8)]

〈글쓴이의 이론〉		
〈주장〉		〈근거〉
사피엔스 성공의 직접적 원인은 그들이 사용한 언어만이 존재하지도 않는 것에 대한 정보를 공유할 수 있게끔 해주었다는 데 있다.[4문단(2)]	⊕	그들이 지닌 언어의 특성 때문에 사피엔스는 개인적인 상상을 집단적으로 공유할 수 있게 되었으며, 그 덕분에 협력 관계를 유지하고 복잡한 거대 사회로 발전될 수 있었다.[4문단(5)]

합격자의 실전 풀이 순서

❶ 발문과 선지를 파악한다.

'알 수 있는 것'을 묻는 문항이며, 선지를 보면 〈유연성 이론〉과 〈담화 이론〉에 대한 판단이 진행되어야 한다는 것을 파악할 수 있다. 이를 통해 두 이론을 각각 잘 파악하고, 이들 간 공통점과 차이점을 확인하며 읽어야겠다는 생각을 한다.

❷ 각 문단별 핵심을 확인한다.

1문단 사피엔스의 확산, 2문단 화제 제시, 3문단 유연성-담화 이론 소개, 4문단 언어의 추상성이라는 큰 흐름이 있다는 것을 인지하며 독해한다.

이때 핵심을 파악하기 위해서는 초벌 독해가 필요하다. 초벌 독해란 문제 출제를 예상하거나 지식을 받아들이기 이전에(즉, 한 번의 독해만으로 선지 판단까지는 어려울 정도로) 핵심 내용만을 가볍게 이해하는 독해를 의미한다.

❸ 각 이론의 핵심을 키워드로 압축해서 이해한다.

유연성-정보공유, 담화-사회적 협력 이렇게 2문단을 압축해서 이해한다. 문단의 끝이 물음표로 끝나므로, 다음 문단에서 부연설명이 제시될 것을 짐작한 다음 3문단을 독해한다. 3문단의 경우 여기에 '존재하지 않는 것에 대한 정보공유'가 추가된다는 것을 이해한다. 3문단에서 2문단보다 내용이 더 추가된다는 것을 반드시 파악해야 한다. 또한, 이는 글쓴이의 주장이므로 글의 핵심이 되어 반드시 잘 파악해 두어야 하며 3문단의 〈하지만〉 접속사에 유의하여 파악할 수 있다.

❹ 개별 선지 판단을 진행한다.

과정 3이 잘 진행된 경우, 이론별 차이점에 유의하며 선지 판단을 진행한다. 선지 ③번은 '4'라는 숫자에 유의하여 지문에 '7', '3'이 등장하는 2문단을 찾아가 선지 판단을 진행하면 된다. 또한, 한 번에 선지를 판단할 수 있다면 좋겠지만, 그럴 수 없다면 구분성이 뚜렷한 키워드를 중심으로 제시문으로 돌아간다. 여기서 구분성이 뚜렷하다는 의미는 글 전반이 아닌 일부 부분에 존재하는 내용과 관련된 키워드를 말한다. 예를 들어 ①번 선지는 인지혁명, ②번 선지는 유연성 이론 및 담화 이론을 키워드로 삼을 수 있다.

합격자의 시간단축 Tip

Tip ❶ 사실상 같은 단어는 연결하여 인식한다.

이를테면, 제시문의 경우 '인간'이라는 보편적 단어와 '사피엔스'라는 학술적 단어를 연결해주는 유연한 사고가 필요하다. 이런 은유적인 서술은 널리 사용되는 글쓰기 방식이므로 단어에 맞춰서 사고를 전환하는 습관을 들일 필요가 있다. 또 다른 예시로는 ①다툼/분쟁, ②변호사/법률가, ③회사/자본 ④민주/대표(대의) 등이 있다.

Tip ❷ 개별 이론이 배타적이지 않을 수 있다는 것을 예상한다.

'정보공유', '사회적 협력', '보이지 않는 것에 대한 정보공유'는 상호배타적이지 않을 수 있다. 인류학적 예측은 특정 가설에 대해 '중점'을 둔다는 것을 의미하는 것이지, 예측 별 공통점과 차이점이 얼마든지 존재할 수 있다.

이것이 선지에 직접 반영되고 있는지 확인하면서 선지를 확인하면 더 좋다. 해당 지문은 특별히 이 사항이 반영된 문제는 아니지만, 논리적 판단이 가미된 유형의 경우 충분히 고려할만한 사항이다.

Tip ❸ 마지막 이론에 좀 더 집중한다.

여러 가설이 경쟁하는 가운데에 마지막 문단에 제시된 내용이 조금 더 필자가 강조하고 싶은 내용이었을 가능성이 크다. 이것이 결국 글 전체의 핵심 내용과 직결되기 때문이다. 해당 문제의 경우 더더욱 마지막 문단에 〈그 덕분에〉 등 문구를 통해 마지막 문단 내용을 강조하고 있다.

124 정답 ⑤

난이도 ●●●

문제유형 비판적 사고 > 판단하기

접근전략 다양한 사람들의 주장 문제가 나올 경우, 누가 누구의 주장을 지지하는냐, 비판하느냐, 어느 부분이 공통적인가, 각자의 주장이 무엇인가 등이 발문으로 제시된다. 따라서 가장 중요한 것은 각각의 주장이 어떤 결론을 내리는지와 그 주장 간 관계를 정확하게 파악하는 것이다.

예를 들어 갑은 A+B까지 주장했는데 을은 A까지만 주장할 수도 있으며, 혹은 갑의 A+B주장은 A는 동의하고 B는 동의하지 않을 수 있다. 이러한 사안들이 충분히 얽혀서 문제로 출제될 수 있으므로, 읽으면서 가장 우선순위에 두어야 할 것은 각 주장의 내용이며, 두 번째로는 각각의 주장이 서로를 비판하는지 또는 옹호하는지 파악하는 것이다.

다음 글에 대한 분석으로 적절한 것만을 〈보기〉에서 모두 고르면?

갑: (1) 우리는 예전에 몰랐던 많은 과학 지식을 가지고 있다. (2) 예를 들어, 과거에는 물이 산소와 수소로 구성된다는 것을 몰랐지만 현재는 그 사실을 알고 있다. 과거에는 어떤 기준 좌표에서 관찰하더라도 빛의 속도가 일정하다는 것을 몰랐지만 현재의 우리는 그 사실을 알고 있다. (3) 이처럼 우리가 알게 된 과학 지식의 수는 누적적으로 증가하고 있으며, 이 점에서 과학은 성장한다고 말할 수 있다.

을: (4) 과학의 역사에서 과거에 과학 지식이었던 것이 더 이상 과학 지식이 아닌 것으로 판정된 사례는 많다. (5) 예를 들어, 과거에 우리는 플로지스톤 이론이 옳다고 생각했지만 현재 그 이론이 옳다고 생각하는 사람은 아무도 없다. (6) 이런 점에서 과학 지식의 수는 누적적으로 증가하고 있지 않다.

병: (7) 그렇다고 해서 과학이 성장한다고 말할 수 없는 것은 아니다. (8) 과학에서 해결해야 할 문제들은 정해져 있으며, 그 중 해결된 문제의 수는 증가하고 있다. (9) 예를 들어 과거의 뉴턴 역학은 수성의 근일점 이동을 정확하게 예측할 수 없었지만 현재의 상대성 이론은 정확하게 예측할 수 있다. (10) 따라서 해결된 문제의 수가 증가하고 있다는 이유에서 과학은 성장한다고 말할 수 있다.

정: (11) 그렇게 말할 수 없다. 우리가 어떤 과학 이론을 받아들이냐에 따라서 해결해야 할 문제가 달라지고, 해결된 문제의 수가 증가했는지 판단할 수도 없기 때문이다. (12) 서로 다른 이론을 받아들이는 사람들이 해결한 문제의 수는 서로 비교할 수 없다.

• 보기 •

ㄱ. 갑과 병은 모두 과학의 성장 여부를 평가할 수 있는 어떤 기준이 있다는 것을 인정한다.
→ (○) 갑과 병은 모두 과학을 성장하고 있는 것으로 보고 있다(3),(10). 갑은 우리가 알게 된 과학 지식의 수가 누적적으로 증가하고 있다는 점에서 과학이 성장한다고 보았으며(3), 병은 과학에서 해결된 문제의 수가 증가하고 있다는 이유에서 과학이 성장한다고 보았다(10). 따라서 갑과 병은 모두 과학의 성장 여부를 평가할 수 있는 어떤 기준이 있다는 것을 인정하고 있음을 알 수 있다.

ㄴ. 을은 과학 지식의 수가 실제로 누적적으로 증가하지 않는다는 이유로 갑을 비판한다.
→ (○) 을은 과거에 과학 지식이었던 것이 더 이상 과학 지식이 아닌 것으로 판정된 사례가 많다는 점을 들어 과학 지식이 누적적으로 증가하고 있지 않다고 주장한다.(4),(6) 이는 갑이 제시한 과학의 성장 근거를 정면으로 반박하는 의견이므로 을이 갑의 의견을 비판하고 있음을 알 수 있다.

ㄷ. 정은 과학의 성장 여부를 말할 수 있는 근거의 진위를 판단할 수 없다는 점을 들어 병을 비판한다.
→ (○) 정은 서로 다른 과학 이론을 받아들인 경우 해결된 문제의 수가 달라지기 때문에(11),(12), 결과적으로 과학에서 해결된 문제의 수가 증가했는지의 진위는 알 수 없다는 의견이다. 이는 병이 제시한 과학의 성장 근거를 반박하는 의견이므로, 정이 병을 비판하고 있음을 알 수 있다.

① ㄱ → (×)
② ㄷ → (×)
③ ㄱ, ㄴ → (×)
④ ㄴ, ㄷ → (×)
⑤ ㄱ, ㄴ, ㄷ → (○)

제시문 분석

과학의 성장에 대한 갑~정의 의견

	〈과학의 성장에 대한 의견〉
〈갑〉	우리가 알게 된 과학 지식의 수는 누적적으로 증가하고 있으며, 이 점에서 과학은 성장한다고 말할 수 있다.(3)
〈을〉	과학의 역사에서 과거에 과학 지식이었던 것이 더 이상 과학 지식이 아닌 것으로 판정된 사례가 많기 때문에, 과학 지식의 수는 누적적으로 증가하고 있지 않다.(4),(6)
〈병〉	해결된 문제의 수가 증가하고 있다는 이유에서 과학은 성장한다고 말할 수 있다.(10)
〈정〉	우리가 어떤 과학 이론을 받아들이냐에 따라 해결해야 할 문제가 달라지고, 해결된 문제의 수의 증감 여부를 판단할 수 없기 때문에 해결한 문제의 수는 비교할 수 없다.(11),(12)

합격자의 실전 풀이 순서

❶ 갑~정까지의 주장을 읽고 각 주장의 내용을 파악한다.

갑~정까지의 주장이 제시되어 있으므로, 각 주장을 읽고 (1) 메인 주장에 밑줄을 친 뒤 (2)추가적으로 부각해서 주장하는 것들, 다른 사람에 대한 의견에 첨언하는 것들에 가볍게 체크를 하도록 한다.

갑은 과학 지식의 수가 누적적으로 증가하는 것이 곧 과학의 성장이라고 말하고 있다. 예시 부분은 주장에 대한 이해가 덜 되었을 때만 참고하도록 한다.

이와 달리 을은 과학 지식의 수가 누적적으로 증가하고 있지 않다고 말하고 있다. 이때 주의해야 할 점은, 을은 단지 과학 지식의 수가 누적적으로 증가하고 있지 않다고 말할 뿐이지 과학의 성장 기준에 대해서는 말하고 있지는 않다는 점이다. 선지를 살펴볼 때 이러한 점을 유의하도록 한다.

병은 을의 입장을 비판하고 있다. 병의 경우 해결된 문제 수의 증가를 과학의 성장 기준으로 보고 있다. 이러한 병의 주장은 을과 상반된 주장임을 체크해 두도록 한다. 직접 본인이 언급한 내용의 경우 정보를 하나 더 주는 것이므로 꼭 표시를 해둔다.

정은 병의 의견을 반박한다. 이에 병과 상반된 의견을 가지고 있음을 알 수 있다.

❷ 〈보기〉에서 정오를 판별한다.

갑~정까지의 주장을 파악했으면 보기에서 정오를 판별한다. 이때, 대부분의 보기가 두 의견을 묶어서 상관관계를 보여주고 있음을 알 수 있다. 유의해야 할 점은 ㄴ처럼 을이 갑을 비판한다고 했을 때, 비판한다는 것 자체는 사실이지만 어떤 내용을 비판하는지가 틀릴 수 있다는 점이다. 따라서 비판을 판단할 때에는 상대 의견 중 어느 부분에 대해 반박하는지, 즉 주장인지 근거인지를 명확히 파악하여 정오를 판별하도록 한다.

합격자의 시간단축 Tip

Tip ❶ 각자의 주장과 상관관계를 제대로 파악하자.

각자의 주장이 나와 있는 경우, 주장과 주장들 사이의 상관관계를 파악해두는 것이 문제 풀 때 도움이 된다. 주장이 많이 나오는 문제는 위 유형처럼 다음 사람이 윗사람의 특정 근거를 반박하기도 하고, 동의하기도 한다. 이때 문제가 더 어렵게 나온다면 갑이 A+C를 주장하지만 을은 A+B를 주장할 수 있다. 이 경우 높은 확률로 을의 말에서 'A는 동의한다. 하지만~.' 이라는 형식으로 글이 전개된다. 물론 그렇게 명백히 힌트를 주지 않는 경우도 있으므로, 글을 읽으면서 해당 주장이 어떤 주장과 비슷한 점이 있는지, 또 어떤 지점에서 차이가 나는지 등을 파악하여 체크해 두도록 하자.

Tip ❷ 꼭 주장간 관계를 전부 파악할 필요는 없다.

각 주장을 주장끼리 모두 비교한다는 것은 제한된 시간 내에서 사실상 불가능하다. 그렇기에 선지를 통해서 누구의 어디를 어떻게 비교할지 범위를 좁히는 방식으로 독해한다. 주의할 점은, 각 주장의 모든 내용을 전부 이해하면 안 된다는 것이다. 선지를 보기 전에는 결론 위주로 빠르게 정리해야 한다.

125 정답 ③ 난이도 ●●○

문제유형 법조문형 > 규정적용

접근전략 법규정 유형 중 규정을 응용하여 발문에서 묻고 있는 정보를 도출하는 문제이다. 법조문 유형을 풀 때는 조문의 구체적인 내용을 독해하는 것보다, 법조문의 구조를 파악한 후 〈보기〉에서 묻고 있는 정보를 찾아 올라가는 형태로 푸는 것이 좋다. 본 문제의 경우 시행일자가 표에 제시되었고, 선지에 모두 연도와 월이 제시되었다는 것을 볼 때 기간을 확인하는 것이 문제풀이에서 중요한 부분이라는 것을 예상할 수 있다. 지정물품이 20가지가 넘게 제시되어 있는데, 문제풀이에 있어서는 선지에 제시된 내용만 확인하면 된다는 것에 유의한다.

다음 글을 근거로 판단할 때, A~E 중 유통이력 신고의무가 있는 사람은?

甲국의 유통이력관리제도는 사회안전 및 국민보건을 위해 관세청장이 지정하는 수입물품(이하 "지정물품"이라 한다)에 대해 유통단계별 물품 거래내역(이하 "유통이력"이라 한다)을 추적·관리하는 제도이다. 유통이력에 대한 신고의무가 있는 사람은 수입자와 유통업자이며, 이들이 지정물품을 양도(판매, 재판매 등)한 경우 유통이력을 관세청장에게 신고하여야 한다. 지정물품의 유통이력 신고의무는 아래 〈표〉의 시행일자부터 발생한다.

- 수입자: 지정물품을 수입하여 세관에 신고하는 자
- 유통업자: 수입자로부터 지정물품을 양도받아 소매업자 또는 최종소비자에게 양도하는 자(도매상 등)
- 소매업자: 지정물품을 최종소비자에게 판매하는 자
- 최종소비자: 지정물품의 형체를 변형해서 사용하는 자를 포함하는 최종단계 소비자(개인, 식당, 제조공장 등)

〈표〉 유통이력신고 대상물품

시행일자	지정물품
2009.8.1.	공업용 천일염, 냉동복어, 안경테
2010.2.1.	황기, 백삼, 냉동고추, 뱀장어, 선글라스
2010.8.1.	구기자, 당귀, 곶감, 냉동송어, 냉동조기
2011.3.1.	건고추, 향어, 활낙지, 지황, 천궁, 설탕
2012.5.1.	산수유, 오미자
2013.2.1.	냉동옥돔, 작약, 황금

※ 위의 〈표〉에서 제시되지 않은 물품은 신고의무가 없는 것으로 간주한다.

① 수입한 선글라스를 2009년 10월 안경전문점에 판매한 안경테 도매상 A

→ (×) 안경테 도매상 A는 유통업자인데, 유통업자는 유통이력에 대한 신고의무가 있다. 또한 선글라스는 유통이력신고 대상물품으로 지정되어 있다. 그러나 〈표〉에 따르면 선글라스의 유통이력 신고의무는 2010.2.1.부터 발생하므로, 수입한 선글라스를 2009년 10월 판매한 A는 유통이력 신고의무가 없다.

② 당귀를 수입하여 2010년 5월 동네 한약방에 판매한 한약재 전문 수입자 B

→ (×) 한약재 전문 수입자 B는 수입자인데, 수입자는 유통이력에 대한 신고의무가 있다. 또한 당귀는 유통이력신고 대상물품으로 지정되어 있다. 그러나 〈표〉에 따르면 당귀의 유통이력 신고의무는 2010.8.1.부터 발생하므로, 수입한 당귀를 2010년 5월 판매한 B는 유통이력 신고의무가 없다.

③ 구기자를 수입하여 2012년 2월 건강음료 제조공장에 판매한 식품 수입자 C

→ (O) 식품 수입자 C는 수입자인데, 수입자는 유통이력에 대한 신고의무가 있다. 또한, 구기자는 유통이력신고 대상물품으로 지정되어 있다. 또한 〈표〉에 따르면 구기자의 유통이력 신고의무는 2010.8.1.부터 발생하므로, 수입한 구기자를 2012년 2월 판매한 C는 유통이력 신고의무가 있다.

④ 도매상으로부터 수입 냉동복어를 구입하여 만든 매운탕을 2011년 1월 소비자에게 판매한 음식점 주인 D

→ (×) 음식점 주인 D는 지정물품인 냉동복어를 최종소비자에게 판매하는 자로서 소매업자이다. 소매업자인 D는 유통이력 신고의무가 없다.

⑤ 수입자로부터 냉동옥돔을 구입하여 2012년 8월 음식점에 양도한 도매상 E

→ (×) 도매상 E는 유통업자인데, 유통업자는 유통이력에 대한 신고의무가 있다. 또한 냉동옥돔은 유통이력신고 대상물품으로 지정되어 있다. 그러나 〈표〉에 따르면 냉동옥돔의 유통이력 신고의무는 2013.2.1.부터 발생하므로, 수입한 냉동옥돔을 2012년 8월 판매한 E는 유통이력 신고의무가 없다.

합격자의 실전 풀이 순서

❶ 문제 유형 파악

본 문제의 경우 제시문이 규정 형태로 주어졌으므로 넓은 의미에서 법조문 유형임을 알 수 있다. 법조문 유형 중에서도 규정의 내용을 확인하여 유통이력 신고의무가 있는 사람을 찾아야 하므로 규정적용유형에 해당한다. 법조문 유형은 조문의 구체적인 내용을 독해하는 것보다, 법조문의 구조를 파악한 후 선지에서 묻고 있는 정보를 찾아 올라가는 형태로 푸는 것이 좋다. 법 조문의 구조 파악이란 각 조나 항마다 가로로 길게 선을 그어 조문들을 시각적으로 구분하고, 단서와 괄호에 강조 표시를 하는 것을 의미한다. 또한, 본 문제가 유통이력 신고의무가 있는 사람을 고르는 문제라는 것을 인지하기 위해 "신고의무"라는 단어에 밑줄이나 동그라미 등 표시를 한다.

❷ 제시문 및 규정 분석

제시문에 규정이 주어진 경우 유통이력에 대한 신고의무가 발생하는 조건을 숫자를 붙이며 빠짐없이 파악하는 것이 중요하다. 본 문제의 조건은 수입자와 유통업자라는 주체와 대상물품에 따른 유통이력관리제도의 시행일자이다. 1문단 설명 부분과 ㅇ 로 표시된 정의 부분의 수입자와 유통업자에 기호로 표시하고, 1문단과 주체에 대한 설명 부분에 긴 가로줄을 긋고 〈조건 1〉을 적어둔다. 마찬가지로 주체에 대한 설명 부분과 표 사이에 가로줄을 긋고 표 옆에 〈조건 2〉를 적어둔다. 제시문의 앞부분에 주체 1에 대한 조건이 주어져 있으므로, 이 조건을 먼저 적용하여 선지를 지워가도 좋다. 주체만을 빠르게 확인한다면 선지 ④번을 제거할 수 있다. 대상물품에 따른 제도의 시행일자에 대한 표는 구체적 내용을 바로 확인하기보다 표의 가로축과 세로축이 무엇을 의미하는지만 간략히 파악한 후 선지로 내려간다. 이때 '※' 이하의 각주도 놓치지 않도록 한다.

❸ 선지 판단

규정 분석을 바탕으로 선지를 검토한다. 선지는 그 내용을 세분화하여 하나하나 타당성을 따진다. 예컨대 ①번 선지는 '수입한 선글라스를/ 2009년 10월/ 안경전문점에 판매한 안경테 도매상'으로 정리할 수 있다. 첫 번째 부분은 지정 물품과 두 번째 부분은 시행 일자와 관련된다. 마지막 부분은 주체와 관련되는데, 규정 분석 단계에서 먼저 주체를 지워갈 것을 추천하였다. 표로 주어진 지정 물품과 시행 일자는 놓치는 실수가 적지만, 글로 주어진 주체의 조건을 빼먹는 경우가 많기 때문이다. 주체 확인으로 ④번 선지를 지웠다면 표의 확인을 통해 나머지 선지들을 판단한다. 물품명을 표에서 찾아 날짜가 시행 일자 이후인지 확인한다. ①번의 선글라스와 안경테를 헷갈리지 않았다면 쉽게 ③번 선지를 선택할 수 있었을 것이다.

합격자의 시간단축 Tip

Tip ❶ 각주와 단서, 빈칸에 주의

각주에 의하면, 제시되지 않은 물품은 신고의무가 없는 것으로 간주한다. 이런 부분을 놓치지 말고 확인한다. 정답 도출에 결정적인 단서가 될 수 있기 때문이다. 다만 설문의 경우 〈표〉에 제시되지 않은 물품이 선지로 구성되지 않았고, 이 경우 난이도가 다소 하락한다.

Tip ❷ 조건을 빠트리지 않도록 주의

선지를 '물품/날짜/주체'와 같이 '/' 기호로 나누어 표시하면 조건을 놓치지 않고 빠르게 파악할 수 있다. 지정물품인지 여부, 시행일자, 신고주체 등의 여러 기준을 모두 충족하여야 유통이력 신고의무가 있다. 여러 기준들 중에서 하나만 충족하지 못해도 신고의무가 없으므로, 가장 구분이 쉽거나 놓치기 쉬운 기준 하나를 골라 먼저 소거하는 것도 방법이다. 혹은 모든 선지에 대해 신고주체에 해당하는지 여부, 시행일자 이후에 해당하는지 여부 등을 순차적으로 확인하여 소거하는 방식의 풀이도 가능하다.

Tip ❸ 처음 독해 시 구체적 내용을 확인하는 대신 구조를 파악

법조문·규정확인 유형은 첫 독해 단계에서 구체적 내용을 파악하기보다는 선지가 충족해야 하는 조건을 파악하는 것이 가장 중요하다. 따라서 유통이력 신고의무 여부를 묻는 것으로 개별적으로 주어진 상황을 검토해야 하기 때문에 결과적으로 유통이력관리제도의 의미 등은 확인하지 않아도 무방하다. 다만, 개념의 정의에 조건이 제시되는 경우도 있으므로 정의의 내용이 선지에 활용되는지 확인하고, 불필요한 경우 생략하는 것이 좋다. 또한, 수입자/유통업자/소매업자/최종소비자에 대한 정의도 처음 읽을 때 자세히 읽을 필요가 없다. '이런 개념이 등장하는구나' 정도로 인식하고 넘어가고, 거꾸로 선지에서 특정 주체가 이 중 어디에 해당하는지를 역으로 찾아가는 것이 필요하다.

126 정답 ❶

난이도 ●○○

문제유형 비판적 사고 > 판단하기

접근전략 글에서 제시된 여성주의자 A와 B의 견해를 읽고, 〈보기〉와 대조하여 둘의 견해에 대한 옳은 평가를 고르는 문제이다. 먼저 A, B 각각이 어디서 시작하는지를 알고 읽으면 문제를 더 쉽게 풀 수 있다. 보통 문단의 시작에 언급하는 경우가 많으므로 발문을 보았다면 빨리 훑은 다음 독해를 시작하자. 〈보기〉의 난이도 또한 높지 않으므로 지나친 추론을 자제한다면 쉽게 정답을 찾을 수 있을 것이다.

다음 글의 A와 B의 견해에 대한 평가로 올바른 것만을 〈보기〉에서 모두 고르면?

(1) 여성의 사회 활동이 활발한 편에 속하는 미국에서조차 공과대학에서 여학생이 차지하는 비율은 20 %를 넘지 않는다. (2) 독일 대학의 경우도 전기 공학이나 기계 공학 분야의 여학생 비율이 2.3 %를 넘지 않는다. (3) 우리나라 역시 공과대학의 여학생 비율은 15 %를 밑돌고 있고, 여교수의 비율도 매우 낮다. ▶ 1문단

(1) 여성주의자들 중 A는 기술에 각인된 '남성성'을 강조함으로써 이 현상을 설명하려고 한다. (2) 그에 따르면, 지금까지의 기술은 자연과 여성에 대한 지배와 통제를 끊임없이 추구해 온 남성들의 속성이 반영된, 본질적으로 남성적인 것이다. (3) 이에 반해 여성은 타고난 출산 기능 때문에 자연에 적대적일 수 없고 자연과 조화를 추구한다고 한다. (4) 남성성은 공격적인 태도로 자연을 지배하려 하지만, 여성성은 순응적인 태도로 자연과 조화를 이루려한다. (5) 때문에 여성성은 자연을 지배하는 기술과 대립할 수밖에 없다. (6) 이에 따라 A는 여성성에 바탕을 둔 기술을 적극적으로 개발해야만 비로소 여성과 기술의 조화가 가능해진다고 주장한다. ▶ 2문단

(1) 다른 여성주의자 B는 여성성과 남성성 사이에 근본적인 차이가 존재하지 않는다고 주장한다. (2) 그는 여성에게 주입된 성별 분업 이데올로기와 불평등한 사회 제도에 의해 여성의 능력이 억눌리고 있다고 생각한다. (3) 그에 따르면, 여성은 '기술은 남성의 것'이라는 이데올로기를 어릴 적부터 주입받게 되어 결국 기술 분야 진출을 거의 고려하지 않게 된다. (4) 설령 소수의 여성이 기술 분야에 어렵게 진출하더라도 남성에게 유리한 각종 제도의 벽에 부딪치면서 자신의 능력을 사장시키게 된다. (5) 이에 따라 B는 여성과 기술의 관계에 대한 인식을 제고하는 교육을 강화하고 여성의 기술 분야 진출과 승진을 용이하게 하는 제도적 장치를 마련해야 한다고 주장한다. (6) 그래야만 기술 분야에서 여성이 겪는 소외를 극복하고 여성이 자기 능력을 충분히 발휘할 수 있는 여건이 만들어질 수 있다고 보기 때문이다. ▶ 3문단

보기

ㄱ. A에 따르면 여성과 기술의 조화를 위해서는 자연과 조화를 추구하는 기술을 개발해야 한다.
→ (O) A는 기술에는 자연을 지배하는 태도의 '남성성'이 각인되어 있기 때문에[2문단(1), (4)] 자연과 조화를 이루어야 할 '여성성'과 대립할 수밖에 없다고 보았다.[2문단(3), (5)] 따라서 A는 여성과 기술의 조화가 가능하기 위해서는 '여성성'에 바탕을 둔 기술을 개발해야 한다고 주장했다.[2문단(6)] 여성성이란 자연과 조화를 추구하는 것이므로[2문단(4)] 해당 보기는 A의 견해를 올바르게 평가한 것이다.

ㄴ. B에 따르면 여성이 남성보다 기술 분야에 많이 참여하지 않는 것은 신체적인 한계 때문이다.
→ (×) B는 여성이 남성보다 기술 분야에 많이 참여하지 않는 이유로 여성에게 주입된 성별 분업 이데올로기와 불평등한 사회 제도를 주장했다.[3문단(2)] 3문단에서 B의 견해를 소개하고 있으나 신체적인 한계로 인해 여성이 남성보다 기술 분야에 많이 참여하지 않는다는 내용은 찾아볼 수 없다.

ㄷ. A와 B에 따르면 한 사람은 남성성과 여성성을 동시에 갖고 있다.
→ (×) A는 남성성과 여성성을 자연을 대하는 태도에 따라 명확하게 구분하고 있다.[2문단(4)] 반대로 B는 여성성과 남성성 사이에 근본적인 차이가 존재하지 않는다고 생각한다.[3문단(1)] 하지만 이밖에 한 사람이 남성성과 여성성을 동시에 가질 수 있는지에 대한 언급은 지문에서 찾아볼 수 없다. 따라서 해당 보기는 A와 B의 견해에 대한 평가로 올바르다고 볼 수 없다.

① ㄱ → (O)
② ㄴ → (×)
③ ㄱ, ㄷ → (×)

해설편 | 9일차 • 의사소통능력

④ ㄴ, ㄷ → (×)
⑤ ㄱ, ㄴ, ㄷ → (×)

제시문 분석

1문단 공학 분야에서 저조한 여성의 참여율

〈공학 분야의 여성〉
미국과 독일, 우리나라 모두의 공과대학 및 공학 분야에서 여성의 활동이 활발하지 않다.(1),(2),(3)

2문단 여성주의자 A의 견해

〈A가 바라본 문제 상황의 원인〉
기술이란 자연과 여성에 대한 지배와 통제를 추구해온, 본질적으로 '남성성'이 각인된 것이다.(1),(2) 자연을 지배하는 기술은 여성성과 대립할 수밖에 없다.(5)

〈여성성〉	↔	〈남성성〉
여성성은 순응적인 태도로 자연과 조화를 이루려하는 것으로, 여성의 타고난 출산기능과 관련이 있다.(3),(4)	↔	남성성은 공격적인 태도로 자연을 지배하려 하는 것으로 본질적으로 자연과 여성에 대한 지배와 통제를 끊임없이 추구해온 남성들의 속성과 관련이 있다.(2),(4)

→

〈A의 해결책〉	여성성에 바탕을 둔 기술을 적극적으로 개발함으로써 여성과 기술의 조화가 가능하다.(6)

3문단 여성주의자 B의 견해

〈B가 바라본 문제 상황의 원인〉
여성성과 남성성 사이에는 차이가 없으며, 여성에게 주입된 성별 분업 이데올로기와 불평등한 사회 제도가 여성의 능력을 억누르고 있다.(1),(2)

〈성별 분업 이데올로기〉	⊕	〈불평등한 사회 제도〉
여성은 '기술은 남성의 것'이라는 이데올로기를 어릴 때부터 주입받아 결국 기술 분야 진출을 고려하지 않게 된다.(3)	⊕	여성이 기술 분야에 진출하더라도 각종 제도는 남성에게 유리하기 때문에 여성은 자신의 능력을 묵혀두게 된다.(4)

→

〈B의 해결책〉
여성과 기술 간 관계에 대한 인식을 제고하는 교육을 강화하고 여성의 기술 분야 진출 및 승진을 수월하게 하는 제도적 장치를 마련해야 한다.(5)

합격자의 실전 풀이 순서

❶ 발문을 확인해 유형을 파악한다.

> 다음 글의 A와 B의 견해에 대한 평가로 올바른 것만을 〈보기〉에서 모두 고르면?

글을 읽고 지문에 나타난 A와 B의 견해와 〈보기〉를 대조해 올바른 평가를 찾는 문제다. A와 B의 견해 간 차이점이나 유사점을 중점적으로 찾는다. 논점이 서로 다를 경우에도 공통점과 차이점을 반드시 만들 수 있으니 연습 시에 포기하지 않는다. 사고를 넓히는 기반이 될 것이다.

❷ 지문을 읽는다.

A와 B 사이에 나타나는 '기술'에 대한 남녀 차이를 중점적으로 글을 읽는다. A의 경우 남성성과 여성성을 뚜렷하게 구분하고 있으며, B의 경우 남성성과 여성성이 아닌, 이데올로기와 사회 제도에 주목하고 있다는 것을 파악한다. 즉 같은 현상에 대한 원인 진단을 다르게 하고 있고, 그 해결책도 달리 주장하고 있다.

이제 유사점과 차이점이 보일 것이다. 이를 좀 더 확장시켜서, "선천성과 후천성"으로 환원시켜 보자. 또 어떤 분류가 가능할까? 스스로 고민해 보자.

❸ 〈보기〉를 판단한다.

'ㄱ'의 경우 지문에 나타나 있는 정보로서 지문을 잘 읽었다면 어렵지 않게 정답임을 판단할 수 있었다. 다만 'ㄴ'과 'ㄷ'의 경우에는 지문에 제시되어 있지 않은 새로운 내용을 제시하고 있는데, 이럴 때 지레짐작하며 불필요한 추론을 할 필요가 없다. 물론 이 지문은 쉬운 내용이기 때문에 금방 그 사실을 파악했을 것이다. 다만 둘의 처방을 결합하여 제시하는 선지가 나올 경우 유의해야 한다.

예컨대 〈A와 B는 자연과 조화를 이루는 이데올로기를 개발해야 한다는 것에 동의할 것이다.〉 라는 선지가 주어질 경우, 명백히 틀린 답이 된다. 심지어 이 진술은 A와 B 둘 모두에 대해 틀린 진술이다. A는 이데올로기를 언급한 적이 없고, B는 자연과 조화를 이루는 이데올로기가 반드시 여성 소외를 극복할 수 있다고 한 적이 없다.

합격자의 시간단축 Tip

Tip ❶ 제시문 내 정보를 활용하여 추론하되, 억측을 삼간다.

'합격자의 실전 풀이순서 3'에서 언급했듯이, 불필요하게 과도한 추론을 할 필요가 없다. 정말로 추론을 통해 〈보기〉를 판단할 수 있는 문제라면, 추론을 할 수 있을 만한 단서를 충분히 지문에서 제시할 것이다. 그래야만 수험생들이 문제를 풀 수 있고 정답에 있어서도 논란의 여지가 없기 때문이다. 그러나 본 글에서는 어떠한 단서도 찾을 수 없었다. 따라서 지문 속에 추론을 위한 단서가 명확히 드러나 있는지를 파악하고, 지나친 추론을 자제하는 자세를 갖추도록 노력해야 한다.

Tip ❷ 자주 등장하는 지문의 구조를 숙지해둔다.

[집단 간 차이 – 그에 따라 발생하는 결과의 차이]의 연관성을 해석할 때 자주 등장하는 지문구조를 정리해둘 필요가 있다.

해당 지문은 이런 류의 지문에 등장할 수 있는 〈전형〉을 보여주는 적절한 문제이다. 2문단은 특정 집단의 성향이 고정되어 있고 그 고정된 성향 간 차이가 결과의 차이로 이어진다는 시각, 3문단은 집단 간 차이는 없는데 각각의 집단을 사회가 다르게 대하기 때문에 결과가 달라진다는 시각을 담고 있다. 해당 지문의 구조 자체를 분석하여 정리해보는 연습을 하는 것이 좋다.

127 정답 ⑤

난이도 ●○○

문제유형 사실적 이해 > 정보 확인

접근전략 지문과 선지의 내용을 비교해 지문의 내용으로 올바르지 않은 선지를 찾는 문제이다. 5개의 선지 중 4개의 선지가 지문과 부합하는 이야기를 하고 있으므로, 선지를 먼저 읽으며 어떤 부분을 중점적으로 지문을 읽어야 하는지 미리 파악하고 지문의 중심 소재를 파악하는 것이 도움이 된다. 지문이 다소 길지만 문단마다 전달하고자 하는 메시지가 뚜렷해 어렵게 느껴지는 지문은 아니다. 지문에서 힘을 주고 읽어야 할 부분과 힘을 빼고 읽어도 될 부분을 잘 구분하자.

다음 글의 내용과 부합하지 않는 것은?

(1) 정보화로 인해 폭발적으로 늘어난 큰 규모의 정보를 활용하는 빅데이터 분석이 샘플링과 설문조사 전문가들의 작업을 대체하고 있다. (2) 이제 연구에 필요한 정보는 사람들이 평소대로 행동하는 동안 자동적으로 수집된다. (3) 그 결과 샘플링과 설문지 사용에서 기인하는 편향이 사라졌다. (4) 또한 휴대전화 통화정보로 드러나는 인맥이나 트위터를 통해 알 수 있는 사람들의 정서처럼 전에는 수집이 불가능했던 정보의 수집이 가능해졌다. (5) 그리고 가장 중요한 점은 샘플을 추출해야 할 필요성이 사라졌다는 사실이다. ▶ 1문단

(1) 네트워크 이론에 관한 세계적인 권위자 바라바시는 전체 인구의 규모에서 사람들 간의 소통을 연구하고 싶었다. (2) 그래서 유럽의 한 국가 전체 인구의 1/5을 고객으로 하고 있는 무선통신 사업자로부터 4개월 치의 휴대전화 통화내역을 제공받아 네트워크 분석을 행하였다. (3) 그렇게 큰 규모로 통화기록을 분석하자 다른 방식으로는 결코 밝혀낼 수 없었을 사실을 알아냈다. ▶ 2문단

(1) 흥미롭게도 그가 발견한 사실은 더 작은 규모의 연구 결과들과 상반된 것이었다. (2) 그는 한 커뮤니티 내에서 링크를 많이 가진 사람을 네트워크로부터 제거하면 네트워크의 질은 저하되지만, 기능이 상실되는 수준은 아님을 발견하였다. (3) 반면 커뮤니티 외부와 링크를 많이 가진 사람을 네트워크에서 제거하면 갑자기 네트워크가 와해되어 버렸다. (4) 구조가 허물어지는 것처럼 말이다. (5) 이것은 기존 연구를 통해서는 예상할 수 없었던 중요한 결과였다. (6) 네트워크 구조의 안정성이라는 측면에서 봤을 때, 친한 친구를 많이 가진 사람보다 친하지 않은 사람들과 연락을 많이 하는 사람이 훨씬 더 중요할 거라고 누가 생각이나 해보았겠는가? (7) 이것은 사회나 그룹 내에서 중요한 것이 동질성보다는 다양성일 수 있다는 점을 시사한다. ▶ 3문단

(1) 사실 기존의 통계학적 샘플링은 만들어진 지 채 100년도 되지 않는 통계 기법으로서 기술적 제약이 있던 시대에 개발된 것이다. (2) 이제 더 이상 그런 제약들은 그때와 같은 정도로 존재하지는 않는다. (3) 빅데이터 시대에 무작위 샘플을 찾는 것은 자동차 시대에 말채찍을 드는 것과 같다. (4) 특정한 경우에는 여전히 샘플링을 사용할 수 있겠지만 더 이상 샘플링이 사회현상 분석의 주된 방법일 수는 없다. (5) 우리는 이제 샘플이 아닌 전체를 분석할 수 있게 되었기 때문이다. ▶ 4문단

① 빅데이터 분석이 설문조사 전문가들의 작업을 대체하고 있다.
→ (○) 정보화로 인해 폭발적으로 정보의 규모가 늘어났으며 이를 활용하는 빅데이터 분석이 설문조사 전문가들의 작업을 대체하고 있다.[1문단(1)]

② 샘플링 기법은 현재보다 기술적 제약이 컸던 시대의 산물이다.
→ (○) 기존의 샘플링은 현재보다 기술적 제약이 있던 시대에 개발된 것이다.[4문단(1)]

③ 샘플링이나 설문지를 사용하는 연구의 경우에는 어느 정도의 편향이 발생한다.
→ (○) 빅데이터 분석의 경우 분석에 필요한 정보는 사람들이 평소대로 행동하는 동안 자동적으로 수집된다.[1문단(2)] 따라서 빅데이터 연구의 경우 샘플링이나 설문지를 사용하는 연구로부터 기인하는 편향이 사라졌다고 한다.[1문단(3)] 이는 곧 샘플링이나 설문지를 사용하는 기존 연구의 경우 어느 정도의 편향이 있었음을 의미한다.

④ 빅데이터 시대에 샘플링은 더 이상 사회현상 연구의 주된 방법으로 간주되지 않게 되었다.
→ (○) 샘플링은 현재보다 기술적 제약이 있던 시대에 개발된 것으로[4문단(1)] 현재는 그때와 같은 정도의 제약이 존재하지 않는다.[4문단(2)] 따라서 빅데이터 시대에 무작위 샘플을 찾을 필요가 없어졌고[4문단(3)] 더 이상 샘플링은 사회현상 연구의 주된 방법이라고 볼 수 없다.[4문단(4)]

⑤ 바라바시의 연구에 의하면 커뮤니티 외부와 링크를 많이 가진 사람을 네트워크에서 제거해도 네트워크가 와해되지는 않는다.
→ (×) 바라바시의 연구는 커뮤니티 내에서 링크를 많이 가진 사람과 커뮤니티 외부와 링크를 많이 가진 사람을 각각 네트워크로부터 제거한 결과를 밝히고 있다. 그에 의하면 커뮤니티 외부와 링크를 많이 가진 사람은 네트워크에서 제거될 경우 갑자기 네트워크가 와해되었다.[3문단(3)] 따라서 본 선지는 지문의 내용과 부합하지 않는다. 네트워크에서 제거해도 네트워크가 와해되지 않았던 경우는 커뮤니티 내에서 링크를 많이 가지고 있는 사람의 경우이다.[3문단(2)]

제시문 분석

1문단 빅데이터 분석

〈빅데이터 분석의 부상〉
편향이 존재할 수 있는 샘플링과 설문조사 작업이 정보화와 함께 등장한 빅데이터 분석으로 대체되고 있다.(1),(3)

〈빅데이터 특징 1〉		〈빅데이터 특징 2〉		〈빅데이터 특징 3〉
빅데이터 분석에 필요한 정보는 사람들이 평소에 행동하는 동안 자동적으로 수집된다.(2)	⊕	인맥이나 정서처럼 전에는 수집이 불가능했던 정보도 수집할 수 있다.(4)	⊕	샘플을 추출해야 할 필요성이 사라졌다.(5)

2·3문단 바라바시의 빅데이터 분석 연구

〈바라바시의 연구 방법 및 목적〉
바라바시는 사람들 간의 소통을 연구하기 위해 유럽 인구 1/5의 4개월 치 휴대전화 통화 내역을 제공받아 네트워크 분석을 했다.[2문단(1),(2)]

→ 〈의의〉 그렇게 큰 규모의 통화기록을 분석하자 더 작은 규모의 연구 결과들과 상반되는 사실, 즉 다른 방식으로는 결코 밝혀낼 수 없었을 사실을 알아냈다.[2문단(3),3문단(1)]

〈바라바시의 연구 결과 1〉		〈바라바시의 연구 결과 2〉
한 커뮤니티 내부에서 링크를 많이 가진 사람이 네트워크에서 제거될 경우, 네트워크의 질은 저하되지만 기능은 상실되지 않는다.[3문단(2)]	⊕	커뮤니티 외부와 링크를 많이 가진 사람이 네트워크에서 제거된 경우, 네트워크가 와해됐다.[3문단(3)]

→ 〈해석〉 바라바시의 연구 결과는 사회나 그룹 내에서 동질성보다는 다양성이 중요할 수 있다는 점을 시사한다.[3문단(7)]

4문단 통계학적 샘플링의 지위 상실

〈빅데이터 시대의 분석〉
빅데이터 분석을 통해 샘플이 아닌 전체를 분석할 수 있게 됐다.[4문단(5)]

〈샘플링의 한계〉	빅데이터 시대에는 무작위 샘플을 찾을 필요가 없다.[4문단(3)]

합격자의 실전 풀이 순서

❶ 발문을 확인해 유형을 파악한다.

> 다음 글의 내용과 부합하지 않는 것은?

글을 읽고 선지와 글의 내용을 비교하며 올바르지 않은 선지를 찾는 문제다. '않는'에 별도 표기를 하여 실수를 방지하도록 한다. 혹자는 정보파악 유형을 세분화시켜서 선지나 지문 중 무엇을 먼저 읽어야 할지 구별하기도 하나, 독해 순서는 가능한 한 하나로 고정하는 것이 좋다. 선지를 먼저 읽는 것이 꼭 나쁜 것은 아니지만 유형별로 달리 읽는 것은 좋지 않다고 할 수 있다. 지문의 첫 부분을 봤을 때 정보화 + 빅데이터라는 단어를 볼 수 있다. 이때 '빅데이터'는 첫 줄 끝에 있지만 담아가야 한다. 왜냐하면 '폭발적으로 늘어난 큰'이라는 것은 사실상 한 개념이기 때문이다. 이렇게 단순 반복되는, 의미 없는 수식어를 키워드로 잡으면 안 된다. '정보'라는 단어 역시 앞의 '정보화'에 포함되므로 생략한다.

❷ 선지에서 추출할 키워드

선지를 먼저 읽을 경우 선지에서 어떤 키워드를 읽어야 할지, 선지는 얼마나 쳐다봐야 하는지 가이드를 제시한다. 지문을 어차피 다시 읽어야 한다는 것이 전제다. 인간의 순간 작업기억력은 3~4개가 한계이므로 맥락에 맞지 않는 단어는 최소화하면서 읽어야 용량을 아낄 수 있다. (압축이라고 생각하자.)

① 빅데이터, 설문조사
② 시대의 산물(샘플링 기법은 용어를 아는 경우 체크한다.)
③ 샘플링, 설문지(①②와 중복되므로 체크해준다. 편향은 체크하지 않는 것을 추천한다. 편향의 통계학적 뜻을 안다해도 그러하다.)
④ 주된 방법
⑤ 절대 기억하면 안 된다. 다른 선지들과 내용이 동떨어져 있으므로 그 부분이 나오면 차라리 지문을 읽고 판단하는 것이 낫다. 혹은 그 부분을 건너뛰고 지문을 읽는 것도 추천한다.

❸ 지문의 전개 방식 및 유의점

(1) 1문단에는 시간의 흐름에 따른 정보 활용 방식의 변화가 드러난다. 샘플링과 설문조사 전문가들의 작업을 대체하는 빅데이터 분석이 등장하면서 나타난 변화나 차이점에 주목하여 이를 잘 확인하자.

(2) 제시문 내에서 부정되고 있는 사실이나 내용은 긍정의 내용으로 뒤집어 출제될 가능성이 크므로 이를 괄호와 같은 기호로 표시하며 읽자. 제시문에서는 2문단 (3)에 '다른 방식으로는 결코 알아낼 수 없었을 사실', 3 문단 (2)에 '기능이 상실되는 수준은 아님', 4문단 (2),(4)에 '이제 더 이상~존재하지는 않는다', '특정한 경우에는~방법일 수는 없다.' 등이 있다.

(3) 3문단에는 '커뮤니티 내에 링크를 많이 가진 사람', '커뮤니티 외부에 링크를 많이 가진 사람'이라는 병렬적으로 제시되는 두 내용의 차이가 등장하며 그들은 각각 뒤에 '친한 친구를 많이 가진 사람'과 '친하지 않은 사람들과 연락을 많이 하는 사람'으로, 또 '동질성'과 '다양성'이라는 내용으로 이어진다. 이처럼 병렬적으로 제시되는 두 내용이 등장하면 △, ▽와 같은 기호를 이용해 그들 간 차이점과 공통점 및 관계에 주목하며 읽자.

❹ 선지를 파악한다.

선지에서 생략했던 ⑤번 선지가 답이 되는 것을 알 수 있는데, 나머지 4개 선지를 판단해 보면 지문의 내용 중 절반도 이해하지 못해도 풀 수 있는 것을 확인할 수 있다. 소거법으로 답을 구해도 좋고, 나머지 부분을 '대강' 판단한 다음 바라바시의 연구를 읽고 실제 정답임을 확인해도 좋다. 이렇게 두 단계로 나눠서 지문과 선지를 병행하는 것은 상당히 어려운 방법인데, 주로 짧은 문단이 2개 이상 등장할 경우 활용 가능한 요령이다.

합격자의 시간단축 Tip

Tip ❶ 제시문에서 부정되고 있는 내용/사실 표시

비문학에서는 제시문 상에서 부정되고 있는 내용이나 사실을 긍정하는 내용으로 바꾸어 오답 선지를 자주 구성한다. 그러므로 이들은 발견 시 미리 괄호와 같은 기호로 표시를 해두면 오답 선지를 빠르게 판단할 수 있다. '결코 밝혀낼 수 없었을' 같은 구절에 주목하면 된다.

Tip ❷ 병렬적으로 주어진 내용과 개념의 관계 파악

병렬적이라는 것은 내용의 수준상 대등하다는 것이다. 병렬적으로 주어진 내용이나 개념 간 공통점과 차이점 및 관계는 선지에서 자주 구성되어 묻는 내용이니 독해할 때부터 미리 파악해두면 선지 판단의 정확도와 속도가 올라간다. 이 지문에선 과거의 유산인 '샘플링'과 '빅데이터'가 비교되고 있다. 병렬이란 것은 둘이 동등한 가치를 나타내는 것이 아니라 그 수준에서 동일하다는 것을 의미한다. 예컨대 둘의 비교점에서 〈시대〉가 있다면, 하나는 '과거'고 하나는 '현재'라는 식으로 같은 수준에서 정리가 가능한 것이다.

Tip ❸ 중요 어구에 집중한다.

1문단 마지막에 〈가장 중요한 점은〉, 3문단 마지막에 〈시사한다.〉, 4문단 마지막에 〈우리는 이제 ~할 수 있게 되었기 때문이다〉는 글쓴이가 힘을 주어 강조하고 있다는 것을 알 수 있는 중요 어구들이다. 이렇게 각 문단의 첫 번째 문장이 아니라 마지막 문장의 경우에도 글쓴이가 강조하는 경우가 많이 나오므로, 문단 마지막 문장은 집중하여 독해할 필요가 있다.

Tip ❹ 1문단에서 4문단으로 빠르게 넘어갈 방법

이 지문은 사실 1, 4, 2, 3문단 순으로 읽으면 훨씬 가독성도 좋아지고 속도도 빨라지고 문제도 더 빨리 풀 수 있는 지문이다. 항상 그런 것은 아니지만 실제로 특정 문단만 읽고 답을 낼 수 있는 문제는 종종 등장한다.

그렇다면 특정 문단만 읽어도 되는 것을 어떻게 구별할 수 있을까? 이 질문에 답하기 위해선 역발상이 필요하다. "어떤 문단은 생략해도 될까?"를 고민하는 것이다. 이 지문에서 사실 "바라바시"는 심화된 내용이고 길다. 여기를 생략하면 간단한 문단들만 남는 것이다.

좀 더 쉽게 비유하자면, 1지문 2문제 유형을 생각해보자. 한 문제를 푸는데 2, 3문단을 읽었을까? 그렇지 않다. 즉, 선지도 4+1 구성으로 스스로 변환하고, 문단도 1,4 + 2,3으로 구분한 다음 1지문 2문제처럼 생각하면서 풀어 보자. 지문의 구조가 보일 것이다.

128 정답 ①　　　　　　　　　　　　난이도 ●○○

> **문제유형** 이해 > 내용 파악
> **접근전략** 생소한 단어들이 많이 등장할 때는, 그 단어를 설명하는 부분이 반드시 존재한다. 특히 외국어나 한자어의 경우가 그렇다. 본 지문은 외국어가 많이 등장하므로 외국어 단어와 그 설명을 연결하며 독해한다. 나아가 그러한 단어 간 어떠한 관계가 있는지 파악해가면서 독해한다. 또한, 선지들이 이러한 단어들을 위주로 구성될 가능성이 크니 언제든 돌아와 근거를 확인할 수 있도록 기호를 이용해 미리 표시하며 읽자.

다음 글에서 알 수 있는 것은?

(1) 오스만 제국은 정복 지역민의 개종을 통한 통치보다 정복되기 이전의 사회, 경제적 지배 체제를 이용한 통치를 선호하였다. (2) 정복 지역의 기존 세력이 경제적 기반을 유지할 수 있도록 허용하였고, 종교 자치구도 인정하였던 한편, 정복 지역의 인재를 제국의 엘리트로 영입하기 위한 교육 제도 또한 운영하였다. (3) 이와 같은 정책의 실행이 정복 지역에 대한 제국의 안정적 지배에 크게 기여하였다. ▶ 1문단

(1) 제국의 경작지와 목축용 토지는 사원에 대한 기부 토지인 와크프의 경우를 제외하고는 전적으로 술탄의 개인 재산이었다. (2) 그러나 제국의 영토가 정복에 의해 확장되면서 이와 같은 토지 정책은 유지될 수 없었다. (3) 티마르는 술탄이 정복지 토착 귀족이나 토후에게 하사했던 토지이다. (4) 이는 중세 유럽의 봉건 영지와 유사한 것으로 잘못 비교되기도 한다. (5) 티마르 영지를 분배받은 이들은 그로부터 세금을 거둘 권리를 갖기는 했지만 유럽의 중세 영주와는 달리 사법권을 갖지는 못했다. ▶ 2문단

(1) 밀레트는 종교, 문화적 자유가 인정된 종교 자치구인데, 해당 자치구 내에서는 전통적인 공동체의 유지와 그에 입각한 교육도 허용되었다. (2) 콘스탄티노플의 대주교를 총대주교로 하는 정교회 교구가 그 중 하나였다. (3) 총대주교는 정교회의 행동에 대한 모든 책임까지 져야 하는 행정 관리이기도 하였다. (4) 한편, 오스만 제국은 기독교 신자 등 비이슬람 교도 관리를 위해 종교 자치구를 인정했지만, 개별 민족을 위한 자치구까지 허용하지는 않았다. (5) 오스만 제국의 정복 지역에서는 여러 민족들이 서로를 차별하는 현상이 빈번했다. (6) 그러나 이러한 현상이 제국의 종교 자치구 정책 시행 때문에 생겨난 것인가의 여부는 판단하기 어렵다. ▶ 3문단

(1) 데브쉬르메는 지역의 인재를 제국의 엘리트로 양성하여 그들이 차출된 지역으로 다시 파견하거나 또는 그들을 제국의 중앙관리로 영입하는 인사 제도였다. (2) 그러나 이 제도는 실상 남자 어린이 징용제도와도 같았다. (3) 각 가정의 장남을 6, 7세 때 개종과 제국 중심의 교육을 위해 콘스탄티노플이나 아나톨리아 등의 중심도시로 끌고 갔다. (4) 제국은 이 제도로 매년 1천 ~ 3천 명의 새로운 전사나 충성스런 관리를 충원해 나갈 수 있었다. (5) 데브쉬르메 제도에서 교육받은 이들은 자신이 제국의 엘리트라는 의식이 강했고 종교적으로는 이슬람으로 무장되어 있었다. ▶ 4문단

① 콘스탄티노플의 대주교는 종교 자치구의 행정 관리로서 역할을 하였다.
→ (O) 콘스탄티노플의 대주교는 총대주교로서[3문단(2)], 총대주교는 정교회의 행동에 대한 모든 책임까지 져야 하는 행정 관리이기도 하였다.[3문단(3)] 이를 통해 콘스탄티노플의 대주교는 종교 자치구의 행정 관리로서 역할을 하였다는 것을 알 수 있다.

② 밀레트는 종교 자치구로 민족끼리의 상호 차별을 예방하기 위한 것이었다.
→ (×) 제시문에는 밀레트가 종교, 문화적 자유가 인정된 종교 자치구라는 사실만 언급되어 있을 뿐, 이러한 체제가 민족끼리의 상호 차별을 예방하기 위한 것인지에 대해서는 서술되어 있지 않다. 따라서 이는 알 수 없는 정보이다.

③ 데브쉬르메 제도는 징용된 어린이를 볼모로 삼아 정복 지역의 반란을 예방하기 위한 수단이 되었다.
→ (×) 데브쉬르메 제도가 남자 어린이를 징용하여 새로운 전사나 충성스런 관리를 충원하는 것은 맞지만[4문단(2),(4)], 이를 통해 정복 지역의 반란을 예방하기 위한 수단으로 삼았는지는 제시문에 언급되어 있지 않다. 따라서 이는 알 수 없는 정보이다.

④ 티마르 영지를 분배받은 이들의 영지에 대한 권리는 중세 봉건 영지에 대한 영주의 권리와 동일하였다.
→ (×) 티마르 영지를 분배받은 이들은 그로부터 세금을 거둘 권리를 갖기는 했지만, 유럽의 중세 영주와는 달리 사법권을 갖지는 못했다.[2문단(5)]

⑤ 오스만 제국의 통치 정책은 정복지에 형성되었던 기존의 종교적, 사회적, 경제적 질서를 더욱 견고하게 유지하기 위한 것이었다.
→ (×) 오스만 제국이 정복되기 이전의 사회, 경제적 지배 체제를 이용한 통치를 선호했던 것은[1문단(1)], 정복지에 형성되었던 기존의 종교적, 사회적, 경제적 질서를 더욱 견고하게 유지하기 위함이 아니라 정복 지역에 대한 제국의 안정적 지배를 위해서였다.[1문단(3)]

제시문 분석

제시문 오스만 제국의 통치 정책

〈오스만 제국의 통치 정책〉		
〈형태〉		〈목적〉
오스만 제국은 정복 지역민의 개종을 통한 통치보다 정복되기 이전의 사회, 경제적 지배 체제를 이용한 통치를 선호하였다.[1문단(1)]	→	이와 같은 정책의 실행이 정복 지역에 대한 제국의 안정적 지배에 크게 기여하였다.[1문단(3)]

〈오스만 제국의 통치 정책 예시〉	
〈티마르 제도〉	티마르는 술탄이 정복지 토착 귀족이나 토후에게 하사했던 토지이다.[2문단(3)]
〈밀레트 제도〉	밀레트는 종교, 문화적 자유가 인정된 종교 자치구인데, 해당 자치구 내에서는 전통적인 공동체의 유지와 그에 입각한 교육도 허용되었다.[3문단(1)]
〈데브쉬르메 제도〉	데브쉬르메 제도는 실상 남자 어린이 징용제도와 같았으며, 오스만 제국은 이 제도로 매년 새로운 전사나 충성스런 관리를 충원해 나갈 수 있었다.[4문단(2),(4)]

합격자의 실전 풀이 순서

❶ **발문과 선지를 파악한다.**
'알 수 있는 것', 즉 정보와 관련된 것을 묻는 발문이므로 키워

드를 확인한다는 느낌으로 선지를 읽어본다.

〈'콘스탄티노플', '밀레트', '데브쉬르메', '티마르', '견고'〉 등이 그 키워드이다. 이와 같은 낯선 단어들이 지문의 어디에 등장하는지 체크하면서 읽는다.

❷ **문단별 핵심과 내용을 파악한다.**

문단별 핵심이 무엇인지 가볍게 체크하고 어떤 정보가 있는지 키워드를 간단히 표시하며 읽는다. 이때 각 문단의 모든 내용을 다 세세하게 유심히 볼 필요는 없고, 다만 문단별로 조금씩 읽어가면서 제도 이름 등 문단별로 병렬적으로 제시되고 있는 개념어들에 동그라미와 같은 기호로 표시하며 읽는다.

1문단에서 〈안정적 지배〉라는 화두가 제시되고, 2문단의 〈토지 정책〉, 3문단의 〈자치구〉, 4문단 〈데브쉬르메〉 등이 해당 문단의 핵심 소재임을 확인한다.

❸ **선지 판단을 진행한다.**

앞선 단계에서 파악해 두었던 문단별 핵심과 표시해 둔 키워드를 통해 근거를 찾아가며 선지를 판단한다. 이때 "판단할 수 없는" 내용이 제시될 수 있음에 유의한다. 선지 ③번 같은 경우가 그에 해당한다.

확실히 정오를 판단할 수 있는 것부터 소거하며 정답을 찾는 것도 하나의 방법이 될 수 있다.

합격자의 시간단축 Tip

Tip ❶ 정답 선지를 찾으면 다른 선지는 굳이 확인하지 않는다.

답이 일찍 도출되는 경우에는, 다른 선지의 정오를 모두 파악하기보단 답이라고 생각하는 선지의 정오를 다시 한번 확실하게 파악하는 것이 빠르다. 자신이 답의 근거라고 생각했던 부분이 지문에 정확히 있는지 확인하며 답에 확신을 갖고 풀이한다. 다만 지문의 다른 부분에 그 선지의 예외사항을 제시하는 경우가 있으므로, 나머지 문단도 10초 내외로 가볍게 확인하는 작업이 필요하다.

Tip ❷ 서로 다른 개념과 내용을 비교할 때 차이점과 공통점에 주목한다.

특정 문화권 관련 문제는 타 문화권과의 비교가 등장할 수 있다는 것에 유의한다. 낯선 개념을 설명할 때, 동시대 타 문화권과의 비교는 빈번하게 등장한다. 2문단의 〈중세 유럽의 봉건 영지〉와의 비교가 그 예이다. 이는 실제로 선지화되었다.

Tip ❸ 접속어구에 주의한다.

2문단의 〈그러나〉, 3문단의 〈한편〉, 〈그러나〉, 4문단의 〈그러나〉 등 접속어구가 빈번하게 등장하는 지문이다. 접속어구 앞과 뒤 중 어느 쪽에 글쓴이의 주장이 있는지 꼼꼼하게 확인한다. 왜냐하면, 선지의 대부분은 글의 핵심과 직결되어 있으며 접속어구의 파악을 통해 핵심을 파악할 수 있기 때문이다.

Tip ❹ 눈에 띄는 고유명사는 선지-지문을 오가기 쉬운 키워드이다.

4문단의 '데브쉬르메'는 선지와 지문 모두에서 눈에 잘 보이는 어구이다. 이를 통해 빨리 선지 판단을 진행할 수 있다. 따라서 제시문을 읽을 때 이러한 키워드들을 동그라미와 같은 기호로 표시하며 읽자. 이는 추후 선지 판단 시 언제든 빠르게 돌아오기 위함이다.

129 정답 ⑤

난이도 ●●●

문제유형 비판적 사고 > 빈칸 채우기

접근전략 빈칸 채우기 중 문맥에 맞는 내용 채우기는 세부내용을 파악하지 않아도 되므로 비교적 문제를 풀기 쉽다. 이러한 경우 오지선다를 같이 활용하면 정답을 수월하게 찾을 수 있다. 글을 가볍게 읽으면서 빈칸 앞뒤 문장은 정독하며 빈칸에 들어갈 내용을 유추한다. 그리고 오지선다로 내려가 문항의 내용을 빈칸에 넣어서 다시 앞뒤를 읽어 어색한 부분이 있는지 판단하자.

다음 글의 문맥상 (가)~(마)에 들어갈 내용으로 적절하지 않은 것은?

(1) '방언(方言)'이라는 용어는 표준어와 대립되는 개념으로 사용될 수 있다. (2) 이때 방언이란 '교양 있는 사람들이 두루 쓰는 현대 서울말'로서의 표준어가 아닌 말, 즉 비표준어라는 뜻을 갖는다. (3) 가령 [(가)]는 생각에는 방언을 비표준어로서 낮잡아 보는 인식이 담겨 있다. (4) 이러한 개념으로서의 방언은 '사투리'라는 용어로 바뀌어 쓰이는 수가 많다. '충청도 사투리', '평안도 사투리'라고 할 때의 사투리는 대개 이러한 개념으로 쓰이는 경우이다. (5) 이때의 방언이나 사투리는, 말하자면 표준어인 서울말이 아닌 어느 지역의 말을 가리키거나, 더 나아가 [(나)]을 일컫는다. (6) 이러한 용법에는 방언이 표준어보다 열등하다는 오해와 편견이 포함되어 있다. (7) 여기에는 표준어보다 못하다거나 세련되지 못하고 규칙에 엄격하지 않다와 같은 부정적 평가가 담겨 있는 것이다. (8) 그런가 하면 사투리는 한 지역의 언어 체계 전반을 뜻하기보다 그 지역의 말 가운데 표준어에는 없는, 그 지역 특유의 언어 요소만을 일컫기도 한다. (9) [(다)]고 할 때의 사투리가 그러한 경우에 해당된다. ▶ 1문단

(1) 언어학에서의 방언은 한 언어를 형성하고 있는 하위 단위로서의 언어 체계 전부를 일컫는 말로 사용된다. (2) 가령 한국어를 예로 들면 한국어를 이루고 있는 각 지역의 말 하나하나, 즉 그 지역의 언어 체계 전부를 방언이라 한다. 서울말은 이 경우 표준어이면서 한국어의 한 방언이다. (3) 그리고 나머지 지역의 방언들은 [(라)]. (4) 이러한 의미에서의 '충청도 방언'은, 충청도에서만 쓰이는, 표준어에도 없고 다른 도의 말에도 없는 충청도 특유의 언어 요소만을 가리키는 것이 아니다. (5) '충청도 방언'은 충청도의 토박이들이 전래적으로 써 온 한국어 전부를 가리킨다. (6) 이 점에서 한국어는 [(마)]. ▶ 2문단

① (가): 바른말을 써야 하는 아나운서가 방언을 써서는 안 된다

➜ (O) (가)의 앞문장에서 방언이라는 용어가 표준어와 대립되는 개념이며, 비표준어라는 뜻을 갖는다고 설명한다.[1문단(2)] (가)의 문장에서는 빈칸에 들어갈 생각이 방언을 비표준어로서 낮잡아 보는 인식이 담겨 있다고 하였다.[1문단(3)] 따라서 (가)에는 방언을 낮잡아 보는 인식이 담긴 사례가 들어가야 적절하며, 바른말을 써야 하는 아나운서가 방언을 써서는 안 된다는 빈칸의 내용은 방언이 바른말이 아니라는 의미를 담고 있으므로 그러한 사례로 적절하다.

② (나): 표준어가 아닌, 세련되지 못하고 격을 갖추지 못한 말

➜ (O) (나)의 뒷부분에서 방언이 표준어보다 열등하다는 오해와 편견임을 설명하고 있는 것을 통해[1문단(5)] (나)에는 방언이 표준어보다 열등하다는 내용이 포함되어 있어야 한다는 것을 알 수 있다. 본선지는 방언이 표준어보다 열등하다는 내용에 대응하기 때문에 (나)에 들어갈 말로 적절하다.

③ (다): 사투리를 많이 쓰는 사람과는 의사소통이 어렵다

→ (○) (다)의 앞 문장에서는 사투리가 그 지역 특유의 언어 요소를 일컫는다고 설명한다.[1문단(7)] 따라서 (다)에는 이러한 사투리의 정의를 뒷받침하는 예시가 들어가야 한다. 그 지역 특유의 언어 요소를 많이 사용하면, 즉 이러한 의미의 사투리를 많이 사용하면 다른 지역 사람이 그 지역 특유의 언어 요소를 이해하지 못해 의사소통이 어려워지므로 본선지는 (다)에 들어갈 예시로 적절하다.

④ (라): 한국어라는 한 언어의 하위 단위이기 때문에 방언이다

→ (○) (라)의 앞부분의 내용은 서울과 나머지 지역의 방언의 공통점은 한국어라는 언어의 하위 단위라는 것으로 정리할 수 있다.[2문단(2)] 반면 차이점은 표준어이냐 아니냐이다. 그러므로 서울말은 표준어이면서 서울이라는 지역의 언어 체계이므로 한국어의 한 방언이고, 나머지 지역의 방언들은 한국어라는 한 언어의 하위 단위이기 때문에 방언이다. 따라서 해당 선지는 (라)에 들어가기에 적절하다.

⑤ (마): 표준어와 지역 방언의 공통부분을 지칭하는 개념이다

→ (×) (마)의 앞부분에서는 방언이 한 언어를 형성하고 있는 하위 단어로서의 언어 체계 전부를 일컫는 말이라고 하였다.[2문단(1)] 그런데 본 선지에서는 한국어를 표준어와 지역 방언을 합친 것이 아니라 그 둘의 공통부분을 지칭하는 개념이라고 설명하므로 (마)에 들어갈 말로 적절하지 않다. 올바른 빈칸 내용으로는 '표준어와 지역 방언을 모두 포괄하는 개념이다' 정도가 들어갈 수 있다.

제시문 분석

1문단 방언에 대한 정의 ①

〈방언에 대한 정의 ①〉
'방언(方言)'이라는 용어는 표준어와 대립되는 개념으로 사용될 수 있다. 이때 방언이란 '교양 있는 사람들이 두루 쓰는 현대 서울말'로서의 표준어가 아닌 말, 즉 비표준어라는 뜻을 갖는다.(1),(2)

〈예시〉		〈사투리〉		〈내재한 오해와 편견〉
가령 '바른말을 써야 하는 아나운서가 방언을 써서는 안 된다.'라는 생각에는 방언을 비표준어로서 낮잡아 보는 인식이 담겨 있다.(3)	→	이러한 개념으로서의 방언은 '사투리'라는 용어로 바뀌어 쓰이는 수가 많다.(4)	→	이때의 사투리는 표준어가 아닌, 세련되지 못하고 격을 갖추지 못한 말을 일컫는다. 이러한 용법에는 방언이 표준어보다 열등하다는 오해와 편견이 포함되어 있다.(4),(5)

1문단 방언에 대한 정의 ②

〈방언에 대한 정의 ②〉		〈예시〉
사투리는 그 지역의 말 가운데 표준어에는 없는, 그 지역 특유의 언어 요소만을 일컫기도 한다.(7)	→	'사투리를 많이 쓰는 사람과는 의사소통이 어렵다.'라고 할 때의 사투리가 그러한 경우에 해당된다.(8)

2문단 방언에 대한 정의 ③

〈정의 ③〉		〈예시〉		〈한국어의 의미〉
언어학에서의 방언은 한 언어를 형성하고 있는 하위 단위로서의 언어 체계 전부를 일컫는 말로 사용된다.(1)	→	한국어를 이루고 있는 각 지역의 말 하나하나, 즉 그 지역의 언어 체계 전부를 방언이라 한다.(2)	→	이 점에서 한국어는 지역 방언과 표준어 모두를 합한 개념이다.(6)

합격자의 실전 풀이 순서

❶ 발문을 읽고 문제의 유형 파악

항상 먼저 발문을 반드시 제대로 읽고 시작하자. 해당 문제는 빈칸을 채우는 빈칸추론 문제이고 이에 대응되는 내용을 찾아서 그를 근거로 채우면 된다. 빈칸 채우기 유형은 빈칸에 들어갈 내용에 따라 두 가지로 분류할 수 있다.

(1) 빈칸 앞뒤 맥락을 연결하는 내용

빈칸에 맥락을 연결하는 내용이 들어가는 경우 빈칸의 근거는 지엽적으로 찾아야 한다. 이 유형의 빈칸 채우기 근거 범위는 빈칸이 포함된 문장, 앞뒤 문장, 문단의 주제문 등이다. 이들을 통해 답을 직접 낼 수 있을 뿐만 아니라 최소한 대응되는 내용을 찾을 결정적 단서를 얻을 수 있다.

(2) 중심 내용

빈칸에 중심 내용이 들어간다면 전체적인 구조와 주요 문장을 파악하여 빈칸에 들어갈 말을 찾아야 한다. 두 번째 유형은 결과적으로 주제문 찾기 유형과 같은 문제이다. 제시문 전체를 읽고 각각의 내용이 궁극적으로 어떤 결론을 설명하는지 추론해야 한다.

빈칸 채우기 두 유형을 빠르게 구분하기 위해서는 다양한 빈칸 채우기 문제를 풀어볼 필요가 있다. 특히 두 유형을 구분하는 눈을 갖기 전까지는 주요 문장만 발췌독하는 습관을 들이지 않을 것을 추천한다. 발췌독하는 경우, 첫 번째 유형은 빠르게 풀 수 있으나 전체적 구조를 파악해야 하는 두 번째 유형에서 헤맬 수 있기 때문이다.

해당 문제는 빈칸이 다섯 개이며 제시문 전체에 분포되어 있으므로 첫 번째 유형에 해당함을 형식만으로 알 수 있다. 빈칸이 전체에 분포되어 빈칸 앞뒤 문장만을 선별하기 번거로우므로 처음부터 전체를 독해하되, 빈칸 앞뒤 문장에 집중하여 읽으면 된다.

❷ 제시문 읽으면서 선지 판단

선지는 각 빈칸에 들어갈 말을 하나씩 제시하고 있다. 따라서 순서대로 선지를 대입하여 바른 선지인지 판단하며 독해한다. 빈칸의 근거가 지엽적으로 있는 빈칸 채우기 유형은 빈칸들의 관계가 독립적이고, 전체적인 글의 흐름보다 지엽적인 빈칸의 근거가 더 중요하기 때문에 선지를 하나씩 바로 확인하는 것이 효율적이다. ①번 선지의 경우 1문단 (2)의 비표준어라는 말과, (3) '가령'과 '낮잡아 보는 인식'에 주목한다면 빈칸 (가)에 방언을 낮잡아 보는 표현이 들어가야 한다는 생각을 할 수 있다. 그리고 선지 ①을 확인해 (가)에 넣고 (2)~(3)을 다시 읽어 본다면 옳은 선지임을 확인할 수 있다.

②번 선지의 경우, 1문단의 (5)의 '더 나아가', (6)의 '이러한 용법에는' 및 '열등하다는 오해와 편견' 부분에 주목하여 방언의 부정적인 측면이 (나)에 들어가야 함을 추측할 수 있다. 따라서 ②번은 적절한 선지이다.

③번 선지의 경우 (8)이 '그런가 하면'으로 시작되고, 1문단 (9)의 '빈칸의 사투리가 그러한 경우에 해당한다.'라고 하므

로, 앞선 내용들과 다른 내용이 등장하며, 빈칸에는 (8)의 사례가 들어가야 한다고 생각할 수 있다. 그런데 (8)은 '표준어에는 없는 그 지역 특유의 언어 요소'로서의 사투리를 설명하고 있으므로 ③번 선지는 적절하다. 표준어와 다른 특성이 도드라지면 의사소통이 어려울 것이기 때문이다.

④번 선지의 경우 2문단 (1)에서 언어를 형성하는 하위 단위로서의 방언을 설명하고 있다. (2)의 '가령' 이하는 그 예시이므로 ④번 선지가 적절함을 알 수 있다.

⑤번 선지의 경우 2문단 (6)의 '이 점에서 한국어는 ~'이라는 표현을 통해 빈칸에는 결론 부분이 들어가야 함을 알 수 있다. 이때 ⑤번 선지를 넣어 본다면 앞에서 이야기한 충청도 방언의 사례와 ⑤번 선지의 내용이 맞지 않는다는 것을 알 수 있다.

합격자의 시간단축 Tip

Tip ❶ 문맥 문제의 경우 오지선다를 적극적으로 활용한다.

위와 같이 문맥에 따른 글의 흐름 일치 여부를 판단하는 문제는, 오지선다를 오히려 빈칸에 넣어 봄으로써 문제를 해결할 수 있다. 어쨌든 문제의 정답을 선택하는 것이 우선이기 때문에 굳이 지문을 끝까지 읽고 오지선다에서 답을 고를 필요가 없다. 본 문제의 경우 선지가 (가)~(마)에서 주어지기 때문에 시간이 급하다면 바로 선지를 읽어내려가며 그때그때 선지를 넣어 보고 정오를 고르는 것도 하나의 방법이다.

Tip ❷ 오답인 선지의 활용

문맥상 적절하지 않은 빈칸으로 구성된 (마)의 경우 실제 시험에서는 해당 선지의 내용이 적절하지 않음만을 밝혀내는 것으로 충분하다. 따라서 실전에서는 어떤 문장이 옳은지를 고민할 필요가 없이 옳지 않다면 정답으로 판단하고 넘어가면 된다. 그러나 공부하는 과정에서는 문맥상 어떤 내용이 들어가는 것이 타당할지를 유추해보는 것이 추후 유사한 유형의 문제를 대비하는 데에 도움이 된다.

Tip ❸ 빈칸의 근거 범위 확정

앞서 언급하였듯이 빈칸 채우기 문제의 유형은 두 가지로 나눌 수 있다. 첫 번째는 빈칸의 근거를 지엽적으로 찾아 푸는 유형이고, 두 번째는 전체적인 구조를 파악해야 하는 문제이다. 첫 번째 유형을 풀 경우, 어떤 부분을 빈칸의 근거로 삼을지 기준을 미리 잡아두면 문제 풀이가 훨씬 수월하고 빨라진다. 보통 빈칸 문제의 근거는 빈칸이 포함된 문장, 앞뒤 문장, 빈칸이 포함된 주제문을 근거로 삼을 수 있다. 여기서 직접적인 근거를 못 얻더라도 최소한 근거를 얻을 실마리는 얻을 수 있으니 이들부터 먼저 참고해서 풀자. 또한, '즉', '그 결과', '요컨대' 등의 요약하는 접속사가 들어간 문장에서 빈칸의 근거를 찾는 경우가 많다.

130 정답 ①

난이도 ●●○

문제유형 법조문형 > 규정적용

접근전략 법규정 유형 중 규정을 응용하여 발문에서 묻고 있는 정보를 도출하는 문제이다. 법조문 유형을 풀 때는 조문의 구체적인 내용을 독해하는 것보다, 법조문의 구조를 파악한 후 〈보기〉에서 묻고 있는 정보를 찾아 올라가는 형태로 푸는 것이 좋다. 본 문제의 경우 보기에 2개의 사례가 등장하므로 선지를 한 번에 전부 해결하려고 하기보다 사례별로 해결하는 것이 필요하다.

다음 글에 근거할 때, 〈보기〉의 甲, 乙 각각의 부양가족 수가 바르게 연결된 것은? (단, 위 각 세대 모든 구성원은 주민등록표상 같은 주소에 등재되어 있고 현실적으로 생계를 같이하고 있다.)

부양가족이란 주민등록표상 부양의무자와 세대를 같이하는 사람으로서 해당 부양의무자의 주소에서 현실적으로 생계를 같이하는 다음 중 어느 하나에 해당하는 사람을 말한다.

1. 배우자
2. 본인 및 배우자의 60세(여성인 경우에는 55세) 이상의 직계존속과 60세 미만의 직계존속 중 장애의 정도가 심한 사람
3. 본인 및 배우자의 20세 미만의 직계비속과 20세 이상의 직계비속 중 장애의 정도가 심한 사람
4. 본인 및 배우자의 형제자매 중 장애의 정도가 심한 사람

※ '장애의 정도가 심한 사람'이란 다음 중 어느 하나에 해당하는 사람을 말한다.
가. 장애등급 제1급부터 제6급까지
나. 상이등급 제1급부터 제7급까지
다. 장해등급 제1급부터 제6급까지

〈보기〉

ㄱ. 부양의무자 甲은 배우자, 75세 아버지, 15세 자녀 1명, 20세 자녀 1명, 장애 6급을 가진 39세 처제 1명과 함께 살고 있다.
→ 배우자는 제1호에 해당하는 부양가족이다. 75세 아버지는 甲의 60세 이상의 직계존속으로서 제2호에 해당하는 부양가족이다. 15세 자녀 1명은 甲의 20세 미만의 직계비속으로서 제3호에 해당하는 부양가족이다. 20세 자녀 1명은 20세 이상의 직계비속이나 장애의 정도가 심한 사람이 아니므로 부양가족이 아니다. 장애 6급을 가진 39세 처제 1명은 甲의 배우자의 형제자매 중 장애등급 제6급으로 장애의 정도가 심한 사람이므로 제4호에 해당하는 부양가족이다. 따라서 甲의 부양가족은 배우자, 75세 아버지, 15세 자녀 1명, 장애 6급을 가진 39세 처제 1명으로 총 4명이다.

ㄴ. 부양의무자 乙은 배우자, 58세 장인과 56세 장모, 16세 조카 1명, 18세 동생 1명과 함께 살고 있다.
→ 배우자는 제1호에 해당하는 부양가족이다. 제2호와 비교할 때 58세 장인은 乙의 배우자의 60세 미만의 직계존속이나 장애의 정도가 심한 사람이 아니므로 부양가족이 아니다. 56세 장모는 乙의 배우자의 55세 이상의 직계존속 여성이므로 제2호의 부양가족이다. 16세 조카 1명은 각 호에 해당하는 사람이 아니므로 부양가족이 아니다. 18세 동생 1명은 제4호와 비교할 때 본인의 형제자매이나 장애의 정도가 심한 사람이 아니므로 부양가족이 아니다. 따라서 乙의 부양가족은 배우자와 56세 장모 총 2명이다.

	甲	乙	
①	4명	2명	→ (○)
②	4명	3명	→ (×)
③	5명	2명	→ (×)
④	5명	3명	→ (×)
⑤	5명	4명	→ (×)

합격자의 실전 풀이 순서

❶ 문제 유형 파악

본 문제의 경우 제시문이 법조문 형태로 주어졌으므로 법조문 유형임을 알 수 있다. 법조문 유형 중에서도 규정의 내용을 응용하여 부양가족의 수를 계산해야 하므로 법조문 적용문제에 해당한다. 법조문 유형은 조문의 구체적인 내용을 독해하는 것보다, 법조문의 구조를 파악한 후 〈보기〉에서 묻고 있는 정보를 찾아 올라가는 형태로 푸는 것이 좋다. 법 조문의 구조 파악이란 각 조나 항마다 가로로 길게 선을 그어 조문들을 시각적으로 구분하고, 단서와 괄호에 강조 표시를 하는 것을 의미한다. 또한, 본 문제가 바르게 연결된 것을 고르는 문제라는 것을 인지하기 위해 "바르게"라는 단어에 밑줄이나 동그라미 등 표시를 한다. 한편 단서가 있다는 것에 주의하여 규정을 읽는다.

❷ 법조문 구조 분석

먼저 법조문 전체를 훑으며 법조문의 구조를 파악한다. 법조문을 분석할 때는 각 조나 항을 구분하고, 단서와 괄호에 강조 표시를 한다. 조문의 길이가 긴 경우 가로선을 활용하고, 구체적으로 '다만'이라는 단어가 나오면 △, '이 경우'라는 단어에는 ㅁ 표시를 해두고, 괄호가 나오면 괄호의 처음과 끝에 별표를 해둔다. 아래의 조문이 위의 조문의 내용의 일부에 대하여 설명하고 있는 경우, 아래 조문을 위의 조문 내용 혹은 조항과 연결하여 표시한다. 이러한 표시들은 선지나 〈보기〉를 읽고, 해당되는 부분을 찾는 이정표 역할을 한다. 이렇게 법조문을 읽으며 선지에 어떤 내용이 나올지도 예상해본다.
해당 규정은 정의 조문으로 볼 수 있으며 첫 문장에는 부양가족의 개념이 나온다. 이러한 개념에도 부양가족의 기준이 나와 있으므로 유의한다. 발견되는 조건에는 번호를 붙이며 꼼꼼히 정리한다. 부양가족의 개념으로부터 조건을 정리하면 '①주민등록표상 부양의무자와 세대를 같이하는 사람으로서/②해당 부양의무자의 주소에서 현실적으로 생계를 같이하는/③다음 중 어느 하나에 해당하는 사람'으로 정리될 수 있다. 다만 발문의 단서를 고려할 때 ①, ②는 보기에 모두 적용되는 조건이므로 ③만 고려하면 된다. 이하의 조건은 '배우자', '직계존속', '직계비속', '형제자매'에 각각 적용되는 내용이다. 분석 단계에서는 해당 단어에 표시를 하고, 구체적 내용은 〈보기〉를 읽고 다시 자세히 읽는다. 특히 조건을 분석할 때는 괄호와 ※로 강조된 장애등급을 주의 깊게 읽는다.

❸ 보기 판단

법조문 분석 내용을 바탕으로 보기를 확인한다. 〈보기〉를 판단할 때는 보기로 주어진 사람의 명칭 위에 부양가족의 해당 여부를 O 또는 ×를 표시하며 판단한다. 또한, 甲, 乙 두 명의 부양가족을 계산해야 하는 경우 甲부터 계산한 후 선지를 지운다. 甲의 부양가족은 4명이므로 선지 ③, ④, ⑤번이 제외된다. 乙의 부양가족은 2명이므로 정답이 도출된다.
해당 보기는 내용이 제시문과 같은 순서로 나열되어 판단이 쉬웠지만, 향후 순서를 바꾸어 놓은 보기가 출제될 수 있다.

합격자의 시간단축 Tip

Tip ❶ 조건을 정확히 파악한다

제2호에서 '장애의 정도가 심한 사람'은 60세 미만의 직계존속인 경우에만 적용되고, 60세(여성인 경우에는 55세) 이상의 직계존속인 경우에는 적용되지 않는다. 왜냐하면 60세 이상의 직계존속 또한 장애의 정도가 심한 사람에 한정하여 부양가족을 인정한다면 굳이 60세를 기준으로 나이를 나눌 필요가 없다. 이는 제3호의 경우에도 마찬가지인데, 이것만 잘 구분하였다면 문제를 해결하는 데에 큰 어려움은 없었을 것이다.

Tip ❷ 헷갈릴 시 선지의 구성을 활용

헷갈릴 때에는 선지를 활용하는 방법이 있다. 예를 들어 甲의 부양가족이 4명이라는 것을 확인하였다면 선지 ①번과 ②번이 남으며, 따라서 乙의 부양가족이 2명인지 3명인지만 확인하면 된다. 즉, 한 명씩 부양가족인지 여부를 확인하다가 3명을 확보하였다면 나머지 가족의 부양가족 해당 여부를 확인할 필요 없이 정답이 도출된다. 반대로 乙의 부양가족이 2명이라는 것을 확인하였다면 선지 ①번과 ③번이 남으며, 따라서 甲의 부양가족이 4명인지 5명인지만 확인하면 된다.

Tip ❸ 문제에서 자주 나오는 단어를 파악

위의 지문에서는 나이가 제시되어 직계존속, 비속의 의미를 유추할 수 있기는 하나, 법조문에서 직계 존·비속이라는 용어는 자주 나오기 때문에 해당 문제를 틀렸다면, 용어의 의미를 확실히 정리해둔다. 직계존속은 부모, 직계비속은 자녀를 의미한다.

Tip ❹ 제외되는 선지는 바로 해결

발문의 단서에서 〈주민등록표상 같은 주소〉 및 〈현실적 생계를 같이〉 부분을 확인하자마자 바로 해당 정보를 찾아 선지를 〈소거〉한다.
상황판단 문제에서는 사용되지 않는 요건이 없는 것이 보통이므로, 특정 요건을 확인한 경우 바로 밑에 적용해보는 것이 추후에 풀이과정에서 에러를 줄일 수 있는 방법이다. 다만, 해당 문제에서는 해당 요건이 더 문제화되지는 않았다.

Tip ❺ 모두 해당되는 조건의 소거

법조문의 조건적용 유형뿐 아니라, 그 밖의 조건을 적용하는 문제에서도 모든 대상에게 해당되는 조건은 소거하고 시작하는 것이 풀이의 속도를 높이고 실수를 줄이는 방법이다. 발문 단서의 '주민등록표상 같은 주소' 및 '현실적 생계를 같이' 부분은 〈보기〉의 모든 사례에 적용되는 조건이다. 따라서 본문의 부양가족의 개념에 나오는 해당 조건은 고려할 필요가 없다.
다만, 모든 문제에서 정의를 소홀히 읽어도 되는 것은 아니다. 정의가 중요한 근거로 활용되는 경우가 더 많기 때문이다. 따라서 개념 정의가 풀이에 활용되지 않음을 확인하고 정의를 넘겨야 한다. 예를 들어, 해당 문제처럼 발문에 분명히 변별력 있는 조건이 아님이 명시되어 있거나, 선지에 해당 단어가 쓰이지 않는 경우 등이 이에 해당한다.

Tip ❻ 법조문 유형 풀이의 기본

1. 법조문에 대한 이해

법조문 유형은 선지가 규정과 일치하는지 확인하는 '규정확인' 유형과, 규정의 내용을 예시에 적용하는 '규정적용'유형으로 나뉜다. 규정적용은 단순 적용의 경우도 있지만 보험료, 인지세 등 계산을 요하는 경우도 있다.
두 유형 모두 기본은 규정을 파악하는 것이기 때문에 기본적인 법조문의 구조에 익숙해지면 법조문 유형의 문제 풀이가 비교적 수월해진다. 법조문은 'ㅇㅇ조-ㅇㅇ항-(1, 2, …)호-(가, 나, …)목' 순으로 구성된다.

1) 하나의 '조'는 하나의 주제에 대하여 설명한다. 그 주제는 'ㅇㅇ조' 옆에 괄호로 표시되기도 한다.
2) '항'은 조에서의 주제를 세분화하여 설명할 때 사용한다.
3) '호'는 조와 항 내에서 대상을 나열할 때 사용한다.
4) '목'은 호 내에서 대상을 나열할 때 사용한다.

5) '단서'는 "다만,"으로 시작하며 앞 문장의 주된 내용에 대한 예외를,
6) '후단'은 "이 경우"로 시작되며 주된 내용에 대한 부수적·보완적 사항을 규정할 때 사용한다.
7) 부수적 내용은 괄호로 제시되는 경우도 있다.

법조문 유형은 빠르게 풀기보다는 정확하게 푸는 것을 전략으로 하는 것이 좋다. 상황판단 과목은 모든 문제를 빠르게 푸는 것이 아니라 풀 수 있는 문제와 풀 수 없는 문제를 구분하여 풀어, 푼 문제의 정답률을 높이는 것이 일반적인 접근 방법이다. 난해한 퀴즈 문제와 달리 법조문은 제시문 내에 정답이 있으므로, 꼭 맞춘다는 생각으로 접근하는 것이 좋다.

2. 법률의 구체적 내용보다 구조를 파악

일반적인 법조문 유형에서는 제○○조 옆의 괄호 및 키워드로 조문의 구조만을 파악하고, 선지를 판단할 때 세부 내용을 읽는 방식을 추천한다. 법조문의 세부 내용을 모두 기억하기 어렵고, 독해에도 시간이 걸리기 때문이다. 어떤 조항에 어떤 내용이 있는지를 파악하고, 세부 조건인 호나 목은 선지에서 묻는 경우 발췌독하는 것이다. 다만 '규정적용' 유형 중 계산형 문제는 계산에 필요한 구체적 내용을 파악하며 조문을 읽어야 한다.

3. 선지에 자주 등장하는 조문의 특징

법조문의 구조를 파악할 때 선지로 등장할만한 부분을 체크한다면 풀이 시간을 단축할 수 있을 것이다. 아래 내용은 주로 선지에 등장하는 내용의 특징과 선지에 등장하는 방식이다. 기출 분석을 통해 빈출 패턴을 익히면 실수를 방지하고 풀이 속도를 높이는 데에 도움이 될 것이다.

- 단서(다만): 단서가 적용됨에도 적용하지 않거나, 적용되지 않음에도 적용하여 제시
- 후단(이 경우)이나 괄호(보완 내용): 해당 내용을 사례로 제시
- 주어: 행위 주체를 바꾸어 제시
- 술어: 허가를 신고로, 신고를 허가로 바꾸어 제시
- 날짜, 시기, 횟수: 숫자를 바꾸어 제시
- 어느 하나: 모든 조건이 적용되는 것으로 제시
- 하부 개념: 상부 개념과 하부 개념을 바꾸거나, 복수의 하부 개념의 특징을 서로 바꾸어 제시
- 재량과 기속: '할 수 있다'와 '해야 한다'를 바꾸어 제시

131 정답 ⑤

난이도 ●○○

문제유형 비판적 사고 > 판단하기

접근전략 지문에 나타난 주장을 이해하고 〈보기〉에서 A~C의 주장에 대한 평가로 적절한 것을 찾는 문제이다. 평가란 의의 또는 한계를 말하는 것이다. 각각의 주장이 다른 주장과 비교했을 때 어떤 차이점을 가지는지, 각 주장의 근거는 무엇인지 파악하며 지문을 읽어야 한다. 지문과 〈보기〉 모두 어려운 수준이 아니므로 차분하게 문제에 접근한다면 쉽게 답을 찾을 수 있다.

다음 A ~ C의 주장에 대한 평가로 적절한 것만을 〈보기〉에서 모두 고르면?

A: (1) 정당에 대한 충성도와 공헌도를 공직자 임용 기준으로 삼아야 한다. (2) 이는 전쟁에서 전리품은 승자에게 속한다는 국제법의 규정에 비유할 수 있다. (3) 즉 주기적으로 실시되는 대통령 선거에서 승리한 정당이 공직자 임용의 권한을 가져야 한다. (4) 이러한 임용 방식은 공무원에 대한 정치 지도자의 지배력을 강화시켜 지도자가 구상한 정책 실현을 용이하게 할 수 있다.

B: (5) 공직자 임용 기준은 개인의 능력·자격·적성에 두어야 하며 공개경쟁 시험을 통해 공무원을 선발하는 것이 좋다. (6) 그러면 신규 채용 과정에서 공개와 경쟁의 원칙이 준수되기 때문에 정실 개입의 여지가 줄어든다. (7) 공개경쟁 시험은 무엇보다 공직자 임용에서 기회균등을 보장하여 우수한 인재를 임용함으로써 행정의 능률을 높일 수 있고 공무원의 정치적 중립을 통하여 행정의 공정성이 확보될 수 있다는 장점을 가지고 있다. (8) 또한 공무원의 신분보장으로 행정의 연속성과 직업적 안정성도 강화될 수 있다.

C: (9) 사회를 구성하는 모든 지역 및 계층으로부터 인구 비례에 따라 공무원을 선발하고, 그들을 정부 조직 내의 각 직급에 비례적으로 배치함으로써 정부 조직이 사회의 모든 지역과 계층에 가능한 한 공평하게 대응하도록 구성되어야 한다. (10) 공무원들은 가치중립적인 존재가 아니다. (11) 그들은 자신의 출신 집단의 영향을 받은 가치관과 신념을 가지고 정책 결정과 정책 집행에 깊숙이 개입하고 있으며, 이 과정에서 자신의 견해나 가치를 반영하고자 노력한다.

보기

ㄱ. 공직자 임용의 정치적 중립성을 보장할 필요성이 대두된다면, A의 주장은 설득력을 얻는다.
➜ (×) A의 주장은 정당에 대한 충성도와 공헌도를 기준으로 공직자를 임용해야 한다는 것이다(1). 이러한 방법을 통해 정치 지배자가 공무원에 대한 지배력을 더욱 강력하게 행사할 수 있고, 따라서 정치 지도자의 정책 실현이 더욱 용이해지기 때문이다(4). 즉, A의 주장은 공무원 임용의 정치적 중립성과는 거리가 멀다고 볼 수 있다. 공직자 임용의 정치적 중립성을 보장할 필요성이 대두될 때 설득력을 얻는 주장은 B의 주장이다. B의 공직자 임용 기준에 따른 방식은 공무원의 정치적 중립을 보장하여 통해 행정의 공정성을 확보할 수 있기 때문이다(7).

ㄴ. 공직자 임용과정의 공정성을 높일 필요성이 부각된다면, B의 주장은 설득력을 얻는다.
➜ (O) B의 주장은 공개경쟁 시험을 통해 공직자를 선발해야 한다는 것이다(5). 이를 통해 정실 개입의 여지를 줄일 수 있고(6) 행정의 공정성이 확보된다(7). 따라서 공직자 임용과정의 공정성을 높일 필요가 있을 때 B의 주장은 설득력을 얻는다.

ㄷ. 인구의 절반을 차지하는 비수도권 출신 공무원의 비율이 1/4에 그쳐 지역 편향성을 완화할 필요성이 제기된다면, C의 주장은 설득력을 얻는다.
➜ (O) C의 주장은 사회를 구성하는 지역 및 계층으로부터 인구 비례에 따라 공직자를 임용 및 배치함으로써 정부 조직이 사회의 모든 지역과 계층에게 공평하게 대응하도록 하는 것이다(9). 따라서 비수도권 인구가 전체의 절반임에도 비수도권 출신 공무원 비율은 1/4에 불과한 상황에서는 C의 주장을 따른다면 지역 편향성을 완화할 수 있다.

① ㄱ ➜ (×)
② ㄴ ➜ (×)
③ ㄷ ➜ (×)
④ ㄱ, ㄷ ➜ (×)
⑤ ㄴ, ㄷ ➜ (O)

제시문 분석

A의 주장

〈A의 공직자 임용 기준〉
정당에 대한 충성도와 공헌도가 공직자 임용 기준이 되어야 한다.(1)

↓

〈공직자 임용 방식〉
주기적으로 실시되는 대통령 선거에서 승리한 정당이 공직자 임용의 권한을 가져야 한다.(3)

→

〈장점〉
공무원에 대한 정치 지도자의 지배력을 강화시킴으로써 지도자가 구상한 정책이 더욱 잘 실현될 수 있다.(4)

B의 주장

〈B의 공직자 임용 기준〉
공직자 임용 기준은 개인의 능력·자격·적성에 두어야 한다.(5)

↓

〈공직자 임용 방식〉
공개 경쟁 시험을 통해 공무원을 선발한다.(5)

〈장점 1〉		〈장점 2〉
공개와 경쟁의 원칙으로 인해 정실, 즉 사사로운 정이나 관계 등이 개입할 여지가 줄어든다.(6)	⊕	기회균등을 보장해 우수한 인재를 임용함으로써 행정의 능률을 높일 수 있다.(7)

〈장점 3〉		〈장점 4〉
공무원의 정치적 중립을 통해 행정의 공정성을 확보할 수 있다.(7)	⊕	공무원의 신분보장으로 행정의 연속성과 직업적 안정성이 강화된다.(8)

C의 주장

〈C의 공직자 임용 기준〉
정부 조직이 사회의 모든 지역과 계층에 가능한 한 공평하게 대응하도록 구성되어야 한다.(9)

↓

〈공직자 임용 방식〉
사회를 구성하는 모든 지역 및 계층으로부터 인구 비례에 따라 공무원을 선발하고, 그들을 정부 조직 내의 각 직급에 비례적으로 배치한다.(9)

→

〈장점〉
그들은 각자 자신의 출신 집단의 영향을 받은 가치관과 신념을 가지고 정책 결정과 정책 집행에 그를 반영하고자 노력한다.(11)

합격자의 실전 풀이 순서

❶ 발문을 확인해 유형을 파악한다.

> 다음 A~C의 주장에 대한 평가로 적절한 것만을 〈보기〉에서 모두 고르면?

지문에서 나타난 A, B, C의 주장과 〈보기〉를 비교해 적절한 평가를 고르는 문제다. A, B, C는 같은 주제에 대해 다른 주장을 펼치고 있을 것이라고 예상할 수 있다. 따라서 주장과 근거를 명확하게 파악하고, 서로 간 차이점을 중점으로 지문을 읽는다.

❷ 지문을 읽는다.

해당 지문에서는 공직자의 임용 기준에 대해 각기 다른 의견을 표하는 A, B, C의 주장이 제시되고 있다. 지문을 읽으며 각각의 주장과 근거 및 장점을 표시해둔다. 이를테면 주장에는 밑줄, 근거 및 장점에는 ①, ②, ③과 같이 표시를 하는 등의 방식이다.

이 지문은 특히 A가 가장 어렵다. 정당, 공헌도와 공직은 직관적으로 연결이 쉽지 않고, 국제법 등의 용어도 쓰이고 있기 때문이다. 추구하는 가치도 명시적으로 드러나 있지 않다. (사람은 의외로 도덕 가치가 결합되지 않을 때 독해에 어려움을 겪는다.)

이때 독해에 조금 익숙한 수험생이라면 굳이 A, B, C 순서를 맞출 필요가 없다는 점을 알 수 있다. 한 번 순서를 바꿔 읽어보자. 처음에 읽히지 않는 경우 바로 다음 주장을 읽어도 무방하다는 것을 알 수 있다. 이는 모든 지문에 통하는 것이 아니라, 서로 대립하는 의견들이기 때문에 유효하다.

이를 좀 더 심화시켜 보자. (4)와 (8)은 서로 연결될 수 있다. 둘 다 기능을 설명하는 문장들이다. 이들을 어떻게 표시해서 대립시켜야 할까? 정답은 '같은 기호로 표시'하는 것이다. 그리고 그 기호를 묻는 선지판단할 때 기호를 매개로 하는 것이다. 즉, 〈내용－기호－선지〉 순으로 머릿속에 매개변수를 두면 사고가 훨씬 정리될 것이다.

❸ 〈보기〉를 판단한다.

다행히 이 문제는 선지 하나가 여러 주장에 대해 묻는 형태가 아니라 한 선지에 한 주장만 묻고 있으므로 지문으로 돌아가기가 수월한 편이다. 보기에서는 특수한 상황을 제시하고 있다.

ㄱ. 공직자 임용의 정치적 중립성을 보장할 필요성이 대두된다면, A의 주장은 설득력을 얻는다.

ㄴ. 공직자 임용과정의 공정성을 높일 필요성이 부각된다면, B의 주장은 설득력을 얻는다.

ㄷ. 인구의 절반을 차지하는 비수도권 출신 공무원의 비율이 1/4에 그쳐 지역 편향성을 완화할 필요성이 제기된다면, C의 주장은 설득력을 얻는다.

if A의 형태가 바로 상황이다. 이들 상황은 사실 전부 다 '필요성'에 대해 논하고 있으므로 각 주장의 특징 및 장점으로 부각되었던 내용들을 살펴보면 된다. 특히 A에 대해 묻는다고 반드시 A로 갈 필요는 없다. 만약 저 상황이 다른 주장에서 나온 내용과 일치한다는 것이 기억났다면(예컨대 ㄱ은 주장 B와 일맥상통한다.) 그 부분으로 가면 된다. 어차피 글을 읽으면서 상호 겹치는 부분이 없었다는 것을 파악했을 것이기 때문이다.

합격자의 시간단축 Tip

Tip ❶ 본인에게 적합한 풀이법을 찾는다.

본 유형의 문제는 '합격자의 실전 풀이순서'의 방법처럼 발문 확인－지문 읽기－〈보기〉 판단의 순서로 해결할 수도 있으나, 다른 방법도 존재한다. 예컨대, 지문 속 A의 주장을 읽고 난 후 〈보기〉 속 A와 관련된 선지를 판단하고, 지문 속 B의 주장을 읽고 난 후에 〈보기〉 속 B와 관련된 선지를 판단하는 등의 방식이다. 즉 지문과 〈보기〉를 자유롭게 넘나드는 것이다. 자신에게 더욱 적합하고 편한 방법이 무엇인지 연습문제를 풀며 확인해 보는 것이 실전 문제 풀이의 시간 단축에 도움이 될 수 있다.

Tip ❷ 해당 지문은 풀고 나서 배경지식을 정리해둔다.

해당 지문은 A:엽관제 B: 공개경쟁선발 C:대표관료제라는 행정학의 핵심 내용을 지문화한 것이다. 해당 내용은 얼마든지 다른 언어지문에서 재출제되거나 이와 연관내용이 나올 수 있으므로, 반드시 정리해놓을 필요가 있다.
물론 이 지식이 NCS에 직접 활용되는 것은 아니지만 각각이 추구하는 가치는 NCS와 일맥상통한다(만약 본인이 PSAT를 본다면 실험의 오류와 함께 최우선적으로 학습해야 할 것이다). 각각의 가치를 정리해 본다면 A: 윗사람과의 소통 B: 평가의 객관성과 공정성 C: 사회적 가치 추구와 관련이 있는 것이다. 사실 공직이 아니더라도 모든 인사제도는 패턴이 일정하다.

132 정답 ①

난이도 ●●●

문제유형 비판적 사고 > 논지 강화·약화하기

접근전략 지문을 읽고 결론을 찾은 뒤, 결론을 지지하는 것으로 볼 수 없는 선지를 찾는 문제다. 선지의 구성은 결론을 강화하는 방식과 결론을 약화하는 방식, 결론과의 연관성이 부족하거나 어떤 것도 지지하지 않는 선지로 구성될 수 있다. 이 중 강화하는(부합하거나 추론을 돕는) 선지를 제외하면 된다. 단, 강화하는 게 맞는지 애매모호한 경우 지문에서 더 많이 추리가 들어간 선지일수록 오답 확률이 높을 것이다.

다음 글의 결론을 지지하지 않는 것은?

(1) 지구와 태양 사이의 거리와 지구가 태양 주위를 도는 방식은 인간의 생존에 유리한 여러 특징을 지니고 있다. (2) 인간을 비롯한 생명이 생존하려면 행성은 액체 상태의 물을 포함하면서 너무 뜨겁거나 차갑지 않아야 한다. (3) 이를 위해 행성은 태양과 같은 별에서 적당히 떨어져 있어야 한다. (4) 이 적당한 영역을 '골디락스 영역'이라고 한다. (5) 또한 지구가 태양의 중력장 주위를 도는 타원 궤도는 충분히 원에 가깝다. (6) 따라서 연중 태양에서 오는 열에너지가 비교적 일정하게 유지될 수 있다. (7) 만약 태양과의 거리가 일정하지 않았다면 지구는 여름에는 바다가 모두 끓어 넘치고 겨울에는 거대한 얼음 어리가 되는 불모의 행성이었을 것이다.
▶ 1문단

(1) 우리 우주에 작용하는 근본적인 힘의 세기나 물리법칙도 인간을 비롯한 생명의 탄생에 유리하도록 미세하게 조정되어 있다. (2) 예를 들어 근본적인 힘인 강한 핵력이나 전기력의 크기가 현재 값에서 조금만 달랐다면, 별의 내부에서 탄소처럼 무거운 원소는 만들어질 수 없었고 행성도 만들어질 수 없었을 것이다. (3) 최근 들어 물리학자들은 이들 힘을 지배하는 법칙이 현재와 다르다면 우주는 구체적으로 어떤 모습이 될지 컴퓨터 모형으로 계산했다. (4) 그 결과를 보면 강한 핵력의 강도가 겨우 0.5 % 다르거나 전기력의 강도가 겨우 4 % 다를 경우에도 탄소나 산소는 우주에서 합성되지 않는다. (5) 따라서 생명 탄생의 가능성도 사라진다. (6) 결국 강한 핵력이나 전기력을 지배하는 법칙들을 조금이라도 건드리면 우리가 존재할 가능성은 사라지는 것이다.
▶ 2문단

(1) 결론적으로 지구 주위 환경뿐만 아니라 보편적 자연법칙까지도 인류와 같은 생명이 진화해 살아가기에 알맞은 범위 안에 제한되어 있다고 할 수 있다. (2) 만일 그러한 제한이 없었다면 태양계나 지구가 탄생할 수 없었을 뿐만 아니라 생명 또한 진화할 수 없었을 것이다. (3) 우리가 아는 행성이나 생명이 탄생할 가능성을 열어두면서 물리법칙을 변경할 수 있는 폭은 매우 좁다.
▶ 3문단

① 탄소가 없는 상황에서도 생명은 자연적으로 진화할 수 있다.
→ (×) 강한 핵력이나 전기력을 지배하는 법칙들이 조금만 달라져도 별의 내부에서 탄소처럼 무거운 원소는 만들어질 수 없었고 행성도 만들어질 수 없었을 것이다.[2문단(2)] 이처럼 탄소나 산소가 우주에서 합성되지 않는다면[2문단(4)] 생명 탄생의 가능성이 사라진다.[2문단(5)] 하지만 선지의 내용은 이와 반대되게 탄소가 없어도 생명은 존재하고, 게다가 진화할 수 있다고 말하고 있다. 따라서 본선지는 글의 내용과 모순되므로, 결론을 지지하지 않는다.

② 중력법칙이 현재와 조금만 달라도 지구는 태양으로 빨려 들어간다.
→ (○) 지구는 태양의 중력장 주위를 일정한 거리로 돌고 있다.[1문단(5)] 즉, 언제나 지구에 작동하고 있는 중력 법칙이 있음을 알 수 있다. 그런데 우리 우주에 작용하는 여러 물리법칙이 현재의 값에서 조금만 달라지더라도 생명이 존재할 가능성은 사라진다.[2문단(2),(6)] 즉, 제시문의 결론에 따르면 현재 지구에 작동하는 보편적 자연법칙은 생명이 살아가기에 알맞은 범위 안에 제한돼있다.[3문단(1)] 따라서 중력 법칙이 현재와 조금만 달라져도 지구가 태양으로 빨려 들어갈 수 있다는 선지는 이 지문의 결론을 지지하는 것으로 볼 수 있다.

③ 원자핵의 질량이 현재보다 조금 더 크다면 우리 몸을 이루는 원소는 합성되지 않는다.
→ (○) 이 지문의 결론은 현재 지구에 작동하는 보편적 자연법칙은 생명이 살아가기에 알맞은 범위 안에 제한되어 있다는 것이다.[3문단(1)] 우리 우주에 작용하는 물리법칙은 인간의 탄생과 진화에 유리하도록 미세하게 조정되어 있다.[2문단(1)] 그러므로 강한 핵력이나 전개력을 지배하는 법칙들을 조금이라도 건드리면 생명이 존재할 가능성은 사라진다.[2문단(6)] 따라서 원자핵의 질량과 같은 핵력과 관련된 물리법칙이 미세하게 달라진다면 우리 몸을 이루는 원소는 합성되지 않을 것이라고 설명하는 해당 선지의 내용은 결론을 지지한다고 볼 수 있다.

④ 별 주위의 '골디락스 영역'에 행성이 위치할 확률은 매우 낮지만 지구는 그 영역에 위치한다.
→ (○) 이 지문의 결론은 지구 주위 환경은 생명이 살아가기에 알맞은 범위 안에 제한되어 있다는 것이다.[3문단(1)] 지문에 따르면 행성은 태양과 같은 별에서 적당히 떨어져 '골디락스 영역'이라는 일정 구간에 위치해야 생명이 생존할 수 있는 조건을 갖출 수 있다.[1문단(2),(3),(4)] 따라서 생명이 생존하고 있는 지구는 '골디락스 영역'에 위치한다고 볼 수 있다.

⑤ 핵력의 강도가 현재와 약간만 달라도 별의 내부에서 무거운 원소가 거의 전부 사라진다.
→ (○) 지문에 따르면 핵력의 크기가 현재 값에서 조금만 달라져도 별의 내부에서 탄소와 같은 무거운 원소는 만들어질 수 없었다.[2문단(2)] 해당 내용은 곧 지구의 보편적 자연법칙까지도 생명이 진화해 살아가기에 알맞게 설정되어 있다는 지문의 결론으로 이어진다.[3문단(1)] 따라서 이 선지는 지문의 결론을 지지하는 근거로 볼 수 있다.

제시문 분석

1문단 인간의 생존에 유리한 지구

〈생명 생존을 위한 행성의 조건 1〉
지구와 태양 사이의 거리와 지구가 태양 주위를 도는 방식은 인간의 생존에 유리한 여러 특징을 지니고 있다.(1)

〈지구와 태양 사이의 거리〉		〈지구가 태양 주위를 도는 방식〉
행성은 태양 등의 별에서 적당히 거리를 두어야 하는데, 이 적당한 영역이 '골디락스 영역'이다.(3),(4)	⊕	지구는 원에 가까운 궤도로 태양의 중력장 주의를 돌고 있어, 태양에서 오는 열에너지가 비교적 일정하다.(5),(6)

2문단 우주에 작용하는 힘과 물리법칙

〈생명 생존을 위한 행성의 조건 2〉
우주에 작용하는 핵력, 전기력 등의 근본적인 힘의 세기나 물리법칙도 생명의 탄생에 유리하게 작용한다.(1),(2)

〈우주의 근본적인 힘과 생명 탄생〉
핵력이나 전기력의 크기가 현재 값에서 조금이라도 달랐다면, 별의 내부에서 탄소 등이 만들어질 수 없고 행성도 만들어질 수 없으므로, 생명 탄생의 가능성도 사라진다.(2),(5)

➜ 〈해석〉	핵력이나 전기력을 조금이라도 건드리면 인간이 존재할 가능성은 사라진다.(6)

3문단 결론

〈결론〉		
지구 주위 환경(태양과의 거리)뿐만 아니라 보편적 자연법칙(핵력과 전기력 등)까지도 생명이 살아가기 알맞은 범위에 제한되어 있다.(1)	➜	이러한 제한이 없다면, 태양계나 지구는 탄생할 수 없고, 생명 또한 진화할 수 없다.(2)

합격자의 실전 풀이 순서

❶ 발문을 확인한다.

다음 글의 결론을 지지하지 않는 것은?

지문을 읽고 결론을 파악한 뒤, 결론을 강화하는 선지와 약화하는 선지를 찾는 문제다. 선지가 반드시 지문 내에 있는 내용으로부터 나오는 것은 아니다. 우선 지문의 결론을 파악하고, 지문에서 제시되는 결론을 지지하는 근거는 무엇인지 이해하는 것이 필요하다.

❷ 지문을 읽는다.

이 지문은 하나의 결론을 내는 것은 어렵지 않으나 각각의 근거를 정리하고 선지와 어떤 관계인지 파악하는 것은 비교적 시간이 소요된다. 실제로 선지도 총체적인 결론을 묻는 것이 아니라 그 근거들과 관련되어 나오고 있다. 즉, 결론보다 오히려 근거들이 더 중요하다.

그렇다고 결론이 없으면 내용이 붕 떠버리게 된다. 이를 방지하기 위해서는, 지문에서 나열된 여러 근거들(1, 2문단에 각각 하나씩 존재한다.)이 서로 상반된 점이 있는지를 파악하면 된다. 둘이 공통점밖에 없다면 결론을 의심할 이유가 없고, 대립점이 있다면 그때서야 결론을 보면 되는 것이다.

물론 결론을 아예 몰라도 된다는 뜻은 아니다. 단지 지문에 명시적으로 상세하게 서술된 내용이 아니더라도, 예컨대 "골디락스보다 더 축복받았다." 정도로 은유적으로만 기억해도 된다는 뜻이다.

❸ 선지를 판단한다.

강화/약화 유형에서 선지가 구성되는 방식은 다음과 같다.

(a) 결론을 강화 또는 지지하는 선지
(b) 결론을 약화하는 선지
(c) 결론과 무관한 선지

본 문제에서 선지 ①의 경우 지문의 내용과 모순을 빚음으로써 결론을 약화시켰다 비교적 쉬운 정답이라 할 수 있다. 선지를 판단할 때는 우선 지문에 등장한 내용을 바탕으로 구성된 선지인지를 판단한다. 이 과정에서 지문의 내용에 부합한다면 a(결론을 강화하는)선지로 볼 수 있고, 지문의 내용과 모순을 가진다면 b(결론을 약화하는)선지, 딴 소리를 하고 있다면 c(결론과 무관한)선지가 된다.

또한, 결론 지지(강화) 여부를 묻는 문제에서는 모든 선지의 내용을 지문 내에서 찾을 수 없는 경우도 많다(②번 선지). 이를 c형 선지와 헷갈리는 경우가 많다. 이때는 정석적인 해결 방법은 약화하는 쪽의 주장을 가상적으로 만들어 보고, 해당 선지가 그 반대쪽과 어떤 관계를 갖는지 확인해 보는 것이다. 이것이 어렵다면 차선책으로 더 좋은 근거가 있는지를 확인해 보면 좋다.

예컨대 〈우주의 중력법칙이 다른 경우 골디락스 존이 변화한다〉라는 진술이 있다고 해보자. 이 진술은 결론을 강화하지도 약화하지도 않는다. 이를 알아보기 위해서 〈지구 주위 환경과 자연법칙이 엄격할 필요가 없다〉라는 반대쪽 결론과의 관계를 보자. 변화한다는 명제가 이 진술을 강화하는가? 이런 식으로 판단하면 된다.

만약 위 방법도 쓰기 힘들고, 진술 자체도 이해가 안 되는 선지가 있는 경우 최후의 수단으로 지문의 세부적인 곳에서 찾으려고 노력하기보다는 과감하게 최종결론 부분만을 보고 선지의 옳고 그름을 판단하는 방법도 있다. 이는 정확도는 떨어지지만 속도는 크게 향상시킬 수 있으니, 본인이 실전에서 남은 시간을 판단해서 골라 사용하면 될 것이다.

합격자의 시간단축 Tip

Tip ❶ 결론에 모순되는 선지를 찾는다.

글의 내용을 어느 정도 이해했다면 결론 부분만을 찾아서 선지를 판단하는 연습도 여러 번 해보면 좋다. 특히 선지 간 모순관계를 보는 것도 좋다. 예컨대 ③번과 ⑤번 선지는 거의 같은 말을 하고 있다. 이 경우 지문 내용을 큰 틀에서만 이해하고 있어도 최소한 선지 두 개는 소거하고 시작할 수 있는 것이다.

Tip ❷ 지구과학의 기본적 배경지식은 반드시 갖춰야 한다.

지구과학 지문의 특성은, 기존에 정립된 지식에 특별한 수정이나 가정이 더해지기보다, 〈있는 그대로〉 출제된다는 것이다. 즉, 배경지식이 있으면 압도적으로 풀기 쉽다. 최근에는 우주 관련 영상들을 자유롭게 시청할 수 있는 기회가 많아졌으므로 평소에 지구과학 지문이 좀 어려웠다면 꼭 찾아서 시청하도록 한다.

특히 과학 대중화 채널들이 조회 수를 가장 많이 확보할 수 있는 영상 종류가 우주론에 관한 것이며, 그만큼 대중적인 인기가 많고 기본 지식으로 확보하고 있는 수험생이 많다는 뜻이다. 통상적인 영상에 나오는 정도의 지식이 없다면 그대로 손해만 볼 가능성이 크므로 절대 경시하면 안 된다. 마치 한국사능력검정시험 관련 기초지식 같은 것이다.

133 정답 ⑤

난이도 ●●●

문제유형 이해 > 내용 파악

접근전략 근현대 미국이라는 생소한 주제가 등장하는 지문이다. 특정 문제에 관한 이론과 주장이 시간이 지남에 따라 달라지는 경우 이들끼리 비교하며 내용을 더 확실하게 이해한다. 본 지문에서는 특정 법이 등장하고 그것의 진행 과정과 관련된 설명이므로, 그 과정에서 등장하는 인물, 사건 등에 집중한다. 이어서 결국 해당 소재가 시간이 흐름에 따라 어떻게 변화하게 되었는지 확인한다.

다음 글의 내용과 부합하지 않는 것은?

(1) 1890년 독점 및 거래제한 행위에 대한 규제를 명시한 셔먼법이 제정됐다. (2) 셔먼은 반독점법 제정이 소비자의 이익 보호와 함께 소생산자들의 탈집중화된 경제 보호라는 목적이 있다는 점을 강조했다. (3) 그는 독점적 기업결합 집단인 트러스트가 독점을 통한 인위적인 가격 상승으로 소비자를 기만한다고 보았다. (4) 더 나아가 트러스트가 사적 권력을 강화해 민주주의에 위협이 된다고 비판했다. (5) 이런 비판의 사상적 배경이 된 것은 시민 자치를 중시하는 공화주의 전통이었다. ▶ 1문단

(1) 이후 반독점 운동에서 브랜다이스가 영향력 있는 인물로 부상했다. (2) 그는 독점 규제를 통해 소비자의 이익이 아니라 독립적 소생산자의 경제를 보호하고자 했다. (3) 반독점법의 취지는 거대한 경제 권력의 영향으로부터 독립적 소생산자들을 보호함으로써 자치를 지켜내는 데 있다는 것이다. (4) 이런 생각에는 공화주의 전통이 반영되어 있었다. (5) 브랜다이스는 거대한 트러스트에 집중된 부와 권력이 시민 자치를 위협한다고 보았다. (6) 이 점에서 그는 반독점법이 소생산자의 이익 자체를 도모하는 것보다는 경제와 권력의 집중을 막는 데 초점을 맞추어야 한다고 주장했다. ▶ 2문단

(1) 반독점법이 강력하게 집행된 것은 1930년대 후반에 이르러서였다. (2) 1938년 아놀드가 법무부 반독점국의 책임자로 임명되었다. (3) 아놀드는 소생산자의 자치와 탈집중화된 경제의 보호가 대량 생산 시대에 맞지 않는 감상적인 생각이라고 치부하고, 시민 자치권을 근거로 하는 반독점 주장을 거부했다. (4) 그는 독점 규제의 목적이 권력 집중에 대한 싸움이 아니라 경제적 효율성의 향상에 맞춰져야 한다고 주장했다. (5) 독점 규제를 통해 생산과 분배의 효율성을 증가시키고 그 혜택을 소비자에게 돌려주는 것이 핵심 문제라는 것이다. (6) 이 점에서 반독점법의 목적이 소비자 가격을 낮춰 소비자 복지를 증진시키는 데 있다고 본 것이다. (7) 그는 사람들이 반독점법을 지지하는 이유도 대기업에 대한 반감이나 분노 때문이 아니라, '돼지갈비, 빵, 안경, 약, 배관공사 등의 가격'에 대한 관심 때문이라고 강조했다. (8) 이 시기 아놀드의 견해가 널리 받아들여진 것도 소비자 복지에 대한 당시 사람들의 관심사를 반영했기 때문으로 볼 수 있다. (9) 이런 점에서 소비자 복지에 근거한 반독점 정책은 안정된 법적, 정치적 제도로서의 지위를 갖게 되었다. ▶ 3문단

① 셔먼과 브랜다이스의 견해는 공화주의 전통에 기반을 두고 있었다.
→ (○) 셔먼은 트러스트가 사적 권력을 강화해 민주주의에 위협이 된다고 비판했고[1문단(4)], 이러한 비판의 사상적 배경이 된 것은 공화주의 전통이었다.[1문단(5)] 브랜다이스 또한 공화주의 전통이 반영된 반독점법을 주장하였다.[2문단(3),(4)] 따라서 셔먼과 브랜다이스의 견해는 모두 고오하주의 전통에 기반을 두고 있었다는 것을 알 수 있다.

② 아놀드는 독점 규제의 목적에 대한 브랜다이스의 견해에 비판적이었다.
→ (○) 브랜다이스는 독점 규제를 통해 독립적 소생산자의 경제를 보호하고자 했지만[2문단(2)], 아놀드는 이에 대해 '소생산자의 자치와 탈집중화된 경제의 보호는 대량 생산 시대에 맞지 않는 감상적인 생각'이라고 치부하면서 비판했다.[2문단(3)]

③ 셔먼과 아놀드는 소비자 이익을 보호한다는 점에서 반독점법을 지지했다.
→ (○) 셔먼은 반독점법 제정이 소비자의 이익 보호와 함께 소생산자들의 탈집중화된 경제 보호라는 목적이 있다는 점을 강조했다.[1문단(2)] 아놀드 또한 반독점법의 목적이 소비자 가격을 낮춰 소비자 복지를 증진시키는 데 있다고 보았으므로[3문단(6)], 셔먼과 아놀드는 모두 소비자 이익을 보호한다는 점에서 반독점법을 지지했다는 것을 알 수 있다.

④ 반독점 주장의 주된 근거는 1930년대 후반 시민 자치권에서 소비자 복지로 옮겨 갔다.
→ (○) 아놀드가 1930년대 후반에 법무부 반독점국 책임자로 임명되기 전에는[3문단(2)], 브랜다이스가 반독점법이 시민 자치권 보호를 위해 필요하다고 보았다.[2문단(6)] 그러나 아놀드가 법무부 반독점국 책임자로 임명된 후에는 시민 자치권을 근거로 하는 반독점 주장을 거부하고[3문단(3)], 반독점법의 목적이 소비자 복지에 있다는 점을 강조했다.[3문단(6)] 따라서 해당 선지의 내용은 옳다.

⑤ 브랜다이스는 독립적 소생산자와 소비자의 이익을 보호하여 시민 자치를 지키고자 했다.
→ (×) 브랜다이스는 독점 규제를 통해 소비자의 이익이 아니라 독립적 소생산자의 경제를 보호하고자 했다.[2문단(2)] 따라서 브랜다이스가 소비자의 이익을 보호하였다는 내용은 옳지 않다.

제시문 분석

제시문 반독점법 제정을 둘러싼 다양한 견해

〈쟁점〉
독점 및 거래제한 행위에 대한 규제[1문단(1)]

〈제정 목적〉	
〈셔먼〉	반독점법 제정이 소비자의 이익 보호와 함께 소생산자들의 탈집중화된 경제 보호에 목적이 있다고 보았으며, 이는 공화주의 전통이 반영된 것이다.[1문단(2),(5)]
〈브랜다이스〉	독점 규제를 통해 소비자의 이익이 아니라 독립적 소생산자의 경제를 보호하고자 했으며, 이는 공화주의 전통이 반영된 것이다.[2문단(2),(4)]
〈아놀드〉	독점 규제의 목적은 권력 집중에 대한 싸움이 아닌, 경제적 효율성을 향상시키고 그 혜택을 소비자에게 돌려주는 것이다.[3문단(4),(5)]

합격자의 실전 풀이 순서

❶ 발문과 선지를 확인한다.

'부합하지 않는 것'을 묻고 있으므로, 옳은 내용의 선지 4개가 선지에 있다는 것을 알 수 있다. 따라서 핵심 키워드를 추출하여 지문 독해에 활용한다.
〈공화주의, 아놀드, 소비자, 자치권, 브랜다이스〉가 그 예이다.

❷ **문단별 핵심을 파악한다.**

1문단에서는 셔먼법 제정 및 셔먼의 주장, 2문단에서 브랜다이스, 3문단의 반독점법의 집행–아놀드가 핵심소재이다.

❸ **전체 거시적 흐름과 개별 문단의 흐름 양자를 다 파악한다.**

셔먼과 브랜다이스의 공통점과 차이점, 1930년대 후반 아놀드의 경제적 효율성으로 글이 이어진다는 점을 통해, 우선 반독점 정책의 흐름으로 글이 구성되어있음을 파악한다. 1, 2문단의 공통점이 공화주의라는 점, 3문단이 1, 2문단에 비해 경제적 효율성을 강조한다는 흐름도 파악하면 좋다.

이처럼 특정 내용이 병렬적 구성을 이룬다면, 이들 각각에 대한 이해와 공통점 및 차이점 파악에 주력한다.

❹ **선지 판단을 진행한다.**

과정3에서 공화주의 키워드를 잡았으면 바로 선지 ①번을 소거하고, 셔먼과 브랜다이스의 차이점을 생각하며 선지 ③번 정오를 판단한다. 해당 문제의 경우 간단한 병렬구조이기 때문에, 명확한 판단이 안 된다면 바로 특정 인물의 주장이 제시되어 있는 문단으로 돌아가 판단하도록 한다.

합격자의 시간단축 Tip

Tip ❶ 특정 내용이나 주장이 병렬적으로 주어지는 구조의 선지 판단

여러 사람이 등장하는 경우, 각 인물의 공통점과 차이점에 근거한 선지보다는 한 사람의 주장에 대한 정오를 판단하는 선지부터 파악하는 것이 빠르다.

Tip ❷ 제시문 속 부정 표현에 유의한다.

제시문을 읽을 때 '~가 아니라' 등과 같은 부정 표현에 유의하도록 한다. 이는 일반적으로 부정 표현의 경우 긍정의 내용으로 뒤집어 옳지 않은 선지로 구성하는 경우가 많기 때문이다. 따라서, 부정 표현이 나온다면 해당 내용을 괄호와 같은 기호로 표시하는 것도 좋다.

Tip ❸ 주장 간 관계를 잘 파악해야 한다.

2문단에 특정 주장이 등장하는데, 〈뒷부분에서 이 주장에 대한 재반박이나 변용이 있지 않을까?〉라는 예상이 가능하다. 실제로 4문단에는 경제적 효율성의 향상에 초점을 둔 아놀드의 입장이 제시되어 있다. 이처럼, 여러 주장이 제시된다면 앞 주장과 그 뒤에 나오는 또 다른 주장이 반박이나 변용 등 어떤 관계에 놓여 있는지 잘 파악하며 읽는다.

Tip ❹ 시간의 흐름에 따른 변화에 유의한다.

제도별 시간의 흐름이 순차적인지 확인한다. 1문단에 1890년, 3문단에 1930년대 후반을 통해 시간 순으로 지문이 구성되었다는 것을 확인할 수 있다. 해당 지문의 경우 주장 간 차이에 초점을 두었지만, 기본적으로 시간의 흐름이 나타난다면 이에 따라 어떤 변화나 차이가 생겨나는지 잘 파악하는 것도 중요하다.

134 정답 ❷ 난이도 ●●●

문제유형 사실적 이해 > 정보 확인

접근전략 '다음 글에서 알 수 있는 것'을 고르는 추론형 문제의 오답 선지 구성은 본문과 상충하거나 추론 근거가 존재하지 않는 경우이다. 제시문 초입부에는 '일본 제소'와 '한국 제소'라는 두 가지 개념이 나오는데 이 둘 사이의 공통점 및 차이점, 그리고 2문단의 '문제–원인–해결책(해소책)'의 구조에 주목하며 읽자.

다음 글에서 알 수 있는 것은?

(1) 1996년 미국, EU 및 캐나다는 일본에서 위스키의 주세율이 소주에 비해 지나치게 높다는 이유로 일본을 WTO에 제소했다. (2) WTO 패널은 제소국인 미국, EU 및 캐나다의 손을 들어주었다. (3) 이 판정을 근거로 미국과 EU는 한국에 대해서도 소주와 위스키의 주세율을 조정해줄 것을 요구했는데, 받아들여지지 않자 한국을 WTO에 제소했다. (4) 당시 소주의 주세율은 증류식이 50 %, 희석식이 35 %였는데, 위스키의 주세율은 100 %로 소주에 비해 크게 높았다. (5) 한국에 위스키 원액을 수출하던 EU는 1997년 4월에 한국을 제소했고, 5월에는 미국도 한국을 제소했다. (6) 패널은 1998년 7월에 한국의 패소를 결정했다.

▶ 1문단

(1) 패널의 판정은, 소주와 위스키가 직접적인 경쟁 관계에 있고 동시에 대체 관계가 존재하므로 국산품인 소주에 비해 수입품인 위스키에 높은 주세율을 적용하고 있는 한국의 주세 제도가 WTO 협정의 내국민대우 조항에 위배된다는 것이었다. (2) 그리고 3개월 후 한국이 패널의 판정에 대해 상소했으나 상소 기구에서 패널의 판정이 그대로 인정되었다. (3) 따라서 한국은 소주와 위스키 간 주세율의 차이를 해소해야 했는데, 그 방안은 위스키의 주세를 낮추거나 소주의 주세를 올리는 것이었다. (4) 당시 어느 것이 옳은가에 대한 논쟁이 적지 않았다. (5) 결국 소주의 주세율은 올리고 위스키의 주세율은 내려서, 똑같이 72 %로 맞추는 방식으로 2000년 1월 주세법을 개정하여 차이를 해소했다.

▶ 2문단

① WTO 협정에 따르면, 제품 간 대체 관계가 존재하면 세율이 같아야 한다.

→ (×) WTO 패널의 판정은, 소주와 위스키가 직접적인 경쟁 관계에 있고 동시에 대체 관계가 존재하므로 소주에 비해 위스키에 높은 주세율을 적용하는 한국의 주세 제도가 협정에 위배된다는 것이다.[2문단(1)] 이 문장에 따르면, '직접적인 경쟁 관계+대체 관계'일 때 세율이 다르면 협정에 위배된다는 것이다. 즉, 두 조건이 모두 충족될 경우에는 세율이 같아야 한다. 그러나 해당 선지에서는 한 가지의 조건만을 충족하는 경우를 가정하고 있으므로, 틀린 선지이다.

② 2000년 주세법 개정 결과 희석식 소주가 증류식 소주보다 주세율 상승폭이 컸다.

→ (○) 당시 소주의 주세율은 증류식이 50 %, 희석식이 35 %였는데[1문단(4)], 소주의 주세율은 올리고 위스키의 주세율은 내려서 똑같이 72 %로 맞추는 방식으로 2000년 1월 주세법을 개정하였다.[2문단(5)] 즉, 증류식 소주는 22%p, 희석식 소주는 37%p 증가한 것이므로 희석식 소주가 증류식 소주보다 주세율 상승폭이 컸다.

③ 2000년 주세법 개정 이후 소주와 위스키의 세금 총액은 개정 전에 비해 증가하였다.

→ (×) 소주의 주세율은 올리고 위스키의 주세율은 내려서 똑같이 72 %로 맞추는 방식으로 2000년 1월 주세법을 개정하여 차이를 해소하였다고 세율만 제시하고 있을 뿐[2문단(5)], 세금 총액에 대해서는 알 수 없다.

④ 미국, EU 및 캐나다는 일본과의 WTO 분쟁 판정 결과를 근거로 한국에서도 주세율을 조정하고자 했다.

→ (×) WTO 분쟁 판정을 근거로 미국과 EU는 한국에 대해서도 소주와 위스키의 주세율을 조정해줄 것을 요구했다.[1문단(3)] 캐나다는 포함되지 않았다.

⑤ 한국의 소주와 위스키의 주세율을 일본과 동일하게 하라는 권고가 WTO 패널의 판정에 포함되어 있다.

→ (×) 패널의 판정은 소주와 위스키가 직접적인 경쟁 관계에 있고 동시에 대체 관계가 존재하므로 국산품인 소주에 비해 수입품인 위스키에 높은 주세율을 적용하고 있는 한국의 주세 제도가 WTO 협정의 내국민대우 조항에 위배된다는 것이었다.[2문단(1)] 한국의 소주와 위스키의 주세율을 일본과 동일하게 하라는 권고는 제시문에 언급되지 않았다.

제시문 분석

1문단 주세율에 대한 제소

〈미국, EU, 캐나다의 일본 제소〉		〈판정〉
1996년 미국, EU 및 캐나다는 일본에서 위스키의 주세율이 소주에 비해 지나치게 높다는 이유로 일본을 WTO에 제소했다.(1)	→	WTO 패널은 제소국인 미국, EU 및 캐나다의 손을 들어주었다.(2)
〈미국, EU의 한국 제소〉		**〈판정〉**
미국과 EU는 한국에 대해서도 소주와 위스키의 주세율을 조정해줄 것을 요구했는데, 받아들여지지 않자 한국을 WTO에 제소했다.(3)	→	패널은 한국의 패소를 결정했다.(6)

2문단 패널의 판정 사유와 한국의 대처

〈판정 사유〉
소주와 위스키가 직접적인 경쟁 관계에 있고 동시에 대체 관계가 존재하므로 국산품인 소주에 비해 수입품인 위스키에 높은 주세율을 적용하고 있는 한국의 주세 제도가 WTO 협정의 내국민대우 조항에 위배된다.(1)

〈한국의 대처〉		
〈상소〉		〈결과〉
한국이 패널의 판정에 대해 상소했으나, 상소 기구에서 패널의 판정이 그대로 인정되었다.(2)	→	소주의 주세율은 올리고 위스키의 주세율은 내려서, 똑같이 72%로 맞추는 방식으로 2000년 1월 주세법을 개정하여 차이를 해소했다.(5)

합격자의 실전 풀이 순서

발문 읽기 및 문제 유형 파악

항상 발문을 먼저 제대로 읽자. 본 문제는 글에서 알 수 있는 것을 고르는 일치부합·내용추론 유형의 문제이다. 알 수 있는 것을 고르는 문제는 추론할 수 있는 것을 고르는 문제와 같다. 해당 유형은 제시문 내용과 부합하거나 그로부터 추론 가능한 선지가 정답이 되며, 제시문 내용과 상충하거나 그로부터 추론할 수 없는 선지가 오답이 된다. 이 유형에서는 '제시문에 명확한 근거 없음'으로 오답인 선지가 구성되는 경우도 존재하므로 조심해야 한다. 또한, 발문에 ○ 표시를 해놓고 문제를 풀면 옳은 것을 골라야 하는 문제에서 옳지 않은 것을 고르게 되는 실수가 줄어든다.

본 문제와 같은 정보확인유형을 푸는 방법으로는 두 가지가 있다.

❶ 제시문 먼저 읽기

첫 번째로는 처음부터 제시문을 꼼꼼히 읽어 선지 확인을 위해 제시문을 다시 읽는 시간을 단축하는 방법이다. 이 방법의 경우 제시문을 읽는 과정에서 선지에 나올 만한 내용을 주의깊게 읽고, 복잡한 제시문의 내용을 어느 정도 이해한 후 선지를 읽어야 한다. 이 방법을 사용하면서 시간을 단축하고 싶다면, 문단별로 나누어 한 문단을 꼼꼼히 읽고 그 문단에 상응하는 선지부터 판단하는 방법을 응용할 수 있다. 다만, 첫 번째 방법의 경우 제시문의 내용을 잊어버리면 다시 제시문을 읽게 되어 시간이 낭비되기 때문에 매우 긴 제시문이 있는 문제에는 적합하지 않다. 또한, 문단별로 선지를 확인하는 방식은 문단 간의 정보를 결합해야 하는 선지에는 취약하다는 한계가 있다.

❷ 선지 먼저 읽기

두 번째로는 선지를 읽고 선지에서 필요한 내용을 제시문에서 꼼꼼히 찾아가는 방법이 있다. 두 번째 방법은 제시문 내에서 선지와 일치하는 내용을 찾는 단순 일치부합 문제나 제시문이 매우 긴 경우 또는 제시문의 구조가 깔끔할 때 효과적이다. 그러나 두 번째 방법은 능숙하지 않은 사람이 시험장에서 시도한다면 성공률이 낮다는 한계가 있다. 두 번째 방식을 익숙하게 하기 위해서는 다양한 제시문을 첫 번째 방법처럼 꼼꼼히 분석하는 과정이 필요하다. 다양한 제시문을 접하고 글의 구조를 이해하게 되면 두 번째 방식을 효과적으로 활용할 수 있다.

각자 본인에게 적합한 방법은 다를 수 있다. 두 방법을 모두 시도해보고, 자신에게 맞는 방법을 찾아 풀면 된다.

제시문을 먼저 읽는 풀이의 경우

(1) 제시문 독해

본 문제의 경우 제시문의 구조가 어렵지 않고, 선지에 나올 만한 특별한 표현들도 많지 않다. 또한 '알 수 있는 것'을 묻고 있으므로 4개의 선지는 '알 수 없는 것'이다. 알 수 없는 것은 선지의 내용이 본문에 없을 수도 있다. 따라서 정보확인유형을 푸는 두 가지 방법 중 첫 번째 방식을 사용하는 것이 조금 더 도움이 될 것으로 판단된다.

1문단의 경우 '일본에 대한 제소'와 '한국에 대한 제소'가 제시되고 있다. 이렇게 유사한 두 가지 대상이 제시되는 경우, 구분되는 내용이나 대상의 공통점 및 차이점에 주목하도록 하자. '일본에 대한 제소'와 '한국에 대한 제소'는 소주와 위스키의 주세율 조정 요구를 받았다는 공통점이 있지만, 제소 주체로서 캐나다가 포함되었느냐 아니냐의 차이점이 존재한다.

2문단의 경우 '한국에 대한 제소'의 세부내용이 제시되고 있다. 2문단에서는 비문학 글에서 자주 나오는 구조에 주목하자. 특정 구조에서 자주 선지로 구성되어 나오는 내용이 있기 때문이다. 2문단의 글은 '문제－원인－해결책(또는 해소책)'의 구조로 되어있다. 여기서 문제는 내국민 대우 조항 위배, 원인은 소주와 위스키 간 주세율의 차이, 해소책은 주세법의 개정이다. 또한, 제시문에 숫자가 나올 경우, 이를 선지에서 활용하는 경우가 매우 많으므로 1문단 (4) 문장, 2문단 (5) 문장에 나온 숫자에 동그라미를 쳐두는 것이 좋다.

(2) 선지 판단

선지를 판단할 때는 선지의 내용을 바르게 이해하기 위해 반드시 선지를 끊어서 판단하자. 예를 들면, ②번 선지는 '2000년 주세법 개정 결과/희석식 소주가/증류식 소주보다/주세율 상승폭이 컸다.' 라고 끊어서 판단하도록 하자. 이렇게 선지를 끊어 읽을 경우, 선지의 내용을 빠르게 파악할 수 있을 뿐만 아니라, 일부만 보고 선지의 정오를 잘못 생각하는 오류를 방지할 수 있다.

①번, ③번 선지의 경우 교묘하게 제시문의 내용을 변경하여 오선지를 구성하고 있다. 이 경우 선지의 일부분이 틀리기

때문에 제시문의 내용과의 차이를 파악하지 못하고 옳은 선지로 오인하기 쉽다. 이러한 실수를 방지하기 위해서는 앞서 언급하였듯이 선지를 끊어서, 구분된 선지의 내용이 모두 제시문의 내용과 일치하는지 하나하나 확인해야 한다. 최근 이렇게 제시문의 내용에서 일부만 변형시킨 오선지를 출제하는 경향이 있으므로 주의를 기울여야 한다. 또한, ④번, ⑤번 선지의 경우 제시문에서 알 수 없는 내용에 해당하고, ②번 선지는 제시문의 숫자를 활용하였다. 특히 ②번 선지처럼 제시문에 숫자가 나오는 경우 이를 선지에서 묻는 경우가 많아 주의해야 한다.

선지를 먼저 읽는 풀이의 경우

(1) 선지 읽기
참고를 위해 선지를 먼저 읽는 방식도 설명한다.
선지의 키워드를 확인하며 읽는다.
① WTO 협정, 대체 관계, 세율
② 2000년 주세법 개정, 결과, 희석식 소주 〉 증류식 소주, 주세율 상승폭
③ 2000년 주세법 개정, 이후, 소주, 위스키, 세금 총액 증가
④ 미국 EU 캐나다. 일본, WTO 분쟁 판정 결과, 한국에서도
⑤ 한국, 소주 위스키 주세율, 권고, WTO 패널 판정
주세와 관련한 2000년의 법 개정 및 WTO 판정의 영향에 주목하며 읽으면 될 것으로 보인다. 국가 간 영향 관계도 파악하며 읽어야 할 것이다.

(2) 제시문 독해 및 선지 판단
선지에서 찾은 키워드를 발견하면 그에 표시하며 독해한다.
1문단 문장 (3)에서 ④의 '캐나다' 부분이 옳지 않음을 알 수 있다. 문장 (4)의 증류식, 희석식 소주의 주세율에 표시를 해 둔다.
2문단 문장 (5)에 소주의 주세율 72% 부분에서 기존에 주세율이 더 낮은 희석식의 주세율 상승폭이 더 큼을 알 수 있다. 정답은 ②이다.

합격자의 시간단축 Tip

Tip ❶ 내용-개념(대상) 간 차이점, 공통점을 위주로 서술되는 경우

서로 다른 두 대상 간 공통점과 차이점을 미리 잘 파악하며 읽자. 해당 지문에서는 1문단에서 '일본 제소'와 '한국 제소'라는 두 대상이 나왔고 실제로 두 제소 간 차이로 ④번 선지를 구성했다. 선지로 구성되어 나오기 쉬운 내용을 미리 체크하면 풀이가 정확해지고 빨라진다.

Tip ❷ 알 수 없는 내용의 선지 주의

'다음 글에서 알 수 있는 것은?'처럼 제시문으로부터 추론하는 문제의 오답 선지는 글과 상충하는 내용뿐만 아니라 '근거 없음' 또한 존재한다. 따라서, 없는 근거를 찾느라 시간을 낭비하기보다 '근거 없음'의 오답 선지도 있음을 인지하고 판단의 근거가 명확한 다른 선지로 과감하게 넘어가자.

Tip ❸ 선지를 나누어 꼼꼼히 선지를 판단

최근 정보확인문제에서 선지의 내용 중 일부분만 틀리게 하여 오선지를 구성하는 사례가 늘고 있다. 이러한 함정에 넘어가지 않기 위해서는 선지를 빗금으로 여러 부분으로 나누어 각각이 옳은 설명에 해당하는지 검토할 필요가 있다. 특히 앞부분이 틀린 설명이고 뒷부분이 옳은 설명인 경우, 이를 옳은 선지로 오인하는 경우가 많다. 따라서 선지의 내용을 여러 부분으로 나누고 하나하나 검토하는 습관을 반드시 들여야 한다. 이 문제의 경우 미국, EU 및 캐나다가 일본을 WTO에 제소한 것은 사실이나, 이를 근거로 한국의 주세율을 조정하고자 시도한 국가는 미국과 EU로 캐나다는 포함되지 않는다. 함정에 걸리지 않도록 선지도 꼼꼼히 읽어야 한다.

Tip ❹ 연도, 수치에 주목

연도와 숫자는 선지로 자주 등장하지만 기억하기가 어려워 제시문을 다시 읽어야 하는 불상사가 발생할 수 있다. 따라서 독해하며 연도와 숫자가 등장하면 찾아가기 쉽도록 표시를 하면 시간을 절약할 수 있다. 이 문제의 경우, 1문단의 소주 주세율은 2문단의 주세율 변경과 연결되어 정답 선지를 구성하였다. 연도의 경우 선지에 중요하게 활용되지는 않았다. 선지를 먼저 훑고 제시문을 읽으면 어떤 숫자가 활용될지 먼저 알 수 있을 것이다. 제시문을 먼저 읽는 방식을 택했다면 모든 연도와 수치에 표시를 하며 읽으면 된다.

135 정답 ❸ 난이도 ●●○

문제유형 제시문형 > 정보확인
접근전략 글의 내용과 부합하는 것을 고르는 유형은 정답인 선지의 경우 글의 내용과 일치 또는 글의 내용으로부터 추론 가능한 내용으로 이루어져 있다. 반면, 오답 선지의 경우 본문 내용과 상충, 추론 근거 없음 또는 본문 내용과 관련 없는 내용으로 이루어져 있다. 독해력에 자신이 있다면 한 문단씩 읽으며 풀어도 좋고, 아니라면 글부터 제대로 읽고 풀도록 한다.

다음 글에 부합하는 것은?

(1) 녹색성장에서 중요시되고 있는 것은 신재생에너지 분야이다. (2) 유망 산업으로 주목받고 있는 신재생에너지 분야는 국가의 성장동력으로 집중 육성될 필요가 있다. (3) 우리 정부가 2030년까지 전체 에너지 중 신재생에너지의 비율을 11 %로 확대하려는 것은 탄소배출량 감축과 성장동력 육성이라는 두 마리 토끼를 잡기 위한 전략이다. (4) 우리나라에서 신재생에너지란 수소, 연료전지, 석탄 가스화 복합발전 등의 신에너지와 태양열, 태양광, 풍력, 바이오, 수력, 지열, 폐기물 등의 재생가능에너지를 통칭해 부르는 용어이다. (5) 2007년을 기준으로 신재생에너지의 구성비를 살펴보면 폐기물이 77 %, 수력이 14 %, 바이오가 6.6 %, 풍력이 1.4 %, 기타가 1 %이었으며, 이들 신재생에너지가 전체 에너지에서 차지하는 비율은 2.4 %에 불과했다.
▶ 1문단

(1) 따라서 정부는 '에너지 및 자원 사업 특별회계'와 '전력 기금'으로 신재생에너지 기술개발 지원사업을 확대할 필요가 있다. (2) 특히 산업파급효과가 큰 태양광, 연료전지, 풍력 분야에 대한 국산화 지원과 더불어 예산 대비 보급효과가 큰 바이오 연료, 폐기물 연료 분야에 대한 지원을 강화하기 위한 정책도 개발되어야 한다. (3) 이러한 지원정책과 함께 정부는 신재생에너지의 공급을 위한 다양한 규제정책도 도입해야 할 것이다. ▶ 2문단

① **환경보전을 위해 경제성장을 제한하고 삶의 질을 높여야 한다.**
➜ (×) 환경보전을 위해 경제성장을 제한하여야 한다는 내용은 지문에서 찾아볼 수 없다. 오히려 1문단 넷째 줄에 따르면 우리 정부는 탄소배출량 감축과 성장동력 육성이라는 두 마리 토끼를 잡기 위한 전략으로 신재생에너지를 활용하고 있어, 경제성장을 도모한다고 보는 것이 지문의 내용에 부합한다.

② 신에너지가 전체 에너지에서 차지하는 비율은 재생가능에너지보다 크다.

→ (×) 1문단 다섯째 줄에 따르면 우리나라에서 신에너지에는 수소, 연료전지, 석탄 가스화 복합발전 등이 있으며 재생가능에너지에는 태양열, 태양광, 풍력, 바이오, 수력, 지열, 폐기물 등이 있다. 그런데 마지막 문장에 따르면 2007년을 기준으로 신재생에너지 중 폐기물이 77%, 수력이 14%, 바이오가 6.6%, 풍력이 1.4%, 기타가 1%를 차지한다. 폐기물, 수력, 바이오, 풍력은 모두 재생가능에너지이다. 기타를 모두 신에너지로 간주할 경우, 신에너지가 전체 에너지에서 차지하는 비율은 2.4%×1%=0.024%이며 재생가능에너지가 전체 에너지에서 차지하는 비율은 2.4%×99%=2.376%이다. 따라서 신에너지가 전체 에너지에서 차지하는 비율은 재생가능에너지보다 작다.

③ 2007년을 기준으로 폐기물을 이용한 에너지가 전체 에너지에서 차지하는 비율은 매우 낮다.

→ (○) 1문단 마지막 문장에 따르면 신재생에너지 중 폐기물의 비중이 77%이며, 전체 에너지 중 신재생에너지의 비율은 2.4%이므로 전체 에너지 중 폐기물에너지의 비율은 2.4%×77%=1.84%에 불과하여 매우 낮다.

④ 정부는 녹색성장을 위해 규제정책을 포기하고 시장친화정책을 도입해야 한다.

→ (×) 2문단 마지막 문장에 따르면 지문은 정부가 신재생에너지 기술개발 지원정책과 함께 신재생에너지의 공급을 위한 다양한 규제정책도 도입해야 한다고 주장한다. 정부가 녹색성장을 위해 규제정책을 포기해야 한다고 주장하지는 않는다.

⑤ 산업파급효과가 큰 에너지 분야보다 예산 대비 보급효과가 큰 에너지 분야에 대한 지원이 시급하다.

→ (×) 2문단 두 번째 문장에 따르면 지문은 산업파급효과가 큰 분야에 대한 국산화 지원과 더불어 예산 대비 보급효과가 큰 분야에 대한 지원을 강화하기 위한 정책도 개발되어야 한다고 주장한다. 에너지 분야별 우선순위를 두어 예산 대비 보급효과가 큰 에너지 분야를 지원해야 한다고 주장하지는 않는다.

합격자의 실전 풀이 순서

❶ 발문 읽기 및 문제 유형 파악

항상 발문을 먼저 제대로 읽자. 본 문제는 글의 내용과 부합하는 것을 고르는 유형의 문제이다. 이는 언어논리 영역과 상황판단 영역에 공통적으로 나오는 문제로, 상황판단 영역에서 본 유형을 풀 때도 언어논리 영역을 풀 때와 같은 방법으로 푼다. 부합하는 것을 고르는 문제는 알 수 있는 것을 고르는 문제와 같다. 해당 유형은 제시문 내용과 일치하거나 그로부터 추론 가능한 선지가 정답이 되며, 제시문 내용과 상충하거나 그로부터 추론할 수 없는 선지가 오답이 된다. 이 유형에서는 '제시문에 명확한 근거 없음'으로 오답인 선지가 구성되는 경우도 존재하므로 조심해야 한다.

정보확인유형을 푸는 방법 중 선지의 내용을 참고하여 미리 제시문의 내용을 예측한 후 제시문을 독해하는 방법이 있다. 그러나 본 문제의 경우 알 수 '있는' 것, 즉 지문과 같은 방향의 내용을 묻고 있다. 따라서 선지 5개 중 1개만이 옳은 내용을 담고 있으므로 본 문제의 경우 해당 방법을 활용하는 것을 추천하지 않는다. 다만 발문에 ○ 표시를 해놓고 문제를 풀면 부합하는 것을 골라야 하는 문제에서 부합하지 않은 것을 고르는 실수가 줄어들므로 해당 방법은 활용하는 것이 좋다.

정보확인유형을 푸는 방법으로는 크게 선지를 먼저 읽고 제시문에서 선지의 내용을 찾는 방법과 제시문을 간략히 읽은 후 선지를 판단하는 방법 두 가지로 나뉜다. 첫 번째 방법은 선지로부터 키워드를 찾고, 키워드를 제시문에서 찾아가는 방식이다. 두 번째 방법은 제시문의 구조와 선지에서 나올만한 중요한 내용을 파악하며 1분에서 2분 사이 내에 제시문을 읽은 후 선지를 판단하는 방식이다. 본 문제의 경우 제시문을 먼저 읽는 두 번째 방법으로 풀어보고자 한다.

❷ 제시문 독해

제시문을 독해 시에는 제시문의 구조를 파악하고, 선지에서 물을 만한 내용에 미리 표시해둔다. 1문단의 (2) 문장에서 '~ 필요가 있다'라는 표현이 등장하므로, 본 제시문은 주장하는 글임을 알 수 있다. 제시문에 글쓴이의 주장이 나올 경우, 이를 선지에 반영하는 경우가 많으므로 첫 번째 문장에 주장 1을 적어둔다. (4) 문장은 신재생에너지를 두 가지 영역으로 나누고 있는데, 신에너지와 재생가능에너지에 각각 1, 2를 적어두고 해당 영역을 구분하는 선지가 나올 수 있음을 유의해 둔다. (5) 문장에는 구체적인 숫자가 나열된다. 이러한 숫자 역시 선지에서 활용될 가능성이 크다는 것을 인지하고 괄호로 해당 문장을 묶어둔다. 2문단에서는 글쓴이의 주장이 연속적으로 제기된다. 2문단 (1), (2), (3) 문장에 주장 1에 이어서 각각 주장 2, 주장 3, 주장 4를 적어 둔다.

다음, 이를 바탕으로 선지를 검토한다. 현황과 관련된 선지는 1문단과 비교하여야 하며, 어떠한 주장에 대한 선지는 지문의 전반적인 흐름과 비교하여야 한다. 선지 ①번은 어떠한 주장에 대한 내용이므로 지문 전체와 비교한다. 선지 ②번과 ③번은 현황에 대한 내용이므로 1문단과 비교한다.

선지 ③번을 넘어갔을 경우 선지 ④번과 ⑤번은 어떠한 주장에 대한 내용이므로 지문 전체와 비교한다.

❸ 선지 판단

①, ④번 선지는 글쓴이의 주장과 관련된 선지이고, ②, ③번 선지는 1문단 (4), (5)의 숫자를 활용하는 선지로 제시문 독해 단계에서 출제될 것을 이미 예상할 수 있는 선지였다.

①번 선지의 경우 제시문을 독해하며 표기한 주장 1, 2, 3, 4를 읽어보아도 해당 내용을 확인할 수 없으므로 타당하지 않은 내용의 선지에 해당한다.

②번 선지의 경우 신에너지와 재생가능에너지의 결합이 신재생에너지(즉 100%p)인데, 재생가능에너지인 폐기물이 신재생에너지에서 차지하는 비율이 50%p를 초과한다. 즉 재생가능에너지가 신에너지보다 전체 에너지에서 구성비가 높으므로 해당 선지는 옳지 않다. 1문단 (4)의 신에너지와 재생가능에너지의 관계를 파악하였다면 문제 풀이에서 나온 복잡한 과정을 거치지 않아도 선지를 해결할 수 있었다.

③번 선지의 경우 상황판단 영역에서 자주 나오는 추론형 선지에 해당한다. 이처럼 숫자와 구성비율을 활용하는 선지는 자주 나오므로 숫자와 구성비율이 나올 때마다 제시문에 미리 시각적으로 표시를 해둔다.

④번 선지는 주장 4와 관련된 선지이다. 주장하는 글에서 글쓴이의 주장은 글의 중요문장에 해당한다. 본 제시문처럼 글쓴이가 주장하는 내용이 여러 개라면 주장들에 번호를 매기며 독해하는 것이 좋다.

⑤번 선지는 1문단 (3)을 읽었다면 쉽게 풀 수 있었던 단순확인 선지에 해당한다.

합격자의 시간단축 Tip

Tip ❶ 글쓴이의 주장에 주목

본 제시문에는 글쓴이의 여러 주장이 제시되고 있다. 각각의 주장들이 모두 선지의 중요한 판단 근거로 작용할 수 있으므로 각 주장에 주장 1, 2, 3과 같이 숫자를 매기며 정리하는 것이 좋다. 선지에서 글쓴이의 주장에 나온 내용이 나오면 미리 표시해둔 숫자를 빠르게 훑으며 선지의 정오를 판단한다. 단순히 글쓴이의 주장의 전반적인 방향성을 찾기 위해 글 전체에서 근거를 찾는 것보다 해당 방법이 더욱 정확하고 시간을 단축할 수 있다.

Tip ❷ 대상 간의 관계를 활용

선지 ②번의 경우 신에너지와 재생가능에너지의 관계를 활용하였다면 이들 간에 전체 에너지에서 차지하는 비율을 비교할 때 구체적 수치를 각각 도출할 필요가 없다. 신에너지와 재생가능에너지의 합인 신재생에너지의 양이 일정하기 때문에, 신재생에너지에서 차지하는 비율이 높은 순서와 해당 에너지의 양이 많은 순서가 동일하다. 폐기물이 신재생에너지 중 77%로 과반을 차지하나, 폐기물은 재생가능에너지이므로 이미 신에너지가 재생가능에너지보다 적다. 따라서 선지 ②번은 옳지 않은 선지다.

Tip ❸ 선지의 내용이 모호할 경우 선지 판단을 유보

선지 ③번의 경우 지문에서 구체적인 수치만 주어지고 비율이 '매우 낮은지' 묻는 것은 엄밀하지 못하다. 지문에서 구체적으로 비율이 낮다고 주어지거나, 선지에서 구체적인 수치가 주어졌어야 한다. 이 경우 선지 ③번에 대한 판단을 유보하고 선지 ④번과 ⑤번을 확인한 후 선지 ③번을 정답으로 도출하는 방법을 활용한다.

Tip ❹ 비슷한 단어와 대상 간의 층위에 주의

1문단에서 글의 핵심 소재인 신재생에너지를 신에너지와 재생에너지의 하위차원으로 분류하고 있다. 이렇게 핵심 소재가 세분되는 경우 각각의 개념에 동그라미 등으로 표시하고 상위 개념(신재생에너지)과 하위 개념(신에너지 / 재생에너지)을 혼동하지 않도록 주의할 필요가 있다. 각 단어들의 이름에 유사하므로 각 단어에 ○, □와 같이 다른 기호를 활용하는 등 특별히 유의할 필요가 있다.

독끝 10일차 (136~150)

정답

136	②	137	②	138	⑤	139	③	140	④
141	①	142	③	143	⑤	144	③	145	④
146	④	147	④	148	③	149	③	150	④

136 정답 ❷ 난이도 ●○○

문제유형 사실적 이해 > 정보 확인

접근전략 소설과 영화가 사용하는 표현 수단의 상호유사성과 차이점에 대해 설명하는 지문으로, 지문의 난이도는 평이했다. 그러나 매력적인 오답이 제시되어있어 자칫했다가는 틀린 선지를 선택할 수 있으니 조심해야 한다. 명시적으로 글에서 제시하고 있는 내용을 서술하는 선지만을 고를 수 있도록 유의한다면 쉽게 정답을 찾을 수 있다. 또한, 지문의 길이가 짧고 내용도 특별할 것이 없는 지문이지만 한 문장의 길이가 길어 문장을 의미 단위로 빠르게 해석할 수 없다면 독해에 제동이 걸리는 지문이다. 예컨대 2문단 (2), (4) 문장과 3문단 (2) 문장은 구조가 반복되지만 길이가 길어서 독해력이 부족한 수험생은 주의할 필요가 있는 지문이다. 단어 단위가 아니라 의미 단위로 큼직큼직하게 해석하는 연습을 하자.

다음 글에서 알 수 있는 것은?

(1) 소설과 영화는 둘 다 '이야기'를 '전달'해 주는 예술 양식이다. (2) 그래서 역사적으로 소설과 영화는 매우 가까운 관계였다. (3) 초기 영화들은 소설에서 이야기의 소재를 많이 차용했으며, 원작 소설을 각색하여 영화의 시나리오로 만들었다. ▶1문단

(1) 하지만 소설과 영화는 인물, 배경, 사건과 같은 이야기 구성 요소들을 공유하고 있다 하더라도 이야기를 전달하는 방법에 뚜렷한 차이를 보인다. (2) 예컨대 어떤 인물의 내면 의식을 드러낼 때 소설은 문자 언어를 통해 표현하지만, 영화는 인물의 대사나 화면 밖의 목소리를 통해 전달하거나 혹은 연기자의 표정이나 행위를 통해 암시적으로 표현한다. (3) 또한 소설과 영화의 중개자는 각각 서술자와 카메라이기에 그로 인한 서술 방식의 차이도 크다. (4) 가령 1인칭 시점의 원작 소설과 이를 각색한 영화를 비교해 보면, 소설의 서술자 '나'의 경우 영화에서는 화면에 인물로 등장해야 하므로 이들의 서술 방식은 달라진다. ▶2문단

(1) 이처럼 원작 소설과 각색 영화 사이에는 이야기가 전달되는 방식에서 큰 차이가 발생한다. (2) 소설은 시공간의 얽매임을 받지 않고 풍부한 재현이나 표현의 수단을 가지고 있지만, 영화는 모든 것을 직접적인 감각성에 의존한 영상과 음향으로 표현해야 하기 때문에 재현이 어려운 심리적 갈등이나 내면 묘사, 내적 독백 등을 소설과 다른 방식으로 나타내야 하는 것이다. (3) 요컨대 소설과 영화는 상호 유사한 성격을 지니고 있으면서도 각자 독자적인 예술 양식으로서의 특징을 지니고 있다. ▶3문단

① 영화는 소설과 달리 인물의 내면 의식을 직접적으로 표현하지 못한다.
➜ (×) 소설과 영화는 인물의 내면 의식을 '전달하는 방식'에는 차이를 보인다. 소설은 문자 언어를 통해 표현하는 반면 영화는 인물의 대사, 화면 밖의 목소리, 아니면 연기자의 표정 혹은 행위를 동원한다. 즉, 영화도 인물의 대사나 화면 밖의 목소리를 통해 충분히 인물의 내면 의식을 직접적으로 표현할 수 있다.[2문단(2)] 암시적으로 표현한다는 문구가 대사나 화면 밖의 목소리에 적용되지 않음에 유의한다.

② 소설과 영화는 매체가 다르므로 두 양식의 이야기 전달 방식도 다르다.
➜ (O) 소설은 문자언어로 구성된 텍스트이고 영화는 시청각 영상이다.[2문단(2)] 소설과 영화는 같은 이야기를 전달하더라도 활용하는 매체가 다르기 때문에 이야기를 구현하여 전달하는 방식은 다를 수밖에 없다.[3문단(2)]

③ 매체의 표현 방식에도 진보가 있는데 영화가 소설보다 발달된 매체이다.
➜ (×) 이 글은 영화와 소설이 지니는 유사성과 활용하는 표현 수단의 차이가 만드는 각각의 독자성을 설명하고 있다. 그러나 해당 선지처럼 소설과 영화의 우열이나 표현 방식의 진보에 대해서는 언급되고 있지 않다.

④ 소설과 달리 영화는 카메라의 촬영 기술과 효과에 따라 주제가 달라진다.
➜ (×) 영화가 카메라의 다양한 촬영 기술과 효과를 활용하는 것은 사실이나 이에 따라 표현 주제의 변화에 영향을 준다는 내용까지는 지문에서 확인할 수 없다.

⑤ 문자가 영상의 기초가 되므로 영화도 소설처럼 문자 언어적 표현 방식에 따라 화면이 구성된다.
➜ (×) 소설은 시공간에 얽매이지 않는 문자 언어[3문단(2)]를 표현 수단으로 채택한 예술 양식이다. 반면 영화는 모든 것을 문자 언어가 아닌 영상과 음향을 표현 수단으로 삼아 이야기를 전달한다[3문단(2)]. 따라서 소설과 영화는 서로 다른 표현 방식을 통해 이야기를 전달하고 있기에 영화가 소설과 같은 표현 방식으로 화면을 기술한다는 해당 선지는 글의 내용과 부합하지 않는다.

제시문 분석

1문단 소설과 영화의 상호유사성

〈소설과 영화의 특징〉		〈소설과 영화의 관계〉
'이야기'를 '전달'해 주는 예술 양식이다.(1)	➜	역사적으로 소설과 영화는 매우 가까운 관계였다. 초기 영화들은 소설에서 이야기의 소재를 많이 차용했으며, 원작 소설을 각색하여 영화의 시나리오로 만들었다.(2),(3)

2·3문단 소설과 영화의 예술적 독자성

〈소설과 영화의 예술적 독자성〉		
	〈소설〉	〈영화〉
인물의 내면 의식 전달 방식	문자 언어[2문단(2)]	인물의 대사, 화면 밖의 목소리, 연기자의 표정 혹은 행위[2문단(2)]
이야기를 전달하는 중개자	서술자[2문단(3)]	카메라 (1인칭 시점의 소설 서술자 '나'는 인물로 등장해야 함.)[2문단(3)]
표현 수단	문자 언어를 활용하여 시공간의 제약이 없어 풍부한 재현 혹은 표현의 수단을 보유[3문단(2)]	모든 것을 직접적인 감각성에 의존한 영상과 음향으로 표현하여 소설과 구별되는 재현 방식[3문단(2)]

※〈소설〉과 〈영화〉의 관계성※
'소설'과 '영화'는 상호 유사한 성격을 지니면서도 서로 다른 표현 수단을 활용하는 독자적인 예술 양식임[3문단(3)]

합격자의 실전 풀이 순서

❶ 발문을 확인해 유형을 파악한다.

> 다음 글에서 알 수 있는 것은?

다음 글을 읽고 글에서 제시된 사실을 나타낸 선지로 올바른 것을 고르는 문제이다. 즉, 해당 유형은 정보확인 유형으로 제시문과 부합하거나 이로부터 추론할 수 있는 내용을 고르면 된다. 이때 반드시 "알 수 있는"과 "알 수 없는"을 구별하여 별도의 기호로 표시하도록 한다. 생각보다 실수 방지에 정말 큰 도움이 된다. 단순히 표시하는 것으로는 부족하고, 〈있는/없는〉을 서로 다른 기호로 표시하도록 한다. 예컨대 동그라미와 세모, 혹은 엑스 표시 등으로 구분한다.

여기서 지문 첫 부분을 보고 "예술"분야라는 것을 파악할 수 있다면 더 좋다.

❷ 지문을 읽는다.

소설과 영화가 활용하는 표현 수단에서의 상호유사성과 차이점에 대해 설명하는 글이다. 어떤 지점에서 차이점을 가지는지, 어떤 지점에서 유사한 성격을 지니는지, 각각의 특징은 무엇인지에 주목하며 글을 읽는다.

이때 중요한 점은 유사점과 차이점을 '모두' 표시해야 한다는 것이다. 흔히 하는 착각 중 하나가 '차이점이 중요하다'고 생각하는 것인데, 그 약점을 파고드는 선지가 간혹 등장하면 난이도가 상승한다. 물론 해당 문제는 그런 선지는 등장하지 않으나 고난도로 갈수록 공통점을 이용한 오답선지가 추가된다. 또한, 지문을 읽었을 때 '영화와 소설이 차이가 있다'라는 인상만 남았다면 지문을 잘못 읽은 것이다. 정보를 확인하는 문제 유형에서는 한 문단이라도 똑똑히 기억하는 것이 전체적인 인상을 남기는 것보다 더 우월하다. 예컨대 3문단 (2) 문장을 볼 때도 "소설이 더 낫구나"라는 인상만 갖고 가는 것보단 "소설은 시공간 제약이 없고 영화는 영상자료가 있구나"라고 기억하는 것이 훨씬 유리하다.

❸ 선지를 판단한다.

이 문제의 선지가 까다로운 점이라면 '영화와 소설이 다르다고 강조하는 선지가 많은데 그중 하나만 정답이다.'라는 점이다. 물론 ③번 선지같이 쉬운 선지가 있으나 그걸 제외하면 선지 판단이 녹록지 않다. 자칫하면 ⑤번 선지같이 명백한 오답도 '설마 이것도 문제인가?'라고 의심을 하게 되며, 까딱하면 마치 가뭄에 단비가 온 것처럼 '알 수 없는 것을 고르는 거였나보다.' 싶은 마음에 ⑤번을 고를 수가 있다.

따라서 위에서 말했듯 발문에 정확한 표시를 하고, 지문의 내용을 구체적으로 기억하여, 선지와 제대로 된 대조가 필요하다. ①번 선지는 해설에 나왔듯 문장의 길이가 긴 것에 유의하도록 하며, ④번 선지는 '주제'가 연관되었었는지 구체적으로 기억하도록 한다. 이때 ④번 선지는 〈카메라〉를 공통적인 키워드로 잡아서 다른 부분도 궤를 같이하는지 보도록 한다.

합격자의 시간단축 Tip

Tip ❶ 서로 다른 두 대상의 공통점과 차이점 제대로 짚기

서로 다른 두 대상의 공통점과 차이점은 반드시 제대로 파악하자. 해당 지문에서는 소설과 영화의 차이점이 중요 포인트가 되었다. 두 대상 간의 차이점이나 공통점은 자주 출제 대상이 되기 때문에 처음부터 잘 짚어가며 읽도록 하자. 특히, 제시문에 오직 두 대상만 제시되는 경우에는 △, ▽와 같은 기호로 구분하며 표시하면서 읽으면 좋다.

Tip ❷ 예술 관련 독해 시 기본 마인드

예술을 분석하는 학문은 '미학'이라는 인문학의 분야다. 그런데 예술처럼 주관적인 표현을 객관적인 분석의 영역으로 끌고 올 경우, 특히 그것이 문제로 출제되면 출제 오류 가능성이 높아진다. 그리고 예술이란 근본적으로 '표현'이다. 따라서 가능한 한 확실하고 쉬운 부분만 나올 수밖에 없다.

또한, 쉬운 부분만 나온다는 것은 몇 가지로 패턴이 고정된다는 것을 뜻한다. 고정된 패턴을 몇 가지 나열해 보자면

① 표현자와 수용자의 관계를 출제하기도 한다. 특히 수용자가 얼마나 능동성을 가지는지가 핵심이 되며, 소통의 문제와도 결부된다.

② 표현 수단끼리의 비교 또는 발전이 중요할 수 있다. 지문이 이에 해당된다. 또한, ③번 선지가 등장한 것도 우연이 아니다. 다른 출제유형으로는 카메라의 등장과 미술의 변화, 혹은 전쟁이 음악/미술/문학에 미친 영향 등을 들 수 있다.

③ 순수미술과 그 외의 구별이 등장할 수 있다. 예컨대 상업영화, 팝 아트, 프로파간다 등이 순수미술과 대비되는 개념이다. 각각 어떤 측면에서 대립하는지 한 번 정리해 보자(해당 용어를 모른다면 검색해서 알아보길 바란다).

④ 또한, 예술이 얼마나 고유한지를 물을 수 있다. 이를 상징하는 개념이 '아우라(Aura)'라는 것이다. 주로 예술이 무엇에 영향받고, 무엇에 영향을 주는지를 물으며, 응용문제로 특히 저작권 또는 아이디어 등과 결부되어 나올 수 있다.

이렇게 예술과 관련된 유형은 몇 가지로 한정될 수밖에 없으므로 절대 두려워하면 안 된다. 어떤 어려운 말이 섞여 있다 해도 결국이 네 가지 중 하나로 포섭이 된다.

137 정답 ② 난이도 ●●●

문제유형 비판적 사고 > 논리적 결론의 전제·원인 찾기

접근전략 해당 문제는 글의 결론을 묻는 문제이다. 대체로 글의 결론이라는 것은 글쓴이가 말하고자 하는바, 즉 핵심 주제이므로 세세한 정보보다도 주제를 빨리 파악하는 것이 중요하다. 핵심 주제란 일반적으로 글의 첫 문단이나 마지막 문단에 존재하는데 제시문처럼 첫 문단의 내용에서 흐름이 전환되어 마지막 문단에서 주제를 제시하는 경우가 있으니 이에 주의하자.

다음 글의 결론으로 가장 적절한 것은?

(1) 이론 P에 따르면 복지란 다른 시민의 기본권을 침해하지 않는 한, 각 시민이 갖고 있는 현재의 선호들만 만족시키는 것이다. (2) 현재 선호만을 만족시켜야 한다고 주장하는 근거는 크게 두 가지이다. (3) 첫째, 지금은 사라진 그 어떤 과거 선호들보다 현재의 선호가 더 강렬하다는 것이다. (4) 둘째, 어떤 사람이 지금 선호하지 않는 것을 그에게 지금 제공하는 것은 그에게 만족의 기쁨을 주지 못한다는 사실이다. (5) 만일 이 근거들이 약점을 갖고 있다면 우리는 이론 P를 받아들일 이유가 없다.

▶ 1문단

(1) 첫째 근거에 대해 이런 반론을 제기할 수 있다. (2) 현재 선호와 과거 선호의 강렬함을 현재 시점에서 비교하는 것은 공정하지

않다. (3) 시간에서 벗어나 둘을 비교한다면 현재의 선호보다 더 강렬했던 과거 선호가 있을 수 있다. (4) 예컨대 10년 전 김 씨가 자신의 고향인 개성에 방문하기를 바랐던 것이 일생에서 가장 강렬한 선호였을 수 있다. (5) 둘째 근거에 대해서는 이런 반론을 제기할 수 있다. (6) 선호하는 시점과 만족하는 시점은 대부분의 경우 시간차가 존재한다. (7) 만일 사람들의 선호가 자주 바뀐다면 그들의 현재 선호가 그것이 만족되는 시점까지 지속하리라는 보장이 없다. (8) 이것이 사실이라면 정부가 시민의 현재 선호를 만족시키려고 노력하는 것은 낭비를 낳는다. (9) 이처럼 현재 선호만을 만족시켜야 한다는 주장을 뒷받침하는 근거들은 허점이 많다. ▶ 2문단

① 사람들의 선호는 시간이 지남에 따라 변하기 때문에 그의 현재 선호도 만족시킬 수 없다.
→ (×) 필자는 이론 P의 두 번째 근거[1문단(4)]에 대한 반론으로 현재의 선호가 그것이 만족되는 시점까지 변하지 않고 유지되리라는 보장을 할 수 없다고 주장한다.[2문단(7)] 이는 만족시킬 수 없다는 말이 아니라 선호가 변함에 따라 만족시키지 못할 가능성을 제기한 것이기에 두 서술의 구별에 주의할 필요가 있다. 더불어 사람들의 선호가 시간이 지남에 따라 변할 수 있다는 것은 이론 P에 대한 근거 1에 대한 반론에 해당한다.[2문단(1)] 즉, 이 글에서 제시하고자 하는 결론은 현재 선호만을 만족시켜야 한다는 이론 P의 주장[1문단(1)]을 뒷받침하는 근거들이 허점이 많으므로[2문단(9)], 이론 P를 받아들일 이유가 없다는 것이다.[1문단(5)] 따라서 본선지는 이 글의 결론이라고 볼 수 없으며, 단지 결론을 지지하는 하나의 근거일 뿐이다.

② 복지를 시민의 현재 선호를 만족시키는 것으로 보는 이론은 받아들이기 어렵다.
→ (○) 이 글은 1문단에서 소개하는 이론 P 기반의 복지 개념을 2문단에서 반박하는 구조를 보인다. 이론 P는 복지를 시민들의 현재 선호들만 만족시키는 것이라 주장한다.[1문단(1)] 필자는 앞선 주장의 근거에 대해 반론을 제기하여 결론적으로는 해당 근거로부터 도출되는 이론의 한계를 설명한다.[2문단(9)] 이론의 근거들이 약점을 가지고 있다면 우리는 그 이론을 받아들일 이유가 없다는 서술[1문단(5)]로 미루어보아, 제시문의 결론은 이론 P를 받아들일 이유가 없다는 것으로 귀결된다.

③ 어느 선호가 더 강렬한 선호인지를 결정하는 것은 중요하지 않다.
→ (×) 이론 P는 현재 시점에서 '현재 선호'와 '과거 선호'를 비교한다. 이것에 대해 필자는 '과거 시점에서의 과거 선호'가 '현재 시점에서의 현재 선호'보다 더욱 강렬할 수 있음을 언급하며 이론 P를 반박한다. 따라서 이 글은 선호의 강렬함을 비교하는 시점을 획일화하는 것에 문제 제기하는 것이지[2문단(2)] 그것이 중요하지 않은 행위임을 말하고 있는 것은 아니다.

④ 복지 문제에서 과거 선호를 만족시키는 것도 중요하다.
→ (×) 필자는 어떠한 선호가 발생한 시점을 기준으로 해당 선호의 강렬함을 비교하면 지금의 선호보다 더욱 강력한 과거 선호가 존재할 가능성이 있다고 설명한다.[2문단(3)] 이는 그 어떤 현재 선호보다 강렬한 과거 선호의 존재 가능성을 언급한 것이지, 이를 만족시켜야 한다고 주장하는 것은 아니다. 또한, 이 글에서 제시하고자 하는 결론은 현재 선호만을 만족시켜야 한다는 이론 P의 주장[1문단(1)]을 뒷받침하는 근거들에 허점이 많으므로[2문단(9)], 이론 P를 받아들일 이유가 없다는 것이다.[1문단(5)] 따라서 본선지는 이 글의 결론이라고 볼 수 없다.

⑤ 복지가 무엇인지 정의하는 것은 불가능하다.
→ (×) 이 글은 현재 선호만을 중시하는 이론 P의 복지에 대한 정의를 근거를 들어 반박함으로써[2문단(9)] 이론 P에서 내리는 복지의 정의를 받아들일 이유가 없다는 결론을 이끌어내고 있다.[1문단(5)] 즉, 복지에 대한 정의 자체가 불가능하다는 것을 말하는 것은 본 글의 결론이 아닐뿐더러, 해당 선지와 같이 복지에 대한 정의를 내리는 것이 불가능함을 말한 적은 없다.

제시문 분석

1문단 이론 P의 복지

〈이론 P의 주장〉 복지 = 각 시민이 갖고 있는 현재의 선호들만 만족시키는 것(1)		
〈근거 1〉		〈근거 2〉
소멸한 과거 선호의 강렬함 < 현재 선호의 강렬함(3)	⊕	지금 선호하지 않는 것을 제공하는 것은 만족을 제공하지 못함(4)

2문단 이론 P에 대한 반론

〈이론 P에 대한 반론〉 복지 ≠ 각 시민이 갖고 있는 현재의 선호들만 만족시키는 것		
〈근거 1〉에 대한 〈반론 1〉		〈근거 2〉에 대한 〈반론 2〉
과거 시점 기준 과거 선호의 강렬함이 현재 시점 기준 현재 선호의 강렬함보다 강렬할 수 있음(2)	⊕	선호의 시점과 만족의 시점의 시간차 존재 ↓ 현재 선호가 현재 선호가 만족되는 시점까지 지속될지는 미지수 ↓ 즉, 현재 선호를 만족시키려는 노력은 무의미(5)

결론

〈이론 P의 수용〉
근거들이 허점이 많음[2문단(9)] ↓ 이론을 받아들일 이유가 없음[1문단(5)]

합격자의 실전 풀이 순서

❶ 발문을 확인해 유형을 파악한다.

> 다음 글의 결론으로 가장 적절한 것은?

다음 글을 읽고 글에서 주장하는 바, 즉 결론을 파악한 뒤 선지에서 그것을 찾는 문제다. 글에서 어떠한 근거를 들어 주장을 제기하고 있는지, 궁극적으로 주장하는 결론은 무엇인지 파악하며 글을 읽는다.

❷ 지문을 읽는다.

주장과 근거를 구분해 읽는 것이 중요하다. 글에서 주장하는 바가 결국 결론에 해당하는 부분이기 때문이다. 이 글에서는 1문단에서 이론 P의 주장과 근거 2가지, 2문단에서 이론 P에 대한 반론을 제기하며 반론에 대한 근거 2가지를 제시하고 있다. 이처럼 본 유형처럼 결론을 찾아야 하는 문제에서는 지

문의 구조와 구성을 파악하며 글을 읽어야 한다. 이때 구조 파악이 정말로 완벽하게 시스템을 파악하는 것일 필요는 없다. 어떤 것이 들어가야 할지, 그리고 그게 대략 어떤 순서인지, 그리고 무엇이 무엇을 부연 설명하는지 알고 있으면 된다. 심지어 정답을 고르는 데 있어서 그것들을 전부 다 파악할 필요도 없다.

더불어 '만일 이 근거들이 약점을 갖고 있다면 우리는 이론 P를 받아들일 이유가 없다[1문단(5)]'라는 내용 뒤에 이어지는 2문단에서는 이론 P를 지지하는 근거들의 약점이 나올 것을 예상할 수 있다. 이처럼 글의 흐름을 예측할 수 있는 표지들을 적극 활용하며 지문을 읽으면 지문의 문맥에 대해 쉽게 파악할 수 있다.

❸ 선지를 본다.

결론을 독자 자신이 스스로 내릴 수도 있겠지만 사실 객관식 시험에서는 주어진 것 중에서 선택하는 게 가장 최선이다. 그리고 사실 시험 출제란 것은 한 명이 아니라 여러 명이 검수를 거치기 때문에 선지에 있는 결론이 자신의 결론보다 훨씬 정확하다. 따라서 지문을 대강 읽고 어느 정도 '결론의 조건'들을 파악한 이후에는 선지로 가서 선지와 결합해야 한다.

이런 유형에서 선지는 크게 '틀린 결론/제시문 내용과 부합하지만 국지적인 결론/정답'으로 구성되는데 이 단계에선 크게 틀린 결론만을 소거한 뒤 나머지 선지를 바탕으로 글을 정리한다. 이때 틀린 결론이란 본문에서 언급된 적이 없는 것들을 포함한다.

❹ 정답을 도출한다.

선지 중에서 가장 포괄적이면서도 핵심을 찌르는 선지를 찾으면서 결론을 확인한다. 이때 해당 선지가 지문을 지나치게 협소하게만 보지 않는지 확인한다. 결론이라는 것은 궁극적인 것이므로 글의 전체적 내용을 전부 포괄할 수 있어야 하기 때문에 일부분만 찌르거나, 특정 문단에만 집중된 서술이 있거나 하는 선지는 소거한다. 예컨대 ①번 선지는 너무나도 매력적이지만 사실 둘째 근거에 대한 반박밖에 되지 않는다.

합격자의 시간단축 Tip

Tip ❶ 결론을 묻는 문제는 핵심 주장이 곧 답이 된다.

발문을 꼼꼼히 읽지 않았다면 선지를 읽으며 혼란을 겪을 수 있는 문제다. 본문과 '부합'하는지 여부를 묻거나, 본문의 내용과 '일치'하는지를 묻는 문제가 아니라 '결론'으로 가장 적절한 것을 묻고 있다. 따라서 글을 읽으며 글에서 제시하고 있는 핵심 주장을 바탕으로 결론을 파악해내는 것이 중요하다. 이는 주로 글의 시작 부분이나 끝부분에 위치하지만, 본 유형처럼 처음 제시한 주장과 결론의 주장이 다를 수 있으므로 주의해야 한다.

Tip ❷ 핵심 주장을 파악하는 법

〈핵심 주장은 근거가 아닌 결론이다〉 이 문장은 독자를 매우 화나게 할 것이다. 근거를 고르면 안 된다는 것은 수험생 100%가 알 것이기 때문이다. 그렇다면 결론을 파악하는 방법은 무엇인가? 단순히 끝에만 본다고 결론인가? 이 지문만 봐도 그렇지 않다는 것을 알 수 있다.

주장(결론)과 근거를 구분하는 법은 사실 크게 어렵지 않다. 몇 가지 잘못된 생각만 고치고 나서 연습하면 금방 알아챌 수 있다.

(1) 결론이 열린 결말일 수 있다.

즉, 어떤 주장이라도 반론이 가능한 주장일 수 있고 끝맺음이 명확하지 않을 수도 있다. 심지어 '어떤 주장은 틀렸다'라는 말이 결론일 수도 있다. 즉 자기의 주장은 없는 네거티브형 주장인 것이다. 이 경우 반론 대상이 되는 주장의 한계나 약점을 공격하는 방향으로 결론을 도출하면 된다. 그러나, 이 같은 구조에서는 본문제와 같은 유형이 나올 가능성은 크지 않다.

(2) 어떤 문장은 다른 문장의 결론이자, 또 다른 문장의 근거일 수 있다.

이 부분이 많은 수험생들이 간과하고 지나치는 부분이다. 글을 쓸 때 논리적인 흐름을 1단계로 한정할 필요가 없다. 예를 들어 보자. "머리가 좋으면 공부를 잘한다. 공부를 잘하면 동기부여가 되어서 노력도 열심히 한다. 따라서 머리 좋은 사람이 공부를 더 열심히 하게 되고 학력 격차는 점점 벌어진다"라는 진술이 있다고 하자. 이때 머리가 좋은 사람이 공부를 더 열심히 한다는 것은 앞선 문장들의 결론인 동시에, 뒷구절인 '학력 격차가 점점 벌어진다'라는 진술의 근거기도 하다. 이런 식으로 다층형 구조를 띨 수가 있다. 이 경우 가장 뒤에 오는 내용이 글 전체의 최종적인 결론일 가능성이 크다.

(3) 결론이 반드시 처음과 끝부분을 중심으로 구성될 이유는 없다.

특히 독해 관련 시험에서는 의도적으로 그런 함정을 설치하여 수험생을 골탕먹이곤 한다. ①번 선지가 그 예시다.

이런 점들에 유의하면서 풀면 결론을 좀 더 쉽게 찾을 수 있을 것이다.

138 정답 ❺ 난이도 ●○○

문제유형 이해 > 내용 파악

접근전략 특정 학자의 주장으로 글을 시작하므로, 본격적으로 독해하기 전 다른 문단을 가볍게 확인해서 지문의 스타일을 파악한다. 문단 초두가 전부 접속사로 이뤄지므로 한 학자의 주장이 상세하게 제시되거나 혹은 학자의 주장을 조목조목 반박하는 것임을 추론할 수 있다. 본 지문의 경우는 후자에 해당하며, 이에 반박하는 글쓴이의 주장이 강하게 드러나는 지문이다. 따라서 각 주장의 핵심을 파악하다가 글쓴이가 주장하고자 하는 바가 나온다면 이는 핵심에 직결되므로 유의하도록 한다.

다음 글의 논지로 가장 적절한 것은?

(1) 베블런에 의하면 사치품 사용 금기는 전근대적 계급에 기원을 두고 있다. (2) 즉, 사치품 소비는 상류층의 지위를 드러내는 과시소비이기 때문에 피지배계층이 사치품을 소비하는 것은 상류층의 안락감이나 쾌감을 손상한다는 것이다. (3) 따라서 상류층은 사치품을 사회적 지위 및 위계질서를 나타내는 기호(記號)로 간주하여 피지배계층의 사치품 소비를 금지했다. (4) 또한 베블런은 사치품의 가격 상승에도 그 수요가 줄지 않고 오히려 증가하는 이유가 사치품의 소비를 통하여 사회적 지위를 과시하려는 상류층의 소비행태 때문이라고 보았다. ▶1문단

(1) 그러나 소득 수준이 높아지고 대량 생산에 의해 물자가 넘쳐흐르는 풍요로운 현대 대중사회에서 서민들은 과거 왕족들이 쓰던 물건들을 일상생활 속에서 쓰고 있고 유명한 배우가 쓰는 사치품도 쓸 수 있다. (2) 모든 사람들이 명품을 살 수 있는 돈을 갖고 있을 때 명품의 사용은 더 이상 상류층을 표시하는 기호가 될 수 없다. (3) 따라서 새로운 사회의 도래는 베블런의 과시소비이론으로 설명하기 어려운 소비행태를 가져왔다. (4) 이 때 상류층이 서민들과 구별될 수 있는 방법은 오히려 아래로 내려가는 것이다. (5) 현대의 상류층에게는 차이가 중요한 것이지 사물 그 자체

가 중요한 것이 아니기 때문이다. (6) 월급쟁이 직원이 고급 외제차를 타면 사장은 소형 국산차를 타는 것이 그 예이다.

▶ 2문단

(1) 이와 같이 현대의 상류층은 고급, 화려함, 낭비를 과시하기보다 서민들처럼 소박한 생활을 한다는 것을 과시한다. (2) 이것은 두 가지 효과가 있다. 사치품을 소비하는 서민들과 구별된다는 점이 하나이고, 돈 많은 사람이 소박하고 겸손하기까지 하여 서민들에게 친근감을 준다는 점이 다른 하나이다. ▶ 3문단

(1) 그러나 그것은 극단적인 위세의 형태일 뿐이다. (2) 뽐냄이 아니라 남의 눈에 띄지 않는 겸손한 태도와 검소함으로 자신을 한층 더 드러내는 것이다. (3) 이런 행동들은 결국 한층 더 심한 과시이다. (4) 소비하기를 거부하는 것이 소비 중에서도 최고의 소비가 된다. (5) 다만 그들이 언제나 소형차를 타는 것은 아니다. (6) 차별화해야 할 아래 계층이 없거나 경쟁 상대인 다른 상류층 사이에 있을 때 그들은 마음 놓고 경쟁적으로 고가품을 소비하며 자신을 마음껏 과시한다. (7) 현대사회에서 소비하지 않기는 고도의 교묘한 소비이며, 그것은 상류층의 표시가 되었다. (8) 그런 점에서 상류층을 따라 사치품을 소비하는 서민층은 순진하다고 하지 않을 수 없다. ▶ 4문단

① 현대의 상류층은 낭비를 지양하고 소박한 생활을 지향함으로써 서민들에게 친근감을 준다.

→ (×) 현대의 상류층은 낭비를 과시하기보단 서민들처럼 소박한 생활을 한다는 것을 과시한다.[3문단(1)] 그러나 그들이 언제나 낭비를 지양하는 것은 아니며, 차별화해야 할 아래 계층이 없거나 경쟁 상대인 다른 상류층 사이에 있을 때 그들은 마음 놓고 경쟁적으로 고가품을 소비하며 자신을 과시한다.[4문단(6)] 따라서 현대의 상류층이 소박한 생활만을 지향하는 것은 아니므로, 해당 선지는 글의 논지로 적절하지 않다.

② 현대의 서민들은 상류층을 따라 겸손한 태도로 자신을 한층 더 드러내는 소비행태를 보인다.

→ (×) 현대의 서민층은 상류층을 따라 사치품을 소비한다고만 언급되어 있을 뿐[4문단(8)], 겸손한 태도로 자신을 더 드러내는 소비행태를 보인다는 설명은 제시되어 있지 않다. 따라서 해당 선지는 글의 논지로 보기 어렵다.

③ 현대의 상류층은 그들이 접하는 계층과는 무관하게 절제를 통해 자신의 사회적 지위를 과시한다.

→ (×) 현대의 상류층은 서민들 사이에 있을 때는 서민들처럼 소박한 생활을 한다는 것을 과시하지만[3문단(1)], 경쟁 상대인 다른 상류층 사이에 있을 때는 마음 놓고 경쟁적으로 고가품을 소비하며 자신을 과시한다.[4문단(6)] 이를 통해 현대의 상류층은 그들이 접하는 계층에 따라 소비 형태를 다르게 한다는 것을 알 수 있다.

④ 현대에 들어와 위계질서를 드러내는 명품을 소비하면서 과시적으로 소비하는 새로운 행태가 나타났다.

→ (×) 위계질서를 드러내는 명품을 소비하면서 과시적으로 소비하는 것은 전근대 상류층의 소비행태이다.[1문단(2)] 현대에 들어와서는 서민들처럼 소박한 생활을 한다는 것을 과시하는 소비행태가 등장하였다.[3문단(1)]

⑤ 현대의 상류층은 사치품을 소비하는 것뿐만 아니라 소비하지 않기를 통해서도 자신의 사회적 지위를 과시한다.

→ (○) 현대의 상류층은 낭비를 과시하기보단 서민들처럼 소박한 생활을 한다는 것을 과시한다.[3문단(1)] 그러나 그들이 언제나 낭비를 지양하는 것은 아니며, 차별화해야 할 아래 계층이 없거나 경쟁 상대인 다른 상류층 사이에 있을 때 그들은 마음 놓고 경쟁적으로 고가품을 소비하며 자신을 과시한다.[4문단(6)] 따라서 현대의 상류층은 소비하지 않기와 사치품 소비를 동시에 행하며 자신의 사회적 지위를 과시한다고 볼 수 있다.

제시문 분석

1문단 과거 상류층의 소비행태와 베블런의 과시소비이론

〈베블런의 과시소비이론〉		
〈사치품 사용 금기의 기원〉		〈사치품의 수요 증가 이유〉
전근대의 상류층은 사치품을 사회적 지위 및 위계질서를 나타내는 기호(記號)로 간주하여 피지배계층의 사치품 소비를 금지했다.(3)	⊕	사치품의 가격 상승에도 그 수요가 오히려 증가하는 이유가 사치품의 소비를 통하여 사회적 지위를 과시하려는 상류층의 소비행태 때문이다.(4)

2~4문단 현대 상류층의 소비행태에 대한 이론

〈현대 상류층의 소비행태에 대한 이론〉		
〈차별화해야 할 계층이 있을 때〉		〈차별화해야 할 계층이 없을 때〉
현대의 상류층은 서민들처럼 소박한 생활을 한다는 것을 과시하면서 사치품을 소비하는 서민들과 구별하려 하고, 서민들에게 친근감을 주고자 한다. [3문단(1),(2)]	⊕	차별화해야 할 아래 계층이 없거나 다른 상류층 사이에 있을 때 그들은 마음 놓고 경쟁적으로 고가품을 소비하며 자신을 마음껏 과시한다.[4문단(6)]

합격자의 실전 풀이 순서

❶ 발문과 선지를 확인한다.

논지를 찾는 문제이므로 본문의 세세한 정보 파악보다는 조금 글의 전체 맥락을 파악하는 것에 유의한다. 이 경우 선지를 먼저 보면 독해할 때 오히려 방향성을 해칠 위험이 있으므로, 곧장 지문을 읽기 시작하는 것이 좋다.

❷ 전체 글의 맥락을 잡아내는 데에 유의하며 독해를 진행한다.

1문단에서 특정 현상에 대한 기존의 견해 제시, 2문단에서 현상의 변화 및 그에 대한 이론, 3문단에서 이론 내용의 구체화, 4문단에서 3문단 논의에 대한 반대 방향의 설명이 제시되고 있다. 이 맥락은 문단별로 구체적으로 파악할 필요는 없고, 접속사를 통해서 상호 연관적으로 파악하는 것으로 충분하다.

❸ 선지 판단을 진행한다.

논지 문제에서 정답 선지의 기준은 과정 2에서 도출한 핵심맥락을 전부 포괄하도록 설정한다. 따라서 지문에서 특정 부분만 언급하는 선지는 정오가 맞을지라도 해당 문제의 답, 즉 글의 논지는 될 수 없음에 유의한다.

합격자의 시간단축 Tip

Tip ❶ 특정 계층을 다루는 내용은 어느 정도 정해져 있다.

'상류층', '서민' 등의 계급과 관련된 단어가 나오는 지문의 경우 상류층에 대해 긍정적인 지문은 등장하지 않는다(만일 긍정적인 의식을 드러내고자 했으면 '엘리트', '신흥', '성장', '일반인', '왕과 대립' 등의 내용이 들어갔을 것이다).

상류층에 대해 부정적인 인식을 기본으로 하여 지문을 읽는다. 만일 이러한 용어사용에도 불구하고 긍정적인 서술이 나온다면, 그것이 어느 측면에 대한 장점인지를 명확히 인지하면서 푼다.

Tip ❷ 논지 문제는 대체로 부합하는 것을 고르는 문제의 답과 유사하다.

'논지'라는 것은 곧 제시문의 내용과 일치해야 한다는 일차적 조건을 충족해야 함에 유의한다. 제시문의 내용과 다른 선지는 소거의 대상이 될 수는 있다. 다만 이것만으로는 불충분함에 유의해야 한다.

Tip ❸ 첫 문단 또는 마지막 문단의 내용에 유의한다.

해당 지문의 경우 〈통념－반대사례－부연－다시 반대내용〉의 구조를 띠고 있다. 이러한 전개방식은 글쓴이의 주장을 피력하는 전형적인 서술방식이므로 가장 먼저 익숙해져야 할 유형이며, 해당 구조의 경우 마지막 문단의 내용이 글쓴이의 주장의 핵심인 만큼 논지에 반드시 들어가야 한다. 논지는 글의 핵심이며 이는 글의 1문단인 초반부 또는 마지막 문단인 후반부에 등장할 가능성이 크므로 이에 유의한다.

139 정답 ❸

난이도 ●●●

문제유형 비판적 사고 > 판단하기

접근전략 글에 대한 분석을 묻는 문제는 대부분 선지가 '동시에 참/거짓 가능여부' 또는 'A와 B가 모두 참이면 C도 반드시 참이다'라는 식으로 구성되어 있다. 각 유형의 선지가 어떻게 구성되어 있으며 어떻게 대처할지 미리 정해두면, 빠르고 정확한 풀이가 가능하다(실전 풀이순서 참조).

다음 글에 대한 분석으로 적절하지 않은 것은?

(1) 공포영화에 자주 등장하는 좀비는 철학에서도 자주 논의된다. (2) 철학적 논의에서 좀비는 '의식을 갖지는 않지만 겉으로 드러나는 행동에서는 인간과 구별되지 않는 존재'로 정의된다. 이를 '철학적 좀비'라고 하자. (3) ㉠ 인간은 고통을 느끼지만, 철학적 좀비는 고통을 느끼지 못한다. 즉 고통에 대한 의식을 가질 수 없는 존재라는 것이다. (4) 그러나 ㉡ 철학적 좀비도 압정을 밟으면 인간과 마찬가지로 비명을 지르며 상처 부위를 부여잡을 것이다. (5) 즉 행동 성향에서는 인간과 차이가 없다. (6) 그렇기 때문에 겉으로 드러나는 모습만으로는 철학적 좀비와 인간을 구별할 수 없다. (7) 그러나 ㉢ 인간과 철학적 좀비는 동일한 존재가 아니다. (8) ㉣ 인간이 철학적 좀비와 동일한 존재라면, 인간도 고통을 느끼지 못하는 존재여야 한다. ▶ 1문단

(1) 물론 철학적 좀비는 상상의 산물이다. (2) 그러나 우리가 철학적 좀비를 모순 없이 상상할 수 있다는 사실은 마음에 관한 이론인 행동주의에 문제가 있다는 점을 보여준다. (3) 행동주의는 마음을 행동 성향과 동일시하는 입장이다. (4) 이에 따르면, ㉤ 마음은 특정 자극에 따라 이러저러한 행동을 하려는 성향이다. (5) ㉥ 행동주의가 옳다면, 인간이 철학적 좀비와 동일한 존재라는 점을 인정할 수밖에 없다. (6) 그러나 인간과 달리 철학적 좀비는 마음이 없어서 어떤 의식도 가질 수 없는 존재다. 따라서 ㉦ 행동주의는 옳지 않다. ▶ 2문단

① ㉠과 ㉡은 동시에 참일 수 있다.

→ (O) 철학적 좀비는 '의식을 갖지는 않지만 겉으로 드러나는 행동에서는 인간과 구별되지 않는 존재'이다(1문단 2). 이 정의에 따르면 철학적 좀비는 고통을 느끼지 못하더라도 겉으로 드러나는 행동은 인간과 같아야 한다. 따라서 철학적 좀비가 압정을 밟으면 고통은 느끼지 못하더라도, 인간과 같은 행동을 하기 때문에 ㉠과 ㉡은 동시에 참일 수 있다.

② ㉠과 ㉣이 모두 참이면, ㉢도 반드시 참이다.

→ (O) ㉣의 논리 구조는 '인간이 철학적 좀비와 동일한 존재 → 인간도 고통을 느끼지 못하는 존재'이므로 ㉣의 대우는 '인간은 고통을 느끼는 존재 → 인간은 철학적 좀비와 다른 존재'가 된다. 이때 ㉣의 대우의 전제는 인간은 고통을 느끼지만, 철학적 좀비는 고통을 느끼지 못한다는 내용의 ㉠이다. 따라서 ㉣이 참이면 ㉣의 대우도 참이고, ㉣의 대우의 전제인 ㉠이 참이면 인간이 철학적 좀비와 다른 존재라는 결론 ㉢도 반드시 참이다.

③ ㉡과 ㉥이 모두 참이면, ㉤도 반드시 참이다.

→ (X) ㉤은 행동주의에서의 마음에 대한 설명이고, ㉡은 철학적 좀비의 행동 성향에 대한 설명이며, ㉥은 행동주의가 옳다면 인간이 철학적 좀비와 동일한 존재라는 점을 설명하는 문장이다. ㉡은 ㉤이나 ㉥과 무관하며, ㉥은 행동주의가 옳을 때의 결론에 대한 설명이므로 ㉥만을 보고는 행동주의가 옳은지, 아닌지를 판별할 수 없고 행동주의에서 마음이 어떻게 정의되는지도 알 수 없다. 따라서 ㉡과 ㉥은 ㉤의 참, 거짓 여부를 판별할 수 없다.

④ ㉢과 ㉥이 모두 참이면, ㉦도 반드시 참이다.

→ (O) ㉥의 대우는 '인간이 철학적 좀비와 동일한 존재라는 점을 인정하지 못한다면 행동주의는 옳지 않다.'이고, ㉥이 참이라면 ㉥의 대우도 참이다. 인간과 철학적 좀비가 동일한 존재가 아니라는 내용의 ㉢과, 그렇게 되면 행동주의는 옳지 않다고 보는 ㉥이 모두 참일 경우, 결론에 해당하는 ㉦은 반드시 참이다.

⑤ ㉤과 ㉦은 동시에 거짓일 수 없다.

→ (O) ㉤은 행동주의가 참일 때를 전제로 마음에 대해 설명한 것이다. 따라서 행동주의가 옳지 않다는 ㉦이 거짓이면, 즉 행동주의가 옳다면 ㉤은 결코 거짓이 될 수 없다.

제시문 분석

1문단 철학적 좀비와 인간

〈철학적 좀비의 정의〉
'철학적 좀비'는 '의식을 갖지는 않지만 겉으로 드러나는 행동에서는 인간과 구별되지 않는 존재'로 정의된다.(2)

	〈인간〉	〈철학적 좀비〉
〈고통〉	고통을 느낀다.(3)	고통을 느끼지 못한다.(3)
〈행동 성향〉	압정을 밟으면 비명을 지르며 상처 부위를 부여잡는다.(4)	

→	〈비교〉	겉으로 드러나는 모습만으로는 철학적 좀비와 인간을 구별할 수 없지만, 인간을 고통을 느끼는 존재이기 때문에 인간과 철학적 좀비는 동일한 존재가 아니다.(6),(7),(8)

2문단 철학적 좀비와 행동주의

〈행동주의〉		〈마음〉		〈결론〉
행동주의는 마음을 행동 성향과 동일시하는 입장이다.(3)	→	마음은 특정 자극에 따라 이러저러한 행동을 하려는 성향이다.(4)	→	행동주의가 옳다면, 인간이 철학적 좀비와 동일한 존재라는 점을 인정할 수밖에 없다.(5)

⬌	〈반박〉	그러나 인간과 달리 철학적 좀비는 마음이 없어서 어떤 의식도 가질 수 없는 존재이기 때문에, 행동주의는 옳지 않다.(6)

합격자의 실전 풀이 순서

❶ 발문을 읽기 및 문제 유형 파악

우선 발문을 먼저 살펴보고 문제의 유형을 파악한다. '글에 대한 분석'을 묻고 있고, 선지의 구성이 논증 형식을 띠므로 논리퀴즈 문제이다. 제시문의 특정 문장을 ㉠, ㉡, ㉢ 등으로 나눠 문장 간의 논리 관계를 묻고 있다. 처음 해당 유형을 처음 풀 때는 모든 제시문을 읽고 선지 판단을 위해 ㉠, ㉡, ㉢을 다시 읽는 실수를 할 수 있다. 그러나 해당 유형에 익숙해진다면 제시문을 다 읽는 대신 먼저 특정 문장들만 읽고 선지 판단을 시도한 후, 필요한 부분을 발췌독하는 방식으로 문제를 풀게 된다. 또한, 문장 간의 관계를 묻는 문제를 풀 경우, 논리적 지식을 활용하는 경우가 많다. 가장 많이 사용되는 논리학 지식으로는 'p이면 q이다'(p → q)와 그 대우인 'q가 아니면 p가 아니다'(~q → ~p)가 같다는 사실이다.

❷ 제시문 독해

원칙적으로는 해당 유형을 풀 때 제시문 독해를 생략하고 ㉠, ㉡, ㉢ 등만 읽고 선지 판단을 해야 한다. 다만 문장 중 ㉥에 행동주의라는 키워드가 나오므로 행동주의의 내용을 알기 위해 해당 부분에 대해서는 제시문을 읽을 필요가 있다.
문제 풀이와 별도로 학습을 위해 제시문을 분석해본다면 다음과 같은 중요한 특징을 발견할 수 있다. 먼저, 구분되는 두 대상이 등장하면 차이점과 공통점을 제대로 짚자. 1문단에서는 철학적 좀비와 인간을 두 대상의 차이를 제시하고 있다. 이 둘을 이용해 선지를 자주 구성하기 때문이다. 또한, 2문단에서는 '주장(이론) – 글쓴이의 반박' 구조가 있으니 해당 이론과 글쓴이의 반박을 제대로 구분해서 읽자.

❸ 선지 판단

본 문제의 선지는 크게 동시에 참/거짓이 될 수 있느냐/없느냐의 여부, (2) A와 B가 모두 참이면 C도 참이냐의 여부를 묻고 있다. (1)에서 동시에 참임을 묻는 경우는 양쪽 내용이 상충하는지, 즉, 모순인지를 체크하자. 즉, 한쪽이 참이라고 가정할 때 나머지 한쪽이 참이라고 하기에 문제가 생기는지를 판단해본다. 모두 거짓일 수 없느냐를 묻는 경우는 대부분 양쪽 내용이 서로 상충하는 경우가 많다. 상충하는 경우 무조건 맞는 선지가 된다.
(2)의 경우 A, B 두 개의 내용이 참일 때 C 하나의 내용이 참인가를 묻는 것인데 보통 A, B 둘 중 하나는 '×이면 Y이다.' 식의 조건문이 등장하며, 나머지 하나는 조건문에 대응하는 내용인 '×이다.' 식의 내용이 제시된다. 그렇다면 C는 결국 'Y이다.' 식의 내용을 갖게 되고 이는 옳은 선지가 된다. 또는 둘 중 하나가 조건문 '×이면 Y이다.'이고 나머지가 '~Y이다.'이며 C에 대응하는 내용이 '~×'인 경우도 있는데 이때는 대우명제를 이용하면 '~Y이면 ~×이다.'도 옳기 때문에 옳은 선지가 된다. 이를 표로 정리해보면 다음과 같다.

'A와 B가 참이면 C도 참이다.' 가 옳은 경우	
A(또는 B)	×이면 Y이다.
B(또는 A)	×이다. (또는 ~Y이다.)
C	Y이다. (B가 ~Y인 경우에는 ~×이다.)

위 표를 토대로 선지 판단을 할 수 있다. 앞서 언급하였듯이 문장 간의 관계를 묻는 유형에는 논리학적 지식이 요구되는 경우가 많다. 본 문제에서도 ②번과 ④번 선지를 판단할 때 'p이면 q이다'(p → q)와 그 대우인 'q가 아니면 p가 아니다'(~q → ~p)가 활용되었다.

① 고통을 느끼지 못해도 비명을 지르며 상처 부위를 부여잡을 수 있다. 상호 모순이 존재하지 않는다. 따라서 ①은 옳다.

② ㉣<u>인간=좀비 → ~인간 고통</u> + ㉡<u>인간 고통(∩~좀비 고통) → ㉢~(인간=좀비)</u> 위 표에 따라 ㉢이 도출되므로 옳다.

③ ㉡<u>인간 고통∩~좀비 고통</u> + ㉥<u>행동주의 → (인간=좀비)</u> → ㉤<u>행동주의</u>
㉤을 단순 '행동주의'로 치환한 것은 2문단 문장 (3)과 (4)의 관계 때문이다. 문장 (4)는 '행동주의에 따르면 ㉤이다'로 볼 수 있고, 행동주의가 옳다면 ㉤은 항상 옳다. 따라서 ㉤을 행동주의로 치환해도 문제가 없다. ㉥에서 '행동주의'는 전건에 위치한다. 이 경우 결론에서 행동주의가 도출될 수는 없다. 따라서 ③은 옳지 않다. 정답은 ③이다.

④ ㉥<u>행동주의 → (인간=좀비)</u> + ㉢<u>~(인간=좀비) → ㉦~행동주의</u> 위 표에 따를 때 ㉦이 도출되므로 옳다.

⑤ ~㉤<u>행동주의</u> ∩ ~㉦<u>~행동주의</u> = ~행동주의 ∩ 행동주의 행동주의가 옳지 않으면서 동시에 옳을 수는 없다. ⑤는 옳다.

합격자의 시간단축 Tip

Tip ❶ 분석 유형에 대비

글에 대한 평을 묻는 문제는 대부분 동시에 참/거짓이 될 수 있냐의 문제, 'A와 B가 참이면 C도 참이다.'와 같은 선지로 구성된다. 이러한 선지가 어떻게 구성되어 있으며 어떻게 대응할지 미리 정해두면 문제를 빠르고 정확히 풀 수 있다. 위에 정리되어 있는 표를 참고하길 바란다.

Tip ❷ 밑줄 친 문장만 읽고 선지 판단

자신의 독해력이 탄탄하다면 제시문을 읽으면서 바로 선지를 풀어도 좋은 문제이다. 먼저 밑줄 친 문장만 읽고 선지를 해결하려고 시도를 해보고, 필요한 내용이 있을 경우 추가적으로 제시문을 읽는다.

Tip ❸ 문장 관계 활용

앞서 풀이에서 ㉤을 '행동주의'로 간략화하였듯 논리퀴즈 문제에서는 문장 간 관계를 활용하여 문장을 쉽게 이해할 수 있다. 2문단 (3)과 (4)는 궁극적으로 같은 이야기를 하고 있고, 이는 '이에 따르면'이라는 단어에서 알 수 있다. ㉤과 같이 간략화가 애매한 문장의 경우 밑줄이 없는 앞문장의 키워드를 이용하여 쉽게 논리 관계를 구성할 수 있다.

Tip ❹ 후건 긍정의 오류 주의

'A → B'가 결론 도출에 쓰일 때, 일반적으로는 다른 명제와 결합하여 'A'를 도출할 수 없다. 'A → B'에서 도출할 수 있는 결론은 '~B'와 결합하는 경우의 '~A', 그리고 'A'와 결합하는 경우의 'B'가 있다. 만약에 'B'와 결합하여 'A'가 도출된다고 서술한다면 이는 '후건 부정의 오류'가 된다. 명제의 형식을 파악하면 결론이 'A'가 되는 선지를 쉽게 틀린 것으로 판단할 수 있는 것이다.

Tip ❺ 간단한 선지 먼저 판단

선지 ③보다 다른 쉬운 선지를 먼저 판단하는 것도 시간을 절약하는 방법이다. 이 문제에서 밑줄 문장만 읽어도 판단이 가능한 선지는 ①, ②, ④이다. 따라서 이들을 먼저 판단하고, '행동주의'가 무엇인지 읽어야 하는 것 중 간단한 ⑤를 먼저 판단하면 가장 복잡한 ③을 판단하지 않아도 정답 도출이 가능하다. 물론 시간적 여유가 된다면 ③까지 확인하는 것이 제일 좋지만, 그렇지 않은 경우 간단한 선지를 먼저 해결하여 시간을 절약할 수 있다.

140 정답 ④ 난이도 ●●○

문제유형 법조문형 > 규정확인

접근전략 법규정 유형 중 규정을 확인하여 사례를 찾는 문제이다. 법조문 유형을 풀 때는 조문의 구체적인 내용을 독해하는 것보다, 법조문의 구조를 파악한 후 〈보기〉에서 묻고 있는 정보를 찾아 올라가는 형태로 푸는 것이 좋다. 본 문제의 경우 2항의 자동차와 3항의 원동기장치자전거가 1항의 차의 하위개념이라는 것을 처음에 파악하는 것이 중요하다. 이를 놓칠 경우, 법조문의 구조를 이해하지 못한 채 독해하게 되어 오히려 시간이 더 오래 걸릴 수 있다.

다음 규정을 근거로 판단할 때, '차'에 해당하는 것을 〈보기〉에서 모두 고르면?

제○○조(정의) 이 법에서 사용하는 용어의 정의는 다음과 같다.
1. '차'라 함은 다음의 어느 하나에 해당하는 것을 말한다.
 가. 자동차
 나. 건설기계
 다. 원동기장치자전거
 라. 자전거
 마. 사람 또는 가축의 힘이나 그 밖의 동력에 의하여 운전되는 것. 다만, 철길이나 가설된 선에 의하여 운전되는 것과 유모차 및 보행보조용 의자차는 제외한다.
2. '자동차'라 함은 철길이나 가설된 선에 의하지 아니하고 원동기를 사용하여 운전되는 차(견인되는 자동차도 자동차의 일부로 본다)를 말한다.
3. '원동기장치자전거'라 함은 다음 각 목의 어느 하나에 해당하는 차를 말한다.
 가. 이륜자동차 가운데 배기량 125 cc 이하의 이륜자동차
 나. 배기량 50 cc 미만(전기를 동력으로 하는 경우에는 정격출력 0.59 kw 미만)의 원동기를 단 차

보기

ㄱ. 경운기
→ (O) 제1조 제1호 마목에 따르면 사람 또는 가축의 힘이나 그 밖의 동력에 의하여 움직이는 것은 차에 해당한다. 경운기는 동력에 의하여 움직이는 것이므로 차에 해당한다.

ㄴ. 자전거
→ (O) 제1조 제1호 라목에 따르면 자전거는 차에 해당한다.

ㄷ. 유모차
→ (×) 제1조 제1호 마목 단서에 따르면 유모차는 사람 또는 가축의 힘이나 그 밖의 동력에 의하여 운전되는 것으로서 차에 해당하지 않는다. 따라서 유모차는 차에 해당하지 않는다.

ㄹ. 기차
→ (×) 제1조 제1호 마목 단서에 따르면 철길에 의하여 운전되는 것은 사람 또는 가축의 힘이나 그 밖의 동력에 의하여 운전되는 것으로서 차에 해당하지 않는다. 따라서 기차는 차에 해당하지 않는다.

ㅁ. 50 cc 스쿠터
→ (O) 제1조 제1호 다목 및 제3호 가목에 따르면 이륜자동차 가운데 배기량 125cc 이하의 이륜자동차는 원동기장치자전거로서 차에 해당한다. 따라서 50cc 스쿠터는 차에 해당한다.

① ㄱ, ㄴ → (×)
② ㄴ, ㄷ → (×)
③ ㄷ, ㄹ → (×)
④ ㄱ, ㄴ, ㅁ → (O)
⑤ ㄴ, ㄹ, ㅁ → (×)

합격자의 실전 풀이 순서

❶ 문제 유형 파악

본 문제의 경우 발문에서 '규정'이라는 단어가 나오고, 제시문이 법조문 형태로 주어졌으므로 법조문 유형임을 알 수 있다. 특히 발문에서 '차'에 해당하는 것을 고르라고 하고 있으므로 법조문 유형 중에서도 규정의 내용을 확인하는 문제임을 추론할 수 있다. 법 조문 유형은 조문의 구체적인 내용을 독해하는 것보다, 법조문의 구조를 파악한 후 〈보기〉에서 묻고 있는 정보를 찾아 올라가는 형태로 푸는 것이 좋다. 법 조문의 구조 파악이란 각 조나 항마다 가로로 길게 선을 그어 조문들을 시각적으로 구분하고, 단서와 괄호에 강조 표시를 하는 것을 의미한다. 또한, 본 문제가 '차'에 해당하는 것을 모두 고르는 문제라는 것을 인지하기 위해 "차"라는 단어에 밑줄이나 동그라미 등 표시를 한다.

❷ 법조문 구조 분석

먼저 법조문 전체를 훑으며 법조문의 구조를 파악한다. 법조문을 분석할 때는 각 조나 항을 구분하고, 단서와 괄호에 강조 표시를 한다. 조문의 길이가 긴 경우 가로선을 활용하고, 구체적으로 '다만'이라는 단어가 나오면 △, '이 경우'라는 단어에는 ㅁ 표시를 해두고, 괄호가 나오면 괄호의 처음과 끝에 별표를 해둔다. 아래의 조문이 위의 조문의 내용의 일부에 대하여 설명하고 있는 경우, 아래 조문을 위의 조문 내용 혹은 조항과 연결하여 표시한다. 이러한 표시들은 선지나 〈보기〉를 읽고 해당하는 부분을 찾는 이정표 역할을 한다.
주어진 규정은 '정의'를 설명하기 위한 하나의 '조'와 조를 구성하는 1~3호로 이루어져 있다. 발문에서 '차'를 묻고 있으므로 차에 대한 설명을 찾는다. 제1조 제1호의 각 목을 '차'로 정의하고 있다. 마목에 차에 해당하지 않는 단서조항이 있으므로 이를 유의한다. 제2호는 제1호 가목의 '자동차'를 구체적으로 정의하고 있으며, 제3호는 제1호 가목의 '원동기장치자전거'를 구체적으로 정의하고 있다. 제3호는 가, 나 목 중 '어느 하나에'만 해당하여도 '원동기장치자전거'임에 주의한다. 제2호의 괄호 부분과 제3호 나목의 괄호로 된 단서조항도 유의한다. 제1호 가목과 제2호를, 제1호 다목과 제3호를 연결하여 표시하면 법조문의 구조를 시각적으로 파악할 수 있다.

❸ 보기 판단

법조문 분석 내용을 바탕으로 보기를 확인한다. 선지를 판단할 때는 법조문의 윗부분부터 확인한다. 제1호에서 발문에서 묻고 있는 '차'의 유형에 대해 소개하고, 이하의 호에서 구체적으로 서술하고 있기 때문이다. 따라서 제○○조 제1호 각 목에 해당하는지 먼저 확인하고 하나라도 해당한다면 맞는 보기라고 처리하고 다음 보기를 확인한다.
또한, 본 문제와 같이 하나의 선지가 보기들의 조합으로 구성되는 경우 보기를 해결한 후 해당 보기와 관련된 선지를 먼저 처리하는 것이 좋다. 예컨대, 보기 ㄱ은 차에 해당하므로 선

지 ②, ③, ⑤번이 제외된다. 남은 보기가 모두 보기 ㄴ을 포함하고 있으므로, 마지막으로 보기 ㅁ을 처리하면 정답 ④번이 도출된다.

합격자의 시간단축 Tip

Tip ❶ 애매한 선지는 일단 넘어가기

문제 풀이 중 만약 보기에 대한 판단이 애매할 경우 일단 해당 보기를 넘어가고 다른 보기부터 풀어볼 것을 건의한다. 예컨대, 보기 ㄱ에서 경운기가 차에 해당하는지 여부가 명확하지 않다면 보기 ㄱ을 제외한 다른 보기를 우선적으로 처리한다. ㄴ~ㅁ만 판단하여도 정답을 도출할 수 있다.

Tip ❷ 단서와 괄호에 주의

법조문 유형은 '다만'으로 시작되는 단서와 괄호의 내용이 선지화되는 경우가 매우 많으므로 해당 표현들을 주의 깊게 읽는다. 본 문제의 경우 선지 ㄷ과 ㄹ은 ○○조 1항 마목의 〈다만〉 부분에 해당한다. 이렇게 예외사항은 선지화될 가능성이 크므로 우선적으로 검토하는 것이 필요하다. 2호와 3호 나목의 괄호는 본 문제에서 선지화되지는 않았지만, 괄호 역시 기타 법조문 유형에서 주로 묻는 요소임을 유의한다.

Tip ❸ 법조문 유형 풀이의 기본

1. 법조문에 대한 이해

법조문 유형은 선지가 규정과 일치하는지 확인하는 '규정확인' 유형과, 규정의 내용을 예시에 적용하는 '규정적용'유형으로 나뉜다. 규정적용은 단순 적용의 경우도 있지만 보험료, 인지세 등 계산을 요하는 경우도 있다.

두 유형 모두 기본은 규정을 파악하는 것이기 때문에 기본적인 법조문의 구조에 익숙해지면 법조문 유형의 문제 풀이가 비교적 수월해진다. 법조문은 '○○조-○○항-(1, 2, …)호-(가, 나, …)목' 순으로 구성된다.

1) 하나의 '조'는 하나의 주제에 대하여 설명한다. 그 주제는 '○○조' 옆에 괄호로 표시되기도 한다.
2) '항'은 조에서의 주제를 세분화하여 설명할 때 사용한다.
3) '호'는 조와 항 내에서 대상을 나열할 때 사용한다.
4) '목'은 호 내에서 대상을 나열할 때 사용한다.
5) '단서'는 "다만,"으로 시작하며 앞 문장의 주된 내용에 대한 예외를,
6) '후단'은 "이 경우"로 시작되며 주된 내용에 대한 부수적·보완적 사항을 규정할 때 사용한다.
7) 부수적 내용은 괄호로 제시되는 경우도 있다.

법조문 유형은 빠르게 풀기보다는 정확하게 푸는 것을 전략으로 하는 것이 좋다. 상황판단 과목은 모든 문제를 빠르게 푸는 것이 아니라 풀 수 있는 문제와 풀 수 없는 문제를 구분하여 풀어, 푼 문제의 정답률을 높이는 것이 일반적인 접근 방법이다. 난해한 퀴즈 문제와 달리 법조문은 제시문 내에 정답이 있으므로, 꼭 맞춘다는 생각으로 접근하는 것이 좋다.

2. 법률의 구체적 내용보다 구조를 파악

일반적인 법조문 유형에서는 제○○조 옆의 괄호 및 키워드로 조문의 구조만을 파악하고, 선지를 판단할 때 세부 내용을 읽는 방식을 추천한다. 법조문의 세부 내용을 모두 기억하기 어렵고, 독해에도 시간이 걸리기 때문이다. 어떤 조항에 어떤 내용이 있는지를 파악하고, 세부 조건인 호나 목은 선지에서 묻는 경우 발췌독하는 것이다. 다만 '규정적용' 유형 중 계산형 문제는 계산에 필요한 구체적 내용을 파악하며 조문을 읽어야 한다.

3. 선지에 자주 등장하는 조문의 특징

법조문의 구조를 파악할 때 선지로 등장할만한 부분을 체크한다면 풀이 시간을 단축할 수 있을 것이다. 아래 내용은 주로 선지에 등장하는 내용의 특징과 선지에 등장하는 방식이다. 기출 분석을 통해 빈출 패턴을 익히면 실수를 방지하고 풀이 속도를 높이는 데에 도움이 될 것이다.

- 단서(다만): 단서가 적용됨에도 적용하지 않거나, 적용되지 않음에도 적용하여 제시
- 후단(이 경우)이나 괄호(보완 내용): 해당 내용을 사례로 제시
- 주어: 행위 주체를 바꾸어 제시
- 술어: 허가를 신고로, 신고를 허가로 바꾸어 제시
- 날짜, 시기, 횟수: 숫자를 바꾸어 제시
- 어느 하나: 모든 조건이 적용되는 것으로 제시
- 하부 개념: 상부 개념과 하부 개념을 바꾸거나, 복수의 하부 개념의 특징을 서로 바꾸어 제시
- 재량과 기속: '할 수 있다'와 '해야 한다'를 바꾸어 제시

141 정답 ❶ 난이도 ●○○

문제유형 비판적 사고 > 유사한 내용·사례 찾기

접근전략 앞선 문제처럼 특정한 부분에 대해 묻는 경우 ㉠에 대해 이해한 뒤 선지 중에서 사례로 보기 어려운 것을 고르는 문제다. ㉠이 나타내는 단어 그 자체에 주목하기보다는, 문장 전체를 보며 ㉠이 만족해야 하는 조건, 방향성 등을 고려해야 한다. ㉠이 만족해야 하는 조건을 중점적으로 선지를 판단하면 쉽게 정답을 찾을 수 있다. 이때, 지시대명사나 지시형용사 표현이 있다면 이들이 무엇을 가리키는지, 그것이 지문의 어디에 위치하는지 파악하는 것이 정답을 고르는 데에 큰 도움이 된다.

다음 글의 ㉠의 사례로 보기 어려운 것은?

(1) 디지털 이미지는 사용자가 가장 손쉽게 정보를 전달할 수 있는 멀티미디어 객체이다. (2) 일반적으로 디지털 이미지는 화소에 의해 정보가 표현되는데, M×N 개의 화소로 이루어져 있다. (3) 여기서 M과 N은 가로와 세로의 화소 수를 의미하며, M 곱하기 N을 한 값을 해상도라 한다. ▶ 1문단

(1) 무선 네트워크와 모바일 기기의 사용이 보편화되면서 다양한 스마트 기기의 보급이 진행되고 있다. (2) 스마트 기기는 그 사용 목적이나 제조 방식, 가격 등의 요인에 의해 각각의 화면 표시 장치들이 서로 다른 해상도와 화면 비율을 가진다. (3) 이에 대응하여 동일한 이미지를 다양한 화면 표시 장치 환경에 맞출 필요성이 발생했다. (4) 하나의 멀티미디어의 객체를 텔레비전용, 영화용, 모바일 기기용 등 표준적인 화면 표시 장치에 맞추어 각기 독립적인 이미지 소스로 따로 제공하는 것이 아니라, 하나의 이미지 소스를 다양한 화면 표시 장치에 맞도록 적절히 변환하는 기술을 요구하고 있다. ▶ 2문단

(1) 이러한 변환 기술을 '이미지 리타겟팅'이라고 한다. (2) 이는 A × B의 이미지를 C × D 화면에 맞추기 위해 해상도와 화면 비율을 조절하거나 이미지의 일부를 잘라 내는 방법 등으로 이미지를 수정하는 것이다. (3) 이러한 수정에서 입력 이미지에 있는 콘텐츠 중 주요 콘텐츠는 그대로 유지되어야 한다. (4) 즉 리타겟팅 처리 후에도 원래 이미지의 중요한 부분을 그대로 유지하면서 동시에 왜곡을 최소화하는 형태로 주어진 화면에 맞게 이미지를 변형하여야 한다. (5) 이러한 조건을 만족하기 위해 ㉠ <u>다양한 접</u>

근이 일어나고 있는데, 이미지의 주요한 콘텐츠 및 구조를 분석하는 방법과 분석된 주요 사항을 바탕으로 어떤 식으로 이미지 해상도를 조절하느냐가 주요 연구 방향이다. ▶3문단

※ ㉠ 다양한 접근: 이미지 리타겟팅을 하더라도 (1)본래 이미지의 주요 콘텐츠를 그대로 유지하기, (2)왜곡을 최소화하기라는 조건을 충족하는 방법

① **광고 사진에서 화면 전반에 걸쳐 흩어져 있는 콘텐츠를 무작위로 추출하여 화면을 재구성하는 방법**
→ (×) 이미지의 콘텐츠를 무작위로 추출하는 것은 원래 이미지의 중요한 부분을 그대로 유지하는 방법이 아니다. 이미지 리타겟팅 기술의 핵심은 그 처리 이후에도 본래 이미지의 중요한 부분을 그대로 유지하면서, 동시에 왜곡 없이 최대한 온전히 전달하는 것[3문단(4)]이기 때문이다.

② **풍경 사진에서 전체 풍경에 대한 구도를 추출하고 구도가 그대로 유지될 수 있도록 해상도를 조절하는 방법**
→ (○) 풍경 사진에서는 전체적인 풍경에 대한 구도를 주요 콘텐츠로 볼 수 있다. 따라서 그 구도를 유지할 수 있도록 해상도를 조절하는 방법[3문단(2)]이 곧 이미지 리타겟팅이며, 이를 통해 왜곡을 최소화한 형태로 이미지를 주어진 화면에 맞게 변형할 수 있다.

③ **인물 사진에서 얼굴 추출 기법을 사용하여 인물의 주요 부분을 왜곡하지 않고 필요 없는 부분을 잘라 내는 방법**
→ (○) 인물 사진은 인물의 얼굴이 주된 콘텐츠이다. 따라서 인물 표현에 있어 주된 부분을 왜곡하지 않아야 한다. 반대로 주요 부분 외에 불필요한 부분은 이미지의 일부를 잘라내는 방법을[3문단(2)] 통해 전체적인 이미지를 화면에 맞게 적절히 변형할 수 있다.

④ **정물 사진에서 대상물의 영역은 그대로 두고 배경 영역에 대해서는 왜곡을 최소로 하며 이미지를 축소하는 방법**
→ (○) 정물 사진에서 주된 콘텐츠는 그 대상물, 즉 정물이다. 따라서 정물의 영역은 건드리지 않고, 비교적 덜 중요한 배경 영역을 최대한 왜곡 없이 축소하는 방법[3문단(2), (4)]은 ㉠의 사례로 볼 수 있다.

⑤ **상품 사진에서 상품을 충분히 인지할 수 있을 정도의 범위 내에서 가로와 세로의 비율을 화면에 맞게 조절하는 방법**
→ (○) 상품 사진은 그 상품에 대한 정보를 제공하는 역할을 하며 여기서 상품은 주된 콘텐츠이다. 따라서 상품을 인지할 수 있다는 것은 입력 이미지의 주요 콘텐츠를 그대로 유지했다는 점이고, 그 범위 내에서 화면 비율을 조절해 화면에 맞는 이미지로 변환한다면[3문단(2)] 해당 선지는 ㉠의 사례로 볼 수 있다.

제시문 분석

1문단 디지털 이미지와 해상도의 개념

〈디지털 이미지〉		〈화소〉
디지털 이미지는 사용자가 가장 손쉽게 정보를 전달할 수 있는 멀티미디어 객체이며 일반적으로 디지털 이미지는 화소에 의해 정보가 표현되는데 $M \times N$개의 화소로 이루어져 있음[1문단(1), (2)]	→	M과 N은 가로와 세로의 화소 수를 의미하며, M 곱하기 N을 한 값을 해상도라 한다.[1문단(3)]

2·3문단 리타겟팅 기술의 특징 및 과제

디지털 이미지 표현		
문제		해결
다양한 스마트 기기들의 화면 표시 장치들이 가지는 각각의 해상도와 화면 비율이 다르다. [2문단(2)]	동일 이미지를 장치 환경에 맞출 필요성 [2문단(3)] →	〈이미지 리타겟팅 기술〉 본 이미지의 주요 콘텐츠는 그대로 유지하면서 왜곡을 최소화하는 방향으로 화면에 맞게 이미지를 변형하는 기술 [3문단(2), (4)]

〈앞으로의 과제〉
① 이미지의 주요한 콘텐츠 및 구조를 어떻게 분석하는가 ② 분석된 주요 사항을 바탕으로 어떤 식으로 이미지 해상도를 조절하는가[3문단(5)]

합격자의 실전 풀이 순서

❶ 발문을 확인해 유형을 파악한다.

> 다음 글의 ㉠의 사례로 보기 어려운 것은?

발문이 이렇게 나왔을 경우 ㉠은 보통 이론적, 원론적인 개념이 나온다. 그래야 현실의 사례를 들 수 있기 때문이다. ㉠이 무엇인지 파악하는 것이 제 1목표이므로 발문을 보고 난 뒤 글의 첫 부분과 ㉠만 보도록 한다.

이때, 글의 첫 부분을 같이 보는 이유는, 보통 정답과 직결된 단어 근처에는 소재가 직접 드러나지 않고 숨어 있는 경우가 많기 때문이다. 반면 글의 첫 부분은 '디지털 이미지'라는 소재가 명시적으로 드러나 있다.

❷ ㉠이 들어있는 문장을 먼저 읽는다.

> 이러한 조건을 만족하기 위해 ㉠다양한 접근이 일어나고 있는데, 이미지의 주요한 콘텐츠 및 구조를 분석하는 방법과 분석된 주요 사항을 바탕으로 어떤 식으로 이미지 해상도를 조절하느냐가 주요 연구 방향이다.

위 문장을 통해 ㉠이란 어떤 접근법을 말하고 있으며, 글의 윗부분에는 어떤 조건들이 나오고, 그 수단은 콘텐츠와 해상도 조절이 된다고 파악할 수 있다. 이들은 이 문장 자체로는 잘 이해가 되지 않지만 소재가 '디지털 이미지'였다는 것을 파악했다면 대강의 의미를 파악할 수 있다. 설령 콘텐츠라는 말을 알아듣지 못했다 하더라도 해상도 조절이 관련된다는 것 정도는 파악 가능할 것이다. 어차피 모든 선지를 해결하려고 먼저 읽은 게 아니므로 일단 조금만 파악하면 된다.

이제 재정리한다면, "해상도 조절을 통해 무엇을 이루려고 하는가?"라는 의문으로 바꿀 수 있다. 지문의 핵심 논지는 이렇게 파악이 된다.

❸ 지문을 읽고 ㉠을 파악한다.

지문에서 핵심적으로 찾아야 할 것은 위에서 언급한 〈조건〉들이다. 그렇다고 바로 위 문장을 읽으면 안 된다. (핵심적이라는 말과 가장 먼저라는 말은 다르다.) 왜냐하면, 첫째로 조건들이 문단별로 흩어져 있을 가능성이 있고, 둘째로 문단별로 조건의 배경지식이 되는(그래서 조건을 명확하게 해주는) 내용이 있을 수 있기 때문이다. 실제로 이 글은 다른 문단에 조건들이 있진 않지만, 해상도의 개념이 서술되어 있다.

3문단까지 와서 조건들을 찾는 것은 어렵지 않다. 두 문장 다음으로 ㉠이 들어있는 문장[3문단(5)]가 등장하는 점, 3문단

(3), (4) 모두 '~하여야 한다'는 종결어미를 사용한다는 점이 근거이다.
따라서 ㉠이란 원래 이미지의 중요한 부분을 유지하되 왜곡을 최소화하는 접근법'임을 알 수 있다. ((3) 문장은 결국 (4) 문장을 가독성 나쁘게 설명한 것에 불과하다.)

❹ 선지를 판단한다.

㉠의 사례로 보기 어려운 선지를 판단하는 문제다. 앞선 '합격자의 실전 풀이순서 3'에서 파악한 ㉠의 성질을 바탕으로 선지를 판단하면 된다. ㉠은 다음과 같은 조건을 만족해야 한다.

(a) 입력 이미지의 주요 콘텐츠를 그대로 유지
(b) 원래 이미지의 중요한 부분을 유지하되 왜곡을 최소화

이때 a조건은 사실 b조건에 포함되어 있다. "원래 이미지의 중요한 부분을 유지"한다는 말이다. 즉, a조건을 없애거나, b조건에서 〈왜곡을 최소화〉한다는 부분만 남겨두는 것이다. 이때 '최소화'라는 개념은 '불변'과 다르다.
이제 이 조건들을 선지에 적용해 본다. 이때 첫째로 원래 이미지가 무엇인지 체크한 다음 〈주요 콘텐츠 혹은 중요한 부분〉이 무엇인지 파악한다. 이때 〈주요〉라는 것은 "진짜 중요한" 것이 아니라, "선지에서 의도된 부분"이기만 하면 된다. 예컨대 ②번 선지의 '구도'라는 부분은 사실 중요하지 않을 수도 있다. 그러나 선지에서 중요한 것으로 말했으므로 중요하다고 그냥 받아들이면 된다.

합격자의 시간단축 Tip

Tip ❶ 특정 부분에 대해 묻는 문제의 풀이 요령

해당 문제의 경우 가급적이면 ㉠을 포함한 문장을 읽었을 때 바로 이해되는 것이 편하겠지만 항상 그렇다는 보장이 없다. 만약 그 문장을 읽었을 때 ㉠이 제대로 이해되지 않았다면 지문을 다시 읽어야 하는데, 처음부터 전부 읽기는 부담될 것이다. 이미 시간을 낭비한 셈이기 때문이다. 따라서 지문의 나머지 부분 중 어디에 주목해서 제시문을 읽어야 하는지 본인이 잘 조절할 필요가 있다. 주로 해당 문장에 쓰인 단어를 설명하는 문장, 그리고 특수한 조건을 설명하는 문장 등에 주의하면서 읽는 연습을 하자. 특히 지시대명사(이것, 저것 등) 또는 지시형용사(이러한, 저러한 등) 표현이 있을 때, 이들은 정답을 파악하는 데에 큰 단서를 주는 경우도 있기 때문에 무엇을 가리키는지 잘 파악하는 것 또한 중요하다.

Tip ❷ 압축의 개념을 알자

모든 데이터 관련 지문은 '압축'과 연관될 수밖에 없다. 왜냐하면 컴퓨터(디지털) 데이터라는 것은 일정한 패턴을 반복하기 때문이다. 이때 〈리사이징, 압축, 인코딩, 코덱, 포맷 등〉은 전부 비슷한 용어라 보면 된다. 최근 AI를 활용한 딥페이크, 메타버스 등도 사실 이런 패턴화된 데이터를 압축 및 연산하는 과정이 필수적으로 들어가기 때문에 압축이란 개념은 출제 가능성이 매우 크다.
이 지문도 잘라내기와 압축을 같이 쓰고 있는데, 둘의 차이점이 무엇인지, 공통된 요소 및 목적은 무엇인지 생각해보도록 하자.

142 정답 ❸

난이도 ●●●

문제유형 사실적 이해 > 중심 내용 파악
접근전략 논지를 찾는 문제는 일반적으로 글 전체의 주제를 찾는 것이라 할 수 있다. 따라서 글의 세부적인 내용에 너무 얽매이지 말고 글 전체가 무엇을 말하고자 하는지 파악하며 읽는 것이 좋다. 주제문이 있을 곳을 미리 골라서 몇 군데를 먼저 읽어보는 것도 좋다. (예컨대 문단별 끝부분) 다만 주의해야 할 점은 선지를 먼저 보는 것은 절대로 하면 안 되는 유형이란 것이다.

다음 글의 논지로 가장 적절한 것은?

(1) 최근 다도해 지역을 해양사의 관점에서 새롭게 주목하는 논의가 많아졌다. (2) 그들은 주로 다도해 지역의 해로를 통한 국제 교역과 사신의 왕래 등을 거론하면서 해로와 포구의 기능과 해양 문화의 개방성을 강조하고 있다. (3) 한편 다도해는 오래전부터 유배지로 이용되었다는 사실이 자주 언급됨으로써 그동안 우리에게 고립과 단절의 이미지로 강하게 남아 있다. (4) 이처럼 다도해는 개방성의 측면과 고립성의 측면에서 모두 조명될 수 있다. (5) 이는 섬이 바다에 의해 격리되는 한편 그 바다를 통해 외부 세계와 연결되기 때문이다. ▶1문단

(1) 다도해의 문화적 특징을 말할 때 흔히 육지에 비해 옛 모습의 문화가 많이 남아 있다는 점이 거론된다. (2) 섬이 단절된 곳이므로 육지에서는 이미 사라진 문화가 섬에는 아직 많이 남아 있다고 여기는 것이다. (3) 또한 섬이라는 특수성 때문에 무속이 성하고 마을굿도 풍성하다고 생각하는 이들도 있다. (4) 이런 견해는 다도해를 고립되고 정체된 곳이라고 생각하는 관점과 통한다. (5) 실제로는 육지에도 무당과 굿당이 많은데도 관념적으로 섬을 특별하게 여기는 것이다. ▶2문단

(1) 이런 관점에서 '진도 다시래기'와 같은 축제식 장례 풍속을 다도해 토속 문화의 대표적인 사례로 드는 경우도 있다. (2) 지금도 진도나 신안 등지에 가면 상가(喪家)에서 노래하고 춤을 추며 굿을 하는 것을 볼 수 있는데, 이런 모습은 고대 역사서의 기록과 흡사하므로 그 풍속이 고풍스러운 것은 분명하다. (3) 하지만 기존 연구에서 밝혀졌듯이 진도 다시래기가 지금의 모습을 갖추게 된 데에는 육지의 남사당패와 같은 유희 유랑 집단에서 유입된 요소들의 영향도 적지 않다. (4) 이런 연구 결과도 다도해의 문화적 특징을 일방적인 관점에서 접근해서는 안 된다는 점을 시사해 준다. ▶3문단

① 유배지로서의 다도해 역사를 제대로 이해해야 한다.
➜ (×) 유배지로서만 다도해를 바라본다면 다도해를 그저 고립되고 정체된 곳이라고만 생각하게 된다.[1문단(3)] 지문은 이처럼 일방적으로 고립성의 측면에서만 다도해에 접근한다면 그 역사 역시 완전하게 이해할 수 없다고 주장하고 있다.[3문단(4)] 따라서 제시문의 논지는 최근에 제기되는 새로운 논의처럼 다도해를 국제 교역 요충지로 바라보는 등[1문단(2)] 다각적으로 그 지역의 역사를 이해할 필요성에 대해 언급해야 한다.

② 옛 모습이 많이 남아 있는 다도해의 문화를 잘 보존해야 한다.
➜ (×) 흔히들 섬의 단절성에만 집중하여 다도해는 육지에 비해 옛 모습의 문화가 많이 남았다고 생각한다.[2문단(1)] 섬이라는 지리적 특수성으로 인해 실제로 옛 문화가 많이 남아 있을 수는 있으나, 그를 잘 보존해야 한다는 주장은 지문에서 이끌어 낼 수 없다.

③ 다도해의 문화적 특징을 논의할 때 개방성의 측면을 간과해서는 안 된다.

→ (○) 다도해는 개방성과 고립성, 두 가지 측면 모두에서 조명될 수 있는 지역이다.[1문단(4)] 그러나 다도해의 문화적 특징을 말할 때면 옛 모습의 문화가 많이 남아 있다는 점[2문단(1)], 무속이 성하고 마을굿이 풍성하다고 생각한다는 점[2문단(3)] 등이 거론된다.

이는 마을을 고립성의 측면에서만 바라본 것에 해당한다. 따라서 이 글은 앞으로는 그러한 일방적인 관점에서 벗어나 개방성의 측면도 간과하지 말고 고려해야 함을 주장하고 있다.[3문단(4)] 따라서 해당 선지는 적절하다.

④ 다도해의 관념적 측면을 소홀히 해서는 그 풍속을 제대로 이해하기 어렵다.

→ (×) 이 글은 다도해의 관념적 측면에만 집중하는 일방적인 관점으로는 다도해 지역에 대한 정확한 이해가 불가능하다고 주장하고 있다.[2문단(5), 3문단(4)] 따라서 오히려 해당 선지의 내용과 반대로 '다도해의 관념적 측면에만 치중해서는 그 풍속을 제대로 이해하기 어렵다.'로 수정하면 적절하다.

⑤ 다도해의 토속 문화를 제대로 이해하기 위해서는 고전의 기록을 잘 살펴봐야 한다.

→ (×) 지문은 고대 역사서에서의 기록과 유사한 모습을 보이는 축제 장례 풍속인 진도 다시래기를 언급하고 있다.[3문단(2)] 하지만 이를 필자가 언급한 것은 다도해의 토속 문화를 제대로 이해하자는 취지가 아니다. 이는 일방적인 고립성의 관점만을 가지고서는 무조건적으로 고풍스러운 문화를 다도해의 토속 문화로 여기는 것에 대한 경계를 표하고자 하는 의도였다는 점에서 해당 선지는 정답이 될 수 없다.

제시문 분석

1문단 다도해 지역에 대한 새로운 관점의 등장

〈다도해 지역〉 섬은 바다에 의해 격리되면서 동시에 바다를 통해 외부와 연결[1문단(5)]		
a. 〈고립성의 측면〉		b. 〈개방성의 측면〉
기존의 관점 유배지로서의 다도해 고립/단절되고 정체된 곳[1문단(3)]	⬌	국제 교역과 사신의 왕래 해로와 포구의 기능 해양 문화의 개방성[1문단(2)]

2·3문단 다도해 지역에 대한 기존 관점의 문제점과 시사점

〈다도해의 문화적 특징에 대한 관념적 접근〉[2문단(5)]		
〈옛 문화의 보존〉[2문단(1)]		〈무속과 마을굿의 성행〉[2문단(3)]
섬은 단절돼있어 육지에서 이미 사라진 문화가 섬에는 남아있다고 여겨진다.[2문단(2)]	⊕	실제로는 육지에도 무당과 굿당이 많다는 점[2문단(5)]에서 이는 다도해를 고립/단절된 곳으로 여기는 고립성의 관점과 통한다.[2문단(4)]
〈진도 다시래기 사례〉		〈기존 연구〉
진도나 신안 등지의 상가에서 노래하고 춤을 추는 굿으로, 다도해 토속 문화의 대표적인 사례로 여겨진다.[3문단(1),(2)]	⬌	진도 다시래기에는 육지의 남사당패와 같은 유희 유랑 집단의 영향이 적지 않다.[3문단(3)]

↓

〈시사점〉
다도해의 문화적 특징을 일방적인 관점(관념적으로 여겨지는 섬에 대한 고립과 단절, 정체된 이미지)으로만 접근해서는 안된다.[3문단(4)]

합격자의 실전 풀이 순서

❶ 발문을 확인해 유형을 파악한다.

> 다음 글의 논지로 가장 적절한 것은?

논지란 '논하는 말이나 글의 취지/요지' 등을 의미한다. 따라서 본 문제는 글을 읽고 글에서 전하고자 하는 요점을 파악해 선지를 판단하는 문제다. 이와 더불어 '최근'이란 구절을 보면서 "최근에 반하는 내용이 주제겠구나"라는 것을 추측할 수 있어야 한다.

단, 중요한 점은 이런 문제에선 절대로 선지를 먼저 읽으면 안 된다는 것이다. 선지는 특성상 헷갈리는 함정을 실어놓는 데다가 서로 간의 맥락도 충분하지 않아 '단 하나의 논지'를 파악하는 데 오히려 방해된다.

❷ 지문을 읽으며 논지를 파악해 정답을 고른다.

지문은 첫 문단에서 다도해 지역을 고립성과 개방성의 측면에서 바라보는 두 관점을 소개하며 시작한다. 이때 고립과 개방 중 어느 것을 필자가 부정적으로 바라보고 있는지 확인하면서 읽는다. 그리고 그 견해가 계속 유지되고 있는지도 확인해 본다. 2, 3문단에서 그것이 반복됨을 알 수 있고, 그것이 논지임을 파악할 수 있을 것이다.

합격자의 시간단축 Tip

Tip ❶ 논지는 결국 주제를 찾는 것이다.

엄밀히 말하면 다르지만, 일반적으로 논지를 찾는 문제는 글 전체의 주제를 찾으면 곧 정답이 된다. 주제는 주제문을 찾음으로써 쉽게 파악할 수 있는데 대부분 글에서 주제문은 첫 문단의 후반부나 마지막 문단의 초반부에 존재한다. 따라서, 논지를 찾는 문제는 위에서 언급한 두 부분을 유의하며 읽으면 좋다. 해당 문제도 첫 문단 후반부에 주제문이 존재했다. 다만, 글의 흐름이 바뀌어 후반부에 논지가 바뀌는 경우도 분명 있으니 첫 문단의 후반부의 내용만 파악한 뒤 이를 논지로 확정하여 바로 정답만 선택하는 방식은 지양하자.

Tip ❷ 논지가 있는 글은 비교적 편향된 경우가 많음에 유의한다.

편향되었다는 사실은 두 가지 장점을 가져다 준다. 첫째로 지문 내용이 비대칭적으로 구성되어 내용을 예측할 수 있게 해 준다는 것이고, 둘째로 그에 따라 모든 문장을 다 읽을 필요가 없게 된다는 것이다.

그러나 편향되었다는 사실은 필연적으로 비논리성을 함축한다. 예컨대 지문의 화자는 개방성과 고립성을 모두 중시해야 한다고 하지만 동시에 개방성이 있었음만 지문에 드러내고 있다. 따라서 지문을 읽으면서 논지가 중립적이지 않다고 과도하게 추측할 수 있다. 그러나 독해 시험에서는 그런 글은 나오기 쉽지 않으며, 만약 나온다면 "개방성만 있다"라는 내용이 더 강조가 되어야 할 것이다. 한번 정말로 그럴지 생각해 보자.

143 정답 ⑤ 난이도 ●●●

문제유형 추론 > 결론 도출

접근전략 빈칸이 글의 맨 뒤에 위치하여 결론을 요구하는 문제는 글 내용 전반에 대한 핵심 파악이 중요하다. 즉, 결론부에 등장할 내용은 대부분 글쓴이가 하고 싶은 이야기의 핵심이다. 따라서

글 내용 전반에 대한 이해를 통해 스스로 결론의 방향성을 짐작한 뒤, 선지와 비교하며 접근한다. 이 경우 접속사에 유의하며 읽으면 핵심 파악이 수월해진다.

다음 글의 빈칸에 들어갈 진술로 가장 적절한 것은?

(1) 야생의 자연이라는 이상을 고집하는 자연 애호가들은 인류가 자연과 내밀하면서도 창조적인 관계를 맺었던 반(反) 야생의 자연, 즉 정원을 간과한다. (2) 정원은 울타리를 통해 농경지보다 야생의 자연과 분명한 경계를 긋는다. (3) 집약적인 토지 이용이라는 전통은 정원에서 시작되었다. (4) 정원은 대규모의 농경지 경작이 행해지지 않은 원시적인 문화에서도 발견된다. (5) 만여 종의 경작용 식물들은 모두 대량 생산에 들어가기 전에 정원에서 자라는 단계를 거쳐 온 것으로 보인다. ▶1문단

(1) 농업경제의 역사에서 정원이 갖는 의미는 시대와 지역에 따라 매우 달랐다. (2) 좁은 공간에서 집약적인 농사를 짓는 지역에서는 농부가 곧 정원사였다. (3) 반면 예전의 독일 농부들은 정원이 곡물 경작에 사용될 퇴비를 앗아가므로 정원을 악으로 여기기도 했다. (4) 하지만 여성들의 입장은 지역적인 편차가 없었다. (5) 아메리카의 푸에블로 인디언부터 근대 독일의 농부 집안까지 정원은 농업 혁신에 주도적인 역할을 해온 여성들에게는 자신들의 제국이자 자존심이었다. (6) 그곳에는 여성들이 경험을 통해 쌓은 지식 전통이 살아 있었다. (7) 환경사에서 여성이 갖는 특별한 역할의 물질적 근간은 대부분 정원에서 발견된다. (8) 지난 세기들의 경우 이는 특히 여성 제후들과 관련되어 있으며 자료가 풍부하다. (9) 작센의 여성 제후인 안나는 식물에 관한 지식을 늘 공유했던 긴밀하고도 광범위한 사회적 네트워크를 가지고 있었는데 그 중에는 식물 경제학에 관심이 깊은 고귀한 신분의 여성들도 많았으며 수도원 소속의 여성들도 있었다. ▶2문단

(1) 여성들이 정원에서 쌓은 경험의 특징은 무엇일까? (2) 정원에서는 땅을 면밀히 살피고 손으로 흙을 부스러뜨리는 습관이 생겨났을 것이다. (3) 정원에서 즐겨 이용되는 삽도 다양한 토질의 층을 자세히 연구하도록 부추겼을 것이 분명하다. (4) 넓은 경작지보다는 정원에서 땅을 다룰 때 더 아끼고 보호했을 것이다. (5) 정원이라는 매우 제한된 공간에는 옛날에도 충분한 퇴비를 줄 수 있었다. (6) 경작지보다도 다양한 종류의 퇴비로 실험할 수 있었고 새로운 작물을 키우며 경험을 수집할 수 있었다. (7) 정원에서는 좁은 공간에서 다양한 식물이 자라기 때문에 모든 종류의 식물들이 서로 잘 지내지는 않는다는 사실에도 주의를 기울였다. (8) 이는 식물 생태학의 근간을 이루는 통찰이었다. ▶3문단

결론적으로 정원은 [   ]

① 자연을 즐기고 자연과 교감할 수 있는 야생의 공간으로서 집안에 들여놓은 자연의 축소판이었다.

→ (×) 해당 글은 정원이 곧 여성들이 경험을 쌓고 지식을 축적할 수 있는 근원이었다는 점을 강조한다.[2문단(7)] 그러나 해당 선지는 '여성'이라는 키워드가 없고, 농사에 대한 경험이 서술되지 않았으므로 글의 결론으로 볼 수 없다.

② 여성들이 자연을 통제하고자 하는 이룰 수 없는 욕구를 충족하기 위하여 인공적으로 구축한 공간이었다.

→ (×) 여성들이 자연을 통제하고자 하는 이룰 수 없는 욕구를 충족하기 위하여 정원을 구축했다는 내용은 제시문에서 찾아볼 수 없다.

③ 경작용 식물들이 서로 잘 지낼 수 있도록 농경지를 구획하는 울타리를 헐어버림으로써 구축한 인위적 공간이었다.

→ (×) 해당 선지는 '여성의 주도', '정원에서 농사에 대한 경험을 한 것'에 대한 언급이 없이 정원에 대한 정의만을 내린 진술에 해당하므로, 결론으로 볼 수 없다.

④ 여성 제후들이 농부들의 경작 경험을 집대성하여 환경사의 근간을 이루는 식물 생태학의 기초를 다지는 공간이었다.

→ (×) 글에서 강조되는 경험의 주체는 '여성 일반'이므로[2문단(4)], 주체의 범위를 '여성 제후'로 한정하는 것은 결론으로 볼 수 없다.

⑤ 여성들이 주도가 되어 토양과 식물을 이해하고 농경지 경작에 유용한 지식과 경험을 배양할 수 있는 좋은 장소였다.

→ (○) 본 글에서는 '정원에서 쌓은 여성의 경험의 특징'을 주제로 삼는다.[3문단(1)] 환경사에서 여성이 갖는 특별한 역할의 물질적 근간은 대부분 정원에서 발견되며[2문단(7)], 여성들이 정원에서 쌓은 경험은 식물 생태학의 근간을 이루는 통찰이었다고 설명한다.[3문단(8)] 핵심 문장을 정리하면, "정원의 주체로서 '여성'이 농사에 대한 '경험'을 쌓았다."라는 것이 된다. 따라서 글의 결론에는 정원의 주체로서의 '여성', 그리고 농사와 관련한 '경험'이라는 단어가 들어가야 하므로, 해당 선지가 이에 부합한다.

제시문 분석

제시문 여성들이 정원에서 쌓은 경험의 특징

〈정원의 중요성〉		〈정원 경험의 주체인 여성〉
집약적인 토지 이용이라는 전통은 정원에서 시작되었고, 만여 종의 경작용 식물들은 모두 대량 생산에 들어가기 전에 정원에서 자라는 단계를 거쳐 온 것으로 보인다.[1문단(3),(5)]	→	정원은 농업 혁신에 주도적인 역할을 해온 여성들에게는 자신들의 제국이자 자존심이었다.[2문단(5)]

〈여성들이 정원에서 쌓은 경험의 특징〉

〈정원의 특성〉		〈의의〉
다양한 종류의 퇴비로 실험할 수 있었고 새로운 작물을 키우며 경험을 수집할 수 있었으며, 모든 종류의 식물들이 서로 잘 지내지는 않는다는 사실에도 주의를 기울였다.[3문단(6),(7)]	→	이는 식물 생태학의 근간을 이루는 통찰이었다.[3문단(8)]

합격자의 실전 풀이 순서

❶ 빈칸 문제의 특성을 살려 전체 맥락을 파악한다.

빈칸 부근을 가볍게 먼저 읽어보도록 한다. 그 결과 빈칸이 제시문의 마지막 문단에 존재하는 것을 알 수 있다. 이 경우 일반적으로 정답은 글 전반의 핵심 내용이 되며, 이는 빈칸 앞 '결론적으로'라는 접속사를 통해 확실히 알 수 있다. 글의 마지막 부분에 결론을 짓는 문장은 결국 핵심 내용이기 때문이다. 즉, 마지막 문장 전의 모든 내용은 "빈칸"을 도출하기 위해 존재한다는 것이다. 따라서 세세한 내용 파악에 집착하기보다는 글의 흐름 파악에 주력하며 핵심 및 주제를 파악하도록 한다.

❷ 빈칸 바로 앞의 맥락을 확인한다.

빈칸 바로 앞 문단은 "여성"에 대해 강조하고 있으므로, 따라서 빈칸의 내용에는 "여성"이라는 키워드가 들어갈 가능성이 크다.

❸ 전체를 포괄하는 선지를 고른다.

제시문을 독해한 뒤 핵심을 파악했다면, 이를 근거로 정답을 낼 수 있다. 중요한 것은 개별 부분의 내용만 담고 있거나, 지문의 내용과 일치하지 않는 선지는 답이 될 수 없다는 것이다. 이때, ④번 선지가 헷갈릴 수 있다. 글의 내용을 토대로 정원의 특징과 '농부'가 관련되는지, '제후'가 맞는지, '기존 경험'인지를 살펴보면 된다. 전부 글에서 언급한 정원의 특징들이다.

합격자의 시간단축 Tip

Tip ❶ 빈칸의 위치를 통해 답이 될 내용을 짐작할 수 있다.

글의 말미에 등장하는 결론은 대부분 글의 핵심 내용과 직결된다. 따라서 글에서 많이 등장하지 않은 단어만의 조합으로 결론을 내리는 선지는 핵심에서 거리가 멀다는 의미이므로 오답일 가능성이 높다.

Tip ❷ 소거법을 활용한다.

선지 판단 시, 제시문 전체를 근거로 하면 이와 불일치하는 선지를 비교적 빨리 소거할 수 있다(빈칸 역시 글의 일부분이므로 일반적으로 이와 상충하는 선지는 오답이 될 수밖에 없기 때문이다). 이때 빈칸 문제의 오답 선지로 자주 구성되는 내용을 숙지하면 좋다. 이에는 1) 제시문을 통해 알 수 없는 선지(무관) 2) 제시문 내용과 상충하는 선지 3) 제시문 핵심 내용에 비해 지나치게 내용이 좁거나 넓은 선지(ex. 유인원을 주제로 하는데 침팬지나 포유류를 주제로 함) 3가지가 있다. 이를 미리 숙지해 두면, 빠른 소거를 통해 정답을 확정할 수 있다.

Tip ❸ 핵심 위주의 문제인 경우 접속사의 사용이 더욱 중요하다.

기본적으로 접속사는 모든 읽기 문제에서 중요하지만, 특히 해당 문제처럼 핵심 내용이 곧 답인 경우에는 더욱 예민하게 반응해야 한다. 왜냐하면, 접속사 뒤에 핵심 내용이 곧바로 오는 경우가 많기 때문이다. 해당 문제의 경우도 정원에 관한 포괄적 내용이 등장하다가 2문단부터 '하지만'이라는 접속사 뒤부터는 글 전반의 핵심인 정원과 여성의 관계에 대해 언급되기 시작했다.

144 정답 ❸ 난이도 ●●●

문제유형 비판적 사고 > 지문에서 추론하기

접근전략 참인지 거짓인지 알 수 있는 것을 고르라는 문제는 제시문을 읽고 나서 막상 선지를 판단할 때는 참인 사실을 고르라는 문제로 착각하기 매우 쉽다. 그러므로 〈보기〉 문구에 세모 표시를 의식적으로 해두고 읽으면 훨씬 실수할 일이 줄어든다. 또한, 개념어와 그 관계가 많이 등장하는 경우는 기호를 써서 시각화하며 읽으면 훨씬 편하고 빠르게 풀 수 있다.

다음 글의 내용이 참일 때, 참인지 거짓인지 알 수 있는 것만을 〈보기〉에서 모두 고르면?

(1) 머신러닝은 컴퓨터 공학에서 최근 주목 받고 있는 분야이다. (2) 이 중 샤펠식 과정은 성공적인 적용 사례들로 인해 우리에게 많이 알려진 학습 방법이다. (3) 머신러닝의 사례 가운데 샤펠식 과정에 해당하면서 의사결정트리 방식을 따르지 않는 경우는 없다. ▶1문단

(1) 머신러닝은 지도학습과 비지도학습이라는 두 배타적 유형으로 나눌 수 있고, 모든 머신러닝의 사례는 이 두 유형 중 어디엔가 속한다. (2) 샤펠식 과정은 모두 전자에 속한다. (3) 머신러닝에서 새로 떠오르는 방법은 강화학습인데, 강화학습을 활용하는 모든 경우는 후자에 속한다. (4) 그리고 의사결정트리 방식을 적용한 사례들 가운데 강화학습을 활용하는 머신러닝의 사례도 있다. ▶2문단

보기

ㄱ. 의사결정트리 방식을 적용한 모든 사례는 지도학습의 사례이다.

→ (O) 의사결정트리 방식을 적용한 사례들 중에는 강화학습을 활용하는 머신러닝의 사례도 있다.[2문단(4)] 강화학습을 활용하는 모든 경우는 비지도학습에 속하므로[2문단(3)], 의사결정트리 방식을 적용한 모든 사례가 지도학습의 사례에 해당한다고 볼 수 없다. 따라서 ㄱ은 거짓임을 알 수 있다.

ㄴ. 샤펠식 과정의 적용 사례가 아니면서 의사결정트리 방식을 적용한 경우가 존재한다.

→ (O) 샤펠식 과정은 모두 지도학습에 속하므로[2문단(2)] 비지도학습에 속하는 샤펠식 과정은 없다. 의사결정트리 방식을 적용한 사례들 중에는 강화학습을 활용하는 머신러닝의 사례도 있으며[2문단(4)], 이처럼 강화학습을 활용하는 모든 경우는 비지도학습에 속한다.[2문단(3)] 비지도학습에 속하는 샤펠식 과정은 없으므로 샤펠식 과정의 적용 사례가 아니면서 의사결정트리 방식을 적용한 경우가 존재한다는 것을 알 수 있다. 따라서 ㄴ은 참이다.

ㄷ. 강화학습을 활용하는 머신러닝 사례들 가운데 의사결정트리 방식이 적용되지 않은 경우는 없다.

→ (X) 의사결정트리 방식을 적용한 사례들 가운데 강화학습을 활용하는 머신러닝의 사례도 있다.[2문단(4)] 그러나 이 사실만으로는 강화학습을 활용하는 모든 머신러닝 사례가 의사결정트리 방식을 적용하였는지, 아니면 일부만 적용하였는지는 알 수 없다. 따라서 ㄷ은 참과 거짓의 여부를 판별할 수 없다.

① ㄴ → (X)
② ㄷ → (X)
③ ㄱ, ㄴ → (O)
④ ㄱ, ㄷ → (X)
⑤ ㄱ, ㄴ, ㄷ → (X)

제시문 분석

제시문 머신러닝의 유형과 의사결정트리 방식

〈머신러닝의 유형〉		
	〈지도학습〉	〈비지도학습〉
〈사례〉	샤펠식 과정.[2문단(2)]	강화학습.[2문단(3)]

〈의사결정트리 방식〉	
샤펠식 과정은 모두 의사결정트리 방식을 따른다.[1문단(3)]	의사결정트리 방식을 적용한 사례들 가운데 강화학습을 활용하는 머신러닝의 사례도 있다.[2문단(4)]

합격자의 실전 풀이 순서

❶ 발문을 읽고 문제의 유형 파악

우선 발문을 제대로 읽자. '참인지 거짓인지 알 수 있는 것'을 찾으라는 논리추론·퀴즈 문제이다. 여기서 매우 중요한 점은 무관한 선지를 골라야 한다는 것이다. 발문을 읽고 선지로 가게 되면 순간적으로 발문의 내용을 '참인 선지를 고르면?'이라고 착각할 수 있다. 급하게 풀다 보면 자주 생기는 실수인데, 이 경우 발문을 읽고 세모 표시를 의식적으로 해두는 것을 추천한다.

옳은 것, 참, 추론할 수 있는 사실을 고르라는 문제들은 O표시, 옳지 않은 것, 거짓, 알 수 없는 것을 고르라는 문제들은 ×표시를 치되 거짓인지 참인지만 알 수 있는 선지를 고르라는 문제는 〈보기〉라고 써있는 부분에 △를 의식적으로 해두면 실수를 방지할 수 있다. 해당 문제의 오답률이 높은 이유는 참인 사실을 위주로 구성된 선지를 골랐기 때문이다.

다음으로 '참인지 거짓인지'라는 말이 나오고, 제시문이 비교적 짧은 경우 정보확인유형이 아니라 논리 퀴즈 유형에 해당할 가능성이 크다. 본 문제의 경우 전형적인 논리 퀴즈 형태는 아니지만, 논리학적 지식을 사용할 경우 빠르고 정확하게 풀 수 있는 문제였다. 따라서 논리학적 지식으로 정리할 수 있는 문장이 있으면 정리해두는 연습을 해야 한다.

❷ 제시문 독해

본 문제의 경우 어렵지 않으므로, 논리 추론 유형이지만 두 가지 방법으로 독해를 진행할 수 있다.

(1) 논리학을 활용하지 않은 일반적 독해

논리학적 지식을 활용하지 않고 독해하는 것이다. 제시문에 여러 개념어가 나오고 그 개념어 간의 관계가 나오는데, 이 경우 개념어를 동그라미, 세모 등을 치고 각각을 펜으로 연결하며 관계를 표시하며 읽으면 판단이 훨씬 편해진다.

(2) 논리학을 활용하여 정리하며 독해

1문단 (3) 문장은 (샤펠 → 의사결정)으로 정리할 수 있다.
2문단 (1) 문장은 '머신러닝 → (지도∪비지도)'로 표현되며,
(2)문장은 '샤펠 → 지도'가 된다.
(3)문장은 '강화학습 → 비지도'이며,
(4)문장은 '의사결정m∩강화학습m'으로 표현된다.
이렇게 정리를 하면 선지 판단을 논리 퀴즈 문제를 푸는 것처럼 풀 수 있다.

논리학적 지식이 없는 경우는 앞선 방법을 사용하는 것이 쉬워 보일 수 있다. 그러나 문제가 어려워질수록 논리학적 지식을 사용하지 않으면 풀지 못하는 문제가 늘어난다. 따라서 논리 퀴즈 기본서를 풀며 문장을 논리학 부호로 정리하는 연습을 해야 한다.

❸ 선지의 판단

(1) 논리학적 지식을 활용하지 않고 독해 한 경우,
선지 판단은 '의사결정트리 방식을 적용한 모든 사례는/지도학습의 사례이다.' 끊어서 하는 편이 좋으며, 제시문을 읽을 때 표시해두었던 기호를 근거로 삼으며 풀도록 하자.

(2) 논리학을 활용한 경우
논리학적 지식을 활용할 경우, 선지의 문장 역시 부호를 통해 간단히 정리할 수 있다.

ㄱ은 '의사결정 → 지도학습', ㄴ은 '~샤펠m ∩ 의사결정m', ㄷ은 '강화 → 의사결정'으로 정리된다.

ㄱ의 경우 2문단 (4)문장인 '의사결정m∩강화학습m'과, (3)문장인 '강화학습 → 비지도'를 결합할 경우, '의사결정m∩비지도m'가 도출되므로 거짓인 선지임을 알 수 있다.

ㄴ의 경우 2문단 (4)문장이 '의사결정m∩강화학습m'인데, (3)문장이 '강화학습 → 비지도', 즉 '강화학습 → ~지도'이고, (2)문장인 '샤펠 → 지도'로부터 대우인 '~지도 → ~샤펠'이 도출되므로, '의사결정m∩~샤펠m'이 참임을 알 수 있다.

ㄷ의 경우 주어진 제시문을 정리하여도 해당 선지의 내용이 도출되지 않으므로 참·거짓을 알 수 없는 선지에 해당한다.

ㄴ을 도출하는 과정이 어려워 보일 수 있으나, 제시문을 모두 논리학 부호를 사용하여 정리하고 대우를 활용해본다면 생각보다 어렵지 않다. 또한, 위 과정이 복잡하더라도 본 문제와 같은 논리 퀴즈 유형은 언어논리를 고득점을 위해 반드시 넘어야 할 산이다. 따라서 포기하지 말고 여러 문제로 연습하여 속도와 정확성을 향상시킬 필요가 있다.

합격자의 시간단축 Tip

Tip❶ 기본적인 논리학 지식을 숙지하고 활용하기

본 문제의 경우 그리 어렵지 않으므로 논리학적 지식을 활용하지 않아도 풀 수 있지만, 논증 구조를 활용한다면 실수를 크게 줄일 수 있다. 논리학이 어렵다는 막연한 두려움으로 논증 구조의 활용을 회피하고자 할 수도 있으나 PSAT 언어논리에는 고난도의 논리학 지식이 출제되지 않으므로 두려워할 필요는 없다. 'p이면 q이다'(p → q)와 그 대우인 'q가 아니면 p가 아니다'(~q → ~p)가 같다는 점, 'p이면 q이다'(p → q)를 반박하기 위해서는 'p이고 q가 아니다'(p∩~q)가 필요하다는 점만 숙지하면 훨씬 많은 문제를 빠르고 정확하게 풀 수 있다. 표로 정리하면 다음과 같다.

기호	~A = not A	A∩B = A and B	A∪B = A or B
관계	~(A∩B) = ~A∪~B		
	~(A∪B) = ~A∩~B		
	A이면 B이다 = A → B = ~B → ~A (대우) = ~A∪B		
	A이면 B이다의 반례 = ~(~A∪B) = A∩~B = A이고 B가 아니다		

Tip❷ 기호를 활용하여 개념어 간의 관계를 파악

개념어와 그 관계를 위주로 서술된 글은 위와 같이 그들을 기호를 이용하여 표현하는 것이 좋다. 내용이 시각화되어있으면 판단이 훨씬 편하고 빨라지기 때문이다. 이때, 대립하는 대상들은 △, ▽와 같은 기호를 쓰고 포함관계나 같은 또는 비슷한 계열의 말은 연결하며 읽는다.

이때, 제시문을 읽으며 나오는 개념어 간 모든 관계를 정리해놓고 보기를 풀기보다는 보기를 먼저 보고 해당 보기에 제시된 개념어와 관련된 내용을 찾는 것이 시간 단축에 도움이 될 수 있다. 다만 선지를 먼저 보는 것이 오히려 시간이 오래 걸리는 수험생도 있을 것이므로 선지를 먼저 읽는 것이 더 편한 경우 이 방법을 추천한다. 중요한 것은 본인에게 맞는 풀이법을 택하여 일관성을 유지하는 것이다. 기출과 모의고사를 통해 다양한 방식을 시도해보고, 본인에게 맞는 방법을 체화하는 것이 좋다.

145 정답 ④ 난이도 ●●○

문제유형 제시문형 > 분석추론

접근전략 대조되는 두 견해를 읽고 〈보기〉를 판단하는 견해파악유형이다. 하나의 견해를 읽고 해당 견해와 관련된 〈보기〉를 먼저 판단할 것을 추천한다. 견해를 파악할 때는 중심문장과 해당 문장에 대한 근거를 파악한다. 또한, 본 문제와 같이 선지가 보기의 조합으로 구성되는 경우, 하나의 보기를 판단한 후 해당 보기와 관련된 선지를 지워나가며 푸는 것이 좋다.

다음 글을 읽고 〈보기〉에서 옳게 추론한 것을 모두 고르면?

甲: (1) 한 사회에서 무엇이 옳은가는 그 사회의 도덕률에 의해 결정됩니다. (2) 그런데 서로 다른 사회에는 서로 다른 도덕률이 존재하기 마련입니다. (3) 이는 결국 어떤 특정 사회의 규칙이 다른 사회의 규칙보다 더 좋다고 판단할 수 있는 객관적인 기준이 없다는 것을 의미합니다. (4) 또한 우리 사회의 도덕률이라고 해서 특별한 지위를 갖고 있는 것은 아니며, 많은 도덕률 중의 하나일 뿐임을 의미합니다. (5) 무엇보다도 다른 사회 구성원의 행위를 우리 사회의 잣대로 판단하려 하는 것은 오만한 태도임을 기억해야 합니다. (6) 따라서 우리는 다른 문화의 관습에 대해 관용적이고 개방적인 태도를 취해야 합니다.

乙: (1) 甲의 입장을 받아들이는 경우 다음과 같은 문제가 발생할 수 있습니다. (2) 첫째, 우리는 더 이상 다른 사회의 관습이 우리 사회의 관습보다 도덕적으로 열등하다고 말할 수 없을 것입니다. (3) 둘째, 다른 사회의 규칙을 비판하는 것이 허용되지 않을 뿐만 아니라 우리 사회의 규칙을 비판하는 것 또한 허용되지 않을 것입니다. (4) 셋째, 어쩌면 가장 심각한 문제는 우리가 보편적 도덕과 도덕적 진보에 관한 일체의 믿음을 갖지 못하게 된다는 것입니다. (5) 따라서 무조건적인 관용은 결코 바람직하지 않습니다.

보기

ㄱ. 甲은 일부 이슬람 국가에서 여성들에게 운전면허증을 발급하지 않는 관습을 다른 국가가 비판하는 것이 옳지 않다고 주장할 것이다.
→ (O) 甲은 다른 사회 구성원의 행위를 우리 사회의 잣대로 판단하려 하는 것은 오만한 태도라고 주장한다. 따라서 일부 이슬람 국가에서 여성들에게 운전면허증을 발급하지 않는 관습을 다른 국가가 비판하는 것은 그들의 잣대로 판단하는 것으로 甲에 의하면 옳지 않다.

ㄴ. 乙은 싱가포르 정부가 절도죄로 체포된 자에게 태형(笞刑)을 가한 일을 야만적인 행위라며 비난한 미국정부의 행동을 정당하다고 옹호할 것이다.
→ (O) 乙은 다른 사회 구성원의 행위를 우리 사회의 잣대로 판단하려 하는 것은 오만한 태도라는 甲의 주장에 대해 무조건적인 관용은 결코 바람직하지 않다고 주장한다. 즉 乙은 특정한 경우에 다른 문화의 관습에 대해 비판적인 태도를 취할 수 있다고 주장하고 있다. 따라서 싱가포르 정부가 절도죄로 체포된 자에게 태형을 가한 일을 야만적인 행위라며 비난한 미국정부에 행동에 대하여 乙은 정당하다고 옹호할 것이다.

ㄷ. 甲은 다른 사회의 문화에 대한 상대주의적 태도가 자국 문화의 절대적 우월성에 대한 믿음으로 이어질 것으로 본다.
→ (×) 甲은 우리 사회의 도덕률이라고 해서 특별한 지위를 갖고 있는 것은 아니며, 많은 도덕률 중의 하나일 뿐이라고 주장한다. 따라서 甲은 자국 문화의 절대적 우월성에 대한 믿음을 주장하지 않는다.

ㄹ. 乙은 서로 다른 문화를 가진 사회들 간에 도덕적 수준의 차이가 존재할 수 있다고 본다.
→ (O) 乙은 다른 사회 구성원의 행위를 우리 사회의 잣대로 판단하려 하는 것은 오만한 태도라는 甲의 주장에 대해 더 이상 다른 사회의 관습이 우리 사회의 관습보다 도덕적으로 열등하다고 말할 수 없다는 점을 들어 비판한다. 따라서 乙은 서로 다른 문화를 가진 사회들 간에 도덕적 수준의 차이가 존재할 수 있음을 인정한다.

① ㄱ, ㄴ → (×)
② ㄱ, ㄷ → (×)
③ ㄷ, ㄹ → (×)
④ ㄱ, ㄴ, ㄹ → (O)
⑤ ㄴ, ㄷ, ㄹ → (×)

합격자의 실전 풀이 순서

❶ 문제의 유형 파악

제시문에 甲와 乙의 주장이 주어졌으므로, 넓은 의미에서 견해파악유형으로 볼 수 있다. 견해파악유형은 제시문을 제시한 후, 제시문의 핵심 주장·내용을 선지에서 고르도록 하는 문제들을 말한다. 특히 본 문제는 甲와 乙의 견해의 특징을 잡아내고, 신속·정확하게 비교하는 작업을 요구한다. 해당 유형의 특징으로는 다음과 같다.

(1) 발문
- 다음 글의 논지/주장/견해…과 부합하는/적합한 것은?
- 다음 주장/논쟁…에 대한 분석/설명/추론…으로 옳은 것은?

(2) 제시문
- 주관적인 주장이 포함된 글
- 일반적인 비문학 유형에 비해 정보량이 적은 대신 포괄적인 문장들이 제시

❷ 제시문 독해

견해파악유형은 甲의 견해를 읽고 먼저 甲에 관한 보기들을 풀 것을 추천한다. 제시문을 모두 읽고 나서 보기를 해결하려고 할 경우, 甲의 내용을 잊어버려서 다시 제시문을 읽는 문제가 발생할 수 있기 때문이다. 또한, 견해파악유형의 제시문은 대부분 설명하는 글이 아닌 주장하는 글이다. 따라서 정보량은 적은 대신 논리 구조는 명확해진다. 제시문을 읽으며 수험생은 '문제의식'을 염두에 두어야 한다. '글쓴이 내지는 화자가 어떤 문제의식을 가지고 있는가?', '이에 대한 대안을 주장하고 있다면 무엇인가?' 등을 스스로 질문하며 읽는다. 더불어 다수의 주장이 제시되는 경우 주장들 간의 공통점과 차이점을 비교하며 읽어야 한다.

제시문은 어떠한 소재에 대한 甲의 주장과 그에 대한 乙의 반박의 형식으로 구성되어 있다. 이 경우 두 사람의 주장의 공통점 및 차이점을 중심으로 지문을 분석한다. 甲은 마지막 문장에 따르면 다른 문화의 관습에 대해 관용적이고 개방적인 태도를 취해야 한다고 주장하며 세 가지 근거를 제시하였다. 甲의 견해는 乙과 달리 주장이 깔끔히 정리되지 않았다. 따라서 甲의 견해를 파악할 때 주요 주장과 근거에 숫자를 붙여가며 정리한다. 甲의 주요 견해는 1문단 (6)문장이며, 그에 대한

세 가지 근거는 (3), (4), (5)문장에서 찾을 수 있다. 이에 대해 乙은 甲의 주장에는 세 가지 문제점이 있다고 하면서 마지막 문장에 따르면 (다른 문화의 관습에 대한) 무조건적인 관용은 바람직하지 않다고 주장한다. 乙의 주장에 대한 근거는 첫째, 둘째, 셋째로 정리되어있으므로 이를 파악하는 데 어려움이 없었다.

❸ 선지 판단

독해한 내용을 바탕으로 보기를 검토한다. 제시문의 내용을 잊는 문제를 방지하기 위해 甲의 견해를 읽고 먼저 甲에 관한 보기를 푼 후, 乙의 견해를 읽고 이에 대한 보기를 판단한다. 보기 ㄱ과 보기 ㄷ은 甲의 주장에 대한 내용이므로 甲의 주장과 비교한다. 보기 ㄴ과 보기 ㄹ은 乙의 주장에 대한 내용이므로 乙의 주장과 비교한다.

본 문제와 같이 하나의 선지가 보기들의 조합으로 구성되는 경우 보기를 해결한 후 해당 보기와 관련된 선지를 먼저 처리하는 것이 좋다. 예컨대, 보기 ㄱ은 옳으므로 선지 ③번과 ⑤번이 제외된다. 보기 ㄴ도 옳으므로 선지 ②번이 제외되고, 마지막으로 보기 ㄹ을 처리하면 정답이 도출된다.

합격자의 시간단축 Tip

Tip ❶ 추론과 판단을 활용

설문과 같이 추론형 문제의 경우 지문만으로 정답을 도출할 수 없고 어느 정도의 판단이 들어가야 한다. 설문에서 그 기준은 甲과 乙의 주장에 바탕을 둔다. 甲은 타 문화의 관습에 대해 관용을 베풀어야 한다고 주장하고, 乙은 甲의 반대 입장이다. 예를 들어 보기 ㄴ에서 싱가포르 정부가 절도죄로 체포된 자에게 태형을 가한 일을 야만적인 행위라며 비난한 미국정부의 행동을 甲은 옹호하지 않을 것이다. 乙의 입장은 분명하지 않으나, 甲의 반대 입장이므로 이를 옹호한다고 추론하는 것이다.

Tip ❷ 견해를 읽고 해당 견해와 관련된 보기부터 해결

견해파악유형의 경우 하나의 견해를 읽고 해당 견해와 관련된 보기를 먼저 해결할 것을 추천한다. 예컨대, 보기 ㄱ과 보기 ㄷ은 甲의 주장에 대한 내용이고 보기 ㄴ과 보기 ㄹ은 乙의 주장에 대한 내용이다. 따라서 보기 ㄱ과 보기 ㄷ을 먼저 처리하거나 보기 ㄴ과 보기 ㄹ을 먼저 처리하는 두 가지 방법 중 하나를 활용해도 좋다.

146 정답 ④

난이도 ●○○

문제유형 사실적 이해 > 정보 확인

접근전략 다음 글에서 알 수 있는 것을 물어보는, 일치·불일치 유형의 기본 중의 기본이다. 본 유형 같은 경우에는 글에 제시되어 있지 않은 내용을 선지로 제시함으로써 혼란을 일으키는 매력적인 오답이 숨어 있을 수 있다. 따라서 무엇이 글의 내용이고 무엇이 자신의 추론인지 구분할 수 있도록 글을 꼼꼼히 읽어야 한다. 특정 대상이 시공간에 따라 달라지는 지문은 다양한 정보가 복잡하게 나열되므로 간단히 표나 그림, 도식 등으로 알아보기 쉽게 정리해가며 지문을 읽는 것이 좋다.

다음 글에서 알 수 있는 것은?

(1) 유럽 국가들은 대부분 가장 먼저 철도를 개통한 영국의 규격을 채택하여 철로의 간격을 1.435 m로 하였다. (2) 이러한 이유로 영국의 철로는 '표준궤'로 불렸다. (3) 하지만 일부 국가들은 전시에 주변 국가들이 철도를 이용해 침입할 것을 우려하여 궤간을 다르게 하였다. (4) 또한 열차 속력과 운송량, 건설 비용 등을 고려하여 궤간을 조정하였다. ▶1문단

(1) 일본은 첫 해외 식민지였던 타이완에서는 자국의 철도와 같이 협궤(狹軌)를 설치하였으나 조선의 철도는 대륙 철도와의 연결을 고려하여 표준궤로 하고자 하였다. (2) 청일전쟁 이후 러시아의 영향력이 강해져 조선의 철도 궤간으로 광궤(廣軌)를 채택할 것인지 아니면 표준궤를 채택할 것인지를 두고 러시아와 대립하기도 했지만 결국 일본은 표준궤를 강행하였다. ▶2문단

(1) 서구 열강이 중국에 건설한 철도는 기본적으로 표준궤였다. (2) 하지만 만주 지역에 건설된 철도 중 러시아가 건설한 구간은 1.524 m의 광궤였다. (3) 러일전쟁 과정에서 일본은 자국의 열차를 그대로 사용하기 위해 러시아가 건설한 그 철도 구간을 협궤로 개조하는 작업을 시작했다. (4) 그러다가 러일전쟁 이후 포츠머스조약으로 일본이 러시아로부터 그 구간의 철도를 얻게 되자 표준궤로 개편하였다. ▶3문단

(1) 1911년 압록강 철교가 준공되자 표준궤를 채택한 조선 철도는 만주의 철도와 바로 연결이 가능해졌다. (2) 1912년 일본 신바시에서 출발해 시모노세키－부산 항로를 건너 조선의 경부선과 경의선을 따라 압록강 대교를 통과해 만주까지 이어지는 철도 수송 체계가 구축되었다. ▶4문단

① 러일전쟁 당시 일본 국내의 철도는 표준궤였다.

→ (×) 일본 자국의 철도는 '표준궤'가 아니라 '협궤(狹軌)'이다. 러일전쟁의 과정에서 일본이 '자국의 열차를 그대로' 사용하기 위해 만주 지역의 광궤로 건설된 철도를 협궤로 개조하는 작업을 시작했다는 것을 통해서 확인할 수 있다.[3문단(3)]

② 부산에서 만주까지를 잇는 철도는 광궤로 구축되었다.

→ (×) 일본은 식민지였던 조선의 철도를 대륙 철도와의 연결을 꾀하고자 러시아와의 대립에도 불구하고 '표준궤'로 건설을 강행하였다.[2문단(2)] 만주 영역의 경우, 러일전쟁 이후 포츠머스조약으로 일본이 그 구간의 철도권을 갖게 되었다. 그 후 일본은 기존에 러시아가 건설했던 광궤에서 러일전쟁 과정에서 협궤로 개조하던 것을 다시 표준궤로 개편하였다.[3문단(4)] 따라서, 조선부터 압록강 대교를 통과해 만주까지 이어지는 철도 수송 체계[4문단(2)]는 광궤가 아니라 표준궤로 구축되었다.

③ 러일전쟁 이전 만주 지역의 철도는 모두 광궤로 건설되었다.

→ (×) 서구 열강은 기본적으로 중국에 표준궤를 건설하였다. 하지만 만주 지역에서 건설된 철도 중에서 러시아가 건설한 부분은 광궤로 건설되었다.[3문단(2)] 따라서 러시아가 관장한 만주 지역의 일부만 광궤로 건설된 것이지, 만주 지역의 철로 전부가 광궤로 건설된 것은 아니다.

④ 청일전쟁 이후 러시아는 조선의 철도를 광궤로 할 것을 주장하였다.

→ (O) 청일 전쟁 이후 러시아와 일본은 조선의 철도를 광궤로 할 것인가 표준궤로 할 것인가로 대립하였는데 결국 일본이 철도 규격을 강행한 결과 표준궤가 지어졌다.[2문단(2)] 이를 통해 러시아가 주장했던 철도 규격은 광궤임을 알 수 있다.

⑤ 영국의 표준궤는 유럽 국가들이 철도를 건설하는 데 경제적 부담을 줄여 주었다.

→ (×) 유럽 국가들은 가장 먼저 철도를 개통한 영국의 규격을 채택해 철로의 간격을 1.435m로 하였다.[1문단(1)] 이외에 유럽 국가들이 표준궤를 건설하는 데 경제적 부담을 겪

었다는 서술은 지문에서 찾아볼 수 없다. 따라서 본선지는 다음 글을 통해서 알 수 없는 내용에 해당한다.

제시문 분석

제시문 과거 여러 국가의 철도 규격

〈영국〉 가장 먼저 철도를 개통
표준궤(1.435m)[1문단(1)]

일본		조선		만주 지역
협궤 [2문단(1)]	⊕	표준궤 (일본이 대륙 철도와의 연결을 고려해 강행) [2문단(1),(2)]	⊕	표준궤 + 광궤(1.524m) (러일전쟁 전: 일부 광궤 러일전쟁 중: 협궤로 개조 시작 러일전쟁 후: 표준궤로 개편) [3문단(1),(2)]

대륙으로의 철도 수송 체계
(1911) 압록강 철교 준공 → 조선 철도-만주 철도 연결 가능 (1912) 일본부터 만주까지 이어지는 철도 수송 체계 구축[4문단(1),(2)]

합격자의 실전 풀이 순서

❶ 발문을 확인해 유형을 파악한다.

> 다음 글에서 알 수 있는 것은?

지문을 통해 알 수 있는 내용을 선지에서 고르는 문제다. 글에서 제시하고 있는 정보를 꼼꼼하게 파악하며 읽도록 한다. 이때, "유럽 국가들"이라는 부분을 봤다면, 다른 문단에 '동아시아' 혹은 '미국'이 등장하는지 살펴보면 좋다. 혹은 구체적인 국가 이름이라면 상관없다. 이때 문단의 모든 부분을 볼 필요는 없고 문단의 첫 부분만 봐서 있는지 없는지 확인하면 된다. 만약 위에 언급한 세 가지 중 하나라도 등장했다면 국가별 비교가 주가 됨을 알 수 있다. 소재가 무엇인지 몰라도 지문의 전개 유형은 알 수 있는 것이다. 이는 의외로 굉장한 무기가 된다.

❷ 지문을 읽는다.

1문단에서 다양한 국가가 채택한 철도 규격, 즉 궤간에 대한 정보가 제시되고 있다. '글에서 알 수 있는 것'을 묻는 유형의 특성상 (2), (3)문장을 읽는다면 이들(궤간들)을 비교하거나 확인하는 문제가 나올 것을 짐작할 수 있다. 따라서 글을 읽으면서 간단하게 국가별로 어떤 궤간을 사용했고 시간이 흐름에 따라 변화는 없었는지 정리해두며 지문을 읽는다.

> - 표준궤: 영국, 유럽 국가들, 조선, 중국 대부분
> - 협궤: 일본, 타이완
> - 광궤: 러시아가 만주에 건설한 구간(→포츠머스조약 후 표준궤로)

또는 지문을 읽는 과정에서 표준궤를 채택하거나 주장한 국가는 ㅁ, 협궤를 채택한 국가는 △, 광궤를 채택한 국가는 ○ 치면서 글을 읽는다. 이를 통해 글의 이해도를 높이고, 한눈에 국가별 궤간을 파악할 수 있도록 한다.

이때, 러시아가 만주에 건설한 구간이라는 것이 만주의 일부분인지, 즉, 어떻게 만주와 러시아의 교집합만 해당하는 서술인지를 한 눈에 파악하는 것이 매우 중요하다. 역사적 배경지식으로 원래 러시아는 연해주 위주로 점령을 시도했다는 점을 알면 쉽지만 그렇지 못할 경우 문장 구조를 꼼꼼히 봄으로써 해결해야 한다. 항상 부분집합의 관계를 생각하자.

❸ 선지를 판단한다.

'다음 글에서 알 수 있는 것'을 고르는 문제임을 다시 한번 상기한다. 선지 중 지문에서 제시되지 않은 것이 있다거나, 과도한 추론이 요구되는 선지가 있다면 그것은 지문에 제시됐다고 보기 어려운 것이다. 특히 ⑤번 선지의 경우 표준궤를 통해서 경제적 부담이 줄어들었다는 구절은 언뜻 보면 그럴싸하게 들린다. 그러나 이때 반문해보자. "부담이 늘어날 수도 있는 것 아닌가?", "부담이 줄어들었다면 그 판단 근거는 무엇인가?", "최소한 근거라도 글에 제시되어 있을까?"와 같은 다양한 의문을 가지도록 해야 한다. 즉, 어떤 추론판단을 할 때는 항상 양면적인 생각을 하면서 접근해야 한다.

합격자의 시간단축 Tip

Tip ❶ 세부적인 정보를 신경 쓰며 꼼꼼히 읽자.

글을 꼼꼼히 읽는 것이 가장 중요하다. 단순 일치, 불일치 수준으로 쉬운 문제의 경우 발문을 읽고, 지문을 읽고, 곧바로 선지를 판단하는 순서로 빠르게 넘어가야 한다. 즉, 선지를 읽다가 헷갈리는 부분이 있어 지문을 다시 들여다보는 일이 없어야 한다는 것이다. 이를 위해서는 지문을 읽을 때 정확하면서도 빠르게 읽는 연습이 필요하다.

Tip ❷ 소재가 시·공간에 따라 다른 경우

해당 제시문의 경우 궤라는 특정 대상이 시(연도)·공간(국가)에 따라 달라지는 것을 확인할 수 있다. 이 경우 어떤 국가에서 어떤 궤를 썼으며 시간이 흐름에 따라 어떤 궤로 변화됐는지 잘 확인하며 읽어야 한다.

이때 '시간에 따른 변화'라는 것은 이후 문단들을 읽었기 때문에 나오는 사고가 아님에 유의한다. 어떤 제도라는 것은 시간에 따른 변화를 반드시 겪는다. 예컨대 한국어 발음도 그렇고 미터법의 사용도 그렇다. 수도(Capital)라든가 무역항이라든가 신소재라든가 시간의 흐름이 적용되는 대상은 대단히 많다.

그러나 실제로 통시적 변화가 없는 지문들도 많다. 그렇다면 시간에 따른 변화가 등장하는 것을 어떻게 예측할 수 있는가? 그들과의 차이점은 간단하다.

(1) 제도 설계자의 의도가 등장한다.
(2) 최초 적용 시 '특수성이 반영'된다.
(3) 비교적 과거에 도입되었다.

이 세 가지 경우에 제도의 변화를 예측할 수 있다. 물론 지문을 읽는 중에 어떤 사건이 벌어지는 것은 가장 중요한 지표이나 이는 제도 변화와 바로 연결된 문장에 등장하기 때문에 제외하였다. 이런 기준들로 판단해 볼 때 이 지문은 (1), (2)조건을 충족함을 알 수 있다. (3)조건을 충족하지 못한 이유는 이때 과거라는 것은 오늘날의 관점에서 바라볼 게 아니라 최초로 등장한 시간대에서 바라봐야 하기 때문이다. 영국의 표준궤 설정 이후의 사건들만 다루므로 동아시아의 궤는 과거의 사건이 나오지 않는다.

Tip ❸ 소재가 분류체계가 명확한 경우

여기서 분류체계라는 것은 단순 병렬관계뿐 아니라 수직적 관계, 선후관계도 포함한다. 이렇게 체계가 명확할 경우 지문을 읽으면서 시험지 여백란에 간단한 메모나 도식을 그려 넣어 추후 문제풀이에 용이하게 써먹을 수 있도록 해야 한다. 왜냐하면, 도식은 명확한데 지문은 명확하지 않다면 괜히 글 속의 좌표를 찾는데

시간이 낭비되기 때문이다.
다만 메모나 도식을 그리는 것도 시간이 소요되는 과정이니, 최대한 간결하게 해야 함을 명심하자.

Tip ④ 알 수 없는 사실에 대해 어설픈 추론은 삼가자.

이 문제의 경우 ⑤번 선지가 그에 해당한다. 이렇게 글에 나오지 않은 영역을 추론할 때는 추론을 확실히 해야 한다. 안 그러면 억측이 될 뿐이다. 모든 가능성을 동원해서 판단한다. 예컨대 "영국의 표준궤를 따르면 어떤 점에서 장단점이 있을까?"에서 시작하는 것이다. 추론하기로 맘먹은 이상 어설프게 하는 것은 독이다. 그리고 그렇게 추론이 다양하게 들어갈수록 지문에서 요구되는 정보도 많아지고, 결국 '판단할 수 없다'라는 결론으로 근접하게 된다. 지문에 명시되지 않은 내용을 생각해야 할 경우 명심하자. 어설프게 추론하지 말고 모든 가능성을 열어두고 추론해야 한다.

147 정답 ④

난이도 ●○○

문제유형 사실적 이해 > 정보 확인

접근전략 정보 확인 유형이지만 지문의 전체적인 논지를 이해한다면 쉽게 풀 수 있는 문제다. 이는 지문 전개가 친절하게도 하나를 소거하고 하나를 대체품으로 끼워 넣는 식으로 전개되기 때문이다. 즉, 총체적인 변화 양상을 유사한 것끼리 묶어서 친절하게 설명해 주기 때문에 글의 뼈대에서 어긋남이 없어 보이는 것이다. 전공과목에서 어떤 개념을 비교할 때도 잘 정리된 표일수록 이해는 쉽지만, 세부적인 암기가 힘든 것과 같은 원리다. 다만 적성시험은 근본적으로 Open-Book이나 다름없기 때문에 난이도를 쉽게 만드는 요인이 된다.
한번 글이 진짜로 〈소거 및 대체〉를 반복하는지 살펴보면서 독해해 보도록 한다.

다음 글의 내용과 부합하지 않는 것은?

(1) 한국 사회의 근대화 과정은 급속한 산업화와 도시화라는 특징을 가진다. (2) 1960년대 이후 급속한 근대화에 따라 전통적인 농촌공동체를 떠나 도시로 이주하는 사람들이 급격하게 증가하였으며, 이로 인해 전통적인 사회구조가 해체되었다. (3) 이 과정에서 직계가족이 가치판단의 중심이 되는 가족주의가 강조되었다. (4) 이는 전통적 공동체가 힘을 잃은 상황에서 가족이 매우 중요한 역할을 담당했기 때문이다. (5) 국가의 복지가 부실한 상황에서 가족은 노동력의 재생산 비용을 담당했다.
▶ 1문단

(1) 가족은 물질적 생존의 측면뿐만 아니라 정서적 생존을 위해서도 중요한 보호막으로 기능했다. (2) 말하자면, 전통적 사회구조가 약화되면서 나타나는 사회적 긴장과 불안을 해소하는 역할을 해 왔다는 것이다. (3) 서구 사회의 근대화 과정에서는 개인의 자율적 판단과 선택을 강조하는 개인주의 윤리나 문화가 그러한 사회적 긴장과 불안을 해소하는 역할을 담당했다. (4) 하지만 한국 사회의 경우 근대화가 급속하게 압축적으로 이루어졌기 때문에 서구 사회와 같은 근대적 개인주의 문화가 제대로 정착하지 못했다. (5) 그래서 한국 사회에서는 가족주의 문화가 근대화 과정의 긴장과 불안을 해소하는 역할을 담당하게 되었다.
▶ 2문단

(1) 한편, 전통적 공동체 문화는 학연과 지연을 매개로 하여 유사가족주의의 형태로 나타났다. (2) 1960년대 이후 농촌을 떠나온 사람들이 도시에서 만든 계나 동창회와 같은 것들이 유사가족주의의 단적인 사례이다.
▶ 3문단

① 근대화 과정을 거치면서 한국 사회에서는 가족주의가 강조되었다.
→ (○) 한국 사회에서 급속하게 진행된 근대화에 따라 사람들은 농촌을 떠나 도시로 모여들었고, 이로 인해 전통적 사회구조가 해체되었다.[1문단(2)] 이 과정에서 한국 사회는 직계가족이 가치판단의 기준이 되는 가족주의를 강조하게 되었다.[1문단(3)]

② 한국의 근대화 과정에서 전통적 공동체 문화는 유사가족주의로 변형되기도 했다.
→ (○) 급속한 산업화와 도시화로 인해 전통적 공동체는 힘을 잃었다.[1문단(2)] 하지만 그 문화는 학연과 지연을 중시하는 유사가족주의의 형태로 변형되어 나타났는데[3문단(1)] 그 대표적 사례로 제시문에서는 계나 동창회같은 것들이 언급되고 있다.[3문단(2)]

③ 근대화 과정에서 한국의 가족주의 문화와 서구의 개인주의 문화는 유사한 역할을 수행했다.
→ (○) 한국의 가족주의 문화와 서구의 개인주의 문화는 근대화 과정에서 생겼던 사회적 긴장과 불안을 해소하였다.[2문단(5)] 이를 통해 서구 사회의 경우 개인의 선택을 존중하는 문화가[2문단(3)], 한국 사회의 경우 직계가족을 가장 중시하는 문화가[2문단(5)] 근대화 당시 사람들의 정서를 안정화하는 역할을 수행했음을 알 수 있다.

④ 한국의 근대화 과정에서 서구의 개인주의 문화가 정착하지 못한 것은 가족주의 문화 때문이었다.
→ (×) 한국 사회에서 서구의 근대적 개인주의 문화가 정착하지 못한 이유는 한국의 근대화는 단기간에 압축적으로 이루어졌기 때문이다.[2문단(4)]

⑤ 한국의 근대화 과정에서 가족주의 문화는 급속한 산업화가 야기한 불안과 긴장을 해소하는 기제로 작용했다.
→ (○) 한국 사회에서 진행된 급속한 근대화로 인하여 전통적인 사회구조는 해체되었다.[1문단(2)] 가족주의 문화는 이러한 시기에 발생하는 사회적 긴장이나 불안을 해소하는 역할을 수행하였다는 것을 지문을 통해 확인할 수 있다.[2문단(2)]

제시문 분석

제시문 한국 사회의 근대화 과정에 따른 가족주의의 발달

〈1960년대〉	→	〈한국 사회 근대화의 특징〉
한국 사회의 근대화 [1문단(2)]		급속한 산업화와 도시화 [1문단(1)]

→

〈근대화 과정〉
전통적인 농촌공동체의 해체 [이후 유사가족주의의 형태로 출현[3문단(1),(2)] →도시로 이주→전통적인 사회구조 약화 →가족주의 강조[1문단(2),(3)]

↓

〈가족주의의 역할〉		
물질적 생존[1문단(5)]		정서적 생존[2문단(2)]
가족의 노동력=재생산 비용 (국가 복지의 부족)	⊕	근대화 과정에서의 긴장과 불안을 해소 (⇔ 서구 사회: 개인주의 문화 발달)

합격자의 실전 풀이 순서

❶ 발문을 확인해 유형을 파악한다.

다음 글의 내용과 부합하지 않는 것은?

부합하지 않는 것을 묻는 것은 상충하는 것을 묻는 유형이다. 불가지(不可知)의 영역을 강조한다면 "알 수 있는/알 수 없는" 것을 묻는 발문이 된다.

여기서 지문 첫 부분을 보면 한국 사회의 근대화라는 점을 통해 현대사와 관련된 소재가 등장한다고 추론할 수 있다. 이렇게 결론적으로 살짝 어긋나더라도 꾸준히 첫 부분을 통해 예측해보는 연습을 하는 것이 좋다.

❷ 지문을 읽는다.

1문단 (1)에서 산업화와 도시화라는 표현은 익숙한 표현이다. 이들은 "변화"를 가리키는 말이므로 반드시 다음에는 변화의 대상이 나와야 한다. 또한, 1문단 (3)은 사실 전통적인 사회구조의 해체와 같이 가는 말이다. 즉, 1문단 (2), (3)은 겉보기 문장 단위와 달리 1)이주하는 사람이 늘었고 2)따라서 전통적 가족구조가 해체되고 3)가족주의가 들어섰다. 라는 식으로 의미를 바꿔서 독해해야 한다.

2문단 역시 (1),(2) / (3) / (4),(5) 단위로 끊을 수 있다. 이것이 바로 '의미 단위로 읽는 법'이다. 중심 내용에서 크게 벗어나지 않는 내용이 나오는 경우 이렇게 큼직큼직한 단위로 환원해 가며 읽는다. 왜냐하면 중심에서 크게 떨어지지 않는 만큼 문장간 상호 유사한 의미가 많이 등장하기 때문이다.

❸ 선지를 판단한다.

선지를 볼 때 의미를 전부 이해하려는 수험생이 간혹 있다. 그러나 선지들은 그렇게 보면 안 되고 키워드를 추출해서 봐야 한다. 이 선지들은 굉장히 단순한 구조와 키워드를 가지고 있어 다른 지문에 앞서 연습하기 좋은 선지들이다.

예컨대 "근대화 과정"이라는 것은 지문에서 파악한 의미로 받아들일 필요가 없이, 그냥 반복되는 구절로 삭제 가능하다. 어차피 지문 전체가 근대화 과정에서의 사회구조 변화를 다루고 있기 때문이다.

또한, 한국 사회든 한국이든 같은 말로 볼 수 있다. 어차피 그 외 주제가 나오지 않기 때문이다. 이에 따라 ①번 선지를 재해석해 보면, 한국 + 가족주의 강조가 지문과 상충하는지만 확인하면 된다. 나머지 선지들도 각각 해보자.

합격자의 시간단축 Tip

Tip ❶ 선지는 끊어서 판단하도록 한다.

선지를 끝까지, 꼼꼼하게, 의미 단위별로 나누어 읽는 것이 선지를 판단하는 데 도움이 된다. 각 단위 단위가 글의 내용에 부합하는지, 단위 마다의 관계(선후 관계, 인과 관계 등)는 적절한지를 파악하면 헷갈리지 않고 빠르게 선지의 옳고 그름을 판단할 수 있다.

Tip ❷ 주요 사회 변화는 기초적 암기 사항이다.

근대화라는 것은 사실 고등학교 교과과정까지 오면서 많이 다룬 주제이며, 전통적 가족의 해체라는 소재 역시 중학교 〈사회과부도〉의 〈인구 이동 추이〉의 응용판이다. 그 둘이 결합했기 때문에 낯선 소재가 된 것뿐 사실 내용 자체는 충분히 정상적인 성인이라면 합리적으로 추론 가능하다. 그리고 이것이 적성시험의 본질이다. 아무리 적성시험이 지식을 묻지 않는다 해도 어디까지나 총명함이 검증된 인간을 선발하기 위한 것인 만큼 그 재료는 학교에서 배운 교육일 수밖에 없다. 따라서 고등학교까지의 모든 지식을 알 필요는 없으나, 최소한 가장 굵직굵직한 주제 정도, 특히 그것의 개념 정도는 암기할 필요가 있다. 예컨대 '곤충은 머리/가슴/배로 이뤄져 있다.', '파충류는 변온동물이다.'라는 사실 등도 반드시 알아둬야 하는 사항이다. 오래 걸리지 않는다. 지금 당장 교과서를 펴서 읽어 보면 이틀 내로 모든 개념을 추출할 수 있다.

148 정답 ③ 　　난이도 ●●●

문제유형 논리적 비판 > 논지의 일관성

접근전략 빈칸 추론형 문제는 빈칸의 앞, 뒤 맥락을 파악하여야 한다. 따라서 각 문단의 첫 줄을 읽으며 주제를 파악한 뒤 빈칸의 앞, 뒤를 읽으며 중점적으로 확인해야 할 내용을 파악한 뒤 읽는 방법으로 접근한다. 그 후에는 세세한 정보 파악에 집착하지 말고 전체 맥락 속에서 빈칸의 맥락을 추론하며 글을 읽는다.

다음 글의 빈칸에 들어갈 진술로 가장 적절한 것은?

(1) 기분관리 이론은 사람들의 기분과 선택 행동의 관계에 대해 설명하기 위한 이론이다. (2) 이 이론의 핵심은 사람들이 현재의 기분을 최적 상태로 유지하려고 한다는 것이다. (3) 따라서 기분관리 이론은 흥분 수준이 최적 상태보다 높을 때는 사람들이 이를 낮출 수 있는 수단을 선택한다고 예측한다. (4) 반면에 흥분 수준이 낮을 때는 이를 회복시킬 수 있는 수단을 선택한다고 예측한다. (5) 예를 들어, 음악 선택의 상황에서 전자의 경우에는 차분한 음악을 선택하고 후자의 경우에는 흥겨운 음악을 선택한다는 것이다. (6) 기분조정 이론은 기분관리 이론이 현재 시점에만 초점을 맞추고 있다는 점을 지적하고 이를 보완하고자 한다. (7) 기분조정 이론을 음악 선택의 상황에 적용하면, [　　　　] 고 예측할 수 있다. ▶ 1문단

(1) 연구자 A는 음악 선택 상황을 통해 기분조정 이론을 검증하기 위한 실험을 했다. (2) 그는 실험 참가자들을 두 집단으로 나누고 집단 1에게는 한 시간 후 재미있는 놀이를 하게 된다고 말했고, 집단 2에게는 한 시간 후 심각한 과제를 하게 된다고 말했다. (3) 집단 1은 최적 상태 수준에서 즐거워했고, 집단 2는 최적 상태 수준을 벗어날 정도로 기분이 가라앉았다. (4) 이 때 연구자 A는 참가자들에게 기다리는 동안 음악을 선택하게 했다. (5) 그랬더니 집단 1은 다소 즐거운 음악을 선택한 반면, 집단 2는 과도하게 흥겨운 음악을 선택했다. (6) 그런데 30분이 지나고 각 집단이 기대하는 일을 하게 될 시간이 다가오자 두 집단 사이에는 뚜렷한 차이가 나타났다. (7) 집단 1의 선택에는 큰 변화가 없었으나, 집단 2는 기분을 가라앉히는 차분한 음악을 선택하는 쪽으로 변하는 경향을 보인 것이다. (8) 이러한 선택의 변화는 기분조정 이론을 뒷받침하는 것으로 간주되었다. ▶ 2문단

① 사람들은 현재의 기분을 지속하는 데 도움이 되는 음악을 선택한다.

➜ (×) 기분조정 이론을 뒷받침하는 연구자 A의 실험에서는, 사람들이 현재의 기분을 다음에 올 상황에 맞추어 조정하는 경향을 보였다.[2문단(7)] 즉, 현재의 기분을 변화시키는 선택을 한 것이다. 따라서 사람들이 현재의 기분을 지속하는 데 도움이 되는 음악을 선택한다는 것은 실험 결과와 일치하지 않는다.

해설편 10일차 • 의사소통능력

② 사람들은 다음에 올 상황을 고려해 흥분을 유발할 수 있는 음악을 선택한다.

➜ (×) 연구자 A의 실험 중 집단2는 다음에 올 상황에 맞추어 기분을 가라앉히는 차분한 음악을 선택했다.[2문단(7)] 따라서 사람들이 다음에 올 상황을 고려해 흥분을 유발할 수 있는 음악을 선택한다는 내용은 실험 결과와 일치하지 않는다.

③ 사람들은 다음에 올 상황에 맞추어 현재의 기분을 조정하는 음악을 선택한다.

➜ (○) 연구자 A의 실험 중 집단2는 한 시간 후 심각한 과제를 하게 된다는 소식을 듣자 기분이 저하되었고[2문단(3)], 이를 조정하기 위해 과도하게 흥겨운 음악을 선택했다.[2문단(5)] 그러나 과제 수행 30분 전에는 기분을 가라앉히는 차분한 음악을 선택하는 쪽으로 변하였다.[2문단(7)] 이는 곧 다음에 올 상황에 적합하게 음악을 선택하여 기분을 조정하려는 것으로, 해당 선지와 맥락이 동일하다.

④ 사람들은 현재의 기분과는 상관없이 자신이 평소 선호하는 음악을 선택한다.

➜ (×) 연구자 A의 실험은 사람들이 기분을 전환시키기 위해서 음악을 선택한다는 것을 보여주므로, 기분과 상관없이 평소 선호하는 음악을 선택한다는 내용은 실험 결과와 상반된다.

⑤ 사람들은 현재의 기분이 즐거운 경우에는 그것을 조정하기 위해 그와 반대되는 기분을 자아내는 음악을 선택한다.

➜ (×) 현재의 기분을 조정하기 위해 음악을 선택한다는 주장은 기분관리 이론이다.[1문단(6)] 기분조정 이론은 기분관리 이론이 현재 시점에만 초점을 맞추고 있다는 것을 지적하고 이를 보완하고자 하며[1문단(6)] 사람들이 다음에 올 상황에 맞추어 기분을 조정하는 음악을 선택한다고 주장한다.[2문단(7)]

제시문 분석

1문단 기분관리 이론과 기분조정 이론

〈사람들의 기분과 선택 행동의 관계를 설명하는 이론〉		
〈기분관리 이론〉		〈기분조정 이론〉
사람들이 현재의 기분을 최적 상태로 유지하려고 한다.[1문단(2)]	⬌	기분관리 이론이 현재 시점에만 초점을 맞추고 있다는 점을 지적하고 이를 보완하고자 한다.[1문단(6)]

2문단 기분조정 이론 검증 실험

〈실험 전개〉		
집단1에게는 한 시간 후 재미있는 놀이를 하게 된다고 말하여 그들은 최적 상태 수준에서 즐거워했고, 집단2에게는 심각한 과제를 하게 된다고 말하여 그들의 기분이 가라앉았다.[2문단(2),(3)]		
〈첫 음악 선택〉		〈30분 후 음악 선택〉
집단1은 다소 즐거운 음악을 선택한 반면, 집단2는 과도하게 흥겨운 음악을 선택했다.[2문단(5)]	➜	집단1의 선택에는 큰 변화가 없었으나, 집단2는 기분을 가라앉히는 차분한 음악을 선택하는 쪽으로 변하는 경향을 보였다.[2문단(7)]
〈결론〉		
사람들은 다음에 올 상황에 맞추어 현재의 기분을 조정하는 음악을 선택한다.[선지 ③번]		

합격자의 실전 풀이 순서

❶ 발문과 선지를 확인한다.

빈칸을 추론하는 문제라는 것을 확인하면, 일치부합형처럼 풀이해서는 안 된다. 빈칸 앞뒤를 확인하고 글 전체 속에서 빈칸의 맥락을 추론하는 것이 필요하다. 빈칸 문제에서는 세세한 내용을 암기하면서 꼼꼼히 읽을 필요가 없다. 글의 핵심 내용 또는 빈칸이 요구하는 내용에 집중하면 된다.

❷ 글 전체의 흐름을 파악한다.

1문단은 기분관리 이론과 기분조정 이론에 대한 소개, 2문단은 기분조정 이론을 뒷받침하는 연구 내용으로 이루어져 있다. 이때, 기분관리이론의 한계점을 보완하는 방향으로 기분조정 이론이 등장했으므로 이를 해결하고자 하는 내용이 빈칸에 들어갈 것을 알 수 있다.

❸ 개별 문단의 내용을 확인한다.

1문단에서 기분관리이론은 〈최적 상태 유지〉를 목적으로 하며, 흥분 수준이 높을 때는 이를 낮추고, 흥분 수준이 낮을 때는 이를 회복시키려 한다고 본다.

1문단 말미에서 기분조정 이론이 기분관리이론의 한계점인 〈현재 시점에만 초점을 맞추는 것〉을 보완한다는 점을 제시하고 있다. 이는 2문단으로 이어지는 〈사례〉를 해석할 힌트가 되며, 해당 문단은 빈칸이 위치한 부분이라서 핵심적인 내용이라고 볼 수 있다.

2문단에서는 〈실험〉을 제시한다. 어떤 집단이 어떠한 자극을 받고 변화가 나타났는지 확인하는 것은 실험 지문 독해에서 필수적인 절차다. 여기서 중요한 점은 1문단에서 기분조정 이론이 현재 시점에만 초점을 맞춘다는 기분관리 이론의 한계를 지적했기 때문에, 기분조정 이론이 어느 시점에도 초점을 맞추었는지 파악해야 한다는 것이다. 특히 30분이 지나고 일을 할 시간이 다가오자 집단2에서 〈과하게 흥겨운 음악을 차분한 음악〉으로 변경하는 선택을 했다는 결과가 제시되고 있다. 2문단에서 다음에 올 상황이 각기 다르게 제시된다는 점, 그 중에서 심각한 과제를 할 것으로 예상되는 집단2에서만 변화가 나타났다는 점이 제시되었다.

❹ 선지 판단을 진행한다.

빈칸이 2문단의 사례 전체를 포괄할 수 있는지를 선택기준으로 삼는다. 즉, 기분조정 이론의 핵심을 〈1) 기분관리 이론 비판 2) 기분조정 이론의 메커니즘〉. 이 두 개로 나누고 이를 근거로 결론을 내리면 된다.

구체적으로 2문단 사례가 〈기분이 지속되는지, 흥분유발만 해당하는지, 전부 반대되는 것을 선택했는지〉 등등 반례가 없는지를 확인하는 방법을 활용할 수 있다.

합격자의 시간단축 Tip

Tip ❶ 이론의 이름으로부터도 그것의 핵심을 파악할 수 있다.

이론의 이름은 핵심 내용을 반영한다. 이에 따라 이론에 들어간 단어가 그 설명에 등장할 가능성이 높으므로 이론과 일치하는 단어가 있는 선지부터 접근한다. 물론 이 지문에서는 파악이 쉽지 않으나, '조정'과 '미조정'으로 나누어 판단하면 좀 더 수월하다. (미조정의 경우 1문단 말미에서 확인이 가능하다.)

Tip ❷ 실험이 나오는 경우 집단 간 차이가 중요하다.

참고로 해당 지문의 '선지'는 비교적 쉽게 정답이 도출되나, 2문단에 압축적으로 제시되는 실험구조는 결코 쉽지 않다. 해당 지문의 실험구조를 머릿속에 암기해두면 비슷한 문제를 만났을 때 대처하기 쉽다. 일반적으로 연구에서는 통제집단과 실험집단 간 차이의 결과를 통해 유의미한 결론을 도출하므로 특정 집단에 가해진 차이, 즉 독립변수(제시문에서는 자극)과 그에 따른 결과를 스스로 정리해보는 것이 좋다.

Tip ❸ 빈칸 부근의 정보를 통해 필요한 정보를 미리 파악한다.

2문단에 특정 실험이 상당한 분량으로 제시되었으므로, 빈칸의 내용을 추론하기에 1문단만 가지고는 불충분하다는 점을 추론해야 한다. 해당 문제는 빈칸 앞뒤만 보고 쉽게 문제를 풀려다 보면 오히려 미궁 속에 빠질 수 있다. 1문단의 마지막 두 문장을 2문단을 이해하는 가이드로 삼아 2문단의 실험 내용을 독해해야 한다. 중요한 것은 빈칸 부근의 내용을 보면 정답을 선택하기 위해서 어느 부분에 초점을 맞추고 읽어야 할지 정할 수 있다는 것이다. 이를테면 해당 제시문의 경우 빈칸 앞 문장에서 기분조정 이론이 현재 시점에만 초점을 맞춘다는 점에서 기분관리 이론의 한계를 지적한다. 따라서, 2문단을 읽을 때 '기분조정 이론은 어느 시점에 초점을 맞추었을까?'라는 생각으로 읽는다면 빠르고 정확하게 정답을 도출할 수 있다.

149 정답 ❸ 난이도 ●●●

문제유형 비판적 사고 > 빈칸 채우기

접근전략 빈칸 채우기 문제에서 빈칸의 근거는 보통 빈칸이 포함된 문장이나 앞뒤 문장 또는 빈칸이 포함된 문단의 주제문이 된다. 또한, 논증을 중심으로 한 빈칸 채우기 문제는 내용에 이름을 매기고 논리 관계를 간단한 기호로 표시하며 읽도록 하자. 권장되는 기호 표시 방법은 실전 풀이순서에 적어 두었으니 참고하자.

다음 글의 ⓐ와 ⓑ에 들어가기에 적절한 것을 〈보기〉에서 골라 알맞게 짝지은 것은?

(1) 귀납주의란 과학적 탐구 방법의 핵심이 귀납이라는 입장이다. 즉, 과학적 이론은 귀납을 통해 만들어지고, 그 정당화 역시 귀납을 통해 이루어진다는 것이다. (2) 그러나 실제 과학의 역사를 고려하면 귀납주의는 문제에 처하게 된다. (3) 이러한 문제 상황은 다음과 같은 타당한 논증을 통해 제시될 수 있다.

▶ 1문단

(1) 만약 귀납이 과학의 역사에서 사용된 경우가 드물다면, 과학의 역사는 바람직한 방향으로 발전하지 않았거나 또는 귀납주의는 실제로 행해진 과학적 탐구 방법의 특징을 드러내는 데 실패했다고 보아야 한다. (2) 과학의 역사가 바람직한 방향으로 발전하지 않았다면, 귀납주의에서는 수많은 과학적 지식을 정당화되지 않은 것으로 간주해야 한다. (3) 그리고 귀납주의가 실제로 행해진 과학적 탐구 방법의 특징을 드러내는 데 실패했다면, 귀납주의는 과학적 탐구 방법에 대한 잘못된 이론이다. (4) 그런데 우리는 과학의 역사가 바람직한 방향으로 발전하지 않았거나, 귀납주의가 실제로 행해진 과학적 탐구 방법의 특징을 드러내는 데 실패했다고 보아야 한다. 그 이유는 [ⓐ]는 것이다. 그리고 이로부터 우리는 다음 결론을 도출하게 된다. [ⓑ].

▶ 2문단

→ 지문을 명제화하여 정리하면 다음과 같다.

- A: 귀납이 과학의 역사에서 사용된 경우가 드물다.
- B: 과학의 역사는 바람직한 방향으로 발전하지 않았다.
- C: 귀납주의는 실제로 행해진 과학적 탐구 방법의 특징을 드러내는 데 실패했다.
- D: 귀납주의에서는 수많은 과학적 지식을 정당화되지 않은 것으로 간주해야 한다.
- E: 귀납주의는 과학적 탐구 방법에 대한 잘못된 이론이다.

이때의 지문의 논증 구조는 다음과 같다.

A → B∪C, B → D, C → E, ⓐ → B∪C, ⓑ

보기

ㄱ. 과학의 역사에서 귀납이 사용된 경우는 드물다.
→ (O) 'A → B∪C'인데 'B∪C'가 참인 이유가 ⓐ이므로 A와 ⓐ가 동일하면 논리적으로 'B∪C'도 참이 된다. 따라서 과학의 역사에서 귀납이 사용된 경우는 드물다는 A를 나타내는 ㄱ은 ⓐ에 들어가기에 적절하다.

ㄴ. 과학의 역사에서 귀납 외에도 다양한 방법들이 사용되었다.
→ (×) 제시문에서는 귀납 이외의 방법에 대해서 언급하고 있지 않다.

ㄷ. 귀납주의는 과학적 탐구 방법에 대한 잘못된 이론이고, 귀납주의에서는 수많은 과학적 지식을 정당화되지 않은 것으로 간주해야 한다.
→ (×) 'B → D', 'C → E'이므로 'B∪C'가 참이라면 'D∪E'도 참임을 알 수 있지만, ㄷ은 'E∩D'이므로 참인지 알 수 없다.

ㄹ. 귀납주의가 과학적 탐구 방법에 대한 잘못된 이론이라면, 귀납주의에서는 수많은 과학적 지식을 정당화되지 않은 것으로 간주해야 한다.
→ (×) ㄹ은 'E → D'를 나타내는데 이는 제시된 정보만으로 참임을 알 수 없다.

ㅁ. 귀납주의가 과학적 탐구 방법에 대한 잘못된 이론이 아니라면, 귀납주의에서는 수많은 과학적 지식을 정당화되지 않은 것으로 간주해야 한다.
→ (O) ㅁ은 '~E → D'의 형태인데 'D∪E'가 참이라는 것은 D와 E 중 하나 이상은 참임을 뜻하므로 E가 거짓이면 D는 참이 된다. 따라서 ㅁ은 ⓑ에 들어가기에 적절하다.

	ⓐ	ⓑ	
①	ㄱ	ㄷ	→ (×)
②	ㄱ	ㄹ	→ (×)
③	ㄱ	ㅁ	→ (O)
④	ㄴ	ㄹ	→ (×)
⑤	ㄴ	ㅁ	→ (×)

제시문 분석

2문단 귀납주의에 대한 논증

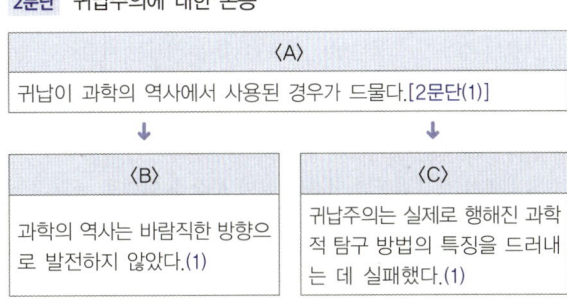

〈A〉
귀납이 과학의 역사에서 사용된 경우가 드물다.[2문단(1)]

↓ ↓

〈B〉
과학의 역사는 바람직한 방향으로 발전하지 않았다.(1)

〈C〉
귀납주의는 실제로 행해진 과학적 탐구 방법의 특징을 드러내는 데 실패했다.(1)

↓ ↓

〈D〉	〈E〉
귀납주의에서는 수많은 과학적 지식을 정당화되지 않은 것으로 간주해야 한다.(2)	귀납주의는 과학적 탐구 방법에 대한 잘못된 이론이다.(3)

합격자의 실전 풀이 순서

❶ 발문 읽기 및 문제 유형 파악

항상 발문을 먼저 제대로 읽자. 빈칸에 들어갈 내용을 찾는 빈칸추론 문제이다. 빈칸추론 유형은 중심 내용 및 맥락 연결 두 유형으로 나뉜다. 여러 개의 빈칸이 제시문 전체에 분포되어 있거나, 빈칸 두 개가 짝지어 한 문장 내에 병렬적으로 제시된 경우 후자라고 판단할 수 있다. 그러나 이러한 형식적 특징이 없다면 빈칸의 위치만 보고 유형을 바로 파악하기는 어렵다. 다만 빈칸 근처 문장에서 유형의 힌트를 얻을 수 있다.

이 문제의 경우 빈칸 ⓐ가 포함된 문장의 '그 이유는'에서 ⓐ에는 빠진 전제가, 빈칸 ⓑ의 앞 문장의 '결론을 도출' 부분을 통해 ⓑ에는 중심 내용이 들어간다는 것을 알 수 있다. 빈칸 위의 내용들은 ⓑ를 도출하기 위한 근거와 전제들일 것이다. 이를 염두에 두고 독해를 시작한다. 더불어 평소에 기초적인 논리학 이론을 익혀두고, 논증 구조가 등장하면 이를 활용하여 문제를 해결해야 한다.

❷ 제시문 독해

첫 문단을 읽어보면 논증이 나올 것을 확인할 수 있다. 이렇게 앞 내용과 뒤 내용이 일정한 논리 관계로 연결되어 글이 진행되는 논증의 내용으로 빈칸을 추론하는 문제가 나올 때 내용 간 논리 관계를 명확히 짚어가는 것이 중요하다. 이때 내용에 간단한 이름을 붙여주고 똑같은 내용이 나오는 경우 같은 이름으로 표시해주며 논리 관계를 특정 기호로 표시해가면 독해와 정답 판단이 훨씬 수월해진다. 문장을 기호로 정리할 때는 아래 표를 참고하도록 하자.

내용	기호
A이면 B이다.	A→B
A 또는 B이다. (A이거나 B이다.)	A∪B
A이고 B이다. (A면서 B이다.)	A∩B
A가 아니다. (A이지 않다.)	~A

<table>
<tr><td>기호</td><td>~A = not A</td><td>A∩B = A and B</td><td>A∪B = A or B</td></tr>
<tr><td rowspan="4">관계</td><td colspan="3">~(A∩B) = ~A∪~B</td></tr>
<tr><td colspan="3">~(A∪B) = ~A∩~B</td></tr>
<tr><td colspan="3">A이면 B이다 = A→B = ~B→~A (대우) = ~A∪B</td></tr>
<tr><td colspan="3">A이면 B이다의 반례 = ~(~A∪B)
= A∩~B = A이고 B가 아니다</td></tr>
</table>

예를 들어 2문단 (2)문장은 'A(만약 귀납이 과학의 역사에서 사용된 경우가 드물다면), →B (과학의 역사는 바람직한 방향으로 발전하지 않았거나) , 또는 C (귀납주의는 실제로 행해진 과학적 탐구 방법의 특징을 드러내는 데 실패했다고 보아야 한다).'와 같이 표시하며 읽으면 논리 관계가 명확해진다.

알파벳이 헷갈린다면 아래와 같이 문장을 임의로 축약해도 된다.

(1) 드물다→~바람직 ∪ 귀납실패
(2) ~바람직→~정당화
(3) 귀납실패→귀납잘못
　ⓐ→**드물다**
(4) ~바람직 ∪ 귀납실패
　ⓑ→**~정당화 ∪ 귀납잘못**
　= 정당화→귀납잘못 = ~귀납잘못→~정당화

❸ 선지 판단

빈칸과 대응하는 내용을 근거로 삼아 선지를 판단해야 하는데, 빈칸 ⓐ는 앞 문단의 이유이므로 앞 문단을 근거로 선지를 판단할 수 있다. 이때 논리 관계를 잘 짚으며 독해를 했다면 앞 내용의 이유가 2문단 (1)의 '만약~드물다면.'임을 확인할 수 있다. 즉 2문단 (1)의 전제에서 전건에 해당하므로 ⓐ에는 ㄱ이 들어가야 한다.

ⓑ에 들어가는 내용은 앞 문단을 근거로 보면 ⓐ로부터 도출되는 내용임을 확인할 수 있고, 논리 관계를 잘 짚어 읽었다면 1문단 (1)로부터 ⓐ가 성립할 때 '과학의 역사는~보아야 한다.'에 해당하는 내용이 빈칸에 들어가야 함을 알 수 있다. 문장 축약을 활용하자면, '~바람직 ∪ 귀납실패'와 동치인 내용이 들어가야 한다는 것이고, 2문단 문장 (2), (3)과 연결하면 이는 '~정당화 ∪ 귀납잘못'와 동치이다. 이를 'A이면 B이다'의 형태로 치환하면 '정당화→귀납잘못'이 되며, 그 대우인 '~귀납잘못→~정당화'도 이와 동치가 된다. 이 중 마지막 '~귀납잘못→~정당화'이 ㅁ과 일치하므로 ⓑ에는 ㅁ이 들어간다. 정답은 ③이다.

합격자의 시간단축 Tip

Tip ❶ 논증 구조를 파악할 경우, 기호를 활용

'논증'을 위주로 글이 진행되면 반드시 내용에 간단한 이름(A, B 혹은 단어 축약 등)을 매기고 논리 간 관계를 명확히 표시하며 읽도록 하자. 권장하는 표시기호는 앞에 적어 두었으니 참고하자. 논증에 관한 문제에서 논리 관계가 불분명한 채로 답을 판단하려 하면 정확도도 매우 떨어지고 시간도 매우 많이 뺏기게 된다.

Tip ❷ 기본적인 논리학 지식을 숙지하고 이를 활용

본 문제의 빈칸에 들어갈 말을 찾는 데에는 문맥과 전체적인 내용을 파악하는 것보다 논증 구조를 활용하는 것이 더욱 쉽다. 논리학이 어렵다는 막연한 두려움으로 논증 구조의 활용을 회피하고자 할 수도 있으나 PSAT 언어논리에는 고난도의 논리학 지식이 출제되지 않으므로 두려워할 필요는 없다. 본 문제에서 활용된 'p이면 q이다'(p→q)와 그 대우인 'q가 아니면 p가 아니다'(~q→~p)가 같으며, 이는 또한 '~p이거나 q이다'(~p∪q)와 같다는 점, 'p이면 q이다'(p→q)를 반박하기 위해서는 'p이고 q가 아니다'(p∩~q)가 필요하다는 점만 숙지하면 훨씬 많은 문제를 빠르고 정확하게 풀 수 있다.

Tip ❸ ㄷ을 바로 소거

Tip ❷의 논리적 지식을 체화했다면 선지를 판단할 때 ㄷ은 바로 소거할 수 있어야 한다. 'A→B' 형식의 명제는 '~A 이거나 B'(~A∪B)와 동치이므로 '~이고'(∩)'와 동치일 수 없기 때문이다.

Tip ❹ 글 구조 파악

빈칸 근처의 문장에서 논증의 빠진 전제 및 결론을 찾는 유형임을 파악했다. 중심 내용, 즉 주제문을 찾는 빈칸추론 문제의 앞 문단은 주로 제시문의 제재를 소개하는 정도에 그친다. 따라서 1문단 독해를 생략해도 정답을 도출할 수 있다. 생략이 부담스럽다면 1문단을 가볍게 읽어보면 된다. 1문단 마지막 문장에서 본격적인 논증은 2문단에 제시됨을 알 수 있다. 1문단에서 제재를 소개하고 2문단에서 논증이 전개되는 글의 구조를 빨리 파악했다면 독해 시간을 절약할 수 있다.

150 정답 ④ 난이도 ●●○

문제유형 법조문형 > 규정확인

접근전략 법규정 유형 중 규정을 적용하여 〈보기〉의 정오를 판단하는 문제이다. 법조문 유형을 풀 때는 조문의 구체적인 내용을 독해하는 것보다, 법조문의 구조를 파악한 후 〈보기〉에서 묻고 있는 정보를 찾아 올라가는 형태로 푸는 것이 좋다. 본 문제의 경우 감사인 임명요건이 해당 법조문의 핵심이며, 여기에는 근무기간과 분야, 자격증과 같은 〈적극요건〉과 형사처벌, 징계 등 없어야 하는 〈소극요건〉이 제시되고 있는 구조를 파악할 필요가 있다.

다음 규정을 근거로 판단할 때, 〈보기〉에서 옳은 것을 모두 고르면?

제○○조(감사) ① 감사는 총회에서 선임한다.
② 감사는 감사업무를 총괄하며, 감사결과를 총회에 서면으로 보고하여야 한다.

제○○조(감사의 보조기구) ① 감사는 직무수행을 위하여 감사인과 직원으로 구성된 보조기구를 둔다.
② 단체장은 다음 각 호의 어느 하나에 해당하는 자를 감사인으로 임명할 수 있다.
1. 4급 이상으로 그 근무기간이 1년 이상이 경과된 자로서, 계약심사·IT·회계·인사분야 업무에서 3년 이상 근무한 경력이 있는 자
2. 공인회계사(CPA), 공인내부감사사(CIA) 또는 정보시스템감사사(CISA) 자격증을 갖고 있는 직원
③ 제2항에도 불구하고 다음 각 호의 결격사유 중 어느 하나에 해당하는 자는 감사인이 될 수 없다.
1. 형사처벌을 받은 자
2. 징계 이상의 처분을 받은 날로부터 3년이 경과되지 않은 자
④ 감사가 당해 감사업무에 필요하다고 인정할 때에는 소관부서장과 협의하여 그 소속 직원으로 하여금 감사업무를 수행하게 할 수 있다.

보기

ㄱ. 계약심사 업무를 4년 간 담당한 5급 직원 甲은 원칙적으로 감사인으로 임명될 수 있다.
→ (×) 제2조 제2항 제1호에 따르면 4급 이상으로 그 근무기간이 1년 이상이 경과된 자로서, 계약심사 업무에서 3년 이상 근무한 경력이 있는 자는 감사인으로 임명될 수 있다. 따라서 계약심사 업무를 4년간 담당한 5급 직원 甲은 4급 이상이 아니므로 감사인으로 임명될 수 없다.

ㄴ. 정보시스템감사사 자격증을 가지고 있고 규정에 정한 결격사유가 없는 경력 2년의 5급 직원 乙은 감사인으로 임명될 수 있다.
→ (○) 제2조 제2항 제2호에 따르면 정보시스템감사사 자격증을 갖고 있는 직원은 감사인으로 임명될 수 있다. 따라서 정보시스템감사사 자격증을 가지고 있고 규정에 정한 결격사유가 없는 직원 乙은 감사인으로 임명될 수 있다.

ㄷ. 2년 전 징계를 받은 적이 있고 공인내부감사사 자격증을 가지고 있는 직원 丙은 감사인으로 임명될 수 있다.
→ (×) 제2조 제3항에 따르면 징계 이상의 처분을 받은 날로부터 3년이 경과되지 않은 자는 감사인이 될 수 없다. 따라서 2년 전 징계를 받은 적이 있는 직원 丙은 징계를 받은 날로부터 3년이 경과되지 않았으므로 감사인으로 임명될 수 없다.

ㄹ. 감사는 인사부서장과 협의하여, 계약심사 업무를 2년간 담당하고 현재 인사부서에서 일하고 있는 5급 직원 丁으로 하여금 감사업무를 수행하게 할 수 있다.
→ (○) 제2조 제4항에 따르면 감사가 당해 감사업무에 필요하다고 인정할 때에는 소관부서장과 협의하여 그 소속 직원으로 하여금 감사업무를 수행하게 할 수 있다. 따라서 감사는 인사부서장과 협의하여 인사부서 소속 직원 丁으로 하여금 감사업무를 수행하게 할 수 있다.

① ㄱ, ㄴ → (×)
② ㄱ, ㄷ → (×)
③ ㄴ, ㄷ → (×)
④ ㄴ, ㄹ → (○)
⑤ ㄷ, ㄹ → (×)

합격자의 실전 풀이 순서

❶ 문제의 유형 파악

본 문제의 경우 발문에서 '규정'이라는 단어가 나오고, 제시문이 법조문 형태로 주어졌으므로 법조문 유형임을 알 수 있다. 특히 규정을 근거로 판단할 때 옳은 것을 고르라 하고 있으므로, 법조문 유형 중에서도 규정의 내용을 확인하는 문제임을 추론할 수 있다. 법 조문 유형은 구체적인 조문의 내용을 독해하는 것보다, 법 조문의 구조를 파악한 후 〈보기〉에서 묻고 있는 정보를 찾아 올라가는 형태로 푸는 것이 좋다. 법 조문의 구조 파악이란 각 조나 항마다 가로로 길게 선을 그어 조문들을 시각적으로 구분하고, 단서와 괄호에 강조 표시를 하는 것을 의미한다. 또한, 본 문제가 옳은 것을 고르는 문제라는 것을 인지하기 위해 "옳은"이라는 단어에 밑줄이나 동그라미 등 표시를 한다. 이러한 장치를 통해 옳지 않은 것을 고르는 실수를 방지할 수 있다.

❷ 법조문 구조 분석

먼저 법조문 전체를 훑으며 법조문의 구조를 파악한다. 법조문을 분석할 때는 각 조나 항을 구분하고, 단서와 괄호에 강조 표시를 한다. 조문의 길이가 긴 경우 가로선을 활용하고, 구체적으로 '다만'이라는 단어가 나오면 △, '이 경우'라는 단어에는 ㅁ 표시를 해두고, 괄호가 나오면 괄호의 처음과 끝에 별표를 해둔다. 아래의 조문이 위의 조문의 내용의 일부에 대하여 설명하고 있는 경우, 아래 조문을 위의 조문 내용 혹은 조항과 연결하여 표시한다. 이러한 표시들은 선지나 〈보기〉를 읽고, 해당하는 부분을 찾는 이정표 역할을 한다. 이렇게 법조문을 읽으며 선지에 어떤 내용이 나올지도 예상해본다. 두 개의 조로 구성된 규정이다. 모두 '제○○조'로 표기되어 있어 구분이 어렵다면 순서대로 '1, 2'를 쓰고, 구분이 쉽도록 각 조 사이에 가로선을 긋는다. 각 조마다 괄호가 있으므로, 괄호와 대략적인 키워드를 확인하고 기호로 표시하며 구조를 파악한다.

제1조 제1항은 감사 선임에 대한 규정이고, 제2항은 감사의

업무를 규정하고 있다. '감사'가 행위가 아닌 일종의 직책임을 알 수 있다. 제2조 제1항은 감사의 보조기구로서 감사인과 직원을 규정하며, 제2항은 단체장이 감사인으로 임명할 수 있는 사람을 규정한다. '보조기구', '감사인', '직원', '임명'에 표시한다. 제2항 각 호 중 하나만 해당해도 임명이 가능함에 유의한다. 제3항은 제2항의 감사인이 될 수 없는 경우를 규정하며, '어느 하나'와 '결격사유'에 표시한다. 제4항은 직원이 감사업무를 수행하는 규정이다. '직원'에 표시한다. 제시된 법조문의 경우 괄호나 단서가 있지는 않으나, 2조에서 감사인의 조건과 결격사유가 출제 포인트로 눈에 띈다.

❸ 보기 판단

법조문 분석을 바탕으로 보기를 검토한다. 보기 ㄱ, ㄴ, ㄷ은 모두 감사인의 임명에 대한 내용이므로 제2조 제2항 및 제3항과 비교한다. 보기 ㄹ은 직원이 감사업무를 수행하는 것에 대한 내용이므로 제2조 제4항과 비교한다.

본 문제와 같이 하나의 선지가 보기들의 조합으로 구성되는 경우 보기를 해결한 후 해당 보기와 관련된 선지를 먼저 처리하는 것이 좋다. 예컨대, 보기 ㄱ은 옳지 않으므로 선지 ①번과 ②번이 제외된다. 보기 ㄴ은 옳으므로 선지 ⑤번이 제외되고, 마지막으로 보기 ㄷ 또는 보기 ㄹ을 확인하면 정답이 도출된다.

합격자의 시간단축 Tip

Tip ❶ 법조문의 제목을 활용

본 문제와 같이 법조문의 제목이 괄호로 주어진 경우, 이를 적극적으로 활용하는 것이 좋다. 선지의 내용을 파악한 후 법조문의 제목을 빠르게 훑어보며 어떤 조문을 참조해야 하는지 판단한다.

Tip ❷ 법조문의 차이점에 주목

제2조 제2항 제1호는 4급 이상, 근무기간 1년 이상 등의 요건이 있으나 제2호는 자격증을 갖고 있는 직원이면 급수와 근무기간에 관계없이 누구나 감사인으로 임명될 수 있다. 각 호에 이런 차이가 있음을 잡아낸다면 선지를 처리하는 데 큰 어려움은 없을 것이므로 각 호가 어떤 점에서 구분되는지를 파악하는 연습을 하자. 또한 〈보기〉를 판단하며 1호, 2호를 모두 적용하지 않도록 제2조 제2항의 '어느 하나'에도 표시를 해두자.

Tip ❸ 여러 요건이 결합한 조항에 주의

2조 2항 1호는 상당히 여러 가지 요건으로 구성되어 있다. 급수, 근무기간, 업무, 회계 인사 업무에서의 근무 기간 등 여러 가지 요건에 대한 정보를 담고 있는바, 해당 조항과 연관된 선지가 나올 때는 여러 요건 중에 몇 개만을 틀리게 만들 것을 예상할 수 있다. 선지 ㄱ이 그렇게 만들어진 선지이다.

독끝 11일차 (151~165)

정답

151	②	152	①	153	④	154	②	155	①
156	⑤	157	①	158	①	159	②	160	⑤
161	⑤	162	③	163	④	164	⑤	165	③

151 정답 ❷ 난이도 ●○○

문제유형 사실적 이해 > 정보 확인

접근전략 여러 개념들이 병렬적으로 제시되는 경우, 이들 간 차이점 및 공통점을 자주 묻는다. 특히 낯선 고유명사들이 나열될 경우 이름보다는 그 특징에 맞춰서 읽도록 하며, 이름이 거슬린다면 이름 위에 아예 번호를 매겨도 좋다. 주의할 점은, 일단 어느 한 개념을 이해하고 나서 나머지를 비교할 것이 아니라 일단 비교를 하고 그 다음에 이해를 해야 한다는 것이다. 둘은 완전히 다르다.

다음 글의 내용과 부합하는 것을 〈보기〉에서 모두 고르면?

(1) 이슬람 금융 방식은 돈만 빌려 주고 금전적인 이자만을 받는 행위를 금지하는 이슬람 율법에 따라 실물자산을 동반하는 거래의 대가로서 수익을 분배하는 방식을 말한다. (2) 이슬람 금융 방식에는 '무라바하', '이자라', '무다라바', '무샤라카', '이스티스나' 등이 있다. ▶ 1문단

(1) 무라바하와 이자라는 은행이 채무자가 원하는 실물자산을 매입할 경우 그것의 소유권이 누구에게 있느냐에 따라 구별된다. (2) 실물자산의 소유권이 은행에서 채무자로 이전되면 무라바하이고, 은행이 소유권을 그대로 보유하면 이자라이다. (3) 무다라바와 무샤라카는 주로 투자 펀드나 신탁 금융에서 활용되는 방식으로서 투자자와 사업자의 책임 여부에 따라 구별된다. (4) 사업시 발생하는 손실에 대한 책임이 투자자에게만 있으면 무다라바이다. (5) 양자의 협상에 따라 사업에 대한 이익을 배분하긴 하지만, 손실이 발생할 경우 사업자는 그 손실에 대한 책임을 가지지 않는다. (6) 반면에 투자자와 사업자가 공동으로 사업에 대한 책임과 이익을 나누어 가지면 무샤라카이다. (7) 이스티스나는 장기 대규모 건설 프로젝트에 활용되는 금융 지원 방식으로서 투자자인 은행은 건설 자금을 투자하고 사업자는 건설을 담당한다. (8) 완공 시 소유권은 투자자에게 귀속되고, 사업자는 그 자산을 사용해서 얻은 수입으로 투자자에게 임차료를 지불한다. ▶ 2문단

• 보기 •

ㄱ. 사업에 대한 책임이 투자자가 아니라 사업자에게만 있으면 무다라바가 아니라 무샤라카이다.
→ (×) 무샤라카는 투자자와 사업자가 모두 공동으로 사업에 대한 책임을 나누어 가진다.[2문단(6)]

ㄴ. 은행과 사업자가 공동으로 투자하여 사업을 수행하고 이익을 배분하면 무샤라카가 아니라 이스티스나이다.
→ (×) 이스티스나는 은행만 투자하고 사업자는 투자하지 않기에[2문단(7)] 해당 설명은 적절하지 않다. 이와 달리 사업자는 그 대신 건설을 담당하고 사업 수행을 통해 얻은 수입으로 은행에 임차료를 지불한다.

ㄷ. 은행이 채무자가 원하는 부동산을 직접 매입 후 소유권 이전 없이 채무자에게 임대하면 무라바하가 아니라 이자라이다.
→ (○) 이자라의 경우 실물자산의 소유권이 채무자에게 이전되지 않고 그대로 은행이 보유한다.[2문단(2)] 반면에 무라바하는 반대로 은행에서 채무자로 소유권이 이전된다.[2문단(2)] 따라서 해당 선지는 지문의 설명에 부합한다.

① ㄱ → (×)
② ㄷ → (○)
③ ㄱ, ㄴ → (×)
④ ㄴ, ㄷ → (×)
⑤ ㄱ, ㄴ, ㄷ → (×)

제시문 분석

제시문 이슬람의 금융 방식

〈이슬람의 금융 방식〉
실물자산을 동반하는 거래의 대가로서 수익을 분배하는 방식 [1문단(1)]

〈실물자산의 매입〉 [2문단(1)]		
무라바하		이자라
실물자산의 소유권: 은행에서 채무자로 이전[2문단(2)]	⊕	실물자산의 소유권: 은행이 그대로 보유[2문단(2)]

〈투자 펀드나 신탁 금융〉 [2문단(3)]		
무다라바		무샤라카
사업시 이익은 투자자와 사업자가 배분, 손실은 투자자만 책임[2문단(4)]	⊕	사업시 책임과 이익을 투자자와 사업자가 나눔[2문단(6)]

장기 대규모 건설 프로젝트
이스티스나
• 투자자(은행) : 건설 자금 투자, 소유권 귀속 • 사업자 : 건설 담당, 투자자에게 임차료 지불[2문단(7),(8)]

합격자의 실전 풀이 순서

❶ 발문을 확인해 유형을 파악한다.

'다음 글의 내용과 부합하는 것을 〈보기〉에서 모두 고르면?' 부합하는 것을 묻는 문제는 주로 상충하는 것을 묻는다는 것을 상기하면서 지문으로 들어간다. 특히 발문을 읽는 동시에 지문 첫 부분을 보는 스킬을 이용해 보자. 첫 줄부터 이슬람과 금융이라는 낯선 두 가지 조합이 등장한다는 점에 착안하여 독해한다.

특히 글을 읽기 전 혹시 다른 문화권과의 비교가 있지는 않은지에 대해 의구심을 품는 것이 좋다. 물론 이 지문은 단순히 이슬람의 금융제도를 나열할 뿐이지만 서구권이나 동아시아와의 비교, 현대와의 비교가 나올 수 있다. 이를 확인하는 방법은 다음 문단의 처음과 끝 정도를 보면서 다른 나라가 등장하지는 않는지 살피는 것이다. 등장하지 않으므로 '이슬람'이란 소재는 중요하지 않고 '금융'이 더 중요함을 확인할 수 있다.

❷ **지문을 읽는다.**

생소한 용어가 많이 등장하는 지문이다. 특히 '무라바하'와 '무다라바'가 헷갈리지 않게 주의해야 할 필요가 있다. 다행히도 1문단 2번째 문장에서 나열한 순서대로 설명이 전개되고 있음을 알 수 있다. 이를 쉽게 확인할 방법은 지문 내용을 온전히 읽기 전에 개념별로 번호나 기호를 매겨 주고(1,2,3/ㄱㄴㄷ 등) 그냥 지문을 마치 그림처럼 보면서 해당 단어가 제대로 순서대로 나열되고 있는지 다시 기호를 써 주는 것이다. 또한, 무라바하와 이자라는 소유권이 누구에게 있느냐에 따라 구별되는 개념이고, 무다라바와 무샤라카는 투자자와 사업자의 책임 여부에 따라 구별되는 개념이다. 이렇게 비슷한 듯 짝을 지어 차별점을 가지는 두 개념은 선지로 구성하기에 매우 좋은 부분임을 어렵지 않게 파악할 수 있을 것이다. 따라서 이들 간 공통점과 차이점을 잘 파악하고 각각의 개념이 혼동되지 않도록 주의해야 한다.

❸ **〈보기〉를 판단한다.**

지문을 읽으며 예측한 것과 같이, 비슷한 듯 차별점을 가지는 두 개념을 비교하는 식으로 〈보기〉가 구성되어 있다. 지문을 꼼꼼하게 읽었고 〈보기〉를 헷갈리지만 않는다면 어렵지 않게 풀 수 있는 난이도다.

이런 선지들을 해결하기 위해선 우선 지문을 읽을 때 공통점과 차이점을 "둘 다", "따로" 정리하는 것이 좋다. 무엇이 공통점이고 무엇이 차이점인지 알아야 실수를 안 하게 된다. 선지를 보다 보면 차이점은 제대로 보면서 공통점도 차이가 있었던 것처럼 보는 수험생이 많은데, 공통점은 공통점이라고 반드시 미리 표시해 놔야 한다.

ㄱ부터 ㄷ까지 모두 개념 간의 차이점을 묻고 있으므로 이에 유의하며 판단한다. "*****하면 A가 아니라 B다."는 식의 구조로 적혀있는데, 이때 A와 B를 헷갈리지 않도록 주의해야 할 필요가 있다. 또한 *****이 B뿐만 아니라 A에도 해당하는 속성일 경우 해당 서술은 틀린 서술이 된다. 이를 주의하며 〈보기〉를 판단하면 된다.

합격자의 시간단축 Tip

Tip ❶ 여러 개념이 등장하는 경우 차이점 및 공통점 잘 파악하기

지문을 읽으며 선지 또는 〈보기〉에서 지문의 어떤 부분을 문제로 출제했을지를 예측하며 글을 읽는 것이 시간 단축은 물론이고 문제 풀이 전반에 큰 도움이 된다. 본 지문의 경우 이슬람 금융 방식 5가지가 제시됐다. 이 5가지 중 무라바하와 이자라가 한 쌍, 무다라바와 무샤라카가 한 쌍을 이루어 공통점을 지니는 한 편 차이점 또한 가지고 있었다. 이렇게 공통점과 차이점을 지니는 개념들은 문제로 출제하기 용이하다는 점을 어렵지 않게 파악할 수 있을 것이다. 이러한 방식으로 지문을 읽으며 '나라면 어떤 포인트에서 문제를 낼까?'를 예측해보고 문제 출제 포인트를 중점적으로 글을 읽는 연습을 하는 것이 많은 도움이 된다.

Tip ❷ 일반명사가 어려운 경우 대처법

아이는 어른들의 대화 속에서 반복을 통해 단어의 의미를 포착한다. 그 말뜻은 어른들이라 해도 모르는 단어가 보인다면 글 속에서 맥락과 반복을 통해 의미를 유추할 수 있다는 소리다. 그리고 그 반복은 다른 문장을 통해서 완성된다.

예컨대 "실물자산"이라는 단어를 보자. 실물이 뭔지 정확히 몰라도, 이자놀음이 금지된 이슬람 사회에서 간접적으로 이자를 지급하기 위한 수단이라는 것은 짐작할 수 있다. 또한, 실질이라는 한자어로부터 특정한 의미를 추론할 수 있다. 즉, 주식이나 부동산과 같다고 추측할 수 있는 것이다. 아니면 택시면허 등을 떠올려도 좋다. 이런 식으로 의미를 간접 추론 가능하다. 또한, 투자펀드나 신탁 금융이라는 단어 역시 뜻을 몰라도 다음 줄에서 기능을 바로 말해 준다. 이처럼 한 문장의 해석이 어렵다면 다른 문장을 통해 어려운 단어를 극복함으로써 해석이 가능해질 수 있다.

152 정답 ❶ 난이도 ●○○

문제유형 사실적 이해 > 중심 내용 파악

접근전략 지문의 논지를 파악하고, 논지에 해당하는 선지를 고르는 문제다. 선지에 글 내용과 부합하지만 논지는 아닌 함정이 반드시 등장하므로 주의한다. 더불어 지문의 길이가 다소 긴 편에 속하기 때문에 각 문단의 주요 내용에는 밑줄을 그어가며 읽는 등의 요령이 필요하다. 또한, 해당 유형은 주제문을 찾는 것이 중요한데 이는 높은 확률로 첫 문단의 후반부나 마지막 문단의 초반부에 존재하므로 이에 유의하자.

다음 글의 논지로 가장 적절한 것은?

(1) 최근에 사이버공동체를 중심으로 한 시민의 자발적 정치 참여 현상이 많은 관심을 끌고 있다. (2) 이러한 현상과 관련하여 A의 연구가 새삼 주목 받고 있다. (3) A의 연구에 따르면 공동체의 구성원이 됨으로써 얻게 되는 '사회적 자본'이 시민사회의 성숙과 민주주의 발전을 가져오는 원동력이다. (4) A의 이론에서는 공동체에 대한 자발적 참여를 통해 사회 구성원 간의 상호 의무감과 신뢰, 구성원들이 공유하는 규칙과 관행, 사회적 유대 관계와 같은 사회적 자본이 늘어나면, 사회 구성원 간의 협조적인 행위가 가능하게 된다고 보았다. (5) 더 나아가 A는 자원봉사자와 같이 공동체 참여도가 높은 사람이 투표할 가능성이 높고 정부 정책에 대한 의견 개진도 활발해지는 등 정치 참여도가 높아진다고 주장하였다. ▶ 1문단

(1) 몇몇 학자들은 A의 이론을 적용하여 면대면 접촉에 따른 인간관계의 산물인 사회적 자본이 사이버공동체에서도 충분히 형성될 수 있다고 보았다. (2) 그리고 사이버공동체에서 사회적 자본의 증가는 곧 정치 참여도 활성화시킬 것으로 기대했다. (3) 하지만 이러한 기대와는 달리 정치 참여가 활성화되지 않았다. (4) 요즘 젊은이들을 보면 각종 사이버공동체에 자발적으로 참여하는 수준은 높지만 투표나 다른 정치 활동에는 무관심하거나 심지어 정치를 혐오하기도 한다. (5) 이런 측면에서 A의 주장은 사이버공동체가 활성화된 오늘날에는 잘 맞지 않는다. ▶ 2문단

(1) 이러한 이유 때문에 오늘날 사이버공동체를 중심으로 한 정치 참여를 더 잘 이해하기 위해서 '정치적 자본' 개념의 도입이 필요하다. (2) 정치적 자본은 사회적 자본의 구성 요소와는 달리 정치 정보의 습득과 이용, 정치적 토론과 대화, 정치적 효능감 등으로 구성된다. (3) 정치적 자본은 사회적 자본과 마찬가지로 공동체 참여를 통해서 획득되지만, 정치 과정에의 관여를 촉진한다는 점에서 사회적 자본과는 구분될 필요가 있다. (4) 사회적 자본만으로 정치 참여를 기대하기 어렵고, 사회적 자본과 정치 참여 사이를 정치적 자본이 매개할 때 비로소 정치 참여가 활성화된다. ▶ 3문단

① **사이버공동체를 통해 축적된 사회적 자본에 정치적 자본이 더해질 때 정치 참여가 활성화된다.**

→ (O) A의 연구에 따르면 공동체의 자발적 참여를 통해 형성되는 사회적 자본의 증가가 정치 참여도를 높인다.[1문단 (3),(5)] 하지만 사이버공동체의 경우, 높은 공동체 참여도와

그로 인해 사회적 자본이 축적되었음에도 정치 참여가 활성화되지 않았다.[2문단(3)] 따라서 본 지문은 사회적 자본과 정치 참여의 매개체로서 '정치적 자본' 개념 도입의 필요성을 설명한다.[3문단(1)] 그러므로 본 글의 논지에 따르면 사이버공동체에서 사회적 자본에 정치적 자본이 더해질 때 정치 참여도가 높아질 것을 기대할 수 있다.[3문단(4)]

② **사회적 자본은 정치적 자본을 포함하기 때문에 그 자체로 정치 참여의 활성화를 가져온다.**

→ (×) 사회적 자본은 사회 구성원 간의 상호 의무감과 신뢰, 구성원들이 공유하는 규칙과 관행, 사회적 유대 관계와 같은 것들이다.[1문단(4)] 반면, 정치적 자본은 그와 달리 정치 정보의 습득과 이용, 정치적 토론과 대화, 정치적 효능감 등이 그 구성 요소이다.[3문단(2)] 둘 다 자발적 공동체 참여를 통해 축적되지만, 후자가 정치 과정에 참여의 촉진 역할을 한다는 측면에서 사회적 자본이 정치적 자본을 포함하지 않는다는 점을 알 수 있다.[3문단(3)] 더 나아가 사회적 자본이 그 자체로 정치 참여의 활성화를 보장하지 못하기 때문에 정치적 자본의 개념이 도입된 것이므로[3문단(4)] 사회적 자본이 그 자체로 정치 참여의 활성화를 가능하게 한다는 해당 선지의 설명이 틀린 것을 재확인할 수 있다.

③ **사회적 자본이 많은 사회는 정치 참여가 활발하기 때문에 민주주의가 실현된다.**

→ (×) 사회적 자본이 민주주의 발전의 원동력임은 사실이다.[1문단(3)] 하지만 사이버공동체를 중심으로 한 사회의 경우, 자발적으로 공동체에 참여하는 수준이 높고 축적된 사회적 자본도 많음에도 불구하고 정치 참여가 활발하지 않았다.[2문단(3)] 따라서 사회적 자본이 많더라도 정치 참여가 활발하게 이루어지지 않은 경우, 민주주의가 발전하기는 어렵다. 또한, 본 글은 사이버공동체의 정치 참여 활성화를 위해 '정치적 자본'이라는 개념을 도입할 것을 말하고 있다.[3문단(1)] 따라서 본선지는 이 글의 논지라고 보기에는 어려움이 있다.

④ **사이버공동체의 특수성으로 인해 시민들의 정치 참여가 어렵게 되었다.**

→ (×) 사이버공동체에서 시민들은 정치 참여가 활발하지 않다.[2문단(5)] 하지만 이가 '사이버공동체의 특수성'이라는 요인에 의한 결과인지는 본 지문에서 알 수 없다.

⑤ **사이버공동체에의 자발적 참여 증가는 정치 참여를 활성화시킨다.**

→ (×) 사이버 공동체에서 자발적으로 공동체에 참여하는 수준은 높았으나, 정치 활동에 대해서는 무관심하거나 혐오하는 모습을 보였다.[2문단(4)] 따라서 사이버공동체서의 자발적 참여 증가가 활성화된 정치 참여까지는 보장한다고 볼 수 없다. 또한, 본 글은 사이버 공동체의 정치 참여 활성화를 위해 '정치적 자본'이라는 개념을 도입할 것을 말하고 있다.[3문단(1)] 따라서 본선지는 이 글의 논지라고 보기에는 어려움이 있다.

제시문 분석

1문단 A의 연구

〈A의 연구〉
공동체의 자발적 참여(1) → 사회적 자본 증가(4) → 사회 구성원 간 협조적인 행위 가능(4) → 정치적 참여도 활성화(5) ⇒ 시민 사회의 성숙, 민주주의의 발전(3)

2문단 사이버공동체에서의 A의 연구

사이버공동체의 A의 연구 적용 실패(1)		
기대(2)		현실(4)
사회적 자본의 증가 ⇓ 정치 참여도 활성화	⬌	사회적 자본의 증가 ⇓ 정치 무관심+정치 혐오

1·3문단 정치적 자본의 역할

〈사이버 공동체 중심의 정치 참여〉
정치적 자본 개념을 도입해[3문단(1)] 정치적 자본이 사회적 자본과 정치 참여를 매개하여 정치 참여 활성화 유도[3문단(4)]

〈사회적 자본〉		〈정치적 자본〉		〈정치 참여도 증가〉
사회 구성원 간의 상호 의무감과 신뢰, 구성원들이 공유하는 규칙과 관행, 사회적 유대 관계[1문단(4)]	⊕	정치 정보의 습득과 이용, 정치적 토론과 대화, 정치적 효능감 등 [3문단(2)]	➜	성실한 투표 정부 정책에 대한 활발한 의견 개진 [1문단(5)]

합격자의 실전 풀이 순서

❶ **발문을 확인해 유형을 파악한다.**

다음 글의 논지로 가장 적절한 것은?

글을 읽고 논지를 파악한 후, 논지로 가장 적절한 선지를 고르는 문제다. 논지란 논하는 말이나 글의 요지 또는 취지를 의미한다. 이때 지문 처음을 읽으면 '최근에', '사이버공동체'라는 말을 볼 수 있는데 이를 통하여 〈IT기술과 사회적 영향〉이라는 소재를 추측할 수 있다. 물론 글을 다 읽어 보면 살짝 다르지만 큰 갈래에선 비슷하다 할 수 있겠다. 이런 식으로 스스로 추측하면서 글을 읽는 것이 중요하다.

❷ **지문을 읽고 논지를 파악한다.**

본 글은 다소 긴 편이므로 문단별 중심 메시지를 명확히 파악해두는 것이 좋다. 왜냐하면 논지라는 것은 결국 하위 내용을 포괄하는 궁극적인 주장이기 때문이다. 하위 메시지가 무엇이 있는지 파악하고 어떤 선지가 그것을 모두 담고 있는지를 즉석에서 확인하기 위해 반드시 밑줄을 쳐 둔다.

예컨대 1문단에서는 A의 연구를 소개하고 있는데, A는 '사회적 자본'이라는 개념을 통해 정치 참여를 활성화할 수 있다고 보았다는 내용이 있다. 이때 상호 의무, 관행, 유대 등은 중심 내용이 아닐 것이다. 1문단만 놓고 보면 '의견 개진도 활발해지는 등 정치 참여도가 높아진다고 주장하였다.'라는 문장보다 민주주의 발전이 훨씬 중심에 가까워 보인다. 하지만 민주주의 발전은 앞으로 이어질 내용과 비교할 때 중심 문장이라 할 수 없다.

그렇다면 이를 지문을 읽다가 올라오지 않고도 사전적으로 구분할 수 있을까? 불가능하다. 그럴 때는 둘 다 밑줄을 쳐주는 것이 좋다. 그다음 뒷문단에서 앞문단 어느 게 중요한 거였다고 밝혀지면 그때 가서 2문단과 직접 밑줄을 연결하거나 v표를 쳐서 체크하면 그만이다.

2문단에서는 사이버공동체에서 사회적 자본이 정치 참여도를 활성화할 수 있는지에 대해 이야기를 했다. 이때 2문단의 (3), (4), (5) 셋 중 뭘 잡아도 중심 내용을 파악하는 데 큰 어려움이 없을 것이다. 이렇게 중심 문장이 될만한 후보가 여럿 있고, 그것이 같은 내용을 말하고 있는 경우 과감하게 하나만 남기고 나머지는 밑줄 치지 않아도 좋다. 그렇게만 해도 어차피 문제를 푸는 1~2분의 짧은 시간에는 자기가 밑줄을 왜 조금만 쳤는지 다 기억날 수밖에 없다.

❸ **선지를 판단한다.**

지문과 선지의 내용이 일치하는지 판단하는 것도 필요하나, 무엇보다도 글의 논지를 담은 선지를 고르는 것이 중요하다는 것을 명심해야 한다. 이를 위해서 앞서 정리한 문단별 중심 내용을 "꽤 포함하는 것"을 찾은 뒤 정답에 체크하면 된다. 이때 모든 걸 포함하는 선지를 한 번에 찾지 않는 이유는 선지 하나별로 걸리는 시간이 너무 많아지고, 실수할 확률도 오르기 때문이다.

합격자의 시간단축 Tip

Tip ❶ 논지는 결국 주제를 찾는 것이다.

지문의 길이가 긴 만큼 각 문단의 논지를 찾는 문제는 결국 글의 주제문을 파악하는 것이 중요하다. 문단별로 전달하고자 하는 메시지가 무엇인지 파악하고, 그 메시지를 담고 있는 핵심 문장에 핵심 문장을 밑줄을 그어 두는 방식으로 하는 것이 가장 빠르고 편한 방법이다. 또한, 글 전체의 주제문은 첫 문단의 후반부 또는 마지막 문단의 초반부에 있는 경우가 많으니 이를 잘 활용하자. 해당 문제도 마지막 문단의 초반부 내용이 주제문이었다.

Tip ❷ 논지 판단 유형의 선지 판단

논지 판단 유형은 선지를 빠르게 읽으며 논지와 가장 가까운 것을 고르는 것이 가장 빠르게 본 유형을 풀 수 있는 방법이다. 정답을 찾기 어렵다면 제시문 내용과 불일치하거나 이로부터 알 수 없는 선지를 먼저 제거한 후 글의 주제와 가장 가까운 선지를 선택한다.

153 정답 ④ 난이도 ●○○

문제유형 논리적 비판 > 논지의 강화 및 약화

접근전략 논지 강화/약화형 문제는 논지와 그 근거를 구분하여 기억하는 것이 중요한 유형이다. 해당 유형에 출제되는 지문은 크게 1) 특정 연구/사례분석에 의한 결론 도출 지문과 2) 글쓴이 또는 특정 이론가의 주장으로 크게 두 가지가 있다. 이 지문은 유형 1)에 속하는 지문으로, 결론을 빠르게 파악하는 것이 필요하다. 또한, 약화한다는 것은 해당 내용과 상충한다는 의미이므로 이를 중심으로 선지를 선택한다.

다음 ㉠을 약화하는 진술로 가장 적절한 것은?

(1) 침팬지, 오랑우탄, 피그미 침팬지 등 유인원도 자신이 다른 개체의 입장이 됐을 때 어떤 생각을 할지 미루어 짐작해 보는 능력이 있다는 연구 결과가 나왔다. (2) 그동안 다른 개체의 입장에서 생각을 미루어 짐작해 보는 능력은 사람에게만 있는 것으로 여겨져 왔다. (3) 연구팀은 오랑우탄 40마리에게 심리테스트를 위해 제작한 영상을 보여주었다. (4) 그들은 '시선 추적기'라는 특수 장치를 이용하여 오랑우탄들의 시선이 어디를 주목하는지 조사하였다. (5) 영상에는 유인원의 의상을 입은 두 사람 A와 B가 싸우는 장면이 보인다. (6) A와 싸우던 B가 건초더미 뒤로 도망친다. (7) 화가 난 A가 문으로 나가자 B는 이 틈을 이용해 옆에 있는 상자 뒤에 숨는다. (8) 연구팀은 몽둥이를 든 A가 다시 등장하는 장면에서 피험자 오랑우탄들의 시선이 어디로 향하는지를 분석하였다. (9) 이 장면에서 오랑우탄 40마리 중 20마리는 건초더미 쪽을 주목했다. (10) B가 숨은 상자를 주목한 오랑우탄은 10마리였다. (11) 이 결과를 토대로 연구팀은 피험자 오랑우탄 20마리는 B가 상자 뒤에 숨었다는 사실을 모르는 A의 입장이 되어 건초더미를 주목했다는 ㉠ 해석을 제시하였다.

▶ 1문단

(1) 이 실험으로 오랑우탄에게도 다른 개체의 생각을 미루어 짐작하는 능력이 있는 것으로 볼 수 있으며, 이러한 점은 사람과 유인원의 심리 진화 과정을 밝히는 실마리가 될 것으로 보인다.

▶ 2문단

① 상자를 주목한 오랑우탄들은 A보다 B와 외모가 유사한 개체들임이 밝혀졌다.

→ (×) ㉠의 전제는 오랑우탄 20마리가 건초더미를 주목했다는 것이다.[1문단(9)] 상자를 주목한 오랑우탄들이 A보다 B와 외모가 유사한 개체들임이 밝혀졌다는 것은 ㉠의 전제와 아무런 관련이 없다. 따라서 ㉠을 강화하지도, 약화하지도 않는다.

② 사람 40명을 피험자로 삼아 같은 실험을 하였더니 A의 등장 장면에서 30명이 건초더미를 주목하였다.

→ (×) ㉠의 실험 피험자는 오랑우탄이다.[1문단(3)] 사람 40명을 피험자로 삼아 같은 실험을 하고 유사한 결과가 나왔다는 것은 건초더미를 본 행위를 다른 개체의 입장에서 생각한 행위로 볼 수 있다는 것이다. 따라서 이는 오히려 ㉠을 강화한다고 볼 수 있다.

③ 새로운 오랑우탄 40마리를 피험자로 삼고 같은 실험을 하였더니 A의 등장 장면에서 21마리가 건초더미를 주목하였다.

→ (×) 새로운 오랑우탄 40마리를 피험자로 삼고 같은 실험을 하였더니 A의 등장 장면에서 21마리가 건초더미를 주목한 것은, ㉠의 실험 결과와 거의 일치한다. 따라서 이는 귀납 논증에서 실험표본의 증가 또는 실험 결과의 확인에 해당하므로 ㉠을 강화한다.

④ 오랑우탄 20마리는 단지 건초더미가 상자보다 자신들에게 가까운 곳에 있었기 때문에 건초더미를 주목한 것임이 밝혀졌다.

→ (○) 오랑우탄 20마리가 단지 건초더미가 상자보다 자신들에게 가까운 곳에 있었기 때문에 건초더미를 주목하였다면, 오랑우탄이 건초더미를 바라본 것은 단지 우연적인 현상에 그치게 된다. ㉠은 오랑우탄 20마리가 다른 개체의 입장이 된다는 '의도'를 가지고 건초더미를 바라보았다고 주장하므로[1문단(11)], 그것이 그저 우연적 현상이라는 것이 밝혀진다면 ㉠이 약화된다.

⑤ 건초더미와 상자 중 어느 쪽도 주목하지 않은 나머지 오랑우탄 10마리는 영상 속의 유인원이 가짜라는 것을 알고 있었다.

→ (×) 건초더미와 상자 중 어느 쪽도 주목하지 않은 나머지 오랑우탄 10마리는 영상 속의 유인원이 가짜라는 것을 알고 있었다는 것은 실험 결과와 아무런 관련이 없으므로, ㉠을 강화하지도, 약화하지도 않는다.

제시문 분석

제시문 오랑우탄의 심리 실험

〈오랑우탄의 심리 실험〉		
〈실험 내용〉		〈실험 결과〉
40마리의 오랑우탄에게 A와 B가 싸우는 영상을 보여주며 B가 상자 뒤에 숨었다는 것을 알려주고, A가 다시 등장하는 장면에서 오랑우탄들의 시선이 어디로 향하는지를 분석하였다.[1문단(7),(8)]	→	오랑우탄 40마리 중 20마리는 건초더미 쪽을 주목했다. [1문단(9)]

〈결과 해석〉
오랑우탄 20마리는 A의 입장이 되어 건초더미를 주목한 것으로, 이를 통해 오랑우탄에게도 다른 개체의 생각을 미루어 짐작하는 능력이 있는 것으로 볼 수 있다.[1문단(11),2문단(1)]

합격자의 실전 풀이 순서

❶ 발문과 선지를 파악한다.

강화/약화유형으로, ㉠을 약화하는 내용을 고르는 것이 과제이다. 따라서, 먼저 ㉠의 핵심을 파악하는 것이 필요하다. 거기에 더해서 짧은 2문단이 실험의 〈결론〉임을 파악하면 더 좋다.

❷ ㉠의 핵심을 파악한다.

해당 지문은 1문단 〈화두 제시－실험 제시－실험 결과 및 해석 제시－2문단 결론 확장〉의 흐름으로 구성되어 있다.

〈다른 개체의 입장에서 생각을 미루어 짐작해 보는 능력〉이 오랑우탄에게도 있다는 것이 해당 지문의 결론이다. 따라서 ㉠을 약화하기 위해서는 해당 결론에 반대되는 내용, 또는 해당 결론의 전제를 공격하는 내용이 제시되어야 한다.

❸ 선지 판단을 진행한다.

약화하는 진술을 고를 때는, 강화하는 내용의 선지를 소거하기를 먼저 진행한 다음에 약화 선지를 고르는 것이 상대적으로 수월하다.

이때 ⑤번 선지와 같이 강화하는 것인지 아닌지 헷갈리는 선지는 나중에 판단하는 것이 좋다. 무관한 내용이므로 약화 및 강화 여부를 확실히 판단하기 어려울 수 있기 때문이다. 일반적으로 약화하는 선지란 특정 내용과 상충하는 것이므로 해당 주장 및 내용과 상충하는 것을 먼저 찾으면 좋다.

합격자의 시간단축 Tip

Tip ❶ 주장의 약화는 전제에 대한 부정, 또는 실험 내용의 반대되는 결과이다.

전제를 파악하는 것에는 시간이 오래 걸리므로 선지에서 실험 내용의 반대를 먼저 확인한 후 다른 선지를 확인한다. 또한, 이는 곧 정답이 해당 실험과 상충한다는 것이므로 상충하는 내용을 선지에서 고르도록 한다.

Tip ❷ 실험 결과의 숫자가 어떤 걸 의미하는지 파악해보도록 한다.

〈왜 20이 아니라 선지 ③번은 21을 제시했을까? 이 의미는 무엇일까?〉하는 의문을 가지는 것이 좋다. 20과 21을 차이가 있다고 볼 수도 있으나, 결론에 차이가 없다고 보아야 하는 이유는 다음 두 가지가 있다.

1) 통계적으로 큰 차이가 없음.

2) 기존 오랑우탄 집단이 아니라 완전히 다른 집단으로 실험했으므로 소수의 오차는 필연적으로 발생함.

사고실험이 아닌 이상 현실에서 오차는 발생할 수밖에 없다. 중요한 것은 그것이 실험 결론에 유의미한 영향을 미치는지 파악하는 것이다.

Tip ❸ 비율에 대한 해석은 제시문의 내용을 따른다.

일반적으로, 실험 결과로 제시되는 비율에 대해 주관적 해석이 가능한 경우가 많다. 즉 사람마다 80－90% 정도를 유의미한 결과로 보는 경우가 있는가 하면 60－70% 정도를 유의미한 것으로 보기도 한다는 것이다. 그러나, 이는 어디까지나 주관적인 해석일 뿐이다. 제시문에 따르면 40마리 중 20마리라고 해서 그것이 50%의 확률 혹은 무작위를 뜻하는 것이 아닌 유의미한 의미로 해석했다. 따라서 비율의 해석은 제시문의 내용을 따르도록 한다.

Tip ❹ 선지의 목적(주제와의 연관성)을 알 수 없을 경우 강화 또는 약화와 양립 가능한지 검토한다.

양립 가능한 선지는 특이한 경우를 제외하고는 특정 진술을 약화할 수 없다. (특이한 경우는 가정, 설정 등과 관련해 추가적 진술이 필요하므로 해당 문제에서는 검토할 필요가 없다). 예를 들어 선지 ⑤번 같은 경우가 ㄱ과 양립 가능한 선지이다.

154 정답 ❷ 난이도 ●●●

문제유형 비판적 사고 > 논지 강화·약화하기

접근전략 글의 논증을 약화하는 문제의 정답은 주로 본문 내용과 상충하며 오답은 본문 내용과 부합 또는 유추할 수 없는 내용이다. 또한, 주장(통념)－글쓴이의 반박 구조로 되어있는 글에서는 두 내용 간의 구분을 명확히 하며 읽도록 하자. 특히 제시문의 논증이 곧 글쓴이의 반박이기 때문에 그와 반대 방향인 글쓴이가 반박하고 있는 주장이 정답의 방향과 일치할 가능성이 높다.

다음 글의 논증을 약화하는 것만을 〈보기〉에서 모두 고르면?

(1) 인간 본성은 기나긴 진화 과정의 결과로 생긴 복잡한 전체다. 여기서 '복잡한 전체'란 그 전체가 단순한 부분들의 합보다 더 크다는 의미이다. (2) 인간을 인간답게 만드는 것, 즉 인간에게 존엄성을 부여하는 것은 인간이 갖고 있는 개별적인 요소들이 아니라 이것들이 모여 만들어내는 복잡한 전체이다. (3) 또한 인간 본성이라는 복잡한 전체를 구성하고 있는 하부 체계들은 상호 간에 극단적으로 밀접하게 연관되어 있다. (4) 따라서 그중 일부라도 인위적으로 변경하면, 이는 불가피하게 전체의 통일성을 무너지게 한다. (5) 이 때문에 과학기술을 이용해 인간 본성을 인위적으로 변경하여 지금의 인간을 보다 향상된 인간으로 만들려는 시도는 금지되어야 한다. (6) 이런 시도를 하는 사람들은 인간이 가져야 할 훌륭함이 무엇인지 스스로 잘 안다고 생각하며, 거기에 부합하지 않는 특성들을 선택해 이를 개선하고자 한다. (7) 그러나 인간 본성의 '좋은' 특성은 '나쁜' 특성과 밀접하게 연결되어 있기 때문에, 후자를 개선하려는 시도는 전자에 대해서도 영향을 미칠 수밖에 없다. (8) 예를 들어, 우리가 질투심을 느끼지 못한다면 사랑 또한 느끼지 못하게 된다는 것이다. 사랑을 느끼지 못하는 인간들이 살아가는 사회에서 어떤 불행이 펼쳐질지 우리는 가늠조차 할 수 없다. (9) 즉 인간 본성을 선별적으로 개선하려 들면, 복잡한 전체를 무너뜨리는 위험성이 불가피하게 발생하게 된다. (10) 따라서 우리는 인간 본성을 구성하는 어떠한 특

성에 대해서도 그것을 인위적으로 개선하려는 시도에 반대해야 한다.

• 보기 •

ㄱ. 인간 본성은 인간이 갖는 도덕적 지위와 존엄성의 궁극적 근거이다.
→ (×) 제시문에서는 인간 본성이 기나긴 진화 과정의 결과로 생긴 복잡한 전체이며(1), 인간에게 존엄성을 부여하는 것 또한 이와 같은 복잡한 전체, 즉 인간 본성이라고 말한다(2). 따라서 해당 선지는 제시문의 내용과 유사하므로 논증을 강화한다.

ㄴ. 모든 인간은 자신을 포함하여 인간 본성을 지닌 모든 존재가 지금의 상태보다 더 훌륭하게 되길 희망한다.
→ (×) 제시문에서는 인간 본성을 인위적으로 변경하여 지금의 인간을 보다 향상된 인간으로 만들려는 시도는 금지되어야 한다고만 하였을 뿐(5), 인간이 지금의 상태보다 훌륭하게 되길 희망한다거나 희망하지 않는다는 언급은 하지 않았다. 따라서 ㄴ은 제시문의 논증과 무관한 내용이므로 논증을 약화하지도, 강화하지도 않는다.

ㄷ. 인간 본성의 하부 체계는 상호 분리된 모듈들로 구성되어 있기 때문에 인간 본성의 특정 부분을 인위적으로 변경하더라도 그 변화는 모듈 내로 제한된다.
→ (○) 제시문에서는 인간의 본성은 복잡한 전체이기 때문에(1), 선별적으로 개선하려 들면 복잡한 전체를 무너뜨리는 위험성이 발생한다고 하였다(9). 그러나 ㄷ의 내용처럼 인간 본성의 하부 체계가 상호 분리된 모듈들로 구성되어 있고, 특정 부분을 변경하더라도 그 변화는 모듈 내로 제한된다면 이는 제시문의 전제에 반대되는 것이다. 따라서 제시문의 논증을 약화하는 선지에 해당한다.

① ㄱ → (×)
② ㄷ → (○)
③ ㄱ, ㄴ → (×)
④ ㄴ, ㄷ → (×)
⑤ ㄱ, ㄴ, ㄷ → (×)

제시문 분석

제시문 인간 본성의 특징

〈인간 본성의 정의〉		〈특징 ①〉		〈특징 ②〉
인간 본성은 기나긴 진화 과정의 결과로 생긴 복잡한 전체이고, 이것이 곧 인간에게 존엄성을 부여하는 것이다.(1),(2)	→	인간 본성이라는 복잡한 전체를 구성하고 있는 하부 체계들은 상호 간에 극단적으로 밀접하게 연관되어 있다.(3)	→	따라서 그중 일부라도 인위적으로 변경하면, 이는 불가피하게 전체의 통일성을 무너지게 한다.(4)

→	〈결론〉	과학기술을 이용해 인간 본성을 인위적으로 변경하여 지금의 인간을 보다 향상된 인간으로 만들려는 시도는 금지되어야 한다.(5)

제시문 인간 본성 개조 옹호 입장과 그에 대한 비판

〈본성 개조 옹호 입장〉		〈비판〉
인간의 본성을 변경하려는 시도를 하는 사람들은 인간이 가져야 할 훌륭함이 무엇인지 스스로 잘 안다고 생각하며, 거기에 부합하지 않는 특성들을 선택해 이를 개선하고자 한다.(6)	→	그러나 인간 본성의 '좋은' 특성은 '나쁜' 특성과 밀접하게 연결되어 있기 때문에, 후자를 개선하려는 시도는 전자에 대해서도 영향을 미칠 수밖에 없다.(7)

→	〈결론〉	즉, 인간 본성을 선별적으로 개선하려 들면 복잡한 전체를 무너뜨리는 위험성이 발생하게 되므로, 우리는 인간 본성을 구성하는 어떠한 특성에 대해서도 그것을 인위적으로 개선하려는 시도에 반대해야 한다.(9),(10)

합격자의 실전 풀이 순서

❶ 발문 읽기 및 문제 유형 파악

우선 발문을 제대로 읽자. '논증을 약화하는 것'을 고르는 강화약화 문제이다. 어렵게 생각할 필요 없이 제시문의 내용과 상충하는 선지를 선택하면 된다. 해당 선지는 대부분 본문 내용과 무관(유추 불가능), 본문 내용과 부합하는 오답을 자주 만든다. 〈보기〉 옆에 '약화'임을 표시하는 자신만의 기호를 써두어 이러한 오답을 고르는 실수를 방지할 수 있다.

강화약화 유형은 조금만 복잡하게 나올 경우, 난이도가 급상승한다. 따라서 강화약화 유형에 대한 자신만의 풀이 기준을 마련해두어야 한다. 먼저 강화약화 유형을 제대로 풀기 위해서는 강화 또는 약화해야 하는 주제문이 무엇인지를 정확히 파악해야 한다. '논증'에서의 주제문이란 제시문의 결론 및 그 결론에 이르게 한 근거들로 볼 수 있다. '논증'이 강화되거나 약화되려면 결론을 도출한 근거가 강화되거나, 부정되어야 하는 것이다. 주제문은 한 문장, 또는 여러 문장으로 제시되기도 하고, 'A이면 B이다'(A → B)와 같이 논리학적으로 제시되기도 한다. 주제문을 찾는 방법으로는 '즉', '결국', '따라서', '요컨대'와 같은 접속어를 찾거나, 문단의 맨 앞 또는 뒤에 존재하는 문장을 읽어보는 방법이 있다. 또는 예시를 들어 설명하고자 하는 문장이 주제문인 경우도 있다. 강화 또는 약화해야 하는 주제문을 파악한 후에는 선지의 내용이 주제문의 내용과 일치하는지 또는 주제문으로부터 추론 가능한지를 판단하며 문제를 해결해 나가야 한다.

❷ 제시문 독해

해당 제시문은 문장 (8)의 '인간 본성을 구성하는 어떠한 특성에 대해서도 그것을 인위적으로 개선하려는 시도에 반대해야 한다'라는 결론 도출을 위해 다양한 근거를 전개한다. 따라서 강화 또는 약화할 수 있는 주장문이 많은 편이다. 이러한 문제가 나올 때는 강화 또는 약화할 수 있는 주장들에 숫자를 매기면서 정리하면 좋다. 필자가 파악한 주장문으로는 (2), (4), (5), (6), (7), (8) 문장이 있다. 해당 문장들을 강화 또는 약화가 가능한 주장문으로 파악한 이유는 '즉', '따라서'라는 접속사가 있거나, 뒤 문장이 '예를 들어'로 시작하며 해당 문장을 설명하려고 하기 때문이다. 해당 문장들에 위에 조그맣게 1, 2, 3 등 숫자를 매기고, 선지를 판단할 때에는 숫자가 적힌 해당 문장들을 검토하는 것이 좋다. 물론 문단 전체에서 선지의 내용이 적합한지 판단할 수도 있지만, 판단 근거를 명확히 적지 않으면 선지의 근거를 찾느라 헤맬 수 있기 때문이다. 주장문들을 찾으며 제시문을 읽는 것 외에도, 해당 제시문은 '주장(또는 통념) – 글쓴이의 반박'의 구조로 이루어져 있으므

로 이 두 주장을 잘 구분하며 읽자. 특히, 해당 문제의 경우 글의 논증이 글쓴이의 반박에 해당하기 때문에 이를 약화하는 것은 글쓴이가 반박하고 있는 주장의 내용과 같은 방향일 가능성이 매우 크다.

❸ 선지 판단

ㄱ은 제시문 (2) 문장에서 발견할 수 있는 글쓴이의 주장과 부합하기 때문에 오답이 되며, ㄴ은 제시문 내용과 무관(유출할 수 없음)하기에 오답이 된다. 결국, 제시문 내용과 상충하는 ㄷ 선지만 옳게 되는 것이다. ㄷ은 제시문 (7)의 주장에 반한다. 이처럼, 논증 약화 문제는 대부분 일치/불일치의 선에서 해결된다.

(〈보기〉를 활용한 풀이)

제시문 독해를 시도하였으나 제시문이 쉽게 읽히지 않는다면 〈보기〉의 키워드를 제시문에서 찾는 방법을 쓸 수도 있다. 해당 제시문은 통 문단 내에 내용이 나열되어 있어 내용 구분이 어렵고, 앞선 내용을 전제로 소결론이 도출되어 그것이 최종 결론의 전제가 되는 논증 형식도 아니어서 제시문 전체를 읽고 선지를 판단하기가 어렵다. 또한 보기도 세 개로 비교적 적다. 따라서 〈보기〉를 읽고 제시문으로 돌아오는 것이 더 효율적일 수 있다.

ㄱ에는 인간본성, 도덕적 지위와 존엄성, 궁극적 근거라는 단어가 등장한다. 문장 (1)에서 인간 본성이 복잡한 전체라는 설명이, (2)에서 인간에게 존엄성을 부여하는 것이 복잡한 전체라는 설명이 등장한다. 복잡한 전체는 인간 본성이므로 문장 (2)는 곧 인간에게 존엄성을 부여하는 것은 인간 본성이라는 뜻이다. 따라서 ㄱ은 해당 논증을 지지한다. ㄱ을 소거하면, 선지 ②, ④만 남아 ㄷ이 정답 중 하나임이 확정된다. 따라서 ㄴ이 옳은지만 판단하면 된다.

ㄴ에서는 '훌륭하게 되길 희망한다'는 부분이 눈에 띈다. 제시문을 읽어보면 문장 (5)에 '훌륭함'이 등장한다. 그러나 이는 특징을 선택적으로 개선하려는 시도가 있다는 내용으로, 이후 문장에서 인간 본성의 특징은 선택적으로 개선할 수 없기 때문에 (8)의 결론이 도출됨을 알 수 있다. 즉, '사람들이 훌륭하게 되기를 희망'하는 것은 제시문의 논증에 영향을 미치지 않는다. ㄴ은 무관한 선지이므로 논증을 약화하지 않는다. 정답은 ②이다.

합격자의 시간단축 Tip

Tip ❶ 강화약화의 판단 기준 숙지

논증 약화문제의 정답과 오답 선지 구성의 원리를 미리 익혀두자. 정답은 제시문과 상충, 오답은 제시문과 부합 또는 제시문으로부터 유추 불가한 선지이다. 이를 미리 파악하면 문제풀이가 빨라진다. 또한, 아래의 표를 통해 강화약화 유형의 선지가 판단되는 방식을 익혀두자.

A가 강화한다.	A가 본문 내용과 일치 또는 본문 내용으로부터 추론 가능
A가 강화하지 않는다.	A가 추론될 근거 없음 또는 A가 본문 내용과 상충하거나 무관함
A가 약화한다.	A가 본문 내용과 상충
A가 약화하지 않는다.	A가 본문으로부터 추론 가능 또는 일치하거나 무관함

Tip ❷ 자주 나오는 구조의 파악

비문학에서 자주 나오는 글의 구조에 주목하자. 해당 제시문은 '주장(또는 통념) – 글쓴이의 반박'구조로 되어있으며 이 둘의 내용으로 선지가 자주 구성되기 때문이다. 이를 미리 파악하면 빠르고 정확한 선지 판단이 가능하다.

Tip ❸ 〈보기〉를 활용한 풀이

논증에 대한 강화약화 문제이지만 결과적으로는 정보확인 유형과 같이 선지를 먼저 읽고 푸는 방식의 적용이 가능한 문제였다. 이는 발문만을 읽고 알 수 있는 것은 아니다. 제시문이 연속적인 논리 논증 구조가 아니고, 〈보기〉의 내용이 제시문에 전개되는 내용 중 일부에 대한 것임이 보이므로 〈보기〉를 활용한 풀이가 가능함을 알 수 있다. 물론 독해에 무리가 없었다면 독해 후 선지를 판단해도 좋다. 다만 난이도가 높은 문제는 선지를 쉽게 출제하는 경우가 종종 있으므로, 독해가 막힌다면 〈보기〉를 활용하여 문제에 접근하는 유연성을 갖추면 좋을 것이다.

Tip ❹ 선지를 활용

이 문제에서 ㄱ을 판단하고 선지를 소거했다면 ㄷ을 판단할 필요가 없어져 시간 단축이 가능하다. ㄱㄴㄷ, 혹은 ㄱㄴㄷㄹ로 〈보기〉가 제시되는 문제는 선지 소거가 가능한지 확인하며 문제를 풀면 시간 절약에 도움이 될 수 있다.

155 정답 ①

난이도 ●●○

문제유형 법조문형 > 규정확인

접근전략 법규정 유형 중 규정을 적용하여 〈보기〉의 정오를 판단하는 문제이다. 법조문 유형을 풀 때는 조문의 구체적인 내용을 독해하는 것보다, 법조문의 구조를 파악한 후 〈보기〉에서 묻고 있는 정보를 찾아 올라가는 형태로 푸는 것이 좋다. 본 문제의 경우 헌법/국회법 조문을 활용한 출제이다. 해당 분야에 대한 배경지식이 없이 처음에 이 조문의 구조를 완벽히 이해하긴 어렵다. 처음 이 법조문을 접했다면 구조 자체를 손으로 정리해보는 것이 필요하다.

다음 규정을 근거로 판단할 때, 〈보기〉에서 옳은 것을 모두 고르면?

제○○조 ① 의회는 다음 각 호의 사유를 제외하고는 재적의원 과반수의 출석과 출석의원 과반수의 찬성으로 안건을 의결한다. 가부동수(可否同數)인 때에는 부결된 것으로 한다.

1. 국무총리 또는 국무위원의 해임 건의
2. 국무총리·국무위원·행정각부의 장·헌법재판소재판관·법관에 대한 탄핵소추
3. 대통령에 대한 탄핵소추
4. 헌법개정안
5. 의회의원 제명
6. 대통령이 재의를 요구한 법률안에 대한 재의결

② 제1항 제1호와 제2호는 재적의원 과반수의 찬성으로 의결한다.

③ 제1항 제3호, 제4호, 제5호는 재적의원 3분의 2 이상의 찬성으로 의결한다.

④ 제1항 제6호는 재적의원 과반수의 출석과 출석의원 3분의 2 이상의 찬성으로 의결한다.

보기

ㄱ. 탄핵소추의 대상에 따라 탄핵소추를 의결하는데 필요한 정족수가 다르다.
➜ (O) 제1조 제1항 제2호 및 제2항에 따르면 국무총리·국무위원·행정각부의 장·헌법재판소재판관·법관에 대한 탄핵소추는 재적의원 과반수의 찬성으로 의결하나, 제1항 제3호 및 제3항에 따르면 대통령에 대한 탄핵소추는 재적의원 3분의 2 이상의 찬성으로 의결한다. 따라서 탄핵소추의 대상이 대통령인지 여부에 따라 탄핵소추를 의결하는데 필요한 정족수가 다르다.

ㄴ. 의회 재적의원 과반수의 찬성이 있더라도 의회는 직접 국무위원을 해임시킬 수 없다.
➜ (O) 제1조 제1항 제1호 및 제2항에 따르면 국무위원의 해임 건의는 재적의원 과반수의 찬성으로 의결한다. 따라서 의회 재적의원 과반수의 찬성이 있으면 의회는 국무위원의 해임을 건의할 수 있으나, 해임시킬 수는 없다.

ㄷ. 의회의 의결정족수 중 대통령이 재의를 요구한 법률안을 의회가 재의결하는 데 필요한 의결정족수가 가장 크다.
➜ (×) 제1조 제1항 제6호 및 제4항에 따르면 대통령이 재의를 요구한 법률안에 대한 재의결은 재적의원 과반수의 출석과 출석의원 3분의 2 이상의 찬성으로 의결한다. 따라서 법률안의 재의결에 필요한 의결정족수는 약 재적의원의 3분의 1이다. 반면 제1항 제3호 내지 제5호 및 제3항에 따르면 대통령에 대한 탄핵소추, 헌법개정안, 의회의원 제명에 필요한 의결정족수는 재적의원의 3분의 2이다. 따라서 의회의 의결정족수 중 대통령이 재의를 요구한 법률안을 의회가 재의결하는 데 필요한 의결정족수는 가장 크지 않다.

ㄹ. 헌법개정안을 의회에서 의결하기 위해서는 의회 재적의원 과반수의 출석과 출석의원 과반수의 찬성을 요한다.
➜ (×) 제1조 제1항 제4호 및 제3항에 따르면 헌법개정안은 재적의원 3분의 2 이상의 찬성으로 의결한다.

① ㄱ, ㄴ ➜ (O)
② ㄴ, ㄷ ➜ (×)
③ ㄷ, ㄹ ➜ (×)
④ ㄱ, ㄴ, ㄷ ➜ (×)
⑤ ㄴ, ㄷ, ㄹ ➜ (×)

합격자의 실전 풀이 순서

❶ 문제 유형 파악

본 문제의 경우 발문에서 '규정'이라는 단어가 나오고, 제시문이 법조문 형태로 주어졌으므로 법조문 유형임을 알 수 있다. 특히 규정을 근거로 판단할 때 옳은 것을 고르라고 하고 있으므로, 법조문 유형 중에서도 규정의 내용을 확인하는 문제임을 추론할 수 있다. 법 조문 유형은 구체적인 조문의 내용을 독해하는 것보다, 법 조문의 구조를 파악한 후 〈보기〉에서 묻고 있는 정보를 찾아 올라가는 형태로 푸는 것이 좋다. 법 조문의 구조 파악이란 각 조나 항마다 가로로 길게 선을 그어 조문들을 시각적으로 구분하고, 단서와 괄호에 강조 표시를 하는 것을 의미한다. 또한, 본 문제가 옳은 것을 고르는 문제라는 것을 인지하기 위해 "옳은"이라는 단어에 밑줄이나 동그라미 등 표시를 한다. 이러한 장치를 통해 옳지 않은 것을 고르는 실수를 방지할 수 있다.

❷ 법조문 구조 분석

먼저 법조문 전체를 훑으며 법조문의 구조를 파악한다. 법조문을 분석할 때는 각 조나 항을 구분하고, 단서와 괄호에 강조 표시를 한다. 조문의 길이가 긴 경우 가로선을 활용하고, 구체적으로 '다만'이라는 단어가 나오면 △, '이 경우'라는 단어에는 ㅁ 표시를 해두고, 괄호가 나오면 괄호의 처음과 끝에 별표를 해둔다. 아래의 조문이 위의 조문의 내용의 일부에 대하여 설명하고 있는 경우, 아래 조문을 위의 조문 내용 혹은 조항과 연결하여 표시한다. 이러한 표시들은 선지나 〈보기〉를 읽고, 해당하는 부분을 찾는 이정표 역할을 한다. 이렇게 법조문을 읽으며 선지에 어떤 내용이 나올지도 예상해본다.
하나의 조와 네 개의 항으로 구성된 규정이다. 별도의 괄호는 없으므로, 각 항을 훑으며 대략적인 키워드를 확인하고 기호로 표시하며 구조를 파악한다.
제1조 제1항은 의결정족수의 일반규정으로 재적의원 과반수의 출석과 출석의원 과반수의 찬성을 명시하면서, 각 호의 사유를 예외규정으로 두고 있다. '제외', '의결', '가부동수-부결'에 표시하고, 1~6호를 묶어 '제외'와 연결해둔다. 제2항 내지 제4항은 제1항 각 호의 사유의 의결정족수를 규정한다. '1, 2', '3, 4, 5', '6'을 따로 묶어 표시하고, '재적의원'과 '출석의원'을 구분하여 이해한다.

제○○조 ① 의회는 다음 각 호의 사유를 제외하고는 재적의원 과반수의 출석과 출석의원 과반수의 찬성으로 안건을 의결한다. 가부동수(可否同數)인 때에는 부결된 것으로 한다.
1. 국무총리 또는 국무위원의 해임 건의
2. 국무총리·국무위원·행정각부의 장·헌법재판소재판관·법관에 대한 탄핵소추
3. 대통령에 대한 탄핵소추
4. 헌법개정안
5. 의회의원 제명
6. 대통령이 재의를 요구한 법률안에 대한 재의결
② 제1항 제1호와 제2호는 재적의원 과반수의 찬성으로 의결한다.
③ 제1항 제3호, 제4호, 제5호는 재적의원 3분의 2 이상의 찬성으로 의결한다.
④ 제1항 제6호는 재적의원 과반수의 출석과 출석의원 3분의 2 이상의 찬성으로 의결한다.

❸ 보기 판단

법조문 분석을 바탕으로 보기를 검토한다. 선지를 판단할 때는 먼저 1항의 원칙에 해당하는지 확인하고, 예외에 해당할 경우 각항으로 내려가서 정족수를 확인한다. 보기 ㄱ은 탄핵소추에 대한 내용이므로 제1조 제1항 제2호, 제3호 및 제2항, 제3항과 비교한다. 2호와 3호는 서로 다른 묶음이므로 쉽게 옳지 않음을 알 수 있다. 보기 ㄴ은 국무의원의 해임에 대한 내용이므로 제1조 제1항 제1호 및 제2항과 비교한다. 보기 ㄷ은 법률안의 재의결에 대한 내용이므로 제1조 제1항 제6호 및 제4항과 비교한다. 보기 ㄹ은 헌법개정안에 대한 내용이므로 제1조 제1항 제4호 및 제3항과 비교한다.
본 문제와 같이 하나의 선지가 보기들의 조합으로 구성되는 경우 보기를 해결한 후 해당 보기와 관련된 선지를 먼저 처리하는 것이 좋다. 예컨대, 보기 ㄱ은 옳으므로 선지 ②, ③, ⑤번이 제외된다. 남은 보기가 모두 보기 ㄴ을 포함하고 있으므로, 보기 ㄷ을 처리하면 정답이 도출된다.

합격자의 시간단축 Tip

Tip ❶ 유사한 용어를 구분

배경지식이 있는 경우 문제를 쉽게 풀 수 있으나, 배경지식이 없는 경우 용어를 정확하게 파악하고 구분해야 실수를 줄일 수 있다. 예를 들어, 탄핵소추와 탄핵 의결, 해임과 해임 건의, 재적의원과 출석의원 등 사소한 용어 차이에 주의할 필요가 있다. 보기 ㄴ과 ㄷ이 이러한 실수를 노린 선지라고 할 수 있다. 법조문 문제에서는 기본적으로 단어가 다르다면 대상이 다른 것이라 생각하고, 정확히 일치하는 단어를 근거로 찾아야 한다.

Tip ❷ 선지 판단 시 반대해석을 활용

선지 ㄴ을 반대로 뒤집어 해석, 즉 〈간접적으로 해임할 수 있는지?〉에 대해 생각해보는 것이 효과적이다. 해임을 건의할 수 있다는 것은 간접적으로 해임할 수 있다는 내용이며, 이는 직접 해임할 수는 없다는 것을 내포한다. 법조문 문제에서는 언어에서 일치부합/논증과 달리 반대해석을 통해 문제를 푸는 것이 매우 효과적이다.

156 정답 ⑤

난이도 ●○○

문제유형 사실적 이해 > 정보 확인

접근전략 한국사 소재 비문학 유형으로, 글의 내용과 '부합하는 것'을 묻고 있다. 이러한 발문에서 정답은 지문과 일치하는 내용, 오답 선지는 지문과 상충하거나 그로부터 추론할 수 없는 내용에 해당한다. 본 지문에는 병렬적 개념 간의 공통점·차이점, 글쓴이가 긍정·부정하는 사실, 시간의 흐름에 따른 변화 등의 테마들이 눈에 띈다.

다음 글의 내용과 부합하는 것은?

(1) 중세 동아시아 의학의 특징은 강력한 중앙권력의 주도 아래 통치수단의 방편으로서 활용되었다는 점이다. (2) 권력자들은 최상의 의료 인력과 물자를 독점적으로 소유함으로써 의료를 충성에 대한 반대급부로 삼았다. (3) 이러한 특징은 국가 간의 관계에서도 나타나 중국의 황제는 조공국에게 약재를 하사함으로써 위세와 권위를 과시했다. (4) 고려의 국왕 또한 가부장적 이데올로기에 입각하여 의료를 신민 지배의 한 수단으로 삼았다. (5) 국왕은 일년 중 정해진 날에 종4품 이상의 신료에게 약재를 내렸는데, 이를 납약(臘藥)이라 하였다. (6) 납약은 중세 국가에서 약재가 일종의 위세품(威勢品)으로 작용하였음을 잘 보여주는 사례이다. ▶1문단

(1) 역병이 유행하면 고려의 국왕은 이에 상응하는 약재를 분배하였다. (2) 1018년 개경에 유행성 열병인 장역(瘴疫)이 유행하자 현종은 관의(官醫)에게 병에 걸린 문무백관의 치료를 명령하고 필요한 약재를 하사하였다. (3) 하층 신민에 대해서는 혜민국과 구제도감 등 다양한 의료 기관을 설립하여 살피게 했다. (4) 전염병이 유행하면 빈민들의 희생이 컸기에 소극적이나마 빈민을 위한 의료대책을 시행하지 않을 수 없었다. (5) 1110년과 1348년 전염병이 유행하였을 때에는 개경 시내에 빈민의 주검이 많이 방치되어 있었고, 이는 전염병이 유행하게 되는 또 다른 요인이 되었다. (6) 이들 빈민 환자를 한 곳에 모아 관리해야 할 필요성에서 빈민의료가 시작되었다. (7) 그러나 혜민국은 상설 기관이 아니라 전염병 유행과 같은 비상시에 주로 기능하는 임시 기관이었다. (8) 애민(愛民)정책 아래 만들어진 이들 기관의 실상은 치료보다는 통치를 위한 격리를 목적으로 하였다. ▶2문단

① 고려는 역병을 예방하기 위해 혜민국을 설치하였다.
→ (×) 혜민국은 역병을 예방하기 위한 상설 기관이 아니라, 전염병 유행과 같은 비상시에 주로 기능하는 임시 기관이었다.[2문단(7)] 즉, 역병 발생 이전에 이를 예방하기 위한 것이 아니라, 역병 발생 이후에 기능하는 기관이었다.

② 고려 국왕은 병든 문무백관의 치료를 위해 납약을 하사하였다.
→ (×) 납약은 국왕이 일 년 중 정해진 날에 종4품 이상의 신료에게 약재를 내리는 것이다.[1문단(5)] 이를 통해 병든 문무백관의 치료를 위한 것은 아니라는 것을 '정해진 날'이라는 문구를 통해 추론할 수 있다. 또한 역병이 돌았을 때 약재를 분배하고 문무백관의 치료를 위해 그에 상응하는 약재를 하사하였던 것은 사실이지만 그것은 납약이 아니다.[2문단(1),(2)]

③ 가부장적 이데올로기는 고려시대 전염병의 발병률 감소에 기여하였다.
→ (×) 고려의 국왕이 가부장적 이데올로기에 입각하여 의료를 신민 지배의 한 수단으로 삼은 것은 맞지만[1문단(4)], 가부장적 이데올로기와 고려시대 전염병의 발병률 감소와의 연관성은 제시된 바 없다.

④ 중세 동아시아 의학은 상·하층 신민의 질병을 치료하기 위한 목적으로 발전하였다.
→ (×) 첫째로 의학의 발전은 지문에 나오지 않는다. 둘째로 활용이라고 잘못 읽었다고 해도 중세 동아시아 의학은 상·하층 신민의 질병을 치료하기 위한 목적이 아닌 통치수단의 방편으로써 활용된 것이 큰 특징이었다.[1문단(1)] 애민(愛民)정책 아래 만들어진 고려의 혜민국 또한 실상은 치료보다는 통치를 위한 격리를 목적으로 하였음을 알 수 있다.[2문단(8)]

⑤ 중세 동아시아의 권력자는 의료 인력과 약재를 독점하여 신료의 충성을 유도하였다.
→ (○) 중세 동아시아의 권력자는 최상의 의료 인력과 물자를 독점적으로 소유함으로써 의료를 충성에 대한 반대급부로 삼았다.[1문단(2)] 반대급부는 어떤 일에 대한 대가를 의미한다. 따라서 중세 동아시아의 권력자는 독점한 의료 인력과 약재를 대가로 제시하여 신료의 충성을 유도했음을 알 수 있다.

제시문 분석

1문단 중세 동아시아 의학의 특징

〈중세 동아시아 의학의 특징〉		〈구체적 사례〉
중세 동아시아 의학의 특징은 강력한 중앙권력의 주도 아래 통치수단의 방편으로서 활용되었다는 점이다.(1)	→	[국가 내]권력자들은 최상의 의료 인력과 물자를 독점적으로 소유함으로써 의료를 충성에 대한 반대급부로 삼았다.(2)
		[국가 간]중국의 황제는 조공국에게 약재를 하사함으로써 위세와 권위를 과시했다.(3)

1·2문단 고려의 의료 정책

〈고려의 의료 정책의 특징〉
고려의 국왕 또한 가부장적 이데올로기에 입각하여 의료를 식민 지배의 한 수단으로 삼았다.[1문단(4)]

〈납약〉	국왕이 일 년 중 정해진 날에 종4품 이상의 신료에게 약재를 내리는 것[1문단(5)]

〈1018년〉		〈1110년, 1348년〉
관의에게 병에 걸린 문무백관의 치료를 명령하고 필요한 약재를 하사하였다. [2문단(2)]	…	개경 시내에 방치된 빈민의 주검은 전염병이 유행하게 되는 또 다른 요인이 되었고, 빈민 환자를 한 곳에 모아 관리해야 할 필요성에서 빈민의료가 시작되었다.[2문단(5),(6)]
하층 신민에 대해서는 혜민국과 구제도감 등 다양한 의료기관을 설립하여 살피게 했다.[2문단(3)]		그러나 혜민국은 상설 기관이 아니라 비상시에 주로 기능하는 임시 기관이었다.[2문단(7)]

→ 〈실상〉	애민(愛民)정책 아래 만들어진 이들 기관의 실상은 치료보다는 통치를 위한 격리를 목적으로 하였다. [2문단(8)]

합격자의 실전 풀이 순서 한국사 비문학 유형

한국사 유형은 일반적으로 지문 난이도가 어렵다. 많은 공공기관에서 한국사능력검정시험을 서류요건으로 쓰고 있고, 공무원 시험의 경우도 필수과목이기 때문에 수험생들의 배경지식 수준이 모든 영역 중에서 가장 높기 때문이다. 따라서 기본적인 지식은 꼭 사무직 수험생이 아니더라도 NCS나 PSAT를 보는 이상 반드시 확보해야 한다. 기본적인 지식이란 한국사능력검정시험 4~5급 수준의 지식을 말한다.

❶ 유형 파악하기

본 유형의 식별은 간단하다. 지문의 첫 문장만 읽어도 알 수 있을 것이다.

한국사 비문학 유형임을 파악했다면, 유형의 특징을 가볍게 상기하면서 본격적인 풀이에 들어가 보자. 이 유형에는 다음과 같은 특징들이 있다.

사건의 인과관계, 연표에 따른 단순 선후관계, 계급 체계에 따른 상하관계 등이 한 문제에 복합적으로 등장한다.

작은따옴표 ' '를 통해 생소한 개념이 소개된다. 작은따옴표가 붙은 단어는 지문 전체에서 강조하고자 하는 개념인 경우가 많으므로 집중해 살펴야 한다.

큰따옴표 " "를 통해 인물의 주장 또는 문헌이 인용된다. 큰따옴표가 붙은 문장은 그 자체를 토씨 하나 안 틀리고 파악하기보다는, 지문 전체에서 문장이 갖는 맥락 이해하기에 초점을 둔다.

홑낫표 「」, 겹낫표 『』 등으로 문헌·예술작품 등의 이름이 제시된다. 지문에 이름이 유사한 작품이 여러 개 등장한 뒤, 선지에서 혼동을 유도하는 경우도 종종 있다.

구체적인 시대 표현이 등장한다. n년, n세기, ○○시대 전·중·후기 등의 시대 표현은 선지에서 사건들이 발생한 선후관계를 묻는 기준점으로 사용된다.

이런 특징들은 비단 유형 파악에만 쓰이는 것이 아니라 독해 요소를 구분하는 데도 쓰인다. 예컨대 시대(시간) 흐름은 개요 파악과 인과관계 확인에 필수적이며, 계급 체계는 오늘날의 자유시민 사회와 대비되는 특징으로서 중요하다. 인물의 이름 역시 주요 행위자(주어)라는 점에서 중요하다.

❷ 지문 훑어보기

이 단계에서는 위에서 설명한 한국사 유형의 특징을 기준으로 키워드와 핵심 내용 위주로 읽는다.

예 고려 시대 의료 정책에 대한 글이구나. 중세, 1018년, 1110년, 1348년 등 시대 표현이 눈에 띄고, '납약', '위세품', '장역', '관의', '애민' 등에 한자가 병기되어 있네.

이때, 한자가 병기된 단어들은 중요하거나 중요하지 않다. 아리송한 소리로 들리겠지만 하등 쓸모가 없는 단어거나 키워드라는 뜻으로 매우 극단적인 단어라는 뜻이다. 예컨대 '장역', '위세품' 등의 단어는 아예 모르고 그냥 대충 질병 이름, 대충 이상한 물건이라고 생각해도 답을 구하는 데 전혀 지장이 없다. 유사한 의미조차 추론하지 않아도 되는 것이다.

반면, '관의(=의관)'라는 단어는 비교적 중요하다. 사람 이름인지 아닌지 구분이 필요할 것이다. 또한, 국왕의 하수인이라는 점에서 1문단 내용을 요약하고, 기관과 관련있다는 점에서 2문단을 예측하는 연결고리 단어다.

❸ 발문 확인하기

지문보다 발문을 나중에 확인하는 것은 선지 확인 직전에 발문을 체크해, 발문을 헷갈리지 않기 위함이다. 그러나 시선이 자연스럽게 닿는 순서대로 발문 먼저 확인하고 지문을 훑고 싶다면, 그렇게 해도 큰 지장은 없다.

이 단계에서는 발문의 종류에 따라 대처가 달라진다.

(1) 다음 글에서 알 수 있는/없는 것은?

알 수 '있는' 것인지, '없는' 것인지를 확실히 표시하고 간다. 예를 들어 알 수 있는 것을 묻는다면 '있는' 위에 동그라미를 치고, 알 수 없는 것을 묻는다면 '없는' 위에 세모를 쳐 시각적으로 다시 한번 나타낸다. 중요한 것은 둘을 다른 기호로 표시하는 것이 습관이 되어야 한다는 것이다.

(2) 특정한 주제에 대해 묻는 경우

예 대동법에 대해 옳지 않은 것은?

먼저 지문에서 해당 단어를 찾아, 주제에 대한 정보를 제대로 이해한 뒤 선지로 간다.

(3) 다음 글의 ㉠에 대한 평가/반박/지지…로 적절한 것은?

이는 강화약화 유형, 즉 비문학과는 다른 유형에 해당한다. 이때는 무엇에 대한 평가인지, 그리고 지지인지 반박인지 두 가지를 동시에 고려해야 한다.

본 문제는 '부합하는 것'을 묻고 있다. 이는 외형만 다를 뿐, '알 수 있는/없는 것은?' 유형에 해당한다.

(혹자는 알 수 있는 것과 부합하는 것이 다르다고 생각할 수 있으나, 시험에서는 같은 의미로 쓰인다. 관용적 어구라고 생각하면 편하다.)

다음 글의 내용과 부합하는 것은?

그중에서도 알 수 '있는' 것, 즉 지문과 같은 방향의 내용을 묻고 있다. 선지 5개 중 1개만이 옳은 내용을 담고 있으며 오답 선지는 보통 본문 내용과 상충하거나 그로부터 추론할 수 없는 경우에 해당한다. 따라서 선지의 내용을 참고하여 지문을 독해하는 방법은 추천하지 않는다.

❹ 함정선지 피해가기

이 단계에서는 각 선지의 키워드를 확인한 후, 바로 지문으로 올라가 키워드의 위치를 찾는다. 선지를 볼 때 키워드의 앞뒤 2~3문장 내 정답이 그대로 또는 말만 바꾸어 제시되어 있거나(단순비교형), 해당 문장들을 통해 바로 추론가능한 것(추론형)이 아니라면 일단 패스하고 다음 선지로 넘어갈 것을 추천한다.

① 고려는 역병을 예방하기 위해 혜민국을 설치하였다.

혜민국 → 전염병 유행시 임시 기관 → 치료보다 격리가 목적 ⇏ 역병 예방

'목적'이 등장하는 선지다. '혜민국'을 키워드로 잡아 지문으로 올라가면 설명이 제시되는데, 역병을 예방하기 위한 목적은 찾을 수 없다. 따라서 옳지 않다.
주의할 점은 (1)역병을 예방하는 기능이 있었다고 해도 답이 될 수 없다는 것과 (2)예방하는 기능이 없었다고 해도 답이 될 수 없다는 것이다.

합격자의 시간단축 Tip

Tip ❶ 병렬적으로 주어진 개념들에 주목하자.

병렬적이라는 의미는 내용상 대등하다는 의미이다. 여기서 대등이라는 것은 관계가 대등하다는 것이 아니라 글의 내용 구성이 대응관계가 성립한다는 것이다. 이렇게 대응되는 개념이나 내용이 병렬적으로 제시되는 경우, 이들 간 차이점과 공통점은 선지로 자주 구성된다.
본 지문은 1문단부터 중국과 고려의 의료 수단화에 관한 내용이 나온다. 이처럼 각각의 내용이 병렬적, 즉 내용상 대등하게 주어진 경우 그들 간 차이점과 공통점을 파악하자.
또한, 2문단에서는 각 계층이 어떤 의료 처분을 받았는지 병렬적으로 주어져 있다. 이들 간 의료 처분에 어떤 차이가 존재하는지 파악하면서 읽자.

Tip ❷ 글쓴이가 부정하는 사실을 표시하자.

글쓴이가 부정하는 사실들은 긍정하는 내용으로 뒤집어서 선지로 구성되는 경우가 많으며 이를 시각적 기호로 표시해 두자. 보통 이는 'A가 아니라 B', A라기보다는 B'와 같이 긍정 내용과 1+1로 붙어서 나타난다. 이는 지문을 쓰는 학자들이 not A but B 라는 영어 구문에 익숙하기 때문이다. 각자 독자적인 의미를 가지고 있으므로 두 가지 모두에 표기하도록 하자.
본 지문의 경우, 2문단 (7)과 (8)에도 '상설기관이 아니라~', '치료보다는 통치를 위한~'과 같이 제시되었다. 이를 시각적으로 표시하면 다음과 같다.

> …그러나 혜민국은 상설 기관이 아니라 전염병 유행과 같은 비상시에 주로 기능하는 임시 기관이었다. 애민(愛民)정책 아래 만들어진 이들 기관의 실상은 치료보다는 통치를 위한 격리를 목적으로 하였다.…

글쓴이가 긍정하는 사실만 찾아보면, 동그라미로 표시된 '임시 기관', '통치를 위한 격리'가 있다. 반면 부정하는 사실로는 세모로 표시된 '상설 기관', '치료'가 있다. 이처럼 시각적 표시는 지문에서 원하는 내용만 빠르게 찾을 수 있다.

Tip ❸ 2문단을 1문단의 예시문단으로써 이해해보자.

본 지문은 1문단 앞부분과 1문단 뒷부분 그리고 2문단에 등장하는 내용에 다소 차이가 있다. 1문단 앞부분에서는 중세 동아시아의 의학에 대해 글이 전개되는 듯 싶다가, 1문단 (4)부터 갑자기 고려 이야기가 등장한다. 왜 이런 전환이 일어났을까?
의아한 수험생이 있다면, 2문단을 '예시'로써 이해해보자. 즉 1문단 (1)~(3)까지는 중세 동아시아의 의학과 관련한 일반론, 그 뒷부분부터는 일반론이 고려라는 특정한 국가에서 어떻게 적용되었는지를 설명한다고 보면 된다.

Tip ❹ 연도가 선지에 쓰이지 않았다고 해서 연도를 경시하면 안된다.

연도순으로 1, 2, 3번 사건이 있었기 때문에 지문에서 사건의 위치를 우리가 찾을 수 있는 것이다. 또, '같은 사건이 계속 터졌구나. 고쳐지지 않았구나.'라는 의미도 받아들일 수 있게 된다. 마찬가지로 국왕의 이름 역시 이 문제에선 쓰이지 않았지만 독해할 때는 경시하지 말자. 단, 국왕의 이름은 구체적으로 왕 이름을 기억할 필요는 없고 시간이 흐름에 따라 어떤 왕들이 등장하는지 기억하는 것으로 족하다. 중요한 것은 왕에 체크를 하여, 사건과 국왕의 연결고리에 따라 지문에서 발췌독할 책갈피를 만드는 것이다.

157 정답 ❶ 난이도 ●●●

문제유형 사실적 이해 > 정보 확인
접근전략 부합하지 않는 것을 고르는 경우, '부합하는 것'과 '정답인 것'의 개념이 순간 헷갈릴 수 있다. 이는 객관식 전공시험문제에 강한 수험생이어도 마찬가지다. 근본적으로 훈련법이 다르기 때문이다. 따라서 이런 함정에 당하지 않도록 반드시 표시하고 가는 습관을 들인다. 또한 제시문처럼 병렬적인 두 내용의 차이점을 위주로 진행되는 경우 △,▽와 같이 구분되는 기호로 각 내용을 표시해가며 읽으면 선지 판단을 위해 제시문으로 돌아올 시 더 편하다.

다음 글의 내용과 부합하지 않는 것은?

(1) 컴퓨터 매체에 의존한 전자 심의가 민주정치의 발전을 가져올 수 있을까? 이 질문에 답하는 데 도움이 될 만한 실험들이 있었다. (2) 한 실험에 따르면, 전자 심의에서는 시각적 커뮤니케이션이 없었지만 토론이 지루해지지 않았고 오히려 대면 심의에서는 드러나지 않았던 내밀한 내용들이 쉽게 표출되었다. (3) 이것으로 미루어 보건대, 인터넷은 소극적이고 내성적인 사람들이 자신의 의견을 적극 표출하도록 만들 수 있다는 장점이 있다. (4) 하지만 다른 실험은 대면 심의 집단이 질적 판단을 요하는 복합적 문제를 다루는 경우 전자 심의 집단보다 우월하다는 결과를 보여주었다. ▶ 1문단

(1) 이런 관점에서 보면 전자 심의는 소극적인 시민들의 생활에 숨어있는 다양한 의견들을 표출하기에 적합하며, 대면 심의는 책임감을 요하는 정치적 영역의 심의에 더 적합하다고 볼 수 있다. (2) 정치적 영역의 심의는 복합적 성격의 쟁점, 도덕적 갈등 상황, 그리고 최종 판단의 타당성 여부가 불확실한 문제들과 깊이 관련되어 있기 때문이다. (3) 어려운 정치적 결정일수록 참여자들 사이에 타협과 협상을 필요로 하는데, 그 타협은 일정 수준의 신뢰 등 '사회적 자본'이 확보되어 있을 때 용이해진다. (4) 정치적 사안을 심의하려면 토론자들이 서로 간에 신뢰하고 있을 뿐 아니라 심의 결과에 대해 책임의식을 느끼고 있어야 하고, 이런 바탕 위에서만 이성적 심의나 분별력 있는 심의가 가능하다. (5) 하지만 이것은 인터넷 공간에서는 확보되기 어려운 것으로 보인다. ▶ 2문단

① 인터넷을 통한 전자 심의는 내밀한 내용이 표출된다는 점에서 신뢰를 증진시킬 수 있다.
→ (×) 전자 심의에서는 대면 심의에서 드러나지 않았던 내밀한 내용들이 쉽게 표출되었다는 설명은 옳다.[1문단(2)] 그러나 제시문에서는 정치적 사안을 심의하려면 서로 간의 신뢰가 필요한데[2문단(4)], 이는 인터넷 공간에서 확보되기 어려운 것으로 보인다고 서술했다.[2문단(5)] 따라서 내밀한 내용의 표출이 신뢰를 증진하는 결과로 이어지는 것은 아니다.

② 질적 판단을 요하는 복합적 문제를 다루는 데에는 대면 심의 집단이 우월한 경우가 있다.
→ (○) 전자 심의와 관련한 실험에서, 대면 심의 집단이 질적

판단을 요하는 복합적 문제를 다루는 경우 전자 심의 집단보다 우월하다는 결과가 도출되었다.[1문단(4)]

③ **인터넷은 소극적이고 내성적인 사람들이 자신의 의견을 표출하도록 만들 수 있다는 장점이 있다.**

→ (○) 인터넷은 소극적이고 내성적인 사람들이 자신의 의견을 적극 표출하도록 만들 수 있다는 장점이 있어[1문단(3)], 전자 심의는 소극적인 시민들의 다양한 의견들을 표출하기에 적합하다.[2문단(1)] 전자 심의는 인터넷 매체를 활용한 것이기에 해당 선지는 적절하다.

④ **정치적 사안을 심의하려면 토론자들이 서로 신뢰하고 심의 결과에 대해 책임의식을 느껴야 한다.**

→ (○) 정치적 사안을 심의하려면 토론자들이 서로 간에 신뢰하고 있을 뿐 아니라 심의 결과에 대해 책임의식을 느끼고 있어야 한다.[2문단(4)]

⑤ **불확실성이 개입된 복합적 문제에 대한 정치적 결정에서는 참여자들 사이에 타협과 협상이 필요하다.**

→ (○) 정치적 영역의 심의는 복합적 성격의 쟁점을 비롯하여 최종 판단의 타당성 여부가 불확실한 문제들과 깊이 관련되어 있고[2문단(2)], 이와 같이 어려운 정치적 결정일수록 참여자들 사이에 타협과 협상을 필요로 한다.[2문단(3)] 그러므로 불확실성이 개입된 정치적 결정에서는 참여자들 사이에 타협과 협상이 필요하다.

제시문 분석

제시문 전자 심의와 대면 심의

〈전자 심의의 장점〉	⬌	〈대면 심의의 장점〉
토론이 지루해지지 않았고 내밀한 내용들이 쉽게 표출되었다.[1문단(2)]		질적 판단을 요하는 복합적 문제를 다루는 경우 전자 심의 집단보다 우월하다.[1문단(4)]
↓		↓
〈전자 심의가 적합한 영역〉		〈대면 심의가 적합한 영역〉
소극적인 시민들의 생활에 숨어있는 다양한 의견들을 표출하기에 적합하다.[2문단(1)]		책임감을 요하는 정치적 영역의 심의에 적합하다.[2문단(1)]

2문단 정치적 영역 심의의 특성과 전자심의의 한계

〈특성①〉		〈특성②〉		〈특성③〉
복합적 성격의 쟁점, 도덕적 갈등 상황, 그리고 최종 판단의 타당성 여부가 불확실한 문제들과 깊이 관련되어 있다.(2)	⊕	어려운 정치적 결정일수록 참여자들 사이에 타협과 협상을 필요로 하는데, 그 타협은 '사회적 자본'이 확보되어 있을 때 용이해진다.(3)	⊕	토론자들이 서로 간에 신뢰하고 있을 뿐 아니라 심의 결과에 대해 책임의식을 느끼고 있어야 하고, 이런 바탕 위에서만 이성적 심의나 분별력 있는 심의가 가능하다.(4)

→

〈전자심의의 한계〉	인터넷 공간에서는 정치적 영역의 심의에 필요한 조건들이 확보되기 어려운 것으로 보인다.(5)

합격자의 실전 풀이 순서

비문학 유형

❶ 발문 확인하기

발문은 '부합하지 않는 것'을 묻고 있다. 이런 유형에서 정답은 지문 내용과 상충하거나 그로부터 추론할 수 없는 선지가 해당한다. 즉, '알 수 없는 것은?' 유형에 해당한다. 또한, 알 수 있는 것인지, 없는 것인지 명확히 표시하고 간다.

> 다음 글의 내용과 부합하지 않는 것은?

❷ 함정선지 피해가기

① **인터넷을 통한 전자 심의는 내밀한 내용이 표출된다는 점에서 신뢰를 증진시킬 수 있다.**

인과관계가 포함된 단순비교형 선지다. 본 선지가 옳으려면 아래 명제들이 모두 참이어야 한다.

A: 인터넷을 통한 전자 심의는 내밀한 내용이 표출된다.

B: 인터넷을 통한 전자 심의는 신뢰를 증진시킬 수 있다.

A → B 사이에 인과관계가 존재한다.

명제 A는 명확한 근거가 있지만[1문단(2)], 명제 B는 오히려 명확히 상충하는 부분이 제시된다.[2문단(4),(5)] 따라서 인과관계를 따질 것 없이 부합하지 않는다.

② **질적 판단을 요하는 복합적 문제를 다루는 데에는 대면 심의 집단이 우월한 경우가 있다.**

질적 판단을 요하는 복합적 문제 → 대면 심의 집단이 우월하다는 실험 결과

간단한 단순비교형 선지다. 선지가 '우월한 경우가 있다.'로 끝났기 때문에 1문단 (4)의 예시를 찾으면 바로 옳다고 판단하는 단순비교형으로 풀 수 있다.

만약 선지 끝부분이 '우월하다.'로 끝났다면, 이는 모든 경우에 적용 가능한 일반 원칙이므로, 1문단 (4)를 찾는 데에서 끝나지 않는다. 반례가 있는지 없는지 확인하는 추론형으로 푸는 것이 더 적합하다.

④ **정치적 사안을 심의하려면 토론자들이 서로 신뢰하고 심의 결과에 대해 책임의식을 느껴야 한다.**

③번과 ④번 선지는 양쪽의 특성을 비교하는 문제다. 이 경우 두 선지가 서로 반대 수단에 대한 설명인지 비교하면서 검토할 수 있다.(절대 처음 한 선지만 보고 다른 쪽을 찾으면 안 된다. 두 선지의 내용을 찾기 귀찮을 때 활용하는 방법이다.)

⑤ **불확실성이 개입된 복합적 문제에 대한 정치적 결정에서는 참여자들 사이에 타협과 협상이 필요하다.**

이렇게 선지에 나온 문장이 길고 복잡할 경우, 이것과 같은 의미가 본문에 제시되어 있는지를 먼저 살핀다. 2문단 2에 순서만 바뀐 채로 그대로 제시되어 있는 것을 확인할 수 있다. 만일 지문에 일부만 제시되어 있다면 우선적으로 일부에 대해서만 표기할 수도 있다.

합격자의 시간단축 Tip

Tip ❶ 병렬적으로 주어진 전개에 주목하자.

병렬적이라는 의미는 내용상 대등하다는 의미이다. 어떤 개념이나 내용이 병렬적으로 주어진 경우 이들 간 차이점과 공통점은 선지로 자주 구성된다.

본 지문은 처음부터 끝까지 '전자 심의'와 '대면 심의'라는 두 병렬적 내용 간의 비교 위주로 진행된다. 이처럼 차이점을 위주로 지문이 진행될 경우 두 내용에 △, ▽와 같이 각각 다른 기호를 사용하여 표시하며 읽도록 하자. 이렇게 하면 둘의 구분 포인트가 뚜렷하게 잡히고, 선지 판단 시 지문을 확인할 때 근거를 찾기 용이하다.

병렬적으로 제시되는 두 개념 간 차이점을 위주로 지문이 구성되는 경우 두 개념에 대한 설명을 섞는 함정이 종종 출제된다. 예를

들어, ㄱ와 ㄴ이라는 두 병렬적 개념이 제시되었다. ㄱ에는 ㄱ1, ㄱ2, ㄱ3가, ㄴ에는 ㄴ1, ㄴ2, ㄴ3라는 특성이 있을 때 옳은 내용인 척하는 옳지 않은 선지는 어떤 식으로 출제될까? 'ㄱ은 ㄱ1, ㄱ2이며 ㄴ3이다.'라는 식이다. 본 문제의 선지 ① 또한 이에 해당한다.

Tip ❷ 뒷 내용을 안내하는 문장을 찾자.

비문학 지문에서는 종종 지금부터 등장할 내용을 안내하는 문장들이 등장한다. 이런 문장을 빠르게 찾아 이해할수록 독해가 용이해지는 것은 물론이다.

본 문제의 경우, 지문 2문단 첫 문장이 이에 해당한다. 전자심의와 대면심의라는 대응되는 두 개념 각각의 유용성을 이야기하고 있다. 이를 토대로, 뒷부분에는 각 개념의 유용성에 대한 부연과 근거가 제시될 것임을 예측해볼 수 있다.

Tip ❸ 지문 주제에 따른 독해방법

많은 사람들이 글을 어떻게 읽어야 할지, 키워드는 어떻게 추출할지 궁금해한다. 놀라운 사실은, 의외로 고득점자들 사이에선 독해법 차이가 별로 나지 않는다는 것이다. 즉 독해법도 훈련을 통해 늘어날 수 있는 기술의 영역이다. 또한, 단순히 책을 많이 읽는다고 해서 늘어나지 않는다. 예컨대 웹소설이나 가벼운 글들만 계속 본다면 독해력이 늘어날 수 없다.

이 지문의 경우는 컴퓨터와 민주주의에 관한 글로 비교적 익숙한 주제다. 그러나 실질 내용은 기존 토론(심의)법의 장점을 설파하는 것으로 익숙하지 않은 사람도 많다. 이렇게 독해 지문에서는 상식과 그 이상을 보통 써 놓는다.

그렇다면 이것을 어떻게 읽어야 할까? 모든 지문은 주제가 익숙한 경우와 익숙하지 않은 경우로 나뉜다. 익숙하지 않은 경우는 개념을 설명하는 문장이 많다. 따라서 기존 지식에서 '유사한 것'을 찾아가면서 읽는다.

예컨대 예술작품의 '아우라(고유성)'라는 개념이 출제되었다고 치면 익숙하지 않으므로 '저작권'과 유사하게 치환할 수도 있다. 물론 두 개념은 다르지만, 공통되는 부분도 있기 때문에 최대한 연상하는 것이 중요하다.

또한, 지문의 주제가 익숙한 경우 가능한한 일반화해서 읽는다. 예컨대 컴퓨터와 민주주의가 익숙하다고 치면, '기술과 기존 제도'라는 점에 맞춰서 "로봇의 정치 참여"로 바꿀 수도 있다. 그리고 이것이 지문 출제의 기법이다. 항상 뻔한 내용만 물을 수는 없기 때문이다. 이 지문 역시 기술 발전과 정치 발전이란 주제로 환원될 수 있으며 이 경우 '발전'하는가? 라는 의문이 쉽게 도출된다. 단순히 '컴퓨터'라는 단어에 꽂혀서는 이런 심화가 불가능하다.

158 정답 ①

난이도 ●○○

문제유형 논리적 비판 > 논지의 강화 및 약화

접근전략 논지에 대한 설명을 사례를 통해 제시하는 경우, 각 사례에서 공통되는 내용을 파악하여야 한다. 그 내용이 핵심 근거일 것이므로 이를 중점적으로 파악하는 방법으로 접근한다. 또한, 약화한다는 것은 해당 내용과 상충한다는 의미이므로 이를 중심으로 선지를 선택한다. 마지막으로, 해당 지문은 생물학 용어들이 많이 등장하므로 낯설 수밖에 없다. 이럴수록 전체 글의 거시적 흐름에 유의하며 독해하는 것이 필요하다.

다음 글의 논증을 약화하는 것만을 〈보기〉에서 모두 고르면?

(1) 나는 계통수 가설을 지지한다. (2) 그것은 모든 유기체들이 같은 기원을 갖는다고 말한다. (3) 지구상의 식물과 동물이 공통의 조상을 갖는다고 생각하는 이유는 무엇인가? ▶ 1문단

(1) 이 물음에 답하는 데 사용되는 표준 증거는 유전 암호가 보편적이라는 점이다. (2) DNA 암호를 전사받은 메신저 RNA는 뉴클레오타이드 3개가 코돈을 이루고 하나의 코돈이 하나의 아미노산의 유전 정보를 지정한다. (3) 예를 들어 코돈 UUU는 페닐알라닌의 정보를, 코돈 AUA는 아이소류신의 정보를, 코돈 GCU는 알라닌의 정보를 지정한다. (4) 각각의 아미노산의 정보를 지정하기 위해 사용되는 암호는 모든 생명체에서 동일하다. (5) 이것은 모든 지상의 생명체가 연결되어 있다는 증거다. ▶ 2문단

(1) 생물학자들은 유전 암호가 임의적이어서 어떤 코돈이 특정한 아미노산의 정보를 지정해야 할 기능적인 이유가 없다고 한다. (2) 우리가 관찰하는 유전 암호가 가장 기능적으로 우수한 물리적 가능성을 갖는다면 모든 생물 종들이 각각 별도의 기원들은 갖고 있다고 하더라도 그 암호를 사용했으리라고 기대할 것이다. (3) 그러나 유전 암호가 임의적인데도 그것이 보편적이라는 사실은 모든 생명이 공통의 기원을 갖는다는 가설을 옹호한다. ▶ 3문단

(1) 왜 언어학자들은 상이한 인간 언어들이 서로 이어져 있다고 믿는지 생각해 보자. (2) 모든 언어가 수에 해당하는 단어를 포함한다는 사실은 그 언어들이 공통의 기원을 갖는다는 증거가 될 수 없다. (3) 숫자는 명백한 기능적 효용성을 갖기 때문이다. (4) 반면에 몇 종류의 언어들이 수에 비슷한 이름을 부여하고 있다는 사실은 놀라운 증거가 된다. (5) 가령, 2를 의미하는 프랑스어 단어는 'deux', 이탈리아어 단어는 'due', 스페인어 단어는 'dos'로 유사하다. (6) 수에 대한 이름들은 임의적으로 선택되기 때문에 이런 단어들의 유사성은 이 언어들이 공통의 기원을 갖는다는 강력한 증거가 된다. (7) 이렇게 적응으로 생겨난 유사성과 달리 임의적 유사성은 생명체가 공통의 조상을 가지고 있다는 강력한 증거가 된다. ▶ 4문단

• 보기 •

ㄱ. UUU가 페닐알라닌이 아닌 다른 아미노산의 정보를 지정하는 것이 기능적으로 불가능한 이유가 있다.
→ (O) 제시문에서는 유전 암호가 임의적이어서 어떤 코돈이 특정한 아미노산의 정보를 지정해야 할 기능적인 이유가 없다는 점을 언급하고[3문단(1)], 이렇게 유전 암호가 보편적이라는 사실은 모든 생명이 공통의 기원을 갖는 것을 보여준다고 주장한다.[3문단(3)] 그런데 UUU가 페닐알라닌이 아닌 다른 아미노산의 정보를 지정하는 것이 기능적으로 불가능한 이유가 있다면, 유전 암호는 임의적인 것이 아닌 필연적인 것이 된다. 이는 곧 유전 암호가 임의적인 것이라는 제시문의 전제를 반박하는 것으로, 논지를 약화하는 선지이다.

ㄴ. 사람은 유아기에 엄마가 꼭 필요하기 때문에 엄마를 의미하는 유아어가 모든 언어에서 발견된다.
→ (X) 제시문에서는 숫자는 명백한 기능적 효용성을 가지므로[4문단(3)], 모든 언어가 수에 해당하는 단어를 포함한다는 사실은 그 언어들이 공통의 기원을 갖는다는 증거가 될 수 없다고 본다.[4문단(2)] 이와 동일하게, 사람은 유아기에 엄마가 꼭 필요하기 때문에 엄마를 의미하는 유아어가 모든 언어에서 발견되는 것은 그 언어가 가진 기능적 효용성 때문이므로 공통의 기원을 갖는다고 볼 수 없다. 따라서 이는 곧 제시문의 논지와 일치하므로 논증을 약화하지 않는다.

ㄷ. 코돈을 이루는 뉴클레오타이드가 4개인 것이 3개인 것보다 기능이 우수하다.

➜ (×) 해당 선지가 논증의 약화를 가져오기 위해서는, 글쓴이가 코돈을 이루는 뉴클레오타이드가 임의적인 상황에서 정해진 것이어서 공통기원의 근거가 된다고 주장해야 한다. 그러나 글쓴이는 제시문에서 이러한 의견을 주장하지 않고 있으므로 무관하므로 이를 약화하지 않는다. 해당 선지는 제시문의 논증과 무관한 진술이다.

① ㄱ ➜ (○)
② ㄴ ➜ (×)
③ ㄱ, ㄷ ➜ (×)
④ ㄴ, ㄷ ➜ (×)
⑤ ㄱ, ㄴ, ㄷ ➜ (×)

제시문 분석

제시문 모든 유기체의 공통의 조상에 관한 논증

〈논지(=글쓴이의 주장)〉
지구상의 식물과 동물이 공통의 조상을 갖는다.[1문단(3)]

〈근거〉	
〈근거 ①〉	각각의 아미노산의 정보를 지정하기 위해 사용되는 암호는 모든 생명체에서 동일하다.[2문단(4)]
〈근거 ②〉	유전 암호가 임의적인데도 그것이 보편적이다.[3문단(3)]
〈근거 ③〉	임의적 유사성은 생명체가 공통의 조상을 가지고 있다는 강력한 증거가 된다.[4문단(7)]

합격자의 실전 풀이 순서

❶ 발문과 선지를 확인한다.

'논증을 약화하는 선지'를 고르는 것이 해당 문제이므로, 먼저 논증의 핵심을 파악하는 것이 중요하다.
이러한 유형의 문제를 일치부합문제처럼 모든 정보의 정오를 확인한다는 느낌으로 독해해서는 안 된다. 글 전체의 핵심을 이루는 논증을 파악해야 하며, 세부 정보들은 이를 뒷받침하는 재료 정도로 인식해야 한다.

❷ 글 전체의 흐름을 파악한다는 느낌으로 독해한다.

1문단에서 〈공통의 조상〉이라는 화두 제시, 2문단에서 〈유전암호의 보편성〉, 3문단에서는 〈유전암호의 임의성과 보편성–공통의 기원〉, 4문단에서는 〈사례를 통한 3문단 부연〉이 핵심 내용이다.
세부 문단으로 넘어가면 2문단에서는 개개의 아미노산 정보 지정을 위해 사용되는 암호는 동일하다는 점, 3문단에서는 기능적 이유가 없다는 점, 4문단에서는 여러 언어가 수에 비슷한 이름을 부여하고 있다는 점 등까지 파악해볼 수 있다.

❸ 선지 판단을 진행한다.

먼저 제시문의 논지를 확실하게 강화하는 선지를 소거한 다음, 그 이후 논지를 약화하는 선지를 고르는 것이 좋다. 기본적으로 약화하는 것을 찾는 문제는, 해당 내용과 상충하는 내용을 찾으면 된다. ㄴ 선지는 부합하기에 오히려 강화한다고 볼 수 있으며, ㄷ 선지는 제시문 핵심 내용과는 무관하기에 모두 오답이 된다. ㄱ 선지의 경우는 제시문 내용과 상충하므로 약화한다 할 수 있다.

합격자의 시간단축 Tip

Tip ❶ 하나의 내용에 대한 근거로 등장하는 사례가 여럿인 경우
사례가 등장하는 논지 강화/약화유형은 근거가 되는 사례와 결론을 파악하여야 한다. 이때, 첫 사례로 그 근거와 결론이 명확히 나왔다면 추가 사례는 첫 사례에 부합하는지 정도만 빠르게 대응하면서 보도록 한다. (마치 자료해석 표를 대조하듯이 기계적으로 보면 된다.)

Tip ❷ 각 문단별로 이와 관련되는 선지를 찾아 정오를 판단하며 진행하면 시간을 절약할 수 있다.
특히 약화하는 문제는 상충하는 것을 고르는 문제이므로, 문단을 읽을 때마다 상충하는 내용이 있는지를 확인하면 된다.
이때, ㄷ 선지를 보면 뉴클레오타이드의 개수가 3개라는 것은 지문에 제시된 정보라 일치부합 문제에서는 맞는 내용이지만, 해당 지문에서는 논증을 뒷받침하는 논거로 사용되지 않았다. 이런 선지는 함정 유형을 사전에 인지하고 선지를 독해하는 것이 필요하다.

Tip ❸ 지나친 일반화로 인한 판단 오류를 조심한다.
뉴클레오타이드의 개수는 지문에서 언급되지 않았다. 지문에서는 단지 '3개로 이루어진 코돈'이 '어떤 아미노산을 저장하는지' 만 나왔을 뿐이다. 이렇게 선지의 논리 전개가 뉴클레오타이드→코돈→아미노산 2단계로 이루어질 때 헷갈리지 않도록 확실히 표시한다.

Tip ❹ 해당 선지가 지문의 어떤 내용과 연결되는지 의식하며 선지에 접근한다.
UUU는 2문단에서 시각적으로 찾아가기 쉽고, 〈모든 언어에서 발견된다〉는 것은 3문단 내용과 연관되며, 〈뉴클레오타이드〉는 2문단에서 발견된다. 문제를 풀며 지문과 선지를 오갈 수 있어야 한다.

159 정답 ②

난이도 ●●●

문제유형 비판적 사고 > 판단하기
접근전략 ㉠과 ㉡에 대한 평가 문제에서는 둘이 특정한 관계에 있기 마련이므로 그 관계를 파악하며 읽자. 보통 둘의 관계가 대립하는 경우가 많은데, 이 경우 둘 간의 공통점과 차이점을 위주로 문제가 출제되기 때문에 이를 잘 확인하며 독해하자.

다음 글의 ㉠과 ㉡에 대한 평가로 적절하지 않은 것은?

(1) 미국 수정헌법 제1조는 국가가 시민들에게 진리에 대한 권위주의적 시각을 강제하는 일을 금지함으로써 정부가 다양한 견해들에 중립적이어야 한다는 중립성 원칙을 명시하였다. (2) 특히 표현에 관한 중립성 원칙은 지난 수십 년에 걸쳐 발전해 왔다. (3) 이 발전 과정의 초기에 미국 연방대법원은 표현의 자유를 부르짖는 급진주의자들의 요구에 선동적 표현의 위험성을 근거로 내세우며 맞섰다. (4) 1940 ~ 50년대에 연방대법원은 수정헌법 제1조가 보호하는 표현과 그렇지 않은 표현을 구분하는 ㉠ 이중기준론을 표방하면서, 수정헌법 제1조의 보호 대상이 아닌 표현들이 있다고 판결했다. (5) 추잡하고 음란한 말, 신성 모독적인 말, 인신공격이나 타인을 모욕하는 말, 즉 발언만으로도 누군가에게 해를 입히거나 사회의 양속을 해칠 말이 이에 포함되었다.

▶ 1문단

(1) 이중기준론의 비판자들은 연방대법원이 표현의 범주를 구분하는 과정에서 표현의 내용에 관한 가치 판단을 내림으로써 실제로 표현의 자유를 침해했다고 공격하였다. (2) 1960 ~ 70년대를 거치며 연방대법원은 점차 비판자들의 견해를 수용했다. (3) 1976년 연방대법원이 상업적 표현도 수정헌법 제1조의 보호범위에 포함된다고 판결한 데 이어, 인신 비방 발언과 음란성 표현 등도 표현의 자유에 포함되기에 이르렀다. ▶ 2문단

(1) 정부가 모든 표현에 대해 중립적이어야 한다는 원칙은 1970 ~ 80년대에 ㉡ 내용중립성 원칙을 통해 한층 더 또렷이 표명되었다. (2) 내용중립성 원칙이란, 정부가 어떤 경우에도 표현되는 내용에 대한 평가에 근거하여 표현을 제한해서는 안 된다는 것이다. (3) 다시 말해 정부는 표현되는 사상이나 주제나 내용을 이유로 표현을 제한할 수 없다. (4) 이렇게 해석된 수정헌법 제1조에 따르면, 미국 정부는 특정 견해를 편들 수 없을 뿐만 아니라 어떤 문제가 공공의 영역에서 토론하거나 논쟁할 가치가 있는지 없는지 미리 판단하여 선택해서도 안 된다. ▶ 3문단

① 시민을 보호하기 위해 제한해야 할 만큼 저속한 표현의 기준을 정부가 정하는 것은 ㉠과 상충하지 않는다.
→ (○) 이중기준론은 누군가에게 해를 입히거나 사회의 양속을 해칠 말은 수정헌법 제1조의 보호 대상이 아니라고 보았다.[1문단(4),(5)] 따라서 시민을 보호하기 위해 제한해야 할 만큼 저속한 표현의 기준을 정부가 정하는 것은 이중기준론과 상충하지 않는다.

② 음란물이 저속하고 부도덕하다는 이유에서 음란물 유포를 금하는 법령은 ㉠과 상충한다.
→ (×) 이중기준론은 누군가에게 해를 입히거나 사회의 양속을 해칠 말은 수정헌법 제1조의 보호 대상이 아니라고 보았다.[1문단(4),(5)] 따라서 음란물이 저속하고 부도덕하다는 이유에서 사회의 양속을 해칠 것으로 판단하고, 음란물 유포를 금하는 법령을 내리는 것은 이중기준론과 상충하지 않는다.

③ 어떤 영화의 주제가 나치즘 찬미라는 이유에서 상영을 금하는 법령은 ㉡에 저촉된다.
→ (○) 내용중립성 원칙은 정부가 어떤 경우에도 표현되는 내용에 대한 평가에 근거하여 표현을 제한해서는 안 된다는 것이다.[3문단(2)] 다시 말해 정부는 표현되는 사상이나 주제나 내용을 이유로 표현을 제한할 수 없다.[3문단(3)] 따라서 어떤 영화의 주제가 나치즘 찬미라는 이유에서 상영을 금하는 법령은, 표현되는 내용에 근거하여 표현을 제한하는 것이므로 내용중립성 원칙에 저촉된다.

④ 경쟁 기업을 비방하는 내용의 광고라는 이유로 광고의 방영을 금지하는 법령은 ㉡에 저촉된다.
→ (○) 내용중립성 원칙은 정부가 어떤 경우에도 표현되는 내용에 대한 평가에 근거하여 표현을 제한해서는 안 된다는 것이다.[3문단(2)] 경쟁 기업을 비방하는 내용의 광고라는 이유로 광고의 방영을 금지하는 법령은, 표현되는 내용에 대한 평가에 근거하여 표현을 제한하는 것이므로 내용중립성 원칙에 저촉된다.

⑤ 인신공격하는 표현으로 특정 정치인을 힐난하는 내용의 기획물이라는 이유로 TV 방송을 제재할 것인지에 관해 ㉠과 ㉡은 상반되게 답할 것이다.
→ (○) 이중기준론은 누군가에게 해를 입히거나 사회의 양속을 해칠 말은 수정헌법 제1조의 보호 대상이 아니라고 보았다.[1문단(4),(5)] 따라서 인신공격하는 표현으로 특정 정치인을 힐난하는 내용의 기획물은 누군가에게 해를 입히는 것이므로 TV 방송을 제재할 것이다. 반면 내용중립성 원칙은 정부가 어떤 경우에도 표현되는 내용에 대한 평가에 근거하여 표현을 제한해서는 안 된다는 보기 때문에[3문단(2)], TV 방송을 제재해서는 안 된다고 답할 것이다.

제시문 분석

1문단 표현에 관한 중립성 원칙 - 이중기준론

〈미국 수정헌법 제1조〉		
국가가 시민들에게 진리에 대한 권위주의적 시각을 강제하는 일을 금지함으로써 정부가 다양한 견해들에 중립적이어야 한다는 중립성 원칙(1)		
〈발전 과정 초기〉		〈이중기준론 표방〉
미국 연방대법원은 표현의 자유를 부르짖는 급진주의자들의 요구에 선동적 표현의 위험성을 근거로 내세우며 맞섰다.(3)	→	1940~50년대에 연방대법원은 이중기준론을 표방하면서, 누군가에게 해를 입히거나 사회의 양속을 해칠 말은 수정헌법 제1조가 보호하는 대상이 아니라고 보았다.(4),(5)

2문단 표현에 관한 중립성 원칙의 변화

〈이중기준론 비판〉		〈비판 수용의 결과〉
이중기준론의 비판자들은 연방대법원이 표현의 범주를 구분하는 과정에서 표현의 내용에 대한 가치 판단을 내림으로써 실제로 표현의 자유를 침해했다고 비판했다.(1)	→	1976년 연방대법원이 상업적 표현도 수정헌법 제1조의 보호범위에 포함된다고 판결한 데 이어, 인신 비방 발언과 음란성 표현 등도 표현의 자유에 포함되었다.(3)

3문단 표현에 관한 중립성 원칙 - 내용중립성 원칙

〈내용중립성 원칙〉
정부는 어떤 경우에도 표현되는 내용에 대한 평가에 근거하여 표현을 제한해서는 안 된다.(2)
↓
〈미국 수정헌법 제1조의 해석〉
미국 정부는 특정 경해를 편들 수 없을 뿐만 아니라 어떤 문제가 공공의 영역에서 토론하거나 논쟁할 가치가 있는지 없는지 미리 판단하여 선택해서도 안 된다.(4)

합격자의 실전 풀이 순서

❶ 발문 읽기 및 문제 유형 파악

발문을 먼저 읽어보자. 제시문의 ㉠과 ㉡에 대한 평가를 묻고 있는 논리추론·강화약화 문제이다. 해당 문제를 풀기 위해서는 ㉠과 ㉡을 선지에 적용하기 때문에, 해당 내용을 바르게 이해하는 것이 가장 중요하다. 또한, 하나의 문제에서 두 가지 대상에 대한 평가를 묻는 경우, 관련성이 적은 두 대상을 묻지 않는다. 보통 두 대상 사이에 특정한 관계가 존재하고, 그것을 중심으로 문제가 출제되니 두 대상간 관계를 잘 파악하자.

❷ 제시문 독해

㉠과 ㉡의 내용을 응용해야 하므로, 제시문을 읽을 때는 해당 내용을 잘 이해하는 것에 중점을 두어야 한다. 먼저 ㉠의 내용을 파악하기 위해 1문단 (4) 문장과 (5) 문장을 참고해보면, ㉠은 '발언만으로도 누군가에게 해를 입히거나 사회의 양속을 해칠 말의 경우 국가가 표현을 금지해도 된다.'라는 내용임을

알 수 있다. (5)에서는 보호 대상이 아닌 표현의 예시를 확인할 수 있다.

다음으로 ㉡은 2문단 (2) 문장에서 이야기하고 있다. (3)에서는 그 구체적 예시를 확인할 수 있다. 더불어 ㉠과 ㉡의의 관계에 있어서 ㉠과 ㉡이 대립 관계를 이루는 것을 확인할 수 있다. 대립 관계를 이루는 두 대상의 경우 차이점과 공통점을 제대로 확인하면서 읽자. 이들을 중심으로 선지가 구성될 가능성이 크기 때문이다. 또한, 시간의 흐름에 따른 수정헌법의 변화도 나타나니 어떤 변화가 생기는지도 잘 확인하자.

❸ 선지 판단

㉠과 ㉡의 내용을 바르게 파악하였다면, 선지의 정오를 판단하는 것은 어렵지 않다. 특히 선지 판단을 하러 가보면 ㉠과 ㉡의 중요한 차이점인 '내용에 따른 표현의 자유 제한'을 위주로 선지가 구성됨을 확인할 수 있다. 이 차이점을 중심으로 하면 빠른 선지 판단이 가능하다.

'이중기준론'에 따라 제한의 대상이 되는 표현의 예시 및, '이중기준론'과 대립하는 '내용중립성 원칙'이 제한할 표현의 기준을 정부가 정하는 것에 반대한다는 사실을 보면 ①은 옳다.

'저속하고 부도덕하다'는 이유로 표현을 제한하는 것은 '이중기준론'에 부합한다. 따라서 ②가 옳지 않다.

'내용중립성 원칙'에 따르면 정부는 사상, 주제, 내용을 이유로 표현을 제한할 수 없으므로 ③, ④는 옳다.

'인신공격'은 '이중기준론'에 따른 표현의 자유 제한 기준이 되지만, '내용중립성 원칙'을 따른다면 내용을 이유로 제한할 수 없다. ⑤도 옳다.

정답은 ②이다.

합격자의 시간단축 Tip

Tip ❶ 평가 대상 간의 관계에 주목

㉠과 ㉡에 대한 평가 문제에서 분명히 그 둘은 특정한 관계를 보이게 된다. 주로 이들은 대립 관계를 보이는데, 이 경우 둘 간의 차이점과 공통점을 위주로 선지가 구성되기 때문에 이를 중심으로 읽으면 빠르고 정확한 선지 판단이 가능해진다.

Tip ❷ 평가 대상의 내용 파악에 주목

어떠한 대상에 대해 평가하는 문제는 대상의 내용을 응용해야 하는 것과 같다. 따라서 해당 유형의 문제를 풀 때는 대상의 구체적 내용을 파악하는 것이 가장 중요하다. 즉, 제시문을 읽을 때부터 평가 대상의 내용에 주의를 기울이며 읽는 것이 좋다.

Tip ❸ 발췌독 풀이를 통한 시간 절약

기호로 표시된 주장과 부합하거나 부합하지 않는 선지를 고르는 문제는 해당 주장의 내용만 알아도 풀 수 있는 경우가 많다. 따라서 주장의 내용 파악을 목적으로 표시된 부분 근처를 발췌독하면 시간을 절약할 수 있다. 발췌독만으로 판단이 어려운 선지가 등장한다면 그때 추가로 다른 부분을 읽으면 된다.

160 정답 ⑤

난이도 ●●○

문제유형 제시문형 > 분석추론

접근전략 옳은 것을 고르는 유형은 정답인 선지의 경우 본문 내용과 상충, 추론 근거 없음 또는 본문 내용과 관련 없는 내용으로 이루어져 있다. 반면, 오답인 선지의 경우 글의 내용과 일치 또는 글의 내용으로부터 추론 가능한 내용으로 이루어져 있다. 독해력에 자신이 있다면 한 문단씩 읽으며 풀어도 좋고, 아니라면 글부터 제대로 읽고 풀도록 한다.

다음 글을 근거로 판단할 때, 〈보기〉에서 옳게 추론한 것을 모두 고르면?

(1) 종묘는 역대 왕들의 신위를 모시는 곳이었다. (2)『예기』에 따르면 조선은 원칙적으로 5묘제를 실시하도록 되어 있었다. (3) 5묘제란 건국시조와 현재왕의 직계 선왕 4대의 신위를 종묘의 정전에 모시고 그 외 신위는 없애는 것을 말한다. (4) 처음 종묘를 건축했을 당시 태조는 자신의 4대조(목조－익조－탁조－환조)까지 왕으로 추존(追尊)하고, 서쪽을 상석으로 하여 제1실에 목조를, 제2실에 익조의 신위를 모셨다. (5) 태조가 승하하고 그의 신위가 종묘의 정전에 모셔지면서 비로소 5묘제가 시작되었다. ▶ 1문단

(1) 세종은 제2대 정종이 승하하자 그 신위를 정전에 모시고, 5묘제로 모실 수 없는 첫 신위를 별도의 사당인 영녕전을 지어 그곳에 옮겨 모셨다. (2) 그런 의미에서 조선왕조는『예기』의 5묘제를 그대로 지키지 않은 셈이다. (3) 한편 후대로 가면서 태종, 세종과 같이 위대한 업적을 남긴 왕의 신위를 그대로 정전에 두기 위해 건물을 일렬로 잇대어 증축하였다. (4) 그 밖의 신주는 영녕전으로 옮겨 모셨다. (5) 그 결과 종묘의 정전에는 19위의 왕과 30위의 왕후 신주가 모셔졌으며, 영녕전에는 정전에서 옮겨진 15위의 왕과 17위의 왕후 신주가 모셔졌다. ▶ 2문단

(1) 신주의 봉안 순서는 정전의 경우 서쪽을 상석으로 하고, 제1실에 태조의 신위를 봉안한 이후, 그 신위는 옮겨지지 않았다. (2) 영녕전에는 추존조(追尊祖)인 4왕(목조－익조－탁조－환조)을 정중앙에 모시고, 정전과 마찬가지로 서쪽을 상석으로 하여 차례대로 모셨다. ▶ 3문단

※ 조선의 왕은 태조－정종－태종－세종－문종... 순이었다.
※ 신위(神位): 신령이 의지할 자리
신주(神主): 죽은 사람의 위(位)를 베푸는 나무 패

〈보기〉

ㄱ. 정전에는 총 49위의 신주가 모셔져 있을 것이다.
→ (O) 2문단 여섯째 줄에 따르면 종묘의 정전에는 19위의 왕과 30위의 왕후 신주가 모셔졌다. 따라서 정전에는 총 49위의 신주가 모셔져 있다.

ㄴ. 영녕전 서쪽 제1실에 익조의 신위가 모셔져 있을 것이다.
→ (×) 3문단 둘째 줄에 따르면 영녕전에는 추존조인 4왕(목조－익조－탁조－환조)을 정중앙에 모시고, 정전과 마찬가지로 서쪽을 상석으로 하여 차례대로 모셨다. 따라서 영녕전 서쪽 제1실에는 목조의 신위가, 영녕전 서쪽 제2실에는 익조의 신위가 모셔져 있을 것이다.

ㄷ. 시대가 지남에 따라 정전은 동쪽으로 증축되었을 것이다.
→ (O) 3문단 첫째 줄에 따르면 신주의 봉안 순서는 정전의 경우 서쪽을 상석으로 하고, 제1실에 태조의 신위를 봉안한 이후 그 신위는 옮겨지지 않았다. 그런데 2문단 넷째 줄에 따르면 왕의 신위를 그대로 정전에 두기 위해 건물을 일렬로 잇대어 증축하였다. 따라서 정전은 서쪽이 아닌 동쪽으로 증축되었을 것이다.

ㄹ. 종묘를 건축했을 당시 정전 서쪽 제3실에는 탁조의 신위를 모셨을 것이다.
→ (O) 1문단 넷째 줄에 따르면 종묘를 건축했을 당시

> 태조는 자신의 4대조인 목조－익조－탁조－환조를 왕으로 추존하고 서쪽을 상석으로 하여 제1실에 목조, 제2실에 익조의 신위를 모셨다. 그 순서에 따라서 정전 서쪽 제3실에는 탁조의 신위를 모셨을 것이다.

① ㄱ, ㄴ ➜ (×)
② ㄴ, ㄹ ➜ (×)
③ ㄷ, ㄹ ➜ (×)
④ ㄱ, ㄴ, ㄷ ➜ (×)
⑤ ㄱ, ㄷ, ㄹ ➜ (○)

합격자의 실전 풀이 순서

❶ 발문 읽기 및 문제 유형 파악

항상 발문을 먼저 제대로 읽자. 본 문제는 글의 내용과 부합하는 것을 고르는 유형의 문제이다. 이는 언어논리 영역과 상황판단 영역에 공통적으로 나오는 문제로, 상황판단 영역에서 본 유형을 풀 때도 언어논리 영역을 풀 때와 같은 방법으로 푼다. 부합하는 것을 고르는 문제는 알 수 있는 것을 고르는 문제와 같다. 해당 유형은 제시문 내용과 일치하거나 그로부터 추론 가능한 선지가 정답이 되며, 제시문 내용과 상충하거나 그로부터 추론할 수 없는 선지가 오답이 된다. 이 유형에서는 '제시문에 명확한 근거 없음'으로 오답인 선지가 구성되는 경우도 존재하므로 조심해야 한다.

정보확인유형을 푸는 방법 중 선지의 내용을 참고하여 미리 제시문의 내용을 예측한 후 제시문을 독해하는 방법이 있다. 그러나 본 문제의 경우 알 수 '있는' 것, 즉 지문과 같은 방향의 내용을 묻고 있다. 따라서 선지 5개 중 1개만이 옳은 내용을 담고 있으므로 본 문제의 경우 해당 방법을 활용하는 것을 추천하지 않는다. 다만 발문에 ○ 표시를 해놓고 문제를 풀면 부합하는 것을 골라야 하는 문제에서 부합하지 않은 것을 고르는 실수가 줄어들므로 해당 방법은 활용하는 것이 좋다.

정보확인유형을 푸는 방법으로는 크게 선지를 먼저 읽고 제시문에서 선지의 내용을 찾는 방법과 제시문을 간략히 읽은 후 선지를 판단하는 방법 두 가지로 나뉜다. 첫 번째 방법은 선지로부터 키워드를 찾고, 키워드를 제시문에서 찾아가는 방식이다. 두 번째 방법은 제시문의 구조와 선지에서 나올만한 중요한 내용을 파악하며 1분에서 2분 사이 내에 제시문을 읽은 후 선지를 판단하는 방식이다. 본 문제의 경우 제시문을 먼저 읽는 두 번째 방법으로 풀어보고자 한다.

❷ 제시문 독해

제시문을 독해 시에는 제시문의 구조를 파악하고, 선지에서 물을 만한 내용에 미리 표시해둔다. 1문단은 제시문의 제재인 종묘와 5묘제를 소개한다. (4)문장과 (5) 문장은 시간의 흐름에 따라 종묘에서 신위를 모신 과정과 5묘제의 실시 여부의 변화를 다루고 있다. 이처럼 시간의 흐름이 나오는 경우 해당 내용이 선지화되는 경우가 많으므로 이를 유의깊게 읽는다. 특히 '처음 종묘를 건축했을 당시', '태조의 승하' 등 시기를 알려주는 표현에 강조 표시를 해둔다.

2문단 (1) 문장은 세종이 5묘제로 모실 수 없는 신위를 위해 영녕전을 지었음을 서술한다. (2) 문장은 그것이 5묘제에서 벗어났음을 설명한다. (3) 문장 이후로는 세종 이후 후대로 가면서 신위를 모신 방법을 서술한다. 정전에는 위대한 업적을 남긴 왕의 신위를 두었고 그 밖의 신주는 영녕전으로 옮겨졌다. 특히 (5)문장에는 구체적인 숫자가 제시되어 있으므로, 이것이 선지에 나올 경우를 대비해 동그라미 표시를 해둔다.

3문단은 정전과 영녕전의 신주의 봉안 순서를 서술한다. 정전과 영년전의 신주의 봉안 순서가 다르므로 이들 간의 차이에 주목하며 독해한다.

❸ 선지 판단

제시문에서 독해한 내용을 바탕으로 보기를 검토한다. 보기 ㄱ은 최종적으로 정전의 신주에 대한 설명이므로 2문단과 비교한다. 제시문 독해 시 예상하였던 것처럼 제시문에서 주어진 구체적 숫자가 선지로 나왔음을 확인할 수 있다. 보기 ㄴ은 익조의 신위의 위치에 대한 내용이므로 3문단과 비교한다. 보기 ㄷ은 시대가 지남에 따른 정전의 증축에 대한 내용이므로 2문단 뒷부분 및 3문단과 비교한다. 이처럼 시간의 흐름에 따른 변화 역시 선지에서 자주 묻는 내용에 해당한다. 보기 ㄹ은 종묘 건축 당시에 대한 내용이므로 1문단과 비교한다. 또한, 본 문제와 같이 하나의 선지가 보기들의 조합으로 구성되는 경우 보기를 해결한 후 해당 보기와 관련된 선지를 먼저 처리하는 것이 좋다. 예컨대, 보기 ㄱ은 옳게 추론하였으므로 선지 ②번과 ③번이 제외된다. 보기 ㄴ은 옳게 추론하지 않았으므로 정답이 도출된다.

합격자의 시간단축 Tip

Tip ❶ 여러 문단을 참고해야 하는 선지 해결에 유의

보기 ㄴ의 경우 3문단 (2) 문장과 1문단 (4) 문장에서 도움을 얻을 수 있다. 태조는 자신의 4대조를 왕으로 추존하고, 제1실에 목조를, 제2실의 익조의 신위를 모셨다고 했다. 3문단 (2) 문장에서 영녕전에는 정전과 마찬가지로 서쪽을 상석으로 하여 차례대로 모셨다고 하였으므로, 영녕전 서쪽 제1실은 익조가 아닌 목조의 신위가 모셔져 있음을 알 수 있다.

Tip ❷ 선지에 나올 만한 내용에 주목

제시문을 읽는 실력이 향상된다면, 제시문의 내용을 단지 수용하는 단계에서 나아가 선지에 나올 만한 내용을 적극적으로 모색하는 단계로 나아갈 수 있다. 주로 선지에서 자주 나오는 내용으로는, 두 대상의 공통점과 차이점, 인과관계, 두 대상의 성능 및 효과 비교, 접속어로 시작하는 문장의 주요 내용, '반드시', '필수적'과 같은 표현으로 강조되는 내용, 숫자의 응용 등이 있다. 다양한 정보확인문제를 통해 선지에서 주로 묻는 내용이 무엇인지 정리한 뒤, 제시문에서 선지에 나올만한 내용을 미리 파악하며 읽는 습관을 들이자. 이는 상황판단 영역뿐만 아니라 언어논리 영역을 푸는 데에도 도움이 된다.

161 정답 ⑤ 난이도 ●●●

문제유형 비판적 사고 > 지문에서 추론하기

접근전략 '사례－일반론'의 구조가 눈에 띄고, 개념 간 공통점과 차이점을 위주로 서술된 과학 테마 지문이다. 각 선지에서 어떤 표현이 사용되었는지 파악하며 읽자. 비교급, 연관 관계, 사례 적용 등 다른 문제에서 충분히 등장할 수 있는 표현들이다.

다음 글에서 추론할 수 있는 것은?

(1) 나균은 1,600개의 제 기능을 하는 정상 유전자와 1,100개의 제 기능을 하지 못하는 화석화된 유전자를 가지고 있다. (2) 이에 반해 분류학적으로 나균과 가까운 종인 결핵균은 4,000개의 정상 유전자와 단 6개의 화석화된 유전자를 가지고 있다. (3) 이는

화석화된 유전자의 비율이 결핵균보다 나균에서 매우 높다는 것을 보여준다. 왜 이런 차이가 날까? ▶ 1문단

(1) 결핵균과 달리 나균은 오로지 숙주세포 안에서만 살 수 있기 때문에 수많은 대사과정을 숙주에 의존한다. (2) 숙주세포의 유전자들이 나균의 유전자가 수행해야 하는 온갖 일을 도맡아 해주다 보니, 나균이 가지고 있던 많은 유전자의 기능이 필요 없게 되었다. (3) 이에 따라 세포 내에 기생하는 기생충과 병균처럼 나균에서도 유전자 기능의 대량 상실이 일어나게 되었다. ▶ 2문단

(1) 유전자의 화석화는 후손의 진화 방향에 중요한 영향을 미친다. (2) 기능을 상실하기 시작한 유전자는 복합적인 결함을 일으키기 때문에, 한번 잃은 기능은 돌이킬 수 없게 된다. 즉 유전자 기능의 상실은 일방통행이다. (3) 유전자의 화석화와 기능 상실은 특정 계통의 진화 방향에 제약을 가하는 것이다. (4) 이는 아주 오랜 시간이 흘러 새로운 환경에 적응하기 위해 화석화된 유전자의 기능이 필요하다고 하더라도 이 유전자의 기능을 잃어버린 종은 그 기능을 다시 회복할 수 없다는 것을 의미한다. ▶ 3문단

① 결핵균은 과거에 숙주세포 없이는 살 수 없었을 것이다.
→ (×) 지문에서는 결핵균이 과거에 숙주세포 없이 살 수 있었는지 여부는 확인할 수 없다. 오히려 '결핵균과 달리' 나균은 오로지 숙주세포 안에서만 살 수 있다는 부분에서[2문단(1)], 숙주세포와 관계가 있는 것은 결핵균이 아닌 나균임을 알 수 있다.

② 현재의 나균과 달리 기생충에서는 유전자의 화석화가 일어나지 않았을 것이다.
→ (×) 나균에서도 세포 내에 기생하는 기생충과 병균'처럼' 유전자가 제 기능을 상실하는 화석화가 발생했다는 설명을 통해[2문단(3)], 기생충에서도 나균과 마찬가지로 유전자의 화석화가 일어났다는 것을 유추할 수 있다.

③ 숙주세포 유전자의 화석화는 나균 유전자의 소멸과 밀접한 관련이 있을 것이다.
→ (×) 나균의 유전자가 수행해야 할 일을 숙주세포의 유전자가 도맡게 되어 나균의 많은 유전자 기능이 소멸되고[2문단(2)] 나균 유전자의 화석화가 일어났다. 따라서 숙주세포의 유전자가 화석화된 것이 아니라, 나균의 유전자가 화석화된 것이다.

④ 어떤 균의 화석화된 유전자는 이 균이 새로운 환경에 적응하는 데 기능할 것이다.
→ (×) 화석화된 유전자와 그로 인해 상실된 유전자 기능은 원래 상태로 돌이킬 수 없다.[3문단(2)] 이는 아주 오랜 시간이 흘러 새로운 환경에 적응하기 위해 화석화된 유전자의 기능이 필요하다고 하더라도 한 번 잃어버린 기능은 다시 회복할 수 없다는 것을 의미한다.[3문단(4)] 이를 통해 어떤 균의 화석화된 유전자는 이 균이 어떤 새로운 환경에 적응하는 데 아무런 기능도 할 수 없음을 알 수 있다.

⑤ 화석화된 나균 유전자의 대부분은 나균이 숙주세포에 의존하는 대사과정과 관련된 유전자일 것이다.
→ (○) 나균은 수많은 대사과정을 숙주에 의존한다.[2문단(1)] 여기서 숙주세포의 유전자들이 나균의 유전자가 해야 하는 일, 즉 대사과정을 도맡게 되어 나균의 많은 유전자 기능이 상실되었다는 것을 통해[2문단(2)] 화석화된 나균 유전자의 대부분은 대사과정과 관련된 유전자라는 것을 유추할 수 있다.

제시문 분석

1문단 나균과 결핵균의 화석화된 유전자의 비율

	〈정상 유전자〉	〈화석화된 유전자〉
〈나균〉	1,600개(1)	1,100개(1)
〈결핵균〉	4,000개(2)	6개(2)

↓

화석화된 유전자의 비율이 결핵균보다 나균에서 매우 높게 나타난다.(3)

2문단 나균의 유전자 기능 상실 과정

〈①〉		〈②〉		〈③〉
나균은 오로지 숙주세포 안에서만 살 수 있기 때문에 수많은 대사과정을 숙주에 의존한다.(1)	→	숙주세포의 유전자들이 나균의 유전자가 수행해야 하는 온갖 일을 도맡아 해주다 보니, 나균이 가지고 있던 많은 유전자의 기능이 필요 없게 되었다.(2)	→	유전자 기능의 대량 상실이 일어났다.(3)

3문단 유전자의 화석화

〈화석화된 유전자의 특징〉
기능을 상실하기 시작한 유전자는 복합적인 결함을 일으키기 때문에, 한번 잃은 기능은 돌이킬 수 없다.(2)

→ 〈영향〉 특정 계통의 진화 방향에 제약을 가하는 것이다.(3)

합격자의 실전 풀이 순서

과학 비문학 유형

❶ 유형 식별하기

과학지문의 소재는 크게 3가지로 분류할 수 있다. 인간-생물-무생물이 그것이다. 즉, 일종의 피라미드 구조를 띠고 있는 셈이다. 또한 실험지문과 과학지식 지문으로 나눌 수 있는데, 해당 지문은 생물-지식 지문에 속한다.

이 경우 생물 관련된 전공자들이 유리한 것은 맞다. 다만 그들이 유리한 것은 유전자 기능, 숙주세포의 단어 뜻 등에 있는 것이지 나균이나 결핵균의 비교를 알기 때문이 아니다. 물론 이것도 엄청나게 유리한 것이라 할 수 있으나, 1)독해 지문의 유형은 다양하여 각자의 전공에 맞는 문제가 존재하고 2)기출문제를 열심히 풀어서 얻는 적응력이 훨씬 크므로 절대 전공자를 부러워하지 말자.

❶ 발문 확인하기

본 문제는 '알 수 있는/없는 것은?' 유형에 해당한다. 이때 알 수 '있는' 것인지, '없는' 것인지를 확실히 표시하고 간다.

> 다음 글에서 추론할 수 있는 것은?

❷ 지문 훑어보기

"지문에 숫자가 등장하면 이것이 중요할까?"라는 의문을 많은 수험생들이 가질 것이다. 숫자는 중요하다. 글과 달리 굉장히 눈에 잘 띄기 때문이다. 이를 중요하지 않다고 해석하는 것은 오히려 독해 시 스트레스만을 준다. 눈에 띄는데 억지로 무시하려 하기 때문이다.

그렇다면 숫자를 중심으로 독해해야 할까? 대부분은 아니라고 할 수 있다. 중요한 것은 숫자의 의미를 파악하는 것이다.

해당 제시문의 경우 1문단 (3)에서 숫자의 의미를 설명하고 있고 그 이후에는 숫자 자체는 다뤄지지 않는다. 즉 숫자는 하나의 예시일 뿐이다.

그렇다면 결국 숫자가 중요하지 않다는 것일까? 아니다. 결국 의미를 해석하고 나면 숫자만 보고도 그것을 떠올릴 수 있게 된다. 즉 1문단의 내용을 1초만에 파악할 수 있게 된다는 점에서 숫자는 중요하다. 만약 숫자가 없었다 가정하고 1문단을 다시 읽어보자. 밑줄치고 의미를 암기하기 위해서 시간이 더 오래 걸릴 것이다. (맨 처음 읽었을 때가 아니라 이후에 선지를 찾을 때 얘기다.)

또한, 2문단 (1)의 문장은 2문단 전체를 요약하는 중심 문장이다. 이를 사전적으로 파악해야 한다는 뜻이 아니다. 오히려 2문단을 다 읽고 나서야 파악할 수 있어도 무방하다. 다만 주의해야 할 것은, 3문단 (1)이 2문단 내용과 완벽히 분리되는 내용이라는 점을 읽는 중에 바로 알아채서 선을 그을 수 있어야 한다는 것이다.

❹ 함정선지 피해가기

① **결핵균은 과거에 숙주세포 없이는 살 수 없었을 것이다.**
지문만으로는 추론할 수 없는 내용을 묻고 있는 선지다. 결핵균과 숙주세포의 관계는 과거에도, 현재에도 지문에 제시된 바 없다. 따라서 옳지 않다. (단, 주의해야 할 것은 '숙주세포 없이도 살 수 있었을 것이다.'라는 선지여도 틀린 선지라는 것이다.) 선지에서 '없었을 것이다'라는 추측형 어미가 눈에 띄지만, '없다'와 실질적으로 의미는 같다. 이런 어미는 발문 때문에 맞춰서 등장한 것이라 보면 된다.

② **현재의 나균과 달리 기생충에서는 유전자의 화석화가 일어나지 않았을 것이다.**
'~와 달리'라는 비교급 표현이 사용된 선지다. 비교급 표현이 등장하면 반드시 끊어 읽자. 본선지가 옳은 내용이려면 아래의 명제들이 모두 참이어야 한다.
현재의 나균에서는 유전자의 화석화가 일어난다.
기생충에서는 유전자의 화석화가 일어나지 않는다.
첫째 명제는 옳지만, 둘째 명제는 옳지 않음[2문단(3)]을 알 수 있다.
이때, 기생충이라는 단어를 어떻게 기억할 수 있는지 궁금한 수험생이 있을 것이다. 기생충은 중심 내용도 아닐뿐더러 단 한 번만 등장하기 때문이다. (병균으로 바꿔 읽어도 마찬가지다.) 이를 실전에서 기억해서 푸는 것은 실현 가능성이 낮다. 효과적인 해결방법은 모든 선지를 확인해보는 것이다. 이렇게 하면 모든 선지가 다 오답이 되거나(어떤 선지를 잘못 풀었다는 뜻), 정답선지가 두 개가 되거나, 아니면 다시 확인해볼 필요 없이 확실한 정답을 고르는 경우밖에 남지 않는다.
그렇지 않다면 3개 이상의 선지를 잘못 판단했다는 뜻인데, 이런 경우는 거의 없다.

③ **숙주세포 유전자의 화석화는 나균 유전자의 소멸과 밀접한 관련이 있을 것이다.**
'밀접한 관련'이라는 연관 관계가 등장하는 선지다. 선후 순서가 중요한 인과관계와 달리, 연관 관계는 단순한 관련성만 확인하면 된다. 연관 관계의 두 요소를 아래와 같이 시각적으로 표시해두면 파악이 빠르다.

> ③ (숙주세포 유전자의 화석화)는 (나균 유전자의 소멸)과 밀접한 관련이 있을 것이다.

숙주세포 유전자의 화석화는 제시된 적이 없고 균의 유전자는 화석화된다고 했지 소멸한다고 하지 않았다.
또한, 숙주세포 유전자가 화석화된다는 것은 나균의 생체 활동에 필요한 기능을 제공하지 못할 수 있다는 것이므로, 오히려 나균 유전자가 변화 및 생성되는 것에 기여할 것이므로 명백히 틀린 선지라 할 수 있다.

④ **어떤 균의 화석화된 유전자는 이 균이 새로운 환경에 적응하는 데 기능할 것이다.**
사례를 제안하는 선지다. 여기서 주목해야 할 표현은 '어떤'이다. 즉 '어떤' 뒤에 오는 내용에 해당하는 사례가 단 하나라도 확인된다면, 본선지는 옳은 선지가 된다.
본 선지를 이 방식으로 판단해 보자. 화석화된 유전자의 기능은 회복할 수 없으며[3문단(4)], 돌이킬 수도 없다.[3문단(2)] 따라서 본선지의 내용에 해당하는 사례는 단 하나도 찾을 수 없다.

합격자의 시간단축 Tip

Tip ❶ 제시되지 않은 것을 추측해보자.

본 문제의 경우 지문은 나균과 결핵균의 차이를 위주로 진행되면서, 차이가 나타난 원인을 설명하고 있다. 결핵균과 나균이 어떤 차이를 보이는지, 그리고 지문에 드러나지 않은 결핵균의 특징은 무엇일지 추측해가면서 독해한다. 결핵균에 대한 내용은 제시된 바 없지만 발문이 '추론'이기 때문에 나균과 비교하는 식으로 독해하면 가능하다. 단 이 경우 억측은 금물이다. 추론할 수 있는 것과 없는 것을 명확히 구분하자.

Tip ❷ 지문이 부정하는 내용에 주목하자.

지문이 부정하는 내용들은 괄호와 같은 기호로 표시하며 읽자. 3문단에서는 화석화된 유전자의 기능은 회복될 수 없다는 '부정되는 사실'이 제시된다. 이처럼 글쓴이나 학계의 연구를 통해 부정된 사실들은, 그를 뒤집어 '긍정된다'는 내용의 함정 선지로 출제되는 경우가 많다. 해당 사실을 긍정으로 뒤집어 선지화한 것이 바로 ④이다.

Tip ❸ 글의 구조를 파악하자.

일반적으로는 지문의 앞부분에 일반론, 뒷부분에 그에 해당하는 사례 또는 부합내용이 제시되는 데 반해, 본 지문에서는 1문단에 구체적인 사례와 수치가 제시된 뒤 2~3문단에 이를 설명할 일반론이 제시된다.
이런 지문의 경우 1문단만 읽어서 핵심이 파악되지 않는다고 당황하지 말자. 1문단만 보고 무슨 내용인지 잘 파악이 되지 않을 경우, 뒷부분으로 넘어가 독해를 진행한 후 종합적으로 이해를 시도하는 것도 좋은 방법이다.

162 정답 ❸ 　　난이도 ●○○

문제유형 사실적 이해 > 정보 확인
접근전략 지문 구조가 복잡하지 않은 한국사 비문학 유형이다. 수령의 사법권 행사가 주제인 만큼, 사법권의 종류와 범위에 주목하며 읽자. 병렬적으로 여러 개념이 함께 제시된다면, 앞서 연습한 대로 공통점과 차이점을 비교하는 것 또한 잊지 말자.

다음 글에서 알 수 있는 것은?

(1) 조선의 수령은 그가 다스리는 군현의 행정권과 사법권을 독점하는 존재로서 막강한 권력을 행사하였다. (2) 수령은 범죄의 유형이나 정도에 상관없이 태형 50대 이하의 처벌은 언제나 실행할 수 있고 경우에 따라서는 최고 형벌인 사형도 내릴 수 있는

사법권을 가지고 있었다. ▶1문단

(1) 수령이 사법권을 행사할 때에는 법전의 규정에 따라 신중하게 실행할 것이 요구되었다. (2) 하지만 이러한 원칙은 어디까지나 법전 속 문구에 지나지 않았다. (3) 실제로 수령 중에는 죄인을 마음대로 처벌하는 남형(濫刑)이나 법규 이상으로 혹독하게 처벌하는 혹형(酷刑), 죄인을 함부로 죽이는 남살(濫殺)을 행사하는 이들이 많았다. (4) 예를 들어 고령현감에 재직 중이던 김수묵은 자신을 모함했다는 이유로 향리 이진신을 비롯한 가족 3명을 잔혹하게 곤장으로 쳐 죽였다. 그는 그들의 숨이 끊어질 때까지 형벌을 가했지만 어떤 문책도 당하지 않았다. (5) 오히려 해이해진 기강을 단속하여 백성을 잘 다스린다는 평가를 받는 수령들은 남형이나 혹형, 남살을 일삼는 경우가 많았다. ▶2문단

(1) 그런데 수령의 남형이나 혹형, 남살보다 더 큰 문제는 하급 관속이 백성들에게 사적인 형벌을 마구 휘둘렀던 데 있었다. (2) 특히 도적 체포와 치안 유지를 위해 백성들과 직접 접촉을 했던 포교, 포졸, 관교 등의 비리나 폭력이 심각하였다. (3) 범죄자를 잡는다거나 치안을 유지한다는 명목으로 이들이 죄 없는 백성들에 대해 자행한 불법적인 폭력은 수령의 과도한 사법권 행사와 함께 사회 불안을 조장하는 주요 요소였다. ▶3문단

① **포교의 비리보다 포졸의 비리가 더 많았다.**
→ (×) 백성들과 직접 접촉을 했던 포교, 포졸 등의 비리나 폭력이 심각했다는 내용만 제시되어 있을 뿐[3문단(2)], 포교와 포졸의 비리를 비교한 내용은 제시되어 있지 않다.

② **법적으로 허용된 수령의 처벌권은 50대 이하의 태형에 국한되었다.**
→ (×) 수령은 태형 50대 이하의 처벌은 언제나 실행할 수 있고, 경우에 따라서는 그에 더하여 최고 형벌인 사형도 내릴 수 있는 사법권을 가지고 있었다.[1문단(2)] 따라서 법적으로 허용된 수령의 처벌권은 50대 이하의 태형에 국한되는 것이 아니라 사형까지도 포함했다는 것을 알 수 있다.

③ **남형, 혹형, 남살을 일삼는 수령들이 유능하다는 평가를 받기도 하였다.**
→ (○) 실제로 수령 중에는 남형이나 혹형, 남살을 행사하는 이들이 많았고[2문단(3)], 이러한 수령들이 오히려 해이해진 기강을 단속하여 백성을 잘 다스린다는 평가를 받는 경우가 많았다.[2문단(5)]

④ **법전에 규정된 수령의 사법권은 사회 불안을 조장하는 주요 요소였다.**
→ (×) 제시문에서는 사회 불안을 조장하는 주요 요소가 포교, 포졸, 관졸 등의 불법적인 폭력과 수령의 과도한 사법권 행사라고 보았다.[3문단(3)] 또한, 오히려 법전에 따른 사법권 집행을 신중히 할 것이 요구되었으므로[2문단(1)] 여기에 규정된 수령의 사법권 자체가 사회 불안을 조장하는 주요 요소는 아니며, 이를 과도하게 사용하는 것이 문제라고 본 것이다.

⑤ **백성에게 비리와 폭력을 일삼는 하급 관속들은 법규에 따라 처벌되었다.**
→ (×) 하급 관속들이 백성들에게 사적인 형벌을 마구 휘두르기도 했다는 내용은 제시되어 있지만[3문단(1)], 이들이 법규에 따라 처벌되었는지는 알 수 없다.

제시문 분석

1·2문단 조선 시대 수령의 폭력

〈수령의 사법권〉		〈법전 속 지침〉
수령은 죄의 유형이나 정도에 상관없이 태형 50대 이하의 처벌은 언제나 실행할 수 있고 경우에 따라서는 최고 형벌인 사형도 내릴 수 있는 사법권을 가지고 있었다.[1문단(2)]	→	수령이 사법권을 행사할 때에는 법전의 규정에 따라 신중하게 실행할 것이 요구되었다.[2문단(1)]

↓

〈실제〉
실제로 수령 중에는 남형이나 혹형, 남살을 행사하는 이들이 많았고, 오히려 해이해진 기강을 단속하여 백성을 잘 다스린다는 평가를 받는 수령들은 남형이나 혹형, 남살을 일삼는 경우가 많았다.[2문단(3),(5)]

3문단 하급 관속의 비리와 폭력

〈하급 관속의 비리와 폭력〉		〈사회 불안 조장의 주요 요소〉
도적 체포와 치안 유지를 위해 백성들과 직접 접촉을 했던 포교, 포졸, 관교 등의 하급 관속이 저지르는 비리나 폭력이 심각하였다.[3문단(2)]	→	범죄자를 잡는다거나 치안을 유지한다는 명목으로 이들이 죄없는 백성들에 대해 자행한 불법적인 폭력은, 수령의 과도한 사법권 행사와 함께 사회 불안을 조장하는 주요 요소였다.[3문단(3)]

합격자의 실전 풀이 순서

한국사 비문학 유형

❶ 유형 파악하기

본 유형의 식별은 간단하다. 한국사 비문학 유형이다. 지문의 첫 문장만 읽어도 알 수 있을 것이다. 앞서 살펴본 유형의 특징을 다시 상기하면서 본격적인 풀이로 들어간다.

❷ 지문 훑어보기

이 지문에선 특이한 점이 두 개가 발견된다. 1)시대나 인물이 특별히 중요하지 않다는 것이고 2)한자어가 중요하게 쓰이지 않았다는 것이다. 이는 통상의 한국사 지문과 차이점으로 자칫 난이도가 높아질 수 있는 요소였다.

그러나 막상 이 지문은 정답률이 높고 난이도가 낮았는데 그 이유는 ①내용이 굉장히 단순하고 ②반복되며(예컨대 법전이라는 별로 중요하지 않은 단어까지 반복된다.) ③수식어가 많기 때문이다.(예컨대 '잔혹하게', '신중하게' 등) 따라서 별도의 독해 테크닉이 없어도 내용 이해가 매우 쉬운 축에 속한다. 다만 우리가 상식적으로 받아들이지 못하는 내용들이 간혹 보인다. 예컨대 2문단 (5)의 경우 문장간 호응이 일견 이상해 보인다. 이런 특이한 문장들이 보이면 반드시 체크해 둔다. (지문과 선지에서 '평가'라 함은 윗선으로부터의 평가임에 유의한다.)

❸ 발문 확인하기

본 문제는 '알 수 있는/없는 것은?' 유형에 해당한다. 있는 것인지, 없는 것인지 확실히 표시하고 넘어간다. 이때 '있는/없는'에 서로 다른 표기를 해야 한다는 점을 숙지한다.

> 다음 글에서 알 수 있는 것은?

❹ 함정선지 피해가기

① **포교의 비리보다 포졸의 비리가 더 많았다.**

비교급 표현, 구체적으로 대소관계가 사용된 선지다. 대소관계는 아래와 같이 부등호를 통해 시각적으로 표시해도 좋다.

① (포교의 비리)보다 < (포졸의 비리)가 더 많았다.

이처럼 둘 이상의 개체를 비교할 수 있으려면, 각 개체에 비교 가능한 값이 존재해야 한다. 그러나 지문에서는 포교와 포졸의 비리에 대해 비교 가능한 값이 제시된 바 없으므로 옳지 않다.

③ **남형, 혹형, 남살을 일삼는 수령들이 유능하다는 평가를 받기도 하였다.**

남형, 혹형, 남살을 일삼는 수령들→백성을 잘 다스린다는 평가

간단한 추론형 선지다. '백성을 잘 다스린다는 평가'가 곧 '유능하다는 평가'의 재진술임을 쉽게 찾을 수 있을 것이다.

주의할 점은, 이것이 곧 국가가 수령의 횡포를 방조하거나 조장했다는 뜻은 아니라는 점이다.

합격자의 시간단축 Tip

Tip ❶ 병렬적으로 제시된 개념들을 비교하자.

병렬적으로 제시된 개념과 내용 간 공통점/차이점 및 관계를 파악하며 읽자.

첫째로, 2문단에서 수령에게 요구된 신중한 사법권 행사와 실제로는 과도했던 수령의 사법권 행사 간에 차이점이 등장한다. 둘째로, 3문단의 수령의 과도한 사법권 행사와 하급 관속의 형벌 남용의 공통점이 제시되어 있다. 내용과 개념 간 차이점과 공통점은 '이상과 현실', '근대와 현대', '문제와 대안'등 다양한 곳에서 이용된다. 비교의 기준과 형태를 꼭 유념하도록 한다.

Tip ❷ 문제가 꼭 하나만은 아니다.

지문은 3문단 1에서 수령의 남형, 혹형, 남살보다 하급 관속의 사적인 형벌이 더 큰 문제라고 하면서도, 동시에 마지막에 '수령의 과도한 사법권 행사와 함께'를 통해 양자 모두가 문제라는 주장을 제시하고 있다. 즉, 비교표현을 통해 더 문제인 대상을 지칭하면서도 양자 모두 문제라는 관계가 나타나고 있는 것이며, 이런 관계는 선지화되기 쉬우므로 유의해야 한다.

163 정답 ❹ 난이도 ●●○

문제유형 이해 > 내용 파악

접근전략 역사적 소재는 내용 일치 유형에서 많이 나오는 소재 중 하나이다. 대체로 특정 소재의 역사적 변천이나, 어떤 일련의 사건들의 흐름 등으로 지문이 전개되는데, 이러한 글을 읽을 때에는 그 흐름을 파악하면서 읽는 것이 중요하다. 시간적 흐름을 파악하기 위해서는 선후관계에 유의하면서 읽어야 하므로, 왕 이름이나 연도, 혹은 주요 사건을 기억(혹은 표시)하면서 읽는다. 해당 지문의 경우 인물과 왕을 중심으로 흐름을 파악하면 된다. 1문단을 정독하면서 글의 전체적인 소재를 파악하고 앞으로의 글의 방향성을 추측해본다. 그다음에는 나머지 문단들을 통독하면서 각 문단의 중심 내용과 더불어 문단에서 나오는 키워드나 특징들을 가볍게 체크해두도록 한다.

다음 글에서 알 수 있는 것은?

(1) 송시열은 임진왜란 때 조선에 원군을 보낸 명나라 신종과 그 마지막 황제인 의종의 제사를 거행하고자 했으나 그 뜻을 이루지 못했다. (2) 송시열의 제자인 권상하는 스승의 유명(遺命)을 이어받아 괴산군 청천면에 만동묘(萬東廟)를 만들고 매년 두 황제에 대한 제사를 지냈다. (3) 만동묘라는 명칭은 경기도 가평군 조종암(朝宗巖)에 새겨진 선조의 어필 '만절필동(萬折必東)'이라는 글자의 처음과 끝 자를 딴 것이다. (4) '만절필동'이라는 글자에는 황하가 여러 번 굽이쳐도 결국은 동쪽으로 나아가 황해로 흘러 들어가듯이, 조선 역시 어떠한 상황에도 명이 원병을 보냈다는 사실을 잊지 않고 의리를 지키겠다는 의지가 담겨 있다. ▶ 1문단

(1) 창덕궁 후원에 있는 대보단(大報壇)도 명 신종을 제사 지내기 위해 건립된 제단이다. (2) 대보단의 제례는 국왕이 직접 주관하는 것이 원칙이었고, 그때 사용하는 제물과 기구는 문묘 제례 때 쓰던 것과 같았다. (3) 영조 25년부터 이 대보단에서 명나라의 태조와 그 마지막 황제 의종도 함께 매년 제사 지내기 시작했다. (4) 영조는 중앙 관료들로 하여금 빠짐없이 대보단 제례에 참석하도록 했는데, 정조는 이를 고쳐 제례 집행자만 참례하게 했다. (5) 그렇지만 영조의 전례에 따라 대보단에 자주 행차하여 돌아보는 등 큰 관심을 표명했다. ▶ 2문단

(1) 당시 학자들 사이에서는 명이 망한 뒤에 중화의 정통을 이은 나라가 조선밖에 남지 않았다는 의식이 확산되고 있었다. (2) 대보단 제례는 그와 같은 분위기 속에서 더욱 중요한 의미를 가지게 되었다. (3) 만동묘를 중시하는 분위기도 확산되었다. (4) 만동묘에서 명 황제들에 대한 제사를 지낼 무렵이 되면 전국의 유생이 구름같이 모여들었고, 이로 인해 제사 비용은 날로 많아졌다. (5) 이 소식을 들은 영조는 만동묘에 전답을 하사하여 제사 비용을 조달하는 데 어려움이 없도록 해주었다. (6) 헌종 때에는 만동묘에서 제사를 지낼 때마다 충청도 관찰사가 참석하도록 하는 조치도 취해졌다. (7) 만동묘는 이처럼 위상이 높았지만, 운영비 조달을 핑계로 양민의 재산을 함부로 빼앗는 등 폐해가 컸다. ▶ 3문단

(1) 만동묘를 싫어하던 흥선대원군은 대보단에서 거행하는 것과 같은 제사를 만동묘에서 또 지낼 필요가 없다고 보았다. (2) 그러한 이유에서 그는 만동묘가 설립될 때부터 매년 지내오던 제사를 폐지하였다. (3) 또 명 황제들의 신주를 만동묘에서 대보단으로 옮겼다. (4) 흥선대원군이 실각한 후 만동묘 제사는 부활되었지만 순종 황제 재위 때 다시 철폐되었다. ▶ 4문단

① **영조는 만동묘를 없애고 그 제사를 대보단으로 옮겨 지내도록 하였다.**

→ (×) 만동묘에서 지내던 제사를 폐지하고, 명 황제들의 신주를 대보단으로 옮기도록 한 것은 영조가 아니라 흥선대원군이다.[4문단(2),(3)] 영조는 만동묘에 전답을 하사하여 제사 비용을 조달하는 데 어려움이 없도록 해주었다.[3문단(5)]

② **만동묘에서 제사를 지낼 때에는 국왕이 직접 참석하는 것이 관례였다.**

→ (×) 대보단의 제례는 국왕이 직접 주관하는 것이 원칙이었으나[2문단(2)], 만동묘에서 제사를 지낼 때 국왕이 직접 참석하였는지의 여부는 제시문에 서술되어 있지 않다. 따라서 해당 선지의 내용은 알 수 없다.

③ **헌종 때부터 대보단에서 제사를 지낼 시에 충청도 관찰사가 참석하였다.**

→ (×) 헌종 때에는 만동묘에서 제사를 지낼 때마다 충청도

관찰사가 참석하도록 하였으나[3문단(6)], 대보단에서 제사를 지낼 시에도 충청도 관찰사가 참석하였는지는 서술되어 있지 않다. 따라서 이는 알 수 없는 내용이다.

④ 정조 때 만동묘와 대보단 두 곳에서 모두 명나라의 신종과 의종을 기려 제사를 지냈다.

➜ (○) 대보단에서 명 신종에 대해 제사를 지내다가[2문단(1)], 영조 25년부터 의종도 함께 제사를 지내기 시작했다.[2문단(3)] 이것이 정조 때도 지속되었기 때문에[2문단(4)] 정조 때 대보단에서 명나라의 신종과 의종을 기려 제사를 지냈음을 알 수 있다. 또한, 송시열의 제자인 권상하는 만동묘를 만들고 매년 명나라 신종과 의종에 대한 제사를 지냈다.[1문단(2)] 이후 흥선대원군 때에 이르러 만동묘가 설립될 때부터 매년 지내오던 제사를 폐지하였다고 했으므로[4문단(2)], 정조 때는 만동묘에서 명의 신종과 의종을 기려 제사를 지냈음을 알 수 있다. 따라서 정조 때 만동묘와 대보단 두 곳에서 모두 명나라의 신종과 의종을 기려 제사를 지냈음을 추론할 수 있다.

⑤ 만동묘라는 이름은 선조가 그 건립을 기념하기 위해 내린 어필의 처음과 끝 글자를 딴 것이다.

➜ (×) 만동묘라는 명칭은 경기도 가평군 조종암에 새겨진 선조의 어필 '만절필동'이라는 글자의 처음과 끝 자를 딴 것이다.[1문단(3)] 그러나 선조가 만동묘의 건립을 기념하기 위해 어필을 내린 지의 여부는 알 수 없다.

제시문 분석

1·2문단 만동묘와 대보단

〈만동묘〉		〈대보단〉
명 신종과 의종을 기리기 위해 건립되었으며, 조종암에 새겨진 선조의 어필 '만절필동'이라는 글자에서 명칭을 따왔다. [1문단(2),(3)]	⊕	명 신종을 제사 지내기 위해 건립되었으며, 국왕이 직접 주관하는 것이 원칙이었고 영조 25년부터 명 태조와 의종도 함께 제사 지내기 시작했다. [2문단(1),(2),(3)]

1·3·4문단 만동묘 제사의 변천

〈만동묘 제사의 변천〉		
〈건립〉		〈변천〉
송시열의 제자인 권상하는 스승의 유명을 이어받아 만동묘를 만들고 매년 명나라 신종과 의종에 대한 제사를 지냈다. [1문단(2)]	➜	만동묘를 중시하는 분위기가 확산되며 많은 유생이 참가하였고, 영조와 헌종을 거쳐 위상이 더 높아졌지만 그 폐해 또한 컸다.[3문단(3),(4),(6),(7)]
〈폐지〉		〈부활 후 재철폐〉
흥선대원군은 대보단에서 거행하는 것과 같은 제사를 만동묘에서 또 지낼 필요가 없다고 생각하여 만동묘의 제사를 폐지하였다.[4문단(1),(2)]	➜	흥선대원군이 실각한 후 만동묘 제사는 부활했지만, 순종 황제 재위 때 다시 철폐되었다.[4문단(4)]

합격자의 실전 풀이 순서

[방법 1]

❶ **발문과 선지를 확인한다.**

알 수 '있는' 것을 고르는 문제로, 옳은 선지가 하나뿐인 구조라서 선지를 통해 독해 키워드를 잡아내기는 어렵다. 따라서 〈만동묘, 대보단, 직접 참석, 관찰사, 명나라〉 등의 소재가 있다는 것만 가볍게 확인한다. 이때 키워드들이 너무 어렵다면 '왕'들이 있다는 것, 그리고 만동묘가 많이 나온다는 것을 파악하는 것으로 충분하다. 또한, 선지들이 대부분 특정 왕 시기에 관한 내용을 묻는다. 이처럼, 대다수 선지에 특정 시기에 관한 내용이 있다면 제시문 내에서 시기별로 어떤 특징과 변화가 있었는지 파악하며 읽자는 생각을 하면 좋다.

❷ **문단별 역할에 유의하며 독해를 진행한다.**

1문단은 만동묘 소개 및 의의, 2문단은 대보단에 대한 설명, 3문단은 만동묘 제사의 의미와 문제점, 4문단은 만동묘 제사 관련 역사적 변동을 핵심내용으로 하고 있다. 선지 확인 때 시기별 변화를 확인할 생각을 못 했어도 제시문을 읽으면서는 이를 파악하려 해야 한다. 이때, 특정 시기를 가리키는 표현에 동그라미와 같은 표시를 하면 좋은데 해당 제시문의 경우 역대 임금들의 이름을 표시하도록 한다.

❸ **문단별 화제가 전환되면 바로 선지로 내려갈 수도 있다.**

2문단과 3문단은 연결되면서도 동시에 중심화제에는 차이가 있다. 이 경우 2문단까지 읽고 바로 해결할 수 있는 선지는 해결하는 것도 좋다.

[방법 2]

❶ **첫 문단을 읽으면서 글의 소재와 전반적인 글의 맥락을 파악한다.**

첫 문단을 정독하면서 글의 소재와 함께 앞으로의 글의 흐름을 유추하도록 한다. 예를 들어 문제의 경우 1문단에서 만동묘의 건립 배경과 명칭의 유래가 나오고 있다. 소재의 건립 배경은 이후 등장하는 내용에 다양하게 연결될 수 있으므로 이것이 핵심 주제임을 나타내는 좋은 요소다.

❷ **2문단부터 4문단까지 읽으면서 각 문단의 대략적인 내용을 파악하고 특징을 표기하도록 한다.**

1문단을 통해 중심 소재가 만동묘라는 것을 파악했으므로, 2문단부터는 각 문단의 내용을 요약하며 특징들을 가볍게 체크해 두도록 한다. 여기서 '가볍게'라는 것은, 선지를 보고 제시문으로 쉽게 돌아갈 수 있도록 핵심 키워드만 정리하는 것을 의미한다.

예를 들면 2문단의 경우 '대보단 제례'라는 소재를 파악하고 태조, 의종, 영조, 정조 등에 체크해 두도록 한다. 3문단의 경우에는 만동묘 제사에 대한 문제점을 이야기하고 있으며, 문제점과 동시에 헌종 등 왕명에 체크해둔다. 4문단의 경우 만동묘의 역사적 흐름에 따른 변화를 설명하고 있으므로 흥선대원군, 순종 등을 체크하도록 한다.

❸ **오지선다를 보고 문제를 풀도록 한다.**

이제 글의 대략적인 내용을 파악했으므로, 이를 토대로 선지의 정오를 판단한다. 오지선다의 경우 헷갈릴만한 선지만 검토하도록 한다.

③ 헌종 때부터 대보단에서 제사를 지낼 시에 충청도 관찰사가 참석하였다.

자칫하면 헌종 때 충청도 관찰사가 참여하였다는 문장을 보고 ③번을 답으로 고를 수 있다. 하지만 이 선지의 '헌종 때부터'에 주목하자. '헌종 때 충청도 관찰사가 참석했다'와 '헌종 때부터 충청도 관찰사의 참석이 시작되었다'의 의미는 완전히 다른 의미이다. 이에 ③번은 알 수 없는 문장이 되어서 틀린 문장이 된다.

⑤ 만동묘라는 이름은 선조가 그 건립을 기념하기 위해 내린 어필의 처음과 끝 글자를 딴 것이다.

자칫하면 어필의 처음과 끝 글자를 땄다는 말을 보았을 때 자세히 살펴보지 않는다면 맞다고 생각할 수 있다. 하지만 선조의 목적이 '건립을 기념하기 위해 내린'인지를 명확하게 살펴봐야 한다.

합격자의 시간단축 Tip

Tip ❶ 역사 소재의 글인 경우 시기별 특징과 변화에 주목한다.

역사적 소재 문제의 경우 흐름을 제시할 때 일반적으로 연도나 왕이 등장하는데, 왕 시대에 따라서 대상의 변화가 발생하는 경우가 대부분이므로 왕들이 나온다면 기준점을 표기해주는 것이 좋다.
2문단의 〈영조 25년〉이라고 특정 연도에서 태조－의종에 대한 제사가 시작되었음을 제시하고 있나. 굳이 특성 연도에 해당 제사가 시작되었다는 것이 제시되었다면, 이를 활용한 선지가 나올 것이라고 예측할 수 있다. 다만 모든 경우에 해당하는 것이 아니므로 연도에 너무 집중할 필요는 없다.

Tip ❷ 〈원칙〉이 등장하면 예외가 선지화될 가능성이 크다.

2문단에서 대보단에서 국왕이 직접 제례를 주관하는 것이 원칙이라면, 〈대보단이 아니라 다른 곳에서는?〉, 〈원칙이 아니라 예외는?〉하는 질문을 떠올려 볼 수 있다. 선지 ①, ②번은 모두 이를 활용한 선지다.

164 정답 ❺

난이도 ●●●

문제유형 비판적 사고 > 빈칸 채우기

접근전략 빈칸에 들어갈 내용을 고르는 문제는 대응되는 내용을 찾아 답을 골라야 하는데 대응되는 내용을 찾을 근거가 되는 범위를 확정시켜 두면 좋다. 보통 빈칸이 포함된 문장, 앞뒤 문장 또는 빈칸이 포함된 문단의 주제문이 그 자체로 대응되는 내용이 되어서 바로 정답을 고를 수 있게 해주거나 대응 내용을 찾을 근거를 제공해준다.

다음 글의 빈칸에 들어갈 내용으로 가장 적절한 것은?

(1) 노랑초파리에 있는 Ir75a 유전자는 시큼한 냄새가 나는 아세트산을 감지하는 후각수용체 단백질을 만들 수 있다. (2) 하지만 세이셸 군도의 토착종인 세셸리아초파리는 Ir75a 유전자를 가지고 있지만 아세트산 냄새를 못 맡는다. (3) 따라서 이 세셸리아초파리의 Ir75a 유전자는 해당 단백질을 만들지 못하는 '위유전자(pseudogene)'라고 여겨졌다. (4) 세셸리아초파리는 노니의 열매만 먹고 살기 때문에 아세트산의 시큼한 냄새를 못 맡아도 별 문제가 없다. (5) 그런데 스위스 로잔대 연구진은 세셸리아초파리가 땀 냄새가 연상되는 프로피온산 냄새를 맡을 수 있다는 사실을 발견했다. ▶1문단

(1) 이 발견이 중요한 이유는 ______

(2) 그렇다면 세셸리아초파리의 Ir75a 유전자도 후각수용체 단백질을 만든다는 것인데, 왜 세셸리아초파리는 아세트산 냄새를 못 맡을까? (3) 세셸리아초파리와 노랑초파리의 Ir75a 유전자가 만드는 후각수용체 단백질의 아미노산 서열을 비교한 결과, 냄새 분자가 달라붙는 걸로 추정되는 부위에서 세 군데가 달랐다. (4) 단백질의 구조가 바뀌어 감지할 수 있는 냄새 분자의 목록이 달라진 것이다. (5) 즉 노랑초파리의 Ir75a 유전자가 만드는 후각수용체는 아세트산과 프로피온산에 반응하고, 세셸리아초파리의 이것은 프로피온산과 들쩍지근한 다소 불쾌한 냄새가 나는 부티르산에 반응한다. ▶2문단

(1) 흥미롭게도 세셸리아초파리의 주식인 노니의 열매는 익으면서 부티르산이 연상되는 냄새가 강해진다. (2) 연구자들은 세셸리아초파리의 Ir75a 유전자는 위유전자가 아니라 노랑초파리와는 다른 기능을 하는 후각수용체 단백질을 만드는 유전자로 진화한 것이라 주장하며, 세셸리아초파리의 Ir75a 유전자를 '위－위유전자(pseudo－pseudogene)'라고 불렀다. ▶3문단

① **세셸리아초파리가 주로 먹는 노니의 열매는 프로피온산 냄새가 나지 않기 때문이다.**
➜ (×) 노니의 열매에서 프로피온산 냄새가 나지 않는 것은 세셸리아초파리가 프로피온산 냄새를 맡을 수 있다는 발견과 관련이 없다.

② **프로피온산 냄새를 담당하는 후각수용체 단백질은 Ir75a 유전자와 상관이 없기 때문이다.**
➜ (×) 프로피온산 냄새를 담당하는 후각수용체 단백질은 Ir75a 유전자에 의해 만들어진다.[2문단(5)] 따라서 프로피온산 냄새를 담당하는 후각수용체 단백질이 Ir75a 유전자와 상관이 없다는 분석은 옳지 않다.

③ **노랑초파리에서 프로피온산 냄새를 담당하는 후각수용체 유전자는 위유전자가 되었기 때문이다.**
➜ (×) 스위스 로잔대 연구진은 세셸리아초파리가 프로피온산 냄새를 맡을 수 있다는 사실을 발견하고[1문단(5)], 이를 통해 세셸리아초파리의 Ir75a 유전자는 위유전자가 아니라 '위－위유전자'라고 주장했다.[3문단(2)] 따라서 해당 선지의 내용은 연구진의 주장과 일치하지 않으므로, 빈칸에 들어갈 수 없다.

④ **세셸리아초파리와 노랑초파리에서 Ir75a 유전자가 만드는 후각수용체 단백질이 똑같기 때문이다.**
➜ (×) 세셸리아초파리와 노랑초파리에서 Ir75a 유전자가 후각수용체 단백질을 만드는 것은 맞지만[2문단(5)], 두 단백질의 구조는 다르다.[2문단(4)] 따라서 해당 선지의 내용은 옳지 않다.

⑤ **노랑초파리에서 프로피온산 냄새를 담당하는 후각수용체 단백질을 만드는 것이 Ir75a 유전자이기 때문이다.**
➜ (○) 스위스의 연구진은 세셸리아초파리의 Ir75a 유전자가 프로피온산 냄새를 맡을 수 있다는 후각수용체 단백질을 만들어낸다는 사실을 발견했다.[2문단(5)] 이는 노랑초파리에서도 Ir75a 유전자가 프로피온산을 감지하는 후각수용체 단백질을 만들기 때문에[2문단(5)], 이 두 유전자의 차이를 통해 세셸리아초파리의 유전자 진화를 밝혔다는 점에서 중요한 발견이다.

제시문 분석

1문단 Ir75a 유전자에 대한 새로운 발견

<table>
<tr><th>〈노랑초파리의 Ir75a 유전자〉</th><th>〈세셸리아초파리의 Ir75a 유전자〉</th></tr>
<tr><td rowspan="2">노랑초파리에 있는 Ir75a 유전자는 아세트산을 감지하는 후각수용체 단백질을 만들 수 있다.(1)</td><td>세셸리아초파리는 Ir75a 유전자를 가지고 있지만 아세트산 냄새를 못 맡는다.(2)</td></tr>
<tr><td>따라서 이 세셸리아초파리의 Ir75a 유전자는 해당 단백질을 만들지 못하는 '위유전자(pseudogene)'라고 여겨졌다.(3)</td></tr>
</table>

➜

〈새로운 발견〉	스위스 로잔대 연구진은 세셸리아초파리가 프로피온산 냄새를 맡을 수 있다는 사실을 발견했다.(5)

2문단 노랑초파리와 세셸리아초파리의 Ir75a 유전자의 차이

〈단백질 구조의 차이〉

세셸리아초파리와 노랑초파리의 Ir75a 유전자가 만드는 후각수용체 단백질의 아미노산 서열을 비교한 결과, 단백질의 구조가 바뀌어 감지할 수 있는 냄새 분자의 목록이 달라졌다는 것을 밝혀냈다.(3),(4)

→

〈반응하는 냄새〉

노랑초파리의 Ir75a 유전자가 만드는 후각수용체는 아세트산과 프로피온산에 반응한다.(5)

세셸리아초파리의 Ir75a 유전자가 만드는 후각수용체는 프로피온산과 부티르산에 반응한다.(5)

3문단 연구자들의 주장

〈노니와 부티르산〉

세셸리아초파리의 주식인 노니의 열매는 익으면서 부티르산이 연상되는 냄새가 강해진다.(1)

→

〈연구자들의 주장〉

연구자들은 세셸리아초파리의 Ir75a 유전자는 위유전자가 아니라 노랑초파리와는 다른 기능을 하는 후각수용체 단백질을 만드는 유전자로 진화한 것이라 주장하며, 이를 '위-위유전자(pseudo-pseudogene)'이라고 불렀다.(2)

합격자의 실전 풀이 순서

❶ 발문 읽기 및 문제 유형 파악

항상 먼저 발문을 반드시 제대로 읽고 시작하자. 해당 문제는 빈칸에 들어갈 내용을 고르는 빈칸추론 문제이다. 빈칸의 내용에 대응되는 내용을 찾아 근거로 삼아 답을 내면 된다. 빈칸 채우기 유형은 빈칸에 들어갈 내용에 따라 두 가지로 분류할 수 있다.

(1) 중심 내용

빈칸에 중심 내용이 들어간다면 전체적인 구조와 주요 문장을 파악하여 빈칸에 들어갈 말을 찾아야 한다. 결과적으로 주제문 찾기 유형과 같은 문제이다. 제시문 전체를 읽고 각각의 내용이 궁극적으로 어떤 결론을 설명하는지 추론해야 한다.

(2) 빈칸 앞뒤 맥락을 연결하는 내용

빈칸에 맥락을 연결하는 내용이 들어가는 경우 빈칸의 근거는 지엽적으로 찾아야 한다. 이 유형의 빈칸 채우기 근거 범위는 빈칸이 포함된 문장, 앞뒤 문장, 문단의 주제문 등이다. 빈칸 여러 개가 글 전반에 걸쳐 분포되어 있거나, 빈칸 두 개가 짝지어 한 문장 내에 병렬적으로 제시되는 등의 형식적 특징이 있는 경우 보통 두 번째 유형에 해당한다.

형식적 특징이 보이지 않는다면 빈칸만 보고 유형을 구분하기는 어렵다. 다만 빈칸 근처에서 유형의 힌트는 얻을 수 있다. 따라서 빈칸 근처를 먼저 읽고, 답을 도출하기 어렵다면 범위를 넓혀 읽는 방법으로 접근할 수 있을 것이다.

❷ 제시문 독해 및 선지 판단

먼저 빈칸에 들어갈 내용을 추론하기 위해 빈칸이 포함된 문장을 살펴보니 빈칸의 내용이 '발견이 중요한 이유'라고 하고 있다. 이를 근거로 생각해보면 해당 과학적 실험과 연구에서 중요한 부분을 찾으라는 것으로 파악할 수 있고 이는 보통 실험 후 그로부터 도출되는 결론 및 시사점이 된다. 이 부분은 2문단 (5)부터 제시되는데, 실험으로부터 노랑초파리의 Ir75a 유전자는 아세트산/프로피온산에 반응하는 후각수용체, 세셸리아초파리의 그것은 부티르산/프로피온산에 반응하는 후각수용체를 만들며, 양자 모두 Ir75a 유전자를 갖고 있지만 그로 인해 만들어진 후각수용체 단백질의 기능은 다르게 나타나므로, 후자의 Ir75a 유전자가 위-위유전자라는 결론을 얻었다는 것이다. 즉, 노랑초파리와 세셸리아초파리의 후각수용체는 똑같지는 않지만 공통적으로 '프로피온산'에 반응하며, 노랑초파리와 세셸리아초파리 모두 Ir75a 유전자가 후각수용체 단백질을 만든다. 따라서 이 결론의 내용이 포함된 ⑤번이 답이 되는 것이다.

또한, 위 문제는 관찰의 대상간의 공통점과 차이점을 활용해 풀 수 있다. 본 제시문에는 노랑초파리 유전자와 세셸리아초파리 유전자의 공통점과 차이점이 제시된다. 위 대상들의 공통점은 Ir75a가 프로피온산에 반응하는 후각수용체를 만든다는 점이고, 이러한 공통점이 정답으로서 빈칸에 들어간다. 이처럼 대조되는 대상 간의 공통점과 차이점이 문제에 주로 활용된다는 사실을 상기하고 제시문을 읽을 때 이를 주의 깊게 보아야 한다.

위와 같은 풀이가 어렵다면, 현실적으로 '알 수 있는 것을 골라라'라는 문제로 생각하고 소거법을 통해 답을 고르는 방식을 생각하는 것도 괜찮다. 실제로 ①~④번 선지는 모두 제시문의 내용과 상충하거나 도출 불가능한 내용이었고 ⑤번은 제시문으로부터 알 수 있는 선지였다.

합격자의 시간단축 Tip

Tip ❶ 빈칸의 근거 범위를 확정

빈칸의 들어갈 말을 찾는 문제는 빈칸에 대응되는 내용을 찾아 그로부터 정답을 고르면 되는데, 보통 대응되는 내용을 찾는 근거는 빈칸이 포함된 문장, 앞뒤 문장, 빈칸이 포함된 문단의 주제문이 된다. 다만 이 문제는 연구 결과를 읽고, 그 사이 맥락을 찾아야 하는 문제로, 빈칸 앞뒤보다 넓은 범위에서 전반적인 연구 결과들을 확인해야 했다. 이처럼 근거를 잡을 수 있는 범위를 확정시켜 훈련하면 선지 판단의 속도가 올라간다.

Tip ❷ 선지를 소거하는 방식 활용

현실적으로 위와 같은 빈칸 문제의 풀이가 힘들 경우 실전에서 어렵게 생각하며 시간 낭비하지 말고, 빠르게 '알 수 있는 것을 고르는 문제'로 바꿔 접근해 오답 선지를 소거하고 남는 선지를 정답으로 고르자.

Tip ❸ 대상 간의 공통점과 차이점에 주목

서로 다른 두 대상의 차이점과 공통점은 반드시 잘 확인하며 글을 읽자. 이러한 점들이 선지로 자주 구성되어 나오기 때문이며, 나아가 문제 구성의 핵심 원리가 되기 때문이다. 따라서 이를 미리 잘 파악하며 읽으면 선지 판단의 속도와 정확도가 올라간다.

Tip ❹ 과학지문의 서술 방식

과학지문은 몇 가지 유형을 가진다. 가설과 검증을 통해서, 어떤 현상을 설명하고자 하기 때문이다. 유형은 아래와 같다.

취지	형태	유형	중심사고	필요능력
가설과 검증	실험	가설중심	논증	추론
		오류중심	논쟁	모순 도출
현상 설명	지식	도식중심	원리	상황 이해
		피라미드식	수형도	복합 규칙

즉, 가설과 검증에 집중되거나(실험), 현상 설명에 집중되거나(지식설명)이며, 이때 실험의 경우 글쓴이가 주장하는 바를 묻거나 글쓴이가 범하는 오류를 중심으로 묻는다. 이는 글(실험)의

결론으로부터 무엇이 추론되고 무엇이 추론되지 않는지, 그리고 어디에 논리의 허점이 있는지 묻는 선지로 나타난다.
또한, 현상을 설명하는 경우 지문의 구조는 크게 두 가지로 나뉜다. 하나는 원리를 이용하여 상황을 설명하는 것으로 일종의 사례 적용 유형에 해당한다. 다른 하나는 이 지문이 택한 피라미드식 원칙 적용으로, 범위를 점점 좁혀가며 원칙을 차례차례 추가하는 전개방식이다.
이 글의 경우 '가설과 검증'에 해당하며, 실험이라기보다는 관찰한 내용으로 구성된다. 그러나 논증의 빠진 부분을 찾는 문제라는 점에서 실험지문과 유사하다.

Tip ❺ 실험지문의 세 요소

실험지문을 독해할 때는 '실험군, 변인, 결과'를 정리하자.
첫째, 실험군은 실험의 대상 집단으로, 쉽게 파악 가능한 경우가 대부분이다. 조작이 가해지는 실험군과 아무 조작도 가하지 않는 대조군이 있는지, 몇 개나 있는지, 각 실험군의 차이는 무엇인지 확인해야 한다.
둘째, 실험 분석의 핵심인 변인이다. 변인은 다양한 값을 가질 수 있는 사건이나 사물 혹은 현상을 말한다. 연구자가 조작하는 독립변인은 무엇이고, 그로부터 영향을 받는 종속변인은 무엇인지 지문을 읽고 정확하게 파악해야 한다. 쉽게 말해 독립변인은 연구자가 조작하는 대상, 종속변인은 그 결과물이다.
마지막으로 실험 결과는 독립변수와 종속변수 간의 인과관계를 드러내 준다. 고난도의 실험 소재 문제에서는 4개 이상의 실험군, 2개 이상의 변인이 섞여 매우 복잡한 결과가 제시되기도 한다. 줄글 형태의 지문에서 실험 결과를 일목요연하게 이해하고 또 정리하는 실력이 빠른 문제해결을 이끈다.
이 문제는 실험이 아닌 관찰 내용이지만 실험지문과 유사하게 대상을 나눌 수 있다. 관찰 대상은 노랑초파리와 세셸리아초파리의 Ir75a유전자이며, 독립변수는 '노랑초파리'와 '세셸리아초파리', 종속변수에 해당하는 것은 각 초파리의 '후각수용체 단백질'이라고 볼 수 있다. 이 문제에서 변수 간 인과관계가 중요한 것은 아니지만, 각 초파리의 후각수용체 단백질의 차이로부터 빈칸 내용을 추론할 수 있다.

165 정답 ❸

난이도 ●●●

문제유형 법조문형 > 규정확인

접근전략 법조문 유형 중 규정을 바탕으로 선지에서 옳은 것을 고르는 규정확인문제이다. 법조문 유형을 풀 때는 조문의 구체적인 내용을 독해하는 것보다, 법조문의 구조를 파악한 후 〈보기〉에서 묻고 있는 정보를 찾아 올라가는 형태로 푸는 것이 좋다. 본 문제의 경우, 광역교통위원회와 실무위원회 크게 2개가 등장하며 2조 2항에서 연결고리가 있다는 점, 위원회에서는 위원장 선정절차가 있다는 점, 1조 1항에서 30, 2조 3항 3호에서 50이라는 구체적 숫자가 제시된다는 점에 유의한다.

다음 글을 근거로 판단할 때 옳은 것은?

제○○조 ① 광역교통위원회는 위원장 1명과 상임위원 1명 및 다음 각 호의 위원을 포함하여 30명 이내로 구성한다.
1. 대도시권 광역교통 관련 업무를 담당하는 중앙행정기관 소속 고위공무원 중 대통령령으로 정하는 사람
2. 대도시권에 포함되는 광역지방자치단체의 부단체장 중 대통령령으로 정하는 사람
3. 그 밖에 광역교통 관련 전문지식과 경험이 풍부한 사람

② 광역교통위원회의 위원장은 국토교통부장관의 제청으로 대통령이 임명하고, 위원은 국토교통부장관이 임명 또는 위촉한다.

제○○조 ① 실무위원회는 다음 각 호의 사항을 심의한다.
1. 광역교통위원회에 부칠 안건의 사전검토 또는 조정에 관한 사항
2. 그 밖에 실무위원회의 위원장이 심의가 필요하다고 인정하는 사항

② 실무위원회의 위원장은 광역교통위원회의 상임위원이 된다.
③ 실무위원회의 위원은 다음 각 호의 사람이 된다.
1. 기획재정부·행정안전부·국토교통부 및 행정중심복합도시건설청 소속 공무원 중 소속 기관의 장이 지명하는 사람
2. 대도시권에 포함되는 시·도 또는 시·군·구(자치구를 말한다) 소속 공무원 중 소속 기관의 장이 광역교통위원회와 협의해 지명하는 사람
3. 교통·도시계획·재정·행정·환경 등 광역교통에 관한 학식과 경험이 풍부한 사람 중에서 광역교통위원회의 위원장이 성별을 고려해 위촉하는 50명 이내의 사람

① 실무위원회의 위원 위촉 시 성별은 고려하지 않는다.
→ (×) 제2조 제3항 제3호에 따르면 광역교통에 관한 학식과 경험이 풍부한 사람 중에서 광역교통위원회의 위원장이 성별을 고려해 위촉하는 50명 이내의 사람은 실무위원회의 위원이 된다. 따라서 실무위원회의 위원 위촉 시 성별을 고려하는 경우도 있다.

② 광역교통위원회의 구성원은 실무위원회의 구성원이 될 수 없다.
→ (×) 제2조 제2항에 따르면 실무위원회의 위원장은 광역교통위원회의 상임위원이 된다. 따라서 실무위원회의 위원장이 공석이 아닌 이상 광역교통위원회의 구성원이 실무위원회의 구성원이 되는 경우가 반드시 있다. 한편, 실무위원회의 위원장이 아니더라도 광역교통위원회 구성원이 제2조 제2항 제3호의 요건을 만족한다면 실무위원회의 구성원이 될 수 있다.

③ 광역교통위원회 위원장의 위촉 없이도 실무위원회의 위원이 될 수 있다.
→ (○) 제2조 제3항 제1호 및 제2호에 따르면 기획재정부·행정안전부·국토교통부 및 행정중심복합도시건설청 소속 공무원 중 소속기관의 장이 지명하는 사람, 또는 대도시권에 포함되는 시·도 또는 시·군·구 소속 공무원 중 소속 기관의 장이 광역교통위원회와 협의해 지명하는 사람은 실무위원회의 위원이 된다. 따라서 광역교통위원회 위원장의 위촉 없이도 실무위원회의 위원이 되는 경우가 있다.

④ 공무원이 아닌 사람은 실무위원회의 위원은 될 수 있으나, 광역교통위원회의 위원은 될 수 없다.
→ (×) 제1조 제1항 제3호에 따르면 광역교통 관련 전문지식과 경험이 풍부한 사람은 광역교통위원회의 위원이 된다. 따라서 공무원이 아닌 사람도 광역교통위원회의 위원이 될 수 있다.

⑤ 광역교통위원회의 위원으로 행정안전부 소속 공무원을 선정하는 경우 행정안전부장관이 임명한다.
→ (×) 제1조 제2항에 따르면 광역교통위원회의 위원은 행정안전부장관이 아닌 국토교통부장관이 임명 또는 위촉한다.

합격자의 실전 풀이 순서

❶ 문제 유형 파악

본 문제의 경우 제시문으로 법조문이 주어졌으므로 법조문 유형임을 쉽게 알 수 있다. 특히 법조문 유형 중에서도 규정을 바탕으로 옳은 내용의 선지를 고르는 규정확인문제이다. 법조문 유형은 조문의 구체적인 내용을 독해하는 것보다, 법조문의 구조를 파악한 후 선지에서 묻고 있는 정보를 찾아 올라가는 형태로 푸는 것이 좋다. 법 조문의 구조 파악이란 각 조나 항마다 가로로 길게 선을 그어 조문들을 시각적으로 구분하고, 단서와 괄호에 강조 표시를 하는 것을 의미한다. 또한, 본 문제가 옳은 것을 고르는 문제라는 것을 인지하기 위해 "옳은"이라는 단어에 밑줄이나 동그라미 등 표시를 한다.

다음 글을 근거로 판단할 때 옳은 것은?

❷ 법조문 구조 분석

구조 분석이란 각 조문의 내용 및 조문 간 관계를 이해하는 것이다. 법조문 전체를 읽되, 세부적인 내용을 기억하기 보다는 어떤 정보가 있는지 파악하는 것에 중점을 둔다. 이때 기호를 적절히 활용할 수 있다. 활용의 예시는 Tip으로 별도 기재하였다. 또한, 이러한 분석 과정을 거치며 선지에 등장할만한 부분을 발견할 수 있다.

본문의 규정은 두 개의 조로 구성되어 있다. 조문의 제목이 없으므로 읽으면서 키워드를 파악한다. 가독성을 높이기 위해 가로선으로 각 조를 구분하고, '1, 2'로 숫자를 써둔다. 이하 편의상 첫 번째 조를 '제1조', 두 번째 조를 '제2조'로 표기한다.

제1조는 광역교통위원회에 대한 규정으로, 제1항은 광역교통위원회의 구성, 제2항은 광역교통위원회 위원장과 위원의 임명에 대한 조항이다. 제1항에서는 위원장 1명, 상임위원 1명 및 각 호의 위원을 포함하여 30명 이내임에 표시한다. 각호의 내용은 선지 판단 시 자세히 확인한다. 제2항에서는 임명권자에 표시하고, 위원장과 위원의 임명 방식이 다른 점에 주의한다.

제2조는 실무위원회에 대한 규정으로, 제1항은 실무위원회의 심의에 대한 조항이며 제2항과 제3항은 각각 실무위원회 위원장의 역할과 위원을 규정한다. 제1항에서는 '심의'에 표시하고 각 호는 선지 판단 시 자세히 확인한다. 앞서 제1조에 규정된 상임위원은 1명이므로 제2항을 통해 광역교통위원회 상임위원은 곧 실무위원회 위원장임을 알 수 있다. 제3항에서는 '위원'에 표시하고, 각 호의 위원의 요건은 선지 판단 시 자세히 읽는다.

❸ 선지 판단

선지를 읽고, 해당 내용이 기재된 규정으로 돌아가 꼼꼼히 읽고 선지의 정오를 판단한다.

선지 ①번은 실무위원회의 위원에 대한 내용이므로 제2조 제3항과 비교한다. 선지 ②번은 광역교통위원회와 실무위원회의 구성에 대한 내용이므로 제1조 제1항 및 제2조 제2항, 제3항과 비교한다. 제2조 제2항의 "실무위원회 위원장=광역교통위원회 상임위원"임을 바로 떠올린다면 쉽게 판단할 수 있다. 선지 ③번은 실무위원회의 위원에 대한 내용이므로 제2조 제3항과 비교한다.

선지 ③번을 넘어갔을 경우 선지 ④번은 실무위원회와 광역교통위원회의 위원에 대한 내용이므로 제1조 제1항 및 제2조 제3항과 비교한다. 선지 ⑤번은 광역교통위원회의 위원 임명에 대한 내용이므로 제1조 제2항과 비교한다.

합격자의 시간단축 Tip

Tip ❶ 조문의 내용을 정확하게 파악

조문에 명시된 사항만 고려한다. 예컨대 제2조 제3항은 실무위원회의 위원이 각 호의 사람이 된다고 규정하고 있다. 따라서 제1호의 경우 소속 기관의 장이 지명하면 실무위원회의 위원이 되며, 제2호의 경우 소속 기관의 장이 광역교통위원회와 협의를 거친 후에 지명해야 실무위원회의 위원이 된다. 제3호의 경우 광역교통위원회의 위원장이 위촉하면 실무위원회의 위원이 된다. 특별한 단서규정이 존재하지 않는 한 조문을 읽을 때에는 각 호의 내용까지 읽지는 않으나, 선지와 조항을 비교할 때에는 정확하게 처리하여야 한다.

Tip ❷ '~ 수 있다'는 표현을 주의

'~ 수 없다' 또는 '~ 수 있다' 등의 표현의 경우 하나만 충족하면 해당된다. 예를 들어 선지 3번의 경우 광역교통위원회 위원장의 위촉 없이도 실무위원회의 위원이 될 수 있는지 여부를 물어보고 있는데, 제2조 제3항 제1호는 광역교통위원회 위원장의 위촉을 요구하지 않는다. 따라서 제2호, 제3호를 읽을 필요 없이 옳은 선지가 된다. 따라서 '~수 있다'라는 표현이 나온다면 옳은 내용일 확률이 높음을 유의하며 선지를 읽는다.

Tip ❸ 위원회 구성의 주체를 주의

법조문 유형에서 주체는 항상 중요한 출제 포인트이며, 특히 위원회 구성 등과 관련하여 위촉권자와 임명권자가 다른 조문은 빈출 조문유형이다. 조문에 제시된 주체를 꼼꼼히 체크하고, 각 주체가 가진 권한을 혼동하지 않도록 주의하자.

Tip ❹ 반대해석을 활용

가능여부가 선지에 제시되는 경우 반대해석을 적극적으로 수행한다. 선지 ①번의 경우 고려하는 경우가 있는지, ②번의 경우 될 수 있는지, ③번의 경우 위원되는 것이 불가능한 경우는 없는지 이런 식으로 적극적으로 반대해석을 시도하는 것이 시간단축에 있어 중요하다.

Tip ❺ 조항의 연계성 파악

조문 구조 분석 단계에서 분리된 조항 간 연결되는 내용이 있다면 그 연계성에 대하여 생각해보면 좋다. 본 문제에서 제1조와 제2조는 각각 '광역교통위원회'와 '실무위원회'라는 서로 다른 조직에 대하여 규정한다. 그러나 제2조 제2항에 '광역교통위원회'가 등장한다. 서로 다른 조직이지만 조직 구성원의 연계성이 있는 것이다. 조문을 분석하며 이러한 부분을 생각했다면 해당 부분이 선지에 등장했을 때 빠르게 판단할 수 있다.

Tip ❻ 법조문 유형 풀이의 기본

1. 법조문에 대한 이해

법조문 유형은 선지가 규정과 일치하는지 확인하는 '규정확인' 유형과, 규정의 내용을 예시에 적용하는 '규정적용' 유형으로 나뉜다. 규정적용은 단순 적용의 경우도 있지만 보험료, 인지세 등 계산을 요하는 경우도 있다.

두 유형 모두 기본은 규정을 파악하는 것이기 때문에 기본적인 법조문의 구조와 용어에 익숙해지면 문제 풀이가 비교적 수월해진다. 법조문은 'ㅇㅇ조－ㅇㅇ항－(1, 2, …)호－(가, 나, …)목' 순으로 구성된다.

- 하나의 '조'는 하나의 주제에 대하여 설명한다. 그 주제는 'ㅇㅇ조' 옆에 괄호로 표시되기도 한다.
- '항'은 조에서의 주제를 세분화하여 설명할 때 사용한다.
- '호'는 조와 항 내에서 대상을 나열할 때 사용한다.

- '목'은 호 내에서 대상을 나열할 때 사용한다.
- '단서'는 "다만,"으로 시작하며 앞 문장의 주된 내용에 대한 예외를,
- '후단'은 "이 경우"로 시작되며 주된 내용에 대한 부수적·보완적 사항을 규정할 때 사용한다.
- 부수적 내용이 괄호로 제시되는 경우도 있다.

법조문 유형은 빠르게 풀기보다는 정확하게 푸는 것을 전략으로 하는 것이 좋다. 상황판단 과목은 모든 문제를 빠르게 푸는 것이 아니라 풀 수 있는 문제와 풀 수 없는 문제를 구분하여 풀어, 푼 문제의 정답률을 높이는 것이 일반적인 접근 방법이다. 난해한 퀴즈 문제와 달리 법조문은 제시문 내에 정답이 있으므로, 특별히 어려운 문제가 아니라면 꼭 맞춘다는 생각으로 접근하자.

2. 법조문 유형 접근법

일반적인 법조문 유형에서는 제○○조 옆의 조문 제목 및 규정의 키워드로 조문의 구조만을 파악하고, 선지를 판단할 때 세부 내용을 읽는 접근방식을 추천한다. 법조문의 세부 내용을 모두 기억하기 어렵고, 독해에도 시간이 걸리기 때문이다. 어떤 조항에 어떤 내용이 있는지를 파악하고, 세부 조건인 호나 목은 선지에서 묻는 경우 발췌독하면 된다. 다만 '규정적용' 유형 중 계산형 문제는 계산에 필요한 구체적 내용을 파악하며 조문을 읽어야 한다.

3. 선지에 자주 활용되는 내용의 특징

법조문의 구조를 파악할 때 선지로 등장할만한 부분을 미리 체크한다면 풀이 시간을 단축할 수 있을 것이다. 아래 내용은 주로 선지에 등장하는 내용의 특징과 선지에 등장하는 방식이다. 기출 분석을 통해 빈출 패턴을 익히면 실수를 방지하고 풀이 속도를 높이는 데에 도움이 될 것이다.

- 단서(다만): 단서가 적용됨에도 적용하지 않거나, 적용되지 않음에도 적용하여 제시
- 후단(이 경우)이나 괄호(보완 내용): 해당 내용을 사례로 제시
- 날짜, 시기, 횟수, 수치 등: 숫자를 바꾸어 제시
- 어느 하나: 모든 조건이 적용되는 것으로 제시
- 하부 개념: 상부 개념과 하부 개념을 바꾸거나, 복수의 하부 개념의 특징을 서로 바꾸어 제시
- 주어: 행위 주체를 바꾸어 제시
- 술어: 허가를 신고로, 신고를 허가로 바꾸어 제시
- 재량(임의규정)과 기속(강행규정): '할 수 있다'와 '해야 한다'를 바꾸어 제시

이 밖에도 기출 풀이 과정에서 놓치는 부분이 있다면 추가하여 익혀두자.

4. 법조문 구조 분석 시 기호 활용의 예시

구조 분석이란 각 조문의 내용 및 조문 간 관계를 이해하는 것이다. 이 단계에서는 법조문 전체를 읽되, 세부적인 내용 기억보다는 어떤 정보가 있는지 파악하는 것에 중점을 둔다. 이때 밑줄 등 기호를 적절히 활용할 수 있다.

- 가로선: 조문의 길이가 긴 경우 각 조를 구별하는 데 활용
- ○: 각 조의 제목, 조항별 대표 키워드
- △: 단서(다만), 원칙에 대한 예외, 앞의 내용과 반대되는 내용 등
- □: 후단(이 경우), 세부 상황별 규정
- 연결선: 조문 간 연결 관계가 있는 경우, 일반법과 그 세부 내용을 규정한 대통령령
- 괄호 안의 내용에도 그 기능에 따라 적절한 기호를 사용

위의 기호들은 예시일 뿐이다. 기호는 선지와 관련된 내용을 쉽게 찾을 수 있도록 하는 이정표이므로 자신에게 맞는 것을 잘 활용하면 된다.

독끝 12일차 (166~180)

정답

166	①	167	④	168	⑤	169	②	170	⑤
171	④	172	①	173	②	174	③	175	①
176	③	177	②	178	①	179	④	180	⑤

166 정답 ❶ 난이도 ●○○

문제유형 비판적 사고 > 지문에서 추론하기
접근전략 각 문단의 역할이 '서론-개괄-주장1-주장2'로 명확한 지문이다. 이러한 지문에서 독해를 쉽게 하는 길잡이 문장에는 무엇이 있을지 찾는 연습을 해 보자. 보기에는 상관관계, 인과관계, 일반원칙 등의 빈출 테마들이 등장한다.

다음 글에서 추론할 수 있는 것만을 〈보기〉에서 모두 고르면?

(1) 아기를 키우다보면 정확히 확인해야 할 것이 정말 많다. 육아 훈수를 두는 주변 사람들이 많은데 어디까지 믿어야 할지 헷갈리는 때가 대부분이다. (2) 특히 아기가 먹는 음식에 관한 것이라면 난감하기 그지없다. 이럴 때는 전문가의 답을 들어 보는 것이 우리가 선택할 수 있는 최상책이다. ▶ 1문단

(1) A박사는 아기 음식에 대한 권위자다. (2) 미국 유명 어린이 병원의 진료 부장인 그의 저서에는 아기의 건강과 성장 등에 관한 200여개 속설이 담겨 있고, 그것들이 왜 잘못된 것인지가 설명되어 있다. (3) 다음은 A박사의 설명 중 대표적인 두 가지이다. ▶ 2문단

(1) 속설에 따르면 어떤 아기는 모유에 대해 알레르기 반응을 보인다. 하지만 이것은 사실이 아니다. (2) 엄마의 모유에 대해서 알레르기 반응을 일으키는 아기는 없다. 이는 생물학적으로 불가능한 이야기이다. (3) 어떤 아기가 모유를 뱉어낸다고 해서 알레르기가 있는 것은 아니다. A박사에 따르면 이러한 생각은 착각일 뿐이다. ▶ 3문단

(1) 또 다른 속설은 당분을 섭취하면 아기가 흥분한다는 것이다. 하지만 이것도 사실이 아니다. (2) 아기는 생일 케이크의 당분 때문이 아니라 생일이 좋아서 흥분하는 것인데 부모가 이를 혼동하는 것이다. (3) 이는 대부분의 부모가 믿고 있어서 정말로 부수기 어려운 속설이다. (4) 당분을 섭취하면 흥분한다는 어떤 연구 결과도 보고된 바가 없다. ▶ 4문단

보기

ㄱ. 엄마가 갖지 않은 알레르기는 아기도 갖지 않는다.
→ (×) 제시문에서는 '모유에 대한' 알레르기 반응을 일으키는 아기가 없다고 설명할 뿐[3문단(2)], 엄마가 가진 알레르기와 아기가 가진 알레르기 간의 상관관계는 언급하지 않는다. 따라서 아기가 엄마가 갖지 않은 알레르기를 갖는지의 여부는 알 수 없다.

ㄴ. 아기의 흥분된 행동과 당분 섭취 간의 인과적 관계는 확인된 바 없다.
→ (O) 제시문에서는 당분을 섭취하면 아기가 흥분한다는 것은 속설이며[3문단(3)], 당분 섭취와 흥분된 행동 간의 어떤 연구 결과도 보고된 바가 없다고 설명한다.[3문단(4)]

ㄷ. 육아에 관한 주변 사람들의 훈수는 모두 비과학적인 속설에 근거하고 있다.
→ (×) 제시문에서는 육아 훈수를 두는 주변 사람들의 말을 어디까지 믿어야 할지 헷갈린다고만 언급할 뿐[1문단(1)], 이러한 훈수들이 모두 비과학적인 속설에 근거한다고 말하지는 않는다.

① ㄴ → (O)
② ㄷ → (×)
③ ㄱ, ㄴ → (×)
④ ㄱ, ㄷ → (×)
⑤ ㄱ, ㄴ, ㄷ → (×)

제시문 분석

1·2문단 아기를 키울 때 필요한 지식은 어디서 확인하는 것이 좋은가?

〈주변인의 육아 훈수〉		〈선택할 수 있는 최상책〉
육아 훈수를 두는 주변 사람들이 많은데 어디까지 믿어야 할지 헷갈리는 때가 대부분이다. [1문단(1)]	→	이럴 때는 전문가의 답을 들어 보는 것이 우리가 선택할 수 있는 최상책이다.[1문단(2)]

〈전문가-A박사〉
A박사는 아기 음식에 대한 권위자로, 미국 유명 어린이 병원의 진료 부장인 그의 저서에는 아기의 건강과 성장 등에 관한 속설과 그것들이 왜 잘못된 것인지가 설명되어 있다.[2문단(1),(2)]

3·4문단 A박사가 설명하는 육아에 관한 속설과 진실

〈속설①〉		〈진실〉
아기는 모유에 대해 알레르기 반응을 보인다.[3문단(1)]	→	엄마의 모유에 대해서 알레르기 반응을 일으키는 아기는 없다. 이는 생물학적으로 불가능한 이야기이다.[3문단(2)]

〈속설②〉		〈진실〉
당분을 섭취하면 아기가 흥분한다. [4문단(1)]	→	아기는 생일 케이크의 당분 때문이 아니라 생일이 좋아서 흥분하는 것인데 부모가 이를 혼동하는 것이다.[4문단(2)] 당분을 섭취하면 흥분한다는 어떤 연구 결과도 보고된 바가 없다.[4문단(4)]

합격자의 실전 풀이 순서

비문학 유형

❶ 발문 확인하기

본 문제는 '알 수 있는/없는 것은?' 유형이다.

> 다음 글에서 추론할 수 있는 것만을 〈보기〉에서 모두 고르면?

추론할 수 있는 것인지, 없는 것인지 명확히 표시하고 간다.

❷ 지문 훑어보기

통념과 지식 간의 차이를 다루는 지문이다. 이런 주제는 어디에든 적용될 수 있으므로 둘 사이 구분을 확실히 하며 독해한

다. 다행히 이 지문은 속설과 그 반박이 뚜렷하게 구분되어 있고 문단도 잘 분리되어 있으므로 구분하는 데 문제는 없다. 이때는 선지가 글의 어느 부분을 겨냥하고 있는지, 특히 구체적인 사례를 대상으로 하는지 아니면 다른 부분을 겨냥하고 있는지 확인한다.

❸ 보기 적용하기

ㄷ. 육아에 관한 주변 사람들의 훈수는 모두 비과학적인 속설에 근거하고 있다.

'모두'라는 표현이 등장하면 어떻게 접근해야 할까? 두 가지 접근이 가능하다. 첫째로는 반례를 찾아야 한다. '모두'는 단 하나의 예외도 없는 일반 원칙을 가정하는 표현이기 때문이다. 즉, 비과학적인 속설에 근거하지 않은 육아 훈수의 예시를 1개만 찾아도 본 보기는 옳지 않은 보기가 된다. 이는 추론형 접근에 해당한다.

둘째로는 원칙 자체를 부정하는 표현을 찾거나, 원칙의 근거가 없음을 찾아야 한다. 이는 단순비교형 접근에 해당한다. 본 보기는 둘 중 후자의 방식으로 해결된다. 보기의 내용에 대한 구체적인 근거가 제시된 바 없기 때문이다.

합격자의 시간단축 Tip

Tip ❶ 문제–해결(해소) 및 '통념–반박'구조의 파악

1문단의 경우 서론으로서 '문제–해결(해소)'의 구조다. 이 경우 문제와 그에 대한 해결책이 무엇인지에 초점을 두고 독해한다. 또한, 문제에 대한 원인도 제시될 때가 있으니 확인해두자. 이 구조에서는 문제에 대해 잘못된 해결책·원인을 연결하는 식의 함정 선지가 자주 출제된다.

2문단에서는 본격적인 주제가 등장하기 앞서서, 지문에 제시되는 주장의 출처를 제시하고 있다. 2문단 (3)은 다음 두 문단의 구조를 미리 안내하는 표지 역할의 문장이다. 이런 문장을 빠르게 캐치할수록 문제풀이도 원활해진다.

3, 4문단에서는 '통념–반박' 구조가 등장한다. 통념 부분을 지문이 부정하는 사실이나 내용으로 봐도 좋다. 이러한 부분은 '긍정하는 사실'로 뒤집어서 함정을 파는 경우가 많으니 괄호와 같은 기호로 표시하자.

Tip ❷ 지문의 진위는 중요하지 않다.

수험생이 본 문제에서 해야 할 일은 지문의 완결성 또는 정합성을 심사하는 것이 아니라, 지문을 통해 추론 가능한 선지를 골라내는 것이다. 문제의 본질을 항상 생각하며 풀이에 임해야 한다. 본 지문에서도 3문단의 핵심 근거인 '생물학적으로 불가능한 이야기이다'라는 내용에 추가 근거가 제시되지 않았다. 4문단 역시 '생일이 좋아서'라는 반박이 그저 제시될 뿐 명확한 근거는 없다. 전체적으로 내용만 있을 뿐 완벽한 입증이라고는 보기 어렵지만, 이런 점은 문제풀이에 전혀 중요하지 않다.

수험생이 해야 할 일은 주장을 일단은 있는 그대로 받아들여서 선지를 판단하는 것이다. 보기 ㄱ의 상관관계를 파악할 수 있는지, ㄴ의 인과관계가 지문에 등장하는지, ㄷ의 '모두 비과학'이 맞는 내용인지 판단하기만 하면 된다.

Tip ❸ '견해'가 진실인지 어떻게 구분하는가?

이 글에서는 사실상 A의 견해가 '사실'로서 서술되어 있다. 그런데 어떤 글에서는 누군가의 견해는 단지 주장으로 서술된다. 이를 어떻게 구분할 수 있는가?

이에 대한 원칙은 없다. 해결책은 선지를 통해서 알아보는 것이 유일하다. 만일 어떤 견해를 의심하고 싶다면 모든 선지를 의심해 보자. A를 사실로 받아들이지 않는다면 아마 성립하는 선지가 아무것도 없을 것이다. 정확히 말하면, 판단 자체가 아예 불가능해진다.

또한, 확률적으로 확인하는 방법은 어떤 견해와 대립하는 주장이 있다면 그때는 사실이 아니라 '견해'로 해석하는 것이다. 단 이 방법은 반드시 성립하진 않는다. 선지로 검증하는 것이 더 힘들지만 확실하다.

167 정답 ❹

난이도 ●●●

문제유형 사실적 이해 > 정보 확인

접근전략 설명문이 아닌 주장문이지만, 여타 설명문(비문학)과 다름없이 사실확인을 요구하는 특이한 문항이다. 그러나 지문을 읽을 때 벌써부터 독해법이 달라야 할 필요는 없다. 문단별로 중심내용을 대강 파악하면서 선지에 대비하는 방식을 익히면 된다. 지문의 성격이 바뀌면 선지를 판단하는 방법도 바뀌는지 확인하는 차원에서 접근하도록 한다.

다음 글의 내용과 부합하지 않는 것은?

(1) 2007년부터 시작되어 역사상 유례없는 전 세계의 동시 불황을 촉발시킨 금융 위기로 신자유주의의 권위는 흔들리기 시작했고, 향후 하나의 사조로서 신자유주의는 더 이상 주류적 지위를 유지하지 못하고 퇴조해갈 것이 거의 확실하다. (2) 경제정책으로서의 신자유주의 역시 앞으로 대부분의 국가에서 예전과 같은 지지를 받기는 어려울 것이다. ▶ 1문단

(1) 세계 각국은 금융 위기로부터의 탈출과 함께 조속한 경기 회복을 위한 대책을 강구하는 데 총력을 기울일 것이다. (2) 이 과정에서 기존의 경제 시스템을 각국의 실정에 부합하도록 전환하기 위한 다양한 모색도 활발해질 것으로 보인다. (3) 국가별로 내부 시스템의 전환을 위한 모색이 방향을 잡아감에 따라 새로운 국제 경제 질서에 대한 논의도 동시에 진행될 것이다. ▶ 2문단

(1) 그렇다면 각국은 내부 경제 시스템의 전환과 위기 탈출을 위해 어떤 선택을 할 수 있을까? 물론 모든 문제를 해결하는 보편적 해법은 없다. (2) 변형된 신자유주의부터 1929년 대공황 이후 약 40년 간 세계 경제를 지배했던 케인즈주의, 신자유주의의 이식 정도가 낮아서 금융 위기의 충격을 덜 받고 있는 북유럽 모델, 그리고 남미에서 실험되고 있는 21세기 사회주의까지 대단히 폭넓은 선택지를 두고 생존을 위한 실험이 시작될 것이다. ▶ 3문단

(1) 그렇다면 우리나라는 신자유주의 이후의 모델을 어디서부터 모색할 것인가? 해답은 고전적 문헌 속이나 기상천외한 이론에 있지 않다. (2) 경제는 오늘과 내일을 살아가는 수많은 사람들의 삶의 틀을 규정하는 문제이기 때문이다. (3) 새로운 모색은 현재 벌어지고 있는 세계적 금융 위기의 현실과 경제 침체가 고용대란으로 이어질 가능성마저 보이고 있는 우리 경제의 현실에서 이루어져야 한다. ▶ 4문단

① 신자유주의의 권위는 세계적 불황을 촉발시킨 금융 위기로 인해 위협받고 있다.
→ (O) 2007년부터 시작되어 전 세계의 동시 불황을 촉발시킨 금융 위기로 신자유주의의 권위는 흔들리기 시작했고, 향후 하나의 사조로서 신자유주의는 더 이상 주류적 지위를 유지하지 못하고 퇴조해갈 것이 거의 확실하다.[1문단(1)] 이를 통해 신자유주의의 권위는 하나의 사조로도, 경제정책으로도 앞으로 지지받지 못할 것을 예상할 수 있다.

② 우리는 신자유주의의 후속 모델을 현재의 세계적 금융 위기의 현실에서 찾아야 한다.
→ (○) 경제는 현재 사람들의 삶의 틀을 규정하는 문제이다.[4문단(2)] 따라서 우리나라의 후속 경제 모델은 세계적으로는 금융위기, 국내적으로는 경제 침체와 고용대란의 현실 속에서 모색해야 한다.[4문단(3)]

③ 신자유주의의 이식 정도가 낮은 북유럽에서는 금융 위기에 의한 충격을 상대적으로 덜 받고 있다.
→ (○) 3문단에서 '신자유주의의 이식 정도가 낮아서 금융위기의 충격을 덜 받고 있는 북유럽 모델'이라고 언급하였다.[3문단(2)]

④ 각국은 경제 위기를 극복하기 위해 새로운 단일 경제체제를 공동 개발하는 방안을 활발히 논의하고 있다.
→ (×) 세계 각국은 경제 위기를 극복하기 위해 기존의 경제 시스템을 각국의 실정에 부합하도록 전환하기 위한 다양한 모색을 할 것이라고 했다.[2문단(3)] 그러나 이는 국가별 내부 시스템의 전환 방안 모색이지, 단일 경제체제를 공동 개발하는 방안이 아니다.

⑤ 경기 회복 대책 수립 과정에서 기존의 경제 시스템을 새로운 시스템으로 전환하는 방안이 활발하게 검토될 것이다.
→ (○) 세계 각국은 금융 위기로부터의 탈출과 조속한 경기 회복을 위해 기존의 경제 시스템을 각국의 실정에 부합하도록 전환하기 위한 다양한 모색이 활발해질 것이라 했다.[2문단(1),(2)]

제시문 분석

1·2문단 신자유주의의 쇠퇴와 각국의 대응

〈금융위기로 인한 신자유주의의 쇠퇴〉
2007년부터 시작된 금융 위기로 신자유주의의 권위는 흔들리기 시작했고, 향후 하나의 사조로서 퇴조해갈 것이 거의 확실하다.[1문단(1)]

↓

〈각국의 대응〉
세계 각국은 금융 위기 탈출과 경기 회복을 위해, 기존의 경제 시스템을 가국의 실정에 부합하도록 전환하기 위한 다양한 방안을 활발히 모색할 것으로 보인다.[2문단(1),(2)]
국가별로 내부 시스템의 전환을 위한 모색이 방향을 잡아감에 따라 새로운 국제 경제 질서에 대한 논의도 동시에 진행될 것이다.[2문단(3)]

3문단 선택 가능한 대안

〈각국이 선택 가능한 대안〉		
모든 문제를 해결하는 보편적 해법은 없다.(1)	…	변형된 신자유주의부터 케인즈주의, 북유럽 모델, 21세기 사회주의까지 대단히 폭넓은 선택지를 두고 생존을 위한 실험이 시작될 것이다.(2)

4문단 우리나라의 대안 모색의 방향

〈경제의 특성〉
경제는 오늘과 내일을 살아가는 수많은 사람들의 삶을 규정하는 문제이다.(2)

↓

〈우리나라의 대안 모색의 방향〉
세계 금융 위기의 현실 + 국내 경제 침체와 고용대란 위협의 현실(3)

합격자의 실전 풀이 순서

비문학 유형

❶ 유형 식별하기

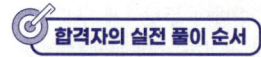

보통 주장하는 글은 논지파악, 빈칸 채우기 등의 유형과 함께 출제되므로 본 문제는 이례적이라 할 수 있다.
그렇다면 본 문제가 논지파악 유형이 아니라 정보파악 유형임은 어떻게 알 수 있을까? 가장 큰 단서는 발문이고, 두 번째가 선지다.

❷ 발문 확인하기

유형 식별이 헷갈리는 경우 발문 먼저 확실히 짚고 갈 것을 추천한다. 본 문제가 논지파악 유형이 아닌 가장 큰 이유는 발문이 전형적인 정보파악 유형의 발문이기 때문이다. 일명 '알 수 있는/없는 것은?' 유형이다.

다음 글의 내용과 부합하지 않는 것은?

추론할 수 있는 것인지, 없는 것인지 명확히 표시하고 간다.

❸ 지문 훑어보기

지문의 주제는 신자유주의와 금융위기라는 기초 상식을 묻는 것이라 할 수 있다. 2022년 현재는 미중관계가 정치와 경제의 중심이라 할 수 있지만 이 글이 출제된 연도인 2013년에는 신자유주의라는 질서 비판이 시사였다. 즉, 시사 상식이 주제다.
그러나 당시에는 쉬운 문제였을지 몰라도 지금 현재는 비교적 시간이 지난 주제다. 선지 자체는 전부 지문에 직접 표시되어 있지만, 지문 독해 자체는 이공계열 전공자에겐 쉽지 않다. (상경계열 수험생이 쉽지 않았다면 본인의 독해 스킬을 더 연마해야 한다.)
아마 특히 3문단 독해가 문제 해결의 중심일 것이다. 그나마 시사상식 문제인 나머지 문단과 달리 3문단의 내용은 경제정책의 역사, 그리고 세계의 경제정책을 간략하게 언급하기 때문에 수험생 입장에서 상상하기가 쉽지 않다. 이럴 때는 3문단이 '어느 선지에' 나오는지 파악하고 독해하는 것이 최상이다. '보편적', '대공황', '북유럽 남미', '사회주의' 정도를 키워드로 잡고 들어가면 된다. 살펴보면 ③번 선지가 그에 해당한다는 것을 알 수 있고, 그 선지가 쉽다는 것도 파악할 수 있다. 이처럼 지문 난이도와 선지 난이도는 별개로, 지문이 어려우면 선지도 어려운지 반드시 확인한다.

❹ 어려운 선지 살펴보기

④ 각국은 경제 위기를 극복하기 위해 새로운 단일 경제체제를 공동 개발하는 방안을 활발히 논의하고 있다.
각국의 경제 위기 극복 ⇏ 새로운 단일 경제체제
지문과 아예 무관한 내용을 묻는 선지다. '새로운 단일 경제체제'를 키워드로 잡아 확인해 보면 관련된 내용이 전혀 제시된 바가 없음을 알 수 있다. 따라서 부합하지 않는다.

합격자의 시간단축 Tip

Tip ❶ 지문이 부정하는 내용에 주목하자.

지문의 경우 1문단 (2)의 '더 이상 주류적 지위를 유지하지 못하고~', 2문단 (1)의 '물론~보편적인 해법은 없다.', 3문단 (1)의 '해답은~ 이론에 있지 않다.' 등의 부분이 부정되고 있다.
정답인 선지 ④ 또한 지문이 부정하는 사실을 뒤집어 '긍정하는 내용'으로 출제됐음을 확인할 수 있다. 지문에서는 '보편적 해결책이 없다.'라고 했으나, 선지에서는 이와 반대되는 의미인 '단일 경제체제를 공동 개발'한다고 했으므로 부합하지 않는다.

Tip ❷ 문제-원인-해결책 구조에 주목

비문학의 특정 구조에는 선지로 자주 나오는 내용이 있고 이들을 미리 확보하면 선지 판단의 정확도와 속도가 올라간다. 문제-원인-해결책 구조에서는 각각을 묻거나, 혹은 문제에 대한 원인이나 해결책을 왜곡되게 연결해 부합하지 않는 선지를 만들기도 한다. 본 문제의 지문도 전반적으로 '문제-원인-해결(해소)책 제시'의 구조를 갖추고 있다. 명확한 해결책을 제시하지는 않고 해결책을 모색할 때 고려해야 할 요소들, 방향 등이 제시되어 있으나 이를 해결책으로 두고 문제-해결 구조로 봐도 좋다.

Tip ❸ 해결책을 모색하는 '층위'에 유의하자.

선지 ②, ④, ⑤는 모두 문제 상황에 대한 대처를 어떻게 할 것인지에 관한 내용이다.

해결책이란 크게 '근본적인 것과 현실적인 것(누더기)' 으로 나눌 수 있다. 이때 근본적인 해결책이란 다시 '기존에 있었던 대안과 전혀 새로운 이론에 기반한 것'으로 나뉜다. 즉, '새로운 시스템', '대안 개발', '상황에 부합' 등의 유형이 있을 수 있다. 이를 문제에 적용하면 후속 모델을 찾아야 하는지, 새로운 단일 경제체제를 개발해야 하는지, 기존 시스템을 새로운 시스템으로 전환해야 하는지 등으로 발전할 수 있다. 즉, 후속 모델까지는, 단일한 경제체제는, 전환까지는 필요하지 않을 수도 있다. 본 문제에서는 각 선지의 정오를 판단할 수 있는 근거를 정확히 제시하고 있다.

Tip ❹ 연도가 나오는데 중요하지 않은 이유는 무엇일까?

지문은 일종의 세계(현대)사로 볼 수 있다. 그런데 읽어보면 연도는 중요하지 않다. 이것은 왜인가? 첫째로 선지에 사건의 순서가 등장하지 않는다. 둘째로 사건의 흐름이 고작 두 개밖에 없고(대공황, 금융위기) 시간적 간극이 크다. 나머지는 다 미래에 대한 이야기만 하고 있다. 이런 두 가지 조건 때문에 여기서는 연도를 기억할 필요가 없다. 다만 이를 금방 파악하긴 어렵고, 연도 안에 어떤 일이 있는지 정도는 읽을 때 파악하는 게 좋다. 연도를 기억하는 이유는 어디까지나 사건의 순서를 알아내는 것에 있다. 구체적으로 몇 년 지난 이후에 무엇이 등장했는지는 보통 문제의 관심사가 아니다.

168 정답 ⑤

난이도 ●●○

문제유형 이해 > 내용 파악

접근전략 첫 문장에 정의(definition)가 나오는 글의 경우 그 문단 전체, 혹은 대부분이 그것을 부연하는 내용인 경우가 많다. 왜냐하면, 해당 개념어가 핵심어일 가능성이 높기 때문이다. 따라서 첫 문장이 이해된다면 그것을 중심으로 독해하고, 이해되지 않으면 그 문장을 이해하기 위해 문단의 밑부분을 살펴보고 다시 위로 올라가서 정리한다는 마음으로 읽는다.

이후 2문단부터 마지막 문단까지는 각 문단을 핵심 소재와 연결지어 전체적인 흐름을 파악한다. 이와 동시에 각 문단의 특징들을 체크해 두도록 한다.

다음 글에서 알 수 있는 것은?

(1) 네트워크란 구성원들이 위계적이지 않으며 독자적인 의사소통망을 통해 서로 활발히 연결되어 있는 구조라고 할 수 있다. (2) 마약조직 등에 나타나는 점조직은 기초적인 형태의 네트워크이며, 정교한 형태의 네트워크로는 행위자들이 하나의 행위자에 개별적으로 연결되어 있는 '허브' 조직이나 모든 행위자들이 서로 연결되어 있는 '모든 채널' 조직이 있다. (3) 네트워크가 복잡해질수록 이를 유지하기 위해 의사소통 체계를 구축하는 비용이 커지지만, 정부를 비롯한 외부 세력이 와해시키기도 어렵게 된다. (4) 특정한 지도자가 없고 핵심 기능들이 여러 구성원에 중복 분산되어 있어, 조직 내의 한 지점을 공격해도 전체적인 기능이 조만간 복구되기 때문이다. (5) 이런 네트워크의 구성원들이 이념과 목표를 공유하고 실현하는 데 필요한 것들을 직접 행동에 옮긴다면, 이러한 조직을 상대하기는 더욱 힘들어진다. ▶ 1문단

(1) 네트워크가 반드시 첨단 기술을 전제로 하는 것은 아니며, 서로 연결되어 있기만 하면 그것은 네트워크다. (2) 그렇지만 인터넷과 통신 기술과 같은 첨단 기술의 발달은 정교한 형태의 네트워크 유지에 필요한 비용을 크게 줄여놓았다. (3) 이 때문에 세계의 수많은 시민 단체, 범죄 조직, 그리고 테러 단체들이 과거에는 상상할 수 없었던 힘을 발휘하게 되었으며, 정치, 외교, 환경, 범죄에 이르기까지 사회의 모든 부문에 영향력을 미치고 있다. (4) 이렇듯 네트워크를 활용하는 비국가행위자들의 영향력이 확대되면서 국가가 사회에서 차지하는 역할의 비중이 축소되었다. (5) 반면 비국가행위자들은 정보통신 기술의 힘을 얻은 네트워크를 통해 그동안 억눌렸던 자신들의 목소리를 낼 수 있게 되었다. ▶ 2문단

(1) 이러한 변화는 두 얼굴을 가진 야누스이다. (2) 인권과 민주주의, 그리고 평화의 확산을 위해 애쓰는 시민사회 단체들은 네트워크의 힘을 바탕으로 기존의 국가 조직이 손대지 못한 영역에서 긍정적인 변화를 이끌어낼 것이다. (3) 반면 테러 및 범죄 조직 역시 네트워크를 통해 국가의 추격을 피해가며 전 세계로 그 활동 범위를 넓혀 나갈 것이다. (4) 정보통신 기술의 발달과 네트워크의 등장으로 양쪽 모두 전례 없는 기회를 얻었다. (5) 시민사회 단체들의 긍정적인 측면을 최대한 끌어내 정부의 기능을 보완, 견제하고 테러 및 범죄 조직의 발흥을 막을 수 있는 시스템을 구축하는 것이 시대의 과제가 될 것이다. ▶ 3문단

① 여러 형태의 네트워크 중 점조직의 결집력이 가장 강하다.

→ (×) 제시문에서 점조직은 기초적인 형태의 네트워크라는 설명만 있을 뿐[1문단(2)], 결집력이 가장 강한지는 언급하고 있지 않다. 따라서 이는 알 수 없는 내용이다.

② 네트워크의 확산은 인류 미래에 부정적인 영향보다 긍정적인 영향을 더 크게 할 것이다.

→ (×) 네트워크의 확산과 같은 변화는 인권과 민주주의, 그리고 평화의 확산을 위해 애쓰는 시민사회 단체들이 기존의 국가 조직이 손대지 못한 영역에서 긍정적인 변화를 이끌어내는 동시에[3문단(2)], 테러 및 범죄 조직 역시 국가의 추격을 피해가며 그 활동 범위를 넓혀 나가도록 돕는다.[3문단(3)] 그러나 이러한 긍정적인 영향과 부정적인 영향 중 어떤 것이 더 크게 나타날 것인지에 대해서는 제시문에서 언급하고 있지 않다. 따라서 이는 알 수 없는 내용이다.

③ 네트워크의 외부 공격에 대한 대응력은 조직의 정교성이나 복잡성과는 관계가 없을 것이다.

→ (×) 네트워크가 복잡해질수록 이를 유지하기 위해 의사소통 체계를 구축하는 비용이 커지지만, 정부를 비롯한 외부 세력이 와해시키기도 어렵게 된다.[1문단(3)] 이를 통해 조직의 정교성이나 복잡성이 네트워크의 외부 공격에 대한 대응력에 영향을 미친다는 것을 알 수 있다.

④ 기초적인 형태의 네트워크는 구성원의 수가 적어질수록 정교한 형태의 네트워크로 발전할 가능성이 크다.

→ (×) 기초적인 형태의 네트워크가 구성원의 수가 적어질수록 정교한 형태의 네트워크로 발전하는지는 제시문에 서술되

어 있지 않다.

⑤ 정교한 형태의 네트워크 유지에 들어가는 비용이 낮아진 것은 국가가 사회에 미치는 영향력이 약화된 결과를 낳았다.
→ (O) 첨단 기술의 발달은 정교한 형태의 네트워크 유지에 필요한 비용을 크게 줄여놓았고,[2문단(2)] 이러한 비용 감소는 네트워크를 활용하는 비국가행위자들의 영향력을 확대하여 국가가 사회에서 차지하는 역할의 비중을 축소하는 결과를 가져왔다.[2문단(4)] 따라서 정교한 형태의 네트워크 유지에 들어가는 비용이 낮아진 것은 국가가 사회에 미치는 영향력이 약화된 결과를 낳았다고 볼 수 있다.

제시문 분석

1문단 네트워크의 개념과 특징

〈네트워크의 개념〉
구성원들이 위계적이지 않으며 독자적인 의사소통망을 통해 서로 활발히 연결되어 있는 구조(1)

〈네트워크의 특징〉		
〈특징〉		〈결과〉
네트워크가 복잡해질수록 이를 유지하기 위해 의사소통 체계를 구축하는 비용이 커지지만, 정부를 비롯한 외부 세력이 와해시키기도 어렵게 된다.(3)	→	이런 네트워크의 구성원들이 이념과 목표를 공유하고 실현하는 데 필요한 것들을 직접 행동에 옮긴다면, 이러한 조직을 상대하기는 더욱 힘들어진다.(5)

2문단 첨단 기술 발달에 따른 네트워크의 변화

〈첨단 기술 발달에 따른 네트워크의 변화〉
첨단 기술의 발달은 정교한 형태의 네트워크 유지에 필요한 비용을 크게 줄여놓았고, 이로 인해 비국가행위자들의 영향력이 확대되었으며 국가의 비중은 축소되었다.(1),(4)

3문단 네트워크의 순기능과 역기능 및 그로 인한 과제

〈네트워크 변화의 순기능〉		〈네트워크 변화의 역기능〉
인권과 민주주의, 그리고 평화의 확산을 위해 애쓰는 시민사회 단체들은 네트워크의 힘을 바탕으로 기존의 국가 조직이 손대지 못한 영역에서 긍정적인 변화를 이끌어낼 것이다.(2)	↔	테러 및 범죄 조직 역시 네트워크를 통해 국가의 추격을 피해가며 전 세계로 그 활동 범위를 넓혀 나갈 것이다.(3)

〈결론〉
시민사회 단체들의 긍정적인 측면을 최대한 끌어내 정부의 기능을 보완, 견제하고 테러 및 범죄 조직의 발흥을 막을 수 있는 시스템을 구축하는 것이 시대의 과제가 될 것이다.(5)

합격자의 실전 풀이 순서

[방법 1]

❶ **선지에서 중요 단어들을 파악한다.**

① 점조직 ② 긍정적 영향 ③ 대응력, 정교성, 복잡성 ④ 구성원 수, 정교한 ⑤ 네트워크 유지, 영향력
파악이 어려울 경우 주요 소재가 '네트워크'라는 것을 확인하고, 네트워크의 영향력과 특성을 묻는다는 것을 파악하는 것으로 족하다.

① 1문단 (5)문 '네트워크가 복잡해질수록~외부 세력이 와해시키기도 어렵게 된다.'고 하였으므로 네트워크 단계가 가장 낮은 점조직의 결집력이 가장 높다고 볼 수 없다.
② 긍정, 부정 어느 한쪽이 더 크다는 선지는 읽지 않는다.
③ 추측형 선지이므로 추후에 확인한다.
④ 1문단 (3)문 정교한 형태의 네트워크로는 '허브'를 통해 구성원 수가 적을수록 정교한 네트워크라는 것은 틀렸음을 알 수 있다.
⑤ 2문단 (3)문 정교한 형태의 네트워크 유지에 필요한 비용을 크게 줄여놓았다. 2문단 (6)문 '네트워크를 활용하는 비국가행위자들의 영향력이 확대되면서~'를 통해 옳은 지문임을 확인한다.

[방법 2]

❶ **1문단을 정독하며 전체적인 글의 핵심 소재가 무엇인지를 파악한다.**

문제의 경우 1문단에는 네트워크를 소개하고 있으며 점 조직 등 조직의 다양한 종류를 설명하고 있으므로 이러한 부분은 체크해 두도록 한다. 앞으로의 글에서는 네트워크 조직에 관한 내용이 전개될 것임을 생각해볼 수 있다.
이때 네트워크의 종류를 기억하기 힘들다면 기호를 이용해 간략히 표기한 후 이 내용을 건너뛰거나 혹은 바로 선지로 넘어가도 좋다.

❷ **문단별 핵심내용을 요약 및 파악하면서 읽는다.**

예컨대 2문단의 경우 첨단 기술로 인한 네트워크의 영향력 확대에 대해 이야기하고 있으며 3문단의 경우 네트워크 확대의 순기능과 역기능을 설명하고 있다. 이와 같이 각 문단의 핵심 내용을 염두에 두며 글을 읽는다.
또한, 1문단의 '네트워크 종류' 및 '네트워크의 튼튼함'과 같은 정보도 돌아와서 확인하기 쉽도록 기호를 이용해 표시하자. 문단이 구별되어 있지 않아도 이렇게 일부 정보들을 정리해둘 수 있다.

❸ **오지선다를 통해 정답을 추출한다.**

이제 문단을 통해 전반적인 내용을 다 파악했다면 오지선다로 가서 정답을 판별한다. 이 장에서는 헷갈릴만한 내용만을 설명하기로 한다.

② 네트워크의 확산은 인류 미래에 부정적인 영향보다 긍정적인 영향을 더 크게 할 것이다.
긍정적인 영향 부분도 지문에 나오기 때문에 자칫하면 ②번이 맞다고 생각할 수도 있지만, 결과적으로 글의 전체적인 흐름을 파악한다면 긍정적인 영향이 더 크다고 말한 적은 없다. 억측을 주의하도록 한다.

합격자의 시간단축 Tip

Tip ❶ 한 요소의 여러 성격이 나오는 경우

1문단 내용을 보면 네트워크의 복잡성이 증가할수록 구축비용이 증가하나 동시에 와해의 어려움도 증가하는 이점이 있다고 한다. 이와 같이 한 요소의 복합적 성격이 나오는 경우 글의 전개방식이 두 가지로 나뉜다. 1)다음 문단에서 각 장단점과 연결되는 내용이 나오거나 2)글의 구성방식이 장단점의 나열이 반복되는 전개다. 이 지문의 경우는 2)번 방식을 사용하고 있다.
(제 3의 방법을 떠올릴 수 있으나, 그것은 소위 말하는 '나쁜 글'이다. PSAT에 나오는 지문은 최소한의 체계를 갖춘 글들이기 때문에 그런 나쁜 전개는 고려하지 않아도 된다.)

Tip ❷ 강조어구에 유의한다.

1문단은 필자는 '허브'와 '모든 채널'을 일부러 "표시를 하면서 강

조해줬고, 2문단에서는 〈반드시 전제로 하는 것은 아니다〉, 3문단은 〈야누스〉 등을 통해 필자의 관심을 드러내고 있다. 이러한 강조어구는 오지선다를 구성하는 핵심 내용 중 하나가 될 수 있으므로 기호를 이용해 체크해두도록 한다.

Tip ❸ 글쓴이의 주장을 중심으로 글이 전개되는 경우

글쓴이의 입장이 나오는 지문의 경우, 글 전체에서 드러나는 필자의 입장을 파악하는 것을 중심으로 글을 읽도록 한다.
내용 파악의 문제 중에서도 지문 내 특정 대상을 바라보는 필자의 입장이 도드라지게 드러나는 경우가 존재한다. 이런 경우 해당 내용은 글의 핵심내용과 직결되므로 선지화되기 쉽다. 그러므로 대상에 대해 필자가 어떤 입장을 취하고 있는지를 염두에 두도록 한다.

Tip ❹ 선지의 특정 단어에 유의한다.

①번의 〈가장〉, ③번의 〈관계가 없을 것이다〉, ④번의 〈~할수록〉 등은 강조, 무관, 비례 관계 등을 나타내는 문구이다. 반대 또는 모순되는 개념을 생각해보면 선지판단이 쉽다. 〈가장이 아닐 수 있지 않은가, 관계가 조금이라도 있을 수 있지 않나, 비례 관계가 아닐 수 있지 않나〉하는, 즉 의심하는 선지독해를 진행한다. 이 경우 선지를 세밀히 끊어서 판단하는 것도 도움이 된다.

169 정답 ② 난이도 ●●●

문제유형 비판적 사고 > 빈칸 채우기

접근전략 특정 부분에 들어갈 내용을 찾는 문제는 그 부분에 대응하는 핵심 내용을 찾는 것을 우선으로 하자. 이는 내용 간 논리적 관계를 통해 찾을 수 있으며, 핵심 내용을 밑줄 쳐 놓으며 제시문을 제대로 끝까지 읽고 난 후 선지 판단 시 1) 핵심 내용에 대응되는지 2) 핵심 내용과 대응하더라도 제시문 전반 내용과 상충하지 않는지 의심하기 두 가지 과정을 통해 문제를 풀도록 하자.

다음 글의 ⓐ와 ⓑ에 들어갈 말을 〈보기〉에서 골라 적절하게 나열한 것은?

(1) 갈릴레오는 망원경으로 목성을 항상 따라다니는 네 개의 위성을 관찰하였다. (2) 이 관찰 결과는 지동설을 지지해 줄 수 있는 것이었다. (3) 당시 지동설에 대한 반대 논증 중 하나는 다음과 같은 타당한 논증이었다.

(가) ________ⓐ________.
(나) 달은 지구를 항상 따라다닌다.
따라서 (다) 지구는 공전하지 않는다. ▶1문단

(1) 갈릴레오의 관찰 결과는 이 논증의 (가)를 반박할 수 있는 것이었다. (2) 왜냐하면 목성이 공전한다는 것은 당시 천동설 학자들도 받아들이고 있었고 그의 관찰로 인해 위성들이 공전하는 목성을 따라다닌다는 것이 밝혀지는 셈이기 때문이다. (3) 그런데 문제는 당시의 학자들이 망원경을 통한 관찰을 신뢰하지 않는다는 데 있었다. (4) 당시 학자들 대부분은 육안을 통한 관찰로만 실제 존재를 파악할 수 있다고 믿었다. (5) 따라서 갈릴레오는 망원경을 통한 관찰이 육안을 통한 관찰만큼 신뢰할 만하다는 것을 입증해야 했다. (6) 이를 보이기 위해 그는 '빛 번짐 현상'을 활용하였다. ▶2문단

(1) 빛 번짐 현상이란, 멀리 떨어져 있는 작고 밝은 광원을 어두운 배경에서 볼 때 실제 크기보다 광원이 크게 보이는 현상이다. (2) 육안으로 금성을 관찰할 경우, 금성이 주변 환경에 비해 더 밝게 보이는 밤에 관찰하는 것보다 낮에 관찰하는 것이 더 정확하다. (3) 그런데 낮에 관찰한 결과는 연중 금성의 외견상 크기가 변한다는 것을 보여준다. ▶3문단

(1) 그렇다면 망원경을 통한 관찰이 신뢰할 만하다는 것은 어떻게 보일 수 있었을까? (2) 갈릴레오는 밤에 금성을 관찰할 때 망원경을 사용하면 빛 번짐 현상을 없앨 수 있다는 것을 강조하면서 다음과 같은 논증을 펼쳤다.
(라) ______ⓑ______면, 망원경에 의한 관찰 자료를 신뢰할 수 있다.
(마) ______ⓑ______.
따라서 (바) 망원경에 의한 관찰 자료를 신뢰할 수 있다.
(3) 결국 갈릴레오는 (마)를 입증함으로써, (바)를 보일 수 있었다. ▶4문단

• 보기 •

ㄱ. 지구가 공전한다면, 달은 지구를 따라다니지 못한다.
➜ (O) (가)에 들어갈 ⓐ와 (나)를 통해 (다)를 도출해야 하는데, ㄱ은 ~(다)→~(나)이다. ㄱ의 대우는 (나)→(다)이고, 명제의 대우는 언제나 참이다. 따라서 (가)에 '(나)를 통해 (다)를 도출할 수 있다.'라는 명제가 들어가면 (다)가 도출 가능하다. 그러므로 ⓐ에는 ㄱ이 들어가야 한다.

ㄴ. 달이 지구를 따라다니지 못한다면, 지구는 공전한다.
➜ (×) ⓐ와 (나)를 통해 (다)를 도출해야 하는데, ㄴ은 ~(나)→~(다)이다. ㄴ의 대우는 (다)→(나)인데 (나)의 내용과 조합하였을 때에 (다)를 도출할 수 없다. 따라서 ㄴ은 ⓐ에 들어갈 수 없다.

ㄷ. 낮에 망원경을 통해 본 금성의 크기 변화와 낮에 육안으로 관찰한 금성의 크기 변화가 유사하다.
➜ (×) 갈릴레오는 밤에 망원경을 사용하면 빛 번짐 현상이 나타나지 않았음을 보이려 했다.[4문단(2)] 따라서 낮에 망원경을 통한 관찰과 육안을 통한 관찰의 차이는 빛 번짐 현상과 관련이 없다.

ㄹ. 낮에 망원경을 통해 본 금성의 크기 변화와 밤에 망원경을 통해 본 금성의 크기 변화가 유사하다.
➜ (×) 당시 학자들 대부분은 육안을 통한 관찰만을 신뢰할 수 있다고 믿었기에[2문단(4)], 갈릴레오는 망원경에 의한 관찰 또한 신뢰할 수 있음을 주장하려 했다.[2문단(5)] 따라서 낮과 밤 모두 망원경을 통해 본 크기 변화가 유사하다는 내용은 갈릴레오가 입증하고자 한 망원경의 신뢰성에 활용되지 못한다.

ㅁ. 낮에 육안으로 관찰한 금성의 크기 변화와 밤에 망원경을 통해 본 금성의 크기 변화가 유사하다.
➜ (O) 갈릴레오는 밤에 망원경을 사용하면 빛 번짐 현상이 나타나지 않았음을 보이려 했다.[4문단(2)] 빛 번짐 현상은 멀리 떨어져 있는 작고 밝은 광원을 어두운 배경에서 볼 때 실제 크기보다 광원이 크게 보이는 현상이므로[3문단(1)], 야간에 나타남을 알 수 있다. 그런데 주간에 육안으로 본 것과 야간에 망원경으로 본 것의 크기가 유사하면 망원경이 빛 번짐 현상을 없애기에 망원경을 통한 관찰 결과를 신뢰할 수 있다는 것이 입증된다. 따라서 ⓑ에는 ㅁ이 들어가야 한다.

	ⓐ	ⓑ	
①	ㄱ	ㄷ	➜ (×)

② ㄱ ㅁ → (○)
③ ㄴ ㄷ → (×)
④ ㄴ ㄹ → (×)
⑤ ㄴ ㅁ → (×)

제시문 분석

1문단 지동설에 대한 반대 논증

〈지동설에 대한 반대 논증〉
(가) 지구가 공전한다면, 달은 지구를 따라다니지 못한다.(선지 ㄱ)
(나) 달은 지구를 항상 따라다닌다.(3)

→ (다) 따라서 지구는 공전하지 않는다.(3)

2문단 갈릴레오의 관찰 결과

〈관찰 결과〉		〈문제〉		〈입증을 위한 노력〉
갈릴레오는 망원경으로 목성을 따라다니는 위성을 발견했는데, 이는 위 논증의 (가)를 반박할 수 있는 것이었다.(1)	→	당시 학자들 대부분은 육안을 통한 관찰로만 실제 존재를 파악할 수 있다고 믿었다.(4)	→	따라서 갈릴레오는 망원경을 통한 관찰이 육안을 통한 관찰만큼 신뢰할 만한다는 것을 입증해야 했고, 이를 보이기 위해 '빛 번짐 현상'을 사용하였다.(5),(6)

3문단 빛 번짐 현상

〈빛 번짐 현상〉
빛 번짐 현상이란, 멀리 떨어져 있는 작고 밝은 광원을 어두운 배경에서 볼 때 실제 크기보다 광원이 크게 보이는 현상이다.(1)

〈육안을 통한 금성 관찰〉		〈결과〉
육안으로 금성을 관찰할 경우, 밤보다 낮에 관찰하는 것이 더 정확하다.(2)	→	그러나 낮에 관찰한 결과는 연중 금성의 외견상 크기가 변한다는 것을 보여준다.(3)

4문단 갈릴레오의 논증

〈갈릴레오의 논증〉
(라) 낮에 육안으로 관찰한 금성의 크기 변화와 밤에 망원경을 통해 본 금성의 크기 변화가 유사하다면, 망원경에 의한 관찰 자료를 신뢰할 수 있다.(선지 ㅁ)
(마) 낮에 육안으로 관찰한 금성의 크기 변화와 밤에 망원경을 통해 본 금성의 크기 변화가 유사하다.(선지 ㅁ)

→ (바) 따라서 망원경에 의한 관찰 자료를 신뢰할 수 있다.(2)

↓

갈릴레오의 관찰 결과	→	지동설의 반대 논증 반박	→	지동설 지지

합격자의 실전 풀이 순서

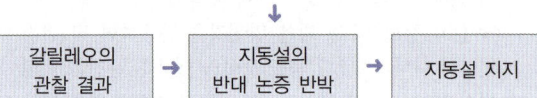

❶ 발문 제대로 읽기 및 문제 유형 파악

항상 발문을 먼저 제대로 읽자. 본 문제는 논증의 특정 부분에 들어갈 내용을 찾는 논리 퀴즈와 빈칸추론이 결합된 문제이다. 논리 퀴즈임은 빈칸의 앞, 뒤를 살펴보면 알 수 있다. '논증'이라는 단어, '(가), (나) 따라서 (다)'와 같은 형식 등이 힌트가 된다. 따라서 논리 퀴즈와 빈칸추론 문제의 풀이 방법을 모두 활용하여 풀어야 할 것으로 보인다.

먼저, 논리학적 지식이 필요한 논리 퀴즈 유형은 단순히 제시문에서 근거를 찾는 방식으로는 답을 찾기 어렵다. 따라서 평소에 기초적인 논리학 이론을 익혀두고 논증 구조가 등장하면 이를 활용하여 문제를 해결해야 한다.

다음으로, 빈칸추론 유형은 지문 전체를 읽되, 빈칸 근처에서 힌트를 찾는 방식으로 독해하면 된다. 일반적으로 빈칸추론 문제는 중심 내용이 빈칸에 들어가는 경우와 빈칸 앞, 뒤의 맥락을 연결하는 내용이 빈칸에 들어가는 유형으로 나뉜다. 전자의 경우 제시문 전체의 주제를 찾는 방법이, 후자의 경우 빈칸 앞, 뒤를 집중해서 보는 방법이 주로 적용된다. 특히 후자의 경우 빈칸에 들어갈 말에 논리적으로 대응되는 근거를 찾는 것이 핵심이라고 할 수 있다. 그러나 논리적으로 대응되는 근거를 찾았다고 해서 바로 선지를 판단하러 가지 말고, 이러한 부분은 밑줄을 쳐서 우선 체크 해 둔 뒤 다 읽고 한꺼번에 판단하는 편이 좋다. 난이도를 높이기 위해 최근에는 해당 부분만으로 정답이 완전히 도출되는 것은 아니고, 핵심 근거를 중심으로 글 전반의 내용도 참고하며 답을 내야 하는 문제가 등장하고 있기 때문이다.

❷ 제시문 독해 및 선지 판단

제시문을 읽으면 ⓐ에 들어갈 말을 찾기 위해 풀어야 하는 1문단의 (가), (나), (다) 논증 구조는 독립적으로 타당한 논증임을 알 수 있다. 즉 ⓐ는 제시문의 내용과 문맥을 활용하여 풀기보다는 논리 퀴즈 유형을 풀 듯이 접근하면 된다. 따라서 ⓐ의 경우 전체적인 제시문을 읽지 않고도 논증 구조를 파악하여 바로 선지 판단을 할 수 있다.

〈보기〉의 선지를 대입하여 답을 찾는다. 선지의 문장 구성을 보면, ㄱ과 ㄴ 중 하나가 빈칸 ⓐ에 들어갈 것으로 보인다. ㄱ을 (나)와 (다)를 활용하여 단순화하면, '~(다) → ~(나)'이다. 이는 그 대우인 '(나) → (다)'와 같다. '(나) → (다)'이고 (나)이면 (다)이다. 따라서 ㄱ이 빈칸 ⓐ에 들어감을 알 수 있다.

이러한 논리 구조는 논리 퀴즈의 기본 구조이므로 알아두어야 한다. 논리 퀴즈의 기본 구조는 'p이면 q이다'(p → q)와 그 대우인 'q가 아니면 p가 아니다'(~q → ~p)이다. 또한 'p이면 q이다'(p → q)와 'p이다'(p)라는 두 가지 내용이 결합하면 'q이다'(q)가 도출된다.

참고로, 2문단의 갈릴레오의 관찰 결과를 바탕으로도 ⓐ에 들어갈 내용을 추측할 수 있다. 'p이면 q이다'(p → q)를 반박하기 위해서는 'p이고 q가 아니다'(p∩~q)가 필요하다. 논증 (가)를 반박하는 근거가 '목성의 공전하고, 위성들이 목성을 따라다닌다'(p∩~q)는 사실인데, 이러한 근거는 '천체가 공전한다면, 위성이 그 천체를 따라다니지 못한다.'(p → q)를 반박할 수 있다. 이를 통해 선지 ㄱ이 ⓐ에 들어가야 함을 알 수 있다.

한편, ⓑ에 들어갈 말을 찾기 위해서는 제시문의 전체적인 내용을 파악해야 한다. ⓑ가 들어간 (라), (마), (바) 논증 구조는 ⓑ에 어떠한 말이 들어가든지 완전한 논증 구조이기 때문이다. ⓑ 들어갈 말을 찾기 위해서는 일반적인 빈칸 채우기 문제처럼 제시문 전반에서 근거들을 찾아 이를 통합해야 한다. (라)를 통해 ⓑ에는 갈릴레오 생전 시의 학자들이 망원경에 의한 관찰 자료를 신뢰하기 위한 조건이 들어가야 함을 알 수 있으므로 제시문 전반에서 해당 조건을 구성하기 위한 조건을 찾아가야 한다.

(1) 먼저 빈칸 앞의 문장에서 '밤에 금성을 관찰할 때 망원경을 사용하면 빛 번짐 현상을 없앨 수 있다'는 것이 빈칸 논증의 내용이 된다는 것을 알 수 있다. 따라서 비교의 대상 중 하나는 '밤에 망원경을 통해 본 금성의 크기'일 것이다.

ㄷ은 답이 될 수 없다. 앞서 3문단 (2)에서 '빛 번짐 현상' 때문에 금성은 밤보다 낮에 육안으로 관찰하는 것이 더 정확함을 언급했다. 따라서 망원경 관찰 자료가 신뢰할 만하다면, 낮에 육안으로 관찰한 결과와 같아야 할 것이다. 따라서 ㅁ이 답이다.

자세히 설명하자면, ⓑ에 들어갈 말을 찾는 방법으로도 두 가지 방법이 있다. 첫째, 갈릴레오 생전 시의 학자들이 어떠한 조건을 충족하여야 자료를 신뢰하였는지 분석함으로써 문제를 풀 수 있다. 이러한 당시 학자들의 신뢰 기준은 2문단과 3문단의 내용 전반을 통해 알 수 있다. 특히 선지의 판단 근거를 찾을 때는 정보확인문제의 제시문을 읽을 때와 마찬가지로, 접속어 뒤의 문장과 두 대상을 비교하는 문장 등 중요한 문장에 주목하여야 한다. 접속어 뒤에 있는 문장과 관련하여 2문단 (5) 문장을 보면 '따라서 갈릴레오는 망원경을 통한 관찰이 육안을 통한 관찰만큼 신뢰할 만하다는 것을 입증해야 했다'라는 문장이 나온다. 이를 통해 당대 학자들이 '육안' 관찰을 중시하였다는 것을 알 수 있다. 두 대상을 비교하는 문장과 관련하여서는 3문단 (2) 문장에 '육안으로 금성을 관찰할 경우, 밤에 관찰하는 것보다 낮게 관찰하는 것이 더 정확하다'라는 문장이 나온다. 이를 통해 당대 학자들이 '낮'에 관찰한 결과를 더욱 신뢰함을 알 수 있다. 이러한 결과들을 통합해보면, '낮'에 '육안'으로 관찰한 금성의 크기 변화와 밤에 망원경을 통해 본 금성의 크기 변화가 유사해야, 당대 학자들에게 망원경에 의한 관찰 자료의 타당성을 입증할 수 있음을 알 수 있다. 결국 ⓑ에는 ㅁ이 들어가야 한다.

(2) 둘째, 빛 번짐 현상에 주목하여 ⓑ에 들어갈 말을 찾을 수 있다. 제시문의 3문단 (1), (2)를 보면, '그렇다면 망원경을 통한 관찰이 신뢰할 만하다는 것은 어떻게 보일 수 있었을까? 갈릴레오는 밤에 금성을 관찰할 때 망원경을 사용하면 빛 번짐 현상을 없앨 수 있다는 것을 강조하면서 다음과 같은 논증을 펼쳤다.'라고 나와 있다. 즉 망원경 관찰의 신뢰를 위해 '빛 번짐 현상을 없앨 수 있다는 것을 강조'했다고 하는 것을 보아, 망원경에 의한 관찰 자료 신뢰를 위한 조건인 ⓑ에 빛 번짐이 사라졌다는 내용이 들어가야 함을 확인할 수 있다. 결국, ⓑ의 내용에 대응하는 말은 '빛 번짐 현상의 사라짐'이 되고 이를 가장 잘 보여주는 선지를 찾아야 한다.

'빛 번짐 현상'에 대해 설명하는 3문단으로 돌아가면 (2) 문장에 '빛 번짐 현상'은 낮과 달리 저녁에 일어나는 현상임을 확인할 수 있고 이것이 사라짐을 보이려면, 낮과 같이 저녁에도 빛 번짐 현상에 없다는 내용이 들어가야 한다. 그런 이유에서 낮과 저녁이 아닌 낮과 낮에 대해 언급하고 있는 ㄷ은 틀리게 된다. ㄹ의 경우 낮과 저녁을 비교하는 것은 맞지만, 여기에서 중요한 점이 낮과 밤 모두 '망원경'으로 관찰한다는 점인데 갈릴레오가 증명하려는 것은 2문단 (5)를 보면 '망원경이 육안을 통한 관찰만큼 신뢰할 만한가'이기 때문에 '망원경'으로만 낮과 밤을 비교하는 것은 정답이 될 수 없음을 확인할 수 있다. 즉, 낮과 밤뿐만이 아닌, 망원경과 육안 간의 비교도 필요하므로 정답인 선지는 ㅁ이 된다.

합격자의 시간단축 Tip

Tip ❶ 기본적인 논리학 지식을 숙지하고 이를 활용한다.

본 문제의 ⓐ에 들어갈 말을 찾는 데에는 문맥과 전체적인 내용을 파악하는 것보다 논증 구조를 활용하는 것이 더욱 쉽다. 논리학이 어렵다는 막연한 두려움으로 논증 구조의 활용을 회피하고자 할 수도 있으나 PSAT 언어논리에는 고난도의 논리학 지식이 출제되지 않으므로 두려워할 필요는 없다. 본 문제에서 활용된 'p이면 q이다'($p \rightarrow q$)와 그 대우인 'q가 아니면 p가 아니다'($\sim q \rightarrow \sim p$)가 같다는 점, 'p이면 q이다'($p \rightarrow q$)를 반박하기 위해서는 'p이고 q가 아니다'($p \cap \sim q$)가 필요하다는 점만 숙지하면 훨씬 많은 문제를 빠르고 정확하게 풀 수 있다.

Tip ❷ 제시문을 읽으며 바로 선지 판단한다.

본 문제처럼 두 개의 빈칸을 채워야 하는 경우 두 개의 빈칸은 서로 독립적인 경우가 많다. 또한, 주로 앞에 있는 빈칸이 전반부의 내용을 다루고, 뒤에 있는 빈칸이 후반부의 내용을 다루기 때문에, 하나의 빈칸을 채우기 위해 제시문 전체의 내용이 필요하지 않은 경우가 대부분이다. 따라서 두 개의 빈칸을 채우는 문제에서는 제시문을 모두 읽은 뒤 빈칸을 채우기 위해 빈칸 주변의 제시문을 다시 읽기보다, 빈칸 주변의 제시문을 읽고 곧장 빈칸을 채우는 편이 시간을 줄일 수 있다. 특히 본 문제를 이러한 방식으로 풀 경우, ⓐ에 들어갈 말을 찾아 선지를 지우면 답이 될 수 있는 선지가 ①번과 ②번 두 개만 남게 되어 ㄷ을 고려하지 않아도 되므로 비교적 빠른 선지 확인이 가능하다.

Tip ❸ 선지를 직접 대입해보며 판단한다.

해당 문제처럼 빈칸에 들어갈 말을 고르는 유형일 경우, 선지를 직접 대입하여 문제를 풀면 시간을 단축할 수 있다. 예를 들어 ㄱ과 ㄴ 중 어떤 내용이 ⓐ에 들어와야 (다)의 결론이 도출하는지는 알아보기 위해 다음과 같은 과정이 가능하다.

ㄱ을 대입했을 때 → 지구가 공전한다면 달이 지구를 따라다니지 못한다. →곧, 달이 지구를 따라다닌다면 지구가 공전하지 않는다. 따라서 ⓐ와 (나)를 통해 (다)를 도출할 수 있다.

ㄴ을 대입했을 때 → 달이 지구를 따라다니지 못한다면 지구는 공전한다. →달이 지구를 따라다닌다.

이러한 과정을 통해 (다)를 도출할 수 없으므로 ㄱ이 ⓐ에 들어갈 내용이다.

이처럼 선지를 문제 해결의 실마리로 활용할 수 있다.

Tip ❹ 논증의 단어를 단순화한다.

논증에 활용되는 단어를 단순화하면 빠른 판단이 가능하다. 이 문제에서는 (나), (다)의 문장이 선지에 그대로 활용되었기 때문에 (나)와 (다)를 사용했다. A, B 등의 알파벳을 활용해도 좋다. 이 문제와 달리 문장이 많이 나열되는 경우 키워드를 활용하여 '$A \rightarrow B$'와 같이 문장 옆에 메모를 해두고, 선지에서도 제시문의 키워드를 A와 B로 치환하여 논리기호로 나타내면 논리 구조의 판단도 쉽고, 긴 어절을 읽는 시간도 절약할 수 있다.

Tip ❺ 빈칸 내용은 핵심 근거를 찾아 이를 중심으로 판단한다.

본 문제의 ⓑ에 들어갈 말을 찾는 것처럼 제시문의 내용을 파악하여야 하는 유형은 해당 부분에 들어갈 내용에 대응되는 '핵심 근거'가 존재하기 마련이다. 이는 글 내의 논리적 관계를 통해 확인할 수 있으므로 이러한 부분을 먼저 찾는 데에 주력하자. ⓑ와 같이 맥락을 연결하는 빈칸의 근거는 빈칸과 가까운 문장에 있는 경우가 많다. 빈칸 앞, 뒤를 먼저 보고, 근거를 찾기 어렵다면 더 범위를 넓혀서 찾는 것이 좋다. 물론, 이것만으로 정답이 바로 도출되는 것은 아니지만, 적어도 판단에 큰 도움을 얻는 근거는 얻을 수 있다. 즉, 핵심 근거를 중심으로 하되 본문의 전반적 내용도 함께 참고해 선지를 선택할 수 있다. 이때, '핵심 근거'에는 부합하되 정답이 되지 않는 선지의 경우 본문의 특정 내용과 상충해 오답이 되는 경우가 있으므로 현실적인 풀이는 이렇다 할 수 있다.

1) 핵심 근거와 부합하는지 판단한다.
2) 핵심 근거와는 부합 여부 확인 후 기본적으로 제시문의 내용과 상충하거나 부합하지 않는 부분이 없는지 의심한다.

170 정답 ⑤ 난이도 ●●●

문제유형 법조문형 > 규정확인

접근전략 법조문 유형 중 규정을 바탕으로 선지에서 옳은 것을 고르는 규정확인문제이다. 법조문 유형을 풀 때는 조문의 구체적인 내용을 독해하는 것보다, 법조문의 구조를 파악한 후 〈보기〉에서 묻고 있는 정보를 찾아 올라가는 형태로 푸는 것이 좋다. 본 문제의 경우, 1조에서 제시된 〈잔여배아〉라는 개념이 어디에서 활용되는지 주의깊게 살핀다. 실제로 4조에서 잔여배아가 이용가능한 경우에 대해 제시하고 있으며, 이는 선지화될 가능성이 매우 높다. 해당 조문의 조항들은 〈생명관련〉이라 〈~하지 말아야 한다〉는 금지형의 조문이 많다. 이를 반대해석하여 〈어떤 경우에 가능한지〉를 생각하며 읽는다.

다음 글을 근거로 판단할 때 옳은 것은?

제○○조 이 법에서 사용하는 용어의 뜻은 다음과 같다.
1. '배아'란 인간의 수정란 및 수정된 때부터 발생학적으로 모든 기관이 형성되기 전까지의 분열된 세포군을 말한다.
2. '잔여배아'란 체외수정으로 생성된 배아 중 임신의 목적으로 이용하고 남은 배아를 말한다.

제△△조 ① 누구든지 임신 외의 목적으로 배아를 생성하여서는 아니 된다.
② 누구든지 배아를 생성할 때 다음 각 호의 어느 하나에 해당하는 행위를 하여서는 아니 된다.
1. 특정의 성을 선택할 목적으로 난자와 정자를 선별하여 수정시키는 행위
2. 사망한 사람의 난자 또는 정자로 수정하는 행위
3. 미성년자의 난자 또는 정자로 수정하는 행위. 다만 혼인한 미성년자가 그 자녀를 얻기 위하여 수정하는 경우는 제외한다.
③ 누구든지 금전, 재산상의 이익 또는 그 밖의 반대급부를 조건으로 배아나 난자 또는 정자를 제공 또는 이용하거나 이를 유인하거나 알선하여서는 아니 된다.

제□□조 ① 배아의 보존기간은 5년으로 한다. 다만 난자 또는 정자의 기증자가 배아의 보존기간을 5년 미만으로 정한 경우에는 이를 보존기간으로 한다.
② 제1항에도 불구하고 제1항의 기증자가 항암치료를 받는 경우 그 기증자는 보존기간을 5년 이상으로 정할 수 있다.
③ 배아생성의료기관은 제1항 또는 제2항에 따른 보존기간이 끝난 배아 중 제◇◇조에 따른 연구의 목적으로 이용하지 아니할 배아는 폐기하여야 한다.

제◇◇조 제□□조에 따른 배아의 보존기간이 지난 잔여배아는 발생학적으로 원시선(原始線)이 나타나기 전까지만 체외에서 다음 각 호의 연구 목적으로 이용할 수 있다.
1. 난임치료법 및 피임기술의 개발을 위한 연구
2. 희귀·난치병의 치료를 위한 연구

※ 원시선: 중배엽 형성 초기에 세포의 이동에 의해서 형성되는 배반(胚盤)의 꼬리쪽 끝에서 볼 수 있는 얇은 선

① 배아생성의료기관은 불임부부를 위해 반대급부를 조건으로 배아의 제공을 알선할 수 있다.
→ (×) 제2조 제3항에 따르면 누구든지 금전, 재산상의 이익 또는 그 밖의 반대급부를 조건으로 배아의 제공을 알선하여서는 아니 된다. 따라서 배아생성의료기관이라도 반대급부를 조건으로 배아의 제공을 알선할 수 없다. 〈누구든지〉가 주체와 관련한 정보를 제공하고 있다는 것에 유의한다.

② 난자 또는 정자의 기증자는 항암치료를 받지 않더라도 배아의 보존기간을 6년으로 정할 수 있다.
→ (×) 제3조 제1항에 따르면 배아의 보존기간은 5년이나, 제2항에 따르면 난자 또는 정자의 기증자가 항암치료를 받는 경우 그 기증자는 보존기간을 5년 이상으로 정할 수 있다. 따라서 난자 또는 정자의 기증자가 항암치료를 받지 않는 경우 배아의 보존기간을 6년으로 정할 수 없다. 〈6년〉을 보는 경우 이를 〈5년 이상〉의 기간으로 바로 치환해서 생각할 수 있어야 한다.

③ 배아생성의료기관은 혼인한 미성년자의 정자를 임신 외의 목적으로 수정하여 배아를 생성할 수 있다.
→ (×) 제2조 제2항 제3호에 따르면 누구든지 배아를 생성할 때 미성년자의 난자 또는 정자로 수정하여서는 아니 된다. 다만 혼인한 미성년자가 그 자녀를 얻기 위하여 수정하는 경우는 제외한다. 따라서 배아생성의료기관은 혼인한 미성년자의 정자라고 하더라도 임신 외의 목적으로 수정하려는 경우 배아를 생성할 수 없다.

④ 보존기간이 남은 잔여배아는 발생학적으로 원시선이 나타나기 전이라면 체내에서 난치병 치료를 위한 연구 목적으로 이용할 수 있다.
→ (×) 제4조 제2호에 따르면 배아의 보존기간이 지난 잔여배아는 발생학적으로 원시선이 나타나기 전까지만 체외에서 난치병 치료를 위한 연구 목적으로 이용할 수 있다. 따라서 보존기간이 남은 잔여배아는 발생학적으로 원시선이 나타나기 전이라도 연구 목적으로 이용할 수 없다. 보존기간이 〈남은〉과 〈지난〉이 반의어라는 것을 빠르게 파악하는 것이 좋다.

⑤ 생성 후 5년이 지나지 않은 잔여배아도 발생학적으로 원시선이 나타나기 전까지 체외에서 피임기술 개발을 위한 연구에 이용하는 것이 가능한 경우가 있다.
→ (○) 제3조 제1항 단서에 따르면 난자 또는 정자의 기증자가 배아의 보존기간을 5년 미만으로 정한 경우에는 이를 보존기간으로 한다. 또한 제4조 제1호에 따르면 배아의 보존기간이 지난 잔여배아는 발생학적으로 원시선이 나타나기 전까지 체외에서 피임기술 개발을 위한 연구 목적으로 이용할 수 있다. 따라서 생성 후 5년이 지나지 않은 잔여배아도 난자 또는 정자의 기증자가 배아의 보존기간을 5년 미만으로 정한 경우에는 체외에서 피임기술 개발을 위한 연구에 이용할 수 있다.

합격자의 실전 풀이 순서

❶ 문제 유형 파악

본 문제의 경우 제시문으로 법조문이 주어졌으므로 법조문 유형임을 쉽게 알 수 있다. 특히 법조문 유형 중에서도 규정을 바탕으로 옳은 내용의 선지를 고르는 규정확인문제이다. 법조문 유형은 조문의 구체적인 내용을 독해하는 것보다, 법조문의 구조를 파악한 후 선지에서 묻고 있는 정보를 찾아 올라가는 형태로 푸는 것이 좋다. 또한, 본 문제가 옳은 것을 고르는 문제라는 것을 인지하기 위해 "옳은"이라는 단어에 밑줄이나 동그라미 등 표시를 한다.

다음 글을 근거로 판단할 때 옳은 것은?

❷ **법조문 구조 분석**

구조 분석이란 각 조문의 내용 및 조문 간 관계를 이해하는 것이다. 법조문 전체를 읽되, 세부적인 내용을 기억하기 보다는 어떤 정보가 있는지 파악하는 것에 중점을 둔다. 이때 기호를 적절히 활용할 수 있다. 또한, 이러한 분석 과정을 거치며 선지에 등장할만한 부분을 발견할 수 있다.

본문의 규정은 네 개의 조로 구성되어 있다. 조문의 제목이 없으므로 읽으면서 키워드를 파악한다. 가독성을 높이기 위해 가로선으로 각 조를 구분하고, '1, 2, 3, 4'로 숫자를 써둔다. 이하 편의상 첫 번째 조부터 '제1조', '제2조' 등으로 표기한다. 본 문제의 경우 법조문의 구조가 복잡하진 않지만 단서와 예외사항이 있어 이를 주의 깊게 읽는다.

제1조는 정의 규정이다. 배아와 잔여배아라는 용어를 규정하고 있다. 낯선 개념이므로 그 뜻을 확인하고 넘어간다. 특히 '잔여배아'는 체외수정과 이용하고 남은 배아라는 점을 이해한다.

제2조는 배아 생성의 목적을 규정한다. 제1항은 배아 생성의 목적을 임신으로 한정한다. 제2항은 배아 생성 시 금지조항이다. 세부적 내용은 선지 판단 시 돌아와 읽으면 되지만, 제3호의 단서에는 눈에 띄도록 △로 표시한다. 제3항은 배아나 난자 또는 정자를 주고받는 등의 행위를 금지하고 있다. '이익', '반대급부', '알선'에 표시한다. 제2조 각 항의 주어는 모두 '누구든지'로 제2항 제3호의 단서 외에는 예외 없이 금지되는 행위임을 알 수 있다.

제3조 제1항은 배아의 보존기간을 규정하고 있다. 이에 대한 예외규정으로서 제1항 단서와 제2항을 두고 있다. 각각 '5년 미만', '5년 이상'에 △로 표시한다. 제3항은 배아의 폐기에 대한 조항이다. 강행규정이며, 보존기간이 끝나고, 제4조의 연구 목적으로 이용하지 않는다는 두 가지 요건이 규정되어 있다.

제4조는 제3조 제3항의 연구 목적으로 사용할 수 있는 시기에 대한 조항이다. '원시선이 나타나기 전'에 표시하고, 각 호의 세부 내용은 선지 판단 시 돌아와 읽는다. 원시선에 대한 설명은 각주로 제시되어 있다.

❸ **선지 판단**

선지를 읽고, 해당 내용이 기재된 규정으로 돌아가 꼼꼼히 읽고 선지의 정오를 판단한다.

선지 ①번은 배아 알선에 대한 내용이므로 제2조 제3항과 비교한다. 선지 ②번은 배아의 보존기간에 대한 내용이므로 제3조 제1항 및 제2항과 비교한다. 선지 ③번은 배아의 생성에 대한 내용이므로 제2조 제1항과 비교한다. 선지 ④번은 잔여배아의 연구 이용에 대한 내용이므로 제4조와 비교한다. 선지 ⑤번은 잔여배아의 연구 이용에 대한 내용이며, 보존기간 5년과도 연관된 내용이므로 제3조 및 제4조와 비교한다.

선지 ②, ⑤번은 예외와 단서조항을 활용한 선지이다. 이처럼 법조문 유형에서 예외와 괄호, 단서조항의 내용이 선지에 활용되는 경우가 많으므로 주의한다.

합격자의 시간단축 Tip

Tip ❶ 조문에 없는 내용의 선지에 주의

조문에 없는 내용의 경우, 즉 명확한 근거가 없는 경우에 어떻게 판단하여야 하는지 문제될 수 있다. 설문의 경우 선지 ④번에서 보존기간이 남은 잔여배아에 관한 조항은 존재하지 않는다. 이럴 때에는 조문의 흐름을 살펴본다. 조문은 전반적으로 어떤 행위를 하여서는 안 된다는 금지조항으로 이루어져 있고 예외적으로 허용되는 행위가 있다. 이 경우 조문에 없는 내용을 모두 허용하는 것은 아니라고 여겨 보존기간이 남은 잔여배아는 활용할 수 없다고 판단하거나, 선지 판단을 보류하는 방법이 있다.

윤리적으로 생각해 봐도, 제1조 제2호의 정의에 따라 잔여배아는 체외수정으로 생성된 배아 중 임신의 목적으로 이용하고 남은 배아를 말하는데 이를 다시 자궁에 주입하여 체내에서 연구 목적으로 이용한다는 것은 생명윤리에 반하는 행위이다. 생명윤리와 관련된 내용은 공공성과 연관이 있기에 이를 법으로 규제하는 데 있어 상식에 기반한 추론과 결론이 크게 다르지 않을 가능성이 높다. 이에 추론의 기준으로 상식을 적용하여 먼저 선지를 솎아내는 것도 하나의 방법이다.

Tip ❷ 선지의 표현에 따른 해결 방식을 숙지

선지 ⑤번은 '~ 가능한 경우가 있다' 의 형식으로 구성되어 있다. 이는 원칙적으로 허용되지 않는다는 것을 어느 정도 내포하는 표현이므로, 관련되는 조문의 내용 중 단서조항이나 예외조항을 중심으로 검토하면 빠르게 정오를 판단할 수 있다. 또한, '~ 가능한 경우가 있다'는 표현은 사례 하나만 찾으면 정선지가 되므로, 옳은 선지일 가능성이 높음을 유의한다.

Tip ❸ 선지를 나누어 판단

선지의 근거가 둘 이상의 조항일 때에는 선지를 나누어 판단한다. 선지 ⑤번은 제3조 제1항 단서와 제4조 제1항, 두 조항을 근거로 판단해야 한다. 일단은 연구에 대한 이용이므로 제4조를 찾고, 제4조의 내용이 '보존기간이 지난' 것을 연구 이용의 요건으로 규정하므로 선지의 '5년이 지나지 않은'이라는 부분은 제3조의 내용과 별도로 비교하여야 한다.

Tip ❹ 단서를 이용한 함정에 주의

단서 규정에 유의하되, 함정에 빠져서는 안 된다. 선지 ⑤번은 제3조 제1항의 단서를 근거로 하였다. 그러나 ③번의 경우 제2조 제2항 제3호의 단서 내용을 묻는 것 같지만, 사실 제2조 제1항의 내용이다. 제1항은 대전제로, 단서가 없으므로 예외 없이 적용된다. 단서에 매몰되어 예외 없이 적용되는 내용까지 예외가 있다고 판단하지 않도록 주의가 필요하다.

171 정답 ❹ 난이도 ●●●

문제유형 비판적 사고 > 지문에서 추론하기

접근전략 지문의 소재가 첫 문장부터 나와 있는 문제로 비교적 지문의 난이도가 쉽다. 단 무엇이 비교될지, 몇 개나 비교될지 가능한 한 빨리 찾는 것이 중요하다. 이는 선지든, 다른 문단이든, 쉼표든 무엇을 활용하든 상관없다. 첫 문장에서 이어지는 주제가 도처에 산재해있을 것이기 때문이다.

다음 글에서 추론할 수 없는 것은?

(1) 언뜻 보아서는 살쾡이와 고양이를 구별하기 힘들다. 살쾡이가 고양잇과의 포유동물이어서 고양이와 흡사하기 때문이다. (2) 그래서인지 '살쾡이'란 단어는 '고양이'와 연관이 있다. (3) '살쾡이'의 '쾡이'가 '괭이'와 연관이 있는데, '괭이'는 '고양이'의 준말이기 때문이다.

▶ 1문단

(1) '살쾡이'는 원래 '삵'에 '괭이'가 붙어서 만들어진 단어이다. (2) '삵'은 그 자체로 살쾡이를 뜻하는 단어였다. (3) 살쾡이의 모습이 고양이와 비슷해도 단어 '삵'은 '고양이'와는 아무런 연관이 없다. (4) 그런데도 '삵'에 고양이를 뜻하는 '괭이'가 덧붙게 되었다. (5) 그렇다고 '살쾡이'가 '삵과 고양이', 즉 '살쾡이와 고양이'란 의미를 가지는 것은 아니다. 단지 '삵'에 비해 '살쾡이'가 후대에 생겨난 단어일 뿐이다. (6) '호랑이'란 단어도 이런 식으로 생겨났다. '호랑이'는 '호'(虎, 범)와 '랑'(狼, 이리)으로 구성되어 있으면서도 '호랑이와 이리'란 뜻을 가진 것이 아니라 그 뜻은 역시 '범'인 것이다. ▶ 2문단

(1) '살쾡이'는 '삵'과 '괭이'가 합쳐져 만들어진 단어이기 때문에 '삵괭이' 또는 '삭괭이'로도 말하는 지역이 있으며, '삵'의 'ㄱ' 때문에 뒤의 '괭이'가 된소리인 '꽹이'가 되어 '삭꽹이' 또는 '살꽹이'로 말하는 지역도 있다. (2)그리고 '삵'에 거센소리가 발생하여 '살쾡이'로 발음하는 지역도 있다. 주로 서울 지역에서 '살쾡이'로 발음하기 때문에 '살쾡이'를 표준어로 삼았다. (3) 반면에 북한의 사전에서는 '살쾡이'를 찾을 수 없고 '살괭이'만 찾을 수 있다. 남한에서 '살괭이'를 '살쾡이'의 방언으로 처리한 것과는 다르다. ▶ 3문단

① '호랑이'는 '호'(虎, 범)보다 나중에 형성되었다.
→ (○) '삵'에 비해 '살쾡이'가 후대에 생겨난 단어인 것처럼[2문단(5)], '호랑이'란 단어도 이런 식으로 생겨났다.[2문단(6)] 따라서 '호랑이'는 '호'(虎, 범)보다 나중에 형성되었다고 볼 수 있다.

② 두 단어가 합쳐져 하나의 대상을 지시할 수 있다.
→ (○) '살쾡이'는 '삵'과 '괭이'가 합쳐져 만들어진 단어이지만[2문단(1)], '삵과 고양이'를 의미하는 것이 아니라 '삵'이라는 하나의 대상만 지시한다.[2문단(5)] '호랑이'의 경우도 마찬가지로, 범을 뜻하는 '호'와 이리를 뜻하는 '랑'이 합쳐져 만들어진 단어이지만 '범'이라는 하나의 대상만을 지시한다.[2문단(6)] 이를 통해 두 단어가 합쳐져 하나의 대상을 지시할 수 있다는 사실을 추론할 수 있다.

③ '살쾡이'가 남·북한 사전 모두에 실려 있는 것은 아니다.
→ (○) 남한에서는 '살쾡이'를 표준어로 삼기 때문에 사전에 실려 있지만[3문단(2)], 북한의 사전에서는 '살쾡이'를 찾을 수 없고 '살괭이'만 찾을 수 있다.[3문단(3)] 따라서 '살쾡이'는 남한의 사전에만 실려 있다는 사실을 알 수 있다.

④ '살쾡이'는 가장 광범위하게 사용되기 때문에 표준어로 정해졌다.
→ (×) '살쾡이'는 주로 서울 지역에서 그렇게 발음하기 때문에 표준어로 삼아졌다.[3문단(2)] '살쾡이'가 가장 광범위하게 사용되는지의 여부는 알 수 없다.

⑤ '살쾡이'의 방언이 다양하게 나타나는 것은 지역의 발음 차이 때문이다.
→ (○) 각 지역마다 '살쾡이'를 '삵괭이', '삭괭이', '삭꽹이', '살꽹이', '살쾡이' 등의 소리로 다양하게 발음한다.[3문단(1),(2)] 이를 통해 '살쾡이'의 방언이 다양하게 나타나는 것은 지역의 발음 차이 때문이라는 사실을 추론할 수 있다.

제시문 분석

1·2문단 '살쾡이'의 어원

〈'살쾡이'의 어원〉	
'살쾡이'='삵'+'괭이' [2문단(1)]	'삵': 그 자체로 살쾡이를 뜻함[2문단(2)]
	'괭이': 고양이[1문단(3)]

→ '삵'은 '고양이'와 아무런 연관이 없고, 그렇다고 '삵괭이'가 '삵'과 '고양이'를 의미하는 것은 아니다.[2문단(3),(5)]

2문단 비슷한 예시-'호랑이'

〈'호랑이'의 어원〉	
'호랑이'='호'+'랑'(6)	'호': 虎, 범(6)
	'랑': 狼, 이리(6)

→ '호랑이와 이리'란 뜻을 가진 것이 아니라 그 뜻은 역시 '범'인 것이다.(6)

3문단 '살쾡이'의 발음

〈'살쾡이'의 발음〉	
'살쾡이'	'삵괭이', '삭괭이'(1)
	'삭꽹이', '살꽹이'(1)
	'살쾡이'(2)

→ 〈표준어〉 주로 서울 지역에서 '살쾡이'로 발음하기 때문에 '살쾡이'를 표준어로 삼았다.(2)

→ 〈북한의 사전〉 반면에 북한의 사전에서는 '살쾡이'를 찾을 수 없고 '살괭이'만 찾을 수 있다.(3)

합격자의 실전 풀이 순서

비문학 유형

❶ 유형 식별하기

어원을 찾는 문제는 '한국어'와 관련되었다는 점에서 언어논리뿐 아니라 다양한 시험, 심지어 한국어능력시험까지도 출제되는 테마다. 여기서 익혀둘 것은 어떤 단어의 의미나 한자, 혹은 문법이 아니라 지문에 나온 말들도 '옛날 어휘'이며 그 용법이 오늘날과 다를 수 있다는 것이다.

예컨대 이 지문의 경우 '괭이'라는 고양이의 옛날 줄임말이며 오늘날의 단어와 다르다. 물론 이 단어는 우리에게 아주 친숙하지만 지문의 난이도가 상승할 경우 아래 아(·) 라든지, 반치음(세모꼴) 등이 등장할 수도 있다. 이들 단어들이 현대 어휘로 무엇을 뜻하는지 빠르게 지문 내에서 포착하는 것이 지문 독해의 핵심이라 할 수 있겠다.

(발음할 수 있어서 금방 직관적으로 알 수 있다면 더 좋다.)

❷ 지문 훑어보기

이 지문은 1문단만 읽고는 '어원(혹은 언어학)'과 관련된 지문이란 것을 추출하기 힘들다. 또한, 실제로 읽어보면 1문단은 지문을 읽기 위한 보조도구에 불과하며 선지와 직접 관련이 없다. 그렇다면 1문단을 어떻게 읽어야 최대한 빠르면서도 후반부 문단과 잘 연결될 수 있을까?

답은 단어 간 연관성이 있다는 구절에 집중하는 것이다. 실제로 보면 1문단 (1)은 (2) 문장에 완전히 묻혀버리는 구조를 띠고 있다. (1)은 과학지문과도 비슷한 내용을 담고 있으며 비교적 광범위한 내용이지만, (2)는 단어로 축약하고 있다. 물론 (1) 문장이 완전히 쓸 데 없는 문장일 수도 있다. 그 문제를 해결하기 위해 (3)을 보면 (1)이 오히려 (2)를 보조하는 것으로 결론 내릴 수 있게 된다. (이는 따옴표(")에 의해 더 확실해진다.)

2문단의 '호랑이' 단어의 형성 과정은 어째서 중심 내용과 관련이 없는데도 선지에 나왔고, 그것을 어떻게 지문을 읽으면서 확인할 수 있을까?

이 부분은 한자어와 따옴표에 의해 가시성이 높은 부분이므로

직접 이 부분을 따로 표시한 후 선지에서 별도로 확인하는 것이 좋다. 확인해 보면 ②번 선지에서 직접 이 내용을 설명하고 있는 것이 보인다.

❸ 발문 확인하기

본 문제는 '알 수 있는/없는 것은?' 유형이다.

다음 글에서 추론할 수 없는 것은?

알 수 있는 것인지, 없는 것인지 명확히 표시하고 간다.

❹ 함정선지 피해가기

① **'호랑이'는 '호'(虎, 범)보다 나중에 형성되었다.**
선후관계가 등장하는 추론형 선지다. '삵'과 '살쾡이'의 관계(2문단 5)를 그대로 적용할 수 있다는 부분[2문단(6)]으로부터 추론 가능하다.

③ **'살쾡이'가 남·북한 사전 모두에 실려 있는 것은 아니다.**
남한 사전에 살쾡이라는 단어가 실려 있는지 확인할 수 없다고 판단할 수 있으나, 문장의 후단에서 '방언으로 처리'하였다는 부분에서 남한 사전에는 두 단어 모두 등재되어 있다고 추론할 수 있다. 어떻게 판단하든 정답 도출에는 문제가 없지만 난이도가 상승할 경우 주요 함정으로 배치된다.

④ **'살쾡이'는 가장 광범위하게 사용되기 때문에 표준어로 정해졌다.**
의도 내지는 원인을 묻는 추론형 선지다. 본 선지를 판단하기 위해서는 아래 명제들을 모두 확인해야 한다.

• '살쾡이'는 표준어로 정해졌다. • 그 이유는 '살쾡이'가 가장 광범위하게 사용되기 때문이다.

첫째 명제는 명확한 근거를 찾을 수 있으나[3문단(2)], 둘째 명제의 경우 진위를 확인할 수 없다. 따라서 추론할 수 없는 선지다.

⑤ **'살쾡이'의 방언이 다양하게 나타나는 것은 지역의 발음 차이 때문이다.**
세 명제로 분리할 경우
① 살쾡이의 방언은 다양하게 나타난다.
② 지역 간 발음의 차이가 있다.
③ 발음 차이를 방언으로 규정한다.
로 분리할 수 있으며, 3문단 1, 2를 통해 모두 확인할 수 있다.

합격자의 시간단축 Tip

Tip ❶ 지문이 부정하는 내용에 주목하자.

비문학 유형에서는 지문이 부정하는 내용이나 사실을 '긍정하는 내용'으로 바꾸어 오답 선지를 구성한다.
본 지문의 경우 2문단 (3)에 '살쾡이~ 연관이 없다', (5)에 '그렇다고~아니다', (6)에 '뜻을 가진 것이 아니라~' 같은 부분들이 있다. 이러한 내용은 괄호와 같은 기호로 표시하자.

Tip ❷ 병렬적으로 제시된 개념들을 비교하자.

병렬적이라는 것은 내용상 대등하다는 것이다. 병렬적으로 제시된 내용 간의 공통점과 차이점 및 관계에 주의하자. 이때 병렬적 비교가 한 번, 혹은 하나의 기준으로만 이뤄진다는 보장은 없다. 예컨대 이 지문의 경우 2문단에서는 '살쾡이'의 단어 형성 원리와 '호랑이'의 단어 형성 원리가 공통점을 위주로 제시되고, 3문단에서는 지역 간 '살쾡이' 단어 발음이 차이점을 위주로 제시된다. 이들의 공통점과 차이점에 유의하자.
선지 ②의 경우 1문단의 '살쾡이'와 '호랑이'의 공통점을 기반으로, ③, ④, ⑤번의 경우 2문단의 '살쾡이'의 지역별 발음 차이점을 기반으로 판단할 수 있었다.

Tip ❸ 같은 단어가 반복되어서 글을 읽기 힘들어질 경우의 팁

심리학적 효과에 의해 같은 단어를 반복해서 읽을 경우 낯설게 느껴지거나 머릿속에서 받아들이지 못하는 경우가 있다. 예컨대 이 지문의 경우 '살쾡이'라는 단어가 그렇다. 이럴 때는 의도적으로 '낯설게 하기'가 필요한데, 그것은 선지나 다른 문단을 먼저 읽어 보는 것이다. 논리적 맥락이 이어지지 않는 문장을 읽음으로써 '같은 단어도 다르게 쓰이지 않았을까?', '지금 이 문장은 무엇을 의미하는가?' 라는 자문자답을 하게 된다. 따라서 읽기 힘들어지는 현상이 크게 완화될 수 있다.

172 정답 ❶ 난이도 ●○○

문제유형 비판적 사고 > 지문에서 추론하기
접근전략 과학 소재 지문은 일견 복잡해 보이지만 서술 방식이 몇 가지로 고정되어 있다. 이를 파악하며 독해해 보도록 한다. 또한 과학 지문은 보통 지문의 구조를 제대로 숙지해야만 해결할 수 있는 문제들이 많으므로 발췌독보다는 이해하는 독해가 필요하다.

다음 글에서 추론할 수 있는 것만을 〈보기〉에서 모두 고르면?

(1) 하나의 세포가 표적세포로 신호를 전달하는 방법에는 여러 종류가 있다. (2) 이 중 직접 결합 방법은 세포가 표적세포와 직접 결합하여 신호를 전달하는 방법이다. (3) 또한 측분비 방법은 세포가 신호 전달 물질을 분비하여 근접한 거리에 있는 표적세포에 신호를 전달하는 방법이다. (4) 그리고 내분비 방법은 세포가 신호 전달 물질의 일종인 호르몬을 분비하여 이 물질이 순환계를 통해 비교적 먼 거리를 이동한 후 표적세포에 신호를 전달하는 방법이다. ▶ 1문단

(1) 동물의 면역세포에서 분비되는 신호 전달 물질은 세포 사이에 존재하는 공간을 통해 확산되어 근거리에 위치한 표적세포에 작용한다. (2) 특정 면역세포가 히스타민을 분비하여 알레르기 반응을 일으키는 것이 대표적인 예이다. (3) 신경세포 사이의 신호 전달은 신경세포에서 분비되는 신경전달물질에 의해 일어난다. (4) 신경전달물질은 세포 사이에 존재하는 공간을 통해 확산되어 근거리에 있는 표적세포에 작용한다. ▶ 2문단

(1) 내분비샘 세포에서 분비된 호르몬은 모세혈관으로 확산되어 혈액을 따라 이동하고 표적세포의 근처에 도달했을 때 혈관으로부터 빠져나와 표적세포에 작용한다. (2) 따라서 표적세포에서 반응을 일으키는 데 걸리는 시간은 호르몬이 신경전달물질보다 더 오래 걸린다. ▶ 3문단

보기

ㄱ. 신경전달물질에 의한 신호 전달은 측분비 방법을 통해 이루어진다.
→ (O) 측분비 방법은 세포가 신호 전달 물질을 분비하여 근접한 거리에 있는 표적세포에 신호를 전달하는 방법이다.[1문단(3)] 신경전달물질에 의한 신호전달은, 신경세포에서 분비되는 신경전달물질이 세포 사이에 존재하는 공간을 통해 확산되어 근거리에 있는 표적세

포에 작용하는 것이므로[2문단(4)] 이는 측분비 방법에 해당한다.

ㄴ. 내분비 방법이 측분비 방법보다 표적세포에서 더 빠른 반응을 일으킨다.

➜ (×) 내분비 방법은 세포가 호르몬을 분비하여 이 물질이 순환계를 통해 비교적 먼 거리를 이동한 후 표적세포에 신호를 전달하는 방법이고[1문단(4)], 측분비 방법은 세포가 신호 전달 물질을 분비하여 세포 사이의 공간을 통해 비교적 근거리에 있는 표적세포에 신호를 전달하는 방법이다.[1문단(3)] 표적세포에서 반응을 일으키는 데 걸리는 시간은 호르몬이 신경전달물질보다 더 오래 걸린다고 했으므로[3문단(2)], 내분비 방법이 측분비 방법에 비해 반응을 일으키는 속도가 느리다는 것을 알 수 있다. 그러므로 옳지 않다.

ㄷ. 하나의 세포가 표적세포로 신호를 전달하기 위해서는 신호 전달 물질의 분비가 필수적이다.

➜ (×) 하나의 세포가 표적세포로 신호를 전달하기 위한 방법에는 세포가 신호 전달 물질을 분비하여 신호를 전달하는 측분비 혹은 내분비 방법 외에도[1문단(3),(4)] 세포가 표적세포와 직접 결합하여 신호를 전달하는 직접 결합 방법이 있다.[1문단(2)] 따라서 하나의 세포가 표적세포로 신호를 전달하기 위해 신호 전달 물질의 분비가 필수적인 것은 아니다.

① ㄱ ➜ (O) ② ㄷ ➜ (×)
③ ㄱ, ㄴ ➜ (×) ④ ㄴ, ㄷ ➜ (×)
⑤ ㄱ, ㄴ, ㄷ ➜ (×)

제시문 분석

1문단 하나의 세포가 표적세포로 신호를 전달하는 방법

〈직접 결합 방법〉	세포가 표적세포와 직접 결합하여 신호를 전달하는 방법(2)
〈측분비 방법〉	세포가 신호 전달 물질을 분비하여 근접한 거리에 있는 표적세포에 신호를 전달하는 방법(3)
〈내분비 방법〉	세포가 신호 전달 물질의 일종인 호르몬을 분비하여 이 물질이 비교적 먼 거리를 이동한 후 표적세포에 신호를 전달하는 방법(4)

2·3문단 측분비 방법과 내분비 방법의 비교

〈측분비 방법〉	〈내분비 방법〉
〈신호 전달 물질을 분비하는 세포〉	
면역세포(히스타민) 신경세포(신경전달물질) [2문단(1),(3)]	내분비샘 세포(호르몬) [3문단(1)]
〈신호 전달 물질을 분비하는 세포〉	
세포 사이에 존재하는 공간 [2문단(1),(4)]	모세혈관[3문단(1)]
〈신호 전달 물질을 분비하는 세포〉	
근거리 – 빠름[2문단(4)]	먼 거리 – 느림[3문단(2)]

합격자의 실전 풀이 순서

과학 비문학 유형

과학 소재 지문은 크게 인간–생물–무생물에 따라 나뉜다. 이 지문의 경우 인간 소재기도 하고 생물 소재기도 하다. 어쨌든 확실한 것은 물체끼리의 상호작용보다는 생물 내부에서 일어나는 일이 주가 된다는 것이다. 즉 세포는 세포끼리, 장기는 장기끼리 등등, 같은 수준에서 연결된다.

기호화하면 A–B–A (B는 전달매개) 가 된다. 비생물 세계에서 A–B–C순으로 이어지는 것과는 다르다.

❶ 지문 훑어보기

"호르몬"이라는 것은 독해시험에서 아주 많이 등장하는 소재다. 그 이유는 ①전달하는 매개라는 점에서 흐름에 따른 글쓰기가 가능해지고 ②용어가 낯설기 때문에 손쉽게 난이도를 조절가능하기 때문이다. (예컨대 같은 호르몬이어도 갑상선호르몬 이라는 용어는 쉽지만 '노르에피네프린'이라는 용어는 어렵다.) 이때 호르몬의 구체적인 기능이나 이름을 공부할 때 기억할 필요는 없다. 호르몬의 근본적인 기능(신경전달물질)이 어디에 등장하는지, 그리고 비교대상은 있는지를 보면 된다. 단일 호르몬의 단일 기능으로는 시험에 출제되지 않기 때문이다. 최소한 호르몬 몇 개를 나열하거나, 혹은 호르몬과 비교되는 다른 대상을 써 놓는다. 왜냐하면, 그래야 선지를 만들 수 있기 때문이다. 따라서 빠르게 비교지점을 찾으면서 읽는다.

❷ 발문 확인하기

지식 나열형 지문이라는 점에서 명목상 추론이지만 '알 수 있는/없는 것은?' 문제다. 알 수 있는 것인지, 없는 것인지 명확히 표시하고 간다.

> 다음 글에서 추론할 수 있는 것만을 〈보기〉에서 모두 고르면?

❸ 보기 적용하기

ㄱ. 신경전달물질에 의한 신호 전달은 측분비 방법을 통해 이루어진다.

호르몬이 신경전달물질이 아니라는 점을 알아야 쉽게 풀 수 있는 선지다. 정확히는 신호 전달과 신경전달이 다른 용어임을 지문을 읽으며 파악해야 한다. 2문단 (4)뿐 아니라 3문단 (2)를 생각해야 풀 수 있음에 유념한다.

ㄴ. 내분비 방법이 측분비 방법보다 표적세포에서 더 빠른 반응을 일으킨다.

비교급 표현이 사용된 추론형 선지다. 내분비 방법과 측분비 방법이 각각 호르몬[1문단(4)]과 (명명되지 않은)신경전달물질[1문단(3), 2문단(4)]을 이용함을 우선 파악해야 한다. 이는 세포 사이의 거리에 따라 쓰이는 물질이 구분되는 것으로 확인 가능하다. 그리고 표적세포에서 반응을 일으키는 시간에 대한 비교 표현[3문단(2)]과 합침으로써 측분비 방법이 내분비 방법보다 더 빠름을 추론할 수 있다.

합격자의 시간단축 Tip

Tip ❶ 과학지문의 서술 방식

과학지문은 몇 가지 유형을 가진다. 가설과 검증을 통해서, 어떤 현상을 설명하고자 하기 때문이다. 유형은 아래와 같다.

취지	형태	유형	중심사고	필요능력
가설과 검증	실험	가설중심	논증	추론
		오류중심	논쟁	모순 도출
현상 설명	지식	도식중심	원리	상황 이해
		피라미드식	수형도	복합 규칙

즉, 가설과 검증에 집중되거나(실험), 현상 설명에 집중되거나(지식설명)이며, 이때 실험의 경우 글쓴이가 주장하는 바를 묻거

나 글쓴이가 범하는 오류를 중심으로 묻는다. 이는 글(실험)의 결론으로부터 무엇이 추론되고 무엇이 추론되지 않는지, 그리고 어디에 논리의 허점이 있는지 묻는 선지로 나타난다.
또한, 현상을 설명하는 경우 지문의 구조는 크게 두 가지로 나뉜다. 하나는 원리를 이용하여 상황을 설명하는 것으로 일종의 사례 적용 유형에 해당한다. 다른 하나는 이 지문이 택한 피라미드식 원칙 적용으로, 범위를 점점 좁혀가며 원칙을 차례차례 추가하는 전개방식이다.
이 글의 경우 세포의 신호전달 3가지 → 신경전달물질 신호전달 + 호르몬 신호전달이라는 구조로 되어 있다. 즉 하나의 소재에서 두 가지가 뻗어 나오는 것이다.(직접결합은 다른 문단에 나오지 않으므로 단일 단계에서 끝난다.) 더 복잡할 경우 3단계로 구성되기도 한다. 이를 온전하게 이해하기 위해선 머릿속에 수형도를 그려 넣는 연습이 필요하다.
만일 이 사고가 자리잡힌다면 직접결합방법을 다시 찾느라 고생하지 않을 수 있고, 문단별로 내용분류가 쉬워진다.

Tip ❷ 병렬적으로 제시된 개념들을 비교하자.

병렬적이라는 것은 내용상 대등하다는 것인데, 병렬적으로 주어진 내용이나 개념 간 공통점 및 차이점과 관계는 선지에서 자주 구성되어 묻는 내용이니 독해할 때부터 미리 파악해두면 선지 판단의 정확도와 속도가 올라간다.
본 문제의 경우 1문단에는 직접 결합, 측분비, 내분비의 방법이, 2문단에는 면역세포, 신경세포, 내분비샘 세포가 각각 병렬적으로 제시되어 있다.

Tip ❸ 내용의 공백이 주어진 경우

몇몇 지문을 보면 글쓴이가 내용에 대한 과제를 남겨두고 문단 또는 글을 마치는 경우가 있다. 위 지문의 경우 1문단에 개념들이 병렬적으로 제시된 뒤, 2문단에 그에 관한 사례들이 등장하지만 1문단의 어떤 개념이 2문단의 사례에 해당하는지 명확히 제시되지는 않았다. 이러한 '공백'은 선지에 나올 확률이 높으므로 미리 유의하자. 즉, 2문단의 각 신호 전달 물질 전달 방식이 1문단의 어떤 방식에 해당하는지 독해하면서 파악하자는 것이다. 실제로 보기 ㄱ의 경우 1문단과 2문단을 잘 연결했느냐를 묻고 있다.

Tip ❹ 3가지 방법-2가지 예시 구조임을 파악하자.

지문은 1문단에서 직접 결합, 측분비, 내분비 방법의 3가지를 제시한 뒤, 2, 3문단에서 각각 측분비 방법, 내분비 방법의 구체적 사례를 든다. 즉 1문단에서 소개되고 후술되지 못한 방법 1가지가 존재한다.
이런 경우가 얼마든지 더 나올 수 있음을 사전에 숙지하고, 2, 3문단이 1문단에서 개괄한 내용을 어떻게 구체화하고 있는지 신경쓰며 독해를 진행하자.

173 정답 ❷ 난이도 ●●●

문제유형 이해 > 내용 파악

접근전략 일반적인 발문과 달리 A, B의 비교가 발문으로 주어져 있다. 이 경우 학파 간 차이점에 중점을 두고 읽는다. 만약 어느 한 쪽이 이해가 안 된다면, 다른 한 쪽을 중심으로 글을 재구성해 보도록 한다.
이러한 비교유형의 경우, ① 주장별 비교로 전개되거나 ② 소재별 비교로 전개된다. 구체적으로 말하면 aaaa vs bbbb로 전개되거나, ab / ab / ab / ab 로 전개되는 것이다. 따라서 이를 놓치지 않고 각 설명이 어떤 주장에 속하는지 반드시 염두에 두면서 독해한다.

다음 A, B 학파에 대한 판단으로 적절하지 않은 것은?

(1) 비정규 노동은 파트타임, 기간제, 파견, 용역, 호출 등의 근로형태를 의미한다. (2) IMF 외환위기 이후 정규직과 비정규직 사이의 차별이 사회문제로 대두되었는데 그 중 가장 심각한 문제가 임금차별이다. (3) 정규직과 비정규직 사이의 임금수준 격차는 점차 커져 비정규직 임금이 2001년에는 정규직의 63 % 수준이었다가 2016년에는 53.5 % 수준으로 떨어졌다. (4) 이 문제를 어떻게 해결할 것인가를 놓고 크게 두 가지 시각이 대립한다. ▶ 1문단

(1) A 학파는 차별적 관행을 고수하는 기업들은 비차별적 기업들과의 경쟁에서 자연적으로 도태되기 때문에 기업 간 경쟁이 임금차별 완화의 핵심이라고 이야기한다. (2) 기업이 노동자 개인의 능력 이외에 다른 잣대를 바탕으로 차별하는 행위는 비합리적이기 때문에, 기업들 사이의 경쟁이 강화될수록 임금차별은 자연스럽게 줄어들 수밖에 없다는 것이다. (3) 예를 들어 정규직과 비정규직 가릴 것 없이 오직 능력에 비례하여 임금을 결정하는 회사는 정규직 또는 비정규직이라는 이유만으로 무능한 직원들을 임금면에서 우대하고 유능한 직원들을 홀대하는 회사보다 경쟁에서 앞서나갈 것이다. ▶ 2문단

(1) B 학파는 실제로는 고용주들이 비정규직을 차별한다고 해서 기업 간 경쟁에서 불리해지지는 않는 현실을 근거로 A 학파를 비판한다. (2) B 학파에 따르면 고용주들은 오직 사회적 비용이라는 추가적 장애물의 위협에 직면했을 때에만 정규직과 비정규직 사이의 임금차별 관행을 근본적으로 재고한다. (3) 여기서 말하는 사회적 비용이란, 국가가 제정한 법과 제도를 수용하지 않음으로써 조직의 정당성이 낮아짐을 뜻한다. ▶ 3문단

(1) 기업의 경우엔 조직의 정당성이 낮아지게 되면 조직의 생존가능성 역시 낮아지게 된다. (2) 그래서 기업은 임금차별을 줄이는 강제적 제도를 수용함으로써 사회적 비용을 낮추는 선택을 하게 된다는 것이다. (3) 따라서 B 학파는 법과 제도에 의한 규제를 통해 임금차별이 줄어들 것이라고 본다. ▶ 4문단

① A 학파에 따르면 경쟁이 치열한 산업군일수록 근로형태에 따른 임금 격차는 더 적어진다.
→ (○) A 학파에 따르면 차별적 관행을 고수하는 기업들은 비차별적 기업들과의 경쟁에서 자연적으로 도태되기 때문에[2문단(1)], 기업들 사이의 경쟁이 강화될수록 임금 차별은 자연스럽게 줄어들 수밖에 없다.[2문단(1)] 즉, A 학파는 경쟁이 치열한 산업군일수록 근로 형태에 따른 임금 격차는 더 적어진다고 본다.

② A 학파는 시장에서 기업 간 경쟁이 약화되는 것을 방지하기 위한 보완 정책이 수립되어야 한다고 본다.
→ (×) A 학파에 따르면 차별적 관행을 고수하는 기업들은 비차별적 기업들과의 경쟁에서 자연적으로 도태되기 때문에[2문단(1)], 기업들 사이의 경쟁이 강화될수록 임금차별은 자연스럽게 줄어들 수밖에 없다.[2문단(1)] 그러나 시장에서 기업 간 경쟁이 약화되는 것을 방지하기 위한 보완 정책이 수립되어야 한다는 주장은 A 학파가 제시하고 있지 않다.

③ A 학파는 정규직과 비정규직 사이의 임금차별이 어떻게 줄어드는가에 대해 B 학파와 견해를 달리한다.
→ (○) A 학파는 정규직과 비정규직 사이의 임금차별이 기업

간 경쟁을 통해 완화될 수 있다고 보며[2문단(1)], B 학파는 법과 제도에 의한 규제를 통해 임금차별이 줄어들 것이라고 본다.[4문단(3)] 따라서 두 학파는 정규직과 비정규직 사이의 임금차별이 어떻게 줄어드는가에 대해 다른 견해를 가지고 있다.

④ B 학파는 기업이 자기 조직의 생존 가능성을 낮춰가면서까지 임금차별 관행을 고수하지는 않을 것이라고 전제한다.
➜ (O) B 학파는 기업이 국가가 제정한 법과 제도를 수용하지 않으면 조직의 정당성이 낮아지고 사회적 비용이 발생하여[3문단(3)], 생존 가능성이 낮아진다고 설명한다.[4문단(1)] 이러한 논리 전개 하에 B 학파는 기업이 생존 가능성을 높이기 위해 임금차별 관행을 고수하지 않을 것이라는 결론을 도출한다.[4문단(2)] 만일 기업이 자기 조직의 생존 가능성을 낮춰가면서까지 임금차별 관행을 고수한다면, 위의 결론을 도출할 수 없게 된다. 따라서 B 학파의 결론이 도출되기 위해서는, 기업이 자기 조직의 생존 가능성을 낮춰가면서까지 임금차별 관행을 고수하지는 않을 것이라고 전제해야 한다.

⑤ B 학파에 따르면 다른 조건이 동일할 때 기업의 비정규직에 대한 임금차별은 주로 강제적 규제에 의해 시정될 수 있다.
➜ (O) B 학파는 법과 제도에 의한 규제를 통해 임금차별이 줄어들 것이라고 본다.[4문단(3)] 따라서, B 학파에 따르면 다른 조건이 동일할 때 기업의 비정규직에 대한 임금차별은 주로 강제적 규제에 의해 시정될 수 있다고 볼 것이다.

제시문 분석

2문단 임금차별 해소에 대한 A 학파의 견해

〈임금차별 해소에 대한 A 학파의 견해〉		
〈논거〉		〈이유〉
차별적 관행을 고수하는 기업들은 비차별적 기업들과의 경쟁에서 자연적으로 도태되기 때문에 기업 간 경쟁이 임금차별 완화의 핵심이다.(1)	⊕	기업이 노동자 개인의 능력 이외에 다른 잣대를 바탕으로 차별하는 행위는 비합리적이기 때문이다.(2)
〈결론〉		
기업들 사이의 경쟁이 강화될수록 임금차별은 자연스럽게 줄어들 수밖에 없다.(2)		

3·4문단 임금차별 해소에 대한 B 학파의 견해

〈임금차별 해소에 대한 B 학파의 견해〉		
〈논거〉		〈이유〉
국가가 제정한 법과 제도를 수용하지 않으면 조직의 정당성이 낮아져 사회적 비용이 증가하고, 그로 인하여 조직의 생존 가능성이 낮아진다. [3문단(3),4문단(1)]	⊕	사회적 비용이 높으면 기업은 생존할 수 없다.[4문단(1)]
〈결론〉		
법과 제도에 의한 규제를 통해 임금차별이 줄어들 것이다.[4문단(3)]		

합격자의 실전 풀이 순서

❶ 발문과 오지선다를 가볍게 확인하면서 독해 전략을 세운다.
발문을 보면 '다음 A, B 학파에 대한 판단으로 적절하지 않은 것은?'이라고 물어보고 있다. 발문을 읽고 오지선다의 구조를 보면, 'A 학파는~,', 'B 학파는~' 구조로 이루어져 있다. 선지를 훑어보면서 A 학파와 B 학파의 각각의 특징과 공통점, 차이점에 대해 숙지해야 함을 파악한다. 또한, A 학파만 묻는 선지와 B 학파만 묻는 선지를 분류해 본다. 이를 통해 지문에서 A 학파와 B 학파의 입장에 대해서 구체적으로 다루고 있음을 추측할 수 있으며, 각 학파의 핵심 주장을 파악하는 것을 우선으로 글을 읽어야겠다는 전략을 세울 수 있다.

❷ 앞에서 세워 둔 전략에 맞춰 글을 읽는다.
앞에서 각 학파의 입장에 맞춰 글을 읽기로 했으므로, 각 학파의 주장이 아닌 부분은 문장이 말하고자 하는 바만 가볍게 파악하는 것을 목적으로 한다. 그 외 A 학파와 B 학파의 입장이 나온다면 이 부분은 정독하도록 한다. 추가적으로 A 학파와 B 학파가 서로를 비판하거나, 접점이 있는 부분을 언급한다면 정확히 어떤 점을 기준으로 서로가 대립하거나 공통점을 가지는지를 체크해 두도록 한다.

❸ 각 문단의 핵심을 파악한다.
1문단은 A, B 학파의 의견 대립이 어떠한 배경에서 시작되었는지 서술하고 있다.
2문단은 A 학파의 경쟁중시, 3문단은 B 학파의 사회적 비용과 조직의 정당성 중시, 규제의 필요성이 핵심내용이다. 이때 4문단이 글의 전체 내용을 정리하는 내용이 아니라, B 학파의 주장을 이어서 설명함에 유의한다.
A, B 학파 모두 임금 차별 완화라는 대전제에는 동의하고 있음을 1문단의 내용을 통해 확인한다.

❹ 파악한 내용을 바탕으로 오지선다를 검토하도록 한다.
각 학파의 입장을 대략적으로 파악했다면 오지선다를 통해 정답을 도출하도록 한다.
A 학파까지 읽고 먼저 선지 ①, ②번을 판단하는 것도 좋다. 선지 ④번의 전제판단, ⑤번의 추론선지는 난이도가 상대적으로 높으므로, 판단할 때 타 선지에 비해 조금 더 신중하게 진행한다.
정답 선지만 설명하도록 한다.

② A 학파는 시장에서 기업 간 경쟁이 약화되는 것을 방지하기 위한 보완 정책이 수립되어야 한다고 본다.
A 학파의 경우 특정 정책이 수립되어야 한다는 결론으로 이르지 않았으며 단순히 임금차별이 발생하는 현상 자체의 원인만을 설명하고 있다. 그러나 자칫하면 '기업 간 경쟁이 임금차별 완화의 핵심이라고 말했기 때문에 기업 간 경쟁 약화에 관한 보완 정책이 수립되어야 하는 것이 아닌가'라는 억측으로 도달할 수 있다. 특정 사실에서 해결책까지의 억측 유도는 자주 사용되는 방식의 오답 함정이므로, 이를 염두에 두는 것이 좋다.

합격자의 시간단축 Tip

Tip ❶ 독해에 있어 강약을 조절한다.
정답을 고르기 위해서는 필요한 부분은 정독을, 그렇지 않은 부분은 가볍게 읽어나가는 것이 중요하다. 예를 들어 문제의 경우 결국 핵심적으로 알아야 할 것은 A, B 학파의 입장이다. 이에 1문단은 A, B 학파의 구체적 내용을 설명하지는 않지만, 임금차별문제를 해결하는 것의 중요성을 시사하는 중요한 문단이 될 수 있다. 따라서 〈핵심 화제를 제시하는구나〉하는 느낌으로 포인트를 잡아 가볍게 독해한다.

Tip ❷ 예시 부분의 경우 이해가 잘 된 경우 사례를 빠르게 읽도록 한다.

해당 지문의 난이도는 어려운 편이 아니며, 〈예를 들어〉 전까지도 친절하게 설명해주고 있다. 따라서 그전까지의 내용이 수월히 이해된다면 사례를 그냥 가볍고 빠르게 읽고 지나갈 수 있다.

Tip ❸ 먼저 글의 전체적인 구조를 살펴 글을 읽는 것도 중요하다.
문제를 풀기 전에 발문을 확인하고 오지선다와 글의 구조를 대략적으로 살펴보는 것도 앞으로의 독해 방향성을 잡는 데 도움이 된다. 예를 들어 문제의 경우에도 발문에서 A 학파와 B 학파의 입장을 물어보고 있다. 그에 따라 글의 전체적인 구조를 보면 2문단과 3문단, 4문단에서 A 학파, B 학파의 이야기로 문단이 시작하고 1문단에서는 대략적인 배경이 소개되어 있다. 오지선다에는 대부분 'A 학파는~', 'B 학파는~'으로 이루어져 있으므로, 이를 통해 무작정 모든 문단을 다 읽는 것이 아닌 어떻게 글을 읽어야 할지 등의 글의 접근 방식을 고민해볼 수 있다.

174 정답 ❸ 난이도 ●●●

문제유형 비판적 사고 > 빈칸 채우기
접근전략 전형적인 빈칸 채우기 문제이다. 기본적으로 빈칸문제는 빈칸을 포함한 문장, 앞뒤 문장, 빈칸이 포함된 문단의 주제문을 통해 직간접적 근거를 얻을 수 있다. 우선 글을 대강 훑어 어느 곳에 빈칸이 들어가는지 확인하는 것이 좋은데, 해당 제시문의 경우 빈칸이 있는 문장까지 최대한 제대로 이해하여 읽고 빈칸이 포함된 문장과 그 앞뒤 문장을 통해 빈칸에 대응되는 내용을 찾아 정답을 도출하는 것이 좋다.

다음 글의 빈칸에 들어갈 진술로 가장 적절한 것은?

(1) 모두가 서로를 알고 지내는 작은 규모의 사회에서는 거짓이나 사기가 번성할 수 없다. (2) 반면 그렇지 않은 사회에서는 누군가를 기만하여 이득을 보는 경우가 많이 발생한다. 이런 현상이 발생하는 이유를 확인하는 연구가 이루어졌다. (3) A 교수는 그가 마키아벨리아니즘이라고 칭한 성격 특성을 지닌 사람을 판별하는 검사를 고안해냈다. (4) 이 성격 특성은 다른 사람을 교묘하게 이용하고 기만하는 능력을 포함한다. (5) 그의 연구는 사람들 중 일부는 다른 사람들을 교묘하게 이용하거나 기만하여 자기 이익을 챙긴다는 사실을 보여준다. (6) 수백 명의 학생을 대상으로 한 조사에서, 마키아벨리아니즘을 갖는 것으로 분류된 학생들은 대체로 대도시 출신임이 밝혀졌다. ▶ 1문단

(1) 위 연구들이 보여주는 바를 대도시 사람들의 상호작용을 이해하기 위해 확장시켜 보자. (2) 일반적으로 낯선 사람들이 모여 사는 대도시에서는 자기 이익을 위해 다른 사람을 이용하는 성향을 지닌 사람이 많다고 생각하기 쉽다. (3) 대도시 사람들은 모두가 사기꾼처럼 보인다는 주장이 일리 있게 들리기도 한다. (4) 그러나 다른 사람들의 협조 성향을 이용하여 도움을 받으면서도 다른 사람에게 도움을 주지 않는 사람이 존재하기 위해서는 일정한 틈새가 만들어져 있어야 한다. (5) [   ] 때문에 이 틈새가 존재할 수 있는 것이다. (6) 이는 기생 식물이 양분을 빨아먹기 위해서는 건강한 나무가 있어야 하는 것과 같다. 나무가 건강을 잃게 되면 기생 식물 또한 기생할 터전을 잃게 된다. (7) 그렇다면 어떤 의미에서는 모든 사람들이 사기꾼이라는 냉소적인 견해는 낯선 사람과의 상호작용을 잘못 이해한 것이다. (8) 모든 사람들이 사기꾼이라면 사기를 칠 가능성도 사라지게 된다고 이해하는 것이 맞다. ▶ 2문단

① 대도시라는 환경적 특성
→ (×) 제시문에서는 모두 서로를 알고 지낼 수 있는 작은 규모의 사회가 아닐 때, 누군가를 기만하여 이득을 보려는 경우가 많이 발생한다고 말한다.[1문단(2)] 그리고 관련 연구를 통해 대도시의 상호작용을 가능하게 하는 것은 일정한 틈새가 있기 때문임을 제시한다.[2문단(4)] 하지만 선지에 따라 그 틈새가 곧 '대도시라는 환경적 특성'이 된다면 이것은 '대도시라서 대도시의 상호작용이 발생'이라는 순환 논증을 만들어내기 때문에 옳지 않다. 따라서 '대도시라는 환경적 특성'은 빈칸에 들어갈 진술이 될 수 없다.

② 인간은 사회를 필요로 하기
→ (×) '인간이 사회를 필요로 한다'는 진술이 틈새가 존재할 수 있게 하는 결과로 귀결되지는 않는다. 기생 식물이 건강한 나무로부터 양분을 빨아먹는 것처럼 누군가를 기만하여 이득을 보려는 사회를 가능하게 하는 것에는 '어떤 사회인지'에 대한 문제가 더 중요하게 작용한다.

③ 많은 사람들이 진정으로 협조하기
→ (○) 제시문에서는 기생 식물이 양분을 빨아먹기 위해서는 건강한 나무가 있어야 하는 것과 빈칸의 문장이 같다고 하였다[2문단(6)]. 기생 식물은 건강한 나무로부터 양분을 빨아먹으며 도움을 받지만, 그들은 나무에게 아무런 도움도 제공하지 않는다. 이를 통해 건강한 나무와 같은 역할을 하는 많은 사람들이 있어야 다른 사람들의 협조 성향을 이용하여 일방적으로 도움을 받는 기생식물과 같은 사람들이 존재할 수 있다는 것을 추론할 수 있다. 따라서 빈칸에는 '많은 사람들이 진정으로 협조하기'가 들어가는 것이 적절하다.

④ 많은 사람들이 이기적 동기에 따라 행동하기
→ (×) 제시문에서는 기생 식물이 양분을 빨아먹기 위해서는 건강한 나무가 있어야 하는 것과 빈칸의 문장이 같다고 하였다.[2문단(6)] 기생 식물은 건강한 나무로부터 양분을 빨아먹으며 도움을 받지만, 반대로 나무에게는 아무런 도움도 제공하지 않는다. 이때 건강한 나무는 이타적 동기에 따라 행동하는 것이라고 볼 수 있다. 따라서 많은 사람들이 이기적 동기에 따라 행동한다는 것은 누구도 건강한 나무와 같은 역할을 하지 못한다는 것이기 때문에 틈새가 존재하지 않는다.

⑤ 누가 마키아벨리아니즘을 갖고 있는지 판별하기 어렵기
→ (×) 제시문에서는 기생 식물이 양분을 빨아먹기 위해서는 건강한 나무가 있어야 하는 것과 빈칸의 문장이 같다고 하였다.[2문단(6)] 그러나 누가 마키아벨리아니즘을 갖고 있는지 판별하기 어렵다는 내용은 이러한 비유와 대응하지 않는다. 두 상황이 대응되기 위해서는, 건강한 나무와 기생 식물의 존재를 구별하여 알아차리기 어렵다는 내용이 나와야 한다. 그러나 이에 대한 언급은 존재하지 않으므로 해당 내용은 빈칸에 들어갈 수 없다.

제시문 분석

1문단 마키아벨리아니즘에 대한 연구결과

〈사회의 규모에 따른 특징〉	
모두가 서로를 알고 지내는 작은 규모의 사회에서는 거짓이나 사기가 번성할 수 없다.(1)	반면 그렇지 않은 사회에서는 누군가를 기만하여 이득을 보는 경우가 많이 발생한다.(2)

…

〈A 교수의 연구〉	A 교수는 이런 현상이 발생하는 이유를 확인하는 연구를 실시하였다.(2)

〈연구 내용〉		〈결과①〉		〈결과②〉
A 교수는 그가 마키아밸리아니즘이라고 칭한 성격 특성을 지닌 사람을 판별하는 검사를 고안해냈다.(3)	→	그의 연구는 사람들 중 일부는 다른 사람들을 교묘하게 이용하거나 기만하여 자기 이익을 챙긴다는 사실을 보여준다.(5)	→	수백 명의 학생을 대상으로 한 조사에서, 마키아밸리아니즘을 갖는 것으로 분류된 학생들은 대체로 대도시 출신임이 밝혀졌다.(6)

2문단 대도시 사람들의 상호작용에 대한 오해와 진실

〈오해〉		〈진실〉
일반적으로 낯선 사람들이 모여사는 대도시에는 자기 이익을 위해 다른 사람을 이용하는 성향을 지닌 사람들이 많다고 생각하기 쉽다.(2)	→	많은 사람들이 진정으로 협조하기 때문에 다른 사람들의 협조 성향을 이용하여 도움을 받으면서도 다른 사람에게 도움을 주지 않는 사람이 존재할 수 있다.(4),(5)
대도시 사람들은 모두가 사기꾼처럼 보인다는 주장이 일리 있게 들리기도 한다.(3)		모든 사람들이 사기꾼이라면 사기를 칠 가능성도 사라지게 된다고 이해하는 것이 맞다.(8)

합격자의 실전 풀이 순서

❶ 발문 제대로 읽기 및 문제 유형 파악

항상 발문을 먼저 제대로 읽자. 빈칸에 들어갈 내용을 찾는 빈칸추론 문제이다. 이 경우 빈칸이 어디에, 어떻게 분포되어 있는지에 따라 풀이가 달라진다.

빈칸문제는 빈칸에 들어갈 내용에 따라 유형을 분류할 수 있다.

(1) 중심 내용

빈칸에 들어가는 내용이 중심 내용이라면 제시문 전체를 독해하여 어떤 내용을 전달하려고 하는 것인지, 그 결론을 찾아내야 한다. 세부적인 내용보다는 각각의 내용이 결국 어떤 주장으로 수렴되는지에 집중하며 읽는 것이다.

(2) 빈칸 앞뒤 맥락을 연결하는 내용

결론 도출을 위해 필요한 내용, 혹은 앞의 내용과 이어지는 자연스러운 중간 내용을 찾아야 하는 유형이다. 이 경우 지문의 핵심 내용을 아는 것도 중요하지만 보통 빈칸의 힌트는 빈칸이 포함된 문장 및 그 앞뒤 문장에 있다.

다만, 빈칸 채우기 유형은 빈칸만 보고 해당 문제가 어떠한 유형인지 바로 파악하기 어렵다. 또한, 최근에는 중심 내용이 아니더라도 중심 내용을 알아야 빈칸을 추론할 수 있게 출제되는 문제가 자주 등장한다. 따라서 빈칸문제는 유형 파악에 시간을 쏟기보다 먼저 중심 내용을 파악하며 읽는 것으로 시작하는 것을 추천한다.

참고로 빈칸문제를 많이 접하다 보면 이 문제와 같이 빈칸이 제시문의 중후반부에 등장하는 경우, 중심 내용을 파악하기 위해 빈칸 앞의 모든 부분을 읽을 필요가 없다는 것을 깨달을 것이다. 주로 앞 문단의 내용은 제시문의 제재를 소개하는 정도에 그친다. 따라서 접속어가 들어간 문장과 빈칸의 앞뒤 문장만으로도 주제문을 도출할 수 있다. 이를 위해서는 다양한 제시문을 분석하는 연습이 필수적이다.

❷ 제시문 독해 및 선지 판단

(1) 빈칸을 채워 문제를 푸는 경우 어떤 내용이 선지로 구성될지를 파악하기보다 글 자체에 대한 이해에 더 집중하자. 다만, 제시문에서 부정되고 있는 내용이나 사실(보통 'A가 아닌 B이다, A가 아니다 등의 형태)은 빈칸문제에서도 오답 선지를 만들기 좋으니 이러한 내용은 괄호와 같은 기호로 따로 표시하며 읽자.

(2) 1문단에는 마키아벨리아니즘 성향의 사람들이 어떤 특징을 갖고 있으며 주로 어디 출신인지가 나와 있고, 2문단에는 대도시 사람들에 대한 통념이 제시되며 이것이 틀린 이유가 제시되고 있다. 빈칸에 도달하기까지 이 정도만 이해했다면 큰 문제가 없다. 다만 중요한 것은 빈칸이 포함된 문장과 그 앞뒤 문장이다.

(3) 이제 빈칸을 포함한 문장, 앞뒤 문장을 통해 답을 도출해 보자.

① 빈칸을 포함한 문장

빈칸이 포함된 문장을 보니 빈칸은 틈새가 존재하게 해 줄 수 있는 원인이라 하고 있다. 그러므로 우리의 목표는 틈새가 존재하게 하는 원인을 찾는 것이 된다.

② 빈칸의 앞 문장

그 앞 문장을 보니 틈새란 '다른 사람들의 협조 성향을 이용하여 도움을 받으면서도 다른 사람에게 도움을 주지 않는 사람이 존재하기 위한' 것이라 하고 있다. 그런데, 글의 앞 내용이 사기꾼, 즉 마키아벨리아니즘 성향을 띤 사람에 관한 이야기였으므로 '다른 사람에게 도움을 주지 않는 사람'은 사기꾼 또는 마키아벨리아니즘 성향을 띤 사람임을 알 수 있다. 결론적으로 제시문에서 말하는 틈새란 사기꾼이나 마키아벨리아니즘 성향을 띤 사람들이 있기 위한 틈새라 볼 수 있다.

여기까지 종합하면 우리가 찾아야 하는 것은 '사기꾼이나 마키아벨리아니즘 성향을 띤 사람들이 있기 위한 틈새'인 것이다.

③ 빈칸의 뒤 문장

빈칸이 포함된 문장 뒤의 문장에는 '이는 기생 식물이 양분을 빨아먹기 위해서는 건강한 나무가 있어야 하는 것과 같다.'와 같은 내용이 있다. 여기서 어떤 대상을 이용해 자신이 필요한 것을 얻고 있다는 점에서 기생 식물이 앞서 말한 사기꾼이나 마키아벨리아니즘 성향을 띤 사람임을 알 수 있고, 그들이 존재하기 위해 '건강한 나무'가 필요하기 때문에 '건강한 나무'에 대응하는 말이 빈칸에 들어가야 함을 알 수 있다. 또한, 빈칸의 앞 문장에서 마키아벨리아니즘 성향을 띤 사람이 이용하는 것은 '다른 사람들의 협조 성향'이므로 기생식물이 이용하는 이 '건강한 나무'는 협조 성향과도 연관되어야 한다. 그러므로 정답은 ③번이 되는 것이다.

결론적으로, 빈칸에 들어갈 답은 빈칸이 포함된 문장과 그 앞뒤 문장에서 직간접적 근거를 얻을 수 있다는 것이다.

❸ 1문단 독해를 생략하는 시간 단축 풀이

다음으로, 더욱 과감히 해당 유형을 푸는 방법을 설명하고자 한다. 먼저 1문단을 읽기를 과감히 생략하고 빈칸이 들어간 2문단부터 읽기 시작한다. 2문단을 읽을 때도 다른 문장은 가볍게 읽되, 접속어가 들어간 문장과 빈칸 앞뒤의 문장만 주의 깊게 읽는다. 접속어가 들어가는 문장으로는 2문단 (4) 문장과 (7) 문장이 있다. 해당 문장을 보면, (4) 문장은 '대도시 사람들은 모두가 사기꾼처럼 보인다는 주장이 일리 있게 들리기도 한다.'라는 (3) 문장을 '그러나'라는 전환의 접속어로 받아서 이를 반박하고 있다. (7) 문장은 '모든 사람들이 사기꾼이라는 냉소적인 견해는 낯선 사람과의 상호작용을 잘못 이해

한 것이다.'라고 말하고 있다. 결국, 해당 두 문장만 읽고도 빈칸에 '협조하는 사람들'의 사례가 들어가야 함을 알 수 있다. 처음부터 1문단을 읽지 않아 불안할 수도 있지만, 만약 빈칸이 들어간 문단만을 읽고 답이 찾아지지 않으면 1문단을 다시 빠르게 읽으면 된다. 이처럼 주제문을 빠르게 찾는 습관을 들인다면 빈칸 채우기 유형 외에도 많은 유형을 푸는 데 도움이 된다.

합격자의 시간단축 Tip

Tip ❶ 빈칸문제의 근거 범위 확정

빈칸문제가 등장했을 시 어떤 부분을 근거로 삼을지 기준을 미리 잡아 두면 문제 풀이가 훨씬 수월하고 빨라진다. 보통 빈칸문제의 근거는 빈칸이 포함된 문장, 앞뒤 문장, 빈칸이 포함된 주제문을 근거로 삼을 수 있다. 또한, '그러나', '그러므로', '따라서' 등의 접속어가 들어간 문장도 중요한 선지의 판단 근거가 된다. 이처럼 주의 깊게 읽어야 할 범위를 확정해두면 모든 문장을 읽을 때보다 정확하고 빠르게 정답을 찾을 수 있다.

Tip ❷ 과감하게 읽을 범위 축소하기

주제문 찾기 유형은 빠르게 주제문을 찾는 습관을 들일 경우, 푸는 시간을 획기적으로 단축할 수 있는 유형이다. 또한, 해당 유형은 많은 범위의 제시문을 읽는다면 중요하지 않은 문장에 주의를 빼앗겨 오히려 주제문을 찾기 어려워질 수 있다. 따라서 과감하게 읽는 범위를 축소할 필요가 있다. 읽는 범위를 축소하는 기준으로는 먼저 빈칸이 들어간 문단부터 읽기 시작한다. 또한, 해당 문단 내에서도 접속어가 들어간 문장과 빈칸 앞뒤의 문장을 주의 깊게 읽는다. 이처럼 읽는 범위를 축소하여 주제문을 바로 찾는 습관을 들인다면 주제문 찾기 유형뿐만 아니라 다른 언어논리 유형을 풀 때도 큰 도움을 받을 수 있다.

175 정답 ①

난이도 ●●●

문제유형 법조문형 > 규정적용

접근전략 법조문 유형 중 규정을 바탕으로 〈보기〉에서 옳은 것을 고르는 규정확인문제이다. 법조문 유형을 풀 때는 조문의 구체적인 내용을 독해하는 것보다, 법조문의 구조를 파악한 후 〈보기〉에서 묻고 있는 정보를 찾아 올라가는 형태로 푸는 것이 좋다. 본 문제의 경우, 〈허락없이 허용〉된다는 것은 예외적 상황이므로, 발문을 보고 〈금지되는 상황은 무엇인지〉라는 반대해석을 하는 것이 중요한 문제이다. 장애인이라는 사회적 약자를 위해 저작권이 상대적으로 제한되는 특이한 경우이므로 해당 문제의 구조를 잘 살펴볼 필요가 있다.

다음 글을 근거로 판단할 때, 〈보기〉에서 저작권자의 허락없이 허용되는 행위만을 모두 고르면?

제○○조 타인의 공표된 저작물의 내용·형식을 변환하거나 그 저작물을 복제·배포·공연 또는 공중송신(방송·전송을 포함한다)하기 위해서는 특별한 규정이 없는 한 저작권자의 허락을 받아야 한다.

제○○조 ① 누구든지 공표된 저작물을 저작권자의 허락없이 시각장애인을 위하여 점자로 복제·배포할 수 있다.
② 시각장애인을 보호하고 있는 시설, 시각장애인을 위한 특수학교 또는 점자도서관은 영리를 목적으로 하지 아니하고 시각장애인의 이용에 제공하기 위하여, 공표된 어문저작물을 저작권자의 허락없이 녹음하여 복제하거나 디지털음성정보기록방식으로 복제·배포 또는 전송할 수 있다.

제○○조 ① 누구든지 공표된 저작물을 저작권자의 허락없이 청각장애인을 위하여 한국수어로 변환할 수 있으며 이러한 한국수어를 복제·배포·공연 또는 공중송신할 수 있다.
② 청각장애인을 보호하고 있는 시설, 청각장애인을 위한 특수학교 또는 한국어수어통역센터는 영리를 목적으로 하지 아니하고 청각장애인의 이용에 제공하기 위하여, 공표된 저작물에 포함된 음성 및 음향 등을 저작권자의 허락없이 자막 등 청각장애인이 인지할 수 있는 방식으로 변환할 수 있으며 이러한 자막 등을 청각장애인이 이용할 수 있도록 복제·배포·공연 또는 공중송신할 수 있다.

※ 어문저작물: 소설·시·논문·각본 등 문자로 이루어진 저작물

〈보기〉

ㄱ. 학교도서관이 공표된 소설을 청각장애인을 위하여 한국수어로 변환하고 이 한국수어를 복제·공중송신하는 행위
→ (○) 제3조 제1항에 따르면 누구든지 공표된 저작물을 저작권자의 허락없이 청각장애인을 위하여 한국수어로 변환할 수 있으며 이러한 한국수어를 복제·공중송신할 수 있다. 따라서 학교도서관이 공표된 소설을 청각장애인을 위하여 한국수어로 변환하고 복제·공중송신하는 행위는 저작권자의 허락없이 허용된다.

ㄴ. 한국어수어통역센터가 영리를 목적으로 청각장애인의 이용에 제공하기 위하여, 공표된 영화에 포함된 음성을 자막으로 변환하여 배포하는 행위
→ (×) 제3조 제2항에 따르면 한국어수어통역센터는 영리를 목적으로 하지 아니하고 청각장애인의 이용에 제공하기 위하여 공표된 저작물에 포함된 음성을 변환하고 배포할 수 있다. 따라서 한국어수어통역센터가 영리를 목적으로 청각장애인의 이용에 제공하기 위한 경우, 공표된 영화에 포함된 음성을 자막으로 변환하여 배포하는 행위는 저작권자의 허락없이 허용되는 행위가 아니다.

ㄷ. 점자도서관이 영리를 목적으로 하지 아니하고 시각장애인의 이용에 제공하기 위하여, 공표된 피아니스트의 연주 음악을 녹음하여 복제·전송하는 행위
→ (×) 제2조 제2항에 따르면 점자도서관은 영리를 목적으로 하지 아니하고 시각장애인의 이용에 제공하기 위하여 공표된 어문저작물을 저작권자의 허락없이 녹음하여 복제·전송할 수 있다. 그런데 각주에 따르면 어문저작물은 문자로 이루어진 저작물을 말한다. 공표된 피아니스트의 연주 음악은 문자로 이루어진 저작물이 아니므로, 이를 녹음하여 복제·전송하는 행위는 저작권자의 허락없이 허용되는 행위가 아니다.

① ㄱ → (○)
② ㄴ → (×)
③ ㄱ, ㄷ → (×)
④ ㄴ, ㄷ → (×)
⑤ ㄱ, ㄴ, ㄷ → (×)

합격자의 실전 풀이 순서

❶ 문제 유형 파악

본 문제의 경우 제시문으로 법조문이 주어졌으므로 법조문 유형임을 쉽게 알 수 있다. 특히 법조문 유형 중에서도 규정을 바탕으로 〈보기〉의 옳은 선지를 고르는 규정확인문제이다. 법조문 유형은 조문의 구체적인 내용을 독해하는 것보다, 법조문의 구조를 파악한 후 선지에서 묻고 있는 정보를 찾아 올라가는 형태로 푸는 것이 좋다. 또한, 본 문제가 저작권자의 허락없이 허용되는 행위를 고르는 문제라는 것을 인지하기 위해 "허락없이"라는 단어에 밑줄이나 동그라미 등 표시를 한다.

저작권자의 허락없이 허용되는 행위만을 모두 고르면?

❷ 법조문 구조 분석

구조 분석이란 각 조문의 내용 및 조문 간 관계를 이해하는 것이다. 법조문 전체를 읽되, 세부적인 내용을 기억하기 보다는 어떤 정보가 있는지 파악하는 것에 중점을 둔다. 이때 기호를 적절히 활용할 수 있다. 또한 이러한 분석 과정을 거치며 선지에 등장할만한 부분을 발견할 수 있다.

본문의 규정은 세 개의 조로 구성되어 있다. 조문의 제목이 없으므로 읽으면서 키워드를 파악한다. 가독성을 높이기 위해 가로선으로 각 조를 구분하고, '1, 2, 3'으로 숫자를 써둔다. 이하 편의상 첫 번째 조부터 '제1조', '제2조' 등으로 표기한다. 본 문제의 경우 법조문의 구조가 복잡하지 않다. 그러나 길이가 긴 조문이 있으므로 해당 조문의 해석에 유의한다.

제1조는 타인 저작물의 변환, 복제 등의 경우 저작권자의 허락을 받아야 함을 규정하고 있다. 그런데 특별한 규정이 없는 한 허락을 받아야 한다고 하여 특별한 규정이 있는 경우 허락없이 허용됨을 알 수 있다. '저작권자의 허락'에 표시한다. 이하의 2조와 3조는 1조의 '특별한 규정'에 해당한다.

제2조와 3조는 유사한 형태의 조문들이다. 이러한 조문들은 공통점과 차이점을 중심으로 분석한다. 제2조는 시각장애인을 위한 복제·배포에 대한 조문이고 제3조는 청각장애인을 위한 복제·배포·공연 또는 공중송신에 대한 조문이다. 각 조의 제1항은 누구에게나 제한 없이 허용되는 행위이며, 제2항은 주체·목적 등에 있어 제한을 두고 있다. 각 조의 2항이 길이가 길고 내용이 복잡하므로 각 요건의 끝에 빗금을 그어두고, 선지 판단 시 돌아와 확인한다. 또한, 본 문제와 같이 각주가 있고 각주에서 단순히 조문을 부연 설명하는 것이 아니라 새로운 정보를 제공하고 있는 경우 선지 해결을 위해 활용될 가능성이 매우 크다. 따라서 이를 별표 쳐두고 주의 깊게 읽는다.

❸ 선지 판단

〈보기〉를 읽고, 해당 내용이 기재된 규정으로 돌아가 꼼꼼히 읽고 각 보기의 정오를 판단한다.

보기 ㄱ과 보기 ㄴ은 청각장애인을 위한 복제·배포·공연 또는 공중송신에 대한 내용이므로 제3조와 비교한다. ㄱ은 제1항, ㄴ은 제2항의 내용이다. 보기 ㄷ은 시각장애인을 위한 복제·배포에 대한 내용이므로 제2조와 비교한다. '어문저작물'이 등장하므로, 각주도 확인하여야 한다.

본 문제와 같이 선지가 보기의 조합으로 구성되는 경우 하나의 보기를 판단한 후 해당 보기와 관련된 선지들을 미리 지워둔다. 보기 ㄱ은 저작권자의 허락 없이 허용되는 행위이므로 선지 ②번과 ④번이 제외된다. 보기 ㄷ은 저작권자의 허락 없이 허용되는 행위가 아니므로 정답이 도출된다.

합격자의 시간단축 Tip

Tip ❶ 발문의 내용을 정확히 파악

발문이 옳거나 옳지 않은 것을 고르는 것이 아닌, 저작권자의 허락없이 허용되는 행위를 고르는 것이므로, 제1조에서 '특별한 규정이 없는 한'이라는 문구에서 이하의 조문이 저작권자의 허락을 받지 않아도 되는 경우를 규정한 것이라고 추측할 수 있다.

Tip ❷ 각주를 주의 깊게 읽기

상황판단 영역에서 각주가 제시된 경우, 꼭 확인하는 습관을 들이도록 한다. 각주가 단순 용어풀이거나 문제해결과 직접적 관련이 없는 경우도 있으나, 정답과 직접적으로 관련된 단서나 함정이 주어지는 경우도 많고 이를 확인하는 데 오랜 시간이 걸리지는 않으므로 습관적으로 주의를 기울이는 것이 좋다. 특히 본 문제와 같이 각주에서 단순히 조문을 부연 설명하는 것이 아니라 새로운 정보를 제공하고 있는 경우 더욱 주의한다. 각주를 본문 제2조 제2항의 '어문저작물'과 연결하여 둔다면 각주를 놓치는 실수를 방지할 수 있을 것이다.

Tip ❸ 괄호를 유의

〈공중송신(방송, 전송 포함)〉의 경우 2조 2항의 전송, 선지 ㄷ의 전송과 연결된다. 괄호가 제시되면, 일반적으로 선지의 정오를 판단하는데 반드시 필요한 경우가 대부분이다. 따라서 괄호와 단서에는 별표 표시를 해둔다.

Tip ❹ 상식을 보조적으로 활용

〈장애인〉이라는 사회적 약자를 위해 저작권을 상대적으로 제한하는 문제이므로, 상식을 보조적으로 활용하여 어떤 경우에 저작권 제한이 이뤄지지 않을지를 판단할 수 있다. 선지 ㄴ의 〈영리를 목적으로〉가 그 예이다. 이러한 상식과 사전지식의 활용이 가능한 이유는 법조문 문제가 실제 법조문을 토대로 만들어지기 때문이다.

Tip ❺ ㄱ을 판단한 뒤 ㄷ을 판단

본문의 내용이 크게 두 부분으로 나뉘는 경우, 일반적으로 출제자는 응시자가 두 부분을 모두 읽기를 원할 것이다. 따라서 ㄷ만 시각장애인 부분을 묻고 있다면 ㄷ을 꼭 판단하여야 정답이 도출되도록 선지를 구성할 확률이 높다. 청각장애인 부분을 묻고 있는 ㄱ이 옳다면, 다음으로 ㄴ보다는 시각장애인 부분을 묻고 있는 ㄷ을 먼저 보거나, 아예 ㄷ을 가장 먼저 판단하는 것도 방법일 것이다.

176 정답 ③

난이도 ●○○

문제유형 비판적 사고 > 유사한 내용·사례 찾기

접근전략 논리적 오류의 '사례'를 묻는 사례적용 유형에 해당한다. 이를 논리학에서는 유비추론이라 한다. 본 문제와 같이 발문에서 특정 내용에 관해 물을 때에는 그 내용을 위주로 빠르게 읽어 해당 내용만 제대로 파악하고, 그를 토대로 선지를 파악하면 된다. 즉, 재진술이나 발문에서 요구하지 않는 정보까지 유심히 읽을 필요는 없다는 것이다.

다음 글에 제시된 논리적 오류의 사례로 적절하지 않은 것은?

(1) 흔히 주변에서 암 검진 결과 암의 징후가 없다는 판정을 받은 후 암이 발견되면 검진이 엉터리였다고 비난하는 것을 본다. (2)

우리 몸의 세포들을 모두 살펴보지 않은 이상 암세포가 없다고 결론지을 수 없다는 것은 논리적으로 명확한데 말이다. (3) 우리는 1,000마리의 까마귀를 관찰하여 모두 까맣다고 해서 까맣지 않은 까마귀가 없다고 단정할 수는 없다고 학교에서 배웠다. (4) 하지만 교실에서 범하지 않는 논리적 오류를 실생활에서는 흔히 범하곤 한다. (5) 예를 들어, 1960년대에 의사들은 모유가 분유에 비해 이점이 있다는 증거를 찾지 못하였다. 그러자 당시 의사들은 모유가 특별한 이점이 없다고 결론지었다. (6) 그 결과, 많은 사람들이 대가를 치러야만 했다. 수십 년이 지난 후에, 유아기에 모유를 먹지 않은 사람들은 특정 암을 비롯하여 여러 가지 질병에 걸릴 위험성이 높다는 사실이 밝혀진 것이다. (7) 이와 같이 우리는 '증거의 없음'을 '없음의 증거'로 오인하곤 한다.

① 다양한 물질의 전기 저항을 조사한 결과 전기 저항이 0인 경우는 없었다. 따라서 전기 저항이 0인 물질은 없다.
→ (○) 다양한 물질을 조사했지만, 조사하지 않은 영역에서 전기 저항이 0인 경우가 있을 수 있다. 모든 물질을 조사한 것이 아니므로 전기 저항이 0인 물질이 없다고 단정할 수는 없다(2). 따라서 이는 '증거의 없음'을 '없음의 증거'로 오인하는 사례에 해당한다(7).

② 어떤 사람이 술과 담배를 즐겼지만 몸에 어떤 이상도 발견되지 않았다. 따라서 그 사람에게는 술과 담배가 무해하다.
→ (○) 술과 담배로 인한 어떤 신체 이상도 발견되지 않았다고 해서 그 사람에게 술과 담배가 무해하다고 결론 내리는 것은, '증거의 없음'을 '없음의 증거'로 오인하는 사례이다. 우리 몸의 다양한 조직과 세포 하나하나와 잠재적 위험까지 검진할 수는 없기 때문에 당시의 검사 결과를 가지고 신체 이상이 전혀 없다고 단정할 수는 없다.

③ 경찰은 어떤 피의자가 확실한 알리바이가 있다는 것을 확인했다. 따라서 그 피의자는 해당 범죄 현장에 있지 않았다.
→ (×) 어떤 피의자에게 확실한 알리바이가 있음을 확인한 것은 곧 그 현장에 피의자가 없었다는 증거가 된다. 따라서 이는 '증거의 없음'을 '없음의 증거'로 오인하는 사례가 아니라 '없음의 증거'가 확실한 사례이다.

④ 주변에서 빛을 내는 것을 조사해보니 열 발생이 동반되지 않는 것이 없었다. 그러므로 열을 내지 않는 발광체는 없다.
→ (○) 주변에서 빛을 내는 것을 조사한 결과 모두 열 발생이 동반되었다고 해서, 열을 내지 않는 발광체가 없다고 단정 지을 수는 없다. 조사하지 않은 다른 발광체에서 열을 내지 않는 경우가 존재할 수 있기 때문이다. 모든 대상을 조사한 것이 아니므로, 이는 '증거의 없음'을 '없음의 증거'로 오인하는 사례에 해당한다.

⑤ 현재까지 수많은 노력에도 불구하고 외계 지적 생명체는 발견되지 않았다. 그러므로 외계 지적 생명체는 존재하지 않는다.
→ (○) 지금까지의 관찰 결과, 외계 지적 생명체가 발견되지 않았다고 해서 아예 그들이 존재하지 않는다고 단정 지을 수 없다. 기술의 한계나 여건의 어려움으로 조사하지 못한 영역이 존재할 수 있기 때문이다. 따라서 이는 '증거의 없음'을 '없음의 증거'로 오인하는 사례에 해당한다.

제시문 분석

'증거의 없음'을 '없음의 증거'로 오인하는 논리적 오류

	〈오류〉	〈오류인 이유〉
〈사례1〉	암 검진 결과 암의 징후가 없다는 판정을 받은 후, 암이 발견되면 검진이 엉터리였다고 비난한다.(1)	우리 몸의 세포들을 모두 살펴보지 않은 이상 암세포가 없다고 결론지을 수 없다.(2)
〈사례2〉	1,000마리의 까마귀를 관찰한 결과 모두 까맣다. 따라서 까맣지 않은 까마귀는 없다.(3)	관찰하지 않은 까마귀 중 까맣지 않은 까마귀가 있을 수 있기 때문에 단정할 수 없다.(3)
〈사례3〉	1950년대 의사들은 모유가 분유에 비해 이점이 있다는 증거를 찾지 못해, 모유가 특별한 이점이 없다고 결론 지었다.(5)	당시 아직 찾지 못했던 증거로 모유를 먹지 않은 사람들은 여러 가지 질병에 걸릴 위험성이 높다는 사실이 밝혀졌다.(6)

합격자의 실전 풀이 순서

사례적용 유형

사례적용 유형은 지문에서 구체적인 사례를 제시한 후, 이를 선지 또는 보기에 적용하는 구조의 문제들을 말한다.

❶ 유형 식별하기

(1) 발문
- 사례에 대한 판단으로 적절한 것은?
- 다음 사례에 해당하는 것은?
- 특정한 주제에 대한 개념 제시
- 구체적인 사례 제시

사례가 특정한 개념에 적용 가능한지, 포함 가능한지, 반박하는지 등을 물음

본 문제는 지문에서 사례들을 제시한 후, 선지에서 새로운 사례를 또 제시해 적용하도록 하는 구조다.

❷ 지문 파악하기

이 단계에서는 지문의 핵심 내용은 무엇인지, 지문에 제시된 개념 또는 사례는 무엇을 말하고자 하는지 파악한다. 사례적용 유형의 지문은 대부분 구조가 간단하기에 글의 얼개를 파악하는 데에 오랜 시간이 걸리지 않을 것이다. 지문의 구조를 파악한 후에는 각 개념이 한 문장으로 정리되는 수준으로 파악하도록 한다.

본 문제의 구조 및 각 사례는 제시문 분석 정리되어 있다. 이를 다시 구성하면 다음과 같다. 아래의 '당초 목적'은 지문에 제시되지 않았지만 지문을 읽으면서 반드시 인식할 수 있어야 한다. 인식된 용어는 달라도 좋다.

당초 목적	발견한 사실	잘못된 추론
암세포가 있는지 확인	표본검진 결과	없음의 증거로 착각 (성급한 일반화)
흰 까마귀 확인	1000마리 관찰	
모유의 이점 확인	1960년대 영양분석 결과	

❷ 선지 고르기

지문의 내용을 이해했다면, 이 단계에서는 보기 또는 선지에 적용하여 정답을 찾는다. 이 단계에서는 두 가지를 명심하자. 첫째, '있다/없다' 표현을 헷갈리지 않도록 주의하자. 둘째, 사례에서 추론할 수 없는 내용을 자의적으로 넘겨짚은 것은 아닌지 항상 의심하자.

합격자의 시간단축 Tip

Tip ❶ 발문에서 '특정한 내용'에 관해 묻는 경우

일반적인 비문학 유형의 경우, 발문에서 특정한 일부 내용만을 묻지 않는다. 이 경우 지문 전체를 훑으면서 선지로 출제될 만한 내용을 캐치해야 한다. 그러나 사례적용 유형의 경우, 꼭 지문의 모든 부분에 집중할 필요는 없다. 지문의 내용 중요도에 차이를 두고 필요한 정보 위주로 읽는 것이 시간 절약에 도움이 된다.

Tip ❷ 선지 ③을 예측해보자.

본 지문은 결국 '없음의 증거가 제시된 적이 없는데 착각한다'는 것이 요지이다. 이를 뒤집으면, 없음의 증거가 제시된 경우에는 정확한 판단이라는 의미가 된다. 즉 이런 내용의 선지가 등장하리라는 것을 예측해볼 수도 있다. 선지 ③이 정확히 이에 부합하는 내용이다.

Tip ❸ 유비추론 유형 풀이법

이제부터 제시하는 풀이법은 어디까지나 문제당 2분 이상이 넉넉하게 주어지는 동시에 지문의 해석 난이도가 매우 높은 5급공채 PSAT나 LEET에만 통용되는 풀이법임을 먼저 알린다. 통상의 NCS독해는 이런 번거로운 과정을 거칠 필요가 없는 문제로 나오며, 제한시간도 짧으므로 쓰는 것을 추천하지 않는다.
유비추론이란 서로 다른 소재를 가지고, 공통된 요소(원칙)가 존재하는 것을 통해서 같은 결론을 유도하는 추론방법이다. 법적인 용어로는 '준하여' 라는 것이 이에 해당된다. 이러한 유비추론은 두 사례간 '일대일 대응' 관계가 성립되어야 한다. 즉, A사례에 존재하는 요소 abcd가 있다고 하면 B사례에도 대응되는 a'b'c'd'가 똑같이 존재해야 하며 둘 사이에 빠지거나 추가되거나 달라지는 것이 있으면 안 된다. 따라서 유비추론시에는 먼저 요소별로 끊어서 표시하고, 대응이 전부 되는지를 확인하면서 읽는다. 또한, 이렇게 요소별로 대응이 될 경우 직관적으로 별로 와닿지 않더라도 유비추론은 성립하게 된다. (물론 그 때문에 반론이 제기될 수 있음은 자명하다. 실제로 '언어와 사고의 유사성'에 대한 유명한 논증도 이런 식으로 반박되기도 했다.)
예컨대 이 지문의 경우 지문 파악에서 정리한 '당초 목적', '잘못된 추론', '일부 확인된 사실' 요소가 전부 있으면 지문에서 제시된 사례의 유비추론이라 할 수 있다. 반면 ③번 선지는 '당초 목적'은 존재하지만 '일부 확인된 사실'이 아니라 '확실한 사실'이 존재하므로 정답이 되는 것이다.

177 정답 ② 난이도 ●●●

문제유형 비판적 사고 > 판단하기
접근전략 평가를 묻는 문제의 선지는 '강화/약화한다' 또는 '강화/약화하지 않는다'로 구성되어 인데 이들은 결국 추론 가능/불가능을 묻는 일치부합형 문제와 크게 다르지 않다. 평가의 대상인 지문을 먼저 파악한 후, 각 보기를 판단한다.

(가)와 (나)에 대한 평가로 적절한 것만을 〈보기〉에서 모두 고르면?

(가) (1) 어린 시절 과학 선생님에게 가을에 단풍이 드는 까닭을 물어본 적이 있다면, 단풍은 "나무가 겨울을 나려고 잎을 떨어뜨리다 보니 생기는 부수적인 현상"이라는 답을 들었을 것이다. (2) 보통 때는 초록빛을 내는 색소인 엽록소가 카로틴, 크산토필 같은 색소를 가리므로 우리는 잎에서 다른 빛깔을 보지 못한다. (3) 가을이 오면, 잎을 떨어뜨리고자 잎자루 끝에 떨켜가 생기면서 가지와 잎 사이의 물질 이동이 중단된다. (4) 이에 따라 엽록소가 파괴되면서 감춰졌던 다른 색소들이 자연스럽게 드러나서 잎이 노랗거나 주홍빛을 띠게 된다. (5) 요컨대 단풍은 나무가 월동 준비 과정에서 우연히 생기는 부산물이다.

(나) (1) 생물의 내부를 들여다보면 화려한 색은 거의 눈에 띄지 않는다. (2) 물론 척추동물의 몸 속에 흐르는 피는 예외이다. (3) 상처가 난 당사자에게 피의 강렬한 색이 사태의 시급성을 알려 준다면, 피의 붉은 색깔은 특정한 목적을 가지고 진화적으로 출현했다고 볼 수 있다. (4) 마찬가지로 타는 듯한 가을 단풍은 나무가 해충에 보내는 경계 신호라고 볼 수 있다. (5) 진딧물처럼 겨울을 나기 위해 가을에 적당한 나무를 골라서 알을 낳는 곤충들을 향해 나무가 자신의 경계 태세가 얼마나 철저한지 알려 주는 신호가 가을 단풍이라는 것이다. (6) 단풍의 색소를 만드는 데는 적지 않은 비용이 따르므로, 오직 건강한 나무만이 진하고 뚜렷한 가을 빛깔을 낼 수 있다. (7) 진딧물은 이러한 신호들에 반응해서 가장 형편없이 단풍이 든 나무에 내려앉는다. (8) 휘황찬란한 단풍은 나무와 곤충이 진화하면서 만들어 낸 적응의 결과물이다.

• 보기 •

ㄱ. 단풍이 드는 나무 중에서 떨켜를 만들지 않는 종이 있다는 연구 결과는 (가)의 주장을 강화한다.
➜ (×) (가)에서는 가을이 오면 잎을 떨어뜨리고자 떨켜가 생기면서 가지와 잎 사이의 물질 이동이 중단된다고 하였다.[가(3)] 이에 따라 엽록소가 파괴되면서 단풍이 드는 것이다.[가(4)] 그러나 단풍이 드는 나무 중에서 떨켜를 만들지 않는 종이 있다는 연구 결과는 이러한 (가)의 주장과 맞지 않으므로, 주장을 약화한다.

ㄴ. 식물의 잎에서 주홍빛을 내는 색소가 가을에 새롭게 만들어진다는 연구 결과는 (가)의 주장을 강화한다.
➜ (×) (가)에서는 초록빛을 내는 엽록소가 기존의 다른 색소를 가리므로 우리는 잎에서 다른 빛깔을 보지 못하며[가(2)], 엽록소가 파괴되면서 감춰졌던 다른 색소들이 드러나 잎이 노랗거나 주홍빛을 띠게 된다고 하였다.[가(4)] 즉, 주홍빛을 내는 색소가 새로 만들어지는 것이 아니라 기존에 감춰져 있던 색소가 드러난다는 것이다. 따라서 주홍빛을 내는 색소가 가을에 새롭게 만들어진다는 연구 결과는 (가)의 주장을 약화한다.

ㄷ. 가을에 인위적으로 어떤 나무의 단풍색을 더 진하게 만들었더니 그 나무에 알을 낳는 진딧물의 수가 줄었다는 연구 결과는 (나)의 주장을 강화한다.
➜ (○) 진딧물처럼 가을에 적당한 나무를 골라서 알을 낳는 곤충들을 향해 나무가 자신의 경계 태세가 얼마나 철저한지 알려주는 신호가 가을 단풍이며[나(5)], 진딧물은 이러한 신호에 반응해서 가장 형편없이 단풍이 든 나무에 내려앉는다고 하였다.[나(7)] 이를 통해 단풍색이 더 진하면 그 나무에 알을 낳는 진딧물의 수가 줄어들 것이라 알 수 있다. 따라서 ㄷ의 진술은 (나)의 주장을 강화한다.

① ㄱ ➜ (×)
② ㄷ ➜ (○)
③ ㄱ, ㄴ ➜ (×)

④ ㄴ, ㄷ → (×)
⑤ ㄱ, ㄴ, ㄷ → (×)

제시문 분석

(가) 월동 준비 과정에서의 부산물로서의 단풍

〈전〉		〈월동 준비〉		〈후〉
초록빛을 내는 색소인 엽록소가 카로틴, 크산토필 같은 색소를 가리므로 우리는 잎에서 다른 빛깔을 보지 못한다.(2)	→	가을이 오면, 잎을 떨어뜨리고자 잎자루 끝에 떨켜가 생기면서 가지와 잎 사이의 물질 이동이 중단된다.(3)	→	이에 따라 엽록소가 파괴되면서 감춰졌던 다른 색소들이 자연스럽게 드러나서 잎이 노랗거나 주홍빛을 띠게 된다.(4)

〈결론〉
단풍은 나무가 월동 준비 과정에서 우연히 생기는 부산물이다.(5)

(나) 해충에 보내는 경계 신호로서의 단풍

〈단풍의 비용〉		〈진딧물의 반응〉
단풍의 색소를 만드는 데는 적지 않은 비용이 따르므로, 오직 건강한 나무만이 진하고 뚜렷한 가을 빛깔을 낼 수 있다.(6)	→	진딧물은 이러한 신호들에 반응해서 가장 형편없이 단풍이 든 나무에 내려앉는다.(7)

〈결론〉
진딧물처럼 겨울을 나기 위해 가을에 적당한 나무를 골라서 알을 낳는 곤충들을 향해 나무가 자신의 경계 태세가 얼마나 철저한지 알려주는 신호가 가을 단풍이다.(5)

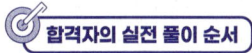

합격자의 실전 풀이 순서

강화약화 유형

❶ 유형 식별하기

- 발문
  - 다음 논쟁/학설/의견에 대한 평가/설명으로 적절한 것은? (본 문제)
  - 다음 학설/지문을 강화/약화하는 것으로 적절한 것은? (21문)
- 선지 또는 보기
  제시된 사례가 강화/약화의 대상에 적용 가능한지, 혹은 상충하는지 등을 물음

❷ 대상 파악하기

강화약화 유형에서는 가장 먼저 강화/약화의 대상이 무엇인지 확인해야 한다. 그리고, 대상의 내용을 정확히 이해해야 한다. 대상은 발문을 통해 확인할 수 있으며, 대상의 내용은 지문을 통해 이해할 수 있다.

(1) 발문 확인

> (가)와 (나)에 대한 평가로 적절한 것만을 〈보기〉에서 모두 고르면?

평가의 대상이 (가)와 (나)임을 알 수 있다. (이로부터 두 문단이 대립적 구조를 띨 것까지 추측할 수 있다.) 따라서 곧바로 지문으로 내려간다.

(2) 지문에서 대상 확인

지문에서 대상을 찾았다면 그 내용을 파악할 차례다. 본 지문의 경우 (가)는 시간의 흐름에 따른 변화를 제시한다. 가을이 오기 전과 오고 난 후를 알려주는 시간 지표를 기호로 표시하고, 두 시점 사이에 나무에 어떤 변화나 차이점이 생기는지 확인하자. 또한, 원리나 메커니즘의 경우 선후관계를 분명히 하자. (나)의 경우 단풍이 자연스러운 부산물이 아니라 의도적(혹은 진화적)인 경고라는 점을 파악해야 한다. 그리고 의도라고 판단할 수 있는 근거를 찾아야 한다. 근거가 짧게 제시되어 있으므로 유의한다.

강화약화에서 제일 중요한 점은 주장과 근거를 구분하여 표시하는 것이다. 선지는 주장이나 근거를 공격하기 때문에 이들을 보기 편하게 별도의 기호로 묶어서 표시한다. 예컨대 A주장, A근거, B주장, B근거를 서로 다르게 표시할 수 있다. 다만 이 지문은 친절하게 두 문단으로 나눠 있어서 두 개의 기호를 쓰는 것으로 충분하다. (예컨대 동그라미와 네모)

단, 주의할 점은, 주장을 이해했다고 표시하지 않거나, 근거가 너무 뻔하다고 표시하지 않으면 안 된다는 것이다. 알던 내용이라도 반드시 표시하고 지나간다.

❸ 보기 판단하기

지문을 모두 이해했다면, 보기 또는 선지를 하나씩 읽고 옳은지 여부를 확인한다. 이때 판단하는 경우는 3가지로 나뉜다.

(1) 대상을 강화함

대상과 합치하거나, 같은 내용인 경우로 선지 ㄷ의 가을에 인위적으로 단풍색이 진해진 나무에 알을 낳는 진딧물의 수가 줄었다는 내용이 있다.

→ 진딧물은 단풍색이 옅은 나무에 알을 낳기를 선호한다는 (나)와 상통한다. 단풍이 진딧물을 막는다는 것을 추론할 수 있다.

(2) 대상을 약화함

대상의 반례에 해당하거나 상충하는 내용으로 선지 ㄱ의 단풍이 드는 나무 중에서 떨켜를 만들지 않는 종이 있다는 내용이 있다.

→ 나무의 겨울나기 준비 도구인 떨켜가 단풍을 불러온다는 (가)의 내용과 상충한다. 즉, 단풍에 별도의 목적이 있다는 뜻이다.

(3) 강화도 약화도 하지 않음

가장 유의해야 하는 경우로, 대상과 아무 관련이 없는 정보를 서술하는 경우다. 지문과 보기가 주는 정보만으로 관련성이 추론된다고 착각하면 오답이 된다. 단 본 지문에는 해당 보기가 없다.

합격자의 시간단축 Tip

Tip ❶ 시간의 흐름에 따른 변화가 제시되는 경우

시간의 흐름에 따른 변화가 제시되는 경우 연도와 같이 시간의 흐름을 표현하는 지표를 동그라미와 같은 기호로 표시하고, 시간이 흐름에 따라 어떤 변화나 차이점이 나타나는지 확인해가며 읽자. 이를테면 지문에서는 '가을이 오면' 등이 그 단어가 된다. 해당 지문에서 묻고자 하는 바가 시간 흐름과 무관해 보인다고 해도(즉, 식물의 상태 변화가 취지라고 해도) 시간의 흐름은 중요하다. 왜냐하면, 지문을 좀 더 직관적으로 이해할 수 있게 하기 때문이다. 예컨대 "떨켜"라는 말은 굉장히 낯설지만 '단풍'이나 "가을" 같은 단어는 일상적이기 때문에 이해가 쉽다.

Tip ❷ 강화약화 문제의 보기 판단

글에 대한 평가를 묻는 보기의 판단은 '강화/약화' + '한다/하지 않는다'의 구성이다. 그러나 이들 판단은 추론 가능/불가능을 묻는 비문학 문제와 크게 다르지 않다. 아래의 표를 보고 판단되는 방식을 익혀두자.

A가 강화한다.	A가 1)지문 내용과 일치 또는 2)그로부터 추론 가능
A가 강화하지 않는다.	A가 1)추론될 근거 없음 또는 2)지문 내용과 상충하거나 3)무관
A가 약화한다.	A가 지문 내용과 1)상충
A가 약화하지 않는다.	A가 1)지문으로부터 추론 가능 또는 2)일치하거나 3)무관

위 표의 기준에 따라 판단해 보면 보기 ㄱ과 ㄴ은 제시문 내용과 상충하기 때문에 틀리고, ㄷ은 제시문 내용과 부합해서 맞다.

Tip ❸ 지문의 전개방향을 숙지하자.

실전 풀이순서에서도 말했듯이 지문 (가), (나)를 대략 요약하면 (가)는 단풍을 다른 메커니즘의 부산물로 보고, (나)는 진화론적으로 해충에 대비하기 위한 '의도'가 담겨있는 나무의 대응이라는 것이다. (가) 일반적인 메커니즘 서술, (나) 진화론적 서술에 속한다. 향후 다른 과학 테마 지문을 독해할 때도 이런 구도를 적용해볼 수 있겠다(예컨대 공생 관계에 적용해 보자).
다른 분야의 예시로는 국가와 시장의 발전도 그중 하나가 될 수 있다. 시장의 확대가 자연적인 현상인지, 혹은 국가/국민의 의도적인 활동의 결과인지 대립할 수 있는 것이다. 사회복지나 도시의 형성 등, 시계열적 변화가 있는 모든 분야에 적용할 수 있다.

Tip ❹ 낯선 용어들이 중요한지 구분하는 법

지문은 분야에 따라 낯선 단어들이 나오기도 한다.(지금 당장 떠오르지 않는다면 철학, 역사, 심리, 우주 등을 떠올려 보자.) 예컨대 이 지문에선 카로틴, 크산토필 같은 단어들이다. 그런데 어떤 지문은 이렇게 어려운 단어들이 중요하고, 어떤 지문은 중요하지 않다. 이를 어떻게 구분할 수 있는가?
이에 대한 구체적인 정답은 없다. 다만 몇 가지의 팁은 있다. 첫째로 어려운 단어들이 '나열'된다면 별로 중요하지 않을 가능성이 크다. 이 지문의 경우가 그렇다. 카로틴이든 크산토필이든 어쨌든 엽록소가 아니고, 단풍과 관련 있다는 그 성질이 중요하다. 둘째로 3줄 이내의 간격에서 반복되지 않는 경우 그다지 중요하지 않을 가능성이 크다. 어려운 단어는 사실 혼자 어려운 게 아니라 보편적으로 어렵다. (이는 적성시험 특성상, 모두가 배운 지식, 즉 초중고 교육과정 중심으로 출제하기 때문이다.) 따라서 어려운 단어가 중요할 경우 부가 설명이 있을 것이고, 내용이 반복된다는 결론으로 이어진다.

178 정답 ① 난이도 ●●○

문제유형 비판적 사고 > 논지의 일관성

접근전략 여러 개의 빈칸이 존재하는 경우, 오지선다를 먼저 보면서 빈칸이 어떻게 구성되어 있는지를 살펴보는 것이 중요하다. 본 문제는 서로 대조되는 단어가 선지로 구성되어 있으므로, 이를 통해 선조체와 흑색질의 특징을 정확하게 파악해야겠다는 읽기 전략 설정이 가능하다. 이렇게 빈칸과 오지선다의 구성에 따라 시간을 단축하는 글 읽기 전략을 세울 수 있다. 또한, 과학지문의 경우 용어 자체가 낯설기 때문에 학생들이 문제를 풀다가 쉽게 포기하거나, 시간을 끄는 경우가 많다. 그러나 과학 소재 역시 다른 지문 접근법과 동일하게 글을 읽는다면 쉽게 문제를 풀 수 있을 것이다.

다음 ㉠~㉣에 들어갈 말을 가장 적절하게 나열한 것은?

(1) 신체의 운동이 뇌에 의해 통제되고 조절된다는 것은 당연하게 여겨지지만, 여전히 뇌의 어느 부위가 어떤 운동 기능을 담당하는지는 정확하게 이해되고 있지 않다. (2) 이는 뇌의 여러 부분이 동시에 신체 운동에 관여하기 때문이다. (3) 신체 운동에 관여하는 중요한 뇌의 부위에는 운동 피질, 소뇌, 기저핵이 있다. ▶ 1문단

(1) 대뇌에 있는 운동 피질은 의지에 따른 운동을 주로 조절한다. (2) 소뇌와 기저핵은 숙달되어 생각하지 않아도 일어나는 운동들을 조절한다. (3) 평균대 위에서 재주를 넘는 체조선수의 섬세한 몸동작은 반복된 훈련을 통하여 생각 없이 자동으로 이루어지는데 이러한 일은 주로 소뇌가 관여하여 일어난다. (4) 기저핵의 두 부위인 선조체와 흑색질은 서로 대립적으로 신체 운동을 조절한다. (5) 선조체는 신체 운동을 [㉠]하고, 흑색질은 신체 운동을 [㉡]하는 역할을 한다. ▶ 2문단

(1) 뇌의 이상으로 발생하는 운동 장애로 헌팅턴 무도병과 파킨슨병이 있다. (2) 이 두 질병은 그 증세가 서로 대조적이다. (3) 전자는 신체의 근육들이 제멋대로 움직여서 거칠고 통제할 수 없는 운동을 유발한다. (4) 반면에 파킨슨병은 근육의 경직과 떨림으로 움직이려 하여도 근육이 제대로 움직여 주지 않는다. (5) 이러한 대조적인 증세는 대립적으로 작용하는 기저핵의 두 부위에서 일어난 손상으로 인하여 발생한다. (6) 선조체가 손상을 입으면 헌팅턴 무도병에 걸리고 흑색질에 손상을 입으면 파킨슨병에 걸린다. (7) 따라서 [㉢]의 기능을 향상시키는 약을 쓰면 파킨슨병의 증세가 완화되고 [㉣]의 기능을 억제하는 약을 쓰면 헌팅턴 무도병의 증세가 완화된다. ▶ 3문단

	㉠	㉡	㉢	㉣
①	억제	유발	흑색질	흑색질

➜ (O) 선조체 손상을 입으면 헌팅턴 무도병에 걸리고[3문단(6)], 헌팅턴 무도병은 신체의 근육들이 제멋대로 움직여서 거칠고 통제할 수 없는 운동을 유발한다.[3문단(3)] 정리하면 헌팅턴 무도병은 선조체가 기능을 발휘하지 못하여 신체 운동이 제멋대로 '유발'된 것이므로, 선조체의 기능은 신체 운동을 억제하는 것이라는 사실을 추론할 수 있다. 따라서 ㉠에는 '억제'가 들어가야 한다. 이와 달리 흑색질에 손상을 입으면 파킨슨병에 걸리고[3문단(6)], 파킨슨병은 근육의 경직과 떨림으로 움직이려 하여도 근육이 제대로 움직여 주지 않는다.[3문단(4)] 정리하면 파킨슨병은 흑색질이 기능을 발휘하지 못하여 신체 운동이 지나치게 '억제'된 것이므로, 흑색질의 기능은 신체 운동을 유발하는 것이라는 사실을 추론할 수 있다. 따라서 ㉡에는 '유발'이 들어가야 한다.
이처럼 파킨슨병은 흑색질이 손상을 입어 발생하는 질병이므로[3문단(6)], 흑색질의 기능을 향상하는 약을 쓰면 파킨슨병의 증세가 완화될 것이다. 따라서 ㉢에는 '흑색질'이 들어가야 한다. 헌팅턴 무도병은 선조체가 손상을 입어 발생하는 질병이므로[3문단(6)], 선조체의 기능을 향상시키는 약을 쓰거나 흑색질의 기능, 즉 '유발'을 억제하는 약을 쓰면 증세가 완화될 것이다. 그런데 빈칸 ㉣뒤에 '기능을 억제하는 약'이라고 서술되어 있기 때문에, ㉣에는 '흑색질'이 들어가야 한다.

②	억제	유발	흑색질	선조체

➜ (×)

③	억제	유발	선조체	선조체

➜ (×)

④	유발	억제	선조체	흑색질

➜ (×)

⑤ 유발 억제 흑색질 선조체
→ (×)

제시문 분석

2·3문단 선조체와 흑색질

〈선조체와 흑색질〉		
〈선조체의 기능〉		〈흑색질의 기능〉
신체 운동을 억제한다. [2문단(5)]	⬌	신체 운동을 유발한다. [2문단(5)]
〈선조체 손상 시 나타나는 질병〉	⬌	〈흑색질 손상 시 나타나는 질병〉
헌팅턴 무도병[3문단(6)]		파킨슨병[3문단(6)]
〈헌팅턴 무도병〉		〈파킨슨병〉
신체의 근육들이 제멋대로 움직여서 거칠고 통제할 수 없는 운동을 유발한다.[3문단(3)]	⬌	근육의 경직과 떨림으로 움직이려 하여도 근육이 제대로 움직여 주지 않는다.[3문단(4)]

합격자의 실전 풀이 순서

❶ 발문을 읽고 빈칸의 위치를 파악한다.

발문을 읽고 나서 빈칸이 어디 있는지를 확인하도록 한다. 발문의 경우 '다음 ㉠ ~ ㉣에 들어갈 말'이라고 제시되어 있다. 이를 통해 빈칸 유형의 문제라는 것을 인지하며, 각각의 빈칸이 각자 어디에 위치하는지를 파악하도록 한다.

❷ 빈칸의 앞뒤 문장과 오지선다의 구성을 파악한다.

선지 구성을 보면 억제/유발, 흑색질/선조체 중에 적절한 것을 고르는 것이 결국 이 문제의 해결방법이다.

> 빈칸의 ㉠ ~ ㉣을 살펴보면 ㉠과 ㉡은 '선조체는 신체 운동을 [㉠]하고, 흑색질은 신체 운동을 [㉡]하는 역할을 한다.'로 나와 있다. 이를 통해 선조체와 흑색질의 주요 특징을 파악해야 함을 확인한다. 이후 ㉢과 ㉣이 포함된 문장에서는 '따라서 [㉢]의 기능을 항상시키는 약을 쓰면 파킨슨병의 증세가 완화되고 [㉣]의 기능을 억제하는 약을 쓰면 헌팅턴 무도병의 증세가 완화된다.'라고 말하는 것으로 보아 각각의 질병과 흑색질, 선조체와의 관계를 파악해야 함을 확인할 수 있다.

즉, 단순화하면 해당 지문의 모든 내용은 억제/유발 여부와 파킨슨병의 증세 완화를 위해 필요한 것, 헌팅턴 무도병 증세 완화를 위해 필요한 것을 파악하는 데 활용되어야 한다. 더 단순화시키면 신체 운동에 대한 긍정/부정 피드백 여부, 즉 +/－관계로 해당 지문을 파악할 수 있다.

❸ 1문단부터 3문단까지 글을 읽어 내려간다.

본 지문의 1문단은 앞으로 다룰 내용인 선조체와 흑색질에 대한 배경지식을 설명하고 있으므로, 내용을 가볍게 파악하는 정도로만 읽도록 한다.

2문단은 각각의 명칭을 체크하면서 글을 읽는다. 2문단을 읽으면서 선조체와 흑색질에 대한 특징은 아직 파악하기 어려우며, 3문단을 정독해야 한다는 예측을 할 수 있다. 이에 당황하지 않고 빠르게 3문단으로 내려간다.

3문단의 경우 헌팅턴 무도병과 파킨슨병의 특징을 체크하며 2문단에서 읽은 선조체와 흑색질의 특징을 관련지어 생각한다. 또한 '선조체가 손상을 입으면 헌팅턴 무도병에 걸리고 흑색질에 손상을 입으면 파킨슨병에 걸린다'와 같은 문장은 빈칸을 알 수 있는 핵심적인 문장이기 때문에 정독하도록 한다.

❹ 오지선다를 통해 정답을 찾는다.

오지선다를 보고 나서 빈칸에 들어갈 단어를 찾아 정답을 체크한다. 이때 소거법을 사용할 수도 있다. 예를 들어 처음 ㉠과 ㉡에서 '억제', '유발'을 찾았다면 ④번과 ⑤번 문항은 소거해도 상관없다. 이렇게 소거법으로 문제를 푼다면 바로 정답을 고를 수 있다.

합격자의 시간단축 Tip

Tip ❶ 과학 지문은 생각보다 단순하다.

과학지문은 기본적으로 인과관계를 중심으로 진행된다. 결국 '무엇(원인) 때문에 무엇(결과)이 일어나는가'를 탐구하는 학문이기 때문이다. 따라서 아무리 과학지문이 어려워 보이더라도 개념 및 내용 간 인과관계를 위주로 진행된다고 할 수 있다. 생물학 지문 또한 낯선 호르몬, 기관들이 많이 등장할 뿐, 연결 관계만 잘 파악할 경우 추론의 난이도는 오히려 쉽다. 따라서 낯선 호르몬/기관이 등장한다고 난도가 높다고 생각하지 말자.

Tip ❷ 선지 판단을 급하게 할 필요는 없다.

결과적으로 보면 선지 구성에서 반대메커니즘을 소거만 해도 답을 고를 수 있다. 성급하게 푸는 경우 머릿속에서 사고가 꼬여서 메커니즘을 다 파악하고도 오답을 고를 수 있다. 이런 문제는 다른 문제보다 선지의 정오판단에 더 신중해질 필요가 있다. 즉, ㉠~㉣중 하나를 골라서 정답을 확정하고 나면, 본인이 헷갈리는 부분보다는 비교적 단순 명확히 판단할 수 있는 부분부터 판단하도록 한다.

Tip ❸ 빈칸 부근부터 읽어 보면 독해의 강약 포인트를 알 수 있다.

해당 제시문에서는 대뇌, 소뇌 부분은 결국 문제화되지 않는다. 즉, 모든 문장의 내용을 동일한 강도로 집중해서 파악할 필요가 없다는 이야기이다. 이는 문제풀이 초반에 빈칸 부분을 먼저 읽어 보았기 때문에 내릴 수 있었던 판단이다. 따라서 빈칸 부근을 먼저 읽어 문제에 접근하는 방향성과 독해의 강약 포인트를 잡을 수 있다.

Tip ❹ 명확히 틀린 것으로 보이는 선지부터 빠르게 배제하기

선지를 좁힐 때 글 내용과 모순되는 흐름의 선지를 우선 파악하는 것도 좋다. 즉, 해당 문제엔 나오지 않았지만 ㉠과 ㉡이 둘 다 '억제'일 경우, 글 내용과 필연적으로 모순된다.
이와 같은 사고로 ㉢과 ㉣이 다른 단어가 오면 선지 자체로 모순이 생긴다는 것을 파악할 수 있다.

179 정답 ④ 난이도 ●●●

문제유형 비판적 사고 > 지문에서 추론하기

접근전략 알 수 있는 것을 고르는 문제의 정답 선지는 제시문 내용과 부합하거나 그로부터 추론할 수 있는 경우이고 오답 선지는 제시문 내용과 상충하거나 그로부터 추론할 수 없는 경우이다. 제시문을 처음부터 끝까지 읽으며 구조와 선지로 자주 나오는 정보를 미리 파악하고 표시해두면서 읽고 빠르게 선지들을 파악하자. 특정 구조에서 선지로 자주 구성되는 내용은 항상 있기 마련이다. 또한, 해당 지문처럼 논리 문제 역시 제시문의 정보를 적극적으로 활용한다면 〈보기〉의 내용의 옳고 그름을 빠르게 판단할 수 있다.

다음 글에서 추론할 수 있는 것만을 〈보기〉에서 모두 고르면?

(1) 우리가 가진 믿음들은 때때로 여러 방식으로 표현된다. (2) 예를 들어, 영희가 일으킨 교통사고 현장을 목격한 철수를 생각해보자. 영희는 철수가 아는 사람이므로, 현장을 목격한 철수는 영희가 사고를 일으켰다는 믿음을 가지게 되었다. (3) 철수의 이런 믿음을 표현하는 한 가지 방법은 "철수는 영희가 교통사고를 일으켰다고 믿는다."라고 표현하는 것이다. 이것을 진술 A라고 하자. (4) 진술 A의 의미를 분명히 생각해보기 위해서, "영희는 민호의 아내다."라고 가정해보자. (5) 그럼 진술 A로부터 "철수는 민호의 아내가 교통사고를 일으켰다고 믿는다."가 참이라는 것이 반드시 도출되는가? 그렇지 않다. (6) 왜냐하면 철수는 영희가 민호의 아내라는 것을 모를 수도 있고, 다른 사람의 아내로 잘못 알 수도 있기 때문이다. ▶1문단

(1) 한편 철수의 믿음은 "교통사고를 일으켰다고 철수가 믿고 있는 사람은 영희다."라고도 표현될 수 있다. 이것을 진술 B라고 하자. (2) 다시 "영희는 민호의 아내다."라고 가정해보자. 그리고 진술 B로부터 "교통사고를 일으켰다고 철수가 믿고 있는 사람은 민호의 아내다."가 도출되는지 생각해보자. (3) 진술 B는 '교통사고를 일으켰다고 철수가 믿고 있는 사람'이 가리키는 것과 '영희'가 가리키는 것이 동일하다는 것을 의미한다. 그리고 '영희'가 가리키는 것은 '민호의 아내'가 가리키는 것과 동일하다. (4) 그러므로 '교통사고를 일으켰다고 철수가 믿고 있는 사람'이 가리키는 것은 '민호의 아내'가 가리키는 것과 동일하다. (5) 따라서 진술 B로부터 "교통사고를 일으켰다고 철수가 믿고 있는 사람은 민호의 아내다."가 도출된다. 이처럼 철수의 믿음을 표현하는 두 방식 사이에는 차이가 있다. ▶2문단

• 보기 •

ㄱ. "영희는 민호의 아내가 아니다."라고 가정한다면, 진술 A로부터 "철수는 민호의 아내가 교통사고를 일으켰다고 믿지 않는다."가 도출된다.
→ (×) 영희가 민호의 아내라는 가정 아래 철수는 영희가 민호의 아내라는 것을 모를 수도 있다고 한 것을 보면[1문단(6)], 선지처럼 '영희는 민호의 아내가 아니다'라는 반대의 경우에도 철수는 그것을 모를 수도 있다. 이때, 만약 철수가 영희를 민호의 아내라고 착각한다면, 철수는 민호의 아내인 영희가 교통사고를 일으켰다고 믿을 것이다. 따라서 영희가 민호의 아내가 아니라고 가정해도, ㄱ의 명제가 도출되지 않는다.

ㄴ. "영희가 초보운전자이고 철수가 이 사실을 알고 있다."라고 가정한다면, 진술 A로부터 "철수는 어떤 초보운전자가 교통사고를 일으켰다고 믿는다."가 도출된다.
→ (O) 영희가 민호의 아내일 때, "철수는 민호의 아내가 교통사고를 일으켰다고 믿는다."가 도출되지 않는 이유는 철수는 영희가 민호의 아내라는 것을 모를 수도 있기 때문이다.[1문단(6)] 따라서 만약 철수가 "영희는 민호의 아내다."라는 사실을 알았을 경우 해당 명제는 도출될 수 있다. 이와 같은 원리로 영희가 초보운전자인 사실을 철수가 알고 있다면 진술 A로부터 ㄴ의 명제가 도출된다.

ㄷ. "영희가 동철의 엄마이지만 철수는 이 사실을 모르고 있다."라고 가정한다면, 진술 B로부터 "교통사고를 일으켰다고 철수가 믿고 있는 사람은 동철의 엄마다."가 도출된다.
→ (O) 진술 B에 따라 교통사고를 일으켰다고 철수가 믿고 있는 사람이 민호의 아내라는 사실만으로, 영희와 교통사고를 일으켰다고 철수가 믿고 있는 사람 그리고 민호의 아내와 동일해진다.[2문단(3)] 따라서 영희가 동철의 엄마인 것을 철수가 아는지 모르는지와 무관하게 철수의 믿음에 따라 ㄷ의 명제가 도출된다.

① ㄱ → (×)
② ㄴ → (×)
③ ㄱ, ㄷ → (×)
④ ㄴ, ㄷ → (O)
⑤ ㄱ, ㄴ, ㄷ → (×)

제시문 분석

제시문 믿음을 표현하는 방식의 차이

〈예시 상황〉	
영희가 일으킨 교통사고 현장을 목격한 철수를 생각해보자. 영희는 철수가 아는 사람이므로, 현장을 목격한 철수는 영희가 사고를 일으켰다는 믿음을 가지게 되었다.[1문단(2)]	

〈진술 A〉	〈진술 B〉
"철수는 영희가 교통사고를 일으켰다고 믿는다."[1문단(3)]	"교통사고를 일으켰다고 철수가 믿고 있는 사람은 영희다."[2문단(1)]
〈가정〉	
"영희는 민호의 아내다."[1문단(4), 2문단(2)]	
"철수는 민호의 아내가 교통사고를 일으켰다고 믿는다."가 도출되지 않는다.[1문단(5)]	"교통사고를 일으켰다고 철수가 믿는 사람은 민호의 아내다."가 도출된다.[2문단(5)]
철수는 영희가 민호의 아내라는 것을 모를 수도 있고, 다른 사람의 아내로 잘못 알 수도 있기 때문이다.[1문단(6)]	'교통사고를 일으켰다고 철수가 믿고 있는 사람'이 가리키는 것은 '영희', 그리고 '민호의 아내'가 가리키는 것과 동일하기 때문이다.[2문단(3),(4)]

합격자의 실전 풀이 순서

발문 제대로 읽기 및 문제 유형 파악

항상 발문을 먼저 제대로 읽자. 본 문제는 추론할 수 있는 것 고르는 내용추론 유형의 문제이다. 추론할 수 있는 것을 고르는 문제는 알 수 있는 것을 고르는 문제와 같다. 해당 유형은 제시문 내용과 부합하거나 그로부터 추론 가능한 선지가 정답이 되며, 제시문 내용과 상충하거나 그로부터 추론할 수 없는 선지가 오답이 된다. 또한, 추론할 수 있는 것은 제시문 내용과 같은 방향의 선지를 고르는 문제이니 발문에 O 표시를 해두고 풀면 추론할 수 없는 것을 고르는 실수를 크게 줄일 수 있다.
본 문제와 같은 정보확인유형을 푸는 방법으로는 두 가지가 있다.

❶ 제시문 먼저 읽기

첫 번째로는 처음부터 제시문을 꼼꼼히 읽어 선지 확인을 위해 제시문을 다시 읽는 시간을 단축하는 방법이다. 이 방법의 경우 제시문을 읽는 과정에서 선지에 나올 만한 내용을 주의 깊게 읽고, 복잡한 제시문의 내용을 어느 정도 이해한 후 선지를 읽어야 한다. 이 방법을 사용하면서 시간을 단축하고 싶다면, 문단별로 나누어 한 문단을 꼼꼼히 읽고 그 문단에 상응하는 선지부터 판단하는 방법을 응용할 수 있다. 다만, 첫 번째 방법의 경우 제시문의 내용을 잊어버리면 다시 제시문을 읽게 되어 시간이 낭비되기 때문에 매우 긴 제시문이 있는 문제에는 적합하지 않다. 또한, 문단별로 선지를 확인하는 방식은

문단 간의 정보를 결합해야 하는 선지에는 취약하다는 한계가 있다.

❷ **제시문 구조 파악 후 선지 먼저 읽기**

두 번째로는 제시문의 구조와 키워드만 빠르게 파악한 후, 선지를 읽고 선지에서 필요한 내용을 다시 제시문에서 꼼꼼히 찾아가는 방법이 있다. 두 번째 방법은 제시문이 매우 긴 경우 또는 제시문의 구조가 깔끔할 때 효과적이다. 그러나 두 번째 방법은 능숙하지 않은 사람이 시험장에서 시도한다면 성공률이 낮다는 한계가 있다. 두 번째 방식을 익숙하게 하기 위해서는 다양한 제시문을 첫 번째 방법처럼 꼼꼼히 분석하는 과정이 필요하다. 다양한 제시문을 접하고 글의 구조를 이해하게 되면 두 번째 방식을 효과적으로 활용할 수 있다.

각자 본인에게 적합한 방법은 다를 수 있다. 두 방법을 모두 시도해보고, 자신에게 맞는 방법을 찾아 풀면 된다.

제시문을 먼저 읽는 풀이의 경우

(1) 제시문 독해

1문단과 2문단에는 믿음을 표현하는 서로 다른 방식이 제시되어 있다. 문단 별로 대조되는 내용이 전개되기 때문에 1문단과 2문단 사이에 가로로 긴 줄을 그어 시각적으로 각 문단의 내용을 대비하는 것이 좋다. 이처럼 병렬적으로 내용이 이어지면 그들 간 차이점과 공통점을 파악하는 데에 주력해야 하고 실제로 해당 문제는 이들 간 차이점을 먼저 확인하는 게 가장 중요했다. 이들을 생각하지 않은 채로 선지를 판단했다면 오히려 헷갈려서 문제 판단이 더뎌졌거나 실수를 할 가능성이 매우 컸다.

제시문은 "영희는 민호의 아내다"라는 가정이 있을 때, 진술 A와 진술 B의 문장에 있는 '영희'의 자리에 '민호의 아내'를 대신 넣을 수 있는지에 대해 판단하고 있다. 진술 A에는 가능하며, 진술 B에는 불가능하다. 둘 간의 결정적 차이는 어떤 진술과 가정이 있을 때 진술을 하는 주체가 그 가정을 아느냐 모르느냐에 따라 특정 내용이 도출될 수 있느냐 아닌가의 차이가 있었다. 즉, 1문단에서는 '믿음의 주체(철수)가 가정을 실제로 아느냐에 따라 내용의 도출 여부가 결정되었고, 2문단의 경우 믿음의 주체(철수)가 가정을 실제로 아느냐의 여부에 상관없이 내용이 도출될 수 있다는 차이가 생긴다. 1문단은 진술의 형태가 'A는 B라고 믿는다.'이며, 2문단은 'B라고 믿고 있는 사람은 A이다.'인데, 이러한 진술 방식이 위와 같은 차이를 유발했다.

요컨대, 본 문제의 제시문은 세부 내용을 확인하는 것보다 핵심 내용을 바르게 이해하는 것이 중요한 문제였다. 파악해야 하는 핵심 내용으로서 '공통 질문'-'진술 A, B의 그에 대한 답'-'진술 A, B 별로 답이 달라진 원인'이 있었다. 그런데 '공통 질문'과 '진술 A, B의 그에 대한 답'은 비교적 발견하기 쉬웠으므로 결국 '답이 달라진 원인'을 제대로 찾았는지가 정답 여부를 결정했을 것이다. 차이의 발생 원인을 찾는 방법으로는 접속어를 활용하는 방식이 있다. 1문단에서는 쉽게 '왜냐하면'이 들어간 (5) 문장을 찾을 수 있고, 2문단에서는 '그러므로' 앞에 있는 문장(3)에 원인이 제시됨을 알 수 있다. 선지를 풀기 위해 파악해야 하는 핵심 내용이 무엇인지 한 번에 알기란 쉽지 않다. 그러나 기본적으로 대조되는 대상이 나온 경우, 기본적으로 그 대상 간의 차이점과 그러한 차이가 발생한 원인을 파악해야 한다고 생각하고 있으면 편리하다.

(2) 선지 판단

위에서 파악한 차이점을 이용해 어렵지 않게 답을 낼 수 있었다.

(1) ㄱ의 경우 'A는 B라고 믿는다.'의 형태이므로 믿음의 주체(철수)가 가정을 아느냐의 여부에 따라 도출 여부가 결정되는데 철수가 가정을 안다는 사실을 확인할 수 없으므로 도출될 거라 볼 수 없는 내용을 도출했으므로 틀리다.

(2) ㄴ의 경우 'A는 B라고 믿는다.'의 형태이므로 믿음의 주체(철수)가 가정을 아느냐의 여부에 따라 도출 여부가 결정되는데 철수가 영희가 초보운전자라는 사실을 이미 알고 있으므로 도출될 수 있으니 맞다.

(3) ㄷ의 경우 'B라고 믿고 있는 사람은 A이다.'의 형태이므로 믿음의 주체(철수)가 가정을 아느냐에 상관없이 내용이 도출될 수 있으므로 맞다.

선지를 먼저 읽는 풀이의 경우

(1) 선지 읽기

ㄱ을 보면, 어떤 가정과 '진술 A', 그리고 결론이 제시되어 있다. 따라서 키워드보다는 진술 A가 무엇인지 파악하는 것이 먼저임을 알 수 있다.

ㄴ은 '진술 A', ㄷ은 '진술 B'를 활용하여 결론을 도출한다. 따라서 먼저 독해를 통해 진술 A를 파악한다.

(2) 제시문 독해 및 선지 판단

1문단에서 '철수는 영희가 교통사고를 일으켰다고 믿는다.'가 '진술 A'임을 알 수 있다. 또한, 1문단 (4), (5)는 영희가 민호의 아내라도 철수가 그것을 알지 못한다면, 그 사실과 '진술 A'를 결합하여 결론을 도출할 수 없다는 것을 설명한다. 〈보기〉 ㄱ은 이러한 내용에 반하므로 옳지 않다. 철수가 '영희는 민호의 아내가 아니다'라는 사실을 아는 것이 아니기 때문에 이는 '진술 A'에 영향을 주지 못하기 때문이다. 선지 ①, ③, ⑤가 소거되므로 ㄴ은 옳을 것이다. ㄷ 판단을 위해 2문단을 읽는다.

2문단에서 '진술 B'가 '교통사고를 일으켰다고 철수가 믿고 있는 사람은 영희다.'임을 알 수 있다. 또한 문장 (3), (4)는 영희가 민호의 아내임이 사실이라면 이는 '진술 B'와 결합하여 결론을 도출할 수 있음을 설명한다. 〈보기〉 ㄷ에서 '영희가 동철의 엄마'인 것은 사실이고, 이것이 '진술 B'와 결합하면 해당 내용이 도출된다. 따라서 ㄷ은 옳다. 정답은 ④이다.

합격자의 시간단축 Tip

Tip ❶ 내용-개념(대상) 간 차이점, 공통점을 위주로 서술되는 경우

글 전반이 어떤 내용 간 차이점이나 공통점 위주로 서술되는 경우 이들이 선지로 자주 출제되는 요소일 수밖에 없으므로 꼭 이를 잘 체크하며 읽자. 특히 대조되는 대상이 있을 때는 차이점뿐만 아니라 차이가 발생하는 원인도 파악하는 것이 좋다. 또한, 차이점을 위주로 서술되어있어도 이들 간의 공통점도 존재할 수 있다. 개념 간 공통점 역시 선지로 자주 출제되기 때문에 애초에 차이점 및 공통점을 잘 확인하며 읽으면 선지 판단의 정확도가 올라가고 그 속도가 빨라진다.

Tip ❷ 선지를 소거하기

ㄱ~ㄷ, 혹은 ㄱ~ㄹ으로 제시된 박스형 문제는 보기 제거 순서에 따라 보지 않아도 되는 보기가 존재하기도 한다. 앞서 제시한 (선지를 먼저 읽는 풀이의 경우)와 같이 〈보기〉 하나의 정오를 판단하고, 선지를 확인하여 소거하는 방식으로 풀이 시간을 절약할 수 있다. 참고로 까다로운 〈보기〉를 먼저 판단할 때 쉬운 〈보기〉를

판단하지 않아도 되도록 선지가 구성되는 경우가 많다. 이 문제의 경우 ㄴ은 1문단을 그대로 선지로 구성하였으나, ㄱ은 사고 과정이 더 필요하여 ㄴ보다 까다롭다고 할 수 있다.

180 정답 ⑤ 난이도 ●●●

문제유형 법조문형 > 규정확인

접근전략 법조문 유형 중 규정을 바탕으로 선지에서 옳은 것을 고르는 규정확인문제이다. 법조문 유형을 풀 때는 조문의 구체적인 내용을 독해하는 것보다, 법조문의 구조를 파악한 후 〈보기〉에서 묻고 있는 정보를 찾아 올라가는 형태로 푸는 것이 좋다. 본 문제의 경우, 부정의 구조가 여러 부분에 등장하고, 그 부분들끼리 연결되는 것이 이 문제의 핵심이다. 매각이 가능한지 아닌지에 대해 한 부분만 놓치더라도 선지 정오판단이 달라지므로, 이에 유의하며 조문 전체를 읽는다. 시각화를 적극적으로 활용하는 것이 좋다.

다음 글을 근거로 판단할 때 옳은 것은?

제○○조 ① 국유재산은 다음 각 호의 어느 하나에 해당하지 않는 경우에는 매각할 수 있다.
1. 제△△조에 의한 매각제한의 대상에 해당하는 경우
2. 제□□조에 의한 총괄청의 매각승인을 받지 않은 경우

② 국유재산의 매각은 일반경쟁입찰을 원칙으로 한다. 다만 필요한 경우에는 제한경쟁, 지명경쟁 또는 수의계약의 방법으로 매각할 수 있다.

제△△조 다음 각 호의 어느 하나에 해당하는 경우에는 매각할 수 없다.
1. 중앙관서의 장이 행정목적으로 사용하기 위하여 그 국유재산을 행정재산으로 사용 승인한 경우
2. 소유자 없는 부동산에 대하여 공고를 거쳐 국유재산으로 취득한 후 10년이 지나지 아니한 경우. 다만 해당 국유재산에 대하여 중앙관서의 장이 공익사업에 필요하다고 인정한 경우와 행정재산의 용도로 사용하던 소유자 없는 부동산을 행정재산으로 취득하였으나 그 행정재산을 당해 용도로 사용하지 아니하게 된 경우에는 그러하지 아니하다.

제□□조 ① 국유일반재산인 토지의 면적이 특별시·광역시 지역에서는 1,000제곱미터를, 그 밖의 시 지역에서는 2,000제곱미터를 초과하는 재산을 매각하고자 하는 경우에는 총괄청의 승인을 받아야 한다.

② 제1항에도 불구하고 다음 각 호의 어느 하나에 해당하는 경우에는 총괄청의 승인을 요하지 아니한다.
1. 수의계약의 방법으로 매각하는 경우
2. 다른 법률에 따른 무상귀속
3. 법원의 확정판결·결정 등에 따른 소유권의 변경

① **중앙관서의 장이 행정목적으로 사용하기 위하여 행정재산으로 사용 승인한 국유재산인 건물은 총괄청의 매각승인을 받아야 매각될 수 있다.**
→ (×) 제2조 제1호에 따르면 중앙관서의 장이 행정목적으로 사용하기 위하여 그 국유재산을 행정재산으로 사용 승인한 경우 매각할 수 없다. 따라서 중앙관서의 장이 행정목적으로 사용하기 위하여 행정재산으로 사용 승인한 국유재산인 건물은, 총괄청의 매각승인을 받더라도 매각될 수 없다.

② **총괄청의 매각승인 대상인 국유일반재산이더라도 그 매각방법이 지명경쟁인 경우에는 총괄청의 승인없이 매각할 수 있다.**
→ (×) 제3조 제2항 제1호에 따르면 수의계약의 방법으로 매각하는 경우 총괄청의 승인을 요하지 아니한다. 따라서 총괄청의 매각승인 대상인 국유일반재산의 매각방법이 지명경쟁인 경우에는 총괄청의 승인을 받아야 한다.

③ **법원의 확정판결로 국유일반재산의 소유권을 변경하려는 경우 총괄청의 승인을 받아야 한다.**
→ (×) 제3조 제2항 제3호에 따르면 법원의 확정판결에 따라 소유권을 변경하려는 경우 총괄청의 승인을 요하지 아니한다.

④ **광역시에 소재하는 국유일반재산인 1,500제곱미터 면적의 토지를 수의계약의 방법으로 매각하려는 경우에는 총괄청의 승인을 받아야 한다.**
→ (×) 제3조 제1항에 따르면 국유일반재산인 토지의 면적이 광역시 지역에서 1,000제곱미터를 초과하는 재산을 매각하고자 하는 경우에는 총괄청의 승인을 받아야 하나, 제2항 제1호에 따르면 수의계약의 방법으로 매각하는 경우 총괄청의 승인을 요하지 아니한다. 따라서 광역시에 소재하는 국유일반재산인 1,500제곱미터 면적의 토지를 수의계약의 방법으로 매각하려는 경우, 총괄청의 승인을 받지 않아도 된다.

⑤ **행정재산의 용도로 사용하던 소유자 없는 500제곱미터 면적의 토지를 공고를 거쳐 행정재산으로 취득한 후 이를 당해 용도로 사용하지 않게 된 경우, 취득한 때로부터 10년이 경과하지 않았더라도 매각할 수 있다.**
→ (○) 제2조 제2호에 따르면 소유자 없는 부동산에 대하여 공고를 거쳐 국유재산으로 취득한 후 10년이 지나지 아니한 경우 매각할 수 없다. 그러나 제2호 단서에 따르면 해당 국유재산에 대하여 행정재산의 용도로 사용하던 소유자 없는 부동산을 행정재산으로 취득하였으나 그 행정재산을 당해 용도로 사용하지 아니하게 된 경우에는 매각할 수 있다. 따라서 행정재산의 용도로 사용하던 소유자 없는 500제곱미터 면적의 토지를 행정재산으로 취득한 후 이를 당해 용도로 사용하지 않게 된 경우, 이를 매각할 수 있다.

합격자의 실전 풀이 순서

❶ 문제 유형 파악

본 문제의 경우 제시문으로 법조문이 주어졌으므로 법조문 유형임을 쉽게 알 수 있다. 특히 법조문 유형 중에서도 규정을 바탕으로 옳은 선지를 고르는 규정확인문제이다. 법조문 유형은 조문의 구체적인 내용을 독해하는 것보다, 법조문의 구조를 파악한 후 선지에서 묻고 있는 정보를 찾아 올라가는 형태로 푸는 것이 좋다. 또한, 본 문제가 옳은 것을 고르는 문제라는 것을 인지하기 위해 "옳은"이라는 단어에 밑줄이나 동그라미 등 표시를 한다.

다음 글을 근거로 판단할 때 옳은 것은?

❷ 법조문 구조 분석

구조 분석이란 각 조문의 내용 및 조문 간 관계를 이해하는 것이다. 법조문 전체를 읽되, 세부적인 내용을 기억하기 보다는 어떤 정보가 있는지 파악하는 것에 중점을 둔다. 이때 기호를 적절히 활용할 수 있다. 또한 이러한 분석 과정을 거치며 선지에 등장할만한 부분을 발견할 수 있다.

본문의 규정의 두 개의 조로 구성되어 있다. 조문의 제목이 없으므로 읽으면서 키워드를 파악한다. 가독성을 높이기 위해

가로선으로 각 조를 구분하고, '1, 2'로 숫자를 써둔다. 이하 편의상 첫 번째 조부터 '제1조', '제2조' 등으로 표기한다.

본문의 규정은 세 개의 조로 구성되어 있다. 조문의 제목이 없으므로 읽으면서 키워드를 파악한다. 가독성을 높이기 위해 가로선으로 각 조를 구분하고, '1, 2, 3'으로 숫자를 써둔다. 이하 편의상 첫 번째 조부터 '제1조', '제2조' 등으로 표기한다. 본 문제의 경우 제 1, 2, 3조의 내용이 이어지고, 단서와 예외규정이 자주 활용되었다.

제1조 제1항은 국유재산의 매각 가능성을 규정하고 있다. 다만 각 호 중에 하나라도 해당하는 경우 매각할 수 없다는 점에 유의한다. 제2항은 국유재산의 매각 방식을 규정하고 있다. 원칙적으로 일반경쟁입찰이나, 단서에 따르면 필요한 경우 다른 방식에 의한 매각이 가능하다. 1조 이후 매각이 불가능한 경우에 대한 규정이 2조와 3조에서 이어짐을 알 수 있다. 2조는 제1조 1항 1호의 매각제한의 대상을, 제3조는 제1조 1항 2호의 총괄청의 승인을 자세히 설명하고 있다.

제2조 제1호는 '중앙관서의 장', '행정목적', '사용 승인'에 표시한다. 한편 제2조 제2호 단서조항에는 예외적으로 매각할 수 있는 경우가 규정되어 있으므로 △로 표시한다.

제3조 제1항은 토지의 면적이 일정 규모 이상인 경우 매각 시 총괄청의 승인을 요구하는 조항이다. 특별시, 광역시 지역과 그 외의 지역에 서로 다른 기준이 적용됨을 유의하고, '1000', '2000'에 각각 표시한다. 제1조 제1항 제2호에 따르면 이러한 총괄청의 승인을 받지 않은 경우 매각할 수 없다. 제2항은 제1항의 예외규정으로서 자유롭게 매각이 가능한 경우를 규정하고 있다. 각 호의 세부 내용은 선지 판단 시 돌아와 확인한다.

❸ 선지 판단

선지를 읽고, 해당 내용이 기재된 규정으로 돌아가 꼼꼼히 읽고 선지의 정오를 판단한다. 국유재산을 매각하기 위해서는 제1조 제1항 각 호의 어느 하나에 해당하지 않아야 하므로, 제2조에 의한 매각제한의 대상이 아니어야 하고 제3조에 의한 총괄청의 매각승인을 받아야 한다. 따라서 매각 여부에 대한 선지 ①, ②, ⑤번은 제2조, 제3조 모두와 비교하여야 한다. 한편, 총괄청의 승인 여부에 대한 선지 ③번과 선지 ④번은 제3조와 비교한다.

또한, 선지 ②, ③번은 예외규정의 적용 여부를 묻고 있고, 선지 ④번은 지역별로 다른 기준이 적용되는 점이 활용되었다. 마지막 ⑤번 선지는 제2조 2호의 단서를 사용해야 한다. 이를 통해 법조문의 어떠한 내용이 주로 선지에 출제되는지 알 수 있다.

합격자의 시간단축 Tip

Tip ❶ 연결되는 조문의 내용에 주의

제1조와 제2조, 제3조는 각각 연결되어 있다. 제1조 1항 각호의 내용이 제2조와 3조에서 구체화되고 있다. 따라서 각 조항별로 어떤 경우가 매각이 가능하고 어떤 경우가 매각이 불가능한지를 O, ×로 표시하는 방법도 활용할 수 있다. 제2조 각 호는 ×, 제3조 제2항 각 호는 승인이 필요 없으므로 O라고 표시할 수 있다. 다만 제3조 제2항 각 호의 경우에도 제2조에 해당한다면 매각할 수 없음에 유의한다.

Tip ❷ 정답이 ⑤번인 문제에 대비

하나의 선지를 판단 시 여러 조문을 고려하여야 하는데 정답이 ⑤번이라면 시간이 많이 소모될 수밖에 없다. 문제를 해결하기 전부터 이를 알 수는 없으므로, 이 문제를 시간을 들여서 확실히 맞추거나 혹은 본인이 정한 문제당 풀이 시간에 도달하면 넘어가자. 또한, ①~④번까지의 판단 과정에 자신이 있다면 ⑤번 선지를 별도로 검토하지 않고 이를 답으로 선택한다.

Tip ❸ '어느 하나에 해당된다'는 표현에 주의

국유재산을 매각하기 위해서는 제1조 제1항 각호의 어느 하나에 해당하지 않아야 한다. 즉, 제1조 제1항 제1호와 제2호 중 하나라도 충족되지 않으면 매각할 수 없으므로, 제1호가 충족되지 않으면 제2호를 확인하지 않아도 된다. 예를 들어, 선지 ①번은 주어 부분이 제1조 제1호에 해당하므로, 매각승인 여부는 확인할 필요가 없다.

Tip ❹ 오선지 포인트가 많은 선지를 주의

①번 선지는 정오 판단을 위해 검토해야 하는 오선지 포인트가 많은 선지에 해당한다. 중앙관서의 장과 행정목적사용이라는 요건이 충족되는지, 총괄청의 매각승인이 필요한지, 받는 경우 매각은 가능한지 등 오선지 포인트가 많은 선지이므로 집중해서 정오판단한다.

Tip ❺ 수치에 신경 쓰며 선지를 판단

선지 ④번, ⑤번의 경우 선지 판단 시 수치에 신경을 써야 한다. 선지 ④, ⑤번의 1500, 500을 보고 지문으로 올라가면 1000과 2000만 존재한다. 1000과 2000 연관해 이상/이하를 어떻게 규정하는지에 유의하여 선지 정오판단을 진행한다.

독끝 13일차 (181~200)

정답

181	⑤	182	⑤	183	⑤	184	⑤	185	②
186	②	187	②	188	④	189	①	190	①
191	④	192	⑤	193	②	194	③	195	②
196	①	197	③	198	⑤	199	④	200	①

181 정답 ⑤

난이도 ●○○

문제유형 비판적 사고 > 논지 강화·약화하기

접근전략 다시 강화약화 유형이다. 앞선 문항들과 비슷한 구조지만, 보기(선지)에 퍼센트(%) 등 구체적인 수치를 제시함으로써 수험생의 혼동을 유도한 것이 특징이다. 처음 수치를 보고 당황할 수 있지만, 실제로 풀어보면 눈속임일 뿐 실질적인 난이도 차이는 없다.

다음 글의 밑줄 친 주장을 강화하는 사례만을 〈보기〉에서 모두 고르면?

(1) 최근에 트랜스 지방은 그 건강상의 위해 효과 때문에 주목받고 있다. (2) 우리가 즐겨 먹는 많은 식품에는 트랜스 지방이 숨어 있다. 그렇다면 트랜스 지방이란 무엇일까? ▶ 1문단

(1) 지방에는 불포화 지방과 포화 지방이 있다. (2) 식물성 기름의 주성분인 불포화 지방은 포화 지방에 비하여 수소의 함유 비율이 낮고 녹는점도 낮아 상온에서 액체인 경우가 많다. ▶ 2문단

(1) 불포화 지방은 그 안에 존재하는 이중 결합에서 수소 원자들의 결합 형태에 따라 시스(cis)형과 트랜스(trans)형으로 나뉘는데 자연계에 존재하는 대부분의 불포화 지방은 시스형이다. (2) 그런데 조리와 보존의 편의를 위해 액체 상태인 식물성 기름에 수소를 첨가하여 고체 혹은 반고체 상태로 만드는 과정에서 트랜스 지방이 만들어진다. (3) 그래서 대두, 땅콩, 면실유를 경화시켜 얻은 마가린이나 쇼트닝은 트랜스 지방의 함량이 높다. (4) 또한 트랜스 지방은 식물성 기름을 고온으로 가열하여 음식을 튀길 때도 발생한다. 따라서 튀긴 음식이나 패스트푸드에는 트랜스 지방이 많이 들어 있다. ▶ 3문단

(1) <u>트랜스 지방은 포화 지방인 동물성 지방처럼 심혈관계에 해롭다.</u> (2) 트랜스 지방은 혈관에 나쁜 저밀도지방단백질(LDL)의 혈중 농도를 증가시키는 한편 혈관에 좋은 고밀도지방단백질(HDL)의 혈중 농도는 감소시켜 혈관벽을 딱딱하게 만들어 심장병이나 동맥경화를 유발하고 악화시킨다. ▶ 4문단

보기

ㄱ. 쥐의 먹이에 함유된 트랜스 지방 함량을 2 % 증가시키자 쥐의 심장병 발병률이 25 % 증가하였다.
→ (O) 제시문에서는 트랜스 지방이 심장병이나 동맥경화를 유발하고 악화시킨다고 하였다.[4문단(2)] 따라서 트랜스 지방 함량을 증가시키자 심장병 발병률이 증가했다는 사례는 밑줄 친 주장을 강화한다.

ㄴ. 사람들이 마가린을 많이 먹는 지역에서 마가린의 트랜스 지방 함량을 낮추자 동맥경화의 발병률이 1년 사이에 10 % 감소하였다.
→ (O) 제시문에서는 마가린이 트랜스 지방의 함량이 높으며[3문단(3)], 트랜스 지방이 심장병이나 동맥경화를 유발하고 악화시킨다고 하였다.[4문단(2)] 따라서 마가린의 트랜스 지방 함량을 낮추자 동맥경화의 발병률이 감소했다는 사례는 밑줄 친 주장을 강화한다.

ㄷ. 성인 1,000명에게 패스트푸드를 일정 기간 지속적으로 섭취하게 한 후 검사해 보니, HDL의 혈중 농도가 섭취 전에 비해 20 % 감소하였다.
→ (O) 제시문에서는 튀긴 음식이나 패스트푸드에는 트랜스 지방이 많이 들어 있으며[3문단(4)], 이러한 트랜스 지방은 HDL의 혈중 농도를 감소시킨다고 하였다.[4문단(2)] 따라서 패스트푸드를 지속적으로 섭취한 후 HDL의 혈중 농도가 감소했다는 사례는 밑줄 친 주장을 강화한다.

① ㄱ → (×)
② ㄴ → (×)
③ ㄱ, ㄷ → (×)
④ ㄴ, ㄷ → (×)
⑤ ㄱ, ㄴ, ㄷ → (O)

제시문 분석

2·3문단 불포화 지방의 종류

〈불포화 지방〉	
식물성 기름의 주성분인 불포화 지방은 수소의 함유 비율이 낮고 녹는점도 낮아 상온에서 액체인 경우가 많다.[2문단(2)]	
〈시스(cis)형〉	〈트랜스(trans)형〉
자연계에 존재하는 대부분의 불포화 지방.[3문단(1)]	조리와 보존의 편의를 위해 식물성 기름에 수소를 첨가하여 고체 혹은 반고체 상태로 만드는 과정에서 발생[3문단(2)]
	식물성 기름을 고온으로 가열하여 음식을 튀길 때 발생[3문단(4)]

4문단 트랜스 지방의 위험성

〈트랜스 지방의 위험성〉
트랜스 지방은 혈관에 나쁜 LDL의 혈중 농도를 증가시키는 한편, 혈관에 좋은 HDL의 혈중 농도는 감소시켜 심장병이나 동맥경화를 유발하고 악화시킨다.(2)

→	〈결론〉	트랜스 지방은 포화 지방인 동물성 지방처럼 심혈관계에 해롭다.(1)

합격자의 실전 풀이 순서

강화약화 유형

❶ 유형 식별하기

• 발문
– 다음 논쟁/학설/의견에 대한 평가/설명으로 적절한 것은? (23문)
– 다음 학설/지문을 강화/약화하는 것으로 적절한 것은? (본 문제)

• 선지 또는 보기
제시된 사례가 강화/약화의 대상에 적용 가능한지, 혹은 상충하는지 등을 물음

❷ **대상 파악하기**

강화약화 유형에서는 가장 먼저 강화/약화의 대상이 무엇인지 확인해야 한다. 그리고, 대상의 내용을 정확히 이해해야 한다. 대상은 발문을 통해 확인할 수 있으며, 대상의 내용은 지문을 통해 이해할 수 있다.

(1) 발문 확인

> 다음 글의 밑줄 친 주장을 강화하는 사례만을 〈보기〉에서 모두 고르면?

평가의 대상이 밑줄 친 주장임을 알 수 있다. 따라서 지문의 핵심이 밑줄임을 알 수 있고, 지문 전체가 밑줄을 수식한다고 볼 수 있다.

(2) 지문에서 대상 확인

지문에서 대상을 찾았다면 그 내용을 파악할 차례다. 본 지문의 경우 밑줄 친 주장이 4문단 (1)문에 등장한다. 우선 밑줄 친 주장부터 읽은 뒤 지문 전체를 훑도록 한다. 이는 주장과 근거를 분리하기 위함이다.

지문은 1문단에 질문이 등장하며 '질문–답변' 구조를 보인다. 이 경우 질문에 대한 답변이 핵심이 됨을 자연스럽게 알아야 한다. 해당 질문은 밑줄 친 문장의 중요한 내용을 이루기도 하므로 집중해서 읽자. 2문단에는 포화 지방과 불포화 지방, 3문단에는 시스형과 트랜스형이 제시된다. 병렬적으로 제시된 개념들에 해당한다.

❸ **보기 판단하기**

지문을 모두 이해했다면, 보기 또는 선지를 하나씩 읽고 옳은지 여부를 확인한다. 이때 판단하는 경우는 3가지로 나뉜다.

(1) 대상을 강화함

대상과 합치하거나, 동일한 내용인 경우로 선지 ㄱ의 쥐의 먹이에 트랜스 지방 함량을 높이자 심장병 발병률도 증가하였다는 내용이 있다.

→ 밑줄 친 대상과 상통하는 정비례 관계를 나타낸다.

(2) 대상을 약화함

대상의 반례에 해당하거나 상충하는 내용을 말한다. 단, 본 지문에는 해당 보기가 없다.

(3) 강화도 약화도 하지 않음

가장 유의해야 하는 경우로, 대상과 아무 관련이 없는 정보를 서술하는 경우다. 지문과 보기가 주는 정보만으로 관련성이 추론된다고 착각하면 오답이 된다. 단 본 지문에는 해당 보기가 없다.

합격자의 시간단축 Tip

Tip ❶ 영어가 나온 선지에 먼저 접근한다.

보기 ㄷ의 HDL은 알파벳이라 한눈에 들어온다. 보기와 지문을 빠르게 오가면서 정오를 판단하기 유리하다. 특히 HDL의 경우 LDL과 세트로 등장하므로 둘을 연결해 '대응되는 개념'으로 이해하면 쉽다.

Tip ❷ 독해의 감을 늘리는 법

고득점자의 사고란 어떤 주장이 있을 때 그것을 해체하여 요소별로 지문에서 확인하면서 독해하는 사고를 말한다. 이 지문의 주장인 '트랜스 지방은 포화 지방인 동물성 지방처럼 심혈관계에 해롭다.'는 문장으로부터 트랜스 지방이 무엇인지, 포화 지방은 무엇인지, 왜 심혈관계에 해로운지 등의 요소를 추출하여 의문 내지는 목적의식을 가지고 지문을 독해하는 것이다.

이를 늘리는 데는 독서가 가장 좋은 방법이다. 책은 내용이 꼬리에 꼬리를 물고 이어지기 때문이다. 그래서 의문점을 갖게 하고, 해결책을 제시함으로써 독자가 능동적으로 독해하는 것을 미리 연습시켜 준다. 그러나 통상의 수험생이 독서를 한다는 것은 비현실적일뿐더러 점수 획득에 효과적이지도 않다.

그렇다면 어떻게 문제만 풀면서도 이런 감을 늘릴 수 있을까? 답은 항상 주어와 서술어를 생각하는 것이다. 이 문장에서 주어는 '트랜스 지방'이고 서술어는 '해롭다'이다. 이제 우리는 '트랜스 지방은 해롭다.'라는 문장으로 극도로 단순화시켰다. "트랜스 지방? 이게 주제구나. 해롭다? 뭔가 안 좋구나."라는 의문 정도는 누구나 떠올릴 수 있다. 이것이 핵심이다. 수험생이 실전에서 할 수 있는 만큼만 떠올리는 것이 필요하다.

그리고 주장(밑줄)의 다른 내용은 지문으로부터 추측할 수 있다. 왜냐하면, 지문이 주장을 설명하는 내용이기 때문이다. 반드시 그 내용이 주어진 문장과 일치하지 않아도 좋다. 어차피 지문을 읽고 나면 밑줄 친 내용은 금방 이해가 되기 때문이다.

182 정답 ⑤ 난이도 ●●●

문제유형 비판적 사고 > 판단하기

접근전략 3명의 화자가 펼치는 논증을 서로 비교하는 논지파악 유형이다. 본 유형 중에서는 비교적 구조가 간단해, 빠르게 문제풀이로 들어갈 수 있다. 첫 번째 화자인 갑의 논증을 읽고 얼마나 많은 것을 짐작할 수 있는지가 수험생의 센스 내지는 실력을 나타낸다.

갑 ~ 병의 논증에 대한 분석으로 적절한 것만을 〈보기〉에서 모두 고르면?

갑: (1) 절대적으로 확실한 지식은 존재하지 않는다. 왜냐하면 그런 지식으로 인도해 줄 방법은 없기 때문이다. (2) 첫째, 사람의 감각은 믿을 수가 없으며, 실제 외부세계의 본질에 대해서 아무것도 말해 주지 않는다. (3) 둘째, 확실한 것으로 받아들여지는 논리적 방법도, 주어진 사실에 바탕을 두고 그것을 전제로 해서 새로운 사실을 결론짓는 것이므로, 결국 불확실한 것에 바탕을 두었을 따름이다.

을: (4) 정상적인 감각기관을 통하여 얻어낸 감각 경험은 믿을 만하고, 우리는 이 감각 경험에 기초한 판단이 참인지 아닌지를 가릴 수 있다. (5) 그러므로 감각 경험을 통해서 우리는 절대적으로 확실한 지식을 얻게 된다.

병: (6) 나는 인간의 경험에 의존한 방법이나 이성적 추론을 통한 방법은 의심이 가능하며 믿을 수 없다고 생각했었다. (7) 하지만 이런 의심을 거듭한 결과 나는 놀라운 결론에 이르렀다. 그것은 모든 것을 의심한다고 하더라도 의심할 수 없는 것이 있다는 사실이다. 그것은 바로 의심하는 내가 있다는 것이다. (8) 결국 나는 거듭 의심하는 방법을 사용하여 절대적으로 확실한 지식을 발견하였다.

보기

ㄱ. 갑의 결론은 을의 결론과 양립 불가능하다.

➜ (O) 갑과 을은 상반된 결론을 제시하고 있다. 갑은 사람의 감각과 그를 통해 주어진 사실은 불확실하기 때문에 절대적으로 확실한 지식은 존재하지 않는다고 본다.(1),(2),(3) 반면, 을은 사람은 감각 경험을 통해서 절대적으로 확실한 지식을 얻는다고 주장한다.(5) 따라서 이 둘의 결론은 양립 불가능하므로 ㄱ은 위 논증에 대한 적절한 분석이다.

해설편 13일차 • 의사소통력

ㄴ. 갑의 결론은 병의 결론과 양립 불가능하다.
→ (O) 갑과 병은 상반된 결론을 제시하고 있다. 갑은 사람의 감각과 그를 통해 주어진 사실은 불확실해서 절대적으로 확실한 지식은 존재하지 않는다고 본다.(1),(2),(3) 반면 병은 모든 것을 의심하는 내가 있다는 사실은 의심할 수 없는 절대적으로 확실한 지식이라고 보았다.(7),(8) 따라서 갑의 결론과 병의 결론은 양립 불가능하므로 ㄴ은 위 논증에 대한 적절한 분석이다.

ㄷ. 을과 병은 모두 절대적으로 확실한 지식이 있다고 주장한다.
→ (O) 을은 감각기관은 신뢰할 수 있기 때문에 감각 경험에 기초한 판단이 참인지 아닌지를 가릴 수 있으므로 절대적으로 확실한 지식을 얻을 수 있다고 보았다.(4),(5) 병 또한 거듭 의심하는 방법을 사용하여, "의심하는 내가 있다"라는 절대적으로 확실한 지식을 얻었다고 하였다(7),(8). 이처럼 을과 병은 모두 절대적으로 확실한 지식이 있다고 주장하므로, ㄷ은 위 논증에 대한 적절한 분석이다.

① ㄱ → (×)
② ㄴ → (×)
③ ㄱ, ㄷ → (×)
④ ㄴ, ㄷ → (×)
⑤ ㄱ, ㄴ, ㄷ → (O)

제시문 분석

'절대적으로 확실한 지식' 에 대한 갑, 을, 병의 논증

	〈주장〉	〈근거〉
〈갑〉	절대적으로 확실한 지식은 존재하지 않는다. 그런 지식으로 인도해 줄 방법은 없기 때문이다.(1)	사람의 감각은 믿을 수가 없으며, 실제 외부세계의 본질에 대해서도 아무것도 말해주지 않는다.(2)
		논리적 방법도 결국 불확실한 것에 바탕을 두었을 따름이다.(3)
〈을〉	절대적으로 확실한 지식은 존재한다. 감각 경험을 통해서 우리는 절대적으로 확실한 지식을 얻게 된다.(5)	감각 경험은 믿을 만하고, 우리는 이 감각 경험에 기초한 판단이 참인지 아닌지를 가릴 수 있다.(4)
〈병〉	절대적으로 확실한 지식은 존재한다. 거듭 의심하는 방법을 사용하여 '의심하는 내가 있다'라는 절대적으로 확실한 지식을 발견하였다.(7),(8)	모든 것을 의심한다고 하더라도 의심할 수 없는 것이 있다는 사실이 존재한다. 그것은 바로 의심하는 내가 있다는 것이다.(7)

합격자의 실전 풀이 순서 논지파악 유형

❶ 유형 식별하기
- 발문
  - 다음 글의 논지/주장/견해…과 부합하는/적합한 것은?
  - 다음 주장/논쟁…에 대한 분석/설명/추론…으로 옳은 것은? (본 문제)
- 지문
  - 주관적인 주장이 포함된 글
  - 일반적인 비문학 유형보다 정보량이 적은 대신 포괄적인 문장들이 제시

다만, 논증이 다수 등장하는 지문의 경우 각각 논지를 파악함과 동시에 전제도 구분하여야 한다. 일부 선지는 논지를 비교하는 것으로 나오지만 일부 선지는 그 전제끼리 충돌하는 것을 묻기 때문이다.

❷ 문제 구조 파악하기
먼저 발문을 확인한다.

> 갑~병의 논증에 대한 분석으로 적절한 것만을 〈보기〉에서 모두 고르면?

지문에 논증 갑~병이 제시될 것임을 예상할 수 있다. 지문을 확인하니 갑~병이 각각 1회씩 발문하는 단순한 구조이다. 또한 〈보기〉를 확인하니 보기마다 2개의 관점을 서로 비교하며 공통점과 차이점을 찾고 있다. 이를 통해 본 문제는 화자 3인의 논증을 파악하고, 신속·정확하게 비교하는 작업을 요구함을 알 수 있다.
이렇게 논지를 비교하는 유형은 그 장단점이 뚜렷하다. 장점은 지문 일부만 읽고 일부 선지를 명확하게 해결할 수 있다는 점이고, 단점은 논리적 선지가 나올 때 난이도가 급상승한다는 점이다.
물론 해당 문제는 선지에 '결론'을 묻는 것이 명확하여 난이도가 낮은 편이나, 어렵게 나오면 "갑과 을은 ~~~라는 것에 동의할 것이다."로 출제된다. 이 경우 주장과 전제를 모두 비교해가며 봐야 하기 때문에 난이도가 매우 높아진다.

❸ 지문 이해하기
논지파악 유형의 지문은 대부분 설명하는 글이 아닌 주장하는 글이다. 따라서 정보량은 적은 대신 논리 구조는 명확해진다. 지문을 읽으며 수험생은 '문제의식'을 염두에 두어야 한다. 글쓴이가 내지는 화자가 어떤 문제의식을 가지고 있는가? 이에 대한 대안을 주장하고 있다면 무엇인가? 등을 스스로 질문하며 지문을 읽는다.
특히 을 주장의 경우, 이미 갑의 주장(회의주의)이라는 설득력 있는 지문이 있음에도 불구하고 2문단으로 제시되었는데, 둘을 병렬적으로 비교하는 것을 놓치지 않도록 주의한다.
한 가지 토픽에 대해 여러 화자의 주장을 나열하는 이러한 유형에서 출제자들은 문단의 공통점과 차이점을 이용해 선지를 구성한다. 따라서 각 문단의 중심 내용과 문단 간의 관계를 정확히 이해해야 한다.

❹ 보기 고르기
마지막 단계에서는 정답, 즉 3가지 주장에 대해 올바르게 설명한 보기를 고른다. 앞선 단계가 튼튼히 잘 되었을수록 정답을 찾는 시간이 단축된다.
보기 ㄱ, ㄴ의 발문에 집중해 보면 '양립할 수 있는/없는 것'을 묻고 있다. 이는 '알 수 있는 것'과 분명히 다른 의미다. '알 수 있는 것'은 지문으로부터 추론이 가능한 정보를 의미하지만, '양립할 수 있는 것'은 지문의 내용과 논리적인 관련이 없더라도 서로 충돌하지 않는 정보를 의미한다. 즉 모순이 발생하지 않아야 한다. '양립할 수 있는 것'보다 넓은 의미에 해당하는 것이다. 또한, 이는 두 개의 의견이 동시에 참일 수 있어야 한다는 것이기도 하다. 즉, 어떤 주장이 둘 모두로부터 추론 가능하다면 양립할 수 있다. 예컨대 ㄷ보기가 '절대적으로 확실한 지식이 있다면 을과 병의 견해는 양립할 수 있다.'로 주어졌다면 이는 맞는 보기가 된다.
따라서 이들 보기를 해결할 때에는 각 논증 간에 모순이 발생하는지 확인한다. 갑과 을, 그리고 갑과 병의 논증에는 모두 상충하는 부분이 있기에 ㄱ과 ㄴ은 옳은 보기이다.

보기 ㄷ은 일반적인 일치부합 여부를 묻는 동시에 두 논증을 비교하고 있다. 을과 병은 확실한 지식의 존재 여부에 대해 의견이 일치하므로, 옳다.

합격자의 시간단축 Tip

Tip ❶ 큰 틀만 보다 사소한 포인트를 놓치지 말자.

지문에 제시되는 주장들이 큰 틀에서 서로 대립한다면, 주장 간의 차이점에 집중하게 된다. 이로 인해 공통점을 소홀히 하기 쉬운데, 이를 놓치면 실수를 하거나 근거를 찾는 데에 시간을 낭비할 수 있다. 주장 간 관계는 섬세한 독해가 필수다. A라는 주장에 대해 ~A, 즉 온전한 반대만 존재하는 것이 아니라, 주장을 A-1, A-2, A-3과 같이 쪼개서 A-1과 같은 일부만 동의하고 나머지 A-2와 A-3에는 반대하는 상황도 얼마든지 있기 때문이다.

Tip ❷ 갑의 주장 개수와 화자의 숫자 간의 공통점을 발견하자.

지문의 첫 단락을 읽어보면 갑이 근거를 2개 주장하고, 그 뒤로 이어지는 화자는 을과 병의 2명이다. 여기서 을-병이 갑의 근거를 각각 하나씩 반박하리란 것을 예상한다. 갑을 반박하는 화자가 2명이라는 점에서 충분히 예상할 수 있는 지점이다.
실제로 지문에 적용해보면, 을은 '감각은 믿을 수 있다'는 주장, 병은 '논리적 방법에 기반해 확실한 지식을 발견할 수 있다'는 주장을 하고 있다. 각각 갑의 2가지 근거를 정면으로 반박하는 내용이다.

183 정답 ⑤ 난이도 ●●○

문제유형 이해 > 결론 도출
접근전략 처음에는 이론을 설명하고, 이후에는 이를 사례에 적용하는 문제들이 있다. 이러한 경우 제시된 일반적인 이론을 숙지하는 것도 중요하고 문제로 나온 사례를 잘 분석하는 것도 중요하다. 제시문에서 등장한 일반적인 이론이 구체적인 사례로 연결되어서 오지선다로 나오기 때문이다. 그러므로 지문의 내용을 제대로 파악하는 것을 중심으로 정독 전략을 세우는 것이 중요하다. 더 나아가 특정 학자의 이론 및 적용 문제 유형은 자주 출제되는 소재이다. 한 명이 아닌 여러 명의 학자가 나오는 경우 무엇을 중심으로 학자들의 의견이 달라지는지, 그 기준점을 파악하는 것은 물론 각 이론의 핵심과 차이점을 제대로 파악하는 읽기가 필요하다.

다음 ㉠을 평가한 것으로 가장 적절한 것은?

(1) 일어나기 매우 어려운 사건이 일어났다고 매우 믿을 만한 사람이 증언했을 때, 우리는 그 사건이 일어났다고 추론할 수 있는가? (2) 증언하는 사람이 거짓말을 자주 해서 믿을 만하지 않은 사람이거나 증언이 진기한 사건에 관한 것이라면, 증언의 믿음직함은 떨어질 수밖에 없다. (3) 흄은 증언이 단순히 진기한 사건 정도가 아니라 기적 사건에 관한 것인 경우를 다룬다. (4) 기적이 일어났다고 누군가 증언했다고 생각해 보자. (5) 흄의 이론에 따르면, 그 증언이 거짓일 확률과 그 기적이 실제로 일어날 확률을 비교해서, 후자가 더 낮다면 우리는 기적 사건이 일어나지 않았다고 생각하고, 전자가 더 낮다면 우리는 그 증언이 거짓이 아니라고 생각해야 한다. (6) 한편 프라이스의 이론에 따르면, 그 증언이 참일 확률이 기적이 일어날 확률보다 훨씬 높으면, 우리는 그 증언으로부터 기적이 실제로 일어났으리라고 추론할 수 있다.
▶ 1문단

(1) 예컨대 가람은 ㉠ 거의 죽어가는 사람이 살아나는 기적이 일어났다고 증언했다. (2) 그런 기적이 일어날 확률은 0.01%지만, 가람은 매우 믿을 만한 사람이어서 그의 증언이 거짓일 확률은 0.1%다. (3) 의심 많은 나래는 가람보다 더 믿을 만한 증인이다. (4) 나래도 그런 기적을 증언했는데 그의 증언이 거짓일 확률은 0.001%다.
▶ 2문단

① **흄의 이론에 따르면, 나래가 ㉠에 대해 거짓말했다고 생각해야 한다.**
➜ (×) 나래의 증언이 거짓일 확률은 0.001%이고[2문단(4)], 기적이 실제로 일어날 확률은 0.01%이다.[2문단(2)] 흄의 이론에 의하면, 증언이 거짓일 확률이 기적이 실제로 일어날 확률보다 낮다면 우리는 그 증언이 거짓이 아니라고 생각해야 한다.[1문단(5)] 따라서, 나래의 증언이 거짓일 확률이 기적이 일어날 확률보다 낮으므로, 흄의 이론에 따르면 나래가 ㉠에 대해 거짓말을 하지 않았다고 생각해야 한다.

② **흄의 이론에 따르면, ㉠에 대한 가람의 증언이 받아들일 만하다고 생각해야 한다.**
➜ (×) 가람의 증언이 거짓일 확률은 0.1%이고, 기적이 실제로 일어날 확률은 0.01%이다.[2문단(2)] 흄의 이론에 의하면, 기적이 실제로 일어날 확률이 증언이 거짓일 확률보다 더 낮다면 우리는 기적 사건이 일어나지 않았다고 생각해야 한다.[1문단(5)] 따라서, 기적이 실제로 일어날 확률이 가람의 증언이 거짓일 확률보다 낮으므로, 흄의 이론에 따르면 ㉠에 대한 가람의 증언을 받아들일 수 없다.

③ **프라이스의 이론에 따르면, 가람이 ㉠에 대해 거짓말했다고 생각해야 한다.**
➜ (×) 가람의 증언이 진실일 확률은 99.9%이고, 기적이 실제로 일어날 확률은 0.01%이다.[2문단(2)] 프라이스의 이론에 따르면, 증언이 참일 확률이 기적이 일어날 확률보다 훨씬 높으면 우리는 그 증언으로부터 기적이 실제로 일어났으리라고 추론할 수 있다.[1문단(6)] 따라서 가람의 증언이 진실일 확률이 실제로 기적이 일어날 확률보다 훨씬 높으므로, 가람이 ㉠에 대해 거짓말했다고 생각해서는 안 된다.

④ **흄의 이론에 따르든 프라이스의 이론에 따르든, 가람의 증언으로부터 ㉠이 실제로 일어났으리라고 추론할 수 있다.**
➜ (×) 가람의 증언이 거짓일 확률은 0.1%이고, 기적이 실제로 일어날 확률은 0.01%이다.[2문단(2)] 흄의 이론에 의하면, 가람의 증언이 거짓일 확률이 기적이 실제로 일어날 확률보다 더 크므로 기적이 발생할 수 없다.[1문단(5)] 따라서 가람의 증언으로부터 ㉠이 실제로 일어났으리라고 추론할 수 없다. 그러나 프라이스의 이론에 의하면, 가람의 증언이 진실일 확률이 실제로 기적이 일어날 확률보다 훨씬 높으므로, 가람의 증언으로부터 ㉠이 실제로 일어났으리라고 추론할 수 있다.[1문단(6)]

⑤ **흄의 이론에 따르든 프라이스의 이론에 따르든, 나래의 증언으로부터 ㉠이 실제로 일어났으리라고 추론할 수 있다.**
➜ (○) 나래의 증언이 거짓일 확률은 0.001%이고[2문단(4)], 기적이 실제로 일어날 확률은 0.01%이다.[2문단(2)] 흄의 이론에 의하면, 증언이 거짓일 확률보다 기적이 실제로 일어날 확률이 더 크므로 기적이 발생할 수 있다.[1문단(5)] 따라서 흄의 이론에 따르면 나래의 증언으로부터 ㉠이 실제로 일어났으리라고 추론할 수 있다. 프라이스의 이론에 의하면, 나래의 증언이 참일 확률(=99.999%)이 기적이 일어날 확률보다 훨씬 높기 때문에 나래의 증언으로부터 ㉠이 실제로 일어났으리라고 추론할 수 있다.[1문단(6)]

제시문 분석

제시문 기적 사건에 관한 흄과 프라이스의 이론

〈흄의 이론〉		〈프라이스의 이론〉
ⓐ 증언이 거짓일 확률 〉 기적이 실제로 일어날 확률 → 기적 × ⓑ 증언이 거짓일 확률 〈 기적이 실제로 일어날 확률 → 기적 O [1문단(5)]	⬌	그 증언이 참일 확률이 기적이 일어날 확률보다 훨씬 높으면, 우리는 그 증언으로부터 기적이 실제로 일어났으리라고 추론할 수 있다.[1문단(6)]

〈사례〉
• 실제로 기적이 일어날 확률: 0.01% • 증언이 거짓일 확률: 가람 0.1%, 나래 0.001%[2문단(2),(3)]

〈흄의 결론〉	〈프라이스의 결론〉
ⓐ 가람: 기적 × (증언이 거짓) ⓑ 나래: 기적 O (증언이 거짓이 아님)	ⓐ 가람: 증언이 참일 확률 99.9% 〉 기적이 일어날 확률 0.01% → 기적O (증언이 거짓이 아님) ⓑ 나래: 증언이 참일 확률 99.999% 〉 기적이 일어날 확률 0.01% ⇒기적O (증언이 거짓이 아님)

합격자의 실전 풀이 순서

❶ 발문과 선지에 유의한다.

밑줄에서 〈거의 죽어가는 사람이 살아나는 기적〉을 먼저 체크하고 선지를 확인한다. 선지에는 '흄/프라이스의 이론'이 등장하므로, 지문을 읽으면서 흄과 프라이스의 이론을 잘 숙지해야겠다는 접근 방향성을 세울 수 있다.

❷ 1문단과 2문단을 읽으면서 각 핵심내용을 체크하거나 정리해둔다.

흄은 증언이 거짓일 확률, 프라이스는 참일 확률을 각기 기적이 일어날 확률과 비교한다는 구조적 차이를 파악하는 것이 핵심이다. 거짓일 확률과 참일 확률은 배타적 관계라는 것을 활용하여 예측해볼 수도 있다. 2문단에서는 '가람'과 '나래'라는 구체적 사례가 등장하므로, 그들의 증언이 거짓일 확률과 기적이 일어날 확률을 구분해서 정리해두고 해당 사례가 앞의 이론 내용과 연결될 것을 예측한다.

❸ 선지 판단을 진행한다.

지문 독해에 자신이 있다면 복합 선지인 ④, ⑤번을 어렵게 느껴졌다면 단순 선지인 ①, ②, ③번을 먼저 푸는 것이 좋다. ①, ②, ③번은 흄이나 프라이스 이론 중 하나만 적용하면 되지만, ④, ⑤번의 경우 흄과 프라이스의 이론을 모두 적용해야 하기 때문이다. 이때 시험지의 여백에 기적이 일어날 확률 0.01%과 기적이 일어나지 않을 확률 99.99%, 그리고 가람의 증언이 거짓일 확률과 참일 확률을 각각 0.1%, 99.9%와 나래의 증언이 거짓일 확률과 참일 확률을 각각 0.001%, 99.999%로 정리해둔다면 더 편하게 비교할 수 있다.

합격자의 시간단축 Tip

Tip ❶ 선지를 통해 글 읽기 접근 전략을 세울 수 있다.

문제를 풀기 전 오지선다를 잠깐 훑어봄으로써 글 읽기 전략을 세울 수 있다. 단순한 내용 일치를 묻는 것이 아니라 여러 인물의 이론 및 주장에 관한 내용으로 구성되어 있다면, 지문을 읽으면서 파악해야 하는 정보가 무엇일지 인지할 수 있기 때문이다. 본 문제의 오지선다를 보면 '흄/프라이스 이론에 따르면~, 가람/증언으로부터~'의 형식을 갖추고 있다. 따라서 자세히 살펴보지 않아도 지문을 읽을 때 흄/프라이스의 이론과 가람, 나래의 증언을 연결해서 파악해야 함을 알 수 있다.

Tip ❷ 어려운 문제이므로, 급하게 풀지 않고 손을 많이 쓴다.

해당 제시문은 수리적 개념, 확률구조 등이 들어 있어서 그렇지 내용의 길이 자체는 짧다. 따라서 서두르지 않고 2문단의 내용을 시각화하여 정리하고, 이를 토대로 신중하게 선지 판단을 진행하는 것이 좋다. 기적이 일어날 확률, 거짓일 확률 등을 따로 간단한 메모를 통해 정리해두면 오지선다의 비교가 더 쉬울 수 있다. 특히 참과 거짓이 두 사람에게서 반복되고 있다는 점을 이용해서 반복된 내용으로 구조화가 가능하다.

Tip ❸ 나중에는 쓰지 않고 눈으로 판단하는 연습을 하도록 한다.

실전에서 시간이 촉박하다면 이런 문제는 1턴에 풀지 않았다가 돌아와서 "찍어야"할 경우가 제법 많다. 그 경우에 눈으로 빠르게 핵심구조를 파악하고 눈으로만 선지 판단을 진행할 가능성도 배제할 수 없다. 따라서 연습과정에서 처음에는 쓰면서 풀다가, 나중에는 눈으로도 판단하는 연습을 해볼 필요가 있다.

Tip ❹ 사례 간 차이점에 유의한다.

2문단에서 가람과 나래라는 2가지 사례가 제시되고 있다. ㉠이라는 기적이 일어날 확률은 0.01로 고정이고, 가람의 증언이 거짓일 확률은 0.1, 나래는 0.001이다. 이렇게 하나는 고정된 구조, 가람－나래는 기적이 일어날 확률만 차이가 난다는 구조를 미리 파악하고 독해에 들어가는 것이 좋다. 즉, 일반론의 차이나 공통점만 유의할 것이 아니라 그를 구체화한 예시 간의 차이점과 공통점도 잘 파악해야 한다는 것이다.

Tip ❺ 조건부확률에 관한 내용을 숙지한다.

조건부확률에 관련된 내용은 언어논리－자료해석－상황판단을 가리지 않고 빈출되는 소재이다. 21년 7급에도 같은 소재로 1지문 2문제 유형으로 출제된 바 있다. 반드시 해당 내용을 연계하여 학습해 놓도록 한다.

184 정답 ❺ 난이도 ●●●

문제유형 비판적 사고 > 빈칸 채우기

접근전략 전형적인 빈칸 채우기 문제이다. 기본적으로 빈칸문제는 빈칸을 포함한 문장, 앞뒤 문장, 빈칸이 포함된 문단의 주제문을 통해 직간접적 근거를 얻을 수 있다. 해당 제시문의 경우 빈칸에 도달하기까지 변수 간의 관계를 위주로 독해한 뒤, 이를 근거로 판단하면 어렵지 않게 풀 수 있다.

다음 ㉠과 ㉡에 들어갈 말을 가장 적절하게 나열한 것은?

(1) 음향학에 관련된 다음의 두 가지 명제는 세 개의 원형 판을 가지고 실험함으로써 입증될 수 있다. (2) 하나의 명제는 "지름과 모양이 같은 동일 재질의 원형 판이 진동할 때 발생하는 진동수는 두께에 비례한다."이고 다른 명제는 "모양과 두께가 같은 동일 재질의 원형 판이 진동할 때 발생하는 진동수는 판 지름의 제곱에 반비례한다."이다. (3) 이를 입증하기 위해 모양이 같은 동일 재질의 원형 판 A, B 그리고 C를 준비하되 A와 B는 두께가 같고 C는 두께가 A의 두께의 두 배이며, A와 C는 지름이 같고 B의 지름은 A의 지름의 절반이 되도록 한다. (4) 판을 때려서 발생하는 음을 듣고 B는 A보다 [㉠] 음을 내고, C

는 A보다 [㉡] 음을 내는 것을 확인한다. (5) 진동수가 두 배가 될 때 한 옥타브 높은 음이 나므로 두 명제는 입증이 된다.

	㉠	㉡	
①	한 옥타브 낮은	두 옥타브 낮은	→ (×)
②	한 옥타브 높은	두 옥타브 높은	→ (×)
③	두 옥타브 낮은	한 옥타브 높은	→ (×)
④	두 옥타브 높은	한 옥타브 낮은	→ (×)
⑤	두 옥타브 높은	한 옥타브 높은	→ (○)

A와 B는 모양과 두께가 같은 동일 재질의 원형 판이지만, 판 지름은 B가 A의 절반, 즉 1/2배이므로 판의 모양과 두께가 같을 때를 가정하는 두 번째 명제를 입증하는 데 쓰일 것으로 예상할 수 있다(2). 해당 명제에 따르면 진동수는 판 지름의 제곱에 반비례한다. 따라서 판 지름의 제곱은 B가 A의 1/4배이므로, B가 진동할 때 발생하는 진동수는 이에 반비례하여 A보다 4배가 더 크다. 진동수가 두 배가 될 때 한 옥타브 높은 음이 난다고 하였으므로(5), 4배 더 큰 B는 A보다 두 옥타브 높은 음을 낸다. C와 A는 지름과 모양이 같은 동일 재질의 원형 판이지만, 두께는 C가 A의 2배이므로 판의 지름과 모양이 같을 때를 가정하는 첫 번째 명제를 입증하는 데 쓰일 것으로 예상할 수 있다(2). 첫 번째 명제에 따르면 진동수는 두께에 비례한다. 따라서 C의 진동수는 A의 2배이다. 진동수가 두 배가 될 때 한 옥타브 높은 음이 난다고 하였으므로(5), 진동수가 두 배 더 큰 C는 A보다 한 옥타브 높은 음을 낸다.

제시문 분석

제시문 음향학의 두 가지 명제와 이를 입증하는 실험

〈명제 ①〉	〈명제 ②〉
"지름과 모양이 같은 동일 재질의 원형 판이 진동할 때 발생하는 진동수는 두께에 비례한다."(2)	"모양과 두께가 같은 동일 재질의 원형 판이 진동할 때 발생하는 진동수는 판 지름의 제곱에 반비례한다."(2)

	〈판 A〉	〈판 B〉	〈판 C〉
〈모양, 재질〉	같음(3)		
〈두께〉	같음(3)		A의 두 배(3)
〈지름〉	C와 같음(3)	A의 절반(3)	A와 같음(3)

→ 〈실험 결과〉
- ㉠: B는 A보다 두 옥타브 높은 음을 낸다.(4)
- ㉡: C는 A보다 한 옥타브 높은 음을 낸다.(5)

→ 진동수가 두 배가 될 때 한 옥타브 높은 음이 나므로, 두 명제는 입증이 된다.(5)

합격자의 실전 풀이 순서

❶ 발문 제대로 읽기 및 문제 유형 파악

항상 발문을 먼저 제대로 읽자. 빈칸에 들어갈 내용을 찾는 빈칸추론 문제이다. 이 경우 빈칸이 어디에, 어떻게 분포되어 있는지에 따라 풀이가 달라진다. 이 문제는 한 문장 내에 빈칸이 두 개로, 이 경우 주어진 상황의 연구결과나 관찰된 사실을 병렬적으로 나열한 문제가 많다. 이 유형은 앞서 설명한 빈칸의 두 유형(중심 내용/앞뒤 맥락 연결) 중 '앞뒤 맥락 연결'에 해당한다. 이 문제의 경우 제시문이 한 문단으로 짧으므로 처음부터 읽는 것을 추천한다.

본 문제의 경우 단순히 주제문 찾기에서 나아가 주제문을 바르게 이해하고, 응용할 수 있는지를 묻고 있다. 주제문인 '두 가지 명제'를 찾기는 매우 쉬우므로, 주어진 두 가지 명제의 내용을 사례에 그대로 적용할 수 있는지가 문제 풀이에 중요하였다.

이러한 맥락 연결형의 빈칸 채우기 유형은 일반적으로 빈칸이 포함된 문장, 앞뒤 문장, 빈칸이 포함된 문단의 주제문에 직간접적 근거가 존재한다. 해당 문제의 경우 빈칸이 후반부에 존재하므로 빈칸에 도달할 때까지 내용을 잘 이해하며 읽고, 빈칸에 도달했을 때 빈칸이 포함된 문장, 앞뒤 문장을 참고해서 풀도록 하자.

❷ 제시문 독해 및 선지 판단

앞서 언급하였듯이 본 문제는 주제문을 파악하고, 그 주제문의 내용을 응용해야 하는 문제이다. 제시문의 주제문은 '두 가지 명제'로 파악하기 쉽게 주어졌다. 즉, (2) 문장이 주제문 그 자체이고 이를 A, B, C의 사례에 적용한 결과가 빈칸에 들어갈 내용이다. 그런데 주제문인 (2) 문장의 경우 비례관계가 주어져 있으므로 한 번에 이해하기 어려울 수 있다. 필자의 경우 비례의 관계인 두 변수는 진동수↑, 두께↑와 같이 같은 방향의 화살표로, 반비례 관계인 두 변수는 진동수↑, 판 지름의 제곱↓와 같이 다른 방향의 화살표로 표시하며 읽었다. 또한, 이렇게 비례, 반비례, 배와 관련된 내용이 제시될 경우에는 자신이 직접 특정 수치를 들어가며 내용을 이해하는 것도 괜찮은 독해방법이다. 복잡한 물리학 지문이 나온다면 특정 수치를 예를 들어가며 제시문을 이해하는 것이 좋을 것이다. 또한, A, B, C 세 원형 판의 관계가 나오는데 이들의 관계를 간단한 필기를 통해 표시하며 읽자. 필자의 경우 '두께 C 〉 A = B , 지름 A = C 〉 B'과 같이 세 요소 간 관계를 파악하며 읽었다.

빈칸에 도달했다면 빈칸 포함 문장과 앞뒤 문장을 주목해서 보자.

(1) 빈칸이 포함된 문장
빈칸이 포함된 문장을 통해 B와 A, C와 A의 음을 비교해야 한다는 사실을 알 수 있다.

(2) 빈칸 다음 문장
'진동수 두 배=한 옥타브'이며 앞에 진동수, 두께, 판 지름 간의 관계를 표현한 명제가 A, B, C가 내는 음의 결과를 통해 입증됐다고 하는 것을 보니 앞의 비례, 반비례 관계에 따라 A, B, C 간의 관계를 빈칸에 넣어야겠다는 생각을 할 수 있다.

(3) 빈칸 앞 문장
빈칸 앞 문장을 읽으며 정리했던 '두께 C 〉 A = B, 지름 A = C 〉 B'의 정보와 진동수, 두께, 판 지름 간의 비례/반비례 관계를 통해 빈칸에 들어갈 내용을 판단할 수 있다.
정답을 판단한다. B와 A의 관계를 묻는 ㉠을 판단해보자. 우선 두께는 A=B이므로 이는 음의 높이에 영향을 주지 않는다. 그러나, A가 B보다 판 지름이 두 배 더 크고 지름의 제곱은 진동수와 반비례하므로 진동수는 1/4배로 더 작다. 또한, 빈칸 뒤의 정보에 따르면 진동수가 두 배로 된다면 한 옥타브 높아지므로 A가 두 옥타브 더 낮음을 알 수 있다. 간단한 숫자를 대입하여 B의 지름을 1, A의 지름을 2로 놓고, B의 진동수는 1, A의 진동수는 1/4이라고 생각하고 풀어도 된다.
C와 A의 관계를 묻는 ㉡을 판단해보자. 우선 지름은 A=C이므로 별 영향을 주지 않으나 두께가 C가 A보다 두 배 더 크다. 이때, 판의 두께는 진동수와 비례하므로 C의 진동수가 A보다 두 배 크다. 여기에 진동수가 두 배로 된다면 한 옥타브 높아진다는 빈칸 뒤 문장을 결합하면 C가

A보다 한 옥타브 더 높다는 결론을 내릴 수 있다.

합격자의 시간단축 Tip

Tip ❶ 과학/기술/경제 제재 지문의 특성 파악

과학/기술/경제 지문은 일반적으로 개념 간의 관계성을 위주로 선지를 자주 구성한다. 일반적으로 많이 나오는 관계는 비례-반비례, 인과, 대립 등이 있다. 따라서 이들을 미리 파악하고 표시해가며 읽으면 선지의 판단이 빠르고 정확해진다.

Tip ❷ 빈칸문제의 근거 범위 확정

빈칸문제가 등장했을 시 어떤 부분을 근거로 삼을지 기준을 미리 잡아 두면 문제 풀이가 훨씬 수월하고 빨라진다. 보통 빈칸문제의 근거는 빈칸이 포함된 문장, 앞뒤 문장, 빈칸이 포함된 주제문을 근거로 삼을 수 있다. 본 문제의 경우 제시문이 매우 짧아 모든 문장이 중요하지만, 특히 (2) 문장의 '두 가지 명제'가 가장 중요한 문제였다. 따라서 다른 문장보다도 '두 가지 명제'의 내용에 주목해서 읽으면 문제 풀이가 쉬웠을 것이다. 이처럼 주의 깊게 읽어야 할 범위를 확정해두면 모든 문장을 읽을 때보다 정확하고 빠르게 정답을 찾을 수 있다.

Tip ❸ 비교기준 선정 및 숫자 대입

문제에서 빈칸 두 곳 모두 옥타브의 차이가 나는 것이 들어가 있다. A, B의 옥타브가 다르려면, A, B가 다른 점을 찾아야 하며 그 기준은 지름이다. A, C의 옥타브가 다르려면, A, C가 다른 점이 있어야 하고 그 기준은 두께가 된다. 어려운 문제는 아니지만 비교 대상이 세 개가 등장하면 헷갈리기 마련이다. AvsB, AvsC는 주어져 있으므로 어디서 차이가 나는지 비교기준을 빠르게 찾아서 빈칸을 판단하자. 그리고 간단하더라도 두 번의 계산을 거쳐야 하고, (지름/두께 → 진동수 → 옥타브) 본인이 계산에 약한 편이라면 숫자를 대입하는 것을 추천한다.

185 정답 ❷ 난이도 ●●●

문제유형 법조문형 > 규정적용

접근전략 본 문제의 경우 법조문을 〈상황〉에 적용하여 옳은 선지를 고르는 규정적용유형에 해당한다. 법조문 유형을 풀 때는 조문의 구체적인 내용을 독해하는 것보다, 법조문의 구조를 파악한 후 〈보기〉에서 묻고 있는 정보를 찾아 올라가는 형태로 푸는 것이 좋다. 본 문제의 경우, 1조에서 자연장과 개장이라는 2개의 개념을 제시한다는 것은, 하단에 제시된 여러 조항들에서 그 개념을 활용한 내용이 제시되리라는 가이드를 준 것과 마찬가지이다. 자연장과 개장을 반대로 연결시킨 선지가 나오리라는 것을 예측할 수 있다.

다음 글과 〈상황〉을 근거로 판단할 때 옳은 것은?

제○○조 이 법에서 사용하는 용어의 뜻은 다음과 같다.

1. '자연장(自然葬)'이란 화장한 유골의 골분(骨粉)을 수목·화초·잔디 등의 밑이나 주변에 묻어 장사하는 것을 말한다.
2. '개장(改葬)'이란 매장한 시신이나 유골을 다른 분묘에 옮기거나 화장 또는 자연장하는 것을 말한다.

제○○조 ① 사망한 때부터 24시간이 지난 후가 아니면 매장 또는 화장을 하지 못한다.
② 누구든지 허가를 받은 공설묘지, 공설자연장지, 사설묘지 및 사설자연장지 외의 구역에 매장하여서는 안 된다.

제○○조 ① 매장(단, 자연장 제외)을 한 자는 매장 후 30일 이내에 매장지를 관할하는 시장·군수·구청장(이하 '시장 등'이라 한다)에게 신고하여야 한다.
② 화장을 하려는 자는 화장시설을 관할하는 시장 등에게 신고하여야 한다.
③ 개장을 하려는 자는 다음 각 호의 구분에 따라 시신 또는 유골의 현존지(現存地) 또는 개장지(改葬地)를 관할하는 시장 등에게 각각 신고하여야 한다.

1. 매장한 시신 또는 유골을 다른 분묘로 옮기거나 화장하는 경우: 시신 또는 유골의 현존지와 개장지
2. 매장한 시신 또는 유골을 자연장하는 경우: 시신 또는 유골의 현존지

제○○조 ① 국가, 시·도지사 또는 시장 등이 아닌 자는 가족묘지, 종중·문중묘지 등을 설치·관리할 수 있다.
② 제1항의 묘지를 설치·관리하려는 자는 해당 묘지 소재지를 관할하는 시장 등의 허가를 받아야 한다.

• 상황 •

甲은 90세의 나이로 2019년 7월 10일 아침 7시 A시에서 사망하였다. 이에 甲의 자녀는 이미 사망한 甲의 배우자 乙의 묘지(B시 소재 공설묘지)에서 유골을 옮겨 가족묘지를 만드는 것을 포함하여 장례에 대하여 논의하였다.

① 甲을 2019년 7월 10일 매장할 수 있다.
→ (×) 제2조 제1항에 따르면 사망한 때부터 24시간이 지난 후가 아니면 매장 또는 화장을 하지 못한다. 甲은 2019년 7월 10일 아침 7시 사망하였으므로 24시간이 지나지 않은 2019년 7월 10일에는 매장할 수 없다.

② 甲을 C시 소재 화장시설에서 화장하려는 경우, 그 시설을 관할하는 C시의 장에게 신고하여야 한다.
→ (○) 제3조 제2항에 따르면 화장을 하려는 자는 화장시설을 관할하는 시장 등에게 신고하여야 한다. 甲을 C시 소재 화장시설에서 화장하려는 경우, 그 시설을 관할하는 C시 시장에게 신고하여야 한다.

③ 甲의 자녀가 가족묘지를 설치·관리하려는 경우, 그 소재지의 관할 시장 등에게 신고하여야 한다.
→ (×) 제4조 제2항에 따르면 가족묘지를 설치·관리하려는 자는 해당 묘지 소재지를 관할하는 시장 등의 허가를 받아야 한다. 따라서 甲의 자녀가 가족묘지를 설치·관리하려는 경우, 그 소재지의 관할 시장 등에게 신고하는 것이 아니라 허가를 받아야 한다.

④ 甲의 유골의 골분을 자연장한 경우, 자연장지 소재지의 관할 시장에게 2019년 8월 10일까지는 허가를 받아야 한다.
→ (×) 제3조 제1항에 따르면 매장을 한 자는 매장 후 30일 이내에 매장지를 관할하는 시장 등에게 신고하여야 하나, 자연장을 한 경우 신고하지 않는다. 따라서 甲의 자녀가 甲의 유골의 골분을 자연장한 경우 시장 등에게 신고하지 않고, 허가도 받지 않는다.

⑤ 乙의 유골을 甲과 함께 D시 소재 공설묘지에 합장하려는 경우, B시의 장과 D시의 장의 허가를 각각 받아야 한다.
→ (×) 제3조 제3항에 따르면 매장한 시신 또는 유골을 다른 분묘로 옮기는 경우 시신 또는 유골의 현존지와 개장지를 관할하는 시장 등에게 각각 신고하여야 한다. 甲의 자녀가 B시 소재 공설묘지에 있는 乙의 유골을 D시 소재 공설묘지에 합

장하려는 경우, 유골의 현존지인 B시의 장과 개장지인 D시의 장에게 허가를 각각 받는 것이 아니라 각각 신고하여야 한다.

합격자의 실전 풀이 순서

❶ 문제 유형 파악

본 문제의 경우 제시문으로 법조문이 주어졌으므로 법조문 유형임을 알 수 있다. 특히 법조문 유형 중에서도 규정의 내용을 주어진 〈상황〉에 적용하는 규정적용 문제이다. 법조문 유형은 조문의 구체적인 내용을 독해하는 것보다, 법조문의 구조를 파악한 후 〈보기〉에서 묻고 있는 정보를 찾아 올라가는 형태로 푸는 것이 좋다. 또한, 본 문제가 옳은 것을 고르는 문제라는 것을 인지하기 위해 "옳은"이라는 단어에 밑줄이나 동그라미 등 표시를 한다.

다음 글과 〈상황〉을 근거로 판단할 때 옳은 것은?

❷ 법조문 구조 분석

구조 분석이란 각 조문의 내용 및 조문 간 관계를 이해하는 것이다. 법조문 전체를 읽되, 세부적인 내용을 기억하기보다는 어떤 정보가 있는지 파악하는 것에 중점을 둔다. 이때 기호를 적절히 활용할 수 있다. 또한 이러한 분석 과정을 거치며 선지에 등장할만한 부분을 발견할 수 있다.

본문의 규정은 네 개의 조로 구성되어 있다. 조문의 제목이 없으므로 읽으면서 키워드를 파악한다. 가독성을 높이기 위해 가로선으로 각 조를 구분하고, '1, 2, 3, 4'로 숫자를 써둔다. 이하 편의상 첫 번째 조부터 '제1조', '제2조' 등으로 표기한다.

제1조는 정의 규정으로, 자연장과 개장이라는 용어를 규정하고 있다. 자연장은 화장한 유골의 골분을 매장하는 장사이고, 개장은 매장한 시신이나 유골을 다른 분묘에 옮기거나 화장 또는 자연장하는 장사이다.

제2조 제1항은 매장 또는 화장의 금지요건으로 그 시기에 대하여 규정한다. '24시간'에 표시한다. 제2항은 매장의 금지요건으로 그 장소에 대하여 규정한다. 반대해석을 하면, 허가를 받은 해당 구역에는 매장을 할 수 있음을 알 수 있다. '허가'에 표시하고, 각 구역을 빗금으로 구분한다.

제3조 제1항 내지 제3항은 각각 매장, 화장, 개장을 하려는 자의 신고규정에 관한 조항이다. 제1항의 '30일'에 표시하고, 괄호 내의 단서에 △ 표시하여 자연장을 할 때에는 신고를 하지 않아도 된다는 점에 유의한다. 신고의 상대방은 모두 '시장 등'이다. 또한 최근 신고와 허가를 구분하는 선지가 늘고 있으므로 '신고'라는 단어를 유의 깊게 읽는다.

제4조 제1항은 가족묘지, 종중·문중묘지 등의 설치·관리 주체를 규정한다. 제2항은 이를 위한 허가요건을 규정하고 있다. 이때는 신고가 아닌 허가임을 유의한다.

❸ 상황 독해 및 선지 판단

이를 바탕으로 상황을 판단하고 선지를 검토한다. 〈상황〉에서 눈에 띄는 표현으로는 사망 일시, 유골을 옮김, 가족묘지가 있다.

선지 ①번은 매장 시기에 대한 내용이므로 제2조 제1항과 비교한다. 선지 ②번은 화장 시 신고규정과 관련한 내용이므로 제3조 제2항과 비교한다.

선지 ②번을 넘어갔다면 선지 ③번은 가족묘지의 설치·관리에 대한 내용이므로 제4조와 비교한다. 해당 선지에 '허가'와 '신고'의 구분이 활용되었다. 선지 ④번은 자연장 시 허가에 대한 내용인데, 자연장은 별도의 신고를 하지 않아도 된다는 것을 파악했으므로 정답에서 제외된다. ④번 선지에는 괄호 내의 단서가 활용되었다. 선지 ⑤번은 합장 시 허가에 대한 내용으로, '개장'에 해당하므로 제3조 제3항과 비교한다. 혹은 '허가'가 묘지 설치·관리에 대한 제4조에만 있었다는 점을 떠올려도 쉽게 오답임을 알 수 있다.

합격자의 시간단축 Tip

Tip ❶ 허가와 신고를 구분

허가와 신고를 잘 구분하여야 한다. 언뜻 생각하면 동일한 것으로 오해할 수 있으나, 허가와 신고가 법적으로 어떻게 구분되는지와 무관하게 상황판단영역에서는 일단 용어가 다르면 다른 것으로 인식해야 한다. 따라서 허가를 받아야 하는 것은 제4조 제2항에 따라 가족묘지, 종중·문중묘지를 설치·관리하려는 경우밖에 존재하지 않는다. 따라서 자연장할 때 허가를 받아야 한다는 선지 ④번과 합장할 때 허가를 받아야 한다는 선지 ⑤번은 〈상황〉을 고려하지 않고도 바로 정답에서 제외된다. 또한, 가족묘지를 설치·관리하는 데 신고를 받아야 한다는 선지 ③번도 바로 정답에서 제외하여야 한다.

Tip ❷ 괄호와 단서의 내용에 유의

3조 1항의 매장(단, 자연장 제외), 동조 동항의 (시장 등)은 실제로 전부 선지화되었다. 괄호로 표시한다는 것 자체가 해당 개념의 포함 여부를 출제자가 중요하게 생각하고, 괄호가 없으면 선지 정오판단에 문제가 생길 수 있다는 의미이므로 반드시 선지판단할 때 참고한다.

Tip ❸ 숫자 표현에 유의

기간 등 숫자 표현은 선지에 자주 등장한다. 따라서 법조문에 등장하는 숫자는 표시해두고, 정오 판단 시 빠트리지 않도록 한다. 본 문제의 조문에는 24시간, 30일이 있었고, 이 중 24시간이 선지 ①번에 활용되었다.

186 정답 ❷ 난이도 ●○○

문제유형 사실적 이해 > 정보 확인

접근전략 글의 내용과 부합하는 것을 고르는 유형은 정답의 경우 글의 내용과 일치 또는 글의 내용으로부터 추론 가능한 선지로 이루어져 있다. 반면, 오답 선지의 경우 본문 내용과 상충, 추론 근거 없음 또는 본문 내용과 관련 없는 선지로 이루어져 있다. 독해력에 자신이 있다면 한 문단씩 읽으며 풀어도 좋고, 아니라면 글부터 제대로 읽고 풀도록 한다. 또한, 통념-반박, 시간의 흐름에 따른 변화와 같은 구조가 주어져 있으니 확인하며 읽자.

다음 글의 내용과 부합하는 것은?

(1) 우리는 음악을 일반적으로 감정의 예술로 이해한다. (2) 아름다운 선율과 화음은 듣는 사람들의 마음속으로 파고든다. (3) 그래서인지 음악을 수(數) 또는 수학(數學)과 연결시키기 어렵다고 생각하는 경우가 많다. (4) 하지만 음악 작품은 다양한 화성과 리듬으로 구성되고, 이들은 3도 음정, 1도 화음, 3/4 박자, 8분 음표처럼 수와 관련되어 나타난다. (5) 음악을 구성하는 원리로 수학의 원칙과 질서 등이 활용되는 것이다. ▶ 1문단

(1) 고대에도 음악과 수, 음악과 수학의 관계는 음악을 설명하는 중요한 사고의 틀로 작동했다. (2) 중세 시대의 『아이소리듬 모테트』와 르네상스 시대 오케겜의 『36성부 카논』은 서양 전통 음

악 장르에서 사용되는 작곡 기법도 수의 비율 관계로 설명할 수 있다는 것을 보여준다. (3) 음정과 음계는 수학적 질서를 통해 음악의 예술적 특성과 음악의 미적 가치를 효과적으로 전달했다. (4) 20세기에 들어와 음악과 수, 음악과 수학의 관계는 더욱 밀접해졌다. (5) 피보나치 수열을 작품의 중심 모티브로 연결한 바르톡, 건축가 르 코르뷔지에와의 공동 작업으로 건축적 비례를 음악에 연결시킨 제나키스의 현대 음악 작품들은 좋은 사례이다. (6) 12음 기법과 총렬음악, 분석 이론의 일종인 집합론을 활용한 현대 음악 이론에서도 음악과 수, 음악과 수학의 밀접한 관계는 잘 드러난다. ▶2문단

① 수학을 통해 음악을 설명하려는 경향은 현대에 생겨났다.
→ (×) 제시문은 고대에도 음악과 수, 음악과 수학의 관계가 음악을 설명하는 중요한 사고의 틀로 작동했다고 설명하고 있다.[2문단(1)] 이를 통해 수학으로 음악을 설명하려는 경향은 고대부터 있었음을 알 수 있다. 따라서 수학을 통해 음악을 설명하려는 경향이 현대에 생겨났다는 것은 틀린 설명이다.

② 음악의 미적 가치는 수학적 질서를 통해 드러날 수 있다.
→ (O) 제시문은 음정과 음계가 수학적 질서를 통해 음악의 예술적 특성과 음악의 미적 가치를 효과적으로 전달했다고 설명한다.[2문단(3)]

③ 건축학 이론은 현대 음악의 특성을 건축설계에 반영한다.
→ (×) 제나키스가 현대 음악 작품에서 건축적 비례를 음악에 연결시켰다는 사실은 제시되어 있지만[2문단(5)], 반대로 건축학 이론이 현대 음악의 특성을 건축설계에 반영한다는 내용은 제시되어 있지 않다. 즉, 현대 음악은 건축학 이론을 음악에 반영하기도 하지만, 반대로 건축학 이론이 현대 음악의 특성을 건축설계에 반영하는지는 알 수 없다.

④ 음악은 감정의 예술이 아니라 감각의 예술로 이해해야 한다.
→ (×) 제시문은 우리가 일반적으로 음악을 감정의 예술로 이해하기 때문에[1문단(1)] 음악을 수학과 연결시키기 어렵다고 생각하지만[1문단(3)], 사실은 그렇지 않다는 내용을 담고 있다.[1문단(4)] 이때, 음악을 수학과 연결시키는 것이 감각의 예술로 이해하는 것인지는 제시문을 통해 확인할 수 없다. 따라서 음악을 감각의 예술로 이해해야 한다는 것은 틀린 설명이다.

⑤ 수의 상징적 의미는 음악의 수학적 질서를 통해 구체화된다.
→ (×) 음악의 수학적 질서를 통해 구체화되는 것은, 음악의 예술적 특성과 음악의 미적 가치이다.[2문단(3)] 수의 상징적 의미가 음악의 수학적 질서를 통해 구체화되는지 여부는 확인할 수 없다. 따라서 오답인 선지이다.

제시문 분석

1문단 음악에 관한 사실

〈음악에 관한 일반적 생각〉		〈이로 인한 오해〉
우리는 음악을 일반적으로 감정의 예술로 이해한다.(1)	→	음악을 수(數) 또는 수학(數學)과 연결시키기 어렵다고 생각하는 경우가 많다.(3)

〈주제문: 음악에 관한 사실〉
음악을 구성하는 원리로 수학의 원칙과 질서 등이 활용된다.(5)

2문단 음악과 수의 관계

〈음악과 수의 관계-시간순으로 나열〉	
〈고대〉	고대에도 음악과 수, 음악과 수학의 관계는 음악을 설명하는 중요한 사고의 틀로 작동했다.(1)
〈중세〉	중세 시대의 『아이소리듬 모테트』와 르네상스 시대 오케겜의 『36성부 카논』은 서양 전통 음악 장르에서 사용되는 작곡 기법도 수의 비율 관계로 설명할 수 있다는 것을 보여준다.(2)
〈20세기〉	20세기에 들어와 음악과 수, 음악과 수학의 관계는 더욱 밀접해졌다.(4)
〈현대〉	12음 기법과 총렬음악, 분석 이론의 일종인 집합론을 활용한 현대 음악 이론에서도 음악과 수, 음악과 수학의 밀접한 관계는 잘 드러난다.(6)

합격자의 실전 풀이 순서

비문학 유형

❶ 발문 읽기 및 문제 유형 파악

항상 발문을 먼저 제대로 읽자. 본 문제는 글의 내용과 부합하는 것을 고르는 유형의 문제이다. 부합하는 것을 고르는 문제는 알 수 있는 것을 고르는 문제와 같다. 해당 유형은 제시문 내용과 일치하거나 그로부터 추론 가능한 선지가 정답이 되며, 제시문 내용과 상충하거나 그로부터 추론할 수 없는 선지가 오답이 된다. 이 유형에서는 '제시문에 명확한 근거 없음'으로 오답인 선지가 구성되는 경우도 존재하므로 조심해야 한다. 정보확인유형을 푸는 방법 중 선지의 내용을 참고하여 미리 제시문의 내용을 예측한 후 제시문을 독해하는 방법이 있다. 그러나 본 문제의 경우 알 수 '있는' 것, 즉 지문과 같은 방향의 내용을 묻고 있다. 따라서 선지 5개 중 1개만이 옳은 내용을 담고 있으므로 본 문제의 경우 해당 방법을 활용하는 것을 추천하지 않는다. 다만 발문에 ○ 표시를 해놓고 문제를 풀면 옳은 것을 골라야 하는 문제에서 옳지 않은 것을 고르는 실수가 줄어들므로 해당 방법은 활용하는 것이 좋다.

❷ 제시문 독해

제시문 독해 시, 제시문을 어느 정도로 꼼꼼히 읽을 것인지는 각자의 풀이법에 따라 달라진다. 언어논리 고득점자 중에는 30초보다 짧은 시간에 제시문의 주제와 키워드를 대강 파악하고, 선지부터 이해한 후에 제시문을 다시 훑어 올라가는 사람도 있다. 그러나 초심자에게 해당 방식을 채택하는 것을 추천하지 않는다. 주제와 키워드만 파악하여 제시문을 읽었다면 선지 판단을 위해 선지의 키워드를 제시문에서 다시 찾아야 하는데, 글의 구조가 어떻게 구성되는지 알지 못하거나 시험장에서 지나치게 긴장한 경우 해당 키워드를 찾지 못하는 불상사가 발생할 수 있기 때문이다. 또한, 최근에는 문단 간의 정보를 연결해야 하는 문제가 나와 키워드 찾기 방식의 효용이 떨어지고 있다. 따라서 처음에는 시간을 들여 모든 제시문을 꼼꼼히 분석하는 연습을 하고, 차차 자신이 안정적으로 선지를 판단할 수 있는 수준으로 제시문 독해 시간을 줄여가는 것을 추천한다. 물론 자신의 독해 실력이 뛰어나면 위에서 제시된 방법처럼 제시문 독해 시간을 획기적으로 줄이는 방법을 시도하는 것도 좋다.
독해 실력이 특출나지 않는 사람들 대다수에게는 제시문의 구조와 선지에서 나올만한 중요한 내용을 파악하며 1분에서 2분 사이 내에 제시문을 읽는 것을 추천한다. 이때 선지에서 나올만한 내용으로는, 두 대상의 공통점과 차이점, 인과관계, 두 대상의 성능 및 효과 비교, 접속어로 시작하는 문장의 주요

내용, '반드시', '필수적'과 같은 표현으로 강조되는 내용 등이 있다. 다양한 정보확인문제를 통해 선지에서 주로 묻는 내용이 무엇인지 정리한 뒤, 제시문에서 선지에 나올만한 내용을 미리 파악하며 읽는 습관을 들이자.
1문단에서 주의 깊게 읽을 만한 내용으로는 '하지만'으로 시작하는 (4) 문장이 있다. 본 문장과 같이 '하지만', '그런데', '반면'과 같이 전환의 접속어 뒤에 중요한 문장이 주로 나오는 경우가 많다. 이는 사회적인 통념, 또는 글쓴이가 반대하는 주장을 먼저 제시한 후 이를 반박함으로써 글쓴이의 주장을 효과적으로 강조하는 글이 많기 때문이다. 2문단에는 과거부터 현대까지 음악과 수학의 관계를 소개하고 있다. 이처럼 시간의 흐름이 나오는 경우 '고대', '중세', '20세기', '현대'와 같이 시대를 나타내는 표현에 ○과 □같은 기호를 표시한다. 또한, 키워드로 기능할 수 있는 음악 작품의 제목, '음정과 음계', 음악가의 이름 등에도 시각적 표시를 해두는 것이 좋다. 본 문제의 제시문은 짧으므로 처음부터 끝까지 한 번에 읽고 선지를 판단할 것을 추천한다. 그러나 제시문이 길어지는 경우 제시문의 2/3 정도를 읽고 해당 내용으로 풀 수 있는 선지를 먼저 푸는 방법을 시도해보아도 좋다. 이 방법은 제시문을 모두 읽지 않고도 답을 빠르게 구할 수 있다는 장점이 있다.

❸ 선지 적용하기

이 단계에서는 각 선지의 키워드를 확인한 후, 바로 지문으로 올라가 키워드의 위치를 찾는다. 선지는 크게 두 유형으로 나뉜다. 키워드의 앞뒤 2~3문장 내 정답이 그대로 또는 말만 바꾸어 제시되어 있거나(단순비교형), 해당 문장들을 통해 추론가능한 것(추론형). 만약 둘 중 하나에 해당하지 않으면 일단 패스하고 다음 선지로 넘어갈 것을 추천한다.
앞서 해설에서 자세한 풀이를 하였으므로, 여기에서는 각 선지마다 시선과 펜이 이동한 경로를 소개한다. →기호는 단순한 순서를 나타내는 것으로, 인과관계 및 논리관계와는 아무 관련이 없다.

① **수학을 통해 음악을 설명하려는 경향은 현대에 생겨났다.**
음악을 설명→고대에도 중요한 사고의 틀로 작동 ⇏ 현대에 생겨남
간단한 단순비교형 선지다. '음악을 설명'을 키워드로 지문을 확인하면 현대에 생겨난 것과는 거리가 먼 것을 확인할 수 있다. 따라서 지문과 부합하지 않는다.

② **음악의 미적 가치는 수학적 질서를 통해 드러날 수 있다.**
음악의 미적 가치→수학적 질서를 통해 효과적으로 전달
역시 단순비교형 선지다. '음악의 미적 가치'를 키워드로 지문을 보면 음정과 음계의 사례[2문단(3)]에서 수학적 질서가 음악의 미적 가치를 효과적으로 전달함을 알 수 있다. '효과적으로 전달'은 선지의 '드러나게 함'과 사실상 같은 의미, 즉 재진술이다. 따라서 지문과 부합한다.

③ **건축학 이론은 현대 음악의 특성을 건축설계에 반영한다.**
지문의 내용만으로는 알 수 없는 것을 묻는 선지다. '건축설계'를 키워드로 지문을 확인하면 건축가 르 코르뷔지에[2문단(5)]의 사례를 찾을 수 있다. 그러나, 이 사례는 건축적 비례를 연결시킨 음악 작품에 해당한다. 즉 건축학 이론이 현대 음악에 반영된 것에 가깝다. 현대 음악의 특성이 반영된 건축설계의 사례는 지문에서 찾을 수 없다. 따라서 지문과 부합하지 않는다.
대충 비슷한 표현들이 등장하니 옳다고 속단할 위험이 있는 선지다. 선지 판단 시 추론을 해야 하는 이유다.

④ **음악은 감정의 예술이 아니라 감각의 예술로 이해해야 한다.**
지문의 내용만으로는 알 수 없는 것을 묻는 선지다. 본 선지는 '감정의 예술'이 속하는 전단과 '감각의 예술'이 속하는 후단으로 나누어 각각 판단해야 한다.
'감정의 예술'을 키워드로 지문을 확인하면, 일반적인 이해 관점이라는 부분[1문단(1)]을 찾을 수 있다. 그러나 그 외에 '감정의 예술'에 대한 글쓴이의 가치 판단은 찾을 수 없다. 즉, 선지의 전단인 '감정의 예술이 아니라'에서 이미 지문과 부합하지 않는다.
따라서 후단인 '감각의 예술로 이해해야 한다.'는 사실 검토할 필요가 없다. 굳이 검토해 본다면, '감각의 예술'이 지문 어디에도 제시된 바가 없으므로 후단 또한 지문과 부합하지 않는다.

⑤ **수의 상징적 의미는 음악의 수학적 질서를 통해 구체화된다.**
음악의 수학적 질서→예술적 특성과 미적 가치 전달 ⇏ 수의 상징적 의미
역시 지문만으로 알 수 없는 것을 묻는 선지다. '음악의 수학적 질서'를 키워드로 지문을 확인하면, '수의 상징적 의미'와는 아무 관련이 없다. '수의 상징적 의미'가 지문에 아예 등장하지 않으며, 추론할 만한 근거도 없기 때문이다. 따라서 지문과 부합하지 않는다.

합격자의 시간단축 Tip

Tip ❶ 선지를 살짝 훑는 방법을 활용한다.

선지를 먼저 훑어보는 방법은 제시문을 먼저 읽는 방법과 선지를 먼저 읽는 방법 모두에 활용할 수 있다. 다만, 정보확인유형을 푸는 자신의 전략이 무엇이냐에 따라 선지를 얼마나 자세히 훑어볼 것인지는 달라진다. 제시문을 먼저 읽는 방법을 사용할 때는 제시문의 주제를 파악하는 정도로 가볍게 선지를 읽는다. 선지를 먼저 읽는 방법을 선택했을 때는 제시문에서 선지의 내용을 찾아가기 위한 선지의 키워드를 도출한다. 이하에서는 선지에서 키워드를 도출하는 법을 소개하겠다.
선지를 훑어보는 과정이 효과적인 이유는 정보확인문제의 경우, 선지가 지문의 내용을 담고 있는 경우가 많기 때문이다. 아직 어떤 선지가 맞고 그른지는 알 수 없으니, 선지의 키워드를 도출하고 제시문의 소재를 파악한다. 이를 통해 긴장도 풀어지고, 이미 핵심 소재를 파악함으로써 시간도 단축된다.

예 ①번 '수학', '음악'
②번 '음악의 미적 가치', '수학적 질서'
③번 '현대 음악'
④번 '음악', '예술'
⑤번 '수', '음악', '수학적 질서'

이렇게 보면 공통된 키워드로 음악, 수학이 있음을 알 수 있고, 이 지문은 음악과 수학에 관한 지문임을 5초 이내로 파악할 수 있다. 선지에 반복되는 키워드가 있을 경우, 해당 키워드의 지문을 읽고 선지 두 개를 같이 해결한다.
②번: 음악의 미적 가치는 수학적 질서를 통해 드러날 수 있다.
⑤번: 수의 상징적 의미는 음악의 수학적 질서를 통해 구체화된다.
위 선지들에는 '수학적 질서'라는 키워드가 반복되며, 심지어는 수학적 질서를 통해 드러나는 것이 선지에 따라 다르다. 이러한 선지들은 제시문에서 해당 키워드가 있는 부분으로 동시에 해결할 가능성이 크다. 따라서 제시문에서 '수학적 질서'를 다룬 부분을 읽고 선지 두 개를 모두 검토한다. 실제로도 근거 지문이 2문단 (3)으로 동일했다.
다만 발문의 내용에 따라 선지를 훑을 때 선지를 자세히 읽는 강도가 미세하게 달라진다. 위 문제처럼 발문에서 옳은 것을 물어서 선지 중 옳은 내용인 것이 하나이면, 나머지 4개 선지는 다

틀린 내용이다. 따라서 선지의 내용에 집중하지 말고, 키워드만 도출한다. 이와 반대로 틀린 것만 하나 고르는 문제라면 정답이 아닌 나머지 4개 선지는 옳은 내용이므로, 좀 더 내용을 읽으며 글에서 다루는 소재와 흐름을 파악한다.

Tip ❷ 1문단 외의 문단에서 초반을 유심히 읽는다.

이 지문처럼 2문단에 시간에 관련된 키워드가 나열되어 있으면 문단이 시간순으로 되어있다는 것을 파악하고 빠르게 읽을 수 있다. 또한, 핵심 키워드들이 문단 초반에 제시되어 있으므로, 다른 문단의 초반과 비교해본다면 해당 문단의 핵심 키워드를 짐작하기 쉬워진다.

Tip ❸ '하지만', '그러나' 등의 접속사에 주목하자.

시간이 많이 없으면 '하지만', '그러나' 등의 역접의 접속사 앞의 문장은 날려도 된다. 진짜 하고 싶은 얘기는 '하지만' 뒤에 있는 경우가 많다. 역접의 접속사 뒤에 중요한 문장이 자주 나오는 이유는 사회적 관념 또는 글쓴이가 반대하는 주장을 먼저 제시한 후, 그것을 반박하는 식으로 주제문을 강조하는 글이 많기 때문이다.

예 그래서인지 음악을 수(數) 또는 수학(數學)과 연결시키기 어렵다고 생각하는 경우가 많다. 하지만 음악 작품은 다양한 화성과 리듬으로 구성되고, 이들은 3도 음정, 1도 화음, 3/4 박자, 8분 음표처럼 수와 관련되어 나타난다.

Tip ❹ 잘 모르겠으면 세모를 쳐라.

비문학은 한 문항을 오랫동안 푸는 것이 능사가 아니다. 오히려 풀 수 있는 문제만 정확히 푸는 게 중요하다. 그리고 스스로도 한 선지에서 오래 걸린다는 생각이 들면 긴장이 되기 시작해 지문을 읽는 게 어려워진다. 따라서 애매하면 선지 옆에 세모를 쳐라. 일단 넘어가고, 확실히 O/×를 파악할 수 있는 것부터 파악한다.

(1) 이때 확실한 답이 나오면 세모는 가벼운 마음으로 다시 확인할 수 있고, 시간이 없으면 세모는 그냥 넘어갈 수도 있다.

(2) 확실한 답이 없고 세모가 두 개 이상 나온다면 세모 문항들만 집중적으로 다시 확인한다. 어떠한 경우든 한 선지만 붙들고 있는 것보단 낫다.

187 정답 ❷

난이도 ●●●

문제유형 비판적 사고 > 지문에서 추론하기

접근전략 지문의 길이는 짧지만, 3가지 주제에 대해 압축적으로 다루고 있는 비문학 유형이다. 글의 첫 문장이 주제문으로써 앞으로의 내용에 대해 두괄적으로 소개하고 있음을 빠르게 파악해야 한다. 본 지문과 같이 과학/기술적 단계가 제시되는 경우 머릿속으로 단순화하고, 순서를 시각적으로 표시하며 독해하자.

다음 글의 철학자의 주장으로부터 추론할 수 없는 것은?

(1) 어떤 고대 그리스 철학자는 눈, 우박, 얼음의 생성에 대해 다음과 같이 주장했다. (2) 특정한 구름이 바람에 의해 강력하고 지속적으로 압축될 때 그 구름에 구멍이 있다면, 작은 물 입자들이 구멍을 통해서 구름 밖으로 배출된다. (3) 그리고 배출된 물은 하강하여 더 낮은 지역에 있는 구름 내부의 극심한 추위 때문에 동결되어 눈이 된다. (4) 또는 습기를 포함하고 있는 구름들이 옆에 나란히 놓여서 서로 압박할 때, 이를 통해 압축된 구름 속에서 물이 동결되어 배출되면서 눈이 된다. (5) 구름은 물을 응고시켜서 우박을 만드는데, 특히 봄에 이런 현상이 빈번하게 생긴다.

▶ 1문단

(1) 얼음은 물에 있던 둥근 모양의 입자가 밀려나가고 이미 물 안에 있던 삼각형 모양의 입자들이 함께 결합하여 만들어진다. (2) 또는 밖으로부터 들어온 삼각형 모양의 물 입자가 함께 결합하여 둥근 모양의 물 입자를 몰아내고 물을 응고시킬 수도 있다.

▶ 2문단

① **구름의 압축은 바람에 의해 발생하는 경우도 있고, 구름들의 압박에 의해 발생하는 경우도 있다.**

→ (O) 구름은 바람에 의해 강력하고 지속적으로 압축될 수도 있고[1문단(2)], 구름들이 옆에 나란히 놓여서 서로 압박할 때 압축되기도 한다.[1문단(4)]

② **날씨가 추워지면 둥근 모양의 물 입자가 삼각형 모양의 물 입자로 변화한다.**

→ (×) 지문의 2문단에서 물 입자의 모양에 대한 언급을 찾을 수 있다. 해당 부분에 따르면 물이 얼 때 물에 있던 둥근 모양의 입자는 밀려 나가고, 삼각형 모양의 입자들이 결합하면서 얼음이 만들어진다.[2문단(1)] 이는 물 입자가 둥근 모양에서 삼각형 모양으로 변한다는 선지의 설명과는 다르다. 더군다나 2문단의 내용은 물이 얼음으로 변하는 과정에 대한 설명으로, 선지에서 언급한 대로 '날씨가 추워지'는 것만으로 물 입자의 모양이 변한다는 추론은 해당 지문을 통해서 도출해내기 어렵다.

③ **물에는 둥근 모양의 입자뿐 아니라 삼각형 모양의 입자도 있다.**

→ (O) '얼음은 물에 있던 둥근 모양의 입자가 밀려나가고 이미 물 안에 있던 삼각형 모양의 입자들이 함께 결합하여 만들어진다.'는 것[2문단(1)], 또는 '밖으로부터 들어온 삼각형 모양의 물 입자가 함께 결합하여 둥근 모양의 물 입자를 몰아내고 물을 응고시킬 수도 있다.'는 것[2문단(2)]이 지문에 제시되어 있다. 따라서 물에는 둥근 모양의 입자와 삼각형 모양의 입자가 함께 존재한다는 것을 알 수 있다.

④ **봄에는 구름이 물을 응고시키는 경우가 자주 발생한다.**

→ (O) 제시문에서 철학자의 주장에 따르면 구름은 물을 응고시켜 우박을 만들고, 특히 봄에 이런 현상이 빈번하게 발생한다고 나타나 있다.[1문단(5)] 따라서 봄에는 구름이 물을 응고시키는 경우가 자주 발생한다는 것을 알 수 있다.

⑤ **얼음에는 삼각형 모양의 물 입자들이 결합되어 있다.**

→ (O) 얼음이 만들어지는 방법은 총 두 가지로 제시되어 있다. 먼저 물에 있던 둥근 모양의 입자가 밀려나가고 이미 물 안에 있던 삼각형 모양의 입자들이 함께 결합하여 만들어지거나[2문단(1)], 또는 밖으로부터 들어온 삼각형 모양의 물 입자가 함께 결합하여 둥근 모양의 물 입자를 몰아내면서 만들어진다.[2문단(2)] 두 경우 모두 원래 물에 존재하던 둥근 모양의 물 입자가 밖으로 나가고, 삼각형 모양의 입자들만 물에 존재하는 경우이다. 또한, 두 경우 모두 삼각형 모양의 물 입자들의 결합을 통해 얼음이 생성된다고 설명한다. 따라서 얼음에는 삼각형 모양의 물 입자들만이 존재하며 결합된 상태라는 것을 알 수 있다.

제시문 분석

1문단 그리스 철학자가 주장했던 눈의 생성 과정

〈어떤 그리스 철학자가 주장했던 눈의 생성 과정 〉			
①	특정한 구름이 바람에 의해 강력하고 지속적으로 압축될 때 그 구름에 구멍이 있다면, 작은 물 입자들이 구멍을 통해서 구름 밖으로 배출된다.(2)	→	배출된 물은 하강하여 더 낮은 지역에 있는 구름 내부의 극심한 추위 때문에 동결되어 눈이 된다.(3)
②	습기를 포함하고 있는 구름들이 옆에 나란히 놓여서 서로 압박할 때(4)	→	이를 통해 압축된 구름 속에서 물이 동결되어 배출되면서 눈이 된다.(4)

〈어떤 그리스 철학자가 주장했던 우박의 생성 과정〉
구름은 물을 응고시켜서 우박을 만드는데, 특히 봄에 이런 현상이 빈번하게 생긴다.(5)

2문단 그리스 철학자가 주장했던 얼음의 생성 과정

〈어떤 그리스 철학자가 주장했던 얼음의 생성 과정 〉	
①	얼음은 물에 있던 둥근 모양의 입자가 밀려나가고 이미 물 안에 있던 삼각형 모양의 입자들이 함께 결합하여 만들어진다.(1)
②	밖으로부터 들어온 삼각형 모양의 물 입자가 함께 결합하여 둥근 모양의 물 입자를 몰아내고 물을 응고시킬 수도 있다.(2)

합격자의 실전 풀이 순서

비문학 유형

❶ 발문 확인 및 문제 유형 판단하기

발문을 확인한 결과, 글에서 추론할 수 없는 것을 고르는 문제이다. 해당 유형은 제시문 내용과 상충하거나 그로부터 알 수 없는 선지가 정답이 되며, 제시문 내용과 일치하거나 그로부터 알 수 있는 선지가 오답이 된다. 제시문 내에 그림이 존재하므로 특정 구조에 대한 원리를 파악해야 하는 문제임을 추측할 수 있다. 또한, 옳지 않은 것을 골라야 하므로 발문이나 선지 옆에 크게 '×' 표시를 해두어 실수를 방지한다.

정보확인유형을 푸는 방법으로는 크게 선지를 먼저 읽고 제시문에서 선지의 내용을 찾는 방법과 제시문을 간략히 읽은 후 선지를 판단하는 방법 두 가지로 나뉜다. 첫 번째 방법은 선지로부터 키워드를 찾고, 키워드를 제시문에서 찾아가는 방식이다. 두 번째 방법은 제시문의 구조와 선지에서 나올만한 중요한 내용을 파악하며 1분에서 2분 사이 내에 제시문을 읽은 후 선지를 판단하는 방식이다. 본 문제의 경우 제시문을 먼저 읽는 두 번째 방법으로 풀고자 한다.

❷ 지문 독해

제시문 독해 단계에서는 짧은 시간에 제시문의 주제 및 구조, 그리고 키워드를 파악한다. 또한, 선지에 나오리라 예상되는 부분이 있는지 체크한다. 본 문제의 경우 고대 그리스 철학자가 주장한 눈, 우박, 얼음이 만들어지는 과정에 대한 글임을 알 수 있다. 이때 눈, 우박, 얼음이라는 3가지 주제가 제시되었으니 각 주제의 생성 과정을 정확히 구분하며 읽어야 함을 추측할 수 있다. 따라서 눈, 우박, 얼음을 ○, △, □과 같은 기호나 1, 2, 3 숫자를 활용하여 개념을 구분하고, 각 대상의 설명 부분을 괄호로 묶어두어 시각적으로 구분할 필요가 있다. 또한, (1) 문장에 철학자가 설명할 대상으로서 눈, 우박, 얼음이 순서대로 제시되어 있다. 언어논리 문제로 출제되는 제시문들은 매우 깔끔하고 잘 작성된 글이기 때문에 첫 문장에서 이러한 순서대로 제시되었다면, 제시문도 이와 같은 순서로 전개된다는 점을 유의한다.

❸ 선지 적용하기

① **구름의 압축은 바람에 의해 발생하는 경우도 있고, 구름들의 압박에 의해 발생하는 경우도 있다.**

구름의 압축	⇒	바람	⇒	강력하고 지속적으로 압축	(○)
	⇒	구름들의 압박	⇒	이를 통해 압축	(○)

전단과 후단으로 나누어 살펴보아야 하는 단순비교형 선지다. 전단의 경우 '바람'을 키워드로 잡으면 구름의 압축이 발생함[1문단(2)]을 확인할 수 있다. 후단의 경우 '구름들의 압박'을 키워드로 잡으면 역시 압축이 발생함[1문단(4)]을 확인할 수 있다. 따라서 추론할 수 있다. 또는 '압축'을 키워드로 잡았다면 하나의 키워드로 위 문장들을 모두 찾을 수 있다.

② **날씨가 추워지면 둥근 모양의 물 입자가 삼각형 모양의 물 입자로 변화한다.**

지문의 내용만으로는 추론할 수 없는 것을 묻는 선지다. '둥근 모양의 물 입자'를 키워드로 잡아 지문을 확인하면, 얼음이 생성되는 과정에 대한 설명을 2문단에서 찾을 수 있다. 그러나 이 과정은 날씨와는 직접적인 관련이 없을뿐더러, 둥근 모양의 물 입자는 밀려나는 것일 뿐 삼각형 모양으로 변화하는 것이 아니다. 따라서 추론할 수 없다. 보통 추론할 근거가 없는 선지의 경우 소재 자체가 본문에 존재하나 내용은 추론할 수 없는 경우가 많다. 따라서 판단 시 세심한 주의가 필요하다.

③ **물에는 둥근 모양의 입자뿐 아니라 삼각형 모양의 입자도 있다.**

단순비교형 선지다. 선지 ②를 해결한 경우 바로 해결할 수 있을 것이다. 둥근 모양의 물 입자와 삼각형 모양의 물 입자가 모두 등장하는 부분들 [2문단(1), (2)]에서 추론할 수 있다.

④ **봄에는 구름이 물을 응고시키는 경우가 자주 발생한다.**

봄 → 구름이 물을 응고시켜 우박을 만듦

간단한 단순비교형 선지다. 이런 선지에 시간을 오래 할애하지 않도록 하자.

⑤ **얼음에는 삼각형 모양의 물 입자들이 결합되어 있다.**

삼각형 모양의 물 입자들이 결합 → 얼음

역시 간단한 단순비교형 선지다. 앞서 선지 ②와 ③을 해결하면서 '삼각형 모양의 물 입자'가 등장했던 위치를 기억해두면 더욱 빨리 해결할 수 있다.

합격자의 시간단축 Tip

Tip ❶ 주제문을 통한 구조 파악

본 제시문의 경우 1문단 (1) 문장에서 '어떤 고대 그리스 철학자는 눈, 우박, 얼음의 생성에 대해 다음과 같이 주장했다.'라고 함으로써 첫 문장에서 지문의 주제를 두괄식으로 소개하고 있다. 따라서 눈, 우박, 얼음의 생성 순으로 지문이 구조화될 가능성이 크다. 잠시 눈을 돌려 '눈', '우박', '얼음'의 키워드를 빠르게 찾는다. 실제로 눈, 우박, 얼음 순으로 생성 과정이 나열되어 있음을 확인하고, 구조를 머릿속에 넣는다.

본 지문은 과학적 현상에 대해 일정한 순서에 따라 순차적으로

설명하고 있다. 이 경우 순서를 뒤바꾸어 오답 선지를 구성하는 경우가 많다. 함정에 빠지지 않으려면 각 단계에 1, 2와 같이 숫자를 매겨 순서를 표시하는 방법을 통해 선후 관계를 시각화할 수 있다.
친절한 지문이라면 첫 문장에서 소개된 3가지 주제를 각각 한 문단씩 할애하여 다룰 수 있다. 그러나 본 지문과 같이, 우박이 갑자기 1문단 (5)에서 등장할 수도 있다. 따라서 구조를 파악할 때는 꼭 지문 전체를 훑으며 어느 부분부터 어디까지가 각 주제의 설명 범위인지 파악하자. 각 주제에 대한 설명을 섞는 함정 선지가 등장할 수 있다. 예를 들어, 물의 생성 원리에 우박 생성 원리 내용을 섞어 오답 선지 구성이 가능하다.

Tip ❷ 원리/단계가 등장하는 지문

과학/기술의 원리나 단계가 나오는 경우 너무 어렵게 생각하지 말고 머릿속에 단순화해서 그리며 읽자. 단순화된 이미지일지라도 글을 이해하고 선지를 판단할 때 큰 도움을 받을 수 있다. 어렵다고 대강 읽고 넘어가게 되면 선지 판단 시간이 더 길어질 수 있다.

Tip ❸ 짧은 지문일수록 서두르지 말자.

본 지문은 짧은 길이에도 불구하고 주제 3개의 메커니즘을 다루고 있으며, 해당 민경채 회차의 타 지문과 비교해도 쉬운 난이도가 아니다. 지문 길이가 짧으면서 과학적 메커니즘이 담겨있는 경우, 오히려 압축적으로 내용이 제시될 수 있으므로 신중하게 접근한다.

188 정답 ④ 난이도 ●●○

문제유형 논리적 비판 > 인과관계 추론
접근전략 낯선 용어가 많이 나오는 과학지문은 용어나 현상의 '정의'가 중요하다. 〈주어+서술어〉의 핵심 관계를 파악하면서 의미를 확인하고, 문장 간 관계는 화살표로 인과에 따라 연결하면서 접근한다. 또한, 과학 제재의 지문에서는 비례와 반비례 관계를 이용하여 선지가 구성되는 경우가 많으므로 직간접적으로 드러나는 이러한 관계에 집중한다.

다음 ㉠을 지지하는 관찰 결과로 가장 적절한 것은?

(1) 멜라토닌은 포유동물의 뇌의 일부분인 송과선이라는 내분비 기관에서 분비되는 호르몬이다. (2) 멜라토닌은 밤에 많이 생성되고 낮에는 덜 생성된다. (3) 이러한 특성을 이용하여 포유동물은 멜라토닌에 의해 광주기의 변화를 인지한다. (4) 포유동물은 두부(頭部)의 피부나 망막에 들어오는 빛의 양을 감지하여 멜라토닌의 생성을 조절하는 방식으로 생체 리듬을 조절한다. (5) 일몰과 함께 멜라토닌의 생성이 증가하면서 졸음이 오게 된다. (6) 동이 트면 멜라토닌의 생성이 감소하면서 잠이 깨고 정신을 차리게 된다. (7) 청소년기에는 멜라토닌이 많이 생성되기 때문에 청소년은 성인보다 더 오래 잠을 자려는 경향이 있다. (8) 또한 ㉠ 멜라토닌은 생식 기관의 발달과 성장을 억제한다. (9) 멜라토닌이 시상하부에 작용하여 생식선자극호르몬방출호르몬(LHRH)의 분비를 억제하면, 난자와 정자의 생성이나 생식 기관의 성숙을 일으키는 테스토스테론과 에스트로겐의 분비가 억제되어 생식 기관의 성숙이 억제된다.

① 송과선을 제거한 포유동물이 비정상적으로 성적 성숙이 더뎌졌다.
→ (×) 송과선을 제거하면 멜라토닌이 분비될 수 없다(1). ㉠에 따르면 멜라토닌은 성적 성숙을 억제하는 역할을 하므로 (8), 포유동물의 송과선을 제거하면 성적 성숙이 비정상적으로 빨라질 것이다. 따라서 해당 진술은 ㉠을 지지하지 않는다.

② 봄이 되면 포유동물의 혈액 속 멜라토닌의 평균 농도가 높아지고 번식과 짝짓기가 많아진다.
→ (×) 제시문에는 봄과 포유동물의 혈액 속 멜라토닌의 평균 농도 간 관계가 언급되어 있지 않다. 마찬가지로 봄과 번식 및 짝짓기 간 인과관계 또한 언급되어 있지 않으므로, 해당 관찰 결과는 ㉠과 무관하다.

③ 성숙한 포유동물을 지속적으로 어둠 속에서 키웠더니 혈액 속 멜라토닌의 평균 농도가 낮아졌다.
→ (×) 성숙한 포유동물을 지속적으로 어둠 속에서 키우면 멜라토닌의 분비가 많아지고(2), 그에 따라 혈액 속 멜라토닌의 평균 농도 또한 높아진다. 따라서 해당 관찰 결과는 ㉠을 지지하지 않는다.

④ 어린 포유동물을 밤마다 긴 시간 동안 빛에 노출하였더니 생식 기관이 비정상적으로 조기에 발달하였다.
→ (O) 어린 포유동물이 밤마다 긴 시간 동안 빛에 노출되면 멜라토닌 분비가 억제된다(2). ㉠에 따르면 멜라토닌이 테스토스테론과 에스트로겐의 분비를 억제하여 성적 성숙을 억제하는 역할을 하므로, 멜라토닌의 분비가 억제되면 생식 기관이 비정상적으로 조기에 발달할 것이다. 따라서 해당 관찰 결과는 ㉠을 지지한다.

⑤ 생식 기관의 발달이 비정상적으로 저조한 포유동물 개체들이 생식 기관의 발달이 정상적인 같은 종의 개체들보다 혈액 속 멜라토닌의 평균 농도가 낮았다.
→ (×) ㉠에 따르면, 생식 기관의 발달이 비정상적으로 저조한 포유동물 개체들은 멜라토닌이 과도하게 분비된 결과이다 (9). 따라서 생식 기관의 발달이 정상적인 같은 종의 개체들보다 혈액 속 멜라토닌의 평균 농도가 더 높을 것이다. 따라서 해당 관찰 결과는 ㉠을 지지하지 않는다.

제시문 분석

제시문 멜라토닌의 분비와 그 기능

〈멜라토닌의 분비〉		〈기능〉
멜라토닌은 포유동물의 송과선에서 분비되고, 밤에 많이 생성되며 낮에는 덜 생성된다. (1),(2)	→	포유동물은 멜라토닌에 의해 광주기의 변화를 인지하며, 생체 리듬을 조절한다.(4)
		멜라토닌은 생식 기관의 발달과 성장을 억제한다.(8)

합격자의 실전 풀이 순서

❶ 발문과 선지를 확인한다.

지문의 내용과 선지는 "㉠을 지지하는 것의 의미"를 파악하고 그에 해당하는 것을 골라내는 데에 사용되어야 한다.
선지에서는 〈송과선, 포유동물, 어둠/밤〉 정도를 파악하는 것으로 족하다. 특히 포유동물은 모든 선지에 포함되므로, '동물'이라는 쉬운 단어와 동치로 놓아도 무방하다는 것을 알 수 있다.

❷ 지문 전체의 흐름을 정리하며 읽는다.

해당 지문은 길이가 짧으므로 서둘러 독해할 필요가 없다. 전체 글의 흐름을 정리하며 읽는다.

멜라토닌 호르몬의 분비 기관(송과선), 밤에 생성되어 광주기와 연관, 멜라토닌의 기능 1(생체리듬 조절), 멜라토닌의 기능2(생식 기관 관련)로 지문이 구성되어 있다. 여기서 중요한 것은 제시문에 개념어 간 비례 및 반비례 관계가 간접적으로 주어졌다는 것이고, 이를 파악해 두어야 한다. 우선 멜라토닌의 양이 밤에 많이 생성되며 이를 통해 광주기의 변화를 인지한다는 내용으로부터 멜라토닌의 양과 빛의 양의 반비례 관계를 파악할 수 있다. 또한, 멜라토닌이 생식 기관 발달을 억제한다는 내용으로부터 멜라토닌의 양과 생식 기관 발달 정도의 반비례 관계도 파악할 수 있다.

❸ 선지 판단을 진행한다.

정답 선지는 기능 1만 포함하는 내용이어서는 안 된다. 기능 1과 2 모두를 포괄하는 내용을 골라야 하며, 기능 1과 기능 2의 관계에 유의하며 선지를 고른다. 실제로 대다수의 선지에서 앞서 파악한 반비례 관계가 사용됨을 확인할 수 있다.

합격자의 시간단축 Tip

Tip ❶ 복잡한 명제 판단에서는 대우 관계를 이용하면 좋다.

인과관계는 논리성이 가미된 유형이다. 즉 '역'과 '이'의 진리값은 알 수 없으나 '대우'의 진리값은 알 수 있다. 이에 따라 대우 관계를 의미하는 선지부터 파악하면 시간을 절약할 수 있다.

Tip ❷ 과학 제재 지문에서는 인과관계 및 비례/반비례 관계 파악이 중요하다.

제시문에 따르면 멜라토닌은 송과선에서 분비되는 호르몬이며, 생물지문에서 호르몬 분비기관이 제거되는 경우를 묻는 것은 빈번하게 등장하는 장치이다. 따라서 멜라토닌의 분비기관이 제시되는 순간, 인과관계와 관련된 유형의 선지가 등장하리라는 것을 예상할 수 있다. 즉 해당 기관을 제거하는 경우는 곧 〈멜라토닌이 나오지 않거나 감소한다〉는 결과를 일으킨다는 것을 파악한다. 또한, 제시문에서는 멜라토닌과 빛의 양 간의 반비례 관계와 멜라토닌과 생식 기관의 발달 정도의 반비례 관계가 제시되어 있고 이를 통해 다수의 선지가 구성됨을 확인할 수 있다. 따라서 과학 제재의 지문에서 직간접적으로 드러나는 비례/반비례 관계도 반드시 잘 파악하도록 한다.

Tip ❸ 단어 바꿔치기(패러프레이징)가 등장하리라는 것을 예상한다.

〈어둠 속에서 키운다〉, 〈봄이 되면〉, 〈밤마다 빛에 노출〉 등은 사실상 멜라토닌의 양과 빛의 양의 관계를 다른 표현으로 대체하여 제시하는 내용이다. 선지에서 해당 단어를 독해할 때 지문의 특정 부분과 연관되어 있다는 의식을 하며 읽어야 한다.

189 정답 ① 난이도 ●●●

문제유형 비판적 사고 > 지문에서 추론하기

접근전략 정답률이 비교적 낮은 문제이다. 문제 자체는 까다롭지 않으나, 역사 지문의 특성상 한자어 등 생소한 단어가 많았기 때문에 글을 읽기 부담스러웠을 것이다. 그러나 추론 문제 역시 정보 확인 문제의 변형일 뿐이기에, 선지를 먼저 읽고 지문을 읽는다면 더 수월하게 필요한 내용을 파악할 수 있다.

다음 글에서 추론할 수 있는 것은?

(1) 인간이 부락집단을 형성하고 인간의 삶 전체가 반영된 이야기가 시작되었을 때부터 설화가 존재하였다. (2) 설화에는 직설적인 표현도 있지만, 풍부한 상징성을 가진 것이 많다. (3) 이 이야기들에는 민중이 믿고 숭상했던 신들에 관한 신성한 이야기인 신화, 현장과 증거물을 중심으로 엮은 역사적인 이야기인 전설, 민중의 욕망과 가치관을 보여주는 허구적 이야기인 민담이 있다. (4) 설화 속에는 원(願)도 있고 한(恨)도 있으며, 아름답고 슬픈 사연도 있다. (5) 설화는 한 시대의 인간들의 삶과 문화이며 바로 그 시대에 살았던 인간의식 그 자체이기에 설화 수집은 중요한 일이다. ▶1문단

(1) 상주지방에 전해오는 '공갈못설화'를 놓고 볼 때 공갈못의 생성은 과거 우리의 농경사회에서 중요한 역사적 사건으로서 구전되고 인식되었지만, 이에 관한 당시의 문헌 기록은 단 한 줄도 전해지지 않고 있다. (2) 이는 당시 신라의 지배층이나 관의 입장에서 공갈못 생성에 관한 것이 기록할 가치가 있는 정치적 사건은 아니라는 인식을 보여준다. (3) 공갈못 생성은 다만 농경생활에 필요한 농경민들의 사건이었던 것이다. ▶2문단

(1) 공갈못 관련 기록은 조선시대에 와서야 발견된다. (2) 이에 따르면 공갈못은 삼국시대에 형성된 우리나라 3대 저수지의 하나로 그 중요성이 인정되었다. (3) 당대에 기록되지 못하고 한참 후에서야 단편적인 기록들만이 전해진 것이다. (4) 일본은 고대 역사를 제대로 정리한 기록이 없는데도 주변에 흩어진 기록과 구전(口傳)을 모아 『일본서기』라는 그럴싸한 역사책을 완성하였다. (5) 이 점을 고려할 때 역사성과 현장성이 있는 전설을 가볍게 취급해서는 결코 안 된다. (6) 이러한 의미에서 상주지방에 전하는 지금의 공갈못에 관한 이야기도 공갈못 생성의 증거가 될 수 있는 역사성을 가진 귀중한 자료인 것이다. ▶3문단

① 공갈못설화는 전설에 해당한다.

➜ (O) 전설은 현장과 증거물을 중심으로 엮은 역사적인 이야기이다.[1문단(3)] 상주지방에서 전해지는 공갈못설화는 공갈못 생성의 증거가 될 수 있는 역사성을 가진 귀중한 자료이므로[2문단(1), 3문단(6)] 전설에 해당한다. 또한, 필자는 역사성과 현장성이 있는 전설을 가볍게 취급해서는 안 된다고 주장하며[3문단(5)] 공갈못에 관한 이야기를 언급하고 있으므로[3문단(6)], 공갈못설화를 전설로 간주하고 있음을 알 수 있다.

② 설화가 기록되기 위해서는 원이나 한이 배제되어야 한다.

➜ (×) 설화 속에는 원도 있고 한도 있으며, 아름답고 슬픈 사연도 있다.[1문단(4)] 그러므로 원이나 한이 배제되어야 설화가 기록된다는 설명은 틀렸다.

③ 삼국의 사서에는 농경생활 관련 사건이 기록되어 있지 않다.

➜ (×) 농경생활과 관련된 이야기인 공갈못설화에 대한 문헌 기록이 전해지지 않았다는 것은 맞지만[2문단(1)], 해당 설화 외에도 농경생활에 관련한 사건이 아예 기록되지 않았다는 근거는 제시문에 없다. 공갈못 생성에 관한 기록이 조선시대에 와서야 발견되었다는 언급 역시도 [3문단(1)] 삼국의 사서에 농경생활 관련 사건이 기록되어 있지 않다는 근거가 되지 못한다.

④ 한국의 3대 저수지 생성 사건은 조선시대에 처음 기록되었다.

➜ (×) 조선시대의 기록에 의하면 공갈못은 삼국시대에 형성된 우리나라 3대 저수지의 하나라는 언급이 있다.[3문단(1), (2)] 그러나 이 기록이 조선시대에 와서야 발견되었다는

것만으로, 조선시대에 처음 3대 저수지 생성 사건이 기록되었다고 단정할 수 없다.

⑤ 조선과 일본의 역사기술 방식의 차이는 전설에 대한 기록 여부에 있다.

→ (×) 조선시대의 공갈못 관련 기록을 통해[3문단(1)] 조선은 전설에 대한 기록이 존재함을 알 수 있다. 일본은 주변에 흩어진 기록과 구전을 모은 『일본서기』라는 역사책이 있고, 그것을 통해 일본 역시 전설에 대한 기록이 존재함을 할 수 있다. 따라서 조선과 일본은 전설에 대한 기록 여부에 차이가 있지 않고, 더 나아가 제시문에서는 그것을 통해 역사기술 방식의 차이를 만들어내는지 확인할 수 없다.

제시문 분석

1문단 설화의 종류와 의의

〈설화〉	
〈신화〉	민중이 믿고 숭상했던 신들에 관한 신성한 이야기(3)
〈전설〉	현장과 증거물을 중심으로 엮은 역사적인 이야기(3)
〈민담〉	민중의 욕망과 가치관을 보여주는 허구적 이야기(3)

→

〈의의〉	설화는 한 시대의 인간들의 삶과 문화이며 바로 그 시대에 살았던 인간의식 그 자체이기에 설화 수집은 중요한 일이다.(5)

2·3문단 공갈못설화의 기록

우리나라의 공갈못 설화 기록		
삼국시대 (당시) : ×		조선시대 (후대) : O
공갈못 생성은 다만 농경생활에 필요한 농경민들의 사건으로, 당시 신라의 지배층이나 관의 입장에서 기록할 가치가 있는 정치적 사건은 아니라는 인식이 있었다.[2문단(2),(3)]	→	공갈못 관련 기록은 조선시대에 와서야 발견된다. 이에 따르면 공갈못은 삼국시대에 형성된 우리나라 3대 저수지의 하나로 그 중요성이 인정되었다.[3문단(1),(2)]

⊕

〈설화 기록의 중요성 :일본〉
일본은 고대 역사를 제대로 정리한 기록이 없는데도 주변에 흩어진 기록과 구전(口傳)을 모아 『일본서기』라는 그럴싸한 역사책을 완성하였다.[3문단(4)]

→

〈의의〉	역사성과 현장성이 있는 전설을 가볍게 취급해서는 결코 안 된다.[3문단(5)]

↓

〈결론〉
상주지방에 전하는 지금의 공갈못에 관한 이야기도 공갈못 생성의 증거가 될 수 있는 역사성을 가진 귀중한 자료이다.[3문단(6)]

합격자의 실전 풀이 순서

❶ 발문 확인 및 문제 유형 파악

항상 발문을 먼저 제대로 읽자. 본 문제는 추론할 수 있는 것 고르는 유형의 문제이다. 추론할 수 있는 것을 고르는 문제는 알 수 있는 것을 고르는 문제와 같다. 해당 유형은 제시문 내용과 부합하거나 그로부터 추론 가능한 선지가 정답이 되며, 제시문 내용과 상충하거나 그로부터 추론할 수 없는 선지가 오답이 된다. 또한, 추론할 수 있는 것은 제시문 내용과 같은 방향의 선지를 고르는 문제이니 발문에 O표시를 해두고 풀면 추론할 수 없는 것을 고르는 실수를 크게 줄일 수 있다.

❷ 제시문 독해

제시문 독해 시, 제시문을 어느 정도로 꼼꼼히 읽을 것인지는 각자의 풀이법에 따라 달라진다. 언어논리 고득점자 중에는 선지로부터 키워드를 찾고, 키워드를 제시문에서 찾아가는 방식으로 정보확인유형 문제를 푸는 사람도 있다. 그러나 초심자에게 해당 방식을 채택하는 것을 추천하지 않는다. 선지의 키워드를 제시문에서 찾으려는 경우, 글의 구조가 어떻게 구성되는지 알지 못하거나 시험장에서 지나치게 긴장하여 해당 키워드를 찾지 못하는 불상사가 발생할 수 있기 때문이다. 또한, 최근에는 문단 간의 정보를 연결해야 하는 문제가 나와 키워드 찾기 방식의 효용이 떨어지고 있다. 따라서 독해 실력이 특출나지 않는 사람들 대다수에게는 제시문의 구조와 선지에서 나올만한 중요한 내용을 파악하며 1분에서 2분 사이 내에 제시문을 읽는 것을 추천한다.

본 문제의 제시문은 구조가 명확하지 않고 새로운 정보를 연속적으로 제공하고 있다. 따라서 문맥의 흐름을 따라 키워드가 어디 있는지 파악하며 제시문을 읽는 것이 좋다. 1문단에서는 설화의 중요성과 그 종류로 신화, 전설, 민담이 제시되고, 설화의 특징이 등장한다. 이때 설화의 하위분류로서 신화, 전설, 민담이 있으므로 이에 각각 ①, ②, ③을 적어두는 것이 좋다. 2문단에서는 '공갈못설화'가 구전될 뿐, 문헌 기록으로 전해지지 않은 이유를 설명하고 있다. 3문단에서 공갈못의 중요성이 늦게나마 인정되어 후에 그 기록이 발견되었음을 설명한다. 이를 일본의 사례와 비교하여 서술하며 전설의 가치를 강조한다.

❸ 선지 판단

①번 선지의 경우 '공갈못설화'가 설화의 하위분류인 신화, 전설, 민담 중 어디에 속하는지 파악해야 한다. 1문단 (3) 문장의 이들에 대한 설명을 보면, '공갈못설화'는 실제 존재하는 현장인 공갈못에 대한 이야기이고, 우리의 농경사회에서 중요한 역사적 사건으로 구전되고 있으므로 전설에 해당함을 알 수 있다. 또한, 3문단 (5)와 (6) 문장을 통합해보면, 전설을 가볍게 취급해서는 안 된다는 점에서 '공갈못설화'도 역사성을 가진 자료라고 말하고 있다. 즉, '공갈못설화'가 전설에 해당함을 알 수 있다.

③번과 ④번 선지의 경우 알 수 없는 선지에 해당한다. ③번과 ④번 같은 선지를 잘 해결하기 위해서는 선지를 나눠서 꼼꼼히 읽는 습관을 들이는 것이 필요하다. 선지를 대충 읽는다면 제시문에 있는 내용과 같다고 혼동할 가능성이 있기 때문이다. 먼저 ③번 선지의 경우 "삼국시대에 '공갈못설화'가 기록되지 않았다."라는 말로 혼동할 수 있다. 그러나 선지를 나눠서 꼼꼼히 확인해본다면, '삼국의 사서'에 대한 내용은 제시문에 나와 있지 않으며, '농경생활 관련 사건' 전반이 하나도 삼국의 사서에 기록되지 않았는지는 알 수 없다. 제시문에서는 단지 신라 시대의 '공갈못설화'의 문헌 기록이 전해지지 않았다고 할 뿐이다. ④번 선지의 경우 '한국의 3대 저수지 생성 사건'과 '기록되었다'라는 부분이 알 수 없는 내용에 해당한다. 제시문에서는 단지 '발견된 공갈못 관련 최초 기록은 조선 시대 자료이다.'라는 사실만 알 수 있을 뿐이다.

이외에 ②번과 ⑤번 선지의 경우 해설에서 나왔듯이 제시문의 내용과 부합하지 않아 오선지에 해당함을 알 수 있다. 이러한 선지 판단 과정을 통해, 추론 문제는 정보 확인 유형의 특징을 띄지만 보이지만, 그에 더하여 지문 여러 곳에 서술된 내용을 다시 취합해야 한다는 점에서 더 까다롭다는 사실을 알 수 있다.

합격자의 시간단축 Tip

Tip ❶ 선지를 먼저 읽는 풀이법을 시도해보자.

일반적인 풀이법은 아니지만, 정보확인유형을 푸는 방법 중 선지를 먼저 읽고 선지에서 키워드를 도출한 후, 제시문에서 해당 키워드를 찾는 방식으로 시간을 단축하는 방법이 있다. 특히 추론 문제에서 선지는 제시문에서 어떤 내용이 중요한지 알려주는 단서이다. 발문을 통해 추론 문제임을 확인했다면 지문을 먼저 읽은 후 내용을 요약하는 것보다 선지를 먼저 확인하는 것이 시간 절약을 위한 방법이다. 다양한 풀이법을 시도해야 자신에게 가장 알맞은 풀이법을 알 수 있으므로 선지를 먼저 읽는 풀이법도 도전해볼 것을 권한다.
예컨대 본 문제의 경우, 1문단에서는 설화의 종류 전설을 제외한 신화과 민담을 언급하기도 한다. 하지만 그것들은 사실 뒤 문단의 내용 이해나 문제풀이와는 무관한 정보이다. 따라서 해당 부분이 문제를 해결할 때 중요하지 않은 것을 미리 알고 있었다면, 빠르게 넘어갈 수 있었을 것이다.

Tip ❷ 제시문을 읽을 때에도 선지를 훑는다.

선지가 요구하는 정보를 선지를 한 번만 훑는다고 완벽히 파악하기 어렵다. tip 1을 통해 키워드를 알아냈다면, 세부 정보는 지문과 선지를 함께 읽으며 확인한다. 특히 추론을 요하는 문제일 경우, 정보가 그대로 지문에 서술되지 않기 때문에 지문 여러 곳에 퍼져 있는 정보를 잘 정리해두어야 한다. 선지에서 필요한 정보와 그 위치를 정리해보면 다음과 같다.

① 공갈못설화의 내용[2문단(1)], 전설의 정의[1문단(3)]
② 원이나 한이 포함된 설화가 있는지[1문단(4)]
③ 농경생활 관련 사건이 기록된 삼국의 사서가 있는지[2문단(3), 3문단(1)]
④ 3대 저수지 생성 사건이 무엇인지, 기록되어 있는지[3문단(2), 3문단(1)]
⑤ 일본과 조선의 전설 기록 여부[3문단(4)]

> …신들에 관한 신성한 이야기인 신화, 현장과 증거물을 중심으로 엮은 역사적인 이야기인 전설, 민중의 욕망과 가치관을 보여주는 허구적 이야기인 민담이 있다. 설화 속에는 원(願)도 있고 한(恨)도 있으며, … ▶ 1문단
>
> 상주지방에 전해오는 '공갈못설화'를 놓고 볼 때 …공갈못 생성은 다만 농경생활에 필요한 농경민들의 사건이었던 것이다. ▶ 2문단
>
> 공갈못 관련 기록은 조선시대에 와서야 발견된다. 이에 따르면 공갈못은 삼국시대에 형성된 우리나라 3대 저수지의 하나로… 일본은 고대 역사를 제대로 정리한 기록이 없는데도 주변에 흩어진 기록과 구전(口傳)을 모아 『일본서기』라는 그럴싸한 역사책을 완성하였다. 이 점을 고려할 때 역사성과 현장성이 있는 전설을 가볍게 취급해서는 결코 안 된다. 이러한 의미에서 상주지방에 전하는 지금의 공갈못에 관한 이야기도 공갈못 생성의 증거가 될 수 있는 역사성을 가진 귀중한 자료인 것이다 ▶ 3문단

Tip ❸ 해당 지문의 문단을 〈키워드〉를 이용하여 압축적으로 요약해보자.

〈제시문 분석〉은 학습용으로 참고할 때 유익한 자료이지만 실전에서 1~2분 내로 절대 지문 내용을 이 정도로 정리할 수 없다. 결국, 실전에서 머릿속에 남길 수 있는 것은 몇몇 키워드 정도이다. 따라서 해당 지문의 문단을 키워드 중심으로 압축적으로 요약해보는 연습이 필요하다.
이 문제의 제시문은 〈설화의 중요성 – 신화/전설/민담〉 – 〈공갈못 생성은 농경민들의 사건이라 문헌이 없었음〉 – 〈그러나 전설은 역사성, 현장성이 있기 때문에 가볍게 취급해서는 안 된다〉와 같이, 요약할 수 있다. 글을 읽을 때 문단별로 중심문장과 키워드를 표시하면 좋다. 다양한 지문을 통해 글의 흐름을 압축적으로 요약하는 연습을 해볼 것을 추천한다.

Tip ❹ 선지를 나누어 꼼꼼히 선지를 판단

최근 정보확인문제에서 선지의 내용이 제시문과 유사하지만 다른 내용이어서 오선지를 구성하는 사례가 늘고 있다. 이러한 함정에 넘어가지 않기 위해서는 선지를 빗금으로 여러 부분으로 나누어 각각이 옳은 설명에 해당하는지 검토할 필요가 있다. 예컨대 본 문제의 ④번 선지는 '한국의 3대 저수지 생성 사건은/ 조선시대에/ 처음 기록되었다.'라고 구분할 수 있고, '한국의 3대 저수지 생성 사건'과 '기록되었다'라는 표현이 잘못되어서 틀린 선지임을 알 수 있다. 더불어 이러한 방식으로 풀 경우, 앞부분이 틀린 설명이고 뒷부분이 옳은 설명인 선지를 옳은 선지로 오인하지 않을 수 있다. 따라서 고난도 선지에 대비하기 위해 선지의 내용을 여러 부분으로 나누고 하나하나 검토하는 것이 좋다.

190 정답 ①

난이도 ●●●

문제유형 법조문형 > 규정적용

접근전략 본 문제의 경우 법조문을 〈상황〉에 적용하여 옳은 선지를 고르는 규정적용유형에 해당한다. 법조문 유형을 풀 때는 조문의 구체적인 내용을 독해하는 것보다, 법조문의 구조를 파악한 후 〈보기〉에서 묻고 있는 정보를 찾아 올라가는 형태로 푸는 것이 좋다. 본 문제의 경우, 기획재정부장관의 출자수단이 다양하므로, 선지를 판단할 때 다른 수단으로 납입할 수는 없는지를 반드시 확인한다.

다음 글과 〈상황〉을 근거로 판단할 때, 〈보기〉에서 옳은 것만을 모두 고르면?

제○○조 ① 기획재정부장관은 각 국제금융기구에 출자를 할 때에는 국무회의의 심의를 거쳐 대통령의 승인을 받아 미합중국통화 또는 그 밖의 자유교환성 통화나 금(金) 또는 내국통화로 그 출자금을 한꺼번에 또는 분할하여 납입할 수 있다.
② 기획재정부장관은 제1항에 따라 내국통화로 출자하는 경우에 그 출자금의 전부 또는 일부를 국무회의의 심의를 거쳐 대통령의 승인을 받아 내국통화로 표시된 증권으로 출자할 수 있다.

제○○조 ① 기획재정부장관은 전조(前條) 제2항에 따라 출자한 증권의 전부 또는 일부에 대하여 각 국제금융기구가 지급을 청구하면 지체 없이 이를 지급하여야 한다.
② 기획재정부장관은 제1항에 따른 지급의 청구를 받은 경우에 지급할 재원(財源)이 부족하여 그 청구금액의 전부 또는 일부를 지급할 수 없을 때에는 국무회의의 심의를 거쳐 대통령의 승인을 받아 한국은행으로부터 차입하여 지급하거나 한국은행으로 하여금 그 금액에 상당하는 증권을 해당 국제금융기구로부터 매입하게 할 수 있다.

상황

기획재정부장관은 적법한 절차에 따라 A국제금융기구에 일정액을 출자한다.

• 보기 •

ㄱ. 기획재정부장관은 출자금을 자유교환성 통화로 납입할 수 있다.

→ (O) 제1조 제1항에 따르면 기획재정부장관은 각 국제금융기구에 출자를 할 때에는 미합중국통화 또는 그 밖의 자유교환성 통화나 금 또는 내국통화로 그 출자금을 납입할 수 있다. 따라서 기획재정부장관은 A국제금융기구에 출자를 할 때 출자금을 자유교환성 통화로 납입할 수 있다.

ㄴ. 기획재정부장관은 출자금을 내국통화로 분할하여 납입할 수 없다.

→ (×) 제1조 제1항에 따르면 기획재정부장관은 각 국제금융기구에 출자를 할 때에는 미합중국통화 또는 그 밖의 자유교환성 통화나 금 또는 내국통화로 그 출자금을 한꺼번에 또는 분할하여 납입할 수 있다. 따라서 기획재정부장관은 A국제금융기구에 출자를 할 때 출자금을 내국통화로 분할하여 납입할 수 있다.

ㄷ. 출자금 전부를 내국통화로 출자하는 경우, 그 중 일부액을 미합중국통화로 표시된 증권으로 출자할 수 있다.

→ (×) 제1조 제2항에 따르면 기획재정부장관은 각 국제금융기구에 내국통화로 출자하는 경우에 그 출자금의 전부 또는 일부를 내국통화로 표시된 증권으로 출자할 수 있다. 따라서 출자금 일부를 미합중국통화로 표시된 증권으로는 출자할 수 없다.

ㄹ. 만약 출자금을 내국통화로 표시된 증권으로 출자한다면, A국제금융기구가 그 지급을 청구할 경우에 한국은행장은 지체 없이 이를 지급하여야 한다.

→ (×) 제2조 제1항에 따르면 기획재정부장관은 내국통화로 표시한 출자 증권의 전부 또는 일부에 대하여 각 국제금융기구가 지급을 청구하면 지체 없이 지급하여야 한다. 따라서 한국은행장이 아닌 기획재정부장관이 출자금을 지급하여야 한다.

① ㄱ → (O)

② ㄴ → (×)

③ ㄱ, ㄹ → (×)

④ ㄷ, ㄹ → (×)

⑤ ㄴ, ㄷ, ㄹ → (×)

합격자의 실전 풀이 순서

❶ 문제 유형 파악

본 문제의 경우 제시문으로 법조문이 주어졌으므로 법조문 유형임을 알 수 있다. 특히 법조문 유형 중에서도 규정의 내용을 주어진 〈상황〉에 적용하는 규정적용문제이다. 법조문 유형은 조문의 구체적인 내용을 독해하는 것보다, 법조문의 구조를 파악한 후 〈보기〉에서 묻고 있는 정보를 찾아 올라가는 형태로 푸는 것이 좋다. 또한, 본 문제가 옳은 것을 고르는 문제라는 것을 인지하기 위해 "옳은"이라는 단어에 밑줄이나 동그라미 등 표시를 한다.

… 〈보기〉에서 옳은 것만을 모두 고르면?

❷ 법조문 구조 분석

구조 분석이란 각 조문의 내용 및 조문 간 관계를 이해하는 것이다. 법조문 전체를 읽되, 세부적인 내용을 기억하기 보다는 어떤 정보가 있는지 파악하는 것에 중점을 둔다. 이때 기호를 적절히 활용할 수 있다. 또한 이러한 분석 과정을 거치며 선지에 등장할만한 부분을 발견할 수 있다.

본문의 규정의 두 개의 조로 구성되어 있다. 조문의 제목이 없으므로 읽으면서 키워드를 파악한다. 가독성을 높이기 위해 가로선으로 각 조를 구분하고, '1, 2'로 숫자를 써둔다. 이하 편의상 첫 번째 조부터 '제1조', '제2조' 등으로 표기한다.

본 문제의 경우 법조문에 단서나 괄호, 내용이 연결되는 조문이 많지 않다. 그러나 하나의 규정이 매우 길고 복잡한 편에 해당하므로 규정의 내용을 여러 부분으로 나누어가며 꼼꼼히 읽는 것이 좋다.

먼저, 각 조항의 주체는 모두 '기획재정부장관'임에 유의한다. 제1조 제1항은 국제금융기구에 출자하는 경우를 규정하고 있다. '국무회의', '대통령의 승인'에 표시하고, 납입통화의 유형은 빗금으로 구분해둔다. 제2항은 그 중 내국통화로 출자할 때 일정한 경우에 증권으로 출자할 수 있음을 규정한다. 제2항도 절차는 제1항과 동일하므로, '내국통화'에만 표시한다. 제2조 제1항은 증권으로 출자한 경우 국제금융기구의 지급청구와 관련된 규정이다. 전조 제2항을 전제로 하므로, 제1조 제2항과 연결해둔다. 제2항은 국제금융기구가 지급을 청구했으나 재원이 부족한 경우를 규정하고 있다. 이 경우도 국무회의 및 대통령의 승인을 거친다. '한국은행', '차입', '매입'에 표시한다.

❸ 상황 독해 및 선지 판단

이를 바탕으로 상황을 판단하고 〈보기〉를 검토한다. 〈상황〉에서 눈에 띄는 표현으로는 기획재정부장관, A국제금융기구, 일정액의 출자를 볼 수 있다.

보기 ㄱ은 출자금의 납입에 대한 내용이므로 제1조 제1항과 비교한다. 옳은 내용으로, 선지 ②, ④, ⑤가 소거되어 바로 ㄹ을 판단한다. 보기 ㄹ은 증권으로 출자한 경우 국제금융기구의 지급 청구에 대한 내용이므로 제2조 제1항과 비교한다. 지급의 주체는 '기획재정부장관'이다.

본 문제와 같이 선지가 〈보기〉의 조합으로 구성되는 경우 하나의 보기를 판단한 후 해당 보기와 관련된 선지들을 지워나가며 푸는 것이 좋다.

합격자의 시간단축 Tip

Tip ❶ 길이가 긴 조문은 여러 부분으로 나눠가며 독해

본 문제의 경우 구조가 복잡하지는 않지만 조문 하나의 길이가 길고 내용이 어려운 문제에 해당한다. 실전에서 이러한 문제를 만났을 때는 조문을 여러 부분으로 읽으며 꼼꼼히 읽는 것이 좋다. 예컨대, 1조 1항은 '기획재정부장관은/ 각 국제금융기구에 출자를 할 때에는/ 국무회의의 심의를 거쳐/ 대통령의 승인을 받아/ 미합중국통화 또는 그 밖의 자유교환성 통화나 금(金) 또는 내국통화로/ 그 출자금을/ 한꺼번에 또는 분할하여/ 납입할 수 있다.'로 나누어 독해할 수 있다.

Tip ❷ 주제가 어려울수록 조문과 선지를 꼼꼼히 비교

법조문 혹은 지문에서 다루는 용어나 내용이 어려울수록 문제는 단순하게 풀리는 경향이 있다. 전문용어일수록 어휘 변용(paraphrasing)이 어렵기 때문이다. 따라서 단어나 내용이 생소할수록 침착하게 틀린 그림 찾기를 한다는 느낌으로 법조문과 보기를 꼼꼼하게 비교한다.

Tip ❸ 법조문 분석 시 선지에 나올만한 표현을 분석

1조 1항에서 기재부가 출자 시 수단이 미합중국 / 그 밖통화 /

금 / 내국통화 이렇게 4가지 이상 존재한다. 이렇게 다양한 수단이 존재하는 경우 선지화될 가능성이 매우 높으므로 선지를 볼 때 통화의 종류에 유의하여 판단한다.

Tip ❹ 행위 주체에 유의

행위 주체를 바꾸어 선지를 구성하는 경우가 있으므로, 주체를 잘 확인하여야 한다. 본 문제는 주체가 모두 '기획재정부장관'이므로 구분이 어렵지 않았다. 둘 이상의 주체가 등장하는 경우 헷갈리지 않도록 꼭 표시해두는 것이 좋다.

Tip ❺ 〈보기〉 판단 후 바로 선지를 소거

〈보기〉가 있는 경우, 하나의 보기를 판단하고 바로 선지를 소거한다. 판단해야 하는 보기의 개수를 줄여 시간을 단축할 수 있다.

191 정답 ❹ 난이도 ●●●

문제유형 사실적 이해 > 정보 확인

접근전략 지문의 구조는 '문제-원인 파악'에 해당한다. 제시된 문제가 무엇인지, 원인으로 제시된 내용 중 옳지 않은 것은 없는지 확인해야 한다. 또 하나의 테마는 시간의 흐름에 따른 변화이다. 시대 표현에 집중해, 시간의 흐름에 따라 어떤 변화와 차이점이 생기는지 잘 확인하자.

다음 글의 내용과 부합하지 않는 것은?

(1) 1970년대 이후 미국의 사회 규범과 제도는 소득 불균형을 심화시켰고 그런 불균형을 묵과했다고 볼 수 있다. (2) 그 예로 노동조합의 역사를 보자. (3) 한때 노동조합은 소득 불균형을 제한하는 역할을 하였고, 노동조합이 몰락하자 불균형을 억제하던 힘이 사라졌다. ▶1문단

(1) 제조업이 미국경제를 주도할 때 노동조합도 제조업 분야에서 가장 활발했다. (2) 그러나 지금 미국경제를 주도하는 것은 서비스업이다. (3) 이와 같은 산업구조의 변화는 기술의 발전이 주된 요인이지만 많은 제조업 제품을 주로 수입에 의존하게 된 것이 또 다른 요인이다. (4) 이러한 사실에 기초하여 노동조합의 몰락은 산업구조의 변화가 그 원인이라는 견해가 지배적이었다. (5) 그러나 노동조합이 전반적으로 몰락한 주요 원인을 제조업 분야의 쇠퇴에서 찾는 이러한 견해는 틀린 것으로 판명되었다. ▶2문단

(1) 1973년 전체 제조업 종사자 중 39 %였던 노동조합원의 비율이 2005년에는 13 %로 줄어들었을 뿐더러, 새롭게 부상한 서비스업 분야에서도 조합원들을 확보하지 못했다. (2) 예를 들어 대표적인 서비스 기업인 월마트는 제조업에 비해 노동조합이 생기기에 더 좋은 조건을 갖추고 있었다. (3) 월마트 직원들이 더 높은 임금과 더 나은 복리후생 제도를 요구할 수 있는 노동조합에 가입되어 있었더라면, 미국의 중산층은 수십만 명 더 늘었을 것이다. (4) 그런데도 월마트에는 왜 노동조합이 없는가? ▶3문단

(1) 1960년대에는 노동조합을 인정하던 기업과 이에 관련된 이해집단들이 1970년대부터는 노동조합을 공격하기 시작했다. (2) 1970년대 말과 1980년대 초에는, 노동조합을 지지하는 노동자 20명 중 적어도 한 명이 불법적으로 해고되었다. (3) 1970년대 중반 이후 기업들은 보수적 성향의 정치적 영향력에 힘입어서 노동조합을 압도할 수 있게 되었다. (4) 소득의 불균형에 강력하게 맞섰던 노동조합이 축소된 것이다. (5) 이처럼 노동조합의 몰락은 정치와 기업이 결속한 결과이다. ▶4문단

① 1973년부터 2005년 사이에 미국 제조업에서는 노동조합원의 비율이 감소하였다.
→ (○) 1973년에는 전체 제조업 종사자 중 노동조합원의 비율은 39%였지만 2005년에는 13%로 줄어들었다.[3문단(1)] 따라서 해당 기간 동안 미국 제조업에서 노동조합원의 비율이 감소했음을 알 수 있다.

② 1970년대 중반 이후 노동조합의 몰락에는 기업뿐 아니라 보수주의적 정치도 일조하였다.
→ (○) 1970년대 중반 이후 기업들은 보수적 성향의 정치적 영향력에 힘입어 노동조합을 압도할 수 있게 되었다.[4문단(3)] 따라서 이 시기의 노동조합의 몰락에는 기업과 함께 보수주의적 정치의 영향력이 작용했음을 알 수 있다. 또한 '이처럼 노동조합의 몰락은 정치와 기업이 결속한 결과이다.[4문단(5)]'를 통해 노동조합의 몰락에 정치가 일조한 사실을 다시 한번 확인할 수 있다.

③ 미국에서 제조업 상품의 수입의존도 상승은 서비스업이 경제를 주도하는 산업 분야가 되는 요인 중 하나였다.
→ (○) 제시문에서는 현재 미국경제를 주도하는 것은 서비스업이며[2문단(2)], 이러한 현상은 기술의 발전과 함께 제조업 제품을 주로 수입에 의존하게 되었기 때문이라고 설명한다.[2문단(3)] 따라서 미국에서 제조업 상품의 수입의존도 상승은 서비스업이 경제를 주도하는 산업 분야가 되는 요인 중 하나라는 설명은 옳은 설명이다.

④ 미국 제조업 분야 내에서의 노동조합 가입률 하락은 산업구조의 변화로 인한 서비스업의 성장 때문이다.
→ (×) 제시문에서는 노동조합 몰락의 원인을 산업구조의 변화로 보는 것은 틀렸다고 설명하며[2문단(4),(5)], 사실은 1970년대 중반 이후 기업과 보수주의적 정치가 결속한 결과라고 말한다.[4문단(5)] 따라서 미국 제조업 분야 내 노동조합 가입률 하락의 원인을 산업구조의 변화로 인한 서비스업의 성장 때문이라고 보는 견해는 옳지 않다.

⑤ 1970년대 말 이후 미국 기업이 노동조합을 지지하는 노동자들에게 행한 조치 중에는 합법적이지 못한 경우도 있었다.
→ (○) 1970년대 말과 1980년대 초에는, 노동조합을 지지하는 노동자 20명 중 적어도 한 명이 불법적으로 해고되었다.[4문단(2)] 제시문에 이러한 해고는 불법, 즉 합법적이지 못한 조치임이 명시되어있으므로 해당 선지는 옳은 설명이다.

제시문 분석

1문단 1970년대 이후 미국의 상황

〈1970년대 이후 미국의 상황〉		〈이에 대한 예시-노동조합〉
사회 규범과 제도는 소득 불균형을 심화·묵과했다.(1)	…	소득 불균형을 제한하는 역할을 하던 노동조합이 몰락하자 불균형을 억제하던 힘이 사라졌다.(3)

2문단 산업구조의 변화와 원인

〈산업구조의 변화〉		〈원인〉
미국경제를 주도하는 산업이 제조업에서 서비스업으로 변화했다.(1),(2)	←	기술의 발전이 변화의 주된 요인이며 제조업 상품의 수입 의존 증가가 또 다른 요인이다.(3)

3문단 노동조합 몰락

〈노동조합원 비율의 감소〉		〈이에 대한 예시 – 월마트〉
전체 제조업 종사자 중 노동조합원의 비율 1973년 39%→2005년 13%로 감소했으며, 서비스업 분야에서도 조합원들을 확보하지 못했다.(1)	…	월마트는 제조업에 비해 노동조합이 생기기에 더 좋은 조건을 갖추고 있었음에도 불구하고, 월마트에는 노동조합이 존재하지 않는다.(2),(3)

제시문 노동조합 몰락의 원인

〈노동조합 몰락의 원인에 대한 오해〉

노동조합 몰락의 주요 원인은 제조업 분야의 쇠퇴라는 견해가 지배적이었으나 이는 틀린 것으로 판명되었다.[2문단(4),(5)]

〈1970년대 상황〉		〈1970년대 말~1980년대 초〉
1960년대에는 노동조합을 인정하던 기업과 이에 관련된 이해집단들이 1970년대부터는 노동조합을 공격하기 시작했다. [4문단(1)]	⊕	노동조합을 지지하는 노동자 일부가 불법적으로 해고되었다. [4문단(2)]

↓

〈1970년대 중반 이후〉

기업들은 보수적 성향의 정치적 영향력에 힘입어 노동조합을 압도할 수 있게 되었다.[4문단(3)]

〈결론〉

노동조합의 몰락은 정치와 기업이 결속한 결과이다.[4문단(5)]

합격자의 실전 풀이 순서 비문학 유형

❶ 발문 제대로 읽기 및 문제 유형 파악

항상 발문을 먼저 제대로 읽자. 글의 내용과 부합하지 않는 것을 고르는 문제이므로 본문 내용과 상충하거나 그로부터 추론할 수 없는 선지가 정답이 된다. 오답이 되는 선지는 보통 본문 내용과 일치하거나 그로부터 추론할 수 있는 선지가 된다. 또한, 부합하지 않는 내용을 고르는 것은 제시문과 반대의 내용의 선지를 고르라는 것이기 때문에 발문에 × 표시를 의식적으로 치고 문제를 풀면, 부합하는 것을 고르는 실수를 방지할 수 있다.

정보확인유형을 푸는 방법으로는 크게 선지를 먼저 읽고 제시문에서 선지의 내용을 찾는 방법과 제시문을 간략히 읽은 후 선지를 판단하는 방법 두 가지로 나뉜다. 첫 번째 방법은 선지로부터 키워드를 찾고, 키워드를 제시문에서 찾아가는 방식이다. 두 번째 방법은 제시문의 구조와 선지에서 나올만한 중요한 내용을 파악하며 1분에서 2분 사이 내에 제시문을 읽은 후 선지를 판단하는 방식이다. 본 문제의 경우 제시문을 먼저 읽는 두 번째 방법으로 풀어보고자 한다.

❷ 제시문 독해

제시문 독해 시에는 제시문의 구조를 파악하고 선지에서 나올만한 내용에 시각적으로 표시를 해둔다. 어떤 내용이 선지에 나올지 빠르게 판단하기 위해서는 다양한 정보확인유형의 선지를 분석해야 한다. 주로 선지에서 자주 나오는 내용으로는, 두 대상의 공통점과 차이점, 인과관계, 두 대상의 성능 및 효과 비교, 접속어로 시작하는 문장의 주요 내용, '반드시', '필수적'과 같은 표현으로 강조되는 내용, 숫자의 응용 등이 있다. 본 제시문의 경우 1문단에서는 제시문의 제재인 '노동조합을 통해 알 수 있는 미국 사회의 소득 불평등 묵과'를 제시하고 있다. 2문단에서는 (1) 문장과 (2) 문장에서 시간의 흐름에 따른 변화를 나타내고 있고, (3) 문장에서는 산업구조의 변화에 대한 인과관계를 밝히고 있다. 특히 (5) 문장에서는 '그러나'로 시작하며 본 제시문의 주제문을 밝히고 있다. '그러나', '그런데', '반면'과 같은 역접의 접속어 뒤에 주제문이 나오는 경우가 많다. 이는 사회적 관념이나 글쓴이가 반대하는 주장을 먼저 제시한 후 이를 반박함으로써 글쓴이의 주장을 강조하는 글이 많기 때문이다. 따라서 해당 접속어가 나오면 주의 깊게 읽을 필요가 있다.

3문단 (1) 문장과 4문단 (1), (2) 문장은 시간의 흐름에 따른 변화를 제시하고 있다. '1960년대', '1970년대 말'과 같이 시대를 나타내는 표현이 키워드라면 해당 단어에 ○이나 □표시를 해둔다. 4문단 (5) 문장은 앞선 내용을 정리하고 있으므로 이러한 문장도 주의 깊게 읽는 것이 좋다.

❸ 선지 판단

선지를 판단할 때는 제시문 독해 시 표시를 해둔 부분을 중심으로 선지의 키워드를 제시문에서 찾아간다. 선지 ①, ②, ⑤는 시간의 흐름에 따른 변화를, 선지 ②와 ③ 인과관계를 다루고 있다. 또한, 선지 ④는 '그러나'로 시작하여 주제문으로 예상한 2문단 (5)에 근거가 있다. 해당 선지들은 모두 제시문 독해 시 선지에 나올 것으로 예상하여 주의 깊게 읽은 부분에서 출제되었다. 이처럼 제시문을 단순히 정보를 수용하는 단계에서 나아가 능동적으로 분석하며 읽는다면 선지 판단이 쉬워진다.

또한, 제시문에서 해당 내용을 찾기 위해 선지에서 도출하는 키워드는 '구분성'이 뚜렷한 단어를 선택한다. 구분성이란 지문 전반에 걸쳐서 존재하는 단어가 아닌, 비교적 좁은 범위에 등장하는 것을 말한다. 예를 들어 선지 ⑤를 판단하는 경우를 가정해보자. 이때 지문에서 '노동조합'이나 '미국' 보다는 '합법적'을 키워드로 찾는 것이 더욱 해당 부분을 빠르게 찾다. 전자는 지문 전반에 걸쳐 나타나는 반면, 합법–불법에 대한 언급은 4문단 (2)에 한정되기 때문이다.

① **1973년부터 2005년 사이에 미국 제조업에서는 노동조합원의 비율이 감소하였다.**

시간에 따른 변화가 등장하는 추론형 선지다. '노동조합원의 비율'을 키워드로 지문을 살펴보면 1973년 39%에서 2005년에 13%로 감소했다는 부분(3문단 1)을 확인할 수 있다. 이때 해당 비율이 '미국 제조업'에서 노동조합원의 비율이 맞는지 꼼꼼히 확인하자. 실수로 이어지기 매우 쉬운 부분이다.

② **1970년대 중반 이후 노동조합의 몰락에는 기업뿐 아니라 보수주의적 정치도 일조하였다.**

인과관계가 등장하는 추론형 선지다. 인과관계는 화살표를 이용해 아래와 같이 시각화할 수 있다.

> ② (1970년대 중반 이 노동조합의 몰락) 에는 ← (기업) 뿐 아니라 (보수주의적 정치) 도 일조하였다.

즉, '기업→노동조합의 몰락'과 '보수주의적 정치→노동조합의 몰락'이라는 2가지 인과관계를 각각 확인해야 한다. '노동조합의 몰락'을 키워드로 지문을 체크하면 정치와 기업이 결속한 결과라는 부분[4문단(5)]을 찾을 수 있다. 여기서 '기업'의 인과관계를 확인할 수 있다. 다음으로 '보수주의적 정치'를 키워드로 지문을 체크하면 '보수적 성향의 정치적 영향력'이라는 표현[4문단(3)]을 찾을 수 있다. 이는 '보수주의적 정치'의 재진술, 즉 같은 의미의 다른 표현에 해당한다.
따라서 2개의 인과관계가 모두 확인 가능한 선지다.

③ **미국에서 제조업 상품의 수입의존도 상승은 서비스업이 경제를 주도하는 산업 분야가 되는 요인 중 하나였다.**
인과관계가 등장하는 추론형 선지다. 아래와 같이 시각화 할 수 있다.

③ 미국에서 (제조업 상품의 수입의존도 상승) 은→(서비스업이 경제를 주도하는 산업 분야가 되는) 요인 중 하나였다.

'수입의존도 상승'을 키워드로 지문을 체크하면 '많은 제조업 제품을 주로 수입에 의존하게 된 것'[2문단(3)]을 찾을 수 있다. 이어서 수입의존도 상승이 산업구조의 변화를 가져와[2문단(3)], 노동조합 몰락의 원인이 되었다는 견해[2문단(4)]를 찾을 수 있다. 여기까지만 읽는다면 본 선지는 지문과 부합한다.
그러나 바로 뒤 문장[2문단(5)]에서 전술한 견해를 '틀린 것'이라고 부정하고 있으므로, 본 선지는 지문과 부합하지 않는다. 즉, 지문을 끝까지 확인하지 않고 성급하게 판단하는 경우 오답을 고르고 마는 선지이다.

④ **미국 제조업 분야 내에서의 노동조합 가입률 하락은 산업구조의 변화로 인한 서비스업의 성장 때문이다.**
역시 인과관계가 등장하는 추론형 선지다. 해당 선지는 '그러나'라는 접속어로 2문단 (5)에 있는 주제문에 그 근거가 있다. 또한, 앞서 선지 ③을 해결했다면 어렵지 않게 판단 가능한 선지이기도 하다.

④ (미국 제조업 분야 내에서의 노동조합 가입률 하락)은 (산업구조의 변화)로 인한→(서비스업의 성장) 때문이다.

본 선지의 인과관계는 일견 복잡하다. 하지만 정리해 보면 '산업구조 변화→서비스업 성장→노동조합 가입률 하락'의 순서임을 알 수 있다.
선지 ③의 판단 과정에서 '산업구조 변화→노동조합 몰락'의 견해가 틀린 것이라고 부정하였으므로[2문단(5)], '산업구조 변화→노동조합 가입률 하락'이라는 본 선지의 인과관계 또한 틀렸다. 따라서 본 선지는 지문과 부합하지 않는다.

⑤ **1970년대 말 이후 미국 기업이 노동조합을 지지하는 노동자들에게 행한 조치 중에는 합법적이지 못한 경우도 있었다.**
추론형 선지다. '~경우도 있었다.'로 끝나기 때문에, 선지를 지지하는 사례가 단 하나라도 있다면 옳은 선지가 된다.
'노동조합을 지지하는 노동자'를 키워드로 지문을 확인하면 불법적인 해고의 사례[4문단(2)]를 찾을 수 있다. 따라서 선지를 지지하는 사례가 존재하므로, 지문과 부합한다.

합격자의 시간단축 Tip

Tip ❶ 선지에 나올 만한 내용에 주목

제시문을 읽는 실력이 향상된다면, 제시문의 내용을 단지 수용하는 단계에서 나아가 선지에 나올 만한 내용을 적극적으로 모색하는 단계로 나아갈 수 있다. 주로 선지에서 자주 나오는 내용으로는, 두 대상의 공통점과 차이점, 인과관계, 두 대상의 성능 및 효과 비교, 접속어로 시작하는 문장의 주요 내용, '반드시', '필수적'과 같은 표현으로 강조되는 내용, 숫자의 응용 등이 있다. 다양한 정보확인문제를 통해 선지에서 주로 묻는 내용이 무엇인지 정리한 뒤, 제시문에서 선지에 나올만한 내용을 미리 파악하며 읽는 습관을 들이자.

Tip ❷ 글쓴이가 부정하는 내용에 주목하자.

비문학 지문을 읽다 보면 글쓴이가 부정하는 내용이 종종 나온다. 이는 부합/추론할 수 '있는 것' 문제에서는 오답 선지로, '않는 것' 문제에서는 정답 선지로 자주 구성된다. 보통 'A라기보다 B이다./A가 아니라 B이다.' 형태로 등장하므로 괄호와 같은 기호로 표시하자.
본 문제의 경우 지문 2문단은 미국 노동조합의 몰락 원인은 제조업 분야의 수입 의존이 '아니라고' 말하고 있다. 이를 활용해 해결할 수 있는 선지가 ③이다. 노동조합의 쇠퇴 원인을 제조업의 수입의존도 상승이 '맞다'는 선지이므로, 해당 부분과 정반대의 서술 방향을 취하는 것이다.
이처럼 정답 선지가 글쓴이가 부정하는 내용인 것을 확인할 수 있다.

Tip ❸ 시간에 따른 변화에 주목하자.

비문학에서는 자주 반복해서 나오는 구조가 있고, 각 구조에서 자주 선지로 출제되는 테마도 있다. 이를 미리 인지해 두면 독해와 선지 판단의 속도가 빨라진다.
본 지문에서는 시간이 흘러감에 따라 생기는 변화를 통해 선지를 자주 구성한다. 이를 대표적으로 알 수 있는 방법은 지문에 등장하는 시대 표현이다. 처음에 지문을 훑을 때부터 시대 표현이 많다면 시간의 흐름이 지문의 주된 테마이며, 선지에서도 이를 물을 확률이 높다는 것을 인지한다. 특히 선지 ①, ②, ⑤에 시대 표현이 등장하는 것으로 보아, 본 지문이 시간의 흐름에 따라 구성되어 있음을 어느 정도 예측할 수 있다.

Tip ❹ 제시문 구조 파악

본 지문은 전반적으로 '문제－원인파악'의 구조로 이루어져 있다. 이러한 구조에서는 문제점과 원인이 각각 무엇인지를 위주로 선지가 자주 출제된다. 일반적으로 문제점을 제시하고 있는 지문은 '문제－원인파악－해결책(해소)'의 구조이며, 원인파악과 해결책 제시는 생략되기도 한다.

Tip ❺ 선지를 키워드로 제시문을 예측하자.

부합하지 않는 것을 고르는 문제는 선지 5개 중 4개가 옳고 하나가 틀렸다. 이런 구조를 적극적으로 활용해야 한다. 선지 중 4개가 옳은 내용을 서술하고 있으므로 지문을 읽기에 앞서 선지를 먼저 읽는 것도 좋은 방법이다. 이 경우 적극적으로 선지에서 키워드를 잡고, 그 키워드를 머릿속에 남긴 상태에서 독해를 진행한다.
예를 들면 선지 ①을 통해 지문이 미국 제조업에 대한 글임을 파악할 수 있으며, 노동조합원의 비율 변화를 유의하며 읽어야겠다고 다짐한다. ②에서는 보수주의적 정치, 노동조합의 몰락 등의 키워드를 파악할 수 있다. 이처럼 선지에서 키워드를 통해 지문의 내용을 예측할 뿐만 아니라, 무엇에 유의하며 글을 읽어야 할지 생각해둔다.
다만 너무 많은 시간을 선지 파악에 낭비할 수는 없으므로, 이 과정을 빠르게 끝낼 수 있도록 많은 연습이 필요하다.

192 정답 ⑤ 난이도 ●○○

문제유형 비판적 사고 > 판단하기

접근전략 전형적인 강화약화 유형 문제다. 강화약화 유형이 등장하면 수험생이 할 일은 간단하다. 첫째로 평가의 대상을 찾고, 둘째로 대상의 내용을 정확히 이해한다. 마지막으로 강화 또는 약화 여부를 판단한다. 강화약화 여부의 판단기준은 아래 팁에서 참고하자.

다음 글에 대한 평가로 적절한 것은?

(1) 김 과장은 아들 철수가 최근 출시된 '디아별로' 게임에 몰두한 나머지 학업을 소홀히 하고 있다는 것을 알았다. (2) 그러던 중 컴퓨터 게임과 학업 성적에 대한 다음과 같은 연구 결과를 접하게 되었다. (3) 그 연구 결과에 의하면, 하루 1시간 이내로 게임을 하는 아이들은 1시간 이상 게임을 하는 아이들보다 성적이 높았고 상위권에 속했으나, 하루 1시간 이상 게임을 하는 아이들의 경우 게임을 더 오래 하는 아이들이 성적이 더 낮은 것으로 나타났다. (4) 연구보고서는 아이들이 게임을 하는 시간을 부모가 1시간 이내로 통제한다면, 아이들의 학교 성적이 상위권에서 유지될 것이라고 결론을 내리고 있다.

① 게임을 하는 시간보다 책 읽는 시간이 더 많은 아이들이 그렇지 않은 아이들보다 성적이 더 높았다면, 이는 위 글의 결론을 강화한다.
➜ (×) 위 글에서는 게임 시간과 학업 성적의 관계만을 다루고 있다(3). 책 읽는 시간은 제시되어 있지 않은 변인이므로 위 글의 결론을 강화하는지 여부는 알 수 없다.

② 하루 1시간 이상 3시간 이내 게임을 하던 아이들의 게임 시간을 줄였으나 성적이 오르지 않았다면, 이는 위 글의 결론을 강화한다.
➜ (×) 위 글에서는 연구 결과가 두 가지로 제시되어 있다. 첫 번째는 하루 1시간 이내로 게임을 하는 아이들은 1시간 이상 게임을 하는 아이들보다 성적이 높았고 상위권에 속했다는 것이고, 두 번째는 하루 1시간 이상 게임을 하는 아이들의 경우 게임을 더 오래할수록 성적이 더 낮다는 것이다(3). 따라서 만약 하루 1시간 이상 3시간 이내 게임을 하던 아이들이 게임 시간을 줄였으나 성적이 오르지 않았다면, 이는 연구 결과와 반대되는 상황이므로 위 글의 결론을 약화한다.

③ 하루에 게임을 하는 시간을 1시간 이내로 줄인 아이들이 여분의 시간을 책 읽는 데 썼다면, 이는 위 글의 결론을 약화한다.
➜ (×) 위 글에서는 게임 시간과 학업 성적의 관계만을 다루고 있다(3). 책 읽는 시간은 새로운 변인이므로 위 글의 결론과는 아무런 상관이 없다.

④ 평균 이하의 성적을 보이는 아이들이 대부분 하루에 3시간 이상씩 게임을 하였다면, 이는 위 글의 결론을 약화한다.
➜ (×) 하루 1시간 이상 게임을 하는 아이들은 하루 1시간 이내로 게임을 하는 아이들보다 성적이 낮다(3). 또한, 하루 1시간 이상 게임을 하는 아이들의 경우 게임을 더 오래할수록 성적이 낮아진다(3). 이때 평균 이하의 성적을 보이는 아이들이 대부분 하루에 3시간 이상씩 게임을 하였다는 사례는 연구 결과에 부합한다. 즉, 선지의 사례는 위 제시문의 결론을 강화한다.

⑤ 아이들의 게임 시간을 하루 1시간 이상으로 늘려도 성적에 변화가 없었다면, 이는 위 글의 결론을 약화한다.
➜ (○) 위 글에서는 게임을 하루 1시간 이내로 했을 때 학업 성적이 높고, 이보다 더 오래 게임을 하면 하루 1시간 이내로 게임을 했을 때보다 학업 성적이 낮아진다는 것을 보여준다(3). 그러나 만약 아이들의 게임 시간을 하루 1시간 이상으로 늘려도 성적에 변화가 없었다면, 이 글의 결론과 일치하지 않으므로 이를 약화한다.

제시문 분석

제시문 컴퓨터 게임과 학업 성적 간 관계에 대한 연구 결과

〈연구 결과〉		
하루 1시간 이내로 게임을 하는 아이들은, 하루 1시간 이상 게임을 하는 아이들보다 성적이 높았다.(3)	⊕	하루 1시간 이상 게임을 하는 아이들의 경우, 게임을 더 오래 하는 아이들이 성적이 더 낮았다.(3)

↓

아이들이 게임을 하는 시간을 1시간 이내로 통제한다면, 아이들의 학교 성적이 상위권에서 유지될 것이다.(4)

합격자의 실전 풀이 순서

강화약화 유형

❶ 발문 제대로 읽기 및 문제 유형 파악

우선 발문을 제대로 읽자. 다음 글에 대한 평가를 묻고 있으며 선지에서는 위 글의 결론의 강화 또는 약화 여부를 따지고 있으므로, 본 문제는 강화약화 유형에 해당함을 알 수 있다. 강화약화 유형은 평가의 대상으로서 지문·학설·견해·실험 결과 등을 제시한 후, 보기 및 선지가 이를 강화하는지 또는 약화하는지 묻는 구조이다. 이러한 강화약화 유형은 조금만 복잡하게 나올 경우, 난이도가 급상승한다. 따라서 강화약화 유형에 대한 자신만의 풀이 기준을 마련해두어야 한다. 먼저 강화약화 유형을 제대로 풀기 위해서는 강화 또는 약화해야 하는 대상이 무엇인지를 정확히 파악해야 한다. 본 문제와 같이 평가의 대상을 명시하지 않고 단순히 제시문 전체에 대한 평가를 묻고 있다면 구체적인 강화 또는 약화의 대상으로서 주제문을 찾아야 한다. 강화 또는 약화해야 하는 대상을 파악한 후에는 선지의 내용이 대상의 내용과 일치하는지 또는 대상으로부터 추론 가능한지를 판단하며 문제를 해결해 나가야 한다.
강화약화 유형을 식별하는 것은 쉽다. 발문 또는 선지에 직접적으로 강화/약화, 지지/반박 등 표현이 등장할 것이다.

- 발문
  - 다음 논쟁/학설/의견에 대한 평가/설명으로 적절한 것은? (본 문제)
  - 다음 학설/제시문을 강화/약화하는 것으로 적절한 것은?
- 선지 또는 보기
  제시된 사례가 강화/약화의 대상에 적용 가능한지, 혹은 상충하는지 등을 물음

❷ 강화약화 대상 파악 및 제시문 독해

강화약화 유형에서는 가장 먼저 강화/약화의 대상이 무엇인지 확인해야 한다. 그리고, 대상의 내용을 정확히 이해해야 한다.
이 방식으로 본 문제를 풀어보자. 대상은 발문을 통해 확인할 수 있으며, 대상의 내용은 제시문을 통해 이해할 수 있다.

(1) 발문 확인

다음 글에 대한 평가로 적절한 것은?

발문에서는 평가의 대상이 지문 전체인 것처럼 서술하고

있다. 그러나 선지까지 체크해 보면 평가의 대상은 '위 글의 결론'이다. 따라서 곧바로 제시문으로 내려간다.

(2) 지문에서 대상 확인

강화약화 유형의 대상은 지지·반박이 가능한 주관적인 주장인 경우가 많다. 본 문제에도 해당되는지 파악하기 위해 제시문을 확인한다. 본 제시문은 컴퓨터 게임과 학업 성적 간의 관계에 대한 연구 결과와, 결론을 제시하고 있다. 그 중에서도 후자인 결론이 평가 대상에 해당한다. 이 글의 결론을 정리하면 게임을 하는 시간을 변화시킬 경우 성적의 변화를 유도할 수 있다는 것이다.

대상에 대해 설명한 모든 부분이 선지 또는 보기에 언급될 확률이 높으므로 꼼꼼히 읽는다. 핵심적인 내용은 바로 외워, 선지를 적용할 때 제시문과 왔다 갔다 하는 시간을 줄이면 더욱 좋다. 키워드로 생각되는 부분에 동그라미를 치는 등 시각적 표시를 할 수도 있다.

❸ 선지 판단하기

제시문을 모두 이해했다면, 보기 또는 선지를 하나씩 읽고 옳은지 여부를 확인한다. 이때 보기를 판단하는 경우는 3가지로 나뉜다.

(1) 대상을 강화함

대상과 합치하거나, 동일한 내용인 경우를 말한다.

예 ④ 평균 이하 성적인 아이들이 하루에 3시간 이상씩 게임을 한다는 내용

→ 게임 시간과 성적이 반비례 관계에 있다는 결론과 합치한다.

(2) 대상을 약화함

대상의 반례에 해당하거나 상충되는 내용을 말한다.

예 ② 1~3시간 게임을 하던 아이들이 게임 시간을 줄여도 성적에 변동이 없다는 내용

→ 1시간 미만으로 게임을 하는 아이들은 성적이 더 높다는 연구결과와 상충된다.

(3) 강화도 약화도 하지 않음

가장 유의해야 하는 경우로, 대상과 아무 관련이 없는 정보를 서술하는 경우다. 지문과 보기가 주는 정보만으로 관련성이 추론된다고 착각하면 오답이 된다.

예 ① 게임 시간보다 독서 시간이 더 긴 아이들이 성적이 더 좋다는 내용

→ 연구의 변수가 아닌 '독서 시간'이 제시되어, 연구 결과와는 아무 관련이 없다.

합격자의 시간단축 Tip

Tip ❶ 강화약화 유형에서는 '다른 가능성을 예측'해보자.

기출문제가 상당히 쌓였음에도 강화약화 유형은 적성시험을 망라하고 평균 난이도가 상당한 편에 속하며, 처음에 풀었을 때는 쉽지 않은 것이 당연하다. 연습단계에서 지문을 읽은 후, 선지를 보기 전에 해당 지문을 강화/약화하려면 어떤 내용의 선지가 가능한지 미리 예측해보자. 평소에 많이 연습해두면 실전에서 정오 판단의 정확도와 속도를 높일 수 있을 것이다.

Tip ❷ 강화약화 유형의 선지 구성

강화/약화하는 것을 묻는 문제의 선지는 추론할 수 있는 것을 고르라는 문제로 보고 풀이 기준을 단순화해서 기계적으로 풀면 문제풀이 시간을 크게 줄일 수 있다. 그 기준은 아래 표를 참고하자.

A가 강화한다.	A가 ①지문 내용과 일치 또는 ②그로부터 추론 가능
A가 강화하지 않는다.	A가 ①추론될 근거 없음 또는 ②지문 내용과 상충되거나 ③무관
A가 약화한다.	A가 지문 내용과 ①상충
A가 약화하지 않는다.	A가 ①지문으로부터 추론 가능 또는 ②일치하거나 ③무관

이를 토대로 보면 ①은 추론될 근거가 없으니 오답, ②은 상충하니 오답, ③은 무관한 내용이니 오답, ④는 추론 가능한데도 약화한다고 하니 오답이 된다. 반면 ⑤는 상충하니 약화하므로 정답이 된다.

193 정답 ❷

난이도 ●●○

문제유형 이해 > 내용 파악

접근전략 역사 지문의 경우, 일반적인 지문보다 생소한 단어 및 정보량이 많다. 이는 다수 공공기관에서 한국사능력검정시험을 서류요건으로 하기 때문에 제시문을 읽지 않고 배경지식으로 선지를 고르는 것을 막기 위함이다.
그렇기 때문에 본인이 역사에 친숙하다고 해서 해당 지문을 소홀히 읽는 것은 금물이다. 특히 정보 확인 유형의 문제는 지문의 내용을 선지와 꼼꼼히 대조하는 것이 중요하다. 선지의 내용이 지문에 그대로 제시되는 경우가 대부분이므로, 빠르게 선지를 훑은 후 어떤 정보를 중심으로 글을 읽어야 하는지 파악한다. 이러한 전략을 택한다면 정답을 고르기까지 많은 시간이 소요되지 않을 것이며, 배경지식에 의존하는 것보다 정답률을 높일 수 있다.

다음 글의 내용과 부합하지 않는 것은?

(1) 지증왕 대 이전까지 신라왕들은 즉위한 후 시조묘에 제사를 지냈다. (2) 여기서 시조란 신라의 첫 번째 왕 박혁거세를 가리킨다. (3) 시조묘는 혁거세의 아들로 신라의 두 번째 왕인 남해차차웅이 건립하였으며, 남해차차웅의 친누이인 아로(阿老)가 제사를 주관하였다. (4) 신라의 왕은 박씨에서 석씨 그리고 김씨로 바뀌었지만, 김씨 성인 미추이사금이 시조묘에서 제사를 지낸 사례를 통해서 박씨 이외의 다른 성씨의 왕들도 즉위 후 시조묘에서 제사를 지냈음을 알 수 있다. (5) 하지만 미추이사금이 박혁거세의 묘에서 제사를 지낸 것은 혁거세 자체만을 제사지낸 것이지 그의 직계 조상까지 제사지낸 것은 아니었다. (6) 시조묘 제사는 신라를 건국한 시조, 즉 국조(國祖)에 대한 제사였기 때문이다.

▶ 1문단

(1) 혁거세는 '불구내(弗矩內)'라고도 불렸다. (2) 불구내는 우리말의 '붉은 해'를 비슷한 발음의 한자로 옮긴 것으로 해석되며, 이는 『삼국유사』에서 불구내를 밝음의 의미인 광명(光明)으로 해석한 것과 동일하다. (3) 또한 불구내에서 마지막 글자 내는 안의 의미를 가진 한자 '내(內)'로 옮긴 것으로도 해석된다. (4) 즉 불구내는 '불구안'으로도 해석된다. (5) 불구안은 몽골어나 투르크어의 '불칸'과 같은 음이며, 이는 하늘신, 즉 광명신(光明神)이라는 의미이다. (6) 어떻게 해석하든 불구내라는 명칭은 신라인들이 혁거세를 하늘신으로 인식했음을 보여주는 것이다. (7) 신라의 건국신화에서 혁거세가 하늘로부터 내려온 알에서 태어났으며, 그가 죽은 후 승천하였다고 한 것은 신라인들이 혁거세를 하늘신으로 인식한 사실을 신화적으로 표현한 것이다. (8) 따라서 시조묘에 대한 제사는 하늘신에 대한 제사, 즉 제천의례였다.

▶ 2문단

(1) 혁거세는 또한 '알지거서간(閼智居西干)'이라고도 불렸는데, '알지'의 '알'은 곡물을 가리키는 말이며, '지'는 존칭어미이다. (2) 즉 알지란 농업생산의 풍요를 가져다주는 농경신을 가리키는 말이다. (3) 이와 관련하여 혁거세가 죽어서 승천하였다가 시신이 오분되어 땅에 떨어졌으며, 오체(五體)를 각기 장사지냈다고 하는 건국신화가 주목된다. (4) 신이나 왕의 절단된 유해를 여기저기 뿌리거나 각기 다른 장소에 매장하였다는 세계 각지의 신화는 모두 대지의 풍요나 다산을 기원하기 위한 것이었다. (5) 노르웨이의 왕 하프단이 죽은 후 토지의 풍요를 위해 왕의 시신을 넷으로 나누어 여러 지방에 묻은 것과 혁거세가 죽은 후 오체를 각기 다른 장소에 장례지냈다는 것은 동일한 의미를 가진다. (6)따라서 신라의 시조묘에 대한 제사는 제천행사이면서 농경신에 대한 제사, 즉 농경의례이기도 하였다. ▶ 3문단

① 시조묘의 건립뿐 아니라 건립 당시 제사도 시조왕의 자식이 주관하였다.

➜ (○) 시조묘는 혁거세의 아들로 신라의 두 번째 왕인 남해차차웅이 건립하였으며, 남해차차웅의 친누이인 아로(阿老)가 제사를 주관하였다.[1문단(3)] 따라서 남해차차웅과 아로, 즉 시조왕인 혁거세의 자식 두 명이 각각 시조묘의 건립과 건립 당시 제사를 주관하였음을 알 수 있다.

② 김씨 왕들은 시조묘의 제사에서 자신들의 왕조 시조인 김알지에 대해 제사를 지냈다.

➜ (×) 시조묘에 대한 제사는 신라를 건국한 시조, 즉 국조(國祖)에 대한 제사이다.[1문단(6)] 이 때문에 김씨 성인 미추이사금[1문단(4)]이 박혁거세의 묘에서 제사를 지낸 것은 국조인 혁거세에게만 제사를 지낸 것이지, 그의 직계 조상까지 제사를 지낸 것은 아니었다.[1문단(5)] 이는 곧 김씨 왕들이 시조묘의 제사에서 자신들의 왕조 시조인 김알지에 대해 제사를 지내지 않았음을 의미한다.

③ 혁거세가 강림한 알에서 태어나고 죽어서 하늘로 올라갔다는 신화는 그를 광명신으로 인식하였음을 보여준다.

➜ (○) 광명신은 하늘신이라는 의미이다.[2문단(5)] 또한, 신라의 건국신화에서 혁거세가 하늘로부터 내려온 알에서 태어났으며, 그가 죽은 후 승천하였다고 한 것은 신라인들이 혁거세를 하늘신으로 인식한 사실을 신화적으로 표현한 것이다.[2문단(7)] 따라서 혁거세와 관련된 신화는 그를 하늘신, 즉 광명신으로 인식하였음을 보여준다.

④ 혁거세의 별칭인 '弗矩內'의 '內'를 '내'로 보느냐, '안'으로 보느냐에 상관없이 '弗矩內'는 밝음의 의미를 가진다.

➜ (○) 불구내(弗矩內)에서 마지막 글자 '내'는 '안'의 의미를 가진 한자 '내(內)'로 옮긴 것으로도 해석된다.[2문단(3)] 이처럼 불구안이라 해석할 경우 이는 밝음의 의미인 광명신(光明神)을 의미하며[2문단(5)] 불구내 역시 삼국유사에 따르면 광명신으로 해석된다.[2문단(2)] 따라서 '內'를 '내'로 보든 '안'으로 보든 '佛矩內'는 밝음의 의미를 가진다.

⑤ 혁거세가 '알지'로 불렸던 것과 사체가 토막 나 지상에 떨어진 후 장사지냈다는 것은 혁거세가 농경신임을 의미한다.

➜ (○) 알지란 농업생산의 풍요를 가져다주는 농경신을 가리키는 말이다.[3문단(2)] 또한, 신이나 왕의 절단된 유해를 여기저기 뿌리거나 각기 다른 장소에 매장하였다는 세계 각지의 신화는 모두 대지의 풍요나 다산을 기원하기 위한 것이었다.[3문단(4)] 이와 같이, '알지'라고 불렸던 박혁거세가 죽어서 승천하였다가 시신이 오분되어 땅에 떨어졌으며, 오체(五體)를 각기 장사지냈다는 건국신화[3문단(3)] 역시 이러한 사례에 해당한다. 따라서 이는 곧 혁거세가 농경신임을 의미한다.

제시문 분석

1문단 시조묘 건립과 제사 주관지

〈시조묘 건립과 제사 주관자〉
조묘는 혁거세의 아들로 신라의 두 번째 왕인 남해차차웅이 건립하였으며, 남해차차웅의 친누이인 아로(阿老)가 제사를 주관하였다.(3)

제시문 시조묘 제사의 대상과 기능

〈시조묘 제사의 대상〉
미추이사금이 박혁거세의 묘에서 제사를 지낸 것은 혁거세 자체만을 제사지낸 것이지 그의 직계 조상까지 제사지낸 것은 아니었다. [1문단(5)]

〈시조묘 제사의 기능〉	
〈①제천의례〉	〈②농경의례〉
어떻게 해석하든 불구내라는 명칭은 신라인들이 혁거세를 하늘신으로 인식했음을 보여주는 것이다.[2문단(6)]	-알지란 농업생산의 풍요를 가져다주는 농경신을 가리키는 말이다.[3문단(2)] -신이나 왕의 절단된 유해를 여기저기 뿌리거나 각기 다른 장소에 매장하였다는 세계 각지의 신화는 모두 대지의 풍요나 다산을 기원하기 위한 것이었다.[3문단(4)]

합격자의 실전 풀이 순서

한국사 유형은 그 기본 문제 수준이 높기 때문에 최소한의 지식이 없으면 독해가 힘들다. 자신이 한국사를 공부해본 적이 없다면 과학지문보다 어려울 것이다. 통번역한 글을 외국인에게 풀라고 했을 때의 난이도를 생각해 보면 한국사 지문의 수준을 짐작해 볼 수 있다. 따라서 해당 유형을 쉽게 풀기 위해서 수험생은 한국사능력검정시험 심화 과정을 통과할 수준은 아니더라도, 이에 대한 최소한의 지식을 갖춰야 한다. 즉 기본과정 정도의 지식이 요구된다.

❶ 역사지문 독해의 특징

한국사 비문학 유형임을 파악했다면, 유형의 특징을 가볍게 상기하면서 본격적인 풀이에 들어가 보자. 이 유형에는 다음과 같은 특징들이 있다.

사건의 인과관계, 연표에 따른 단순 선후관계, 계급 체계에 따른 상하관계 등이 한 문제에 복합적으로 등장한다.

작은따옴표 ' '를 통해 생소한 개념이 소개된다. 작은따옴표가 붙은 단어는 지문 전체에서 강조하고자 하는 개념인 경우가 많으므로 집중해 살펴야 한다.

홑낫표 「」, 겹낫표 『』 등으로 문헌·예술작품 등이 인용된다. 지문에 이름이 유사한 작품이 여러 개 등장한 뒤, 선지에서 혼동을 유도하는 경우도 종종 있다.

구체적인 시대 표현이 등장한다. n년, n세기, OO시대 전·중·후기 등의 시대 표현은 선지에서 사건들이 발생한 선후관계를 묻는 기준점으로 사용된다.

한자 표기가 등장한다. 한자를 병기할 정도의 단어라면 중요한 고유명사이거나, 설명이 필요한 단어일 확률이 높다.

이런 특징들을 암기하는 것도 물론 유용하겠지만, 가장 효과적인 방법은 직접 다양한 문제를 풀어보면서 체득하는 것이다.

❷ 훑어보기

이 단계에서는 30초보다 짧은 시간에 지문의 주제와 키워드를 대강 파악한다. 발문/지문/선지를 통틀어서 눈에 띄는 부분이 있는지 체크한다.

예 신라의 시조 박혁거세와 그에게 올린 제사가 주제구나. '불구내', '불구안', '불칸', '알지거서간' 등의 명칭에 작은따옴표가 붙어 있는 걸 보니 고대 인명과 관련한 선지가 출제될 수도 있겠다. '불구내', '알지거서간', '오체' 등은 한자가 병기되어 있네.

앞선 내용과 같이 판단하는 방식은 다음과 같다.

① 지문 내 한자어 근방에 무슨 일이 벌어졌는지 본다.
② 선지에서 무엇이 반복되는지 살펴본다.
③ 소재가 등장하는 시기를 생각한다.

❸ 제시문 독해하기

언어논리 지문에는 NCS와 달리 의도적으로 2분 안에 독해하기 어려운 양의 정보가 쏟아진다. 따라서 전체 내용을 한 번에 머릿속에 정리하려고 하면, 선지를 보는 순간 오히려 더 헷갈릴 수 있다.

따라서 긴 지문의 경우 선지를 포함한 전체적인 내용을 먼저 조망하여, 마치 오픈북 시험처럼 발췌독할 준비를 해야 한다. 어느 지점에 어떤 소재가 있는지 파악하는 독해를 하여 선지를 빠르게 소거할 준비를 한다. 정 시간이 없는 경우에는, 1) 문단의 처음과 끝 위주로 핵심만 파악하며 독해하거나 2)선지 1~2개를 기준으로 삼아 지문을 읽는 것도 하나의 방법이다. (예 ④번 선지의 경우 해당 한자를 그림처럼 생각하고 지문에서 찾아서 해당 부분 발췌독)

❹ 선지 판단하기

(1) 다음 글에서 알 수 있는/없는 것은?

이때 알 수 '있는' 것인지, '없는' 것인지를 확실히 표시하고 간다. 예를 들어 알 수 있는 것을 묻는다면 '있는' 위에 동그라미를 치고, 알 수 없는 것을 묻는다면 '없는' 위에 세모를 쳐 시각적으로 다시 한 번 나타낸다.

기호는 달라질 수 있지만, 중요한 것은 〈알 수 있는〉과 〈알 수 없는〉 것을 다른 기호로 표시하는 연습을 하는 것이다.

(2) 함정 선지 피해가기

① 시조묘의 건립뿐 아니라 건립 당시 제사도 시조왕의 자식이 주관하였다.

시조묘 건립	⇒	남해차차웅	⇒	혁거세의 아들		(○)
당시 제사	⇒	아로	⇒	남해차차웅의 친누이	⇒ 혁거세의 딸	(○)

단순비교형이지만 간단한 함정이 들어가 있다. 1문단 둘째 줄에서 넷째 줄까지 확인할 수 있는 부분이며 '친누이' 역시 아버지의 자식이라는 점을 이용한 함정 선지 구성이다.

⑤ 혁거세가 '알지'로 불렸던 것과 사체가 토막 나 지상에 떨어진 후 장사지냈다는 것은 혁거세가 농경신임을 의미한다.

'알지'	⇒	농업의 풍요를 가져다주는 농경신	(○)
오체를 다른 장소에 제사 지내는 신화	⇒	대지의 풍요와 다산을 기원하는 농경의례	(○)

역시 단순비교형 선지다. 선지의 전단(혁거세가 '알지'로 불렸던 것)과 후단(사체가 토막 나 … 것) 중 하나라도 농경신임을 의미하지 않는다면 틀린 선지가 되므로, 둘 다 확인해야 한다.

합격자의 시간단축 Tip

Tip ❶ 접속사에 집중한다.

1문단의 '하지만'(정답 선지에 사용되었다), 2문단의 '즉', 3문단의 '따라서' 등에 유의하며 읽는다. 접속사는 글 전체의 흐름을 안내해 주며, 때때로 출제자가 강조하고자 하는 핵심 내용을 표시하기도 한다. 핵심 내용은 결국 정답과 관련된 경우가 많으므로, 접속사와 관련된 내용을 파악하는 것은 중요하다.

Tip ❷ 지문 속독에 선지를 활용하자.

앞서 확인했듯 본 문제는 '부합하지 않는 것'을 골라야 하므로, 정답 선지 4개와 오답 선지 1개로 구성될 것이다. 대부분의 선지가 옳으므로 선지에서 키워드를 잡는 것도 좋은 방법이다. 이때 키워드를 잡는다는 것은 문제풀이 순서의 첫 번째 단계인 지문 훑어보기에서 활용한다는 말이다. 세 번째 단계인 선지 적용하기에서 각 선지별로 꼼꼼히 확인한다면, 이 단계에서는 선지 5개를 한꺼번에 훑어 문제에서 중요한 부분이 어디일지 빠르게 파악하는 것이다.

본 문제의 선지에서는 '시조묘, 김알지, 혁거세, 불구내, 농경신' 등을 잡을 수 있다. 이를 기반으로 지문을 훑으면 전체 내용을 더 빠르게 확인할 수 있다.

Tip ❸ 선지를 보고 지문을 보는 것이 헷갈린다면, 반대로 지문을 보고 선지를 볼 수 있다.

접근 방식이나 tip에서는 선지를 이해하고 이를 활용해 지문을 푸는 해결책을 제시하였다. 하지만 선지를 먼저 보고 선지의 내용을 중심으로 지문을 읽는 경우, 지문의 내용이 너무 어렵거나 단순 매칭 오지선다가 아닐 시 오히려 지문의 내용도 이해하지 못하고 오지선다도 풀지 못할 수가 있다. 즉, 효용이 없이 시간만 낭비될 수 있다.

그렇기 때문에, 만약 이러한 방법이 헷갈린다면 다른 방법을 추천할 수 있다. 선지를 가볍게만 보고 별도의 키워드 추출 없이 바로 지문을 읽기 시작하는 방법이 바로 그것이다. 이 경우는 글의 전체 내용을 파악하고 지문을 읽으며, 문제가 될만한 특징들을 체크하는 방법으로 글을 읽는 것이다.

우선은 첫 문단을 정독하며 글의 소재와 앞으로의 글의 전개 방향성을 파악한다. 그리고 2문단부터는 소재에 맞는 글의 특징이나 문제화가 되기 쉬울 만한 부분들을 가볍게 체크하면서 글을 읽는다. 이때도 중심은 세부적인 내용이 아니라 글의 전체적인 내용을 파악하는 데 주력하도록 한다. 그 이후 오지선다를 읽으면서 체크해 둔 부분으로 이동하여 정오를 확인하는 방안이다.

Tip ❹ 배경지식은 지문의 행간을 이해하는 의미로만 활용한다.

자신이 아는 내용이 나왔다고 해서 배경지식에 매달려 방심하거나 실수하는 경우도 존재하므로 이에 너무 의존해서는 안 된다. 그러나 한국사 지문에서 배경지식이 무용(無用)한 것은 아니다. 예컨대 〈남해차차웅〉, 〈알지거서간〉이라는 단어는 신라 왕의 명칭이 거서간-차차웅-이사금-마립간-왕 순으로 변화했다는 것을 알고 있으므로 무던하게 독해할 수 있다. 박-석-김의 성씨 이동도 한국사능력검정시험을 통과했다면 독해가 쉬워진다. 만약 수험생이 해당 자격증 공부를 하지 않았다면 차라리 한국사 문제는 건너뛰는 것을 추천한다. (합격할 정도의 지식은 아니어도 된다.)

194 정답 ③ 난이도 ●●●

문제유형 비판적 사고 > 논지 강화·약화하기

접근전략 밑줄 친 내용을 약화하는 증거를 찾는 문제이다. 밑줄 친 문장의 논지를 파악한 후 선지를 읽으며 어떤 것이 논지를 반박, 또는 지지하는지를 판단한다. 이때, 지문에서 언급되지 않은 내용은 논지와 관련 없는 증거일 확률이 높다. 이를 위해 지문 전체를 읽을 필요는 없으며 밑줄 친 문장 전후를 유심히 보는 것이 좋다.

다음 글의 ㉠을 약화하는 증거로 가장 적절한 것은?

(1) 1966년 석가탑 해체 보수 작업은 뜻밖에도 엄청난 보물을 발견하는 계기가 되었다. (2) 이때 발견된 다라니경은 한국뿐만 아니라 전세계의 이목을 끌었다. (3) 이 놀라운 발견 이전에는 770년에 목판 인쇄된 일본의 불경이 세계사에서 최고(最古)의 현존 인쇄본으로 여겨졌다. (4) 그러나 이 한국의 경전을 조사한 결과, 일본의 것보다 앞서 만들어진 것으로 밝혀졌다.

▶ 1문단

(1) 불국사가 751년에 완공된 것이 알려져 있으므로 석가탑의 축조는 같은 시기이거나 그 이전일 것임에 틀림없다. (2) 이 경전의 연대 확정에 도움을 준 것은 그 문서가 측천무후가 최초로 사용한 12개의 특이한 한자를 포함하고 있다는 사실이었다. (3) 측천무후는 690년에 제위에 올랐고 705년 11월에 죽었다. (4) 측천무후가 만든 한자들이 그녀의 사후에 중국에서 사용된 사례는 발견되지 않았다. (5) 그러므로 신라에서도 그녀가 죽은 뒤에는 이 한자들을 사용하지 않았을 것이라는 추정이 가능하다. (6) 이러한 증거로 다라니경이 늦어도 705년경에 인쇄되었다고 판단할 수 있다.

▶ 2문단

(1) 그러나 이 특이한 한자들 때문에 몇몇 중국의 학자들은 ㉠ '다라니경이 신라에서 인쇄된 것이 아니라 중국 인쇄물이다.'라고 주장하였다. (2) 그들은 신라가 그 당시 중국과 독립적이었기 때문에 신라인들이 측천무후 치세 동안 사용된 특이한 한자들을 사용하지는 않았을 것이라고 주장한다. (3) 그러나 중국인들의 이 견해는 『삼국사기』에서 얻을 수 있는 명확한 반대 증거로 인해 반박된다. (4) 『삼국사기』는 신라가 695년에 측천무후의 역법을 도입하는 등 당나라의 새로운 정책을 자발적으로 수용하고 있었음을 보여준다. (5) 그러므로 신라인들이 당시에 중국의 역법 개정을 채택했다면 마찬가지로 측천무후에 의해 도입된 특이한 한자들도 채용했을 것이라고 추정하는 것이 합리적이다.

▶ 3문단

① 서역에서 온 다라니경 원전을 처음으로 한역(漢譯)한 사람은 측천무후 시대의 중국의 국사(國師)였던 법장임이 밝혀졌다.
→ (×) ㉠은 다라니경에 측천무후가 최초로 사용한 특유의 한자가 사용되었기에 다라니경이 중국 인쇄물이라고 주장하는 내용이다[3문단(1)]. 중국의 국사였던 법장이 처음으로 다라니경 원전을 한역했다는 것은 다라니경이 중국 인쇄물이라는 주장과 무관하므로, ㉠을 약화하지 못한다.

② 측천무후 사후에 나온 신라의 문서들에 측천무후가 발명한 한자가 쓰이지 않았음이 밝혀졌다.
→ (×) 측천무후 사후에 나온 신라의 문서들에 측천무후가 발명한 한자가 쓰이지 않았다는 것은 다라니경의 제작 시기를 유추하게 할 뿐[2문단(5), (6)], 다라니경이 중국 인쇄물이라는 ㉠의 주장을 약화하지 않는다.

③ 측천무후 즉위 이후 중국의 문서에 쓸 수 없었던 글자가 다라니경에서 쓰인 것이 발견되었다.
→ (○) 측천무후 즉위 이후 중국의 문서에 쓸 수 없었던 글자가 다라니경에서 쓰였다는 것은 그 글자가 두 나라 중 신라에서만 쓰였다는 의미이기 때문에, 중국에서 다라니경을 인쇄할 수 없었다는 것을 의미한다. 즉, 이는 신라에서 인쇄되었다는 것을 뒷받침함과 동시에 다라니경이 중국 인쇄물이라는 ㉠의 주장을 약화할 수 있다.

④ 705년경에 중국에서 제작된 문서들이 다라니경과 같은 종이를 사용한 것이 발견되었다.
→ (×) 중국에서 제작된 문서의 종이와 다라니경의 종이가 같다는 발견은 다라니경이 중국 인쇄물이라는 ㉠의 주장을 오히려 강화한다. 따라서 해당 선지는 옳지 않다.

⑤ 다라니경의 서체는 705년경부터 751년까지 중국에서 유행하였던 것으로 밝혀졌다.
→ (×) 중국에서 유행한 서체가 다라니경의 서체와 같다면 ㉠의 주장을 약화할 수 없다.

제시문 분석

1·2문단 다라니경의 인쇄 시기 추정

〈다라니경의 인쇄 시기〉
기존까지는 일본의 불경이 최고(最古)의 현존 인쇄본으로 여겨졌으나, 석가탑에서 발견된 한국의 경전이 이보다 앞서 만들어진 것으로 밝혀졌다.[1문단(4)]

〈다라니경의 인쇄 시기 추정 근거〉		
〈사용된 문자의 특이점〉		〈의미〉
이 경전의 연대 확정에 도움을 준 것은 그 문서가 측천무후가 최초로 사용한 12개의 특이한 한자를 포함하고 있다는 사실이었다.[2문단(2)]	⊕	측천무후가 만든 한자들은 그녀의 사후에 중국에서 사용되지 않았으므로, 신라에서도 그녀가 죽은 뒤에는 이 한자들을 사용하지 않았을 것이다.[2문단(4),(5)]

→ 〈결론〉 다라니경이 늦어도 705년경에 인쇄되었다고 판단할 수 있다.[2문단(6)]

3문단 일부 중국 학자들의 주장

〈일부 중국 학자들의 주장〉		
〈근거〉		〈결론〉
신라가 그 당시 중국과 독립적이었기 때문에 신라인들이 측천무후 치세 동안 사용된 특이한 한자들을 사용하지는 않았을 것이다.(2)	→	다라니경이 신라에서 인쇄된 것이 아니라 중국 인쇄물이다.(1)

3문단 ㉠주장에 대한 반박

〈중국인들의 견해에 대한 반박〉		
〈근거〉		〈결론〉
『삼국사기』는 신라가 695년에 측천무후의 역법을 도입하는 등 당나라의 새로운 정책을 자발적으로 수용하고 있었음을 보여준다.(4)	→	그러므로 신라인들이 당시에 중국의 역법 개정을 채택했다면 마찬가지로 측천무후에 의해 도입된 특이한 한자들도 채용했을 것이라고 추정하는 것이 합리적이다.(5)

합격자의 실전 풀이 순서

❶ 발문 제대로 읽고 문제의 유형 파악

우선 발문을 제대로 읽자. ㉠을 약화하는 증거를 찾아야 하므로 본 문제는 강화약화 유형에 해당한다. 이러한 강화약화 유형은 조금만 복잡하게 나올 경우, 난이도가 급상승한다. 따라서 강화약화 유형에 대한 자신만의 풀이 기준을 마련해두어야 한다. 먼저 강화약화 유형을 제대로 풀기 위해서는 강화 또는 약화해야 하는 대상이 무엇인지를 정확히 파악해야 한다. 본 문제의 경우 평가의 대상으로 ㉠을 명시하고 있지만, 단순히 제시문 전체에 대한 평가를 묻고 있다면 구체적인 강화 또는 약화의 대상으로서 주제문을 찾아야 한다. 강화 또는 약화해야 하는 대상을 파악한 후에는 선지의 내용이 대상의 내용과 일치하는지 또는 대상으로부터 추론 가능한지를 판단하며 문제를 해결해 나가야 한다. 강화 또는 약화한다는 의미가 무엇인지는 아래의 표를 통해 알 수 있다.

A가 강화한다.	A가 본문 내용과 일치 또는 본문 내용으로부터 추론 가능
A가 강화하지 않는다.	A가 추론될 근 거 없음 또는 A가 본문 내용과 상충하거나 무관함
A가 약화한다.	A가 본문 내용과 상충
A가 약화하지 않는다.	A가 본문으로부터 추론 가능 또는 일치하거나 무관함

❷ 강화약화의 대상 파악 및 제시문 독해

강화약화 유형에서는 가장 먼저 강화/약화의 대상이 무엇인지 확인해야 한다. 그리고, 대상의 내용을 정확히 이해해야 한다.

이 방식으로 본 문제를 풀어보자. 대상은 발문을 통해 확인할 수 있으며, 대상의 내용은 제시문을 통해 이해할 수 있다.

(1) 발문 확인

> 다음 글의 ㉠을 약화하는 근거로 가장 적절한 것은?

평가의 대상이 '㉠' 임을 알 수 있다. 따라서 곧바로 제시문으로 내려간다.

(2) 제시문에서 대상 확인

강화약화 유형의 대상은 지지·반박이 가능한 주관적인 주장인 경우가 많다. 본 문제의 경우, ㉠로 표시된 부분, 즉 '다라니경이 신라에서 인쇄된 것이 아니라 중국의 인쇄물이다.'라는 주장이다.

제시문에서 대상을 찾았다면 제시문에서 그 내용을 파악할 차례다. 제시문의 3문단에 중국 학자들의 주장과, 이들의 주장에 대한 반박을 소개하고 있다. 3문단의 내용을 요약해보면, 중국 학자들은 다라니경에 측천무후 치세 동안 사용한 한자들이 있으므로 다라니경이 중국에서 인쇄되었다고 주장하고 있다. 3문단에서 ㉠에 대해 설명한 모든 부분이 선지 또는 보기에 언급될 확률이 크므로 꼼꼼히 읽는다. 핵심적인 내용은 바로 외워, 선지를 적용할 때 제시문과 왔다 갔다 하는 시간을 줄이면 더욱 좋다. 키워드로 생각되는 부분에 동그라미를 치는 등 시각적 표시를 할 수도 있다.

일단 1문단과 2문단에 대해서는 강화약화의 대상인 ㉠과 직접적인 관련이 없으므로, 해당 문단들에 대한 독해를 생략한 채 선지 판단을 한다. 만약 3문단만 읽고 선지 판단이 되지 않는다면 그 후에 빠르게 1, 2문단을 읽는다.

❸ 선지 판단

지문의 내용을 잘 활용하여 각 선지가 ㉠을 강화하는지, 약화하는지 판단한다. 우선 ①, ④, ⑤번은 다라니경이 중국 인쇄물이라는 사실을 약화할 수 없는 증거이다. 정확히는 선지에서 제시하는 증거와 중국 인쇄물이라는 사실과의 관계를 지문에서 확인할 수 없다. ①번에서는 '다라니경을 한역한 사람', ④번에서는 '문서의 종이 종류', ⑤번에서는 '다라니경의 서체'가 오답임을 알 수 있게 한 요소이다.

②번과 ③번 모두 측천무후와 관련된 선지이다.

②번은 측천무후 사후에 나온 신라의 문서에 측천무후가 발명한 한자가 쓰이지 않았다는 진술로, 2문단에서 언급된 추정이다. 그러나 이로 인해 다라니경이 중국 인쇄물이라는 주장을 약화할 수 없으므로 오답이다.

③번은 측천무후 즉위 이후 중국의 문서에 쓸 수 없었던 글자가 다라니경에 쓰였다는 증거이다. ③을 제시문의 내용에 적용하면, 다라니경에는 측천무후가 최초로 사용한 특이한 한자와 측천무후 즉위 이후 중국에서는 사용할 수 없었던 글자가 모두 있는 것이다. 이는 다라니경이 측천무후 치세 동안 만들어졌으나, 중국 인쇄물이 아니라는 증거가 된다. 당시 중국에서 쓰일 수 없는 글자가 쓰였기 때문이다.

합격자의 시간단축 Tip

Tip ❶ 강화약화의 대상에 주목하자.

강화약화 유형을 빠르고 정확히 풀기 위해서는 강화 또는 약화해야 하는 대상이 무엇인지를 정확히 파악해야 한다. 따라서 본 문제의 경우 약화의 대상인 ㉠을 정확히 이해하는 것이 필요하다. 다라니경이 어떤 것인지, ㉠처럼 주장하게 된 이유가 무엇인지 밑줄 전후 내용을 통해 알 수 있다. 따라서, 지문 전체 내용을 꼼꼼히 읽는 것보다 밑줄과 밑줄 주변, 그리고 밑줄의 내용과 관련된 내용에 주목하여 읽는 것이 좋다.

Tip ❷ 증거와 논지의 관련성은 지문에서 확인하자.

무관한 선지를 빠르게 소거하고 나머지의 정오를 판단하면 시간을 절약할 수 있다. 선지별로 ㉠을 약화하는지, 강화하는지 일일이 판단하는 것이 문제에서 요구하는 정석적인 방법이나, 무관한 선지에 시간을 쓰거나 주관적인 판단으로 선지를 고르게 될 수 있기에 비효율적이다.

일반적으로 지문에서 명시된 근거가 있으므로 선지에서 제시된 증거와 밑줄 친 내용의 관련성을 지문을 통해 확인하자. 지문에서 언급되지 않은 내용이 포함된다면 정답 후보에서 제외하고 남은 선지 중에서 무엇이 논지를 약화하는지 판단한다.

예를 들어 이 지문에서는 측천무후가 사용한 특이한 한자가 다라니경이 중국에서 인쇄되었다는 주장과 신라에서 인쇄되었다는 주장을 모두 뒷받침할 수 있는 공통적인 근거이다. 그만큼 지문에서 유일하게 명시되는 주요 증거이므로 ②번과 ③번 중 하나가 정답임을 추측할 수 있다.

Tip ❸ 해당 지문을 가설-검증의 구도로 이해한다.

해당 지문을 단순 국사 지문으로 이해하지 말고, 한국학자와 중국학자 간 〈다라니경은 어느 나라 것이며, 최종 결론은 무엇인가?〉를 검증하는 지문이라고 생각하면 정확한 문제풀이에 더 근접할 수 있다.

〈중국학자-한국과 중국은 다르니 중국에서 사용한 특이한 문자를 한국에서도 사용했다고 볼 수는 없다-다라니경은 중국 인쇄물〉의 주장구조를 정확히 정리해서 이해할 필요가 있다. 선지 ③은 위와 같은 주장구조 중 중국의 특이한 한자를 신라가 사용하지 않았을 것이라는 중국학자들의 주장을 반박하는 근거가 되므로 정답이 되는 것이다.

195 정답 ❷

난이도 ●●●

문제유형 법조문형 > 규정확인

접근전략 법조문 유형 중 규정을 바탕으로 선지에서 옳은 것을 고르는 규정확인문제이다. 법조문 유형을 풀 때는 조문의 구체적인 내용을 독해하는 것보다, 법조문의 구조를 파악한 후 〈보기〉에서 묻고 있는 정보를 찾아 올라가는 형태로 푸는 것이 좋다. 본 문제의 경우, 조회의 주체는 〈법원〉이며, 조회 관련하여 거부 가능 여부와 결과의 사용처 등에 유의한다. 1조 5항의 과태료와 2조 2항의 벌금의 액수는 같으나, 과태료와 벌금은 기본적으로 다른 처벌기제라는 점을 놓치지 않는다.

다음 글을 근거로 판단할 때 옳은 것은?

제○○조 ① 재산명시절차의 관할법원은 재산명시절차에서 채무자가 제출한 재산목록의 재산만으로 집행채권의 만족을 얻기에 부족한 경우, 그 재산명시를 신청한 채권자의 신청에 따라 개인의 재산 및 신용에 관한 전산망을 관리하는 공공기관·금융기관·단체 등에 채무자 명의의 재산에 관하여 조회할 수 있다.
② 채권자가 제1항의 신청을 할 경우에는 조회할 기관·단체를 특정하여야 하며 조회에 드는 비용을 미리 내야 한다.
③ 법원이 제1항의 규정에 따라 조회할 경우에는 채무자의 인적 사항을 적은 문서에 의하여 해당 기관·단체의 장에게 채무자의 재산 및 신용에 관하여 그 기관·단체가 보유하고 있는 자료를 한꺼번에 모아 제출하도록 요구할 수 있다.
④ 공공기관·금융기관·단체 등은 정당한 사유 없이 제1항 및 제3항의 조회를 거부하지 못한다.
⑤ 제1항 및 제3항의 조회를 받은 기관·단체의 장이 정당한 사유 없이 거짓 자료를 제출하거나 자료를 제출할 것을 거부한 때에는 결정으로 500만 원 이하의 과태료에 처한다.

제○○조 ① 누구든지 재산조회의 결과를 강제집행 외의 목적으로 사용하여서는 안 된다.
② 제1항의 규정에 위반한 사람은 2년 이하의 징역 또는 500만 원 이하의 벌금에 처한다.

① 채무자 甲이 제출한 재산목록의 재산만으로 집행채권의 만족을 얻기 부족한 경우에는 재산명시절차의 관할법원은 직권으로 금융기관에 甲 명의의 재산에 관해 조회할 수 있다.

➜ (×) 제1조 제1항에 따르면 재산명시절차의 관할법원은 재산명시절차에서 채무자가 제출한 재산목록의 재산만으로 집행채권의 만족을 얻기에 부족한 경우, 그 재산명시를 신청한 채권자의 신청에 따라 금융기관에 채무자 명의의 재산에 관하여 조회할 수 있다. 따라서 채무자 甲이 제출한 재산목록의 재산만으로 집행채권의 만족을 얻기 부족한 경우, 재산명시절차의 관할법원은 직권으로 금융기관에 甲 명의의 재산에 관해 조회할 수는 없고 채권자의 신청이 있어야 한다.

② 재산명시절차의 관할법원으로부터 채무자 명의의 재산에 관해 조회를 받은 공공기관은 정당한 사유가 있는 경우 이를 거부할 수 있다.

➜ (○) 제1조 제1항 및 제4항에 따르면 재산명시절차의 관할법원이 공공기관에 채무자 명의의 재산에 관하여 조회하는 경우, 해당 공공기관은 정당한 사유 없이 조회를 거부하지 못한다. 따라서 정당한 사유가 있는 경우에는 조회를 거부할 수 있다.

③ 채무자 乙의 재산조회 결과를 획득한 채권자 丙은 해당 결과를 강제집행 외의 목적으로도 사용할 수 있다.

➜ (×) 제2조 제1항에 따르면 누구든지 재산조회의 결과를 강제집행 외의 목적으로 사용하여서는 안 된다. 따라서 丙이 채권자라 하더라도 채무자 乙의 재산조회 결과를 강제집행 외의 목적으로 사용할 수 없다.

④ 재산명시절차의 관할법원으로부터 채무자 명의의 재산에 관해 조회를 받은 기관의 장이 정당한 사유 없이 자료제출을 거부하였다면, 법원은 결정으로 500만 원의 벌금에 처한다.

➜ (×) 제1조 제1항 및 제5항에 따르면 재산명시절차의 관할법원이 공공기관·금융기관에 채무자 명의의 재산에 관하여 조회하는 경우, 해당 기관의 장이 정당한 사유 없이 자료를 제출할 것을 거부한 때에는 결정으로 500만 원 이하의 벌금이 아닌 과태료에 처한다.

⑤ 채권자 丁이 채무자 명의의 재산에 관한 조회를 신청할 경우, 조회에 드는 비용은 재산조회가 종료된 후 납부하면 된다.

➜ (×) 제1조 제1항 및 제2항에 따르면 채권자가 채무자 명의의 재산에 관한 조회를 신청할 경우 조회할 기관·단체를 특정하여야 하며 조회에 드는 비용을 미리 내야 한다. 따라서 채권자 丁이 채무자 명의의 재산에 관한 조회를 신청할 경우, 조회에 드는 비용은 미리 납부하여야 한다.

합격자의 실전 풀이 순서

❶ 문제 유형 파악

본 문제의 경우 제시문으로 법조문이 주어졌으므로 법조문 유형임을 쉽게 알 수 있다. 특히 법조문 유형 중에서도 규정을 바탕으로 〈보기〉의 옳은 선지를 고르는 규정확인문제이다. 법조문 유형은 조문의 구체적인 내용을 독해하는 것보다, 법조문의 구조를 파악한 후 선지에서 묻고 있는 정보를 찾아 올라가는 형태로 푸는 것이 좋다. 또한, 본 문제가 옳은 것을 고르는 문제라는 것을 인지하기 위해 "옳은"이라는 단어에 밑줄이나 동그라미 등 표시를 한다.

다음 글을 근거로 판단할 때 옳은 것은?

❷ 법조문 구조 분석

구조 분석이란 각 조문의 내용 및 조문 간 관계를 이해하는 것이다. 법조문 전체를 읽되, 세부적인 내용을 기억하기 보다는 어떤 정보가 있는지 파악하는 것에 중점을 둔다. 이때 기호를 적절히 활용할 수 있다. 또한, 이러한 분석 과정을 거치며 선지에 등장할만한 부분을 발견할 수 있다.

본문의 규정의 두 개의 조로 구성되어 있다. 조문의 제목이 없으므로 읽으면서 키워드를 파악한다. 가독성을 높이기 위해 가로선으로 각 조를 구분하고, '1, 2'로 숫자를 써둔다. 이하 편의상 첫 번째 조부터 '제1조', '제2조' 등으로 표기한다.

제1조 제1항은 재산명시절차를 할 때 관할법원이 채무자 명의의 재산을 조회하는 것에 대한 조항이다. 길이가 길고 내용이 복잡하므로 해당 조문을 여러 부분으로 나눠두고, 선지를 판단할 때 돌아와 꼼꼼히 분석한다. 제2항은 재산조회 시 조회 대상의 특정과 비용 지불을 규정하고 있다. '채권자', '특정', '비용'에 표시한다. 제3항은 재산조회 시 법원이 해당 기관·단체의 장에게 자료 제출을 요구하는 조항이다. '법원'에 표시하고, 문서, 재산 및 신용, 자료에 각각 빗금을 그어 내용을

구분해 둔다. 제4항은 공공기관·금융기관·단체 등이 정당한 사유 없이 재산조회를 거부하는 것을 금지하는 조항이다. 주어인 기관들과 '거부'에 표시한다. 제5항은 제4항의 위반에 대한 벌칙조항이다. '500만 원'에 표시하고, 제1항, 3항과 제4항, 5항을 서로 연결해둔다.

제2조 제1항은 재산조회의 결과를 강제집행 외의 목적으로 사용하는 것을 금지하는 조항으로, 반대해석을 하면 강제집행을 하려는 경우 재산조회가 가능하다는 것을 의미한다. 제2항은 제1항의 위반에 대한 벌칙조항이다. '2년'과 '500만 원'에 표시한다.

❸ 선지 판단

선지를 읽고, 해당 내용이 기재된 규정으로 돌아가 꼼꼼히 읽고 선지의 정오를 판단한다.

선지 ①번은 재산조회에 대한 내용이므로 제1조 제1항과 비교한다. 제1항의 '신청' 부분에서 선지 ①번의 '직권'이 틀렸음을 알 수 있다. 선지 ②번은 재산조회를 받은 공공기관이 거부하는 내용이므로 제1조 제4항과 비교한다.

선지 ②번을 넘어갔다면 선지 ③번은 재산조회의 결과를 다른 목적으로 사용하는 것에 대한 내용이므로 제2조 제1항과 비교한다. 선지 ④번은 정당한 사유 없이 자료제출을 거부할 때 벌칙조항에 대한 내용이므로 제1조 제5항과 비교한다. 선지 ⑤번은 재산조회에 드는 비용에 대한 내용이므로 제1조 제2항과 비교한다.

합격자의 시간단축 Tip

Tip ❶ 길이가 긴 조문은 여러 부분으로 나눠가며 독해

제1조 1항은 조문 하나의 길이가 길고 내용이 어렵다. 실전에서 이러한 조문을 만났을 때는 조문을 여러 부분으로 구분하여 단순화하여 읽는 것이 좋다. 이때 먼저 주어와 서술어를 파악하면 이해가 쉬워진다. 이는 길이가 긴 선지를 판단할 때도 마찬가지이다.

예를 들어 제1조 제1항의 주어와 서술어를 먼저 살펴보면 '관할법원은 … 재산에 관하여 조회할 수 있다'이다. 그 다음 어떤 경우에 조회할 수 있는지 조문을 구분하여 읽으며 선지와 비교한다. 조문을 구분하면, '재산명시절차의 관할법원은/ 재산명시절차에서 채무자가 제출한 재산목록의 재산만으로/ 집행채권의 만족을 얻기에 부족한 경우,/ 그 재산명시를 신청한/ 채권자의 신청에 따라/ 개인의 재산 및 신용에 관한 전산망을 관리하는/ 공공기관·금융기관·단체 등에/ 채무자 명의의 재산에 관하여 조회할 수 있다.'로 나눌 수 있다. 선지도 비슷하게 나누어 해당 조문과 일치하는 부분을 지우고, 다른 부분이 있는지를 살피면 된다.

이때 제1조 제1항이 무슨 의미인지 이해하기 다소 어려울 수 있다. 그러나 상황판단영역은 언어논리영역과 달리 지문(또는 법조문 유형의 경우 조문)을 이해하라고 요구하지 않는다. 주어진 조문은 핵심이 되는 부분만 짚어 표시한 후 선지와 비교하는 역할을 담당할 뿐이다. 따라서 재산명시절차, 재산조회 등의 키워드를 잘 짚어내는 연습을 하자.

Tip ❷ 유사한 법적 개념을 구분

법조문에서는 단어가 다르면 다른 개념이라고 보아야 한다. 따라서 법조문에 나오는 유사한 법적 개념을 꼼꼼히 구분할 필요가 있다. 예컨대, 제1조 제5항의 과태료와 제2조 제2항의 벌금은 기본적으로 다른 개념이다. 조문에서 과태료와 벌금이 동일한 의미라고 주어지지 않는 한 달리 취급해야 한다. 이는 선지 ④번의 장치로 활용되었다. 유사하게 '허가'와 '신고'도 선지에 자주 나오는 유사한 법적 개념에 해당한다.

Tip ❸ 주어와 서술어를 먼저 파악

법조문 구조 분석뿐 아니라, 선지를 읽을 때에도 주어와 서술어를 먼저 파악하면 해당 부분을 쉽게 찾을 수 있다. 선지 ①번의 경우, 주어인 '관할법원'과 서술어인 '조회할 수 있다'를 통해 제1조 제1항의 내용임을 알 수 있다. 선지 ②번도 '공공기관'과 '거부'에서 바로 해당 내용인 제4항을 찾을 수 있다.

196 정답 ①

난이도 ●○○

문제유형 사실적 이해 > 정보 확인

접근전략 평이한 난이도의 비문학 유형이다. 두 개념과 그 사례가 주어져 있다. 사례와 개념을 각각 연결하는 것이 문제의 핵심이다. 이처럼 어렵지 않은 문제는 '맞출 수 있는가'의 문제가 아니라 '얼마나 빨리 맞추는가'가 문제이다. 이런 점을 미리 파악하고 읽느냐가 속도와 정확성을 좌우한다.

다음 글의 내용과 부합하는 것은?

(1) 대체재와 대안재의 구별은 소비자뿐만 아니라 판매자에게도 중요하다. (2) 형태는 달라도 동일한 핵심 기능을 제공하는 제품이나 서비스는 각각 서로의 대체재가 될 수 있다. (3) 대안재는 기능과 형태는 다르나 동일한 목적을 충족하는 제품이나 서비스를 의미한다. ▶ 1문단

(1) 사람들은 회계 작업을 위해 재무 소프트웨어를 구매하여 활용하거나 회계사를 고용해 처리하기도 한다. (2) 회계 작업을 수행한다는 측면에서, 형태는 다르지만 동일한 기능을 갖고 있는 두 방법 중 하나를 선택할 수 있다. ▶ 2문단

(1) 이와는 달리 형태와 기능이 다르지만 같은 목적을 충족시켜 주는 제품이나 서비스가 있다. (2) 여가 시간을 즐기고자 영화관 또는 카페를 선택해야 하는 상황을 보자. (3) 카페는 물리적으로 영화관과 유사하지도 않고 기능도 다르다. (4) 하지만 이런 차이에도 불구하고 사람들은 여가 시간을 보내기 위한 목적으로 영화관 또는 카페를 선택한다. ▶ 3문단

(1) 소비자들은 구매를 결정하기 전에 대안적인 상품들을 놓고 저울질한다. (2) 일반 소비자나 기업 구매자 모두 그러한 의사결정 과정을 갖는다. (3) 그러나 어떤 이유에서인지 우리가 파는 사람의 입장이 됐을 때는 그런 과정을 생각하지 못한다. (4) 판매자들은 고객들이 대안 산업군 전체에서 하나를 선택하게 되는 과정을 주목하지 못한다. (5) 반면에 대체재의 가격 변동, 상품 모델의 변화, 광고 캠페인 등에 대한 새로운 정보는 판매자들에게 매우 큰 관심거리이므로 그들의 의사결정에 중요한 역할을 한다. ▶ 4문단

① 판매자들은 대안재보다 대체재 관련 정보에 민감하게 반응한다.
→ (O) 판매자들은 고객들이 대안 산업군 전체에서 하나를 선택하게 되는 과정은 주목하지 못하는 반면[4문단(4)], 대체재에 대한 새로운 정보는 그들에게 매우 큰 관심거리로 작용하며 의사결정에 중요한 역할을 한다.[4문단(5)] 즉, 판매자들은 대안재보다 대체재 관련 정보에 더 민감하게 반응하는 것이다.

② 판매자들은 소비자들의 대안재 선택 과정을 잘 이해한다.
→ (×) 일반 소비자나 기업 구매자들은 구매를 결정하기 전, 대안적인 상품들을 놓고 저울질한다.[4문단(1),(2)] 그러나 판매자들은 고객들이 대안 산업군 전체에서 하나를 선택하게

되는 과정을 주목하지 못한다고 했으므로[4문단(4)], 소비자들의 대안재 선택 과정을 잘 이해하지 못한다고 볼 수 있다.

③ 재무 소프트웨어와 회계사는 서로 대안재의 관계에 있다.
→ (×) 형태는 달라도 동일한 핵심 기능을 제공하는 제품이나 서비스는 각각 서로의 대체재가 될 수 있다.[1문단(2)] 반면, 대안재는 기능과 형태가 다르다는 점이 대체재와의 차이점이다.[1문단(3)] 재무 소프트웨어와 회계사는 서로 형태가 다르지만 회계 작업을 수행한다는 측면에서 동일한 기능을 갖고 있다.[2문단(2)] 이는 대체재의 관계가 되는 조건을 충족한다. 따라서 이 둘은 대안재가 아닌 대체재의 관계에 있다고 보아야 한다.

④ 소비자들은 대안재보다 대체재를 선호하는 경향이 있다.
→ (×) 소비자들은 구매를 결정하기 전에 대안적인 상품들을 놓고 저울질한다는 부분[4문단(1)]이 있지만, 이 부분만 가지고 소비자들이 대안재보다 대체재를 선호한다고 비교할 수는 없다.

⑤ 영화관과 카페는 서로 대체재의 관계에 있다.
→ (×) 대체재는 형태는 달라도 동일한 핵심 기능이나 서비스를 제공하는 것을 의미한다.[1문단(2)] 대안재는 기능과 형태는 다르나 동일한 목적을 충족하는 제품이나 서비스를 의미한다.[1문단(3)] 이때, 영화관과 카페는 형태적으로 유사하지도 않고 핵심 기능이 다르다.[3문단(3)] 그리고 여가 시간을 보내기 위함이라는 동일한 목적을 가지고 있다.[3문단(4)] 따라서 이 둘은 대체재가 아닌 대안재의 관계에 있다.

제시문 분석

제시문 대체재와 대안재의 개념과 예시

〈대체재와 대안재〉		
〈대체재〉		〈대안재〉
형태는 달라도 동일한 핵심 기능을 제공하는 제품이나 서비스[1문단(2)]		기능과 형태는 다르나 동일한 목적을 충족하는 제품이나 서비스[1문단(3)]
〈대체재의 예시〉	⬌	〈대안재의 예시〉
재무 소프트웨어와 회계사는 회계 작업을 수행한다는 측면에서, 형태는 다르지만 동일한 기능을 갖고 있다.[2문단(2)]		카페와 영화관은 물리적으로 유사하지도 않고 기능도 다르지만, 여가 시간을 보내기 위함이라는 동일한 목적을 갖고 있다.[3문단(3),(4)]

4문단 판매자의 경향

〈소비자의 의사결정 과정〉	
소비자들은 구매를 결정하기 전에 대안적인 상품들을 놓고 저울질하고, 일반 소비자나 기업 구매자 모두 그러한 의사결정 과정을 갖는다.(1),(2)	
〈대체재에 대한 판매자들의 생각〉	〈대안재에 대한 판매자들의 생각〉
대체재에 대한 새로운 정보는 판매자들에게 매우 큰 관심거리이므로 그들의 의사결정에 중요한 역할을 한다.(5)	판매자들은 고객들이 대안 산업군 전체에서 하나를 선택하게 되는 과정을 주목하지 못한다.(4)

합격자의 실전 풀이 순서

비문학 유형

❶ 발문 읽기 및 문제 유형 파악

항상 발문을 먼저 제대로 읽자. 본 문제는 글의 내용과 부합하는 것을 고르는 유형의 문제이다. 부합하는 것을 고르는 문제는 알 수 있는 것을 고르는 문제와 같다. 해당 유형은 제시문 내용과 일치하거나 그로부터 추론 가능한 선지가 정답이 되며, 제시문 내용과 상충하거나 그로부터 추론할 수 없는 선지가 오답이 된다. 이 유형에서는 '제시문에 명확한 근거 없음'으로 오답인 선지가 구성되는 경우도 존재하므로 조심해야 한다. 또한, 발문에 ○ 표시를 해놓고 문제를 풀면 옳은 것을 골라야 하는 문제에서 옳지 않은 것을 고르게 되는 실수가 줄어든다.

정보확인유형을 푸는 방법으로는 크게 선지를 먼저 읽고 제시문에서 선지의 내용을 찾는 방법과 제시문을 간략히 읽은 후 선지를 판단하는 방법 두 가지로 나뉜다. 첫 번째 방법은 선지로부터 키워드를 찾고, 키워드를 제시문에서 찾아가는 방식이다. 두 번째 방법은 제시문의 구조와 선지에서 나올만한 중요한 내용을 파악하며 1분에서 2분 사이 내에 제시문을 읽은 후 선지를 판단하는 방식이다. 본 문제의 경우 제시문을 먼저 읽는 두 번째 방법으로 풀어보고자 한다. 또한, 정보확인유형을 푸는 방법으로 선지를 먼저 참고하여 제시문의 내용을 예측하는 방법이 있다. 그러나 본 문제의 경우 글의 내용과 부합하는 것, 즉 지문과 같은 방향의 내용을 묻고 있다. 따라서 선지 5개 중 1개만이 옳은 내용을 담고 있으므로 선지의 내용을 참고하여 지문을 독해하는 방법은 추천하지 않는다.

❷ 제시문 독해

본 제시문의 경우 1문단에서 대체재와 대안재의 구별에 대해 다루고 있다. 이처럼 대조되는 두 가지 이상의 대상이 제시되는 경우 이들 간의 구별기준이 중요하다. 2문단은 대체재의 사례를, 3문단은 대안재의 사례를 제시한다. 이때 1문단부터 제시문에서 대체재와 대안재를 설명하는 순서가 통일되어 있음을 알 수 있다.

3문단에는 본 제시문의 주제문이 제시된다. 주제문을 찾는 쉬운 방법으로는 '그러나', '반면', '그런데'와 같은 역접의 접속어를 찾는 방법이 있다. 이는 사회적 관념 또는 글쓴이가 반대하는 주장을 먼저 제시한 후 이를 반박함으로써 글쓴이의 주장을 효과적으로 강조하는 글이 많기 때문이다. 해당 방법을 본 제시문에 적용할 경우 3문단 (3)과 (5) 문장이 중요함을 알 수 있다. 즉, '판매자들은 대안재의 과정을 생각하지 못하지만, 대체재에 대해서는 관심이 많다'가 본 글의 주제문이 된다.

❸ 선지 적용하기

선지에 제시문을 읽으며 표시해둔 내용이 나왔음을 알 수 있다. ①번과 ②번 선지는 3문단의 주제문과, ③번과 ⑤번 선지는 대체재와 대안재의 구별기준과 관련하여 출제되었다.

① 판매자들은 대안재보다 대체재 관련 정보에 민감하게 반응한다.
비교급 표현이 등장하는 선지다. 비교급 표현은 '보다'에서 찾을 수 있다. '관련 정보'를 키워드로 잡아 지문을 확인하면 대체재에 대한 정보는 소비자들에게 큰 관심거리라는 부분[4문단(5)]을 찾을 수 있다. 반면, 대안재에 대한 부분은 직접 제시되지 않았다. 4문단 (5)와 가까운 부분부터 확인해 보면 소비자들은 대안재의 선택 과정에 주목하지 않는다는 부분 [4문단(4)]을 찾을 수 있다.
따라서 대안재보다 대체재와 관련한 정보에 더 민감하게 반응함을 추론 가능하다. 부합하는 선지다.

② 판매자들은 소비자들의 대안재 선택 과정을 잘 이해한다.
대안재 선택 과정 → 일반 소비자나 기업 구매자 모두 거침 → 파는 사람의 입장에서는 잘 주목하지 못함

단순비교형 선지다. '대안재 선택 과정'을 키워드로 지문을 확인하면, 소비자들이 거치는 과정이지만[4문단(1),(2)] 판매자들은 잘 주목하지 못한다는 부분[4문단(3)]을 찾을 수 있다. 따라서 부합하지 않는 선지다.

③ 재무 소프트웨어와 회계사는 서로 대안재의 관계에 있다.
추론형 선지다. 지문은 대안재의 정의, 재무 소프트웨어-회계사의 관계를 각각 소개하고 있지만, 둘을 연결 가능한지 판단하는 역할은 수험생에게 맡겨 두었다.
따라서 대안재가 무엇인지 먼저 확인한 뒤, 재무 소프트웨어와 회계사의 관계가 대안재의 예시로써 적용 가능한지 판단해야 한다.
'재무 소프트웨어와 회계사'를 키워드로 지문을 확인하면, 둘은 동일한 목적을 수행하는 서로 다른 방법에 해당한다.[2문단(2)] 이는 기능이 다르고 목적이 같은 대안재[1문단(3)]에 해당한다 볼 수 없다. 따라서 부합하지 않는 선지다.

④ 소비자들은 대안재보다 대체재를 선호하는 경향이 있다.
다시 비교급이 등장하는 선지다. 소비자들의 '선호'를 키워드로 지문을 살펴보면 관련된 부분을 찾을 수 없다. 그렇다면 간접적으로라도 둘을 비교하는 부분이 있을까? 소비자가 구매를 결정하기 전 대안재를 고려한다는 부분[4문단(1)], 판매자가 대체재의 정보에 민감하다는 부분[4문단(5)] 등은 있지만, 이를 근거로 대안재와 대체재 중 어느 쪽을 더 선호하는지 판단할 만큼 관련성이 높지는 않다. 따라서 부합하지 않는 선지다.

⑤ 영화관과 카페는 서로 대체재의 관계에 있다.
선지 ③과 구조가 유사한 추론형 선지다. 지문에서 각각 제시한 대체재의 정의와 영화관-카페의 관계를 연결 가능한지 수험생이 추론해야 한다. 이번에도 선지 ③에서처럼 대체재의 정의를 확인한 뒤, 영화관과 카페가 예시가 될 수 있는지 확인한다.
'영화관과 카페'를 키워드로 지문을 확인하면, 둘은 형태와 기능이 다르지만 목적은 같은 관계다.[3문단(3),(4)] 이는 기능이 같아야 하는 대체재
[1문단(2)]에 해당한다 볼 수 없다. 따라서 부합하지 않는 선지다.

합격자의 시간단축 Tip

Tip ❶ 선지에 나올 만한 내용에 주목

제시문을 읽는 실력이 향상된다면, 제시문의 내용을 단지 수용하는 단계에서 나아가 선지에 나올 만한 내용을 적극적으로 모색하는 단계로 나아갈 수 있다. 본 문제의 선지로 나온 대조되는 두 대상의 구별 기준, '그러나', '반면' 등의 역접의 접속어 뒤에 나오는 주제문은 본 문제 외에도 정보확인유형의 선지로 자주 나오는 내용에 해당하였다. 이외에 선지에서 자주 나오는 내용으로는, 두 대상의 공통점과 차이점, 인과관계, 두 대상의 성능 및 효과 비교, 접속어로 시작하는 문장의 주요 내용, '반드시', '필수적'과 같은 표현으로 강조되는 내용, 숫자의 응용 등이 있다. 다양한 정보확인문제를 통해 선지에서 주로 묻는 내용이 무엇인지 정리한 뒤, 제시문에서 선지에 나올만한 내용을 미리 파악하며 읽는 습관을 들이자.

Tip ❷ 개념과 사례를 연결하자.

어떤 개념과 그에 해당하는 사례를 연결해 선지를 구성하는 경우가 많다. 그러므로 제시문처럼 두 개 이상의 개념이 제시되고 그에 해당하는 사례들이 등장하나, 각각이 어느 개념의 사례인지 명확히 제시되어 있지 않을 때는 개념과 사례를 연결하는 것이 수험생의 몫이다.
본 지문의 경우에도 2, 3문단에 사례가 제시되는데 문제는 각 사례가 대체재, 대안재 중 어디에 해당하는지 명확히 밝히고 있지 않다. 이 경우 출제자의 의도는 독자가 알아서 판단하라는 것이다. 이 경우 해당 내용이 선지로 구성되어 나올 확률이 대단히 높다는 사실도 기억해두자.
예상대로 ③, ⑤ 같은 선지들은 2, 3문단의 내용이 각각 어떤 사례에 해당하는지 묻고 있다. 독해를 먼저 진행한다면 2문단은 동일기능이니 대체재, 3문단은 동일목적이니 대안재라고 판단을 내려두고 선지를 확인하자. 반면 선지부터 체크하는 경우 합격자의 풀이순서와 같이 진행하면 된다.

Tip ❸ 서로 다른 두 대상의 공통점/차이점 파악

서로 다른 두 개념의 공통점과 차이점은 단골 출제 요소가 된다. 그러므로 독해 시부터 미리 잘 파악해 두자. 해당 제시문에서는 대체재, 대안재라는 서로 다른 두 대상이 나왔고 이들의 차이점 파악이 중요했다.
1문단부터 대체재와 대안재라는 서로 다른 두 대상이 제시되니 반드시 이 둘의 공통점과 차이점을 제대로 짚고 가자. 이 둘은 '동일한 핵심 기능'이냐 '동일한 목적'이냐의 차이점이 존재한다.

Tip ❹ 글쓴이가 부정하는 내용에 주목하자.

본 지문 4문단에서는 '기업들이 대안재 선택 과정을 고려하지 못한다'며 글쓴이가 부정하는 사실이 등장한다. 이처럼 글쓴이가 부정하는 사실은 긍정한다는 내용으로 바꾸어(해당 지문의 내용으로는 '기업들은 대안재 선택 과정을 고려한다' 식으로 바뀔 것) 출제될 것이다. 부정하는 사실에 괄호 표시를 미리 해두면 좋다. 본 문제의 선지 ②의 경우 글쓴이가 부정하는 사실을 다시 뒤집어 틀린 선지를 구성했다. 이처럼, 글쓴이가 부정하는 사실은 의식적으로 괄호 표시 등을 해두면 금방 판단이 가능하다.

Tip ❺ 배경지식 확보

대체재와 대안제는 경제학의 기본 개념으로 많은 글의 제재로 널리 쓰이고 있다. 해당 제시문의 난도가 높지는 않았으나, 미리 두 개념에 대해 이해하고 있었다면 더욱 수월하게 풀 수 있었을 것이다. 매우 기본적인 개념인 만큼, 앞으로의 문제풀이를 위해 배경지식을 확보한다는 느낌으로 두 개념을 비롯해 정상재, 열등재, 보완재 등의 개념에 대해 확실히 정리해두는 것도 좋은 방법이 될 것이다.

197 정답 ③

난이도 ●○○

문제유형 사실적 이해 > 정보 확인

접근전략 평이한 난이도의 한국사 비문학 유형이다. 이런 문제의 경우 시간을 낭비하지 않는 것이 최우선이다. 지문에서는 궁궐의 구조를 설명하기 위해 여러 개념어가 쏟아져 나오므로 개념어 간의 관계를 제대로 잡자. 해당 구조를 간단히 메모하여 시각화하면서 읽어도 좋다.

다음 글에서 추론할 수 없는 것은?

(1) 조선시대의 궁궐은 남쪽에서 북쪽에 걸쳐 외전(外殿), 내전(內殿), 후원(後苑)의 순서로 구성되었다. (2) 공간배치상 가장 앞쪽에 배치된 외전은 왕이 의례, 외교, 연회 등 정치행사를 공식적으로 치르는 공간이며, 그 중심은 정전(正殿) 혹은 법전(法殿)

이라고 부르는 건물이었다. (3) 정전은 회랑(回廊)으로 둘러싸여 있는데, 그 회랑으로 둘러싸인 넓은 마당이 엄격한 의미에서 조정(朝庭)이 된다. ▶ 1문단

(1) 내전은 왕과 왕비의 공식 활동과 일상적인 생활이 이루어지는 공간으로서 위치상으로 궁궐의 중앙부를 차지할 뿐만 아니라 그 기능에서도 궁궐의 핵을 이루는 곳이다. (2) 그 가운데서도 왕이 일상적으로 기거하는 연거지소(燕居之所)는 왕이 가장 많은 시간을 보내는 곳이다. (3) 주요 인물들을 만나 정치 현안에 대해 의견을 나누는 곳으로 실질적인 궁궐의 핵심이라 할 수 있다. (4) 왕비의 기거 활동 공간인 중궁전은 중전 또는 중궁이라고도 불렸는데 궁궐 중앙부의 가장 깊숙한 곳에 위치한다. (5) 동궁은 차기 왕위 계승자인 세자의 활동 공간으로 내전의 동편에 위치한다. (6) 세자도 동궁이라 불리기도 하였는데, 그 이유는 다음 왕위를 이을 사람이기에 '떠오르는 해'라는 상징적 의미를 가졌기 때문이다. (7) 내전과 동궁 일대는 왕, 왕비, 세자와 같은 주요 인물의 공간이다. (8) 그들을 시중드는 사람들의 기거 활동 공간은 내전의 뒤편에 배치되었다. 이 공간은 내전의 연장으로 볼 수 있고, 뚜렷한 명칭이 따로 있지는 않았다. ▶ 2문단

(1) 후원은 궁궐의 북쪽 산자락에 있는 원유(苑囿)를 가리킨다. 위치 때문에 북원(北苑)으로 부르거나, 아무나 들어갈 수 없는 금단의 구역이기에 금원(禁苑)이라고도 불렀다. (2) 후원은 일차적으로는 휴식 공간이었다. (3) 또한 부차적으로는 내농포(內農圃)라는 소규모 논을 두고 왕이 직접 농사를 체험하며 농민들에게 권농(勸農)의 모범을 보이는 실습장의 기능도 가지고 있었다. ▶ 3문단

① **내농포는 금원에 배치되었다.**
➜ (○) 내농포는 왕이 직접 농사를 체험하는 소규모 논으로, 후원에 배치되어 있다는 것을 알 수 있다.[3문단(3)] 후원의 다른 이름은 금원이기 때문에[3문단(1)] 내농포가 금원(=후원)에 배치되었다는 설명은 옳은 설명이다.

② **내전에서는 국왕의 일상생활과 정치가 병행되었다.**
➜ (○) 내전은 왕과 왕비의 공식 활동과 일상적인 생활이 이루어지는 공간이다.[2문단(1)] 내전 중 연거지소는 주요 인물들을 만나 정치 현안에 대해 의견을 나누는 곳이다.[2문단(3)] 이를 통해 내전에서 국왕의 일상생활과 정치가 병행되었다는 사실을 유추할 수 있다.

③ **궁궐 남쪽에서 공간적으로 가장 멀리 위치한 곳은 중궁전이다.**
➜ (×) 중궁전은 궁궐 중앙부의 가장 깊숙한 곳에 위치한다고 언급하고 있다.[2문단(4)] 조선시대의 궁궐은 남쪽에서 북쪽에 걸쳐 외전, 내전, 후원의 순서로 구성되어 있다는 설명과[1문단(1)] 후원은 궁궐의 북쪽 산자락에 있는 원유를 가리킨다는 설명을 통해[3문단(1)], 궁궐 남쪽에서 공간적으로 가장 멀리 위치한 곳은 후원이라는 사실을 추론할 수 있다.

④ **외국 사신을 응대하는 국가의 공식 의식은 외전에서 거행되었다.**
➜ (○) 외전은 왕이 의례, 외교, 연회 등 정치행사를 공식적으로 치르는 공간이다.[1문단(2)] 따라서 외국 사신을 응대하는 국가의 공식 의식 또한 외전에서 거행되었음을 추론할 수 있다.

⑤ **동궁은 세자가 활동하는 공간의 이름이기도 하고 세자를 가리키는 별칭이기도 하였다.**
➜ (○) 동궁은 세자의 활동 공간이기도 하고[2문단(5)], 세자는 '떠오르는 해'라는 상징적 의미를 가져 동궁으로 불리기도 하였다.[2문단(6)]

제시문 분석

1문단 조선시대 궁궐의 구성

〈조선시대 궁궐의 구성〉
조선시대의 궁궐은 남쪽에서 북쪽에 걸쳐 외전, 내전, 후원의 순서로 구성되었다.(1)

1문단 조선시대 궁궐의 구성 – 외전

〈①: 외전〉	가장 앞쪽에 배치된 공간으로, 왕이 정치행사를 공식적으로 치르는 공간이다.(2)
〈정전〉	외전의 중심에 있는 건물로, 법전이라고도 불린다.(2) 회랑으로 둘러싸여 있으며, 그 회랑으로 둘러싸인 넓은 마당이 조정이 된다.(3)

2문단 조선시대 궁궐의 구성 – 내전

〈②: 내전〉	왕과 왕비의 공식 활동과 일상적인 생활이 이루어지는 공간으로서 궁궐의 핵을 이루는 곳이다.(1)
〈연거지소〉	왕이 일상적으로 기거하는 공간이며 가장 많은 시간을 보내는 곳으로, 주요 인물들을 만나 정치현안에 대해 의견을 나누는 곳이다.(2),(3)
〈중궁전〉	왕비의 기거 활동 공간으로, 궁궐 중앙부의 가장 깊숙한 곳에 위치한다.(4)
〈동궁〉	세자의 활동 공간이기도 하고, 세자 또한 동궁이라 불리기도 하였다.(5),(6)

3문단 조선시대 궁궐의 구성 – 후원

〈③: 후원〉	궁궐의 북쪽 산자락에 있는 원유를 가리키며, 북원 또는 금원이라고도 불렸고 일차적으로는 휴식 공간이었다.(1),(2)
〈내농포〉	왕이 직접 농사를 체험하는 소규모 논.(3)

합격자의 실전 풀이 순서 한국사 비문학 유형

한국사는 언어논리 영역에서 가장 자주 등장하는 제시문 소재 중 하나로, 각 책형의 앞부분에 등장한다. 이러한 경향이 유지된다면 앞으로의 시험에서도 한국사 비문학 유형은 빈출될 것이다. 특히 최근 한국사 소재 제시문은 장소의 위치나 시간의 흐름에 따른 변화를 강조하여 고난도 문제를 구성하는 경우가 많다. 어떻게 하면 더 빠르게 해결할 수 있을지 알아보자.

❶ 주제 파악하기

본 문제의 주제 파악은 간단하다. 문항 번호가 비교적 명확할 뿐 아니라, 제시문의 첫 문장만 읽어도 알 수 있을 것이다. 한국사 소재 제시문임을 파악했다면, 해당 주제의 제시문의 특징을 가볍게 상기하면서 본격적인 풀이에 들어가 보자. 한국사 소재 제시문에는 다음과 같은 특징들이 있다.

- 사건의 인과관계, 연표에 따른 단순 선후관계, 계급 체계에 따른 상하관계 등이 한 문제에 복합적으로 등장한다.
- 작은따옴표 ' '를 통해 생소한 개념이 소개된다. 작은따옴표가 붙은 단어는 제시문 전체에서 강조하고자 하는 개념인 경우가 많으므로 집중해 살펴야 한다.
- 큰따옴표 " "를 통해 인물의 주장 또는 문헌이 인용된다. 큰따옴표가 붙은 문장은 그 자체를 토씨 하나 안 틀리고 파악하기보다는, 제시문 전체에서 문장이 갖는 맥락 이해하기에

초점을 둔다.

- 홑낫표 「」, 겹낫표 『』 등으로 문헌·예술작품 등의 이름이 제시된다. 제시문에 이름이 유사한 작품이 여러 개 등장한 뒤, 선지에서 혼동을 유도하는 경우도 종종 있다.
- 구체적인 시대 표현이 등장한다. n년, n세기, OO시대 전·중·후기 등의 시대 표현은 선지에서 사건들이 발생한 선후 관계를 묻는 기준점으로 사용된다.

이런 특징들을 암기해도 물론 유용하겠지만, 가장 효과적인 방법은 직접 다양한 문제를 풀어보면서 체득하는 것이다.

❷ 발문 읽기 및 문제 유형 파악

항상 발문을 먼저 제대로 읽자. 본 문제는 글에서 추론할 수 없는 것을 고르는 유형의 문제이다. 추론할 수 없는 것을 고르는 문제는 알 수 없는 것을 고르는 문제와 같다. 해당 유형은 제시문 내용과 부합하지 않거나 그로부터 알 수 없는 선지가 정답이 되며, 제시문 내용과 일치거나 그로부터 알 수 있는 선지가 오답이 된다. 긴장되는 시험장에서 알 수 '없는' 것을 고르는 문제에서 알 수 '있는' 것을 고르는 문제로 잘못 보아 처음 검토한 선지를 고르는 실수를 할 수 있다는 사실을 명심해야 한다. 따라서 알 수 '없는' 것을 묻는 문제가 나오면 발문에 크게 × 표시를 하여 실수를 하지 않도록 유의해야 한다. 정보확인유형을 푸는 방법으로는 크게 선지를 먼저 읽고 제시문에서 선지의 내용을 찾는 방법과, 제시문을 간략히 읽은 후 선지를 판단하는 방법 두 가지로 나뉜다. 첫 번째 방법은 선지로부터 키워드를 찾고, 키워드를 제시문에서 찾아가는 방식이다. 두 번째 방법은 제시문의 구조와 선지에서 나올만한 중요한 내용을 파악하며 1분에서 2분 사이 내에 제시문을 읽은 후 선지를 판단하는 방식이다. 본 문제의 경우 장소의 위치를 다룬 글의 구조가 중요하므로 두 번째 방법으로 풀어보겠다.

❸ 제시문 독해

1문단 (1) 문장은 조선시대 궁궐의 구성으로서 외전, 내전, 후원을 소개할 것을 밝히고 있다. 해당 문장처럼 장소의 위치에 대한 설명이 나올 경우, 이를 묻는 선지가 나올 확률이 높음을 유의해야 한다. 만약 위치에 대한 설명이 복잡해질 경우 시각적으로 그림을 그리면서 파악하는 것이 좋지만, 본 문제와 같이 정보가 한 문장으로 단순히 정리될 경우 굳이 그림을 그릴 필요는 없다. 1문단에는 외전에 대한 설명이 제시되어 있는데, 외전에 속해있는 장소로서 정전 혹은 법전, 회랑, 조정 등이 제시되어 있다. 이러한 키워드는 ㅇ나 ㅁ 등 기호를 통해 시각적으로 강조해두는 것이 좋다.

2문단은 내전을 소개하고 있으며, 그 하위 공간으로서 연거지소, 중궁전, 동궁, 시중을 드는 사람들의 기거 공간이 제시되어 있다. 해당 장소에 대한 설명 내용을 괄호나 빗금을 통해 구분해두는 것이 좋다. 3문단은 후원에 대해 설명하고 있으며, 원유, 북원, 금원 등 한자가 설명된 단어가 많다는 특징이 있다. 이러한 한자어의 경우 제시문의 내용을 판단 시 키워드가 되므로 강조 표시를 해두는 것이 좋다.

❹ 선지 적용하기

본 제시문과 같이 장소에 대해 다루는 경우 외전, 내전, 후원 등 장소의 명칭을 키워드로 선지를 판단한다. 즉, 키워드가 될 만한 장소의 명칭을 표시해두고, 각 장소에 대한 설명 위치를 파악하면 빠르게 선지를 판단할 수 있다.

① **내농포는 금원에 배치되었다.**

내농포 → 후원에 배치 → 금원이라고도 부름

간단한 단순비교형 선지다. 이런 선지에 시간을 오래 써서는 안 된다.

② **내전에서는 국왕의 일상생활과 정치가 병행되었다.**

내전	⇒	국왕의 일상생활	⇒	왕과 왕비의 일상적 생활	(O)
	⇒	정치	⇒	정치 현안에 대해 이야기 나눔	(O)

두 부분으로 나누어 확인해야 하는 단순비교형 선지다. 국왕의 일상생활[2문단(1)]과 정치[2문단(3)] 모두 직접적인 근거로 확인할 수 있다. 따라서 추론할 수 있다.

③ **궁궐 남쪽에서 공간적으로 가장 멀리 위치한 곳은 중궁전이다.**

거리를 기준으로 건물들을 비교하는 추론형 선지다.

'중궁전'을 키워드로 지문을 확인하면 궁궐 중앙부의 가장 깊숙한 곳에 위치한다는 부분[2문단(4)]을 찾을 수 있다. 궁궐 남쪽에서 공간적으로 가장 먼 부분은 궁궐 북쪽일 것이므로, '중앙부'에서 이미 추론 불가함을 알 수 있다.

④ **외국 사신을 응대하는 국가의 공식 의식은 외전에서 거행되었다.**

외국 사신을 응대하는 공식 의식 → 외교 등 정치행사를 공식적으로 치름 → 외전

역시 간단한 단순비교형 선지다. '사신 응대'가 직접 제시되지는 않았지만, '외교 등 공식적인 정치행사'로 재진술되었기에 어렵지 않게 찾을 수 있었을 것이다.

⑤ **동궁은 세자가 활동하는 공간의 이름이기도 하고 세자를 가리키는 별칭이기도 하였다.**

동궁	⇒	세자가 활동하는 공간			(O)
	⇒	세자의 별칭	⇒	세자도 동궁이라 불리곤 함	(O)

두 가지 부분으로 나누어 확인하는 단순비교형 선지다.

합격자의 시간단축 Tip

Tip ❶ 간단히 메모해서 시각화하자.

복잡한 구조와 많은 개념어/대상이 등장할 때 옆에 간단히 메모하여 시각화해서 풀면 좋다. 메모하면서 시간이 다소 걸리는 것도 사실이지만, 메모해서 선지 판단 시 얻는 시간의 이점이 대부분 더 크기 때문이다.

예를 들면, 외전, 내전, 후원이 남쪽에서 북쪽에 걸친다 하였으니 아래에서 위로 '외-내-후'와 같이 간략히 메모해주며 풀면 글의 내용 이해와 선지 판단이 쉬워진다.

Tip ❷ 개념 간 관계를 체크하자.

개념 간 관계를 제대로 체크하며 읽자. 특히 본 지문의 경우 어떤 개념이 어디에 포함되어 있고, 어떤 개념이 어떤 개념과 같거나 유사한 말인지 확인하고 표시하며 읽을 수 있다. 흔히 자주 나오는 개념 간 관계로는 대립, 같거나 유사(재진술), 상위-하위 등이 있다.

예를 들어 1문단에서는 '외전'에 속해있는 '정전'과 '법전' 등 '상위-하위' 관계가, 2문단에서는 '중궁전'이 '중전' 또는 '중궁'이라 불린다 하여 이들이 '유사한 내용' 관계임을 확인할 수 있다.

Tip ❸ 2문단의 뉘앙스를 봐 두자.

지문 전체는 가장 첫 문장에 나온 것처럼 외전-내전-후원의 순서로 구성되어 있다. 다만 2문단에는 중간에 중궁전과 동궁이 추가로 등장한다.

실제로 내전에는 침전, 중궁전, 대비전이 있으며, 동궁전은 이와 구분되는 개념이다. (본 지문만을 가지고 명확히 알 수는 없는 내용이다.) 즉, 동궁전은 엄밀히는 내전이 아니다. 이처럼 분간

되는 개념이 한 문단에 담긴 경우가 존재한다. 이는 문제 난이도가 올라가면 정답을 가르는 함정이 될 수도 있다.

198 정답 ⑤ 난이도 ●●○

문제유형 이해 > 내용 파악

접근전략 글에서 '알 수 있는 것'을 찾는 정보 확인 문제의 경우, 선지를 먼저 읽은 후 핵심어를 파악하여 제시문을 읽는다면 시간을 훨씬 절약할 수 있다. 선지의 키워드를 제시문에서 찾으며 해당 내용이 포함된 부분을 주의 깊게 읽는다. 이 문제는 선지의 진위 파악을 요구하는 것이 아닌, 제시문에서 해당 정보를 확인할 수 있는지 묻고 있다. 따라서 기존에 알고 있는 지식이 있다고 하더라도 배경지식을 활용하려는 자세는 금물이다.

다음 글에서 알 수 있는 것은?

(1) 현존하는 족보 가운데 가장 오래된 것은 성종 7년(1476)에 간행된 안동 권씨의 『성화보(成化譜)』이다. (2) 이 족보의 간행에는 달성 서씨인 서거정이 깊이 관여하였는데, 그가 안동 권씨 권근의 외손자였기 때문이다. (3) 조선 전기 족보의 가장 큰 특징을 바로 여기에서 찾을 수 있다. (4) 『성화보』에는 모두 9,120명이 수록되어 있는데, 이 가운데 안동 권씨는 9.5퍼센트인 867명에 불과하였다. (5) 배우자가 다른 성씨라 하더라도 절반 정도는 안동 권씨이어야 하는데 어떻게 이런 현상이 나타났을까?
▶ 1문단

(1) 그것은 당시의 친족 관계에 대한 생각이 이 족보에 고스란히 반영되었기 때문이다. (2) 우선 『성화보』에서는 아들과 딸을 차별하지 않고 출생 순서대로 기재하였다. (3) 이러한 관념이 확대되어 외손들도 모두 친손과 다름없이 기재되었다. (4) 안동 권씨가 당대의 유력 성관이고, 안동 권씨의 본손은 물론이고 인척 관계의 결연으로 이루어진 외손까지 상세히 기재하다 보니, 조선 건국에서부터 당시까지 과거 급제자의 절반 정도가 『성화보』에 등장한다.
▶ 2문단

(1) 한편 『성화보』의 서문에서 서거정은 매우 주목할 만한 발언을 하고 있다. (2) 즉 "우리나라는 자고로 종법이 없고 족보가 없어서 비록 거가대족(巨家大族)이라도 기록이 빈약하여 겨우 몇 대를 전할 뿐이므로 고조나 증조의 이름과 호(號)도 기억하지 못하는 이가 있다."라고 한 것이다. (3) 『성화보』 역시 시조 쪽으로 갈수록 기록이 빈약한 편이다.
▶ 3문단

(1) 『성화보』 이후 여러 성관의 족보가 활발히 편찬되면서 양반들은 대개 족보를 보유하게 되었다. (2) 하지만 가계의 내력을 정확하게 파악할 수 있는 자료가 충분하지 않아서 조상의 계보와 사회적 지위를 윤색하거나 은폐하기도 하였다. (3) 대다수의 양반 가계가 족보를 편찬하면서 중인은 물론 평민들도 족보를 보유하고자 하였다.
▶ 4문단

① **족보를 보유하면 양반 가문으로 인정받았다.**
→ (×) 『성화보』 이후, 대다수의 양반 가계가 족보를 편찬하면서 중인은 물론 평민들도 족보를 보유하고자 하였다.[4문단(3)] 그러나 평민들이 왜 족보를 보유했는지, 그 이유가 제시되지는 않았으므로 해당 선지는 알 수 없다.

② **조선시대 이전에는 가계 전승 기록이 존재하지 않았다.**
→ (×) 『성화보』의 서문에는[3문단(1)] "우리나라는 자고로 종법이 없고 족보가 없어서 비록 거가대족(巨家大族)이라도 기록이 빈약하여 겨우 몇 대를 전할 뿐이므로 고조나 증조의 이름과 호(號)도 기억하지 못하는 이가 있다."라고 기술되어 있다.[3문단(2)] 이때 기록이 빈약하다는 것은 기록이 존재했다는 의미이며, 바로 뒤에 '몇 대를 전한다'라는 구절을 통해서도 기록이 존재하였음을 알 수 있다.

③ **『성화보』는 조선 후기와 달리 모계 중심의 친족 관계를 반영하였다.**
→ (×) 조선 후기에 관한 언급이 제시문에 나와 있지 않으므로 『성화보』에 대한 정보를 조선 후기의 것과 비교하는 것은 불가능하다. 또한, 『성화보』에서는 아들과 딸을 차별하지 않고 출생 순서대로 기재하였다는 정보를 통해 성차별이 적용되지 않았음은 알 수 있지만, 모계 중심의 친족 관계를 반영한 것인지는 확인할 수 없다.

④ **『성화보』 간행 이후 족보의 중요성이 인식되어 거가대족의 족보는 정확하게 작성되었다.**
→ (×) 『성화보』 간행 이후에 족보의 중요성이 인식되었다는 내용은 제시문에서 언급되지 않는다. 또한, 『성화보』 이후 가계의 내력을 정확하게 파악할 수 있는 자료가 충분하지 않아서 조상의 계보와 사회적 지위를 윤색하거나 은폐하기도 하였다.[4문단(2)]. 이를 통해 『성화보』 간행 이후에도 족보가 정확하게 작성되지 않았음을 알 수 있다.

⑤ **태조부터 성종 때까지 유력 성관과 친인척 관계인 과거 급제자들이 많았다.**
→ (○) 안동 권씨가 당대의 유력 성관이고, 안동 권씨의 본손은 물론이고 인척 관계의 결연으로 이루어진 외손까지 상세히 기재하다 보니, 조선 건국에서부터 당시까지 과거 급제자의 절반 정도가 『성화보』에 등장한다.[2문단(4)] 즉, 조선 건국 때의 왕 태조부터 『성화보』 간행 당시의 왕 성종 때[1문단(1)]까지 유력 성관인 안동 권씨와 친인척 관계인 과거 급제자들이 많았음을 알 수 있다.

제시문 분석

1·2·3문단 『성화보』의 특징

〈성화보의 특징 ①〉
현존하는 족보 가운데 가장 오래된 것은 성종 7년(1476)에 간행된 안동 권씨의 『성화보(成化譜)』이다.[1문단(1)]

〈성화보의 특징 ②〉		〈결과〉
-아들과 딸을 차별하지 않고 출생 순서대로 기재하였다.[2문단(2)] -이러한 관념이 확대되어 외손들도 모두 친손과 다름없이 기재되었다.[2문단(3)]	→	『성화보』에는 모두 9,120명이 수록되어 있는데, 이 가운데 안동 권씨는 9.5퍼센트인 867명에 불과하였다.[1문단(4)]

〈성화보의 특징 ③〉
다른 가문과 마찬가지로 『성화보』 역시 시조 쪽으로 갈수록 기록이 빈약한 편이다.[3문단(3)]

4문단 『성화보』 이후의 상황

〈성화보 이후의 상황〉		
『성화보』 이후 여러 성관의 족보가 활발히 편찬되면서 양반들은 대개 족보를 보유하게 되었다.[4문단(1)]	→	대다수의 양반 가계가 족보를 편찬하면서 중인은 물론 평민들도 족보를 보유하고자 하였다.[4문단(3)]

가계의 내력을 정확하게 파악할 수 있는 자료가 충분하지 않아서 조상의 계보와 사회적 지위를 윤색하거나 은폐하기도 하였다.[4문단(2)]

합격자의 실전 풀이 순서 한국사 비문학 유형

❶ 역사지문 독해의 특징

앞선 지문과 마찬가지로 역사 지문은 일련의 규칙에 따라 서술된다. 따라서 몇 가지 독해 유형을 반복 학습하는 것이 중요하다.

❷ 지문 훑어보기

이 단계에서는 30초보다 짧은 시간 내에 지문의 주제와 키워드를 대강 파악한다. 눈에 띄는 부분이 있는지 체크한다.

예 안동 권씨의 족보 성화보에 대한 글이구나. 문헌 이름으로 『성화보』가 보이고, 시대 표현으로 성종 7년이 등장하네. 서거정의 발언은 큰따옴표가 붙어서 강조되어 있구나.

위와 같이 판단하게 된 근거는 다음과 같다.

① 지문 내 한자어나 꺾쇠처럼 강조된 단어 주변을 본다.
② 선지에서 무엇이 반복되는지 살펴본다. (족보/성화보)
③ 소재가 등장하는 시기를 생각한다. (조선)

❸ 지문 독해하기

지문 내용은 앞의 정답해설에 상세하게 나와 있으므로 간략한 독해 전략만 소개한다.

지문 전반부에서는 1문단의 질문(성화보에서 안동 권씨가 9.5%에 불과한 이유는?) – 2문단의 답 제시(당시의 친족 관계에 대한 생각이 반영되어서) 구조에 유의한다.

반면 후반부에서는 화제 전환에 유의한다. 3문단은 '한편'이라는 접속사를 통해 1, 성화보에 안동 권씨가 적은 이유를 다루는 앞선 내용과 사뭇 다른 내용의 진술이 이어진다. 3문단의 서거정의 발언, 4문단의 양반 – 평민의 대조가 주가 됨을 인지하고, 각 문단을 한두 개 정도의 키워드로 압축하면 이해가 빠를 것이다.

❹ 함정 피해가기

(1) 발문 확인하기

본 문제는 '알 수 있는/없는 것은?' 유형에 해당한다. 바로 선지로 간다. 이때 아래 와 같이 시각적 기호로 확실히 표시하는 것을 잊지 말자. 중요한 것은 '알 수 있는'과 '알 수 없는'에 서로 다른 기호를 쓰는 것이다.

다음 글에서 알 수 (있는) 것은?

(2) 함정 선지 피해가기

② 조선시대 이전에는 가계 전승 기록이 존재하지 않았다.

가계 전승 기록 → 거가대족이라도 빈약함

함정이 깔린 선지다. 지문에서 한발 더 나아간 내용의 선지로, 수험생이 지문으로부터 이 내용이 추론 가능하다고 자의적으로 넘겨짚는 경우 오답이 된다.

지문에서는 우리나라의 족보 등의 가계 전승 기록이 빈약하며(3문단 둘째 줄), 현존하는 가장 오래된 족보는 1476년 간행된 것(1문단 첫째 줄)이라는 내용이 제시되었다. 그러나 이로부터 조선 시대 이전의 가계 전승 기록이 존재하지 않았다고 단정 지을 근거는 없다.

③ 『성화보』는 조선 후기와 달리 모계 중심의 친족 관계를 반영하였다.

『성화보』⇏ 모계 중심의 친족 관계 반영

지문에 아예 등장하지 않는 내용을 묻는 선지다. 본선지가 옳기 위해서는 다음 2가지 명제가 동시에 참이어야 한다.

• 『성화보』는 모계 중심의 친족 관계를 반영하였다.
• 조선 후기에는 모계 중심의 친족 관계를 반영하지 않았다.

이들 중 특히 두 번째 명제를 놓치지 않도록 주의한다. 본선지는 2개 명제 모두 진위를 알 수 없어 오답인 경우다.

④ 『성화보』 간행 이후 족보의 중요성이 인식되어 거가대족의 족보는 정확하게 작성되었다.

거가대족의 족보가 정확히 작성 ⇏ 조상의 계보를 윤색·은폐

단순비교형 선지로, ③과 같이 다음 2가지 명제가 동시에 참이어야 한다.

• 『성화보』 간행 이후 족보의 중요성이 인식되었다.
• 『성화보』 간행 이후 모든 거가대족의 족보가 정확하게 작성되었다.

본 선지에서 첫째 명제는 참이라고 볼 만한 여지가 있다. 그러나 둘째 명제가 명확히 옳지 않으므로 오답이 된다. 선지 ③과 비교해 보자.

합격자의 시간단축 Tip

Tip ❶ 족보 소재 포인트

족보가 지문의 소재가 되는 경우 크게 2가지 유형을 물을 것을 예상할 수 있다.

족보란 '혈족'의 '구조도'를 나타내는 책이다. 이와 관련하여 구조나 관계를 중심으로 물을 수도 있다. 따라서 실전에서 첫째로 파악해야 하는 것은 는 부계 – 모계, 시조 – 후대, 양반 – 평민 간의 대조 등의 대조 유형이다. 두 번째로는 촌수, 항렬, n대손 등 간단한 산수를 요하는 계산 유형이 있다. 해당 유형이 지문에 등장하거나 선지화될 것임을 예상하고 문제에 접근하자. 이러한 특수 유형을 문제(선지)에서 미리 확인한다면 더 좋다.

Tip ❷ 강조어에 유의하자.

1문단의 '가장 오래된 것', '불과하였다', 2문단의 '고스란히', 3문단의 '매우 주목할 만한 발언' 등은 출제자가 의도적으로 배치한 강조어이다. 지문을 읽으면서 집중의 강약을 조절하기에 좋은 길잡이이며, 출제자가 강조한 표현은 선지로 출제될 가능성이 크니 집중해서 읽는다.

Tip ❸ 선지의 강조점을 찾자.

선지 ②는 "존재하지 않았다."라는 단정적인 어조를 통해, '존재할 수도 있지 않은가?'라는 생각을 해볼 수 있다. 즉 반례를 하나라도 찾으면 바로 오답으로 판단할 수 있는 선지이다.

선지 ③은 '달리', 선지 ④는 '정확하게', 선지 ⑤는 '많았다'에 강조점을 두어 선지 판단의 정확도와 속도를 동시에 높일 수 있다. 앞서 이야기했듯, 무난한 단어들로만 구성된 선지 ①이 오히려 문제를 풀 때는 까다롭다.

Tip ❹ 정답 판단 시 배경지식의 활용을 자제하자.

한국사 지문에서 유의해야 할 점은, 기존의 공부를 통해 알고 있는 배경지식이 독으로 작용할 수 있다는 점이다. 선지 ①, ③은 비슷한 내용을 한국사 공부에서 접했을 가능성이 있다. 하지만 지문을 읽고도 풀 수 있는 내용을 조금 더 빨리 풀겠다고 배경지식을 활용하다가는 그대로 오답인 선지를 고를 위험이 있다. '내가 아는 것'과 '지문에 제시된 것'을 구분해야 한다.

Tip ⑤ '알 수 없는 것'에서는 선지의 활용을 줄이자.

'알 수 없는 것' 문항에서 선지를 가이드 삼아 지문을 읽는 전략은 비효율적일 수 있다. 이렇게 오선지가 4개인 문항에는, 지문과 다르거나 아예 알 수 없는 내용의 선지가 제시되는 경우가 많기 때문이다. 그저 가볍게 훑어보고, 바로 키워드를 잡는 용도로만 선지를 활용하도록 한다.

Tip ⑥ 판단할 수 없는 것의 억측을 금지하도록 한다.

주어진 지문의 내용으로 아예 틀린 내용도 존재하지만, 지문의 내용으로는 판단할 수 없는 내용도 존재한다. 이에 지문의 정보들을 조합해 그 이상으로 억측하지 않도록 한다. 예를 들면 ②번 문항에서도 '조선시대 이전에는 가계 전승 기록이 존재하지 않았다'라고 나와 있는데, 지문의 내용만으로는 조선 시대 이전에 가계 전승 기록이 존재하지 않았다고 판단할만한 이유가 없다. 그러나 지문을 잘못 해석한다면 조선 시대 이전의 가계 전승 기록이 나와 있지 않다는 이유로 조선 시대 이전에는 가계 전승 기록이 존재하지 않는다고 억측할 수도 있다. 이러한 억측을 주의하도록 한다.

199 정답 ④ 난이도 ●●●

문제유형 비판적 사고 > 판단하기

접근전략 계산이 필요한 수리 문항이므로 정답률이 비교적 낮다. 제시문을 읽으며 표의 형태로 확률을 정리해둔다면 복잡한 사고 과정 없이 <보기>를 읽으며 쉽게 정답을 고를 수 있다. 이때, 문제에 따라 계산이 필요하지 않은 경우가 있으므로 무턱대고 복잡한 계산을 하려 하지 말고 풀이 시간을 단축할 전략을 떠올려본다. 이 문제 역시 본문에 제시된 정보의 특이점을 파악하고 선지의 문장을 조금만 재구성한다면 계산 없이 문제를 풀 수 있다.

다음 글의 장치 A에 대하여 바르게 판단한 것만을 <보기>에서 모두 고르면?

(1) 신용카드 거래가 사기 거래일 확률은 1,000분의 1이다. (2) 신용카드 사기를 감별하는 장치 A는 정당한 거래의 99 %를 정당한 거래로 판정하지만 1 %는 사기 거래로 오판한다. (3) (3) 또한 A는 사기 거래의 99 %를 사기 거래로 판정하지만 1 %는 정당한 거래로 오판한다. (4) A가 어떤 거래를 사기 거래라고 판단하면, 신용카드 회사는 해당 카드를 정지시켜 후속 거래를 막는다. (5) A에 의해 카드 사용이 정지된 사례가 오판에 의한 카드 정지 사례일 확률이 50 %보다 크면, A는 폐기되어야 한다.

보기

ㄱ. A가 정당한 거래로 판정한 거래는 모두 정당한 거래이다.
→ (×) 장치 A는 사기 거래의 99%를 사기 거래로 판정하지만 1%는 정당한 거래로 오판한다(3). 신용카드 거래가 사기 거래일 확률은 1000분의 1이므로(1), A가 정당한 거래로 판정한 거래 중 사기 거래가 있을 수 있다.

ㄴ. 무작위로 10만 건의 거래를 검사했을 때, A가 사기 거래를 정당한 거래라고 오판하는 건수는 정당한 거래를 사기 거래라고 오판하는 건수보다 적을 것이다.
→ (○) 신용카드 거래가 사기 거래일 확률은 1000분의 1이며(1), A는 사기 거래의 1%를 정당한 거래로 오판한다(3). 따라서 10만 건의 거래를 검사했을 때 사기 거래의 건수는 100000×1/1000=100이며, 이 중 1%가 정당한 거래로 오판한 건수일 것이다. 100×1/100=1이므로 A가 사기 거래를 정당한 거래라고 오판하는 건수는 1이다. 정당한 거래는 전체 거래 건수에서 사기 거래의 건수를 뺀 값이므로 100000−100=99900건이다. 장치 A는 정당한 거래의 99%를 정당한 거래로 판정하지만 1%는 사기 거래로 오판한다(2). 그러므로 99900×1/100=999건만큼 정당한 거래를 사기 거래라고 오판할 것이다. 즉, A가 사기 거래를 정당한 거래라고 오판하는 건수(=1)는 정당한 거래를 사기 거래라고 오판하는 건수(=999)보다 적다.

ㄷ. A는 폐기되어야 한다.
→ (○) A에 의해 카드 사용이 정지된 사례가 오판에 의한 카드 정지 사례일 확률이 50%보다 크면, A는 폐기되어야 한다(5). ㄴ의 상황을 가정하여 총 신용카드 거래 수를 10만 건이라고 하자. 이때, A가 사기 거래를 사기 거래라고 판정할 건수는 100000×1/1000×99/100=99이다. 정당한 거래를 사기 거래라고 판정할 건수는 ㄴ에서 계산한 바와 같이 999건이다. 이를 합하면 99+999=1098이므로 카드 사용이 정지된 전체 사례는 1098건이다. 따라서 (오판에 의한 카드 정지 사례)/(A에 의해 카드 사용이 정지된 사례)=999/1098로 오판에 의한 카드 정지 확률이 50%를 넘는다. 따라서 A는 폐기되어야 한다.

① ㄱ → (×)
② ㄴ → (×)
③ ㄱ, ㄷ → (×)
④ ㄴ, ㄷ → (○)
⑤ ㄱ, ㄴ, ㄷ → (×)

제시문 분석

제시문 신용카드 사기를 감별하는 장치 A

	<실제 정당한 거래>	<실제 사기 거래>	
<정당한 거래로 판정>	999/1000×99/100 (1),(2)	999/1000×1/100 (1),(3)	
<사기 거래로 판정>	ⓐ 1/1000×1/100 (1),(2)	ⓑ 1/1000×99/100 (1),(3)	ⓐ+ⓑ 카드 정지 (4)

<A의 폐기 조건>		
A에 의해 카드 사용이 정지된 사례가 오판에 의한 카드 정지 사례일 확률이 50 %보다 크면, A는 폐기되어야 한다.(5)	→	ⓐ/(ⓐ+ⓑ)>50%

합격자의 실전 풀이 순서

❶ 발문 읽기 및 문제 유형 파악

발문을 읽어보면, 장치 A에 대한 올바른 판단을 묻는 추론 문제임을 알 수 있다. 해당 문제는 단순히 정보 확인 유형이라기보다는 짧은 제시문의 내용을 응용하는 문제이다. 따라서 제시문을 읽으며 제시문의 내용을 바로 정리하며 읽는 것이 좋다. 본 문제와 같이 제시문이 한 문단으로 구성되어 있으며 매우 짧은 경우 오히려 제시문의 내용 파악이 어려운 문제가 많으므로 이를 염두에 두고 있는 것이 좋다. 따라서 제시문을 먼저 읽고 장치 A가 무엇인지 파악한다.

❷ **제시문 독해**

제시문에 확률이 등장하고 있으므로 수리 문항임을 알 수 있다. 지문이 짧은 대신 모든 문장에 필요한 정보가 있을 것이므로, 그 정보를 간단히 표로 정리한다. 아래 표는 작성 및 비교의 편의상 실제 사기 건수를 100으로 두었다. 이는 이후 백분율을 곱할 때의 편의를 위해서이다. 또한, 문장 (1)에 따라 실제 정당한 거래는 사기 거래보다 999배 많으므로 '100×999'로 설정하였다.

	실제 정당	실제 사기	
정당 판정	100×999×0.99	100×0.1 (=1)	
사기 판정	100×999×0.01 (=999)	100×0.99 (=99)	→카드 정지
총 건수	100×999	100	

❸ **〈보기〉 읽고 정답 고르기**

ㄱ은 계산 없이 쉽게 판단할 수 있는 선지이다. A는 사기 거래를 1/100의 확률로 정당한 거래라고 판정하기 때문이다. 그러므로 정당한 거래라고 판정한 것 중 사기 거래는 존재한다.
ㄴ의 정오판단은 문장 (1)의 신용카드 거래가 사기 거래일 확률은 1/1000이라는 정보에서 출발한다. 문장 (2)와 (3)을 통해 장치 A가 정당한 거래의 1%를 사기 거래로 오판하며, 사기 거래의 1%를 정당한 거래로 오판함을 알 수 있다. 무작위 10만 건 중 사기 거래의 횟수가 100건으로 정당한 거래의 횟수보다 더 적은데 오판확률을 같으므로 사기 거래를 정당한 거래로 오판하는 횟수가 당연히 더 적을 것이다.
ㄷ의 판단은 제시문을 읽을 때 작성한 표를 활용한다. 오판 건수는 999로 제대로 판정한 사기 거래 건수 99보다 크므로 50%를 초과한다. 따라서 장치 A가 폐기되어야 한다는 ㄷ은 옳다.

합격자의 시간단축 Tip

Tip ❶ 표를 활용하자.

제시문의 내용을 표로 정리하면 문제 푸는 시간을 단축할 수 있다. 따라서 제시문을 읽으면서 곧바로 표를 통해 정보를 정리하는 것이 좋다. 이 문제의 경우 제시문을 읽고 표로 정리했다면 표만으로 ㄴ과 ㄷ을 풀 수 있었다. 표의 내용은 본인이 알아보기 쉽게 단순화하여 그리면 된다. 연습단계에서는 내용 전부를 메모하며 표로 정리하는 연습을 하고, 점차 손을 덜 쓰면서 문제를 해결하는 연습을 해본다.

Tip ❷ 계산이 필요한지 확인한다.

본문에서 알 수 있듯이 정당한 거래든 사기 거래든 장치 A는 1/100의 확률로 오판을 한다. 이를 이용해 별도의 계산 없이 ㄴ을 풀 수 있다.
ㄴ의 경우, 시간을 단축할 수 있는 요소가 총 두 가지 존재한다. ㉠10만 건의 거래를 검사했다는 정보를 고려할 필요 없다는 것과 ㉡오판하는 건수까지 계산할 필요가 없다는 것이 바로 그 요소이다.
먼저 ㉠인 이유는 ㄴ에서 묻고 있는 것이 두 건수의 대소 관계이지, 각 건수의 정확한 수를 묻고 있지 않기 때문이다.
그리고 ㉡은 장치 A는 무조건 1/100의 확률로 오판을 하게 되기 때문이다. 결국, 사기 거래를 정당한 거래라고 오판하는 건수와 정당한 거래를 사기 거래라고 오판하는 건수에서 비교해야 할 것은 사기 거래일 확률과 정당한 거래일 확률이다. 이는 첫 번째 문장(1)에서 알 수 있듯 각각 1/1000, 999/1000이다.
확률은 같고 모수가 다르다면 당연히 모수가 작은 쪽의 값이 더 작다. 이처럼 계산을 실제로 할 필요 없이 조금만 생각하면 시간을 단축할 방안이 있을 수 있으므로, 계산이 필요한지 확인하는 것이 중요하다.

Tip ❸ 계산을 했다면 이미 계산한 결과를 활용하자.

이 문제에서 ㄴ을 풀 때 계산을 해도 손해 볼 일이 없었던 것은 ㄴ의 조건과 계산한 결과를 ㄷ에서 다시 이용할 수 있었기 때문이다.
ㄷ을 풀이해보면 ㄴ과 비슷한 문장이 되는데, 그 논리 구조는 다음과 같다.
A는 폐기되어야 한다. → A에 의해 카드 사용이 정지된 사례가 오판에 의한 카드 정지 사례일 확률이 50%보다 크다. → A가 사기 거래라고 판단한 사례가 사기 거래라고 오판한 확률이 50%보다 크다. → A가 정당한 거래를 사기 거래라고 오판할 확률은 사기 거래를 사기 거래라고 판단한 확률보다 크다.
ㄴ에서 A가 정당한 거래를 사기 거래라고 오판할 확률을 이미 구했으므로 사기 거래를 사기 거래라고 판단한 확률만을 새로 구하면 된다.
확률 문제를 풀 때 앞선 선지에서 계산한 결과 혹은 지문에서 제시되는 결과를 받아들이지 않고, 불안한 마음에 검산을 하거나 메커니즘을 의심하면 시간 내에 문제를 해결하기 어렵다.

200 정답 ❶ 난이도 ●●●

문제유형 제시문형 > 분석추론

접근전략 제시문에 주어진 내용을 〈상황〉과 선지에 적용해야 한다는 점에서 정보확인유형과 규정적용유형이 결합한 문제이다. 제시문의 구조와 중심내용을 파악한 후, 선지 판단 시 필요한 정보를 제시문에서 찾아간다. 구체적으로 본 문제는 소송법 관련 내용을 지문화시킨 문항이라 1~2분 내에 개념을 완벽히 이해하긴 어렵다. 2문단은 중단, 3문단은 중지를 다루고 있으므로 각 문단에서 핵심 키워드를 잡고 상황에서 주체 간 관계(원고, 피고, 소송대리인 선임여부) 등을 체크한다. 이 정도를 진행한 후에 선지로 넘어가 선지와 지문을 연결시키며 그중에 답을 골라낸다는 느낌으로 접근한다.

다음 글과 〈상황〉을 근거로 판단할 때, 〈보기〉에서 옳은 것만을 모두 고르면?

(1) 소송절차의 '정지'란 소송이 개시된 뒤 절차가 종료되기 전에 소송절차가 법률상 진행되지 않는 상태를 말한다. (2) 여기에는 '중단'과 '중지'가 있다. ▶ 1문단

(1) 소송절차의 중단은 소송진행 중 당사자에게 소송을 수행할 수 없는 사유가 발생하였을 경우, 새로운 소송수행자가 나타나 소송에 관여할 수 있을 때까지 법률상 당연히 절차진행이 정지되는 것이다. (2) 예컨대 당사자가 사망한 경우, 그 상속인이 소송을 수행할 수 있을 때까지 절차진행이 정지되며, 이후 상속인의 수계신청 또는 법원의 속행명령에 의해 중단이 해소되고 절차는 다시 진행된다. (3) 다만 사망한 당사자에게 이미 변호사가 소송대리인으로 선임되어 있을 때는 변호사가 소송을 대리하는 데 지장이 없으므로 절차는 중단되지 않는다. (4) 소송대리인인 변호사의 사망도 중단사유가 아니다. 당사자가 절차를 진행할 수 있기 때문이다. ▶ 2문단

(1) 소송절차의 중지는 법원이나 당사자에게 소송을 진행할 수 없는 장애가 생겼거나 진행에 부적당한 사유가 발생하여 법률상 당연히 또는 법원의 재판에 의하여 절차가 정지되는 것이다. (2)

이는 새로운 소송수행자로 교체되지 않는다는 점에서 중단과 다르다. (3) 소송절차의 중지에는 당연중지와 재판중지가 있다. (4) 당연중지는 천재지변이나 그 밖의 사고로 법원이 직무수행을 할 수 없게 된 경우에 법원의 재판 없이 당연히 절차진행이 정지되는 것을 말한다. (5) 이 경우 법원의 직무수행불능 상태가 소멸함과 동시에 중지도 해소되고 절차는 진행된다. (6) 재판중지는 법원이 직무수행을 할 수 있지만 당사자가 법원에 출석하여 소송을 진행할 수 없는 장애사유가 발생한 경우, 예컨대 전쟁이나 그 밖의 사유로 교통이 두절되어 당사자가 출석할 수 없는 경우에 법원의 재판에 의해 절차진행이 정지되는 것을 의미한다. (7) 이 때는 법원의 취소재판에 의하여 중지가 해소되고 절차는 진행된다. ▶ 3문단

※ 수계신청: 법원에 대해 중단된 절차의 속행을 구하는 신청

상황

원고 甲과 피고 乙 사이에 대여금반환청구소송이 A법원에서 진행 중이다. 甲은 변호사 丙을 소송대리인으로 선임하였지만, 乙은 소송대리인을 선임하지 않았다.

보기

ㄱ. 소송진행 중 甲이 사망하였다면, 절차진행은 중단되며 甲의 상속인의 수계신청에 의해 중단이 해소되고 절차가 진행된다.
→ (×) 2문단 여섯째 줄에 따르면 사망한 당사자에게 이미 변호사가 소송대리인으로 선임되어 있을 때는 변호사가 소송을 대리하는 데 지장이 없으므로 절차는 중단되지 않는다. 甲은 변호사 丙을 소송대리인으로 선임하였으므로, 소송진행 중 甲이 사망하였더라도 소송대리인 丙이 소송절차를 계속하며 절차진행이 중단되지 않는다.

ㄴ. 소송진행 중 丙이 사망하였다면, 절차진행은 중단되며 甲이 새로운 변호사를 소송대리인으로 선임하면 중단은 해소되고 절차가 진행된다.
→ (×) 2문단 여덟째 줄에 따르면 소송대리인인 변호사의 사망은 소송절차의 중단사유가 아니다. 따라서 소송진행 중 소송대리인 丙이 사망하였더라도 절차진행이 중단되지 않는다.

ㄷ. 소송진행 중 A법원의 건물이 화재로 전소(全燒)되어 직무수행이 불가능해졌다면, 절차진행은 중단되며 이후 A법원의 속행명령이 있으면 절차가 진행된다.
→ (×) 2문단 첫째 줄에 따르면 소송절차의 중단은 소송진행 중 당사자에게 소송을 수행할 수 없는 사유가 발생하였을 경우, 새로운 소송수행자가 나타나 소송에 관여할 수 있을 때까지 법률상 당연히 절차진행이 정지되는 것이다. 소송진행 중 A법원의 건물이 화재로 전소되어 직무수행이 불가능해진 경우 소송당사자에게 소송을 수행할 수 없는 사유가 발생한 것이 아니므로 절차진행이 중단되지 않는다.

ㄹ. 소송진행 중 乙이 거주하고 있는 장소에서만 발생한 지진으로 교통이 두절되어 乙이 A법원에 출석할 수 없는 경우, A법원의 재판에 의해 절차진행이 중지되며 이후 A법원의 취소재판에 의해 중지는 해소되고 절차가 진행된다.
→ (○) 3문단 여덟째 줄에 따르면 재판중지는 법원이 직무수행을 할 수 있지만 당사자가 법원에 출석하여 소송을 진행할 수 없는 장애사유가 발생한 경우에 법원의 재판에 의해 절차진행이 정지되는 것을 의미한다. 또한 3문단 마지막 문장에 따르면 재판중지의 경우 법원의 취소재판에 의하여 중지가 해소되고 절차는 진행된다. 따라서 소송진행 중 乙이 거주하고 있는 장소에서만 발생한 지진으로 교통이 두절되어 당사자 乙이 출석할 수 없는 경우에, A법원의 재판에 의해 절차진행이 정지되며 이후 A법원의 취소재판에 의해 중지는 해소되고 절차가 진행된다.

① ㄹ → (○)
② ㄱ, ㄴ → (×)
③ ㄱ, ㄹ → (×)
④ ㄴ, ㄷ → (×)
⑤ ㄷ, ㄹ → (×)

합격자의 실전 풀이 순서

❶ 문제 유형 파악

제시문의 형식은 법조문이 아니나, 〈상황〉이 주어졌고 제시문 첫 문장의 '소송절차'가 눈에 띈다. 소송 관련 규정을 적용하는 문제임을 예상할 수 있다. 또한 〈보기〉가 모두 '소송 진행 중 … 절차가 진행된다'라는 문장이라는 점에서도 단순히 내용의 일치 부합을 묻는 문제가 아님을 알 수 있다.

제시문이 법조문 형식이 아닌 규정 적용 유형에서는 적용할 규정을 찾으며 제시문을 읽어야 한다. 불필요한 부분은 생략하고, 생략할 부분이 없다면 일반적인 법조문 문제와 같이 제시문이 법조문이라고 생각하고 접근한다. 구체적 내용을 파악하기보다 제시문의 구조와 선지에 나올만한 표현들을 파악하며 독해하고 선지에서 묻는 정보를 찾아 올라가는 것이다. 또한, 옳은 것을 고르는 문제라는 것을 인지하기 위해 "옳은"이라는 단어에 밑줄이나 동그라미 등 표시를 한다.

> … 〈보기〉에서 옳은 것만을 모두 고르면?

❷ 제시문의 구조 파악

1문단은 소송절차의 정지에 대해 서술한다. 정지는 중단과 중지로 구분된다고 한다. 이에 따라 1문단 이후에 정지가 중단과 중지의 순서로 구분되어 설명될 것임을 예상할 수 있다. 두 개념을 ◯과 △와 같이 서로 다른 기호로 표시하여 시각적으로 구분하는 것도 좋다.

2문단은 소송절차의 중단에 대해 서술한다. 중단은 당사자에게 소송을 진행할 수 없는 사유가 발생하는 경우, 새로운 소송수행자가 나타나 소송이 진행될 수 있을 때까지 소송절차를 정지하는 것을 말한다. 첫 문장의 '중단'과 '당사자', '새로운 소송수행자'에 표시한다. (2) 문장은 중단에 대한 개념을 사례를 들어 소개하고 있다. '상속인'을 '새로운 소송수행자'로 보면 될 것이다. 이후의 (3), (4) 문장은 변호사가 소송대리인인 경우를 설명한다. 앞 내용의 예외사항을 규정하므로 중요표시를 해둔다.

3문단은 소송절차의 중지에 대해 서술한다. 중지는 법원이나 당사자에게 소송을 진행할 수 없는 장애가 생겼거나 진행하기 부적당한 사유가 생긴 경우 소송절차를 정지하는 것을 말한다. 첫 문장의 '중지', '법원이나 당사자', '당연히' 및 '재판에 의하여'에 표시한다. 사유 발생자에 법원이 포함되고, 재판에 의하여 정지될 수도 있다는 점에서 중단과 다르다. 이어서 (2) 문장도 중단과 중지의 차이점을 언급하고 있는데, 이와 같은 차이점들에 유의한다. 3문단 (3)문장 이후부터는 중지

를 당연중지와 재판중지로 나누어 설명한다. 당연중지는 법원의 사유로 당연히, 재판중지는 당사자 사유로 재판에 의해 정지된다는 점이 다르다. 각각 키워드에 표시하고, 빗금으로 내용을 구분해둔다. 이러한 하위 항목을 구분하는 내용도 선지에 자주 나오므로 주의한다.

❸ 〈상황〉 독해 및 선지 판단

〈보기〉의 정오 판단에 앞서 〈상황〉을 통해 미리 판단할 수 있는 정보를 도출한다. 〈상황〉에 따르면 甲과 乙이 소송을 진행하는데, 甲은 변호사 丙을 소송대리인으로 선임하였으므로 甲에게 소송을 수행할 수 없는 사유가 발생하더라도 소송절차가 중단되지 않는다.

제시문 및 상황 독해를 바탕으로 보기를 검토한다. 보기 ㄱ, ㄴ, ㄷ은 모두 소송절차의 중단에 대한 내용이므로 2문단과 비교한다. 보기 ㄹ은 소송절차의 중지에 대한 내용이므로 3문단과 비교한다. 특히 보기 ㄱ과 ㄴ은 2문단 (3) 문장 이후의 예외사항의 내용이 활용되었다. 보기 ㄷ은 중단과 중지에 해당하는 내용을 구분해야 하며, 보기 ㄹ은 중지 중 당연중지와 재판중지를 구분해야 했다.

또한, 본 문제와 같이 선지가 보기의 구성으로 이루어진 경우 하나의 보기를 읽고, 해당 보기와 관련된 선지들을 지워나간다. 보기 ㄱ은 옳지 않으므로 선지 ②번과 ③번이 제외된다. 보기 ㄴ도 옳지 않으므로 선지 ④번이 제외된다. 보기 ㄹ은 모든 선지에 포함되어 있으므로 마지막으로 보기 ㄷ을 처리하면 정답이 도출된다.

합격자의 시간단축 Tip

Tip ❶ 〈상황〉부터 읽고 선지를 독해

문제에 〈상황〉이 주어진 경우 〈상황〉에서 얻을 수 있는 정보가 있으므로 선지를 독해하기 전에 이를 먼저 읽을 것을 추천한다. 해당 문제의 경우 〈상황〉에서 甲에 의하여 소송절차가 중단되는 경우가 없다는 정보를 얻을 수 있다. 지문을 읽고 〈상황〉에서 해석할 수 있는 것이 있다면, 그것은 상당히 높은 확률로 출제 포인트가 된다. 설문의 경우에도 관련 내용이 보기 ㄱ에 출제되었고, 이는 보기 처리에 걸리는 시간을 줄여준다. 단락별 주요 내용이나 예외규정을 확인해야 하는 이유가 여기에 있다. 물론 다 기억하라는 것이 아니고 어떤 내용이 어느 부분에 있는지 읽고 표시해두라는 의미이다.

Tip ❷ 선지 판단 시 제시문의 내용을 그대로 반영

보기 ㄷ은 3문단 다섯째 줄의 소송절차의 중지 중 당연중지에 대한 내용인데 그것을 소송절차의 중단이라고 하였다. 이를 '해당 경우는 당연중지에 해당하므로 옳지 않다'라고 도출할 수도 있으나, 그것보다는 보기에 제시된 내용대로 따라가는 것을 추천한다. 소송절차의 중단은 소송당사자에게 사유가 발생하는 경우에만 적용되는 것이므로, 건물이 전소된 것은 소송당사자와는 전혀 무관하다. 따라서 '해당 경우는 소송절차의 중단에 해당하지 않으므로 옳지 않다'라는 결론을 도출할 수 있다.

Tip ❸ 선지의 키워드를 제시문과 연계

선지 ㄱ에서의 〈수계신청〉, ㄷ의 〈전소로 직무수행 불가〉, ㄹ의 〈교통 두절〉 등은 강한 키워드이므로, 해당 키워드가 지문과 어떻게 연결되는지에 유의하며 선지 정오를 판단한다.

Tip ❹ 문장을 여러 부분으로 나누며 개념을 정확히 파악

본 문제와 같이 제시문의 개념을 그대로 선지에 적용해야 하는 경우, 제시문의 문장을 여러 부분으로 나누어 개념을 명확히 이해해야 한다. 예컨대 2문단 (1) 문장은 '소송절차의 중단은/ 소송진행 중/ 당사자에게 소송을 수행할 수 없는 사유가 발생하였을 경우,/ 새로운 소송수행자가 나타나 소송에 관여할 수 있을 때까지/ 법률상 당연히 절차진행이 정지되는 것이다.'라고 분해하여 이해할 수 있다. ㄷ 선지는 '당사자에 사유 발생'이라는 조건을 충족하지 못해 틀린 선지에 해당한다.

Tip ❺ 대상 간 차이점에 주목

대상 간 차이점은 선지에 자주 등장한다. 차이점을 파악하며 읽으면 제시문의 내용이 기억에 더 잘 남게 되어 선지 판단의 시간도 단축할 수 있다. 본 문제와 같이 '중단/중지', '당연중지/재판중지'와 같이 유사한 개념이 병렬적으로 제시되고 그 차이점이 드러나는 경우, 차이점을 중심으로 독해를 하는 것이 좋다. 소송절차의 중단에서도 '당사자의 사망/소송대리인의 사망'을 차이점이라는 관점에서 접근할 수 있다.

Tip ❻ 예외적 사항에 주목

원칙의 예외, 앞의 내용과 대립되는 일부 경우 등은 선지에 자주 등장한다. 단서에 표시를 하는 것도 이러한 맥락에서 중요하기 때문이다. 본 문제에서도 제시문의 '다만' 이하의 내용이 〈보기〉 ㄱ에 활용되었다.

Tip ❼ 규정 적용 유형임을 파악하여 독해 전략 수립

〈상황〉이나 〈예시〉 혹은 표가 있는 경우 '규정 적용' 유형임을 예상할 수 있다. 해당 유형에서는 제시문을 읽으며 적용할 규정을 찾아야 한다. 이때 제시문이 법조문 형식이 아니더라도 법률 규정이라고 생각하고 접근하면 내용 찾기가 수월해진다. 문단별 중심 소재는 조항의 제목, 1문단은 제1조, 첫 번째 문장은 제1항으로 보는 것이다. 예를 들어, 본 문제의 제시문은 다음과 같이 요약할 수 있다.

- 1문단(정의) ①소송절차의 정지(중단, 중지)
- 2문단(중단) ①개념 ②소송대리인이 있는 경우
- 3문단(중지) ①개념 ②당연중지 ③재판중지

제시문 전체가 적용할 규정으로 구성되어 있다면 구조와 키워드만 파악하고, 세부 내용은 선지를 판단할 때 돌아와 읽는다. 반면 제시문의 일부만 적용할 규정이라면 해당 부분을 중점적으로 읽고, 선지로 넘어간다. 본 문제는 전자에 가깝다. 개념 구분 자체가 적용 규정이 되기 때문이다. 예시는 적용할 규정이 아니므로 가볍게 읽어도 되지만 개념을 이해하는 데에 보충적으로 활용할 수 있다.

독끝 한 눈에 보는 (기본편) 정답

1일차 001~015

001	③	002	①	003	④	004	⑤	005	⑤
006	①	007	①	008	⑤	009	④	010	④
011	③	012	③	013	③	014	①	015	②

2일차 016~030

016	①	017	④	018	⑤	019	①	020	②
021	②	022	⑤	023	④	024	①	025	④
026	④	027	③	028	⑤	029	④	030	①

3일차 031~045

031	②	032	④	033	③	034	①	035	④
036	④	037	③	038	②	039	①	040	③
041	⑤	042	②	043	①	044	⑤	045	②

4일차 046~060

046	①	047	②	048	③	049	②	050	③
051	②	052	③	053	⑤	054	③	055	⑤
056	⑤	057	④	058	②	059	④	060	②

5일차 061~075

61	②	62	⑤	63	①	64	④	65	⑤
66	③	67	⑤	68	⑤	69	②	70	③
71	⑤	72	④	73	③	74	④	75	②

6일차 076~090

076	③	077	⑤	078	⑤	079	②	080	⑤
081	①	082	④	083	⑤	084	①	085	②
086	④	087	③	088	④	089	④	090	①

7일차 091~105

091	⑤	092	①	093	②	094	①	095	①
096	④	097	⑤	098	②	099	②	100	①
101	③	102	②	103	①	104	②	105	⑤

8일차 106~120

106	②	107	①	108	②	109	①	110	③
111	②	112	④	113	⑤	114	②	115	①
116	③	117	⑤	118	③	119	③	120	③

9일차 121~135

121	④	122	⑤	123	⑤	124	⑤	125	③
126	①	127	⑤	128	①	129	⑤	130	①
131	⑤	132	①	133	⑤	134	②	135	③

10일차 136~150

136	②	137	②	138	⑤	139	③	140	④
141	①	142	③	143	⑤	144	③	145	④
146	④	147	④	148	③	149	③	150	④

11일차 151~165

151	②	152	①	153	④	154	②	155	①
156	⑤	157	①	158	①	159	②	160	⑤
161	⑤	162	③	163	④	164	⑤	165	③

12일차 166~180

166	①	167	④	168	⑤	169	②	170	⑤
171	④	172	①	173	②	174	③	175	①
176	③	177	②	178	①	179	④	180	⑤

13일차 181~200

181	⑤	182	⑤	183	⑤	184	⑤	185	②
186	②	187	②	188	④	189	①	190	①
191	④	192	⑤	193	②	194	③	195	②
196	①	197	③	198	⑤	199	④	200	①

독끝 공기업 NCS
NCS
의사소통능력 PSAT
400제

* 정오표 확인은 애드투(www.addto.co.kr) 사이트 내 [교재정보]메뉴에서 확인 가능합니다.

초판 발행 : 2023년 5월 2일
개정판 2쇄 발행 : 2025년 6월 15일
발행인 : 박경식
저자 : 길잡이연구소, 애드투북스 공저
편집자 : 조재필, 심재훈, 한단비
발행처 : (주)애드투
등록번호 : 제 2022-000008호
이메일 : books@addto.co.kr
교재정오표 : addto.co.kr

저자와
협의하에
인지를 생략함

ISBN 979-11-93369-10-4 (1권 기본편)
979-11-93369-09-8 (세트)

정가 **29,000원**

독학으로 끝내는 시리즈

공기업 NCS

독끝 NCS

의사소통능력 PSAT

400제

심화편 2

독끝

CONSTRUCTION & FEATURES

구성 및 활용

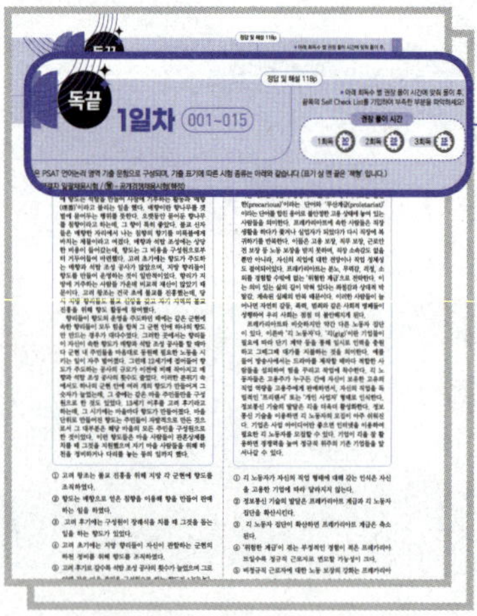

1 독끝 1일차 시작!

- 각 회독수 "권장 풀이시간"에 맞추어서 일차별로 문제풀이를 시작하세요!
- 기 학습자라면, 2회독 기준의 권장 풀이시간으로 학습을 시작하시고, 최종적으로는 15문제를 약 15분 이내로 풀 수 있도록 학습해주세요!

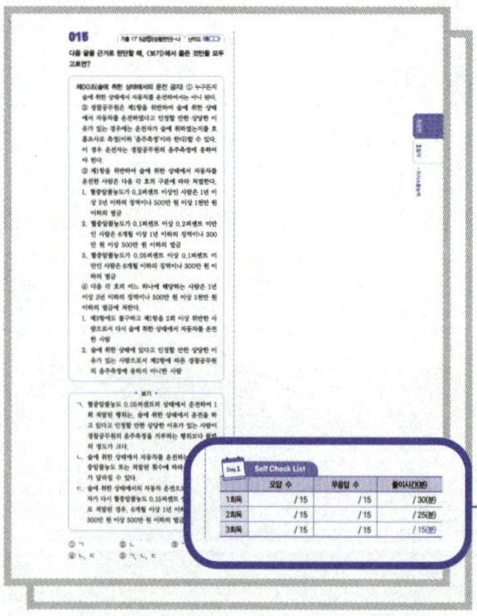

2 잊지말고 Self Check!

- 일차별로 문제풀이 종료 후, 페이지 끝의 "Self Check List"를 기입하여 내가 약한 부분이 무엇인지 확인해보세요!
- "무응답 수"는 권장 풀이시간 내 풀지 못한 문항 수 입니다.
- 체크결과 오답수가 어느정도 줄었다면, 다음으로는 무응답 수를 최소화해야 합니다.

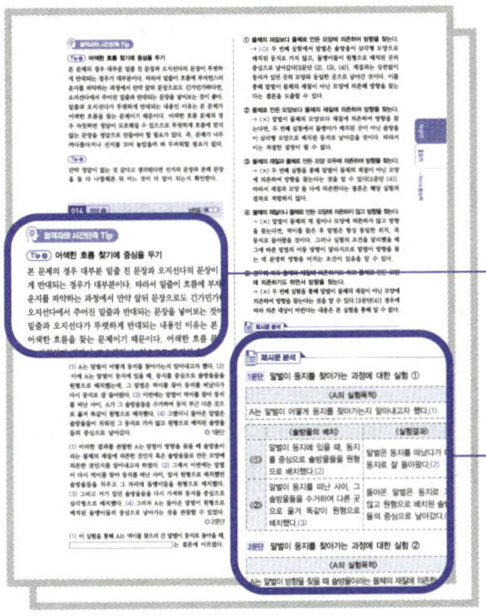

3 접근전략 & 제시문 분석 확인!

- 초보자도 무조건 이해할 수 있도록 모든 문항에 걸쳐 "접근 전략"과 상세한 해설을 확인할 수 있어요!
- 자주 틀리는 유형의 문제는 "제시문 분석" 내용을 확인하면서 주어진 지문을 구조화하는 연습을 하세요!

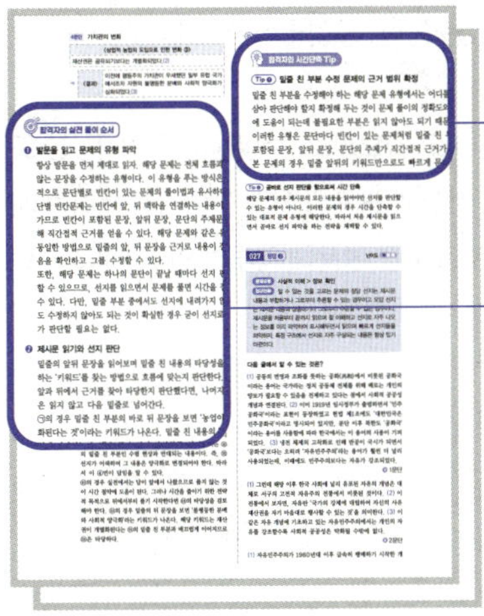

4 실제 합격자의 풀이순서 & 시간단축 Tip

- 맞춘 문제더라도 "합격자의 시간단축 Tip" 학습을 통해 더욱 빠르게 답을 찾는 연습을 할 수 있습니다.
- 잘 풀리지 않는 문제는 "합격자의 실전 풀이순서"를 통해 문제를 푸는 접근 방향을 학습할 수 있어요!

독끝

GUIDE

공기업 길잡이의 이야기

"합격을 결정짓는 옳은 공부 방법"

의사소통능력 영역은 지문과 문제가 모두 한글로 작성되어 있으므로 시험을 보는 모든 수험생이 문제를 읽고 이해하는 데 어려움은 없습니다. 그런데도 해당 영역에서 수험생들의 정확성과 문제 풀이 속도는 크게 차이가 납니다. 이 때문에 '언어 관련 적성 시험은 점수가 DNA에 이미 적혀있고 노력으로 점수를 높일 수 없다.' 라는 말이 나오기도 합니다. 그러나 실제 합격생들의 합격 수기를 보면 언어 관련 적성 시험에서 성적을 크게 올린 사례가 존재합니다. 그렇다면 성적을 올린 사람과 올리지 못한 사람 간의 차이는 무엇일까요?
저는 **"필요한 능력"**을 **"옳은 공부 방법"**으로 **"적절한 시간"을 투자함으로써 길렀는가** 여부라고 생각합니다.

의사소통능력 영역에서 **좋은 성적을 얻기 위해 "필요한 능력"**은 무엇일까요? 이를 알기 위해서는 의사소통능력 문제의 특징을 보아야 합니다. 적성 시험에 나올 만큼 잘 작성된 글들은 구조와 문맥의 흐름이 서로 유사합니다. 또한, 선지로 출제되는 문장들은 지문에서 중요한 역할을 맡거나, 선지로 만들기에 적합한 형태의 문장들입니다.
결국, **"글의 구조를 파악하는 능력"**과 **"선지에 나올 중요 문장들을 찾는 능력"**이 의사소통능력 영역에서 높은 점수를 얻기 위해 필수적으로 요구됩니다. 또한, 실전에서 좋은 성적을 얻는 것이 목표이기 때문에 어느 상황에서든 "긴장하지 않고 자신만의 풀이 방법을 적용할 수 있는 능력"이 필요합니다.

제가 수험생이었던 시절에는 위의 세 가지 능력을 기를 수 있는 "옳은 공부 방법"을 찾기 위해 2년의 시행착오를 겪어야 했습니다. 본 교재는 저처럼 오랜 시간 시행착오를 겪은 행정고시 합격자들이 위 세 가지 능력을 기르기에 **"옳은 공부 방법"을 제시하기 위해 자신들만의 풀이법을 녹여낸 책**입니다. 해설의 꼼꼼한 **'제시문 분석'**을 통해 "글의 구조를 파악하는 능력"을, **'합격자의 실전 풀이 순서'**를 통해 "선지에 나올 중요 문장들을 찾는 능력"을 기르시길 바랍니다. 또한, 1권과 2권의 총 400문제의 문제풀이 연습을 하신다면 언제 어디서나 "긴장하지 않고 자신만의 풀이 방법을 적용할 수 있는 능력"을 갖추실 수 있을 것입니다.

본 교재에서 의사소통능력 영역에서 "필요한 능력"을 기르기에 "옳은 공부 방법"을 제시하고 있으므로, 수험생분들께서는 **본 교재의 공부에 "적절한 시간"을 투자해주시길 바랍니다.** DNA에 이미 점수가 적혀있거나, 세월과 노력의 무게가 이기지 못하는 시험 과목은 없다는 사실을 기억해주십시오. 점수를 올릴 수 있다는 믿음을 갖고 꾸준히 본 교재를 활용해 공부하신다면 원하시던 점수로 목표하던 바를 이루실 수 있으시리라 생각합니다.

부디 본 교재가 수험생분들의 시행착오와 수험생활에 대한 걱정을 줄이실 수 있게 되길 기원합니다.

공기업 길잡이 추천 공부방법

같은 교재를 사용하더라도 공부를 어떻게 하느냐에 따라 공부의 효율은 달라집니다. 본 교재의 작성자 중 한 명으로서 본 교재를 100% 활용하기 위해 다음과 같은 공부법을 추천 드립니다.

1 매일 꾸준히 교재를 풀어야 합니다.

의사소통능력이라는 말에서 알 수 있듯이 하나의 "능력"은 단기간에 갖출 수 있는 것이 아닙니다. 매일 떨어지는 물방울이 바위를 뚫듯 매일 꾸준한 노력만이 나의 사고 과정을 변화시키고 의사소통능력을 기르게 해줍니다. 시험을 앞두고 급하게 기출 문제를 몰아 풀기보다 매일 공부시간을 정해서 꾸준히 문제를 푸십시오. **총 26일 차**(기본편/심화편 각 13일차씩 별도구성)로 구성된 본 교재는 매일 꾸준히 공부하는 습관을 기르는 데 도움이 될 것입니다.

2 문제 풀이에 소모되는 시간을 측정하면서 본인의 문제 풀이 흐름을 파악해야 합니다.

긴장되는 시험장 내에서 시간 및 정확도 조절은 굉장히 중요합니다. 따라서 공부를 할 때부터 자신이 몇 분 내에 몇 문제를 정확히 맞힐 수 있는지 측정을 하며 푸는 것이 좋습니다. 본 교재에 수록된 회독 별 "권장 풀이 시간"에 맞추어 푸는 것을 권고 드립니다. 다만, 적성 시험의 경우 풀이 시간보다 정확성이 더욱 중요하므로 몇 분 안에 몇 문제를 '정확히' 풀겠다는 목표를 갖고 문제 풀이 연습을 하시길 바랍니다.

3 해설의 '제시문 분석'을 꼼꼼히 확인해야 합니다.

적성 시험에 출제될 만큼 잘 작성된 글은 유사한 구조와 흐름을 갖고 있습니다. 해설에서 꼼꼼히 제시된 '제시문 분석'을 통해 본 제시문의 흐름이 어떠한지, 중요한 문장은 어디에 있는지를 확인해보십시오. 어려운 구조의 지문은 교재의 '제시문 분석'을 직접 따라 써보는 것도 좋습니다. 여러 제시문을 분석하다 보면 글의 흐름을 읽는 눈이 생기게 될 것이고, 새로운 지문의 내용도 빠르게 파악하는 능력을 갖추게 되실 것입니다.

4 해설의 '합격자의 실전 풀이 순서'와 '합격자의 시간단축 Tip'을 숙지해야 합니다.

본 교재의 '합격자의 실전 풀이 순서'와 '합격자의 시간단축 Tip'은 이미 PSAT 시험을 2년 이상 공부한 합격생들에 의해 가장 실전에 적합한 풀이법으로 작성되었습니다. 따라서 '합격자의 실천 풀이 순서'를 익혀둔다면 적합한 문제 풀이 방법을 찾기 위한 2년 이상의 시행착오 기간을 생략할 수 있습니다. 또한, '합격자의 시간단축 Tip'에는 합격자들이 오랜 기간의 기출 문제 분석으로 정리해둔 '선지에 자주 나오는 표현들'이 제시되어있습니다. 이를 암기함으로써 지문 분석 단계에서 미리 선지의 내용을 예측하는 능력을 기르시길 바랍니다.

5 가장 중요한 것은 "반복" 학습이라는 것을 잊지 마십시오.

NCS와 같은 적성 시험의 성적을 올리기 위해서는 나의 사고 과정 자체를 변화시켜야 합니다. 사고 과정을 변화시키기 위해서는 오랜 기간, 꾸준히, 반복해서 문제를 푸는 연습을 해야 합니다. 따라서 하루에 교재에서 할당한 열다섯 문제만을 풀지 마시고, 전에 학습한 내용을 간단히라도 재확인하는 시간을 갖으시길 바랍니다. 특히 틀린 문제가 있다면 '합격자의 실전 풀이 순서'에 맞게 눈 감고도 풀 수 있도록 반복해서 풀어보시길 바랍니다.

독끝

STUDY PLAN

학습 플랜 & NCS 학습 커리큘럼

→ 의사소통능력 400제 13일 완성 학습 플랜

1일차	2일차	3일차	4일차	5일차
• 학습범위 : 001~015번 • 권장 풀이 시간 1회독 시 : 30분 2회독 시 : 25분 3회독 시 : 15분	• 학습범위 : 016~030번 • 권장 풀이 시간 1회독 시 : 30분 2회독 시 : 25분 3회독 시 : 15분	• 학습범위 : 031~045번 • 권장 풀이 시간 1회독 시 : 30분 2회독 시 : 25분 3회독 시 : 15분	• 학습범위 : 046~060번 • 권장 풀이 시간 1회독 시 : 30분 2회독 시 : 25분 3회독 시 : 15분	• 학습범위 : 061~075번 • 권장 풀이 시간 1회독 시 : 30분 2회독 시 : 25분 3회독 시 : 15분
6일차	**7일차**	**8일차**	**9일차**	**10일차**
• 학습범위 : 076~090번 • 권장 풀이 시간 1회독 시 : 30분 2회독 시 : 25분 3회독 시 : 15분	• 학습범위 : 091~105번 • 권장 풀이 시간 1회독 시 : 30분 2회독 시 : 25분 3회독 시 : 15분	• 학습범위 : 106~120번 • 권장 풀이 시간 1회독 시 : 30분 2회독 시 : 25분 3회독 시 : 15분	• 학습범위 : 121~135번 • 권장 풀이 시간 1회독 시 : 30분 2회독 시 : 25분 3회독 시 : 15분	• 학습범위 : 136~150번 • 권장 풀이 시간 1회독 시 : 30분 2회독 시 : 25분 3회독 시 : 15분
11일차	**12일차**	**13일차**		
• 학습범위 : 151~165번 • 권장 풀이 시간 1회독 시 : 30분 2회독 시 : 25분 3회독 시 : 15분	• 학습범위 : 166~180번 • 권장 풀이 시간 1회독 시 : 30분 2회독 시 : 25분 3회독 시 : 15분	• 학습범위 : 181~200번 • 권장 풀이 시간 1회독 시 : 40분 2회독 시 : 33분 3회독 시 : 20분		

→ 독끝 NCS 학습 커리큘럼

학습 단계	STEP ❶ 이론 학습	STEP ❷ 문제 풀이	STEP ❸ 응용 학습
유형			
PSAT형 NCS	독끝 공기업 NCS 통합 기본서	독끝 PSAT형 문제집	독끝 기업별 문제집으로 실전연습 + 교재에서 권장하는 풀이시간 기준 N회독
모듈형 NCS	독끝 공기업 NCS 통합 기본서	독끝 공기업 NCS 통합 기본서 모듈형 실전문제	독끝 기업별 문제집으로 실전연습 + 교재에서 권장하는 풀이시간 기준 N회독

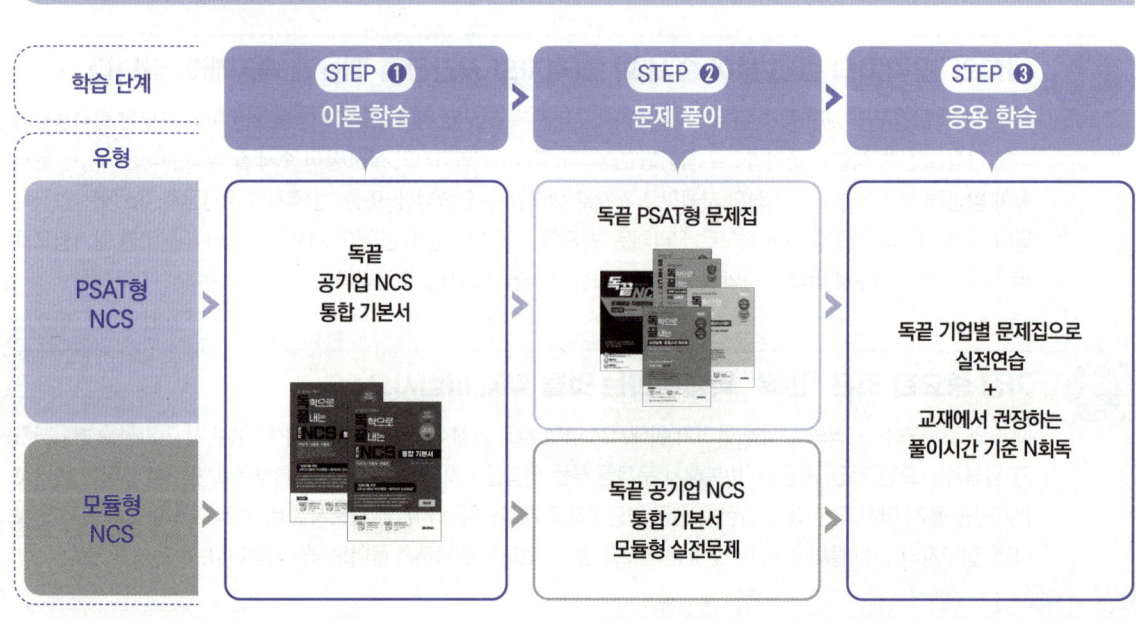

독끝

CONTENTS

차례

PART A 심화편 독끝 Daily 200제

PART B 정답 및 해설

독끝

Daily 200제

심화편

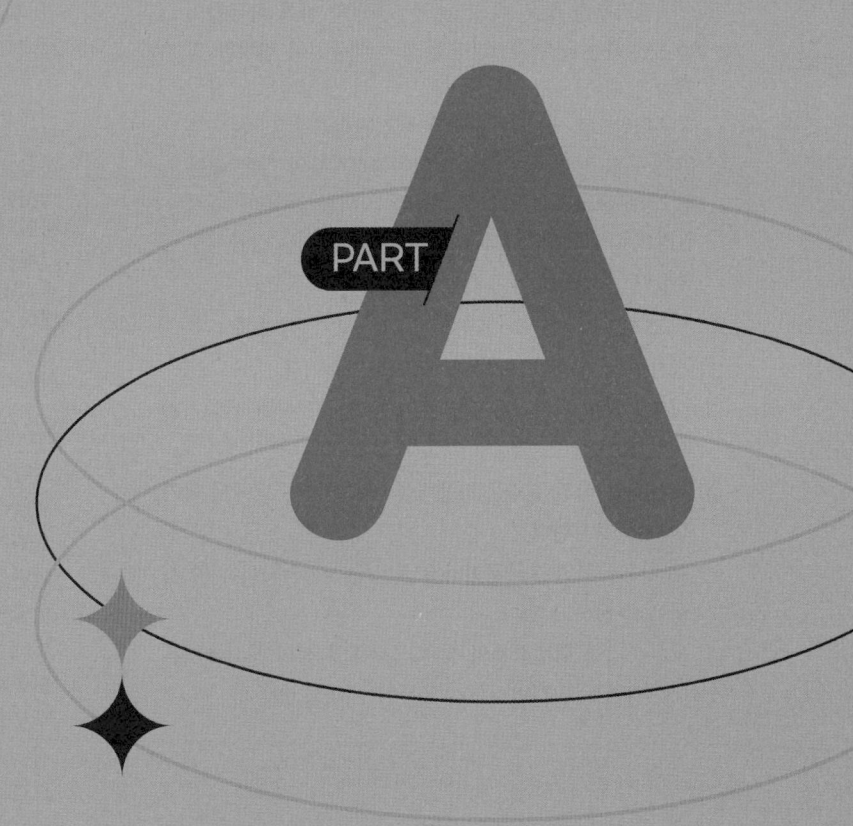

PART A

정답 및 해설 118p

독끝 1일차 (001~015)

*아래 회독수 별 권장 풀이 시간에 맞춰 풀이 후, 끝쪽의 Self Check List를 기입하여 부족한 부분을 파악하세요!

권장 풀이 시간

1회독 30 min | 2회독 25 min | 3회독 15 min

본 문항은 PSAT 언어논리 영역 기출 문항으로 구성되며, 기출 표기에 따른 시험 종류는 아래와 같습니다.(표기 상 맨 끝은 '책형' 입니다.)

[민] – 민간경력자 일괄채용시험 / [행] – 공개경쟁채용시험(행정)

001

기출 20' 5급[민]-가 난이도 ●●○

다음 글의 내용과 부합하지 않는 것은?

우리나라 헌법상 정부는 대통령과 행정부로 구성된다. 행정부에는 국무총리, 행정각부, 감사원 등이 있으며, 이들은 모두 대통령 소속 하에 있다. 이외에도 행정부에는 국무회의와 각종 대통령 자문기관들이 있다.

우리나라 국무회의는 정부의 중요 정책에 대한 최고 심의기관으로, 그 설치를 헌법에서 규정하고 있다. 미국 대통령제의 각료회의는 헌법에 규정이 없는 편의상의 기구라는 점에서, 영국 의원내각제의 내각은 의결기관이라는 점에서 우리나라의 국무회의는 이들과 법적 성격이 다르다.

대통령이 국무회의 심의 결과에 구속되지 않는다는 점에서 국무회의는 자문기관과 큰 차이가 없다. 그러나 일반 대통령 자문기관들은 대통령이 임의적으로 요청하는 사항에 응하여 자문을 개진하는 것과 달리 국무회의는 심의 사항이 헌법에 명시되어 있으며 해당 심의는 필수적이라는 점에서 단순한 자문기관도 아니다.

행정각부의 장은 대통령, 국무총리와 함께 국무회의를 구성하는 국무위원임과 동시에 대통령이 결정한 정책을 집행하는 행정관청이다. 그러나 행정각부의 장이 국무위원으로서 갖는 지위와 행정관청으로서 갖는 지위는 구별된다. 국무위원으로서 행정각부의 장은 대통령, 국무총리와 법적으로 동등한 지위를 갖지만, 행정관청으로서 행정각부의 장은 대통령은 물론 상급행정관청인 국무총리의 지휘와 감독에 따라야 한다.

① 감사원은 대통령 소속 하에 있는 기관이다.
② 국무회의는 의결기관도 단순 자문기관도 아닌 심의기관이다.
③ 국무회의 심의 결과는 대통령을 구속한다는 점에서 국가 의사를 표시한다.
④ 우리나라 헌법은 국무회의에서 반드시 심의하여야 할 사항을 규정하고 있다.
⑤ 국무총리와 행정각부의 장은 국무회의 심의 석상에서는 국무위원으로서 법적으로 동등한 지위를 갖는다.

002

기출 21' 5급[행]-가 난이도 ●○○

다음 글의 내용과 부합하는 것은?

화원(畵員)이란 조선시대의 관청인 도화서 소속의 직업 화가를 말한다. 화원은 임금의 초상화인 어진과 공신초상, 의궤와 같은 궁중기록화, 궁중장식화, 각종 지도, 청화백자의 그림, 왕실 행사를 장식하는 단청 등 왕실 및 조정이 필요로 하는 모든 종류의 회화를 제작하고 여러 도화(圖畵) 작업을 담당하였다. 그림과 관련된 온갖 일을 한 화원들은 사실상 거의 막노동에 가까운 일을 했던 사람들이다.

고된 노역과 적은 녹봉에도 불구하고 이들은 왜 어려서부터 그림 공부를 하여 도화서에 들어가려고 한 것일까? 그림에 재능이 있는 사람이 화원이 되려고 한 이유는 생각보다 간단하다. 화원이 된다는 것은 국가가 인정한 20 ~ 30명의 최상급 화가 중 한 사람이 된다는 것을 의미한다. 비록 중인이지만 화원이 되면 종9품에서 종6품 사이의 벼슬을 받는 하급 관료가 되는 것이다. 따라서 화원이 된 사람은 국가가 인정한 최상급 화가라는 자격과 함께, 경제적으로는 별 도움이 되는 것은 아니지만 관료라는 지위를 갖게 된다.

실상 화원은 국가가 주는 녹봉으로 생활했던 사람들이 아니었다. 이들은 낮에는 국가를 위해 일했으나 퇴근 후에는 사적으로 주문을 받아 작품을 제작하였다. 화원들은 벌어들이는 돈의 대부분을 사적 주문에 의한 그림 제작을 통해 획득하였다. 국가 관료라는 지위와 최상급 화가라는 명예는 그림 시장에서 그들의 작품에 보다 높은 가치를 부여하였고, 녹봉에만 의지하는 다른 하급 관료보다 경제적으로 풍요롭게 만들었다. 반면 도화서에 들어가지 못한 일반 화가들은 경제적으로 곤궁하였다. 이들은 일정한 수입이 없었으며 그때그때 값싼 그림을 팔아 생활하였다. 따라서 화원과 비교해 볼 때 시정(市井)의 직업 화가들의 경제 여건은 늘 불안정하였다. 이런 이유로 화원 집안에서는 대대로 화원을 배출하려고 노력했고, 조선후기에는 몇몇 가문이 도화서 화원직을 거의 독점하게 되었다.

① 일반 직업 화가들은 화원 밑에서 막노동에 가까운 일을 담당하였으나 신분은 중인이었다.
② 화원은 국가 관료라는 지위를 가졌으나 경제적 여건은 일반 하급 관료에 비해 좋지 않은 편이었다.
③ 임금의 초상화를 그리는 도화서 소속 화가는 다른 화원에 비해 국가가 인정한 최상급 화가라는 자격을 부여받았다.
④ 도화서 소속 화가는 수입의 가장 많은 부분을 사적으로 주문된 그림을 제작하는 데서 얻었다.
⑤ 적은 녹봉에도 불구하고 화원이 되려는 경쟁이 치열했으므로 화원직의 세습은 힘들었다.

003

기출 21' 5급㉻-가 난이도 ●○○

다음 글의 내용과 부합하는 것은?

『승정원일기』는 조선시대 왕의 비서 기관인 승정원의 업무 일지이다. 승정원에서 처리한 업무는 당시 최고의 국가 기밀이었으므로 『승정원일기』에는 중앙과 지방에서 수집된 주요한 정보와 긴급한 국정 사항이 생생하게 기록되었다. 『승정원일기』가 왕의 통치 기록으로서 주요한 자리를 차지할 수 있었던 것은 조선의 통치 구조와 관련이 있다. 조선은 모든 국가 조직이 왕을 중심으로 짜여 있는 중앙집권제 국가였다. 국가 조직은 크게 여섯 분야로 나뉘어져 이, 호, 예, 병, 형, 공의 육조가 이를 담당하였다. 승정원도 육조에 맞추어 육방으로 구성되었고, 육방에는 담당 승지가 한 명씩 배치되었다. 중앙과 지방의 모든 국정 업무는 육조를 통해 수합되었고, 육조는 이를 다시 승정원의 해당 방의 승지에게 보고하였다. 해당 승지는 이를 다시 왕에게 보고하였고, 왕의 명령이 내려지면 담당 승지가 받아 해당 부서에 전하였다.

승정원에 보고된 육조의 모든 공문서는 승정원의 주서가 받아서 기록하였는데, 상소문이나 탄원서 등의 문서도 마찬가지였다. 만약 사헌부, 사간원, 홍문관 등에서 특정 관료나 사안에 대해 비판하는 경우 주서가 그 내용을 기록하였으며, 왕과 신료가 만나 국정을 의논하거나 경연을 할 때 주서는 반드시 참석하여 그 대화 내용을 기록하였다. 즉 주서는 사관의 역할도 겸하였으며, 주서가 사관으로서 기록한 것을 사초라 하였다. 하루 일과가 끝나면 주서는 자신이 기록한 사초를 정리하여 이것을 승정원에서 처리한 공문서나 상소문과 함께 모두 모아 매일 『승정원일기』를 작성하였다. 한 달이 되면 이를 한 책으로 엮어 왕에게 보고하였고, 왕의 결재를 받은 다음 자신이 근무하는 승정원 건물에 보관하였다.

『승정원일기』는 오직 한 부만 작성되었으므로 궁궐의 화재로 원본 자체가 소실되기도 하였다. 임진왜란 전에 승정원은 경복궁 근정전 서남쪽에 위치하였는데, 왜란으로 경복궁이 불타면서 『승정원일기』도 함께 소실되었다. 이후에도 여러 차례 궁궐에 화재가 발생하였다. 영조 23년에는 창덕궁에 불이 나 『승정원일기』가 거의 타버렸으나 영조는 이를 복원하도록 하였다.

① 주서는 사초에 근거하여 육조의 국정 업무 자료를 선별해 수정한 뒤 책으로 엮어 왕에게 보고하였다.
② 형조에서 수집한 지방의 공문서는 승정원의 형방 승지를 통해 왕에게 보고되었다.
③ 왕이 사간원에 내리는 공문서는 사간원에 배치된 승지를 통해 전달되었다.
④ 사관의 역할을 겸하였던 주서와 승지는 함께 『승정원일기』를 작성하였다.
⑤ 경복궁에 보관되어 있던 『승정원일기』는 영조 대의 화재로 소실되었다.

004

기출 21' 5급㉻-가 난이도 ●○○

다음 글에서 알 수 있는 것은?

요리의 좋은 맛을 내는 조리 과정에서는 수많은 분자를 만들어내는 화학반응이 일어난다. 많은 화학반응 중 가장 돋보이는 화학반응은 '마이야르 반응'이다. 마이야르 반응은 온도가 약 섭씨 140도에 도달할 때 일어나기 시작한다. 이 온도에서는 당 분자가 단백질을 이루는 요소들 중 하나인 아미노산과 반응한다. 음식에 들어 있는 당 분자들은 흔히 서로 결합하여 둘씩 짝을 이루거나 긴 사슬 구조를 만든다. 마찬가지로 단백질도 수백 개의 아미노산이 서로 연결된 긴 사슬로 이루어져 있다. 마이야르 반응은 그 긴 사슬 끝에 있는 당이 다른 사슬 끝에 있는 아미노산과 만나 반응하며 시작된다. 당과 아미노산이 만나 새로운 화학물질이 생겨나며, 반응한 화학물질은 자연스럽게 재정렬된다.

초기 반응에 관여한 아미노산과 당의 특성에 따라 다음에 일어날 일이 달라진다. 마이야르 반응에 관여할 수 있는 당은 적어도 6가지이며, 아미노산은 20가지가 넘는다. 따라서 어떠한 종류의 당과 아미노산이 반응에 참여하느냐에 따라 생성되는 화학물질의 종류는 천차만별이다. 또 주변의 산도와 온도, 수분의 양에 따라서도 반응이 달라지는데, 여러 조건에 따라 반응 속도뿐만 아니라 반응을 통해 생성되는 화학물질이 달라진다. 마이야르 반응을 통해 생성되는 분자 중 일부는 사람이 섭취했을 때 흥미로운 맛을 낸다. 예를 들면 포도당이 아미노산의 한 종류인 시스테인과 반응할 때 생성되는 아크릴피리딜은 크래커와 유사한 맛을 내고, 아미노산의 한 종류인 아르기닌과 반응할 때 생성되는 아세틸피롤린은 팝콘향을 낸다. 여기에 더해 갈색빛을 띠는 멜라노이딘 계열 분자들도 생성되는데, 이들은 음식이 갈색을 띠게 만든다. 마이야르 반응을 통해 여러 맛 분자들뿐 아니라, 발암물질의 하나인 아세틸아미드와 같은 분자들도 소량이나마 생성된다.

① 약 섭씨 140도에서 포도당과 단백질 사슬 끝에 있는 아미노산이 반응하면 팝콘향을 내는 물질을 생성할 수 있다.
② 마이야르 반응으로 생성되는 화학물질의 종류는 아미노산과 당의 종류보다는 주변 조건에 따라 결정된다.
③ 아크릴피리딜은 당 분자의 사슬 구조 끝에 있는 포도당과 아르기닌이 반응함으로써 생성된다.
④ 멜라노이딘 계열 분자는 요리의 색을 결정할 뿐, 암을 유발하는 데 관여하지 않는다.
⑤ 마이야르 반응 과정에서 생성되는 발암물질의 양은 반응 속도에 따라 결정된다.

005

기출 13' 5급㉢-[상황판단]-인 | 난이도 ●●○

다음 글을 근거로 판단할 때, 〈보기〉에서 같이 사용하면 부작용을 일으키는 화장품의 조합만을 모두 고르면?

화장품 간에도 궁합이 있다. 같이 사용하면 각 화장품의 효과가 극대화 되거나 보완되는 경우가 있는 반면 부작용을 일으키는 경우도 있다. 요즘은 화장품에 포함된 모든 성분이 표시되어 있으므로 기본 원칙만 알고 있으면 제대로 짝을 맞춰 쓸 수 있다.

- 트러블의 원인이 되는 묵은 각질을 제거하고 외부 자극으로부터 피부 저항력을 키우는 비타민 B 성분이 포함된 제품을 트러블과 홍조 완화에 탁월한 비타민 K 성분이 포함된 제품과 함께 사용하면, 양 성분의 효과가 극대화되어 깨끗하고 건강하게 피부를 관리하는데 도움이 된다.
- 일반적으로 세안제는 알칼리성 성분이어서 세안 후 피부는 약알칼리성이 된다. 따라서 산성에서 효과를 발휘하는 비타민 A 성분이 포함된 제품을 사용할 때는 세안 후 약산성 토너로 피부를 정리한 뒤 사용해야 한다. 한편 비타민 A 성분이 포함된 제품은 오래된 각질을 제거하는 기능도 있다. 그러므로 각질관리 제품과 같이 사용하면 과도하게 각질이 제거되어 피부에 자극을 주고 염증을 일으킨다.
- AHA 성분은 각질 결합을 느슨하게 해 묵은 각질이나 블랙헤드를 제거하고 모공을 축소시키지만, 피부의 수분을 빼앗고 탄력을 떨어뜨리며 자외선에 약한 특성도 함께 지니고 있다. 따라서 AHA 성분이 포함된 제품을 사용할 때는 보습 및 탄력관리에 유의해야 하며 자외선 차단제를 함께 사용해야 한다.

〈보기〉

ㄱ. 보습기능이 있는 자외선 차단제와 AHA 성분이 포함된 모공축소 제품

ㄴ. 비타민 A 성분이 포함된 주름개선 제품과 비타민 B 성분이 포함된 각질관리 제품

ㄷ. 비타민 B 성분이 포함된 로션과 비타민 K 성분이 포함된 영양크림

① ㄱ ② ㄴ ③ ㄷ
④ ㄱ, ㄴ ⑤ ㄴ, ㄷ

006

기출 20' 5급㉢-가 | 난이도 ●●○

다음 글의 내용과 부합하는 것은?

조선 시대에는 각 고을에 '유향소'라는 기구가 있었다. 이 기구는 해당 지역의 명망가들로 구성되어 있었으며, 지방관을 보좌하고 아전을 감독하는 역할을 했다. 유향소는 그 회원들의 이름을 '향안'이라는 책자에 기록해 두었다. 향안에 이름이 오른 사람은 유향소의 장(長)인 좌수 혹은 별감을 선출하는 선거에 참여할 수 있었고, 유향소가 개최하는 회의에 참석해 지방행정에 관한 의견을 개진할 수 있었다. 또 회원 자격을 획득한 후 일정한 기간이 지나면 좌수와 별감으로 뽑힐 수도 있었다.

향안에 이름이 오르는 것을 '입록'이라고 불렀다. 향안에 입록되는 것은 당시로서는 큰 영예였다. 16세기에 대부분의 유향소는 부친, 모친, 처가 모두 그 지역 출신이어야 향안에 입록될 수 있도록 했는데, 이 조건을 '삼향'이라고 불렀다. 그런데 당시에는 멀리 떨어진 고을의 가문과 혼인 관계를 맺는 일이 잦아 삼향의 조건을 갖춘 사람은 드물었다. 유향소가 이 조건을 고수한다면 전국적인 명망가라고 하더라도 유향소 회원이 되기 어려웠다. 이런 까닭에 삼향이라는 조건을 거두어들이는 유향소가 늘어났다. 그 결과 17세기에는 삼향의 조건을 갖추지 않았다는 이유로 향안 입록을 거부하는 유향소가 크게 줄었다.

한편 서얼이나 상민과 혼인한 사람은 어떤 경우라도 향안에 입록될 수 없었고, 이 규정이 사라진 적도 없었다. 향안에 들어가고자 하는 사람은 기존 유향소 회원들의 동의도 받아야 했다. 향안 입록 신청자가 생기면 유향소 회원들은 한 곳에 모여 투표를 해 허용 여부를 결정했다. 입록 신청자를 받아들일지 결정하는 투표를 '권점'이라고 불렀다. 권점을 통과하기 위해서는 일정한 비율 이상의 찬성표가 나와야 했다. 이 때문에 향안에 이름을 올리려는 자는 평소 나쁜 평판이 퍼지지 않게 행실에 주의를 기울였다.

① 향안에 입록된 사람은 해당 지역 유향소의 별감이나 좌수를 뽑는 데 참여할 수 있었다.
② 각 지역 유향소들은 아전의 부정행위를 막기 위해 17세기에 향안 입록 조건을 완화하였다.
③ 유향소 회의에 참여할 자격을 얻기 위해서는 향안에 입록된 후에 다시 권점을 통과해야 하였다.
④ 16세기에는 서얼 가문과 혼인한 사람이 향안에 입록될 수 없었으나, 17세기에는 입록될 수 있었다.
⑤ 17세기에 새로이 유향소 회원이 된 사람들은 모두 삼향의 조건을 갖추고 권점을 통과한 인물이었다.

007

기출 21' 5급㉻-가 | 난이도 ●●○

다음 글에서 알 수 있는 것은?

15 ~ 16세기에 이질은 사람들을 괴롭히는 가장 주요한 질병이 되었다. 조선은 15세기부터 냇둑을 만들어 범람원(汎濫原)을 개간하기 시작하였고, 『농사직설』을 편찬하여 적극적으로 벼농사를 보급하였다. 이질은 이처럼 벼농사를 중시하여 냇가를 개간한 조선이 감당하여야 하는 숙명이었다.

벼농사를 짓는 논은 밭 위에 물을 가두어 농사를 짓는 농업 시설이었다. 새로 생긴 논 주변의 구릉에는 마을들이 생겨났다. 하지만 사람들이 쏟아내는 오물이 도랑을 통해 논으로 흘러들었고, 사람의 눈에 보이지 않는 미생물 중 수인성(水因性) 병균이 번성하였다. 그중 위산을 잘 견디는 시겔라균은 사람의 몸에 들어오면 적은 양이라도 대장까지 곧바로 도달하였고, 어김없이 이질을 일으켰다.

이질은 15세기 초반 급증하기 시작하여 17세기 이후에는 크게 감소하였다. 이러한 변화의 원인은 생태환경의 측면에서 찾을 수 있다. 15 ~ 16세기 냇둑에 의한 농지 개간은 범람원을 논으로 바꾸었다. 장마나 강우에 의해 일시적으로 범람하여 발생하는 짧은 침수 기간을 제외하면 범람원은 나머지 대부분의 시간 동안 건조한 상태를 유지하는 벌판을 형성한다. 이곳은 홍수에 잘 견디는 나무로 구성된 숲이 발달하였던 곳이다. 한반도의 하천 변에 분포하는 넓은 범람원의 숲이 논으로 개발되면서 뜨거운 여름 동안 습지로 바뀌었고 건조한 환경에 적합한 미생물 생태계가 습한 환경에 적합한 새로운 미생물 생태계로 바뀌었다. 수인성 세균인 병원성 살모넬라균과 시겔라균은 이러한 습지의 생태계에서 번성하여 장티푸스와 이질의 발병률을 크게 높였다.

그런데 17세기 이후 농지 개간의 중심축이 범람원 개간에서 산간 지역 개발로 이동하였다. 이는 수인성 전염병 발생을 크게 줄이는 결과를 낳았다. 농법의 측면에서도 17세기 이후에는 남부지역의 벼농사에서 이모작과 이앙법이 확대되었고, 이는 마을에 인접한 논의 사용법을 변화시켰다. 특히 논에 물을 가둬두는 기간이 줄어서 이질 등 수인성 질병 발생의 감소를 가져왔다.

① 『농사직설』을 통한 벼농사 보급 이전의 조선에는 수인성 병균에 의한 질병이 발견되지 않았다.
② 15 ~ 16세기 조선의 하천에서 번성하던 시겔라균이 17세기 이후 감소하였다.
③ 17세기 이후 조선에서는 논의 미생물 생태계가 변화되어 이질 감소에 기여하였다.
④ 17세기 이후 조선에서 개간 대상 지역이 바뀌어 인구 밀집지역이 점차 하천 주변에서 산간 지역으로 바뀌었다.
⑤ 17세기 이후 조선 농법의 변화는 건조한 지역에도 농지를 개간할 수 있도록 하여 이질과 장티푸스 발병률을 낮추었다.

008

기출 21' 5급㉻-가 | 난이도 ●●○

다음 글에서 알 수 있는 것은?

통제되지 않는 자연재해와 지배자의 요구에 시달리면서 겨우 생계를 유지하는 전(前)자본주의 농업사회 농민들에게, 신고전주의 경제학에서 말하는 '이윤의 극대화'를 위한 계산의 여지는 거의 없다. 정상적인 농민이라면 큰 벌이는 되지만 모험적인 것을 시도하기보다는 자신과 자신의 가족들을 파멸시킬 수도 있는 실패를 피하려고 하기 마련이다. 이와 같은 악조건은 농민들에게 삶의 거의 모든 측면에서 안전 추구를 최우선으로 여기는 성향을 체득하도록 한다. 이러한 '안전 제일의 원칙'을 추구하기 위해, 농민들은 경험 축적을 바탕으로 하는 종자의 다양화, 경작지의 분산화, 재배 기술 개선 등 생계 안정성을 담보하는 기술적 장치를 필요로 한다. 또한 마을 내에서 이루어지는 다양한 유형의 호혜성, 피지배층이 지배층에 기대하는 관대함, 그리고 토지의 공동체적 소유 및 공동 노동 등 절박한 농민들에게 최소한의 생존을 보장하는 사회적 장치도 필요로 한다.

이런 측면에서 지주와 소작인 간의 소작제도 역시 흥미롭다. 소작인이 지주에게 납부하는 지대의 종류에는 수확량의 절반씩을 나누어 갖는 분익제와 일정액을 지대로 지불하는 정액제가 있다. 분익제에서는 수확이 없으면 소작료를 요구하지 않지만, 정액제에서는 벼 한 포기 자라지 않았어도 의무 수행을 요구한다. 생존을 위협할 정도의 흉년이 자주 있던 것이 아니라는 점을 감안하면, 정액제는 분익제에 비해 소작인의 이윤을 극대화할 수도 있는 방법이었지만 전자본주의 농업사회에서 보다 일반적인 방식은 분익제였다.

이러한 상황은 필리핀 정부가 벼 생산 분익농들을 정액 소작농으로 전환시키고자 시도한 루손 지역에서도 관찰되었다. 정부는 소작농들에게 분익제하에서 부담하던 평균 지대의 1/4에 해당하는 수치를 정액제 지대로 제시하였다. 새로운 체제에서 소작인은 대략적으로 이전 연평균 수입의 두 배, 새로운 종자를 채택할 경우는 그 이상의 수입을 실현할 수 있으리라는 기대를 가질 수 있었다. 그러나 새로운 체제가 제시하는 기대 수입에서의 상당한 이득에도 불구하고, 많은 농민들은 정액제 자체에 내포되어 있는 생계에 관련된 위험성 때문에 전환을 꺼렸다.

① 안전 제일의 원칙은 신고전주의 경제학에서 말하는 이윤 극대화를 위한 계산 논리에 부합한다.
② 전자본주의 농업사회 농민들은 모험적인 시도가 큰 벌이로 이어질 수 있다는 사실을 인식하지 못했다.
③ 안전 추구를 최우선으로 여기는 전자본주의 농업사회의 기술적 장치는, 사회적 장치들이 최소한의 생존을 보장하는 환경하에 발달했다.
④ 루손 지역의 농민들이 정액제로의 전환을 꺼렸던 것은 정액제를 택했을 때 생계에 관련된 위험성이 분익제를 택했을 때보다 작다고 느꼈기 때문이다.
⑤ 어느 농가의 수확량이 이전 연도보다 두 배로 늘었을 경우, 이전 연도 수확량의 절반을 내기로 계약하는 정액제를 택하는 것이 분익제를 택하는 것보다 이윤이 크다.

009

기출 21' 5급[행]-가 난이도 ●●○

다음 글의 흐름에 맞지 않는 곳을 ㉠~㉤에서 찾아 수정할 때 가장 적절한 것은?

진화 과정에서 빛을 방출하는 일부 원생생물은 그렇지 않은 원생생물보다 어떤 점에서 생존에 더 유리했을까? 요각류라고 불리는 동물이 밤에 발광하는 원생생물인 와편모충을 먹는다는 사실은 이러한 의문을 풀어줄 실마리를 제공한다. 와편모충이 만든 빛은 요각류를 잡아먹는 어류를 유인할 수 있다. 이때 ㉠발광하는 와편모충을 잡아먹는 요각류가 발광하지 않는 와편모충만을 잡아먹는 요각류보다 그들의 포식자인 육식을 하는 어류에게 잡아먹힐 위험성이 더 높아질 것이다.

연구자들은 실험실의 커다란 수조 속에 요각류와 요각류의 포식자 중 하나인 가시고기를 같이 두어 이 가설을 검증하였다. 수조의 절반에는 발광하는 와편모충을 넣고 다른 절반에는 발광하지 않는 와편모충을 넣었다. 연구자들은 방을 어둡게 한 상태에서 요각류는 와편모충을, 그리고 가시고기는 요각류를 잡아먹게 하였다. 몇 시간 후 ㉡연구자들은 수조 속 살아남은 요각류의 수를 세었다.

그 결과는 예상과 같았다. 가시고기는 수조에서 ㉢빛을 내지 않는 와편모충이 있는 쪽보다 빛을 내는 와편모충이 있는 쪽에서 요각류를 더 적게 먹었다. 이러한 결과는 원생생물이 자신을 잡아먹는 동물에게 포식 위협을 증가시킴으로써 잡아먹히는 것을 회피할 수 있음을 시사한다. ㉣요각류에게는 빛을 내는 와편모충을 계속 잡는 것보다 도망치는 편이 더 이익이다. 이때 발광하는 와편모충은 요각류의 저녁 식사가 될 확률이 낮아지므로, 자연선택은 이들 와편모충에서 생물발광이 유지되도록 하였다.

만약 우리가 생물발광하는 원생생물이 자라고 있는 해변을 밤에 방문한다면 원생생물이 내는 불빛을 보게 될 것이다. 원생생물이 내는 빛은 ㉤포식자인 육식동물들에게 원생생물을 잡아먹는 동물이 근처에 있을 수 있다는 신호가 된다.

① ㉠을 "발광하지 않는 와편모충을 잡아먹는 요각류가 발광하는 와편모충만을 잡아먹는 요각류보다"로 고친다.
② ㉡을 "연구자들은 수조 속 살아남은 와편모충의 수를 세었다."로 고친다.
③ ㉢을 "빛을 내지 않는 와편모충이 있는 쪽보다 빛을 내는 와편모충이 있는 쪽에서 요각류를 더 많이 먹었다."로 고친다.
④ ㉣을 "요각류에게는 도망치는 것보다 빛을 내는 와편모충을 계속 잡는 편이 더 이익이다."로 고친다.
⑤ ㉤을 "포식자인 육식동물들에게 자신들의 먹이가 되는 원생생물이 많이 있음을 알려주는 신호가 된다."로 고친다.

010

기출 12' 5급[민][상황판단]-인 난이도 ●○○

다음 〈약관〉의 규정에 근거할 때, 신용카드사용이 일시정지 또는 해지될 수 없는 경우는?

약관

제○○조(회원의 종류) ① 회원은 본인회원과 가족회원으로 구분합니다.
② 본인회원이란 이 약관을 승인하고 당해 신용카드회사(이하 '카드사'로 약칭함)에 신용카드(이하 '카드'로 약칭함)의 발급을 신청하여 카드사로부터 카드를 발급받은 분을 말합니다.
③ 가족회원이란 본인회원이 지정하고 대금의 지급 및 기타 카드사용에 관한 책임을 본인회원이 부담할 것을 승낙한 분으로서, 이 약관을 승인하고 카드사로부터 카드를 발급받은 분을 말합니다.

제○○조(카드사용의 일시정지 또는 해지) ① 카드사는 다음 각 호의 1에 해당되는 회원에게 그 사유와 그로 인한 카드사용의 일시정지 또는 카드사와 회원 사이의 카드이용계약(이하 '계약'으로 약칭함)의 해지를 통보할 수 있습니다.
1. 입회신청서의 기재사항을 허위로 작성한 경우
2. 카드사용 대금을 3회 연속하여 연체한 경우
3. 이민, 구속, 사망 등으로 회원의 채무변제가 불가능하거나 현저히 곤란하다고 판단되는 경우
② 회원은 카드사에 언제든지 카드사용의 일시정지 또는 해지를 통보할 수 있습니다.
③ 본인회원은 가족회원의 동의 없이 가족회원의 카드사용의 일시정지 또는 해지를 통보할 수 있습니다.
④ 제1항부터 제3항의 일시정지 또는 해지는 상대방에게 통보한 때 그 효력이 발생합니다.

제○○조(카드사의 의무 등) ① 회원이 최종 사용일로부터 1년 이상 카드를 사용하지 않은 경우 카드사는 전화, 서면, 전자우편(e-mail), 단문메시지서비스(SMS), 자동응답시스템(ARS) 등으로 회원의 계약 해지의사를 확인하여야 합니다.
② 제1항에 의해 회원이 전화, 서면, 전자우편, 단문메시지서비스, 자동응답시스템 등으로 해지의사를 밝히면 그 시점에 계약이 해지됩니다.

① 본인회원인 A가 가족회원인 딸 B의 동의 없이 B의 카드사용 해지를 카드사에 통보한 경우
② 가족회원인 C가 자신의 카드사용의 일시정지를 카드사에 통보한 경우
③ 카드사가 최근 1년 간 카드사용 실적이 없는 회원 D에게 전화로 계약 해지의사를 묻자, D가 해지의사를 밝힌 경우
④ 카드사가 회원 E에게 2회의 카드사용 대금 연체 사실을 통보한 경우
⑤ 입회신청서를 허위로 기재한 회원 F에게 카드사가 그 사실과 카드사용의 일시정지를 통보한 경우

011

기출 20' 5급㉡-가 | 난이도 ●●○

다음 글에서 알 수 있는 것은?

도덕에 관한 이론인 정서주의는 언어 사용의 세 가지 목적에 주목한다. 첫째, 화자가 청자에게 정보를 전달하는 목적이다. 예를 들어, "세종대왕은 조선의 왕이다."라는 문장은 참 혹은 거짓을 판단할 수 있는 정보를 전달하고 있다. 둘째, 화자가 청자에게 행위를 하도록 요구하는 목적이다. "백성을 사랑하라."라는 명령문 형식의 문장은 청자에게 특정한 행위를 요구한다. 셋째, 화자의 태도를 청자에게 표현하는 목적이다. "세종대왕은 정말 멋져!"라는 감탄문 형식의 문장은 세종대왕에 대한 화자의 태도를 표현하고 있다.

정서주의자들은 도덕적 언어를 정보 전달의 목적으로 사용하는 것이 아니라, 사람의 행위에 영향을 주거나 자신의 태도를 표현하는 목적으로 사용한다고 말한다. "너는 거짓말을 해서는 안 된다."라고 말한다면, 화자는 청자가 그러한 행위를 하지 못하게 하려는 것이다. 따라서 이러한 진술은 정보를 전달하는 것이 아니라, "거짓말을 하지 마라."라고 명령하는 것이다.

정서주의자들에 따르면 태도를 표현하는 목적으로 도덕적 언어를 사용하는 것은 태도를 보고하는 것이 아니다. 만약 "나는 세종대왕을 존경한다."라고 말한다면 이 말은 화자가 세종대왕에 대해 긍정적인 태도를 지니고 있다는 사실을 보고하는 것이다. 즉, 이는 참 혹은 거짓을 판단할 수 있는 정보를 전달하는 문장이다. 반면, "세종대왕은 정말 멋져!"라고 외친다면 화자는 결코 어떤 종류에 관한 사실을 전달하거나, 태도를 갖고 있다고 보고하는 것이 아니다. 이는 화자의 세종대왕에 대한 태도를 표현하고 있는 것이다.

① 정서주의에 따르면 화자의 태도를 표현하는 문장은 참이거나 거짓이다.

② 정서주의에 따르면 도덕적 언어는 화자의 태도를 보고하는 데 사용된다.

③ 정서주의에 따르면 "세종대왕은 한글을 창제하였다."는 참도 거짓도 아니다.

④ 정서주의에 따르면 언어 사용의 가장 중요한 목적은 정보를 전달하는 것이다.

⑤ 정서주의에 따르면 도덕적 언어의 사용은 명령을 하거나 화자의 태도를 표현하기 위한 것이다.

012

기출 21' 5급㉧-가 | 난이도 ●●○

다음 글의 내용과 부합하는 것은?

'공공 미술'이란 공개된 장소에 설치되고 전시되는 작품으로서, 공중(公衆)을 위해 제작되고 공중에 의해 소유되는 미술품을 의미한다. 공공 미술의 역사는 세 가지 서로 다른 패러다임의 변천으로 설명할 수 있다. 첫 번째는 '공공장소 속의 미술' 패러다임으로, 1960년대 중반부터 1970년대 중반까지 대부분의 공공 미술이 그에 해당한다. 이것은 미술관이나 갤러리에서 볼 수 있었던 미술 작품을 공공장소에 설치하여 공중이 미술 작품을 접하기 쉽게 한 것이다. 두 번째는 '공공 공간으로서의 미술' 패러다임으로, 공공 미술 작품의 개별적인 미적 가치보다는 사용가치에 주목하고 공중이 공공 미술을 더 가깝게 느끼고 이해할 수 있도록 미술과 실용성 사이의 구분을 완화하려는 시도이다. 이에 따르면 미술 작품은 벤치나 테이블, 가로등, 맨홀 뚜껑을 대신하면서 공공장소에 완전히 동화된다. 세 번째인 '공공의 이익을 위한 미술' 패러다임은 사회적인 쟁점과 직접적 접점을 만들어냄으로써 사회 정의와 공동체의 통합을 추구하는 활동이다. 이것은 거리 미술, 게릴라극, 페이지 아트 등과 같은 비전통적 매체뿐만 아니라 회화, 조각을 포함하는 다양한 전통 매체를 망라한 행동주의적이며 공동체적인 활동이라고 할 수 있다.

첫 번째와 두 번째 패러다임은 둘 다 공적인 공간에서 시각적인 만족을 우선으로 한다는 점에서 하나의 틀로 묶을 수 있다. 공적인 공간에서 공중의 미적 향유를 위해서 세워진 조형물이나 쾌적하고 심미적인 도시를 만들기 위해 디자인적 요소를 접목한 공공 편의 시설물은 모두 공중에게 시각적인 만족을 제공하기 위해 제작된 활동이라는 의미에서 '공공장소를 미화하는 미술'이라 부를 수 있다. 세 번째 패러다임인 '공공의 이익을 위한 미술'은 사회 변화를 위한 공적 관심의 증대를 목표로 하고 있어서 공공 공간을 위한 미술이라기보다는 공공적 쟁점에 주목하는 미술이다. 이 미술은 해당 주제가 자신들의 삶에 중요한 쟁점이 되는 특정한 공중 일부에게 집중한다. 그런 점에서 이러한 미술 작업은 공중 모두에게 공공장소에 대한 보편적인 미적 만족을 제공하려는 활동과는 달리 '공적인 관심을 증진하는 미술'에 해당한다.

① 공공 공간으로서의 미술은 다양한 매체를 활용하여 사회 정의와 공동체 통합을 추구하는 활동이다.

② 공공장소를 미화하는 미술은 공공 미술 작품의 미적 가치보다 사용가치에 주목하는 시도를 포함한다.

③ 공적인 관심을 증진하는 미술은 공중이 공유하는 문화 공간을 심미적으로 디자인하여 미술과 실용성을 통합하려는 활동이다.

④ 공공장소 속의 미술은 사회 변화를 위한 공적 관심의 증대를 목표로 공중 모두에게 공공장소에 대한 보편적 미적 만족을 제공한다.

⑤ 공공의 이익을 위한 미술은 공간적 제약을 넘어서 공중이 미술을 접할 수 있도록 작품이 존재하는 장소를 미술관에서 공공장소로 확대하는 활동이다.

013
기출 21' 5급(행)-가 난이도 ●●●

다음 글에서 알 수 있는 것은?

젊은이를 가리키는 말로 조선 시대에는 '소년', '약년', '자제', '청년' 등 다양한 표현이 사용되었다. 일반적으로 소년과 자제를 가장 흔히 사용하였으나, 약년이나 청년이라는 표현도 젊은이를 가리키는 말로 간혹 쓰였다. 약년은 스무 살 즈음을 칭하는 표현이다. 실제 사료에서도 20대를 약년이나 약관으로 칭한 사례가 많다. 1508년 우의정 이덕형은 상소문에서 자신이 약년에 벼슬길에 올랐다고 하였다. 그런데 이 약년은 훨씬 더 어린 나이에도 사용되었다. 1649년 세손의 교육 문제를 논한 기록에는 만 8세의 세손을 약년이라고 하였다.

조선 후기에는 젊은이를 일반적으로 소년이라고 하였다. 오늘날 소년은 청소년기 이전의 어린이를 지칭하는 말로 그 의미가 변하였지만, 전통 사회의 소년은 나이가 적은 자, 즉 젊은이를 의미하는 말이었다. 적어도 조선 후기 사회에서는 아이와 구분되는 젊은이를 소년이라고 부르는 것이 일반적이었다. 신분과 계층 그리고 시기에 따라 다르지만, 연령으로는 최대 15세까지 아이로 보았던 듯하다.

소년이 유년이나 장년과 구분되기는 하였지만, 상대적으로 젊은 사람을 뜻하는 경우도 많았다. 40대나 50대 사람이더라도 상대에 따라 젊은 사람으로 표현되기도 하였다. 소년이 장년, 노년과 구분되는 연령 중심의 지칭이었음에 비해, 자제는 부로(父老), 부형(父兄)으로 표현되는 연장자가 이끌고 가르쳐서 그 뒤를 이어가게 하는 '다음 세대'라는 의미로 사용되었다. 일반적으로 자제는 막연한 후손이라는 의미보다는 특정한 신분에 있는 각 가문의 젊은 세대라는 의미로 통하였다. 고려시대 공민왕이 젊은이를 뽑아 만들었다는 자제위도 단순히 잘생긴 젊은이가 아니라 명문가의 자제를 선발한 것이었다. 자제가 소년보다는 가문의 지체나 신분을 반영하는 지칭이었으므로, 교육과 인재 양성면에서 젊은이를 칭할 때는 거의 자제라고 표현하였다.

또한 소년이란 아직 성숙하지 못한 나이, 다소간 치기에서 벗어나지 못한 어린 또는 젊은 사람이라는 의미를 가지는 경우도 많았다. 연륜을 쌓은 노성(老成)함에 비해 나이가 적고 젊다는 것은 부박하고 상황의 판단이 아직 충분히 노련하지 못하다는 의미로 사용되었다. 마찬가지로 자제 역시 어른 세대에게 가르침을 받아야 하는 존재, 즉 아직 미숙한 존재로 인식되었다.

젊은 시절을 의미하는 말로 쓰인 청년은 그 자체가 찬미의 대상이 되기보다는 대체로 노년과 짝을 이루어 늙은이가 과거를 회상하는 표현으로 사용되는 경우가 많았다.

① 소년으로 불리는 대상 중 자제로 불리지 않는 경우가 있었다.
② 젊은이를 지시하는 말 중 청년이 가장 부정적으로 쓰였다.
③ 약년은 충분히 노련하지 못한 어른을 지칭하기도 하였다.
④ 약년은 소년과 자제의 의미를 포괄하여 사용되었다.
⑤ 명문가의 후손을 높여 부를 때 자제라고 하였다.

014
기출 21' 5급(행)-가 난이도 ●●●

다음 글의 ㉠과 ㉡에 들어갈 내용을 적절하게 짝지은 것은?

우리는 전체 집단에서 특정 표본을 추출할 때 표본이 무작위로 선정되었을 것이라 기대하지만, 실제로 항상 그런 것은 아니다. 이 같은 표본 선정의 쏠림 현상, 즉 표본의 편향성은 종종 올바른 판단을 저해한다. 2차 세계대전 중 전투기의 보호 장비 개선을 위해 미국의 군 장성들과 수학자들 사이에서 이루어졌던 논의는 그 좋은 사례이다. 미군은 전투기가 격추되는 것을 막기 위해 전투기에 철갑을 둘렀다. 기체 전체에 철갑을 두르면 너무 무거워지기에 중요한 부분에만 둘러야 했다. 교전을 마치고 돌아온 전투기에는 많은 총알구멍이 있었지만, 기체 전체에 고르게 분포된 것은 아니었다. 총알구멍은 동체 쪽에 더 많았고 엔진 쪽에는 그다지 많지 않았다. 군 장성들은 철갑의 효율을 높일 수 있는 기회를 발견했다. [㉠] 생각이었다.

반면, 수학자들은 이와 같은 장성들의 생각에 반대하면서 다음과 같은 주장을 펼쳤다. 만일 피해가 전투기 전체에 골고루 분포된다면 분명히 엔진 덮개에도 총알구멍이 났을 텐데, 돌아온 전투기의 엔진 부분에는 총알구멍이 거의 없었다. 왜 이러한 현상이 발생한 것일까? 총알구멍이 엔진에 난 전투기는 대부분 격추되어 돌아오지 못한다. 엔진에 총알을 덜 맞은 전투기가 많이 돌아온 것은, 엔진에 총알을 맞으면 귀환하기 어렵기 때문이다. 병원 회복실을 가보면, 가슴에 총상을 입은 환자보다 다리에 총상을 입은 환자가 더 많다. 이것은 가슴에 총상을 입은 사람들이 회복하지 못했기 때문이다.

이 사례에서 군 장성들은 자신도 모르게 복귀한 전투기에 관한 어떤 가정을 하고 있었다. 그것은 기지로 복귀한 전투기가 [㉡] 것이었다. 군 장성들은 복귀한 전투기를 보호 장비 개선 연구를 위한 중요한 자료로 사용하고자 했다. 그러나 만약 잘못된 표본에 근거하여 정책을 결정한다면, 오히려 전투기의 생존율을 낮추는 결과를 초래할 수 있다.

① ㉠: 전투기에서 가장 중요한 엔진 쪽에만 철갑을 둘러도 충분한 보호 효과를 볼 수 있다는
㉡: 출격한 전투기 일부에서 추출된 편향된 표본이라는
② ㉠: 전투기에서 총알을 많이 맞는 동체 쪽에 철갑을 집중해야 충분한 보호 효과를 볼 수 있다는
㉡: 출격한 전투기 일부에서 추출된 편향된 표본이라는
③ ㉠: 전투기에서 가장 중요한 엔진 쪽에만 철갑을 둘러도 충분한 보호 효과를 볼 수 있다는
㉡: 출격한 전투기 전체에서 무작위로 추출된 표본이라는
④ ㉠: 전투기에서 총알을 많이 맞는 동체 쪽에 철갑을 집중해야 충분한 보호 효과를 볼 수 있다는
㉡: 출격한 전투기 전체에서 무작위로 추출된 표본이라는
⑤ ㉠: 전투기의 철갑 무게를 감당할 만큼 충분히 강력한 엔진을 달아야 한다는
㉡: 출격한 전투기 전체에서 무작위로 추출된 표본이라는

015

기출 12' 5급[민][상황판단]-인 난이도 ●○○

다음 A국의 법률을 근거로 할 때, ○○장관의 조치로 옳지 않은 것은?

제○○조(출국의 금지) ① ○○장관은 다음 각 호의 어느 하나에 해당하는 사람에 대하여는 6개월 이내의 기간을 정하여 출국을 금지할 수 있다.

1. 형사재판에 계류 중인 사람
2. 징역형이나 금고형의 집행이 끝나지 아니한 사람
3. 1천만 원 이상의 벌금이나 2천만 원 이상의 추징금을 내지 아니한 사람
4. 5천만 원 이상의 국세·관세 또는 지방세를 정당한 사유 없이 그 납부기한까지 내지 아니한 사람

② ○○장관은 범죄 수사를 위하여 출국이 적당하지 아니하다고 인정되는 사람에 대하여는 1개월 이내의 기간을 정하여 출국을 금지할 수 있다. 다만 다음 각 호에 해당하는 사람은 그 호에서 정한 기간으로 한다.

1. 소재를 알 수 없어 기소중지결정이 된 사람 또는 도주 등 특별한 사유가 있어 수사진행이 어려운 사람: 3개월 이내
2. 기소중지결정이 된 경우로서 체포영장 또는 구속영장이 발부된 사람: 영장 유효기간 이내

① 사기사건으로 인해 유죄판결을 받고 현재 고등법원에서 항소심이 진행 중인 甲에 대하여 5개월 간 출국을 금지할 수 있다.
② 추징금 2천 5백만 원을 내지 않은 乙에 대하여 3개월 간 출국을 금지할 수 있다.
③ 소재를 알 수 없어 기소중지결정이 된 강도사건 피의자 丙에 대하여 2개월 간 출국을 금지할 수 있다.
④ 징역 2년을 선고받고 그 집행이 끝나지 않은 丁에 대하여 3개월 간 출국을 금지할 수 있다.
⑤ 정당한 사유 없이 2천만 원의 지방세를 납부기한까지 내지 않은 戊에 대하여 4개월 간 출국을 금지할 수 있다.

Day 1 Self Check List

	오답 수	무응답 수	풀이시간(분)
1회독	/ 15	/ 15	/ 30(분)
2회독	/ 15	/ 15	/ 25(분)
3회독	/ 15	/ 15	/ 15(분)

정답 및 해설 147p

독끝 2일차 (016~030)

*아래 회독수 별 권장 풀이 시간에 맞춰 풀이 후, 끝쪽의 Self Check List를 기입하여 부족한 부분을 파악하세요!

권장 풀이 시간

1회독 30 min 2회독 25 min 3회독 15 min

본 문항은 PSAT 언어논리 영역 기출 문항으로 구성되며, 기출 표기에 따른 시험 종류는 아래와 같습니다.(표기 상 맨 끝은 '책형' 입니다.)

㉠ – 민간경력자 일괄채용시험 / ㉡ – 공개경쟁채용시험(행정)

016

기출 20' 5급㉠-가 난이도 ●●○

다음 글의 빈칸에 들어갈 내용으로 가장 적절한 것은?

텔레비전이라는 단어는 '멀리'라는 뜻의 그리스어 '텔레'와 '시야'를 뜻하는 라틴어 '비지오'에서 왔다. 원래 텔레비전은 우리가 멀리서도 볼 수 있도록 해주는 기기로 인식됐다. 하지만 조만간 텔레비전은 멀리에서 우리를 보이게 해 줄 것이다. 오웰의 『1984』에서 상상한 것처럼, 우리가 텔레비전을 보는 동안 텔레비전이 우리를 감시할 것이다. 우리는 텔레비전에서 본 내용을 대부분 잊어버리겠지만, 텔레비전에 영상을 공급하는 기업은 우리가 만들어낸 데이터를 기반으로 하여 알고리즘을 통해 우리 입맛에 맞는 영화를 골라 줄 것이다. 나아가 인생에서 중요한 것들, 이를테면 어디서 일해야 하는지, 누구와 결혼해야 하는지도 대신 결정해 줄 것이다.

그들의 답이 늘 옳지는 않을 것이다. 그것은 불가능하다. 데이터 부족, 프로그램 오류, 삶의 근본적인 무질서 때문에 알고리즘은 실수를 범할 수밖에 없다. 하지만 완벽해야 할 필요는 없다. 평균적으로 우리 인간보다 낫기만 하면 된다. 그 정도는 그리 어려운 일이 아니다. 왜냐하면 대부분의 사람은 자신을 잘 모르기 때문이다. 사람들은 인생의 중요한 결정을 내리면서도 끔찍한 실수를 저지를 때가 많다. 데이터 부족, 프로그램 오류, 삶의 근본적인 무질서로 인한 고충도 인간이 알고리즘보다 훨씬 더 크게 겪는다.

우리는 알고리즘을 둘러싼 많은 문제들을 열거하고 나서, 그렇기 때문에 사람들은 결코 알고리즘을 신뢰하지 않을 거라고 결론 내릴 수도 있다. 하지만 그것은 민주주의의 모든 결점들을 나열한 후에 '제정신인 사람이라면 그런 체제는 지지하려 들지 않을 것'이라고 결론짓는 것과 비슷하다. 처칠의 유명한 말이 있지 않은가? "민주주의는 세상에서 가장 나쁜 정치 체제다. 다른 모든 체제를 제외하면." 알고리즘에 대해서도 마찬가지로 다음과 같은 결론을 내릴 수 있다. [ ]

① 알고리즘의 모든 결점을 제거하면 최선의 선택이 가능할 것이다.
② 우리는 자신이 무엇을 원하는지를 알기 위해서 점점 더 알고리즘에 의존한다.
③ 데이터를 가진 기업이 다수의 사람을 은밀히 감시하는 사례는 더 늘어날 것이다.
④ 실수를 범하기는 하지만 현실적으로 알고리즘보다 더 신뢰할 만한 대안을 찾기 어렵다.
⑤ 알고리즘이 갖는 결점이 지금은 보이지 않지만, 어느 순간 이 결점 때문에 우리의 질서가 무너질 것이다.

017

기출 20' 5급㉡-나 난이도 ●○○

다음 글에서 알 수 있는 것은?

고려 시대에는 불경에 나오는 장면이나 부처, 또는 보살의 형상을 그림으로 표현하는 일이 드물지 않았는데, 그러한 그림을 '불화'라고 부른다. 고려의 귀족들은 불화를 사들여 후손들에게 전해주면 대대로 복을 받는다고 믿었다. 이 때문에 귀족들 사이에서는 그림을 전문으로 그리는 승려로부터 불화를 구입해 자신의 개인 기도처인 원당에 걸어두는 행위가 유행처럼 번졌다.

고려의 귀족들이 승려들에게 주문한 불화는 다양했다. 극락의 모습을 표현한 불화도 있었고, 깨달음에 이르렀지만 중생의 고통을 덜어주기 위해 열반에 들어가기를 거부했다는 보살을 그린 것도 있었다. 부처를 소재로 한 불화도 많았다. 그런데 부처를 그리는 승려들은 대개 부처만 단독으로 그리지 않았다. 부처를 소재로 한 불화에는 거의 예외 없이 관음보살이나 지장보살 등과 같은 보살이 부처와 함께 등장했다. 잘 알려진 바와 같이 불교에서 신앙하는 부처는 한 분이 아니라 석가여래, 아미타불, 미륵불 등 다양하다. 이 부처들이 그려진 불화는 보통 위아래 2단으로 구성되어 있는데, 윗단에는 부처가 그려져 있고 아랫단에 보살이 그려져 있다. 어떤 미술사학자들은 이러한 배치 구도를 두고 신분을 구별하던 고려 사회의 분위기가 반영된 것이 아닌가 생각하기도 한다.

고려 불화의 크기는 다소 큰 편이다. 일례로 충선왕의 후궁인 숙창원비는 관음보살을 소재로 한 불화인 「수월관음도」를 주문 제작한 적이 있는데, 그 화폭이 세로 420 cm, 가로 255 cm에 달할 정도로 컸다. 그런데 관음보살을 그린 이 그림에도 아랫단에 보살을 우러러보는 중생이 작게 그려져 있다. 이렇게 윗단에는 보살을 배치하고 그 아래에 중생을 작게 그려 넣는 방식 역시, 신분을 구별하던 고려 사회의 분위기가 반영된 결과라고 보는 연구자가 적지 않다.

① 충선왕 때 숙창원비는 관음보살과 아미타불이 함께 등장하는 불화를 주문 제작해 왕궁에 보관했다.
② 고려 시대에는 승려들이 귀족의 주문을 받아 불화를 사찰에 걸어두고 그 후손들이 내세에 복을 받게 해달라고 기원했다.
③ 고려 시대에 그려진 불화에는 귀족으로 묘사된 석가여래가 그림의 윗단에 배치되어 있고, 아랫단에 평민 신분의 인물이 배치되어 있다.
④ 고려 시대에 그려진 불화의 크기가 큰 것은 당시 화가들 사이에 여러 명의 등장인물을 하나의 그림 안에 동시에 표현하는 관행이 자리 잡았기 때문이다.
⑤ 고려 시대의 불화 중 부처가 윗단에 배치되고 보살이 아랫단에 배치된 구도를 지닌 그림에는 신분을 구별하던 고려 사회의 분위기가 반영되어 있다고 보는 학자들이 있다.

018

기출 20' 5급㉻-나 | 난이도 ●●○

다음 글에서 알 수 있는 것은?

조선 시대에는 역대 국왕과 왕비의 신주가 있는 종묘에서 정기적으로 제사를 크게 지냈으며, 그때마다 종묘제례악에 맞추어 '일무(佾舞)'라는 춤을 추는 의식을 행했다. 일무란 일정한 수의 행과 열을 맞추어 추는 춤으로 황제에 대한 제사의 경우에는 팔일무를 추는 것이 원칙이었고, 제후에 대한 제사에는 육일무를 추었다. 팔일무는 행과 열을 각각 8개씩 지어 모두 64명이 추는 춤이다. 육일무는 행과 열을 각각 6개씩 지어 추는 춤으로서, 참여하는 사람의 수는 36명이다. 대한제국을 선포하기 전까지 조선 왕조는 제후국의 격식에 맞추어 육일무를 거행했다.

일무에는 문무(文舞)와 무무(武舞)라는 두 가지 종류가 있는데, 문무를 먼저 춘 다음에 같은 사람들이 무무를 뒤이어 추는 것이 정해진 규칙이었다. 일무를 출 때는 손에 무구라는 도구를 들고 춤을 추게 했는데, 문무를 출 때는 왼손에 '약'이라는 피리를 들고 오른손에 '적'이라는 꿩 깃털 장식물을 들었다. 문무를 추는 사람은 이렇게 한 사람당 2종의 무구를 들고 춤을 추었다. 한편 중국 역대 왕조는 무무를 거행할 때 창, 검, 궁시(활과 화살)를 들고 춤을 추게 했다. 이에 비해 조선에서는 궁시를 무구로 쓰지 않았다. 조선에서는 무무를 출 때 앞쪽 세 줄에 선 사람들로 하여금 한 사람당 검 하나씩만 잡고 춤을 추게 했으며, 뒤쪽의 세 줄에 선 사람들은 한 사람당 창 하나씩만 잡은 채 춤을 추게 했다.

한편 1897년에 고종이 대한제국을 선포한 이후에는 황제국의 격식에 맞게 64명이 일무를 추었다. 그러나 일제 강점기에는 다시 36명이 일무를 추는 것으로 바뀌었다. 종묘에서 제사를 지내는 일은 광복 후 잠시 중단되었다가, 1960년대에 종묘제례악이 중요무형문화재로 지정됨에 따라 복원되었다. 복원된 종묘제례의 일무는 팔일무였으며, 예전처럼 먼저 문무를 추고 뒤이어 무무를 추는 방식을 지켰다. 문무를 출 때 손에 드는 무구는 조선 시대의 것과 동일했고, 무무를 출 때 앞의 네 줄에 선 사람들은 검을 들되 뒤의 네 줄에 선 사람들은 창을 들게 했다. 종묘제례 행사는 1969년부터 전주 이씨 대동종약원이 맡아 오늘날까지 정기적으로 시행하고 있는데, 그 형식은 1960년대에 복원된 것을 그대로 따르고 있다.

① 대한제국 시기에는 종묘제례에서 문무를 출 때 궁시를 들지 않고 검과 창만 들었다.
② 일제 강점기 때 거행된 종묘제례에서는 문무를 육일무로 추었고, 무무는 팔일무로 추었다.
③ 조선 시대에는 종묘제례에서 무무를 출 때 한 사람당 4종의 무구를 손에 들고 춤을 추게 했다.
④ 조선 시대에 종묘제례를 거행할 때에는 육일무를 추도록 하되 제후국의 격식에 맞추어 무무만 추었다.
⑤ 오늘날 시행되고 있는 종묘제례 행사에서 문무를 추는 사람들은 한 사람당 2종의 무구를 손에 들고 춤을 춘다.

019

기출 21' 5급㉻-가 | 난이도 ●●○

다음 글에서 추론할 수 있는 것만을 〈보기〉에서 모두 고르면?

물질을 구성하는 작은 입자들의 배열 상태는 어떻게 생겼을까? 이것은 '부피를 최소화시키려면 입자들을 어떻게 배열해야 하는가?'의 문제와 관련이 있다. 모든 입자들이 구형이라고 가정한다면 어떻게 쌓는다고 해도 사이에는 빈틈이 생긴다. 문제는 이 빈틈을 최소한으로 줄여서 쌓인 공이 차지하는 부피를 최소화시키는 것이다.

이 문제를 해결하기 위해 케플러는 여러 가지 다양한 배열 방식에 대하여 그 효율성을 계산하는 방식으로 연구를 진행하였다. 그가 제안했던 첫 번째 방법은 인접입방격자 방식이었다. 이것은 수평면(제1층) 상에서 하나의 공이 여섯 개의 공과 접하도록 깔아 놓은 후, 움푹 들어간 곳마다 공을 얹어 제1층과 평행한 면 상에 제2층을 쌓는 방식이다. 이 경우 제2층의 배열 상태는 제1층과 동일하지만 단지 전체적인 위치만 약간 이동하게 된다. 이러한 방식의 효율성은 74 %이다.

다른 방법으로는 단순입방격자 방식이 있다. 이것은 공을 바둑판의 격자 모양대로 쌓아가는 방식으로, 이 배열에서는 수평면 상에서 하나의 공이 네 개의 공과 접하도록 배치된다. 그리고 제2층의 배열 상태를 제1층과 동일한 상태로 공의 중심이 같은 수직선 상에 놓이도록 배치한다. 이 방식의 효율성은 53 %이다. 이 밖에 6각형격자 방식이 있는데, 이것은 각각의 층을 인접입방격자 방식에 따라 배열한 뒤에 층을 쌓을 때는 단순입방격자 방식으로 쌓는 것이다. 이 방식의 효율성은 60 %이다.

이러한 규칙적인 배열 방식에 대한 검토를 통해, 케플러는 인접입방격자 방식이 알려진 규칙적인 배열 중 가장 효율이 높은 방식임을 주장했다.

보기

ㄱ. 배열 방식 중에서 제1층만을 따지면 인접입방격자 방식의 효율성이 단순입방격자 방식보다 크다.
ㄴ. 단순입방격자 방식에서 하나의 공에 접하는 공은 최대 6개이다.
ㄷ. 어느 층을 비교하더라도 단순입방격자 방식이 6각형격자 방식보다 효율성이 크다.

① ㄱ ② ㄷ ③ ㄱ, ㄴ
④ ㄴ, ㄷ ⑤ ㄱ, ㄴ, ㄷ

문항편 2일차 • 의사소통능력

020

기출 11' 5급[민][상황판단]-간 난이도 ●●●

다음 글을 근거로 판단할 때, 옳지 않은 것은?

훈민정음이란 우리말의 표기체계인 한글의 본래 이름이다. 한글의 제자원리에 대해 훈민정음 〈제자해(制字解)〉에는 "정음 28자는 각각 그 모양을 본떠 만들었다."고 기술되어 있는데, 이것을 『주역』의 천지인(天地人) 삼재(三才)와 음양오행원리로 설명할 수 있다. 즉 중성의 기본 모음자 '·'는 하늘의 둥근 모양을, 'ㅡ'는 땅의 평평한 모양을, 'ㅣ'는 사람이 서 있는 모양을 각각 본뜬 것이다. 하늘과 땅이 한 번 더 분화하면 사계절 모음이 나온다. 입안을 자연스레 오므리면 하늘 소리 '·'가, 입술을 둥글게 오므리면 겨울소리 'ㅗ'가 되고, 환하게 펴면 봄소리 'ㅏ'가 되니, 모두 양에 해당한다. 땅소리 'ㅡ'를 쭉 내밀면 여름소리 'ㅜ'가 되고, 어둡게 하면 가을소리 'ㅓ'가 되니, 모두 음에 해당한다. 음양오행 상으로 봄은 목, 여름은 화, 가을은 금, 겨울은 수이다.

자음 역시 오행설의 원리에 따라 만든 것이다. 기본 자음을 각각 오행에 대입하였으며, 나머지 자음은 이 기본자에 획을 더하여 만든 것이다. 오음(五音)은 오행의 상생순서에 따라 나온다. 축축하고 둥근 목구멍에서 물소리[水] 'ㅇ'이 나오면 뒤이어 혀뿌리에서 힘찬 나무소리[木] 'ㄱ'이 나오고, 이어서 혓바닥을 나불대는 불소리[火] 'ㄴ'이 나오면, 입술이 합해져서 흙소리[土] 'ㅁ'이 된다. 마지막으로 이빨에 부딪혀나는 쇳소리[金] 'ㅅ'이 된다.

① 기본 자음은 ㄱ, ㄴ, ㅁ, ㅅ, ㅇ이다.
② 중성의 기본 모음자는 삼재에 근거하여 만든 것이다.
③ 오행의 상생순서는 수→목→화→토→금이다.
④ 자음 ㅇ과 모음 'ㅓ'는 계절상으로 겨울에 해당한다.
⑤ 한글 자음은 자음의 기본자와 그 기본자에 획을 더한 것으로 구성되어 있다.

021

기출 20' 5급[민]-가 난이도 ●●●

다음 글의 ㉠~㉢에 들어갈 일반 원칙을 바르게 나열한 것은?

우리가 하는 주장 가운데 어떤 것은 도덕적 주장이고 어떤 것은 도덕과 무관한 주장이다. 가령 아래의 (1)은 도덕적 주장인 반면 (2)는 도덕과 무관한 주장이라는 데 모두 동의할 것이다.

(1) 갑은 선한 사람이다.
(2) 을은 병을 싫어한다.

이런 종류의 주장과 관련한 일반 원칙으로 우리가 다음 세 가지를 받아들인다고 하자.

A: 어떤 주장이 도덕적 주장이라면, 그 주장의 부정도 도덕적 주장이다.
B: 어떤 주장이 도덕과 무관한 주장이라면, 그 주장의 부정도 도덕과 무관한 주장이다.
C: 도덕과 무관한 주장으로부터 도출된 것은 모두 도덕과 무관한 주장이다.

나아가 어떠한 주장이든지 그것은 도덕적 주장이거나 도덕과 무관한 주장이라고 해보자. 이때 우리는 다음의 (3)이 도덕적 주장이라는 것을 증명할 수 있다.

(3) 갑은 선한 사람이거나 을은 병을 싫어한다.

이를 위해 먼저 (3)이 도덕과 무관한 주장이라고 가정해보자. 우리는 이런 가정이 모순을 초래한다는 사실을 보일 것이다. (3)이 도덕과 무관한 주장이므로 일반 원칙 [㉠]에 따라 우리는 다음의 (4)도 도덕과 무관한 주장이라고 해야 한다.

(4) 갑은 선한 사람이 아니고 을은 병을 싫어하지 않는다.

(4)가 도덕과 무관한 주장이므로 일반 원칙 [㉡]에 따라 우리는 (4)로부터 도출되는 다음의 (5)도 도덕과 무관한 주장이라고 해야 한다.

(5) 갑은 선한 사람이 아니다.

하지만 우리는 애초에 (1)이 도덕적 주장이라는 점을 받아들였다. 그러므로 일반 원칙 [㉢]에 따라 우리는 (1)을 부정한 것인 (5)가 도덕적 주장이라고 해야 한다. 마침내 우리는 (5)가 도덕과 무관한 주장이면서 또한 도덕적 주장이라는 모순된 결과에 다다르게 되었다. (3)이 도덕과 무관한 주장이라는 가정은 이처럼 모순을 초래하므로, 결국 우리는 (3)이 도덕적 주장이라고 결론내려야 한다.

	㉠	㉡	㉢
①	A	B	C
②	A	C	B
③	B	A	C
④	B	C	A
⑤	C	B	A

022

기출 20' 5급㉻-나 | 난이도 ●●●

다음 글에서 알 수 있는 것은?

조선 시대에는 국왕의 부모에 대한 제사를 국가의례로 거행했다. 하지만 국왕의 생모가 후궁이라면, 아무리 왕을 낳았다고 해도 그에 대한 제사를 국가의례로 간주하지 않는 것이 원칙이었다. 그런데 이 원칙은 영조 때부터 무너지기 시작했다. 영조는 왕이 된 후에 자신의 생모인 숙빈 최씨를 위해 육상궁이라는 사당을 세웠다. 또 국가의례에 관한 규례가 담긴 『국조속오례의』를 편찬할 때, 육상궁에 대한 제사를 국가의례로 삼아 그 책 안에 수록해 두었다. 영조는 선조의 후궁이자, 추존왕 원종을 낳은 인빈 김씨의 사당도 매년 방문했다. 이 사당의 이름은 저경궁이다. 원종은 인조의 생부로서, 아들 인조가 국왕이 되었으므로 사후에 왕으로 추존된 인물이다. 한편 영조의 선왕이자 이복형인 경종도 그 생모 희빈 장씨를 위해 대빈궁이라는 사당을 세웠지만, 영조는 단 한 번도 대빈궁을 방문하지 않았다.

영조의 뒤를 이은 국왕 정조는 효장세자의 생모인 정빈 이씨의 사당을 만들어 연호궁이라 불렀다. 잘 알려진 바와 같이 정조는 사도세자의 아들이다. 그런데 영조는 아들인 사도세자를 죽인 후, 오래전 사망한 자기 아들인 효장세자를 정조의 부친으로 삼겠다고 공포했다. 이런 연유로 정조는 정빈 이씨를 조모로 대우하고 연호궁에서 매년 제사를 지냈다. 정조는 연호궁 외에도 사도세자의 생모인 영빈 이씨의 사당도 세워 선희궁이라는 이름을 붙이고 제사를 지냈다. 정조의 아들로서, 그 뒤를 이어 왕이 된 순조 역시 자신의 생모인 수빈 박씨를 위해 경우궁이라는 사당을 세워 제사를 지냈다.

이처럼 후궁의 사당이 늘어났으나 그 위치가 제각각이어서 관리하기가 어려웠다. 이에 순종은 1908년에 대빈궁, 연호궁, 선희궁, 저경궁, 경우궁을 육상궁 경내로 모두 옮겨 놓고 제사를 지내게 했다. 1910년에 일본이 대한제국의 국권을 강탈했으나, 이 사당들에 대한 제사는 유지되었다. 일제 강점기에는 고종의 후궁이자 영친왕 생모인 엄씨의 사당 덕안궁도 세워졌는데, 이것도 육상궁 경내에 자리 잡게 되었다. 이로써 육상궁 경내에는 육상궁을 포함해 후궁을 모신 사당이 모두 7개에 이르게 되었으며, 이때부터 그곳을 칠궁이라 부르게 되었다.

① 경종은 선희궁과 연호궁에서 거행되는 제사에 매년 참석했다.
② 『국조속오례의』가 편찬될 때 대빈궁, 연호궁, 선희궁, 경우궁에 대한 제사가 국가의례에 처음 포함되었다.
③ 영빈 이씨는 영조의 후궁이었던 사람이며, 수빈 박씨는 정조의 후궁이었다.
④ 고종이 대빈궁, 연호궁, 선희궁, 저경궁, 경우궁을 육상궁 경내로 이전해 놓음에 따라 육상궁은 칠궁으로 불리게 되었다.
⑤ 조선 국왕으로 즉위해 실제로 나라를 다스린 인물의 생모에 해당하는 후궁으로서 일제 강점기 때 칠궁에 모셔져 있던 사람은 모두 5명이었다.

023

기출 20' 5급㉻-나 | 난이도 ●●●

다음 글의 내용과 부합하지 않는 것은?

한국어 계통 연구 분야에서 널리 알려진 학설인 한국어의 알타이어족설은 한국어가 알타이 어군인 튀르크어, 몽고어, 만주·퉁구스어와 함께 알타이어족에 속한다는 것이다. 이 학설은 알타이 어군과 한국어 간에는 모음조화, 어두 자음군의 제약, 관계 대명사와 접속사의 부재 등에서 공통점이 있다는 비교언어학 분석에 근거하고 있다. 하지만 기초 어휘와 음운 대응의 규칙성에서는 세 어군과 한국어 간에 차이가 있어 이 학설의 비교언어학적 근거는 한계를 가지고 있다. 이 때문에, 한국어의 알타이어족설은 알타이 어군과 한국어 사이의 친족 관계 및 공통 조상어로부터의 분화 과정을 설명하기 어렵다.

최근 한국어 계통 연구는 비교언어학 분석과 더불어, 한민족 형성 과정에 대한 유전학적 연구, 한반도에 공존했던 여러 유형의 건국 신화와 관련된 인류학적 연구를 이용하고 있다. 가령, 우리 민족의 유전 형질에는 북방계와 남방계의 특성이 모두 존재한다는 점과 북방계의 천손 신화와 남방계의 난생 신화가 한반도에서 모두 발견된다는 점은 한국어가 북방적 요소와 남방적 요소를 함께 지니고 있음을 시사해준다. 이런 연구들은 한국어 자료가 근본적으로 부족한 상황에서 비롯된 문제점을 극복하여 한국어의 조상어를 밝히는 데 일정한 실마리를 던져준다.

하지만 선사 시대의 한국어와 친족 관계를 맺고 있는 모든 어군들을 알 수는 없으며, 있다고 하더라도 그들과 한국어의 공통 조상어를 밝히기란 쉽지 않다. 지금까지의 연구에 따르면, 고대에는 고구려어, 백제어, 신라어로 나뉘어 있었다. 하지만 이들 세 언어가 서로 다른 언어인지, 아니면 방언적 차이만을 지닌 하나의 언어인지에 대해서는 이견이 있다. 고구려어가 원시 부여어에 소급되는 것과 달리 백제어와 신라어는 모두 원시 한어(韓語)로부터 왔다는 것은 이들 언어의 차이가 방언적 차이 이상이었음을 보여 준다. 이들 세 언어가 고려의 건국으로 하나의 한국어인 중세 국어로 수렴되었다는 것에 대해서는 남한과 북한의 학계가 대립된 입장을 보이지 않지만, 중세 국어가 신라어와 고구려어 중 어떤 언어로부터 분화된 것인지와 관련해서는 두 학계의 입장은 대립된다. 한편, 중세 국어가 조선 시대를 거쳐 근대 한국어로 변모하여 오늘날 우리가 사용하는 현대 한국어가 되는 과정에 대해서는 두 학계의 견해가 일치한다.

① 비교언어학적 근거의 한계로 인해 한국어의 알타이어족설은 알타이 어군과 한국어 간의 친족 관계를 설명하기 어렵다.
② 한반도의 천손 신화에 대한 인류학적 연구는 한국어에 북방적 요소가 있음을 시사한다.
③ 최근 한국어 계통 연구는 부족한 한국어 자료를 보완하기 위해 한민족의 유전 형질에 대한 정보와 한반도에 공존한 건국 신화들을 이용한다.
④ 최근 한국어 계통 연구에서 백제어와 고구려어는 방언적 차이로 인해 서로 다른 계통으로 분류된다.
⑤ 중세 국어에서 현대 한국어에 이르는 한국어 형성 과정에 대한 남북한 학계의 견해는 일치한다.

024

기출 21' 5급㉻-가 난이도 ●●○

다음 글의 ㉠에 대한 평가로 가장 적절한 것은?

우리나라에서 주먹도끼가 처음 발견된 곳은 경기도 연천이다. 첫 발견 이후 대대적인 발굴조사를 통해 연천의 전곡리 유적이 세상에 그 존재를 드러내게 되었고 그렇게 발견된 주먹도끼는 단숨에 세계 학자들의 주목 대상이 되었다. 그동안 동아시아에서는 찍개만 발견되었을 뿐 전기 구석기의 대표적인 석기인 주먹도끼는 발견되지 않았기 때문이었다.

찍개는 초기 인류부터 사용했으며 세계 곳곳에서 발견되었다. 반면 프랑스의 아슐에서 처음 발견된 주먹도끼는 양쪽 면을 갈아 만든 거의 완벽에 가까운 좌우대칭 형태의 타원형 도구이다. 사냥감의 가죽을 벗겨 내고, 구멍을 뚫고, 빻거나 자르는 등 다양한 작업에 사용된 다용도 도구였다. 학계가 주먹도끼에 주목했던 것은 그것이 찍개에 비해 복잡한 가공작업을 거쳐 만든 것이므로 인류의 진화 과정을 풀 열쇠라고 보았기 때문이다. 주먹도끼를 만들기 위해서는 만들 대상을 결정하고 그에 따른 모양을 설계한 뒤, 적합한 재료를 선택해 제작하는 복잡한 과정을 거쳐야 했다. 이는 구석기인들의 지적 수준이 계획과 실행이 가능한 수준으로 도약했다는 것을 확인해 주는 부분이다. 아동 심리발달 단계에 따르면 12세 정도가 되면 형식적 조작기에 도달하게 되는데, 주먹도끼처럼 3차원적이며 대칭적인 물건을 만들 수 있으려면 이런 형식적 조작기 수준의 인지 능력, 즉 추상적 개념에 대하여 논리적·체계적·연역적으로 사고할 수 있을 정도의 인지 능력을 갖추어야 한다. 더 나아가 형식적 조작 능력을 갖추었을 때 비로소 언어적 지능이 발달하게 된다. 즉 주먹도끼를 제작할 수 있다는 것은 추상적 사고를 할 수 있으며 그런 추상적 개념을 언어로 표현하고 대화할 수 있다는 것을 의미한다.

전곡리에서 주먹도끼가 발견되었을 당시 학계는 ㉠ 모비우스 학설이 지배하고 있었다. 이 학설은 주먹도끼가 발견되지 않은 인도 동부를 기준으로 모비우스 라인이라는 가상선을 긋고, 그 서쪽 지역인 유럽이나 아프리카는 주먹도끼 문화권으로, 그 동쪽인 동아시아는 찍개 문화권으로 구분하였다. 더불어 모비우스 라인 동쪽 지역은 서쪽 지역보다 인류의 지적·문화적 발전 속도가 뒤떨어졌다고 하였다.

① 주먹도끼를 만들어 사용한 인류가 찍개를 만들어 사용한 인류보다 두개골이 더 컸다는 것이 밝혀진다면 ㉠이 강화된다.
② 형식적 조작기 수준의 인지 능력을 가진 인류가 구석기 시대에 동아시아에서 유럽으로 이동했다는 것이 밝혀진다면 ㉠이 강화된다.
③ 계획과 실행을 할 수 있는 지적 수준의 인류가 거주했던 증거가 동아시아 전기 구석기 유적에서 발견되고 추상적 개념을 언어로 표현하며 소통했던 증거가 유럽의 전기 구석기 유적에서 발견된다면 ㉠이 강화된다.
④ 학술 연구를 통해 전곡리 유적이 전기 구석기 시대의 유적으로 확증된다면 ㉠이 약화된다.
⑤ 동아시아에서는 주로 열매를 빻기 위해 석기를 제작하였고 모비우스 라인 서쪽에서는 주로 짐승 가죽을 벗기기 위해 석기를 제작하였다는 것이 밝혀진다면 ㉠이 약화된다.

025

기출 11' 5급㉤[상황판단]-간 난이도 ●○○

다음 규정을 근거로 판단할 때, 〈보기〉에서 옳은 것을 모두 고르면?

제○○조 ① 의회의 정기회는 법률이 정하는 바에 의하여 매년 1회 집회되며, 의회의 임시회는 대통령 또는 의회재적의원 4분의 1 이상의 요구에 의하여 집회된다.
② 정기회의 회기는 100일을, 임시회의 회기는 30일을 초과할 수 없다.
③ 대통령이 임시회의 집회를 요구할 때에는 기간과 집회요구의 이유를 명시하여야 한다.

제○○조 의회는 헌법 또는 법률에 특별한 규정이 없는 한 재적의원 과반수의 출석과 출석의원 과반수의 찬성으로 의결한다. 가부동수(可否同數)인 때에는 부결된 것으로 본다.

제○○조 의회에 제출된 법률안 및 기타의 의안은 회기 중에 의결되지 못한 이유로 폐기되지 아니한다. 다만, 의회의원의 임기가 만료된 때에는 그러하지 아니하다.

제○○조 부결된 안건은 같은 회기 중에 다시 발의 또는 제출하지 못한다.

보기

ㄱ. 甲의원이 임시회의 기간과 이유를 명시하여 집회요구를 하는 경우 임시회가 소집된다.
ㄴ. 정기회와 임시회 회기의 상한일수는 상이하나 의결정족수는 특별한 규정이 없는 한 동일하다.
ㄷ. 乙의원이 제출한 의안이 계속해서 의결되지 못한 상태에서 乙의원의 임기가 만료되면 이 의안은 폐기된다.
ㄹ. 임시회에서 丙의원이 제출한 의안이 표결에서 가부동수인 경우, 丙의원은 동일 회기 중에 그 의안을 다시 발의할 수 없다.

① ㄱ, ㄴ ② ㄱ, ㄷ ③ ㄴ, ㄹ
④ ㄱ, ㄷ, ㄹ ⑤ ㄴ, ㄷ, ㄹ

026

기출 20' 5급㉥-가 | 난이도 ●●○

다음 글의 빈칸에 들어갈 내용으로 가장 적절한 것은?

> 대안적 분쟁해결절차(ADR)는 재판보다 분쟁을 신속하게 해결한다고 알려져 있다. 그러나 재판이 서면 심리를 중심으로 진행되는 반면, ADR은 당사자 의견도 충분히 청취하기 때문에 재판보다 더 많은 시간이 소요된다. 그럼에도 불구하고 ADR이 재판보다 신속하다고 알려진 이유는 법원에 지나치게 많은 사건이 밀려 있어 재판이 더디게 이루어지기 때문이다.
>
> 법원행정처는 재판이 너무 더디다는 비난에 대응하기 위해 일선 법원에서도 사법형 ADR인 조정제도를 적극적으로 활용할 것을 독려하고 있다. 그러나 이는 법관이 신속한 조정안 도출을 위해 사건 당사자에게 화해를 압박하는 부작용을 낳을 수 있다. 사법형 ADR 활성화 정책은 법관의 증원 없이 과도한 사건 부담 문제를 해결하려는 미봉책일 뿐이다. 결국, 사법형 ADR 활성화 정책은 사법 불신으로 이어져 재판 정당성에 대한 국민의 인식을 더욱 떨어뜨리게 한다.
>
> 또한 사법형 ADR 활성화 정책은 민간형 ADR이 활성화되는 것을 저해한다. 분쟁 당사자들이 민간형 ADR의 조정안을 따르도록 하려면, 재판에서도 거의 같은 결과가 나온다는 확신이 들게 해야 한다. 그러기 위해서는 법원이 확고한 판례를 제시하여야 한다. 그런데 사법형 ADR 활성화 정책은 새롭고 복잡한 사건을 재판보다는 ADR로 유도하게 된다. 이렇게 되면 새롭고 복잡한 사건에 대한 판례가 만들어지지 않고, 민간형 ADR에서 분쟁을 해결할 기준도 마련되지 않게 된다. 결국 판례가 없는 수많은 사건들이 끊임없이 법원으로 밀려들게 된다.
>
> 따라서 [　　　　　　　　] 먼저 법원은 본연의 임무인 재판을 통해 당사자의 응어리를 풀어주겠다는 의식으로 접근해야 할 것이다. 그것이 현재 법원의 실정으로 어렵다고 판단되면, 국민의 동의를 구해 예산과 인력을 확충하는 방향으로 나아가는 것이 옳은 방법이다. 법원의 인프라를 확충하고 판례를 충실히 쌓아가면, 민간형 ADR도 활성화될 것이다.

① 분쟁 해결에 대한 사회적 관심을 높이도록 유도해야 한다.
② 재판이 추구하는 목표와 ADR이 추구하는 목표는 서로 다르지 않다.
③ 법원으로 폭주하는 사건 수를 줄이기 위해 시민들의 준법의식을 강화하여야 한다.
④ 법원은 재판에 주력하여야 하며 그것이 결과적으로 민간형 ADR의 활성화에도 도움이 된다.
⑤ 민간형 ADR 기관의 전문성을 제고하여 분쟁 당사자들이 굳이 법원에 가지 않더라도 신속하게 분쟁을 해결할 수 있게 만들어야 한다.

027

기출 20' 5급㉻-나 | 난이도 ●○○

다음 글의 ㉠과 ㉡에 들어갈 말을 가장 적절하게 나열한 것은?

> 축산업은 지난 50여 년 동안 완전히 바뀌었다. 예를 들어, 1967년 미국에는 약 100만 곳의 돼지 농장이 있었지만, 2005년에 들어서면서 전체 돼지 농장의 수는 10만을 조금 넘게 되었다. 이러는 가운데 전체 돼지 사육 두수는 크게 증가하여 [　㉠　] 밀집된 형태에서 대규모로 돼지를 사육하는 농장이 출현하기 시작하였다. 이러한 농장은 경제적 효율성을 지녔지만, 사육 가축들의 병원균 전염 가능성을 높인다. 이러한 농장에서 가축들이 사육되면, 소규모 가축 사육 농장에 비해 벌레, 쥐, 박쥐 등과의 접촉으로 병원균들의 침입 가능성은 높아진다. 또한 이러한 농장의 가축 밀집 상태는 가축 간 접촉을 늘려 병원균의 전이 가능성을 높임으로써 전염병을 쉽게 확산시킨다.
>
> 축산업과 관련된 가축의 가공 과정과 소비 형태 역시 변화하였다. 과거에는 적은 수의 가축을 도축하여 고기 그 자체를 그대로 소비할 수밖에 없었다. 그러나 현대에는 소수의 대규모 육류가공기업이 많은 지역으로부터 수집한 수많은 가축의 고기를 재료로 햄이나 소시지 등의 육류가공제품을 대량으로 생산하여 소비자에 공급한다. 이렇게 되면 오늘날의 개별 소비자들은 적은 양의 육류가공제품을 소비하더라도, 엄청나게 많은 수의 가축과 접촉한 결과를 낳는다. 이는 소비자들이 감염된 가축의 병원균에 노출될 가능성을 높인다.
>
> 정리하자면 [　㉡　] 결과를 야기하기 때문에, 오늘날의 변화된 축산업은 소비자들이 가축을 통해 전염병에 노출될 가능성을 높인다.

① ㉠: 농장당 돼지 사육 두수는 줄고 사육 면적당 돼지의 수도 줄어든
　㉡: 가축 사육량과 육류가공제품 소비량이 증가하는
② ㉠: 농장당 돼지 사육 두수는 줄고 사육 면적당 돼지의 수도 줄어든
　㉡: 가축 간 접촉이 늘고 소비자도 많은 수의 가축과 접촉한
③ ㉠: 농장당 돼지 사육 두수는 늘고 사육 면적당 돼지의 수도 늘어난
　㉡: 가축 사육량과 육류가공제품 소비량이 증가하는
④ ㉠: 농장당 돼지 사육 두수는 늘고 사육 면적당 돼지의 수도 늘어난
　㉡: 가축 간 접촉이 늘고 소비자도 많은 수의 가축과 접촉한
⑤ ㉠: 농장당 돼지 사육 두수는 늘고 사육 면적당 돼지의 수도 늘어난
　㉡: 가축 간 접촉이 늘고 소비자는 적은 수의 가축과 접촉한

028

기출 20' 5급㉻-나 | 난이도 ●●●

다음 글의 ㉠과 ㉡에 대한 분석으로 적절한 것은?

제1차 세계대전 이후 심리적 외상의 실재가 인정되었다. 참호 안에서 공포에 시달린 남성들은 무력감에 사로잡히고, 전멸될지 모른다는 위협에 억눌렸으며 동료들이 죽고 다치는 것을 지켜보며 히스테리 증상을 보였다. 그들은 울며 비명을 질러대고 얼어붙어 말이 없어졌으며, 자극에 반응을 보이지 않고 기억을 잃으며 감정을 느끼지 못했다. 이러한 정신적 증후군의 발병은 신체적 외상이 아니라 심리적 외상을 계기로 발생한다는 것을 알게 되었다. 폭력적인 죽음에 지속적으로 노출되어 받는 심리적 외상은 히스테리에 이르게 하는 신경증적 증후군을 유발하기에 충분했다.

전쟁에서 폭력적인 죽음에 지속적으로 노출되어 받는 심리적 외상을 계기로 발생하는 '전투 신경증'이 정신적 증후군의 하나로 실재한다는 사실을 부정할 수 없게 되었을 때, 의학계의 전통주의자들과 진보주의자들 간의 의학적 논쟁은 이제 환자의 의지력을 중심으로 이루어졌다. ㉠ 전통주의자들은 전쟁에서 영광을 누려야 할 군인이 정서적인 증세를 드러내서는 안 된다고 보았다. 이들에 따르면, 전투 신경증을 보이는 군인은 체질적으로 열등한 존재에 해당한다. 전통주의자들은 이 환자들을 의지박약자라고 기술하면서 모욕과 위협, 처벌을 중심으로 하는 치료를 옹호하였다. 반면 ㉡ 진보주의자들은 전투 신경증이 의지력 높은 군인에게도 나타날 수 있다고 주장하였다. 이들은 정신분석 원칙에 입각하여 대화를 통한 인도적 치료를 옹호하였다. 그들은 전투 신경증을 히스테리의 한 유형으로 보았지만 히스테리라는 용어가 담고 있는 경멸적인 의미가 환자들에게 낙인을 찍는다는 사실을 깨닫고 이를 대체할 수 있는 명명법에 대한 고민을 거듭했다. 인도적 치료를 추구했던 진보주의자들은 두 가지 원칙을 확립하였다. 첫째, 용맹한 남성이라도 압도적인 두려움에는 굴복하게 된다. 둘째, 두려움을 극복할 수 있는 동기는 애국심이나 적에 대한 증오보다 강한 전우애다.

① ㉠과 ㉡의 히스테리 치료 방식은 같다.
② ㉠과 ㉡은 모두 전투 신경증의 증세가 실재한다고 본다.
③ ㉠과 ㉡은 전투 신경증이 어떤 계기로 발생하는가에 대해 서로 다른 견해를 보인다.
④ ㉠과 ㉡은 모두 환자들에게 히스테리라는 용어를 사용하는 것이 부정적인 낙인을 찍는다고 본다.
⑤ ㉡은 ㉠보다 전투 신경증에 의한 히스테리 증상이 더 다양한 형태로 나타난다고 본다.

029

기출 21' 5급㉻-가 | 난이도 ●●●

다음 글에서 알 수 있는 것은?

조선 왕조는 가난하고 굶주린 백성을 보살피기 위한 진휼 사업에 힘썼다. 진휼의 방법에는 무상으로 곡식을 지급하는 진제와 이자를 받고 유상으로 곡식을 대여해 주는 환곡이 있었다. 18세기 후반 잦은 흉년으로 백성들을 구제할 필요성이 높아지자, 조선 왕조는 이전보다 진제를 체계화하여 공진, 사진, 구급으로 구분해 실시하였다.

공진은 국가가 비축해 놓은 관곡을 지급하는 것으로서, 국가의 재정적 부담을 고려해 재해 피해가 극심한 지역에 한정하여 실시하였다. 사진은 관곡을 사용하지 않고 지방 수령이 직접 마련한 자비곡이나 부유한 백성으로부터 기부받은 곡식으로 실시하는 것이었다. 사진은 그 실시 여부를 수령이 재량으로 결정하되 공진과 같은 방식으로 지급하였다. 한편 구급은 당장 구제하지 않으면 생명을 보전하기 어려운 백성을 긴급 구제하는 것으로 수령의 자비곡으로 충당하였다.

진제의 실시에 있어 대상자 선정은 매우 중요한 문제였다. 이에 대상자를 선정함에 앞서 지역 실정을 잘 아는 향임이나 감고에게 백성들의 토지 소유 여부, 생활 수준 등을 조사하도록 했다. 조사를 하면서 본래 가계가 넉넉한 사람은 초실, 경작 규모나 경제 형편과 관계없이 금년에 이앙을 마친 사람은 작농, 농사 이외의 다른 직업으로 생계를 유지하는 사람은 자활, 지극히 가난한 사람은 빈궁, 구걸로 연명하는 사람은 구걸로 구별해 이 중 하나로 기록하였다. 빈궁이나 구걸로 기록되는 사람이라도 형제나 친척 중에 초실이 있으면 그들의 거주지와 인적사항을 함께 기록하였다.

이러한 사전 조사를 바탕으로 상·중·하 3등급으로 백성을 구분하여 대상자를 최종 선정하였다. 스스로 살아갈 수 있는 사람은 상, 환곡을 받아야 살아갈 수 있는 사람은 중, 구걸로도 끼니를 해결하지 못해 무상으로 지급되는 곡식 없이는 목숨 보전도 힘든 사람을 하로 구분하였다. 최종적으로 하로 분류된 사람들이 진제의 대상자가 되었으며, 그 안에서 다시 굶주림의 정도에 따라 지급 시기를 구분하여 곡식을 지급하였다. 지급되는 곡식의 양은, 장년 남자는 10일에 쌀 5되, 노인 남녀와 장년의 여자는 10일에 쌀 4되, 어린아이는 10일에 쌀 3되였다.

① 진제 대상자의 선정 과정에서 초실과 자활은 3등급 중에서 상으로 분류되었다.
② 지방 수령이 자신의 판단으로 진제를 실시하는 경우에는 관곡을 지급하지 않았다.
③ 조사하는 해에 이앙을 마친 농민이 지극히 가난한 소작농이면 빈궁으로 기록되었다.
④ 진제 대상자로 선정된 경우 굶주림의 정도가 심할수록 더 이른 시기에 더 많은 곡식을 지급받았다.
⑤ 자력으로 생계를 전혀 유지할 수 없는 사람이라도 친척 중에 초실이 있으면 진제 대상자에서 제외되었다.

030

기출 11' 5급(민)[상황판단]-간 난이도 ●○○

다음 글을 근거로 판단할 때, 적극적 다문화주의 정책에 해당하는 것을 〈보기〉에서 모두 고르면?

한 사회 내의 소수집단을 위한 정부의 정책 가운데 다문화주의 정책은 크게 소극적 다문화주의 정책과 적극적 다문화주의 정책으로 구분할 수 있다. 소극적 다문화주의 정책은 소수집단과 그 구성원들에 대한 차별적인 대우를 철폐하는 것이다. 한편 적극적 다문화주의 정책은 이와 다른 정책을 그 내용으로 하는데, 크게 다음 네 가지로 구성된다. 첫째, 소수집단의 고유한 관습과 규칙이 일반 법체계에 수용되도록 한다. 둘째, 소수집단의 원활한 사회진출을 위해 특별한 지원을 제공한다. 셋째, 소수집단의 정치참여의 기회를 확대시킨다. 넷째, 일정한 영역에서 소수집단에게 자치권을 부여한다.

보기

ㄱ. 교육이나 취업에서 소수집단 출신에게 불리한 차별적인 규정을 폐지한다.
ㄴ. 의회의원 비례대표선거를 위한 각 정당명부에서 소수집단 출신 후보자의 공천비율을 확대한다.
ㄷ. 공무원 시험이나 공공기관 입사 시험에서 소수집단 출신에게 가산점을 부여한다.
ㄹ. 특정 지역의 다수 주민을 이루는 소수집단에게 그 지역의 치안유지를 위한 자치경찰권을 부여한다.

① ㄱ, ㄷ ② ㄴ, ㄷ ③ ㄴ, ㄹ
④ ㄱ, ㄴ, ㄹ ⑤ ㄴ, ㄷ, ㄹ

Day 2 Self Check List

	오답 수	무응답 수	풀이시간(분)
1회독	/ 15	/ 15	/ 30(분)
2회독	/ 15	/ 15	/ 25(분)
3회독	/ 15	/ 15	/ 15(분)

독끝 3일차 (031~045)

정답 및 해설 178p

*아래 회독수 별 권장 풀이 시간에 맞춰 풀이 후, 끝쪽의 Self Check List를 기입하여 부족한 부분을 파악하세요!

권장 풀이 시간

1회독 30 min | 2회독 25 min | 3회독 15 min

본 문항은 PSAT 언어논리 영역 기출 문항으로 구성되며, 기출 표기에 따른 시험 종류는 아래와 같습니다.(표기 상 맨 끝은 '책형' 입니다.)

㉯ – 민간경력자 일괄채용시험 / ㉳ – 공개경쟁채용시험(행정)

031

기출 20' 5급㉯-가 | 난이도 ●●○

다음 글의 ㉠에 대한 진술로 적절하지 않은 것은?

해녀들이 고무 잠수복을 받아들일 때 잠수복 바지, 저고리, 모자, 버선은 받아들였으나 흥미롭게도 장갑은 제외시켰다. 손은 부피당 표면적이 커서 수중에서 열손실이 쉽게 일어나는 부위이다. 손의 온도가 떨어지면 움직임이 둔해지고 정확도가 떨어지므로 물속에서의 작업 수행 능력이 감소된다. 이런 점을 고려할 때 장갑 착용은 작업 능률을 향상시킬 것으로 생각되는데 수온이 낮은 겨울철에도 해녀들이 잠수 장갑을 끼지 않는 데는 어떤 이유가 있을 것이다. 그 이유를 알아보기 위하여 ㉠ <u>겨울철 해녀의 작업</u> 시 장갑 착용이 손의 열손실에 어떤 영향을 미치는지 연구하였다.

겨울철에 해녀가 작업을 할 때, 장갑을 끼는 경우와 끼지 않는 경우에 손의 열손실을 측정하였다. 열손실은 단위시간당 손실되는 열의 양으로 측정하였다. 입수 초기에는 장갑을 낄 때나 안 낄 때나 손의 열손실이 증가하는데 장갑을 낄 때보다 안 낄 때 더 빠르게 증가한다. 그런데 입수 초기가 지나면 손의 열손실은 시간에 따라 점차 감소하는데 장갑을 낄 때보다 안 낄 때 더 빠르게 감소한다. 그래서 입수 후 약 20분이 지나면 손의 열손실이 장갑을 낄 때보다 안 낄 때 더 작아지는 기현상이 생긴다.

이러한 현상은 입수 시 나타나는 손의 열절연도 변화로 설명할 수 있다. 물체의 열손실은 그 물체의 열절연도에 의해 좌우되는데 열절연도가 커질수록 열손실이 작아진다. 입수 후 손의 열절연도는 장갑을 낄 때보다 안 낄 때 더 빠르게 증가하여 입수 후 약 20분이 지나면 손의 열손실이 장갑을 낄 때보다 안 낄 때 더 작아진다. 또한, 팔의 열절연도도 입수 후 시간이 지남에 따라 장갑을 낄 때보다 안 낄 때 더 빠르게 증가하여 팔의 열손실은 장갑을 낄 때보다 안 낄 때 더 빠르게 감소한다.

① 손의 온도는 해녀의 작업 수행 능력에 영향을 준다.
② 장갑 착용 여부는 손과 팔의 열손실에 영향을 준다.
③ 입수 초기에는 장갑을 낄 때보다 안 낄 때 손의 열손실이 더 빠르게 증가한다.
④ 입수 후 시간이 지남에 따라 손의 열절연도는 장갑을 낄 때보다 안 낄 때 더 빠르게 증가한다.
⑤ 입수 후 장갑을 안 낄 때는 손의 열손실이 시간이 지남에 따라 증가한 후 감소하지만 장갑을 낄 때는 그렇지 않다.

[32 ~ 33] 다음 글을 읽고 물음에 답하시오.

"강한 인공지능과 약한 인공지능 가운데 어느 편이 더 강한가?" 하는 물음은 이상해 보인다. 마치 "초록색 물고기와 주황색 물고기 중 어느 것이 초록색에 가까운가?" 하는 싱거운 물음과 비슷하기 때문이다. 그러나 앞의 물음은 뒤의 물음과 성격이 다르다. 앞의 물음에서 '인공지능'이라는 명사를 수식하는 '강한'이라는 표현의 의미가 우리가 일반적으로 '강하다'는 말을 사용할 때의 그것과 다르기 때문이다. '강한 인공지능'이라는 표현은 철학자 썰이 인공지능을 논하며 제안했던 전문용어로, 인공지능이 말의 의미를 이해하는 능력이라는 특정한 속성을 지녔음을 의미한다. 반면에 '약한 인공지능'은 그런 속성을 지니지 못한 경우를 가리킨다. 이런 기준에 따르면 말의 의미를 이해하는 인공지능은 해낼 줄 아는 일이 별로 없더라도 '강한 인공지능'인 반면, 그런 능력이 없는 인공지능은 아무리 다양한 종류의 과업을 훌륭하게 해낼 수 있더라도 '약한 인공지능'이다.

일상적으로 가령 '어느 편이 강한가?'라고 묻는 상황에서 우리는 서로 겨루면 누가 이길 것인지를 궁금해한다. 문제를 빠르게 해결하는 것이 중요한 상황에서 사람들은 다른 인공지능 프로그램보다 한층 더 빠르게 문제를 푸는 인공지능 프로그램을 강하다고 평가할 것이다. 단일한 인공지능 프로그램이 더 다양한 문제를 해결할 수 있을 때 더 강한 인공지능이라고 평가될 수도 있을 것이다. 그러나 인공지능에 관한 전문적인 논의에서는 이 개념을 학문적 토론의 세계에 처음 소개한 썰의 용어 사용을 존중할 필요가 있다. 썰이 주장한 것처럼 ㉠ <u>아무리 뛰어난 성능의 인공지능이라고 해도 자극의 외형적 구조를 다룰 뿐 말의 의미를 파악하지는 못한다.</u> 다시 말해 강한 인공지능이 실현될 가능성은 거의 없다. 이런 견해는 많은 비판을 받기도 했지만, 상당한 설득력을 지닌다. 인공지능 스피커에 탑재된 프로그램이 "오늘 날씨는 어제보다 차갑습니다. 외출할 때는 옷을 따뜻하게 입으세요."라고 말한다고 해서 그것이 '외출'이나 '차갑다'는 말의 의미를 이해하고 있으리라고 생각되지는 않는다. 인공지능으로 작동하는 번역기가 순식간에 한국어 문장을 번듯한 영어 문장으로 번역하는 것은 감탄스럽지만, 그것이 문장의 의미를 이해한다고 볼 이유를 제공하지는 않는다.

강한 인공지능과 비슷해 보이지만 구별해야 할 개념이 인공일반지능이다. 우리는 비록 아주 뛰어나게 잘

하지는 못해도 본 것을 식별하고, 기억하고, 기억을 활용하여 판단을 내리고, 말로 생각을 표현하고, 상대방의 표정에서 감정을 읽고 또 자기 감정을 표현하는 등 온갖 능력을 발휘한다. 이처럼 하나의 인지 체계가 온갖 종류의 지적 능력을 발휘할 때 일반지능이라고 하는데, 인공지능 연구의 한 가지 목표는 인간처럼 일반지능의 성격을 실현하는 인공지능을 만드는 일이다. 일반지능을 갖춘 것처럼 보이는 인공지능을 우리는 '인공일반지능'이라고 부른다. ㉡ 일부 사람들은 이러한 지능이 강한 인공지능이라고 생각하지만 그것은 잘못된 생각이다. 왜냐하면 일반지능을 갖춘 것처럼 보인다는 것과 일반지능을 갖춘 것과는 서로 다르기 때문에 전자로부터 후자는 따라나오지 않으며, 마찬가지 이유로 말의 의미를 이해하는 것처럼 보인다는 것으로부터 말의 의미를 이해한다는 것이 따라나오지 않기 때문이다.

032

기출 20' 5급㉻-나 난이도 ●○○

위 글의 내용과 부합하지 않는 것은?

① 인공지능 번역기에 탑재된 인공지능은 약한 인공지능이다.
② 가장 많은 종류의 문제를 해결하는 인공지능이 강한 인공지능이다.
③ 인간의 온갖 지적 능력을 발휘하는 것처럼 보이는 인공지능은 인공일반지능이다.
④ 약한 인공지능은 특정한 과업에서 강한 인공지능을 능가하는 역량을 발휘할 수 있다.
⑤ 강한 인공지능에서 '강한'이란 표현의 의미는 우리가 일반적으로 사용하는 '강한'의 의미와 다르다.

033

기출 20' 5급㉻-나 난이도 ●●○

위 글의 ㉠과 ㉡에 대한 평가로 적절한 것만을 〈보기〉에서 모두 고르면?

보기

ㄱ. 최근 단일한 인공지능 프로그램의 활용 범위를 넓혀 말의 인지적, 감성적 이해 기능을 갖춘 인공지능을 만드는 일이 현실화되고 있다는 사실은 ㉠을 강화한다.
ㄴ. 인간의 개입 없이 바둑의 온갖 기법을 터득해 인간의 실력을 능가한 알파고 제로가 '바둑'이라는 말의 의미를 이해하지 못한다고 보는 것은 인간중심적 편견에 불과하다는 사실은 ㉠을 약화한다.
ㄷ. 말의 의미를 이해하는 것과 이해하는 것처럼 보이는 것은 전혀 구별될 수 없다는 사실은 ㉡을 약화한다.

① ㄱ ② ㄴ ③ ㄱ, ㄷ
④ ㄴ, ㄷ ⑤ ㄱ, ㄴ, ㄷ

034

기출 21' 5급㉻-가 난이도 ●●○

다음 글에서 알 수 있는 것은?

주식회사의 이사는 주주총회에서 선임된다. 1주 1의결권 원칙이 적용되는 주주총회에서 주주는 본인이 보유하고 있는 주식 비율에 따라 의결권을 갖는다. 예를 들어 5 %의 주식을 가진 주주는 전체 의결권 중에서 5 %의 의결권을 갖는다.

주주총회에서 이사를 선임할 때에는 각 이사 후보자별 의결이 별도로 이루어진다. 예를 들어 2인의 이사를 선임하는 주주총회에서 3인의 이사 후보가 있다면, 각 후보를 이사로 선임하는 세 건의 안건을 올려 각각 의결한다. 즉, 총 세 번의 의결 후 찬성 수를 가장 많이 얻은 2인을 이사로 선임하는 것이다. 이를 단순투표제라 한다. 단순투표제에서 발행주식 총수의 50 %를 초과하는 지분을 가진 주주는 모든 이사를 자신이 원하는 사람으로 선임할 수 있게 되고, 그럴 경우 50 % 미만을 보유하고 있는 주주는 자신이 원하는 사람을 한 명도 이사로 선임하지 못하게 된다.

집중투표제는 이러한 문제를 해결하기 위해 고안된 방안이다. 이는 복수의 이사를 한 건의 의결로 선임하는 방법으로 단순투표제와 달리 행사할 수 있는 의결권이 각 후보별로 제한되지 않는다. 예를 들어 회사의 발행주식이 100주이고 선임할 이사는 5인, 후보는 8인이라고 가정해 보자. 집중투표제를 시행한다면 25주를 가진 주주는 선임할 이사가 5인이기 때문에 총 125개의 의결권을 가지며 75주를 가진 지배주주는 총 375개의 의결권을 가진다. 각 주주는 자신의 의결권을 자신이 원하는 후보에게 집중하여 배분할 수 있다. 125개의 의결권을 가진 주주는 자신이 원하는 이사 후보 1인에게 125표를 집중 투표하여 이사로 선임될 가능성을 높일 수 있다. 최종적으로 5인의 이사는 찬성 수를 많이 얻은 순서에 따라 선임된다.

주주가 집중투표를 청구하기 위해서는 주식회사의 정관에 집중투표를 배제하는 규정이 없어야 한다. 이러한 방식을 옵트아웃 방식이라고 한다. 정관에서 명문으로 규정해야 제도를 시행할 수 있는 옵트인 방식과는 반대되는 것이다. 하지만 현재 우리나라 전체 상장회사의 90 % 이상은 집중투표를 배제하는 정관을 가지고 있어 집중투표제의 활용이 미미한 상황이다.

① 한 안건에 대해 단순투표제와 집중투표제 모두 1주당 의결권의 수는 그 의결로 선임할 이사의 수와 동일하다.
② 집중투표제에서 대주주는 한 건의 의결로 선임될 이사의 수가 가능한 한 많아지기를 원할 것이다.
③ 집중투표제로 이사를 선임하는 경우 소액주주는 본인이 원하는 최소 1인의 이사를 선임할 수 있다.
④ 정관에 집중투표제에 관한 규정이 없다면 주주는 이사를 선임할 때 집중투표를 청구할 수 없다.
⑤ 단순투표제에서는 전체 의결권의 과반수를 얻어야만 이사로 선임된다.

035

기출 11' 5급ⓜ[상황판단]-간 난이도 ●●○

다음 글을 근거로 판단할 때, 연결이 서로 잘못된 것은? (단, 음식에서 언급되지 않은 재료는 고려하지 않는다.)

채식주의자 중에는 육류와 함께 계란, 유제품(치즈, 버터, 생크림 등) 및 생선조차 먹지 않는 사람이 있는가 하면 때때로 육식을 하는 채식주의자도 있다. 또한 채식이라고 하면 채소와 과일 등을 생각하기 쉽지만, 여기서 말하는 채식에는 곡물도 포함된다.

아래 표는 채식주의자의 유형별 특성을 분류한 것이다.

채식주의자의 유형	특 성
과식(果食)주의자	모든 식물의 잎이나 뿌리는 섭취하지 않고, 오직 견과류나 과일 등 열매부분만을 먹는다.
순수 채식주의자	동물로부터 얻은 모든 것을 먹지 않고, 식물로부터 나온 것만을 먹는다.
우유 채식주의자	순수 채식주의자가 먹는 음식에 더하여, 유제품은 먹되 계란은 먹지 않는다.
난류(卵類) 채식주의자	순수 채식주의자가 먹는 음식에 더하여, 계란은 먹되 유제품은 먹지 않는다.
유란(乳卵) 채식주의자	순수 채식주의자가 먹는 음식에 더하여, 유제품과 계란도 먹으며, 우유도 먹는다.
생선 채식주의자	유란 채식주의자가 먹는 음식에 더하여, 생선도 먹는다.
준(準) 채식주의자	생선 채식주의자가 먹는 음식에 더하여, 육류도 그 양을 줄여가며 먹는다.

	채식주의자의 유형	음식
①	과식주의자	호두를 으깨어 얹은 모듬 생과일
②	우유 채식주의자	단호박 치즈오븐구이
③	난류 채식주의자	치즈계란토스트
④	유란 채식주의자	생크림을 곁들인 삶은 계란
⑤	선 채식주의자 및 준 채식주의자	연어훈제구이

036

기출 20' 5급ⓜ-가 난이도 ●●○

다음 글의 ㉠으로 적절한 것은?

규범윤리학의 핵심 물음은 "무엇이 도덕적으로 올바른 행위인가?"이다. 이에 답하기 위해서는 '도덕 규범'이라고 불리는 도덕적 판단 기준에 대한 논의가 필요하다. 도덕적 판단 기준이 개개인의 주관적 판단에 의존한다고 여기는 사람들이 다수 있지만 이는 옳지 않은 생각이다. 도덕 규범은 그것이 무엇이든 우리의 주관적 판단에 의존하지 않는다. 이러한 주장이 반드시 참임은 다음 논증을 통해 보일 수 있다.

도덕 규범이면서 우리의 주관적 판단에 의존하는 규범이 있다고 가정하면, 문제가 생긴다. 우리는 다음 명제들을 의심의 여지없이 참이라고 받아들이기 때문이다. 첫째, 주관적 판단에 의존하는 규범은 모두 우연적 요소에 좌우된다. 둘째, 우연적 요소에 좌우되는 규범은 어느 것도 보편적으로 적용되지 않는다. 셋째, 보편적으로 적용되지 않는 규범은 그것이 무엇이든 객관성이 보장되지 않는다. 이 세 명제에 ㉠ 하나의 명제를 추가하기만 하면 주관적 판단에 의존하는 규범은 어느 것도 도덕 규범이 아니라는 것을 이끌어낼 수 있다. 이는 앞의 가정과 모순된다. 따라서 도덕 규범은 어느 것도 우리의 주관적 판단에 의존하지 않는다.

① 우연적 요소에 좌우되는 도덕 규범이 있다.

② 객관성이 보장되지 않는 규범은 어느 것도 도덕 규범이 아니다.

③ 객관성이 보장되는 규범은 그것이 무엇이든 보편적으로 적용된다.

④ 보편적으로 적용되는 규범은 어느 것도 우연적 요소에 좌우되지 않는다.

⑤ 주관적 판단에 의존하면서 보편적으로 적용되지 않는 도덕 규범이 있다.

037

기출 20' 5급㉻-나 | 난이도 ●○○

다음 글에서 알 수 있는 것은?

조선은 건국 초부터 가족을 중시하였다. 가족의 안정이 곧 사회의 안정이라는 인식하에, 가정의 핵심인 부부를 보호하기 위해 어떻게든 이혼을 막아야 했다. 중국 법전인 『대명률』은 부인이 남편을 때렸거나 간통을 했을 경우 남편이 원하면 이혼을 허용했다. 그런데 조선은 『대명률』을 준용하면서도 '조선에는 이혼이란 없다.'라는 태도를 견지하였다. 『대명률』에는 이른바 출처(出妻)라는 항목이 있어서 이런저런 이유로 부인을 내쫓을 수 있게 되어 있지만, 조선에서는 출처가 거의 명목상으로만 존재하였다. 조선은 남편이 부인을 쫓아내는 것이 사회 안정에 도움이 되지 않는다는 사실을 잘 파악하고 있었다.

양반 남자 집안 또한 이혼이나 출처에 부정적이었다. 부인을 쫓아내면 그것은 곧 적처가 없게 되는 것이다. 적처는 양반가에서 적자의 배우자로 집안을 온전하게 유지하는 가정의 관리자다. 이에 조선의 양반가에서 적처의 존재는 필수 불가결한 것이었다. 게다가 적처를 쫓아내고 새 부인을 얻는다는 것은 현실적으로 비용과 노력이 많이 드는 골치가 아픈 일이었다. 적처를 내보내면 적처 집안과의 관계가 단절된다.

조선 전기에는 오늘날과 달리 남자가 여자 집으로 장가를 드는 형태로 혼인이 이루어졌기 때문에 적처의 집안 즉 여자 집안의 영향력이 컸고, 남자 집안과 여자 집안은 비교적 대등하고 협력적인 관계를 맺어 왔다. 물론 조선 후기로 내려오면서 혼인의 형태가 변화하여 남자 쪽이 주도권을 잡게 되었지만, 여전히 여자 집안으로부터의 영향력과 지원은 무시할 수 없었다. 따라서 여자 집안과의 공조를 끊는 것은 쉽게 결정할 일이 아니었다. 이러한 문제를 다 고려해서 이루어진 혼인이었으므로, 재혼을 통해 더 나은 관계를 찾는 것은 쉽지 않은 일이었다.

조선에서 남자 집안은 새로운 관계를 찾기보다는 처음 맺은 관계를 우호적으로 유지하면서 사회적인 이익을 얻기 위해 노력하는 것이 더 현실적이었다. 칠거지악이 여자들을 옥죄는 조선의 악습으로 알려져 있지만, 사실은 이 때문에 부인이 쫓겨난 경우는 없었다. 이처럼 이혼이 거의 불가능하고 또 불필요했기 때문에 조선의 부부들은 자신들에게 주어진 상황에 적응하는 쪽으로 노력을 기울였다.

① 조선 사회에서 양반 계층보다는 평민이나 노비 계층에서 이혼이 빈번했다.
② 조선의 양반 집안은 적처를 쫓아내기보다는 현실적인 이유에서 결혼을 유지하였다.
③ 조선에서 적처의 존재를 중요하게 생각한 것은 부인의 역할이 중국과는 달랐기 때문이다.
④ 조선 시대에는 중국 법전의 출처 항목에 명시된 사유에 해당한다고 판단될 경우 이혼을 실질적으로 용인하였다.
⑤ 조선 시대에 국가는 이혼을 막기 위해 남자 집안과 여자 집안 간의 공조를 유지시키기 위한 지원 정책을 실시했다.

038

기출 20' 5급㉻-나 | 난이도 ●○○

다음 글에서 알 수 있는 것은?

함경도 경원부의 두만강 건너편 북쪽에 살던 여진족은 조선을 자주 침략하다가 태종 때 서쪽으로 이동해 명이 다스리는 요동의 봉주라는 곳까지 갔다. 그곳에 정착한 여진족은 한동안 조선을 침략하지 않았다. 한편 명은 봉주에 나타난 여진족을 통제하고자 건주위라는 행정단위를 두고, 여진족 추장을 책임자로 임명했다. 그런데 1424년에 봉주가 북쪽의 이민족에 의해 침략받는 일이 벌어졌다. 이에 건주위 여진족은 동쪽으로 피해 아목하라는 곳으로 이동했다. 조선의 국왕 세종은 이들이 또 조선을 침입할 가능성이 있다고 생각하고, 그 침입에 대비하고자 압록강변 중에서 방어에 유리한 곳을 골라 여연군이라는 군사 거점을 설치했다.

세종의 예상대로 건주위 여진족은 1432년 12월에 아목하로부터 곧바로 동쪽으로 진격해 압록강을 건너 여연군을 침략했다. 이 소식을 들은 세종은 최윤덕을 지휘관으로 삼아 이듬해 3월, 건주위 여진족을 정벌하게 했다. 최윤덕의 부대는 여연군에서 서남쪽으로 수백 리 떨어진 지점에 있는 만포에서 압록강을 건넌 후 아목하까지 북진해 건주위 여진족을 토벌했다. 이후에 세종은 만포와 여연군 사이의 거리가 지나치게 멀어 여진족이 그 중간 지점에서 압록강을 건너올 경우, 막기 힘들다고 판단했다. 이에 만포의 동북쪽에 자성군을 두어 압록강을 건너오는 여진에 대비하도록 했다. 이로써 여연군의 서남쪽에 군사 거점이 하나 더 만들어지게 되었다. 자성군은 상류로부터 여연군을 거쳐 만포 방향으로 흘러가는 압록강이 보이는 요충지에 자리 잡고 있다. 세종은 자성군의 지리적 이점을 이용해 강을 건너오는 적을 공격하기 좋은 위치에 군사 기지를 만들도록 했다.

국경 방비가 이처럼 강화되었으나, 건주위 여진족은 다시 강을 넘어 여연군을 침략했다. 이에 세종은 1437년에 이천이라는 장수를 보내 재차 여진 정벌에 나섰다. 이천의 부대는 만포에서 압록강을 건너 건주위 여진족을 토벌했다. 이후 세종은 국경 방비를 더 강화하고자 여연군과 자성군 사이의 중간 지점에 우예군을 설치했으며, 여연군에서 동남쪽으로 멀리 떨어진 곳에 무창군을 설치했다. 이 네 개의 군은 4군이라 불렸으며, 조선이 북쪽 변경에 대한 방비를 강화하는 데 중요한 역할을 했다.

① 여연군이 설치되어 있던 곳에서 동쪽 방면으로 곧장 나아가면 아목하에 도착할 수 있었다.
② 최윤덕은 여연군과 무창군을 잇는 직선 거리의 중간 지점에서 강을 건너 여진족을 정벌했다.
③ 이천의 두 번째 여진 정벌이 끝난 직후에 조선은 북쪽 국경의 방비를 강화하고자 자성군과 우예군, 무창군을 신설했다.
④ 세종은 여진의 침입에 대비하기 위해 경원부를 여연군으로 바꾸고, 최윤덕을 파견해 그곳 인근에 3개 군을 더 설치하게 했다.
⑤ 4군 중 하나인 여연군으로부터 압록강 물줄기를 따라 하류로 이동하면 이천의 부대가 왕명에 따라 여진을 정벌하고자 압록강을 건넜던 지역에 이를 수 있었다.

039
기출 21' 5급[행]-가 난이도 ●●○

다음 글에서 알 수 있는 것은?

국제노동기구(ILO)의 노동기준에 관한 협약들은 그 중요성과 특성을 기준으로 하여 핵심협약, 거버넌스협약, 일반협약으로 나뉜다.

핵심협약은 1998년의 '노동에 있어서 기본적 원칙들과 권리에 관한 선언'에서 열거한 4개 원칙인 결사·자유원칙, 강제노동 금지원칙, 아동노동 금지원칙, 차별 금지원칙과 관련된 협약들을 말한다. ILO는 각국이 비준한 핵심협약 이행 현황에 대한 감시·감독 체계를 갖추고 있으며, 핵심협약을 비준하지 않고 있는 회원국에게는 미비준 이유와 비준 전망에 관한 연례 보고서 제출 의무를 부과하고 있다.

거버넌스협약은 노동정책 결정과 노동기준 집행 등 거버넌스와 관련된 협약으로 2008년의 '공정한 세계화를 위한 사회적 정의에 관한 선언'에서 열거한 근로감독 협약, 고용정책 협약, 노사정 협의 협약 등이 있다. ILO는 미비준한 거버넌스협약에 대해 회원국에 별도의 보고 의무를 부과하지 않는 대신, 회원국들과 외교적 협의를 통해 거버넌스협약 비준 확대에 노력하고 있다.

일반협약은 핵심협약과 거버넌스협약을 제외한 ILO의 노동기준에 관한 모든 협약을 가리키는데, 일반협약은 핵심협약과 거버넌스협약의 세부 주제별 기준들을 구체적으로 규정한다. 예를 들어 핵심협약에서 차별 금지원칙을 선언하거나 그 대강을 규정하면 일반협약에서는 각 산업별, 직역별에서의 근로시간 관련 구체적 차별 금지 및 그 예외를 규정하는 방식이다. 다만 일반협약은 ILO 내 다른 협약에 대해 우선 적용되지 않는다는 특성을 지닌다.

우리나라는 1991년 12월 ILO에 가입한 이후 순차적으로 ILO 노동기준에 관한 협약들을 비준하고 있다. 최근까지 아동노동 금지원칙 및 차별 금지원칙 관련 협약을 비준하였고 2021년 2월에는 결사·자유원칙 관련 협약에 대한 비준 절차가 진행 중이다. 거버넌스협약은 근로감독 협약을 제외하고는 모두 비준되었고, 비준된 핵심협약과 관련된 일반협약은 대부분 비준되었다.

① 우리나라는 고용정책 협약 및 그 세부 주제에 관한 일반협약을 모두 비준하였다.
② 우리나라는 매년 ILO에 강제노동 금지원칙에 관한 협약의 미비준 이유와 비준 전망에 대하여 보고서를 제출하여야 한다.
③ 우리나라에서 2021년 2월에 비준 절차가 진행 중인 협약은 공정한 세계화를 위한 사회적 정의에 관한 선언에 열거되어 있다.
④ ILO의 2008년 선언문에 포함된 근로감독 협약은 ILO의 다른 협약에 대해 우선 적용되지 않는다.
⑤ ILO는 노사정 협의 협약을 비준하지 않은 국가들에 대해 미비준 이유와 비준 전망에 대한 연례 보고서를 제출하도록 요구한다.

040
기출 11' 5급[민][상황판단]-간 난이도 ●○○

정부포상 대상자 추천의 제한요건에 관한 다음 규정을 근거로 판단할 때, 2011년 8월 현재 정부포상 대상자로 추천을 받을 수 있는 자는?

1) 형사처벌 등을 받은 자
  가) 형사재판에 계류 중인 자
  나) 금고 이상의 형을 받고 그 집행이 종료된 후 5년을 경과하지 아니한 자
  다) 금고 이상의 형의 집행유예를 받은 경우 그 집행유예의 기간이 완료된 날로부터 3년을 경과하지 아니한 자
  라) 금고 이상의 형의 선고유예를 받은 경우에는 그 기간 중에 있는 자
  마) 포상추천일 전 2년 이내에 벌금형 처벌을 받은 자로서 1회 벌금액이 200만 원 이상이거나 2회 이상의 벌금형 처분을 받은 자
2) 공정거래관련법 위반 법인 및 그 임원
  가) 최근 2년 이내 3회 이상 고발 또는 과징금 처분을 받은 법인 및 그 대표자와 책임 있는 임원 (단, 고발에 따른 과징금 처분은 1회로 간주)
  나) 최근 1년 이내 3회 이상 시정명령 처분을 받은 법인 및 그 대표자와 책임 있는 임원

① 금고 1년 형을 선고 받아 복역한 후 2009년 10월 출소한 자
② 2011년 8월 현재 형사재판에 계류 중인 자
③ 2010년 10월 이후 현재까지, 공정거래관련법 위반으로 3회 시정명령 처분을 받은 기업의 대표자
④ 2010년 1월, 교통사고 후 필요한 구호조치를 하지 않아 500만 원의 벌금형 처분을 받은 자
⑤ 2009년 7월 이후 현재까지, 공정거래관련법 위반으로 고발에 따른 과징금 처분을 2회 받은 기업

041

기출 20' 5급(민)-가 | 난이도 ●●●

다음 글의 ㉠을 강화하는 것만을 〈보기〉에서 모두 고르면?

동물의 감각이나 반응을 일으키는 최소한의 자극을 '식역'이라고 한다. 인간의 경우 일반적으로 40밀리 초 이하의 시각적 자극은 '보았다'고 답하는 경우가 거의 없다. 그렇다면 식역 이하의 시각적 자극은 우리에게 아무런 영향도 주지 않는 것일까?

연구자들은 사람들에게 식역 이하의 짧은 시간 동안 문자열을 먼저 제시한 후 뒤이어 의식적으로 지각할 수 있을 만큼 문자열을 제시하는 실험을 진행했다. 이 실험에서 연구자들은 먼저 제시된 문자열을 '프라임'으로, 뒤이어 제시된 문자열을 '타깃'으로 불렀다. 프라임을 식역 이하로 제시한 후 뒤이어 타깃을 의식적으로 볼 수 있을 만큼 제시했을 때 피험자들은 타깃 앞에 프라임이 있었다는 사실조차 알아차리지 못했다.

거듭된 실험을 통해 밝혀진 사실 가운데 하나는 피험자가 비록 보았다고 의식하지 못한 낱말일지라도 제시된 프라임이 타깃과 동일한 낱말인 경우 처리속도가 빨라진다는 것이었다. 예컨대 'radio' 앞에 'house'가 제시되었을 때보다 'radio'가 제시되었을 때 반응이 빨라졌다. 동일한 낱말의 반복이 인지 반응을 촉진한 것이었다. 식역 이하로 제시된 낱말임에도 불구하고 뒤이어 나온 낱말의 처리속도에 영향을 미친 이런 효과를 가리켜 '식역 이하의 반복 점화'라고 부른다.

흥미로운 점은, 프라임이 소문자로 된 낱말 'radio'이고 타깃이 대문자로 된 낱말 'RADIO'일 때 점화 효과가 나타났다는 것이다. 시각적으로 그 둘의 외양은 다르다. 그렇다면 두 종류의 표기에 익숙한 언어적, 문화적 관습에 따라 'radio'와 'RADIO'를 같은 낱말로 인지한 것으로 볼 수 있다. 이에 비추어 볼 때, ㉠ <u>식역 이하의 반복 점화는 추상적인 수준에서 나타나는 것으로 보인다.</u>

보기

ㄱ. 같은 낱말을 식역 이하로 반복하여 여러 번 눈앞에 제시해도 피험자들은 그 낱말을 인지하지 못하였다.
ㄴ. 샛별이 금성이라는 것을 아는 사람에게 프라임으로 '금성'을 식역 이하로 제시한 후 타깃으로 '샛별'을 의식적으로 볼 수 있을 만큼 제시했을 때, 점화 효과가 나타나지 않았다.
ㄷ. 한국어와 영어에 능숙한 사람에게 'five'만을 의식적으로 볼 수 있을 만큼 제시한 경우보다 프라임으로 '다섯'을 식역 이하로 제시한 후 타깃으로 'five'를 의식적으로 볼 수 있을 만큼 제시했을 때, 'five'에 대한 반응이 더 빨랐다.

① ㄱ　② ㄷ　③ ㄱ, ㄴ
④ ㄴ, ㄷ　⑤ ㄱ, ㄴ, ㄷ

042

기출 17' 5급(행)-가 | 난이도 ●●●

다음 글의 내용과 부합하는 것은?

미국의 건축물 화재안전 관리체제는 크게 시설계획 기준을 제시하는 건축모범규준과 특정 시설의 화재안전평가 및 대안설계안을 결정하는 화재안전평가제 그리고 기존 건축물의 화재위험도를 평가하는 화재위험도평가제로 구분된다. 건축모범규준과 화재안전평가제는 건축물의 계획 및 시공단계에서 설계지침으로 적용되며, 화재위험도평가제는 기존 건축물의 유지 및 관리단계에서 화재위험도 관리를 위해 활용된다. 우리나라는 정부가 화재안전 관리체제를 마련하고 시행하는 데 반해 미국은 공신력 있는 민간기관이 화재 관련 모범규준이나 평가제를 개발하고 주 정부가 주 상황에 따라 특정 제도를 선택하여 운영하고 있다.

건축모범규준은 미국화재예방협회에서 개발한 것이 가장 널리 활용되는데 3년마다 개정안이 마련된다. 특정 주요 기준은 대부분의 주가 최근 개정안을 적용하지만, 그 외의 기준은 개정되기 전 규준의 기준을 적용하는 경우도 있다. 역시 미국화재예방협회가 개발하여 미국에서 가장 널리 활용되는 화재안전평가제는 공공안전성이 강조되는 의료, 교정, 숙박, 요양 및 교육시설 등 5개 용도시설에 대해 화재안전성을 평가하고 대안설계안의 인정 여부를 결정함에 목적이 있다. 5개 용도시설을 제외한 건축물의 경우에는 건축모범규준의 적용이 권고된다. 화재위험도평가제는 기존 건축물에 대한 데이터를 수집하여 화재안전을 효율적으로 평가·관리함에 목적이 있다. 이 중에서 뉴욕주 소방청의 화재위험도평가제는 공공데이터 공유 플랫폼을 이용하여 수집된 주 내의 모든 정부 기관의 정보를 평가자료로 활용한다.

① 건축모범규준이나 화재안전평가제에 따르면 공공안전성이 강조되는 건물에는 특정 주요 기준이 강제적으로 적용되고 있다.
② 건축모범규준, 화재안전평가제, 화재위험도평가제 모두 건축물의 설계·시공단계에서 화재안전을 확보하는 수단이다.
③ 건축모범규준을 적용하여 건축물을 신축하는 경우 반드시 가장 최근에 개정된 기준에 따라야 한다.
④ 미국에서는 민간기관인 미국화재예방협회가 건축모범규준과 화재안전평가제를 개발·운영하고 있다.
⑤ 뉴욕주 소방청은 화재위험도 평가에 타 기관에서 수집한 정보를 활용한다.

043

기출 20' 5급㉻-나 난이도 ●●○

다음 글에서 알 수 있는 것은?

19세기 후반 독일의 복지 제도를 주도한 비스마르크는 보수파였다. 그는 노령연금과 의료보험 정책을 통해 근대 유럽 복지 제도의 기반을 조성하였는데 이 정책의 일차적 목표는 당시 노동자를 대변하는 사회주의자들을 견제하면서 독일 노동자들이 미국으로 이탈하는 것을 방지하는 데 있었다. 그의 복지 정책은 노동자뿐 아니라 노인과 약자 등 사회의 다양한 계층으로부터 광범위한 지지를 얻을 수 있었지만, 이러한 정책을 실행하는 과정에서 각 정파들 간에 논쟁과 갈등이 발생했다. 복지 제도는 모든 국민에게 그들의 공과와는 관계 없이 일정 수준 이상의 삶을 영위할 수 있도록 사회적 최소치를 보장하는 것이고 이를 위해선 지속적인 재원이 필요했다. 그런데 그 재원을 확보하고자 국가가 세금과 같은 방법을 동원할 경우 그 비용을 강제로 부담하고 있다고 생각하는 국민들의 불만은 말할 것도 없고, 실제 제공되는 복지 수준이 기대치와 다를 경우 그 수혜자들로부터도 불만을 살 우려가 있었다.

공동체적 가치를 중요시해 온 독일의 사회주의자들이나 보수주의자들은 복지 정책을 입안하고 그 집행과 관련된 각종 조세 정책을 수립하는 데에 적극적이었다. 이들은 보편적 복지를 시행하기 위한 재원을 국가가 직접 나서서 마련하는 데 찬성했다. 반면 개인주의에 기초하여 외부로부터 간섭받지 않을 권리와 자유를 최상의 가치로 간주하는 독일 자유주의자들은 여기에 소극적이었다. 이 자유주의자들은 모두를 위한 기본적인 복지보다는 개인의 사유재산권이나 절차상의 공정성을 강조하였다. 이들은 장애인이나 가난한 이들에 대한 복지를 구휼 정책이라고 간주해 찬성하지 않았다. 이들에 따르면 누군가가 선천적인 장애나 사고로 인해 매우 어려운 상황에 처해 있다고 내가 그 사람을 도와야 할 의무는 없는 것이다. 따라서 자신이 원하지도 않는 상황에서 다른 사람을 돕는다는 명목으로 국가가 강제로 개인에게 세금을 거두고자 한다면 이는 자유의 침해이자 강요된 노동이 될 수 있었다. 물론 독일 자유주의자들은 개인이 자발적으로 사회적 약자들을 돕는 것에는 반대하지 않고 적극 권장하는 입장을 취했다. 19세기 후반 독일의 보수파를 통해 도입된 복지 정책들은 이후 유럽 각국의 복지 제도 확립에 영향을 미쳤다. 그렇지만 개인의 자율성을 강조하는 자유주의자들과의 갈등들은 현재까지도 지속되고 있다.

① 독일 자유주의자들은 구휼 정책에는 반대했지만 개인적 자선 활동에는 찬성하였다.
② 독일 보수주의자들은 복지 정책에 드는 재원을 마련하면서 그 부담을 특정 계층에게 전가하였다.
③ 독일 보수주의자들이 집권한 당시 독일 국민의 노동 강도는 높아졌고 개인의 자율성은 침해되었다.
④ 공동체적 가치를 강조하는 사회주의적 전통이 확립될수록 복지 정책에 대한 독일 국민들의 불만은 완화되었다.
⑤ 독일 사회주의자들이 제안한 노동자를 위한 사회 보장 정책은 독일 보수주의자들에 의해 전 국민에게로 확대되었다.

044

기출 21' 5급㉻-가 난이도 ●●○

다음 글에서 알 수 없는 것은?

의사는 치료를 시작하기 전에 환자의 동의를 얻어야 한다. 다른 말로 환자의 동의 없이 환자의 복지에 영향을 끼치는 처방을 하는 것은 의사에게 허용되지 않는다. 그런데 단순히 동의를 얻는 것만으로는 충분하지 않다. 환자가 결정하기에 충분한 정보, 즉 치료에 따르는 위험과 다른 치료법에 관한 정보가 제공되어야 한다. 치료를 허락한 환자의 결정은 무지로 인한 것이어서는 안 된다. 동의의 의무는 의사가 환자를 기만해서는 안 된다는 기만 금지 의무의 연장선에 있다. 둘 다, 자신에게 영향을 끼칠 치료에 관해 스스로가 결정할 기회를 환자에게 제공해야 한다는 자율성 존중 원리에 기반을 두고 있다.

그러나 수 세기 동안, 심지어 20세기 초까지도 의사가 때로는 환자를 속여도 된다고 여겼다. 환자의 복지에 해가 될 수 있는 것을 행하면 안 된다는 악행 금지의 원리에 근거해서, 환자에게 진실을 말하는 것이 환자의 복지에 해가 될 수 있다는 생각으로 기만이 정당화되었다. 오늘날에는 더 이상 이러한 생각을 받아들이지 않는다. 실제로 '의사와 환자 상호교류 규제법'은 의사의 기만 사례를 금지하고 있다. 오늘날 사람들은 환자가 진실 때문에 자신의 자율성이 침해되거나 해를 입게 될 것이라고는 생각하지 않는다. 따라서 사람들은 진실 말하기에 관한 한, 악행 금지의 원리가 자율성 존중 원리와 서로 충돌하지 않는다고 생각한다.

그런데 자율성 존중 원리를 지키기 위해서는 단순히 기만을 삼가는 것만으로는 부족하다. 예컨대 의사가 환자를 실제로 속이지는 않지만 환자가 특정 결정을 하도록 유도하기 위해 관련 정보 제공을 보류하거나 직접적 관련성이 작은 정보를 필요 이상으로 제공하는 경우를 상상할 수 있다. 이처럼 의사가 정보 제공을 조종하는 것은 환자의 자율성을 존중하지 않는 것이다. 한편 의사가 관련된 정보를 환자에게 모두 밝히면 환자는 조종된 결정이 아닌 자신의 결정을 하게 될 것이고, 환자의 자율성은 존중될 것이다.

① 환자의 동의는 치료를 하기 위한 필요조건 중 하나이다.
② 악행 금지의 원리가 환자의 자율성을 침해한 때가 있었다.
③ 기만 금지 의무와 동의의 의무는 동일한 원리에 기반을 둔다.
④ 의사가 환자에게 제공하는 정보의 양이 많을수록 환자의 자율성은 더 존중된다.
⑤ 의사가 복지를 위해 환자를 기만하는 행위는 오늘날에는 윤리적으로 정당화되지 않는다.

045

기출 21' 5급㉿[상황판단] 난이도 ●○○

다음 글을 근거로 판단할 때 옳은 것은?

제○○조 ① 특별시장·광역시장·특별자치시장·도지사 또는 특별자치도지사(이하 '시·도지사'라 한다)는 아이돌보미의 양성을 위하여 적합한 시설을 교육기관으로 지정·운영하여야 한다.
② 시·도지사는 교육기관이 다음 각 호의 어느 하나에 해당하는 경우 사업의 정지를 명하거나 그 지정을 취소할 수 있다. 다만 제1호에 해당하는 경우 지정을 취소하여야 한다.
1. 거짓이나 그 밖의 부정한 방법으로 교육기관으로 지정을 받은 경우
2. 교육과정을 1년 이상 운영하지 아니하는 경우
③ 제2항 제1호의 방법으로 교육기관 지정을 받은 자는 1년 이하의 징역 또는 1천만 원 이하의 벌금에 처한다.
④ 아이돌보미가 되려는 사람은 시·도지사가 지정·운영하는 교육기관에서 교육과정을 수료하여야 한다.
⑤ 아이돌보미가 되려는 사람은 여성가족부장관이 실시하는 적성·인성검사를 받아야 한다.

제○○조 ① 아이돌보미는 다른 사람에게 자기의 성명을 사용하여 아이돌보미 업무를 수행하게 하거나 수료증을 대여하여서는 아니 된다.
② 아이돌보미가 아닌 사람은 아이돌보미 또는 이와 유사한 명칭을 사용할 수 없다.
③ 제1항, 제2항을 위반한 사람에게는 300만 원 이하의 과태료를 부과한다.

제○○조 ① 여성가족부장관은 아이돌봄서비스의 질적 수준과 아이돌보미의 전문성 향상을 위하여 보수교육을 실시하여야 한다.
② 제1항에 따른 보수교육은 전문기관에 위탁하여 실시할 수 있다.

① 아이돌보미가 아닌 보육 관련 종사자도 아이돌보미 명칭을 사용할 수 있다.
② 시·도지사는 아이돌보미 양성을 위한 교육기관을 지정·운영하고 보수교육을 실시하여야 한다.
③ 아이돌보미가 되려는 사람은 시·도지사가 실시하는 적성·인성검사를 받아야 한다.
④ 서울특별시의 A기관이 부정한 방법을 통해 아이돌보미 양성을 위한 교육기관으로 지정을 받은 경우, 서울특별시장은 200만 원의 과태료를 부과할 수 있다.
⑤ 인천광역시의 B기관이 아이돌보미 양성을 위한 교육기관으로 지정된 후 교육과정을 1년간 운영하지 않은 경우, 인천광역시장은 그 지정을 취소할 수 있다.

Day 3 Self Check List

	오답 수	무응답 수	풀이시간(분)
1회독	/ 15	/ 15	/ 30(분)
2회독	/ 15	/ 15	/ 25(분)
3회독	/ 15	/ 15	/ 15(분)

정답 및 해설 207p

독끝 4일차 (046~060)

*아래 회독수 별 권장 풀이 시간에 맞춰 풀이 후, 끝쪽의 Self Check List를 기입하여 부족한 부분을 파악하세요!

권장 풀이 시간

1회독 30 min　2회독 25 min　3회독 15 min

본 문항은 PSAT 언어논리 영역 기출 문항으로 구성되며, 기출 표기에 따른 시험 종류는 아래와 같습니다.(표기 상 맨 끝은 '책형' 입니다.)

㉮ – 민간경력자 일괄채용시험 / ㉻ – 공개경쟁채용시험(행정)

046

기출 19' 5급㉮–나　난이도 ●●○

다음 글에 대한 평가로 적절하지 않은 것은?

당신은 '행복 기계'에 들어갈 것인지 망설이고 있다. 만일 들어간다면 그 순간 당신은 기계에 들어왔다는 것을 완전히 잊게 되고, 이 기계를 만나기 전에는 맛보기 힘든 멋진 시간을 가상현실 기술을 통해 경험하게 된다. 단, 누구든 한 번 그 기계에 들어가면 삶을 마칠 때까지 거기서 나올 수 없다. 이 기계에는 고장도 오작동도 없다. 당신은 이 기계에 들어가겠는가? 우리의 삶은 고난과 좌절로 가득 차 있지만, 우리는 그것들이 실제로 사라지기를 원하지 그저 사라졌다고 믿기를 원하지 않는다. 이러한 사실은, 참인 믿음이 우리에게 아무런 이익이 되지 않거나 심지어 손해를 가져오는 경우에도 우리가 거짓인 믿음보다 참인 믿음을 가지기를 선호한다는 견해를 뒷받침한다.

돈의 가치는 숫자가 적힌 종이 자체에 있지 않다. 돈이 가치를 지니는 것은 그것이 좋은 것들을 얻는 도구로 기능하기 때문이다. 참인 믿음을 가지는 것이 유용한 경우가 많은 것은 사실이지만, 다른 것들을 얻기 위한 수단인 돈과 달리 참인 믿음은 그 자체로 가치가 있다. 그리고 행복 기계에 관한 우리의 태도는 이를 분명하게 보여준다.

다른 것에 대한 선호로는 설명될 수 없는 원초적인 선호를 '기초 선호'라고 부른다. 가령 신체의 고통을 피하려는 것은 기초 선호로 보인다. 참인 믿음은 어떤가? 만약 참인 믿음이 기초 선호의 대상이 아니라면, 참인 믿음과 거짓인 믿음이 실용적 손익에서 동등할 경우 전자를 후자보다 더 선호해야 할 이유는 없다. 여기서 확인하게 되는 결론은, 참인 믿음이 기초 선호의 대상이라는 것이다. 그렇지 않다면, 사람들이 행복 기계에 들어가 행복한 거짓 믿음 속에 사는 편을 택하지 않을 이유가 없을 것이다.

① 대부분의 사람이 행복 기계에 들어가는 편을 택할 경우, 논지는 강화된다.
② 행복 기계가 현실에 존재하지 않는다는 사실이 논지를 약화하지는 않는다.
③ 치료를 위해 신체의 고통을 기꺼이 견디는 사람들이 있다고 해도 논지는 약화되지 않는다.
④ 행복 기계에 들어가지 않는 유일한 이유가 참과 무관한 실용적 이익임이 확인될 경우, 논지는 약화된다.
⑤ 실용적 이익이 없음에도 불구하고 우리가 수학적 참인 정리를 믿는 것을 선호한다는 사실은 논지를 강화한다.

047

기출 20' 5급㉻–나　난이도 ●○○

다음 글에서 알 수 있는 것은?

조선 시대에는 지체 높은 관리의 행차 때 하인들이 그 앞에 서서 꾸짖는 소리를 크게 내어 행차에 방해되는 사람을 물리쳤다. 이런 행위를 '가도'라 한다. 국왕의 행차 때 하는 가도는 특별히 '봉도'라고 불렀다. 가도는 잡인들의 통행을 막는 것이기도 했기 때문에 '벽제'라고도 했으며, 이때 하는 행위를 '벽제를 잡는다.'라고 했다. 가도를 할 때는 대체로 '물렀거라', '에라, 게 들어 섰거라' 고 외쳤고, 왕이 행차할 때는 '시위~'라고 소리치는 것이 정해진 법도였다. 『경도잡지』라는 문헌을 보면, 정1품관인 영의정, 좌의정, 우의정의 행차 때 내는 벽제 소리는 그리 크지 않았고, 그 행차 속도도 여유가 있었다고 한다. 행차를 느리게 하는 방식으로 그 벼슬아치의 위엄을 차렸다는 것이다. 그런데 삼정승 아래 벼슬인 병조판서의 행차 때 내는 벽제 소리는 날래고 강렬했다고 한다. 병조판서의 행차답게 소리를 크게 냈다는 것이다.

애초에 가도는 벼슬아치가 행차하는 길 앞에 있는 위험한 것을 미리 치우기 위한 행위였다. 그런데 나중에는 행차 앞에 방해되는 자가 없어도 위엄을 과시하는 관례로 굳어졌다. 가도 소리를 들으면 지나가는 사람은 멀리서도 냉큼 꿇어앉아야 했다. 그 소리를 듣고도 모른 척하면 엄벌을 면치 못했다. 벼슬아치를 경호하는 관원들은 행차가 지나갈 때까지 이런 자들을 눈에 띄지 않는 곳에 가둬 두었다가 행차가 지나간 뒤 몽둥이로 마구 때렸다. 그러니 서민들로서는 벼슬아치들의 행차를 피해 다른 길로 통행하는 것이 상책이었다.

서울 종로의 피맛골은 바로 조선 시대 서민들이 종로를 오가는 벼슬아치들의 행차를 피해 오가던 뒷골목이었다. 피맛골은 서울의 숱한 서민들이 종로 근방에 일이 있을 때마다 오가던 길이었고, 그 좌우에는 허름한 술집과 밥집도 많았다. 피마란 원래 벼슬아치들이 길을 가다가 자기보다 높은 관리를 만날 때, 말에서 내려 길옆으로 피해 경의를 표하는 행위를 뜻하는 말이다. 그런데 신분이 낮은 서민들은 벼슬아치들의 행차와 그 가도를 피하기 위해 뒷골목으로 다니는 행위를 '피마'라고 불렀다. 피맛골은 서민들의 입장에서 볼 때 자유롭게 통행할 수 있는 일종의 해방구였던 셈이다.

① 삼정승 행차보다 병조판서 행차 때의 벽제 소리가 더 컸다.
② 봉도란 국왕이 행차한다는 소리를 듣고 꿇어앉는 행위를 뜻한다.
③ 벼슬아치가 행차할 때 잡인들의 통행을 막으면서 서민들에 대한 감시가 증가했다.
④ 조선 시대에 신분이 낮은 서민들은 피마라는 용어를 말에서 내려 길을 피한다는 의미로 바꿔 썼다.
⑤ 가도는 주로 서울을 중심으로 행해졌기 때문에 벼슬아치들의 행차를 피하기 위해 형성된 장소도 서울에만 있다.

048

기출 20' 5급㉑-나 난이도 ●●○

다음 글에서 추론할 수 있는 것만을 〈보기〉에서 모두 고르면?

'공립학교 인종차별 금지 판결의 준수를 종용하면서, 어떤 법률에 대해서는 의도적으로 그 준수를 거부하니 이는 기괴하다.'라고 할 수 있습니다. '어떤 법률은 준수해야 한다고 하면서도 어떤 법률에 대해서는 그를 거부하라 할 수 있습니까?'라고 물을 수도 있습니다. 하지만 이에는 '불의한 법률은 결코 법률이 아니다.'라는 아우구스티누스의 말을 살펴 답할 수 있습니다. 곧, 법률에는 정의로운 법률과 불의한 법률, 두 가지가 있습니다.

이 두 가지 법률 간 차이는 무엇입니까? 법률이 정의로운 때가 언제이며, 불의한 때는 언제인지 무엇을 보고 결정해야 합니까? 우리 사회에서 통용되는 법률들을 놓고 생각해 봅시다. 우리 사회에서 지켜야 할 법률이라는 점에서 정의로운 법률과 불의한 법률 모두 사람에게 적용되는 규약이기는 합니다. 하지만 정의로운 법률은 신의 법, 곧 도덕법에 해당한다는 데에 동의할 것으로 믿습니다. 그렇다면 불의한 법률은 그 도덕법에 배치되는 규약이라 할 것입니다. 도덕법을 자연법이라 표현한 아퀴나스의 말을 빌리면, 불의한 법률은 결국 사람끼리의 규약에 불과합니다. 사람끼리의 규약이 불의한 이유는 그것이 자연법에 기원한 것이 아니기 때문입니다.

인간의 성품을 고양하는 법률은 정의롭습니다. 인간의 품성을 타락시키는 법률은 물론 불의한 것입니다. 인종차별을 허용하는 법률은 모두 불의한 것인데 그 까닭은 인종차별이 영혼을 왜곡하고 인격을 해치기 때문입니다. 가령 인종을 차별하는 자는 거짓된 우월감을, 차별당하는 이는 거짓된 열등감을 느끼게 되는데 여기서 느끼는 우월감과 열등감은 영혼의 본래 모습이 아니라서 올바른 인격을 갖추지 못하도록 합니다.

따라서 인종차별은 정치·사회·경제적으로 불건전할 뿐 아니라 죄악이며 도덕적으로 그른 것입니다. 분리는 곧 죄악이라 할 것인데, 인간의 비극적인 분리를 실존적으로 드러내고, 두려운 소외와 끔찍한 죄악을 표출하는 상징이 인종차별 아니겠습니까? 공립학교 인종차별 금지 판결이 올바르기에 그 준수를 종용할 수 있는 한편, 인종차별을 허용하는 법률은 결단코 그르기에 이에 대한 거부에 동참해달라고 호소하는 바입니다.

보기

ㄱ. 인간의 성품을 고양하는 법률은 도덕법에 해당한다.
ㄴ. 사람끼리의 규약에 해당하는 법률은 자연법이 아니다.
ㄷ. 인종차별적 내용을 포함하지 않는 모든 법률은 신의 법에 해당한다.

① ㄱ ② ㄷ ③ ㄱ, ㄴ
④ ㄴ, ㄷ ⑤ ㄱ, ㄴ, ㄷ

049

기출 21' 5급㉑-가 난이도 ●●○

다음 글의 ㉠과 ㉡에 들어갈 내용을 〈보기〉에서 골라 적절하게 짝지은 것은?

경제가 어려울수록 사람들은 경제적 재화가 똑같이 분배되는 사회를 소망한다. 하지만 이러한 단순 평등 사회가 달성된다고 하더라도 그 상태는 유지될 수 없다. 처음에 경제적 재화를 똑같이 분배받는다고 하더라도 사람들은 자신의 선택에 따라 재화를 자유롭게 사용할 것이고, 그렇게 되면 시간이 지남에 따라 결국 다시 불평등한 사회가 될 것이기 때문이다. 이러한 불평등을 반복적으로 제거하면 다시 단순 평등 사회로 되돌아갈 수 있을지도 모른다. 하지만 그것은 오직 국가의 개입과 통제가 있어야만 가능한 일이다. 문제는 누구도 개인의 자유를 억압하는 사회를 원치 않는데, 국가의 개입과 통제가 필연적으로 개인의 자유를 억압한다는 것이다. 따라서 단순 평등 사회는 [㉠].

그렇다면 우리는 어떤 의미의 평등 사회를 지향해야 할까? 어떤 사람들이 비싼 물건을 살 능력이 있고 어떤 사람들은 그렇지 못하다는 경제적 불평등은 부정할 수 없는 현실이다. 하지만 우리는 경제적 재화 이외에도 자유, 사회적 지위, 정치권력 등의 다양한 사회적 가치들을 유용하다고 인정한다. 그래서 더욱 심각한 문제는 경제적 재화와 같은 하나의 사회적 가치가 불평등하게 분배되는 것이 정당한 이유 없이 다른 사회적 가치의 분배 문제에서까지 불평등을 유발할 수 있다는 것이다. 이런 결과를 초래하는 것은 바람직하지 않다. 재산이 많다고 정당한 이유 없이 정치권력을 소유하게 되거나, 정치권력을 가졌다고 정당한 이유 없이 높은 사회적 지위를 갖게 되는 것이 그런 예이다. 따라서 평등한 사회를 달성하기 위해서는 [㉡].

보기

ㄱ. 개인의 자유를 억압하지 않는다면 지속 가능한 것이다.
ㄴ. 지속 가능하지도 않고 개인의 자유를 희생하면서까지 원하는 것이 아니다.
ㄷ. 모든 사회적 가치 각각을 공정하게 분배하는 것이 중요하다.
ㄹ. 하나의 사회적 가치에 대한 불평등이 다른 영역에서의 불평등으로 이어지는 것을 막는 것이 중요하다.
ㅁ. 다양한 사회적 가치를 공정하게 분배하는 방법의 출발점으로 하나의 사회적 가치를 공정하게 분배하는 것부터 시작해야 한다.

	㉠	㉡
①	ㄱ	ㄹ
②	ㄱ	ㅁ
③	ㄴ	ㄷ
④	ㄴ	ㄹ
⑤	ㄴ	ㅁ

문항편 4일차 · 의사소통능력

050

기출 21' 5급㉻[상황판단] 난이도 ●●●

다음 글과 〈상황〉을 근거로 판단할 때 옳은 것은?

제○○조 ① 문화재청장은 학술조사 또는 공공목적 등에 필요한 경우 다음 각 호의 지역을 발굴할 수 있다.
1. 고도(古都)지역
2. 수중문화재 분포지역
3. 폐사지(廢寺址) 등 역사적 가치가 높은 지역

② 문화재청장은 제1항에 따라 발굴할 경우 발굴의 목적, 방법, 착수 시기 및 소요 기간 등의 내용을 발굴 착수일 2주일 전까지 해당 지역의 소유자, 관리자 또는 점유자(이하 '소유자 등'이라 한다)에게 미리 알려 주어야 한다.

③ 제2항에 따른 통보를 받은 소유자 등은 그 발굴에 대하여 문화재청장에게 의견을 제출할 수 있으며, 발굴을 거부하거나 방해 또는 기피하여서는 아니 된다.

④ 문화재청장은 제1항의 발굴이 완료된 경우에는 완료된 날부터 30일 이내에 출토유물 현황 등 발굴의 결과를 소유자 등에게 알려 주어야 한다.

⑤ 국가는 제1항에 따른 발굴로 손실을 받은 자에게 그 손실을 보상하여야 한다.

⑥ 제5항에 따른 손실보상에 관하여는 문화재청장과 손실을 받은 자가 협의하여야 하며, 보상금에 대한 합의가 성립하지 않은 때에는 관할 토지수용위원회에 재결(裁決)을 신청할 수 있다.

⑦ 문화재청장은 제1항에 따른 발굴 현장에 발굴의 목적, 조사기관, 소요 기간 등의 내용을 알리는 안내판을 설치하여야 한다.

상황

문화재청장 甲은 고도(古都)에 해당하는 A지역에 대한 학술조사를 위해 2021년 3월 15일부터 A지역의 발굴에 착수하고자 한다. 乙은 자기 소유의 A지역을 丙에게 임대하여 현재 임차인 丙이 이를 점유·사용하고 있다.

① 甲은 A지역 발굴의 목적, 방법, 착수 시기 및 소요 기간 등에 관한 내용을 丙에게 2021년 3월 29일까지 알려주어야 한다.
② A지역의 발굴에 대한 통보를 받은 丙은 甲에게 그 발굴에 대한 의견을 제출할 수 있다.
③ 乙은 발굴 현장에 발굴의 목적 등을 알리는 안내판을 설치하여야 한다.
④ A지역의 발굴로 인해 乙에게 손실이 예상되는 경우, 乙은 그 발굴을 거부할 수 있다.
⑤ A지역과 인접한 토지 소유자인 丁이 A지역의 발굴로 인해 손실을 받은 경우, 丁은 보상금에 대해 甲과 협의하지 않고 관할 토지수용위원회에 재결을 신청할 수 있다.

051

기출 19' 5급㉶-나 난이도 ●●●

다음 글에서 알 수 있는 것은?

조선 왕조가 개창될 당시에는 승려에게 군역을 부과하지 않는 것이 상례였는데, 이를 노리고 승려가 되어 군역을 피하는 자가 많았다. 태조 이성계는 이를 막기 위해 국왕이 되자마자 앞으로 승려가 되려는 자는 빠짐없이 일종의 승려 신분증인 도첩을 발급 받으라고 명했다. 그는 도첩을 받은 자만 승려가 될 수 있으며 도첩을 신청할 때는 반드시 면포 150필을 내야 한다는 규정을 공포했다. 그런데 평범한 사람이 면포 150필을 마련하기란 쉽지 않았다. 이 때문에 도첩을 위조해 승려 행세하는 자들이 생겨났다.

태종은 이 문제를 해결하고자 즉위한 지 16년째 되는 해에 담당 관청으로 하여금 도첩을 위조해 승려 행세하는 자를 색출하게 했다. 이처럼 엄한 대응책 탓에 도첩을 위조해 승려 행세하는 사람은 크게 줄어들었다. 하지만 정식으로 도첩을 받은 후 승려 명부에 이름만 올려놓고 실제로는 승려 생활을 하지 않는 부자가 많은 것이 드러났다. 이런 자들은 불교 지식도 갖추지 않은 것으로 나타났다. 태종과 태종의 뒤를 이은 세종은 태조가 세운 방침을 준수할 뿐 이 문제에 대해 특별한 대책을 내놓지 않았다.

세조는 이 문제를 해결하기 위해 즉위하자마자 담당 관청에 대책을 세우라고 명했다. 그는 수 년 후 담당 관청이 작성한 방안을 바탕으로 새 규정을 시행하였다. 이 방침에는 도첩을 신청한 자가 내야 할 면포 수량을 30필로 낮추되 불교 경전인 심경, 금강경, 살달타를 암송하는 자에게만 도첩을 준다는 내용이 있었다. 세조의 뒤를 이은 예종은 규정을 고쳐 도첩 신청자가 납부해야 할 면포 수량을 20필 더 늘리고, 암송할 불경에 법화경을 추가하였다. 이처럼 기준이 강화되자 도첩 신청자 수가 줄어들었다. 이에 성종 때에는 세조가 정한 규정으로 돌아가자는 주장이 나왔다. 하지만 성종은 이를 거부하고, 예종 때 만들어진 규정을 그대로 유지했다.

① 태종은 도첩을 위조해 승려가 된 자를 색출한 후 면포 30필을 내게 했다.
② 태조는 자신이 국왕이 되기 전부터 승려였던 자들에게 면포 150필을 일괄적으로 거두어들였다.
③ 세조가 즉위한 해부터 심경, 금강경, 살달타를 암송한 자에게만 도첩을 발급한다는 규정이 시행되었다.
④ 성종은 법화경을 암송할 수 있다는 사실을 인정받은 자가 면포 20필을 납부할 때에만 도첩을 내주게 했다.
⑤ 세종 때 도첩 신청자가 내도록 규정된 면포 수량은 예종 때 도첩 신청자가 내도록 규정된 면포 수량보다 많았다.

052

기출 20' 5급㉻-나 | 난이도 ●●●

다음 글에서 알 수 있는 것은?

철은 구성 성분과 용도 그리고 단단함의 정도(강도), 질긴 정도(인성), 부드러운 정도(연성), 외부 충격에 깨지지 않고 늘어나는 정도(가단성) 등의 성질에 따라 다양한 종류로 나뉜다.

순철은 거의 100% 철로 되어있다. 순철을 가열하면 약 910˚C에서 체심입방격자에서 면심입방격자로 구조 변화가 일어나면서 수축이 일어나고 이 구조는 약 1,400˚C까지 유지된다. 그 이상의 온도에서는 구조가 다시 체심입방격자로 바뀌면서 팽창이 일어난다. 순철은 얇게 펼 수 있으며, 용접하기 쉽고, 쉽게 부식되지 않지만, 상온에서 매우 부드러워서 전자기 재료, 촉매, 합금용 등 그 활용 범위가 제한되어 있으며 공업적으로 조금 생산된다. 따라서 대부분의 경우 철은 순철 자체로 사용되기보다 탄소가 혼합된 형태로 사용된다.

선철은 용광로에서 철광석을 녹여 만든 철로서 탄소, 규소, 망간, 인, 황이 많이 포함되어 있고 단단하지만 부서지기 쉽다. 선철에는 탄소가 특히 많이 함유되어 있기 때문에 순철보다 인성과 가단성이 낮아 주형에 부어 주물로 만들 수는 있지만, 압력을 가해 얇게 펴거나 늘리는 가공은 어렵다. 대부분 선철은 강(鋼)을 만들기 위한 원료로 사용되며, 용광로에서 나와 가공되기 전 녹아 있는 상태의 선철을 용선이라고 한다.

제강로에 선철을 넣으면 탄소나 기타 성분이 제거되는 정련 과정이 일어나며, 이를 통해 강이 만들어진다. 강은 질기고 외부의 충격에 깨지지 않고 늘어나는 성질이 강하기 때문에 불에 달구어서 두들기거나 압연기 사이로 통과시키면서 압력을 가해 여러 형태의 판이나 봉, 관 등의 구조재를 만들 수 있다. 또한 외부 충격에 견디는 힘이 높아 그 용도가 무궁무진하다.

강은 탄소 함유량에 따라 저탄소강, 중탄소강, 고탄소강으로 구분한다. 탄소강은 가공과 열처리를 통해 성질을 다양하게 변화시킬 수 있고 값도 매우 싸기 때문에 실용 재료로써 그 가치가 매우 크다. 하지만 모든 성질이 우수한 탄소강을 만드는 것은 불가능하기에 다양한 제강 과정을 거쳐서 용도에 따른 특수강을 만들어 사용한다. 강에 특수한 성질을 주기 위하여 니켈, 크롬, 텅스텐, 몰리브덴 등의 특수 원소를 첨가하거나 탄소, 규소, 망간, 인, 황 중 일부를 첨가하여 내열강, 내마모강, 고장력강 등을 만드는데 이것을 특수강이라고 부른다.

① 순철은 연성이 높기 때문에 온도에 의한 구조 변화와 수축·팽창이 쉽게 일어난다.
② 순철은 선철보다 덜 질기고 외부 충격에 깨지지 않고 늘어나는 정도가 더 낮다.
③ 용선이 가지고 있는 탄소의 양은 저탄소강이 가지고 있는 탄소의 양보다 적다.
④ 제강로에서 일어나는 정련 과정은 선철의 인성과 가단성을 높인다.
⑤ 고장력강의 탄소 함유량은 고탄소강의 탄소 함유량보다 더 낮다.

053

기출 19' 5급㉻-가 | 난이도 ●●●

다음 글에서 추론할 수 있는 것은?

조선왕조실록은 조선 시대 국왕의 재위 기간에 있었던 중요 사건들을 정리한 기록물로 역사적인 가치가 크다. 이에 유네스코는 태조부터 철종까지의 시기에 있었던 사건들이 담긴 조선왕조실록 총 1,893권, 888책을 세계 기록 유산으로 등재하였다.

실록의 간행 과정은 상당히 길고 복잡했다. 먼저, 사관이 국왕의 공식적 언행과 주요 사건을 매일 기록하여 사초를 만들었다. 그 국왕의 뒤를 이어 즉위한 새 왕은 전왕(前王)의 실록을 만들기 위해 실록청을 세웠다. 이 실록청은 사초에 담긴 내용을 취사선택해 실록을 만든 후 해산하였다. 이렇게 만들어진 실록은 전왕의 묘호(廟號)를 붙여 '○○실록'이라고 불렀다. 이런 식으로 일이 진행되다보니 『철종실록』이 고종 때에 간행되었던 것이다.

한편 정변으로 왕이 바뀌었을 때에는 그 뒤를 이은 국왕이 실록청 대신 일기청을 설치하여 물러난 왕의 재위 기간에 있었던 일을 '○○○일기(日記)'라는 명칭으로 정리해 간행했다. 인조 때 『광해군실록』이 아니라 『광해군일기』가 간행된 것은 바로 이 때문이다. '일기'는 명칭만 '실록'이라고 부르지 않을 뿐 간행 과정은 그와 동일했다. 그렇기 때문에 '일기'도 세계 기록 유산으로 등재된 조선왕조실록에 포함된 것이다. 『단종실록』은 특이한 사례에 해당된다. 단종은 계유정난으로 왕위에서 쫓겨난 후에 노산군으로 불렸고, 그런 이유로 세조 때 『노산군일기』가 간행되었다. 그런데 숙종 24년(1698)에 노산군이 단종으로 복위된 후로 『노산군일기』를 『단종실록』으로 고쳐 부르게 되었다.

조선 후기 붕당 간의 대립은 실록 내용에도 영향을 미쳤다. 선조 때 동인과 서인이라는 붕당이 등장한 이래, 선조의 뒤를 이은 광해군과 인조 때까지만 해도 붕당 간 대립이 심하지 않았다. 그러나 인조의 뒤를 이어 효종, 현종, 숙종이 연이어 왕위에 오르는 과정에서 붕당 간 대립이 심해졌다. 효종 때부터는 집권 붕당이 다른 붕당을 폄훼하기 위해 이미 만들어져 있는 실록을 수정해 간행하는 일이 벌어졌다. 수정된 실록에는 원래의 실록과 구분해 '○○수정실록'이라는 명칭을 따로 붙였다.

① 『효종실록』은 현종 때 설치된 실록청이 간행했을 것이다.
② 『노산군일기』는 숙종 때 설치된 일기청이 간행했을 것이다.
③ 『선조수정실록』은 광해군 때 설치된 실록청이 간행했을 것이다.
④ 『고종실록』은 세계 기록 유산으로 등재된 조선왕조실록에 포함되어 있을 것이다.
⑤ 『광해군일기』는 세계 기록 유산으로 등재된 조선왕조실록에 포함되어 있지 않을 것이다.

054

기출 21' 5급㉹-가 | 난이도 ●●○

다음 글의 A와 B에 대한 분석으로 가장 적절한 것은?

A는 근대화란 곧 산업화이고, 산업화는 농촌을 벗어난 농민들이 도시의 임금노동자가 되어가는 과정이라고 생각했다. 토지에 얽매이지 않으며 노동력 말고는 팔 것이 없는 이들을 '자유로운 노동자'라고 불렀다. 이들 중에서 한 사람의 임금으로 가족 전부를 부양할 수 있을 만큼의 급여를 확보한 특권적인 노동자가 나타난다. 이 노동자가 한 집안의 가장 혹은 '빵을 벌어오는 사람'이다. 이렇게 자신과 가족의 생활을 유지할 만큼 급여를 받는 피고용자를 정규직이라 불러왔다. 그 급여 수준이 어느 정도인지, 일주일에 몇 시간을 노동해야 하는지에 대해서는 역사적으로 각 사회의 '건강하고 문화적인' 생활수준과 노사협의를 통해서 결정된다. A는 산업화가 지속적으로 진전되면 세상의 모든 사람은 정규직 임금노동자가 된다고 예측했다.

이에 이의를 제기한 B는 산업화가 진전됨에 따라 노동자들이 크게 핵심부, 반주변부, 주변부로 나뉜다고 주장했다. 핵심부에 속하는 노동자들은 혼자 벌어 가정을 유지할 만큼의 급여를 확보하는 정규직 노동자들인데, 이들의 일자리는 사회적 희소재로서 앞으로는 늘어나지 않을 것으로 예측되었다. 그 대신에 반주변부에는 정규직보다 급여가 낮은 비정규직을 포함하는 일반 노동자들이, 그리고 시장 바깥의 주변부에는 실업자를 포함해서 반주변부보다 열악한 상황에 놓인 노동자들이 계속해서 남아돌게 될 것이라고 했다. 그의 예측은 적중했다.

산업화가 진전된 선진국에서는 고용의 파이가 더 이상 확대되지 않거나 축소되었다. 일반적으로 노조가 발달한 선진국에는 노동자에게 '선임자 특권'이라는 것이 있다. 이로 인해 이미 고용된 나이 많은 노동자를 해고하는 것이 어려워져 신규 채용을 회피하게 된다. 그 결과 국제적으로 정규직의 파이는 거의 모든 사회에서 축소되는 경향을 낳았다. 그러한 바탕 위에 노동시장에서 고용의 비정규직화는 지속적으로 강화되었으며 청년 실업률 또한 높아졌다.

① A는 정규직 노동자의 실질 급여 수준이 산업화가 진전됨에 따라 지속적으로 하락할 것으로 보았다.
② B는 산업화가 진전됨에 따라 기존의 주변부 노동자들과는 다른 새로운 형태의 주변부 노동자들이 계속해서 생성될 것이라고 보았다.
③ A와 B는 모두 선임자 특권이 청년 실업률을 높이는 데 기여한다고 보았다.
④ A와 B는 모두 산업화가 진전되면 궁극적으로 한 사회의 노동자들의 급여가 다양한 수준에서 결정된다고 보았다.
⑤ A는 정규직 노동자가, B는 핵심부 노동자가 한 사람의 노동자 급여로 가족을 부양할 수 있다고 보았다.

055

기출 21' 5급㉹[상황판단] | 난이도 ●○○

다음 글을 근거로 판단할 때 옳은 것은?

제○○조 ① 농림축산식품부장관은 채소류 등 저장성이 없는 농산물의 가격안정을 위하여 필요하다고 인정할 때에는 생산자 또는 생산자단체로부터 농산물 가격안정기금으로 해당 농산물을 수매할 수 있다. 다만 가격안정을 위하여 특히 필요하다고 인정할 때에는 도매시장에서 해당 농산물을 수매할 수 있다.
② 제1항에 따라 수매한 농산물은 판매 또는 수출하거나 사회복지단체에 기증하는 등 필요한 처분을 할 수 있다.
③ 농림축산식품부장관은 제1항과 제2항에 따른 수매 및 처분에 관한 업무를 농업협동조합중앙회·산림조합중앙회(이하 '농림협중앙회'라 한다) 또는 한국농수산식품유통공사에 위탁할 수 있다.

제○○조 ① 농림축산식품부장관은 농산물(쌀과 보리는 제외한다. 이하 이 조에서 같다)의 수급조절과 가격안정을 위하여 필요하다고 인정할 때에는 농산물 가격안정기금으로 농산물을 비축하거나 농산물의 출하를 약정하는 생산자에게 그 대금의 일부를 미리 지급하여 출하를 조절할 수 있다.
② 제1항에 따른 비축용 농산물은 생산자 또는 생산자단체로부터 수매할 수 있다. 다만 가격안정을 위하여 특히 필요하다고 인정할 때에는 도매시장에서 수매하거나 수입할 수 있다.
③ 농림축산식품부장관은 제1항과 제2항에 따른 사업을 농림협중앙회 또는 한국농수산식품유통공사에 위탁할 수 있다.
④ 농림축산식품부장관은 제2항 단서에 따라 비축용 농산물을 수입하는 경우, 국제가격의 급격한 변동에 대비하여야 할 필요가 있다고 인정할 때에는 선물거래(先物去來)를 할 수 있다.

① 한국농수산식품유통공사는 가격안정을 위해 수매한 저장성이 없는 농산물을 외국에 수출할 수 없다.
② 채소류의 가격안정을 위해서 특히 필요하다고 인정되어 수매할 경우, 농림협중앙회는 소매시장에서 수매하여야 한다.
③ 농림협중앙회는 보리의 수급조절을 위하여 보리 생산자에게 대금의 일부를 미리 지급하여 출하를 조절할 수 있다.
④ 농림축산식품부장관은 개별 생산자로부터 비축용 농산물을 수매할 수 있다.
⑤ 농림축산식품부장관은 비축용 농산물 국제가격의 급격한 변동에 대비하여야 할 필요가 있다고 인정할 경우에도 선물거래를 할 수 없다.

056

기출 19' 5급(민)-나 | 난이도 ●●○

다음 글에서 알 수 있는 것은?

> 대부분의 미국 경찰관은 총격 사건을 경험하지 않고 은퇴하지만, 그럼에도 매년 약 600명이 총에 맞아 사망하고, 약 200명은 부상당한다. 미국에서 총격 사건 중 총기 발사 경험이 있는 경찰관 대부분이 심리적 문제를 보인다.
>
> 총격 사건을 겪은 경찰관을 조사한 결과, 총격 사건이 일어나는 동안 발생하는 중요한 심리현상 중의 하나가 시간·시각·청각왜곡을 포함하는 지각왜곡이었다. 83 %의 경찰관이 총격이 오가는 동안 시간왜곡을 경험했는데, 그들 대부분은 한 시점에서 시간이 감속하여 모든 것이 느려진다고 느꼈다. 또한 56 %가 시각왜곡을, 63 %가 청각왜곡을 겪었다. 시각왜곡 중에서 가장 빈번한 증상은 한 가지 물체에만 주의가 집중되고 그 밖의 장면은 무시되는 것이다. 청각왜곡은 권총 소리, 고함 소리, 지시 사항 등의 소리를 제대로 듣지 못하는 것이다.
>
> 총격 사건에서 총기를 발사한 경찰관은 사건 후 수많은 심리증상을 경험한다. 가장 일반적인 심리증상은 높은 위험 지각, 분노, 불면, 고립감 등인데, 이러한 반응은 특히 총격 피해자 사망 시에 잘 나타난다. 총격 사건을 겪은 경찰관은 이전에 생각했던 것보다 자신의 직업이 더욱 위험하다고 지각하게 된다. 그들은 총격 피해자, 부서, 동료, 또는 사회에 분노를 느끼기도 하는데, 이는 자신을 누군가에게 총을 쏴야만 하는 상황으로 몰아넣었다는 생각 때문에 발생한다. 이러한 심리증상은 그 정도에서 큰 차이를 보였다. 37 %의 경찰관은 심리증상이 경미했고, 35 %는 중간 정도이며, 28 %는 심각했다. 이러한 심리증상의 정도는 총격 사건이 발생한 상황에서 경찰관 자신의 총기 사용이 얼마나 정당했는가와 반비례하는 것으로 보인다. 수적으로 열세인 것, 권총으로 강력한 자동화기를 상대해야 하는 것 등의 요소가 총기 사용의 정당성을 높여준다.

① 총격 사건 중에 경험하는 지각왜곡 중에서 청각왜곡이 가장 빈번하게 나타난다.

② 전체 미국 경찰관 중 총격 사건을 경험하는 사람이 경험하지 않는 사람보다 많다.

③ 총격 피해자가 사망했을 경우 경찰관이 경험하는 청각왜곡은 그렇지 않은 경우보다 심각할 것이다.

④ 총격 사건 후 경찰관이 느끼는 높은 위험 지각, 분노 등의 심리증상은 지각왜곡의 정도에 의해 영향을 받는다.

⑤ 범죄자가 경찰관보다 강력한 무기로 무장했을 경우 경찰관이 총격 사건 후 경험하는 심리증상은 반대의 경우보다 약할 것이다.

057

기출 19' 5급(행)-가 | 난이도 ●○○

다음 글에서 알 수 있는 것은?

> 조선 시대에는 어떤 경우라도 피의자로부터 죄를 자백받도록 규정되어 있었고, 죄인이 자백을 한 경우에만 형이 확정되었다. 관리들은 자백을 받기 위해 심문을 했는데, 대개 말로 타일러 자백을 받아내는 '평문'을 시행했다. 그러나 피의자가 자백을 하지 않고 버틸 때에는 매를 쳐 자백을 받는 '형문'을 시행했다. 형문 과정에서 매를 칠 때에는 한 번에 30대를 넘길 수 없었고, 한 번 매를 친 후에는 3일이 지나야만 다시 매를 칠 수 있었다. 이렇게 두 번 매를 친 후에는 형문으로 더 이상 매를 칠 수 없었다.
>
> 평문이나 형문을 통해 범죄 사실이 확정되면 '본형'이 집행되었다. 그런데 본형으로 매를 맞을 사람에게는 형문 과정에서 맞은 매의 수만큼 빼 주도록 규정되어 있었다. 또 형문과 본형에서 맞은 매의 합계가 그 죄의 대가로 맞도록 규정된 수를 초과할 수 없었다. 형문과 본형을 막론하고, 맞는 매의 종류는 태형과 장형으로 나뉘어졌다. 태형은 길고 작은 매를 사용해 치는 것인데, 어떤 경우에도 50대를 넘겨서 때릴 수 없었다. 태형보다 더 큰 매로 치는 장형은 '곤장'이라고도 부르는데, 죄목에 따라 60대부터 10대씩 올려 100대까지 칠 수 있었다. 장형을 칠 때, 대개는 두께가 6밀리미터 정도인 '신장'이라는 도구를 사용했다. 그런데 종이 상전을 다치게 했을 경우에는 신장보다 1.5배 정도 더 두꺼운 '성장'이라는 도구를 사용해 매를 쳤다. 또 반역죄와 같이 중한 죄인을 다룰 때에는 더 두꺼운 '국장'을 사용하였다.
>
> 매를 때리다가 피의자가 죽는 경우도 있었는데, 이때는 책임자를 파직하거나 그로 하여금 장례 비용을 내게 했다. 단, 반역죄인에게 때리는 매의 수에 제한은 없었고, 형문이나 본형 도중 반역죄인이 사망한다고 해서 책임자를 문책한다는 규정도 없었다.
>
> 조선 시대에는 남의 재물을 강탈한 자를 처벌할 때 초범인 경우에는 60대를 쳤다. 그런데 재범이거나 세 사람 이상 무리를 이루어 남의 재물을 강탈했을 때에는 처벌이 더 엄했다. 이런 사람에 대한 처벌로는 100대를 때렸다. 남의 재물을 강탈한 자의 경우 형문할 때와 본형으로 처벌할 때 택하는 매의 종류가 같았다.

① 피의자가 평문을 받다가 사망하면 심문한 사람이 장례 비용을 내야 했다.

② 세 명 이상 무리를 지어 남의 재물을 강제로 빼앗은 자는 장형으로 처벌했다.

③ 반역 혐의가 있는 사람은 자백을 받지 않고 국장으로 때리도록 규정되어 있었다.

④ 상전의 명을 어긴 혐의로 형문을 받는 종은 남의 재물을 강탈한 자보다 더 많은 매를 맞았다.

⑤ 평문 과정에서 죄인이 자신의 죄를 순순히 자백하면 본형에 들어가지 않고 처벌을 면제하였다.

058

기출 19' 5급㉻-가 난이도 ●●●

다음 글에서 추론할 수 있는 것은?

미국 대통령 후보 선거제도 중 '코커스'는 정당 조직의 가장 하위 단위인 기초선거구의 당원들이 모여 상위의 전당대회에 참석할 대의원을 선출하는 당원회의이다. 대의원 후보들은 자신이 대통령 후보로 누구를 지지하는지 먼저 밝힌다. 상위 전당대회에 참석할 대의원들은 각 대통령 후보에 대한 당원들의 지지율에 비례해서 선출된다. 코커스에서 선출된 대의원들은 카운티 전당대회에서 투표권을 행사하여 다시 다음 수준인 의회선거구 전당대회에 보낼 대의원들을 선출한다. 여기서도 비슷한 과정을 거쳐 주(州) 전당대회 대의원들을 선출해내고, 거기서 다시 마지막 단계인 전국 전당대회 대의원들을 선출한다. 주에 따라 의회선거구 전당대회는 건너뛰기도 한다.

1971년까지는 선거법에 따라 민주당과 공화당 모두 5월 둘째 월요일까지 코커스를 개최해야 했다. 그런데 민주당 전국위원회가 1972년부터는 대선후보 선출을 위한 전국 전당대회를 7월 말에 개최하도록 결정하면서 1972년 아이오와주 민주당의 코커스는 그 해 1월에 열렸다. 아이오와주 민주당 규칙에 코커스, 카운티 전당대회, 의회선거구 전당대회, 주 전당대회, 전국 전당대회 순서로 진행되는 각급 선거 간에 최소 30일의 시간적 간격을 두어야 한다는 규정이 있었기 때문이다. 이후 아이오와주에서 공화당이 1976년부터 코커스 개최 시기를 1월로 옮기면서, 아이오와주는 미국의 대선후보 선출 과정에서 민주당과 공화당 모두 가장 먼저 코커스를 실시하는 주가 되었다.

아이오와주의 선거 운영 방식은 민주당과 공화당 간에 차이가 있었다. 공화당의 경우 코커스를 포함한 하위 전당대회에서 특정 대선후보를 지지하여 당선된 대의원이 상위 전당대회에서 반드시 같은 후보를 지지해야 하는 것은 아니었다. 반면 민주당의 경우 그러한 구속력을 부여하였다. 그러나 2016년부터 공화당 역시 상위 전당대회에 참여하는 대의원에게 같은 구속력을 부여함으로써 기층 당원의 대통령 후보에 대한 지지도가 전국 전당대회에 참여할 주(州) 대의원 선출에 반영되도록 했다.

① 주 전당대회에 참석할 대의원은 모두 의회선거구 전당대회에서 선출되었다.
② 1971년까지 아이오와주보다 이른 시기에 코커스를 실시하는 주는 없었다.
③ 1972년 아이오와주 민주당의 주 전당대회 선거는 같은 해 2월 중에 실시되었다.
④ 1972년 아이오와주에서 민주당 코커스와 공화당 코커스는 같은 달에 실시되었다.
⑤ 1976년 아이오와주 공화당 코커스에서 특정 후보를 지지한 대의원은 카운티 전당대회에서 다른 후보를 지지할 수 있었다.

059

기출 20' 5급㉻-나 난이도 ●●●

다음 글의 내용과 부합하는 것은?

1876년 개항 이후 제당업은 많은 변화를 거치며 지금에 이르렀다. 처음 조선에 수입되기 시작한 영국 자본계 정제당은 1905년 러일전쟁 이후 일본정부가 정책적으로 지원한 일본의 정제당으로 교체되었다. 한말에는 일본제품이 유입되는 여러 경로가 있었으나 1907년에 '대일본제당(大日本製糖)'으로 단일화되었다. 제1차 세계대전 발발 후에도 세계적으로 설탕 시세가 고가를 유지하자 대일본제당은 제당업의 장래를 밝게 전망했다. 1920년대 후반 세계적인 설탕 가격 하락과 일본 내 과잉 공급으로 제당회사 간의 경쟁이 과열되었다. 이에 당업연합회는 설탕 가격 하락을 막기 위해 강력한 카르텔로 전환하여 가격 통제를 강화하였다.

대일본제당은 조선총독부의 후원 아래 독점적 제당회사인 대일본제당 조선지점을 설립하고, 1920년부터 원료비 절감을 위해 평안남도와 황해도 일대에 사탕무를 재배하기 시작하였다. 하지만 생산성이 매우 낮아 국제적인 경쟁력이 없는 것으로 판명되었다. 이에 대일본제당 조선지점은 1922년부터 원료당을 수입해 가공하는 정제당업으로 전환하여, 저렴한 자바 원료당을 조선에 독점적으로 공급하면서 생산 기반을 구축하였다. 또한 상품 시장인 만주와 지리적으로 근접한 이점을 활용하여 운송비를 절감함으로써 1930년대 후반까지 호황을 누렸다.

해방 후 한국은 일제 강점기의 제당업 생산체제와 단절되어 공급량이 줄었음에도 불구하고 설탕 소비는 계속 증가하였다. 사업 기회를 포착한 설탕 무역업자들이 정부로부터 생산 설비를 위한 자금을 지원 받고, 미국이 원조하는 원료당의 배정에서도 특혜를 받으며 제당업에 뛰어들었다. 더구나 설탕은 가격 통제 대상이 아니었기 때문에 제당회사들은설탕 가격을 담합하여 높은 가격을 유지했다. 제당회사들 간 과잉 투자로 후발업체가 도태되는 상황이 벌어져도 국내 설탕 가격은 하락하지 않았다.

① 개항 이후 제당업 성장의 배경에는 정책적 지원과 특혜가 있었다.
② 제1차 세계대전으로 인한 설탕 수급 불균형은 국제적인 설탕가격 폭락을 초래하였다.
③ 대일본제당 조선지점은 설탕의 운송비를 절감하기 위해 정제당업으로 전환하였다.
④ 대일본제당은 조선을 설탕의 상품 시장이자 원료 공급지로 개발하여 큰 이득을 거두었다.
⑤ 해방 후 설탕에 대한 수요가 증가하자 정부는 제당회사들의 설탕 가격 담합을 단속하였다.

060

기출 20' 5급㉻[상황판단] 난이도 ●○○

다음 글을 근거로 판단할 때 옳은 것은?

제○○조 ① 지방자치단체의 장은 소속공무원이 적극행정으로 인해 징계 의결 요구가 된 경우 적극행정지원위원회(이하 '위원회'라 한다)의 변호인 선임비용 지원결정(이하 '지원결정'이라 한다)에 따라 200만 원 이하의 범위 내에서 변호인 선임비용을 지원할 수 있다.

② 지방자치단체의 장은 소속공무원이 적극행정으로 인해 고소·고발을 당한 경우 위원회의 지원결정에 따라 기소 이전 수사과정에 한하여 500만 원 이하의 범위 내에서 변호인 선임비용을 지원할 수 있다.

③ 제1항, 제2항에 따라 지원결정을 받은 공무원은 이미 변호인을 선임한 경우를 제외하고는 선임비용을 지원받은 날부터 1개월 내에 변호인을 선임하여야 한다.

제□□조 ① 위원회는 지원결정을 받은 공무원이 다음 각 호의 어느 하나에 해당하는 경우 그 결정을 취소할 수 있다.

1. 허위 또는 부정한 방법으로 지원결정을 받은 경우
2. 제○○조 제2항의 고소·고발 사유와 동일한 사실관계로 유죄의 확정판결을 받은 경우
3. 제○○조 제3항의 사항을 이행하지 않은 경우

② 제1항에 따라 지원결정이 취소된 경우 해당 공무원은 지원받은 변호인 선임비용을 즉시 반환하여야 한다.

③ 위원회는 제2항에 따른 반환의무를 전부 부담시키는 것이 타당하지 않다고 판단하는 경우에는 반환의무의 일부 또는 전부를 면제하는 결정을 할 수 있다.

④ 제1항부터 제3항은 해당 공무원이 변호인 선임비용을 지원받은 후 퇴직한 경우에도 적용한다.

※ 적극행정이란 공무원이 불합리한 규제를 개선하는 등 공공의 이익을 위해 창의성과 전문성을 바탕으로 적극적으로 업무를 처리하는 행위를 말한다.

① 지방자치단체의 장은 소속공무원이 적극행정으로 인해 징계 의결 요구가 된 경우, 위원회의 지원결정에 따라 500만 원의 변호인 선임비용을 지원할 수 있다.
② 지원결정을 받은 공무원이 적극행정으로 인해 고발당한 사건에 대해 이미 변호인을 선임하였더라도 선임비용을 지원받은 날부터 1개월 내에 새로운 변호인을 선임해야 한다.
③ 지원결정을 받은 공무원이 적극행정으로 인해 고소당한 사유와 동일한 사실관계로 무죄의 확정판결을 받은 경우, 위원회는 지원결정을 취소해야 한다.
④ 지원결정이 취소된 경우라도 위원회는 해당 공무원이 지원받은 변호인 선임비용에 대한 반환의무의 일부 또는 전부를 면제하는 결정을 할 수 있다.
⑤ 지원결정에 따라 변호인 선임비용을 지원받고 퇴직한 공무원에 대해 지원결정이 취소되더라도 그가 그 비용을 반환하는 경우는 없다.

Day 4 Self Check List

	오답 수	무응답 수	풀이시간(분)
1회독	/ 15	/ 15	/ 30(분)
2회독	/ 15	/ 15	/ 25(분)
3회독	/ 15	/ 15	/ 15(분)

정답 및 해설 243p

독끝 5일차 (061~075)

*아래 회독수 별 권장 풀이 시간에 맞춰 풀이 후, 끝쪽의 Self Check List를 기입하여 부족한 부분을 파악하세요!

권장 풀이 시간

1회독 30 min　2회독 25 min　3회독 15 min

본 문항은 PSAT 언어논리 영역 기출 문항으로 구성되며, 기출 표기에 따른 시험 종류는 아래와 같습니다.(표기 상 맨 끝은 '책형' 입니다.)
㉤ – 민간경력자 일괄채용시험 / ㉥ – 공개경쟁채용시험(행정)

061

기출 19' 5급㉤-나　난이도 ●●○

다음 글에서 추론할 수 있는 것만을 〈보기〉에서 모두 고르면?

생산자가 어떤 자원을 투입물로 사용해서 어떤 제품이나 서비스 등의 산출물을 만드는 생산과정을 생각하자. 산출물의 가치에서 생산하는 데 소요된 모든 비용을 뺀 것이 '순생산가치'이다. 생산자가 생산과정에서 투입물 1단위를 추가할 때 순생산가치의 증가분이 '한계순생산가치'이다. 경제학자 P는 이를 ⓐ'사적(私的) 한계순생산가치'와 ⓑ'사회적 한계순생산가치'로 구분했다.

사적 한계순생산가치란 한 기업이 생산과정에서 투입물 1단위를 추가할 때 그 기업에 직접 발생하는 순생산가치의 증가분이다. 사회적 한계순생산가치란 한 기업이 투입물 1단위를 추가할 때 발생하는 사적 한계순생산가치에 그 생산에 의해 부가적으로 발생하는 사회적 비용을 빼고 편익을 더한 것이다. 여기서 이 생산과정에서 부가적으로 발생하는 사회적 비용이나 편익에는 그 기업의 사적 한계순생산가치가 포함되지 않는다.

〈보기〉

ㄱ. ⓐ의 크기는 기업의 생산이 사회에 부가적인 편익을 발생시키는지의 여부와 무관하게 결정된다.
ㄴ. 어떤 기업이 투입물 1단위를 추가할 때 사회에 발생하는 부가적인 편익이나 비용이 없는 경우, 이 기업이 야기하는 ⓐ와 ⓑ의 크기는 같다.
ㄷ. 기업 A와 기업 B가 동일한 투입물 1단위를 추가했을 때 각 기업에 의해 사회에 부가적으로 발생하는 비용이 같을 경우, 두 기업이 야기하는 ⓑ의 크기는 같다.

① ㄱ　② ㄷ　③ ㄱ, ㄴ
④ ㄴ, ㄷ　⑤ ㄱ, ㄴ, ㄷ

062

기출 19' 5급㉥-가　난이도 ●○○

다음 글에서 알 수 없는 것은?

개항 이후 나타난 서양식 건축물은 양관(洋館)이라고 불렸다. 양관은 우리의 전통 건축 양식보다는 서양식 건축 양식에 따라 만들어진 건축물이었다. 정관헌(靜觀軒)은 대한제국 정부가 경운궁에 지은 대표적인 양관이다. 이 건축물은 고종의 연회와 휴식 장소로 쓰였는데, 한때 태조와 고종 및 순종의 영정을 이곳에 모셨다고 한다.

정관헌은 중앙의 큰 홀과 부속실로 구성되어 있으며 중앙 홀 밖에는 회랑이 설치되어 있다. 이 건물의 외형은 다음과 같은 점에서 상당히 이국적이다. 우선 처마가 밖으로 길게 드러나 있지 않다. 또한 바깥쪽의 서양식 기둥과 함께 붉은 벽돌이 사용되었고, 회랑과 바깥 공간을 구분하는 난간은 화려한 색채를 띠며 내부에는 인조석으로 만든 로마네스크풍의 기둥이 위치해 있다.

그럼에도 불구하고 이 건물에서 우리 건축의 맛이 느껴지는 것은 서양에서 사용하지 않는 팔작지붕의 건물이라는 점과 회랑의 난간에 소나무와 사슴, 그리고 박쥐 등의 형상이 보이기 때문이다. 소나무와 사슴은 장수를, 박쥐는 복을 상징하기에 전통적으로 즐겨 사용되는 문양이다. 비록 서양식 정자이지만 우리의 문화와 정서가 녹아들어 있는 것이다. 물론 이 건물에는 이국적인 요소가 많다. 회랑을 덮고 있는 처마를 지지하는 바깥 기둥은 전형적인 서양식 기둥의 모습이다. 이 기둥은 19세기 말 서양의 석조 기둥이 철제 기둥으로 바뀌는 과정에서 갖게 된 날렵한 비례감을 지니고 있다. 이 때문에 그리스의 도리아, 이오니아, 코린트 기둥의 안정감 있는 비례감에 익숙한 사람들에게는 다소 어색해 보이기도 한다.

그런데 정관헌에는 서양과 달리 철이 아닌 목재가 바깥 기둥의 재료로 사용되었다. 이는 당시 정부가 철을 자유롭게 사용할 수 있을 정도의 재정적 여력을 갖지 못했기 때문이다. 정관헌의 바깥 기둥 윗부분에는 대한제국을 상징하는 오얏꽃 장식이 선명하게 자리 잡고 있다. 정관헌은 건축적 가치가 큰 궁궐 건물이었지만 규모도 크지 않고 가벼운 용도로 지어졌기 때문에 그동안 소홀히 취급되어 왔다.

① 정관헌의 바깥 기둥은 서양식 철 기둥 모양을 하고 있지만 우리 문화와 정서를 반영하기 위해 목재를 사용하였다.
② 정관헌의 난간에 보이는 동식물과 바깥 기둥에 보이는 꽃 장식은 상징성을 지니고 있다.
③ 정관헌은 그 규모와 용도 때문에 건축물로서 지닌 가치에 걸맞은 취급을 받지 못했다.
④ 정관헌에 사용된 서양식 기둥과 붉은 벽돌은 정관헌을 이국적으로 보이게 한다.
⑤ 정관헌은 동서양의 건축적 특징이 조합된 양관으로서 궁궐 건물이었다.

063

기출 19' 5급㉻-가 | 난이도 ●●○

다음 글에서 알 수 있는 것은?

조선 시대에는 농지에서 생산된 곡물의 일정량을 조세로 징수했는데, 건국 초에는 면적 단위 1결마다 거두도록 규정된 조세량이 일정했다. 하지만 이에 불만을 품은 사람들이 많았다. 생산성이 좋은 농지를 가진 자는 정해진 액수만 내면 남은 양에 상관없이 그 모두를 가질 수 있었던 반면, 생산성이 낮은 농지를 가진 자는 수확량이 적어 정해진 세액도 못 낼 수 있기 때문이었다. 이는 모든 농지를 결이라는 동일한 크기의 면적으로 나누고 결마다 같은 액수의 조세를 받기 때문에 생긴 문제였다. 조선 왕조는 이런 문제점을 완화하고자 작황을 살핀 후 적당히 세액을 깎아주는 '답험손실법'이라는 제도를 시행하였다.

답험손실법에 따라 작황을 살펴보는 행위를 '답험'이라고 불렀다. 답험 실행 주체는 농지의 성격에 따라 달랐다. 국가에 조세를 내야 하는 땅은 그 농지가 위치한 곳의 지방관이 답험을 했다. 또 과전법의 적용을 받아 국가 대신 조세를 받는 사람이 지정된 땅의 경우에는 권리 수급자가 직접 답험을 했다. 그런데 답험 과정에서 지방관이 납세 의무자로부터 뇌물을 받거나 제대로 답험을 하지 않는 문제가 자주 일어났다.

세종은 이러한 문제점을 없애고자 조세 개혁에 관한 초안을 만들었다. 이 초안에는 이전에 했던 방식대로 결당 세액을 고정하는 대신, 중앙 관청이 모든 토지의 작황을 일괄적으로 답험하겠다는 내용이 담겼다. 세종은 이 초안에 대해 백성들이 어떻게 생각하는지 알아보았다. 그 결과 함경도 농민들은 1결마다 부과할 세액을 고정하는 데 반대하지만, 전라도 농민들은 환영한다는 것을 알게 되었다. 전라도 농민들은 생산성이 높은 농지가 많았기 때문에 찬성한 것이고, 함경도 농민들은 생산성이 낮은 농지가 많았기 때문에 반대한 것이다. 이처럼 찬반이 엇갈리자 세종은 1결당 세액을 동일한 액수로 고정하되, 전국의 농지를 비옥도에 따라 6개의 등급으로 나누고 등급에 따라 결의 면적을 달리 하였다. 6등전과 1등전의 절대 면적을 기준으로 비교할 때, 6등전 1결의 절대 면적이 1이라면 1등전 1결은 0.4였다. 한편 세종은 도 관찰사로 하여금 관할 도 안에 있는 모든 농지의 작황을 매년 조사한 후 그에 따라 결당 세액을 군현별로 조정하는 정책을 시행하였다. 이와 같이 세종 때 농지의 생산성과 연도별 작황을 감안해 세액과 결을 조정한 제도를 '공법'이라고 부른다.

① 공법에 따르면 같은 군현 안에 있고 농지 절대 면적의 총합이 동일한 마을들 중 1등전만 있는 마을 주민들이 내는 조세의 총액이 2등전만 있는 마을의 조세 납부 총액보다 많아진다.
② 공법 시행 후에 같은 등급에 속한 농지들은 1결의 크기가 같아지므로 지역에 상관없이 매년 같은 액수의 조세를 냈다.
③ 절대 면적이 동일한 경우라도 공법 시행 후에는 1등전만 있는 마을이 2등전만 있는 마을보다 결의 수가 더 적어졌다.
④ 과전법에 의해 조세를 국가 대신 받는 개인은 공법 시행으로 매년 그 땅의 작황을 조사해 중앙 관청에 보고해야 했다.
⑤ 세종의 초안대로라면 함경도 주민들이 내는 조세의 총액은 전라도 주민들이 내는 조세의 총액보다 많아진다.

064

기출 20' 5급㉻-나 | 난이도 ●●○

다음 글의 ㉠에 대한 주장을 약화하는 진술만을 〈보기〉에서 모두 고르면?

동물이 단위 시간당 소모하는 에너지의 양을 물질대사율이라고 한다. 동물들은 세포 유지, 호흡, 심장박동 같은 기본적인 기능들을 위한 최소한의 물질대사율, 즉 최소대사율을 유지해야 한다. ㉠ <u>동물의 물질대사율</u>은 다음과 같은 특성을 지닌다.

먼저, 최소대사율은 동물의 종에 따라 달라지고, 특히 내온동물과 외온동물은 뚜렷한 차이를 나타낸다. 신체 내 물질대사로 생성된 열에 의해 체온을 유지하는 내온동물에는 포유류 등이, 체온 유지에 필요한 열을 외부에서 얻는 외온동물에는 양서류와 파충류 등이 포함된다. 최소 수준 이상으로 열의 생성이나 방출이 요구되지 않는 환경에서 스트레스 없이 가만히 쉬고 있는 상태의 내온동물의 최소대사율을 기초대사율이라고 한다. 외온동물의 최소대사율은 내온동물과 달리 주변 온도에 따라 달라지는데, 이는 주변 온도가 물질대사와 체온을 변화시키기 때문이다. 어떤 온도에서 스트레스 없이 쉬고 있는 상태의 외온동물의 최소대사율을 그 온도에서의 표준대사율이라고 한다. 기본적인 신체 기능을 유지하는 데 필요한 에너지의 양은 외온동물보다 내온동물에서 더 크다.

내온동물의 물질대사율은 다양한 요인에 의해 영향을 받는데, 몸의 크기가 그 중 하나다. 몸집이 큰 포유동물은 몸집이 작은 포유동물보다 물질대사율이 크다. 몸집이 클수록 일반적으로 더 무겁다는 사실을 고려하면, 물질대사율은 몸무게가 클수록 크다고 볼 수 있다. 한편 포유동물에서 단위 몸무게당 기초대사율은 몸무게에 반비례하는 경향을 나타낸다. 이는 내온동물의 몸이 작을수록 안정적인 체온을 유지하는 에너지 비용이 커진다는 가설을 통해 설명될 수 있다. 이 가설은 동물의 몸집이 작을수록 부피 대비 표면적이 커져서 주변으로 열을 더 쉽게 빼앗기기 때문에 체온 유지를 위해 더 많은 에너지를 생산해야 할 필요가 있다는 생각에 근거를 두고 있다.

보기

ㄱ. 툰드라 지역에 서식하는 포유류 중, 순록의 몸무게 1 kg 당 기초대사율은 같은 지역의 토끼의 그것보다 크다.
ㄴ. 양서류에 속하는 어떤 동물의 최소대사율이 주변 온도에 따라 뚜렷이 달라졌다.
ㄷ. 몸 크기가 서로 비슷한 악어와 성인 남성을 비교하였을 때, 전자의 표준대사율의 최댓값이 후자의 기초대사율의 1/20 미만이었다.

① ㄱ ② ㄷ ③ ㄱ, ㄴ
④ ㄴ, ㄷ ⑤ ㄱ, ㄴ, ㄷ

065

기출 20' 5급㉻[상황판단] 난이도 ●●●

다음 글과 〈상황〉을 근거로 판단할 때 옳은 것은?

제○○조 ① 주택 등에서 월령 2개월 이상인 개를 기르는 경우, 그 소유자는 시장·군수·구청장에게 이를 등록하여야 한다.

② 소유자는 제1항의 개를 기르는 곳에서 벗어나게 하는 경우에는 소유자의 성명, 소유자의 전화번호, 등록번호를 표시한 인식표를 그 개에게 부착하여야 한다.

제□□조 ① 맹견의 소유자는 다음 각 호의 사항을 준수하여야 한다.

1. 소유자 없이 맹견을 기르는 곳에서 벗어나지 아니하게 할 것
2. 월령이 3개월 이상인 맹견을 동반하고 외출할 때에는 목줄과 입마개를 하거나 맹견의 탈출을 방지할 수 있는 적정한 이동장치를 할 것

② 시장·군수·구청장은 맹견이 사람에게 신체적 피해를 주는 경우, 소유자의 동의 없이 맹견에 대하여 격리조치 등 필요한 조치를 취할 수 있다.

③ 맹견의 소유자는 맹견의 안전한 사육 및 관리에 관하여 정기적으로 교육을 받아야 한다.

제△△조 ① 제□□조 제1항을 위반하여 사람을 사망에 이르게 한 자는 3년 이하의 징역 또는 3천만 원 이하의 벌금에 처한다.

② 제□□조 제1항을 위반하여 사람의 신체를 상해에 이르게 한 자는 2년 이하의 징역 또는 2천만 원 이하의 벌금에 처한다.

상황

甲과 乙은 맹견을 각자 자신의 주택에서 기르고 있다. 甲은 월령 1개월인 맹견 A의 소유자이고, 乙은 월령 3개월인 맹견 B의 소유자이다.

① 甲이 A를 동반하고 외출하는 경우 A에게 목줄과 입마개를 해야 한다.
② 甲은 맹견의 안전한 사육 및 관리에 관하여 정기적으로 교육을 받지 않아도 된다.
③ 甲이 A와 함께 타 지역으로 여행을 가는 경우, A에게 甲의 성명과 전화번호를 표시한 인식표를 부착하지 않아도 된다.
④ B가 제3자에게 신체적 피해를 주는 경우, 구청장이 B를 격리조치하기 위해서는 乙의 동의를 얻어야 한다.
⑤ 乙이 B에게 목줄을 하지 않아 제3자의 신체를 상해에 이르게 한 경우, 乙을 3년의 징역에 처한다.

066

기출 19' 5급㊞-나 난이도 ●●●

다음 글에서 알 수 없는 것은?

휴대전화를 뜻하는 '셀룰러폰'은 이동 통신 서비스에서 하나의 기지국이 담당하는 지역을 셀이라고 말한 것에서 유래하였다. 이동 통신은 주어진 총 주파수 대역폭을 다수의 사용자가 이용하므로 통화 채널당 할당된 주파수 대역을 재사용하는 기술이 무엇보다 중요하다. 이동 통신 회사들은 제한된 주파수 자원을 보다 효율적으로 사용하기 위하여 넓은 지역을 작은 셀로 나누고, 셀의 중심에 기지국을 만든다. 각 기지국마다 특정 주파수 대역을 사용해 서비스를 제공하는데, 일정 거리 이상 떨어진 기지국은 동일한 주파수 대역을 다시 사용함으로써 주파수 재사용률을 높인다. 예를 들면, 아래 그림은 특정 지역에 이동 통신 서비스를 제공하기 위하여 네 종류의 주파수 대역(F1, F2, F3, F4)을 사용하고 있다. 주파수 간섭 문제를 피하기 위해 인접한 셀들은 서로 다른 주파수 대역을 사용하지만, 인접하지 않은 셀에서는 이미 사용하고 있는 주파수 대역을 다시 사용하는 것을 볼 수 있다. 이렇게 셀을 구성하여 방대한 지역을 제한된 몇 개의 주파수 대역으로 서비스할 수 있다.

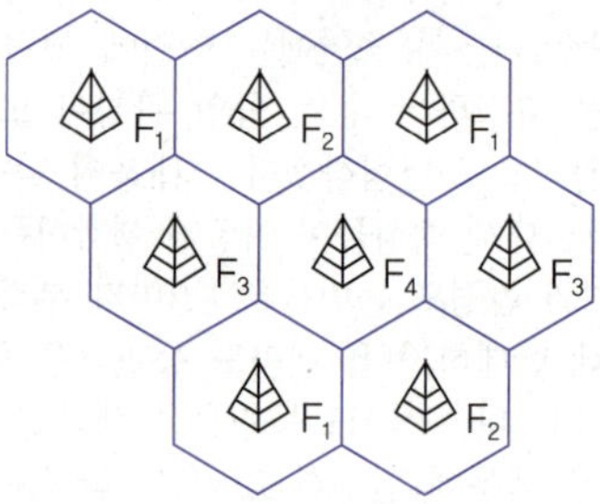

하나의 기지국이 감당할 수 있는 최대 통화량은 일정하다. 평지에서 기지국이 전파를 발사하면 전파의 장은 기지국을 중심으로 한 원 모양이지만, 서비스 지역에 셀을 배치하는 시스템 설계자는 해당 지역을 육각형의 셀로 디자인하여 중심에 기지국을 배치한다. 기지국의 전파 강도를 조절하여 셀의 반지름을 반으로 줄이면 면적은 약 1/4로 줄어들게 된다. 따라서 셀의 반지름을 반으로 줄일 경우 동일한 지역에는 셀의 수가 약 4배가 되고, 수용 가능한 통화량도 약 4배로 증가하게 된다. 이를 이용하여 시스템 설계자는 평소 통화량이 많은 곳은 셀의 반지름을 줄이고 통화량이 적은 곳은 셀의 반지름을 늘려 서비스 효율성을 높인다.

① 주파수 재사용률을 높이기 위해 기지국의 전파 강도를 높여 이동 통신 서비스를 제공한다.
② 제한된 수의 주파수 대역으로 넓은 지역에 이동 통신 서비스를 제공할 수 있다.
③ 인접 셀에서 같은 주파수 대역을 사용하면 주파수 간섭 문제가 발생할 수 있다.
④ 시스템 설계자는 서비스 지역의 통화량에 따라 셀의 반지름을 정한다.
⑤ 기지국 수를 늘리면 수용 가능한 통화량이 증가한다.

067

기출 19' 5급㉻-가 | 난이도 ●●○

다음 글에서 알 수 있는 것은?

유교는 그 근본 정신과 행위 규범으로 구분될 수 있다. 행위 규범으로서의 유교를 '예교(禮敎)'라고 부른다. 이러한 의미로 보면 예교는 유교의 일부분이었지만, 유교를 신봉하는 사람들의 입장으로 본다면 유교 자체라고 할 수도 있다. 유교 신봉자들에게 예교는 유교적 원리에서 자연스럽게 도출되는 것이었고, 예교를 통해 유교적 가치를 실현할 수 있었기 때문이다. 중국인들이 생활 안에서 직접 경험하는 유교적 가치는 추상적 원리가 아니라 구체적 규율일 수밖에 없었다. 이러한 점에서 유교와 예교는 원리적으로는 하나라고 할 수 있지만, 실질적으로 분명히 구분되는 것이었다. 이제부터 유교의 근본 정신을 그대로 '유교'라고 일컫고, 유교의 행위 규범은 '예교'라고 일컫기로 한다.

전통적으로 중국에서는 예교와 법(法)이 구분되었다. 법이 강제적이며 외재적 규율이라면, 예교는 자발적이고 내면적인 규율이다. '명교(名敎)'와 '강상(綱常)'은 예교와 비슷한 의미로 사용되었는데, 둘 다 예교에 포함되는 개념이다. 명교는 말 그대로 '이름의 가르침'이란 뜻으로, 이름이나 신분에 걸맞도록 행동하라는 규범이었다. 강상은 '삼강(三綱)'과 '오상(五常)'을 함께 일컫는 말로, 예교의 가르침 중 최고의 준칙이었다. 삼강은 임금과 신하, 부모와 자식, 부부 등 신분, 성별에 따른 우열을 규정한 것이었다. 오상은 '인·의·예·지·신'이라는 유학자들이 지켜야 할 덕목이었다. 오상이 유교적 가치의 나열이라고 한다면, 명교와 삼강은 현실적 이름, 신분, 성별에 따른 행위 규범이었다. 이 때문에 근대 중국 지식인들의 유교 비판은 신분 질서를 옹호하는 의미가 내포된 예교 규칙인 명교와 삼강에 집중되었다. 이름이나 신분, 성별에 따른 우열은 분명 평등과 민주의 이념에 어긋나는 것이었기 때문이다.

실제로 유교와 예교를 분리시켰던 사람들은 캉유웨이(康有爲)를 비롯한 변법유신론자들이었다. 이들은 중국의 정치 제도를 변경시켜서 입헌군주국으로 만들려고 했다. 그러한 목적을 달성하기 위해서는 기존의 정치 질서를 핵심적으로 구성하고 있던 예교를 해체하는 작업이 우선이었다. 캉유웨이는 유교 자체를 공격하고자 하지는 않았다. 그는 공자의 원래 생각을 중심으로 유교를 재편하기 위해 예교가 공자의 원래 정신에 어긋난다고 비판했다. 그에 따라 캉유웨이에게 유교와 예교는 명확하게 구별되는 것이 되었다.

① 유교와 예교를 분리하여 이해했던 사람들은 공자 정신을 비판했다.
② 삼강은 신분과 성별에 따른 우열을 옹호하는 강제적이고 외재적인 규율이었다.
③ 전통적인 유교 신봉자들은 법을 준수하는 생활 속에서 유교적 가치를 체험했다.
④ 중국의 일부 지식인들은 유교의 행위 규범에는 민주주의 이념에 위배되는 요소가 있다고 생각했다.
⑤ 명교는 유교적 근본 정신을 담은 규율이었기 때문에 근대의 예교 해체 과정에서 핵심적 가치로 재발견되었다.

068

기출 19' 5급㉻-가 | 난이도 ●●○

다음 글에서 알 수 없는 것은?

연금 제도의 금융 논리와 관련하여 결정적으로 중요한 원리는 중세에서 비롯된 신탁 원리다. 12세기 영국에서는 미성년 유족(遺族)에게 토지에 대한 권리를 합법적으로 이전할 수 없었다. 그럼에도 불구하고 영국인들은 유언을 통해 자식에게 토지 재산을 물려주고 싶어 했다. 이런 상황에서 귀족들이 자신의 재산을 미성년 유족이 아닌, 친구나 지인 등 제3자에게 맡기기 시작하면서 신탁 제도가 형성되기 시작했다. 여기서 재산을 맡긴 성인 귀족, 재산을 물려받은 미성년 유족, 그리고 미성년 유족을 대신해 그 재산을 관리·운용하는 제3자로 구성되는 관계, 즉 위탁자, 수익자, 그리고 수탁자로 구성되는 관계가 등장했다. 이 관계에서 주목해야 할 것은 미성년 유족은 성인이 될 때까지 재산권을 온전히 인정받지는 못 했다는 점이다. 즉 신탁 원리 하에서 수익자는 재산에 대한 운용 권리를 모두 수탁자인 제3자에게 맡기도록 되어 있었기 때문에 수익자의 지위는 불안정했다.

연금 제도가 이 신탁 원리에 기초해 있는 이상, 연금 가입자는 연기금 재산의 운용에 대해 영향력을 행사하기 어렵게 된다. 왜냐하면 신탁의 본질상 공·사 연금을 막론하고 신탁 원리에 기반을 둔 연금 제도에서는 수익자인 연금 가입자의 적극적인 권리 행사가 허용되지 않기 때문이다. 결국 신탁 원리는 수익자의 연금 운용 권리를 현저히 약화시키는 것을 기본으로 한다. 그 대신 연금 운용을 수탁자에게 맡기면서 '수탁자 책임'이라는, 논란이 분분하고 불분명한 책임이 부과된다. 수탁자 책임 이행의 적절성을 어떻게 판단할 수 있는가에 대해 많은 논의가 있었지만, 수탁자 책임의 내용에 대해서 실질적인 합의가 이루어지지는 못했다.

중세에서 기원한 신탁 원리가 연금 제도와 연금 산업에 미치는 효과는 현재까지도 여전히 유효하고 강력하다. 신탁 원리의 영향으로 인해 연금 가입자의 자율적이고 적극적인 권리 행사가 철저하게 제한되어 왔다. 그 결과 연금 가입자는 자본 시장의 최고 원리인 유동성을 마음껏 누릴 수 없었으며, 결국 연기금 운용자인 수탁자의 재량에 종속되는 존재가 되고 말았다.

① 사적 연금 제도의 가입자는 자본 시장의 유동성을 충분히 누릴 수 없었다.
② 위탁자 또는 수익자와 직접적인 혈연 관계에 있지 않아도 수탁자로 지정될 수 있었다.
③ 연금 수익자의 지위가 불안정하기 때문에 연기금 재산에 대한 적극적인 권리 행사가 제한되었다.
④ 신탁 제도는 미성년 유족에게 토지 재산권이 합법적으로 이전될 수 없었던 중세 영국의 상황 속에서 생겨났다.
⑤ 연금 제도가 신탁 원리에 기반을 두었기 때문에 수탁자가 수익자보다 재산 운용에 대해 더 많은 재량권을 갖게 되었다.

069

기출 20' 5급㉻-나 | 난이도 ●●○

다음 글의 논지를 강화하는 것만을 〈보기〉에서 모두 고르면?

인간이 발전시켜온 생각이나 행동의 역사를 놓고 볼 때, 인간이 지금과 같이 놀라울 정도로 이성적인 방향으로 발전해올 수 있었던 것은 이성적이고 도덕적 존재로서 자신의 잘못을 스스로 시정할 수 있는 능력 덕분이다. 인간은 토론과 경험에 힘입을 때에만 자신의 과오를 고칠 수 있다. 단지 경험만으로는 부족하다. 경험을 해석하기 위해서는 토론이 반드시 있어야 한다. 인간이 토론을 통해 내리는 판단의 힘과 가치는, 판단이 잘못되었을 때 그것을 고칠 수 있다는 사실로부터 비롯되며, 잘못된 생각과 관행은 사실과 논쟁 앞에서 점차 그 힘을 잃게 된다. 따라서 민주주의 국가에서는 자유로운 토론이 보장되어야 한다. 자유로운 토론이 없다면 잘못된 생각의 근거뿐 아니라 그러한 생각 자체의 의미에 대해서도 모르게 되기 때문이다.

어느 누구에게도 다른 사람들의 의사 표현을 통제할 권리는 없다. 다른 사람의 생각을 표현하지 못하게 억누르려는 권력은 정당성을 갖지 못한다. 가장 좋다고 여겨지는 정부일지라도 그럴 자격을 갖고 있지 않다. 흔히 민주주의 국가에서는 여론을 중시한다고 한다. 하지만 그 어떤 정부라 하더라도 여론의 힘을 빌려 특정 사안에 대한 토론의 자유를 제한하려 하는 행위를 해서는 안 된다. 그런 행위는 여론에 반(反)해 사회 구성원 대다수가 원하는 토론의 자유를 제한하려는 것만큼이나 나쁘다. 인류 전체를 통틀어 단 한 사람만이 다른 생각을 가지고 있다고 해도, 그 사람에게 침묵을 강요하는 것은 옳지 못하다. 이는 어떤 한 사람이 자신과 의견이 다른 나머지 사람 모두에게 침묵을 강요하는 것만큼이나 용납될 수 없는 일이다. 권력을 동원해서 억누르려는 의견은 옳은 것일 수도, 옳지 않은 것일 수도 있다. 그런데 정부가 자신이 옳다고 가정함으로써 다른 사람들이 그 의견을 들어볼 기회까지 봉쇄한다면 그것은 사람들이 토론을 통해 잘못을 드러내고 진리를 찾을 기회를 박탈하는 것이다. 설령 그 의견이 잘못된 것이라 하더라도 그 의견을 억압하는 것은 토론을 통해 틀린 의견과 옳은 의견을 대비시킴으로써 진리를 생생하고 명확하게 드러낼 수 있는 대단히 소중한 기회를 놓치는 결과를 낳게 된다.

보기

ㄱ. 축적된 화재 사고 기록들에 대해 어떠한 토론도 이루어지지 않았음에도 불구하고 화재 사고를 잘 예방하였다.

ㄴ. 정부가 사람들의 의견 표출을 억누르지 않는 사회에서 오히려 사람들이 가짜 뉴스를 더 많이 믿었다.

ㄷ. 갈릴레오의 저서가 금서가 되어 천문학의 과오를 드러내고 진리를 찾을 기회가 한동안 박탈되었다.

① ㄱ　② ㄷ　③ ㄱ, ㄴ
④ ㄴ, ㄷ　⑤ ㄱ, ㄴ, ㄷ

070

기출 20' 5급㉻[상황판단] | 난이도 ●○○

다음 글을 근거로 판단할 때 옳은 것은?

제○○조 ① 청원경찰이란 기관의 장 또는 시설·사업장 등의 경영자(이하 '기관의 장 등'이라 한다)가 경비를 부담할 것을 조건으로 경찰의 배치를 신청하는 경우 그 기관·시설·사업장 등의 경비를 담당하게 하기 위하여 배치하는 경찰을 말한다.
② 청원경찰을 배치받으려는 기관의 장 등은 관할 지방경찰청장에게 청원경찰 배치를 신청하여야 한다.
③ 지방경찰청장은 제2항의 청원경찰 배치신청을 받으면 지체 없이 그 배치 여부를 결정하여야 한다.
④ 지방경찰청장은 청원경찰 배치가 필요한 경우 관할 구역에 소재하는 기관의 장 등에게 청원경찰을 배치할 것을 요청할 수 있다.

제○○조 ① 청원경찰은 청원경찰의 배치결정을 받은 자[이하 '청원주'(請願主)라 한다]와 배치된 기관·시설·사업장의 구역을 관할하는 경찰서장의 감독을 받아 그 경비구역만의 경비를 목적으로 필요한 범위에서 「경찰관 직무집행법」에 따른 경찰관의 직무를 수행한다.
② 청원경찰은 제1항에도 불구하고 수사활동 등 사법경찰관리(司法警察官吏)의 직무를 수행해서는 아니 된다.

제○○조 ① 청원경찰은 청원주가 임용하되, 임용을 할 때에는 미리 관할 지방경찰청장의 승인을 받아야 한다.
② 「국가공무원법」의 결격사유에 해당하는 사람은 청원경찰로 임용될 수 없다.
③ 청원경찰의 임용자격·임용방법·교육 및 보수에 관하여는 대통령령으로 정한다.

제○○조 청원주가 청원경찰이 휴대할 무기를 대여받으려는 경우에는 관할 경찰서장을 거쳐 지방경찰청장에게 무기대여를 신청하여야 한다.

① 청원경찰의 임용승인과 직무감독의 권한은 관할 경찰서장에게 있다.
② 청원경찰은 관할 지방경찰청장의 요청뿐만 아니라 배치받으려는 기관의 장 등의 신청에 의해서도 배치될 수 있다.
③ 청원경찰의 임용자격 및 임용방법은 「국가공무원법」에 따르며, 청원경찰의 결격사유는 대통령령으로 정한다.
④ 청원경찰은 배치된 사업장의 경비를 목적으로 필요한 범위에서 수사활동 등 사법경찰관리의 직무를 수행할 수 있다.
⑤ 청원경찰은 직무수행에 필요한 경우 직접 관할 지방경찰청장에게 무기대여를 신청하여야 한다.

071

기출 19' 5급㉥-나 | 난이도 ●●●

다음 글에서 알 수 있는 것만을 〈보기〉에서 모두 고르면?

코페르니쿠스 체계에 대한 당대의 부정적 평가는, 일반적으로 그 당시 천문학자들이 가지고 있었던 비합리적인 종교적 편견에서 비롯되었다고 이해된다. 그러나 그들이 코페르니쿠스 체계를 거부한 데에는 나름 합리적인 이유가 있었다. 그들은 당대 최고의 천문학자였던 티코 브라헤가 코페르니쿠스 체계를 반증했다고 믿었기 때문이다.

티코 브라헤는, 코페르니쿠스 체계가 옳다면 공전 궤도 상 서로 마주 보는 두 지점에서 한 별을 관찰했을 때 서로 다른 각도로 관찰된다는 점에 주목했다. 이처럼 지구가 공전 궤도에서 차지하는 상대적 위치에 따라 달라지는 별의 겉보기 각도 차이를 '연주시차'라고 한다. 티코 브라헤는 이 연주시차가 관찰되는지를 오랜 시간에 걸쳐 꼼꼼하게 조사했는데, 연주시차는 전혀 관찰되지 않았다. 티코 브라헤는 논리적 절차에 따라 코페르니쿠스 체계를 반증했다.

그러나 티코 브라헤의 반증은 후일 오류로 판명되었다. 현재 알려진 사실은 가장 가까운 별조차 연주시차가 너무 작아서 당시의 천문학 기술로는 누구도 연주시차를 관측할 수 없었다는 것이다. 이는 별이 태양계로부터 아주 멀리 떨어져 있다는 것을 의미한다. 흥미로운 점은 티코 브라헤가 자신이 관찰한 별이 너무 멀리 떨어져 있어서 당시의 관측 기술로는 연주시차가 관찰되지 않을 가능성을 고려했다는 사실이다. 그러나 티코 브라헤는 이런 가능성을 부정했다. 당시, 천체의 운동을 설명하는 유일한 이론은 아리스토텔레스의 자연학이었다. 그러나 연주시차가 관찰될 수 없을 만큼 별들이 멀리 떨어져 있다는 생각은 아리스토텔레스의 자연학과 양립할 수 없었다. 천체 운동에 대한 설명을 포기할 수 없었던 티코 브라헤는 결국 별이 그토록 멀리 떨어져 있다는 가능성을 부정할 수밖에 없었다.

보기

ㄱ. 티코 브라헤는 기술적 한계 때문에 연주시차가 관찰되지 않았을 가능성을 당시 천체 운동을 설명하던 이론에 근거하여 부정하였다.

ㄴ. 티코 브라헤는 반증 과정에서 관찰 내용에 대한 최선의 이론적 설명이 아니라 종교적 편견에 따른 비합리적 설명을 선택함으로써 오류에 빠지게 되었다.

ㄷ. 티코 브라헤의 반증은, '코페르니쿠스 체계가 옳다면 연주시차가 관찰된다. 연주시차는 관찰되지 않았다. 따라서 코페르니쿠스 체계는 옳지 않다.'의 절차로 재구성할 수 있다.

① ㄱ ② ㄴ ③ ㄱ, ㄷ
④ ㄴ, ㄷ ⑤ ㄱ, ㄴ, ㄷ

072

기출 19' 5급㉻-가 | 난이도 ●●●

다음 글에 대한 분석으로 적절한 것만을 〈보기〉에서 모두 고르면?

이론 A는 행위자들의 선호가 제도적 맥락 속에서 형성된다고 본다. 한편, 행위를 설명하기 위해 선호를 출발점으로 삼는 이론 B는 선호의 형성 과정에 주목하지 않는다. 왜냐하면 선호는 '주어진 것'이며 제도나 개인의 심리에 의해 설명해야 할 대상이 아니라고 보기 때문이다. 이 주어진 선호는 합리적인 것으로 간주된다. 왜냐하면 이론 B에서 상정된 개인은 자기 자신의 이익을 최대화하는 전략을 선택하는 존재, 즉 합리적 존재라 가정되기 때문이다.

이론 A는 행위자들의 선호를 주어진 것으로 간주해서는 안 된다고 본다. 행위의 구체적 맥락을 이해하지 못한다면 자기 이익을 최대화하는 전략을 따른 행위를 강조하는 것이 아무런 의미를 갖지 못한다고 보기 때문이다. 구체적인 상황 속에서 행위자는 특정한 목적과 수단을 가지고 행위하기 마련이다. 그렇다면 그런 행위자들의 행위를 제대로 설명하기 위해서는 그 목적과 수단이 왜 자신의 이익을 최대화한다고 생각했는지, 즉 왜 그런 선호가 형성되었는지 설명해야 한다. 그런데 제도와 같은 맥락적 요소를 배제하면, 그런 선호 형성을 설명할 수 없다. 따라서 이론 A는 행위자들의 선호 형성도 설명해야 할 대상으로 상정한다.

이론 A가 선호의 형성을 설명하려 한다고 해서 개인의 심리를 분석하려는 것은 아니다. 이론 A에 따르면, 제도는 구체적 상황에 처한 행위자들의 선택을 제약함으로써 그들의 전략에 영향을 준다. 또한 제도는 행위자들이 자신이 추구하는 목적을 구체화하는 데도 영향을 미친다. 그렇다고 행위가 제도에 의해 완전히 결정된다는 것은 아니다. 구체적 상황에서의 행위자들의 행위를 이해하게 해주는 단서는 제도적 맥락으로부터 찾아야 한다는 것이 이론 A의 견해이다.

보기

ㄱ. 선호 형성과 관련해 이론 A와 이론 B는 모두 개인의 심리에 대한 분석에 주목하지 않는다.

ㄴ. 이론 A는 맥락적 요소를 이용해 선호 형성 과정을 설명하려고 하지만 이론 B는 선호 형성 과정을 설명하려 하지 않는다.

ㄷ. 이론 B는 행위자가 자기 자신의 이익을 최대화하는 전략에 따른다는 것을 부정하지만 이론 A는 그렇지 않다.

① ㄱ ② ㄷ ③ ㄱ, ㄴ
④ ㄴ, ㄷ ⑤ ㄱ, ㄴ, ㄷ

073

기출 19' 5급㉧-가 난이도 ●●○

다음 글의 A ~ D에 대한 분석으로 적절한 것만을 〈보기〉에서 모두 고르면?

A: '정격연주'란 음악을 연주할 때 그것이 작곡된 시대에 연주된 느낌을 정확하게 구현하는 것을 목표로 하는 연주이다. 그럼 어떻게 정격연주가 가능할까? 그 방법은 옛 음악을 작곡 당시에 공연된 것과 똑같이 재연하는 것이다. 이런 연주는 가능하며, 그렇다면 우리는 음악이 작곡되었던 때와 똑같은 느낌을 구현할 수 있을 것이다.

B: 옛 음악을 작곡 당시에 연주된 것과 똑같이 재연하는 것은 이상일 뿐이지 현실화할 수 없다. 18세기 오페라 공연에서 거세된 사람만 할 수 있었던 카스트라토 역을 오늘날에는 도덕적인 이유에서 여성 소프라노가 맡아서 노래한다. 따라서 과거와 현재의 연주 관습상 차이 때문에, 옛 음악을 작곡 당시와 똑같이 재연하는 것은 불가능하다.

C: 똑같이 재연하지 못한다고 해서 정격연주가 불가능한 것은 아니다. 작곡자는 명확히 하나의 의도를 갖고 작품을 창작한다. 작곡자가 자신의 작품이 어떻게 들리기를 의도했는지 파악해 연주하면, 작곡된 시대에 연주된 느낌을 정확하게 구현할 수 있다. 따라서 작곡자의 의도를 파악할 수 있다면 정격연주를 할 수 있다.

D: 작곡자의 의도대로 한 연주가 작곡된 시대에 연주된 느낌을 정확하게 구현하지 못할 수 있다. 작곡된 시대에 연주된 느낌을 정확하게 구현하려면 작곡자의 의도뿐만 아니라 당시의 연주 관습도 고려해야 한다. 전근대 시대에 악기 구성이나 프레이징 등은 작곡자의 의도만이 아니라 연주자와 연주 상황에 따라 관습적으로 결정되었다. 따라서 작곡자의 의도와 연주 관습을 모두 고려하지 않는다면 정격연주를 실현할 수 없다.

• 보기 •

ㄱ. A와 C는 옛 음악을 과거와 똑같이 재연한다면 과거의 연주 느낌이 구현될 수 있다는 것을 부정하지 않는다.
ㄴ. B는 어떤 과거 연주 관습은 현대에 똑같이 재연될 수 없다는 것을 인정하지만 D는 그렇지 않다.
ㄷ. C와 D는 작곡자의 의도를 파악한다면 정격연주가 가능하다는 것에 동의한다.

① ㄱ ② ㄴ ③ ㄱ, ㄷ
④ ㄴ, ㄷ ⑤ ㄱ, ㄴ, ㄷ

074

기출 19' 5급㉧-가 난이도 ●●○

다음 글에서 알 수 있는 것은?

조선 시대에 설악산이라는 지명이 포함하는 영역은 오늘날의 그것과 달랐다. 오늘날에는 대청봉, 울산바위가 있는 봉우리, 한계령이 있는 봉우리를 하나로 묶어 설악산이라고 부른다. 그런데 조선 시대의 자료 중에는 현재의 대청봉만 설악산이라고 표시하고 울산바위가 있는 봉우리는 천후산으로, 그리고 한계령이 있는 봉우리는 한계산으로 표시한 것이 많다.

요즘 사람들은 설악산이나 계룡산과 같이 잘 알려진 산에 수많은 봉우리가 포함되어 있는 것이 당연하다고 생각하는데, 고려 시대까지만 해도 하나의 봉우리는 다른 봉우리와 구별된 별도의 산이라는 인식이 강했다. 이런 생각은 조선 전기에도 이어졌다. 그러나 조선 후기에 해당하는 18세기에는 그 인식에 변화가 나타나기 시작했다. 18세기 중엽에 제작된 지도인 『여지도』에는 오늘날 설악산이라는 하나의 지명으로 포괄되어 있는 범위가 한계산과 설악산이라는 두 개의 권역으로 구분되어 있다. 이 지도에 표시된 설악산의 범위와 한계산의 범위를 합치면 오늘날 설악산이라고 부르는 범위와 동일해진다. 그런데 같은 시기에 제작된 『비변사인 방안지도 양양부 도엽』이라는 지도에는 설악산, 천후산, 한계산의 범위가 모두 따로 표시되어 있고, 이 세 산의 범위를 합치면 오늘날의 설악산 범위와 같아진다.

한편 18세기 중엽에 만들어진 『조선팔도지도』에는 오늘날과 동일하게 설악산의 범위가 표시되어 있고, 그 범위 안에 '설악산'이라는 명칭만 적혀 있다. 이 지도에는 한계산과 천후산이라는 지명이 등장하지 않는다. 김정호는 『대동지지』라는 책에서 "옛날 사람들 중에는 한계령이 있는 봉우리를 한계산이라고 부른 이도 있었으나, 사실 한계산은 설악산에 속한 봉우리에 불과하다."라고 설명하였다. 현종 때 만들어진 『동국여지지』에는 "설악산 아래에 사는 사람들은 다른 지역 사람들이 한계산이라 부르는 봉우리를 설악산과 떨어져 있는 별도의 산이라고 생각하지 않고, 설악산 안에 있는 봉우리라고 생각한다."라는 내용이 나온다. 김정호는 이를 참고해 『대동지지』에 위와 같이 썼던 것으로 보인다. 『조선팔도지도』에는 천후산이라는 지명이 표시되어 있지 않은데, 이는 이 지도를 만든 사람이 조선 전기에 천후산이라고 불리던 곳을 대청봉과 동떨어진 별도의 산이라고 생각하지 않았음을 뜻한다.

① 『여지도』에 표시된 설악산의 범위와 『대동지지』에 그려져 있는 설악산의 범위는 동일하다.
② 『동국여지지』에 그려져 있는 설악산의 범위와 『조선팔도지도』에 표시된 설악산의 범위는 동일하다.
③ 『조선팔도지도』에 표시된 대로 설악산의 범위를 설정하면 그 안에 한계령이 있는 봉우리가 포함된다.
④ 『대동지지』와 『비변사인 방안지도 양양부 도엽』에는 천후산과 한계산이 서로 다른 산이라고 적혀 있다.
⑤ 『여지도』에 표시된 천후산의 범위와 『비변사인 방안지도 양양부 도엽』에 표시된 천후산의 범위는 동일하다.

075

기출 20' 5급㉻[상황판단] 난이도 ●○○

다음 글을 근거로 판단할 때 옳은 것은?

제○○조 ① 다음 각 호의 어느 하나에 해당하는 자는 농식품경영체에 대한 투자를 목적으로 하는 농식품투자조합을 결성할 수 있다.
1. 중소기업창업투자회사
2. 투자관리전문기관
② 제1항에 따른 조합은 그 채무에 대하여 무한책임을 지는 1인 이상의 조합원(이하 '업무집행조합원'이라 한다)과 출자액을 한도로 하여 유한책임을 지는 조합원(이하 '유한책임조합원'이라 한다)으로 구성한다. 이 경우 업무집행조합원은 다음 각 호의 어느 하나에 해당하는 자로 하되, 그 중 1인은 제1호에 해당하는 자이어야 한다.
1. 제1항 각 호의 어느 하나에 해당하는 자
2. 「보험업법」에 따른 보험회사

제○○조 업무집행조합원은 농식품투자조합의 업무를 집행할 때 다음 각 호의 어느 하나에 해당하는 행위를 하여서는 아니 된다.
1. 자기나 제3자의 이익을 위하여 농식품투자조합의 재산을 사용하는 행위
2. 농식품투자조합 명의로 자금을 차입하는 행위
3. 농식품투자조합의 재산으로 지급보증 또는 담보를 제공하는 행위

제○○조 ① 농식품투자조합은 다음 각 호의 어느 하나에 해당하는 사유가 있을 때에는 해산한다.
1. 존속기간의 만료
2. 유한책임조합원 또는 업무집행조합원 전원의 탈퇴
3. 농식품투자조합의 자산이 출자금 총액보다 적어지거나 그 밖의 사유가 생겨 업무를 계속 수행하기 어려운 경우로서 조합원 총수의 과반수와 조합원 총지분 과반수의 동의를 받은 경우
② 농식품투자조합이 해산하면 업무집행조합원이 청산인이 된다. 다만 조합의 규약으로 정하는 바에 따라 업무집행조합원 외의 자를 청산인으로 선임할 수 있다.
③ 농식품투자조합의 해산 당시의 출자금액을 초과하는 채무가 있으면 업무집행조합원이 그 채무를 변제하여야 한다.

① 농식품투자조합이 해산한 경우, 조합의 규약에 다른 규정이 없는 한 업무집행조합원이 청산인이 된다.
② 투자관리전문기관은 농식품투자조합의 유한책임조합원이 될 수 있지만 업무집행조합원이 될 수 없다.
③ 업무집행조합원은 농식품투자조합의 업무를 집행할 때, 그 조합의 재산으로 지급을 보증하는 행위를 할 수 있다.
④ 농식품투자조합 해산 당시 출자금액을 초과하는 채무가 있으면, 유한책임조합원 전원이 연대하여 그 채무를 변제하여야 한다.
⑤ 농식품투자조합의 자산이 출자금 총액보다 적어 업무를 계속 수행하기 어려운 경우, 조합원 총수의 과반수의 동의만으로 농식품투자조합은 해산한다.

Day 5 Self Check List

	오답 수	무응답 수	풀이시간(분)
1회독	/ 15	/ 15	/ 30(분)
2회독	/ 15	/ 15	/ 25(분)
3회독	/ 15	/ 15	/ 15(분)

정답 및 해설 275p

*아래 회독수 별 권장 풀이 시간에 맞춰 풀이 후, 끝쪽의 Self Check List를 기입하여 부족한 부분을 파악하세요!

권장 풀이 시간

1회독 30 min 2회독 25 min 3회독 15 min

본 문항은 PSAT 언어논리 영역 기출 문항으로 구성되며, 기출 표기에 따른 시험 종류는 아래와 같습니다.(표기 상 맨 끝은 '책형' 입니다.)

㉠ – 민간경력자 일괄채용시험 / ㉢ – 공개경쟁채용시험(행정)

076

기출 17' 5급㉠-나 난이도 ●●○

다음 글에서 추론할 수 있는 것만을 〈보기〉에서 모두 고르면?

전전두엽 피질에는 뇌의 중요한 기제가 있는데, 이 기제는 당신이 다른 사람과 실시간으로 대화하고 있는 동안 당신과 그 사람을 동시에 감시한다. 이는 상대에게 적절하고 부드럽게 응답하도록 하며, 무례하게 행동하거나 분노를 표출하려는 충동을 억제하는 역할을 한다.

이 조절 기제가 잘 작동하기 위해서는 얼굴을 맞대고 대화하면서 실시간으로 피드백을 받을 수 있어야 한다. 하지만 인터넷은 그러한 피드백을 허용하지 않는다. 이는 전전두엽에 있는 충동억제회로를 당황하게 만든다. 서로를 바라보며 대화 상대방의 반응을 관찰할 수 없기 때문이다. 이로 인해 '탈억제' 현상, 즉 충동이 억제에서 풀려나는 현상이 나타날 수 있다.

탈억제는 사람들이 긍정적이거나 중립적인 감정 상태에 있는 동안에는 잘 일어나지 않는 경향이 있다. 인터넷에서 의사소통이 원활하게 이루어지는 경우는 이러한 경향 때문이다. 탈억제는 사람들이 부정적인 감정을 강하게 느낄 때 훨씬 더 잘 일어난다. 그 결과 충동이 억제되지 못하고 화를 내거나 감정적으로 거친 메시지를 보내는 현상이 나타난다. 만약 상대방을 마주 보고 있었더라면 쓰지 않았을 말을 인터넷상에서 쓰는 식이다. 충동억제회로가 제대로 작동하면 인터넷상에서는 물론 오프라인과 일상생활에서도 조심스러운 매너로 상대를 대하게 된다. 그런 경우 상호교제는 더 매끄럽게 진행될 수 있다.

보기

ㄱ. 부정적인 감정을 조절하는 교육 프로그램은 탈억제 현상을 감소시키는 데 도움이 될 것이다.
ㄴ. 전전두엽의 충동억제회로에 이상이 생기면 상대방에게 무례한 응답을 할 가능성이 높아질 것이다.
ㄷ. 기술의 발전으로 인터넷상에서도 면대면 실시간 대화의 효과를 낼 수 있다면, 인터넷상에서 탈억제 현상이 감소할 수 있다.

① ㄱ ② ㄴ ③ ㄱ, ㄷ
④ ㄴ, ㄷ ⑤ ㄱ, ㄴ, ㄷ

077

기출 17' 5급㉢-가 난이도 ●○○

다음 글에서 알 수 있는 것은?

일본이 조선을 지배하게 됨에 따라 삶이 힘들어진 조선인의 일본 본토로의 이주가 급격히 늘었다. 1911년에는 약 2,500명에 불과하던 재일조선인은 1923년에는 9만 명을 넘어섰다. 일본 정부는 재일조선인의 급증에 대해 조선인이 가장 많이 거주하던 오사카에 대책을 지시하였고, 이에 1923년 오사카내선협화회가 창립되었다. 이후 일본 각지에 협화회가 만들어졌고, 이들을 총괄하는 중앙협화회가 1938년에 만들어졌다. 협화란 협력하여 화합한다는 뜻이다.

재일조선인은 모두 협화회에 가입해야만 하였다. 협화회 회원증을 소지하지 않은 조선인은 체포되거나 조선으로 송환되었다. 1945년 재일조선인은 전시노동동원자를 포함하여 230만 명에 달했는데, 이들은 모두 협화회의 회원으로 편성되어 행동과 사상 일체에 대해 감시를 받았다. 조선에 거주하는 조선인이 군이나 면과 같은 조선총독부 하의 일반행정기관의 통제를 받았다면 재일조선인은 협화회의 관리를 받았다.

협화회는 민간단체였지만 경찰이 주체가 되어 조직한 단체였다. 지부장은 경찰서장이었고 각 경찰서 특별고등과 내선계가 관내의 조선인을 통제하는 구조였다. 재일조선인은 일본의 침략 전쟁에 비협력적 태도로 일관하였고, 임금과 주거 등의 차별에 계속 저항하였으며, 조선인들끼리 서로 협력하고 연락하는 단체를 1천여 개나 조직하고 있었다. 일본 정부는 이를 용납할 수 없었고, 전쟁에 비협조적이면서 임금문제를 둘러싸고 조직적으로 파업을 일으키는 조선인 집단을 척결대상으로 삼았다. 이것이 협화회를 조직하는 데 경찰이 주도적인 역할을 한 이유였다.

협화회는 재일조선인에 대한 감시와 사상 관리뿐 아니라 신사참배, 일본옷 강요, 조선어 금지, 강제예금, 창씨개명, 지원병 강제, 징병, 노동동원 등을 조선 본토보다 더 강압적으로 추진했다. 재일조선인은 압도적으로 다수인 일본인에 둘러싸여 있었고 협화회에서 벗어나기 어려웠다. 협화회는 재일조선인을 분열시키고 친일분자들을 증대시키기 위해 온갖 노력을 기울였다. 그 결과 학교에서 일본어와 일본사 등의 협화 교육을 받은 조선인 아이들이 조선어를 아예 모르는 경우까지도 생겨났다. 철저한 황민화였다. 하지만 재일조선인들은 집에서는 조선말을 하고 아리랑을 부르는 등 민족 정체성을 지키기 위하여 노력하였고, 일본이 항복을 선언한 후 조선에서와 마찬가지로 태극기를 만들어 축하 행진을 할 수 있었다.

① 협화회는 재일조선인에 대한 교육을 담당하였다.
② 협화회는 조선총독부와 긴밀한 협조체계를 유지하였다.
③ 협화회는 재일조선인 전시노동동원자에 대한 감시를 자행하였다.
④ 재일조선인은 협화회에 조직적으로 저항하며 민족 정체성을 유지하였다.
⑤ 일본의 민간인뿐만 아니라 일본 경찰에 협력한 조선인 친일분자들이 협화회 간부를 맡기도 하였다.

078

기출 17' 5급㉻-가 난이도 ●●○

다음 글에서 알 수 있는 것은?

김치는 자연 발효에 의해 익어가기 때문에 미생물의 작용에 따라 맛이 달라진다. 김치가 발효되기 위해서는 효모와 세균 등 여러 미생물의 증식이 일어나야 하는데, 이를 위해 김치를 담글 때 찹쌀가루나 밀가루로 풀을 쑤어 넣어 준다. 이는 풀에 들어 있는 전분을 비롯한 여러 가지 물질이 김치 속에 있는 미생물을 쉽게 자랄 수 있도록 해주는 영양분의 역할을 하기 때문이다. 김치는 배추나 무에 있는 효소뿐만 아니라 그 사이에 들어가는 김칫소에 포함된 효소의 작용에 의해서도 발효가 일어날 수 있다.

김치의 발효 과정에 관여하는 미생물에는 여러 종류의 효모, 호기성 세균 그리고 유산균을 포함한 혐기성 세균이 있다. 갓 담근 김치의 발효가 시작될 때 호기성 세균과 혐기성 세균의 수가 두드러지게 증가하지만, 김치가 익어갈수록 호기성 세균의 수는 점점 줄어들어 나중에는 그 수가 완만하게 증가하는 효모의 수와 거의 비슷해진다. 그러나 혐기성 세균의 수는 김치가 익어갈수록 증가하며 결국 많이 익어서 시큼한 맛이 나는 김치에 있는 미생물 중 대부분을 차지한다. 김치를 익히는 데 관여하는 균과 매우 높은 산성의 환경에서도 잘 살 수 있는 유산균이 그 예이다.

김치를 익히는 데 관여하는 세균과 유산균뿐만 아니라 김치의 발효 초기에 증식하는 호기성 세균도 독특한 김치 맛을 내는 데 도움을 준다. 김치에 들어 있는 효모는 세균보다 그 수가 훨씬 적지만 여러 종류의 효소를 가지고 있어서 김치 안에 있는 여러 종류의 탄수화물을 분해할 수 있다. 또한 김치를 발효시키는 유산균은 당을 분해해서 시큼한 맛이 나는 젖산을 생산하는데, 김치가 익어가면서 김치 국물의 맛이 시큼해지는 것은 바로 이런 이유 때문이다.

김치가 익는 정도는 재료나 온도 등의 조건에 따라 달라지는데 이는 유산균의 발효 정도가 달라지기 때문이다. 특히 이 미생물들이 만들어 내는 여러 종류의 향미 성분이 더해지면서 특색 있는 김치 맛이 만들어진다. 김치가 익는 기간에 따라 여러 가지 맛을 내는 것도 모두가 유산균의 발효 정도가 다른 데서 비롯된다.

① 김치를 담글 때 넣는 풀은 효모에 의해 효소로 바뀐다.
② 강한 산성 조건에서도 생존할 수 있는 혐기성 세균이 있다.
③ 김치 국물의 시큼한 맛은 호기성 세균의 작용에 의한 것이다.
④ 특색 있는 김치 맛을 만드는 것은 효모가 만든 향미 성분 때문이다.
⑤ 시큼한 맛이 나는 김치에 있는 효모의 수는 호기성 세균이나 혐기성 세균에 비해 훨씬 많다.

079

기출 19' 5급㉻-가 난이도 ●●○

다음 글의 내용과 부합하지 않는 것은?

연방준비제도(이하 연준)가 고용 증대에 주안점을 둔 정책을 입안한다 해도 정책이 분배에 미치는 영향을 고려하지 않는다면, 그 정책은 거품과 불평등만 부풀릴 것이다. 기술 산업의 거품 붕괴로 인한 경기 침체에 대응하여 2000년대 초에 연준이 시행한 저금리 정책이 이를 잘 보여준다.

특정한 상황에서는 금리 변동이 투자와 소비의 변화를 통해 경기와 고용에 영향을 줄 수 있다. 하지만 다른 수단이 훨씬 더 효과적인 상황도 많다. 가령 부동산 거품에 대한 대응책으로는 금리 인상보다 주택 담보 대출에 대한 규제가 더 합리적이다. 생산적 투자를 위축시키지 않으면서 부동산 거품을 가라앉힐 수 있기 때문이다.

경기 침체기라 하더라도, 금리 인하는 은행의 비용을 줄여주는 것 말고는 경기 회복에 별다른 도움이 되지 않을 수 있다. 대부분의 부문에서 설비 가동률이 낮은 상황이라면, 대출 금리가 낮아져도 생산적인 투자가 별로 증대하지 않는다. 2000년대 초가 바로 그런 상황이었기 때문에, 당시의 저금리 정책은 생산적인 투자 증가 대신에 주택 시장의 거품만 초래한 것이다.

금리 인하는 국공채에 투자했던 퇴직자들의 소득을 감소시켰다. 노년층에서 정부로, 정부에서 금융업으로 부의 대규모 이동이 이루어져 불평등이 심화되었다. 이에 따라 금리 인하는 다양한 경로로 소비를 위축시켰다. 은퇴 후의 소득을 확보하기 위해, 혹은 자녀의 학자금을 확보하기 위해 사람들은 저축을 늘렸다. 연준은 금리 인하가 주가 상승으로 이어질 것이므로 소비가 늘어날 것이라고 주장했다. 하지만 2000년대 초 연준의 금리 인하 이후 주가 상승에 따라 발생한 이득은 대체로 부유층에 집중되었으므로 대대적인 소비 증가로 이어지지 않았다.

2000년대 초 고용 증대를 기대하고 시행한 연준의 저금리 정책은 노동을 자본으로 대체하는 투자를 증대시켰다. 인위적인 저금리로 자본 비용이 낮아지자 이런 기회를 이용하려는 유인이 생겨났다. 노동력이 풍부한 상황인데도 노동을 절약하는 방향의 혁신이 강화되었고, 미숙련 노동자들의 실업률이 높은 상황인데도 가게들은 계산원을 해고하고 자동화 기계를 들여놓았다. 경기가 회복되더라도 실업률이 떨어지지 않는 구조가 만들어진 것이다.

① 2000년대 초 연준의 금리 인하로 국공채에 투자한 퇴직자의 소득이 줄어들어 금융업으로부터 정부로 부가 이동하였다.
② 2000년대 초 연준은 고용 증대를 기대하고 금리를 인하했지만 결과적으로 고용 증대가 더 어려워지도록 만들었다.
③ 2000년대 초 기술 산업 거품의 붕괴로 인한 경기 침체기에 설비 가동률은 대부분의 부문에서 낮은 상태였다.
④ 2000년대 초 연준이 금리 인하 정책을 시행한 후 주택 가격과 주식 가격은 상승하였다.
⑤ 금리 인상은 부동산 거품 대응 정책 가운데 가장 효과적인 정책이 아닐 수 있다.

080

기출 20' 5급㉻[상황판단] 난이도 ●●○

다음 글을 근거로 판단할 때 옳은 것은?

「국가공무원법」은 정무직 공무원을 ① 선거로 취임하는 공무원, ② 임명할 때 국회의 동의가 필요한 공무원, ③ 고도의 정책결정 업무를 담당하거나 이러한 업무를 보조하는 공무원으로서 법률이나 대통령령에서 정무직으로 지정하는 공무원으로 규정하고 있다. 이에 해당하는 정무직 공무원에는 대통령, 감사원장, 민주평화통일자문회의 사무처장, 국가정보원장, 대통령비서실 수석비서관 등이 있다.

「지방공무원법」에서는 정무직 공무원을 ① 선거로 취임하는 공무원, ② 임명할 때 지방의회의 동의가 필요한 공무원, ③ 고도의 정책결정 업무를 담당하거나 이러한 업무를 보조하는 공무원으로서 법령 또는 조례에서 정무직으로 지정하는 공무원으로 규정하고 있다.

정무직 공무원은 재산등록의무가 있으며 병역사항 신고의무도 있다. 한편 「국가공무원법」상 정무직 공무원은 국가공무원의 총정원에 포함되지 않지만 그 인사에 관한 사항은 관보에 게재된다.

행정기관 소속 정무직 공무원으로는 정부부처의 차관급 이상 공무원, 특별시의 행정부시장과 정무부시장 등이 있다. 이들은 정책결정자 역할과 함께 최고관리자 역할도 수행한다. 여기에는 일과 인력을 조직화하고 소속 직원의 동기를 부여하며 업무 수행을 통제하는 역할이 포함된다. 그리고 이들은 정책을 개발할 뿐만 아니라 정책집행의 법적 책임도 진다. 행정기관 소속 정무직 공무원은 좁은 의미의 공무원을 지칭하는 정부관료집단에 포함되지 않는 것이 보통이다.

① 감사원장은 국가공무원 총정원에 포함된다.
② 조례로 정무직 공무원을 지정하는 것이 가능하다.
③ 「국가공무원법」상 정무직 공무원의 임명에는 모두 국회의 동의가 필요하다.
④ 대통령비서실 수석비서관은 재산등록의무가 있으나 병역사항 신고의무는 없다.
⑤ 정부부처의 차관은 정부관료집단의 일원이지만 정책집행의 법적 책임은 지지 않는다.

081

기출 17' 5급㉹-나 난이도 ●●○

다음 글의 (가)~(다)에 대한 분석으로 옳은 것만을 〈보기〉에서 모두 고르면?

바람직한 목적을 지닌 정책을 달성하기 위해 옳지 않은 수단을 사용하는 것이 정당화될 수 있는가? 공동선의 증진을 위해 일반적인 도덕률을 벗어난 행동을 할 수밖에 없을 때, 공직자들은 이러한 문제에 직면한다. 이에 대해서 다음과 같은 세 가지 주장이 제기되었다.

(가) 공직자가 공동선을 증진하기 위해 전문적 역할을 수행할 때는 일반적인 도덕률이 적용되어서는 안 된다. 공직자의 비난받을 만한 행동은 그 행동의 결과에 의해서 정당화될 수 있다. 즉 공동선을 증진하는 결과를 가져온다면 일반적인 도덕률을 벗어난 공직자의 행위도 정당화될 수 있다.

(나) 공직자의 행위를 평가함에 있어 결과의 중요성을 과장해서는 안 된다. 일반적인 도덕률을 어긴 공직자의 행위가 특정 상황에서 최선의 것이었다고 하더라도, 그가 잘못된 행위를 했다는 것은 부정할 수 없다. 공직자 역시 일반적인 도덕률을 공유하는 일반 시민 중 한 사람이며, 이에 따라 일반 시민이 가지는 도덕률에서 자유로울 수 없다.

(다) 민주사회에서 권력은 선거를 통해 일반 시민들로부터 위임 받은 것이고, 이에 의해 공직자들이 시민들을 대리한다. 따라서 공직자들의 공적 업무 방식은 일반 시민들의 의지를 반영한 것일 뿐만 아니라 동의를 얻은 것이다. 그러므로 민주사회에서 공직자의 모든 공적 행위는 정당화될 수 있다.

보기

ㄱ. (가)와 (나) 모두 공직자가 공동선의 증진을 위해 일반적인 도덕률을 벗어난 행위를 하는 경우는 사실상 일어날 수 없다는 것을 전제하고 있다.
ㄴ. 어떤 공직자가 일반적인 도덕률을 어기면서 공적 업무를 수행하여 공동선을 증진했을 경우, (가)와 (다) 모두 그 행위는 정당화될 수 있다고 주장할 것이다.
ㄷ. (나)와 (다) 모두 공직자도 일반 시민이라는 것을 주요 근거로 삼고 있다.

① ㄱ ② ㄴ ③ ㄱ, ㄷ
④ ㄴ, ㄷ ⑤ ㄱ, ㄴ, ㄷ

082

기출 17' 5급㉻-가 | 난이도 ●○○

다음 글에서 알 수 있는 것은?

1965년 노벨상 수상자 게리 베커는 '시간의 비용'이 시간을 소비하는 방식에 따라 변화한다고 주장했다. 예를 들어 수면이나 식사활동은 영화 관람에 비해 단위 시간당 시간의 비용이 작다. 그 이유는 수면과 식사가 생산적인 활동에 기여하기 때문이다. 잠을 못 자거나 식사를 제대로 하지 못해 체력이 떨어진다면, 생산적인 활동에 제약을 받기 때문에 수면과 식사활동에 들어가는 시간의 비용이 영화 관람에 비해 작다고 볼 수 있다. 베커는 "주말이나 저녁에는 회사들이 문을 닫기 때문에 활용할 수 있는 시간의 길이가 길어지고 이에 따라 특정 행동의 시간의 비용이 줄어든다"고도 지적한다. 시간의 비용이 가변적이라는 개념은, 기대수명이 늘어나서 사람들에게 더 많은 시간이 주어지는 것이 시간의 비용에 영향을 미칠 수 있다는 점에서 의미가 있다.

시간의 비용이 가변적이라고 생각한 이는 베커만이 아니었다. 스웨덴의 경제학자 스테판 린더는 서구인들이 엄청난 경제성장을 이루고도 여유를 누리지 못하는 이유를 논증한다. 경제가 성장하면 사람들의 시간을 쓰는 방식도 달라진다. 임금이 상승하면 직장 밖 활동에 들어가는 시간의 비용이 늘어난다. 일하는 데 쓸 수 있는 시간을 영화나 책을 보는 데 소비하면 그만큼의 임금을 포기하는 것이다. 따라서 임금이 늘어난 만큼 일 이외의 활동에 들어가는 시간의 비용도 함께 늘어난다는 것이다.

베커와 린더는 사람들에게 주어진 시간을 고정된 양으로 전제했다. 1965년 당시의 기대수명은 약 70세였다. 하루 24시간 중 8시간을 수면에 쓰고 나머지 시간에 활동이 가능하다면, 평생 408,800시간의 활동가능 시간이 주어지는 셈이다. 하지만 이 방정식에서 변수 하나가 바뀌면 어떻게 될까? 기대수명이 크게 늘어난다면 시간의 가치 역시 달라져서, 늘 시간에 쫓기는 조급한 마음에도 영향을 주게 되지 않을까?

① 베커에 따르면, 2시간의 수면과 1시간의 영화 관람 중 시간의 비용은 후자가 더 크다.

② 베커에 따르면, 평일에 비해 주말에 단위 시간당 시간의 비용이 줄어드는데, 그 감소폭은 수면이 영화 관람보다 더 크다.

③ 린더에 따르면, 임금이 삭감되었는데도 노동의 시간과 조건이 이전과 동일한 회사원의 경우, 수면에 들어가는 시간의 비용은 이전보다 줄어든다.

④ 베커와 린더 모두 개인이 느끼는 시간의 비용이 작아질수록 주관적인 시간의 길이가 길어진다고 생각한다.

⑤ 베커와 린더 모두 시간의 비용이 가변적이라고 생각했지만, 기대수명이 시간의 비용에 영향을 미치는지 여부에 관해서는 서로 다른 견해를 가지고 있었다.

083

기출 17' 5급㉻-가 | 난이도 ●○○

다음 ㉠의 내용으로 가장 적절한 것은?

인지부조화는 한 개인이 가지는 둘 이상의 사고, 태도, 신념, 의견 등이 서로 일치하지 않거나 상반될 때 생겨나는 심리적인 긴장상태를 의미한다. 인지부조화는 불편함을 유발하기 때문에 사람들은 이것을 감소시키려고 한다. 인지부조화를 감소시키는 방법은 서로 모순관계에 있어서 양립할 수 없는 인지들 가운데 하나 이상의 인지가 갖는 내용을 바꾸어 양립할 수 있게 만들거나, 서로 모순되는 인지들 간의 차이를 좁힐 수 있는 새로운 인지를 추가하여 부조화된 인지상태를 조화된 상태로 전환하는 것이다.

그런데 실제로 부조화를 감소시키는 행동은 비합리적인 면이 있다. 그 이유는 그러한 행동들이 사람들로 하여금 중요한 사실을 배우지 못하게 하고 자신들의 문제에 대해서 실제적인 해결책을 찾지 못하도록 할 수 있기 때문이다. 부조화를 감소시키려는 행동은 자기방어적인 행동이고, 부조화를 감소시킴으로써 우리는 자신의 긍정적인 이미지, 즉 자신이 선하고 현명하며 상당히 가치 있는 인물이라는 긍정적인 측면의 이미지를 유지하게 된다. 비록 자기방어적인 행동이 유용한 것으로 생각될 수 있지만, 이러한 행동은 부정적 결과를 초래할 수 있다.

한 실험에서 연구자는 인종차별 문제에 대해서 확고한 입장을 보이는 사람들을 선정하였다. 일부는 차별에 찬성하였고, 다른 일부는 차별에 반대하였다. 선정된 사람들에게 인종차별에 대한 찬성과 반대 의견이 실린 글을 모두 읽게 하였는데, 어떤 글은 지극히 논리적이고 그럴듯하였고, 다른 글은 터무니없고 억지스러운 것이었다. 실험에서는 참여자들이 과연 어느 글을 기억할 것인지에 관심이 있었다. 인지부조화 이론에 따르면, 사람들은 현명한 사람을 자기 편, 우매한 사람을 다른 편이라 생각할 때 마음이 편안해질 것이다. 그렇다면 이 실험에서 인지부조화 이론은 다음과 같은 ㉠ 결과를 예측할 것이다.

① 참여자들은 자신의 의견에 동의하는 논리적인 글과 반대편의 의견에 동의하는 논리적인 글을 기억한다.

② 참여자들은 자신의 의견에 동의하는 모든 글을 기억하고 반대편의 의견에 동의하는 모든 글을 기억하지 않는다.

③ 참여자들은 자신의 의견에 동의하는 논리적인 글과 반대편의 의견에 동의하는 터무니없고 억지스러운 글을 기억한다.

④ 참여자들은 자신의 의견에 동의하는 터무니없고 억지스러운 글과 반대편의 의견에 동의하는 논리적인 글을 기억한다.

⑤ 참여자들은 자신의 의견에 동의하는 모든 글을 기억하고 반대편의 의견에 동의하는 논리적인 글은 기억하지 않는다.

084

기출 19' 5급㉻-가 난이도 ●●●

다음 글의 ㉠에 들어갈 진술로 가장 적절한 것은?

흔히들 과학적 이론이나 가설을 표현하는 엄밀한 물리학적 언어만을 과학의 언어라고 생각한다. 그러나 과학적 이론이나 가설을 검사하는 과정에는 이러한 물리학적 언어 외에 우리의 감각적 경험을 표현하는 일상적 언어도 사용될 수밖에 없다. 그런데 우리의 감각적 경험을 표현하는 일상적 언어에는 과학적 이론이나 가설을 표현하는 물리학적 언어와는 달리 매우 불명료하고 엄밀하게 정의될 수 없는 용어들이 포함되어 있다. 어떤 학자는 이러한 용어들을 '발룽엔'이라고 부른다.

이제 과학적 이론이나 가설을 검사하는 과정에 발룽엔이 개입된다고 해보자. 이 경우 우리는 증거와 가설 사이의 논리적 관계가 무엇인지 결정할 수 없게 될 것이다. 즉, 증거가 가설을 논리적으로 뒷받침하고 있는지 아니면 논리적으로 반박하고 있는지에 관해 미결정적일 수밖에 없다는 것이다. 그 이유는 증거를 표현할 때 포함될 수밖에 없는 발룽엔을 어떻게 해석할 것인지에 따라 증거와 가설 사이의 논리적 관계에 대한 다양한 해석이 나오게 될 것이기 때문이다. 발룽엔의 의미는 본질적으로 불명료할 수밖에 없다. 즉, 발룽엔을 아무리 상세하게 정의하더라도 그것의 의미를 정확하고 엄밀하게 규정할 수는 없다는 것이다.

논리실증주의자들이나 포퍼는 증거와 가설 사이의 관계를 논리적으로 정확하게 판단할 수 있고 이를 통해 가설을 정확히 검사할 수 있다고 생각했다. 그러나 증거와 가설이 상충하면 가설이 퇴출된다는 식의 생각은 너무 단순한 것이다. 증거와 가설의 논리적 관계에 대한 판단을 위해서는 증거가 의미하는 것이 무엇인지 파악하는 것이 선행되어야 하기 때문이다. 따라서 우리가 발룽엔의 존재를 염두에 둔다면, '[㉠]'라고 결론지을 수 있다.

① 과학적 가설과 증거의 논리적 관계를 정확하게 판단할 수 있다는 생각은 잘못된 것이다.
② 과학적 가설을 정확하게 검사하기 위해서는 우리의 감각적 경험을 배제해야 한다.
③ 과학적 가설을 검사하기 위한 증거를 표현할 때 발룽엔을 사용해서는 안 된다.
④ 과학적 가설을 표현하는 데에도 발룽엔이 포함될 수밖에 없다.
⑤ 증거가 의미하는 것이 무엇인지 정확히 파악해야 한다.

085

기출 19' 5급㉻[상황판단] 난이도 ●●●

다음 글을 근거로 판단할 때 옳은 것은?

제○○조(문서의 성립 및 효력발생) ① 문서는 결재권자가 해당 문서에 서명(전자이미지서명, 전자문자서명 및 행정전자서명을 포함한다)의 방식으로 결재함으로써 성립한다.

② 문서는 수신자에게 도달(전자문서의 경우는 수신자가 지정한 전자적 시스템에 입력되는 것을 말한다)됨으로써 효력이 발생한다.

③ 제2항에도 불구하고 공고문서는 그 문서에서 효력발생 시기를 구체적으로 밝히고 있지 않으면 그 고시 또는 공고가 있은 날부터 5일이 경과한 때에 효력이 발생한다.

제○○조(문서 작성의 일반원칙) ① 문서는 어문규범에 맞게 한글로 작성하되, 뜻을 정확하게 전달하기 위하여 필요한 경우에는 괄호 안에 한자나 그 밖의 외국어를 함께 적을 수 있으며, 특별한 사유가 없으면 가로로 쓴다.

② 문서의 내용은 간결하고 명확하게 표현하고 일반화되지 않은 약어와 전문용어 등의 사용을 피하여 이해하기 쉽게 작성하여야 한다.

③ 문서에는 음성정보나 영상정보 등을 수록할 수 있고 연계된 바코드 등을 표기할 수 있다.

④ 문서에 쓰는 숫자는 특별한 사유가 없으면 아라비아 숫자를 쓴다.

⑤ 문서에 쓰는 날짜는 숫자로 표기하되, 연·월·일의 글자는 생략하고 그 자리에 온점(.)을 찍어 표시하며, 시·분은 24시각제에 따라 숫자로 표기하되, 시·분의 글자는 생략하고 그 사이에 쌍점(:)을 찍어 구분한다. 다만 특별한 사유가 있으면 다른 방법으로 표시할 수 있다.

① 문서에 '2018년 7월 18일 오후 11시 30분'을 표기해야 할 때 특별한 사유가 없으면 '2018. 7. 18. 23:30'으로 표기한다.
② 2018년 9월 7일 공고된 문서에 효력발생 시기가 구체적으로 명시되지 않은 경우 그 문서의 효력은 즉시 발생한다.
③ 전자문서의 경우 해당 수신자가 지정한 전자적 시스템에 도달한 문서를 확인한 때부터 효력이 발생한다.
④ 문서 작성 시 이해를 쉽게 하기 위해 일반화되지 않은 약어와 전문용어를 사용하여 작성하여야 한다.
⑤ 연계된 바코드는 문서에 함께 표기할 수 없기 때문에 영상 파일로 처리하여 첨부하여야 한다.

086

기출 17' 5급[민]-나 난이도 ●●○

다음 글의 ㉠~㉢을 〈정보〉로 평가한 것으로 적절한 것은?

'사람 한 명 당 쥐 한 마리', 즉 지구상에 사람 수 만큼의 쥐가 있다는 통계에 대한 믿음은 1백년쯤 된 것이지만 잘못된 믿음이다. 이 가설은 1909년 뵐터가 쓴 『문제』라는 책에서 비롯되었다. 영국의 지방을 순회하던 뵐터에게 문득 이런 생각이 떠올랐다. "1에이커(약 4천 제곱미터)에 쥐 한 마리쯤 있다고 봐도 별 무리가 없지 않을까?" 이것은 근거가 박약한 단순한 추측에 불과했지만, 그는 무심코 떠오른 이런 추측에서 추론을 시작했다. 뵐터는 이 추측을 ㉠ 첫 번째 전제로 삼고 영국의 국토 면적이 4천만 에이커 정도라는 사실을 추가 전제로 고려하여 영국에 쥐가 4천만 마리쯤 있으리라는 ㉡ 중간 결론에 도달했다. 그런데 마침 당시 영국의 인구가 약 4천만 명이었고, 이런 우연한 사실을 발판 삼아 그는 세상 어디에나 인구 한 명 당 쥐도 한 마리쯤 있을 것이라는 ㉢ 최종 결론을 내렸다. 이것은 논리적 관점에서 타당성이 의심스러운 추론이었지만, 사람들은 이 결론을 이상하리만큼 좋아했다. 쥐의 개체수를 실제로 조사하는 노고도 없이 '한 사람 당 쥐 한 마리'라는 어림값은 어느새 사람들의 믿음으로 굳어졌다. 이 믿음은 국경마저 뛰어넘어, 미국의 방역업체나 보건을 담당하는 정부 기관이 이를 참고하기도 했다. 지금도 인구 약 900만인 뉴욕시에 가면 뉴욕시에 900만 마리쯤의 쥐가 있다고 믿는 사람을 어렵잖게 만날 수 있다.

보기

(가) 최근 조사에 의하면 뉴욕시에는 약 30만 마리의 쥐가 있는 것으로 추정된다.

(나) 20세기 초의 한 통계조사에 의하면 런던의 주거 밀집 지역에는 가구 당 평균 세 마리의 쥐가 있었다.

(다) 사람들이 자기 집에 있다고 생각하는 쥐의 수는 실제 조사를 통해 추정된 쥐의 수보다 20% 정도 더 많다.

(라) 쥐의 개체수 조사에는 특정 건물을 표본으로 취해 쥐구멍을 세고 쥐 배설물 같은 통행 흔적을 살피는 방법과 일정 면적마다 설치한 쥐덫을 활용하는 방법 등이 있는데, 다양한 방법으로 조사한 결과가 서로 높은 수준의 일치를 보인다.

① (가)는 ㉢을 약화한다.
② (나)는 ㉠을 강화한다.
③ (다)는 ㉢을 강화한다.
④ (라)는 ㉡을 약화한다.
⑤ (나)와 (다)가 참인 경우, ㉡은 참일 수 없다.

087

기출 17' 5급[행]-가 난이도 ●○○

다음 글의 내용에 대한 평가로 가장 적절한 것은?

우리나라는 눈부신 경제 성장을 이룩하였고 일인당 국민소득도 빠른 속도로 증가해왔다. 소득이 증가하면 더 행복해질 것이라는 믿음과는 달리, 한국사회 구성원들의 전반적인 행복감은 높지 않은 실정이다. 전반적인 물질적 풍요에도 불구하고 왜 한국 사람들의 행복감은 그만큼 높아지지 않았을까? 이 물음에 대한 다음과 같은 두 가지 답변이 있다.

(가) 일반적으로 소득이 일정한 수준에 도달한 이후에는 소득의 증가가 반드시 행복의 증가로 이어지지는 않는다. 인간이 살아가기 위해서는 물질재와 지위재가 필요하다. 물질재는 기본적인 의식주의 욕구를 충족시키는 데 필요한 재화이며, 경제 성장에 따라 공급이 늘어난다. 지위재는 대체재의 존재 여부나 다른 사람들의 요구에 따라 가치가 결정되는 비교적 희소한 재화나 서비스이며, 그 효용은 상대적이다. 경제 성장의 초기 단계에서는 물질재의 공급을 늘리면 사람들의 만족감이 커지지만, 경제가 일정 수준 이상으로 성장하면 점차 지위재가 중요해지고 물질재의 공급을 늘려서는 해소되지 않는 불만이 쌓이게 되는 이른바 '풍요의 역설'이 발생한다. 따라서 한국 사람들이 경제 수준이 높아진 만큼 행복하지 않은 이유는 소득 증가에 따른 자연스러운 현상이다.

(나) 한국 사회의 행복 수준은 단순히 풍요의 역설로 설명할 수 없다. 행복에 대한 심리학적 연구에 따르면 타인과 비교하는 성향이 강한 사람일수록 행복감이 낮아지게 된다. 비교 성향이 강한 사람은 사회적 관계에서 자신보다 우월한 사람들을 준거집단으로 삼아 비교하기 쉽고 이로 인해 상대적 박탈감이 커질 수 있기 때문이다. 한국과 같은 경제 사회에서는 진학이나 구직 등에서 과열 경쟁이 벌어지고 등수에 의해 승자와 패자가 구분된다. 이 과정에서 비교 우위를 차지하지 못한 사람들은 좌절을 경험하기 쉬운데, 비교 성향이 강할수록 좌절감은 더 크다. 따라서 한국 사회의 행복감이 낮은 이유는 한국 사람들이 다른 사람들과 비교하는 성향이 매우 높은 데에서 찾을 수 있다.

① 지위재에 대한 경쟁이 치열한 국가일수록 전반적인 행복감이 높다는 사실은 (가)를 강화한다.
② 경제적 수준이 비슷한 나라들과 비교하여 한국의 지위재가 상대적으로 풍부하다는 사실은 (가)를 강화한다.
③ 한국 사회는 일인당 소득 수준이 비슷한 다른 나라들과 비교하더라도 행복감의 수준이 상당히 낮다는 조사 결과는 (가)를 강화한다.
④ 한국보다 소득 수준이 높고 대학 입학을 위한 입시 경쟁이 매우 치열한 나라가 있다는 사실은 (나)를 약화한다.
⑤ 자신보다 우월한 사람들을 준거집단으로 삼는 경향이 한국보다 강함에도 불구하고 행복감이 더 높은 나라가 있다는 사실은 (나)를 약화한다.

088

기출 17' 5급㉑-가 난이도 ●●○

다음 글에서 알 수 있는 것은?

서양사람들은 중국 명나라를 은의 나라로 불렀다. 명나라의 은 생산이 많아서 그런 것은 아니었다. 무역을 통해 외국으로부터 은이 쏟아져 들어오고 있었기 때문이었다. 그 은 가운데 상당량은 일본에서 채굴된 것이었다.

당시 일본은 세계 굴지의 은 생산 국가로 발돋움하고 있었다. 그 배경에는 두 명의 조선사람이 있었다. 은광석에는 다량의 납이 포함되어 있었으며, 은광석에서 은과 납을 분리하는 제련기술 없이 은 생산은 늘어날 수 없었다. 그런데 1503년에 김감불과 김검동이란 조선인이 은과 납을 효율적으로 분리하는 기술인 연은분리법을 세계 최초로 개발했다. 연은분리법은 조선에서는 곧 잊혀졌지만 정작 조선보다 일본에서 빛을 발해 이후 일본의 은 생산량을 크게 늘리는 데 기여했다. 일본은 조선보다 은광석이 풍부했지만 제련하는 기술이 후진적이어서 생산량은 뒤처져 있었다. 그런데 조선에서 개발된 이 기술이 일본에 전해진 후 일본 전역에서 은광 개발 붐이 일어났고, 16세기 말 일본은 동아시아 최대의 은 생산국이 되었다.

특히 혼슈의 이와미은광은 막대한 생산량으로 인해 일본 군웅들의 각축장이 되었다. 당시 은은 국제통화였고 명나라에서는 은이 부족했으므로, 이와미은광은 동아시아 교역의 중심에 섰다. 일례로 포르투갈 상인에게 조총을 구입하기 위해 일본의 지방 영주들은 은을 지출하였고, 은을 보유하게 된 포르투갈 상인들은 다시 중국으로 건너가 도자기와 차·비단을 구입하며 은을 지불했다.

임진왜란 4년 전인 1588년, 도요토미 히데요시는 왜구 집단에 대해 개별적인 밀무역과 해적활동을 금지하는 해적정지령을 내렸다. 이로써 그는 독립적이었던 왜구의 무역활동을 장악하고, 그 전력을 정규 수군화한 후 조선과 중국에 무역을 요구했다. 하지만 명은 왜구에 대한 두려움으로 일본과의 무역을 제한하는 해금정책을 풀지 않았고, 조선 또한 삼포왜란 이후 중단된 거래를 재개할 생각이 없었다. 도요토미는 은을 매개로 한 교역을 활성화할 수 있는 방법으로 전쟁을 택했다. 그에게는 조선을 거쳐 베이징으로 침공하는 방법과 중국 남해안을 직접 공격하는 방법이 있었다. 도요토미는 대규모 군대와 전쟁 물자를 수송해야 하는 문제를 고려하여 전자를 선택하였다. 임진왜란의 발발이었다.

① 도요토미 히데요시는 해적정지령을 내려 조선·명과의 관계를 개선하였다.
② 일본은 조선보다 은광석이 풍부했으며 은광석의 납 함유율도 조선보다 높았다.
③ 은을 매개로 한 조선·명·일본 3국의 교역망은 임진왜란 발발로 붕괴되었다.
④ 연은분리법의 전파로 인해 일본의 은 생산량은 조선의 은 생산량을 앞지르게 되었다.
⑤ 도요토미 히데요시가 일본을 통일하는 데 이와미은광에서 나온 은이 중요한 역할을 하였다.

089

기출 19' 5급㉑-가 난이도 ●●○

다음 글의 미첼의 이론에서 추론할 수 있는 것은?

1783년 영국 자연철학자 존 미첼은 빛은 입자라는 생각과 뉴턴의 중력이론을 결합한 이론을 제시하였다. 그는 우선 별들이 어떻게 보일 것인지 사고 실험을 통해 예측하였다.

별의 표면에서 얼마간의 초기 속도로 입자를 쏘아 올려 아무런 방해 없이 위로 올라간다고 가정해보자. 만약에 초기 속도가 충분히 빠르지 않으면 별의 중력은 입자의 속도를 점점 느리게 할 것이며, 결국 그 입자를 별의 표면으로 되돌아가게 할 것이다. 만약 초기 속도가 충분히 빠르면 입자는 중력을 극복하고 별을 탈출할 수 있을 것이다. 이렇게 입자가 별을 탈출할 수 있는 최소한의 초기 속도는 '탈출 속도'라고 불린다. 미첼은 뉴턴의 중력이론을 이용해서 탈출 속도를 계산할 수 있었으며, 그 속도가 별 질량을 별의 둘레로 나눈 값의 제곱근에 비례한다는 것을 유도하였다.

이를 바탕으로 미첼은 '임계 둘레'라는 것도 추론해냈다. 임계 둘레란 탈출 속도와 빛의 속도를 같게 만드는 별의 둘레를 말한다. 빛 입자는 다른 입자들처럼 중력의 영향을 받는다. 그로 인해 빛은 임계 둘레보다 작은 둘레를 가진 별에서는 탈출할 수 없다. 그런 별에서 약 30만 km/s의 초기 속도로 빛 입자를 쏘아 올렸을 때 입자는 우선 위로 날아갈 것이다. 그런 다음 멈출 때까지 느려지다가, 결국 별의 표면으로 되돌아갈 것이다. 미첼은 임계 둘레를 쉽게 계산할 수 있었다. 태양과 동일한 질량을 가진 별의 임계 둘레는 약 19 km로 계산되었다. 이러한 사고 실험을 통해 미첼은 임계 둘레보다 작은 둘레를 가진 암흑의 별들이 무척 많을 테고, 그 별들에선 빛 입자가 빠져나올 수 없기에 지구에서는 볼 수 없을 것으로 추측했다.

① 임계 둘레 이하의 둘레를 가진 별에 사는 존재는 임계 둘레보다 큰 둘레를 가진 별에서 오는 빛을 관찰할 수 없다.
② 빛보다 빠른 초기 속도로 쏘아 올린 입자가 있다면, 그 입자는 모두 별에서 탈출할 수 있다.
③ 별의 질량이 커지더라도 별의 둘레가 변하지 않는다면 탈출속도는 빨라지지 않는다.
④ 임계 둘레 이하의 둘레를 가진 별의 표면에서는 빛을 쏘아 올릴 수 없다.
⑤ 별의 질량이 커질수록 그 별의 임계 둘레는 커진다.

090

기출 19' 5급㉻[상황판단] 난이도 ●○○

다음 〈○○도 지방보조금 관리규정〉을 근거로 판단할 때, 〈보기〉에서 옳은 것만을 모두 고르면?

○○도 지방보조금 관리규정

제○○조(보조대상사업) 도는 도가 권장하는 사업으로서 지방보조금을 지출하지 아니하면 수행할 수 없는 사업(지방보조사업)인 경우 그 사업에 필요한 경비의 일부 또는 전부를 보조할 수 있다.

제○○조(용도외 사용금지 등) ① 지방보조사업을 수행하는 자(이하 '지방보조사업자'라 한다)는 그 지방보조금을 다른 용도에 사용하여서는 아니된다.

② 지방보조사업자는 수익성 악화 등 사정의 변경으로 지방보조사업의 내용을 변경하거나 지방보조사업에 드는 경비의 배분을 변경하려면 도지사의 승인을 얻어야 한다. 다만 경미한 내용변경이나 경미한 경비배분변경의 경우에는 그러하지 아니하다.

③ 지방보조사업자는 수익성 악화 등 사정의 변경으로 그 지방보조사업을 다른 사업자에게 인계하거나 중단 또는 폐지하려면 미리 도지사의 승인을 얻어야 한다.

제○○조(지방보조금의 대상사업과 도비보조율) 도지사는 시·군에 대한 보조금에 대하여는 보조금이 지급되는 대상사업·경비의 종목·도비보조율 및 금액을 매년 예산으로 정한다. 단, 지방보조금의 예산반영신청 및 예산편성에 있어서 지방보조사업별로 적용하는 도비보조율은 다음 각 호에서 정한 분야별 범위 내에서 정한다.

1. 보건·사회: 총사업비의 30% 이상 70% 이하
2. 상하수·치수: 총사업비의 30% 이상 50% 이하
3. 문화·체육: 총사업비의 30% 이상 60% 이하

제○○조(시·군비 부담의무) 시장·군수는 도비보조사업에 대한 시·군비 부담액을 다른 사업에 우선하여 해당연도 시·군 예산에 반영하여야 한다.

보기

ㄱ. ○○도 지방보조사업자는 모든 경비배분이나 내용의 변경에 대해서 ○○도 도지사의 승인을 얻어야 한다.

ㄴ. ○○도 지방보조사업자가 수익성 악화를 이유로 자신이 수행하는 지방보조사업을 다른 사업자에게 인계하기 위해서는 미리 ○○도 도지사의 승인을 얻어야 한다.

ㄷ. ○○도 A시 시장은 도비보조사업과 무관한 자신의 공약사업 예산을 도비보조사업에 대한 시비 부담액보다 우선적으로 해당연도 A시 예산에 반영해야 한다.

ㄹ. ○○도 도지사는 지방보조금 지급대상사업인 '상하수도 정비사업(총사업비 40억 원)'에 대하여 최대 20억 원을 지방보조금 예산으로 정할 수 있다.

① ㄱ, ㄴ　② ㄱ, ㄷ　③ ㄴ, ㄷ
④ ㄴ, ㄹ　⑤ ㄷ, ㄹ

Day 6 Self Check List

	오답 수	무응답 수	풀이시간(분)
1회독	/ 15	/ 15	/ 30(분)
2회독	/ 15	/ 15	/ 25(분)
3회독	/ 15	/ 15	/ 15(분)

정답 및 해설 307p

독끝 7일차 (091~105)

*아래 회독수 별 권장 풀이 시간에 맞춰 풀이 후, 끝쪽의 Self Check List를 기입하여 부족한 부분을 파악하세요!

권장 풀이 시간

1회독 30 min　2회독 25 min　3회독 15 min

본 문항은 PSAT 언어논리 영역 기출 문항으로 구성되며, 기출 표기에 따른 시험 종류는 아래와 같습니다.(표기 상 맨 끝은 '책형' 입니다.)

[민] – 민간경력자 일괄채용시험 / [행] – 공개경쟁채용시험(행정)

091

기출 17' 5급[민]-나　난이도 ●●○

다음 글에서 알 수 없는 것은?

무인정변 이후 집권자들의 권력 쟁탈로 지방에 대한 통제력이 이완되고 지배층의 수탈이 더욱 심해지자 백성들은 이에 저항하는 민란을 일으켰다. 이들은 당시 사료에 '산적'이나 '화적', 또는 '초적'이라는 이름의 도적으로 일컬어졌다. 최우는 집권 후 야별초를 만들어 이들을 진압하려 했다. 야별초는 집권자의 사병처럼 이용되어 주로 민란을 진압하고 정적을 제거하는 데 동원되었다. 이들은 그 대가로 월등한 녹봉이나 상여금과 함께 진급에서 특혜를 누렸고, 최씨 정권은 안팎의 위협으로부터 안전할 수 있었다. 이후 규모가 방대해진 야별초는 좌별초와 우별초로 나뉘었고 여기에 신의군이 합해져 삼별초로 계승되었다.

1231년 몽고의 공격이 시작되자 최우를 중심으로 한 무인 정권은 항전을 주장하였으나, 왕과 문신관료들은 왕권회복을 희망하여 몽고와의 강화(講和)를 바랐다. 대몽 항전을 정권 유지를 위한 방책으로 활용하려 했던 최우는 다수의 반대를 무릅쓰고 강화도 천도를 결행하였으나 이는 지배세력 내의 불만을 증폭시켰으며 백성들에게는 권력자들의 안전만을 도모하는 일종의 배신행위로 받아들여졌다.

이후 무인 정권이 붕괴되자 그 주력부대였던 삼별초는 개경으로 환도한 고려 정부에 불복해 강화도에서 반란을 일으켰다. 삼별초의 난이 일어나자 전쟁 중에 몽고 침략 및 지배층의 과중한 수탈에 맞서 싸워 왔던 일반 백성들의 호응이 뒤따랐다. 1270년 봉기하여 1273년 진압될 때까지 약 3년에 걸쳐 진행된 삼별초의 난에는 서로 다른 두 가지 성격이 양립하고 있었다. 하나는 지배층 내부의 정쟁에서 패배한 무인 정권의 잔존세력이 일으킨 정치적 반란이고, 다른 하나는 민란의 전통과 대몽 항쟁의 전통을 계승한 백성들의 항쟁이다. 전자는 무너진 무인 정권을 회복하고 눈앞에 닥친 정치적 보복에서 벗어나기 위해 몽고와 고려 정부에 항쟁하던 삼별초의 반란이었다. 후자는 새로운 권력층과 침략자의 결탁 속에서 가중되는 수탈에 저항하던 백성들이 때마침 삼별초의 난을 만나 이에 합류하는 형태로 일으킨 민란이었다.

① 최우의 강화도 천도는 국왕과 문신 및 백성들의 지지를 얻지 못하였다.
② 야별초가 주로 상대한 도적은 지배층의 수탈에 저항하던 백성들이었다.
③ 삼별초의 난에서 삼별초와 일반 백성들은 항전의 대상과 목적이 같았다.
④ 설립 이후 진압될 때까지 삼별초는 무인 정권을 옹호하는 성격을 지닌 집단이었다.
⑤ 삼별초는 개경의 중앙 정부에 반대하고 몰락한 무인 정권을 회복하기 위해 반란을 일으켰다.

092

기출 17' 5급[행]-가　난이도 ●○○

다음 글에서 알 수 없는 것은?

1930년대 우리나라 탐정소설에는 과학적 수사의 강조, 육감적 혹은 감정적 사건 전개라는 두 가지 특성이 나타난다. 이러한 것들은 1930년대 우리나라 탐정소설에 서구 번역 탐정소설이 미친 영향력 못지않게 국내에서 유행하던 환상소설, 공포소설, 모험소설, 연애소설 등의 대중 소설 장르가 영향력을 미친 데서 비롯된 것이다. 2000년대 이후 오늘날의 탐정소설은 과학적 수사, 증명, 논리적 추론 과정에 초점이 맞추어지는 데 반해, 1930년대 탐정소설은 감정적, 심리적, 우연적 요소의 개입 같은 것들이 사건 해결의 열쇠를 쥐고 있었다. 두 가지 큰 특성 중 감정적 혹은 육감적 사건 전개는 탐정소설의 범위를 넓히는 동시에 다양한 세부 장르를 형성하였다. 그러나 현재로 오면서 두 번째 특성은 소멸되고 첫 번째의 특성만 강하게 남아, 그것이 탐정소설의 전부인 것처럼 인식되는 경향이 지배적이다.

다양한 의미와 유형을 내포했던 1930년대의 '탐정'과 탐정소설은 현재로 오면서 오히려 그 범위가 협소해진 것으로 보인다. '탐정'이라는 용어는 서술어적 의미가 사라지고 인물의 의미로 국한되어 사용되었으며, 탐정소설은 감정적 혹은 육감적 사건 전개나 기괴한 이야기가 지니는 환상적인 매력이 사라지고 논리적 추론 과정에 초점이 맞추어지는 서구의 고전적 탐정소설 유형만이 남게 되었다. 1930년대의 탐정소설이 서구 고전적 탐정소설로 귀착되면서, 탐정소설과 다른 대중 소설 장르가 결합된 양식들은 사라졌다. 그런 면에서 1930년대 탐정소설의 고유한 특성을 밝히는 것은 서구의 것과는 다른 한국식 탐정소설의 양식들이 발전할 수 있는 가능성을 제기하는 것이기도 하다.

① 1930년대 우리나라에서 '탐정'이라는 말은 현재보다 더 넓은 의미를 가졌다.
② 서구의 고전적 탐정소설은 과학적 수사와 논리적 추론 과정에 초점을 맞춘다.
③ 오늘날 우리나라 탐정소설에서는 기괴한 이야기가 가진 환상적 매력을 발견하기 어렵다.
④ 과학적, 논리적 추론 과정의 정립은 한국식 탐정소설의 다양한 형식을 발전시키는 데 기여했다.
⑤ 1930년대 우리나라 탐정소설은 서구 번역 탐정소설과 한국의 대중 소설 장르의 영향을 받았다.

093

기출 17' 5급㉧-가 | 난이도 ●●○

다음 글에서 알 수 없는 것은?

동아시아 삼국에 외국인이 집단적으로 장기 거주함에 따라 생활의 편의와 교통통신을 위한 근대적 편의시설이 갖춰지기 시작했다. 이른바 문명의 이기로 불린 전신, 우편, 신문, 전차, 기차 등이 그것이다. 민간인을 독자로 하는 신문은 개항 이후 새롭게 나타난 신문물 가운데 하나이다. 신문(新聞) 혹은 신보(新報)라는 이름부터가 그렇다. 물론 그 전에도 정부 차원에서 관료들에게 소식을 전하는 관보가 있었지만 오늘날 우리가 사용하는 의미에서의 신문은 여기서부터 비롯된다.

1882년 서양 선교사가 창간한 『The Universal Gazette』의 한자 표현이 '천하신문'인 데서 알 수 있듯, 선교사들은 가제트를 '신문'으로 번역했다. 이후 신문이란 말은 "마카오의 신문지를 참조하라"거나 "신문관을 설립하자"는 식으로 중국인들이 자발적으로 활발하게 사용하기 시작했다.

상업이 발달한 중국 상하이와 일본 요코하마에서는 각각 1851년과 1861년 영국인에 의해 영자신문이 창간되어 유럽과 미국 회사들에 필요한 정보를 제공했고, 이윽고 이를 모델로 하는 중국어, 일본어 신문이 창간되었다. 상하이 최초의 중국어 신문은 영국의 민간회사 자림양행에 의해 1861년 창간된 『상하이신보』다. 거기에는 선박의 출입일정, 물가정보, 각종 광고 등이 게재되어 중국인의 필요에 부응했다. 이 신문은 'ㅇㅇ신보'라는 용어의 유래가 된 신문이다. 중국에서 자국인에 의해 발행된 신문은 1874년 상인 왕타오에 의해 창간된 중국어 신문 『순후안일보』가 최초이다. 이것은 오늘날 '△△일보'라는 용어의 유래가 된 신문이다.

한편 요코하마에서는 1864년 미국 영사관 통역관이 최초의 일본어 신문 『카이가이신문』을 창간하면서 일본 국내외 뉴스와 광고를 게재했다. 1871년 처음으로 일본인에 의해 일본어 신문인 『요코하마마이니치신문』이 창간되었고, 이후 일본어 신문 창간의 붐이 일었다.

개항 자체가 늦었던 조선에서는 정부 주도하에 1883년 외교를 담당하던 통리아문 박문국에서 최초의 근대적 신문 『한성순보』를 창간했다. 그러나 한문으로 쓰인 『한성순보』와는 달리 그 후속으로 1886년 발행된 『한성주보』는 국한문 혼용을 표방했다. 한글로 된 최초의 신문은 1896년 독립협회가 창간한 『독립신문』이다. 1904년 영국인 베델과 양기탁 등에 의해 『대한매일신보』가 영문판 외에 국한문 혼용판과 한글 전용판을 발간했다. 그밖에 인천에서 상업에 종사하는 사람들을 위한 정보를 알려주는 신문 등 다양한 종류의 신문이 등장했다.

① 중국 상하이와 일본 요코하마에서 창간된 영자신문은 서양 선교사들이 주도적으로 참여하였다.
② 개항 이전에는 관료를 위한 관보는 있었지만, 민간인 독자를 대상으로 하는 신문은 없었다.
③ 'ㅇㅇ신보'나 '△△일보'란 용어는 민간이 만든 신문들의 이름에서 기인한다.
④ 일본은 중국보다 자국인에 의한 자국어 신문을 먼저 발행하였다.
⑤ 개항 이후 외국인의 필요에 의해 발행된 신문이 있었다.

094

기출 19' 5급㉧-가 | 난이도 ●●○

다음 글의 ㉠에 근거한 추론으로 옳은 것만을 〈보기〉에서 모두 고르면?

우리는 믿음과 관련하여 여러 종류의 태도를 가질 수 있다. 예를 들어, 우리는 내일 비가 온다는 명제가 참이라고 믿을 수도 있고, 거짓이라고 믿을 수도 있다. 또한 그 명제가 참이라고 믿지도 않고 거짓이라고 믿지도 않을 수 있다. 이렇게 거칠게 세 가지 종류로만 구분된 믿음 태도는 '거친 믿음 태도'라고 불린다.

한편, 우리의 믿음 태도는 아주 섬세하게 구분될 수도 있다. 우리는 내일 비가 온다는 명제가 참이라는 것을 0.2의 확률로 믿을 수도 있고 0.5의 확률로 믿을 수도 있고 0.8의 확률로 믿을 수도 있다. 말하자면, 그 명제가 참일 확률에 따라 우리의 믿음 태도는 섬세하게 구분될 수도 있다는 것이다. 이렇게 확률에 따라 구분된 믿음 태도는 '섬세한 믿음 태도'라고 불린다.

이 두 종류의 믿음 태도는 ㉠'믿음의 문턱'이라는 개념을 이용한 규정을 통해 서로 연결될 수 있다. 그 규정은 이렇다. '어떤 명제를 참이라고 믿기 위한 필요충분조건은 그 명제가 참이라는 것을 특정 확률 값 k보다 크게 믿는 것이다. 그리고 어떤 명제를 거짓이라고 믿기 위한 필요충분조건은 그 명제가 거짓이라는 것을 그 확률 값 k보다 크게 믿는 것이다. 단, k의 값은 0.5보다 작지 않다.' 이때 확률 값 k를 믿음의 문턱이라고 부른다.

이제 이러한 규정을 적용해 보기 위해 일단 당신의 믿음의 문턱이 0.8이라고 해보자. 그리고 당신은 내일 비가 온다는 명제가 참이라는 것을 0.9의 확률로 믿고 있다고 하자. 이 경우 우리는 '당신은 내일 비가 온다는 명제를 참이라고 믿고 있다.'고 말할 수 있다. 이번에는 당신이 내일 비가 온다는 명제가 거짓이라는 것을 0.9의 확률로 믿고 있다고 해 보자. 그럼 우리는 당신의 믿음의 문턱이 0.8이라는 점을 고려하여 '당신은 내일 비가 온다는 명제가 거짓이라고 믿고 있다.'고 말할 수 있다.

그럼, 당신이 내일 비가 온다는 명제가 참이라는 것도 0.5의 확률로 믿고 있고, 그 명제가 거짓이라는 것도 0.5의 확률로 믿고 있는 경우는 어떨까? 이 경우 우리는 당신의 믿음의 문턱이 0.8이라는 점을 고려하여 '당신은 내일 비가 온다는 명제를 참이라고 믿지도 않고 거짓이라고 믿지도 않는다.'고 말할 수 있다.

보기

ㄱ. 철수의 믿음의 문턱이 0.5인 경우, 철수는 모든 명제를 참이라고 믿지도 않고 거짓이라고 믿지도 않는다.
ㄴ. 영희의 믿음의 문턱이 고정되어 있을 경우, 내일 비가 온다는 명제에 대한 영희의 섬세한 믿음 태도가 변한다고 하더라도 그 명제에 대한 영희의 거친 믿음 태도는 변하지 않는 경우도 있다.
ㄷ. 철수와 영희가 동일한 수치의 믿음의 문턱을 가지고 있을 경우, 두 사람 모두 내일 비가 온다는 명제를 참이라고 믿고 있지 않다면 두 사람 모두 내일 비가 온다는 명제를 거짓이라고 믿고 있다.

① ㄱ ② ㄴ ③ ㄱ, ㄷ
④ ㄴ, ㄷ ⑤ ㄱ, ㄴ, ㄷ

095

기출 19' 5급㉻[상황판단] 난이도 ●●○

다음 글과 〈상황〉을 근거로 판단할 때, 〈보기〉에서 옳은 것만을 모두 고르면?

'에너지이용권'은 에너지 취약계층에게 난방에너지 구입을 지원하는 것으로 관련 내용은 다음과 같다.

월별 지원 금액	1인 가구: 81,000원 2인 가구: 102,000원 3인 이상 가구: 114,000원
지원 형태	신청서 제출 시 실물카드와 가상카드 중 선택 • 실물카드: 에너지원(등유, 연탄, LPG, 전기, 도시가스)을 다양하게 구매 가능함. 단, 아파트 거주자는 관리비가 통합고지서로 발부되기 때문에 신청할 수 없음 • 가상카드: 전기·도시가스·지역난방 중 택일. 매월 요금이 자동 차감됨. 단, 사용기간(발급일로부터 1개월) 만료 시 잔액이 발생하면 전기요금 차감
신청 대상	생계급여 또는 의료급여 수급자로서 다음 각 호의 어느 하나에 해당하는 사람을 포함한 가구의 가구원 1. 1954. 12. 31. 이전 출생자 2. 2002. 1. 1. 이후 출생자 3. 등록된 장애인(1 ~ 6급)
신청 방법	수급자 본인 또는 가족이 신청 ※ 담당공무원이 대리 신청 가능
신청 서류	1. 에너지이용권 발급 신청서 2. 전기, 도시가스 또는 지역난방 요금고지서(영수증), 아파트 거주자의 경우 관리비 통합고지서 3. 신청인의 신분증 사본 4. 대리 신청일 경우 신청인 본인의 위임장, 대리인의 신분증 사본

〈상황〉

甲 ~ 丙은 에너지이용권을 신청하고자 한다.

- 甲: 3급 장애인, 실업급여 수급자, 1인 가구, 아파트 거주자
- 乙: 2005. 1. 1. 출생, 의료급여 수급자, 4인 가구, 단독 주택 거주자
- 丙: 1949. 3. 22. 출생, 생계급여 수급자, 2인 가구, 아파트 거주자

〈보기〉

ㄱ. 甲은 에너지이용권 발급 신청서, 관리비 통합고지서, 본인 신분증 사본을 제출하고, 81,000원의 에너지이용권을 요금 자동 차감 방식으로 지급받을 수 있다.

ㄴ. 담당공무원인 丁이 乙을 대리하여 신청 서류를 모두 제출하고, 乙은 114,000원의 에너지이용권을 실물카드 형태로 지급받을 수 있다.

ㄷ. 丙은 도시가스를 선택하여 102,000원의 에너지이용권을 가상카드 형태로 지급받을 수 있으며, 이용권 사용기간 만료 시 잔액이 발생한다면 전기요금이 차감될 것이다.

① ㄱ ② ㄴ ③ ㄷ
④ ㄱ, ㄷ ⑤ ㄴ, ㄷ

096

기출 17' 5급㉤-나 난이도 ●●○

다음 논쟁에 대한 분석으로 적절한 것만을 〈보기〉에서 모두 고르면?

갑: 17세기 화가 페르메르의 작품을 메헤렌이 위조한 사건은 세상을 떠들썩하게 했지. 메헤렌의 그 위조품이 지금도 높은 가격에 거래된다고 하는데, 이 일은 예술 감상에서 무엇이 중요한지를 생각하게 만들어.

을: 눈으로 위조품과 진품을 구별할 수 없다고 하더라도 위조품은 결코 예술적 가치를 가질 수 없어. 예술품이라면 창의적이어야 하는데 위조품은 창의적이지 않기 때문이지. 예술적 가치는 진품만이 가질 수 있어.

병: 메헤렌의 작품이 페르메르의 작품보다 반드시 예술적으로 못하다고 할 수 있을까? 메헤렌의 작품이 부정적으로 평가되는 것은 메헤렌이 사람들을 속였기 때문이지 그의 작품이 예술적으로 열등해서가 아니야.

갑: 예술적 가치는 시각적으로 식별할 수 있는 특성으로 결정돼. 그런데 많은 사람들이 위조품과 진품을 식별할 수 없다고 해서 식별이 불가능한 것은 아니야. 전문적인 훈련을 받은 사람은 두 작품에서 시각적으로 식별 가능한 차이를 찾아내겠지.

을: 위작이라고 알려진 다음에도 그 작품을 칭송하는 것은 이해할 수 없는 일이야. 왜 많은 사람들이 〈모나리자〉의 원작을 보려고 몰려들겠어? 〈모나리자〉를 완벽하게 복제한 작품이라면 분명히 그렇게 많은 사람들의 관심을 끌지는 못할 거야.

병: 사람들이 〈모나리자〉에서 감상하는 것이 무엇이겠어? 그것이 원작이라는 사실은 감상할 수 있는 대상이 아니야. 결국 사람들은 〈모나리자〉가 갖고 있는 시각적 특징에 예술적 가치를 부여하는 것이지.

〈보기〉

ㄱ. 예술적 가치로서의 창의성은 시각적 특성으로 드러나야 한다는 데 갑과 을은 동의할 것이다.

ㄴ. 시각적 특성만으로는 그 누구도 진품과 위조품을 구별할 수 없다면 이 둘의 예술적 가치가 같을 수 있다는 데 갑과 병은 동의할 것이다.

ㄷ. 메헤렌의 위조품이 고가에 거래되는 이유가 그 작품의 예술적 가치에 있다는 데 을과 병은 동의할 것이다.

① ㄱ ② ㄴ ③ ㄱ, ㄷ
④ ㄴ, ㄷ ⑤ ㄱ, ㄴ, ㄷ

097

기출 17' 5급(행)-가 | 난이도 ●○○

다음 글에 비추어 볼 때, 구들에 의한 영향으로 볼 수 있는 사례만을 〈보기〉에서 모두 고르면?

우리 민족은 고유한 주거문화로 바닥 난방 기술인 구들을 발전시켜 왔는데, 구들은 우리 민족에 다양한 영향을 주었다. 우선 오랜 구들 생활은 우리 민족의 인체에 적지 않은 변화를 초래하였다. 태어나면서부터 따뜻한 구들에서 누워 자는 것이 습관이 된 우리 아이들은 사지의 활동량이 적고 발육이 늦어졌다. 구들에서 자란 우리 아이들은 다른 어떤 민족의 아이들보다 따뜻한 곳에서 안정감을 느꼈으며, 우리 민족은 아이들에게 따뜻함을 느낄 수 있는 환경을 만들어주기 위해 여러 가지를 고안하여 발전시켰다.

구들은 농경을 주업으로 하는 우리 민족의 생산도구의 제작과 사용에 많은 영향을 주었다. 구들에 앉아 오랫동안 활동하는 습관은 하반신보다 상반신의 작업량을 증가시켰고 상반신의 움직임이 상대적으로 정교하게 되었다. 구들 생활에 익숙해진 우리 민족은 방 안에서의 작업뿐만 아니라 농사를 비롯한 야외의 많은 작업에서도 앉아서 하는 습관을 갖게 되었는데 이는 큰 농기구를 이용하여 서서 작업을 하는 서양과는 완전히 다른 방식이었다.

구들에서의 생활은 우리의 음식문화에도 많은 영향을 미쳤다. 구들에 앉거나 누우면 엉덩이나 등은 따뜻하게 되지만 상대적으로 소화계통이 있는 배는 고루 덥혀지지 않게 된다. 이 때문에 소화과정에 불균형이 발생하는데 우리 민족은 자극적인 음식을 발전시켜 이를 해결하였다. 구들 생활에 맞추어 식생활에 쓰이는 도구들의 크기도 앉아서 팔을 들어 사용하기 편리하게끔 만들어졌다. 밥솥의 크기는 아낙네들이 팔을 휙 두르면 어디나 닿을 수 있게 만들어졌으며 맷돌도 구들에 앉아 혼자서 돌리기에 맞게 만들어졌다.

보기

ㄱ. 우리 민족은 아주 다양한 찌개 음식을 발전시켰는데, 찌개 음식은 맵거나 짠 경우가 대부분이다.
ㄴ. 호미, 낫 등 우리 민족의 농경도구들은 대부분 팔의 길이보다 짧아 앉아서 사용하기에 편리하다.
ㄷ. 우리 민족의 남자아이들은 연날리기나 팽이치기 등의 놀이를 즐겨했고, 여자아이들은 공기놀이나 널뛰기 등의 놀이를 즐겨했다.

① ㄱ　② ㄴ　③ ㄱ, ㄴ
④ ㄱ, ㄷ　⑤ ㄱ, ㄴ, ㄷ

098

기출 17' 5급(행)-가 | 난이도 ●○○

다음 A ~ F에 대한 평가로 적절하지 않은 것은?

어느 때부터 인간으로 간주할 수 있는가와 관련된 주제는 인문학뿐만 아니라 자연과학에서도 흥미로운 주제이다. 특히 태아의 인권 취득과 관련하여 이러한 주제는 다양하게 논의되고 있다. 과학적으로 볼 때, 인간은 수정 후 시간이 흐름에 따라 수정체, 접합체, 배아, 태아의 단계를 거쳐 인간의 모습을 갖추게 되는 수준으로 발전한다. 수정 후에 태아가 형성되는 데까지는 8주 정도가 소요되는데 배아는 2주경에 형성된다. 10달의 임신 기간은 태아 형성기, 두뇌의 발달 정도 등을 고려하여 4기로 나뉘는데, 1~3기는 3개월 단위로 나뉘고 마지막 한 달은 4기에 해당한다. 이러한 발달 단계의 어느 시점에서부터 그 대상을 인간으로 간주할 것인지에 대해서는 다양한 견해들이 있다.

A에 따르면 태아가 산모의 뱃속으로부터 밖으로 나올 때 즉 태아의 신체가 전부 노출이 될 때부터 인간에 해당한다. B에 따르면 출산의 진통 때부터는 태아가 산모로부터 독립해 생존이 가능하기 때문에 그때부터 인간에 해당한다. C는 태아가 형성된 후 4개월 이후부터 인간으로 간주한다. 지각력이 있는 태아는 보호받아야 하는데 지각력에 있어서 필수 요소인 전뇌가 2기부터 발달하기 때문이다. D에 따르면 정자와 난자가 합쳐졌을 때, 즉 수정체부터 인간에 해당한다. 그 이유는 수정체는 생물학적으로 인간으로 태어날 가능성을 갖고 있기 때문이다. E에 따르면 합리적 사고를 가능하게 하는 뇌가 생기는 시점 즉 배아에 해당하는 때부터 인간에 해당한다. F는 수정될 때 영혼이 생기기 때문에 수정체부터 인간에 해당한다고 본다.

① A가 인간으로 간주하는 대상은 B도 인간으로 간주한다.
② C가 인간으로 간주하는 대상은 E도 인간으로 간주한다.
③ D가 인간으로 간주하는 대상은 E도 인간으로 간주한다.
④ D가 인간으로 간주하는 대상을 F도 인간으로 간주하지만, 그렇게 간주하는 이유는 다르다.
⑤ 접합체에도 영혼이 존재할 수 있다는 연구결과를 얻더라도 F의 견해는 설득력이 떨어지지 않는다.

099

기출 19' 5급㉻-가 | 난이도 ●●○

다음 글에서 알 수 없는 것은?

생체에서 신호물질로 작용하는 것에는 기체 형태의 신호물질이 있다. 이 신호물질이 작용하는 표적세포는 신호물질을 만든 세포에 인접한 세포 중 신호물질에 대한 수용체를 가지고 있는 것이다. 이 신호물질과 수용체의 결합은 표적세포의 구조적 상태를 변화시키고 결국 이 세포가 있는 표적조직의 상태를 변화시켜 생리적 현상을 유도한다.

대표적인 기체 형태의 신호물질인 산화질소는 다음과 같은 경로를 통해 작용한다. 먼저 표적조직의 상태를 변화시켜 생리적 현상을 유도하는 자극이 '산화질소 합성효소'를 가지고 있는 세포에 작용한다. 이에 그 세포 안에 있는 산화질소 합성효소가 활성화된다. 활성화된 산화질소 합성효소는 그 세포 내에 있는 아르기닌과 산소로부터 산화질소를 생성하는 화학반응을 일으킨다. 만들어진 산화질소는 인접한 표적세포에 있는 수용체와 결합하여 표적세포 안에 있는 'A 효소'를 활성화시킨다. 활성화된 A 효소는 표적세포 안에서 cGMP를 생성하고, cGMP는 표적세포의 상태를 변하게 한다. 결국 표적세포의 구조적 상태가 변함에 따라 표적세포를 가지고 있는 조직의 상태가 변하게 된다.

혈관의 팽창은 산화질소에 의해 일어나는 대표적인 생리적 현상이다. 혈관에서 혈액이 흐르는 공간은 내피세포로 이루어진 내피세포층이 감싸고 있다. 이 내피세포층의 바깥쪽은 혈관 평활근세포로 된 혈관 평활근육 조직이 감싸고 있다. 혈관이 팽창되기 위해 먼저 혈관의 내피세포는 혈관의 팽창을 유도하는 자극을 받는다. 이 내피세포에서는 산화질소가 만들어지고, 산화질소는 혈관 평활근세포에 작용하여 세포 내에서 cGMP를 생성한다. cGMP의 작용으로 수축되어 있던 혈관 평활근세포가 이완되고 결국에 혈관 평활근육 조직이 이완되면서 혈관이 팽창하게 된다. 이와 같은 산화질소의 기능 때문에 산화질소를 내피세포－이완인자라고도 한다.

① cGMP는 혈관 평활근육 조직의 상태를 변화시킨다.
② 혈관의 내피세포는 산화질소 합성효소를 가지고 있다.
③ 혈관 평활근세포에서 A 효소가 활성화되면 혈관 팽창이 일어난다.
④ A 효소는 표적세포에서 아르기닌과 산소로부터 산화질소를 생성시킨다.
⑤ 혈관 평활근세포는 내피세포－이완인자에 대한 수용체를 가지고 있다.

100

기출 19' 5급㉻[상황판단] | 난이도 ●○○

다음 글과 〈상황〉을 근거로 판단할 때, 甲 ～ 丙 중 임금피크제 지원금을 받을 수 있는 사람만을 모두 고르면?

제○○조(임금피크제 지원금) ① 정부는 다음 각 호의 어느 하나에 해당하는 경우, 근로자의 신청을 받아 제2항의 규정에 따라 임금피크제 지원금을 지급하여야 한다.

1. 사업주가 근로자 대표의 동의를 받아 정년을 60세 이상으로 연장하면서 55세 이후부터 일정 나이, 근속시점 또는 임금액을 기준으로 임금을 줄이는 제도를 시행하는 경우
2. 정년을 55세 이상으로 정한 사업주가 정년에 이른 사람을 재고용(재고용 기간이 1년 미만인 경우는 제외한다)하면서 정년퇴직 이후부터 임금만을 줄이는 경우
3. 사업주가 제2호에 따라 재고용하면서 주당 소정의 근로시간을 15시간 이상 30시간 이하로 단축하는 경우

② 임금피크제 지원금은 해당 사업주에 고용되어 18개월 이상을 계속 근무한 자로서 피크임금(임금피크제의 적용으로 임금이 최초로 감액된 날이 속하는 연도의 직전 연도 임금을 말한다)과 지원금 신청연도의 임금을 비교하여 다음 각 호의 구분에 따른 비율 이상 낮아진 자에게 지급한다. 다만 상시 사용하는 근로자가 300명 미만인 사업장인 경우에는 100분의 10으로 한다.

1. 제1항 제1호의 경우: 100분의 10
2. 제1항 제2호의 경우: 100분의 20
3. 제1항 제3호의 경우: 100분의 30

〈상황〉

甲 ~ 丙은 올해 임금피크제 지원금을 신청하였다.

- 甲(56세)은 사업주가 근로자 대표의 동의를 받아 정년을 60세로 연장하면서 임금피크제를 실시하고 있는 사업장(상시 사용하는 근로자 320명)에 고용되어 3년간 계속 근무하고 있다. 甲의 피크임금은 4,000만 원이었고, 올해 임금은 3,500만 원이다.
- 乙(56세)은 사업주가 정년을 55세로 정한 사업장(상시 사용하는 근로자 200명)에서 1년간 계속 근무하다 작년 12월 31일 정년에 이르렀다. 乙은 올해 1월 1일 근무기간 10개월, 주당 근로시간은 동일한 조건으로 재고용되었다. 乙의 피크임금은 3,000만 원이었고, 올해 임금은 2,500만 원이다.
- 丙(56세)은 사업주가 정년을 55세로 정한 사업장(상시 사용하는 근로자 400명)에서 2년간 계속 근무하다 작년 12월 31일 정년에 이르렀다. 丙은 올해 1월 1일 근무기간 1년, 주당 근로시간을 40시간에서 30시간으로 단축하는 조건으로 재고용되었다. 丙의 피크임금은 2,000만 원이었고, 올해 임금은 1,200만 원이다.

① 甲　② 乙　③ 甲, 丙
④ 乙, 丙　⑤ 甲, 乙, 丙

101

기출 17' 5급(민)-나 | 난이도 ●●○

다음 글에서 알 수 없는 것은?

갈릴레오는 『두 가지 주된 세계 체계에 관한 대화』에서 등장인물인 살비아티에게 자신을 대변하는 역할을 맡겼다. 심플리치오는 아리스토텔레스의 자연철학을 대변하는 인물로서 살비아티의 대화 상대역을 맡고 있다. 또 다른 등장인물인 사그레도는 건전한 판단력을 지닌 자로서 살비아티와 심플리치오 사이에서 중재자 역할을 맡고 있다.

이 책의 마지막 부분에서 사그레도는 나흘간의 대화를 마무리하며 코페르니쿠스의 지동설을 옳은 견해로 인정한다. 그리고 그는 그 견해를 지지하는 세 가지 근거를 제시한다. 첫째는 행성의 겉보기 운동과 역행 운동에서, 둘째는 태양이 자전한다는 것과 그 흑점들의 운동에서, 셋째는 조수 현상에서 찾아낸다.

이에 반해 살비아티는 지동설의 근거로서 사그레도가 언급하지 않은 항성의 시차(視差)를 중요하게 다룬다. 살비아티는 지구의 공전을 입증하기 위한 첫 번째 단계로 지구의 공전을 전제로 한 코페르니쿠스의 이론이 행성의 겉보기 운동을 얼마나 간단하고 조화롭게 설명할 수 있는지를 보여준다. 그런 다음 그는 지구의 공전을 전제로 할 때, 공전 궤도의 두 맞은편 지점에서 관측자에게 보이는 항성의 위치가 달라지는 현상, 곧 항성의 시차를 기하학적으로 설명한다.

그렇다면 사그레도는 왜 이 중요한 사실을 거론하지 않았을까? 그것은 세 번째 날의 대화에서 심플리치오가 아리스토텔레스의 이론을 옹호하면서 지동설에 대한 반박 근거로 공전에 의한 항성의 시차가 관측되지 않음을 지적한 것과 관련이 있다. 당시 갈릴레오는 자신의 망원경을 통해 별의 시차를 관측하지 못했다. 그는 그 이유가 항성이 당시 알려진 것보다 훨씬 멀리 있기 때문이라고 주장하였지만, 반대자들에게 그것은 임기응변적인 가설로 치부될 뿐이었다. 결국 그 작은 각도가 나중에 더 좋은 망원경에 의해 관측되기까지 항성의 시차는 지동설의 옹호자들에게 '불편한 진실'로 남아 있었다.

① 아리스토텔레스의 철학을 따르는 심플리치오는 지구가 공전하지 않음을 주장한다.
② 사그레도는 항성의 시차에 관한 기하학적 예측에 근거하여 코페르니쿠스의 지동설을 받아들인다.
③ 사그레도와 살비아티는 둘 다 행성의 겉보기 운동을 근거로 하여 코페르니쿠스의 지동설을 옹호한다.
④ 심플리치오는 관측자에게 항성의 시차가 관측되지 않았다는 사실에 근거하여 코페르니쿠스의 지동설을 반박한다.
⑤ 살비아티는 지구가 공전한다면 공전궤도상의 지구의 위치에 따라 항성의 시차가 존재할 수밖에 없다고 예측한다.

102

기출 16' 5급(행)-4 | 난이도 ●○○

다음 글에서 알 수 있는 것은?

수명 연장의 꿈을 갖고 제안된 것들 중 하나로 냉동보존이 있다. 이는 낮은 온도에서는 화학적 작용이 완전히 중지된다는 점에 착안해, 지금은 치료할 수 없는 환자를 그가 사망한 직후 액화질소 안에 냉동한 후, 냉동 및 해동에 따른 손상을 회복시키고 원래의 병을 치료할 수 있을 정도로 의학기술이 발전할 때까지 보관한다는 생각이다. 그러나 인체 냉동보존술은 제도권 내에 안착하지 못했으며, 현재는 소수의 열광자들에 의해 계승되어 이와 관련된 사업을 알코어 재단이 운영 중이다.

그런데 시신을 냉동하는 과정에서 시신의 세포 내부에 얼음이 형성되어 심각한 세포 손상이 일어난다는 것이 밝혀졌다. 이를 방지하기 위하여 저속 냉동보존술이 제시되었는데, 이는 주로 정자나 난자, 배아, 혈액 등의 온도를 1분에 1도 정도로 천천히 낮추는 방식이었다. 이 기술에서 느린 냉각은 삼투압을 이용해 세포 바깥의 물을 얼음 상태로 만들고 세포 내부의 물은 냉동되지 않도록 하는 방식이다. 그러나 이 또한 치명적이지는 않더라도 여전히 세포들을 손상시킨다. 최근에는 액체 상태의 체액을 유리질 상태로 변화시키는 방법을 이용해 세포들을 냉각시키는 방법이 개발되었다. 유리질 상태는 고체이지만 결정 구조가 아니다. 그것의 물 분자는 무질서한 상태로 남아 있으며, 얼음 결정에서 보이는 것과 같은 규칙적인 격자 형태로 배열되어 있지 않다. 알코어 재단은 시신 조직의 미시적 구조가 손상되는 것을 줄이기 위해 최근부터 유리질화를 이용한 냉동방법을 활용하고 있다.

하지만 뇌과학자 A는 유리질화를 이용한 냉동보존에 대해서 회의적인 입장이다. 그에 따르면 우리의 기억이나 정체성을 이루고 있는 것은 신경계의 뉴런들이 상호 연결되어 있는 연결망의 총체로서의 커넥톰이다. 냉동보존된 인간을 다시 살려냈을 때, 그 사람이 냉동 이전의 사람과 동일한 사람이라고 할 수 있기 위해서는 뉴런들의 커넥톰이 그대로 보존되어 있어야 한다. 그러나 A는 이러한 가능성에 대해서 회의적이다. 인공호흡기로 연명하던 환자를 죽은 뒤에 부검해보면, 신체의 다른 장기들은 완전히 정상으로 보이지만 두뇌는 이미 변색이 일어나고 말랑하게 되거나 부분적으로 녹은 채로 발견되었다. 이로부터 병리학자들은 두뇌가 신체의 나머지 부분보다 훨씬 이전에 죽는다고 결론을 내렸다. 알코어 재단이 냉동보존할 시신을 수령할 무렵 시신의 두뇌는 최소한 몇 시간 동안 산소 결핍 상태에 있었으며, 살아있는 뇌세포는 하나도 남아있지 않았고 심하게 손상된 상태였다.

① 냉동보존술이 제도권 내에 안착하지 못한 원인은 높은 비용 때문이다.
② 유리질화를 이용한 냉동보존술은 뉴런들의 커넥톰 보존을 염두에 둔 기술이다.
③ 저속 냉동보존술은 정자나 난자, 배아, 혈액을 냉각시킬 때 세포를 손상시키지 않는다.
④ 뇌과학자 A에 따르면, 알코어 재단이 시신을 보존하기 시작하는 시점에 뉴런들의 커넥톰은 이미 정상 상태에 있지 않았다.
⑤ 뇌과학자 A에 따르면, 머리 이외의 신체 보존 방식은 저속 냉동보존술이나 유리질화를 이용한 냉동보존술이나 차이가 없다.

103

기출 16' 5급㉻-4 난이도 ●●○

다음 글에서 추론할 수 있는 것만을 〈보기〉에서 모두 고르면?

예술과 도덕의 관계, 더 구체적으로는 예술작품의 미적 가치와 도덕적 가치의 관계는 동서양을 막론하고 사상사의 중요한 주제들 중 하나이다. 그 관계에 대한 입장들로는 '극단적 도덕주의', '온건한 도덕주의', '자율성주의'가 있다. 이 입장들은 예술작품이 도덕적 가치판단의 대상이 될 수 있느냐는 물음에 각기 다른 대답을 한다.

극단적 도덕주의 입장은 모든 예술작품을 도덕적 가치판단의 대상으로 본다. 이 입장은 도덕적 가치를 가장 우선적인 가치이자 가장 포괄적인 가치로 본다. 따라서 모든 예술작품은 도덕적 가치에 의해서 긍정적으로 또는 부정적으로 평가된다. 또한 도덕적 가치는 미적 가치를 비롯한 다른 가치들보다 우선한다. 이러한 입장을 대표하는 사람이 바로 톨스토이이다. 그는 인간의 형제애에 관한 정서를 전달함으로써 인류의 심정적 통합을 이루는 것이 예술의 핵심적 가치라고 보았다.

온건한 도덕주의는 오직 일부 예술작품만이 도덕적 판단의 대상이 된다고 보는 입장이다. 따라서 일부의 예술작품들에 대해서만 긍정적인 또는 부정적인 도덕적 가치판단이 가능하다고 본다. 이 입장에 따르면, 도덕적 판단의 대상이 되는 예술작품의 도덕적 가치와 미적 가치는 서로 독립적으로 성립하는 것이 아니다. 그것들은 서로 내적으로 연결되어 있기 때문에 어떤 예술작품이 가지는 도덕적 장점이 그 예술작품의 미적 장점이 된다. 또한 어떤 예술작품의 도덕적 결함은 그 예술작품의 미적 결함이 된다.

자율성주의는 어떠한 예술작품도 도덕적 가치판단의 대상이 될 수 없다고 보는 입장이다. 이 입장에 따르면, 도덕적 가치와 미적 가치는 서로 자율성을 유지한다. 즉, 도덕적 가치와 미적 가치는 각각 독립적인 영역에서 구현되고 서로 다른 기준에 의해 평가된다는 것이다. 결국 자율성주의는 예술작품에 대한 도덕적 가치판단을 범주착오에 해당하는 것으로 본다.

보기

ㄱ. 자율성주의는 극단적 도덕주의와 온건한 도덕주의가 모두 범주착오를 범하고 있다고 볼 것이다.
ㄴ. 극단적 도덕주의는 모든 도덕적 가치가 예술작품을 통해 구현된다고 보지만 자율성주의는 그렇지 않을 것이다.
ㄷ. 온건한 도덕주의에서 도덕적 판단의 대상이 되는 예술작품들은 모두 극단적 도덕주의에서도 도덕적 판단의 대상이 될 것이다.

① ㄱ ② ㄴ ③ ㄱ, ㄷ
④ ㄴ, ㄷ ⑤ ㄱ, ㄴ, ㄷ

104

기출 19' 5급㉻-가 난이도 ●●○

다음 글의 (가)와 (나)를 비교한 것으로 적절한 것만을 〈보기〉에서 모두 고르면?

(가) 1960년대 중반까지 대부분의 미국 사학자들은 19세기 미국의 경제 성장에서 철도 건설이 필수불가결한 것이었다는 생각을 받아들였다. 포겔은 그러한 생각이 잘못된 추론에 기초한 것이라고 비판했다. 그는 만약 철도가 건설되지 않았다면 대안이 될 운송 체계에 상당한 투자가 추가적으로 이루어졌을 것이라는 점을 고려해야 한다고 지적했다. 예컨대 철도 건설을 위한 투자 대신에 새로운 운하나 도로 건설과 연소 엔진 기능 향상을 위한 투자가 이루어졌을 것이다. 철도 건설이 운송비 변화에 초래하는 효과를 평가할 때 두 개의 인과 경로에 따른 효과들을 모두 고려해야 한다. 첫째는 철도를 이용하여 물류를 운송하게 됨에 따라 운송비가 감소한 효과이다. 둘째는 대안적인 운송 체계의 발전에 따라 가능했을 운송비 감소가 철도 건설로 인해 실현되지 못한 효과이다. 따라서 철도가 건설되지 않았다면 19세기 미국의 놀라운 경제성장이 불가능했을 것이라는 생각은 두 개의 효과 중 하나만 고려한 추론에 따른 결론이라 할 수 있다.

(나) 고혈압으로 고생하던 갑은 신약 A를 복용하여 혈압 저하 효과를 보았고, 그 이후 마라톤에도 출전할 수 있었다. 갑은 친구들에게 신약 A가 아니었다면 자신이 마라톤에 출전할 수 없었을 것이라고 말했다. 반면 을은 갑이 신약 A를 복용함으로써 혈압 저하에 기여하는 다른 방안을 취하지 못하게 되었다고 지적하며, 신약 A의 혈압 저하 효과를 평가할 때 두 개의 인과 경로에 따른 효과를 모두 고려해야 한다고 말한다.

보기

ㄱ. 철도 건설의 운송비 감소 효과를 평가할 때 철도 건설이 대안적인 운송 수단의 발전을 억제하는 효과를 고려해야 한다는 것은, A 복용의 혈압 저하 효과를 평가할 때 A의 복용이 갑으로 하여금 혈압 저하를 위하여 다른 방안을 취하지 못하게 하는 효과를 고려해야 한다는 것에 해당한다.
ㄴ. 철도가 건설되지 않았다면 대안적인 운송 수단의 발전에 따라 운송비가 감소했을 것이라고 말하는 것은, 갑이 A를 복용하지 않았다면 다른 방안을 취하여 혈압 저하가 이루어졌을 것이라고 말하는 것에 해당한다.
ㄷ. 대부분의 미국 사학자들이 19세기 미국의 경제 성장에서 철도 건설이 필수불가결한 것이었다고 생각한 것은, 갑이 자신의 마라톤 출전에 A의 복용이 필수불가결한 것이었다고 말하는 것과 마찬가지이다.

① ㄱ ② ㄷ ③ ㄱ, ㄴ
④ ㄴ, ㄷ ⑤ ㄱ, ㄴ, ㄷ

105

기출 18' 5급㉻[상황판단] 난이도 ●○○

다음 글을 근거로 판단할 때 옳은 것은?

제○○조 이 법에서 말하는 폐기물이란 쓰레기, 연소재, 폐유, 폐알칼리 및 동물의 사체 등으로 사람의 생활이나 사업활동에 필요하지 않게 된 물질을 말한다.

제○○조 ① 도지사는 관할 구역의 폐기물을 적정하게 처리하기 위하여 환경부장관이 정하는 지침에 따라 10년마다 '폐기물 처리에 관한 기본계획'(이하 '기본계획'이라 한다)을 세워 환경부장관의 승인을 받아야 한다. 승인사항을 변경하려 할 때에도 또한 같다. 이 경우 환경부장관은 기본계획을 승인하거나 변경승인하려면 관계 중앙행정기관의 장과 협의하여야 한다.

② 시장·군수·구청장은 10년마다 관할 구역의 기본계획을 세워 도지사에게 제출하여야 한다.

③ 제1항과 제2항에 따른 기본계획에는 다음 각 호의 사항이 포함되어야 한다.

1. 관할 구역의 지리적 환경 등에 관한 개황
2. 폐기물의 종류별 발생량과 장래의 발생 예상량
3. 폐기물의 처리 현황과 향후 처리 계획
4. 폐기물의 감량화와 재활용 등 자원화에 관한 사항
5. 폐기물처리시설의 설치 현황과 향후 설치 계획
6. 폐기물 처리의 개선에 관한 사항
7. 재원의 확보계획

제○○조 ① 환경부장관은 국가 폐기물을 적정하게 관리하기 위하여 전조 제1항에 따른 기본계획을 기초로 '국가 폐기물 관리 종합계획'(이하 '종합계획'이라 한다)을 10년마다 세워야 한다.

② 환경부장관은 종합계획을 세운 날부터 5년이 지나면 그 타당성을 재검토하여 변경할 수 있다.

① 재원의 확보계획은 기본계획에 포함되지 않아도 된다.
② A도 도지사가 제출한 기본계획을 승인하려면, 환경부장관은 관계 중앙행정기관의 장과 협의를 거쳐야 한다.
③ 환경부장관은 국가 폐기물을 적정하게 관리하기 위하여 10년마다 기본계획을 수립하여야 한다.
④ B군 군수는 5년마다 종합계획을 세워 환경부장관에게 제출하여야 한다.
⑤ 기본계획 수립 이후 5년이 경과하였다면, 환경부장관은 계획의 타당성을 재검토하여 계획을 변경하여야 한다.

Day 7 Self Check List

	오답 수	무응답 수	풀이시간(분)
1회독	/ 15	/ 15	/ 30(분)
2회독	/ 15	/ 15	/ 25(분)
3회독	/ 15	/ 15	/ 15(분)

독끝 8일차 (106~120)

*아래 회독수 별 권장 풀이 시간에 맞춰 풀이 후, 끝쪽의 Self Check List를 기입하여 부족한 부분을 파악하세요!

권장 풀이 시간

1회독 30 min　2회독 25 min　3회독 15 min

본 문항은 PSAT 언어논리 영역 기출 문항으로 구성되며, 기출 표기에 따른 시험 종류는 아래와 같습니다.(표기 상 맨 끝은 '책형' 입니다.)

민 – 민간경력자 일괄채용시험 / 행 – 공개경쟁채용시험(행정)

106

기출 16' 5급민-5　난이도 ●●○

다음 글의 논지를 비판하는 진술로 가장 적절한 것은?

자신의 스마트폰 없이는 도무지 일과를 진행하지 못하는 K의 경우를 생각해 보자. 그의 일과표는 전부 그의 스마트폰에 저장되어 있어서 그의 스마트폰은 적절한 때가 되면 그가 해야 할 일을 알려줄 뿐만 아니라 약속 장소로 가기 위해 무엇을 타고 어떻게 움직여야 할지까지 알려준다. K는 어릴 때 보통 사람보다 기억력이 매우 나쁘다는 진단을 받았지만 스마트폰 덕분에 어느 동료에게도 뒤지지 않는 업무 능력을 발휘하고 있다. 이와 같은 경우, K는 스마트폰 덕분에 인지 능력이 보강된 것으로 볼 수 있는데, 그 보강된 인지 능력을 K 자신의 것으로 볼 수 있는가? 이 물음에 대한 답은 긍정이다. 즉 우리는 K의 스마트폰이 그 자체로 K의 인지 능력 일부를 실현하고 있다고 보아야 한다. 그런 판단의 기준은 명료하다. 스마트폰의 메커니즘이 K의 손바닥 위나 책상 위가 아니라 그의 두뇌 속에서 작동하고 있다고 가정해 보면 된다. 물론 사실과 다른 가정이지만 만일 그렇게 가정한다면 우리는 필경 K 자신이 모든 일과를 정확하게 기억하고 있고 또 약속 장소를 잘 찾아간다고 평가할 것이다. 이처럼 '만일 K의 두뇌 속에서 일어난다면'이라는 상황을 가정했을 때 그것을 K 자신의 기억이나 판단이라고 인정할 수 있다면, 그런 과정은 K 자신의 인지 능력이라고 평가해야 한다.

① K가 자신이 미리 적어 놓은 메모를 참조해서 기억력 시험 문제에 답한다면 누구도 K가 그 문제의 답을 기억한다고 인정하지 않는다.
② K가 종이 위에 연필로 써가며 253 × 87 같은 곱셈을 할 경우 종이와 연필의 도움을 받은 연산 능력 역시 K 자신의 인지 능력으로 인정해야 한다.
③ K가 집에 두고 나온 스마트폰에 원격으로 접속하여 거기 담긴 모든 정보를 알아낼 수 있다면 그는 그 스마트폰을 손에 가지고 있는 것과 다름없다.
④ 스마트폰의 모든 기능을 두뇌 속에서 작동하게 하는 것이 두뇌 밖에서 작동하게 하는 경우보다 우리의 기억력과 인지 능력을 향상시키지 않는다.
⑤ 전화번호를 찾으려는 사람의 이름조차 기억이 나지 않을 때에도 스마트폰에 저장된 전화번호 목록을 보면서 그 사람의 이름을 상기하고 전화번호를 알아낼 수 있다.

107

기출 16' 5급행-4　난이도 ●○○

다음 글에서 추론할 수 없는 것은?

쿤이 말하는 과학혁명의 과정을 명확하게 이해하기 위해 세 가지 질문을 던져보자. 첫째, 새 이론을 제일 처음 제안하고 지지하는 소수의 과학자들은 어떤 이유에서 그렇게 하는가? 기존 이론이 이상현상 때문에 위기에 봉착했다고 판단했기 때문이다. 기존 이론은 이미 상당한 문제 해결 능력을 증명한 바 있다. 다만 기존 이론이 몇 가지 이상현상을 설명할 능력이 없다고 판단한 과학자들이 나타났을 뿐이다. 이런 과학자들 중 누군가가 새 이론을 처음 제안했을 때 기존 이론을 수용하고 있는 과학자 공동체는 새 이론에 호의적이지 않을 것이다. 당장 새 이론이 기존 이론보다 더 많은 문제를 해결할 리가 없기 때문이다. 그럼에도 불구하고 기존 이론이 설명하지 못하는 이상현상을 새 이론이 설명한다는 것이 과학혁명의 출발점이다.

둘째, 다른 과학자들은 어떻게 기존 이론을 버리고 새로 제안된 이론을 선택하는가? 새 이론은 여전히 기존 이론보다 문제 해결의 성과가 부족하다. 하지만 선구적인 소수 과학자들의 연구활동과 그 성과에 자극을 받아 새 이론을 선택하는 과학자들은 그것이 앞으로 점점 더 많은 문제를 해결하리라고, 나아가 기존 이론의 문제 해결 능력을 능가하리라고 기대한다. 이러한 기대는 이론의 심미적 특성 같은 것에 근거한 주관적 판단이고, 그와 같은 판단은 개별 과학자의 몫이다. 물론 이러한 기대는 좌절될 수도 있고, 그 경우 과학혁명은 좌초된다.

셋째, 과학혁명이 일어날 때 과학자 공동체가 기존 이론을 버리고 새 이론을 선택하도록 하는 결정적인 요인은 무엇인가? 이 물음에서 선택의 주체는 더 이상 개별 과학자가 아니라 과학자 공동체이다. 하지만 과학자 공동체는 결국 개별 과학자들로 이루어져 있다. 그렇다면 문제는 과학자 공동체를 구성하는 과학자들이 어떻게 이론을 선택하는가이다. 하지만 이 단계에서 모든 개별 과학자의 선택 기준은 더 이상 새 이론의 심미적 특성이나 막연한 기대가 아니다. 과학자들은 새 이론이 해결하는 문제의 수와 범위가 기존 이론의 그것보다 크다고 판단할 경우 새 이론을 선택할 것이다. 과학자 공동체의 대다수 과학자들이 이렇게 판단하게 되면 그것은 과학자 공동체가 새 이론을 선택한 것이고, 이로써 쿤이 말하는 과학혁명이 완성된다.

① 심미적 관점에서 우월한 이론일수록 해결 가능한 문제의 범위와 수에서도 우월하다.
② 과학자가 이론을 선택하는 기준은 과학혁명의 진행 단계에 따라 변하기도 한다.
③ 이론이 설명하지 못하는 이상현상이 존재한다고 해서 과학자 공동체가 그 이론을 폐기하는 것은 아니다.
④ 기존 이론의 이상현상을 설명하는 이론이 없이는 과학혁명이 시작되지 않는다.
⑤ 과학자 공동체는 해결하지 못하는 문제가 있더라도 더 많은 문제를 해결하는 이론을 선택한다.

108

기출 16' 5급㉻-4 | 난이도 ●○○

다음 글의 ㉠을 지지하는 것으로 적절한 것은?

공상과학 소설가였던 허버드는 1950년에 펴낸 그의 책 『다이어네틱스 현대 정신 치료학』에서 하나의 정신 이론이자 정신 질환을 치료하는 방법으로서 다이어네틱스를 제안했다. 이것은 사이언톨로지의 교의가 됐다. 그런데 ㉠ 다이어네틱스는 신뢰할 만하지 않다는 평가를 받았다. 다음은 다이어네틱스의 주요 내용이다.

정신은 '분석정신'과 '반응정신' 두 부분을 가지고 있다. 반응정신은 생각하는 기능을 수행할 수 없다. 반응정신이 할 수 있는 것은, 수면상태에서처럼 분석정신이 작동하지 않을 때 감각에 입력된 내용을 뇌의 특정 부위에 기록하는 것뿐이다. 그럼에도 불구하고 그것은 청각, 후각 등 오감을 통해 입력된 모든 것을 기록하는 아주 성능 좋은 기록기이다. 이렇게 기록된 것을 엔그램이라고 한다.

예를 들어 어떤 사람이 머리를 부딪쳐서 정신을 잃었다고 해보자. 그때 근처에 있던 모터가 시끄럽게 돌아가고 있었다. 자신도 모르게 반응정신이 작동하여 이 소음이 기록된 하나의 엔그램이 탄생하게 된다. 그런데 나중에 비슷한 환경에서 정신을 잃을 정도는 아니지만 머리를 세게 부딪쳤을 때 예전에 기록된 엔그램으로 인해 주위에 모터가 없는데도 시끄러운 모터 소리 비슷한 소음을 듣는 경험을 하게 된다. 이처럼 어떤 사람이 엔그램이 기록될 때와 비슷한 경험을 하게 되면 그 사람은 그때와 비슷한 일을 겪는 느낌을 받는다. 바로 이러한 엔그램의 작용이 정신 질환의 원인이 된다. 한편 반응정신은 출생 전 태아 상태에서부터 작동하며, 따라서 인간은 이미 상당히 축적된 엔그램을 지니고 태어난다.

이러한 이론에 입각해 다이어네틱스 치료법은 다음과 같이 진행된다. 조용한 공간에서 청취자 역할을 하는 치료사가 질의응답 과정을 통해 치료를 받는 사람의 엔그램에 접근한다. 이 중 문제가 있는 엔그램을 치료받는 사람의 분석정신 앞으로 끌어내면 그 엔그램은 완전히 삭제되어 더 이상 문제를 일으키지 않게 된다. 정신을 망가뜨리는 엔그램들이 모두 제거된 사람은 정신적으로 깨끗한 상태가 된다.

허버드의 책이 출판된 후 약 6년 동안 수백 명이나 되는 사람들이 치료사가 되는 훈련을 받았으며, 미국 전역의 수십 곳에 다이어네틱스 치료 센터가 세워졌다. 그리고 대부분의 센터가 이 치료방법을 통해 다양한 유형의 정신 질환을 치료했다고 주장했다.

① 엔그램은 영구적인 것이 아니며 삭제되기도 한다는 것이 밝혀졌다.
② 상당수의 정신 질환이 태아 시절의 경험에서 비롯되었다는 것이 밝혀졌다.
③ 엔그램의 기억에는 의식하지 못한 상태에서 기록된 것이 많이 있다는 것이 밝혀졌다.
④ 다이어네틱스 치료 센터는 프라이버시 보호 규정에 따라 환자의 신상 정보를 공개하지 않았다.
⑤ 뇌기능 검사를 통해 반응정신의 작동 결과를 기록하는 뇌 부위가 없다는 결과를 얻었다.

109

기출 19' 5급㉻-가 | 난이도 ●●○

다음 글의 ㉠~㉣에 대한 분석으로 가장 적절한 것은?

문화재라 하면 도자기와 같은 인간의 창작물만을 떠올리기 쉽지만, 어떤 나라는 천연기념물이나 화석과 같은 자연물도 문화재로 분류한다. 하지만 A국의 문화재보호법은 그와 같은 자연물을 문화재가 아닌 '보호대상'으로 지정한다. 이에 대해 "A국에서 보호대상으로 분류된 자연물은 단순한 자연물이 아니다. 그 사물들은 학술상의 가치뿐 아니라 인류가 보존하고 공유해야 할 무형의 가치도 지녔기 때문에 보호대상으로 지정된 것이다. 그러므로 A국에서 보호대상으로 지정된 자연물을 문화재로 분류해야 마땅하다."는 ㉠ 견해가 있다. 반면에 "인간의 창작물이 아닌 어떤 사물을 우리가 가치가 크다고 여기기 때문에 문화재로 보는 것은, 우리가 문화재로 여기기 때문에 문화재로 본다는 동어반복과 다르지 않으므로, 자연물을 문화재로 보아야 하는 근거를 설득력 있게 제시했다고 볼 수 없다."는 ㉡ 견해도 있다. 이러한 견해들에 대해 A국 정부 관계자는 "문화재란 인간의 창작물만을 지칭한다. 그리고 오로지 보호대상만이 문화재가 될 수 있다. 인간이 문화적인 생활을 영위하기 위해서는 자연도 그 중요한 요소로서 소중히 보존해야 하기 때문에 A국은 특정한 자연물을 보호대상으로 지정하고 있다."라고 ㉢ 설명한다.

한편 B국의 문화재보호법은 자연물을 문화재에 포함하고 있다. 이에 대해 B국 정부 관계자는 "인간의 여러 활동은 인간이 처해 있는 역사적·사회적·문화적 환경이라는 다양한 환경의 영향을 받으며 행해진다. 인간의 활동 가운데 특히 예술의 발전 과정에서 자연이 미치는 영향은 크다. 또한 자연적 조건에 따라 풍속 관습의 양상도 변화한다. 따라서 예술과 풍속의 기반으로서의 자연물을 파악하고 보존해야 함은 당연하다. 그러한 사물들은 모두 보호대상이 되며, 모든 보호대상은 문화재에 포함된다."라고 ㉣ 설명한다.

① ㉠에 따르면 학술상의 가치를 지니지 않은 A국의 인공물은 모두 문화재에서 제외되어야 마땅하다.
② ㉡에 따르면 화석은 인류가 보존하고 공유해야 할 무형의 가치를 지니지 않는다.
③ ㉢에 따르면 보호대상이면서 문화재인 것은 모두 인간의 창작물이어야 한다.
④ ㉣에 따르면 B국에서 문화재로 분류된 사물은 모두 자연환경의 영향을 받았다.
⑤ ㉠~㉣ 중에 자연물을 문화재에서 명시적으로 제외하는 것은 둘이다.

110

기출 18' 5급[행][상황판단] 난이도 ●○○

다음 글을 근거로 판단할 때 옳은 것은?

제○○조 다음 각 호의 어느 하나에 해당하는 자는 감사원에 감사를 청구할 수 있다.
1. 19세 이상으로서 300명 이상의 국민
2. 상시 구성원 수가 300인 이상으로 등록된 공익추구의 시민단체. 다만 정치적 성향을 띄거나 특정 계층 또는 집단의 이익을 추구하는 단체는 제외한다.
3. 감사대상기관의 장. 다만 해당 감사대상기관의 사무처리에 관한 사항 중 자체감사기구에서 직접 처리하기 어려운 부득이한 사유가 있거나 자체감사기구가 없는 경우에 한한다.
4. 지방의회. 다만 해당 지방자치단체의 사무처리에 한한다.

제○○조 ① 감사청구의 대상은 공공기관에서 처리한 사무처리가 다음 각 호의 어느 하나에 해당하는 사항으로 한다.
1. 주요 정책·사업의 추진과정에서의 예산낭비에 관한 사항
2. 기관이기주의 등으로 인하여 정책·사업 등이 장기간 지연되는 사항
3. 국가 행정 및 시책, 제도 등이 현저히 불합리하여 개선이 필요한 사항
4. 기타 공공기관의 사무처리가 위법 또는 부당행위로 인하여 공익을 현저히 해한다고 판단되는 사항

② 제1항의 규정에 불구하고 다음 각 호의 어느 하나에 해당하는 사항은 감사청구의 대상에서 제외한다.
1. 수사 중이거나 재판(헌법재판소 심판을 포함한다), 행정심판, 감사원 심사청구 또는 화해·조정·중재 등 법령에 의한 불복절차가 진행 중인 사항. 다만 수사 또는 재판, 행정심판 등과는 직접적인 관계없이 예산낭비 등을 방지하기 위한 긴급한 필요가 있다고 인정될 때에는 감사를 실시할 수 있다.
2. 수사 결과, 판결, 재결, 결정 또는 화해·조정·중재 등에 의하여 확정되었거나 형 집행에 관한 사항

※ 공공기관: 중앙행정기관, 지방자치단체, 정부투자기관을 의미한다.

① A시 지방의회는 A시가 주요 사업으로 시행하는 노후수도설비교체사업 중 발생한 예산낭비 사항에 대하여 감사를 청구할 수 있다.
② B정당의 사무총장은 C시청 별관신축공사 입찰시 담당공무원의 부당한 업무처리에 대하여 단독으로 감사를 청구할 수 있다.
③ D정부투자기관의 장은 해당 기관 직원과 특정 기업 간 유착관계에 대하여 자체감사기구에서 직접 처리할 수 있더라도 감사를 청구할 수 있다.
④ E시 지방의회는 E시 시장의 위법한 사무처리에 대하여 판결이 확정되었더라도 감사를 청구할 수 있다.
⑤ 민간 유통업체 F마트 사장은 농산물의 납품대가로 과도한 향응을 받은 담당직원의 위법행위에 대하여 감사를 청구할 수 있다.

111

기출 16' 5급[민]-5 난이도 ●●○

(가) ~ (라)에 대한 설명으로 적절한 것만을 〈보기〉에서 모두 고르면?

최근 우리 사회에는 인문학 열풍이 불고 있는데, 이 열풍을 바라보는 여러 다른 시각이 존재한다. 다음은 그러한 사례들의 일부이다.

(가) 한 방송국 PD는 인문학 관련 대중 강좌가 인기를 끌고 있는 현상에 대해 교양 있는 삶에 대한 열망을 원인으로 꼽는다. 그는 “직장 내 교육 프로그램은 어학이나 컴퓨터 활용처럼 직능 향상을 위한 것으로, 노동시간의 연장이다. 삶이 온통 노동으로 채워지는 상황에서 정신적 가치에 대한 성찰의 기회를 박탈당한 직장인들의 갈증을 인문학 관련 대중 강좌가 채워주고 있다.”고 한다.

(나) 한 문학평론가는 인문학 열풍이 인문학을 시장 논리와 결부시켜 상품화하고 있다고 본다. 그는 “삶의 가치에 대해 근본적인 문제제기를 함으로써 정치적 시민의 복권을 이루는 것이 인문학의 본질적인 과제 중 하나인데, 인문학이 시장의 영역에 포섭됨으로써 오히려 말랑말랑한 수준으로 전락하고 있다.”고 주장한다.

(다) A구청 공무원은 최근 불고 있는 인문학 열풍에 따라 ‘동네 인문학’이라는 개념을 주민자치와 연결시키고 있다. 그는 “동네 인문학은 동네라는 공간에서 지역 주민들이 담당 강사의 지속적인 지도 아래 자기 성찰의 기회를 얻고, 삶에 대한 지혜를 얻어 동네를 살기 좋은 공동체로 만드는 과정이다.”라고 말한다.

(라) B대학에서는 세계적인 기업인, 정치인들 중에 인문학 마니아가 많이 탄생해야 한다는 취지로 CEO 인문학 최고위 과정을 개설했다. 한 교수는 이를 인문학 열풍의 하나로 보고, “진정한 인문학적 성찰을 바탕으로 다양한 학문 분야에 몰두해야 할 대학이 오히려 인문학의 대중화를 내세워 인문학을 상품화한다.”고 평가한다.

보기

ㄱ. (가)의 PD와 (나)의 평론가는 인문학 열풍이 교양 있는 삶에 대한 동경을 지닌 시민들 중심으로 일어난 자발적 현상이라 보고 있다.
ㄴ. (가)의 PD와 (다)의 공무원은 인문학 열풍이 개인의 성찰을 넘어 공동체의 개선에까지 긍정적인 영향을 미친다고 보고 있다.
ㄷ. (나)의 평론가와 (라)의 교수는 인문학 열풍이 인문학을 상품화한다는 시각에서 이 열풍을 부정적으로 바라보고 있다.

① ㄱ　② ㄷ　③ ㄱ, ㄴ
④ ㄴ, ㄷ　⑤ ㄱ, ㄴ, ㄷ

112

기출 16' 5급㉻-4 난이도 ●○○

다음 글의 관점 A ~ C에 대한 평가로 적절한 것만을 〈보기〉에서 모두 고르면?

위험은 우리의 안전을 위태롭게 하는 실제 사건의 발생과 진행의 총체라고 할 수 있다. 위험에 대해 사람들이 취하는 태도에 대해서는 여러 관점이 존재한다.

관점 A에 따르면, 위험 요소들은 보편타당한 기준에 따라 계산 가능하고 예측 가능하기 때문에 객관적이고 중립적인 것으로 인식될 수 있다. 그 결과, 각각의 위험에 대해 개인이나 집단이 취하게 될 태도 역시 사고의 확률에 대한 객관적인 정보에 의해서만 결정된다. 하지만 이 관점은 객관적인 발생가능성이 높지 않은 위험을 민감하게 받아들이는 개인이나 사회가 있다는 것을 설명하지 못한다.

한편 관점 B는 위험에 대한 태도가 객관적인 요소뿐만 아니라 위험에 대한 주관적 인지와 평가에 의해 좌우된다고 본다. 예를 들어 위험이 발생할 객관적인 가능성은 크지 않더라도, 그 위험의 발생을 스스로 통제할 수 없는 경우에 사람들은 더욱 민감하게 반응한다. 그뿐만 아니라 위험을 야기하는 사건이 자신에게 생소한 것이어서 그에 대한 지식이 부족할수록 사람들은 그 사건을 더 위험한 것으로 인식하는 경향이 있다. 하지만 이것은 동일한 위험에 대해 서로 다른 문화와 가치관을 가지고 있는 사회 또는 집단들이 다른 태도를 보이는 이유를 설명하지 못한다.

이와 관련해 관점 C는 위험에 대한 태도가 개인의 심리적인 과정에 의해서만 결정되는 것이 아니라, 개인이 속한 집단의 문화적 배경에도 의존한다고 주장한다. 예를 들어 숙명론이 만연한 집단은 위험을 통제 밖의 일로 여겨 위험에 대해서 둔감한 태도를 보이게 되며, 구성원의 안전 문제를 다른 무엇보다도 우선시하는 집단은 그렇지 않은 집단보다 위험에 더 민감한 태도를 보이게 될 것이다.

보기

ㄱ. 관점 A와 달리 관점 B는 위험에 대한 사람들의 태도가 객관적인 요소에 영향을 받지 않는다고 주장한다.

ㄴ. 관점 B와 관점 C는 사람들이 동일한 위험에 대해서 다른 태도를 보이는 사례를 설명할 수 있다.

ㄷ. 관점 A는 민주화 수준이 높은 사회일수록 사회 구성원들이 기후변화의 위험에 더 민감한 태도를 보인다는 것을 설명할 수 있지만, 관점 C는 그렇지 않다.

① ㄱ ② ㄴ ③ ㄱ, ㄷ
④ ㄴ, ㄷ ⑤ ㄱ, ㄴ, ㄷ

113

기출 16' 5급㉻-4 난이도 ●○○

다음 글에서 알 수 있는 것은?

고려 전기 문신 출신 문벌들의 정치적 특권과 경제적 풍요는 농민이나 무신 등에게 돌아가야 할 몫이 그들에게 집중된 결과였다. 이에 대해 농민들과 무신들은 강하게 반발하였고, 결국 농민 출신 병사들의 지지를 얻은 무신들이 문벌들을 몰아내고 권력을 장악하였다. 이 지배세력의 교체는 문화에서도 변화를 가져왔다. 예를 들어 청자의 형태에도 영향을 미쳤다. 문양을 새기지 않았던 순청자의 아름다운 비색 바탕에 문양을 더하여 상감청자가 만들어지게 된 것이다.

상감청자는 무신들의 생활 도구였다. 무신들은 상감청자의 하늘처럼 푸른 빛깔과 아름다운 문양에 한껏 매료되었다. 무신들을 주요 수요자로 하여 성행하던 상감청자는 13세기 전반 몽골과의 항쟁을 위하여 무신정권이 강화도로 피난한 시기에 전성기를 맞았으며, 몽골과의 강화 이후 친원세력이 집권하면서 쇠락하기 시작하였다.

도자기 생산에 상감기법이 등장하게 된 것은 문신의 문화가 청산되었기 때문이었다. 특권 의식과 사대 의식을 특징으로 삼던 문신의 문화는 무신집권으로 인하여 사라졌다. 문신의 문화를 대체하여 이전과는 다른 새로운 문화가 모색되었고, 중국의 영향에서 벗어나 자주적 문화를 창조하려는 시대적 분위기가 도자기 생산을 비롯한 여러 분야에 영향을 미쳤다.

상감기법의 기술적 배경이 된 것은 당시 전성기에 도달해 있던 나전기술의 이용이었다. 나전기술은 나무로 만든 생활용구 표면에 무늬를 음각하고 그 자리에다 자개를 박아 옻칠을 하는 것이다. 이러한 기술이 도자기 생산에도 적용되어, 독창적이고 고려화된 문양과 기법이 순청자에 적용된 것이다.

상감청자의 문양으로 자주 등장하는 것은 운학(雲鶴) 무늬이다. 운학 무늬는 그릇 표면에 학과 구름이 점점이 아로새겨진 무늬를 일컫는다. 학이 상서롭고 세속을 벗어난 고고한 동물이라는 점에서 고려 사람들은 이를 무늬로 즐겨 이용하였고 푸른 그릇 표면은 하늘로 생각했다. 하늘은 소란스러운 속세를 떠난, 정적만이 있는 무한한 공간이었다. 이러한 곳에서 세속을 벗어난 고고한 학처럼 살고 싶었던 무신들은 그들이 희구하던 세계를 그릇 위에 나타내도록 한 것이다.

① 나전기술이 무신집권기에 개발되어 상감청자를 만드는 데 적용되었다.
② 청자의 사용은 무신의 집권과 더불어 등장하게 된 자주적인 문화양상이다.
③ 몽골과의 전쟁이 발발하자 상감청자를 사용하는 문화는 쇠퇴하기 시작하였다.
④ 무신들은 최고 권력을 쟁취하고자 하는 꿈을 상감청자의 학 문양에 담았다.
⑤ 문벌에서 무신으로 고려의 지배층이 변함에 따라 청자의 형태도 영향을 받았다.

114

기출 19' 5급㉻-가 | 난이도 ●●○

다음 글의 (가)~(다)에 대한 분석으로 적절한 것만을 〈보기〉에서 모두 고르면?

다음은 원인으로 추정되는 요인과 결과로 추정되는 질병 사이의 상관관계를 알아본 연구 결과이다.

(가) 아스피린의 복용이 심장병 예방에 효과가 있을 수 있다는 것이 밝혀졌다. 심장병 환자와 심장병이 발병한 적이 없는 기타 환자 총 4,107명에 대한 조사 결과에 따르면, 심장병 환자 중 발병 전에 정기적으로 아스피린을 복용해 온 사람의 비율은 0.9%였지만, 기타 환자 중 정기적으로 아스피린을 복용해 온 사람의 비율은 4.9%였다. 환자 1만 542명을 대상으로 한 후속 연구에서도 유사한 결과가 나타났다. 즉 심장병 환자 중에서 3.5%만이 정기적으로 아스피린을 복용해 왔다고 말한 반면, 기타 환자 중에서 그렇게 말한 사람은 7%였다.

(나) 임신 중 고지방식 섭취가 태어날 자식의 생식기에서 종양의 발생 가능성을 높일 수 있다는 것이 밝혀졌다. 이 결과는 임신한 암쥐 261마리 중 130마리의 암쥐에게는 고지방식을, 131마리의 암쥐에게는 저지방식을 제공한 연구를 통해 얻었다. 실험 결과, 고지방식을 섭취한 암쥐에게서 태어난 새끼 가운데 54%가 생식기에 종양이 생겼지만 저지방식을 섭취한 암쥐가 낳은 새끼 중에서 그러한 종양이 생긴 것은 21%였다.

(다) 사지 중 하나 이상의 절단 수술이 심장병으로 사망할 가능성을 증가시킬 수 있다는 것이 밝혀졌다. 이것은 제2차 세계대전 중에 부상을 당한 9,000명의 군인에 대한 진료 기록을 조사한 결과이다. 이들 중 4,000명은 사지 중 하나 이상의 절단 수술을 받은 사람이었고, 5,000명은 사지 절단 수술을 받지 않았지만 중상을 입은 사람이었다. 이들에 대한 기록을 추적 조사한 결과, 사지 중 하나 이상의 절단 수술을 받은 사람이 심장병으로 사망한 비율은 그렇지 않은 사람의 1.5배였다. 즉 사지 중 하나 이상의 절단 수술을 받은 사람 중 600명은 심장병으로 사망하였고, 그렇지 않은 사람 중 500명이 심장병으로 사망하였다.

보기

ㄱ. (가)와 (나)는 원인으로 추정되는 요인이 적용된 집단과 그렇지 않은 집단을 나눈 후 그에 따라 결과로 추정되는 질병의 발생 비율을 비교하는 실험을 했다.
ㄴ. (가)와 (다)에서는 원인으로 추정되는 요인이 적용된 개체들 중 결과로 추정되는 질병의 발생 비율을 알 수 있다.
ㄷ. (나)에서는 연구에 사용된 개체에게 원인으로 추정되는 요인을 적용할 것인지의 여부는 연구자에 의해서 결정되지만, (다)에서는 그렇지 않다.

① ㄱ ② ㄷ ③ ㄱ, ㄴ
④ ㄴ, ㄷ ⑤ ㄱ, ㄴ, ㄷ

115

기출 18' 5급㉻[상황판단] | 난이도 ●○○

다음 글을 근거로 판단할 때, 소장이 귀휴를 허가할 수 없는 경우는? (단, 수형자 甲 ~ 戊의 교정성적은 모두 우수하고, 귀휴를 허가할 수 있는 일수는 남아있다.)

제○○조 ① 교도소·구치소 및 그 지소의 장(이하 '소장'이라 한다)은 6개월 이상 복역한 수형자로서 그 형기의 3분의 1(21년 이상의 유기형 또는 무기형의 경우에는 7년)이 지나고 교정성적이 우수한 사람이 다음 각 호의 어느 하나에 해당하면 1년 중 20일 이내의 귀휴를 허가할 수 있다.
1. 가족 또는 배우자의 직계존속이 위독한 때
2. 질병이나 사고로 외부의료시설에의 입원이 필요한 때
3. 천재지변이나 그 밖의 재해로 가족, 배우자의 직계존속 또는 수형자 본인에게 회복할 수 없는 중대한 재산상의 손해가 발생하였거나 발생할 우려가 있는 때
4. 직계존속, 배우자, 배우자의 직계존속 또는 본인의 회갑일이나 고희일인 때
5. 본인 또는 형제자매의 혼례가 있는 때
6. 직계비속이 입대하거나 해외유학을 위하여 출국하게 된 때
7. 각종 시험에 응시하기 위하여 필요한 때

② 소장은 다음 각 호의 어느 하나에 해당하는 사유가 있는 수형자에 대하여는 제1항에도 불구하고 5일 이내의 귀휴를 특별히 허가할 수 있다.
1. 가족 또는 배우자의 직계존속이 사망한 때
2. 직계비속의 혼례가 있는 때

※ 귀휴: 교도소 등에 복역 중인 죄수가 출소하기 전에 일정한 사유에 따라 휴가를 얻어 일시적으로 교도소 밖으로 나오는 것을 의미한다.

① 징역 1년을 선고받고 4개월 동안 복역 중인 甲의 아버지의 회갑일인 경우
② 징역 2년을 선고받고 10개월 동안 복역 중인 乙의 친형의 혼례가 있는 경우
③ 징역 10년을 선고받고 4년 동안 복역 중인 丙의 자녀가 입대하는 경우
④ 징역 30년을 선고받고 8년 동안 복역 중인 丁의 부친이 위독한 경우
⑤ 무기징역을 선고받고 5년 동안 복역 중인 戊의 배우자의 모친이 사망한 경우

116

기출 15' 5급(민)-인 난이도 ●●○

문맥상 다음 글에 이어질 내용으로 가장 적절한 것은?

테레민이라는 악기는 손을 대지 않고 연주하는 악기이다. 이 악기를 연주하기 위해 연주자는 허리 높이쯤에 위치한 상자 앞에 선다. 연주자의 오른손은 상자에 수직으로 세워진 안테나 주위에서 움직인다. 오른손의 엄지와 집게손가락으로 고리를 만들고 손을 흔들면서 나머지 손가락을 하나씩 펴면 안테나에 손이 닿지 않고서도 음이 들린다. 이 때 들리는 음은 피아노 건반을 눌렀을 때 나는 것처럼 정해진 음이 아니고 현악기를 연주하는 것과 같은 연속음이며, 소리는 손과 손가락의 움직임에 따라 변한다. 왼손은 손가락을 펼친 채로 상자에서 수평으로 뻗은 안테나 위에서 서서히 오르내리면서 소리를 조절한다.

오른손으로는 수직 안테나와의 거리에 따라 음고(音高)를 조절하고 왼손으로는 수평 안테나와의 거리에 따라 음량을 조절한다. 따라서 오른손과 수직 안테나는 음고를 조절하는 회로에 속하고 왼손과 수평 안테나는 음량을 조절하는 또 다른 회로에 속한다. 이 두 회로가 하나로 합쳐지면서 두 손의 움직임에 따라 음고와 음량을 변화시킬 수 있다.

어떻게 테레민에서 다른 음고의 음이 발생되는지 알아보자. 음고를 조절하는 회로는 가청주파수 범위 바깥의 주파수를 갖는 서로 다른 두 개의 음파를 발생시킨다. 이 두 개의 음파 사이에 존재하는 주파수의 차이값에 의해 가청주파수를 갖는 새로운 진동이 발생하는데 그것으로 소리를 만든다. 가청주파수 범위 바깥의 주파수 중 하나는 고정된 주파수를 갖고 다른 하나는 연주자의 손 움직임에 따라 주파수가 바뀐다. 이렇게 발생한 주파수의 변화에 의해 진동이 발생되고 이 진동의 주파수는 가청주파수 범위 내에 있기 때문에 그 진동을 증폭시켜 스피커로 보내면 소리가 들린다.

① 수직 안테나에 손이 닿으면 소리가 발생하는 원리
② 왼손의 손가락의 모양에 따라 음고가 바뀌는 원리
③ 수평 안테나와 왼손 사이의 거리에 따라 음량이 조절되는 원리
④ 음고를 조절하는 회로에서 가청주파수의 진동이 발생하는 원리
⑤ 오른손 손가락으로 가상의 피아노 건반을 눌러 음량을 변경하는 원리

117

기출 15' 5급(행)-인 난이도 ●○○

다음 글에서 추론할 수 없는 것은?

고려시대 A라는 관리가 전시과(田柴科) 규정에 따라 50결의 토지를 받았다면, 이는 실제 어떤 방식으로 국가에서 토지를 받았다는 것일까? 그만큼의 토지를 직접 분급 받았다고 보아야 할까? 그렇지 않다. 이는 50결의 토지에서 생산되는 총량 중 법정 조세율인 10분의 1만큼의 세를 거두어 가질 수 있는 권한, 즉 수조권(收租權)을 분급 받았다는 뜻이다. A는 국가가 지정한 지역의 B라는 농민에게 매년 조세를 받아 사용할 수 있는 권리를 국가로부터 위임받은 것이다. 수조권을 행사하는 일반적인 방식은 다음과 같다. 예컨대 B가 100결을 소유하고 있을 경우, B는 100결에 대한 조세를 모두 국가에 내야 한다. 그러나 전시과 규정에 따라 A가 B의 땅에서 수조권을 행사하게 되었으므로, B는 50결에 대한 조세는 A에게 내고 나머지 50결에 대한 조세만 국가에 낸다.

이 외에 수조권을 행사하는 또 다른 방식으로 면조권(免租權)이 있다. 위의 A가 100결의 토지를 소유하고 있다고 가정해 보자. 그는 100결에 대한 조세를 국가에 납부해야 하나, 전시과로 분급 받은 50결만큼의 조세는 내지 않고 나머지 50결에 대한 조세만 납부하는 방식을 채택할 수도 있었다. 이러한 방식으로 수조권을 행사하는 것을 면조권이라 하였다. 수조권 제도에서 국가는 수조권을 가진 A를 전주(田主), 조세를 납부하는 B를 전객(佃客)이라 규정했다. B는 전주가 지정된 토지를 함부로 매매하거나 상속할 수 없었고, 매매나 상속을 하려면 반드시 국가의 허가를 받아야 했다. 국가가 전객의 소유권보다는 전주의 수조권을 우선적으로 보호하였기 때문이다.

조선에 들어와 과전법의 성립으로 수조권 제도가 적용되는 지역은 전국에서 경기도로 축소되었으나, 과전법은 원리상 전시과와 마찬가지로 관리에게 수조권을 분급하는 제도였다. 그러나 조선은 경기도를 제외한 나머지 지역에서 전주의 수조권을 철폐하여 국가로 환수하였고, 백성들의 토지소유권 행사 또한 보다 자유로워졌다. 이후 과전법은 채 1백 년도 지나지 않아 현직 관리에게만 토지를 분급하는 직전법(職田法)으로 바뀌었고, 수조권을 행사하는 방식 또한 국가가 직접 조세를 거두어 관리에게 지급하는 관수관급제(官收官給制)로 변화하였다. 그러나 이 또한 겨우 몇 십 년이 되지 않아 폐지되었고, 이후 관리들은 녹봉만을 받게 되었다.

① 수조권 제도의 축소에 따라 전객의 소유권은 약화되어 갔다.
② 전시과에서 과전법을 거치며 국가가 직접 수조하는 토지가 확대되었다.
③ 과전법에서 전주는 토지의 수조권자를, 전객은 토지의 소유권자를 가리킨다.
④ 전시과에 따르면 토지소유자는 경우에 따라 국가와 개인 모두에게 조세를 납부해야 하였다.
⑤ 면조권은 원리적으로 수조권을 분급 받은 전주가 자신이 소유한 토지에 수조권을 행사하는 것이다.

118

기출 15' 5급㉻-인 난이도 ●●○

다음 글에서 A의 견해로 볼 수 있는 것은?

명예는 세 가지 종류가 있다. 첫째는 인간으로서의 존엄성에 근거한 고유한 인격적 가치를 의미하는 내적 명예이며, 둘째는 실제 이 사람이 가진 사회적·경제적 지위에 대한 사회적 평판을 의미하는 외적 명예, 셋째는 인격적 가치에 대한 자신의 주관적 평가 내지는 감정으로서의 명예감정이다.

악성 댓글, 즉 악플에 의한 인터넷상의 명예훼손이 통상적 명예훼손보다 더 심하기 때문에 통상의 명예훼손행위에 비해서 인터넷상의 명예훼손행위를 가중해서 처벌해야 한다는 주장이 일고 있다. 이에 대해 법학자 A는 다음과 같이 주장하였다.

인터넷 기사 등에 악플이 달린다고 해서 즉시 악플 대상자의 인격적 가치에 대한 평가가 하락하는 것은 아니므로, 내적 명예가 그만큼 더 많이 침해되는 것으로 보기 어렵다. 또한 만약 악플 대상자의 외적 명예가 침해되었다고 하더라도 이는 악플에 의한 것이 아니라 악플을 유발한 기사에 의한 것으로 보아야 한다. 오히려 악플로 인해 침해되는 것은 명예감정이라고 보는 것이 마땅하다. 다만 인터넷상의 명예훼손행위는 그 특성상 해당 악플의 내용이 인터넷 곳곳에 퍼져 있을 수 있어 명예감정의 훼손 정도가 피해자의 정보수집량에 좌우될 수 있다는 점을 간과해서는 안 될 것이다. 구태여 자신에 대한 부정적 평가를 모을 필요가 없음에도 부지런히 수집·확인하여 명예감정의 훼손을 자초한 피해자에 대해서 국가가 보호해줄 필요성이 없다는 점에서 명예감정을 보호해야 할 법익으로 삼기 어렵다. 따라서 인터넷상의 명예훼손이 통상적 명예훼손보다 더 심하다고 보기 어렵다.

① 기사가 아니라 악플로 인해서 악플 피해자의 외적 명예가 침해된다.
② 악플이 달리는 즉시 악플 대상자의 내적 명예가 더 많이 침해된다.
③ 악플 피해자의 명예감정의 훼손 정도는 피해자의 정보수집 행동에 영향을 받는다.
④ 인터넷상의 명예훼손행위를 통상적 명예훼손행위에 비해 가중해서 처벌하여야 한다.
⑤ 인터넷상의 명예훼손행위의 가중처벌 여부의 판단에서 세 종류의 명예는 모두 보호하여야 할 법익이다.

119

기출 19' 5급㉻-가 난이도 ●●○

다음 글의 ㉠을 약화하지 않는 것은?

쾌락주의자들은 우리가 쾌락을 욕구하고, 이것이 우리 행동의 원인이 된다고 주장한다. 하지만 반쾌락주의자들은 쾌락을 느끼기 위한 우리 행동의 원인은 음식과 같은 외적 대상에 대한 욕구이지 다른 것이 아니라고 말한다. 이에, 외적 대상에 대한 욕구 이외의 것, 가령, 쾌락에 대한 욕구는 우리 행동의 원인이 될 수 없다. 그럼 반쾌락주의자들이 말하는 욕구에서 행동, 그리고 쾌락으로 이어지는 인과적 연쇄는 다음과 같을 것이다.

음식에 대한 욕구 → 먹는 행동 → 쾌락

이런 인과적 연쇄를 보았을 때 쾌락이 우리 행동의 원인이 아니라는 것은 분명하다. 왜냐하면 쾌락은 행동 이후 생겨났고, 나중에 일어난 것이 이전에 일어난 것의 원인일 수 없기 때문이다.

그러나 이런 반쾌락주의자들의 주장은 두 개의 욕구, 즉 음식에 대한 욕구와 쾌락에 대한 욕구 사이의 관계를 고려하지 않고 있다. 즉 무엇이 음식에 대한 욕구의 원인인지를 고려하지 않은 것이다. 하지만 ㉠ <u>쾌락주의자들의 주장</u>에 따르면 위의 인과적 연쇄에 음식에 대한 욕구의 원인인 쾌락에 대한 욕구를 추가해야 한다.

사람들이 음식을 원하는 이유는 그들이 쾌락을 욕구하기 때문이다. 반쾌락주의자들의 주장이 범하고 있는 실수는 두 개의 사뭇 다른 사항들, 즉 욕구가 만족되어 경험하는 쾌락과 쾌락에 대한 욕구를 혼동하는 데에서 기인한다. 쾌락의 발생이 행위자가 쾌락 이외의 어떤 것을 원했기 때문이더라도, 쾌락에 대한 욕구는 다른 어떤 것에 대한 욕구를 발생시키는 원인이다.

① 어떤 욕구도 또 다른 욕구의 원인일 수 없다.
② 사람들은 쾌락에 대한 욕구가 없더라도 음식을 먹는 행동을 하기도 한다.
③ 음식에 대한 욕구로 인해 쾌락에 대한 욕구가 생겨야만 행동으로 이어진다.
④ 외적 대상에 대한 욕구는 다른 것에 의해서 야기되지 않고 그저 주어진 것일 뿐이다.
⑤ 맛없는 음식보다 맛있는 음식을 욕구하는 것은 맛있는 음식을 먹어 얻게 될 쾌락에 대한 욕구가 맛없는 음식을 먹어 얻게 될 쾌락에 대한 욕구보다 강하기 때문이다.

120

기출 17' 5급㉻[상황판단] 난이도 ●○○

다음 글과 〈상황〉을 근거로 판단할 때 옳은 것은?

저작자는 미술저작물, 건축저작물, 사진저작물(이하 "미술저작물 등"이라 한다)의 원본이나 그 복제물을 전시할 권리를 가진다. 전시권은 저작자인 화가, 건축물 설계자, 사진작가에게 인정되므로, 타인이 미술저작물 등을 전시하기 위해서는 저작자의 허락을 얻어야 한다. 다만 전시는 일반인에 대한 공개를 전제로 하는 것이므로, 예컨대 가정 내에서 진열하는 때에는 저작자의 허락이 필요 없다. 또한 저작자는 복제권도 가지기 때문에 타인이 미술저작물 등을 복제하기 위해서는 저작자의 허락을 얻어야 한다. 그런데 저작자가 미술저작물 등을 타인에게 판매하여 소유권을 넘긴 경우에는 저작자의 전시권·복제권과 소유자의 소유권이 충돌하는 문제가 발생한다. 저작권법은 미술저작물 등의 전시·복제와 관련된 문제들을 다음과 같이 해결하고 있다.

첫째, 미술저작물 등의 원본의 소유자나 그의 허락을 얻은 자는 자유로이 미술저작물 등의 원본을 전시할 수 있다. 다만 가로·공원·건축물의 외벽 등 공중에게 개방된 장소에 항시 전시하는 경우에는 저작자의 허락을 얻어야 한다.

둘째, 개방된 장소에 항시 전시되어 있는 미술저작물 등은 제3자가 어떠한 방법으로든지 이를 복제하여 이용할 수 있다. 다만 건축물을 건축물로 복제하는 경우, 조각 또는 회화를 조각 또는 회화로 복제하는 경우, 미술저작물 등을 판매목적으로 복제하는 경우에는 저작자의 허락을 얻어야 한다.

셋째, 화가 또는 사진작가가 고객으로부터 위탁을 받아 완성한 초상화 또는 사진저작물의 경우, 화가 또는 사진작가는 위탁자의 허락이 있어야 이를 전시·복제할 수 있다.

〈상황〉

- 화가 甲은 자신이 그린 「군마」라는 이름의 회화를 乙에게 판매하였다.
- 화가 丙은 丁의 위탁을 받아 丁을 모델로 한 초상화를 그려 이를 丁에게 인도하였다.

① 乙이 「군마」를 건축물의 외벽에 잠시 전시하고자 할 때라도 甲의 허락을 얻어야만 한다.
② 乙이 감상하기 위해서 「군마」를 자신의 거실 벽에 걸어 놓을 때는 甲의 허락을 얻어야 한다.
③ A가 공원에 항시 전시되어있는 「군마」를 회화로 복제하고자 할 때는 乙의 허락을 얻어야 한다.
④ 丙이 丁의 초상화를 복제하여 전시하고자 할 때는 丁의 허락을 얻어야 한다.
⑤ B가 공원에 항시 전시되어있는 丁의 초상화를 판매목적으로 복제하고자 할 때는 丙의 허락을 얻을 필요가 없다.

Day 8 Self Check List

	오답 수	무응답 수	풀이시간(분)
1회독	/ 15	/ 15	/ 30(분)
2회독	/ 15	/ 15	/ 25(분)
3회독	/ 15	/ 15	/ 15(분)

독끝 9일차 (121~135)

*아래 회독수 별 권장 풀이 시간에 맞춰 풀이 후, 끝쪽의 Self Check List를 기입하여 부족한 부분을 파악하세요!

권장 풀이 시간

1회독 30 min 2회독 25 min 3회독 15 min

본 문항은 PSAT 언어논리 영역 기출 문항으로 구성되며, 기출 표기에 따른 시험 종류는 아래와 같습니다.(표기 상 맨 끝은 '책형' 입니다.)

㉧ – 민간경력자 일괄채용시험 / ㉻ – 공개경쟁채용시험(행정)

121

기출 15' 5급㉧-인 난이도 ●●○

다음 글의 빈칸에 들어갈 내용으로 가장 적절한 것은?

다른 사람의 증언은 얼마나 신뢰할 만할까? 증언의 신뢰성은 두 가지 요인에 의해서 결정된다. 첫 번째 요인은 증언하는 사람이다. 만약 증언하는 사람이 거짓말을 자주 해서 신뢰하기 어려운 사람이라면 그의 말의 신뢰성은 떨어질 수밖에 없다. 두 번째 요인은 증언 내용이다. 만약 증언 내용이 우리의 상식과 상당히 동떨어져 있어 보인다면 증언의 신뢰성은 떨어질 수밖에 없다. 그렇다면 이 두 요인이 서로 대립하는 경우는 어떨까? 가령 매우 신뢰할 만한 사람이 기적이 일어났다고 증언하는 경우에 우리는 그 증언을 얼마나 신뢰해야 하는가?

이 질문에는 [　　　　] 는 원칙을 적용해서 답할 수 있다. 이 원칙을 기적에 대한 증언에 적용시키기 위해서는 먼저 기적에 대해서 생각해 볼 필요가 있다. 기적이란 자연법칙을 위반한 사건이다. 여기서 자연법칙이란 지금까지 우주의 전체 역사에서 일어났던 모든 사건들이 따랐던 규칙이다. 그렇다면 자연법칙을 위반하는 사건 즉 기적은 아직까지 한 번도 일어나지 않은 사건이다. 한편 우리는 충분히 신뢰할 만한 사람이 자신의 의지와 무관하게 거짓을 말하는 경우를 이따금 관찰할 수 있다. 따라서 그런 사건이 일어날 확률은 매우 신뢰할 만한 사람이 거짓 증언을 할 확률보다 작을 수밖에 없다. 결국 우리는 기적이 일어났다는 증언을 신뢰해서는 안 된다.

① 어떤 사람이 참인 증언을 할 확률이 그 증언 내용이 실제로 일어날 확률보다 작은 경우에만 증언을 신뢰해야 한다.
② 어떤 사람이 거짓 증언을 할 확률이 그 증언 내용이 실제로 일어날 확률보다 작은 경우에만 증언을 신뢰해야 한다.
③ 어떤 사람이 거짓 증언을 할 확률이 그 증언 내용이 실제로 일어나지 않을 확률보다 작은 경우에만 증언을 신뢰해야 한다.
④ 어떤 사람이 제시한 증언 내용이 일어날 확률이 그것이 일어나지 않을 확률보다 더 큰 경우에만 그 증언을 신뢰해야 한다.
⑤ 어떤 사람이 제시한 증언 내용이 일어날 확률이 그것이 일어나지 않을 확률보다 더 작은 경우에만 그 증언을 신뢰해야 한다.

122

기출 15' 5급㉻-인 난이도 ●○○

다음 글에서 알 수 없는 것은?

'캐리 벅 사건'(1927)은 버지니아주에서 시행하는 강제불임시술의 합헌성에 대한 판단을 다룬 것이다. 버지니아주에서는 정신적 결함을 가진 사람들의 불임시술을 강제하는 법을 1924년에 제정하여 시행하고 있었다. 이 법은 당시 과학계에서 받아들여지던 우생학의 연구결과들을 반영한 것인데, 유전에 의해 정신적으로 결함이 있는 자들에게 강제불임시술을 함으로써 당사자의 건강과 이익을 증진하는 것을 목적으로 하였다. 우생학은 인간의 유전과 유전형질을 연구하여, 결함이 있는 유전자를 제거하여 인류를 개선하는 것이 주목적이었는데, 정신이상자, 정신박약자, 간질환자 등을 유전적 결함을 가진 대상으로 보았다.

이 사건의 주인공인 캐리 벅은 10대 후반의 정신박약인 백인 여성으로서 정신박약자들을 수용하기 위한 시설에 수용되어 있었다. 법에 따르면, 캐리 벅은 불임시술을 받지 않으면 수십 년 동안 수용시설에 갇혀 기본적인 의식주만 공급받고 다른 사회적 권리와 자유가 제약받을 수밖에 없는 상황이었다.

미국 연방대법원은 강제불임시술을 규정한 버지니아주의 주법을 합헌으로 판단하였다. 이 사건의 다수의견을 작성한 홈즈 대법관은 판결의 이유를 다음과 같이 밝혔다.

"사회 전체의 이익 때문에 가장 우수한 시민의 생명을 희생시키는 일도 적지 않다. 사회가 무능력자로 차고 넘치는 것을 막고자 이미 사회에 부담이 되는 사람들에게 그보다 작은 희생을 요구하는 것이 금지된다고 할 수는 없다. 사회에 적응할 능력이 없는 사람들의 출산을 금지하는 것이 사회에 이익이 된다. 법률로 예방접종을 하도록 강제할 수 있는 것과 같은 원리로 나팔관 절제도 강제할 수 있다고 해야 한다."

이 사건은 사회적 파장이 매우 컸다. 당시 미국의 주들 가운데는 강제불임시술을 규정하고 있는 주들이 있었지만 그 중 대부분의 주들이 이러한 강제불임시술을 실제로는 하고 있지 않았다. 하지만 연방대법원의 이 사건 판결이 나자 많은 주들이 새로운 법률을 제정하거나, 기존의 법률을 개정해서 버지니아주법과 유사한 법률을 시행하게 되었다. 버지니아주의 강제불임시술법은 1974년에야 폐지되었다.

① 당시 우생학에 따르면 캐리 벅은 유전적 결함을 가진 사람이었다.
② 버지니아주법은 정신박약이 유전되는 것이라는 당시의 과학 지식을 반영하여 제정된 것이었다.
③ 버지니아주법에 의하면 캐리 벅에 대한 강제불임시술은 캐리 벅 개인의 이익을 위한 것이다.
④ 홈즈에 따르면 사회가 무능력자로 넘치지 않기 위해서는 사회에 부담이 되는 사람들에게 희생을 요구할 수 있다.
⑤ 버지니아주법이 합헌으로 판단되기 이전, 불임시술을 강제하는 법을 가지고 있던 다른 주들은 대부분 그 법을 집행하고 있었다.

123

기출 15' 5급ⓗ-인 | 난이도 ●●●

다음 글의 (가)에서 추론할 수 없는 것은?

(가) 우리나라의 고분, 즉 무덤은 크게 나누어 세 가지 요소로 구성되어 있다. 첫째는 목관(木棺), 옹관(甕棺)과 같이 시신을 넣어두는 용기이다. 둘째는 이들 용기를 수용하는 내부 시설로 광(壙), 곽(槨), 실(室) 등이 있다. 셋째는 매장시설을 감싸는 외부 시설로 이에는 무덤에서 지상에 성토한, 즉 흙을 쌓아 올린 부분에 해당하는 분구(墳丘)와 분구 주위를 둘러 성토된 부분을 보호하는 호석(護石) 등이 있다.

일반적으로 고고학계에서는 무덤에 대해 '묘(墓) – 분(墳) – 총(塚)'의 발전단계를 상정한다. 이러한 구분은 성토의 정도를 기준으로 삼은 것이다. 매장시설이 지하에 설치되고 성토하지 않은 무덤을 묘라고 한다. 묘는 또 목관묘와 같이 매장시설, 즉 용기를 가리킬 때도 사용된다. 분은 지상에 분명하게 성토한 무덤을 가리킨다. 이 중 성토를 높게 하여 뚜렷하게 구분되는 대형 분구를 가리켜 총이라고 한다.

고분 연구에서는 지금까지 설명한 매장시설 이외에도 함께 묻힌 피장자(被葬者)와 부장품이 그 대상이 된다. 부장품에는 일상품, 위세품, 신분표상품이 있다. 일상품은 일상생활에 필요한 물품들로 생산 및 생활 도구 등이 이에 해당한다. 위세품은 정치, 사회적 관계를 표현하기 위해 사용된 물품이다. 당사자 사이에만 거래되어 일반인이 입수하기 어려운 물건으로, 피장자가 착장(着裝)하여 위세를 드러내던 것을 착장형 위세품이라고 한다. 생산도구나 무기 및 마구 등은 일상품이기도 하지만 물자의 장악이나 군사력을 상징하는 부장품이기도 하다. 이것들은 피장자의 신분이나 지위를 상징하는 물건으로 일상품적 위세품이라고 한다. 이러한 위세품 중에 6세기 중엽 삼국의 국가체제 및 신분질서가 정비되어 관등(官等)이 체계화된 이후 사용된 물품을 신분표상품이라고 한다.

(나) 영희는 삼국 시대를 연구하고 있다. 그녀는 (가)의 글을 읽고 다음의 세 가설을 세웠다.

A : 시신을 넣어두는 용기는 목관, 옹관뿐이다.

B : 삼국 모두 묘 – 분 – 총의 발전단계를 보이며 성토가 높은 것은 신분의 높음을 상징한다.

C : 관리들의 의관(衣冠)에 관련된 부장품은 신분표상품이다.

그리고 자료 조사를 통해 가설들을 약화하는 근거가 발견되지 않으면 해당 가설을 수용할 생각이다. 영희가 최근 얻은 근거는 다음과 같다.

a. 신라의 황남대총은 왕릉이다.

b. 백제는 총에 해당하는 분이 없다.

c. 부여 가증리에서 석관(石棺)이 있는 초기 백제 유적이 발견되었다.

d. 삼국의 체제 정립 이전인 원삼국 시대 유물인 세발토기(土器)가 부장품으로 발견되었다.

① 묘에는 분구와 호석이 발견되지 않는다.

② 묘는 무덤의 구성요소뿐 아니라 무덤 발전단계를 가리킬 때에도 사용되는 말이다.

③ 피장자의 정치, 사회적 신분 관계를 표현하기 위해 장식한 칼을 사용하였다면 이는 위세품에 해당한다.

④ 생산도구가 물자의 장악이나 군사력을 상징하는 부장품에 사용되었다면, 이는 위세품이지 일상품은 아니다.

⑤ 성토를 높게 할수록 신분이 높다면, 같은 시대 같은 지역에 묻힌 두 피장자 중 분보다는 총에 묻힌 피장자의 신분이 높다.

124

기출 19' 5급㉻-가 난이도 ●●○

다음 글에서 추론할 수 있는 것은?

1950년 국회의원 선거법 개정부터 1969년 국회의원 선거법 개정까지는 투표용지상의 기호가 후보자들의 추첨으로 배정되는 A 방식이 사용되었다. 이때에는 투표용지에 오늘날과 같은 '1, 2, 3' 등의 아라비아 숫자 대신 'Ⅰ, Ⅱ, Ⅲ' 등의 로마자 숫자를 사용하였다. 다만 1963년 제3공화국의 출범 후에는 '선거구별 추첨제'가 '전국 통일 추첨제'로 변경되었다. 즉, 선거구별로 후보자 기호를 추첨하던 것을 정당별로 추첨하는 제도로 바꾸어, 동일 정당의 후보자들이 전국 모든 선거구에서 동일한 기호를 배정받도록 하였다.

이러한 방식은 1969년 관련법이 개정되면서 국회에서 다수 의석을 가진 정당순으로 '1, 2, 3' 등의 아라비아 숫자로 기호를 배정하는 B 방식으로 변화하였다. 현재와 같이 거대 정당에게 유리한 투표용지 관련 제도가 처음 선을 보인 것이다. 다만, 당시 '원내 의석을 가진 정당의 의석 순위'라는 기준은 2개의 정당에게만 적용되었다. 원내 의석이 3순위 이하인 기타 정당의 후보자에게는 정당 명칭의 가나다순에 의해 순서가 부여되었다. 이러한 순서 부여는 의석수 상위 2개 정당 소속 후보자와 나머지 후보자를 차별한다는 점에서 문제를 안고 있었다.

1981년 개정된 선거법에서는 다시 추첨을 통해 후보자의 게재 순위를 결정하는 C 방식이 도입되었다. 이때 순위 결정은 전국 통일 추첨제가 아닌 선거구별 추첨제를 따랐다. 하지만 정당의 공천을 받은 후보자들은 무소속 후보자들에 비해 우선적으로 앞 번호를 배정받았다. 이 방식에는 정당 소속 후보자와 무소속 후보자를 차별하는 구조적 문제가 있었다.

현행 공직선거법은 현재 국회에서 의석을 가진 정당의 추천을 받은 후보자, 국회에서 의석이 없는 정당의 추천을 받은 후보자, 무소속 후보자의 순으로 후보자의 게재 순위를 결정하는 D 방식을 채택하고 있다. 국회에서 의석을 가진 정당의 게재 순위는 국회에서의 다수 의석순(다만, 같은 의석을 가진 정당이 둘 이상인 때에는 최근에 실시된 비례대표국회의원선거에서의 득표수순)으로 정하고, 현재 국회에 의석이 없는 정당의 추천을 받은 후보자 사이의 게재 순위는 그 정당 명칭의 가나다순으로 정한다. 그리고 무소속 후보자 사이의 게재 순위는 관할 선거구선거관리위원회에서 추첨하여 결정한다.

① A 방식에서 '가'씨 성을 가진 후보자는 'Ⅰ'로 표기된 기호를 배정받는다.
② B 방식에서 원내 의석수가 2순위인 정당의 후보자라 하더라도 정당 명칭에 따라 기호 '1'을 배정받을 수 있다.
③ C 방식에서 원내 의석수가 3순위인 정당의 후보자들은 동일한 기호를 배정받는다.
④ B 방식과 D 방식에서 원내 의석수가 4순위인 정당의 후보자가 배정받는 기호는 동일하다.
⑤ C 방식과 D 방식에서 원내 의석이 없는 정당의 후보자는 무소속 후보자에 비해 앞 번호 기호를 배정받는다.

125

기출 17' 5급㉻[상황판단] 난이도 ●○○

다음 〈A대학 학사규정〉을 근거로 판단할 때, 〈상황〉의 ㉠과 ㉡에 들어갈 기간으로 옳게 짝지은 것은?

A대학 학사규정

제1조(목적) 이 규정은 졸업을 위한 재적기간 및 수료연한을 정하는 것을 목적으로 한다.

제2조(재적기간과 수료연한) ① 재적기간은 입학 시부터 졸업 시까지의 기간으로 휴학기간을 포함한다.
② 졸업을 위한 수료연한은 4년으로 한다. 다만 다음 각 호의 경우에는 수료연한을 달리할 수 있다.
1. 외국인 유학생은 어학습득을 위하여 수료연한을 1년 연장하여 5년으로 할 수 있다.
2. 특별입학으로 입학한 학생은 2년차에 편입되며 수료연한은 3년으로 한다. 다만 특별입학은 내국인에 한한다.
③ 수료와 동시에 졸업한다.

제3조(휴학) ① 휴학은 일반휴학과 해외 어학연수를 위한 휴학으로 구분한다.
② 일반휴학은 해당 학생의 수료연한의 2분의 1을 초과할 수 없으며, 6개월 단위로만 신청할 수 있다.
③ 해외 어학연수를 위한 휴학은 해당 학생의 수료연한의 2분의 1을 초과할 수 없으며, 1년 단위로만 신청할 수 있다.

상황

- A대학의 학생이 재적할 수 있는 최장기간은 (㉠)이다.
- A대학에 특별입학으로 입학한 학생이 일반휴학 없이 재적할 수 있는 최장기간은 (㉡)이다.

	㉠	㉡
①	9년	4년
②	9년 6개월	4년
③	9년 6개월	4년 6개월
④	10년	4년 6개월
⑤	10년	5년

126

기출 15' 5급㉺-인 | 난이도 ●●○

다음 ㉠과 ㉡에 들어갈 말을 바르게 나열한 것은?

이동통신이 유선통신에 비하여 어려운 점은 다중 경로에 의해 통신채널이 계속적으로 변화하여 통신 품질이 저하된다는 것이다. 다중 경로는 송신기에서 발생한 신호가 수신기에 어떠한 장애물을 거치지 않고 직접적으로 도달하기도 하고 장애물을 통과하거나 반사하여 간접적으로 도달하기도 하기 때문에 발생한다. 이 다중 경로 때문에 송신기에서 발생한 신호가 안테나에 도달할 때 신호들마다 시간 차이가 발생한다. 이렇게 하나의 송신 신호가 시시각각 수신기에 다르게 도달하기 때문에 이동통신 채널은 일반적으로 유선통신 채널에 비해 빈번히 변화한다. 일반적으로 거쳐 오는 경로가 길수록 수신되는 진폭은 작아지고 지연시간도 길어지게 된다. 다중 경로를 통해 전파가 전송되어 오면 각 경로의 거리 및 전송 특성 등의 차이에 의해 수신기에 도달하는 시간과 신호 세기의 차이가 발생한다.

시간에 따라 변화하는 이동통신의 품질을 극복하기 위해 개발된 것이 A기술이다. 이 기술을 사용하면 하나의 송신기로부터 전송된 하나의 신호가 다중 경로를 통해 안테나에 수신된다. 이 때 안테나에 수신된 신호들 중 일부 경로를 통해 수신된 신호의 크기가 작더라도 나머지 다른 경로를 통해 수신된 신호의 크기가 크면 수신된 신호들 중 가장 큰 것을 선택하여 안정적인 송수신을 이루려는 것이 A기술이다. A기술은 마치 한 종류의 액체를 여러 배수관에 동시에 흘려보내 가장 빨리 나오는 배수관의 액체를 선택하는 것에 비유할 수 있다. 여기서 액체는 [㉠] 에 해당하고, 배수관은 [㉡] 에 해당한다.

	㉠	㉡
①	송신기	안테나
②	신호	경로
③	신호	안테나
④	안테나	경로
⑤	안테나	신호

127

기출 15' 5급㉻-인 | 난이도 ●○○

다음 글에서 알 수 있는 것은?

고전주의적 관점에서는 보편적 규칙에 따라 고전적 이상에 일치시켜 대상을 재현한 작품에 높은 가치를 부여한다. 반면 낭만주의적 관점에서는 예술가 자신의 감정이나 가치관, 문제의식 등을 자유로운 방식으로 표현한 것에 가치를 부여한다.

그렇다면 예술작품을 감상할 때에는 어떠한 관점을 취해야 할까? 예술작품을 감상한다는 것은 예술가를 화자로 보고, 감상자를 청자로 설정하는 의사소통 형식으로 가정할 수 있다. 고전주의적 관점에서는 재현 내용과 형식이 정해지기 때문에 화자인 예술가가 중심이 된 의사소통 행위가 아니라 청자가 중심이 된 의사소통 행위라 할 수 있다. 즉, 예술작품 감상에 있어서 청자인 감상자는 보편적 규칙과 정형적 재현 방식을 통해 쉽게 예술작품을 수용하고 이해할 수 있게 된다. 그런데 의사소통 상황에서 청자가 중요시되지 않는 경우도 흔히 발견된다. 가령 스포츠 경기를 볼 때 주변 사람과 관련 없이 자기 혼자서 탄식하고 환호하기도 한다. 또한, 독백과 같이 특정한 청자를 설정하지 않는 발화 행위도 존재한다. 낭만주의적 관점에서 예술작품을 이해하고 감상하는 것도 이와 유사하다. 낭만주의적 관점에서는, 예술작품을 예술가가 감상자를 고려하지 않은 채 자신의 생각이나 느낌을 자유롭게 표현한 것으로 보아야만 작품의 본질을 오히려 잘 포착할 수 있다고 본다.

낭만주의적 관점에서 올바른 작품 감상을 위해서는 예술가의 창작의도나 창작관에 대한 이해가 필요하다. 비록 관람과 감상을 전제하고 만들어진 작품이라 하더라도 그 가치는 작품이 보여주는 색채나 구도 등에 대한 감상자의 경험을 통해서만 파악되는 것이 아니다. 현대 추상회화 창시자의 한 명으로 손꼽히는 몬드리안의 예술작품을 보자. 구상적 형상 없이 선과 색으로 구성된 몬드리안의 작품들은, 그가 자신의 예술을 발전시켜 나가는 데 있어서 관심을 쏟았던 것이 무엇인지를 알지 못하면 이해하기 어렵다.

① 고전주의적 관점과 낭만주의적 관점의 공통점은 예술작품의 재현 방식이다.
② 고전주의적 관점에서 볼 때, 예술작품을 감상하는 것은 독백을 듣는 것과 유사하다.
③ 낭만주의적 관점에서 볼 때, 예술작품 창작의 목적은 감상자 위주의 의사소통에 있다.
④ 낭만주의적 관점에서 볼 때, 예술작품의 창작의도에 대한 충분한 소통은 작품 이해를 위해 중요하다.
⑤ 고전주의적 관점에 따르면 예술작품의 본질은 예술가가 자신의 생각이나 느낌을 창의적으로 표현하는 데 있다.

128

기출 14' 5급㉾-A 난이도

다음 글의 주장과 부합하는 것은?

옛날 태학에서는 사람들에게 풍악을 가르쳤기 때문에 명칭을 '성균관(成均館)'이라 하였다. 그러나 지금 태학에서는 풍악을 익히지 않으니 이 이름을 쓰는 것은 옳지 않고 '국자감'으로 바꾸는 것이 옳다. 국자(國子)란 원래 왕실의 적자(嫡者)와 공경대부의 적자인데, 지금 태학에는 국자만 다니는 것이 아니기에 명칭과 실상이 서로 어긋나지만 국자감이 그래도 본래 의미에 가깝다.

옛날에 사람을 가르치는 법은 원래 두 길이었다. 국자는 태학에서 가르쳤는데 대사악(大司樂)이 주관했고, 서민은 향학에서 가르쳤는데 대사도(大司徒)가 주관하였다. 순 임금이 "기여, 너에게 악(樂)을 맡도록 명하노니 주자(胄子)를 가르치되 곧으면서 온화하게 하라." 했으니, 이것은 태학에서 국자를 가르친 것이다. 순 임금이 "설이여, 백성들이 서로 친근하지 않는구나. 너를 사도(司徒)로 삼으니, 공경하게 오교(五敎)를 펼쳐라." 했으니, 이것은 향학에서 서민을 가르친 것이다. 『주례』에 대사악이 육덕(六德)으로 국자를 가르쳤는데 이것도 순 임금이 기에게 명하던 그 법이고, 대사도가 향삼물(鄕三物)로 만민을 가르쳤는데 이것도 순 임금이 설에게 명하던 그 법이었다. 오늘날은 국자가 어떤 인물인지, 성균이 어떤 의미인지 알지 못하여, 서민의 자식이 국자로 자칭하고, 광대의 노래를 성균에 해당시키니 어찌 잘못된 것이 아니겠는가?

왕제(王制)는 한(漢)나라의 법이다. 왕제가 시행된 이래로 국자와 서민이 함께 태학에 들어가게 되었다. 그 제도가 2천 년이나 내려왔으니, 옛 제도는 회복할 수 없게 되었다. 비록 그렇지만 국자를 가르치던 법을 없어지게 해서는 안 된다. 우리나라 제도에 종학(宗學)이 있어 종실 자제를 교육했었는데, 지금은 혁파되었다. 태학은 종실 자제를 교육하던 곳인데 까닭 없이 서민에게 양보하고 따로 학교를 세워 종학이라 한 것도 잘못된 일인데 지금은 그것마저 혁파되었으니 개탄할 일이 아닌가? 지금 태학의 명륜당은 종학으로 만들어 종실의 자제 및 공경의 적자가 다니게 하고, 비천당은 백성들이 다니는 학교로 만들어 별도로 운영하는 것이 합당할 것이다.

① 종실 자제 위주의 독립된 교육은 잘못된 일이다.
② 성균관에서 풍악을 가르치던 전통을 회복해야 한다.
③ 향학의 설립을 통해 백성에 대한 교육을 강화해야 한다.
④ 왕제보다는 『주례』의 교육 전통을 따르는 것이 바람직하다.
⑤ 국자와 서민의 교육 내용을 통합하는 교육 과정이 필요하다.

129

기출 19' 5급㉾-가 난이도

다음 글에서 알 수 있는 것은?

대기오염 물질의 자연적 배출원은 공간적으로 그리 넓지 않고 밀집된 도시 규모의 오염 지역을 대상으로 할 경우에는 인위적 배출원에 비하여 대기 환경에 미치는 영향이 크지 않다. 하지만 지구 규모 또는 대륙 규모의 오염 지역을 대상으로 할 경우에는 그 영향이 매우 크다.

자연적 배출원은 생물 배출원과 비생물 배출원으로 구분된다. 생물 배출원에서는 생물의 활동에 의하여 오염 물질의 배출이 일어나는데, 식생의 활동으로 휘발성 유기물질이 배출되거나 토양 미생물의 활동으로 질소산화물이 배출되는 것이 대표적이다. 이렇게 배출된 오염 물질들은 반응성이 크기 때문에 산성비나 스모그와 같은 대기오염 현상을 일으키는 원인이 되기도 한다. 비생물 배출원에서도 많은 대기오염 물질이 배출되는데, 화산 활동으로 미세 먼지나 황산화물이 발생하거나 번개에 의해 질소산화물이 생성된다. 그 외에 사막이나 황토 지대에서 바람에 의해 미세 먼지가 발생하거나 성층권 오존이 대류권으로 유입되는 것도 이 범주에 넣을 수 있다.

인위적 배출원은 사람들이 생활이나 산업상의 편익을 위하여 만든 시설이나 장치로서, 대기 중으로 오염 물질을 배출하거나 대기 중에서 유해 물질로 바뀌게 될 원인 물질을 배출한다. 대표적인 인위적 배출원들은 연료의 연소를 통하여 이산화탄소, 일산화탄소, 질소산화물, 황산화물 등을 배출하지만 연소 외의 특수한 과정을 통해 발생하는 폐기물을 대기 중으로 내보내는 경우도 있다.

인위적 배출원은 점오염원, 면오염원, 선오염원으로 구분된다. 인위적 배출원 중 첫 번째로 점오염원은 발전소, 도시 폐기물 소각로, 대규모 공장과 같이 단독으로 대량의 오염 물질을 배출하는 시설을 지칭한다. 면오염원은 주거 단지와 같이 일정한 면적 내에 밀집된 다수의 소규모 배출원을 지칭한다. 선오염원의 대표적인 것은 자동차로서 이는 도로를 따라 선형으로 오염 물질을 배출시켜 주변에 대기오염 문제를 일으킨다. 높은 굴뚝에서 오염 물질을 배출하는 점오염원은 그 영향 범위가 넓지만, 배출구가 낮은 면오염원과 선오염원은 대기 확산이 잘 이루어지지 않아 오염원 근처의 지표면에 영향을 미친다.

① 비생물 배출원에서 배출되는 질소산화물은 연료의 연소 생성물이 대부분이다.
② 산성비는 인위적 배출원보다 자연적 배출원에서 배출되는 오염 물질에서 더 많이 생성된다.
③ 자연적 배출원은 인위적 배출원에 비해 큰 규모의 대기 환경에 대한 영향력이 미미하다.
④ 미생물이나 식생의 활동이 대기 중에 떠돌아다니는 반응성이 큰 오염 물질들을 감소시키기도 한다.
⑤ 인위적 배출원에서 오염 물질을 배출할 경우, 오염원은 배출구가 높을수록 더 멀리까지 영향을 미친다.

130

기출 16' 5급㉻[상황판단] 난이도 ●●○

다음 글을 근거로 판단할 때 허용될 수 없는 행위는? (단, 적법한 권한을 가진 자가 조회하는 것으로 전제한다)

제○○조(범죄경력조회·수사경력조회 및 회보의 제한 등) 수사자료표에 의한 범죄경력조회 및 수사경력조회와 그에 대한 회보는 다음 각 호의 어느 하나에 해당하는 경우에 그 전부 또는 일부에 대하여 조회 목적에 필요한 범위에서 할 수 있다.

1. 범죄 수사 또는 재판을 위하여 필요한 경우
2. 형의 집행 또는 사회봉사명령, 수강명령의 집행을 위하여 필요한 경우
3. 보호감호, 치료감호, 보호관찰 등 보호처분 또는 보안관찰업무의 수행을 위하여 필요한 경우
4. 수사자료표의 내용을 확인하기 위하여 본인이 신청하거나 외국 입국·체류 허가에 필요하여 본인이 신청하는 경우
5. 외국인의 귀화·국적회복·체류 허가에 필요한 경우
6. 각군 사관생도의 입학 및 장교의 임용에 필요한 경우
7. 병역의무 부과와 관련하여 현역병 및 사회복무요원의 입영(入營)에 필요한 경우
8. 공무원 임용, 인가·허가, 서훈(敍勳), 대통령 표창, 국무총리 표창 등의 결격사유, 징계절차가 개시된 공무원의 구체적인 징계 사유(범죄경력조회와 그에 대한 회보에 한정한다) 또는 공무원연금 지급 제한 사유 등을 확인하기 위하여 필요한 경우

※ 회보: 신청인의 요구에 대하여 조회 후 알려주는 것

① 외국인 A의 귀화 허가를 위하여 A의 범죄경력을 조회하는 행위
② 회사원 B에 대한 사회봉사명령 집행을 위하여 B에 대한 수사경력을 조회하는 행위
③ 퇴직공무원 C의 공무원연금 지급 제한 사유를 확인하기 위해 C의 범죄경력을 조회하는 행위
④ 취업준비생 D의 채용에 참고하기 위하여 해당 사기업의 요청을 받아 D의 범죄경력을 조회하는 행위
⑤ 징계절차가 개시된 공무원 E의 구체적인 징계 사유를 확인하기 위하여 E의 범죄경력을 조회하는 행위

131

기출 14' 5급㉯-A 난이도 ●●○

다음 글의 내용과 부합하는 것은?

화랑도는 군사력 강화와 인재 양성을 위해 신라 진흥왕대에 공식화되었다. 화랑도는 신라가 삼국을 통일하기까지 국가가 필요로 하는 많은 인재를 배출하였다. 화랑도 내에는 여러 무리가 있었는데 각 무리는 화랑 한 명과 자문 역할의 승려 한 명 그리고 진골 이하 평민에 이르는 천 명 가까운 낭도들로 이루어졌다. 화랑은 이 무리의 중심인물로 진골 귀족 가운데 낭도의 추대를 받아 선발되었다. 낭도들은 자발적으로 화랑도에 가입하였으며 연령은 대체로 15세에서 18세까지였다. 수련 기간 동안 무예는 물론 춤과 음악을 익혔고, 산천 유람을 통해 심신을 단련하였다. 수련 중인 낭도들은 유사시에 군사 작전에 동원되기도 하였고, 수련을 마친 낭도들은 정규 부대에 편입되어 정식 군인이 되었다.

화랑도는 불교의 미륵 신앙과 결부되어 있었다. 진골 출신만이 될 수 있었던 화랑은 도솔천에서 내려온 미륵으로 여겨졌고 그 집단 자체가 미륵을 숭상하는 무리로 일컬어졌다. 화랑 김유신이 거느린 무리를 당시 사람들은 '용화향도'라고 불렀다. 용화라는 이름은 미륵이 인간세계에 내려와 용화수 아래에서 설법을 한다는 말에서 유래했으며, 향도는 불교 신앙 단체를 가리키는 말이다.

화랑도가 크게 활동하던 시기는 골품제라는 신분제도가 확립되고 확산되어 가던 시기였는데 화랑도는 신분 계층 사회에서 발생하기 쉬운 알력이나 갈등을 조정하는 데도 부분적으로 기여하였다. 이는 화랑도가 여러 신분 계층으로 구성되어 있으면서도 그 집단 자체가 하나의 목적과 가치를 공유하여 구성원 상호 간의 결속이 긴밀하게 이루어졌기 때문이다.

① 평민도 화랑이 될 수 있었다.
② 화랑도의 본래 이름은 용화향도였다.
③ 미륵이라고 간주되는 화랑은 여러 명이 있었다.
④ 낭도는 화랑의 추천을 거쳐 화랑도에 가입하였다.
⑤ 화랑도는 신라의 신분제도를 해체하는 데 기여하였다.

132

기출 14' 5급㉧-A 난이도 ●●●

다음 글의 내용과 부합하지 않는 것은?

중동 제국이 발전함에 따라 제국의 개입으로 인해 소규모 공동체의 생활에 변화가 일어났다. 종교 조직은 제국 조직의 한 구성 요소로 전락했으며 제사장은 사법적·정치적 권력을 상실했다. 또한 제국은 소규모 공동체에 개입함으로써 개인이 씨족이나 종교 조직에 구속받지 않게 만들었다. 광대한 영토를 방어하고 통제하며 제국 내에서의 커뮤니케이션을 더욱 활발하게 하기 위해서는 분권과 자치, 그리고 개인의 이동을 어느 정도 허용할 필요가 있었다. 이에 따라 제국은 전사와 관리에게 봉토를 지급하고 독점적 소유권을 인정해 주었다. 상인들은 자신의 자본으로 사업을 하기 시작했고, 생산계급은 종교 조직이나 왕족이 아니라 시장을 겨냥한 물건을 만들기 시작했다. 낡은 자급자족 경제 대신 시장경제가 출현하여 독립된 생산자와 소비자 사이의 교환을 촉진했다. 시장이 확대되고 기원전 7세기경에 교환수단인 화폐가 도입됨에 따라 고대 세계의 경제 구조는 획기적인 변화를 겪었다. 점점 더 많은 사람들의 생계가 세습적 권위의 지배를 받는 메커니즘이 아니라 금전관계의 메커니즘에 좌우되었다.

또한 제국은 개인이 씨족이나 종교 조직 또는 유력집단에 흡수되는 것을 막는 언어적·종교적·법적 여건을 마련함으로써 개인이 좀 더 개방된 사회에서 활동할 수 있게 해주었다. 지배 엘리트가 사용하는 언어가 사회의 보편적인 언어가 되었으며, 각 지방의 토속신은 왕과 제국이 섬겨왔던 범접하기 어려운 강력한 신들, 즉 일종의 만신전에 모신 우주의 신들에게 자리를 양보했다. 아울러 제국의 법이 부의 분배와 경제적 교환 그리고 강자와 약자의 관계를 규제했다. 고대 제국은 정치의 행위 주체였을 뿐만 아니라 사회의 문화적·종교적·법률적 토대를 제공했다. 다시 말하면 제국은 중동 문명의 문화적 통합을 가능케 하는 강력한 힘이었다.

① 제국의 발전으로 인해 제국 내에서의 교류가 증대되었다.
② 제국이 발전함에 따라 제국 내에서 특정 언어와 종교가 보편화되었다.
③ 제국이 발전함에 따라 자급자족 체제가 시장경제 체제로 발전했다.
④ 제국의 힘은 생산과 소비를 통제하는 경제의 독점으로부터 비롯되었다.
⑤ 제국은 개인이 씨족이나 종교 조직 등 기존 체제와 맺는 관계를 약화시켰다.

133

기출 14' 5급㉧-A 난이도 ●●●

다음 글에서 알 수 없는 것은?

조선은 국가적인 차원에서 산림을 보호하고 목재를 안정적으로 확보하기 위해 노력하였다. 특히 가장 중요한 목재인 소나무를 보호하기 위하여 소나무의 사적인 벌목을 금지하는 금산(禁山)을 곳곳에 지정하였다. 양인(良人)들도 조상들의 분묘를 중심으로 한 일정한 구역 내에서 타인의 경작, 채취, 건축, 묘지조성 등을 금지시키는 분산수호권(墳山守護權)과, 그 범위 내에 있는 산림 특히 소나무를 기르고 독점할 수 있는 금양권(禁養權)을 가질 수 있었다. 이러한 권리를 통해 이들은 그 구역을 사양산(私養山)이라 칭하면서 여기에서 나는 버섯, 꿀, 약용식물 등의 여러 경제적 산물을 배타적으로 소유하였다.

그런데 산림의 경제성이 증대됨에 따라 18세기에는 목재를 불법적으로 베어가는 투작(偸斫)이 광범위하게 확산되었다. 특히 사양산은 금산에 비해 통제가 약하였기 때문에 투작의 피해가 더욱 클 수밖에 없었다. 투작은 신분을 가리지 않고 시도되었다. 힘 있는 사족(士族)들은 본인이 소유한 사양산의 경계를 넘어 투작하거나 친족의 나무를 도둑질하여 팔았다. 또한 이들은 몰락한 양반 또는 돈 많은 평민들의 사양산이나 분묘 주변에서 다수의 인원을 동원하여 강제로 투작하는 늑작(勒斫)을 행하기도 하였다. 지방 향리층의 투작에는 정해진 숫자를 초과해 벌목하는 난작(亂斫)이 많았다. 그러나 사족이나 향리층의 투작은 평민층의 투작에 비하면 그 비중이 높지 않았다. 평민층의 투작은 한 사람의 소규모 투작에서 수십 명이 작당하는 대규모 투작까지 그 종류와 규모가 다양하였다. 일례로 충청도 임천에서는 산주가 출타한 틈을 타 인근 마을에 사는 평민들이 작당하고 27명을 동원하여 소나무 200여 그루를 투작하기도 하였다.

이러한 투작 현상을 확대시키는 데 일조한 것은 목상(木商)들의 활동이었다. 목상들은 운반이 편리하며 굵고 큰 금산의 나무를 선호하였는데, 이들에 의해 유통된 목재는 개인 소유 선박인 사선의 제작에 주로 사용되었다. 이에 따라 수군의 병선 제작이나 관선 제작이 어려움을 겪을 정도였다. 목상의 활동으로 인해 피해를 입은 것은 사양산의 소나무도 예외는 아니었다. 선박 한 척을 만드는 데 많을 경우 400여 그루의 소나무가 필요하였기 때문에 목상들은 닥치는 대로 나무를 구매하여 유통시켰다. 이에 목상들에게 판매하기 위한 소나무를 확보하기 위하여 금산이나 사양산을 가리지 않고 무차별적인 투작이 행해졌다. 투작은 가난한 평민들이 손쉽게 큰돈을 만질 수 있는 수단이었으나 그로 인해 전국의 산림은 크게 황폐해져 갔다.

① 금산보다는 사양산에서 투작하기가 더 쉬웠다.
② 수군의 병선이나 관선을 제작할 때 금산의 소나무가 사용되었다.
③ 목상들의 활동은 전국의 산림을 황폐하게 만드는 데에 일조하였다.
④ 사족의 투작보다 향리층의 투작이, 향리층의 투작보다 평민층의 투작이 더 큰 사회문제를 초래했다.
⑤ 사족들은 자신들의 분산수호권 범위 내에서 산출되는 약용식물을 다른 사람이 가져갈 수 없게 하는 권리가 있었다.

134

기출 19' 5급㉻-가 | 난이도 ●●○

다음 글에서 추론할 수 있는 것만을 〈보기〉에서 모두 고르면?

가상의 동전 게임을 하나 생각해 보자. 이 게임의 규칙은 동전을 던져서 제일 높은 점수를 얻는 사람이 이기는 것이다. 게임 참여자는 A, B 두 그룹으로 구분된다. 두 그룹의 인원수는 100명으로 같지만, 각 참여자에게 같은 수의 동전을 주지 않는다. A 그룹에는 한 사람당 동전을 10개씩 주고, B 그룹에는 한 사람당 100개씩 준다. 모든 동전은 1개당 한 번씩 던지는 것으로 한다.

〈게임 1〉에서는 앞면이 나온 동전 1개당 1점씩 점수를 준다고 하자. 이때 게임의 승자는 B 그룹에서 나올 가능성이 매우 높다. B 그룹 사람들 중 상당수는 50점쯤 얻을 텐데, 그것은 A 그룹 사람들 중에서 누구도 이길 수 없는 점수이다. A 그룹 인원을 아무리 늘리더라도 최고 점수는 10점일 것이기 때문이다.

〈게임 2〉에서는 〈게임 1〉과 달리 앞면이 나오는 동전의 개수가 아니라 앞면이 나온 비율로 점수를 매겨 가장 높은 점수를 받은 사람이 이긴다고 하자. A 그룹 중에서 한 명쯤은 동전 10개 중 앞면이 8개 나올 것이다. 이 경우 그는 80점을 얻는다. B 그룹은 어떨까? B 그룹 사람 100명 중에서 누구도 80점을 받기는 어려울 것이다. 물론 그런 일이 물리적으로 불가능하지는 않겠지만, 현실에서는 거의 벌어지지 않을 것이다. 동전을 더 많이 던질수록 앞면과 뒷면의 비율은 50대 50에 더 가깝게 수렴되기 때문이다. B 그룹에서 80점을 받는 사람이 한 명쯤 나오려면, B 그룹 인원수는 100명이 아니라 그보다 훨씬 더 커야 한다. 이처럼 동전 개수가 증가했을 때 80점을 받는 사람이 한 명쯤 나오려면 그 동전 개수의 증가에 맞춰 그룹 인원수도 크게 증가해야 한다.

보기

ㄱ. 〈게임 1〉에서 A 그룹 참가자와 B 그룹 참가자의 동전 개수를 각각 절반으로 줄일 경우, 게임의 승자가 나올 그룹은 바뀔 것이다.
ㄴ. 〈게임 2〉에서 B 그룹만 인원을 늘릴 경우, 그 수를 아무리 늘리더라도 90점을 받는 사람은 A 그룹에서만 나올 것이다.
ㄷ. 〈게임 2〉에서 A 그룹만 참가자 각각의 동전 개수를 1,000개로 늘릴 경우, A 그룹에서 80점을 받는 사람이 한 명쯤 나오기 위해 필요한 A 그룹 인원수는 80점을 받는 사람이 한 명쯤 나오기 위해 필요한 B 그룹 인원수보다 훨씬 더 커야 할 것이다.

① ㄱ ② ㄷ ③ ㄱ, ㄴ
④ ㄴ, ㄷ ⑤ ㄱ, ㄴ, ㄷ

135

기출 15' 5급㉻[상황판단] | 난이도 ●○○

다음 글과 〈상황〉을 근거로 판단할 때 옳은 것은?

A국 의회 의원은 10인 이상 의원의 찬성으로 법률안을 발의할 수 있다. 법률안을 발의한 의원(이하 '발의의원'이라 한다)은 찬성의원 명단과 함께 법률안을 의장에게 제출하여야 한다. 의원이 법률안을 발의할 때에는 그 법률안에 대하여 법률명(法律名)의 부제(副題)로 발의의원의 성명을 기재한다. 만약 발의의원이 2인 이상이면 발의의원 중 대표발의의원 1인을 정하여 그 1인의 성명만을 기재해야 한다.

의장은 법률안이 발의되었을 때 이를 의원에게 배포하고 본회의에 보고하며, 소관상임위원회에 회부하여 그 심사가 끝난 후 본회의에 부의한다. 법률안이 어느 상임위원회의 소관인지 명백하지 않을 때 의장은 의회운영위원회와 협의하여 정한 소관상임위원회에 회부하되, 협의가 이루어지지 않을 때는 의장이 소관상임위원회를 결정한다.

소관상임위원회에서 본회의에 부의할 필요가 없다고 결정된 법률안은 본회의에 부의하지 않는다. 그러나 소관상임위원회의 결정이 본회의에 보고된 날부터 7일 내에 의원 30인 이상의 요구가 있을 때는 그 법률안을 본회의에 부의해야 한다. 이러한 요구가 없을 때는 그 법률안은 폐기된다.

발의의원은 찬성의원 전원의 동의를 얻어 자신이 발의한 법률안을 철회할 수 있다. 단, 본회의 또는 소관상임위원회에서 그 법률안이 의제로 된 때에는 발의의원은 본회의 또는 소관상임위원회의 동의를 얻어야 한다.

한편 본회의에서 번안동의(飜案動議)는 법률안을 발의한 의원이 그 법률안을 발의할 때의 발의의원 및 찬성의원 총수의 3분의 2 이상의 동의(同意)로 하여야 한다. 이렇게 상정된 법률안을 본회의에서 의결하려면 재적의원 과반수의 출석과 출석의원 3분의 2 이상의 찬성이 필요하다.

※ 번안동의 : 법률안 내용을 변경하고자 안건을 상정하는 행위

상황

- A국 의회 의원 甲은 △△법률안을 의원 10인의 찬성을 얻어 발의하였다.
- A국 의회의 재적의원은 200인이다.

① △△법률안 법률명의 부제로 의원 甲의 성명을 기재한다.
② △△법률안이 어느 상임위원회 소관인지 명확하지 않을 경우 본회의의 의결로 소관상임위원회를 결정한다.
③ 의원 甲은 △△법률안이 소관상임위원회의 의제가 되기 전이면, 단독으로 그 법률안을 철회할 수 있다.
④ △△법률안이 번안동의로 본회의에 상정되면 의원 60인의 찬성으로 의결할 수 있다.
⑤ 소관상임위원회가 △△법률안을 본회의에 부의할 필요가 없다고 결정하더라도, △△법률안의 찬성의원 10인의 요구만 있으면 본회의에 부의할 수 있다.

Day 9 Self Check List

	오답 수	무응답 수	풀이시간(분)
1회독	/ 15	/ 15	/ 30(분)
2회독	/ 15	/ 15	/ 25(분)
3회독	/ 15	/ 15	/ 15(분)

독끝 10일차 (136~150)

정답 및 해설 395p

*아래 회독수 별 권장 풀이 시간에 맞춰 풀이 후, 끝쪽의 Self Check List를 기입하여 부족한 부분을 파악하세요!

권장 풀이 시간

1회독 30 min / 2회독 25 min / 3회독 15 min

본 문항은 PSAT 언어논리 영역 기출 문항으로 구성되며, 기출 표기에 따른 시험 종류는 아래와 같습니다.(표기 상 맨 끝은 '책형' 입니다.)

㉤ – 민간경력자 일괄채용시험 / ㉦ – 공개경쟁채용시험(행정)

136

기출 14' 5급㉤-A 난이도 ●●○

다음 글의 내용과 부합하는 것은?

금군이란 왕과 왕실 및 궁궐을 호위하는 임무를 띤 특수부대였다. 금군의 임무는 크게 국왕의 신변을 보호하는 시위 임무와 왕실 및 궁궐을 지키는 입직 임무로 나누어지는데, 시위의 경우 시립, 배종, 의장의 임무로 세분된다. 시립은 궁내의 행사 때 국왕의 곁에 서서 국왕의 신변을 보호하는 것이고, 배종은 어가가 움직일 때 호위하는 것이며, 의장은 왕이 참석하는 중요한 의식에서 병장기와 의복을 갖추고 격식대로 행동하는 것을 말한다.

조선 전기에 금군은 내금위, 겸사복, 우림위의 세 부대로 구성되었다. 이들 세 부대를 합하여 금군삼청이라 하였으며 왕의 친병으로 가장 좋은 대우를 받았다. 내금위는 1407년에 조직되었다. 190명의 인원으로 편성하였는데 왕의 가장 가까이에서 임무를 수행하였으므로 무예는 물론 왕의 신임이 중요한 선발 기준이었다. 이들은 주로 양반 자제들로 편성되었으며, 금군 중에서 가장 우대를 받았다. 1409년에는 50인으로 구성된 겸사복이 만들어졌는데, 금군 중 최고 정예 부대였다. 서얼과 양민에 이르기까지 두루 선발되었고 특별히 함경도, 평안도 지역 출신이 우대되었다. 겸사복은 기병이 중심이며 시립과 배종을 주로 담당하였다. 우림위는 1492년에 궁성 수비를 목적으로 서얼 출신 50인으로 편성되었다. 내금위와 겸사복의 다수가 변방으로 파견되자 이를 보충하기 위한 목적과 함께 서얼 출신의 관직 진출을 열어 주기 위한 목적도 가지고 있었다. 이들은 겸사복이나 내금위보다는 낮은 대우를 받았다. 하지만 중앙군 소속의 갑사보다는 높은 대우를 받았다.

① 양민은 원칙상 금군이 될 수 없었다.
② 갑사는 금군보다 높은 대우를 받았다.
③ 우림위가 겸사복보다 먼저 만들어졌다.
④ 내금위 병사들의 무예가 가장 뛰어났다.
⑤ 어가 호위는 겸사복의 주요 임무 중 하나였다.

137

기출 14' 5급㉦-A 난이도 ●○○

다음 글에서 알 수 있는 것만을 〈보기〉에서 모두 고르면?

오늘날 우리는 모두 소비자이다. 그냥 소비자가 아니라, 권리상, 의무상 소비자이다. 우리는 골치 아픈 일에서 벗어나 만족으로 가는 길에서 마주치는 모든 문제의 해결책을 상점에서 찾는다. 슈퍼마켓은 우리의 사원(寺院)이다. 쇼핑 목록은 우리의 성무일도서(聖務日禱書)이고, 쇼핑몰을 거니는 것은 우리의 순례가 된다. 충동구매를 하거나 보다 매력적인 물건들로 자유롭게 바꾸기 위해 더 이상 매력적이지 않은 물건들을 마음 내키는 대로 처분하는 것이야말로 우리를 가장 열광시킨다. 젊은 세대에게도 이러한 열광은 잘 나타난다. 이렇게 우리는 하나의 소비 대상을 쉽게 처분하고는 새롭고 향상된 소비 대상으로 계속 대체한다. 그것은 사회적 지위와 성공적 삶을 위한 경쟁에서 우리가 올린 득점을 측정하는 주요 척도가 된다. 소비를 통한 즐거움의 충만은 삶의 충만을 의미한다.

'자격 미달'의 못 가진 소비자들에게, 쇼핑을 하지 못한다는 것은 충족되지 못한 삶을 나타내 스스로에게 불쾌하고 역겨운 흔적으로 남으며, 자신이 보잘 것 없고 쓸모없는 사람이라는 표지가 된다. 단순히 쾌락의 부재가 아니라 인간적 존엄 부재의 표지이다. 사실상 삶의 의미 부재의 표지이고, 결국은 인간성의 부재, 그리고 자기를 존중하고 다른 사람들의 존중을 받을 근거 부재의 표지이다. 자격을 갖춘 신도들에게 슈퍼마켓은 섬김의 사원이자 순례의 목적지이다. 자격 미달이라는 이유로 소비자들의 사원에서 파문을 선고받고 쫓겨난 사람들에게, 슈퍼마켓은 자신들을 내쫓은 땅을 차지하고서 경계를 짓는 자들의 성벽이 된다. 엄중히 경계되는 이 성벽은 상품들에 대해 자격 미달된 사람들의 접근을 막고, 그 안에서 소비되는 상품들은 성벽 안에 남은 신도들을 추방의 운명으로부터 보호해 준다. 오늘날 이 성벽은 추방된 사람들이 '정상적 상태'로 되돌아가는 길을 막고 있다. 그것은 다가가기 어렵게 도도하고 거만한 태도로, "덤벼봐! 감히 너희들이 뭘 할 수 있는데?"라고 큰 소리로 도발하는 것처럼 보인다.

보기

ㄱ. 소비에의 몰입은 세대 간 적대감을 증대시킨다.
ㄴ. 소비의 즐거움은 삶의 의미를 부여하는 근거가 된다.
ㄷ. 더 자유롭게 소비할 수 있다는 것은 더 높은 사회적 지위의 획득을 의미한다.
ㄹ. 슈퍼마켓은 자격 미달의 소비자에게 새롭고 향상된 상품의 소비를 촉진시킨다.

① ㄱ, ㄴ ② ㄱ, ㄹ ③ ㄴ, ㄷ
④ ㄴ, ㄹ ⑤ ㄷ, ㄹ

138
기출 14' 5급㉹-A 난이도 ●○○

다음 글의 논지로 가장 적절한 것은?

아! 이 책은 붕당의 분쟁에 관한 논설을 실었다. 어째서 '황극(皇極)'으로 이름을 삼았는가? 오직 황극만이 붕당에 대한 옛설을 혁파할 수 있기에 이로써 이름 붙인 것이다.

내가 생각하기에 옛날에는 붕당을 혁파하는 것이 불가능했다. 왜 그러한가? 그때는 군자는 군자와 더불어 진붕(眞朋)을 이루고 소인은 소인끼리 무리지어 위붕(僞朋)을 이루었다. 만약 현부(賢否), 충사(忠邪)를 살피지 않고 오직 붕당을 제거하기에 힘쓴다면 교활한 소인의 당이 뜻을 펴기 쉽고 정도(正道)로 처신하는 군자의 당은 오히려 해를 입기 마련이었다. 이에 구양수는 『붕당론』을 지어 신하들이 붕당을 이루는 것을 싫어하는 임금의 마음을 경계하였고, 주자는 사류(士類)를 고르게 보합하자는 범순인의 주장을 비판하였다. 이들은 붕당이란 것은 어느 시대에나 있는 것이니, 붕당이 있는 것을 염려할 것이 아니라 임금이 군자당과 소인당을 가려내는 안목을 지니는 것이 관건이라고 하였다. 군자당의 성세를 유지시킨다면 정치는 저절로 바르게 되기 때문이다. 이것이 옛날에는 붕당을 없앨 수 없었던 이유이다.

그러나 지금 붕당을 만드는 것은 군자나 소인이 아니다. 의논이 갈리고 의견을 달리하여 저편이 저쪽의 시비를 드러내면 이편 또한 이쪽의 시비로 대응한다. 저편에 군자와 소인이 있으면 이편에도 군자와 소인이 있다. 따라서 붕당을 그대로 둔다면 군자를 모을 수 없고 소인을 교화시킬 수 없다. 이제는 붕당이 아닌 재능에 따라 인재를 등용하는 정책을 널리 펴야 한다. 그런 까닭에 영조대왕은 황극을 세워 탕평정책을 편 것을 50년 재위 기간의 가장 큰 치적으로 삼았다.

① 군자들만으로 이루어진 붕당을 만들어야 한다.
② 붕당을 혁파하고 유능한 인재를 등용하여야 한다.
③ 옛날의 붕당과 현재의 붕당 사이의 조화를 도모해야 한다.
④ 강력한 왕권을 확립하여 붕당 간의 대립을 조정해야 한다.
⑤ 붕당마다 군자와 소인이 존재하므로 한쪽 붕당만을 등용하거나 배격하는 것은 옳지 않다.

139
기출 17' 5급㉹-가 난이도 ●●○

빈칸에 들어갈 진술로 가장 적절한 것은?

하늘이 내린 생물을 해치고 없애는 것은 성인(聖人)이 하지 않는 바이다. 하물며 하늘의 도가 어찌 사람들에게 살아있는 것을 죽여서 자기의 생명을 기르게 하였겠는가? 『서경』에서는 "천지는 만물의 부모이며, 인간은 만물의 영장이다. 진실로 총명한 자는 천자가 되고, 천자는 백성의 부모가 된다"라고 하였다. 천지가 이미 만물의 부모라면 천지 사이에 태어난 것은 모두 천지의 자식이다. 천지와 사물의 관계는 부모와 자식의 관계와 같으며, 자식 가운데 어리석고 지혜로움의 차이가 있는 것은 사람과 만물 사이에 밝고 어두움의 차이가 있는 것과 같다. 부모는 자식이 어리석고 불초하면 사랑하고 가엽게 여기며 오히려 걱정하거늘, 하물며 해치겠는가? 살아있는 것을 죽여서 자기의 생명을 기르는 것은 같은 식구를 죽여서 자기를 기르는 것이다. 같은 식구를 죽여서 자기를 기르면 부모의 마음이 어떠하겠는가? 자식들끼리 서로 죽이는 것은 부모의 마음이 아니다. 사람과 만물이 서로 죽이는 것이 어찌 천지의 뜻이겠는가? 인간과 만물은 이미 천지의 기운을 함께 얻었으며, 또한 천지의 이치도 함께 얻었고 천지 사이에서 함께 살아가고 있다. 이미 하나의 같은 기운과 이치를 함께 부여받았는데, 어찌 살아있는 것들을 죽여서 자신의 생명을 양육할 수 있겠는가? 그래서 불교에서는 "천지는 나와 뿌리가 같고, 만물은 나와 한 몸이다"라고 하였고, 유교에서는 "천지만물을 자기와 하나로 여긴다"고 하면서 이것을 '인(仁)'이라고 부른다.

그렇지만 실천하여 행하는 것이 그 이상과 같아야 비로소 인의 도를 온전히 다했다고 할 수 있다. 유교 경전인 『논어』는 "공자는 그물질은 하지 않으셨도 낚시질은 하셨으며, 화살로 잠든 새는 쏘지 않으셨지만 나는 새는 맞추셨다"라고 하였고, 『맹자』도 "군자가 푸줏간을 멀리하는 것은 가축이 죽으면서 울부짖는 소리를 들으면 차마 그 고기를 먹지 못하기 때문이다"라고 말하고 있다. 이것으로 보면, [　　　　　　　　]

① 유교는 『서경』 이래 천지만물을 하나의 가족처럼 여기는 인의 도를 철두철미하게 잘 실천하고 있다.
② 유교에서는 공자와 맹자에서부터 살생하지 말라는 불교의 계율을 이미 잘 실천하고 있다.
③ 유교의 공자와 맹자는 동물마저 측은히 여기는 대상에 포함하여 인간처럼 대하였다.
④ 유교는 인의 도가 지향하는 이상을 실천하는 데 철저하지 못한 측면이 있다.
⑤ 유교에서 인의 도는 인간과 동물을 부모와 자식의 관계로 보고 있다.

140

기출 15' 5급[행][상황판단] 난이도 ●●○

다음 글과 〈상황〉을 근거로 판단할 때 옳은 것은?

불법 주·정차 등 질서위반행위에 대하여 관할행정청은 과태료를 부과한다. 관할행정청으로부터 과태료 부과처분의 통지를 받은 사람(이하 '당사자'라 한다)은 그 처분을 다투기 위하여 관할행정청에 이의를 제기할 수 있고, 이 의제기가 있으면 과태료 처분은 효력을 상실한다. 관할행정청이 당사자의 이의제기 사실을 관할법원에 통보하면, 그 법원은 당사자의 신청 없이 직권으로 과태료를 부과하는 재판을 개시한다. 과태료 재판을 담당하는 관할법원은 당사자의 주소지 지방법원 또는 지방법원지원이다.

법원은 정식재판절차 또는 약식재판절차 중 어느 하나의 절차를 선택하여 과태료 재판을 진행한다. 정식재판절차로 진행하는 경우, 법원은 당사자 진술을 듣고 검사 의견을 구한 다음에 과태료 재판을 한다. 약식재판절차에 의하는 경우, 법원은 당사자 진술을 듣지 않고 검사 의견만을 구하여 재판을 한다.

정식절차에 의한 과태료 재판에 불복하고자 하는 당사자 또는 검사는 그 재판의 결과(이하 '결정문'이라 한다)를 고지받은 날부터 1주일 내에 상급심 법원에 즉시항고하여야 한다. 그러나 약식절차에 의한 과태료 재판에 불복하고자 하는 당사자 또는 검사는 결정문을 고지받은 날부터 1주일 내에 과태료 재판을 한 법원에 이의신청하여야 한다. 이의신청이 있으면 법원은 정식재판절차에 의해 다시 과태료 재판을 하며, 그 재판에 대해 당사자 또는 검사는 상급심 법원에 즉시항고할 수 있다.

상황

청주시에 주소를 둔 甲은 자기 승용차를 운전하여 인천에 놀러갔다. 며칠 후 관할행정청(이하 '乙'이라 한다)은 불법 주차를 이유로 과태료를 부과한다는 통지를 甲에게 하였다. 이 과태료 부과에 대해 甲은 乙에게 이의를 제기하였고, 乙은 甲의 주소지 법원인 청주지방법원에 이의제기 사실을 통보하였다.

① 甲은 乙에게 이의제기를 하지 않고 직접 청주지방법원에 과태료 재판을 신청할 수 있다.
② 甲이 乙에게 이의를 제기하더라도 과태료 처분은 유효하기 때문에 검사의 명령에 의해 과태료를 징수할 수 있다.
③ 청주지방법원이 정식재판절차에 의해 과태료 재판을 한 경우, 乙이 그 재판에 불복하려면 결정문을 고지받은 날부터 1주일 내에 상급심 법원에 즉시항고하여야 한다.
④ 청주지방법원이 甲의 진술을 듣고 검사 의견을 구한 다음 과태료 재판을 한 경우, 검사가 이 재판에 불복하려면 결정문을 고지받은 날부터 1주일 내에 청주지방법원에 이의신청을 하여야 한다.
⑤ 청주지방법원이 약식재판절차에 의해 과태료 재판을 한 경우, 甲이 그 재판에 불복하려면 결정문을 고지받은 날부터 1주일 내에 청주지방법원에 이의신청을 하여야 한다.

141

기출 14' 5급[민]-A 난이도 ●●○

다음 글의 ㉠을 〈보기〉에 올바르게 적용한 것은?

뇌의 특정 부위에 활동이 증가하면 산소를 수송하는 헤모글로빈의 비율이 그 부위에 증가한다. 헤모글로빈이 많이 공급된 부위는 주변에 비해 높은 자기 신호 강도를 갖는다. 우리는 피실험자가 지각, 운동, 언어, 기억, 정서 등 다양한 수행 과제에 관여하는 때와 그렇지 않을 때의 두뇌 각 부위의 자기 신호 강도를 비교 측정함으로써, 각 수행 과제를 관장하는 두뇌 영역을 추정할 수 있다. 이 방법을 '기능자기공명영상법' 즉 'fMRI'라 한다. 이 영상법을 이해하는 데 중요한 논리 중에 하나는 ㉠ 차감법이다. 피실험자가 과제 P를 수행할 때 두뇌의 자기 신호 강도 양상을 X라고 하자. 그 피실험자가 다른 사정이 같고 과제 P를 수행하지 않을 때 두뇌의 자기 신호 강도 양상을 Y라고 하자. 여기서 과제 P를 수행하지 않는다는 말, 예컨대 오른손으로 도구를 사용하는 과제를 수행하지 않는다는 말은 도구를 사용하지 않을 뿐만 아니라 오른손도 움직이지 않는다는 뜻이다. 이제 수행 과제 P를 관장하는 두뇌 영역을 알고 싶다면 우리는 양상 X에서 양상 Y를 차감하면 될 것이다.

보기

피실험자가 누워 아무 동작도 하지 않는 상태를 '알파'라고 하자. 그가 알파 상태에 있을 때 두뇌의 자기 신호 강도 양상은 A이다. 그가 알파 상태에서 벗어나 단순히 왼손만을 움직일 때 두뇌의 자기 신호 강도 양상은 B이다. 그가 알파 상태에서 벗어나 단순히 오른손만 움직일 때 두뇌의 자기 신호 강도 양상은 C이다. 그가 알파 상태에서 벗어나 왼손으로 도구를 사용하는 것만 할 때 두뇌의 자기 신호 강도 양상은 D이다.

① 피실험자가 손으로 도구를 사용하지도 않고 단순한 손동작도 하지 않을 때 두뇌의 자기 신호 강도는 0이다.
② 왼손의 단순한 움직임을 관장하는 두뇌 영역을 알고 싶다면 양상 C에서 양상 B를 차감하면 된다.
③ 오른손의 단순한 움직임을 관장하는 두뇌 영역을 알고 싶다면 양상 C에서 양상 A를 차감하면 된다.
④ 왼손으로 도구를 사용하는 과제를 관장하는 두뇌 영역을 알고 싶다면 양상 D에서 양상 B를 차감하면 된다.
⑤ 도구를 사용하는 과제를 관장하는 두뇌 영역을 알고 싶다면 양상 C에서 양상 D를 차감하면 된다.

[142 ~ 143] 다음 글을 읽고 물음에 답하시오.

재산보다 더 많은 빚을 진 사람이 세상을 떠나면 채권자들은 이 재산을 어떻게 나눠 가져야 할까? 예를 들어 채권자 1, 채권자 2, 채권자 3에게 각각 100만 원, 200만 원, 300만 원을 빚진 이가 죽었다고 하자. 그의 유산이 600만 원보다 적을 경우, 돈을 어떻게 나눠야 할까? 탈무드에 나오는 현자는 다음과 같은 해결 방안을 제안한다.

- 유산이 100만 원이라면, 모두 똑같이 3분의 1씩 나눠 가진다.
- 유산이 200만 원이라면, 채권자 1이 50만 원, 채권자 2와 채권자 3은 각각 75만 원씩 가진다.
- 유산이 300만 원이라면, 채권자 1이 50만 원, 채권자 2가 100만 원, 채권자 3이 150만 원을 가진다.

이와 같은 분배의 원리는 무엇인가? 히브리대학의 아우만과 매슐러는 '탈무드의 물병'이라는 개념을 가지고 이와 같은 분배를 일관성 있게 해석해 냈다. 아래와 같이 생긴 물병에 물을 채운다고 생각해보자. 물이 바닥부터 차츰 차면서 수면이 점점 올라온다. 부어지는 물을 유산이라고 보자. 예를 들어 100만 원에 해당하는 물을 부으면 물은 바닥에 고른 높이로 퍼질 것이고, 그 높이는 100만 원의 3분의 1에 해당하게 된다. 이는 채권자들이 각각 대략 33만 원씩 가져야 한다는 것을 의미한다. 유산이 200만 원이라면 어떨까? 그 경우 먼저 물병에 부어진 150만 원은 세 채권자의 부분을 50만 원씩 고루 채우겠지만, 남은 50만 원은 더 이상 채권자 1의 부분을 채울 수 없기 때문에 채권자 2와 채권자 3에게 25만 원씩 추가로 배분될 것이다. 이런 식으로 다른 경우에도 일관된 분배가 가능하다.

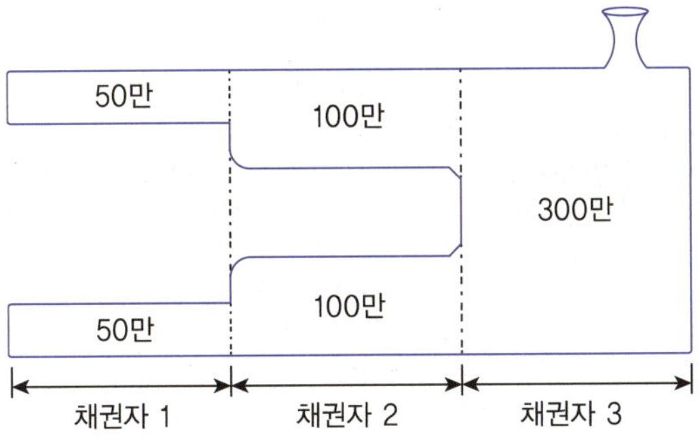

그런데, 설령 일관성이 있다고 해도, 사람들은 이런 분배를 과연 올바른 분배라고 생각할까? 실제로 채권자들을 모아 놓고 서로 충분히 의논하여 재산을 나누라고 해보면 어떨까? 흥미롭게도, "의견 합일에 이르지 못하면 아무도 돈을 받을 수 없다." 등의 적절한 협상 규칙이 주어진 심리학 실험에서 사람들은 대략 '탈무드의 물병'이 제안하는 분배와 일치하는 결론에 도달하는 것으로 나타났다.

142

기출 14' 5급㉺-A 난이도 ●○○

'탈무드의 물병'을 활용한 해법에 따를 때, 유산이 400만 원인 경우 세 명의 채권자에게 각각 분배될 금액은?

	채권자 1	채권자 2	채권자 3
①	50만 원	100만 원	250만 원
②	50만 원	125만 원	225만 원
③	75만 원	100만 원	225만 원
④	75만 원	125만 원	200만 원
⑤	75만 원	150만 원	175만 원

143

기출 14' 5급㉺-A 난이도 ●●○

'탈무드의 물병'이 함축하는 분배 원칙에 대한 서술로 적절하지 않은 것은?

① 유산을 빌려준 돈의 비율대로 분배하게 되는 경우도 있다.
② 채권자가 여럿인 경우, 어떤 채권자도 유산 전부를 가져갈 수 없다.
③ 유산이 가장 큰 빚보다 작은 경우, 유산을 채권자 수로 나누어 똑같이 분배한다.
④ 가장 많은 돈을 빌려준 채권자가 빌려준 돈을 모두 가져간다면, 나머지 채권자도 그래야 한다.
⑤ 가장 많은 돈을 빌려준 채권자가 가장 적은 돈을 빌려준 채권자보다 적은 돈을 가져가게 해서는 안 된다.

144

기출 17' 5급㉻-가 | 난이도 ●●○

다음 글에서 알 수 없는 것은?

혈액의 기본 기능인 산소 운반능력이 감소하면 골수에서는 적혈구 생산, 즉 조혈과정이 촉진된다. 조직 내 산소 농도의 감소가 골수에서의 조혈을 직접 촉진하지는 않는다. 신장에 산소 공급이 감소하면 신장에서 혈액으로 에리트로포이어틴을 분비하고 이 호르몬이 골수의 조혈을 촉진한다. 에리트로포이어틴은 적혈구가 성숙, 분화하도록 하여 혈액에 적혈구 수를 늘려서 조직에 충분한 양의 산소가 공급되도록 한다. 신장에 산소 공급이 충분히 이루어지면 에리트로포이어틴의 분비도 중단된다. 출혈이나 정상 적혈구가 과도하게 파괴된 경우 6배 정도까지 조혈 속도가 상승한다.

골수에서 생산된 성숙한 적혈구가 혈관을 따라 순환하려면 헤모글로빈 합성, 핵과 세포내 소기관 제거 등의 과정을 거친다. 에리트로포이어틴의 자극을 받으면 적혈구는 수일 내에 혈액으로 흘러들어간다. 상당한 출혈로 적혈구 조혈이 왕성해지면 성숙하지 못한 망상적혈구가 골수에서 혈액으로 들어온다.

운동을 하는 근육은 계속해서 에너지를 생성하기 위해 산소를 요구한다. 혈액 도핑은 혈액의 산소 운반능력을 증가시키기 위해 고안된 기술이다. 자기 혈액을 이용한 혈액 도핑은 운동선수로부터 혈액을 뽑아 혈장은 선수에게 다시 주입하고 적혈구는 냉장 보관하다가 시합 1~7일 전에 주입하는 방법이다. 시합 3주 전에 450 mL정도의 혈액을 뽑아내면 시합 때까지 적혈구 조혈이 왕성해져서 근육 내 산소 농도는 피를 뽑기 전의 정상수준으로 증가한다. 그리고 저장한 적혈구를 재주입하면 적혈구 수와 헤모글로빈이 증가한다. 표준 운동시험에서 혈액 도핑을 받은 선수는 도핑을 하지 않은 경우와 비교해 유산소 운동 능력이 5~13 % 증가한다. 이처럼 운동선수의 적혈구가 증가하여 경기 능력 향상에 도움이 되지만, 혈액의 점성이 증가해 부작용이 발생할 수도 있다.

합성 에리트로포이어틴을 이용한 혈액 도핑 문제도 심각하다. 합성 에리트로포이어틴 투여는 격렬한 운동이 요구되는 선수의 경기 능력을 7~10 % 향상시킨다는 것이 입증되어, 많은 선수들이 암암리에 사용하고 있다. 1987년 유럽 사이클 선수 20명의 사망 원인으로 합성 에리트로포이어틴이 의심되고 있지만, 많은 선수들이 이러한 위험을 기꺼이 감수하고 있다.

① 적혈구가 많아지는 것은 운동선수의 유산소 운동능력 향상에 도움이 된다.
② 혈액 도핑을 위해 혈액을 뽑으면 일시적으로 근육 내 산소 농도는 감소할 것이다.
③ 혈액 도핑을 위해 혈액을 뽑으면, 운동선수의 혈관 내 혈액에서는 망상적혈구를 볼 수 있을 것이다.
④ 합성 에리트로포이어틴을 이용한 혈액 도핑을 하면 적혈구 수의 증가가 가져오는 효과를 볼 수 있다.
⑤ 혈액의 점성은 자기 혈액을 이용한 혈액 도핑보다 합성 에리트로포이어틴을 이용한 혈액 도핑을 할 때 더 증가한다.

145

기출 15' 5급㉻[상황판단] | 난이도 ●○○

다음 글과 〈상황〉을 근거로 판단할 때 옳은 것은?

제○○조(포상금의 지급) 국세청장은 체납자의 은닉재산을 신고한 자에게 그 신고를 통하여 징수한 금액에 다음 표의 지급률을 적용하여 계산한 금액을 포상금으로 지급할 수 있다. 다만 포상금이 20억 원을 초과하는 경우, 그 초과하는 부분은 지급하지 아니한다.

징수금액	지급률
2,000만 원 이상 2억 원 이하	100분의 15
2억 원 초과 5억 원 이하	3,000만 원 + 2억 원 초과 금액의 100분의 10
5억 원 초과	6,000만 원 + 5억 원 초과 금액의 100분의 5

제○○조(고액·상습체납자 등의 명단 공개) 국세청장은 체납발생일부터 1년이 지난 국세가 5억 원 이상인 체납자의 인적사항, 체납액 등을 공개할 수 있다. 다만 체납된 국세가 이의신청·심사청구 등 불복청구 중에 있거나 그 밖에 대통령령으로 정하는 사유가 있는 경우에는 그러하지 아니하다.

제○○조(관허사업의 제한) ① 세무서장은 납세자가 국세를 체납하였을 때에는 허가·인가·면허 및 등록과 그 갱신(이하 '허가 등'이라 한다)이 필요한 사업의 주무관서에 그 납세자에 대하여 그 허가 등을 하지 아니할 것을 요구할 수 있다.

② 세무서장은 허가 등을 받아 사업을 경영하는 자가 국세를 3회 이상 체납한 경우로서 그 체납액이 500만 원 이상일 때에는 그 주무관서에 사업의 정지 또는 허가의 취소를 요구할 수 있다.

③ 제1항 또는 제2항에 따른 세무서장의 요구가 있을 때에는 해당 주무관서는 정당한 사유가 없으면 요구에 따라야 하며, 그 조치결과를 즉시 해당 세무서장에게 알려야 한다.

제○○조(출국금지 요청 등) 국세청장은 정당한 사유 없이 5,000만 원 이상 국세를 체납한 자에 대하여 법무부장관에게 출국금지를 요청하여야 한다.

상황

- 甲은 허가를 받아 사업을 경영하고 있음
- 甲은 법령에서 정한 정당한 사유 없이 국세 1억 원을 1회 체납하여 법령에 따라 2012. 12. 12. 체납액이 징수되었음
- 甲은 국세인 소득세(납부기한 : 2013. 5. 31.) 2억 원을 법령에서 정한 정당한 사유 없이 2015. 2. 7. 현재까지 체납하고 있음
- 甲은 체납국세와 관련하여 불복청구 중이거나 행정소송이 계류 중인 상태가 아니며, 징수유예나 체납처분유예를 받은 사실이 없음

① 국세청장은 甲의 인적사항, 체납액 등을 공개할 수 있다.
② 세무서장은 법무부장관에게 甲의 출국금지를 요청하여야 한다.
③ 국세청장은 甲에 대하여 허가의 갱신을 하지 아니할 것을 해당 주무관서에 요구할 수 있다.
④ 2014. 12. 12. 乙이 甲의 은닉재산을 신고하여 국세청장이 甲의 체납액을 전액 징수할 경우, 乙은 포상금으로 3,000만 원을 받을 수 있다.
⑤ 세무서장이 甲에 대한 사업허가의 취소를 해당 주무관서에 요구하면 그 주무관서는 요구에 따라야 하고, 그 조치결과를 즉시 해당 세무서장에게 알려야 한다.

146

기출 14' 5급㉥-A 난이도 ●●○

다음 글에서 알 수 있는 것은?

대부분의 컴퓨터 게임 프로그램은 컴퓨터의 무작위적 행동을 필요로 한다. 이것은 말처럼 그렇게 쉬운 일이 아니다. 모든 컴퓨터는 주어진 규칙과 공식에 따라 결과를 산출하도록 만들어질 수밖에 없기 때문이다.

비록 현재의 컴퓨터는 완전히 무작위적으로 수들을 골라내지는 못하지만, 무작위적인 것처럼 보이는 수들을 산출하는 수학 공식 프로그램을 내장하고 있다. 즉, 일련의 정확한 계산 결과로 만든 것이지만, 무작위적인 것처럼 보이는 수열을 만들어 낸다. 그러한 일련의 수들을 만들어 내는 방법은 수백 가지이지만, 모두 처음에 시작할 시작수의 입력이 필수적이다. 이 시작수는 사용자가 직접 입력할 수도 있고, 컴퓨터에 내장된 시계에서 얻을 수도 있다. 예컨대 자판을 두드리는 순간 측정된 초의 수치를 시작수로 삼는 것이다.

문제는 이렇게 만들어 낸 수열이 얼마나 완전히 무작위적인 수열에 가까운가이다. 완전히 무작위적인 수열이 되기 위해서는 다음의 두 가지 기준을 모두 통과해야 한다. 첫째, 모든 수가 다른 수들과 거의 같은 횟수만큼 나와야 한다. 둘째, 그 수열은 인간의 능력으로 예측이 가능한 어떤 패턴도 나타내지 않아야 한다. 수열 1, 2, 3, 4, 5, 6, 7, 8, 9, 0은 첫 번째 조건은 통과하지만, 두 번째 조건은 통과하지 못한다. 수열 5, 8, 3, 1, 4, 5, 9, 4, 3, 7, 0은 얼핏 두 번째 조건을 통과하는 것처럼 보이지만 그렇지 않다. 곰곰이 생각해 보면 0 다음의 수가 무엇이 될 것인지를 예측할 수 있기 때문이다. (앞의 두 수를 합한 값의 일의 자리 수를 생각해 보라.) 현재의 컴퓨터가 내놓는 수열들이 이 두 가지 기준 모두를 통과하는 것은 아니다. 즉, 완전히 무작위적인 수열을 아직 만들어 내지 못하고 있는 것이다. 그리고 컴퓨터의 작동 원리를 생각하면, 이는 앞으로도 불가능할 수밖에 없다.

① 인간은 완전히 무작위적인 규칙과 공식들을 컴퓨터에 입력할 수 있다.
② 완전히 무작위적인 수열이라면 같은 수가 5번 이상 연속으로 나올 수 없다.
③ 사용자가 시작수를 직접 입력하지 않았다면 컴퓨터는 어떤 수열도 만들어 낼 수 없다.
④ 컴퓨터가 만들어 내는 수열 중에는 인간의 능력으로 예측하기 어려운 것처럼 보이는 경우도 있다.
⑤ 어떤 수열의 패턴이 인간의 능력으로 예측 가능하다면 그 수열에는 모든 수가 거의 같은 횟수만큼 나올 수밖에 없다.

147

기출 14' 5급㉻-A 난이도 ●○○

다음 A ~ E에 해당하는 것을 〈보기〉에서 골라 알맞게 짝지은 것은?

심리적 장애의 하나인 성격 장애는 다음과 같이 몇 가지 유형으로 구분할 수 있다.

A는 타인에 대한 강한 불신과 의심으로 적대적인 태도를 나타내는 성격 장애이다. 이런 사람은 과도한 의심과 적대감으로 인해 반복적인 불평, 격렬한 논쟁, 공격적인 행동을 보인다. 자신에 대한 타인의 위협 가능성을 지나치게 경계하기 때문에 행동이 조심스럽고 비밀이 많으며 미래를 치밀하게 계획하는 경향이 있다.

B는 타인과의 친밀한 관계 형성에 관심이 없고 감정 표현이 부족하여 사회적 적응에 어려움을 나타내는 성격 장애이다. 이런 사람은 타인의 칭찬이나 비판에 신경 쓰지 않고 반응하지 않는다. 이들은 흔히 대인관계가 요구되는 업무는 제대로 수행하지 못하지만 혼자서 하는 일에서는 능력을 발휘하기도 한다.

C는 타인의 애정과 관심을 끌기 위해 지나친 노력과 과도한 감정 표현을 하는 성격 장애이다. 이런 사람은 마치 연극을 하듯이 자신의 경험과 감정을 과장되게 표현한다. 그러나 이들은 감정 기복이 심하며 거절에 대한 두려움으로 자신의 요구가 관철될 수 있도록 타인을 조정한다.

D는 지나치게 완벽을 추구하고 세부적인 사항에 집착하며 과도한 성취 의욕과 인색함을 보이는 성격 장애이다. 이런 사람은 상황을 자기 뜻대로 조절할 수 없게 되었을 때 불안해하거나 분노를 느낀다. 또한 씀씀이가 매우 인색하여 상당한 경제적 여유가 있음에도 만일의 상황에 대비해야 한다는 생각으로 가족들과 자주 갈등을 빚는다.

E는 무한한 성공과 권력에 대한 공상에 집착하고 자신의 성취나 재능을 근거 없이 과장하며 특별대우를 바라는 성격 장애이다. 이런 사람은 불합리한 기대감을 갖고 거만하고 방자한 태도를 보이기 쉽다.

• 보기 •

ㄱ. 타인에 무관심하여 사람을 사귀려는 노력을 하지 않으며, 개인 업무는 잘하나 공동 업무는 못함
ㄴ. 자신이 해고당할 것에 대비하여 회사의 비리에 대한 증거를 모아 놓고 항상 법적 소송에 대비함
ㄷ. 타인의 호감을 얻기 위해 자신의 경험을 과장하거나 극적으로 표현하며, 자신이 주목받지 못하면 우울해 함
ㄹ. 자신이 동료들보다 우월하다는 자만심에 빠져 있고, 자신의 승진은 이미 예정된 것처럼 행동함
ㅁ. 친척들이 집을 어지럽힐까봐 집에 오지 못하게 하며, 재난에 대비하여 비상 물품을 비축해 놓고 늘 점검함

① A – ㄱ ② B – ㄴ ③ C – ㄷ
④ D – ㄹ ⑤ E – ㅁ

148

기출 14' 5급㉻-A 난이도 ●●○

다음 대화에서 알 수 없는 것은?

신하: 죄인 박도경의 옥사(獄事)에 관해 아뢰옵니다. 품위를 지켜야 할 양반이 그 격에 맞지 않게 가혹하게 노비를 때린다면 집안사람들이 만류하여 노비를 구하려는 것은 인정상 당연한 일입니다. 그런데 박도경은 이를 말리던 아내에게 도리어 화풀이를 하여 머리채를 움켜쥔 채 문지방에 들이박고 베틀로 마구 때려 멀쩡하던 사람을 잠깐 사이에 죽게 하였습니다. 피해자의 사인(死因)과 관련자들의 증언이 모두 확실하니 속히 박도경의 자백을 받아 내어 판결하소서.

임금: 노비를 구타할 때 뜯어말리는 것은 집안에서 일상적으로 있는 일에 불과하다. 그런데 박도경은 무슨 마음으로 아내에게 화를 옮겨 여러 해를 함께 산 배필을 순식간에 죽게 했는가. 그 흉악함은 실로 보기 드문 일이다. 박도경을 사형에 처할지 말지는 그가 아내를 죽인 것이 우연히 저지른 일인지 아니면 반드시 죽이고자 하였는지의 여부에 따라 판단해야 한다. 박도경을 엄히 신문하여 그에 대한 자백을 기필코 받아 내도록 형벌을 담당하는 추관(秋官)에게 특별히 당부하라. 지금까지 남편이 아내를 살해한 죄안(罪案)은 실정이 있든 없든 대부분 살려주는 쪽으로 결정하였다. 이는 배우자를 죽인 죄가 용서할 만하고 정상을 참작할 만해서가 아니다. 부부 사이에는 장난이 싸움으로 번지기 쉽고, 아내가 이미 죽었는데 남편까지 사형에 처한다면 죄 없는 자녀들이 그 해를 입게 되기 때문이다. 본디 범인을 사형에 처하는 것은 죽은 자의 억울함을 달래 주기 위해서인데 죽은 자는 범인의 아내이다. 만약 죽은 자에게 지각이 있다면 어찌 지아비를 법대로 처분하여 사형에 처하는 것을 통쾌히 여기겠는가. 때문에 아내의 생명에 대해 남편의 목숨으로 보상하는 판결이 어려운 것이다. 신임 관찰사로 하여금 관련 사안을 잘 살펴 보고하게 하고, 보고가 올라온 후 처리하도록 하라.

① 증거와 주변의 증언은 판결의 근거로 사용된다.
② 최종 판결은 박도경의 자백 이후에 이루어진다.
③ 아내를 살해한 남편은 대개 사형에 처해지지 않았다.
④ 살인의 고의성이 증명되면 박도경은 사형에 처해질 수 있다.
⑤ 남은 자녀에 대한 부양 책임이 참작되면 박도경은 방면될 것이다.

149

기출 17' 5급㉻-가 난이도 ●●○

다음 A의 견해로 볼 수 없는 것은?

왕이 말했다. "선생께서 천리의 먼 길을 오셨는데, 장차 무엇으로 우리 국가에 이익이 있게 하시겠습니까?"

A가 대답했다. "왕께서는 어떻게 이익을 말씀하십니까? 오직 인의(仁義)가 있을 따름입니다. 모든 사람이 이익만을 추구한다면, 서로 빼앗지 않고는 만족하지 못할 것입니다. 사람의 도리인 인을 잘 실천하는 사람이 자기 부모를 버린 경우는 없으며, 공적 직위에서 요구되는 역할인 의를 잘 실천하는 사람이 자기 임금을 저버린 경우는 없습니다."

왕이 물었다. "탕(湯)이 걸(桀)을 방벌하고, 무(武)가 주(紂)를 정벌하였다는데 정말 그런 일이 있었습니까? 신하가 자기 군주를 시해한 것이 정당합니까?"

A가 대답했다. "인을 해친 자를 적(賊)이라 하고, 의를 해친 자를 잔(殘)이라 하며, 잔적(殘賊)한 자를 일부(一夫)라 합니다. 일부인 걸과 주를 죽였다는 말은 들었지만 자기 군주를 시해하였다는 말은 듣지 못했습니다. 무릇 군주란 백성의 부모로서 그 도리와 역할을 다하는 인의의 정치를 해야 하는 공적 자리입니다. 탕과 무는 왕이 되었을 때 비록 백성들을 수고롭게 했지만, 그 지위에 요구되는 역할을 온전히 다하는 정치를 행했기 때문에 오히려 최대의 이익을 누릴 수 있었습니다. 걸과 주는 이와 반대되는 정치를 행하면서 자신의 이익만을 추구하며, 자신을 태양에 비유하였습니다. 하지만 백성들은 오히려 태양과 함께 죽고자 하였습니다. 백성들이 그 임금과 함께 죽고자 한다면, 군주가 어떻게 정당하게 그 지위와 이익을 향유할 수 있겠습니까?"

① 인의에 의한 정치를 펼치는 왕은 백성들을 수고롭게 할 수도 있다.
② 인의를 잘 실천하면 이익의 문제는 부차적으로 해결될 가능성이 있다.
③ 탕과 무는 자기 군주를 방벌했다는 점에서 인의 가운데 특히 의를 잘 실천하지 못한 사람이다.
④ 군주는 그 자신과 국가의 이익 이전에 군주로서의 도리와 역할을 온전히 수행하는 데 최선을 다해야 한다.
⑤ 공적 지위에 있는 자가 직책에 요구되는 도리와 역할을 수행하지 않고 사익(私益)을 추구하면 그 권한과 이익을 제한하는 것은 정당하다.

150

기출 15' 5급㉻[상황판단] 난이도 ●●●

다음 글을 근거로 판단할 때 옳은 것은?

제○○조(군위탁생의 임명) ① 군위탁생은 육군, 해군 및 공군(이하 '각군'이라 한다)에서 시행하는 전형과 해당 교육기관에서 시행하는 소정의 시험에 합격한 자 중에서 각군 참모총장의 추천에 의하여 국방부장관이 임명한다. 다만 부사관의 경우에는 각군 참모총장이 임명한다.

② 군위탁생은 임명권자의 허가 없이 교육기관을 옮기거나 전과(轉科)할 수 없다.

제○○조(경비의 지급) ① 군위탁생에 대하여는 수학기간 중 입학금·등록금 기타 필요한 경비를 지급한다.

② 국외위탁생에 대하여는 왕복항공료 및 체재비를 지급하며, 6개월 이상 수학하는 국외위탁생에 대하여는 배우자 및 자녀의 왕복항공료, 의료보험료 또는 의료보조비, 생활준비금 및 귀국 이전비를 가산하여 지급할 수 있다. 이 경우 체재비의 지급액은 월 단위로 계산한다.

제○○조(성적이 우수한 자의 진학 등) ① 국방부장관은 군위탁생으로서 소정의 과정을 우수한 성적으로 마친 자 중 지원자에 대하여는 소속군 참모총장의 추천에 의하여 해당 전공분야 또는 관련 학문분야의 상급과정에 진학하여 계속 수학하게 할 수 있다.

② 국방부장관은 군위탁생으로서 박사과정을 우수한 성적으로 마친 자 중 지원자에 대하여는 소속군 참모총장의 추천에 의하여 해당 전공분야 또는 관련분야의 실무연수를 하게 할 수 있다.

① 해군 장교가 군위탁생으로 추천받기 위해서는 해군에서 시행하는 전형과 해당 교육기관에서 시행하는 시험에 합격하여야 한다.

② 육군 부사관인 군위탁생이 다른 학교로 전학을 하기 위해서는 국방부장관의 허가를 받아야 한다.

③ 석사과정을 우수한 성적으로 마친 군위탁생은 소속군 참모총장의 추천이 없어도 관련 학문분야 박사과정에 진학하여 계속 수학할 수 있다.

④ 군위탁생의 경우 국내위탁과 국외위탁의 구별 없이 동일한 경비가 지급된다.

⑤ 3개월의 국외위탁교육을 받는 군위탁생은 체재비를 지급받을 수 없다.

Day 10 Self Check List

	오답 수	무응답 수	풀이시간(분)
1회독	/ 15	/ 15	/ 30(분)
2회독	/ 15	/ 15	/ 25(분)
3회독	/ 15	/ 15	/ 15(분)

정답 및 해설 421p

*아래 회독수 별 권장 풀이 시간에 맞춰 풀이 후, 끝쪽의 Self Check List를 기입하여 부족한 부분을 파악하세요!

독끝 11일차 (151~165)

권장 풀이 시간

1회독 30 min 2회독 25 min 3회독 15 min

본 문항은 PSAT 언어논리 영역 기출 문항으로 구성되며, 기출 표기에 따른 시험 종류는 아래와 같습니다.(표기 상 맨 끝은 '책형' 입니다.)
㉠ – 민간경력자 일괄채용시험 / ㉢ – 공개경쟁채용시험(행정)

151

기출 14' 5급㉠-A 난이도 ●●○

다음 글에서 추론할 수 있는 것을 〈보기〉에서 모두 고르면?

수학을 이해하기 위해서는 연역적인 공리적 증명 방법에 대해 정확히 이해할 필요가 있다. 우리는 2보다 큰 짝수들을 원하는 만큼 많이 조사하여 각각이 두 소수(素數)의 합이라는 것을 알아낼 수 있다. 그러나 이러한 과정을 통해 얻은 결과를 '수학적 정리'라고 말할 수 없다. 이와 비슷하게, 한 과학자가 다양한 크기와 모양을 가진 1,000개의 삼각형의 각을 측정하여, 측정 도구의 정확도 범위 안에서 그 각의 합이 180도라는 것을 알아냈다고 가정하자. 이 과학자는 임의의 삼각형의 세 각의 합이 180도가 확실하다고 결론 내릴 것이다. 그러나 이러한 측정의 결과는 근삿값일 뿐이라는 문제와, 측정되지 않은 어떤 삼각형에서는 현저하게 다른 결과가 나타날지도 모른다는 의문이 남는다. 이러한 과학자의 증명은 수학적으로 받아들일 수 없다. 반면에, 수학자들은 모두 의심할 수 없는 공리들로부터 시작한다. 두 점을 잇는 직선을 하나만 그을 수 있다는 것을 누가 의심할 수 있는가? 이와 같이 의심할 수 없는 공리들을 참이라고 받아들이면, 이로부터 연역적 증명을 통해 나오는 임의의 삼각형의 세 각의 합이 180도라는 것이 참이라는 것을 받아들여야만 한다. 이런 식으로 증명된 결론을 수학적 정리라고 한다.

〈보기〉

ㄱ. 연역적으로 증명된 것은 모두 수학적 정리이다.
ㄴ. 연역적으로 증명된 수학적 정리를 거부하려면, 공리 역시 거부해야 한다.
ㄷ. 어떤 삼각형의 세 각의 합이 오차 없이 측정되었다면, 그 결과는 수학적 정리로 받아들일 수 있다.

① ㄱ ② ㄴ ③ ㄱ, ㄷ
④ ㄴ, ㄷ ⑤ ㄱ, ㄴ, ㄷ

152

기출 14' 5급㉢-A 난이도 ●○○

다음 글의 내용과 부합하는 것은?

호락논쟁(湖洛論爭)은 중국으로부터 건너온 성리학을 온전히 우리 스스로의 역사적 경험과 실천 가운데 소화해 낸 그야말로 적공의 산물이다. 그것은 이제 펼쳐질 새로운 근대 세계를 앞두고 최종적으로 성취해 낸 우리 정신사의 한 정점이다. 낙학(洛學)과 호학(湖學)이 정립된 시기는 양란을 거치면서 사대부의 자기 확인이 절실히 필요한 시대였다.

낙학의 정신은 본체로 향하고 있다. 근원적 실재인 본체에 접근하는 낙학의 방법은 이론적 탐색이 아니라 강력하고 생생한 주관적 체험이었다. 그들은 본체인 본성에 대한 체험을 통해 현실 세계 속에서 실천하는 주체적인 자아로 자신을 정립하고자 하였다. 그 자아는 바로 사대부의 자아를 의미한다. 본체를 실천하는 주체에 대한 낙학의 관심은 마음에 대한 탐구로 나타났다. 낙학은 이론의 구성에서는 주희의 마음 이론을 표준으로 삼았지만 호학이라는 또 하나의 조선 성리학 전통과의 논쟁을 통해 형성된 것이었다.

호학은 현실 세계를 규율하는 원리와 규범에 집중하였다. 그들에게 절박했던 것은 규범의 현실성이며, 객관성이었다. 본체인 본성은 현실 세계를 객관적, 합법적으로 강제하는 규범의 근거로서 주관적 체험의 밖에 존재한다. 본체의 인식은 마음의 체험을 통해서가 아니라 세계에 대한 객관적 인식의 축적에 의해 달성되는 것이다. 그런 점에서 호학의 정신은 이성주의라 할 수 있다.

호학의 정신은 기질의 현실 세계, 곧 생산 계층인 농민들의 우연적이고 다양한 욕망의 세계를 객관 규범에 의해 제어하면서 왕권까지도 규범의 제약 아래 두려한다는 점에서 역시 사대부의 자아 정립과 관련이 깊다. 객관 규범에 대한 호학의 강조는 왕권마저 본체의 제약을 받아야 한다는 의미를 함축하고 있는 것이다.

① 낙학이 본체를 주관적 체험 대상으로 보았던 반면, 호학은 본체를 규범의 근거로 보았다.
② 호학은 본체의 실현이 마음의 체험을 통해 궁극적으로 달성되는 것으로 이해하였다.
③ 낙학이 사대부의 자아 정립과 관련이 깊은 반면, 호학은 왕권강화와 관련이 깊다.
④ 낙학이 본체를 본성으로 보았던 반면, 호학은 본체를 마음으로 이해하였다.
⑤ 낙학은 주희의 마음 이론에 대한 비판을 통해 형성되었다.

153

기출 13' 5급㉑-인 난이도 ●●●

다음 글에서 알 수 없는 것은?

연금술은 일련의 기계적인 속임수나 교감적 마술에 대한 막연한 믿음 이상의 인간 행위다. 출발에서부터 그것은 세계와 인간 생활을 관계 짓는 이론이었다. 물질과 과정, 원소와 작용 간의 구분이 명백하지 않았던 시대에 연금술이 다루는 원소들은 인간성의 측면들이기도 했다.

당시 연금술사의 관점에서 본다면 인체라는 소우주와 자연이라는 대우주 사이에는 일종의 교감이 있었다. 대규모의 화산은 일종의 부스럼과 같고 폭풍우는 왈칵 울어대는 동작과 같았다. 연금술사들은 두 가지 원소가 중요하다고 보았다. 그 중 하나가 수은인데, 수은은 밀도가 높고 영구적인 모든 것을 대표한다. 또 다른 하나는 황으로, 가연성이 있고 비영속적인 모든 것을 표상한다. 이 우주 안의 모든 물체들은 수은과 황으로 만들어졌다. 이를테면 연금술사들은 알 속의 배아에서 뼈가 자라듯, 모든 금속들은 수은과 황이 합성되어 자라난다고 믿었다. 그들은 그와 같은 유추를 진지한 것으로 여겼는데, 이는 현대 의학의 상징적 용례에 그대로 남아 있다. 우리는 지금도 여성의 기호로 연금술사들의 구리 표시, 즉 '부드럽다'는 뜻으로 '비너스'를 사용하고 있다. 그리고 남성에 대해서는 연금술사들의 철 기호, 즉 '단단하다'는 뜻으로 '마르스'를 사용한다.

모든 이론이 그렇듯이 연금술은 당시 그 시대의 문제를 해결하기 위한 노력의 산물이었다. 1500년경까지는 모든 치료법이 식물 아니면 동물에서 나와야 한다는 신념이 지배적이었기에 의학 문제들은 해결을 보지 못하고 좌초해 있었다. 그때까지 의약품은 대체로 약초에 의존하였다. 그런데 연금술사들은 거리낌 없이 의학에 금속을 도입했다. 예를 들어 유럽에 창궐한 매독을 치료하기 위해 대단히 독창적인 치료법을 개발했는데, 그 치료법은 연금술에서 가장 강력한 금속으로 간주된 수은을 바탕으로 하였다.

① 연금술사는 모든 치료행위에 수은을 사용하였다.
② 연금술사는 인간을 치료하는 데 금속을 사용하였다.
③ 연금술사는 구리가 황과 수은의 합성의 산물이라고 보았다.
④ 연금술사는 연금술을 자연만이 아니라 인간에게도 적용했다.
⑤ 연금술사는 모든 물체가 두 가지 원소로 이루어진다고 보았다.

154

기출 17' 5급㉑-가 난이도 ●●●

다음 ㉠의 사례로 가장 적절한 것은?

보통 '관용'은 도덕적으로 바람직한 것으로 간주된다. 관용은 특정 믿음이나 행동, 관습 등을 잘못된 것이라고 여김에도 불구하고 용인하거나 불간섭하는 태도를 의미한다. 여기서 관용이란 개념의 본질적인 두 요소를 발견할 수 있다. 첫째 요소는 관용을 실천하는 사람이 관용의 대상이 되는 믿음이나 관습을 거짓이거나 잘못된 것으로 여긴다는 점이다. 이런 요소가 없다면, 우리는 '관용'을 말하고 있는 것이 아니라 '무관심'이나 '승인'을 말하는 셈이다. 둘째 요소는 관용을 실천하는 사람이 관용의 대상을 용인하거나 최소한 불간섭해야 한다는 점이다. 하지만 관용을 이렇게 이해하면 역설이 발생할 수 있다.

자국 문화를 제외한 다른 문화는 모두 미개하다고 생각하는 사람을 고려해보자. 그는 모든 문화가 우열 없이 동등하다는 생각이 틀렸다고 확신하고 있다. 하지만 그는 그런 자신의 믿음에도 불구하고 전략적인 이유로, 예를 들어 동료들의 비난을 피하기 위해 자신이 열등하다고 판단하는 문화를 폄하하려는 욕구를 억누르고 있다고 하자. 다른 문화를 폄하하고 싶은 그의 욕구가 크면 클수록, 그리고 그가 자신의 이런 욕구를 성공적으로 자제하면 할수록, 우리는 그가 더 관용적이라고 말해야 할 것 같다. 하지만 이는 받아들이기 어려운 역설적 결론이다.

이번에는 자신이 잘못이라고 믿는 수많은 믿음을 모두 용인하는 사람을 생각해 보자. 이 경우 이 사람이 용인하는 믿음이 많으면 많을수록 우리는 그가 더 관용적이라고 말해야 할 것 같다. 그런데 그럴 경우 우리는 인종차별주의처럼 우리가 일반적으로 잘못인 것으로 판단하는 믿음까지 용인하는 경우에도 그 사람이 더 관용적이라고 말해야 한다. 하지만 도덕적으로 잘못된 것을 용인하는 것은 그 자체가 도덕적으로 잘못이라고 보는 것이 마땅하다. 결국 우리는 관용적일수록 도덕적으로 잘못을 저지르게 될 가능성이 높아지게 되는데 이는 역설적이다.

이상의 논의를 고려하면 종교에 대한 관용처럼 비교적 단순해 보이는 사안에 대해서조차 ㉠ 역설이 발생한다. 이로부터 우리는 관용의 맥락에서, 용인하는 믿음이나 관습의 내용에 일정한 한계가 있어야 함을 알 수 있다.

① 종교적 문제에 대해 별다른 의견이 없는 사람을 관용적이라고 평가하게 된다.
② 모든 종교적 믿음은 거짓이라고 생각하고 배척하는 사람을 관용적이라고 평가하게 된다.
③ 자신의 종교가 주는 가르침만이 유일한 진리라고 믿는 사람일수록 덜 관용적이라고 평가하게 된다.
④ 보편적 도덕 원칙에 어긋나는 가르침을 주장하는 종교까지 용인하는 사람을 더 관용적이라고 평가하게 된다.
⑤ 자신이 유일하게 참으로 믿는 종교 이외의 다른 종교적 믿음에 대해서도 용인하는 사람일수록 더 관용적이라고 평가하게 된다.

155

기출 14' 5급(행)[상황판단] 난이도 ●●○

다음 글과 <상황>을 근거로 판단할 때 옳은 것은?

국제사법재판소(International Court of Justice)는 국가에게만 소송당사자의 지위를 인정하고 있다. 따라서 투자자의 본국이 정치적인 이유에서 투자유치국을 상대로 국제사법재판소에 소를 제기하지 않는다면 투자자의 권리가 구제되지 못하게 된다. 이러한 문제를 해결하기 위해 '국가와 타방국가 국민간의 투자분쟁의 해결에 관한 협약'(이하 '1965년 협약')에 따라 투자유치국의 법원보다 공정하고 중립적이며 사건을 신속하게 해결하기 위한 중재기관으로 국제투자분쟁해결센터(International Centre for Settlement of Investment Disputes : ICSID)가 설립되었다. ICSID는 투자자와 투자유치국 사이의 투자분쟁 중재절차 진행을 위한 시설을 제공하고 중재절차 규칙을 두고 있다. ICSID의 소재지는 미국의 워싱턴 D.C.이다.

한편 투자유치국이 '1965년 협약'에 가입했다고 해서 투자자가 곧바로 그 국가를 상대로 ICSID 중재를 신청할 수는 없다. 투자자와 투자유치국이 ICSID 중재를 통해 투자분쟁을 해결한다고 합의를 했을 때 ICSID 중재가 개시될 수 있다. 이처럼 분쟁당사자들이 ICSID에서 중재하기로 합의한 경우에는 원칙적으로 당사자들은 자국법원에 제소할 수 없다. 다만 당사자들이 ICSID 중재나 법원에의 제소 중 하나를 선택할 수 있다고 합의한 때에는 당사자는 후자를 선택하여 자국법원에 제소할 수 있다. 그리고 ICSID 중재에 관해 일단 당사자들이 동의하면, 당사자들은 해당 동의를 일방적으로 철회할 수 없다. 따라서 투자유치국이 자국 법률을 통해 사전에 체결한 중재합의를 철회하는 것은 무효이다.

ICSID 중재판정부는 단독 또는 홀수의 중재인으로 구성되며, 그 수는 당사자들이 합의한다. 당사자들이 중재인의 수에 관해 합의하지 않으면 3인의 중재인으로 구성된다. 당사자들 사이에 중재지에 관한 별도의 합의가 없으면 ICSID 소재지에서 중재절차가 진행된다. 중재판정부가 내린 중재판정은 당사자들에 대해서 구속력과 집행력을 가지며, 이로써 당사자들 사이의 투자분쟁은 최종적으로 해결된다.

상황

A국과 B국은 '1965년 협약'의 당사국이다. A국 국민인 甲은 B국 정부의 허가를 얻어 특정지역에 관한 30년간의 토지사용권을 취득하여 그곳에 관광리조트를 건설하였다. 얼마 후 B국의 법률이 변경되어 甲이 개발한 관광리조트 부지가 B국에 의해 강제수용되었다. B국이 강제수용에 따라 甲에게 지급하려는 보상금이 시가에 미치지 못하여 甲과 B국 사이에 보상금을 둘러싼 투자분쟁이 발생하였다.

① 甲은 소송의 당사자로서 B국을 상대로 국제사법재판소에 보상금 청구에 관한 소를 제기하여 그의 권리를 구제받을 수 있다.
② 甲과 B국 사이에 ICSID에서 중재하기로 합의를 했다면, 甲은 투자분쟁을 B국 법원에 제소할 수 있다.
③ 甲과 B국 사이에 ICSID 중재합의를 할 때, 중재지에 관해 별도의 합의가 없으면 워싱턴 D.C.에서 중재절차가 진행된다.
④ 甲과 B국은 ICSID 중재판정부를 4인의 중재인으로 구성하는 것에 합의할 수 있다.
⑤ 甲과 B국 사이에 ICSID 중재절차를 진행하던 중 B국이 ICSID 중재합의를 일방적으로 철회하면 그 중재절차는 종료되고, 이후 B국 법원이 甲의 보상금청구를 심리하게 된다.

156

기출 14' 5급(민)-A 난이도 ●●○

복지사 A의 결론을 이끌어내기 위해 추가해야 할 두 전제를 <보기>에서 고르면?

복지사 A는 담당 지역에서 경제적 곤란을 겪고 있는 아동을 찾아 급식 지원을 하는 역할을 담당하고 있다. 갑순, 을순, 병순, 정순이 급식 지원을 받을 후보이다. 복지사 A는 이들 중 적어도 병순은 급식 지원을 받게 된다고 결론 내렸다. 왜냐하면 갑순과 정순 중 적어도 한 명은 급식 지원을 받는데, 갑순이 받지 않으면 병순이 받기 때문이었다.

보기

ㄱ. 갑순이 급식 지원을 받는다.
ㄴ. 을순이 급식 지원을 받는다.
ㄷ. 을순이 급식 지원을 받으면, 갑순은 급식 지원을 받지 않는다.
ㄹ. 을순과 정순 둘 다 급식 지원을 받지 않으면, 병순이 급식 지원을 받는다.

① ㄱ, ㄴ　② ㄱ, ㄹ　③ ㄴ, ㄷ
④ ㄴ, ㄹ　⑤ ㄷ, ㄹ

157

기출 13' 5급㉻-인 난이도 ●○○

다음 글에서 ㉠의 물음이 생기는 이유로 가장 적절한 것은?

서울에 거주하는 초등학생 중에서 휴대전화를 가지고 있는 학생들은 얼마나 될까? 서울에 거주하는 초등학생 중에서 일부를 표본으로 삼아 조사해보니 이 중 60 %가 휴대전화를 갖고 있다는 자료가 나왔다고 하자. 이 경우에 '서울에 거주하는 초등학생'을 이 표본 조사의 '준거집합'이라고 한다. 철수는 서울에 거주하는 초등학생이다. 이 경우에 철수가 휴대전화를 갖고 있을 확률을 묻는다면, 우리는 60 %라고 해야 할 것이다. 그런데 서울에 거주하는 초등학생이면서 차상위계층의 자녀 중에서는 얼마나 많은 학생들이 휴대전화를 갖고 있을까? 이 경우에 준거집합은 '서울에 거주하는 초등학생이면서 차상위계층의 자녀'가 될 것이다. 앞서 삼은 표본 조사에서 차상위계층의 자녀만을 추려서 살펴보니 이 중 50 %의 학생들이 휴대전화를 갖고 있다는 결과가 나왔다. 철수는 서울에 거주하는 초등학생일 뿐만 아니라 그의 가족은 차상위계층에 속한다. 이 경우 철수가 휴대전화를 갖고 있을 확률을 묻는다면, 우리는 50 %라고 해야 할 것 같다. 마지막으로, 같은 표본 조사에서 이번에는 서울 거주 초등학생이면서 외동아이인 아이들의 집합에 대해서 조사해 보았는데, 70 %가 휴대전화를 갖고 있었다는 결과가 나왔다. 철수는 서울 거주 초등학생이면서 외동아이이다. 이 경우에 철수가 휴대전화를 갖고 있을 확률을 우리는 70 %라고 해야 할 것이다.

철수는 서울에 거주하는 초등학생이면서 차상위계층의 자녀이고 또한 외동아이인 것으로 확인되었다. 그렇다면 ㉠ <u>철수가 휴대전화를 갖고 있을 확률은 얼마라고 해야 하는가</u>?

① 한 사람이 다양한 준거집합에 속할 수 있기 때문이다.
② 준거집합이 클수록 표본 조사의 결과를 더 신뢰할 수 있기 때문이다.
③ 준거집합이 작을수록 표본 조사의 결과를 더 신뢰할 수 있기 때문이다.
④ 표본의 크기가 준거집합의 크기에 따라 달라지기 때문이다.
⑤ 표본을 추출하는 방법이 얼마나 무작위적인가에 따라서 표본조사의 결과가 변화하기 때문이다.

158

기출 13' 5급㉻-인 난이도 ●○○

다음 글에서 추론할 수 있는 것을 〈보기〉에서 모두 고르면?

부족 A의 사람들의 이름은 살면서 계속 바뀔 수 있다. 사용하는 이름의 종류는 '고유명'과 '상명(喪名)'이다. 태어나면 먼저 누구나 고유명을 갖는다. 그러다 친척 중 누군가가 죽으면 고유명을 버리고 상명을 갖는다. 또 다른 친척이 죽으면 다시 새로운 상명을 갖는다. 이런 방식으로 친척 누군가가 죽을 때마다 계속 이름이 바뀐다. 만약 친척 두 명 이상이 동시에 죽을 경우에는 두 개 이상의 상명을 다 갖게 된다.

부족 B의 사람들도 이름이 계속 바뀔 수 있다. 예를 들어 손자의 이름을 지어 준 조부가 죽으면 그 손자는 새로운 이름을 받을 때까지 이름 없이 그대로 있어야 한다. 이렇게 어떤 사람이 죽으면 그 사람이 지어 준 이름은 쓸 수 없다. 한편 여성이 재혼하면 새 남편은 전남편과의 사이에서 낳은 아이에게 새로운 이름을 붙여준다. 부족 B의 여자는 일찍 결혼하는 데 반해 남자는 35세 이전에 결혼하는 경우가 매우 드물다. 그래서 일반적으로 남편이 아내보다 빨리 죽는다. 더구나 부족 B에는 여자가 부족하기 때문에 여자는 반드시 재혼한다.

보기

ㄱ. 부족 A의 어떤 사람이 죽을 때까지 가졌던 상명의 수는 그와 친척이었던 모든 사람의 수보다 많지 않다.
ㄴ. 부족 B의 사람들은 모친이 죽으면 비로소 최종적인 이름을 갖게 된다.
ㄷ. 부족 B와 마찬가지로 부족 A에도 이름 없이 지내는 사람이 있을 수 있다.

① ㄱ　② ㄴ　③ ㄱ, ㄴ
④ ㄱ, ㄷ　⑤ ㄴ, ㄷ

159

기출 17' 5급㉑-가 | 난이도 ●●○

다음 A, B 두 사람의 논쟁에 대한 분석으로 가장 적절한 것은?

A1: 최근 인터넷으로 대표되는 정보통신기술 혁명은 과거 유례를 찾을 수 없을 정도로 세상이 돌아가는 방식을 근본적으로 바꿔놓았다. 정보통신기술 혁명은 물리적 거리의 파괴로 이어졌고, 그에 따라 국경 없는 세계가 출현하면서 국경을 넘나드는 자본, 노동, 상품에 대한 규제가 철폐될 수밖에 없는 사회가 되었다. 이제 개인이나 기업 혹은 국가는 과거보다 훨씬 더 유연한 자세를 견지해야 하고, 이를 위해서는 강력한 시장 자유화가 필요하다.

B1: 변화를 인식할 때 우리는 가장 최근의 것을 가장 혁신적인 것으로 생각하는 경향이 있다. 인터넷 혁명의 경제적, 사회적 영향은 최소한 지금까지는 세탁기를 비롯한 가전제품만큼 크지 않았다. 가전제품은 집안일에 들이는 노동시간을 대폭 줄여줌으로써 여성들의 경제활동을 촉진했고, 가족 내의 전통적인 역학관계를 바꾸었다. 옛것을 과소평가해서도 안 되고 새것을 과대평가해서도 안 된다. 그렇게 할 경우 국가의 경제정책이나 기업의 정책은 물론이고 우리 자신의 직업과 관련해서도 여러 가지 잘못된 결정을 내리게 된다.

A2: 인터넷이 가져온 변화는 가전제품이 초래한 변화에 비하면 전 지구적인 규모이고 동시적이라는 점에 주목해야 한다. 정보통신기술이 초래한 국경 없는 세계의 모습을 보라. 국경을 넘어 자본, 노동, 상품이 넘나들게 됨으로써 각 국가의 행정 시스템은 물론 세계 경제 시스템에도 변화가 불가피하게 되었다. 그런 점에서 정보통신기술의 영향력은 가전제품의 영향력과 비교될 수 없다.

B2: 최근의 기술 변화는 100년 전에 있었던 변화만큼 혁명적이라고 할 수 없다. 100년 전의 세계는 1960~1980년에 비해 통신과 운송 부문에서의 기술은 훨씬 뒤떨어졌으나 세계화는 오히려 월등히 진전된 상태였다. 사실 1960~1980년 사이에 강대국 정부가 자본, 노동, 상품이 국경을 넘어 들어오는 것을 엄격하게 규제했기에 세계화의 정도는 그리 높지 않았다. 이처럼 세계화의 정도를 결정하는 것은 정치이지 기술력이 아니다.

① 이 논쟁의 핵심 쟁점은 정보통신기술 혁명과 가전제품을 비롯한 제조분야 혁명의 영향력 비교이다.
② A1은 최근의 정보통신기술 혁명으로 말미암아 자본, 노동, 상품이 국경을 넘나드는 것이 보편적 현상이 되었다는 점을 근거로 삼고 있다.
③ B1은 A1이 제시한 근거가 다 옳다고 하더라도 A1의 주장을 받아들일 수 없다고 주장하고 있다.
④ B1과 A2는 인터넷의 영향력에 대한 평가에는 의견을 달리하지만 가전제품의 영향력에 대한 평가에는 의견이 일치한다.
⑤ B2는 A2가 원인과 결과를 뒤바꾸어 해석함으로써 현상에 대한 잘못된 진단을 한다고 비판하고 있다.

160

기출 14' 5급㉑[상황판단] | 난이도 ●○○

다음 〈쓰레기 분리배출 규정〉을 준수한 것은?

쓰레기 분리배출 규정

- 배출 시간: 수거 전날 저녁 7시 ~ 수거 당일 새벽 3시까지(월요일 ~ 토요일에만 수거함)
- 배출 장소: 내 집 앞, 내 점포 앞
- 쓰레기별 분리배출 방법
  - 일반 쓰레기: 쓰레기 종량제 봉투에 담아 배출
  - 음식물 쓰레기: 단독주택의 경우 수분 제거 후 음식물 쓰레기 종량제 봉투에 담아서, 공동주택의 경우 음식물 전용용기에 담아서 배출
  - 재활용 쓰레기: 종류별로 분리하여 투명 비닐봉투에 담아 묶어서 배출
    ① 1종(병류)
    ② 2종(캔, 플라스틱, 페트병 등)
    ③ 3종(폐비닐류, 과자 봉지, 1회용 봉투 등)
    ※ 1종과 2종의 경우 뚜껑을 제거하고 내용물을 비운 후 배출.
    ※ 종이류 / 박스 / 스티로폼은 각각 별도로 묶어서 배출.
  - 폐가전·폐가구: 폐기물 스티커를 부착하여 배출
- 종량제 봉투 및 폐기물 스티커 구입: 봉투판매소

① 甲은 토요일 저녁 8시에 일반 쓰레기를 쓰레기 종량제 봉투에 담아 자신의 집 앞에 배출하였다.
② 공동주택에 사는 乙은 먹다 남은 찌개를 그대로 음식물 쓰레기 종량제 봉투에 담아 주택 앞에 배출하였다.
③ 丙은 투명 비닐봉투에 캔과 스티로폼을 함께 담아 자신의 집 앞에 배출하였다.
④ 丁은 사이다가 남아 있는 페트병을 투명 비닐봉투에 담아서 집 앞에 배출하였다.
⑤ 戊는 집에서 쓰던 냉장고를 버리기 위해 폐기물 스티커를 구입 후 부착하여 월요일 저녁 9시에 자신의 집 앞에 배출하였다.

161

기출 14' 5급(민)-A 난이도 ●●○

다음 빈칸에 들어갈 말로 가장 적절한 것은?

A국 정부는 유전 관리 부서 업무에 적합한 민간경력자 전문관을 한 명 이상 임용하려고 한다. 그런데 지원자들 중 갑은 경쟁국인 B국에 여러 번 드나든 기록이 있다. 그래서 정보 당국은 갑의 신원을 조사했다. 조사 결과 갑이 부적격 판정을 받는다면, 그는 전문관으로 임용되지 못할 것이다. 한편, A국 정부는 임용 심사에서 지역과 성별을 고려한 기준도 적용한다. 동일 지역 출신은 두 사람 이상을 임용하지 않는다. 그리고 적어도 여성 한 명을 임용해야 한다. 이번 임용 시험에 응시한 여성은 갑과 을 둘 밖에 없다. 또한 지원자들 중에서 병과 을이 동일 지역 출신이므로, 만약 병이 임용된다면 을은 임용될 수 없다. 그런데 [ ] 따라서 병은 전문관으로 임용되지 못할 것이다.

① 갑이 전문관으로 임용될 것이다.
② 을이 전문관으로 임용되지 못할 것이다.
③ 갑은 조사 결과 부적격 판정을 받을 것이다.
④ 병이 전문관으로 임용된다면, 갑도 전문관으로 임용될 것이다.
⑤ 갑이 조사 결과 적격 판정을 받는다면, 갑이 전문관으로 임용될 것이다.

162

13' 5급(행)-인 난이도 ●○○

다음 글에서 B가 A의 논증을 비판하기 위해 사용할 수 있는 주장으로 적절하지 않은 것은?

두 사람의 과학자가 외계인의 존재에 대해 논쟁하였다. 물리학자 A는 이렇게 반문하였다. 우주에 우리와 같은 지성을 갖춘 존재들이 넘쳐난다면 그들은 어디에 있는가? A가 생각한 것은 외계 지적 생명체가 지구 바깥에 아주 많이 있다면, 적어도 그들 중 일부는 기술적으로 우리보다 앞서 있을 것이라는 점이다. 그들은 우주를 탐사하는 장치를 만들었을 것이고, 우주선으로 우주여행을 할 수 있었을 것이다. 그렇다면 우리가 오래 전에 외계 지적 생명체의 증거를 보았어야 하지만, 아직까지 그러한 증거는 발견된 적이 없다. 따라서 A는 외계 지적 생명체가 존재하지 않는다고 결론을 내렸다.

이에 대해 천문학자 B는 다음과 같이 반박하였다. 우리의 태양, 행성, 또는 우리의 물리 화학적 구조에 특별한 것이 없으므로, 그와 비슷한 태양과 행성들도 많이 있을 것이다. 그리고 우리와 마찬가지로 탄소에 기반을 두고 진화한 생물이 은하계에 많이 있을 것이다. 그렇다면 은하계의 많은 곳에는 우리와 크게 다르지 않은 존재들이 분명히 있을 것이다. 따라서 B는 은하계에 지성을 갖춘 인간과 같은 생명체가 많이 있을 것이라 결론을 내렸다.

① 생물학의 법칙은 전 우주에서 동일하게 적용된다.
② 행성 간의 거리 때문에 외계 생명체와의 상호작용이 일어나기 어렵다.
③ 외계 생명체의 증거를 포착할 만큼 우리의 측정기술이 발전하지 못했을 수 있다.
④ 외계 지적 생명체는 우주 탐사 장치를 만들 정도로 기술을 발달시키지 못했을 수 있다.
⑤ 외계 지적 생명체의 증거가 없다고 해서 외계 지적 생명체가 존재하지 않는다고 단정할 수 없다.

163

기출 13' 5급(행)-인 난이도 ●○○

다음 글에서 알 수 있는 것은?

어떤 사람이 러시아 여행을 가려고 하는데 러시아어를 전혀 모른다. 그래서 그는 러시아 여행 시 의사소통을 하기 위해 특별한 그림책을 이용할 계획을 세웠다. 그 책에는 어떠한 언어적 표현도 없고 오직 그림만 들어 있다. 그는 그 책에 있는 사물의 그림을 보여줌으로써 의사소통을 하려고 한다. 예를 들어 빵이 필요하면 상점에 가서 빵 그림을 보여주는 것이다. 그 책에는 다양한 종류의 빵 그림뿐 아니라 여행할 때 필요한 것들의 그림이 빠짐없이 담겨 있다. 과연 이 여행자는 러시아 여행을 하면서 의사소통을 성공적으로 할 수 있을까? 유감스럽게도 그럴 수 없을 것이다. 예를 들어 그가 자전거 상점에 가서 자전거 그림을 보여준다고 해보자. 자전거 그림을 보여주는 게 자전거를 사겠다는 의미로 받아들여질 것인가, 아니면 자전거를 팔겠다는 의미로 받아들여질 것인가? 결국 그는 자신이 뭘 원하는지 분명하게 전달할 수 없는 곤란한 상황에 처하게 될 것이다.

구매자를 위한 그림과 판매자를 위한 그림을 간단한 기호로 구별하여 이런 곤란을 극복하려고 해볼 수도 있다. 예컨대 자전거 그림 옆에 화살표 기호를 추가로 그려서, 오른쪽을 향한 화살표는 구매자를 위한 그림임을, 왼쪽을 향한 화살표는 판매자를 위한 그림임을 나타내는 것이다. 하지만 이런 방법은 의사소통에 여전히 도움이 되지 않는다. 왜냐하면 기호가 무엇을 의미하는지는 약속에 의해 결정되기 때문이다. 상대방은 어떤 것이 판매를 의미하는 화살표이고, 어떤 것이 구매를 의미하는 화살표인지 전혀 알 수 없을 것이다. 설령 상대방에게 화살표가 의미하는 것을 전달했다 하더라도, 자전거를 사려는 사람이 책을 들고 있는 여행자의 바로 옆에 있는 사람이 아니라 바로 여행자 자신이라는 것은 또 무엇을 통해 전달할 수 있을까? 여행자가 사고 싶어하는 물건이 자전거를 그린 그림이 아니라 진짜 자전거라는 것은 또 어떻게 전달할 수 있을까?

① 언어적 표현의 의미는 확정될 수 없다.
② 약속에 의해서도 기호의 의미는 결정될 수 없다.
③ 한 사물에 대한 그림은 여러 의미로 이해될 수 있다.
④ 의미가 확정된 표현이 없어도 성공적인 의사소통은 가능하다.
⑤ 상이한 사물에 대한 그림들은 동일한 의미로 이해될 수 없다.

164

기출 17' 5급㉻-가 | 난이도 ●●○

다음 글의 내용에 대한 평가로 가장 적절한 것은?

(가) 우울증을 잘 초래하는 성향은 창조성과 결부되어 있기 때문에 생존에 유리한 측면이 있었다. 따라서 우울증과 관련이 있는 유전자는 오랜 역사를 거쳐 오면서도 사멸하지 않고 살아남아 오늘날 현대인에게도 그 유전자가 상당수 존재할 가능성이 있다. 베토벤, 뉴턴, 헤밍웨이 등 위대한 음악가, 과학자, 작가들의 상당수가 우울한 성향을 갖고 있었다. 천재와 우울증은 어찌 보면 동전의 양면으로, 인류 문명의 진보를 이끈 하나의 동력이자 그 부산물이라 할 수 있을지도 모른다.

(나) 우울증은 일반적으로 자기 파괴적인 질환으로 인식되어 왔지만 실은 자신을 보호하고 미래를 준비하기 위한 보호 기제일 수도 있다. 달성할 수 없거나 달성하기 매우 어려운 목표에 도달하기 위해 엄청난 에너지를 소모하는 것은 에너지와 자원을 낭비할 뿐만 아니라, 정신과 신체를 소진시킴으로써 사회적 기능을 수행할 수 없게 하고 주위의 도움이 없으면 생명을 유지하기 어려운 상태에 이르게도 할 수 있다. 이를 막기 위한 기제가 스스로의 자존감을 낮추고 그 목표를 포기하게 만드는 것이다. 이를 통해 고갈된 에너지를 보충하고 다시 도전할 수 있는 기회를 모색할 수 있다.

(다) 오늘날 우울증은 왜 이렇게 급격하게 늘어나는 것일까? 창조성이란 그 사회에 존재하고 있는 기술이나 생각에 대한 도전이자 대안 제시이며, 기존의 기술이나 생각을 엮어서 새로운 조합을 만들어내는 것이다. 과거에 비해 현대 사회는 경쟁이 심화되고 혁신들이 더 가치를 인정받기 때문에 창조성이 있는 사람은 상당히 큰 선택적 이익을 갖게 된다. 그렇지만 현대 사회처럼 기존에 존재하는 기술이나 생각이 엄청나게 많아 우리의 뇌가 그것을 담기에도 벅찬 경우에는 새로운 조합을 만들어 내는 일은 무척이나 많은 에너지를 요한다. 또한 지금과 같은 경쟁 사회는 새로운 기술이나 생각에 대한 사회적 요구가 커지기 때문에 정신적 소진 상태를 초래하기 쉬운 환경이 되고 있다. 결국 경쟁은 창조성을 발휘하게 하지만 지나친 경쟁은 정신적 소진을 초래하기 때문에 우울증이 많이 발생할 수 있다.

① 창조적인 사람들은 정서적으로 불안정하고 우울증에 걸릴 수 있는 유전자를 가질 확률이 높다는 사실은 (가)를 강화한다.
② 우울증에 걸린 사람 중에 어려운 목표를 포기하지 못하는 사람들이 많다는 사실은 (나)를 강화한다.
③ 정신적 소진은 우울증을 초래할 가능성이 높다는 사실은 (다)를 약화한다.
④ 유전적 요인이 환경에 적응하는 과정에서 정신질환이 생겨난다는 사실은 (가)와 (나) 모두를 약화한다.
⑤ 과거에 비해 현대 사회에서 창조적인 아이디어를 만들어내기 어렵다는 사실은 (가)를 강화하고 (다)를 약화한다.

165

기출 14' 5급㉻[상황판단] | 난이도 ●○○

다음 글을 근거로 판단할 때 옳지 않은 것은?

제○○조(보증의 방식) ① 보증은 그 의사가 보증인의 기명날인 또는 서명이 있는 서면으로 표시되어야 효력이 발생한다.
② 보증인의 채무를 불리하게 변경하는 경우에도 제1항과 같다.

제○○조(채권자의 통지의무 등) ① 채권자는 주채무자가 원본, 이자 그 밖의 채무를 3개월 이상 이행하지 아니하는 경우 또는 주채무자가 이행기에 이행할 수 없음을 미리 안 경우에는 지체없이 보증인에게 그 사실을 알려야 한다.
② 제1항에도 불구하고 채권자가 금융기관인 경우에는 주채무자가 원본, 이자 그 밖의 채무를 1개월 이상 이행하지 아니할 때에는 지체없이 그 사실을 보증인에게 알려야 한다.
③ 채권자는 보증인의 청구가 있으면 주채무의 내용 및 그 이행 여부를 보증인에게 알려야 한다.
④ 채권자가 제1항부터 제3항까지의 규정에 따른 의무를 위반한 경우에는 보증인은 그로 인하여 손해를 입은 한도에서 채무를 면한다.

제○○조(보증기간 등) ① 보증기간의 약정이 없는 때에는 그 기간을 3년으로 본다.
② 보증기간은 갱신할 수 있다. 이 경우 보증기간의 약정이 없는 때에는 계약체결 시의 보증기간을 그 기간으로 본다.
③ 제1항 및 제2항에서 간주되는 보증기간은 계약을 체결하거나 갱신하는 때에 채권자가 보증인에게 고지하여야 한다.

※ 보증계약은 채무자(乙)가 채권자(甲)에 대한 금전채무를 이행하지 아니하는 경우에 보증인(丙)이 그 채무를 이행하기로 하는 채권자와 보증인 사이의 계약을 말하며, 이때 乙을 주채무자라 한다.

① 보증인 丙이 주채무자 乙의 甲에 대한 금전채무를 보증하기 위해 채권자 甲과 보증계약을 서면으로 체결하지 않으면 그 계약은 무효이다.
② 보증인 丙이 주채무자 乙의 甲에 대한 금전채무를 보증하기 위해 채권자 甲과 보증계약을 체결하면서 보증기간을 약정하지 않으면 그 기간은 3년이다.
③ 주채무자 乙이 원본, 이자 그 밖의 채무를 2개월 이상 이행하지 아니하는 경우, 금융기관이 아닌 채권자 甲은 지체없이 보증인 丙에게 그 사실을 알려야 한다.
④ 보증인 丙의 청구가 있는데도 채권자 甲이 주채무의 내용 및 그 이행 여부를 丙에게 알려주지 않으면, 丙은 그로 인하여 손해를 입은 한도에서 채무를 면하게 된다.
⑤ 보증인 丙이 주채무자 乙의 甲에 대한 금전채무를 보증하기 위해 채권자 甲과 기간을 2년으로 약정한 보증계약을 체결한 다음, 그 계약을 갱신하면서 기간을 약정하지 않으면 그 기간은 2년이다.

Day 11 Self Check List

	오답 수	무응답 수	풀이시간(분)
1회독	/ 15	/ 15	/ 30(분)
2회독	/ 15	/ 15	/ 25(분)
3회독	/ 15	/ 15	/ 15(분)

정답 및 해설 449p

*아래 회독수 별 권장 풀이 시간에 맞춰 풀이 후, 끝쪽의 Self Check List를 기입하여 부족한 부분을 파악하세요!

권장 풀이 시간

1회독 30 min 2회독 25 min 3회독 15 min

본 문항은 PSAT 언어논리 영역 기출 문항으로 구성되며, 기출 표기에 따른 시험 종류는 아래와 같습니다.(표기 상 맨 끝은 '책형' 입니다.)

㊞ – 민간경력자 일괄채용시험 / ㊫ – 공개경쟁채용시험(행정)

166

기출 14' 5급㊞-A 난이도 ●●○

다음 갑 ~ 정의 주장에 대한 분석으로 적절한 것을 〈보기〉에서 모두 고르면?

북미 지역의 많은 불임 여성들이 체외수정을 시도하고 있다. 그런데 젊은 여성들의 난자를 사용한 체외수정의 성공률이 높기 때문에 젊은 여성의 난자에 대한 선호도가 높다. 처음에는 젊은 여성들이 자발적으로 난자를 기증하였지만, 이러한 자발적인 기증만으로는 수요를 감당할 수가 없게 되었다. 이 시점에 난자 제공에 대한 금전적 대가 지불에 대해 논란이 제기되었다.

갑: 난자 기증은 상업적이 아닌 이타주의적인 이유에서만 이루어져야 한다. 난자만이 아니라 정자를 매매하거나 거래하는 것도 불법화해야 한다는 데 동의한다. 물론 상업적인 대리모도 금지해야 한다.

을: 인간은 각자 본연의 가치가 있으므로 시장에서 값을 매길 수 없다. 또한 인간관계를 상업화하거나 난자 등과 같은 신체의 일부를 금전적인 대가 지불의 대상으로 만들어선 안 된다.

병: 불임 부부가 아기를 가질 기회를 박탈해선 안 된다. 그런데 젊은 여성들이 자발적으로 난자를 기증하는 것을 기대하기가 어렵다. 난자 기증은 여러 가지 부담을 감수해야 하기에 보상 없이 이루어지기에는 한계가 있다. 결과적으로 난자 제공에 대한 금전적 대가 지불을 허용하지 않을 경우에 난자를 얻을 수 없을 것이고, 불임 여성들은 원하는 아기를 가질 수 없게 될 것이다.

정: 난자 기증은 정자 기증과 근본적으로 다르다. 난자를 채취하는 것은 정자를 얻는 것보다 훨씬 복잡하고 어려운 일이며 위험을 감수해야 할 경우도 있다. 예컨대, 과배란을 유도하기 위해 여성들은 한 달 이상 매일 약을 먹어야 한다. 그 다음에는 가늘고 긴 바늘을 난소에 찔러 난자를 뽑아 내는 과정을 거쳐야 한다. 한 여성 경험자는 난소에서 난자를 뽑아 낼 때마다 '누가 그 부위를 발로 차는 것 같은' 느낌을 받았다고 보고하였다. 이처럼 난자 제공은 고통과 위험을 감수해야 하는 일이다.

〈보기〉

ㄱ. 을은 갑의 주장을 지지한다.
ㄴ. 정의 주장은 병의 주장을 지지하는 근거로 사용될 수 있다.
ㄷ. 난자 제공에 대한 금전적 대가 지불에 대해서 을의 입장과 병의 입장은 양립불가능하다.

① ㄱ ② ㄷ ③ ㄱ, ㄴ
④ ㄴ, ㄷ ⑤ ㄱ, ㄴ, ㄷ

167

기출 13' 5급㊫-인 난이도 ●○○

다음 글에서 이끌어낼 수 있는 주장이 아닌 것은?

조선시대의 연좌제는 죄형법정주의의 원칙에 따라 시행되었다. 조선시대에는 태조부터 모법(母法)으로 삼았던 『대명률』을 형법의 일반법으로 적용했는데, 이 법률에 따라 연좌제가 적용되는 죄목은 새로운 왕조를 세우려는 모반(謀反), 현재의 군주를 갈아치우려는 모대역(謀大逆), 외국과 내통하여 본국을 멸망시키려는 모반(謀叛)의 세 가지 정치적 범죄로 한정되었다.

연좌제의 적용을 받는 범죄의 처벌 대상은 우리가 흔히 알고 있는 것보다 훨씬 제한적이었다. 우리는 흔히 3족을 멸한다는 말을 쓸 때, 3족을 친가, 외가, 처가로 이해한다. 그러나 다산 정약용이 『목민심서』에서 지적한 바와 같이 이는 잘못된 것이다. 『대명률』에 따르면 친족의 범위는 친가, 외가, 처가의 3족이 아닌, 아버지와 아버지의 형제를 포함하는 조족(祖族), 본인의 형제와 그 소생을 포함하는 부족(父族), 본인의 아들 및 그 소생을 가리키는 기족(己族)의 3족에 국한된다.

그런데 조선시대에 가장 가혹하게 연좌제가 적용된 모반(謀反)과 대역죄의 경우에도, 본인 및 공모자는 능지처사, 아버지와 16세 이상의 아들은 교수형, 16세 미만의 아들과 어머니·처첩·조손·형제자매·아들의 처첩은 노비로 삼고, 백부와 숙부, 조카들은 동거 여부를 불문하고 유배형에 처하였으나 장인의 일로 사위를 벌주지는 않았다. 또한 범죄당사자의 출가한 누이와 그 배우자 역시 연좌의 대상으로 삼지 않았다.

하지만 조선시대에도 사위들이 연좌제에 걸려 처벌을 받은 일이 전혀 없었던 것은 아니다. 갑자사화 때 연산군은 폐비 윤씨에게 사약을 전달한 이세좌를 죽이면서 그의 사위도 유배시켰고, 곧 사사(賜死)했다. 또한 중종 반정 이후 연산군의 매부로 좌의정이었던 신수근을 죽이면서 그의 사위 역시 멀리 귀양을 보냈다. 이처럼 법 규정을 넘어 연좌의 대상이 확대되는 일이 벌어지기도 했다.

① 조선시대에는 3족의 범위에 장인이나 사위가 포함되지 않았다.
② 조선시대에 대역죄인의 기족에게 적용된 형벌의 종류는 동일했다.
③ 조선시대 법률체계에서 대역죄인의 출가한 여동생은 연좌의 적용 대상이 아니었다.
④ 친형수가 아들을 출산해 나에게 조카가 생겼을 때, 이 조카는 나에게 부족에 해당한다.
⑤ 조선시대에 모반(謀反)죄를 범했을 경우 처벌이 본인과 그 3족에만 국한된 것은 아니었다.

168

기출 13' 5급(행)-인 | 난이도 ●●○

갑 ~ 무가 A팀의 조사를 바탕으로 펼치는 논증에 대한 평가로 적절하지 않은 것은?

갑: 최신 연구에 의하면 유기농 식품이 건강에 별 도움이 되지 않는다고 한다. A팀은 유기농 식품과 일반 식품을 비교하는 약 200개의 논문을 조사하였다. 이 중에는 임신 중 유기농 식품 섭취가 신생아의 아토피 피부염이나 다른 알레르기 질환을 유발한다는 조사 결과가 있었다. 어떤 연구는 유기농 식품 섭취가 오히려 특정 박테리아의 감염 가능성을 높인다고 보고한다. 따라서 유기농 식품이 건강에 별 도움이 되지 않는다는 A팀의 결론은 매우 설득력이 있다.

을: 유기농 식품이 건강에 이롭다는 결정적인 증거는 부족할지 모른다. 하지만 갑이 제시한 증거는 유기농 식품의 유해성에 관한 것이다. 또한 A팀이 검토한 연구는 2년 이하의 짧은 기간 동안 섭취한 유기농 식품의 영향을 대상으로 한다. 2년은 건강에 대한 전체적인 영향을 평가하기에는 충분하지 않다. 따라서 유기농 식품이 유익한 것이 아니라고 결론짓는 것은 성급하다.

병: 유기농 식품이 특별히 유익한 것은 아니라는 다른 증거도 있다. A팀이 조사한 논문 중 상당수는 잔류 농약 성분의 수준에 관한 것이었다. 이 조사에서 유기농 식품의 잔류 농약 성분 수준이 일반 식품의 그것에 비해 상대적으로 낮은 것으로 나타났지만 A팀은 이 차이에 의미를 부여하지 않았고, 그것은 올바른 판단이었다. 그 이유는 일반 식품 또한 잔류 농약 기준치를 넘지 않았고 기준치 이하에서는 두 식품의 인체에 대한 유해성을 논하는 것이 무의미하기 때문이다.

정: 유해성 여부만으로 결론을 내리는 것은 여전히 성급하다. 유기농 식품의 영양소에 대해서도 따져봐야 한다. 유기농 식품에 관련된 많은 연구들이 유기농 식품이 비타민 같은 영양소를 더 많이 가진다고 한다. 유해성에 대한 연구들의 한계와 영양소 측면을 종합적으로 고려할 때, 유기농 식품은 건강에 도움이 된다고 할 수 있다.

무: A팀이 검토한 어떤 연구는 일반 토마토보다 유기농 토마토에서 더 많은 잔류 항생제가 검출되므로 유기농 토마토가 오히려 유해하다고 한다. 하지만 다른 곡물과 채소에 대한 보다 광범위한 연구들이 갑, 을, 병, 정이 언급했던 연구들과 반드시 일치하는 것은 아니다. 이렇듯 유기농 식품에 관한 연구 결과가 엇갈리는 이유는 유기농 농사 방법뿐 아니라 유전적 다양성, 토질, 기타 환경 등 다양한 요소들이 농산물에 영향을 주기 때문이다. 따라서 유기농이냐 아니냐를 건강에 더 좋은 식품이냐 아니냐를 결정하는 단일한 기준으로 삼을 수는 없다.

① 을의 논증은 갑의 논지를 약화한다.
② 병의 논증은 갑의 논지를 강화한다.
③ 정의 논증은 병이 간과한 측면을 지적한다.
④ 무의 논증은 갑과 병의 논지를 강화한다.
⑤ 무의 논증은 정의 논지를 약화한다.

169

기출 13' 5급(행)-인 | 난이도 ●●○

다음 글의 ㉠과 ㉡을 비교 설명한 것으로 옳지 않은 것은?

목조 건축물에서 지붕의 하중을 떠받치고 있는 수직 부재(部材)는 기둥이다. 이 기둥이 안정되게 수직 방향으로 서 있도록 기둥과 기둥의 상부 사이에 설치하는 수평 부재를 창방이라고 한다. 이 때, 기둥을 연결한 창방들이 만들어내는 수평선은 눈높이보다 높은 곳에 위치하고 있어 양쪽 끝이 아래로 처져 보이는 착시 현상이 발생한다. 이러한 착시 현상을 교정하기 위해 건물의 중앙에서 양쪽 끝으로 가면서 기둥이 점차 높아지도록 만드는데, 이것을 ㉠ 귀솟음 기법이라고 한다.

귀솟음 기법은 착시 현상을 교정하는 효과 외에 구조적인 측면에서의 장점도 지닌다. 전통 구조물의 일반적인 지붕 형태인 팔작지붕의 경우, 건물 끝부분의 기둥이 건물 중간에 위치한 기둥보다 지붕의 하중을 더 많이 받게 된다. 건물 끝부분 기둥이 오랫동안 지속적으로 많은 하중을 받으면 중간 기둥보다 더 많이 침하되는 부동(不同) 침하 현상이 발생하기도 한다. 귀솟음 기법은 부동 침하 현상에 의한 구조적 변형에도 끝기둥이 중간 기둥보다 높거나 동일한 높이를 유지할 수 있는 장점을 가지고 있다.

한편 일렬로 늘어선 기둥의 수직선 때문에 건물의 좌우 끝으로 가면서 건물의 상부가 바깥으로 벌어져 보이는 착시 현상이 발생한다. 이러한 현상을 교정하기 위해 좌우 끝기둥의 상부를 건물의 중앙 쪽으로 기울어지게 하는 ㉡ 안쏠림 기법을 사용하기도 한다. 그러나 단층 건물에서 안쏠림 기법은 귀솟음 기법과 달리 착시 현상을 교정하는 효과는 그리 크지 않다. 왜냐하면 단층 건물의 기둥 높이가 건물 앞면의 수평 길이에 비해 상대적으로 짧아서 착시 현상이 느껴지지 않기 때문이다. 하지만 층수가 많은 중층 구조에는 안쏠림 기법을 두는 경우가 많은데, 이는 끝기둥에 안쏠림 기법을 사용하면 건물의 무게 중심을 아래로 낮출 수 있기 때문이다. 중층 건물에서 안쏠림 기법은 시각적인 효과뿐만 아니라 건물의 구조적 안정성을 실현하는 데도 중요한 역할을 한다.

① ㉠과 ㉡은 착시 현상을 교정하는 기법이다.
② ㉠과 ㉡이 적용되는 부재는 모두 수직 부재이다.
③ ㉠과 ㉡은 건축물의 구조적인 안정을 가능케 한다.
④ ㉠은 부재의 높이를 ㉡은 부재의 수직 기울기를 조절한다.
⑤ ㉠은 건물이 높을수록 ㉡은 건물이 넓을수록 그 효과가 커진다.

170

기출 13' 5급[행][상황판단] 난이도 ●○○

다음 글과 〈상황〉을 근거로 판단할 때, 甲이 납부하는 송달료의 합계는?

송달이란 소송의 당사자와 그 밖의 이해관계인에게 소송상의 서류의 내용을 알 수 있는 기회를 주기 위해 법에 정한 방식에 따라 하는 통지행위를 말하며, 송달에 드는 비용을 송달료라고 한다. 소 또는 상소를 제기하려는 사람은, 소장이나 상소장을 제출할 때 당사자 수에 따른 계산방식으로 산출된 송달료를 수납은행(대부분 법원구내 은행)에 납부하고 그 은행으로부터 교부받은 송달료납부서를 소장이나 상소장에 첨부하여야 한다. 송달료 납부의 기준은 아래와 같다.

- 소 또는 상소 제기 시 납부해야 할 송달료
  가. 민사 제1심 소액사건: 당사자 수 × 송달료 10회분
  나. 민사 제1심 소액사건 이외의 사건: 당사자 수 × 송달료 15회분
  다. 민사 항소사건: 당사자 수 × 송달료 12회분
  라. 민사 상고사건: 당사자 수 × 송달료 8회분
- 송달료 1회분 : 3,200원
- 당사자 : 원고, 피고
- 사건의 구별
  가. 소액사건: 소가 2,000만 원 이하의 사건
  나. 소액사건 이외의 사건: 소가 2,000만 원을 초과하는 사건

※ 소가(訴價)라 함은 원고가 승소하면 얻게 될 경제적 이익을 화폐단위로 평가한 금액을 말한다.

상황

甲은 보행로에서 자전거를 타다가 乙의 상품진열대에 부딪쳐서 부상을 당하였고, 이 상황을 丙이 목격하였다. 甲은 乙에게 자신의 병원치료비와 위자료를 요구하였다. 그러나 乙은 甲의 잘못으로 부상당한 것으로 자신에게는 책임이 없으며, 오히려 甲 때문에 진열대가 파손되어 손해가 발생했으므로 甲이 손해를 배상해야 한다고 주장하였다. 甲은 자신을 원고로, 乙을 피고로 하여 병원치료비와 위자료로 합계 금 2,000만 원을 구하는 소를 제기하였다. 제1심 법원은 증인 丙의 증언을 바탕으로 甲에게 책임이 있다는 乙의 주장이 옳다고 인정하여, 甲의 청구를 기각하는 판결을 선고하였다. 이 판결에 대해서 甲은 항소를 제기하였다.

① 76,800원
② 104,800원
③ 124,800원
④ 140,800원
⑤ 172,800원

171

기출 14' 5급[민]-A 난이도 ●●○

다음 글의 입장을 강화하는 내용으로 가장 적절한 것은?

고대사회를 정의하는 기준 중의 하나로 '생계경제'가 사용되곤 한다. 생계경제 사회란 구성원들이 겨우 먹고 살 수 있는 정도의 식량만을 확보하고 있어서 식량 자원이 줄어들게 되면 자동적으로 구성원 전부를 먹여 살릴 수 없게 되고, 심하지 않은 가뭄이나 홍수 등의 자연재해에 의해서도 유지가 어렵게 될 수 있는 사회를 의미한다. 그러므로 고대사회에서의 삶은 근근이 버텨가는 것이고, 그 생활은 기아와의 끊임없는 투쟁이다. 왜냐하면 그 사회에서는 기술적인 결함과 그 이상의 문화적인 결함으로 인해 잉여 식량을 생산할 수 없기 때문이다.

고대사회에 대한 이러한 견해보다 더 뿌리 깊은 오해도 없다. 소위 생계경제의 성격을 지닌 것으로 간주되는 많은 고대사회들, 예를 들어 남아메리카에서는 종종 공동체의 연간 필요 소비량에 맞먹는 잉여 식량을 생산했다는 점에 주의를 기울일 필요가 있다. 기아와의 끊임없는 투쟁을 의미하는 생계경제가 고대사회를 특징짓는 개념이라면 오히려 프롤레타리아가 기아에 허덕이던 19세기 유럽 사회야말로 고대사회라고 할 수 있을 것이다. 사실상 생계경제라는 개념은 서구의 근대적인 이데올로기의 영역에 속하는 것으로 결코 과학적 개념도구가 아니다. 민족학을 위시한 근대 과학이 이토록 터무니없는 기만에 희생되어 왔다는 것은 역설적이며, 더군다나 산업국가들이 이른바 저발전 세계에 대한 전략의 방향을 잡는 데 기여했다는 사실은 두렵기까지 하다.

① 고대사회가 경제적으로 풍요로웠던 것은 생계경제 체제 때문이었다.
② 산업사회로 이행하면서 경제적 잉여가 발생하였고 계급이 형성되었다.
③ 자연재해나 전쟁으로 인해 고대사회는 항상 불안정한 상황에 처해 있었다.
④ 고대사회에서 존재하였던 축제는 경제적인 잉여를 해소하는 기제로 작용했다.
⑤ 유럽의 산업 국가들에 의한 문명화 과정을 통해 저발전된 아프리카의 생활 여건이 개선되었다.

172

기출 13' 5급㉻-인 | 난이도 ●●○

다음 글에서 이끌어 낼 수 없는 것은?

『논어』 가운데 해석상 가장 많은 논란을 일으킨 구절은 '극기복례(克己復禮)'이다. 이 구절을 달리 해석하는 A학파와 B학파는 문장의 구절을 구분하는 것부터 견해가 다르다. A학파는 '극기'와 '복례'를 하나의 독립된 구절로 구분한다. 그들에 따르면, '극'과 '복'은 서술어이고, '기'와 '예'는 목적어이다. 이에 반해 B학파는 '극'을 서술어로 보고 '기복례'는 목적어구로 본다. 두 학파가 동일한 구절을 이와 같이 서로 다르게 구분하는 이유는 '극'과 '기' 그리고 '예'에 대한 이해가 다르기 때문이다.

A학파는 천리(天理)가 선천적으로 마음에 내재해 있다는 심성론에 따라 이 구절을 해석한다. 그들은 '극'은 '싸워서 이기다'로, '복'은 '회복하다'로 해석한다. 그리고 '기'는 '몸으로 인한 개인적 욕망'으로 '예'는 '천리에 따라 행위하는 것'으로 규정한다. 따라서 '극기'는 '몸의 개인적 욕망을 극복하다'로 해석하고, '복례'는 '천리에 따라 행위하는 본래 모습을 회복하다'로 해석한다.

이와 달리 B학파는 심성론에 따라 해석하지 않고 예를 중심으로 해석한다. 이들은 '극'을 '능숙하다'로, '기'는 '몸'으로 이해한다. 또 '복'을 '한 번 했던 동작을 거듭하여 실천하다'로 풀이한다. 그리고 예에 대한 인식도 달라서 '예'를 천리가 아닌 '본받아야 할 행위'로 이해한다. 예를 들면, 제사에 참여하여 어른들의 행위를 모방하면서 자신의 역할을 수행하는 것이 이에 해당한다. 따라서 이들의 해석에 따르면, '기복례'는 '몸이 본받아야 할 행위를 거듭 실행함'이 되고, '극'과 연결하여 해석하면 '몸이 본받아야 할 행위를 거듭 실행하여 능숙하게 되다'가 된다.

두 학파가 동일한 구절을 달리 해석하는 또 다른 이유는 그들이 지향하는 철학적 관심이 다르기 때문이다. A학파는 '극기'를 '사욕의 제거'로 해석하면서, 용례상으로나 구문론상으로 "왜 꼭 그렇게 해석해야만 하는가?"라는 질문에 답하는 대신 자신들의 철학적 체계에 따른 해석을 고수한다. 그들의 관심은 악의 문제를 어떻게 설명할 것인가라는 문제에 집중되고 있다. B학파는 '극기복례'에 사용된 문자 하나하나의 용례를 추적하여 A학파의 해석이 『논어』가 만들어졌을 당시의 유가 사상과 거리가 있다는 것을 밝히려 한다. 그들은 욕망의 제거가 아닌 '모범적 행위의 창안'이라는 맥락에서 유가의 정통성을 찾으려 한다.

① A학파는 '기'를 극복의 대상으로 삼고, 천리를 행위의 기준으로 삼을 것이다.

② A학파에 의하면, '예'의 실천은 태어날 때부터 마음에 갖추고 있는 원리에 따라 이루어질 것이다.

③ B학파는 마음의 본래 모습을 회복함으로써 악을 제거하려 할 것이다.

④ B학파는 '기'를 숙련 행위의 주체로 이해하며, 선인의 행위를 모범으로 삼을 것이다.

⑤ B학파에 의하면, '예'의 실천은 구체적 상황에서 규범 행위의 모방과 재연을 통해서 이루어질 것이다.

[173 ~ 174] 다음 글을 읽고 물음에 답하시오.

오늘날 인류가 왼손보다 오른손을 선호하는 경향은 어디서 비롯되었을까? 무기를 들고 싸우는 결투에서 오른손잡이는 왼손잡이 상대를 만나 곤혹을 치르곤 한다. 왼손잡이 적수가 무기를 든 왼손은 뒤로 감춘 채 오른손을 내밀어 화해의 몸짓을 보이다가 방심한 틈에 공격을 할 수도 있다. 그러나 이런 상황이 왼손에 대한 폭넓고 뿌리 깊은 반감을 다 설명해 준다고는 생각되지 않는다. 예컨대 그런 종류의 겨루기와 거의 무관했던 여성들의 오른손 선호는 어떻게 설명할 것인가?

오른손을 귀하게 여기고 왼손을 천대하는 현상은 어쩌면 산업화 이전 사회에서 배변 후 사용할 휴지가 없었다는 사실과 관련이 있을 법하다. 인류 역사에서 대부분의 기간 동안 배변 후 뒤처리를 담당한 것은 맨손이었다. 맨손으로 배변 뒤처리를 하는 것은 불쾌할 뿐더러 병균을 옮길 위험을 수반하는 일이었다. 이런 위험의 가능성을 낮추는 간단한 방법은 음식을 먹거나 인사할 때 다른 손을 사용하는 것이었다. 기술 발달 이전의 사회에서는 대개 왼손을 배변 뒤처리에, 오른손을 먹고 인사하는 일에 사용했다. 이런 전통에서 벗어난 행동을 보면 사람들은 기겁하지 않을 수 없었다. 오른손과 왼손의 역할 분담에 관한 관습을 따르지 않는 어린아이는 벌을 받았을 것이다.

나는 이런 배경이 인간 사회에서 널리 나타나는 '오른쪽'에 대한 긍정과 '왼쪽'에 대한 반감을 어느 정도 설명해 줄 수 있으리라고 생각한다. 그러나 이 설명은 왜 애초에 오른손이 먹는 일에, 그리고 왼손이 배변 처리에 사용되었는지 설명해주지 못한다. 확률로 말하자면 왼손이 배변 처리를 담당하게 될 확률은 1/2이다. 그렇다면 인간 사회 가운데 절반 정도는 왼손잡이 사회였어야 할 것이다. 그러나 동서양을 막론하고, 왼손잡이 사회는 확인된 바 없다. 세상에는 왜 온통 오른손잡이 사회들뿐인지에 대한 근본적인 설명은 다른 곳에서 찾아야 할 것 같다.

한쪽 손을 주로 쓰는 경향은 뇌의 좌우반구의 기능 분화와 관련되어 있는 것으로 보인다. 보고된 증거에 따르면, 왼손잡이는 읽기와 쓰기, 개념적·논리적 사고 같은 좌반구 기능에서 오른손잡이보다 상대적으로 미약한 대신 상상력, 패턴 인식, 창의력 등 전형적인 우반구 기능에서는 상대적으로 기민한 경우가 많다.

비비원숭이의 두개골 화석을 연구함으로써 오스트랄로피테쿠스가 어느 손을 즐겨 썼는지를 추정할 수 있다. 이들이 비비원숭이를 몽둥이로 때려서 입힌 상처의 흔적이 남아 있기 때문이다. 연구에 따르면 오스트랄로피테쿠스는 약 80 %가 오른손잡이였다. 이는 현대인과 거의 일치한다. 사람이 오른손을 즐겨 쓰듯 다른 동물들도 앞발 중에 더 선호하는 쪽이 있는데, 포유류에 속하는 동물들은 대개 왼발을 즐겨 쓰는 것으로 나타났다. 이들 동물에서도 뇌의 좌우반구 기능은 인간과 본질적으로 다르지 않으며, 좌우반구의 신체 제어에서 좌우 교차가 일어난다는 점도 인간과 다르지 않다.

왼쪽과 오른쪽의 대결은 인간이라는 종의 먼 과거까지 거슬러 올라간다. 나는 이성 대 직관의 힘겨루기, 뇌의 두 반구 사이의 힘겨루기가 오른손과 왼손의 힘겨루기로 표면화된 것이 아닐까 생각한다. 즉 오른손이 원래 왼손보다 더 능숙했기 때문이 아니라 뇌의 좌반구가 인간의 행동을 지배하는 권력을 갖게 되었기 때문에 오른손 선호에 이르렀다는 생각이다. 그리고 이것이 사실이라면 직관적 사고에 대한 논리적 비판은 거시적 관점에서 그 타당성을 의심해볼 만하다. 어쩌면 뇌의 우반구 역시 좌반구의 권력을 못마땅하게 여기고 있는지도 모른다. 다만 논리적인 언어로 반론을 펴지 못할 뿐.

173

기출 17' 5급㉻-가 | 난이도 ●●○

위 글에서 알 수 없는 것은?

① 위생에 관한 관습은 명문화된 규범 없이도 형성될 수 있다.
② 직관적 사고보다 논리적 사고가 인간의 행위를 더 강하게 지배해 왔다고 볼 수 있다.
③ 인류를 제외한 대부분의 포유류의 경우에는 뇌의 우반구가 좌반구와의 힘겨루기에서 우세하다고 볼 수 있다.
④ 먹는 손과 배변을 처리하는 손이 다르게 된 이유는 먹는 행위와 배변 처리 행위에 요구되는 뇌 기능이 다르기 때문이다.
⑤ 왼손을 천대하는 관습이 가져다주는 이익이 있다고 해서 오른손잡이가 왼손잡이보다 압도적으로 많은 이유가 설명되는 것은 아니다.

174

기출 17' 5급㉻-가 | 난이도 ●●○

위 글의 논지를 약화하는 진술로 가장 적절한 것은?

① 오스트랄로피테쿠스의 지능은 현생 인류에 비하여 현저하게 뒤떨어지는 수준이었다.
② '왼쪽'에 대한 반감의 정도가 서로 다른 여러 사회에서 왼손잡이의 비율은 거의 일정함이 밝혀졌다.
③ 오른손잡이와 왼손잡이가 뇌의 해부학적 구조에서 유의미한 차이를 보이지 않는다는 사실이 입증되었다.
④ 진화 연구를 통해 인류 조상들의 행동의 성패를 좌우한 것이 언어·개념과 무관한 시각 패턴 인식 능력이었음이 밝혀졌다.
⑤ 태평양의 어느 섬에서 외부와 교류 없이 수백 년 동안 존속해 온 원시 부족 사회는 왼손에 대한 반감을 전혀 갖고 있지 않았다.

175

기출 21' 5급㉻[상황판단] | 난이도 ●●○

다음 글을 근거로 판단할 때 옳지 않은 것은?

A협회는 매년 12월 열리는 정기총회에서 다음해 협회장을 선출한다. 협회장의 선출은 ① 입후보자가 1인인 경우에는 '찬반투표'로 이루어지고, ② 입후보자가 2인 이상인 경우에는 '선거'를 통해 이루어진다.

'찬반투표'에 참여할 수 있는 회원의 자격은 투표일 현재까지 A협회의 정회원인 사람으로 한정한다. A협회의 정회원은 A협회의 준회원으로 만 1년 이상을 활동한 후 정회원 가입 신청을 하고 연회비를 납부한 자를 말한다. 기준에 따라 정회원 가입을 신청하고 연회비를 납부한 그 날부터 정회원 자격이 부여된다. 정회원은 정회원 자격을 획득한 다음해부터 매해 1월 30일까지 연회비를 납부하여야 그 자격이 유지된다. 기한 내에 연회비를 납부하지 않은 정회원은 그 자격이 유보되어 권리를 행사할 수 없고, 정회원 자격을 회복하기 위해서는 그 다음해 연회비 납부일까지 연회비의 3배를 납부하여야 한다. 2년 연속 연회비를 납부하지 않은 사람은 A협회의 회원 자격이 영구히 박탈된다.

한편 '선거'에 참여할 수 있는 회원의 자격은 선거일을 기준으로 정회원 자격을 얻은 후 만 1년을 경과한 정회원으로 한정한다. 연회비 미납부로 정회원 자격이 유보된 사람도 정회원 자격을 회복한 후 만 1년을 경과하여야 선거에 참여할 수 있다.

① 2019년 10월 A협회 정회원 자격을 얻은 甲은 '2020년 협회장' 선출을 위한 '선거'에 참여할 수 있었다.
② 2018년 10월 A협회 정회원 자격을 얻은 乙은 2019년 연회비 납부 여부와 관계없이 '2019년 협회장' 선출을 위한 '찬반투표'에 참여할 수 있었다.
③ 2017년 10월 A협회 정회원 자격을 얻은 丙이 연회비 미납부로 자격이 유보되었다가 2019년에 정회원 자격을 회복하였더라도 '2020년 협회장' 선출을 위한 '선거'에 참여할 수 없었다.
④ 2017년 10월 A협회 준회원 활동을 시작한 丁이 최소 요구 연한 경과 직후에 정회원 자격을 획득하였다면 '2019년 협회장' 선출을 위한 '찬반투표'에 참여할 수 있었다.
⑤ 2016년 10월 처음으로 A협회 정회원 자격을 얻은 戊가 2017년부터 연회비를 계속 납부하지 않았다면 협회장 선출을 위한 '선거'에 한 번도 참여할 수 없었다.

176

기출 14' 5급[민]-A 난이도 ●●○

다음 글의 가설 A, B에 대한 평가로 가장 적절한 것은?

진화론에서는 인류 진화 계통의 초기인 약 700만 년 전에 인간에게 털이 거의 없어졌다고 보고 있다. 털이 없어진 이유에 대해서 학자들은 해부학적, 생리학적, 행태학적 정보들을 이용하는 한편 다양한 상상력까지 동원해서 이와 관련된 진화론적 시나리오들을 제안해 왔다.

가설 A는 단순하게 고안되어 1970년대 당시 많은 사람들이 고개를 끄덕였던 설명으로, 현대적 인간의 출현을 무자비한 폭력과 투쟁의 산물로 설명하던 당시의 모든 가설을 대체할 수 있을 정도로 매력적으로 보였다. 이 가설에 따르면 인간은 진화 초기에 수상생활을 시작하였다. 인간 선조들은 수영을 하고 물속에서 아기를 키우는 등 즐거운 활동을 하기 위해서 수상생활을 하였다. 오랜 물속 생활로 인해 고대 초기 인류들은 몸의 털이 거의 없어졌다. 그 대신 피부 아래에 지방층이 생겨났다.

그 이후에 나타난 가설 B는 인간의 피부에 털이 없으면 털에 사는 기생충들이 감염시키는 질병이 줄어들기 때문에 생존과 생식에 유리하다고 주장하였다. 털은 따뜻하여 이나 벼룩처럼 질병을 일으키는 체외 기생충들이 살기에 적당하기 때문에 신체에 털이 없으면 그러한 병원체들이 자리 잡기 어렵다는 것이다. 이 가설에 따르면 인간이 자신을 더 효과적으로 보호할 수 있는 의복이나 다른 수단들을 활용할 수 있었을 때 비로소 털이 없어지는 진화가 가능하다. 옷이 기생충에 감염되면 벗어서 씻어 내면 간단한데, 굳이 영구적인 털로 몸을 덮을 필요가 있겠는가?

① 인간 선조들의 화석이 고대 호수 근처에서 가장 많이 발견되었다는 사실은 가설 A를 약화한다.
② 털 없는 신체나 피하 지방 같은 현대 인류의 해부학적 특징들을 고래나 돌고래 같은 수생 포유류들도 가지고 있다는 사실은 가설 A를 약화한다.
③ 호수나 강에는 인간의 생존을 위협하는 수인성 바이러스가 광범위하게 퍼져 있었으며 인간의 피부에 그에 대한 방어력이 없다는 사실은 가설 A를 약화한다.
④ 열대 아프리카 지역에서 고대로부터 내려온 전통 생활을 유지하고 있는 주민들이 옷을 거의 입지 않는다는 사실은 가설 B를 강화한다.
⑤ 피부를 보호할 수 있는 옷이나 다른 수단을 만들 수 있는 인공물들이 사용된 시기는 인류 진화의 마지막 단계에 한정된다는 사실은 가설 B를 강화한다.

177

기출 13' 5급[행]-인 난이도 ●●○

다음 글의 논지와 부합하는 것은?

근대적 공론장의 형성을 중시하는 연구자들은 아렌트와 하버마스의 공론장 이론을 적용하여 한국적 근대 공론장의 원형을 찾는다. 이들은 유럽에서 18 ~ 19세기에 우후죽순처럼 등장한 신문, 잡지 등이 시민들의 대화와 토론에 의거한 부르주아 공론장을 형성하였다는 사실에 착안하여 『독립신문』이 근대적 공론장의 역할을 하였다고 주장한다. 또한 만민공동회라는 새로운 정치 권력이 만들어낸 근대적 공론장을 통해, 공화정의 근간인 의회와 한국 최초의 근대적 헌법이 등장하는 결정적 계기가 마련되었다고 인식한다.

그런데 공론장의 형성을 근대 이행의 절대적 특징으로 이해하는 태도는 근대 이행의 다른 길들에 대한 불신과 과소평가로 이어지기도 한다. 당시 사회의 개혁을 위해서는 갑신정변과 같은 소수 엘리트 주도의 혁명이나 동학농민운동과 같은 민중봉기가 아니라, 만민공동회와 같은 다수 인민에 의한 합리적인 토론과 공론에 의거한 민주적 개혁이 올바른 길이라고 주장하는 것이 대표적 예이다. 나아가 이러한 태도는 당시 고종이 만민공동회의 주장을 수용하여 입헌군주제나 공화제를 채택했더라면 국권박탈이라는 비극만은 면할 수 있었으리라는 비약으로 이어진다.

이러한 생각의 배경에는 개인의 자각에 근거한 공론장과 평화적 토론을 통한 공론의 형성, 그리고 공론을 정치에 실현시킬 제도적 장치가 마련되어 있는 체제가 바로 '근대'라는 확고한 인식이 자리 잡고 있다. 그들은 시민세력으로 성장할 가능성을 지닌 인민들의 행위가 근대적 정치를 표현하고 있었다는 점만 중시하고, 공론 형성의 주체인 시민이 아직 형성되지 못한 시대 상황은 특수한 것으로 평가한다. 또한 근대적 정치행위가 실패한 것은 인민들의 한계가 아니라, 전제황실 권력의 탄압이나 개혁파 지도자 내부의 권력투쟁 때문이라고 설명한다.

이러한 인식으로는 농민들을 중심으로 한 반봉건 민중운동의 지향점, 그리고 토지문제 해결을 통한 근대 이행이라는 고전적 과제에 답할 수가 없다. 또한 근대적 공론장에 기반한 근대국가가 수립되었을지라도 제국주의 열강들의 위협을 극복할 수 있었겠는지, 그 극복이 농민들의 지지 없이 가능했을지에 대한 문제의식은 들어설 여지가 없게 된다. 더 큰 문제는 이런 인식이 농민운동을 근대 이행을 방해하는 역사의 반역으로 왜곡할 소지가 있다는 것이다. 이러한 의문들이 적극적으로 해명되지 않는다면 근대 공론장 이론은 설득력을 갖기 어려울 것이다.

① 『독립신문』은 근대적 공론장의 역할을 하지 못하였다.
② 농민운동이 한국의 근대 이행을 방해했다고 볼 수 없다.
③ 제국주의 열강의 위협이 한국의 근대 공론장 형성을 가속화하였다.
④ 고종이 만민공동회의 주장을 채택하였다면 국권박탈의 비극은 없었을 것이다.
⑤ 근대 공론장 이론의 한국적 적용은 몇 가지 한계가 있지만 근대 이행의 문제를 효과적으로 설명하였다.

178

기출 13' 5급㉻-인 | 난이도 ●●○

다음 빈칸에 들어갈 말로 가장 적절한 것은?

어느 시대든 사람들은 원인이 무엇인지 알고 있다고 믿었다. 사람들은 그런 앎을 어디서 얻는가? 원인을 안다고 믿는 사람들의 믿음은 어디서 생기는 것일까?

새로운 것, 체험되지 않은 것, 낯선 것은 원인이 될 수 없다. 알려지지 않은 것에서는 위험, 불안정, 걱정, 공포감이 뒤따라 나오기 때문이다. 우리 마음의 불안한 상태를 없애고자 한다면, 우리는 알려지지 않은 것을 알려진 것으로 환원해야 한다. 이러한 환원은 우리 마음을 편하게 해주고 안심시키며 만족하게 하고 힘을 느끼게 한다. 이 때문에 우리는 이미 알려진 것, 체험된 것, 기억에 각인된 것을 원인으로 설정하게 된다. '왜?'라는 물음의 답으로 나온 것은 그것이 진짜 원인이기 때문에 우리에게 떠오른 것이 아니다. 그것이 우리에게 떠오른 것은 그것이 우리를 안정시켜주고 성가신 것을 없애주며 무겁고 불편한 마음을 가볍게 해주기 때문이다. 따라서 원인을 찾으려는 우리의 본능은 위험, 불안정, 걱정, 공포감 등에 의해 촉발되고 자극받는다.

우리는 '설명이 없는 것보다 설명이 있는 것이 언제나 더 낫다'고 믿는다. 우리는 특별한 유형의 원인만을 써서 설명을 만들어 낸다. [ ] 그래서 특정 유형의 설명만이 점점 더 우세해지고, 그러한 설명들이 하나의 체계로 모아져 결국 그런 설명이 우리의 사고방식을 지배하게 된다. 기업인은 즉시 이윤을 생각하고, 기독교인은 즉시 원죄를 생각하며, 소녀는 즉시 사랑을 생각한다.

① 이것은 우리의 호기심과 모험심을 자극한다.
② 이것은 인과관계에 대한 우리의 지식을 확장시킨다.
③ 이것은 우리가 왜 불안한 심리 상태에 있는지를 설명해준다.
④ 이것은 낯설고 체험하지 않았다는 느낌을 가장 빠르고 가장 쉽게 제거해 버린다.
⑤ 이것은 새롭고 낯선 것에서 원인을 발견하려는 우리의 본래 태도를 점차 약화시키고 오히려 그 반대의 태도를 우리의 습관으로 굳어지게 한다.

179

기출 17' 5급㉻-가 | 난이도 ●●○

다음 글에서 알 수 있는 것만을 〈보기〉에서 모두 고르면?

조선후기에 들어와 아들이 없어 대를 이을 수 없는 양반들은 가계의 단절을 막기 위해 양자를 적극적으로 입양했다. 양자는 생부와 양부가 모두 생존해 있을 때 결정되기도 하지만, 양부 혹은 양부모가 모두 젊은 나이에 사망했을 때는 사후에 정해지기도 했다. 어떤 형식이든 간에 목적은 아들이 없는 집의 가계 계승이었다.

양반가에서 입양이 일단 이루어지면 양부모와 양자의 부자관계는 지속되었으며 세월이 흘러 세대가 바뀌어도 그 관계는 변하지 않았다. 그러나 입양이 일시적으로만 유지되는 경우도 있었는데, 이는 하층민에게서 나타나는 현상이었다. 호적을 보면 평민은 물론 노비층에도 양자가 존재했으며 때로는 양부와 양자의 성씨가 다른 경우도 있었다. 양자의 성씨가 다른 경우는 가계 계승을 목적으로 하는 입양에서는 있을 수 없는 일이었다. 그러므로 조선후기에 성씨가 다른 양자가 보인다면 이는 양반가가 아닌 하층민에서 노동력 확보나 노후 봉양 등을 목적으로 한 입양이었다.

양반 남성에게 양자는 자신과 성씨가 같으며 부계 혈통을 나누어 가진 자여야만 했다. 더구나 가문 내에서 세대 간 순차적 연결을 위해, 입양하려는 사람은 입양 대상자를 자신의 아들 항렬에 해당하는 친족으로 한정했다. 따라서 적당한 입양 대상자를 찾기 위하여 때로는 20~30촌이 넘는 부계친족의 협조를 받아 입양하기도 했다. 입양된 양자는 양부모의 재산을 물려받고, 그들을 위해 매년 제사를 지냈으며, 호적에도 생부가 아닌 양부가 친부로 기록되며 이는 결코 변경되지 않았다. 한편 적자와 서자의 차별이 강화되고 적자를 통해 가계를 계승해야 한다는 인식이 확산되면서, 적자는 없지만 서자가 있는 양반가에서도 양자를 들였다. 하층민들도 부계의 아들 항렬을 입양하기도 했는데, 양반과는 달리 입양의 목적이 반드시 가계 계승에 있지는 않았다. 가계 계승이 아닌 양부모 봉양 때문에 이루어진 하층민의 친족 입양은 그 목적이 사라지면 입양 관계가 종결되었다.

조선후기 호적에는 입양 사실을 보여주는 여러 기록이 있다. 예를 들어 경상도 단성현 법물야면 호적에는 1750년에 변담이 큰아버지 변해석의 양자로 들어갔음이 기록되어 있는데, 1757년에 변해석이 사망한 후 1759년 호적에는 변담의 생부인 변해달이 변담의 친부로 기록되어 있다.

보기

ㄱ. 변해석은 노동력 확보를 위해 변담을 양자로 입양했다.
ㄴ. 변담은 가계 계승을 목적으로 변해석의 양자로 들어갔다.
ㄷ. 경상도 단성현 법물야면의 호적에는 평민 등 하층민에 대해서도 기록되어 있다.

① ㄱ ② ㄷ ③ ㄱ, ㄴ
④ ㄴ, ㄷ ⑤ ㄱ, ㄴ, ㄷ

180

기출 20' 5급㉺[상황판단] 난이도 ●●○

다음 글을 근거로 판단할 때, 〈보기〉에서 민원을 정해진 기간 이내에 처리한 것만을 모두 고르면?

제○○조 ① 행정기관의 장은 '질의민원'을 접수한 경우에는 다음 각 호의 기간 이내에 처리하여야 한다.
1. 법령에 관해 설명이나 해석을 요구하는 질의민원: 7일
2. 제도·절차 등에 관해 설명이나 해석을 요구하는 질의민원: 4일

② 행정기관의 장은 '건의민원'을 접수한 경우에는 10일 이내에 처리하여야 한다.

③ 행정기관의 장은 '고충민원'을 접수한 경우에는 7일 이내에 처리하여야 한다. 단, 고충민원의 처리를 위해 14일의 범위에서 실지조사를 할 수 있고, 이 경우 실지조사 기간은 처리기간에 산입(算入)하지 아니한다.

④ 행정기관의 장은 '기타민원'을 접수한 경우에는 즉시 처리하여야 한다.

제○○조 ① 민원의 처리기간을 '즉시'로 정한 경우에는 3근무시간 이내에 처리하여야 한다.

② 민원의 처리기간을 5일 이하로 정한 경우에는 민원의 접수시각부터 '시간' 단위로 계산한다. 이 경우 1일은 8시간의 근무시간을 기준으로 한다.

③ 민원의 처리기간을 6일 이상으로 정한 경우에는 '일' 단위로 계산하고 첫날을 산입한다.

④ 공휴일과 토요일은 민원의 처리기간과 실지조사 기간에 산입하지 아니한다.

※ 업무시간은 09:00 ~ 18:00이다. (점심시간 12:00 ~ 13:00 제외)
※ 3근무시간: 업무시간 내 3시간
※ 광복절(8월 15일, 화요일)과 일요일은 공휴일이고, 그 이외에 공휴일은 없다고 가정한다.

보기

ㄱ. A부처는 8.7(월) 16시에 건의민원을 접수하고, 8.21(월) 14시에 처리하였다.
ㄴ. B부처는 8.14(월) 13시에 고충민원을 접수하고, 10일간 실지조사를 하여 9.7(목) 10시에 처리하였다.
ㄷ. C부처는 8.16(수) 17시에 기타민원을 접수하고, 8.17(목) 10시에 처리하였다.
ㄹ. D부처는 8.17(목) 11시에 제도에 대한 설명을 요구하는 질의민원을 접수하고, 8.22(화) 14시에 처리하였다.

① ㄱ, ㄴ ② ㄱ, ㄷ ③ ㄴ, ㄹ
④ ㄱ, ㄷ, ㄹ ⑤ ㄴ, ㄷ, ㄹ

Day 12 Self Check List

	오답 수	무응답 수	풀이시간(분)
1회독	/ 15	/ 15	/ 30(분)
2회독	/ 15	/ 15	/ 25(분)
3회독	/ 15	/ 15	/ 15(분)

정답 및 해설 478p

독끝 13일차 (181~200)

*아래 회독수 별 권장 풀이 시간에 맞춰 풀이 후, 끝쪽의 Self Check List를 기입하여 부족한 부분을 파악하세요!

권장 풀이 시간

1회독 40 min 2회독 33 min 3회독 20 min

본 문항은 PSAT 언어논리 영역 기출 문항으로 구성되며, 기출 표기에 따른 시험 종류는 아래와 같습니다.(표기 상 맨 끝은 '책형' 입니다.)

㉠ – 민간경력자 일괄채용시험 / ㉡ – 공개경쟁채용시험(행정)

181

기출 14' 5급민-A 난이도 ●●○

다음 글의 '도덕적 딜레마 논증'에 대한 비판으로 적절한 것만을 〈보기〉에서 모두 고르면?

1890년대에 이르러 어린이를 의료 실험 대상에서 배제시켜야 한다는 주장이 대두되었다. 그 주장의 핵심적인 근거는 어린이가 의료 실험과 관련하여 제한적인 동의능력만을 가지고 있다는 것이었다. 여기서 동의능력이란, 충분히 자율적인 존재가 제안된 실험의 특성이나 위험성 등에 대한 적절한 정보를 인식하고 그것에 기초하여 그 실험을 자발적으로 받아들일 수 있는 능력을 일컫는다. 그렇기 때문에 어린이를 실험 대상으로 하는 연구는 항상 도덕적 논란을 불러일으켰고, 1962년 이후 미국에서는 어린이에 대한 실험이 거의 시행되지 않았다. 이러한 상황에서 1968년 미국의 소아 약물학자 셔키는 다음과 같은 '도덕적 딜레마 논증'을 제시하였다. 어린이를 실험 대상에서 배제시키면, 어린이 환자 집단에 대해 충분한 실험을 하지 않은 약품들로 어린이를 치료하게 되어 어린이를 더욱 커다란 위험에 몰아넣게 된다. 따라서 어린이를 실험 대상에서 배제시키는 것은 도덕적으로 올바르지 않다. 반면, 어린이를 실험 대상에서 배제시키지 않으면, 제한적인 동의능력만을 가진 존재를 실험 대상에 포함시키게 된다. 제한된 동의능력만을 가진 이를 실험 대상에 포함시키는 것은 도덕적으로 올바르지 않다. 따라서 어린이를 실험 대상에 포함시키는 것은 도덕적으로 올바르지 않다. 우리의 선택지는 어린이를 실험 대상에서 배제시키거나 배제시키지 않는 것뿐이다. 결국 어떠한 선택을 하든 도덕적인 잘못을 저지를 수밖에 없다.

보기

ㄱ. 어린이를 실험 대상으로 하는 연구는 그 위험성의 여부와는 상관없이 모두 거부되어야 한다. 왜냐하면 적합한 사전 동의 없이 행해지는 어떠한 실험도 도덕적 잘못이기 때문이다.
ㄴ. 동물실험이나 성인에 대한 임상 실험을 통해서도 어린이 환자를 위한 안전한 약물을 만들어낼 수 있다. 따라서 어린이를 실험 대상에 포함시키지 않더라도 어린이 환자가 안전하게 치료받지 못하는 위험에 빠지지 않을 수 있다.
ㄷ. 부모나 법정 대리인을 통해 어린이의 동의능력을 적합하게 보완할 수 있다. 어린이의 동의능력이 부모나 법정대리인에 의해 적합하게 보완된다면 어린이를 실험 대상에 포함시켜도 도덕적 잘못이 아닐 수 있다. 따라서 이런 경우의 어린이를 실험 대상에 포함시켜도 도덕적 잘못이 아닐 수 있다.

① ㄱ ② ㄴ ③ ㄱ, ㄷ
④ ㄴ, ㄷ ⑤ ㄱ, ㄴ, ㄷ

182

기출 13' 5급행-인 난이도 ●●○

다음 글에 나타난 견해들 간의 관계를 바르게 서술한 것은?

고대 그리스의 원자론자 데모크리토스는 자연의 모든 변화를 원자들의 운동으로 설명했다. 모든 자연현상의 근거는, 원자들, 빈 공간 속에서의 원자들의 움직임, 그리고 그에 따른 원자들의 배열과 조합의 변화라는 것이다.

한편 데카르트에 따르면 연장, 즉 퍼져있음이 공간의 본성을 구성한다. 그런데 연장은 물질만이 가지는 속성이기 때문에 물질 없는 연장은 불가능하다. 다시 말해 아무 물질도 없는 빈 공간이란 원리적으로 불가능하다. 데카르트에게 운동은 물속에서 헤엄치는 물고기의 움직임과 같다. 꽉 찬 물질 속에서 물질이 자리바꿈을 하는 것이다.

뉴턴에게 3차원 공간은 해체할 수 없는 튼튼한 집 같은 것이었다. 이 집은 사물들이 들어올 자리를 마련해주기 위해 비어 있다. 사물이 존재한다는 것은 어딘가에 존재한다는 것인데 그 '어딘가'가 바로 뉴턴의 절대공간이다. 비어 있으면서 튼튼한 구조물인 절대공간은 그 자체로 하나의 실체는 아니지만 '실체 비슷한 것'으로서, 객관적인 것, 영원히 변하지 않는 것이었다.

라이프니츠는 빈 공간을 부정한다는 점에서 데카르트와 의견을 같이했다. 그러나 데카르트가 뉴턴과 마찬가지로 공간을 정신과 독립된 객관적 실재로 보았던 반면, 라이프니츠는 공간을 정신과 독립된 실재라고 보지 않았다. 그가 보기에는 '동일한 장소'라는 관념으로부터 '하나의 장소'라는 관념을 거쳐 모든 장소들의 집합체로서의 '공간'이라는 관념이 나오는데, '동일한 장소'라는 관념은 정신의 창안물이다. 결국 '공간'은 하나의 거대한 관념적 상황을 표현하고 있을 뿐이다.

① 만일 공간의 본성에 관한 뉴턴의 견해가 옳다면, 라이프니츠의 견해도 옳다.
② 만일 공간의 본성에 관한 데카르트의 견해가 옳다면, 데모크리토스의 견해도 옳다.
③ 만일 공간의 본성에 관한 라이프니츠의 견해가 옳다면, 데카르트의 견해는 옳지 않다.
④ 만일 빈 공간의 존재에 관한 데카르트의 견해가 옳다면, 뉴턴의 견해도 옳다.
⑤ 만일 빈 공간의 존재에 관한 데모크리토스의 견해가 옳다면, 뉴턴의 견해는 옳지 않다.

183

기출 13' 5급㉻-인 | 난이도 ●●○

다음 글에서 추론할 수 없는 것은?

소리는 고막을 통해 내이(內耳) 기관인 달팽이의 난원창으로 전달된다. 달팽이에는 전정관과 고실관이 있는데, 이 두 관은 외림프액으로 채워져 있고 한쪽 끝은 서로 연결되어 있다. 전정관과 고실관의 나머지 한쪽은 각각 난원창과 정원창으로 덮여있다. 달팽이의 속에는 내림프액으로 채워져 있는 달팽이관이 있는데, 그 곳에는 내림프액의 압력 변화를 감지하는 털세포가 있다. 전정관과 달팽이관 사이에는 전정막이라는 얇은 막이 있고 달팽이관과 고실관 사이에는 기저막이 있다.

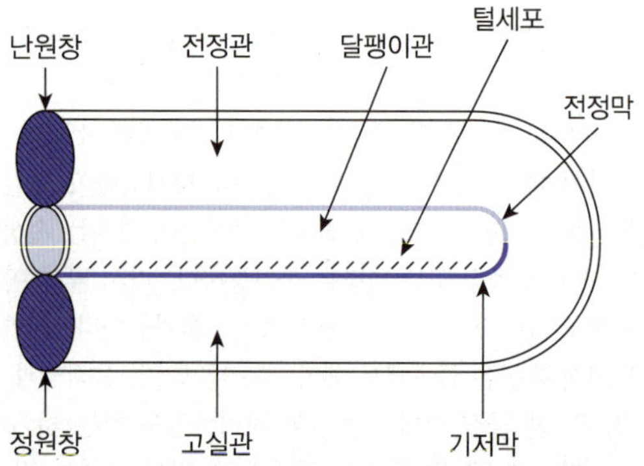

〈내이 기관인 달팽이의 모양〉

난원창으로 소리가 전달되었을 때 어떤 일이 일어날까? 소리는 난원창을 진동시키고, 이 진동에 의해 전정관 내부에 있는 외림프액을 안쪽으로 밀면서 압력을 가한다. 이 압력은 전정막을 통과하여 달팽이관의 내림프액에 전달된다. 내림프액에 전달된 압력은 기저막을 가로질러 고실관을 통해 정원창으로 이동한다. 이 때, 정원창이 진동하면서 이 압력은 달팽이 외부로 방출된다.

소리의 높낮이에 따라 압력이 기저막을 통과하는 위치가 달라진다. 난원창에 가까운 기저막 부위는 뻣뻣하여 진동수가 많은 고음만 통과할 수 있고, 난원창에서 멀어질수록 기저막은 차츰 유연해지면서 진동수가 적은 저음이 통과하기 때문이다. 결과적으로 털세포는 압력이 통과하는 기저막의 움직임을 감지하여 신호를 만들고, 뇌에 그 신호를 전달한다. 이런 과정을 통해 사람은 소리를 들을 수 있다.

① 털세포가 없으면 소리를 듣지 못할 것이다.
② 기저막이 뻣뻣해지면 저음을 듣기 어려워질 것이다.
③ 고음일수록, 난원창에서 더 가까운 기저막 부위를 움직일 것이다.
④ 정원창의 진동 여부를 알면 소리의 고·저를 구별할 수 있을 것이다.
⑤ 저음일수록, 고실관 내의 림프액의 압력 변화는 정원창에서 더 먼 곳에서부터 시작될 것이다.

184

기출 17' 5급㉻-가 | 난이도 ●●○

다음 ㉠과 ㉡에 대한 판단으로 가장 적절한 것은?

니체는 자신이 가끔 '가축 떼의 도덕'이라고 부르며 비난했던 것을 '노예의 도덕', 즉 노예나 하인에게 적합한 도덕으로 묘사한다. 그는 다음과 같이 말한다. "지금까지 지상을 지배해 온 수많은 도덕들 사이를 헤집고 다니면서 마침내 두 가지의 기본적인 유형, 주인의 도덕과 노예의 도덕을 발견했다." 그 다음 그는 이 두 유형의 도덕은 보통 섞여 있으며 온갖 다양한 방식으로 함께 작동한다는 점을 덧붙인다. 그의 주장에는 분명 지나치게 단순한 이분법이 스며들어 있다. 그러나 『도덕의 계보』에서 그는 자신이 우리에게 제시하고 있는 것은 하나의 논쟁이며, 지나치게 단순화되긴 했지만 도덕을 보는 사유의 근본적인 쟁점을 부각시키는 데 목적이 있다는 점도 분명하게 밝힌다.

니체에 따르면 성경이나 칸트의 저서에서 제시된 도덕은 ㉠ 노예의 도덕이다. 노예 도덕의 가장 조잡한 형태는 개인을 구속하고 굴레를 씌우는 일반 원칙으로 구성되는데, 이는 외적 권위 즉 통치자나 신으로부터 부과된 것이다. 좀 더 섬세하고 세련된 형태에서는 외적 권위가 내재화되는데, 이성(理性)의 능력이 그 예라고 할 수 있다. 하지만 조잡한 형태든 세련된 형태든 이 도덕을 가장 잘 특징짓는 것은 그것이 무엇인가를 금지하고 제약하는 일반 원칙의 형태로 나타난다는 점이다. 칸트가 정언명령을 몇 개의 일반적 정칙(定則)으로 제시했을 때도 그 내용은 '너희는 해서는 안 된다'였다.

반면 ㉡ 주인의 도덕은 덕의 윤리이며, 개인의 탁월성을 강조하는 윤리이다. 이는 개인의 행복과 반대되지 않으며 오히려 도움을 줄 수도 있다. 니체와 아리스토텔레스는 인격적으로 뛰어나게 되는 것이야말로 그 사람을 행복하게 해 준다고 생각했다. 자신의 목표나 만족을 희생해서 마지못해 자신의 의무를 완수하는 것은 그 사람을 불행하게 만든다. 그에 비해 주인의 도덕을 실천하는 사람은 자신이 좋아하고 자신에게 어울리는 가치, 이상, 실천을 자신의 도덕으로 삼는다. 주인의 도덕은 '지금의 나 자신이 되어라!'를 자신의 표어로 삼는다. 그리고 자신이 다른 사람과 같은지 다른지, 혹은 다른 사람의 것을 받아들일 수 있는지 없는지에 대해서는 별 신경을 쓰지 않는다.

① 내가 '좋음'의 의미를 주체적으로 정립하여 사는 삶은 ㉠에 따라 사는 삶이다.
② 내가 나 자신의 탁월성 신장을 통하여 행복을 추구하여 사는 삶은 ㉠에 따라 사는 삶이다.
③ 내가 끊임없이 스스로를 갈고 닦아 자신만의 개성을 만들어 사는 삶은 ㉠에 따라 사는 삶이다.
④ 내가 내재화된 이성의 힘을 토대로 주체적인 삶을 영위하기 위해 노력하는 것은 ㉡에 따라 사는 삶이다.
⑤ 내가 개인을 구속하는 일반 원칙에 얽매이지 않고 덕스러운 방식으로 행복을 추구하는 것은 ㉡에 따라 사는 삶이다.

185

기출 19' 5급㉻[상황판단] 난이도 ●●○

다음 〈국내 대학(원) 재학생 학자금 대출 조건〉을 근거로 판단할 때, 〈보기〉에서 옳은 것만을 모두 고르면? (단, 甲 ~ 丙은 국내 대학(원)의 재학생이다.)

〈국내 대학(원) 재학생 학자금 대출 조건〉

구분		X학자금 대출	Y학자금 대출
신청 대상	신청 연령	• 35세 이하	• 55세 이하
	성적 기준	• 직전 학기 12학점 이상 이수 및 평균 C학점 이상(단, 장애인, 졸업학년인 경우 이수학점 기준 면제)	• 직전 학기 12학점 이상 이수 및 평균 C학점 이상(단, 대학원생, 장애인, 졸업학년인 경우 이수학점 기준 면제)
	가구소득 기준	• 소득 1 ~ 8분위	• 소득 9, 10분위
	신용 요건	• 제한 없음	• 금융채무불이행자, 저신용자 대출 불가
대출 한도	등록금	• 학기당 소요액 전액	• 학기당 소요액 전액
	생활비	• 학기당 150만 원	• 학기당 100만 원
상환 사항	상환 방식 (졸업 후)	• 기준소득을 초과하는 소득 발생 이전: 유예 • 기준소득을 초과하는 소득 발생 이후: 기준 소득 초과분의 20 %를 원천 징수 ※ 기준소득: 연 □천만 원	• 졸업 직후 매월 상환 • 원금균등분할상환과 원리금균등분할상환 중 선택

보기

ㄱ. 34세로 소득 7분위인 대학생 甲이 직전 학기에 14학점을 이수하여 평균 B학점을 받았을 경우 X학자금 대출을 받을 수 있다.

ㄴ. X학자금 대출 대상이 된 乙의 한 학기 등록금이 300만 원일 때, 한 학기당 총 450만 원을 대출받을 수 있다.

ㄷ. 50세로 소득 9분위인 대학원생 丙(장애인)은 신용요건에 관계없이 Y학자금 대출을 받을 수 있다.

ㄹ. 대출금액이 동일하고 졸업 후 소득이 발생하지 않았다면, X학자금 대출과 Y학자금 대출의 매월 상환금액은 같다.

① ㄱ, ㄴ ② ㄱ, ㄷ ③ ㄷ, ㄹ
④ ㄱ, ㄴ, ㄹ ⑤ ㄴ, ㄷ, ㄹ

186

기출 13' 5급㉤-인 난이도 ●●○

다음 글에서 추론할 수 있는 것은?

원래 '문명'은 진보 사관을 지닌 18세기 프랑스 계몽주의자들이 착안한 개념으로, 무엇보다 야만성이나 미개성에 대비된 것이었다. 그러나 독일 낭만주의자들은 '문화'를 민족의 혼이나 정신적 특성으로 규정하면서, 문명을 물질적인 것에 국한시키고 비하했다. 또한 문화는 상류층의 고상한 취향이나 스타일 혹은 에티켓 등 지식인층의 교양을 뜻하기도 했다. 아놀드를 포함해서 빅토리아 시대의 지성인들은 대체로 이런 구분을 받아들였다. 그래서 문명이 외적이며 물질적인 것이라면, 문화는 내적이며 정신과 영혼의 차원에 속하는 것이었다. 따라서 문명이 곧 문화를 동반하는 것은 아니었다. 아놀드는 그 당시 산업혁명이 진행 중인 도시의 하층민과 그들의 저급한 삶을 비판적으로 바라보았다. 이를 치유하기 위해 그는 문화라는 해결책을 제시하였다. 그에 따르면 문화는 인간다운 능력의 배양에서 비롯되는 것이다.

한편 19세기 인문주의자들은 문화라는 어휘를 광범위한 의미에서 동물과 대비하여 인간이 후천적으로 습득한 지식이나 삶의 양식을 총체적으로 지칭하는 데 사용하였다. 인류학의 토대를 마련한 타일러도 기본적으로 이를 계승하였다. 그는 문화를 "인간이 사회 집단의 구성원으로서 습득한 지식, 믿음, 기술, 도덕, 법, 관습 그리고 그 밖의 능력이나 습관으로 구성된 복합체"라고 정의하였다. 그는 독일 낭만주의자들의 문화와 문명에 대한 개념적 구분을 배격하고, 18세기 프랑스 계몽주의자들이 야만성이나 미개성과 대비하기 위해 착안한 문명이라는 개념을 받아들였다. 즉 문화와 문명이 별개의 것이 아니라, 문명은 단지 문화가 발전된 단계로 본 것이다. 이것은 아놀드가 가졌던 문화에 대한 규범적 시각에서 탈피하여 원시적이든 문명적이든 차별을 두지 않고 문화의 보편적 실체를 확립했다는 점에서 의의가 있다.

① 독일 낭만주의자들의 시각에 따르면 문명은 문화가 발전된 단계이다.
② 타일러의 시각에 따르면 원시적이고 야만적인 사회에서도 문화는 존재한다.
③ 프랑스 계몽주의자들의 시각에 따르면 문화와 문명은 본질적으로 다른 것이다.
④ 아놀드의 시각에 따르면 문화의 다양성은 집단이 발전해 온 단계가 다른 데서 비롯된다.
⑤ 타일러의 시각에 따르면 문명은 고귀한 정신적 측면이 강조된다는 점에서 보편적 실체라고 할 수 없다.

187

기출 13' 5급㉻-인 난이도 ●●○

다음 글의 논지를 약화하는 진술은?

무기물의 세계는 인과법칙의 지배를 받기 때문에, 과거와 현재가 미래를 결정한다. 그러나 생명체의 생장과 발달 과정에서는 현재의 상태가 미래의 목적에 맞게끔 조정되고, 그런 식으로 현재가 미래에 의해 결정되는 것처럼 보인다. 이처럼 미래가 현재를 결정한다는 견해가 '목적론'이다. 그러나 '결정된다'는 말을 인과법칙과 일관된 방식으로 사용한다면, 우리는 미래가 현재를 결정한다고 말할 수 없다. 어떤 목적이든 그 실현 과정은 인과법칙에 따라 이루어져야 하며, 이런 관점에서 볼 때 생명체에서도 현재의 모습은 미래에 의해서가 아니라 이미 존재하는 어떤 청사진의 구현 과정에서 결정될 뿐이다.

실제로 우리는 인과법칙과 상충하는 요소를 끌어들이지 않고도 생명에 관한 목적론적 설명을 대체할 수 있다. 우연이 낳는 변화와 자연에 의한 선택이라는 개념으로 진화를 설명한 다윈의 업적이 바로 그것이다. 현존하는 종들을 하나의 체계적인 질서 속에 위치시켜 보면, 인간이 이 질서의 맨 위쪽에 있고, 그 밑에 영장류, 이어 포유동물이 있다. 이런 계열은 조류, 파충류, 어류를 지나 여러 형태의 해양생물로 이어지고 마침내 아메바 같은 단세포생물에 이른다. 다윈에 따르면 현존하는 종들 간의 이런 체계적 질서는 종 발생의 역사적 질서를 반영한다. 그리고 목적론적 과정에 의해서가 아니라 인과법칙을 따르는 진화의 과정을 통해 단세포생물로부터 오랜 세월을 거쳐 고등생물이 나타났다. 다양한 시대의 지층에 대한 지질학적 탐구의 성과 역시 이런 추리를 적극적으로 지지한다.

① 다윈의 설명은 목적론적 설명을 대체하는 힘을 지니지만 인과법칙 이외에 목적론적 개념을 필요로 하지 않는다.
② 개체 간의 차이는 환경 조건의 변화에 생명체가 적응하는 과정에서 나타나고 생존에 유리한 개체와 불리한 개체를 만든다.
③ 아무리 긴 시간이 주어져도 단순한 구조물로부터 고도의 복잡성과 자기복제 능력을 지닌 체계가 우연히 발생할 가능성은 사실상 없다.
④ 자연의 우연적 변화를 통해 새로운 종이 출현한다고 해도 그러한 과정에 인과법칙과 모순되는 특별한 힘이 작용했다고 볼 이유는 없다.
⑤ 지질학은 그 지층이 형성되던 시대에 살았던 동식물의 생태에 관한 기록을 왜곡 없이 보존하고 있을 뿐만 아니라 지층의 구조는 그 지층을 형성한 시간 질서를 반영한다.

188

기출 13' 5급㉻-인 난이도 ●●○

다음 글에서 알 수 없는 것은?

갑은 고려 전기까지를 고대 노예제 사회로, 무신 정권기에서 고려 말까지를 과도기로, 조선 시대부터는 중세 봉건제 사회로 본다. 갑은 고려 전기 국가 수취의 준거를 토지가 아닌 노동력에 둔다. 고대의 수취는 신라 장적문서에서 보이듯, 호의 등급이 토지가 아니라 정남(丁男)의 노동력으로 구분되었고 이러한 특징은 고려 전기까지도 바뀌지 않았다고 한다. 물론 신라, 고려 때에도 토지에 대하여 부과하는 조세가 없지는 않았지만 수취의 중점은 노동력 수탈과 인신 예속에 있었다는 것이다. 갑은 이러한 고대적 요소는 무신란 이후 점차 해체·극복되었으며, 조선조에 들어와 중세 봉건제 사회가 이루어졌다고 한다.

한편 을은 고려의 성립을 중세 봉건제 사회의 출발로 본다. 을은 시대 구분의 기준을 경제적 측면은 물론 정치, 사회, 문화의 모든 면을 아울러 살펴보아야 한다고 주장한다. 그에 따르면 고대적 혈연관계에 기반한 골품제가 사회생활 전반을 제약하던 신라 사회는 하대(下代)에 들어와 점차 무너지기 시작하였다고 한다. 이러한 상황에서 호족 세력이 등장하여 나말·후삼국의 혼란기가 나타났지만 그것은 곧 고대 사회를 극복하는 과정이라고 할 수 있다. 고려 건국에 성공한 태조 왕건이 노비를 풀어준다든가 백성들의 수취에 기준을 세워야 한다는 것을 주장하며 인신 예속의 약화를 표방한 것은 역사적 의미를 갖는 것이었다. 이러한 사회 원리의 형성이 곧 중세 봉건제 사회의 성립이라고 보았다.

마지막으로 병은 삼국 시대를 고대 노예제 사회로, 삼국 항쟁기를 전환기로 보고 통일신라 이후를 중세 봉건제 사회로 구분하였다. 그는 사회경제사적 입장에서 토지 소유자와 직접 생산자 간 생산 관계의 특질을 시대 구분의 중심으로 삼았다. 고대 사회를 대토지 소유자인 귀족층과 직접 생산자인 하호층·노예 사이에 인신 예속을 기초로 한 생산 관계가 전개된 노예제 사회로, 중세 사회를 토지소유자인 지주와 경작자인 전호 사이의 생산관계와 신분제가 결합된 봉건제 사회로 보았다. 특히 순장을 강력한 인신 예속의 지표로 보고 삼국 말기 순장의 소멸을 중세 사회가 성립되는 주요 계기로 파악하였다.

① 중세 봉건제 사회 성립을 가장 이른 시기로 설정한 사람은 병이다.
② 갑, 을, 병은 모두 시대 구분 문제에서 경제적 측면을 고려하고 있다.
③ 시대 구분의 기준을 가장 다양한 측면에서 고려하고 있는 사람은 을이다.
④ 갑, 을과 달리 병은 인신 예속이 강할수록 고대적 요소가 강하다고 하였다.
⑤ 갑, 을, 병은 모두 삼국 시대가 중세 봉건제 사회에 진입하지 않았다고 보고 있다.

189

기출 17' 5급㉻-가 | 난이도 ●●○

다음 ㉠을 약화하는 것만을 〈보기〉에서 모두 고르면?

2001년 인간 유전체 프로젝트가 완료된 후, 영국의 일요신문 『옵저버』는 "드디어 밝혀진 인간 행동의 비밀, 열쇠는 유전자가 아니라 바로 환경"이라는 제목의 기사를 실었다. 유전체 연구 결과, 인간의 유전자 수는 애당초 추정치인 10만 개에 크게 못 미치는 3만 개로 드러났다. 해당 기사는 인간 유전체 프로젝트의 핵심 연구자였던 크레이그 벤터 박사의 ㉠ 주장을 다음과 같이 인용하였다. "유전자 결정론이 옳다고 보기에는 유전자 수가 턱없이 부족합니다. 인간 행동과 형질의 놀라운 다양성은 우리의 유전자 속에 들어있지 않다는 것이죠. 환경에 그 열쇠가 있습니다. 우리의 행동 양식은 유전자가 환경과 상호작용함으로써 비로소 결정되죠. 인간은 유전자의 지배를 받는 존재가 아닌 것이죠. 우리는 자유의지를 발휘할 수 있는 존재인 것입니다." 여러 신문들이 같은 기사를 실었다. 이를 계기로, 본성 대 양육이라는 해묵은 논쟁은 인간의 행동을 결정하는 것이 유전인지 아니면 환경인지 하는 논쟁의 형태로 재점화되었다. 인간이란 결국 신체를 구성하는 물질에 의해 구속받는 존재인지 아니면 인간에게 자유의지가 허락되는지를 놓고도 열띤 토론이 벌어졌다.

보기

ㄱ. 자유의지가 없는 동물 중에는 인간보다 더 많은 유전자 수를 가지고 있는 경우도 있다.
ㄴ. 유전자에게 지배되지 않더라도 인간의 행동이 유전자와 환경의 상호작용으로 결정된다면, 그 행동은 인간 스스로의 자유로운 의지에 따라 행한 것이라고 볼 수 없다.
ㄷ. 다양한 인간 행동은 일정한 수의 유형화된 행동 패턴들의 중층적 조합으로 분석될 수 있고, 발견된 인간 유전자의 수는 유형화된 행동 패턴들을 모두 설명하기에 적지 않다.

① ㄱ ② ㄴ ③ ㄱ, ㄷ
④ ㄴ, ㄷ ⑤ ㄱ, ㄴ, ㄷ

190

기출 18' 5급㉻[상황판단] | 난이도 ●●○

다음 글과 〈甲지방자치단체 공직자윤리위원회 위원 현황〉을 근거로 판단할 때 옳은 것은? (단, 오늘은 2018년 3월 10일이다)

제○○조 ① 지방자치단체는 공직자윤리위원회(이하 '위원회'라 한다)를 두어야 한다.
② 위원회는 위원장과 부위원장 각 1명을 포함한 9명의 위원으로 구성하되 위원은 다음 각 호에 따라 위촉한다.
1. 5명의 위원은 법관, 교육자, 시민단체에서 추천한 자로 한다. 이 경우 제2호의 요건에 해당하는 자는 제외된다.
2. 4명의 위원은 해당 지방의회 의원 2명, 해당 지방자치단체 소속 행정국장, 기획관리실장(이하 '소속 공무원'이라 한다)으로 한다.
③ 위원회의 위원장과 부위원장은 위원회에서 다음 각 호에 따라 선임한다.
1. 위원장은 제2항 제1호의 5명 중에서 선임
2. 부위원장은 제2항 제2호의 4명 중에서 선임

제○○조 ① 위원의 임기는 2년으로 하되, 한 차례만 연임할 수 있다.
② 지방자치단체의회 의원 및 소속 공무원 중에서 위촉된 위원의 임기는 제1항에도 불구하고 지방의회 의원인 경우에는 그 임기 내로 하고, 소속 공무원인 경우에는 그 직위에 재직 중인 기간으로 한다.
③ 전조 제2항 제1호에 따른 위원 중 결원이 생겼을 경우 그 자리에 새로 위촉된 위원의 임기는 전임자의 남은 기간으로 한다.

〈甲지방자치단체 공직자윤리위원회 위원 현황〉

성명	직위	최초 위촉일자
A	甲지방의회 의원	2016. 9. 1.
B	시민연대 회원	2016. 9. 1.
C	甲지방자치단체 소속 기획관리실장	2016. 9. 1.
D	지방법원 판사	2017. 3. 1.
E	대학교 교수	2016. 9. 1.
F	고등학교 교사	2014. 9. 1.
G	중학교 교사	2016. 9. 1.
H	甲지방의회 의원	2016. 9. 1.
I	甲지방자치단체 소속 행정국장	2016. 9. 1.

※ 모든 위원은 최초 위촉 이후 계속 위원으로 활동하고 있다.

① B가 사망하여 새로운 위원을 위촉하는 경우 甲지방의회 의원을 위촉할 수 있다.
② C가 오늘자로 명예퇴직하더라도 위원직을 유지할 수 있다.
③ E가 오늘자로 사임한 경우 당일 그 자리에 위촉된 위원의 임기는 위촉된 날로부터 2년이다.
④ F는 임기가 만료되면 연임할 수 있다.
⑤ I는 부위원장으로 선임될 수 있다.

191

기출 13' 5급(민)-인 난이도 ●●○

다음 논증에 대한 평가로 적절한 것만을 〈보기〉에서 모두 고르면?

눈이나 귀에는 각각 고유의 기능이 있다. 그 기능을 잘 수행하는 상태가 훌륭한 상태이고, 그 기능을 잘 수행하지 못하는 상태가 나쁜 상태이다. 혼이나 정신은 다스리는 기능을 한다. 혼이나 정신도 눈이나 귀와 마찬가지로 훌륭한 상태에서 고유의 기능을 가장 잘 수행한다. 따라서 훌륭한 상태의 혼은 잘 다스리지만 나쁜 상태에 있는 혼은 잘못 다스린다.

올바름 혹은 도덕적임은 혼이나 정신의 훌륭한 상태이지만, 올바르지 못함은 혼이나 정신의 나쁜 상태이다. 올바른 혼과 정신을 가진 사람은 훌륭하게 살지만, 그렇지 못한 사람은 잘못 산다. 또한 훌륭하게 사는 사람, 즉 도덕적인 사람은 행복할 것이며, 행복한 것은 그에게 이익을 준다. 따라서 도덕적인 것은 이익이 되는 것이다.

보기

ㄱ. 도덕적으로 살고 있음에도 불행한 사람이 존재한다는 것은 이 논증을 약화한다.

ㄴ. 도덕적으로 살지 않는 것은 이익이 되지 않는다는 주장이 이 논증으로부터 추론된다.

ㄷ. 눈이나 귀가 고유의 기능을 잘 수행하더라도 눈이나 귀를 도덕적이라고 하지 않는 것은 이 논증을 강화한다.

① ㄱ ② ㄷ ③ ㄱ, ㄴ
④ ㄴ, ㄷ ⑤ ㄱ, ㄴ, ㄷ

192

기출 13' 5급(민)-인 난이도 ●●○

다음 글의 ㉠에 해당하지 않는 것은?

키르케의 섬에 표류한 오디세우스의 부하들은 키르케의 마법에 걸려 변신의 형벌을 받았다. 변신의 형벌이란 몸은 돼지로 바뀌었지만 정신은 인간의 것으로 남아 자신이 돼지가 아니라 인간이라는 기억을 유지해야 하는 형벌이다. 그 기억은, 돼지의 몸과 인간의 정신이라는 기묘한 결합의 내부에 견딜 수 없는 비동일성과 분열이 담겨 있기 때문에 고통스럽다. "나는 돼지이지만 돼지가 아니다, 나는 인간이지만 인간이 아니다."라고 말해야만 하는 것이 비동일성의 고통이다.

바로 이 대목이 현대 사회의 인간을 '물화(物化)'라는 개념으로 파악하고자 했던 루카치를 전율케 했다. 물화된 현대 사회에서 인간 존재의 모습은 두 가지로 갈린다. 먼저 인간은 상품이 되었으면서도 인간이라는 것을 기억하는, 따라서 현실에서 소외당한 자신을 회복하려는 가혹한 노력을 경주해야 하는 존재이다. 자신이 인간이라는 점을 기억하고 있지 않다면 그에게 구원은 구원이 아닐 것이므로, 인간이라는 본질을 계속 기억하는 일은 그에게 구원의 첫째 조건이 된다. 키르케의 마법으로 변신의 계절을 살고 있지만, 자신이 기억을 계속 유지하면 그 계절은 영원하지 않을 것이라는 희망을 가질 수 있다. 그는 소외 없는 저편의 세계, 구원과 해방의 순간을 기다린다.

반면 ㉠ <u>망각의 전략</u>을 선택하는 자는 자신이 인간이었다는 기억 자체를 포기하는 인간이다. 그는 구원을 위해 기억에 매달리지 않는다. 그는 그에게 발생한 변화를 받아들이고 그것을 새로운 현실로 인정하며 그 현실에 맞는 새로운 언어를 얻기 위해 망각의 정치학을 개발한다. 망각의 정치학에서는 인간이 고유의 본질을 갖고 있다고 믿는 것 자체가 현실적인 변화를 포기하는 것이 된다. 일단 키르케의 돼지가 된 자는 인간 본질을 붙들고 있는 한 새로운 변화를 꾀할 수 없다.

키르케의 돼지는 자신이 인간이었다는 기억을 망각하고 포기할 때 새로운 존재로 탄생할 수 있겠지만, 바로 그 때문에 그는 소외된 현실이 가져다주는 비참함으로부터 눈을 돌리게 된다. 대중소비를 신성화하는 대신 왜곡된 현실에는 관심을 두지 않는다고 비판받았던 1960년대 팝아트 예술은 망각의 전략을 구사하는 키르케의 돼지들이다.

① 물화된 세계를 비판 없이 받아들인다.
② 고유의 본질을 버리고 변화를 선택한다.
③ 왜곡된 현실을 자기합리화하여 수용한다.
④ 자신의 정체성이 분열되었음을 직시한다.
⑤ 소외된 상황에 적응할 수 있는 언어를 찾는다.

193

기출 13' 5급㉻-인 난이도 ●●○

A와 B의 견해 차이를 가장 잘 기술한 것은?

A: 진화론이 인간에 대해 설명할 때 동원하는 두 개의 핵심 개념은 '생존'과 '번식'이다. 그러나 그것만으로는 인간의 행동, 가치, 목표를 다 설명할 수 없다. 현대 생물학이 인간 존재와 그의 행동에 대한 모든 답을 가진 것처럼 발언하는 순간, 인문학은 생물학에 의심의 눈초리를 보내게 된다. 물론 인간도 동물이고 생물인 이상 생물학의 차원을 떠날 수는 없다. 인간은 다른 모든 생명체와 생물학의 차원을 공유한다. 인간의 심리, 행동방식, 취향과 습관도 생물학의 차원에 뿌리내리고 있다. 그러나 인문학의 관심 대상은 이런 차원 위에 만들어진 독특한 세계이다. '인간을 인간이게 하는 것은 무엇인가'라는 질문은 인문학의 핵심 관심사이다. 말하자면 인문학은 인간의 고유성을 말해주는 층위와 지점들을 찾아내는 작업이다. 여기에는 사회·정치·윤리의 차원을 고려해야 한다. 가령 평등이나 인간 존엄과 같은 사회 원칙과 이상을 생각해 보자. 인간 사회에 이러한 가치와 규범이 유효해야 한다는 요구는 진화의 결과라기보다 선택의 결과이다. 그런 점에서 분명 인간에게는 생물학만으로는 설명할 수 없는 생물학 너머의 차원이 있다.

B: A의 생각은 '생물학'이라는 말에서 유전자 결정론을 연상하기 때문에 나왔다. 한 인간은 유전과 환경 사이의 관계 속에서 탄생하고 성장한다. 유전자에 의해서 발현되는 형질들과 환경 사이의 상호작용과 관련된 것이라면 무엇이든지 생물학에 포함된다. 그래서 생물학에는 생리학, 생화학, 분자생물학, 신경생물학, 생태학, 환경생물학, 우주생물학 등이 포함된다. 결국 우리 삶 전체가 생물학의 차원 안으로 들어오게 된다. 생물학 너머의 차원이란 존재하지 않는다. 법학은 인간의 법률 행위를 연구하는 인간 생물학이고 경제학은 인간의 경제 행위를 연구하는 인간 생물학이다. 모든 학문은 인간 생물학의 일부이다.

① 한쪽은 유전자 결정론을 받아들이고 다른 쪽은 받아들이지 않는다.
② 한쪽은 생물학의 역할을 부정하고 다른 쪽은 생물학의 역할을 높게 평가한다.
③ 한쪽은 인간 삶에 대한 모든 탐구가 생물학의 영역 내에 있다고 생각하고 다른 쪽은 이에 반대한다.
④ 한쪽은 인문학이 생물학의 차원에 놓여 있다고 생각하고 다른 쪽은 사회과학의 차원에 놓여 있다고 생각한다.
⑤ 한쪽은 인문학이 사회·정치·윤리의 차원과 구별되지 않는다고 생각하고 다른 쪽은 인문학이 그런 차원과 구별된다고 생각한다.

194

기출 17' 5급㉻-가 난이도 ●●○

다음 A의 견해를 약화하는 진술로 적절하지 않은 것은?

어떤 사람들은 특별히 길을 잘 기억하고 찾아가는 반면 다른 이들은 길을 찾는 데 어려움을 호소한다. A는 뇌신경에 대한 연구를 통해 이러한 차이가 나타나는 이유의 실마리를 찾았다. A는 해마에 있는 신경세포의 하나인 장소세포를 발견하였다. 해마는 대뇌의 좌·우 측두엽 안쪽 깊숙이 자리한 기관으로 기억을 저장하고 상기시켜 기억의 제조 공장으로 불린다. A는 장소세포가 공간을 탐색하고 기억하는 역할을 하며, 우리가 장소를 옮기면 이 신경세포가 활성화되어 우리가 어디에 있는지 인식할 수 있다고 보고 있다. A는 이런 장소세포의 기능을 쥐 실험을 통해 확인하였다. 미로상자에 쥐를 가둔 뒤 행동을 관찰한 결과, 쥐는 처음에는 이리저리 돌아다니다가 시간이 흐를수록 지나갔던 장소에 가면 멈칫거리는 행동을 보였고 그 때마다 특정 장소세포의 활성화가 관찰되었다. A는 쥐가 지나갔던 장소의 시각적 정보가 해마 속 장소세포에 저장되어 해당 지점에 도달했을 때, 장소세포가 신호를 보내 쥐가 이런 행동을 보인 것으로 분석했다.

A는 장소세포와 더불어, 뇌의 내비게이션 시스템을 구성하는 데 있어 핵심적인 역할을 할 것으로 추측되는 격자세포를 발견했다. 쥐가 상자 안에서 먹이를 찾아다닐 때의 뇌 신호를 분석한 결과 해마 바로 옆 내후각피질의 신경세포인 격자세포가 집단적으로 반응했다는 것이 A의 연구결과 내용이다. 격자세포의 반응은 특정한 지점에서만 나타났는데, 이 지점들을 모아서 그려보면 일정한 간격을 가진 격자 모양으로 나타났다. 상자 속 쥐가 아무런 규칙 없이 움직인 것으로 보이지만 실제로는 자기만의 좌표를 가지고 어느 지점을 지나고 있는지 알고 행동했다는 의미다. 쥐를 이용한 동물 실험의 연구결과를 토대로 A는 해마의 장소세포가 특정 지점의 모양새에 관한 기억을 보관하고, 격자세포는 공간과 거리에 관한 정보를 저장하며 이를 장소세포에 효율적으로 제공함으로써 사람이 길을 찾아가도록 도와주는 것으로 본다.

① 해마의 신경세포가 거의 활성화되지 않아도 쥐가 길을 잘 찾는 연구 사례가 보고되었다.
② 사람의 장소세포는 쥐와 달리 해마뿐만 아니라 소뇌에서도 발견된다는 연구 사례가 보고되었다.
③ 공간과 거리에 대한 정보량은 산술적으로 매우 크기 때문에 신경세포가 저장할 수 있는 양을 초과한다.
④ 미로상자 속의 쥐가 멈칫거리는 행동은 이미 지나간 장소에 있던 냄새를 기억했기 때문이라는 것이 밝혀졌다.
⑤ 쥐에는 있지만 사람에게는 없는 세포 구성 성분이 발견된 것에 비추어 볼 때, 사람의 세포가 쥐의 세포와 유사하지 않다.

195

기출 17' 5급㉻[상황판단] 난이도 ●●●

다음 〈A국 사업타당성조사 규정〉을 근거로 판단할 때, 〈보기〉에서 옳은 것만을 모두 고르면?

A국 사업타당성조사 규정

제○○조(예비타당성조사 대상사업) 신규 사업 중 총사업비가 500억 원 이상이면서 국가의 재정지원 규모가 300억 원 이상인 건설사업, 정보화사업, 국가연구개발사업에 대해 예비타당성조사를 실시한다.

제△△조(타당성조사의 대상사업과 실시) ① 제○○조에 해당하지 않는 사업으로서, 국가 예산의 지원을 받아 지자체·공기업·준정부기관·기타 공공기관 또는 민간이 시행하는 사업 중 완성에 2년 이상이 소요되는 다음 각 호의 사업을 타당성조사 대상사업으로 한다.

1. 총사업비가 500억 원 이상인 토목사업 및 정보화사업
2. 총사업비가 200억 원 이상인 건설사업

② 제1항의 대상사업 중 다음 각 호의 어느 하나에 해당하는 경우에는 타당성조사를 실시하여야 한다.

1. 사업추진 과정에서 총사업비가 예비타당성조사의 대상규모로 증가한 사업
2. 사업물량 또는 토지 등의 규모 증가로 인하여 총사업비가 100분의 20 이상 증가한 사업

보기

ㄱ. 국가의 재정지원 비율이 50 %인 총사업비 550억 원 규모의 신규 건설사업은 예비타당성조사 대상이 된다.

ㄴ. 민간이 시행하는 사업도 타당성조사 대상사업이 될 수 있다.

ㄷ. 지자체가 시행하는 건설사업으로서 사업완성에 2년 이상 소요되며 전액 국가의 재정지원을 받는 총사업비 460억 원 규모의 사업추진 과정에서, 총사업비가 10 % 증가한 경우 타당성조사를 실시하여야 한다.

ㄹ. 총사업비가 500억 원 미만인 모든 사업은 예비타당성조사 및 타당성조사 대상사업에서 제외된다.

① ㄱ, ㄴ ② ㄱ, ㄷ ③ ㄴ, ㄷ
④ ㄴ, ㄹ ⑤ ㄷ, ㄹ

196

기출 13' 5급㉤-인 난이도 ●●●

다음 밑줄 친 결론을 이끌어 내기 위해 추가해야 할 전제는?

A국은 현실적으로 실행 가능한 대안만을 채택하는 합리적인 국가이다. A국의 외교는 B원칙의 실현을 목표로 하고 있으며 앞으로도 이 목표는 변하지 않는다. 그러나 문제는 B원칙을 실현하는 방안이다. B원칙을 실현하기 위해서는 적어도 하나의 전략이 실행되어야 한다. 최근 외교전문가들 간에 뜨거운 토론의 대상이 되었던 C전략은 B원칙을 실현하기에 충분한 방안으로 평가된다. 그러나 C전략의 실행을 위해서는 과다한 비용이 소요되기 때문에, A국이 C전략을 실행하는 것은 현실적으로 불가능하다. 한편 일부 전문가가 제시했던 D전략은 그 자체로는 B원칙을 실현하기에 충분하지 않다. 하지만 금년부터 A국 외교정책의 기조로서 일관성 있게 실행될 E정책과 더불어 D전략이 실행될 경우, B원칙은 실현될 것이다. 뿐만 아니라 E정책 하에서 D전략의 실행 가능성도 충분하다. 그러므로 <u>A국의 외교정책에서 D전략이 채택될 것은 확실하다.</u>

① D전략은 C전략과 목표가 같다.
② A국의 외교정책 상 C전략은 B원칙에 부합한다.
③ C전략과 D전략 이외에 B원칙을 실현할 다른 전략은 없다.
④ B원칙의 실현을 위해 C전략과 D전략은 함께 실행될 수 없다.
⑤ B원칙의 실현을 위해 C전략과 E정책은 함께 실행될 수 없다.

197

기출 13' 5급㉻-인 | 난이도 ●●○

다음 옛 문서의 훼손된 부분 ㉠~㉣을 문맥에 따라 복원한 것으로 적절한 것은?

혈관에서 발견된 매우 얇은 돌출부와 이것의 기능을 면밀히 살펴볼 때, 피가 정맥을 통해서 심장으로 되돌아간다는 것은 분명해 보인다. 정맥 내부에 있는 이 돌출부를 최초로 발견한 사람들은 해부학자인 파브리치우스와 실비우스이다. 사람마다 위치가 조금씩 다르긴 하지만, 이 돌출부들은 정맥에만 있다. 대부분 두 개의 돌출부가 한 쌍을 이루어 서로 마주보고 맞물려 있으며, 피는 돌출부가 향한 방향으로만 움직일 수 있고 그 반대 방향으로 움직일 수 없다.

이 돌출부를 발견한 사람들은 안타깝게도 그 기능에 대해서 제대로 알지 못했다. 몇몇 사람들은 이 돌출부가 피가 신체 아래쪽으로 몰리는 것을 막는 기능을 한다고 생각했다. 하지만 이는 잘못된 생각이다. 왜냐하면 목 뒤의 핏줄에 있는 돌출부는 [㉠] 향해 있어 피가 [㉡] 가는 것을 막고 있기 때문이다. 또 다른 몇몇 사람들은 이 돌출부가 뇌출혈을 막는 기능을 한다고 말하기도 한다. 그러나 이런 생각 역시 잘못이다. 왜냐하면 뇌출혈은 주로 동맥을 통과하는 피와 관련이 있지, 정맥을 통과하는 피와는 별 관련이 없기 때문이다. 이 돌출부들은 신체의 중심부에서 말단으로 흐르는 피의 속도를 늦추기 위해 있는 것도 아니다. 피가 그런 방향으로 흐른다는 것은 그 피가 굵은 줄기에서 가는 가지 쪽으로 흐른다는 것이고, 이 경우는 이런 돌출부가 없어도 피는 충분히 천천히 흐를 것이다.

이 돌출부들은, 피가 굵은 줄기에서 가는 가지로 흘러들어가 정맥을 파열시키는 것을 막고 피가 말단에서 중심으로만 흐르도록 하기 위해서 존재할 뿐이다. 이 돌출부 덕분에 피는 [㉢] 에서 [㉣] 만 움직일 수 있고 그 반대 방향으로는 움직일 수 없다.

① ㉠에 '아래쪽으로'가 들어가고 ㉡에 '위쪽으로'가 들어간다.
② ㉠에 '아래쪽으로'가 들어가고 ㉡에 '심장 쪽으로'가 들어간다.
③ ㉠에 '두뇌 쪽으로'가 들어가고 ㉡에 '아래쪽으로'가 들어간다.
④ ㉢에 '중심부'가 들어가고 ㉣에 '말단으로'가 들어간다.
⑤ ㉢에 '굵은 줄기'가 들어가고 ㉣에 '가는 가지로'가 들어간다.

198

기출 13' 5급㉻-인 | 난이도 ●●○

다음 글의 ㉠, ㉡에 들어갈 말로 가장 적절한 것은?

선장은 파란 깃발이 표시되면 흰 상자 안의 숫자를, 붉은 깃발이면 검은 상자 안의 숫자를 입력하라는 매뉴얼을 다시 한 번 확인했다. 모니터에 깃발이 표시되자 선장은 "흰 상자!"라고 말했다. 선장은 흰 상자 안에 적힌 숫자를 확인하고 그것을 암호란에 입력하려 했다. 그 순간 선장은 며칠 전 보안담당관이 말했던 주의 사항이 떠올랐다. "보안강화 차원에서 암호체계가 변경된 점을 다시 알려드립니다. 날짜가 홀수인 날은 전과 같지만 짝수 날은 그 반대, 즉 붉은 깃발이면 흰 상자, 파란 깃발이면 검은 상자입니다." 암호를 한 번 잘못 입력하면 시스템 전체가 최소한 몇 시간 동안 작동되지 않는다. "오늘이 22일이니까 흰 상자가 아니라 검은 상자로군!" 선장은 여덟 개의 두 자리 숫자로 된 암호를 입력했다. 그런데 이게 어찌된 일인가! 컴퓨터는 "잘못된 암호입니다. 시스템을 닫습니다."라는 메시지를 띄우고는 작동을 멈추었다. 선장은 비상전화를 들어 본부에 연락했다. "암호를 틀림없이 입력했는데 시스템이 마비되었습니다. 도대체 어찌된 일인지 확인 바랍니다." 그러자 본부 측 책임자가 물었다. "본부에서 보낸 신호가 무엇이었습니까?" "파란 깃발입니다. 저는 매뉴얼에 따라 검은 상자의 암호를 입력했습니다." "파란 깃발이면 흰 상자가 아니었습니까?" "오늘은 22일이니까 그 반대가 아닙니까?" "선장님이 계신 샌프란시스코의 시각을 말씀하고 계신 건가요? 암호의 작동은 본부가 있는 서울의 표준시를 기준으로 합니다. 지금은 23일 오전 다섯 시입니다."

〈사고에 대한 책임 귀속〉

이 사고가 보안담당관, 선장, 암호체계 기획자 중 어느 한편만의 잘못이라고 딱 잘라 말하기는 어렵다. 하지만 만일 [㉠] 에게 책임을 돌린다면 그 이유는 [㉡] 이다.

① ㉠: 보안담당관, ㉡: 암호체계가 문제없이 작동하기 위한 필요조건은 체계의 일관성인데, 홀수 날짜와 짝수 날짜의 암호체계를 이원화하여 그런 일관성을 훼손시켰기 때문
② ㉠: 보안담당관, ㉡: 암호체계 운용의 성공을 판가름하는 관건은 암호를 주고받는 쌍방 간의 약속인데, 제3자인 그가 불필요하게 개입하여 선장에게 애매모호한 정보를 전달하였기 때문
③ ㉠: 선장, ㉡: 암호체계가 잘 작동하려면 당연히 보편적인 기준에 따라 암호체계가 운용되어야 할 텐데, 선장 자신이 있는 곳의 시각은 항해 위치에 따라 다르기 때문에 암호의 기준이 될 수 없음을 생각하지 못했기 때문
④ ㉠: 선장, ㉡: 암호는 일종의 기호이고 기호는 고정된 의미를 지시할 때에만 신뢰할 만한 소통의 도구가 되는데도 지구상의 지역에 따라 달라지는 시각을 암호의 지시관계에 포함시켰기 때문
⑤ ㉠: 암호체계 기획자, ㉡: 암호체계 사용자들 간의 소통이 암호체계 운용이 성공하기 위한 필요조건인데, 현재의 암호체계에서는 보안담당관과 암호사용자 간의 소통이 구조적으로 불가능하기 때문

199

기출 16' 5급㉻-4 난이도 ●●○

다음 글의 논지를 약화하는 것으로 적절하지 않은 것은?

지구 곳곳에서 심각한 기후 변화가 나타나고 있고 그 원인이 인간의 활동에 있다는 주장은 일견 과학적인 것처럼 들리지만 따지고 보면 진실과는 거리가 먼, 다분히 정치적인 프로파간다에 불과하다. "자동차는 세워두고, 지하철과 천연가스 버스 같은 대중교통을 이용합시다."와 같은, 기후 변화와 사실상 무관한 슬로건에 상당수의 시민이 귀를 기울이도록 만든 것은 환경주의자들의 성과였지만, 그 성과는 사회 전체의 차원에서 볼 때 가슴 아파해야 할 낭비의 이면에 불과하다.

희망컨대 이제는 진실을 직시하고, 현명해져야 한다. 기후 변화가 일어나는 이유는 인간이 발생시키는 온실가스 때문이 아니라 태양의 활동 때문이라고 보는 것이 합리적이다. 태양 표면의 폭발이나 흑점의 변화는 지구의 기후 변화에 막대한 영향을 미친다. 결과적으로 태양의 활동이 활발해지면 지구의 기온이 올라가고, 태양의 활동이 상대적으로 약해지면 기온이 내려간다. 환경주의자들이 말하는 온난화의 주범은 사실 자동차가 배출하는 가스를 비롯한 온실가스가 아니라 태양이다. 태양 활동의 거시적 주기에 따라 지구 대기의 온도는 올라가다가 다시 낮아지게 될 것이다.

대기화학자 브림블컴은 런던의 대기오염 상황을 16세기 말까지 추적해 올라가서 20세기까지 그 거시적 변화의 추이를 연구했는데, 그 결과 매연의 양과 아황산가스 농도가 모두 19세기 말까지 빠르게 증가했다가 그 이후 아주 빠르게 감소하여 1990년대에는 16세기 말보다도 낮은 수준에 도달했음이 밝혀졌다. 반면에 브림블컴이 연구 대상으로 삼은 수백 년의 기간 동안 지구의 평균 기온은 지속적으로 상승해 왔다. 두 변수의 이런 독립적인 행태는 인간이 기후에 미치는 영향이 거의 없다는 것을 보여준다.

① 인간이 출현하기 이전인 고생대 석탄기에 북유럽의 빙하지대에 고사리와 같은 난대성 식물이 폭넓게 서식하였다.
② 태양 활동의 변화와 기후 변화의 양상 간의 상관관계를 조사해 보니 양자의 주기가 일치하지 않았다.
③ 태양 표면의 폭발이 많아지는 시기에 지구의 평균 기온은 오히려 내려간 사례가 많았다.
④ 최근 20년 간 세계 여러 나라가 연대하여 대기오염을 줄이는 적극적인 노력을 기울인 결과 지구의 평균 기온 상승률이 완화되었다.
⑤ 최근 300년 간 태양의 활동에 따른 기후 변화의 몫보다는 인간의 활동에 의해 좌우되는 기후 변화의 몫이 더 크다는 증거가 있다.

200

기출 16' 5급㉻[상황판단] 난이도 ●●○

다음 글을 근거로 판단할 때 옳은 것은?

제○○조(선거공보) ① 후보자는 선거운동을 위하여 책자형 선거공보 1종을 작성할 수 있다.
② 제1항의 규정에 따른 책자형 선거공보는 대통령선거에 있어서는 16면 이내로, 국회의원선거 및 지방자치단체의 장 선거에 있어서는 12면 이내로, 지방의회의원선거에 있어서는 8면 이내로 작성한다.
③ 후보자는 제1항의 규정에 따른 책자형 선거공보 외에 별도의 점자형 선거공보(시각장애선거인을 위한 선거공보) 1종을 책자형 선거공보와 동일한 면수 제약 하에서 작성할 수 있다. 다만, 대통령선거·지역구국회의원선거 및 지방자치단체의 장 선거의 후보자는 책자형 선거공보 제작시 점자형 선거공보를 함께 작성·제출하여야 한다.
④ 대통령선거, 지역구국회의원선거, 지역구지방의회의원선거 및 지방자치단체의 장 선거에서 책자형 선거공보(점자형 선거공보를 포함한다)를 제출하는 경우에는 다음 각 호에 따른 내용(이하 이 조에서 '후보자정보공개자료'라 한다)을 게재하여야 하며, 후보자정보공개자료에 대하여 소명이 필요한 사항은 그 소명자료를 함께 게재할 수 있다. 점자형 선거공보에 게재하는 후보자정보공개자료의 내용은 책자형 선거공보에 게재하는 내용과 똑같아야 한다.

1. 재산상황
   후보자, 후보자의 배우자 및 직계존·비속(혼인한 딸과 외조부모 및 외손자녀를 제외한다)의 각 재산총액
2. 병역사항
   후보자 및 후보자의 직계비속의 군별·계급·복무기간·복무분야·병역처분사항 및 병역처분사유
3. 전과기록
   죄명과 그 형 및 확정일자

① 지역구지방의회의원선거에 출마한 A는 책자형 선거공보를 12면까지 가득 채워서 작성할 수 있다.
② 지역구국회의원선거에 출마한 B는 자신의 선거운동전략에 따라 책자형 선거공보 제작시 점자형 선거공보는 제작하지 않을 수 있다.
③ 지역구지방의회의원선거에 출마한 C는 책자형 선거공보를 제출할 경우, 자신의 가족 중 15세인 친손녀의 재산총액을 표시할 필요가 없다.
④ 지역구국회의원선거에 출마한 D가 제작한 책자형 선거공보에는 D 본인과 자신의 가족 중 아버지, 아들, 손자의 병역사항을 표시해야 한다.
⑤ 지역구국회의원선거에 출마한 E는 자신에게 전과기록이 있다는 사실을 공개하면 선거운동에 악영향을 미칠 것이라고 판단할 경우, 책자형 선거공보를 제작하지 않고 선거운동을 할 수 있다.

Day 13 Self Check List

	오답 수	무응답 수	풀이시간(분)
1회독	/ 15	/ 15	/ 40(분)
2회독	/ 15	/ 15	/ 33(분)
3회독	/ 15	/ 15	/ 20(분)

독끝

Daily 200제

심화편 · 정답 및 해설

PART

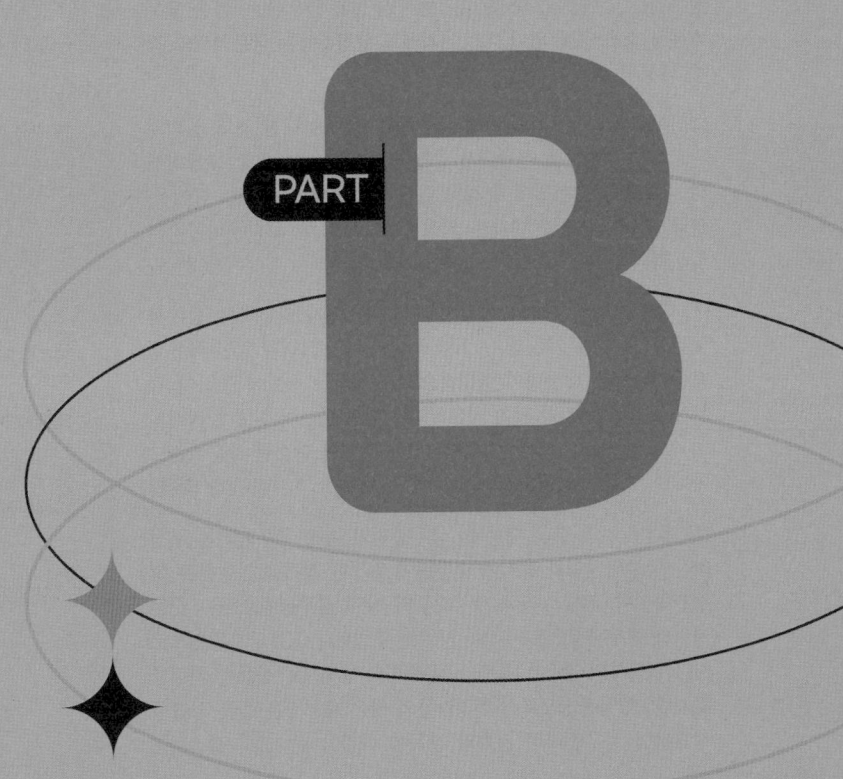

B

독끝 1일차 (001~015)

정답									
001	③	002	④	003	②	004	①	005	②
006	①	007	③	008	⑤	009	③	010	④
011	⑤	012	②	013	①	014	④	015	⑤

001 정답 ③

난이도 ●●○

문제유형 사실적 이해 > 정보 확인

접근전략 첫 문단이 짧으므로 을 유심히 읽어 글의 소재를 파악한 뒤, 글을 읽어 내려가며 첫 문단과 연결되는 지점에 강세를 두어 비교 지점이나 특징에 체크를 하고 선지를 풀기 시작한다. 조직의 구성은 머릿속에 체계화된 마인드맵을 그리는 능력을 테스트하는 유형으로 NCS의 다양한 영역에 응용될 수 있다. 국가기관의 경우 종류가 다양하여 범위와 특징, 그리고 관계를 중심으로 지문을 읽는 것이 중요하다. 이때, 글 자체의 정보량이 많을 수 있으므로 무작정 특징들을 외우면서 글을 읽어 내려가기보다는, 다시 찾을 수 있게 표기를 하며 글을 통독해나가는 것을 추천한다.
국가기관처럼 고유명사가 많은 지문의 경우 첫 문단에 앞으로 설명해야 할 기관의 범위를 정해주거나 간단히 기관의 구성을 설명해주는 경우가 많다. 기본 지식이 부족하더라도 문제를 푸는 데 지장이 없으므로 두려워하지 말자.

다음 글의 내용과 부합하지 않는 것은?

(1) 우리나라 헌법상 정부는 대통령과 행정부로 구성된다. (2) 행정부에는 국무총리, 행정각부, 감사원 등이 있으며, 이들은 모두 대통령 소속 하에 있다. (3) 이외에도 행정부에는 국무회의와 각종 대통령 자문기관들이 있다. ▶ 1문단

(1) 우리나라 국무회의는 정부의 중요 정책에 대한 최고 심의기관으로, 그 설치를 헌법에서 규정하고 있다. (2) 미국 대통령제의 각료회의는 헌법에 규정이 없는 편의상의 기구라는 점에서, 영국 의원내각제의 내각은 의결기관이라는 점에서 우리나라의 국무회의는 이들과 법적 성격이 다르다. ▶ 2문단

(1) 대통령이 국무회의 심의 결과에 구속되지 않는다는 점에서 국무회의는 자문기관과 큰 차이가 없다. (2) 그러나 일반 대통령 자문기관들은 대통령이 임의적으로 요청하는 사항에 응하여 자문을 개진하는 것과 달리 국무회의는 심의 사항이 헌법에 명시되어 있으며 해당 심의는 필수적이라는 점에서 단순한 자문기관도 아니다. ▶ 3문단

(1) 행정각부의 장은 대통령, 국무총리와 함께 국무회의를 구성하는 국무위원임과 동시에 대통령이 결정한 정책을 집행하는 행정관청이다. (2) 그러나 행정각부의 장이 국무위원으로서 갖는 지위와 행정관청으로서 갖는 지위는 구별된다. (3) 국무위원으로서 행정각부의 장은 대통령, 국무총리와 법적으로 동등한 지위를 갖지만, 행정관청으로서 행정각부의 장은 대통령은 물론 상급행정관청인 국무총리의 지휘와 감독에 따라야 한다. ▶ 4문단

① 감사원은 대통령 소속 하에 있는 기관이다.
→ (○) 행정부에는 국무총리, 행정각부, 감사원 등이 있으며, 이들은 모두 대통령 소속 하에 있다.[1문단(2)] 따라서 감사원은 대통령 소속 하에 있는 기관이다.

② 국무회의는 의결기관도 단순 자문기관도 아닌 심의기관이다.
→ (○) 우리나라 국무회의는 정부의 정책에 대한 최고 심의기관으로[2문단(1)] 의결기관인 영국 내각과 법적 성격이 다르다.[2문단(2)] 또한, 국무회의는 심의사항이 헌법에 명시되어 있으며 해당 심의는 필수적이라는 점에서 단순한 자문기관도 아니다.[3문단(2)]

③ 국무회의 심의 결과는 대통령을 구속한다는 점에서 국가의사를 표시한다.
→ (×) 대통령은 국무회의 심의 결과에 구속되지 않으므로[3문단(1)], 해당 선지는 제시문의 내용과 부합하지 않는다.

④ 우리나라 헌법은 국무회의에서 반드시 심의하여야 할 사항을 규정하고 있다.
→ (○) 국무회의는 심의사항이 헌법에 명시되어 있으며 해당 심의는 필수적이다.[3문단(2)] 따라서 우리나라 헌법은 국무회의에서 반드시 심의하여야 할 사항을 규정하고 있음을 알 수 있다.

⑤ 국무총리와 행정각부의 장은 국무회의 심의 석상에서는 국무위원으로서 법적으로 동등한 지위를 갖는다.
→ (○) 국무위원으로서 행정각부의 장은 대통령, 국무총리와 법적으로 동등한 지위를 갖는다.[4문단(3)]

제시문 분석

1문단 우리나라 정부의 구성

〈우리나라 정부의 구성〉	
우리나라 헌법상 정부는 대통령과 행정부로 구성된다.(1)	
→ 〈행정부〉	행정부에는 국무총리, 행정각부 감사원 등이 있으며, 이들은 모두 대통령 소속 하에 있다.(2)
	국무회의와 각종 대통령 자문기관들이 있다.(3)

2문단 우리나라 국무회의의 특징 ①

〈우리나라 국무회의의 특징 ①〉	
우리나라 국무회의는 정부의 중요 정책에 대한 최고 심의기관으로, 그 설치를 헌법에서 규정하고 있다.(1)	
〈미국 각료회의 간 차이점〉	〈영국의 내각 간 차이점〉
미국 대통령제의 각료회의는 헌법에 규정이 없는 편의상의 기구이다.(2)	영국 의원내각제의 내각은 의결기관이다.(2)

3문단 우리나라 국무회의의 특징 ②

	〈국무회의〉	〈일반 자문기관〉
〈공통점〉	대통령이 심의 결과에 구속되지 않는다.(1)	
〈차이점〉	심의 사항이 헌법에 명시되어 있으며 해당 심의는 필수적이라는 점에서 단순한 자문기관이 아니다.(2)	대통령이 임의적으로 요청하는 사항에 응하여 자문을 개진한다.(2)

4문단 행정각부의 장이 갖는 지위

〈행정각부의 장이 갖는 지위〉	
〈국무위원으로서 갖는 지위〉	〈행정관청으로서 갖는 지위〉
행정각부의 장은 대통령, 국무총리와 함께 국무회의를 구성하는 국무위원이다.(1)	동시에 대통령이 결정한 정책을 집행하는 행정관청이다.(1)
국무위원으로서 행정각부의 장은 대통령, 국무총리와 법적으로 동등한 지위를 갖는다.(3)	행정관청으로서 행정각부의 장은 대통령은 물론 상급행정관청인 국무총리의 지휘와 감독에 따라야 한다.(3)

합격자의 실전 풀이 순서

❶ 첫 문단을 꼼꼼히 읽는다.

글을 읽으며 주요 키워드를 체크하고 핵심 소재를 예측한다. 1문단의 경우 정부는 대통령과 행정부로 구성되어 있다고 나왔고 행정부에 대한 설명이 있는 것으로 보아 앞으로의 전개는 대통령, 행정부에 관한 것임을 추측할 수 있다. 또한 '우리나라'라는 단어를 통해서 외국과의 비교가 등장할 것을 추측할 수 있다.

❷ 지문을 통독하며 앞서 추측했던 비교 지점과 특징에 표시를 한다.

글을 빠르게 통독하되 특징이 되는 키워드에는 동그라미나 밑줄을 치며 읽어내려간다. 가령 2문단의 경우 '국무회의', '최고 심의기관'에 동그라미를 치고, 미국과 영국에 대한 비교가 나오므로 미국, 영국에도 동그라미를 치며 읽어내려간다.
이때 유의해야 할 점은 정독이 아니라 통독이라는 점이다. 각 문단의 메인 소재를 파악해 메모만 하듯이 체크하면서 내려가는 것이 우선이며, 그 과정에서 두드러지게 나타나는 특징을 쉽게 찾을 수 있도록 표기하는 것이 핵심이다.

❸ 발문의 주요 함정을 확인한 뒤 선지 확인에 들어선다.

글의 내용과 부합하지 '않는 것은'이므로 이를 체크하고 선지를 스캔하기 시작한다. 선지의 판단 요소는 특정 문단에 몰려있지 않고 글 전반에 걸쳐 고르게 분포해 있으므로 만약 찾은 선지가 있다면 지문 내에 번호를 표기해두는 것도 좋은 방법이다.

① 감사원은 대통령 소속 하에 있는 기관이다.
1문단 내용을 파악했다면 바로 1문단으로 시선을 이동할 수 있었을 것이다. 감사원이라는 키워드 자체가 2, 3, 4문단에서는 보이지 않았음을 확인하여 풀 수도 있다.

② 국무회의는 의결기관도 단순 자문기관도 아닌 심의기관이다.
(1) 국무회의가 의결기관, 단순 자문기관이 아닌지
(2) 국무회의가 심의기관 인지를 살펴봐야 한다.
우선 본 글의 내용을 통독했다면, 글의 전반적인 내용이 비교로 이루어져 있음을 알 수 있다. 그러므로 비교 내용이 있는 문단을 중심으로 시선 처리를 하면 답을 금방 찾을 수 있다.
이때, 의결기관이 아니었는지를 헷갈린다면, "어느 나라"가 의결기관이었는지를 중심으로 검토해보면 더 기억하기 쉬울 것이다.

③ 국무회의 심의 결과는 대통령을 구속한다는 점에서 국가의사를 표시한다.
국무회의 심의 결과가 대통령을 구속하는지의 여부를 확인하면 된다. 표시해 놓은 특징 중심으로 시선을 돌리면 바로 정답 여부를 확인할 수 있다.

④ 우리나라 헌법은 국무회의에서 반드시 심의하여야 할 사항을 규정하고 있다.
선지 그대로의 내용을 지문에서 찾으면 된다. '반드시', '필수적으로'와 같은 용어가 나온다면 오답이 나올 확률이 높으므로 이러한 용어들을 중심으로 정오 여부를 찾아주면 된다.

⑤ 국무총리와 행정각부의 장은 국무회의 심의 석상에서는 국무위원으로서 법적으로 동등한 지위를 갖는다.
국무총리와 행정각부의 장이 국무회의 안에서 법적으로 동등한 지위를 갖는지를 검토한다. 통독을 하였다면 법적 지위에 관한 내용은 마지막 문단에 나온다는 것을 확인할 수 있으므로 다른 문단에 시선을 두지 않고 바로 4문단으로 내려간다.

합격자의 시간단축 Tip

Tip ❶ 내용을 외우려고 하지 말 것

문단의 전체적인 소재를 파악하고, 각 문단의 핵심 주제를 파악하고자 하는 통독의 형식으로 글을 읽어야 한다. 물론 오지선다는 세부적인 내용에서 나오지만, 그렇다고 해서 모든 정보를 일일이 기억해서 내려가게 되면 오히려 시간이 더 오래 걸리는 역효과가 발생할 수 있다. 긴장한 상황에서 모든 정보를 기억하고 내려가기는 어려우며, 세부적인 정보에 집중했다가는 전체적인 내용 파악이 어려워지기 때문이다. 예컨대 미국의 '각료회의'라는 단어는 암기사항이 아니다.
따라서 글을 읽을 때는 세부 내용을 기억하려고 애쓰는 것이 아니라, 전체를 조망하는 방식으로 글을 읽어 내려가는 것이 좋다.

Tip ❷ 너무 많은 표시를 하지 말 것

앞서 풀이순서와 **Tip ❶**에서, 통독을 하되, 특징이나 비교 같은 내용에 동그라미나 밑줄 등으로 표기를 하며 읽어내려가야 한다고 언급한 바 있다. 하지만 이를 이유로 너무 많은 표기를 한다면, 오히려 정답 찾기에 방해가 될 수 있다. 그러므로 최대한 그 문단의 핵심 주요 소재나 단어에 동그라미나 밑줄을 치도록 한다.
즉, 핵심과 동떨어진 곳에서 함정이 출제되고 그에 걸맞는 노트를 만들어야 하는 암기식 시험과 달리 독해시험은 핵심 주제로부터 선지를 추론하는 것이 중요하다. 필기도 그에 걸맞게 바꾸어야 하는 것이다.
예를 들어, 2문단의 경우 첫 줄에서 우리나라 국무회의의 법적 성격을 설명하고 있다. 이때 첫 줄에서는 '최고 심의기관'에 표시를 할 것이고, 미국과 영국의 법적 성격이 제시되고 있으므로 '미국'과 '영국'에만 표기를 한다. 국무회의의 법적 성격과 더불어 다른 나라와 비교하고 있음만 인지하면 된다. 오지선다에서 법적 성격과 관련한 용어 중 '심의기관'이 아닌 다른 단어가 나온다면 바로 미국과 영국 뒷 문장을 확인해보면 되기 때문이다.

Tip ❸ 문단별로 핵심 소재가 무엇인지 정리할 것

필기노트가 아닌 독해 지문에선 짧은 문단에 많은 정보를 넣을 수 없다. 따라서 문단 길이가 짧으면 문단의 주제는 하나로 압축될 수밖에 없다. 문단별 핵심 주제를 파악 후 정리했다면 각 선지별로 안 봐도 되는 문단을 쉽게 소거할 수 있을 것이다.

002 정답 ④ 난이도 ●○○

문제유형 사실적 이해 > 정보 확인

접근전략 출제 경향을 따라 앞부분에 한국사 비문학 유형이 출제되었다. 다만, 본 제시문은 한국사 비문학 유형의 특성이 상대적으로 옅은 편이다. 주로 등장하는 단어 또한 시대 표현이나 인과관계가 아닌 비교급 표현이다. 비교급 표현이 등장하면 어떤 것들을 보아야 하는지에 집중해 선지를 판단해 보자. 또한, 한 개의 선지 내에서 여러 정보를 요구할 때, 선지의 앞부분과 뒷부분이 모두 제시문 내용과 일치하는지 꼼꼼히 확인한다.

다음 글의 내용과 부합하는 것은?

(1) 화원(畵員)이란 조선시대의 관청인 도화서 소속의 직업 화가를 말한다. (2) 화원은 임금의 초상화인 어진과 공신초상, 의궤와 같은 궁중기록화, 궁중장식화, 각종 지도, 청화백자의 그림, 왕실 행사를 장식하는 단청 등 왕실 및 조정이 필요로 하는 모든 종류의 회화를 제작하고 여러 도화(圖畫) 작업을 담당하였다. (3) 그림과 관련된 온갖 일을 한 화원들은 사실상 거의 막노동에 가까운 일을 했던 사람들이다. ▶1문단

(1) 고된 노역과 적은 녹봉에도 불구하고 이들은 왜 어려서부터 그림 공부를 하여 도화서에 들어가려고 한 것일까? (2) 그림에 재능이 있는 사람이 화원이 되려고 한 이유는 생각보다 간단하다. (3) 화원이 된다는 것은 국가가 인정한 20~30명의 최상급 화가 중 한 사람이 된다는 것을 의미한다. (4) 비록 중인이지만 화원이 되면 종9품에서 종6품 사이의 벼슬을 받는 하급 관료가 되는 것이다. (5) 따라서 화원이 된 사람은 국가가 인정한 최상급 화가라는 자격과 함께, 경제적으로는 별 도움이 되는 것은 아니지만 관료라는 지위를 갖게 된다. ▶2문단

(1) 실상 화원은 국가가 주는 녹봉으로 생활했던 사람들이 아니었다. (2) 이들은 낮에는 국가를 위해 일했으나 퇴근 후에는 사적으로 주문을 받아 작품을 제작하였다. (3) 화원들은 벌어들이는 돈의 대부분을 사적 주문에 의한 그림 제작을 통해 획득하였다. (4) 국가 관료라는 지위와 최상급 화가라는 명예는 그림 시장에서 그들의 작품에 보다 높은 가치를 부여하였고, 녹봉에만 의지하는 다른 하급 관료보다 경제적으로 풍요롭게 만들었다. (5) 반면 도화서에 들어가지 못한 일반 화가들은 경제적으로 곤궁하였다. (6) 이들은 일정한 수입이 없었으며 그때그때 값싼 그림을 팔아 생활하였다. (7) 따라서 화원과 비교해 볼 때 시정(市井)의 직업 화가들의 경제 여건은 늘 불안정하였다. (8) 이런 이유로 화원 집안에서는 대대로 화원을 배출하려고 노력했고, 조선후기에는 몇몇 가문이 도화서 화원직을 거의 독점하게 되었다. ▶3문단

① 일반 직업 화가들은 화원 밑에서 막노동에 가까운 일을 담당하였으나 신분은 중인이었다.
→ (×) 화원이 아닌 일반 직업 화가들이 경제적으로 곤궁했다는 이야기만 있을 뿐[3문단(5)], 그들이 화원 밑에서 일했는지와 신분에 관한 설명은 찾아볼 수 없으므로 틀린 선지이다. 막노동, 중인이라는 키워드는 화원에 관한 설명인데, 이를 일반 직업화가와 연결시켜 헷갈리게 만든 선지일 뿐이다.

② 화원은 국가 관료라는 지위를 가졌으나 경제적 여건은 일반 하급 관료에 비해 좋지 않은 편이었다.
→ (×) 화원이 종9품에서 종6품 사이의 벼슬을 받는 하급 관리인 것은 맞다.[2문단(4)] 그러나 화원은 사적 주문에 의한 그림 제작을 통해 돈을 획득하였고[3문단(3)], 그 결과 녹봉에만 의지하는 다른 하급 관료보다 경제적으로 풍요로웠다.[3문단(4)]

③ 임금의 초상화를 그리는 도화서 소속 화가는 다른 화원에 비해 국가가 인정한 최상급 화가라는 자격을 부여받았다.
→ (×) 제시문에서는 화원이란 조선시대의 관청인 도화서 소속의 직업 화가라고 통칭하여 설명할 뿐[1문단(1)], 임금의 초상화를 그리는 도화서 소속 화가와 다른 화원을 비교하는 내용은 찾을 수 없다.

④ 도화서 소속 화가는 수입의 가장 많은 부분을 사적으로 주문된 그림을 제작하는 데서 얻었다.
→ (○) 화원들은 벌어들이는 돈의 대부분을 사적 주문에 의한 그림 제작을 통해 획득하였다.[3문단(3)] 국가 관료라는 지위와 최상급 화가라는 명예는 그림 시장에서 그들의 작품에 보다 높은 가치를 부여하였고, 다른 하급 관료보다 경제적으로 풍요롭게 만들었다.[3문단(4)]

⑤ 적은 녹봉에도 불구하고 화원이 되려는 경쟁이 치열했으므로 화원직의 세습은 힘들었다.
→ (×) 화원 집안에서는 경제 여건의 안정을 위하여 대대로 화원을 배출하려고 노력했고, 조선 후기에는 몇몇 가문이 도화서 화원직을 거의 독점하게 되었다.[3문단(8)] 이는 곧 소수 가문의 화원직 세습이 이루어졌다는 것을 의미하므로, 화원직의 세습이 힘들었다는 해당 선지의 내용은 옳지 않다.

제시문 분석

1문단 화원의 개념과 역할

〈화원의 개념과 역할〉		
〈개념〉		〈역할〉
화원(畵員)이란 조선시대의 관청인 도화서 소속의 직업 화가를 말한다.(1)	⊕	왕실 및 조정이 필요로 하는 모든 종류의 회화를 제작하고 여러 도화(圖畫) 작업을 담당하였다. 그림과 관련된 온갖 일을 한 화원들은 사실상 거의 막노동에 가까운 일을 했던 사람들이다.(2),(3)

2문단 화원이 되려고 했던 이유

〈화원이 되려고 했던 이유〉	
고된 노역과 적은 녹봉에도 불구하고 이들은 어려서부터 그림 공부를 하여 도화서에 들어가려고 했다.(1)	
이유1	화원이 된다는 것은 국가가 인정한 20~30명의 최상급 화가 중 한 사람이 된다는 것을 의미한다.(3)
이유2	비록 중인이지만 화원이 되면 종9품에서 종6품 사이의 벼슬을 받는 하급 관료가 되는 것이다.(4)
→ 〈결론〉	따라서 화원이 된 사람은 국가가 인정한 최상급 화가라는 자격과 함께, 경제적으로는 별 도움이 되는 것은 아니지만 관료라는 지위를 갖게 된다.(5)

3문단 화가들의 경제생활

〈화원의 경제적 풍요의 원인〉
화원들은 벌어들이는 돈의 대부분을 사적 주문에 의한 그림 제작을 통해 획득하였다.(3)

〈화원인 화가〉		〈시정의 직업 화가〉
국가 관료라는 지위와 최상급 화가라는 명예는 그림 시장에서 그들의 작품에 보다 높은 가치를 부여하였고, 녹봉에만 의지하는 다른 하급 관료보다 경제적으로 풍요롭게 만들었다.(4)	↔	반면 도화서에 들어가지 못한 일반 화가들은 경제적으로 곤궁하였는데 이들은 일정한 수입이 없었으며 그때그때 값싼 그림을 팔아 생활하였다.(5),(6)

〈조선후기 화원직의 독점〉
화원 집안에서는 대대로 화원을 배출하려고 노력했고, 조선후기에는 몇몇 가문이 도화서 화원직을 거의 독점하게 되었다.(8)

합격자의 실전 풀이 순서 한국사 비문학 유형

한국사는 언어논리 영역에서 가장 자주 등장하는 제시문 소재 중 하나로, 각 책형의 앞부분에 등장한다. 이러한 경향이 유지된다면 앞으로의 시험에서도 한국사 비문학 유형은 빈출될 것이다. 특히 최근 한국사 소재 제시문은 장소의 위치나 시간의 흐름에 따른 변화를 강조하여 고난도 문제를 구성하는 경우가 많다. 어떻게 하면 더 빠르게 해결할 수 있을지 알아보자.

⓪ 주제 파악하기

본 문제의 주제 파악은 간단하다. 문항 번호가 비교적 명확할 뿐 아니라, 제시문의 첫 문장만 읽어도 알 수 있을 것이다. 한국사 소재 제시문임을 파악했다면, 해당 주제의 제시문의 특징을 가볍게 상기하면서 본격적인 풀이에 들어가 보자. 한국사 소재 제시문에는 다음과 같은 특징들이 있다.

- 사건의 인과관계, 연표에 따른 단순 선후관계, 계급 체계에 따른 상하관계 등이 한 문제에 복합적으로 등장한다.
- 작은따옴표 ' '를 통해 생소한 개념이 소개된다. 작은따옴표가 붙은 단어는 제시문 전체에서 강조하고자 하는 개념인 경우가 많으므로 집중해 살펴야 한다.
- 큰따옴표 " "를 통해 인물의 주장 또는 문헌이 인용된다. 큰따옴표가 붙은 문장은 그 자체를 토씨 하나 안 틀리고 파악하기보다는, 제시문 전체에서 문장이 갖는 맥락 이해하기에 초점을 둔다.
- 홑낫표 「」, 겹낫표 『』 등으로 문헌·예술작품 등의 이름이 제시된다. 제시문에 이름이 유사한 작품이 여러 개 등장한 뒤, 선지에서 혼동을 유도하는 경우도 종종 있다.
- 구체적인 시대 표현이 등장한다. n년, n세기, OO시대 전·중·후기 등의 시대 표현은 선지에서 사건들이 발생한 선후관계를 묻는 기준점으로 사용된다.

이런 특징들을 암기해도 물론 유용하겠지만, 가장 효과적인 방법은 직접 다양한 문제를 풀어보면서 체득하는 것이다.

❶ 발문 읽고 문제의 유형 파악

항상 발문을 먼저 제대로 읽자. 본 문제는 글의 내용과 부합하는 것을 고르는 유형의 문제이다. 부합하는 것을 고르는 문제는 알 수 있는 것을 고르는 문제와 같다. 해당 유형은 제시문 내용과 일치하거나 그로부터 추론 가능한 선지가 정답이 되며, 제시문 내용과 상충하거나 그로부터 추론할 수 없는 선지가 오답이 된다. 이 유형에서는 '제시문에 명확한 근거 없음'으로 오답인 선지가 구성되는 경우도 존재하므로 조심해야 한다. 또한, 발문에 ○ 표시를 해놓고 문제를 풀면 옳은 것을 골라야 하는 문제에서 옳지 않은 것을 고르게 되는 실수가 줄어든다.

❷ 제시문 독해

제시문 독해 시, 제시문을 어느 정도로 꼼꼼히 읽을 것인지는 각자의 풀이법에 따라 달라진다. 언어논리 고득점자 중에는 제시문 독해단계에서 1분보다 짧은 시간에 제시문의 주제와 키워드만 대강 파악하고, 선지부터 이해한 후에 제시문을 다시 훑어 올라가는 사람도 있다. 그러나 초심자에게 해당 방식을 채택하는 것을 추천하지 않는다. 주제와 키워드만 파악하여 제시문을 읽었다면 선지 판단을 위해 선지의 키워드를 제시문에서 다시 찾아야 하는데, 글의 구조가 어떻게 구성되는지 알지 못하거나 시험장에서 지나치게 긴장한 경우 해당 키워드를 찾지 못하는 불상사가 발생할 수 있기 때문이다. 또한, 최근에는 문단 간의 정보를 연결해야 하는 문제가 나와 키워드 찾기 방식의 효용이 떨어지고 있다. 따라서 처음에는 시간을 들여 모든 제시문을 꼼꼼히 분석하는 연습을 하고, 차차 자신이 안정적으로 선지를 판단할 수 있는 수준으로 제시문 독해 시간을 줄여가는 것을 추천한다. 물론 자신의 독해 실력이 뛰어나다면 선지를 먼저 읽고 키워드를 제시문에서 찾는 등의 방법으로 제시문 독해 시간을 획기적으로 줄이는 방법을 시도하는 것도 좋다.

독해 실력이 특출나지 않는 사람들 대다수에게는 제시문의 구조와 선지에서 나올만한 중요한 내용을 파악하며 1분에서 2분 사이 내에 제시문을 읽는 것을 추천한다. 이때 선지에서 나올만한 내용으로는, 두 대상의 공통점과 차이점, 인과관계, 두 대상의 성능 및 효과 비교, 접속어로 시작하는 문장의 주요 내용, '반드시', '필수적'과 같은 표현으로 강조되는 내용 등이 있다. 다양한 정보확인문제를 통해 선지에서 주로 묻는 내용이 무엇인지 정리한 뒤, 제시문에서 선지에 나올만한 내용을 미리 파악하며 읽는 습관을 들이자. 본 제시문에서 주의 깊게 읽을 만한 내용으로는 '따라서'의 접속어로 시작하는 2문단 (5) 문장과 도화서에 들어가지 못한 일반 화가들과 화원의 경제적 생활 수준의 비교한 3문단의 내용이 있다.

❸ 선지 적용하기

이 단계에서는 각 선지의 키워드를 확인한 후, 바로 제시문으로 올라가 키워드의 위치를 찾는다. 선지는 크게 두 유형으로 나뉜다. 키워드의 앞뒤 2~3문장 내 정답이 그대로 또는 말만 바꾸어 제시되어 있거나(단순비교형), 해당 문장들을 통해 추론 가능한 것(추론형). 만약 둘 중 하나에 해당하지 않으면 일단 다음 선지로 넘어갈 것을 추천한다.

앞서 해설에서 자세한 풀이를 하였으므로, 여기에서는 주의할 만한 선지의 시선과 펜이 이동한 경로를 소개한다. ⇨ 기호는 단순한 순서를 나타내는 것으로, 인과관계 및 논리관계와는 아무 관련이 없다.

각 선지의 특성을 나누면, 선지 ②와 ④는 제시문에 명확한 근거가 등장하는 단순비교형 선지에 해당한다. 선지 ①, ③, ⑤는 제시문에 제시된 정보만으로는 추론할 수 없다. 즉, 오답인 추론형 선지이다. 단순비교형보다 추론형이 판단하기 더 까다롭다. 제시문을 빠르게 훑는 눈만 갖추면 손쉽게 판단 가능한 전자에 비해, 추론형은 근거가 될 만한 부분을 이해한 뒤, 해당 정보만 가지고 선지를 이끌어 낼 수 있는지 적극적으로 고민해야 하기 때문이다.

합격자의 시간단축 Tip

Tip ❶ 비교급 표현은 2가지를 따지자.

비교급 표현은 둘 이상의 개체를 서로 비교하는 표현을 말한다. 언어논리 영역의 비문학 제시문은 종종 개체들을 비교한다. 2개의 개체를 비교하는 대표적인 표현은 '~에 비해', 3개 이상의 개체를 비교하는 대표적인 표현은 '가장' 등이 있다.
이러한 비교급 표현이 등장한 경우 따질 것은 2가지다. 첫 번째는 비교의 대상이며, 두 번째는 비교의 기준이다. 이 2가지를 적용해 본 문제를 살펴보자.
본 문제에서는 '~에 비해', 즉 두 개체를 대상으로 한 비교급 표현이 여러 번 사용되었다. 선지 ②와 ③이 이에 해당한다.
먼저 선지 ② '화원의 경제적 여건은 일반 하급 관료에 비해 좋지 않았다'를 살펴보자. 첫 번째, 비교의 대상은 무엇인가? 화원과 일반 하급 관료이다. 두 번째, 비교의 기준은? 두 그룹 간의 경제적 여건이다.
다음으로 선지 ③ '도화서 소속 화가는 다른 화원에 비해 최상급 화가라는 자격을 부여받았다'를 살펴보자. 첫 번째로 비교의 대상은 도화서 화가와 일반 화원이다. 두 번째로 비교의 기준은 화원의 평판 내지는 자격이다.
비교의 대상과 기준, 이 2가지를 확실히 밝히는 것은 선지 판단에서 실수하지 않도록 도와준다. 그 외에도 비교의 기준이 수치화가 가능하다면, 부등호를 통해 선지에 시각적 표시를 할 수 있다. 다만 본 문제에는 이 경우가 없다.

Tip ❷ 선지를 나누어 꼼꼼히 선지를 판단

최근 정보확인문제에서 선지의 앞부분은 옳은 설명이나, 뒷부분이 틀린 설명인 오답을 구성하는 사례가 늘고 있다. 앞부분만 읽고 함정에 넘어가지 않기 위해서는 선지를 빗금으로 전단부와 후단부로 나누어 각각이 옳은 설명에 해당하는지 검토할 필요가 있다. 예컨대 본 문제의 ②번 선지는 '화원은/ 국가 관료라는 지위를 가졌으나/ 경제적 여건은 일반 하급 관료에 비해 좋지 않은 편이었다.'라고 구분할 수 있고, 앞부분은 옳으나 뒷부분이 틀려서 오답 선지가 되었다. 이와 반대로 앞부분이 틀린 설명이고 뒷부분이 옳은 설명인 경우, 이를 옳은 선지로 오인하는 경우가 많다. 따라서 선지의 내용을 여러 부분으로 나누고 하나하나 검토하는 습관을 반드시 들여야 한다.

003 정답 ❷

난이도 ●○○

문제유형 사실적 이해 > 정보 확인

접근전략 1문에 이어 한국사 비문학 유형이다. 1문보다 유형의 특성이 매우 강한, 전형적인 한국사 비문학 문항에 해당한다. 문헌 이름, 조직 이름, 선후 관계, 시대 표현 등의 테마에 집중하여 해결해 보자. 이때, 요구하는 정보량이 많으므로 선지를 나누어 지문의 내용과 꼼꼼하게 비교하는 것을 추천한다.

다음 글의 내용과 부합하는 것은?

(1) 『승정원일기』는 조선시대 왕의 비서 기관인 승정원의 업무 일지이다. (2) 승정원에서 처리한 업무는 당시 최고의 국가 기밀이었으므로 『승정원일기』에는 중앙과 지방에서 수집된 주요한 정보와 긴급한 국정 사항이 생생하게 기록되었다. (3) 『승정원일기』가 왕의 통치 기록으로서 주요한 자리를 차지할 수 있었던 것은 조선의 통치 구조와 관련이 있다. (4) 조선은 모든 국가 조직이 왕을 중심으로 짜여 있는 중앙집권제 국가였다. (5) 국가 조직은 크게 여섯 분야로 나뉘어져 이, 호, 예, 병, 형, 공의 육조가 이를 담당하였다. (6) 승정원도 육조에 맞추어 육방으로 구성되었고, 육방에는 담당 승지가 한 명씩 배치되었다. (7) 중앙과 지방의 모든 국정 업무는 육조를 통해 수합되었고, 육조는 이를 다시 승정원의 해당 방의 승지에게 보고하였다. (8) 해당 승지는 이를 다시 왕에게 보고하였고, 왕의 명령이 내려지면 담당 승지가 받아 해당 부서에 전하였다. ▶ 1문단

(1) 승정원에 보고된 육조의 모든 공문서는 승정원의 주서가 받아서 기록하였는데, 상소문이나 탄원서 등의 문서도 마찬가지였다. (2) 만약 사헌부, 사간원, 홍문관 등에서 특정 관료나 사안에 대해 비판하는 경우 주서가 그 내용을 기록하였으며, 왕과 신료가 만나 국정을 의논하거나 경연을 할 때 주서는 반드시 참석하여 그 대화 내용을 기록하였다. (3) 즉 주서는 사관의 역할도 겸하였으며, 주서가 사관으로서 기록한 것을 사초라 하였다. (4) 하루 일과가 끝나면 주서는 자신이 기록한 사초를 정리하여 이것을 승정원에서 처리한 공문서나 상소문과 함께 모두 모아 매일 『승정원일기』를 작성하였다. (5) 한 달이 되면 이를 한 책으로 엮어 왕에게 보고하였고, 왕의 결재를 받은 다음 자신이 근무하는 승정원 건물에 보관하였다. ▶ 2문단

(1) 『승정원일기』는 오직 한 부만 작성되었으므로 궁궐의 화재로 원본 자체가 소실되기도 하였다. (2) 임진왜란 전에 승정원은 경복궁 근정전 서남쪽에 위치하였는데, 왜란으로 경복궁이 불타면서 『승정원일기』도 함께 소실되었다. (3) 이후에도 여러 차례 궁궐에 화재가 발생하였다. (4) 영조 23년에는 창덕궁에 불이 나 『승정원일기』가 거의 타버렸으나 영조는 이를 복원하도록 하였다. ▶ 3문단

① 주서는 사초에 근거하여 육조의 국정 업무 자료를 선별해 수정한 뒤 책으로 엮어 왕에게 보고하였다.
→ (×) 주서는 사관의 역할도 겸하였으며, 주서가 사관으로서 기록한 것을 사초라 한다.[2문단(3)] 그러나 제시문에는 주서가 자신이 기록한 사초를 정리하여 승정원에서 처리한 공문서나 상소문과 함께 모두 모아 승정원일기』를 작성했다는 서술만 있을 뿐[2문단(4)], 사초에 근거하여 육조의 공문서를 선별하여 수정했다는 내용은 확인할 수 없다. 따라서 이는 알 수 없는 정보이다.

② 형조에서 수집한 지방의 공문서는 승정원의 형방 승지를 통해 왕에게 보고되었다.
→ (○) 중앙과 지방의 모든 국정 업무는 육조를 통해 수합되었고, 육조는 이를 다시 승정원의 해당 방의 승지에게 보고하였으며[1문단(7)] 해당 승지는 이를 다시 왕에게 보고하였다.[1문단(8)] 이에 따라 형조에서 수집한 지방의 공문서는 형방 승지를 통해 왕에게 보고되었음을 추론할 수 있다.

③ 왕이 사간원에 내리는 공문서는 사간원에 배치된 승지를 통해 전달되었다.
→ (×) 사헌부, 사간원, 홍문관 등에서 특정 관료나 사안에 대해 비판하는 경우 주서가 그 내용을 기록하였다는 서술만 있을 뿐[2문단(2)], 왕이 각 기관에 내리는 공문서가 어떻게 전달되었는지는 제시문을 통해 알 수 없다.

④ 사관의 역할을 겸하였던 주서와 승지는 함께 『승정원일기』를 작성하였다.
→ (×) 주서가 『승정원일기』를 작성한 것은 맞지만[2문단(4)], 승지가 『승정원일기』 작성에 참여하였는지는 제시문을 통해 확인할 수 없다.

⑤ 경복궁에 보관되어 있던 『승정원일기』는 영조 대의 화재로 소실되었다.
→ (×) 경복궁에 보관되어 있던 『승정원일기』는 왜란으로 인한 화재로 소실되었다.[3문단(2)] 이후 영조 대의 화재로 소실된 『승정원일기』는 창덕궁에 보관되어 있던 것이다.[3문단(4)]

제시문 분석

1문단 『승정원일기』의 개념과 특징

『승정원일기』	
〈개념〉	〈특징〉
『승정원일기』는 조선시대 왕의 비서 기관인 승정원의 업무 일지이다.(1)	『승정원일기』에는 중앙과 지방에서 수집된 주요한 정보와 긴급한 국정 사항이 생생하게 기록되었다.(2)
	『승정원일기』가 왕의 통치 기록으로서 주요한 자리를 차지할 수 있었던 것은 조선의 통치 구조와 관련이 있다.(3)

1문단 조선의 통치 구조

〈중앙집권제〉		〈육조〉		〈담당 승지〉
조선은 모든 국가 조직이 왕을 중심으로 짜여 있는 중앙집권제 국가였다.(4)	⊕	국가 조직은 크게 여섯 분야로 나뉘어져 이, 호, 예, 병, 형, 공의 육조가 이를 담당하였다.(5)	⊕	승정원도 육조에 맞추어 육방으로 구성되었고, 육방에는 담당 승지가 한 명씩 배치되었다.(6)

〈승지에게 보고〉		〈명령 하달〉
중앙과 지방의 모든 국정 업무는 육조를 통해 수합되었고, 육조는 이를 다시 승정원의 해당 방의 승지에게 보고하였다.(7)	→	해당 승지는 이를 다시 왕에게 보고하였고, 왕의 명령이 내려지면 담당 승지가 받아 해당 부서에 전하였다.(8)

2문단 『승정원일기』의 기록 내용

〈『승정원일기』의 기록 내용〉	
공문서	승정원에 보고된 육조의 모든 공문서는 승정원의 주서가 받아서 기록하였는데, 상소문이나 탄원서 등의 문서도 마찬가지였다.(1)
사초	주서는 사관의 역할도 겸하였으며, 주서가 사관으로서 기록한 것을 사초라 하였다.(3)

↓

『승정원일기』	주서는 자신이 기록한 사초를 정리하여 이것을 승정원에서 처리한 공문서나 상소문과 함께 모두 모아 매일 『승정원일기』를 작성하였다.(4)

3문단 『승정원일기』의 소실

『승정원일기』의 소실	
『승정원일기』는 오직 한 부만 작성되었으므로 궁궐의 화재로 원본 자체가 소실되기도 하였다.(1)	
임진왜란	임진왜란 전에 승정원은 경복궁 근정전 서남쪽에 위치하였는데, 왜란으로 경복궁이 불타면서 『승정원일기』도 함께 소실되었다.(2)
영조 대의 화재	영조 23년에는 창덕궁에 불이 나 『승정원일기』가 거의 타버렸으나 영조는 이를 복원하도록 하였다.(3),(4)

합격자의 실전 풀이 순서

한국사 비문학 유형

한국사 유형의 문제는 빈출되는 유형이므로 자주 풀어보며 비슷한 유형에 익숙해질 필요가 있다.

⓪ 주제 파악하기

본 문제의 주제 파악은 간단하다. 문항 번호가 비교적 명확할 뿐 아니라, 제시문의 첫 문장만 읽어도 알 수 있을 것이다. 1문에서 소개한 유형의 특징도 다시 한번 숙지하며 넘어가자.

❶ 발문 읽고 문제의 유형 파악

항상 발문을 먼저 제대로 읽자. 본 문제는 글의 내용과 부합하는 것을 고르는 유형의 문제이다. 부합하는 것을 고르는 문제는 알 수 있는 것을 고르는 문제와 같다. 해당 유형은 제시문 내용과 일치하거나 그로부터 추론 가능한 선지가 정답이 되며, 제시문 내용과 상충하거나 그로부터 추론할 수 없는 선지가 오답이 된다. 이 유형에서는 '제시문에 명확한 근거 없음'으로 오답인 선지가 구성되는 경우도 존재하므로 조심해야 한다. 또한, 발문에 ○ 표시를 해놓고 문제를 풀면 옳은 것을 골라야 하는 문제에서 옳지 않은 것을 고르게 되는 실수가 줄어든다.

❷ 제시문 독해

제시문 독해 시, 제시문을 어느 정도로 꼼꼼히 읽을 것인지는 각자의 풀이법에 따라 달라진다. 언어논리 고득점자 중에는 제시문 독해단계에서 1분보다 짧은 시간에 제시문의 주제와 키워드만 대강 파악하고, 선지부터 이해한 후에 제시문을 다시 훑어 올라가는 사람도 있다. 그러나 초심자에게 해당 방식을 채택하는 것을 추천하지 않는다. 주제와 키워드만 파악하여 제시문을 읽었다면 선지 판단을 위해 선지의 키워드를 제시문에서 다시 찾아야 하는데, 글의 구조가 어떻게 구성되는지 알지 못하거나 시험장에서 지나치게 긴장한 경우 해당 키워드를 찾지 못하는 불상사가 발생할 수 있기 때문이다. 또한, 최근에는 문단 간의 정보를 연결해야 하는 문제가 나와 키워드 찾기 방식의 효용이 떨어지고 있다. 따라서 처음에는 시간을 들여 모든 제시문을 꼼꼼히 분석하는 연습을 하고, 차차 자신이 안정적으로 선지를 판단할 수 있는 수준으로 제시문 독해 시간을 줄여가는 것을 추천한다. 물론 자신의 독해 실력이 뛰어나다면 선지를 먼저 읽고 키워드를 제시문에서 찾는 등 제시문 독해 시간을 획기적으로 줄이는 방법을 시도하는 것도 좋다.

독해 실력이 특출나지 않는 사람들 대다수에게는 제시문의 구조와 선지에서 나올만한 중요한 내용을 파악하며 1분에서 2분 사이 내에 제시문을 읽는 것을 추천한다. 이때 선지에서 나올만한 내용으로는, 두 대상의 공통점과 차이점, 인과관계, 두 대상의 성능 및 효과 비교, 접속어로 시작하는 문장의 주요 내용, '반드시', '필수적'과 같은 표현으로 강조되는 내용, 시간의 흐름에 따른 변화 등이 있다. 다양한 정보확인문제를 통해 선지에서 주로 묻는 내용이 무엇인지 정리한 뒤, 제시문에서 선지에 나올만한 내용을 미리 파악하며 읽는 습관을 들이자. 본 제시문에서 주의 깊게 읽을만한 내용으로는 승지와 주서의 역할 구분, 시간의 흐름에 따른 『승정원일기』의 소실 여부가 있다.

❸ 선지 적용하기

각 선지에 등장하는 테마를 정리하면 다음과 같다.

① 주서는 사초에 근거하여 육조의 국정 업무 자료를 선별해 수정한 뒤 책으로 엮어 왕에게 보고하였다.
⇨ 직책 이름

② 형조에서 수집한 지방의 공문서는 승정원의 형방 승지를 통해 왕에게 보고되었다.
⇨ 직책 이름, 부서 이름

③ 왕이 사간원에 내리는 공문서는 사간원에 배치된 승지를 통해 전달되었다.
⇨ 직책 이름, 부서 이름

④ 사관의 역할을 겸하였던 주서와 승지는 함께 『승정원일기』를 작성하였다.
⇨ 직책 이름

⑤ 경복궁에 보관되어 있던 『승정원일기』는 영조 대의 화재로 소실되었다.
⇨ 장소 이름, 시대 표현

선지 중 4개가 직책 이름을 등장시킴으로써, 주서와 승지를 명확히 구분하는 것이 문제 해결의 핵심이었다.

합격자의 시간단축 Tip

Tip 선지를 나누어 내용 일치 여부를 꼼꼼히 판단

최근 정보확인문제에서 선지의 일부분만 틀린 설명인 오답을 구성하는 사례가 늘고 있다. 이러한 함정에 넘어가지 않기 위해서는 선지를 빗금으로 여러 부분으로 나누어 각각이 옳은 설명에 해당하는지 검토할 필요가 있다. 예컨대 본 문제의 ①번 선지는 '주서는/ 사초에 근거하여/ 육조의 국정 업무 자료를/ 선별해 수정한 뒤/ 책으로 엮어/ 왕에게 보고하였다.'라고 구분할 수 있고, '선별해 수정한 뒤'라는 부분이 틀려 오선지가 되었다. 특히 앞부분이 틀린 설명이고 뒷부분이 옳은 설명인 경우, 이를 옳은 선지로 오인하는 경우가 많다. 따라서 선지의 내용을 여러 부분으로 나누고 하나하나 검토하는 습관을 반드시 들여야 한다.

004 정답 ① 난이도 ●●●

문제유형 이해 > 내용 파악

접근전략 화학 제시문이 등장하는 과학 비문학 유형이다. 화학, 그 중에서도 화학 반응을 주제로 하는 제시문은 반응이 일어나는 단계와 반응을 일으키는 촉매에 집중해야 한다. 여러 종류의 당과 아미노산이 결합해 다양한 결과를 낳으므로, 이들을 혼동하지 않고 명확하게 구분해야 한다.

다음 글에서 알 수 있는 것은?

(1) 요리의 좋은 맛을 내는 조리 과정에서는 수많은 분자를 만들어내는 화학반응이 일어난다. (2) 많은 화학반응 중 가장 돋보이는 화학반응은 '마이야르 반응'이다. (3) 마이야르 반응은 온도가 약 섭씨 140도에 도달할 때 일어나기 시작한다. (4) 이 온도에서는 당 분자가 단백질을 이루는 요소들 중 하나인 아미노산과 반응한다. (5) 음식에 들어 있는 당 분자들은 흔히 서로 결합하여 둘씩 짝을 이루거나 긴 사슬 구조를 만든다. (6) 마찬가지로 단백질도 수백 개의 아미노산이 서로 연결된 긴 사슬로 이루어져 있다. (7) 마이야르 반응은 그 긴 사슬 끝에 있는 당이 다른 사슬 끝에 있는 아미노산과 만나 반응하며 시작된다. (8) 당과 아미노산이 만나 새로운 화학물질이 생겨나며, 반응한 화학물질은 자연스럽게 재정렬된다. ▶1문단

(1) 초기 반응에 관여한 아미노산과 당의 특성에 따라 다음에 일어날 일이 달라진다. (2) 마이야르 반응에 관여할 수 있는 당은 적어도 6가지이며, 아미노산은 20가지가 넘는다. (3) 따라서 어떠한 종류의 당과 아미노산이 반응에 참여하느냐에 따라 생성되는 화학물질의 종류는 천차만별이다. (4) 또 주변의 산도와 온도, 수분의 양에 따라서도 반응이 달라지는데, 여러 조건에 따라 반응 속도뿐만 아니라 반응을 통해 생성되는 화학물질이 달라진다. (5) 마이야르 반응을 통해 생성되는 분자 중 일부는 사람이 섭취했을 때 흥미로운 맛을 낸다. (6) 예를 들면 포도당이 아미노산의 한 종류인 시스테인과 반응할 때 생성되는 아크릴피리딜은 크래커와 유사한 맛을 내고, 아미노산의 한 종류인 아르기닌과 반응할 때 생성되는 아세틸피롤린은 팝콘향을 낸다. (7) 여기에 더해 갈색빛을 띠는 멜라노이딘 계열 분자들도 생성되는데, 이들은 음식이 갈색을 띠게 만든다. (8) 마이야르 반응을 통해 여러 맛 분자들뿐 아니라, 발암물질의 하나인 아세틸아미드와 같은 분자들도 소량이나마 생성된다. ▶2문단

① 약 섭씨 140도에서 포도당과 단백질 사슬 끝에 있는 아미노산이 반응하면 팝콘향을 내는 물질을 생성할 수 있다.
→ (O) 약 섭씨 140도에서는 마이야르 반응이 일어나며[1문단(3)], 이 온도에서는 음식을 이루는 당 사슬의 끝에 있는 당과 단백질 사슬 끝에 있는 아미노산이 만나 새로운 화학물질이 생겨난다.[1문단(7)] 이때, 반응하는 당과 아미노산의 종류에 따라 생성되는 화학물질이 달라진다.[2문단(3)] 그중 포도당과 아미노산의 한 종류인 아르기닌이 반응할 때 생성되는 아세틸피롤린은 팝콘 향을 낸다.[2문단(6)] 따라서 약 섭씨 140도에서 포도당과 아미노산의 반응을 통해 팝콘 향을 내는 물질을 생성할 수 있다는 해당 선지의 설명은 옳다.

② 마이야르 반응으로 생성되는 화학물질의 종류는 아미노산과 당의 종류보다는 주변 조건에 따라 결정된다.
→ (×) 어떠한 종류의 당과 아미노산이 반응에 참여하느냐에 따라 생성되는 화학물질의 종류는 천차만별이다.[2문단(3)] 또한, 주변 조건에 따라서도 반응 속도뿐만 아니라 생성되는 화학물질이 달라진다.[2문단(4)] 그러나 이 두 변수 중 어느 것이 더 생성되는 화학물질 종류에 큰 영향을 주는지에 대한 근거는 제시문에서 확인할 수 없다.

③ 아크릴피리딜은 당 분자의 사슬 구조 끝에 있는 포도당과 아르기닌이 반응함으로써 생성된다.
→ (×) 당 분자와 아미노산의 사슬 구조 끝이 서로 만나 마이야르 반응이 시작되는 것은 맞다.[1문단(7)] 그러나 아크릴피리딜은 포도당이 시스테인과 반응할 때 생성되는 물질이다.[2문단(6)] 포도당과 아르기닌이 반응하여 생성되는 물질은 아세틸피롤린이다.[2문단(6)]

④ 멜라노이딘 계열 분자는 요리의 색을 결정할 뿐, 암을 유발하는 데에 관여하지 않는다.
→ (×) 멜라노이딘 계열 분자는 음식이 갈색을 띠게 만들기에[2문단(7)] 요리의 색을 결정한다는 서술은 옳다. 그러나 이 분자가 암을 유발하는 데에 관여하지 않는다는 설명은 제시문에서 찾을 수 없다. 마이야르 반응을 통해서는 발암물질이 생성되고, 특히 발암물질의 예시로 '아세틸아미드와 같은 분자들'이라고 언급했기에[2문단(8)] 아세틸아미드가 아니면 모두 발암물질이 아닐 것이라고 단정 지을 수 없다.

⑤ 마이야르 반응 과정에서 생성되는 발암물질의 양은 반응 속도에 따라 결정된다.
→ (×) 제시문에서 반응 속도에 따라 생성되는 화학물질이 달라진다는 것은 확인할 수 있다.[2문단(4)] 그러나, 반응 속도에 따라 생성되는 발암물질의 양이 결정된다는 내용은 존재하지 않는다. 제시문에서는 마이야르 반응을 통해 아세틸아미드와 같은 발암 물질들이 생성된다는 것만 확인할 수 있을 뿐이다.[2문단(8)]

제시문 분석

1문단 마이야르 반응의 발생 조건과 과정

〈마이야르 반응의 조건〉
마이야르 반응은 온도가 약 섭씨 140도에 도달할 때 일어나기 시작하며 이 온도에서는 당 분자가 단백질을 이루는 요소들 중 하나인 아미노산과 반응한다.(3),(4)

〈당 분자〉		〈아미노산〉		〈반응 시작〉
음식에 들어 있는 당 분자들은 흔히 서로 결합하여 둘씩 짝을 이루거나 긴 사슬 구조를 만든다.(5)	⊕	마찬가지로 단백질도 수백 개의 아미노산이 서로 연결된 긴 사슬로 이루어져 있다.(6)	→	마이야르 반응은 그 긴 사슬 끝에 있는 당이 다른 사슬 끝에 있는 아미노산과 만나 반응하며 시작된다.(7)

→

〈반응〉	당과 아미노산이 만나 새로운 화학물질이 생겨나며, 반응한 화학물질은 자연스럽게 재정렬된다.(8)

2문단 마이야르 반응에 영향을 주는 요인과 그 예시

〈마이야르 반응에 영향을 주는 요인〉	
당과 아미노산의 종류	초기 반응에 관여한 아미노산과 당의 특성에 따라 다음에 일어날 일이 달라진다. 마이야르 반응에 관여할 수 있는 당은 적어도 6가지이며, 아미노산은 20가지가 넘는다.(1),(2)
주변 환경	주변의 산도와 온도, 수분의 양에 따라서도 반응이 달라지는데, 여러 조건에 따라 반응 속도뿐만 아니라 반응을 통해 생성되는 화학물질이 달라진다.(4)

〈마이야르 반응의 예시〉

조합	생성물질	효과
포도당(당) + 시스테인(아미노산)	아크릴피리딜	크래커와 유사한 맛을 냄
포도당(당) + 아르기닌(아미노산)	아세틸피롤린	팝콘향을 냄
	멜라노이딘 계열 분자	갈색을 띠게 함

〈발암물질 생성〉
마이야르 반응을 통해 여러 맛 분자들뿐 아니라, 발암물질의 하나인 아세틸아미드와 같은 분자들도 소량이나마 생성된다.(8)

합격자의 실전 풀이 순서

과학 비문학 유형

⓪ 주제 파악하기

과학 소재의 비문학 문항은 제시문 자체도 짧지 않은데 압축적으로 제시되는 정보량이 방대해, 비전공자 입장에서는 체감 난이도가 높은 유형이다. 물론 과학뿐 아니라 다른 분야라도 운 좋게 배경지식을 갖춘 전공 분야가 출제된다면 간단히 문제를 해결할 수 있겠지만, 대부분의 수험생이 처음 들어보는 지식이라는 점에서 비전공자가 크게 불리할 것도 없다.

❶ 발문 읽고 문제의 유형 파악

항상 발문을 먼저 제대로 읽자. 본 문제는 글에서 알 수 있는 것을 고르는 유형의 문제이다. 알 수 있는 것을 고르는 문제는 부합하는 것을 고르는 문제와 같다. 해당 유형은 제시문 내용과 일치하거나 그로부터 추론 가능한 선지가 정답이 되며, 제시문 내용과 상충하거나 그로부터 추론할 수 없는 선지가 오답이 된다. 이 유형에서는 '제시문에 명확한 근거 없음'으로 오답인 선지가 구성되는 경우도 존재하므로 조심해야 한다. 또한, 발문에 ○ 표시를 해놓고 문제를 풀면 옳은 것을 골라야 하는 문제에서 옳지 않은 것을 고르게 되는 실수가 줄어든다.

❷ 제시문 독해

제시문 독해 시, 제시문을 어느 정도로 꼼꼼히 읽을 것인지는 각자의 풀이법에 따라 달라진다. 언어논리 고득점자 중에는 제시문 독해단계에서 1분보다 짧은 시간에 제시문의 주제와 키워드만 대강 파악하고, 선지부터 이해한 후에 제시문을 다시 훑어 올라가는 사람도 있다. 그러나 초심자에게 해당 방식을 채택하는 것을 추천하지 않는다. 주제와 키워드만 파악하여 제시문을 읽었다면 선지 판단을 위해 선지의 키워드를 제시문에서 다시 찾아야 하는데, 글의 구조가 어떻게 구성되는지 알지 못하거나 시험장에서 지나치게 긴장한 경우 해당 키워드를 찾지 못하는 불상사가 발생할 수 있기 때문이다. 또한, 최근에는 문단 간의 정보를 연결해야 하는 문제가 나와 키워드 찾기 방식의 효용이 떨어지고 있다. 따라서 처음에는 시간을 들여 모든 제시문을 꼼꼼히 분석하는 연습을 하고, 차차 자신이 안정적으로 선지를 판단할 수 있는 수준으로 제시문 독해 시간을 줄여가는 것을 추천한다. 독해 실력이 특출나지 않는 사람들 대다수에게는 제시문의 구조와 선지에서 나올만한 중요한 내용을 파악하며 1분에서 2분 사이 내에 제시문을 읽는 것을 추천한다.

본 제시문의 경우 구조가 명확한 편이 아니고, 정보가 연속적으로 제시되고 있어 까다로운 제시문에 해당한다. 그러므로 한 문단 내에서도 같은 주제를 다루고 있는 문장들을 시각적으로 묶으며 정보를 파악해야 한다. 1문단은 마이야르 반응의 개념을 이해하는 데에 중점을 두고 읽는다. 2문단은 한 문단 내에서 다양한 내용을 설명하고 있으므로, 같은 대상을 이야기하고 있는 부분을 시각적으로 묶어줄 필요가 있다. 2문단 (1) 문장부터 (4) 문장까지 마이야르 반응으로 생성되는 화학물질을 결정하는 요인을 설명하고 있고, (5) 문장부터 (7) 문장까지 구체적인 마이야르 반응의 사례를 소개한다. (8) 문장은 마이야르 반응으로 발생할 수 있는 발암물질을 설명하고 있다. 따라서 (5) 문장 앞, (8) 문장 앞에 빗금을 그어 제시문을 시각적으로 구분하며 읽으면 정보 파악이 수월하다.

❸ 선지 적용하기

정보량이 많은 과학 제시문답게, 본 문제의 선지들은 복잡한 풀이법이 필요하지는 않다. 방대한 정보 속에서 선지가 묻는 부분을 빠르게 찾는 것이 풀이의 전부이다. 각 선지마다 시선과 펜이 이동한 경로를 소개한다. → 기호는 단순한 순서를 나타내는 것으로, 인과관계 및 논리관계와는 아무 관련이 없다.

① **약 섭씨 140도에서 포도당과 단백질 사슬 끝에 있는 아미노산이 반응하면 팝콘향을 내는 물질을 생성할 수 있다.**

팝콘향 ⇨ 아세틸피롤린 ⇨ 포도당이 아르기닌과 반응 ⇨ 마이야르 반응을 통해 생성되는 분자 ⇨ 약 섭씨 140도, 사슬 끝에 있는 당과 아미노산이 반응정보량이 매우 많은 선지다. 이런 선지의 경우 무엇을 키워드로 잡아야 할지 고민될 수 있지만, 구분성을 기준으로 선택한다면 '팝콘향'이 가장 적절하다. 팝콘향을 키워드로 제시문을 찾아보면 마이야르 반응의 산물이라는 부분[2문단(6)]을 찾을 수 있다.

그리고 '140도'라는 키워드에 주목하여 1문단의 마이야르 반응에 대한 내용을 더 살펴보면 선지의 정보들이 모두 참임을 확인할 수 있다. 따라서 알 수 있는 선지다. 이렇게 선지 판단을 위해 필요한 정보가 제시문 곳곳에 흩어져 있는 경우, 선지부터 읽고 제시문의 키워드를 찾아 올라가는

방식이 부적합할 수 있으므로 주의하자. 이러한 유형의 선지는 제시문을 처음부터 끝까지 문맥과 키워드를 파악하며 읽을 때 선지의 정오 판단이 더 쉽다.

② **마이야르 반응으로 생성되는 화학물질의 종류는 아미노산과 당의 종류보다는 주변 조건에 따라 결정된다.**

마이야르 반응으로 생성되는 화학물질의 종류	⇨	아미노산과 당의 종류	⇨	다음에 일어날 일이 달라짐	⇨	비교 불가
	⇨	주변 조건	⇨	주변의 산도, 온도, 수분의 양	⇨	

두 가지를 각각 나누어 확인해야 하는 선지다. 아미노산과 당의 종류, 주변 조건 모두 마이야르 반응의 결과에 영향을 줄 수 있다. 그러나, 두 변수의 영향력을 서로 비교하기 위한 근거는 찾을 수 없다. 따라서 알 수 없는 선지다.

③ **아크릴피리딜은 당 분자의 사슬 구조 끝에 있는 포도당과 아르기닌이 반응함으로써 생성된다.**

아크릴피리딜 ⇨ 포도당이 아미노산의 한 종류인 시스테인과 반응 ⇏ 아르기닌

유사한 이름으로 혼동을 유도하는 함정이 깔린 선지다. 포도당과 아르기닌이 반응한 결과물은 아크릴피리딜이 아닌 아세틸피롤린이다. 구분에 유의해, 대놓고 유도한 함정에 보란 듯이 걸리는 일은 없도록 하자.

④ **멜라노이딘 계열 분자는 요리의 색을 결정할 뿐, 암을 유발하는 데에 관여하지 않는다.**

멜라노이딘 계열 분자	⇨	요리의 색	⇨	음식이 갈색을 띠게 만듦	(○)
	⇨	암 유발			(?)

두 가지를 각각 나누어 확인해야 하는 선지다. 요리의 색에 대해서는 제시문에 근거를 찾을 수 있지만[2문단(7)], 암을 유발하는 부분은 아세틸아미드에 대해서만 명확히 서술되어 있을 뿐[2문단(8)] 멜라노이딘 계열 분자에 대해서는 제시된 바 없다. 따라서 알 수 없는 선지다. 암 유발에 관여하지 않는다는 부분을 자의적으로 추론하면 오답이 된다.

⑤ **마이야르 반응 과정에서 생성되는 발암물질의 양은 반응 속도에 따라 결정된다.**

제시문의 내용만으로는 알 수 없는 것을 묻고 있는 선지다. 발암물질의 양과 반응 속도 간의 상관관계는 제시문에 제시된 바가 전혀 없다. 따라서 알 수 없는 선지다.

합격자의 시간단축 Tip

Tip ❶ 다시 한번 훑어보자.

선지 하나의 정오를 판단하기 위해 문장 한두 개만 확인하면 된다면 좋겠지만, 그렇지 못한 선지도 물론 있다.

본 문제의 경우, 제시문 앞부분과 뒷부분에서 고루 정보를 찾아야 하는 선지 ①, ②가 이에 해당한다. 이런 선지들은 정오 여부를 판단하기 위해 필요한 정보들이 글 전반에 흩어져 있다. 과학 소재의 비문학 제시문은 다른 소재에 비해 전체적인 맥락의 중요성이 낮다. 따라서 '중심문장'을 찾을 수도 없고, 문단 앞부분만 보고 필요한 정보가 어디서 나올지 감을 잡을 수도 없다. 즉, 이런 선지를 해결하기 위해서는 무조건 글 전체를 확인해야 한다. 글 전체를 빠르고 정확하게 스캔하여, 지문에 직접적인 정보가 제시되었음에도 주의 부족으로 놓치는 일이 없어야 한다.

한 번의 독해로 문제를 풀기 불안하다면 시간을 더 투자하여 정보를 다시 정리한다. 이미 풀기 시작한 문제, 정보를 빼먹어 어이없게 틀리는 것보다는 30초-1분쯤 더 쓰는 편이 낫다. 직전에 훑어볼 때 꼼꼼히 보지 못한 부분, 제대로 이해하지 못했는데 시간적 압박으로 넘어간 부분 등을 집중적으로 확인하자.

Tip ❷ 알 수 없는 선지에 대비

알 수 있는 것을 고르는 문제의 오답 선지 구성 원리는 본문 내용과 상충하는 내용뿐만 아니라 유추할 근거 없음도 포함한다. 유추할 근거가 없는 근거를 찾는 데에 시간을 쓰지 말고 과감하게 다음 선지로 넘어가서 오답 판단을 빠르게 내리도록 하자. 특히 과학 지문의 경우 정보가 연속적으로 제시되므로 혹여 선지의 내용을 간과했을지도 모른다는 두려움이 든다. 이러한 두려움을 제거하기 위해서는 제시문을 읽을 때 시간을 들여 꼼꼼히 읽어야 하고, 같은 주제를 다루고 있는 문장들을 시각적으로 묶으며 범주화하여야 한다.

005 정답 ❷

난이도 ●●●

문제유형 제시문형 > 정보확인

접근전략 주어진 제시문에서 원칙을 빠르게 파악하여 발문에서 묻고 있는 정보를 도출하는 문제이다. 따라서 제시문을 독해할 때는 부차적인 정보는 제외하고 발문에서 요구하는 핵심 정보를 찾겠다는 목적의식을 갖는다. 또한, 원칙을 제시하기 전의 맨 앞 문단은 글의 제재와 주제를 소개하는 경우가 대부분이기 때문에 간략히 독해하고 곧바로 원칙 파악에 들어간다.

다음 글을 근거로 판단할 때, 〈보기〉에서 같이 사용하면 부작용을 일으키는 화장품의 조합만을 모두 고르면?

화장품 간에도 궁합이 있다. 같이 사용하면 각 화장품의 효과가 극대화 되거나 보완되는 경우가 있는 반면 부작용을 일으키는 경우도 있다. 요즘은 화장품에 포함된 모든 성분이 표시되어 있으므로 기본 원칙만 알고 있으면 제대로 짝을 맞춰 쓸 수 있다.

• 트러블의 원인이 되는 묵은 각질을 제거하고 외부 자극으로부터 피부 저항력을 키우는 비타민 B 성분이 포함된 제품을 트러블과 홍조 완화에 탁월한 비타민 K 성분이 포함된 제품과 함께 사용하면, 양 성분의 효과가 극대화되어 깨끗하고 건강하게 피부를 관리하는데 도움이 된다.
• 일반적으로 세안제는 알칼리성 성분이어서 세안 후 피부는 약알칼리성이 된다. 따라서 산성에서 효과를 발휘하는 비타민 A 성분이 포함된 제품을 사용할 때는 세안 후 약산성 토너로 피부를 정리한 뒤 사용해야 한다. 한편 비타민 A 성분이 포함된 제품은 오래된 각질을 제거하는 기능도 있다. 그러므로 각질관리 제품과 같이 사용하면 과도하게 각질이 제거되어 피부에 자극을 주고 염증을 일으킨다.
• AHA 성분은 각질 결합을 느슨하게 해 묵은 각질이나 블랙헤드를 제거하고 모공을 축소시키지만, 피부의 수분을 빼앗고 탄력을 떨어뜨리며 자외선에 약한 특성도 함께 지니고 있다. 따라서 AHA 성분이 포함된 제품을 사용할 때는 보습 및 탄력관리에 유의해야 하며 자외선 차단제를 함께 사용해야 한다.

〈보기〉

ㄱ. 보습기능이 있는 자외선 차단제와 AHA 성분이 포함된 모공축소 제품
→ (×) AHA 성분이 포함된 제품을 사용할 때는 보습 및 탄력관리에 유의해야 하며 자외선 차단제를 함께 사

용해야 한다. 따라서 AHA 성분이 포함된 모공축소 제품과 보습기능이 있는 자외선 차단제를 함께 사용할 경우 부작용을 일으키지 않는다.

ㄴ. 비타민 A 성분이 포함된 주름개선 제품과 비타민 B 성분이 포함된 각질관리 제품
→ (O) 비타민 A 성분이 포함된 제품은 오래된 각질을 제거하는 기능도 있으므로 각질관리 제품과 같이 사용하면 과도하게 각질이 제거되어 피부에 자극을 주고 염증을 일으킨다. 따라서 비타민 A 성분이 포함된 주름개선 제품을 각질관리 제품과 함께 사용할 경우 부작용을 일으킨다.

ㄷ. 비타민 B 성분이 포함된 로션과 비타민 K 성분이 포함된 영양크림
→ (×) 비타민 B 성분이 포함된 제품을 비타민 K 성분이 포함된 제품과 함께 사용하면, 양 성분의 효과가 극대화되어 깨끗하고 건강하게 피부를 관리하는데 도움이 된다. 따라서 비타민 B 성분이 포함된 로션과 비타민 K 성분이 포함된 영양크림을 함께 사용할 경우 부작용을 일으키지 않는다.

① ㄱ → (×) ② ㄴ → (O)
③ ㄷ → (×) ④ ㄱ, ㄴ → (×)
⑤ ㄴ, ㄷ → (×)

합격자의 실전 풀이 순서

❶ 문제 유형 파악

법조문이나 규정이 아닌 제시문이 주어져 있지만, 제시문 내에서 원칙을 파악하고 이를 선지에 적용한다는 점에서 규정 파악 유형과 다르지 않다. 따라서 제시문을 독해할 때는 구체적 내용보다는 발문에서 묻고 있는 '화장품의 조합'을 파악하고자 시도한다. 또한, 본 문제가 부작용을 일으키는 화장품을 고르는 문제라는 것을 인지하기 위해 발문의 "부작용"이라는 단어에 밑줄이나 동그라미 등 표시를 한다.

❷ 제시문 독해 및 원칙 파악

제시문을 독해할 때는 조합이 적절, 또는 부적절한 구체적 원인보다 조합 그 자체에 집중한다. 즉, 비타민 B 성분, 비타민 K 성분 등 성분의 명칭에 ○ 또는 □ 표시를 해두고 성분들의 조합이 긍정적인지, 부정적인지를 파악한다. 첫 번째 경우는 비타민 B 성분과 비타민 K 성분의 제품을 함께 사용하는 경우, 두 번째 경우는 비타민 A 성분과 각질관리 제품을 함께 사용하는 경우, 세 번째 경우는 AHA 성분이 포함된 제품과 자외선 차단제를 함께 사용하는 경우를 각각 설명한다. 첫 번째, 세 번째 경우는 조합이 적절하고, 두 번째 경우는 조합이 부적절하다.

❸ 〈보기〉 및 선지 판단

제시문 독해를 바탕으로 보기를 검토한다. 보기 ㄱ은 자외선 차단제와 AHA 성분이 포함된 조합이므로 세 번째 경우와 비교한다. 보기 ㄴ은 비타민 A 성분과 각질관리 제품의 조합이므로 두 번째 경우와 비교한다. 보기 ㄷ은 비타민 B 성분과 비타민 K 성분이 포함된 조합이므로 첫 번째 경우와 비교한다.
본 문제와 같이 하나의 선지가 보기들의 조합으로 구성되는 경우 보기를 해결한 후 해당 보기와 관련된 선지를 먼저 처리하는 것이 좋다. 예컨대, 보기 ㄱ은 옳지 않으므로 선지 ①번과 ④번이 제외된다. 보기 ㄴ은 옳으므로 선지 ③번이 제외되고, 마지막으로 보기 ㄷ을 확인하여 정답을 도출한다.

합격자의 시간단축 Tip

Tip ❶ 발문의 내용을 정확히 파악

같이 사용하면 부작용을 일으키는 화장품의 조합을 고르는 문제이기 때문에 보기에 제시된 조합이 지문에 따라 부작용을 일으키는 조합인지 여부를 판단하여야 한다. 이러한 유형의 문제는 지문을 꼼꼼하게 읽는 것이 아니라 각 보기를 바로 지문에 적용하여 문제를 해결한다.

Tip ❷ 발문의 내용을 제시문 독해에 활용

발문에서 부작용을 일으키는 조합을 묻고 있으므로 피부관리에 도움이 되는 조합을 제시한 2문단과 함께 사용해야 하는 제품을 소개한 4문단은 별도로 읽지 않는다. 발문을 통해 〈보기〉에서 필요한 내용을 파악한다면 문제 풀이의 시간을 절약할 수 있다.

006 정답 ❶ 난이도 ●●○

문제유형 사실적 이해 > 정보 확인

접근전략 역사의 경우도 내용 일치에서 자주 등장하는 소재이다. 역사의 경우 하나의 소재가 시간의 흐름에 따라 전개되는 경우와 사건의 흐름을 다각도에서 조망하는 경우로 나뉜다. 전자는 시대별 비교가 주가 되고 후자는 각 요소가 서로 동일한 제도 내에 매칭되는지 묻는 선지가 주가 된다.
하지만 그렇다 하더라도 역사에 관한 지식을 별도로 쌓을 필요는 없다. 역사 속 처음 보는 제도나 기구의 이름이 나오더라도, 첫 문단에 단어에 대한 설명이 주어지기 때문이다. 따라서 정보확인 문제에서 언제나 첫 문단만큼은 정독하는 것이 중요하며, 꼭 핵심 단어를 표시해야 한다. 특히 기구나 제도가 시대에 따라 변천하는 경우가 많으므로 2문단 이후 통독을 하며 차이가 도드라지는 단어에 체크를 하도록 해야 한다.

다음 글의 내용과 부합하는 것은?

(1) 조선 시대에는 각 고을에 '유향소'라는 기구가 있었다. (2) 이 기구는 해당 지역의 명망가들로 구성되어 있었으며, 지방관을 보좌하고 아전을 감독하는 역할을 했다. (3) 유향소는 그 회원들의 이름을 '향안'이라는 책자에 기록해 두었다. (4) 향안에 이름이 오른 사람은 유향소의 장(長)인 좌수 혹은 별감을 선출하는 선거에 참여할 수 있었고, 유향소가 개최하는 회의에 참석해 지방행정에 관한 의견을 개진할 수 있었다. (5) 또 회원 자격을 획득한 후 일정한 기간이 지나면 좌수와 별감으로 뽑힐 수도 있었다.
▶ 1문단

(1) 향안에 이름이 오르는 것을 '입록'이라고 불렀다. (2) 향안에 입록되는 것은 당시로서는 큰 영예였다. (3) 16세기에 대부분의 유향소는 부친, 모친, 처가 모두 그 지역 출신이어야 향안에 입록될 수 있도록 했는데, 이 조건을 '삼향'이라고 불렀다. (4) 그런데 당시에는 멀리 떨어진 고을의 가문과 혼인 관계를 맺는 일이 잦아 삼향의 조건을 갖춘 사람은 드물었다. (5) 유향소가 이 조건을 고수한다면 전국적인 명망가라고 하더라도 유향소 회원이 되기 어려웠다. (6) 이런 까닭에 삼향이라는 조건을 거두어들이는 유향소가 늘어났다. (7) 그 결과 17세기에는 삼향의 조건을 갖추지 않았다는 이유로 향안 입록을 거부하는 유향소가 크게 줄었다.
▶ 2문단

(1) 한편 서얼이나 상민과 혼인한 사람은 어떤 경우라도 향안에 입록될 수 없었고, 이 규정이 사라진 적도 없었다. (2) 향안에 들

어가고자 하는 사람은 기존 유향소 회원들의 동의도 받아야 했다. (3) 향안 입록 신청자가 생기면 유향소 회원들은 한 곳에 모여 투표를 해 허용 여부를 결정했다. (4) 입록 신청자를 받아들일지 결정하는 투표를 '권점'이라고 불렀다. (5) 권점을 통과하기 위해서는 일정한 비율 이상의 찬성표가 나와야 했다. (6) 이 때문에 향안에 이름을 올리려는 자는 평소 나쁜 평판이 퍼지지 않게 행실에 주의를 기울였다. ▶3문단

① 향안에 입록된 사람은 해당 지역 유향소의 별감이나 좌수를 뽑는 데 참여할 수 있었다.

→ (O) 입록의 단어 뜻을 묻는 문제다. 향안에 이름이 오른 사람은 좌수 혹은 별감을 선출하는 선거에 참여할 수 있었다.[1문단(4)]와, 향안에 이름이 오르는 것을 '입록'이라고 불렀다.[2문단(1)]의 의미를 조합하면 의미를 파악할 수 있다.

② 각 지역 유향소들은 아전의 부정행위를 막기 위해 17세기에 향안 입록 조건을 완화하였다.

→ (×) 17세기에 삼향이라는 향안 입록 조건을 완화하는 유향소가 늘어난 것은 사실이다.[2문단(6)] 그러나 이는 삼향의 조건을 갖춘 사람이 매우 드물었기 때문에 내린 결정이다.[2문단(4)] 따라서 17세기에 향안 입록 조건을 완화한 이유가 아전의 부정행위를 막기 위함이라고 분석하는 것은 글의 내용과 부합하지 않는다.

③ 유향소 회의에 참여할 자격을 얻기 위해서는 향안에 입록된 후에 다시 권점을 통과해야 하였다.

→ (×) 권점은 입록 신청자를 받아들일지 결정하는 투표를 의미한다.[3문단(4)] 따라서 권점을 통과해야 향안에 입록될 수 있었음을 알 수 있다.

④ 16세기에는 서얼 가문과 혼인한 사람이 향안에 입록될 수 없었으나, 17세기에는 입록될 수 있었다.

→ (×) 서얼이나 상민과 혼인한 사람은 어떤 경우라도 향안에 입록될 수 없었고, 이 규정이 사라진 적도 없었다.[3문단(1)] 따라서 16세기와 17세기 모두 서얼 가문과 혼인한 사람은 향안에 입록될 수 없었음을 알 수 있다.

⑤ 17세기에 새로이 유향소 회원이 된 사람들은 모두 삼향의 조건을 갖추고 권점을 통과한 인물이었다.

→ (×) 삼향의 조건을 갖춘 사람이 매우 드물어 점차 삼향이라는 조건을 거두어들이는 유향소가 늘어났고[2문단(6)], 그 결과 17세기에는 삼향의 조건을 갖추지 않아도 향안 입록을 승인하는 유향소가 늘어났다.[2문단(7)]

제시문 분석

1문단 유향소와 향안

〈조선의 '유향소'〉		〈향안〉
각 고을에 위치한 유향소는 해당 지역의 명망가들로 구성되어 있었으며, 지방관을 보좌하고 아전을 감독하는 역할을 했다.(1)	→	유향소는 그 회원들의 이름을 '향안'이라는 책자에 기록해 두었다.(3)

〈입록의 혜택〉	향안에 이름이 오른 사람은 좌수 혹은 별감을 선출하는 선거에 참여할 수 있었다.(4)
	유향소가 개최하는 회의에 참석해 지방행정에 관한 의견을 개진할 수 있었다.(4)
	회원 자격을 취득한 후 일정한 기간이 지나면 좌수와 별감으로 뽑힐 수도 있었다.(5)

2문단 입록의 조건 - 삼향

〈16세기〉		〈문제〉		〈17세기〉
16세기 대부분의 유향소는 부친, 모친, 처가 모두 그 지역 출신이어야 향안에 입록될 수 있도록 했는데, 이 조건을 '삼향'이라고 불렀다.(3)	→	그런데 당시에는 멀리 떨어진 고을의 가문과 혼인 관계를 맺는 일이 잦아 삼향의 조건을 갖춘 사람은 드물었다.(4)	→	이런 까닭에 삼향의 조건을 거두어들이는 유향소가 늘어났고, 17세기에는 삼향의 조건을 갖추지 않았다는 이유로 향안 입록을 거부하는 유향소가 크게 줄었다.(6),(7)

3문단 입록의 신분 조건과 절차

〈입록의 신분 조건〉		〈절차〉
서얼이나 상민과 혼인한 사람은 어떤 경우라도 향안에 입록될 수 없었고, 이 규정이 사라진 적도 없었다.(1)	→	향안에 들어가고자 하는 사람은 기존 유향소 회원들의 투표인 '권점'에서 일정 비율 이상의 찬성표를 얻어 통과를 받아야 했다.(3),(4),(5)

합격자의 실전 풀이 순서

❶ 첫 문단을 꼼꼼히 읽는다.

첫 문단 첫 줄에 '유향소'라는 기구가 등장한다. 뒷 문장에도 유향소에 대한 설명이 나오기 때문에 본 지문의 핵심 키워드가 유향소임을 추측할 수 있다. 가장 먼저 유향소에 동그라미를 치고, 이후 절대다수의 수험생들이 모르는 단어인 '향안'이라는 단어에 대한 설명이 자세하므로 '향안' 키워드도 체크해 두도록 한다.

❷ 지문을 통독하며 비교 지점과 특징에 표시를 한다.

글을 빠르게 통독하되 특징이 되는 키워드에는 동그라미나 밑줄을 치며 읽어내려간다. 통독할 때는 각 문단의 핵심 키워드 정도만 가볍게 기억하는 형식으로 읽으면 되며, 나머지 비교 등과 같은 내용 일치 선지로 나올 것 같은 내용은 다시 찾기 쉽도록 표기만 해두도록 한다.

가령 2문단의 경우 '입록'의 의미와 입록 가능 요건을 설명하고 있다는 것만 기억한다. 그 외에는 '삼향'이라는 단어에 체크하며, 시간의 변화가 나오므로 16세기, 17세기에 동그라미 치는 것이 좋다.

3문단의 경우 향안 입록 신분 조건과 입록 과정을 설명하고 있다. 이 점만 기억하고, '서얼이나 상민'의 키워드에 동그라미 혹은 입록될 수 없다는 의미로 가위표를 표기하거나, '권점' 등의 주요 개념에 표시하도록 한다.

표기는 특징을 바로 파악할 수 있는 단어나 짧은 문장에 한해 최소한으로 하도록 한다.

❸ 발문을 확인한 뒤 선지 확인에 들어선다.

해당 문제는 글의 내용과 '부합하는 것'을 찾는 것으로, '부합하지 않는 것'을 찾는 것보다 선지에서 고려해야 할 점이 많다. 이에 각 선지를 문제에서 통독한 내용을 중심으로 어떻게 시선을 이동하면 될 것인지 메모하면 다음과 같다.

② 각 지역 유향소들은 아전의 부정행위를 막기 위해 17세기에 향안 입록 조건을 완화하였다.

(1) 17세기에 향안 입록 조건이 완화되었는지,

(2) 입록 조건이 완화된 것이 맞다면 그 원인이 유향소들이 아전의 부정행위를 막기 위해서인지를 검토한다.

'입록'과 '17세기'에 해당하는 키워드는 2문단에 표기되어

있으므로 17세기 먼저 거쳐 (1)을 확인한 뒤 글 전체에서 '아전의 부정행위'가 있었는지를 검토하여 (2)를 확인한다.

③ 유향소 회의에 참여할 자격을 얻기 위해서는 향안에 입록된 후에 다시 권점을 통과해야 하였다.
(1) 유향소 회의에 참여할 자격이 무엇을 의미하는지
(2) 향안에 입록된 후 '다시' 권점을 통과해야 하는지 검토한다.
'권점'의 경우 3문단의 키워드이므로 바로 3문단 '권점' 키워드로 제시문으로 돌아가 검토 사항을 확인한다.

④ 16세기에는 서얼 가문과 혼인한 사람이 향안에 입록될 수 없었으나, 17세기에는 입록될 수 있었다.
16세기와 17세기에 신분에 관한 향안 입록 기준이 존재하는지를 검토해야 한다.
16세기, 17세기 키워드는 2문단에서 체크했으며 서얼의 경우 3문단에 있는 키워드이다. 2문단에서는 서얼에 관한 키워드가 없었으므로 3문단의 서얼 관련 키워드로 먼저 가서 내용을 확인한다.

⑤ 17세기에 새로이 유향소 회원이 된 사람들은 모두 삼향의 조건을 갖추고 권점을 통과한 인물이었다.
17세기, 삼향이 키워드이므로 2문단으로 간다. ⑤번의 경우 17세기와 16세기의 차이를 내포하고 있으므로 16세기부터 시선을 두고 읽어 내려가며 차이점을 파악하는 것이 중요하다.

합격자의 시간단축 Tip

Tip ❶ 첫 문단에서 핵심 소재를 확실하게 이해할 것

첫 문단에 핵심 소재의 정의가 나오는 경우 이해가 어려울 수 있다. 그러나 그 때문에 시간적 압박을 받아 첫 문단을 속독하게 되면, 핵심 소재가 무엇인지 이해하지 못한 채 글을 통독하게 되며, 나머지 문단들도 제대로 요약할 수가 없어 결국 오지선다에 와서 다시 글을 읽게 되는 실수를 하게 된다. 결과적으로 시간이 2배가 소요된다.
그러므로 첫 문단에서 시간을 쓰더라도 핵심 소재의 의미와 특징을 확실히 짚고 넘어가는 것이 좋다. 위 문제에서도 유향소의 의미와 역할이 첫 문단에 자세히 나와 있다. 그러므로 유향소의 단어에 대해 모르더라도 첫 문단을 통해 이해가 가능하다. 만약 첫 문단을 제대로 읽지 않고 넘어간다면 2문단, 3문단에서 나오는 내용을 제대로 이해하기 어려울 것이다.

Tip ❷ 소재 이해가 어려울 경우 반드시 그 '문장'에 집착하지 말 것

이해가 어려운 글의 경우 정의를 여러 번에 걸쳐서 다시 설명하는 경우가 대부분이며, 만약 그렇게 어려운 소재가 아닌데 본인에게 낯설어서 이해가 어려운 경우라면 본인에게 좀 더 익숙한 지점에서 다시 이해를 시도하면 된다. 문단 단위에서 이해를 놓치는 것은 잘못이지만 문장 단위에서는 이해를 순간 놓쳐도 상관없다. 예컨대 1문단의 경우 이해가 어렵다고 해도 '선거', '지방행정' 같은 키워드들로부터 거슬러 올라가 다시 이해할 수 있다.

Tip ❸ "어떤 경우라도" 등의 무조건적 표현에 집중할 것

현실이나 역사적 흐름에서 무조건적인 제도는 거의 존재하지 않음을 우리는 알고 있다. 극단적으로 살인을 저질러도 예외적인 경우 무죄가 될 수 있다. 즉 무조건적인 표현은 극히 예외적인 경우로 선지화될 수밖에 없다.

007 정답 ③ 난이도 ●●●

문제유형 사실적 이해 > 정보 확인
접근전략 시대 표현을 기준으로 변화 전과 변화 후를 비교하는 한국사 비문학 유형이다. 시대 표현이 등장하는 문항이 으레 그렇듯 선후관계와 인과관계가 중요한 테마로 등장한다. 어떻게 하면 정답을 빠르게 판단할 수 있을지에 집중하여 접근하자. 이때 지문을 통해 알 수 없는 선지는 과감히 정답 후보에서 배제한다.

다음 글에서 알 수 있는 것은?

(1) 15~16세기에 이질은 사람들을 괴롭히는 가장 주요한 질병이 되었다. (2) 조선은 15세기부터 냇둑을 만들어 범람원(汎濫原)을 개간하기 시작하였고, 『농사직설』을 편찬하여 적극적으로 벼농사를 보급하였다. (3) 이질은 이처럼 벼농사를 중시하여 냇가를 개간한 조선이 감당하여야 하는 숙명이었다. ▶1문단

(1) 벼농사를 짓는 논은 밭 위에 물을 가두어 농사를 짓는 농업 시설이었다. (2) 새로 생긴 논 주변의 구릉에는 마을들이 생겨났다. (3) 하지만 사람들이 쏟아내는 오물이 도랑을 통해 논으로 흘러들었고, 사람의 눈에 보이지 않는 미생물 중 수인성(水因性) 병균이 번성하였다. (4) 그중 위산을 잘 견디는 시겔라균은 사람의 몸에 들어오면 적은 양이라도 대장까지 곧바로 도달하였고, 어김없이 이질을 일으켰다. ▶2문단

(1) 이질은 15세기 초반 급증하기 시작하여 17세기 이후에는 크게 감소하였다. 이러한 변화의 원인은 생태환경의 측면에서 찾을 수 있다. (2) 15~16세기 냇둑에 의한 농지 개간은 범람원을 논으로 바꾸었다. (3) 장마나 강우에 의해 일시적으로 범람하여 발생하는 짧은 침수 기간을 제외하면 범람원은 나머지 대부분의 시간 동안 건조한 상태를 유지하는 벌판을 형성한다. (4) 이곳은 홍수에 잘 견디는 나무로 구성된 숲이 발달하였던 곳이다. (5) 한반도의 하천 변에 분포하는 넓은 범람원의 숲이 논으로 개발되면서 뜨거운 여름 동안 습지로 바뀌었고 건조한 환경에 적합한 미생물 생태계가 습한 환경에 적합한 새로운 미생물 생태계로 바뀌었다. (6) 수인성 세균인 병원성 살모넬라균과 시겔라균은 이러한 습지의 생태계에서 번성하여 장티푸스와 이질의 발병률을 크게 높였다. ▶3문단

(1) 그런데 17세기 이후 농지 개간의 중심축이 범람원 개간에서 산간 지역 개발로 이동하였다. (2) 이는 수인성 전염병 발생을 크게 줄이는 결과를 낳았다. (3) 농법의 측면에서도 17세기 이후에는 남부지역의 벼농사에서 이모작과 이앙법이 확대되었고, 이는 마을에 인접한 논의 사용법을 변화시켰다. (4) 특히 논에 물을 가둬두는 기간이 줄어서 이질 등 수인성 질병 발생의 감소를 가져왔다. ▶4문단

① 『농사직설』을 통한 벼농사 보급 이전의 조선에는 수인성 병균에 의한 질병이 발견되지 않았다.
➜ (×) 조선은 15세기부터 『농사직설』을 편찬해 벼농사를 보급하기 시작했고[1문단(2)], 수인성 병균에 의한 질병인 이질은 15세기 초반에 급증했다.[3문단(1)] 벼농사가 보급된 시기와 이질이 급증한 시기는 유사하나, 벼농사 보급 이전 조선에 수인성 병균에 의한 질병이 없었다는 서술은 나와 있지 않다.

② 15~16세기 조선의 하천에서 번성하던 시겔라균이 17세기 이후 감소하였다.
➜ (×) 시겔라균은 이질을 일으키는 수인성 병균이고[2문단

(3), (4)], 이질은 15세기 초반 급증하기 시작하여 17세기 이후 크게 감소하였다.[3문단(1)] 이때, 이질의 발병률 감소에 영향을 미친 요소에 시겔라균의 수 변화만 있는 것은 아니므로 선지의 정오 여부를 알 수 없다. 해당 지문에서는 17세기 이후 농지 개간의 중심축이 범람원 개간에서 산간 지역 개발로 이동하였고[4문단(1)], 논의 사용법이 변화하여[4문단(3)] 수인성 전염병 발생이 줄었다고[4문단(4)] 언급하였다. 즉 제시문만 보았을 때 이질의 발병률 감소의 원인은 농지가 물과 닿는 기간이 줄었기 때문이지, 시겔라균의 수 변화라고 할 수 없다. 다시 말해 시겔라균의 수가 그대로임에도 농지가 물과 멀어져 이질의 발병률이 감소할 수 있다.

③ 17세기 이후 조선에서는 논의 미생물 생태계가 변화되어 이질 감소에 기여하였다.

→ (O) 이질은 15세기 초반 급증하기 시작하여 17세기 이후에는 크게 감소하였는데, 이러한 변화의 원인은 생태환경의 측면에서 찾을 수 있다.[3문단(1), (2)] 환경이 변화하면 미생물 생태계 역시 변화한다.[3문단(5)] 17세기 이후 조선의 농지 개간 중심축은 범람원에서 산간 지역으로 이동하였다.[4문단(1)] 이후 수인성 질병 발생이 감소하는 결과가 나타났으므로, 논의 미생물 생태계가 변화하여 이질이 감소했다고 볼 수 있다.

④ 17세기 이후 조선에서 개간 대상 지역이 바뀌어 인구 밀집지역이 점차 하천 주변에서 산간 지역으로 바뀌었다.

→ (×) 논 주변의 구릉에 인구 밀집지역인 마을이 생겨났다는 언급은 있으나[2문단(2)], 17세기 이후 개간 대상 지역에 따른 인구 밀집지역의 변화에 대한 서술은 나와 있지 않다.

⑤ 17세기 이후 조선 농법의 변화는 건조한 지역에도 농지를 개간할 수 있도록 하여 이질과 장티푸스 발병률을 낮추었다.

→ (×) 선지에서 말하는 조선 농법의 변화란 산간 지역 개발[4문단(1)]을 의미하는 것이 아니라, 이모작과 이앙법[4문단(3)]을 뜻한다. 이모작과 이앙법이 건조한 지역의 개간과 관련이 있는지 언급이 없으므로, 알 수 없는 선지에 해당한다.

제시문 분석

1·2문단 이질의 발생 배경

〈범람원 개간과 벼농사 보급〉		〈이질 발생〉
조선은 15세기부터 냇둑을 만들어 범람원(汎濫原)을 개간하기 시작하였고, 『농사직설』을 편찬하여 적극적으로 벼농사를 보급하였다.[1문단(2)]	→	논 주변의 구릉에 마을이 생겨나고, 그곳에서 사는 사람들이 쏟아낸 오물이 논으로 흘러들어 가며 수인성 병균이 번성했기 때문에 이질이 발생했다. [2문단(2), (3)]

3문단 15~16세기 조선의 생태환경

〈범람원 활용〉		〈범람원 특징〉		〈범람원 변화〉
15~16세기 냇둑에 의한 농지 개간은 범람원을 논으로 바꾸었다.(2)	⊕	범람원은 나머지 대부분의 시간 동안 건조한 상태를 유지하는 벌판을 형성한다.(3)	⊕	넓은 범람원의 숲이 논으로 개발되면서 습한 환경에 적합한 새로운 미생물 생태계로 바뀌었다.(5)

→ 〈결과〉 수인성 세균인 병원성 살모넬라균과 시겔라균은 이러한 습지의 생태계에서 번성하여 장티푸스와 이질의 발병률을 크게 높였다.(6)

4문단 17세기 조선의 생태환경 변화

〈17세기 조선의 변화〉		〈결과〉
농지 개간의 중심축이 범람원 개간에서 산간 지역 개발로 이동(1)	→	수인성 전염병 발생 크게 감소(2)
남부지역의 벼농사에서 이모작과 이앙법이 확대(3)	→	마을에 인접한 논의 사용법을 변화시키고, 논에 물을 가둬두는 기간이 줄어서 이질 등 수인성 질병 발생의 감소를 가져옴.(4)

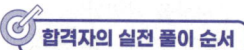

합격자의 실전 풀이 순서

한국사 비문학 유형

❶ 발문 읽기 및 문제 유형 파악

항상 발문을 먼저 제대로 읽자. 본 문제는 글의 내용과 부합하는 것을 고르는 유형의 문제이다. 부합하는 것을 고르는 문제는 알 수 있는 것을 고르는 문제와 같다. 해당 유형은 제시문 내용과 일치하거나 그로부터 추론 가능한 선지가 정답이 되며, 제시문 내용과 상충하거나 그로부터 추론할 수 없는 선지가 오답이 된다. 이 유형에서는 '제시문에 명확한 근거 없음'으로 오답인 선지가 구성되는 경우도 존재하므로 조심해야 한다. 또한, 발문에 ○ 표시를 해놓고 문제를 풀면 옳은 것을 골라야 하는 문제에서 옳지 않은 것을 고르게 되는 실수가 줄어든다.

❷ 제시문 독해

제시문 독해 시, 제시문을 어느 정도로 꼼꼼히 읽을 것인지는 각자의 풀이법에 따라 달라진다. 언어논리 고득점자 중에는 제시문 독해단계에서 1분보다 짧은 시간에 제시문의 주제와 키워드만 대강 파악하고, 선지부터 이해한 후에 제시문을 다시 훑어 올라가는 사람도 있다. 그러나 초심자에게 해당 방식을 채택하는 것을 추천하지 않는다. 주제와 키워드만 파악하여 제시문을 읽었다면 선지 판단을 위해 선지의 키워드를 제시문에서 다시 찾아야 하는데, 글의 구조가 어떻게 구성되는지 알지 못하거나 시험장에서 지나치게 긴장한 경우 해당 키워드를 찾지 못하는 불상사가 발생할 수 있기 때문이다. 또한, 최근에는 문단 간의 정보를 연결해야 하는 문제가 나와 키워드 찾기 방식의 효용이 떨어지고 있다. 따라서 처음에는 시간을 들여 모든 제시문을 꼼꼼히 분석하는 연습을 하고, 차차 자신이 안정적으로 선지를 판단할 수 있는 수준으로 제시문 독해 시간을 줄여가는 것을 추천한다. 물론 자신의 독해 실력이 뛰어나다면 선지를 먼저 읽고 키워드를 제시문에서 찾는 등 제시문 독해 시간을 획기적으로 줄이는 방법을 시도하는 것도 좋다.

독해 실력이 특출나지 않는 사람들 대다수에게는 제시문의 구조와 선지에서 나올만한 중요한 내용을 파악하며 1분에서 2분 사이 내에 제시문을 읽는 것을 추천한다. 이때 선지에서 나올만한 내용으로는, 두 대상의 공통점과 차이점, 인과관계, 두 대상의 성능 및 효과 비교, 접속어로 시작하는 문장의 주요 내용, '반드시', '필수적'과 같은 표현으로 강조되는 내용, 시간의 흐름에 따른 변화 등이 있다. 다양한 정보확인문제를 통해 선지에서 주로 묻는 내용이 무엇인지 정리한 뒤, 제시문에서 선지에 나올만한 내용을 미리 파악하며 읽는 습관을 들이자.

본 제시문의 경우 1문단에서는 제재인 이질을 소개하고, 2문단에서는 이질의 발생 배경을 설명한다. 3문단과 4문단은 시간의 흐름에 따른 수인성 세균의 생태환경 변화를 소개한다. 구체적으로는 범람원 단계(15~16세기 이전), 논 단계(15 ~ 16세기 개간 이후), 산간 지역 개발 단계(17세기 이후)의 세 단계로 구분할 수 있다. 특히 1단계와 2단계가 3문단 안에 함께 있어 이를 구분하기가 어려웠을 것이다. 3문단 (5)를 전후로 1단계와 2단계가 나누어지므로, 빗금을 통해 이를 시각적으로 구분할 필요가 있다. 이러한 시간에 따른 변화는 선지에서 자주 출제되는 내용이므로 주의 깊게 읽어야 한다.

❸ 선지 적용하기

각 선지에 등장하는 테마를 정리하면 다음과 같다.

① 『농사직설』을 통한 벼농사 보급 이전의 조선에는 수인성 병균에 의한 질병이 발견되지 않았다. → 선후관계

② 15~16세기 조선의 하천에서 번성하던 시겔라균이 17세기 이후 감소하였다. → 시대 표현, 선후관계

③ 17세기 이후 조선에서는 논의 미생물 생태계가 변화되어 이질 감소에 기여하였다. → 시대 표현, 인과관계

④ 17세기 이후 조선에서 개간 대상 지역이 바뀌어 인구 밀집지역이 점차 하천 주변에서 산간 지역으로 바뀌었다. → 시대 표현, 인과관계

⑤ 17세기 이후 조선 농법의 변화는 건조한 지역에도 농지를 개간할 수 있도록 하여 이질과 장티푸스 발병률을 낮추었다. → 시대 표현, 인과관계

위와 같이, 본 문제의 선지들은 대체로 유사한 테마를 활용한다. 한국사 비문학 유형에서 가장 흔한 테마인 시대 표현, 선후관계, 인과관계가 그것들이다.

시대 표현에 대해서는 아래 tip에서 자세히 다루고 있다. 그렇다면 선후관계와 인과관계의 차이는 무엇일까? 우선 공통점은, 두 개념 모두 둘 이상의 일련의 사건들이 대상이다. 이때 선후관계는 사건들의 단순 순서를 묻는 반면, 인과관계는 선행 사건과 후행 사건 간의 '인과성'을 요구한다. 따라서 인과관계가 판단하기에 더 까다롭다.

두 개념을 명확히 구분해 두어야만 선지를 읽자마자 어떤 식으로 접근 및 판단해야 하는지 빠르게 알 수 있을 것이다.

또한, 선지를 판단할 때는 선지를 여러 부분으로 나누어 선지의 내용을 바르게 이해하고, 모든 부분의 설명이 제시문과 부합하는지 하나하나 확인해야 한다. 예를 들어 ⑤번 선지의 경우 '17세기 이후 조선 농법의 변화는/ 건조한 지역에도/ 농지를 개간할 수 있도록 하여/ 이질과 장티푸스 발병률을 낮추었다.'라고 구분하여 읽을 수 있다. 이렇게 나누어 읽지 않을 경우, 선지가 농법의 변화[4문단(3)]에 대한 것임에도 불구하고 17세기 이후 농지 개간 중심축의 변화[4문단(1)]에 주목하여 산간 지역이 건조한 지역인지 고민하는 데 시간을 허비하는 문제가 발생할 수 있다. 따라서 선지를 끊어서 읽어가며 선지가 묻고 있는 내용이 무엇인지 바르게 파악해야 한다.

합격자의 시간단축 Tip

Tip ❶ 시대 표현에 집중하자.

한국사 비문학 유형에서는 시대 표현이 등장하며, 이는 선지까지 이어진다. 선지에서 시대 표현은 제시문 속 사건들이 발생한 배경을 단순 표시하거나, 선후관계를 묻는 기준점으로 사용되기도 한다.

본 문제의 제시문에는 시대 표현이 3종류 등장한다. 다만, 글의 흐름을 정리하면 '15세기 초반'과 '15~16세기'를 하나로 묶을 수 있다. 이를 타임라인으로 나타내면 다음과 같다.

15세기 초반, 15~16세기		17세기 이후
• 이질 급증 • 냇둑에 의한 농지 개간 • 논으로 개발된 범람원이 습지가 되어 세균에 적합한 환경	→	• 이질 등 수인성 질병 감소 • 산간 지역 개간 • 이모작&이양법 : 논에 물을 가둬두는 기간 감소

시대 표현이 제시문에 나타나는 순서는 일반적으로 시간순서와 같다. 본 제시문의 경우 3문단에 15~16세기의 상황, 4문단에 17세기의 상황을 소개하고 있다. 그러나 모든 문제에서 시대 표현이 친절하게 한 문단에 하나씩 등장하거나, 문단 앞부분에만 등장하는 것은 아니다. 즉, 출제자는 제시문 이곳저곳에 시대 표현을 심어둠으로써 독해 난이도를 높일 수도 있다.

따라서 제시문을 읽을 때 시대 표현을 찾았다면 시각적인 표시를 해 둘 것을 추천한다. 위와 같이 본격적인 타임라인을 그리기에는 시간이 아깝지만, 제시문 위에 간단히 표시하고 넘어가는 정도라면 효율적으로 제시문을 읽어야 할 구간을 설정할 수 있다.

Tip ❷ 알 수 없는 선지에 대비

알 수 있는 것을 고르는 문제의 오답 선지 구성 원리는 본문 내용과 상충하는 내용뿐만 아니라 유추할 근거 없음도 포함한다. 유추할 근거가 없는 근거를 찾는 데에 시간을 쓰지 말고 과감하게 다음 선지로 넘어가서 오답 판단을 빠르게 내리도록 하자. 본 문제의 경우 정답을 제외한 모든 선지가 지문을 통해 알 수 없는 선지에 해당하였다.

008 정답 ⑤

난이도 ●○○

문제유형 사실적 이해 > 정보 확인

접근전략 제시문의 내용과 일치하는 선지를 찾는 정보 확인 유형이다; 2문단에서 소작제의 종류를 분익제와 정액제로 나눈 뒤, 3문단에서 분익제에서 정액제로의 변화를 다룬다. 두 종류의 제도를 서로 혼동하지 않도록 주의하자. 선지에 자주 등장하는 테마는 인과관계, 비교급 표현 등이 있다.

다음 글에서 알 수 있는 것은?

(1) 통제되지 않는 자연재해와 지배자의 요구에 시달리면서 겨우 생계를 유지하는 전(前)자본주의 농업사회 농민들에게, 신고전주의 경제학에서 말하는 '이윤의 극대화'를 위한 계산의 여지는 거의 없다. (2) 정상적인 농민이라면 큰 벌이는 되지만 모험적인 것을 시도하기보다는 자신과 자신의 가족들을 파멸시킬 수도 있는 실패를 피하려고 하기 마련이다. (3) 이와 같은 악조건은 농민들에게 삶의 거의 모든 측면에서 안전 추구를 최우선으로 여기는 성향을 체득하도록 한다. (4) 이러한 '안전 제일의 원칙'을 추구하기 위해, 농민들은 경험 축적을 바탕으로 하는 종자의 다양화, 경작지의 분산화, 재배 기술 개선 등 생계 안정성을 담보하는 기술적 장치를 필요로 한다. (5) 또한 마을 내에서 이루어지는 다양한 유형의 호혜성, 피지배층이 지배층에 기대하는 관대함, 그리고 토지의 공동체적 소유 및 공동 노동 등 절박한 농민들에게 최소한의 생존을 보장하는 사회적 장치도 필요로 한다. ▶ 1문단

(1) 이런 측면에서 지주와 소작인 간의 소작제도 역시 흥미롭다. (2) 소작인이 지주에게 납부하는 지대의 종류에는 수확량의 절반씩을 나누어 갖는 분익제와 일정액을 지대로 지불하는 정액제가 있다. (3) 분익제에서는 수확이 없으면 소작료를 요구하지 않지만, 정액제에서는 벼 한 포기 자라지 않았어도 의무 수행을 요구한다. (4) 생존을 위협할 정도의 흉년이 자주 있던 것이 아니라는 점을 감안하면, 정액제는 분익제에 비해 소작인의 이윤을 극대화할 수도 있는 방법이었지만 전자본주의 농업사회에서 보다 일반적인 방식은 분익제였다. ▶ 2문단

(1) 이러한 상황은 필리핀 정부가 벼 생산 분익농들을 정액 소작농으로 전환시키고자 시도한 루손 지역에서도 관찰되었다. (2) 정부는 소작농들에게 분익제하에서 부담하던 평균 지대의 1/4에 해당하는 수치를 정액제 지대로 제시하였다. (3) 새로운 체제에서 소작인은 대략적으로 이전 연평균 수입의 두 배, 새로운 종자를 채택할 경우는 그 이상의 수입을 실현할 수 있으리라는 기대를 가질 수 있었다. (4) 그러나 새로운 체제가 제시하는 기대 수입에서의 상당한 이득에도 불구하고, 많은 농민들은 정액제 자체에 내포되어 있는 생계에 관련된 위험성 때문에 전환을 꺼렸다.

▶ 3문단

① 안전 제일의 원칙은 신고전주의 경제학에서 말하는 이윤 극대화를 위한 계산 논리에 부합한다.

➜ (×) 농민들은 이윤의 극대화와 같이 위험을 동반하는 모험적인 시도를 주저하고, 안전 제일의 원칙을 최우선으로 삼았다.[1문단(2),(3)] 그러므로 안전 제일의 원칙과 이윤 극대화를 위한 계산 논리는 서로 상충한다.

② 전자본주의 농업사회 농민들은 모험적인 시도가 큰 벌이로 이어질 수 있다는 사실을 인식하지 못했다.

➜ (×) '큰 벌이는 되지만 모험적인 것을 시도하기보다는'이라는 내용을 통해 전자본주의 농업사회 농민들은 모험적인 시도가 큰 벌이로 이어질 수 있다는 사실은 인식하고 있었다고 볼 수 있다.[1문단(2)] 즉, 농민들이 모험적인 시도를 하지 않은 이유는 큰 벌이로 이어질 수 있다는 사실을 몰라서가 아니라, 그들이 안전 추구를 최우선으로 하였기 때문이다.

③ 안전 추구를 최우선으로 여기는 전자본주의 농업사회의 기술적 장치는, 사회적 장치들이 최소한의 생존을 보장하는 환경하에 발달했다.

➜ (×) 전자본주의 농업사회의 농민들은 안전 제일의 원칙을 최우선으로 삼았다.[1문단(1),(3)] 안전 제일의 원칙을 추구하기 위해, 농민들은 생계 안정성을 담보하는 기술적 장치와 최소한의 생존을 보장하는 사회적 장치를 모두 필요로 한다.[1문단(4),(5)] 즉, 기술적 장치와 사회적 장치는 모두 전자본주의 농업사회에 필수적이다. 그러나 사회적 장치가 먼저 발달하여 기술적 장치 발달의 배경이 되었다는 내용은 제시문 어디에서도 추론할 수 없다. 따라서 알 수 없는 선지다.

④ 루손 지역의 농민들이 정액제로의 전환을 꺼렸던 것은 정액제를 택했을 때 생계에 관련된 위험성이 분익제를 택했을 때보다 작다고 느꼈기 때문이다.

➜ (×) 루손 지역의 농민들은 정액제 자체에 내포된 생계에 관련된 위험성 때문에 정액제로의 전환을 꺼렸다.[3문단(4)] 이는 정액제에서는 수확이 없더라도 의무적으로 금액을 지주에게 지불해야 하므로 분익제에 비해 위험성이 크기 때문이다.[2문단(3)]

⑤ 어느 농가의 수확량이 이전 연도보다 두 배로 늘었을 경우, 이전 연도 수확량의 절반을 내기로 계약하는 정액제를 택하는 것이 분익제를 택하는 것보다 이윤이 크다.

➜ (O) 분익제는 수확량의 절반씩을 나누어 갖는 방법이며, 정액제는 일정액을 지불하는 방법이다.[2문단(2)] 올해 작년의 2배에 달하는 수확량을 거둔 농가의 경우, 분익제를 택하면 올해 수확량의 절반을 지불해야 한다. 반면 작년 수확량의 절반을 내는 정액제의 경우 올해 수확량의 1/4만 지불하면 된다. 따라서 후자가 전자보다 이윤이 크다.

제시문 분석

1문단 농민들의 안전 제일 원칙 추구를 위해 필요한 요소

〈전(前)자본주의 농업사회의 성격〉
전자본주의 농업사회 농민들은 '이윤의 극대화'보다는 '안전 제일의 원칙'을 추구했다.(2),(3)

〈안전 제일의 원칙 추구를 위한 요소〉		
〈기술적 장치〉		〈사회적 장치〉
경험 축적을 바탕으로 하는 종자의 다양화, 재배 기술 개선 등으로 생계 안전성을 담보한다.(4)	⊕	마을 내에서 이루어지는 다양한 유형의 호혜성, 토지의 공동체적 소유 등으로 사회 구성원에게 최소한의 생존을 보장한다.(5)

2문단 분익제, 정액제의 특성

〈소작 제도〉		
〈분익제〉		〈정액제〉
수확량의 절반씩을 지주와 소작인이 나누어 갖는 제도(2)		일정액을 지주에게 지대로 지불하는 제도(2)
〈분익제의 이윤과 위험〉	↔	〈정액제의 이윤과 위험〉
수확이 없으면 소작료를 요구하지 않아 상대적으로 안전하지만, 정액제보다 얻을 수 있는 이윤이 작다.(3),(4)		수확이 없어도 지대 지불을 요구하기에 위험도가 높으나, 분익제에 비해 이윤을 극대화할 수 있다.(3),(4)

3문단 루손 지역 농민들의 안전 제일 원칙 추구 사례

〈정액제 제시〉		〈수입 실현 기대〉		〈결과〉
정부는 소작농들에게 분익제하에서 부담하던 평균 지대의 1/4에 해당하는 수치를 정액제 지대로 제시하였다.(2)	⊕	새로운 체제에서 소작인은 대략적으로 이전 연평균 수입의 두 배, 새로운 종자를 채택할 경우는 그 이상의 수입을 실현할 수 있으리라는 기대를 가질 수 있었다.(3)	⊕	그러나 새로운 체제가 제시하는 기대 수입에서의 상당한 이득에도 불구하고, 많은 농민들은 정액제 자체의 위험성 때문에 전환을 꺼렸다.(4)

합격자의 실전 풀이 순서

비문학 유형

❶ 발문 읽기 및 문제 유형 파악

항상 발문을 먼저 제대로 읽자. 본 문제는 글에서 알 수 있는 것을 고르는 유형의 문제이다. 알 수 있는 것을 고르는 문제는 부합하는 것을 고르는 문제와 같다. 해당 유형은 제시문 내용과 일치하거나 그로부터 추론 가능한 선지가 정답이 되며, 제시문 내용과 상충하거나 그로부터 추론할 수 없는 선지가 오답이 된다. 이 유형에서는 '제시문에 명확한 근거 없음'으로 오답인 선지가 구성되는 경우도 존재하므로 조심해야 한다. 또한, 발문에 ○ 표시를 해놓고 문제를 풀면 옳은 것을 골라야 하는 문제에서 옳지 않은 것을 고르게 되는 실수가 줄어든다.

❷ 제시문 독해

제시문 독해 시, 제시문을 어느 정도로 꼼꼼히 읽을 것인지는 각자의 풀이법에 따라 달라진다. 언어논리 고득점자 중에는 제시문 독해단계에서 1분보다 짧은 시간에 제시문의 주제와 키워드만 대강 파악하고, 선지부터 이해한 후에 제시문을 다시 훑어 올라가는 사람도 있다. 그러나 초심자에게 해당 방식을 채택하는 것을 추천하지 않는다. 주제와 키워드만 파악하

여 제시문을 읽었다면 선지 판단을 위해 선지의 키워드를 제시문에서 다시 찾아야 하는데, 글의 구조가 어떻게 구성되는지 알지 못하거나 시험장에서 지나치게 긴장한 경우 해당 키워드를 찾지 못하는 불상사가 발생할 수 있기 때문이다. 또한, 최근에는 문단 간의 정보를 연결해야 하는 문제가 나와 키워드 찾기 방식의 효용이 떨어지고 있다. 따라서 처음에는 시간을 들여 모든 제시문을 꼼꼼히 분석하는 연습을 하고, 차차 자신이 안정적으로 선지를 판단할 수 있는 수준으로 제시문 독해 시간을 줄여가는 것을 추천한다. 물론 자신의 독해 실력이 특출난다면, 선지를 먼저 읽고 키워드를 제시문에서 찾는 등 제시문 독해 시간을 획기적으로 줄이는 방법을 시도하는 것도 좋다.

독해 실력이 특출나지 않는 사람들 대다수에게는 제시문의 구조와 선지에서 나올만한 중요한 내용을 파악하며 1분에서 2분 사이 내에 제시문을 읽는 것을 추천한다. 이때 선지에서 나올만한 내용으로는, 두 대상의 공통점과 차이점, 인과관계, 두 대상의 성능 및 효과 비교, 접속어로 시작하는 문장의 주요 내용, '반드시', '필수적'과 같은 표현으로 강조되는 내용, 시간의 흐름에 따른 변화 등이 있다. 다양한 정보확인문제를 통해 선지에서 주로 묻는 내용이 무엇인지 정리한 뒤, 제시문에서 선지에 나올만한 내용을 미리 파악하며 읽는 습관을 들이자.

본 제시문의 경우 구조가 명확하므로 글의 구조와 문단별 제재를 중심으로 읽는 것이 좋다. 1문단에서는 신고전주의 경제학의 '이윤의 극대화'와 대비되는 농민들의 '안전 제일의 원칙'을 설명한다. 해당 원칙을 추구하는 데 필요한 두 가지 장치를 소개하고 있으므로, 1문단 (4)의 기술적 장치 위에 ①을 적어놓고, (5)의 사회적 장치 위에 ②를 적어두는 것이 좋다. 2문단에서는 분익제와 정액제를 비교하고 있는데, 이처럼 두 대상 간의 비교 내용이 나온다면 주의 깊게 읽어야 한다. 3문단에서는 루손 지역에서의 구체적 사례를 통해 농민들이 정액제를 선호함을 설명한다. 3문단의 경우 '1/4'라는 숫자가 제시된 (2) 문장과, '그러나'라는 접속어로 시작하는 (4) 문장에 주목해야 한다.

❸ 선지 적용하기

각 선지에 등장하는 테마를 소개하면 다음과 같다.

① 안전 제일의 원칙은 신고전주의 경제학에서 말하는 이윤 극대화를 위한 계산 논리에 부합한다.

② 전자본주의 농업사회 농민들은 모험적인 시도가 큰 벌이로 이어질 수 있다는 사실을 인식하지 못했다.

③ 안전 추구를 최우선으로 여기는 전자본주의 농업사회의 기술적 장치는, 사회적 장치들이 최소한의 생존을 보장하는 환경하에 발달했다. ➜ 인과관계

④ 루손 지역의 농민들이 정액제로의 전환을 꺼렸던 것은 정액제를 택했을 때 생계에 관련된 위험성이 분익제를 택했을 때보다 작다고 느꼈기 때문이다. ➜ 비교급 표현, 의도

⑤ 어느 농가의 수확량이 이전 연도보다 두 배로 늘었을 경우, 이전 연도 수확량의 절반을 내기로 계약하는 정액제를 택하는 것이 분익제를 택하는 것보다 이윤이 크다. ➜ 비교급 표현

선지 ①, ②는 별도의 테마가 없이, 선지에서 키워드를 잡아 제시문을 확인하면 되는 단순비교형 선지다. 반면 ③~⑤는 인과관계, 비교급 표현, 의도 등의 테마가 등장한다. 이런 테마를 빠르게 식별하고, 테마에 맞는 풀이방법을 사용하여 판단하는 것이 풀이의 핵심이다.

또한, 선지들이 제시문의 어떤 내용에서 출제되는지 확인하는 것도 중요하다. ①번 선지의 경우 농민의 '안전 제일의 원칙'과 신고전주의 경제학의 '이윤의 극대화 원칙'의 개념 간 비교를 통해 나온 문제이다. ③번 선지의 경우 '안전 제일의 원칙'을 구성하는 장치 간의 관계를 파악하는 선지였다. 이를 풀기 위해서는 1문단 (4) 이후의 구조 파악이 필요했다. ④번 선지는 '그러나'라는 접속어로 시작하는 3문단 (4)에 근거가 있었다. ⑤번 선지는 제시문에 나온 '1/4'이라는 숫자를 활용하는 선지였다. 이처럼 정보확인유형의 선지에 자주 나오는 내용을 정리해두고, 제시문을 읽을 때부터 선지에 나올 내용을 예측하며 읽는다면 선지의 정오를 빠르게 판단할 수 있다.

합격자의 시간단축 Tip

Tip 선지에 나올 만한 내용에 주목

제시문을 읽는 실력이 향상된다면, 제시문의 내용을 단지 수용하는 단계에서 나아가 선지에 나올 만한 내용을 적극적으로 모색하는 단계로 나아갈 수 있다. 주로 선지에서 자주 나오는 내용으로는, 두 대상의 공통점과 차이점, 인과관계, 두 대상의 성능 및 효과 비교, 접속어로 시작하는 문장의 주요 내용, '반드시', '필수적'과 같은 표현으로 강조되는 내용, 숫자의 응용 등이 있다. 다양한 정보확인문제를 통해 선지에서 주로 묻는 내용이 무엇인지 정리한 뒤, 제시문에서 선지에 나올만한 내용을 미리 파악하며 읽는 습관을 들이자.

009 정답 ③ 난이도 ●●○

문제유형 사실적 이해 > 정보 확인

접근전략 실험을 소재로 하는 제시문 수정 유형이다. 실험 소재 제시문은 그냥 읽어도 복잡한데, 중간중간 흐름에 맞지 않는 문장이 등장하니 더 헷갈릴 수 있다. 본 문제의 포인트는 2가지이다. 첫째로는 제시문 수정 유형의 접근방법을 익혀두자. 둘째로는 제시문의 소재로 실험이 등장할 때 어떻게 분석해야 하는지 확인하자.

다음 글의 흐름에 맞지 않는 곳을 ㉠~㉣에서 찾아 수정할 때 가장 적절한 것은?

(1) 진화 과정에서 빛을 방출하는 일부 원생생물은 그렇지 않은 원생생물보다 어떤 점에서 생존에 더 유리했을까? (2) 요각류라고 불리는 동물이 밤에 발광하는 원생생물인 와편모충을 먹는다는 사실은 이러한 의문을 풀어줄 실마리를 제공한다. (3) 와편모충이 만든 빛은 요각류를 잡아먹는 어류를 유인할 수 있다. (4) 이때 ㉠ <u>발광하는 와편모충을 잡아먹는 요각류가 발광하지 않는 와편모충만을 잡아먹는 요각류보다</u> 그들의 포식자인 육식을 하는 어류에게 잡아먹힐 위험성이 더 높아질 것이다. ▶ 1문단

(1) 연구자들은 실험실의 커다란 수조 속에 요각류와 요각류의 포식자 중 하나인 가시고기를 같이 두어 이 가설을 검증하였다. (2) 수조의 절반에는 발광하는 와편모충을 넣고 다른 절반에는 발광하지 않는 와편모충을 넣었다. (3) 연구자들은 방을 어둡게 한 상태에서 요각류는 와편모충을, 그리고 가시고기는 요각류를 잡아먹게 하였다. (4) 몇 시간 후 ㉡ <u>연구자들은 수조 속 살아남은 요각류의 수를 세었다.</u> ▶ 2문단

(1) 그 결과는 예상과 같았다. (2) 가시고기는 수조에서 ㉢ <u>빛을 내지 않는 와편모충이 있는 쪽보다 빛을 내는 와편모충이 있는 쪽에서 요각류를 더 적게 먹었다.</u> (3) 이러한 결과는 원생생물이 자신을 잡아먹는 동물에게 포식 위협을 증가시킴으로써 잡아먹히는 것을 회피할 수 있음을 시사한다. (4) ㉣ <u>요각류에게는 빛을 내는 와편모충을 계속 잡는 것보다 도망치는 편이 더 이익이다.</u>

(5) 이때 발광하는 와편모충은 요각류의 저녁 식사가 될 확률이 낮아지므로, 자연선택은 이들 와편모충에서 생물발광이 유지되도록 하였다. ▶ 3문단

(1) 만약 우리가 생물발광하는 원생생물이 자라고 있는 해변을 밤에 방문한다면 원생생물이 내는 불빛을 보게 될 것이다. (2) 원생생물이 내는 빛은 ㉤ 포식자인 육식동물들에게 원생생물을 잡아먹는 동물이 근처에 있을 수 있다는 신호가 된다. ▶ 4문단

① ㉠을 "발광하지 않는 와편모충을 잡아먹는 요각류가 발광하는 와편모충만을 잡아먹는 요각류보다"로 고친다.

→ (×) 진화 과정에서 빛을 방출하는 일부 원생생물은 그렇지 않은 원생생물보다 생존에 유리하다고 언급되어 있고[1문단(1)], 요각류가 와편모충을 먹으며[1문단(2)], 와편모충이 만든 빛이 어류를 유인할 수 있다고 언급되어 있다.[1문단(3)] 빛을 방출하는 원생생물인 발광하는 와편모충이 생존에 더 유리하다는 것은 이들이 요각류에 잡아먹힐 위험성이 낮으며, 이들의 빛은 어류를 유인할 수 있으므로 자신들을 잡아먹는 요각류가 어류에게 잡아먹힐 위험성을 높인다는 의미이다.[3문단(3)] 즉, 발광하는 와편모충을 잡아먹는 요각류가 발광하지 않는 와편모충만을 잡아먹는 요각류보다 그들의 포식자인 어류에게 잡아먹힐 위험성이 더 높아지므로, ㉠을 고치는 것은 옳지 않다.

② ㉡을 "연구자들은 수조 속 살아남은 와편모충의 수를 세었다."로 고친다.

→ (×) 연구자들은 빛을 내는 와편모충을 먹는 요각류와 빛을 내지 않는 와편모충을 먹는 요각류 중 가시고기가 더 많이 먹는 요각류를 밝히기 위해[3문단(2)] 요각류와 요각류의 포식자인 가시고기로 실험을 진행하였으므로[2문단(1)], 살아남은 요각류의 수를 비교해야 한다. 즉, 연구자들의 가설을 검증하기 위해서는 수조 속 살아남은 와편모충이 아니라 요각류의 수를 세어야 하므로, ㉡을 고치는 것은 옳지 않다.

③ ㉢을 "빛을 내지 않는 와편모충이 있는 쪽보다 빛을 내는 와편모충이 있는 쪽에서 요각류를 더 많이 먹었다."로 고친다.

→ (○) 바로 전 문장에서 살아있는 요각류의 수를 센 결과가 예상, 즉 발광하지 않는 와편모충을 먹는 요각류가 잡아먹힐 위험이 적다는 가설과 같았다고 하였으므로[1문단(4), 3문단(1)], ㉢을 "빛을 내지 않는 와편모충이 있는 쪽보다 빛을 내는 와편모충이 있는 쪽에서 요각류를 더 많이 먹었다."로 고치는 것은 옳다.

④ ㉣을 "요각류에게는 도망치는 것보다 빛을 내는 와편모충을 계속 잡는 편이 더 이익이다."로 고친다.

→ (×) 빛을 내는 와편모충을 잡아먹는 요각류가 어류에게 잡아먹힐 위험성이 더 높아지고[1문단(4)], 실험결과 또한 이 가설과 부합했으므로[3문단(1)] 요각류는 빛을 내는 와편모충을 계속 잡는 것보다 도망치는 것이 더 이익이 된다. 따라서 ㉣을 고치는 것은 옳지 않다.

⑤ ㉤을 "포식자인 육식동물들에게 자신들의 먹이가 되는 원생생물이 많이 있음을 알려주는 신호가 된다."로 고친다.

→ (×) 제시문에 따르면 와편모충은 빛을 내어 자신을 잡아먹는 요각류를 유인할 수 있다.[1문단(3)] 이를 통해 와편모충과 같은 원생동물이 내는 빛은 포식자인 육식동물, 즉 어류들에게 원생동물을 잡아먹는 동물인 요각류가 근처에 있을 수 있음을 알려주는 신호라 할 수 있으므로 ㉤은 고칠 필요가 없다.

제시문 분석

1문단 가설

〈가설 및 이유〉
진화 과정에서 빛을 방출하는 일부 원생생물은 그렇지 않은 원생생물보다 생존에 유리했다. 발광하는 와편모충(원생생물)을 잡아먹는 요각류가 발광하지 않는 와편모충만을 잡아먹는 요각류보다 그들의 포식자인 어류에게 잡아먹힐 가능성이 높기 때문이다.(1),(4)

〈전제1〉		〈전제2〉
요각류라고 불리는 동물이 발광하는 원생생물인 와편모충을 먹는다.(2)	⊕	와편모충이 발광하는 빛은 요각류를 잡아먹는 어류를 유인할 수 있다.(3)

2문단 가설 검증의 과정

〈검증 과정 1〉		〈검증 과정 2〉		〈검증 과정 3〉
연구자들은 실험실의 커다란 수조 속에 요각류와 요각류의 포식자 중 하나인 가시고기를 같이 두었다.(1)	→	수조 절반에는 발광하는 와편모충을, 다른 절반에는 발광하지 않는 와편모충을 넣었다.(2)	→	방을 어둡게 한 상태에서 요각류는 와편모충을, 가시고기는 요각류를 잡아먹게 하였다. 몇 시간 후 연구자들은 수조 속 살아남은 요각류의 수를 세었다.(3),(4)

3·4문단 검증의 결과 및 해석

〈결과〉	
가시고기는 수조에서 빛을 내지 않는 와편모충이 있는 쪽보다 빛을 내는 와편모충이 있는 쪽에서 요각류를 더 많이 먹었다.[3문단(2)]	
〈결과해석〉	
①	원생생물은 자신을 잡아먹는 동물에게 포식 위협을 증가시킴으로써 잡아먹히는 것을 회피할 수 있다.[3문단(3)]
②	요각류에게는 빛을 내는 와편모충을 계속 잡는 것보다 도망치는 편이 더 이익이다.[3문단(4)]
③	원생생물(와편모충)이 내는 빛은 포식자인 육식동물(어류)에게 원생동물을 잡아먹는 동물(요각류)이 근처에 있을 수 있다는 신호가 된다.[4문단(2)]

합격자의 실전 풀이 순서

제시문 수정 유형

❶ 발문을 읽고 문제의 유형 파악

항상 발문을 먼저 제대로 읽자. 본 문제는 글의 흐름에 맞지 않는 곳을 수정하는 제시문 수정 유형이다. 제시문 수정 유형은 일부 문장이 글의 흐름에 맞지 않는 비문학 제시문을 제시한 뒤, 옳게 고치도록 하는 유형이다. 이 유형을 해결하기 위해서는 '글의 흐름'을 파악하는 것이 가장 중요하다. 이어서 ㉠~㉤의 5개 부분에 그 흐름을 적용하고, 흐름과 맞는지 맞지 않는지 여부를 확인한 후, 선지가 각 부분을 적절하게 수정하였는지 파악하는 순으로 문제를 풀게 된다.

제시문 수정 유형은 발문과 제시문의 형태에서 바로 파악할 수 있다.

- 발문: 다음 글의 흐름에 맞지 않는 곳을 ㉠~㉤에서 찾아 수정할 때 … 적절한/적절하지 않은 것은?
- 제시문: 5개의 문장 또는 표현에 밑줄과 기호 ㉠~㉤이 붙은 형태
- 선지: ㉠~㉤ 부분에 선지가 일대일로 대응되어 수정된 형태

❷ **제시문 파악하기**

이 단계에서는 제시문을 처음부터 끝까지 읽으며 글의 얼개를 파악하고, 흐름을 이해한다. 제시문 수정 유형에서 중요한 것은 '흐름'이다. 주제문이 '흐름'을 제시하고, 이어지는 문장들은 '흐름'의 적용이다. 이 중 어느 문장이 수정 대상이 되든 '흐름'을 제대로 알아야 문제를 해결할 수 있을 것이다.

본 제시문의 주제문은 1문단에서 나타난다. 1문단의 (1) 문장은 질문을 통해 주제의식을 드러내고 있는데, 이렇게 제시문의 초반부에 질문이 제시되는 경우 이에 대한 답이 주제문이 된다. 1문단의 (1), (3) 문장을 통해, 본 제시문의 주제문은 '빛을 방출하는 원생생물은 빛을 통해 자신의 포식자가 잡아먹힐 가능성을 높임으로써 진화에 유리하다.'임을 알 수 있다. 이하 2, 3문단의 연구결과는 위 주제문에 대한 부연설명에 불과하다. 특히 2, 3문단의 연구에는 연구대상으로 원생생물인 요각류, 원생생물의 포식자인 와편모충, 포식자의 포식자인 가시고기가 등장한다는 점에 유의해야 한다. 즉, 글의 내용을 파악하기 위해 요각류와 와편모충, 가시고기의 관계를 명확히 정리해야 한다.

❸ **선지 적용하기**

마지막 단계에서는 제시문을 이해한 바를 바탕으로 ㉠~㉤이 수정이 필요한 부분인지, 아닌지 판단한다. 구체적으로는 제시문의 흐름을 파악하며 읽다가, ㉠~㉤ 중 매끄럽지 않은 부분이 발견될 시 선지에 내려가 해당 부분을 수정하는 것이 타당한지 검토한다.

본 문제의 경우, 다음과 같은 과정을 거쳐 정답을 찾을 수 있다. 제시문에서는 첫 문장인 질문에 대답하는 과정에서 1문단에 가설이, 2~3문단에 실험이 등장한다. 질문은 '빛을 방출하는 와편모충은 빛을 방출하지 않는 와편모충보다 생존에 유리한가?'이다. 이에 대해 1문단 (2), (3)의 정보를 합쳐 1문단 (4)에 들어갈 가설(㉠)을 추론할 수 있다.

가설을 추론했다면, 가설의 '흐름'에 기반해 실험을 확인할 차례다. 2문단 (1)~(3)에서 기본적인 실험군과 독립변인은 주어져 있으므로, 이를 바탕으로 2문단 (4)의 종속변인(㉡)을 추론할 수 있다. 그리고 3문단 (1), (3), (5)를 바탕으로 실험결과인 (2)(㉢), (4)(㉣)를 추론할 수 있다.

마지막 4문단은 실험결과의 적용 및 글 전체의 정리에 해당한다. 실험결과의 흐름을 이해했다면 마지막 4문단 (2)(㉤)까지 판단할 수 있을 것이다.

합격자의 시간단축 Tip

Tip ❶ 실험이 등장하면 세 가지를 기억하자.

실험을 정리할 때는 '실험군, 변인, 결과'를 빠짐없이 정리했는지 확인한다.

첫째, 실험군은 제시문을 읽음으로써 쉽게 파악 가능한 경우가 대부분이다. 조작이 가해지는 실험군과 아무 조작도 가하지 않는 대조군이 있는지, 몇 개나 있는지, 각 실험군의 차이는 무엇인지 확인해야 한다.

둘째, 실험 분석의 핵심은 변인이다. 변인은 다양한 값을 가질 수 있는 사건이나 사물 혹은 현상을 말한다. 연구자가 조작하는 독립변인은 무엇이고, 그로부터 영향을 받는 종속변인은 무엇인지 제시문을 읽고 정확하게 파악해야 한다.

마지막으로 실험결과는 독립변수와 종속변수 간의 인과관계를 드러낸다. 고난도의 실험 소재 문제에서는 4개 이상의 실험군, 2개 이상의 변인이 섞여 매우 복잡한 결과가 제시되기도 한다. 줄글 형태의 제시문에서 실험 결과를 일목요연하게 이해하고 또 정리하는 실력이 빠른 문제 해결을 이끈다.

Tip ❷ 제시문을 읽으며 선지 판단

제시문 흐름 유형은 시험장에서 문제 풀이 시간을 단축할 수 있는 문제에 해당한다. 정보확인유형처럼 제시문을 한 번 읽은 후, 선지 판단을 위해 제시문을 다시 읽을 필요가 없기 때문이다. 제시문 수정 유형은 제시문의 흐름이 가장 중요하기 때문에 주요 문장과 부연설명의 흐름을 파악하며 제시문을 쭉 읽는다. 어색한 부분이 없다고 판단되는 경우 ㉠~㉤을 발견하더라도 굳이 선지로 내려가 정오를 판단할 필요가 없다. 제시문을 읽다가 어색한 부분이 발견되는 경우에만 해당 부분의 선지로 내려가 수정안이 타당한지 확인한다. 즉, 제시문 수정 유형은 제시문을 한 번에 정확하게 읽는 경우 제시문 독해와 선지 판단이 동시에 가능하므로 문제 풀이 시간을 단축할 수 있다.

010 정답 ④

난이도 ●○○

문제유형 법조문형 > 규정확인

접근전략 법조문을 응용하여 발문에서 주어진 사례를 찾는 문제이다. 법조문 유형을 풀 때는 조문의 구체적인 내용을 독해하는 것보다, 법조문의 구조를 파악한 후 〈보기〉에서 묻고 있는 정보를 찾아 올라가는 형태로 푸는 것이 좋다. 본 문제의 경우 회원이 2가지로 구분된다는 점, 일시정지 또는 해지가 특정 요건이 충족된 경우 가능하다는 점, 회원의 경우 언제든지 통보할 수 있다는 점, 카드사의 의무가 존재하는 점 등 법조문의 구조를 파악하고 문제풀이에 들어간다.

다음 〈약관〉의 규정에 근거할 때, 신용카드사용이 일시정지 또는 해지될 수 없는 경우는?

약관

제○○조(회원의 종류) ① 회원은 본인회원과 가족회원으로 구분합니다.

② 본인회원이란 이 약관을 승인하고 당해 신용카드 회사(이하 '카드사'로 약칭함)에 신용카드(이하 '카드'로 약칭함)의 발급을 신청하여 카드사로부터 카드를 발급받은 분을 말합니다.

③ 가족회원이란 본인회원이 지정하고 대금의 지급 및 기타 카드사용에 관한 책임을 본인회원이 부담할 것을 승낙한 분으로서, 이 약관을 승인하고 카드사로부터 카드를 발급받은 분을 말합니다.

제○○조(카드사용의 일시정지 또는 해지) ① 카드사는 다음 각 호의 1에 해당되는 회원에게 그 사유와 그로 인한 카드사용의 일시정지 또는 카드사와 회원 사이의 카드이용계약(이하 '계약'으로 약칭함)의 해지를 통보할 수 있습니다.

1. 입회신청서의 기재사항을 허위로 작성한 경우
2. 카드사용 대금을 3회 연속하여 연체한 경우
3. 이민, 구속, 사망 등으로 회원의 채무변제가 불가능하거나 현저히 곤란하다고 판단되는 경우

② 회원은 카드사에 언제든지 카드사용의 일시정지 또는 해지를 통보할 수 있습니다.

③ 본인회원은 가족회원의 동의 없이 가족회원의 카드사용의 일시정지 또는 해지를 통보할 수 있습니다.

④ 제1항부터 제3항의 일시정지 또는 해지는 상대방에게 통보한 때 그 효력이 발생합니다.

제○○조(카드사의 의무 등) ① 회원이 최종 사용일로부터 1년 이상 카드를 사용하지 않은 경우 카드사는 전화, 서면, 전자우편(e-mail), 단문메시지서비스(SMS), 자동응답시스템(ARS) 등으로 회원의 계약 해지의사를 확인하여야 합니다.

② 제1항에 의해 회원이 전화, 서면, 전자우편, 단문메시지서비스, 자동응답시스템 등으로 해지의사를 밝히면 그 시점에 계약이 해지됩니다.

① 본인회원인 A가 가족회원인 딸 B의 동의 없이 B의 카드사용 해지를 카드사에 통보한 경우

→ (○) 제2조 제3항에 따르면 본인회원은 가족회원의 동의 없이 가족회원의 카드사용의 일시정지 또는 해지를 통보할 수 있고, 제2조 제4항에 따르면 카드사용의 일시정지 또는 해지는 카드사에게 통보한 때 그 효력이 발생한다. 따라서 본인회원인 A는 가족회원인 B의 동의 없이 B의 카드사용의 해지를 카드사에 통보한 경우, 그 때 카드사용은 해지된다.

② 가족회원인 C가 자신의 카드사용의 일시정지를 카드사에 통보한 경우

→ (○) 제1조 제1항에 따르면 회원은 본인회원과 가족회원으로 구분된다. 한편 제2조 제2항에 따르면 회원은 카드사에 언제든지 카드사용의 일시정지 또는 해지를 통보할 수 있고, 제2조 제4항에 따르면 카드사용의 일시정지 또는 해지는 카드사에게 통보한 때 그 효력이 발생한다. 따라서 가족회원인 C가 자신의 카드사용의 일시정지를 카드사에 통보한 경우, 그 때 카드사용은 일시정지된다.

③ 카드사가 최근 1년 간 카드사용 실적이 없는 회원 D에게 전화로 계약 해지의사를 묻자, D가 해지의사를 밝힌 경우

→ (○) 제3조 제1항에 따르면 회원이 최종 사용일로부터 1년 이상 카드를 사용하지 않은 경우 카드사는 전화 등으로 회원의 계약 해지의사를 확인하여야 하고, 제3조 제2항에 따르면 회원이 전화 등으로 해지의사를 밝히면 그 시점에 계약이 해지된다. 따라서 카드사가 최근 1년 간 카드사용 실적이 없는 회원 D에게 전화로 계약 해지의사를 묻자 D가 해지의사를 밝혔다면 그 시점에 계약이 해지된다.

④ 카드사가 회원 E에게 2회의 카드사용 대금 연체 사실을 통보한 경우

→ (×) 제2조 제1항 제2호에 따르면 카드사는 카드사용 대금을 3회 연속하여 연체한 경우 그 사유와 그로 인한 카드사용의 일시정지 또는 카드사와 회원 사이의 계약의 해지를 통보할 수 있고, 제2조 제4항에 따르면 카드사용의 일시정지 또는 해지는 회원에게 통보한 때 그 효력이 발생한다. 카드사가 회원 E에게 2회 카드사용 대금 연체 사실을 통보한 경우 이는 3회 연속 연체한 경우인 제2조 제1항 제2호의 사유에 해당하지 않으므로, 신용카드사용이 일시정지 또는 해지될 수 없다.

⑤ 입회신청서를 허위로 기재한 회원 F에게 카드사가 그 사실과 카드사용의 일시정지를 통보한 경우

→ (○) 제2조 제1항 제1호에 따르면 카드사는 입회신청서의 기재사항을 허위로 작성한 회원에게 그 사유와 그로 인한 카드사용의 일시정지 또는 카드사와 회원 사이의 계약의 해지를 통보할 수 있고, 제2조 제4항에 따르면 카드사용의 일시정지 또는 해지는 회원에게 통보한 때 그 효력이 발생한다. 따라서 입회신청서를 허위로 기재한 회원 F에게 카드사가 그 사실과 카드사용의 일시정지를 통보한 경우, 그 때 카드사용은 일시정지된다.

합격자의 실전 풀이 순서

❶ 문제 유형 파악

본 문제의 경우 발문에서 '규정'이라는 단어가 나오고, 제시문이 법 규정 형태로 주어졌으므로 법조문 유형임을 알 수 있다. 특히 발문에서 묻고 있는 사례를 찾는 규정 확인 문제이다. 법조문 유형은 구체적인 조문의 내용을 독해하는 것보다, 법조문의 구조를 파악한 후 〈보기〉에서 묻고 있는 정보를 찾아 올라가는 형태로 푸는 것이 좋다. 법 조문의 구조 파악이란 각 조나 항마다 가로로 길게 선을 그어 조문들을 시각적으로 구분하고, 단서와 괄호에 강조 표시하는 것을 의미한다. 또한, 본 문제는 일시 정지 또는 해지될 수 없는 경우를 고르는 문제라는 것을 인지하기 위해 "없는"이라는 단어에 밑줄이나 X 등 표시를 한다.

❷ 법조문 구조 분석

먼저 법조문 전체를 훑으며 법조문의 구조를 파악한다. 법조문을 분석할 때는 각 조나 항을 구분하고, 단서와 괄호에 강조 표시를 한다. 조문의 길이가 긴 경우 가로선을 활용하고, 구체적으로 '다만'이라는 단어가 나오면 △, '이 경우'라는 단어에는 ㅁ 표시를 해두고, 괄호가 나오면 괄호의 처음과 끝에 별표를 해둔다. 아래의 조문이 위의 조문의 내용의 일부에 대하여 설명하고 있는 경우, 아래 조문을 위의 조문 내용 혹은 조항과 연결하여 표시한다. 이러한 표시들은 선지나 〈보기〉를 읽고 해당되는 부분을 찾는 이정표 역할을 한다. 이렇게 법조문을 읽으며 선지에 어떤 내용이 나올지도 예상해본다. 3개의 조로 구성된 규정이다. 모두 '제○○조'로 표기되어 있어 구분이 어렵다면 순서대로 '1, 2, 3'이라고 쓴다. 각 조 옆에 괄호로 표시된 설명이 있으므로 조문을 훑으며 괄호의 내용 및 각 조항의 설명 대상에 강조 표시를 한다.

약관 제1조 제1항은 회원을 본인회원과 가족회원으로 구분한다. 제2항은 본인회원을, 제3항은 가족회원을 각각 규정하고 있다. 이때 제2항에서 '당해 신용카드 회사'를 '카드사', '신용카드'를 '카드'라고 각각 약칭한다는 것을 파악한다.

약관 제2조 제1항은 카드사가 카드사용의 일시정지 또는 해지를 통보할 수 있다고 규정한다. 각 호 중 하나만 해당해도 적용된다는 점과 3회 연속 연체라는 횟수에 유의한다. 제2항은 제1항과 반대로 회원이 통보하는 경우를 규정하며, 제3항은 본인회원이 가족회원의 카드사용의 일시정지 또는 해지를 통보하는 경우를 규정한다. 가족회원의 동의 없이도 이를 통보할 수 있다는 점을 유의한다. 제4항은 일시정지 또는 해지의 효력발생 시기를 규정한다.

약관 제3조 제1항은 회원이 일정 기간 카드를 사용하지 않은 경우 카드사가 계약 해지의사를 확인하여야 한다는 의무를 규정하고 있다. 제2항은 계약이 회원이 해지의사를 밝힌 시점에 해지된다는 것을 규정한다.

❸ 선지 판단

법조문 분석을 바탕으로 보기를 검토한다. 본 문제와 같이 법 규정의 각 조 옆에 괄호로 해당 조의 제목이 붙어있는 경우 선지 판단 시 이를 적극적으로 활용하는 것이 좋다. 즉 선지 판단 시 법 규정의 제목을 쭉 읽어보고 선지와 관련있을 것으로 판단되는 법 규정을 유의 깊게 읽는다.

선지 ①번은 본인회원이 가족회원의 동의 없이 카드사용 해지를 통보한 경우이므로 제2조 제3항과 비교한다. 선지 ②번은 가족회원이 카드사용의 일시정지를 통보한 경우이므로 제2조 제2항과 비교한다. 이때 회원에 가족회원과 본인회원이 모두

포함된다는 제1조 제1항을 염두에 두어야 할 것이다. 선지 ③번은 카드사가 계약 해지의사를 묻고 회원이 해지의사를 밝힌 경우이므로 제3조와 비교한다. 선지 ④번은 약관을 읽을 때 확인하지 못했던 내용인데, 제2조 제1항 각 호의 경우를 확인하지 않았으므로 이와 비교한다. 선지 ④번을 넘어갔을 경우 선지 ⑤번 또한 약관을 읽을 때 확인하지 못했던 내용이므로 제2조 제1항 각 호와 비교한다.

합격자의 시간단축 Tip

Tip ❶ 법조문의 제목을 활용

본 문제와 같이 법조문의 제목이 괄호로 주어진 경우, 이를 적극적으로 활용하는 것이 좋다. 선지의 내용을 파악한 후 법조문의 제목을 빠르게 훑어보며 어떤 조문을 참조해야 하는지 판단한다.

Tip ❷ 정의와 약어에 주의

제1조는 회원의 정의에 대하여 규정하고 있으므로 꼼꼼히 확인하여야 할 것이다. 특히 본인회원, 카드회원이 회원에 포함되는 것처럼 개념의 포함관계가 있는 경우 포함관계를 활용한 선지가 등장할 수 있다. 선지 ②가 이에 해당한다.

설문 약어의 경우 신용카드 회사를 카드사, 신용카드를 카드, 카드이용계약을 계약으로 약칭하여 큰 의미는 없으나, 막상 확인했을 때 의미가 없더라도 약어가 있다면 확인하는 습관을 기르는 것이 좋다.

Tip ❸ 발문을 주의 깊게 읽기

신용카드사용이 일시정지 또는 해지될 수 없는 경우를 고르는 문제인데, 제2조는 일시정지 또는 해지될 수 있는 경우이므로 제2조의 어느 하나라도 해당하지 않는 경우여야 정답이다. 따라서 선지가 제2조의 어느 하나라도 해당한다면 정답이 아니므로 다음 선지를 확인한다.

Tip ❹ 유사한 선지를 응용

선지 ③번을 제외하고는 모두 '통보한 경우'이므로, 제2조 제4항을 여러 번 검토할 필요가 없다. 선지가 비슷한 형태로 구성된 경우 조항을 확인 후 한 번에 선지에서 중요 문구가 아님을 확인할 수 있으면 시간 단축이 가능하다.

Tip ❺ 숫자를 주의

2조 2항에서 3회 연속 부분은 해당 법조문의 유일한 숫자 장치이다. 출제될 가능성이 높다고 예상할 수 있으며, 실제로 정답 선지로 출제되었다.

011 정답 ⑤

난이도 ●●○

문제유형 사실적 이해 > 정보 확인

접근전략 특정 사상이 글의 주요 소재로 나오는 경우, 글 전체가 하나의 사상에 대한 논리와 특징으로 구성되거나, 그것을 비판하는 다른 사상이 나오는 등의 방식으로 글이 전개되는 경우가 많다.

이처럼 어떤 사상이 글의 주요 소재로 나올 때는 주로 연관된 사례와 함께 내용을 설명하곤 한다. 따라서 개념이 당장 이해가 되지 않아도 걱정할 필요는 없다. 만약 정의나 특징을 읽고 이해가 되었다면 사례는 자신이 개념을 맞게 이해했는지만 확인하는 정도로 빠르게 읽고 넘어가면 된다. 그러나 만일 이해를 하지 못했다고 하더라도 사례를 통해 개념에 대한 세부적인 이해가 가능하다. 개념과 함께 그것이 적용된 사례 또한 선지에 나올 수 있으므로 바로 시선을 이동할 수 있도록 체크해 두도록 한다.

다음 글에서 알 수 있는 것은?

(1) 도덕에 관한 이론인 정서주의는 언어 사용의 세 가지 목적에 주목한다. (2) 첫째, 화자가 청자에게 정보를 전달하는 목적이다. (3) 예를 들어, "세종대왕은 조선의 왕이다."라는 문장은 참 혹은 거짓을 판단할 수 있는 정보를 전달하고 있다. (4) 둘째, 화자가 청자에게 행위를 하도록 요구하는 목적이다. (5) "백성을 사랑하라."라는 명령문 형식의 문장은 청자에게 특정한 행위를 요구한다. (6) 셋째, 화자의 태도를 청자에게 표현하는 목적이다. (7) "세종대왕은 정말 멋져!"라는 감탄문 형식의 문장은 세종대왕에 대한 화자의 태도를 표현하고 있다. ▶ 1문단

(1) 정서주의자들은 도덕적 언어를 정보 전달의 목적으로 사용하는 것이 아니라, 사람의 행위에 영향을 주거나 자신의 태도를 표현하는 목적으로 사용한다고 말한다. (2) "너는 거짓말을 해서는 안 된다."라고 말한다면, 화자는 청자가 그러한 행위를 하지 못하게 하려는 것이다. (3) 따라서 이러한 진술은 정보를 전달하는 것이 아니라, "거짓말을 하지 마라."라고 명령하는 것이다. ▶ 2문단

(1) 정서주의자들에 따르면 태도를 표현하는 목적으로 도덕적 언어를 사용하는 것은 태도를 보고하는 것이 아니다. (2) 만약 "나는 세종대왕을 존경한다."라고 말한다면 이 말은 화자가 세종대왕에 대해 긍정적인 태도를 지니고 있다는 사실을 보고하는 것이다. 즉, 이는 참 혹은 거짓을 판단할 수 있는 정보를 전달하는 문장이다. (3) 반면, "세종대왕은 정말 멋져!"라고 외친다면 화자는 결코 어떤 종류에 관한 사실을 전달하거나, 태도를 갖고 있다고 보고하는 것이 아니다. 이는 화자의 세종대왕에 대한 태도를 표현하고 있는 것이다. ▶ 3문단

① 정서주의에 따르면 화자의 태도를 표현하는 문장은 참이거나 거짓이다.
→ (×) 정서주의자들에 따르면 화자의 태도를 표현하는 문장은 어떤 종류에 관한 사실을 전달하는 목적이 아니다.[3문단(3)] 참과 거짓의 판단은 정보를 전달하는 문장에만 적용할 수 있으므로[1문단(3)], 화자의 태도를 표현하는 문장은 참이거나 거짓이라고 판별할 수 없다.

② 정서주의에 따르면 도덕적 언어는 화자의 태도를 보고하는 데 사용된다.
→ (×) 정서주의에 따르면 도덕적 언어는 사람의 행위에 영향을 주거나 자신의 태도를 표현하는 목적으로 사용된다고 주장하며[2문단(2)], 이와 같이 태도를 표현하는 목적으로 도덕적 언어를 사용하는 것은 태도를 보고하는 것이 아니라고 본다.[3문단(1)] 따라서 도덕적 언어는 화자의 태도를 보고하는 데 사용되지 않는다.

③ 정서주의에 따르면 "세종대왕은 한글을 창제하였다."는 참도 거짓도 아니다.
→ (×) "세종대왕은 한글을 창제하였다."는 화자가 청자에게 정보를 전달하는 목적이며[1문단(2)], 참과 거짓을 판단할 수 있다.[1문단(3)] 정서주의자들은 청자의 행위에 영향을 주거나 화자의 태도를 표현하는 문장에 국한하여 도덕적 언어에 대한 논지를 주장하고 있다.[2문단(1), 3문단(1)]

④ 정서주의에 따르면 언어 사용의 가장 중요한 목적은 정보를 전달하는 것이다.

→ (×) 정서주의자들은 도덕적 언어를 정보 전달의 목적으로 사용하는 것이 아니라, 사람의 행위에 영향을 주거나[2문단(1)] 자신의 태도를 표현하는 목적으로 사용한다고 말한다.[3문단(1)] 즉, 정서주의자들은 언어 사용의 가장 중요한 목적은 사람의 행위에 영향을 주거나 자신의 태도를 표현하는 것에 있다고 본다.

⑤ 정서주의에 따르면 도덕적 언어의 사용은 명령을 하거나 화자의 태도를 표현하기 위한 것이다.

→ (○) 정서주의자들은 도덕적 언어를 정보 전달의 목적으로 사용하는 것이 아니라, 사람의 행위에 영향을 주거나[2문단(1)] 자신의 태도를 표현하는 목적으로 사용한다고 말한다.[3문단(1)]

제시문 분석

1문단 언어 사용의 세 가지 목적

〈언어 사용의 세 가지 목적〉	
〈정보 전달〉	예) "세종대왕은 조선의 왕이다."(3)
〈어떤 행위를 하도록 요구〉	예) "백성을 사랑하라."(5)
〈태도 표현〉	예) "세종대왕은 정말 멋져!"(7)

2문단 정서주의에서 말하는 도덕적 언어의 목적

〈정서주의에서 말하는 도덕적 언어의 목적〉
정서주의자들은 도덕적 언어를 정보 전달의 목적으로 사용하는 것이 아니라, 사람의 행위에 영향을 주거나 자신의 태도를 표현하는 목적으로 사용한다고 말한다.(1)

〈예시〉	"너는 거짓말을 해서는 안 된다."(2)	→	이는 정보를 전달하는 것이 아니라 "거짓말을 하지 마라."라고 명령하는 것이다.(3)

3문단 도덕적 언어에 대한 정서주의자들의 주장

〈도덕적 언어에 대한 정서주의자들의 주장〉
정서주의자들에 따르면 태도를 표현하는 목적으로 도덕적 언어를 사용하는 것은 태도를 보고하는 것이 아니다.(1)

〈태도를 지니고 있다는 사실을 보고하는 문장〉		〈태도를 표현하는 문장〉
"나는 세종대왕을 존경한다."는 화자가 세종대왕에 대해 긍정적인 태도를 지니고 있다는 사실을 보고하는 것이다. 즉, 이는 참 혹은 거짓을 판단할 수 있는 정보를 전달하는 문장이다.(2)	→	"세종대왕은 정말 멋져!"는 어떤 종류에 관한 사실을 전달하거나, 태도를 갖고 있다고 보고하는 것이 아니다. 이는 화자의 세종대왕에 대한 태도를 표현하고 있는 것이다.(3)

합격자의 실전 풀이 순서

❶ 첫 문단을 꼼꼼히 읽는다.

이때, '정서주의'라는 말이 무엇인지 고민하면 안 된다. 이런 어려운 철학용어의 진정한 의미는 문단의 다른 부분을 통해서 설명된다. 문단을 꼼꼼히 읽는다는 것이 모든 문장을 완벽하게 해석해야 한다는 뜻은 아니다.

실제로 다음 문장들은 '정서주의의 언어 사용 목적'에 대해 설명하고 있다. 첫째, 둘째, 셋째에 있어 목적의 이야기와 사례가 제시되고 있다. 이에 사례는 개념에 대한 자신의 이해가 잘 됐는지 빠르게 확인하거나 이해가 잘 안될 경우 이를 돕기 위해 사용하고, 이해가 되었다면 자기 나름대로 사례와 목적을 연결시키는 표기를 해놓도록 한다. 나중에 선지판단을 위해 다시 올라왔을 때, 목적보다 사례에 연결시켜 기억해낼 수도 있기 때문이다.

❷ 지문을 통독하며 비교 지점과 특징에 표시를 한다.

첫 문단에서 글의 핵심 소재가 정서주의의 언어 사용이므로, 이를 인지하고 글을 전체적으로 읽어 내려간다.

2문단의 경우 정서주의자들이 바라 본 도덕적 언어의 목적과 사례를 이야기하고 있으므로 접근 전략대로 읽어나간다. 3문단의 경우도 마찬가지로 첫 문장의 내용을 사례를 통해 설명하고 있으므로 접근 전략대로 읽도록 한다.

❸ 발문을 확인한 뒤 선지 확인에 들어선다.

'다음 글에서 알 수 있는 것은?'의 문제의 경우 '알 수 있는 것'보다 고려해야 하는 부분이 더 많다. 이에 선지를 통해 체크해야 하는 부분과 지문에서의 시선이 이동하는 과정을 메모하면 다음과 같다.

① 정서주의에 따르면 화자의 태도를 표현하는 문장은 참이거나 거짓이다.

참 거짓 여부의 경우 1문단과 3문단에 그 내용이 나와 있다. 그러나 화자의 대토를 표현하는 문장과 참거짓여부를 따지는 내용은 3문단에만 나와 있으므로 3문단을 확인한다.

② 정서주의에 따르면 도덕적 언어는 화자의 태도를 보고하는 데 사용된다.

3문단의 첫 문장이므로, 3문단의 첫 문장을 체크했다면 바로 해당 부분으로 가서 내용을 확인한다.

③ 정서주의에 따르면 "세종대왕은 한글을 창제하였다."는 참도 거짓도 아니다.

본 문장의 사례가 1문단의 '참 혹은 거짓을 판단할 수 있는 정보를 전달'이라는 내용과 대응됨을 확인할 수 있다. 확실하게 확인하려면 1문단으로 가서 확인하도록 한다.

④ 정서주의에 따르면 언어 사용의 가장 중요한 목적은 정보를 전달하는 것이다.

본 문장의 경우 2문단의 첫 문장에 나와 있으므로 읽으면서 바로 2문단으로 시선 처리를 하면 된다. 이때도 1문단이나 3문단에 정보제공이 중요했는지를 떠올릴 수 있다면 선지 검토에 큰 도움이 된다.

⑤ 정서주의에 따르면 도덕적 언어의 사용은 명령을 하거나 화자의 태도를 표현하기 위한 것이다.

본 문장 또한 바로 2문단에서 확인할 수 있다.

합격자의 시간단축 Tip

Tip ❶ 사례를 적극적으로 활용한다.

위 문제의 유형은 일반화+사례 지문이다. 이러한 지문 구조는 흔히 출제되는 유형으로, 시간을 단축하기 위한 접근 방식은 일반화된 내용 이해 여부에 따라 2가지로 나눌 수 있다.

첫 번째, 일반화된 내용을 이해한 경우이다. 대부분 일반화+사례 지문은 위의 지문과 같이 첫 줄에 일반적인 내용을 주고 뒤에 사례를 주는 경우가 많다. 일반적인 내용을 이해했다면, 뒤의 사례들은 가볍게 읽어내려간다. 뒤의 사례에서 오지선다가 출제될 수 있으므로 가볍게 표기해주도록 한다. 다만, 일반화된 내용을 이해했다고 해서 사례를 넘겨버리는 경우가 있는데 이는 지양하도록 하자. 일반화된 내용과 사례가 연결되어 선지가 출제되는 경우도 많기 때문이다.

두 번째, 일반화된 내용을 아예 이해하지 못한 경우다. 이 경우에는 굳이 일반화된 내용을 반복적으로 읽으면서 시간을 허비할 필요는 없다. 빠르게 사례로 넘어가서 이를 통해 이해하도록 한다. 개념을 이해하는 데 사례를 적극적으로 활용하도록 하자.

Tip ❷ 특정 이론이 중심이 된 지문이라면, 그 지문이 주로 어떤 이론을 공격하는지 확인한다.

이 경우는 '정서'가 '정보'를 공격하는 지문이라 요약할 수 있다. 실제 대부분의 선지도 그렇게 구성되어 있다. 이런 요약이 가능하다면 정서주의의 주요 특징들을 더 명확하게 잡아낼 수 있다. 이때 어떤 이론을 공격하는지 확인했다면, 어떤 이론을 공격하지 않는지도 확인하면 더 좋다. 예컨대 정서주의는 언어 사용의 목적이 태도 표현에 있다는 이론을 공격하지는 않을 것이다.

012 정답 ❷

난이도 ●●●

문제유형 이해(내용 파악)

접근전략 글의 내용과 부합하는 것을 찾는 정보 확인 유형이다. 공공 미술의 3가지 패러다임을 비교하는 제시문이다. 전체적인 주제가 '비교'인 제시문에서는 자연히 선지도 개념들을 서로 비교하는 식으로 출제된다. 따라서 각 개념을 혼동하지 않는 것이 핵심이다. 이때 제시문에서 설명하는 대상을 기호나 숫자 등으로 시각적으로 표시해둔다면 각 개념의 특징을 확실하게 구분할 수 있다.

다음 글의 내용과 부합하는 것은?

(1) '공공 미술'이란 공개된 장소에 설치되고 전시되는 작품으로서, 공중(公衆)을 위해 제작되고 공중에 의해 소유되는 미술품을 의미한다. (2) 공공 미술의 역사는 세 가지 서로 다른 패러다임의 변천으로 설명할 수 있다. (3) 첫 번째는 '공공장소 속의 미술' 패러다임으로, 1960년대 중반부터 1970년대 중반까지 대부분의 공공 미술이 그에 해당한다. (4) 이것은 미술관이나 갤러리에서 볼 수 있었던 미술 작품을 공공장소에 설치하여 공중이 미술 작품을 접하기 쉽게 한 것이다. (5) 두 번째는 '공공 공간으로서의 미술' 패러다임으로, 공공 미술 작품의 개별적인 미적 가치보다는 사용가치에 주목하고 공중이 공공 미술을 더 가깝게 느끼고 이해할 수 있도록 미술과 실용성 사이의 구분을 완화하려는 시도이다. (6) 이에 따르면 미술 작품은 벤치나 테이블, 가로등, 맨홀 뚜껑을 대신하면서 공공장소에 완전히 동화된다. (7) 세 번째인 '공공의 이익을 위한 미술' 패러다임은 사회적인 쟁점과 직접적 접점을 만들어냄으로써 사회 정의와 공동체의 통합을 추구하는 활동이다. (8) 이것은 거리 미술, 게릴라극, 페이지 아트 등과 같은 비전통적 매체뿐만 아니라 회화, 조각을 포함하는 다양한 전통 매체를 망라한 행동주의적이며 공동체적인 활동이라고 할 수 있다. ▶1문단

(1) 첫 번째와 두 번째 패러다임은 둘 다 공적인 공간에서 시각적인 만족을 우선으로 한다는 점에서 하나의 틀로 묶을 수 있다. (2) 공적인 공간에서 공중의 미적 향유를 위해서 세워진 조형물이나 쾌적하고 심미적인 도시를 만들기 위해 디자인적 요소를 접목한 공공 편의 시설물은 모두 공중에게 시각적인 만족을 제공하기 위해 제작된 활동이라는 의미에서 '공공장소를 미화하는 미술'이라 부를 수 있다. (3) 세 번째 패러다임인 '공공의 이익을 위한 미술'은 사회 변화를 위한 공적 관심의 증대를 목표로 하고 있어서 공공 공간을 위한 미술이라기보다는 공공적 쟁점에 주목하는 미술이다. (4) 이 미술은 해당 주제가 자신들의 삶에 중요한 쟁점이 되는 특정한 공중 일부에게 집중한다. (5) 그런 점에서 이러한 미술 작업은 공중 모두에게 공공장소에 대한 보편적인 미적 만족을 제공하려는 활동과는 달리 '공적인 관심을 증진하는 미술'에 해당한다. ▶2문단

① 공공 공간으로서의 미술은 다양한 매체를 활용하여 사회 정의와 공동체 통합을 추구하는 활동이다.

→ (×) 공공 공간으로서의 미술은 공공 미술작품의 사용가치에 주목하는 미술이다.[1문단(5)] 다양한 매체를 활용하여 사회 정의와 공동체 통합을 추구하는 활동은 '공공의 이익을 위한 미술'이다.[1문단(7)]

② 공공장소를 미화하는 미술은 공공 미술 작품의 미적 가치보다 사용가치에 주목하는 시도를 포함한다.

→ (○) '공공장소를 미화하는 미술'은 첫 번째 패러다임과 두 번째 패러다임을 포함한다.[2문단(1)] 이 중 두 번째 패러다임인 '공공 공간으로서의 미술'은 공공 미술작품의 개별적인 미적 가치보다는 사용가치에 주목하려는 시도이다.[1문단(5)] 따라서 공공장소를 미화하는 미술은 공공 공간으로서의 미술을 포함하고, 공공 공간으로서의 미술에 대한 선지의 서술이 제시문과 일치하므로 정답이다.

③ 공적인 관심을 증진하는 미술은 공중이 공유하는 문화 공간을 심미적으로 디자인하여 미술과 실용성을 통합하려는 활동이다.

→ (×) 세 번째 패러다임인 공공의 이익을 위한 미술은 공적인 관심을 증진하는 미술에 해당한다.[2문단(5)] 그러나 공중이 공유하는 문화 공간을 심미적으로 디자인하는 것은 시각적인 만족을 우선하는 공공장소를 미화하는 미술에 가까우며[2문단(2)], 그중 미술과 실용성을 통합하려는 활동은 미술과 실용성 사이의 구분을 완화하는 공공 공간으로서의 미술이다.[1문단(5)]

④ 공공장소 속의 미술은 사회 변화를 위한 공적 관심의 증대를 목표로 공중 모두에게 공공장소에 대한 보편적 미적 만족을 제공한다.

→ (×) 공중 모두에게 공공장소에 대한 보편적 미적 만족을 제공하는 것은 공공장소를 미화하는 미술의 특징이다.[2문단(2)] 그러나 사회 변화를 위한 공적 관심의 증대를 목표로 하는 것은 공공의 이익을 위한 미술이므로[2문단(3)], 해당 선지의 내용은 옳지 않다.

⑤ 공공의 이익을 위한 미술은 공간적 제약을 넘어서 공중이 미술을 접할 수 있도록 작품이 존재하는 장소를 미술관에서 공공장소로 확대하는 활동이다.

→ (×) 미술관이나 갤러리에서 볼 수 있었던 미술작품을 공공장소에 설치하여 공중이 미술작품을 접하기 쉽게 한 것은 공공장소 속의 미술이다.[1문단(4)] 공공의 이익을 위한 미술은 사회적인 쟁점과 직접적 접점을 만들어 사회 정의와 공동체 통합을 추구하는 미술이다.[1문단(8)]

제시문 분석

1문단 공공 미술의 개념과 세 가지 패러다임

〈공공 미술의 개념〉
'공공 미술'이란 공개된 장소에 설치되고 전시되는 작품으로서, 공중(公衆)을 위해 제작되고 공중에 의해 소유되는 미술품을 의미한다.(1)

〈공공 미술의 역사를 설명하는 세 가지 패러다임〉		
	정의 및 특징	
① 공공장소 속의 미술	미술 작품을 공공장소에 설치하여 공중이 미술 작품을 접하기 쉽게 한 것이다.(4)	·
② 공공 공간으로서의 미술	공공 미술 작품의 개별적인 미적 가치보다는 사용가치에 주목하고 공중이 공공 미술을 더 가깝게 느끼고 이해할 수 있도록 미술과 실용성 사이의 구분을 완화하려는 시도이다.(5)	이에 따르면 미술 작품은 벤치나 테이블, 가로등, 맨홀 뚜껑을 대신하면서 공공장소에 완전히 동화된다.(6)
③ 공공의 이익을 위한 미술	사회적인 쟁점과 직접적 접점을 만들어냄으로써 사회 정의와 공동체의 통합을 추구하는 활동이다.(7)	거리 미술, 게릴라극, 페이지 아트 등과 같은 비전통적 매체뿐만 아니라 회화, 조각을 포함하는 다양한 전통 매체를 망라한 행동주의적이며 공동체적인 활동이라고 할 수 있다.(8)

2문단 패러다임의 분류와 그 특징

〈패러다임의 분류와 그 특징〉	
〈공공장소를 미화하는 미술〉	〈공적인 관심을 증진하는 미술〉
첫 번째와 두 번째 패러다임은 둘 다 공적인 공간에서 시각적인 만족을 우선으로 한다는 점에서 하나의 틀로 묶을 수 있다.(1)	사회 변화를 위한 공적 관심의 증대를 목표로 하고 있어서 공공 공간을 위한 미술이라기보다는 공공적 쟁점에 주목하는 미술이다.(3)
공적인 공간에서 공중의 미적 향유를 위해서 세워진 조형물이나 쾌적하고 심미적인 도시를 만들기 위해 디자인적 요소를 접목한 공공 편의 시설물은 모두 공중에게 시각적인 만족을 제공하기 위해 제작된 활동이라는 의미에서 '공공장소를 미화하는 미술'이라 부를 수 있다.(2)	이 미술은 해당 주제가 자신들의 삶에 중요한 쟁점이 되는 특정한 공중 일부에게 집중하며 그런 점에서 이러한 미술 작업은 공중 모두에게 공공장소에 대한 보편적인 미적 만족을 제공하려는 활동과는 달리 '공적인 관심을 증진하는 미술'에 해당한다.(4),(5)

합격자의 실전 풀이 순서

비문학 유형

❶ 발문 읽기 및 문제 유형 파악

항상 발문을 먼저 제대로 읽자. 본 문제는 글의 내용과 부합하는 것을 고르는 유형의 문제이다. 부합하는 것을 고르는 문제는 알 수 있는 것을 고르는 문제와 같다. 해당 유형은 제시문 내용과 일치하거나 그로부터 추론 가능한 선지가 정답이 되며, 제시문 내용과 상충하거나 그로부터 추론할 수 없는 선지가 오답이 된다. 이 유형에서는 '제시문에 명확한 근거 없음'으로 오답인 선지가 구성되는 경우도 존재하므로 조심해야 한다. 또한, 발문에 ○ 표시를 해놓고 문제를 풀면 옳은 것을 골라야 하는 문제에서 옳지 않은 것을 고르게 되는 실수가 줄어든다.

❷ 제시문 독해

제시문 독해 시, 제시문을 어느 정도로 꼼꼼히 읽을 것인지는 각자의 풀이법에 따라 달라진다. 언어논리 고득점자 중에는 제시문 독해단계에서 1분보다 짧은 시간에 제시문의 주제와 키워드만 대강 파악하고, 선지부터 이해한 후에 제시문을 다시 훑어 올라가는 사람도 있다. 그러나 초심자에게 해당 방식을 채택하는 것을 추천하지 않는다. 주제와 키워드만 파악하여 제시문을 읽었다면 선지 판단을 위해 선지의 키워드를 제시문에서 다시 찾아야 하는데, 글의 구조가 어떻게 구성되는지 알지 못하거나 시험장에서 지나치게 긴장한 경우 해당 키워드를 찾지 못하는 불상사가 발생할 수 있기 때문이다. 또한, 최근에는 문단 간의 정보를 연결해야 하는 문제가 나와 키워드 찾기 방식의 효용이 떨어지고 있다. 따라서 처음에는 시간을 들여 모든 제시문을 꼼꼼히 분석하는 연습을 하고, 차차 자신이 안정적으로 선지를 판단할 수 있는 수준으로 제시문 독해 시간을 줄여가는 것을 추천한다. 물론 자신의 독해 실력이 뛰어나다면, 선지를 먼저 읽고 키워드를 제시문에서 찾는 등 제시문 독해 시간을 획기적으로 줄이는 방법을 시도하는 것도 좋다.

독해 실력이 특출나지 않는 사람들 대다수에게는 제시문의 구조와 선지에서 나올만한 중요한 내용을 파악하며 1분에서 2분 사이 내에 제시문을 읽는 것을 추천한다. 이때 선지에서 나올만한 내용으로는, 두 대상의 공통점과 차이점, 인과관계, 두 대상의 성능 및 효과 비교, 접속어로 시작하는 문장의 주요 내용, '반드시', '필수적'과 같은 표현으로 강조되는 내용, 시간의 흐름에 따른 변화 등이 있다. 다양한 정보확인문제를 통해 선지에서 주로 묻는 내용이 무엇인지 정리한 뒤, 제시문에서 선지에 나올만한 내용을 미리 파악하며 읽는 습관을 들이자.

본 제시문의 경우 구조가 명확하므로 이를 파악하며 읽는 것이 가장 중요하다. 1문단에서는 '공공장소 속의 미술', '공공 공간으로서의 미술', '공공의 이익을 위한 미술'이라는 세 가지 패러다임을 소개하고 있다. 각각의 패러다임 위에 1, 2, 3이라는 숫자를 적어두고, 빗금을 그어 각 패러다임을 시각적으로 구분하는 것이 좋다. 2문단에서는 '공공장소를 미화하는 미술'과 '공적인 관심을 증진하는 미술'을 설명한다. 이 역시 2문단 (3) 앞에 빗금을 그어 해당 내용 간의 설명을 시각적으로 구분한다. 이때 1문단에서 설명한 패러다임의 특징을 포함하기 때문에 2문단에서 제시된 두 가지 패러다임에는 4와 5의 숫자를 적기보다는 '공공장소를 미화하는 미술' 위에 1+2, '공적인 관심을 증진하는 미술' 위에 3의 숫자를 적는 것이 좋다. 이러한 숫자를 통해 패러다임 간의 포함관계와 중복 관계를 간단히 표현할 수 있다.

❸ 선지 적용하기

본 문제의 제시문은 3가지 패러다임을 비교하고 있으므로, 선지에서도 패러다임의 비교 및 구분이 주된 테마가 될 것임을 예상할 수 있어야 한다. 실제로 선지 5개가 모두 패러다임의 구분을 테마로 하고 있다. 이미 제시문을 읽으면서 각각의 패러다임 위에 1, 2, 3, 1+2, 3이라는 숫자를 써두었으므로, 이 숫자들을 제시문에서 찾으면 선지를 간단하게 판단할 수 있다.

합격자의 시간단축 Tip

Tip 비슷한 이름들에 주의하자.

본 문제는 유사한 메커니즘의 이름이 3개 등장한다. 유사한 이름들은 물론 수험생을 헷갈리게 만드는 함정이다. 가장 뻔히 보이는 함정 중 하나지만, 여기에 보란 듯이 걸리지 않으려면 주의를 기울여야 한다.

가장 흔한 해결방법은 시각적인 표시다. 각 이름을 구분하는 포인트에 서로 다른 기호를 표시하는 것이다. 본 문제의 제시문과 선지로 예시를 들어보면 다음과 같다. 기호 외에도 합격자의 실전 풀이순서에서처럼 1, 2, 1+2와 같은 숫자를 활용할 수도 있다. 본 제시문과 같이 설명되는 대상이 3개 이상인 경우, 기호보다 숫자를 활용하여 대상들을 구분하는 것이 더 편리하다.

> …첫 번째는 '공공장소 속의 미술' 패러다임으로, 1960년대 중반부터 1970년대 중반까지 대부분의 공공 미술이 그에 해당한다. …(중략)… 두 번째는 '공공 공간으로서의 미술' 패러다임으로, …(중략)… 세 번째인 '공공의 이익을 위한 미술' 패러다임은 사회적인 쟁점과 직접적 접점을 만들어냄으로써 사회 정의와 공동체의 통합을 추구하는 활동이다.
>
> 첫 번째와 두 번째 패러다임은 둘 다 공적인 공간에서 시각적인 만족을 우선으로 한다는 점에서 하나의 틀로 묶을 수 있다. 공적인 공간에서 공중의 미적 향유를 위해서 세워진 조형물이나 쾌적하고 심미적인 도시를 만들기 위해 디자인적 요소를 접목한 공공편의 시설물은 모두 공중에게 시각적인 만족을 제공하기 위해 제작된 활동이라는 의미에서 '공공장소를 미화하는 미술'이라 부를 수 있다. …
>
> ① 공공 공간으로서의 미술은 다양한 매체를 활용하여 사회 정의와 공동체 통합을 추구하는 활동이다.

013 정답 ❶ 난이도 ●○○

문제유형 사실적 이해 > 정보 확인

접근전략 단어의 의미와 그 변천에 대한 정보 확인 유형이다. 유사한 의미를 가진 다양한 단어들을 명확히 구분하고, '조선 시대-오늘날'이라는 대비되는 시대를 인식하도록 한다. 시대 표현이 등장한다는 점에서 한국사 비문학 유형의 접근법을 해결에 활용할 수 있겠다.

다음 글에서 알 수 있는 것은?

(1) 젊은이를 가리키는 말로 조선 시대에는 '소년', '약년', '자제', '청년' 등 다양한 표현이 사용되었다. (2) 일반적으로 소년과 자제를 가장 흔히 사용하였으나, 약년이나 청년이라는 표현도 젊은이를 가리키는 말로 간혹 쓰였다. (3) 약년은 스무 살 즈음을 칭하는 표현이다. (4) 실제 사료에서도 20대를 약년이나 약관으로 칭한 사례가 많다. (5) 1508년 우의정 이덕형은 상소문에서 자신이 약년에 벼슬길에 올랐다고 하였다. (6) 그런데 이 약년은 훨씬 더 어린 나이에도 사용되었다. (7) 1649년 세손의 교육 문제를 논한 기록에는 만 8세의 세손을 약년이라고 하였다.
▶ 1문단

(1) 조선 후기에는 젊은이를 일반적으로 소년이라고 하였다. (2) 오늘날 소년은 청소년기 이전의 어린이를 지칭하는 말로 그 의미가 변하였지만, 전통 사회의 소년은 나이가 적은 자, 즉 젊은이를 의미하는 말이었다. (3) 적어도 조선 후기 사회에서는 아이와 구분되는 젊은이를 소년이라고 부르는 것이 일반적이었다. (4) 신분과 계층 그리고 시기에 따라 다르지만, 연령으로는 최대 15세까지 아이로 보았던 듯하다.
▶ 2문단

(1) 소년이 유년이나 장년과 구분되기는 하였지만, 상대적으로 젊은 사람을 뜻하는 경우도 많았다. (2) 40대나 50대 사람이더라도 상대에 따라 젊은 사람으로 표현되기도 하였다. (3) 소년이 장년, 노년과 구분되는 연령 중심의 지칭이었음에 비해, 자제는 부로(父老), 부형(父兄)으로 표현되는 연장자가 이끌고 가르쳐서 그 뒤를 이어가게 하는 '다음 세대'라는 의미로 사용되었다. (4) 일반적으로 자제는 막연한 후손이라는 의미보다는 특정한 신분에 있는 각 가문의 젊은 세대라는 의미로 통하였다. (5) 고려시대 공민왕이 젊은이를 뽑아 만들었다는 자제위도 단순히 잘생긴 젊은이가 아니라 명문가의 자제를 선발한 것이었다. (6) 자제가 소년보다는 가문의 지체나 신분을 반영하는 지칭이었으므로, 교육과 인재 양성면에서 젊은이를 칭할 때는 거의 자제라고 표현하였다.
▶ 3문단

(1) 또한, 소년이란 아직 성숙하지 못한 나이, 다소간 치기에서 벗어나지 못한 어린 또는 젊은 사람이라는 의미를 가지는 경우도 많았다. (2) 연륜을 쌓은 노성(老成)함에 비해 나이가 적고 젊다는 것은 부박하고 상황의 판단이 아직 충분히 노련하지 못하다는 의미로 사용되었다. (3) 마찬가지로 자제 역시 어른 세대에게 가르침을 받아야 하는 존재, 즉 아직 미숙한 존재로 인식되었다. (4) 젊은 시절을 의미하는 말로 쓰인 청년은 그 자체가 찬미의 대상이 되기보다는 대체로 노년과 짝을 이루어 늙은이가 과거를 회상하는 표현으로 사용되는 경우가 많았다.
▶ 4문단

① 소년으로 불리는 대상 중 자제로 불리지 않는 경우가 있었다.
→ (O) 조선 후기에는 젊은이를 일반적으로 소년이라고 하였다.[2문단(1)] 반면, 자제는 소년보다 가문의 지체나 신분을 반영하는 지칭이었다.[3문단(6)] 즉, 소년은 '나이'에 중점을 둔 표현이라면 자제는 '신분'에 중점을 둔 표현이었다. 이처럼 두 개념이 포괄하는 대상 집단이 다르므로, 소년으로 불리는 대상 중 자제로 불리지 않는 경우가 존재하였음을 추론할 수 있다. 따라서 알 수 있는 선지다.

② 젊은이를 지시하는 말 중 청년이 가장 부정적으로 쓰였다.
→ (×) 젊은 시절을 의미하는 말로 쓰인 청년은 그 자체가 찬미의 대상이 되기보다는 대체로 노년과 짝을 이루어 늙은이가 과거를 회상하는 표현으로 사용되는 경우가 많았다.[4문단(4)] 소년과 자제의 경우 성숙하지 못한 미숙한 존재로 여겨진다는 것을 보아[4문단(1),(3)], 청년이 가장 부정적으로 쓰였다는 말은 옳지 못하다.

③ 약년은 충분히 노련하지 못한 어른을 지칭하기도 하였다.
→ (×) 약년은 스무 살 즈음을 표하는 말이지만 훨씬 더 어린 나이에도 사용되었다.[1문단(4),(6),(7)] 충분히 노련하지 못한 어른을 지칭하는 말로는 소년이나 자제가 사용되었다.[4문단(1),(3)] 이 외에 약년이 충분히 노련하지 못한 어른을 지칭하였는지 알 수 있는 근거는 없다. 따라서 알 수 없는 선지다.

④ 약년은 소년과 자제의 의미를 포괄하여 사용되었다.
→ (×) 약년은 스무 살 즈음을 표하는 말이나 훨씬 더 어린 나이에도 사용되었던 말이다.[1문단(4),(7)] 소년과 자제와 함께 젊은이를 지칭하긴 하나 소년은 상대적으로 젊은 사람을 뜻하기도 하여 4~50대를 젊은이라 보기도 하였다.[3문단(1),(2)] 따라서 약년이 소년과 자제의 의미를 포괄하여 사용했다는 말은 옳지 않다.

⑤ 명문가의 후손을 높여 부를 때 자제라고 하였다.
→ (×) 자제는 부로(父老), 부형(父兄)으로 표현되는 연장자가 이끌고 가르쳐서 그 뒤를 이어가게 하는 '다음 세대'라는 의미로 사용되었다.[3문단(3)] 고려시대 공민왕이 젊은이를 뽑아 만들었다는 자제위도 단순히 잘생긴 젊은이가 아니라 명문가의 자제를 선발한 것이었으나[3문단(5)], 교육과 인재

양성면에서 젊은이를 칭할 때는 거의 자제라고 표현하였다는 점에서 명문가의 후손을 높여 부르는 말이라고 볼 근거는 없다.

제시문 분석

1문단 젊은이를 가르키는 말인 약년의 개념

〈젊은이를 가리키는 말〉
젊은이를 가리키는 말로 조선 시대에는 '소년', '약년', '자제', '청년' 등 다양한 표현이 사용되었다.(1)

〈약년〉	
개념	약년은 스무 살 즈음을 칭하는 표현이다.(3)
사례	1508년 우의정 이덕형은 상소문에서 자신이 약년에 벼슬길에 올랐다고 하였다.(5)
예외	그런데 이 약년은 훨씬 더 어린 나이에도 사용되었다. 1649년 세손의 교육 문제를 논한 기록에는 만 8세의 세손을 약년이라고 하였다.(6),(7)

2·3·4문단 조선시대 소년의 개념

〈소년〉	
〈오늘날〉	청소년기 이전의 어린이를 지칭하는 말[2문단(2)]
〈전통사회〉	전통 사회의 소년은 나이가 적은 자, 즉 젊은이를 의미하는 말이었으며 조선 후기 사회에서는 아이와 구분되는 젊은이를 소년이라고 부름[2문단(2),(3)]
	상대적으로 젊은 사람을 뜻하는 경우도 많았으며 40대나 50대 사람이더라도 상대에 따라 젊은 사람으로 표현되기도 하였다.[3문단(1),(2)]
	아직 성숙하지 못한 나이, 다소간 치기에서 벗어나지 못한 어린 또는 젊은 사람이라는 의미를 가지는 경우도 많았다.[4문단(1)]

3·4문단 조선시대 자제의 개념

〈자제〉	
〈전통사회〉	부로(父老), 부형(父兄)으로 표현되는 연장자가 이끌고 가르쳐서 그 뒤를 이어가게 하는 '다음 세대'라는 의미로 사용되었다.[3문단(3)]
	막연한 후손이라는 의미보다는 특정한 신분에 있는 각 가문의 젊은 세대라는 의미[3문단(4)]
	어른 세대에게 가르침을 받아야 하는 존재, 즉 아직 미숙한 존재로 인식되었다.[4문단(3)]

합격자의 실전 풀이 순서

비문학 유형

❶ 발문 읽기 및 문제 유형 파악

항상 발문을 먼저 제대로 읽자. 본 문제는 글에서 알 수 있는 것을 고르는 유형의 문제이다. 알 수 있는 것을 고르는 문제는 부합하는 것을 고르는 문제와 같다. 해당 유형은 제시문 내용과 일치하거나 그로부터 추론 가능한 선지가 정답이 되며, 제시문 내용과 상충하거나 그로부터 추론할 수 없는 선지가 오답이 된다. 이 유형에서는 '제시문에 명확한 근거 없음'으로 오답인 선지가 구성되는 경우도 존재하므로 조심해야 한다. 또한, 발문에 ○ 표시를 해놓고 문제를 풀면 옳은 것을 골라야 하는 문제에서 옳지 않은 것을 고르게 되는 실수가 줄어든다.

❷ 제시문 독해

제시문을 독해할 때는 제시문의 구조와 선지에서 나올만한 중요한 내용을 파악하며 1분에서 2분 사이 내에 제시문을 읽는 것을 추천한다. 이때 선지에서 나올만한 내용으로는, 두 대상의 공통점과 차이점, 인과관계, 두 대상의 성능 및 효과 비교, 접속어로 시작하는 문장의 주요 내용, '반드시', '필수적'과 같은 표현으로 강조되는 내용, 시간의 흐름에 따른 변화 등이 있다. 다양한 정보확인문제를 통해 선지에서 주로 묻는 내용이 무엇인지 정리한 뒤, 제시문에서 선지에 나올만한 내용을 미리 파악하며 읽는 습관을 들이자.

본 문제의 제시문의 경우 1문단에서는 약년을, 2문단에서는 소년을 설명한다. 3문단은 소년과 자제를 설명하고 있는데 3문단의 (3) 문장을 기준으로 소년과 자제의 설명이 나뉘고 있으므로, 이 문장의 앞에 빗금을 그어두는 것이 좋다. 4문단의 경우 (1) 문장부터 (2) 문장까지 소년, (3) 문장은 자제, (4) 문장은 청년을 설명하고 있다. 따라서 (3) 문장과 (4) 문장 앞에 빗금을 그어 제시문을 구분해둔다.

❸ 선지 적용하기

각 선지에 등장하는 테마를 정리하면 다음과 같다. 별다른 특징이 없이 제시문과의 비교·추론을 활용해 풀 수 있는 선지들은 생략한다.

① 소년으로 불리는 대상 중 자제로 불리지 않는 경우가 있었다. ➜ 포함관계

④ 약년은 소년과 자제의 의미를 포괄하여 사용되었다. ➜ 포함관계

본 문제의 선지 판단에는 특별한 스킬이 사용되지 않는 편이다. 그나마 선지 ①, ④의 포함관계가 특기할 만하다. 포함관계 파악이란, 선지 ①의 '소년으로 불리는 대상'과 '자제로 불리는 대상'의 2개 그룹을 서로 비교하여 겹치는 부분이 있는지, 겹치지 않는 부분이 있는지 찾아내는 것을 말한다.

합격자의 시간단축 Tip

Tip 정답을 찾으면 바로 넘어가자.

이 책과 같이 연습하는 단계에서는 모든 선지를 꼼꼼히 살펴보는 것이 좋다. 하지만 종종 ⑤까지 전부 확인하지 않아도 정답을 알 수 있는 문제들이 있다. 이 경우 현장에서는 당연히 곧바로 넘어가야 한다. 단순히 압박감에 모든 선지를 다 확인하는 습관이 있다면 고치도록 하자. 물론 이 경우, 정답 선지에 대한 확신이 있어야 하겠다. 압박감이 심하게 느껴질 경우, 다른 선지들을 모두 확인하기보다 정답으로 생각되는 선지를 꼼꼼히 한 번 더 검토한다.

014 정답 ④

난이도 ●●○

문제유형 사실적 이해 > 정보 확인

접근전략 통계 오류를 소재로 한 제시문이 등장하는 빈칸 채우기 유형이다. 다만, 통계 오류 그 자체가 아니라 통계 오류의 '사례'가 주된 소재이므로 제시문 파악이 좀 더 쉽다. 이때, 사례와 개념을 연결하며 지문의 중심 내용을 찾아 빈칸에 들어갈 적절한 내용을 추론한다. 해당 문제의 경우 주요 소재가 지문의 첫 번째 문장에 제시되어 있기에 더욱 빠르게 문제를 해결할 수 있다.

다음 글의 ㉠과 ㉡에 들어갈 내용을 적절하게 짝지은 것은?

(1) 우리는 전체 집단에서 특정 표본을 추출할 때 표본이 무작위로 선정되었을 것이라 기대하지만, 실제로 항상 그런 것은 아니다. (2) 이 같은 표본 선정의 쏠림 현상, 즉 표본의 편향성은 종종

올바른 판단을 저해한다. (3) 2차 세계대전 중 전투기의 보호 장비 개선을 위해 미국의 군 장성들과 수학자들 사이에서 이루어졌던 논의는 그 좋은 사례이다. (4) 미군은 전투기가 격추되는 것을 막기 위해 전투기에 철갑을 둘렀다. (5) 기체 전체에 철갑을 두르면 너무 무거워지기에 중요한 부분에만 둘러야 했다. (6) 교전을 마치고 돌아온 전투기에는 많은 총알구멍이 있었지만, 기체 전체에 고르게 분포된 것은 아니었다. (7) 총알구멍은 동체 쪽에 더 많았고 엔진 쪽에는 그다지 많지 않았다. (8) 군 장성들은 철갑의 효율을 높일 수 있는 기회를 발견했다. (9) [㉠] 생각이었다. ▶1문단

(1) 반면, 수학자들은 이와 같은 장성들의 생각에 반대하면서 다음과 같은 주장을 펼쳤다. (2) 만일 피해가 전투기 전체에 골고루 분포된다면 분명히 엔진 덮개에도 총알구멍이 났을 텐데, 돌아온 전투기의 엔진 부분에는 총알구멍이 거의 없었다. (3) 왜 이러한 현상이 발생한 것일까? (4) 총알구멍이 엔진에 난 전투기는 대부분 격추되어 돌아오지 못한다. (5) 엔진에 총알을 덜 맞은 전투기가 많이 돌아온 것은, 엔진에 총알을 맞으면 귀환하기 어렵기 때문이다. (6) 병원 회복실을 가보면, 가슴에 총상을 입은 환자보다 다리에 총상을 입은 환자가 더 많다. (7) 이것은 가슴에 총상을 입은 사람들이 회복하지 못했기 때문이다. ▶2문단

(1) 이 사례에서 군 장성들은 자신도 모르게 복귀한 전투기에 관한 어떤 가정을 하고 있었다. (2) 그것은 기지로 복귀한 전투기가 [㉡] 것이었다. (3) 군 장성들은 복귀한 전투기를 보호 장비 개선 연구를 위한 중요한 자료로 사용하고자 했다. (4) 그러나 만약 잘못된 표본에 근거하여 정책을 결정한다면, 오히려 전투기의 생존율을 낮추는 결과를 초래할 수 있다. ▶3문단

① ㉠: 전투기에서 가장 중요한 엔진 쪽에만 철갑을 둘러도 충분한 보호 효과를 볼 수 있다는
㉡: 출격한 전투기 일부에서 추출된 편향된 표본이라는

② ㉠: 전투기에서 총알을 많이 맞는 동체 쪽에 철갑을 집중해야 충분한 보호 효과를 볼 수 있다는
㉡: 출격한 전투기 일부에서 추출된 편향된 표본이라는

③ ㉠: 전투기에서 가장 중요한 엔진 쪽에만 철갑을 둘러도 충분한 보호 효과를 볼 수 있다는
㉡: 출격한 전투기 전체에서 무작위로 추출된 표본이라는

④ ㉠: 전투기에서 총알을 많이 맞는 동체 쪽에 철갑을 집중해야 충분한 보호 효과를 볼 수 있다는
㉡: 출격한 전투기 전체에서 무작위로 추출된 표본이라는

⑤ ㉠: 전투기의 철갑 무게를 감당할 만큼 충분히 강력한 엔진을 달아야 한다는
㉡: 출격한 전투기 전체에서 무작위로 추출된 표본이라는

→ ㉠: 교전을 마치고 온 전투기의 총알구멍은 동체 쪽에 더 많았고 엔진 쪽에는 그다지 많지 않았으므로[1문단(7)], 전투기가 너무 무거워지지 않고 철갑의 효율을 높일 수 있도록[1문단(5),(8)] 군 장성들은 철갑을 동체 쪽에 집중해야 한다고 생각했을 것이다. 따라서, 빈칸 ㉠에는 전투기에서 총알을 덜 맞는 엔진이 아니라 총알을 많이 맞는 동체 쪽에 철갑을 집중해야 충분한 보호 효과를 볼 수 있다는 내용이 들어가야 한다.
㉡: 군 장성들은 표본이 무작위로 선정되었을 것으로 생각하지만 실제로 그렇지 않은 표본의 편향성에 관한 사례이다.[1문단(1),(2)] 군 장성들이 복귀한 전투기에 대해 하던 가정은 잘못된 표본에 근거한 것으로[2문단(1), 3문단(1),(4)], 엔진에 총알이 덜 맞는 것이 아니라 엔진에 총알을 맞은 전투기는 대부분 격추되어 귀환하지 못한 것이었다.[2문단(4),(5)] 즉, 기지로 복귀한 전투기는 출격한 전투기 일부에서 무작위로 추출된 것이 아니라, 격추되어 귀환하지 못한 전투기는 제외하고 돌아온 전투기들 중에서 추출된 편향된 표본인 것이다. 군 장성들은 이와 반대되는 잘못된 가정을 하고 있었으므로, 빈칸 ㉡에는 출격한 전투기 일부에서 추출된 편향된 표본이 아니라 출격한 전투기 전체에서 무작위로 추출된 표본이라는 내용이 들어가야 한다. 따라서, 보기 ④가 정답이 된다.

제시문 분석

제시문 표본의 편향성과 그 사례

〈표본의 편향성〉(=쟁점)
우리는 전체 집단에서 특정 표본을 추출할 때 표본이 무작위로 선정되었을 것이라 기대하지만, 실제로 항상 그런 것은 아니며, 이 같은 표본의 편향성은 종종 올바른 판단을 저해한다.[1문단(1),(2)]

〈사례-전투기 보호 장비 개선 논의〉		
〈군 장성들의 생각〉		〈수학자들의 주장〉
교전을 마치고 돌아온 전투기에 총알구멍은 동체 쪽에 더 많았고 엔진 쪽에는 그다지 많지 않았으므로, 철갑의 효율을 높이기 위해 총알을 많이 맞는 동체 쪽에만 철갑을 집중해야 한다.[1문단(6),(7),(9)]	↔	돌아온 전투기의 엔진 부분에 총알구멍이 거의 없었던 이유는 엔진에 총알을 맞은 전투기는 대부분 격추되어 귀환하지 못한 것이기 때문이다. [2문단(4),(5)]
〈군 장성-표본의 가정 오류〉		〈실제-표본의 편향성〉
기지로 복귀한 전투기가 출격한 전투기 전체에서 무작위로 추출된 표본이라는 가정[3문단(1),(2)]	↔	복귀한 전투기는 일부에서 추출된 편향된 표본으로, 이처럼 잘못된 표본에 근거하여 정책 결정을 하는 경우, 오히려 전투기의 생존율을 낮추는 결과를 초래할 수 있다.[2문단(5),3문단(4)]

합격자의 실전 풀이 순서

빈칸 채우기 유형

❶ 발문 읽기 및 문제 유형 파악

항상 먼저 발문을 반드시 제대로 읽고 시작하자. 해당 문제는 빈칸 채우기 유형이므로, 빈칸에 대응되는 내용을 찾아서 그를 근거로 빈칸을 채우는 문제이다. 빈칸 채우기 유형은 크게 두 가지 종류로 나뉜다.

첫 번째, 빈칸의 근거를 지엽적으로 찾아 푸는 유형이다. 이는 주로 글 전체의 결론과 관련이 적은 뒷받침 문장이 빈칸으로 제시되는 경우에 해당한다. 첫 번째 유형을 푸는 경우 수험생은 먼저 제시문의 핵심 내용을 확인한 뒤, 빈칸이 포함된 문장과 빈칸 앞뒤 문장들을 집중적으로 읽으며 문맥을 추론하는 접근을 취해야 한다.

두 번째, 전체적인 글의 흐름과 제시문의 주제문을 파악하여 빈칸에 들어갈 말을 찾는 유형이 있다. 최근 출제되는 대부분의 빈칸 채우기 문항은 d 유형에 해당한다. 이 경우 수험생은 제시문을 처음부터 끝까지 읽은 후, 제시문이 말하고자 하는 최종적인 결론을 찾아내야 한다. 구체적인 지표나 통계 자료에 매몰되지 않고, '그래서 이 지표가 어떠한 결론으로 이끄는가?', '이 모든 문장이 함축된 결론은 무엇인가?'를 끊임없이 질문하며 읽어야 한다. 또는, 제시문의 주제문이 글의 맨 앞이나 맨 뒤, '그러나' 등의 접속어 뒤에 제시되어 있어 이를

찾아 빈칸에 대입하여 푸는 경우도 존재한다.
본 문제의 경우 ㉠은 지엽적인 곳에서 근거를 찾을 수 있는 첫 번째 유형에 해당한다면, ㉡은 빈칸과 멀리 떨어져 있는 주제문과 전체적인 글의 흐름을 파악하여 근거를 찾아야 하는 두 번째 유형에 해당한다.
빈칸 채우기 유형은 발문과 제시문의 형태에서 바로 파악할 수 있다.
발문: 다음 글의 빈칸에 들어갈 말로 가장 적절한 것은?
제시문: 일부 문장 대신 빈칸이 뚫린 형태

❷ 제시문 파악하기

이 단계에서는 제시문을 처음부터 끝까지 읽으며 글의 얼개를 파악하고, 핵심 내용을 이해한다. 발췌독은 추천하지 않으며, 글 전체를 통독하는 것이 바람직하다. 이 과정에서는 엄밀성보다 포괄성에 중점을 둔다. 지금까지 일반적인 비문학 문제들에서 숫자나 구체적인 용어가 등장하면 놓치지 않으려 집중했지만, 빈칸 채우기 문제에서는 '이런 개념이 제시되는구나' 정도로 보고 넘어가면 족하다.
제시문을 읽으면서 중심 내용과 밀접하다고 판단되는 문장 또는 단어에 밑줄을 긋거나, 동그라미를 치는 등 시각적 표시를 하는 것도 유용하다. 아니면 시간을 최대한 아끼기 위해 아무 표시 없이 머릿속으로 이해만 하며 읽어내려갈 수도 있다. 이는 수험생 개개인의 취향이자 선택이다. 유의하여 읽어야 하는 문장을 찾기 위한 쉬운 방법으로는 문단의 첫 번째 또는 마지막 문장을 읽거나, '그러나', '반면', '따라서'와 같은 접속어를 찾는 방법이 있다. 본 문제의 경우 첫 번째 문장에 주제문이 제시되어 있었고, 이의 내용을 ㉡에 대입하여 정답을 찾을 수 있었다.
만약 제시문을 읽다가 빈칸에 도달했을 때 빈칸에 들어갈 내용을 추론할 수 있는 경우 해당 선지를 먼저 처리하고 넘어가는 것도 좋다. 이는 빈칸 채우기 문제 중 첫 번째 유형은 빈칸의 앞뒤 문장에서 충분히 근거를 찾을 수 있기 때문이다. 본 문제에서는 ㉠이 빈칸 앞의 1문단 (7), (8) 문장을 통해 충분히 빈칸의 근거를 찾을 수 있었다.

❸ 선지 고르기

마지막 단계에서는 제시문을 이해한 바를 바탕으로, 빈칸에 들어갈 내용을 추론한다. 해설에서 다루는 내용이 바로 이 단계에 해당한다. 앞서 언급하였듯이 ㉠은 빈칸 앞의 1문단 (7), (8) 문장을 통해, ㉡은 1문단 (1)의 주제문을 통해 빈칸의 근거를 파악할 수 있다.
문제를 해결하는 사고 과정은 해설에 들어있지만, 수험생은 그 직접적인 해결 단계에 도달하기까지 몇 단계를 의식적 또는 무의식적으로 거치게 된다. 실전 풀이순서는 해결 전까지 거치면 좋을 단계에는 어떤 것이 있는지 수험생이 파악하고, 더 효율적인 풀이 단계를 스스로 찾을 수 있도록 돕는 것이다.

합격자의 시간단축 Tip

Tip 제시된 사례와 설명하고자 하는 개념을 연결하며 통독한다.

해당 지문은 표본의 편향성이라는 개념을 제시한 후, 해당 개념이 올바른 판단을 저해한다는 것을 관련 사례와 함께 설명하고 있다. 이처럼 사례가 주어진 문제의 경우, 설명하고자 하는 개념과 사례의 상황을 대응시키며 읽는다.
예를 들어 군 장성들이 교전을 마치고 돌아온 전투기의 상태만을 조사한 것은 표본의 편향성을 의미한다. 이로 인해 전투기의 생존율이 낮아지는 것은 올바른 판단이 저해된 결과이다. 이처럼 전체적인 사례의 흐름을 파악하여 빈칸 ㉡을 해결해야 했다.

즉, 최근 출제되는 대부분의 빈칸 유형은 특정 부분만 발췌독하여 해결할 수 있는 문제가 아니라 글의 전반적인 주제를 파악해야 풀 수 있다. 특히 사례가 제시되었을 경우, 사례와 개념을 연결하고 글에서 말하고자 하는 바를 추론하는 것이 중요하다.

015 정답 ⑤ 　　난이도 ●●●

문제유형 법조문형 > 규정확인
접근전략 법규정 유형 중 규정을 확인하여 옳지 않은 선지를 고르는 문제이다. 법조문 유형을 풀 때는 조문의 구체적인 내용을 독해하는 것보다, 법조문의 구조를 파악한 후 〈보기〉에서 묻고 있는 정보를 찾아 올라가는 형태로 푸는 것이 좋다. 본 문제의 경우 1조에는 6개월 이내 기간 대상의 출국금지, 2조에서는 범죄수사를 위한 출국금지 및 기간을 다르게 하는 세부요건을 제시하고 있다. 1조와 2조 사이의 관계가 배타적인지는 처음에 바로 판단하기는 어렵다. 1조와 2조가 각기 다른 것을 규정하고 있으며, 2조에는 예외기간이 있구나 정도를 파악하고 선지로 내려가서 조문과 선지를 연결하며 이해도를 높여나가는 것이 필요하다.

다음 A국의 법률을 근거로 할 때, ○○장관의 조치로 옳지 않은 것은?

제○○조(출국의 금지) ① ○○장관은 다음 각 호의 어느 하나에 해당하는 사람에 대하여는 6개월 이내의 기간을 정하여 출국을 금지할 수 있다.
1. 형사재판에 계류 중인 사람
2. 징역형이나 금고형의 집행이 끝나지 아니한 사람
3. 1천만 원 이상의 벌금이나 2천만 원 이상의 추징금을 내지 아니한 사람
4. 5천만 원 이상의 국세·관세 또는 지방세를 정당한 사유 없이 그 납부기한까지 내지 아니한 사람

② ○○장관은 범죄 수사를 위하여 출국이 적당하지 아니하다고 인정되는 사람에 대하여는 1개월 이내의 기간을 정하여 출국을 금지할 수 있다. 다만 다음 각 호에 해당하는 사람은 그 호에서 정한 기간으로 한다.
1. 소재를 알 수 없어 기소중지결정이 된 사람 또는 도주 등 특별한 사유가 있어 수사진행이 어려운 사람: 3개월 이내
2. 기소중지결정이 된 경우로서 체포영장 또는 구속영장이 발부된 사람: 영장 유효기간 이내

① 사기사건으로 인해 유죄판결을 받고 현재 고등법원에서 항소심이 진행 중인 甲에 대하여 5개월 간 출국을 금지할 수 있다.
→ (O) 제1조 제1항 제1호에 따르면 형사재판에 계류 중인 사람에 대하여 6개월 이내의 기간을 정하여 출국을 금지할 수 있다. 사기사건으로 인해 유죄판결을 받고 현재 고등법원에서 항소심이 진행 중인 甲은 형사재판에 계류 중이므로, ○○장관은 甲에 대하여 5개월 간 출국을 금지할 수 있다.

② 추징금 2천 5백만 원을 내지 않은 乙에 대하여 3개월 간 출국을 금지할 수 있다.
→ (O) 제1조 제1항 제3호에 따르면 2천만 원 이상의 추징금을 내지 아니한 사람에 대하여 6개월 이내의 기간을 정하여 출국을 금지할 수 있다. 따라서 추징금 2천 5백만 원을 내지 않은 乙에 대하여 ○○장관은 3개월 간 출국을 금지할 수 있다.

③ 소재를 알 수 없어 기소중지결정이 된 강도사건 피의자 丙에 대하여 2개월 간 출국을 금지할 수 있다.

→ (○) 제1조 제2항 단서 및 제1호에 따르면 소재를 알 수 없어 기소중지결정이 된 사람에 대하여 3개월 이내의 기간을 정하여 출국을 금지할 수 있다. 따라서 소재를 알 수 없어 기소중지결정이 된 강도사건 피의자 丙에 대하여 ○○장관은 2개월 간 출국을 금지할 수 있다.

④ 징역 2년을 선고받고 그 집행이 끝나지 않은 丁에 대하여 3개월 간 출국을 금지할 수 있다.

→ (○) 제1조 제1항 제2호에 따르면 징역형의 집행이 끝나지 아니한 사람에 대하여 6개월 이내의 기간을 정하여 출국을 금지할 수 있다. 따라서 징역 2년을 선고받고 그 집행이 끝나지 않은 丁 에 대하여 ○○장관은 3개월 간 출국을 금지할 수 있다.

⑤ 정당한 사유 없이 2천만 원의 지방세를 납부기한까지 내지 않은 戊에 대하여 4개월 간 출국을 금지할 수 있다.

→ (×) 제1조 제1항 제4호에 따르면 5천만 원 이상의 지방세를 정당한 사유 없이 그 납부기한까지 내지 아니한 사람에 대하여 6개월 이내의 기간을 정하여 출국을 금지할 수 있다. 戊는 정당한 사유 없이 2천만 원의 지방세를 납부기한까지 내지 않았는데, 이는 제1조 제1항 제4호 금액의 하한에 해당하지 않으므로, ○○장관은 戊에 대하여 출국금지 조치를 할 수 없다.

합격자의 실전 풀이 순서

❶ 문제의 유형 파악

본 문제의 경우 발문에서 '법률'이라는 단어가 나오고, 제시문이 법조문 형태로 주어졌으므로 법조문 유형임을 알 수 있다. 특히 법률을 근거로 판단할 때 옳지 않은 것을 고르라고 하고 있으므로, 법조문 유형 중에서도 규정의 내용을 확인하는 문제임을 추론할 수 있다. 법 조문 유형은 구체적인 조문의 내용을 독해하는 것보다, 법 조문의 구조를 파악한 후 〈보기〉에서 묻고 있는 정보를 찾아 올라가는 형태로 푸는 것이 좋다. 법조문의 구조 파악이란 각 조나 항마다 가로로 길게 선을 그어 조문들을 시각적으로 구분하고, 단서와 괄호에 강조 표시를 하는 것을 의미한다. 또한, 본 문제가 옳지 않은 것을 고르는 문제라는 것을 인지하기 위해 "않은"이라는 단어에 밑줄이나 동그라미 등 표시를 한다. 이러한 장치를 통해 옳은 것을 고르는 실수를 방지할 수 있다.

❷ 법조문 구조 분석

먼저 법조문 전체를 훑으며 법조문의 구조를 파악한다. 법조문을 분석할 때는 각 조나 항을 구분하고, 단서와 괄호에 강조 표시를 한다. 조문의 길이가 긴 경우 가로선을 활용하고, 구체적으로 '다만'이라는 단어가 나오면 △, '이 경우'라는 단어에는 ▫ 표시를 해두고, 괄호가 나오면 괄호의 처음과 끝에 별표를 해둔다. 아래의 조문이 위의 조문의 내용의 일부에 대하여 설명하고 있는 경우, 아래 조문을 위의 조문 내용 혹은 조항과 연결하여 표시한다. 이러한 표시들은 선지나 〈보기〉를 읽고, 해당되는 부분을 찾는 이정표 역할을 한다. 이렇게 법조문을 읽으며 선지에 어떤 내용이 나올지도 예상해본다.

하나의 조로 구성된 규정이다. 옆에 괄호로 표시된 설명이 있으므로 조문을 훑으며 괄호의 내용 및 각 조항의 키워드에 강조 표시를 한다.

제1조는 OO장관이 출국금지를 할 수 있는 경우를 규정하고 있다. 제1항의 경우 일반적인 출국금지로 6개월 이내에서 할 수 있다. 제2항의 경우 범죄 수사를 위하여 출국이 적당하지 아니하다고 인정되는 경우의 출국금지로 1개월 이내에서 할 수 있다. 한편 2항의 경우에는 단서조항으로 기소중지결정이 되거나 수사진행이 어려운 경우에는 별도의 기간을 두고 있다. 따라서 범죄 수사를 위한 경우(기소중지결정이 되거나 수사진행이 어려운 경우를 포함한다)라면 제2항, 그 외에는 제1항이 적용된다. 제1항에서는 '6개월', 제2항에서는 '범죄 수사' 및 '1개월'과 각 호의 '기소중지' 및 '3개월', '영장 유효기간'에 표시를 한다.

❸ 선지 판단

법조문 분석을 바탕으로 보기를 검토한다. 본 문제는 유사한 조문 두 개가 제시되었다. 선지의 주어진 사례가 1항과 2항 중 어디에 해당하는지부터 판단한다. 선지 ①번과 ②번은 범죄 수사를 위한 경우가 아니므로 제1항과 비교한다. 선지 ③번은 기소중지결정이 된 경우이므로 제2항과 비교한다. 선지 ④번은 범죄 수사를 위한 경우가 아니므로 제1항과 비교한다. 선지 ①~④번 중 하나를 넘어갔다면 선지 ⑤번은 범죄 수사를 위한 경우가 아니므로 제1항과 비교한다.

다만 위의 방식은 선지를 읽고 해석하는 과정을 거쳐야 한다. 예를 들어, 선지 ①번을 읽고 '유죄판결을 받았으므로, 수사진행 중이 아님'이라는 사고를 거쳐야 하는 것이다. 따라서 선지를 읽고 바로 제1항과 제2항의 각호 순서대로 대입하는 방법의 풀이가 더 쉬울 수 있다. 총 경우의 수가 6가지로 적은 편이기 때문이다. 대입을 할 때에는 선지에서 '현재 상태'를 기준으로 키워드를 잡으면 된다. 선지 ①번은 〈항소심 진행 중〉, ②번은 〈추징금〉, ③번은 〈기소중지〉, ④번은 〈집행이 끝나지 않은〉, ⑤번의 경우 〈지방세〉를 키워드로 잡아서 위에 조문으로 올라가는 것이 효과적이다.

합격자의 시간단축 Tip

Tip ❶ 법조문의 제목을 활용

본 문제와 같이 법조문의 제목이 괄호로 주어진 경우, 이를 적극적으로 활용하는 것이 좋다. 선지의 내용을 파악한 후 법조문의 제목을 빠르게 훑어보며 어떤 조문을 참조해야 하는지 판단한다.

Tip ❷ 선지의 구성을 활용

선지 ③번만 유일하게 제2항이 적용되고 있으므로 나머지 선지만 확인하는 방법도 있다. 만약 나머지 선지에서 옳지 않은 것이 없다면 선지 ③번이 자동적으로 정답이 되므로 역시 확인할 필요가 없다. 다만 이러한 방법은 선지의 구성이 바로 파악되는 경우에만 활용하는 것이 좋다. 별도의 시간을 들여 선지의 특징을 파악한다면 오히려 시간을 낭비할 수 있다.

Tip ❸ 법조문의 숫자에 주목

선지에 숫자가 나올 경우, 숫자를 그대로 법조문에서 찾는 것보다 가까운 수를 찾아가는 것이 더욱 효과적이다. 선지 ①번의 경우 5개월-지문 6개월, ②번의 경우 2500만 원-지문 2000 이상, ③번의 경우 2개월-지문 3개월 이내, ④번의 경우 3개월간-지문 6개월 이내, ⑤번의 경우 4개월-지문 6개월 이렇게 〈근처의 숫자〉를 선지화하고 있다. 선지에 나온 숫자가 그대로 지문에 나오는 경우는 별로 없으며, 근처 숫자를 찾는다는 것을 루틴화해서 문제를 푸는 것이 필요하다.

Tip ❹ 선지를 확인한 조건은 별도로 표시

해당 문제처럼 다수의 조건이 병렬적으로 나열된 경우, 선지 5개가 모두 서로 다른 조건을 묻는 경우가 대부분이다. 만약 동일 조건을 묻는 경우가 등장한다면 이미 앞의 선지에서 읽은 조건이므로 바로 판단이 가능할 것이다. 따라서 선지와 대조가 끝난 조건에는 '∨' 등으로 표시해두면 제시문을 읽는 시간을 절약할 수 있다.

독끝 2일차 (016~030)

정답

016	④	017	⑤	018	⑤	019	③	020	④
021	④	022	③	023	④	024	④	025	⑤
026	④	027	④	028	②	029	②	030	⑤

016 정답 ④

난이도 ●●○

문제유형 비판적 사고 > 빈칸 채우기

접근전략 빈칸을 채우는 문제는 내용 일치 문제와 다르게 접근하는 것이 필요하다. 가령 지금까지의 내용 일치 문제는 1문단부터 정독을 하면서 중심 소재를 파악하고 다음 문단들을 읽으면서 통독을 진행해왔다.
하지만 빈칸 문제의 경우 1문단부터가 아닌 빈칸 주변부터 읽으면서 지문을 파악해야 한다. 결과적으로 빈칸에 들어갈 내용만을 추론하면 되는 것이기 때문에 세부적인 내용 파악은 부수적인 것이 된다. 또한, 내용 일치 문제의 제시문을 읽을 때 특징들을 가볍게 체크하는 것과는 달리, 빈칸 문제에서는 이에 에너지를 많이 들일 필요가 없다. 다만 글의 전체적인 주제만을 파악한다는 생각으로 가볍게 읽도록 하자.

다음 글의 빈칸에 들어갈 내용으로 가장 적절한 것은?

(1) 텔레비전이라는 단어는 '멀리'라는 뜻의 그리스어 '텔레'와 '시야'를 뜻하는 라틴어 '비지오'에서 왔다. (2) 원래 텔레비전은 우리가 멀리서도 볼 수 있도록 해주는 기기로 인식됐다. (3) 하지만 조만간 텔레비전은 멀리에서 우리를 보이게 해 줄 것이다. (4) 오웰의 『1984』에서 상상한 것처럼, 우리가 텔레비전을 보는 동안 텔레비전이 우리를 감시할 것이다. (5) 우리는 텔레비전에서 본 내용을 대부분 잊어버리겠지만, 텔레비전에 영상을 공급하는 기업은 우리가 만들어낸 데이터를 기반으로 하여 알고리즘을 통해 우리 입맛에 맞는 영화를 골라 줄 것이다. (6) 나아가 인생에서 중요한 것들, 이를테면 어디서 일해야 하는지, 누구와 결혼해야 하는지도 대신 결정해 줄 것이다. ▶ 1문단

(1) 그들의 답이 늘 옳지는 않을 것이다. 그것은 불가능하다. 데이터 부족, 프로그램 오류, 삶의 근본적인 무질서 때문에 알고리즘은 실수를 범할 수밖에 없다. (2) 하지만 완벽해야 할 필요는 없다. 평균적으로 우리 인간보다 낫기만 하면 된다. (3) 그 정도는 그리 어려운 일이 아니다. 왜냐하면 대부분의 사람은 자신을 잘 모르기 때문이다. (4) 사람들은 인생의 중요한 결정을 내리면서도 끔찍한 실수를 저지를 때가 많다. (5) 데이터 부족, 프로그램 오류, 삶의 근본적인 무질서로 인한 고충도 인간이 알고리즘보다 훨씬 더 크게 겪는다. ▶ 2문단

(1) 우리는 알고리즘을 둘러싼 많은 문제들을 열거하고 나서, 그렇기 때문에 사람들은 결코 알고리즘을 신뢰하지 않을 거라고 결론 내릴 수도 있다. (2) 하지만 그것은 민주주의의 모든 결점들을 나열한 후에 '제정신인 사람이라면 그런 체제는 지지하려 들지 않을 것'이라고 결론짓는 것과 비슷하다. (3) 처칠의 유명한 말이 있지 않은가? "민주주의는 세상에서 가장 나쁜 정치 체제다. 다른 모든 체제를 제외하면." (4) 알고리즘에 대해서도 마찬가지로 다음과 같은 결론을 내릴 수 있다. [　　　　　　] ▶ 3문단

① 알고리즘의 모든 결점을 제거하면 최선의 선택이 가능할 것이다.
→ (×) 알고리즘은 데이터 부족, 프로그램 오류, 삶의 근본적인 무질서 때문에 실수를 범할 수 밖에 없다.[2문단(1)] 하지만 제시문에서는 알고리즘이 완벽해야 할 필요는 없다고 설명했으므로[2문단(2)], 알고리즘의 결점을 제거할 수 있다고 본 것이 아니다.

② 우리는 자신이 무엇을 원하는지를 알기 위해서 점점 더 알고리즘에 의존한다.
→ (×) 대부분의 사람은 자신을 잘 모른다고 본 것은 맞으나[2문단(3)], 자신이 무엇을 원하는지를 알기 위해서 알고리즘에 더 의존하게 된다는 내용은 지문에 제시되어 있지 않다. 빈칸에는 앞 문장 처칠의 말에 대응되어[3문단(3)] 알고리즘이 다른 것보다 낫다는 취지의 내용이 들어가야 한다.

③ 데이터를 가진 기업이 다수의 사람을 은밀히 감시하는 사례는 더 늘어날 것이다.
→ (×) 데이터를 가진 기업이 다수의 사람을 감시하는 사례는 더 늘어날 것이라는 내용이 언급되어 있지만[1문단(4)], 알고리즘이 다른 것보다 낫다는 내용이 들어갈 빈칸의 내용으로는 적절하지 않다.

④ 실수를 범하기는 하지만 현실적으로 알고리즘보다 더 신뢰할 만한 대안을 찾기 어렵다.
→ (○) 제시문에서는 알고리즘이 실수를 범하기는 하지만 인간보다는 나은 선택을 한다고 보았다.[2문단(1),(5)] 알고리즘에 대한 결론이 "다른 체제라는 대안이 없기 때문에 민주주의를 선택할 수밖에 없다."라는 처칠의 말과 같다고 했으므로[3문단(3)] 알고리즘이 다른 것보다 낫다는 맥락의 내용이 들어가야 한다. 따라서 실수를 범하기는 하지만 현실적으로 알고리즘보다 신뢰할 만한 대안을 찾기 어렵다는 결론을 이끌어 낼 수 있다.

⑤ 알고리즘이 갖는 결점이 지금은 보이지 않지만, 어느 순간 이 결점 때문에 우리의 질서가 무너질 것이다.
→ (×) 알고리즘은 실수를 범할 수밖에 없지만 완벽해야 할 필요는 없고, 평균적으로 인간보다 낫기만 하면 된다.[2문단(1),(2)] 따라서 알고리즘의 결점 때문에 우리의 질서가 무너질 것이라는 결론은 확대 해석이다.

제시문 분석

1문단 텔레비전의 변화

〈텔레비전의 원래 기능〉		〈텔레비전의 변화〉
원래 텔레비전은 우리가 멀리서도 볼 수 있도록 해주는 기기로 인식됐다.(2)	→	하지만 조만간 텔레비전은 멀리에서 우리를 보이게 해 줄 것이다.(3)

→

〈변화①〉	텔레비전에 영상을 공급하는 기업은 우리가 만들어 낸 데이터를 기반으로 하여 알고리즘을 통해 우리 입맛에 맞는 영화를 골라 줄 것이다.(5)
〈변화②〉	나아가 인생에서 중요한 것들, 이를테면 어디서 일해야 하는지, 누구와 결혼해야 하는지도 대신 결정해 줄 것이다.(6)

2문단 알고리즘의 한계와 항변

〈알고리즘의 한계〉		〈항변〉
데이터 부족, 프로그램 오류, 삶의 근본적인 무질서 때문에 알고리즘은 실수를 범할 수밖에 없다.(1)	→	하지만 완벽해야 할 필요는 없다. 평균적으로 우리 인간보다 낫기만 하면 된다.(2)
		대부분의 사람은 자신을 잘 모르기 때문에, 그 정도는 그리 어려운 일이 아니다.(3)

3문단 알고리즘에 대한 결론

〈알고리즘에 대한 잘못된 결론〉		〈결론이 잘못된 이유〉
우리는 알고리즘을 둘러싼 많은 문제들을 열거하고 나서, 그렇기 때문에 사람들은 결코 알고리즘을 신뢰하지 않을 거라고 결론 내릴 수도 있다.(1)	↔	하지만 그것은 민주주의의 모든 결점들을 나열한 후에 '제정신인 사람이라면 그런 체제는 지지하려 들지 않을 것'이라고 결론짓는 것과 비슷하다.(2)

〈처칠의 말〉
"민주주의는 세상에서 가장 나쁜 정치 체제다. 다른 모든 체제를 제외하면."(3)

→ | 〈결론〉 | 실수를 범하기는 하지만 현실적으로 알고리즘보다 더 신뢰할 만한 대안을 찾기 어렵다.(④번 선지) |
|---|---|

합격자의 실전 풀이 순서

❶ 빈칸 주변을 꼼꼼히 읽는다.

빈칸이 어디에 있는지 위치를 파악함과 동시에 빈칸 앞뒤를 문장을 읽는다. 빈칸은 가장 마지막에 있으며 그 앞 문장은 '알고리즘에 대해서도 마찬가지로 다음과 같은 결론을 내릴 수 있다.'이다. 이를 통해 빈칸의 문장이 글을 요약하는 마무리 문장임을 추측할 수 있다. 그리고 '알고리즘'이 있는 것으로 보아 소재 중 알고리즘이 있음을 짐작한다.

❷ 빈칸 전 문장까지 글을 통독한다.

1문단부터 빈칸이 있는 부분까지 글을 통독한다. 정독할 필요는 없으며, 글을 읽으며 중심 소재와 주장하는 바가 무엇일지에 초점을 맞추어 글을 읽는다. 본 문제의 경우 빈칸이 가장 마지막에 위치하기 때문에 빈칸 전까지는 전반적인 글의 내용을 한줄요약하는 방식으로 글을 읽도록 한다.

❸ 빈칸 주변 문장을 다시 정독한다.

빈칸 주변까지 글의 내용을 통독하면서 내려왔다면, 글의 중심 내용이 요약된 상태일 것이다. 그러므로 대략적인 내용을 기억한 채 빈칸 주변을 다시 정독한다. 이때 정독은 처음의 통독과는 목적을 다르게 해서 글을 읽는 것이다.

처음 통독은 단순히 빈칸이 어느 위치에 있는지, 앞뒤 문장을 통해서 이 문장이 글 내에서 어떤 역할을 하는지를 파악하기 위해 진행되었다. 하지만 지금의 정독은, 통독을 통해 파악한 글의 전반적인 내용을 가지고 빈칸의 내용을 유추하는 데 그 목적이 있다. 굳이 정답을 맞출 필요는 없으며, 맥락상 '어떤 느낌의 문장이 올 것 같다.' 같은 식의 파악만 해도 괜찮다. 가령 전반적인 주제가 "알고리즘이 옳지는 않지만 완벽해야 할 필요가 없다."로 요약을 했다고 가정하자. 빈칸 앞 문장에서 '알고리즘에 대해서도', '다음과 같은 결론' 등의 표현을 통해 앞 문장을 읽어야 할 필요성이 있음을 알 수 있다. 앞 문장은 "민주주의는 세상에서 가장 나쁜 정치 체제다. 다른 모든 체제를 제외하면"이므로, "알고리즘도 완벽하진 않지만 다른 체제보다 우월한 면이 있다." 등으로 대략적 추론을 할 수 있다.

❹ 선지를 살펴본다.

빈칸까지 다 살펴봤다면 선지를 살펴 답을 추린다. 사실 꼭 빈칸을 구체적으로 추론할 필요는 없다. 만약 빈칸에 들어갈 내용이 무엇일지 전혀 예측이 안 된다면, 3번 과정을 짧게만 거치고 바로 선지로 가도 무방하다. 결국 정답을 고르기만 하면 되기 때문에 선지로 가서 소거법을 통해 빈칸 및 글의 전체적인 맥락과 가장 적합하지 않은 것들을 소거해 나간다.

합격자의 시간단축 Tip

Tip ❶ 빈칸의 성격과 위치에 따라 글을 다르기 읽기

위 문제의 경우 빈칸이 하단부에 위치하며 빈칸의 역할이 글 전반의 내용을 요약하는 역할을 한다. 이 경우 글의 전체적인 내용을 요약하는 것을 목표로 글을 빈칸 전까지 빠르게 읽어나가는 것이 중요하다. 체크 역시 특징들에 표기하기보다는 주요 주장이 되는 문장들에 표기를 한다.

하지만 종종 빈칸이 중간에 존재하거나, 그 빈칸의 역할이 특정 소재의 세부내용을 물어보는 것일 수도 있다. 그런 경우 빈칸 주변을 더 자세히 보거나 빈칸에서 요구하는 정보를 중심으로 글을 읽는다.

Tip ❷ 오지선다 활용하기

빈칸 문제의 경우 오지선다를 적극적으로 활용하는 것이 중요하다. 결과적으로는 정답을 맞히는 것이 중요하기 때문에 빈칸을 완벽하기 추론하기 어렵다 하더라도 걱정할 필요가 없다. 직관적으로 빈칸 추론을 하지 못했다면 더 이상 시간을 지체할 필요 없이 바로 선지를 보도록 한다. 오지선다의 내용을 하나씩 대입해 보며 맥락에 적절한지를 파악해보는 것이 오히려 시간을 더 단축할 수 있다.

Tip ❸ 빈칸문제의 근거 범위 확정

빈칸 문제가 등장했을 시 어떤 부분을 근거로 삼을지 기준을 미리 잡아 두면 문제풀이가 훨씬 수월하고 빨라진다. 보통 빈칸 문제의 근거는 빈칸이 포함된 문장, 앞뒤 문장, 빈칸이 포함된 주제문을 근거로 삼을 수 있다. 여기서 직접적인 근거를 못 얻더라도 최소한 근거를 얻을 실마리는 얻을 수 있으니 이들부터 먼저 참고해서 풀자.

Tip ❹ 임시로 결론을 설정해보기

만일 선지와 빈칸 주변 독해만으로 정답선지가 추론되는 것 같다면, 그 선지를 기준으로 지문을 독해해보자. 결론을 미리 알고 지문을 독해하는 것은 생각보다 속도를 크게 향상시켜 준다.

Tip ❺ 최대한 단순하게 요약하기

예컨대 1문단 첫 문장의 어원 설명은 사실 필요가 없을 수 있다. 이는 결론이 모든 내용을 포괄해야 한다는 원칙과 모순되는 듯하나 사실은 2, 3번째 문장에 종속되는 구조기 때문에 생략 가능한 것이다. 이처럼 문장 간 체계를 생각한다면 결론에 빠르게 도달할 수 있다.

017 정답 ⑤ 난이도 ●●●

문제유형 이해(내용 파악)

접근전략 제시문에서는 고려 시대 불화의 개념을 정의한 다음 그 특징에 대해 열거를 하고, 이에 대한 미술사학자나 연구자의 견해(=해석)를 인용하고 있다. 따라서 제시문의 세부적 정보를 토대 선택지에서 알 수 있는 것을 빠르게 찾는 것이 관건이다. 이때, 선지의 일부 진술만 보고 섣불리 정오를 판단하지 않도록 주의한다.

다음 글에서 알 수 있는 것은?

(1) 고려 시대에는 불경에 나오는 장면이나 부처, 또는 보살의 형상을 그림으로 표현하는 일이 드물지 않았는데, 그러한 그림을 '불화'라고 부른다. (2) 고려의 귀족들은 불화를 사들여 후손들에게 전해주면 대대로 복을 받는다고 믿었다. (3) 이 때문에 귀족들 사이에서는 그림을 전문으로 그리는 승려로부터 불화를 구입해 자신의 개인 기도처인 원당에 걸어두는 행위가 유행처럼 번졌다. ▶1문단

(1) 고려의 귀족들이 승려들에게 주문한 불화는 다양했다. (2) 극락의 모습을 표현한 불화도 있었고, 깨달음에 이르렀지만 중생의 고통을 덜어주기 위해 열반에 들어가기를 거부했다는 보살을 그린 것도 있었다. (3) 부처를 소재로 한 불화도 많았다. (4) 그런데 부처를 그리는 승려들은 대개 부처만 단독으로 그리지 않았다. (5) 부처를 소재로 한 불화에는 거의 예외 없이 관음보살이나 지장보살 등과 같은 보살이 부처와 함께 등장했다. (6) 잘 알려진 바와 같이 불교에서 신앙하는 부처는 한 분이 아니라 석가여래, 아미타불, 미륵불 등 다양하다. (7) 이 부처들이 그려진 불화는 보통 위아래 2단으로 구성되어 있는데, 윗단에는 부처가 그려져 있고 아랫단에 보살이 그려져 있다. (8) 어떤 미술사학자들은 이러한 배치 구도를 두고 신분을 구별하던 고려 사회의 분위기가 반영된 것이 아닌가 생각하기도 한다. ▶2문단

(1) 고려 불화의 크기는 다소 큰 편이다. (2) 일례로 충선왕의 후궁인 숙창원비는 관음보살을 소재로 한 불화인 「수월관음도」를 주문 제작한 적이 있는데, 그 화폭이 세로 420 cm, 가로 255 cm에 달할 정도로 컸다. (3) 그런데 관음보살을 그린 이 그림에도 아랫단에 보살을 우러러보는 중생이 작게 그려져 있다. (4) 이렇게 윗단에는 보살을 배치하고 그 아래에 중생을 작게 그려 넣는 방식 역시, 신분을 구별하던 고려 사회의 분위기가 반영된 결과라고 보는 연구자가 적지 않다. ▶3문단

① 충선왕 때 숙창원비는 관음보살과 아미타불이 함께 등장하는 불화를 주문 제작해 왕궁에 보관했다.
→ (×) 제시문에는 충선왕의 후궁인 숙창원비가 관음보살을 소재로 한 불화인 〈수월관음도〉를 주문 제작한 적이 있는데[3문단(2)], 이 그림에도 관음보살 아랫단에 보살을 우러러 보는 중생이 작게 그려져 있다[3문단(3)]는 내용만 있을 뿐이다. 따라서 아미타불과 함께 등장 여부와 불화를 왕궁에 보관했는지 모두 알 수 없다.

② 고려 시대에는 승려들이 귀족의 주문을 받아 불화를 사찰에 걸어두고 그 후손들이 내세에 복을 받게 해달라고 기원했다.
→ (×) 고려의 귀족들은 불화를 사들여 후손에게 전해주면 대대로 복을 받는다고 믿었다.[1문단(2)] 이 때문에 귀족들은 그림 전문 승려에게 불화를 구입해서 개인 기도처인 원당에 걸어두었다.[1문단(3)] 즉 '귀족'들이 불화를 사들였고 이를 '원당'에 걸어 둔 것이므로, 승려들이 귀족의 주문을 받아 불화를 사찰에 걸어두었다는 선지는 옳지 않다.

③ 고려 시대에 그려진 불화에는 귀족으로 묘사된 석가여래가 그림의 윗단에 배치되어 있고, 아랫단에 평민 신분의 인물이 배치되어 있다.
→ (×) 석가여래 등 부처들이 그려진 불화는 보통 위아래 2단으로 구성되어 있는데, 윗단에는 부처가, 아랫단에는 보살이 그려져 있다.[2문단(6),(7)] 어떤 미술사학자들은 이러한 배치 구도를 두고 신분을 구별하던 고려 사회의 분위기가 반영된 것이 아닌가 생각하기도 하지만[2문단(8)], 불화에서 부처가 직접 귀족으로, 보살이 평민으로 묘사되었다는 사실은 없으므로 이는 알 수 없는 사실이다.

④ 고려 시대에 그려진 불화의 크기가 큰 것은 당시 화가들 사이에 여러 명의 등장인물을 하나의 그림 안에 동시에 표현하는 관행이 자리 잡았기 때문이다.
→ (×) 제시문에 따르면 고려 불화의 크기는 다소 큰 편이다.[3문단(1)] 또한, '여러 명을 동시에 표현했다'는 내용은 '보살이 부처와 함께 그려져 있다'는 내용으로 제시문 안에 있다.[2문단(1)] 하지만 여러 명을 동시에 표현하느라 불화 크기가 큰 것인지는 제시문에 나와 있지 않으므로 단정할 수 없다.

⑤ 고려 시대의 불화 중 부처가 윗단에 배치되고 보살이 아랫단에 배치된 구도를 지닌 그림에는 신분을 구별하던 고려 사회의 분위기가 반영되어 있다고 보는 학자들이 있다.
→ (○) 부처들이 그려진 불화는 보통 위아래 2단으로 구성되어 있는데, 윗단에는 부처가 그려져 있고 아랫단에 보살이 그려져 있다.[2문단(7)] 어떤 미술사학자들은 이러한 배치 구도를 두고 신분을 구별하던 고려 사회의 분위기가 반영된 것이 아닌가 생각하기도 한다고 하였으므로[2문단(8)], 해당 선지는 옳다.

제시문 분석

1문단 불화의 개념과 유형

〈불화의 개념〉
불경에 나오는 장면이나 부처, 또는 보살의 형상을 그림으로 표현한 그림(1)

〈귀족이 불화를 사들인 이유〉		〈불화를 사들인 귀족의 유형〉
고려의 귀족들은 불화를 사들여 후손들에게 전해주면 대대로 복을 받는다고 믿었다.(2)	→	귀족들 사이에서는 불화를 구입해 원당에 걸어두는 행위가 유행했다.(3)

2문단 불화에 담긴 고려의 사회상① – 부처와 보살

〈불화의 특징 1〉		〈불화의 특징 2〉		〈불화의 특징 3〉
불화는 다양했다.(1)	⊕	부처를 소재로 한 불화에는 관음보살, 지장보살 같은 보살이 부처와 함께 등장했다.(5)	⊕	이 부처들이 그려진 불화는 보통 위아래 2단인데, 윗단에는 부처, 아랫단에 보살이 그려져 있다.(7)

→	〈해석〉	어떤 미술사학자들은 이러한 배치 구도를 두고 신분을 구별하던 고려 사회의 분위기가 반영된 것이 아닌가 생각하기도 한다.(8)

3문단 불화에 담긴 고려의 사회상② – 보살과 중생

〈불화의 특징 4〉		〈불화의 특징 5〉		〈해석〉
고려 불화는 다소 큰 편이다.(1)	⊕	관음보살을 그린 그림에도 아랫단에 보살을 우러러보는 중생이 작게 그려져 있다.(3)	→	윗단에는 보살을 배치하고 그 아래에 중생을 작게 그려 넣는 방식 역시, 신분을 구별하던 고려 사회의 분위기가 반영된 결과라고 보는 연구자가 적지 않다.(4)

합격자의 실전 풀이 순서

발문 확인

지문의 분야 및 소재를 파악하기 위해 제시문을 가볍게 훑어본 후, 발문을 확인한다. 역사문화 분야의 글이며 알 수 있는 것을 고르는 문제이다. 해당 유형은 본문에서 정보를 찾아 일치하는지 확인하는 일치부합이나, 그 정보로 선지가 옳은지 추론하는 내용추론 유형으로 분류할 수 있다. 발문에 '알 수 있는'을 뜻하는 ○ 표시를 해두어 옳지 않은 것을 고르는 실수를 방지하자.

> 다음 글에서 알 수 있는 것은?

해당 유형은 선지를 읽고 지문에서 해당 내용을 찾는 방식과 지문을 먼저 독해하고 선지를 판단하는 방식, 두 가지 접근이 가능하다.

- 전자의 경우 선지에 패러프레이징(동의어, 혹은 동일 의미의 어구로 대체하는 것을 의미함)된 의미를 파악하여 지문에서 관련 내용을 찾는 것이 중요하다. 따라서 제시문 속 객관적인 정보를 잘 확인 및 정리하는 것이 중요하다.
- 후자의 경우 글의 주제 및 흐름을 이해하고, 제시문의 어디에 어떤 정보가 있는지 표시하며 읽는 것이 중요하다. 또한, 선지로 주로 출제되는 내용의 특징을 인지하고 해당 특징이 있는 부분을 주의해서 읽으면 선지 판단 시간을 단축할 수 있다.

두 방식을 모두 활용해보고, 본인에게 맞는 접근법을 택하여 적용하자. 각 접근법의 구체적인 설명은 〈합격자의 시간단축 Tip〉을 참고하면 된다.

선지를 먼저 읽는 경우

(1) 선지 키워드 표시

정보 확인 유형의 경우, 선지를 먼저 읽음으로써 요구하는 정보를 파악한 후 제시문을 독해하는 전략을 택할 수 있다. 구체적으로 선지별 키워드를 표시할 수 있으며, 해당 지문의 경우에 대한 예시는 다음과 같다.

① 숙창원비, 불화, 주문 제작
② 승려, 불화, 사찰, 복
③ 고려 시대, 불화, 윗단, 아랫단
④ 고려 시대, 불화, 크기, 이유
⑤ 고려 시대, 불화, 윗단, 아랫단, 학자들

이 외에 많은 단어들이 있을 수 있으나, 공통적으로 나타나는 단어에 집중한다. 사실 〈윗단, 아랫단〉은 〈석가여래〉보다 그렇게 중요하다고 볼 수 없다. 중요한 것은 선지에서 지문의 전체적인 소재를 파악하는 것이다. 선지에서 자주 등장하는 용어인 불화, 고려 시대 등을 통해 제시문의 소재가 고려, 불교, 불화, 여러 기능(임의로 추상화시킨 단어임) 등임을 추측할 수 있다.

이외 언급된 단어(숙창원비, 복, 윗단, 아랫단 등)를 체크해두고 제시문의 해당 부분을 위주로 읽는다면 문제 풀이 시간을 줄일 수 있다. 물론 관음보살, 석가여래, 귀족, 화가 등을 체크해도 무방하다.

(2) 제시문 독해

선지의 키워드를 찾으며 1문단부터 순서대로 독해를 진행한다.

- 1문단은 불화의 개념, 유행의 이유 및 구매처 등이 등장한다. 귀족들이 자신의 개인 기도처에 걸어놓은 것이므로, 선지 ②는 옳지 않다.
- 2문단은 불화의 소재 및 구성, 그에 대한 일부 학자들의 해석을 설명한다. 선지 ③의 석가여래는 부처 중 한 분이며, 아랫단에는 보살이 배치되어야 하므로 ③은 옳지 않다. ⑤는 2문단 마지막 문장의 내용 그대로이므로 옳다.
- 모순되는 내용이 없는지 3문단을 빠르게 읽는다. ⑤와 모순되는 내용은 없다. 정답은 ⑤이다.

지문을 먼저 읽는 경우

(1) 제시문 독해

이 단계에서는 지문을 먼저 읽는 경우 독해의 방향성을 소개한다. 다만 지문의 전체적인 얼개 및 독해의 방향을 소개하므로 선지를 먼저 읽는 방식에서의 독해에도 적용할 수 있다. 먼저 1문단에서는 개념설명, 행위와 그 동기가 나오는데 크게 (1)과 (2),(3)으로 끊어 볼 수 있다. 특히 (2),(3)은 독해 지문뿐 아니라 모든 글에 단골로 나오는 전개방식이므로 화살표 구조를 기억함이 좋다. 다른 소재로는 〈인신공양, 시위와 투쟁〉등이 있는데 한번 본인이 문장을 머릿속으로 만들어 보길 바란다.

2문단에는 불화의 특징이 크게 3가지로 나와 있다. 이를 묶어서 한 문단에 서술했기 때문에 문단이 지나치게 뚱뚱해졌다. 이처럼 문단이 크게 묶인 경우 독자는 반드시 중간에 끊어서 독해한다. 중요한 내용은 불화에는 부처와 보살이 함께 등장했다는 점, 2단 구성 및 그에 대한 학자들의 해석이다. 그 사이의 보살 및 부처의 종류 등은 암기하기보다 〈〉나 [] 등 기호로 표시하여 정보의 위치를 기억하며 읽는다. 여기서 선지를 중간중간 확인하면서 이렇게 불규칙하게 나열된 문장들이 실제로 선지로도 활용되는지도 살펴보면 좋다.

다시 말하면, 지문 먼저 읽기의 요점은 2문단의 많은 내용을 머릿속이 아니라 머리 밖에 저장하는 툴을 만드는 것이다. 지문에 { }등을 이용해서 표시해도 좋고, 번호를 매겨도 좋다. 익숙해지면 선지를 굳이 볼 필요가 없다. 이후 3문단은 2문단의 반복이므로 생략한다.

(2) 선지 판단

이 문제는 일부 내용을 지문에 넣어 두고 일부 내용을 알 수 없거나 틀린 것으로 구성하여 함정을 여러 군데 설치한 문제다. 그러나 막상 문제를 풀어 보면 다른 문제에 비해 어렵지 않다.

선지에 정보량이 많으면 많을수록 틀릴 가능성이 높아 오히려 판단이 쉬워진다. 반면, 단순한 선지일수록 단어 하나를 교묘하게 바꿔놓으면 함정에 빠질 수 있다. 예컨대 ①번 선지의 경우 왕궁에 보관했는지 여부로 답을 구하는 수험생들이 많았을 텐데 실제로는 아미타불 부분도 틀린 선지다. 즉, 오히려 후단이 추가됨으로써 선지의 난이도가 내려가는 것이다. 따라서 수험생은 선지를 판단할 때는 억지로 선지를 분리해서 볼 필요가 없다. 통합적으로 보아서 한 군데라도 틀린 곳이 있으면 그 즉시 오답이 되는 것이다.

합격자의 시간단축 Tip

Tip ❶ 정보량이 많은 지문의 처리법

실전 풀이 순서에는 선지를 먼저 읽고 지문을 독해하는 법을 소개하였으나, 많은 수험생들이 선지를 먼저 읽는 것에 부담을 느끼는 것이 사실이다. 특히 수능에 익숙한 수험생일수록 더욱 그렇다. 그렇다면 지문을 먼저 읽는 것이 꼭 나쁜 것인가? 그렇지 않다. 오히려 고득점자들 중에는 지문을 반드시 먼저 보는 사람이 대다수다. 물론 통상의 수험생이 그것을 그대로 따라하는 것은 매우 어려운 일이다. 따라서 선지를 먼저 읽을 때의 요령 및 주의점과 지문을 먼저 읽을 때의 요령 및 주의점을 소개하도록 하겠다.

(1) 선지를 먼저 읽는 경우

이 전략은 문제에서 요구하는 분량만큼만 읽기 위해 선지에 나온 만큼만 읽겠다는 전략이다. 문제풀이 시간을 단축할 수 있지만, 주의할 점은 지문에서 총체적인 이해를 요구하는 과학, 법학 등 추론영역 지문의 경우 이 방법을 적용할 수 없으며, 특히 고난도 문제를 푸는 데 적절하지 않다는 단점이 있다. 따라서 발췌독보다는 선지의 키워드를 힌트로 독해의 강약을 조절하는 방법으로 활용하는 것이 안전하다. 또한, 수험생 스스로 연습을 통해 선지를 보고 지문에서 정보를 찾는 것에 익숙해져야 시간 단축과 정확성을 모두 잡을 수 있다.

이 전략을 택할 때의 유의점은, 선지에서 정보를 "적게" 추출해야 한다는 것이다. 일견 선지에서 많은 것을 건져가야 한다고 생각할 수 있으나, 너무 많은 것을 건져가려고 하면 지문의 맥락과 완전히 동떨어진 사고를 갖게 되어 독해를 방해한다. 따라서 선지에서 공통적으로 다루는 단어들, 혹은 서로 연결되는 단어들(이때 연결은 수험생 스스로 할 수 있는 것이면 좋다. 예컨대 이 지문의 경우 윗단-아랫단 이 있을 수 있다. 관음보살과 석가여래도 하나로 묶을 수 있다) 등을 추출하는 것을 추천한다. 단 이때 추출하지 않은 부분도 표시는 해 놔야 한다. 그래야 지문을 읽을 때 선지에서 키워드를 추출할 수 있기 때문이다.

또한, 선지를 먼저 읽은 다음 지문을 읽다 보면, 선지 한두 개를 판단할 수 있는 시점이 오는데 이때 반드시 지문에 해당 부분을 체크하면서 판단 가능한 선지를 바로 판단해야 한다. 정답 선지만 찾겠다고 계속 지문을 읽으면 선지를 먼저 읽은 의미가 없어진다.

(2) 지문을 먼저 읽는 경우

이 전략은 지문의 흐름을 따라서 독해를 편하게 한 후 선지 중에서 체크하겠다는 전략이다. 일견 지문의 정보량이 많아서 비효율적으로 보이나, 이 경우에도 효율성을 높일 수 있는 방법이 존재한다. 정답이 아닌 선지를 먼저 소거하는 것이다. 이 방법이 가능한 것은 대부분의 일치부합·내용추론 유형에서 5개 선지가 모두 어렵게 출제되는 경우는 드물기 때문이다. 헷갈리는 선지는 보통 2~3개로 좁혀진다. 또한, 지문을 총체적으로 이해했을 경우 정답 선지는 의외로 쉽게 도출되는 경우도 많다. 이렇게 지문을 읽고 정답이 아닌 선지를 빠르게 걸러내려면 독해 시 아래 요소가 충족되어야 한다.

① 문단의 소주제 및 그 주제간 연결이 자연스러워야 한다.
② 문단이 부정확하게 구성된 경우 본인 스스로 문단을 재구성할 수 있어야 한다.
③ 지문에 표시해야 할 부분이 선지에 나오는 부분보다 더 많은 것을 인지하고 실제로 지문에 표시한 후 키워드를 구분할 수 있어야 한다.

결국, 제시문을 먼저 읽는 방식은 독해력이 요구된다. 따라서 스스로 독해력이 부족하다고 생각된다면 많은 비문학 글을 읽으면서 주제와 키워드를 찾는 연습을 해야 한다. 독해연습용 지문은 EBS 비문학 문제집, LEET 언어이해 및 추리논증의 긴 지문 등을 추천한다. 아래 사항들을 고려하며 연습해보자.

- 첫 문단을 읽으며 글의 방향 파악하기
- 각 문단의 중심 내용 찾기
- 글의 구조를 머릿속에서 정리하며 읽기 (예 개념-사례, 주장-반박, 문제-원인-해결, 시간의 흐름에 따른 변화 등)
- 독해 속도가 느리다고 느껴지면 독해 시간 확인하면서 독해 시간 줄이기

이와 더불어 선지에 해당하는 내용을 지문에서 찾을 때 도움이 되는 기본적인 독해방법을 몇 가지 소개한다.

- 개념의 정의가 제시되는 경우 체크해두고, 꼭 지문 속 용어로 이해하기
- 정보가 많은 지문의 경우 내용을 기억하기보다는 정보의 위치를 파악하며 읽기
- 지문 및 선지에서 비교되는 대상 및 그 특징은 괄호, 밑줄, '○, △, ▽, ㅁ' 등 서로 다른 기호를 적절히 사용하여 시각화하기
- 과정 설명은 각 과정별로 '/, →' 등으로 표시하며 끊어 읽기
- 특징적인 내용은 별도로 표시하며 읽기

특징적인 내용은 선지로 출제되기 쉽다. 기출 분석을 통해 선지로 자주 출제되는 내용의 특징을 확인해보면 좋다.

Tip ❷ 선지로 빈출되는 내용의 특징을 익히자.

선지로 빈출되는 내용에 주의하며 읽으면 선지 판단의 시간을 절약할 수 있다. 아래는 주로 선지로 자주 출제되는 내용들이다. 기출분석으로 아래 특징들 외의 특징을 찾는다면 함께 익히면 될 것이다.

- 역접의 접속사 뒤의 내용　예 그러나, 그럼에도, 반면
- 원칙의 예외
- 비교되는 대상 및 특징 → 선지에서 서로 특징을 바꾸어 제시하기도 함
- 원인과 결과 예 따라서, 그 결과 → 선지에서 원인과 결과를 바꾸어 제시하기도 함
- 강조 어구　예 ~만이, 모두, 전부
- 반복되는 내용
- 비례관계나 수식

해당 문제에서는 두 번 반복되어 제시된 '신분을 구별하던 고려 사회'라는 일부 학자들의 견해가 정답 선지로 구성되었다.

Tip ❸ 한국사 지문의 특징을 생각하며 읽자

이 지문은 한국사 중 문화 파트의 내용이지만 한국사 지문의 일반적 특징을 적용할 수 있다. 이러한 특징들은 중점적으로 독해해야 하는 부분을 판단하는 기준이 된다. 다음과 같은 한국사 지문의 특징이 모두 한 지문에서 나타나지는 않으므로, 기억해두고 등장할 때 주의해서 읽으면 된다.

- 사건의 인과관계, 연표에 따른 단순 선후 관계, 계급 체계에 따른 상하관계 등이 한 문제에 복합적으로 등장한다.
- 작은따옴표 ' '를 통해 생소한 개념이 소개된다. 작은따옴표가 붙은 단어는 지문 전체에서 강조하고자 하는 개념인 경우가 많으므로 집중해 살펴야 한다.
- 큰따옴표 " "를 통해 인물의 주장 또는 문헌이 인용된다. 큰따옴표가 붙은 문장은 그 자체를 토씨 하나 안 틀리고 파악하기보다는, 지문 전체에서 문장이 갖는 맥락 이해하기에 초점을 둔다.

• 홑낫표「」, 겹낫표『』 등으로 문헌·예술작품 등의 이름이 제시된다. 지문에 이름이 유사한 작품이 여러 개 등장한 뒤, 선지에서 혼동을 유도하는 경우도 종종 있다.
• 구체적인 시대 표현이 등장한다. n년, n세기, OO시대 전·중·후기 등의 시대 표현은 선지에서 사건들이 발생한 선후 관계를 묻는 기준점으로 사용된다.

Tip ④ 정보를 정확하게 파악하자.

선지 ②번의 경우, 불화를 후손들에게 전함으로써 복을 받게 해달라고 기원했다는 설명은 맞지만, 불화를 사찰에 걸어두었다는 것은 틀리다. 이처럼 선지에서 일부는 옳지만, 일부는 그렇지 않게 진술될 수도 있으므로 제시문의 정보와 선지를 꼼꼼히 비교한다. 비슷한 맥락으로 선지 ④번 역시 불화의 크기가 큰 것과 여러 명의 등장인물이 하나의 그림 안에 동시에 표현하는 것이 관행이었다는 진술은 옳다. 그러나 이 두 정보 사이의 인과관계를 제시문에서 확인할 수 없기에 오답이다.
이처럼 정보의 사실 여부뿐만 아니라 관계까지 정확히 파악하여 선지를 꼼꼼히 확인하는 것이 중요하다. 이를 위해 선지를 끊어가며 판단하는 것도 좋다.

Tip ⑤ 판단이 쉬운 선지를 먼저 판단하자.

독해를 먼저 진행하고 선지를 판단하는 경우, 복잡한 선지를 일단 넘기는 것이 시간을 단축하는 방법이 될 수 있다. 앞서 언급했듯, 최근 기출문제를 보면 초반의 정보량이 많은 일치부합 문제의 정답은 의외로 간단한 경우가 많다. 글의 중심 내용과 연관된 내용이거나, 선지의 두 가지 정보 중 하나만 알아도 판단이 가능한 경우 등이다. 다만 이는 지문을 이해했을 때 판단이 간단하다는 의미이다. 따라서 제시문을 먼저 읽는 방법을 택했다면, 제시문을 이해하고 간단한 선지를 먼저 푸는 것을 추천한다. 이 문제도 정답인 선지 ⑤는 2, 3문단에 걸쳐 제시되는 중심 내용으로, 정답을 찾는 것은 어렵지 않았다.

018 정답 ⑤

난이도 ●●●

문제유형 이해 > 내용 파악

접근전략 제시문은 종묘제례악에 맞추어 추는〈일무〉의 개념을 언급한 후, 일무의 방식, 일무의 유형 등에 관해 조선시대, 대한제국, 1960년대 순으로 통시적 분석을 하고 있다. 이때 시간대와 춤의 형태가 올바르게 대응되는지 묻는 문제가 자주 나온다. 차이점/공통점뿐만 아니라 시대별로 각 특징이 연결되는지를 중심으로 독해한다. 별도 공간에 작게 써놔도 좋다.

다음 글에서 알 수 있는 것은?

(1) 조선 시대에는 역대 국왕과 왕비의 신주가 있는 종묘에서 정기적으로 제사를 크게 지냈으며, 그때마다 종묘제례악에 맞추어 '일무(佾舞)'라는 춤을 추는 의식을 행했다. (2) 일무란 일정한 수의 행과 열을 맞추어 추는 춤으로 황제에 대한 제사의 경우에는 팔일무를 추는 것이 원칙이었고, 제후에 대한 제사에는 육일무를 추었다. (3) 팔일무는 행과 열을 각각 8개씩 지어 모두 64명이 추는 춤이다. (4) 육일무는 행과 열을 각각 6개씩 지어 추는 춤으로서, 참여하는 사람의 수는 36명이다. (5) 대한제국을 선포하기 전까지 조선 왕조는 제후국의 격식에 맞추어 육일무를 거행했다. ▶1문단

(1) 일무에는 문무(文舞)와 무무(武舞)라는 두 가지 종류가 있는데, 문무를 먼저 춘 다음에 같은 사람들이 무무를 뒤이어 추는 것이 정해진 규칙이었다. (2) 일무를 출 때는 손에 무구라는 도구를 들고 춤을 추게 했는데, 문무를 출 때는 왼손에 '약'이라는 피리를 들고 오른손에 '적'이라는 꿩 깃털 장식물을 들었다. (3) 문무를 추는 사람은 이렇게 한 사람당 2종의 무구를 들고 춤을 추었다. (4) 한편 중국 역대 왕조는 무무를 거행할 때 창, 검, 궁시(활과 화살)를 들고 춤을 추게 했다. (5) 이에 비해 조선에서는 궁시를 무구로 쓰지 않았다. (6) 조선에서는 무무를 출 때 앞쪽 세 줄에 선 사람들로 하여금 한 사람당 검 하나씩만 잡고 춤을 추게 했으며, 뒤쪽의 세 줄에 선 사람들은 한 사람당 창 하나씩만 잡은 채 춤을 추게 했다. ▶2문단

(1) 한편 1897년에 고종이 대한제국을 선포한 이후에는 황제국의 격식에 맞게 64명이 일무를 추었다. (2) 그러나 일제 강점기에는 다시 36명이 일무를 추는 것으로 바뀌었다. (3) 종묘에서 제사를 지내는 일은 광복 후 잠시 중단되었다가, 1960년대에 종묘제례악이 중요무형문화재로 지정됨에 따라 복원되었다. (4) 복원된 종묘제례의 일무는 팔일무였으며, 예전처럼 먼저 문무를 추고 뒤이어 무무를 추는 방식을 지켰다. (5) 문무를 출 때 손에 드는 무구는 조선 시대의 것과 동일했고, 무무를 출 때 앞의 네 줄에 선 사람들은 검을 들되 뒤의 네 줄에 선 사람들은 창을 들게 했다. (6) 종묘제례 행사는 1969년부터 전주 이씨 대동종약원이 맡아 오늘날까지 정기적으로 시행하고 있는데, 그 형식은 1960년대에 복원된 것을 그대로 따르고 있다. ▶3문단

① 대한제국 시기에는 종묘제례에서 문무를 출 때 궁시를 들지 않고 검과 창만 들었다.
➜ (×) 대한제국 시기에 황제국의 격식에 맞게 64명이 일무를 추었다고 언급되어 있다.[3문단(1)] 그러나 문무의 구체적인 방식에 대해서는 언급되어 있지 않으므로, 궁시를 들지 않고 검과 창만 들었는지는 지문을 통해 알 수 없다.

② 일제 강점기 때 거행된 종묘제례에서는 문무를 육일무로 추었고, 무무는 팔일무로 추었다.
➜ (×) 팔일무는 행과 열을 각각 8개씩 지어 모두 64명이 추는 춤이고[1문단(3)], 육일무는 행과 열을 각각 6개씩 지어 36명이 추는 춤이다.[1문단(4)] 일제 강점기에는 다시 36명이 일무를 추는 것으로 바뀌었다 하였으므로[3문단(2)], 일제강점기에는 문무 및 무무 모두 36명이 추는 육일무로 춘 것이다. 따라서 해당 선지는 옳지 않다.

③ 조선 시대에는 종묘제례에서 무무를 출 때 한 사람당 4종의 무구를 손에 들고 춤을 추게 했다.
➜ (×) 조선에서는 무무를 출 때 앞쪽 세 줄에 선 사람들로 하여금 한 사람당 검 하나씩만 잡고 춤을 추게 했으며, 뒤쪽의 세 줄에 선 사람들은 한 사람당 창 하나씩만 잡은 채 춤을 추게 했다.[2문단(6)] 그러므로 조선 시대에 무무를 출 때는 검이나 창 중에 하나만 들고 춤을 추었음을 알 수 있다.

④ 조선 시대에 종묘제례를 거행할 때에는 육일무를 추도록 하되 제후국의 격식에 맞추어 무무만 추었다.
➜ (×) 대한제국을 선포하기 전까지 조선 왕조는 제후국의 격식에 맞추어 육일무를 거행했고[1문단(5)] 일무에는 문무(文舞)와 무무(武舞)라는 두 가지 종류가 있는데, 문무를 먼저 춘 다음에 같은 사람들이 무무를 뒤이어 추는 것이 정해진 규칙이었다.[2문단(1)] 즉, 조선시대 종묘제례를 거행할 때는 문무와 무무를 모두 추었으므로, 무무만 추었다는 해당 선지는 옳지 않다.

⑤ 오늘날 시행되고 있는 종묘제례 행사에서 문무를 추는 사람들은 한 사람당 2종의 무구를 손에 들고 춤을 춘다.

→ (O) 오늘날 복원된 종묘제례 행사에서 문무를 출 때 손에 드는 무구는 조선 시대의 것과 동일했다.[3문단(5)] 조선 시대에서 문무를 출 때 한 사람당 2종의 무구를 들고 춤을 추었으므로[2문단(3)] 오늘날의 종묘제례 행사에서 문무를 출 때도 마찬가지로 한 사람당 각각 2종의 무구를 들고 춤을 추었음을 알 수 있다.

제시문 분석

1·2문단 일무의 개념과 특징

〈일무의 개념〉		
일무란 일정한 수의 행과 열을 맞추어 추는 춤이다.[1문단(2)]		
일무의 방식	팔일무	황제의 제사에 추는 춤으로, 행과 열을 각각 8개씩 지어 모두 64명이 추는 춤이다.[1문단(2),(3)]
	육일무	제후의 제사에 추는 춤으로, 행과 열을 각각 6개씩 지어 36명이 추는 춤이다.[1문단(2),(3)]
시기별 차이	조선	제후국의 격식에 맞추어 육일무를 거행했다.[1문단(5)]
	대한제국	황제국의 격식에 맞게 64명이 일무를 추었다.[3문단(1)]
일무의 도구		문무를 추는 사람은 한 사람당 각각 2종의 무구를 들고 춤을 추었으며 문무를 출 때는 왼손에 '약'이라는 피리를 들고 오른손에 '적'이라는 꿩 깃털 장식물을 들었다[2문단(2),(3)]
일무의 유형	문무	문무를 먼저 춘 다음에 같은 사람들이 무무를 뒤이어 추는 것이 정해진 규칙이었다.[2문단(1)]
	무무	중국 역대 왕조는 무무를 거행할 때 창, 검, 궁시를 들고 춤추게 했다. 반면 조선에서는 궁시를 무구로 쓰지 않았다.[2문단(4),(5)]
		조선에서는 무무를 출 때 앞쪽 세 줄의 사람들은 각각 검 하나씩만 잡고 춤추게 했고, 뒤쪽의 세 줄의 사람들은 각각 창 하나씩만 잡고 춤추게 했다.[2문단(6)]

3문단 종묘제례악 복원

〈종묘제례악 복원〉
종묘에서 제사를 지내는 일은 광복 후 잠시 중단되었다가, 1960년대에 종묘제례악이 중요무형문화재로 지정됨에 따라 복원되었다.(3)

〈팔일무〉		〈문무 도구〉		〈무무 도구〉
복원된 종묘제례의 일무는 팔일무였으며, 예전처럼 먼저 문무를 추고 뒤이어 무무를 추는 방식을 지켰다.(4)	⊕	문무를 출 때 손에 드는 무구는 조선 시대의 것과 동일했고, 무무를 출 때 앞의 네 줄에 선 사람들은 검을 들되 뒤의 네 줄에 선 사람들은 창을 들게 했다.(4)	⊕	조선에서는 무무를 출 때 앞쪽 세 줄에 선 사람들로 하여금 한 사람당 검 하나씩만 잡고 춤을 추게 했으며, 뒤쪽의 세 줄에 선 사람들은 한 사람당 창 하나씩만 잡은 채 춤을 추게 했다.(5)

합격자의 실전 풀이 순서

발문 확인

지문의 분야 및 소재를 파악하기 위해 제시문을 가볍게 훑어본 후, 발문을 확인한다. 역사문화 관련 지문이다. 알 수 있는 것을 고르는 문제에서는 지문에 나온 표현과 유사한 다른 표현으로 바꾸어 선지를 구성할 수 있음에 유의하며 지문과 대조해가면서 풀면 된다. 따라서 제시문 속 객관적인 정보를 잘 확인하는 것이 중요하다. 또한, 발문에 ○ 표시를 해두어 문제를 풀 때 알 수 없는 것과 헷갈리지 않게 한다.

선지를 먼저 읽는 경우

(1) 선지 키워드 표시

정보확인 유형의 경우, 선지를 먼저 읽음으로써 요구하는 정보를 파악한 후 제시문을 독해하는 전략을 택할 수 있다. 구체적으로 선지별 키워드를 표시할 수 있으며, 해당 지문의 경우에 대한 예시는 다음과 같다.

① 대한제국, 문무, 검과 창
② 일제 강점기, 육일무, 팔일무
③ 조선 시대, 무무, 4종
④ 조선 시대, 육일무
⑤ 오늘날, 문무, 2종

선지에서 자주 등장하는 용어인 문무, 무무를 통해 제시문의 소재를 파악할 수 있다. 이외에 시대 표현(대한제국, 일제 강점기, 조선 시대, 오늘날)이 언급되는 것으로 보아 시대별 소재의 특징 변화를 눈여겨봐야 함을 추측할 수 있다.

물론 이외에도 '무구' 및 궁시, 검, 창 등이 하나로 묶일 수 있다는 것을 파악해도 좋다. 중요한 것은 선지로부터 최대다수의 키워드를 추출하면 안 된다는 것이다. 이제 지문에서 읽을 부분이 정해졌으므로 편하게 읽으면 된다.

(2) 제시문 독해 및 선지 판단

제시문을 읽으며 판단 가능한 선지를 바로 판단한다.

- 1문단에는 일무의 개념 및 일무의 종류 중 육일무와 팔일무의 개념이 제시된다. 마지막에 '대한제국' 전까지 육일무를 거행했음을 알 수 있다. 아직 판단 가능한 선지는 없다.
- 2문단은 일무를 문무→무무의 순으로 추는 것이 규칙임과 함께 조선 시대에 사용된 각각의 무구를 설명한다. 선지 ①의 무구들은 문무가 아닌 무무의 무구이다. 옳지 않다. 조선 시대 무무의 무구는 2종이다. 선지 ③도 옳지 않다. 선지 ④에서 조선 시대 육일무를 추었다는 것은 맞지만, 무무만 추었다는 언급은 없다. 그러나 이후 문단에서 관련 내용이 등장할 수 있으므로 완전히 소거하지는 않는다.
- 3문단은 대한제국-일제 강점기-현대 순으로 일무의 변화를 설명한다. 선지 ④ 관련 내용은 등장하지 않았으므로 소거 가능하다. 일제 강점기에는 육일무를 추었다고 하므로, 선지 ②는 옳지 않다. 오늘날 종묘제례 행사에서 문무의 형식은 조선 시대와 동일하게 복원된 것을 따르므로 한 사람당 2종의 무구를 사용한다. 정답은 ⑤이다.

지문을 먼저 읽는 경우

(1) 제시문 독해

여기선 지문을 먼저 읽는 경우의 독해요령을 소개한다. 다만 지문의 전체적인 얼개 및 독해의 방향을 소개하므로 선지를 모두 읽는 경우와 호환이 안 되는 것은 아니다.

① 1문단의 '조선', '일무', '팔일무', '육일무' 정도를 키워드로 체크하면서 팔일무와 육일무의 배열을 생각해 보는 것이 우선이다. 그리고 대한제국 선포 전까지 조선은 육일무를 거행했다는 점을 체크한다. 수험생은 여기서 두 가지 의문이 들 것이다.

1) 어째서 독해 지문에서 수학적 배열까지 알아야 하는가?

2) 여기서 〈종묘제례악〉이라는 키워드는 왜 생략되었는가?

먼저 2)번 물음부터 답을 한다면, 종묘제례악이라는 단어 하나보다 일무와 관련된 것이 분량이 훨씬 많기 때문이다. 1문단에서는 '일무'의 개념을 설명하고, 그 종류로 '팔일무'와 '육일무'를 각각 설명한다. 즉, '일무' 및 그 종류가 중요 키워드라는 것이다. 지문에서 개념을 설명하는 단어는 대개 중요한 키워드이다. 만약 '이게 선지에서 나오면 어쩌지?'하는 걱정이 있다면 선지를 보라. 5개 선지 모두에서 종묘제례를 묻고 있다. 모든 선지에 특정 단어가 있다는 것은 그 단어는 모든 선지에 기본적으로 적용되는 내용이라는 뜻이므로, 별로 중요하지 않다는 증거다. 이게 출제자의 시각이다. 만약 종묘제례가 아닌 다른 내용이 필요했다면 지문에 직접 종묘제례가 아닌 부분이 등장했을 것이다.

1)번 물음에 대해 답하자면 비교적 배열이 간단하기 때문이다. 예컨대 건물의 구조는 어렵지만 종의 형태는 그릴 만 하다. 육일무는 '6×6=36', 팔일무는 '8×8=64'라는 정보는 특별히 어렵지 않다. 그렇다면 배열이 간단해서 '그릴 수 있다'는 것은 인정한다 쳐도 '그려야 한다'라는 사실은 어떻게 도출할 수 있는가? 그것은 그림을 그림으로써 키워드인 '육일무'와 '팔일무'가 직관적으로 인지되어 독해 시간을 절약할 수 있기 때문이다. 대부분의 경우 그림을 묘사하기 위해서 오히려 지문의 길이가 쓸데없이 길어지기 때문에 그림을 그려야 눈의 부담이 덜해진다. 지문과 선지를 왔다갔다 하는 속도도 실력의 일부다.

② 2문단은 일무를 1문단과 또 다른 기준으로 '문무'와 '무무'로 분류하여 설명한다. 지문에서 알 수 있는 분류기준은 '무구의 종류'이다. 문무와 무무에 쓰이는 무구의 차이를 확인하고, 이때 중국과 달리 궁시가 빠진 조선 무무의 무구도 확인한다. 지문 내에서 비교되는 대상은 선지에 자주 등장하므로 기호를 활용해 표시하는 것도 좋다. 이때, 문무를 출 때의 무구 2종을 "꿩 깃털 장식물"로 기억할지, 혹은 "적"이라는 명칭으로 기억할지 고민이 많이 될 것이다. 특히 독해에 대한 적절한 지식이 있는 수험생이어도 〈만파식적〉이라는 피리 때문에 '약'인지 '적'인지 헷갈릴 수 있다. 그렇다고 둘 다 기억해 버리면 지나치게 많은 표시를 하게 되어 난잡할 수 있다. 이때, 수험생에게 추천하는 방식은 두 가지로 나뉜다.

1) 가장 확실한 방법은 선지에서 한자 명칭이 쓰이는지 확인하는 것이다. 명칭은커녕 그냥 개수만 묻고 있으므로 전혀 중요하지 않은 고민이었음을 알 수 있다.

2) 보다 일반적이고 보편적으로 적용할 수 있는 방법으로는 뒷 문장의 '검, 창'과 같은 차원에서 기억하는 것이다. 피리와 장식물인 약과 적은 아무래도 검과 창에 비해 "문(文)"을 나타내기 적합해 보인다.

③ 3문단에는 연도가 등장한다. 시대에 따라 시행된 일무의 종류 변화를 설명하고 있다. 3문단의 전단에서는 시대별로 육일무와 팔일무 중 적용된 것이 무엇인지를, 후단에서는 복원 이후 문무와 무무 각각의 무구에 대해 확인하며 읽어야 한다. 이때 후단의 내용은 2문단의 조선시대 무구와 비교하여 공통점과 차이점을 구분하며 읽는 것이 좋다. 이해가 어렵다면 8x8 및 6x6의 격자 모양을 떠올려 보면 된다. 1문단에서 그렸던 그림은 2문단과 3문단을 읽을 때 큰 도움이 되었을 것이다. 3문단에는 일제 강점기에 육일무를 추었다는 정보는 있지만 무구에 대한 설명은 등장하지 않는다. 따라서 무구와 관련된 내용은 해방 이후 혹은 조선 시대 중심으로 확인하면 된다. 또한, 일제 강점기 무구의 정보가 선지에 등장하더라도 '알 수 없는 것'임을 빠르게 파악할 수 있어야 한다.

(2) 선지 판단

선지는 크게 무구/시기/배열을 중심으로 그 조합이 올바른지 묻고 있다. 지문의 모든 내용을 정리하거나 암기하는 것은 불가능하다. 따라서 선지를 판단할 때는 순서대로 하나씩 판단하기보다, 특정 내용을 묻는 선지끼리 묶어서 먼저 판단하는 방법을 추천한다. 예컨대 육일무와 팔일무에 대한 선지를 먼저 해결하고, 무구에 대해선 다시 한번 읽으면서 무구 부분만 보면서 체크하는 것이다. 시대 순으로 무구와 인원수를 모두 볼 필요 없이, 시대+무구, 시대+인원을 별도로 보면 된다. 특히 일제 강점기를 지문을 읽으면서 별도로 표시했다면 더욱 좋다. 무구는 2문단 및 4문단 후반부에만 등장하며, 이를 읽고 ①, ④, ⑤ 선지를 모두 해결할 수 있다. 그렇다면 이를 위해서 선지를 먼저 조망해야 할까? 지문을 먼저 읽은 경우 그렇다고 할 수 있다.(즉, 지문→선지조망→개별선지 풀이 순으로 접근한다.)

반면, 선지를 먼저 읽은 경우는 이렇게 공통점을 추출하기 쉽지 않다. 선지를 먼저 읽은 경우는 이를 어떻게 대처해야 할까? 선지를 먼저 읽은 경우는 '아는 만큼만' 푸는 것이 중요하다. 즉, 선지 하나를 판단하는데 사용한 지문 내용만큼을 그대로 다른 선지에 대입해야 한다. 다른 내용을 보려고 하면 안 된다. 예컨대 ①번 선지에서 문무와 검과 창을 판단했다면 그대로 '조선시대의 무구' 지식만 가지고 바로 다른 선지를 쭉 확인해야 한다. 일제 강점기나 현대는 어떨지를 고민하면 안 되는 것이다. 그 내용들은 그 선지를 확인할 때 확인해야 한다.

합격자의 시간단축 Tip

Tip ❶ 시대 표현을 활용한다.

해당 제시문의 경우 조선 시대, 대한제국, 일제 강점기, 오늘날 등 시대 표현이 차례로 등장한다. 선지 역시 이러한 단어가 그대로 사용되므로 이를 지표로 삼아 제시문에서 관련 정보를 찾는다. 또한, 제시문 독해 시 시대 표현을 눈에 띄게 표시해둔다. 이때 시대별 차이가 선지로 자주 구성되기 때문에 이들 간 차이점이나 공통점을 유의하며 읽으면 좋다.

Tip ❷ 비교하는 내용에 유의한다

시대순 비교뿐 아니라 중국과의 비교, 문무와 무무의 비교 등 다양한 비교 대상이 등장한다. 물론 해당 문제에선 큰 함정으로는 출제되지 않았지만 비교 대상급이 다양한 경우 지문을 읽을 때 길을 잃지 않도록 주의해야 한다. 어떤 특징이 어떤 대상에 해당하는 것인지 공통점과 차이점을 구분해야 한다는 것이다. 특히 지금까지 읽었던 내용과 다른 비교급이 나올 경우 반드시 다른 기호로 표시한다. 이때 "주된 비교vs갑자기 나온 비교"로 하면 족하지, 〈비교1, 비교2, 비교3…〉식으로 나열하면 안 된다. 지문에서 길을 잃을 수 있기 때문이다.

Tip ❸ 기호를 활용하여 독해한다.

2문단과 같이 대응되는 개념이 나오는 경우 기호로 표시하며 읽으면 선지 판단에 도움이 된다.

> 일무에는 문무(文舞)와 무무(武舞)라는 두 가지 종류가 있는데, 문무를 먼저 춘 다음에 같은 사람들이 무무를 뒤이어 추는 것이 정해진 규칙이었다. 일무를 출 때는 손에 무구라는 도구를 들고 춤을 추게 했는데, 문무를 출 때는 왼손에 '약'이라는 피리를 들고 오른손에 '적'이라는 꿩 깃털 장식물 … 한 사람당 2종의 무구를 들고 춤을 추었다. 한편 중국 역대 왕조는 무무를 거행할 때 창, 검, 궁시(활과 화살)를 들고 … 이에 비해 조선에서는 궁시를 무구로 쓰지 않았다. …한 사람당 검 하나씩만 잡고 춤을 추게 했으며, 뒤쪽의 세 줄에 선 사람들은 한 사람당 창 하나씩만 잡은 채 춤을 추게 했다.

Tip ④ 선지를 분류하여 판단한다.

해당 제시문의 내용은 크게 '팔일무/육일무' 부분과 '문무/무무' 부분으로 나눌 수 있다. 선지 또한 두 가지로 분류된다. 따라서 제시문을 읽고 선지를 판단하는 경우, 선지를 가볍게 훑으며 선지를 분류하고 연관되는 내용의 선지를 한꺼번에 판단하는 것이 효율적이다.

019 정답 ③

난이도 ●●○

문제유형 사실적 이해 > 정보 확인

접근전략 입자 배열 방식을 소재로 한 비문학 유형이다. 두 가지 기본 배열 방식과, 두 방식을 중첩한 응용 배열 방식까지 총 3종류의 배열 방식이 제시된다. ㄱ, ㄷ와 같이 방식들을 서로 비교하는 보기도, ㄴ과 같이 제시문을 응용하여 새로운 상황을 추론하는 보기도 수리적 사고를 요하기에 까다로운 문제이다. 이때, 지문을 읽으며 시각적으로 정보를 표시해둔다면 각 방식 간의 차이점을 파악하기 쉬워 정확하고 빠르게 문제를 풀 수 있다.

다음 글에서 추론할 수 있는 것만을 〈보기〉에서 모두 고르면?

(1) 물질을 구성하는 작은 입자들의 배열 상태는 어떻게 생겼을까? (2) 이것은 '부피를 최소화시키려면 입자들을 어떻게 배열해야 하는가?'의 문제와 관련이 있다. (3) 모든 입자들이 구형이라고 가정한다면 어떻게 쌓는다고 해도 사이에는 빈틈이 생긴다. (4) 문제는 이 빈틈을 최소한으로 줄여서 쌓인 공이 차지하는 부피를 최소화시키는 것이다. ▶ 1문단

(1) 이 문제를 해결하기 위해 케플러는 여러 가지 다양한 배열 방식에 대하여 그 효율성을 계산하는 방식으로 연구를 진행하였다. (2) 그가 제안했던 첫 번째 방법은 인접입방격자 방식이었다. (3) 이것은 수평면(제1층) 상에서 하나의 공이 여섯 개의 공과 접하도록 깔아 놓은 후, 움푹 들어간 곳마다 공을 얹어 제1층과 평행한 면 상에 제2층을 쌓는 방식이다. (4) 이 경우 제2층의 배열 상태는 제1층과 동일하지만 단지 전체적인 위치만 약간 이동하게 된다. (5) 이러한 방식의 효율성은 74 %이다. ▶ 2문단

(1) 다른 방법으로는 단순입방격자 방식이 있다. (2) 이것은 공을 바둑판의 격자 모양대로 쌓아가는 방식으로, 이 배열에서는 수평면 상에서 하나의 공이 네 개의 공과 접하도록 배치된다. (3) 그리고 제2층의 배열 상태를 제1층과 동일한 상태로 공의 중심이 같은 수직선 상에 놓이도록 배치한다. (4) 이 방식의 효율성은 53 %이다. (5) 이 밖에 6각형격자 방식이 있는데, 이것은 각각의 층을 인접입방격자 방식에 따라 배열한 뒤에 층을 쌓을 때는 단순입방격자 방식으로 쌓는 것이다. (6) 이 방식의 효율성은 60 %이다. ▶ 3문단

(1) 이러한 규칙적인 배열 방식에 대한 검토를 통해, 케플러는 인접입방격자 방식이 알려진 규칙적인 배열 중 가장 효율이 높은 방식임을 주장했다. ▶ 4문단

보기

ㄱ. 배열 방식 중에서 제1층만을 따지면 인접입방격자 방식의 효율성이 단순입방격자 방식보다 크다.
→ (O) 단순입방격자 방식은 제1층에서 하나의 공이 네 개의 공과 접하도록 배치되고[3문단(2)], 인접입방격자 방식은 제1층에서 하나의 공이 여섯 개의 공과 접하도록 배치된다.[2문단(3)] 따라서 제1층 기준으로는 인접입방격자 방식의 빈틈이 더 적어 효율성이 더 클 것이다.

ㄴ. 단순입방격자 방식에서 하나의 공에 접하는 공은 최대 6개이다.
→ (O) 단순입방격자 방식은 수평면 상에서 하나의 공이 네 개의 공과 접하도록 배치되며[3문단(2)] 위층의 공은 아래층의 공과 중심이 같은 수직선 상에 놓이도록 배치된다.[3문단(3)] 따라서 수평면 상에서 4개, 위층과 아래층에 각 한 개씩 최대 6개가 접할 수 있다.

ㄷ. 어느 층을 비교하더라도 단순입방격자 방식이 6각형격자 방식보다 효율성이 크다.
→ (X) 단순입방격자 방식은 수평면 상에서 하나의 공이 네 개의 공과 접하도록 배치되고[3문단(2)], 6각형격자 방식은 수평면 상에서 각 층을 인접입방격자 방식을 통해 배열한다.[3문단(5)] 그런데 인접입방격자 방식은 여섯 개의 공과 접하여 배치되므로[2문단(3)], 단순입방격자 방식보다 효율이 더 크다. 따라서 모든 층 기준으로 단순입방격자 방식의 효율이 더 크다고 볼 수 없으므로 해당 선지는 틀리다.

① ㄱ → (X)
② ㄷ → (X)
③ ㄱ, ㄴ → (O)
④ ㄴ, ㄷ → (X)
⑤ ㄱ, ㄴ, ㄷ → (X)

제시문 분석

제시문 다양한 입자 배열 방식들

〈입자들의 배열상태〉
부피를 최소화시키려면 입자들을 어떻게 배열해야 하는가?[1문단(2)]

〈입자 배열 방식들〉		
인접입방격자 방식	수평면	수평면(제1층) 상에서 하나의 공이 여섯 개의 공과 접하도록 깔아 놓는다.[2문단(3)]
	쌓기	그 후 움푹 들어간 곳마다 공을 얹어 제1층과 평행한 면 상에 제2층을 쌓는 방식이다. 이 경우 제2층의 배열 상태는 제1층과 동일하지만 단지 전체적인 위치만 약간 이동하게 된다.[2문단(4)]
	효율성	이러한 방식의 효율성은 74 %이다.[2문단(5)]
단순입방격자 방식	수평면	공을 바둑판의 격자 모양대로 쌓아가는 방식으로, 이 배열에서는 수평면 상에서 하나의 공이 네 개의 공과 접하도록 배치된다.[3문단(2)]
	쌓기	제2층의 배열 상태를 제1층과 동일한 상태로 공의 중심이 같은 수직선 상에 놓이도록 배치한다.[3문단(3)]
	효율성	이 방식의 효율성은 53 %이다.[3문단(4)]

6각형 격자 방식	수평면	각각의 층을 인접입방격자 방식에 따라 배열[3문단(5)]
	쌓기	단순입방격자 방식으로 쌓음[3문단(5)]
	효율성	이 방식의 효율성은 60 %이다[3문단(6)]

→ | 〈결론〉 | 케플러는 인접입방격자 방식이 알려진 규칙적인 배열 중 가장 효율이 높은 방식임을 주장했다.[4문단(1)] |
|---|---|

합격자의 실전 풀이 순서 비문학 유형

❶ 발문 읽기 및 문제 유형 파악

항상 발문을 먼저 제대로 읽자. 본 문제는 추론할 수 있는 것 고르는 유형의 문제이다. 추론할 수 있는 것을 고르는 문제는 알 수 있는 것을 고르는 문제와 같다. 해당 유형은 제시문 내용과 부합하거나 그로부터 추론 가능한 선지가 정답이 되며, 제시문 내용과 상충하거나 그로부터 추론할 수 없는 선지가 오답이 된다. 또한, 추론할 수 있는 것은 제시문 내용과 같은 방향의 선지를 고르는 문제이니 발문에 ○ 표시를 해두고 풀면 추론할 수 없는 것을 고르는 실수를 크게 줄일 수 있다.

❷ 제시문 독해

본 문제의 제시문은 구조가 명확하므로, 숫자를 활용하여 구조를 파악하며 읽어야 한다. 1문단의 경우 제시문의 제재인 '입자들의 배열 상태'를 소개하고 있고, 이하의 2문단과 3문단은 세 가지 입자의 배열 방식을 소개한다. 각 입자의 배열 방식을 소개할 때는 수평면상에서의 배열 방식과 2층의 배열 상태를 중점적으로 설명하고 있다. 따라서 각각의 배열 방식을 비교할 때도 위 두 가지 기준을 활용하게 된다. 또한, 비슷한 유형의 대상을 여러 개 소개할 때에는 숫자를 활용하는 것이 좋다. 예컨대, 인접입방격자 방식에 1, 그것의 수평면상에서의 배열 방식에 1-1, 그것의 2층의 배열 상태에 1-2를 표시한다. 이후로 단순입방격자 방식에 2, 그것의 수평면상에서의 배열 방식에 2-1, 그것의 2층의 배열 상태에 2-2를 표시한다. 마지막으로 6각형격자 방식에 3, 그것의 수평면상에서의 배열 방식에 1-1, 그것의 2층의 배열 상태에 2-2를 표시하면 세 가지 방식 간의 공통점과 차이점을 간단히 정리할 수 있다.

더불어 수평면상에서의 배열 방식의 경우 그림을 그려 시각적으로 이해할 수 있는 정보에 해당한다. 이처럼 시각적 이해가 필요한 경우 제시문 옆에 조그마한 그림을 빠르게 그려 제시문의 내용을 정확히 이해하는 것이 좋다.

❸ 보기 적용하기

본 문제의 보기들은 모두 추론형에 해당한다. 그중에서 보기 ㄱ, ㄷ은 방식 간의 비교가 테마이다. 보기 ㄴ은 특징적인 테마가 없이, 제시문을 이해한 것을 바탕으로 '하나의 공에 접하는 공의 최댓값'이라는 구체적인 상황을 추론하는 보기이다. 3개의 보기 모두 간단한 수리적 사고를 요하기에 난이도가 까다롭다. 그러나 제시문 독해 시 숫자와 그림을 활용했다면 어렵지 않게 선지를 판단할 수 있다.

보기 ㄱ의 경우 제시문 옆에 수평면상에서의 배열 방식을 그려봤다면 간단히 판단할 수 있다. 또한, 수평면상에서의 배열 방식이 1-1, 2층의 배열 상태가 2-2인 6각형격자 방식이, 수평면상에서의 배열 방식이 2-1, 2층의 배열 상태가 2-2인 단순입방격자 방식보다 효율적인 점인 고려한다면, 인접입방격자 방식의 수평면상에서의 배열 방식(1-1)이 단순입방격자 방식의 수평면상에서의 배열 방식(2-1)보다 효율적임을 추론할 수 있다.

보기 ㄴ은 수평면상에서의 배열 방식의 그림과 함께 위, 아래로 접하는 공을 고려했다면 간단히 풀 수 있는 선지였다.

보기 ㄷ의 경우 단순입방격자 방식과 6각형격자 방식의 수평면상에서의 배열 방식이 1-1로 동일하다는 것을 알면 간단히 해결할 수 있다.

합격자의 시간단축 Tip

Tip 비슷한 이름들에 주의하자.

유사한 이름이 등장해 수험생을 헷갈리게 만든다. 가장 뻔히 보이는 함정 중 하나지만, 여기에 보란 듯이 걸리지 않으려면 주의를 기울여야 한다.

가장 흔한 해결방법은 시각적인 표시다. 각 이름을 구분하는 포인트에 ○과 □ 같은 서로 다른 기호를 표시하는 것이다. 기호 외에도 1, 2, 1+2, 1-1과 같은 숫자를 활용할 수도 있다. 본 제시문과 같이 설명되는 대상이 3개 이상인 경우, 기호보다 숫자를 활용하여 대상들을 구분하는 것이 더 편리하다. 또한, 숫자를 활용할 경우 대상 간의 공통점과 차이점, 포함관계를 표기할 수 있다는 장점이 있다.

020 정답 ④ 난이도 ●●●

문제유형 제시문형 > 정보확인

접근전략 옳지 않은 것을 고르는 유형은 정답인 선지의 경우 본문 내용과 상충, 추론 근거 없음 또는 본문 내용과 관련 없는 내용으로 이루어져 있다. 반면, 오답인 선지의 경우 글의 내용과 일치 또는 글의 내용으로부터 추론 가능한 내용으로 이루어져 있다. 독해력에 자신이 있다면 한 문단씩 읽으며 풀어도 좋고, 아니라면 글부터 제대로 읽고 풀도록 한다.

다음 글을 근거로 판단할 때, 옳지 않은 것은?

(1) 훈민정음이란 우리말의 표기체계인 한글의 본래 이름이다. (2) 한글의 제자원리에 대해 훈민정음 〈제자해(制字解)〉에는 "정음 28자는 각각 그 모양을 본떠 만들었다."고 기술되어 있는데, 이것을 『주역』의 천지인(天地人) 삼재(三才)와 음양오행원리로 설명할 수 있다. (3) 즉 중성의 기본 모음자 'ㆍ'는 하늘의 둥근 모양을, 'ㅡ'는 땅의 평평한 모양을, 'ㅣ'는 사람이 서 있는 모양을 각각 본뜬 것이다. (4) 하늘과 땅이 한 번 더 분화하면 사계절 모음이 나온다. (5) 입안을 자연스레 오므리면 하늘 소리 'ㆍ'가, 입술을 둥글게 오므리면 겨울소리 'ㅗ'가 되고, 환하게 펴면 봄소리 'ㅏ'가 되니, 모두 양에 해당한다. (6) 땅소리 'ㅡ'를 쭉 내밀면 여름소리 'ㅜ'가 되고, 어둡게 하면 가을소리 'ㅓ'가 되니, 모두 음에 해당한다. (7) 음양오행 상으로 봄은 목, 여름은 화, 가을은 금, 겨울은 수이다. ▶1문단

(1) 자음 역시 오행설의 원리에 따라 만든 것이다. (2) 기본 자음을 각각 오행에 대입하였으며, 나머지 자음은 이 기본자에 획을 더하여 만든 것이다. (3) 오음(五音)은 오행의 상생순서에 따라 나온다. (4) 축축하고 둥근 목구멍에서 물소리[水] 'ㅇ'이 나오면 뒤이어 혀뿌리에서 힘찬 나무소리[木] 'ㄱ'이 나오고, 이어서 혓바닥을 나불대는 불소리[火] 'ㄴ'이 나오면, 입술이 합해져서 흙소리[土] 'ㅁ'이 된다. (5) 마지막으로 이빨에 부딪혀나는 쇳소리[金] 'ㅅ'이 된다. ▶2문단

① 기본 자음은 ㄱ, ㄴ, ㅁ, ㅅ, ㅇ이다.
→ (○) 2문단 첫째 줄에 따르면 기본 자음은 각각 오행에 대입하여 만들어졌다. 둘째 줄에 따르면 다섯 개 자음은 오행의 상생순서에 따라 나오는데, 나오는 자음 ㅇ, ㄱ, ㄴ, ㅁ, ㅅ이 기본 자음이다.

② 중성의 기본 모음자는 삼재에 근거하여 만든 것이다.
→ (○) 1문단 넷째 줄에 따르면 중성의 기본 모음자는 하늘의 둥근 모양, 땅의 평평한 모양, 사람이 서 있는 모양을 각각 본뜬 것이다. 셋째 줄에 따르면 하늘과 땅, 사람, 즉 천지인을 삼재라고 하므로, 중성의 기본 모음자는 삼재에 근거하여 만든 것이다.

③ 오행의 상생순서는 수 → 목 → 화 → 토 → 금이다.
→ (○) 2문단 셋째 줄에 따르면 오음은 오행의 상생순서에 따라 나오는데, 물소리(수)가 나오면 뒤이어 나무소리(목)이 나오고, 이어서 불소리(화)가 나오면 흙소리(토)가 되며 마지막으로 쇳소리(금)이 된다. 따라서 오행의 상생순서는 '수 → 목 → 화 → 토 → 금'이다.

④ 자음 ㅇ과 모음 ㅓ는 계절상으로 겨울에 해당한다.
→ (×) 1문단 일곱째 줄에 따르면 입술을 둥글게 오므리면 겨울소리 'ㅗ'가 된다. 한편 1문단 마지막 줄에 따르면 음양오행 상으로 겨울은 수인데, 2문단 셋째 줄에 따르면 축축하고 둥근 목구멍에서 나오는 물소리는 'ㅇ'이다. 따라서 계절상으로 겨울에 해당하는 것은 자음 'ㅇ'과 모음 'ㅗ'이다.

⑤ 한글 자음은 자음의 기본자와 그 기본자에 획을 더한 것으로 구성되어 있다.
→ (○) 2문단 첫째 줄에 따르면 자음도 오행설의 원리에 따라 만들었는데, 기본 자음은 각각 오행에 대입하였고 나머지 자음은 기본자에 획을 더하여 만든 것이다.

합격자의 실전 풀이 순서

❶ 발문 제대로 읽기 및 문제 유형 파악

항상 발문을 먼저 제대로 읽자. 옳지 않은 것을 고르는 문제이므로 본문 내용과 상충하거나 그로부터 추론할 수 없는 선지가 정답이 된다. 오답이 되는 선지는 보통 본문 내용과 일치하거나 그로부터 추론할 수 있는 선지가 된다. 또한, 옳지 않은 것을 고르는 것은 제시문과 반대의 내용의 선지를 고르라는 것이기 때문에 발문에 X 표시를 의식적으로 치고 문제를 풀면, 부합하는 것을 고르는 실수를 방지할 수 있다.

상황판단 영역에서 정보확인유형은 언어논리 영역보다 제시된 규칙을 빠르게 파악하여 이를 선지에 적용하는 문제가 자주 나온다. 따라서 제시문의 내용을 모두 외우려고 하기보다 제시문의 구조와 어디에서 어떤 규칙에 대한 설명이 있는지 위치를 파악하며 간단히 제시문을 읽는 것을 추천한다.

❷ 제시문 독해

제시문의 구조와 규칙 설명의 위치를 파악하며 본 제시문을 읽어보자. 1문단 (1)문장과 (2) 문장은 제시문의 제재인 훈민정음의 제자원리, 즉 글자를 만든 원리를 소개하고 있다. 1문단 (3)문장부터는 모음이 구체적으로 어떠한 원리를 통해 형성되었는지를 소개한다. 특히 (3)문장은 기본 모음자의 생성원리를, (4)문장 이하부터는 사계절 모음의 생성원리를 소개하고 있으므로 (3)문장 뒤에 빗금을 치고 각 설명영역을 구분하는 것이 좋다.

2문단은 자음이 만들어진 원리를 설명한다. 자음의 생성원리의 키워드인 2문단 (1)문장의 오행설, (3)문장의 오행의 상생순서에 ㅇ나 ㅁ같은 기호를 표시해둔다. 이러한 규칙들을 독해할 때에는 해당 규칙의 구체적 내용을 암기할 필요는 없다. 단지 선지를 해결하기 위해 제시문의 어느 부분을 독해해야 하는지 곧바로 알 수 있는 정도로 제시문의 구조를 파악해두는 정도면 충분하다.

❸ 선지 판단

제시문 독해를 바탕으로 선지를 검토한다. ①번 선지와 ⑤번 선지는 자음의 구성원리에 대한 내용이므로 2문단을 참고하여 정오를 판단한다.

②번 선지는 모음자 구성원리, 특히 기본 모음자에 대한 내용이므로 1문단 (3) 문장을 검토한다.

③번 선지는 단순히 자음과 모음이라는 키워드로 제시문에서 정보 위치를 찾을 수 없는 내용에 해당한다. 이 경우 오행의 상생순서를 키워드로 삼았다면 2문단 (3) 문장에서 해당 단어를 찾을 수 있었을 것이다. 이처럼 제시문을 독해 시 중요한 개념으로 생각되는 단어에는 기호를 표시해두고 선지 판단의 키워드로 삼는 것이 좋다.

④번 선지는 자음과 모음의 특징을 모두 파악해야 하는 내용에 해당한다. 이처럼 여러 개의 정보를 확인해야 하는 선지의 경우 뒤에서부터 내용을 판단하는 것이 좋다. 즉, ④번 선지의 경우 자음 ㅇ보다 모음 ㅓ를 먼저 확인한다. 1문단 (6)을 보면 모음 ㅓ가 가을 소리임을 확인할 수 있으므로 옳지 않은 선지에 해당함을 알 수 있다.

합격자의 시간단축 Tip

Tip ❶ 여러 정보를 확인해야 하는 선지에 대처

선지 ④번의 경우 자음과 모음을 모두 물어보는 선지로, 유일하게 1문단과 2문단 모두를 확인하여야 한다. 이렇게 여러 문단을 동시에 확인하여야 하는 선지의 정오 판단을 최대한 배제한다. 불가피하게 이러한 선지를 판단해야 할 때는 묻고 있는 정보를 뒤에서부터 확인한다. 예컨대 본 문제의 ④번 선지는 자음 ㅇ보다 모음 ㅓ를 먼저 확인한다.

Tip ❷ 구조와 정보의 위치를 파악하며 제시문 독해

상황판단 영역에서 정보확인유형은 언어논리 영역보다 제시문의 내용이 간단하고, 제시된 규칙을 빠르게 파악하여 이를 선지에 적용하는 문제가 자주 나온다. 따라서 제시문의 내용을 모두 외우려고 하기보다 제시문의 구조와 규칙에 대한 설명 위치를 파악하며 간단히 제시문을 읽는 것을 추천한다. 제시문의 구체적인 내용은 해당 내용에 대한 선지가 나왔을 때 이를 판단하는 과정에서 확인하면 충분하다.

021 정답 ④

난이도 ●●○

문제유형 비판적 사고 > 빈칸 채우기

접근전략 빈칸 채우기 문제의 경우 빈칸의 문제가 여러 개 있는 유형이라고 생각하면 이해하기가 쉽다. 다만 차이점이 있다면 빈칸이 하나 있는 경우, 빈칸이 글 전체를 요약하는 경우가 많지만 빈칸이 여러 개인 경우 빈칸이 지문의 일부 내용을 요약 혹은 보충한다는 것이다. 이 경우에는 글 전체의 내용을 파악하고 빈칸 주변을 정독하는 것을 접근 전략으로 삼는다.
하지만 빈칸이 여러 개가 존재하는 경우, 대체로 세부적인 내용을 조합하는 형식으로 문제가 출제된다. 이 경우에는 대응시켜야 하는 요소를 먼저 읽은 뒤, 각 빈칸의 앞뒤를 세부적으로 살피고 핵심 요소와 빈칸 앞뒤를 대응시키는 방식으로 문제에 접근할 수 있다.

다음 글의 ㉠~㉢에 들어갈 일반 원칙을 바르게 나열한 것은?

(1) 우리가 하는 주장 가운데 어떤 것은 도덕적 주장이고 어떤 것은 도덕과 무관한 주장이다. (2) 가령 아래의 (1)은 도덕적 주장인 반면 (2)는 도덕과 무관한 주장이라는 데 모두 동의할 것이다.

(1) 갑은 선한 사람이다.
(2) 을은 병을 싫어한다.

(3) 이런 종류의 주장과 관련한 일반 원칙으로 우리가 다음 세 가지를 받아들인다고 하자.
(4) A: 어떤 주장이 도덕적 주장이라면, 그 주장의 부정도 도덕적 주장이다.
(5) B: 어떤 주장이 도덕과 무관한 주장이라면, 그 주장의 부정도 도덕과 무관한 주장이다.
(6) C: 도덕과 무관한 주장으로부터 도출된 것은 모두 도덕과 무관한 주장이다.
(7) 나아가 어떠한 주장이든지 그것은 도덕적 주장이거나 도덕과 무관한 주장이라고 해보자. 이때 우리는 다음의 (3)이 도덕적 주장이라는 것을 증명할 수 있다.

(3) 갑은 선한 사람이거나 을은 병을 싫어한다.

(8) 이를 위해 먼저 (3)이 도덕과 무관한 주장이라고 가정해보자. 우리는 이런 가정이 모순을 초래한다는 사실을 보일 것이다. (9) (3)이 도덕과 무관한 주장이므로 일반 원칙 [㉠]에 따라 우리는 다음의 (4)도 도덕과 무관한 주장이라고 해야 한다.

(4) 갑은 선한 사람이 아니고 을은 병을 싫어하지 않는다.

(10) (4)가 도덕과 무관한 주장이므로 일반 원칙 [㉡]에 따라 우리는 (4)로부터 도출되는 다음의 (5)도 도덕과 무관한 주장이라고 해야 한다.

(5) 갑은 선한 사람이 아니다.

(11) 하지만 우리는 애초에 (1)이 도덕적 주장이라는 점을 받아들였다. (12) 그러므로 일반 원칙 [㉢]에 따라 우리는 (1)을 부정한 것인 (5)가 도덕적 주장이라고 해야 한다. (13) 마침내 우리는 (5)가 도덕과 무관한 주장이면서 또한 도덕적 주장이라는 모순된 결과에 다다르게 되었다. (14) (3)이 도덕과 무관한 주장이라는 가정은 이처럼 모순을 초래하므로, 결국 우리는 (3)이 도덕적 주장이라고 결론 내려야 한다.

	㉠	㉡	㉢
①	A	B	C → (×)
②	A	C	B → (×)
③	B	A	C → (×)
④	B	C	A
⑤	C	B	A → (×)

→ (O) ㉠의 앞뒤 문장을 종합하면 (4)는 (3)을 부정하는 문장이라는 것을 알 수 있고, (3)이 도덕과 무관한 문장이므로 (4) 또한 도덕과 무관한 문장이라는 결론이 도출된다. 따라서 이는 일반 원칙 B에 따른 것이므로 ㉠에는 B가 들어가야 한다. ㉡의 앞뒤 문장을 종합하면 (5)가 (4)로부터 도출된 문장이라는 것을 알 수 있고, (4)가 도덕과 무관한 문장이므로 (5) 또한 도덕과 무관한 주장이라는 결론이 도출된다. 따라서 이는 일반 원칙 C에 따른 것이므로 ㉡에는 C가 들어가야 한다. 마지막으로, ㉢의 앞뒤 문장을 종합하면 (1)을 부정한 것인 (5)가 도덕적 주장이라고 보아야 한다고 했으므로, 이는 일반 원칙 A에 의한 것임을 알 수 있다. 따라서 ㉢에는 A가 들어가야 한다.

제시문 분석

제시문 도덕적 주장, 도덕과 무관한 주장

〈도덕적 주장〉	↔	〈도덕과 무관한 주장〉
갑은 선한 사람이다.(2)		을은 병을 싫어한다.(2)

〈일반 원칙 세 가지〉	
〈A〉	어떤 주장이 도덕적 주장이라면, 그 주장의 부정도 도덕적 주장이다.(4)
〈B〉	어떤 주장이 도덕과 무관한 주장이라면, 그 주장의 부정도 도덕과 무관한 주장이다.(5)
〈C〉	도덕과 무관한 주장으로부터 도출된 것은 모두 도덕과 무관한 주장이다.(6)

제시문 도덕적 주장 증명 과정

〈문장 (3)〉
갑은 선한 사람이거나 을은 병을 싫어한다.(7)

〈가정〉	→	〈문장 (4)〉	→	〈문장 (5)〉
(3)은 도덕과 무관한 주장이다.(8)	→	(4) "갑은 선한 사람이 아니고 을은 병을 싫어하지 않는다." 또한, 일반 원칙 B에 따라 도덕과 무관한 문장이 된다.(9)	→	(5) "갑은 선한 사람이 아니다." 또한 일반 원칙 C에 따라 도덕과 무관한 주장이라고 해야 한다.(10)

→

〈결론〉	(3)이 도덕과 무관한 주장이라는 가정은 (5)가 도덕과 무관한 주장이면서 또한 도덕적 주장이라는 모순된 결과를 초래하므로, 결국 (3)이 도덕적 주장이라고 결론내려야 한다.(13),(14)

합격자의 실전 풀이 순서

❶ 선지를 통해 대응 문제임을 파악한다.

선지를 통해 ㄱ~ㄷ과 A~C를 대응시켜야 함을 인지한다. 이에 A~C를 먼저 읽고 ㄱ~ㄷ을 볼 것이라는 계획을 세운다.

❷ A~C를 살펴본다.

A~C를 통해 원칙의 내용을 파악한다. 이때, 원칙을 꼼꼼하게 정독하거나 완벽하게 이해할 필요는 없다. 대응 문제는 결국 빈칸의 맥락이 어떻게 되냐에 따라 다르게 접근해야 하기 때문이다. 따라서 A~C를 암기하더라도 결국은 내용을 다시 확인하게 되므로, 시간 단축을 위해 A~C는 가볍게 읽도록 한다.

❸ 빈칸 주변을 하나씩 정독하면서 대응시킨다.

빈칸 주변의 내용을 정독하면서 A~C를 대응시킨다. 해당 지문의 경우 A~C는 원칙이고 ㄱ~ㄷ은 사례와 같은 구성으로 이루어져 있다. 이때 사례를 일반화한다고 생각하며 구조를 비교하고 각 원칙과 사례를 대응시킨다.

❹ 오지선다를 사용해 답을 소거해나간다.

대응 문제의 경우 오지선다를 적극적으로 활용하면 답을 도출하기 쉽다. 예를 들어 ㄱ에서 B를 도출했다면 선지에서 ③번과 ④번을 남기고 나머지를 소거한다.

합격자의 시간단축 Tip

Tip ❶ 세부적인 내용에 집중한다.

그전 내용 일치와 여타 문제들은 포괄적으로 글을 읽으며 글의 전반적인 내용을 파악하는 데 중심을 두었다. 하지만 여러 개의 빈칸 대응이나 사례 대응 문제의 경우 글의 전반적인 내용보다는 대응의 대상이 되는 세부적 내용에 집중하여 글을 읽는 것이 좋다.

Tip ❷ 오지선다를 잘 활용한다.

대응 문제의 경우 오지선다를 사용해 즉각적으로 답을 소거하며 문제를 풀도록 한다. 물론 정답을 다 구하고 오지선다에서 찾을 수도 있지만, 만약 오지선다의 소거가 힌트가 되거나 오지선다를 활용함으로써 확인해야 하는 정보들이 있을 수도 있다. 조금이라도 시간이 단축될 가능성이 있으니 매칭 문제의 경우 오지선다를 잘 활용하며 문제를 해결하자.

지문의 경우 각 이론 중에서 두 번 들어가는 기호는 없다는 점을 활용하면 소거하기 유리하다.

Tip ❸ 빈칸 문제의 근거 범위 확정

빈칸 문제가 등장했을 시 어떤 부분을 근거로 삼을지 기준을 미리 잡아 두면 문제풀이가 훨씬 수월하고 빨라진다. 보통 빈칸 문제의 근거는 빈칸이 포함된 문장, 앞뒤 문장, 빈칸이 포함된 주제문을 근거로 삼을 수 있다. 여기서 직접적인 근거를 못 얻더라도 최소한 근거를 얻을 실마리는 얻을 수 있으니 이들부터 먼저 참고해서 풀자.

Tip ❹ 이론 간에 무슨 차이가 있는지 보고, 각 괄호에 다른 것을 넣었을 때 결론이 어떻게 나오는지 고민해본다.

특히 지문은 논리학적 지문이므로 논리기호를 직접 넣었을 때 상호 모순이 생기는 지점을 파악하는 것이 필요하다.

022 정답 ❸ 난이도 ●●●

문제유형 이해 > 내용 파악

접근전략 정보확인 유형이지만 정보가 이곳저곳에 흩어져 있어 난이도가 매우 높은 문제다. 어떤 선지는 문단 세 개를 동시에 보아야 하므로 시간 소모가 만만치 않다. 따라서 본인의 명확한 기준을 잡고 독해하며, 지문을 여러 번 읽는 것에 두려움이 없어야 하는 문제라 할 수 있다. 이때, 지문의 곳곳의 정보를 복합적으로 활용해야 하므로 사당의 이름처럼 정보를 비교적 쉽게 찾아 돌아갈 지표를 표시해두면 좋다. 제시문 독해 시 필요한 정보의 위치를 표시해둔다. 또한, 선지를 끊어서 판단함으로써 실수를 줄이도록 한다.

다음 글에서 알 수 있는 것은?

(1) 조선 시대에는 국왕의 부모에 대한 제사를 국가의례로 거행했다. (2) 하지만 국왕의 생모가 후궁이라면, 아무리 왕을 낳았다고 해도 그에 대한 제사를 국가의례로 간주하지 않는 것이 원칙이었다. (3) 그런데 이 원칙은 영조 때부터 무너지기 시작했다. (4) 영조는 왕이 된 후에 자신의 생모인 숙빈 최씨를 위해 육상궁이라는 사당을 세웠다. (5) 또 국가의례에 관한 규례가 담긴 『국조속오례의』를 편찬할 때, 육상궁에 대한 제사를 국가의례로 삼아 그 책 안에 수록해 두었다. (6) 영조는 선조의 후궁이자, 추존왕 원종을 낳은 인빈 김씨의 사당도 매년 방문했다. (7) 이 사당의 이름은 저경궁이다. (8) 원종은 인조의 생부로서, 아들 인조가 국왕이 되었으므로 사후에 왕으로 추존된 인물이다. (9) 한편 영조의 선왕이자 이복형인 경종도 그 생모 희빈 장씨를 위해 대빈궁이라는 사당을 세웠지만, 영조는 단 한 번도 대빈궁을 방문하지 않았다. ▶1문단

(1) 영조의 뒤를 이은 국왕 정조는 효장세자의 생모인 정빈 이씨의 사당을 만들어 연호궁이라 불렀다. (2) 잘 알려진 바와 같이 정조는 사도세자의 아들이다. (3) 그런데 영조는 아들인 사도세자를 죽인 후, 오래전 사망한 자기 아들인 효장세자를 정조의 부친으로 삼겠다고 공표했다. (4) 이런 연유로 정조는 정빈 이씨를 조모로 대우하고 연호궁에서 매년 제사를 지냈다. (5) 정조는 연호궁 외에도 사도세자의 생모인 영빈 이씨의 사당도 세워 선희궁이라는 이름을 붙이고 제사를 지냈다. (6) 정조의 아들로서, 그 뒤를 이어 왕이 된 순조 역시 자신의 생모인 수빈 박씨를 위해 경우궁이라는 사당을 세워 제사를 지냈다. ▶2문단

(1) 이처럼 후궁의 사당이 늘어났으나 그 위치가 제각각이어서 관리하기가 어려웠다. (2) 이에 순종은 1908년에 대빈궁, 연호궁, 선희궁, 저경궁, 경우궁을 육상궁 경내로 모두 옮겨 놓고 제사를 지내게 했다. (3) 1910년에 일본이 대한제국의 국권을 강탈했으나, 이 사당들에 대한 제사는 유지되었다. (4) 일제 강점기에는 고종의 후궁이자 영친왕 생모인 엄씨의 사당 덕안궁도 세워졌는데, 이것도 육상궁 경내에 자리 잡게 되었다. (5) 이로써 육상궁 경내에는 육상궁을 포함해 후궁을 모신 사당이 모두 7개에 이르게 되었으며, 이때부터 그곳을 칠궁이라 부르게 되었다. ▶3문단

① 경종은 선희궁과 연호궁에서 거행되는 제사에 매년 참석했다.
→ (×) 효장세자의 생모인 정빈 이씨와 사도세자의 생모인 영민 이씨의 사당인 연호궁과 선희궁에서 거행되는 제사에 매년 참석한 것은 경종이 아니라 정조이다.[2문단(4),(5)]

② 『국조속오례의』가 편찬될 때 대빈궁, 연호궁, 선희궁, 경우궁에 대한 제사가 국가의례에 처음 포함되었다.
→ (×) 『국조속오례의』가 편찬될 때는 영조 때로[1문단(4),(5)], 육상궁에 대한 제사만 국가의례에 처음 포함되었다.[1문단(5)] 대빈궁은 영조의 선왕이자 이복형인 경종이 세운 사당이지만 영조는 단 한 번도 방문하지 않았고[1문단(9)], 연호궁, 선희궁, 경우궁은 영조 이후에 지어진 사당이므로 『국조속오례의』가 편찬될 당시 포함되지 않았다.[2문단(4),(5),(6)]

③ 영빈 이씨는 영조의 후궁이었던 사람이며, 수빈 박씨는 정조의 후궁이었다.
→ (O) 영빈 이씨는 영조의 아들인 사도세자의 친모이며[2문단(5)], 수빈 박씨는 정조의 아들인 순조의 생모이다.[2문단(6)] 또한, 제시문에서는 이들을 모시는 사당이 후궁의 사당이라 하였으므로[3문단(1)] 영빈 이씨와 수빈 박씨도 후궁이었다고 할 수 있다.

④ 고종이 대빈궁, 연호궁, 선희궁, 저경궁, 경우궁을 육상궁 경내로 이전해 놓음에 따라 육상궁은 칠궁으로 불리게 되었다.

➜ (×) 대빈궁, 연호궁, 선희궁, 저경궁, 경우궁을 육상궁 경내로 이전해 놓은 사람은 고종이 아니라 순종이다.[3문단(2)] 또한, 고종의 후궁 엄씨의 사당인 덕안궁이 육상궁 경내로 이전한 뒤 칠궁이라 불리게 되었다.[3문단(4),(5)]

⑤ 조선 국왕으로 즉위해 실제로 나라를 다스린 인물의 생모에 해당하는 후궁으로서 일제 강점기 때 칠궁에 모셔져 있던 사람은 모두 5명이었다.

➜ (×) 조선 국왕으로 즉위해 실제로 나라를 다스린 인물의 생모에 해당하는 후궁은, 영조의 생모인 숙빈 최씨를 모시는 육상궁[1문단(4)], 경종의 생모인 희빈 장씨를 모시는 대빈궁[1문단(9)], 순조의 생모인 수빈 박씨를 모시는 경우궁뿐이다.[2문단(6)] 따라서 조선 국왕으로 즉위해 실제로 나라를 다스린 인물의 생모에 해당하는 후궁으로서 일제 강점기 때 칠궁에 모셔져 있던 사람은 모두 3명이었다.

제시문 분석

1문단 국가의례 원칙과 붕괴

〈국가의례 원칙〉		〈원칙의 붕괴〉
국왕의 생모가 후궁이라면, 아무리 왕을 낳았다고 해서 그에 대한 제사를 국가 의례로 간주하지 않는 것이 원칙이었다.(2)	➜	이 원칙은 영조 때부터 무너지기 시작했다.(3)

〈영조의 행보〉				
〈육상궁〉		〈저경궁〉		〈대빈궁〉
영조는 자신의 생모인 숙빈 최씨를 위해 육상궁이라는 사당을 세우고, 『국조속오례의』에 육상궁의 제사를 국가의례로 포함시켰다.(4),(5)	⊕	영조는 선조의 후궁이자, 추존왕 원종을 낳은 인빈 김씨의 사당도 매년 방문했다.(6)	⊕	영조의 선왕이자 이복형인 경종도 그 생모 희빈 장씨를 위해 대빈궁이라는 사당을 세웠지만, 영조는 단 한 번도 대빈궁을 방문하지 않았다.(9)

2문단 국가의례 예외 사례

〈연호궁〉		〈선희궁〉		〈경우궁〉
정조는 효장세자의 친모인 정빈 이씨를 양조모로 대우하여 연호궁을 짓고 제사를 지냈다.(1),(4)	⊕	정조는 사도세자의 생모인 영빈이씨의 사당 선희궁을 세워 제사를 지냈다.(5)	⊕	정조의 아들인 순조는 자신의 생모인 수빈 박씨를 위해 경우궁을 짓고 제사를 지냈다.(6)

3문단 칠궁의 건립 과정

〈1908년〉		〈1910년〉		〈일제 강점기〉
순종은 1908년에 대빈궁, 연호궁, 선희궁, 저경궁, 경우궁을 육상궁 경내로 모두 옮겨 놓고 제사를 지내게 했다.(2)	➜	1910년에 일본이 대한제국의 국권을 강탈했으나, 이 사당들에 대한 제사는 유지되었다.(3)	➜	일제 강점기에는 고종의 후궁이자 영친왕 생모인 엄씨의 사당 덕안궁도 세워졌는데, 이것도 육상궁 경내에 자리잡게 되었다.(4)

➜	〈칠궁〉	이로써 육상궁 경내에는 육상궁을 포함해 후궁을 모신 사당이 모두 7개에 이르게 되었으며, 이때부터 그곳을 칠궁이라 부르게 되었다.(5)

합격자의 실전 풀이 순서

발문 확인

지문의 분야 및 소재를 파악하기 위해 제시문을 가볍게 훑어본 후, 발문을 확인한다. 알 수 있는 것을 고르는 정보확인 문제는 난이도가 낮은 경우가 많으나 익숙하지 않으면 글의 핵심 내용만을 기억하는 경우가 많으므로 주의해야 한다. 출제자는 선지에 핵심 내용만 묻지 않으며, 심한 경우 지문 전체가 특별한 핵심 없이 정보들의 나열로 구성되는 경우도 있다. 따라서 제시문 속 객관적인 정보를 잘 확인하는 것이 중요하다. 발문에서는 ○ 표시를 해두어 문제를 풀 때 헷갈리지 않게 한다.

선지를 먼저 읽는 경우

(1) 선지 키워드 표시

선지를 먼저 보고 지문을 보는 경우 선지에서 일부만 추출해서 기억해야 한다. 이때 스스로 맥락을 만들 수 있도록 묶는 것이 좋다. 이 지문에선 궁과 왕의 이름이 등장하므로 이를 키워드로 삼는다. 예시는 다음과 같다.

① 경종, 선희궁, 연호궁
② 『국조속오례의』, 국가의례에 포함
③ 영정조 시대, 영빈 이씨, 수빈 박씨
④ 고종 시대, 육상궁 경내 이전, 칠궁
⑤ 지문 전체 흐름, 후궁, 칠궁, 5명

이때, 후궁 이름이나 궁의 명칭을 기억하기 힘들다면 왕과 궁, 제사만 기억해도 좋다. 중요한 것은 선지의 소재를 지나치게 상세하게 잡지 않고 지문의 방향성만을 잡는 것이다. 선지에서 키워드를 잡았다면 이제 그 키워드 위주로 표시하면서 읽는다. 만약 키워드가 너무 많다면 일부만 표시해도 좋다. 그러면 선지를 판단할 수가 없다고 걱정하는 수험생이 있을지도 모른다.

그러나 오히려 그 반대다. 만약 일부만 표시하고 일부 선지를 풀었다면, 그다음에는 다른 선지를 표시 없는 곳을 보면서 풀 차례가 온다. 즉, 두 번에 나눠서 푼다고 마음 편하게 생각하자.

(2) 제시문 독해 및 선지 판단

1문단에서 영조 대부터 후궁에 대한 제사도 국가의례로 간주하였음을 알 수 있다. 1문단은 모두 영조를 중심으로 정보가 제시된다. 영조와 각 사당의 이름을 중심으로 정보를 표시해두고 해결 가능한 선지를 판단한다. ①의 '경종'이 1문단에 등장하기는 하지만 제사 참석 여부에 관한 정보는 없다. 이하 문단에 등장할 수도 있으므로 ①에 대한 판단은 보류한다. ②의 『국조속오례의』도 1문단에 등장한다. 그러나 '육상궁' 외의 정보는 알 수 없다. 해당 키워드의 경우 꺾쇠 표시(『』)가 눈에 띄므로 2, 3문단에 해당 내용이 있는지 눈으로 확인한다. 없으므로 옳지 않다고 판단할 수 있다.

2문단은 '정조'를 중심으로 내용이 전개된다. 마지막 문장은 '순조'가 주어이다. 2문단 역시 사당을 중심으로 표시하며 읽는다. ③의 '영빈 이씨'는 효장세자의 생모로, 효장세자는 영조의 아들이다. '수빈 박씨'는 '순조'의 생모로, 순조는 정조의 아들이다. 이때 이들이 '후궁'인지를 확인해야 하는데, 이들이 후궁임은 3문단 첫 문장에서 확실히 알 수 있다. 정답은 ③이다.

해당 문제의 경우 선지의 정오판단에 시간이 오래 걸리기 때문에 실전에서는 정답 선지를 찾았다면 오답 선지의 근거는 찾지 않고 넘긴다.

지문을 먼저 읽는 경우

(1) 제시문 독해

여기선 지문을 먼저 읽는 경우의 독해요령을 소개한다. 다만 지문의 전체적인 얼개 및 독해의 방향을 소개하므로 2번과 호환이 안 되는 것은 아니다.

1문단에서는 초두에 중심 내용이 들어있지 않고 (3)에 가서야 중심내용이 드러난다. 즉, 문단의 처음과 끝만 읽어서는 핵심을 파악할 수 없는 것이다. 이렇게 중심 내용을 숨기는 기법은 특히 1문단에서 두드러지므로 독자는 나머지 문단보다 1문단을 읽기가 더 부담스러울 수밖에 없다.

그렇다면 어떻게 중심내용을 파악할 수 있는가? 왜 (1)이나 (2)는 중심내용이 될 수 없는가? 이 단계에서 선지를 먼저 보는 것이 정답이라고 생각을 바꾸는 독자들이 있을지 모른다. 그러나 반드시 그게 정답은 아니다. 의외로 답은 쉬운 곳에 있다. 바로 '문단의 길이'다. 문단의 길이가 길면 절대 소재가 하나에 한정되지 않는다. 즉, (1)이나 (2)의 내용은 문단에서 일부에 불과하다. 따라서 처음에 나온다고 중심내용이 될 수 없는 것이다.

다만 (3)도 읽을 때는 중심내용이 아닐 수 있음에 유의하며, '국조속오례의'나 '경종' 등에 마킹하도록 한다.

독해를 하면서 두 번째로 궁금해할 것은, 왕/후궁/사당을 어떻게 표시해야 하는지다. 언제 세워졌는지, 누구의 생모인지, 누구의 후궁인지, 심지어 후궁의 이름이 무엇인지 모두가 정보가 된다. 그래서 이 문제가 어렵다. 그렇기에 수험생은 두 가지 경로 중에 하나만 택해야 한다. 선택과 집중이 중요해지는 것이다. 글의 모든 내용을 담아가려고 하지 말고, 선지를 봤을 때 다시 올라와서 읽을 각오를 해야 한다. 어차피 모든 내용을 기억하려 하면 선지를 못 푸는 것은 매한가지기 때문이다.

여기서 두 가지 경로란, 하나는 <u>1)궁전이 누구와 관련되는지 싹모두 표시해가면서 읽는 것</u>이다. 예컨대 저경궁이란 인빈 김씨, 선조, 원종, 인조와 관련된다. 이때 왕은 항렬순으로 적는 것이 좋다. 이때 "누구의 생모인지, 누가 세웠는지"는 과감히 생략한다. 나중에 다시 보아야 한다. (선지를 통해 확인해야 한다고 말할 수도 있으나, 어차피 선지에 표시한 부분이 나온다는 보장이 없으므로 소용없다.)

또 하나는 <u>2)궁을 세운 왕을 중심으로 표시하는 것</u>이다. 예컨대 정조는 정빈 이씨와 영빈 이씨의 사당을 세웠다. 각각의 궁 이름에도 표기하고, 그 관계가 무엇인지 간략하게 표시한다. 이때, 마찬가지로 이들이 "정조와 무슨 관계가 있었는지"는 표시하지 않는다. 왜냐면 그때부터 기억해야 할 것이 많아지기 때문이다. 오로지 왕이 무엇을 지었는지만 알아두면서, 나머지는 관련 내용으로 둔다.

이렇게 정보를 생략해가면서 읽으면 선지에 와서 해당 부분만을 찾아서 독해하는 것이 가능하다.

(2) 선지 판단

이런 복잡한 문제에서 정답 선지를 판단하는 요령이 있다. 바로 '단일 시간대'에 이뤄진 선지부터 보는 것이다. 시간의 흐름이 있다는 것은 필연적으로 지문을 여러 군데 본다는 뜻이기 때문이다. 그렇다고 ①번 선지처럼 매년 참석했다는 말이 흐름을 나타내는 것이 아니라, 왕이 바뀌거나, 어떤 사건이 일어나거나(예컨대 국조속오례의 편찬) 하는 선지는 전후의 흐름을 나타내는 말이므로 그런 선지를 후순위로 본다. 이런 관점에 따라 ①, ④번 선지가 시간대가 짧고, ②, ③번 선지가 그 다음이며, ⑤번 선지가 마지막이 된다. 이 경우 주로 ②, ③번 선지에서 정답이 나오는 경우가 가장 많지만 절대적인 것은 아니므로, 간단한 순서대로 확인한다.

합격자의 시간단축 Tip

Tip ❶ 필요한 정보에 찾기 쉽게 표시한다.

여기서 필요하다는 것은 정답에 직결될 만한 것이 아니다. 오히려 가능한 한 넓은 범위에 표기하여, 선지의 어떤 부분을 읽더라도 바로 그 주소를 찾을 정도가 되어야 한다. 즉, 충분조건이 아니라 필요조건에 표시해야 한다. 정보에 표시를 하는 것은 목표하는 내용을 쉽게 찾기 위함이다. 고득점자들의 시험지를 보면 자료해석은 고득점자일수록 깔끔하나 언어논리는 고득점자일수록 지저분하다. 특히 해당 제시문은 국왕, 생모, 후궁, 사당이 혼합되어 나오기 때문에 이들을 구분하여 표시할 수 있어야 한다. 또한, 선지판단 시 복합적인 정보를 물으므로 각 요소 간 매칭까지 시켜줄 필요가 있다. 이를 위해서 화살표, 동그라미, 네모, 괄호 등 다양한 요소를 이용해 보자. 이때 주의해야 할 것은 화살표를 절대 방향을 맞춰서 하지 말라는 것이다. 중요한 것은 "다른 영역과 구분"하는 것이지 그 묶음 자체의 의미가 아니다.

Tip ❷ 지문의 구조를 파악한다.

지문은 1문단은 영조 및 선왕인 경종, 2문단은 정조 및 순조, 3문단은 순종 및 일제 강점기로 구성되어 시대의 흐름 순으로 전개된다. 이를 파악하면 선지를 읽고 원하는 정보를 찾는 데에 도움이 된다.

Tip ❸ 간단한 선지부터 판단한다.

실전 풀이순서에서 언급한 단일 시간대 뿐 아니라, 선지의 길이도 '간단'의 기준이 된다. 두 가지 정보의 확인보다 나열된 명사의 일치 여부를 확인하는 것이 더 오래 걸린다면 정보량이 적은 ①, ③과 같은 선지를 먼저 판단하는 것도 좋을 것이다.

023 정답 ❹ 난이도 ●○○

문제유형 이해 > 내용 파악

접근전략 이 문제의 지문은 한국어가 어디서 유래했느냐를 다루는 것이다. 소재는 특별할 것이 없으나 지문의 전개방식은 기억해둘 필요가 있다. 이런 전개 방식을 "동향(動向) 파악"이라고 하는데 PSAT에는 주로 학술적인 내용이 많이 등장한다. NCS에 응용된다면 '제도(규칙)의 변화' 혹은 '비전의 변화', '조직구조의 변화' 등 다른 지문으로 출제될 가능성이 있으므로 "변화의 배경(=기존의 한계)", "방안의 제시", "현재 효과", "집단 간 대립" 등에 초점을 맞춰보는 연습을 하자. 전형적으로 전개되는 훌륭한 지문이다.

다음 글의 내용과 부합하지 않는 것은?

(1) 한국어 계통 연구 분야에서 널리 알려진 학설인 한국어의 알타이어족설은 한국어가 알타이 어군인 튀르크어, 몽고어, 만주·퉁구스어와 함께 알타이어족에 속한다는 것이다. (2) 이 학설은 알타이 어군과 한국어 간에는 모음조화, 어두 자음군의 제약, 관계 대명사와 접속사의 부재 등에서 공통점이 있다는 비교언어학 분석에 근거하고 있다. (3) 하지만 기초 어휘와 음운 대응의 규칙성에서는 세 어군과 한국어 간에 차이가 있어 이 학설의 비교언어학적 근거는 한계를 가지고 있다. (4) 이 때문에, 한국어의 알타이어족설은 알타이 어군과 한국어 사이의 친족 관계 및 공통 조상어로부터의 분화 과정을 설명하기 어렵다. ▶ 1문단

(1) 최근 한국어 계통 연구는 비교언어학 분석과 더불어, 한민족 형성 과정에 대한 유전학적 연구, 한반도에 공존했던 여러 유형의 건국 신화와 관련된 인류학적 연구를 이용하고 있다. (2) 가령, 우리 민족의 유전 형질에는 북방계와 남방계의 특성이 모두 존재한다는 점과 북방계의 천손 신화와 남방계의 난생 신화가 한반도에서 모두 발견된다는 점은 한국어가 북방적 요소와 남방적 요소를 함께 지니고 있음을 시사해준다. (3) 이런 연구들은 한국어 자료가 근본적으로 부족한 상황에서 비롯된 문제점을 극복하여 한국어의 조상어를 밝히는 데 일정한 실마리를 던져준다. ➲ 2문단

(1) 하지만 선사 시대의 한국어와 친족 관계를 맺고 있는 모든 어군들을 알 수는 없으며, 있다고 하더라도 그들과 한국어의 공통 조상어를 밝히기란 쉽지 않다. (2) 지금까지의 연구에 따르면, 고대에는 고구려어, 백제어, 신라어로 나뉘어 있었다. 하지만 이들 세 언어가 서로 다른 언어인지, 아니면 방언적 차이만을 지닌 하나의 언어인지에 대해서는 이견이 있다. (3) 고구려어가 원시 부여어에 소급되는 것과 달리 백제어와 신라어는 모두 원시 한어(韓語)로부터 왔다는 것은 이들 언어의 차이가 방언적 차이 이상이었음을 보여 준다. (4) 이들 세 언어가 고려의 건국으로 하나의 한국어인 중세 국어로 수렴되었다는 것에 대해서는 남한과 북한의 학계가 대립된 입장을 보이지 않지만, 중세 국어가 신라어와 고구려어 중 어떤 언어로부터 분화된 것인지와 관련해서는 두 학계의 입장은 대립된다. (5) 한편, 중세 국어가 조선 시대를 거쳐 근대 한국어로 변모하여 오늘날 우리가 사용하는 현대 한국어가 되는 과정에 대해서는 두 학계의 견해가 일치한다. ➲ 3문단

① **비교언어학적 근거의 한계로 인해 한국어의 알타이어족설은 알타이 어군과 한국어 간의 친족 관계를 설명하기 어렵다.**
➜ (○) 한국어 알타이어족설의 비교언어학적 근거는 한계를 가지고 있기 때문에[1문단(3)], 해당 학설은 알타이 어군과 한국어 간의 친족 관계를 설명하기 어렵다.[1문단(4)]

② **한반도의 천손 신화에 대한 인류학적 연구는 한국어에 북방적 요소가 있음을 시사한다.**
➜ (○) 북방계의 천손 신화와 남방계의 난생 신화가 한반도에서 모두 발견된다는 점은 한국어가 북방적 요소와 남방적 요소를 함께 지니고 있음을 시사해준다.[2문단(2)]

③ **최근 한국어 계통 연구는 부족한 한국어 자료를 보완하기 위해 한민족의 유전 형질에 대한 정보와 한반도에 공존한 건국 신화들을 이용한다.**
➜ (○) 최근 한국어 계통 연구는 비교언어학 분석과 더불어, 한민족 형성 과정에 대한 유전학적 연구, 한반도에 공존했던 여러 유형의 건국 신화와 관련된 인류학적 연구를 이용하고 있다.[2문단(1)] 이런 연구들은 한국어 자료가 근본적으로 부족한 상황에서 비롯한 문제점을 극복하여 준다.[2문단(3)]

④ **최근 한국어 계통 연구에서 백제어와 고구려어는 방언적 차이로 인해 서로 다른 계통으로 분류된다.**
➜ (×) 고구려어가 원시 부여어에 소급되는 것과 달리 백제어와 신라어는 모두 원시 한어(韓語)로부터 왔다는 것은 이들 언어의 차이는 이들 사이에 방언적 차이 이상이 있었음을 보여 준다.[3문단(3)]

⑤ **중세 국어에서 현대 한국어에 이르는 한국어 형성 과정에 대한 남북한 학계의 견해는 일치한다.**
➜ (○) 중세 국어가 조선 시대를 거쳐 근대 한국어로 변모하여 오늘날 우리가 사용하는 현대 한국어가 되는 과정에 대해서는 두 학계(남북한)의 견해가 일치한다.[3문단(5)]

제시문 분석

1문단 한국어의 알타이어족설

〈한국어의 알타이어족설〉
한국어가 알타이 어군인 튀르크어, 몽고어, 만주·퉁구스어와 함께 알타이어족에 속한다.(1)

〈근거〉		〈한계〉
이 학설은 알타이어군과 한국어 간에는 모음조화, 어두 자음군의 제약, 관계 대명사와 접속사의 부재 등에서 공통점이 있다는 비교언어학 분석에 근거한다.(2)	➜	하지만 기초 어휘와 음운 대응의 규칙성에서는 세 어군과 한국어 간에 차이가 있다.(3)

➜	〈결론〉	한국어의 알타이어족설은 알타이 어군과 한국어 사이의 친족 관계 및 공통 조상어로부터의 분화 과정을 설명하기 어렵다.(4)

2문단 최근 한국어 계통연구 방법과 의의

〈최근 한국어 계통연구 방법〉
최근 한국어 계통 연구는 유전학적 연구, 인류학적 연구를 이용하고 있다.(1)

〈유전학적 연구방법 사례〉		〈인류학적 연구방법 사례〉		〈의의〉
우리 민족의 유전 형질에는 북방계와 남방계의 특성이 모두 존재한다.(2)	⊕	북방계의 천손 신화와 남방계의 난생 신화가 한반도에서 모두 발견된다.(2)	➜	이 연구들은 한국어 자료가 부족한 상황에서 문제점을 극복하여 한국어의 조상어를 밝히는 데 도움을 주고 있다.(4)

3문단 한국어 계통연구의 한계

〈한국어 계통연구의 한계〉
한국어와 친족관계를 맺고 있는 모든 어군을 알 수 없고, 그들과 한국어의 공통 조상어를 밝히기 쉽지 않다.(1)

〈고구려, 백제 신라의 언어〉		〈방언적 차이 이상이라는 근거〉
고구려, 백제, 신라의 언어가 다른 언어인지, 방언적 차이만을 가진 하나의 언어인지에 대해서는 이견이 있다.(2)	➜	고구려어는 원시 부여어에서 소급되는 것과 달리 백제, 신라어는 원시 한어로부터 왔다.(3)

〈남한, 북한 학계의 의견 대립〉		〈남한, 북한 학계의 의견 일치〉
중세 국어가 신라어와 고구려어 중 어떤 언어로부터 분화되었는가에 대해서 대립이 존재한다.(4)	↔	고구려어, 백제어, 신라어 세 언어가 고려의 건국으로 하나의 중세 국어로 수렴되었고 중세 국어가 근대 한국어로 변모하며 오늘날 우리가 사용하는 한국어가 되었다.(4),(5)

합격자의 실전 풀이 순서

발문 확인

지문의 분야 및 소재를 파악하기 위해 제시문을 가볍게 훑어본 후, 발문을 확인한다. 글의 내용과 부합하지 않는 것을 고르는 문제는 글로부터 추론되지 않거나, 혹은 상충하는 내용을 정답 선지로 한다. 따라서 발문에 X 표시를 해두어 문제를 풀 때 헷갈

리지 않게 한다.

다음 글의 내용과 부합하지 ~~않~~는 것은?

또한, 제시문 속 객관적인 정보를 잘 확인하여 지식의 범위를 확정하는 것이 중요하다.

선지를 먼저 읽는 경우

(1) 선지 키워드 표시

선지를 먼저 보고 지문을 보는 경우 선지에서 일부만 추출해서 기억해야 한다. 이때, 스스로 맥락을 만들 수 있도록 묶는 것이 좋다. 이때 선지의 정오는 상관없다. 어차피 전혀 생뚱맞은 소리를 할 수는 없기 때문이다. 출제자 입장에서 생각해 보면, 그런 선지를 낼 경우 선지를 만드는 의미가 없어진다. 그에 따라 독자인 수험생은 지문의 소재를 선지로부터 추측할 수 있는 기회가 생긴다.

예컨대 아래와 같은 식으로 추출하면 된다.

① 어떤 학문, 한국어, 알타이어
② 천손 신화, 다른 학문, 북방적 요소
③ 최근, 보완, 유전, 공존한 신화
④ 최근, 백제, 고구려, 다른지 여부
⑤ 중세 국어, 남북한 학계

이를 바탕으로 한국어와 알타이어에 대한 글이고, 그에 대한 학계의 분석이 있고, 최근에는 새로운 의견들이 제시되고 있다는 것을 추측할 수 있다. 이처럼 지문의 얼개를 추측하는 것도 좋지만, 지문의 재료인, "한국어는 알타이어족이 아닌 것 같다"라는 주장 정도만 파악해도 충분하다.

(2) 제시문 독해 및 선지 판단

제시문을 읽으며 판단 가능한 선지를 바로 판단한다.

1문단에서는 한국어의 언어 계통에 대한 기존의 학설로, 비교언어학에 근거한 학설과 그 한계를 제시한다. 여기서 선지 ①의 키워드들을 찾을 수 있다. '하지만' 이하의 내용에 따라 옳은 선지임을 알 수 있다.

2문단에서는 최근의 한국어 계통 연구방식이 제시되며, '유전학적 연구', '신화' 등의 키워드를 찾을 수 있다. 2문단 마지막 문장에서 ③이 옳음을 알 수 있다. '천손 신화' 부분은 바로 앞 문장의 '인류학적 연구'에 대응된다고 볼 수 있으므로 ②도 옳다.

3문단에서는 지금까지 밝혀진 내용과 의견이 통일되지 않은 내용을 제시한다. 전반부에 '백제어', '고구려어' 등의 키워드가 등장한다. 이들이 다른 언어인지, 방언적 차이만을 지닌 동일 언어인지는 의견이 통일되지 않았다. 따라서 ④가 옳지 않은 선지이다. ④는 '백제어와 고구려어가 다른 계통으로 분류된다'는 부분에서도 옳지 않으나, '방언적 차이로 인해 다른 계통으로 분류된다'는 부분도 옳지 않다. ⑤는 3문단의 마지막 문장에 있는 내용으로 옳다.

지문을 먼저 읽는 경우

(1) 제시문 독해

여기선 지문을 먼저 읽는 경우의 독해요령을 소개한다. 다만 지문의 전체적인 얼개 및 독해의 방향을 소개하므로 2번과 호환이 안 되는 것은 아니다.

1문단을 읽을 때 주의할 점은 자세한 예시는 넘기면서 읽어야 한다는 것이다. 알타이어족의 언어 종류, 한국어의 차이점의 구체적 예시 등은 글의 논지를 파악하는 데 전혀 중요하지 않다. 즉, "중요하지 않은 부분"이다. 물론 이 부분이 선지로 나올 가능성이 없는 것이 아니다. 그런 유형에 대비하기 위해서 "중요하지 않은 부분"으로서 별도의 기호로 표시를 하자. 예컨대 〈〉 표시라든가 [ ] 표시를 통해서 1)다시 지문으로 올라왔을 때 알아보기 쉬운 동시에, 2)주제에는 들어가지 않는다는 점을 확실히 하면서 읽는다.

2문단은 최근의 한국어 계통 연구로 1문단의 비교언어학 분석에 유전학 및 인류학적 연구를 함께 이용하고 있음을 설명한다. '가령' 이하의 사례에 〈〉나 [ ] 표시를 하고, 부족한 자료 극복이라는 장점을 확인한다.

3문단은 그럼에도 한국어의 어군을 명확히 밝히기 어려운 점을 지적하고, 학계에서 의견 일치를 이루지 못한 가설과 의견이 일치된 가설을 나열한다. 의견이 일치하는 것과 일치하지 않는 것을 구분하여 표시하며 읽을 필요가 있다.

지문을 읽어 보면, 2문단과 3문단 내용이 매우 분절적임을 확인할 수 있다. 이는 독해 난이도를 낮추는 동시에 선지 판단 난이도도 낮춘다. 해당되는 내용이 있는 문단만 읽으면 되기 때문이다. 내용이 구분됨을 확실히 기억하면서 선지를 풀 때 여러 문단을 동시에 읽지 않도록 주의한다. 물론 선지에 복합적 내용이 나올 수도 있지만 그런 선지는 길이가 길 수밖에 없고 티가 난다.

(2) 선지 판단

이 문제는 특별히 어려울 것이 없다고 생각할 수 있다. 그러나 그 속에 숨은 출제 원리는 결코 가볍지 않다. 특히 ①, ②번 선지가 그러하다. ①번의 경우 기초 어휘와 음운 대응이 비교언어학적 근거의 한계로 볼 수 있는지 파악해야 한다. 독해를 많이 하다 보면 〈비교언어학〉이라는 '어렵고 쓸데 없는' 단어는 머릿속에서 지우는데, 이를 노리고 지문을 한 번 더 읽도록 낸 함정이다. 거기에 '친족 관계'라는 단어도 결코 일반명사로 해석하면 안 된다. 이는 언어학적 용어로 지문에 그대로 나와 있다. 이를 '아 그냥 친한 관계?' 라고 대충 받아들이면서 읽으면 절대 안 된다. 반드시 설명하기 어려운 "대상"을 지문에서 직접 찾아야 한다.

②번의 경우, '천손 신화'가 '인류학'에 속하는지 여부를 독자가 알아내야 한다. 이를 알아내는 방법은 크게 두 가지가 있다. 첫째로 '인류학'이라는 학문이 어떤 분야를 다루는지 상식으로 아는 것이다. 둘째로 2문단 (1)의 유전학적 연구와 함께 병렬적으로 제시된 인류학적 연구를 찾은 뒤, (2)의 '유전 형질' 부분이 '유전학적 연구'에 해당하므로 그 뒤의 신화 관련 내용이 '인류학적 연구'에 해당함을 파악하는 것이다. 즉, 글의 서술 구조에서 인류학에 포함되는 범주를 알아내는 것이다. 이래야 ②번 선지를 확실하게 답을 내릴 수 있다. 일치부합 문제에서 선지의 근거는 지문 안에서 찾아야 한다. 따라서 첫 번째 방법보다 두 번째 방법이 확실하고 안전하다.

합격자의 시간단축 Tip

Tip ❶ 지문의 전개 예측

1문단 처음부터 '널리 알려진'이라는 단어가 나오는 데 주목한다. 이 경우 해당 학설을 자세히 소개하거나 혹은 이것(통념)을 반박하는 학설을 중점적으로 다루는 식의 전개가 있을 수 있다. 재미있는 점은 학설 두 가지를 균등하게 다루는 전개는 없다는 것이다. 이론상 분명히 있을 수 있는데 절대 그런 지문은 나오지 않는다. 이는 지문의 저자의 심리를 반영한 것으로, 이러한 전개 방식은 일종의 문법과도 같다. (이 책의 독자 중 두 가지만 있을 거라고 예상한 사람이 있다면 지금 말한 제3의 서술방식을 생각하지 못한 것을 반성해야 한다. 나머지 하나를 생각은 하지만 그럴 리가 없다고 여기는 것과 아예 생각조차 못 하는 것은 엄연히 다르다.)

Tip ❷ 문단의 처음과 끝을 먼저 읽으면 좋은 경우 구별하기

이 지문은 문단별로 소주제가 명확하고 처음과 끝에 핵심 내용이 있어 독해하는 것이 굉장히 수월한 글이다. 즉, 지문을 읽는데 걸리는 시간이 짧다. 그런데 모든 문제가 이렇지는 않다. 이를 어떻게 구별할 수 있을까?

방법은 두 가지가 있다. 1)꾸준한 독서와 문제풀이를 통해서 좋은 글을 많이 읽어보는 것과 2)지문을 분석하면서 문장간 부연관계를 끊임없이 확인해 보는 것이다. 즉, 문장간 관계를 화살표로 정리해보는 연습을 한다. 이는 문제 해설의 〈제시문 분석〉과 같이 문장을 〈근거〉, 〈한계〉 등으로 분류하라는 뜻은 아니다. 다음 문장이 이 문장을 지지하는 내용인지, 대립하는 내용인지 등을 판단하는 것이다. 예를 들어, '→'는 지지, '↔'는 대립 관계를 나타낸다고 하면 1문단의 문장 간 관계는 '[(1)←(2)]↔(3)→(4)' 정도로 나타낼 수 있을 것이다. 1문단에서 궁극적으로 전하려는 내용은 문장 (4)임을 알 수 있다.

이렇게 문장 간 관계를 파악하는 독해연습은 한 지문 당 충분한 시간을 들여서 진행하는 것이 좋다. 빨리 읽기만 하면 실력은 정체된다. 느리더라도 문장 간 관계와 글의 구조를 파악하며 읽는 과정은 지루하지만 가장 효과가 확실하기도 하다. 재능있는 수험생이라면 2~3일 내로 지문의 서술방식(두괄식 여부)을 구별할 수 있게 된다.

Tip ❸ 접속사에 주목하기

접속사, 특히 결론을 말하거나 앞과 다른 내용을 말하기 위한 접속사가 포함된 문장은 선지로 자주 등장한다. 그러한 접속사 이후에 제시된 내용이 결국 글쓴이가 전하고자 하는 내용이기 때문이나. 혹은 접속사 뒤에 어떤 대상의 특징과 대비되는 다른 대상의 특징을 제시하기도 한다. 즉, 접속사 이후의 내용은 '강조하는 내용'이거나 '비교 내용'에 해당하는 것이다. 1문단 (3)의 '하지만' 뒤에 중요한 내용이 제시되고, 3문단 (2) 뒤의 '하지만'은 비교되는 내용이 제시되며, 이들은 모두 선지에 등장했다.

Tip ❹ 병렬적으로 제시된 비교 내용 표시하기

비교되는 내용이 병렬적으로 나열된 경우, 선지를 읽고 다시 그 내용을 찾으려면 시간이 소요된다. 따라서 각각을 서로 다른 기호로 표시해두면 시간을 절약할 수 있다. 3문단에 학계의 견해가 일치한 부분과 일치하지 않는 부분을 기호로 표시했다면 ④, ⑤를 쉽게 판단할 수 있을 것이다.

> …지금까지의 연구에 따르면, 고대에는 고구려어, 백제어, 신라어로 나뉘어 있었다. 하지만 이들 세 언어가 서로 다른 언어인지, 아니면 방언적 차이만을 지닌 하나의 언어인지에 대해서는 이견이 있다. 고구려어가 원시 부여어에 소급되는 것과 달리 백제어와 신라어는 모두 원시 한어(韓語)로부터 왔다는 것은 이들 언어의 차이가 방언적 차이 이상이었음을 보여 준다. 이들 세 언어가 고려의 건국으로 하나의 한국어인 중세 국어로 수렴되었다는 것에 대해서는 남한과 북한의 학계가 립된 입장을 보이지 않지만, 중세 국어가 신라어와 고구려어 중 어떤 언어로부터 분화된 것인지와 관련해서는 두 학계의 입장은 대립된다. 한편, 중세 국어가 조선 시대를 거쳐 근대 한국어로 변모하여 오늘날 우리가 사용하는 현대 한국어가 되는 과정에 대해서는 두 학계의 견해가 일치한다.
>
> ▶ 3문단

024 정답 ④ 난이도 ●●○

문제유형 사실적 이해 > 정보 확인

접근전략 지문에 제시된 정보와 선지의 관계를 묻는 강화·약화 유형이다. 따라서 강화·약화 여부를 판단해야 하는 대상에 대해 이해하는 것이 중요하다. 해당 지문에서는 평가의 대상으로 특정 학자의 주장을 제시하였고, 관련 내용은 3문단에서 찾을 수 있다. 선지의 정오 여부를 판단할 때, 선지의 설명이 밑줄 친 대상과 무관할 수 있음을 명심한다.

다음 글의 ㉠에 대한 평가로 가장 적절한 것은?

(1) 우리나라에서 주먹도끼가 처음 발견된 곳은 경기도 연천이다. (2) 첫 발견 이후 대대적인 발굴조사를 통해 연천의 전곡리 유적이 세상에 그 존재를 드러내게 되었고 그렇게 발견된 주먹도끼는 단숨에 세계 학자들의 주목 대상이 되었다. (3) 그동안 동아시아에서는 찍개만 발견되었을 뿐 전기 구석기의 대표적인 석기인 주먹도끼는 발견되지 않았기 때문이었다. ▶ 1문단

(1) 찍개는 초기 인류부터 사용했으며 세계 곳곳에서 발견되었다. (2) 반면 프랑스의 아슐에서 처음 발견된 주먹도끼는 양쪽 면을 갈아 만든 거의 완벽에 가까운 좌우대칭 형태의 타원형 도구이다. (3) 사냥감의 가죽을 벗겨 내고, 구멍을 뚫고, 빻거나 자르는 등 다양한 작업에 사용된 다용도 도구였다. (4) 학계가 주먹도끼에 주목했던 것은 그것이 찍개에 비해 복잡한 가공작업을 거쳐 만든 것이므로 인류의 진화 과정을 풀 열쇠라고 보았기 때문이다. (5) 주먹도끼를 만들기 위해서는 만들 대상을 결정하고 그에 따른 모양을 설계한 뒤, 적합한 재료를 선택해 제작하는 복잡한 과정을 거쳐야 했다. (6) 이는 구석기인들의 지적 수준이 계획과 실행이 가능한 수준으로 도약했다는 것을 확인해 주는 부분이다. (7) 아동 심리발달 단계에 따르면 12세 정도가 되면 형식적 조작기에 도달하게 되는데, 주먹도끼처럼 3차원적이며 대칭적인 물건을 만들 수 있으려면 이런 형식적 조작기 수준의 인지 능력, 즉 추상적 개념에 대하여 논리적·체계적·연역적으로 사고할 수 있을 정도의 인지 능력을 갖추어야 한다. (8) 더 나아가 형식적 조작 능력을 갖추었을 때 비로소 언어적 지능이 발달하게 된다. (9)즉 주먹도끼를 제작할 수 있다는 것은 추상적 사고를 할 수 있으며 그런 추상적 개념을 언어로 표현하고 대화할 수 있다는 것을 의미한다. ▶ 2문단

(1) 전곡리에서 주먹도끼가 발견되었을 당시 학계는 ㉠ 모비우스 학설이 지배하고 있었다. (2) 이 학설은 주먹도끼가 발견되지 않은 인도 동부를 기준으로 모비우스 라인이라는 가상선을 긋고, 그 서쪽 지역인 유럽이나 아프리카는 주먹도끼 문화권으로, 그 동쪽인 동아시아는 찍개 문화권으로 구분하였다. (3) 더불어 모비우스 라인 동쪽 지역은 서쪽 지역보다 인류의 지적·문화적 발전 속도가 뒤떨어졌다고 하였다. ▶ 3문단

① **주먹도끼를 만들어 사용한 인류가 찍개를 만들어 사용한 인류보다 두개골이 더 컸다는 것이 밝혀진다면 ㉠이 강화된다.**

→ (×) ㉠의 주장은 찍개 문화권인 동아시아보다 주먹도끼 문화권인 유럽이나 아프리카 인류의 지적·문화적 발전 속도가 더 앞섰다는 것이다.[3문단(2),(3)] 그러나 제시문에서는 두개골의 크기와 지적·문화적 발전 정도의 상관관계를 찾을 수 없으므로 해당 선지는 틀리다.

② **형식적 조작기 수준의 인지 능력을 가진 인류가 구석기 시대에 동아시아에서 유럽으로 이동했다는 것이 밝혀진다면 ㉠이 강화된다.**

→ (×) 형식적 조작기 수준의 인지 능력을 가졌다는 것은 주먹도끼를 제작했다는 것으로 볼 수 있다.[2문단(7)] 따라서 해당 선지는 동아시아를 찍개 문화권으로 분류한 제시문의 내용과 상충하므로[3문단(2)], ㉠을 약화한다.

③ **계획과 실행을 할 수 있는 지적 수준의 인류가 거주했던 증거가 동아시아 전기 구석기 유적에서 발견되고 추상적 개념을 언어로 표현하며 소통했던 증거가 유럽의 전기 구석기 유적에서 발견된다면 ㉠이 강화된다.**

→ (×) 계획과 실행을 할 수 있는 지적 수준은 주먹도끼를 제작할 수 있는 수준이다.[2문단(5),(6)] 마찬가지로 추상적 개념을 언어로 표현하며 소통할 수 있는 단계 또한 주먹도끼를 제작할 수 있는 단계이다.[2문단(9)] 따라서, 선지의 내용에 따르면 동아시아와 유럽의 전기 구석기의 지적 수준은 같다. 그러나 ㉠의 주장은 찍개 문화권인 동아시아보다 주먹도끼 문화권인 유럽이나 아프리카 인류의 지적·문화적 발전 속도가 더 앞섰다는 것이므로[3문단(2),(3)], 해당 선지는 ㉠의 주장을 약화한다.

④ **학술 연구를 통해 전곡리 유적이 전기 구석기 시대의 유적으로 확증된다면 ㉠이 약화된다.**

→ (○) 전곡리에서 발견된 유적은 전기 구석기의 대표적인 석기인 주먹도끼이다.[1문단(2),(3)] 그런데 ㉠은 찍개 문화권인 동아시아보다 주먹도끼 문화권인 유럽이나 아프리카 인류의 지적·문화적 발전 속도가 더 앞선다고 주장한다.[3문단(2),(3)] 따라서 학술 연구를 통해 전곡리의 유적인 주먹도끼가 구석기 시대의 유적으로 확증된다면 ㉠은 약화된다.

⑤ **동아시아에서는 주로 열매를 빻기 위해 석기를 제작하였고 모비우스 라인 서쪽에서는 주로 짐승 가죽을 벗기기 위해 석기를 제작하였다는 것이 밝혀진다면 ㉠이 약화된다.**

→ (×) ㉠의 주장은 찍개 문화권인 동아시아보다 주먹도끼 문화권인 모비우스 라인 서쪽 인류의 지적·문화적 발전 속도가 더 앞섰다는 것이다.[3문단(2),(3)] 이때, 선지에서 말하는 석기가 찍개인지 주먹도끼인지 알 수 없으며, 제시문에서 찍개의 용도는 언급되지 않았다. 또한, 제시문에 따르면 주먹도끼는 대상을 빻거나 가죽을 벗기는 용도 양쪽 모두로 사용된다(2문단 3). 따라서 해당 선지가 ㉠을 약화하는지 알 수 없다.

제시문 분석

1문단 국내 최초의 주먹도끼 발견

〈주먹도끼 첫 발견〉		〈주목받은 이유〉
연천에서의 주먹도끼 첫 발견 이후 대대적인 발굴조사를 통해 연천의 전곡리 유적이 세상에 그 존재를 드러내게 되었고 그렇게 발견된 주먹도끼는 단숨에 세계 학자들의 주목 대상이 되었다.(1),(2)	→	그동안 동아시아에서는 찍개만 발견되었을 뿐 주먹도끼는 발견되지 않았기 때문이다.(3)

2문단 주먹도끼 발견의 의미

〈처음 발견된 주먹도끼〉
프랑스의 아슐에서 처음 발견된 주먹도끼는 양쪽 면을 갈아 만든 거의 완벽에 가까운 좌우대칭 형태의 타원형 도구이다.(2)

〈특징〉		〈주목 이유〉		〈제작 과정〉
사냥감의 가죽을 벗겨 내고, 구멍을 뚫고, 빻거나 자르는 등 다양한 작업에 사용된 다용도 도구였다.(3)	⊕	학계가 주먹도끼에 주목했던 것은 그것이 찍개에 비해 복잡한 가공작업을 거쳐 만든 것이므로 인류의 진화 과정을 풀 열쇠라고 보았기 때문이다.(4)	⊕	주먹도끼를 만들기 위해서는 만들 대상을 결정하고 그에 따른 모양을 설계한 뒤, 적합한 재료를 선택해 제작하는 복잡한 과정을 거쳐야 했다.(5)

→

〈의미〉	주먹도끼를 제작할 수 있다는 것은 추상적 사고를 할 수 있으며 그런 추상적 개념을 언어로 표현하고 대화할 수 있다는 것을 의미한다.(9)

3문단 모비우스 학설

〈모비우스 학설〉		
〈문화권의 구분〉		〈발전 속도에 대한 추측〉
이 학설은 주먹도끼가 발견되지 않은 인도 동부를 기준으로 모비우스 라인이라는 가상선을 긋고, 그 서쪽 지역인 유럽이나 아프리카는 주먹도끼 문화권으로, 그 동쪽인 동아시아는 찍개 문화권으로 구분하였다.(2)	→	더불어 모비우스 라인 동쪽 지역은 서쪽 지역보다 인류의 지적·문화적 발전 속도가 뒤떨어졌다고 하였다.(3)

합격자의 실전 풀이 순서

강화약화 유형

❶ **발문 읽고 문제의 유형 파악**

우선 발문을 제대로 읽자. ㉠에 대한 평가를 묻고 있으며 선지에서는 ㉠의 강화 또는 약화 여부를 따지고 있으므로, 본 문제는 강화약화 유형에 해당함을 알 수 있다. 이러한 강화약화 유형은 조금만 복잡하게 나올 경우, 난이도가 급상승한다. 따라서 강화약화 유형에 대한 자신만의 풀이 기준을 마련해두어야 한다. 먼저 강화약화 유형을 제대로 풀기 위해서는 강화 또는 약화해야 하는 대상이 무엇인지를 정확히 파악해야 한다. 본 문제의 경우 평가의 대상으로 ㉠을 명시하고 있지만, 단순히 제시문 전체에 대한 평가를 묻고 있다면 구체적인 강화 또는 약화의 대상으로서 주제문을 찾아야 한다. 강화 또는 약화해야 하는 대상을 파악한 후에는 선지의 내용이 대상의 내용과 일치하는지 또는 대상으로부터 추론 가능한지를 판단하며 문제를 해결해 나가야 한다.

강화약화 유형을 식별하는 것은 쉽다. 발문 또는 선지에 직접적으로 강화/약화, 지지/반박 등 표현이 등장할 것이다.

- 발문
  - 다음 논쟁/학설/의견에 대한 평가/설명으로 적절한 것은? (본 문제)
  - 다음 학설/제시문을 강화/약화하는 것으로 적절한 것은?
- 선지 또는 보기
  제시된 사례가 강화/약화의 대상에 적용 가능한지, 혹은 상충하는지 등을 물음

❷ **강화약화의 대상 파악 및 제시문 독해**

강화약화 유형에서는 가장 먼저 강화/약화의 대상이 무엇인지 확인해야 한다. 그리고, 대상의 내용을 정확히 이해해야 한다.

이 방식으로 본 문제를 풀어보자. 대상은 발문을 통해 확인할 수 있으며, 대상의 내용은 제시문을 통해 이해할 수 있다.

(1) 발문 확인

> 다음 글의 ㉠에 대한 평가로 가장 적절한 것은?

평가의 대상이 '㉠' 임을 알 수 있다. 따라서 곧바로 제시문으로 내려간다.

(2) 제시문에서 대상 확인

강화약화 유형의 대상은 지지·반박이 가능한 주관적인 주장인 경우가 많다. 본 문제의 경우, ㉠로 표시된 부분, 즉 모비우스 학설이다. 모비우스 학설의 개념과 구체적 내용은 3문단 (2), (3) 문장에 제시되어 있다.

제시문에서 대상을 찾았다면 그 제시문의 내용을 파악할 차례다. 제시문의 2문단에는 주먹도끼의 개념과 주먹도끼 발견의 의미에 대해 구체적으로 설명되고 있다. 주먹도끼에 대해 설명한 모든 부분이 선지 또는 보기에 언급될 확률이 크므로 꼼꼼히 읽는다. 핵심적인 내용은 바로 외워, 선지를 적용할 때 제시문과 왔다 갔다 하는 시간을 줄이면 더욱 좋다. 키워드로 생각되는 부분에 동그라미를 치는 등 시각적 표시를 할 수도 있다.

❸ 선지 판단하기

제시문을 모두 이해했다면, 보기 또는 선지를 하나씩 읽고 옳은지 여부를 확인한다. 이때 선지를 판단하는 경우는 3가지로 나뉜다.

(1) 대상을 강화함

대상과 합치하거나, 동일한 내용인 경우를 말한다.
다만 본 문제는 이에 해당하는 선지가 없다.

(2) 대상을 약화함

대상의 반례에 해당하거나 상충되는 내용을 말한다.

예 ② 형식적 조작기 수준의 인지 능력을 가진 인류가 구석기 시대에 동아시아에서 유럽으로 이동했다는 내용
→ 서쪽 지역 인류가 동쪽 지역보다 인지 능력이 빠르게 발전했다는 모비우스 학설과 상충된다.

(3) 강화도 약화도 하지 않음

가장 유의해야 하는 경우로, 대상과 아무 관련이 없는 정보를 서술하는 경우다. 제시문과 선지가 주는 정보만으로 관련성이 추론된다고 착각하면 오답이 된다.

예 ① 주먹도끼를 만들어 사용한 인류가 찍개를 만들어 사용한 인류보다 두개골이 더 컸다는 내용
→ 모비우스 학설에서는 두개골의 크기와 지적 수준 간의 상관관계를 다룬 바 없으므로, 논리적인 상관관계가 없는 내용이다.

합격자의 시간단축 Tip

Tip ❶ 진위를 판단하지 말자.

강화약화 문제에서 제시문이나 선지가 객관적으로 옳은지, 그른지는 중요하지 않다. 중요한 것은 대상과 이에 대한 평가 간의 주관적 관계이다. 즉, 본 문제가 설명하는 현상이 실제로 타당한지 같은 문제는 판단해서는 안 되고, 판단할 수도 없다.
보기의 경우도 마찬가지다. 각 보기에서 '나타났다'고 제시되는 정보들은 어디까지나 논리를 적용하기 위한 가정일 뿐이다. 보기들은 '대상과 관련이 있는가? 어떤 부분이 관련 있는가?'의 관점에서만 의미가 있다. 그 이상 무의미한 생각은 하지 말자.

Tip ❷ 강화약화의 판단 기준 숙지

아래의 표를 통해 강화약화 유형의 선지가 판단되는 방식을 익혀두자. 이때, 강화약화 판단의 대상과 무관한 선지가 존재할 수 있음을 기억한다.

A가 강화한다.	A가 본문 내용과 일치 또는 본문 내용으로부터 추론 가능
A가 강화하지 않는다.	A가 추론될 근거 없음 또는 A가 본문 내용과 상충하거나 무관함
A가 약화한다.	A가 본문 내용과 상충
A가 약화하지 않는다.	A가 본문으로부터 추론 가능 또는 일치하거나 무관함

025 정답 ⑤ 난이도 ●●●

문제유형 법조문형 > 규정확인

접근전략 법규정 유형 중 규정을 적용하여 〈보기〉에서 주어진 사례를 판단하는 문제이다. 법조문 유형을 풀 때는 조문의 구체적인 내용을 독해하는 것보다, 법조문의 구조를 파악한 후 〈보기〉에서 묻고 있는 정보를 찾아 올라가는 형태로 푸는 것이 좋다. 본 문제의 경우 정기회의 소집과 회기기간, 의결정족수, 안건의 제출 및 폐기 등은 다른 지문에서도 자주 등장하는 법조문이다. 정기회–임시회의 구별, 가부동수의 부결처리, 임기만료 등의 지문내용/선지 등을 예측하며 지문을 읽어가야 한다.

다음 규정을 근거로 판단할 때, 〈보기〉에서 옳은 것을 모두 고르면?

제○○조 ① 의회의 정기회는 법률이 정하는 바에 의하여 매년 1회 집회되며, 의회의 임시회는 대통령 또는 의회재적의원 4분의 1 이상의 요구에 의하여 집회된다.
② 정기회의 회기는 100일을, 임시회의 회기는 30일을 초과할 수 없다.
③ 대통령이 임시회의 집회를 요구할 때에는 기간과 집회요구의 이유를 명시하여야 한다.

제○○조 의회는 헌법 또는 법률에 특별한 규정이 없는 한 재적의원 과반수의 출석과 출석의원 과반수의 찬성으로 의결한다. 가부동수(可否同數)인 때에는 부결된 것으로 본다.

제○○조 의회에 제출된 법률안 및 기타의 의안은 회기 중에 의결되지 못한 이유로 폐기되지 아니한다. 다만, 의회의원의 임기가 만료된 때에는 그러하지 아니하다.

제○○조 부결된 안건은 같은 회기 중에 다시 발의 또는 제출하지 못한다.

보기

ㄱ. 甲의원이 임시회의 기간과 이유를 명시하여 집회요구를 하는 경우 임시회가 소집된다.
→ (×) 제1조 제1항에 따르면 의회의 임시회는 대통령 또는 의회재적의원 4분의 1 이상의 요구에 의하여 집회되며, 제3항에 따르면 대통령이 임시회의 집회를 요구할 때에는 기간과 집회요구의 이유를 명시하여야 한다. 따라서 대통령이 아닌 甲의원이 임시회의 기간과 이유를 명시하여 집회요구를 해도 임시회는 소집되지 않는다.

ㄴ. 정기회와 임시회 회기의 상한일수는 상이하나 의결정족수는 특별한 규정이 없는 한 동일하다.
→ (O) 제1조 제2항에 따르면 정기회의 회기는 100일을, 임시회의 회기는 30일을 초과할 수 없다. 따라서 정기회의 회기의 상한일수는 100일, 임시회의 회기의

상한일수는 30일로 상이하다. 한편 제2조에 따르면 의회는 헌법 또는 법률에 특별한 규정이 없는 한 재적의원 과반수의 출석과 출석의원 과반수의 찬성으로 의결한다. 따라서 정기회와 임시회의 의결정족수는 특별한 규정이 없는 한 동일하다.

ㄷ. 乙의원이 제출한 의안이 계속해서 의결되지 못한 상태에서 乙의원의 임기가 만료되면 이 의안은 폐기된다.
➜ (O) 제3조에 따르면 의회에 제출된 법률안 및 기타의 의안은 회기 중에 의결되지 못한 이유로 폐기되지 아니한다. 다만, 의회의원의 임기가 만료된 때에는 그러하지 아니하다. 따라서 乙의원이 제출한 의안이 계속해서 의결되지 못한 상태에서 乙의원의 임기가 만료된 때에는 이 의안은 폐기된다.

ㄹ. 임시회에서 丙의원이 제출한 의안이 표결에서 가부동수인 경우, 丙의원은 동일 회기 중에 그 의안을 다시 발의할 수 없다.
➜ (O) 제2조 제2문에 따르면 가부동수인 때에는 부결된 것으로 본다. 한편 제4조에 따르면 부결된 안건은 같은 회기 중에 다시 발의 또는 제출하지 못한다. 따라서 임시회에서 丙의원이 제출한 의안이 표결에서 가부동수인 경우 이 의안은 부결된 것으로 보고, 丙의원은 동일 회기 중에 부결된 의안을 다시 발의할 수 없다.

① ㄱ, ㄴ ➜ (X)
② ㄱ, ㄷ ➜ (X)
③ ㄴ, ㄹ ➜ (X)
④ ㄱ, ㄷ, ㄹ ➜ (X)
⑤ ㄴ, ㄷ, ㄹ ➜ (O)

합격자의 실전 풀이 순서

❶ 문제 유형 파악

본 문제의 경우 발문에서 '규정'이라는 단어가 나오고, 제시문이 법조문 형태로 주어졌으므로 법조문 유형임을 알 수 있다. 특히 규정을 근거로 판단할 때 옳은 것을 모두 고르라고 하고 있으므로, 법조문 유형 중에서도 규정의 내용을 확인하는 문제임을 추론할 수 있다. 법 조문 유형은 구체적인 조문의 내용을 독해하는 것보다, 법 조문의 구조를 파악한 후 〈보기〉에서 묻고 있는 정보를 찾아 올라가는 형태로 푸는 것이 좋다. 법조문의 구조 파악이란 각 조나 항마다 가로로 길게 선을 그어 조문들을 시각적으로 구분하고, 단서와 괄호에 강조 표시를 하는 것을 의미한다. 또한, 본 문제가 옳은 것을 고르는 문제라는 것을 인지하기 위해 "옳은"이라는 단어에 밑줄이나 동그라미 등 표시를 한다. 이러한 장치를 통해 옳지 않은 것을 고르는 실수를 방지할 수 있다.

❷ 법조문 구조 분석

먼저 법조문 전체를 훑으며 법조문의 구조를 파악한다. 법조문을 분석할 때는 각 조나 항을 구분하고, 단서와 괄호에 강조 표시를 한다. 조문의 길이가 긴 경우 가로선을 활용하고, 구체적으로 '다만'이라는 단어가 나오면 △, '이 경우'라는 단어에는 ㅁ 표시를 해두고, 괄호가 나오면 괄호의 처음과 끝에 별표를 해둔다. 아래의 조문이 위의 조문의 내용의 일부에 대하여 설명하고 있는 경우, 아래 조문을 위의 조문 내용 혹은 조항과 연결하여 표시한다. 이러한 표시들은 선지나 〈보기〉를 읽고, 해당되는 부분을 찾는 이정표 역할을 한다. 이렇게 법조문을 읽으며 선지에 어떤 내용이 나올지도 예상해본다.

4개의 조로 구성된 규정이다. 모두 '제○○조'로 표기되어 있어 구분이 어렵다면 순서대로 '1, 2, 3, 4'라고 쓴다. 각 조 옆에 괄호로 표시된 설명이 없기 때문에 조문을 훑으며 각 조항의 설명 대상에 강조 표시를 한다.

제1조 제1항은 의회의 정기회와 임시회의 집회 요건에 대해 규정하고 있다. 제2항은 정기회와 임시회의 회기일수를 규정하며, 제3항은 대통령이 임시회 집회를 요구하는 경우를 규정한다. 따라서 각각 '집회' 및 '임시회', '회기', '대통령'에 강조 표시를 한다.

제2조는 의회의 의결 정족수에 관한 규정인데, 특히 가부동수인 경우에 대해 별도의 문장으로 설명하고 있으므로 '의결'에 표시를 하고, '가부동수'를 주의해야 할 키워드로 삼는다.

제3조는 법률안과 의안에 대한 규정인데, 단서가 붙어있으므로 이를 유의 깊게 읽는다. '폐기'에 표시하고, '다만'에 △표시를 한다.

제4조는 부결된 경우 같은 회기 중에 다시 발의 또는 제출하지 못한다는 일사부재의 원칙을 규정하고 있다. '부결'에 표시한다.

❸ 선지 판단

법조문 분석을 바탕으로 보기를 검토한다. 보기 ㄱ은 임시회 소집 요건에 대한 내용이므로 제1조와 비교한다. 보기 ㄴ은 정기회와 임시회의 회기일수와 의결 정족수에 대한 내용이므로 제1조 제2항 및 제2조와 비교한다. 보기 ㄷ은 의안의 폐기에 대한 규정이므로 제3조와 비교한다. 특히 보기 ㄷ은 단서와 관련되었는데, ㄷ과 같이 법조문 유형에서 단서가 주로 나온다는 점을 유의할 필요가 있다. 보기 ㄹ은 가부동수와 일사부재의 원칙에 대한 내용이므로 제2조와 제4조를 확인한다. 보기 ㄹ을 통해 가부동수 역시 2조의 특별 상황이므로 주의 깊게 읽을 필요가 있음을 알 수 있다.

또한, 본 문제와 같이 하나의 선지가 보기들의 조합으로 구성되는 경우 보기를 해결한 후 해당 보기와 관련된 선지를 먼저 처리하는 것이 좋다. 예컨대, 보기 ㄱ은 옳지 않으므로 선지 ①, ②, ④번이 제외된다. 남은 보기가 모두 보기 ㄴ과 보기 ㄹ을 포함하고 있으므로, 마지막으로 보기 ㄷ을 처리하면 정답이 도출된다.

합격자의 시간단축 Tip

Tip ❶ 단서와 괄호에 주의

법조문 유형은 '다만'으로 시작되는 단서와 괄호의 내용이 선지화되는 경우가 매우 많으므로 해당 표현들을 주의 깊게 읽는다. 본 문제의 경우 제3조와 같이 단서 규정이 있는 조문이 출제포인트가 되었다. 원칙이 무엇이고, 예외가 무엇인지 혼동하지 않도록 주의한다. 보기 ㄷ 판단 시 3조의 예외사항이 선지화되었다는 것을 빠르게 파악하는 것이 필요하다.

Tip ❷ 조항의 주어에 주의

주어는 선지 판단 시 가장 중요한 요소 중 하나이다. 보기 ㄱ의 경우 1조 3항에서 대통령에 해당하는 조문이다. 따라서 ㄱ에서 주체가 대통령이 아닌 甲의원이 등장하는 경우 오선지일 확률이 높다는 것을 예측할 수 있다. 장관, 광역자치단체 장, 기초자치단체 장 등 다양한 행위 주체가 등장하는 문제 또한 행위 주체를 바꾸어 보기를 출제한다. 이 경우 난이도 높은 문제가 된다. 따라서 법조문의 구조를 파악할 때 주어에 분명히 표시를 해두는 것이 좋다.

026 정답 ④ 난이도 ●●○

문제유형 비판적 사고 > 빈칸 채우기

접근전략 빈칸을 채우는 문제의 경우 내용 일치 유형과 다른 방식으로 문제에 접근해야 한다. 이전 내용 일치 유형의 경우, 첫 문단을 정독하고 통독을 하면서 글의 주요 내용과 특징을 표기했다.
하지만 빈칸 문제의 경우 가장 처음 첫 문단이 아닌 빈칸 앞뒤를 먼저 정독해야 한다. 이를 통해 확인한 빈칸의 성격에 따라 글 전반적인 내용을 파악하는 형식으로 문제의 접근이 이루어진다. 또한, 답을 고를 때도 오지선다를 적극적으로 활용해 선지의 내용을 각각 빈칸에 대입해 답을 찾을 수도 있다. 정오의 여부를 최대 5번 판단해야 하는 내용 일치 유형과 다르게, 빈칸 유형의 경우 빈칸에 들어가는 내용 하나만을 찾으면 되기 때문에 부담을 덜고 문제를 풀어도 좋을 것이다.

다음 글의 빈칸에 들어갈 내용으로 가장 적절한 것은?

(1) 대안적 분쟁해결절차(ADR)는 재판보다 분쟁을 신속하게 해결한다고 알려져 있다. (2) 그러나 재판이 서면 심리를 중심으로 진행되는 반면, ADR은 당사자 의견도 충분히 청취하기 때문에 재판보다 더 많은 시간이 소요된다. (3) 그럼에도 불구하고 ADR이 재판보다 신속하다고 알려진 이유는 법원에 지나치게 많은 사건이 밀려 있어 재판이 더디게 이루어지기 때문이다.
▶ 1문단

(1) 법원행정처는 재판이 너무 더디다는 비난에 대응하기 위해 일선 법원에서도 사법형 ADR인 조정제도를 적극적으로 활용할 것을 독려하고 있다. (2) 그러나 이는 법관이 신속한 조정안 도출을 위해 사건 당사자에게 화해를 압박하는 부작용을 낳을 수 있다. (3) 사법형 ADR 활성화 정책은 법관의 증원 없이 과도한 사건 부담 문제를 해결하려는 미봉책일 뿐이다. (4) 결국, 사법형 ADR 활성화 정책은 사법 불신으로 이어져 재판 정당성에 대한 국민의 인식을 더욱 떨어뜨리게 한다.
▶ 2문단

(1) 또한 사법형 ADR 활성화 정책은 민간형 ADR이 활성화되는 것을 저해한다. (2) 분쟁 당사자들이 민간형 ADR의 조정안을 따르도록 하려면, 재판에서도 거의 같은 결과가 나온다는 확신이 들게 해야 한다. 그러기 위해서는 법원이 확고한 판례를 제시하여야 한다. (3) 그런데 사법형 ADR 활성화 정책은 새롭고 복잡한 사건을 재판보다는 ADR로 유도하게 된다. (4) 이렇게 되면 새롭고 복잡한 사건에 대한 판례가 만들어지지 않고, 민간형 ADR에서 분쟁을 해결할 기준도 마련되지 않게 된다. (5) 결국 판례가 없는 수많은 사건들이 끊임없이 법원으로 밀려들게 된다.
▶ 3문단

(1) 따라서 [빈칸] 먼저 법원은 본연의 임무인 재판을 통해 당사자의 응어리를 풀어주겠다는 의식으로 접근해야 할 것이다. (2) 그것이 현재 법원의 실정으로 어렵다고 판단되면, 국민의 동의를 구해 예산과 인력을 확충하는 방향으로 나아가는 것이 옳은 방법이다. (3) 법원의 인프라를 확충하고 판례를 충실히 쌓아가면, 민간형 ADR도 활성화될 것이다.
▶ 4문단

① **분쟁 해결에 대한 사회적 관심을 높이도록 유도해야 한다.**
→ (×) 사회적 관심이 ADR이라는 핵심 키워드와 연결될 여지가 없다.

② **재판이 추구하는 목표와 ADR이 추구하는 목표는 서로 다르지 않다.**
→ (×) 분쟁 해결이라는 점에서 내용은 옳은 선지이나 괄호에 들어가기엔 적절하지 않다. 제시문은 재판과 ADR의 목표가 아니라 재판과 ADR의 활성화 방안에 초점을 둔다.

③ **법원으로 폭주하는 사건 수를 줄이기 위해 시민들의 준법의식을 강화하여야 한다.**
→ (×) 시민의 준법의식을 강화하자는 내용은 ADR이라는 논지와 관련이 없다.

④ **법원은 재판에 주력하여야 하며 그것이 결과적으로 민간형 ADR의 활성화에도 도움이 된다.**
→ (O) 제시문에서는 사법형 ADR 활성화가 민간형 ADR을 저해한다면서 법원에서 확고한 판례를 제시해야 한다고 주장하였다.[3문단(1),(2)] 따라서 법원의 재판이 우선되어야 한다는 내용이 빈칸에 들어가야 한다.[4문단(1)] 법원이 재판에 주력하면 그것이 결과적으로 민간형 ADR의 활성화에 도움이 된다는 내용은 빈칸의 후반부 내용과도 잘 연결된다.[4문단(3)]

⑤ **민간형 ADR 기관의 전문성을 제고하여 분쟁 당사자들이 굳이 법원에 가지 않더라도 신속하게 분쟁을 해결할 수 있게 만들어야 한다.**
→ (×) 제시문에서는 민간형 ADR의 활성화만 주장하고 있지 않으며, 이를 위해서는 법원의 인프라 확충과 판례 구축이 전제되어야 한다고 보았다.[3문단(2), 4문단(3)]

제시문 분석

1문단 ADR에 대한 오해

〈ADR에 대한 통념〉		〈오해〉		〈오해의 이유〉
대안적 분쟁해결절차(ADR)는 재판보다 분쟁을 신속하게 해결한다고 알려져 있다.(1)	→	그러나 재판이 서면 심리는 중심으로 진행되는 반면, ADR은 당사자 의견도 충분히 청취하기 때문에 재판보다 더 많은 시간이 소요된다.(2)	→	그럼에도 불구하고 ADR이 재판보다 신속하다고 알려진 이유는 법원에 지나치게 많은 사건이 밀려 있어 재판이 더디게 이루어지기 때문이다.(3)

2문단 사법형 ADR 활성화 정책의 한계 ①

〈사법형 ADR 활성화 정책〉		〈부작용〉
법원행정처는 재판이 너무 더디다는 비난에 대응하기 위해 일선 법원에서도 사법형 ADR을 적극적으로 활용할 것을 독려하고 있다.(1)	→	그러나 이는 법관이 신속한 조정안 도출을 위해 사건 당사자에게 화해를 압박하는 부작용을 낳을 수 있다. 이는 곧 법관의 증원 없이 과도한 사건 부담 문제를 해결하려는 미봉책일 뿐이다.(2),(3)

→	〈결과〉	사법형 ADR 활성화 정책은 사법 불신으로 이어져 재판 정당성에 대한 국민의 인식을 더욱 떨어뜨리게 한다.(4)

3문단 사법형 ADR 활성화 정책의 한계 ②

〈법원의 역할〉		〈정책의 한계〉		〈결과〉
분쟁 당사자들이 민간형 ADR의 조정안을 따르도록 하려면 재판에서도 거의 같은 결과가 나온다는 확신이 들게 해야 한다. 이를 위해서는 법원의 판례가 필요하다.(2)	→	그런데 사법형 ADR 활성화 정책은 새롭고 복잡한 사건을 재판보다는 ADR로 유도하게 된다.(3)	→	새롭고 복잡한 사건에 대한 판례가 만들어지지 않고, 민간형 ADR에서 분쟁을 해결할 기준도 마련되지 않아 결국 민간형 ADR이 활성화되는 것을 저해한다.(4)

4문단 민간형 ADR 활성화를 위한 법원의 역할

〈법원의 역할〉
법원은 재판에 주력하여야 하며 그것이 결과적으로 민간형 ADR의 활성화에도 도움이 된다.(선지④)

합격자의 실전 풀이 순서

❶ 빈칸 주변을 꼼꼼히 읽는다.

빈칸의 위치를 파악함과 동시에 빈칸 앞뒤를 읽는다. 빈칸 앞뒤를 읽으면서 빈칸의 성격을 유추해본다. 위 문제의 경우 4문단의 '따라서' 다음에 빈칸이 시작되고 있다. 그 이후 〈먼저〉 라는 어두와 함께 법원의 역할이 제시된다. 이를 통해 빈칸의 문장이 '① 앞의 3문단을 포괄하는 결론을 내는 동시에 ② 4문단의 전반적인 내용(즉 어떤 '대안'이라고 나올 것임을 추측가능하다.)을 압축하는 두괄식 문장이 아닐까?'라고 짐작하는 것이 타당하다. 결과적으로, 앞으로 글을 어떻게 읽어 나갈지 정할 수 있다.

❷ 빈칸 전까지 글을 통독하며 글 전체의 맥락을 파악한다.

글 전체를 읽어 내려가며 글의 맥락을 파악하도록 한다. 앞서 빈칸 앞뒤를 읽으며 빈칸이 3문단을 전반적으로 포괄하는 두괄식 문장임을 예측했다. 또한 '따라서'가 있으므로 빈칸의 성격이 앞의 전반적인 내용에 따른 결론을 도출하는 것임을 예측할 수 있었다. 1문단, 2문단, 3문단을 통독하며 글의 중심 소재와 주요 내용을 파악하도록 한다.

❸ 빈칸 주변에 도착해서 다시 빈칸 및 주변을 정독하고 내용을 추측한다.

빈칸 주변까지 읽었다면 글을 읽는 속도를 줄이고 다시 빈칸 주변을 정독하도록 한다. 처음에 했던 정독이 단순히 빈칸의 성격이나 위치를 파악하기 위함이었다면 해당 단계의 정독은 지금까지 통독해온 내용을 바탕으로 빈칸의 내용을 대략적으로 예측하기 위함이다.

이때 유의해야 할 점은 꼭 정답에 가까운 추측을 할 필요는 없다는 점이다. 본 단계는 오래 시간을 끌 필요가 없으며 '어떤 내용이 들어가면 좋을 것 같다.' 정도의 생각만 하면 충분하다. 예를 들어 본 문제의 경우 사법형 ADR 활성화 정책의 한계에 대한 서술이 중심이 되고 있다. 사법형 ADR 활성화 정책은 법관의 증원 없이는 부작용을 없앨 수 없으며, 사법형 ADR 활성화 정책은 민간형 ADR 정책의 활성화를 저해한다는 문제점을 지적하고 있다. 그리고 4문단에서 '따라서' 이후에 빈칸이 등장하므로 빈칸의 내용은 결국 '사법형 ADR이 민간형 ADR을 저해하지 않는 방안이 나올 수 있겠다.' 정도로만 추측하면 된다. 애초에 정확하게 추측하기는 어려울뿐더러, 바로 선지에서 확인할 수 있기 때문에 정확하게 추측할 필요가 없다. 대략적인 추측만으로도 오지선다를 보면 통해 더 답을 빨리 추려낼 수 있다.

❹ 오지선다를 통해 정답을 도출해 낸다.

오지선다를 통해 정답을 도출한다. 결국은 오지선다 내에서 정답을 찾아내야 하므로 3번째 단계에서 추론을 하지 못한 경우 차라리 빠르게 오지선다로 넘어와서 답을 파악하는 것이 우월 전략이다. 오지선다를 활용할 때는 오지선다의 내용을 하나씩 빈칸에 넣어보고 앞뒤 맥락을 다시 읽어보면서 문제를 풀어보는 것도 좋은 전략이다.

앞서 3번째 단계에서 민간형 ADR에 대한 어떤 해결책이 나올 것이라 추측을 한 바가 있다. 이에 오지선다에서 법원에 대한 역할이 나올 것임을 추측하며 오지선다를 살펴본다. 이에 ①번, ③번, ④번으로 대략적인 선지를 추릴 수 있다. 다음으로, 빈칸의 뒷 문장을 보면 법원의 본연의 임무인 재판에 대해 이야기하고 있다. 그렇기 때문에 이에 근거해 ①번, ③번, ④번 내에서 답을 도출하면 된다.

합격자의 시간단축 Tip

Tip ❶ 특정 정보에 너무 매몰되지 않기

빈칸 문제의 경우 가장 많이 시간을 들여 정독해야 하는 부분은 빈칸 주변이다. 그 전 내용 일치나 추론 유형의 경우 대부분 첫 문단을 정독한 뒤 다음 문단들은 핵심 세부내용을 표기하며 읽어 내려갔다. 하지만 빈칸 문제의 경우 핵심 세부내용에 별도로 표기를 하며 염두에 둘 필요가 없다. 빈칸 이전까지 문단에서 말하고자 하는 바를 포괄적으로 읽으며 글의 핵심 내용이나 주장하는 바를 파악하는 것이 더 중요하다. 그러므로 불안해하지 말고 통독으로 속도감 있게 읽어 나가도록 하자.

첨언을 하자면 문제를 풀다 보면 앞 문제에서 사용한 방식을 따라 문제를 풀게 되는 경우가 있다. 앞에서 풀어오던 방식이 익어서 습관처럼 문제에 이전 풀던 방식을 대입하는 것이다. 하지만 문제마다 접근 방식을 달리하는 것이 오히려 정해진 방식대로 푸는 것보다 시간 단축을 도와줄 수 있다.

* 시간이 정말 없는 경우라면 빈칸 근처가 아닌 문단의 경우 첫문장과 끝문장 위주로 읽는 것도 방법이다.

Tip ❷ 빈칸문제의 근거 범위 확정

빈칸 문제가 등장했을 시 어떤 부분을 근거로 삼을지 기준을 미리 잡아 두면 문제 풀이가 훨씬 수월하고 빨라진다. 보통 빈칸문제의 근거는 빈칸이 포함된 문장, 앞뒤 문장, 빈칸이 포함된 문단의 주제를 근거로 삼을 수 있다. 여기서 직접적인 근거를 못 얻더라도 최소한 근거를 얻을 실마리는 얻을 수 있으니 이들부터 먼저 참고해서 풀자. 해당 문제에서는 4문단의 주제인 '법원의 인프라 확충과 그에 따른 민간형 ADR의 활성화'에 대응하는 선지가 정답이 되었다.

027 정답 ④ 난이도 ●●●

문제유형 논리적 비판 > 논지의 일관성

접근전략 문맥에 맞는 내용을 고르는 문제는 독자 자신의 논리가 아니라 선지 중에서 골라야 한다는 점에 유의한다. 선지에 나온 단어가 자신의 생각을 모두 반영하지 못하거나 틀린 점이 있더라도 상대적으로 다른 선지보다 올바른 것을 골라야 한다. 또한 빈칸이 여러 개인 경우 두 빈칸이 서로 연계된 경우는 거의 없으므로 하나를 모르겠으면 일단 넘기면서 읽는다.

다음 글의 ㉠과 ㉡에 들어갈 말을 가장 적절하게 나열한 것은?

(1) 축산업은 지난 50여 년 동안 완전히 바뀌었다. (2) 예를 들어, 1967년 미국에는 약 100만 곳의 돼지 농장이 있었지만, 2005년에 들어서면서 전체 돼지 농장의 수는 10만을 조금 넘게 되었다. (3) 이러는 가운데 전체 돼지 사육 두수는 크게 증가하여 [㉠] 밀집된 형태에서 대규모로 돼지를 사육하는 농장이 출현하기 시작하였다. (4) 이러한 농장은 경제적 효율성을 지녔지만, 사육 가축들의 병원균 전염 가능성을 높인다. (5) 이러한 농장에서 가축들이 사육되면, 소규모 가축 사육 농장에 비해 벌레, 쥐, 박쥐 등과의 접촉으로 병원균들의 침입 가능성은 높아진다. (6) 또한 이러한 농장의 가축 밀집 상태는 가축 간 접촉을 늘려 병원균의 전이 가능성을 높임으로써 전염병을 쉽게 확산시킨다. ▶1문단

(1) 축산업과 관련된 가축의 가공 과정과 소비 형태 역시 변화하였다. (2) 과거에는 적은 수의 가축을 도축하여 고기 그 자체를 그대로 소비할 수밖에 없었다. (3) 그러나 현대에는 소수의 대규모 육류가공기업이 많은 지역으로부터 수집한 수많은 가축의 고기를 재료로 햄이나 소시지 등의 육류가공제품을 대량으로 생산하여 소비자에 공급한다. (4) 이렇게 되면 오늘날의 개별 소비자들은 적은 양의 육류가공제품을 소비하더라도, 엄청나게 많은 수의 가축과 접촉한 결과를 낳는다. (5) 이는 소비자들이 감염된 가축의 병원균에 노출될 가능성을 높인다. ▶2문단

(1) 정리하자면 [㉡] 결과를 야기하기 때문에, 오늘날의 변화된 축산업은 소비자들이 가축을 통해 전염병에 노출될 가능성을 높인다. ▶3문단

① ㉠: 농장당 돼지 사육 두수는 줄고 사육 면적당 돼지의 수도 줄어든
㉡: 가축 사육량과 육류가공제품 소비량이 증가하는
→ (×) ㄱ. 돼지 농장의 수는 줄고 돼지 사육 두수는 늘었다는 빈칸의 앞부분의 내용을 고려한다면[1문단(2),(3)], 농장당 돼지 사육 두수가 크게 증가하였기에 밀집된 형태에서 대규모로 돼지를 사육하는 농장이 출현하였다는[1문단(3)] 설명이 빈칸에 들어가는 것이 적절하다. 따라서 '농장당 돼지 사육 두수는 줄고'와 '사육 면적당 돼지의 수도 줄어든'다는 내용은 옳지 않다. 따라서 ㄱ은 진술 전체가 오답이다.
ㄴ-1. '가축 사육량이 증가한다.'는 옳다. 전체 돼지 사육 두수가 증가하였다고 명확히 지문에 제시되어 있기 때문이다.[1문단(3)]
ㄴ-2. '육류가공제품 소비량이 증가하는'은 알 수 없다. 육류가공제품을 대량으로 생산하여 소비자에 공급하지만[1문단(3)], 육류가공제품 소비량이 늘었는지는 알 수 없다.[1문단(4)]
선지는 항상 옳은 답/옳지 않은 답으로 명확히 나뉘는 것이 아니며 근거가 부족해 판단할 수 없는 선지도 존재한다. 이 경우에는 해당 선지의 정오 여부를 알 수 없기 때문에, 적절한 답이 될 수 없다. 따라서 ㄱ과 ㄴ이 모두 옳지 않으므로 ①번 선지는 오답이다.

② ㉠: 농장당 돼지 사육 두수는 줄고 사육 면적당 돼지의 수도 줄어든
㉡: 가축 간 접촉이 늘고 소비자도 많은 수의 가축과 접촉한
→ (×) ㄱ. 빈칸에 들어갈 적절한 내용은 농장당 돼지 사육 두수와 사육 면적당 돼지의 수 모두 늘어났다는 것이다. 그러므로 '농장당 돼지 사육 두수는 줄고'와 '사육 면적당 돼지의 수도 줄어든'은 옳지 않다. 따라서 ㄱ은 진술 전체가 오답이다.
ㄴ-1. 농장당 돼지 사육 두수와 사육 면적당 돼지의 수가 모두 늘어남에 따라[1문단(3)] 밀집한 상태가 되어 가축 간 접촉 역시 증가한다.[1문단(6)]
ㄴ-2. 소비자들이 육류가공제품을 소비함에 따라 많은 수의 가축과 접촉하게 되었다는 정보를 통해 해당 설명이 적절함을 알 수 있다. 따라서 ㄴ은 옳은 선지이다.
그러나 ㄱ과 ㄴ이 모두 옳아야 적절한 선지이기 때문에, ②번 선지는 오답이다.

③ ㉠: 농장당 돼지 사육 두수는 늘고 사육 면적당 돼지의 수도 늘어난
㉡: 가축 사육량과 육류가공제품 소비량이 증가하는
→ (×) ㄱ. 빈칸 앞뒤의 맥락을 통해 ㄱ이 옳음을 알 수 있다. 따라서 선지 중 ㄱ은 옳다.
ㄴ-1. 전체 돼지 사육 두수가 증가하였으므로 가축 사육량 역시 증가하였다.[1문단(3)]
ㄴ-2. ①번의 ㄴ과 같은 근거로 육류가공제품 소비량 변화에 대한 정보는 제시문을 통해 알 수 없다. 그러므로 선지 중 ㄴ은 옳지 않다.
따라서 ③번 선지는 오답이다.

④ ㉠: 농장당 돼지 사육 두수는 늘고 사육 면적당 돼지의 수도 늘어난
㉡: 가축 간 접촉이 늘고 소비자도 많은 수의 가축과 접촉한
→ (○) ㄱ-1. 빈칸이 포함된 문장에 따르면 전체 돼지 사육 두수가 증가하였다고 했으며[1문단(3)] 앞 문장에 따르면 전체 돼지 농장의 수가 줄었다고 했다.[1문단(2)] 따라서 농장당 돼지 사육 두수는 늘었다고 할 수 있다.
ㄱ-2. '사육 면적 당 돼지의 수'는 곧 '일정 단위(ex. 1평)에서 키우는 돼지의 수'에 해당한다. 빈칸이 포함된 문장에 따르면 밀집된 형태에서 돼지를 대규모로 사육하게 되었으므로[1문단(3)] 사육 면적 당 돼지의 수는 늘어났다. 제시문에 따르면 돼지 사육 농장은 밀집된 형태이며[1문단(3)] 농장의 가축 밀집 상태는 가축 간 접촉을 늘린다.[1문단(6)]
ㄴ-2. 육류 가공 제품에는 수많은 가축들이 들어가기 때문에[2문단(3)], 소비자들은 육류 가공 제품을 조금만 소비해도 엄청나게 많은 수의 가축과 접촉하게 된다.[2문단(4)]
따라서 ㄱ과 ㄴ이 모두 옳으므로 ④번 선지가 정답이다.

⑤ ㉠: 농장당 돼지 사육 두수는 늘고 사육 면적당 돼지의 수도 늘어난
㉡: 가축 간 접촉이 늘고 소비자는 적은 수의 가축과 접촉한
→ (×) ㄱ. ④번의 ㄱ과 같은 근거로 선지 중 ㄱ은 옳다.
ㄴ-1. '가축 간 접촉이 늘고'는 ④번의 ㄴ-1과 같은 근거로 옳다.
ㄴ-2. '소비자는 적은 수의 가축과 접촉한'은 옳지 않다. 소비자는 적은 양의 육류가공제품을 소비하더라도, 엄청나게 많은 수의 가축과 접촉한 결과를 낳기 때문이다.[2문단(4)]
따라서 ㄱ은 옳고, ㄴ은 옳지 않기 때문에 ⑤번은 오답이다.

제시문 분석

1 · 2문단 축산업 농장의 변화에 따른 문제

〈축산업 농장 변화에 따른 문제〉		
문제①	변화	돼지 농장의 수는 줄어들었지만, 전체 돼지 사육 두수가 크게 증가하여 밀집된 형태에서 대규모로 돼지를 사육하는 농장이 출현하였다.[1문단(2),(3)]
	문제	이러한 농장은 경제적 효율성을 지녔지만, 사육 가축들의 병원균 전염 가능성을 높인다.[1문단(4)]
문제②	변화	현대에는 소수의 대규모 육류가공기업이 많은 지역으로부터 수집한 수많은 가축의 고기를 재료로 햄이나 소시지 등의 육류가공품을 대량으로 생산하여 소비자에 공급한다.[2문단(3)]
	문제	오늘날의 개별 소비자들은 적은 양의 육류가공제품을 소비하더라도, 엄청나게 많은 수의 가축과 접촉한 결과를 낳는다.[2문단(4)]
〈결론〉		축산업 농장의 변화는 소비자들이 감염된 가축의 병원균에 노출될 가능성을 높인다.[2문단(5)]

합격자의 실전 풀이 순서

❶ 발문 및 빈칸 확인

발문과 본문의 빈칸을 통해 빈칸추론 유형임을 알 수 있다. 빈칸은 두 가지 종류가 있다. 첫째로 글의 핵심 주장이나 결론을 말하는 빈칸이 있고, 둘째로 생략된 논리를 채우는 빈칸이 있다.

(1) 중심 내용

빈칸에 중심 내용이 들어간다면 제시문 전체를 읽고 각각의 내용이 결합하여 궁극적으로 설명하고자 하는 주제문이 무엇인지 추론해야 한다.

(2) 빈칸 앞뒤 맥락을 연결하는 내용

이 경우 빈칸의 근거는 주로 빈칸이 포함된 문장, 앞뒤 문장, 문단의 주제문 등에서 찾을 수 있다. 최근에는 난이도를 높여 글의 중심 내용까지 파악해야 정답을 고를 수 있도록 출제하기도 한다.

빈칸의 역할을 파악하기 위해서는 빈칸의 위치와 빈칸 앞뒤 문장을 봐야 한다. 빈칸의 역할을 파악하는 것은 독해의 방향을 설정하기 위한 것이므로 시간을 많이 쓸 필요는 없다. 빈칸의 역할을 파악하기 어려운 지문이라면 바로 글을 읽으며 중심 내용을 찾으면 된다.

해당 지문의 경우 ㉠은 어떠한 과정을 설명하는 문장의 중간에 있으므로 맥락을 연결하는 내용임을 알 수 있다. ㉡은 '정리하자면'이라는 문구를 통해 중심 내용임을 알 수 있다. 두 종류의 빈칸이 모두 포함된 문제이므로, 중심 내용을 파악하되 ㉠의 힌트는 해당 빈칸 근처에서 찾는 방식으로 독해를 하면 된다.

❷ 선지 키워드 표시

논리를 채우는 빈칸 문제의 경우 반드시 선지부터 확인하는 것이 좋다. 그 이유는 내용을 스스로 생각하는 것이 매우 어렵기 때문이다. 이는 너무나도 당연한 일이다. 다른 사람의 생각을 단편적인 글만 보고 추측하는 것은 사실 불가능하다. 심지어 내용은 같아도 서술방식이 다를 수도 있다.

이 글의 선지는 ㉠은 '농장당', '면적당' 사육 돼지의 수의 증감을 설명하며, ㉡은 '가축 사육량과 육류가공제품 소비량' 혹은 '가축 간' 및 '소비자와 가축'의 접촉과 관련한 내용로 구성된다. 특히 ㉠은 둘 다 '늘어난다' 혹은 '줄어든다'라고 언급되어 있으므로 비교적 내용 파악이 쉬울 것이라 짐작할 수 있다. 반면 ㉡은 ⑤번 선지에 교차된 내용이 나오는데 이는 2x2로는 4개의 선지밖에 만들 수 없기 때문에 추가된 것이라 추측 가능하다.

❸ 제시문 독해 및 선지 판단

㉠은 빈칸 근처의 내용만으로도 판단할 수 있을 것으로 보이므로 독해와 함께 선지를 판단한다. 빈칸 앞에 농장의 수는 줄고, 돼지 사육 두수는 증가했다는 것이 제시된다. 따라서 농장당 사육두수는 증가했을 것이다. 선지 구성상 '농장당 사육두수'의 증감만 알아도 선지 판단이 가능하다. 면적당 사육두수 증가는 빈칸 뒤에 '밀집된 형태'라는 문구로 추론가능하다. ①, ②는 소거된다.

㉡은 이하 내용을 읽어야 판단 가능할 것으로 보인다. 1문단은 결과적으로 가축 간 접촉 증대로 전염병 확산이 용이해졌음을 지적한다. 2문단은 대규모 육류가공업으로 소비자 또한 많은 가축과 접촉한 것이 되어 병원균에 노출되기 쉬워졌음을 지적한다. 따라서 정답은 ④이다.

이 지문에서 가장 읽기 힘든 부분은 아마 처음 부분이 아닐까 생각된다. 특히 1문단 (2)번 문장이 그렇다. 보통 산업 발전을 얘기하면 모든 면에서 증가되는 것을 생각한다. 예컨대 오염물질 배출까지도 그렇다. 건강이 악화되지만 이것을 '양적으로 줄어든다'고는 생각하지 않는다. 그러나 선지가 둘 중 하나기 때문에 선지를 생각하고 읽으면 바로 납득이 가능하다. 이처럼 지문 자체를 이해하기보다 선지를 설명하기 위한 사전 작업으로써 지문을 독해한다고 생각하고 지문을 읽어야 한다.

합격자의 시간단축 Tip

Tip ❶ 양면적 서술을 고려한다.

소비자와 생산자, 생산 면적과 생산량이라는 개념을 통해서 글의 주장을 강조, 강화하는 서술방식이 쓰이고 있다. 예컨대 면적당 사육두수가 늘어난다는 것은 면적이 줄거나 사육두수가 늘어난다는 것이다. 그 두 가지 조건이 둘 다 충족되면 면적당 사육두수는 많이 늘어날 것이다.

이것과 대비되는 서술방식이 바로 Ceteris Paribus라는 방식이다. "다른 모든 조건이 동일한 경우"를 가정하는 이 서술방식은 조건의 가장 단순한 변화를 설명하기 용이한 서술방식이다. 예컨대 면적이 같다면 사육두수가 늘어날 때 면적당 사육두수가 늘어난다.

Tip ❷ 맥락을 연결하는 빈칸 유형의 확인법

앞서 빈칸의 역할을 파악하려면 빈칸의 위치와 앞뒤 내용을 봐야 한다고 설명했다. 그런데 '맥락 연결 빈칸'의 경우 형식적 특징으로 구분 가능한 경우가 있다. (1)여러 개의 빈칸이 제시문 전반에 분포된 경우, (2)빈칸 두 개가 한 문장에 병렬적으로 제시된 경우, (3)논증 형식의 구성 중 일부에 빈칸이 있는 경우 등이다. 이러한 형식적 특징이 있다면 먼저 빈칸 근처에서 정답의 힌트를 찾아보자. 다만 실험 지문에서 중간 과정을 빈칸으로 둔 경우에는 빈칸 근처에서 힌트를 찾을 수는 있지만, 실험의 전제와 과정을 이해해야 답을 도출할 수 있으므로 주의하자.

028 정답 ②   난이도 ●●●

문제유형 논리적 비판 > 논지의 일관성

접근전략 제시문은 발문에 ㉠㉡이 제시될 경우 두 단어(혹은 문장)는 대립하거나 보완적으로 제시된다. 이 지문의 경우는 대립하는 것으로, 각 이론의 공통점과 차이점을 확인해 가면서 읽고 선지를 해결하면 된다. 단, 주의할 점은 공통점을 경시해선 안 된다는 것이다. 아무리 다른 견해를 보이는 이론이라 할지라도 공통점을 반드시 물어본다. 이를 선지를 확인하지 않고도 당연히 짐작할 수 있어야 한다.

다음 글의 ㉠과 ㉡에 대한 분석으로 적절한 것은?

(1) 제1차 세계대전 이후 심리적 외상의 실재가 인정되었다. (2) 참호 안에서 공포에 시달린 남성들은 무력감에 사로잡히고, 전멸될지 모른다는 위협에 억눌렸으며 동료들이 죽고 다치는 것을 지켜보며 히스테리 증상을 보였다. (3) 그들은 울며 비명을 질러대고 얼어붙어 말이 없어졌으며, 자극에 반응을 보이지 않고 기억을 잃으며 감정을 느끼지 못했다. (4) 이러한 정신적 증후군의 발병은 신체적 외상이 아니라 심리적 외상을 계기로 발생한다는 것을 알게 되었다. (5) 폭력적인 죽음에 지속적으로 노출되어 받는 심리적 외상은 히스테리에 이르게 하는 신경증적 증후군을 유발하기에 충분했다. ▶ 1문단

(1) 전쟁에서 폭력적인 죽음에 지속적으로 노출되어 받는 심리적 외상을 계기로 발생하는 '전투 신경증'이 정신적 증후군의 하나로 실재한다는 사실을 부정할 수 없게 되었을 때, 의학계의 전통주의자들과 진보주의자들 간의 의학적 논쟁은 이제 환자의 의지력을 중심으로 이루어졌다. (2) ㉠ 전통주의자들은 전쟁에서 영광을 누려야 할 군인이 정서적인 증세를 드러내서는 안 된다고 보았다. (3) 이들에 따르면, 전투 신경증을 보이는 군인은 체질적으로 열등한 존재에 해당한다. (4) 전통주의자들은 이 환자들을 의지박약자라고 기술하면서 모욕과 위협, 처벌을 중심으로 하는 치료를 옹호하였다. (5) 반면 ㉡ 진보주의자들은 전투 신경증이 의지력 높은 군인에게도 나타날 수 있다고 주장하였다. (6) 이들은 정신분석 원칙에 입각하여 대화를 통한 인도적 치료를 옹호하였다. (7) 그들은 전투 신경증을 히스테리의 한 유형으로 보았지만 히스테리라는 용어가 담고 있는 경멸적인 의미가 환자들에게 낙인을 찍는다는 사실을 깨닫고 이를 대체할 수 있는 명명법에 대한 고민을 거듭했다. (8) 인도적 치료를 추구했던 진보주의자들은 두 가지 원칙을 확립하였다. (9) 첫째, 용맹한 남성이라도 압도적인 두려움에는 굴복하게 된다. (10) 둘째, 두려움을 극복할 수 있는 동기는 애국심이나 적에 대한 증오보다 강한 전우애다. ▶ 2문단

① ㉠과 ㉡의 히스테리 치료 방식은 같다.
→ (×) ㉠ 전통주의자들은 전투 신경증 환자들을 의지박약자라고 기술하면서 모욕과 위협, 처벌을 중심으로 하는 치료를 옹호하였다.[2문단(4)] 반면에 ㉡ 진보주의자들은 정신분석 원칙에 입각하여 대화를 통한 인도적 치료를 옹호하였다.[2문단(6)] 그러므로 ㉠과 ㉡은 각각 치료 방식이 다르다.

② ㉠과 ㉡은 모두 전투 신경증의 증세가 실재한다고 본다.
→ (O) ㉠과 ㉡은 모두 전쟁에서 폭력적인 죽음에 지속적으로 노출되어 받는 심리적 외상을 계기로 발생하는 '전투 신경증'이 정신적 증후군의 하나로 실재한다는 것을 전제한다.[2문단(1)] 따라서 ㉠과 ㉡ 모두 전투 신경증의 증세가 실재한다고 보는 점에서는 공통된다.

③ ㉠과 ㉡은 전투 신경증이 어떤 계기로 발생하는가에 대해 서로 다른 견해를 보인다.
→ (×) ㉠과 ㉡은 모두 전쟁에서 폭력적인 죽음에 지속적으로 노출되어 받는 심리적 외상을 계기로 발생하는 '전투 신경증'이 발생한다고 본다.[2문단(1)]

④ ㉠과 ㉡은 모두 환자들에게 히스테리라는 용어를 사용하는 것이 부정적인 낙인을 찍는다고 본다.
→ (×) ㉡은 히스테리라는 용어가 담고 있는 경멸적인 의미가 환자들에게 낙인을 찍는다고 보았다.[2문단(7)] 그러나 ㉠이 환자들에게 히스테리라는 용어를 사용하는 것이 부정적인 낙인을 찍는다고 판단했는지는 언급된 바 없다.

⑤ ㉡은 ㉠보다 전투 신경증에 의한 히스테리 증상이 더 다양한 형태로 나타난다고 본다.
→ (×) ㉡이 ㉠보다 전투 신경증에 의한 히스테리 증상이 더 다양한 형태로 나타나는지에 대해서는 제시문에 언급되지 않았다.

제시문 분석

2문단 '전투 신경증'에 대한 전통주의자와 진보주의자의 주장

〈공통 전제〉		
전쟁에서 폭력적인 죽음에 지속적으로 노출되어 받는 심리적 외상을 계기로 발생하는 '전투 신경증'이 정신적 증후군의 하나로 실재한다.(1)		
〈환자의 의지력〉(=쟁점)		
〈전통주의자〉	주장	전투 신경증을 보이는 군인은 체질적으로 열등한 존재다.(3)
	치료방법	모욕과 위협, 처벌 중심의 치료를 옹호했다.(4)
〈진보주의자〉	주장	전투 신경증이 의지력 높은 군인에게도 나타날 수 있다.(5)
	치료방법	정신분석 원칙에 입각하여 대화를 통한 인도적 치료를 옹호했다.(6)
	치료원칙	용맹한 남성이라도 압도적인 두려움에는 굴복하게 된다.(9)
		두려움을 극복할 수 있는 동기는 애국심이나 적에 대한 증오보다 강한 전우애다.(10)

합격자의 실전 풀이 순서

발문 확인

'㉠과 ㉡'에 대한 '분석'을 묻고 있다. 둘 이상의 기호와 '분석'이 등장하는 경우 보통 해당 기호는 '주장'을 지칭하고, '분석'은 주장 간 비교를 의미한다. 어떤 근거가 주장을 지지하는지를 묻기도 한다. 이렇듯 발문은 의외로 많은 정보를 담고 있다. 일반적인 '알 수 있는', '강화하는', '부합하는' 등의 일반적인 어구는 제외하고 '주장', '원문자', '견해' 등은 1)지문의 성격(주장인지 설명인지), 2)문단의 구조(분절적인지 연계적인지), 3)출제 유형(특히 빈칸채우기) 등에 대한 정보를 준다. 따라서 발문보다 지문이나 선지를 보는 것은 점수를 스스로 버리겠다고 선언하는 것이나 다름없다. 완전히 일반적인 문항이 아닌 한 읽고 표시해야 한다.

선지를 먼저 읽는 경우

선지 키워드 표시

독해 지문을 푸는 두 가지 방법 중 선지를 먼저 읽는 경우의 풀이

법을 소개한다. 지문보다 선지를 먼저 보고 정보를 추출하는 방법을 쓸 때는 선지에서 많은 키워드를 뽑아낼 필요는 없고, 또 지문을 확인하자마자 선지를 바로 판단할 수 있을 정도일 필요도 없다. 어디까지나 처음에는 보조적인 정도면 된다.
선지에서 추출할 키워드는 다음과 같다. 단, 이들은 어디까지나 예시이므로 수험생 본인과 같을 필요는 없다.
① 히스테리 치료 방식
② 전투 신경증의 증세
③ 서로 다른 견해
④ 용어 사용, 부정적인 낙인
⑤ 증상, 다양한 형태
이를 통해서 히스테리에 대해 대립하는 두 의견이 있으며, 증상에 대한 설명이 나올 것이라고 짐작할 수 있다. 선지의 내용은 결국 ㉠과 ㉡의 비교 기준이다. 어떤 부분에서는 견해가 일치하고, 어떤 부분에서는 차이가 있는지를 파악하며 독해하면 된다.

지문을 먼저 읽는 경우

지문 읽기
(1) 여기선 지문을 먼저 읽는 경우의 독해요령을 소개한다. 다만 지문의 전체적인 얼개 및 독해의 방향을 소개하므로 2번과 호환이 안 되는 것은 아니다.
발문에서 분석의 대상이 ㉠과 ㉡임을 찾았으므로, 먼저 ㉠과 ㉡을 찾는다. ㉠은 '전통주의자', ㉡은 '진보주의자'인데, ㉡ 앞의 '반면'이 눈에 띈다. 전통주의자의 주장을 설명하고, 이어서 그와 대비되는 진보주의자의 주장을 설명하는 구조임을 알 수 있다. 이를 염두에 두고 첫 문장부터 독해를 시작한다.
1문단은 심리적 외상이 정신적 증후군 및 신경증적 증후군의 원인이라는 점을 이해하며 가볍게 읽고, ㉠과 ㉡이 있는 2문단을 중점적으로 읽는다.
2문단의 첫 문장은 전통주의자와 진보주의자의 의견이 대립하지 않는 부분으로, '의지력을 중심'으로 의견 대립이 일어나게 된 배경이라고 볼 수 있다. 다음으로 '전통주의자'의 개념, 전투 신경증에 대한 인식, 치료법이 설명되고, 이와 대립되는 '진보주의자'의 정보가 제시된다. '반면' 이후 제시되는 차이점에 주목할 필요가 있다.
(2) 제시문을 먼저 읽는 방식을 택한다면 선지로 등장할만한 부분을 추측하며 읽어야 한다. 그러나 추측한 부분이 선지로 등장하지 않을 수도 있다. 예를 들어 1문단의 첫 문장은 언뜻 보면 선지화될 것처럼 생겼다. 원래는 두 번째 문장까지 합쳐서 "심리적 외상이란 ~ 히스테리 증상을 말한다."라는 한 문장으로 서술되었어야 읽기 편한데도 불구하고 '실재 인정'이라는 (마치 논리적인) 어투를 썼기 때문이다.
그러나 실제로는 선지화되지 않았는데 이를 사전적으로 판단하긴 어려운 일이다. 그렇다면 이 문장을 암기하고 가야 할까? 답은 yes다. 지문을 먼저 읽는 이상 감수해야 할 부분이다.
다만 고득점을 하기 위해서는, 이렇게 논리적 서술이 있을 때마다 바로 선지를 확인하여 재빨리 '해당 진술이 문제해결에 필요한지' 여부를 확인하는 요령이 필요하다. 이 요령을 잘 쓰기 위해서는 지문에서 읽던 곳을 명확하게 기억할 수 있어야 한다. 만약 기억할 자신이 없다면 지문을 먼저 읽는 것은 비효율적이다.
(3) 한 가지 유의해야 할 점은, 지문의 끝이 '진보주의자의 의견'일 뿐이지 저자의 의견은 아니라는 것이다. 또한, 저자는 둘 중에 어느 의견이 맞다고 결론 내린 적도 없다. 이를 지문을 읽으면서 확인해 보자. 주장과 근거를 파악할 때는 항상 이렇게 어디까지가 사실이고 어디까지가 주장인지를 명확히 파악해야 한다.
2. 선지 판단
선지 중 무려 3개가 "둘 다 A인지"를 묻고 있다. 이처럼 두 의견이 대립한다고 해서 차이점 위주로 물을 거라는 생각을 버려야 한다.
선지가 이렇게 둘 다 묻는 이유는 두 가지가 있다. 첫째로 지문의 모든 부분을 활용하기 위함이고, 둘째로 차이점끼리 묶어서 기억하는 편이 더 쉽기 때문에 차이점만 문제에 낼 경우 함정 설치가 까다롭기 때문이다. 공통점과 차이점은 둘 다 기억해야 하지만 차이점 X와 차이점 Y가 있다면 X-Y의 연계를 통해 기억하기도 쉽고 선지 판단도 쉬워진다. 예컨대 인도주의의 히스테리의 원인과 치료방법은 서로 이어지기가 쉽다.

합격자의 시간단축 Tip

Tip ❶ "낙인"이라는 개념은 반드시 알아둔다.
사회학 용어에 '낙인 효과'라는 말이 있다. 유사한 단어로는 마녀사냥, 주홍글씨, 피그말리온 효과, 전과자 등이 있다. 이 단어의 뜻을 평소에 알아두면 도움이 많이 된다. (개인적인 생각으로는 모든 개념 중에서 가장 중요한 게 아닐까 한다). 구체적으로 너무 많이 알 필요는 없고, 공통적으로 사람을 X라고 인식하면 모든 행동을 그에 맞춰 해석하게 되고, 그게 2차적으로 그 사람을 X처럼 행동하게 만드는 효과를 말한다. 사회의 모든 차별을 설명하는 관점 중 하나다.

Tip ❷ 대립이 '명시'된 경우 대립이 있는 지점을 찾는 데 주력한다.
대립하는 의견은 쟁점과 쟁점이 아닌 부분을 명확하게 나누면서 읽어야 한다. 또한, 판단의 근거는 지문에 있는 내용이어야 한다. 주장들이 모든 측면에서 싸운다는 것은 특수한 경우가 아니면 불가능하다. 심지어 한국과 북한 사이도 협력을 하기도 하고 전쟁을 하기도 하는데 한낱 의견이라면 말할 것도 없다. 예컨대 이 지문에는 전통주의자와 진보주의자가 과거 '증상의 실재' 여부에 대해서도 대립했는지는 등장하지 않는다. 무조건적으로 이것도 과거에 대립했었다고 생각하면 절대 안 된다.

Tip ❸ 공통점과 차이점에 주목한다.
지문에서 설명하는 대상의 공통점과 차이점은 선지로 자주 등장한다. 두 대상의 특징을 바꾸어 제시하는 경우도 있고, 차이점을 공통점으로 제시하기도, 공통점을 차이점으로 제시하기도 한다. 따라서 독해 시 독립된 대상의 차이점과 공통점이 등장하면 유의하여 읽어야 한다. 시각적으로 기호화하는 것도 선지 판단에 도움이 된다.

029 정답 ❷ 난이도 ●●○

문제유형 사실적 이해 > 정보 확인
접근전략 제도의 변천 및 설계를 소재로 하는 정보 확인 유형 한국사 지문이다. 제도는 한국사 비문학 유형에서 종종 등장하며, 제도를 선지의 사례에 적용하도록 하는 추론형 선지와 함께 출제되는 경우가 많다. '제도 테마 한국사 비문학'에 적응한다는 관점으로 접근해 보자.

다음 글에서 알 수 있는 것은?

(1) 조선 왕조는 가난하고 굶주린 백성을 보살피기 위한 진휼 사업에 힘썼다. (2) 진휼의 방법에는 무상으로 곡식을 지급하는 진제와 이자를 받고 유상으로 곡식을 대여해 주는 환곡이 있었다. (3) 18세기 후반 잦은 흉년으로 백성들을 구제할 필요성이 높아지자, 조선 왕조는 이전보다 진제를 체계화하여 공진, 사진, 구급으로 구분해 실시하였다. ▶1문단

(1) 공진은 국가가 비축해 놓은 관곡을 지급하는 것으로서, 국가의 재정적 부담을 고려해 재해 피해가 극심한 지역에 한정하여 실시하였다. (2) 사진은 관곡을 사용하지 않고 지방 수령이 직접 마련한 자비곡이나 부유한 백성으로부터 기부받은 곡식으로 실시하는 것이었다. (3) 사진은 그 실시 여부를 수령이 재량으로 결정하되 공진과 같은 방식으로 지급하였다. (4) 한편 구급은 당장 구제하지 않으면 생명을 보전하기 어려운 백성을 긴급 구제하는 것으로 수령의 자비곡으로 충당하였다. ▶2문단

(1) 진제의 실시에 있어 대상자 선정은 매우 중요한 문제였다. 이에 대상자를 선정함에 앞서 지역 실정을 잘 아는 향임이나 감고에게 백성들의 토지 소유 여부, 생활 수준 등을 조사하도록 했다. (2) 조사를 하면서 본래 가계가 넉넉한 사람은 초실, 경작 규모나 경제 형편과 관계없이 금년에 이앙을 마친 사람은 작농, 농사 이외의 다른 직업으로 생계를 유지하는 사람은 자활, 지극히 가난한 사람은 빈궁, 구걸로 연명하는 사람은 구걸로 구별해 이 중 하나로 기록하였다. (3) 빈궁이나 구걸로 기록되는 사람이라도 형제나 친척 중에 초실이 있으면 그들의 거주지와 인적사항을 함께 기록하였다. ▶3문단

(1) 이러한 사전 조사를 바탕으로 상·중·하 3등급으로 백성을 구분하여 대상자를 최종 선정하였다. (2) 스스로 살아갈 수 있는 사람은 상, 환곡을 받아야 살아갈 수 있는 사람은 중, 구걸로도 끼니를 해결하지 못해 무상으로 지급되는 곡식 없이는 목숨 보전도 힘든 사람을 하로 구분하였다. (3) 최종적으로 하로 분류된 사람들이 진제의 대상자가 되었으며, 그 안에서 다시 굶주림의 정도에 따라 지급 시기를 구분하여 곡식을 지급하였다. (4) 지급되는 곡식의 양은, 장년 남자는 10일에 쌀 5되, 노인 남녀와 장년의 여자는 10일에 쌀 4되, 어린아이는 10일에 쌀 3되였다. ▶4문단

① **진제 대상자의 선정 과정에서 초실과 자활은 3등급 중에서 상으로 분류되었다.**

→ (×) 초실은 본래 가계가 넉넉한 사람이고, 자활은 농사 이외의 다른 직업으로 생계를 유지하는 사람이다.[3문단(2)] 3등급 중에서 상에 해당하는 사람은 스스로 살아갈 수 있는 사람이다.[4문단(2)] 초실에 속해있는 사람은 상으로 분류될 확률이 높지만, 자활에 속해있는 사람이 스스로 살아갈 수 있는지는 제시문에서 언급하고 있지 않다. 따라서 자활이 3등급 중에서 상으로 분류되었는지는 알 수 없다.

② **지방 수령이 자신의 판단으로 진제를 실시하는 경우에는 관곡을 지급하지 않았다.**

→ (O) 진제의 종류에는 공진, 사진, 구급이 있으며[1문단(3)], 그중 사진은 실시 여부를 수령이 재량으로 결정하되 공진과 같은 방식으로 지급하였다.[2문단(3)] 또한, 사진은 관곡을 사용하지 않고 지방 수령이 직접 마련한 자비곡이나 부유한 백성으로부터 기부받은 곡식으로 실시하였다.[2문단(2)] 따라서 알 수 있는 선지다.

③ **조사하는 해에 이앙을 마친 농민이 지극히 가난한 소작농이면 빈궁으로 기록되었다.**

→ (×) 금년에 이앙을 마친 사람은 경작 규모나 경제 형편과 관계없이 작농으로 구분되었으므로[3문단(2)] 선지의 경우는 지극히 가난하고 소작농이더라도 작농으로 기록되었을 것이다. 따라서 틀린 내용의 선지이다.

④ **진제 대상자로 선정된 경우 굶주림의 정도가 심할수록 더 이른 시기에 더 많은 곡식을 지급받았다.**

→ (×) 진제 대상자로 선정된 경우 굶주림의 정도에 따라 지급 시기를 구분하여 곡식을 지급한 것은 사실이다.[4문단(3)] 그러나 굶주림의 정도에 따라 곡식을 지급받는 시기가 어떻게 달라지는지는 언급되지 않았다. 또한, 지급되는 곡식의 양은 굶주림의 정도가 아닌 연령과 성별에 따라 나누어졌다.[4문단(4)]

⑤ **자력으로 생계를 전혀 유지할 수 없는 사람이라도 친척 중에 초실이 있으면 진제 대상자에서 제외되었다.**

→ (×) 구걸로 연명하는 사람은 구걸로 구별하며 형제가 친척 중에 초실이 있으면 그들의 거주지와 인적사항을 함께 기록하였다.[3문단(3)] 그러나 이는 사전조사에 불과하며, 최종적으로 구걸로도 끼니를 해결하지 못하는 사람이 하로 선정되어 진제의 대상자가 되었다.[4문단(3)] 따라서 친척 중에 초실이 있다 해서 무조건 진제 대상자에서 제외되는지는 알 수 없다.

제시문 분석

1문단 기존 진휼의 방법

〈기존 진휼의 방법〉		
〈진제〉		〈환곡〉
무상으로 곡식을 지급(2)	⊕	이자를 받고 유상으로 곡식을 대여(3)

→ 〈진제 체계화〉	18세기 후반 잦은 흉년으로 백성을 구제할 필요성이 높아지자 진제를 체계화(3)

2문단 체계화된 진제

〈진제의 구분〉	
〈공진〉	국가가 비축해 놓은 관곡을 지급하는 것으로서, 국가의 재정적 부담을 고려해 재해 피해가 극심한 지역에 한정하여 실시하였다.(1)
〈사진〉	관곡을 사용하지 않고 지방 수령이 직접 마련한 자비곡이나 부유한 백성으로부터 기부받은 곡식으로 실시하는 것이었다. 또한, 사진은 그 실시 여부를 수령이 재량으로 결정하되 공진과 같은 방식으로 지급하였다.(2),(3)
〈구급〉	당장 구제하지 않으면 생명을 보전하기 어려운 백성을 긴급 구제하는 것으로 수령의 자비곡으로 충당하였다.(4)

3문단 진제 대상자의 분류 기준

〈진제 대상자 분류〉
공진, 사진, 구급의 분류는 사전 조사했으며 최종 대상자를 선별하기 위해 상, 중, 하로 다시 분류(1)

〈분류 기준〉		
초실	본래 가계가 넉넉한 사람(2)	
작농	경작 규모나 경제 형편과 관계없이 금년에 이앙을 마친 사람(2)	
자활	농사 이외의 다른 직업으로 생계를 유지하는 사람(2)	
빈궁	지극히 가난한 사람(2)	빈궁이나 구걸로 기록되는 사람이라도 형제나 친척 중에 초실이 있으면 그들의 거주지와 인적사항을 함께 기록(3)
구걸	구걸로 연명하는 사람(2)	

4문단 진제의 분류 대상자

〈상〉		〈중〉		〈하〉
스스로 살아갈 수 있는 사람(2)	⊕	환곡을 받아야 살아갈 수 있는 사람(2)	⊕	구걸로도 끼니를 해결하지 못해 무상으로 지급되는 곡식 없이는 목숨 보전도 힘든 사람(2)

〈대상자 선정〉		〈곡식의 양 차등화〉
최종적으로 하로 분류된 사람들이 진제의 대상자가 되었으며, 그 안에서 다시 굶주림의 정도에 따라 지급 시기를 구분하여 곡식을 지급하였다.(3)	→	지급되는 곡식의 양은, 장년 남자는 10일에 쌀 5되, 노인 남녀와 장년의 여자는 10일에 쌀 4되, 어린아이는 10일에 쌀 3되였다.(4)

합격자의 실전 풀이 순서 한국사 비문학 유형

❶ 발문 읽기 및 유형 파악

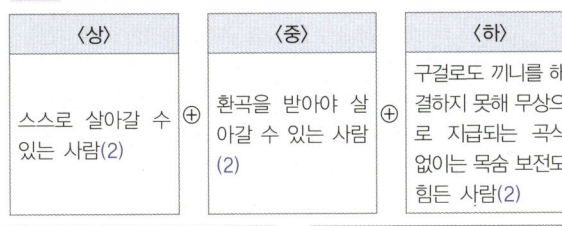

항상 발문을 먼저 제대로 읽자. 본 문제는 글에서 알 수 있는 것을 고르는 유형의 문제이다. 알 수 있는 것을 고르는 문제는 부합하는 것을 고르는 문제와 같다. 해당 유형은 제시문 내용과 일치하거나 그로부터 추론 가능한 선지가 정답이 되며, 제시문 내용과 상충하거나 그로부터 추론할 수 없는 선지가 오답이 된다. 이 유형에서는 '제시문에 명확한 근거 없음'으로 오답인 선지가 구성되는 경우도 존재하므로 조심해야 한다. 또한, 발문에 ○ 표시를 해놓고 문제를 풀면 옳은 것을 골라야 하는 문제에서 옳지 않은 것을 고르게 되는 실수가 줄어든다.

❷ 제시문 독해

제시문 독해 시, 제시문을 어느 정도로 꼼꼼히 읽을 것인지는 각자의 풀이법에 따라 달라진다. 언어논리 고득점자 중에는 제시문 독해단계에서 1분보다 짧은 시간에 제시문의 주제와 키워드만 대강 파악하고, 선지부터 이해한 후에 제시문을 다시 훑어 올라가는 사람도 있다. 그러나 초심자에게 해당 방식을 채택하는 것을 추천하지 않는다. 주제와 키워드만 파악하여 제시문을 읽었다면 선지 판단을 위해 선지의 키워드를 제시문에서 다시 찾아야 하는데, 글의 구조가 어떻게 구성되는지 알지 못하거나 시험장에서 지나치게 긴장한 경우 해당 키워드를 찾지 못하는 불상사가 발생할 수 있기 때문이다. 또한, 최근에는 문단 간의 정보를 연결해야 하는 문제가 나와 키워드 찾기 방식의 효용이 떨어지고 있다. 따라서 처음에는 시간을 들여 모든 제시문을 꼼꼼히 분석하는 연습을 하고, 차차 자신이 안정적으로 선지를 판단할 수 있는 수준으로 제시문 독해 시간을 줄여가는 것을 추천한다. 물론 자신의 독해 실력이 뛰어나다면 선지를 먼저 읽고 키워드를 제시문에서 찾는 등 제시문 독해 시간을 획기적으로 줄이는 방법을 시도하는 것도 좋다.

독해 실력이 특출나지 않는 사람들 대다수에게는 제시문의 구조와 선지에서 나올만한 중요한 내용을 파악하며 1분에서 2분 사이 내에 제시문을 읽는 것을 추천한다. 이때 선지에서 나올만한 내용으로는, 두 대상의 공통점과 차이점, 인과관계, 두 대상의 성능 및 효과 비교, 접속어로 시작하는 문장의 주요 내용, '반드시', '필수적'과 같은 표현으로 강조되는 내용, 시간의 흐름에 따른 변화 등이 있다. 다양한 정보확인문제를 통해 선지에서 주로 묻는 내용이 무엇인지 정리한 뒤, 제시문에서 선지에 나올만한 내용을 미리 파악하며 읽는 습관을 들이자. 본 문제의 제시문의 경우 구조가 뚜렷하므로 이를 파악하며 읽는 것이 좋다. 먼저 1문단에서는 진휼 사업의 종류를 설명하고 있다. 진휼 사업은 진제와 환곡으로 나뉘고, 진제는 공진, 사진, 구급으로 나뉜다. 이처럼 유사한 대상을 구분할 때는 숫자를 활용하는 것이 좋다. 예컨대, 진제에 1, 환곡에 2를 적고, 진제를 체계화한 공진, 사진, 구급에는 각각 ①, ②, ③ 또는 1-1, 1-2, 1-3을 적을 수 있다.

2문단은 공진, 사진, 구급에 대한 설명인데, 각 대상의 설명 구역을 시각적으로 구분할 필요가 있다. 예컨대 2문단 (2), (4) 문장 앞에 빗금을 그어두고, 설명 대상에 따라 1문단에서 적은 숫자인 ①, ②, ③을 적어두는 것이 좋다. 이외에도 3문단의 대상자 선정의 구분 기준, 4문단의 백성의 등급 구분에 동그라미를 치거나, 괄호로 묶어 각 등급을 시각적으로 구분할 필요가 있다.

유의해야 할 표현으로는 2문단 (1) 문장의 '~에 한정하여', (3) 문장의 '~와 같은 방식으로'가 있다. 특히 '~와 같은 방식으로'라는 표현은 문단 간의 정보를 연결하는 표현으로 자주 사용되므로 유의해야 한다. 또한, 3문단의 (2) 문장은 작농을 설명하는 표현으로 '~과 관계없이'가 등장하는데, 작농을 결정하는 기준으로 경작 규모와 경제 형편과 같이 제외된 기준을 활용하지 않도록 주의해야 한다.

❸ 선지 적용하기

각 선지에 등장하는 테마를 정리하면 다음과 같다. 별다른 특징이 없이 제시문과의 비교·추론을 활용해 풀 수 있는 선지들은 제외한다.

① **진제 대상자의 선정 과정에서 초실과 자활은 3등급 중에서 상으로 분류되었다. ⇨ 개념 구분, 등급 분류**
3문단에 등장하는 다양한 개념을 명확히 구분할 수 있는지, 4문단에 등장하는 등급의 분류를 제대로 이해했는지 묻는 선지다.

② **지방 수령이 자신의 판단으로 진제를 실시하는 경우에는 관곡을 지급하지 않았다. ⇨ 개념 구분**
'진제'라는 대분류에 속하는 3가지 제도 중 선지가 어디에 속하는지 구분하도록 한다.

③ **조사하는 해에 이앙을 마친 농민이 지극히 가난한 소작농이면 빈궁으로 기록되었다. ⇨ 개념 구분**
3문단에 등장하는 다양한 개념을 구분하도록 하는 선지다. 선지 ①보다 테마가 적어 판단도 간단하다.

④ **진제 대상자로 선정된 경우 굶주림의 정도가 심할수록 더 이른 시기에 더 많은 곡식을 지급받았다. ⇨ 추세**
'~할수록'이 등장해 추세를 묻는 추론형 선지다. 본 선지의 특징은 추세가 1개가 아닌 2개 등장한다는 것이다. '굶주림의 정도-곡식 지급 시기', '굶주림의 정도-곡식 지급량'의 두 추세를 각각 검증하여야 한다. 굶주림의 정도에 따라 지급받는 시기가 어떻게 구분되는지 알 수 없으며, 곡식 지급량과의 관계 역시 언급되지 않았으므로 옳지 않은 선지가 된다.

합격자의 시간단축 Tip

Tip ❶ '~수록'에 주의하자.

'a일수록 b다'라는 문장이 있다. 이 문장의 진위를 판별하려면 어떻게 해야 할까? 먼저 가능한 모든 개체의 a 정도를 파악한다. 다음으로 a 정도가 강한 개체일수록 b 정도도 강한지 확인해야 할 것이다.

본 문제의 경우, 선지 ④가 '~할수록'을 사용하고 있다. 이 선지를 판단하려면 우선 추세의 세 변수인 굶주림의 정도, 곡식 지급 시기, 그리고 곡식 지급량이 각각 계량화 가능한 개념인지 파악한다. 세 변수 모두 계량화할 수 있고, 수량으로 객관적인 비교가 가능하므로 추세를 검증할 수 있다. 다음으로 굶주림의 정도와 곡식 지급 시기 간에 상관관계가 존재하는지 확인해야 한다. 그와 별개로 굶주림의 정도와 곡식 지급량 간에도 상관관계가 존재하는지 확인해야 한다. 이처럼 '~수록'이 내포한 맥락은 생각보다 복잡하다. 비문학 유형의 선지에서 '~수록'이 등장하면 거의 무조건 추론형 선지라 보면 된다. 난이도가 낮은 선지 여러 개를 빠르게 제거하고 싶다면 '~수록'이 나오는 선지는 일단 패스하자. 반면 난이도가 높은 선지 중에 정답이 있을 확률이 높다고 본다면, '~수록' 먼저 처리할 수도 있다.

Tip ❷ 알 수 없는 선지에 대비

알 수 있는 것을 고르는 문제의 오답 선지 구성원리는 본문 내용과 상충하는 내용뿐만 아니라 유추할 근거 없음도 포함한다. 유추할 근거가 없는 근거를 찾는 데에 시간을 쓰지 말고 과감하게 다음 선지로 넘어가서 오답 판단을 빠르게 내리도록 하자. 본 문제의 경우 ①, ④, ⑤번 선지를 과잉추론하여 옳은 선지로 착각하기 쉬웠다.

Tip ❸ 숫자를 활용하여 대상의 관계를 파악

다양한 층위의 대상들이 제시되는 경우, 이들 간의 관계를 파악하는 것이 중요하다. 이를 파악하기 위해 시각적인 표시를 활용할 수 있다. 각 이름을 구분하는 포인트에 ㅇ과 ㅁ 같은 서로 다른 기호를 표시하는 것이다. 기호 외에도 1, 2, 1+2, 1-1과 같은 숫자를 활용할 수도 있다. 본 제시문과 같이 설명되는 대상이 3개 이상이고 포함관계가 나타나는 경우, 기호보다 숫자를 활용하여 대상들을 구분하는 것이 더 편리하다. 또한, 숫자를 활용할 경우 대상 간의 공통점과 차이점, 포함관계를 표기할 수 있다는 장점이 있다.

030 정답 ⑤

난이도 ●○○

문제유형 제시문형 > 정보확인

접근전략 짧은 제시문이 주어진 정보확인유형이다. 발문에서 '적극적 다문화주의 정책'에 해당하는 것을 고르라는 지침이 확실히 주어졌으므로, '적극적 다문화주의 정책'에 주목하여 제시문을 독해한다. 제시문에 대조되는 두 개 이상의 대상이 제시된 경우, 해당 대상들 간의 차이점을 파악하며 개념을 명확히 이해한다.

다음 글을 근거로 판단할 때, 적극적 다문화주의 정책에 해당하는 것을 〈보기〉에서 모두 고르면?

(1) 한 사회 내의 소수집단을 위한 정부의 정책 가운데 다문화주의 정책은 크게 소극적 다문화주의 정책과 적극적 다문화주의 정책으로 구분할 수 있다. (2) 소극적 다문화주의 정책은 소수집단과 그 구성원들에 대한 차별적인 대우를 철폐하는 것이다. (3) 한편 적극적 다문화주의 정책은 이와 다른 정책을 그 내용으로 하는데, 크게 다음 네 가지로 구성된다. (4) 첫째, 소수집단의 고유한 관습과 규칙이 일반 법체계에 수용되도록 한다. (5) 둘째, 소수집단의 원활한 사회진출을 위해 특별한 지원을 제공한다. (6) 셋째, 소수집단의 정치참여의 기회를 확대시킨다. (7) 넷째, 일정한 영역에서 소수집단에게 자치권을 부여한다.

〈보기〉

ㄱ. 교육이나 취업에서 소수집단 출신에게 불리한 차별적인 규정을 폐지한다.
→ (×) 교육이나 취업에서 소수집단 출신에게 불리한 차별적인 규정을 폐지하는 것은 적극적 다문화주의 정책이 아닌 소극적 다문화주의 정책이다.

ㄴ. 의회의원 비례대표선거를 위한 각 정당명부에서 소수집단 출신 후보자의 공천비율을 확대한다.
→ (O) 적극적 다문화주의 정책 세 번째는 소수집단의 정치참여의 기회를 확대시키는 정책이다. 의회의원 비례대표선거를 위한 각 정당명부에서 소수집단 출신 후보자의 공천비율을 확대하는 것은 소수집단의 정치참여의 기회를 확대시키는 적극적 다문화주의 정책이다.

ㄷ. 공무원 시험이나 공공기관 입사 시험에서 소수집단 출신에게 가산점을 부여한다.
→ (O) 적극적 다문화주의 정책 두 번째는 소수집단의 원활한 사회진출을 위해 특별한 지원을 제공하는 정책이다. 공무원 시험이나 공공기관 입사 시험에서 소수집단 출신에게 가산점을 부여하는 것은 소수집단의 사회진출을 위해 특별한 지원을 제공하는 적극적 다문화주의 정책이다.

ㄹ. 특정 지역의 다수 주민을 이루는 소수집단에게 그 지역의 치안유지를 위한 자치경찰권을 부여한다.
→ (O) 적극적 다문화주의 정책 네 번째는 일정한 영역에서 소수집단에게 자치권을 부여하는 정책이다. 특정 지역의 다수 주민을 이루는 소수집단에게 그 지역의 치안유지를 위한 자치경찰권을 부여하는 것은 일정한 영역에서 소수집단에게 자치권을 부여하는 적극적 다문화주의 정책이다.

① ㄱ, ㄷ → (×)
② ㄴ, ㄷ → (×)
③ ㄴ, ㄹ → (×)
④ ㄱ, ㄴ, ㄹ → (×)
⑤ ㄴ, ㄷ, ㄹ → (O)

합격자의 실전 풀이 순서

❶ 문제 유형 파악

본 문제는 제시문이 주어지고 제시문에서 설명된 '적극적 다문화주의 정책'에 해당하는 것을 〈보기〉에서 고르도록 하고 있으므로, 넓은 의미에서 사례 찾기 유형에 해당한다. 발문에서 '적극적 다문화주의 정책'에 해당하는 것을 찾아야 한다고 명확한 지침을 주었으므로 이에 유의하여 제시문을 독해한다. 적극적 다문화주의 정책에 해당하는 것을 고르는 문제라는 것을 인지하기 위해 "적극적 다문화주의"라는 단어에 밑줄이나 동그라미 등 표시를 한다.

❷ 제시문 독해

제시문에는 소극적 다문화주의 정책과 적극적 다문화주의 정책이 서로 대조되는 개념으로 제시되고 있다. '소극적 다문화주의 정책'은 발문에서 직접 묻고 있는 대상은 아니나, 보기에서 '적극적 다문화주의 정책'을 구분하기 위해 활용하는 것이 좋다. 틀린 보기의 내용으로 '소극적 다문화주의' 정책이 활용될 가능성이 크기 때문이다. 또는 적극적 다문화주의에 해당하는지를 판단해야 하므로 셋째 줄의 소극적 다문화주의 정책을 읽지 않고 바로 넷째 줄의 적극적 다문화주의 정책을 읽는 방법도 좋은 전략이다. (3)문장 이하의 네 가지 정책에 해당하는 경우 옳은 보기이다.

❸ 선지 판단

제시문 독해를 바탕으로 보기를 검토한다. 보기 ㄱ은 차별적 규정을 폐지하는 것이므로 소극적 다문화주의 정책이다. 보기 ㄴ은 소수집단의 정당 공천비율을 확대하는 것이므로 정치와 관련된 셋째 정책과 비교한다. 보기 ㄷ은 시험에서 가산점을 부여하는 것이므로 사회진출과 관련된 둘째 정책과 비교한다. 보기 ㄹ은 소수집단에게 자치경찰권을 부여하는 것이므로 자치권과 관련된 넷째 정책과 비교한다.

본 문제와 같이 하나의 선지가 보기들의 조합으로 구성되는 경우 보기를 해결한 후 해당 보기와 관련된 선지를 먼저 처리하는 것이 좋다. 예컨대, 보기 ㄱ은 적극적 다문화주의 정책에 해당하지 않으므로 선지 ①번과 ④번이 제외된다. 남은 보기가 모두 보기 ㄴ을 포함하고 있으므로 나머지 보기를 확인한다. 보기 ㄷ은 적극적 다문화주의 정책에 해당하므로 선지 ③번이 제외되고, 마지막으로 보기 ㄹ을 확인하면 정답이 도출된다.

합격자의 시간단축 Tip

Tip 보기 판단 시 제시문을 활용

설문의 경우 적극적 다문화주의 정책도 4개이고 보기도 4개이므로 1:1 대응이 가능하다. 따라서 보기를 읽고 지문의 정책 중 어느 하나에 해당하는지 확인하는 실전 풀이순서의 방법도 있지만, 추천하는 방법은 지문의 각 정책을 읽고 해당하는 보기가 있는지 확인하는 것이다. 예를 들어, 둘째 정책을 확인한 후 해당하는 보기가 있는지 살펴보면 보기 ㄷ이 해당하므로 선지 ③번과 ④번을 제외한 후 다음 정책을 확인한다.

독끝 3일차 (031~045)

정답

031	⑤	032	②	033	④	034	①	035	③
036	②	037	②	038	⑤	039	②	040	⑤
041	②	042	⑤	043	①	044	④	045	⑤

031 정답 ⑤

난이도 ●●○

문제유형 비판적 사고 > 지문에서 추론하기

접근전략 과학 소재의 경우 가장 빈번하게 출제되는 소재이며, 동시에 수험생들이 가장 어려워하는 소재이기도 하다. 특히 추론형 문제로 나오는 경우에는 난이도가 더 높아진다. 하지만 가장 중요한 것은 지문에 대한 완벽한 이해가 필요 없다는 점이다. 소재가 무엇인지 파악하고, 인과관계나 비례-반비례와 같이 등장하는 요소들 간의 관계를 파악하기만 한다면 정답을 찾는 데에는 무리가 없을 것이다.

소재가 과학인 것만 제외하면, 접근 전략은 기존의 추론 방식과 비슷하다. 첫 문단을 정독하고 이후 다른 문단들을 통독하면서 가볍게 읽어 내려간다. 본 문제의 경우에는 밑줄이 존재하기 때문에 밑줄에 있는 소재를 먼저 파악하고 1문단부터 읽어 내려가기 시작한다. 글의 구조와 소재 간 관계만 파악하면 아무리 어려운 과학 소재여도 정답을 찾을 수 있으니 너무 두려워하지 말도록 하자.

다음 글의 ㉠에 대한 진술로 적절하지 않은 것은?

(1) 해녀들이 고무 잠수복을 받아들일 때 잠수복 바지, 저고리, 모자, 버선은 받아들였으나 흥미롭게도 장갑은 제외시켰다. (2) 손은 부피당 표면적이 커서 수중에서 열손실이 쉽게 일어나는 부위이다. (3) 손의 온도가 떨어지면 움직임이 둔해지고 정확도가 떨어지므로 물속에서의 작업 수행 능력이 감소된다. (4) 이런 점을 고려할 때 장갑 착용은 작업 능률을 향상시킬 것으로 생각되는데 수온이 낮은 겨울철에도 해녀들이 잠수 장갑을 끼지 않는 데는 어떤 이유가 있을 것이다. (5) 그 이유를 알아보기 위하여 ㉠ 겨울철 해녀의 작업 시 장갑 착용이 손의 열손실에 어떤 영향을 미치는지 연구하였다.
▶ 1문단

(1) 겨울철에 해녀가 작업을 할 때, 장갑을 끼는 경우와 끼지 않는 경우에 손의 열손실을 측정하였다. (2) 열손실은 단위시간당 손실되는 열의 양으로 측정하였다. (3) 입수 초기에는 장갑을 낄 때나 안 낄 때나 손의 열손실이 증가하는데 장갑을 낄 때보다 안 낄 때 더 빠르게 증가한다. (4) 그런데 입수 초기가 지나면 손의 열손실은 시간에 따라 점차 감소하는데 장갑을 낄 때보다 안 낄 때 더 빠르게 감소한다. (5) 그래서 입수 후 약 20분이 지나면 손의 열손실이 장갑을 낄 때보다 안 낄 때 더 작아지는 기현상이 생긴다.
▶ 2문단

(1) 이러한 현상은 입수 시 나타나는 손의 열절연도 변화로 설명할 수 있다. (2) 물체의 열손실은 그 물체의 열절연도에 의해 좌우되는데 열절연도가 커질수록 열손실이 작아진다. (3) 입수 후 손의 열절연도는 장갑을 낄 때보다 안 낄 때 더 빠르게 증가하여 입수 후 약 20분이 지나면 손의 열손실이 장갑을 낄 때보다 안 낄 때 더 작아진다. (4) 또한, 팔의 열절연도도 입수 후 시간이 지남에 따라 장갑을 낄 때보다 안 낄 때 더 빠르게 증가하여 팔의 열손실은 장갑을 낄 때보다 안 낄 때 더 빠르게 감소한다.
▶ 3문단

① 손의 온도는 해녀의 작업 수행 능력에 영향을 준다.
→ (○) 손의 온도가 떨어지면 움직임이 둔해지고 정확도가 떨어지므로 물속에서의 작업 수행 능력이 감소된다.[1문단(3)] 이를 통해 손의 온도가 해녀의 작업 수행 능력에 영향을 준다는 것을 알 수 있다.

② 장갑 착용 여부는 손과 팔의 열손실에 영향을 준다.
→ (○) 입수 후, 손과 팔의 열절연도는 장갑을 낄 때보다 안 낄 때 더 빠르게 증가하여 열손실이 더 빠르게 감소한다.[3문단(3),(4)] 이를 통해 장갑 착용 여부가 손과 팔의 열손실에 영향을 준다는 것을 알 수 있다.

③ 입수 초기에는 장갑을 낄 때보다 안 낄 때 손의 열손실이 더 빠르게 증가한다.
→ (○) 입수 초기에는 장갑을 낄 때나 안 낄 때나 손의 열손실이 증가하는데, 장갑을 낄 때보다 안 낄 때 더 빠르게 증가한다.[2문단(3)]

④ 입수 후 시간이 지남에 따라 손의 열절연도는 장갑을 낄 때보다 안 낄 때 더 빠르게 증가한다.
→ (○) 입수 후, 손의 열절연도는 장갑을 낄 때보다 안 낄 때 더 빠르게 증가한다.[3문단(3)]

⑤ 입수 후 장갑을 안 낄 때는 손의 열손실이 시간이 지남에 따라 증가한 후 감소하지만 장갑을 낄 때는 그렇지 않다.
→ (×) 입수 초기에는 장갑을 낄 때나 안 낄 때나 손의 열손실이 증가하고[2문단(3)] 입수 초기가 지나면 손의 열손실은 시간에 따라 점차 감소한다.[2문단(4)] 즉, 장갑 착용 여부와 관계없이 입수 후 손의 열손실은 시간이 지남에 따라 증가한 후 감소한다. 다만 장갑을 낄 때보다 안 낄 때 손의 열손실이 더 빠르게 증가하고 더 빠르게 감소할 뿐이다.[2문단(4)]

제시문 분석

1문단 해녀들의 고무 잠수복과 장갑

〈해녀들의 고무 잠수복〉
해녀들이 고무 잠수복을 받아들일 때 잠수복 바지, 저고리, 모자, 버선은 받아들였으나 흥미롭게도 장갑은 제외시켰다.(1)

〈손의 온도와 작업 수행 능력〉		〈장갑 착용과 열손실 연구 배경〉
손은 부피당 표면적이 커서 수중에서 열손실이 쉽게 일어나는 부위이다. 손의 온도가 떨어지면 움직임이 둔해지고 정확도가 떨어지므로 물속에서의 작업 수행 능력이 감소된다.(2),(3)	→	그럼에도 불구하고 해녀들이 잠수 장갑을 끼지 않는 이유를 알아보기 위하여 겨울철 해녀의 작업 시 장갑 착용이 손의 열손실에 어떤 영향을 미치는지 연구하였다.(5)

2문단 장갑과 열손실의 관계

〈입수 초기〉		〈초기 이후〉		〈입수 20분 후〉
입수 초기에는 장갑을 낄 때나 안 낄 때나 손의 열손실이 증가하는데 장갑을 낄 때보다 안 낄 때 더 빠르게 증가한다.(3)	→	그런데 입수 초기가 지나면 손의 열손실은 시간에 따라 점차 감소하는데 장갑을 낄 때보다 안 낄 때 더 빠르게 감소한다.(4)	→	그래서 입수 후 20분이 지나면 손의 열손실이 장갑을 낄 때보다 안 낄 때 더 작아지는 기현상이 생긴다.(5)

3문단 입수 시 손의 열절연도 변화

〈열손실과 열절연도의 관계〉
물체의 열손실은 그 물체의 열절연도에 의해 좌우되는데 열절연도가 커질수록 열손실이 작아진다.(1)

〈손의 열절연도 변화〉		〈팔의 열절연도 변화〉
입수 후 손의 열절연도는 장갑을 낄 때보다 안 낄 때 더 빠르게 증가하여 입수 후 약 20분이 지나면 손의 열손실이 장갑을 낄 때보다 안 낄 때 더 작아진다.(2)	⊕	팔의 열절연도도 입수 후 시간이 지남에 따라 장갑을 낄 때보다 안 낄 때 더 빠르게 증가하여 팔의 열손실은 장갑을 낄 때보다 안 낄 때 더 빠르게 감소한다.(3)

합격자의 실전 풀이 순서

❶ 발문 확인 후 밑줄을 먼저 읽는다.

보통 추론 문제의 경우 첫 문단에서 글을 꼼꼼히 읽으면서 소재를 찾는 방식으로 문제를 풀어낸다.

'밑줄에 관한 진술로 적절하지 않은 것은?'이라고 물어봤으므로 밑줄을 먼저 읽는다. 밑줄을 읽으면 '겨울철 해녀 작업'이라는 소재가 나와 있다. 이 경우 보통의 추론 문제보다 더 수월한 경우라고 할 수 있는데, 그 이유는 소재를 문제에서 명백하게 제시하고 있기 때문이다.

이때, (해녀의 작업) + (겨울철의 작업) 이라는 두 파트로 분리할 수 있다면 더 좋다.

❷ 1문단부터 글을 읽으며 단어 사이의 관계를 파악한다.

첫 문단을 읽으면서 '열손실' 등과 같은 단어로 글의 내용이 과학 지문이라는 것을 파악했다. 이때 1문단의 글을 읽으며 인과관계를 파악하는데 중심을 둔다. 예를 들어 '손의 온도가 떨어지면 움직임이 둔해지고 정확도가 떨어지므로 물속에서 작업 수행 능력이 감소한다' 등의 문장을 주의깊게 보는 것이다. 암기까지는 아니더라도 온도의 변화에 따라 작업 수행 능력이 변화한다는 것을 파악하는 것이 좋다. 과학 지문의 경우에는 주로 오답을 단어 사이의 인과관계에서 출제하는 경우가 대부분이기 때문이다.

또한, 마지막 문장에서 '겨울철 해녀의 작업 시 장갑 착용이 손의 열손실에 어떤 영향을 미치는지'를 연구하였다고 나와 있으므로 이후에 이어질 내용이 연구에 관한 내용임을 추측할 수 있다.

❸ 나머지 문단을 읽으며 요소들 간의 관계를 파악한다.

두 번째 문단의 경우 앞서 장갑 착용 시 손의 열손실에 대한 연구가 나올 것을 추측할 수 있었다. 이에 장갑 착용 여부에 집중하여 열손실 증가/감소 여부를 살피도록 한다. 이때 너무 과학적 원리에 매몰되지 않도록 한다. 단순히 장갑을 꼈을 때, 끼지 않았을 때의 열손실 정도를 체크해 두도록 한다.

지문의 경우 입수 초기와 입수 후기의 열 손실이 달라지는 점을 체크할 수 있다. 이에 장갑을 낄 때 안 낄 때의 열손실의 증가 정도를 입수 초기/ 입수 후기로 분류하는 것이 중요하다. 이때 변화 기준이 '입수 초기'와 '입수 후기'이므로 시점을 크게 분할해서 체크하고 장갑을 꼈는지와 끼지 않았는지 여부의 경우를 자신만의 표시로 표기해두는 것도 좋은 방안이다. (직관적인 표시로 자료해석 과목에서 익숙하게 쓰이는 부등호를 추천한다.)

3문단의 경우 열손실에 영향을 주는 열절연도가 추가되어 부가적인 설명이 이어지고 있다. 이때 열절연도와 열손실의 관계성을 먼저 체크하는 것이 중요하다. 장갑 착용 여부는 이미 앞쪽에서 열손실과 장갑 착용/ 비 착용 여부의 비례, 반비례 여부를 확인했기 때문에 열절연도와 열손실이 정확히 반비례 관계인지 체크한다. (이는 괄호 여러 개가 나오는 유형에도 활용될 수 있을 것이다.)

❹ 오지선다를 읽고 답을 확인한다.

오지선다를 읽고 답을 추론한다. 오지선다의 경우 추론에 있어 주의해야 하는 것을 메모하면 다음과 같다.

① **손의 온도는 해녀의 작업 수행 능력에 영향을 준다.**
손의 온도와 작업 수행 능력 간 상관관계를 살피는 것인데, 이때 '영향을 준다'고만 제시되어 있으므로 그 영향의 정도나 방향을 파악할 필요까지는 없다. 지문을 읽으면서 온도와 작업 수행 능력의 연관성이 있었는지만을 떠올리면 된다.

② **장갑 착용 여부는 손과 팔의 열손실에 영향을 준다.**
장갑 착용 여부가 손과 팔의 열손실에 '영향을 준다'라고 나와 있기 때문에 비례나 반비례와 같은 영향의 방향까지 파악할 필요는 없으며, 영향을 주는지의 여부만 파악하면 된다.

③ **입수 초기에는 장갑을 낄 때보다 안 낄 때 손의 열손실이 더 빠르게 증가한다.**
'입수 초기'의 장갑 착용 여부와 미착용 여부에 따라 손의 열손실 정도를 비교하면 된다.

④ **입수 후 시간이 지남에 따라 손의 열절연도는 장갑을 낄 때보다 안 낄 때 더 빠르게 증가한다.**
'입수 후'를 기점으로 열절연도와 장갑 착용/미착용 시의 증가 정도를 파악한다. 이때 앞 선지를 살펴보며 열절연도와 열손실의 관계를 이미 파악했기 때문에, 열손실과 장갑 착용 여부만 비교해도 된다.

⑤ **입수 후 장갑을 안 낄 때는 손의 열손실이 시간이 지남에 따라 증가한 후 감소하지만 장갑을 낄 때는 그렇지 않다.**
장갑 여부에 따른 손의 열손실의 변화 방향성만 파악하면 된다. 동시에 장갑 여부에 따라 열손실이 달라졌는지를 파악한다.

합격자의 시간단축 Tip

Tip ❶ 인과관계를 잘 파악하기

과학 소재의 지문의 경우 요소들의 인과관계가 나오는 경우가 많다. 예를 들어 위 문제의 경우처럼 '손의 온도가 떨어지면 작업 수행 능력이 감소한다'와 같이 비례나 반비례의 관계로 제시되므로, 이 점을 체크하면서 글을 읽는다면 오지선다에서 답을 찾을 때 좀 더 수월할 것이다.

다만 주의해야 할 것은 오지선다에서의 요소들의 인과관계가 없을 수도 있다는 점이다. 비례, 반비례 외에 서로가 서로에게 영향을 끼치지 않는 독립적 요소일 가능성도 있다. 따라서 정확히 어떤 요소와 요소가 비례, 반비례 관계를 맺는지를 정확하게 체크하면서 글을 읽도록 한다.

Tip ❷ 심적 부담을 느낀다면 빠르게 패스하기

과학 소재의 지문 경우 용어의 어려움에서 많은 수험생들이 심적 부담감을 느끼는 경우가 많다. 하지만 실제로 오지선다를 보면 과학 용어들의 깊이 있는 이해를 요구하지 않는 경우가 많으며 용어를 완전히 이해하지 못하더라도 문제를 풀 수 있다.

그럼에도 불구하고 실전에서 막상 과학 지문을 만나면 용어의 어려움에 심적 부담이 커지고 당황할 가능성이 높다. 물론 평상시에는 과학 지문을 만나도 대처하는 방법을 연습해야겠지만, 실전에서 어려운 과학 지문으로 심적 부담을 느낀다면 오히려 빠르게 넘기고 다른 문제를 푸는 것이 시간을 절약할 수 있다. 한 번 부담을 느낀 문제는 용어가 제대로 눈에 들어오지 않기 때문에 차라리 빠르게 패스하고 돌아와서 다시 문제를 보는 것이 도움이 될 수 있다.

하지만 이 방법은 언제까지나 최후의 수단일 뿐이다. 평상시 문제 푸는 연습을 할 때는 다양한 과학 지문을 접해보고, 그에 맞는 자신의 문제 접근법을 숙지하고 체화하는 연습을 하도록 한다.

Tip ❸ 과학 용어는 한자어의 의미파악을 통해 추론한다.

예컨대 열손실은 (열)+(손실)이며, 열이란 에너지이고 손실이란 잃는 것을 뜻한다.(즉 엔트로피가 증가하는 상태). 한국어의 과학 용어는 영어 발음을 음차한 것도 있고 일본 번역에서 유래한 것도 있는데 후자의 경우 결합된 한자어를 떼어내서 의미파악하면 좀 더 수월하게 이해가 가능하다.

열절연이라는 것은 (열)+(절연)이며, '단열'이라는 일상적 과학 용어로 치환할 수도 있다.

032 정답 ② 난이도 ●○○

문제유형 이해 > 내용 파악

접근전략 지문의 정보를 제대로 파악했는지 확인하는 문제로, 33번 문제를 풀지 못해도 32번만 풀 수도 있다. 다만 많은 수험생들이 "긴 지문에서 2문제 중 1문제만을 건지는 게 손해"라고 생각하는데, 사실 실제로 다른 문제의 압박에서 벗어나 이 문제만 풀려고 해 보면 의외로 이 문제는 쉬운 편이란 걸 알 수 있다.(비단 이 문제뿐 아니라 1지문 2문제 유형은 반드시 하나는 중간 이하의 난이도로 나온다.) 긴 지문을 읽고도 다른 문제와 10~20초밖에 풀이 시간이 차이 나지 않는다. 따라서 본인이 논리 퀴즈가 약하다면 풀이에 도전하는 것이 좋다.

※ 다음 글을 읽고 물음에 답하시오. [문 32.~문 33.]

(1) "강한 인공지능과 약한 인공지능 가운데 어느 편이 더 강한가?" 하는 물음은 이상해 보인다. (2) 마치 "초록색 물고기와 주황색 물고기 중 어느 것이 초록색에 가까운가?" 하는 싱거운 물음과 비슷하기 때문이다. (3) 그러나 앞의 물음은 뒤의 물음과 성격이 다르다. (4) 앞의 물음에서 '인공지능'이라는 명사를 수식하는 '강한'이라는 표현의 의미가 우리가 일반적으로 '강하다'는 말을 사용할 때의 그것과 다르기 때문이다. (5) '강한 인공지능'이라는 표현은 철학자 썰이 인공지능을 논하며 제안했던 전문용어로, 인공지능이 말의 의미를 이해하는 능력이라는 특정한 속성을 지녔음을 의미한다. (6) 반면에 '약한 인공지능'은 그런 속성을 지니지 못한 경우를 가리킨다. (7) 이런 기준에 따르면 말의 의미를 이해하는 인공지능은 해낼 줄 아는 일이 별로 없더라도 '강한 인공지능'인 반면, 그런 능력이 없는 인공지능은 아무리 다양한 종류의 과업을 훌륭하게 해낼 수 있더라도 '약한 인공지능'이다. ▶ 1문단

(1) 일상적으로 가령 '어느 편이 강한가?'라고 묻는 상황에서 우리는 서로 겨루면 누가 이길 것인지를 궁금해 한다. (2) 문제를 빠르게 해결하는 것이 중요한 상황에서 사람들은 다른 인공지능 프로그램보다 한층 더 빠르게 문제를 푸는 인공지능 프로그램을 강하다고 평가할 것이다. (3) 단일한 인공지능 프로그램이 더 다양한 문제를 해결할 수 있을 때 더 강한 인공지능이라고 평가될 수도 있을 것이다. (4) 그러나 인공지능에 관한 전문적인 논의에서는 이 개념을 학문적 토론의 세계에 처음 소개한 썰의 용어 사용을 존중할 필요가 있다. (5) 썰이 주장한 것처럼 ㉠ 아무리 뛰어난 성능의 인공지능이라고 해도 자극의 외형적 구조를 다룰 뿐 말의 의미를 파악하지는 못한다. (6) 다시 말해 강한 인공지능이 실현될 가능성은 거의 없다. (7) 이런 견해는 많은 비판을 받기도 했지만, 상당한 설득력을 지닌다. (8) 인공지능 스피커에 탑재된 프로그램이 "오늘 날씨는 어제보다 차갑습니다. (9) 외출할 때는 옷을 따뜻하게 입으세요."라고 말한다고 해서 그것이 '외출'이나 '차갑다'는 말의 의미를 이해하고 있으리라고 생각되지는 않는다. (10) 인공지능으로 작동하는 번역기가 순식간에 한국어 문장을 번듯한 영어 문장으로 번역하는 것은 감탄스럽지만, 그것이 문장의 의미를 이해한다고 볼 이유를 제공하지는 않는다. ▶ 2문단

(1) 강한 인공지능과 비슷해 보이지만 구별해야 할 개념이 인공일반지능이다. (2) 우리는 비록 아주 뛰어나게 잘 하지는 못해도 본 것을 식별하고, 기억하고, 기억을 활용하여 판단을 내리고, 말로 생각을 표현하고, 상대방의 표정에서 감정을 읽고 또 자기 감정을 표현하는 등 온갖 능력을 발휘한다. (3) 이처럼 하나의 인지 체계가 온갖 종류의 지적 능력을 발휘할 때 일반지능이라고 하는데, 인공지능 연구의 한 가지 목표는 인간처럼 일반지능의 성격을 실현하는 인공지능을 만드는 일이다. (4) 일반지능을 갖춘 것처럼 보이는 인공지능을 우리는 '인공일반지능'이라고 부른다. (5) ㉡ 일부 사람들은 이러한 지능이 강한 인공지능이라고 생각하지만 그것은 잘못된 생각이다. (6) 왜냐하면 일반지능을 갖춘 것처럼 보인다는 것과 일반지능을 갖춘 것과는 서로 다르기 때문에 전자로부터 후자는 따라나오지 않으며, 마찬가지 이유로 말의 의미를 이해하는 것처럼 보인다는 것으로부터 말의 의미를 이해한다는 것이 따라나오지 않기 때문이다. ▶ 3문단

위 글의 내용과 부합하지 않는 것은?

① 인공지능 번역기에 탑재된 인공지능은 약한 인공지능이다.

→ (○) 강한 인공지능이란 인공지능이 말의 의미를 이해하는 능력이라는 특정한 속성을 지닌 경우를 말하고[1문단(5)], 약한 인공지능은 그러한 속성을 가지지 못한 경우를 가리킨다.[1문단(6)] 인공지능으로 작동하는 번역기가 한국어 문장을 번듯한 영어 문장으로 번역하였다고 하여 문장의 의미를 이해한다고는 볼 수 없으므로[2문단(10)] 약한 인공지능으로 볼 수 있다.

② 가장 많은 종류의 문제를 해결하는 인공지능이 강한 인공지능이다.

→ (×) 아무리 다양한 종류의 과업을 훌륭하게 해낼 수 있더라도 말의 의미를 이해하지 못하지 못하면 '약한 인공지능'이고[1문단(7)], 성능이 뛰어난 인공지능이더라도 말의 의미를 파악하지 못하면 강한 인공지능이 실현될 가능성은 거의 없다고 하였으므로[2문단(5),(6)], 가장 많은 종류의 문제를 해결하는 인공지능이라 하더라도 강한 인공지능이라고 말할 수 없다.

③ 인간의 온갖 지적 능력을 발휘하는 것처럼 보이는 인공지능은 인공일반지능이다.
→ (O) 일반지능은 하나의 인지 체계가 온갖 종류의 지적 능력을 발휘하는 것이고[3문단(3)], 일반지능을 갖춘 것처럼 보이는 인공지능을 우리는 '인공일반지능'이라고 부른다.[3문단(4)] 즉, 인간의 온갖 지적 능력을 발휘하는 것처럼 보이는 인공지능은 인공일반지능이다.

④ 약한 인공지능은 특정한 과업에서 강한 인공지능을 능가하는 역량을 발휘할 수 있다.
→ (O) 강한 인공지능일지라도 해낼 줄 아는 일이 별로 없을 수 있으며, 약한 인공지능일지라도 다양한 종류의 과업을 훌륭하게 해낼 수 있다.[1문단(7)] 따라서 약한 인공지능이 특정한 과업에서 강한 인공지능을 능가하는 역량을 발휘할 수 있다.

⑤ 강한 인공지능에서 '강한'이란 표현의 의미는 우리가 일반적으로 사용하는 '강한'의 의미와 다르다.
→ (O) '인공지능'이라는 명사를 수식하는 '강한'이라는 표현의 의미는 우리가 일반적으로 '강하다'는 말을 사용할 때의 그것과 다르다.[1문단(4)]

제시문 분석

1문단 강한 인공지능의 의미

〈인공지능에 관한 논의에서의 '강하다'의 의미〉
'강한 인공지능'에서, '인공지능'이라는 명사를 수식하는 '강한'이라는 표현의 의미는 우리가 일반적으로 '강하다'는 말을 사용할 때의 의미와 다르다.(4)

〈강한 인공지능〉		〈약한 인공지능〉
'강한 인공지능'은 인공지능이 말의 의미를 이해하는 능력이라는 특정한 속성을 지녔음을 의미한다.(5)	↔	반면에 '약한 인공지능'은 말의 의미를 이해하는 능력을 지니지 못한 경우를 가리킨다.(6)

〈성능과 무관한 인공지능의 강함·약함〉
말의 의미를 이해하는 인공지능은 해낼 줄 아는 일이 별로 없더라도 '강한 인공지능'인 반면, 그런 능력이 없는 인공지능은 아무리 다양한 종류의 과업을 훌륭하게 해낼 수 있더라도 '약한 인공지능'이다.(7)

2문단 '어느 편이 강한가?'에 대한 통념과 썰의 입장

〈문제 제기〉
어느 편이 강한가?(1)

〈통념〉		〈썰의 주장〉
다른 인공지능 프로그램보다 더 빠르게, 더 다양한 문제를 해결할 수 있을 때 더 강한 인공지능이라고 평가될 수도 있다.(2),(3)	↔	아무리 뛰어난 성능의 인공지능이라고 해도 말의 의미를 파악하지는 못하므로, 강한 인공지능이 실현될 가능성은 거의 없다.(5),(6)

3문단 강한 인공지능과 인공일반지능의 차이

〈인공일반지능〉
하나의 인지 체계가 온갖 종류의 지적 능력을 발휘할 때 일반지능을 갖춘다고 하며(3), 일반지능을 갖춘 것처럼 보이는 인공지능을 우리는 '인공일반지능'이라고 부른다.(4)

→

〈구분〉	인공일반지능은 말의 의미를 이해하지 못하기 때문에 강한 인공지능이 아니다.(6)

합격자의 실전 풀이 순서

발문 확인

이 문제의 경우 가장 일반적인 형태의 일치부합 문제다. 다만 부합하지 않는 것을 묻고 있으므로 X나 세모 등의 표시를 하여 실수가 없게 한다.

선지를 먼저 읽는 경우

(1) 선지 키워드 표시

독해 지문을 푸는 두 가지 방법 중 선지를 먼저 읽는 경우의 풀이법을 소개한다. 지문보다 선지를 먼저 보고 정보를 추출한다. 선지에서 추출할 키워드는 다음과 같다. 단, 이들은 어디까지나 예시이므로 수험생 본인과 같을 필요는 없다.

① 인공지능, 탑재, 약한
② 가장 많은 문제, 강한
③ 온갖 지적 능력, 인공일반지능(여기서 '강한'이 아니란 걸 확인한다.)
④ 약한 인공지능이 특정한 과업에서는 강한 인공지능을 능가
⑤ '강한'이란 표현의 의미

특히 추출을 하려는 수험생들이 있는데, 다시 한번 강조하지만 선지에서 '미리' 추출하는 정보는 결코 정보량이 많으면 안 된다. 지문을 이해하기 위해서 선지를 보는 것임을 유념하자. 심지어 1지문 2문제 유형의 경우, 한 문제는 전체적인 내용 이해를 묻고 한 문제는 특정 부분의 심화 추론을 묻는 경우가 대부분이므로(이는 TOEIC에서부터 LEET까지 모든 '독해' 시험에 적용된다. 못 믿겠다면 지금 RC 책을 펴보자) 둘 중에 일치부합 문제만 보아야 한다.

선지를 쭉 보면 내용이 상당히 반복되고 있는 것을 확인할 수 있다. 인공지능의 능력과 '강한'의 의미를 중심으로 지문이 전개될 것임을 알 수 있다. 이때 "번역기"라는 단어에 집착하면 안 될 것에 유의한다(만약 번역기가 중요했다면 ②~⑤번 선지 어디에선가 다시 한번 다뤘을 것이다. 그럼 그때 가서 고쳐도 늦지 않다).

(2) 제시문 독해 및 선지 판단

선지 4개가 강한/약한 인공지능을 묻고 있으므로, 처음에는 '인공일반지능'보다는 '강한/약한 인공지능'에 대해 찾으며 읽으면 된다. 선지에서 파악한 키워드가 일상용어가 아니기 때문에 해당 개념의 뜻이 제시문에 있다면 꼭 이해하고 넘어가야 한다.

또한, 제시문을 읽다가 선지의 판단이 가능할 것으로 생각되면 바로 선지로 내려가서 판단하도록 한다. 제시문의 길이가 길기 때문에 중간에 한번 선지를 보는 것이 효율적일 수 있다. 결과적으로 이 문제의 경우 1문단만 읽어도 답이 도출되어 제시문의 분량에 비해 문제의 난이도는 낮았다.

제시문을 먼저 읽는 경우

(1) 지문 읽기

여기선 지문을 먼저 읽는 경우의 독해요령을 소개한다. 다만 지문의 전체적인 얼개 및 독해의 방향을 소개하므로 2.의 방법과 호환이 안 되는 것은 아니다.

1문단의 처음에 '이상해 보인다'라는 말은 무슨 의미로 받아들여야 하는가? 크게 두 가지다. "이상해 보이지만 맞다" 혹은 "이상한 이유는 (무엇인가)다"를 설명하는 것이다. 둘 다 어쨌든 무언가를 설명하기 위한 것이므로 앞보다 뒤가 중요함을 뜻한다. 따라서 질문의 답에 집착할 필요가 없다. 다시 말하면, 보통은 의문문이 나오면 그에 대한 대답을 짐작할

수 있지만 여기서 저자가 말하고자 하는 바는 "이상해 보인다"는 의문점 그 자체다. 따라서 뒤를 무조건 봐야 한다. 어떻게 보면 미괄식인 것이다.

실제로 전달하고자 하는 내용은 1문단 (3)의 '그러나'부터 시작된다. 제시문 내에 정의가 제시되는 개념은 중요하다. 더군다나 우리가 일반적으로 사용하는 의미와 다르다고까지 언급했으므로, '강한 인공지능'과 그와 대비되는 '약한 인공지능'의 의미는 꼭 이해하고 넘어가야 할 것이다.

또한, 1문단 (7)의 '기준에 따르면'이라는 구절을 보자. 이는 앞으로 사례가 나올 것임을 뜻한다. 우리는 흔히 사례를 "예를 들어, 예컨대, (어떠한) 경우" 등으로 시작한다고 알고 있고, '기준에 따르면'이라는 것은 추론으로 생각하지만 여기서는 "예컨대"를 대체하는 것으로 쓰이고 있다. (* 이 문장을 부연설명으로 받아들일 수 있겠지만 1문단 (6)의 예시로 봄이 훨씬 적절하다.)

(2) 선지 판단

이 문제를 판단할 때, 선지를 앞뒤로 뒤집어보면 좀 더 쉽다. 예컨대 ②번 선지를 볼 때 '강한 인공지능은 가장 많은 종류의 문제를 해결하는 것을 일컫는다.'라는 말로 바꿀 수 있다. 이러면 지문의 내용과 굉장히 유사해진다. ③번 선지도 마찬가지다. 이는 우리 머릿속 암기 구조가 단어-뜻 순으로 되어 있기 때문이다.(영어 단어를 암기하는 순서가 그런 것도 같은 이유다.) 그래서 문장의 뜻을 알아듣기가 쉬워진다.

혹자는 '논리적으로 일치하지 않으면 어떡하지?'라는 고민을 할 수도 있다. 그러나 지문을 읽어 보면, 각각의 인공지능은 하나의 속성만을 가지고 있다. 즉 '일대일 대응' 관계가 성립하는 것이다. 따라서 선지를 이렇게 읽을 수 있다.

다만 "하지 못한다."라는 말로 끝나는 선지가 있다면 이 방법을 적용할 수 없다. 예컨대 〈다양한 과업을 처리할 수 없어도 강한 인공지능일 수 있다〉라는 진술은 참이지만, 〈강한 인공지능은 다양한 과업을 처리할 수 없다〉라는 진술은 거짓이다. 그 이유는 전자의 진술이 다양한 과업의 여부와 상관없이 강한 인공지능이라 할 수 있으나 후자는 다양한 과업을 할 수 없다는 것이 강한 인공지능이라 하고 있기 때문이다. 즉, 부정어로 끝나는 선지는 앞뒤를 바꿔버리면 판단에 지장이 갈 정도로 의미가 바뀌기 때문에 함부로 바꿔서는 안 된다.

합격자의 시간단축 Tip

Tip ❶ 학술적 의미에서의 단어들에 익숙해진다.

학술적인 의미를 담은 단어들이 독해 지문에 자주 등장한다. 그 이유는 1)지문의 원천인 도서들이 일상적인 용어보단 전문적 용어를 자주 사용하기 때문이며 2)검증된 출제자들은 상대적으로 고학력자가 많기 때문이다.

따라서 수험생은 이런 문법에 익숙해질 필요가 있다. 이는 별도의 요령으로 할 수가 없으며 단지 기출을 많이 풀어보거나 한국어로 된 논문들을 다수 읽는 수밖에 없다(이때 전공 분야는 무관하다).

Tip ❷ 시사 이슈를 다루는 지문에 유의한다.

이 지문은 시사 이슈(인공지능)에 대한 철학적 논쟁을 비교적 쉽게 풀어낸 글이다. 알파고 이후로 인공지능에 대한 관심은 계속 커지고 있으니만큼 반드시 알아둔다. 이 외에 '수학(허준이 교수)', '천문학(제임스 웹 망원경)', '인플레이션' 등이 2021~2023년까지 최대 이슈라 할 수 있겠다.

시사 이슈를 다루는 지문을 어떻게 대비해야 하는가? 이슈를 전문적으로 공부할 필요는 없다. 왜냐하면, 시사를 다룬다고 해서 우리가 읽은 내용이 그대로 지문에 나오지는 않기 때문이다. 마치 이 글처럼 거기서 미세하게 빗겨 나간 논문을 들고 온다. 따라서 독해 시험을 준비하기 위해 시사 이슈를 공부하는 것은 비효율적이며 면접 준비 중에 적당히 이해하는 것으로 족하다. 오히려 더 중요한 것은 '내가 지금까지 알아왔던 그 이슈'가 지문의 어디에 해당하는지 파악하는 것이다.

예컨대 이 글에서 구글의 'AlphaGo'는 어디에 해당하는가? 알파고 이전의 인공지능은 어디에 해당하는가? 우리가 영화나 기타 매체에서 봐왔던 인공지능들은 어디에 해당하는가? 이들을 떠올리면서 기존 지식을 빗겨 나간 글에 꿰어 맞추는 능력이 필요하다. 연습해 보자.

Tip ❸ 1지문 2문제 독해법

이 유형을 풀 때 가장 압박감을 느끼는 부분은 역시 분량이다. 다수의 수험생은 이 유형을 좋아하지만, 한 호흡에 읽기에는 너무 긴 경우가 많아 피하는 수험생이 가끔 있다.

그러나 지문을 읽기 전부터 걱정하는 것은 기우(杞憂)에 가깝다. 왜냐하면, 1지문 2문제는 사실 그렇게 깊은 이해를 필요로 하지 않는 한 문제와 깊은 이해를 필요로 하는 한 문제로 구성되어 있기 때문에, 지문 + 문제를 결합한 이해를 바탕으로 나머지 문제를 풀면 되기 때문이다.

또한, 어려운 문제는 지문의 특정 부분을 강조한 문제가 대부분이므로 그 부분을 떼어 놓고 읽어도 나머지 문제를 푸는 데 문제가 없다. 따라서 지문 전체를 이해하려고 하면 시간이 오래 걸리지만 '가장 어려운 한 곳'을 빼고 나면 막상 독해에 걸리는 시간이 길지 않다.

즉, 요점은 지문의 70%만 읽고 1한 문제를 해결, 그 다음 30%를 읽고 다음 1한 문제를 해결하는 데 있다. 이때 70%를 잘 선별해야 한다. 특히 특정 도식(개념 간 화살표 연결이 뚜렷한 부분)이 등장하는 부분을 건너뛰고 결론 위주로 읽어야 한다.

Tip ❹ 문단별로 읽고 선지 판단

제시문의 소재와 방향성을 파악했다면, 제시문과 선지를 번갈아 읽으며 판단하는 것이 시간 절약의 방법이 된다. 제시문이 길면 전체를 읽고 나면 앞의 내용을 잊어버리기 쉽다. 다행히 1지문 2문제의 제시문은 내용이 문단 단위로 비교적 명확하게 구분된다. 따라서 다른 대상에 대한 설명으로 넘어가기 전, 판단 가능한 선지를 먼저 소거하면 선지 판단 시간을 줄일 수 있다.

다만 주의할 점은 마지막 문단에 위의 내용을 비트는 결론이 있을 수 있다는 것이다. 따라서 일치부합이나 내용추론 문제에서 제시문의 일부만 읽고 답을 확정하는 것은 위험하다. 제시문과 선지를 번갈아 보는 것은 정답률을 높이는 방법이 아니라, 선지를 읽고 제시문을 다시 읽는 시간을 절약하기 위한 방법이다. 즉, 선지 판단은 문단별로 하되, 지문 전체를 읽고 정답을 확정하여야 안전하다는 뜻이다.

033 정답 ④ 난이도 ●●○

문제유형 논리적 비판 > 논지의 강화 및 약화

접근전략 이 문제는 강화/약화 여부를 판단하기 쉬운 대신, 선지에 나온 문장 자체를 이해하는 것이 까다로운 문제다. 지문의 ㉠과 ㉡이 각각 어떤 의미를 가지는지 살펴보고 그 근거를 지문에서 찾아서 각각 표시한 후 선지와 차근차근 비교하면서 풀어 보자.

위 글의 ㉠과 ㉡에 대한 평가로 적절한 것만을 〈보기〉에서 모두 고르면?

보기

ㄱ. 최근 단일한 인공지능 프로그램의 활용 범위를 넓혀 말의 인지적, 감성적 이해 기능을 갖춘 인공지능을 만드는 일이 현실화되고 있다는 사실은 ㉠을 강화한다.

→ (×) ㉠에 따르면 아무리 뛰어난 성능의 인공지능이라 해도 자극의 외형적 구조를 다룰 뿐 말의 의미를 파악하지는 못하므로, 강한 인공지능이 실현될 가능성은 거의 없다.[2문단(6)] 이 견해에 따르면 어떤 기능을 갖추더라도 진정한 의미를 이해한다고 보기 어려운 것이다. 따라서 말의 인지적/감성적 이해 기능을 갖추는 것과 ㉠의 주장은 무관하다.

ㄴ. 인간의 개입 없이 바둑의 온갖 기법을 터득해 인간의 실력을 능가한 알파고 제로가 '바둑'이라는 말의 의미를 이해하지 못한다고 보는 것은 인간중심적 편견에 불과하다는 사실은 ㉠을 약화한다.

→ (○) ㉠에 따르면 아무리 뛰어난 성능의 인공지능이라 해도 자극의 외형적 구조를 다룰 뿐 말의 의미를 파악하지는 못하므로 강한 인공지능은 아니라는 것이다.[2문단(5)] 여기서 바둑이라는 자극을 말에 대입해 보면 말의 의미를 이해하지 못한다는 기준이 인간 중심적인 면에서 판단한 것에 불과하다고 보는 것을 의미한다고 바꿀 수 있다. 지문 내용과 선지가 정면으로 상충하므로 이는 ㉠을 약화한다.

ㄷ. 말의 의미를 이해하는 것과 이해하는 것처럼 보이는 것은 전혀 구별될 수 없다는 사실은 ㉡을 약화한다.

→ (○) ㉡은 인공일반지능이 강한 인공지능이라고 생각하는 일부 사람들의 생각은 잘못된 생각이라는 것으로[3문단(5)], 말의 의미를 이해하는 것과 이해하는 것처럼 보이는 것을 구별해야 한다는 것을 의미한다.[3문단(6)] 즉, 말의 의미를 이해하는 것과 이해하는 것처럼 보이는 것이 전혀 구별될 수 없다는 사실은 ㉡의 전제 자체를 약화하는 것이므로 ㉡을 약화한다는 보기 ㄷ은 옳다.

① ㄱ → (×)
② ㄴ → (×)
③ ㄱ, ㄷ → (×)
④ ㄴ, ㄷ → (○)
⑤ ㄱ, ㄴ, ㄷ → (×)

합격자의 실전 풀이 순서

❶ 발문 확인

㉠과 ㉡을 평가하는 문제는 문제 유형 확인 후 제시문에서 ㉠과 ㉡을 먼저 찾아 읽으며 각각이 무슨 관계인지 살펴보면서 시작한다. 이 지문에서는 서로 무관하거나 보완관계인, 즉 대립하지 않는 관계임을 파악한다.

❷ 선지 키워드 표시

이 부분은 지문을 읽은 뒤이므로 생략한다.

❸ 지문 읽기

여기선 지문을 먼저 읽는 경우의 독해요령을 소개한다. 다만 지문의 전체적인 얼개 및 독해의 방향을 소개하므로 2번과 호환이 안 되는 것은 아니다.

우선 ㉠의 경우 강한/약한 인공지능 개념을 통해서 다시 설명할 수 있다. 강한 인공지능은 거의 불가능하다는 주장이다. 그런데 그 근거가 나와 있지 않아 헷갈릴 수 있는데, 사례를 통해서 직관적(간접적)으로 근거를 대고 있다. 이런 '비합리적인' 근거도 근거임에 유의한다.

㉡의 경우 인공일반지능과 관련하여 강한 인공지능과 구별해야 한다는 주장을 하고 있다. 이는 문단 구조를 통해서 확인할 수 있고, 마찬가지로 예시문을 통해 확인할 수 있다.

독해 시 ㉠과 ㉡의 의미를 이해했다면 다른 부분을 읽을 필요 없이 바로 선지 판단을 하면 된다. ㉠의 경우, 뒤에 부연 설명이 있지만 ㉠ 문장 자체만으로도 이해가 어렵지 않다. ㉡의 경우, 앞의 내용에서 '인공일반지능'의 개념을 파악하는 것이 선행되어야 ㉡ 문장을 이해할 수 있다.

❹ 선지 판단

ㄱ과 ㄴ 선지는 모두 ㉠을 대상으로 하므로 인공일반지능에 쓰였던 '다양한 능력'을 의도적으로 무시하고 본다.

마찬가지로 ㄷ선지를 판단할 경우 강한 인공지능의 실현 가능성은 의도적으로 배제하고, 구별 가능성만을 관찰하면 된다.

또한, ㄱ을 먼저 판단했다면 ①, ③, ⑤가 소거되므로, 바로 ㄷ을 판단하면 된다.

합격자의 시간단축 Tip

Tip ❶ 발췌독의 가능성

앞서 1지문 2문제 유형에서 보통 한 문제는 지문의 깊은 이해를 요하지 않는다고 설명했다. ㉠과 ㉡이라는 제한된 대상에 대해 묻고 있기 때문이다. 또한 〈보기〉는 ㉠과 ㉡을 비교하고 있지 않으므로 ㄱ, ㄴ의 판단에는 ㉠, ㄷ의 판단에는 ㉡에 대한 이해만 있으면 된다. 읽은 부분만으로 정오 판단이 어려울 때만 밑줄 근처의 설명을 추가로 읽는다. 따라서 ㄱㄴㄷ 순으로 〈보기〉를 해결하는 경우 가장 빠른 문제 풀이의 순서는 '㉠ 읽기→ㄱ 판단→㉡ 읽기→ㄷ 판단 불가→㉡ 뒤 왜냐하면 이하 읽기→ㄷ 판단'이 된다.

Tip ❷ 〈보기〉 문제는 선지를 활용하자.

〈보기〉가 있는 문제는 선지를 활용하면 빠르게 답이 도출되기도 한다. 하나의 〈보기〉를 판단하고, 선지를 소거하는 것이다. 그 결과 이 문제와 같이 〈보기〉 셋 중 하나를 판단하지 않아도 된다면 시간을 절약할 수 있다.

Tip ❸ 두 문제를 모두 풀 시간이 없는 경우의 선택

더 빨리 풀 수 있는 문제는 주장을 평가하는 문항이다. 왜냐하면 2문단과 3문단만 읽어도 문제를 풀 수 있기 때문이다. 심지어 2문단과 3문단의 전체를 읽지 않고, 〈보기〉에서 묻는 부분만 발췌독해도 답을 고를 수 있다. 따라서 실전에서 시간이 부족으로 인해 한 문제만 선택해서 풀어야 한다면 발췌독이 가능한 주장 평가 문제를 푸는 것이 낫다. 그러나 두 문제를 모두 풀 것이라면 주장 평가 문제를 먼저 푸는 것은 독이 될 수 있다. 일치 부합 문제를 풀기 위해 지문을 다시 읽어야 하기 때문이다. 따라서 두 문제를 풀 때는 tip의 1지문 2문제 풀이법에 따라 접근하면 된다.

034 정답 ① 난이도 ●●○

문제유형 사실적 이해 > 정보 확인

접근전략 '문제1-대안-문제2'의 구조로 이루어진 비문학 유형이다. 2~4문단은 각각 제도들을 소개하며 이해를 돕기 위해 사례를 들고 있다. 제시문에서 구체적인 사례를 든다는 것은, 사례를 요할 만큼 소재가 어렵다는 뜻일 수 있다. 실제로 본 문제는 단순투표제와 집중투표제라는 두 제도를 완전히 이해한 뒤, 선지의 사례에 응용까지 해야 해 까다롭다.

다음 글에서 알 수 있는 것은?

(1) 주식회사의 이사는 주주총회에서 선임된다. (2) 1주 1의결권 원칙이 적용되는 주주총회에서 주주는 본인이 보유하고 있는 주식 비율에 따라 의결권을 갖는다. (3) 예를 들어 5 %의 주식을 가진 주주는 전체 의결권 중에서 5 %의 의결권을 갖는다.
▶1문단

(1) 주주총회에서 이사를 선임할 때에는 각 이사 후보자별 의결이 별도로 이루어진다. (2) 예를 들어 2인의 이사를 선임하는 주주총회에서 3인의 이사 후보가 있다면, 각 후보를 이사로 선임하는 세 건의 안건을 올려 각각 의결한다. (3) 즉, 총 세 번의 의결 후 찬성 수를 가장 많이 얻은 2인을 이사로 선임하는 것이다. (4) 이를 단순투표제라 한다. (5) 단순투표제에서 발행주식 총수의 50 %를 초과하는 지분을 가진 주주는 모든 이사를 자신이 원하는 사람으로 선임할 수 있게 되고, 그럴 경우 50 % 미만을 보유하고 있는 주주는 자신이 원하는 사람을 한 명도 이사로 선임하지 못하게 된다.
▶2문단

(1) 집중투표제는 이러한 문제를 해결하기 위해 고안된 방안이다. (2) 이는 복수의 이사를 한 건의 의결로 선임하는 방법으로 단순투표제와 달리 행사할 수 있는 의결권이 각 후보별로 제한되지 않는다. (3) 예를 들어 회사의 발행주식이 100주이고 선임할 이사는 5인, 후보는 8인이라고 가정해 보자. (4) 집중투표제를 시행한다면 25주를 가진 주주는 선임할 이사가 5인이기 때문에 총 125개의 의결권을 가지며 75주를 가진 지배주주는 총 375개의 의결권을 가진다. (5) 각 주주는 자신의 의결권을 자신이 원하는 후보에게 집중하여 배분할 수 있다. (6) 125개의 의결권을 가진 주주는 자신이 원하는 이사 후보 1인에게 125표를 집중 투표하여 이사로 선임될 가능성을 높일 수 있다. (7) 최종적으로 5인의 이사는 찬성 수를 많이 얻은 순서에 따라 선임된다.
▶3문단

(1) 주주가 집중투표를 청구하기 위해서는 주식회사의 정관에 집중투표를 배제하는 규정이 없어야 한다. (2) 이러한 방식을 옵트아웃 방식이라고 한다. (3) 정관에서 명문으로 규정해야 제도를 시행할 수 있는 옵트인 방식과는 반대되는 것이다. (4) 하지만 현재 우리나라 전체 상장회사의 90 % 이상은 집중투표를 배제하는 정관을 가지고 있어 집중투표제의 활용이 미미한 상황이다.
▶4문단

① 한 안건에 대해 단순투표제와 집중투표제 모두 1주당 의결권의 수는 그 의결로 선임할 이사의 수와 동일하다.
➜ (O) 단순투표제의 경우, 각 후보자별로 별도로 의결이 이루어진다.[2문단(1)] 만약 의결로 선임할 이사가 3인이라면 3회의 의결이 별개로 이루어지므로[2문단(2)], 1주당 의결권의 수는 그 의결로 선임할 이사의 수와 동일함을 추론할 수 있다. 반면 집중투표제의 경우, 1회의 의결로 여러 의사를 선임한다.[3문단(2)] 이때, 예시에서 볼 수 있듯 25주를 가진 주주는 선임할 이사가 5인인 경우 총 125개의 의결권을 갖는다.[3문단(5)] 따라서 집중투표제의 경우에도 1주당 의결권은 선임할 의사의 수와 동일함을 추론할 수 있다. 알 수 있는 선지다.

② 집중투표제에서 대주주는 한 건의 의결로 선임될 이사의 수가 가능한 한 많아지기를 원할 것이다.
➜ (×) 집중투표제에서 주주들은 1주당 그 의결로 선임할 이사의 수만큼 의결권을 갖기 때문에[3문단(4)] 한 건의 의결로 선임될 이사의 수가 많아질수록 그에 비례하여 더 많은 의결권을 갖게 된다. 이때 각 주주는 원하는 이사 후보에게 집중투표하여 이사로 선임될 가능성을 높일 수 있기 때문에[3문단(6)], 대주주에 대한 견제가 가능해진다. 따라서 대주주는 한 건의 의결로 선임될 이사의 수가 가능한 한 많아지기를 원하지 않을 것이다.

③ 집중투표제로 이사를 선임하는 경우 소액주주는 본인이 원하는 최소 1인의 이사를 선임할 수 있다.
➜ (×) 3문단과 같이 집중투표제의 예시를 가정하면 이해가 빠르다. 100주 중 75주를 가진 대주주와 25주를 가진 소액주주가 존재하며, 2인의 이사를 선임한다면 대주주는 150개, 소액주주는 50개의 의결권을 갖는다. 이 경우 대주주가 원하는 후보 2인에게 75개씩 투표한다면, 소액주주는 어떤 후보를 원하든 선임할 수 없을 것이다. 이와 같이 반례가 존재하므로 본 선지는 항상 참이 되는 것은 아니다. 따라서 알 수 없다.

④ 정관에 집중투표제에 관한 규정이 없다면 주주는 이사를 선임할 때 집중투표를 청구할 수 없다.
➜ (×) 주주가 집중투표를 청구하기 위해서는 주식회사의 정관에 집중투표를 배제하는 규정이 없어야 한다.[4문단(1)] 따라서 집중투표를 배제하는 규정이 없다면 주주는 이사를 선임할 때 집중투표를 청구할 수 있다.

⑤ 단순투표제에서는 전체 의결권의 과반수를 얻어야만 이사로 선임된다.
➜ (×) 단순투표제는 각 이사 후보자별 의결이 별도로 이루어지며[2문단(1)], 전체 의결 후 찬성 수를 가장 많이 얻은 순서로 이사로 선임되기 때문에[2문단(3)] 전체 의결권의 과반수를 얻지 않아도 찬성 수의 순서가 높다면 이사로 선임될 수 있다.

제시문 분석

1문단 주식회사의 이사 선임

〈주식회사의 이사 선임〉
주식회사의 이사는 주주총회에서 선임하며, 1주 1의결권 원칙이 적용되는 주주총회에서 주주는 본인이 보유하고 있는 주식 비율에 따라 의결권을 갖는다.(1),(2)

2·3문단 주식회사 이사 선임 방식들과 그 특징

〈주식회사 이사 선임 방식과 그 특징〉		
단순투표제	방식	이사를 선임할 때에는 각 이사 후보자별 의결이 별도로 이루어지며, 후보자 수 만큼의 횟수로 의결 후 찬성 수를 가장 많이 얻은 후보자 순으로 선임할 이사 수만큼 선임하는 것이다.[2문단(1),(3)]
	문제	발행주식 총수의 50 %를 초과하는 지분을 가진 주주는 모든 이사를 자신이 원하는 사람으로 선임할 수 있게 되고, 그럴 경우 50 % 미만을 보유하고 있는 주주는 자신이 원하는 사람을 한 명도 이사로 선임하지 못하게 된다.[2문단(5)]

집중 투표제	방식	행사할 수 있는 의결권이 각 후보별로 제한되지 않으므로 각 주주는 자신의 의결권을 자신이 원하는 후보에게 집중하여 배분할 수 있다. 또한, 이사는 찬성 수를 많이 얻은 순서에 따라 선임된다. [3문단(2),(5)]

4문단 옵트아웃, 옵트인 방식과 우리나라의 실정

〈옵트아웃 방식〉		〈옵트인 방식〉
집중투표를 청구하기 위해서는 주식회사의 정관에 집중투표를 배제하는 규정을 없애는 것(1),(2)	↔	정관에서 명문으로 규정해야 제도를 시행할 수 있음(3)

→

〈우리나라의 실정〉	전체 상장회사의 90 % 이상은 집중투표를 배제하는 정관을 가지고 있어 집중투표제의 옵트아웃 방식 활용이 미미한 상황(4)

합격자의 실전 풀이 순서 비문학 유형

❶ 발문 읽기 및 문제 유형 파악

항상 발문을 먼저 제대로 읽자. 본 문제는 글에서 알 수 있는 것을 고르는 유형의 문제이다. 알 수 있는 것을 고르는 문제는 부합하는 것을 고르는 문제와 같다. 해당 유형은 제시문 내용과 일치하거나 그로부터 추론 가능한 선지가 정답이 되며, 제시문 내용과 상충하거나 그로부터 추론할 수 없는 선지가 오답이 된다. 이 유형에서는 '제시문에 명확한 근거 없음'으로 오답인 선지가 구성되는 경우도 존재하므로 조심해야 한다. 또한, 발문에 ○ 표시를 해놓고 문제를 풀면 옳은 것을 골라야 하는 문제에서 옳지 않은 것을 고르게 되는 실수가 줄어든다.

❷ 제시문 독해

본 문제의 제시문은 문단별로 제재가 뚜렷이 구분되어 있어 구조가 명확하다. 그러나 설명하는 제재인 단순투표제와 집중투표제가 낯선 개념이기 때문에 두 가지 투표방식의 정의와 특징을 정확히 이해하는 것이 중요하다. 이처럼 낯선 제재가 나온 경우, 제시문에 나온 사례를 활용하여 자신의 제재에 대한 이해가 정확한지 확인해야 한다. 또한, 단순투표제와 집중투표제와 같이 유사한 개념이 두 개 이상 나오는 경우 공통점과 차이점에 주목해야 한다. 특히 집중투표제는 대주주에게 유리한 단순투표제의 한계를 극복하기 위해 고안된 투표 방법이므로 해당 사실을 주의 깊게 읽어야 한다.

❸ 선지 적용하기

본 문제의 선지 구성은 전체적으로 까다롭다. 선지 ①~③의 경우 제시문을 제대로 이해하는 것으로 모자라, 단순투표제와 집중투표제를 가정하고 구체적인 상황을 추론하도록 하고 있다. 이러한 선지는 스킬로 해결하기 어렵다. 제시문에 주어진 사례를 통해 제도를 이해하고, 해설의 선지 ③과 같이 사례를 활용하여 상황을 추론하는 수밖에 없다. 또한, 선지에서 구체적인 사례를 가정해야 하는 경우 새로운 사례를 만들어내는 것보다 이미 제시문에 주어진 사례에 선지의 내용을 적용해보는 것이 좋다.

반면 선지 ④~⑤는 상대적으로 판단이 간단하다. 선지 ④의 경우 정석적인 단순비교형 선지이며, 선지 ⑤는 제시문의 정보만으로 추론할 수 없는 내용을 묻고 있다.

합격자의 시간단축 Tip

Tip ❶ '어떤'과 '모든'의 차이

각 선지를 판단할 때 가장 먼저 확실히 해야 할 것은 선지의 성격이다. 선지 중에 '모든' 원소에 대한 명제가 있고, '어떤' 원소에 대한 명제가 있다.

전자를 예로 들면 '한국인은 물을 마신다'와 같다. 이러한 명제를 논리학에서는 전칭명제라 하며, '모든' 대상에 대한 명제다. 반면 후자를 예로 들면 '한국인은 김치를 좋아하기도 한다'와 같다. 이를 특칭명제라 하는데, 이는 '어떤' 대상에 대한 명제다.

전칭명제와 특칭명제의 구분이 중요한 이유는, 두 명제의 선지 판단 방법이 전혀 다르기 때문이다. 전칭명제는 '모든' 대상을 가정하는 만큼, 단 하나의 반례라도 존재한다면 옳지 않은 명제가 된다. 반면 특칭명제는 '어떤' 대상을 가정하는 만큼, 단 하나의 예시라도 존재한다면 옳은 명제가 된다.

본 문제의 선지 ③을 판단하려면 전칭명제와 특칭명제를 정확히 구분해야 한다. 선지를 다시 한번 읽고 판단해 보자.

> ③ 집중투표제로 이사를 선임하는 경우 소액주주는 본인이 원하는 최소 1인의 이사를 선임할 수 있다.

본 선지는 전칭명제일까, 특칭명제일까? '~수 있다'라는 외형에서 일견 특칭명제라 생각할 수 있다. 그러나 본 선지는 전칭명제이다.

전칭명제임을 알 수 있는 부분은 바로 '최소'이다. '소액주주는 최소 1인의 이사를 선임할 수 있다.'는 것은, '모든 소액주주가 1인 이상의 이사를 선임 가능하다.'는 명제와 동일한 의미다. 이 부분을 놓쳐 '소액주주가 1인의 이사를 선임할 수도 있다.'는 특칭명제로 이해할 경우 오답으로 직결된다.

Tip ❷ 대립하는 대상의 공통점과 차이점에 주목

대립하는 두 대상간 차이점과 공통점을 짚으며 읽자. 이는 선지 구성과 선지 판단에 핵심이 되기 때문이다. 이를 미리 제대로 파악한다면 선지의 판단이 빨라질 뿐만 아니라, 대상의 특징 파악 및 이해에 도움이 된다.

035 정답 ③

난이도 ●○○

문제유형 제시문형 > 정보확인

접근전략 제시문의 정보와 보기의 사례를 연결해야 하는 사례 찾기 유형이다. 선지 판단을 위해 가장 중요한 요소로서 표가 제시됐으므로, 표의 세로축과 가로축이 무엇을 의미하는지 파악한 후 곧바로 선지 판단을 시도한다. 특히 표 앞에 있는 설명문은 제재와 주제를 설명하는 용도인 경우가 대부분이므로, 이를 독해하는 과정은 일단 생략한다. 표에서 충분한 정보를 얻을 수 없는 경우에만 표 앞의 글을 읽어본다.

다음 글을 근거로 판단할 때, 연결이 서로 잘못된 것은? (단, 음식에서 언급되지 않은 재료는 고려하지 않는다.)

채식주의자 중에는 육류와 함께 계란, 유제품(치즈, 버터, 생크림 등) 및 생선조차 먹지 않는 사람이 있는가 하면 때때로 육식을 하는 채식주의자도 있다. 또한 채식이라고 하면 채소와 과일 등을 생각하기 쉽지만, 여기서 말하는 채식에는 곡물도 포함된다. 아래 표는 채식주의자의 유형별 특성을 분류한 것이다.

채식주의자의 유형	특 성
과식(果食)주의자	모든 식물의 잎이나 뿌리는 섭취하지 않고, 오직 견과류나 과일 등 열매부분만을 먹는다.
순수 채식주의자	동물로부터 얻은 모든 것을 먹지 않고, 식물로부터 나온 것만을 먹는다.
우유 채식주의자	순수 채식주의자가 먹는 음식에 더하여, 유제품은 먹되 계란은 먹지 않는다.
난류(卵類) 채식주의자	순수 채식주의자가 먹는 음식에 더하여, 계란은 먹되 유제품은 먹지 않는다.
유란(乳卵) 채식주의자	순수 채식주의자가 먹는 음식에 더하여, 유제품과 계란도 먹으며, 우유도 먹는다.
생선 채식주의자	유란 채식주의자가 먹는 음식에 더하여, 생선도 먹는다.
준(準) 채식주의자	생선 채식주의자가 먹는 음식에 더하여, 육류도 그 양을 줄여가며 먹는다.

	채식주의자의 유형	음식
①	과식주의자	호두를 으깨어 얹은 모듬 생과일

→ (○) 과식주의자는 식물의 잎이나 뿌리는 섭취하지 않고, 견과류나 과일 등 열매부분만을 먹는다. 따라서 호두를 으깨어 얹은 모듬 생과일은 견과류인 호두와 과일으로 구성되어 있어 과식주의자가 먹는 음식이다.

②	우유 채식주의자	단호박 치즈오븐구이

→ (○) 우유 채식주의자는 식물로부터 나온 것과 유제품을 먹고, 계란은 먹지 않는다. 따라서 단호박 치즈오븐구이는 식물인 단호박과 유제품인 치즈로 구성되어 있어 우유 채식주의자가 먹는 음식이다.

③	난류 채식주의자	치즈계란토스트

→ (×) 난류 채식주의자는 식물로부터 나온 것과 계란을 먹고, 유제품은 먹지 않는다. 따라서 치즈계란토스트는 유제품인 치즈와 계란, 식물로부터 나온 빵으로 구성되어 있어 난류 채식주의자가 먹지 않는 음식이다.

④	유란 채식주의자	생크림을 곁들인 삶은 계란

→ (○) 유란 채식주의자는 식물로부터 나온 것과 유제품, 계란, 우유를 먹는다. 따라서 생크림을 곁들인 삶은 계란은 유제품인 생크림과 계란으로 구성되어 있어 유란 채식주의자가 먹는 음식이다.

⑤	생선 채식주의자 및 준 채식주의자	연어훈제구이

→ (○) 생선 채식주의자와 준 채식주의자는 생선을 먹는다. 따라서 연어훈제구이는 생선으로 구성되어 있어 생선 채식주의자와 준 채식주의자가 먹는 음식이다.

합격자의 실전 풀이 순서

❶ 문제 유형 파악

본 문제는 제시문이 주어지고 이에서 설명된 채식주의자의 유형과 사례가 잘못 연결된 것을 〈보기〉에서 고르도록 하고 있으므로, 넓은 의미에서 사례 찾기 유형에 해당한다. 사례 찾기 유형은 주된 대상의 개념과 특징을 빠르게 파악하고, 그에 부합하는 사례를 찾는 유형의 문제를 의미한다. 본 문제는 연결이 서로 잘못된 것을 고르는 문제이므로 이를 인지하기 위해 "잘못된"이라는 단어에 밑줄이나 X 등 표시를 한다. 더불어 음식에서 언급되지 않은 재료를 고려하지 않는다는 발문의 단서에 유의한다.

❷ 제시문 독해 및 선지 판단

본 문제와 같이 제시문에 표가 주어진 경우, 문제 해결을 위해 표를 주로 활용하고 표 위의 짧은 글은 제재와 주제를 설명하는 부차적 내용인 경우가 대부분이다. 따라서 먼저 표만 읽고 선지 판단을 시도해본 후, 부족한 내용이 있다면 표 위의 글을 읽어볼 것을 추천한다. 표를 읽을 때도 표 안의 내용을 모두 외우기보다, 표의 가로축과 세로축이 무엇을 의미하는지 정도만 파악한다. 선지에 제시된 채식주의자 유형을 지문에 있는 유형과 연결한 뒤 그 특성과 음식이 일치하는지 확인한다. 특히 '~가 먹는 음식에 더하여'와 같이 앞에서 설명된 개념을 활용하고 있으므로, 앞 단계에서 설명된 특징을 빠트리지 않도록 주의한다.

합격자의 시간단축 Tip

Tip 선지 먼저 독해하기

발문에서 '연결이 잘못된 것'을 물어봤으므로 선지는 어떤 대상들을 연결한 채로 구성될 것이라고 예상할 수 있다. 또한, 제시문에서 표가 주어져 있어 선지판단을 위해 어디를 참고해야 하는지 명확하다. 이러한 사례 찾기 유형의 문제는 선지를 먼저 읽고 지문을 확인해도 된다. 예를 들어 선지 ①번의 경우 채식주의자 유형으로 과식주의자가 제시되었으므로 표에서 과식주의자에 해당하는 행을 찾아 비교한다.

036 정답 ② 　　난이도 ●●○

문제유형 비판적 사고 > 논리적 결론의 전제 · 원인 찾기

접근전략 특정 결론의 전제, 원인을 찾는 문제는 퍼즐을 맞춘다는 느낌으로 접근하면 된다. 주어진 정보들의 관계에서 표출할 수 있는 정보를 뽑아내고, 결론과 비교해 왼쪽에서 필요한 정보를 찾아내는 식으로 문제에 접근한다. 이때, 유의해야 할 것은 논리적 연관성이기 때문에 내용 이해보다 문장(진술)간 관계를 파악하는 것이 초점이 되어야 한다. 지문에 대한 기초적인 이해는 물론 필요하지만, 다른 문제들처럼 내용을 통독하거나 요약하면서 글을 읽을 필요가 없다. 오히려 논리기호화하는 것이 필요하다. 결과적으로 논리적 관계에서 누락된 정보만 찾으면 되기 때문이다. 전략적으로 문제에 접근하도록 하자.

다음 글의 ㉠으로 적절한 것은?

(1) 규범윤리학의 핵심 물음은 "무엇이 도덕적으로 올바른 행위인가?"이다. (2) 이에 답하기 위해서는 '도덕 규범'이라고 불리는 도덕적 판단 기준에 대한 논의가 필요하다. (3) 도덕적 판단 기준이 개개인의 주관적 판단에 의존한다고 여기는 사람들이 다수 있지만 이는 옳지 않은 생각이다. (4) 도덕 규범은 그것이 무엇이든 우리의 주관적 판단에 의존하지 않는다. 이러한 주장이 반드시 참임은 다음 논증을 통해 보일 수 있다. ▶ 1문단

(1) 도덕 규범이면서 우리의 주관적 판단에 의존하는 규범이 있다고 가정하면, 문제가 생긴다. 우리는 다음 명제들을 의심의 여지없이 참이라고 받아들이기 때문이다. (2) 첫째, 주관적 판단에 의존하는 규범은 모두 우연적 요소에 좌우된다. (3) 둘째, 우연적 요소에 좌우되는 규범은 어느 것도 보편적으로 적용되지 않는다. (4) 셋째, 보편적으로 적용되지 않는 규범은 그것이 무엇이

든 객관성이 보장되지 않는다. (5) 이 세 명제에 ㉠ 하나의 명제를 추가하기만 하면 주관적 판단에 의존하는 규범은 어느 것도 도덕 규범이 아니라는 것을 이끌어낼 수 있다. (6) 이는 앞의 가정과 모순된다. 따라서 도덕 규범은 어느 것도 우리의 주관적 판단에 의존하지 않는다. ▶ 2문단

① 우연적 요소에 좌우되는 도덕 규범이 있다.
→ (×) 주관적 판단에 의존하는 규범은 모두 우연적 요소에 좌우된다.[2문단(2)] 따라서 해당 선지의 내용은 기존의 첫 번째 명제와 일치한다. 또한, 이는 '도덕 규범이면서 우리의 주관적 판단에 의존하는 규범이 있다'라는 가정과 모순되지 않는다.

② 객관성이 보장되지 않는 규범은 어느 것도 도덕 규범이 아니다.
→ (○) 2문단에 제시된 명제들을 논리적으로 나열하면 '(1)주관적 판단에 의존하는 규범[2문단(2)] → (2)우연적 요소에 좌우되는 규범[2문단(2)~(3)] → (3)보편적으로 적용되지 않는 규범[2문단(3)~(4)] → (4)객관성이 보장되지 않는 규범[2문단(4)]'이다. 따라서 마지막 부분에 '객관성이 보장되지 않는 규범은 어느 것도 도덕 규범이 아니다.'라는 명제를 추가하면 앞의 가정과 모순된다.

③ 객관성이 보장되는 규범은 그것이 무엇이든 보편적으로 적용된다.
→ (×) 보편적으로 적용되지 않는 규범은 그것이 무엇이든 객관성이 보장되지 않는다.[2문단(4)] 대우법에 의해 해당 선지와 세 번째 명제는 같은 의미임을 알 수 있다. 또한, 이는 '도덕 규범이면서 우리의 주관적 판단에 의존하는 규범이 있다'라는 가정과 모순되지 않는다.

④ 보편적으로 적용되는 규범은 어느 것도 우연적 요소에 좌우되지 않는다.
→ (×) 우연적 요소에 좌우되는 규범은 어느 것도 보편적으로 적용되지 않는다.[2문단(3)] 대우법에 의해 해당 선지와 두 번째 명제는 같은 의미이며 '도덕 규범이면서 우리의 주관적 판단에 의존하는 규범이 있다'라는 가정과 모순되지 않는다.

⑤ 주관적 판단에 의존하면서 보편적으로 적용되지 않는 도덕 규범이 있다.
→ (×) 주관적 판단에 의존하는 규범은 모두 우연적 요소에 좌우된다.[2문단(2)] 또한, 우연적 요소에 좌우되는 규범은 어느 것도 보편적으로 적용되지 않는다.[2문단(3)] 즉, 해당 선지는 첫 번째 명제와 두 번째 명제를 요약한 것에 불과하며 '도덕 규범이면서 우리의 주관적 판단에 의존하는 규범이 있다'라는 가정과 모순되지 않는다.

제시문 분석

1문단 도덕 규범에 대한 오해

〈도덕 규범에 대한 오해〉		〈도덕 규범의 속성〉
도덕적 판단 기준이 개개인의 주관적 판단에 의존한다고 여기는 사람들이 다수 있지만 이는 옳지 않은 생각이다.(3)	→	도덕 규범은 그것이 무엇이든 우리의 주관적 판단에 의존하지 않는다.(4)

2문단 도덕 규범에 대한 논증

〈도덕 규범에 대한 논증〉
도덕 규범이면서 우리의 주관적 판단에 의존하는 규범이 있다고 가정하면, 문제가 생긴다. 우리는 다음 명제들을 의심의 여지없이 참이라고 받아들이기 때문이다.(1)

〈첫째〉	주관적 판단에 의존하는 규범은	→	모두 우연적 요소에 좌우된다.(2)
〈둘째〉	우연적 요소에 좌우되는 규범은	→	어느 것도 보편적으로 적용되지 않는다.(3)
〈셋째〉	보편적으로 적용되지 않는 규범은	→	그것이 무엇이든 객관성이 보장되지 않는다.(4)

⊕	〈명제 추가〉	이 세 명제에 하나의 명제, 즉 객관성이 보장되지 않는 규범은 그 어느 것도 도덕규범이 아니다라는 명제를 추가하기만 하면 주관적 판단에 의존하는 규범은 어느 것도 도덕 규범이 아니라는 것을 이끌어낼 수 있다.(5)

〈결론〉
이는 앞의 가정과 모순되므로, 따라서 도덕 규범은 어느 것도 우리의 주관적 판단에 의존하지 않는다.(6)

합격자의 실전 풀이 순서

❶ 밑줄을 먼저 읽는다.

밑줄로 적절한 것을 찾는 문제이므로 밑줄 친 부분을 먼저 읽는다. 밑줄 친 부분은 '하나의 명제' 추가라고 나와 있다. 이에 새로운 정보를 추가하는 문제라는 것을 확인할 수 있다.

❷ 지문 전체를 읽으면서 논리의 처음과 끝을 파악한다.

우선 가볍게 읽는다. 1문단에서는 도덕 규범이 나오고 있다. 이때 도덕 규범에 대해서 구체적으로 꼼꼼히 읽을 필요가 없는데, 그 이유는 이런 지문은 글의 의미를 쉽게 이해할 수 없게 서술된 지문이기 때문이다. 빠르게 밑으로 내려가면서 논리 전개에 필요한 최초의 전제 및 결론을 파악한다. 세부적인 연결은 그 다음이다.

❸ 2문단을 읽으면서 주어진 정보를 정리한다.

2문단에서 등장한 모든 정보를 왼편에 정리한다. 이때 'A는 B다'와 같은 형식으로 나온다면 ⇨와 같은 기호를 사용하여 정보를 도식화한다. 예시는 다음과 같다.

'주관적 판단에 의존하는 규범' ⇨ '우연적 요소에 좌우됨'
'우연적 요소에 좌우됨' ⇨ '보편적으로 적용되지 않음'
'보편적으로 적용되지 않음' ⇨ '객관성이 보장되지 않음'

이에 3개의 정보를 이어본다면 '주관적 판단에 의존하는 규범 ⇨ 우연적 요소에 의해 좌우됨 ⇨ 보편적으로 적용되지 않음 ⇨ 객관성이 보장되지 않음'으로 정리할 수 있다. 즉, 주관적 판단에 의존하는 규범은 객관성이 보장되지 않는다는 것을 이끌어 낼 수 있다.
이들을 작업할 때, 각각 '주관(혹은 판단)', '우연', '보편', '객관'이라는 짧은 단어로 치환하도록 한다. 이때 치환하는 단어의 글자 수는 최대 3자여야 한다.

❹ 결론을 정리하고 답을 도출한다.

결론은 '주관적 판단에 의존하는 규범 ⇨ 도덕 규범이 아니다.'이다. 이를 오른편에 메모하면 왼편에는 '도덕 규범이 아

니다'로 도출된 정보가 없으므로 추가된 정보의 경우에는 '도덕 규범이 아니다'가 들어가야 한다는 것을 유추할 수 있다. 쉽게 정리해보자.

결론은 '주관적 판단에 의존하는 규범은 도덕규범이 아니다.' 이어야 한다. 주관적 판단에 의존하는 규범은 위에서 정리했던 내용을 통해 객관성이 보장되지 않는 규범임을 알 수 있다. 그렇기에 객관성이 보장되지 않는 규범이 그 어느 것도 도덕규범이 될 수 없다는 내용이 있으면 결론을 도출할 수 있게 된다.

여기까지 정리를 마친 이후에는 오지선다를 확인한다. 선지 중에서 답을 도출하기만 하면 되기 때문이다. 이러한 사고 과정을 통해 어렵지 않게 답을 도출할 수 있다.

합격자의 시간단축 Tip

Tip ❶ 논리 문제임을 인지하기

추가 정보 문제의 경우 지문은 일반 언어 문제와 형식이 동일하지만, 그 본질은 논리 문제임을 기억하는 것이 중요하다. 이 경우는 지문의 내용은 단순한 배경지식이므로 절대 정독할 필요는 없다. 시간을 단축하는 방법은 오히려 주어진 정보들의 인과관계를 연결 짓고, 제시된 결론을 통해 정보를 유추하고 답을 파악하는 것이다. 하지만 위의 문제는 정보들이 전부 연결되어 있어 쉽게 관계성을 도출할 수 있었지만, 일반적인 경우 정보가 직관적으로 이어지기보다는 정보를 조합해야 하거나, 정보를 부정해야 이어지는 경우가 존재한다. 그러므로 한 번에 직관적으로 정보가 이어지지 않는다고 해도 당황하지 말고 논리의 부정, 대우 등을 사용해 정보 간의 관계성을 도출하도록 한다.

Tip ❷ 논리의 구성을 활용하여 답을 도출한다.

논증은 주장의 타당성을 도모하기 위한 것이므로 반드시 주장이 들어가며, 그 주장을 도출하기 위한 연역적인 전제 역시 들어갈 수밖에 없다. 이때 전제는 가능한 한 보편적인 것으로 구성되는데, 해당 지문에선 '의심의 여지없이'라는 구절을 통해서 나타난다. 이들 전제와 결론을 찾아 놓고 시작하면 답을 도출하는 데 수월하다.

037 정답 ❷

난이도 ●●●

문제유형 이해 > 내용 파악

접근전략 친숙할수록 더 쉽게 읽히는 것을 기억하고, 지문을 통해서라도 한국사 기초지식을 반드시 쌓도록 노력하자.

다음 글에서 알 수 있는 것은?

(1) 조선은 건국 초부터 가족을 중시하였다. (2) 가족의 안정이 곧 사회의 안정이라는 인식하에, 가정의 핵심인 부부를 보호하기 위해 어떻게든 이혼을 막아야 했다. (3) 중국 법전인 『대명률』은 부인이 남편을 때렸거나 간통을 했을 경우 남편이 원하면 이혼을 허용했다. (4) 그런데 조선은 『대명률』을 준용하면서도 '조선에는 이혼이란 없다.'라는 태도를 견지하였다. (5) 『대명률』에는 이른바 출처(出妻)라는 항목이 있어서 이런저런 이유로 부인을 내쫓을 수 있게 되어 있지만, 조선에서는 출처가 거의 명목상으로만 존재하였다. (6) 조선은 남편이 부인을 쫓아내는 것이 사회 안정에 도움이 되지 않는다는 사실을 잘 파악하고 있었다.

▶ 1문단

(1) 양반 남자 집안 또한 이혼이나 출처에 부정적이었다. (2) 부인을 쫓아내면 그것은 곧 적처가 없게 되는 것이다. (3) 적처는 양반가에서 적자의 배우자로 집안을 온전하게 유지하는 가정의 관리자다. (4) 이에 조선의 양반가에서 적처의 존재는 필수 불가결한 것이었다. (5) 게다가 적처를 쫓아내고 새 부인을 얻는다는 것은 현실적으로 비용과 노력이 많이 드는 골치가 아픈 일이었다. (6) 적처를 내보내면 적처 집안과의 관계가 단절된다.

▶ 2문단

(1) 조선 전기에는 오늘날과 달리 남자가 여자 집으로 장가를 드는 형태로 혼인이 이루어졌기 때문에 적처의 집안 즉 여자 집안의 영향력이 컸고, 남자 집안과 여자 집안은 비교적 대등하고 협력적인 관계를 맺어 왔다. (2) 물론 조선 후기로 내려오면서 혼인의 형태가 변화하여 남자 쪽이 주도권을 잡게 되었지만, 여전히 여자 집안으로부터의 영향력과 지원은 무시할 수 없었다. (3) 따라서 여자 집안과의 공조를 끊는 것은 쉽게 결정할 일이 아니었다. (4) 이러한 문제를 다 고려해서 이루어진 혼인이었으므로, 재혼을 통해 더 나은 관계를 찾는 것은 쉽지 않은 일이었다.

▶ 3문단

(1) 조선에서 남자 집안은 새로운 관계를 찾기보다는 처음 맺은 관계를 우호적으로 유지하면서 사회적인 이익을 얻기 위해 노력하는 것이 더 현실적이었다. (2) 칠거지악이 여자들을 옥죄는 조선의 악습으로 알려져 있지만, 사실은 이 때문에 부인이 쫓겨난 경우는 없었다. (3) 이처럼 이혼이 거의 불가능하고 또 불필요했기 때문에 조선의 부부들은 자신들에게 주어진 상황에 적응하는 쪽으로 노력을 기울였다.

▶ 4문단

① 조선 사회에서 양반 계층보다는 평민이나 노비 계층에서 이혼이 빈번했다.

→ (×) 제시문은 조선에서 가족을 중시하여[1문단(1)] 이혼이 빈번하지 않았다는 내용을 내용만을 언급할 뿐[1문단(2)], 이혼에 대해 평민이나 노비 계층과 양반 계층을 비교하는 내용은 언급하고 있지 않다. 따라서 이는 알 수 없는 정보이다.

② 조선의 양반 집안은 적처를 쫓아내기보다는 현실적인 이유에서 결혼을 유지하였다.

→ (○) 적처는 가정의 관리자이고[2문단(3)], 여자 집안으로부터의 영향력과 지원은 무시할 수 없었다.[2문단(2)] 또한, 적처를 내쫓고 새 부인을 얻는 일은 비용과 노력을 많이 드는 골치 아픈 일이었다.[1문단(5)] 따라서 조선의 양반 집안은 현실적인 이유로 결혼을 유지하였다.

③ 조선에서 적처의 존재를 중요하게 생각한 것은 부인의 역할이 중국과는 달랐기 때문이다.

→ (×) 조선에서 적처의 존재를 중요하게 생각한 것은 적처가 가정의 관리자이고[2문단(2)], 여자 집안의 영향력을 무시할 수 없었기 때문이다.[3문단(1)] 제시문에서 조선 시대 부인의 역할을 중국에서의 부인의 역할과 비교하는 내용은 서술되어 있지 않으므로 알 수 없다.

④ 조선 시대에는 중국 법전의 출처 항목에 명시된 사유에 해당한다고 판단될 경우 이혼을 실질적으로 용인하였다.

→ (×) 중국 법전인『대명률』은 부인이 남편을 때렸거나 간통을 했을 때 남편이 원하면 이혼을 허용했다.[1문단(3)] 그러나 조선은 이를 준용하면서도 '조선에는 이혼이란 없다.'라는 태도를 견지하였다.[1문단(4)] 따라서 조선 시대에는 중국 법전의 출처 항목에 명시된 사유에 해당한다고 판단되더라도 이혼을 실질적으로 용인하지 않았다.[1문단(5)]

⑤ 조선 시대에 국가는 이혼을 막기 위해 남자 집안과 여자 집안 간의 공조를 유지시키기 위한 지원 정책을 실시했다.
→ (×) 조선 시대에 국가는 이혼이 사회 안정에 도움이 되지 않는다는 사실을 파악하고[1문단(6)] '이혼이란 없다.'라는 태도를 견지하였다.[1문단(4)] 그러나 남자 집안과 여자 집안의 공조 유지가 이혼을 막은 이유 중 하나라고 밝히고 있을 뿐[3문단(2),(3)] 공조를 유지하기 위한 지원 정책을 실시했는지는 서술되어 있지 않으므로 알 수 없다.

제시문 분석

1문단 조선 시대의 이혼에 대한 태도

〈조선 시대의 이혼에 대한 태도〉
가족의 안정이 곧 사회의 안정이라는 인식하에, 가정의 핵심인 부부를 보호하기 위해 이혼을 막아야 했다.(2)

〈중국 법전 『대명률』〉		〈조선에 적용〉
중국 법전인 『대명률』은 부인이 남편을 때렸거나 간통을 했을 경우 남편이 원하면 이혼을 허용했다.(3)	→	조선은 『대명률』을 준용하면서도 '이혼은 없다.'라는 태도를 견지하며 출처가 거의 명목상으로만 존재하였다.(4),(5)

2·3문단 양반 계층의 이혼에 대한 태도

〈양반 계층의 이혼에 대한 태도〉
양반 남자 또한 이혼이나 출가에 부정적이었다.[2문단(1)]

〈이유 1〉		〈이유 2〉		〈이유 3〉
적처는 적자의 배우자로 집안을 온전하게 유지하는 가정의 관리자이며 필수 불가결한 존재이다. [2문단(3),(4)]	⊕	적처를 쫓아내고 새 부인을 얻는 것은 비용과 노력이 많이 드는 골치 아픈 일이다.[2문단(5)]	⊕	여자 집안으로부터의 영향력과 지원은 무시할 수 없었으므로 여자 집안과의 공조를 끊는 것은 쉽게 결정할 수 없는 문제였다. [3문단(2),(3)]

4문단 결론

〈결론〉
조선 시대에는 이혼이 거의 불가능하고 불필요했기 때문에 조선의 부부들은 자신들에게 주어진 상황에 적응하는 쪽으로 노력을 기울였다.(3)

합격자의 실전 풀이 순서

발문 확인

일치부합 문제이다. 발문을 보면서 지문의 처음을 간략하게 훑는다. '건국 초'라는 단어를 봤을 때 조선 전기와 후기가 비교될 것임을 짐작할 수 있으면 좋다. 물론 이 지문을 읽어 보면 모든 부분에서 비교가 있는 것은 아니다. 그러나 비교하는 내용이 조금이라도 반드시 등장하는 것은 사실이다. 지문의 전체 내용을 추측하는 것은 불가능하지만 글의 구조를 추측하고 이에 대비하며 읽는 것은 남들보다 앞서가는 동력이 된다.

선지를 먼저 읽는 경우

(1) 선지 키워드 표시

독해 지문을 푸는 두 가지 방법 중 선지를 먼저 읽는 경우의 풀이법을 소개한다. 지문보다 선지를 먼저 보고 정보를 추출한다.

선지에서 추출할 키워드는 다음과 같다. 단, 이들은 어디까지나 예시이므로 수험생 본인과 같을 필요는 없다.

① 조선, 양반, 평민, 노비, 이혼
② 양반 집안, 현실적인 이유
③ 부인의 역할, 중국
④ 중국 법전, 실질적
⑤ 이혼, 정책 실시

조선 시대의 가족 정책 및 사회 계층의 이혼과 관련된 소재임을 파악할 수 있다. 선지에서 조선 전기와 후기를 나누어 묻고 있지 않다. 그런데 어떤 설명이 '조선시대'의 설명이 되려면 조선 전기와 후기에 모두 해당해야 한다. 따라서 조선 전기와 후기를 비교하는 내용이 나온다면 그 공통점을 언급해야 옳은 선지가 될 것이다.

(2) 제시문 독해 및 선지 판단

이 문제의 경우 공통적으로 조선시대의 결혼 행태의 특징을 묻고 있어 지문 전체를 읽고 선지를 판단하는 것이 적합할 것이다. 물론 제시문을 읽으며 판단가능한 선지가 보인다면 먼저 판단해도 문제없다.

3문단의 경우 조선 전기와 후기의 혼인 형태 변천이 등장한다. 차이점 부분은 '조선시대' 전체의 설명이 될 수 없으므로 둘의 차이점과 공통점을 구분하며 읽는다.

제시문을 먼저 읽는 경우

(1) 지문 읽기

여기선 지문을 먼저 읽는 경우의 독해요령을 소개한다. 다만 지문의 전체적인 얼개 및 독해의 방향을 소개하므로 2번과 호환이 안 되는 것은 아니다.

1문단 첫 문장은 사실 의미가 없는 문장이다. 가족을 중시하였다 해도 그것이 제도로 실현되지 않으면 의미가 없기 때문이다. '중시하였다.'라는 말은 참/거짓을 판별할 수 없고, 이는 곧 정답 시비로 이어진다. 따라서 (2)의 '이혼을 막아야 했다.'라는 게 국가정책의 기준이 된다. 이처럼 사실상 동의어인 동시에 반론이 들어 올만한 문장은 가볍게 보고 넘어가야 한다. (2)가 더 구체화된 것이 (5)다. 출처가 명목상으로만 존재했다는 진술은 (2)의 강력한 뒷받침 증거가 된다. 결국 (2)가 중심이 되는 것이다. 이처럼 중심 내용은 비교적 구체적인 내용이어야 한다. 문단의 처음만 보고 전체 내용을 짐작하는 것은 불가능하다.

2문단 초두에 "양반"이라는 단어가 나온다면 평민과 반드시 대조 관계가 있음에 유념한다. 그런데 이 지문에는 평민층의 생활이 따로 나와 있지 않다. 다만 '양반 또한'이라는 부분에서 1문단의 내용이 양반 외의 계층에도 적용됨을 알 수 있으므로 1문단 내용이 평민층에게도 공통된다는 것을 기억하면서 간다. '평민'이 존재한다는 사실을 인지함으로써 다음 문단에 등장할 때를 대비하는 것이다.

마찬가지로 3문단 초두에는 조선 전기가 등장하므로 조선 후기의 내용이 등장할 수 있음을 미리 예상해야 한다. 이는 국사 영역에서 필수적인 추론이다. 또한 '오늘날과 달리'라는 부분에서 오늘날과 다른 당시의 특징이 중요한 내용임을 알 수 있다. 더불어 조선 전기와 후기의 변천, 변화에 따른 차이점 및 변화에도 불구하고 공통적인 부분이 무엇인지 파악해야 한다. '적처'라는 단어가 뭔지 알 수 없는 경우 눈치껏 해석할 필요가 있다.

이는 다른 지문이 아니라 한국사 지문이기 때문에 성립하는 것으로, 한자가 많고 용어 쓰임이 제한적이기 때문에 할 수 있는 것이다. '적자', '적서' 등과 같은 의미라는 것을 쉽게 파악할 수 있을 것이다. 혹시 모른다 해도 2문단 (2)처럼 반드시 본인이 의미를 해석하기 쉬운 문장이 언젠간 나온다.

(2) 선지 판단

다른 선지는 비교적 판단이 쉽고, ⑤번 선지가 조금 눈여겨 볼만 하다. 즉 일부 수험생은 공조를 유지시키기 위한 지원 정책으로 이혼을 막는 것이 포함될 수 있다고 생각할 수 있다. 지원이란 경제적 지원만을 가리키는 것이 아니기 때문이다.

그러나 해당 선지를 분설해 보면 수단과 목적의 두 가지 명제로 나눌 수 있다.

(1) 국가는 이혼을 막는 것이 목표였다.

(2) 국가는 집안 간 공조 지원 정책을 실시했다.

이들을 하나하나 분석해 보자.

(1)번 명제의 경우, 이혼을 막는 것이 궁극적인 목적인지 여부다. 1문단을 보면 조선의 정책방향이 나와 있으므로 (1)번 명제는 충족됨을 알 수 있다. 그렇다면 (2)번 명제를 보자.

(2)번 명제의 경우, 지원이라 함은 어떻게든 목표에 도움을 주는 쪽으로 해석해야 한다. 예컨대 상담서비스(당근)도 지원이고, 만약 이혼할 경우에 집안끼리 결속이 끊어지지 않게 하는 강제(채찍)도 지원이 될 수 있다. 그런데 지문에는 단지 이혼을 막았다는 '목표달성' 만 나와 있을 뿐, 각종 수단은 찾아볼 수 없다.

합격자의 시간단축 Tip

Tip ❶ 과거 이야기가 나오면 염두에 둬야 할 것들

비단 한국사뿐 아니라, 로마제국이라거나 중세, 혹은 대항해시대 등 일체의 전근대적 사회를 설명하는 글에 있어서 몇 가지 알아두어야 할 공통점이 있다.

(1) 신분 질서가 존재한다. 특히 왕/귀족/평민/노예 순으로 간략화해서 외울 수 있다. 너무 당연하지만, 경제력도 이에 비례하고, 이들은 각각 평등하지 않다.

(2) 모든 측면에서 자유가 없다. 여기서 자유가 없는 상태가 강제적인 억압상태라는 뜻은 아니다. 조금 어렵게 표현한다면 '재량'이 없다는 의미다. 예컨대 해당 지문도 결혼을 집안끼리의 결합으로 생각했고, 딱히 연애 같은 것이 등장하지 않는 데서 알 수 있다. 볼모 제도도 이와 마찬가지다.

(3) 명령은 위에서부터 내려온다. 위의 1), 2) 공통점에서 파생되는 것으로 질서의 위쪽에서 명령을 하달하면 하위 계층은 그것에 복종하거나 소소하게 저항하는 식으로 사건이 일어난다.

(4) 국가 간 정치적으로 순수한 협력은 존재하지 않는다. 예컨대 조공 관계도 서로의 필요에 의해 맺어진 것이고, 동맹도 그와 같다. 최근 FTA등 경제적 교류 이슈가 중심이 되는 것이 아니라 국가 간 직접 복종관계, 직접 수탈관계, 직접 수혜관계로 이뤄진다. 다만 "상인"이 직접 지문에 등장하는 경우는 예외다.

(5) 종교가 중요하게 등장한다. 기독교, 불교, 유교, 이슬람 등의 4대 종교뿐 아니라 토속신앙도 포함해서 (2)번 특징과 연계된, 종교적 교리에 따르는 삶을 보여준다.

Tip ❷ 선지로 자주 출제되는 부분에 주목

오늘날과 다름이 언급된 부분, 제도·문화·행태 등의 변천, 변화에도 불구하고 공통적인 부분 등은 선지로 자주 출제되기 때문에 독해를 할 때부터 주의 깊게 보는 것이 좋다. 변화와 차이점, 공통점은 결국 제시문에서 전달하고 싶은 부분이기도 하기 때문이다. 예를 들어, 선지 ②는 결국 조선 전기와 후기의 변화에도 불구하고 유지된 공통점이었다.

038 정답 ⑤ 난이도 ●●●

문제유형 이해 > 내용 파악

접근전략 이 문제는 다수의 정보를 준 다음 정보를 제대로 정리했나 알아보는 유형으로, 언어논리에는 한국사를 소재로만 나오지만 상황판단이나 문제해결, 자원관리에서는 빈출되는 유형이다. 해당 지문의 경우 시간 순으로 정렬된 것을 다시 지리적 방위에 따라 재정렬한 후 문제를 풀면 된다.

다음 글에서 알 수 있는 것은?

(1) 함경도 경원부의 두만강 건너편 북쪽에 살던 여진족은 조선을 자주 침략하다가 태종 때 서쪽으로 이동해 명이 다스리는 요동의 봉주라는 곳까지 갔다. (2) 그곳에 정착한 여진족은 한동안 조선을 침략하지 않았다. (3) 한편 명은 봉주에 나타난 여진족을 통제하고자 건주위라는 행정단위를 두고, 여진족 추장을 책임자로 임명했다. (4) 그런데 1424년에 봉주가 북쪽의 이민족에 의해 침략받는 일이 벌어졌다. (5) 이에 건주위 여진족은 동쪽으로 피해 아목하라는 곳으로 이동했다. (6) 조선의 국왕 세종은 이들이 또 조선을 침입할 가능성이 있다고 생각하고, 그 침입에 대비하고자 압록강변 중에서 방어에 유리한 곳을 골라 여연군이라는 군사 거점을 설치했다. ▶1문단

(1) 세종의 예상대로 건주위 여진족은 1432년 12월에 아목하로부터 곧바로 동쪽으로 진격해 압록강을 건너 여연군을 침략했다. (2) 이 소식을 들은 세종은 최윤덕을 지휘관으로 삼아 이듬해 3월, 건주위 여진족을 정벌하게 했다. (3) 최윤덕의 부대는 여연군에서 서남쪽으로 수백 리 떨어진 지점에 있는 만포에서 압록강을 건넌 후 아목하까지 북진해 건주위 여진족을 토벌했다. (4) 이후에 세종은 만포와 여연군 사이의 거리가 지나치게 멀어 여진족이 그 중간 지점에서 압록강을 건너올 경우, 막기 힘들다고 판단했다. (5) 이에 만포의 동북쪽에 자성군을 두어 압록강을 건너오는 여진에 대비하도록 했다. (6) 이로써 여연군의 서남쪽에 군사 거점이 하나 더 만들어지게 되었다. (7) 자성군은 상류로부터 여연군을 거쳐 만포 방향으로 흘러가는 압록강이 보이는 요충지에 자리 잡고 있다. (8) 세종은 자성군의 지리적 이점을 이용해 강을 건너오는 적을 공격하기 좋은 위치에 군사 기지를 만들도록 했다. ▶2문단

(1) 국경 방비가 이처럼 강화되었으나, 건주위 여진족은 다시 강을 넘어 여연군을 침략했다. (2) 이에 세종은 1437년에 이천이라는 장수를 보내 재차 여진 정벌에 나섰다. (3) 이천의 부대는 만포에서 압록강을 건너 건주위 여진족을 토벌했다. (4) 이후 세종은 국경 방비를 더 강화하고자 여연군과 자성군 사이의 중간 지점에 우예군을 설치했으며, 여연군에서 동남쪽으로 멀리 떨어진 곳에 무창군을 설치했다. (5) 이 네 개의 군은 4군이라 불렸으며, 조선이 북쪽 변경에 대한 방비를 강화하는 데 중요한 역할을 했다. ▶3문단

① 여연군이 설치되어 있던 곳에서 동쪽 방면으로 곧장 나아가면 아목하에 도착할 수 있었다.

→ (×) 건주위 여진족은 1432년 12월에 아목하로부터 곧바로 동쪽으로 진격해 압록강을 건너 여연군을 침략했다.[2문단(1)] 즉, 여진족은 아목하로부터 동쪽으로 이동해 여연군을 침략했기 때문에, 아목하가 여연군의 서쪽에 위치하고 있다는 것을 알 수 있다. 따라서 여연군이 설치되어 있던 곳에서 동쪽이 아닌 서쪽 방면으로 곧장 나아가면 아목하에 도착할 수 있었다.

② 최윤덕은 여연군과 무창군을 잇는 직선 거리의 중간 지점에서 강을 건너 여진족을 정벌했다.

→ (×) 최윤덕의 부대는 여연군에서 서남쪽으로 수백리 떨어진 만포에서 압록강을 건넌 후 여진족을 정벌했다.[2문단(2)] 또한, 세종은 여연군에서 동남쪽으로 멀리 떨어진 곳에 무창군을 설치했다.[3문단(4)] 즉, 여연군을 기준으로 했을 때, 최윤덕은 서남쪽으로 이동하여 여진족을 토벌했기 때문에 최윤덕이 여연군과 무창군을 잇는 중간 지점에서 강을 건너 여진족을 정벌했다는 내용은 옳지 않다.

③ 이천의 두 번째 여진 정벌이 끝난 직후에 조선은 북쪽 국경의 방비를 강화하고자 자성군과 우예군, 무창군을 신설했다.

→ (×) 이천의 두 번째 여진 정벌이 끝난 직후에 세종은 국경 방비를 강화하고자 이미 있던 여연군과 자성군 사이의 중간 지점에 우예군을 설치하였고, 여연군에서 동남쪽으로 멀리 떨어진 곳에 무창군을 설치하였다.[3문단(4)] 따라서 두 번째 여진 정벌이 끝난 후에는 4군 중 우예군과 무창군만이 신설되었다.

④ 세종은 여진의 침입에 대비하기 위해 경원부를 여연군으로 바꾸고, 최윤덕을 파견해 그곳 인근에 3개 군을 더 설치하게 했다.

→ (×) 세종은 압록강변 중에서 방어에 유리한 곳을 골라 여연군이라는 군사 거점을 설치하였을 뿐[1문단(6)], 경원부를 여연군으로 바꾸었다는 내용은 서술되어 있지 않아 알 수 없다. 이후 세종이 여연군 인근에 3개의 군을 더 설치한 것은 맞지만[2문단(5), 3문단(4)], 최윤덕이 2개의 군이 설치되기 전 첫 번째 여진족 토벌에서의 지휘관이었다는[2문단(2)] 정보만 제시되어 있을 뿐, 최윤덕이 파견되어 이를 설치하였는지는 알 수 없다.

⑤ 4군 중 하나인 여연군으로부터 압록강 물줄기를 따라 하류로 이동하면 이천의 부대가 왕명에 따라 여진을 정벌하고자 압록강을 건넜던 지역에 이를 수 있었다.

→ (○) 여연군은 압록강변에 위치하며[1문단(6)] 이천의 부대는 만포에서 압록강을 건너 건주위 여진족을 토벌했다.[2문단(3)] 그런데 최윤덕의 부대는 여연군에서 서남쪽으로 수백 리 떨어진 지점에 있는 만포에서 압록강을 건넌 후 아목하까지 북진해 건주위 여진족을 토벌했다.[2문단(3)]

따라서 만포는 여연군으로부터 서남쪽에 있는 압록강변에 위치하고 있으므로, 4군 중 하나인 여연군으로부터 압록강 물줄기를 따라 하류로 이동하면 이천의 부대가 왕명에 따라 여진을 정벌하고자 압록강을 건넜던 만포지역에 이를 수 있었다는 것을 알 수 있다.

제시문 분석

1문단 여진족의 이동과 조선의 대응

〈여진족의 봉주 정착〉
여진족은 조선을 자주 침략하다가 태종 때 명이 다스리는 요동의 봉주에 정착한 후 한동안 조선을 침략하지 않았다.(1),(2)

〈건주위 여진족의 이동〉		〈여연군 설치〉
명은 여진족을 통제하고자 건주위라는 행정단위를 두었지만, 북쪽의 이민족에 의해 봉주가 침략받자 건주위 여진족은 아목하라는 곳으로 이동했다.(3),(4),(5)	→	세종은 아목하로 이동한 여진족이 조선을 침입할 수 있다고 생각하고, 압록강변에 여연군이라는 군사 거점을 설치했다.(6)

2문단 여진족의 1차 침략과 조선의 대응

〈여진의 1차 침략〉		
〈최윤덕의 여진족 토벌〉		〈자성군 설치〉
1432년 여진족이 압록강을 건너 여연군을 침략하자 세종은 최윤덕을 지휘관으로 삼아 건주위 여진족을 정벌하게 했다.(1),(2)	→	세종은 만포의 동북쪽에 자성군을 새로 설치하여 압록강을 건너오는 여진에 대비하도록 하였다.(5)

3문단 여진족의 2차 침략과 조선의 대응

〈여진의 2차 침략〉		
〈이천의 여진족 토벌〉		〈우예군, 무창군 설치〉
1437년 여진족은 다시 여연군을 침략하였고, 세종은 이천을 보내 여진 정벌에 나섰다.(1),(2)	→	세종은 국경 경비를 더 강화하고자 우예군과 무창군을 추가로 설치하였다.(4)

→	〈4군의 의의〉	여연군, 자성군, 우예군, 무창군 네 개의 군은 4군이라 불렸으며, 조선이 북쪽 변경에 대한 방비를 강화하는 데 중요한 역할을 했다.(5)

합격자의 실전 풀이 순서

발문 확인

일치부합·내용추론 유형이다. '알 수 있는'에 체크하여 혹시 모를 실수에 대비하도록 한다. 다만 지문 첫 줄에 '함경도'라는 말이 나오는데, 지명이 나온다면 한국사 문제거나 지리 문제임이 틀림없으므로 소재에 걸맞게 읽을 준비를 한다.

선지를 먼저 읽는 경우

(1) 선지 키워드 표시

독해 지문을 푸는 두 가지 방법 중 선지를 먼저 읽는 경우의 풀이법을 소개한다. 지문보다 선지를 먼저 보고 정보를 추출한다.

선지에서 추출할 키워드는 다음과 같다. 단, 이들은 어디까지나 예시이므로 수험생 본인과 같을 필요는 없다.

① 여연군, 설치, 동쪽
② 최윤덕, 중간 지점, 여진족
③ 정벌, 끝난 직후, 국경
④ 세종, 바꾸고, 최윤덕
⑤ 여연군, 압록강, 이천, 여진족

이들을 사람, 장소로 크게 나눠도 좋다. 또한, 세종, 압록강, 여진족 등 한국사에 밀접하게 연결된 키워드와, 여연군, 이천 등의 생소한 키워드로 나눠서 표시하는 것도 좋은 방법이다. 선지에 공통적으로 'ㅇㅇ군'이 들어가므로 이를 기준으로 삼는 것도 좋다.

(2) 제시문 독해 및 선지 판단

선지에서 위치 관계를 묻고 있으므로 지명과 위치 관계에 대한 표현에 주목하며 읽는다. 다만 정보의 양이 많으므로 그림을 그리며 읽는 것이 좋다. 그밖의 선지에 등장한 인명과 같은 고유명사에도 표시를 하며 읽는다.

제시문을 먼저 읽는 경우

(1) 지문 읽기

여기선 지문을 먼저 읽는 경우의 독해요령을 소개한다. 물론 이 지문은 약간 특수한 유형이기 때문에 2번을 거치고 온 경우도 포함한다. (지문의 스타일을 보면 누구나 인지할 수 있다.)

이 지문은 접근 전략에도 말했듯이 장소와 방위가 뚜렷하게 나와 있으므로 직접 그림을 그려가며 푸는 게 정석적인 방법이다. 이를 머릿속으로 하는 것은 매우 힘든 일이므로 반드시 필기도구로 그려야 한다. 그림은 압록강과 두만강을 중심으로 하는 것을 추천하며, 요동이 어딘지 모를 경우 그냥 두만강의 서쪽 멀리에 요동이라고 쓰면 된다. 이때 압록강과 동서 비교가 궁금하다 해도 걱정할 필요 없다. 나중에 별도의 선을 그어 '같은 영역'에 속하게 할 수 있으므로 압록강과 비교는 지금 당장 하지 않아도 된다.

그림을 그리기 위해서는 제시문에 나타난 각 군의 상대적 위치 및 압록강을 기준으로 한 위치 표현에 주의하며 읽어야 한다. '아목하에서 동쪽으로 진격해 압록강을 건너 여연군'이라고 하면 '아목하–압록강–여연군'이라는 상대적 위치를 알 수 있다. 방위를 쉽게 파악하기 위해 오른쪽 위에 방위 표시를 해두면 도움이 된다. 또한, 제시문의 설명이 위치 순이 아닐 수 있기 때문에 지명 간 여유를 두고 그리는 것이 좋다.

1문단에서는 '압록강변'에 '여연군'이 있다는 정보만 알 수 있다. 따라서 먼저 여연군(❶)을 그림을 그릴 여백의 중간에 표시한다. 2문단 초반에 아목하(❷), 중반에 만포(❸), 후반에 자성군(❹)의 위치가 등장한다. 3문단에서 마지막으로 우예군(❺)과 무창군(❻)의 위치를 표시하면 된다. 주의할 점은 압록강이 흐르는 위치도 함께 표시해야 한다는 것이다. 이렇게 그리는 것이 어려울 수 있으나 정보량이 많은 지문이어서 그리지 않으면 실수할 수 있으므로, 안정적인 점수획득을 위해선 그려야 한다.

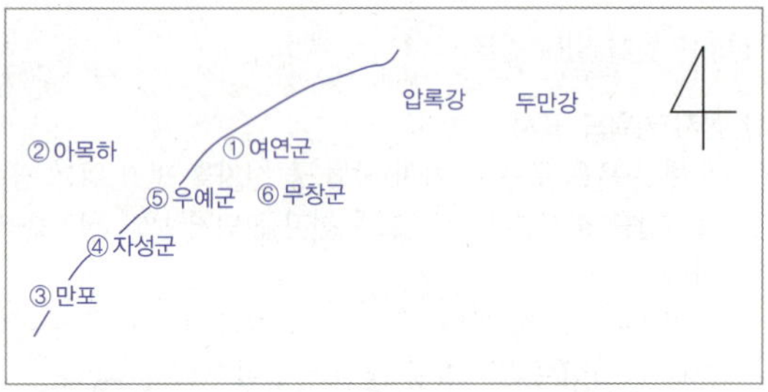

(2) 선지 판단

지문이나 문제 근처에 지명을 하나하나 따서 그림을 그렸다면 ①, ②를 바로 판단할 수 있다, ③, ④는 본문을 읽었다면 쉽게 정답이 아님을 알 수 있다. 자성군은 우예군, 무창군이 함께 설치되지 않았고, 여연군은 새롭게 설치된 것이다. ⑤는 본문의 내용과 그림을 함께 보아야 판단 가능하다.

합격자의 시간단축 Tip

Tip ❶ 〈알 수 있는 / 알 수 없는〉을 실수하는 이유

물론 발문을 못 봐서 실수하는 경우도 있지만 사실 대부분의 수험생은 발문을 보고도 실수하는 경우가 더 많다. 이는 기억력이 모자라다거나 스킬이 부족해서 그런 것이 아니다. 사실 NCS가 아닌 암기형 객관식 시험에서는 발문을 아무리 꼬아도 순식간에 맞추곤 한다.

즉, 기억력의 문제가 아니라 판단력의 문제다. 그래서 "판단을 안 하는" 연습을 해야 한다. 그리고 그것은 해당 부분에 표시가 물리적으로 되어있을 때 달성될 수 있다. 즉, 기계적으로 해야 한다는 것이다. 적혀있는 바에 따라 의미를 바로 파악할 수 있도록 평소에 연습해야 함은 물론이다.

Tip ❷ 그림이나 도식을 그려야 하는 지문을 알아보는 법

지문을 처음부터 읽으면서 그려야 하는 지문인지 판별하는 것은 불가능하다. 반면에 1문단, 혹은 늦어도 2문단 중간쯤에서는 누구나 파악할 수 있을 것이다. 따라서 중요한 것은 가능한 한 1문단이 다 끝나기도 전에 지문의 스타일을 파악하는 게 점수상승의 지름길이다.

그렇다면 지문의 무엇을 보고 이런 유형을 빨리 추론할 수 있을까? 몇 가지 단서가 있다.

(1) 대등한 개념이 많이 등장한다. 이 지문에선 지명이 많이 등장했다.

(2) 대등한 개념 간 연결이 일관된 기준으로 뚜렷하다. 이 지문에선 방위가 그 기준으로 등장했다.

(3) 머릿속 연결을 복잡하게 하는 사건이 등장한다. 이 지문에서는 여진족 정벌로 등장했다.

이런 요소들을 통해 지문의 스타일을 파악할 수 있다. 이는 〈음파 자극이 소리로 들리기까지 과정을 묘사하는 도식 및 그 와중에 청각장애가 있는 경우〉 혹은 〈서비스 전달 과정 및 거기에 쓰이는 재원〉 등 여러 분야에 적용될 수 있다.

Tip ❸ 한국사에서 위치 관계를 그릴 때 알아둘 것

이 문제에서 중요한 부분은 아니었지만, 압록강, 두만강은 한국사 지문에서 북방의 침략을 설명할 때 또 등장할 수 있으므로 위치를 알아두자. 물론 배경지식이 없어도 문제를 풀 수는 있지만 알아두면 지문 이해는 물론 위치 관계를 파악하는 데에도 도움이 될 것이다. 두만강의 서쪽에 압록강이 있고, 둘 사이에는 백두산이 있으며 각 강의 상류는 백두산 방향이다. 또한, 방위 기호(4)를 표시해두면 위치 관계 판단의 시간을 절약할 수 있다.

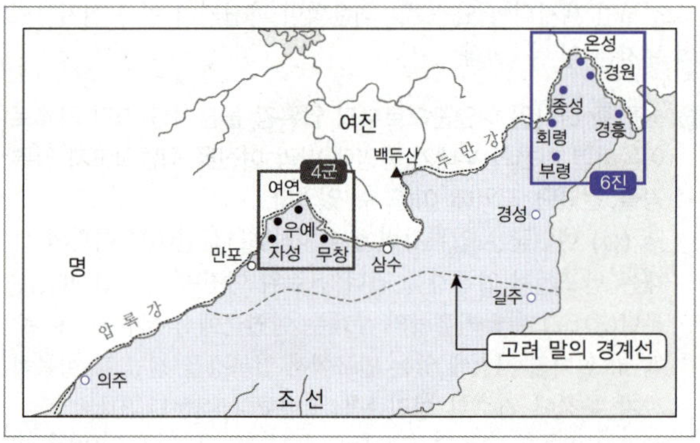

039 정답 ❷ 난이도 ●●●

문제유형 사실적 이해 > 정보 확인

접근전략 협약과 원칙 다양한 종류를 구분해야 하는 정보 확인 유형이다. 대놓고 명칭으로 혼동을 유도하는 제시문으로, 개념 구분 및 포함관계가 중요한 테마이다. 이때 서로 다른 대상 간의 관계를 파악하기 위해 숫자 등의 시각적인 기호를 활용하는 것을 추천한다.

다음 글에서 알 수 있는 것은?

(1) 국제노동기구(ILO)의 노동기준에 관한 협약들은 그 중요성과 특성을 기준으로 하여 핵심협약, 거버넌스협약, 일반협약으로 나뉜다. ▶ 1문단

(1) 핵심협약은 1998년의 '노동에 있어서 기본적 원칙들과 권리에 관한 선언'에서 열거한 4개 원칙인 결사·자유원칙, 강제노동

금지원칙, 아동노동 금지원칙, 차별 금지원칙과 관련된 협약들을 말한다. (2) ILO는 각국이 비준한 핵심협약 이행 현황에 대한 감시·감독 체계를 갖추고 있으며, 핵심협약을 비준하지 않고 있는 회원국에게는 미비준 이유와 비준 전망에 관한 연례 보고서 제출 의무를 부과하고 있다. ▶ 2문단

(1) 거버넌스협약은 노동정책 결정과 노동기준 집행 등 거버넌스와 관련된 협약으로 2008년의 '공정한 세계화를 위한 사회적 정의에 관한 선언'에서 열거한 근로감독 협약, 고용정책 협약, 노사정 협의 협약 등이 있다. (2) ILO는 미비준한 거버넌스협약에 대해 회원국에 별도의 보고 의무를 부과하지 않는 대신, 회원국들과 외교적 협의를 통해 거버넌스협약 비준 확대에 노력하고 있다. ▶ 3문단

(1) 일반협약은 핵심협약과 거버넌스협약을 제외한 ILO의 노동기준에 관한 모든 협약을 가리키는데, 일반협약은 핵심협약과 거버넌스협약의 세부 주제별 기준들을 구체적으로 규정한다. (2) 예를 들어 핵심협약에서 차별 금지원칙을 선언하거나 그 대강을 규정하면 일반협약에서는 각 산업별, 직역별에서의 근로시간 관련 구체적 차별 금지 및 그 예외를 규정하는 방식이다. (3) 다만 일반협약은 ILO 내 다른 협약에 대해 우선 적용되지 않는다는 특성을 지닌다. ▶ 4문단

(1) 우리나라는 1991년 12월 ILO에 가입한 이후 순차적으로 ILO 노동기준에 관한 협약들을 비준하고 있다. (2) 최근까지 아동노동 금지원칙 및 차별 금지원칙 관련 협약을 비준하였고 2021년 2월에는 결사·자유원칙 관련 협약에 대한 비준 절차가 진행 중이다. (3) 거버넌스협약은 근로감독 협약을 제외하고는 모두 비준되었고, 비준된 핵심협약과 관련된 일반협약은 대부분 비준되었다. ▶ 5문단

① 우리나라는 고용정책 협약 및 그 세부 주제에 관한 일반협약을 모두 비준하였다.
→ (×) 우리나라는 1991년 12월 ILO에 가입한 이후 순차적으로 노동기준에 관한 협약들을 비준하고 있다.[5문단(1)] 그 중 고용정책 협약은 거버넌스협약에 속하는데[3문단(1)], 거버넌스협약은 근로감독 협약을 제외하고는 모두 비준되었기 때문에[5문단(3)] 고용정책 협약은 비준되었다. 그러나 그 세부 주제에 관한 일반협약은 '대부분' 비준되었다고 했으므로[5문단(3)], 일반협약 모두를 비준하였다고 볼 수는 없다.

② 우리나라는 매년 ILO에 강제노동 금지원칙에 관한 협약의 미비준 이유와 비준 전망에 대하여 보고서를 제출하여야 한다.
→ (○) ILO는 핵심협약을 비준하지 않고 있는 회원국에게는 미비준 이유와 비준 전망에 관한 연례 보고서 제출 의무를 부과하고 있다.[2문단(2)] 우리나라는 최근까지 핵심협약 중 아동노동 금지원칙 및 차별 금지원칙 관련 협약만을 비준하였기 때문에[5문단(1)], 아직 비준하지 않은 핵심협약인 강제노동 금지원칙에 관한 협약에 대해서는 미비준 이유와 비준 전망에 대한 보고서를 제출해야 한다.

③ 우리나라에서 2021년 2월에 비준 절차가 진행 중인 협약은 공정한 세계화를 위한 사회적 정의에 관한 선언에 열거되어 있다.
→ (×) 우리나라에서 2021년 2월에 비준 절차가 진행 중인 협약은 결사·자유원칙 관련 협약이다.[5문단(2)] 이는 핵심협약에 해당하는 것으로[2문단(1)] '공정한 세계화를 위한 사회적 정의에 관한 선언'이 아닌, '노동에 있어서 기본적 원칙들과 권리에 관한 선언'[2문단(1)]에 열거되어 있다.

④ ILO의 2008년 선언문에 포함된 근로감독 협약은 ILO의 다른 협약에 대해 우선 적용되지 않는다.
→ (×) 근로감독 협약은 거버넌스협약에 해당한다.[3문단(1)] ILO의 다른 협약에 대해 우선 적용되지 않는다는 특성을 갖는 것은 일반협약이므로[4문단(3)], 해당 선지의 내용은 옳지 않다.

⑤ ILO는 노사정 협의 협약을 비준하지 않은 국가들에 대해 미비준 이유와 비준 전망에 대한 연례 보고서를 제출하도록 요구한다.
→ (×) 노사정 협의 협약은 거버넌스협약에 해당하고[3문단(1)], 미비준한 회원국에 대해 별도의 보고 의무를 부과하는 협약은 핵심협약이다.[3문단(2)] 따라서 해당 선지는 옳지 않은 선지이다.

제시문 분석

제시문 국제 노동기구(ILO)의 협약 유형

〈국제노동기구(ILO)〉
노동기준에 관한 협약들은 그 중요성과 특성을 기준으로 하여 핵심협약, 거버넌스협약, 일반협약으로 나뉜다.[1문단(1)]

〈유형〉	〈내용〉	〈협약의 종류〉	〈특징〉
핵심협약	'노동에 있어서 기본적 원칙들과 권리에 관한 선언' 관련 협약 [2문단(1)]	1) 결사·자유원칙 2) 강제노동 금지원칙 3) 아동노동 금지원칙 4) 차별 금지원칙 [2문단(1)]	〈미비준 회원국〉 미비준 이유와 비준 전망에 관한 연례 보고서 제출 의무[2문단(2)]
거버넌스협약	'공정한 세계화를 위한 사회적 정의에 관한 선언' 관련 협약 [3문단(1)]	1) 근로감독 협약 2) 고용정책 협약 3) 노사정 협의 협약 [3문단(1)]	〈미비준 회원국〉 별도의 보고 의무 부과 없으나 회원국들과 외교적 협의를 통해 거버넌스협약 비준 확대에 노력하고 있음 [3문단(2)]
일반협약	핵심협약과 거버넌스협약 제외 ILO의 노동기준에 관한 모든 협약 [4문단(1)]	핵심협약과 거버넌스협약의 세부 주제별 기준들 구체적 규정 [4문단(1)]	ILO 내 다른 협약에 대해 우선 적용되지 않음 [4문단(3)]

5문단 우리나라의 국제 노동기구(ILO) 협약 비준 현황

〈우리나라〉	
1991년 12월 가입 후 순차적으로 노동기준에 관한 협약들 비준 중(1)	
현황 ①	최근까지 아동노동 금지원칙 및 차별 금지원칙 관련 협약을 비준하였고 2021년 2월에는 결사·자유원칙 관련 협약에 대한 비준 절차가 진행 중(2)
현황 ②	거버넌스협약은 근로감독 협약을 제외하고는 모두 비준되었고, 비준된 핵심협약과 관련된 일반협약은 대부분 비준(3)

합격자의 실전 풀이 순서 비문학 유형

❶ 발문 읽고 문제의 유형 파악

항상 발문을 먼저 제대로 읽자. 본 문제는 글에서 알 수 있는 것을 고르는 유형의 문제이다. 알 수 있는 것을 고르는 문제는 부합하는 것을 고르는 문제와 같다. 해당 유형은 제시문 내용

과 일치하거나 그로부터 추론 가능한 선지가 정답이 되며, 제시문 내용과 상충하거나 그로부터 추론할 수 없는 선지가 오답이 된다. 이 유형에서는 '제시문에 명확한 근거 없음'으로 오답인 선지가 구성되는 경우도 존재하므로 조심해야 한다. 또한, 발문에 ○ 표시를 해놓고 문제를 풀면 옳은 것을 골라야 하는 문제에서 옳지 않은 것을 고르게 되는 실수가 줄어든다.

❷ **제시문 독해**

제시문을 독해할 때는 제시문의 구조와 선지에서 나올만한 중요한 내용을 파악하며 1분에서 2분 사이 내에 제시문을 읽는 것을 추천한다. 이때 선지에서 나올만한 내용으로는, 두 대상의 공통점과 차이점, 인과관계, 두 대상의 성능 및 효과 비교, 접속어로 시작하는 문장의 주요 내용, '반드시', '필수적'과 같은 표현으로 강조되는 내용, 시간의 흐름에 따른 변화 등이 있다. 다양한 정보확인문제를 통해 선지에서 주로 묻는 내용이 무엇인지 정리한 뒤, 제시문에서 선지에 나올만한 내용을 미리 파악하며 읽는 습관을 들이자.

본 문제의 제시문은 구조가 명확하므로 이를 파악하며 읽는 것이 중요하다. 또한, 다양한 층위의 개념들이 제시되므로 숫자를 활용하여 이를 시각적으로 정리하는 것이 좋다. 예컨대, 핵심협약, 거버넌스협약, 일반협약에 각각 1, 2, 3을 적어둔다. 또한, 핵심협약의 하위 개념인 결사·자유원칙, 강제노동 금지원칙, 아동노동 금지원칙, 차별 금지원칙에는 각각 1-1, 1-2, 1-3, 1-4를 적어둔다. 이렇게 정리하는 경우 선지에서 강제노동 금지원칙을 묻더라도, 이것이 핵심협약에 해당하여 핵심협약의 특징을 파악해야 함을 쉽게 알 수 있다. 이하의 거버넌스협약, 일반협약에 대해서도 포함관계가 있는 경우 2-1, 3-1과 같이 표기한다. 더불어 본 제시문과 같이 따옴표 안에 선언의 이름이나, 책의 이름이 제시된 경우 괄호 표시를 통해 해당 부분을 한 번 더 강조해두는 것이 좋다. 해당 부분은 선지에 나올 확률이 높으므로 위치를 쉽게 찾기 위한 준비를 해두는 것이다.

❸ **선지 적용하기**

각 선지에 등장하는 테마는 모두 개념 구분과 포함관계에 해당한다.

첫째로, 개념 구분이란 병렬적으로 제시된 개념들을 헷갈리지 않는 것을 말한다. 앞선 21문과 22문에서도 등장한 바 있다. 본 문제의 경우 제시문에 등장하는 개념의 종류가 훨씬 다양하기에 난이도가 더 높다. 협약을 제대로 구분했는지 묻는 선지로는 ②, ③, ④가 있다.

둘째로, 포함관계란 개념들 간의 위계를 명확히 파악하는 것을 말한다. 역시 앞선 22문에 등장한 바 있다. 22문에 비해 본 문제의 포함관계가 더 복잡하다. 제시문 1~4문단에 등장하는 개념들의 포함관계를 도식화하면 다음과 같다.

<table>
<tr><td colspan="8">ILO 노동기준에 관한 협약</td></tr>
<tr><td colspan="4">핵심협약</td><td colspan="3">거버넌스협약</td><td rowspan="2">일반협약</td></tr>
<tr><td>결사·자유원칙 관련협약</td><td>강제노동 금지원칙 관련협약</td><td>아동노동 금지원칙 관련협약</td><td>차별 금지원칙 관련협약</td><td>근로감독 협약</td><td>고용정책 협약</td><td>노사정 협약</td></tr>
<tr><td colspan="4">노동에 있어서 기본적 원칙들과 권리에 관한 선언</td><td colspan="3">공정한 세계화를 위한 사회적 선언</td><td></td></tr>
</table>

가장 큰 개념인 'ILO 노동기준에 관한 협약' 아래 첫 번째 하위개념, 두 번째 하위개념까지 총 3단의 포함관계가 제시된다. 선언까지 포함하면 4단이다. 특정한 하위 협약이 어떤 상위 협약에 포함되는지 묻는 선지로는 ①, ③, ④, ⑤가 있다.

합격자의 시간단축 Tip

Tip 숫자를 활용하여 대상의 관계를 파악

다양한 층위의 대상들이 제시되는 경우, 이들 간의 관계를 파악하는 것이 중요하다. 이를 파악하기 위해 시각적인 표시를 활용할 수 있다. 각 이름을 구분하는 포인트에 ㅇ과 ㅁ 같은 서로 다른 기호를 표시하는 것이다. 기호 외에도 1, 2, 1+2, 1-1과 같은 숫자를 활용할 수도 있다. 본 제시문과 같이 설명되는 대상이 3개 이상이고 포함관계가 나타나는 경우, 기호보다 숫자를 활용하여 대상들을 구분하는 것이 더 편리하다. 또한, 숫자를 활용할 경우 대상 간의 공통점과 차이점, 포함관계를 표기할 수 있다는 장점이 있다.

040 정답 ⑤ 난이도 ●●●

문제유형 법조문형 > 규정적용

접근전략 법규정 유형 중 규정을 적용하여 발문에서 묻고 있는 대상자를 찾아가는 문제이다. 법조문 유형을 풀 때는 조문의 구체적인 내용을 독해하는 것보다, 법조문의 구조를 파악한 후 〈보기〉에서 묻고 있는 정보를 찾아 올라가는 형태로 푸는 것이 좋다. 본 문제의 경우 〈제한요건에 해당하지 않으면 추천을 받을 수 있다〉는 법조문 관련 명제를 적극적으로 받아들여서, 이 법조문을 반대해석하는 것이 필요하다.

성무포상 대상자 추천의 제한요건에 관한 다음 규정을 근거로 판단할 때, 2011년 8월 현재 정부포상 대상자로 추천을 받을 수 있는 자는?

1) 형사처벌 등을 받은 자
  가) 형사재판에 계류 중인 자
  나) 금고 이상의 형을 받고 그 집행이 종료된 후 5년을 경과하지 아니한 자
  다) 금고 이상의 형의 집행유예를 받은 경우 그 집행유예의 기간이 완료된 날로부터 3년을 경과하지 아니한 자
  라) 금고 이상의 형의 선고유예를 받은 경우에는 그 기간 중에 있는 자
  마) 포상추천일 전 2년 이내에 벌금형 처벌을 받은 자로서 1회 벌금액이 200만 원 이상이거나 2회 이상의 벌금형 처분을 받은 자
2) 공정거래관련법 위반 법인 및 그 임원
  가) 최근 2년 이내 3회 이상 고발 또는 과징금 처분을 받은 법인 및 그 대표자와 책임 있는 임원 (단, 고발에 따른 과징금 처분은 1회로 간주)
  나) 최근 1년 이내 3회 이상 시정명령 처분을 받은 법인 및 그 대표자와 책임 있는 임원

① 금고 1년 형을 선고 받아 복역한 후 2009년 10월 출소한 자
→ (×) 규정 1) - 나)에 따르면 금고 이상의 형을 받고 그 집행이 종료된 후 5년을 경과하지 아니한 자는 정부포상 대상자 추천이 제한된다. 금고 1년 형을 선고받아 복역한 후 2009년 10월 출소한 자는 집행이 종료된 후 5년이 지난 2014년 10월까지는 정부포상 대상자 추천이 제한되므로, 2011년 8월 현재 정부포상 대상자로 추천을 받을 수 없다.

② 2011년 8월 현재 형사재판에 계류 중인 자
→ (×) 규정 1) - 가)에 따르면 형사재판에 계류 중인 자는

정부포상 대상자 추천이 제한된다. 따라서 2011년 8월 현재 형사재판에 계류 중인 자는 정부포상 대상자로 추천을 받을 수 없다.

③ 2010년 10월 이후 현재까지, 공정거래관련법 위반으로 3회 시정명령 처분을 받은 기업의 대표자
→ (×) 규정 2) - 나)에 따르면 최근 1년 이내 3회 이상 공정거래관련법 위반으로 시정명령 처분을 받은 법인 및 그 대표자는 정부포상 대상자 추천이 제한된다. 따라서 2011년 8월 현재로부터 1년 이내인 2010년 10월 이후 공정거래관련법 위반으로 3회 시정명령 처분을 받은 기업의 대표자는 정부포상 대상자로 추천을 받을 수 없다.

④ 2010년 1월, 교통사고 후 필요한 구호조치를 하지 않아 500만 원의 벌금형 처분을 받은 자
→ (×) 규정 1) - 마)에 따르면 포상추천일 전 2년 이내에 벌금형 처벌을 받은 자로서 1회 벌금액이 200만 원 이상인 경우 정부포상 대상자 추천이 제한된다. 따라서 2011년 8월 현재로부터 2년 이내인 2010년 1월 500만 원의 벌금형 처분을 받은 자는 정부포상 대상자로 추천을 받을 수 없다.

⑤ 2009년 7월 이후 현재까지, 공정거래관련법 위반으로 고발에 따른 과징금 처분을 2회 받은 기업
→ (○) 규정 2) - 가)에 따르면 최근 2년 이내 공정거래관련법 위반으로 3회 이상 고발, 과징금 처분 또는 고발에 따른 과징금 처분을 받은 법인 및 그 대표자와 책임 있는 임원은 정부포상 대상자 추천이 제한된다. 따라서 최근 2년 이내 공정거래관련법 위반으로 고발에 따른 과징금 처분을 2회 받은 기업은 3회 이상 받지 않았으므로 2011년 8월 현재 정부포상 대상자로 추천을 받을 수 있다.

합격자의 실전 풀이 순서

❶ 문제 유형 파악

본 문제의 경우 발문에서 '규정'이라는 단어가 나오고, 제시문이 규정 형태로 주어졌으므로 법조문 유형임을 알 수 있다. 특히 제한요건에 관한 규정을 근거로 정부포상 대상자로 추천받을 수 있는 자를 묻고 있으므로, 법규정을 직접 적용하는 문제임을 알 수 있다. 법조문 유형은 구체적인 조문의 내용을 독해하는 것보다, 법 조문의 구조를 파악한 후 〈보기〉에서 묻고 있는 정보를 찾아 올라가는 형태로 푸는 것이 좋다. 법 조문의 구조 파악이란 각 조나 항마다 가로로 길게 선을 그어 조문들을 시각적으로 구분하고, 단서와 괄호에 강조 표시하는 것을 의미한다. 특히 주어진 규정은 제한요건이므로 해당 규정에 해당하면 정부포상 대상자로 추천받을 수 없다는 점에 유의해야 한다. 즉, 규정에 해당하지 않는 자를 선택해야 한다는 점을 주의하면서 선지 판단을 해야 한다. 또한 '2011년 8월'을 기준으로 정답을 골라야 하므로, 이 부분에 표시를 해둔다.

❷ 법조문 구조 분석

먼저 법조문 전체를 훑으며 법조문의 구조를 파악한다. 법조문을 분석할 때는 각 조나 항을 구분하고, 단서와 괄호에 강조 표시를 한다. 조문의 길이가 긴 경우 가로선을 활용하고, 구체적으로 '다만'이라는 단어가 나오면 △, '이 경우'라는 단어에는 ㅁ 표시를 해두고, 괄호가 나오면 괄호의 처음과 끝에 별표를 해둔다. 아래의 조문이 위의 조문의 내용의 일부에 대하여 설명하고 있는 경우, 아래 조문을 위의 조문 내용 혹은 조항과 연결하여 표시한다. 이러한 표시들은 선지나 〈보기〉를 읽고, 해당하는 부분을 찾는 이정표 역할을 한다. 이렇게 법조문을 읽으며 선지에 어떤 내용이 나올지도 예상해본다. 규정은 크게 2가지로 나뉜다. 형사처벌 등을 받은 자, 또는 공정거래관련법을 위반한 법인 및 그 임원의 경우 정부포상 대상자로 추천받을 수 없다. 각각의 구체적인 내용을 기억하기는 힘들기 때문에 선지를 보고 찾아가는 방식을 활용한다. 발문에는 현재가 2011년 8월이라고 규정되어있고, 법조문에 조항별 기한이 명시되어 있으므로 선지 판단 시 시기를 활용할 것을 예상하고 있는 것이 좋다.

❸ 선지 판단

법조문 분석을 토대로 선지를 판단한다. 선지 ①, ②, ④번은 규정 1) 중에서, 선지 ③, ⑤번은 규정 2) 중에서 각각 비교한다. 이때 발문에서 '2011년 8월 현재' 정부포상 대상자로 추천을 받을 수 있는 자를 고른다고 하였으므로 연도에 유의한다. 또한, 주어진 규정에 해당하지 않는 자가 정부포상 대상자로 추천을 받을 수 있는 자임을 유의한다.

합격자의 시간단축 Tip

Tip ❶ 발문의 연도에 유의

발문에 특정 숫자가 제시된 경우 이는 문제화/선지화될 확률이 매우 높다. 문제 해결에 영향은 없었으나, 선지 ⑤번은 연도에 주의하여야 한다. 현재는 2011년 8월인데, 제시된 연도는 2009년 7월이다. 따라서 만약 공정거래관련법 위반으로 고발에 따른 과징금 처분을 4회 받았다고 하더라도, 2009년 7월에 2회 받고 2009년 8월부터 2011년 8월까지 2회 받았다면 규정 2) - 가)에 해당하지 않는다. 즉 제시된 연도는 '2년 이전'과 '2년 이내'가 섞여 있으며, 이 경우 정답은 '알 수 없다'이다.

Tip ❷ 뒤의 선지부터 확인

본 문제와 같이 규정을 하나하나 적용해야 하는 문제의 경우 뒤에 있는 선지나 정답이 될 가능성이 큰 선지부터 해결하는 것이 좋다. '공정거래법 위반'의 경우 세부 규정이 두 개이므로 상대적으로 확인에 시간이 적게 걸린다는 점도 먼저 확인할 이유가 된다. 선지 ⑤번은 과징금 처분 횟수가 제시되어 있으며, 이는 해당 문제 조문에서 2) 부분에 횟수가 제시되어 있다는 것을 볼 때 정답 선지화될 가능성이 크다. 해당 분야가 선지화되지 않는다면 2) 부분을 아예 읽지 않아도 되기 때문이다. 선지 ⑤번-③번을 먼저 확인하고 다른 선지로 넘어가는 것을 추천한다.

Tip ❸ 동일 분류의 선지끼리 판단

규정은 크게 1)과 2)로 분류되어 있다. 이 경우에는 동일 분류의 선지끼리 판단하는 것이 효율적이다. 제시문의 아래와 위를 번갈아 보는 것보다 한 곳을 집중하여 볼 때 눈을 움직이며 낭비되는 시간이 더 적기 때문이다. 즉, ①②④끼리, ③⑤끼리 한꺼번에 판단하는 것이 좋고, 이들 간 순서에는 **Tip ❷**를 적용하여 ③⑤를 먼저 보면 될 것이다.

Tip ❹ 선지를 확인한 조건은 별도로 표시

해당 문제처럼 다수의 조건이 병렬적으로 나열된 경우, 선지 5개가 모두 서로 다른 조건을 묻는 경우가 대부분이다. 따라서 이미 선지와 대조가 끝난 조건에는 '∨' 등으로 표시해두면 제시문을 읽는 시간을 절약할 수 있다.

041 정답 ②　　　　　　　　　　　　　　　　　　　　난이도 ●●○

문제유형 비판적 사고 > 논지 강화 · 약화하기

접근전략 강화 또는 약화의 여부를 묻는 문제의 경우 크게 비실험과 실험으로 나눌 수 있다. 비실험의 경우 ①여러 주장을 주고 주장끼리 비교하거나 ②어떤 주장과 그 근거를 주고 다양한 사례를 통해 주장의 강화 약화를 물어보는 유형이 존재한다.
실험 유형의 경우 본 지문처럼 일정 실험의 결과를 가지고 실험의 다른 부분들을 건드렸을 때, 혹은 다른 사례를 제시하고 실험 내용의 강화, 약화를 물어본다.
본 지문과 같은 문제에 접근하기 위해서는 실험의 맥락을 제대로 파악하는 것이 중요하다. 일반적인 실험의 경우 실험을 한 번 하는 것이 아니라, 그와 대조되는 다른 실험을 연이어 진행한다. 이에 두 실험의 차이점을 면밀히 살피고 실험자가 다르게 투입한 점을 파악한다. 이후 그에 따라 두 실험의 결과가 어떻게 달라지는지 확인하고 투입과 산출 사이의 관계를 명확하게 파악한다면, 문제에 더 쉽게 접근할 수 있을 것이다.

다음 글의 ㉠을 강화하는 것만을 〈보기〉에서 모두 고르면?

(1) 동물의 감각이나 반응을 일으키는 최소한의 자극을 '식역'이라고 한다. (2) 인간의 경우 일반적으로 40밀리 초 이하의 시각적 자극은 '보았다'고 답하는 경우가 거의 없다. (3) 그렇다면 식역 이하의 시각적 자극은 우리에게 아무런 영향도 주지 않는 것일까? ▶ 1문단

(1) 연구자들은 사람들에게 식역 이하의 짧은 시간 동안 문자열을 먼저 제시한 후 뒤이어 의식적으로 지각할 수 있을 만큼 문자열을 제시하는 실험을 진행했다. (2) 이 실험에서 연구자들은 먼저 제시된 문자열을 '프라임'으로, 뒤이어 제시된 문자열을 '타깃'으로 불렀다. (3) 프라임을 식역 이하로 제시한 후 뒤이어 타깃을 의식적으로 볼 수 있을 만큼 제시했을 때 피험자들은 타깃 앞에 프라임이 있었다는 사실조차 알아차리지 못했다. ▶ 2문단

(1) 거듭된 실험을 통해 밝혀진 사실 가운데 하나는 피험자가 비록 보았다고 의식하지 못한 낱말일지라도 제시된 프라임이 타깃과 동일한 낱말인 경우 처리속도가 빨라진다는 것이었다. (2) 예컨대 'radio' 앞에 'house'가 제시되었을 때보다 'radio'가 제시되었을 때 반응이 빨라졌다. (3) 동일한 낱말의 반복이 인지 반응을 촉진한 것이었다. (4) 식역 이하로 제시된 낱말임에도 불구하고 뒤이어 나온 낱말의 처리속도에 영향을 미친 이런 효과를 가리켜 '식역 이하의 반복 점화'라고 부른다. ▶ 3문단

(1) 흥미로운 점은, 프라임이 소문자로 된 낱말 'radio'이고 타깃이 대문자로 된 낱말 'RADIO'일 때 점화 효과가 나타났다는 것이다. (2) 시각적으로 그 둘의 외양은 다르다. 그렇다면 두 종류의 표기에 익숙한 언어적, 문화적 관습에 따라 'radio'와 'RADIO'를 같은 낱말로 인지한 것으로 볼 수 있다. (3) 이에 비추어 볼 때, ㉠ <u>식역 이하의 반복 점화는 추상적인 수준에서 나타나는 것으로 보인다.</u> ▶ 4문단

보기

ㄱ. 같은 낱말을 식역 이하로 반복하여 여러 번 눈앞에 제시해도 피험자들은 그 낱말을 인지하지 못하였다.
→ (×) ㉠은 식역 이하의 반복 점화, 즉 식역 이하로 제시된 낱말이 뒤이어 나온 낱말의 처리속도에 영향을 미치는 효과가 추상적인 수준에서 나타난다는 것을 의미한다. 따라서 해당 선지처럼 같은 낱말을 식역 이하로 반복 제시했을 때 피험자가 낱말을 인지하지 못했다면 이는 다음 낱말에 영향을 주지 못한 것이므로 ㉠을 강화하지 못한다.

ㄴ. 샛별이 금성이라는 것을 아는 사람에게 프라임으로 '금성'을 식역 이하로 제시한 후 타깃으로 '샛별'을 의식적으로 볼 수 있을 만큼 제시했을 때, 점화 효과가 나타나지 않았다.
→ (×) '금성'과 '샛별'은 연관성이 있는 낱말이므로, '금성'을 식역 이하로 반복 제시하였으나 '샛별'을 인지하는 데 효과가 없었다면 이는 추상적 수준의 식역 이하의 반복 효과가 나타나지 않은 것으로, ㉠을 강화하지 못한다.

ㄷ. 한국어와 영어에 능숙한 사람에게 'five'만을 의식적으로 볼 수 있을 만큼 제시한 경우보다 프라임으로 '다섯'을 식역 이하로 제시한 후 타깃으로 'five'를 의식적으로 볼 수 있을 만큼 제시했을 때, 'five'에 대한 반응이 더 빨랐다.
→ (○) 한국어와 영어 모두에 능숙한 사람에게는 '다섯'과 'five'는 연관성이 있는 낱말이므로, '다섯'을 식역 이하로 반복 제시했을 때 'five'에 대한 반응이 빨랐다면 이는 추상적 수준의 식역 이하의 반복 점화가 나타난 것이다. 따라서 해당 선지는 ㉠을 강화한다.

① ㄱ → (×)　　② ㄷ → (○)
③ ㄱ, ㄴ → (×)　　④ ㄴ, ㄷ → (×)
⑤ ㄱ, ㄴ, ㄷ → (×)

제시문 분석

1문단 '식역'의 정의

〈식역〉
동물의 자극이나 반응을 일으키는 최소한의 자극을 '식역'이라고 한다.(1)

2문단 프라임과 타깃 제시 실험

〈연구자들의 실험 내용〉
연구자들은 사람들에게 식역 이하의 짧은 시간 동안 문자열을 먼저 제시한 후 뒤이어 의식적으로 지각할 수 있을 만큼 문자열을 제시하는 실험을 진행했다.(1)

〈프라임과 타깃〉		〈결과〉
연구자들은 먼저 제시된 문자열을 '프라임'으로, 뒤이어 제시된 문자열을 '타깃'으로 불렀다.(2)	→	프라임을 식역 이하로 제시한 후 뒤이어 타깃을 의식적으로 볼 수 있을 만큼 제시했을 때 피험자들은 타깃 앞에 프라임이 있었다는 사실조차 알아차리지 못했다.(3)

3문단 식역 이하의 반복 점화

〈실험에서 밝혀진 사실〉
거듭된 실험을 통해 밝혀진 사실 가운데 하나는 피험자가 비록 보았다고 의식하지 못한 낱말일지라도 제시된 프라임이 타깃과 동일한 낱말인 경우 처리속도가 빨라진다는 것이었다.(1)

→

〈식역 이하의 반복 점화〉	식역 이하로 제시된 낱말임에도 불구하고 뒤이어 나온 낱말의 처리속도에 영향을 미친 이런 효과를 가리켜 '식역 이하의 반복 점화'라고 부른다.(4)

4문단 식역 이하의 반복 점화 특징

〈실험 결과〉		〈해석〉		〈결론〉
흥미로운 점은, 프라임이 소문자로 된 낱말 'radio'이고 타깃이 대문자로 된 낱말 'RADIO'일 때 점화 효과가 나타났다는 것이다.(1)	→	두 종류의 표기에 익숙한 언어적, 문화적 관습에 따라 'radio'와 'RADIO'를 같은 낱말로 인지한 것으로 볼 수 있다.(2)	→	식역 이하의 반복 점화는 추상적인 수준에서 나타나는 것으로 보인다.(3)

합격자의 실전 풀이 순서

❶ **글의 ㉠부분을 읽는다.**

문제에서 밑줄 친 부분을 강화하는 선지를 물어봤으므로 밑줄을 먼저 읽어주는 것이 좋다. 이때 밑줄은 해당 내용을 완전히 이해하기 위해서가 아니라 그냥 밑줄이 어디에 있는지, 어떤 내용이 들어있는지만 파악하기 위해서 글을 읽는 것이다.

❷ **첫 문단을 꼼꼼히 읽는다.**

실험 문제의 경우 도입부에 바로 실험이 나오는 경우가 있고, 위 문제처럼 실험 설명 이전에 실험에서 쓰이는 용어나 내용 추측을 유도하는 내용이 나오는 경우가 있다. 이때 만약 내용 정의가 주가 된다면 첫 문단의 내용 정의를 꼼꼼히 읽어야 하며, 그 뒤 '그렇다면 식역 이하의 시각적 자극은 우리에게 아무런 영향도 주지 않는 것일까?' 부분도 자세히 읽도록 한다. 왜냐하면 자문자답의 구조에서 물음에 대한 답변은 대부분 중요하며 실험 제재의 글에서는 이것이 실험을 전반적으로 파악할 수 있는 힌트를 제공해주기 때문이다. 해당 문장을 통해 앞으로 '식역 이하의 시각적 자극'이 우리에게 어떠한 영향을 준다는 내용이 제시될 것임을 추측할 수 있다.

❸ **2~4문단의 실험을 읽고 내용을 파악하며 밑줄을 다시 읽는다.**

그 뒤 실험에 대한 내용을 파악하도록 한다. 이때 실험의 결론 부분에 초점을 맞추어 실험 내용을 이해하는 것이 좋다. 본 실험의 경우 '동일한 낱말의 반복'이 중요한 실험 요소 중 하나로 작용하고 있음을 알 수 있다. 또한, 대부분 마지막 문단에서 실험의 결론이나 합의에 도달하므로 정답이 맥락을 통해 완벽하게 똑같은 낱말을 요구하지는 않는다는 사실을 알 수 있다. 이 뒤에 나오는 밑줄을 다시 읽으며 밑줄의 성격을 파악한다. 해당 글의 밑줄은 결국 실험의 결론을 이야기하고 있음을 알 수 있다.

❹ **〈보기〉를 읽고 정오를 골라낸다.**

이제 실험에 대한 이해가 완료된 상태이므로, 보기를 읽고 정오를 골라내는 작업을 한다. 본 문제의 경우 결론을 강화하는 선지를 물었기 때문에 약화하는 근거나 무관한 근거는 제외하고 문제를 풀도록 한다. 강화의 경우 밑줄 친 실험의 마지막 결과와 똑같은 맥락의 상황이어야 하며, 반대되는 상황이거나 본 밑줄 실험의 결과와 전혀 상관없는 내용이라면 틀린 선지가 된다.

합격자의 시간단축 Tip

Tip ❶ 무관한 선지가 존재함을 주의하기

강화 또는 약화하는 선지를 묻는 문제의 경우, 본 문제처럼 특정 결론을 제시하고 어떤 선지가 이를 강화하는지, 또는 약화하는지 묻는 문제가 존재할 수 있다. 이 경우에는 글의 결론을 강화하는 선지를 묻고 있으므로, 정답을 선택할 때 실험의 결론을 '지지하는 것'을 선택해야 함에 유의한다. 실험과 반대되는 가설이 아니더라도 실험의 맥락과 맞지 않거나 관련 없는 내용이라면 본 실험 결론을 강화한다고 보기 어렵다. 이와 같이 내용과 무관한 선지가 존재함을 주의하고, 실험과 아무런 연관이 없다고 생각하는 보기에는 자신감을 가지고 오답 표기를 하도록 한다.

Tip ❷ 실험지문에 쓰이는 보편적 용어에 익숙해지자.

단어의 뜻을 암기하라는 뜻이 아니다. 〈자극〉, 〈반응〉이라는 말은 생물을 대상으로 한 실험지문에서 100% 출제되는 단어들이다. 이러한 키워드를 통해서 실험의 어느 부분이 진행되고 있는지 유추할 수도 있다.

042 정답 ⑤ 난이도 ●○○

문제유형 이해 > 내용 파악

접근전략 이 문제는 어떻게 "길고 반복되는 고유명사"를 잘 구분해서 내용을 파악할 수 있는지를 테스트하는 문제다. 비교적 낯선 소재의 어려운 단어를 반복해서 실수를 유도하고 있으므로 단어 간의 차이점을 빠르게 파악하여 구분/표시하는 것이 결정적인 풀이법이다.

다음 글의 내용과 부합하는 것은?

(1) 미국의 건축물 화재안전 관리체제는 크게 시설계획기준을 제시하는 건축모범규준과 특정 시설의 화재안전평가 및 대안설계안을 결정하는 화재안전평가제 그리고 기존 건축물의 화재위험도를 평가하는 화재위험도평가제로 구분된다. (2) 건축모범규준과 화재안전평가제는 건축물의 계획 및 시공단계에서 설계지침으로 적용되며, 화재위험도평가제는 기존 건축물의 유지 및 관리단계에서 화재위험도 관리를 위해 활용된다. (3) 우리나라는 정부가 화재안전 관리체제를 마련하고 시행하는 데 반해 미국은 공신력 있는 민간기관이 화재 관련 모범규준이나 평가제를 개발하고 주 정부가 주 상황에 따라 특정 제도를 선택하여 운영하고 있다. ▶ 1문단

(1) 건축모범규준은 미국화재예방협회에서 개발한 것이 가장 널리 활용되는데 3년마다 개정안이 마련된다. (2) 특정 주요 기준은 대부분의 주가 최근 개정안을 적용하지만, 그 외의 기준은 개정되기 전 규준의 기준을 적용하는 경우도 있다. (3) 역시 미국화재예방협회가 개발하여 미국에서 가장 널리 활용되는 화재안전평가제는 공공안전성이 강조되는 의료, 교정, 숙박, 요양 및 교육시설 등 5개 용도시설에 대해 화재안전성을 평가하고 대안설계안의 인정 여부를 결정함에 목적이 있다. (4) 5개 용도시설을 제외한 건축물의 경우에는 건축모범규준의 적용이 권고된다. (5) 화재위험도평가제는 기존 건축물에 대한 데이터를 수집하여 화재안전을 효율적으로 평가·관리함에 목적이 있다. (6) 이 중에서 뉴욕주 소방청의 화재위험도평가제는 공공데이터 공유 플랫폼을 이용하여 수집된 주 내의 모든 정부 기관의 정보를 평가자료로 활용한다. ▶ 2문단

① **건축모범규준이나 화재안전평가제에 따르면 공공안전성이 강조되는 건물에는 특정 주요 기준이 강제적으로 적용되고 있다.**
→ (×) 화재안전평가제가 공공안전성이 강조되는 용도시설에 대해 화재안정성을 평가하고, 대안설계안의 인정 여부를 결정함에 목적이 있는 것은 사실이다.[2문단(3)] 그러나 제시문에 건축모범규준이나 화재안전평가제에 특정 주요 기준이 강제적으로 적용된다는 내용은 서술되어 있지 않아 확인할 수 없다.

② 건축모범규준, 화재안전평가제, 화재위험도평가제 모두 건축물의 설계·시공단계에서 화재안전을 확보하는 수단이다.

→ (×) 건축모범규준과 화재안전평가제는 건축물의 계획 및 시공단계에서 설계지침으로 적용되지만, 화재위험도평가제는 기존 건축물의 유지 및 관리단계에서 화재 위험도 관리를 위해 활용된다.[1문단(2)].

③ 건축모범규준을 적용하여 건축물을 신축하는 경우 반드시 가장 최근에 개정된 기준에 따라야 한다.

→ (×) 건축모범규준은 3년마다 개정안이 마련되며[2문단(1)], 특정 주요 기준은 대부분의 주가 최근 개정안을 적용하지만 그 외의 기준은 개정되기 전 규준의 기준을 적용하는 경우도 있다.[2문단(2)] 이를 통해 건축모범규준을 적용하여 건축물을 신축하는 경우 반드시 가장 최근에 개정된 기준에 따라야 하는 것은 아니라는 사실을 알 수 있다.

④ 미국에서는 민간기관인 미국화재예방협회가 건축모범규준과 화재안전평가제를 개발·운영하고 있다.

→ (×) 미국은 미국화재예방협회와 같은 공신력 있는 민간기관이 화재 관련 모범 규준이나 평가제를 개발하고 주 정부가 주 상황에 따라 특정 제도를 선택하여 운영한다.[1문단(3)] 따라서 민간기관이 규준과 제도를 개발하는 것은 맞지만, 운영은 주 정부가 한다는 것을 알 수 있다.

⑤ 뉴욕주 소방청은 화재위험도 평가에 타 기관에서 수집한 정보를 활용한다.

→ (O) 뉴욕주 소방청의 화재위험도평가제는 공공데이터 공유 플랫폼을 이용하여 수집된 주 내의 모든 정부 기관의 정보를 평가자료로 활용한다.[2문단(6)]

제시문 분석

1문단 미국의 건축물 화재안전 관리체제

〈미국의 건축물 화재안전 관리체재〉		
〈건축모범 규준〉	시설계획기준을 제시한다.(1)	건축물의 계획 및 시공단계에서 설계지침으로 적용된다.(2)
〈화재안전 평가제〉	특정 시설의 화재안전평가 및 대안 설계안을 결정한다.(1)	
〈화재위험도평가제〉	기존 건축물의 화재위험도를 평가한다.(1)	기존 건축물의 유지 및 관리단계에서 화재위험도 관리를 위해 활용된다.(2)

〈우리나라 관리체제의 특징〉	↔	〈미국 관리체제의 특징〉
우리나라는 정부가 화재안전 관리체제를 마련하고 시행하고 있다.(3)	↔	미국은 공신력 있는 민간기관이 개발하고 주 정부가 상황에 따라 특정 제도를 선택하여 운영하고 있다.(3)

2문단 건축물 화재안전 관리체제의 양상

〈건축모범규준〉	→	〈화재안전평가제〉
미국화재예방협회에서 개발한 것이 가장 널리 활용되는데 3년마다 개정안이 마련된다. 대부분의 주가 최근 것을 사용하지만 개정 전 규준의 기준을 적용하기도 한다.(1),(2)	→	미국화재예방협회에서 개발한 것이 가장 널리 활용되며, 공공안정성이 강조되는 5개 용도시설에 대해 화재안정성을 평가하고 대안설계안의 인정 여부를 결정한다.(3)

〈화재위험도평가제〉
기존 건축물에 대한 데이터를 수집하여 화재안전을 효율적으로 평가·관리함에 목적이 있다.(5)

→

〈뉴욕주〉	뉴욕주 소방청의 화재위험도평가제는 주 내의 모든 평가기관의 정보를 자료로 활용한다.(6)

합격자의 실전 풀이 순서

발문 확인

부합하는 것을 묻고 있으므로 지문과 정면으로 상충하는 오선지가 있을 가능성이 매우 크다. 같은 정보파악형 문제여도 '알 수 있는' 것을 묻는 유형은 추론 불가능한 것을 포함하지만 부합하지 않는 것은 '상충하는' 것만 포함함에 유의한다.

단, 실전에서 그걸 구분하고 접근하는 것은 사실상 불가능하다. 그냥 애매한 선지를 골라낼 때 사용하는, 보조적인 구별법이라 할 수 있다. 또한, 이 글은 '미국'으로 시작되므로 반드시 어딘가에는 국가 간 비교가 등장한다는 점을 알아두자.

선지를 먼저 읽는 경우

(1) 선지 키워드 표시

독해 지문을 푸는 두 가지 방법 중 선지를 먼저 읽는 경우의 풀이법을 소개한다. 지문보다 선지를 먼저 보고 정보를 추출한다. 선지에서 추출할 키워드는 다음과 같다. 단, 이들은 어디까지나 예시이므로 수험생 본인과 같을 필요는 없다.

① 건축, 화재, 평가제, 공공
② 모범, 평가제, 화재 안전(설계 등은 고유명사를 읽으면서 동시에 추출하기 어려워서 제외하였음)
③ 모범, 신축, 경우, 반드시
④ 미국, 민간기관,
⑤ 뉴욕주 소방청, 평가에 타 기관

선지로부터 화재 안전을 위한 평가가 존재하고 미국의 사례가 있다는 것을 확인하고 독해를 시작할 수 있다. 선지에 어떤 '규준'과 '평가제'가 계속 등장한다. 따라서 해당 제도 관련 내용을 구분하여 읽을 필요가 있을 것이다. 선지를 먼저 볼 때 단어가 길고 복잡한 경우 임의의 짧은 키워드만 추출하면서 보는 것을 추천한다. 어차피 길면 다 기억하지도 못하기 때문에 특징적인 키워드로 해당 단어임을 파악하는 것이 낫다.

(2) 제시문 독해 및 선지 판단

각 제도의 설명 및 특징 등이 병렬적으로 제시되어 있으므로 판단 가능한 선지가 있다면 독해를 하면서 판단한다. 1문단을 읽고 ②, ④를, 2문단까지 읽고 나머지 선지를 판단할 수 있다.

제시문을 먼저 읽는 경우

(1) 지문 읽기

지문을 읽으면서 고유명사가 너무 많이 등장해서 익숙하지 않은 수험생들은 독해가 어려울 수 있다. 사실 알고 보면 쉬운 지문인데도 불구하고 독해가 어렵다면 방해요소를 치워버리는 것으로 해결 가능하다.

이 글에서 방해요소란, 한자 뜻을 가진 + 긴 단어다(영어로 된 고유명사가 아님은 명백하다). 그렇다면 긴 단어를 짧게 압축하면서, 뜻을 살리는 단어로 바꿔서 읽을 수 있다. 예컨대 첫째와 둘째 줄의 '화재안전 관리체제와 화재안전평가제'는 '안전평가'로 압축할 수 있다. 그리고 바로 동일 줄의 화재위험도평가제는 '위험도평가'로 압축할 수 있다. 이때 "제"라는 단어를 유지해야 하는가? 제는 제도의 준말인데 굳이 유지하지 않아도 뜻이 통한다. 또한, 어차피 화재 속에 공통되는 내용이므로 화재는 생략 가능하다.

이때, '안전평가 vs 위험도평가'의 대립적 관계도 쉽게 드러난다. 중요한 것은 공통적인 제도끼리(평가) 묶는 것이다.

2문단의 건축모범규준은 앞서 제시된 '평가'들과 구분되므로 별도로 표시하지 않아도 되고, "6글자"라고 기억해도 된다. '미국화재예방협회'는 '협회'라고 축약시킨다. 전체적으로 "화재와 화재가 아닌 것"을 구분해서 축약한 것임에 유의한다.

이러한 과정을 반드시 쓰면서 할 필요는 없다. 어차피 지문에서 반복되므로 단어를 읽을 때 "주시할 부분"을 구분하면 되는 것이다. 따라서 위와 같은 축약을 기호로 대체해도 된다. (기호 대체의 예시는 **Tip ❷** 참고)

평소에 이런 연습을 해 두자. 많이 할 필요는 없고 딱 5개 지문만 연습해도 감이 올 것이다.

(2) 선지 판단

선지에 쓰인 단어들이 지문의 각각 어디에 해당하는지 체크했다면 선지의 판단은 어렵지 않다. 이때 반드시 본인이 기억했던 대로 선지에도 밑줄 등 표시를 해야 함에 주의한다. 그래야 제시문에서 해당 내용을 빠르게 찾을 수 있고, 실수도 방지할 수 있다.

합격자의 시간단축 Tip

Tip ❶ 제도는 항상 제도의 뜻, 배경 및 취지, 운영으로 이루어진다.

제도는 인간이 만드는 것이고, 사회를 변화시키거나 통제한다. 즉 제도가 지문에 나오면 반드시 의도가 있고, 영향받는 대상이 있다(배경 및 취지). 또한, 제도가 뭔지를 모르면 안 되기 때문에 그 뜻을 설명할 수밖에 없다. 마지막으로 운영이란 제도에 영향받는 사람들이 취하는 행동이다. 예컨대 이 지문에선 '민간기관은 개발'하는 역할을 담당한다. 앞으로 제도를 읽을 때는 반드시 이 틀에 맞춰서 읽도록 하자. 글을 읽는 틀이란 바로 이런 것이다.

또한, 선지 역시 이 틀에 맞춰서 나오기도 한다. 구체적으로 1)누가 영향을 주는지/받는지 2)누가 찬성/반대하는지 3)누구한테 유리/불리한지 등이 있다. 여기서 핵심은 '누가' 이다. 제도는 〈관계를 규정짓는 체계화된 방식〉(사전적 정의)이므로 선지도 그에 걸맞는 게 나올 수밖에 없다.

Tip ❷ 기호의 활용

동일 층위의 개념이 병렬적으로 제시된다면 기호를 활용하면 선지 판단에 도움이 된다. 본문의 개념과 그 특징의 기호를 매칭하고, 선지에도 동일 기호로 표시하는 것이다. 시각화는 직관적으로 차이를 알 수 있기 때문에 판단 시간을 절약할 수 있다. 또한 해당 내용을 제시문에서 다시 찾을 때도 도움이 된다.

아래는 기호 활용의 예시이다. 분류는 괄호로 표시하였다. 2문단과 선지에도 마찬가지로 적용하면 된다. 선지 ①의 경우 '공공안전성'은 2문단에 등장하는 화재안전평가제의 특징이므로 기호 △로 표시하면 된다. ○과 △가 매칭되었으므로 옳지 않음을 직관적으로 알 수 있다.

> 미국의 건축물 화재안전 관리체제는 크게 시설계획기준을 제시하는 건축모범규준과 특정 시설의 화재안전평가 및 대안설계안을 결정하는 화재안전평가제 그리고 기존 건축물의 화재위험도를 평가하는 화재위험도평가제로 구분된다. 건축모범규준과 화재안전평가제는 건축물의 계획 및 시공단계에서 설계지침으로 적용되며, 화재위험도평가제는 기존 건축물의 유지 및 관리단계에서 화재위험도 관리를 위해 활용된다. 우리나라는 정부가 화재안전 관리체제를 마련하고 시행하는 데 반해 미국은 공신력 있는 민간기관이 화재 관련 모범규준이나 평가제를 개발하고 주 정부가 주 상황에 따라 특정 제도를 선택하여 운영하고 있다. ▶1문단

> ① 건축모범규준이나 화재안전평가제에 따르면 공공안전성이 강조되는 건물에는 특정 주요 기준이 강제적으로 적용되고 있다.

Tip ❸ 비교, 대조 내용에 주목

제시문은 세 가지 대상의 특징과 공통점, 차이점의 나열로 구성되어 있다. 'A와 B는 ~이다.', 'A 역시' 등 공통점을 나타내는 표현과 '~에 반해', '제외한 경우' 등 차이점을 나타내는 표현이 등장하면 주의해서 읽자.

043 정답 ①

난이도 ●●●

문제유형 이해 > 내용 파악

접근전략 제도에 관한 문제다. 시간단축 Tip에 있는 제도의 몇 가지 특징을 유념하면서 내용을 이해해보자. 각각이 지문의 어디에 나오는지 표시해 두면 논리적 흐름을 잡는 것도 용이하다. 또한, 선지에 '누가' 등장하는지도 확인하면서 독해해보자.

다음 글에서 알 수 있는 것은?

(1) 19세기 후반 독일의 복지 제도를 주도한 비스마르크는 보수파였다. (2) 그는 노령연금과 의료보험 정책을 통해 근대 유럽 복지 제도의 기반을 조성하였는데 이 정책의 일차적 목표는 당시 노동자를 대변하는 사회주의자들을 견제하면서 독일 노동자들이 미국으로 이탈하는 것을 방지하는 데 있었다. (3) 그의 복지 정책은 노동자뿐 아니라 노인과 약자 등 사회의 다양한 계층으로부터 광범위한 지지를 얻을 수 있었지만, 이러한 정책을 실행하는 과정에서 각 정파들 간에 논쟁과 갈등이 발생했다. (4) 복지 제도는 모든 국민에게 그들의 공과와는 관계 없이 일정 수준 이상의 삶을 영위할 수 있도록 사회적 최소치를 보장하는 것이고 이를 위해서 지속적인 재원이 필요했다. (5) 그런데 그 재원을 확보하고자 국가가 세금과 같은 방법을 동원할 경우 그 비용을 강제로 부담하고 있다고 생각하는 국민들의 불만은 말할 것도 없고, 실제 제공되는 복지 수준이 기대치와 다를 경우 그 수혜자들로부터도 불만을 살 우려가 있었다. ▶1문단

(1) 공동체적 가치를 중요시해 온 독일의 사회주의자들이나 보수주의자들은 복지 정책을 입안하고 그 집행과 관련된 각종 조세 정책을 수립하는 데에 적극적이었다. (2) 이들은 보편적 복지를 시행하기 위한 재원을 국가가 직접 나서서 마련하는 데 찬성했다. (3) 반면 개인주의에 기초하여 외부로부터 간섭받지 않을 권리와 자유를 최상의 가치로 간주하는 독일 자유주의자들은 여기에 소극적이었다. (4) 이 자유주의자들은 모두를 위한 기본적인 복지보다는 개인의 사유재산권이나 절차상의 공정성을 강조하였다. (5) 이들은 장애인이나 가난한 이들에 대한 복지를 구휼 정책이라고 간주해 찬성하지 않았다. (6) 이들에 따르면 누군가가 선천적인 장애나 사고로 인해 매우 어려운 상황에 처해 있다고 내가 그 사람을 도와야 할 의무는 없는 것이다. (7) 따라서 자신이 원하지도 않는 상황에서 다른 사람을 돕는다는 명목으로 국가가 강제로 개인에게 세금을 거두고자 한다면 이는 자유의 침해이자 강요된 노동이 될 수 있었다. (8) 물론 독일 자유주의자들은 개인이 자발적으로 사회적 약자들을 돕는 것에는 반대하지 않고 적극 권장하는 입장을 취했다. (9) 19세기 후반 독일의 보수파를 통해 도입된 복지 정책들은 이후 유럽 각국의 복지 제도 확립에 영향을

미쳤다. (10) 그렇지만 개인의 자율성을 강조하는 자유주의자들과의 갈등들은 현재까지도 지속되고 있다. ▶2문단

① **독일 자유주의자들은 구휼 정책에는 반대했지만 개인적 자선 활동에는 찬성하였다.**

→ (○) 독일 자유주의자들은 장애인 등에 대한 복지를 구휼 정책이라고 간주해 반대했지만[2문단(5)], 개인이 자발적으로 사회적 약자들을 돕는 것은 적극 권장했다.[2문단(8)]

② **독일 보수주의자들은 복지 정책에 드는 재원을 마련하면서 그 부담을 특정 계층에게 전가하였다.**

→ (×) 독일의 보수주의자들은 보편적 복지를 시행하기 위한 재원을 국가가 직접 나서서 마련하는 데 찬성했다.[2문단(2)] 이러한 과정에서 재원의 부담을 특정 계층에게 전가했는지는 제시문에 서술되어 있지 않아 알 수 없다.

③ **독일 보수주의자들이 집권한 당시 독일 국민의 노동 강도는 높아졌고 개인의 자율성은 침해되었다.**

→ (×) 독일 보수주의자들의 집권 당시 독일 국민의 노동 강도가 높아졌고 개인의 자율성이 침해되었다는 내용은 서술되어 있지 않아 알 수 없다.

④ **공동체적 가치를 강조하는 사회주의적 전통이 확립될수록 복지 정책에 대한 독일 국민들의 불만은 완화되었다.**

→ (×) 독일의 사회주의자들이 공동체적 가치를 중요시해 왔다는 설명은 옳지만[2문단(1)], 이러한 사회주의적 전통이 확립될수록 복지 정책에 대한 독일 국민들의 불만은 완화되었다는 내용은 서술되어 있지 않아 확인할 수 없다.

⑤ **독일 사회주의자들이 제안한 노동자를 위한 사회 보장 정책은 독일 보수주의자들에 의해 전 국민에게로 확대되었다.**

→ (×) 사회주의자들이 노동자를 대변했고[1문단(2)], 보수파를 통해 도입된 복지 정책이 유럽 각국의 복지 제도 확립에 영향을 미쳤다는 언급은 있지만[2문단(9)], 이것이 사회주의자들이 제안한 것인지와 사회보장정책이 보수주의자들에 의해 전 국민에게 확대되었는지는 제시문에 서술되어 있지 않아 알 수 없다.

제시문 분석

1문단 복지제도의 등장 배경 및 개념과 특징

〈복지제도 등장 배경〉
19세기 후반 비스마르크가 사회주의자 견제와 노동자의 이탈을 방지하기 위해 도입한 정책은 근대 유럽 복지 제도의 기반이 되었다.(2)

〈복지제도의 개념〉		〈복지제도의 특징〉
국민에게 공과와는 관계없이 사회적 최소치를 보장하는 것이다.(4)	⊕	재원 확보를 위해 세금과 같은 방법을 동원할 경우와 제공되는 복지 수준이 기대치와 다를 경우 불만을 살 우려가 있다.(5)

2문단 복지제도를 둘러싼 논쟁

〈보편적 복지〉(=쟁점)		
〈사회주의자와 보수주의자〉		〈자유주의자〉
〈중요시한 가치〉		〈중요시한 가치〉
공동체적 가치를 중요시해왔다.(1)	↔	외부로부터 간섭받지 않을 권리와 자유를 최상의 가치로 간주했다.(3)
〈복지 정책에 대한 입장〉		〈복지 정책에 대한 입장〉
복지 정책을 입안하고 그와 관련된 조세 정책을 수립하는 데에 적극적이었다.(1)	↔	장애인이나 가난한 이들에 대한 복지를 구휼 정책이라고 간주해 찬성하지 않았다.(5)
〈재원에 대한 의견〉		〈재원에 대한 의견〉
보편적 복지를 위한 재원을 국가가 직접 나서서 마련하는 데 찬성했다.(2)	↔	세금을 거두는 것은 자유의 침해였으며, 개인이 자발적으로 사회적 약자들을 돕는 것은 권장했다.(8)

합격자의 실전 풀이 순서

발문 확인

일치부합·내용추론 문제이다. 글에서 〈알 수 있는〉 것을 묻는 정보파악 유형은 제시된 정보를 제대로 알고 제시되지 않은 범위를 파악해야 한다. 별도의 다른 특정한 정보는 없으나 19세기 후반 독일이라는 지문 초두를 발문으로 포함시키는 테크닉을 통해 특정한 역사적 사건을 중심으로 지문이 전개될 것임을 추측할 수 있다.

선지를 먼저 읽는 경우

(1) 선지 키워드 표시

독해 지문을 푸는 두 가지 방법 중 선지를 먼저 읽는 경우의 풀이법을 소개한다. 지문보다 선지를 먼저 보고 정보를 추출한다.

선지에서 추출할 키워드는 다음과 같다. 단, 이들은 어디까지나 예시이므로 수험생 본인과 같을 필요는 없다.

① 독일 자유주의자들, 반대, 찬성
② 독일 보수주의자들, 복지, 부담, 전가
③ 독일 보수주의자들, 노동, 자율성 침해
④ 공동체적 가치, 복지
⑤ 독일 사회주의자들, 노동자, 보수주의자

모든 선지에 독일이 있으므로 발문에서 본 첫 줄의 '독일'과 합쳐져, 〈국가별 비교 지문은 아님〉을 추론할 수 있음도 기억하면 좋다. 단, 처음 선지를 볼 때는 독일이라는 국가명을 반드시 표시한다.

선지 ①은 어떤 학파의 주장을 묻고 있지만 ②~⑤는 행태나 현상을 묻고 있다. 주의할 점으로, 선지에서 주장 간 충돌의 구체적 양상을 기억할 필요는 없다. 왜냐하면, 주장 간 관계가 없거나, 의견을 같이하거나, 대립하여도 소재가 다르거나 할 수 있기 때문이다. 따라서 선지만 볼 때는 소재파악을 한 후, 나중에 지문에서 해당 내용이 등장하는 부분을 찾은 뒤 선지와 지문을 비교/분석한다.

(2) 제시문 독해 및 선지 판단

독일 자유주의자, 보수주의자, 사회주의자의 주장과 행동, 그에 따른 영향을 파악하며 읽어야 한다. 독해 중 판단할 수 있는 선지가 있다면 바로 판단해도 되지만, 해당 문제는 선지 내용상 확실히 소거가 가능한 선지가 거의 없어 전체를 읽고 선지를 판단하는 방향이 더 적합하다.

제시문을 먼저 읽는 경우

(1) 지문 읽기

여기선 지문을 먼저 읽는 경우의 독해요령을 소개한다. 다만 지문의 전체적인 얼개 및 독해의 방향을 소개하므로 2번과

호환이 안 되는 것은 아니다.

먼저 지문 첫 줄의, '복지 정책과 보수파'는 글쓴이가 매우 강조하고 싶어하는 내용이다. 흔히 주장을 강조하고 싶을 때 고의적인 의문문을 쓴다는 것을 수험생들은 잘 알 것이다. 마찬가지로 통념상 모순되는 개념으로 인식되는 것을 통해 주장을 강조하는 것 또한 주장을 강조하는 방법이다. 지문은 가급적 이념중립적으로 쓰이는 것이 보통이지만 이런 역설적인 문장은 글쓴이가 "나는 이 내용으로 전개되는 글을 쓸 것이다."라고 강력하게 어필하는 것과 다름없다.

또한, 글쓴이가 어떤 역설적인 내용을 강조하였다면 세부 설명이 반드시 이어진다. 그래서 (1) 다음엔 (2)가 반드시 나오게 되는 것이다. 다시 말하면 (1)을 보고 문장 (2)의 내용은 거의 읽지 않아도, 최소한 "보수파가 복지정책을 할 수밖에 없었던 내용을 정당화"하는 내용이라는 걸 추론할 수 있다. 이제 문장 (3)을 보고 어떤 내용이 다음에 이어질지 바로 알 수 있다. (3)에 역설의 구체적인 내용이 나왔다면 (1)의 역설적 주제가 계속해서 이어지는 것이고, 별도의 내용이 나왔다면(지문) 다음 내용이 무엇인지 비교적 꼼꼼하게 읽도록 한다. 이것이 '경중'을 구분하는 것이다.

또한, 2문단에서 (3)번 문장에서 (8)번 문장까지는 전부 독일 자유주의자에 대한 설명이다. 이 문장들을 실시간으로 이해하면서 내용을 머릿속에서 통합해 나가면서 읽을 수 있다면 매우 좋다.(그리고 그게 정석이다.)

그러나 그것이 불가능할 경우 빠르게 중복되는 내용임을 인지하고 건너뛰어야 하는데, 이때는 1)"따라서" 등의 접속사를 중심으로 결론 부분을 먼저 체크하면서 보거나 2)완전히 문단의 맨 끝으로 가서 갈등이 계속되고 있다는 말을 중심으로, 무슨 의견이 대립할지 자유주의의 범위를 확인하는 방법이 있다. 둘 중 본인이 편한 방법을 택하면 된다. 특히 자유주의자 내용에서 주목할만한 부분은 (8)의 '물론' 이하이다. 이 문장은 자유주의자가 복지제도에 반대한 이유가 '타인을 돕는 것'에 있는 것이 아니라 '타의에 의해' 타인을 돕는 것에 있음을 설명한다. 일반적 설명방식과 달리 앞선 설명에서 생길 수 있는 오해를 방지하면서 자유주의자의 주장의 핵심을 진술한다는 점에서 눈에 띄는 부분이다.

위와 같은 '보수주의자'와 '자유주의자'의 대립점을 ○, △와 같은 기호를 활용하여 구분하며 읽으면, 보다 쉽게 파악할 수 있을 것이다.

(2) 선지 판단

주장 간 차이를 비교하는 유형으로, 주장별 논지를 먼저 정리한 뒤 주장별로 글에서 강조하는 것을 지문에서 먼저 체크해야 한다. 예컨대 ①번 선지는 논지파악형 선지고 ②번이나 ⑤번 선지는 지문에서 특별히 강조하는 부분을 묻고 있다. 해당 부분을 잘 찾아보길 바란다. 주의할 점은 '우려가 있었다'는 것은 현상이 발생한 것은 아니므로 ②가 옳지 않음을 쉽게 알 수 있어야 한다는 것이다.

합격자의 시간단축 Tip

Tip ❶ 이론(혹은 학파) 정리시 팁

어떤 이론이 굉장히 체계적이고 논리적이라고 생각하고 그들의 주장을 전부 이해하거나 완벽하게 받아들일 필요가 없다. 왜냐하면 〈주의자(들)〉라는 말은 어떤 이념을 가진 사람들을 뜻하기 때문이다. 다시 말하면 주장을 가진 사람들이란 뜻이고, 결국 "○○에 따르면"과 같은 말이다. 즉 주의자들이 아니라 '(어떤 주의를 가진) 홍길동'이라고 생각해도 문제가 없다. 어떤 사람의 의견은 굉장히 불친절하고 불충분할 수 있다. 억지로 모든 정당화 기제를 찾으려고 하지 말자.

Tip ❷ 자유주의에 대한 기초적 지식을 알자.

사회에 대한 모든 철학은 개인주의와 공동체주의를 바탕으로 한다. 그리고 개인주의는 자유주의와 연결되어 권리와 의무를 논하게 된다. 마치 忠이나 孝를 모르고 동양을 알 수 없듯이, 현대 사회의 법적, 제도적 근간은 모두 자유를 기초로 하고 있으므로 자유주의에 대한 기초적 지식, 즉 경제적 자유주의(시장경제 중심)와 정치적 사회계약론(홉스)을 약간은 알아두는 것이 좋다. 그렇다고 관련 서적을 읽을 필요는 없고 인터넷 위키나 블로그 페이지 몇 개 정도를 보는 정도면 충분하다.

Tip ❸ 기호의 활용

대등한 수준의 개념이 병렬적으로 제시되므로, 독해에 기호를 활용할 수 있다. 해당 지문의 경우 독해가 어려운 편은 아니지만 이렇게 기호로 표시하여 읽는 것을 습관화하면 필요한 내용을 찾을 때에도 도움이 된다.

> 공동체적 가치를 중요시해 온 독일의 사회주의자들이나 보수주의자들은 복지 정책을 입안하고 그 집행과 관련된 각종 조세 정책을 수립하는 데에 적극적이었다. 이들은 보편적 복지를 시행하기 위한 재원을 국가가 직접 나서서 마련하는 데 찬성했다. 반면 개인주의에 기초하여 외부로부터 간섭받지 않을 권리와 자유를 최상의 가치로 간주하는 독일 자유주의자들은 …
>
> ▶ 2문단

Tip ❹ 제시문의 특징적 부분에 주목하자.

2문단 문장 (8)은 특징적이라고 볼 수 있다. 앞의 내용을 읽었을 때 생길 수 있는 오해를 '물론'이라는 단어를 쓰며 정정하는 것으로 보이기 때문이다. 또한 '개인의 자발적 도움'은 긍정적으로 본다는 점에서 자유주의자 주장의 핵심이 도움 제공의 여부가 아닌 '개인의 의사'라는 것도 알 수 있다. 이 부분은 선지 ①로 등장하였다. 원칙에 대한 예외, 일반적 설명과 달리 특이한 부분, 변화가 있었음에도 유지되었던 것 등은 유사한 맥락에서 특징적이라고 할 수 있으며, 역시 자주 선지화된다는 점도 참고하자.

044 정답 ④

난이도 ●●○

문제유형 사실적 이해 > 정보 확인

접근전략 알 수 없는 것을 고르는 정보 확인 유형이다. 2가지의 원리와 2가지의 의무가 제시되므로 각 개념을 혼동하지 않고 명확히 구분할 수 있어야 한다. 전체적인 난이도는 평이하지만, 선지 ①의 경우 논리학 개념을 직접적으로 묻고 있다. 필요조건과 충분조건을 정확히 알지 못했던 수험생이라면 본 문제를 계기로 확실히 숙지하고 넘어가자. 이때 논리 구조를 기호화하는 연습을 하는 것을 추천한다.

다음 글에서 알 수 없는 것은?

(1) 의사는 치료를 시작하기 전에 환자의 동의를 얻어야 한다. (2) 다른 말로 환자의 동의 없이 환자의 복지에 영향을 끼치는 처방을 하는 것은 의사에게 허용되지 않는다. (3) 그런데 단순히 동의를 얻는 것만으로는 충분하지 않다. (4) 환자가 결정하기에 충분한 정보, 즉 치료에 따르는 위험과 다른 치료법에 관한 정보가 제공되어야 한다. (5) 치료를 허락한 환자의 결정은 무지로 인한 것이어서는 안 된다. (6) 동의의 의무는 의사가 환자를 기만해서는 안 된다는 기만 금지 의무의 연장선에 있다. (7) 둘 다,

자신에게 영향을 끼칠 치료에 관해 스스로가 결정할 기회를 환자에게 제공해야 한다는 자율성 존중 원리에 기반을 두고 있다. ▶1문단

(1) 그러나 수 세기 동안, 심지어 20세기 초까지도 의사가 때로는 환자를 속여도 된다고 여겼다. (2) 환자의 복지에 해가 될 수 있는 것을 행하면 안 된다는 악행 금지의 원리에 근거해서, 환자에게 진실을 말하는 것이 환자의 복지에 해가 될 수 있다는 생각으로 기만이 정당화되었다. (3) 오늘날에는 더 이상 이러한 생각을 받아들이지 않는다. 실제로 '의사와 환자 상호교류 규제법'은 의사의 기만 사례를 금지하고 있다. (4) 오늘날 사람들은 환자가 진실 때문에 자신의 자율성이 침해되거나 해를 입게 될 것이라고는 생각하지 않는다. (5) 따라서 사람들은 진실 말하기에 관한 한, 악행 금지의 원리가 자율성 존중 원리와 서로 충돌하지 않는다고 생각한다. ▶2문단

(1) 그런데 자율성 존중 원리를 지키기 위해서는 단순히 기만을 삼가는 것만으로는 부족하다. (2) 예컨대 의사가 환자를 실제로 속이지는 않지만 환자가 특정 결정을 하도록 유도하기 위해 관련 정보 제공을 보류하거나 직접적 관련성이 작은 정보를 필요 이상으로 제공하는 경우를 상상할 수 있다. (3) 이처럼 의사가 정보 제공을 조종하는 것은 환자의 자율성을 존중하지 않는 것이다. (4) 한편 의사가 관련된 정보를 환자에게 모두 밝히면 환자는 조종된 결정이 아닌 자신의 결정을 하게 될 것이고, 환자의 자율성은 존중될 것이다. ▶3문단

① **환자의 동의는 치료를 하기 위한 필요조건 중 하나이다.**
→ (O) 의사는 치료 시작 전에 환자의 동의를 얻어야 하며[1문단(1)], 환자의 동의 없이는 처방이 불가능하므로[1문단(2)] 환자의 동의는 치료를 위한 필요조건 중 하나임을 알 수 있다.

② **악행 금지의 원리가 환자의 자율성을 침해한 때가 있었다.**
→ (O) 20세기 초까지 악행 금지 원리에 근거하여 의사가 환자를 속여도 된다는 사실이 정당화되었고[2문단(1),(2)], 이는 자신에게 영향을 끼칠 치료에 관해 스스로 결정할 기회가 주어지지 않은 것이라 볼 수 있다.[1문단(7)] 따라서 악행 금지의 원리가 환자의 자율성을 침해한 때가 있었다는 것을 알 수 있다.

③ **기만 금지 의무와 동의의 의무는 동일한 원리에 기반을 둔다.**
→ (O) 동의의 의무는 기만금지 의무의 연장선에 있는 의무이며[1문단(6)], 두 의무 모두 자율성 존중 원리에 기반을 둔다.[1문단(7)]

④ **의사가 환자에게 제공하는 정보의 양이 많을수록 환자의 자율성은 더 존중된다.**
→ (×) 의사가 관련된 정보를 환자에게 모두 밝혀 제공되는 정보의 양이 많다면 환자의 자율성이 더 존중된다고 볼 수 있지만[3문단(4)], 만약 정보 제공을 조정하여 직접적 관련성이 적은 정보를 많이 제공한다면 이는 환자의 자율성이 더 존중된다고 볼 수 없다.[3문단(2),(3)] 따라서 단순히 제공되는 정보의 양이 많다고 해서 환자의 자율성이 더 존중되는지는 알 수 없다.

⑤ **의사가 복지를 위해 환자를 기만하는 행위는 오늘날에는 윤리적으로 정당화되지 않는다.**
→ (O) 20세기 초까지도 악행 금지 원리에 근거하여 환자를 기만하는 행위가 정당화되었지만[2문단(1),(2)], 오늘날에는 더이상 이런 생각을 받아들이지 않아 이를 금지하므로 윤리적으로 정당화되지 않는다.[2문단(3)]

제시문 분석

1문단 치료 시작 전 환자에 대한 의사의 의무와 그 원리

〈환자의 치료 동의〉
의사는 치료 시작 전 반드시 환자의 동의를 얻어야 하며, 환자의 동의 없는 처방은 불가능하다. 더 나아가 치료 결정을 위한 충분한 정보가 제공된 상태의 동의가 필요하다.(1),(2)

〈정보 제공〉		〈환자의 결정〉		〈동의의 의무〉
환자가 결정하기에 충분한 정보, 즉 치료에 따르는 위험과 다른 치료법에 관한 정보가 제공되어야 한다.(3),(4)	→	치료를 허락한 환자의 결정은 무지로 인한 것이어서는 안 된다.(5)	→	동의의 의무는 의사가 환자를 기만해서는 안 된다는 기만 금지 의무의 연장선에 있다.(6)

→	〈자율성 존중 원리〉	동의의 의무와 기만 금지 의무가 기반을 두고 있는 원리이다.(7)

2문단 환자의 자율성 존중에 필요한 요소① - 기만 금지

〈20세기 초 이전〉		〈오늘날〉
의사가 환자를 속이는 게 용인되고, 악행금지 원리에 근거하여 진실을 말하는 것이 해가 될 수 있다는 생각으로 기만이 정당화되었다.(1),(2)	↔	'의사와 환자 상호교류 규제법'으로 기만 사례를 금지하여 사람들은 진실 때문에 자신의 자율성이 침해될 것이라 생각하지 않는다.(3),(4),(5)

3문단 환자의 자율성 존중에 필요한 요소② - 관련정보 제공

〈추가 요건 필요〉		〈예시〉		〈자율성 침해〉
자율성 존중 원리를 지키기 위해서는 단순히 기만을 삼가는 것만으로는 부족하다.(1)	→	의사가 환자가 특정 결정을 하도록 유도하기 위해 관련 정보 제공을 보류하거나 직접적 관련성이 작은 정보를 필요 이상으로 제공하는 경우가 존재한다.(2)	→	이처럼 의사가 정보 제공을 조종하는 것은 환자의 자율성을 존중하지 않는 것이다.(3)

〈관련 정보 제공 필요〉
의사가 관련 정보를 환자에게 모두 밝히면 환자는 조종된 결정이 아닌 자신의 선택을 하게 되고 자율성이 존중될 수 있다.(4)

합격자의 실전 풀이 순서

비문학 유형

❶ 발문 읽기 및 문제 유형 파악

항상 발문을 먼저 제대로 읽자. 본 문제는 글에서 알 수 없는 것을 고르는 유형의 문제이다. 알 수 없는 것을 고르는 문제는 추론할 수 없는 것을 고르는 문제와 같다. 해당 유형은 제시문 내용과 부합하지 않거나 그로부터 추론 불가능한 선지가 정답이 되며, 제시문 내용과 일치거나 그로부터 추론할 수 있는 선지가 오답이 된다. 긴장되는 시험장에서 알 수 '없는' 것을 고르는 문제에서 알 수 '있는' 것을 고르는 문제로 잘못 보아 처음 검토한 선지를 고르는 실수를 할 수 있다는 사실을 명심해야 한다. 따라서 알 수 '없는' 것을 묻는 문제가 나오면 발문에 크게 X 표시를 하여 실수를 하지 않도록 유의해야 한다.

❷ 제시문 독해

제시문을 독해할 때는 제시문의 구조와 선지에서 나올만한 중

요한 내용을 파악하며 1분에서 2분 사이 내에 제시문을 읽는 것을 추천한다. 이때 선지에서 나올만한 내용으로는, 두 대상의 공통점과 차이점, 인과관계, 두 대상의 성능 및 효과 비교, 접속어로 시작하는 문장의 주요 내용, '반드시', '필수적'과 같은 표현으로 강조되는 내용, 시간의 흐름에 따른 변화 등이 있다. 다양한 정보확인문제를 통해 선지에서 주로 묻는 내용이 무엇인지 정리한 뒤, 제시문에서 선지에 나올만한 내용을 미리 파악하며 읽는 습관을 들이자.

본 제시문의 경우 구조가 불명확하므로, 구조 분석보다 정보확인문제의 선지로 나올만한 키워드와 표현에 주목하며 읽어야 한다. 선지로 나올만한 키워드와 표현에 시각적 표시를 해둔다면 선지 판단을 위해 제시문을 읽을 시 해당 내용을 빠르게 찾을 수 있기 때문이다. 1문단에서 주의할 키워드로는 '동의의 의무', '기만 금지 의무', '자율성 존중 원리'가 있다. 2문단에서는 '악행 금지의 원리', '의사와 환자 상호교류 규제법'을 키워드로 삼을 수 있다. 또한, 2문단 (5) 문장처럼 접속어 '따라서'가 나온 경우, 접속어의 뒤 내용에 주목해야 한다. 3문단에서는 '그런데', '예컨대', '이처럼' 등의 접속어가 자주 나오는데, 접속어에 따라 빠르게 변화하는 글의 흐름을 파악해야 한다. 또한, 3문단 (2) 문장과 같이 사례를 들어 설명하려는 내용이 있는 경우 이를 주의 깊게 읽어야 한다.

❸ 선지 적용하기

각 선지에 등장하는 테마를 정리하면 다음과 같다.

① **환자의 동의는 치료를 하기 위한 필요조건 중 하나이다. → 필요조건**
본 선지는 아래 Tip 1에서 자세히 다루도록 한다.

② **악행 금지의 원리가 환자의 자율성을 침해한 때가 있었다. → 특칭명제**
본 선지에서도 전칭명제와 특칭명제를 구분해 보자. 본 선지는 특칭명제에 해당한다.

③ **기만 금지 의무와 동의의 의무는 동일한 원리에 기반을 둔다. → 개념 구분**
의무와 원리의 개념들을 서로 명확히 구분할 수 있는지 묻는 선지이다.

④ **의사가 환자에게 제공하는 정보의 양이 많을수록 환자의 자율성은 더 존중된다. → 추세**
'~수록'이 등장하여, '정보의 양-환자의 자율성' 간에 정비례의 추세가 존재하는지 검증하도록 하는 선지이다.

⑤ **의사가 복지를 위해 환자를 기만하는 행위는 오늘날에는 윤리적으로 정당화되지 않는다. → 시대 표현**
'오늘날에는'이라는 표현에서 과거와 오늘날의 두 시대를 비교하는 선지임을 알 수 있다.

합격자의 시간단축 Tip

Tip 필요조건과 충분조건

논리학은 언어논리 영역에 꼭 필요하다. 논리퀴즈의 해결에 도움이 될 뿐 아니라, 본 문제의 선지 ①과 같이 대놓고 논리학 개념을 묻는 경우가 있기 때문이다. 언어논리 영역의 기본 상식이라 할 수 있는 필요조건과 충분조건을 짚고 넘어가자.

우선 명제 'P이면 Q이다'를 가정하자. 이를 논리기호로 나타내면 'P→Q'이다. 이와 같은 구조의 명제에서 P는 전제, Q는 결론이라 한다.

필요조건(necessary condition)은 어떤 진술이 참이 되기 위해서 반드시 충족되어야 하는 조건이다. 'P이면 Q이다'에서 결론 Q는 전제 P의 필요조건이라 한다.

반면 충분조건(sufficient condition)은 전제가 예외 없이 결론에 도달하는 조건이다. 'P이면 Q이다'에서 전제 P는 결론 Q의 충분조건이라 한다. P가 참인 경우, Q 또한 무조건 참이 되기 때문이다. 처음 접할 때는 까다롭게 느껴질 수 있으나, 다양한 명제를 접하고 기호화하는 연습을 반복하면 자유롭게 활용할 수 있을 것이다.

선지 ①을 기호화를 통해 해결해 보자.

① 환자의 동의는 치료를 하기 위한 필요조건 중 하나이다.

위 선지를 기호로 나타내면 '치료→환자의 동의'이다. 그렇다면 제시문에서도 위와 같은 명제를 도출할 수 있는지 확인해 보자.

의사는 치료를 시작하기 전에 환자의 동의를 얻어야 한다. 다른 말로 환자의 동의 없이 환자의 복지에 영향을 끼치는 처방을 하는 것은 의사에게 허용되지 않는다.

본 제시문을 명제로 나타내면 '~동의→~치료'다. 어떤 명제와 그 대우의 진릿값은 항상 동일하다는 원리 또한 논리 퀴즈에 가장 많이 활용되는 기초적인 원리이다. 이를 활용하면 '치료→동의'의 명제가 참임을 도출가능하다.

045 정답 ⑤ 난이도 ●○○

문제유형 사실적 이해 > 정보 확인

접근전략 법조문 유형 중 규정을 바탕으로 선지에서 옳은 것을 고르는 규정확인문제이다. 법조문 유형을 풀 때는 조문의 구체적인 내용을 독해하는 것보다, 법조문의 구조를 파악한 후 <보기>에서 묻고 있는 정보를 찾아 올라가는 형태로 푸는 것이 좋다. 본 문제의 경우, 1조 1항과 2항의 주체가 완전히 일치하지는 않으며, 1조 2항에서는 의무/재량을 제시한다는 점, 과태료와 벌금, 보수교육 등이 키워드로 등장하는 법조문이다. 다양한 주체와 테마(지정/교육/검사/명칭)가 등장하므로, 이를 크로스로 연결하는 선지가 등장하리라는 것을 예상할 수 있다.

다음 글을 근거로 판단할 때 옳은 것은?

제○○조 ① 특별시장·광역시장·특별자치시장·도지사 또는 특별자치도지사(이하 '시·도지사'라 한다)는 아이돌보미의 양성을 위하여 적합한 시설을 교육기관으로 지정·운영하여야 한다.

② 시·도지사는 교육기관이 다음 각 호의 어느 하나에 해당하는 경우 사업의 정지를 명하거나 그 지정을 취소할 수 있다. 다만 제1호에 해당하는 경우 지정을 취소하여야 한다.

1. 거짓이나 그 밖의 부정한 방법으로 교육기관으로 지정을 받은 경우
2. 교육과정을 1년 이상 운영하지 아니하는 경우

③ 제2항 제1호의 방법으로 교육기관 지정을 받은 자는 1년 이하의 징역 또는 1천만 원 이하의 벌금에 처한다.

④ 아이돌보미가 되려는 사람은 시·도지사가 지정·운영하는 교육기관에서 교육과정을 수료하여야 한다.

⑤ 아이돌보미가 되려는 사람은 여성가족부장관이 실시하는 적성·인성검사를 받아야 한다.

제○○조 ① 아이돌보미는 다른 사람에게 자기의 성명을 사용하여 아이돌보미 업무를 수행하게 하거나 수료증을 대여하여서는 아니 된다.

② 아이돌보미가 아닌 사람은 아이돌보미 또는 이와 유사한 명칭을 사용할 수 없다.

③ 제1항, 제2항을 위반한 사람에게는 300만 원 이하의 과태료를 부과한다.

제○○조 ① 여성가족부장관은 아이돌봄서비스의 질적 수준과 아이돌보미의 전문성 향상을 위하여 보수교육을 실시하여야 한다.

② 제1항에 따른 보수교육은 전문기관에 위탁하여 실시할 수 있다.

① 아이돌보미가 아닌 보육 관련 종사자도 아이돌보미 명칭을 사용할 수 있다.

➜ (×) 제2조 제2항에 따르면 아이돌보미가 아닌 사람은 아이돌보미라는 명칭을 사용할 수 없다.

② 시·도지사는 아이돌보미 양성을 위한 교육기관을 지정·운영하고 보수교육을 실시하여야 한다.

➜ (×) 제1조 제1항에 따르면 시·도지사는 아이돌보미의 양성을 위하여 적합한 시설을 교육기관으로 지정·운영하여야 한다. 다만, 제3조 제1항에 따라 보수교육을 실시하여야 하는 주체는 여성가족부 장관이다.

③ 아이돌보미가 되려는 사람은 시·도지사가 실시하는 적성·인성검사를 받아야 한다.

➜ (×) 제1조 제5항에 따르면 아이돌보미가 되려는 사람은 시·도지사가 아닌 '여성가족부장관'이 실시하는 적성·인성검사를 받아야 한다.

④ 서울특별시의 A기관이 부정한 방법을 통해 아이돌보미 양성을 위한 교육기관으로 지정을 받은 경우, 서울특별시장은 200만 원의 과태료를 부과할 수 있다.

➜ (×) 서울특별시의 A기관은 제1조 제2항 제1호의 경우에 해당한다. 따라서 동조 동항의 규정에 의해 시·도지사는 해당 교육기관의 지정을 취소하여야 한다. 제1조 제3항에 따르면 제2항 제1호의 방법으로 교육기관 지정을 받은 자는 1년 이하의 징역 또는 1천만 원 이하의 벌금에 처한다. 따라서 과태료를 부과할 수 없다. 또한 조문에서 과태료 부과의 주체가 시·도지사로 특정되어 있지 않고, '부과할 수 있다.' 가 아닌 '부과한다.'의 규정형식으로 주어져 있으므로 설령 과태료 부과대상이라 하더라도 100% 옳은 선지로 판단하기 어렵다.

⑤ 인천광역시의 B기관이 아이돌보미 양성을 위한 교육기관으로 지정된 후 교육과정을 1년간 운영하지 않은 경우, 인천광역시장은 그 지정을 취소할 수 있다.

➜ (O) 인천광역시의 B기관은 제1조 제2항 제2호의 경우에 해당한다. 따라서 동조 동항의 규정에 의하여 인천광역시장은 사업의 정지를 명하거나 그 지정을 취소할 수 있다.

합격자의 실전 풀이 순서

❶ 문제 유형 파악

본 문제의 경우 제시문으로 법조문이 주어졌으므로 법조문 유형임을 쉽게 알 수 있다. 특히 법조문 유형 중에서도 규정을 바탕으로 옳은 내용의 선지를 고르는 규정확인문제이다. 법조문 유형은 조문의 구체적인 내용을 독해하는 것보다, 법조문의 구조를 파악한 후 선지에서 묻고 있는 정보를 찾아 올라가는 방식으로 푸는 것이 좋다. 법 조문의 구조 파악이란 각 조나 항마다 가로로 길게 선을 그어 조문들을 시각적으로 구분하고, 단서와 괄호에 강조 표시를 하는 것을 의미한다. 또한, 본 문제가 옳은 것을 고르는 문제라는 것을 인지하기 위해 "옳은"이라는 단어에 밑줄이나 동그라미 등 표시를 한다.

> 다음 글을 근거로 판단할 때 옳은 것은?

❷ 법조문 구조 분석

구조 분석이란 각 조문의 내용 및 조문 간 관계를 이해하는 것이다. 법조문 전체를 읽되, 세부적인 내용을 기억하기보다는 어떤 정보가 있는지 파악하는 것에 중점을 둔다. 이때 기호를 적절히 활용할 수 있다. 가로선으로 각 조를 구분하고, 키워드에는 ○로, 단서에는 △로 강조 표시를 한다. 괄호도 놓치지 않도록 유의한다. 또한, 내용이 연결되는 조문들이 있는 경우 선지 판단 시 이를 빼먹는 실수를 방지하기 위해 화살표로 조문들을 서로 연결해둔다. 이러한 분석 과정을 거치며 선지에 등장할만한 부분을 발견할 수 있다.

본문의 규정은 세 개의 조로 구성되어 있다. 조문의 제목이 없으므로 읽으면서 키워드를 파악한다. 가독성을 높이기 위해 가로선으로 각 조를 구분하고, '1, 2, 3'으로 숫자를 써둔다. 이하 편의상 첫 번째 조부터 '제1조', '제2조' 등으로 표기한다.

제1조는 아이돌보미 교육기관 지정에 관하여 정한다. 제1항 및 제2항은 시·도지사의 의무와 권한에 관한 규정이다. '시·도지사' 개념 정의를 주의 깊게 읽고, 2항의 재량행위와 기속행위의 구분을 주의한다. 본문의 '시·도지사', '정지' 및 '취소'에 표시하고, 단서의 '취소'와 제1호에는 별도로 △ 표시를 한다. 제3항은 벌칙 규정이며, 제4항 및 제5항은 아이돌보미가 되기 위한 자격 조건이다. 제3항을 제2항 제1호와 연결해두고, '1년'과 '1천만 원'에 표시한다. 4항은 시·도지사, 5항은 여성가족부 장관으로 운영 주체가 다르다는 점을 주의한다. 눈에 띄도록 제4항은 '시·도지사' 및 '교육기관'에, 제5호는 '여성가족부장관' 및 '적성·인성검사'에 표시한다.

제2조는 아이돌보미와 관련하여 금지되는 행위와 이에 관한 벌칙 규정이며 '대여', '명칭', '300만 원'에 각각 표시한다.

제3조는 보수교육에 관한 규정이다. 3조 1항의 주체도 여성가족부장관임을 주의한다. 제1항의 '여성가족부장관' 및 '보수교육', 제2항의 '위탁'에 표시한다.

❸ 선지 판단

법조문 분석을 바탕으로 선지를 검토한다. 선지의 내용을 읽어본 후 각 선지의 내용에 해당하는 조문을 찾아서 이동한다.

선지 ①번은 아이돌보미 명칭에 관한 내용이므로 제2조 제2항과 비교한다.

선지 ②번은 교육기관의 지정·운영과 보수교육에 관한 내용이므로 제1조 제1항과 제3조 제1항과 비교한다.

선지 ③번은 적성·인성검사에 관한 내용이므로 제1조 제5항과 비교한다.

선지 ④번은 벌칙에 관한 내용이므로 제1조 제3항 및 제2조 제3항과 비교하여 어떤 경우인지 확인한다. 제1조 제2항 단서의 취소해야 하는 경우에 해당한다.

선지 ⑤번은 시·도지사인 인천광역시장의 권한 중 지정의 취소에 관한 내용이므로 제1조 제2항과 비교한다.

합격자의 시간단축 Tip

Tip ❶ 정답에 자신이 없다면 모든 선지를 판단

상황판단 영역과 법조문 유형에 익숙하지 않고, 해당 문제를 반드시 맞추어야 한다는 판단이 선다면 실수를 줄이기 위해 모든 선지를 확인하는 것이 안전하다. 예를 들어, 선지 ②번에서 주체의 차이를 인지하지 못하였다면, 선지 3번도 옳은 선지로 판단할 것이다. 정답이 2개일 수는 없으므로 다시 조문과 선지를 확인하는 과정에서 실수를 발견할 수 있고, 이러한 과정을 통해 유형에 익숙해지면 자연스럽게 실수가 줄어들고 풀이속도도 빨라진다. 다만 정확도가 상승한 이후에는 모든 선지를 확인하기보다 정답으로 예상되는 선지를 꼼꼼히 한 번 더 검토하는 것이 시간 단축에 유리하다.

Tip ❷ 아이돌보미와 관련된 경우의 수를 고려

아이돌보미와 관련된 사람이 어떻게 분류될 수 있는지 생각해보자. 아이돌보미 여부로 아이돌보미인 사람, 아닌 사람으로 나눌 수 있다. 그리고 돌보미가 아닌 사람을 다시 〈되려는 사람과 나머지〉로 구분해볼 수 있다. 이 세밀한 구분은 해당 문제에서 선지화되지는 않았지만, 난이도를 높이는 문제에서는 되려는 사람이 정확히 어느 구분에 속하는지를 선지화시킬 수 있다.

Tip ❸ 선지 2번처럼, 전단은 맞고 후단은 틀린 선지에 유의

선지에 있어 전단과 후단이 〈모두〉 맞아야 옳은 선지가 된다. 이를 활용해 출제자들은 부분만 틀린 선지를 출제한다. 선지 2번의 경우 후단부분인 보수교육 실시가 틀려서 오선지가 된다. 참고로 전단/후단 중에 후단을 틀리게 하는 경우가 더 많다. 앞부터 읽을 경우, 전단만 확인하고 정선지로 고르는 오류를 유도하기 위해서이다.

Tip ❹ 1조 2항의 구조에 유의

1조 2항의 경우 호 2개를 제시한 경우, 일단 재량을 전체적으로 허용한 다음에 2호에 한해서만 의무를 규정하고 있다. 1호가 재량, 2조가 의무인 것인데, 이를 놓칠 경우 바로 오답으로 이어질 수 있으니 조심한다.

Tip ❺ 선지에 빈출되는 내용에 주목

법조문 구조 분석 과정에서 선지에 등장할만한 부분을 발견할 수 있다. 본 문제의 법조문에서는 아래와 같은 특징을 찾을 수 있다.

1. 행위의 주체에 유의
   최근 행위의 주체인 행정청을 변경한 오선지가 자주 나오고 있다. 따라서 행위의 주체가 시·도지사, 여성가족부장관 등으로 여럿인 경우, 이에 밑줄, 동그라미 등의 표시를 한다.
2. 재량 규정과 기속 규정을 구분
   법조문 유형에서 재량 규정과 기속 규정을 활용한 선지가 나오기도 한다. 따라서 '할 수 있다.'와 '하여야 한다.'는 표현의 차이를 인지하고 주의해서 체크한다.
3. 행위의 종류 구분
   제재 처분이라도 명칭이 다르다면 다른 행위이다. 법조문에 나온 정지 및 취소, 벌금 및 과태료, 신고 및 허가 등 유사한 행위를 서로 바꾸어 선지를 구성하기도 하므로 행위의 종류에 유의할 필요가 있다.
4. 숫자에 유의
   기간, 금액 등 숫자표현은 선지에 자주 등장한다. 따라서 법조문에 등장하는 숫자는 표시해두고, 정오 판단 시 빠트리지 않도록 한다. 본 문제에서 숫자는 벌금과 과태료의 금액, 운영 기간과 징역 기간이 있다.
   그밖에 일반적으로 선지에 자주 등장하는 법조문의 특징은 **Tip ❻**의 3에 기재하였다.

Tip ❻ 법조문 유형 풀이의 기본

1. 법조문에 대한 이해
   법조문 유형은 선지가 규정과 일치하는지 확인하는 '규정확인' 유형과, 규정의 내용을 예시에 적용하는 '규정적용'유형으로 나뉜다. 규정적용은 단순 적용의 경우도 있지만 보험료, 인지세 등 계산을 요하는 경우도 있다.
   두 유형 모두 기본은 규정을 파악하는 것이기 때문에 기본적인 법조문의 구조와 용어에 익숙해지면 문제 풀이가 비교적 수월해진다. 법조문은 '○○조-○○항-(1, 2, …)호-(가, 나, …)목' 순으로 구성된다.
   - 하나의 '조'는 하나의 주제에 대하여 설명한다. 그 주제는 '○○조' 옆에 괄호로 표시되기도 한다.
   - '항'은 조에서의 주제를 세분화하여 설명할 때 사용한다.
   - '호'는 조와 항 내에서 대상을 나열할 때 사용한다.
   - '목'은 호 내에서 대상을 나열할 때 사용한다.
   - '단서'는 "다만,"으로 시작하며 앞 문장의 주된 내용에 대한 예외를,
   - '후단'은 "이 경우"로 시작되며 주된 내용에 대한 부수적·보완적 사항을 규정할 때 사용한다.
   - 부수적 내용이 괄호로 제시되는 경우도 있다.

   법조문 유형은 빠르게 풀기보다는 정확하게 푸는 것을 전략으로 하는 것이 좋다. 상황판단 과목은 모든 문제를 빠르게 푸는 것이 아니라 풀 수 있는 문제와 풀 수 없는 문제를 구분하여 풀어, 푼 문제의 정답률을 높이는 것이 일반적인 접근 방법이다. 난해한 퀴즈 문제와 달리 법조문은 제시문 내에 정답이 있으므로, 특별히 어려운 문제가 아니라면 꼭 맞춘다는 생각으로 접근하자.
2. 법조문 유형 접근법
   일반적인 법조문 유형에서는 제○○조 옆의 조문 제목 및 규정의 키워드로 조문의 구조만을 파악하고, 선지를 판단할 때 세부 내용을 읽는 접근방식을 추천한다. 법조문의 세부 내용을 모두 기억하기 어렵고, 독해에도 시간이 걸리기 때문이다. 어떤 조항에 어떤 내용이 있는지를 파악하고, 세부 조건인 호나 목은 선지에서 묻는 경우 발췌독하면 된다. 다만 '규정적용' 유형 중 계산형 문제는 계산에 필요한 구체적 내용을 파악하며 조문을 읽어야 한다.
3. 선지에 자주 활용되는 내용의 특징
   법조문의 구조를 파악할 때 선지로 등장할만한 부분을 미리 체크한다면 풀이 시간을 단축할 수 있을 것이다. 아래 내용은 주로 선지에 등장하는 내용의 특징과 선지에 등장하는 방식이다. 기출 분석을 통해 빈출 패턴을 익히면 실수를 방지하고 풀이 속도를 높이는 데에 도움이 될 것이다.
   - 단서(다만): 단서가 적용됨에도 적용하지 않거나, 적용되지 않음에도 적용하여 제시
   - 후단(이 경우)이나 괄호(보완 내용): 해당 내용을 사례로 제시
   - 날짜, 시기, 횟수, 수치 등: 숫자를 바꾸어 제시
   - 어느 하나: 모든 조건이 적용되는 것으로 제시
   - 하부 개념: 상부 개념과 하부 개념을 바꾸거나, 복수의 하부 개념의 특징을 서로 바꾸어 제시
   - 주어: 행위 주체를 바꾸어 제시
   - 술어: 허가를 신고로, 신고를 허가로 바꾸어 제시
   - 재량(임의규정)과 기속(강행규정): '할 수 있다'와 '해야 한다'를 바꾸어 제시

   이 밖에도 기출 풀이 과정에서 놓치는 부분이 있다면 추가하여 익혀두자.
4. 법조문 구조 분석 시 기호 활용의 예시
   구조 분석이란 각 조문의 내용 및 조문 간 관계를 이해하는 것이다. 이 단계에서는 법조문 전체를 읽되, 세부적인 내용 기억보다는 어떤 정보가 있는지 파악하는 것에 중점을 둔다. 이때 밑줄 등 기호를 적절히 활용할 수 있다.
   - 가로선: 조문의 길이가 긴 경우 각 조를 구별하는 데 활용
   - ○: 각 조의 제목, 조항별 대표 키워드
   - △: 단서(다만), 원칙에 대한 예외, 앞의 내용과 반대되는

내용 등

- ㅁ: 후단(이 경우), 세부 상황별 규정
- **연결선**: 조문 간 연결 관계가 있는 경우, 일반법과 그 세부 내용을 규정한 대통령령
- 괄호 안의 내용에도 그 기능에 따라 적절한 기호를 사용

위의 기호들은 예시일 뿐이다. 기호는 선지와 관련된 내용을 쉽게 찾을 수 있도록 하는 이정표이므로 자신에게 맞는 것을 잘 활용하면 된다.

독끝 4일차 (046~060)

정답

046	①	047	①	048	③	049	④	050	②
051	⑤	052	④	053	①	054	⑤	055	④
056	⑤	057	②	058	⑤	059	①	060	④

046 정답 ①

난이도 ●●○

문제유형 비판적 사고 > 판단하기

접근전략 '글에 대한 평가'를 묻는 문제는 대체로 '강화하느냐' 또는 '약화하느냐'를 묻는다. 선지의 판단은 '일치/불일치/추론 가능/무관 여부'로 갈리게 되니 너무 복잡하게 생각할 필요 없이 제시문 독해에 집중하자. 해당 제시문은 내용은 같되 표현만 달리하는 '재진술'이 자주 나오니 이를 묶어서 하나의 단위로 인식하며 읽고, 이 문제의 경우 '돈'과 '참인 믿음'과 같이 서로 다른 두 대상의 차이점을 잘 파악하며 읽도록 하자.

다음 글에 대한 평가로 적절하지 않은 것은?

(1) 당신은 '행복 기계'에 들어갈 것인지 망설이고 있다. (2) 만일 들어간다면 그 순간 당신은 기계에 들어왔다는 것을 완전히 잊게 되고, 이 기계를 만나기 전에는 맛보기 힘든 멋진 시간을 가상현실 기술을 통해 경험하게 된다. (3) 단, 누구든 한 번 그 기계에 들어가면 삶을 마칠 때까지 거기서 나올 수 없다. (4) 이 기계에는 고장도 오작동도 없다. 당신은 이 기계에 들어가겠는가? (5) 우리의 삶은 고난과 좌절로 가득 차 있지만, 우리는 그것들이 실제로 사라지기를 원하지 그저 사라졌다고 믿기를 원하지 않는다. (6) 이러한 사실은, 참인 믿음이 우리에게 아무런 이익이 되지 않거나 심지어 손해를 가져오는 경우에도 우리가 거짓인 믿음보다 참인 믿음을 가지기를 선호한다는 견해를 뒷받침한다.

▶ 1문단

(1) 돈의 가치는 숫자가 적힌 종이 자체에 있지 않다. 돈이 가치를 지니는 것은 그것이 좋은 것들을 얻는 도구로 기능하기 때문이다. (2) 참인 믿음을 가지는 것이 유용한 경우가 많은 것은 사실이지만, 다른 것들을 얻기 위한 수단인 돈과 달리 참인 믿음은 그 자체로 가치가 있다. (3) 그리고 행복 기계에 관한 우리의 태도는 이를 분명하게 보여준다. ▶ 2문단

(1) 다른 것에 대한 선호로는 설명될 수 없는 원초적인 선호를 '기초 선호'라고 부른다. (2) 가령 신체의 고통을 피하려는 것은 기초 선호로 보인다. (3) 참인 믿음은 어떤가? 만약 참인 믿음이 기초 선호의 대상이 아니라면, 참인 믿음과 거짓인 믿음이 실용적 손익에서 동등할 경우 전자를 후자보다 더 선호해야 할 이유는 없다. (4) 여기서 확인하게 되는 결론은, 참인 믿음이 기초 선호의 대상이라는 것이다. (5) 그렇지 않다면, 사람들이 행복 기계에 들어가 행복한 거짓 믿음 속에 사는 편을 택하지 않을 이유가 없을 것이다. ▶ 3문단

① 대부분의 사람이 행복 기계에 들어가는 편을 택할 경우, 논지는 강화된다.
→ (×) 제시문에서는 행복 기계에 들어가면 가상현실에서 멋진 시간을 보낼 수 있지만[1문단(2)], 우리는 고난과 좌절이 사라지기를 원하지 그저 사라졌다고 믿기를 원하지는 않는다고 했다.[1문단(5)] 또한, 참인 믿음이 아무런 이익이 되지 않아도 우리는 거짓인 믿음보다 참인 믿음을 가지기를 선호한다고 하였다.[1문단(6)] 그러나 해당 선지의 내용처럼 대부분의 사람이 행복 기계에 들어가는 편을 택하는 경우는 곧 거짓인 믿음을 택하는 것이므로, 제시문의 논지와는 반대되는 경우이다. 따라서 해당 선지는 논지를 약화하는 것이다.

② 행복 기계가 현실에 존재하지 않는다는 사실이 논지를 약화하지는 않는다.
→ (○) 제시문에서는 행복 기계의 사례는 실제로 존재하는 것이라고 하는 게 아닌 하나의 상황을 가정한 것이기 때문에[1문단(6)] 실제 존재 여부를 부정하더라도 논지를 강화하지도, 약화하지도 않는다.

③ 치료를 위해 신체의 고통을 기꺼이 견디는 사람들이 있다고 해도 논지는 약화되지 않는다.
→ (○) 제시문에서 신체의 고통을 피하려는 것은 기초 선호라고 하였기 때문에[3문단(2)], 선지의 내용은 기초 선호를 따르지 않는 사례로 오해할 수 있다. 그러나 이는 '치료된 상태'라는 고통이 없는 또 다른 기초 선호를 위하는 것이기 때문에 논지와 모순되지 않는다. 따라서 해당 선지는 제시문의 논지를 약화하지 않는다.

④ 행복 기계에 들어가지 않는 유일한 이유가 참과 무관한 실용적 이익임이 확인될 경우, 논지는 약화된다.
→ (○) 제시문에서는 사람들이 참인 믿음을 가지기를 선호하여 행복 기계에 들어가지 않는다고 주장한다.[1문단(6)] 따라서 사람들이 행복 기계에 들어가지 않는 유일한 이유가 참과 무관한 실용적 이익이라면 지문의 논지는 약화된다.

⑤ 실용적 이익이 없음에도 불구하고 우리가 수학적 참인 정리를 믿는 것을 선호한다는 사실은 논지를 강화한다.
→ (○) 제시문에서는 참인 믿음은 실용적 이익이 없더라도 그 자체로 가치가 있다고 하였으며[2문단(2)], 우리는 참인 믿음이 기초 선호의 대상이기 때문에 이를 선호한다고 주장한다.[3문단(4)] 따라서 실용적 이익이 없음에도 불구하고 우리가 수학적 참인 정리를 믿는 것을 선호한다는 사실은 제시문의 논지를 강화한다.

제시문 분석

1문단 행복 기계에 관한 선택과 시사점

〈행복 기계〉	행복 기계에 들어가는 순간 당신은 기계에 들어왔다는 것을 완전히 잊게 되고, 가상현실 기술을 통해 멋진 시간을 경험하게 된다.(2)
	단, 누구든 한 번 그 기계에 들어가면 삶을 마칠 때까지 거기서 나올 수 없다.(3)
	이 기계에는 고장도 오작동도 없다.(4)
〈선택〉	우리의 삶은 고난과 좌절로 가득 차 있지만, 우리는 그것들이 실제로 사라지기를 원하지 그저 사라졌다고 믿기를 원하지 않는다.(5)

↓

〈시사점〉
이러한 사실은, 참인 믿음이 우리에게 아무런 이익이 되지 않거나 심지어 손해를 가져오는 경우에도 우리가 거짓인 믿음보다 참인 믿음을 가지기를 선호한다는 견해를 뒷받침한다.(6)

2문단 '돈'과 '참인 믿음'의 차이점

〈돈의 가치〉		〈참인 믿음의 가치〉
돈의 가치를 지니는 것은 그것이 좋은 것들을 얻는 도구로 기능하기 때문이다.(1)	↔	다른 것들을 얻기 위한 수단인 돈과 달리 참인 믿음은 그 자체로 가치가 있다.(2)

3문단 기초 선호로서의 참인 믿음

〈기초 선호로서의 참인 믿음〉	
〈기초 선호〉	〈참인 믿음〉
다른 것에 대한 선호로는 설명될 수 없는 원초적인 선호.(1)	우리는 참인 믿음을 실용적 손익과 상관없이 선호하므로, 참인 믿음은 기초 선호의 대상이다.(3),(4)

합격자의 실전 풀이 순서

❶ 발문 제대로 읽기 및 문제 유형 파악

우선 발문을 제대로 읽자. '글에 대한 평가'를 묻고 있는 논리추론·강화약화 문제이다. '옳지 않은 것'을 묻고 있으므로 발문에 크게 'X' 표시를 해 실수를 방지하자.

해당 문제의 선지는 'A는 제시문을 약화/강화한다.'라는 식으로 구성된다. 이러한 강화약화 유형은 조금만 복잡하게 나올 경우, 난이도가 급상승한다. 따라서 강화약화 유형에 대한 자신만의 풀이 기준을 마련해두어야 한다.

먼저 강화약화 유형을 제대로 풀기 위해서는 강화 또는 약화해야 하는 주제문이 무엇인지를 정확히 파악해야 한다. 주제문은 본문과 같이 한 문장으로 요약되기도 하고, 'A이면 B이다'(A→B)와 같이 논리학적 문장구조로 제시되기도 한다. 주제문을 찾기 위해서는 제시문 전체를 독해해야 하나, 주로 '즉', '결국', '따라서', '요컨대'와 같은 접속어 뒤나 문단의 맨 앞 또는 뒤에 존재하는 문장이 주제문인 경우가 많다. 또는 예시를 들어 설명하고자 하는 문장이 주제문인 경우도 있다. 독해 과정에서 주제문에 밑줄을 그어 표시하거나, 문장구조가 한눈에 들어오지 않는다면 간단한 단어로 치환하여 기호화해 두어도 좋다.

강화 또는 약화해야 하는 주제문을 파악한 후에는 선지의 내용이 주제문의 내용과 일치하는지 또는 주제문으로부터 추론 가능한지를 판단하며 문제를 해결해 나가야 한다.

❷ 제시문 독해

강화약화 유형의 제시문을 읽을 경우, 주제문을 찾기에 목표를 두고 제시문을 읽어야 한다. 본 문제의 경우 주제문을 찾기가 어렵지 않다. 1문단과 3문단에서 질문을 통해 주장하고 싶은 내용을 강조하고 있기 때문이다.

1문단에서 찾을 수 있는 주제문은 1문단 (6) 문장의 '우리가 거짓인 믿음보다 참인 믿음을 가지기를 선호한다.'라는 내용이다. 해당 문장은 1문장 (4)의 질문에 대한 답이며, '견해'라는 단어가 나옴으로써 제시문의 핵심 주장임을 쉽게 파악할 수 있다.

2문단의 주제문은 (2) 문장의 '수단인 돈과 달리 참인 믿음은 그 자체로 가치가 있다'는 것이다. 더불어 1문단에서 제시되었던 '행복 기계에 들어가겠는가'라는 질문에 대한 답이 'No'임을 분명히 추론할 수 있다.

3문단의 주제문은 (4) 문장, 즉 '참인 믿음이 기초 선호의 대상이다.'이다. (4) 문장은 (3)에 따른 결론이다. 논리 관계가 바로 인식되지 않는다면 간략화 및 기호화를 활용하면 되는데, 이 제시문의 경우 제시문 전체 중 논증 형식의 문장이 이 들뿐이고, 정답 도출에 필요하지 않을 수도 있으므로 일단 논증의 형태임을 염두에 두고 선지에서 이 부분을 묻는다면 다시 돌아와서 확인하도록 한다.

위 내용을 정리해보면, 해당 제시문의 주제문은 '사람들은 거짓인 믿음보다 참인 믿음을 가지기를 선호하며, 참인 믿음은 기초 선호의 대상이다'이며, '참인 믿음은 그 자체로 가치가 있다'는 것이다. 선지에서는 위 주제문이 강화 또는 약화되는지 확인해야 한다.

이외에도 본 문제의 제시문을 읽을 때 주의해야 하는 두 가지 사항이 있다. 첫째로, 해당 제시문에서는 '재진술'이 자주 등장함을 확인할 수 있다. 재진술은 같은 내용이 표현을 달리해서 제시되는 것인데 해당 제시문에서는 '고난과 좌절로 가득 찬 삶[1문단(5)]=참인 믿음[1문단(6)]=기초 선호의 대상[3문단(4)]'와 같은 재진술이 존재한다. 이러한 내용을 묶어서 하나의 단위로 인식하며 읽으면 독해와 선지 판단이 매끄럽고 수월해진다. 둘째로, 서로 다른 두 대상의 차이점을 제대로 짚으며 읽자. 2문단에서는 '돈'과 '참인 믿음'의 차이점이 서술되어 있다. 여기서 궁극적으로 설명하고자 한 것은 '참된 믿음'이며, '돈'은 '참인 믿음'의 특징을 강조하기 위해 제시한 것이다. 서로 다른 두 대상의 차이점과 공통점은 선지로 자주 구성되어 출제되므로 독해 시 잘 체크해 두자.

❸ 선지 판단

글에 분명히 제시된 것은 아니지만, 독해를 통해 1문단 (4)의 질문, 즉, '당신은 행복 기계에 들어갈 것인가?'에 대한 답이 'No'임을 추론하였다. 따라서 실제로 대부분의 사람이 'Yes'라 답한다면 논지는 약화될 것이다. ①은 옳지 않으며, 정답이다. 정답을 도출하였으므로 실전에서는 다음 문제로 넘어가면 된다. 연습을 위해 오답의 근거를 찾아보겠다. 행복 기계의 존재 가능성은 글 주장의 근거와 무관하므로 ②는 옳다. 3문단에 따르면 참인 믿음과 고통을 피하려는 것은 둘 다 '기초 선호'이지만 고통을 피하려는 것은 '기초 선호'의 예시로 등장한 것일 뿐, 둘은 서로 영향을 미치지 않는다. 따라서 ③도 옳다. 1문단 (6)은 참인 믿음이 손해를 가져오더라도 우리는 참인 믿음을 선호하기 때문에 행복 기계에 들어가지 않는다고 주장한다. 따라서 행복 기계에 들어가지 않는 이유가 '참과 무관한 실용적 이익'이라면 논지는 약화되므로 ④는 옳다. 1문단 (6)에 부합하므로 ⑤도 옳다.

참고로, 선지에서 활용되지 않았지만 3문단 (3), (4)의 논증 구조를 간략히 정리하면 다음과 같다.

*put A(=참인 믿음은 기초 선호이다.)

*put B(=참인 믿음과 거짓인 믿음이 실용적 손익에서 동등할 경우 전자를 후자보다 더 선호해야 한다. = 참〉거짓)

(3) ~A → ~B ⇨ (4) A

문장 (3)에서 (4)가 결론으로 도출되려면 전제 B가 필요하다. 즉, 이 논증에서는 '거짓인 믿음보다 참인 믿음을 선호한다'가 생략된 것이다. 이는 1문단 문장 (6)에서 제시된 주장이다.

이렇듯 글 내용에 관한 평가를 묻는 문제는 일반적으로 선지의 구성이 '강화/약화한다' 또는 '강화/약화하지 않는다'로 되어있다. 이러한 강화약화 유형은 일반적으로 추론 가능/불가능 여부를 묻는 문제의 선지와 크게 다르지 않다. 아래의 표를 보고 선지가 판단되는 방식을 익혀두자.

A가 강화한다.	A가 본문 내용과 일치 또는 본문 내용으로부터 추론 가능
A가 강화하지 않는다.	A가 추론될 근거 없음 또는 A가 본문 내용과 상충하거나 무관함

A가 약화한다.	A가 본문 내용과 상충
A가 약화하지 않는다.	A가 본문으로부터 추론 가능 또는 일치하거나 무관함

합격자의 시간단축 Tip

Tip ❶ 강화약화의 대상이 되는 주제문 파악

강화약화 유형을 제대로 풀기 위해서는 강화 또는 약화해야 하는 주제문이 무엇인지를 정확히 파악해야 한다. 주제문은 한 문장으로 요약되기도 하고, 'A이면 B이다'(A→B)와 같이 논리학적으로 제시되기도 한다. 주제문을 찾는 방법으로는 '즉', '결국', '따라서', '요컨대'와 같은 접속어를 찾거나, 문단의 맨 앞 또는 뒤에 존재하는 문장을 읽어보는 방법이 있다. 또는 예시를 들어 설명하고자 하는 문장이 주제문인 경우도 있다. 하나의 문단 전체가 아닌 주제문에 집중하여 강화약화 여부를 판단하면 더욱 쉽게 해당 유형을 풀 수 있다.

Tip ❷ 글에 대한 평가를 묻는 문제의 선지 판단

글에 대한 평가를 묻는 선지의 판단은 '강화/약화한다' 또는 '강화/약화하지 않는다'의 구성으로 되어있다. 그러나 이들 선지의 판단은 추론 가능/불가능을 묻는 문제와 크게 다르지 않으며, 각 상황마다 판단하는 패턴이 정해진 편이므로 위의 표를 참고하여 판단 방식을 자동화해두면 판단의 정확도와 속도가 빨라진다.

Tip ❸ 재진술되는 표현에 주목

제시문에 자주 등장하는 '재진술'에 주목하자. 재진술이란 사실상 같은 내용에 표현만 달리하는 것인데 이러한 내용은 하나의 대상을 설명하는 것이므로 묶어서 하나로 인식하며 독해하면 독해뿐만 아니라 선지 판단도 정확하고 빨라진다.

Tip ❹ 문장이 복잡한 논증 형식은 결론만 먼저 확인

논증 형식의 복잡한 문장이 등장하는 경우, 일단 결론만을 확인하고 표시해둔 뒤 선지를 보고 돌아오는 것을 추천한다. 논증 형식의 문장을 제시문과 같이 '~않을 이유가 없다' 등으로 복잡하게 제시한다면 단번에 이해하기 어렵기 때문이다. 선지에서 등장하지 않는데 구체적인 논증을 이해하기 위해 꼼꼼히 읽는 것은 시간 낭비이다. 일단 논증임을 확인한 뒤 선지에서 해당 부분이 등장했다면 다시 논증을 자세히 읽고 이해한 뒤 필요한 경우 기호화를 진행하는 것을 추천한다.

047 정답 ①

난이도 ●○○

문제유형 이해 > 내용 파악

접근전략 한국사 지문은 전반적인 난이도가 높은 편이다. 그러나 그것을 대부분의 수험생이 알아채지 못하는 이유는 그 배경지식 수준도 한국사능력검정시험을 통해 갖춘 상태기 때문이다. 혹시나 본인이 한능검 시험준비 경력이 없다면 한 번 기본서라도 읽도록 하자. 민경채를 제외하면 한국사 지문 중에서 이것보다 쉬운 문제는 찾기 쉽지 않다.

다음 글에서 알 수 있는 것은?

(1) 조선 시대에는 지체 높은 관리의 행차 때 하인들이 그 앞에 서서 꾸짖는 소리를 크게 내어 행차에 방해되는 사람을 물리쳤다. (2) 이런 행위를 '가도'라 한다. 국왕의 행차 때 하는 가도는 특별히 '봉도'라고 불렀다. (3) 가도는 잡인들의 통행을 막는 것이기도 했기 때문에 '벽제'라고도 했으며, 이때 하는 행위를 '벽제를 잡는다.'라고 했다. (4) 가도를 할 때는 대체로 '물렀거라', '에라, 게 들어 섰거라'고 외쳤고, 왕이 행차할 때는 '시위~'라고 소리치는 것이 정해진 법도였다. (5) 『경도잡지』라는 문헌을 보면, 정1품관인 영의정, 좌의정, 우의정의 행차 때 내는 벽제 소리는 그리 크지 않았고, 그 행차 속도도 여유가 있었다고 한다. (6) 행차를 느리게 하는 방식으로 그 벼슬아치의 위엄을 차렸다는 것이다. (7) 그런데 삼정승 아래 벼슬인 병조판서의 행차 때 내는 벽제 소리는 날래고 강렬했다고 한다. (8) 병조판서의 행차답게 소리를 크게 냈다는 것이다. ▶ 1문단

(1) 애초에 가도는 벼슬아치가 행차하는 길 앞에 있는 위험한 것을 미리 치우기 위한 행위였다. (2) 그런데 나중에는 행차 앞에 방해되는 자가 없어도 위엄을 과시하는 관례로 굳어졌다. (3) 가도 소리를 들으면 지나가는 사람은 멀리서도 냉큼 꿇어앉아야 했다. (4) 그 소리를 듣고도 모른 척하면 엄벌을 면치 못했다. (5) 벼슬아치를 경호하는 관원들은 행차가 지나갈 때까지 이런 자들을 눈에 띄지 않는 곳에 가둬 두었다가 행차가 지나간 뒤 몽둥이로 마구 때렸다. (6) 그러니 서민들로서는 벼슬아치들의 행차를 피해 다른 길로 통행하는 것이 상책이었다. ▶ 2문단

(1) 서울 종로의 피맛골은 바로 조선 시대 서민들이 종로를 오가는 벼슬아치들의 행차를 피해 오가던 뒷골목이었다. (2) 피맛골은 서울의 숱한 서민들이 종로 근방에 일이 있을 때마다 오가던 길이었고, 그 좌우에는 허름한 술집과 밥집도 많았다. (3) 피마란 원래 벼슬아치들이 길을 가다가 자기보다 높은 관리를 만날 때, 말에서 내려 길옆으로 피해 경의를 표하는 행위를 뜻하는 말이다. (4) 그런데 신분이 낮은 서민들은 벼슬아치들의 행차와 그 가도를 피하기 위해 뒷골목으로 다니는 행위를 '피마'라고 불렀다. (5) 피맛골은 서민들의 입장에서 볼 때 자유롭게 통행할 수 있는 일종의 해방구였던 셈이다. ▶ 3문단

① **삼정승 행차보다 병조판서 행차 때의 벽제 소리가 더 컸다.**
→ (O) 정 1품관인 영의정, 좌의정, 우의정은 행차를 느리게 하며 벽제소리가 크지 않았다.[1문단(5)] 반면에 삼정승보다 아래 벼슬인 병조판서의 행차 때 내는 소리는 날래고 강렬했다고 한다.[1문단(7)] 따라서 삼정승 행사보다 병조판서 행차 때의 벽제 소리가 더 컸다는 것을 알 수 있다.

② **봉도란 국왕이 행차한다는 소리를 듣고 꿇어앉는 행위를 뜻한다.**
→ (×) '봉도'는 국왕의 행차 때 하는 가도를 뜻한다.[1문단(2)] 가도는 행차 때 하인들이 그 앞에 서서 꾸짖는 소리를 크게 내어 행차에 방해되는 사람을 물리치는 행위를 말하므로[1문단(1),(2)] 봉도가 국왕이 행차한다는 소리를 듣고 꿇어앉는 행위를 뜻하는 것은 아니다.

③ **벼슬아치가 행차할 때 잡인들의 통행을 막으면서 서민들에 대한 감시가 증가했다.**
→ (×) 제시문에서는 벼슬아치가 행차할 때 행차에 방해되는 잡인들을 물리쳤던 것을 가도라고 언급하고 있을 뿐[1문단(1),(2)], 벼슬아치가 행차할 때 서민들에 대한 감시가 증가했다는 내용은 서술되어 있지 않아서 알 수 없다.

④ **조선 시대에 신분이 낮은 서민들은 피마라는 용어를 말에서 내려 길을 피한다는 의미로 바꿔 썼다.**
→ (×) 피마란 원래 벼슬아치들이 길을 가다가 자기보다 높은 관리를 만날 때, 말에서 내려 길옆으로 피해 경의를 표하는 행위를 뜻하는 말이었다.[3문단(3)] 그러나 신분이 낮은 서민들이 벼슬아치들의 행차와 그 가도를 피하기 위해 뒷골목으로 다니는 행위를 '피마'라고 바꾸어 썼다.[3문단(4)] 따

라서 피마라는 용어를 말에서 내려 길을 피한다는 의미로 바꿔 썼다는 내용은 옳지 않다.

⑤ 가도는 주로 서울을 중심으로 행해졌기 때문에 벼슬아치들의 행차를 피하기 위해 형성된 장소도 서울에만 있다.
➜ (×) 제시문에서는 가도가 주로 서울을 중심으로 행해졌다고 서술된 부분은 없으며, 나아가 벼슬아치들의 행차를 피하기 위해 형성된 장소도 서울에만 있다고 서술된 부분도 없다. 따라서 해당 선지는 알 수 없는 내용이다.

제시문 분석

1문단 가도의 정의와 벼슬에 따른 특징

〈가도의 개념〉
조선 시대의 지체 높은 관리 행차 때 하인들이 꾸짖는 소리를 크게 내어 행차에 방해되는 사람을 물리치는 행위이다.(1),(2)

〈가도의 방식〉		
〈삼정승〉	↔	〈병조판서〉
벽제 소리가 크지 않았고 행차 속도가 여유가 있었다.(5)		벽제 소리가 날래고 강렬하며 소리가 컸다.(7)

2문단 가도 목적의 변화

〈목적의 변화〉		〈처벌〉		〈서민의 대응〉
처음에는 위험한 것을 치우기 위한 행위였으나, 나중에는 위엄을 과시하는 관례로 굳어졌다.(1),(2)	➜	가도 소리를 들으면 냉큼 꿇어앉아야 했으며, 모른 척하면 엄벌을 면치 못했다.(3),(4)	➜	서민들로서는 벼슬아치들의 행차를 피해 다른 길로 통행하는 것이 상책이었다.(6)

3문단 피맛골의 유래와 의의

〈피맛골의 뜻〉
조선 시대 서민들이 벼슬아치들의 행차를 피해 오가던 뒷골목을 말한다.(1)

〈피마의 뜻〉	
〈본연의 뜻〉	〈신분이 낮은 서민들의 뜻〉
피마는 벼슬아치들이 길을 가다가 자기보다 높은 관리를 만날 때, 말에서 내려 길옆으로 피해 경의를 표하는 행위를 말한다.(3)	벼슬아치들의 행차와 그 가도를 피하기 위해 뒷골목으로 다니는 행위를 말한다.(4)

〈피맛골의 의의〉
서민들의 입장에서 자유롭게 통행할 수 있는 일종의 해방구였다.(5)

합격자의 실전 풀이 순서

발문 확인

일치부합 문제이다. 또한, 제시문의 첫 줄의 '조선시대'라는 단어에서 한국사 소재의 지문임도 알 수 있다. 이렇게 발문과 함께 다음 줄을 가볍게 체크하여 제시문의 소재를 파악하면, 독해의 방향성 설정에 도움이 된다.

선지를 먼저 읽기

(1) 선지 키워드 표시
독해 지문을 푸는 두 가지 방법 중 선지를 먼저 읽는 경우의 풀이법을 소개한다. 지문보다 선지를 먼저 보고 정보를 추출한다.
선지에서 추출할 키워드는 다음과 같다. 단, 이들은 어디까지나 예시이므로 수험생 본인과 같을 필요는 없다.
① 삼정승, 병조, 더 컸다.(관직의 지위로 통합하면 더 좋다.)
② 봉도란 국왕이 행차
③ 잡인, 감시가 증가
④ 피마, 바꿔 썼다
⑤ 서울, 장소
여기서 신분의 벽 및 규제 제도 등과 관련된 소재라는 것을 짐작할 수 있다.

(2) 제시문 독해 및 선지 판단
선지가 각각 세부 내용을 묻고 있으므로 독해 중 해결 가능한 선지가 있다면 바로 해결한다. 1문단 '국왕의 행차' 부분에서 ②를, 관직의 직위가 등장하는 부분을 읽고 ①을 판단하는 식이다.

제시문 먼저 읽기

(1) 지문 읽기
여기선 지문을 먼저 읽는 경우의 독해요령을 소개한다. 다만 지문의 전체적인 얼개 및 독해의 방향을 소개하므로 2번과 호환이 안 되는 것은 아니다.
1문단에 '가도', '봉도', '벽제' 등 낯선 용어가 설명된다. '가도=벽제', '봉도-국왕 행차 때'와 같이 단어를 구분하며 읽는다. 같은 뜻의 단어가 둘 이상 등장할 때 어떤 단어가 선지에 등장할지 알 수 없으므로 모두 같은 단어임을 표시하는 것이 좋다.
1문단의 형식을 보면, (2)에 용어가 나오고 (1)에 설명이 나온다. 그렇다고 이게 두괄식이 아닌 것은 아니다. 오히려 "가도라 함은 (...)" 이런 형태의 문장이라고 하면 더 읽히지 않을 것이다.
이는 주제가 "가도"라는 단어에 있는 것이 아니라 "벼슬아치의 횡포"에 있기 때문이다. 그렇다면 그것을 어떻게 구분할 수 있는가? 답은 가도와 별개의 내용이 얼마나 나오는지 지문을 읽으면서 확인하는 것이다. 가도라는 주제로부터 파생되는 내용들이 나올 뿐 여타의 내용이 나오지 않는다면 이것은 결국 실질 내용(가도)이 중요하다는 뜻이다.
또한, 1문단의 길이가 비교적 길기 때문에 소주제가 두 개 이상 있을 수 있다는 점을 유념하고 나눌 준비를 한다. 2, 3문단은 그 동일 기준으로 나누면 되는 쉬운 지문이다.

(2) 선지 판단
①번 선지 판단에 있어 주의할 점은, 만약 삼정승 행차 때 소리 묘사가 없다면 이를 옳다고 해석하면 안 된다는 것이다. 일부 소수 수험생이 병조판서의 묘사만 보고 옳다고 체크하는 경우가 있는데 주의해야 한다.
②번 선지 판단에 있어 마찬가지로 일부 수험생이 2문단 내용을 보고 헷갈리는 경우가 있는데, "조선 후기에 백성들이 꿇어앉았다/꿇어앉아야 했다"라는 진술과 "(어떤) 행위를 말한다."라는 진술은 의미가 완전히 다르므로 주의한다.

합격자의 시간단축 Tip

Tip 뻔한 내용을 읽어야 할 때 대처법

3문단 내용은 1, 2문단 독해가 제대로 되었다면 사실 굉장히 빨리 읽을 수 있는 글이다. 그런데 이런 데서 시간을 단축하지 못하는 수험생이 상당수 있다. 왜 이런 일이 발생하고, 어떻게 고칠 수 있을까?
시간을 단축하지 못하는 이유는 '짐작하며 읽기'가 자리잡지 못해서 그렇다. 사실 '짐작하는 능력' 그 자체가 모자란 것이 아닌데도 불구하고 지문독해 중에는 새로운 정보를 받아들이느라 상상하지 못하는 것이다.

그렇다고 이걸 할 수 있는 수험생이 머리가 더 좋은 것은 아니다. 단지 자기 짐작이 글 내용에 앞서 떠오르는 것뿐이다(어떻게 보면 주관이 강하다 할 수 있다). 따라서 민경채나 NCS의사소통 등의 쉬운 지문들을 대상으로 연습해 보자.

(1) 첫 번째 내용을 본다.

(2) 그에 대한 자신의 반응과 짐작을 떠올린다.

(3) 실제 지문 내용과 대조해 본다.

이 순서로 연습을 2주만 해 봐도 지문을 읽는 능력이 확연히 올라간다. 또한, (1) 과정에서 내용을 간략하게, 넘기면서 읽을 때 더 효과가 좋다.

이를 두 문장 사이에서만 하지 말고 한 문단 단위로 읽으면서 2번, 3번 계속 짐작에 짐작을 더해가면서 읽는다. 이 과정이 순탄하게 이뤄지지 않더라도 부단히 연습하면 된다.

048 정답 ③

난이도 ●○○

문제유형 이해 > 내용 추론

접근전략 지문은 쉽지만 추론을 묻기 때문에 논리적인 참/거짓 관계를 잘 파악해야 하는 문제다. 지문을 읽을 때 어떤 참/거짓 구분 문제가 나올지 예측하면서 읽어 보자. 또한 논리적 관계를 설정할 수 있는 문장들에 표시한 뒤, 어떻게 내용을 정리할지, 선지와는 어떻게 연관될지 한 번 생각해 보도록 하자.

다음 글에서 추론할 수 있는 것만을 〈보기〉에서 모두 고르면?

(1) '공립학교 인종차별 금지 판결의 준수를 종용하면서, 어떤 법률에 대해서는 의도적으로 그 준수를 거부하니 이는 기괴하다.'라고 할 수 있습니다. (2) '어떤 법률은 준수해야 한다고 하면서도 어떤 법률에 대해서는 그를 거부하라 할 수 있습니까?'라고 물을 수도 있습니다. (3) 하지만 이에는 '불의한 법률은 결코 법률이 아니다.'라는 아우구스티누스의 말을 살펴 답할 수 있습니다. (4) 곧, 법률에는 정의로운 법률과 불의한 법률, 두 가지가 있습니다. ▶ 1문단

(1) 이 두 가지 법률 간 차이는 무엇입니까? 법률이 정의로운 때가 언제이며, 불의한 때는 언제인지 무엇을 보고 결정해야 합니까? (2) 우리 사회에서 통용되는 법률들을 놓고 생각해 봅시다. (3) 우리 사회에서 지켜야 할 법률이라는 점에서 정의로운 법률과 불의한 법률 모두 사람에게 적용되는 규약이기는 합니다. (4) 하지만 정의로운 법률은 신의 법, 곧 도덕법에 해당한다는 데에 동의할 것으로 믿습니다. (5) 그렇다면 불의한 법률은 그 도덕법에 배치되는 규약이라 할 것입니다. (6) 도덕법을 자연법이라 표현한 아퀴나스의 말을 빌리면, 불의한 법률은 결국 사람끼리의 규약에 불과합니다. (7) 사람끼리의 규약이 불의한 이유는 그것이 자연법에 기원한 것이 아니기 때문입니다. ▶ 2문단

(1) 인간의 성품을 고양하는 법률은 정의롭습니다. 인간의 품성을 타락시키는 법률은 물론 불의한 것입니다. (2) 인종차별을 허용하는 법률은 모두 불의한 것인데 그 까닭은 인종차별이 영혼을 왜곡하고 인격을 해치기 때문입니다. (3) 가령 인종을 차별하는 자는 거짓된 우월감을, 차별당하는 이는 거짓된 열등감을 느끼게 되는데 여기서 느끼는 우월감과 열등감은 영혼의 본래 모습이 아니라서 올바른 인격을 갖추지 못하도록 합니다. ▶ 3문단

(1) 따라서 인종차별은 정치·사회·경제적으로 불건전할 뿐 아니라 죄악이며 도덕적으로 그른 것입니다. (2) 분리는 곧 죄악이라 할 것인데, 인간의 비극적인 분리를 실존적으로 드러내고, 두려운 소외와 끔찍한 죄악을 표출하는 상징이 인종차별 아니겠습니까? (3) 공립학교 인종차별 금지 판결이 올바르기에 그 준수를 종용할 수 있는 한편, 인종차별을 허용하는 법률은 결단코 그르기에 이에 대한 거부에 동참해달라고 호소하는 바입니다. ▶ 4문단

보기

ㄱ. 인간의 성품을 고양하는 법률은 도덕법에 해당한다.
→ (O) 인간의 성품을 고양하는 법률은 정의로우며[3문단(1)], 정의로운 법률은 신의 법, 곧 도덕법에 해당한다.[2문단(4)]

* Tip: 본 제시문에는 '~법'으로 끝나는 키워드들이 다수 제시된다. 이 중 '정의로운 법률'과 '신의 법', '도덕법', 그리고 '자연법'은 모두 유사한 개념임을[2문단(4),(6)] 유념해 둔다면 각 키워드의 개념과 성격이 서로 혼동되는 것을 피할 수 있다.

ㄴ. 사람끼리의 규약에 해당하는 법률은 자연법이 아니다.
→ (O) 아퀴나스의 말을 빌리면, 도덕법은 곧 자연법으로 표현될 수 있으며, 불의한 법률은 결국 사람끼리의 규약에 불과하다.[2문단(6)] 사람끼리의 규약이 불의한 이유는 그것이 자연법에 기원한 것이 아니기 때문이므로[2문단(7)], 이를 통해 사람끼리의 규약에 해당하는 법률은 곧 자연법이 아님을 알 수 있다.

ㄷ. 인종차별적 내용을 포함하지 않는 모든 법률은 신의 법에 해당한다.
→ (X) 인종차별은 영혼을 왜곡하고 인격을 해치기 때문에 인종차별을 허용하는 법률은 모두 불의의 법률에 해당한다.[3문단(2)] 따라서 인종차별적 내용을 포함하는 모든 법률은 신의 법에 해당하지 않는다. 즉 명제로 전환하면 [인종차별 법률 → ~신의법]이 된다. 그런데 해당 선지는 [~인종차별 법률 → 신의법]이 되므로, 앞 명제가 참이더라도 그에 대한 '이' 명제는 참이라고 할 수 없기 때문에, 해당 선지의 내용은 옳지 않다.

* Tip: 본 제시문에는 '인종차별적 내용을 포함하는 법률'에 관한 내용이 서술되어 있을 뿐[3문단(2)], '인종차별적 내용을 포함하지 않는 모든 법률'에 대한 내용은 제시되어 있지 않으므로 '인종차별'이라는 키워드에 현혹되는 것을 주의한다면 오답을 피해갈 수 있다.

① ㄱ → (X)
② ㄷ → (X)
③ ㄱ, ㄴ → (O)
④ ㄴ, ㄷ → (X)
⑤ ㄱ, ㄴ, ㄷ → (X)

제시문 분석

2문단 법률의 유형

〈법률의 유형〉		
〈정의로운 법률〉		〈불의한 법률〉
신의 법, 곧 도덕법에 해당한다.(4)		도덕법에 배치되는 규약이다.(5)
자연법에 해당한다.(6)	↔	사람끼리의 규약에 불과하며, 자연법에 기원한 것이 아니기 때문에 불의하다.(6),(7)

3·4문단 인종차별을 허용하는 법률의 불의함과 그 근거

〈전제①〉		〈전제②〉		〈주장〉
인간의 성품을 고양하는 법률은 정의롭고, 인간의 품성을 타락시키는 법률은 불의하다. [3문단(1)]	⊕	인종을 차별하는 자는 거짓된 우월감을, 차별당하는 이는 거짓된 열등감을 가지게 되므로 올바른 인격을 갖추지 못하도록 한다. [3문단(3)]	→	인종차별은 영혼을 왜곡하고 인격을 해치므로, 인종차별을 허용하는 법률은 모두 불의한 것이다.[3문단(2)]

→ 〈결론〉	공립학교 인종차별 금지 판결을 준수할 수 있는 한편, 인종차별을 허용하는 법률은 결단코 그르기에 이에 대한 거부에 동참해 주기를 호소한다.[4문단(3)]

합격자의 실전 풀이 순서

❶ 발문 확인

추론할 수 있는 것을 물으면 논리적 관계를 묻는 선지가 나온다는 뜻이다. 여기서 논리적 관계란 1)어떤 가정된 상황 하에서 결론을 스스로 도출하기(A상황이라면 B일 것이다.) 혹은 2)논리적인 포함관계 물어보기 3)생략된 전제를 찾아 강화 또는 약화하기 중 하나의 유형이 된다. 이 지문은 2)번 유형이다.

또한, 발문에서 인종차별이 나오므로 사회 문제 해결과 관련되었다는 것을 추론 가능하다.

❷ 선지 먼저 읽기

(1) 선지 키워드 표시

독해 지문을 푸는 두 가지 방법 중 선지를 먼저 읽는 경우의 풀이법을 소개한다. 지문보다 선지를 먼저 보고 정보를 추출한다.

선지에서 추출할 키워드는 다음과 같다. 단, 이들은 어디까지나 예시이므로 수험생 본인과 같을 필요는 없다.

㉠ 인간의 성품, 법률, 도덕법
㉡ 사람끼리, 법률, 자연법
㉢ 인종차별, 신의 법

자연법과 실정법에 대한 오래된 대립을 알고 있다면 도덕법이 자연법임을 추측할 수 있다. 설령 모르더라도 최소한 인종차별과 관련된 법의 문제임을 알 수 있다. 세 선지를 보면서 논리적 부분집합 관계가 지문에 나올 것을 추측 가능하다. 따라서 주장 속에 있는 체계를 잘 체크할 준비를 하도록 하자.

(2) 제시문 독해 및 선지 판단

〈보기〉의 키워드가 분명하고, 제시문에서 해당 키워드를 그대로 사용하고 있다. 따라서 키워드를 찾았다면 바로 〈보기〉를 판단하면 된다. ㄱ은 3문단 (1)의 '인간의 성품을 고양하는 법률', ㄴ은 2문단 (6), (7)의 '사람끼리의 규약에 해당하는 법률'을 읽고 판단하면 된다. ㄷ은 3문단을 모두 읽고 판단하는 것이 안전할 것이다.

❸ 제시문 먼저 읽기

(1) 지문 읽기

여기선 지문을 먼저 읽는 경우의 독해요령을 소개한다. 제시문에 논증문과 유사한 문장이 다수 등장한다. 1문단은 법률을 '정의로운 법률'과 '불의한 법률', 둘로 나눈다. 즉, 정의로운 법률이 아니라면 곧 불의한 법률이다. 반대의 경우도 마찬가지이다.

2문단은 어떤 법률이 정의롭고, 어떤 법률이 불의한지 설명한다. 3문단은 인종차별을 허용하는 법률이 왜 불의한 법률인지, 4문단은 인종차별 자체의 불의함을 설명한다. 논증 형식의 문장을 간략히 도식화하면 다음과 같다.

정의	2문단 (4)	정의로운 법률 → 신의 법=도덕법
	3문단 (1)	인간 성품 고양 법률 → 정의로운 법률
불의	2문단 (5),(6)	불의한 법률 → ~도덕법∧사람끼리의 규약
	2문단 (7)	사람끼리의 규약 → ~자연법 → 불의한 법률
	3문단 (1)	인간 품성 타락 법률 → 불의한 법률

이렇게 논증문으로 구성된 글은 문단의 처음과 끝만 읽는 방식으로 읽으면 중요한 근거들을 놓치기 쉬우므로 주의하자. 예컨대 1문단 (3)문장과 (4)문장을 보자. (4)는 절대 단순한 분류가 아니다. 글쓴이는 '정의로운 법률'만이 준수의 대상이 된다고 주장하고 있다. 만약 문단 처음과 끝만 해석하는 꼼수를 부리면 이런 의미를 파악하기 힘들게 된다. 지름길로 가려고 했던 시도가 오히려 돌아가게 만드는 것이다.

또한, 이 지문은 보통의 지문과 다르게 이분법을 확실히 하고 있다. 2문단 (6)과 (7)에서 사람끼리의 규율은 불의하다고 못박고 있는데 지문들이 보통 〈자연법에 근거한 동시에 사람끼리의 규율인〉 경우가 있는 것과 대비되는 모습이다. 이것에 유의하면서 독해한다. 제대로 이해가 되지 않는다면 다시 한번 읽고 표시해 가면서 진술에 유의하며 읽어 보자. (특히 이것과 ㉢선지가 어떻게 다른지 살펴보라.)

(2) 선지 판단

㉠ 선지는 2문단 (4)와 3문단 (1)에서 쉽게 도출할 수 있다. 그러나 추가로 생각해볼 부분이 있다. 만약 '성품을 고양하는 법률'이라는 표현 대신에 구체적인 법률이 주어졌다면 어떨까? 예컨대 '사람을 죽인 자는 사형에 처한다.'라는 법률이 반드시 도덕법인가를 물었다면 답은 '아니다.'이다. 그런데 이는 사형제가 성품을 고양함에도 불구하고 도덕법이 아닌 게 아니라, 사형제가 성품을 고양하지 못할 가능성 때문에 그른 답이 되는 것이다. 둘의 차이에 유념하자.

㉡은 2문단 (7)에서 알 수 있다.

㉢은 앞서 ㄱ 판단에 추가로 생각해볼 부분을 적용하면 된다. '인종차별적 내용을 포함하지 않는 모든 법률'이 곧 성품을 고양하는 법률이거나, 정의로운 법은 아닌 것이다.

합격자의 시간단축 Tip

Tip ❶ 생략된 전제를 파악해보자.

지문을 깊게 이해하려면 지문이 어떤 주장을 하는지, 근거는 무엇인지, 그리고 그 한계는 무엇인지까지 모두 아는 것이 좋다. 물론 여기까지 다다르지 못해도 대다수 문제는 풀 수 있지만, 헷갈리는 선지가 있거나 혹은 고난도 유형을 풀 때는 깊은 이해가 필요하기도 하다.

이 지문에서 생략된 전제는 무엇인가? 많은 독자가 아마 눈치챘듯이, 인종차별이 '왜 영혼을 왜곡시키는지'이다. 사실 인종차별이 나쁜 차별이라는 것은 대다수가 동의할 것이지만 그럼에도 불구하고 특정한 윤리적 주장이 반론 하나 없이 실려있다는 것은

논리적 근거를 빈약하게 만든다. 이렇게 생략된 전제를 파악할 수 있다면 추후 헷갈리는 선지를 판단해야 할 때 어디를 봐야 할지 명확하게 구분해주기 때문에 판단에 도움이 된다.

Tip ② 의도적으로 반론을 떠올려 보자.

반론이라는 게 거창한 것이 아니다. 그냥 그 주장에 반대되는 의견이다. 이 지문의 경우 '악법도 법이다.'라는 유명한 격언이 그 반론이 될 것이다. 떠올린 반론이 지문처럼 논리적일 필요도 없다. 그냥 반대를 위한 반대여도 괜찮다. 또한 반론이 단 하나일 필요도 없다.

예를 들어, 어떤 주장(A이다)과 근거(a이다)가 있을 때, 반론은 'A가 아니다' 혹은 'a가 아니다'가 된다. 어떤 주장이 명제 형식(A이면 B이다)이라면 반론은 'A이나 B가 아니다' 이며, 해당 주장이 어떤 전제를 기반으로 도출된 경우 전제 자체를 반박하는 것도 반론이 된다.

반론을 떠올림으로써 글의 주장이 더 잘 기억나게 되고 선지와 지문을 연계하기가 쉬워진다. 거기에 약화하는 내용까지 보너스로 따라오기 때문에 잠재적으로 선지파악도 쉬워진다.

Tip ③ 도식화나 기호의 활용

명제 기호로 나타낼 수 있는 문장이라면 도식화가 유용하다. 다만 해당 제시문의 경우 완전한 논증 형식은 아니며, 정의로운 법률과 불의한 법률의 특징을 논증 형식 문장으로 설명한 것이므로 각각을 구분하여 표시하는 것만으로도 충분하다.

> …하지만 정의로운 법률은 신의 법, 곧 도덕법에 해당한다는 데에 동의할 것으로 믿습니다. 그렇다면 불의한 법률은 그 도덕법에 배치되는 규약이라 할 것입니다. 도덕법을 자연법이라 표현한 아퀴나스의 말을 빌리면, 불의한 법률은 결국 사람끼리의 규약에 불과합니다. 사람끼리의 규약이 불의한 이유는 그것이 자연법에 기원한 것이 아니기 때문입니다. ▶ 2문단
>
> 인간의 성품을 고양하는 법률은 정의롭습니다. 인간의 품성을 타락시키는 법률은 물론 불의한 것입니다. 인종차별을 허용하는 법률은 모두 불의한 것인데 …

049 정답 ④ 난이도 ●●○

문제유형 사실적 이해 > 정보 확인

접근전략 각 문단의 뒷부분에 빈칸이 뚫린 빈칸 채우기 유형이다. 이 경우 빈칸이 각 문단의 내용을 정리하는 중심 문장에 해당할 확률이 높으므로, 빈칸을 채우기 위해서는 해당 빈칸이 포함된 문단을 확인해야 한다. 또한, 중심 문장임을 지시하는 표현이나 접속사를 통해 빈칸의 근거 범위를 확정할 수 있음을 기억한다.

다음 글의 ㉠과 ㉡에 들어갈 내용을 〈보기〉에서 골라 적절하게 짝지은 것은?

(1) 경제가 어려울수록 사람들은 경제적 재화가 똑같이 분배되는 사회를 소망한다. (2) 하지만 이러한 단순 평등 사회가 달성된다고 하더라도 그 상태는 유지될 수 없다. (3) 처음에 경제적 재화를 똑같이 분배받는다고 하더라도 사람들은 자신의 선택에 따라 재화를 자유롭게 사용할 것이고, 그렇게 되면 시간이 지남에 따라 결국 다시 불평등한 사회가 될 것이기 때문이다. (4) 이러한 불평등을 반복적으로 제거하면 다시 단순 평등 사회로 되돌아갈 수 있을지도 모른다. (5) 하지만 그것은 오직 국가의 개입과 통제가 있어야만 가능한 일이다. (6) 문제는 누구도 개인의 자유를 억압하는 사회를 원치 않는데, 국가의 개입과 통제가 필연적으로 개인의 자유를 억압한다는 것이다. (7) 따라서 단순 평등 사회는 [㉠]. ▶ 1문단

(1) 그렇다면 우리는 어떤 의미의 평등 사회를 지향해야 할까? (2) 어떤 사람들이 비싼 물건을 살 능력이 있고 어떤 사람들은 그렇지 못하다는 경제적 불평등은 부정할 수 없는 현실이다. (3) 하지만 우리는 경제적 재화 이외에도 자유, 사회적 지위, 정치권력 등의 다양한 사회적 가치들을 유용하다고 인정한다. (4) 그래서 더욱 심각한 문제는 경제적 재화와 같은 하나의 사회적 가치가 불평등하게 분배되는 것이 정당한 이유 없이 다른 사회적 가치의 분배 문제에서까지 불평등을 유발할 수 있다는 것이다. (5) 이런 결과를 초래하는 것은 바람직하지 않다. (6) 재산이 많다고 정당한 이유 없이 정치권력을 소유하게 되거나, 정치권력을 가졌다고 정당한 이유 없이 높은 사회적 지위를 갖게 되는 것이 그런 예이다. (7) 따라서 평등한 사회를 달성하기 위해서는 [㉡]. ▶ 2문단

보기

ㄱ. 개인의 자유를 억압하지 않는다면 지속 가능한 것이다.
→ (×) 1문단에 따르면 평등 사회를 지속하기 위해 국가의 개입과 통제가 필요하며[1문단(5)] 이는 필연적으로 개인의 자유를 억압한다.[1문단(6)] 따라서, 평등사회가 개인의 자유를 억압하지 않는다면 국가의 개입과 통제가 없는 것이기에 평등사회를 지속할 수 없게 되어 ㄱ은 ㉠에 들어갈 수 없다.

ㄴ. 지속 가능하지도 않고 개인의 자유를 희생하면서까지 원하는 것이 아니다.
→ (○) 1문단에 따르면 단순 평등 사회는 사람들이 자신의 선택에 따라 재화를 자유롭게 사용하면서 다시 불평등한 사회가 된다.[1문단(3)] 또한, 단순 평등 사회 유지를 위해 국가가 개입과 통제를 하는 것은 필연적으로 개인의 자유를 억압하는데 누구도 개인의 자유를 억압하는 사회를 원치 않는다.[1문단(5),(6)] 따라서 단순 평등 사회가 지속 가능하지 않으며 자유를 희생하면서까지 원하는 것이 아니라는 ㄴ은 ㉠에 들어갈 수 있다.

ㄷ. 모든 사회적 가치 각각을 공정하게 분배하는 것이 중요하다.
→ (×) 2문단에서는 하나의 사회적 가치의 불평등한 분배가 다른 사회적 가치의 분배에까지 영향을 미치는 것은 바람직하지 못했다고 했을 뿐[2문단(4),(5)], 평등한 사회를 위해 모든 사회적 가치를 공정하게 분배하는 것이 옳다는 주장은 찾아볼 수 없으므로 ㄷ은 ㉡에 들어갈 수 없다.

ㄹ. 하나의 사회적 가치에 대한 불평등이 다른 영역에서의 불평등으로 이어지는 것을 막는 것이 중요하다.
→ (○) 2문단에서는 경제적 재화와 같은 하나의 사회적 가치의 불평등한 분배 문제가 사회적 지위, 정치권력과 같은 다른 사회적 가치의 분배 문제까지 유발하는 것은 옳지 못하다고 하였다.[2문단(4),(5)] 따라서 평등한 사회를 달성하기 위해 하나의 사회적 가치에 대한 불평등이 다른 영역에서의 불평등으로 이어지는 것을 막아야 한다는 ㄹ은 ㉡에 들어갈 수 있다.

ㅁ. 다양한 사회적 가치를 공정하게 분배하는 방법의 출발점으로 하나의 사회적 가치를 공정하게 분배하는 것부터 시작해야 한다.
→ (×) 2문단에서는 하나의 사회적 가치의 불평등한 분배가 다른 사회적 가치의 분배에까지 영향을 미치는 것은 바람직하지 못했다고 했을 뿐[2문단(4),(5)] 하나의 사회적 가치를 공정하게 분배하여 다른 사회적 가치를 공정하게 분배해야 한다는 주장은 찾아볼 수 없으므로 ㅁ은 ㉡에 들어갈 수 없다.

	㉠	㉡
①	ㄱ	ㄹ

→ (×) 1문단에 따르면 평등 사회를 지속하기 위해 국가의 개입과 통제가 필요하며[1문단(5)] 이는 필연적으로 개인의 자유를 억압한다고 했다.[1문단(6)] 따라서 평등 사회가 개인의 자유를 억압하지 않는다면 국가의 개입과 통제가 없는 것이기에 평등사회를 지속할 수 없게 되어 ㄱ은 ㉠에 들어갈 수 없다. 또한, 2문단에서는 경제적 제화와 같은 하나의 사회적 가치의 불평등한 분배 문제가 사회적 지위, 정치권력과 같은 다른 사회적 가치의 분배 문제까지 유발하는 것은 옳지 못하다고 하였다.[2문단(4),(5)] 따라서 평등한 사회를 달성하기 위해 하나의 사회적 가치에 대한 불평등이 다른 영역에서의 불평등으로 이어지는 것을 막아야 한다는 ㄹ은 ㉡에 들어갈 수 있다.

② ㄱ ㅁ
→ (×) 1문단에 따르면 평등 사회를 지속하기 위해 국가의 개입과 통제가 필요하며[1문단(5)] 이는 필연적으로 개인의 자유를 억압한다고 했다.[1문단(6)] 따라서, 평등 사회가 개인의 자유를 억압하지 않는다면 국가의 개입과 통제가 없는 것이기에 평등사회를 지속할 수 없게 되어 ㄱ은 ㉠에 들어갈 수 없다. 또한, 2문단에서는 하나의 사회적 가치의 불평등한 분배가 다른 사회적 가치의 분배에까지 영향을 미치는 것은 바람직하지 못했다고 했을 뿐[2문단(4),(5)] 하나의 사회적 가치를 공정하게 분배하여 다른 사회적 가치를 공정하게 분배해야 한다고 했을 만한 근거는 없으므로 한다는 주장은 찾아볼 수 없으므로 ㅁ은 ㉡에 들어갈 수 없다.

③ ㄴ ㄷ
→ (×) 1문단에 따르면 단순 평등 사회는 사람들이 자신의 선택에 따라 재화를 자유롭게 사용하면서 다시 불평등한 사회가 될 것이며[1문단(3)], 단순 평등 사회 유지를 위해 국가가 개입과 통제를 하는 것은 필연적으로 개인의 자유를 억압한다고 했다.[1문단(5),(6)] 따라서 단순 평등 사회가 지속 가능하지 않으며 자유를 희생하면서까지 원하는 것이 아니라는 ㄴ은 ㉠에 들어갈 수 있다. 그러나 2문단에서는 하나의 사회적 가치의 불평등한 분배가 다른 사회적 가치의 분배에까지 영향을 미치는 것은 바람직하지 못했다고 했을 뿐[2문단(4),(5)], 평등한 사회를 위해 모든 사회적 가치를 공정하게 분배하는 것이 옳다는 주장은 찾아볼 수 없으므로 ㄷ은 ㉡에 들어갈 수 없다.

④ ㄴ ㄹ
→ (O) 1문단에 따르면 단순 평등 사회는 사람들이 자신의 선택에 따라 재화를 자유롭게 사용하면서 다시 불평등한 사회가 될 것이며[1문단(3)], 단순 평등 사회 유지를 위해 국가가 개입과 통제를 하면 이는 하는 것은 필연적으로 개인의 자유를 억압한다고 했다.[1문단(5),(6)] 따라서 단순 평등 사회가 지속 가능하지 않으며 자유를 희생하면서까지 원하는 것이 아니라는 ㄴ은 ㉠에 들어갈 수 있다. 또한, 2문단에서는 경제적 제화와 같은 하나의 사회적 가치의 불평등한 분배 문제가 사회적 지위, 정치권력과 같은 다른 사회적 가치의 분배 문제까지 유발하는 것은 옳지 못하다고 하였다.[2문단(4),(5)] 따라서 평등한 사회를 달성하기 위해 하나의 사회적 가치에 대한 불평등이 다른 영역에서의 불평등으로 이어지는 것을 막아야 한다는 ㄹ은 ㉡에 들어갈 수 있다.

⑤ ㄴ ㅁ
→ (×) 1문단에 따르면 단순 평등 사회는 사람들이 자신의 선택에 따라 재화를 자유롭게 사용하면서 다시 불평등한 사회가 될 것이며[1문단(3)], 단순 평등 사회 유지를 위해 국가가 개입과 통제를 하면 이는 하는 것은 필연적으로 개인의 자유를 억압한다고 했다.[1문단(5),(6)] 따라서 단순 평등 사회가 지속 가능하지 않으며 자유를 희생하면서까지 원하는 것이 아니라는 ㄴ은 ㉠에 들어갈 수 있다. 또한, 2문단에서는 하나의 사회적 가치의 불평등한 분배가 다른 사회적 가치의 분배에까지 영향을 미치는 것은 바람직하지 못했다고 했을 뿐[2문단(4),(5)] 하나의 사회적 가치를 공정하게 분배하여 다른 사회적 가치를 공정하게 분배해야 한다는 주장은 찾아볼 수 없으므로 ㅁ은 ㉡에 들어갈 수 없다.

제시문 분석

1문단 단순 평등 사회 실현의 어려움

〈단순 평등 사회에 대한 소망과 현실〉		
경제가 어려울수록 사람들은 경제적 재화가 똑같이 분배되는 사회를 소망한다.(1)		
평등한 재화 분배	문제점	단순 평등 사회는 유지될 수 없다.(2)
	원인	처음에 경제적 재화를 똑같이 분배받는다고 하더라도 사람들은 자신의 선택에 따라 재화를 자유롭게 사용할 것이고 시간이 지남에 따라 결국 다시 불평등한 사회가 될 것이기 때문이다.(3)
국가의 개입과 통제	해결책	불평등을 반복적으로 제거하면 다시 단순 평등 사회로 되돌아갈 수 있을지도 모른다. 이는 국가의 개입과 통제를 통해서만 가능한 일이다.(4),(5)
	문제점	누구도 개인의 자유를 억압하는 사회를 원치 않는데, 국가의 개입과 통제가 필연적으로 개인의 자유를 억압한다는 것이다.(6)

→ 〈결론〉 단순 평등 사회는 지속 가능하지도 않고 개인의 자유를 희생하면서까지 원하는 것이 아니다.(7)

2문단 진정한 평등 사회 달성을 위한 조건

〈현실〉		〈문제〉		〈예시〉
어떤 사람들이 비싼 물건을 살 능력이 있고 어떤 사람들은 그렇지 못하다는 경제적 불평등은 부정할 수 없는 현실(2)	→	더욱 심각한 문제는 경제적 재화와 같은 하나의 사회적 가치가 불평등하게 분배되는 것이 정당한 이유 없이 다른 사회적 가치의 분배 문제에서까지 불평등을 유발할 수 있다는 것(4)	→	재산이 많다고 정당한 이유 없이 정치권력을 소유하게 되거나, 정치권력을 가졌다고 정당한 이유 없이 높은 사회적 지위를 갖게 되는 것이 그런 예(6)

→ 〈해결책〉	따라서 평등한 사회를 달성하기 위해서는 하나의 사회적 가치에 대한 불평등이 다른 영역에서의 불평등으로 이어지는 것을 막는 것이 중요하다.(7)

합격자의 실전 풀이 순서 빈칸 채우기 유형

❶ 발문 읽기 및 문제 유형 파악

항상 먼저 발문을 반드시 제대로 읽고 시작하자. 해당 문제는 빈칸 채우기 유형이므로, 빈칸에 대응되는 내용을 찾아서 그를 근거로 빈칸을 채우는 문제이다. 빈칸 채우기 유형은 크게 두 가지 종류로 나뉜다.

첫 번째, 빈칸의 근거를 지엽적으로 찾아 푸는 유형이다. 이는 주로 글 전체의 결론과 관련이 적은 뒷받침 문장이 빈칸으로 제시되는 경우에 해당한다. 첫 번째 유형을 푸는 경우 수험생은 먼저 제시문의 핵심 내용을 확인한 뒤, 빈칸이 포함된 문장과 빈칸 앞뒤 문장들을 집중적으로 읽으며 문맥을 추론하는 접근을 취해야 한다.

두 번째, 전체적인 글의 흐름과 제시문의 주제문을 파악하여 빈칸에 들어갈 말을 찾는 유형이 있다. 최근 출제되는 대부분의 빈칸 채우기 문항은 이 유형에 해당한다. 이 경우 수험생은 제시문을 처음부터 끝까지 읽은 후, 제시문이 말하고자 하는 최종적인 결론을 찾아내야 한다. 구체적인 지표나 통계 자료에 매몰되지 않고, '그래서 이 지표가 어떠한 결론으로 이끄는가?', '이 모든 문장이 함축된 결론은 무엇인가?'를 끊임없이 질문하며 읽어야 한다. 또는, 제시문의 주제문이 글의 맨 앞이나 맨 뒤, '그러나' 등의 접속어 뒤에 제시되어 있어 이를 찾아 빈칸에 대입하여 푸는 경우도 존재한다. 본 문제는 각 문단의 주제문을 찾는 두 번째 유형에 해당한다.

주제문 찾기 유형은 주제문을 찾는 방법만 익힌다면 푸는 시간을 획기적으로 단축할 수 있다. 처음 주제문 찾기 유형을 풀 때는 제시문의 첫 문장부터 마지막까지 쭉 독해하면서 빈칸이 포함된 문장, 그 앞뒤 문장을 통해 빈칸에 들어갈 내용에 대한 직간접적 근거를 얻고 이를 통해 정답을 확정하는 연습을 한다. 그러나 이윽고 이 유형이 익숙해진다면 모든 제시문의 내용을 읽을 필요가 없다는 것을 알 수 있다. '그러나', '따라서' 등의 접속어로 시작하는 문장에 주의하고, 중요한 내용이 주로 나오는 표현들에 주목한다면 주제문을 쉽게 도출할 수 있다.

❷ 제시문 파악하기

주제문 찾기 유형의 빈칸 채우기 문제임을 확인하면 제시문을 처음부터 끝까지 꼼꼼히 읽기보다 주제문이 나올만한 부분에 주의하여 읽는 것을 추천한다. 주제문을 찾는 쉬운 방법으로는 '하지만', '따라서' 등의 접속어에 주목하고, 중요한 내용이 나올만한 표현을 찾는 것이다. 1문단에서 중요한 문장을 찾아보면 '하지만'으로 시작하는 (2), (5) 문장과, '문제는'으로 시작하여 문제의식을 드러내는 (6) 문장이다. 2문단에서 중요한 문장으로는 '하지만'으로 시작하는 2문단 (3) 문장과, '더욱 심각한 문제'라는 표현이 나오는 (4) 문장이다. 이처럼 빈칸 ㉠, ㉡ 모두 '하지만'과 '문제'라는 표현이 들어간 문장에서 도출할 수 있다.

주제문 찾기 유형의 제시문 독해단계에서는 엄밀성보다 포괄성에 중점을 둔다. 지금까지 일반적인 비문학 문제들에서 숫자나 구체적인 용어가 등장하면 놓치지 않으려 집중했지만, 빈칸 채우기 문제에서는 '이런 개념이 제시되는구나' 정도로 보고 넘어가면 족하다. 또한, 제시문을 읽으면서 중심 내용과 밀접하다고 판단되는 문장 또는 단어에 밑줄을 긋거나, 동그라미를 치는 등 시각적 표시를 하는 것도 유용하다. 아니면 시간을 최대한 아끼기 위해 아무 표시 없이 머릿속으로 이해만 하며 읽어내려갈 수도 있다. 이는 수험생 개개인의 취향이자 선택이다.

❸ 선지 고르기

마지막 단계에서는 제시문을 이해한 바를 바탕으로, 빈칸에 들어갈 내용을 추론한다. 해설에서 다루는 내용이 바로 이 단계에 해당한다. 여러 빈칸 채우기 문제를 풀다 보면 제시문 전반에서 근거를 찾기보다 중요한 문장 몇 개에 주목하여 정답을 도출함이 더 쉬움을 알 수 있다. 따라서 선지 판단 시에는 제시문 독해단계에서 표시해둔 표현들을 중심으로 빈칸을 채운다.

문제를 해결하는 사고 과정은 해설에 들어있지만, 수험생은 그 직접적인 해결 단계에 도달하기까지 몇 단계를 의식적 또는 무의식적으로 거치게 된다. 실전 풀이순서는 해결 전까지 거치면 좋을 단계에는 어떤 것이 있는지 수험생이 파악하고, 더 효율적인 풀이 단계를 스스로 찾을 수 있도록 돕는 것이다.

합격자의 시간단축 Tip

Tip ❶ 선지의 구성원리 파악

빈칸 채우기 문제의 선지 구성원리를 미리 알아두면 판단이 빨라진다. 이 유형의 오답 선지 구성원리는 근거로 삼은 내용과 무관하거나, 지나치게 광범위하거나, 제시문의 내용과 상충하는 경우이다. 이러한 원리를 미리 체득하고 있으면 선지 판단 및 소거가 빨라진다. 해당 문제의 경우 ㄱ은 제시문의 내용과 상충하고, ㄷ과 ㅁ은 제시문과 무관한 내용이기에 오답이었다.

Tip ❷ 빈칸의 근거 범위를 확정

빈칸에 들어갈 말을 찾는 문제는 빈칸에 대응되는 내용을 찾아 그로부터 정답을 고르면 된다. 보통 빈칸에 대응되는 내용을 찾는 근거는 빈칸이 포함된 문장, 앞뒤 문장, 빈칸이 포함된 문단의 주제문이 된다. 또는 '그러나', '따라서' 등의 접속어로 시작하는 문장에 주의하고, '반드시', '필수적'과 같이 중요한 내용이 주로 나오는 표현들에 주목한다. 이처럼 근거를 잡을 수 있는 범위를 확정시켜 훈련하면 선지 판단의 속도가 올라간다.

050 정답 ❷ 난이도 ●○○

문제유형 사실적 이해 > 정보 확인

접근전략 법조문 유형 중 규정을 〈상황〉에 적용하여 옳은 선지를 고르는 규정확인문제이다. 법조문 유형을 풀 때는 조문의 구체적인 내용을 독해하는 것보다, 법조문의 구조를 파악한 후 선지에서 묻고 있는 정보를 찾아 올라가는 형태로 푸는 것이 좋다. 본 문제의 경우, 발굴작업이 이뤄질 때 소유자 등에게 해당 내용을 통보하고, 완료 시 결과를 알려주며, 손실발생 시 보상이 이뤄지는데, 보상금액과 관련하여 갈등 해결 절차가 있다는 내용이다. 이 절차의 흐름을 구조화하여 이해한 후에 선지로 넘어가는 것이 필요하다.

다음 글과 〈상황〉을 근거로 판단할 때 옳은 것은?

제○○조 ① 문화재청장은 학술조사 또는 공공목적 등에 필요한 경우 다음 각 호의 지역을 발굴할 수 있다.

1. 고도(古都)지역
2. 수중문화재 분포지역

3. 폐사지(廢寺址) 등 역사적 가치가 높은 지역

② 문화재청장은 제1항에 따라 발굴할 경우 발굴의 목적, 방법, 착수 시기 및 소요 기간 등의 내용을 발굴 착수일 2주일 전까지 해당 지역의 소유자, 관리자 또는 점유자(이하 '소유자 등'이라 한다)에게 미리 알려 주어야 한다.

③ 제2항에 따른 통보를 받은 소유자 등은 그 발굴에 대하여 문화재청장에게 의견을 제출할 수 있으며, 발굴을 거부하거나 방해 또는 기피하여서는 아니 된다.

④ 문화재청장은 제1항의 발굴이 완료된 경우에는 완료된 날부터 30일 이내에 출토유물 현황 등 발굴의 결과를 소유자 등에게 알려 주어야 한다.

⑤ 국가는 제1항에 따른 발굴로 손실을 받은 자에게 그 손실을 보상하여야 한다.

⑥ 제5항에 따른 손실보상에 관하여는 문화재청장과 손실을 받은 자가 협의하여야 하며, 보상금에 대한 합의가 성립하지 않은 때에는 관할 토지수용위원회에 재결(裁決)을 신청할 수 있다.

⑦ 문화재청장은 제1항에 따른 발굴 현장에 발굴의 목적, 조사기관, 소요 기간 등의 내용을 알리는 안내판을 설치하여야 한다.

상황

문화재청장 甲은 고도(古都)에 해당하는 A지역에 대한 학술조사를 위해 2021년 3월 15일부터 A지역의 발굴에 착수하고자 한다. 乙은 자기 소유의 A지역을 丙에게 임대하여 현재 임차인 丙이 이를 점유·사용하고 있다.

① **甲은 A지역 발굴의 목적, 방법, 착수 시기 및 소요 기간 등에 관한 내용을 丙에게 2021년 3월 29일까지 알려주어야 한다.**
→ (×) 제2항에 따르면 제1항에 따라 발굴할 경우 관련 내용을 발굴 착수일 2주일 전까지 소유자 등에게 미리 알려주어야 한다. 丙은 소유자에 해당하지는 않지만 관리자 또는 점유자에 해당하므로 甲은 관련 내용을 2021년 3월 1일까지 알려주어야 한다.

② **A지역의 발굴에 대한 통보를 받은 丙은 甲에게 그 발굴에 대한 의견을 제출할 수 있다.**
→ (○) 제3항에 따르면 통보를 받은 소유자 등은 그 발굴에 대하여 문화재청장에게 의견을 제출할 수 있다. 따라서, 발굴에 대한 통보를 받은 소유자 등인 丙은 문화재청장 甲에게 의견을 제출할 수 있다.

③ **乙은 발굴 현장에 발굴의 목적 등을 알리는 안내판을 설치하여야 한다.**
→ (×) 제7항에 따르면 '문화재청장'은 발굴 현장에 안내판을 설치하여야 한다. 따라서 甲이 발굴 현장에 안내판을 설치하여야 한다.

④ **A지역의 발굴로 인해 乙에게 손실이 예상되는 경우, 乙은 그 발굴을 거부할 수 있다.**
→ (×) 제3항에 따르면 乙은 발굴을 거부할 수는 없고, 제5항 및 제6항에 따라 발굴로 인해 받은 손실에 대하여 보상을 받을 수 있을 뿐이다.

⑤ **A지역과 인접한 토지 소유자인 丁이 A지역의 발굴로 인해 손실을 받은 경우, 丁은 보상금에 대해 甲과 협의하지 않고 관할 토지수용위원회에 재결을 신청할 수 있다.**
→ (×) 제6항에 따르면 손실보상에 관하여는 문화재청장과 손실을 받은 자가 협의하여야 한다고 하여 강행규정으로 해석된다. 따라서 발굴로 인해 손실은 받은 丁은 문화재청장인 甲과 협의한 후에, 보상금에 대한 합의가 성립하지 않은 때에 관할 토지수용위원회에 재결을 신청할 수 있을 따름이다.

합격자의 실전 풀이 순서

❶ 문제 유형 파악

본 문제의 경우 제시문으로 법조문이 주어졌으므로 법조문 유형임을 쉽게 알 수 있다. 특히 법조문 유형 중에서도 규정을 〈상황〉에 적용하여 옳은 내용의 선지를 고르는 규정적용 문제이다. 법조문 유형은 조문의 구체적인 내용을 독해하는 것보다, 법조문의 구조를 파악한 후 선지에서 묻고 있는 정보를 찾아 올라가는 형태로 푸는 것이 좋다. 법 조문의 구조 파악이란 각 조나 항마다 가로로 길게 선을 그어 조문들을 시각적으로 구분하고, 단서와 괄호에 강조 표시를 하는 것을 의미한다. 또한, 본 문제가 옳은 것을 고르는 문제라는 것을 인지하기 위해 "옳은"이라는 단어에 밑줄이나 동그라미 등 표시를 한다.

다음 글과 〈상황〉을 근거로 판단할 때 옳은 것은?

❷ 법조문 구조 분석

구조 분석이란 각 조문의 내용 및 조문 간 관계를 이해하는 것이다. 법조문 전체를 읽되, 세부적인 내용을 기억하기보다는 어떤 정보가 있는지 파악하는 것에 중점을 둔다. 이때 기호를 적절히 활용할 수 있다. 또한, 이러한 분석 과정을 거치며 선지에 등장할만한 부분을 발견할 수 있다.

본문의 규정은 하나의 조와 일곱 개의 항으로 구성되어 있다. 조문을 읽으며 키워드에 표시하고 문장의 길이가 길어지는 경우 조문을 여러 구간으로 나눠가며 내용을 파악한다.

제1항은 발굴 가능 지역을 규정한다. 제2항은 발굴 지역 소유자 등에 대한 통지의무를 규정한다. 주체인 '문화재청장'와 '2주일 전', '소유자 등', '알려'에 표시한다. 구체적인 내용은 괄호로 묶어두거나 빗금으로 구분해두고, 선지 판단에 필요한 경우 자세히 확인한다.

제3항은 소유자의 발굴 거부 및 방해 금지를 규정한다. 주체인 '소유자'와 '의견'에 표시하고, '거부, 방해, 기피'를 묶어서 표시해둔다.

제4항은 문화재청장의 발굴 결과 통지의무를 규정한다. '문화재청장'과 '30일 이내', '알려'에 표시한다.

제5항은 국가의 손실보상 규정이다. 주체인 '국가'와 '손실을 보상'에 표시한다. 제6항은 보상금 결정 방식을 규정한다. '협의'와 '재결'에 표시한다. 보상의 주체는 국가이지만, 협의의 상대방은 문화재청장이며, 재결은 토지수용위원회가 행한다.

제7항은 문화재청장의 안내판 설치 의무를 규정한다. '안내판'에 표시하고, 안내판에 기재해야 할 세부 내용은 선지 판단에 필요한 경우 자세히 확인한다.

요약하면, 제2항, 제4항 및 제7항은 발굴에 대한 문화재청장의 의무, 제3항은 소유자 등의 권한, 제5항 및 제6항은 손실보상에 관한 규정이다. 또한, 내용이 연결되는 조문들은 화살표로 연결해둔다. 따라서 제2항, 4항, 7항을 제1항과 제3항을 제2항과 연결한다. 또한, 제5항과 6항은 모두 손실 보상에 대한 규정이므로 이를 묶어둔다.

❸ 〈상황〉 독해 및 선지 판단

〈상황〉에는 발굴이 결정된 A지역에 대한 설명이 있다. 甲은 문화재청장, 乙은 소유자, 丙은 점유자로, 乙과 丙은 '소유자 등'이다. 2021년 3월 15일이라는 날짜에 ○로 표시를 한다. 선지의 내용을 읽어본 후 각 선지의 내용에 해당하는 조문을 찾아서 이동한다. 해당 조문과 〈상황〉에 근거하여 선지의 정오를 판단한다.

선지 ①번은 발굴에 관한 내용을 소유자 등에 미리 알려주는 기한에 관한 설명이므로 제2항과 비교한다. 통지의 기한은 '착수일 2주 전'이므로 옳지 않다.

선지 ②번은 소유자 등의 의견 제출 및 거부에 관한 내용이므로 제3항과 비교한다. 丙도 '소유자 등'이므로 의견제출이 가능하다. 정답은 ②번이다.

나머지 선지도 확인한다면, 선지 ③번은 안내판 설치 주체와 관련한 내용이므로 제7항과, ④번은 소유자 등의 발굴 거부 가능여부이므로 제3항과, ⑤번은 손실보상과 관련된 내용이므로 제5항 및 제6항과 비교한다.

합격자의 시간단축 Tip

Tip ❶ 선지에 나올 만한 내용을 예측하며 법조문 분석

선지에 자주 나오는 표현으로는 기간, 단서와 예외조항, 내용이 서로 연결되는 법조문의 내용 등이 있다. 특히 최근에는 '신고'와 '허가'의 구분, 재량과 기속규정의 구분이 선지로 나오는 문제가 많아 이에 유의해야 한다. 또한, 행정청의 이름이 많이 나오는 경우, 행위의 주체를 바꿔 오선지를 구성하는 문제도 자주 나온다. 다양한 법조문 유형 풀이를 통해 어떠한 표현이 선지에 주로 나오는지 정리해둔다.

1. '소유자 등'의 범위

   괄호로 표시된 내용 중, 복수의 대상을 포괄하는 표현은 괄호와 그 앞의 내용도 함께 확인해야 한다. 선지에서 포괄하는 표현을 물을 수도, 그 예시를 물을 수도 있기 때문이다. 다만 조문의 구조를 파악할 때에는 그러한 표현이 있다는 것만 확인하고, 구체적 대상은 선지를 판단할 때 자세히 읽으면 된다.

2. 숫자

   기간, 금액 등 숫자표현은 선지에 자주 등장한다. 따라서 법조문에 등장하는 숫자는 표시해두고, 정오 판단 시 빠트리지 않도록 한다. 본 문제에서는 2주일 전, 30일 이내와 같은 기간 표현이 있었다. 기간의 길이뿐 아니라 그 기간 전(前)인지, 후(後)인지도 구분해야 할 것이다.

3. 재량, 기속의 구분

   임의규정(재량)과 강행규정(기속)도 바꾸어 출제할 수 있으므로, 구분하여야 한다. 본 문제의 경우 제1조 1항은 재량 규정에 해당하고, 나머지는 기속으로 규정되어 있다. 선지에 '할 수 있다', '해야 한다'가 모두 있기 때문에 행위별로 구분이 필요하다. 다만 본 문제에서는 모두 옳게 서술되어 있다.

4. 주체

   행위 주체인 행정청이 둘 이상 등장한다면, 주체를 바꾸어 선지를 구성할 수 있다. 따라서 주체와 행위를 정확히 파악해야 한다. 본 문제의 제1조 5항은 다른 조항은 문화재청장이 주체인 것에 반해 국가가 주체인 특이한 조항이다. 보상의 주체는 국가이고, 보상금액 협상의 상대방은 문화재청장인 점도 특징적이다. 선지에 등장하지는 않았지만 조문 분석 시에는 놓치지 않아야 할 것이다.

Tip ❷ 법조문의 구체적 내용은 선지 판단 시에 파악

구체적인 내용은 선지와 조문을 대조하여야 하므로 처음 조문을 읽을 때에는 각 조문의 간략한 구조와 중요 표현만을 파악한다. 예를 들어 제2항, 제7항에 나열된 구체적 내용은 존재만 확인하고 필요한 경우 자세히 읽는다. 또 제6항의 경우 손실보상에 관한 내용 정도로 이해하고 선지에 손실보상 관련 내용이 나오면 비교하는 방법이 있다.

Tip ❸ '~등'의 표현에 혼동하지 않도록 주의

조문에서 여러 유형의 주체나 대상을 'A 등'의 용어로 치환하는 경우 주의할 필요가 있다. 설문의 경우, 丙은 소유자는 아니나 점유자로서 '소유자 등'에 해당한다. 문제가 어렵게 출제되는 경우, 소유자와 '소유자 등'을 구분해야 하는 상황이 설정될 수도 있으므로, 혼동될만한 용어에는 미리 표시해두고 주의하도록 한다.

Tip ❹ 〈상황〉에서 파악해야 할 정보

〈상황〉이 주어질 때 가장 먼저 파악할 것은 인물 별 역할이다. 인물이 복수여서 헷갈린다면 기호로 구분하여 표시하는 것도 좋다. 본 문제에서는 문화재청장인 甲에 표시하고, 나머지는 '소유자 등'이라고 파악하면 될 것이다. 다음으로는 법조문의 내용과 관련된 특정 정보를 확인한다. 본 문제의 경우 발굴 착수 날짜가 될 것이다. 본 문제와 달리 〈상황〉에 많은 정보가 있는 경우에는 인물의 역할과 사건의 큰 틀만 파악하고, 선지와 법조문의 정보를 통해 〈상황〉에서 필요한 정보만 찾는 것이 좋다.

Tip ❺ 긴 법조문을 이해하는 방법

법조문의 문장이 길어 이해가 어렵다면, 먼저 주어와 서술어를 찾은 뒤 빈 곳을 채우는 방식으로 접근하면 수월하다. 예를 들어, 제2항의 경우 주어는 '문화재청장' 서술어는 '알려주어야 한다'이다. 다음으로 문장을 내용별로 나누며 그 사이의 정보를 채운다. '문화재청장은/제1항에 따라/발굴할 경우/발굴의~ 내용을/발굴 착수일 2주일 전까지/해당 지역의~('소유자 등')에게/미리 알려주어야 한다'로 나누면 문화재청장이 알려야 하는 내용, 시기, 상대방에 대한 정보가 있음을 알 수 있다. 이렇게 구조를 파악하고, 구체적 내용과 '소유자 등'의 세부 예시는 선지를 판단할 때 자세히 읽으면 된다.

051 정답 ⑤ 난이도 ●●○

문제유형 사실적 이해 > 정보 확인

접근전략 다음 글에서 알 수 있는 것을 묻는 문제의 오답 구성원리는 제시문 내용과의 상충뿐만 아니라 제시문 내용으로부터 추론할 수 없음이다. 그러므로 없는 근거를 찾는 데에 시간을 뺏기지 말고 과감하게 넘어가자. 또한, 해당 글은 시간의 흐름에 따른 변화의 구조로 이루어져 있으므로 시간이 흐르면서 어떤 변화나 차이점이 생기는지 제대로 파악해가며 읽자.

다음 글에서 알 수 있는 것은?

(1) 조선 왕조가 개창될 당시에는 승려에게 군역을 부과하지 않는 것이 상례였는데, 이를 노리고 승려가 되어 군역을 피하는 자가 많았다. (2) 태조 이성계는 이를 막기 위해 국왕이 되자마자 앞으로 승려가 되려는 자는 빠짐없이 일종의 승려 신분증인 도첩을 발급받으라고 명했다. (3) 그는 도첩을 받은 자만 승려가 될 수 있으며 도첩을 신청할 때는 반드시 면포 150필을 내야 한다는 규정을 공포했다. (4) 그런데 평범한 사람이 면포 150필을 마련하기란 쉽지 않았다. (5) 이 때문에 도첩을 위조해 승려 행세하는 자들이 생겨났다. ▶ 1문단

(1) 태종은 이 문제를 해결하고자 즉위한 지 16년째 되는 해에 담당 관청으로 하여금 도첩을 위조해 승려 행세하는 자를 색출하

게 했다. (2) 이처럼 엄한 대응책 탓에 도첩을 위조해 승려 행세하는 사람은 크게 줄어들었다. (3) 하지만 정식으로 도첩을 받은 후 승려 명부에 이름만 올려놓고 실제로는 승려 생활을 하지 않는 부자가 많은 것이 드러났다. 이런 자들은 불교 지식도 갖추지 않은 것으로 나타났다. (4) 태종과 태종의 뒤를 이은 세종은 태조가 세운 방침을 준수할 뿐 이 문제에 대해 특별한 대책을 내놓지 않았다. ▶ 2문단

(1) 세조는 이 문제를 해결하기 위해 즉위하자마자 담당 관청에 대책을 세우라고 명했다. (2) 그는 수 년 후 담당 관청이 작성한 방안을 바탕으로 새 규정을 시행하였다. (3) 이 방침에는 도첩을 신청한 자가 내야 할 면포 수량을 30필로 낮추되 불교 경전인 심경, 금강경, 살달타를 암송하는 자에게만 도첩을 준다는 내용이 있었다. (4) 세조의 뒤를 이은 예종은 규정을 고쳐 도첩 신청자가 납부해야 할 면포 수량을 20필 더 늘리고, 암송할 불경에 법화경을 추가하였다. (5) 이처럼 기준이 강화되자 도첩 신청자 수가 줄어들었다. (6) 이에 성종 때에는 세조가 정한 규정으로 돌아가자는 주장이 나왔다. (7) 하지만 성종은 이를 거부하고, 예종 때 만들어진 규정을 그대로 유지했다. ▶ 3문단

① 태종은 도첩을 위조해 승려가 된 자를 색출한 후 면포 30필을 내게 했다.
➜ (×) 태종이 담당 관청으로 하여금 도첩을 위조해 승려 행세하는 자를 색출하게 한 것은 맞으나[2문단(1)], 그에게 어떤 처벌을 내렸는지는 제시되어 있지 않다.

② 태조는 자신이 국왕이 되기 전부터 승려였던 자들에게 면포 150필을 일괄적으로 거두어들였다.
➜ (×) 태조는 국왕 즉위 후 '앞으로 승려가 되려는 자'에게 빠짐없이 면포 150필을 내어 도첩을 발급받으라고 하였다.[1문단(2),(3)] 따라서 태조가 자신이 국왕이 되기 전부터 승려였던 자들에게 면포 150필을 거두어들였다는 설명은 옳지 않다.

③ 세조가 즉위한 해부터 심경, 금강경, 살달타를 암송한 자에게만 도첩을 발급한다는 규정이 시행되었다.
➜ (×) 세조는 즉위하자마자 담당 관청에 대책을 세우라고 명한 것은 맞으나[3문단(1)], 실제로 심경, 금강경, 살달타를 암송한 자에게만 도첩을 발급한다는 새 규정이 시행된 것은 그로부터 수 년 후이다.[3문단(2)]

④ 성종은 법화경을 암송할 수 있다는 사실을 인정받은 자가 면포 20필을 납부할 때에만 도첩을 내주게 했다.
➜ (×) 성종은 예종 때 만들어진 규정을 그대로 유지했다.[3문단(7)] 예종은 도첩 신청자가 납부해야 할 기존의 면포 수량 30필에 20필을 더 늘려 총 50필을 내게 하였고, 암송할 불경에 법화경을 추가하였다.[3문단(4)] 따라서 성종도 마찬가지로 면포 50필을 납부하게 했음을 알 수 있다.

⑤ 세종 때 도첩 신청자가 내도록 규정된 면포 수량은 예종 때 도첩 신청자가 내도록 규정된 면포 수량보다 많았다.
➜ (O) 세종은 태조가 세운 방침을 준수했다.[2문단(4)] 태조는 도첩 신청 시 면포 150필을 내게 했으므로[1문단(3)], 세종 때 도첩 신청자 또한 면포 150필을 내야 했다. 예종 때는 세조 때보다 면포 20필을 더 내야 했는데[3문단(4)], 세조 때 도첩 신청자가 내야 할 면포 수량은 30필이었으므로[3문단(3)] 예종 때는 총 50필을 납부해야 했다. 따라서 예종 때 도첩 신청자가 내도록 규정된 면포 수량보다 세종 때 도첩 신청자가 내도록 규정된 면포 수량이 더 많았음을 알 수 있다.

제시문 분석

1문단 태조의 도첩 발급 규정

〈시대적 배경〉		〈태조의 정책〉		〈한계〉
조선 왕조가 개창될 당시에는 승려에게 군역을 부과하지 않는 것이 상례였는데, 이를 노리고 승려가 되어 군역을 피하는 자가 많았다.(1)	➜	태조는 이를 막기 위해 앞으로 승려가 되려는 자는 모두 면포 150필을 내고 도첩을 발급받으라고 명했다.(2),(3)	➜	평범한 사람이 면포 150필을 마련하기란 쉽지 않았기 때문에, 도첩을 위조해 승려 행세하는 자들이 생겨났다.(4),(5)

2문단 태종의 정책

〈태종의 정책〉		〈결과〉		〈한계〉
태종은 이 문제를 해결하고자 담당 관청으로 하여금 도첩을 위조해 승려 행세하는 자를 색출하게 했다.(1)	➜	이처럼 엄한 대응책 탓에 도첩을 위조해 승려 행세하는 사람은 크게 줄어들었다.(2)	➜	하지만 정식으로 도첩을 받은 후 실제로는 승려 생활을 하지 않는 부자가 많은 것이 드러났다. 이런 자들은 불교 지식도 갖추지 않은 것으로 나타났다.(3)

➜

〈세종〉	세종은 태조가 세운 방침을 준수할 뿐 이 문제에 대해 특별한 대책을 내놓지 않았다.(4)

3문단 세조, 예종, 성종의 정책

	〈면포 수량〉	〈암송할 불경〉
〈세조〉	30필(3)	심경, 금강경, 살달타(3)
〈예종〉	50필(4)	심경, 금강경, 살달타, 법화경(4)
〈성종〉	예종 때 만들어진 규정 그대로 유지(7)	

합격자의 실전 풀이 순서

발문 읽기 및 문제 유형 파악

항상 발문을 먼저 제대로 읽자. 본 문제는 글에서 알 수 있는 것을 고르는 일치부합·내용추론 유형의 문제이다. 알 수 있는 것을 고르는 문제는 추론할 수 있는 것을 고르는 문제와 같다. 해당 유형은 제시문 내용과 부합하거나 그로부터 추론 가능한 선지가 정답이 되며, 제시문 내용과 상충하거나 그로부터 추론할 수 없는 선지가 오답이 된다.

(1) 제시문 먼저 읽기

첫 번째로는 처음부터 제시문을 꼼꼼히 읽어 선지 확인을 위해 제시문을 다시 읽는 시간을 단축하는 방법이다. 이 방법의 경우 제시문을 읽는 과정에서 선지에 나올 만한 내용을 주의 깊게 읽고, 복잡한 제시문의 내용을 어느 정도 이해한 후 선지를 읽어야 한다. 이 방법을 사용하면서 시간을 단축하고 싶다면, 문단별로 나누어 한 문단을 꼼꼼히 읽고 그 문단에 상응하는 선지부터 판단하는 방법을 응용할 수 있다. 다만, 첫 번째 방법의 경우 제시문의 내용을 잊어버리면 다시 제시문을 읽게 되어 시간이 낭비되기 때문에 매우 긴 제시문이 있는 문제에는 적합하지 않다. 또한, 문단별로 선지를 확인하는 방식은 문단 간의 정보를 결합해야 하는 선지에는 취약하다는 한계가 있다.

(2) 선지 먼저 읽기

두 번째로는 선지를 읽고 선지에서 필요한 내용을 제시문에서 꼼꼼히 찾아가는 방법이 있다. 두 번째 방법은 제시문 내에서 선지와 일치하는 내용을 찾는 단순 일치부합 문제나 제시문이 매우 긴 경우 또는 제시문의 구조가 깔끔할 때 효과적이다. 그러나 두 번째 방법은 능숙하지 않은 사람이 시험장에서 시도한다면 성공률이 낮다는 한계가 있다. 두 번째 방식을 익숙하게 하기 위해서는 다양한 제시문을 첫 번째 방법처럼 꼼꼼히 분석하는 과정이 필요하다. 다양한 제시문을 접하고 글의 구조를 이해하게 되면 두 번째 방식을 효과적으로 활용할 수 있다.

각자 본인에게 적합한 방법은 다를 수 있다. 두 방법을 모두 시도해보고, 자신에게 맞는 방법을 찾아 풀면 된다.

제시문을 먼저 읽는 풀이의 경우

(1) 제시문 독해

본 제시문의 경우 왕의 즉위 시기별 승려에 대한 군역 정책의 변화에 대해 다루고 있으므로 구조가 명확하다. 따라서 앞서 언급한 두 가지 풀이법 중 두 번째 방식을 활용하는 것이 효과적이다. 본 제시문에서 확인할 수 있는 비문학에서 자주 나오는 글의 구조를 파악해두자. 특정 구조에서 자주 선지로 구성되는 내용이 있기 때문이다. 해당 제시문은 왕마다 어떤 도첩 발급 규정을 시행했느냐고 이는 시간의 흐름에 따른 변화의 구조라 할 수 있다. 이와 같은 구조에서는 시간이 흐름에 따라 어떤 변화나 차이점/공통점이 있었느냐가 출제 포인트가 된다. 각 시기(여기서는 왕)에 기호를 이용해 표시해두면 선지 판단 시 매우 편해진다. 시기별 세부 정책 내용은 암기하기 어려우므로 왕의 이름에 기호를 표시해두고 선지에서 묻고 있는 왕의 정책 내용을 제시문으로 찾아가는 것이 좋다.

(2) 선지 판단

선지 판단 시에는 제시문에 표시해둔 왕의 이름을 기준으로 제시문의 관련 내용을 찾으며 선지를 판단한다. 또한, 선지를 끊어서 판단해야 실수를 크게 줄일 수 있다. 예를 들어 ④번 선지의 경우 '성종은/법화경을 암송할 수 있다는 사실을 인정받은 자가/면포 20필을 납부할 때에만/도첩을 내주게 했다.'와 같이 끊어서 판단하자. 선지를 끊어 읽을 때의 장점은 일부분만 틀린 선지를 판단할 때 실수하지 않는다는 점이다. 예컨대 ②번 선지의 경우 '자신이 국왕이 되기 전부터'라는 부분이, ③번 선지의 경우 '즉위한 해부터'라는 부분이 틀리다.

더불어 본 문제에서 주목해야 하는 선지는 ⑤번 선지이다. 최근 출제되는 언어논리 문제에는 ⑤번 선지와 같이 문단과 문단을 이은 내용을 묻는 경우가 늘고 있다. ⑤번 선지를 풀 때 주된 키워드가 왕의 이름인 세종이므로 처음에는 2문단으로 가야 하지만, 그 내용을 읽어보면 태조의 방침을 확인하기 위해 1문단을 살펴보아야 한다. 이처럼 최근에는 여러 문단을 연결하는 선지가 나오는 경우가 늘고 있어 ⑤번 선지를 푸는 방법을 연습해야 한다.

선지를 먼저 읽는 풀이의 경우

(1) 선지 읽기

선지의 키워드를 확인하며 읽는다.

① 태종, 도첩 위조, 승려, 면포 30필
② 태조, 전부터 승려, 면포 150필
③ 세조, 즉위한 해, 심경, 금강경, 실달타, 도첩
④ 성종, 법화경, 면포 20필, 도첩
⑤ 세종 〉 예종, 도첩 신청자, 면포

조선시대 왕들이 승려에게 도첩과 관련하여 부과한 면포의 양이 어떠한지 파악하며 읽어야 함을 알 수 있다. 다섯 선지의 왕이 모두 다르므로 왕별로 읽으며 선지를 판단하면 될 것이다. 특히 세종과 예종은 비교하는 내용이 선지이므로 이에 주목할 필요가 있다.

(2) 제시문 독해 및 선지 판단

선지에서 찾은 키워드를 발견하면 그에 표시하며 독해한다.

1문단에 '태조'가 등장한다. 태조는 도첩 신청 시 150필을 마련하도록 하였지 전부터 승려였던 자들에게 일괄적으로 거두지는 않았다. ②는 소거된다.

2문단에 '태종'이 등장한다. 면포 30포는 보이지 않는다. ①도 옳지 않다.

2문단 말미, '태종'과 '세종'이 태조가 세운 방침을 준수했다는 부분에서 '태조', '태종', '세종' 모두 도첩 신청 시 면포 150포를 내도록 했음을 알 수 있다.

3문단에 '세조'가 등장한다. 즉위하자마자 대책을 명했지만 '수년 후' 새로운 도첩 규정이 시행되었다. 따라서 ③도 옳지 않다.

3문단 (4)에 '예종'이 등장한다. 면포 수량을 세조 때보다 20필 늘렸다고 하므로 50필로 규정했음을 알 수 있다. 이는 세종 때의 150필보다 적으므로 ⑤가 옳다. 정답은 ⑤이다.

시간 여유가 된다면 나머지를 읽는다. 성종은 예종 때 규정을 유지했으므로 ④도 옳지 않다.

합격자의 시간단축 Tip

Tip ❶ 알 수 없는 선지에 대비

알 수 있는 것을 고르는 문제의 오답 선지 구성원리는 본문 내용과 상충하는 내용뿐만 아니라 유추할 근거 없음도 포함한다. 유추할 근거가 없는 근거를 찾는 데에 시간을 쓰지 말고 과감하게 다음 선지로 넘어가서 오답 판단을 빠르게 내리도록 하자.

Tip ❷ 비문학에 나오는 구조 파악

비문학에서 자주 나오는 구조에 유의하자. 특정 구조에서 자주 나오는 특정 부분이 있기 때문에 이를 미리 파악하며 읽으면 빠르고 정확한 선지 판단이 가능하다. 해당 제시문은 시간의 흐름에 따른 변화의 구조로 되어있고, 시간이 흘러감에 따라 어떤 차이점, 변화가 생기는지 제대로 파악하자.

Tip ❸ 선지를 내용 파악에 활용

이 문제의 경우 왕별로 다른 승려 관련 대책의 내용 파악이 핵심이 된다. 이는 제시문을 읽으면서도 파악이 가능하지만 선지의 구성을 보면 특정 왕 시기의 대책을 묻거나 왕끼리 비교를 하고 있음을 통해 알 수 있다. 따라서 내용 파악이 어려울 때는 선지를 통해서도 내용 파악이 가능하다는 점을 염두에 두고 연습하는 것이 필요하다.

Tip ❹ 선지를 나누어 꼼꼼히 선지를 판단

최근 정보확인문제에서 선지의 내용 중 일부분만 틀리게 하여 오선지를 구성하는 사례가 늘고 있다. 이러한 함정에 넘어가지 않기 위해서는 선지를 빗금으로 여러 부분으로 나누어 각각이 옳은 설명에 해당하는지 검토할 필요가 있다. 예를 들어, 이 문제의 경우 ②에서 '태조'와 '150'필은 연결이 되지만, '전부터 승려였던 자들에게 일괄'이라는 부분이 틀려 오답이었다.

Tip ⑤ 선지에 나올만한 내용에 주목

2문단 문장 (4)가 선지에 활용될 수 있다는 생각을 해야 한다. 제시문 전체는 각 왕의 이름으로 시작하는 병렬적 구조로 전개된다. 그런데 2문단 (4)에서만 이 구조를 깨고 앞선 왕들을 한꺼번에 언급하고 있다. 이 부분은 1문단의 내용과 결합하여 면포 태조, 태종, 세종이 면포 150포를 납부하도록 했다는 정보를 준다. 이처럼 정보의 결합이 필요하고, 전체적인 제시문의 전개 틀과 이질적인 부분이 있다면 주목해서 읽자.

052 정답 ④

난이도 ●○○

문제유형 이해 > 내용 파악

접근전략 철의 종류와 그 다양한 성질이 불규칙하게 나열되어 있는 지문으로 난이도가 굉장히 높다. 이를 정리하기 위해선 표 형태(강도, 인성, 연성, 가단성 등)로 나열해야 하는데 실전에서 그것을 떠올리고, 또 정리하기란 불가능하다. 왜냐 하면 군데군데 빠진 부분도 있기 때문이다. 특히 이 지문은 용어와 그 설명이 불규칙하게 등장하고 그 설명도 직관적이지 않다.(예컨대 연성의 경우 철이 부드러운 경우를 직관적으로 어떻게 떠올릴 수 있겠는가?)

따라서 반드시 선지 위주로 해결해야 하는 문제다. 특히 지문 내용이 불규칙한 만큼 질문이 산발적이고 맥락이 없음을 이용한다.

다음 글에서 알 수 있는 것은?

(1) 철은 구성 성분과 용도 그리고 단단함의 정도(강도), 질긴 정도(인성), 부드러운 정도(연성), 외부 충격에 깨지지 않고 늘어나는 정도(가단성) 등의 성질에 따라 다양한 종류로 나뉜다.

▶ 1문단

(1) 순철은 거의 100 % 철로 되어있다. (2) 순철을 가열하면 약 910 ℃에서 체심입방격자에서 면심입방격자로 구조 변화가 일어나면서 수축이 일어나고 이 구조는 약 1,400℃까지 유지된다. (3) 그 이상의 온도에서는 구조가 다시 체심입방격자로 바뀌면서 팽창이 일어난다. (4) 순철은 얇게 펼 수 있으며, 용접하기 쉽고, 쉽게 부식되지 않지만, 상온에서 매우 부드러워서 전자기 재료, 촉매, 합금용 등 그 활용 범위가 제한되어 있으며 공업적으로 조금 생산된다. (5) 따라서 대부분의 경우 철은 순철 자체로 사용되기보다 탄소가 혼합된 형태로 사용된다. ▶ 2문단

(1) 선철은 용광로에서 철광석을 녹여 만든 철로서 탄소, 규소, 망간, 인, 황이 많이 포함되어 있고 단단하지만 부서지기 쉽다. (2) 선철에는 탄소가 특히 많이 함유되어 있기 때문에 순철보다 인성과 가단성이 낮아 주형에 부어 주물로 만들 수는 있지만, 압력을 가해 얇게 펴거나 늘리는 가공은 어렵다. (3) 대부분 선철은 강(鋼)을 만들기 위한 원료로 사용되며, 용광로에서 나와 가공되기 전 녹아 있는 상태의 선철을 용선이라고 한다. ▶ 3문단

(1) 제강로에 선철을 넣으면 탄소나 기타 성분이 제거되는 정련 과정이 일어나며, 이를 통해 강이 만들어진다. (2) 강은 질기고 외부의 충격에 깨지지 않고 늘어나는 성질이 강하기 때문에 불에 달구어서 두들기거나 압연기 사이로 통과시키면서 압력을 가해 여러 형태의 판이나 봉, 관 등의 구조재를 만들 수 있다. (3) 또한 외부 충격에 견디는 힘이 높아 그 용도가 무궁무진하다.

▶ 4문단

(1) 강은 탄소 함유량에 따라 저탄소강, 중탄소강, 고탄소강으로 구분한다. (2) 탄소강은 가공과 열처리를 통해 성질을 다양하게 변화시킬 수 있고 값도 매우 싸기 때문에 실용 재료로써 그 가치가 매우 크다. (3) 하지만 모든 성질이 우수한 탄소강을 만드는 것은 불가능하기에 다양한 제강 과정을 거쳐서 용도에 따른 특수강을 만들어 사용한다. (4) 강에 특수한 성질을 주기 위하여 니켈, 크롬, 텅스텐, 몰리브덴 등의 특수 원소를 첨가하거나 탄소, 규소, 망간, 인, 황 중 일부를 첨가하여 내열강, 내마모강, 고장력강 등을 만드는데 이것을 특수강이라고 부른다. ▶ 5문단

① 순철은 연성이 높기 때문에 온도에 의한 구조 변화와 수축·팽창이 쉽게 일어난다.

→ (×) 순철은 상온에서 매우 부드러워서 연성이 높고[2문단(4)], 온도에 의한 구조 변화와 수축·팽창이 일어난다.[2문단(3)] 그러나 순철의 연성 정도와 수축·팽창 정도 사이에 인과관계가 있는지에 대해서는 제시문에 언급되어 있지 않다. 따라서 이는 알 수 없는 정보이다.

② 순철은 선철보다 덜 질기고 외부 충격에 깨지지 않고 늘어나는 정도가 더 낮다.

→ (×) 선철에는 탄소가 특히 많이 함유되어 있어 순철보다 인성과 가단성이 낮다.[3문단(2)] 이때, 인성은 질긴 정도를 의미하고, 가단성은 외부 충격에 깨지지 않고 늘어나는 정도를 의미한다.[1문단(1)] 따라서 순철은 선철보다 더 질기고, 외부 충격에 깨지지 않고 늘어나는 정도가 더 높다.

③ 용선이 가지고 있는 탄소의 양은 저탄소강이 가지고 있는 탄소의 양보다 적다.

→ (×) 용선은 용광로에서 나와 가공되기 전 녹아 있는 상태의 선철을 의미하고[3문단(3)], 저탄소강은 강의 일종이다.[5문단(1)] 강은 선철에서 탄소나 기타 성분이 제거되는 정련 과정을 거쳐 만들어지므로[4문단(1)] 용선이 가지고 있는 탄소의 양은 저탄소강이 가지고 있는 탄소의 양보다 많다.

④ 제강로에서 일어나는 정련 과정은 선철의 인성과 가단성을 높인다.

→ (○) 선철에는 탄소가 특히 많이 함유되어 있기 때문에 순철보다 인성과 가단성이 낮다.[3문단(2)] 제강로에 이러한 선철을 넣으면 탄소나 기타 성분이 제거되는 정련 과정이 일어나고, 이를 통해 강이 만들어진다.[4문단(1)] 만들어진 강은 질기고 외부의 충격에 깨지지 않고 늘어나는 성질, 즉 인성과 가단성이 높다.[4문단(2)] 이를 통해 제강로에서 일어나는 정련 과정은 선철의 인성과 가단성을 높인다는 것을 알 수 있다.

⑤ 고장력강의 탄소 함유량은 고탄소강의 탄소 함유량보다 더 낮다.

→ (×) 고탄소강은 탄소 함유량이 높은 강을 의미하며[5문단(1)] 고장력강은 강에 특수한 성질을 주기 위하여 특수 원소를 첨가하거나 탄소, 규소, 망간, 인, 황 중 일부를 첨가하여 만들어진다.[5문단(4)] 제시문에서는 이 둘의 탄소 함유량을 비교하는 내용은 서술되지 않고 있으므로, 둘 중 탄소 함유량이 더 높은 것이 무엇인지는 알 수 없다.

제시문 분석

1문단 철의 분류 기준

〈철의 분류 기준〉
철은 구성 성분과 용도 그리고 단단함의 정도(강도), 질긴 정도(인성), 부드러운 정도(연성), 외부 충격에 깨지지 않고 늘어나는 정도(가단성) 등의 성질에 따라 다양한 종류로 나뉜다.(1)

2·3·4문단 철의 종류

〈철의 종류〉	
〈순철〉	100% 철로 되어있고, 상온에서 매우 부드러워 활용 범위가 제한되며 공업적으로 조금 생산된다.[2문단(1),(4)]
〈선철〉	용광로에서 철광석을 녹여 만든 철로서 단단하지만 부서지기 쉽다.[3문단(1)]
	탄소가 특히 많이 포함되어 있기 때문에 순철보다 인성과 가단성이 낮고, 용광로에서 나와 가공되기 전 녹아 있는 상태의 철을 용선이라고 한다.[3문단(2),(3)]
〈강〉	제강로에 선철을 넣으면 탄소나 기타 성분이 제거되는 정련 과정이 일어나며, 이를 통해 강이 만들어진다.[4문단(1)]
	질기고 외부의 충격에 깨지지 않고 늘어나는 성질이 강하며, 외부의 충격에 견디는 힘이 높아 그 용도가 무궁무진하다.[4문단(2),(3)]

5문단 강의 종류

〈강의 종류〉	
〈탄소강〉	〈특수강〉
가공과 열처리를 통해 성질을 다양하게 변화시킬 수 있고 값도 매우 싸기 때문에 실용 재료로써 그 가치가 매우 크다.(2) 탄소 함유량에 따라 저탄소강, 중탄소강, 고탄소강으로 분류한다.(1)	강에 특수한 성질을 주기 위하여 특수 원소를 첨가하거나 탄소, 규소, 망간, 인, 황 중 일부를 첨가하여 내열강, 내마모강, 고장력강 등을 만드는데 이것을 특수강이라고 부른다.(4)

합격자의 실전 풀이 순서

발문 확인

발문 자체는 단순 정보확인 유형이므로 발문만으로 이 문제를 짐작하는 것은 불가능하다. 또한, 철이라는 소재는 사실 산업간 연계, 역사적 사건, 전쟁, 공학적 성질 및 쓰임새 등 다양한 분야에서 이용되므로 키워드 하나만 보고 전체적인 내용과 문제 유형을 파악하는 것은 불가능하다. 만약 수험생 본인이 이 문제를 쉽게 풀어냈다면 혹시 기존에 푼 기억 때문은 아닌지 의심해야 한다.

선지 먼저 읽기

(1) 선지 키워드 표시

독해 지문을 푸는 두 가지 방법 중 선지를 먼저 읽는 경우의 풀이법을 소개한다. 지문보다 선지를 먼저 보고 정보를 추출한다.

선지에서 추출할 키워드는 다음과 같다. 단, 이들은 어디까지나 예시이므로 수험생 본인과 같을 필요는 없다.

① 순철, 높기 때문에, 수축/팽창 (구조 변화까지 머릿속에 담아갈 수는 없을 것이다.)

② 순철, 선철, 비교급

③ 용선, 탄소, 비교급

④ 정련 과정, 선철 관련성(제강로라는 단어까지 담아갈 수는 없을 것이다.)

⑤ 탄소 함유량, 비교급

대체로 철과 관련된 어떤 대상들을 비교하는 내용이다. 선지 ①의 경우 순철 하나만을 묻고 있지만 두 명제로 분리해야 하는 것을 미리 파악해둔다. 인과관계까지 표시함은 덤이다.

(2) 제시문 독해 및 선지 판단

1문단에는 철의 성질을 나타내는 용어와 그 설명이 있다. 선지는 ④와 같이 성질을 나타내는 용어를 쓰기도 하고, ②와 같이 용어를 풀어서 설명하기도 한다. 즉, 설명과 괄호 안의 용어를 모두 봐야 함을 알 수 있다. 풀이의 편의를 위해 선지의 ②의 설명에 '인성'과 '가단성'이라고 써두는 것도 좋다. 순철의 경우 1문단만 읽고 바로 ①을 판단할 수 있을 것이다. 다른 선지는 비교 내용이 나올 때마다 체크하며 읽고 판단한다. 4문단에서 정답이 도출된다.

제시문 먼저 읽기

(1) 지문 읽기

여기선 지문을 먼저 읽는 경우의 독해요령을 소개한다. 단 이 지문은 지문을 읽다가도 바로 선지로 넘어가서 선지 정리를 해야 하며, 지문은 단지 사전(혹은 오픈북 시험)처럼 선지를 푸는데 필요한 만큼만 이해해야 한다. 정보가 너무 많기 때문이다. 지금부터 그 증거를 빨리 찾아내는 법을 서술한다.

우선 비교적 짧은 1문단을 읽어 보면, 철의 다양한 성질들이 나열되어 있다. '성질에 따라 다양한 종류로 나뉜다'는 것은 다음에 다양한 철이 등장할 것이며, 이 성질들이 비교의 기준이 될 것임을 뜻한다. 이 성질을 모두 알고 있으면 좋지만, 암기하기는 쉽지 않다. 따라서 '강도', '인성', '연성', '가단성'에 표시를 해두고 네 가지의 기준이 있음을 인지한 뒤, 필요한 경우 돌아와서 읽는 전략을 취한다. 괄호 안의 단어에 표시하는 이유는 짧은 단어를 구별하는 것이 더 쉽기 때문이다.

그 다음 2문단을 보면 바로 순철의 성질을 언급하고 있다. 이 서술방식에 의하면 순철을 다른 철과 비교하는 내용이 이어질 것임을 짐작할 수 있다. (왜냐하면, 성질들이 나열되었고, 철 하나가 각 성질을 어떻게 적용하는지 나왔기 때문) 3문단이 '선철'로 시작한다는 점에서도 알 수 있다. 또한, 1문단의 성질을 포함하여 한 문단에 포함된 정보량이 매우 많다. 이 경우는 제시문을 계속해서 읽기보다 선지를 확인하는 것이 나을 수 있다.

선지와 2~5문단은 전부 다 철들의 성질을 비교하는 내용이 실려있다. 즉, 이제 철과 성질의 매칭 문제라는 것을 알았기 때문에 지문에 불규칙하게 나온 성질 설명을 규칙적으로 바꿔야 한다. (이 부분이 출제 의도다.) 1문단의 내용을 바탕으로 지문에 길게 설명된 성질을 전부 다 한자 명칭으로 바꿔주면서 지문을 검토한다. 그리고 선지로 와서 문단별로 풀면 된다.

예컨대 3문단의 경우 단단하지만 부서지기 쉽다는 점에서 강도는 높지만 연성은 낮다고 바꿔줄 수 있다. (연성이 알기 힘들다고 생각된다면 강도가 높다는 것만 알아도 된다.) 나머지 문단도 이하 같다.

(2) 선지 판단

선지에서도 위와 마찬가지로 설명문 형식을 전부 다 한자어로 바꿔 준다. (특히 ②번 선지가 그러하다.) 여기서 어떤 수험생은 '왜 한자어로 바꿔야 하는지' 의구심이 들 수 있다. 그 이유는 크게 두 가지로 1)한자어가 더 짧아서 바꾸기 쉬우며 2)설명 자체가 직관적이지 못하기 때문에 머리에 혼란을 줄 수 있기 때문이다. 이런 이유로 〈질기다〉는 표현은 인성으로, 〈외부 충격에 깨지지 않고 늘어나는 정도〉는 가단성으로 바꿔주면 된다.

또한, 바꾸는 작업이 힘들다면 해당 선지는 건너뛰고 한자어로만 이뤄진 선지를 먼저 푸는 것도 방법이다. 이 문제는 운이 좋게도 그 선지들(③, ④, ⑤) 중에 정답이 포함되어 있다. 또한, 주의할 것은 선지 ①을 판단할 때 본문에는 없는 인과관계를 있다고 착각하지 않는 것이다.

합격자의 시간단축 Tip

Tip ❶ 숫자 표현은 항상 별도로 체크한다.

이 문제의 경우 지문 앞부분에 100%, 1400℃ 등 숫자 표현이 등장하는데 정답 선지에 쓰이지 않는 것을 보고 어떤 수험생은 "이 문제에서는 중요하지 않구나"라고 생각할 수 있다. 물론 이 지문에서 전체적 맥락상 숫자 표현은 크게 중요하지 않다. 중요한 건 철들의 성질을 나열하는 것이기 때문이다.

그러나 중심과 관련이 없다고 해서 우리가 문제를 풀기에 중요하지 않은 것은 아니다. 숫자 표현은 반드시 한 번 이상은 선지화된다. 역사에서는 연도별 비교가 그렇고, 과학에서는 그 온도 표시가 그러하다. 비록 정답과 관련이 없다고 해도 ①번 선지에 관련 내용이 등장할 만큼, 숫자 표현은 어떻게든 선지로 만들어진다.

그렇다면 숫자 표현이 있으면 어떻게 대처해야 할까? 간단하다. 거꾸로 생각해보자. 어떤 선지에 숫자 부분이 나올지 고민할 시간에 선지를 "그냥 보자". 선지를 보고 소재를 파악하는 것을 역으로 생각해서, 지문에 숫자가 나오면 선지에 그 부분이 등장하는지 내려가서 확인하면 된다.

Tip ❷ 지문을 끝까지 읽어야 답을 구할 수 있는 게 아니다.

특히 이 지문은 더 그렇지만, 이런 형태의 지문이 아니라 일반적인 지문에서도 지문의 중후반부까지만 보고도 답이 나오는 경우가 있다. 따라서 독해 중간에 선지를 확인하는 것을 자유자재로 할 수 있다면 시간 절약에 큰 도움이 됨이 틀림없다.

문제는 수험생들이 이걸 몰라서 안 하는 게 아니란 것이다. 이 감을 늘리기 위해선 수많은 시행착오를 겪어야 하는데, 연습 시 활용할 수 있는 독해 방법 두 가지를 소개한다.

(1) 선지에 집착하기보다 문단별로 내용이 너무 크게 바뀌는 곳에서 독해를 끊고, 선지를 보는 것은 그다음으로 해보는 것이다. 다르게 말하면, 작은 문제를 여러 개 푼다고 생각하고 독해하는 것이다. 이때 반드시 한 번만 끊고 선지를 볼 필요가 없으며 두 번 혹은 세 번까지 끊어도 좋다. 유의할 점은 너무 많이 끊으면 이해력이 떨어질 수 있고 글을 산만하게 읽게 될 수 있으니 가급적이면 많이 끊지 말라는 것이다. 보통은 한 번, 많아야 두 번 끊는 선에서 끝내야 한다.

(2) 지문 중간에 어려운 부분을 떼어내고 끝까지 읽어보는 방법이 있다. 의외로, 특히 어려운 지문일수록 중간 내용은 다른 소리를 하는 경우가 있다. 물론 이때 '중간'이란 곳이 끝에 가까울 수도 있고 처음에 가까울 수도 있다. 이는 지문마다 다르고 심지어 사람마다 다를 수 있지만 어쨌든 결론과 상관없는 논점을 얘기하는 경우가 많다는 사실은 변하지 않는다. 따라서 수험생은 지문을 읽을 때 그 부분은 과감하게 생략해서 읽고, 전체적 맥락만 이해한 다음 바로 선지로 가서 "딱 3개"만 해결해 보도록 하자. 의외로 3개는 쉽게 해결이 될 것이다. 그 다음 2개는 이제 마찬가지로 쉽거나, 혹은 앞서 넘긴 부분만 집중독해하는 것의 몫이다.

Tip ❸ 끊어 읽어도 되는 문제의 판단기준

주로 정보량이 많은데 문단 간 관계가 독립적인 제시문과 맥락보다는 단편적 사실들이 선지로 구성된 문제의 경우 독해 중간에 선지를 판단하는 것이 가능하다. 정보량이 많은 지문은 모두 암기하는 것이 아니라, 문단별로 정보의 위치를 기억하며 읽는다. 선지에 어떤 내용이 등장하면, 해당 부분으로 돌아가 꼼꼼히 읽고 선지를 판단하는 것이다. 이때 찾아가기 쉽도록 정보의 위치를 각종 기호로 표시하기도 한다.

그런데 이 문제의 지문은 한 문장 한 문장이 서로 다른 정보를 갖고 있고 그 내용이 독립적이다. 이 경우 지문을 모두 읽고 선지를 판단한다면 정보에 대한 표시가 많아져 오히려 필요한 내용을 찾기가 어렵다. 또한, 각 문단은 독립된 내용을 설명하며, 병렬적으로 구성되어 있다. 따라서 문단 별로 끊어 읽으며 선지를 판단하기 용이한 것이다.

053 정답 ①

난이도 ●○○

문제유형 이해 > 내용 추론

접근전략 한국사 테마 지문임에도 통시적인 전개가 아닌, '실록'이라는 특정한 소재를 중심으로 전개되는 지문이다. '실록의 간행 원칙-예외 사례'라는 큰 틀에서 지문이 전개되고 있음을 인지해야 정보량에 압도당하지 않을 수 있다. 겹낫표(『』)가 많이 등장하므로, 겹낫표 안에 들어간 문헌 이름들을 서로 헷갈리지 않도록 주의하자.

다음 글에서 추론할 수 있는 것은?

(1) 조선왕조실록은 조선 시대 국왕의 재위 기간에 있었던 중요 사건들을 정리한 기록물로 역사적인 가치가 크다. (2) 이에 유네스코는 태조부터 철종까지의 시기에 있었던 사건들이 담긴 조선왕조실록 총 1,893권, 888책을 세계 기록 유산으로 등재하였다. ▶ 1문단

(1) 실록의 간행 과정은 상당히 길고 복잡했다. 먼저, 사관이 국왕의 공식적 언행과 주요 사건을 매일 기록하여 사초를 만들었다. (2) 그 국왕의 뒤를 이어 즉위한 새 왕은 전왕(前王)의 실록을 만들기 위해 실록청을 세웠다. (3) 이 실록청은 사초에 담긴 내용을 취사선택해 실록을 만든 후 해산하였다. (4) 이렇게 만들어진 실록은 전왕의 묘호(廟號)를 붙여 'ㅇㅇ실록'이라고 불렀다. (5) 이런 식으로 일이 진행되다보니 『철종실록』이 고종 때에 간행되었던 것이다. ▶ 2문단

(1) 한편 정변으로 왕이 바뀌었을 때에는 그 뒤를 이은 국왕이 실록청 대신 일기청을 설치하여 물러난 왕의 재위 기간에 있었던 일을 'ㅇㅇㅇ일기(日記)'라는 명칭으로 정리해 간행했다. (2) 인조 때 『광해군실록』이 아니라 『광해군일기』가 간행된 것은 바로 이 때문이다. (3) '일기'는 명칭만 '실록'이라고 부르지 않을 뿐 간행 과정은 그와 동일했다. (4) 그렇기 때문에 '일기'도 세계 기록 유산으로 등재된 조선왕조실록에 포함된 것이다. (5) 『단종실록』은 특이한 사례에 해당된다. (6) 단종은 계유정난으로 왕위에서 쫓겨난 후에 노산군으로 불렸고, 그런 이유로 세조 때 『노산군일기』가 간행되었다. (7) 그런데 숙종 24년(1698)에 노산군이 단종으로 복위된 후로 『노산군일기』를 『단종실록』으로 고쳐 부르게 되었다. ▶ 3문단

(1) 조선 후기 붕당 간의 대립은 실록 내용에도 영향을 미쳤다. (2) 선조 때 동인과 서인이라는 붕당이 등장한 이래, 선조의 뒤를 이은 광해군과 인조 때까지만 해도 붕당 간 대립이 심하지 않았다. (3) 그러나 인조의 뒤를 이어 효종, 현종, 숙종이 연이어 왕위에 오르는 과정에서 붕당 간 대립이 심해졌다. (4) 효종 때부터는 집권 붕당이 다른 붕당을 폄훼하기 위해 이미 만들어져 있는 실록을 수정해 간행하는 일이 벌어졌다. (5) 수정된 실록에는 원래의 실록과 구분해 'ㅇㅇ수정실록'이라는 명칭을 따로 붙였다.

▶ 4문단

① 『효종실록』은 현종 때 설치된 실록청이 간행했을 것이다.

➜ (O) 실록은 새로 즉위한 왕이 전왕(前往)의 실록을 만들기 위해 실록청을 세운 다음[2문단(2)], 전왕의 묘호(廟號)를 붙여 실록을 만들었다.[2문단(4)] 따라서 『효종실록』은 효종의 다음 왕인 현종 때[4문단(3)] 설치된 실록청이 간행했을 것이다.

② 『노산군일기』는 숙종 때 설치된 일기청이 간행했을 것이다.

➜ (×) '일기'는 명칭만 '실록'이라고 부르지 않을 뿐 간행 과정은 그와 동일했다.[3문단(3)] 또한, 실록은 새로 즉위한 왕이 실록청을 세운 다음 전왕의 실록을 만들었다.[2문단(2)] 따라서 『노산군일기』 또한 그 다음 왕인 세조에 의해서 간행되었다.[3문단(6)]

③ 『선조수정실록』은 광해군 때 설치된 실록청이 간행했을 것이다.

➜ (×) 조선 후기 효종, 현종, 숙종이 연이어 왕위에 오르는 과정에서 붕당 간 대립이 심해졌고[4문단(3)], 그 결과 실록 내용에도 영향을 끼치게 되었다. 즉, 효종 때부터 집권 붕당이 다른 붕당을 폄훼하기 위해 이미 만들어진 실록을 수정해 간행하는 일이 벌어졌다.[4문단(4)] 따라서 수정실록이 발행된 것은 효종 이후의 일이므로, 그 이전인 광해군 대에는 '선조수정실록' 자체가 간행되지 않았음을 추론할 수 있다.

④ 『고종실록』은 세계 기록 유산으로 등재된 조선왕조실록에 포함되어 있을 것이다.

➜ (×) 유네스코는 태조부터 철종까지의 시기에 있었던 사건들이 담긴 조선왕조실록을 세계 기록 유산으로 등재하였다.[1문단(2)] 따라서 철종 이후에 발행된 『고종실록』은 세계 기록 유산으로 등재되지 않았다.

⑤ 『광해군일기』는 세계 기록 유산으로 등재된 조선왕조실록에 포함되어 있지 않을 것이다.

➜ (×) '일기'는 명칭만 '실록'이라고 부르지 않을 뿐 간행 과정은 그와 동일했으며, 그렇기 때문에 '일기'도 세계 기록 유산으로 등재된 조선왕조실록에 포함되었다.[3문단(3),(4)] 또한, 유네스코는 태조부터 철종까지의 시기에 있었던 사건들이 담긴 조선왕조실록을 세계 기록 유산으로 등재하였으므로[1문단(2)], 그 사이의 시기에 해당하는 『광해군일기』는 세계 기록 유산으로 등재된 조선왕조실록에 포함되어 있을 것이다.

제시문 분석

1문단 조선왕조실록의 가치

〈조선왕조실록의 가치〉		〈세계 기록 유산 등재〉
조선왕조실록은 조선 시대 국왕의 재위 기간에 있었던 중요 사건들을 정리한 기록물로 역사적인 가치가 크다.(1)	➜	이에 유네스코는 태조부터 철종까지의 시기에 있었던 사건들이 담긴 조선왕조실록을 세계 기록 유산으로 등재하였다.(2)

2문단 실록의 간행 과정

〈사초 제작〉		〈실록청 설립〉		〈실록 간행〉
사관이 국왕의 공식적 언행과 주요 사건을 매일 기록하여 사초를 만들었다.(1)	➜	그 국왕의 뒤를 이어 즉위한 새 왕은 전왕의 실록을 만들기 위해 실록청을 세웠다.(2)	➜	실록청은 사초에 담긴 내용을 취사선택해 실록을 만든 후 해산하였다. 이렇게 만들어진 실록은 전왕의 묘호를 붙여 'ㅇㅇ실록'이라고 불렀다.(3),(4)

3문단 일기의 간행 과정

〈'일기'의 간행〉
정변으로 왕이 바뀌었을 때는 그 뒤를 이은 국왕이 실록청 대신 일기청을 설치하여 물러난 왕의 재위 기간에 있었던 일을 'ㅇㅇㅇ일기'라는 명칭으로 정리해 간행했다.(1)

〈'일기'의 간행 과정〉		〈세계 기록 유산 등재〉
'일기'는 명칭만 '실록'이라고 부르지 않을 뿐 간행 과정은 그와 동일했다.(3)	➜	그렇기 때문에 '일기'도 세계 기록 유산으로 등재된 조선왕조실록에 포함된 것이다.(4)

4문단 수정실록의 간행

〈붕당 간 대립의 심화〉		〈실록의 내용에 미친 영향〉
인종의 뒤를 이어 효종, 현종, 숙종이 연이어 왕위에 오르는 과정에서 붕당 간 대립이 심해졌다.(3)	➜	효종 때부터는 집권 붕당이 다른 붕당을 폄훼하기 위해 이미 만들어져 있는 실록을 수정해 간행하는 일이 벌어졌다.(4)

➜	〈수정실록〉	수정된 실록에는 원래의 실록과 구분해 'ㅇㅇ수정실록'이라는 명칭을 따로 붙였다.(5)

합격자의 실전 풀이 순서

한국사 유형은 일반적으로 지문 난이도가 어렵다. 많은 공공기관에서 한국사능력검정시험을 서류요건으로 쓰고 있고, 공무원 시험의 경우도 필수과목이기 때문에 수험생들의 배경지식 수준이 모든 영역 중에서 가장 높기 때문이다. 따라서 NCS나 PSAT을 준비한다면 한국사능력검정시험 4~5급 수준의 기본적인 한국사 지식을 확보하는 것이 유리하다. 그러나 주의할 것은 문제를 풀 때 배경지식만을 활용해서는 안된다는 점이다. 꼭 제시문에서 근거를 찾아야 한다. 배경지식 확보는 제시문을 이해하는 데 드는 시간을 줄이기 위함이다.

※ 이하 '0, 1, 2'는 독해 및 문제 풀이의 방향을 잡기 위한 과정이다. 꼭 '0→1→2'의 순서로 진행해야 하는 것은 아니다. 또한 문제를 풀기 전 꼭 제시문의 유형을 파악하고 지문을 훑는 과정을 거쳐야 하는 것도 아니다. 어떤 유형, 어떤 주제이든 발문을 정확히 읽었다면 문제를 푸는 데에는 지장이 없기 때문이다. 다만 스스로 독해력이 부족하다고 느껴진다면 독해의 방향을 잡는 이러한 방법이 도움이 될 수 있다. 이 과정을 거치기로 했다면 빠르게 진행할 수 있도록 체화하면 좋다. 연습 과정에서 다양한 문제에 적용해 본다면 자신에게 맞는 방식을 알 수 있을 것이다. 스스로 이러한 과정을 거칠 필요가 없다고 판단된다면 이하 모든 문제에서 발문 확인, 지문 독해, 선지 적용 부분만을 참고해도 무방하다.

⓪ 제시문 유형 파악하기

본 유형의 식별은 간단하다. 지문의 첫 문장만 읽어도 한국사 비문학 유형임을 알 수 있을 것이다. 이 유형에는 다음과 같은 특징들이 있다.

사건의 인과관계, 연표에 따른 단순 선후관계, 계급 체계에 따른 상하관계 등이 한 문제에 복합적으로 등장한다.

작은따옴표 ' '를 통해 생소한 개념이 소개된다. 작은따옴표가 붙은 단어는 지문 전체에서 강조하고자 하는 개념인 경우가 많으므로 집중해 살펴야 한다.

큰따옴표 " "를 통해 인물의 주장 또는 문헌이 인용된다. 큰따옴표가 붙은 문장은 그 자체를 토씨 하나 안 틀리고 파악하기보다는, 지문 전체에서 문장이 갖는 맥락 이해하기에 초점을 둔다.

홑낫표 「」, 겹낫표 『』 등으로 문헌·예술작품 등의 이름이 제시된다. 지문에 이름이 유사한 작품이 여러 개 등장한 뒤, 선지에서 혼동을 유도하는 경우도 종종 있다.

구체적인 시대 표현이 등장한다. n년, n세기, 00시대 전·중·후기 등의 시대 표현은 선지에서 사건들이 발생한 선후관계를 묻는 기준점으로 사용된다.

이러한 특징들을 기준으로 중점적으로 독해해야 하는 부분을 판단할 수 있다.

❶ 지문 훑어보기

이 단계에서는 한국사 비문학 유형의 특징을 기준으로 독해의 방향을 빠르게 설정한다.

예 조선왕조실록의 간행 과정에 대한 글이구나. 겹낫표 『』로 제시되는 사료 이름들이 많으니 서로 헷갈리지 않도록 조심하자. 단종, 세조, 선조, 광해군, 인조, 현종, 효종 등 여러 왕들이 등장하니 어떤 사건이 어느 왕의 재위기간에 발생한 것인지 확실히 구분해야겠다.

❷ 발문 확인하기

지문보다 발문을 나중에 확인하는 것은 선지 확인 직전에 발문을 체크해, 발문을 헷갈리지 않기 위함이다. 그러나 시선이 자연스럽게 닿는 순서대로 발문 먼저 확인하고 지문을 훑고 싶다면, 그렇게 해도 큰 지장은 없다.

이 단계에서는 발문의 종류에 따라 대처가 달라진다.

(1) 다음 글에서 알 수 있는/없는 것은?

알 수 '있는'과 '없는'을 확실히 구분하여야 한다. 예를 들어 알 수 있는 것을 묻는다면 '있는' 위에 동그라미를 치고, 알 수 없는 것을 묻는다면 '없는' 위에 세모나 'X'를 쳐 시각적으로 다시 한번 나타낸다. 이러한 발문의 문제 유형은 주로 일치부합이나 내용추론이다.

(2) 특정한 주제에 대해 묻는 경우

예 『효종실록』에 대해 옳지 않은 것은?

먼저 지문에서 해당 단어를 찾아, 주제에 대한 정보를 제대로 이해한 뒤 선지로 간다.

(3) 다음 글의 ㉠에 대한 평가/반박/지지…로 적절한 것은?

이는 강화약화 혹은 논리추론 유형으로, 먼저 제시문에서 '㉠'이 어떤 주장인지 찾아야 한다. 평가의 대상을 찾았다면 선지의 내용이 그를 지지하는지, 반박하는지, 혹은 무관한지 고려해야 한다.

다음 글에서 추론할 수 있는 것은?

본 문제의 발문을 확인해 보니 '추론할 수 있는 것'을 묻고 있다. 추론할 수 있는 것은 최근 일치부합형 문제의 난이도가 상승함에 따라 '알 수 있는 것'과 실질적인 의미 차이가 없다. 즉, 본 문제는 최근 경향에 따라 (1) '알 수 있는/없는 것은?' 유형에 해당한다고 보면 된다.

※ 일치부합·내용추론 유형의 접근법은 크게 두 가지이다. 제시문 독해 후 선지를 하나씩 판단하는 것과 선지를 먼저 읽고, 선지의 키워드를 중심으로 독해를 하는 것이다. 선지에서 세부적인 내용을 묻는 경우가 많으므로 선지를 먼저 읽고 제시문에서 해당 선지의 내용을 찾는 방법이 유용할 수 있다. 그러나 선지를 먼저 읽고 키워드를 상기하는 데에 어려움을 느낀다면 제시문을 먼저 읽는 방식으로 푸는 것이 좋다. 해당 유형의 경우 앞으로 두 방식을 모두 서술할 것이므로 본인에게 적합한 방식을 참고하길 바란다.

3-1 선지를 읽고 제시문을 확인하는 경우

선지는 크게 두 유형으로 나뉜다. 키워드의 앞뒤 2~3문장 내 정답이 그대로 또는 말만 바꾸어 제시되어 있거나(단순비교형), 해당 문장들을 통해 추론가능한 것(추론형)이다. 만약 둘 중 하나에 해당하지 않으면 제시문 내 별도로 제시된 둘 이상의 정보를 조합하여야 판단이 가능한 경우이므로 일단 패스하고 다음 선지로 넘어갈 것을 추천한다.

이 단계에서는 한 선지의 키워드를 확인한 후, 바로 지문으로 올라가 키워드의 위치를 찾는 방법과 선지 전체를 훑어보고 필요한 정보를 확인하고 제시문을 독해하는 두 가지 방법이 가능하다.

선지를 하나씩 판단하는 경우

① 『효종실록』은 현종 때 설치된 실록청이 간행했을 것이다.

지문에 제시된 원칙을 적용하는 추론형 선지다. 선지를 읽은 수험생은 '실록의 주인인 왕과, 그 실록을 간행하는 시기의 왕이 다르다'는 점을 캐치해야 한다. 다음으로 이러한 내용이 지문에 어떤 식으로 제시되어 있을지 확인한다. '실록청'을 키워드로 잡아 지문을 확인하면, 국왕의 뒤를 이어 즉위한 왕이 실록청을 세웠다는 부분(2문단 2)이 있다. 이 부분이 지문의 '원칙'에 해당한다.

그렇다면 본 선지의 효종은 현종 직전의 왕인지 확인할 차례다. 배경지식이 있더라도, 현장에서 긴장하면 어떤 실수를 할지 모르니 지문에서 명확한 근거를 찾고 가자. 지문에는 역시나 효종, 현종, 숙종(4문단 3)이라는 즉위 순서가 제시되어 있다. 앞서 찾은 원칙에 즉위 순서를 합치면, 본 선지는 추론 가능한 선지임을 알 수 있다.

② 『노산군일기』는 숙종 때 설치된 일기청이 간행했을 것이다.

선지 ①과 유사하게, 지문에 제시된 원칙을 적용하는 추론형 선지다. 선지 ①과 문장의 구조는 같지만 '실록'이 아닌 '일기'라는 점에서 다르다. 따라서 이번에는 '일기청'을 키워드로 잡아, 일기에 대한 원칙이 제시되어 있는지 확인할 차례다. 일기는 명칭만 실록이라고 부르지 않을 뿐 간행 과정이 동일했다는 부분[3문단(3)]이 본 선지의 '원칙'이다.

그렇다면 본 선지의 노산군은 숙종 직전의 왕인지 확인할 차례다. 역시 배경지식이 있더라도 안전하게 한 번 더 확인하자. 노산군은 폐위 후 단종으로, 노산군일기는 다음 왕인 세조 때 간행되었다는 부분[3문단(6)]에서 본 선지는 추론할 수 없음이 판단된다.

③ 『선조수정실록』은 광해군 때 설치된 실록청이 간행했을 것이다.

앞의 두 선지와 구조가 같지만, 이번에는 '수정실록'이 차이점이다. '수정실록'을 키워드로 잡아 지문을 확인하면, 이미 만들어진 실록을 후대에 수정한 것임[4문단(4),(5)]을 알 수 있다. 또한 이는 효종 대부터 시작된 일이므로, 그 이전인 광해군 대에는 수정실록이 존재할 수 없다. 따라서 추론할 수 없는 선지다.

④ 『고종실록』은 세계 기록 유산으로 등재된 조선왕조실록에 포함되어 있을 것이다.

추론형 선지다. '세계 기록 유산'을 키워드로 잡아 지문을 확인하면 태조실록부터 철종실록까지가 세계 기록 유산으로 등재되었음[1문단(2)]을 알 수 있다. 그런데 고종은 철종의 바로 다음 순서이므로[2문단(5)] 『고종실록』은 세계 기록 유산에 등재되지 않았음을 추론 가능하다.

⑤ 『광해군일기』는 세계 기록 유산으로 등재된 조선왕조실록에 포함되어 있지 않을 것이다.

선지 ④와 구조가 같은 추론형 선지다. ④를 해결했다면 본 선지는 다시 지문으로 올라갈 필요도 없다. 태조부터 철종까지의 실록이 세계 기록 유산으로 등재되었으므로, 그중에 포함된 광해군의 치세에 대한 기록도 등재되었을 것이다. 따라서 추론할 수 없는 선지다.

전체 선지를 읽고 제시문을 확인하는 경우

(1) 선지 확인

선지를 먼저 확인하여 어떤 정보를 파악해야 하는지 인지한 뒤 제시문을 독해한다. 이때 선지를 문장 단위로 전부 다 읽는 것이 아니라, 키워드만 추리도록 한다. 선지 하나당 키워드 1, 2개면 충분하다. 본 문제의 경우, 겹낫표 안에 있는 단어를 키워드로 잡으면 지문과 일치 여부를 대조하기 수월할 것이다.

① 효종실록, 현종, 실록청
② 노산군일기, 숙종, 일기청
③ 선조수정실록, 광해군, 실록청
④ 고종실록, 세계 기록 유산, 조선왕조실록
⑤ 광해군일기, 조선왕조실록 X

다만 선지에 왕 이름이 개별적으로 등장하므로 모든 정보를 다 가져가기는 현실적으로 어렵다. 일기와 실록이 다를 수 있다는 점과 '특정 실록을 어느 왕 때 어떤 관청이 간행했는지를 묻는구나'하는 정도까지만 파악하고 지문으로 올라간다.

(2) 지문 독해 및 선지 판단

지문으로 올라가 정보를 파악한다. 독해 시에는 문단을 단위로 보며 각 문장의 정보를 가급적 기억하려 노력한다. 독해 중 선지의 정오판단이 가능하다면 독해를 멈추고 선지를 판단한다.

1문단에서는 문장 (2)의 '태조부터 철종까지'의 조선왕조실록이 세계 기록 유산으로 등재되었다는 점을 체크 해 둔다. ④, ⑤의 판단에 쓰일 것이다.

2문단에서는 실록은 전왕의 뒤를 이은 왕이 세운 실록청에서 전왕의 실록을 간행한다는 점에 주목한다. 선지 ①의 판단을 위해서이다. 이를 설명하는 예시에서 '철종-고종'이라는 재위 순서를 알 수 있다. 「고종실록」은 「철종실록」 간행 전에 간행될 수 없다. 그렇다면 「고종실록」은 세계 기록 유산에 등재되어 있지 않을 것이다. ④는 옳지 않다.

3문단에서는 실록과 일기의 차이점과 공통점이 제시된다. 일기는 '일기청'에서 간행한다는 점을 제외하고는 그 절차는 실록과 같다. 또한 일기도 조선왕조실록에 포함된다. 따라서 ⑤는 옳지 않다. 3문단 (6)에 '「노산군일기」'가 등장한다. 세조 때 간행되었으므로 ②도 옳지 않다.

4문단에서 '선조-광해군-인조-효종-현종-숙종'까지의 재위 순서를 확인할 수 있다. ①이 옳은 선지이다. '수정실록'은 효종 이후 등장하므로 ③도 소거된다.

3-2 제시문 독해 후 선지 판단하기

(1) 제시문 독해하기

모든 내용을 기억하기보다, 문단별 중심 내용을 이해하고 어떤 내용이 어느 위치에 있는지 파악하면서 읽는다. 한국사 비문학 유형의 특징들, 연도나 인물, 그 밖의 고유명사 등이 지표가 될 수 있다.

1문단은 보통 글의 소재를 소개하는 내용인 경우가 많지만, 선지화되면 놓치기 쉬우므로 소홀하게 읽지 않도록 주의한다. 해당 제시문에서는 '조선왕조실록'을 설명한다. 유산으로 등재된 범위는 태조부터 철종까지이다. 구체적 숫자를 암기할 필요는 없고 숫자가 등장한다는 것을 확인해둔다.

2문단에 실록의 간행 과정이 등장한다. 이 과정은 해당 문단의 중심 내용이므로 이해가 필요하다. '국왕에 대해 기록한 사초-새 왕이 실록청을 세움-사초 내용 취사선택하여 실록 간행-해산'의 과정을 이해한다. 문장 간 '/'표시를 하며 읽는다. 『』로 표시된 부분은 다시 찾기 쉽도록 동그라미로 표시해둔다.

3문단은 일기를 실록과 비교하여 설명한다. 제시문 내에 비교되는 내용은 선지로 자주 등장한다. 공통점과 차이점에 밑줄을 그어 둔다. 문장 (5)에 '특이한 사례'라는 부분에도 주목한다. 이러한 예외적인 사례도 선지로 자주 등장하기 때문이다. 3문단에서도 『』로 표시된 부분에 동그라미로 표시해둔다.

4문단은 붕당 간 대립이 실록의 내용에 미친 영향을 설명한다. '선조-광해군-인조', '인조-효종-현종-숙종'에 밑줄을 그어 둔다. 시대나 시간의 흐름의 순서는 선지 판단에 쓰일 수 있다. 4문단에서도 앞의 내용의 예외로 볼 수 있는 '수정실록'이라는 것이 등장한다. 선지로 등장할 수 있으므로 이 또한 밑줄이나 동그라미로 표시해둔다.

(2) 선지 판단하기

선지는 서로 다른 문헌에 대해 묻고 있다. 눈에 띄는 선지는 없으므로 순서대로 판단한다.

① 실록이 간행된 시기를 묻고 있다. 동그라미로 표시해둔 실록들 중에는 『효종실록』이 없다. 그러므로 실록의 간행 과정을 설명한 2문단에 근거가 있을 것이다. 실록청은 새 왕이 세우는 것이므로, 효종 다음 현종이 재위했는지를 확인하면 된다. 독해 중 왕의 재위 기간에 그어 둔 밑줄을 찾아간다. 효종 다음은 현종이므로 ①이 옳은 선지이다.(이러한 문제에 시간을 많이 소요하면 집중력이 흔들리는 편이라 실전에서는 답이 도출되었다면 정답의 근거만 한 번 더 확인하고 나머지 선지의 근거는 찾지 않고 넘어가곤 했다. 대신에 실수를 방지하기 위해 해당 문제의 나머지 선지를 묶어 체크 표시를 해두었다가 시간이 남는 경우 돌아와 나머지 선지의 근거를 찾는 방식을 택했다.)

② 『노산군일기』는 동그라미 표시를 해 두었다. 세조 때 간행되었으므로 옳지 않다.

③ 『ㅇㅇ수정실록』은 독해하며 예외 사례로 표시해두었다. 그 앞 문장의 '효종 때부터'와 그 앞의 '광해군-인조-효종'의 순서를 통해 옳지 않은 내용임을 알 수 있다.

④ 『고종실록』은 표시해둔 실록에는 없다. 그러나 『철종실록』 옆에서 '고종'을 찾을 수 있다. '철종-고종'의 재위 순서를 고려할 때, '태조부터 철종까지'의 실록 등이 포함된 조선왕조실록에는 『고종실록』이 없을 것이다.

⑤ 『광해군일기』는 2문단에 등장한다. 그 다음다음 문장에서 일기도 조선왕조실록에 포함됨을 알 수 있다.

합격자의 시간단축 Tip

Tip ❶ 겹낫표를 활용하자.

지문에 겹낫표와 같이 눈에 띄는 기호가 있을 때, 일반적으로 선지 판단이 쉬워진다. 지문에 쓰인 기호가 선지에서도 그대로 쓰이기 때문이다. 다만 본 문제와 같이 지문에 등장하는 겹낫표가 한두 개가 아니라면 이는 오히려 난이도 상승 요소가 될 수 있다. 지문의 가독성도 낮추고, 겹낫표로 인용된 여러 단어를 헷갈릴 위험이 있기 때문이다. 본 문제의 경우 겹낫표는 어떤 설명 이후 예시로 등장하였다. 문단별로 1~3개 정도가 제시되며, 반복하여 등장하는 것은 아니었다. 따라서 겹낫표의 단어를 동그라미 등으로 표시해두어 선지에 해당하는 내용을 빠르게 찾을 수 있도록 한다.

Tip ❷ 한국사 비문학 유형은 시대 표현에 주목하자.

앞서 한국사 비문학 유형의 특징에서 다뤘듯, 본 유형은 선후관계 및 인과관계가 자주 출제되며, 이를 빠르게 파악하기 위해서는 '시대 표현'에 주목해야 한다. 여기에는 '선조', '광해군' 등과 같은 재위 시점 표현 뿐 아니라, '태조부터 철종까지'와 같은 시대의 범위에 관한 표현도 포함된다. 이러한 시기 표현에 기호를 사용해 표시해두면, 그 시기에 대한 선지를 판단할 때 쉽게 찾을 수 있다.

Tip ❸ 원칙의 예외에 집중하자.

'다음 왕이 전 왕의 실록을 간행한다'는 원칙에서 벗어난 예외 사례는 반드시 선지로 출제된다는 생각을 가지고 독해하자. '수정실록'이 이에 해당한다. 원칙의 이해, 원칙에서 수정을 가한 부분을 추론할 수 있는지 등을 묻는 취지로 출제될 가능성이 높다. 본 문제에서도 선지 ①, ②, ③이 하나의 커다란 원칙을 기반으로 조금씩 변형을 주면서 출제되었다. 이러한 원칙은 괄호와 같은 기호로 표시해두자.

Tip ❹ 대상 간 비교에 주목하자.

대상 간 비교하는 내용은 선지로 등장하는 경우가 많다. 제시문 내에 비교되는 내용은 비교 기준 및 공통점과 차이점을 표시해두자. 본 문제에서는 일기와 실록을 비교하여 설명하는 내용 등이 등장하였다.

Tip ❺ 1문단을 소홀히 넘기지 말자.

1문단은 보통 글의 소재를 소개하는 내용인 경우가 많아 중요하지 않을 것 같지만 종종 선지로 출제된다. 앞부분 내용이 선지화되면 놓치기 쉬우므로 소홀하게 읽지 않도록 주의한다. 본 문제는 ④의 근거가 1문단에 존재했다.

Tip ❻ 자신에게 맞는 풀이 순서를 찾자.

제시문을 먼저 읽는 방법, 하나의 선지를 읽고 바로 제시문에서 정보를 찾는 방법, 선지 모두를 읽고 제시문을 독해하며 판단가능한 선지부터 소거하는 방법 등 일치부합·내용추론 문제를 푸는 법은 하나가 아니다. 각 풀이법은 모두 각자 장단점이 있으므로, 본인에게 맞는 풀이법을 찾아 일관성을 유지하는 것이 중요하다. 기출과 모의고사를 통해 다양한 방식을 시도해보고, 본인에게 맞는 방법을 체화하기를 바란다.

054 정답 ❺

난이도 ●●○

문제유형 사실적 이해 > 정보 확인

접근전략 2종류의 견해가 등장하는 논지파악 유형이다. 논지파악 유형에 둘 이상의 견해가 제시되는 경우, 서로 다른 견해들을 비교하는 구조로 출제된다. 제시문의 구성이 간단하니 빠르게 각 문단의 핵심 파악 → 각 견해 이해의 순서로 문제를 해결하도록 한다. 해당 지문의 경우 구조가 명확하여 상대적으로 선지 판단이 수월했으나, 여러 견해가 동시에 제시된다면 이들 간 관계를 파악하기 어려울 수 있다. 따라서 특정 견해에 관한 내용을 읽은 후 바로 관련 선지를 판단하는 것이 실수를 줄이는 전략이다.

다음 글의 A와 B에 대한 분석으로 가장 적절한 것은?

(1) A는 근대화란 곧 산업화이고, 산업화는 농촌을 벗어난 농민들이 도시의 임금노동자가 되어가는 과정이라고 생각했다. 토지에 얽매이지 않으며 노동력 말고는 팔 것이 없는 이들을 '자유로운 노동자'라고 불렀다. (2) 이들 중에서 한 사람의 임금으로 가족 전부를 부양할 수 있을 만큼의 급여를 확보한 특권적인 노동자가 나타난다. (3) 이 노동자가 한 집안의 가장 혹은 '빵을 벌어오는 사람'이다. (4) 이렇게 자신과 가족의 생활을 유지할 만큼 급여를 받는 피고용자를 정규직이라 불러왔다. (5) 그 급여 수준이 어느 정도인지, 일주일에 몇 시간을 노동해야 하는지에 대해서는 역사적으로 각 사회의 '건강하고 문화적인' 생활수준과 노사협의를 통해서 결정된다. (6) A는 산업화가 지속적으로 진전되면 세상의 모든 사람은 정규직 임금노동자가 된다고 예측했다.

▶ 1문단

(1) 이에 이의를 제기한 B는 산업화가 진전됨에 따라 노동자들이 크게 핵심부, 반주변부, 주변부로 나뉜다고 주장했다. (2) 핵심부에 속하는 노동자들은 혼자 벌어 가정을 유지할 만큼의 급여를 확보하는 정규직 노동자들인데, 이들의 일자리는 사회적 희소재로서 앞으로는 늘어나지 않을 것으로 예측되었다. (3) 그 대신에 반주변부에는 정규직보다 급여가 낮은 비정규직을 포함하는 일반 노동자들이, 그리고 시장 바깥의 주변부에는 실업자를 포함해서 반주변부보다 열악한 상황에 놓인 노동자들이 계속해서 남아돌게 될 것이라고 했다. (4) 그의 예측은 적중했다.

▶ 2문단

(1) 산업화가 진전된 선진국에서는 고용의 파이가 더 이상 확대되지 않거나 축소되었다. (2) 일반적으로 노조가 발달한 선진국에는 노동자에게 '선임자 특권'이라는 것이 있다. (3) 이로 인해 이미 고용된 나이 많은 노동자를 해고하는 것이 어려워져 신규채용을 회피하게 된다. (4) 그 결과 국제적으로 정규직의 파이는 거의 모든 사회에서 축소되는 경향을 낳았다. (5) 그러한 바탕 위에 노동시장에서 고용의 비정규직화는 지속적으로 강화되었으며 청년 실업률 또한 높아졌다.

▶ 3문단

① A는 정규직 노동자의 실질 급여 수준이 산업화가 진전됨에 따라 지속적으로 하락할 것으로 보았다.

→ (×) A는 산업화가 지속적으로 진전되면 모든 사람들이 자신과 가족의 생활을 유지할 만큼의 급여를 받는 정규직 임금 노동자가 될 것이라 예측했다.[1문단(4),(6)] 따라서 실질 급여 수준이 지속적으로 하락할 것으로 보았다고 볼 수 없다.

② B는 산업화가 진전됨에 따라 기존의 주변부 노동자들과는 다른 새로운 형태의 주변부 노동자들이 계속해서 생성될 것이라고 보았다.

→ (×) B는 핵심부에 속하는 노동자들은 사회적 희소재로 늘어나지 않을 것이지만[2문단(2)], 그 대신 반주변부와 주변부의 노동자들은 계속해서 남아돌게 될 것이라고 예측했다.[2문단(3)] 이는 기존의 주변부 노동자들과는 다른 새로운 형태의 주변부 노동자들이 계속해서 생성된다고 본 것이 아니다.

③ A와 B는 모두 선임자 특권이 청년 실업률을 높이는 데 기여한다고 보았다.

→ (×) 선임자 특권은 나이 많은 노동자를 해고하는 것이 어려워져 신규채용을 기피하게 되는 현상이다.[3문단(2),(3)] 이는 추후 실업자를 포함한 반주변부보다 열악한 노동자들이 남아돌 것이라는 B의 견해에는 부합할 수 있다.[2문단(3)] 그러나 정규직 임금 노동자가 증가하여 나중에는 모든 사람이

정규직 노동자로 수렴한다는 예측[1문단(6)]과는 상반되는 시각이라 볼 수 있다. 그러므로 A의 견해로는 선지의 내용을 인정할 수 없다.

④ **A와 B는 모두 산업화가 진전되면 궁극적으로 한 사회의 노동자들의 급여가 다양한 수준에서 결정된다고 보았다.**

→ (×) B는 정규직보다 급여가 낮은 사람들은 반주변부에, 실업자를 포함하여 반주변부보다 열악한 상황에 놓인 노동자들은 주변부에 남아돌 것이라 예측했다.[2문단(3)] 따라서, B는 한 사회의 노동자들의 급여가 다양한 수준에서 결정될 것이라 보았을 것이다. 반면, A는 산업화가 진전되면 모든 사람이 정규직 임금 노동자가 된다고 예측하였으므로[1문단(4)] 노동자들의 급여가 다양한 수준에서 결정된다고 보았다고 보기 힘들다.

⑤ **A는 정규직 노동자가, B는 핵심부 노동자가 한 사람의 노동자 급여로 가족을 부양할 수 있다고 보았다.**

→ (O) A는 자신과 가족의 생활을 유지할 만큼 급여를 받는 피고용자를 정규직이라 불렀으며[1문단(2),(3)], B는 핵심부에 속하는 노동자들이 혼자 벌어 가정을 유지할 만큼의 급여를 확보하는 정규직 노동자들이라고 정의했다.[2문단(2)]

제시문 분석

1·2문단 산업화 시기 노동자에 대한 A와 B의 견해

<table>
<tr><td rowspan="5">A의 의견</td><td colspan="2">자유로운 노동자</td><td>토지에 얽매이지 않으며 노동력 말고는 팔 것이 없는 이들[1문단(1)]</td></tr>
<tr><td rowspan="2">정규직</td><td rowspan="2">특징</td><td>자유로운 노동자 중 한 사람의 임금으로 가족 전부를 부양할 수 있을 만큼의 급여를 확보한 특권적인 노동자[1문단(2)]</td></tr>
<tr><td>그 급여 수준이 어느 정도인지, 일주일에 몇 시간을 노동해야 하는지에 대해서는 역사적으로 각 사회의 '건강하고 문화적인' 생활수준과 노사협의를 통해서 결정[1문단(5)]</td></tr>
<tr><td colspan="2">예측</td><td>산업화가 지속적으로 진전되면 세상의 모든 사람은 정규직 임금노동자가 된다고 예측[1문단(6)]</td></tr>
<tr><td colspan="2"></td><td></td></tr>
<tr><td rowspan="5">B의 의견</td><td colspan="2">전제</td><td>산업화가 진전됨에 따라 노동자들이 크게 핵심부, 반주변부, 주변부로 나뉜다.[2문단(1)]</td></tr>
<tr><td rowspan="3">노동자 분류</td><td>핵심부</td><td>혼자 벌어 가정을 유지할 만큼의 급여를 확보하는 정규직 노동자들로, 이들의 일자리는 사회적 희소재로 더 이상 늘어나지 않는다.[2문단(2)]</td></tr>
<tr><td>반주변부</td><td>정규직보다 급여가 낮은 비정규직을 포함하는 일반 노동자들[2문단(3)]</td></tr>
<tr><td>주변부</td><td>시장밖에 존재하며 실업자를 포함해 반주변부보다 열악한 상황에 놓인 노동자들[2문단(3)]</td></tr>
<tr><td colspan="2">결과</td><td>노동자 분류에 대한 견해가 현실에서 적중[2문단(4)]</td></tr>
</table>

3문단 비정규직화 강화와 청년 실업률 상승 배경

〈선임자 특권〉		〈신규 채용 회피〉		〈파이 축소〉
일반적으로 노조가 발달한 선진국에는 노동자에게 '선임자 특권'이라는 것이 있다.(2)	→	이로 인해 이미 고용된 나이 많은 노동자를 해고하는 것이 어려워져 신규 채용을 회피하게 된다.(3)	→	그 결과 국제적으로 정규직의 파이는 거의 모든 사회에서 축소되는 경향을 낳았다.(4)

→ 〈결과〉 그러한 바탕 위에 노동시장에서 고용의 비정규직화는 지속적으로 강화되었으며 청년 실업률 또한 높아졌다.(5)

합격자의 실전 풀이 순서

논지파악 유형

❶ 발문을 읽고 문제의 유형 파악

항상 먼저 발문을 반드시 제대로 읽고 시작하자. 본 문제는 A와 B의 주장에 대한 분석을 묻고 있으므로, 견해파악유형으로 볼 수 있다. 견해파악유형은 제시문을 제시한 후, 제시문의 핵심 주장·내용을 선지에서 고르도록 하는 문제들을 말한다. 특히 본 문제는 각 견해의 특징을 잡아내고, 신속·정확하게 비교하는 작업을 요구한다. 해당 유형의 특징으로는 다음과 같다.

- 발문
  - 다음 글의 논지/주장/견해…과 부합하는/적합한 것은?
  - 다음 주장/논쟁…에 대한 분석/설명/추론…으로 옳은 것은? (본 문제)
- 제시문
  - 주관적인 주장이 포함된 글
  - 일반적인 비문학 유형에 비해 정보량이 적은 대신 포괄적인 문장들이 제시

❷ 제시문 이해하기

견해파악유형은 A를 읽고 먼저 A에 관한 선지들을 풀 것을 추천한다. 제시문을 모두 읽고 나서 선지를 해결하려고 할 경우, A의 내용을 잊어버려서 다시 제시문을 읽는 문제가 발생할 수 있기 때문이다. 또한, 견해파악유형의 제시문은 대부분 설명하는 글이 아닌 주장하는 글이다. 따라서 정보량은 적은 대신 논리 구조는 명확해진다. 제시문을 읽으며 수험생은 '문제의식'을 염두에 두어야 한다. '글쓴이 내지는 화자가 어떤 문제의식을 가지고 있는가?', '이에 대한 대안을 주장하고 있다면 무엇인가?' 등을 스스로 질문하며 읽는다. 더불어 다수의 주장이 제시되는 경우 주장들 간의 공통점과 차이점을 비교하며 읽어야 한다. 이때 글을 읽으며 주장이 제시되는 문장에 표시해둔다면 비교 과정이 더욱 간편해진다.

❸ 선지 고르기

마지막 단계에서는 정답, 즉 두 주장에 대해 올바르게 설명한 선지를 고른다. 한 가지 토픽에 대해 여러 주장을 나열하는 이러한 유형에서 출제자들은 각 주장의 공통점과 차이점을 이용해 선지를 구성한다. 앞선 단계가 튼튼히 잘 되었을수록 정답을 찾는 시간이 단축된다. 이 과정은 해설에서 구체적으로 설명하고 있다.

각 입장을 하나씩 파악하다 보면 앞서 본 주장이 명확히 기억나지 않을 수 있다. 이 경우 선지를 판단할 때 제시문에서 다시 그 주장이 있는 부분을 찾아가도록 한다. 예컨대 이 문제에서는 선지 ③에서 다시 각 입장을 한 번씩 훑어보면서 확인하도록 한다.

합격자의 시간단축 Tip

Tip ❶ 큰 틀만 보다 사소한 포인트를 놓치지 말자.

제시문에 제시되는 주장들이 큰 틀에서 서로 대립한다면, 주장 간의 차이점에 집중하게 된다. 이로 인해 공통점을 소홀히 하기 쉬운데, 이를 놓치면 실수를 하거나 근거를 찾는 데에 시간을 낭비할 수 있다. 주장 간 관계는 섬세한 독해가 필수다. A라는 주장에 대해 ~A, 즉 온전한 반대만 존재하는 것이 아니라, 주장을 A-1, A-2, A-3과 같이 쪼개서 A-1과 같은 일부만 동의하고 나머지 A-2와 A-3에는 반대하는 상황도 얼마든지 있기 때문이다.

Tip ❷ 하나의 주장을 읽고 이와 관련된 선지부터 해결

제시문에서 2개 이상의 주장이 제시되는 경우, 하나의 주장을 읽고 해당 주장과 관련된 선지부터 풀고 넘어가는 것이 좋다. 여러 개의 주장을 읽는 경우 앞부분의 주장이 어떠한 내용이었는지 잊어버려서 제시문을 다시 읽게 될 가능성이 크기 때문이다. 또한, 맨 처음 제시된 주장만을 읽고 정답을 빠르게 찾을 수 있는 행운이 있을 수 있다. 따라서 견해파악유형을 풀 경우, 주장 하나를 읽고 해당 주장과 관련된 선지부터 해결하는 습관을 들이는 것이 좋다.

055 정답 ④

난이도 ●○○

문제유형 사실적 이해 > 정보 확인

접근전략 법조문 유형 중 규정을 바탕으로 선지에서 옳은 것을 고르는 규정확인문제이다. 법조문 유형을 풀 때는 조문의 구체적인 내용을 독해하는 것보다, 법조문의 구조를 파악한 후 선지에서 묻고 있는 정보를 찾아 올라가는 형태로 푸는 것이 좋다. 본 문제의 경우, 1조와 2조가 상당 부분 유사한 내용을 담고 있다. 따라서 1, 2조 사이의 유사점과 차이점에 대해 유의하며 지문을 독해하는 것이 중요하다. 대상인 농산물의 차이, 수매농산물의 처분, 선물거래가부 등이 그 핵심차이이다. 2가지 조항이 길이 상으로도 거의 대등하게 제시되고 있으므로, 선지는 양자를 크로스로 연결시켜 출제되리란 것을 예측할 수 있다.

다음 글을 근거로 판단할 때 옳은 것은?

제○○조 ① 농림축산식품부장관은 채소류 등 저장성이 없는 농산물의 가격안정을 위하여 필요하다고 인정할 때에는 생산자 또는 생산자단체로부터 농산물가격안정기금으로 해당 농산물을 수매할 수 있다. 다만 가격안정을 위하여 특히 필요하다고 인정할 때에는 도매시장에서 해당 농산물을 수매할 수 있다.
② 제1항에 따라 수매한 농산물은 판매 또는 수출하거나 사회복지단체에 기증하는 등 필요한 처분을 할 수 있다.
③ 농림축산식품부장관은 제1항과 제2항에 따른 수매 및 처분에 관한 업무를 농업협동조합중앙회·산림조합중앙회(이하 '농림협중앙회'라 한다) 또는 한국농수산식품유통공사에 위탁할 수 있다.

제○○조 ① 농림축산식품부장관은 농산물(쌀과 보리는 제외한다. 이하 이 조에서 같다)의 수급조절과 가격안정을 위하여 필요하다고 인정할 때에는 농산물가격안정기금으로 농산물을 비축하거나 농산물의 출하를 약정하는 생산자에게 그 대금의 일부를 미리 지급하여 출하를 조절할 수 있다.
② 제1항에 따른 비축용 농산물은 생산자 또는 생산자단체로부터 수매할 수 있다. 다만 가격안정을 위하여 특히 필요하다고 인정할 때에는 도매시장에서 수매하거나 수입할 수 있다.
③ 농림축산식품부장관은 제1항과 제2항에 따른 사업을 농림협중앙회 또는 한국농수산식품유통공사에 위탁할 수 있다.
④ 농림축산식품부장관은 제2항 단서에 따라 비축용 농산물을 수입하는 경우, 국제가격의 급격한 변동에 대비하여야 할 필요가 있다고 인정할 때에는 선물거래(先物去來)를 할 수 있다.

① 한국농수산식품유통공사는 가격안정을 위해 수매한 저장성이 없는 농산물을 외국에 수출할 수 없다.
→ (×) 제1조 제3항에 따르면 농림축산식품부장관은 제1항과 제2항에 따른 수매 및 처분에 관한 업무를 한국농수산식품유통공사에 위탁할 수 있다. 동조 제2항에 따르면 제1항에 따라 수매한 채소류 등의 저장성이 없는 농산물은 판매 또는 수출하는 등 필요한 처분을 할 수 있다고 규정하고 있다. 따라서 한국농수산식품유통공사는 가격안정을 위해 수매한 저장성이 없는 농산물을 외국에 수출할 수 있다.

② 채소류의 가격안정을 위해서 특히 필요하다고 인정되어 수매할 경우, 농림협중앙회는 소매시장에서 수매하여야 한다.
→ (×) 제1조 제3항에 따라 관련 업무를 위탁받은 농림협중앙회는 동조 제1항 단서 규정에 의해 가격안정을 위하여 특히 필요하다고 인정할 때에는 도매시장에서 해당 농산물을 수매할 수 있다.

③ 농림협중앙회는 보리의 수급조절을 위하여 보리 생산자에게 대금의 일부를 미리 지급하여 출하를 조절할 수 있다.
→ (×) 제2조 제1항 단서 규정에 의하면 쌀과 보리는 제외되어 보리의 경우, 수급조절을 위하여 대금의 일부를 미리 지급하여 출하를 조절할 수 없다.

④ 농림축산식품부장관은 개별 생산자로부터 비축용 농산물을 수매할 수 있다.
→ (○) 제2조 제2항에 따르면 농림축산식품부장관은 비축용 농산물을 생산자 또는 생산자단체로부터 수매할 수 있다고 규정하고 있어, 개별 생산자로부터 수매가 가능하다.

⑤ 농림축산식품부장관은 비축용 농산물 국제가격의 급격한 변동에 대비하여야 할 필요가 있다고 인정할 경우에도 선물거래를 할 수 없다.
→ (×) 제2조 제4항에 따르면 제2항 단서에 따라 비축용 농산물을 수입하는 경우, 국제가격의 급격한 변동에 대비하여야 할 필요가 있다고 인정할 때에는 선물거래를 할 수 있다.

합격자의 실전 풀이 순서

❶ 문제 유형 파악

본 문제의 경우 제시문으로 법조문이 주어졌으므로 법조문 유형임을 쉽게 알 수 있다. 특히 법조문 유형 중에서도 규정을 바탕으로 옳은 선지를 고르는 규정확인문제이다. 법조문 유형은 조문의 구체적인 내용을 독해하는 것보다, 법조문의 구조를 파악한 후 선지에서 묻고 있는 정보를 찾아 올라가는 방식으로 푸는 것이 좋다. 또한, 본 문제가 옳은 것을 고르는 문제라는 것을 인지하기 위해 "옳은"이라는 단어에 밑줄이나 동그라미 등 표시를 한다.

다음 글을 근거로 판단할 때 옳은 것은?

❷ 법조문 구조 분석

구조 분석이란 각 조문의 내용 및 조문 간 관계를 이해하는 것이다. 법조문 전체를 읽되, 세부적인 내용을 기억하기보다는 어떤 정보가 있는지 파악하는 것에 중점을 둔다. 이때 기호를 적절히 활용할 수 있다. 또한 이러한 분석 과정을 거치며 선지에 등장할만한 부분을 발견할 수 있다.

본문의 규정은 두 개의 조로 구성되어 있다. 조문의 제목이 없으므로 읽으면서 키워드를 파악한다. 가독성을 높이기 위해 가로선으로 각 조를 구분하고, '1, 2'로 숫자를 써둔다. 이하 편의상 첫 번째 조부터 '제1조', '제2조' 등으로 표기한다.

제1조는 채소류 등 저장성이 없는 농산물의 수매에 관한 규정이다. 제1조 1항에 단서가 있으므로 △로 표시를 해둔다. 제1항 본문은 '생산자 또는 생산자단체'에서, 단서는 '도매시장'에서 수매한다는 차이점을 확인한다. 제2항은 판매, 수출, 기증, 3항은 위탁을 키워드로 잡고 동그라미 표시를 한다.

제2조는 비축용 농산물의 출하 조절 및 수매에 관한 규정이다. 제2조 1항의 괄호에 쌀과 보리가 제외된다는 내용이 있으므로 이에 별표 표시를 해둔다. '미리 지급', '출하 조절'에도 표시한다. 이어서 2항의 단서에 △로 강조 표시를 한다. 본문과 단서의 구조가 제1조 제1항과 유사하나, 제2조 제2항은 단서에 해당하는 경우 수매뿐 아니라 '수입'도 할 수 있다는 차이가 있다. 제3항에서는 '위탁'에 표시한다. 위탁 대상기관은 제1조 제3항과 같다. 제4항은 '선물거래'에 표시하고, 4항의 내용이 2항 단서와 이어지고 있으므로 제4항과 2항 단서를 연결해둔다.

❸ 선지 판단

법조문 분석을 바탕으로 선지를 검토한다. 선지의 내용을 읽어본 후 각 선지의 내용에 해당하는 조문을 찾아서 이동한다. 농림축산식품부장관이 주체가 아닌 경우에는 항상 각 조의 제3항을 참고하여 위탁받을 수 있는 주체인지 확인한 후, 각 항으로 올라가 위탁된 구체적인 내용을 검토한다.

선지 ①번은 한국농수산식품유통공사가 주체이며, 저장성이 없는 농산물의 수매 및 처분에 관한 내용이므로 공사가 제1조 제3항에 있는지 확인하고, 제1항 및 제2항에 '수출'이 있는지 확인한다.

②번은 농림협중앙회가 주체인 저장성 없는 농산물의 수매에 관한 내용이므로, 선지 ①번과 같은 순서로 조문을 확인한다. '소매시장'이 언급된 바는 없으므로 위탁규정을 확인하지 않고 바로 옳지 않다고 판단해도 된다.

선지 ③번부터 ⑤번은 비축용 농산물에 관한 내용이므로 제2조와 비교한다. ③번은 비축용 농산물에서 제외되는 '보리'에 대한 내용이므로 옳지 않다. ④번은 수매처를 규정한 제2조 제2항과 비교한다. ④번의 판단이 모호하다면, ⑤번을 확인한다. 선물거래를 규정한 제2조 제4항과 비교하면 옳지 않음을 알 수 있다. 정답은 ④번이다. 특히 ②번, ③번, ⑤번 선지의 판단에는 단서가 활용되었음을 알 수 있다.

합격자의 시간단축 Tip

Tip ❶ 유사한 형태의 법조문은 차이점에 주목하여 독해

제1조와 2조처럼 법조문의 형태가 유사한 경우 조문 간의 차이점을 파악하며 독해한다. 제1조는 채소류 등 저장성이 없는 농산물의 경우이고, 제2조는 비축용 농산물의 경우이므로 조문 구조의 차이를 인지하며 읽는다. 예를 들어 문제로 출제되지는 않았으나 저장성이 없는 농산물의 경우에는 가격안정을 위하여 수매가 가능하고 비축용 농산물의 경우는 수급조절과 가격안정을 위해 출하를 조절하거나 수매하는 것이 가능하다. 또한 저장성이 없는 농산물은 가격 안정을 위해 특히 필요한 경우 도매시장에서 수매할 수 있지만, 비축용 농산물은 수매뿐 아니라 수입도 할 수 있다.

Tip ❷ 단서와 괄호에 주의하며 법조문 독해

법조문 유형에서는 단서와 괄호의 내용에 선지에 나올 가능성이 크므로 이에 유의하며 법조문을 분석하는 것이 좋다. 예를 들어, 본 문제의 경우 제1조 제1항과 제2조 제2항 단서, 제2조 제1항 괄호 같은 예외적인 부분에는 △와 같이 눈에 띄는 기호로 표시해둔다. 제1조 3항 괄호의 농림협중앙회의 경우, 산림조합중앙회까지 포괄하고 있다는 것에 유의해야 한다. 또한 농림협중앙회는 제2조 제3항에도 등장하기 때문에, 괄호 안의 용어를 꼭 확인해야 한다.

Tip ❸ 〈처분〉과 〈비축〉의 반대 관계에 유의

2조 2항에 따르면 2조의 농산물은 비축이 가능한 농산물이다. 1조 농산물의 경우 수매 후 처분을 언급하는 것과 반대 방향이다. 참고로 1조의 경우, 2항에서 처분의 방법을 3가지(판매/수출/기증)나 제시하여 강조하고 있다. 해당 단어를 키워드로 포착하여, 1조와 2조의 처리방향이 다르다는 것을 빠르게 인식하는 것이 좋다. 추가적으로, 1조의 경우 〈저장성이 없다〉고 하여 비축보다는 처분으로 연결되기 쉬운 대상을 제시하고 있다는 것 역시 포착할 수 있으면 좋다.

056 정답 ⑤ 난이도 ●●○

문제유형 사실적 이해 > 정보 확인

접근전략 다음 글에서 알 수 있는 것을 묻는 문제의 오답 구성원리는 제시문 내용과의 상충뿐만 아니라 제시문 내용으로부터 추론할 수 없음이다. 그러므로 없는 근거를 찾는 데에 시간을 뺏기지 말고 과감하게 넘어가자. 또한, 개념어가 많이 등장하는 경우 개념어 간 관계를 미리 잘 파악하며 읽자. 일반적으로 자주 나오는 개념어의 관계는 상위–하위, 대립, 유사, 비례, 반비례 등이 있다.

다음 글에서 알 수 있는 것은?

(1) 대부분의 미국 경찰관은 총격 사건을 경험하지 않고 은퇴하지만, 그럼에도 매년 약 600명이 총에 맞아 사망하고, 약 200명은 부상당한다. (2) 미국에서 총격 사건 중 총기 발사 경험이 있는 경찰관 대부분이 심리적 문제를 보인다. ▶ 1문단

(1) 총격 사건을 겪은 경찰관을 조사한 결과, 총격 사건이 일어나는 동안 발생하는 중요한 심리현상 중의 하나가 시간·시각·청각왜곡을 포함하는 지각왜곡이었다. (2) 83 %의 경찰관이 총격이 오가는 동안 시간왜곡을 경험했는데, 그들 대부분은 한 시점에서 시간이 감속하여 모든 것이 느려진다고 느꼈다. (3) 또한, 56 %가 시각왜곡을, 63 %가 청각왜곡을 겪었다. (4) 시각왜곡 중에서 가장 빈번한 증상은 한 가지 물체에만 주의가 집중되고 그 밖의 장면은 무시되는 것이다. (5) 청각왜곡은 권총 소리, 고함 소리, 지시 사항 등의 소리를 제대로 듣지 못하는 것이다. ▶ 2문단

(1) 총격 사건에서 총기를 발사한 경찰관은 사건 후 수많은 심리증상을 경험한다. (2) 가장 일반적인 심리증상은 높은 위험 지각, 분노, 불면, 고립감 등인데, 이러한 반응은 특히 총격 피해자 사망 시에 잘 나타난다. (3) 총격 사건을 겪은 경찰관은 이전에 생각했던 것보다 자신의 직업이 더욱 위험하다고 지각하게 된다. (4) 그들은 총격 피해자, 부서, 동료, 또는 사회에 분노를 느끼기도 하는데, 이는 자신을 누군가에게 총을 쏴야만 하는 상황으로

몰아넣었다는 생각 때문에 발생한다. (5) 이러한 심리증상은 그 정도에서 큰 차이를 보였다. (6) 37 %의 경찰관은 심리증상이 경미했고, 35 %는 중간 정도이며, 28 %는 심각했다. (7) 이러한 심리증상의 정도는 총격 사건이 발생한 상황에서 경찰관 자신의 총기 사용이 얼마나 정당했는가와 반비례하는 것으로 보인다. (8) 수적으로 열세인 것, 권총으로 강력한 자동화기를 상대해야 하는 것 등의 요소가 총기 사용의 정당성을 높여준다. ▶3문단

① **총격 사건 중에 경험하는 지각왜곡 중에서 청각왜곡이 가장 빈번하게 나타난다.**

➜ (×) 지각왜곡 중에서 가장 빈번하게 나타나는 것은 83%에 해당하는 시간왜곡이다.[2문단(2)] 청각왜곡을 겪은 것은 63%이다.[2문단(3)]

② **전체 미국 경찰관 중 총격 사건을 경험하는 사람이 경험하지 않는 사람보다 많다.**

➜ (×) 대부분의 미국 경찰관은 총격 사건을 경험하지 않고 은퇴한다.[1문단(1)]

③ **총격 피해자가 사망했을 경우 경찰관이 경험하는 청각왜곡은 그렇지 않은 경우보다 심각할 것이다.**

➜ (×) 제시문에서 총격 피해자가 사망했을 경우에 더 잘 나타나는 것은 사건 후 나타나는 심리 증상이다. 청각왜곡은 이와는 달리 총격사건이 일어나는 동안 느끼는 지각왜곡의 하나로 이 경우에 대해서는 피해자의 사망 여부가 끼치는 영향에 대해 제시되어 있지 않다.

④ **총격 사건 후 경찰관이 느끼는 높은 위험 지각, 분노 등의 심리증상은 지각왜곡의 정도에 의해 영향을 받는다.**

➜ (×) 지각왜곡은 총격 사건이 일어나는 동안 발생하는 심리현상으로[2문단(1)], 총격 사건 후 경찰관이 느끼는 심리증상과의 연관성에 대해서는 제시되어 있지 않다.

⑤ **범죄자가 경찰관보다 강력한 무기로 무장했을 경우 경찰관이 총격 사건 후 경험하는 심리증상은 반대의 경우보다 약할 것이다.**

➜ (O) 심리증상의 정도는 총격 사건이 발생한 상황에서 경찰관 자신의 총기 사용이 얼마나 정당했는가와 반비례하는 것으로 보인다.[3문단(7)] 이를 통해 정당할수록 심리증상이 경미하게 나타나고, 정당하지 않을수록 심리증상이 심각하게 나타난다는 것을 알 수 있다. 수적으로 열세인 것, 권총으로 강력한 자동화기를 상대하는 것 등의 요소가 총기 사용의 정당성을 높여준다고 했으므로[3문단(8)], 범죄자가 경찰관보다 강력한 무기로 무장했을 경우는 권총으로 강력한 자동화기를 상대하는 경우에 해당한다고 볼 수 있으므로 총기 사용의 정당성을 높여준다. 따라서 이때 경찰관이 경험하는 심리증상은 반대의 경우보다 약할 것이다.

제시문 분석

1문단 총격 사건을 경험한 경찰관이 겪는 문제

〈총격 사건을 경험한 경찰관이 겪는 문제〉
미국에서 총격 사건 중 초기 발사 경험이 있는 경찰관 대부분이 심리적 문제를 보인다.(2)

2문단 총격 사건이 일어나는 동안 발생하는 지각왜곡

〈총격 사건이 일어나는 동안 발생하는 지각 왜곡〉
총격 사건이 일어나는 동안 발생하는 중요한 심리현상 중의 하나가 시간·시각·청각왜곡을 포함하는 지각왜곡이었다.(1)

	〈시간왜곡〉	〈시각왜곡〉	〈청각왜곡〉
〈경험한 비율〉	83%(2)	56%(3)	63%(3)
〈증상〉	한 시점에서 시간이 감속하여 모든 것이 느려진다고 느낌(2)	한 가지 물체에만 주의가 집중되고 그 밖의 장면은 무시되는 것(4)	권총 소리, 고함 소리, 지시 사항 등의 소리를 제대로 듣지 못하는 것(5)

3문단 총격 사건 후 경험하는 심리증상

〈총격 사건 후 경험하는 심리증상〉	
총격 사건에서 총기를 발사한 경찰관은 사건 후 수많은 심리증상을 경험한다.(1)	
〈일반적 증상〉	〈원인〉
가장 일반적인 심리증상은 높은 위험 지각, 분노, 불면, 고립감 등인데, 이러한 반응은 특히 총격 피해자 사망시에 잘 나타난다.(2)	총격 사건을 경험한 경찰관은 자신의 직업이 더욱 위험하다고 지각하게 되고, 누군가가 자신을 총을 쏴야만 하는 상황으로 몰아넣었다는 생각 때문에 총격 피해자, 부서, 동료 또는 사회에 분노를 느낀다.(3),(4)

➜

〈정도〉	이러한 심리증상의 정도는 총격 사건이 발생한 상황에서 경찰관 자신의 총기 사용이 얼마나 정당했는가와 반비례하는 것으로 보인다.(7)
〈정당성〉	수적으로 열세인 것, 권총으로 강력한 자동화기를 상대해야 하는 것 등의 요소가 총기 사용의 정당성을 높여준다.(8)

합격자의 실전 풀이 순서

발문 읽기 및 문제 유형 파악

항상 발문을 먼저 제대로 읽자. 본 문제는 글에서 알 수 있는 것을 고르는 일치부합·내용추론 유형의 문제이다. 알 수 있는 것을 고르는 문제는 추론할 수 있는 것을 고르는 문제와 같다. 해당 유형은 제시문 내용과 부합하거나 그로부터 추론 가능한 선지가 정답이 되며, 제시문 내용과 상충하거나 그로부터 추론할 수 없는 선지가 오답이 된다. 발문에 O 표시를 해놓고 문제를 풀도록 하면 옳은 것을 골라야 하는 문제에서 옳지 않은 것을 고르게 되는 실수가 줄어든다. 이 유형에서는 제시문과 상충하는 경우뿐만 아니라 '제시문에 명확한 근거 없음'으로 오답인 선지가 구성되는 경우도 존재하므로 조심해야 한다. 본 문제와 같은 정보확인유형을 푸는 방법으로는 두 가지가 있다.

(1) 제시문 먼저 읽기

첫 번째로는 처음부터 제시문을 꼼꼼히 읽어 선지 확인을 위해 제시문을 다시 읽는 시간을 단축하는 방법이다. 이 방법의 경우 제시문을 읽는 과정에서 선지에 나올 만한 내용을 주의 깊게 읽고, 복잡한 제시문의 내용을 어느 정도 이해한 후 선지를 읽어야 한다. 이 방법을 사용하면서 시간을 단축하고 싶다면, 문단별로 나누어 한 문단을 꼼꼼히 읽고 그 문단에 상응하는 선지부터 판단하는 방법을 응용할 수 있다. 다만, 첫 번째 방법의 경우 제시문의 내용을 잊어버리면 다시 제시문을 읽게 되어 시간이 낭비되기 때문에 매우 긴 제시문이 있는 문제에는 적합하지 않다. 또한, 문단별로 선지를 확인하는 방식은 문단 간의 정보를 결합해야 하는 선지에는 취약하다는 한계가 있다.

(2) 선지 먼저 읽기

두 번째로는 선지를 읽고 선지에서 필요한 내용을 제시문에서 꼼꼼히 찾아가는 방법이 있다. 두 번째 방법은 제시문 내에서 선지와 일치하는 내용을 찾는 단순 일치부합 문제나 제시문이 매우 긴 경우 또는 제시문의 구조가 깔끔할 때 효과적이다. 그러나 두 번째 방법은 능숙하지 않은 사람이 시험장에서 시도한다면 성공률이 낮다는 한계가 있다. 두 번째 방식을 익숙하게 하기 위해서는 다양한 제시문을 첫 번째 방법처럼 꼼꼼히 분석하는 과정이 필요하다. 다양한 제시문을 접하고 글의 구조를 이해하게 되면 두 번째 방식을 효과적으로 활용할 수 있다.

각자 본인에게 적합한 방법은 다를 수 있다. 두 방법을 모두 시도해보고, 자신에게 맞는 방법을 찾아 풀면 된다.

제시문을 먼저 읽는 풀이의 경우

(1) 제시문 독해

본 문제의 제시문은 구조가 복잡하지 않고 내용이 어렵지 않으므로 앞서 언급한 두 가지 문제 풀이법 중 첫 번째 방식을 활용하는 것이 타당하다. 1문단은 미국의 경찰관이 겪는 총격 사건이라는 제재를 설명한다. 2문단에서부터는 여러 개념어가 나오기 시작한다. 개념어 간의 관계를 잘 체크하고 동그라미 등의 기호를 이용해 표시하며 읽자. 예를 들어 지각왜곡의 하위개념들로 시간왜곡, 시각왜곡, 청각왜곡이 존재함을 체크하고 시간-시각-청각왜곡 간의 내용 구분을 분명히 하자. 3문단에는 (1)부터 (4) 문장까지 총격 사건의 경찰관이 느끼는 심리 증상을 설명하고, (5) 문장부터는 '심리 증상의 정도'와 '총기 사용의 정당성'이라는 개념 간 반비례 관계가 나온다. 이처럼 비례관계가 나오는 경우 개념 간의 관계를 분명히 해두면 독해가 매끄러워지고 선지 판단도 정확하고 빨라진다.

(2) 선지 판단

선지 판단을 할 때는 정확도를 위해 끊어서 판단하고, 제시문으로 돌아가야 할 경우에는 '구분성'이 뚜렷한 키워드를 중심으로 돌아간다. '구분성'이 뚜렷한 키워드란 비교적 좁은 특정 범위에 존재하는 키워드를 말한다. 정답이 된 ⑤번 선지는 3문단에서 제시된 반비례 관계를 통해 풀 수 있었다.

선지를 먼저 읽는 풀이의 경우

(1) 선지 읽기

선지의 키워드를 확인하며 읽는다.

① 총격 사건, 지각왜곡 중 청각왜곡, 가장 빈번
② 전체 미국 경찰관, 총격 사건 경험 〉 ~경험
③ 총격 피해자 사망, 청각왜곡
④ 총격 사건, 높은 위험 지각, 분노, 지각왜곡 영향
⑤ 범죄자, 무장, 심리증상, 약

공통 키워드는 경찰관이며, 경찰관이 총격 사건 후 느끼는 지각 왜곡 및 그 영향요인에 대해 설명하는 글로 예상된다. 특정 요인이 청각왜곡에 미치는 영향의 방향에 집중하여 읽을 필요가 있을 것이다.

(2) 제시문 독해 및 선지 판단

선지에서 찾은 키워드를 발견하면 그에 표시하며 독해한다.

1문단에서 '총격 사건 경험'이 등장한다. 문장 (1)에 따를 때 ②는 옳지 않다.

2문단에 '지각왜곡' 및 '청각왜곡'의 개념 및 사례가 등장한다. 시간왜곡을 경험한 경찰관이 더 많으므로, ①은 옳지 않다.

3문단 (2)에 '높은 위험 지각', '분노', '피해자 사망' 등이 등장한다. '지각왜곡'이 영향요인이라는 설명은 없으므로 ④는 옳지 않다. '피해자 사망'은 언급된 '심리증상'의 영향 요인이다. 청각왜곡에 미치는 영향은 나타나 있지 않으므로 ③도 옳지 않다. 정답은 ⑤일 것이다.

3문단 문장 (7), (8)에서 범죄자가 경찰보다 강력한 무기로 무장한 경우 총기 사용의 정당성을 높여주며, 이는 심리증상을 약화함을 추론할 수 있다. ⑤가 옳으므로 정답이다.

합격자의 시간단축 Tip

Tip ❶ 선지에 나올 만한 내용에 주목

제시문을 읽는 실력이 향상된다면, 제시문의 내용을 단지 수용하는 단계에서 나아가 선지에 나올 만한 내용을 적극적으로 모색하는 단계로 나아갈 수 있다. 본 문제에서 파악할 수 있는 선지에서 자주 나오는 내용으로는, 두 대상의 공통점과 차이점, 인과 관계, 두 대상의 성능 및 효과 비교, 접속어로 시작하는 문장의 주요 내용이 있다. 다양한 정보확인문제를 통해 선지에서 주로 묻는 내용이 무엇인지 정리한 뒤, 제시문에서 선지에 나올만한 내용을 미리 파악하며 읽는 습관을 들이자.

Tip ❷ 알 수 없는 내용의 선지에 대비

알 수 있는 것을 고르는 문제의 오답 선지 구성원리는 본문 내용과 상충하는 내용뿐만 아니라 유추할 근거 없음도 포함한다. 유추할 근거가 없는 근거를 찾는 데에 시간을 쓰지 말고 과감하게 다음 선지로 넘어가서 오답 판단을 빠르게 내리도록 하자.

Tip ❸ 개념어 간의 관계를 정리

개념어가 많이 나오는 경우 개념어 간 관계를 정리하며 읽도록 하자. 자주 나오는 개념 간 관계로는 상위-하위개념, 대립, 유사, 비례-반비례 등이 존재한다. 선지 ③과 같이 서로 다른 개념어의 특징을 연결하여 선지를 구성할 수도 있으므로 개념어 간 관계를 미리 파악해두면 독해와 선지 판단의 정확도와 빠르기가 올라간다.

Tip ❹ 구분성이 뚜렷한 키워드 탐색

본문으로 돌아가야 한다면 '구분성'이 뚜렷한 키워드를 중심으로 돌아가면 비교적 빠르게 근거를 찾을 수 있다. '구분성'이 뚜렷하다는 것은 글 전반에 걸쳐 있기보다는 비교적 좁은 특정 범위 안에 존재하는 내용이라는 의미이다.

057 정답 ❷

난이도 ●○○

문제유형 이해 > 내용 파악

접근전략 선지를 보면 '경우 + 그에 따른 결과'로 구성되어 있다. 따라서 경우(조건) 또는 결과(처벌종류) 중 하나를 키워드로 삼도록 한다.

일반적으로 형법 테마 지문은 조건문의 형태로 지문이 제시되어 한 번에 많은 정보를 챙겨가기 어려울뿐더러, 특히 과거의 형법이 나오는 경우 오늘날의 기준과 달라 평균적인 난이도보다 어려울 가능성이 높다. 따라서 어느 정도 마음의 준비를 하고 지문 독해에 들어가자.

다음 글에서 알 수 있는 것은?

(1) 조선 시대에는 어떤 경우라도 피의자로부터 죄를 자백 받도록 규정되어 있었고, 죄인이 자백을 한 경우에만 형이 확정되었

다. (2) 관리들은 자백을 받기 위해 심문을 했는데, 대개 말로 타일러 자백을 받아내는 '평문'을 시행했다. (3) 그러나 피의자가 자백을 하지 않고 버틸 때에는 매를 쳐 자백을 받는 '형문'을 시행했다. (4) 형문 과정에서 매를 칠 때에는 한 번에 30대를 넘길 수 없었고, 한 번 매를 친 후에는 3일이 지나야만 다시 매를 칠 수 있었다. (5) 이렇게 두 번 매를 친 후에는 형문으로 더 이상 매를 칠 수 없었다. ▶1문단

(1) 평문이나 형문을 통해 범죄 사실이 확정되면 '본형'이 집행되었다. (2) 그런데 본형으로 매를 맞을 사람에게는 형문 과정에서 맞은 매의 수만큼 빼 주도록 규정되어 있었다. (3) 또 형문과 본형에서 맞은 매의 합계가 그 죄의 대가로 맞도록 규정된 수를 초과할 수 없었다. (4) 형문과 본형을 막론하고, 맞는 매의 종류는 태형과 장형으로 나뉘어졌다. (5) 태형은 길고 작은 매를 사용해 치는 것인데, 어떤 경우에도 50대를 넘겨서 때릴 수 없었다. (6) 태형보다 더 큰 매로 치는 장형은 '곤장'이라고도 부르는데, 죄목에 따라 60대부터 10대씩 올려 100대까지 칠 수 있었다. (7) 장형을 칠 때, 대개는 두께가 6밀리미터 정도인 '신장'이라는 도구를 사용했다. (8) 그런데 종이 상전을 다치게 했을 경우에는 신장보다 1.5배 정도 더 두꺼운 '성장'이라는 도구를 사용해 매를 쳤다. (9) 또 반역죄와 같이 중한 죄인을 다룰 때에는 더 두꺼운 '국장'을 사용하였다. ▶2문단

(1) 매를 때리다가 피의자가 죽는 경우도 있었는데, 이때는 책임자를 파직하거나 그로 하여금 장례 비용을 내게 했다. (2) 단, 반역죄인에게 때리는 매의 수에 제한은 없었고, 형문이나 본형 도중 반역죄인이 사망한다고 해서 책임자를 문책한다는 규정도 없었다. ▶3문단

(1) 조선 시대에는 남의 재물을 강탈한 자를 처벌할 때 초범인 경우에는 60대를 쳤다. (2) 그런데 재범이거나 세 사람 이상 무리를 이루어 남의 재물을 강탈했을 때에는 처벌이 더 엄했다. 이런 사람에 대한 처벌로는 100대를 때렸다. (3) 남의 재물을 강탈한 자의 경우 형문할 때와 본형으로 처벌할 때 택하는 매의 종류가 같았다. ▶4문단

① 피의자가 평문을 받다가 사망하면 심문한 사람이 장례 비용을 내야 했다.
→ (×) 매를 때리다가 피의자가 죽는 경우에는 책임자가 장례 비용을 내야 했다.[3문단(1)] 그러나 평문은 말로 타일러 자백을 받아내는 방법이므로[1문단(2)], 피의자가 평문을 받다가 사망하더라도 심문한 사람이 장례 비용을 부담하지 않았다는 것을 알 수 있다.

② 세 명 이상 무리를 지어 남의 재물을 강제로 빼앗은 자는 장형으로 처벌했다.
→ (O) 세 사람 이상 무리를 이루어 남의 재물을 강탈했을 때는 처벌이 더 엄해서 100대를 때렸다.[4문단(2)] 그런데 태형은 어떤 경우에도 50대를 넘겨서 때릴 수 없었고[2문단(5)], 맞는 매의 종류는 태형과 장형으로 나뉘므로[2문단(4)], 100대를 때렸다는 것은 곧 장형으로 처벌했다는 것을 알 수 있다.

③ 반역 혐의가 있는 사람은 자백을 받지 않고 국장으로 때리도록 규정되어 있었다.
→ (×) 조선 시대에는 어떤 경우라도 피의자로부터 죄를 자백받도록 규정되어 있었고, 죄인이 자백을 한 경우에만 형이 확정되었다.[1문단(1)] 이는 반역 혐의가 있는 사람에게도 마찬가지로 적용되었으므로, 반드시 자백을 받아야만 국장으로 때릴 수 있었다.[2문단(9)]

④ 상전의 명을 어긴 혐의로 형문을 받는 종은 남의 재물을 강탈한 자보다 더 많은 매를 맞았다.
→ (×) 남의 재물을 강탈한 경우에는 초범이더라도 60대를 쳤는데[4문단(1)], 상전의 명을 어긴 혐의로 형문을 받는 종은 어떤 처벌을 받았는지는 제시문에서 언급하지 않고 있다. 따라서 상전의 명을 어긴 혐의로 형문을 받는 종이 남의 재물을 강탈한 자보다 더 많은 매를 맞았는지는 알 수 없다.

⑤ 평문 과정에서 죄인이 자신의 죄를 순순히 자백하면 본형에 들어가지 않고 처벌을 면제하였다.
→ (×) 평문 과정에서 죄인이 자신의 죄를 순순히 자백하면 형문을 거치지 않고 바로 본형으로 들어가 처벌을 받는다.[2문단(1)] 따라서 평문 과정에서 죄인이 자신의 죄를 순순히 자백하더라도 본형에서 처벌이 면제되지는 않았다.

제시문 분석

1문단 평문과 형문

〈형을 확정하기 위한 요건〉		
조선 시대에는 어떤 경우라도 피의자로부터 죄를 자백받도록 규정되어 있었고, 죄인이 자백을 한 경우에만 형이 확정되었다.(1)		
〈평문〉	〈형문〉	
말로 타일러 자백을 받아내는 방법(2)	피의자가 자백을 하지 않고 버틸 때 매를 쳐 자백을 받아내는 방법(3)	
	〈조건〉	
	한 번에 30대를 넘길 수 없었고, 한 번 매를 친 후에는 3일이 지나야만 다시 매를 칠 수 있었다. 이렇게 두 번 매를 친 후에는 형문으로 더 이상 매를 칠 수 없었다.(4),(5)	

2문단 본형의 집행

〈본형의 집행〉	
평문이나 형문을 통해 형이 확정되면 '본형'이 집행되었다.(1)	
〈조건 ①〉	〈조건 ②〉
본형으로 매를 맞을 사람에게는 형문 과정에서 맞은 매의 수만큼 빼 주도록 규정되어 있었다.(2)	또 형문과 본형에서 맞은 매의 합계가 그 죄의 대가로 맞도록 규정된 수를 초과할 수 없었다.(3)

〈매의 종류〉	
형문과 본형을 막론하고, 맞는 매의 종류는 태형과 장형으로 나뉘어졌다.(4)	
〈태형〉	〈장형〉
태형은 길고 작은 매를 사용해 치는 것인데, 어떤 경우에도 50대를 넘겨서 때릴 수 없었다.(5)	태형보다 더 큰 매로 치는 장형은 '곤장'이라고도 부르는데, 죄목에 따라 60대부터 10대씩 올려 100대까지 칠 수 있었다.(6)
	장형을 칠 때, 대개는 두께가 6밀리미터 정도인 '신장'이라는 도구를 사용했다.(7)

→

〈성장〉	종이 상전을 다치게 했을 경우에는 신장보다 1.5배 정도 더 두꺼운 '성장'이라는 도구를 사용해 매를 쳤다.(8)
〈국장〉	반역죄와 같이 중한 죄인을 다룰 때에는 더 두꺼운 '국장'을 사용하였다.(9)

3문단 피의자가 죽는 경우

〈피의자가 죽는 경우〉		〈반역죄인의 경우〉
매를 때리다가 피의자가 죽는 경우도 있었는데, 이때는 책임자를 파직하거나 그로 하여금 장례 비용을 내게 했다.(1)	⊕	반역죄인에게 때리는 매의 수에 제한은 없었고, 형문이나 본형 도중 반역죄인이 사망한다고 해서 책임자를 문책한다는 규정도 없었다.(2)

4문단 재물 강탈자에 대한 처벌

〈재물 강탈자 처벌〉	
〈초범〉	〈재범〉
조선 시대에는 남의 재물을 강탈한 자를 처벌할 때 초범인 경우에는 60대를 쳤다.(1)	재범이거나 세 사람 이상 무리를 이루어 남의 재물을 강탈했을 때에는 처벌이 더 엄했다. 이런 사람에 대한 처벌로는 100대를 때렸다.(2)
〈매의 종류〉	
남의 재물을 강탈한 자의 경우 형문할 때와 본형으로 처벌할 때 택하는 매의 종류가 같았다.(3)	

합격자의 실전 풀이 순서 한국사 비문학 유형

한국사 비문학 유형이다. 최근 5급 공채 PSAT의 추세대로 책형 앞부분에 한국사 비문학 문항들이 배치되었다.

⓪ 유형 파악하기

본 유형의 식별은 간단하다. 발문과 지문의 첫 문장만 읽어도 일치부합·내용추론 문제이며, 한국사 비문학 지문임을 알 수 있을 것이다. 1문에서 소개한 해당 유형의 특징도 다시 한번 숙지하며 넘어가자.

❶ 지문 훑어보기

이 단계에서는 지문의 주제와 키워드를 대강 파악한다. 눈에 띄는 부분이 있는지 체크하며 독해의 방향을 설정한다. 이 문제의 경우 한국사 관련 내용이나, 시간의 흐름보다는 특정 대상에 대한 설명이 중심이다.

예 조선 시대 범죄자를 처벌하는 과정에 대한 글이구나. '평문', '형문', '본형', '곤장', '신장', '성장' 등 작은따옴표로 강조된 단어들을 구별해야겠네. 매를 칠 수 있는 대수도 구체적인 숫자로 제시되니 어떤 경우에 몇 대까지 칠 수 있는지 확실히 알아둬야겠다.

❷ 발문 확인하기

본 문제는 '알 수 있는/없는 것은?' 유형에 해당한다. 이때 알 수 '있는' 것인지, '없는' 것인지를 확실히 표시하고 간다.

> 다음 글에서 알 수 있는 것은?

3-1 선지를 읽고 제시문을 확인하는 경우

선지를 하나씩 판단하는 경우

① **피의자가 평문을 받다가 사망하면 심문한 사람이 장례 비용을 내야 했다.**

심문한 사람이 장례 비용 지불 ⇨ 매를 때리다가 죽는 경우 ⇨ 형문 ⇏ 평문

지문의 내용만으로 추론할 수 없는 내용을 묻는 선지다. '장례 비용 지불'을 키워드로 잡아 올라가면, 이는 매를 때리는 형문의 경우에만 적용될 뿐 말로 심문하는 평문에는 적용되지 않는다. 따라서 추론할 수 없다.

② **세 명 이상 무리를 지어 남의 재물을 강제로 빼앗은 자는 장형으로 처벌했다.**

세 명 이상 무리를 지어 남의 재물을 강제로 빼앗은 자 ⇨ 100대 ⇨ 장형

간단한 추론형 선지다. '세 명 이상 … 빼앗은 자'가 그대로 지문에 나와 있어 찾기 쉽다. 이 경우 100대의 매를 때리는데, 다시 '100대'를 키워드로 윗부분을 찾아보면 50대보다 많이 때리는 경우는 장형임을 알 수 있다. 두 가지 정보를 합쳐 추론 가능한 선지다.

③ **반역 혐의가 있는 사람은 자백을 받지 않고 국장으로 때리도록 규정되어 있었다.**

반역 혐의	⇨	자백	⇨	어떤 경우라도 자백 필요	(×)
	⇨	국장	⇨	반역죄의 경우 국장 사용	(○)

두 가지를 확인해야 하는 단순비교형 선지다. '반역'을 키워드로 잡아 지문을 확인하면 국장과 관련된 부분은 추론 가능하지만[2문단(9)], 자백의 경우에는 어떤 경우에도 예외가 없으므로[1문단(2)] 추론할 수 없다.

④ **상전의 명을 어긴 혐의로 형문을 받는 종은 남의 재물을 강탈한 자보다 더 많은 매를 맞았다.**

'보다'와 같은 비교급 표현이 사용된 추론형 선지다. 숫자의 크기에 대한 비교급 표현의 경우 아래와 같이 시각적으로 표시해도 좋다.

> ④ (상전의 명을 어긴 혐의로 형문을 받는 종) 은 〉 (남의 재물을 강탈한 자) 보다 더 많은 매를 맞았다.

그리고 비교의 두 대상을 각각 찾아보도록 한다.

'남의 재물을 강탈한 자'는 60대[4문단(1)]라는 명확한 근거가 있다. 그런데 '상전의 명을 어긴 혐의로 형문을 받는 종'에 대해서는 지문 어디에서도 설명한 바가 없다. 즉, 비교가 불가한 것이다. 따라서 추론할 수 없다.

⑤ **평문 과정에서 죄인이 자신의 죄를 순순히 자백하면 본형에 들어가지 않고 처벌을 면제하였다.**

평문 과정에서 자백 ⇨ 범죄 사실이 확정 ⇨ 본형 집행

지문 내용만으로는 추론할 수 없는 내용을 묻는 선지다. 죄인이 자백하면 범죄 사실이 확정되므로[2문단(1)], 이는 본형 집행으로 이어진다는 부분에서 옳지 않음을 추론할 수 있다.

선지를 보면 '경우 + 그에 따른 결과'로 구성되어 있다. 따라서 경우(상황) 또는 결과(처벌) 중 하나를 키워드로 삼도록 한다.

전체 선지를 읽고 제시문을 확인하는 경우

(1) 선지 확인

선지에서 키워드를 골라 표시한다. 키워드를 고를 때는 지문을 읽는 도중 효과적으로 기억할 수 있는 것으로 한다. 이는 개인마다 차이가 있을 수 있는데 본인에게 가장 편한 것을 고르면 된다. 각 선지의 키워드 예시는 다음과 같다. (①: 사망, ②: 세 명 이상 무리, ③: 반역 혐의, ④: 상전의 명을 어긴 혐의, ⑤: 처벌을 면제)

(2) 지문 독해 및 선지 판단

지문을 읽기 시작한다. 문단 단위로 핵심 내용이 변화한다는 생각을 갖고 한 문장마다 차근차근 정보를 확인한다. 지문을 읽을 때는 선지에서 잡은 키워드도 중요하지만, 개념의 정의에도 유의해야 한다. 예컨대 이 문제에서는 '평문', '형문', '본형' 등의 개념이 무엇인지 아는 상태에서 지문을 읽어야

한다. 여기서 '알아야 한다'라는 것은 완벽히 이해하라는 뜻이 아니다. 지문을 읽으면서 무리가 없을 정도면 된다.

3문단 1문에서 선지 ①로 내려간다. 선지 ①의 키워드는 '사망'이었지만, 반드시 용어가 정확히 일치하지 않더라도 의미가 같거나 유사하면 내려가서 확인하도록 한다. 선지를 확인할 때는 선지 처음 부분부터 각 구성요소의 정보를 지문과 대응시켜야 한다. '평문을 받다가 사망하면'이라는 부분에서 이미 오답임을 알 수 있는데, '평문'은 제시문의 정의상 '말로 타일러 자백을 받아내는 것'이기 때문이다. 이처럼 개념 정의가 선지 판단에서도 중요하게 작용함을 알 수 있다.

3문단 (2)에서 선지 ③으로 내려간다. 선지나 지문에서 부정어를 발견하면 주의해야 한다. 이는 논리 형식으로 보면 부정(거짓)을 한 것이기 때문이다. 지문 1문단 (1)을 보면 죄를 자백받도록 하는 규정에는 예외가 없음을 알 수 있다.

4문단 (2)에서 선지 ②로 내려간다. 앞서 2문단에서 파악한 정보에 따르면 매의 종류는 태형과 장형으로 나누어져 있고 태형은 50대까지, 장형은 100대까지 가능하다고 했으므로 정답 선지임을 알 수 있다.

3-2 제시문 독해 후 선지 판단

(1) 제시문 독해하기

독해는 모든 내용을 기억하기보다 어디에 어떤 내용이 있는지를 인지하고, 특징적인 내용을 표시하는 방식으로 진행한다.

1문단은 조선시대에는 죄인이 자백을 한 경우에만 형이 확정되었다는 내용으로 시작하여, '평문'과 '형문'이라는 자백을 받아내는 방법을 설명한다. 각각의 단어에 표시를 하고, 차이점을 이해한다. 특히 마지막 문단에 '더 이상 매를 칠 수 없'는 상황을 눈여겨 봐 둔다.

2문단은 자백 이후 '본형'에 대해 설명한다. 형문+본형의 매의 합계가 형벌 기준을 초과해서는 안된다는 부분을 봐 둔다. 문장 (4)부터는 형문과 본형을 막론하고 적용되는 '태형'과 '장형'에 대한 설명이 등장한다. 태형과 장형에 표시해두고, '/'로 내용이 나뉘는 부분에 표시한다. 장형을 '곤장'이라고도 부르므로 같은 기호로 표시한다. '신장', '성장', '국장'의 설명 부분이 구분되도록 '/'로 표시해둔다.

3문단의 내용을 읽고 '단,' 이하의 내용은 원칙의 예외이므로 눈여겨 봐 둔다.

4문단은 2문단에서 언급되었던 '죄의 대가로 규정된 매의 수'의 구체적 사례가 등장한다. 60대인 경우, 100대인 경우를 '/'로 구분해둔다. 그리고 재물 강탈의 경우 매의 종류가 같다는 점도 놓치지 않는다.

(2) 선지 판단하기

① 3문단에 관련 내용이 있었다. 파직하거나 장례 비용을 내게 했다고 하며, 반역죄인에 대한 것은 면책되므로 옳지 않다.

② 무리를 지어 재물을 뺏는다는 내용은 4문단에 있었다. 100대임을 확인하고 매의 종류는 2문단에서 찾는다. 50대를 초과하면 장형이므로 옳은 선지이다.

답을 도출하였지만 어려운 지문은 아니었으므로, 나머지 선지도 빠르게 정오를 판단한다. 이 경우 제시문을 다시 읽을 필요 없이 빨리 소거 가능한 선지부터 판단한다.

③ 조선시대에는 자백을 한 경우에만 형이 확정된다는 내용이 1문단에 있었다. 옳지 않다.

④ '상전'이 2문단 쯤 등장하기는 했으나 매의 수는 알 수 없다.

⑤ 범죄가 확정되면 본형에 들어간다는 것이 2문단 첫 문장에 있다. 자백을 한 경우에만 형이 확정된다는 내용과도 상충한다. 옳지 않다.

합격자의 시간단축 Tip

Tip ❶ 개념과 정보를 정확히 연결하자.

지문에서 둘 이상의 비교되는 개념이 등장하면 관련된 정보를 반대로 엮은 형태의 함정이 자주 출제된다. 예를 들어, 지문에 따르면 '평문'은 말로 타일러 자백을 받는 심문법이고 '형문'은 매를 쳐 자백을 받는 방법이지만 '평문은 매를 쳐 자백을 받는 방법이다'와 같은 선지가 등장할 수 있다. 따라서 각 개념을 설명하는 정보들을 혼동하지 않도록 명확히 연결해야 한다.

Tip ❷ 개념 간 관계를 이해하자.

이 문제의 경우, 논리적 사고를 더 명확히 발휘할 수 있는 특징이 있다. 선지의 조건문이나 평문과 형문, 태형과 장형처럼 양립할 수 없는 개념을 그 예로 들 수 있는데, 이 경우 논리적 틀 안에서 사고하면 선지 판단을 보다 정확히 할 수 있다. 예를 들어, 형문에 대한 내용을 설명하고 '평문'이 등장한다면 당연히 옳지 않은 선지가 되는 것이다.

Tip ❸ 접속사, 강조 어구에 유의한다.

역접의 접속사와 강조 어구는 그 앞뒤 내용이 선지로 자주 출제되므로 독해 시 유의해야 한다. 접속사로서는 1문단의 '그러나', 2문단의 '그런데', 3문단의 '단' 등에 유의하여 글의 흐름을 잡아가야 한다.

강조 어구로는, 2문단의 '형문과 본형을 막론하고', 3문단의 '규정도 없었다', 4문단의 '종류가 같았다' 등이 있다. '종류가 같았다'는 '무엇이 같았나?'라는 질문으로 이어지며, 이는 추론을 요하는 선지로 출제될 수 있다.

Tip ❹ 형벌 분야에서 종종 등장하는 글의 전개 흐름을 익혀둔다.

자백 여부, 매 사이의 간격, 단계별 매의 총합, 서로 다른 신분 간 범죄, 반역죄 또는 강상죄의 경우 처벌기준, 재범의 경우 등은 형법 테마 지문에 종종 등장한다. 이런 내용이 전개되리라고 예상하고 지문을 접하면 상대적으로 독해를 쉽게 만들 수 있다.

058 정답 ⑤

난이도 ●○○

문제유형 이해 > 내용 추론

접근전략 지문에는 단계 및 선후관계, 원칙–예외, 병렬된 개념 간 비교 등의 테마가 등장한다. 본 문제는 선지가 까다롭기로 손에 꼽히는 비문학 유형이다. 선지 ②~⑤는 맨 앞에 '시기, 당, 지역'의 조건이 하나 또는 여럿 붙어 난이도를 높였다. 이 경우 먼저 조건 자체를 키워드로 잡아 지문을 확인해 본다. 그러나 해당 키워드가 직접적으로 지문에 제시되지 않았다면, 다음으로는 지문에 설명된 규칙을 이해한 뒤 선지에 적용하여 해결한다. 선지 ④의 경우 전자, ②, ③, ⑤의 경우 후자의 방식으로 해결한다. 특히 선지 ③이 가장 까다로우므로 해설 및 풀이순서를 집중해서 숙지하자.

다음 글에서 추론할 수 있는 것은?

(1) 미국 대통령 후보 선거제도 중 '코커스'는 정당 조직의 가장 하위 단위인 기초선거구의 당원들이 모여 상위의 전당대회에 참석할 대의원을 선출하는 당원회의이다. (2) 대의원 후보들은 자신이 대통령 후보로 누구를 지지하는지 먼저 밝힌다. (3) 상위 전당대회에 참석할 대의원들은 각 대통령 후보에 대한 당원들의 지지율에 비례해서 선출된다. (4) 코커스에서 선출된 대의원들은 카운티 전당대회에서 투표권을 행사하여 다시 다음 수준인 의회

선거구 전당대회에 보낼 대의원들을 선출한다. (5) 여기서도 비슷한 과정을 거쳐 주(州) 전당대회 대의원들을 선출해내고, 거기서 다시 마지막 단계인 전국 전당대회 대의원들을 선출한다. (6) 주에 따라 의회선거구 전당대회는 건너뛰기도 한다. ▶1문단

(1) 1971년까지는 선거법에 따라 민주당과 공화당 모두 5월 둘째 월요일까지 코커스를 개최해야 했다. (2) 그런데 민주당 전국위원회가 1972년부터는 대선후보 선출을 위한 전국 전당대회를 7월 말에 개최하도록 결정하면서 1972년 아이오와주 민주당의 코커스는 그 해 1월에 열렸다. (3) 아이오와주 민주당 규칙에 코커스, 카운티 전당대회, 의회선거구 전당대회, 주 전당대회, 전국 전당대회 순서로 진행되는 각급 선거 간에 최소 30일의 시간적 간격을 두어야 한다는 규정이 있었기 때문이다. (4) 이후 아이오와주에서 공화당이 1976년부터 코커스 개최시기를 1월로 옮기면서, 아이오와주는 미국의 대선후보 선출 과정에서 민주당과 공화당 모두 가장 먼저 코커스를 실시하는 주가 되었다. ▶2문단

(1) 아이오와주의 선거 운영 방식은 민주당과 공화당 간에 차이가 있었다. (2) 공화당의 경우 코커스를 포함한 하위 전당대회에서 특정 대선후보를 지지하여 당선된 대의원이 상위 전당대회에서 반드시 같은 후보를 지지해야 하는 것은 아니었다. (3) 반면 민주당의 경우 그러한 구속력을 부여하였다. (4) 그러나 2016년부터 공화당 역시 상위 전당대회에 참여하는 대의원에게 같은 구속력을 부여함으로써 기층 당원의 대통령 후보에 대한 지지도가 전국 전당대회에 참여할 주(州) 대의원 선출에 반영되도록 했다. ▶3문단

① 주 전당대회에 참석할 대의원은 모두 의회선거구 전당대회에서 선출되었다.
→ (×) 일반적으로 의회선거구 정당대회에서 주 전당대회 대의원들을 선출해낸다.[1문단(5)] 그러나 주에 따라 의회선거구 전당대회는 건너뛰기도 하므로[1문단(6)], 주 전당대회에 참석할 대의원 모두를 의회선거구 전당대회에서 선출하지는 않는다는 것을 알 수 있다.

② 1971년까지 아이오와주보다 이른 시기에 코커스를 실시하는 주는 없었다.
→ (×) 아이오와주의 코커스가 1월로 옮겨진 시점은, 민주당은 1972년부터[2문단(2)], 공화당은 1976년부터이다.[2문단(4)] 그 이전인 1971년까지는 선거법에 따라 민주당과 공화당 모두 5월 둘째 월요일까지 코커스를 개최해야 했다는 언급만 있을 뿐[2문단(1)], 아이오와주보다 이른 시기에 코커스를 실시하는 주가 있었는지에 대해서는 설명하고 있지 않다. 따라서 이는 추론할 수 없는 정보이다.

③ 1972년 아이오와주 민주당의 주 전당대회 선거는 같은 해 2월 중에 실시되었다.
→ (×) 아이오와주 민주당 규칙에 코커스, 카운티 전당대회, 의회선거구 전당대회, 주 전당대회, 전국 전당대회 순서로 진행되는 각급 선거 간에 최소 30일의 시간적 간격을 두어야 한다는 규정이 있었다.[2문단(3)] 그러므로 아이오와주에서 1972년 1월에 코커스가 실시되었다 해도[2문단(2)], 주 전당대회는 최소 90일이 지나야 개최될 수 있었다. 따라서 1972년 아이오와주 민주당의 주 전당대회는 같은 해 2월 중에 실시될 수 없다.

④ 1972년 아이오와주에서 민주당 코커스와 공화당 코커스는 같은 달에 실시되었다.
→ (×) 1972년 아이오와주 민주당의 코커스는 그해 1월에 열렸다.[2문단(2)] 그러나 아이오와주 공화당의 코커스는 1976년부터 1월에 개최되었으므로[2문단(4)], 1972년 아이오와주에서 민주당과 공화당 코커스는 같은 달에 실시되지 않았음을 알 수 있다.

⑤ 1976년 아이오와주 공화당 코커스에서 특정 후보를 지지한 대의원은 카운티 전당대회에서 다른 후보를 지지할 수 있었다.
→ (○) 공화당의 경우 코커스를 포함한 하위 전당대회에서 특정 대선후보를 지지하여 당선된 대의원이 상위 전당대회에서 반드시 같은 후보를 지지해야 하는 것은 아니었다.[3문단(2)] 공화당 역시 상위 전당대회에 참여하는 대의원에게 반드시 같은 후보를 지지해야 하는 구속력을 부여한 것은 2016년 이후의 일이다.[3문단(4)] 따라서 1976년 아이오와주 공화당 코커스에서 특정 후보를 지지한 대의원은 카운티 전당대회에서 다른 후보를 지지할 수 있었다.

제시문 분석

1문단 미국 대통령 후보 선거제도

〈미국 대통령 후보 선거제도〉	
① 코커스	정당 조직의 가장 하위 단위인 기초선거구의 당원들이 모여 상위의 전당대회에 참석할 대의원을 선출하는 당원회의(1)
② 카운티 전당대회	코커스에서 선출된 대의원들은 카운티 전당대회에서 투표권을 행사하여 의회선거구 전당대회에 보낼 대의원들을 선출한다.(4)
③ 의회선거구 전당대회	여기서도 비슷한 과정을 거쳐 주(州) 전당대회 대의원들을 선출해내는데 주에 따라 의회선거구 전당대회는 건너뛰기도 한다.(5),(6)
④ 주 전당대회	전국 전당대회 대의원들을 선출한다.(5)
⑤ 전국 전당대회	마지막 단계의 전당대회이다.(5)

2문단 아이오와주의 코커스 개최 시기

〈1971년까지의 선거법〉
1971년까지는 선거법에 따라 민주당과 공화당 모두 5월 둘째 월요일까지 코커스를 개최해야 했다.(1)

〈1972년 민주당의 변화〉		〈1976년 공화당의 변화〉
민주당 전국위원회가 1972년부터는 대선후보 선출을 위한 전국 전당대회를 7월 말에 개최하도록 결정하면서 1972년 아이오와주 민주당의 코커스는 그 해 1월에 열렸다.(2)	→	이후 아이오와주에서 공화당이 1976년부터 코커스 개최시기를 1월로 옮기면서, 아이오와주는 미국의 대선후보 선출 과정에서 민주당과 공화당 모두 가장 먼저 코커스를 실시하는 주가 되었다.(4)

3문단 아이오와주 민주당과 공화당의 선거 운영 방식

〈공화당의 방식〉		〈민주당의 방식〉		〈공화당의 방식 변화〉
공화당의 경우 코커스를 포함한 하위 전당대회에서 특정 대선후보를 지지하여 당선된 대의원이 상위 전당대회에서 반드시 같은 후보를 지지해야 하는 것은 아니었다.(2)	→	반면 민주당의 경우 그러한 구속력을 부여하였다.(3)	→	그러나 2016년부터 공화당 역시 같은 구속력을 부여함으로써 기층 당원의 대통령 후보에 대한 지지도가 전국 전당대회에 참여할 주(州) 대의원 선출에 반영되도록 했다.(4)

합격자의 실전 풀이 순서

⓪ 유형 식별하기

이 유형은 발문 및 첫 줄의 선거제도와 '코커스'라는 단어에서 정치학, 특히 제도와 관련된 내용의 비문학 일치부합·내용추론 유형임을 알 수 있다. 제도의 변천, 제도 간 비교, 그 밖에도 다양한 내용으로 전개될 수 있으므로 다른 유형과 구분되는 특징은 없다. 따라서 발문에 따른 문제 유형 접근법에 따라 접근하면 될 것이다.

❶ 지문 훑어보기

이 단계에서는 지문의 주제와 키워드를 대강 파악한다. 눈에 띄는 부분이 있는지 체크하며 독해의 방향을 설정한다.

예 미국 대통령 후보 선거제도 '코커스'에 대한 글이구나. 1문단에서 '단계', '수준' 등의 단어를 보니 후보 선출 과정이 단계별로 제시되나 보네. 2문단에는 '1971년', '1972년', '그 해 1월', '1976년' 등 시대 표현, 3문단에는 공화당과 민주당을 비교하는 내용에 집중해야겠다.

❷ 발문 확인하기

> 다음 글에서 추론할 수 있는 것은?

본 문제는 '추론할 수 있는 것'을 묻고 있다. '추론할 수 있는 것'이 '알 수 있는 것'과 어떻게 다른지 궁금할 수 있다. 정의상 '알 수 있는 것'은 단순비교를 통해 직접적으로 확인 가능한 내용과 추론을 통해 알아낼 수 있는 내용을 모두 포괄한다. 반면 '추론할 수 있는 것'은 둘 중 후자만을 의미하는 좁은 발문이다. 그러나, 최근 들어 일반적인 '알 수 있는 것' 일치부합 유형에서 선지 난이도가 상승함에 따라 둘은 이제 실질적으로 차이가 없다고 봐야 한다. '추론할 수 있는 것' 문항에서 단순비교형 선지가 출제된다고 해서 출제오류라 할 수도 없다. 이러한 이유로 본 문제는 '알 수 있는/없는 것은?' 유형에 해당한다. 알 수 '있는' 것인지, '없는' 것인지를 확실히 표시하고 다음 단계로 간다.

3-1 선지를 읽고 제시문 확인

선지를 하나씩 판단하는 경우

① 주 전당대회에 참석할 대의원은 모두 의회선거구 전당대회에서 선출되었다.

단계와 원칙이 등장하는 추론형 선지다. 먼저, 지문 훑어보기 단계에서 1문단에 '전당대회의 단계'를 찾은 바 있다. 단계의 순서를 파악해야 풀 수 있는 선지다. 선지의 순서는 '의회선거구 전당대회 → 주 전당대회'인데, 지문에도 동일한 순서가 제시되어 있으므로[1문단(5)] 단계 부분은 지문과 부합한다. 둘째로, '모두'라는 표현에서 원칙임을 알 수 있다. 즉 반례가 1개라도 존재하면 옳지 않은 내용이 된다. 주에 따라 의회선거구 전당대회는 건너뛴다는 부분[1문단(6)]에서 '카운티 전당대회 → 주 전당대회'의 순서를 추론할 수 있다. 따라서 본 선지는 반례가 존재해 추론할 수 없다.

② 1971년까지 아이오와주보다 이른 시기에 코커스를 실시하는 주는 없었다.

한 번에 이해가 안 되는 복잡한 선지는 간단한 말로 바꾸어 이해해 보자. 예를 들면 '1971년까지 아이오와주는 가장 먼저 코커스를 실시하는 주였다.'로 바꿀 수 있다. '가장 먼저 코커스'를 키워드로 지문을 확인하면 아이오와주가 가장 먼저 코커스를 실시하는 주가 된 것은 1976년부터이다. [2문단(4)] 따라서 추론할 수 없다.

③ 1972년 아이오와주 민주당의 주 전당대회 선거는 같은 해 2월 중에 실시되었다.

단계를 활용해야 하는 추론형 선지다. '1972년 아이오와주 민주당의 주 전당대회'를 키워드로 찾으면 지문에 직접 제시된 바 없다. 그렇다면 정보를 하나씩 제외하면서 최대한 비슷하게 제시된 부분을 찾는다. '1972년 아이오와주 민주당'을 키워드로 하니, 1972년 아이오와주 민주당의 코커스가 1월에 치러졌음[2문단(2)]을 알 수 있다.

여기서 선지 ①과 같이 단계를 활용한다. 1문단에서 제시된 단계 순서는 '코커스 → 카운티 전당대회 → 의회선거구 전당대회 → 주 전당대회'이다. 또한, 각급 선거 간에 최소한 30일의 간격이 필요하다.[2문단(3)]

여기까지의 정보를 모두 합치면, 1월에 실시된 코커스에서 최소 3달의 간격이 필요한 주 전당대회 선거는 2월 중에 치르는 것이 불가능하다. 따라서 추론할 수 없다.

④ 1972년 아이오와주에서 민주당 코커스와 공화당 코커스는 같은 달에 실시되었다.

<table>
<tr><td rowspan="2">1972년 아이오와주</td><td>⇨</td><td>민주당 코커스</td><td>⇨</td><td>1월</td><td>⇨</td><td rowspan="2">다른 달</td></tr>
<tr><td>⇨</td><td>공화당 코커스</td><td>⇨</td><td>1976년부터 1월</td><td>⇨</td></tr>
</table>

병렬적으로 제시된 개념들을 비교하는 추론형 선지다. 선지 ③을 해결했다면 비교적 간단히 해결할 수 있을 것이다. 민주당 코커스의 경우 근거가 명확하지만[2문단(2)], 공화당 코커스는 1976년부터 1월에 치러졌으므로[2문단(4)] 두 선거는 다른 달에 실시되었다. 따라서 추론할 수 없다.

⑤ 1976년 아이오와주 공화당 코커스에서 특정 후보를 지지한 대의원은 카운티 전당대회에서 다른 후보를 지지할 수 있었다.

추론형 선지다. 길고 복잡하니 간단히 정리해 보자. 예를 들어 '1976년 아이오와주 공화당은 코커스와 카운티 전당대회에서 지지하는 후보가 다를 수 있었다.'와 같다.

'지지 후보'를 키워드로 지문을 확인하면 공화당은 2016년부터 지지 후보 통일의 구속력을 부여했다는 부분(3문단 4)을 찾을 수 있다. 따라서 1976년인 본 선지는 추론할 수 있다.

전체 선지를 읽고 제시문을 확인하는 경우

(1) 선지 확인

선지에서 키워드를 잡는다. 선지 ②~⑤의 경우 앞의 접근방법에서 소개했듯 조건을 활용해 키워드를 잡는다. 유일하게 조건이 붙지 않은 예외는 선지 ①인데, 이 경우 키워드를 '모두 의회선거구 전당대회에서 선출'로 잡을 수 있다. '모두'와 같은 표현은 모든 경우에 예외없이 적용되는 원칙을 의미하는 중요한 표현이다.

(2) 지문 독해 및 선지 판단

문단별 관계에 유의하며 문단별 핵심 내용을 파악한다.

1문단에서 코커스에 대한 개괄 및 코커스-의회선거구-전국전당대회 설명, 2문단에서는 코커스 및 후속 전당대회 개최 일정 및 변화, 3문단에서는 아이오와주의 민주-공화의 차이점 등을 언급하고 있다. 또한, 선지에 연도를 중심으로 한 표현이 많았으니 시기 표현을 중심으로 시간이 흐름에 따라 어떤 변화가 일어났는지 체크하며 읽는다. 지문을 읽다가 중간에 선지의 정오판단이 가능하다고 판단되는 경우 바로 선지로 내려가 정오판단을 진행한다. 이하는 예시이다.

지문을 읽다가 1문단 3문에서 선지 ①로 내려간다. 관련 내용이 아니므로 다시 지문으로 가서 다음 문장을 읽어나가다가 1문단 마지막 문장에서 다시 ①을 판단할 수 있다.

2문단 1문의 연도(1971년)를 보고 선지 ②로 가서 코커스를 실시하는 시기에 대한 내용임을 파악한다. 다시 2문단을 읽기 시작한다. 2문의 '1972년'을 보고 선지 ③으로 내려가서 어떤 내용인지 먼저 확인한다. 다시 지문으로 가서 다음 내용을 읽다 보면 선지 ③을 판단할 근거가 2문단 3문에 제시되어 있음을 알 수 있다.

선지 ④에도 '1972년'이 있었으므로 다시 가서 한번 확인해 보면 지금까지 지문을 읽은 부분(2문단 3문까지)에서는 1972년 이후 관련 내용으로는 민주당에 대한 설명만 있기 때문에 아직 확실히 판단하긴 이르다.

다시 지문으로 가서 2문단 마지막 문장에서 '1976년'을 보고 선지 ⑤로 간다. 관련 내용의 선지가 아님을 파악하고 다음 문단을 읽어 나간다. 3문단 마지막 문장에 선지 ⑤를 판단하기 위한 근거 내용이 있음을 확인하고 판단할 수 있다.

3-2 제시문 독해 후 선지 판단

(1) 제시문 독해하기

독해는 모든 내용을 기억하기보다 어디에 어떤 내용이 있는지를 인지하고, 특징적인 내용을 표시하는 방식으로 진행한다.

1문단은 미국 대통령 후보 선거 과정을 설명한다. 가장 하위 단위의 당원회의라는 코커스의 개념을 확인한다. 코커스-카운티-의회선거구-주-전국 전당대회 순으로 단위가 높아지므로 각 단계에 표시를 해둔다. 또한 마지막 문장은 예외적인 내용을 설명하므로 눈여겨 봐둔다.

2문단은 1972년, 1976년을 기점으로 변화된 부분에 주목한다. '그런데' 앞과 '이후' 앞에 '/' 표시를 하여 내용적으로 구분됨을 표시한다. 72년은 민주당, 76년은 공화당까지 코커스 개최시기를 옮겼다. '아이오와주 민주당 규칙 ~ 때문이다' 부분의 30일은 특징적이므로 표시해둔다.

3문단도 제도의 변화 및 그 시점에 주목하여 읽는다. '반면' 앞 뒤 내용에서 민주당과 공화당의 차이를, '그러나' 이하 내용에서 2016년부터 민주당과 공화당 모두 대의원에게 같은 구속력을 부여했다는 점이 나온다. 각 접속사 앞 부분에 '/' 표시를 하여 내용을 구분해둔다.

(2) 선지 판단하기

① 1문단 마지막 문장에서 의회선거구 전당대회를 생략하는 주도 있음을 알 수 있다. 따라서 옳지 않다.

② 1971년은 2문단에 등장한다. 71년까지는 '5월 둘째 월요일까지'라는 제한만 있으므로 아이오와주와 다른 주를 비교할 근거는 없다. 따라서 옳지 않다.

③ 마찬가지로 2문단 관련 내용이다. 72년 아이오와주 민주당의 코커스는 1월에 실시되었다. 전당대회 간 30일의 간격을 고려할 때 주 전당대회가 2월 중 실시될 수는 없을 것이다. 따라서 옳지 않다.

④ 2문단 문장 (2)와 (4)에서 옳지 않음을 알 수 있다.

⑤ 3문당 관련 내용이다. 공화당에 구속력을 부여하기 시작한 것은 2016년이다. 따라서 76년에는 가능했을 것이다. 옳은 선지이다.

합격자의 시간단축 Tip

Tip ❶ 키워드를 중심으로 읽자.

지문을 읽다가 선지에서 잡은 키워드를 발견하고 선지로 내려갔을 때 관련 내용이 아니면 바로 다시 지문으로 올라가 다음 내용을 읽어가도록 한다. 또한, 처음에 잡았던 키워드를 꼭 끝까지 고수할 필요도 없다. 지문과 선지를 대조하면서 눈에 더 잘 들어오는 다른 구성요소를 발견하면 이를 새로운 키워드로 인지하고 지문을 다시 읽는다. 이를 통해 관련 부분이 등장할 때 더 신속하게 선지를 확인할 수 있다.

Tip ❷ 자신만의 기호로 정보를 시각화하자.

지문에 순서가 나왔을 때 화살표나 번호를 매겨 시각화하면 정보를 더 명확히 인식할 수 있다. 예컨대 2문단 3문에서 나열된 선거의 단계 아래에 순서대로 1, 2, 3, …등 숫자를 작게 표시함으로써 순서를 명확히 한다.

Tip ❸ 원칙-예외라는 중심을 잡고 지문을 독해한다.

1문단 마지막 문장, 2문단 마지막 문장은 기존 원칙 대비 예외 또는 변화에 대해 설명하고 있다. 지문 내용을 〈원칙-예외〉의 틀로 독해하는 것이 필요하다. 예외 부분이 특히 선지로 출제될 가능성이 높다.

Tip ❹ 제도가 나오면, 최종 결과를 확인하자.

지문에 특정한 제도의 변천 과정이 등장하는 경우, '그래서 결국?'이라는 질문을 던질 수 있어야 한다. 본 문제에서 아이오와주 코커스의 경우 2016년부터 공화당과 민주당 모두 선거 운영방식이 같아진 것이 최종 결과다. 1976년에 개최 시기가 같아졌고 2016년에 운영방식도 같아졌다. 최종적인 결과는 언제든지 선지로 변형될 수 있으므로 처음부터 방점을 두어 기억하는 것이 좋다.

Tip ❺ 과정을 파악할 때 접속어에 주목하자.

'그런데', '그러나', '이후' 등은 앞의 내용과 달라진 내용을 설명한다. 즉 이러한 접속어를 기점으로 변화를 파악할 수 있다. 과정이 바로 이해되지 않는다면 접속사 앞을 '/' 기호로 구분하여 읽으면 도움이 된다. 이 문제의 경우 민주당과 공화당의 전당대회 개최 시기 및 운영방식의 비교와 함께 제도적 변천이 제시된다. 차이점과 공통점이 어떻게 달라지는지 파악하는 것이 중요한 것이다.

059 정답 ❶ 난이도 ●●●

문제유형 사실적 이해 > 정보 확인

접근전략 시간의 흐름에 따라 전개되는 한국사 테마 비문학 지문이다. 본 문제의 특징은 선지의 난이도가 전반적으로 높다는 것이다. 선후관계, 인과관계 등의 복잡한 테마가 등장하는 선지를 해결하는 방법을 익힌다는 자세로 접근해 보자.

다음 글의 내용과 부합하는 것은?

(1) 1876년 개항 이후 제당업은 많은 변화를 거치며 지금에 이르렀다. (2) 처음 조선에 수입되기 시작한 영국 자본계 정제당은 1905년 러일전쟁 이후 일본정부가 정책적으로 지원한 일본의 정제당으로 교체되었다. (3) 한말에는 일본제품이 유입되는 여러 경로가 있었으나 1907년에 '대일본제당(大日本製糖)'으로 단일화되었다. (4) 제1차 세계대전 발발 후에도 세계적으로 설탕 시세가 고가를 유지하자 대일본제당은 제당업의 장래를 밝게 전망했다. (5) 1920년대 후반 세계적인 설탕 가격 하락과 일본 내 과잉 공급으로 제당회사 간의 경쟁이 과열되었다. (6) 이에 당업연합회는 설탕 가격 하락을 막기 위해 강력한 카르텔로 전환하여 가격 통제를 강화하였다. ▶1문단

(1) 대일본제당은 조선총독부의 후원 아래 독점적 제당회사인 대일본제당 조선지점을 설립하고, 1920년부터 원료비 절감을 위

해 평안남도와 황해도 일대에 사탕무를 재배하기 시작하였다. (2) 하지만 생산성이 매우 낮아 국제적인 경쟁력이 없는 것으로 판명되었다. (3) 이에 대일본제당 조선지점은 1922년부터 원료당을 수입해 가공하는 정제당업으로 전환하여, 저렴한 자바 원료당을 조선에 독점적으로 공급하면서 생산 기반을 구축하였다. (4) 또한 상품 시장인 만주와 지리적으로 근접한 이점을 활용하여 운송비를 절감함으로써 1930년대 후반까지 호황을 누렸다.
▶ 2문단

(1) 해방 후 한국은 일제 강점기의 제당업 생산체제와 단절되어 공급량이 줄었음에도 불구하고 설탕 소비는 계속 증가하였다. (2) 사업 기회를 포착한 설탕 무역업자들이 정부로부터 생산 설비를 위한 자금을 지원 받고, 미국이 원조하는 원료당의 배정에서도 특혜를 받으며 제당업에 뛰어들었다. (3) 더구나 설탕은 가격 통제 대상이 아니었기 때문에 제당회사들은 설탕 가격을 담합하여 높은 가격을 유지했다. (4) 제당회사들 간 과잉 투자로 후발업체가 도태되는 상황이 벌어져도 국내 설탕 가격은 하락하지 않았다.
▶ 3문단

① 개항 이후 제당업 성장의 배경에는 정책적 지원과 특혜가 있었다.
→ (O) 개항 이후 영국 자본계 정제당은 일본 정부가 정책적으로 지원한 일본의 정제당으로 교체되었고[1문단(2)], 이어서 대일본제당으로 일본 제품의 유입 경로가 단일화되었다.[1문단(3)] 또한, 대일본제당은 조선총독부의 후원 아래 독점적 제당회사를 설립하고 사탕무를 재배했다.[2문단(1)] 해방 후에도 설탕 무역자들은 정부로부터 자금을 지원받고 원료당의 배정에서도 특혜를 받으며 제당업에 뛰어들었다.[3문단(1)] 이를 통해 개항 이후 제당업 성장의 배경에는 정책적 지원과 특혜가 있었다는 사실을 알 수 있다.

② 제1차 세계대전으로 인한 설탕 수급 불균형은 국제적인 설탕 가격 폭락을 초래하였다.
→ (×) 제1차 세계대전 후에도 세계적으로 설탕 시세는 고가를 유지했다.[1문단(4)] 따라서 제1차 세계대전으로 인한 설탕 수급 불균형이 설탕 가격 폭락을 초래하였다는 설명은 옳지 않다.

③ 대일본제당 조선지점은 설탕의 운송비를 절감하기 위해 정제당업으로 전환하였다.
→ (×) 대일본제당 조선지점이 정제당업으로 전환한 이유는, 사탕무 재배의 생산성이 매우 낮아 국제적인 경쟁력이 없는 것으로 판명되었기 때문이다.[2문단(2)] 설탕의 운송비를 절감하기 위해 정제당업으로 전환한 것은 아니다. 조선의 지리적 이점을 활용하여 상품시장인 만주로의 운송비를 절감한 효과를 누렸을 뿐이다.[2문단(4)]

④ 대일본제당은 조선을 설탕의 상품 시장이자 원료 공급지로 개발하여 큰 이득을 거두었다.
→ (×) 대일본제당이 대일본제당 조선지점을 설립하여 평안남도와 황해도 일대에 원료 공급지를 개발한 것은 맞다.[2문단(1)] 그러나 해당 지역의 생산성이 너무 낮아 국제적인 경쟁력이 없는 것으로 판명되었고, 그 결과 원료당을 수입해 가공하는 정제당업으로 방향을 전환하였다.[2문단(2),(3)] 이를 통해 조선을 원료 공급지로 개발한 것은 맞지만, 이것으로 큰 이득을 거두지는 못했다는 것을 알 수 있다. 또한, 상품 시장에 관한 내용은 만주지역밖에 나오지 않았다.[2문단(4)]

⑤ 해방 후 설탕에 대한 수요가 증가하자 정부는 제당회사들의 설탕 가격 담합을 단속하였다.
→ (×) 해방 후 설탕에 대한 소비가 증가하였음에도 불구하고[3문단(1)] 설탕은 가격 통제의 대상이 아니었기 때문에 제당회사들은 설탕의 가격을 담합하여 높은 가격을 유지했다.[3문단(3)] 이를 통해 정부가 제당회사들의 설탕 가격 담합을 단속하지 않았음을 알 수 있다.

제시문 분석

1문단 개항 이후 제당업의 변화(1905~1920)

〈1905〉		〈1907〉		〈~1920 후반〉
처음 조선에 수입되지 시작한 영국 자본계 정제당은 1905년 러일전쟁 이후 일본의 정제당으로 교체되었다.(2)	→	일본제품이 유입되는 경로가 '대일본제당'으로 단일화되었다.(3)	→	1920년대 후반 세계적인 설탕 가격 하락과 일본 내 과잉 공급으로 제당회사 간의 경쟁이 과열되었다.(5) 이에 당업연합회는 가격 통제를 강화하였다.(6)

2문단 개항 이후 제당업의 변화(1920~1930)

〈1920〉		〈1922〉		〈~1930 후반〉
대일본제당은 대일본제당 조선지점을 설립하고 평안남도와 황해도 일대에서 사탕무를 재배하기 시작했다.(1)	→	하지만 생산성이 너무 낮아 국제적 경쟁력이 없는 것으로 판명되었고, 1922년부터 정제당업으로 전환하여 생산 기반을 구축하였다. (2),(3)	→	상품 시장인 만주와 지리적으로 근접한 이점을 활용하여 운송비를 절감함으로써 1930년대 후반까지 호황을 누렸다.(4)

3문단 해방 이후 제당업의 변화

〈설탕 소비 증가〉		〈제당업 발달〉		〈가격 담합〉
해방 후 한국은 일제 강점기의 제당업 생산체제와 단절되어 공급량이 줄었음에도 불구하고 설탕 소비는 계속 증가하였다.(1)	→	설탕 무역업자들이 정부로부터 자금을 지원받고 특혜를 받으며 제당업에 뛰어들었다.(2)	→	설탕은 가격 통제 대상이 아니었기 때문에 제당회사들은 가격을 담합하여 높은 가격을 유지했고, 제당회사들 간 과잉 투자로 후발업체가 도태되는 상황이 벌어져도 국내 설탕 가격은 하락하지 않았다. (3),(4)

합격자의 실전 풀이 순서

한국사 비문학 유형

❶ 발문 확인하기

본 문제는 '알 수 있는/없는 것은?' 유형에 해당한다. 있는 것인지, 없는 것인지 확실히 표시하고 넘어간다.

> 다음 글의 내용과 부합하는 것은?

❷ 지문 훑어보기

한국사 지문은 특정 키워드를 중심으로 눈에 띄는 부분이 있는지 체크하면서 읽어내려간다. 눈에 띄는 부분이 무엇인지 헷갈린다면, 앞에서 설명한 한국사 유형의 특징을 기준으로 두자.

❸ 함정선지 피해가기

① **개항 이후 제당업 성장의 배경에는 정책적 지원과 특혜가 있었다.**

선후관계와 인과관계가 포함된 추론형 선지다.

> ① 〈개항 이후〉 (제당업 성장)의 배경에는 ← (정책적 지원과 특혜)가 있었다.

우선 화살표로 표시한 인과관계부터 확인해 보자. '정책적 지원과 특혜'를 키워드로 잡아 올라가면 일본의 정제당[1문단(2)], 대일본제당 조선지점[2문단(1)]과 같이 정책적 지원이 제당업을 성장시킨 사례를 찾을 수 있다. 즉, 인과관계는 존재가 확인된다.

다음은 화살괄호〈 〉로 표시한 선후관계를 확인할 차례다. 앞서 파악한 인과관계가 '개항 이후'에 해당하는지 알아보는 것이다. 지문의 첫 문장이 '개항 이후'로 시작되며 앞으로 소개될 모든 내용이 개항 이후를 배경으로 함을 안내한다. 또한, 일본의 정제당(1905년 이후)과 대일본제당 조선지점(1920년)은 모두 1876년 개항 이후임을 명확히 확인할 수 있다.

따라서 선후관계와 인과관계를 모두 확인할 수 있는 옳은 선지다.

② **제1차 세계대전으로 인한 설탕 수급 불균형은 국제적인 설탕 가격 폭락을 초래하였다.**

인과관계가 등장하는 추론형 선지다.

> ② (제1차 세계대전)으로 인한 → (설탕 수급 불균형)은 → (국제적인 설탕가격 폭락)을 초래하였다.

제1차 세계대전과 설탕의 관련성을 확인해 보면, 제1차 세계대전 이후에도 설탕 시세는 고가를 유지했다.[1문단(4)] 따라서 둘째 인과관계가 성립하지 않는다. 첫째 인과관계의 성립 여부를 따질 것 없이 바로 옳지 않다.

③ **대일본제당 조선지점은 설탕의 운송비를 절감하기 위해 정제당업으로 전환하였다.**

의도가 포함된 추론형 선지다. 본 선지를 판단하기 위해서는 아래 두 가지 명제를 모두 파악해야 한다.

> • 대일본제당 조선지점은 정제당업으로 전환하였다.
> • 대일본제당 조선지점은 설탕의 운송비 절감을 의도했다.
> • 의도를 달성하기 위한 수단이 정제당업 전환이었다.

첫째 명제는 명확한 근거가 있다.[2문단(3)] 셋째 명제도 추론은 가능하다.(2문단 (3) 처음 '이에') 그러나 둘째 명제는 지문에서 근거를 찾을 수 없다. 지문에는 '생산성' 총괄비용만 등장하고 있을 뿐이므로 옳지 않다. 둘째 명제를 지문만으로 추론할 수 있다고 자의적으로 판단하는 경우 오답이 된다.

④ **대일본제당은 조선을 설탕의 상품 시장이자 원료 공급지로 개발하여 큰 이득을 거두었다.**

조선	→ 설탕의 상품 시장	→ 만주	→ 조선은 원료당 수입·가공	→ (×)
	→ 원료 공급지	→ 평안남도와 황해도	→ 생산성 매우 낮음	→ (×)

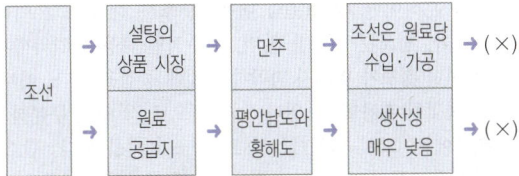

구조가 복잡한 추론형 선지다.

조선이 (i) 설탕의 상품 시장으로 개발되었고, (ii) 원료 공급지로 개발되었으며, (iii) 그로 인해 대일본제당이 큰 이득을 거두었다는 세 가지를 모두 확인해야 한다.

(i)의 경우 '상품 시장'을 키워드로 잡아 올라가면 만주가 나올 뿐, 조선과의 직접적인 관련은 찾을 수 없다. 그러나 조선도 당연히 대일본제당의 설탕을 소비하지 않았을까? 하는 의문이 들 수 있다. 더 확실히 하기 위해 (ii)로 넘어간다.

(ii)의 경우 조선이 원료 공급지로 개발되었음은 확인할 수 있다.[2문단(1)] 그러나 (iii)의 경우 생산성이 매우 낮았다는 부분[2문단(2)]으로부터 옳지 않음을 알 수 있다. 따라서 옳지 않은 선지다. (조선으로부터의 이득임에 주의한다.)

합격자의 시간단축 Tip

Tip ❶ 시간의 흐름에 주목하자.

본 지문은 전반적인 구조가 시간의 흐름에 따른 변화임을 알 수 있다. 이러한 구조에서는 연도와 같은 시대 표현에 시각적 기호를 사용하여 표시하여 지문으로 돌아왔을 때 정보를 찾기 쉽게 하자. 또한, 시간의 흐름에 따른 변화나 차이가 선지로 자주 구성되니 이러한 부분들이 나오면 집중하자.

선지 ②, ⑤ 같은 경우 각각 세계 1차 세계대전 이후와 해방 후라는 시간 지표를 찾아 돌아가면 금방 근거를 찾을 수 있다.

Tip ❷ 지문이 부정하는 내용에 주목하자.

비문학 유형에서는 지문이 부정하고 있는 내용이나 사실을 긍정하는 내용으로 바꾸어 오답 선지를 자주 구성한다. 발견 시 미리 괄호와 같은 기호로 표시를 해두자. 본 지문에서는 2문단 (2) '생산성이 매우 낮아~없는 것으로 판명되었다.' 부분이나 3문단 (3) '더구나~ 아니었기 때문에~' 부분에 존재한다.

Tip ❸ 영국, 자바 등의 국가가 나오는데 중요하지 않은 이유

지문을 쉽게 구조화하는 방법은 '분류'하는 것이다. 분류란 다른 대상은 다른 개념으로 묶는 것인데, 그 기준으로 시간, 공간, 사람 등이 있다. 그런데 이 지문에선 '왜' 시간을 중심으로 해야 할까? 공간을 채택하면 안 되는 이유는 무엇인가?

사실 동아시아 전체 지도에 대한 개념이 있다면 머릿속 지도에 표시해 가면서(절대 직접 그리면 안 된다.) 읽어도 무방하다.(마치 한국사 책에서 지도에 화살표가 그려져 있는 것과 같다.) 그러나 통상의 수험생이 그런 상식을 갖고 있으리라 기대하기 어렵다. 특히 현대도 아니고 20세기 초 제국주의 시대의 지도라는 점에서 더욱 그렇다.

만약 지도에 대한 이미지가 머릿속에 없는 경우 국가 중심으로 정리하기는 어려운 일이다. 그 이유는 다음과 같다.

(1) 소재가 설탕과 제당업인데, 이들의 국가별 비교가 서술되지 않았다. 비록 영국/자바 설탕이 소개되긴 했지만 이들이 각각 무슨 성질을 띠는지는 확인되지 않는다. 따라서 비교가 어렵다.

(2) 2문단 시작이 조선총독부로 시작되기 때문이다. 이는 글이 국가별 비교 중심이 아니라 일본의 정책 중심으로 전개될 것임을 시사하는 부분이다. 사실 1문단만 가지고는 시간, 공간, 사람(제도) 등 무엇을 택해야 할지 고르면 안 된다.

060 정답 ④ 난이도 ●●●

문제유형 법규의 해석 및 적용

접근전략 법조문 유형 중 규정을 바탕으로 선지에서 옳은 것을 고르는 규정확인문제이다. 법조문 유형을 풀 때는 조문의 구체적인 내용을 독해하는 것보다, 법조문의 구조를 파악한 후 <보기>에서 묻고 있는 정보를 찾아 올라가는 형태로 푸는 것이 좋다. 본 문제의 경우, 공무원 관련된 조문에서 자금이 지원될 경우, 지출의 가이드라인과 그리고 자금을 잘못 사용할 경우 그것을 통제하는 조항이 등장하기 마련이다. 해당 조문 역시 변호인 선임비용 지원 시 지원요건, 1개월 내 선임의무, 지원결정취소요건과 취소 시 반환의무, 반환시 일부면제요건을 제시하고 있다.

다음 글을 근거로 판단할 때 옳은 것은?

제○○조 ① 지방자치단체의 장은 소속공무원이 적극행정으로 인해 징계 의결 요구가 된 경우 적극행정지원위원회(이하 '위원회'라 한다)의 변호인 선임비용 지원결정(이하 '지원결정'이라 한다)에 따라 200만 원 이하의 범위 내에서 변호인 선임비용을 지원할 수 있다.

② 지방자치단체의 장은 소속공무원이 적극행정으로 인해 고소·고발을 당한 경우 위원회의 지원결정에 따라 기소 이전 수사과정에 한하여 500만 원 이하의 범위 내에서 변호인 선임비용을 지원할 수 있다.

③ 제1항, 제2항에 따라 지원결정을 받은 공무원은 이미 변호인을 선임한 경우를 제외하고는 선임비용을 지원받은 날부터 1개월 내에 변호인을 선임하여야 한다.

제□□조 ① 위원회는 지원결정을 받은 공무원이 다음 각 호의 어느 하나에 해당하는 경우 그 결정을 취소할 수 있다.

1. 허위 또는 부정한 방법으로 지원결정을 받은 경우
2. 제○○조 제2항의 고소·고발 사유와 동일한 사실관계로 유죄의 확정판결을 받은 경우
3. 제○○조 제3항의 사항을 이행하지 않은 경우

② 제1항에 따라 지원결정이 취소된 경우 해당 공무원은 지원받은 변호인 선임비용을 즉시 반환하여야 한다.

③ 위원회는 제2항에 따른 반환의무를 전부 부담시키는 것이 타당하지 않다고 판단하는 경우에는 반환의무의 일부 또는 전부를 면제하는 결정을 할 수 있다.

④ 제1항부터 제3항은 해당 공무원이 변호인 선임비용을 지원받은 후 퇴직한 경우에도 적용한다.

※ 적극행정이란 공무원이 불합리한 규제를 개선하는 등 공공의 이익을 위해 창의성과 전문성을 바탕으로 적극적으로 업무를 처리하는 행위를 말한다.

① **지방자치단체의 장은 소속공무원이 적극행정으로 인해 징계 의결 요구가 된 경우, 위원회의 지원결정에 따라 500만 원의 변호인 선임비용을 지원할 수 있다.**

→ (×) 제1조 제1항에 따르면 지방자치단체의 장은 소속공무원이 적극행정으로 인해 징계 의결 요구가 된 경우 위원회의 지원결정에 따라 변호사 선임비용을 최대 200만 원까지 지원할 수 있다. 따라서 500만 원의 변호인 선임비용을 지원할 수 없다.

② **지원결정을 받은 공무원이 적극행정으로 인해 고발당한 사건에 대해 이미 변호인을 선임하였더라도 선임비용을 지원받은 날부터 1개월 내에 새로운 변호인을 선임해야 한다.**

→ (×) 제1조 제3항에 따르면 적극행정으로 인해 고발당한 사건에 대해 지원결정을 받은 공무원은 이미 변호인을 선임한 경우를 제외하고는 선임비용을 지원받은 날부터 1개월 내에 변호인을 선임하여야 한다. 따라서 이미 변호인을 선임한 경우에는 선임비용을 지원받은 날부터 1개월 내에 변호인을 선임하지 않아도 된다.

③ **지원결정을 받은 공무원이 적극행정으로 인해 고소당한 사유와 동일한 사실관계로 무죄의 확정판결을 받은 경우, 위원회는 지원결정을 취소해야 한다.**

→ (×) 제2조 제1항 제2호에 따르면 지원결정을 받은 공무원이 적극행정으로 인해 고소당한 사유와 동일한 사실관계로 유죄의 확정판결을 받은 경우 위원회는 지원결정을 취소할 수 있다. 따라서 무죄의 확정판결을 받은 경우 위원회는 지원결정을 취소해야 하는 것은 아니다.

④ **지원결정이 취소된 경우라도 위원회는 해당 공무원이 지원받은 변호인 선임비용에 대한 반환의무의 일부 또는 전부를 면제하는 결정을 할 수 있다.**

→ (○) 제2조 제3항에 따르면 동조 제2항에 따라 지원결정이 취소된 경우에도 반환의무를 전부 부담시키는 것이 타당하지 않다고 판단하는 경우에는 해당 공무원이 지원받은 변호인 선임비용에 대한 반환의무의 일부 또는 전부를 면제하는 결정을 할 수 있다.

⑤ **지원결정에 따라 변호인 선임비용을 지원받고 퇴직한 공무원에 대해 지원결정이 취소되더라도 그가 그 비용을 반환하는 경우는 없다.**

→ (×) 제2조 제4항에 따르면 지원결정에 따라 변호인 선임비용을 지원받고 퇴직한 공무원의 경우에도 동조 제2항에 따른 반환의무가 적용된다. 따라서 지원결정에 따라 변호인 선임비용을 지원받고 퇴직한 공무원에 대해 지원결정이 취소된 경우에도 원칙적으로 그 비용을 반환하여야 한다.

합격자의 실전 풀이 순서

❶ 문제 유형 파악

본 문제의 경우 제시문으로 법조문이 주어졌으므로 법조문 유형임을 쉽게 알 수 있다. 특히 법조문 유형 중에서도 규정을 바탕으로 옳은 내용의 선지를 고르는 규정확인문제이다. 법조문 유형은 조문의 구체적인 내용을 독해하는 것보다, 법조문의 구조를 파악한 후 선지에서 묻고 있는 정보를 찾아 올라가는 형태로 푸는 것이 좋다. 법 조문의 구조 파악이란 각 조나 항마다 가로로 길게 선을 그어 조문들을 시각적으로 구분하고, 단서와 괄호에 강조 표시를 하는 것을 의미한다. 또한, 본 문제가 옳은 것을 고르는 문제라는 것을 인지하기 위해 "옳은"이라는 단어에 밑줄이나 동그라미 등 표시를 한다.

다음 글을 근거로 판단할 때 옳은 것은?

❷ 법조문 구조 분석

구조 분석이란 각 조문의 내용 및 조문 간 관계를 이해하는 것이다. 법조문 전체를 읽되, 세부적인 내용을 기억하기보다는 어떤 정보가 있는지 파악하는 것에 중점을 둔다. 이때 기호를 적절히 활용할 수 있다. 가로선으로 각 조를 구분하고, 키워드에는 ○로, 단서에는 △로 강조 표시를 한다. 괄호도 놓치지 않도록 유의한다. 또한, 내용이 연결되는 조문들이 있는 경우 선지 판단 시 이를 빼먹는 실수를 방지하기 위해 화살표로 조문들을 서로 연결해둔다. 이러한 분석 과정을 거치며 선지에 등장할만한 부분을 발견할 수 있다.

본문의 규정은 두 개의 조로 구성되어 있다. 조문의 제목이

없으므로 읽으면서 키워드를 파악한다. 가독성을 높이기 위해 가로선으로 각 조를 구분하고, '1, 2'로 숫자를 써둔다. 이하 편의상 첫 번째 조부터 '제1조', '제2조' 등으로 표기한다.

제1조 제1항은 적극행정으로 인해 징계 의결 요구가 된 경우, 제2항은 적극행정으로 인해 고소·고발을 당한 경우에 관한 조문이다. 각 조항의 길이가 길고 구조가 복잡하므로 조문 구조 분석 단계에서는 주요 키워드에 표시하고, 해당 조항에 대한 선지가 나오는 경우 조항을 여러 부분으로 나눠가며 꼼꼼히 분석해야 한다. 1항에서는 '징계 의결 요구'와 '200만 원', 2항에서는 '고소·고발'과 '500만 원'에 표시한다. 각 경우 지자체장이 변호사 선임 비용을 지원한다는 내용이며, 모두 재량규정임을 확인한다. 제3항의 경우 지원결정을 받았으면 변호인을 선임하여야 하는 조문인데, 이미 변호인을 선임한 경우라는 예외조항과 선임비용을 지원받은 날부터 1개월 내라는 기간조항이 존재하므로 예외조항에 걸리지는 않는지, 기간을 넘겨서 선임하지는 않는지 유의하여야 한다. '1개월'에 표시하고, 예외조항도 놓치지 않도록 별도로 표시한다.

제2조 제1항은 지원결정 취소사유를 나열한다. 제1조의 '위원회', '허위', '부정'에 표시하고, 특히 제2호와 3호는 각각 1조 제2항, 제3항과 연결되므로 연결되는 조항들을 서로 화살표로 연결해둔다. 제2항은 선임비용을 반환하도록 하고, 제3항은 제2항의 예외사항으로서 반환의무의 면제에 대한 조문이다. 2항의 '즉시 반환', 3항의 '면제'에 표시하고 둘을 연결하여 표시한다. 제2조에 규정된 사항의 결정 주체는 위원회임을 확인한다. 한편 제4항은 해당 공무원이 변호인 선임비용을 지원받은 후 퇴직한 경우에 관한 조문이다. '퇴직'에 표시하고, 만약 선지에서 퇴직한 경우가 나온다면 선임비용을 지원받은 시기와의 선후관계를 확실히 한 뒤 제1항부터 제3항을 적용하면 된다.

한편, 각주의 경우 새로운 정보를 제시한다면 선지에 활용될 가능성이 높으나 본 문제와 같이 개념의 정의를 설명한다면 각주의 중요성이 떨어진다.

❸ 선지 판단

법조문 분석을 바탕으로 선지를 검토한다. 선지를 판단할 때는 각 선지의 내용에 해당하는 조문을 찾아서 이동한다.

선지 ①번은 징계 의결 요구가 된 경우이므로 제1조 제1항과 비교한다. 선지 ①번은 제1조 1항과 2항의 내용이 결합된 선지이다.

선지 ②번은 고발당한 경우이며 변호인을 선임하는 내용이므로 제1조 제2항, 제3항과 비교한다. 특히 3항의 예외사항이 적용되었음을 알 수 있다.

선지 ③번은 지원결정을 취소하는 내용이므로 제2조 제1항과 비교한다. 이때 각호 중 앞의 조문과 연결되는 2호가 활용되었음을 알 수 있다.

선지 ④번은 반환의무 면제에 대한 내용이므로 제2조 제3항과 비교한다. 제2조 3항은 앞선 2항의 예외사항에 해당했다. 옳은 내용이므로 정답은 ④번이다.

선지 ⑤번까지 확인한다면, ⑤번은 공무원이 지원결정에 따라 변호인 선임비용을 지원받고 퇴직한 경우이므로 제2조 제4항에 따라 동조 제1항부터 제3항을 적용하여 해결한다.

합격자의 시간단축 Tip

Tip ❶ 괄호의 내용을 주의

제1조에서는 적극행정지원위원회와 변호인 선임비용 지원결정을 각각 괄호를 통해 '위원회'와 '지원결정'으로 축약하였다. 따라서 해당 부분에 동그라미, 세모 등으로 표시한 후 조문과 선지를 비교할 때 주체, 객체, 목적어 등에서 차이가 나는 부분이 있는지에 유의하자.

Tip ❷ 법조문의 구체적인 내용은 선지 판단 시 확인

조문을 읽고 외워서 선지에서 바로 정답을 도출하는 수준이 아니라면 조문의 내용만 체크한 후 선지를 보고 해당 조문으로 다시 찾아오는 것이 좋다. 내용 체크란 선지를 읽고 해당 내용을 찾을 수 있도록 특징적인 키워드를 찾는 것이다. 이 경우 조문을 스캔할 때 주체와 객체, 의무와 선택 등을 신경 쓸 필요가 없다. 조문의 내용 이외에 축약한 단어나 예외조항 정도만 표시해도 괜찮다.

Tip ❸ 유사한 조문은 차이점을 위주로 파악

제1조 1항과 2항은 유사한 형식을 지니고 있다. 이 경우 두 조항의 차이점을 파악해야 선지 판단 시 헷갈리지 않는다. 예를 들어, 두 조항의 차이점인 '징계 의결 요구가 된 경우'와 '고소·고발을 당한 경우'를 동그라미, ◇ 등으로 미리 체크해두면 나중에 선지 정오를 확인할 때 속도와 정확도를 높일 수 있다.

Tip ❹ 선지에 나올 만한 내용을 예측하며 법조문 분석

선지에 자주 나오는 표현으로는 기간, 단서와 예외조항, 내용이 서로 연결되는 법조문의 내용 등이 있다. 특히 최근에는 '신고'와 '허가'의 구분, 재량과 기속규정의 구분이 선지로 나오는 문제가 많아 이에 유의해야 한다. 또한, 행정청의 이름이 많이 나오는 경우, 행위의 주체를 바꿔 오선지를 구성하는 문제도 자주 나온다. 기타 선지에 자주 등장하는 내용의 특징은 **Tip ❻**에 정리하였다. 이밖에도 다양한 법조문 유형 풀이를 통해 어떠한 표현이 선지에 주로 나오는지 정리해둔다.

Tip ❺ 긴 법조문을 이해하는 방법

법조문의 문장이 길어 이해가 어렵다면, 먼저 주어와 서술어를 찾은 뒤 빈 곳을 채우는 방식으로 접근하면 수월하다. 예를 들어, 제1조 제1항의 경우 주어는 '지방자치단체의 장' 서술어는 '비용을 지원할 수 있다'이다. 다음으로 문장을 내용별로 나누며 그 사이의 정보를 채운다. '장은/소속공무원이~징계 의결 요구가 된 경우/위원회의~결정에 따라/200만 원 이하의 범위 내에서/변호인 선임비용을 지원할 수 있다'로 나누면 지자체장이 지원해야 하는 비용의 종류, 금액, 상대방, 지원 결정의 주체에 대한 정보가 있음을 알 수 있다. 내용을 구체적으로 읽지 않더라도, 조문 구조 파악 단계에서 내용별로 문장을 나누어 놓으면 선지를 판단할 때 문장이 비교적 쉽게 눈에 들어올 것이다.

Tip ❻ 법조문 유형 풀이의 기본

1. 법조문에 대한 이해

법조문 유형은 선지가 규정과 일치하는지 확인하는 '규정확인' 유형과, 규정의 내용을 예시에 적용하는 '규정적용'유형으로 나뉜다. 규정적용은 단순 적용의 경우도 있지만 보험료, 인지세 등 계산을 요하는 경우도 있다.

두 유형 모두 기본은 규정을 파악하는 것이기 때문에 기본적인 법조문의 구조와 용어에 익숙해지면 문제 풀이가 비교적 수월해진다. 법조문은 '○○조-○○항-(1, 2, …)호-(가, 나, …)목' 순으로 구성된다.

- 하나의 '조'는 하나의 주제에 대하여 설명한다. 그 주제는 '○○조' 옆에 괄호로 표시되기도 한다.
- '항'은 조에서의 주제를 세분화하여 설명할 때 사용한다.
- '호'는 조와 항 내에서 대상을 나열할 때 사용한다.
- '목'은 호 내에서 대상을 나열할 때 사용한다.
- '단서'는 "다만,"으로 시작하며 앞 문장의 주된 내용에 대한

예외를,

• '후단'은 "이 경우"로 시작되며 주된 내용에 대한 부수적·보완적 사항을 규정할 때 사용한다.

• 부수적 내용이 괄호로 제시되는 경우도 있다.

법조문 유형은 빠르게 풀기보다는 정확하게 푸는 것을 전략으로 하는 것이 좋다. 상황판단 과목은 모든 문제를 빠르게 푸는 것이 아니라 풀 수 있는 문제와 풀 수 없는 문제를 구분하여 풀어, 푼 문제의 정답률을 높이는 것이 일반적인 접근 방법이다. 난해한 퀴즈 문제와 달리 법조문은 제시문 내에 정답이 있으므로, 특별히 어려운 문제가 아니라면 꼭 맞춘다는 생각으로 접근하자.

2. 법조문 유형 접근법

일반적인 법조문 유형에서는 제○○조 옆의 조문 제목 및 규정의 키워드로 조문의 구조만을 파악하고, 선지를 판단할 때 세부 내용을 읽는 접근방식을 추천한다. 법조문의 세부 내용을 모두 기억하기 어렵고, 독해에도 시간이 걸리기 때문이다. 어떤 조항에 어떤 내용이 있는지를 파악하고, 세부 조건인 호나 목은 선지에서 묻는 경우 발췌독하면 된다. 다만 '규정적용' 유형 중 계산형 문제는 계산에 필요한 구체적 내용을 파악하며 조문을 읽어야 한다.

3. 선지에 자주 활용되는 내용의 특징

법조문의 구조를 파악할 때 선지로 등장할만한 부분을 미리 체크한다면 풀이 시간을 단축할 수 있을 것이다. 아래 내용은 주로 선지에 등장하는 내용의 특징과 선지에 등장하는 방식이다. 기출 분석을 통해 빈출 패턴을 익히면 실수를 방지하고 풀이 속도를 높이는 데에 도움이 될 것이다.

• 단서(다만): 단서가 적용됨에도 적용하지 않거나, 적용되지 않음에도 적용하여 제시
• 후단(이 경우)이나 괄호(보완 내용): 해당 내용을 사례로 제시
• 날짜, 시기, 횟수, 수치 등: 숫자를 바꾸어 제시
• 어느 하나: 모든 조건이 적용되는 것으로 제시
• 하부 개념: 상부 개념과 하부 개념을 바꾸거나, 복수의 하부 개념의 특징을 서로 바꾸어 제시
• 주어: 행위 주체를 바꾸어 제시
• 술어: 허가를 신고로, 신고를 허가로 바꾸어 제시
• 재량(임의규정)과 기속(강행규정): '할 수 있다'와 '해야 한다'를 바꾸어 제시

이 밖에도 기출 풀이 과정에서 놓치는 부분이 있다면 추가하여 익혀두자.

4. 법조문 구조 분석 시 기호 활용의 예시

구조 분석이란 각 조문의 내용 및 조문 간 관계를 이해하는 것이다. 이 단계에서는 법조문 전체를 읽되, 세부적인 내용 기억보다는 어떤 정보가 있는지 파악하는 것에 중점을 둔다. 이때 밑줄 등 기호를 적절히 활용할 수 있다.

• 가로선: 조문의 길이가 긴 경우 각 조를 구별하는 데 활용
• ○: 각 조의 제목, 조항별 대표 키워드
• △: 단서(다만), 원칙에 대한 예외, 앞의 내용과 반대되는 내용 등
• □: 후단(이 경우), 세부 상황별 규정
• 연결선: 조문 간 연결 관계가 있는 경우, 일반법과 그 세부 내용을 규정한 대통령령
• 괄호 안의 내용에도 그 기능에 따라 적절한 기호를 사용

본 문제의 법조문에 기호를 적용하면 다음과 같다.

제○○조 ① 지방자치단체의 장은 소속공무원이 적극행정으로 인해 징계 의결 요구가 된 경우 적극행정지원위원회(이하 '위원회'라 한다)의 변호인 선임비용 지원결정(이하 '지원결정'이라 한다)에 따라 200만 원 이하의 범위 내에서 변호인 선임비용을 지원할 수 있다.
② 지방자치단체의 장은 소속공무원이 적극행정으로 인해 고소·고발을 당한 경우 위원회의 지원결정에 따라 기소 이전 수사과정에 한하여 500만 원 이하의 범위 내에서 변호인 선임비용을 지원할 수 있다.
③ 제1항, 제2항에 따라 지원결정을 받은 공무원은 이미 변호인을 선임한 경우를 제외하고는 선임비용을 지원받은 날부터 1개월 내에 변호인을 선임하여야 한다.
제□□조 ① 위원회는 지원결정을 받은 공무원이 다음 각 호의 어느 하나에 해당하는 경우 그 결정을 취소할 수 있다.
1. 허위 또는 부정한 방법으로 지원결정을 받은 경우
2. 제○○조 제2항의 고소·고발 사유와 동일한 사실관계로 유죄의 확정판결을 받은 경우
3. 제○○조 제3항의 사항을 이행하지 않은 경우
② 제1항에 따라 지원결정이 취소된 경우 해당 공무원은 지원받은 변호인 선임비용을 즉시 반환하여야 한다.
③ 위원회는 제2항에 따른 반환의무를 전부 부담시키는 것이 타당하지 않다고 판단하는 경우에는 반환의무의 일부 또는 전부를 면제하는 결정을 할 수 있다.
④ 제1항부터 제3항은 해당 공무원이 변호인 선임비용을 지원받은 후 퇴직한 경우에도 적용한다.

위의 기호들은 예시일 뿐이다. 기호는 선지와 관련된 내용을 쉽게 찾을 수 있도록 하는 이정표이므로 자신에게 맞는 것을 잘 활용하면 된다.

독끝 5일차 (061~075)

정답

061	③	062	①	063	①	064	①	065	③
066	①	067	④	068	③	069	②	070	②
071	③	072	③	073	①	074	③	075	①

061 정답 ③ 난이도 ●●○

문제유형 비판적 사고 > 지문에서 추론하기

접근전략 추론할 수 있는 것을 묻는 문제는 다음 글에서 알 수 있는 것을 묻는 문제와 같으며 오답 구성원리는 제시문 내용과의 상충뿐만 아니라 제시문 내용으로부터 추론할 수 없음이다. 그러므로 없는 근거를 찾는 데에 시간을 뺏기지 말고 과감하게 넘어가자. 또한, 개념어가 많이 제시되는 경우 개념어 간 관계에 유의하고 기호로 표시하며 읽어두면 선지 판단이 훨씬 편해진다.

다음 글에서 추론할 수 있는 것만을 〈보기〉에서 모두 고르면?

(1) 생산자가 어떤 자원을 투입물로 사용해서 어떤 제품이나 서비스 등의 산출물을 만드는 생산과정을 생각하자. (2) 산출물의 가치에서 생산하는 데 소요된 모든 비용을 뺀 것이 '순생산가치'이다. (3) 생산자가 생산과정에서 투입물 1단위를 추가할 때 순생산가치의 증가분이 '한계순생산가치'이다. (4) 경제학자 P는 이를 ⓐ'사적(私的) 한계순생산가치'와 ⓑ'사회적 한계순생산가치'로 구분했다. ▶ 1문단

(1) 사적 한계순생산가치란 한 기업이 생산과정에서 투입물 1단위를 추가할 때 그 기업에 직접 발생하는 순생산가치의 증가분이다. (2) 사회적 한계순생산가치란 한 기업이 투입물 1단위를 추가할 때 발생하는 사적 한계순생산가치에 그 생산에 의해 부가적으로 발생하는 사회적 비용을 빼고 편익을 더한 것이다. (3) 여기서 이 생산과정에서 부가적으로 발생하는 사회적 비용이나 편익에는 그 기업의 사적 한계순생산가치가 포함되지 않는다. ▶ 2문단

• 보기 •

ㄱ. ⓐ의 크기는 기업의 생산이 사회에 부가적인 편익을 발생시키는지의 여부와 무관하게 결정된다.
→ (O) ⓐ사적 한계순생산가치는 한 기업이 생산과정에서 투입물 1단위를 추가할 때 그 기업에 직접 발생하는 순생산가치의 증가분이다.[2문단(1)] 순생산가치는 산출물의 가치에서 생산하는 데 소요된 모든 비용을 뺀 것이므로[1문단(2)], 기업의 생산이 사회의 부가적인 편익을 발생시키는지 여부와는 무관하다. 따라서 ㄱ은 옳은 추론이다.

ㄴ. 어떤 기업이 투입물 1단위를 추가할 때 사회에 발생하는 부가적인 편익이나 비용이 없는 경우, 이 기업이 야기하는 ⓐ와 ⓑ의 크기는 같다.
→ (O) ⓑ사회적 한계순생산가치란 한 기업이 투입물 1단위를 추가할 때 발생하는 사적 한계순생산가치에 그 생산에 의해 부가적으로 발생하는 사회적 비용을 빼고 편익을 더한 것이다.[2문단(2)] 어떤 기업이 투입물 1단위를 추가할 때 사회에 발생하는 부가적인 편익이나 비용이 없는 경우, 사회적 한계순생산가치를 산정할 때 사적 한계순생산가치에 더하고 뺄 것이 없으므로 사적 한계순생산가치와 사회적 한계순생산가치가 같아진다. 따라서 ㄴ은 옳은 추론이다.

ㄷ. 기업 A와 기업 B가 동일한 투입물 1단위를 추가했을 때 각 기업에 의해 사회에 부가적으로 발생하는 비용이 같을 경우, 두 기업이 야기하는 ⓑ의 크기는 같다.
→ (X) ⓑ사회적 한계순생산가치란 한 기업이 투입물 1단위를 추가할 때 발생하는 사적 한계순생산가치에 그 생산에 의해 부가적으로 발생하는 사회적 비용을 빼고 편익을 더한 것이다.[2문단(2)] 동일한 투입물 1단위를 추가했을 때 사회에 부가적으로 발생하는 비용이 같더라도, 부가적으로 발생하는 편익이나 사적 한계순생산가치가 다르면 사회적 한계순생산가치가 달라지므로 ㄷ은 옳지 않은 추론이다.

① ㄱ → (X) ② ㄷ → (X)
③ ㄱ, ㄴ → (O) ④ ㄴ, ㄷ → (X)
⑤ ㄱ, ㄴ, ㄷ → (X)

제시문 분석

1문단 순생산가치와 한계순생산가치

〈순생산가치〉		〈한계순생산가치〉
산출물의 가치에서 생산하는 데 소요된 모든 비용을 뺀 것(2)	→	생산자가 생산과정에서 투입물 1단위를 추가할 때 순생산가치의 증가분(3)

2문단 사적 한계순생산가치와 사회적 한계순생산가치

〈사적 한계순생산가치〉	〈사회적 한계순생산가치〉
한 기업이 생산과정에서 투입물 1단위를 추가할 때 그 기업에 직접 발생하는 순생산가치의 증가분.(1)	한 기업이 투입물 1단위를 추가할 때 발생하는 사적 한계순생산가치에 그 생산에 의해 부가적으로 발생하는 사회적 비용을 빼고 편익을 더한 것.(2)
	생산과정에서 부가적으로 발생하는 사회적 비용이나 편익에는 그 기업의 사적 한계순생산가치가 포함되지 않는다.(3)

합격자의 실전 풀이 순서

발문을 읽고 문제의 유형 파악

항상 발문을 먼저 제대로 읽자. 본 문제는 추론할 수 있는 것 고르는 유형의 내용추론 문제이다. 추론할 수 있는 것을 고르는 문제는 알 수 있는 것을 고르는 문제와 같다. 해당 유형은 제시문 내용과 부합하거나 그로부터 추론 가능한 선지가 정답이 되며, 제시문 내용과 상충하거나 그로부터 추론할 수 없는 선지가 오답이 된다. 또한, 추론할 수 있는 것은 제시문 내용과 같은 방향의 선지를 고르는 문제이니 발문에 O 표시를 해두고 풀면 추론할 수 없는 것을 고르는 실수를 크게 줄일 수 있다.

본 문제는 단순한 정보확인 유형이라기보다는 제시문의 내용을 정리하고 그것을 응용하는 문제이다. 따라서 짧은 제시문의 내용을 자신이 이해할 수 있도록 간략히 정리할 수 있어야 한다. 다만 접근방식은 정보확인유형과 비슷하게 제시문을 먼저 읽는 것뿐

아니라, 선지를 먼저 읽는 방식으로 풀어도 무방하다.

제시문을 먼저 읽는 풀이의 경우

(1) 제시문 독해

제시문 2문단부터 여러 개념어와 그들 간의 관계가 나오는데, 이 경우 개념어를 아래처럼 동그라미, 세모 등을 치고 각각을 펜으로 연결하며 관계를 표시하며 읽으면 판단이 훨씬 편해진다. 또한, 사적 한계순생산가치와 사회적 한계순생산가치라는 구분되는 두 대상의 차이점 및 공통점에 유의하며 읽도록 하자.

또한, 제시문에는 '~에서 ~을 뺀 것', '~에 ~을 더한 것'이라는 표현이 자주 나온다. 이 경우, −와 +의 부호를 활용하여 간단히 문장을 정리할 수 있다. 예컨대, 1문단 (2) 문장의 '순생산가치'는 (산출물의 가치 − 생산에 소요된 모든 비용)으로 정리할 수 있다. 또한, 2문단 (2) 문장의 '사회적 한계순생산가치'(ⓑ)를 (사적 한계순생산가치ⓐ + 부가적으로 발생하는 사회적 비용)으로 정리할 수 있다. 위 정리한 내용은 직접 빈 공간에 쓰지 않더라도, 제시문 위에 간단히 +, − 부호를 활용하는 것만으로도 효과적이다.

(2) 선지 판단

선지를 판단할 때는 선지의 내용을 바르게 이해하기 위해 선지를 끊어가며 읽고, 제시문을 읽으며 +, −의 부호로 정리한 내용을 활용해야 한다. ㄱ의 경우 사적 한계순생산가치의 정의와 관련된 내용이므로 어렵지 않게 정오를 판단할 수 있다. ㄴ과 ㄷ은 '사회적 한계순생산가치'(ⓑ)는 (사적 한계순생산가치ⓐ + 부가적으로 발생하는 사회적 비용)이라는 식을 활용하여 풀 수 있다. ㄴ의 경우, 부가적으로 발생하는 사회적 비용이 없으므로 ⓐ = ⓑ가 도출되어 옳은 선지이다. ㄷ의 경우, 부가적으로 발생하는 사회적 비용이 같더라도 ⓐ에 따라 ⓑ의 크기가 달라질 수 있으므로 틀린 선지이다.

선지를 먼저 읽는 풀이의 경우

(1) 선지 읽기

선지의 키워드를 확인하며 읽는다.

ㄱ. ⓐ 결정, 사회에 발생하는 부가적 편익

ㄴ. ⓐ=ⓑ, ~사회에 발생하는 부가적 편익이나 비용

ㄷ. ⓑ. 기업A=B, 사회에 발생하는 부가적 비용

선지는 ⓐ와 ⓑ 및 사회에 발생하는 부가적 비용과 편익의 영향을 묻고 있다.

(2) 제시문 독해 및 선지 판단

ⓐ와 ⓑ 및 '사회에 발생하는 부가적 편익, 비용'에 집중하여 읽는다.

1문단 (4)에 ⓐ, ⓑ가 제시되어 있다. 그 의미는 2문단에 제시되어 있다. ⓐ 설명에는 '사회에 발생하는 부가적 편익'이 없다. ⓑ의 설명에는 '부가적으로 발생하는 사회적 편익'이 있다. ㄱ은 옳다.

구체적으로 ⓑ는 'ⓐ−부가적 사회 비용+편익'이다. 따라서 '−부가적 사회 비용+편익=0'이므로 ⓐ=ⓑ이다. ㄴ도 옳다. ㄷ이 옳은 선지가 되려면 기업 A와 기업 B의 'ⓐ+편익'이 같아야 한다. 서로 다른 기업 간 해당 값이 같다고 판단할 근거는 없다. ㄷ은 옳지 않다. 정답은 ③이다.

합격자의 시간단축 Tip

Tip ❶ 기호를 활용하여 제시문을 정리

본 문제와 같이 '~에서 ~을 뺀 것', '~에 ~을 더한 것'이라는 표현이 자주 나오는 경우, −와 +의 부호를 활용하여 간단히 문장을 정리할 수 있다. 직접 빈 곳에 적으며 위 내용을 정리하지 않더라도, 제시문 위에 간단히 +, − 부호를 활용하여 이해하는 것만으로도 효과적이다.

Tip ❷ 배경지식의 활용 시 주의

배경지식을 글을 이해하는 데에 활용하는 것에 주의해야 한다. 이 문제의 경우 경제학과 관련된 내용인데, 배경지식이 있다 하더라도 제시문에 따라 얼마든지 내용을 틀어 함정을 만들 수 있기 때문에 배경지식은 글을 익숙하게 만드는 정도로만 활용할 뿐 문제를 풀 때 반드시 제시문의 내용만으로 해결해야 한다.

Tip ❸ 독해의 강약 조절

문제를 푸는데 필요한 문장은 실질적으로 1문단 (4)와 2문단 (1), (2)로, ⓐ, ⓑ의 개념만 알면 풀 수 있는 문제였다. 제시문에 ⓐ, ⓑ가 별도로 표시되었고, 개념이 제시문에 등장하므로 이들 개념을 파악하는 것에 중점을 두고 읽는 것이 효율적이다. 선지를 먼저 읽는다면 보다 선택과 집중이 쉬울 수 있다.

062 정답 ①

난이도 ●○○

문제유형 이해 > 내용 파악

접근전략 일치부합을 묻는 비문학 유형의 경우 선지부터 확인하고 키워드를 고르는 것이 좋다. '구분성이 뚜렷한 키워드'를 중심으로 지문으로 돌아가도록 하자. 이후 이를 인식 기준으로 삼아 지문의 정보를 처리하도록 한다. 선지 판단 시 필요한 정보가 지문 곳곳에 흩어져있을 수 있으므로 무조건 한 번에 정답을 찾으려고 하지 않아도 된다. 선지의 난이도 자체는 높지 않다. 기본기를 쌓는다는 마음으로 접근하자.

다음 글에서 알 수 없는 것은?

(1) 개항 이후 나타난 서양식 건축물은 양관(洋館)이라고 불렸다. (2) 양관은 우리의 전통 건축 양식보다는 서양식 건축 양식에 따라 만들어진 건축물이었다. (3) 정관헌(靜觀軒)은 대한제국 정부가 경운궁에 지은 대표적인 양관이다. (4) 이 건축물은 고종의 연회와 휴식 장소로 쓰였는데, 한때 태조와 고종 및 순종의 영정을 이곳에 모셨다고 한다. ▶1문단

(1) 정관헌은 중앙의 큰 홀과 부속실로 구성되어 있으며 중앙 홀 밖에는 회랑이 설치되어 있다. (2) 이 건물의 외형은 다음과 같은 점에서 상당히 이국적이다. (3) 우선 처마가 밖으로 길게 드러나 있지 않다. (4) 또한 바깥쪽의 서양식 기둥과 함께 붉은 벽돌이 사용되었고, 회랑과 바깥 공간을 구분하는 난간은 화려한 색채를 띠며 내부에는 인조석으로 만든 로마네스크풍의 기둥이 위치해 있다. ▶2문단

(1) 그럼에도 불구하고 이 건물에서 우리 건축의 맛이 느껴지는 것은 서양에서 사용하지 않는 팔작지붕의 건물이라는 점과 회랑의 난간에 소나무와 사슴, 그리고 박쥐 등의 형상이 보이기 때문이다. (2) 소나무와 사슴은 장수를, 박쥐는 복을 상징하기에 전통적으로 즐겨 사용되는 문양이다. (3) 비록 서양식 정자이지만 우리의 문화와 정서가 녹아들어 있는 것이다. (4) 물론 이 건물에는 이국적인 요소가 많다. 회랑을 덮고 있는 처마를 지지하는 바깥 기둥은 전형적인 서양식 기둥의 모습이다. (5) 이 기둥은 19세기 말 서양의 석조 기둥이 철제 기둥으로 바뀌는 과정에서 갖게 된 날렵한 비례감을 지니고 있다. (6) 이 때문에 그리스의 도리

아, 이오니아, 코린트 기둥의 안정감 있는 비례감에 익숙한 사람들에게는 다소 어색해 보이기도 한다.

▶ 3문단

(1) 그런데 정관헌에는 서양과 달리 철이 아닌 목재가 바깥 기둥의 재료로 사용되었다. (2) 이는 당시 정부가 철을 자유롭게 사용할 수 있을 정도의 재정적 여력을 갖지 못했기 때문이다. (3) 정관헌의 바깥 기둥 윗부분에는 대한제국을 상징하는 오얏꽃 장식이 선명하게 자리 잡고 있다. (4) 정관헌은 건축적 가치가 큰 궁궐 건물이었지만 규모도 크지 않고 가벼운 용도로 지어졌기 때문에 그동안 소홀히 취급되어 왔다.

▶ 4문단

① 정관헌의 바깥 기둥은 서양식 철 기둥 모양을 하고 있지만 우리 문화와 정서를 반영하기 위해 목재를 사용하였다.

→ (×) 정관헌의 바깥 기둥에 목재가 사용된 것은, 당시 정부가 철을 자유롭게 사용할 수 있을 정도의 재정적 여력을 갖지 못했기 때문이다.[4문단(2)] 따라서 목재를 사용한 이유가 우리 문화와 정서를 반영하기 위한 것이라고 보는 해당 선지의 내용은 적절하지 않다.

② 정관헌의 난간에 보이는 동식물과 바깥 기둥에 보이는 꽃 장식은 상징성을 지니고 있다.

→ (○) 정관헌의 난간에는 소나무와 사슴, 그리고 박쥐 등의 형상이 있고[3문단(1)], 바깥 기둥의 윗부분에는 오얏꽃 장식이 자리 잡고 있다.[4문단(3)] 여기서 소나무와 사슴은 장수를, 박쥐는 복을 상징하고[3문단(2)] 오얏꽃은 대한제국을 상징한다.[4문단(3)] 따라서 이들 모두는 상징성을 지니고 있다.

③ 정관헌은 그 규모와 용도 때문에 건축물로서 지닌 가치에 걸맞은 취급을 받지 못했다.

→ (○) 정관헌은 건축적 가치가 큰 궁궐 건물이었지만 규모도 크지 않고 가벼운 용도로 지어졌기 때문에 그동안 소홀히 취급되어 왔다.[4문단(4)]

④ 정관헌에 사용된 서양식 기둥과 붉은 벽돌은 정관헌을 이국적으로 보이게 한다.

→ (○) 정관헌은 바깥쪽의 서양식 기둥과 함께 붉은 벽돌이 사용되었는데, 이것이 정관헌을 이국적으로 보이게 한다.[2문단(2),(3)]

⑤ 정관헌은 동서양의 건축적 특징이 조합된 양관으로서 궁궐 건물이었다.

→ (○) 정관헌은 대한제국 정부가 경운궁에 지은 대표적인 양관으로[1문단(3)], 건축적 가치가 큰 궁궐 건물이었다.[4문단(4)] 정관헌은 서양에서 사용하지 않는 팔작지붕의 건물이라는 점과 회랑의 난간에 소나무와 사슴, 박쥐 등의 형상이 존재한다는 점에서 동양의 건축적 특징을 가지고 있다.[3문단(1)] 동시에 처마가 밖으로 길게 드러나 있지 않다는 점, 서양식 기둥과 함께 붉은 벽돌이 사용되었다는 점, 난간이 화려하다는 점, 인조석으로 만든 로마네스크풍의 기둥이 위치해 있다는 점에서 서양의 건축적 특징을 가지고 있다.[2문단(3)] 따라서 정관헌은 동서양의 건축적 특징이 조합된 양관으로서 궁궐 건물이었다는 설명은 적절하다.

제시문 분석

1문단 대표적인 양관, 정관헌

〈양관〉		〈대표적인 양관, 정관헌〉
개항 이후 나타난 서양식 건축물은 양관이라고 불렀으며 이는 우리의 전통 건축 양식보다는 서양식 건축 양식에 따라 만들어진 건축물이었다.(1),(2)	→	정관헌은 대한제국 정부가 경운궁에 지은 대표적인 양관이며 고종의 연회와 휴식 장소로 쓰였는데, 한때 태조와 고종 및 순종의 영정을 이곳에 모셨다고 한다.(3),(4)

2·3문단 정관헌의 이국적 요소와 전통적 요소

<table>
<tr><th colspan="3">〈정관헌의 이국적 요소와 전통적 요소〉</th></tr>
<tr><th>〈이국적 요소〉</th><th></th><th>〈전통적 요소〉</th></tr>
<tr><td>처마가 길게 드러나 있지 않고, 바깥쪽의 서양식 기둥과 함께 붉은 벽돌이 사용되었다.[2문단(3)]</td><td rowspan="3">↔</td><td rowspan="3">팔작지붕의 건물이며, 회랑의 난간에 소나무와 사슴, 그리고 박쥐 등의 형상이 보이는데 사슴은 장수, 박쥐는 복을 상징하여 전통적으로 즐겨 사용되는 문양이다.[3문단(1),(2)]</td></tr>
<tr><td>난간이 화려하고 인조석으로 만든 로마네스크풍의 기둥이 위치해 있다.[2문단(4)]</td></tr>
<tr><td>회랑을 덮고 있는 처마를 지지하는 바깥 기둥이 있다.[3문단(4)]</td></tr>
</table>

4문단 정관헌의 건축적 가치

〈기둥 재료〉		〈목재 사용 이유〉		〈바깥 기둥 윗부분〉
정관헌에는 서양과 달리 철이 아닌 목재가 바깥 기둥의 재료로 사용되었다.(1)	→	이는 당시 정부가 철을 자유롭게 사용할 수 있을 정도의 재정적 여력을 갖지 못했기 때문이다.(2)	→	정관헌의 바깥 기둥 윗부분에는 대한제국을 상징하는 오얏꽃 장식이 선명하게 자리 잡고 있다.(3)

→	〈건축적 가치〉	정관헌은 건축적 가치가 큰 궁궐 건물이었지만 규모도 크지 않고 가벼운 용도로 지어졌기 때문에 그동안 소홀히 취급되어 왔다.(4)

합격자의 실전 풀이 순서

비문학 유형

⓿ 유형 식별하기

이 문제는 일치부합·내용추론 유형이며, 지문의 첫문장에서 건축물에 대해 설명하는 비문학 지문임을 알 수 있다.

❶ 지문 훑어보기

이 단계에서는 지문의 주제와 키워드를 대강 파악한다. 눈에 띄는 부분이 있는지 체크한다.

예 대한제국 시대에 지어진 양관인 정관헌의 건축 양식에 대한 글이구나. 우리 전통 건축 양식과 서양의 건축 양식이 각각 어느 부분에 적용되었는지 확인하면서 읽어야겠다.

❷ 발문 확인하기

본 문제는 '알 수 있는/없는 것은?' 유형에 해당한다. 이때 알 수 '있는' 것인지, '없는' 것인지를 확실히 표시하고 간다.

다음 글에서 알 수 없는 것은?

3-1 선지를 읽고 제시문 확인

선지를 하나씩 판단하는 경우

① 정관헌의 바깥 기둥은 서양식 철 기둥 모양을 하고 있지만 우리 문화와 정서를 반영하기 위해 목재를 사용하였다.

정관헌의 바깥 기둥	⇨	모양	⇨	전형적인 서양식 철제 기둥의 모습	(○)
	⇨	재료	⇨	재정적 여력 부족으로 인한 목재 사용	(×)

두 가지 요소를 각각 확인해야 하는 단순비교형 선지다. '정관헌의 바깥 기둥'을 키워드로 모양과 재료를 각각 확인하면, 모양의 경우 선지와 지문이 상통한다.[3문단(4), (5)] 그러나 재료의 경우 목재를 사용한 것까지는 상통하지만[4문단(1)], 그 이유에서 지문과 선지가 상충한다.[4문단(2)] 원인 내지는 의도에서 함정을 깔아둔 선지라 할 수 있겠다.

② 정관헌의 난간에 보이는 동식물과 바깥 기둥에 보이는 꽃 장식은 상징성을 지니고 있다.

정관헌	⇨	난간의 동식물	⇨	소나무와 사슴은 장수, 박쥐는 복을 상징	(○)
	⇨	바깥 기둥의 꽃 장식	⇨	오얏꽃은 대한제국을 상징	(○)

두 가지 요소를 각각 확인해야 하는 단순비교형 선지다. '난간'으로 키워드를 잡아 확인하면 소나무, 사슴, 박쥐가 상징하는 것을[3문단(2)], '바깥 기둥의 꽃'으로 확인하면 오얏꽃이 상징하는 것을[4문단(3)] 확인할 수 있다. 따라서 알 수 있다.

③ 정관헌은 그 규모와 용도 때문에 건축물로서 지닌 가치에 걸맞은 취급을 받지 못했다.

단순비교형 선지다. 선지의 문장만 읽어봤을 때는 지문의 내용 전반을 함축하는 추론형 선지가 아닐까 생각할 수 있지만, 의외로 근거가 되는 문장이 명확한 경우다.

'취급'을 키워드로 지문을 확인해보면 정관헌은 높은 가치에 비해, 작은 규모와 가벼운 용도로 인해 소홀한 취급을 받았다는 부분[4문단(4)]을 확인할 수 있다. 따라서 알 수 있다.

④ 정관헌에 사용된 서양식 기둥과 붉은 벽돌은 정관헌을 이국적으로 보이게 한다.

이국적 ⇨ 서양식 기둥과 함께 붉은 벽돌

역시 단순비교형 선지다. 서양식 기둥과 붉은 벽돌을 각각 찾을 필요 없이, '이국적'을 키워드로 지문을 확인하면 한 번에 찾을 수 있다.

⑤ 정관헌은 동서양의 건축적 특징이 조합된 양관으로서 궁궐 건물이었다.

추론형 선지다. 우선, 정관헌이 양관이자 궁궐 건물이라는 내용은 명확한 근거[1문단(3)]가 존재한다. 반면 동서양의 건축적 특징이 조합되었는지는 글 전체의 내용을 포괄하여 판단하여야 한다. 2문단에는 정관헌의 서양식 특징, 3문단에는 우리 고유의 특징이 소개되어 있으므로 이 또한 추론 가능하다. 따라서 알 수 있다.

전체 선지를 읽고 제시문을 확인하는 경우

(1) 선지 확인

선지를 읽고 키워드를 표시한다. 예를 들어 선지 ①에서 '서양식 철 기둥 모양', ②에서 '동식물', '꽃장식', ③에서 '규모와 용도', ④에서 '서양식 기둥', '붉은 벽돌', ⑤에서 '동서양의 건축적 특징이 조합'을 선택할 수 있다.

(2) 지문 독해 및 선지 판단

문단 간의 관계를 대략 파악한 후에 개별 문단의 핵심을 이해한다.

1문단에서 양관 및 정관헌의 소개, 2문단에서 정관헌의 이국적 특징, 3문단에서 정관헌의 전통 요소 및 이국적인 요소, 마지막으로 4문단에서 3문단의 부연이 등장한다. 이렇게 전체적인 틀을 파악한 후에 세부 문단 독해로 넘어간다.

정관헌의 고유성과 특수성에 방점을 두고 읽는다. 개항기의 건축물은 기존 우리의 것과 서양의 것이 결합된 형태로 나타나는 경우가 많다. 또한, 동양적인 요소와 서양적인 요소 두 내용을 혼동시켜 오답 선지를 만들기 좋으므로 이들을 구별하여 독해하자.

지문을 순서대로 읽으며 판단 가능한 선지를 바로 판단한다. 2문단 (3)을 보고 선지 ④의 정오를 판단한다. 다시 지문을 쭉 읽다가 3문단 (1)에서 선지 ②의 정오를 판단해 본다. 3문단 (2)에서 '동식물' 부분이 옳음을 알 수 있다. 다만, 아직 '꽃장식' 부분에 대한 판단은 보류하도록 한다. 한편, 여기까지 읽었을 때 선지 ⑤가 알 수 있는 내용임이 판단 가능하다. 이어서 읽다가 3문단 (6)까지 보고 선지 ①로 내려간다. 선지의 앞부분이 옳음을 알 수 있다. 다시 다음 문장부터 읽으면 4문단 (2)에서 선지 ①을 판단할 수 있다. 앞서 선지 ①에서 묻는 바를 전부 보고 온 상황이기 때문이다. 이를 통해 선지 ①의 내용이 지문과 일치하지 않는 정답임을 알 수 있다.

3-2 제시문 독해 후 선지 판단

(1) 제시문 독해하기

독해는 모든 내용을 기억하기보다 어디에 어떤 내용이 있는지를 인지하고, 특징적인 내용을 표시하는 방식으로 진행한다.

1문단에서 '양관'의 개념과 '정관헌'의 건축 주체, 소재지, 양관이라는 특징, 용도 등을 이해한다.

2문단은 정관헌의 구성 및 외관을 설명한다. 구성을 설명하는 문장 (1)과 외형을 설명하는 문장 (2) 사이를 '/'로 구분해 둔다. 이국적 요소로서 '처마~않다', '붉은 벽돌', '난간의 화려한 색채', '로마네스크풍의 기둥' 등에 ○로 표시하며 읽는다.

3문단은 정관헌의 전통적 특징과 이국적 특징을 병렬적으로 설명한다. 이국적 요소를 설명하는 문장 (4) 앞을 '/'로 구분한다. 전통적 특징은 △로 표시하고, 이국적 요소는 ○로 표시한다. 또한 정관헌이 '정자'라는 점도 체크한다.

4문단은 정관헌의 건축재가 목재임을 설명한다. 이는 서양의 건축물과의 차이라는 점과 그 이유를 이해한다. '오얏꽃 장식'에 체크하고, 마지막 문장까지 읽고 선지를 판단한다.

(2) 선지 판단하기

①번 선지는 4문단에 있는 내용이다. 목재를 사용한 이유는 재정적 한계 때문이다. 옳지 않으므로 정답이다.

정답의 근거가 확실하므로, 시간이 여유로운 것이 아니라면 바로 다음 문제로 넘어간다.

합격자의 시간단축 Tip

Tip ❶ 선지 판단의 키워드는 구분성이 좋아야 한다.

선지의 모든 요소를 한 번에 판단할 수 없을 경우, 과감히 지문으로 가서 나머지 정보를 처리한다. 이때, 구분성이 뚜렷한 키워드를 중심으로 돌아가자. 구분성이 뚜렷하다는 것은 글 전반이 아닌 비교적 특정 부분에 존재하는 내용을 이야기한다. 예를 들어, 선지 ①에서는 글 전반에 등장한 '정광헌'보다는 '바깥 기둥'과 같이 특정 부분에서만 등장한 내용을 중심으로 돌아가자.

Tip ❷ 지문의 테마와 전개를 숙지하자.

개항 시기 신문물의 특징 및 서양문물과의 공통점-차이점은 빈번하게 출제되는 지문이다. 지문이 어떠한 형태로 전개되는지 알고 있으면 독해의 난이도가 내려간다. 일반적으로, 개항기 문화 융합을 다루는 지문에서 한국의 고유성이 아예 없다는 내용은 출제되지 않는다.

Tip ❸ 접속어구와 강조어구에 유의하자.

지문에서 강조하는 내용은 선지로 빈출된다. 앞의 내용과 다른 내용임을 알리는 접속사나 강조 어구 등으로 강조하는 내용임을 알 수 있다. 예를 들어, 지문 2문단의 '상당히 이국적', 3문단의 '그럼에도 불구하고', '비록 ~이지만', 3문단의 '그런데' 등은 독해할 때 방점을 두고 읽어야 할 부분이다.

Tip ❹ 차이점은 기호로 구분하여 표시하자.

비교되는 대상의 상이한 특징들은 ○, △, □ 등의 기호로 구분하여 표시하며 읽는 것이 좋다. 독해하면서 서로 구분됨을 이해하기에도 좋으며, 선지를 읽고 본문에서 내용을 찾을 때에도 도움이 된다.

063 정답 ①

난이도 ●●●

문제유형 이해 > 내용 파악

접근전략 농지 제도 개혁 지문은 일반적으로 난이도가 높다. 오늘날 부동산 조세제도와 관련된 내용이 한번 읽는 것만으로 내용을 파악하기 어려운 것과 유사하다. 측정하는 방식, 등급에 따른 세율의 변화, 개혁에 대한 찬반 등의 테마가 등장하며, 선지가 조건문 형태를 띠는 경우가 많다. 본 문제의 경우 모든 선지가 추론형으로, 해결이 까다로운 편이다. 모든 정보를 한 번에 파악하려 하지 말고 전체적인 흐름을 파악한 후 세부 정보를 이해하는 것이 좋다. 특히, 기존 제도의 문제점과 그를 보완하면서 생기는 차이에 유의하며 읽자.

다음 글에서 알 수 있는 것은?

(1) 조선 시대에는 농지에서 생산된 곡물의 일정량을 조세로 징수했는데, 건국 초에는 면적 단위 1결마다 거두도록 규정된 조세량이 일정했다. (2) 하지만 이에 불만을 품은 사람들이 많았다. 생산성이 좋은 농지를 가진 자는 정해진 액수만 내면 남은 양에 상관없이 그 모두를 가질 수 있었던 반면, 생산성이 낮은 농지를 가진 자는 수확량이 적어 정해진 세액도 못 낼 수 있기 때문이었다. (3) 이는 모든 농지를 결이라는 동일한 크기의 면적으로 나누고 결마다 같은 액수의 조세를 받기 때문에 생긴 문제였다. (4) 조선 왕조는 이런 문제점을 완화하고자 작황을 살핀 후 적당히 세액을 깎아주는 '답험손실법'이라는 제도를 시행하였다.

▶1문단

(1) 답험손실법에 따라 작황을 살펴보는 행위를 '답험'이라고 불렀다. (2) 답험 실행 주체는 농지의 성격에 따라 달랐다. (3) 국가에 조세를 내야 하는 땅은 그 농지가 위치한 곳의 지방관이 답험을 했다. (4) 또 과전법의 적용을 받아 국가 대신 조세를 받는 사람이 지정된 땅의 경우에는 권리 수급자가 직접 답험을 했다. (5) 그런데 답험 과정에서 지방관이 납세 의무자로부터 뇌물을 받거나 제대로 답험을 하지 않는 문제가 자주 일어났다.

▶2문단

(1) 세종은 이러한 문제점을 없애고자 조세 개혁에 관한 초안을 만들었다. (2) 이 초안에는 이전에 했던 방식대로 결당 세액을 고정하는 대신, 중앙 관청이 모든 토지의 작황을 일괄적으로 답험하겠다는 내용이 담겼다. (3) 세종은 이 초안에 대해 백성들이 어떻게 생각하는지 알아보았다. (4) 그 결과 함경도 농민들은 1결마다 부과할 세액을 고정하는 데 반대하지만, 전라도 농민들은 환영한다는 것을 알게 되었다. (5) 전라도 농민들은 생산성이 높은 농지가 많았기 때문에 찬성한 것이고, 함경도 농민들은 생산성이 낮은 농지가 많았기 때문에 반대한 것이다. (6) 이처럼 찬반이 엇갈리자 세종은 1결당 세액을 동일한 액수로 고정하되, 전국의 농지를 비옥도에 따라 6개의 등급으로 나누고 등급에 따라 결의 면적을 달리 하였다. (7) 6등전과 1등전의 절대 면적을 기준으로 비교할 때, 6등전 1결의 절대 면적이 1이라면 1등전 1결은 0.4였다. (8) 한편 세종은 도 관찰사로 하여금 관할 도 안에 있는 모든 농지의 작황을 매년 조사한 후 그에 따라 결당 세액을 군현별로 조정하는 정책을 시행하였다. (9) 이와 같이 세종 때 농지의 생산성과 연도별 작황을 감안해 세액과 결을 조정한 제도를 '공법'이라고 부른다.

▶3문단

① **공법에 따르면 같은 군현 안에 있고 농지 절대 면적의 총합이 동일한 마을들 중 1등전만 있는 마을 주민들이 내는 조세의 총액이 2등전만 있는 마을의 조세 납부 총액보다 많아진다.**

→ (O) 공법은 농지의 생산성과 연도별 작황을 감안해 세액과 결을 조정한 제도를 의미한다.[3문단(9)] 그런데 연도별 작황은 결당 세액을 군현별로 조정하므로, 같은 군현인 경우에는 1결당 동일한 세액이 적용될 것이다.[3문단(8)] 또한, 공법은 전국의 농지를 비옥도에 따라 6개의 등급으로 나누고 등급에 따라 결의 면적을 달리하는 제도이다.[3문단(6)] 따라서 해당 선지는 동일한 군현이라는 사실을 전제하고 있으므로 그로 인한 차이 없이 농지의 생산성에 의해서만 조세 납부액이 좌우된다. 따라서 농지 절대 면적의 총합이 동일한 마을들 중 1등전만 있는 마을 주민들이 내는 조세의 총액이 2등전만 있는 마을의 조세 납부 총액보다 많아질 것이다.

② **공법 시행 후에 같은 등급에 속한 농지들은 1결의 크기가 같아지므로 지역에 상관없이 매년 같은 액수의 조세를 냈다.**

→ (×) 공법은 농지의 생산성과 연도별 작황을 감안해 세액과 결을 조정한 제도를 의미한다.[3문단(9)] 공법 시행 후에 같은 등급에 속한 농지들은 1결의 크기가 같아지더라도, 지역이 다르면 연도별 작황에 따른 세액이 군현별로 다르게 결정되기 때문에[3문단(8)] 매년 같은 액수의 조세를 낸다고 볼 수 없다.

③ **절대 면적이 동일한 경우라도 공법 시행 후에는 1등전만 있는 마을이 2등전만 있는 마을보다 결의 수가 더 적어졌다.**

→ (×) 6등전과 1등전의 절대 면적을 기준으로 비교할 때, 6등전 1결의 절대 면적이 1이라면 1등전 1결은 0.4였다.[3문단(7)] 이는 곧 1등전은 0.4 면적만 되면 1결이 되고, 6등전은 1 면적이 되어야 1결이 된다는 것을 의미한다. 예를 들면, 두 마을의 절대 면적이 '400'으로 동일한 경우, 이것이 6등전인 마을은 400결이 되지만 1등전인 마을은 1,000결이 된다. 따라서 절대 면적이 동일한 경우라도 공법 시행 후에는 1등전만 있는 마을이 2등전만 있는 마을보다 결의 수가 더 많아졌음을 알 수 있다.

④ **과전법에 의해 조세를 국가 대신 받는 개인은 공법 시행으로 매년 그 땅의 작황을 조사해 중앙 관청에 보고해야 했다.**

→ (×) 공법이 시행된 후에는 도 관찰사가 관할 도 안에 있는 모든 농지의 작황을 매년 조사해야 했다.[3문단(8)] 따라서 과전법에 의해 조세를 국가 대신 받는 개인이 존재하더라도,

공법 시행 후에는 도 관찰사가 그 땅의 작황을 조사해 중앙 관청에 보고해야 했음을 알 수 있다.

⑤ **세종의 초안대로라면 함경도 주민들이 내는 조세의 총액은 전라도 주민들이 내는 조세의 총액보다 많아진다.**

→ (×) 세종의 초안대로라면 조세의 총액은 절대 농지 면적을 토대로 산정된다.[3문단(2),(4)] 그러나 제시문에는 전라도의 생산농지 생산성이 함경도의 것보다 높다고 언급되어 있을 뿐[3문단(5)] 절대 농지 면적에 대해서는 직접적으로 언급되어 있지 않기 때문에, 함경도 주민들이 내는 조세의 총액과 전라도 주민들이 내는 조세의 총액을 비교할 수 없다. 따라서 해당 선지의 내용은 알 수 없는 정보이다.

제시문 분석

1문단 조선 건국 초 조세제도의 문제점과 대안

〈건국 초 조세제도〉		〈백성들의 불만〉		〈대안 제시〉
조선 시대에는 농지에서 생산된 곡물의 일정량을 조세로 징수했는데, 건국 초에는 면적 단위 1결마다 거두도록 규정된 조세량이 일정했다.(1)	→	모든 농지를 동일한 크기의 면적으로 나누고 같은 액수의 조세를 받았기 때문에, 생산성과 작황을 고려하지 않았다는 문제점이 발생했다. (2),(3)	→	조선 왕조는 이런 문제점을 완화하고자 작황을 살핀 후 적당히 세액을 깎아주는 '답험손실법'을 시행하였다. (4)

2문단 〈답험손실법〉과 문제점

〈답험〉
답험손실법에 따라 작황을 살펴보는 행위를 '답험'이라고 불렀다.(1)

〈답험 실행 주체〉		
〈국가에 조세를 내야 하는 땅〉		〈과전법의 적용을 받는 땅〉
그 농지가 위치한 곳의 지방관. (3)	↔	권리 수급자가 직접.(4)

→ 〈문제점〉 지방관이 납세 의무자로부터 뇌물을 받거나 제대로 답험을 하지 않음.(5)

3문단 세종의 〈공법〉

〈세종의 초안〉		〈찬반의 엇갈림〉
이전 방식대로 결당 세액을 고정하는 대신, 중앙 관청이 모든 토지의 작황을 일괄적으로 답험하겠다.(2)	→	전라도 농민들은 생산성이 높은 농지가 많았기 때문에 찬성했고, 함경도 농민들은 생산성이 낮은 농지가 많았기 때문에 반대했다.(5)

→ 〈공법〉	세종은 1결당 세액을 동일한 액수로 고정하되, 전국의 농지를 비옥도에 따라 6개의 등급으로 나누고 등급에 따라 결의 면적을 달리하였다.(6)
	도 관찰사로 하여금 관할 도 안에 있는 모든 농지의 작황을 매년 조사한 후 그에 따라 결당 세액을 군현별로 조정하는 정책을 시행하였다.(8)

합격자의 실전 풀이 순서

한국사 비문학 유형

⓿ 유형 파악하기

본 유형의 식별은 간단하다. 발문과 지문의 첫 문장만 읽어도 일치부합·내용추론 문제이며, 한국사 비문학 지문임을 알 수 있을 것이다. 앞에서 소개한 유형의 특징도 다시 한번 숙지하며 넘어가자.

❶ 지문 훑어보기

이 단계에서는 지문의 주제와 키워드를 대강 파악한다. 눈에 띄는 부분이 있는지 체크하며 독해의 방향을 설정한다.

예 조선 시대의 조세 제도 개혁에 대한 글이구나. '답험손실법'과 '공법'이 작은따옴표로 표시된 걸 보니 두 제도 사이의 차이점을 비교할 수 있어야겠네. 조세 제도에 사용되는 '결'과 '등전'이 각각 무엇을 의미하는지 확실히 알아둬야겠다.

❷ 발문 확인하기

본 문제는 '알 수 있는/없는 것은?' 유형에 해당한다. 이때 알 수 '있는' 것인지, '없는' 것인지를 확실히 표시하고 간다.

다음 글에서 알 수 있는 것은?

3-1 선지를 읽고 제시문 확인

선지를 하나씩 판단하는 경우

① **공법에 따르면 같은 군현 안에 있고 농지 절대 면적의 총합이 동일한 마을들 중 1등전만 있는 마을 주민들이 내는 조세의 총액이 2등전만 있는 마을의 조세 납부 총액보다 많아진다.**

지문에 제시된 규칙을 선지의 사례에 적용하는 추론형 선지다. 본 선지를 해결하기 위해서는 '절대 면적', '등전', '결'이라는 3가지 개념을 명확히 구분할 수 있어야 한다. '공법에 따르면'이 조건이므로, 공법에 대한 3문단을 확인한다. 이에 따르면 등전은 토지의 비옥도에 따른 등급이며, 결은 조세를 매기는 단위면적이다. 공법 이전에 결은 절대 면적이었으나, 공법을 통해 상대 면적이 된 것이 핵심이다.

1등전만 있는 마을과 2등전만 있는 마을이 i) 같은 군현 안에 있다면, 결당 세액이 동일하다(3문단 8). 또한 ii) 절대 면적의 총합이 동일하다면, 1등전만 있는 마을의 결수가 2등전만 있는 마을보다 많다. 공법에 따르면 1등전의 1결이 2등전의 1결보다 좁은 면적이기 때문이다.

결은 조세를 부과하는 단위면적이므로, 1등전만 있는 마을 주민들이 내는 조세의 총액은 2등전만 있는 마을의 조세 총액보다 많아진다. 따라서 알 수 있다.

② **공법 시행 후에 같은 등급에 속한 농지들은 1결의 크기가 같아지므로 지역에 상관없이 매년 같은 액수의 조세를 냈다.**

추론형 선지다. '공법 시행 후에'가 선지의 조건이므로 공법에 대한 지문 내용에서 선지를 판단할 수 있을 것이다. 따라서 공법에 대한 3문단을 살펴보면, 전국의 농지를 비옥도에 따라 등급을 매겨 조세를 책정하였다.[3문단(6)] 즉, 비옥한 지역은 더 많은 액수의 조세를 냈을 것을 추론할 수 있다. 따라서 알 수 없다.

③ **절대 면적이 동일한 경우라도 공법 시행 후에는 1등전만 있는 마을이 2등전만 있는 마을보다 결의 수가 더 적어졌다.**

선지 ①과 구조가 유사한 추론형 선지다. ①을 해결했다면 본 선지는 어렵지 않게 풀 수 있다. 역시 '공법 시행 후에'가 조건이므로 3문단에서 근거를 찾는다. 1등전만 있는 마을과 2등전만 있는 마을의 절대 면적이 동일하다면, 결의 수는 1등전만 있는 마을이 많을 수밖에 없다. 따라서 알 수 없다.

④ **과전법에 의해 조세를 국가 대신 받는 개인은 공법 시행으로 매년 그 땅의 작황을 조사해 중앙 관청에 보고해야 했다.**

제도 시행 전후의 변화를 묻는 추론형 선지다. 과전법과 공법이 모두 적용되는 경우를 묻고 있다. '과전법'을 키워드로 잡아 지문을 확인하면 공법 이전에는 조세를 받는 개인이 직접 작황을 살펴보아야 했다.[2문단(4)] 그러나 공법 이후의 경우, 도 관찰사가 작황을 살피게 되었다.[3문단(8)] 여기에 별도의 예외 규정이 없으므로, 공법 시행 후에는 개인이 직접 작황을 조사할 수 없다. 따라서 알 수 없다.

⑤ **세종의 초안대로라면 함경도 주민들이 내는 조세의 총액은 전라도 주민들이 내는 조세의 총액보다 많아진다.**
추론형 선지다. '세종의 초안대로라면'이 조건이므로, '초안'을 키워드로 잡아 지문을 확인해야 한다. 초안에서는 결당 세액이 공법 이전과 동일하게 고정된다.[3문단(2)] 그러나 함경도와 전라도의 1결을 어떻게 정의하는지는 지문에 제시된 바가 없다. 따라서 추론할 수 없다.

전체 선지를 읽고 제시문을 확인하는 경우

(1) 선지 확인
선지에서 키워드를 고른다. 예컨대 선지 ①은 '1등전', ②와 ③은 모두 '공법 시행 후', ④는 '과전법', ⑤는 '세종의 초안'으로 한다.

(2) 지문 독해 및 선지 판단
문단 간의 관계에 유의하며 세부 문단의 핵심을 파악한다. 〈기존 제도의 존재-그에 대한 불만-답험손실법이라는 제도 시행-제도의 문제점-문제점에 대한 극복방안〉의 흐름으로 글이 전개되고 있다. 기존 제도와 새로운 제도의 차이점, 그리고 새로운 제도의 특징이 무엇인지를 파악하며 읽어야 한다. 독해를 하며 판단 가능한 선지는 바로 확인한다.
2문단 (4)에서 선지 ④를 확인한다. 아직 판단할 수 없으므로 보류하고 다시 지문으로 간다.
3문단 (6)까지 읽고 나서 선지 ⑤의 정오 판단을 할 수 있다. 지문으로 올라가서 3문단 마지막 문장까지 모두 읽고 선지 ①을 확인한다. (앞서 선지 ①에서 '1등전'을 키워드로 잡았으나 3문단 (7)에서 해당 키워드를 발견하고 바로 선지로 내려가지 않은 이유는 지문의 정보가 이를 판단할 정도로 충분한 근거가 아니기 때문이다. 이를 판단하는 기준은 선지에서 키워드를 고를 때 문장에서 묻는 바를 대략적으로 파악한 것이다.)
지문과 대조하여 판단해 보면 선지 ①이 정답임을 알 수 있다.

3-2 제시문 독해 후 선지 판단

(1) 제시문 독해하기
독해는 모든 내용을 기억하기보다 어디에 어떤 내용이 있는지를 인지하고, 특징적인 내용을 표시하는 방식으로 진행한다.
1문단에서는 1결당 동일 액수의 조세를 거두는 기존 조세제도 및 그 불만과 대안으로 등장한 '답험손실법'이 소개된다. 기존 조세제도에 어떠한 불만이 있었는지에 밑줄을 긋는다. 이는 '답험손실법'의 등장 배경이라고 볼 수 있다.
2문단에서는 '답험'의 개념과 행위자에 표시한다. '국가 조세-지방관', '과전법-권리수급자'이다. 마지막 문장에 해당 제도의 문제점이 나타난다. (5)의 '그런데' 앞에 '/' 표시를 한다.
3문단은 위 문제를 해결하기 위해 세종이 고안한 조세제도의 초안 및 그에 대한 지역별 반응, 이를 고려하여 새롭게 고안한 '공법'이 설명된다. '공법'의 설명이 시작되는 (6) 앞을 '/'로 끊고, 각각의 결당 세액과 작황 조사자를 구분하여 표시한다. 공법의 계산법은 일단 표시해두고 필요한 경우 돌아와 자세히 읽는다.

(2) 선지 판단하기
① 공법의 계산법 부분으로 돌아간다. 6등전 1결을 1로, 1등전 1결을 0.4로 계산하며, 등급에 따라 결의 면적은 차등 적용된다. 결당 세액은 동일 군현 내라면 동일하다. 따라서 동일 군현 내 절대 면적이 같다면 1등전만 있는 마을의 조세가 가장 많다. 옳은 선지이다. 정답이 도출되었으나 시간적 여유가 있다면 다른 선지의 정오도 판단하여 실수를 방지한다.
② 군현별로 1결당 세액은 다르므로 옳지 않다.
③ 1등전 1결이 0.4로 가장 작다. 결과적으로 '절대면적×2.5'로 계산되어 결의 수가 가장 많아진다. 옳지 않다.
④ 세종은 '공법'의 작황은 도 관찰사로 하여금 조사하게 하였다. 옳지 않다.
⑤ 초안은 1결당 세액이 동일하며, 함경도와 전라도 농지의 결 수는 알 수 없다. 옳지 않다.

합격자의 시간단축 Tip

Tip ❶ 공통적인 선지의 키워드를 통해 제시문의 소재를 추측할 수 있다.
선지에서 공통적으로 제시되는 키워드를 보고 제시문에서 언급될 내용을 예측해 볼 수 있다. 또한, 그러한 키워드를 포함한 선지의 정오를 먼저 판단하면 좀 더 신속히 답을 도출할 수 있다.

Tip ❷ 선지를 확인할 때 키워드 외 다른 정보 역시 훑어보는 것을 연습한다.
선지에서 키워드를 고를 때 선지의 다른 구성요소에 대해서도 한번 훑어보고 지나가면 시간을 절약하는 데 도움이 된다. 다만 이는 키워드로만 찾아가기 연습이 충분히 되었을 경우, 그다음 단계로서 적용해 보도록 한다. 처음부터 시도한다면 오히려 시간이 더 많이 소요될 위험이 있기 때문이다.

Tip ❸ 새로운 제도를 도입할 때 부작용과 반발이 나오리라는 것을 예상하며 읽는다.
새로운 제도가 기존 제도의 단점을 완전 무결히 보완했다는 것은 일반적으로 상상하기 어렵다. 따라서 새로운 제도에 대한 언급이 있다면 그에 따른 단점 및 보완책이 없는지 유의하며 읽을 필요가 있다. 보통 기존 제도의 단점과 그를 보완한 제도 간 관계가 주된 테마가 된다.

Tip ❹ 숫자가 제시되면 계산 관련 선지가 나올 것이라 예상한다.
처음에 선지를 훑어볼 때 ①, ②, ③, ⑤에서도 계산 관련 내용이 있다는 것을 쉽게 파악할 수 있지만, 본문에 숫자가 제시되었다는 사실만으로도 이러한 선지의 존재를 예상할 수 있어야 한다. 본 문제는 간단한 비교만을 요구하지만, 숫자를 이용한 구체적인 계산이 필요할 수도 있다. 따라서 숫자 관련 정보는 따로 표시해 두는 것이 좋다.

Tip ❺ 서로 다른 대상에 대한 정보는 구분하여 표시한다.
지문에 A의 특징으로 a가, B의 특징으로 b가 제시된다면 선지는 'B의 특징이 a'라는 식으로 자주 제시된다. 따라서 지문 내의 서로 다른 대상에 대한 정보는 기호 등을 활용하여 구분하여 표시하며 읽는 것이 좋다. 해당 문제에서는 선지 ④를 이러한 방식으로 구성했다.

064 정답 ① 난이도 ●●○

문제유형 논리적 비판 > 논지의 강화와 약화
접근전략 수식이 등장하지만 수식의 구체적 개념을 묻기보다 어디에 쓰이는지 잘 분류하는 것이 중점이 되는 문제다. 심지어 수식의 구체적 구조를 몰라도 지문 내용 이해만 어려울 뿐 정답을 도출할 수가 있다. 이처럼 겉보기 논지와 실제 선지의 출제 의도가 다를 수 있음에 유의하며 지문 내용을 분리해서 독해하는 법을 익히도록 한다.

다음 글의 ㉠에 대한 주장을 약화하는 진술만을 〈보기〉에서 모두 고르면?

(1) 동물이 단위 시간당 소모하는 에너지의 양을 물질대사율이라고 한다. (2) 동물들은 세포 유지, 호흡, 심장박동 같은 기본적인 기능들을 위한 최소한의 물질대사율, 즉 최소대사율을 유지해야 한다. (3) ㉠ 동물의 물질대사율은 다음과 같은 특성을 지닌다. ▶1문단

(1) 먼저, 최소대사율은 동물의 종에 따라 달라지고, 특히 내온동물과 외온동물은 뚜렷한 차이를 나타낸다. (2) 신체 내 물질대사로 생성된 열에 의해 체온을 유지하는 내온동물에는 포유류 등이, 체온 유지에 필요한 열을 외부에서 얻는 외온동물에는 양서류와 파충류 등이 포함된다. (3) 최소 수준 이상으로 열의 생성이나 방출이 요구되지 않는 환경에서 스트레스 없이 가만히 쉬고 있는 상태의 내온동물의 최소대사율을 기초대사율이라고 한다. (4) 외온동물의 최소대사율은 내온동물과 달리 주변 온도에 따라 달라지는데, 이는 주변 온도가 물질대사와 체온을 변화시키기 때문이다. (5) 어떤 온도에서 스트레스 없이 쉬고 있는 상태의 외온동물의 최소대사율을 그 온도에서의 표준대사율이라고 한다. (6) 기본적인 신체 기능을 유지하는 데 필요한 에너지의 양은 외온동물보다 내온동물에서 더 크다. ▶2문단

(1) 내온동물의 물질대사율은 다양한 요인에 의해 영향을 받는데, 몸의 크기가 그 중 하나다. (2) 몸집이 큰 포유동물은 몸집이 작은 포유동물보다 물질대사율이 크다. (3) 몸집이 클수록 일반적으로 더 무겁다는 사실을 고려하면, 물질대사율은 몸무게가 클수록 크다고 볼 수 있다. (4) 한편 포유동물에서 단위 몸무게당 기초대사율은 몸무게에 반비례하는 경향을 나타낸다. (5) 이는 내온동물의 몸이 작을수록 안정적인 체온을 유지하는 에너지 비용이 커진다는 가설을 통해 설명될 수 있다. (6) 이 가설은 동물의 몸집이 작을수록 부피 대비 표면적이 커져서 주변으로 열을 더 쉽게 빼앗기기 때문에 체온 유지를 위해 더 많은 에너지를 생산해야 할 필요가 있다는 생각에 근거를 두고 있다. ▶3문단

보기

ㄱ. 툰드라 지역에 서식하는 포유류 중, 순록의 몸무게 1 kg당 기초대사율은 같은 지역의 토끼의 그것보다 크다.
→ (O) ㉠은 포유동물에서 단위 몸무게 당 기초대사율은 몸무게에 반비례하는 경향을 나타낸다고 하고 있다.[3문단(4)] 그러나 툰드라 지역에 서식하는 포유류 중, 순록의 몸무게 1kg당 기초대사율은 같은 지역의 토끼의 그것보다 크다는 것은 포유동물에서 단위 몸무게 당 기초대사율이 몸무게에 반비례하지 않는다는 것을 나타낸다. 따라서 해당 내용은 ㉠에 상반되므로, ㉠을 약화하는 선지이다.

ㄴ. 양서류에 속하는 어떤 동물의 최소대사율이 주변 온도에 따라 뚜렷이 달라졌다.
→ (×) ㉠에 의하면 양서류는 외온동물에 속하고[2문단(2)], 외온동물의 최소대사율은 주변 온도에 따라 달라진다.[2문단(4)] 따라서 양서류에 속하는 어떤 동물의 최소대사율이 주변 온도에 따라 뚜렷이 달라졌다는 해당 선지의 내용은 ㉠과 일치하므로, ㉠을 강화한다.

ㄷ. 몸 크기가 서로 비슷한 악어와 성인 남성을 비교하였을 때, 전자의 표준대사율의 최댓값이 후자의 기초대사율의 1/20 미만이었다.
→ (×) ㉠에 따르면 기본적인 신체 기능을 유지하는 데 필요한 에너지의 양은 외온동물보다 내온동물에서 더 크다.[2문단(6)] 파충류인 악어는 외온동물에, 포유류인 성인 남성은 내온동물에 포함된다.[2문단(2)] 따라서 몸 크기가 서로 비슷한 악어와 성인 남성을 비교하였을 때, 외온동물인 악어의 표준대사율의 최댓값이 내온동물인 성인 남성의 기초대사율의 1/20 미만이었다는 것은 ㉠과 일치하므로, ㉠을 강화한다.

① ㄱ → (O)
② ㄷ → (×)
③ ㄱ, ㄴ → (×)
④ ㄴ, ㄷ → (×)
⑤ ㄱ, ㄴ, ㄷ → (×)

제시문 분석

1문단 물질대사율과 최소대사율

〈물질대사율〉	동물이 단위 시간당 소모하는 에너지의 양.(1)
〈최소대사율〉	동물들의 세포 유지, 호흡, 심장박동 같은 기본적인 기능들을 위한 최소한의 물질대사율.(2)

2문단 내온동물과 외온동물

〈내온동물〉		〈외온동물〉
신체 내 물질대사로 생성된 열에 의해 체온을 유지하는 동물(2)		체온 유지에 필요한 열을 외부에서 얻는 동물(2)
〈기초대사율〉	↔	〈표준대사율〉
최소 수준 이상으로 열의 생성이나 방출이 요구되지 않는 환경에서 스트레스 없이 가만히 쉬고 있는 상태의 내온동물의 최소대사율(3)		어떤 온도에서 스트레스 없이 쉬고 있는 상태의 외온동물의 최소대사율(5)

→

〈비교〉	기본적인 신체 기능을 유지하는 데 필요한 에너지의 양은 외온동물보다 내온동물에서 더 크다.(6)

3문단 내온동물의 물질대사율의 특징

〈내온동물의 물질대사율의 특징〉		
〈몸의 크기∝물질대사율〉		〈기초대사율∝1/몸무게〉
몸집이 큰 포유동물은 몸집이 작은 포유동물보다 물질대사율이 크다.(2)	⊕	포유동물에서 단위 몸무게당 기초대사율은 몸무게에 반비례하는 경향을 나타낸다.(4)

합격자의 실전 풀이 순서

발문 확인

발문에 이미 많은 정보가 주어져 있다. ㉠을 중심으로 봐야 하고, 진술을 약화하는 것을 묻고 있다. 또한, 첫 줄에 물질대사율의 개념이 나와 있으므로 지문의 전체적 내용이 물질대사율의 다양한 특성에 대한 진위판별임을 알 수 있다. 주의할 것은 '약화'하는 주장을 찾는 것이므로 실수를 방지하기 위해 발문의 '약화'와 〈보기〉 옆에 알아볼 수 있도록 표시를 해두는 것이다.

> 다음 글의 ㉠에 대한 주장을 약화하는 진술만을 〈보기〉에서 모두 고르면?

선지를 먼저 읽는 경우

(1) 선지 키워드 표시

독해 지문을 푸는 두 가지 방법 중 선지를 먼저 읽는 경우의 풀이법을 소개한다. 지문보다 선지를 먼저 보고 정보를 추출한다.

선지에서 추출할 키워드는 다음과 같다. 단, 이들은 어디까지나 예시이므로 수험생 본인과 같을 필요는 없다.

㉠ 툰드라, 포유류, 몸무게, 기초대사율(이때 1kg당 이라는 뜻은 단위무게당 이라고 해석할 수도 있다.)

㉡ 양서류, 주변 온도

㉢ 몸 크기, 악어, 성인 남성

여기서 ㄴ을 읽을 때는 최소대사율을 읽지 못해도 상관없으나 ㄷ을 읽을 때는 대사율의 종류가 여러 가지가 됨을 확인해야 한다. 단, 이 모든 것들을 선지에서 미리 기억할 필요는 없고 지문에 대사율 종류가 여러 가지가 나올 것임을 상기하면서 간다.

(2) 제시문 독해 및 선지 판단

제시문을 먼저 읽는 방식과 같이 읽되, 〈보기〉의 세 대사율 중 한 종류의 대사율이 나온다면 해당 보기를 먼저 판단하는 방식으로 접근한다. 2문단에 최소대사율이 나오므로 양서류를 찾고, 양서류가 외온동물임을 찾고, 그 이하의 외온동물에 해당하는 내용을 읽고 ㄴ을 먼저 판단하는 것이다. ㄴ이 옳지 않으므로 선지 ③, ④, ⑤가 소거된다. 따라서 ㄱ과 ㄷ 중 판단이 쉬운 선지 하나를 더 판단하면 정답을 도출할 수 있다. 1/20이라는 본문에 없는 구체적 크기를 비교하는 ㄷ보다는, 동일한 포유류 간을 비교하는 ㄱ이 더 판단이 쉬울 것이다.

지문을 먼저 읽는 경우

(1) 제시문 독해

여기선 지문을 먼저 읽는 경우의 독해요령을 소개한다.

먼저 판단 대상인 주장 ㉠ 부분을 읽는다. 2, 3문단에 전개될 내용 전체가 곧 ㉠이 될 것임을 알 수 있다. 다만 바로 2문단을 읽기보다 ㉠ 앞의 내용을 먼저 읽고 개념을 이해한다. 1문단에는 물질대사율 및 최소대사율이 각각 정의되어 있다. 이때 최소대사율의 모든 요소를 다 기억할 필요는 없고 이 부분은 밑줄을 쳐두고 나중에 다른 대사율 등 개념이 나올 때 여기에 완벽히 겹치는지 확인하면 된다. 1문단을 읽을 때는 그냥 기초라는 말의 뜻이구나 하고 넘어가자.

2문단에서 매우 복잡한 서술이 있지만 결국 읽어보면 외온동물과 내온동물의 최소대사율을 각각 다른 명칭으로 부름을 알 수 있다. 이때 변온동물과 항온동물이라는 지식이 있다면(초등교육과정) 좀 더 쉽게 해석할 수 있을 것이다. 또한, 2문단의 마지막 문장 역시 합리적 상식으로 추론한다면 암기할 내용이 확 줄어들게 된다.

사실 지문에서 결정적으로 어려운 부분은 3문단이다. 여기를 쉽게 기억하는 법을 제시하고자 한다. 우선 첫째로 배경지식을 활용하는 방법이 있다. 포유류의 체온이 비교적 높다는 것을 이용하여 열 방출하는 것을 전제로 하고, 겉넓이와 부피 간 상관관계를 이용하여 쉽게 추론하는 방법이 있다. 둘째로 우선 영향을 주는 변수들을 모두 찾아서 옆에 써놓는 것이다. 지문에는 〈크기〉와 〈몸무게〉 두 개가 제시되어 있는데, 이 내용들은 척 봐도 어렵고 중요하다. 따라서 지문에 표시하는 것으로는 내용 정리가 쉽지 않고 실수할 확률이 높아지므로, 지문 옆이나 밑에 별도로 표시를 해 둔다. 다행히 3문단에 있으므로 밑에 표시해도 좋을 것이다.

(사실 지문 밑부분에는 원래 '확장'된 내용이 자주 나오므로 별도로 정리하기에 유리하다.) 비례관계는 기호 ∝를 활용하면 되고, 반비례라면 분수꼴로 쉽게 나타낼 수 있다.

몸집 ∝ 몸무게 ∝ 물질대사율	몸무게 $\propto \dfrac{1}{\text{1kg당 기초대사율}}$

(2) 선지 판단

강화와 약화는 사례를 제시하거나, 혹은 이론적 연구 결과를 제시하거나 하는 식으로 이뤄진다. 해당 지문은 사례 제시형 강화/약화만이 제시되어 비교적 쉬우며, 지문에서 주장하는 사실과 상충하면 약화고 궤를 같이하면 강화로 보면 된다. 이때 함정 선지로 느낄 수 있는 것은 ㉠ 선지다. 이 선지가 정말 약화하는 것이 맞는지 헷갈릴 수 있다. 이는 만일 ㉠ 선지가 그냥 물질대사율이었다면 이것은 틀린 선지다. 왜냐하면 외부 기온뿐 아니라 다양한 변수가 개입할 수 있기 때문이다. 왜 기초대사율이 쓰였는지, 이를 놓치지 않도록 한다.

합격자의 시간단축 Tip

Tip ❶ '율'의 개념을 확실히 한다.

문제 맨 처음에 나오는 '율'이라는 것을 보통 수식으로는 $\dfrac{(\text{부분})}{(\text{전체})}$이라고 직관적으로 잘 알고 있다. 그런데 이를 문장으로 확인하면 어려워한다. 이를 해결하는 방법은 두 가지가 있다.

첫째로 '단위'의 개념을 아는 것이다. '단위'로 한다는 것은 분모를 1로 약분해준다는 뜻이다. 즉 '율'과 다름이 없다. 다른 예로는 둘째로는 '율의 개념'에 앞 문장을 끼워 맞추는 것이다. '물질대사율'이라고 한다면 율의 분모와 분자에 각각 $\dfrac{(\text{에너지})}{(\text{시간})}$을 넣고, 동물은 별도로 (물질대사)로서 표시해 주면 된다.

Tip ❷ 강화/약화의 기초적 개념

흔히 강화와 약화는 어떤 주장, 특히 당위성을 판단하는 주장이나 참/거짓이 비교적 뚜렷하게 구별되는 주장에 대해 묻는다고 생각하기 쉽다. 그러나 뉴턴 역학을 상대성이론이 약화하는 것처럼 강화와 약화는 언제든 쓰일 수 있다. 단순히 어떤 주장과 부합하면 강화, 부합하지 않으면 약화라고 표현하는 것이다. 이 지문의 경우도 그러하다.

Tip ❸ 개념정의 문장을 적극 활용한다.

개념을 정의하는 문장, 즉 "A를 B라고 한다.", "A란 B라는 뜻이다." 등으로 진술되는 문장은 전체의 틀을 규정하는 문장이다. 따라서 개념을 정의하는 문장은 다른 문단에서도 핵심적으로 쓰인다. 물론 실제 책에선 그렇지 않은 경우가 많지만 독해 시험의 경우 짧은 길이 안에 많은 개념을 활용하면서 배경지식 활용은 줄여야 하기 때문에 그렇게 구성되는 것이다. 이 문제의 경우 1문단 (1)이 바로 개념정의 문장이다.

Tip ❹ 제시문 속에 수식이 등장하는 경우

제시문이 어떤 수식이나 비례관계를 글로 풀어 설명하는 경우 선지에 해당 내용이 등장할 확률이 높다. 그러나 수식에 친숙하지 않다면 제시문을 읽으며 수식이 자연스럽게 이해되지 않을 것이다. 이해에 시간을 쏟다보면 독해의 흐름이 끊기고, 독해 시간이 길어질 수도 있다. 따라서 수식 설명 부분이 어렵다면 변수를 표시해두고 일단 다음 내용으로 넘어가는 것이 좋다. 선지에 등장하면 해당 부분만을 다시 읽고 따로 판단하면 되기 때문이다.

Tip ❺ 쉬운 보기를 먼저 판단하자.

이 문제에서 ㄴ은 지문을 독해했다면 쉽게 ㉠과 일치함을 알 수 있다. ㄴ을 판단하고, 선지를 소거하면 ㄱ과 ㄷ 중 하나만 더 판단하여도 정답을 도출할 수 있다.

065 정답 ③

난이도 ●○○

문제유형 법규의 해석 및 적용

접근전략 본 문제의 경우 법조문을 〈상황〉에 적용하여 옳은 선지를 고르는 규정적용유형에 해당한다. 법조문 유형을 풀 때는 조문의 구체적인 내용을 독해하는 것보다, 법조문의 구조를 파악한 후 선지에서 묻고 있는 정보를 찾아 올라가는 방식으로 푸는 것이 좋다. 본 문제의 경우, 3조의 징역/벌금 조항은 오로지 2조와만 연관된다는 것에 유의한다. 1조의 경우 등록 및 부착의무, 2조의 경우 그보다 직접적으로 행동을 규제하는 준수의무를 제시하고 있으며 3조는 2조와 연관되어있는 구조이다. 상황을 먼저 보고 맹견의 월령이 조문에서 중요한 요소라는 것을 파악할 수 있다.

다음 글과 〈상황〉을 근거로 판단할 때 옳은 것은?

제○○조 ① 주택 등에서 월령 2개월 이상인 개를 기르는 경우, 그 소유자는 시장·군수·구청장에게 이를 등록하여야 한다.
② 소유자는 제1항의 개를 기르는 곳에서 벗어나게 하는 경우에는 소유자의 성명, 소유자의 전화번호, 등록번호를 표시한 인식표를 그 개에게 부착하여야 한다.

제□□조 ① 맹견의 소유자는 다음 각 호의 사항을 준수하여야 한다.
1. 소유자 없이 맹견을 기르는 곳에서 벗어나지 아니하게 할 것
2. 월령이 3개월 이상인 맹견을 동반하고 외출할 때에는 목줄과 입마개를 하거나 맹견의 탈출을 방지할 수 있는 적정한 이동장치를 할 것

② 시장·군수·구청장은 맹견이 사람에게 신체적 피해를 주는 경우, 소유자의 동의 없이 맹견에 대하여 격리조치 등 필요한 조치를 취할 수 있다.
③ 맹견의 소유자는 맹견의 안전한 사육 및 관리에 관하여 정기적으로 교육을 받아야 한다.

제△△조 ① 제□□조 제1항을 위반하여 사람을 사망에 이르게 한 자는 3년 이하의 징역 또는 3천만 원 이하의 벌금에 처한다.
② 제□□조 제1항을 위반하여 사람의 신체를 상해에 이르게 한 자는 2년 이하의 징역 또는 2천만 원 이하의 벌금에 처한다.

상황

甲과 乙은 맹견을 각자 자신의 주택에서 기르고 있다. 甲은 월령 1개월인 맹견 A의 소유자이고, 乙은 월령 3개월인 맹견 B의 소유자이다.

① 甲이 A를 동반하고 외출하는 경우 A에게 목줄과 입마개를 해야 한다.
→ (×) 제2조 제1항 제2호에 따르면 월령이 3개월 이상인 맹견을 동반하고 외출할 때에는 목줄과 입마개를 하거나 맹견의 탈출을 방지할 수 있는 적정한 이동장치를 하여야 한다. A는 월령 1개월인 맹견이므로 해당 조문이 적용되지 않는다. 따라서 甲이 A를 동반하고 외출하는 경우에도 A에게 목줄과 입마개를 하지 않을 수 있다.

② 甲은 맹견의 안전한 사육 및 관리에 관하여 정기적으로 교육을 받지 않아도 된다.
→ (×) 제2조 제3항에 따르면 맹견의 소유자는 맹견의 안전한 사육 및 관리에 관하여 정기적으로 교육을 받아야 한다. 따라서 맹견 A의 소유자인 甲은 맹견의 안전한 사육 및 관리에 관하여 정기적으로 교육을 받아야 한다.

③ 甲이 A와 함께 타 지역으로 여행을 가는 경우, A에게 甲의 성명과 전화번호를 표시한 인식표를 부착하지 않아도 된다.
→ (○) 제1조 제2항에 따르면 월령 2개월 이상인 개를 기르는 곳에서 벗어나게 하는 경우에는 소유자의 성명과 전화번호를 표시한 인식표를 그 개에게 부착하여야 한다. A는 월령 1개월인 맹견이므로 해당 조문이 적용되지 않는다. 따라서 甲이 A와 함께 타 지역으로 여행을 가는 경우, A에게 甲의 성명과 전화번호를 표시한 인식표를 부착하지 않아도 된다.

④ B가 제3자에게 신체적 피해를 주는 경우, 구청장이 B를 격리조치하기 위해서는 乙의 동의를 얻어야 한다.
→ (×) 제2조 제2항에 따르면 시장·군수·구청장은 맹견이 사람에게 신체적 피해를 주는 경우, 소유자의 동의 없이 맹견에 대하여 격리조치 등 필요한 조치를 취할 수 있다. 따라서 맹견 B가 사람에게 신체적 피해를 주는 경우, 구청장은 소유자 乙의 동의 없이 맹견에 대하여 격리조치를 할 수 있다.

⑤ 乙이 B에게 목줄을 하지 않아 제3자의 신체를 상해에 이르게 한 경우, 乙을 3년의 징역에 처한다.
→ (×) 제3조 제2항과 제2조 제1항 제2호에 따르면 월령이 3개월 이상인 맹견을 동반하고 외출할 때 목줄을 하지 않아 사람의 신체를 상해에 이르게 한 자는 2년 이하의 징역 또는 2천만 원 이하의 벌금에 처한다. 乙이 월령 3개월인 맹견 B를 동반하고 목줄을 하지 않아 제3자의 신체를 상해에 이르게 한 경우 2년 이하의 징역에 처할 수 있으므로 3년의 징역에 처할 수는 없다. 만약 乙이 B에게 목줄을 하지 않아 사람을 사망에 이르게 한 경우라도 3년 이하의 징역 또는 3천만 원 이하의 벌금 중에서 형량이 결정되는 것이므로 틀린 선지이다.

합격자의 실전 풀이 순서

❶ 문제 유형 파악

본 문제의 경우 제시문으로 법조문이 주어졌으므로 법조문 유형임을 쉽게 알 수 있다. 특히 법조문 유형 중에서도 규정을 〈상황〉에 적용하여 옳은 내용의 선지를 고르는 규정적용문제이다. 법조문 유형은 조문의 구체적인 내용을 독해하는 것보다, 법조문의 구조를 파악한 후 선지에서 묻고 있는 정보를 찾아 올라가는 형태로 푸는 것이 좋다. 또한, 본 문제가 옳은

것을 고르는 문제라는 것을 인지하기 위해 "옳은"이라는 단어에 밑줄이나 동그라미 등 표시를 한다.

> 다음 글과 <상황>을 근거로 판단할 때 옳은 것은?

❷ 법조문 구조 분석

구조 분석이란 각 조문의 내용 및 조문 간 관계를 이해하는 것이다. 법조문 전체를 읽되, 세부적인 내용을 기억하기보다는 어떤 정보가 있는지 파악하는 것에 중점을 둔다. 이때 기호를 적절히 활용할 수 있다. 또한 이러한 분석 과정을 거치며 선지에 등장할만한 부분을 발견할 수 있다.

본문의 규정은 세 개의 조로 구성되어 있다. 조문의 제목이 없으므로 읽으면서 키워드를 파악한다. 가독성을 높이기 위해 가로선으로 각 조를 구분하고, '1, 2, 3'으로 숫자를 써둔다. 이하 편의상 첫 번째 조부터 '제1조', '제2조' 등으로 표기한다.

제1조 제1항은 월령 2개월 이상인 개를 등록하는 내용이며, 제2항은 인식표를 부착하는 내용이다. 제1조 1항은 '등록'과 에 2개월이라는 숫자에, 2항은 '인식표'에 표시한다.

제2조 제1항은 제1조와 달리 맹견의 소유자가 지켜야 할 사항을 규정한다. '맹견'에 표시하고, 특히 2호에는 3개월이라는 월령이 주어졌으므로 이에도 표시를 해둔다. 제2항은 맹견이 사람에게 신체적 피해를 주는 경우에 취하는 조치에 대한 내용이며, '조치'에 표시하고, 소유자의 동의 없이 조치를 취할 수 있음을 확인한다. 제3항은 맹견의 소유자가 받는 교육에 관한 내용이다. '교육'에 표시한다.

제3조 제1항과 제2항은 유사한 형태의 규정이다. 이처럼 유사한 형태의 규정이 있는 경우 규정 간의 차이점을 통해 규정을 혼동하지 않도록 한다. 1항은 사람을 사망에 이르게 한 경우, 2항은 신체를 상해에 이르게 한 경우에 대한 처벌규정이다. 각 키워드 및 벌금 금액에 표시한다. 또한, 해당 조항들은 2조 1항의 내용과 연결되고 있으므로 이를 화살표를 통해 연결해둔다.

❸ 선지 판단

법조문 분석을 바탕으로 상황과 선지를 검토한다. 상황을 통해 얻을 수 있는 정보가 있으므로 상황을 먼저 읽은 후 선지에 나올 내용을 예상하며 선지를 판단하는 것이 좋다. 상황을 읽어보면 맹견 A와 맹견 B의 월령이 다른 점을 통해 월령 수가 선지 판단의 키워드임을 알 수 있다. 규정의 제1조는 '2개월 이상인 개'에, 제2조 이하는 '맹견'에게 적용되므로 맹견 A에게는 제1조만, B에게는 모든 조항이 적용된다. 이 점을 염두에 두고 선지를 판단한다.

선지 판단 시에는 각 선지의 내용에 해당하는 조문을 찾아서 이동한다. 선지 ①번은 목줄과 입마개를 해야 한다는 내용이므로 제2조 제1항 제2호와 비교한다. 선지 ②번은 맹견의 소유자가 교육을 받아야 한다는 내용이므로 제2조 제3항과 비교한다. 선지 ③번은 인식표를 부착하는 내용이므로 제1조 제2항과 비교한다. 선지 ③번이 정답이므로 다음 문제로 넘어간다. 선지 ①, ②, ③번 모두 맹견 A의 월령 수를 활용하였다.

만약 선지 ③번을 넘어갔을 경우 선지 ④번은 구청장이 격리조치를 하는 경우이므로 제2조 제2항과 비교한다. 선지 ⑤번은 신체를 상해에 이르게 한 경우이므로 제3조 제2항과 비교한다. 선지 ①, ②, ④, ⑤번이 모두 오답이므로 선지 ③번을 정답으로 고르고 다음 문제로 넘어간다.

합격자의 시간단축 Tip

Tip ❶ 상황을 통해 출제 포인트를 도출

<상황>의 키워드를 통해 오선지 출제 포인트를 예상할 수 있다. <상황>에서 맹견 A와 B는 각각 월령 1개월과 월령 3개월이라고 주어졌다. 이처럼 숫자가 선지에 활용되는 경우가 많으므로, 월령에 따라 적용되는 조문이 다를 것임을 예상할 수 있다. 실제로 맹견 A와 관련된 선지 ①번과 ③번은 해당 조문의 적용 대상이 아니라는 것을 활용한 선지이다. 한편 맹견 B는 모든 조문의 적용 대상인데, 만약 맹견 B가 월령 2개월이었을 경우 제2조 제1항 제2호의 적용을 받지 않아 난이도가 조금 더 상승했을 것이다.

Tip ❷ 선지에 나올 만한 내용을 예측하며 법조문 분석

선지에 자주 나오는 표현으로는 기간, 단서와 예외조항, 내용이 서로 연결되는 법조문의 내용 등이 있다. 특히 최근에는 '신고'와 '허가'의 구분, 재량과 기속규정의 구분이 선지로 나오는 문제가 많아 이에 유의해야 한다. 또한, 행정청의 이름이 많이 나오는 경우, 행위의 주체를 바꿔 오선지를 구성하는 문제도 자주 나온다. 해당 문제의 경우 제2조 제1항 제2호의 소유자 동의 조건으로부터 선지 ④번의 내용을 예상할 수 있으며, 이러한 출제 포인트들을 수기로 체크해가면서 읽으면 문제풀이시간을 단축할 수 있다. 다양한 법조문 유형 풀이를 통해 어떠한 표현이 선지에 주로 나오는지 정리해둔다.

Tip ❸ 선지의 숫자를 적극적으로 활용

선지의 1개월, 3개월의 월령 조건은 보자마자 바로 위 조문으로 올라가 1, 3 근처의 숫자를 찾아보는 것이 좋다. 실제로 1조 1항에는 1, 3 사이의 숫자인 2개월을, 2조 1항 2호에는 3개월을 제시하고 있다. 이렇게 숫자는 시각적으로 잘 보이기 때문에, 우선적으로 활용하는 것이 필요하다.

066 정답 ① 난이도 ●●○

문제유형 사실적 이해 > 정보 확인

접근전략 글에서 알 수 없는 것을 고르는 문제의 정답 선지는 본문 내용과의 상충 또는 유추할 근거가 없는 선지가 된다. 과학/기술/경제 관련 지문에서는 개념어 간 관계가 핵심 출제 포인트가 되니 이를 잘 짚어가며 독해하고 제시문에 있는 그림을 참고하며 지문을 읽으면 글 이해력과 독해 속도에 큰 도움이 된다.

다음 글에서 알 수 없는 것은?

(1) 휴대전화를 뜻하는 '셀룰러폰'은 이동 통신 서비스에서 하나의 기지국이 담당하는 지역을 셀이라고 말한 것에서 유래하였다. (2) 이동 통신은 주어진 총 주파수 대역폭을 다수의 사용자가 이용하므로 통화 채널당 할당된 주파수 대역을 재사용하는 기술이 무엇보다 중요하다. (3) 이동 통신 회사들은 제한된 주파수 자원을 보다 효율적으로 사용하기 위하여 넓은 지역을 작은 셀로 나누고, 셀의 중심에 기지국을 만든다. (4) 각 기지국마다 특정 주파수 대역을 사용해 서비스를 제공하는데, 일정 거리 이상 떨어진 기지국은 동일한 주파수 대역을 다시 사용함으로써 주파수 재사용률을 높인다. (5) 예를 들면, 아래 그림은 특정 지역에 이동 통신 서비스를 제공하기 위하여 네 종류의 주파수 대역(F1, F2, F3, F4)을 사용하고 있다. (6) 주파수 간섭 문제를 피하기 위해 인접한 셀들은 서로 다른 주파수 대역을 사용하지만, 인접하지 않은 셀에서는 이미 사용하고 있는 주파수 대역을 다시 사용하는

것을 볼 수 있다. (7) 이렇게 셀을 구성하여 방대한 지역을 제한된 몇 개의 주파수 대역으로 서비스할 수 있다. ▶ 1문단

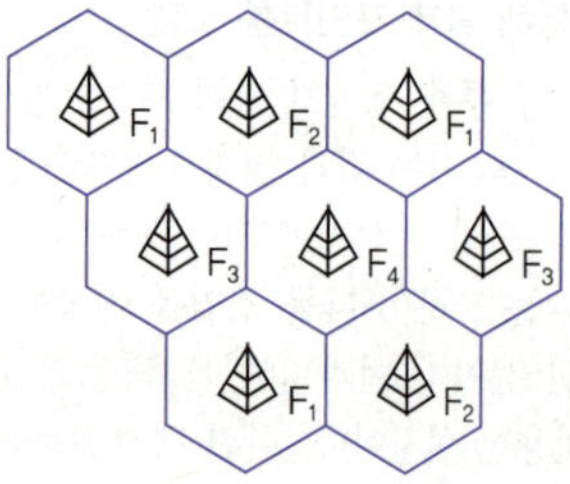

(1) 하나의 기지국이 감당할 수 있는 최대 통화량은 일정하다. (2) 평지에서 기지국이 전파를 발사하면 전파의 장은 기지국을 중심으로 한 원 모양이지만, 서비스 지역에 셀을 배치하는 시스템 설계자는 해당 지역을 육각형의 셀로 디자인하여 중심에 기지국을 배치한다. (3) 기지국의 전파 강도를 조절하여 셀의 반지름을 반으로 줄이면 면적은 약 1/4로 줄어들게 된다. (4) 따라서 셀의 반지름을 반으로 줄일 경우 동일한 지역에는 셀의 수가 약 4배가 되고, 수용 가능한 통화량도 약 4배로 증가하게 된다. (5) 이를 이용하여 시스템 설계자는 평소 통화량이 많은 곳은 셀의 반지름을 줄이고 통화량이 적은 곳은 셀의 반지름을 늘려 서비스 효율성을 높인다. ▶ 2문단

① 주파수 재사용률을 높이기 위해 기지국의 전파 강도를 높여 이동 통신 서비스를 제공한다.
→ (×) 일정 거리 이상 떨어진 기지국은 동일한 주파수 대역을 다시 사용함으로써 주파수 재사용률을 높인다고 하였을 뿐[1문단(4)], 기지국의 전파 강도와 주파수 재사용률 간 상관관계는 나타나 있지 않다. 따라서 이는 알 수 없는 정보이다.

② 제한된 수의 주파수 대역으로 넓은 지역에 이동 통신 서비스를 제공할 수 있다.
→ (○) 셀을 구성하고 주파수를 재사용 함으로써 방대한 지역을 제한된 몇 개의 주파수 대역으로 서비스할 수 있다.[1문단(4),(7)]

③ 인접 셀에서 같은 주파수 대역을 사용하면 주파수 간섭 문제가 발생할 수 있다.
→ (○) 주파수 간섭 문제를 피하기 위해 인접한 셀들은 서로 다른 주파수 대역을 사용한다는 설명을 통해[1문단(6)], 인접 셀에서 같은 주파수 대역을 사용하면 주파수 간섭 문제가 발생할 수 있다는 것을 알 수 있다.

④ 시스템 설계자는 서비스 지역의 통화량에 따라 셀의 반지름을 정한다.
→ (○) 시스템 설계자는 평소 통화량이 많은 곳은 셀의 반지름을 줄이고, 통화량이 적은 곳은 셀의 반지름을 늘린다고 하였다.[2문단(5)] 이를 통해 시스템 설계자는 서비스 지역의 통화량에 따라 셀의 반지름을 정한다는 것을 알 수 있다.

⑤ 기지국 수를 늘리면 수용 가능한 통화량이 증가한다.
→ (○) 이동 통신 회사들은 서비스 지역에 셀을 배치하고 셀의 중심부에 기지국을 설치한다.[1문단(3)] 이때 기지국 수가 늘어난다는 것은 셀이 늘어난다는 것을 의미하므로 수용 가능한 통화량이 증가한다고 볼 수 있다.

제시문 분석

1문단 이동 통신 서비스의 '셀'

〈셀〉
이동 통신 서비스에서 하나의 기지국이 담당하는 지역을 셀이라고 한다. 셀을 구성하면 방대한 지역을 제한된 몇 개의 주파수 대역으로 서비스할 수 있다.(1),(7)

〈셀의 기능〉		〈주파수 재사용률 향상 전략〉
이동 통신 회사들은 제한된 주파수 자원을 보다 효율적으로 사용하기 위하여 넓은 지역을 작은 셀로 나누고, 셀의 중심에 기지국을 만든다.(3)	→	각 기지국마다 특정 주파수 대역을 사용해 서비스를 제공하는데, 일정 거리 이상 떨어진 기지국은 동일한 주파수 대역을 다시 사용함으로써 주파수 재사용률을 높인다.(4)

2문단 셀 구성 원리

〈기지국 배치〉		〈반지름과 통화량〉		〈반지름 조절 효과〉
서비스 지역에 셀을 배치하는 시스템 설계자는 해당 지역을 육각형의 셀로 디자인하여 중심에 기지국을 배치한다.(2)	→	기지국의 전파 강도를 조절하여 셀의 반지름을 반으로 줄이면 면적은 약 1/4로 줄어들고, 동일한 지역에는 셀의 수와 수용 가능한 통화량이 4배로 증가한다. (3),(4)	→	이를 이용하여 시스템 설계자는 평소 통화량이 많은 곳은 셀의 반지름을 줄이고, 통화량이 적은 곳은 셀의 반지름을 늘려 서비스 효율성을 높인다.(5)

합격자의 실전 풀이 순서

발문을 읽기 및 문제 유형 파악

항상 발문을 먼저 제대로 읽자. 본 문제는 글에서 알 수 없는 것을 고르는 일치부합·내용추론 유형의 문제이다. 알 수 없는 것을 고르는 문제는 추론할 수 없는 것을 고르는 문제와 같다. 해당 유형은 제시문 내용과 부합하지 않거나 그로부터 추론 불가능한 선지가 정답이 되며, 제시문 내용과 일치거나 그로부터 추론할 수 있는 선지가 오답이 된다. 정보확인 문제와 같이 제시문을 먼저 읽는 방식 혹은 선지를 먼저 읽는 방식 두 가지로 접근 가능하다. 긴장되는 시험장에서 알 수 '없는' 것을 고르는 문제에서 알 수 '있는' 것을 고르는 문제로 잘못 보아 처음 검토한 선지를 고르는 실수를 할 수 있다는 사실을 명심해야 한다. 따라서 알 수 '없는' 것을 묻는 문제가 나오면 발문에 크게 X 표시를 하여 실수를 하지 않도록 유의해야 한다.

제시문을 먼저 읽는 풀이의 경우

(1) 제시문 독해
본 문제의 제시문은 구조가 특별하지 않으나, 새로운 정보가 연속적으로 제시되고 있다. 따라서 제시문의 내용을 암기하기 어려우므로, 중요한 내용의 위치를 파악하여 선지를 읽고 관련 내용을 제시문에서 찾아가야 한다. 해당 문제와 같은 과학/기술/경제 주제의 제시문에서는 보통 개념어가 많이 나오고 선지는 이들 간의 관계를 이용해 많이 구성된다. 그러므로 대립, 비례-반비례, 원인-결과, 상위개념-하위개념 등의 관계를 제대로 잡으며 독해하자. 해당 지문에서는 셀의 반지름과 셀의 수, 수용 가능 통화량이 반비례를 이룸을 확인할 수 있다. 이 경우 ↑, ↓등의 부호를 활용하여 개념 간의 관계를 시각적으로 표시할 수 있다.

더불어 제시문처럼 그림이 제시되어 있을 때는 꼭 그림을 활용하도록 하자. 과학/기술 지문은 어려운 경우가 많아 머릿속으로 단순화하여 그리며 읽는 것을 추천하는데, 애초에 그림이 주어져 있다면 머릿속으로 단순화하는 부담이 줄고 이해가 훨씬 쉬워진다. 출제자들은 결코 의미 없이 그림을 두지 않는다.

(2) 선지 판단

선지를 판단할 때는 실수를 방지하기 위해서 선지는 '주파수 재사용률을 높이기 위해/ 기지국의 전파 강도를 높여/ 이동 통신 서비스를 제공한다.'처럼 되도록 끊어서 판단하는 것이 좋다. 또한, 되도록 제시문으로 돌아가지 않는 편이 좋지만 돌아가야 한다면 구분성이 뚜렷한 키워드를 중심으로 돌아간다. 구분성이 뚜렷한 키워드란 비교적 좁은 부분에 분포하는 키워드를 얘기한다.

선지를 먼저 읽는 풀이의 경우

(1) 선지 읽기

선지의 키워드를 확인하며 읽는다.

① 주파수 재사용률, 기지국 전파 강도
② 제한된 수의 주파수 대역, 넓은 지역
③ 인접 셀, 같은 주파수 대역, 간섭 문제
④ 설계자, 통화량, 셀의 반지름
⑤ 기지국 수, 수용 가능한 통화량

이동 통신 서비스 제공 방식을 설명하는 기술 지문일 것으로 예상된다.

(2) 제시문 독해 및 선지 판단

선지에서 찾은 키워드를 발견하면 그에 표시하며 독해한다. 중간의 그림도 독해 시 활용하면 좋을 것이다.

1문단 (4)에 '주파수 재사용률'이 등장하고, 이를 높이는 방법은 일정 거리 이상 떨어진 기지국 간 동일한 주파수 대역을 다시 사용하는 것이다. (5)문장 이하 및 그림을 통해 이것이 어떤 의미인지 이해할 수 있다. 이것이 '기지국 전파 강도'와 관련이 있는지 확인하기 위해 2문단을 읽는다. 2문단 (3)에 '기지국 전파 강도'가 등장하는데, 이는 '주파수 재사용률'이 아닌, 통화량을 기준으로 서비스 효율성을 높이기 위한 방법이다. 따라서 정답은 ①이다.

②, ③의 근거는 1문단에서, ④, ⑤의 근거는 2문단에서 찾을 수 있다.

합격자의 시간단축 Tip

Tip ❶ 개념 간의 관계에 주목

과학/기술/경제 지문에서는 개념 간의 관계를 통해 문제를 많이 낸다. 특히 자주 나오는 원인-결과, 비례-반비례, 대립, 상위개념-하위개념 관계는 읽으면서 미리 파악해두자. 선지로 구성되기 매우 쉽기 때문이다. 또한, 간단한 기호로 표현하며 읽으면 좋은데 비례와 반비례 관계의 경우에는 ↑, ↓와 같은 기호를 사용하면 좋다. 이를 통해 선지 판단의 정확도와 속도를 올릴 수 있다.

Tip ❷ 지문에 제시된 그림을 활용

과학/기술 지문에 제시된 그림은 보는 시간이 오히려 시간을 뺏길 수 있다고 생각하겠지만, 오히려 그림을 봄으로써 독해의 이해가 빨라지고 더 정확해지니 꼭 그림을 참고하자. 다만 해당 그림의 의미를 지나치게 파악하려 하기보다는 글을 이해하는 보조수단으로 활용하는 것으로 족하다.

Tip ❸ 알 수 없는 선지에 대비

알 수 없는 것을 고르는 문제의 정답 선지 구성원리는 본문 내용과 상충하는 내용뿐만 아니라 유추할 근거 없음도 포함한다. 유추할 근거가 없는 근거를 찾는 데에 시간을 쓰지 말고 과감하게 다음 선지로 넘어가서 오답 판단을 빠르게 내리도록 하자.

Tip ❹ 문단의 중심 내용 파악

정답 선지는 B의 내용을 A의 내용으로 제시한 것이었다. 서비스 효율화의 방법을 자원 사용의 효율화 방법으로 바꾸어 제시한 것이다. 1문단의 중심 내용은 자원 사용 효율화 방법, 2문단의 중심 내용은 서비스 효율화 방법이었다. 각 문단의 중심 내용을 파악했다면 선지에 등장하는 키워드의 위치가 다르다는 점만으로도 틀린 내용임을 알 수 있다.

067 정답 ④

난이도 ●○○

문제유형 이해 > 내용 파악

접근전략 다양한 개념이 등장하고 이를 비교하는 비문학 유형의 경우, 내용을 시각화하면 더 쉽게 정보를 정리할 수 있다. 유교 관련 지문은 동양 문화권에 있는 우리에게 친숙할 확률이 높지만, 그 안에서 새로운 내용이 선지로 출제될 가능성이 높다. 따라서 기존에 알던 개념들을 배경지식으로 활용하되, 이와 지문이 어떻게 다른지, 또는 지문은 해당 개념을 어떻게 받아들이고 있는지 등에 유의하며 독해를 진행할 필요가 있다.

다음 글에서 알 수 있는 것은?

(1) 유교는 그 근본 정신과 행위 규범으로 구분될 수 있다. (2) 행위 규범으로서의 유교를 '예교(禮敎)'라고 부른다. (3) 이러한 의미로 보면 예교는 유교의 일부분이었지만, 유교를 신봉하는 사람들의 입장으로 본다면 유교 자체라고 할 수도 있다. (4) 유교 신봉자들에게 예교는 유교적 원리에서 자연스럽게 도출되는 것이었고, 예교를 통해 유교적 가치를 실현할 수 있었기 때문이다. (5) 중국인들이 생활 안에서 직접 경험하는 유교적 가치는 추상적 원리가 아니라 구체적 규율일 수밖에 없었다. (6) 이러한 점에서 유교와 예교는 원리적으로는 하나라고 할 수 있지만, 실질적으로 분명히 구분되는 것이었다. (7) 이제부터 유교의 근본 정신을 그대로 '유교'라고 일컫고, 유교의 행위 규범은 '예교'라고 일컫기로 한다. ▶ 1문단

(1) 전통적으로 중국에서는 예교와 법(法)이 구분되었다. (2) 법이 강제적이며 외재적 규율이라면, 예교는 자발적이고 내면적인 규율이다. (3) '명교(名敎)'와 '강상(綱常)'은 예교와 비슷한 의미로 사용되었는데, 둘 다 예교에 포함되는 개념이다. (4) 명교는 말 그대로 '이름의 가르침'이란 뜻으로, 이름이나 신분에 걸맞도록 행동하라는 규범이었다. (5) 강상은 '삼강(三綱)'과 '오상(五常)'을 함께 일컫는 말로, 예교의 가르침 중 최고의 준칙이었다. (6) 삼강은 임금과 신하, 부모와 자식, 부부 등 신분, 성별에 따른 우열을 규정한 것이었다. (7) 오상은 '인·의·예·지·신'이라는 유학자들이 지켜야 할 덕목이었다. (8) 오상이 유교적 가치의 나열이라고 한다면, 명교와 삼강은 현실적 이름, 신분, 성별에 따른 행위 규범이었다. (9) 이 때문에 근대 중국 지식인들의 유교 비판은 신분 질서를 옹호하는 의미가 내포된 예교 규칙인 명교와 삼강에 집중되었다. (10) 이름이나 신분, 성별에 따른 우열은 분명 평등과 민주의 이념에 어긋나는 것이었기 때문이다. ▶ 2문단

(1) 실제로 유교와 예교를 분리시켰던 사람들은 캉유웨이(康有爲)를 비롯한 변법유신론자들이었다. (2) 이들은 중국의 정치 제도를 변경시켜서 입헌군주국으로 만들려고 했다. (3) 그러한 목적을 달성하기 위해서는 기존의 정치 질서를 핵심적으로 구성하고 있던 예교를 해체하는 작업이 우선이었다. (4) 캉유웨이는 유교 자체를 공격하고자 하지는 않았다. (5) 그는 공자의 원래 생각을 중심으로 유교를 재편하기 위해 예교가 공자의 원래 정신에 어긋난다고 비판했다. (6) 그에 따라 캉유웨이에게 유교와 예교는 명확하게 구별되는 것이 되었다. ▶3문단

① 유교와 예교를 분리하여 이해했던 사람들은 공자 정신을 비판했다.

→ (×) 유교와 예교를 분리시켰던 사람들은 캉유웨이를 비롯한 변법유신론자들이었다.[3문단(1)] 캉유웨이는 유교 자체를 공격하지는 않았고, 공자의 원래 생각을 중심으로 유교를 재편하기 위해 예교가 공자의 원래 정신에 어긋난다고 비판했다.[3문단(4),(5)] 따라서 이는 '공자 정신'을 비판한 것이 아니라 공자의 원래 정신에 어긋나는 '예교'를 비판한 것이다.

② 삼강은 신분과 성별에 따른 우열을 옹호하는 강제적이고 외재적인 규율이었다.

→ (×) 삼강은 임금과 신하, 부모와 자식, 부부 등 신분, 서열에 따른 우열을 규정한 것으로써[2문단(6)], 신분 질서를 옹호하는 의미가 내포되어 있다.[2문단(9)] 그러나 삼강은 강상에 포함되고[2문단(5)] 강상은 예교에 포함되는 개념이기 때문에[2문단(3)], 강제적이고 외재적인 규율이 아니라 자발적이고 내면적인 규율이었다.[2문단(2)]

③ 전통적인 유교 신봉자들은 법을 준수하는 생활 속에서 유교적 가치를 체험했다.

→ (×) 유교 신봉자들에게 예교는 유교적 원리에서 자연스럽게 도출되는 것이었으며[1문단(4)] 중국에서는 전통적으로 법과 예교는 구분되는 것이었다.[2문단(1)] 따라서 그들은 법을 준수하는 생활이 아닌 '예교'를 통해 유교적 가치를 실현할 수 있었다고 볼 수 있다.

④ 중국의 일부 지식인들은 유교의 행위 규범에는 민주주의 이념에 위배되는 요소가 있다고 생각했다.

→ (O) 삼강은 임금과 신하, 부모와 자식, 부부 등 신분, 서열에 따른 우열을 규정한 것으로[2문단(6)], 신분 질서를 옹호하는 의미가 내포되어 있었다.[2문단(9)] 이러한 이름이나 신분, 성별에 따른 우열은 분명 평등과 민주의 이념에 어긋나는 것이었기 때문에[2문단(10)], 캉유웨이와 같은 변법유신론자들은 유교와 삼강을 포함한 예교의 분리를 시도하였다.[3문단(1)] 따라서 캉유웨이와 같은 중국의 일부 지식인들은 유교의 행위 규범에는 민주주의 이념에 위배되는 요소가 있다고 생각했을 것이다.

⑤ 명교는 유교적 근본 정신을 담은 규율이었기 때문에 근대의 예교 해체 과정에서 핵심적 가치로 재발견되었다.

→ (×) 명교는 예교에 포함되는 개념이고[2문단(3)], 예교는 유교적 근본 정신을 담은 규율이 아니라 유교의 행위 규범을 담은 규율이다.[1문단(7)] 또한, 명교는 현실적 이름, 신분, 성별에 따른 행위 규범이었으므로[2문단(8)] 평등과 민주의 이념에 반한 측면이 있었다.[2문단(10)] 이러한 이유로 캉유웨이와 같은 변법유신론자들은 예교를 해체하려고 하였다.[3문단(1)] 그런데 이와 같은 근대의 예교 해체 과정에서 명교가 핵심적 가치로 재발견되었는지는 제시문의 정보만으로 알 수 없다.

제시문 분석

1문단 유교와 예교

〈유교와 예교〉	
유교와 예고는 원리적으로는 하나라고 할 수 있지만, 실질적으로는 분명히 구분되는 것이었다.(6)	
〈유교〉	〈예교〉
유교적 근본 정신(7)	유교의 행위 규범(7)
	유교 신봉자들에게 예교는 유교적 원리에서 자연스럽게 도출되는 것이었고, 예교를 통해 유교적 가치를 실현할 수 있었다.(4)

2문단 예교의 하위 개념과 비판

〈예교의 하위 개념〉		
〈명교〉	이름이나 신분에 걸맞도록 행동하라는 규범(4)	
〈강상〉	〈삼강〉	임금과 신하, 부모와 자식, 부부 등 신분, 서열에 따른 우열을 규정한 것(6)
	〈오상〉	'인·의·예·지·신'이라는 유학자들이 지켜야 할 덕목(7)

〈비판 대상〉		〈이유〉
근대 중국 지식인들의 유교 비판은 신분 질서를 옹호하는 의미가 내포된 예교 규칙인 명교와 삼강에 집중되었다.(9)	→	이름이나 신분, 성별에 따른 우열은 분명 평등과 민주의 이념에 어긋나는 것이었기 때문이다.(10)

3문단 캉유웨이의 유교와 예교 분리 시도

〈변법유신론자들의 목적〉		〈목적 달성 방법〉
실제로 유교와 예교를 분리시켰던 사람들은 캉유웨이(康有爲)를 비롯한 변법유신론자들이었고, 이들은 중국을 입헌군주국으로 만들려고 했다. (1),(2)	→	그러한 목적을 달성하기 위해서는 기존의 정치 질서를 핵심적으로 구성하고 있던 예교를 해체하는 작업이 우선이었다. (3)

〈캉유웨이〉	캉유웨이는 유교 자체를 공격하지는 않았고, 공자의 원래 생각을 중심으로 유교를 재편하기 위해 예교가 공자의 원래 정신에 어긋난다고 비판했다.(4),(5)

합격자의 실전 풀이 순서

비문학 유형

❶ 지문 훑어보기

이 단계에서는 지문의 주제와 키워드를 대강 파악한다. 눈에 띄는 부분이 있는지 체크하며 독해의 방향을 설정한다.

예 유교와 예교 간의 관계에 대한 글이구나. 유교 신봉자, 근대 중국 지식인, 변법유신론자 등 다양한 견해를 가진 집단들이 등장하는구나. 각 집단들이 주제에 대해 어떤 견해를 갖는지 비교하면서 읽어야겠다.

❷ 발문 확인하기

본 문제는 '알 수 있는/없는 것은?' 유형에 해당한다. 이때 알 수 '있는' 것인지, '없는' 것인지를 확실히 표시하고 간다.

> 다음 글에서 알 수 있는 것은?

3-1 선지를 읽고 제시문 확인

선지를 하나씩 판단하는 경우

① 유교와 예교를 분리하여 이해했던 사람들은 공자 정신을 비판했다.

유교와 예교를 분리했던 사람 ⇨ 캉유웨이를 비롯한 변법유신론자 ⇨ 예교가 공자 정신에 어긋난다고 비판

단순비교형 선지다. 유교와 예교를 분리했던 사람들은 예교를 비판했을 뿐[3문단(5)], 공자의 정신 자체를 비판하지 않았다. 따라서 알 수 없다.

② 삼강은 신분과 성별에 따른 우열을 옹호하는 강제적이고 외재적인 규율이었다.

삼강	⇨	신분과 성별	⇨	신분과 성별에 따른 우열 옹호	(○)
	⇨	강제적이고 외재적 규율	⇏	자발적이고 내재적인 규율	(×)

단순비교형 선지다. 삼강에 대해 '신분과 성별', '강제적이고 외재적'을 각각 키워드로 잡아 지문을 확인하면 선지의 전단은 알 수 있지만 후단은 알 수 없다. 따라서 알 수 없는 선지다.

③ 전통적인 유교 신봉자들은 법을 준수하는 생활 속에서 유교적 가치를 체험했다.

전통적인 유교 신봉자 ⇨ 예교를 통해 유교적 가치 실현

단순비교형 선지다. '유교 신봉자'를 키워드로 지문을 확인하면, 유교적 가치를 실현하는 방법은 법의 준수가 아닌 예교임을 확인할 수 있다.[1문단(4)] 따라서 알 수 없는 선지다.

④ 중국의 일부 지식인들은 유교의 행위 규범에는 민주주의 이념에 위배되는 요소가 있다고 생각했다.

민주주의 이념에 위배 ⇨ 이름이나 성별, 신분에 따른 우열 ⇨ 예교 규칙 ⇨ 근대 중국 지식인들의 유교 비판

재진술을 이용한 단순비교형 선지다. 재진술이란 같은 내용을 다른 표현을 사용해 나타낸 것을 말한다. '민주주의 이념에 위배'를 키워드로 지문을 확인하면, 민주이념에 위배되는 유교의 요소가 근대 중국 지식인들의 비판의 대상이 되었다는 부분[2문단(9), (10)]을 확인할 수 있다. 따라서 알 수 있는 선지다.

⑤ 명교는 유교적 근본 정신을 담은 규율이었기 때문에 근대의 예교 해체 과정에서 핵심적 가치로 재발견되었다.

인과관계가 드러난 선지다. 본 선지가 참이려면 아래 명제들이 모두 참이어야 한다.

- A: 명교는 유교적 근본 정신을 담은 규율이다.
- B: 명교는 근대의 예교 해체 과정에서 핵심적 가치로 재발견되었다.
- 인과관계: A가 B의 원인이다.

A의 경우, '유교적 근본 정신'을 키워드로 지문을 확인하면 유교의 근본 정신은 명교가 아니라 유교임[1문단(7)]을 확인할 수 있다. 더 확실히 하기 위해 '명교'를 키워드로 확인하면, 명교는 예교에 포함되는 개념[2문단(3)]이다. 즉 명제 A는 지문의 내용으로부터 추론할 수 없다. 명제 B와 인과관계까지 확인할 필요 없이, 옳지 않다.

전체 선지를 읽고 제시문을 확인하는 경우

(1) 선지 확인

선지에서 키워드를 선택한다. 선지 ①은 '유교와 예교를 분리', ②는 '삼강', ③은 '전통적인 유교 신봉자들', ④는 '중국의 일부 지식인들', ⑤는 '명교'로 한다.

(2) 지문 독해 및 선지 판단

문단 간 관계에 유의하며 세부 문단 내용을 파악한다. 1문단은 유교-예교 개념의 제시, 2문단은 제시된 예교와 법과의 관계, 3문단은 유교-예교의 관계에 대한 캉유웨이 등 변법유신론자의 견해가 제시되고 있다.

유교에 대한 비판이 2문단 후반부에 제시되고, 3문단이 그 흐름을 이어받고 있다는 것을 파악할 필요가 있다. (2문단 중간에 해당 내용이 제시되므로, 집중하지 않으면 놓치기 쉽다.)

독해를 하며 판단 가능한 선지는 바로 확인한다. 지문을 읽으며 1문단에서 유교와 예교가 구분된다는 사실을 파악하고, 비교되는 개념에 각각 △와 ▽를 활용하여 표시한다. (예 유교 - 근본정신, 예교 - 행위 규범)

2문단 (1)문에서 (7)문까지 읽으면서 개념 간 관계를 시각화한다. 선지로 내려가서 지금까지 읽은 부분을 통해 해결할 수 있을 만한 키워드를 가진 선지를 확인한다. 먼저, 선지 ②를 읽고 지문과 일치하지 않음을 알 수 있다. 선지 ③도 정오를 판단한다. 다음으로 선지 ⑤도 판단해 보면 정답이 될 수 없다. 이어서 읽는다. 2문단 (8), (9)문에서 선지 ④로 내려가 정오를 판단하면 정답임을 확인할 수 있다.

3-2 제시문 독해 후 선지 판단

(1) 제시문 독해하기

독해는 모든 내용을 기억하기보다 어디에 어떤 내용이 있는지를 인지하고, 특징적인 내용을 표시하는 방식으로 진행한다.

1문단은 유교를 근본 정신과 행위 규범으로 구분하고, 행위 규범으로서의 유교인 '예교'를 설명한다. '근본 정신'에 해당하는 것을 △로, '행위 규범'에 해당하는 것을 ▽로 표시하며 읽는다.

2문단은 외재적 규율인 법과 내면적 규율인 예교를 구분하여 설명하고, 예교에 포함되는 개념으로 '명교'와 '강상'을, 강상에 포함되는 내용으로 '삼강'과 '오상'을 설명한다. 이들에 ▽로 표시하고, 근대의 유교 비판이 명교 및 삼강에 의한 신분 질서 옹호에 집중된다는 점을 이해한다.

3문단은 유교 자체가 아니라 행위 규범인 '예교'를 비판한 캉유웨이 및 변법유신론자의 입장을 설명한다. 이들은 예교가 공자의 원래 생각과 다르다고 생각한다는 점을 이해한다.

(2) 선지 판단하기

① 3문단에 따르면 유교와 예교를 분리하여 이해한 사람들은 예교가 공자 정신을 따르지 않는다는 이유로 비판한다. 옳지 않다.

② 2문단에 따르면 삼강은 '예교'에 포함되며, 따라서 내재적 규율이다. 옳지 않다.

③ 2문단에서 '법'과 '예교'는 대립됨을 알 수 있고, 1문단에서 생활 속 유교 가치의 체험은 '예교'의 설명이다. '법 준수'와 '생활 속 유교 체험'은 지문 내에서 대립되는 내용이므로 옳지 않다.

④ 2문단의 마지막 두 문장에서 알 수 있다. '예교'는 행위 규범이므로 옳은 선지이다.

⑤ '명교'는 '예교'에 포함되므로 행위 규범이다. 옳지 않다.

정답은 ④이다.

합격자의 시간단축 Tip

Tip ❶ 제시문의 정보를 시각화하자.

개념 및 정의가 많이 등장하는 경우, 시각화하여 한눈에 쉽게 파악할 수 있도록 한다. 구분되는 개념에 ○△, 혹은 △▽ 등으로

자신만의 표시방법을 사용하여 표시하면 제시문 이해 및 선지 판단에 도움이 된다.

Tip ❷ 개념의 사실관계를 먼저 확인하자.

인과관계를 포함한 선지의 경우, 먼저 사실관계부터 확인해 보도록 한다. 그 후에 더 나아가, 해당 인과관계가 제시문 내용과 부합하거나 추론할 수 있는지 검토한다.

예를 들어, 본 문제의 선지 ⑤에서는 명교가 유교적 근본정신을 담은 규율이었다는 앞부분 진술이 틀렸기에 빠르게 오답임을 확인할 수 있다. 선지의 뒷부분에서는 명교의 특징에 의해 해체 과정에서 핵심적 가치로 재발견되었다는 설명의 인과관계 판단을 요구한다. 그러나 이미 오답임을 알게 된 시점에서는 시간을 더 투자할 필요가 없다.

Tip ❸ 상식적 개념의 세분화

지문은 상식적으로 알고 있는 개념을 세분화한다. 예교라는 개념을 유교의 행위 규범으로 제시하고, 예교와 법 간의 대립하는 관계, 예교에 포함되는 명교와 강상, 강상에 포함되는 삼강과 오상 등이 제시되고 있다. 이를 토대로 예교의 비판점 등을 언급하고 있다는 사실을 파악한다.

Tip ❹ 대립하는 개념이 나열된 선지는 쉽게 판단하자.

제시문은 유교의 '근본 정신'과 '행위 규범'이라는 대립하는 개념을 축으로 전개된다. 따라서 하나의 대상에 대한 설명에 '근본 정신'과 '행위 규범'이 모두 옳다고 제시된 선지는 빠르게 옳지 않다고 판단해야 한다.

예를 들어 선지 ③에는 '전통적인 유교 신봉자', '법 준수', '생활 속에서 유교적 가치 체험'이라는 세 개념이 나열된다. 정석적 풀이는 '전통적 유교 신봉자'의 태도를 파악하는 것이겠지만, 제시문을 독해했다면 '법을 준수하는 생활 속에서 유교적 가치를 체험'하는 것이 모순이라는 것을 알 수 있다. 따라서 쉽게 오답임을 알 수 있는 것이다.

068 정답 ❸

난이도 ●○○

문제유형 이해 > 내용 파악

접근전략 일반적인 비문학 유형이다. 특정 제도가 중세의 신탁 원리에서 비롯되었다는 첫 문장에서, 중세의 신탁 원리가 무엇인지, 해당 원리와 오늘날의 제도 사이에 공통점과 차이점은 무엇인지 등이 선지로 출제될 수 있다는 것을 예상할 수 있어야 한다.

다음 글에서 알 수 없는 것은?

(1) 연금 제도의 금융 논리와 관련하여 결정적으로 중요한 원리는 중세에서 비롯된 신탁 원리다. (2) 12세기 영국에서는 미성년 유족(遺族)에게 토지에 대한 권리를 합법적으로 이전할 수 없었다. (3) 그럼에도 불구하고 영국인들은 유언을 통해 자식에게 토지 재산을 물려주고 싶어 했다. (4) 이런 상황에서 귀족들이 자신의 재산을 미성년 유족이 아닌, 친구나 지인 등 제3자에게 맡기기 시작하면서 신탁 제도가 형성되기 시작했다. (5) 여기서 재산을 맡긴 성인 귀족, 재산을 물려받은 미성년 유족, 그리고 미성년 유족을 대신해 그 재산을 관리·운용하는 제3자로 구성되는 관계, 즉 위탁자, 수익자, 그리고 수탁자로 구성되는 관계가 등장했다. (6) 이 관계에서 주목해야 할 것은 미성년 유족은 성인이 될 때까지 재산권을 온전히 인정받지는 못 했다는 점이다. (7) 즉 신탁 원리 하에서 수익자는 재산에 대한 운용 권리를 모두 수탁자인 제3자에게 맡기도록 되어 있었기 때문에 수익자의 지위는 불안정했다. ▶1문단

(1) 연금 제도가 이 신탁 원리에 기초해 있는 이상, 연금 가입자는 연기금 재산의 운용에 대해 영향력을 행사하기 어렵게 된다. (2) 왜냐하면 신탁의 본질상 공·사 연금을 막론하고 신탁 원리에 기반을 둔 연금 제도에서는 수익자인 연금 가입자의 적극적인 권리 행사가 허용되지 않기 때문이다. (3) 결국 신탁 원리는 수익자의 연금 운용 권리를 현저히 약화시키는 것을 기본으로 한다. (4) 그 대신 연금 운용을 수탁자에게 맡기면서 '수탁자 책임'이라는, 논란이 분분하고 불분명한 책임이 부과된다. (5) 수탁자 책임 이행의 적절성을 어떻게 판단할 수 있는가에 대해 많은 논의가 있었지만, 수탁자 책임의 내용에 대해서 실질적인 합의가 이루어지지는 못했다. ▶2문단

(1) 중세에서 기원한 신탁 원리가 연금 제도와 연금 산업에 미치는 효과는 현재까지도 여전히 유효하고 강력하다. (2) 신탁 원리의 영향으로 인해 연금 가입자의 자율적이고 적극적인 권리 행사가 철저하게 제한되어 왔다. (3) 그 결과 연금 가입자는 자본 시장의 최고 원리인 유동성을 마음껏 누릴 수 없었으며, 결국 연기금 운용자인 수탁자의 재량에 종속되는 존재가 되고 말았다. ▶3문단

① **사적 연금 제도의 가입자는 자본 시장의 유동성을 충분히 누릴 수 없었다.**
→ (O) 신탁 원리의 영향으로 인해 연금 가입자의 자율적이고 적극적인 권리 행사가 철저하게 제한되어 왔고[3문단(2)], 그 결과 연금 가입자는 자본 시장의 최고 원리인 유동성을 마음껏 누릴 수 없었다.[3문단(3)]

② **위탁자 또는 수익자와 직접적인 혈연관계에 있지 않아도 수탁자로 지정될 수 있었다.**
→ (O) 12세기 영국에서 귀족들이 자신의 재산을 미성년 유족이 아닌, 친구나 지인 등 제3자에게 맡기기 시작하면서 신탁 제도가 형성되기 시작했다.[1문단(4)] 해당 내용을 통해 위탁자 또는 수익자와 직접적인 혈연관계에 있지 않아도 수탁자로 지정되었음을 알 수 있다.

③ **연금 수익자의 지위가 불안정하기 때문에 연기금 재산에 대한 적극적인 권리 행사가 제한되었다.**
→ (×) 신탁 원리에 기반을 둔 연금 제도에서는 수익자인 연금 가입자의 적극적인 권리 행사가 허용되지 않기 때문에[3문단(2)], 수익자의 지위가 불안정한 것이다.[1문단(7)] 따라서 연금 수익자의 지위가 불안정하기 때문에 연기금 재산에 대한 적극적인 권리 행사가 제한되었다는 본 선지는 인과관계의 역전을 범하고 있다.

④ **신탁 제도는 미성년 유족에게 토지 재산권이 합법적으로 이전될 수 없었던 중세 영국의 상황 속에서 생겨났다.**
→ (O) 12세기 영국에서는 미성년 유족에게 토지에 대한 권리를 합법적으로 이전할 수 없었고[1문단(2)], 이런 상황에서 귀족들이 자신의 재산을 제3자에게 맡기기 시작하면서 신탁 제도가 형성되기 시작했다.[1문단(4)]

⑤ **연금 제도가 신탁 원리에 기반을 두었기 때문에 수탁자가 수익자보다 재산 운용에 대해 더 많은 재량권을 갖게 되었다.**
→ (O) 연금 제도가 중세에서 형성된 신탁 원리에 기반을 두었기 때문에[2문단(2)], 재산에 대한 운용 권리를 모두 수탁자에게 맡기도록 되어 있었다.[1문단(7)] 그 결과 수탁자가 수익자보다 재산 운용에 대해 더 많은 재량권을 갖게 되었다.[2문단(4), 3문단(3)]

제시문 분석

1문단 중세에서 비롯된 신탁 원리

〈12세기 영국의 상황〉		〈신탁 제도 형성〉
12세기 영국에서는 미성년 유족에게 토지에 대한 권리를 합법적으로 이전할 수 없었다.(2)	→	그럼에도 불구하고 영국인들은 자식에게 토지를 물려주고 싶어 했고, 귀족들이 자신의 재산을 제3자에게 맡기기 시작하며 신탁 제도가 형성되기 시작했다.(3),(4)

→

〈수익자의 지위〉	신탁 원리 하에서 수익자는 재산에 대한 운용 권리를 모두 수탁자인 제3자에게 맡기도록 되어 있었기 때문에 수익자의 지위는 불안정했다.(7)

2문단 신탁 원리에 기초한 연금 제도

〈수익자 권리 제한〉		〈신탁 원리의 기본〉		〈'수탁자 책임'〉
신탁 원리에 기반을 둔 연금 제도에서는 수익자인 연금 가입자의 적극적인 권리 행사가 허용되지 않는다.(2)	→	결국 신탁 원리는 수익자의 연금 운용 권리를 현저히 약화시키는 것을 기본으로 한다.(3)	→	그 대신 연금 운용을 수탁자에게 맡기면서 '수탁자 책임'이라는 불분명한 책임이 부과된다.(4)

→

〈내용에 대한 합의〉	수탁자 책임 이행의 적절성을 어떻게 판단할 수 있는가에 대해 많은 논의가 있었지만, 수탁자 책임의 내용에 대해서 실질적인 합의가 이루어지지는 못했다(5)

3문단 연금 제도의 결과

〈연금 제도의 결과〉
연금 가입자는 자본 시장의 최고 원리인 유동성을 마음껏 누릴 수 없었으며, 결국 연기금 운용자인 수탁자의 재량에 종속되는 존재가 되고 말았다.(3)

합격자의 실전 풀이 순서

비문학 유형

❶ 지문 훑어보기

이 단계에서는 지문의 주제와 키워드를 대강 파악한다. 눈에 띄는 부분이 있는지 체크하며 독해의 방향을 설정한다.

예 중세의 신탁 원리와 그에 기초한 연금 제도에 대한 글이구나.

❷ 발문 확인하기

본 문제는 '알 수 있는/없는 것은?' 유형에 해당한다. 이때 알 수 '있는' 것인지, '없는' 것인지를 확실히 표시하고 간다.

> 다음 글에서 알 수 없는 것은?

3-1 선지를 읽고 제시문 확인

선지를 하나씩 판단하는 경우

① **사적 연금 제도의 가입자는 자본 시장의 유동성을 충분히 누릴 수 없었다.**

자본 시장의 유동성 ⇨ 연금 가입자가 제대로 누리지 못함

간단한 단순비교형 선지다. 이런 선지에 시간을 너무 쏟지 않도록 한다.

② **위탁자 또는 수익자와 직접적인 혈연관계에 있지 않아도 수탁자로 지정될 수 있었다.**

간단한 추론형 선지다. '직접적인 혈연관계'를 키워드로 지문을 확인해보니, 지문에 직접 등장하지는 않지만 그에 해당하는 '자식, 미성년 유족' 등을 찾을 수 있다. 그 부분을 자세히 읽어보면 재산을 대신 관리·운용하는 제3자를 수탁자라 정의하고 있다.[1문단(5)] 따라서 꼭 혈연관계가 아닌 친구라도 수탁자가 될 수 있었음을 추론 가능하다.

③ **연금 수익자의 지위가 불안정하기 때문에 연기금 재산에 대한 적극적인 권리 행사가 제한되었다.**

인과관계가 등장하는 추론형 선지다. 인과관계는 아래와 같이 화살표를 통해 표시할 수 있다.

> ③ (연금 수익자의 지위가 불안정) 하기 때문에 ⇨ (연기금 재산에 대한 적극적인 권리 행사가 제한되었다.)

인과관계의 경우, 지문에 인과성이 명확히 드러나야 한다. 주관적인 기준으로 인과관계를 판단해서는 안 된다. 이를 숙지하고 지문을 확인하면, '연금 수익자의 권리 행사 제한 ⇨ 지위 불안정'의 순서로 인과관계가 이어짐을 알 수 있다.[2문단(1),(2)] 즉 본 선지는 인과관계의 순서를 거꾸로 실은 함정에 해당한다.

④ **신탁 제도는 미성년 유족에게 토지 재산권이 합법적으로 이전될 수 없었던 중세 영국의 상황 속에서 생겨났다.**

토지 재산권 이전 ⇨ 12세기 영국에서 미성년 유족에게 합법적으로 이전 불가 ⇨ 신탁 제도 형성

단순비교형 선지다. '토지 재산권'을 키워드로 잡아 지문을 확인하면 금방 근거를 찾을 수 있다.

⑤ **연금 제도가 신탁 원리에 기반을 두었기 때문에 수탁자가 수익자보다 재산 운용에 대해 더 많은 재량권을 갖게 되었다.**

비교 표현과 인과관계가 등장하는 선지다. 화살표와 부등호 표시를 통해 관계를 시각화한다.

> ⑤ (연금 제도가 신탁 원리에 기반을 두었기 때문에) ⇨ (수탁자가) 수익자보다 재산 운용에 대해 더 많은 재량권을 갖게 되었다.)

비교 표현 먼저 확인해 보자. '재산 운용 재량권'을 키워드로 확인하면 연금 가입자가 수탁자의 재량에 종속된다는 부분[3문단(3)]에서 옳음을 확인할 수 있다. 다음으로 인과관계를 확인해 보면, 연금 제도가 신탁 원리에 기초했다는 부분[2문단(1)]이 명확히 제시되어 있다. 따라서 지문에서 알 수 있는 선지에 해당한다.

전체 선지를 읽고 제시문을 확인하는 경우

(1) **선지 확인**

선지에서 키워드를 고른다. 선지 ①은 '유동성', ②는 '혈연관계', ③은 '지위가 불안정', ④는 '신탁 제도', '상황 속에서 생겨났다.', ⑤는 '더 많은 재량권'으로 선택할 수 있다.

(2) **지문 독해 및 선지 판단**

문단 간 관계에 유의하며 개별 문단의 내용을 이해한다. 1문단은 연금 제도와 신탁 원리 사이의 관계 제시 이후 중세 신탁 원리에 대한 설명, 2문단은 신탁 원리와 연금 제도와의 연관성, 3문단은 신탁 원리의 영향에 대한 추가 언급이 주 내용을 이룬다.

특정 원리가 제도에 영향을 끼칠 때는, 그에 따른 한계가 존재할 수 있다는 것을 염두에 두고 읽는 것이 필요하다.

독해를 하며 판단 가능한 선지는 바로 확인한다.

1문단 (4)문까지 읽고 선지 ④를 확인하면 제시문의 정보와 일치함을 알 수 있다. 아울러 선지에서 키워드를 고를 때 선지의 각 문장을 전체적으로 파악했다면 선지 ②에 대해서도 정오 판단을 해볼 수 있다.

다시 제시문으로 가서 1문단 마지막 문장까지 읽고 선지 ③으로 내려간다. 일단 원인 부분이 제시문과 일치함을 파악하여 판단을 보류한다.

제시문을 이어서 읽다가 3문단 마지막 문장에서 선지 ①과 ⑤로 내려가 정오를 판단한다.

지금까지 판단한 선지의 정오에 확신이 든다면 남은 선지 ③을 정답으로 고르고 넘어간다. 그렇지 않은 경우라면 ③도 제시문과 대조해 보며 정오 판단 과정을 거치도록 한다.

3-1 제시문 독해 후 선지 판단

(1) 제시문 독해하기

독해는 모든 내용을 기억하기보다 어디에 어떤 내용이 있는지를 인지하고, 특징적인 내용을 표시하는 방식으로 진행한다.

1문단은 연금 제도의 원리로 '신탁 원리'를 설명한다. 영국에서 신탁 원리가 등장한 배경과 위탁자-수익자-수탁자 관계, 그리고 수탁자에게 운용 권리가 있어 수익자의 지위가 불안정했다는 점 등에 표시하며 읽는다.

2문단은 위와 같이 수익자의 지위가 불안정한 신탁 원리에 기반한 탓에 연금 제도도 가입자의 권리 행사가 제한됨을 설명한다. 그 대신 '수탁자 책임'이 부여되는데 그 개념은 합의된 바 없어 불분명하다는 점을 이해한다.

3문단은 구체적으로 연금 제도의 가입자의 권리를 어떻게 제한하는지 설명한다. 유동성, 수탁자 재량에 종속 등에 표시하며 읽는다.

(2) 선지 판단하기

① 3문단에서 읽은 내용이므로 옳다.
② 1문단에서 수탁자는 제3자라고 하였으므로, 옳다.
③ 권리 행사가 제한되었기 때문에 수익자의 지위가 불안정한 것이다. 옳지 않으므로 정답이다.
④ 1문단 두 번째 문장에 따라 옳다.
⑤ 글 전체의 중심 내용이므로 옳다.

합격자의 시간단축 Tip

Tip ❶ 역접의 접속 어구와 강조 어구에 유의하자.

1문단의 '그럼에도 불구하고', '주목해야 할 것은', 2문단의 '왜냐하면', '결국', 3문단의 '여전히 유효', '되고 말았다' 등은 강조하는 표현으로 볼 수 있어 독해 시 방점을 두고 체크해야 하는 문구다. 특히 특정 원리가 제도에 적용되었을 때 어떤 효과를 야기했는지까지 1~2분 내 완벽히 독해해내기는 어렵다. 배경지식이 없다면 더더욱 강조 어구와 접속 어구에 유의해 독해를 진행할 필요가 있다.

Tip ❷ 원인과 결과를 반전시킨 선지에 대비하자.

선지에서는 원인과 결과를 바꾸어 제시하기도 한다. 이러한 선지를 쉽게 판단하려면 독해 및 선지 해석 시 무엇이 원인이고 무엇이 결과인지 분명하게 이해하며 읽어야 한다.

069 정답 ②　　　난이도 ●●○

문제유형 논리적 비판 > 논지의 강화 및 약화

접근전략 저자가 어떤 논지를 가졌는지 묻는 지문은 다시 말하면 저자의 논지가 뚜렷하게 존재한다는 뜻이다. 즉 과도하게 복잡한 정보 나열이나 일부러 어렵게 꼰 지문은 출제되지 않는다. 또한 논지를 강화하는 것을 찾기 위해선 논지가 무엇인지부터 알아야 하므로, 세부 내용에 집착하기보다 먼저 궁극적인 결론을 파악하는 데 주력하도록 하자.

다음 글의 논지를 강화하는 것만을 〈보기〉에서 모두 고르면?

(1) 인간이 발전시켜온 생각이나 행동의 역사를 놓고 볼 때, 인간이 지금과 같이 놀라울 정도로 이성적인 방향으로 발전해올 수 있었던 것은 이성적이고 도덕적 존재로서 자신의 잘못을 스스로 시정할 수 있는 능력 덕분이다. (2) 인간은 토론과 경험에 힘입을 때에만 자신의 과오를 고칠 수 있다. (3) 단지 경험만으로는 부족하다. (4) 경험을 해석하기 위해서는 토론이 반드시 있어야 한다. (5) 인간이 토론을 통해 내리는 판단의 힘과 가치는, 판단이 잘못되었을 때 그것을 고칠 수 있다는 사실로부터 비롯되며, 잘못된 생각과 관행은 사실과 논쟁 앞에서 점차 그 힘을 잃게 된다. (6) 따라서 민주주의 국가에서는 자유로운 토론이 보장되어야 한다. (7) 자유로운 토론이 없다면 잘못된 생각의 근거뿐 아니라 그러한 생각 자체의 의미에 대해서도 모르게 되기 때문이다.

▶ 1문단

(1) 어느 누구에게도 다른 사람들의 의사 표현을 통제할 권리는 없다. (2) 다른 사람의 생각을 표현하지 못하게 억누르려는 권력은 정당성을 갖지 못한다. (3) 가장 좋다고 여겨지는 정부일지라도 그럴 자격을 갖고 있지 않다. (4) 흔히 민주주의 국가에서는 여론을 중시한다고 한다. (5) 하지만 그 어떤 정부라 하더라도 여론의 힘을 빌려 특정 사안에 대한 토론의 자유를 제한하려 하는 행위를 해서는 안 된다. (6) 그런 행위는 여론에 반(反)해 사회 구성원 대다수가 원하는 토론의 자유를 제한하려는 것만큼이나 나쁘다. (7) 인류 전체를 통틀어 단 한 사람만이 다른 생각을 가지고 있다고 해도, 그 사람에게 침묵을 강요하는 것은 옳지 못하다. (8) 이는 어떤 한 사람이 자신과 의견이 다른 나머지 사람 모두에게 침묵을 강요하는 것만큼이나 용납될 수 없는 일이다. (9) 권력을 동원해서 억누르려는 의견은 옳은 것일 수도, 옳지 않은 것일 수도 있다. (10) 그런데 정부가 자신이 옳다고 가정함으로써 다른 사람들이 그 의견을 들어볼 기회까지 봉쇄한다면 그것은 사람들이 토론을 통해 잘못을 드러내고 진리를 찾을 기회를 박탈하는 것이다. (11) 설령 그 의견이 잘못된 것이라 하더라도 그 의견을 억압하는 것은 토론을 통해 틀린 의견과 옳은 의견을 대비시킴으로써 진리를 생생하고 명확하게 드러낼 수 있는 대단히 소중한 기회를 놓치는 결과를 낳게 된다.

▶ 2문단

• 보기 •

ㄱ. 축적된 화재 사고 기록들에 대해 어떠한 토론도 이루어지지 않았음에도 불구하고 화재 사고를 잘 예방하였다.
→ (×) 제시문의 상황은 다른 의견이 존재하고 토론을 막는 경우를 상정한다. 단지 토론이 이뤄지지 않았다는 점으론 불충분하고 토론을 '막은' 지점이 존재해야 하는 것이다. 따라서 제시문의 논지와 무관하다.

ㄴ. 정부가 사람들의 의견 표출을 억누르지 않는 사회에서 오히려 사람들이 가짜 뉴스를 더 많이 믿었다.

→ (×) 제시문에서는 인간의 토론과 경험이 역사를 이성적 방향으로 발전시킨다고 주장한다.[1문단(1)] 즉, 토론의 자유가 보장되었을 때, 그렇지 않았을 때보다 더 긍정적인 결과를 가져온다는 것이다. 그런데 정부가 사람들의 의견 표출을 억누르지 않는 사회, 즉 자유로운 토론이 보장된 사회에서 사람들이 오히려 가짜 뉴스를 더 많이 믿었다는 것은, 자유로운 토론이 보장된 사회가 더 부정적인 결과를 초래한다는 것을 의미한다. 따라서 이는 제시문의 논지와 상반되므로, 논지를 약화하는 사례이다.

ㄷ. 갈릴레오의 저서가 금서가 되어 천문학의 과오를 드러내고 진리를 찾을 기회가 한동안 박탈되었다.

→ (○) 제시문에서는 인간의 토론과 경험이 역사를 이성적 방향으로 발전시킨다고 주장한다.[1문단(1)] 즉, 토론의 자유가 보장되었을 때, 그렇지 않았을 때보다 더 긍정적인 결과를 가져온다는 것이다. 갈릴레오의 저서가 금서가 되어 천문학의 과오를 드러내고 진리를 찾을 기회가 한동안 박탈되었다는 것은, 한 학자의 연구와 이론에 대한 토론의 자유가 제한됨으로써 부정적인 결과가 초래되었다는 것을 의미한다. 따라서 이는 제시문의 논지와 일치하는 사례이므로, 논지를 강화한다.

① ㄱ → (×)
② ㄷ → (○)
③ ㄱ, ㄴ → (×)
④ ㄴ, ㄷ → (×)
⑤ ㄱ, ㄴ, ㄷ → (×)

제시문 분석

1·2문단 토론의 중요성

〈발전의 원동력〉		〈토론의 효과〉
인간이 지금과 같이 놀라울 정도로 이성적인 방향으로 발전해올 수 있었던 것은 이성적이고 도덕적 존재로서 자신의 잘못을 스스로 시정할 수 있는 능력 덕분이다.[1문단(1)]	⊕	인간은 토론과 경험에 힘입을 때에만 자신의 과오를 고칠 수 있다.[1문단(2)]

〈토론의 필요성〉
민주주의 국가에서는 자유로운 토론이 보장되어야 한다.[1문단(6)]

→

〈구체적 실현〉	그 어떤 정부라 하더라도 여론의 힘을 빌려 특정 사안에 대한 토론의 자유를 제한하려 하는 행위를 해서는 안 된다.[2문단(5)]

2문단 토론 자유 보장의 필요성

〈정부의 역할〉
정부는 다른 사람들의 의사 표현을 통제하면 안되며 여론을 중시하여 여론의 힘을 통해 토론의 자유를 제한해서도 안된다.(3),(4)

〈침묵의 강요〉		〈권력 동원〉		〈부당한 정부 개입〉
인류 전체를 통틀어 단 한 사람만이 다른 생각을 가지고 있다고 해도, 그 사람에게 침묵을 강요하는 것은 옳지 못하다.(7)	→	권력을 동원해서 억누르려는 의견은 옳은 것일 수도, 옳지 않은 것일 수도 있다.(9)	→	그런데 정부가 자신이 옳다고 가정함으로써 다른 사람들이 그 의견을 들어볼 기회까지 봉쇄한다면 그것은 사람들이 토론을 통해 잘못을 드러내고 진리를 찾을 기회를 박탈하는 것이다.(10)

→

〈부정적 결과〉	설령 그 의견이 잘못된 것이라 하더라도 그 의견을 억압하는 것은 토론을 통해 틀린 의견과 옳은 의견을 대비시킴으로써 진리를 생생하고 명확하게 드러낼 수 있는 대단히 소중한 기회를 놓치는 결과를 낳게 된다.(11)

합격자의 실전 풀이 순서

❶ 발문 확인

논지에 대한 강화를 묻고 있으므로, 먼저 논지 및 그 근거를 파악하고 〈보기〉에서 그 논지를 지지하는 내용을 찾아야 한다.

❷ 선지 키워드 표시

독해 지문을 푸는 두 가지 방법 중 선지를 먼저 읽는 경우의 풀이법을 소개한다. 지문보다 선지를 먼저 보고 정보를 추출한다.

단, 이 방법은 논지파악 유형에선 별로 추천하지 않는다. 왜냐하면 논지와 그 근거는 어차피 한 맥락하에서 이뤄지는데 선지는 맥락이 여러 개일 수 있어 비용 대비 효율이 안 나오거나 심지어 지문독해를 방해하기 때문이다. 소재를 추측할 수 있는 키워드는 다음과 같다.

㉠ 축적된 화재 사고, 토론, 불구하고
㉡ 정부, 억누르지 않는, 가짜 뉴스
㉢ 갈릴레오

단, 이것은 예시이므로 수험생이 직접 했을 때 이 결과와 조금 달라도 무방하다. 논지파악 유형이지만 선지에서 얻을 수 있는 정보가 없는 것은 아니다. '어떠한 토론도 이루어지지 않았음', '의견 표출을 억누르지', '금서가 되어'라는 부분에서 유사한 맥락을 읽을 수 있다. 논지에 대한 추측이 가능하다. 또한, 논지를 강화하는 진술이 전부 사례형으로 주어졌음에 유의한다.

❸ 지문 읽기

여기선 지문을 먼저 읽는 경우의 독해요령을 소개한다. 논지를 강화하는 것을 찾기 위해선 논지를 파악할 뿐 아니라 그 근거도 찾아야 한다. 강화의 대상은 근거가 될 수도 있고 주장이 될 수도 있기 때문이다. 보통은 근거를 강화/약화하여 주장의 설득력을 높이는/낮추는 식으로 전개되지만, 같은 전제하에서 주장만 거짓이라고 말하는 선지들도 있으므로 항상 주장과 근거를 구분하면서 읽는다. 이렇게 보면 1문단은 오로지 근거로만 채워진 문단이며, 이 글이 미괄식 구성임을 파악할 수 있다. 결국 논지는 토론은 잘못을 시정하고 진리를 찾는 소중한 기회이므로, 민주주의 국가에서는 자유로운 토론이 보장되어야 하며 정부가 이를 억압해서는 안된다는 것이다.

❹ **선지 판단**

㉠, ㉡ 선지는 전제가 같은데 다른 결론이 나온다는 식으로 지문의 논지를 약화 시도하는 선지들이고, ㉢ 선지는 지문의 핵심 근거를 그대로 사례화한 강화 선지다. 다만 해설과 달리 ㄱ이 약화, ㄴ이 무관한 선지로 보인다.

ㄱ은 1문단에 제시된 논지의 근거를 약화한다. 인간은 토론이 있어야 과오를 고칠 수 있다고 주장하는데, 기존 화재 사고(경험)에 대한 토론이 없었음에도 화재 사고를 예방했다면 이는 1문단의 내용을 약화한다.

ㄴ은 무관한 선지라고 볼 수 있는데, 가짜뉴스를 믿지 않는 것과 1문단의 과오를 고치는 것을 동치시키기는 어렵기 때문이다. 또한 1문단은 경험과 토론을 모두 언급하는데, ㄱ과 달리 ㄴ에는 선행한 경험도 언급되지 않아 1문단의 근거와 상반된다고 판단하기 어렵다. 다만 실전에서는 이렇게까지 생각할 필요는 없고, 강화가 아님만 판단하면 된다.

합격자의 시간단축 Tip

Tip ❶ 사고 확장하기

해당 지문 1문단 (7)에 보면 '그러한 생각 자체의 의미에 대해서도 모르게 되기 때문이다.'라는 구절이 등장한다. 즉 Yes/No를 넘어서서 선택지 자체가 존재하지 않는 상황이나 다름없다. 이는 소위 '원천차단'의 의미로 여러 군데에서 쓰이는 사고의 확장이다. 정치학에서는 '무의사결정' 혹은 '게리멘더링', 대중 매체 관련 이론에선 '아젠다 세팅(Agenda Setting)', 심지어 과학에선 '시공간의 존재'까지도 이런 사고를 응용하고 있다. 즉, 보다 한 차원 높은 곳에서 판단하는 것이다.

거기에 더해서, 반드시 한 차원만 높다는 보장이 없이 두 차원, 세 차원에서 높을 수가 있다. 비유하자면, "고정된 시공간은 없다." → "시공간이란 개념 자체가 없다. 사실 다 양자의 움직임에 의해 동시에 존재한다." → "양자가 존재한다는 개념조차 없는 상태가 있다"

이처럼 무한히 확장 가능한 것이다. 이들은 실제로 우주론에서 논의되는 의견들이다. 한 번 위 지문의 내용인 '토론'에 대해서도 생각해보자.

Tip ❷ 반론 예상하기

토론의 자유를 주장하는 세력이 있다면 그 반대 세력도 당연히 존재한다. 이 지문에 나왔듯이 그들이 옳은지 그른지는 중요하지 않다. 중요한 것은 반론이 있을 수 있다는 것이다. (사실 살다 보면 어떤 의견이든 간에 누군가는 반대하고 있는데 지문에서 그것을 활용 못 할 이유가 없다.)

그 반론이 비합리적이어도 좋다면 생각하는 것도 쉬워진다. 예컨대 이 주장에서 보면, 자유로운 토론을 억압해야 하고, 그것이 좋은 결과를 궁극적으로 가져온다는 취지만 충족하면 무엇이든 반론이 될 수 있다. 선지에서처럼 가짜 뉴스를 근거로 삼아도 되고, 공리주의적인 '하얀 거짓말'을 근거로 삼아도 된다. (물론 다수는 인정하지 않겠지만 '반론 자체'는 가능하다.)

이렇게 반론을 생각해 봄으로써 그 생각의 틀에 딱 맞는 선지를 찾기도 쉬워지고, 지문이 갑자기 방향을 선회할 때 대처도 유연해질 수 있다.

Tip ❸ 논지 파악 문제의 접근 전략

보통 논지 파악이 필요한 문제에서는 1문단에 논지가 명확히 드러나지 않도록 제시문을 구성한다. 1문단은 논지의 지지 근거가 될 수도 있지만, 논지가 반박하는 대상일 수도 있다. 제시문 독해 시간을 단축하고 싶다면 다음과 같은 전략을 활용할 수 있다.

(1) 문단별로 시작과 끝 문장을 읽고 중간에 내용이 반전되지는 않는지 살펴본다.

내용이 일관적이라면,

(2)-① (1)에서 읽는 내용으로 주장의 얼개를 잡고 독해를 시작한다.

(2)-② 1문단은 논지의 근거일 것이므로, 1문단만 읽고 선지를 확인하여 해결 가능한 선지를 판단한다.

반면 내용이 일관적이지 않다면,

(3) 내용이 반전되는 부분을 찾아 핵심 주장을 찾고 나머지 내용을 독해한다.

해당 문제는 1문단과 2문단의 처음과 끝의 내용이 일관적이다. 따라서 (2)-①과 (2)-② 중 하나의 방법을 선택해서 활용할 수 있다.

070 정답 ❷ 난이도 ●○○

문제유형 법규의 해석 및 적용

접근전략 법조문 유형 중 규정을 바탕으로 선지에서 옳은 것을 고르는 규정확인문제이다. 법조문 유형을 풀 때는 조문의 구체적인 내용을 독해하는 것보다, 법조문의 구조를 파악한 후 선지에서 묻고 있는 정보를 찾아 올라가는 방식으로 푸는 것이 좋다. 본 문제의 경우, 청원경찰 배치와 관련해 연관 상급자로서 〈경찰서장〉 〈지방경찰청장〉 〈관할 구역 소재 기관의 장〉 등이 등장하고 있다. 이 중 배치결정을 받은 자를 청원주라고 지칭하고 있음에 유의해야 하고, 물리력을 가지고 있는 청원경찰이므로 2조 2항의 사법경찰관리 제한, 4조의 무기대여 관련 절차 등이 등장하고 있음을 파악할 수 있다.

다음 글을 근거로 판단할 때 옳은 것은?

제○○조 ① 청원경찰이란 기관의 장 또는 시설·사업장 등의 경영자(이하 '기관의 장 등'이라 한다)가 경비를 부담할 것을 조건으로 경찰의 배치를 신청하는 경우 그 기관·시설·사업장 등의 경비를 담당하게 하기 위하여 배치하는 경찰을 말한다.

② 청원경찰을 배치받으려는 기관의 장 등은 관할 지방경찰청장에게 청원경찰 배치를 신청하여야 한다.

③ 지방경찰청장은 제2항의 청원경찰 배치신청을 받으면 지체 없이 그 배치 여부를 결정하여야 한다.

④ 지방경찰청장은 청원경찰 배치가 필요한 경우 관할 구역에 소재하는 기관의 장 등에게 청원경찰을 배치할 것을 요청할 수 있다.

제○○조 ① 청원경찰은 청원경찰의 배치결정을 받은 자[이하 '청원주'(請願主)라 한다]와 배치된 기관·시설·사업장의 구역을 관할하는 경찰서장의 감독을 받아 그 경비구역만의 경비를 목적으로 필요한 범위에서 「경찰관 직무집행법」에 따른 경찰관의 직무를 수행한다.

② 청원경찰은 제1항에도 불구하고 수사활동 등 사법경찰관리(司法警察官吏)의 직무를 수행해서는 아니 된다.

제○○조 ① 청원경찰은 청원주가 임용하되, 임용을 할 때에는 미리 관할 지방경찰청장의 승인을 받아야 한다.

② 「국가공무원법」의 결격사유에 해당하는 사람은 청원경찰로 임용될 수 없다.

③ 청원경찰의 임용자격·임용방법·교육 및 보수에 관하여는 대통령령으로 정한다.

제○○조 청원주가 청원경찰이 휴대할 무기를 대여받으려는 경우에는 관할 경찰서장을 거쳐 지방경찰청장에게 무기대여를 신청하여야 한다.

① **청원경찰의 임용승인과 직무감독의 권한은 관할 경찰서장에게 있다.**

→ (×) 제2조 제1항에 따르면 청원경찰은 관할 경찰서장의 감독을 받아 경찰관의 직무를 수행한다. 한편 제3조 제1항에 따르면 청원경찰을 임용할 때에는 미리 관할 지방 경찰청장의 승인을 받아야 한다. 따라서 청원경찰의 직무감독의 권한은 관할 경찰서장에게 있으나, 임용승인의 권한은 관할 경찰서장이 아닌 관할 경찰청장에게 있다.

② **청원경찰은 관할 지방경찰청장의 요청뿐만 아니라 배치받으려는 기관의 장 등의 신청에 의해서도 배치될 수 있다.**

→ (○) 제1조 제2항에 따르면 청원경찰을 배치받으려는 기관의 장 등은 청원경찰 배치를 신청하여야 한다. 한편 동조 제4항에 따르면 지방경찰청장은 청원경찰 배치가 필요한 경우 관할 구역에 소재하는 기관의 장 등에게 청원경찰을 배치할 것을 요청할 수 있다. 따라서 청원경찰은 배치받으려는 기관의 장 등의 신청과 관할 지방경찰청장의 요청에 의해서 배치될 수 있다.

③ **청원경찰의 임용자격 및 임용방법은 「국가공무원법」에 따르며, 청원경찰의 결격사유는 대통령령으로 정한다.**

→ (×) 제3조 제2항에 따르면 「국가공무원법」의 결격사유에 해당하는 사람은 청원경찰로 임용될 수 없다. 한편 동조 제3항에 따르면 청원경찰의 임용자격 및 임용방법에 관하여는 대통령령으로 정한다.

④ **청원경찰은 배치된 사업장의 경비를 목적으로 필요한 범위에서 수사활동 등 사법경찰관리의 직무를 수행할 수 있다.**

→ (×) 제2조 제2항에 따르면 청원경찰은 배치된 사업장의 경비를 목적으로 필요한 범위에서 「경찰관 직무집행법」에 따른 경찰관의 직무를 수행할 수 있으나, 수사활동 등 사법경찰관리의 직무를 수행할 수는 없다.

⑤ **청원경찰은 직무수행에 필요한 경우 직접 관할 지방경찰청장에게 무기대여를 신청하여야 한다.**

→ (×) 제4조에 따르면 청원경찰이 휴대할 무기를 대여받으려는 경우에는 청원주가 관할 경찰서장을 거쳐 지방경찰청장에게 무기대여를 신청하여야 한다. 따라서 관할 지방경찰청장에게 무기대여를 신청하는 사람은 청원경찰이 아닌 청원주다.

합격자의 실전 풀이 순서

❶ 문제 유형 파악

본 문제의 경우 제시문으로 법조문이 주어졌으므로 법조문 유형임을 쉽게 알 수 있다. 특히 법조문 유형 중에서도 규정을 바탕으로 선지의 옳은 선지를 고르는 규정확인문제이다. 법조문 유형은 조문의 구체적인 내용을 독해하는 것보다, 법조문의 구조를 파악한 후 선지에서 묻고 있는 정보를 찾아 올라가는 형태로 푸는 것이 좋다. 또한, 본 문제가 옳은 것을 고르는 문제라는 것을 인지하기 위해 "옳은"이라는 단어에 밑줄이나 동그라미 등 표시를 한다.

❷ 법조문 구조 분석

구조 분석이란 각 조문의 내용 및 조문 간 관계를 이해하는 것이다. 법조문 전체를 읽되, 세부적인 내용을 기억하기보다는 어떤 정보가 있는지 파악하는 것에 중점을 둔다. 이때 기호를 적절히 활용할 수 있다. 또한 이러한 분석 과정을 거치며 선지에 등장할만한 부분을 발견할 수 있다.

본문의 규정은 네 개의 조로 구성되어 있다. 조문의 제목이 없으므로 읽으면서 키워드를 파악한다. 가독성을 높이기 위해 가로선으로 각 조를 구분하고, '1, 2, 3, 4'로 숫자를 써둔다. 이하 편의상 첫 번째 조부터 '제1조', '제2조' 등으로 표기한다.

제1조 제1항은 청원경찰을 정의하는 조항이다. 내용이 길기 때문에 기관장의 신청으로 배치하는 경찰이라는 것을 이해하고, 세부 내용은 선지 판단에 필요한 경우 돌아와 확인한다. 제2항은 기관의 장 등이 청원경찰 배치 신청에 관한 내용이고, 제3항은 지방경찰청장의 배치 여부 결정에 관한 내용이다. 2항의 '신청', 제3항의 '지체 없이'에 표시한다. 제4항은 지방경찰청장의 청원경찰 배치 요청에 관한 내용이다. '요청'에 표시하고, 요청을 받는 자는 기관장임을 확인한다. 제2항과 제3항이 한 세트이고 제4항이 한 세트라는 것을 파악할 수 있다.

제2조 제1항은 청원경찰이 경찰관의 직무를 수행하는 것에 관한 조항이다. '감독'과 '법'에 표시한다. 제2조 1항은 1조의 지방경찰청장과 달리 '청원주'와 경찰서장이 나왔음을 유의한다. 이러한 행정청과 주체는 선지의 출제 포인트가 되는 경우가 많다. 2항은 1항에 대한 예외사항으로서 사법경찰행위를 금지하고 있다. 이를 통해 청원경찰이 할 수 있는 직무와 할 수 없는 직무가 구분됨을 파악할 수 있고, 이것은 항상 출제 포인트가 된다. 예외 없이 할 수 없는 것이므로 '사법경찰관리'에 ×로 표시한다.

제3조 제1항은 청원경찰의 임용에 관한 조항이며 '임용'과 '승인'에 표시하고, 각 주체가 다름에 유의한다. 제2항은 임용 결격사유에 관한 조항이며 '결격사유'에 표시한다. 제3항은 임용의 자격, 방법, 교육 및 보수에 관한 조항이다. 규정 내용보다는 '대통령령'이 특징적이므로 이에 표시한다. 제2항에는 「국가공무원법」이, 3항에는 대통령령이 언급되었음을 주의한다. 이처럼 다른 층위의 법령이 나올 때는 이것이 선지에 출제될 가능성이 크다.

제4조는 청원경찰이 휴대할 무기를 대여받는 절차에 관한 내용이다. '무기대여'에 표시한다. 무기를 대여받기 위해 두 단계를 거쳐야 하므로 이 조항도 선지에 나올 가능성이 크다.

❸ 선지 판단

법조문 분석을 바탕으로 상황과 선지를 검토한다. 선지를 읽어보고, 각 선지의 내용에 해당하는 조문을 찾아서 이동한다. 선지 ①번은 임용승인과 직무감독에 관한 내용인데, 이는 각각 제3조 제1항과 제2조 제1항과 비교한다. 본 선지에는 행정청의 명칭이 활용되었음을 알 수 있다. 선지 ②번은 청원경찰의 배치에 관한 내용인데, 이는 조문을 읽을 때 확인한 바대로 신청을 규정한 제1조 제2항과 요청을 규정한 제4항 모두 확인하여야 한다.

만약 선지 ②번을 넘어갔을 경우 선지 ③번은 청원경찰의 임용자격 및 임용방법과 결격사유에 관한 내용인데, 이는 각각 제3조 제3항과 제2항과 비교한다. 적용되는 법 조항이 반대로 되어 있으므로 조문을 기억해서 문제를 풀기보다는 이렇게 비교하여 처리하는 것이 더 좋다. 이처럼 법조문에 다른 층위의 법률이 나오는 경우 이를 활용한 선지가 나오는 경우가 많다. 선지 ④번은 사법경찰관리의 직무 수행에 관한 내용이므로 제2조 제2항과 비교한다. 법조문에서 특별히 금지하는 행위가 있으면 ④번 선지처럼 이것이 선지에 나올 가능성이 크다.

선지 ⑤번은 무기대여에 관한 내용이므로 제4조와 비교한다.

선지 ①, ③, ④, ⑤번이 모두 오답이므로 선지 ②번을 정답으로 고르고 다음 문제로 넘어간다.

합격자의 시간단축 Tip

Tip ❶ 길이가 긴 조문은 여러 부분으로 나눠가며 독해

선지 ②번이 명쾌하지 않을 수 있다. 제1조 제4항에 따르면 지방경찰청장은 청원경찰 배치가 필요한 경우 관할 구역에 소재하는 기관의 장에게 청원경찰을 배치할 것을 요청할 수 있다고 되어 있어 청원경찰이 지방경찰청장의 요청으로 배치되는 것이 직접적이지 않기 때문이다. 그러나 지방경찰청장이 기관의 장 등에게 청원경찰 배치를 요청하면 해당 기관의 장 등은 청원경찰 배치를 신청하고, 그 신청에 대하여 지방경찰청장이 배치 여부를 결정하는데 지방경찰청장이 요청했기 때문에 당연히 배치할 것이다. 따라서 관할 지방경찰청장의 요청으로 인하여 간접적으로 청원경찰이 배치될 수 있다. 이것이 확실하지 않다면 선지 ②번을 넘어가고 나머지 선지를 처리하자.

더불어 선지의 뉘앙스를 통해 정선지를 추론할 수 있다. '청원경찰은 관할 지방경찰청장의 요청뿐만 아니라 배치받으려는 기관의 장 등의 신청에 의해서도 배치될 수 있다.'라는 표현은 기관의 장 등의 신청에 의해 청원경찰이 배치되는 가능성이 조금이라도 있다면 옳은 선지가 된다. 이와 같은 완곡한 표현은 정선지의 논란을 방지하기 위해 자주 사용된다. 따라서 선지의 판단이 모호하다면 선지의 뉘앙스를 활용해볼 수 있다.

Tip ❷ 한자어를 적극적으로 활용

2조 1항의 청원주, 2조 2항의 사법경찰관리는 한자로 특별히 강조되고 있는 난어들이며, 실제로 모두 선지에 활용되고 있다. 한자로 병기할 만한 중요한 단어라는 힌트이며, 실제로 상황판단이나 언어논리 등 기출에서 한자가 병기된 단어는 상당히 높은 비율로 선지화된다. 이에 유의하며 한자로 병기된 단어의 경우 지문 이해나 선지판단에 있어 우선적으로 활용하도록 하자.

Tip ❸ 유사한 용어의 구분

법규정에서는 용어가 다르면 뜻도 다르다고 보아야 한다. 제1조에는 신청과 요청이라는 유사한 용어가 등장한다. 신청은 기관의 장이 관할 지방경찰청장에게, 요청은 지방경찰청장이 기관의 장에게 하는 것이다. 행위의 주체와 상대방을 읽지 않더라도, 뜻이 유사한 것 같지만 서로 다른 용어를 썼다는 점에서 구분하여 읽어야 한다.

Tip ❹ 선지에 나올 만한 내용을 예측하며 법조문 분석

규정을 읽으며 선지에 나올만한 부분을 예상할 수 있다. 본 문제에서 선지에 나올만한 부분은 다음과 같이 정리할 수 있다.

1. 주체 구분
   청원주/지방경찰청장/경찰서장 등 둘 이상의 주체가 등장한다. 따라서 주체를 바꾸어 선지를 구성할 것을 예상할 수 있다. 특히 경찰정장과 경찰서장은 혼동하기 쉬우므로 유의하여야 한다.
2. 단정적 표현
   '수행해서는 아니 된다'와 같은 단정적 표현도 선지에 자주 등장한다. 예외 없이 적용되므로 별도의 기호로 표시해둔다.
3. 복수의 법령
   둘 이상의 법령이 등장하면 법령의 바꾸어 선지에 출제할 것을 예상할 수 있다. 법조문의 법령에 표시해 두었다가, 선지에 법령이 나오면 해당 법령 부분을 찾아간다.

071 정답 ❸ 난이도 ●●○

문제유형 사실적 이해 > 정보 확인

접근전략 알 수 있는 것을 고르는 문제의 오답 구성원리는 본문 내용과의 상충 또는 본문 내용으로부터 유추 불가가 있으니 애초에 유추할 근거가 없는 선지는 과감하게 넘어가서 푼다. 또한, 제시문에 여러 이론가가 등장하는데 이들 간의 관계를 묻는 경우가 많으니 명확히 짚으며 독해하자.

다음 글에서 알 수 있는 것만을 〈보기〉에서 모두 고르면?

(1) 코페르니쿠스 체계에 대한 당대의 부정적 평가는, 일반적으로 그 당시 천문학자들이 가지고 있었던 비합리적인 종교적 편견에서 비롯되었다고 이해된다. (2) 그러나 그들이 코페르니쿠스 체계를 거부한 데에는 나름 합리적인 이유가 있었다. (3) 그들은 당대 최고의 천문학자였던 티코 브라헤가 코페르니쿠스 체계를 반증했다고 믿었기 때문이다. ▶ 1문단

(1) 티코 브라헤는, 코페르니쿠스 체계가 옳다면 공전 궤도 상 서로 마주 보는 두 지점에서 한 별을 관찰했을 때 서로 다른 각도로 관찰된다는 점에 주목했다. (2) 이처럼 지구가 공전 궤도에서 차지하는 상대적 위치에 따라 달라지는 별의 겉보기 각도 차이를 '연주시차'라고 한다. (3) 티코 브라헤는 이 연주시차가 관찰되는지를 오랜 시간에 걸쳐 꼼꼼하게 조사했는데, 연주시차는 전혀 관찰되지 않았다. (4) 티코 브라헤는 논리적 절차에 따라 코페르니쿠스 체계를 반증했다. ▶ 2문단

(1) 그러나 티코 브라헤의 반증은 후일 오류로 판명되었다. 현재 알려진 사실은 가장 가까운 별조차 연주시차가 너무 작아서 당시의 천문학 기술로는 누구도 연주시차를 관측할 수 없었다는 것이다. (2) 이는 별이 태양계로부터 아주 멀리 떨어져 있다는 것을 의미한다. (3) 흥미로운 점은 티코 브라헤가 자신이 관찰한 별이 너무 멀리 떨어져 있어서 당시의 관측 기술로는 연주시차가 관찰되지 않을 가능성을 고려했다는 사실이다. (4) 그러나 티코 브라헤는 이런 가능성을 부정했다. (5) 당시, 천체의 운동을 설명하는 유일한 이론은 아리스토텔레스의 자연학이었다. (6) 그러나 연주시차가 관찰될 수 없을 만큼 별들이 멀리 떨어져 있다는 생각은 아리스토텔레스의 자연학과 양립할 수 없었다. (7) 천체 운동에 대한 설명을 포기할 수 없었던 티코 브라헤는 결국 별이 그토록 멀리 떨어져 있다는 가능성을 부정할 수밖에 없었다. ▶ 3문단

보기

ㄱ. 티코 브라헤는 기술적 한계 때문에 연주시차가 관찰되지 않았을 가능성을 당시 천체 운동을 설명하던 이론에 근거하여 부정하였다.
   → (O) 티코 브라헤는 당시 관측기술로는 연주시차가 관찰되지 않을 가능성을 고려했으나[3문단(3)], 연주시차가 관찰될 수 없을 만큼 별들이 멀리 떨어져 있다는 생각은 아리스토텔레스의 자연학과 양립할 수 없었다.[3문단(6)] 자연학은 당시 천체의 운동을 설명하는 유일한 이론이었으므로, 이에 근거하여 그 가능성을 부정하였다.[3문단(5), (7)]

ㄴ. 티코 브라헤는 반증 과정에서 관찰 내용에 대한 최선의 이론적 설명이 아니라 종교적 편견에 따른 비합리적 설명을 선택함으로써 오류에 빠지게 되었다.

→ (×) 티코 브라헤가 종교적 편견이 있었는지는 제시문에 나와 있지 않으며, 그는 비합리적인 설명이 아닌 논리적 절차에 따라 코페르니쿠스 체계를 반증했다.[2문단(4)] 오히려 1문단에 따르면 티코 브라헤는 비합리적인 종교적 편견과 대비되는 인물이다. 따라서 ㄴ의 설명은 적절하지 않다.

ㄷ. 티코 브라헤의 반증은, '코페르니쿠스 체계가 옳다면 연주시차가 관찰된다. 연주시차는 관찰되지 않았다. 따라서 코페르니쿠스 체계는 옳지 않다.'의 절차로 재구성할 수 있다.
→ (O) 티코 브라헤는 코페르니쿠스 체계가 옳다면 연주시차가 관찰될 것이라 생각하여[2문단(2)] 연주시차를 관찰했으나 관찰되지 않았고[2문단(3)], 그 결과를 통해 코페르니쿠스 체계를 반증했다. 따라서 ㄷ의 설명은 적절하다.

① ㄱ → (×)
② ㄴ → (×)
③ ㄱ, ㄷ → (O)
④ ㄴ, ㄷ → (×)
⑤ ㄱ, ㄴ, ㄷ → (×)

제시문 분석

1문단 코페르니쿠스 체계에 대한 부정적 평가의 근거

〈부정적 평가에 대한 오해〉		〈부정적 평가의 근거〉
코페르니쿠스 체계에 대한 당대의 부정적 평가는, 일반적으로 그 당시 천문학자들이 가지고 있었던 비합리적인 종교적 편견에서 비롯되었다고 이해된다.(1)	↔	그러나 그들은 당대 최고의 천문학자였던 티코 브라헤가 코페르니쿠스 체계를 반증했다고 믿었기 때문에 코페르니쿠스 체계를 거부한 것이다.(2),(3)

2문단 티코 브라헤의 반증

〈전제〉		
티코 브라헤는, 코페르니쿠스 체계가 옳다면 연주시차가 관찰된다는 점에 주목했다.(1),(2)		
〈관찰 결과〉		〈결론〉
티코 브라헤는 이 연주시차가 관찰되는지를 오랜 시간에 걸쳐 꼼꼼하게 조사했는데, 연주시차는 전혀 관찰되지 않았다.(3)	→	티코 브라헤는 논리적 절차에 따라 코페르니쿠스 체계를 반증했다.(4)

3문단 티코 브라헤의 반증 오류

〈반증 오류〉		〈시사점〉		〈티코 브라헤의 견해〉		〈한계〉
티코 브라헤의 반증은 가장 가까운 별조차 연주시차가 너무 작아서 당시의 천문기술로는 누구도 연주시차를 관측할 수 없었기 때문에, 오류로 판명되었다.(1)	→	이는 별이 태양계로부터 아주 멀리 떨어져 있다는 것을 의미한다.(2)	→	티코 브라헤 또한 자신이 관찰한 별이 너무 멀리 떨어져 있어서 당시의 관측 기술로는 연주시차가 관찰되지 않을 가능성을 고려했다.(3)	→	그러나 별이 멀리 떨어져 있다는 생각은 당시 천체를 설명하는 유일한 이론이었던 아리스토텔레스의 자연학과 양립할 수 없었던 의견으로, 티코 브라헤는 결국 이를 부정할 수밖에 없었다.(6),(7)

합격자의 실전 풀이 순서

발문 읽기 및 문제 유형 파악

항상 발문을 먼저 제대로 읽자. 본 문제는 글에서 알 수 있는 것을 고르는 일치부합·내용추론 유형의 문제이다. 알 수 있는 것을 고르는 문제는 추론할 수 있는 것을 고르는 문제와 같다. 해당 유형은 제시문 내용과 부합하거나 그로부터 추론 가능한 선지가 정답이 되며, 제시문 내용과 상충하거나 그로부터 추론할 수 없는 선지가 오답이 된다. 정보확인 문제와 같이 제시문을 먼저 읽는 방식 혹은 선지를 먼저 읽는 방식 두 가지로 접근 가능하다. 발문에 ○ 표시를 해놓고 문제를 풀면 옳은 것을 골라야 하는 문제에서 옳지 않은 것을 고르게 되는 실수가 줄어든다. 특히 이 유형에서는 제시문과 상충하는 경우뿐만 아니라 '제시문에 명확한 근거 없음'으로 오답인 선지가 구성되는 경우도 존재하므로 조심해야 한다.

제시문을 먼저 읽는 풀이의 경우

(1) 제시문 독해
본 문제의 제시문은 구조가 뚜렷하고, 그 내용도 어렵지 않다. 따라서 제시문을 읽을 때 '그러나'와 같은 접속어를 주의하여 제시문의 문맥을 제대로 파악한다면 어렵지 않게 풀 수 있는 문제에 해당하였다. 또한, 본 문제와 같이 이론가들의 이론들이 제시될 때 이들을 동그라미와 같은 기호로 표시하고 이론 간의 관계를 잡아두면 좋다. 해당 제시문의 경우 '코페르니쿠스(주장)-티코 브라헤(반박)', '티코 브라헤(반박)-아리스토텔레스(반박의 기반)' 정도의 관계로 잡아두면 좋다.
더불어 과학/기술 제재의 내용이 어렵게 느껴질 수 있지만, 머릿속에 단순화시켜 그리면 좋다. 예를 들어 2문단 (1), (2)와 같은 내용은 공전 궤도와 두 행성, 한 개의 별을 지문의 내용을 최대한 반영하여 머릿속에 간단히 그리면서 읽도록 한다. 다만, 과학적 지식을 다룬 문장도 선지에서 물을 시에 머리에서 이해하며 읽으면 되는 것이지, 제시문을 읽을 때는 그저 '연주시차'라는 개념이 있고, 그 구체적 정의는 여기에 소개되어있다는 정도만 파악하면 된다.

(2) 선지 판단
본 문제의 경우 ㄱ, ㄴ, ㄷ 중 알 수 있는 것만 고른 조합을 찾아야 한다. 선지가 이러한 방식으로 구성되는 경우 ㄱ을 확인한 후 선지를 지워나가며 다음에 ㄴ, ㄷ 중 어떤 것을 먼저 판단할지 결정한다. 운 좋게 ㄱ, ㄴ, ㄷ 중 두 개만을 읽고 정답을 찾는 경우가 있기 때문이다.

〈보기〉를 먼저 읽는 풀이의 경우

(1) 선지 읽기
선지의 키워드를 확인하며 읽는다.
ㄱ. 기술적 한계, 연주시차, 당시 ~이론
ㄴ. 반증, 종교적 편견, 비합리적 설명, 오류
ㄷ. 코페르니쿠스 → 연주시차 + ~연주시차 ⇨ ~코페르니쿠스
공통 키워드는 티코 브라헤의 반증이다. ㄷ을 보면 티코 브라헤의 반증이 논증 형태로 정리될 수도 있다. 이를 염두에

두고 읽는다.

(2) 제시문 독해 및 선지 판단

선지에서 찾은 키워드를 발견하면 그에 표시하며 독해한다. 1문단에 '종교적 편견'이 등장한다. 그러나 바로 뒤의 문장에서 '그러나'로 부정되며 합리적 이유가 있었음을 제시하고, '티코 브라헤'의 반증이 등장한다. 1문단의 맥락에 따르면, 티코 브라헤의 반증은 종교적 편견에서 비롯된 것이 아닌 것으로 보인다. 2문단에 제시되는 티코 브라헤의 반증 내용에도 종교적 편견은 보이지 않는다. ㄴ은 옳지 않다.

ㄴ을 소거하면 선지 ①, ③만 남으므로 ㄱ은 알 수 있는 것으로 확정된다. 따라서 다음으로 ㄷ을 판단한다. 2문단의 반증 내용을 살펴보면, 문장 (1), (2)에서 '코페르니쿠스가 옳다면 연주시차가 관찰된다'가 도출된다. 문장 (3)은 '연주시차가 관찰되지 않는다'이다. 이는 ㄷ의 논증구조와 일치한다. ㄷ은 옳다. 답은 ③이다. 이때, ㄱ의 근거는 3문단 (3)~(6)에 제시된다.

합격자의 시간단축 Tip

Tip ❶ 주장 간의 관계를 파악

여러 이론가의 주장이 제시될 때 이들 간의 관계를 짚으며 독해하면 좋다. 이들 이론/주장의 관계가 선지로 자주 구성되기 때문이다. 이를 미리 파악하면, 선지 판단의 속도와 정확도가 올라간다.

Tip ❷ 생소한 개념을 단순화하며 이해

과학/기술 지문의 경우 익숙한 사람은 상관없으나 생소하다고 느끼는 경우도 많은데 이 경우 머릿속에 해당 내용을 단순화하여 그리며 읽자. 어렵다고 대충 읽고 넘어가면, 선지 판단 시 훨씬 더 많은 시간이 소모될 수 있다.

Tip ❸ 문단 및 문장구조 파악

제시문은 '어떤 이론에 대한 당대의 반증-반증 내용-반증의 오류(반론)'으로 구성되어 있다. 문단별 내용이 명확하며, 〈보기〉는 각 문단에서 하나씩 출제되었다. 문단 구조를 파악하며 읽었다면 〈보기〉의 내용을 찾기 쉬웠을 것이다. 또한 2문단 반증 내용에서 중요한 것은 반증의 형식이었다. '연주시차'와 같은 낯선 개념을 굳이 이해할 필요는 없었던 것이다. 이처럼 문단 및 문장구조를 파악하며 독해하면 불필요한 독해 시간을 줄일 수 있다.

072 정답 ③ 난이도 ●●●

문제유형 이해 > 내용 추론

접근전략 두 이론이 등장하는 선지파악 유형이다. 둘 사이의 공통점과 차이점을 중심으로 문제를 해결한다. 이때, 두 이론이 무조건 서로 대립한다는 보장이 없으므로 섣불리 판단하지 않도록 주의하자.

다음 글에 대한 분석으로 적절한 것만을 〈보기〉에서 모두 고르면?

(1) 이론 A는 행위자들의 선호가 제도적 맥락 속에서 형성된다고 본다. (2) 한편, 행위를 설명하기 위해 선호를 출발점으로 삼는 이론 B는 선호의 형성 과정에 주목하지 않는다. (3) 왜냐하면 선호는 '주어진 것'이며 제도나 개인의 심리에 의해 설명해야 할 대상이 아니라고 보기 때문이다. (4) 이 주어진 선호는 합리적인 것으로 간주된다. (5) 왜냐하면 이론 B에서 상정된 개인은 자기 자신의 이익을 최대화하는 전략을 선택하는 존재, 즉 합리적 존재라 가정되기 때문이다. ▶1문단

(1) 이론 A는 행위자들의 선호를 주어진 것으로 간주해서는 안 된다고 본다. (2) 행위의 구체적 맥락을 이해하지 못한다면 자기 이익을 최대화하는 전략을 따른 행위를 강조하는 것이 아무런 의미를 갖지 못한다고 보기 때문이다. (3) 구체적인 상황 속에서 행위자는 특정한 목적과 수단을 가지고 행위하기 마련이다. (4) 그렇다면 그런 행위자들의 행위를 제대로 설명하기 위해서는 그 목적과 수단이 왜 자신의 이익을 최대화한다고 생각했는지, 즉 왜 그런 선호가 형성되었는지 설명해야 한다. (5) 그런데 제도와 같은 맥락적 요소를 배제하면, 그런 선호 형성을 설명할 수 없다. (6) 따라서 이론 A는 행위자들의 선호 형성도 설명해야 할 대상으로 상정한다. ▶2문단

(1) 이론 A가 선호의 형성을 설명하려 한다고 해서 개인의 심리를 분석하려는 것은 아니다. (2) 이론 A에 따르면, 제도는 구체적 상황에 처한 행위자들의 선택을 제약함으로써 그들의 전략에 영향을 준다. (3) 또한 제도는 행위자들이 자신이 추구하는 목적을 구체화하는 데도 영향을 미친다. (4) 그렇다고 행위가 제도에 의해 완전히 결정된다는 것은 아니다. (5) 구체적 상황에서의 행위자들의 행위를 이해하게 해주는 단서는 제도적 맥락으로부터 찾아야 한다는 것이 이론 A의 견해이다. ▶3문단

• 보기 •

ㄱ. 선호 형성과 관련해 이론 A와 이론 B는 모두 개인의 심리에 대한 분석에 주목하지 않는다.
→ (O) 이론 A는 선호의 형성을 설명하려 한다고 해서 개인의 심리를 분석하려는 것은 아니다.[3문단(1)] 이론 B 또한 선호는 '주어진 것'이며 제도나 개인의 심리에 의해 설명해야 할 대상이 아니라고 보았다.[1문단(3)] 따라서 두 이론 모두 선호 형성과 관련한 개인의 심리 분석에 주목하지 않는다.

ㄴ. 이론 A는 맥락적 요소를 이용해 선호 형성 과정을 설명하려고 하지만 이론 B는 선호 형성 과정을 설명하려 하지 않는다.
→ (O) 이론 A는 행위자들의 선호가 제도적 맥락 속에서 형성된다고 보고 있지만[1문단(1)], 이론 B는 선호는 '주어진 것'이라는 이유로 선호 형성 과정을 설명하려 하지 않는다.[1문단(3)]

ㄷ. 이론 B는 행위자가 자기 자신의 이익을 최대화하는 전략에 따른다는 것을 부정하지만 이론 A는 그렇지 않다.
→ (X) 이론 B에서 상정된 개인은 자기 자신의 이익을 최대화하는 전략을 선택하는 존재라고 가정된다.[1문단(5)] 따라서 이론 B는 행위자가 자기 자신의 이익을 최대화하는 전략에 따른다고 본다.

① ㄱ → (X)
② ㄷ → (X)
③ ㄱ, ㄴ → (O)
④ ㄴ, ㄷ → (X)
⑤ ㄱ, ㄴ, ㄷ → (X)

제시문 분석

쟁점

〈쟁점〉
행위자들의 선호 형성 과정에 주목해야 하는지 여부[1문단(1),(2)]

이론 A

〈이론 A〉		
행위자들의 행위를 제대로 설명하기 위해서는 그 목적과 수단이 왜 자신의 이익을 최대화한다고 생각했는지, 즉 왜 그런 선호가 형성되었는지 설명해야 한다.[2문단(4)]	→	행위자들의 선호는 제도적 맥락 속에서 형성된다.[1문단(1)]

〈주의〉	선호의 형성을 설명하려 한다고 해서 개인의 심리를 분석하려는 것은 아니다.[3문단(1)]
	행위가 제도에 의해 완전히 결정된다는 것은 아니다.[3문단(4)]

이론 B

〈이론 B〉		
개인은 자기 자신의 이익을 최대화하는 전략을 선택하는 존재, 즉 합리적 존재이다.[1문단(5)]	→	선호는 '주어진 것'이며 제도나 개인의 심리에 의해 설명해야 할 대상이 아니다.[1문단(3)]

합격자의 실전 풀이 순서 논지파악 유형

⓪ 유형 식별하기

- 발문
  - 다음 글의 논지/주장/견해…과 부합하는/적합한 것은?
  - 다음 주장/논쟁…에 대한 분석/설명/추론…으로 옳은 것은? (본 문제)
- 지문
  - 주관적인 주장이 포함된 글
  - 일반적인 비문학 유형에 비해 정보량이 적은 대신 포괄적인 문장들이 제시
- 선지 혹은 〈보기〉
  - 주장 간 비교/주장 관련 내용추론
    해당 유형의 문제는 선지나 〈보기〉에서 어떤 내용이 지문의 주장과 부합하는지, 추론 가능한지를 묻는다. 즉, 주장을 파악하는 것 뿐 아니라 추론도 필요한 유형이다.

❶ 문제 구조 파악하기

(1) 발문 확인

> 다음 글에 대한 분석으로 적절한 것만을 〈보기〉에서 모두 고르면?

발문에서 논지 파악 및 추론 문제임을 알 수 있다. 〈보기〉가 분석의 기준이므로, 〈보기〉를 확인한다.

(2) 〈보기〉 확인

ㄱㄴㄷ 모두 이론 A와 B의 주장을 서로 비교하는 진술이다.

(3) 지문 확인

이론 A와 B를 설명하는 내용이다. 또한 지문 내 각 문단의 첫 단어가 모두 '이론 A'로 시작하는 것을 볼 때 전체 문단에 이론의 내용이 분산되어 있을 것이다. 즉, 본 문제는 같은 주제에 대한 이론 A와 B의 주장을 비교하여 공통점과 차이점을 파악하는 구조이다. 〈보기〉 모두 A와 B를 비교하는 내용이므로 지문을 먼저 읽으며 각 주장의 공통점과 차이점을 찾는 것이 좋을 것이다.

❷ 지문 이해하기

한 가지 토픽에 대해 여러 주장을 나열하는 이러한 유형에서 출제자들은 각 주장의 공통점과 차이점을 이용해 보기를 구성한다. 따라서 지문에서 각 주장의 중심 내용 및 근거를 파악하고 비교의 기준이 무엇인지 생각하며 읽어야 한다.

1문단에서 이론 A와 B 모두 '선호'에 대해 설명하는 것이나, A는 제도적 맥락이라는 선호의 형성 과정을 설명하는 반면 B는 선호를 주어진 것으로 보아 형성 과정을 고려하지 않는다는 차이점을 알 수 있다.

2문단에서는 왜 이론 A가 선호 형성 과정에 주목하는지 설명하고, 3문단에서는 이론 A가 왜 제도적 맥락에 주목하는지 설명한다. 2문단에서 이론 A도 행위자가 자신의 이익을 최대화한다고 보는 것을 알 수 있다. 이는 이론 B와의 공통점이 될 것이다.

❸ 보기 고르기

ㄱ. 이론 B는 선호를 심리로 설명하는 것이 아니라 주어진 것으로, 이론 A는 개인의 심리가 아니라 제도적 맥락에 의해 형성된 것으로 보므로 둘 모두 개인의 심리에는 주목하지 않는다. 옳은 내용이다.

ㄴ. 1문단에서 알 수 있다.

ㄷ. 1문단 마지막 문장에서 이론 B는 개인이 '자신의 이익을 최대화'하는 존재라고 가정한다고 설명한다. 옳지 않다.

합격자의 시간단축 Tip

Tip ❶ 어떤 이론이 더 중요한지 파악하자.

지문에 여러 이론이 등장하지만, 각 이론의 비중 내지는 중요성이 다른 경우가 있다. 본 문제의 경우가 그렇다. 지문을 살펴보면 이론 A가 이론 B보다 서술량도 많다. 즉 이론 A가 B보다 훨씬 자주 등장한다. 필자의 관심 자체가 A에 더 쏠려있다는 것을 의미한다.

이럴 때는 이론 A를 중심으로 이해하며, 이론 B는 이와 어떤 차이가 있는지를 체크하는 것이 좋다.

Tip ❷ 두 주장이 꼭 대립하는 것은 아니다.

지문에서 두 주장 또는 이론이 등장할 때, 일반적으로 대립하는 입장으로 소개한 후 보기에서 차이점을 묻는 경우가 많다. 그러나 해당 지문의 경우처럼 대립되지 않는 경우도 분명 있다.

지문에 등장하는 두 주장을 각각 A와 B라 하자. A의 특정 주장에 대한 B의 입장을 직접적으로 언급한 경우가 아니라면, B가 꼭 A의 입장과 반대된다 볼 수 없다. 즉, 두 입장이 상충하지 않거나 일부 공통점이 존재할 수 있다. 이러한 지문에서 두 입장이 상충·대조된다는 보기는 아주 흔한 함정이다

Tip ❸ 접속 어구와 강조 어구에 유의하자.

현상의 원인 및 결과, 원칙에 대한 예외, 앞의 내용과 반대되는 내용, 강조 문구로 강조하는 내용 등은 선지로 자주 등장한다. 1문단의 '왜냐하면', 2문단의 '그런데, 따라서', 3문단의 '그렇다고 ~한 것은 아니다' 등은 독해 시 길잡이가 될 수 있는 유용한 문구들이다.

Tip ❹ 지문의 일부만 읽고 〈보기〉 판별하기

1문단을 읽고 각 이론이 어떤 내용인지 파악했다면 바로 〈보기〉로 내려가 판단 가능한 선지를 먼저 판단하여 시간을 절약할 수 있다. 이 문제의 경우 1문단만 읽어도 ㄴ은 옳고 ㄷ은 옳지 않음을 확실히 알 수 있다. ㄱ이 옳은지는 확실히 판단할 수 없지만, ㄱ을 판단하지 않아도 4개의 선지가 소거되므로 정답이 바로 도출된다. 다만 이처럼 바로 정답이 도출되지 않더라도, ㄱ에서 이론 B에 대한 설명이 옳음은 확실히 알 수 있으므로, 이하 내용은

이론 A가 심리 분석에 주목하는지를 기준으로 읽으면 되므로 독해 시간을 절약할 수 있다.

073 정답 ①　　　　난이도 ●●●

문제유형 논리적 비판 > 논지의 일관성

접근전략 각 입장이 나뉘어서 제시된 유형의 경우, 입장별로 주장을 파악한 뒤 관련 선지를 확인하도록 한다. 4개의 주장을 단번에 파악하기는 쉽지 않으므로, 주장별 특징을 표시해둔다. 이때, 각 주장 간 공통점 및 차이점 등의 관계를 중심으로 정리하도록 하자.

다음 글의 A~D에 대한 분석으로 적절한 것만을 〈보기〉에서 모두 고르면?

A: (1) '정격연주'란 음악을 연주할 때 그것이 작곡된 시대에 연주된 느낌을 정확하게 구현하는 것을 목표로 하는 연주이다. (2) 그럼 어떻게 정격연주가 가능할까? 그 방법은 옛 음악을 작곡 당시에 공연된 것과 똑같이 재연하는 것이다. (3) 이런 연주는 가능하며, 그렇다면 우리는 음악이 작곡되었던 때와 똑같은 느낌을 구현할 수 있을 것이다.

B: (1) 옛 음악을 작곡 당시에 연주된 것과 똑같이 재연하는 것은 이상일 뿐이지 현실화할 수 없다. (2) 18세기 오페라 공연에서 거세된 사람만 할 수 있었던 카스트라토 역을 오늘날에는 도덕적인 이유에서 여성 소프라노가 맡아서 노래한다. (3) 따라서 과거와 현재의 연주 관습상 차이 때문에, 옛 음악을 작곡 당시와 똑같이 재연하는 것은 불가능하다.

C: (1) 똑같이 재연하지 못한다고 해서 정격연주가 불가능한 것은 아니다. (2) 작곡자는 명확히 하나의 의도를 갖고 작품을 창작한다. (3) 작곡가가 자신의 작품이 어떻게 들리기를 의도했는지 파악해 연주하면, 작곡된 시대에 연주된 느낌을 정확하게 구현할 수 있다. (4) 따라서 작곡자의 의도를 파악할 수 있다면 정격연주를 할 수 있다.

D: (1) 작곡자의 의도대로 한 연주가 작곡된 시대에 연주된 느낌을 정확하게 구현하지 못할 수 있다. (2) 작곡된 시대에 연주된 느낌을 정확하게 구현하려면 작곡자의 의도뿐만 아니라 당시의 연주 관습도 고려해야 한다. (3) 전근대 시대에 악기 구성이나 프레이징 등은 작곡자의 의도만이 아니라 연주자와 연주 상황에 따라 관습적으로 결정되었다. (4) 따라서 작곡자의 의도와 연주 관습을 모두 고려하지 않는다면 정격연주를 실현할 수 없다.

보기

ㄱ. A와 C는 옛 음악을 과거와 똑같이 재연한다면 과거의 연주 느낌이 구현될 수 있다는 것을 부정하지 않는다.
→ (○) A는 옛 음악을 작곡 당시에 연주된 것과 똑같이 재연하는 것은 가능하며[A(2)], 음악이 작곡되었던 때와 똑같은 느낌을 구현할 수 있다고 본다.[A(3)] C는 똑같이 재연하지 못한다고 해서 정격연주가 불가능한 것은 아니며[C(1)], 작곡자의 의도를 파악할 수 있다면 정격연주를 할 수 있다고 하였다.[C(4)] 따라서 C 또한 음악을 과거와 똑같이 재연할 수 있다면 과거의 연주 느낌이 구현될 수 있다는 것을 부정하지 않는다.

ㄴ. B는 어떤 과거 연주 관습은 현대에 똑같이 재연될 수 없다는 것을 인정하지만 D는 그렇지 않다.
→ (×) B는 과거와 현재의 연주 관습상 차이 때문에, 옛 음악을 작곡 당시와 똑같이 재연하는 것은 불가능하다고 본다.[B(3)] 반면 D는 어떤 과거 연주 관습을 현대에 똑같이 재연될 수 있는지에 대해 제시문에서 정확히 밝히고 있지 않다. 따라서 해당 선지의 내용은 제시문을 통해 파악할 수 없는 정보이다.

ㄷ. C와 D는 작곡자의 의도를 파악한다면 정격연주가 가능하다는 것에 동의한다.
→ (×) C는 작곡자의 의도를 파악할 수 있다면 정격연주를 할 수 있다고 본다.[C(4)] 그러나 D는 작곡자의 의도대로 한 연주가 작곡된 시대에 연주된 느낌을 정확하게 구현하지 못할 수 있다고 하면서[D(1)], 작곡자의 의도를 파악하더라도 연주 관습이 고려되지 않는다면 정격연주를 실현할 수 없다고 보았다.[D(4)]

① ㄱ → (○)
② ㄴ → (×)
③ ㄱ, ㄷ → (×)
④ ㄴ, ㄷ → (×)
⑤ ㄱ, ㄴ, ㄷ → (×)

제시문 분석

제시문 정격연주의 가능 여부에 대한 A ~ D의 주장

	〈주장〉
〈A〉	옛 음악을 작곡 당시에 공연된 것과 똑같이 재연하면 정격연주가 가능하다.[A(2),(3)]
〈B〉	과거와 현재의 연주 관습상 차이 때문에 옛 음악을 작곡 당시와 똑같이 재연하는 것은 불가능하다.[B(3)]
〈C〉	작곡자의 의도를 파악할 수 있다면 정격연주를 할 수 있다.[C(4)]
〈D〉	작곡자의 의도와 연주 관습을 모두 고려해야 정격연주를 실현할 수 있다.[D(4)]

합격자의 실전 풀이 순서　　　논지파악 유형

⓿ 유형 식별하기

- 발문
  - 다음 글의 논지/주장/견해…과 부합하는/적합한 것은?
  - 다음 주장/논쟁…에 대한 분석/설명/추론…으로 옳은 것은? (본 문제)
- 지문
  - 주관적인 주장이 포함된 글
  - 일반적인 비문학 유형에 비해 정보량이 적은 대신 포괄적인 문장들이 제시
- 선지 혹은 〈보기〉
  - 주장 간 비교/주장 관련 내용추론

❶ 문제 구조 파악하기

(1) 발문 확인

> 다음 글의 A~D에 대한 분석으로 적절한 것만을 〈보기〉에서 모두 고르면?

지문에 A~D의 주장이 등장할 것임을 짐작할 수 있다.

(2) 〈보기〉 확인

A~D는 주관적인 주장에 해당하며, 각 보기는 두 개의 주장들을 서로 비교하고 있다.

(3) 지문 확인

대화문의 형식으로, 4개의 주장이 병렬되어 있다.

총 네 개의 주장이 있고, 〈보기〉에서 주장을 두 개씩 비교하고 있으며, 지문은 주장 별로 구분되어 구성되어 있으므로, 〈보기〉의 내용을 기준으로 해당 주장을 먼저 읽고 하나씩 정오를 판단하는 방법이 효율적일 것이다.

❷ 〈보기〉를 기준으로 독해 및 정오 판단하기

ㄱ의 판단을 위해 A, C를 '음악을 과거와 똑같이 재연한다면 과거의 연주 느낌이 구현될 수 있는지'를 기준으로 독해한다. A의 설명으로는 옳다. C는 똑같이 재연하지 못해도 작곡자의 의도를 파악하면 과거의 느낌을 구현할 수 있다고 주장한다. 따라서 똑같이 재현할 때 과거의 느낌을 구현할 수 있음을 부정한 것은 아니다. ㄱ은 옳다.

C를 읽었으므로, C와 D를 비교하는 ㄷ을 먼저 판단한다. C의 설명으로는 옳다. 그러나 D는 작곡자의 의도대로 연주해도 작곡된 시대의 느낌을 정확히 구현하지 못할 수 있다고 주장한다. 따라서 ㄷ은 옳지 않다.

ㄱ은 옳고 ㄷ은 옳지 않는 선지는 ① 하나이다.

합격자의 시간단축 Tip

Tip ❶ 개념 정의는 확실히 체크하자.

지문의 첫 문장에 등장하는 용어 정의를 정확히 파악한다. 각 주장은 모두 이에 대한 것이고, 자연스럽게 보기의 주제도 이를 따를 것이다. 여기서 등장하는 용어의 정의들은 다른 주장들을 이해하는 기초가 된다.

Tip ❷ 논리기호를 사용해 시각화하자.

네 개의 주장의 특징이 뚜렷하므로, 시각화를 한다면 보기 분석 시 시간을 단축할 수 있다. 예를 들어 정격연주가 불가능하다고 주장한 인물은 B밖에 없으므로 'B: 정격연주 X'로 시각화한다. 또한, 나머지 인물은 특정 조건에서 정격연주가 가능하다고 했으므로 조건 부분에 밑줄을 치는 등 표시한다.

Tip ❸ '알 수 없음'도 존재한다.

모든 보기의 정오가 맞다 또는 틀리다로 구성되는 것은 아니다. 최근에는 특히 '알 수 없는' 내용이 보기 또는 선지로 출제되는 경향이 높아졌다. 이를 염두에 두고 선지 판단을 진행한다.

Tip ❹ 선지와 지문을 병행하여 읽으며 판단하자.

지문에 제시된 각 주장도 문단별로 독립적이고, 〈보기〉도 독립적으로 두 주장씩 묶어서 비교하는 것으로 구성되어 있다. 따라서 첫 번째 〈보기〉부터 본문과 대응하며 읽고 바로 정오를 판단하는 것이 효율적이다.

Tip ❺ 선지를 활용하기

ㄱㄴㄷ 혹은 ㄱㄴㄷㄹ로 구성된 〈보기〉가 등장하는 문제는, 〈보기〉 하나를 해결한 뒤 선지를 소거하면 모든 〈보기〉를 보지 않아도 답을 도출할 수 있는 경우가 종종 있다. 따라서 선지를 적극 활용하면 시간 절약이 가능할 것이다.

074 정답 ③ 난이도 ●●○

문제유형 이해 > 내용 파악

접근전략 문헌 제목, 지역 이름, 선후관계, 비교 등의 다양한 테마가 포함되어 까다롭고 정보량도 많은 고난도 문항이다. 선지 구성을 보고 정보 간 연결 관계를 묻는 유형임을 파악할 수 있다. 특히 한국사 분야에서 해당 유형이 출제될 때는 수험생이 상식을 활용해 풀 수 없는 내용이 제시되는 경우가 많다. 즉, 난이도가 평균 이상이 되는 것이 보통이다. 따라서 선지 판단 시 정보 간 복잡한 연결 관계를 요구할 것을 염두에 두고 제시문을 꼼꼼하게 읽어나가야 한다.

다음 글에서 알 수 있는 것은?

(1) 조선 시대에 설악산이라는 지명이 포함하는 영역은 오늘날의 그것과 달랐다. (2) 오늘날에는 대청봉, 울산바위가 있는 봉우리, 한계령이 있는 봉우리를 하나로 묶어 설악산이라고 부른다. (3) 그런데 조선 시대의 자료 중에는 현재의 대청봉만 설악산이라고 표시하고 울산바위가 있는 봉우리는 천후산으로, 그리고 한계령이 있는 봉우리는 한계산으로 표시한 것이 많다.

▶ 1문단

(1) 요즘 사람들은 설악산이나 계룡산과 같이 잘 알려진 산에 수많은 봉우리가 포함되어 있는 것이 당연하다고 생각하는데, 고려 시대까지만 해도 하나의 봉우리는 다른 봉우리와 구별된 별도의 산이라는 인식이 강했다. (2) 이런 생각은 조선 전기에도 이어졌다. (3) 그러나 조선 후기에 해당하는 18세기에는 그 인식에 변화가 나타나기 시작했다. (4) 18세기 중엽에 제작된 지도인 『여지도』에는 오늘날 설악산이라는 하나의 지명으로 포괄되어 있는 범위가 한계산과 설악산이라는 두 개의 권역으로 구분되어 있다. (5) 이 지도에 표시된 설악산의 범위와 한계산의 범위를 합치면 오늘날 설악산이라고 부르는 범위와 동일해진다. (6) 그런데 같은 시기에 제작된 『비변사인 방안지도 양양부 도엽』이라는 지도에는 설악산, 천후산, 한계산의 범위가 모두 따로 표시되어 있고, 이 세 산의 범위를 합치면 오늘날의 설악산 범위와 같아진다.

▶ 2문단

(1) 한편 18세기 중엽에 만들어진 『조선팔도지도』에는 오늘날과 동일하게 설악산의 범위가 표시되어 있고, 그 범위 안에 '설악산'이라는 명칭만 적혀 있다. (2) 이 지도에는 한계산과 천후산이라는 지명이 등장하지 않는다. (3) 김정호는 『대동지지』라는 책에서 "옛날 사람들 중에는 한계령이 있는 봉우리를 한계산이라고 부른 이도 있었으나, 사실 한계산은 설악산에 속한 봉우리에 불과하다."라고 설명하였다. (4) 현종 때 만들어진 『동국여지지』에는 "설악산 아래에 사는 사람들은 다른 지역 사람들이 한계산이라 부르는 봉우리를 설악산과 떨어져 있는 별도의 산이라고 생각하지 않고, 설악산 안에 있는 봉우리라고 생각한다."라는 내용이 나온다. (5) 김정호는 이를 참고해 『대동지지』에 위와 같이 썼던 것으로 보인다. (6) 『조선팔도지도』에는 천후산이라는 지명이 표시되어 있지 않은데, 이는 이 지도를 만든 사람이 조선 전기에 천후산이라고 불리던 곳을 대청봉과 동떨어진 별도의 산이라고 생각하지 않았음을 뜻한다.

▶ 3문단

① 『여지도』에 표시된 설악산의 범위와 『대동지지』에 그려져 있는 설악산의 범위는 동일하다.

→ (×) 『여지도』에는 오늘날 설악산이라는 하나의 지명으로

해설편 5일차 • 의사소통능력

포괄되어있는 범위가 한계산과 설악산이라는 두 개의 권역으로 구분되어 있다.[2문단(4)] 이를 통해『여지도』에 표시된 설악산의 범위는 한계산을 포함하지 않는다는 것을 알 수 있다. 반면『대동지지』는 한계산을 설악산에 속한 봉우리로 보았다.[3문단(3)] 따라서 양자가 생각하는 설악산의 범위는 동일하다고 볼 수 없다.

② **『동국여지지』에 그려져 있는 설악산의 범위와『조선팔도지도』에 표시된 설악산의 범위는 동일하다.**
→ (×)『조선팔도지도』에는 오늘날과 동일하게 설악산의 범위가 표시되어 있다.[3문단(1)] 즉, 설악산은 [대청봉+천후산+한계산]이 된다.[1문단(2),(3)] 반면『동국여지지』에는 설악산 아래에 사는 사람들이 한계산을 설악산과 별도의 산이라 생각하지 않음을 밝히고 있으나 [3문단(4)] 천후산도 설악산 내에 포함되는지는 언급하고 있지 않다. 따라서『동국여지지』에 그려져 있는 설악산의 범위와『조선팔도지도』에 표시된 설악산의 범위가 동일한지는 알 수 없다.

③ **『조선팔도지도』에 표시된 대로 설악산의 범위를 설정하면 그 안에 한계령이 있는 봉우리가 포함된다.**
→ (○)『조선팔도지도』에는 오늘날과 동일하게 설악산의 범위가 표시되어 있다.[3문단(1)] 오늘날 설악산은 대청봉, 울산바위가 있는 봉우리, 한계령이 있는 봉우리를 하나로 묶은 것을 뜻하므로[1문단(2)],『조선팔도지도』에 표시된 대로 설악산의 범위를 설정하면 이 또한 한계령이 있는 봉우리가 포함된다는 것을 알 수 있다.

④ **『대동지지』와『비변사인 방안지도 양양부 도엽』에는 천후산과 한계산이 서로 다른 산이라고 적혀 있다.**
→ (×)『비변사인 방안지도 양양부 도엽』에는 설악산, 천후산, 한계산의 범위가 모두 따로 표시되어 있다.[2문단(6)] 그러나『대동지지』에서는 한계산을 설악산에 속한 봉우리로 보았다고만 언급할 뿐[3문단(3)], 천후산과 한계산의 관계에 대해서는 언급하지 않고 있다. 따라서『대동지지』에 천후산과 한계산이 서로 다른 산이라고 적혀 있는지는 지문을 통해서 알 수 없는 정보이다.

⑤ **『여지도』에 표시된 천후산의 범위와『비변사인 방안지도 양양부 도엽』에 표시된 천후산의 범위는 동일하다.**
→ (×)『비변사인 방안지도 양양부 도엽』은 설악산, 천후산, 한계산의 범위가 모두 따로 표시되어 있어[2문단(6)] 천후산을 울산바위가 있는 봉우리로 보았음을 알 수 있다.[1문단(3)] 그러나『여지도』는 한계산과 설악산을 합하여 오늘날의 설악산이라고만 밝히고 있고[2문단(5)], 천후산의 범위에 대해서는 언급하지 않고 있다. 따라서 양자에 표시된 천후산의 범위가 동일한지의 여부는 알 수 없다.

제시문 분석

1문단 설악산이라는 지명이 포함하는 영역

〈오늘날〉	↔	〈조선 시대〉
설악산=대청봉+울산바위가 있는 봉우리+한계령이 있는 봉우리.(2)	↔	설악산=현재의 대청봉 울산바위가 있는 봉우리=천후산 한계령이 있는 봉우리=한계산 (3)

2·3문단 18세기 중엽에 만들어진 지도

	〈설악산의 범위〉
〈여지도〉	한계산+설악산(=대청봉)=오늘날 설악산. [2문단(5)]
〈비변사인 방안지도 양양부 도엽〉	설악산(=대청봉)+천후산+한계산=오늘날 설악산. [2문단(6)]
〈조선팔도지도〉	오늘날과 동일하게 설악산의 범위 표시 [3문단(1)]
	한계산과 천후산이라는 지명이 등장하지 않음 [3문단(2)]
〈대동지지〉	한계산은 설악산에 속한 봉우리에 불과하다고 봄.[3문단(3)]
〈동국여지지〉	설악산 아래에 사는 사람들은 한계산을 설악산 안에 있는 봉우리라고 생각함.[3문단(4)]

합격자의 실전 풀이 순서

한국사 비문학 유형

⓿ 유형 파악하기

본 유형의 식별은 간단하다. 발문과 지문의 첫 문장만 읽어도 일치부합·내용추론 문제이며, 한국사 비문학 지문임을알 수 있을 것이다.

❶ 지문 훑어보기

이 단계에서는 지문의 주제와 키워드를 대강 파악한다. 눈에 띄는 부분이 있는지 체크하며 독해의 방향을 설정한다. 해당 지문은 특정 소재를 시대별, 문헌별로 비교하고 있다.

예 조선 시대 '설악산'이라는 이름으로 불린 지역에 대한 글이구나. 고려 시대, 조선 전기, 18세기, 18세기 중엽 등 시대 표현이 등장한 순서를 보니 지문이 시간 순서대로 전개되는 것 같네. 겹낫표로 인용된 사료 제목이 많이 등장하니 헷갈리지 말자.

❷ 발문 확인하기

본 문제는 '알 수 있는/없는 것은?' 유형에 해당한다. 이때 알 수 '있는' 것인지, '없는' 것인지를 확실히 표시하고 간다.

다음 글에서 알 수 있는 것은?

3-1 선지를 읽고 제시문 확인

선지를 하나씩 판단하는 경우

① **『여지도』에 표시된 설악산의 범위와『대동지지』에 그려져 있는 설악산의 범위는 동일하다.**

『여지도』	⇨	오늘날 설악산에서 한계산 제외	⇨	설악산의 범위 다름
『대동지지』	⇨	한계산 포함	⇨	

두 개체를 비교하는 추론형 선지다.『여지도』와『대동지지』를 각각 체크해 동일한 범위인지 확인하는 순서로 해결한다. 본 선지의 판단에 핵심이 되는 개념은 '한계산'이다. 이때 '오늘날 부르는 명칭'인지, '조선 당대에 부르던 명칭'인지 헷갈리지 않도록 주의하자.

② **『동국여지지』에 그려져 있는 설악산의 범위와『조선팔도지도』에 표시된 설악산의 범위는 동일하다.**

『동국여지지』	⇨	한계산을 포함함	⇨	비교 불가
『조선팔도지도』	⇨	오늘날과 동일 대청봉+천후산+한계산	⇨	

선지 ①과 같은 구조의 추론형 선지다. 『동국여지지』와 『조선팔도지도』를 각각 체크해 동일한 범위인지 확인한다. 『조선팔도지도』의 경우 오늘날과 같이[1문단(2)] 표시되어 있다는 근거[3문단(1)]가 명확하다. 반면 『동국여지지』의 경우 한계산을 포함한다는 내용[3문단(4)]은 있지만, 천후산에 대해서는 제시된 바가 없다. 따라서 범위를 비교할 수 없다.
'오늘날의 설악산'을 지문 앞부분에 따라 '대청봉+천후산+한계산'의 3개 구획으로 나누고, 이 기준에 따라 문헌들을 비교했다면 선지 ①, ② 모두 시간은 걸리겠지만 깔끔하게 해결할 수 있었을 것이다.

③ **『조선팔도지도』에 표시된 대로 설악산의 범위를 설정하면 그 안에 한계령이 있는 봉우리가 포함된다.**
『조선팔도지도』 ⇨ 오늘날과 동일 ⇨ 한계령이 있는 봉우리 포함
간단한 추론형 선지다. 앞선 선지 ②를 해결했다면 금방 판단할 수 있을 것이다. 『조선팔도지도』는 오늘날과 동일하게 설악산의 범위를 설정하고 있으므로, 한계령이 있는 봉우리가 포함된다는 것을 추론할 수 있다.

④ **『대동지지』와 『비변사인 방안지도 양양부 도엽』에는 천후산과 한계산이 서로 다른 산이라고 적혀 있다.**

『대동지지』	⇏	천후산과 한계산의 관계	⇨	비교 불가
『비변사인…』	⇨	설악산, 천후산, 한계산의 범위가 모두 따로 표시	⇨	

'천후산과 한계산의 관계'에 집중해 두 개념을 비교하도록 하는 추론형 선지다. 『대동지지』에서 두 개념을 어떻게 다루고 있는지 제시된 바가 없으므로, 범위를 비교할 수 없다.

⑤ **『여지도』에 표시된 천후산의 범위와 『비변사인 방안지도 양양부 도엽』에 표시된 천후산의 범위는 동일하다.**

『여지도』	⇏	천후산의 범위	⇨	비교 불가
『비변사인…』	⇨	설악산, 천후산, 한계산의 범위가 모두 따로 표시	⇨	

'천후산의 범위'에 집중해 두 개념을 비교하도록 하는 추론형 선지다. 『여지도』에서 천후산의 범위를 어떻게 규정했는지 제시된 바가 없으므로, 범위를 비교할 수 없다.

전체 선지를 읽고 제시문을 확인하는 경우

(1) 선지 확인
선지에서 지문의 내용과 대응시킬 키워드를 고른다. (겹낫표 활용) 선지의 구조로부터 지도별 설악산의 범위의 차이에 주목하여 제시문을 읽어야겠다는 생각을 하며 지문으로 돌아간다.

(2) 지문 독해 및 선지 판단
1문단의 내용은 전체를 꿰뚫는 핵심이자 선지풀이의 기준에 해당한다. 따라서 1문단의 내용을 확실히 이해하는 것이 중요하다. 조선 시대 지명-영역 관계는 오늘날의 그것과 다르며, 2문단의 첫 문장부터 3문단의 마지막 문장에 걸쳐 이와 일관된 흐름에서 서술되고 있음을 확인한다.
독해하다가 처음 선지를 읽으며 체크했던 키워드와 연관된 내용을 발견하여 선지의 정오를 판단할 수 있다는 생각이 들면 밑으로 내려가서 바로 진행할 수 있다. 예를 들어, 지문 2문단 마지막 문장의 '비변사인 방안지도 양양부 도엽'을 본 순간 관련 선지인 ④로 내려가서 정오를 판단한다. '대동지지'에 대한 정보가 필요한데, 이때 지문을 더 읽지 않아도 3문단에서 대동지지가 들어간 겹낫표를 찾아가면 해당 선지의 정오를 판단할 수 있다.
다시 지문으로 올라가서 3문단 첫 번째 문장의 '조선팔도지도'를 발견했을 때 선지 ③으로 간다. (②로 갈 수도 있지만 아직 '동국여지지'에 대한 정보를 지나치지 않은 상태이므로 ③부터 판단하기로 한다.)
산의 범위를 판단해야 한다는 것을 인지하고 다시 3문단 해당 부분으로 간다. 3문단 첫 번째 문장을 보면 조선팔도지도의 설악산 범위는 오늘날과 동일함을 알 수 있다.
1문단으로 가서 오늘날의 설악산 범위를 다시 확인하면 선지 ③이 정답임을 알 수 있다.

3-2 제시문 독해 후 선지 판단

(1) 제시문 독해하기
독해는 모든 내용을 기억하기보다 어디에 어떤 내용이 있는지를 인지하고, 특징적인 내용을 표시하는 방식으로 진행한다.
1문단에는 조선시대와 오늘날 설악산의 영역이 다르다는 내용이 나온다. '오늘날' 부분과, '그런데'로 대조되는 조선시대의 내용을 구분해서 표시해둔다. 구체적 지명을 암기하기는 어렵기 때문에 선지에 등장한다면 돌아와서 확인하기로 한다.
2문단은 조선 전기와 후기 봉우리와 산에 대한 인식 차이가 나타난다. 문장 (3) '그러나'를 기점으로 비교되는 내용을 확인한다. 문장 (4)는 '18세기 중엽'이라고 하였으므로 조선 후기의 예시이다. 이 부분도 구체적 암기는 넘어가고, 『여지도』 부분과 『비변사인~도엽』 부분을 구분하여 표시해둔다.
3문단에도 각종 지도 및 해당 지도에서의 설악산 범위가 나열된다. 각 지도에 해당하는 부분을 구분하여 표시하며 읽는다. 『동국여지지』가 『대동지지』와 같은 맥락으로 서술되어 있음을 확인하고, 『조선팔도지도』에 대한 설명이 문단 후반부에도 이어지므로 연결하여 표시해둔다.

(2) 선지 판단하기
① 『여지도』는 2문단, 『대동지지』는 3문단에 있다. 2문단 (4)에 따르면 『여지도』의 설악산 범위는 오늘날의 범위에서 한계산을 제외한 부분이다. 『대동지지』에 그려진 설악산 범위에 대하여 명확하게 제시된 부분은 없다. 다만 3문단 (3)을 통해 『대동지지』에서는 한계산을 설악산에 속한 것으로 본다는 점에서 다름을 알 수 있다.
② 둘 모두 3문단에서 찾을 수 있다. 『조선팔도지도』에 표시된 설악산의 범위는 오늘날과 동일하다. 『동국여지지』에 그려진 설악산의 범위는 명확히 제시되지 않았으므로 알 수 없다. 실전에서는 여기까지만 생각하고 넘어간다. (제시문을 분석하면 『동국여지지』가 '천후산'을 설악산의 범위에 포함하였는지는 알 수 없으므로 ②는 알 수 없는 선지이다.)
③ 『조선팔도지도』의 설악산 범위는 오늘날과 같다. 1문단에서 오늘날의 설악산 범위에 한계령을 포함한다고 하였으므로 옳은 선지이다.

이 문제는 정답 선지가 쉽게 출제되어 정답의 근거가 명확히 보인다. 따라서 다른 선지의 근거를 별도로 확인하지 않고 넘어가도 될 것으로 보인다.
본 문제에서는 특정한 주제를 주고, 그 주제에 대해 각 문헌이 어떻게 규정하고 있는지 비교하는 선지들이 많았다. 그런데 비교를 요구하면서도, 지문에 정보를 주지 않아 비교가 불가능한 대상을 제시함으로써 난이도를 높였다. (선지 ②, ④, ⑤) 선지에서 비교를 요구하는 경우, 비교의 결과 이전에 '비교가 가능한가'를 가장 먼저 체크해야 함을 배울 수 있는 문제다.

합격자의 시간단축 Tip

Tip ❶ 정보 연결을 정확히 하자.

지문이나 선지에서 '동일하다', '유사하다'와 같은 표현에 유의하도록 한다. 이는 정보의 연결을 나타내기 때문이다. 언어논리 지문을 처리하는 과정에서 정보 간 연결은 매우 중요하다. 글 자체의 이해에도 큰 도움이 될뿐더러, 선지 자체도 정보들을 연결하여 구성하는 경우도 많다. 항상 각 문장 간, 문단 간 정보 연결을 염두에 두고 지문의 정보를 파악하도록 한다.

Tip ❷ 겹낫표를 활용하자.

본 문제와 같이 눈에 잘 띄는 겹낫표 등의 부호가 있으면 정보를 찾기에 더 쉬울 수 있다. 다만 본 문제와 같이 지문에 등장하는 겹낫표가 한두 개가 아니라면 이는 오히려 난이도 상승 요소가 될 수 있다. 지문의 가독성도 낮추고, 겹낫표로 인용된 여러 단어를 헷갈릴 위험이 있기 때문이다. 따라서 본 문제에 접근하는 수험생은 각 선지에 어떤 문헌이 등장하는지 확실히 체크하여 실수하지 않도록 하자. 겹낫표가 하나만 있는 선지 먼저 확인하는 전략을 택하면 시간을 좀 더 절약할 수 있다.

Tip ❸ 지문의 핵심을 숙지해두자.

동일한 명칭이 시대/주체에 따라 다른 것을 가리킬 수 있다는 것이 해당 지문의 핵심이다. 이는 단순히 해당 지문을 넘어, 언어철학 테마 지문에서 빈번하게 등장하는 내용이다.

Tip ❹ 포함관계의 종류를 활용하자.

2문단 마지막 문장에는 '대청봉, 천후산, 한계산의 3가지 범위를 합치면 오늘날의 설악산 범위와 같아진다.'는 내용, 즉 부분집합과 합집합의 관계를 이야기하고 있다.

3문단에서 김정호의 언급에서는 '한계령 봉우리를 한계산이라 한 이도 있었으나, 한계산은 설악산의 봉우리에 불과하다'고 하여 포함관계에 대한 착오를 언급하고 있다.

이처럼 본 지문에서 부분집합 내지는 포함관계는 핵심 테마이다. 선지 ①, ②또한 포함관계를 이용하며 판단해야 한다. 포함관계에 속한 개념들 간의 차이를 시각화하거나, 최소한 어느 부분이 타 부분과 같고/다른지 정도를 표시하는 것이 필요하다.

Tip ❺ 판단이 쉬운 선지를 먼저 풀자.

제시문이 복잡한 경우 선지를 쉽게 주는 문제가 종종 등장한다. 따라서 판단이 어려운 선지는 넘어가고 판단이 쉬운 것을 먼저 보는 것이 좋다. '알 수 있는 것'을 묻는 문제의 선지 중 4개는 '알 수 없는 것'이다. 여기에는 틀린 것뿐 아니라 지문에서 찾을 수 없는 정보 또한 포함된다. 찾을 수 없는 정보를 묻는 선지는 판단에 더 시간이 걸린다. 이 문제도 제시문의 난이도에 비해 정답은 매우 쉽게 판단이 가능했다.

075 정답 ① 난이도 ●○○

문제유형 법규의 해석 및 적용

접근전략 법조문 유형 중 규정을 바탕으로 선지에서 옳은 것을 고르는 규정확인문제이다. 법조문 유형을 풀 때는 조문의 구체적인 내용을 독해하는 것보다, 법조문의 구조를 파악한 후 선지에서 묻고 있는 정보를 찾아 올라가는 형태로 푸는 것이 좋다. 본 문제의 경우, 농식품투자조합 결성 및 조합구성요건, 조합의 권한, 해산요건이 순차적으로 제시되고 있는 조문이다. 1조 2항의 특이한 구조, 행동적 금지조항(2조)와 조합 자체의 해산요건(3조)가 분리되어 있는 구조, 해산 시 청산인과 변제 등 구체적 내용까지 제시되고 있다는 것에 유의한다. 해산 관련 조문이 구체적이라는 것은 그만큼 선지화될 가능성이 높다는 이야기이기도 하다.

다음 글을 근거로 판단할 때 옳은 것은?

제○○조 ① 다음 각 호의 어느 하나에 해당하는 자는 농식품경영체에 대한 투자를 목적으로 하는 농식품투자조합을 결성할 수 있다.

1. 중소기업창업투자회사
2. 투자관리전문기관

② 제1항에 따른 조합은 그 채무에 대하여 무한책임을 지는 1인 이상의 조합원(이하 '업무집행조합원'이라 한다)과 출자액을 한도로 하여 유한책임을 지는 조합원(이하 '유한책임조합원'이라 한다)으로 구성한다. 이 경우 업무집행조합원은 다음 각 호의 어느 하나에 해당하는 자로 하되, 그 중 1인은 제1호에 해당하는 자이어야 한다.

1. 제1항 각 호의 어느 하나에 해당하는 자
2. 「보험업법」에 따른 보험회사

제○○조 업무집행조합원은 농식품투자조합의 업무를 집행할 때 다음 각 호의 어느 하나에 해당하는 행위를 하여서는 아니 된다.

1. 자기나 제3자의 이익을 위하여 농식품투자조합의 재산을 사용하는 행위
2. 농식품투자조합 명의로 자금을 차입하는 행위
3. 농식품투자조합의 재산으로 지급보증 또는 담보를 제공하는 행위

제○○조 ① 농식품투자조합은 다음 각 호의 어느 하나에 해당하는 사유가 있을 때에는 해산한다.

1. 존속기간의 만료
2. 유한책임조합원 또는 업무집행조합원 전원의 탈퇴
3. 농식품투자조합의 자산이 출자금 총액보다 적어지거나 그 밖의 사유가 생겨 업무를 계속 수행하기 어려운 경우로서 조합원 총수의 과반수와 조합원 총지분 과반수의 동의를 받은 경우

② 농식품투자조합이 해산하면 업무집행조합원이 청산인이 된다. 다만 조합의 규약으로 정하는 바에 따라 업무집행조합원 외의 자를 청산인으로 선임할 수 있다.

③ 농식품투자조합의 해산 당시의 출자금액을 초과하는 채무가 있으면 업무집행조합원이 그 채무를 변제하여야 한다.

① **농식품투자조합이 해산한 경우, 조합의 규약에 다른 규정이 없는 한 업무집행조합원이 청산인이 된다.**

→ (O) 제3조 제2항에 따르면 농식품투자조합이 해산하면 업무집행조합원이 청산인이 되는 것이 원칙이나, 조합의 규약으로 정하는 바에 따라 업무집행조합원 외의 자를 청산인으로 선임할 수 있다. 따라서 조합의 규약에 다른 규정이 없는 한 업무집행조합원이 청산인이 된다.

② **투자관리전문기관은 농식품투자조합의 유한책임조합원이 될 수 있지만 업무집행조합원이 될 수 없다.**

→ (×) 제1조 제1항 제2호에 따르면 투자관리전문기관은 농식품경영체에 대한 투자를 목적으로 하는 농식품투자조합을 결성할 수 있다. 한편 동조 제2항에 따르면 농식품투자조합은 업무집행조합원과 유한책임조합원으로 구성하며, 업무집행조합원은 중소기업창업투자회사 또는 투자관리전문기관이거나 「보험업법」에 따른 보험회사로 하되, 그 중 1명은 중소기업창업투자회사 또는 투자관리전문기관이어야 한다. 따라

서 투자관리전문기관은 농식품투자조합의 업무집행조합원이 될 수 있다. 한편 유한책임조합원이 될 수 없다는 조항은 존재하지 않는바 투자관리전문기관은 농식품투자조합의 유한책임조합원과 업무집행조합원 모두 될 수 있다.

③ **업무집행조합원은 농식품투자조합의 업무를 집행할 때, 그 조합의 재산으로 지급을 보증하는 행위를 할 수 있다.**

→ (×) 제2조 제3호에 따르면 업무집행조합원은 농식품투자조합의 업무를 집행할 때, 농식품투자조합의 재산으로 지급을 보증하는 행위를 할 수 없다.

④ **농식품투자조합 해산 당시 출자금액을 초과하는 채무가 있으면, 유한책임조합원 전원이 연대하여 그 채무를 변제하여야 한다.**

→ (×) 제3조 제3항에 따르면 농식품투자조합의 해산 당시의 출자금액을 초과하는 채무가 있으면 업무집행조합원이 그 채무를 변제하여야 한다. 따라서 유한책임조합원은 그 채무를 변제하지 않는다. 업무집행조합원과 유한책임조합원은 1조 2항에서 이분법적으로 나뉘는 개념이라는 것에 유의하면 쉽게 답을 고를 수 있다.

⑤ **농식품투자조합의 자산이 출자금 총액보다 적어 업무를 계속 수행하기 어려운 경우, 조합원 총수의 과반수의 동의만으로 농식품투자조합은 해산한다.**

→ (×) 제3조 제1항 제3호에 따르면 농식품투자조합의 자산이 출자금 총액보다 적어 업무를 계속 수행하기 어려운 경우로서 조합원 총수의 과반수와 조합원 총지분 과반수의 동의를 받은 경우 농식품투자조합은 해산한다. 따라서 조합원 총수의 과반수의 동의만으로 해산하지 않고, 조합원 총지분 과반수의 동의 또한 필요하다. 〈해산하기 위해서는 조합원 총수의 과반수의 동의가 필요하다〉는 문장과 잘 구별해야 한다.

합격자의 실전 풀이 순서

❶ 문제 유형 파악

본 문제의 경우 제시문으로 법조문이 주어졌으므로 법조문 유형임을 쉽게 알 수 있다. 특히 법조문 유형 중에서도 규정을 바탕으로 옳은 선지를 고르는 규정확인문제이다. 법조문 유형은 조문의 구체적인 내용을 독해하는 것보다, 법조문의 구조를 파악한 후 선지에서 묻고 있는 정보를 찾아 올라가는 형태로 푸는 것이 좋다. 또한, 본 문제가 옳은 것을 고르는 문제라는 것을 인지하기 위해 "옳은"이라는 단어에 밑줄이나 동그라미 등 표시를 한다.

> 다음 글을 근거로 판단할 때 옳은 것은?

❷ 법조문 구조 분석

구조 분석이란 각 조문의 내용 및 조문 간 관계를 이해하는 것이다. 법조문 전체를 읽되, 세부적인 내용을 기억하기보다는 어떤 정보가 있는지 파악하는 것에 중점을 둔다. 이때 기호를 적절히 활용할 수 있다. 또한 이러한 분석 과정을 거치며 선지에 등장할만한 부분을 발견할 수 있다.

본문의 규정은 세 개의 조로 구성되어 있다. 조문의 제목이 없으므로 읽으면서 키워드를 파악한다. 가독성을 높이기 위해 가로선으로 각 조를 구분하고, '1, 2, 3'으로 숫자를 써둔다. 이하 편의상 첫 번째 조부터 '제1조', '제2조' 등으로 표기한다.

제1조 제1항은 농식품투자조합을 결성할 수 있는 주체를 규정하며, 제2항은 농식품투자조합의 구성원에 관한 조항이다. 이때 업무집행조합원과 유한책임조합원의 개념이 어렵고 둘을 혼동하기 쉬우므로, '업무'와 '유한'과 같이 구분되는 시작 단어에만 표시를 하거나, 서로 다른 기호를 사용하여 표시하여 구분한다. 제2항의 각호는 업무집행조합원의 자격을 정하므로 각호와 '업무집행조합원'이라는 단어를 연결해둔다. 제2항 1호가 1항의 호를 이어받고 있으므로 화살표를 통해 해당 조문들도 연결해둔다. 업무집행조합원 중 적어도 1인은 제1호에 해당해야 한다는 점과 유한책임조합원의 자격을 정한 규정은 없다는 점에 유의한다.

제2조는 업무집행조합원의 금지행위를 규정하였다. 업무집행조합원의 금지행위라는 것을 한 눈에 알아보기 위하여 제1조 제2항의 '업무집행조합원'과 연결하고, 금지행위에 예외가 없으므로 '아니 된다'에 × 표시를 한다.

제3조 제1항은 농식품투자조합의 해산 조건을 규정한다. '해산'에 표시하고, 각호 세부 내용은 필요시 다시 확인한다. 제2항은 농식품투자조합의 해산 시 청산인에 관한 조항이다. '청산인'에 표시하고, 단서의 '규약'에는 △로 표시한다. 한편 제3항은 채무 변제의 주체를 규정하므로, '채무 변제'에 표시한다.

❸ 선지 판단

법조문 분석을 바탕으로 선지를 판단한다. 선지를 읽어 본 후, 각 선지의 내용에 해당하는 조문을 찾아서 이동한다.

선지 ①번은 농식품투자조합의 해산 시 청산인에 관한 내용이므로 제3조 제2항과 비교한다. 답이 ①번이라도 다음 문제로 넘어간다. 처음부터 답이 나와서 불안하다면 선지 ①번을 한 번 더 확인하고 여전히 정답일 경우 지체 없이 다음 문제로 넘어가자. 또한, 복습을 할 때에는 ①번 선지를 통해 단서가 붙은 제3조 제2항이 어떠한 방식으로 정선지를 구성하였는지 주의 깊게 살펴본다.

만약 선지 ①번을 넘어갔을 경우 선지 ②번은 조합의 구성원이 될 수 있는지 여부를 물어보고 있으므로 제1조 제2항과 비교한다. 유한책임조합원의 자격에 대한 규정은 없으므로 알 수 없다고 판단하고 넘어가도 된다. 선지 ③번은 업무집행조합원이 행위를 할 수 있는지를 물어보고 있으므로 금지행위를 제시한 제2조와 비교한다. 선지 ④번은 채무 변제에 관한 내용이므로 제3조 제3항과 비교한다. 선지 ⑤번은 농식품투자조합의 해산에 관한 내용이므로 제3조 제1항과 비교한다.

합격자의 시간단축 Tip

Tip ❶ 유사한 개념의 구분을 주의

제1조 제2항에서는 그 채무에 대하여 무한책임을 지는 1인 이상의 조합원을 '업무집행조합원', 출자액을 한도로 하여 유한책임을 지는 조합원을 '유한책임조합원'으로 축약하였다. 따라서 업무집행조합원과 유한책임조합원에게 적용되는 조문이 다르고, 선지에서도 둘을 섞어서 제시하겠다는 생각을 가진다. 이러한 개념들을 구분할 때는 기호를 활용하여 시각적 효과를 주는 것이 좋다. ○나 △, □과 같이 구분되는 기호를 통해 유사한 개념들을 빠르게 구분한다.

Tip ❷ 선지 판단에 필요하지 않은 정보는 생략

선지 ②번에서 유한책임조합원이 될 수 없다는 조항은 존재하지 않는다. 그러나 업무집행조합원이 될 수 있는 조건은 있다. 이 경우 투자관리전문기관이 업무집행조합원의 자격요건을 충족하므로, 유한책임조합원이 될 수 있는지 여부는 별도로 파악하지 않고 옳지 않다고 판단할 수 있다. 혹은 유한책임조합원에 대한 규정이 없음을 근거로 바로 옳지 않다고 판단할 수도 있다. 둘 중 더 빠른 방식으로 판단하면 되지만, 중요한 것은 선지의 두 부분 중 한 부분만 판단하고 옳지 않음을 확인해야 시간단축이 가능하다는 것이다.

Tip ❸ 조문을 읽어내려가며, 해당 조문의 출제포인트를 예측

법조문 유형의 실력이 향상된다면 법조문 독해 단계에서 선지에 나올만한 출제 포인트를 예측할 수 있다. 1조 2항의 경우 〈어느 하나에 해당하는 자로 하되, 그 중 1인은 제1호에 해당하는 자여야 한다〉고 하여 특별한 단서를 붙이고 있다. 만약 업무집행조합원이 모두 「보험업법」에 따른 보험회사일 수 있다고 한다면 이는 옳지 않은 선지가 된다, 또한, 2조의 경우 〈어느 하나에 해당〉하면 전부 금지된다는 점, 3조의 경우 3조 1항 3호의 동의 정족수를 제시하고 있어 선지화되기 매우 쉽다는 점 등이 주요 출제포인트이다. 연습단계에서 이런 분석을 통해, 실전에서는 선지화될 내용을 예측하게 되면 매우 빠르고 정확하게 문제에 접근할 수 있다.

Tip ❹ 정보를 찾기 쉽도록 표시

조문 구조 분석 시에는 대략적 내용을 파악하고, 선지에서 묻는 내용을 찾기 쉽도록 표시를 해야 한다. 이때 연관된 조문끼리 연결하는 것뿐만 아니라 단어를 연결하는 것도 구조 파악에 도움이 된다. 키워드 표시와 연결기호의 예시는 다음과 같다.

제○○조 ① 다음 각 호의 어느 하나에 해당하는 자는 농식품경영체에 대한 투자를 목적으로 하는 농식품투자조합을 결성할 수 있다.
1. 중소기업창업투자회사
2. 투자관리전문기관

② 제1항에 따른 조합은 그 채무에 대하여 무한책임을 지는 1인 이상의 조합원(이하 '업무집행조합원'이라 한다)과 출자액을 한도로 하여 유한책임을 지는 조합원(이하 '유한책임조합원'이라 한다)으로 구성한다. 이 경우 업무집행조합원은 다음 각 호의 어느 하나에 해당하는 자로 하되,
그 중 1인은 제1호에 해당하는 자이어야 한다.
1. 제1항 각 호의 어느 하나에 해당하는 자
2. 「보험업법」에 따른 보험회사

제○○조 업무집행조합원은 농식품투자조합의 업무를 집행할 때 다음 각 호의 어느 하나에 해당하는 행위를 하여서는 아니 된다.
1. 자기나 제3자의 이익을 위하여 농식품투자조합의 재산을 사용하는 행위
2. 농식품투자조합 명의로 자금을 차입하는 행위
3. 농식품투자조합의 재산으로 지급보증 또는 담보를 제공하는 행위

제○○조 ① 농식품투자조합은 다음 각 호의 어느 하나에 해당하는 사유가 있을 때에는 해산한다.
1. 존속기간의 만료
2. 유한책임조합원 또는 업무집행조합원 전원의 탈퇴
3. 농식품투자조합의 자산이 출자금 총액보다 적어지거나 그 밖의 사유가 생겨 업무를 계속 수행하기 어려운 경우로서 조합원 총수의 과반수와 조합원 총지분 과반수의 동의를 받은 경우

② 농식품투자조합이 해산하면 업무집행조합원이 청산인이 된다. 다만 조합의 규약으로 정하는 바에 따라 업무집행조합원 외의 자를 청산인으로 선임할 수 있다.

③ 농식품투자조합의 해산 당시의 출자금액을 초과하는 채무가 있으면 업무집행조합원이 그 채무를 변제하여야 한다.

정답

076	⑤	077	③	078	②	079	①	080	②
081	②	082	③	083	③	084	①	085	①
086	①	087	⑤	088	④	089	⑤	090	④

076 정답 ⑤ 난이도 ●●○

문제유형 비판적 사고 > 지문에서 추론하기
접근전략 논리적인 사고를 통해 제시문의 정보를 종합하여 정답을 골라야 한다. 탈억제 현상, 충동억제회로, 인터넷 의사소통 등 〈보기〉가 다루는 중심 소재는 제시문에서 그대로 언급되어 있으므로, 이를 중심으로 답의 근거를 찾는다.

다음 글에서 추론할 수 있는 것만을 〈보기〉에서 모두 고르면?

(1) 전전두엽 피질에는 뇌의 중요한 기제가 있는데, 이 기제는 당신이 다른 사람과 실시간으로 대화하고 있는 동안 당신과 그 사람을 동시에 감시한다. (2) 이는 상대에게 적절하고 부드럽게 응답하도록 하며, 무례하게 행동하거나 분노를 표출하려는 충동을 억제하는 역할을 한다. ▶ 1문단

(1) 이 조절 기제가 잘 작동하기 위해서는 얼굴을 맞대고 대화하면서 실시간으로 피드백을 받을 수 있어야 한다. (2) 하지만 인터넷은 그러한 피드백을 허용하지 않는다. 이는 전전두엽에 있는 충동억제회로를 당황하게 만든다. (3) 서로를 바라보며 대화 상대방의 반응을 관찰할 수 없기 때문이다. (4) 이로 인해 '탈억제' 현상, 즉 충동이 억제에서 풀려나는 현상이 나타날 수 있다. ▶ 2문단

(1) 탈억제는 사람들이 긍정적이거나 중립적인 감정 상태에 있는 동안에는 잘 일어나지 않는 경향이 있다. (2) 인터넷에서 의사소통이 원활하게 이루어지는 경우는 이러한 경향 때문이다. (3) 탈억제는 사람들이 부정적인 감정을 강하게 느낄 때 훨씬 더 잘 일어난다. (4) 그 결과 충동이 억제되지 못하고 화를 내거나 감정적으로 거친 메시지를 보내는 현상이 나타난다. (5) 만약 상대방을 마주 보고 있었더라면 쓰지 않았을 말을 인터넷상에서 쓰는 식이다. (6) 충동억제회로가 제대로 작동하면 인터넷상에서는 물론 오프라인과 일상생활에서도 조심스러운 매너로 상대를 대하게 된다. (7) 그런 경우 상호교제는 더 매끄럽게 진행될 수 있다. ▶ 3문단

보기

ㄱ. 부정적인 감정을 조절하는 교육 프로그램은 탈억제 현상을 감소시키는 데 도움이 될 것이다.
→ (O) 탈억제는 사람들이 부정적인 감정을 강하게 느낄 때 훨씬 더 잘 일어난다.[3문단(3)] 따라서 부정적인 감정을 조절하는 교육 프로그램을 통해 긍정적이거나 중립적인 감정 상태를 유지할 수 있다면 탈억제 현상이 잘 일어나지 않을 것이다. 그러므로 부정적인 감정을 조절하는 교육 프로그램은 탈억제 현상을 감소시킬 것임을 추론할 수 있다.

ㄴ. 전전두엽의 충동억제회로에 이상이 생기면 상대방에게 무례한 응답을 할 가능성이 높아질 것이다.
→ (O) 전전두엽에 있는 충동억제회로가 당황하면 충동이 억제에서 풀려나는 현상인 '탈억제' 현상이 일어난다.[2문단(2),(4)] 탈억제가 일어나면 화를 내거나 감정적으로 거친 메시지를 보내게 된다.[3문단(4)] 즉, 충동억제회로에 이상이 생기면 상대방에게 무례한 응답을 할 가능성이 높아진다.

ㄷ. 기술의 발전으로 인터넷상에서도 면대면 실시간 대화의 효과를 낼 수 있다면, 인터넷상에서 탈억제 현상이 감소할 수 있다.
→ (O) 충동 조절 기제가 잘 작동하기 위해서는 얼굴을 맞대고 대화하면서 실시간으로 피드백을 받을 수 있어야 한다.[2문단(1)] 현재의 인터넷은 그러한 피드백을 허용하지 않지만[2문단(2)], 기술의 발전으로 인터넷에서 면대면 실시간 대화의 효과를 낼 수 있다면 충동억제회로가 당황하지 않을 수 있어 탈억제 현상이 나타나지 않거나 감소할 것이다.

① ㄱ → (×)
② ㄴ → (×)
③ ㄱ, ㄷ → (×)
④ ㄴ, ㄷ → (×)
⑤ ㄱ, ㄴ, ㄷ → (O)

제시문 분석

1·2문단 전전두엽 피질의 기제

〈전전두엽 피질의 기제〉		
상대에게 적절하고 부드럽게 응답하도록 하며, 무례하게 행동하거나 분노를 표출하려는 충동을 억제하는 역할을 한다.[1문단(2)]		
〈작동의 조건〉		〈작동하지 않는 경우〉
조절 기제가 잘 작동하기 위해서는 얼굴을 맞대고 대화하면서 실시간으로 피드백을 받을 수 있어야 한다.[2문단(1)]	↔	인터넷은 그러한 피드백을 허용하지 않는데, 이는 충동억제회로를 당황하게 만든다.[2문단(2)]

2·3문단 탈억제 현상의 개념과 경향

〈탈억제 현상의 개념〉
충동이 억제에서 풀려나는 현상[2문단(4)]

→

〈경향〉	사람들이 부정적인 감정을 강하게 느낄 때 훨씬 더 잘 일어난다.[3문단(3)]

〈충동억제회로의 작동 여부에 따른 결과〉		
〈충동억제회로 작동 O〉		〈결과〉
충동억제회로가 제대로 작동하면 조심스러운 매너로 상대를 대하게 된다.[3문단(6)]	→	상호교제는 더 매끄럽게 진행될 수 있다.[3문단(7)]
↕		
〈충동억제회로 작동 ×〉		〈결과〉
충동억제회로가 당황하면 탈억제 현상이 발생한다.[2문단(4)]	→	충동이 억제되지 못하고 화를 내거나 감정적으로 거친 메시지를 보내는 현상이 나타난다.[3문단(4)]

합격자의 실전 풀이 순서

❶ 발문 읽고 문제의 유형 파악

항상 발문을 먼저 제대로 읽자. 본 문제는 추론할 수 있는 것 고르는 유형의 문제이다. 추론할 수 있는 것을 고르는 문제는 알 수 있는 것을 고르는 문제와 같다. 해당 유형은 제시문 내용과 부합하거나 그로부터 추론 가능한 선지가 정답이 되며, 제시문 내용과 상충하거나 그로부터 추론할 수 없는 선지가 오답이 된다. 또한, 추론할 수 있는 것은 제시문 내용과 같은 방향의 선지를 고르는 문제이니 발문에 O표시를 해두고 풀면 추론할 수 없는 것을 고르는 실수를 크게 줄일 수 있다.

또한, 본 문제의 경우 제시문에 전전두엽 피질, 뇌 등 생물학 용어가 많다는 점과 지문 곳곳에 등장하는 대화, 의사소통 등의 단어로 보았을 때 과학과 사회 영역을 연계한 지문임을 추측할 수 있다.

❷ 제시문 독해

제시문 독해 시, 제시문을 어느 정도로 꼼꼼히 읽을 것인지는 각자의 풀이법에 따라 달라진다. 언어논리 고득점자 중에는 선지로부터 키워드를 찾고, 키워드를 제시문에서 찾아가는 방식으로 정보확인유형 문제를 푸는 사람도 있다. 그러나 초심자에게 해당 방식을 채택하는 것을 추천하지 않는다. 선지의 키워드를 제시문에서 찾으려는 경우, 글의 구조가 어떻게 구성되는지 알지 못하거나 시험장에서 지나치게 긴장하여 해당 키워드를 찾지 못하는 불상사가 발생할 수 있기 때문이다. 또한, 최근에는 문단 간의 정보를 연결해야 하는 문제가 나와 키워드 찾기 방식의 효용이 떨어지고 있다. 따라서 처음에는 시간을 들여 모든 제시문을 꼼꼼히 분석하는 연습을 하고, 차차 자신이 안정적으로 선지를 판단할 수 있는 수준으로 제시문 독해 시간을 줄여가는 것을 추천한다.

독해 실력이 특출나지 않는 사람들 대다수에게는 제시문의 구조와 선지에서 나올만한 중요한 내용을 파악하며 1분에서 2분 사이 내에 제시문을 읽는 것을 추천한다. 이때 선지에서 나올만한 내용으로는, 두 대상의 공통점과 차이점, 인과 관계, 두 대상의 성능 및 효과 비교, 접속어로 시작하는 문장의 주요 내용, '반드시', '필수적'과 같은 표현으로 강조되는 내용 등이 있다. 다양한 정보확인문제를 통해 선지에서 주로 묻는 내용이 무엇인지 정리한 뒤, 제시문에서 선지에 나올만한 내용을 미리 파악하며 읽는 습관을 들이자.

본 문제의 경우, 구조가 특별하거나 선지에서 자주 나오는 표현이 많지 않으므로, 그저 글의 흐름과 주제문을 파악하며 읽으면 된다. 1문단에서 전전두엽 피질의 기제의 '억제' 역할을 알 수 있으며, 2문단부터 조절 기제가 잘 작동하기 위한 조건과 이를 방해하여 '탈억제'를 일으키는 인터넷의 문제점이 나온다. 3문단에서는 2문단의 끝에서 정의한 탈억제 현상에 관한 자세한 설명을 이어가고 있다. 탈억제 현상은 크게 의사소통이 원활하게 일어날 때와 의사소통이 원활하지 않을 때로 나눌 수 있는데, 각각의 상황에서 탈억제 현상이 어떤 양상을 보이는지 비교하여 메모하거나, 기호로 표시해둔다.

예 메모

- 의사소통이 원활하게 이루어지는 경우: 긍정적이거나 중립적인 감정 상태, 탈억제 현상 ×, 충동억제회로 제대로 작동
- 의사소통이 원활하지 않은 경우: 부정적인 감정이 강할 때, 탈억제 현상 잘 일어남, 인터넷

예 기호

> 탈억제는 사람들이 긍정적이거나 중립적인 감정 상태에 있는 동안에는 잘 일어나지 않는 경향이 있다. 인터넷에서 의사소통이 원활하게 이루어지는 경우는 이러한 경향 때문이다. 탈억제는 사람들이 부정적인 감정을 강하게 느낄 때 훨씬 더 잘 일어난다. 그 결과 충동이 억제되지 못하고 …충동억제회로가 제대로 작동하면 …상호교제는 더 매끄럽게 진행될 수 있다.

❸ 선지 판단

ㄱ은 탈억제 현상의 세부적인 특징에 관한 내용이고, ㄴ, ㄷ은 2문단의 주제문만 잘 파악하면 쉽게 풀 수 있는 선지이다. 선지의 내용을 그대로 제시문에서 찾을 수는 없지만, 충분히 추론을 유도할 수 있는 문장이 제시문에 있다는 것을 명심한다.

합격자의 시간단축 Tip

Tip ❶ 〈보기〉의 키워드를 활용하기

본 문제와 같이 쉬운 추론 문제의 경우 선지에 있는 키워드를 제시문에서 찾아가는 방식을 통해 문제풀이 시간을 단축할 수 있다. 추론 문제라고 하더라도 〈보기〉의 키워드는 그대로 제시문에서 발견할 수 있기 때문이다. 선지의 키워드를 미리 본 후에 제시문에서 관련 내용을 찾는 방향으로 글을 읽으면 문제풀이 시간이 대폭 감소한다. 예를 들어 ㄱ에서 부정적인 감정 조절, 탈억제 현상 감소를 키워드로 생각했다면 이를 중심으로 제시문을 읽을 수 있다. 감정에 관한 내용과 탈억제 현상의 경향은 3문단에서 상세히 설명하고 있으므로, 해당 문단에서 ㄱ이 정답인지 아닌지 판단한다.

Tip ❷ 선지 내용을 그대로 찾으려고 하지 않는다.

단순 정보 확인 문제와 추론 문제의 가장 큰 차이점이다. 정보 확인 문제는 별도의 생각을 거치지 않고 제시문에서 발견된 내용만으로 정답을 가려야 하는 데에 반해, 추론 문제는 선지의 내용을 그대로 제시문에서 찾을 수 없다. 따라서 논리적인 사고를 거쳐 정답을 골라야 하는데, 그 과정에서 가장 많이 쓰이는 것은 인과 관계이다. 예를 들어 'A이면 B가 일어난다. 또한, B가 일어나면 C가 일어난다.'라는 내용이 제시문에 있었다면 우리는 여기서 'A이면 C가 일어난다.'라는 것을 알아낼 수 있어야 한다.

• 선지 ㄴ의 경우

전전두엽에 있는 충동억제회로가 당황한다. [2문단(2)]-A
이로 인해 탈억제 현상이 나타난다. [2문단(4)]-B
그 결과 충동이 억제되지 못하고 화를 내거나 감정적으로 거친 메시지를 보내는 현상이 나타난다. [3문단(4)]-C
를 종합하여 '전전두엽의 충동억제회로에 이상이 생기면(A) 상대방에게 무례한 응답을 할 가능성이 높아진다(C).'라는 결론을 도출할 수 있다.

이처럼 제시문의 내용을 종합하여 답을 골라야 하므로 선지 내용을 제시문에서 그대로 찾는 데 시간을 쓰지 않는 것이 좋다.

Tip ❸ 병렬적으로 주어진 내용과 개념 간의 관계 파악

병렬적이라는 것은 내용상 대등하다는 것인데, 병렬적으로 주어진 내용이나 개념 간 공통점 및 차이점 혹은 기타 관계는 선지에서 자주 구성되어 묻는 내용이다. 따라서 독해할 때부터 이를 미리 파악해두면 선지 판단의 정확도와 속도가 올라간다. 해당 제시문에서는 '탈억제가 작동하는 경우'와 '그렇지 못하는 경우'라는 대립하는 내용이 등장한다. 이러한 관계는 선지로 자주 출제되므로 분명히 구분하며 읽는다면 문제풀이의 정확도가 올라가고 시간을 단축할 수 있다.

Tip ④ 해당 지문은 글의 흐름을 파악하는 연습을 하기에 좋은 지문이므로 연습단계에서 차분하게 분석해본다.

해당 지문은 '충동 억제'와 '탈억제'라는 대비되는 현상을 중심으로, 〈전전두엽 피질의 기제〉-〈기제가 잘 작동하기 위한 요건〉-〈기제가 잘 작동하지 않는 탈억제현상〉-〈충동억제회로가 잘 작동되는 경우〉 이렇게 소위 '핑퐁'을 주고받는 듯한 글의 흐름으로 구성되어 있다. 짧지만 글의 흐름이 빠르게 바뀌고 있는 지문이므로, 연습단계에서 해당 지문의 흐름을 잘 정리해볼 필요가 있다. 제시문의 큰 흐름이 '충동 억제'와 '탈억제'의 비교임을 인지하고, 기호를 활용하여 각각에 해당하는 부분을 구분하며 읽는다면, 제시문을 먼저 독해하고 선지로 넘어가더라도 쉽게 문제를 풀 수 있다.

077 정답 ③

난이도 ●○○

문제유형 이해 > 내용 파악

접근전략 역사는 자주 출제되는 소재이며, 특히 내용 일치 문제로 다루어지는 경우가 많다. 대부분 특정 사건이 전개되거나 그 시대에 있었던 단체, 기구, 문화재 등을 시간의 흐름에 따라 서술하는 식으로 전개된다. 따라서 역사 지문을 독해할 때는 우선 글의 중심 소재를 확실히 파악하는 것이 중요하다. 이후 그 소재가 시간의 흐름에 따라 어떤 변화를 겪는지에 초점을 맞추어 글을 읽는다면 답을 찾기가 더 용이하다. 특히 역사 소재는 한자로 이뤄진 고유명사가 많이 나오기 때문에 한 단어를 응용+결합하여 다른 단어가 만들어질 수 있음에 유의한다.

다음 글에서 알 수 있는 것은?

(1) 일본이 조선을 지배하게 됨에 따라 삶이 힘들어진 조선인의 일본 본토로의 이주가 급격히 늘었다. (2) 1911년에는 약 2,500명에 불과하던 재일조선인은 1923년에는 9만 명을 넘어섰다. (3) 일본 정부는 재일조선인의 급증에 대해 조선인이 가장 많이 거주하던 오사카에 대책을 지시하였고, 이에 1923년 오사카내선협화회가 창립되었다. (4) 이후 일본 각지에 협화회가 만들어졌고, 이들을 총괄하는 중앙협화회가 1938년에 만들어졌다. (5) 협화란 협력하여 화합한다는 뜻이다. ▶ 1문단

(1) 재일조선인은 모두 협화회에 가입해야만 하였다. (2) 협화회 회원증을 소지하지 않은 조선인은 체포되거나 조선으로 송환되었다. (3) 1945년 재일조선인은 전시노동동원자를 포함하여 230만 명에 달했는데, 이들은 모두 협화회의 회원으로 편성되어 행동과 사상 일체에 대해 감시를 받았다. (4) 조선에 거주하는 조선인이 군이나 면과 같은 조선총독부 하의 일반행정기관의 통제를 받았다면 재일조선인은 협화회의 관리를 받았다. ▶ 2문단

(1) 협화회는 민간단체였지만 경찰이 주체가 되어 조직한 단체였다. (2) 지부장은 경찰서장이었고 각 경찰서 특별고등과 내선계가 관내의 조선인을 통제하는 구조였다. (3) 재일조선인은 일본의 침략 전쟁에 비협력적 태도로 일관하였고, 임금과 주거 등의 차별에 계속 저항하였으며, 조선인들끼리 서로 협력하고 연락하는 단체를 1천여 개나 조직하고 있었다. (4) 일본 정부는 이를 용납할 수 없었고, 전쟁에 비협조적이면서 임금문제를 둘러싸고 조직적으로 파업을 일으키는 조선인 집단을 척결대상으로 삼았다. (5) 이것이 협화회를 조직하는 데 경찰이 주도적인 역할을 한 이유였다. ▶ 3문단

(1) 협화회는 재일조선인에 대한 감시와 사상 관리뿐 아니라 신사참배, 일본옷 강요, 조선어 금지, 강제예금, 창씨개명, 지원병 강제, 징병, 노동동원 등을 조선 본토보다 더 강압적으로 추진했다. (2) 재일조선인은 압도적으로 다수인 일본인에 둘러싸여 있었고 협화회에서 벗어나기 어려웠다. (3) 협화회는 재일조선인을 분열시키고 친일분자들을 증대시키기 위해 온갖 노력을 기울였다. (4) 그 결과 학교에서 일본어와 일본사 등의 협화 교육을 받은 조선인 아이들이 조선어를 아예 모르는 경우까지도 생겨났다. 철저한 황민화였다. (5) 하지만 재일조선인들은 집에서는 조선말을 하고 아리랑을 부르는 등 민족 정체성을 지키기 위하여 노력하였고, 일본이 항복을 선언한 후 조선에서와 마찬가지로 태극기를 만들어 축하 행진을 할 수 있었다. ▶ 4문단

① 협화회는 재일조선인에 대한 교육을 담당하였다.

→ (×) 협화회는 재일조선인에 대한 감시와 사상 관리뿐 아니라 신사참배, 일본 옷 강요, 조선어 금지 등을 조선 본토보다 더 강압적으로 추진했다.[4문단(1)] 그러나 협화회가 재일조선인에 대한 교육을 담당하였는지는 제시문에 언급되어 있지 않아 알 수 없다.

② 협화회는 조선총독부와 긴밀한 협조체계를 유지하였다.

→ (×) 제시문에서는 조선총독부가 일반행정기관을 통해 조선에 거주하는 조선인을 통제하였다고만 언급할 뿐[2문단(4)], 협화회와 조선총독부가 긴밀한 협조체계를 유지하였는지는 알 수 없다.

③ 협화회는 재일조선인 전시노동동원자에 대한 감시를 자행하였다.

→ (○) 1945년 재일조선인은 전시노동동원자를 포함하여 230만 명에 달했는데, 이들은 모두 협화회의 회원으로 편성되어 행동과 사상 일체에 대해 감시를 받았다.[2문단(3)] 이를 통해 협화회는 재일조선인 전시노동동원자에 대한 감시를 자행하였다는 것을 알 수 있다.

④ 재일조선인은 협화회에 조직적으로 저항하며 민족 정체성을 유지하였다.

→ (×) 재일조선인이 민족 정체성을 유지하기 위해 가정에서 행한 노력은 언급되어 있지만[4문단(5)], 협화회에 조직적으로 저항하며 민족 정체성을 유지하였는지는 서술되어 있지 않다. 따라서 해당 선지의 내용은 알 수 없는 정보이다.

⑤ 일본의 민간인뿐만 아니라 일본 경찰에 협력한 조선인 친일분자들이 협화회 간부를 맡기도 하였다.

→ (×) 제시문에서는 일본 경찰이 지부장, 즉 협화회의 간부를 맡았다는 내용만 서술되어 있을 뿐[3문단(2)], 일본 경찰에 협력한 조선인 친일분자들이 협화회 간부를 맡기도 하였는지는 언급하고 있지 않다. 따라서 해당 선지의 내용은 알 수 없는 정보이다.

제시문 분석

1문단 협화회의 창설

〈재일조선인의 급증〉		〈협화회 창설〉
일본이 조선을 지배하게 됨에 따라 삶이 힘들어진 조선인의 일본 본토로의 이주가 급격히 늘었다.(1)	→	일본 정부는 재일조선인의 급증에 따른 대책으로 협화회를 창설했다.(4)

2문단 협화회의 운영실태

〈협화회의 운영실태〉
전시노동동원자를 포함한 재일조선인은 모두 협화회에 가입해야만 했고, 이들은 모두 행동과 사상 일체에 대해 감시를 받았다. (1),(2),(3)

3문단 협화회의 주체로서의 경찰

〈구조적 특징〉		〈경찰이 주체가 된 이유〉
협화회는 경찰이 주체가 되어 조직한 단체로, 지부장은 경찰서장이었고 각 경찰서 특별고등과 내선계가 관내의 조선인을 통제하는 구조였다.(1),(2)	⊕	일본 정부는 재일조선인의 저항을 용납할 수 없었고, 전쟁에 비협조적이면서 임금문제를 둘러싸고 조직적으로 파업을 일으키는 조선인 집단을 척결대상으로 삼았다.(4)

4문단 협화회의 조선인 황민화와 이에 대응하기 위한 노력

〈협화회의 조선인 황민화〉
협화회는 재일조선인을 분열시키고 친일분자들을 증대시키기 위해 온갖 노력을 기울였고, 그 결과 조선인 아이들을 대상으로 철저한 황민화가 이루어졌다.(3),(4)

↔ 〈대응〉	재일조선인들은 민족 정체성을 지키기 위해 노력하였고, 일본이 항복을 선언한 후 조선에서와 마찬가지로 태극기를 만들어 축하 행진을 할 수 있었다.(5)

합격자의 실전 풀이 순서

❶ 발문 및 글의 첫 부분을 읽는다.

발문에는 각종 함정이나 문제 유형이 쓰여 있다. 옳은/옳지 않은 을 구별하는 함정은 물론이요, 단순히 '다음 글'인지 ㉠㉡㉢인지 AB인지 실험인지 등등...많은 것들이 서술된다. 확인하여 글 읽기의 힌트를 얻도록 한다. 또한 '알 수 있는' 것을 물으므로 ㅇ기호 등으로 표시하는 것이 좋다. 중요한 것은 '알 수 없는'과 다른 기호를 써야 한다는 것이다.

첫 부분이란 발문 바로 밑의 지문 내용을 말한다. 말하자면 첫줄의 1/3정도를 의미한다. 여기서 글의 중심 소재를 파악할 수 있게 된다. 사실 일상적으로 접하는 글들(책을 포함한다)은 첫 문장과 끝 문장의 주제가 완전히 다를 수 있지만 최소한 언어논리에선 그런 것을 찾아볼 수 없다. 이는 독해시험의 한계점이기도 하다.

지문의 경우 발문에는 딱히 정보가 없다. 그러나 글의 첫부분에서 일제 강점기와 관련된 소재라는 것을 알 수 있다.

❷ 지문 독해

(1) 2문단 (3)처럼 중요 구절이 반복되는 경우, 이 전체를 하나로 기억한다. 예컨대 '조선인들의 활동'이라고 기억하는 것이다. 세부 내용은 중요하지만 독해 중에 당장 쓸모있는 것은 아니다. 나중에 선지에서 찾아올 때를 대비해 v 등의 표시를 해두기만 하자. v표시를 해두는 것만으로 (4)에서 이어질 내용도 짐작할 수 있을 것이다. 한 번 2문단을 읽고 직접 떠올려 보자. (3)을 떠올리는 게 어렵지, (4)는 쉽다.

(2) 3문단 (1)처럼 연속적으로 키워드〈처럼 보이는 것들〉이 나열된 경우 이를 어떻게 기억해야 할지, 넘겨야 할지 궁금해할 수 있다. 이 경우는 "주어와 동사"에 맞추어서 정리하면 된다. 이 문장의 경우 〈협화회가 강압적으로 추진했다.〉라는 내용으로 압축할 수 있다. 즉, 협화회가 조선인을 탄압한 내용으로 정리하고 선지에서 관련 내용이 나오면 상자를 다시 풀어서 확인하면 된다.

(3) 4문단은 구체적인 양상을 묘사하기보다 흐름을 설명하고 있다. 흐름을 설명하는 글은 선후관계를 나타내는 접속사에 주목해서 글을 이어가도록 한다. 이때 구체적인 내용을 암기할 필요가 없다. 설령 선지에 나온다 해도 지문에서 선후관계만 잘 파악하고 있으면 해당 부분의 어디를 봐도 전/후 내용들을 바로 떠올릴 수 있기 때문이다. 이 문제의 ④번 선지는 아주 간단하게 최종 결론만 묻고 있어 난이도가 더 쉬워졌음은 물론이다.

❸ 선지 확인

글의 전반적인 흐름을 파악한 채로 선지를 판단하도록 한다. 기억이 난다면 바로 판단해도 좋고, 그렇지 않다면 주요 키워드를 중심으로 제시문으로 돌아가서 판단한다.

이때, 키워드를 선정하는 것도 중요한데 일반적으로 '구분성'이 뚜렷한 말을 키워드로 삼는다. 구분성이 뚜렷하다는 말은 글 전반에 걸쳐 언급되지 않고 비교적 특정 부분에 분포하는 키워드를 말한다.

이때 지나치게 한정적인 단어는 마찬가지로 키워드가 될 수 없음에 유의한다. 예컨대 지문의 '오사카내선협화회'라는 말은 선지에 등장하지 않는다. 마찬가지로 ⑤번 선지에서 "일본의 민간인"이라는 단어를 키워드로 잡으면 안 된다. 지문의 주제와 달리 너무 특정적이기 때문이다. 이런 구체성은 적당히 조절하는 연습을 해야 한다. 이는 특정 규칙을 알고 접근한다고 되는 게 아니라 귀납적으로 성립하므로 연습이 많이 필요할 것이다.

다음은 그 구분성이 뚜렷한 키워드의 예시다.

①번 선지는 '교육'이라는 키워드를 중심으로 제시문을 돌아가본다. 4문단 (4)에 따르면 재일조선인들이 학교에서 일본어와 일본사 등의 협화 교육을 받았다고 하지만, 그 주체가 누구인 것인지는 확인할 수 없으므로 오답이다.

②번 선지는 '조선 총독부'라는 키워드를 중심으로 돌아가본다. 2문단 (4)에 조선 총독부가 조선을 관리했다는 내용이 등장하나 협화회와 협조했는지 여부를 확인할 수 없으므로 오답이다. 또한, '재일 조선인'이라는 키워드를 협화회와 연결지을 수 있었다면 조금 더 소거가 쉬웠을 것이다.

③번 선지는 '전시노동동원자'라는 키워드를 중심으로 돌아가본다. 2문단 (3)에 따르면 재일조선인은 전시노동동원자를 포함하며 이들이 모두 협화회의 회원으로 편성되어 행동과 사상 일체에 대해 감시를 받았다는 내용이 존재한다. 따라서 정답이다.

④번 선지는 '민족 정체성'을 키워드 삼아 돌아갈 수 있으며 4문단 (5)에 따르면 가정 내에서의 노력만 제시되어 있을 뿐, 조직적인 행동에 대해서는 나와있지 않으므로 오답이다. 또한, 2문단 (3)에 의거하더라도 민족 정체성을 유지하기 위한 것인지 나와있지 않으므로 근거가 아니다.

⑤번 선지는 '간부'라는 키워드를 중심으로 돌아가본다. 3문단 (2)에 따르면 그들이 조선인을 통제하였다는 내용이 있을 뿐, 친일분자에 관한 내용은 제시되어 있지 않으므로 오답이다.

합격자의 시간단축 Tip

Tip ❶ 글의 세부적인 내용을 일일이 기억하려고 하지 말 것

내용 일치에 관한 문제는 대부분 글의 세부적인 부분에서 정답이 나오는 경우가 많다. 따라서 글을 읽으며 일부의 학생들이 글의

전체적인 흐름보다 세부적인 내용에 집중하기도 한다. 그러나, 이처럼 일일이 어디에서 나올지 모르는 세부적인 내용을 다 기억하려고 하면서 글을 읽는다면 결국은 머릿속에 아무것도 남지 않을 확률이 높다. 그렇게 되면 결과적으로 선지를 살펴볼 때 내용이 기억나지 않아 지문을 처음부터 다시 읽어야 한다는 부작용이 발생한다.
그렇다면 글을 전체적인 내용 이해만 하면서, 마치 소설을 읽듯 읽어야 할까? 그렇지 않다. 만일 그렇다면 소설만 읽어도 독해시험에 엄청난 도움이 되었을 것이다. 하지만 현실은 전혀 다르다. 독해시험을 잘 보는 사람들이 공통적으로 하는 말은 '소설은 시험에 전혀 도움이 안 된다.'라는 것이다.
그렇다면 시험용 독해는 어떻게 해야 하는가? 어떤 문장을 봤을 때 그 문장이 어떻게 구성되어 있는지를 파악하면서 독해해야 한다. 예컨대 3문단 (1)을 볼 때 단순히 "아, 순수한 민간이라고 보기 어렵겠구나"만 생각하는 것이 아니라, "아, 이 다음은 민간이라고 보기 어려운 이유가 나오겠구나."까지 추론할 수 있어야 한다. 사람이 대화를 할 때 제스쳐 등으로 내용을 추론하는 것처럼, 글에서는 '설득력'으로 내용을 추론해야 한다. 사실 3문단 (1)을 우리의 상식(혹은 통념, 선입관)을 떼고 보면 보충설명이 있기 전에는 설득력이 별로 없지 않은가?
이 작업은 어렵겠지만 정말 꾸준히 해야 한다. 어쩌면 몇 달이 걸릴 수도 있지만 이걸 하지 않으면 고득점을 받을 수 없다.

Tip ❷ 익숙한 키워드에 오답을 고르지 않도록 한다.

해당 문제의 ①번과 ④번 선지처럼, '협화회', '재일조선인', '교육', '저항' 등의 키워드들이 언급되어 있으면 비슷한 내용을 읽었다는 이유로 오답을 고르기 쉽다. 그러나 선지 ①번은 '직접 담당했다.'라는 내용이 제시문에 없기 때문에, ④번의 경우에는 저항은 있지만 단체와 같이 조직적으로 저항하지 않았기 때문에 틀린 선지가 된다.
이러한 선지들은 글의 키워드가 언급되어 있어 자칫하면 정답이라고 오해할 가능성이 크다. 따라서 이를 방지하기 위해서는 꼭 최종 정답을 고르기 전에 해당 문단에 가서 관련 내용을 다시 읽어보아야 한다.
여기서 중요한 것은 두 가지다. 첫째로 시간 절약을 위해 〈최종 정답을 고르기 직전〉에 확인해야 한다는 것이며 둘째로 "바로 그 선지"만 확인해야 한다는 것이다. 안 그러면 괜히 더 헷갈릴 수 있고 시간도 더 쓰게 된다.

Tip ❸ 구분성이 뚜렷한 키워드를 중심으로 돌아가기

선지 판단 시 제시문으로 돌아가야 하는데 마땅히 어디로 돌아가야 할지 모를 때는 1차적으로 선지 내에 구분성이 뚜렷한 키워드를 중심으로 돌아가 근거를 찾자. 구분성이 뚜렷하다는 의미는 제시문 전반이 아닌 부분적으로 존재하는 키워드를 말한다. 예를 들어, 제시문의 ①번 선지의 경우에는 '협화회', '재일조선인'같은 단어들이 글 전반에 분포했기 때문에 특정 부분에 존재할 만한 '교육'을 키워드로 삼아 제시문으로 돌아갔다. 단, 실전 풀이순서 3에 적었듯 지나치게 구체적인 키워드는 오히려 지문과 선지가 다른 단어로 대체되었을 수 있으므로, 적당히 구체적인 키워드로 잡아야 한다. 예컨대 ②번 선지의 '긴밀한'이라는 특이한 단어를 키워드로 잡는다고 해서 정오판단을 할 수는 없을 것이다.

078 정답 ②

난이도 ●○○

문제유형 이해 > 내용 파악

접근전략 과학 소재는 주로 '알 수 있는 것'을 묻는 내용 파악 유형에서 자주 출제되며, 낯선 용어로 인해 수험생들이 어려워하는 문제이기도 하다. 그러나 이 역시도 여타 다른 소재의 지문과 읽는 방식은 동일하며, 제시문의 용어와 과학적 원리를 완벽하게 이해하지 않아도 문제를 풀 수 있다. 따라서 과학 소재 문제를 해결하기 위해 관련 도서를 별도로 읽어야 할 필요는 전혀 없다. 무엇보다 중요한 것은 글을 분석하고 글의 구조를 파악하는 능력이므로 과학 용어가 나온다고 해서 두려워하지 말고 다른 지문과 같이 글의 첫 문단에서 중심 소재를 파악하고, 글을 전반적으로 통독해나가면서 각 문단이 말하고자 하는 바가 무엇인지를 파악하는 데 초점을 맞추도록 하자.

다음 글에서 알 수 있는 것은?

(1) 김치는 자연 발효에 의해 익어가기 때문에 미생물의 작용에 따라 맛이 달라진다. (2) 김치가 발효되기 위해서는 효모와 세균 등 여러 미생물의 증식이 일어나야 하는데, 이를 위해 김치를 담글 때 찹쌀가루나 밀가루로 풀을 쑤어 넣어 준다. (3) 이는 풀에 들어 있는 전분을 비롯한 여러 가지 물질이 김치 속에 있는 미생물을 쉽게 자랄 수 있도록 해주는 영양분의 역할을 하기 때문이다. (4) 김치는 배추나 무에 있는 효소뿐만 아니라 그 사이에 들어가는 김칫소에 포함된 효소의 작용에 의해서도 발효가 일어날 수 있다. ▶1문단

(1) 김치의 발효 과정에 관여하는 미생물에는 여러 종류의 효모, 호기성 세균 그리고 유산균을 포함한 혐기성 세균이 있다. (2) 갓 담근 김치의 발효가 시작될 때 호기성 세균과 혐기성 세균의 수가 두드러지게 증가하지만, 김치가 익어갈수록 호기성 세균의 수는 점점 줄어들어 나중에는 그 수가 완만하게 증가하는 효모의 수와 거의 비슷해진다. (3) 그러나 혐기성 세균의 수는 김치가 익어갈수록 증가하며 결국 많이 익어서 시큼한 맛이 나는 김치에 있는 미생물 중 대부분을 차지한다. (4) 김치를 익히는 데 관여하는 균과 매우 높은 산성의 환경에서도 잘 살 수 있는 유산균이 그 예이다. ▶2문단

(1) 김치를 익히는 데 관여하는 세균과 유산균뿐만 아니라 김치의 발효 초기에 증식하는 호기성 세균도 독특한 김치 맛을 내는 데 도움을 준다. (2) 김치에 들어 있는 효모는 세균보다 그 수가 훨씬 적지만 여러 종류의 효소를 가지고 있어서 김치 안에 있는 여러 종류의 탄수화물을 분해할 수 있다. (3) 또한 김치를 발효시키는 유산균은 당을 분해해서 시큼한 맛이 나는 젖산을 생산하는데, 김치가 익어가면서 김치 국물의 맛이 시큼해지는 것은 바로 이런 이유 때문이다. ▶3문단

(1) 김치가 익는 정도는 재료나 온도 등의 조건에 따라 달라지는데 이는 유산균의 발효 정도가 달라지기 때문이다. (2) 특히 이 미생물들이 만들어 내는 여러 종류의 향미 성분이 더해지면서 특색 있는 김치 맛이 만들어진다. (3) 김치가 익는 기간에 따라 여러 가지 맛을 내는 것도 모두가 유산균의 발효 정도가 다른 데서 비롯된다. ▶4문단

① **김치를 담글 때 넣는 풀은 효모에 의해 효소로 바뀐다.**
→ (×) 제시문에 따르면 효모는 여러 종류의 효소를 가지고 있어서 그를 통해 탄수화물을 분해할 수 있다고 했다.[3문단 (2)] 또한, 풀은 김치 속에 있는 미생물을 쉽게 자랄 수 있도

해설편 6일차 • 의사소통능력

록 해주는 영양분의 역할을 한다고만 언급되어 있을 뿐[1문단(3)], 효모에 의해 풀이 효소로 바뀐다는 내용은 찾을 수 없다. 따라서 해당 선지의 내용은 알 수 없는 정보이다.

② 강한 산성 조건에서도 생존할 수 있는 혐기성 세균이 있다.
→ (○) 혐기성 세균은 김치에 있는 미생물 중 대부분을 차지하며[2문단(3)], 그 예로는 매우 높은 산성의 환경에서도 잘 살 수 있는 유산균이 있다.[2문단(4)] 이는 곧 혐기성 세균의 한 종류인 유산균이 강한 산성 조건에서도 생존할 수 있다는 것을 의미하므로, 이를 통해 강한 산성 조건에서 생존할 수 있는 혐기성 세균이 있다는 것을 알 수 있다.

③ 김치 국물의 시큼한 맛은 호기성 세균의 작용에 의한 것이다.
→ (×) 김치가 익어가면서 김치 국물이 시큼해지는 이유는, 김치를 발효시키는 유산균이 당을 분해해서 시큼한 맛이 나는 젖산을 생산하기 때문이다.[3문단(3)] 유산균은 혐기성 세균에 해당하므로[2문단(4)], 결국 김치 국물의 시큼한 맛은 혐기성 세균의 작용에 의한 것이다. 따라서 김치 국물의 시큼한 맛이 호기성 세균의 작용에 의한 것이라고 보는 해당 선지의 내용은 옳지 않다.

④ 특색 있는 김치 맛을 만드는 것은 효모가 만든 향미 성분 때문이다.
→ (×) 특색 있는 김치 맛은 효모가 만든 향미 성분이 아니라 유산균이 만들어내는 여러 종류의 향미 성분이 더해지면서 만들어진다.[4문단(2)] 따라서 해당 선지의 내용은 옳지 않다.

⑤ 시큼한 맛이 나는 김치에 있는 효모의 수는 호기성 세균이나 혐기성 세균에 비해 훨씬 많다.
→ (×) 김치에 들어있는 효모는 세균보다 그 수가 훨씬 적다.[3문단(2)] 또한, 혐기성 세균의 수는 김치가 익어갈수록 증가해 시큼한 맛이 나는 미생물(참고: 효모도 미생물의 한 종류이다) 중 대부분을 차지한다.[2문단(3)] 따라서 해당 선지의 내용은 옳지 않다.

제시문 분석

제시문 김치의 발효 과정에 관여하는 미생물의 역할

〈김치의 발효 과정에 관여하는 미생물〉	
〈혐기성 세균〉	김치가 익어갈수록 혐기성 세균의 수는 증가하며 결국 많이 익어서 시큼한 맛이 나는 김치에 있는 미생물 중 대부분을 차지한다.[2문단(3)]
〈호기성 세균〉	김치의 발효 초기에 증식하고, 독특한 김치 맛을 내는 데 도움을 준다.[3문단(1)]
〈효모〉	김치에 들어있는 효모는 세균보다 그 수가 훨씬 적지만 여러 종류의 효소를 가지고 있어서 김치 안에 있는 여러 종류의 탄수화물을 분해할 수 있다.[3문단(2)]

〈결론〉
김치는 자연 발효에 의해 익어가기 때문에 미생물의 작용에 따라 맛이 달라진다.[1문단(1)]

합격자의 실전 풀이 순서

❶ 발문 확인

발문 자체에는 별 정보가 없지만, '알 수 있는' 것을 묻고 있으므로 일종의 추론형 선지가 나올 수 있음에 유의한다. 또한 함정에 빠져 '알 수 없는' 것을 고를 위험을 방지하기 위해 ○ 등 구분되는 표시를 하도록 한다.

또한, 발문을 읽으면서 글의 첫 부분을 보도록 한다. 이는 선지를 먼저 읽든 지문을 먼저 읽든 공통적으로 사용하는 요령으로, 지문의 중심 소재만을 건져오는 것이다. 해당 지문에선 "김치는 자연 발효에"라는 구절만 읽는 것으로 충분하다. 앞으로 김치와 발효, 그리고 세균이란 소재가 등장할 것임을 추론하게 해 준다.

❷ 지문 독해

(1) 특히 과학 관련 지문을 읽을 때는 다음에 무엇이 전개될지를 항상 생각하면서 읽어야 한다. 그러나 이게 잘 안 된다고 해서 문제가 있는 것은 아니다. 다음 내용을 떠올리지 못하는 이유는 다른 데 있는 게 아니라, 그냥 암기과목 및 수험서의 요약본에 너무 익숙해져서, 다음 문단이 이전 문단과 이어진다는 것에 대해서 너무 많이 의심하기 때문이다. 예컨대 첫 문단을 읽으면 구체적인 발효 과정, 혹은 유산균에 관한 내용, 김치의 기능 중 하나가 올 것을 예측할 수 있다. 이때 정말 정확히 일치할 필요는 없고 약 80% 정도만 일치해도 예측에 성공했다고 놓고 예측해 본다. 이 시험은 open book 시험이나 마찬가지기 때문에 무조건 100% 일치할 필요가 없다. 안심하고 추측해 보자. 많이 해 봐야 실력이 는다. 단, 억지로(강박적으로) 윗부분만 읽고 생각할 것이 아니라 다음 내용도 슬쩍 보면서 예측하는 것이 좋다. 이 경우에도 반드시 예측이 없어지는 것이 아니라 후속의 후속 내용을 한 번 더 예측해야 한다. 예컨대 1-2문단 사이에 발효 과정이라는 말이 나온다면 발효의 '시간', '조건', '세균' 등이 이어질 것으로 추측할 수 있다. 또한, 예측을 반드시 한 가지로 한정할 필요가 없다. 'A 혹은 B라는 내용이 나오겠구나'라고 생각하자. 하나라면 몰라도 두 개를 생각할 수 있다면 둘 중 하나는 성공할 수 있다.

(2) 같은 기준에 의한 몇 가지 분류가 나올 경우 하나로 묶어서 기억하면 좋다. 예컨대 이 지문은 '효모', '호기성 세균', '혐기성 세균(유산균)'이 나열되고 있다. 이때 지문의 비중에 따라 균이 등장한 순서가 아니더라도, '혐/호/효' 등의 순서로 기억해도 좋다.

(3) 문단이 바뀌면서 낯선 내용이 나오는 경우 기호를 달리하여 기억하는 것이 좋다. 예컨대 1, 2문단은 김치와 발효에 관해서 이야기하고 있는데, 3, 4문단은 갑자기 "맛"을 중심으로 내용을 전개하고 있다. 이 경우 좀 더 집중해서 읽거나, 아니면 아예 생략하고 읽는 것이 좋다. 내용이 급격하게 전환될 경우 다른 선지에서 나올 가능성이 높기 때문이다. 지문에 다른 기호로 표시하는 것도 매우 좋은 방법이다.

❸ 선지 판단

글의 전반적인 흐름을 파악한 채로 선지를 판단하도록 한다. 기억이 난다면 바로 판단해도 좋고, 그렇지 않다면 주요 키워드를 중심으로 제시문으로 돌아가서 판단한다.

이때, 키워드를 선정하는 것도 중요한데 일반적으로 '구분성'이 뚜렷한 말을 키워드로 삼는다. 구분성이 뚜렷하다는 말은 글 전반에 걸쳐 언급되지 않고 비교적 특정 부분에 분포하는 키워드를 말한다. 우리는 글을 전반적으로 통독했기 때문에, 어떤 단어가 구분성이 뚜렷한지 알 수 있다. 다음은 선지별 제시문에 돌아가는 경우를 가정하여 그 과정을 서술해 보았다.

①번 선지는 '효모'를 키워드로 삼아 제시문에 돌아가 보면 이 자체만으로 근거를 찾기 어렵다. 이 경우 당황하지 말고 '풀'과 같은 키워드도 동원해 정보를 찾아보면 오답임을 확인할 수 있다. 이런 보충적 사고는 X의 원인이 Y라는 추상적인 문

장에서, 변수가 무엇인지를 파악하는 메커니즘을 통해 도출할 수 있다.

②번 선지는 '산성'을 키워드 삼아 돌아가보면 2문단 (4)의 내용을 통해 확인할 수 있다. 생존을 키워드로 잡지 않은 이유는, 균이 죽는 조건은 너무 많기 때문이다.

③, ⑤번 선지는 '시큼한 맛', ④번 선지는 '특색' 또는 '향미'같은 키워드를 중심으로 돌아가면 근거를 확인할 수 있다. 이처럼 비슷한 진술이 나올 경우 선지끼리 비교하여 좀 더 쉬운 것부터 확인한다. 예컨대 '특색'이나 '향미'보다는 '시큼한 맛'이 좀 더 직관적이고 쉽다.

합격자의 시간단축 Tip

Tip ❶ 과학지문의 독해법

흔히 과학지문을 어려워하는 수험생이 많다. 그러나 이는 과학지문에 대한 큰 오해 때문이다. 다른 지문들은 세부적으로 분야에 따른 독해를 하면서 과학은 '과학'이라는 덩어리로 독해를 하려하기 때문이다. 중고등학교 교육과정에서 분명히 물리/화학/생물/지구과학이라는 네 분류로 나눠서 배웠음에도 많은 사람들이 과학을 한 분야로 취급하고 독해한다.

따라서 지문의 분야에 맞게 독해법을 새로 정리해보길 바란다. 각 분야별로 독해법이 어때야 하는지 생각하기 어렵다면, 서로간의 차이점을 통해서 정립해 보자. 예컨대 '물리'는 '생물'보다 좀 더 이해력이 많이 요구될 것이고, 생물은 어려운 용어에 많이 익숙해져야 할 것이다. 물론 두 능력 모두 다 중요하지만 어디까지나 물리와 생물의 상호 비교에서 그렇다는 뜻이다. 또한 예컨대 화학은 좀 더 실험적인 게 많을 것이고 지구과학은 좀 더 지구현상을 많이 다룰 것이다. 이처럼 각 영역별로 특징을 쭉 정리해서 비교해보고 지문을 읽을 때 적용하는 연습을 하도록 한다.

Tip ❷ 다(多)개념이 나오는 경우 그들의 '관계'에 집중한다.

본 제시문에서는 생물이라는 분야에 걸맞게 '호기성 세균', '혐기성 세균', '효모' 등 다양한 세균의 종류가 등장하였다. 동시에 김치의 숙성 과정에 따라 각 세균과 효모의 수를 비교하였고 그것이 선지로 변형되어 출제되었다.

이처럼 다양한 개념이 나오고 그 개념들을 특정한 기준에 의해 비교하는 문장이 제시될 경우, 높은 확률로 그 개념들의 '관계'를 물어보는 문제가 선지로 출제될 수 있다. 해당 제시문에서는 각 세균과 효모의 수를 비교하고 있으므로 비교의 대상이 '수' 하나였지만, 다른 지문에서는 여러 가지 개념들을 다양한 기준으로 비교하는 내용이 등장할 수 있다. 이는 곧 선지로 출제되기 좋은 소재이므로, 다양한 개념이 병렬적으로 제시되면 네모, 세모, 동그라미, 부등호 등으로 시각적 표기를 해두도록 한다. 이때 모든 다양한 개념에 표기를 할 필요 없고, 개념간 연결이 가능하면 같은 기호로 묶어서 표시한다.

Tip ❸ 각 문단의 내용을 요약하면서 통독한다.

과학 지문에서는 일단 가볍게 문단의 핵심 정보를 요약해 가면서 통독을 한 번 해 주는 것이 좋다. 일종의 초벌구이나 다름없는 셈이다. 본인이 선지를 먼저 보든 지문을 먼저 보든, 중심 소재와 과학적 전개(사물의 변화) 과정을 가볍게 살펴보는 것이다. 예컨대 "전자구름(개념이 궁금하다면 인터넷 영상을 찾아보자. 쉬운 개념이다.)"이라는 소재를 다루는 지문을 읽는다고 하면, 틀림없이 기존의 전자 모형과 새로운 견해가 둘 다 등장할 것이다. 이를 다 이해할 것이 아니라, 그냥 "과학사"라는 것을 알고 (기존 모형과 현재의 모형 중) 이해하기 쉬운 것을 머릿속에 형상화하는 것으로 충분하다.

079 정답 ①

난이도 ●●○

문제유형 이해 > 내용 파악

접근전략 가장 일반적인 일치부합형 선지들이 출제되는 비문학 유형이다. 발문에서는 부합하지 '않는' 것을 묻고 있으니 혼동하지 않도록 주의하자. 선지의 경우 의도, 인과관계, 원칙과 반례 등의 테마들이 등장한다. 특색이 옅은 비문학 유형일수록 기본기를 탄탄히 쌓는다는 입장에서 연습하도록 한다.

다음 글의 내용과 부합하지 않는 것은?

(1) 연방준비제도(이하 연준)가 고용 증대에 주안점을 둔 정책을 입안한다 해도 정책이 분배에 미치는 영향을 고려하지 않는다면, 그 정책은 거품과 불평등만 부풀릴 것이다. (2) 기술 산업의 거품 붕괴로 인한 경기 침체에 대응하여 2000년대 초에 연준이 시행한 저금리 정책이 이를 잘 보여준다. ▶ 1문단

(1) 특정한 상황에서는 금리 변동이 투자와 소비의 변화를 통해 경기와 고용에 영향을 줄 수 있다. (2) 하지만 다른 수단이 훨씬 더 효과적인 상황도 많다. (3) 가령 부동산 거품에 대한 대응책으로는 금리 인상보다 주택 담보 대출에 대한 규제가 더 합리적이다. (4) 생산적 투자를 위축시키지 않으면서 부동산 거품을 가라앉힐 수 있기 때문이다. ▶ 2문단

(1) 경기 침체기라 하더라도, 금리 인하는 은행의 비용을 줄여주는 것 말고는 경기 회복에 별다른 도움이 되지 않을 수 있다. (2) 대부분의 부문에서 설비 가동률이 낮은 상황이라면, 대출 금리가 낮아져도 생산적인 투자가 별로 증대하지 않는다. (3) 2000년대 초가 바로 그런 상황이었기 때문에, 당시의 저금리 정책은 생산적인 투자 증가 대신에 주택 시장의 거품만 초래한 것이다. ▶ 3문단

(1) 금리 인하는 국공채에 투자했던 퇴직자들의 소득을 감소시켰다. (2) 노년층에서 정부로, 정부에서 금융업으로 부의 대규모 이동이 이루어져 불평등이 심화되었다. (3) 이에 따라 금리 인하는 다양한 경로로 소비를 위축시켰다. (4) 은퇴 후의 소득을 확보하기 위해, 혹은 자녀의 학자금을 확보하기 위해 사람들은 저축을 늘렸다. (5) 연준은 금리 인하가 주가 상승으로 이어질 것이므로 소비가 늘어날 것이라고 주장했다. (6) 하지만 2000년대 초 연준의 금리 인하 이후 주가 상승에 따라 발생한 이득은 대체로 부유층에 집중되었으므로 대대적인 소비 증가로 이어지지 않았다. ▶ 4문단

(1) 2000년대 초 고용 증대를 기대하고 시행한 연준의 저금리 정책은 노동을 자본으로 대체하는 투자를 증대시켰다. (2) 인위적인 저금리로 자본 비용이 낮아지자 이런 기회를 이용하려는 유인이 생겨났다. (3) 노동력이 풍부한 상황인데도 노동을 절약하는 방향의 혁신이 강화되었고, 미숙련 노동자들의 실업률이 높은 상황인데도 가계들은 계산원을 해고하고 자동화 기계를 들여놓았다. (4) 경기가 회복되더라도 실업률이 떨어지지 않는 구조가 만들어진 것이다. ▶ 5문단

① 2000년대 초 연준의 금리 인하로 국공채에 투자한 퇴직자의 소득이 줄어들어 금융업으로부터 정부로 부가 이동하였다.
→ (×) 2000년대 초 연준의 금리 인하로 인해 국공채에 투자한 퇴직자들의 소득을 감소시킴에 따라[4문단(1)], 노년층에서 정부로, 정부에서 금융업으로 부의 대규모 이동이 이루어졌다.[4문단(2)] 즉, 금융업으로부터 정부로 부가 이동한 것

해설편 6일차 • 의사소통능력

이 아니라 정부로부터 금융업으로 부가 이동한 것이다. 따라서 해당 선지의 내용은 옳지 않다.

② 2000년대 초 연준은 고용 증대를 기대하고 금리를 인하했지만 결과적으로 고용 증대가 더 어려워지도록 만들었다.
➜ (O) 2000년대 초 고용 증대를 기대하고 시행한 연준의 저금리 정책은 노동을 자본으로 대체하는 투자를 증대시킴에 따라[5문단(1)], 미숙련 노동자를 해고하고 자동화 기계로 대체하도록 만들었다.[5문단(3)] 따라서 경기가 회복되더라도 실업률이 떨어지지 않는 구조가 만들어진 것이다.[5문단(4)]

③ 2000년대 초 기술 산업 거품의 붕괴로 인한 경기 침체기에 설비 가동률은 대부분의 부문에서 낮은 상태였다.
➜ (O) 2000년대 초에 연준이 시행한 저금리 정책은 기술 산업의 거품 붕괴로 인한 경기 침체에 대응하기 위한 것이었고[1문단(2)], 이 시기에는 대부분의 부문에서 설비 가동률이 낮았다.[3문단(2), (3)]

④ 2000년대 초 연준이 금리 인하 정책을 시행한 후 주택 가격과 주식 가격은 상승하였다.
➜ (O) 2000년대 초의 저금리 정책은 주택 시장의 거품을 초래하였고[3문단(3)], 금리 인하로 인해 주가가 상승하는 결과를 가져왔다.[4문단(6)]

⑤ 금리 인상은 부동산 거품 대응 정책 가운데 가장 효과적인 정책이 아닐 수 있다.
➜ (O) 부동산 거품에 대한 대응책으로는 금리 인상보다 주택 담보 대출에 대한 규제가 더 합리적이다.[2문단(3)] 생산적 투자를 위축시키지 않으면서 부동산 거품을 가라앉힐 수 있기 때문이다.[2문단(4)] 이를 통해 금리 인상은 부동산 거품 대응 정책 가운데 가장 효과적인 정책이 아닐 수 있음을 알 수 있다.

제시문 분석

1문단 고용 증대에 주안점을 둔 정책이 잘못된 경우

〈고용 증대에 주안점을 둔 정책〉
연준이 고용 증대에 주안점을 둔 정책을 입안한다 해도 정책이 분배에 미치는 영향을 고려하지 않는다면, 그 정책은 거품과 불평등만 부풀릴 것이다.(1)

➜	〈근거 사례〉	2000년대 초에 연준이 시행한 저금리 정책이 이를 잘 보여준다.(2)

2문단 금리 변동의 효과성과 한계

〈금리 변동의 효과성〉		〈한계〉
특정한 상황에서는 금리 변동이 투자와 소비의 변화를 통해 경기와 고용에 변화를 줄 수 있다.(1)	➜	하지만 다른 수단이 훨씬 더 효과적인 상황도 많다.(2)

가령 부동산 거품에 대한 대응책으로는 금리 인상보다 주택 담보 대출에 대한 규제가 더 합리적인데 이는 생산적 투자를 위축시키지 않으면서 부동산 거품을 가라앉힐 수 있기 때문(3), (4)

3문단 금리 인하 정책의 한계

〈금리 인하 한계〉		〈구체적 상황〉		〈실제 사례〉
경기 침체기라 하더라도, 금리 인하는 은행의 비용을 줄여주는 것 말고는 경기 회복에 별다른 도움이 되지 않을 수 있다.(1)	➜	대부분의 부문에서 설비 가동률이 낮은 상황이라면, 대출 금리가 낮아져도 생산적인 투자가 별로 증대하지 않는다.(2)	➜	2000년대 초가 바로 그런 상황이었기 때문에, 당시의 저금리 정책은 생산적인 투자 증가 대신에 주택 시장의 거품만 초래한 것이다.(3)

4문단 2000년대 초 금리 인하 정책의 결과 ①

〈금리 인하의 결과 ①〉		
금리 인하는 국공채에 투자했던 퇴직자들의 소득을 감소시켰고, 불평등이 심화되는 결과를 낳았다.(1), (2)	⊕	2000년대 초 연준의 금리 인하 이후 주가 상승에 따라 발생한 이득은 대체로 부유층에 집중되었으므로 대대적인 소비 증가로 이어지지 않았다.(6)

5문단 2000년대 초 금리 인하 정책의 결과 ②

〈상황 전개〉		〈금리 인하의 결과 ②〉
노동력이 풍부한 상황인데도 노동을 절약하는 방향의 혁신이 강화되었고, 미숙련 노동자들의 실업률이 높은 상황인데도 가게들은 계산원을 해고하고 자동화 기계를 들여놓았다.(3)	➜	2000년대 초 고용 증대를 기대하고 시행한 연준의 저금리 정책은 노동을 자본으로 대체하는 투자를 증대시켰다.(1)

➜	〈평가〉	경기가 회복되더라도 실업률이 떨어지지 않는 구조가 만들어진 것이다.(4)

합격자의 실전 풀이 순서

비문학 유형

본 문제는 가장 일반적인 비문학 유형에 해당한다. 즉, 지문을 읽고 선지에 그와 일치하거나, 문맥이 통하거나, 그로부터 추론 가능한 내용이 있는지 파악하는 일치부합·내용추론 문제다. 이처럼 특색이 옅은 문제는 기본기를 갖춘 수험생일수록 빠르게, 또 정확하게 해결한다. 내실을 탄탄히 하는 관점에서 접근해 보자.

⓿ 유형 식별하기

이 유형은 경제학 분야의 비문학 지문의 일치부합·내용추론 문제이다. 경제학 글은 한국사만큼 특징이 많지는 않지만, 대체로 특정 변수와 그 변수가 영향을 미치는 대상, 그리고 그 영향의 방향을 설명하는 경우가 많다. 그리고 이를 막기 위한 정책적 개입을 설명하기도 한다. 5급 공채는 2차 과목에 경제학이 있어 경제학 과목의 숙련도에 따라 글의 난이도가 다르게 느껴질 수 있다. 경제학이 낯설더라도 앞서 말한 변수와 영향에 집중하여 읽도록 한다.

❶ 지문 훑어보기

이 단계에서는 지문의 주제와 키워드를 대강 파악한다. 눈에 띄는 부분이 있는지 체크하며 독해의 방향을 설정한다.

예 2000년대 초 연방준비제도의 금리인하 정책에 대한 글이구나. 정책의 취지와 실제 효과 사이에 어떤 차이가 있었는지 생각하면서 읽어야겠다.

❷ 발문 확인하기

본 문제는 '알 수 있는/없는 것은?' 유형에 해당한다. 이때 알 수 '있는' 것인지, '없는' 것인지를 확실히 표시하고 간다.

> 다음 글의 내용과 부합하지 않는 것은?

3-1 선지를 읽고 제시문 확인

대부분의 일치부합·내용추론형 비문학 문항은 선지부터 이해한 후에 지문을 훑어 올라가는 순서를 추천한다. 특히, 지문이 난이도에 비해 길다면 선지 먼저 읽는 것이 시간을 아낄 수 있다.

선지를 하나씩 판단하는 경우

① **2000년대 초 연준의 금리 인하로 국공채에 투자한 퇴직자의 소득이 줄어들어 금융업으로부터 정부로 부가 이동하였다.**

인과관계가 등장하는 추론형 선지다. 인과관계는 다음과 같이 화살표로 표시할 수 있다.

> ① 2000년대 초 (연준의 금리 인하) 로 → (국공채에 투자한 퇴직자의 소득이 줄어들어) → (금융업으로부터 정부로 부가 이동) 하였다.

본 선지에는 2개의 인과관계가 등장한다. 첫 번째 인과관계부터 진위를 판단해 보자. '국공채에 투자한 퇴직자 소득'을 키워드로 지문을 확인하면 명확한 근거[4문단(1)]를 찾을 수 있다. 이어서 두 번째 인과관계를 '부의 이동'을 키워드로 확인해보면, 부의 이동방향이 정부로부터 금융업(4문단 2)임을 알 수 있다. 따라서 두 번째 인과관계 부분이 부합하지 않는 선지다.

② **2000년대 초 연준은 고용 증대를 기대하고 금리를 인하했지만 결과적으로 고용 증대가 더 어려워지도록 만들었다.**

의도와 인과관계가 등장하는 추론형 선지다. 본 선지의 정오를 판단하기 위해서는 아래 명제들을 모두 판단해야 한다.

> 2000년대 초 연준은 고용 증대를 기대하고 금리를 인하했다.
> 금리 인하는 고용 증대가 더 어려워지도록 만들었다.

첫째 명제는 의도 테마를 이용한다. '고용 증대를 기대'를 키워드로 지문을 확인하면 연준의 저금리 정책이 고용 증대를 목적으로 시행되었다는 근거[5문단(1)]를 찾을 수 있다.

다음으로 둘째 명제는 인과관계 테마를 이용한다. 앞선 저금리 정책에 대한 부분을 쭉 읽어나가면 결과적으로 계산원이 해고되는 결과(5문단 3)가 나타났음을 알 수 있다. 따라서 지문과 부합하는 선지다.

③ **2000년대 초 기술 산업 거품의 붕괴로 인한 경기 침체기에 설비 가동률은 대부분의 부문에서 낮은 상태였다.**

설비 가동률 낮음 ⇨ 2000년대 초 ⇨ 산업 거품의 붕괴로 인한 경기 침체기

단순비교형 선지다. '설비 가동률 낮음'을 키워드로 지문을 확인하면 2000년대 초에 해당한다는 부분[3문단(2),(3)]이 등장한다. 그리고 2000년대 초에 산업 거품의 붕괴로 인한 경기 침체가 발생했다는 부분(1문단 2)과 연결할 수 있다. 따라서 지문과 부합하는 선지다.

④ **2000년대 초 연준이 금리 인하 정책을 시행한 후 주택 가격과 주식 가격은 상승하였다.**

2000년대 초 금리 인하 정책	⇨	주택 가격	⇨	주택 시장의 거품	(O)
	⇨	주식 가격	⇨	주가 상승 발생	(O)

주택 가격과 주식 가격을 각각 확인해야 하는 단순비교형 선지다. 각각 가격 상승이 발생했음을 확인할 수 있으므로, 지문과 부합한다.

⑤ **금리 인상은 부동산 거품 대응 정책 가운데 가장 효과적인 정책이 아닐 수 있다.**

부동산 거품 대응 정책 ⇨ 금리 인상보다 주택 담보 대출 규제가 더 합리적

단순비교형 선지다. 가능성을 말하는 선지의 경우, 이에 반하는 예외 사례, 즉 반례가 존재한다면 곧바로 옳지 않다고 판단할 수 있다. 본 선지의 경우 '더 효과적인 정책이 있는가?' 하는 질문을 던질 수 있다. 지문에 직접적인 근거(2문단 3)를 찾을 수 있으므로 지문과 부합한다.

전체 선지를 읽고 제시문을 확인하는 경우

(1) 선지 확인

선지에서 키워드를 고른다. 예를 들어 선지 ①에서 '연준의 금리근리 인하', ②에서 '고용 증대', ③에서 '설비 가동률', ④에서 '주택가격과 주식가격', ⑤에서 '효과적인 정책'에 표시할 수 있다.

(2) 지문 독해 및 선지 판단

문단 간 관계에 유의하며 문단별 핵심 내용을 파악한다.

1문단에서 정책-분배 사이의 관계라는 화두 제시로 시작하여 '더 효과적인 수단이 존재하는 상황 → 금리 인하의 부작용 1 → 금리 인하의 부작용 2 → 금리 인하의 부작용 3'과 같이 내용이 전개되고 있음을 파악한다. 물론 문단 세부 내용을 보면 부작용 1-2-3으로 완전히 병렬적인 내용은 아니지만, 처음에 큰 흐름을 파악할 때는 이 정도로만 파악하면 충분하다.

본 지문은 2, 3, 4, 5문단의 앞부분에서 핵심 내용을 정리하여 제시하고 있으므로 첫 문장(2문단의 경우 두 번째 문장)을 활용해야 한다.

독해 시 중간에 선지에서 고른 키워드와 관련된 내용이 나와 정오판단이 가능하다고 판단되면 밑으로 내려가 선지 판단을 진행한다.

지문을 읽다가 2문단 2문에서 선지 ③으로 내려가서 정오판단을 한다. 다시 지문으로 가서 2문단 3문을 보고 선지 ④로 가면 '주택 가격'에 대한 부분을 판단할 수 있다. 지문을 계속 읽어 가다가 4문단 마지막 문장에서 선지 ④가 옳음을 알 수 있다. 지문을 읽으면서 함께 처리하지 못한 나머지 선지 중 ①부터 확인하면 '금융업으로부터 정부'라는 방향성이 제시되었음을 알 수 있다.

지문을 읽을 때 그러한 방향성이 언급된 부분이 있었음을 상기하고 찾아보면 4문단 2문에 해당 내용이 있음을 알 수 있다. 이에 근거하여 선지를 판단하면 ①의 방향성이 반대로 되어있으므로 틀린 선지, 즉 정답임을 알 수 있다.

3-2 제시문 독해 후 선지 판단

(1) 제시문 독해하기

독해는 모든 내용을 기억하기보다 어디에 어떤 내용이 있는지를 인지하고, 특징적인 내용을 표시하는 방식으로 진행한다.

1문단에서 글의 주제가 '거품과 불평등을 부풀려 간 2000년대 초 연준의 저금리 정책'임을 알 수 있다. 저금리 정책이 거품과 불평등을 부풀려 간 과정을 파악하며 읽는다.

2문단에서는 '하지만' 이하에 집중한다. 상황에 따라 금리보다 효과적인 대응책이 있으며, 부동산 거품에 대응한 주택

담보 대출이 그 예시이다.

3문단은 금리 인하가 효과적이지 않은 상황을 이어서 설명한다. '설비 가동률이 낮은 상황'이 그 예시이며, 연준의 정책이 시행된 2000년대 초가 바로 그러한 상황이었음을 이해한다.

4문단에 금리 인하의 부정적 영향이 등장한다. 변수는 금리 인하이며, 어디에 어떤 영향을 미치는지 체크한다. 특히 연준의 주장과 실제 효과가 달리 나타난 문장 (5), (6)에도 체크해둔다.

금리 인하	⇨	퇴직자 소득 감소 ⇨ 저축 증가	⇨	소비 위축
	⇨	주가 상승 ⇨ 부의 이동 ⇨ 불평등 심화		

5문단은 금리 인하로 인한 부정적 영향으로 실업률을 설명한다.

금리 인하	⇨	노동-자본 대체투자 ⇨ 노동절약적 혁신	⇨	高 실업률

전체적으로 제시문은 2, 3문단에 금리 인하가 적합하지 않은 상황을 제시하고, 4, 5문단에 구체적으로 금리 인하로 인한 문제상황을 제시한다.

(2) 선지 판단하기

① 금리 인하의 퇴직자에 대한 영향은 4문단 처음에 있었다. 4문단 (1), (2)를 통해 옳은 선지임을 알 수 있다.

② 5문단 전체의 내용이므로 옳다.

③ 설비가동률은 3문단에 있었다. 그 이유가 '기술 산업 거품의 붕괴'인지는 해당 소재를 소개한 1문단으로 가 찾는다. 1문단 (2)에 해당 단어가 있다. 옳은 선지이다.

④ 주식 가격 상승은 4문단에 언급된다. 그러나 금리 인하로 인한 주택 가격 상승은 언급된 바 없으므로 알 수 없다. 2문단에 부동산 거품이 있기는 하지만 이는 2000년대 초와 별개로 제시된 예시였다. 해당 선지가 정답이다.

⑤ 2문단의 중심 내용으로 옳다.

합격자의 시간단축 Tip

Tip ❶ 선지의 키워드는 구분성이 뚜렷한 단어로 잡자.

선지를 보면 '2000년대 초'가 공통으로 포함되어 있다. 보통 선지에서 키워드를 잡을 때는 겹낫표나 시기 등 눈에 띄는 것으로 설정하는 것이 바람직하다. 그러나 해당 요소가 거의 모든 선지에 포함되어 있을 때는 다른 문장 성분을 키워드로 잡아야 키워드 간 구별을 할 수 있다.

Tip ❷ 자신만의 기호로 정보를 표시하자.

방향성은 평상시 쉽게 인식할 수 있지만, 시험장에서는 긴장으로 인해 눈에 잘 들어오지 않을 수 있다. 이를 방지하기 위하여 화살표로 방향성을 시각화하면 보다 쉽고 명확하게 선지를 판단할 수 있다. 합격자의 실전 풀이순서에서 확인한 바와 같이 지문과 선지에 화살표 표시를 해보자.

Tip ❸ 역접의 접속어에 주목하자.

앞의 내용과 다른 전개를 알리는 '하지만' 등의 접속사는 선지에 자주 출제되므로 주의해서 보자. 해당 문제의 경우 ③, ⑤가 '하지만' 이하 내용이 선지로 등장하였다. ③의 경우 본문에서의 맥락과 같은 내용으로 등장한 것은 아니지만, 해당 부분을 주의해서 읽었다면 충분히 알 수 있는 정보이므로 이 경우에 해당된다고 보았다.

Tip ❹ 변수와 영향을 파악하자.

변화를 설명하는 경제학이나 실험지문 등은 변수와 변수가 영향을 미치는 대상, 그리고 그 영향의 방향을 파악하며 읽으면 이해가 쉽다. 실험지문이라면 '독립변수'와 '종속변수' 및 둘의 '관계'라고도 표현할 수 있을 것이다. 이 문제의 경우 제시문의 난이도가 높지는 않았지만 어려운 지문을 맞닥뜨리더라도 이 부분을 기억하고 접근하면 실마리가 보일 것이다.

080 정답 ②

난이도 ●○○

문제유형 법규의 해석 및 적용

접근전략 제시문으로 주어진 규정을 선지에 적용해야 한다는 점에서 정보확인유형과 규정적용유형이 결합한 문제이다. 제시문의 구조와 중심내용을 파악한 후, 선지 판단 시 필요한 정보를 제시문에서 찾아간다. 구체적으로 본 문제는 국가공무원법과 지방공무원법에서 규정하는 정무직 공무원의 종류를 친절하게 넘버링까지 해서 제시하고 있다. 즉, 해당 내용은 선지를 보고 나중에 다시 올라와서 찾으면 되므로 처음에 완벽하게 이해하려 할 필요는 없다.

다음 글을 근거로 판단할 때 옳은 것은?

「국가공무원법」은 정무직 공무원을 ① 선거로 취임하는 공무원, ② 임명할 때 국회의 동의가 필요한 공무원, ③ 고도의 정책결정 업무를 담당하거나 이러한 업무를 보조하는 공무원으로서 법률이나 대통령령에서 정무직으로 지정하는 공무원으로 규정하고 있다. 이에 해당하는 정무직 공무원에는 대통령, 감사원장, 민주평화통일자문회의 사무처장, 국가정보원장, 대통령비서실 수석비서관 등이 있다. ▶ 1문단

「지방공무원법」에서는 정무직 공무원을 ① 선거로 취임하는 공무원, ② 임명할 때 지방의회의 동의가 필요한 공무원, ③ 고도의 정책결정 업무를 담당하거나 이러한 업무를 보조하는 공무원으로서 법령 또는 조례에서 정무직으로 지정하는 공무원으로 규정하고 있다. ▶ 2문단

정무직 공무원은 재산등록의무가 있으며 병역사항 신고의무도 있다. 한편 「국가공무원법」상 정무직 공무원은 국가공무원의 총정원에 포함되지 않지만 그 인사에 관한 사항은 관보에 게재된다. ▶ 3문단

행정기관 소속 정무직 공무원으로는 정부부처의 차관급 이상 공무원, 특별시의 행정부시장과 정무부시장 등이 있다. 이들은 정책결정자 역할과 함께 최고관리자 역할도 수행한다. 여기에는 일과 인력을 조직화하고 소속 직원의 동기를 부여하며 업무 수행을 통제하는 역할이 포함된다. 그리고 이들은 정책을 개발할 뿐만 아니라 정책집행의 법적 책임도 진다. 행정기관 소속 정무직 공무원은 좁은 의미의 공무원을 지칭하는 정부관료집단에 포함되지 않는 것이 보통이다. ▶ 4문단

① 감사원장은 국가공무원 총정원에 포함된다.

→ (×) 1문단에 따르면 감사원장은 「국가공무원법」상 정무직 공무원에 해당한다. 또한, 3문단 두 번째 줄에 따르면 「국가공무원법」상 정무직 공무원은 국가공무원의 총정원에 포함되지 않는다. 따라서 「국가공무원법」상 정무직 공무원인 감사원장은 국가공무원 총정원에 포함되지 않는다.

② 조례로 정무직 공무원을 지정하는 것이 가능하다.

→ (O) 2문단에 따르면 「지방공무원법」에서는 조례에서 정무직으로 지정하는 공무원을 정무직 공무원으로 규정하고 있다. 따라서 조례로 정무직 공무원을 지정할 수 있다.

③ 「국가공무원법」상 정무직 공무원의 임명에는 모두 국회의 동의가 필요하다.

→ (×) 1문단 첫 번째 문장에 따르면 「국가공무원법」은 임명할 때 국회의 동의가 필요한 공무원을 정무직 공무원으로 규정하고 있다. 그러나 그 외에도 선거로 취임하는 공무원, 고도의 정책결정 업무를 담당하거나 이러한 업무를 보조하는 공무원으로서 법률이나 대통령령에서 정무직으로 지정하는 공무원 또한 정무직 공무원으로 규정하고 있다. 따라서 「국가공무원법」상 정무직 공무원의 임명에 모두 국회의 동의가 필요한 것은 아니다.

④ 대통령비서실 수석비서관은 재산등록의무가 있으나 병역사항 신고의무는 없다.

→ (×) 1문단에 따르면 대통령비서실 수석비서관은 「국가공무원법」상 정무직 공무원에 해당한다. 한편 3문단 첫 번째 줄에 의하면 정무직 공무원은 재산등록의무가 있으며 병역사항 신고의무도 있다. 따라서 대통령비서실 수석비서관은 재산등록의무도 있고 병역사항 신고의무도 있다.

⑤ 정부부처의 차관은 정부관료집단의 일원이지만 정책집행의 법적 책임은 지지 않는다.

→ (×) 4문단 첫 번째 줄에 따르면 정부부처의 차관은 행정기관 소속 정무직 공무원이다. 그러나 4문단 네 번째 줄에 따르면 행정기관 소속 정무직 공무원은 정책집행의 법적 책임을 지며, 다섯 번째 줄에 따르면 행정기관 소속 정무직 공무원은 정부관료집단에 포함되지 않는 것이 보통이다. 따라서 행정기관 소속 정무직 공무원인 정부부처의 차관은 일반적으로 정부관료집단의 일원이 아니며, 정책집행의 법적 책임을 진다.

합격자의 실전 풀이 순서

❶ 문제 유형 파악

제시문을 보고 문제의 유형을 판단한다. 줄글 형태의 제시문이 주어지기 때문에 정보확인유형이라고 판단할 수 있으나, 제시문의 내용이 비문학이 아닌 규정이다. 따라서 규정확인 혹은 규정적용 유형이라고 보아야 한다. 선지까지 확인해보면 규정의 내용을 묻고 있어 규정확인 유형임을 알 수 있다. 제시문을 처음 읽을 때는 법조문 유형과 마찬가지로 구체적 내용을 파악하기보다 제시문의 구조와 선지에 나올만한 표현들을 파악하며 독해한다. 또한, 본 문제가 옳은 것을 고르는 문제라는 것을 인지하기 위해 "옳은"이라는 단어에 밑줄이나 동그라미 등 표시를 한다.

다음 글을 근거로 판단할 때 옳은 것은?

❷ 제시문 구조 분석

법조문을 문장으로 풀어 쓴 것으로 볼 수 있다. 한 문단을 하나의 조로 보고 접근한다.

1문단은 「국가공무원법」상 정무직 공무원을 규정한다. 첫 문장은 정무직 공무원의 범위, 두 번째 문장은 그 예시이다. ①, ②, ③은 빗금으로 구분해 둔다. 예시도 괄호로 묶어두고, 필요한 경우 확인한다.

2문단은 「지방공무원법」상 정무직 공무원에 대하여 규정하고 있다. 2문단은 예시 없이 범위만 언급한다. 마찬가지로 ①, ②, ③을 빗금으로 구분해 둔다.

1문단과 2문단은 형식이 유사한데, 세부 내용에 차이가 있으므로 차이점을 확인한다. 먼저 임명 동의권자가 국회와 지방의회로 다르다. 또한 「국가공무원법」상 정무직 공무원은 법률이나 대통령령에서 지정되지만 「지방공무원법」상 정무직 공무원은 법령 또는 조례에서 지정됨을 유의한다.

3문단은 재산등록의무, 병역사항 신고의무, 국가공무원의 총정원, 인사에 관한 사항 등의 내용을 제시하고 있다. 특히 국가공무원의 총정원과 관보 게재와 관련하여서는 「국가공무원법」상 정무직 공무원만을 규정하고 있다. 구분을 위해 '한편' 앞을 빗금으로 구분하고, '총정원'에 △, 관보에 ◯로 표시한다.

4문단은 행정기관 소속 정무직 공무원에 대하여 소개하고 있다. 이는 「국가공무원법」과 「지방공무원법」상 정무직 공무원과는 다른 개념이므로 이를 구분해 둔다. 이들의 역할이 여러 개 제시되어 있으므로 번호를 붙이며 역할을 파악한다. 또한, 행정기관 소속 정무직 공무원은 정부관료집단에 포함되지 않는 점에 유의한다.

❸ 선지 판단

법조문 분석을 바탕으로 선지를 판단한다. 선지를 읽어 본 후, 각 선지의 내용에 해당하는 조문을 찾아서 이동한다.

선지 ①번의 경우 국가공무원 총정원에 포함되는지 여부를 묻고 있으므로 3문단과 비교한다. 이때는 국가공무원 총정원을 선지 판단의 키워드로 삼는 것이 좋다. 3문단에 국가공무원의 총정원은 「국가공무원법」상 정무직 공무원의 경우 포함되지 않는다는 규정이 있으므로 「국가공무원법」상 정무직 공무원에 대한 내용인 1문단도 살펴보아야 한다. 감사원장이 예시 부분에 있는지 확인하면 된다.

선지 ②번은 조례에 관한 내용이므로 지방공무원법에 관한 내용인 2문단과 비교한다. 1문단과 2문단의 비교 내용이 생각나면 좋지만, 생각나지 않는다면 '조례'를 키워드로 삼고 지문 전체를 훑으며 키워드를 찾는다. 만약 선지 ②번을 넘어갔을 경우 선지 ③번은 「국가공무원법」상 정무직 공무원의 임명에 관한 내용이므로 1문단과 비교한다.

선지 ④번은 재산등록의무, 병역사항 신고의무에 관한 내용이므로 3문단과 비교한다. 대통령비서실 수석비서관이 정무직 공무원인지 확인하기 위해 1문단 예시와도 비교해야 한다.

선지 ⑤번은 '정부관료집단'이라는 키워드를 찾아서 4문단을 확인하고, 첫 번째 줄 '정부부처의 차관급 이상 공무원'을 보고 선지 ⑤번과 비교한다.

합격자의 시간단축 Tip

Tip ❶ 제시문 분석

정무직 공무원을 「국가공무원법」상 정무직 공무원, 「지방공무원법」상 정무직 공무원, 행정기관 소속 정무직 공무원이라는 세 가지 종류로 구분하므로 제시문의 구조를 파악하고 어떤 선지가 어떤 종류의 정무직 공무원에 해당하는지 확실하게 인지하는 것이 중요하다. 어차피 선지를 처리할 때 전부 기억하지는 못하기 때문에 읽지 않고 넘어간다. 4문단의 경우에도 첫 번째 문장보다는 두 번째 문장부터 네 번째 문장까지 행정기관 소속 정무직 공무원의 역할 등을 체크하는 것이 좋다.

Tip ❷ 문단의 내용이 바뀐 선지가 나올 것을 예측

1문단에서는 국가공무원법에서의, 2문단에서는 지방공무원법에서의, 3문단에서는 전체에 적용되는 관련, 4문단에는 '행정기관 소속' 정무직 공무원에 대해 문단별로 설명하고 있다. 각 문단의 설명을 크로스로 연결시키는 선지가 등장하리라는 것을 쉽게 예측해볼 수 있다.

Tip ❸ 총정원 관련 장치는 선지화될 가능성이 매우 높음

3문단에는 정무직 공무원이 국가공무원의 총정원에 포함되지 않는다는 내용이 제시되어 있다. 정원의 경우 거의 예외 없이 선지화되는 장치이므로 우선적으로 접근하는 것이 좋다.

Tip ❹ 유사한 규정은 차이점에 유의

규정의 형식과 내용이 유사할 때는 차이점이 선지에 자주 등장한다. 따라서 유사한 규정이 반복될 때는 차이점을 찾으며 구조를 파악한다. 이렇게 읽으면 관련 내용이 기억에 남아서 선지를 판단하기도 수월하다. 본 문제의 경우 1문단과 2문단의 형식과 내용이 유사하다. 차이점은 규정의 대상, 임명 동의권자, 지정하는 법령의 범위이다.

Tip ❺ 1문단을 읽고 규정 확인/적용 유형임을 파악

줄글 형식의 제시문만을 보고 규정 확인/적용 유형임을 파악하기는 어렵다. 그러나 제시문의 첫 문단을 읽었다면 일반적인 정보 확인 유형과 다르다는 것을 알아채야 한다. 일반적인 비문학 유형과 달리 규정만이 나열되어 있기 때문이다. 바로 선지를 확인해보면 규정 확인/적용 유형임을 더욱 확실히 알 수 있다. 문제의 유형을 알았다면 2문단부터는 모든 내용을 확인하기 보다는 제시문의 구조와 핵심 키워드를 파악하며 독해하면 된다.

081 정답 ❷

난이도 ●●○

문제유형 비판적 사고 > 판단하기

접근전략 (가)~(다)에 대한 분석을 요구하는 유형으로 낯설게 느껴질 수 있다. 그러나 결국 세 가지 주장의 공통점과 차이점을 파악하여 선지의 설명을 판단하는 것이 관건이기에, 일반적인 정보 확인 문제와 다를 바가 없다. 따라서 제시문보다 선지를 먼저 읽으며 문제가 정확히 어떤 것을 요구하는지 파악해야 한다. 또한, 제시문과 선지를 동시에 읽으며 문제를 해결하는 것이 시간 단축을 위한 전략이다.

다음 글의 (가)~(다)에 대한 분석으로 옳은 것만을 <보기>에서 모두 고르면?

(1) 바람직한 목적을 지닌 정책을 달성하기 위해 옳지 않은 수단을 사용하는 것이 정당화될 수 있는가? (2) 공동선의 증진을 위해 일반적인 도덕률을 벗어난 행동을 할 수밖에 없을 때, 공직자들은 이러한 문제에 직면한다. (3) 이에 대해서 다음과 같은 세 가지 주장이 제기되었다.

(가) (1) 공직자가 공동선을 증진하기 위해 전문적 역할을 수행할 때는 일반적인 도덕률이 적용되어서는 안 된다. (2) 공직자의 비난받을 만한 행동은 그 행동의 결과에 의해서 정당화될 수 있다. (3) 즉 공동선을 증진하는 결과를 가져온다면 일반적인 도덕률을 벗어난 공직자의 행위도 정당화될 수 있다.

(나) (1) 공직자의 행위를 평가함에 있어 결과의 중요성을 과장해서는 안 된다. (2) 일반적인 도덕률을 어긴 공직자의 행위가 특정 상황에서 최선의 것이었다고 하더라도, 그가 잘못된 행위를 했다는 것은 부정할 수 없다. (3) 공직자 역시 일반적인 도덕률을 공유하는 일반 시민 중 한 사람이며, 이에 따라 일반 시민이 가지는 도덕률에서 자유로울 수 없다.

(다) (1) 민주사회에서 권력은 선거를 통해 일반 시민들로부터 위임 받은 것이고, 이에 의해 공직자들이 시민들을 대리한다. (2)따라서 공직자들의 공적 업무 방식은 일반 시민들의 의지를 반영한 것일 뿐만 아니라 동의를 얻은 것이다. (3) 그러므로 민주사회에서 공직자의 모든 공적 행위는 정당화될 수 있다.

보기

ㄱ. (가)와 (나) 모두 공직자가 공동선의 증진을 위해 일반적인 도덕률을 벗어난 행위를 하는 경우는 사실상 일어날 수 없다는 것을 전제하고 있다.

→ (×) (가)는 공직자가 공동선을 증진하는 결과를 가져온다면 일반적인 도덕률을 벗어난 행위도 정당화될 수 있다고 본다.[가(3)] (나)는 일반적인 도덕률을 어긴 공직자의 행위가 특정 상황에서 최선의 것이었다고 하더라도, 그가 잘못된 행위를 했다는 것은 부정할 수 없다고 본다.[나(2)] 따라서 (가)와 (나) 모두 공직자가 공동선의 증진을 위해 일반적인 도덕률을 벗어난 행위를 하는 상황이 발생할 수 있음을 전제하고 있다.

ㄴ. 어떤 공직자가 일반적인 도덕률을 어기면서 공적 업무를 수행하여 공동선을 증진했을 경우, (가)와 (다) 모두 그 행위는 정당화될 수 있다고 주장할 것이다.

→ (O) (가)는 공동선을 증진하는 결과를 가져온다면 일반적인 도덕률을 벗어난 행위도 정당화될 수 있다고 주장한다.[가(3)] (다)는 민주사회에서 공직자의 모든 공적 행위는 시민의 동의를 얻은 것이기에 정당화될 수 있다고 본다.[다(2)] 그러므로 (가)와 (다) 모두 일반적인 도덕률을 어기면서 공적 업무를 수행하여 공동선을 증진한 공직자의 행위는 정당화될 수 있다고 주장할 것이다.

ㄷ. (나)와 (다) 모두 공직자도 일반 시민이라는 것을 주요 근거로 삼고 있다.

→ (×) (나)에 의하면 공직자 역시 일반적인 도덕률을 공유하는 일반 시민 중 한 사람이라는 것에 방점을 둔다.[나(3)] 하지만 (다)는 공직자들은 선거를 통해 권력을 위임받았기에 시민들을 대리한다고 주장하고 있을 뿐[다(1)], 공직자가 일반 시민이라는 근거로 삼았는지는 확인할 수 없다. 따라서 (나)와 (다) 중 (나)만 공직자도 일반 시민이라는 것을 주요 근거로 삼고 있다.

① ㄱ → (×)
② ㄴ → (O)
③ ㄱ, ㄷ → (×)
④ ㄴ, ㄷ → (×)
⑤ ㄱ, ㄴ, ㄷ → (×)

제시문 분석

1문단 주요 쟁점

<주요 쟁점>
공동선의 증진을 위해 공직자가 일반적인 도덕률을 벗어난 행동을 할 수밖에 없을 때, 이는 정당화될 수 있는가?(2)

가, 나, 다 주장 3가지

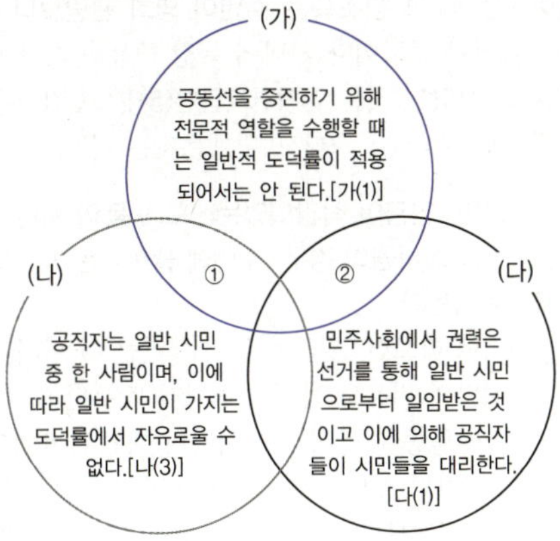

〈①〉	〈②〉
공직자들이 공동선의 증진을 위해 일반적인 도덕률을 벗어난 행동을 할 수 있음을 전제로 한다.[가(2), 나(2)]	공직자가 일반적인 도덕률을 어기면서 공적 업무를 수행하여 공동선을 증진하는 것은 정당화될 수 있다.[가(3), 다(3)]

합격자의 실전 풀이 순서

❶ 발문을 읽고 문제의 유형 파악

항상 먼저 발문을 반드시 제대로 읽고 시작하자. 본 문제는 (가), (나), (다)의 주장에 대한 분석을 묻고 있으므로, 견해파악유형으로 볼 수 있다. 견해파악유형은 제시문을 제시한 후, 제시문의 핵심 주장·내용을 선지에서 고르도록 하는 문제들을 말한다. 특히 본 문제는 각 견해의 특징을 잡아내고, 신속·정확하게 비교하는 작업을 요구하고 있다. 또한, ㄱ, ㄴ, ㄷ 중 옳은 것을 모두 고르는 박스형 문제는 실수하지 않도록 박스 옆에 크게 ○ 표시를 해두는 것도 좋다. 더불어 제시문 첫 문단에 '정당화', '공동선', '도덕률', '공직자'가 나오고, (가), (나), (다)에서 '공직자'라는 단어가 반복해서 등장하므로, 정치와 관련된 지문임을 예측할 수 있다.

견해파악유형의 특징으로는 다음과 같다.

- 발문
  - 다음 글의 논지/주장/견해…과 부합하는/적합한 것은?
  - 다음 주장/논쟁…에 대한 분석/설명/추론…으로 옳은 것은? (본 문제)
- 제시문
  - 주관적인 주장이 포함된 글
  - 일반적인 비문학 유형에 비해 정보량이 적은 대신 포괄적인 문장들이 제시

❷ 제시문 독해 및 선지 판단

대다수의 견해파악유형이 그러하듯이 첫 문단은 세 개의 주장이 등장하게 된 배경을 설명하고 있다. 공직자가 공동선의 증진을 위해 일반적인 도덕률을 벗어난 행동을 할 수밖에 없을 때, 그들의 행동이 정당화될 수 있는지에 대한 서로 다른 주장이 (가)~(다)임을 알 수 있다. (가), (나), (다)의 핵심 문장은 모두 맨 뒤에 있다. 즉 (가), (나), (다)의 (3) 문장이 각 주장의 핵심 문장임을 알 수 있다. 이렇게 핵심 문장을 파악한 이후에는 세 주장을 모두 읽고 선지를 판단하기보다는, 각 주장을 읽고 해당 견해에 대한 선지를 판단하는 것이 좋다.

ㄱ에서는 (가)와 (나)를 비교하고 있다. (가)부터 ㄱ의 설명에 해당하지 않으므로 (나)를 보지 않더라도 옳지 않은 선지임을 판단할 수 있다. 또한, (가)와 (나)를 참고해서 풀어도 되지만, 사실 첫 문단만 봐도 이 선지가 정답이 아님을 알 수 있다. (가), (나), (다) 모두 공직자들이 공동선의 증진을 위해 일반적인 도덕률을 벗어난 행동을 할 수밖에 없기에 제기된 주장이기 때문이다. 물론 시간이 걸리지만 (가)의 (3)문, (나)의 (3)문을 통해 더 명확히 답의 근거를 확인할 수 있다.

ㄴ에서는 (가)와 (다)가 공직자가 일반적인 법률 행위를 어긴 것에 대해 어떤 관점을 보이는지 묻고 있다. 정당화라는 키워드를 중심으로 (가)와 (다)를 읽으면 금방 답을 찾을 수 있다. 두 주장 모두 정당화될 수 있다고 명시하고 있기에 정답이다.

ㄷ에서는 (나)와 (다)의 공통점으로 본 내용이 옳은지 묻고 있다. 공직자와 일반 시민이라는 단어를 위주로 (나)와 (다)를 읽으면 빠르게 해결할 수 있다. (나)에서 공직자는 일반 시민임을 확실히 언급하고 있는 반면에, (다)는 공직자가 일반 시민에게 권력을 위임받았다고만 설명하고 있다. 그러므로 오답이다.

합격자의 시간단축 Tip

Tip ❶ 주장 비교 문제임을 파악한다.

발문의 (가)~(다) 분석이라는 문구 및 제시문의 첫 문단과 이하 (가), (나), (다)로 구분되는 구조를 보고 주장 비교 문제임을 파악해야 한다. 이 유형은 선지를 먼저 읽고 선지에 제시된 기준을 찾아 제시문을 읽는 것이 효율적이기 때문이다. 또한, 첫 번째 보기의 정오를 판단한 후 선지로 내려가서 정답이 아닌 번호를 소거하는 것을 추천한다. 이 문제의 경우, ㄱ이 틀린 보기이므로 ①③⑤가 소거되어 ㄴ을 보지 않고 ㄷ만 추가로 판단해도 정답 도출이 가능했다.

Tip ❷ 제시문의 특정 부분에 집중한다.

선지를 읽으면 제시문의 일부 내용만을 읽어도 문제를 풀 수 있음을 알 수 있다. 선지에서 (가), (나), (다) 중 어떤 주장을 서로 비교하고 있는지, 그중에서 어떤 내용의 진위를 판단해야 하는지 미리 확인한다. 이 문제와 같이 각 주장을 비교 분석하는 문제의 경우 선지를 먼저 읽고 선지에 제시된 기준을 중심으로 제시문을 보며 문제를 해결하는 것이 시간 단축에 더 유리하다. 선지의 특정 키워드가 지문에 그대로 나와 있기 때문이다.

다만 ㄷ의 '일반 시민'이라는 키워드의 존재를 (나)와 (다)에서 찾는 데에만 집중하여 성급하게 정답을 고르면 안 된다. 키워드가 포함된 문장을 꼼꼼하게 살펴봄으로써 공통점으로 옳은지, 어떤 차이점을 보이는지 잘 따져봐야 한다.

Tip ❸ 해당 지문의 대립되는 내용/구조를 기억해 둔다.

해당 지문은 적성시험에서 빈출되는 주제인 '도덕적 정당화'의 〈원형〉에 가까운 내용으로 구성되어있다. 도덕적 정당화의 기준이 무엇인지에 대해서 (가)는 결과, (나)는 행위 그 자체, (다)는 민주적 권력 위임을 제시한다. 이 중 (가)와 (나)의 '행위의 결과'와 '행위 그 자체' 혹은 '행위의 의도'는 도덕성 판단 문제에서 대립되는 기준으로 자주 제시되므로 기억해두면 좋다.

민경채 지문의 특징은 주제의 내용구조의 〈원형〉을 다수 제시한다는 것이다. 유사한 윤리 관련 제시문이 이보다 높은 난이도로 출제되더라도 이 문제에서의 구조를 떠올린다면 비교적 쉽게 이해할 수 있을 것이다.

082 정답 ③ 난이도 ●●●

문제유형 이해 > 내용 파악

접근전략 표면상으로는 '알 수 있는 것'을 묻는 일치/불일치 유형이지만, 선지의 내용을 살펴보면 사실상 두 인물의 입장을 비교하며 공통점을 찾는 문제이다. 이와 같은 입장 비교 문제의 경우 각 입장이 주장하는 바를 명확하게 파악하는 것이 중요하다. 각 주장 간 공통점 및 차이점을 비교하거나, 또는 각각의 주장에 대한 사실 확인이 선지로 출제될 수 있기 때문이다. 혹은 주장에 맞는 새로운 내용의 예시를 물어보는 경우도 있다. 이처럼 선지가 다양하게 변형될 수 있으므로 각각의 주장과 근거를 명확하게 정리해두는 것이 필요하다. 동시에, 둘 이상의 의견이 소개되는 경우 인물과 내용이 헷갈리기 쉬우므로 동그라미, 세모 등을 통해 다르게 표기를 해두도록 한다.

다음 글에서 알 수 있는 것은?

(1) 1965년 노벨상 수상자 게리 베커는 '시간의 비용'이 시간을 소비하는 방식에 따라 변화한다고 주장했다. (2) 예를 들어 수면이나 식사활동은 영화 관람에 비해 단위 시간당 시간의 비용이 작다. (3) 그 이유는 수면과 식사가 생산적인 활동에 기여하기 때문이다. (4) 잠을 못 자거나 식사를 제대로 하지 못해 체력이 떨어진다면, 생산적인 활동에 제약을 받기 때문에 수면과 식사활동에 들어가는 시간의 비용이 영화 관람에 비해 작다고 볼 수 있다. (5) 베커는 "주말이나 저녁에는 회사들이 문을 닫기 때문에 활용할 수 있는 시간의 길이가 길어지고 이에 따라 특정 행동의 시간의 비용이 줄어든다"고도 지적한다. (6) 시간의 비용이 가변적이라는 개념은, 기대수명이 늘어나서 사람들에게 더 많은 시간이 주어지는 것이 시간의 비용에 영향을 미칠 수 있다는 점에서 의미가 있다. ▶ 1문단

(1) 시간의 비용이 가변적이라고 생각한 이는 베커만이 아니었다. (2) 스웨덴의 경제학자 스테판 린더는 서구인들이 엄청난 경제성장을 이루고도 여유를 누리지 못하는 이유를 논증한다. (3) 경제가 성장하면 사람들의 시간을 쓰는 방식도 달라진다. (4) 임금이 상승하면 직장 밖 활동에 들어가는 시간의 비용이 늘어난다. (5) 일하는 데 쓸 수 있는 시간을 영화나 책을 보는 데 소비하면 그만큼의 임금을 포기하는 것이다. (6) 따라서 임금이 늘어난 만큼 일 이외의 활동에 들어가는 시간의 비용도 함께 늘어난다는 것이다. ▶ 2문단

(1) 베커와 린더는 사람들에게 주어진 시간을 고정된 양으로 전제했다. (2) 1965년 당시의 기대수명은 약 70세였다. (3) 하루 24시간 중 8시간을 수면에 쓰고 나머지 시간에 활동이 가능하다면, 평생 408,800시간의 활동가능 시간이 주어지는 셈이다. (4) 하지만 이 방정식에서 변수 하나가 바뀌면 어떻게 될까? 기대수명이 크게 늘어난다면 시간의 가치 역시 달라져서, 늘 시간에 쫓기는 조급한 마음에도 영향을 주게 되지 않을까? ▶ 3문단

① 베커에 따르면, 2시간의 수면과 1시간의 영화 관람 중 시간의 비용은 후자가 더 크다.
→ (×) 베커는 수면이나 식사활동은 영화 관람에 비해 단위 시간당 시간의 비용이 작다고만 언급하였을 뿐[1문단(2)], 각 활동의 비용이 얼마나 차이가 나는지는 명확히 설명하지 않았다. 따라서 베커가 2시간의 수면과 1시간의 영화 관람 중 어떤 것이 시간의 비용이 더 크다고 생각했는지는 알 수 없다.

② 베커에 따르면, 평일에 비해 주말에 단위 시간당 시간의 비용이 줄어드는데, 그 감소폭은 수면이 영화 관람보다 더 크다.
→ (×) 베커가 주말이나 저녁에 특정 행동의 시간의 비용이 줄어든다고 보았던 것은 맞지만[1문단(5)], 그 감소폭이 수면이 영화 관람보다 더 크다고 말했는지는 알 수 없다.

③ 린더에 따르면, 임금이 삭감되었는데도 노동의 시간과 조건이 이전과 동일한 회사원의 경우, 수면에 들어가는 시간의 비용은 이전보다 줄어든다.
→ (○) 린더에 따르면, 임금이 늘어난 만큼 일 이외의 활동에 들어가는 시간의 비용도 함께 늘어난다.[2문단(6)] 즉, 임금과 일 이외의 활동에 들어가는 시간의 비용은 비례관계이므로, 임금이 삭감되면 노동 이외의 활동인 수면에 들어가는 시간의 비용은 이전보다 줄어든다는 것을 알 수 있다.

④ 베커와 린더 모두 개인이 느끼는 시간의 비용이 작아질수록 주관적인 시간의 길이가 길어진다고 생각한다.
→ (×) 베커는 시간의 비용이 시간을 소비하는 방식에 따라 변화한다고 주장하였고[1문단(1)], 린더 또한 임금과 시간의 비용 간 상관관계를 제시하며 시간의 비용이 가변적이라고 주장하였다.[2문단(1)] 그러나 이들은 모두 시간의 비용과 시간의 소비 방식의 관계에 대해서만 언급할 뿐, 주관적인 시간의 길이는 설명하지 않았다. 따라서 해당 선지의 내용은 제시문을 통해 알 수 없는 정보이다.

⑤ 베커와 린더 모두 시간의 비용이 가변적이라고 생각했지만, 기대수명이 시간의 비용에 영향을 미치는지 여부에 관해서는 서로 다른 견해를 가지고 있었다.
→ (×) 시간의 비용이 가변적이라는 개념은, 기대수명이 늘어나서 사람들에게 더 많은 시간이 주어지는 것이 시간의 비용에 영향을 미칠 수 있다는 점에서 의미가 있다.[1문단(6)] 따라서 베커와 린더는 모두 시간의 비용이 가변적이라고 생각했으므로[1문단(1), 2문단(1)], 두 학자 모두 기대수명이 시간의 비용에 영향을 미쳤다고 보았음을 알 수 있다.

제시문 분석

제시문 베커와 린더의 '시간의 비용'에 관한 주장

〈베커와 린더의 주장〉		
〈전제〉		〈결론〉
사람들에게 주어진 시간은 고정된 양이다.[3문단(1)]	→	'시간의 비용'이 시간을 소비하는 방식에 따라 변화한다.[1문단(1), 2문단(1)]

〈근거〉	
〈근거 ①〉	생산적인 활동의 기여도가 작을수록 시간의 비용이 적다.[1문단(2),(3)]
〈근거 ②〉	주말이나 저녁에는 회사들이 문을 닫기 때문에 활용할 수 있는 시간의 길이가 길어지고 이에 따라 특정 행동의 시간의 비용이 줄어든다.[1문단(5)]
〈근거 ③〉	임금이 늘어난 만큼 일 이외의 활동에 들어가는 시간의 비용도 함께 늘어난다.[2문단(6)]

→	〈의의〉	시간의 비용이 가변적이라는 개념은, 기대수명이 늘어나면 시간의 비용에 영향을 미칠 수 있다는 점에서 의미가 있다. [1문단(6)]

합격자의 실전 풀이 순서

❶ 발문 확인

발문 자체는 특별할 것이 없으므로 함정에만 주의하면 된다. 그러나 글의 첫 부분을 보면 '노벨상' 및 작은따옴표가 존재하므로 글의 첫 부분을 짧게 보지 말고 한 문장 정도로 보아야 한다. 물론 시간의 비용이라는 개념은 굉장히 낯설기 때문에 글의 소재를 '사회과학'이라고 가닥을 잡는 것 이상을 할 수는 없을 것이다. 이 정도만 해도 된다. 여기서 선지로 가든, 지문을 마저 읽든 본인의 독해 습관에 따라 출발한다.

❷ 선지 확인

이 지문은 선지에서 얻을 수 있는 정보가 거의 없으므로 사실 정석은 지문을 먼저 보는 것이다. 그래서 사실 선지를 먼저 읽는 쪽이 불리한 지문이다. 그런 만큼 선지를 먼저 보는 수험생을 위해 선지를 이용한 독해법을 설명하고자 한다.
먼저, 선지를 확인했을 때 'XX에 따르면'이라는 선지가 있는 경우 반드시 다른 선지를 확인하여 사람이 몇 명인지 확인하고, 각자의 분량이 어떤지를 확인해야 한다. 이것은 글의 분량 배분이 어떻게 되는지, 어느 쪽이 어려운지에 대한 중요한 단서가 된다. 지문의 경우 둘의 분량이 어느 정도 대등하고 베커 쪽이 앞에 있으므로 베커를 중심으로 내용이 전개된다는 사실을 기억하면 된다. 또한, 선지를 보면, 발문에서 확인한 시간의 비용이 수면과 영화 관람을 비교하는 것으로 나오고 있다. 이때 베커를 보고 나면 린더의 말을 기억하기 힘든 것은 정상이다. 혹은 린더까지 억지로 읽을 경우 베커에 대한 기억이 희미해지는 것도 정상이다. 선지의 모든 요소를 담아갈 수 없기 때문에 선택과 집중이 필요하고, 그 기준은 아주 뚜렷하게 나온 '학자'가 될 수 있다. 그 외에는 단지 '변화하는지 아닌지'에 대한 선지가 나왔다는 것만 기억하는 것으로 충분하다

❸ 지문 독해

(1) 먼저 지문의 구조에 대한 설명을 좀 하려고 한다. 이 지문은 사실 난이도가 어렵진 않지만 지문 구성은 특이하다. 두 주장이 대립하거나 비교되는 것이 아니라 서로 이어지고 있다. 사실 베커의 주장을 계승한 것이 린더의 주장인 것이다. 이런 경우 지문을 너무 면밀하게 분석하려고 하면 안 된다.
그렇다면 이런 관계를 어떻게 구분할 수 있는가? 두 주장을 이어주는 문구, 혹은 두 관점을 설명하는 글 초두 부분 등을 살펴보고, 또한 핵심 주장끼리의 관계를 봐서 종합적으로 판단해야 한다. 이 지문의 경우 2문단 (1)에서 공통적이라고 말하고 있으며 2문단 (3)(4)에서 베커와 논리가 완전히 통일되는 모습을 보여주고 있다. 또한, 베커의 주장이 나오기 전에 대립할만한 지점이 제시되어야 하는데 그런 양상도 보이지 않는다. 따라서 주장 간에 일종의 협력 관계를 도출할 수 있다.

(2) 물론 이렇게 주장들이 서로 이어지는 관계라고 해도 둘의 차이점이 있는지 없는지를 반드시 검토해야 한다. 이 지문에서는 차이점이 제시되지 않았지만 가정을 살짝 비틀거나 적용되는 영역을 바꿔서 차이를 두는 관계가 얼마든지 나올 수 있다.

(3) 시간의 비용이란 단어가 완벽하게 이해되지 않는다면 '시간의 쓸모'라고 다시 생각해 본다. 이처럼 설명하는 뜻은 이해가 되었는데 정작 "이게 왜 비용이지?"라는 생각이 든다면 뜻을 환원시켜서 이해해보는 것도 방법이다.

❹ 선지로 이동하여 정오를 판별한다.

이 지문은 사실 내용을 이해했다면 글을 보지 않아도 풀 수 있는 내용이다. 비교적 제시된 이론이 명확하기 때문이다. 따라서 비례식을 세워놨다면 바로 풀 수 있다. 비례식이란 다음과 같다.

(1) 노동 영향 ∝ 시간 비용 // 노동시간×임금 ∝ 총 시간 비용
(2) 시간 비용 총량 = 가용 시간 총량 = 일생동안으로 환산 가능

이 두 식으로 머릿속에 정리가 되었다면 선지를 아주 쉽게 해결할 수 있다.
그러나 이런 이해를 못 했다고 해서 풀 수 없는 것은 아니다. 사실 일부 선지는 지문 속에 답이 있다. 아무리 어려운 독해 지문이어도 그러하다. 이 경우 지문은 핵심만 이해하고 선지를 빠르게 지문에서 발췌독하는 연습을 하자.

합격자의 시간단축 Tip

Tip ❶ 주장이 아닌 것까지 주장으로 인식하지 않기

특정 인물의 주장이 제시되는 경우, 익숙한 선지의 단어를 활용하여 지문 속 인물이 주장하지 않은 내용도 맞는 내용처럼 오답을 만드는 경우가 많다. 예를 들면, 본 문제의 ④번 선지와 같이 '주관적인 시간의 길이'는 베커와 린더가 전혀 주장하지 않았음에도 불구하고, 이를 마치 제시문에서 주장한 것처럼 선지로 출제된 바 있다. 지문에서 사용된 용어와 유사하여 함정에 빠지기 쉬우므로, 특정 인물의 주장이 나온다면 그 사람이 정확하게 주장하는 범위가 어디까지인지를 인지하는 것이 필요하다.

Tip ❷ 선지에서 부각되는 내용을 주의 깊게 살펴보도록 한다.

선지에는 최소한의 내용만이 들어가야 하기 때문에, 오지선다에 눈에 띄는 정보가 있다면 그 정보에 집중하는 것이 좋다. 예를 들어 ①번 선지의 경우 '2시간의 수면과 1시간의 영화 관람'이 언급되고 있는데, 이를 읽으며 굳이 '2시간'과 '1시간'을 제시한 이유가 무엇인지에 대해 생각해 볼 필요가 있다. 위 문제의 경우 2시간과 1시간이라는 내용을 단위 시간당 시간의 비용이 언급된 1문단과 연결하여 ①번이 오답임을 유추할 수 있었다.
위와 같이 오지선다에서 눈에 띄는 부가적인 요소가 있을 때는, 해당 부분이 답을 골라내는 데 핵심 요소가 될 수 있으므로 주의 깊게 살펴보도록 하자.

Tip ❸ 서로 증감 관계에 영향을 주는 개념어는 비례/반비례화하자.

일반적으로 비례/반비례 관계는 과학/기술/경제 분야에서 나오는 경우가 대부분이다. 하지만, 그 외에도 충분히 나올 수 있으며 이들이 선지로 구성되는 경우가 많으므로 미리 그들의 관계를 파악하는 것이 큰 도움이 된다. 제시문을 읽으면서 어느 한쪽이 증가/감소함에 따라 다른 것이 그 영향을 받아 증가/감소 추세를 보인다면, 비례/반비례의 관계로 파악하고 표시해두면 문제풀이 시 판단이 쉬워진다.
예를 들어, 1문단에서는 행위의 생산성이 커지면 단위 시간당 시간의 비용이 작아지므로 이들은 반비례 관계로, 활용할 수 있는 시간의 길이가 길어질수록 시간의 비용이 줄어들기 때문에 마찬가지로 반비례 관계로 볼 수 있다.

083 정답 ③ 　　　　난이도 ●○○

문제유형 이해 > 결론 도출

접근전략 특정 밑줄의 내용을 묻는 문제는 아래 지문과 같이 실험의 결론을 물어볼 수도 있고, 혹은 특정 사안에 대한 정오 여부를 물을 수도 있다. 이러한 유형의 문제는 우선 밑줄과 그 주변 부분을 먼저 읽어서 무엇을 중점적으로 파악하며 글을 읽어야 하는지를 확인한다. 그 이후 밑줄의 특성에 따라서 글을 다르게 읽어 내려가도록 한다. 해당 문제의 빈칸은 '결론'을 묻고 있으므로 앞내용을 요약하며 글의 전반적인 내용을 파악해두는 것이 좋다.

다음 ㉠의 내용으로 가장 적절한 것은?

(1) 인지부조화는 한 개인이 가지는 둘 이상의 사고, 태도, 신념, 의견 등이 서로 일치하지 않거나 상반될 때 생겨나는 심리적인 긴장상태를 의미한다. (2) 인지부조화는 불편함을 유발하기 때문에 사람들은 이것을 감소시키려고 한다. (3) 인지부조화를 감소시키는 방법은 서로 모순관계에 있어서 양립할 수 없는 인지들 가운데 하나 이상의 인지가 갖는 내용을 바꾸어 양립할 수 있게 만들거나, 서로 모순되는 인지들 간의 차이를 좁힐 수 있는 새로운 인지를 추가하여 부조화된 인지상태를 조화된 상태로 전환하는 것이다. ▶1문단

(1) 그런데 실제로 부조화를 감소시키는 행동은 비합리적인 면이 있다. (2) 그 이유는 그러한 행동들이 사람들로 하여금 중요한 사실을 배우지 못하게 하고 자신들의 문제에 대해서 실제적인 해결책을 찾지 못하도록 할 수 있기 때문이다. (3) 부조화를 감소시키려는 행동은 자기방어적인 행동이고, 부조화를 감소시킴으로써 우리는 자신의 긍정적인 이미지, 즉 자신이 선하고 현명하며 상당히 가치 있는 인물이라는 긍정적인 측면의 이미지를 유지하게 된다. (4) 비록 자기방어적인 행동이 유용한 것으로 생각될 수 있지만, 이러한 행동은 부정적 결과를 초래할 수 있다. ▶2문단

(1) 한 실험에서 연구자는 인종차별 문제에 대해서 확고한 입장을 보이는 사람들을 선정하였다. (2) 일부는 차별에 찬성하였고, 다른 일부는 차별에 반대하였다. (3) 선정된 사람들에게 인종차별에 대한 찬성과 반대 의견이 실린 글을 모두 읽게 하였는데, 어떤 글은 지극히 논리적이고 그럴듯하였고, 다른 글은 터무니없고 억지스러운 것이었다. (4) 실험에서는 참여자들이 과연 어느 글을 기억할 것인지에 관심이 있었다. (5) 인지부조화 이론에 따르면, 사람들은 현명한 사람을 자기 편, 우매한 사람을 다른 편이라 생각할 때 마음이 편안해질 것이다. (6) 그렇다면 이 실험에서 인지부조화 이론은 다음과 같은 ㉠ 결과를 예측할 것이다. ▶3문단

① **참여자들은 자신의 의견에 동의하는 논리적인 글과 반대편의 의견에 동의하는 논리적인 글을 기억한다.**
→ (×) 인지부조화 이론에 따르면, 사람들은 현명한 사람을 자기편으로, 우매한 사람을 다른 편이라고 생각할 때 편안해질 것이라 했다.[3문단(5)] 따라서, 자신의 의견과 반대편의 의견이 논리적이라면 이를 기억하려 하지 않을 것이다.

② **참여자들은 자신의 의견에 동의하는 모든 글을 기억하고 반대편의 의견에 동의하는 모든 글을 기억하지 않는다.**
→ (×) 인지부조화 이론에 따르면, 사람들은 현명한 사람을 자기편으로, 우매한 사람을 다른 편이라고 생각할 때 편안해질 것이라 했다.[3문단(5)] 따라, 자신의 의견에 동의하지 않는 글은 터무니없고 억지스러운 것만 기억할 것이다.

③ **참여자들은 자신의 의견에 동의하는 논리적인 글과 반대편의 의견에 동의하는 터무니없고 억지스러운 글을 기억한다.**
→ (○) 인지부조화 이론에 따르면, 사람들은 현명한 사람을 자기 편, 우매한 사람을 다른 편이라 생각할 때 마음이 편안해질 것이다.[3문단(5)] 따라서 참여자들은 자신의 의견에 동의하는 논리적인 글과 반대편에 동의하는 억지스러운 글을 기억할 것이다.

④ **참여자들은 자신의 의견에 동의하는 터무니없고 억지스러운 글과 반대편의 의견에 동의하는 논리적인 글을 기억한다.**
→ (×) 인지부조화 이론에 따르면, 사람들은 현명한 사람을 자기편으로, 우매한 사람을 다른 편이라고 생각할 때 편안해질 것이라 했다.[3문단(5)] 따라서 자신의 의견에 동의하는 글이 터무니없고 억지스럽다면 기억하지 않을 것이며 자신의 의견에 동의하지 않는 글은 터무니없고 억지스러운 것만 기억할 것이다.

⑤ **참여자들은 자신의 의견에 동의하는 모든 글을 기억하고 반대편의 의견에 동의하는 논리적인 글은 기억하지 않는다.**
→ (×) 인지부조화 이론에 따르면, 사람들은 현명한 사람을 자기편으로, 우매한 사람을 다른 편이라고 생각할 때 편안해질 것이라 했다.[3문단(5)] 따라서 자신의 의견에 동의하는 글은 논리적인 글만 기억할 것이며 자신의 의견에 동의하는 논리적인 글은 기억하지 않을 것이다.

제시문 분석

제시문 인지부조화에 관한 실험결과

〈인지부조화의 개념〉	
인지부조화는 한 개인이 가지는 둘 이상의 사고, 태도, 신념, 의견 등이 서로 일치하지 않거나 상반될 때 생겨나는 심리적인 긴장상태를 의미한다.[1문단(1)]	
〈해결책 ①〉	〈해결책 ②〉
사람들은 서로 모순관계에 있어서 양립할 수 없는 인지들 가운데 하나 이상의 인지가 갖는 내용을 바꾸어 양립할 수 있게 만듦.[1문단(2),(3)]	서로 모순되는 인지들 간의 차이를 좁힐 수 있는 새로운 인지를 추가하여 인지부조화를 감소시키려고 한다.[1문단(2),(3)]

〈실험 내용〉		
〈실험 대상 선정〉		〈실험 방법〉
연구자는 인종차별 문제에 대해서 확고한 찬성 또는 반대 입장을 가진 사람들을 선정하였다.[3문단(1),(2)]	⊕	선정된 사람들에게 인종차별에 대한 찬성과 반대 의견이 실린 글을 모두 읽게 하였는데, 어떤 글은 지극히 논리적이고 그럴듯하였고, 다른 글은 터무니없고 억지스러운 것이었다.[3문단(3)]

→

〈결과 예측〉	인지부조화 이론에 따르면, 사람들은 현명한 사람을 자기 편, 우매한 사람을 다른 편이라 생각할 때 마음이 편안해질 것이다.[3문단(5)]

합격자의 실전 풀이 순서

❶ **발문 확인**
여기서 발문 확인이라 함은 추론이나 〈알 수 있는〉 등의 단어만을 의미하지 않는다. 빈칸이나 밑줄이 있으면 그것을 발문

에 포함시켜야 한다. 예컨대 이 지문의 경우 "다음 〈결론〉의 내용으로 가장 적절한 것"을 묻는다고 해석할 때 가장 자연스럽다. 이때 밑줄 근처의 '인지부조화'나 '실험' 등 키워드를 가져갈 수 있으면 더욱 좋다.

또한, 발문은 지문의 첫 부분을 포함한다. 구체적으로 이 글에선 '인지부조화'라는 중심 소재를 발문에 포함시킬 수 있을 것이다.

종합하면 "인지부조화에 대한 실험 결과로 적절한 것은?"이라고 발문을 바꾸어볼 수 있을 것이다.

❷ 지문 독해

1문단 (1)은 정의(Definition) 문장으로서 지문의 중심 소재가 어려울 경우 길게 설명해 준다. 이런 문장의 경우 자신이 의미를 알고 있던 경우가 아니라면 반드시 이해를 할 수 있을 정도로 정독해 주어야 한다. 단, 인지부조화가 뭔지 대강 알고 있다면 기억을 되살리는 것으로 충분하고, 확실히 알고 있다면 바로 다음 문장으로 넘어가면 된다.

1문단 (3)에서 갑자기 논리적인 것처럼 보이는 문장이 나와서 많은 독자들이 당황했을 수 있다. 분명히 결론 부분 및 (1)(2)를 통해서 일반적인 지문일 거라 예상했는데 갑자기 어려운 내용이 나오면 '함정에 걸렸구나'하고 생각할 것이다. 그러나 인지부조화의 의미를 (1)로부터 이해하고 있다면, '바꾸어 조화된 상태로 전환한다.'가 더 중심 의미임을 알 수 있다. 어떻게 바꿀지, 어떤 모순된 상황인지 판단하는 것은 딱히 중요하지 않다. 왜냐면 어차피 실험에서 구체적으로 주어질 것이기 때문이다.

2문단 (2)(3)(4)문장은 인지부조화 해소 기제가 갖고 있는 다양한 문제를 나열하고 있다. 이때 문장 간에 접속사 등을 이용한 연결이 확실하지 않다면, 순서를 바꿔서 이해해도 무방하다. 심지어 어떤 글의 경우 일부 문장을 누락한 채 읽어도 된다. 이를 통독이라 한다. 단순히 생략하면서 읽는 것을 통독이라고 하는 것이 아니다. 통독을 해야 할 때 하지 않으면 피로도가 가중되고, 하지 말아야 할 때 통독해 버리면 내용 이해에 애로사항이 생긴다. 사실 이 문장들은 순서를 바꿔서 읽을 수는 있을지언정 아예 생략해버리면 안 된다. 반면 3문단 (2)문장은 아예 생략해버려도 된다. 이때 생략하는 문장은 반드시 다른 문장에 붙일 수 있도록 별도의 표시를 해서 만에 하나의 경우를 대비하도록 한다.

3문단은 인지부조화와 관련된 실험이 제시된다. 어떻게 인지부조화가 적용되는지는 〈반드시〉 실험의 가설에서 명시적으로 주어지므로 먼저 추측하는 것은 삼가야 한다. 이 실험에서는 3문단 (5)문장이 그 가설이라 할 수 있다.

❸ 선지 판단

지문의 이해와 관련하여, 선지를 고를 때는 실험의 결과를 이해할 뿐 아니라 그것이 대전제인 "비합리성"을 만족하도록 골라야 한다. 예컨대 결론 바로 윗 문장에서 현명한 사람과 논리적인 글을 단순히 연결할 뿐 아니라, 정보의 선택적 수용이 '비합리적'인지 한번 더 검토해야 한다. (마치 NCS의 조직이해능력 문제와도 같다.)

이런 식으로 조금만 검토해 봐도 "모든 의견을 기억하는 것"이 굳이 필요 없다는 것을 알 수 있다.

합격자의 시간단축 Tip

Tip ❶ 이론-실험 지문의 독해

해당 제시문의 경우에도 실험의 결론을 아는 것이 주된 목적이고 1, 2문단의 경우에는 실험의 배경이 되는 기본 지식이 제시되어 있으므로 3문단 실험의 맥락을 파악하고 1, 2문단에 나오는 기본 지식과 연결해서 답을 도출하면 된다는 것을 인지한다. 그다음 글을 읽을 때 1, 2문단은 주장하는 핵심 내용을 파악, 3문단의 경우 실험 자체의 맥락을 파악하는 데 초점을 맞춰 글을 읽는다. 이런 이론과 사례 형식의 지문은 시험의 종류를 가리지 않고 출제되는 전형적인 유형이므로 글의 〈구조화〉를 머릿속으로 할 수 있어야 한다. 이런 지문을 필기하면서 풀면 절대 안 된다.

Tip ❷ 밑줄이 포함된 문장 또는 그 앞뒤 문장으로도 답을 낼 수 있는 경우도 있다.

빈칸이나 밑줄이 포함된 지문의 경우 해당 문장, 또는 그 주변 내용을 유심히 보는 습관을 들이자. 모든 문제가 그런 것은 아니지만, 낮은 확률로 밑줄 부분과 관련된 것을 묻는 문제에서는 밑줄이 포함된 문장과 그 앞뒤 문장만으로도 정답을 낼 수 있는 경우도 있다. 사실 해당 문제도 밑줄 포함 문장의 앞 문장을 근거로 정답을 낼 수 있다. 그러나, 이는 정확도가 떨어지며 모든 문제에 해당되는 것은 아니니 급한 경우 써볼 수 있는 방법이다.

Tip ❸ 정의 문장은 지문 전체에서 가장 중요하다.

실전 풀이순서 2에서 언급했듯 정의 문장은 지문의 이해에 가장 필수적인 문장이다. 이 문장은 대부분 1문단 초중반 부에 나오지만 2문단에 나올 때도 있다. 예컨대 1문단에 평범한 사람들이 할법한 생각을 다룬 다음 진실을 2문단에 배치하는 것이다. 예컨대 태풍의 눈과 관련하여 다음과 같은 구조가 있을 수 있다.

- 1문단: 태풍이 끼치는 피해 + 태풍의 중심부로 갈수록 바람이 세질 거라는 편견
- 2문단: 태풍의 중심부의 바람 + 태풍의 눈의 뜻

태풍의 눈을 설명하는 문장이 2문단에 등장하고 있는 것을 볼 수 있다. 따라서 1문단이나 끝 문단을 정독하는 것이 아니라 문장의 실질에 따라 정독하는 부분을 다르게 해야 한다.

084 정답 ①

난이도 ●●○

문제유형 이해 > 핵심논지의 파악

접근전략 논리 테마의 지문이 등장하는 빈칸 채우기 유형이다. 빈칸 채우기 유형의 경우 먼저 빈칸의 성격을 파악해야 한다. 빈칸 앞뒤의 내용도 중요하지만, 빈칸이 글 전체의 맥락에서 어떤 위치를 차지하고 있는지가 더 중요하다. 선지를 먼저 확인하고 지문을 읽는 경우 잔상이 남아 지문 독해에 영향을 줄 수 있으므로, 선지는 독해 후에 확인한다.

다음 글의 ㉠에 들어갈 진술로 가장 적절한 것은?

(1) 흔히들 과학적 이론이나 가설을 표현하는 엄밀한 물리학적 언어만을 과학의 언어라고 생각한다. (2) 그러나 과학적 이론이나 가설을 검사하는 과정에는 이러한 물리학적 언어 외에 우리의 감각적 경험을 표현하는 일상적 언어도 사용될 수밖에 없다. (3) 그런데 우리의 감각적 경험을 표현하는 일상적 언어에는 과학적 이론이나 가설을 표현하는 물리학적 언어와는 달리 매우 불명료하고 엄밀하게 정의될 수 없는 용어들이 포함되어 있다. (4) 어떤 학자는 이러한 용어들을 '발룽엔'이라고 부른다. ▶1문단

(1) 이제 과학적 이론이나 가설을 검사하는 과정에 발룽엔이 개입된다고 해보자. (2) 이 경우 우리는 증거와 가설 사이의 논리적 관계가 무엇인지 결정할 수 없게 될 것이다. (3) 즉, 증거가 가설을 논리적으로 뒷받침하고 있는지 아니면 논리적으로 반박하고

있는지에 관해 미결정적일 수밖에 없다는 것이다. (4) 그 이유는 증거를 표현할 때 포함될 수밖에 없는 발룽엔을 어떻게 해석할 것인지에 따라 증거와 가설 사이의 논리적 관계에 대한 다양한 해석이 나오게 될 것이기 때문이다. (5) 발룽엔의 의미는 본질적으로 불명료할 수밖에 없다. (6) 즉, 발룽엔을 아무리 상세하게 정의하더라도 그것의 의미를 정확하고 엄밀하게 규정할 수는 없다는 것이다. ▶2문단

(1) 논리실증주의자들이나 포퍼는 증거와 가설 사이의 관계를 논리적으로 정확하게 판단할 수 있고 이를 통해 가설을 정확히 검사할 수 있다고 생각했다. (2) 그러나 증거와 가설이 상충하면 가설이 퇴출된다는 식의 생각은 너무 단순한 것이다. (3) 증거와 가설의 논리적 관계에 대한 판단을 위해서는 증거가 의미하는 것이 무엇인지 파악하는 것이 선행되어야 하기 때문이다. (4) 따라서 우리가 발룽엔의 존재를 염두에 둔다면, '[㉠]'라고 결론지을 수 있다. ▶3문단

① 과학적 가설과 증거의 논리적 관계를 정확하게 판단할 수 있다는 생각은 잘못된 것이다.
→ (O) 3문단의 두 번째 문장 앞에 '그러나'라는 역접 접속부사가 있으므로 3문단은 [(논리실증주의자들과 포퍼의 결론)+그러나+(글쓴이의 이유와 결론)]으로 구성되어야 한다. 빈칸 ㉠은 글쓴이의 결론이 들어가야 하는데, 두 번째 문장 앞에 '그러나'라는 역접 접속부사가 붙어 있으므로 논리실증주의자들과 포퍼의 결론과 상반된 내용이 들어가야 한다. 따라서 빈칸 ㉠에는 "증거와 가설 사이의 관계를 논리적으로 정확하게 판단할 수 있고 이를 통해 가설을 정확히 검사할 수 있다."[3문단(1)]와 상반된 내용이 들어가야 하고, 이러한 맥락의 내용은 해당 선지뿐이다. 또한, 앞선 문장에서 '발룽엔'을 언급하며 그것의 의미를 정확하고 엄밀하게 규정할 수는 없다고 주장하므로[2문단(6)], 발룽엔의 존재를 염두에 둔다면 과학적 가설과 증거의 논리적 관계를 정확하게 판단할 수 있다는 생각은 잘못된 것이라는 결론을 도출할 수 있다.

② 과학적 가설을 정확하게 검사하기 위해서는 우리의 감각적 경험을 배제해야 한다.
→ (×) 과학적 이론이나 가설을 검사하는 과정에는 물리학적 언어 외에 우리의 감각적 경험을 표현하는 일상적 언어도 사용될 수밖에 없다.[1문단(2)] 따라서 해당 선지의 내용은 제시문의 내용과 상반되므로 빈칸 ㉠에 들어갈 수 없다.

③ 과학적 가설을 검사하기 위한 증거를 표현할 때 발룽엔을 사용해서는 안 된다.
→ (×) 해당 제시문에서는 과학적 이론이나 가설을 검사하는 과정에 발룽엔이 개입된다는 것을 전제하고 있다.[2문단(1)] 따라서 해당 선지의 내용은 제시문의 내용과 상반되므로 빈칸 ㉠에 들어갈 수 없다.

④ 과학적 가설을 표현하는 데에도 발룽엔이 포함될 수밖에 없다.
→ (×) 우리의 감각적 경험을 표현하는 일상적 언어에는 매우 불명료하고 엄밀하게 정의할 수 없는 용어들인 발룽엔이 포함되어 있으나[1문단(3)], 과학적 이론이나 가설을 표현하는 데에는 오로지 물리학적 언어만이 사용된다.[1문단(1), (3)] 즉, 과학적 가설이나 이론을 '검사'하는 과정에는 발룽엔이 개입되지만[2문단(1)], 이를 '표현'하는 데에는 오로지 물리학적 언어만이 사용된다는 것이다.[1문단(1), (3)] 따라서 해당 선지의 내용은 제시문의 내용과 일치하지 않는다.

⑤ 증거가 의미하는 것이 무엇인지 정확히 파악해야 한다.
→ (×) 제시문에 따르면 증거를 표현할 때 발룽엔이 개입함으로써 증거가 무엇을 정확히 의미하는지 불명확해진다고 했다.[2문단(4), (5)] 그런데 빈칸 앞 내용에 따르면 발룽엔의 존재를 염두에 두는 상황을 가정했으므로[3문단(4)] 증거가 의미하는 것이 무엇인지 정확히 파악하는 것은 어렵다고 봐야 할 것이다. 따라서 해당 선지의 내용은 빈칸 ㉠에 들어갈 수 없다.

제시문 분석

1·2문단 발룽엔의 개념과 특징

〈발룽엔〉	
〈개념〉	우리의 감각적 경험을 표현하는 일상적 언어에는 매우 불명료하고 엄밀하게 정의될 수 없는 용어인 '발룽엔'이 포함되어 있다.[1문단(3), (4)]
〈특징〉	발룽엔을 아무리 상세하게 정의하더라도 그것의 의미를 정확하고 엄밀하게 규정할 수는 없다.[2문단(6)]

2·3문단 과학적 이론이나 가설의 검사에 개입하는 발룽엔

〈발룽엔 개입〉		〈발룽엔의 해석〉		〈발룽엔의 영향〉
과학적 이론이나 가설을 검사하는 과정에 발룽엔이 개입된다.[2문단(1)]	→	증거를 표현할 때 포함될 수밖에 없는 발룽엔을 어떻게 해석할 것인가에 따라 증거와 가설 사이의 논리적 관계에 대한 다양한 해석이 나오게 될 것이다.[2문단(4)]	→	우리는 증거와 가설 사이의 논리적 관계가 무엇인지 결정할 수 없게 될 것이다.[2문단(2)]

↔

〈논리실증주의자, 포퍼〉	증거와 가설 사이의 관계를 정확하게 판단할 수 있고 이를 통해 가설을 정확히 검사할 수 있다.[3문단(1)]

합격자의 실전 풀이 순서

빈칸 채우기 유형

⓿ 유형 식별하기

빈칸 채우기 유형은 발문과 지문의 형태에서 바로 파악할 수 있다.

발문: 다음 글의 빈칸에 들어갈 말로 가장 적절한 것은?

지문: 일부 문장 대신 빈칸이 뚫린 형태

❶ 지문 훑어보기

이 단계에서는 지문의 주제와 키워드를 대강 파악한다. 눈에 띄는 부분이 있는지 체크하고, 빈칸의 위치를 확인한다.

예 과학의 언어로는 두 종류가 있다는 글이구나. 물리학적 언어와 일상적 언어가 서로 대응되는 개념이니 둘을 비교하는 선지가 나올 수 있겠다. '발룽엔'이라는 개념에 작은따옴표가 붙어 있고, 빈칸은 맨 마지막 문장에 있네.

❷ 빈칸 확인하기

빈칸에 들어갈 내용이 어떤 역할을 수행하는지 파악하는 것이 이 유형의 핵심이다. 빈칸의 성격에 따라 문제풀이의 방법도 달라진다.

(1) 중심 내용

이 경우 수험생은 지문을 처음부터 끝까지 읽은 후, 지문이 말하고자 하는 최종적인 결론을 찾아내야 한다. 구체적인 지표나 통계 자료에 매몰되지 않고, '그래서 이 지표가 어떠한 결론으로 이끄는가?', '이 모든 문장이 함축된

결론은 무엇인가?'를 끊임없이 질문하며 읽어야 한다. 글의 디테일보다는 전체를 파악하겠다는 목표를 잡고 접근해야 하는 것이다.

(2) 빈칸 앞뒤 맥락을 연결하는 내용

이 유형은 생략된 전제를 독자가 직접 선지와 매칭하여 채워넣는 유형이다. 결론을 도출하기 위해 어떤 내용이 추가로 필요한지, 혹은 앞의 내용에서 이어지는 합리적인 중간내용이 무엇인지 확인하는 부분이 빈칸이 된다. 수험생은 먼저 지문의 핵심 내용을 확인한 뒤, 빈칸 앞뒤 문장들을 집중적으로 읽으며 문맥을 추론하는 접근을 취해야 한다. 이 경우 지문에서까지 핵심 내용을 추론하기 어렵게 두지는 않으므로, 핵심 내용을 빠르게 파악하고 빈칸으로 이동하는 순서로 해결하면 된다.

빈칸의 역할을 파악하기 위해서는 빈칸의 위치와 빈칸 앞뒤 문장을 봐야 한다. 다만, 두 번째 유형의 경우 형식적 특징으로 구분 가능한 경우가 있다. 여러 개의 빈칸이 제시문 전반에 분포된 경우, 빈칸 두 개가 한 문장에 병렬적으로 제시된 경우, 논증 형식의 구성 중 일부에 빈칸이 있는 경우 등이다. 빈칸의 역할을 파악하는 것은 독해의 방향을 설정하기 위한 것이므로 시간을 많이 쓸 필요는 없다. 만약 빈칸의 역할을 파악하기 어렵다면 바로 글을 읽으며 중심 내용을 찾으면 된다. 해당 문제는 빈칸 뒤의 '…라고 결론지을 수 있다'라는 표현에서 전자에 해당함을 쉽게 알 수 있다.

❸ 제시문 독해하기

이 단계에서는 지문을 처음부터 끝까지 읽으며 글의 얼개를 파악하고, 핵심 내용을 이해한다. 빈칸이 중심 내용에 들어가는 최근 출제경향 하에서 발췌독은 추천하지 않으며, 글 전체를 통독하는 것이 바람직하다. 이 과정에서는 엄밀성보다 포괄성에 중점을 둔다. 각각의 세부적 내용보다 문단별 중심 내용을 이해하고, 그 내용들이 모여서 지향하는 하나의 결론이 무엇인지 파악하는 것이다.

특히 1문단 마지막 문장에 '발룽엔'이라는 생소한 개념이 제시되었다. 제시문에서 설명하는 개념은 꼭 이해하고 넘어가는 것이 좋다. '발룽엔'은 빈칸이 포함된 문장에도 등장하므로 빈칸의 힌트도 될 것이다.

❹ 선지 고르기

빈칸은 본문의 핵심을 제시하는 내용으로 채워져야 한다. 앞서 1문단에서 '발룽엔'의 정의가 서술된 바 있고, 2문단에서도 거듭해서 이러한 의미를 강조하는 설명이 제시된 점에서 결국 '발룽엔이 개입했을 때 증거가 의미하는 것이 무엇인지 파악하는 것'은 불가능함을 도출할 수 있을 것이다. 따라서 증거와 가설의 논리적 관계에 대한 판단도 할 수 없으므로 선지 ①이 정답이다. 발문이 '가장 옳은 것'을 묻고 있으므로, 정답을 고를 때에는 모든 선지를 다 대입해 보는 것을 추천한다. 문제를 해결하는 사고 과정은 해설에 들어있지만, 수험생은 그 직접적인 해결 단계에 도달하기까지 몇 단계를 의식적 또는 무의식적으로 거치게 된다. 실전 풀이 순서는 해결 전까지 거치면 좋을 단계에는 어떤 것이 있는지 수험생이 파악하고, 더 효율적인 풀이 단계를 스스로 찾을 수 있도록 돕는 것이다. 설명은 길지만 실제로 이러한 과정은 짧은 시간 내에 이루어진다.

합격자의 시간단축 Tip

Tip ❶ 빈칸문제의 근거 범위

빈칸문제가 등장했을 시 어떤 부분을 근거로 삼을지 기준을 미리 잡아 두면 문제 풀이가 훨씬 수월하고 빨라진다. 보통 빈칸문제의 근거는 빈칸이 포함된 문장, 앞뒤 문장, 빈칸이 포함된 문단이나 제시문 전체의 주제를 근거로 삼을 수 있다. 여기서 직접적인 근거를 못 얻더라도 최소한 근거를 얻을 실마리는 얻을 수 있으니 이들부터 먼저 참고해서 풀자.

Tip ❷ 부정 표현에 집중하자.

지문이나 선지의 부정 표현은 의도적이라고 보고 꼼꼼하게 확인하자. 예컨대 이 문제의 경우 2문단 마지막 문장에서 '아무리 ~ 하더라도 ~없다' 와 같은 표현이 이에 해당한다고 볼 수 있다. 이와 같은 부정 표현은 자주 반대인 긍정 표현으로 뒤집어 오답 선지로 출제된다.

Tip ❸ 통념이 등장하면 글의 전개 방향을 예상하자.

1문단의 '흔히들', 3문단의 '논리실증주의자들은~ 생각했다. 그러나~' 등은 통념을 제시하는 표현이다. 이를 반박하는 내용이 뒤이어 제시되리라는 것을 예상할 수 있다.

통념을 반박하며 글쓴이의 주장을 하는 것이 해당 글의 전체 구조이므로, 빈칸에 해당하는 선지를 찾을 때도 '통념을 통해 제시된 문제가 해결되었는가?'를 주안점에 두고 독해하는 것이 필요하다.

Tip ❹ 제시문 내 개념 정의는 꼭 알아두자.

제시문에서 개념의 정의를 서술한다는 것은 그 개념이 지문의 핵심 키워드 중 하나라는 것이다. 낯선 개념뿐 아니라 익숙한 개념이라도 수험생은 제시문에서 설명한 정의로 이해해야 한다. 문제 풀이의 근거는 배경지식이 아닌 지문의 내용이기 때문이다. 개념의 이해는 제시문 독해는 물론 문제를 푸는 데에도 유용하다.

085 정답 ①

난이도 ●○○

문제유형 법규의 해석 및 적용

접근전략 법조문 유형 중 규정을 바탕으로 선지에서 옳은 것을 고르는 규정확인문제이다. 법조문 유형을 풀 때는 조문의 구체적인 내용을 독해하는 것보다, 법조문의 구조를 파악한 후 〈보기〉에서 묻고 있는 정보를 찾아 올라가는 형태로 푸는 것이 좋다. 본 문제의 경우, 문서의 성립 및 효력, 작성의 일반원칙과 관련한 글이다. 최근에 전자문서가 대두되면서 〈전자문서를 어떻게 처리할지〉 규정이 등장하고 있으므로 이에 유의한다. 작성원칙은 복잡하여 처음 읽어서 이해하기 매우 어려우므로, 선지로 내려가 선지와 조문을 연결시키며 이해를 시도하는 것이 좋다. 이는 난이도 측면 외에도, 작성원칙은 기본적으로 많은 경우에 대비하여 빠지는 정보 없이 자세하게 쓰여지는데 반해 선지에서 판단을 요구하는 정보는 일부분이므로, 그 정보와 연관된 작성원칙만 확인하면 되기 때문이다.

다음 글을 근거로 판단할 때 옳은 것은?

제○○조(문서의 성립 및 효력발생) ① 문서는 결재권자가 해당 문서에 서명(전자이미지서명, 전자문자서명 및 행정전자서명을 포함한다)의 방식으로 결재함으로써 성립한다.

② 문서는 수신자에게 도달(전자문서의 경우는 수신자가 지정

한 전자적 시스템에 입력되는 것을 말한다)됨으로써 효력이 발생한다.

③ 제2항에도 불구하고 공고문서는 그 문서에서 효력발생 시기를 구체적으로 밝히고 있지 않으면 그 고시 또는 공고가 있은 날부터 5일이 경과한 때에 효력이 발생한다.

제○○조(문서 작성의 일반원칙) ① 문서는 어문규범에 맞게 한글로 작성하되, 뜻을 정확하게 전달하기 위하여 필요한 경우에는 괄호 안에 한자나 그 밖의 외국어를 함께 적을 수 있으며, 특별한 사유가 없으면 가로로 쓴다.

② 문서의 내용은 간결하고 명확하게 표현하고 일반화되지 않은 약어와 전문용어 등의 사용을 피하여 이해하기 쉽게 작성하여야 한다.

③ 문서에는 음성정보나 영상정보 등을 수록할 수 있고 연계된 바코드 등을 표기할 수 있다.

④ 문서에 쓰는 숫자는 특별한 사유가 없으면 아라비아 숫자를 쓴다.

⑤ 문서에 쓰는 날짜는 숫자로 표기하되, 연·월·일의 글자는 생략하고 그 자리에 온점(.)을 찍어 표시하며, 시·분은 24시각제에 따라 숫자로 표기하되, 시·분의 글자는 생략하고 그 사이에 쌍점(:)을 찍어 구분한다. 다만 특별한 사유가 있으면 다른 방법으로 표시할 수 있다.

① **문서에 '2018년 7월 18일 오후 11시 30분'을 표기해야 할 때 특별한 사유가 없으면 '2018. 7. 18. 23:30'으로 표기한다.**
➜ (O) 제2조 제4항과 제5항에 따르면 특별한 사유가 없으면 문서에 쓰는 날짜는 아라비아 숫자로 표기하되, 연□월□일의 글자는 생략하고 그 자리에 온점(.)을 찍어 표시하며, 시□분은 24시각제에 따라 숫자로 표기하되, 시□분의 글자는 생략하고 그 사이에 쌍점(:)을 찍어 구분한다. 오후 11시는 24시각제에 따르면 23시로 표기한다. 따라서 특별한 사유가 없으면 '2018년 7월 18일 오후 11시 30분'을 표기할 때 '2018. 7. 18. 23:30'으로 표기한다.

② **2018년 9월 7일 공고된 문서에 효력발생 시기가 구체적으로 명시되지 않은 경우 그 문서의 효력은 즉시 발생한다.**
➜ (×) 제1조 제3항에 따르면 공고문서는 그 문서에서 효력발생 시기를 구체적으로 밝히고 있지 않으면 그 공고가 있은 날부터 5일이 경과한 때에 효력이 발생한다. 따라서 2018년 9월 7일 공고된 문서에 효력발생 시기가 구체적으로 명시되지 않은 경우, 그 문서는 공고가 있은 날부터 5일이 경과한 2018년 9월 12일에 효력이 발생한다.

③ **전자문서의 경우 해당 수신자가 지정한 전자적 시스템에 도달한 문서를 확인한 때부터 효력이 발생한다.**
➜ (×) 제1조 제2항에 따르면 문서는 수신자에게 도달됨으로써 효력이 발생하며, 전자문서의 경우 수신자가 지정한 전자적 시스템에 입력되는 것을 수신자에게 도달했다고 말한다. 따라서 전자문서의 경우 수신자가 지정한 전자적 시스템에 도달한 문서를 확인한 때가 아닌, 수신자가 지정한 전자적 시스템에 입력됨으로써 효력이 발생한다.

④ **문서 작성 시 이해를 쉽게 하기 위해 일반화되지 않은 약어와 전문용어를 사용하여 작성하여야 한다.**
➜ (×) 제2조 제2항에 따르면 문서의 내용은 일반화되지 않은 약어와 전문용어 등의 사용을 피하여 이해하기 쉽게 작성하여야 한다.

⑤ **연계된 바코드는 문서에 함께 표기할 수 없기 때문에 영상 파일로 처리하여 첨부하여야 한다.**
➜ (×) 제2조 제3항에 따르면 문서에는 연계된 바코드를 표기할 수 있다.

합격자의 실전 풀이 순서

❶ 문제 유형 파악

본 문제의 경우 제시문으로 법조문이 주어졌으므로 법조문 유형임을 쉽게 알 수 있다. 특히 법조문 유형 중에서도 규정을 바탕으로 옳은 내용의 선지를 고르는 규정확인문제이다. 법조문 유형은 조문의 구체적인 내용을 독해하는 것보다, 법조문의 구조를 파악한 후 선지에서 묻고 있는 정보를 찾아 올라가는 형태로 푸는 것이 좋다. 법 조문의 구조 파악이란 각 조나 항마다 가로로 길게 선을 그어 조문들을 시각적으로 구분하고, 단서와 괄호에 강조 표시를 하는 것을 의미한다. 또한, 본 문제가 옳은 것을 고르는 문제라는 것을 인지하기 위해 "옳은"이라는 단어에 밑줄이나 동그라미 등 표시를 한다.

다음 글을 근거로 판단할 때 옳은 것은?

❷ 법조문 구조 분석

구조 분석이란 각 조문의 내용 및 조문 간 관계를 이해하는 것이다. 법조문 전체를 읽되, 세부적인 내용을 기억하기보다는 어떤 정보가 있는지 파악하는 것에 중점을 둔다. 이때 기호를 적절히 활용할 수 있다. 가로선으로 각 조를 구분하고, 키워드에는 ○로, 단서에는 △로 강조 표시하며 괄호도 놓치지 않도록 유의한다. 또한, 내용이 연결되는 조문들이 있는 경우 선지 판단 시 이를 빼먹는 실수를 방지하기 위해 화살표로 조문들을 서로 연결해둔다. 이러한 분석 과정을 거치며 선지에 등장할만한 부분을 발견할 수 있다.

본문의 규정은 두 개의 조로 구성되어 있다. 조문의 제목에서 규정 대상을 알 수 있다. 가독성을 높이기 위해 가로선으로 각 조를 구분하고, '1, 2'로 숫자를 써둔다. 이하 편의상 첫 번째 조부터 '제1조', '제2조' 등으로 표기한다.

제1조 제1항은 문서의 성립 요건에 관한 내용이다. '결재권자'와 '서명'에 표시하고, 서명에 포함되는 괄호에 밑줄을 긋는다. 제2항은 문서의 효력 발생 요건에 관한 내용인데, 전자문서의 경우 '도달'과 관련하여 별도의 규정이 존재한다. '도달'과 '효력'에 표시하고, 전자문서의 경우를 설명하는 괄호를 놓치지 않도록 괄호의 '전자문서'에도 표시한다. 제3항은 제2항의 예외로서 문서 중에서 공고문서의 효력발생 요건에 관한 특례규정이다. 따라서 공고문서의 효력발생 요건을 물어보는 선지의 경우 제2항이 아닌 제3항과 비교하여야 한다. '공고문서'와 '5일'에 표시한다.

제2조는 문서 작성의 일반원칙들을 제시하고 있다. 제1항은 '괄호', 제2항은 '약어와 전문용어', 제3항은 '음성', '영상', '바코드', 제4항은 '아라비아 숫자', 제5항은 '날짜'에 표시한다. 5항 단서의 '특별한 사유'에 △ 표시를 해둔다.

❸ 선지 판단

법조문 분석을 바탕으로 선지를 검토한다. 선지의 내용을 읽어본 후 각 선지의 내용에 해당하는 조문을 찾아서 이동한다. 선지 ①번은 날짜와 시각의 표기 방법에 관한 내용이므로 제2조 제5항과 비교한다. 특별한 사유가 없으므로 본문 규정이 적용된다. 복습 시 ①번 선지를 통해 단서가 들어간 조항이 선지로 표현되는 방식을 익혀둔다.

만약 선지 ①번을 넘어갔을 경우 선지 ②번은 공고문서의 효력발생에 관한 내용이므로 제1조 제3항과 비교한다. 이에는 문서의 효력발생에 대한 특례규정이 적용되었다.

선지 ③번은 전자문서의 효력 발생에 관한 내용이므로 제1조 제2항의 괄호 안의 내용과 비교한다.

선지 ④번은 문서 작성의 방법 중 약어와 전문용어에 표시했던 제2조 제2항과 비교한다.

선지 ⑤번은 문서의 표기 방법 중 '바코드'에 표시했던 제2조 제3항과 비교한다.

합격자의 시간단축 Tip

Tip ❶ 괄호와 단서, 예외규정의 내용을 중시

법조문 유형은 예외 혹은 특수상황이 핵심이다. 제1조 제2항의 괄호 부분(전자문서의 경우는~)과 제1조 제3항의 예외규정 등을 놓치지 말자. 특히 1조 3항의 예외규정은 2항과 연계되어 있어 출제될 확률이 매우 높다.

Tip ❷ "작성원칙"을 눈에 익혀두기

작성원칙은 이 기회에 복습하며 숙지하고, 원칙에서 다루고 있는 요소들을 그룹핑해본다. 작성원칙이란, 중요한 정보를 어떻게 나열할지에 대한 사회적 합의이자, 일반적으로 헷갈리는 대상에 대해 판단기준을 제공하는 것이다. 즉, 정보를 어떻게 구분해서 수용자가 편하게 이해할지에 대한 고민이 담긴 규범이다. 시/분을 24시각제로 할지 12시각제로 할지, 정보의 형태를 음성-영상-바코드 어디까지 허용할지, 정보를 한글/한자로 병기할지 단독 표기할지 등은 다른 상황판단 문제에서도 다시 출제될 수 있는 내용이다.

Tip ❸ 조건이 나열된 경우 선지를 읽고 해당 내용을 규정에서 찾기

제2조는 조문의 제목이 있고, 각 항의 내용이 모두 독립적이다. 이 경우 각 항의 내용을 읽지 않고 바로 선지를 판단하는 것이 시간을 단축하는 방법이 될 수 있다. 선지 ①, ④, ⑤번과 같이 문서 작성에 관한 선지가 나올 때 2조를 읽으며 관련 내용을 찾는 것이다. 이때 선지 판단에 사용한 원칙에는 '√' 기호로 표시하여 구분하는 것이 좋다. 원칙이 다섯 가지이고, 원칙을 묻는 선지는 5개 이하이므로 사용한 원칙은 또 사용하지 않을 확률이 높기 때문이다.

Tip ❹ 법조문 유형 풀이의 기본

1. 법조문에 대한 이해

법조문 유형은 선지가 규정과 일치하는지 확인하는 '규정확인' 유형과, 규정의 내용을 예시에 적용하는 '규정적용'유형으로 나뉜다. 규정적용은 단순 적용의 경우도 있지만 보험료, 인지세 등 계산을 요하는 경우도 있다.

두 유형 모두 기본은 규정을 파악하는 것이기 때문에 기본적인 법조문의 구조와 용어에 익숙해지면 문제 풀이가 비교적 수월해진다. 법조문은 'ㅇㅇ조-ㅇㅇ항-(1, 2, …)호-(가, 나, …)목' 순으로 구성된다.

- 하나의 '조'는 하나의 주제에 대하여 설명한다. 그 주제는 'ㅇㅇ조' 옆에 괄호로 표시되기도 한다.
- '항'은 조에서의 주제를 세분화하여 설명할 때 사용한다.
- '호'는 조와 항 내에서 대상을 나열할 때 사용한다.
- '목'은 호 내에서 대상을 나열할 때 사용한다.
- '단서'는 "다만,"으로 시작하며 앞 문장의 주된 내용에 대한 예외를,
- '후단'은 "이 경우"로 시작되며 주된 내용에 대한 부수적·보완적 사항을 규정할 때 사용한다.
- 부수적 내용이 괄호로 제시되는 경우도 있다.

법조문 유형은 빠르게 풀기보다는 정확하게 푸는 것을 전략으로 하는 것이 좋다. 상황판단 과목은 모든 문제를 빠르게 푸는 것이 아니라 풀 수 있는 문제와 풀 수 없는 문제를 구분하여 풀어, 푼 문제의 정답률을 높이는 것이 일반적인 접근 방법이다. 난해한 퀴즈 문제와 달리 법조문은 제시문 내에 정답이 있으므로, 특별히 어려운 문제가 아니라면 꼭 맞춘다는 생각으로 접근하자.

2. 법조문 유형 접근법

일반적인 법조문 유형에서는 제ㅇㅇ조 옆의 조문 제목 및 규정의 키워드로 조문의 구조만을 파악하고, 선지를 판단할 때 세부 내용을 읽는 접근방식을 추천한다. 법조문의 세부 내용을 모두 기억하기 어렵고, 독해에도 시간이 걸리기 때문이다. 어떤 조항에 어떤 내용이 있는지를 파악하고, 세부 조건인 호나 목은 선지에서 묻는 경우 발췌독하면 된다. 다만 '규정적용' 유형 중 계산형 문제는 계산에 필요한 구체적 내용을 파악하며 조문을 읽어야 한다.

3. 선지에 자주 활용되는 내용의 특징

법조문의 구조를 파악할 때 선지로 등장할만한 부분을 미리 체크한다면 풀이 시간을 단축할 수 있을 것이다. 아래 내용은 주로 선지에 등장하는 내용의 특징과 선지에 등장하는 방식이다. 기출 분석을 통해 빈출 패턴을 익히면 실수를 방지하고 풀이 속도를 높이는 데에 도움이 될 것이다.

- **단서(다만)**: 단서가 적용됨에도 적용하지 않거나, 적용되지 않음에도 적용하여 제시
- **후단(이 경우)이나 괄호(보완 내용)**: 해당 내용을 사례로 제시
- **날짜, 시기, 횟수, 수치 등**: 숫자를 바꾸어 제시
- **어느 하나**: 모든 조건이 적용되는 것으로 제시
- **하부 개념**: 상부 개념과 하부 개념을 바꾸거나, 복수의 하부 개념의 특징을 서로 바꾸어 제시
- **주어**: 행위 주체를 바꾸어 제시
- **술어**: 허가를 신고로, 신고를 허가로 바꾸어 제시
- **재량(임의규정)과 기속(강행규정)**: '할 수 있다'와 '해야 한다'를 바꾸어 제시

이 밖에도 기출 풀이 과정에서 놓치는 부분이 있다면 추가하여 익혀두자.

4. 법조문 구조 분석 시 기호 활용의 예시

구조 분석이란 각 조문의 내용 및 조문 간 관계를 이해하는 것이다. 이 단계에서는 법조문 전체를 읽되, 세부적인 내용 기억보다는 어떤 정보가 있는지 파악하는 것에 중점을 둔다. 이때 밑줄 등 기호를 적절히 활용할 수 있다.

- **가로선**: 조문의 길이가 긴 경우 각 조를 구별하는 데 활용
- **○**: 각 조의 제목, 조항별 대표 키워드
- **△**: 단서(다만), 원칙에 대한 예외, 앞의 내용과 반대되는 내용 등
- **□**: 후단(이 경우), 세부 상황별 규정
- **연결선**: 조문 간 연결 관계가 있는 경우, 일반법과 그 세부 내용을 규정한 대통령령
- 괄호 안의 내용에도 그 기능에 따라 적절한 기호를 사용

위의 기호들은 예시일 뿐이다. 기호는 선지와 관련된 내용을 쉽게 찾을 수 있도록 하는 이정표이므로 자신에게 맞는 것을 잘 활용하면 된다.

086 정답 ① 난이도 ●●○

문제유형 비판적 사고 > 판단하기

접근전략 제시문이 짧은 만큼 〈정보〉라는 추가적인 내용이 주어져 있으며, 이를 통틀어 이해한 후 선지의 정오 판단을 진행하는 문제이다. '첫 번째 전제', '중간 결론', '최종 결론'이라는 지시어가 정확히 어떤 의미를 갖는지 지문을 읽으면서 표시해두는 것이 시간 단축을 위한 전략이다. 〈정보〉가 ㉠~㉢을 강화하는지 약화하는지 판단하는 것이 헷갈린다면, 제시문과 무관한 내용을 먼저 제외하는 소거법으로 문제를 푸는 것도 좋다.

다음 글의 ㉠~㉢을 〈정보〉로 평가한 것으로 적절한 것은?

(1) '사람 한 명 당 쥐 한 마리', 즉 지구상에 사람 수 만큼의 쥐가 있다는 통계에 대한 믿음은 1백년쯤 된 것이지만 잘못된 믿음이다. (2) 이 가설은 1909년 뵐터가 쓴 『문제』라는 책에서 비롯되었다. (3) 영국의 지방을 순회하던 뵐터에게 문득 이런 생각이 떠올랐다. "1에이커(약 4천 제곱미터)에 쥐 한 마리쯤 있다고 봐도 별 무리가 없지 않을까?" (4) 이것은 근거가 박약한 단순한 추측에 불과했지만, 그는 무심코 떠오른 이런 추측에서 추론을 시작했다. (5) 뵐터는 이 추측을 ㉠ 첫 번째 전제로 삼고 영국의 국토 면적이 4천만 에이커 정도라는 사실을 추가 전제로 고려하여 영국에 쥐가 4천만 마리쯤 있으리라는 ㉡ 중간 결론에 도달했다. (6) 그런데 마침 당시 영국의 인구가 약 4천만 명이었고, 이런 우연한 사실을 발판 삼아 그는 세상 어디에나 인구 한 명 당 쥐도 한 마리쯤 있을 것이라는 ㉢ 최종 결론을 내렸다. (7) 이것은 논리적 관점에서 타당성이 의심스러운 추론이었지만, 사람들은 이 결론을 이상하리만큼 좋아했다. (8) 쥐의 개체수를 실제로 조사하는 노고도 없이 '한 사람 당 쥐 한 마리'라는 어림값은 어느새 사람들의 믿음으로 굳어졌다. (9) 이 믿음은 국경마저 뛰어넘어, 미국의 방역업체나 보건을 담당하는 정부 기관이 이를 참고하기도 했다. (10) 지금도 인구 약 900만인 뉴욕시에 가면 뉴욕시에 900만 마리쯤의 쥐가 있다고 믿는 사람을 어렵잖게 만날 수 있다.

• 정보 •

(가) 최근 조사에 의하면 뉴욕시에는 약 30만 마리의 쥐가 있는 것으로 추정된다.
(나) 20세기 초의 한 통계조사에 의하면 런던의 주거 밀집 지역에는 가구 당 평균 세 마리의 쥐가 있었다.
(다) 사람들이 자기 집에 있다고 생각하는 쥐의 수는 실제 조사를 통해 추정된 쥐의 수보다 20 % 정도 더 많다.
(라) 쥐의 개체수 조사에는 특정 건물을 표본으로 취해 쥐구멍을 세고 쥐 배설물 같은 통행 흔적을 살피는 방법과 일정 면적마다 설치한 쥐덫을 활용하는 방법 등이 있는데, 다양한 방법으로 조사한 결과가 서로 높은 수준의 일치를 보인다.

① (가)는 ㉢을 약화한다.
→ (O) ㉢은 인구 한 명당 쥐도 한 마리쯤 있을 것이라는 결론이다(6). (가)에 의하면 최근 뉴욕시에는 약 30만 마리의 쥐가 있는 것으로 추정된다. 그러나 뉴욕의 현재의 인구는 약 900만이므로(10), (가)의 내용은 세상 어디에나 인구 한 명당 쥐도 한 마리쯤 있을 것이라는 결론과 일치하지 않는다. 따라서 (가)는 ㉢을 약화한다.

② (나)는 ㉠을 강화한다.
→ (×) ㉠은 국토 면적 1에이커당 쥐가 1마리 있을 것이라는 뵐터의 추측이다(3). 그러나 (나)는 가구당 평균 세 마리의 쥐가 있었다고만 제시했을 뿐, 해당 지역의 면적에 대한 정보는 제시되지 않았으므로 뵐터의 전제를 강화하는지 판단할 수 없다.

③ (다)는 ㉢을 강화한다.
→ (×) ㉢은 뵐터의 최종 결론으로 인구 한 명당 쥐가 한 마리쯤 있을 것이라는 내용이다(6). 그에 대한 타당성과는 별개로 해당 내용에 대한 사람들의 믿음이 생겨났다고 제시문은 설명한다(8). 그러나 (다)에서는 사람들이 생각하는 것보다, 즉 '한 사람당 쥐 한 마리'라는 어림값보다 실제 쥐의 수가 20% 많았다고 했으므로, 이는 오히려 ㉢을 약화하는 내용으로 볼 수 있다.

④ (라)는 ㉡을 약화한다.
→ (×) (라)는 쥐 개체수 조사가 어떻게 이루어지는지에 대한 설명이고, ㉡은 영국의 국토 면적과 쥐의 개체 수에 대한 추측인 ㉠을 연결지어 내린 중간 결론이다(5). (라) 정보와 영국에 쥐가 4천만 마리쯤 있다는 중간 결론은 관련이 없으므로, (라)는 ㉡을 약화할 수도, 강화할 수도 없다.

⑤ (나)와 (다)가 참인 경우, ㉡은 참일 수 없다.
→ (×) ㉡은 '1에이커에 쥐 한 마리'라는 전제를 바탕으로 내린 '4천만 에이커인 영국에는 4천만 마리의 쥐'라는 중간 결론이다. 한편 (나)와 (다)가 참이라고 할 때 알 수 있는 정보는 20세기 초 런던의 주거 밀집 지역에 가구당 평균 세 마리의 쥐가 있었으며, 사람들은 이보다 20% 더 많은 수의 쥐가 자기 집에 있다고 생각했다는 것이다. (나)와 (다)를 통해서 ㉡을 판단하기 위해서는 런던의 주거 밀집 지역이 아니라 영국 전지역의 가구당 평균적 쥐의 개체 수에 대한 정보가 필요하다. 따라서, (나)와 (다)의 정보만으로는 ㉡의 참·거짓 여부를 판단할 수 없다.

제시문 분석

제시문 뵐터의 논지 전개 과정

〈뵐터의 논지 전개 과정〉

㉠: 〈첫 번째 전제〉		〈추가 전제〉
1에이커에 쥐 한 마리쯤 있다고 볼 수 있다.(3)	⊕	영국의 국토 면적이 4천만 에이커 정도이다.(5)
㉡: 〈중간 결론〉		〈추가 전제〉
영국에 쥐가 4천만 마리쯤 있을 것이다.(5)	⊕	마침 당시 영국의 인구가 약 4천만 명이었다.(6)

↓

㉢: 〈최종 결론〉
세상 어디에나 인구 한 명 당 쥐도 한 마리쯤 있을 것이다.(6)

→ 〈파급력〉 '한 사람당 쥐 한 마리'라는 어림값은 어느새 사람들의 믿음으로 굳어졌으며(8), 미국의 방역업체나 정부 기관이 이를 참고하기도 했다.(9)

합격자의 실전 풀이 순서

❶ **발문 제대로 읽고 문제의 유형 파악**

우선 발문을 제대로 읽자. ㉠, ㉡, ㉢에 대한 평가를 묻고 있으며 선지에서는 ㉠, ㉡, ㉢의 강화 또는 약화 여부를 따지고 있으므로, 본 문제는 강화약화 유형에 해당함을 알 수 있다. 이러한 강화약화 유형은 조금만 복잡하게 나올 경우, 난이도가 급상승한다. 따라서 강화약화 유형에 대한 자신만의 풀이 기준을 마련해두어야 한다. 먼저 강화약화 유형을 제대로 풀기 위해서는 강화 또는 약화해야 하는 대상이 무엇인지를 정확히 파악해야 한다. 본 문제의 경우 평가의 대상으로 ㉠, ㉡, ㉢을 명시하고 있지만, 단순히 제시문 전체에 대한 평가를 묻고 있다면 구체적인 강화 또는 약화의 대상으로서 주제문을 찾아야 한다. 강화 또는 약화해야 하는 대상을 파악한 후에는 선지의 내용이 대상의 내용과 일치하는지 또는 대상으로부터 추론 가능한지를 판단하며 문제를 해결해 나가야 한다.

이러한 강화약화 유형을 식별하는 것은 쉽다. 발문 또는 선지에 직접적으로 강화/약화, 지지/반박 등 표현이 등장할 것이다.

- 발문
  - 다음 논쟁/학설/의견에 대한 평가/설명으로 적절한 것은? (본 문제)
  - 다음 학설/제시문을 강화/약화하는 것으로 적절한 것은?
- 선지 또는 보기
  - 제시된 사례가 강화/약화의 대상에 적용 가능한지, 혹은 상충하는지 등을 물음

❷ 강화약화의 대상 파악 및 제시문 독해

강화약화 유형에서는 가장 먼저 강화/약화의 대상이 무엇인지 확인해야 한다. 그리고, 대상의 내용을 정확히 이해해야 한다.

이 방식으로 본 문제를 풀어보자. 대상은 발문을 통해 확인할 수 있으며, 대상의 내용은 제시문을 통해 이해할 수 있다.

(1) 발문 확인

> 다음 글의 ㉠~㉢을 〈정보〉로 평가한 것으로 적절한 것은?

평가의 대상이 ' ㉠, ㉡, ㉢' 임을 알 수 있다. 따라서 곧바로 제시문으로 내려간다.

(2) 제시문에서 대상 확인

본 문제의 제시문은 쥐의 수에 대한 빌터의 논리 전개 과정을 소개하고 있다. 빌터의 주장이 제시문의 초반에 미리 제시되었고, 해당 결론이 도출된 과정을 보여주는 것이 차례대로 ㉠~㉢이다. 강화약화의 대상이 ㉠, ㉡, ㉢이기 때문에 해당 내용을 바르게 파악하는 것이 중요하다. 따라서 각 기호에 대응하는 내용을 미리 밑줄로 표시해두고, 기호와 연결해둔다. 또한, 이 과정 중 쓰인 근거(영국의 국토 면적이 4천만 에이커, 영국의 인구가 4천만 명) 역시 표시해둔다.

더불어 머리 속으로 이러한 제시문의 논리구조를 정리해본다.

> ㉠1에이커에 쥐 한 마리 + 영국 면적 4천만 에이커
> ↓
> ㉡영국에 쥐 4천마리 + 영국 인구 4천만
> ↓
> ㉢어디에나 인구 한 명당 쥐 한 마리

❸ 선지 판단

제시문을 모두 이해했다면, 보기 또는 선지를 하나씩 읽고 옳은지 여부를 확인한다. 선지에서 각각 요구하는 평가가 다르므로, 정보를 미리 읽기보다는 선지 하나를 읽을 때 그에 해당하는 내용을 함께 읽는다. 이때 선지를 판단하는 경우는 3가지로 나뉜다.

(1) 대상을 강화함

대상과 합치하거나, 동일한 내용인 경우를 말한다.

(2) 대상을 약화함

대상의 반례에 해당하거나 상충되는 내용을 말한다.

(3) 강화도 약화도 하지 않음

가장 유의해야 하는 경우로, 대상과 아무 관련이 없는 정보를 서술하는 경우다. 제시문과 선지가 주는 정보만으로 관련성이 추론된다고 착각하면 오답이 된다.

①번 선지의 경우, (가)는 ㉡과 부합하지 않는다. ㉡은 ㉢의 도출과정에 활용한 전제이므로, (가)는 ㉢을 약화한다. ②의 경우 (나)는 ㉠과 무관하고, ③의 경우 사람들의 생각은 제시문의 논리구조에 포함되어 있지 않으므로 (다)도 ㉢과 무관하다. ④ 역시 쥐 개체 수 조사의 방법은 제시문의 논리구조에 포함되어 있지 않아 (라)는 ㉡과 무관, ⑤의 경우도 (나)와 (다) 모두 ㉡의 도출과 무관하다.

합격자의 시간단축 Tip

Tip ❶ 유형에 따라 유연하게 접근한다.

정보 확인 유형은 선지를 먼저 읽는 것이 시간을 단축할 수도 있으나, 강화약화 유형은 선지를 먼저 읽어도 알 수 있는 정보가 없기에 본문을 먼저 읽는 것이 더 낫다. 이처럼 문제에서 요구하는 바에 따라 어떤 부분을 먼저 읽어야 하는지 판단하는 것이 중요하다. 기계적으로 '추론 문제는 선지부터 읽어야지'라고 외우기보다는, 그때그때 문제 전체를 훑어보며 유리한 풀이방식을 채택하는 것도 좋은 전략이다.

Tip ❷ 지시어 전후 문장을 보기 편하도록 표시해둔다.

지문에서 ㉠~㉢이 지시하는 문장은 모두 각각의 기호 전후에 위치한다. 선지를 읽을 때 ㉠~㉢이 무엇인지 다시 확인하는 것보다는, 지시하는 바가 무엇인지 미리 표시해둔다면 더욱 빠르게 문제를 풀 수 있다.

예를 들어, ㉠첫 번째 전제는 "1에이커에 쥐 한 마리쯤 있다고 봐도 별 무리가 없지 않을까?"이며 이 문장에 밑줄을 긋고 ㉠에 연결해두면 후에 ②번 선지를 확인할 때 더 편할 것이다.

Tip ❸ 제시문의 논리구조를 이해한다.

이 문제는 전제1에서 중간결론을, 중간결론에서 최종결론을 도출하는 형식으로 전개된다. 이때 ㉠, ㉡ 외에 추가 전제나 우연한 사실 등도 다음 결론의 도출 전제로 활용되었다. 어떠한 문장이 주장을 강화하는지 약화하는지 알기 위해서는 그 결론을 도출하는 데 활용된 전제를 알아야 하므로, 어떤 내용이 그 결론의 전제가 되었는지 파악하는 것이 필요하다.

Tip ❹ 강화/약화의 판단 기준을 암기한다.

평가가 적절한지를 판단하는 문제의 선지는 대부분 약화하느냐/강화하느냐(또는 약화하지 않느냐/강화하지 않느냐)를 묻게 되는데, 이 경우 추론할 수 있는 것을 고르라는 문제로 보고 풀이 기준은 단순화해서 기계적으로 풀면 문제풀이 시간을 크게 줄일 수 있다. 그 기준은 아래 표를 참고하자.

A가 강화한다.	A가 본문 내용과 일치 또는 본문 내용으로부터 추론 가능
A가 강화하지 않는다.	A가 추론될 근거 없음 또는 A가 본문 내용과 상충하거나 무관함
A가 약화한다.	A가 본문 내용과 상충
A가 약화하지 않는다.	A가 본문으로부터 추론 가능 또는 일치하거나 무관함

덧붙여 어떠한 명제를 약화한다는 것은 그 명제의 반례가 되거나, 명제의 전제 자체를 부정하는 것을 의미한다.

087 정답 ⑤ 난이도 ●●●

문제유형 논리적 비판 > 논지의 강화 및 약화

접근전략 논지의 강화 및 약화 유형의 지문은 특정 주장이나 실험을 제시하고 선지에서는 이와 관련한 여러 가지 상황을 가정하며 논지의 강화/약화 여부를 물어본다. 따라서 지문을 읽으면서 주장과 근거들을 체크하고 정리해두는 과정이 필요하다.

다음 글의 내용에 대한 평가로 가장 적절한 것은?

(1) 우리나라는 눈부신 경제 성장을 이룩하였고 일인당 국민소득도 빠른 속도로 증가해왔다. (2) 소득이 증가하면 더 행복해질 것이라는 믿음과는 달리, 한국사회 구성원들의 전반적인 행복감은 높지 않은 실정이다. (3) 전반적인 물질적 풍요에도 불구하고 왜 한국 사람들의 행복감은 그만큼 높아지지 않았을까? (4) 이 물음에 대한 다음과 같은 두 가지 답변이 있다. ▶ 1문단

(가) (1) 일반적으로 소득이 일정한 수준에 도달한 이후에는 소득의 증가가 반드시 행복의 증가로 이어지지는 않는다. (2) 인간이 살아가기 위해서는 물질재와 지위재가 필요하다. (3) 물질재는 기본적인 의식주의 욕구를 충족시키는 데 필요한 재화이며, 경제 성장에 따라 공급이 늘어난다. (4) 지위재는 대체재의 존재 여부나 다른 사람들의 요구에 따라 가치가 결정되는 비교적 희소한 재화나 서비스이며, 그 효용은 상대적이다. (5) 경제 성장의 초기 단계에서는 물질재의 공급을 늘리면 사람들의 만족감이 커지지만, 경제가 일정 수준 이상으로 성장하면 점차 지위재가 중요해지고 물질재의 공급을 늘려서는 해소되지 않는 불만이 쌓이게 되는 이른바 '풍요의 역설'이 발생한다. (6) 따라서 한국 사람들이 경제 수준이 높아진 만큼 행복하지 않은 이유는 소득 증가에 따른 자연스러운 현상이다. ▶ 2문단

(나) (1) 한국 사회의 행복 수준은 단순히 풍요의 역설로 설명할 수 없다. (2) 행복에 대한 심리학적 연구에 따르면 타인과 비교하는 성향이 강한 사람일수록 행복감이 낮아지게 된다. (3) 비교 성향이 강한 사람은 사회적 관계에서 자신보다 우월한 사람들을 준거집단으로 삼아 비교하기 쉽고 이로 인해 상대적 박탈감이 커질 수 있기 때문이다. (4) 한국과 같은 경쟁 사회에서는 진학이나 구직 등에서 과열 경쟁이 벌어지고 등수에 의해 승자와 패자가 구분된다. (5) 이 과정에서 비교 우위를 차지하지 못한 사람들은 좌절을 경험하기 쉬운데, 비교 성향이 강할수록 좌절감은 더 크다. (6) 따라서 한국 사회의 행복감이 낮은 이유는 한국 사람들이 다른 사람들과 비교하는 성향이 매우 높은 데에서 찾을 수 있다. ▶ 3문단

① **지위재에 대한 경쟁이 치열한 국가일수록 전반적인 행복감이 높다는 사실은 (가)를 강화한다.**
→ (×) (가)는 경제가 일정 수준 이상으로 성장하면 지위재가 중요해지고, 물질재의 공급을 늘려서는 해소되지 않는 불만이 쌓이게 되는 '풍요의 역설' 현상을 설명한다.[2문단(5)] 즉, (가)에 따르면 지위재에 대한 경쟁이 치열한 국가일수록 지위재의 소유는 줄어들 것이기 때문에 불안감은 더 커지고 행복감은 낮아질 것이다. 따라서 지위재에 대한 경쟁이 치열한 국가일수록 전반적인 행복감이 높다는 사실은 (가)를 약화한다.

② **경제적 수준이 비슷한 나라들과 비교하여 한국의 지위재가 상대적으로 풍부하다는 사실은 (가)를 강화한다.**
→ (×) (가)는 한국 사람들이 경제 수준이 높아진 만큼 행복하지 않은 이유가 지위재가 충족되지 않아 발생하는 '풍요의 역설' 현상 때문이라고 설명한다.[2문단(6)] 그런데 경제적 수준이 비슷한 나라들과 비교하여 한국의 지위재가 상대적으로 풍부하다면, 지위재에 대한 수요가 충족되어 불안감이 낮아지고 행복감은 커질 것이다.[2문단(5)] 따라서 해당 선지는 (가)를 약화한다.

③ **한국 사회는 일인당 소득 수준이 비슷한 다른 나라들과 비교하더라도 행복감의 수준이 상당히 낮다는 조사 결과는 (가)를 강화한다.**
→ (×) 한국 사회는 일인당 소득 수준이 비슷한 다른 나라들과 비교하더라도 행복감의 수준이 상당히 낮다는 조사 결과는 지위재를 한국인의 불행감과 관련시킨 (가)의 논지와 무관하므로, (가)를 약화하거나 강화하지 않는다.

④ **한국보다 소득 수준이 높고 대학 입학을 위한 입시 경쟁이 매우 치열한 나라가 있다는 사실은 (나)를 약화한다.**
→ (×) (나)는 한국 사회의 행복 수준이 낮은 이유를 타인과 비교하는 성향이 강하기 때문이라고 본다.[3문단(6)] 그런데 해당 선지에는 한국보다 소득 수준이 높고 대학 입학을 위한 입시 경쟁이 매우 치열한 나라가 있다는 사실만 제시되어 있을 뿐 그 나라에서 사람들이 느끼는 행복감의 수준은 제시되어 있지 않다. 따라서, (나)에서 주장하는 비교 성향과 관련이 없으므로, (나)를 약화하거나 강화하지 않는다.

⑤ **자신보다 우월한 사람들을 준거집단으로 삼는 경향이 한국보다 강함에도 불구하고 행복감이 더 높은 나라가 있다는 사실은 (나)를 약화한다.**
→ (○) (나)에 의하면 자신보다 우월한 사람들을 준거집단으로 삼아 비교하는 경향, 즉 비교 성향이 강하면, 상대적 박탈감이 더 커지기 때문에 행복감은 더 낮아질 것이다.[3문단(3)] 그러나 비교 성향이 한국보다 강함에도 불구하고 행복감이 더 높은 나라가 있다는 사실은 (나)의 논지와 반대되므로 (나)를 약화한다.

제시문 분석

제시문 한국 사회의 낮은 행복감의 원인 추론

〈쟁점〉
전반적인 물질적 풍요에도 불구하고 왜 한국 사람들의 행복감은 그만큼 높아지지 않았을까?[1문단(3)]

〈(가)의 주장〉		〈(나)의 주장〉
한국 사람들이 경제 수준이 높아진 만큼 행복하지 않은 이유는 소득 증가에 따른 자연스러운 현상이다.[2문단(6)]	↔	한국 사회의 행복감이 낮은 이유는 한국 사람들이 다른 사람들과 비교하는 성향이 매우 높은 데에서 찾을 수 있다. [3문단(6)]

〈(가)의 근거〉	〈(나)의 근거〉
경제가 일정 수준 이상으로 성장하면 점차 지위재가 중요해지고 물질재의 공급을 늘려서는 해소되지 않는 불만이 쌓이게 되는 이른바 '풍요의 역설'이 발생한다.[2문단(5)]	비교 성향이 강한 사람은 사회적 관계에서 자신보다 우월한 사람들을 준거집단으로 삼아 비교하기 쉽고 이로 인해 상대적 박탈감이 커질 수 있다. [3문단(3)]

합격자의 실전 풀이 순서

❶ **발문 확인**

발문이 전형적인 형태가 아니라 '평가'를 말하고 있다. 평가란 글의 논리적 타당성을 검증하거나, 추론을 통해 주장의 유용성 및 한계를 시험하는 선지가 나올 것이라는 지시어다. 글의 첫 부분에 '우리나라', '경제 성장'이 있으므로 한국 현대와 관련된 것임을 알 수 있다. 이때 현대사가 나올지, 현대 사회가 나올지, 미래 전망이 나올지는 알 수 없으므로 나머지는 지문을 읽으면서 파악한다.

❷ **1문단을 읽으며 논점을 파악한다.**

이 지문에서 1문단을 강조하는 이유는 그것이 뒤에 분리된 (가)와 (나)의 공통 전제가 되기 때문이다. 통상적인 지문이라면 덜 중요할 가능성도 있으나 이런 양식의 지문은 두 주장이 구분성이 뚜렷하고 앞의 내용에 종속되는 것이 매우 명확하므로 여기서 다루는 내용을 다 이해하도록 한다. 단, 이것을 보고 선지를 풀 필요는 없다. 어차피 풀 수 없기 때문이다.

❸ **(가)와 (나)를 통해 주장의 핵심 내용을 파악한다.**

주장을 파악할 때는 통독을 통해 글을 읽되 각 주장에서 근거를 전개할 때 사용하고 있는 근거나 단어는 체크해 두도록 한다. 예를 들면 (가)의 경우 물질재와 지위재, 풍요의 역설 등에 체크하고, (나)의 경우 심리학적 연구, 타인과의 비교 부분 등을 체크하도록 한다. 특히 3문단 (1)에 주목한다. (나)는 (가)를 계승해서 자신만의 차별성을 말하고 있는 것이지 (가)를 부정한 적이 없음에 유의한다. 물론 이 문제의 정답을 고르는 데는 상관 없었지만 이런 구절은 자주 선지화된다.

❹ **오지선다를 살피고 정답을 확인한다.**

강화한다/약화한다/강화하지 않는다/약화하지 않는다'와 관련된 문제의 경우 상황마다 판단하는 패턴이 정해진 편이므로 이를 정리해두고 미리 숙지해두면 선지 판단이 빠르고 정확해진다. 아래 표를 참고해 이를 기준으로 하여 선지를 판단하도록 하자.

A가 강화한다.	A가 본문 내용과 일치 또는 본문 내용으로부터 추론 가능
A가 강화하지 않는다.	A가 추론될 근거 없음 또는 A가 본문 내용과 상충하거나 무관함
A가 약화한다.	A가 본문 내용과 상충
A가 약화하지 않는다.	A가 본문으로부터 추론 가능 또는 일치하거나 무관함

이 표를 보더라도 사실 많은 수험생들은 '무관'이라는 것을 많이 헷갈려 할 것이다. 무관이란 강화 혹은 약화한다는 결론만 참이 되기 위하여 추가적인 전제가 필요한 진술을 말한다. 이때 추가적인 전제를 통해 참이 될 수 있다는 것은 그 진술 자체로는 둘 다 거짓은 되지 않는다는 것을 말한다(이 경우는 명백하게 약화하는 것이 된다).

예를 들어보자. ③번 선지는 (가)와 무관하다. 왜냐하면, 저 사실로부터 (가)를 강화하는 결론을 이끌어 낼 수도 있고 약화하는 결론을 이끌어 낼 수도 있기 때문이다. 또한 그것을 이끌어 내기 위해 각각 추가적 전제가 필요하다. 예컨대 〈한국에는 가치재가 상당히 적어서 매우 희소하다〉 라는 전제가 추가된다면 오히려 (가)를 강화할 수 있다. 반대로 〈국민소득이 높으면 해외로부터 가치재도 더 많이 수입할 수 있다〉라는 진술이 있다면 (가)는 약화될 것이다.

그런데 예컨대 〈한국 사람들이 불행한 이유는 주변국을 싫어하기 때문인 것으로 밝혀졌다〉라는 진술이 있다고 하자. 이 경우에는 (가)와 (나) 둘 다 약화될 것이다.

이를 토대로 더 쉬운 선지인 ④번 선지도 확인해 보자.

합격자의 시간단축 Tip

Tip ❶ 강화약화 문제가 내용 일치 문제와 다름을 기억한다.

강화약화 문제의 경우 지문은 내용 일치와 다른 성격을 띤다. 내용 일치의 경우 단순히 특정 정보를 전달하는 것을 목적으로 글이 전개되지만, 강화약화 문제의 경우 지문은 정보가 아닌 하나의 주장과 그에 따른 근거가 전개된다. 이전의 내용 일치 문제의 경우 핵심 소재를 파악하고 소재의 주요 특징들을 확인했다. 하지만 강화/약화 문제의 경우 내용 일치 문제를 풀 때처럼 글을 읽는 것이 아니라 지문에서 주장하는 핵심 내용과 근거들을 파악하고 체크하는 방식으로 글을 읽어야 한다. 그 과정에서 어떤 상관관계를 설명하고 있다면 반드시 기호 및 화살표로 표시해 둔다. 메모를 하는 것도 좋다. 특히 만약 실험이 등장한다면 실험에서 보이고자 하는 핵심 결과물과 실험 과정에서의 변수들을 명료하게 기억해두는 것이 필요하다.

Tip ❷ 강화/약화/무관함이 있음을 기억한다.

오지선다의 대략적인 구조는 '~하다면 ~의 주장이 강화/약화 된다/되지 않는다'의 형식으로 이루어진다. 이에 있어서 종종 수험생들이 강화와 약화의 이분법적 구조로 생각을 하지만 실상으로는 강화/약화/강화도 약화도 아닌 무관함이 존재한다. 제시한 상황이 주장들과 아무런 상관관계가 없는 것이다.

물론 이런 경우 '~강화/약화 된다'를 판별함에 있어서는 문제가 없다. 그냥 강화나 약화가 아니기만 하면 정오 판별이 가능하기 때문이다. 하지만 '~강화/약화 되지 않는다'의 경우는 무관함 판별 여부가 필요하다. 무관함도 '~되지 않는다'에 해당이 되기 때문이다. 그렇기 때문에 만약 해당 정오가 강화가 아니라고 하더라도 바로 약화라고 생각하기보다는 '아예 무관한 경우는 아닌가?'를 생각하는 사고 과정을 거치도록 한다.

088 정답 ④ 난이도 ●●●

문제유형 이해 > 내용 파악

접근전략 정보 확인 유형은 정보 위주로 밑줄을 쳐 가면서 읽는 것이 중요하다. 이때 정보란 '내가 새로 안 것'이 아니라, 글에서 무엇을 정리해야 할지 생각하고 그에 따라 밑줄 친 내용을 말한다. 고유명사와 일반명사, 숫자와 명칭, 자주 나오는 단어 등 무엇이 중요할지 생각하면서 읽어 본다. 어떤 지문은 고유명사가 더 중요하고, 어떤 지문은 명칭이 중요하고, 어떤 지문은 고유명사는 단지 방해물이 된다. 이런 것들을 구분하면서 자기만의 기준을 만드는 연습을 하자. 끊임없는 연습만이 점수를 올려준다.

다음 글에서 알 수 있는 것은?

(1) 서양사람들은 중국 명나라를 은의 나라로 불렀다. (2) 명나라의 은 생산이 많아서 그런 것은 아니었다. (3) 무역을 통해 외국으로부터 은이 쏟아져 들어오고 있었기 때문이었다. (4) 그 은 가운데 상당량은 일본에서 채굴된 것이었다. ▶1문단

(1) 당시 일본은 세계 굴지의 은 생산 국가로 발돋움하고 있었다. (2) 그 배경에는 두 명의 조선사람이 있었다. (3) 은광석에는 다량의 납이 포함되어 있었으며, 은광석에서 은과 납을 분리하는

제련기술 없이 은 생산은 늘어날 수 없었다. (4) 그런데 1503년에 김감불과 김검동이란 조선인이 은과 납을 효율적으로 분리하는 기술인 연은분리법을 세계 최초로 개발했다. (5) 연은분리법은 조선에서는 곧 잊혀졌지만 정작 조선보다 일본에서 빛을 발해 이후 일본의 은 생산량을 크게 늘리는 데 기여했다. (6) 일본은 조선보다 은광석이 풍부했지만 제련하는 기술이 후진적이어서 생산량은 뒤처져 있었다. (7) 그런데 조선에서 개발된 이 기술이 일본에 전해진 후 일본 전역에서 은광 개발 붐이 일어났고, 16세기 말 일본은 동아시아 최대의 은 생산국이 되었다.

▶ 2문단

(1) 특히 혼슈의 이와미은광은 막대한 생산량으로 인해 일본 군웅들의 각축장이 되었다. (2) 당시 은은 국제통화였고 명나라에서는 은이 부족했으므로, 이와미은광은 동아시아 교역의 중심에 섰다. (3) 일례로 포르투갈 상인에게 조총을 구입하기 위해 일본의 지방 영주들은 은을 지출하였고, 은을 보유하게 된 포르투갈 상인들은 다시 중국으로 건너가 도자기와 차·비단을 구입하며 은을 지불했다.

▶ 3문단

(1) 임진왜란 4년 전인 1588년, 도요토미 히데요시는 왜구 집단에 대해 개별적인 밀무역과 해적활동을 금지하는 해적정지령을 내렸다. (2) 이로써 그는 독립적이었던 왜구의 무역활동을 장악하고, 그 전력을 정규 수군화한 후 조선과 중국에 무역을 요구했다. (3) 하지만 명은 왜구에 대한 두려움으로 일본과의 무역을 제한하는 해금정책을 풀지 않았고, 조선 또한 삼포왜란 이후 중단된 거래를 재개할 생각이 없었다. (4) 도요토미는 은을 매개로 한 교역을 활성화할 수 있는 방법으로 전쟁을 택했다. (5) 그에게는 조선을 거쳐 베이징으로 침공하는 방법과 중국 남해안을 직접 공격하는 방법이 있었다. (6) 도요토미는 대규모 군대와 전쟁 물자를 수송해야 하는 문제를 고려하여 전자를 선택하였다. (7) 임진왜란의 발발이었다.

▶ 4문단

① 도요토미 히데요시는 해적정지령을 내려 조선·명과의 관계를 개선하였다.

➜ (×) 도요토미 히데요시는 해적정지령을 내린 후 조선과 중국에 무역을 요구하였다.[4문단(2)] 그러나 조선과 명은 이에 반대하였고[4문단(3)], 도요토미는 결국 은을 매개로 한 교역을 활성화할 수 있는 방법으로 전쟁을 택했다.[4문단(4)] 따라서 도요토미 히데요시가 해적정지령을 내린 것은 맞으나, 이를 통해 조선·명과의 관계를 개선한 것은 아니다.

② 일본은 조선보다 은광석이 풍부했으며 은광석의 납 함유율도 조선보다 높았다.

➜ (×) 일본은 조선보다 은광석이 풍부했던 것은 맞으나[2문단(6)], 은광석의 납 함유율에 대해서는 제시문에 언급되어 있지 않아 알 수 없다.

③ 은을 매개로 한 조선·명·일본 3국의 교역망은 임진왜란 발발로 붕괴되었다.

➜ (×) 은을 매개로 한 조선·명·일본 3국의 교역망이 임진왜란 발발 이전 존재하였는지는 제시문을 통해 알 수 없다.

④ 연은분리법의 전파로 인해 일본의 은 생산량은 조선의 은 생산량을 앞지르게 되었다.

➜ (O) 조선에서 최초로 개발된 연은분리법이 일본에 전해진 후 일본 전역에서 은광 개발 붐이 일어났고, 16세기 말 일본은 동아시아 최대의 은 생산국이 되었다.[2문단(7)] 이를 통해 연은분리법의 전파로 인해 일본의 은 생산량이 조선의 은 생산량을 앞지르게 되었다는 것을 알 수 있다.

⑤ 도요토미 히데요시가 일본을 통일하는 데 이와미은광에서 나온 은이 중요한 역할을 하였다.

➜ (×) 이와미은광이 동아시아 교역에 중심에 섰다는 것은 알 수 있지만[3문단(2)], 이와미은광에서 나온 은이 도요토미 히데요시가 일본을 통일하는 데 중요한 역할을 했는지는 제시문에 언급되어 있지 않아 알 수 없다.

제시문 분석

2문단 일본이 동아시아 최대의 은 생산국이 된 배경

〈당시 일본의 상황〉		〈조선의 연은분리법 개발〉
일본은 조선보다 은광석이 풍부했지만 제련하는 기술이 후진적이어서 생산량은 뒤처져 있었다.(6)	➜	1503년에 김감불과 김검동이란 조선인이 연은분리법을 세계 최초로 개발했다.(4)

〈결과〉
조선에서 개발된 이 기술이 일본에 전해진 후 일본 전역에서 은광 개발 붐이 일어났고, 16세기 말 일본은 동아시아 최대의 은 생산국이 되었다.(7)

4문단 임진왜란의 발발 배경

〈해적정지령 선포〉		〈명과 조선의 거부〉		〈임진왜란 발발〉
1588년, 도요토미 히데요시는 해적정지령을 내려 왜구의 무역활동을 장악하고, 그 전력을 정규 수군화한 후 조선과 중국에 무역을 요구했다.(2)	➜	하지만 명은 일본과의 무역을 제한하는 해금정책을 풀지 않았고, 조선 또한 삼포왜란 이후 중단된 거래를 재개할 생각이 없었다.(3)	➜	도요토미는 은을 매개로 한 교역을 활성화할 수 있는 방법으로 조선을 거쳐 베이징으로 침공하는 전쟁을 택했다.(4)

합격자의 실전 풀이 순서

❶ 발문 확인과 중심 소재 파악

지문의 경우 발문 자체는 큰 의미가 없고 단지 '알 수 있는'과 '없는'을 구분하는 기호를 표기하면 된다. 다만 지문 첫 부분부터 바로 '서양사람'이라는 단어가 나오는데, 이 단어만으로 "동아시아"를 다루는 지문이라는 것을 추측할 수 있어야 한다. 또한 '명나라'라는 단어로부터 "동아시아사"를 다루는 지문이라고 추론할 수 있어야 한다. 이처럼 지문의 첫 부분은 생각보다 많은 단서를 준다. 만일 추론이 안 된다면 꾸준히 독해 연습을 하면서 감을 유지하도록 한다.

❷ 지문 독해

1문단이 비교적 짧으므로 1문단과 나머지를 구분할 필요가 있다. 짧은 문단은 대개 가볍게 화두를 던지는 내용이거나, 혹은 앞으로 이어질 내용의 대전제를 주는 경우가 많다. 이는 1문단이 아니어도 마찬가지다. 1문단을 통해 '국가는 중국과 일본', '경제 관련' 정도의 간략한 소재만 파악하도록 한다. 여기서 어떤 문장이 중요할지는 1문단만으로는 알 수 없고, 알려고 해서도 안 된다. 다만 2문단 (1) 문장이 일본으로 이어지므로 앞부분을 자연스럽게 잊어버리는 것은 유용하다.

2문단에서 〈김감불과 김검동〉 및 〈연은분리법〉이 가장 가시성 있는 키워드라 할 수 있는데 통상의 역사 지문과 달리 사람 이름은 중요하지 않고 일반명사인 연은분리법은 선지에서 중요하게 다루고 있다. 이는 왜 그런가?

그 이유는 이름은 단 한 번 등장하기 때문이다. 일반명사에 가까운 "도요토미 히데요시"를 빼면 사람 이름은 단 한 번밖

에 안 나와서 지문에서 구분하기가 너무 쉽다. 그에 반해 연은분리법은 2문단 내에서 몇 번이고 등장한다. 선지로 낼 재료가 많은 것이다. 따라서 이 경우는 연은분리법을 중심으로 무엇이 관련되는지 가벼운 마인드맵-내지 그것을 대체할 기호 표시를 중점적으로 해 줘야 한다.

3문단이 2문단에서 직접 이어지는 내용인데 반해, 4문단은 이질적이다. 이질적인 문단이 등장할 경우 독자는 두 가지 선택지가 있다.

1) 첫째로 3문단까지 읽고 선지로 가는 것이다.
2) 둘째로 그동안 기호 표기를 잘 해놨다면 4문단만 보고 선지에서 관련 내용(특히 히데요시 내지 임진왜란과 관련한)을 발췌독하는 것이다. 이렇게 이질성이 강한 문단은 전체 맥락에서 기억하기 어려우므로 반드시 따로 처리할 것을 요한다.

❸ 오지선다를 통해 정답을 확인한다.

선지 확인의 기본은 지문과 상호작용하면서 문제를 푸는 것이다. 특히 정보 파악 유형은 더욱 그렇다. 선지에서 키워드를 추출해 지문에서 그 키워드가 있는 곳 주변을 탐색하는 것이 포인트라 할 수 있다. ①, ⑤번은 '도요토미 히데요시', ②번은 '납', ③번은 '임진왜란', ④번은 '연은분리법'과 같은 키워드를 통해 해당 문단으로 돌아가 찾을 수 있다.

주의할 점은, ③번 선지를 판단할 때 사실 교역망이 존재하지 않았다고 해선 안 된다는 것이다. 교역망이란 수출입의 흐름으로, 삼포 왜란 이후 교역이 끊기면서[4문단(3)] 교역망이 붕괴한 것을 알 수 있어야 한다. 또한, 교역망이 선지에 나온 이유는, 명-포르투갈-일본 간 무역이 활발했기 때문이다. 이때 정말로 활발했는지 여부는 '아시아 최대의 은 생산국'[2문단(7)]이라는 구절로부터 도출된다. 그러나 그 교역망이 은을 통해 이뤄졌는지는 지문에 등장하지 않는다. 일본이 포르투갈 상인을 통해 은을 수출한 것은 나와 있지만[3문단(3)] 조선-일본-명나라 사이에도 은을 중심으로 했는지는 지문만으론 알 수 없다(역사적으론 맞다.)

합격자의 시간단축 Tip

Tip ❶ 인과 관계의 오류를 주의하자.

내용 일치 문제의 경우 오지선다의 오답을 만드는 방법에는 여러 가지가 있다. 그 중 하나가 익숙한 키워드로 인과관계의 오류를 만드는 방법이다. 오지 선다에 있어 익숙한 키워드들이 존재하지만 실상 자세히 따져보면 그 키워드들은 서로 아무런 관계가 없는 경우가 대부분이다.

문제의 경우에 있어서도 ④번 선지에서, 도요토미 히데요시와 이와미은광은 각 문단에서 볼 수 있는 익숙한 키워드지만, 그렇다고 해서 그 둘이 어떤 관계가 있는지는 지문을 통해 알 수 없다. 이러한 형식의 오답은 자주 등장하기 때문에 자신이 아는 핵심 키워드가 오지선다에 나왔다고 해서 맞다고 체크하는 오류를 범하지 않도록 하자.

물론 대다수 독자들은 '어떻게 그걸 헷갈릴 수 있겠어?' 라고 반문할 것이다. 그러나 선지를 조금 더 어렵게 해 보자. 〈일본을 통일하는 데 -> 임진왜란을 일으키는데〉 라는 진술로 선지를 약간 변형한다면 이 선지는 옳은가? 아니다. 여전히 이와미은광은 포르투갈과 훨씬 연결이 강하기 때문에 틀렸다. 설령 4문단 (4) 문장에서 도요토미가 은 활용처를 찾고 있었다고 나와 있는 것을 근거로 든다고 해도, 그것만으론 부족하다.

Tip ❷ 억측을 주의하자.

내용 일치 문제의 경우 오지선다에 있어 지문에 나와 있는 정보에 살짝 더해 억측을 유도하는 오지선다가 존재한다. 그래서 지문에서 확인할 수 있는 내용의 범위를 파악하는 것이 중요하다.

예컨대 ①번 선지에서 〈관계를 개선했는지〉 여부는 확인된 바 없다. 그렇다고 조선과 명이 교역을 거부한 것이 관계 개선에 실패했다는 뜻은 아니다. 설령 삼포왜란이라는 말이 등장했더라도 그러하다. 또한 ②번 선지는 은광석이 풍부하다는 말과 은 생산량이 적다, 혹은 제련 기술이 발달하지 않았다는 말로부터 그 원인을 '은의 질이 좋지 않기 때문'으로 억측하도록 유도하는 선지다. 기술 발전이 더뎠던 것은 다른 원인이 있거나, 혹은 그냥 우연일 수도 있으므로 억지로 관계를 연결짓지 않도록 한다.

이런 과정은 지난(至難)한 과정이므로 지문을 다시 보지 않으면 확인할 수 없다. 직접 봐야 알 수 있는 것이다. 따라서 지문 내용을 이해한 다음에는 선지를 바로 판단할 것이 아니라, 지문으로 돌아가서 확실한 근거를 확인하는 것이 좋다. 물론 모든 선지에 대해 이렇게 볼 필요는 없고, 만약 헷갈리는 선지가 두 개가 있다면 이 방법을 쓰는 것이다. 대부분의 정답은 이런 사고까지는 거치지 않아도 답을 구할 수 있다.

Tip ❸ 시간의 흐름에 따른 변화와 대응에 주의하자.

역사 관련 지문 중 시간의 흐름에 따라 나타나는 변화를 위주로 글이 서술되는 경우가 있다. 이 경우 어떤 변화가 일어났는지의 여부와 그에 대한 반응 또는 대응이 출제 포인트이므로 이를 위주로 파악하며 글을 읽으면 좋다. 이를테면, 해당 제시문 4문단의 경우 일본에서 '해적정지령'을 내리며 조선과 명에게 무역을 요구했고, 조선과 명은 이를 거절했으며 결국 일본이 전쟁을 택했다고 한 점을 위주로 글을 독해하면 된다. 이렇게 독해한다면 우선 선지에 이러한 정보들이 나올 가능성이 커 빠르고 정확하게 선지를 판단할 수 있게 되며, 제시문으로 돌아가 판단해야 하는 경우도 이러한 변화 시점을 기준으로 삼아 수월하게 돌아갈 수 있다. 그런데 이 지문의 특징은, '연도' 자체는 크게 중요하지 않다는 것이다. 문제를 풀다 보면 연도가 중요한 기준점이 되는 지문이 있는 것과 대조적이다. 이런 것을 사전적으로 구분할 수는 없고 연도순으로 일련의 사건이 진행될 수밖에 없는지를 확인하면 좋다. 특히 전쟁과 관련되어 빈출되는데, 이 지문의 4문단도 1588년 이후 1592 임진왜란이 이어짐을 확인할 수 있다.

089 정답 ⑤ 난이도 ●●○

문제유형 이해 > 내용 추론

접근전략 과학 소재의 지문은 단번에 이해하기 어려울 수 있다. 평상시 배경지식을 쌓아두는 것으로는 한계가 있기에, 자신만의 지문 처리법과 문제 접근법을 쌓아두어야 실전에서도 침착하게 대처할 수 있다.

본 지문은 과학 소재 비문학 유형 중에서도 난이도가 높다. 일견 미첼의 이론을 소개하는 것 같이 보이지만 사실은 기준을 제시한 뒤 그에 따른 추론을 요구하고 있다. 또한 별의 질량, 별의 둘레, 입자의 속도 등 여러 변수들 간의 수리적 관계를 주된 테마로 담고 있다. 지문을 읽고 수식으로 옮기는 방법, 비례관계를 찾아내는 방법 등을 익힌다는 관점에서 접근하자.

다음 글의 미첼의 이론에서 추론할 수 있는 것은?

(1) 1783년 영국 자연철학자 존 미첼은 빛은 입자라는 생각과 뉴턴의 중력이론을 결합한 이론을 제시하였다. (2) 그는 우선 별들이 어떻게 보일 것인지 사고 실험을 통해 예측하였다.

▶1문단

(1) 별의 표면에서 얼마간의 초기 속도로 입자를 쏘아 올려 아무런 방해 없이 위로 올라간다고 가정해보자. (2) 만약에 초기 속도가 충분히 빠르지 않으면 별의 중력은 입자의 속도를 점점 느리게 할 것이며, 결국 그 입자를 별의 표면으로 되돌아가게 할 것이다. (3) 만약 초기 속도가 충분히 빠르면 입자는 중력을 극복하고 별을 탈출할 수 있을 것이다. (4) 이렇게 입자가 별을 탈출할 수 있는 최소한의 초기 속도는 '탈출 속도'라고 불린다. (5) 미첼은 뉴턴의 중력이론을 이용해서 탈출 속도를 계산할 수 있었으며, 그 속도가 별 질량을 별의 둘레로 나눈 값의 제곱근에 비례한다는 것을 유도하였다. ▶2문단

(1) 이를 바탕으로 미첼은 '임계 둘레'라는 것도 추론해냈다. (2) 임계 둘레란 탈출 속도와 빛의 속도를 같게 만드는 별의 둘레를 말한다. (3) 빛 입자는 다른 입자들처럼 중력의 영향을 받는다. (4) 그로 인해 빛은 임계 둘레보다 작은 둘레를 가진 별에서는 탈출할 수 없다. (5) 그런 별에서 약 30만 km/s의 초기 속도로 빛 입자를 쏘아 올렸을 때 입자는 우선 위로 날아갈 것이다. (6) 그런 다음 멈출 때까지 느려지다가, 결국 별의 표면으로 되돌아갈 것이다. (7) 미첼은 임계 둘레를 쉽게 계산할 수 있었다. (8) 태양과 동일한 질량을 가진 별의 임계 둘레는 약 19 km로 계산되었다. (9) 이러한 사고 실험을 통해 미첼은 임계 둘레보다 작은 둘레를 가진 암흑의 별들이 무척 많을 테고, 그 별들에선 빛 입자가 빠져나올 수 없기에 지구에서는 볼 수 없을 것으로 추측했다. ▶3문단

① **임계 둘레 이하의 둘레를 가진 별에 사는 존재는 임계 둘레보다 큰 둘레를 가진 별에서 오는 빛을 관찰할 수 없다.**
→ (×) '관찰 대상'인 별이 임계 둘레 이하의 둘레를 가진 별인 경우, 빛 입자는 그 별로부터 탈출하지 못하므로[3문단(4)] 지구에서 그 빛을 관측할 수 없다.[3문단(9)] 그러나 해당 선지와 같이 임계 둘레 이하의 둘레를 가진 별에 사는 존재가 임계 둘레보다 큰 둘레를 가진 별에서 오는 빛을 관찰하는 경우에는, '관찰 대상'인 별이 임계 둘레보다 큰 둘레를 가진 별이 된다. 따라서 빛이 탈출할 수 있게 되므로, '관찰 주체'가 거주하는 별이 임계 둘레보다 더 작은 경우라도 관찰대상인 별로부터 오는 빛을 관찰할 수 있다.

② **빛보다 빠른 초기 속도로 쏘아 올린 입자가 있다면, 그 입자는 모두 별에서 탈출할 수 있다.**
→ (×) 입자가 모두 별에서 탈출할 수 있는가는, 입자가 별을 탈출할 수 있는 최소한의 초기 속도인 '탈출 속도'에 의해 좌우된다.[2문단(3),(4)] 즉, 빛보다 빠른 초기 속도로 쏘아 올린 입자가 있더라도 중력과 별의 탈출 속도가 높으면 탈출하지 못하는 경우가 있으므로[2문단(2)], 모두 탈출할 수 있다고 추론할 수 없다.

③ **별의 질량이 커지더라도 별의 둘레가 변하지 않는다면 탈출속도는 빨라지지 않는다.**
→ (×) 탈출 속도는 별 질량을 별의 둘레로 나눈 값의 제곱근에 비례하므로[2문단(5)], 별의 둘레가 변하지 않은 상태에서 별의 질량이 커진다면 탈출 속도는 빨라질 것이다.

④ **임계 둘레 이하의 둘레를 가진 별의 표면에서는 빛을 쏘아 올릴 수 없다.**
→ (×) 임계 둘레보다 작은 둘레를 가진 별은, 빛 입자가 그 별로부터 탈출할 수 없다는 것을 의미한다.[3문단(4)] 따라서 별의 표면에서 빛을 쏘아 올릴 수 있는지와는 무관하다.

⑤ **별의 질량이 커질수록 그 별의 임계 둘레는 커진다.**
→ (O) 임계 둘레는 별의 탈출 속도와 빛의 속도가 같아지게 만드는 별의 둘레이고[3문단(2)], 탈출 속도는 별 질량을 별의 둘레로 나눈 값의 제곱근에 비례한다.[2문단(5)] 따라서 별의 둘레가 일정할 때, 별의 질량이 커진다면 탈출 속도는 빨라진다. 빛의 속도는 약 30만 km/s로 일정하므로[3문단(5)], 별의 탈출 속도가 빨라지면 그 별의 임계 둘레 또한 커지게 된다. 즉, 별의 질량이 커질수록 그 별의 임계 둘레는 커진다는 추론은 적절하다.

제시문 분석

1문단 미첼의 이론

〈존 미첼의 이론〉		〈별의 가시성〉
1783년 영국 자연철학자 존 미첼은 빛은 입자라는 생각과 뉴턴의 중력이론을 결합한 이론을 제시하였다.(1)	→	그는 우선 별들이 어떻게 보일 것인지 사고 실험을 통해 예측하였다.(2)

2문단 미첼의 이론 - 탈출 속도

〈가정〉
별의 표면에서 얼마간의 초기 속도로 입자를 쏘아 올려 아무런 방해 없이 위로 올라간다.(1)

↓

〈초기 속도가 느릴 경우〉	〈초기 속도가 빠를 경우〉
별의 중력은 입자의 속도를 점점 느리게 할 것이며, 결국 그 입자를 별의 표면으로 되돌아가게 할 것이다.(2)	입자는 중력을 극복하고 별을 탈출할 수 있을 것이다.(3)

→

〈탈출 속도〉	
	입자가 별을 탈출할 수 있는 최소한의 초기 속도(4)
	별 질량을 별의 둘레로 나눈 값의 제곱근에 비례(5)

3문단 미첼의 이론 - 임계 둘레

〈임계 둘레〉
탈출 속도와 빛의 속도를 같게 만드는 별의 둘레(2)

↓

〈임계 둘레보다 작은 둘레를 가진 별〉
위로 날아간 입자는 멈출 때까지 느려지다가, 결국 별의 표면으로 되돌아갈 것이다.(5),(6)

→

〈결론〉	임계 둘레보다 작은 둘레를 가진 암흑의 별들이 무척 많을 테고, 그 별들에선 빛 입자가 빠져나올 수 없기에 지구에서는 볼 수 없을 것이다.(9)

합격자의 실전 풀이 순서

과학 비문학 유형

⓿ 유형 식별하기

과학 소재의 비문학 문항은 지문 자체도 짧지 않은데 압축적으로 제시되는 정보량이 방대해, 비전공자 입장에서는 체감 난이도가 높은 유형이다. 이렇게 정보량이 많은 지문은 속도보다는 정확성을 높이는 방향으로 독해하는 것이 좋다.

❶ 지문 훑어보기

지문의 주제와 키워드를 대강 파악한다. 눈에 띄는 부분이 있는지 체크하여 독해의 방향을 설정한다.

예 존 미첼의 이론에 대한 글이구나. '탈출 속도', '임계 둘레'에 작은따옴표가 붙어 있으니 각 개념의 정의를 확실히 이해해야겠다. 30만km/s, 19km와 같은 구체적인 수치가

선지에 활용될 수도 있겠다.

❷ **발문 확인하기**

다음 글의 미첼의 이론에서 추론할 수 있는 것은?

본 문제는 '미첼의 이론'이라는 특정한 주제에 대해 묻고 있다. 지문 훑어보기 단계에서 보았듯, '미첼의 이론'은 글 전체의 주제다. 따라서 '미첼의 이론'이 무엇인지 파악하려면 지문 전체를 읽을 수밖에 없다.

결국 본 문제 또한 결과적으로는 '알 수 있는/없는 것은?' 유형에 해당한다. 이때 알 수 '있는' 것인지, '없는' 것인지를 확실히 표시하고 간다.

3-1 선지를 읽고 제시문 확인

선지를 하나씩 판단하는 경우

① **임계 둘레 이하의 둘레를 가진 별에 사는 존재는 임계 둘레보다 큰 둘레를 가진 별에서 오는 빛을 관찰할 수 없다.**

해설과 같이, 관찰 대상과 관찰 주체를 제대로 구분해야 하는 선지다. 우선 선지의 내용을 이해해 보자. 관찰 대상은 임계 둘레보다 '큰' 둘레를 가진 별에서 오는 빛이고, 주체는 임계 둘레보다 '작은' 둘레를 가진 별에 사는 존재다.

'임계 둘레 이하의 둘레를 가진 별'을 키워드로 지문으로 올라가면 빛이 탈출할 수 없다는 부분[3문단(4)]이 확인된다. 즉, 임계 둘레보다 큰 둘레를 가진 별에서는 빛이 탈출할 수 있다. 관찰 대상이 '큰' 둘레를 가진 별이므로, 관찰 대상에는 문제가 없다.

그렇다면 관찰 주체에는 문제가 있을까? 지문에서 빛을 관찰하기 위해 필요한 조건을 찾아보아도, 별달리 제시된 정보가 없다. 즉, 관찰 대상의 조건(임계 둘레보다 큰 둘레)만 만족하면 관찰이 가능한 것이다. 마지막으로 글꼬리를 확인하면 '관찰할 수 없다'는 부정문이다. 즉, 관찰이 가능하다는 지문과 관찰할 수 없다는 선지는 부합하지 않는다.

② **빛보다 빠른 초기 속도로 쏘아 올린 입자가 있다면, 그 입자는 모두 별에서 탈출할 수 있다.**

원칙과 반례가 등장하는 추론형 선지다. '모두'라는 표현에서 하나의 반례만 있어도 거짓이 되는 원칙을 식별할 수 있다. 따라서 원칙이 등장하는 선지는 반례가 있는지에 집중해 접근한다.

입자가 별에서 탈출하는 조건을 지문에서 찾아야 한다. '입자가 별을 탈출'을 키워드로 지문을 확인하면 2문단에 관련 내용이 등장한다. 입자가 별을 탈출하기 위해서는 초기 속도가 충분히 빨라 별의 중력을 극복할 수 있어야 한다. 즉, 초기 속도가 빛보다 빠른지 여부와는 관계가 없다. 따라서 추론할 수 없는 선지다.

③ **별의 질량이 커지더라도 별의 둘레가 변하지 않는다면 탈출속도는 빨라지지 않는다.**

지문에서 제시된 규칙을 선지에 적용하는 추론형 선지다. 본 선지는 무엇과 무엇 간의 관계를 묻고 있는가? '별의 질량-탈출속도', '별의 둘레-탈출속도'의 관계다. 탈출속도에 영향을 끼치는 것은 별의 질량이 아닌 별의 둘레라는 것이다.

그렇다면 탈출속도가 무엇인지 이해해야 한다. '탈출속도'를 키워드로 잡아 지문을 확인하면 그 정의[2문단(4)]와 영향을 끼치는 변수[2문단(5)]를 찾을 수 있다. 변수에 따르면 탈출속도는 별의 질량과 정비례, 별의 둘레와 반비례하므로 본 선지는 추론할 수 없다.

④ **임계 둘레 이하의 둘레를 가진 별의 표면에서는 빛을 쏘아 올릴 수 없다.**

지문의 내용만으로는 추론할 수 없는 것을 묻는 선지다. 선지 ①에서 확인했듯 '임계 둘레 이하의 둘레를 가진 별'을 키워드로 잡으면 빛이 탈출할 수 없다는 부분[3문단(4)]이 확인될 뿐이다. 그러나 선지에서는 '빛을 쏘아 올릴 수 있는지'를 묻고 있다. 표현을 옮길 때 토씨 하나 틀리지 않도록 주의해야 하는 비문학 유형에서 '빛을 쏘아올리는 것'과 '빛이 탈출하는 것'은 전혀 별개다. 따라서 본 선지는 추론할 수 없다.

⑤ **별의 질량이 커질수록 그 별의 임계 둘레는 커진다.**

'추세'를 묻는 추론형 선지다. '~일수록' 표현에서 비례관계를 묻는 선지임을 알 수 있다. 그렇다면 본 선지는 무엇과 무엇 간의 관계를 묻고 있는가? '별의 질량-임계 둘레'의 관계다. 두 변수 간에 정비례의 관계가 존재한다는 것이다.

별의 질량과 별의 임계 둘레 간의 비례관계를 확인하기 위한 과정은 해설의 선지 ⑤ 부분에서 자세히 다루고 있으므로, 여기서는 넘어가도록 한다. 따라서 본 선지는 추론 가능하다.

전체 선지를 읽고 제시문을 확인하는 경우

(1) 선지 확인

선지에서 키워드를 고른다. 예를 들면 선지 ①에서 '임계 둘레 이하의 둘레', ②에서 '빛보다 빠른 초기 속도', ③에서 '별의 질량', ④에서 '임계 둘레 이하의 둘레', ⑤에서 '별의 질량, 임계 둘레'를 선택할 수 있다.

(2) 지문 독해 및 선지 판단

문단 간의 관계에 유의하며 개별 문단의 핵심을 파악한다. 1문단의 미첼 이론에 대한 개괄, 2문단의 탈출 속도에 대한 소개, 3문단의 임계 둘레와 추론 제시 등이 핵심 내용이다.

2문단은 '탈출 속도' 개념을 소개하고 있는데, 해당 개념이 왜 필요한지를 중점에 두고 이해해야 한다. 과학 소재 지문에서 특정 개념이 왜 필요한지 염두에 두고 독해하면, 결론 및 설명의 과정을 더 명료하게 이해할 수 있다.

3문단은 '임계 둘레'라는 개념을 설명하며, 지구에서 해당 별을 볼 수 없을 것이라는 결론에 도달하는 과정을 제시하고 있다. 이 과정을 추론에 활용하는 선지가 나올 것을 예상할 수 있다.

지문을 읽다가 선지 정오판단이 가능하다고 생각될 경우 바로 내려가서 정오 판단을 진행한다. 지문의 2문단 (1)에 '초기 속도'를 보고 선지 ②로 내려가 정오를 판단한다. 다시 지문을 읽다가 2문단 마지막 문장의 '탈출 속도'에 대한 정의를 수식으로 시각화한다. 이는 **Tip ❷**의 첫 번째 수식에 해당한다.

3문단 (1)에서 '임계 둘레'를 발견하고 먼저 선지 ①로 가서 내용을 확인한 뒤 다시 지문으로 올라가 다음 내용을 읽어 간다. 3문단 (2)의 임계 둘레에 대한 정의를 앞서 첫 번째 수식에 합쳐 본다. 이는 **Tip ❷**의 두 번째 수식에 해당한다.

완성된 수식을 통해 판단할 수 있는 선지가 없는지 확인해 본다. 이러한 과정을 거쳐 선지 ⑤가 정답임을 알 수 있다.

3-2 제시문 독해 후 선지 판단

(1) 제시문 독해하기

독해는 모든 내용을 기억하기보다 어디에 어떤 내용이 있는지를 인지하고, 특징적인 내용을 표시하는 방식으로 진행한다.

1문단은 제시문의 소재를 소개한다. '별들이 어떻게 보일 것인지'를 설명하는 것이 존 미첼의 이론일 것이며, 이하에 제시되는 '사고 실험'의 과정을 이해해야 할 것이다.

2문단은 사고 실험의 가정을 언급한 후, '탈출 속도'를 설명한다. '입자가 별을 탈출할 수 있는 최소한의 초기 속도'라는 정의를 이해해야 한다. 다음으로 탈출 속도의 공식이 등장한다. 이는 한 번에 이해가 어렵기 때문에 'A를 B로 나눈 값의 제곱근에 비례'라는 형태의 공식이라는 것만 체크하고 선지에 등장하면 돌아와서 확인한다.

3문단에는 '임계 둘레'가 제시된다. 그 정의 역시 확실히 이해가 필요하다. 또한 '빛은 임계 둘레보다 작은 둘레를 가진 별에서는 탈출할 수 없다'는 점도 중요할 것이다. 다음으로 구체적인 사고 실험의 내용이 등장한다. 초기 속도 30만 km/s, 태양과 동일한 질량을 가진 별의 임계 둘레 19km 및 마지막에 제시된 미첼의 결론을 체크한다.

(2) 선지 판단하기

① 3문단 미첼의 결론과 다르다. 옳지 않다.

② 빛보다 빠르더라도 탈출 속도보다 느리면 탈출할 수 없다. 옳지 않다.

③ 2문단의 탈출 속도 공식을 활용해야 한다. 탈출 속도는 별의 질량과는 비례, 둘레와는 반비례한다. 따라서 질량이 커지기만 해도 탈출 속도는 커진다. 옳지 않다. (텍스트로 된 공식이 바로 인식되지 않는다면 다음과 같이 수식을 활용한다. 탈출속도 $\propto \sqrt{\frac{\text{별질량}}{\text{별의둘레}}}$

④ 빛을 쏘아 올리는 것은 별의 둘레와 무관하다. 탈출 여부가 문제가 되는 것이다. 따라서 옳지 않다.

⑤ 임계 둘레란 '탈출 속도와 빛의 속도를 같게 만드는 별의 둘레'이다.

$$\text{빛의 속도}=\text{탈출 속도} \propto \sqrt{\frac{\text{별질량}}{\text{별의둘레}}} = \sqrt{\frac{\text{별질량}}{\text{임계둘레}}}$$

이므로, 임계 둘레를 편의상 나타내자면,

임계둘레 $\propto \frac{\text{별질량}}{(\text{탈출속도}=\text{빛의속도})^2}$이다. 임계 둘레는 별의 질량과 비례한다. 정답은 ⑤이다.

합격자의 시간단축 Tip

Tip ❶ '일수록'에 주의하자.

'a일수록 b다'라는 문장이 있다. 이 문장의 진위를 판별하려면 어떻게 해야 할까? 먼저 가능한 모든 개체의 a 정도를 파악한다. 다음으로 a 정도가 강한 개체일수록 b 정도도 강한지 확인해야 할 것이다.

본 문제의 경우, 선지 ⑤가 '일수록'을 사용하고 있다. 이 선지를 판단하려면 별이 질량과 별의 임계 둘레가 각각 계측이 가능한 수치여야 하며, 별의 질량과 그 별의 임계 둘레 간에 정(+)의 방향으로 비례관계가 존재하여야 한다.

이처럼 '일수록'이 내포한 맥락은 생각보다 복잡하다. 비문학 유형의 선지에서 '일수록'이 등장하면 거의 무조건 추론형 선지라 보면 된다. 난이도가 낮은 선지부터 빠르게 소거하고 싶다면 '일수록'이 나오는 선지는 일단 패스하자. 반면 난이도가 높은 선지 중에 정답이 있을 확률이 높다고 생각한다면, '일수록' 먼저 처리하는 것도 좋은 전략이다.

Tip ❷ 지문의 정보를 수식으로 시각화한다.

수식으로 나타낼 수 있는 내용이 있으면 시각화하여 보다 용이하게 선지 판단을 할 수 있다. 본 문제의 경우 탈출 속도의 개념이 처음 등장했을 때, 공식 내지는 비례식을 세울 수 있겠다는 예측을 할 수 있어야 한다. 지문 곳곳에 퍼져있는 정보를 조합하여 수식을 완성하자.

본 문제의 경우, 2문단 5문을 통해 탈출 속도를 다음과 같은 수식으로 정리할 수 있다.

탈출 속도$=k\sqrt{\frac{\text{별질량}}{\text{별의둘레}}}$ (k는 비례상수에 해당한다.)

다음으로 3문단 1문에서 임계 둘레라는 새로운 개념을 발견했을 때, 이 부분을 위의 수식에 합칠 수 있을지 고민할 수 있다. 이어 3문단 2문에 임계 둘레의 정의가 등장하므로, 연결을 시도해 본다. 이때, '별의 둘레' 자리에 '임계 둘레'가 들어가려면 탈출 속도가 빛의 속도와 같아야 한다. 이를 수식으로 나타내면 다음과 같다.

빛의 속도(30만km/s) = 탈출 속도 = $k\sqrt{\frac{\text{별질량}}{\text{임계둘레}}}$

이 수식을 활용해서 선지 ③과 ⑤를 간단히 판단할 수 있다. 여러 변수가 수리적 관계를 맺는 본 지문과 같은 문제들에서는, 다소 시간이 걸릴지 몰라도 지문이 안내하는 바를 차근차근 따라서 수식을 만들어 두고 풀이에 임하는 것이 안전하다.

Tip ❸ 대비되는 내용의 차이를 파악하자.

본 지문 2문단은 입자가 탈출에 성공할 수 있는 상황, 3문단은 탈출할 수 없는 상황을 설명하고 있다. 어떤 기준을 제시하고 그보다 속도가 빠르면 탈출 성공, 둘레가 작으면 탈출 불가라는 것을 나타낸다는 점에서 2, 3문단은 대비 관계로 연결되어 있다. 이 경우 둘의 차이를 근거로 추론하는 선지가 등장할 가능성이 높으므로 주목하자.

Tip ❹ 어려운 문제는 일단 넘어가기

이 문제는 수식만 제대로 파악한다면 내용 이해 없이도 풀 수 있었다. 하지만 수식에 익숙지 않다면 실전에서는 이러한 부분이 쉽게 눈에 들어오지 않을 것이다. 선지를 다 보아도 판단이 어렵다면 일단 넘기는 것도 요령이다. 참고로 문제를 넘기는 기준은 '문제번호×2+1분' 정도이다.

090 정답 ④ 난이도 ●○○

문제유형 법규의 해석 및 적용

접근전략 법조문 유형 중 규정을 바탕으로 〈보기〉에서 옳은 것을 고르는 규정확인문제이다. 법조문 유형을 풀 때는 조문의 구체적인 내용을 독해하는 것보다, 법조문의 구조를 파악한 후 〈보기〉에서 묻고 있는 정보를 찾아 올라가는 형태로 푸는 것이 좋다. 본 문제의 경우, 보조대상사업 선정되는 조건이 무엇인지 받는 경우 어떻게 써야 하는지, 얼마를 받는지, 같이 부담해야할 것은 없는지를 구조적으로 제시하는 법조문이다. 2조의 수치부분이 반드시 선지화될 것임을 예측하고 선지 중에 숫자가 등장하는 선지를 우선적으로 해결하는 것도 좋다.

다음 〈○○도 지방보조금 관리규정〉을 근거로 판단할 때, 〈보기〉에서 옳은 것만을 모두 고르면?

○○도 지방보조금 관리규정

제○○조(보조대상사업) 도는 도가 권장하는 사업으로서 지방보조금을 지출하지 아니하면 수행할 수 없는 사업(지방보조사업)인 경우 그 사업에 필요한 경비의 일부 또는 전부를 보조할 수 있다.

제○○조(용도외 사용금지 등) ① 지방보조사업을 수행하는 자(이하 '지방보조사업자'라 한다)는 그 지방보조금을 다른 용도에 사용하여서는 아니된다.

② 지방보조사업자는 수익성 악화 등 사정의 변경으로 지방보조사업의 내용을 변경하거나 지방보조사업에 드는 경비의 배분을 변경하려면 도지사의 승인을 얻어야 한다. 다만 경미한 내용변경이나 경미한 경비배분변경의 경우에는 그러하지 아니하다.

③ 지방보조사업자는 수익성 악화 등 사정의 변경으로 그 지방보조사업을 다른 사업자에게 인계하거나 중단 또는 폐지하려면 미리 도지사의 승인을 얻어야 한다.

제○○조(지방보조금의 대상사업과 도비보조율) 도지사는 시·군에 대한 보조금에 대하여는 보조금이 지급되는 대상사업·경비의 종목·도비보조율 및 금액을 매년 예산으로 정한다. 단, 지방보조금의 예산반영신청 및 예산편성에 있어서 지방보조사업별로 적용하는 도비보조율은 다음 각 호에서 정한 분야별 범위 내에서 정한다.

1. 보건·사회: 총사업비의 30 % 이상 70 % 이하
2. 상하수·치수: 총사업비의 30 % 이상 50 % 이하
3. 문화·체육: 총사업비의 30 % 이상 60 % 이하

제○○조(시·군비 부담의무) 시장·군수는 도비보조사업에 대한 시·군비 부담액을 다른 사업에 우선하여 해당연도 시·군 예산에 반영하여야 한다.

보기

ㄱ. ○○도 지방보조사업자는 모든 경비배분이나 내용의 변경에 대해서 ○○도 도지사의 승인을 얻어야 한다.
→ (×) 제2조 제2항 단서에 따르면 지방보조사업자는 경미한 내용변경이나 경미한 경비배분 변경의 경우에는 도지사의 승인을 얻지 않아도 된다.

ㄴ. ○○도 지방보조사업자가 수익성 악화를 이유로 자신이 수행하는 지방보조사업을 다른 사업자에게 인계하기 위해서는 미리 ○○도 도지사의 승인을 얻어야 한다.
→ (○) 제2조 제3항에 따르면 지방보조사업자는 수익성 악화 등 사정의 변경으로 그 지방보조사업을 다른 사업자에게 인계하거나 중단 또는 폐지하려면 미리 도지사의 승인을 얻어야 한다. 따라서 ○○도 지방보조사업자가 수익성 악화를 이유로 그 지방보조사업을 다른 사업자에게 인계하기 위해서는 ○○도 도지사의 승인을 얻어야 한다.

ㄷ. ○○도 A시 시장은 도비보조사업과 무관한 자신의 공약사업 예산을 도비보조사업에 대한 시비 부담액보다 우선적으로 해당연도 A시 예산에 반영해야 한다.
→ (×) 제4조에 따르면 시장은 도비보조사업에 대한 시비 부담액을 다른 사업에 우선하여 해당연도 시 예산에 반영하여야 한다. 따라서 ○○도 A시 시장은 도비보조사업과 무관한 자신의 공약사업 예산을 도비보조사업에 대한 시비 부담액보다 우선적으로 해당연도 A시 예산에 반영할 수 없다.

ㄹ. ○○도 도지사는 지방보조금 지급대상사업인 '상하수도 정비사업(총사업비 40억 원)'에 대하여 최대 20억 원을 지방보조금 예산으로 정할 수 있다.
→ (○) 제3조에 따르면 상하수도 사업의 경우 지방보조금의 예산반영신청 및 예산편성에 있어서 적용하는 도비보조율은 총사업비의 30% 이상 50% 이하에서 정한다. 총사업비 40억 원인 상하수도 정비사업의 경우 그 30%인 12억 원 이상, 50%인 20억 원 이하에서 보조금을 지급할 수 있다. 따라서 ○○도 도지사는 지방보조금 지급대상사업인 상하수도 정비사업에 대하여 최대 20억 원을 지방보조금 예산으로 정할 수 있다.

① ㄱ, ㄴ → (×)
② ㄱ, ㄷ → (×)
③ ㄴ, ㄷ → (×)
④ ㄴ, ㄹ → (○)
⑤ ㄷ, ㄹ → (×)

합격자의 실전 풀이 순서

❶ 문제 유형 파악

본 문제의 경우 발문에 규정이라는 단어가 나와 있고, 제시문으로 법조문이 주어졌으므로 법조문 유형임을 쉽게 알 수 있다. 특히 법조문 유형 중에서도 규정을 바탕으로 〈보기〉의 옳은 선지를 고르는 규정확인문제이다. 법조문 유형은 조문의 구체적인 내용을 독해하는 것보다, 법조문의 구조를 파악한 후 선지에서 묻고 있는 정보를 찾아 올라가는 형태로 푸는 것이 좋다. 또한, 본 문제가 옳은 것을 고르는 문제라는 것을 인지하기 위해 "옳은"이라는 단어에 밑줄이나 동그라미 등 표시를 한다.

> 다음 〈○○도 지방보조금 관리규정〉을 근거로 판단할 때, 〈보기〉에서 옳은 것만을 모두 고르면?

❷ 법조문 구조 분석

구조 분석이란 각 조문의 내용 및 조문 간 관계를 이해하는 것이다. 법조문 전체를 읽되, 세부적인 내용을 기억하기보다는 어떤 정보가 있는지 파악하는 것에 중점을 둔다. 이때 기호를 적절히 활용할 수 있다. 또한 이러한 분석 과정을 거치며 선지에 등장할만한 부분을 발견할 수 있다.

본문의 규정은 네 개의 조로 구성되어 있다. 조문의 제목에서 규정 대상을 알 수 있다. 가독성을 높이기 위해 가로선으로 각 조를 구분하고, '1, 2, 3, 4'로 숫자를 써둔다. 이하 편의상 첫 번째 조부터 '제1조', '제2조' 등으로 표기한다.

제1조는 지방보조사업을 보조대상사업으로서 규정하면서 지방보조사업의 개념을 함께 제시한다. 지방보조사업의 두 가지 조건을 파악해둔다.

제2조 제1항은 지방보조금을 지방보조의 용도로 사용하여야 한다는 내용이다. 제2항은 내용이나 경비의 변경에 관한 내용이므로 '변경'과 '승인'에 표시하고, 단서의 '경미한'에 별도로 △로 체크한다. 제3항은 사업의 인계, 중단 또는 폐지에 관한 내용이므로 각 단어와 '승인'에 표시한다.

제3조는 지방보조금의 대상사업과 사업별 도비보조율에 관한 내용이다. 정보가 많으므로 도비보조율 등을 매년 예산으로 정한다는 부분을 파악하고, '예산'에 표시한다. 3조의 단서로 도비보조율을 각 호로 제한하고 있는데, '보건·사회', '상하수·치수', '문화·체육' 분야명에 표시하고, 해당 내용이 선지에 나올 가능성이 크다는 점을 주의한다.

제4조는 시□군의 예산에 반영될 사업의 우선순위에 대하여 규정하고 있다. '우선'에 표시하고, 전(前)조와 달리 부담의무를 지는 추체가 '시장·군수'임을 확인한다.

❸ 〈보기〉 판단

법조문 분석을 바탕으로 보기를 검토한다. 선지의 내용을 읽어본 후 각 선지의 내용에 해당하는 조문을 찾아서 이동한다. 보기 ㄱ의 경우 경비나 내용의 변경에 관한 내용이므로 제2조 제2항과 비교하는데, 제2조 제2항은 단서에 해당하면 승인을 받지 않아도 됨에 유의한다. 옳지 않으므로 선지 ①, ②번

이 소거된다.

보기 ㄴ의 경우 사업의 인계에 관한 내용이므로 제2조 제3항과 비교한다. 옳으므로 선지 ⑤번이 소거되고, ㄷ과 ㄹ 중 하나만 더 판단하면 된다.

보기 ㄷ의 경우 A시 예산에 반영될 사업의 우선순위에 관한 내용이므로 제4조와 비교한다.

보기 ㄹ의 경우 사업의 지방보조금 예산 반영에 관한 내용이므로 제3조의 각 호의 내용과 비교한다. '상하수'가 있는 제2호가 적용된다.

본 문제와 같이 선지가 〈보기〉의 구성으로 이어지는 경우 하나의 보기를 판단한 후 해당 보기와 관련된 선지를 지워가며 문제를 푼다.

합격자의 시간단축 Tip

Tip ❶ 단서와 괄호, 예외조항을 주의

규정확인유형은 법조문 유형과 같이 단서와 괄호 및 예외조항을 중점적으로 보아야 한다. 제2조 제2항 단서와 같이 예외조항이 존재할 경우, 상당히 높은 확률로 선지 또는 보기로 구성된다. 제3조의 경우에도 단서가 존재하는데, 제3조 단서는 예외조항은 아니고 본문의 내용을 구체화한 것이다. 단서가 예외조항으로서 기능하는 경우와 구체화하는 역할을 하는 경우를 구분하자.

Tip ❷ '모든'이라는 표현이 나오는 〈보기〉 판단법을 익히기

보기 ㄱ과 같이 "모든"이라는 단어가 나오는 경우 예외규정이 없는지 확인한다. 〈모든〉이란 한정어구는 반대되는 요건이 하나만 있어도 오선지가 되므로 판단이 어렵지 않다. '다만~'으로 시작하는 단서를 보는 순간 예외가 있음을 바로 판단할 수 있다.

Tip ❸ 주체인 행정청에 표시해두기

법조문에 다양한 행정청이 주체로 나오는 경우, 주어가 바뀐 선지가 나올 수 있으므로 주체에 강조 표시를 해둔다. 해당 문제에서는 승인의 주체가 '도지사'로 동일하여 어떤 경우에 승인을 받아야 하는지가 중요하다. 〈보기〉의 장치로 활용되지는 않았지만, 예산과 관련하여서는 주체가 다르다. 보조율 등을 정하는 것은 도지사이지만 시·군비 부담액을 반영하는 것은 시장·군수이다. 조문 구조 파악 단계에서 주체가 둘 이상임을 확인했다면 놓치지 않도록 별도로 표시해두는 것도 좋다.

Tip ❹ 선지 판단에 있어서는 단어의 어감과 상식을 활용

상식이나 어감만으로 답을 골라서는 안되지만, 선지 판단에 얼마든지 보조적으로 활용할 수는 있다. ㄷ 선지의 〈무관〉이란 단어는 출제자가 수험생을 배려하여 강조한 장치이다. 무관한 사업을 우선적으로 반영하는 것 자체가 부자연스럽기도 하다. 바로 조문으로 넘어가, 4조 조항을 확인하고 선지가 틀렸다고 판단한다.

독끝 7일차 (091~105)

정답

091	③	092	④	093	①	094	②	095	⑤
096	②	097	③	098	③	099	④	100	③
101	②	102	④	103	③	104	⑤	105	②

091 정답 ③

난이도 ●●○

문제유형 사실적 이해 > 정보 확인

접근전략 글에서 알 수 없는 정보를 찾는 정보 확인 문제이다. 따라서 선지를 먼저 읽고 유심히 읽어야 하는 부분을 잘 표시해두었다가, 지문에서 해당 내용이 나왔을 때 선지의 정보와 비교한다. 또한, 필요한 내용이 지문 곳곳에 분산되어 있을 때 관련 있는 정보끼리 짝지어 놓으면 선지 판단 시 편리하다. 또한 글에서 알 수 '없는' 것을 고르는 유형의 정답 선지는 제시문 내용과 상충하거나 그로부터 추론할 수 없는 내용, 오답 선지는 제시문 내용과 일치하거나 그로부터 추론할 수 있는 내용이 된다. 제시문의 구조와 선지로 구성될 만한 내용(개념/내용 간 관계, 시간의 흐름에 따른 변화 등)을 파악해가며 제시문을 읽은 뒤 선지를 판단하자.

다음 글에서 알 수 없는 것은?

(1) 무인정변 이후 집권자들의 권력 쟁탈로 지방에 대한 통제력이 이완되고 지배층의 수탈이 더욱 심해지자 백성들은 이에 저항하는 민란을 일으켰다. (2) 이들은 당시 사료에 '산적'이나 '화적', 또는 '초적'이라는 이름의 도적으로 일컬어졌다. (3) 최우는 집권 후 야별초를 만들어 이들을 진압하려 했다. (4) 야별초는 집권자의 사병처럼 이용되어 주로 민란을 진압하고 정적을 제거하는 데 동원되었다. (5) 이들은 그 대가로 월등한 녹봉이나 상여금과 함께 진급에서 특혜를 누렸고, 최씨 정권은 안팎의 위협으로부터 안전할 수 있었다. (6) 이후 규모가 방대해진 야별초는 좌별초와 우별초로 나뉘었고 여기에 신의군이 합해져 삼별초로 계승되었다. ▶ 1문단

(1) 1231년 몽고의 공격이 시작되자 최우를 중심으로 한 무인 정권은 항전을 주장하였으나, 왕과 문신관료들은 왕권회복을 희망하여 몽고와의 강화(講和)를 바랐다. (2) 대몽 항전을 정권 유지를 위한 방책으로 활용하려 했던 최우는 다수의 반대를 무릅쓰고 강화도 천도를 결행하였으나 이는 지배세력 내의 불만을 증폭시켰으며 백성들에게는 권력자들의 안전만을 도모하는 일종의 배신행위로 받아들여졌다. ▶ 2문단

(1) 이후 무인 정권이 붕괴되자 그 주력부대였던 삼별초는 개경으로 환도한 고려 정부에 불복해 강화도에서 반란을 일으켰다. (2) 삼별초의 난이 일어나자 전쟁 중에 몽고 침략 및 지배층의 과중한 수탈에 맞서 싸워 왔던 일반 백성들의 호응이 뒤따랐다. (3) 1270년 봉기하여 1273년 진압될 때까지 약 3년에 걸쳐 진행된 삼별초의 난에는 서로 다른 두 가지 성격이 양립하고 있었다. (4) 하나는 지배층 내부의 정쟁에서 패배한 무인 정권의 잔존세력이 일으킨 정치적 반란이고, 다른 하나는 민란의 전통과 대몽 항쟁의 전통을 계승한 백성들의 항쟁이다. (5) 전자는 무너진 무인 정권을 회복하고 눈앞에 닥친 정치적 보복에서 벗어나기 위해 몽고와 고려 정부에 항쟁하던 삼별초의 반란이었다. (6) 후자는 새로운 권력층과 침략자의 결탁 속에서 가중되는 수탈에 저항하던 백성들이 때마침 삼별초의 난을 만나 이에 합류하는 형태로 일으킨 민란이었다. ▶ 3문단

① 최우의 강화도 천도는 국왕과 문신 및 백성들의 지지를 얻지 못하였다.
→ (○) 최우는 다수의 반대를 무릅쓰고 강화도 천도를 결행하였으나, 이는 지배세력 내의 불만을 증폭시켰으며 백성들에게는 권력자들의 안전만을 도모하는 일종의 배신행위로 받아들여졌다.[2문단(2)] 이는 곧 최우의 강화도 천도는 국왕과 문신을 포함한 지배세력과 백성들 모두에게 지지를 얻지 못했다는 것을 의미한다.

② 야별초가 주로 상대한 도적은 지배층의 수탈에 저항하던 백성들이었다.
→ (○) 야별초는 집권자의 사병처럼 이용되어 주로 민란을 진압하고 정적을 제거하는 데 동원되었다.[1문단(4)] 이때 민란은 백성들이 지배층에 저항하기 위한 행동이었고[1문단(1)], 이를 일으킨 백성들은 도적으로 일컬어졌다.[1문단(2)] 따라서 야별초가 주로 상대한 도적은 지배층의 수탈에 저항하던 백성들이다.

③ 삼별초의 난에서 삼별초와 일반 백성들은 항전의 대상과 목적이 같았다.
→ (×) 삼별초의 난은 서로 다른 두 가지 성격이 양립하고 있었다.[3문단(3)] 삼별초의 난은 무인 정권의 잔존세력이 정치적 반란의 목적으로 일으켰고 일반 백성들은 민란의 전통과 대몽 항쟁의 전통을 계승하기 위해 합류하여 항전했다.[3문단(4)]

④ 설립 이후 진압될 때까지 삼별초는 무인 정권을 옹호하는 성격을 지닌 집단이었다.
→ (○) 삼별초의 시초인 야별초는 최우가 만든 것이므로[1문단(3)] 최씨 무인 정권의 군대이다. 그들은 무너진 무인 정권을 회복하기 위해 삼별초의 난을 일으켰으므로[3문단(5)], 삼별초는 설립 이후부터 진압될 때까지 무인 정권을 옹호하는 성격을 지녔음을 알 수 있다.

⑤ 삼별초는 개경의 중앙 정부에 반대하고 몰락한 무인 정권을 회복하기 위해 반란을 일으켰다.
→ (○) 삼별초는 개경으로 환도한 고려 정부에 불복하고[3문단(1)], 무너진 무인 정권을 회복하기 위해 반란을 일으켰다.[3문단(5)] 따라서 해당 선지의 내용은 옳다.

제시문 분석

1문단 삼별초의 기원

〈야별초〉		〈삼별초로 계승〉
최우가 만든 야별초는 주로 민란을 진압하고 정적을 제거하는 데 동원되었다.(4)	→	이후 규모가 방대해진 야별초는 좌별초와 우별초로 나뉘었고, 여기에 신의군이 합해져 삼별초로 계승되었다.(6)

2문단 최우의 강화도 천도

〈몽고와의 관계에 대한 의견 대립〉		
〈무인 정권〉		〈왕과 문신관료〉
최우를 중심으로 한 무인 정권은 항전을 주장하였다.(1)	↔	왕과 문신관료들은 왕권회복을 희망하여 몽고와의 강화(講和)를 바랐다.(1)

〈최우의 강화도 천도 결행 비난 여론〉
최우는 다수의 반대를 무릅쓰고 강화도 천도를 결행하였으나, 이는 지배세력 내의 불만을 증폭시켰으며 백성들에게는 일종의 배신행위로 받아들여졌다.(2)

3문단 삼별초의 난

〈삼별초의 난의 두 가지 성격〉	
〈무인 정권의 잔존세력〉	〈백성들의 항쟁〉
주력부대였던 삼별초는 개경으로 환도한 고려 정부에 불복해 강화도에서 반란을 일으켰다.(1)	삼별초의 난이 일어나자 전쟁 중에 몽고 침략 및 지배층의 과중한 수탈에 맞서 싸워 왔던 일반 백성들의 호응이 뒤따랐다.(2)
↓	↓
〈성격〉	〈성격〉
지배층 내부의 정쟁에서 패배한 무인 정권의 잔존세력이 일으킨 정치적 반란(4)	민란의 전통과 대몽 항쟁의 전통을 계승한 백성들의 항쟁(4)

합격자의 실전 풀이 순서

⓿ 제시문의 주제 파악하기

본 문제의 제시문은 한국사가 소재이다. 한국사는 언어논리 영역에서 가장 자주 등장하는 제시문 소재 중 하나로, 주로 각 책형의 앞부분에 등장한다. 해당 주제의 제시문의 특징을 가볍게 상기하면서 본격적인 풀이에 들어가 보자. 한국사 소재 제시문에는 다음과 같은 특징들이 있다.

사건의 인과관계, 연표에 따른 단순 선후관계, 계급 체계에 따른 상하관계 등이 한 문제에 복합적으로 등장한다.

작은따옴표 ' '를 통해 생소한 개념이 소개된다. 작은따옴표가 붙은 단어는 제시문 전체에서 강조하고자 하는 개념인 경우가 많으므로 집중해 살펴야 한다.

큰따옴표 " "를 통해 인물의 주장 또는 문헌이 인용된다. 큰따옴표가 붙은 문장은 그 자체를 토씨 하나 안 틀리고 파악하기보다는, 제시문 전체에서 문장이 갖는 맥락 이해하기에 초점을 둔다.

홑낫표 「」, 겹낫표 『』 등으로 문헌·예술작품 등의 이름이 제시된다. 제시문에 이름이 유사한 작품이 여러 개 등장한 뒤, 선지에서 혼동을 유도하는 경우도 종종 있다.

구체적인 시대 표현이 등장한다. n년, n세기, OO시대 전·중·후기 등의 시대 표현은 선지에서 사건들이 발생한 선후관계를 묻는 기준점으로 사용된다.

이런 특징들을 암기해도 물론 유용하겠지만, 가장 효과적인 방법은 직접 다양한 문제를 풀어보면서 체득하는 것이다.

❶ 발문 확인 및 문제 유형 파악

항상 발문을 먼저 제대로 읽자. 본 문제는 글에서 알 수 없는 것을 고르는 유형의 문제이다. 알 수 없는 것을 고르는 문제는 추론할 수 없는 것을 고르는 문제와 같다. 해당 유형은 제시문 내용과 부합하지 않거나 그로부터 추론 불가능한 선지가 정답이 되며, 제시문 내용과 일치거나 그로부터 추론할 수 있는 선지가 오답이 된다. 긴장되는 시험장에서 알 수 '없는' 것을 고르는 문제에서 알 수 '있는' 것을 고르는 문제로 잘못 보아 처음 검토한 선지를 고르는 실수를 할 수 있다는 사실을 명심해야 한다. 따라서 알 수 '없는' 것을 묻는 문제가 나오면 발문에 크게 × 표시를 하여 실수를 하지 않도록 유의해야 한다.

정보확인유형을 푸는 방법으로는 크게 선지를 먼저 읽고 제시문에서 선지의 내용을 찾는 방법과 제시문을 간략히 읽은 후 선지를 판단하는 방법 두 가지로 나뉜다. 첫 번째 방법은 선지로부터 키워드를 찾고, 키워드를 제시문에서 찾아가는 방식이다. 두 번째 방법은 제시문의 구조와 선지에서 나올만한 중요한 내용을 파악하며 1분에서 2분 사이 내에 제시문을 읽은 후 선지를 판단하는 방식이다. 이하에서는 두 가지 방법을 모두 활용하여 본 문제를 해결해보겠다.

2-1 선지부터 읽고 제시문 독해

(1) 선지 읽기

첫 번째 방식으로 정보확인유형을 풀기 위해서는 우선 선지별로 어떤 정보를 요구하는지 파악하고, 제시문에서 찾을 키워드를 도출한다.

① 최우의 강화도 천도가 당시 어떤 반응을 이끌어냈는지를 묻고 있다. 따라서 강화도 천도와 지지를 키워드로 꼽을 수 있다.

② 야별초가 상대한 도적이 누구인지 묻고 있다. 당시 사회에서 도적이 어떤 의미로 통했는지 글을 통해 파악한다. 즉, '도적'이 선지의 핵심어이다.

③ 삼별초와 일반 백성의 항전을 비교해야 한다. 이를 통해 삼별초의 난은 삼별초가 일으킨 난과 일반 백성이 일으킨 난의 두 가지 성격을 지니고 있음을 알 수 있다.

④ 유의할 것은 삼별초라는 집단의 성격이다. 시간 변화에 따라 삼별초가 옹호하는 대상이 달라지는지 글을 통해 확인한다.

⑤ 삼별초가 반란을 일으킨 이유를 묻고 있으므로 이를 중점으로 글을 읽는다.

선지를 통해 지문이 주로 삼별초에 대해 다루고 있음을 알 수 있다. 또한, 선지를 읽으며 특정 키워드에 밑줄을 긋는 등 표시를 해두면 시간 단축에 유리하다.

(2) 지문 읽으며 선지 정답 고르기

지문을 읽으며 키워드가 등장했을 때 바로 선지 내용과 비교하며 꼼꼼히 읽는다. 1문단에서 확인할 수 있는 내용은 삼별초의 기원이다. 이를 설명하며 도적의 개념이 나오므로 ②번 선지는 옳다. 2문단에서는 최우를 중심으로 한 무인 정권의 강화도 천도에 대한 엇갈린 반응을 서술하고 있다. 강화도 천도의 결행은 지배세력뿐만 아니라 백성들에게 부정적인 반응을 이끌어냈다는 언급이 있으므로 ①번 선지 역시 옳은 설명을 하고 있다.

3문단은 삼별초의 난이 가진 두 가지 성격을 설명하고 있다. 내용을 정리하면 다음과 같다.

- **삼별초**: 고려 정부에 불복, 정치적 반란, 무너진 무인 정권 회복
- **일반 백성들**: 삼별초의 난에 호응, 백성들의 항쟁, 권력층의 수탈에 저항

즉, 삼별초와 일반 백성들의 항전 목적이 다르기에 ③번 선지는 틀린 서술이다. 또한, 삼별초가 무너진 무인 정권을 회복하기 위해 난을 일으켰다는 점에서 무인 정권을 옹호하는 성격을 지녔음을 알 수 있다. 그러므로 ④번과 ⑤번 선지는 옳다.

2-2 제시문부터 읽고 선지 판단

(1) 제시문 독해

두 번째 방식으로 정보확인유형을 풀 경우, 제시문의 구조와 선지에서 나올만한 중요한 내용을 파악하며 1분에서 2분 사이 내에 제시문을 읽는다. 이때 선지에서 나올만한 내용으로는, 두 대상의 공통점과 차이점, 인과 관계, 두 대상의 성능 및 효과 비교, 접속어로 시작하는 문장의 주요 내용, '반드시', '필수적'과 같은 표현으로 강조되는 내

용 등이 있다. 다양한 정보확인문제를 통해 선지에서 주로 묻는 내용이 무엇인지 정리한 뒤, 제시문에서 선지에 나올만한 내용을 미리 파악하며 읽는 습관을 들이자.

본 제시문의 경우 병렬적으로 제시된 개념이나 내용 간의 관계 및 차이점과 공통점에 유의하자. 1문단에서는 도적, 야별초, 삼별초, 2문단에서는 무인 정권과 왕, 문신 관료 간 입장 차이, 3문단에서는 삼별초의 난에서 무인 정권의 잔존세력과 백성들 간 성격 차이 등이 존재한다. 병렬적으로 제시된 개념들을 구분하기 위해서는 숫자를 활용할 수 있다. 예컨대, 3문단의 경우 무인 정권의 잔존세력의 입장에 1, 백성들의 입장에 2를 적을 수 있다.

또한, 글의 전반적인 구조가 시간의 흐름에 따른 변화임을 알 수 있다. 이러한 구조에서는 연도와 같은 시간 지표에 동그라미와 같은 기호를 사용하여 표시하여 선지를 확인하다가 제시문으로 돌아왔을 때 정보를 찾기 쉽게 하자. 또한, 시간의 흐름에 따른 변화나 차이가 선지로 자주 출제되니 이러한 부분들을 잘 확인하면서 읽도록 하자.

(2) 선지 판단

병렬적으로 제시된 개념 및 내용 간의 차이를 이용해 다수의 오답 및 정답 선지를 구성했음을 확인할 수 있다. 우선, 정답인 ③번 선지는 삼별초의 난에서 무인 정권 잔존세력과 백성들 간 성격 차이, ①번은 강화도 천도를 두고 벌어진 무인 정권과 왕, 문신 관료 간 입장 차이, ②번은 도적, 야별초, 삼별초 간 관계로 구성되었다.

한편, ④번 선지의 경우 시간의 흐름에 따른 변화나 차이점 및 공통점에 유의했다면 쉽게 판단할 수 있던 선지이다.

합격자의 시간단축 Tip

Tip ❶ 선지를 통해 핵심 내용을 파악한다.

제시문의 길이가 길고 역사 지문이기에 생소한 단어가 많았다. 그러나 선지를 통해 제시문의 대략적인 내용을 추측할 수 있었기에 정답을 고르는 데에는 큰 어려움이 없었다. 특히, 선지에서 반복적으로 등장하는 삼별초가 지문에서 다루고 있는 대상임을 파악할 수 있다. 이후 선지별로 어떤 내용을 묻고 있는지 간단히 정리해두면 글을 읽으며 빠르게 문제를 풀 수 있다.

Tip ❷ 병렬적으로 주어진 내용과 개념의 관계 파악

병렬적이라는 것은 내용상 대등하다는 것인데, 병렬적으로 주어진 내용이나 개념 간 공통점 및 차이점과 관계는 선지에서 자주 구성되어 묻는 내용이니 독해할 때부터 미리 파악해두면 선지 판단의 정확도와 속도가 올라간다. 해당 제시문에서도 선지 대부분이 그와 관련되어 있음을 알 수 있다. 2개 이상의 병렬적인 개념을 구분하기 위해 숫자를 활용할 수 있다. 즉, 개념마다 순서에 맞춰 1, 2, 3을 적어두면 개념의 비교가 쉽다.

Tip ❸ 시간의 흐름에 따른 변화나 차이점 체크하기

시간의 흐름에 따른 변화가 나타날 시, 연도와 같은 시간 지표를 기호로 표시해가며 시간이 흐름에 따라 어떤 변화나 차이점이 생겼는지 확인하자. 시간의 흐름 구조에서는 이러한 점들이 자주 선지로 구성되기 때문이다.

Tip ❹ 기존 한국사에서 알고 있는 배경지식을 독해에 적극적으로 활용하기

다양한 수험생이 모인 적성시험에서 〈공통적으로〉 갖춰진 배경지식으로는 〈한국사〉가 있다. 국사지문은 우리가 알고 있는 지식을 매우 구체화하여 물어보거나, 중고교까지의 역사지식을 다양한 관점에서 해석하는 것이 출제된다. 〈해당 지문이 내가 기존에 알던 것과 어떻게 다르며 어디까지는 같지?〉라는 문제의식을 가지고 지문을 읽으면 지문을 이해하는 데 도움이 된다. 다만 주의할 것은 선지의 정오를 판단할 때에는 배경지식이 아닌 지문의 내용에 충실해야 한다는 것이다.

092 정답 ④ 난이도 ●○○

문제유형 이해 > 내용 파악

접근전략 내용의 일치/불일치를 묻는 유형의 글은 다양한 방식으로 전개된다. 각각의 글의 전개 방식에 따라 효과적인 읽기 전략을 선택한다면, 독해 속도가 빨라져 시간 단축에 도움이 된다. 본 제시문은 시간의 흐름에 따른 대상의 변화를 설명하는 방식으로 전개된다. 시간의 흐름이 핵심 요소로 다루어지는 만큼, 연도와 그에 따른 주요 사건에 밑줄이나 도형 등으로 시각화를 해두는 것이 좋다. 이러한 구조의 글을 다루는 선지에서는 주로 시점 간의 비교를 잘못 제시하여 오답으로 만들어내기 때문이다. 따라서 네모, 세모, 동그라미 등 구별할 수 있는 표시를 적극적으로 사용하도록 한다.

다음 글에서 알 수 없는 것은?

(1) 1930년대 우리나라 탐정소설에는 과학적 수사의 강조, 육감적 혹은 감정적 사건 전개라는 두 가지 특성이 나타난다. (2) 이러한 것들은 1930년대 우리나라 탐정소설에 서구 번역 탐정소설이 미친 영향력 못지않게 국내에서 유행하던 환상소설, 공포소설, 모험소설, 연애소설 등의 대중 소설 장르가 영향력을 미친 데서 비롯된 것이다. (3) 2000년대 이후 오늘날의 탐정소설은 과학적 수사, 증명, 논리적 추론 과정에 초점이 맞추어지는 데 반해, 1930년대 탐정소설은 감정적, 심리적, 우연적 요소의 개입 같은 것들이 사건 해결의 열쇠를 쥐고 있었다. (4) 두 가지 큰 특성 중 감정적 혹은 육감적 사건 전개는 탐정소설의 범위를 넓히는 동시에 다양한 세부 장르를 형성하였다. (5) 그러나 현재로 오면서 두 번째 특성은 소멸되고 첫 번째의 특성만 강하게 남아, 그것이 탐정소설의 전부인 것처럼 인식되는 경향이 지배적이다. ▶ 1문단

(1) 다양한 의미와 유형을 내포했던 1930년대의 '탐정'과 탐정소설은 현재로 오면서 오히려 그 범위가 협소해진 것으로 보인다. (2) '탐정'이라는 용어는 서술어적 의미가 사라지고 인물의 의미로 국한되어 사용되었으며, 탐정소설은 감정적 혹은 육감적 사건 전개나 기괴한 이야기가 지니는 환상적인 매력이 사라지고 논리적 추론 과정에 초점이 맞추어지는 서구의 고전적 탐정소설 유형만이 남게 되었다. (3) 1930년대의 탐정소설이 서구 고전적 탐정소설로 귀착되면서, 탐정소설과 다른 대중 소설 장르가 결합된 양식들은 사라졌다. (4) 그런 면에서 1930년대 탐정소설의 고유한 특성을 밝히는 것은 서구의 것과는 다른 한국식 탐정소설의 양식들이 발전할 수 있는 가능성을 제기하는 것이기도 하다. ▶ 2문단

① 1930년대 우리나라에서 '탐정'이라는 말은 현재보다 더 넓은 의미를 가졌다.

→ (○) 다양한 의미와 유형을 내포했던 1930년대의 '탐정'과 탐정소설은 현재로 오면서 그 범위가 협소해진 것으로 보이며 [2문단(1)], '탐정'이라는 용어는 서술어적 의미가 사라지고 인물의 의미로 국한되어 사용되었다.[2문단(2)] 이를 통해 1930년대 우리나라는 현재보다 '탐정'의 의미를 더 넓은 의미로 사용하였음을 알 수 있다.

해설편 7일차 • 의사소통능력

② 서구의 고전적 탐정소설은 과학적 수사와 논리적 추론 과정에 초점을 맞춘다.
→ (○) 현재의 탐정소설은 감정적 혹은 육감적 사건 전개나 기괴한 이야기가 지니는 환상적인 매력이 사라지고 논리적 추론 과정에 초점이 맞추어지는 서구의 고전적 탐정소설 유형만이 남게 되었다.[2문단(2)] 이를 통해 서구의 고전적 탐정소설은 과학적 수사와 논리적 추론 과정에 초점을 맞춘다는 것을 알 수 있다.

③ 오늘날 우리나라 탐정소설에서는 기괴한 이야기가 가진 환상적 매력을 발견하기 어렵다.
→ (○) 현재의 탐정소설은 감정적 혹은 육감적 사건 전개나 기괴한 이야기가 지니는 환상적인 매력이 사라지고 논리적 추론 과정에 초점이 맞추어지는 서구의 고전적 탐정소설 유형만이 남게 되었다.[2문단(2)] 따라서 오늘날 우리나라 탐정소설에서는 기괴한 이야기가 가진 환상적 매력을 발견하기 어렵다는 내용은 옳다.

④ 과학적, 논리적 추론 과정의 정립은 한국식 탐정소설의 다양한 형식을 발전시키는 데 기여했다.
→ (×) 1930년대 우리나라 탐정소설에는 과학적 수사의 강조, 육감적 혹은 감정적 사건 전개라는 두 가지 특성이 나타난다.[1문단(1)] 이러한 두 가지 큰 특성 중 감정적 혹은 육감적 사건 전개는 탐정소설의 범위를 넓히는 동시에 다양한 세부 장르를 형성하였다.[1문단(4)] 이를 통해 한국식 탐정소설의 다양한 형식을 발전시키는 데 기여한 것은 과학적, 논리적 추론 과정의 정립이 아니라 감정적 혹은 육감적 사건 전개라는 것을 알 수 있다.

⑤ 1930년대 우리나라 탐정소설은 서구 번역 탐정소설과 한국의 대중 소설 장르의 영향을 받았다.
→ (○) 1930년대 우리나라 탐정소설이 가진 특성은 서구 번역 탐정소설이 미친 영향력 못지않게 국내에서 유행하던 환상소설, 공포소설, 모험소설, 연애소설 등의 대중 소설 장르가 영향력을 미친 데서 비롯된 것이다.[1문단(2)] 이를 통해 1930년대 우리나라 탐정소설은 서구 번역 탐정소설과 한국의 대중 소설 장르의 영향을 받았다는 것을 알 수 있다.

제시문 분석

1문단 1930년대와 2000년대 이후 우리나라 탐정소설의 비교

〈우리나라 탐정소설 비교〉

〈1930년대〉		〈2000년대 이후〉
1930년대 우리나라 탐정소설에는 과학적 수사의 강조, 육감적 혹은 감정적 사건 전개라는 두 가지 특성이 나타나며, 특히 후자가 사건 해결의 열쇠를 쥐고 있었다.(1),(3)	↔	2000년대 이후 오늘날의 탐정소설은 과학적 수사, 증명, 논리적 추론 과정에 초점이 맞추어졌다.(3)

2문단 '탐정'과 '탐정소설' 용어의 의미 변화

〈용어의 의미 변화〉		〈결과〉
'탐정'이라는 용어는 서술어적 의미가 사라지고 인물의 의미로 국한되어 사용되었으며, 탐정소설은 환상적인 매력이 사라지고 논리적 추론 과정에 초점이 맞추어지는 서구의 고전적 탐정소설 유형만이 남게 되었다.(2)	→	1930년대의 탐정소설이 서구 고전적 탐정소설로 귀착되면서, 탐정소설과 다른 대중 소설 장르가 결합된 양식들은 사라졌다.(3)

2문단 1930년대 탐정소설의 의의

〈1930년대 탐정소설의 의의〉
1930년대 탐정소설의 고유한 특성을 밝히는 것은 서구의 것과는 다른 한국식 탐정소설의 양식들이 발전할 수 있는 가능성을 제기하는 것이기도 하다.(4)

합격자의 실전 풀이 순서

❶ 첫 문단을 읽음과 동시에 글의 구조를 파악한다.

지문이 큼지막한 문단 두 개로 구성되어 있다. 이 경우 두 가지 전개방식이 있다. 하나는 두 문단을 대립하는 식으로 쓰는 것이다. 대표적인 유형이 주장을 비교하는 유형이다.
둘째로 앞에 나온 내용을 완전히 정리한 후 뒷문장으로 넘어갈 때 이런 구조를 쓰기도 한다. 사실 1문단 (3)에서 문단을 끊어도 전혀 문제가 없었지만, 2문단과 좀 더 뚜렷하게 구분하기 위해 일부러 글쓴이가 문단을 합쳐놓은 것이라 볼 수 있겠다.
따라서 독자는 1문단을 읽으면서 핵심 내용이 무엇이었는지를 정리해둘 필요가 있다. 이때 정리는 밑줄, 표시같은 것으로 하거나, 혹은 독해에 익숙하다면 머릿속으로 기억하면 된다. 억지로 단어 등을 써가면서 외우지 않도록 주의한다.
이 지문의 경우는 시대별 비교를 중심으로 1문단이 구성되어 있으므로 두 가지의 기호를 쓰는 것이 좋은 방법이 될 수 있을 것이다.

❷ 2문단을 읽을 때 연결점을 파악한다.

1문단을 읽었다면 2문단이 대립되는 내용이 나오기 쉽지 않을 것이라는 짐작을 할 수 있다. 그렇다면 연결되는 글이므로 어떤 정보가 나오느냐가 중요해질 것이다. 핵심을 파악하기보다 강조하는 점을 꼼꼼하게 파악하면서 읽어야 한다.
대표적으로 2문단의 (1)문장은 (2)와 연결될 뿐 아니라 1문단에서 본 다양한 의미 변천에 기반한다. 즉, 과학적 성격 + 감정적 성격을 둘 다 '의미'로 가져야 한다. 그런데 이 구절이 1문단 초반에 있으므로 간과하기 쉽다. 따라서 앞의 내용을 정리할 필요가 있는 것이다. 이런 식으로 1문단에서 두 가지 기호를 통해 비교한 특색들은 2문단에서 그대로 계승될 수 있다. 따라서 글을 체계적으로 정리할 수 있게 된다.
혹시나 기호 정리 방법을 쓰지 않았더라도 걱정할 필요는 없다. 사람의 순간 기억력은 그렇게 나쁘지 않아서, 정리만 해뒀어도 그것이 어떻게 대응되는지, 2문단을 읽는 내내 잊지 않을 수 있다(구체적인 분류는 파악하지 않아도 좋다). 이렇게 한 번 읽고 나면, 선지를 풀기 전에 2문단으로부터 1문단을 다시 한번 살펴보면 된다(이 과정은 아마도 15초 이내로 끝낼 수 있을 것이다).

❸ 오지선다로 가서 정답을 고른다.

먼저 기호 표기를 착실히 한 경우 표기해둔 기호를 기억해 지문에서 그 부분을 다시 체크해 보도록 한다. 다만, 그렇게 해서도 정보를 찾기 힘들다면 구분성이 뚜렷한 키워드를 중심으로 돌아가도록 한다. (예컨대 기괴, 다양한 형식, 대중 소설 등이 있다.)
반면 흐름을 정리하면서 글을 읽은 경우, 지문의 흐름처럼 선지 판단에도 흐름이 있음을 파악할 수 있다. 예컨대 ①-②-⑤-③ 순서로 선지를 읽어 보면 어디서 많이 본 흐름이 생각날 것이다. 이 흐름대로 지문으로 올라가 차례차례 확인하면 된다. 이때 이 흐름이 반드시 인과적일 이유는 없다. 논리적 흐름은 오히려 ②-⑤-①-③이 되어야 함에 유의한다. 실전

에서 이것까지 떠올릴 여유는 없고, 단지 지문의 흐름이 선지에도 뒤섞여있을 수 있다는 점을 알면 된다.

합격자의 시간단축 Tip

Tip ❶ 비교 개념을 기호로 시각화한다.

비교 개념이 나와 서로를 비교하는 경우 시각적으로 잘 보이게 서로 다른 기호로 체크해 두면 오지선다에서 정보를 확인할 때 바로바로 지문에서 정보를 확인할 수 있다. 가령 문제의 경우여도 1930년대 탐정소설은 네모, 2000년대 탐정 소설은 세모 등으로 표기하며 읽을 수 있다. 이처럼 비교하고자 하는 내용을 다른 기호로 구분하여 표시해두면 근본적인 차이점을 파악하기 용이하다.

Tip ❷ 동일한 역할을 하는 단어들은 서로 묶는다.

특히 '동일'함에 의거하여, 굳이 억지로 상위 개념으로 묶지 않도록 하는 것이 빠른 독해의 지름길이다. 예컨대 지문에서 〈환상소설, 공포소설, 모험소설, 연애소설 등의 대중 소설 장르〉는 굳이 "대중 소설"이라고 묶을 필요 없이 "환상"을 중심으로 한 번에 다 묶어버릴 수 있다. 어차피 이 모든 것이 같은 의미라면, 굳이 알아보기도 힘들고 뒤쪽에 나와서 눈을 어지럽게 하는 '대중'이란 단어를 신경 쓸 이유가 없다. 마찬가지로 2문단에서 〈감정적, 육감적, 기괴한〉 역시 한 세트로 묶을 수 있다(필자의 경우 "감정"으로 묶었다).
이를 통해 2문단 (3)을 쉽고 빠르게 해석하고, 다른 부분과 연결지을 수 있을 것이다.

093 정답 ①

난이도 ●○○

문제유형 이해 > 내용 파악

접근전략 역사적 내용은 자주 출제되는 소재 중 하나이다. 역사 관련 지문은 주요 소재의 역사적 흐름을 설명하거나, 역사적인 사건 자체의 진행 과정을 설명하는 등 다양한 유형으로 구성될 수 있다. 본 유형과 같이 하나의 소재가 역사적인 흐름 속에서 어떻게 변화하는지가 주 내용인 경우, 연도나 시점에 주의하면서 글을 읽도록 한다. 덧붙여, 본 문제처럼 여러 국가가 지문에 등장하는 경우, 국가별 내용을 별도의 표시로 구분하는 것이 좋다.

다음 글에서 알 수 없는 것은?

(1) 동아시아 삼국에 외국인이 집단적으로 장기 거주함에 따라 생활의 편의와 교통통신을 위한 근대적 편의시설이 갖춰지기 시작했다. (2) 이른바 문명의 이기로 불린 전신, 우편, 신문, 전차, 기차 등이 그것이다. (3) 민간인을 독자로 하는 신문은 개항 이후 새롭게 나타난 신문물 가운데 하나이다. (4) 신문(新聞) 혹은 신보(新報)라는 이름부터가 그렇다. (5) 물론 그 전에도 정부 차원에서 관료들에게 소식을 전하는 관보가 있었지만 오늘날 우리가 사용하는 의미에서의 신문은 여기서부터 비롯된다. ▶ 1문단

(1) 1882년 서양 선교사가 창간한 『The Universal Gazette』의 한자 표현이 '천하신문'인 데서 알 수 있듯, 선교사들은 가제트를 '신문'으로 번역했다. (2) 이후 신문이란 말은 "마카오의 신문지를 참조하라"거나 "신문관을 설립하자"는 식으로 중국인들이 자발적으로 활발하게 사용하기 시작했다. ▶ 2문단

(1) 상업이 발달한 중국 상하이와 일본 요코하마에서는 각각 1851년과 1861년 영국인에 의해 영자신문이 창간되어 유럽과 미국 회사들에 필요한 정보를 제공했고, 이윽고 이를 모델로 하는 중국어, 일본어 신문이 창간되었다. (2) 상하이 최초의 중국어 신문은 영국의 민간회사 자림양행에 의해 1861년 창간된 『상하이신보』다. (3) 거기에는 선박의 출입일정, 물가정보, 각종 광고 등이 게재되어 중국인의 필요에 부응했다. (4) 이 신문은 'ㅇㅇ신보'라는 용어의 유래가 된 신문이다. (5) 중국에서 자국인에 의해 발행된 신문은 1874년 상인 왕타오에 의해 창간된 중국어 신문 『순후안일보』가 최초이다. (6) 이것은 오늘날 '△△일보'라는 용어의 유래가 된 신문이다. ▶ 3문단

(1) 한편 요코하마에서는 1864년 미국 영사관 통역관이 최초의 일본어 신문 『카이가이신문』을 창간하면서 일본 국내외 뉴스와 광고를 게재했다. (2) 1871년 처음으로 일본인에 의해 일본어 신문인 『요코하마마이니치신문』이 창간되었고, 이후 일본어 신문 창간의 붐이 일었다. ▶ 4문단

(1) 개항 자체가 늦었던 조선에서는 정부 주도하에 1883년 외교를 담당하던 통리아문 박문국에서 최초의 근대적 신문 『한성순보』를 창간했다. (2) 그러나 한문으로 쓰인 『한성순보』와는 달리 그 후속으로 1886년 발행된 『한성주보』는 국한문 혼용을 표방했다. (3) 한글로 된 최초의 신문은 1896년 독립협회가 창간한 『독립신문』이다. (4) 1904년 영국인 베델과 양기탁 등에 의해 『대한매일신보』가 영문판 외에 국한문 혼용판과 한글 전용판을 발간했다. (5) 그밖에 인천에서 상업에 종사하는 사람들을 위한 정보를 알려주는 신문 등 다양한 종류의 신문이 등장했다. ▶ 5문단

① 중국 상하이와 일본 요코하마에서 창간된 영자신문은 서양 선교사들이 주도적으로 참여하였다.
➜ (×) 중국 상하이와 일본 요코하마에서 창간된 영자신문이 영국인에 의해 창간되었다는 것만 알 수 있고[3문단(1)], 서양 선교사들이 주도적으로 참여하였는지는 제시문에 언급되어 있지 않아 알 수 없다.

② 개항 이전에는 관료를 위한 관보는 있었지만, 민간인 독자를 대상으로 하는 신문은 없었다.
➜ (○) 개항 이전에도 정부 차원에서 관료들에게 소식을 전하는 관보가 있었지만[1문단(5)], 민간인을 독자로 하는 신문은 개항 이후 새롭게 나타난 신문물 가운데 하나이다.[1문단(3)] 이를 통해 개항 이전에는 관료를 위한 관보는 있었지만, 민간인 독자를 대상으로 하는 신문은 없었음을 알 수 있다.

③ 'ㅇㅇ신보'나 '△△일보'란 용어는 민간이 만든 신문들의 이름에서 기인한다.
➜ (○) 'ㅇㅇ신보'라는 용어는 영국의 민간회사 자림양행에 의해 창간된 『상하이신보』에서 유래된 것이고[3문단(2), (4)], '△△일보'라는 용어는 상인 왕타오에 의해 창간된 『순후안일보』에서 유래된 것이다.[3문단(5), (6)] 따라서 'ㅇㅇ신보'나 '△△일보'란 용어는 모두 민간이 만든 신문들의 이름에서 기인한다.

④ 일본은 중국보다 자국인에 의한 자국어 신문을 먼저 발행하였다.
➜ (○) 일본에서는 자국인에 의한 자국어 신문이 1871년에 처음으로 발행되었고[4문단(2)], 중국에서는 1874년에 처음으로 발행되었다.[3문단(5)] 따라서 일본은 중국보다 자국인에 의한 자국어 신문을 먼저 발행한 것이다.

⑤ 개항 이후 외국인의 필요에 의해 발행된 신문이 있었다.
➜ (○) 상업이 발달한 중국 상하이와 일본 요코하마에서는 각각 1851년과 1861년 영국인에 의해 영자신문이 창간되어

유럽과 미국 회사들에 필요한 정보를 제공했고, 이윽고 이를 모델로 하는 중국어, 일본어 신문이 창간되었다.[3문단(1)] 이를 통해 개항 이후 외국인의 필요에 의해 발행된 신문이 있었음을 알 수 있다.

제시문 분석

1문단 동아시아 삼국의 개항 이후 신문의 등장

〈신문의 등장〉
민간인을 독자로 하는 신문은 개항 이후 새롭게 나타난 신문물 가운데 하나이다.(3)

3문단 중국의 신문 발행 역사

〈1851년〉		〈1861년〉		〈1874년〉
중국 상하이에서는 1851년 영자신문이 창간되어 유럽과 미국 회사들에 필요한 정보를 제공했다.(1)	→	1861년 영국의 민간회사 자림양행에 의해 상하이 최초의 중국어 신문 『상하이신보』가 창간되었다.(2)	→	1874년 중국에서 자국인에 의해 발행된 최초의 중국어 신문 『순후안일보』가 창간되었다.(5)

3·4문단 일본의 신문 발행 역사

〈1861년〉		〈1864년〉		〈1871년〉
일본 요코하마에서는 1861년 영자신문이 창간되어 유럽과 미국 회사들에 필요한 정보를 제공했다. [3문단(1)]	→	요코하마에서는 1864년 미국 영사관 통역관이 최초의 일본어 신문 『카이가이신문』을 창간했다.[4문단(1)]	→	1871년 처음으로 일본인에 의해 일본어 신문인 『요코하마마이니치신문』이 창간되었다. [4문단(2)]

5문단 조선의 신문 발행 역사

〈1883년, 1886년〉		〈1896년〉		〈1904년〉
조선에서는 1883년 통리아문 박문국에서 한문으로 쓰인 최초의 근대적 신문 『한성순보』를 창간하였으나, 1886년 발행된 『한성주보』는 국한문 혼용을 표방했다. (1),(2)	→	한글로 된 최초의 신문은 1896년 독립협회가 창간한 『독립신문』이다. (3)	→	1904년 영국인 베델과 양기탁 등에 의해 『대한매일신보』가 영문판 외에 국한문 혼용판과 한글 전용판을 발간했다.(4)

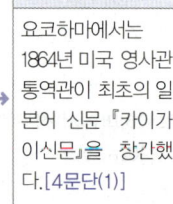

합격자의 실전 풀이 순서

❶ 발문 읽기

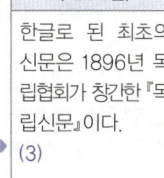

발문에는 별 정보가 없으므로 알 수 '없는'에 체크하여 혹시 모를 오답을 방지하도록 한다. 그러나 지문 첫 부분에는 많은 정보가 있는데 〈동아시아, 외국인, 근대〉라는 키워드를 통해서 개항기에 관련된 역사 지문, 그리고 국가별 비교에 관련된 지문임을 파악할 수 있다. 이때 '근대'라는 단어는 지문을 한 줄 이상 읽은 것이 아니라 단지 '외국인'이라는 단어 바로 밑에 있기 때문에 눈에 '띄어야 한다.'(명심하자. 눈에 들여오지 못했다면 훈련해야 한다.)

❷ 지문 읽기

이 지문을 읽는 최상의 방법은, 문단 초두를 빠르게 스캔하여 중국/일본/조선 순으로 국가별 비교가 문단 속에 있음을 확인하고 선지와 결합하여 푸는 것이다. 그러나 사실 이를 재현하는 것은, 타고난 실력이 없으면 힘들다. 그래서 대안책을 제시하고자 한다.

우선 1문단에서 국가별 비교를 암시하고, 신문을 중심 소재로 하고 있으므로 세부 내용을 암기하지 말고 '최초로 국가가 어디에 등장하는지'를 우선 찾는다. 국가별 비교가 이뤄질 것이라면, 당연히 국가별로 반복되는 내용이 있다는 뜻이다(매우 중요한 부분이다. 반드시 기억하자). 따라서 국가가 최초로 등장하는 곳을 찾아서 그곳의 내용을 중점적으로 정리한다. 이 지문에선 2문단 (2)에 최초로 중국이 등장하고, '신문'이라는 단어의 유래를 알 수 있다. 즉, 국가별 신문의 기원, 혹은 명칭 비교, 혹은 〈서양+선교사〉이외의 조합에 의한 신문 간행이 비교되는 내용임을 알 수 있다.

이런 것들을 토대로 '요코하마마이니치신문' 같은 단어는 〈일본인+신문〉이라고 기억하여 보다 비교가 용이하도록 치환해 준다. '한성순보' 나 '독립신문'도 마찬가지다. 마치 상황판단처럼, 혹은 표를 그리는 것처럼 〈국가, 발행인, 언어〉라는 속성을 고유명사 대신 기억해 준다.

다만, 이런 신문 간 성질 비교를 모든 신문에 대해 해줄 필요는 없다. 사실 가장 좋은 것은 여기서 선지로 가서 선지에 나오는 신문들만 정리해주는 것이다. (이 방법을 강력 추천한다.)

그러나 본인이 지문에 너무 빠져 있다면 선지를 보지 못할 경우, 차선책으로 '국가'만 골라서 표기하거나, 혹은 '민간'만 골라서 표기하는 방법이 있다. 중심 정보만 남기고 다 쳐내는 것이다. 이후 선지를 판단하면서 초점을 다시 맞추면 된다. 이때 연도를 중심으로 하지 않도록 주의한다. 물론 ④번 선지에 연도순 배열이 있지만 사실 연도는 지문에서 굉장히 가시성이 높은 요소다. 즉, 비교하는 좌표만 뚜렷하다면 연도순으로 확인하는 것은 비효율적이다. 이 지문은 국가별로 문단 구분이 뚜렷하므로 연도를 기억할 이유는 없다.

❸ 선지 확인

기본적으로 선지에 나온 단어를 토대로 지문을 확인하면서 문제를 풀면 된다. 다만 ②번 선지를 판단할 때, 특정 국가만 고려하면 안 된다는 점을 상기한다. 이 선지를 푸는 방법은, 먼저 1문단에서 관련 내용이 있는지를 확인한 다음, 그 반례가 나머지 문단에 '언급된 적이 있는지' 확인하는 것이다. 확인 결과 반례가 글에 등장하지 않으므로 옳은 선지임을 확인 가능하다.

⑤번 선지에서, '필요에 부응'이라는 말과 '필요에 의해'라는 말을 다르게 해석하는 독자가 있을 수 있다. '부응'이라는 것은 결과적인 것이고 '의해'라는 것은 원인이라고 해석하는 것이다. 사실 그래서 ①번이라는 명확한 정답선지가 있는 것이다. 이처럼 명확한 답이 있을 때는 이런 깊은 고민은 잠시 접어두도록 한다. 사실 정말 깊게 들어가면 3문단 (1)문장에 '제공'이라는 단어를 다른 문장과 결합함으로써 도출되는 결론이다.

합격자의 시간단축 Tip

Tip ❶ 정보량이 많은 경우 너무 다양한 기호를 사용하지 않도록 한다.

내용 파악 문제에 있어서도 본 지문처럼 정보량이 많은 경우가 존재한다. 본 지문의 경우에도 중국, 일본, 조선의 신문 역사가 등장하며 그중에서도 신문 창간 주체에 있어 민간, 외국인 등 다양한 주체가 존재한다. 그렇다고 해서 이런 정보들을 전부 다 세모, 네모, 동그라미, 별표로 표시한다면 오히려 나중에 오지선다에서 정보를 찾으려고 지문으로 갈 때 가독성이 떨어지게 될 것이다.
그렇기 때문에 오히려 이렇게 정보량이 많은 지문을 만나면 너무 많은 기호를 쓰지 말고 연도는 동그라미, 국가는 네모, '최초의' 등과 같은 특수한 단어는 밑줄 등으로 최대한 표기를 간소화하도록 한다. 이 경우 정보가 손실될 거라는 우려가 있을 수 있는데, 그것을 감수하고서라도 기호를 너무 많이 쓰지 않는 것이 더 효율적임을 명심하자. 기호가 너무 다양하면 그 기호를 고르는 것만으로도 시간 및 체력 손실이 일어난다.

Tip ❷ 유사한 단어에 오지선다를 정답으로 착각하지 않도록 한다.

오지선다에서 오답을 만들 시, 제대로 선지 내용을 체크하지 않을 경우 얼핏하면 맞다고 생각할 수 있는 유사단어를 넣곤 한다. 예를 들어 선지 ①번에 '서양 선교사들'이 있지만, 지문에는 '영국인'이라는 단어만 언급되었기에 오답이다. 이처럼 선지에 있는 유사한 단어를 지문에 있다고 잘못 생각한다면 정답으로 착각할 수 있다. 이에 오지선다를 풀 때는 해당 정보를 정확하게 점검하도록 하자.

Tip ❸ 한국사 지문의 어려움

PSAT에서 한국사 유형은 사실 어렵게 나온다. 그 이유는 psat의 대상 자체가 한국사능력검정시험 2급을 무조건적으로 요구하기 때문이다. 이는 NCS에 있어서도 가산점 규정이 기업들에 있는 이상 같은 기조를 유지할 수밖에 없다.
그렇다면 지문이 어렵게 나오면 어떻게 어렵게 나올까? 대다수 사람들이 "지문에 정보가 많고 난잡하면 어려울 것"이라고 생각한다. 그러나 그것은 틀린 말이다. 지문이 연결되어 있을수록 어렵다. 앞의 내용부터 따라가야 이해를 할 수 있기 때문이다. 예컨대 연결성이 짙은 과학 지문은 대다수 수험생들, 특히 문과계열 출신 수험생들이 어려워하는 유형이다. 또한, 연결이 있되, 일관되지 않은 기준으로 연결될 때 더 어려워진다. 당연하다. 일관된 기준이 있다면 비교분석을 할 수 있기 때문에 지문의 난이도는 하락한다.
이 두 가지 기준에 역사 지문은 전부 해당한다. 그런데 역사 지문을 어렵게 여기는 수험생은 별로 없다. 그 이유는 위에 언급한 한능검 자격증 급(級)의 배경지식 때문이다.

094 정답 ②

난이도 ●●○

문제유형 이해 > 내용 추론

접근전략 밑줄 친 부분이 있는 문장을 먼저 확인해 보도록 한다. 확률 테마가 등장하는 지문은 대부분 평균 이상의 난이도를 보인다. 사전에 확률 테마 문제를 많이 접해 최대한 노력할 수 있겠지만, 처음 보자마자 바로 해결하겠다는 욕심을 버리는 것이 효율적인 전략일 수 있다. 우선 건너뛰고 남은 문제를 해결한 뒤 다시 돌아와 푸는 것이 좋다.

다음 글의 ㉠에 근거한 추론으로 옳은 것만을 〈보기〉에서 모두 고르면?

(1) 우리는 믿음과 관련하여 여러 종류의 태도를 가질 수 있다. (2) 예를 들어, 우리는 내일 비가 온다는 명제가 참이라고 믿을 수도 있고, 거짓이라고 믿을 수도 있다. (3) 또한 그 명제가 참이라고 믿지도 않고 거짓이라고 믿지도 않을 수 있다. (4) 이렇게 거칠게 세 가지 종류로만 구분된 믿음 태도는 '거친 믿음 태도'라고 불린다.
▶ 1문단

(1) 한편, 우리의 믿음 태도는 아주 섬세하게 구분될 수도 있다. (2) 우리는 내일 비가 온다는 명제가 참이라는 것을 0.2의 확률로 믿을 수도 있고 0.5의 확률로 믿을 수도 있고 0.8의 확률로 믿을 수도 있다. (3) 말하자면, 그 명제가 참일 확률에 따라 우리의 믿음 태도는 섬세하게 구분될 수도 있다는 것이다. (4) 이렇게 확률에 따라 구분된 믿음 태도는 '섬세한 믿음 태도'라고 불린다.
▶ 2문단

(1) 이 두 종류의 믿음 태도는 ㉠'믿음의 문턱'이라는 개념을 이용한 규정을 통해 서로 연결될 수 있다. (2) 그 규정은 이렇다. '어떤 명제를 참이라고 믿기 위한 필요충분조건은 그 명제가 참이라는 것을 특정 확률 값 k보다 크게 믿는 것이다. 그리고 어떤 명제를 거짓이라고 믿기 위한 필요충분조건은 그 명제가 거짓이라는 것을 그 확률 값 k보다 크게 믿는 것이다. 단, k의 값은 0.5보다 작지 않다.' (3) 이때 확률 값 k를 믿음의 문턱이라고 부른다.
▶ 3문단

(1) 이제 이러한 규정을 적용해 보기 위해 일단 당신의 믿음의 문턱이 0.8이라고 해보자. (2) 그리고 당신은 내일 비가 온다는 명제가 참이라는 것을 0.9의 확률로 믿고 있다고 하자. (3) 이 경우 우리는 '당신은 내일 비가 온다는 명제를 참이라고 믿고 있다.'고 말할 수 있다. (4) 이번에는 당신이 내일 비가 온다는 명제가 거짓이라는 것을 0.9의 확률로 믿고 있다고 해 보자. (5) 그럼 우리는 당신의 믿음의 문턱이 0.8이라는 점을 고려하여 '당신은 내일 비가 온다는 명제가 거짓이라고 믿고 있다.'고 말할 수 있다.
▶ 4문단

(1) 그럼, 당신이 내일 비가 온다는 명제가 참이라는 것도 0.5의 확률로 믿고 있고, 그 명제가 거짓이라는 것도 0.5의 확률로 믿고 있는 경우는 어떨까? (2) 이 경우 우리는 당신의 믿음의 문턱이 0.8이라는 점을 고려하여 '당신은 내일 비가 온다는 명제를 참이라고 믿지도 않고 거짓이라고 믿지도 않는다.'고 말할 수 있다.
▶ 5문단

보기

ㄱ. 철수의 믿음의 문턱이 0.5인 경우, 철수는 모든 명제를 참이라고 믿지도 않고 거짓이라고 믿지도 않는다.
→ (×) 철수가 임의의 명제를 0.8의 확률로 믿고 있다면, 이는 믿음의 문턱인 0.5보다 더 크기 때문에 '철수는 임의의 명제를 참이라고 믿고 있다.'가 성립한다.[3문단(2)] 철수가 임의의 명제를 거짓이라고 0.8의 확률로 믿고 있다면, 이는 믿음의 문턱인 0.5보다 더 크므로 '철수는 임의의 명제를 거짓이라고 믿고 있다.'가 성립한다. 따라서 철수의 믿음의 문턱이 0.5인 경우, 철수는 임의의 명제가 참이라고 믿을 수도 있고, 거짓이라고 믿을 수도 있다. 즉, 어떤 명제를 어떻게, 얼마만큼의 확률로 믿고 있는지에 따라 다른 것이다. 따라서 적절하지 않다.

ㄴ. 영희의 믿음의 문턱이 고정되어 있을 경우, 내일 비가 온다는 명제에 대한 영희의 섬세한 믿음 태도가 변한다고 하더라도 그 명제에 대한 영희의 거친 믿음 태도는 변하지 않는 경우도 있다.
→ (○) 예를 들어, 영희의 믿음의 문턱이 0.6으로 고정되어 있을 경우, '내일 비가 온다.'라는 명제에 대한 영희의 섬세한 믿음 태도가 0.9의 확률에서 0.7로 변한다고 하더라도, 두 경우 모두 여전히 믿음의 문턱 0.6보다 크다. 따라서 '내일 비가 온다.'라는 명제에 대한 영희의 거친 믿음 태도는 변하지 않을 것이다.

ㄷ. 철수와 영희가 동일한 수치의 믿음의 문턱을 가지고 있을 경우, 두 사람 모두 내일 비가 온다는 명제를 참이라고 믿고 있지 않다면 두 사람 모두 내일 비가 온다는 명제를 거짓이라고 믿고 있다.

➜ (×) 예를 들어 철수와 영희가 0.8이라는 동일한 수치의 믿음의 문턱을 가지고 있을 때, 철수는 '내일 비가 온다.'라는 명제가 참이라고 0.7의 확률로 믿고 있고 영희는 0.6의 확률로 믿고 있다면 두 사람 모두 '내일 비가 온다.'라는 명제를 참이라고 믿고 있지 않다.[3문단(2)] 그런데 이 경우 두 사람이 모두 '내일 비가 온다.'라는 명제를 거짓이라고 믿고 있다고 단정할 수는 없다. 두 사람이 이 명제를 거짓이라고 믿기 위해서는, 이 명제가 거짓이라고 믿는 확률이 믿음의 문턱보다 더 커야 한다.[4문단(4),(5)] 만약 거짓이라고 믿는 확률이 믿음의 문턱보다 더 작다면 이는 참이라고 믿지도 않고 거짓이라고 믿지도 않는 상황일 것이다.[5문단(2)] 이처럼 특정 명제를 참이라고 믿는 것과 거짓이라고 믿는 것은 서로 독립된 별개의 요건에 따라 판단된다. 따라서 적절하지 않다.

① ㄱ ➜ (×)
② ㄴ ➜ (○)
③ ㄱ, ㄷ ➜ (×)
④ ㄴ, ㄷ ➜ (×)
⑤ ㄱ, ㄴ, ㄷ ➜ (×)

제시문 분석

1문단 거친 믿음 태도

〈명제: '내일 비가 온다.'에 대한 믿음 태도〉		
참이라고 믿는다.(2)	거짓이라고 믿는다.(2)	참이라고 믿지도 않고 거짓이라고 믿지도 않는다.(3)

↓

〈거친 믿음 태도〉
이렇게 거칠게 세 종류로만 구분된 태도는 '거친 믿음 태도'라고 불린다.(4)

2문단 섬세한 믿음 태도

〈명제: '내일 비가 온다.'에 대한 믿음 태도〉		
0.2의 확률로 믿는다.(2)	0.5의 확률로 믿는다.(2)	0.8의 확률로 믿는다.(2)

↓

〈섬세한 믿음 태도〉
이렇게 확률에 따라 구분된 믿음 태도는 '섬세한 믿음 태도'라고 불린다.(4)

3문단 두 종류의 믿음 태도와 '믿음의 문턱'

〈'믿음의 문턱' 규정〉
어떤 명제를 참이라고 믿기 위한 필요충분조건은 그 명제가 참이라는 것을 특정 확률 값 k보다 크게 믿는 것이다. 그리고 어떤 명제를 거짓이라고 믿기 위한 필요충분조건은 그 명제가 거짓이라는 것을 그 확률 값 k보다 크게 믿는 것이다. 단, k의 값은 0.5보다 작지 않다.(2)

➜

〈믿음의 문턱〉	이때 확률 값 k를 믿음의 문턱이라고 부른다.(3)

4·5문단 '믿음의 문턱'의 예시

〈'믿음의 문턱'의 예시〉		
당신의 믿음의 문턱이 0.8이라고 해보자[4문단(1)]		
	〈믿음의 정도〉	〈결론〉
참이라고 믿는 경우	그리고 당신은 내일 비가 온다는 명제가 참이라는 것을 0.9의 확률로 믿고 있다고 하자.[4문단(2)]	이 경우 우리는 '당신은 내일 비가 온다는 명제를 참이라고 믿고 있다.'고 말할 수 있다.[4문단(3)]
거짓이라고 믿는 경우	이번에는 당신이 내일 비가 온다는 명제가 거짓이라는 것을 0.9의 확률로 믿고 있다고 해 보자.[4문단(4)]	우리는 당신의 믿음의 문턱이 0.8이라는 점을 고려하여 '당신은 내일 비가 온다는 명제가 거짓이라고 믿고 있다.'고 말할 수 있다.[4문단(5)]
참도 거짓도 아니라고 믿는 경우	당신이 내일 비가 온다는 명제가 참이라는 것도 0.5의 확률로 믿고 있고, 그 명제가 거짓이라는 것도 0.5의 확률로 믿고 있는 경우[5문단(1)]	이 경우 우리는 당신의 믿음의 문턱이 0.8이라는 점을 고려하여 '당신은 내일 비가 온다는 명제를 참이라고 믿지도 않고 거짓이라고 믿지도 않는다.'고 말할 수 있다.[5문단(2)]

합격자의 실전 풀이 순서

사례적용 유형

사례적용 유형은 지문 또는 선지에서 구체적인 사례를 제시한 후, 이를 규칙에 적용하거나 분류하는 구조의 문제들을 말한다.

⓿ 유형 식별하기

- 발문
  - 사례에 대한 판단으로 적절한 것은? (본 문제)
  - 다음 사례에 해당하는 것은?
- 특정한 주제에 대한 개념 제시
- 구체적인 사례 제시
- 사례가 특정한 개념에 적용 가능한지, 포함 가능한지, 반박하는지 등을 물음

본 문제는 지문에서 개념을 제시한 후, 선지에서 사례들을 제시해 개념에 적용하도록 하는 구조다. 발문을 확인해 보면 ㉠ '믿음의 문턱에 대한 규정'을 이해한 뒤, 보기 ㄱ~ㄷ의 사례들이 과연 지문과 부합하는지 판단해야 한다.

❶ 지문 파악하기

사례적용 유형에서는 ㉠이 포함된 문장을 확인하고, 지문을 먼저 읽는다. 지문을 이해해야지 선지·보기의 사례를 적용할 수 있기 때문이다.

이 단계에서는 지문의 핵심 내용은 무엇인지, 지문에 제시된 개념 또는 사례는 무엇을 말하고자 하는지 파악한다. 지문의 구조를 파악한 후에는 각 개념이 한 문장으로 정리되는 수준으로 파악하도록 한다.

1문단에서 '거친 믿음 태도'에 대한 정의를, 2문단에서 '섬세한 믿음 태도'에 대한 정의를 파악할 수 있다. 예시를 통해 설명되므로 예시와 정의를 연결해가며 읽도록 한다.

3문단에는 발문이 묻고 있는 '믿음의 문턱' 규정이 설명된다. 4문단과 5문단은 동 규정을 상술한 예시이다. 따라서 시간 절약을 위해 3문단까지만 읽고 먼저 〈보기〉를 해결해 보고, 해결되지 않는 〈보기〉가 있다면 4, 5문단을 읽는다.

❷ 보기 고르기

지문의 내용을 이해했다면, 이 단계에서는 보기 또는 선지에

적용하여 정답을 찾는다. 이 단계에서는 두 가지를 명심하자. 첫째, '있다/없다' 표현을 헷갈리지 않도록 주의하자. 둘째, 사례에서 추론할 수 없는 내용을 자의적으로 넘겨짚은 것은 아닌지 항상 의심하자. 보기 ㄱ~ㄷ 모두가 '…하면 …하다'의 조건문 구조다.

ㄱ. 철수의 믿음의 문턱이 0.5인 경우, 철수는 모든 명제를 참이라고 믿지도 않고 거짓이라고 믿지도 않는다.

조건은 '믿음의 문턱이 0.5인 경우'이다. 그러나 명제를 참/거짓으로 믿는 기준과 믿음의 문턱의 절대적인 크기 간에는 논리적인 상관관계가 없다. '0.5'라는 수치는 수험생에게 인식적 혼동을 일으키기 위함이다. 비판적인 태도로 접근해서 반례를 만들어 볼 수도 있다. 예를 들면, 해설과 같이 철수의 믿음의 문턱이 0.5지만 어떤 명제가 거짓이라고 0.8의 확률로 믿는 상황이 있다.

ㄴ. 영희의 믿음의 문턱이 고정되어 있을 경우, 내일 비가 온다는 명제에 대한 영희의 섬세한 믿음 태도가 변한다고 하더라도 그 명제에 대한 영희의 거친 믿음 태도는 변하지 않는 경우도 있다.

조건은 '믿음의 문턱이 고정된 경우'이다. 본 보기의 끝부분을 보면 '~한 경우도 있다.'로 끝난다. 즉, 1개라도 해당하는 예가 있다면 옳은 보기가 된다. 따라서 보기 ㄴ의 사례를 찾는다는 입장으로 접근한다. 구체적인 풀이는 해설에서 설명하고 있다.

ㄷ. 철수와 영희가 동일한 수치의 믿음의 문턱을 가지고 있을 경우, 두 사람 모두 내일 비가 온다는 명제를 참이라고 믿고 있지 않다면 두 사람 모두 내일 비가 온다는 명제를 거짓이라고 믿고 있다.

조건은 '두 사람의 믿음의 문턱이 동일한 경우'이다. 그러나 특정한 명제를 참이라고 믿는 것과 거짓이라고 믿는 것은 믿음의 문턱의 절대적인 크기와 논리적인 상관관계가 없다. 철수와 영희 두 사람에 대한 판단을 요구하고 있지만, 동일한 수준의 믿음의 문턱을 가지므로 한 사람에 대한 것으로 치환해서 판단해도 문제가 없다. 이처럼 보기가 길더라도, 지문의 정보를 이용하여 일부 내용을 생략해도 되는 경우 간소화해 판단하자.

결국 보기 ㄱ, ㄴ, ㄷ 모두 3문단까지의 내용만으로도 정오 판단이 가능함을 알 수 있다. 판단이 어렵다면 다시 지문으로 돌아가 4, 5문단의 사례를 보며 내용을 확실하게 이해해 보자.

합격자의 시간단축 Tip

Tip ❶ 선지를 활용하기

ㄱㄴㄷ 혹은 ㄱㄴㄷㄹ로 구성된 〈보기〉가 등장하는 문제는, 〈보기〉 하나를 해결한 뒤 선지를 소거하면 모든 〈보기〉를 보지 않아도 답을 도출할 수 있는 경우가 종종 있다. 이 문제에서는 ㄱ이 옳지 않음을 판단하면 선지 ①, ③, ⑤가 소거되어 ㄴ을 판단할 필요가 없다. 사실상 1, 2문단을 읽지 않아도 되는 것이다.

Tip ❷ 제시문 일부분만 읽고 〈보기〉 확인하기

사례적용 문제에는 그 사례를 이해하면 지문 전체를 읽지 않더라도 해결이 가능한 선지가 있다. 이러한 선지를 먼저 해결하고, 다른 부분을 읽을 필요가 있을 때에만 다른 부분을 읽는다면 시간을 절약할 수 있다. 예를 들어, ㄱ과 ㄷ의 경우, '믿음의 문턱' 규정만 이해하면 '두 종류의 믿음 태도'를 모르더라도 해결할 수 있다. ㄱㄴㄷ 모두를 대상으로 하더라도, 1~3문단만으로 해결이 가능하다.

095 정답 ⑤ 난이도 ●●●

문제유형 규칙 적용

접근전략 본 문제의 경우 규정과 조건을 〈상황〉에 적용하여 옳은 선지를 고르는 규정적용유형에 해당한다. 규정적용유형을 풀 때는 법조문 유형을 풀 때와 마찬가지로 규정의 구체적인 내용을 독해하는 것보다, 규정의 구조를 파악한 후 〈상황〉과 〈보기〉에서 묻고 있는 정보를 찾아 올라가는 방식으로 푸는 것이 좋다. 본 문제의 경우 5가지 종류의 요건이 주어지며, 그 세부 요건별로 다시 갈래가 나뉘므로 정보가 상당히 많은 지문이다. 정보의 구조를 파악하고, 빠르게 선지로 넘어가 표와 선지를 연결한다. 상황에서도 4가지 종류나 되는 정보가 주어지므로 기준 정도를 파악하고 빠르게 선지로 넘어가야 한다.

다음 글과 〈상황〉을 근거로 판단할 때, 〈보기〉에서 옳은 것만을 모두 고르면?

'에너지이용권'은 에너지 취약계층에게 난방에너지 구입을 지원하는 것으로 관련 내용은 다음과 같다.

월별 지원금액	1인 가구: 81,000원 2인 가구: 102,000원 3인 이상 가구: 114,000원
지원형태	신청서 제출 시 실물카드와 가상카드 중 선택 • 실물카드: 에너지원(등유, 연탄, LPG, 전기, 도시가스)을 다양하게 구매 가능함. 단, 아파트 거주자는 관리비가 통합고지서로 발부되기 때문에 신청할 수 없음 • 가상카드: 전기·도시가스·지역난방 중 택일. 매월 요금이 자동 차감됨. 단, 사용기간(발급일로부터 1개월) 만료 시 잔액이 발생하면 전기요금 차감
신청대상	생계급여 또는 의료급여 수급자로서 다음 각 호의 어느 하나에 해당하는 사람을 포함한 가구의 가구원 1. 1954. 12. 31. 이전 출생자 2. 2002. 1. 1. 이후 출생자 3. 등록된 장애인(1~6급)
신청방법	수급자 본인 또는 가족이 신청 ※ 담당공무원이 대리 신청 가능
신청서류	1. 에너지이용권 발급 신청서 2. 전기, 도시가스 또는 지역난방 요금고지서(영수증), 아파트 거주자의 경우 관리비 통합고지서 3. 신청인의 신분증 사본 4. 대리 신청일 경우 신청인 본인의 위임장, 대리인의 신분증 사본

상황

甲~丙은 에너지이용권을 신청하고자 한다.

• 甲: 3급 장애인, 실업급여 수급자, 1인 가구, 아파트 거주자
• 乙: 2005. 1. 1. 출생, 의료급여 수급자, 4인 가구, 단독 주택 거주자
• 丙: 1949. 3. 22. 출생, 생계급여 수급자, 2인 가구, 아파트 거주자

• 보기 •

ㄱ. 甲은 에너지이용권 발급 신청서, 관리비 통합고지서, 본인 신분증 사본을 제출하고, 81,000원의 에너지이용권을 요금 자동 차감 방식으로 지급받을 수 있다.
→ (×) 에너지이용권 신청 대상은 생계급여 또는 의료급여 수급자여야 하는데 甲은 생계급여 또는 의료급여 수급자가 아닌 실업급여 수급자이므로 신청 대상에 해당되지 않는다. 따라서 甲은 에너지이용권을 지급받을 수 없다. 구체적인 계산으로 들어가서 81000원이 맞는지 확인해볼 필요가 없다.

ㄴ. 담당공무원인 丁이 乙을 대리하여 신청 서류를 모두 제출하고, 乙은 114,000원의 에너지이용권을 실물카드 형태로 지급받을 수 있다.
→ (○) 4인 가구인 乙의 월별 지원 금액은 114,000원이다. 乙은 단독주택 거주자이기 때문에 실물카드를 선택할 수 있고, 의료급여 수급자로서 2005. 1. 1. 출생자이므로 에너지이용권을 신청할 수 있다. 담당공무원 丁이 乙을 대리하여 신청할 수 있으며, 신청 서류를 모두 제출할 경우 乙은 114,000원의 에너지이용권을 실물카드 형태로 지급받을 수 있다.

ㄷ. 丙은 도시가스를 선택하여 102,000원의 에너지이용권을 가상카드 형태로 지급받을 수 있으며, 이용권 사용기간 만료 시 잔액이 발생한다면 전기요금이 차감될 것이다.
→ (○) 2인 가구인 丙의 월별 지원 금액은 102,000원이다. 丙은 아파트 거주자이기 때문에 실물카드를 신청할 수 없고, 따라서 가상카드를 선택하여 도시가스 요금 자동 차감 방식으로 지급받을 수 있다. 丙은 생계급여 수급자로서 1949. 3. 22. 출생자이므로 에너지이용권을 신청할 수 있다. 또한, 가상카드는 이용권 사용기간 만료 시 잔액이 발생하면 전기요금이 차감되는 형태로 지원되므로 전기요금이 차감될 것이다.

① ㄱ → (×)
② ㄴ → (×)
③ ㄷ → (×)
④ ㄱ, ㄷ → (×)
⑤ ㄴ, ㄷ → (○)

합격자의 실전 풀이 순서

❸ 문제 유형 파악

본 문제의 경우 제시문으로 규정과 〈상황〉이 주어졌으므로 규정의 내용을 〈상황〉에 적용하는 규정적용유형임을 알 수 있다. 해당 유형도 법조문 유형과 마찬가지로 구조와 중요 내용부터 파악한 후, 구체적인 규정의 내용은 〈보기〉 판단 단계에서 확인한다. 또한, 본 문제가 옳은 것을 고르는 문제라는 것을 인지하기 위해 "옳은"이라는 단어에 밑줄이나 동그라미 등 표시를 한다.

다음 글과 〈상황〉을 근거로 판단할 때, 〈보기〉에서 옳은 것만을 모두 고르면?

❷ 규정 및 조건 파악

확인해야 할 영역으로 월별 지원 금액, 지원 형태, 신청 대상, 신청 방법, 신청 서류가 있다는 것을 체크한다. 세부 내용은 〈보기〉를 판단할 때 자세히 읽는다.

〈보기〉의 정오를 판단하기 위해 규정을 읽을 때에는 단서와 괄호, 예외 규정에 표시하고 놓치지 않도록 유의한다. 지원형태에서는 괄호와 단서가 있다.

또한, 신청대상과 관련하여서는 각 호 중 어느 하나에 해당해야 할 뿐 아니라, '생계급여 또는 의료급여의 수급자'라는 조건도 충족해야 함에 유의한다.

신청 방법에서는 ※로 대리신청의 방법을 규정하고 있음에 유의한다.

❸ 〈보기〉 판단

파악한 규정을 바탕으로 〈보기〉와 선지를 판단한다. 〈상황〉과 관련하여서는 다양한 정보가 주어져 있고 이를 암기하고 있기는 어려우므로 선지를 판단할 때 해당 선지와 관련된 〈상황〉을 읽어본다. 각 보기를 상황을 참고하여 각 항목에 부합하는지 하나씩 확인한다. 이때 가장 먼저 확인할 항목은 '신청대상'이다. 다음으로는 헷갈리지 않도록 표의 가장 첫 번째 항목부터 순차적으로 적용한다.

보기 ㄱ에서 甲은 신청 대상에 해당하지 않으므로 틀린 보기가 된다. 보기 ㄱ은 각 호의 내용 외에 첫 문장의 생계급여 또는 의료급여 수급자라는 조건이 적용되었다.

보기 ㄴ도 먼저 乙이 신청대상인지 판단한다. 〈의료급여+2호〉에 해당한다. 다음으로 〈월별 지원 금액→지원 형태→신청 방법〉 순으로 확인한다. 3인 이상 가구이므로 금액도 동일하며, 아파트 거주자가 아니므로 실물카드 발급도 가능하다. ※에 따라 담당공무원 대리 신청도 가능하므로 옳다. 보기 ㄷ은 〈신청 대상→월별 지원 금액→지원 형태〉 순으로 확인하면 된다. 지원 형태의 '가상카드' 항목 중 단서에 해당하는지까지 확인한다. 옳으므로 정답은 ⑤번이다.

본 문제와 같이 선지가 〈보기〉의 조합으로 구성되는 경우 하나의 보기를 판단하고 해당 보기와 관련된 선지를 지워간다. 보기 ㄱ은 틀리므로 선지 ①번과 ④번이 제외되고, 보기 ㄴ은 옳으므로 선지 ③번이 제외된다. 마지막으로 보기 ㄷ을 확인하여 정답을 도출한다.

합격자의 시간단축 Tip

Tip ❶ 선지의 구체적인 내용은 〈상황〉 판단 시에 확인

규정이 법조문 형식이 아니라도 법조문 유형과 같이 형식과 구조를 간략히 파악한 후, 구체적인 조건의 내용은 선지 판단 시에 검토한다. 구체적으로 본 문제의 경우 에너지이용권 관련 내용에 어떤 카테고리가 있는지 가볍게 확인한 후 보기로 넘어간다. 규정을 전혀 읽지 않는 것이 부담된다면, 단서와 괄호 등 형식적으로 눈에 띄는 부분에 표시를 하는 정도로 읽는 것도 괜찮다. 해당 문제의 경우 상황 하나당 보기 하나로 되어있어 더욱 보기를 처리하는데 집중할 수 있다. 보기에서 물어보는 상황이 3가지에 불과하므로 모든 상황을 판단하여야 할 것이다.

Tip ❷ 단서와 ※ 표시, 예외사항에 유의

법조문 유형과 마찬가지로 규정확인 유형도 단서와 예외사항이 선지에 자주 나온다는 점을 유의한다. 지원형태 중 가상카드 선택 시 단서 조항이 존재한다. 따라서 가상카드를 선택하게 되는 인물이 있다면 단서 조항이 적용되는지를 중점적으로 확인하도록 하자.

또한, 지원형태에는 실물카드에서 〈아파트 거주자〉, 가상카드에서 〈전기요금 차감〉이 단서와 연관된다. 단서에 강조 표시를 해두면 ㄷ 선지에서 〈전기요금 차감〉이 등장할 때 바로 가상카드 조문으로 빠르게 넘어갈 수 있다.

해당 문제의 경우 기준이 3개 이상 등장하며 상황의 정보 역시 다수 등장시켜, 요건-정보간 연결에 많은 시간을 소진시키고 단서를 놓치는지를 체크하는 문제이다. 이런 문제일수록 개별 정보에 파묻히기보다 한발 물러나 구조를 잡고 키워드 중심으로 체크 및 시각화하는 것이 필요하다.

Tip ❸ 〈상황〉을 통해 필요한 정보를 추론

〈상황〉에 주어진 정보를 비교하여 문제풀이에 필요한 정보를 추론할 수 있다. 예를 들어, 거주형태(아파트 / 단독주택) 정보가 〈상황〉에 제시되어 있으므로 글에서 거주형태에 따른 지원방식의 차이를 확인해야 해야 한다. 또한, 상황에는 실업/의료/생계 3가지 종류의 급여가 등장하는데, 신청대상의 급여 종류에는 생계/의료 2가지만 등장한다. 〈왜 이렇게 가지 수의 차이가 나는지〉에 대해서 의심해볼 필요가 있다. 실업급여는 신청대상의 급여요건에 해당하지 않으며, 실제로 이 부분은 ㄱ선지에서 오선지를 만드는 가장 핵심적인 장치로 사용되었다.

096 정답 ❷

난이도 ●●○

문제유형 비판적 사고 > 판단하기

접근전략 동일한 대상에 대해 여러 관점을 제시한 후 그 견해를 분석하는 문제이다. 제시문을 읽으며 각 견해의 공통점과 차이점을 표시한 후 〈보기〉를 읽는다면 더욱 빠르게 정답을 고를 수 있다. 이 문제에서는 주장 간의 차이점 위주로 제시되고 있지만, 주장 간 공통점도 섞여 있을 수 있으므로 글을 꼼꼼히 살펴보는 것이 중요하다. 견해 분석 역시 정보 확인 문제의 일종이므로 지문에서 언급되지 않은 내용을 답으로 고르지 않도록 주의한다.

다음 논쟁에 대한 분석으로 적절한 것만을 〈보기〉에서 모두 고르면?

갑: (1) 17세기 화가 페르메르의 작품을 메헤렌이 위조한 사건은 세상을 떠들썩하게 했지. (2) 메헤렌의 그 위조품이 지금도 높은 가격에 거래된다고 하는데, 이 일은 예술 감상에서 무엇이 중요한지를 생각하게 만들어.

을: (3) 눈으로 위조품과 진품을 구별할 수 없다고 하더라도 위조품은 결코 예술적 가치를 가질 수 없어. (4) 예술품이라면 창의적이어야 하는데 위조품은 창의적이지 않기 때문이지. (5) 예술적 가치는 진품만이 가질 수 있어.

병: (6) 메헤렌의 작품이 페르메르의 작품보다 반드시 예술적으로 못하다고 할 수 있을까? (7) 메헤렌의 작품이 부정적으로 평가되는 것은 메헤렌이 사람들을 속였기 때문이지 그의 작품이 예술적으로 열등해서가 아니야.

갑: (8) 예술적 가치는 시각적으로 식별할 수 있는 특성으로 결정돼. (9) 그런데 많은 사람들이 위조품과 진품을 식별할 수 없다고 해서 식별이 불가능한 것은 아니야. (10) 전문적인 훈련을 받은 사람은 두 작품에서 시각적으로 식별 가능한 차이를 찾아내겠지.

을: (11) 위작이라고 알려진 다음에도 그 작품을 칭송하는 것은 이해할 수 없는 일이야. (12) 왜 많은 사람들이 〈모나리자〉의 원작을 보려고 몰려들겠어? (13) 〈모나리자〉를 완벽하게 복제한 작품이라면 분명히 그렇게 많은 사람들의 관심을 끌지는 못할 거야.

병: (14) 사람들이 〈모나리자〉에서 감상하는 것이 무엇이겠어? (15) 그것이 원작이라는 사실은 감상할 수 있는 대상이 아니야. (16) 결국 사람들은 〈모나리자〉가 갖고 있는 시각적 특징에 예술적 가치를 부여하는 것이지.

보기

ㄱ. 예술적 가치로서의 창의성은 시각적 특성으로 드러나야 한다는 데 갑과 을은 동의할 것이다.
→ (×) 갑은 예술적 가치는 시각적으로 식별할 수 있는 특성으로 결정된다고 보는 입장이므로, 예술적 가치로서의 창의성은 시각적 특성으로 드러나야 한다는 데 동의할 것이다(8). 그러나 을은 예술품과 위조품의 차이가 창의성의 존재 여부에 있다고만 언급할 뿐(4), 이것이 시각적으로 드러나야 하는 데에 동의할지는 알 수 없다. 따라서 을은 창의성이 시각적 특성으로 드러나야 하는지에 대한 견해를 밝히지 않았으므로, 해당 선지의 내용은 옳지 않다.

ㄴ. 시각적 특성만으로는 그 누구도 진품과 위조품을 구별할 수 없다면 이 둘의 예술적 가치가 같을 수 있다는 데 갑과 병은 동의할 것이다.
→ (O) 갑은 예술적 가치는 시각적으로 식별할 수 있는 특성으로 결정된다고 보았다(8). 따라서 시각적 특성만으로 진품과 위조품을 구별할 수 없다면 이 둘의 예술적 가치가 같다는 주장에 동의할 것이다. 병 역시 사람들은 『모나리자』가 가진 시각적 특징에 예술적 가치를 부여한다고 생각한다(16). 이는 곧 예술적 가치가 시각적 특징에 의한 것임을 인정하는 것이다. 따라서 갑과 병 모두 시각적으로 구별할 수 없는 진품과 위조품의 예술적 가치가 같을 수 있다는 것에 동의할 것이다.

ㄷ. 메헤렌의 위조품이 고가에 거래되는 이유가 그 작품의 예술적 가치에 있다는 데 을과 병은 동의할 것이다.
→ (×) 을은 눈으로 위조품과 진품을 구별할 수 없다고 하더라도 위조품은 결코 예술적 가치를 가질 수 없다고 생각한다(3). 따라서 을은 위조품인 메헤렌의 작품이 예술적 가치를 갖지 못한다고 생각할 것이다. 이와 달리 병은 메헤렌의 작품이 페르메르 작품보다 반드시 예술적으로 못하다고 할 수 없다고 주장하며(6), 예술적 가치는 곧 시각적 특징에 의한 것이라고 본다(16). 따라서 병은 을과 달리 메헤렌의 위조품의 예술적 가치를 인정할 것이다.

① ㄱ → (×)
② ㄴ → (O)
③ ㄱ, ㄷ → (×)
④ ㄴ, ㄷ → (×)
⑤ ㄱ, ㄴ, ㄷ → (×)

제시문 분석

제시문 예술적 가치에 대한 갑, 을, 병의 평가

〈쟁점〉
위작이 원작과 같은 예술품의 가치를 가질 수 있을까?(1),(2)

	〈예술적 가치에 대한 전제〉		〈결론〉
〈갑〉	예술적 가치는 시각적으로 식별할 수 있는 특성으로 결정된다.(8)	→	위작과 원작은 시각적으로 차이가 존재한다.(10)
〈을〉	예술품은 창의적이어야 한다.(4)	→	위작은 결코 예술적 가치를 지닐 수 없다.(3)
〈병〉	예술적 가치는 사람들이 작품이 가진 시각적 특성에 부여하는 것이다.(16)	→	위작 자체는 예술적으로 열등하지 않다.(7)

합격자의 실전 풀이 순서

❶ 발문을 읽고 문제의 유형 파악

항상 먼저 발문을 반드시 제대로 읽고 시작하자. 본 문제는 갑, 을, 병의 논쟁에 대한 분석을 묻고 있으므로, 견해파악유형으로 볼 수 있다. 견해파악유형은 다양한 견해를 제시한 후, 견해의 핵심 주장·내용을 선지에서 고르도록 하는 문제를 말한다. 특히 본 문제는 각 견해의 특징을 잡아내고, 신속·정확하게 비교하는 작업을 요구한다. 견해파악유형의 특징으로는 다음과 같다.

- 발문
  - 다음 글의 논지/주장/견해…과 부합하는/적합한 것은?
  - 다음 주장/논쟁…에 대한 분석/설명/추론…으로 옳은 것은? (본 문제)
- 제시문
  - 주관적인 주장이 포함된 글
  - 일반적인 비문학 유형에 비해 정보량이 적은 대신 포괄적인 문장들이 제시

❷ 제시문 독해

견해파악유형은 하나의 주장을 먼저 읽고 각 주장에 관한 선지들을 먼저 풀 것을 추천한다. 제시문을 모두 읽고 나서 선지를 해결하려고 할 경우, 주장의 내용을 잊어버려서 다시 제시문을 읽는 문제가 발생할 수 있기 때문이다. 예컨대, 본 문제의 경우 갑을 읽고 갑이 포함된 선지를 해결할 때, 선지 ㄱ, ㄴ은 옳은 선지이므로 △표시를 해둔다. 이어서 을과 병의 주장을 읽은 후에 해당 선지에 대한 최종적 판단을 함으로써 갑, 을, 병의 주장을 두 번 읽는 문제를 방지할 수 있다. 한편, 언어논리 고득점자 중에서는 선지를 먼저 읽은 후, 선지에서 요구하는 주장들을 읽음으로써 문제를 해결하는 사람들도 있다. 이러한 방법도 시도해볼 필요는 있으나, 해당 방법의 경우에도 결국 주장을 두 번 이상 읽어야 하므로 추천하지 않는다. 또한, 견해파악유형의 제시문은 대부분 설명하는 글이 아닌 주장하는 글이다. 따라서 정보량은 적은 대신 논리 구조는 명확해진다. 제시문을 읽으며 수험생은 '문제의식'을 염두에 두어야 한다. '글쓴이 내지는 화자가 어떤 문제 의식을 가지고 있는가?', '이에 대한 대안을 주장하고 있다면 무엇인가?' 등을 스스로 질문하며 읽는다. 더불어 다수의 주장이 제시되는 경우 주장들 간의 공통점과 차이점을 비교하며 읽어야 한다. 본 제시문의 경우 갑의 첫 발언을 통해 쟁점이 무엇인지 알 수 있다. 소재는 화가 페르메르의 작품을 위조한 메헤렌의 작품이며, 이것이 예술적 가치를 가질 수 있는지가 쟁점이다. 이에 대한 갑, 을, 병의 견해는 다음과 같다.

- **갑**: 예술적 가치는 시각적으로 식별할 수 있는 특성으로 결정된다. 대부분이 위조품과 진품을 구별하지 못하지만, 식별이 불가능한 것은 아니다.
- **을**: 위조품과 진품 구별 가능 여부와 상관없이 위조품은 예술적인 가치를 가질 수 없다.
- **병**: 예술작품이 가지는 시각적 특징에 예술적 가치를 부여하는 것이기에 위조품이 예술적으로 열등하다고 할 수 없다.

이처럼 각각의 주장을 파악한 이후 각 주장이 포함된 선지를 해결한다. 예컨대, 갑의 주장을 읽고는 선지 ㄱ, ㄴ을, 을을 읽은 후에는 ㄱ, ㄷ을, 병을 읽은 후에는 ㄴ, ㄷ을 해결한다.

❸ 〈보기〉 읽고 정답 고르기

예술적 가치가 시각적 특성을 통해 드러나야 한다는 갑과 달리, 을은 이를 판단할 근거가 없으므로 틀린 선지이다.

ㄴ은 갑과 병의 견해를 비교해야 한다. 갑과 병 모두 시각적인 특징을 통해 예술적 가치를 부여한다고 주장했으므로 옳은 선지이다.

ㄷ은 을과 병이 메헤렌의 위조품의 예술적 가치를 인정할지 묻고 있다. 을은 위조품은 예술적 가치를 가질 수 없다고 언급했으므로 틀린 선지이다. 따라서 답은 ④번 선지이다.

합격자의 시간단축 Tip

Tip ❶ 하나의 주장을 읽고 이와 관련된 선지부터 해결

제시문에서 2개 이상의 주장이 제시되는 경우, 하나의 주장을 읽고 해당 주장과 관련된 선지부터 풀고 넘어가는 것이 좋다. 여러 개의 주장을 읽는 경우 앞부분의 주장이 어떠한 내용이었는지 까먹어서 제시문을 다시 읽게 될 가능성이 크기 때문이다. 또한, 맨 처음 제시된 주장만을 읽고 정답을 빠르게 찾을 수 있는 행운이 있을 수 있다. 따라서 견해파악유형을 풀 경우, 주장 하나를 읽고 해당 주장과 관련된 선지부터 해결하는 습관을 들이는 것이 좋다.

Tip ❷ 각 입장의 특징을 미리 표시해둔다.

이 글의 경우 주장마다 그 특징이 뚜렷하여 공통점보다는 차이점이 두드러진다. 이처럼 동일한 쟁점에 대해 여러 관점이 나타나는 글의 경우, 제시문을 읽으며 주장의 특징을 표시해두는 것이 좋다.

예를 들어 논쟁의 소재를 소개하는 갑의 발언, 예술적 가치의 부여에 관한 각각의 전제 등이 문제를 풀기 위한 키워드였다.

Tip ❸ 논쟁 분석 문제는 〈보기〉를 먼저 보는 것도 좋다.

〈보기〉에서 언급된 기준을 중심으로 제시문을 읽는 것이 빠른 풀이의 지름길이 될 수 있다. 강약조절을 하며 제시문을 읽을 수 있기 때문이다. 이 문제와 같이 제시문이 짧은 경우 큰 차이가 없을 수 있으나 제시문이 길다면 〈보기〉를 먼저 읽는 것이 효율적일 수 있다. 제시문 먼저 읽기와 〈보기〉 먼저 읽기를 모두 시도해보고 자신에게 맞는 풀이법을 선택하면 좋다.

Tip ❹ 예술-미학 지문의 기본 구도를 이해한다.

예술-미학 지문은 〈참된 가치〉, 〈식별 가능성〉 〈대중-엘리트〉 등의 익숙한 구도가 반복해서 출제된다. 해당 지문 역시 이 익숙한 구도에 〈위조품과 진품〉, 〈예술적 열등〉, 〈감상〉 등의 단어를 추가하여 다루고 있다. 참고로 미학 지문은 5급 공채 입법고시 언어논리 지문에 매우 많이 수록되어 있으므로, 해당 기출을 찾아보는 것도 좋다.

097 정답 ❸ 난이도 ●○○

문제유형 이해 > 내용의 추론

접근전략 발문에서 특정 내용을 물어보는 경우, 글의 전반적인 내용을 파악하기보다는 발문에서 물어보는 내용을 중심으로 글을 읽는 것이 중요하다. 글의 전반적인 내용을 파악한다면 당연히 문제를 풀기 쉽겠지만 더욱 시간을 단축해 문제를 풀어야 한다면 발문에 따라 지문을 읽는 것이 더 중요할 것이다. '사례'를 고르는 문제임도 잊지 않도록 한다.

다음 글에 비추어 볼 때, 구들에 의한 영향으로 볼 수 있는 사례만을 〈보기〉에서 모두 고르면?

(1) 우리 민족은 고유한 주거문화로 바닥 난방 기술인 구들을 발전시켜 왔는데, 구들은 우리 민족에 다양한 영향을 주었다. (2) 우선 오랜 구들 생활은 우리 민족의 인체에 적지 않은 변화를 초래하였다. (3) 태어나면서부터 따뜻한 구들에서 누워 자는 것이 습관이 된 우리 아이들은 사지의 활동량이 적고 발육이 늦어졌다. (4) 구들에서 자란 우리 아이들은 다른 어떤 민족의 아이들보다 따뜻한 곳에서 안정감을 느꼈으며, 우리 민족은 아이들에게 따뜻함을 느낄 수 있는 환경을 만들어주기 위해 여러 가지를 고안하여 발전시켰다. ▶ 1문단

(1) 구들은 농경을 주업으로 하는 우리 민족의 생산도구의 제작과 사용에 많은 영향을 주었다. (2) 구들에 앉아 오랫동안 활동하는 습관은 하반신보다 상반신의 작업량을 증가시켰고 상반신의 움직임이 상대적으로 정교하게 되었다. (3) 구들 생활에 익숙해진 우리 민족은 방 안에서의 작업뿐만 아니라 농사를 비롯한 야외의 많은 작업에서도 앉아서 하는 습관을 갖게 되었는데 이는 큰 농기구를 이용하여 서서 작업을 하는 서양과는 완전히 다른 방식이었다. ▶ 2문단

(1) 구들에서의 생활은 우리의 음식문화에도 많은 영향을 미쳤다. (2) 구들에 앉거나 누우면 엉덩이나 등은 따뜻하게 되지만 상대적으로 소화계통이 있는 배는 고루 덥혀지지 않게 된다. (3) 이 때문에 소화과정에 불균형이 발생하는데 우리 민족은 자극적인 음식을 발전시켜 이를 해결하였다. (4) 구들 생활에 맞추어 식생활에 쓰이는 도구들의 크기도 앉아서 팔을 들어 사용하기 편리하게끔 만들어졌다. (5) 밥솥의 크기는 아낙네들이 팔을 휙 두르면 어디나 닿을 수 있게 만들어졌으며 맷돌도 구들에 앉아 혼자서 돌리기에 맞게 만들어졌다. ▶ 3문단

• 보기 •

ㄱ. 우리 민족은 아주 다양한 찌개 음식을 발전시켰는데, 찌개 음식은 맵거나 짠 경우가 대부분이다.
➜ (○) 구들에서의 생활로 인해 상대적으로 소화계통이 있는 배는 고루 덥혀지지 않게 되었고[3문단(2)], 이 때문에 소화 과정에 불균형이 발생하여 우리 민족은 자극적인 음식을 발전시켜 이를 해결하였다.[3문단(3)] 이를 통해, 우리 민족이 발전시킨 찌개 음식이 맵거나 짠 경우가 대부분이라는 현상은 구들 생활로부터 영향을 받았다는 것을 추론할 수 있다.

ㄴ. 호미, 낫 등 우리 민족의 농경도구들은 대부분 팔의 길이보다 짧아 앉아서 사용하기에 편리하다.
➜ (○) 구들 생활에 익숙해진 우리 민족은 농사를 비롯한 야외의 많은 작업에서도 앉아서 하는 습관을 갖게 되었다.[2문단(3)] 이를 통해 호미, 낫 등 우리 민족의 농경도구들이 대부분 팔의 길이보다 짧아 앉아서 사용하기에 편리하다는 사실은 구들로부터 영향을 받았다는 것을 알 수 있다.

ㄷ. 우리 민족의 남자아이들은 연날리기나 팽이치기 등의 놀이를 즐겨했고, 여자아이들은 공기놀이나 널뛰기 등의 놀이를 즐겨했다.
➜ (×) 제시문에서는 구들이 우리 민족에게 인체의 변화[1문단(2)], 생산문화[2문단(1)], 음식문화[3문단(1)]에 영향을 미쳤다고 서술하고 있을 뿐, 구들이 우리 민족의 '놀이 문화'에 미친 영향에 대해서는 언급하고 있지 않다. 따라서 우리 민족의 아이들이 즐겨 하는 놀이가 구들의 영향을 받은 것인지는 알 수 없다.

① ㄱ ➜ (×)
② ㄴ ➜ (×)
③ ㄱ, ㄴ ➜ (○)
④ ㄱ, ㄷ ➜ (×)
⑤ ㄱ, ㄴ, ㄷ ➜ (×)

제시문 분석

제시문 구들이 우리 민족에 미친 영향

〈결론〉
구들은 우리 민족에 다양한 영향을 주었다.[1문단(1)]

〈구들이 우리 민족에 미친 구체적 영향〉	
〈인체형성〉	사지의 활동량이 적고 발육이 늦어졌고, 따뜻한 곳에서 안정감을 느낀다.[1문단(3),(4)]
〈생산문화〉	상반신의 작업량을 증가시켜 상반신의 움직임이 상대적으로 정교하게 되었고, 방 안에서의 작업뿐 아니라 야외의 많은 작업에서도 앉아서 하는 습관을 갖게 되었다.[2문단(2),(3)]
〈음식문화〉	배가 고루 덥혀지지 않아 생기는 소화불량을 해결하기 위해 자극적인 음식을 발전시켰고, 식생활에 쓰이는 도구들의 크기도 앉아서 팔을 들어 사용하기 편리하게끔 만들어졌다.[3문단(3),(4)]

합격자의 실전 풀이 순서

❶ 발문을 확인

문제에 직면했을 때 가장 먼저 해야 할 일은 발문을 읽는 것이다. 이에 발문에서 직접적으로 '구들에 의한 영향'을 물어봤다면 앞으로의 글 읽기 전략은 각 문단에서 '구들의 영향'을 찾는 방향으로 글을 읽도록 전략을 세운다.

❷ 1문단~3문단을 읽으면서 발문의 내용을 찾는다.

'구들에 의한 영향'을 중심으로 1문단~3문단을 읽어 내려가고 특징들을 체크하도록 한다. 이때 영향이란 '원인과 결과'인데, 주로 결과에 더 집중하면서 원인은 어디 있는지만 가볍게 체크해 둔다. 중요한 점은 지문을 쭉 훑으면서 빠르게 찾아야 된다는 것이다. 지문 내용을 먼저 이해하지 말고 마치 암기과목에서 번호를 매기듯이 읽는다. 모듈형 NCS 공부 시 절차를 순서대로 외우는 것과도 같다. 어떤 영향 A를 발견했다면 그 내용을 이해하지 말고 바로 내려가서 다음 내용을 찾은 다음, 전체를 조망하는 식으로 읽어야 한다.

예를 들어 1문단의 경우 먼저 (2)의 "인체에 변화를 초래하였다"라는 구절에 집중해 본다. 여기서 중요한 것은 '오랜 생활'이나 '누워 자는 것'이 아니라 그 다음의 '사지의 활동량이 적고'이다. 그다음 안정감, 생산도구, 상반신, 정교 등으로 훑어 내려가도록 한다. 이렇게 주소만 기억하면서 읽으면 나머지는 선지로부터 조합하면 된다.

또한, 이런 작업을 하면서 문단 구분에 너무 신경 쓸 필요가 없다. 왜냐하면 어차피 관련 키워드들은 서로 붙어서 나오기 때문에 선지로부터 찾아가기 쉽기 때문이다. 또한, 만약 영향과 관련 없는 내용이 나올 경우 어차피 중심내용을 찾지 않고 소거할 것이기 때문에 문단별 의미를 구분할 이유가 없다.

❸ 〈보기〉의 ㄱ, ㄴ, ㄷ을 보며 정답을 도출한다.

체크해둔 특징과 〈보기〉를 보며 정답을 도출한다. 이때 ㄱ,

ㄴ, ㄷ과 오지선다를 잘 활용해 정답을 도출하도록 한다. 예를 들어 ㄱ이 음식 문화에 대한 설명이므로 3문단에서 체크한 내용과 비교해 정답임을 확인할 수 있다. 이때 ㄱ이 정답이기 때문에 1, 3, 4, 5가 정답일 수 있으며 이런 식으로 선지를 지워나가면 〈보기〉를 검토하면서도 바로 정답을 찾을 수 있다. 이런 테크닉은 사실 다들 스스로는 알고 있는 내용이라고 생각하겠지만, 생각보다 많은 수험생이 급하다는 이유로 두 개 이상의 보기를 판단한 다음 비로소 소거를 시작하곤 한다. 항상 우리가 하는 것은 "문제풀이"지 "정확한 판단"이 아님에 유의하자.

합격자의 시간단축 Tip

Tip ❶ 발문에 맞는 읽기 전략을 세운다.

발문이 결국 최종적으로 물어보는 것이기 때문에 언제나 가장 먼저 발문을 읽는 습관이 중요하다. 그리고 그에 따라 읽기 전략을 세워야 할 것이다. 대부분의 문제들은 대체로 '다음 글에서 알 수 있는/없는 것을 고르면?' 이지만 본 문제처럼 '구들에 의한 영향'과 같은 특정 부분이 존재한다면 이 점을 파악한다는 목표를 가지고 글 읽기 전략을 세우는 것이 중요하다. 필요한 만큼만 읽어야 가장 빠르다는 것을 잊지 말자.

Tip ❷ 유사한 개념으로 보충하여 이해한다.

이 문제는 난이도가 굉장히 낮은 편이지만 그나마 난이도를 올리는 요소라면 흔히 아는 용어인 '온돌'이 아니라 '구들'을 썼다는 점에 있다. 어떤 단어를 〈뜻은 알고 있지만 자주 쓰지 않아서 정확하게는 모르는 단어〉의 경우, 원래 알고 있는 동의어(혹은 유의어)를 그 자리에 그대로 넣어서 독해해 본다. 이 문제는 구들 대신 온돌이라는 단어를 넣어도 의미가 그대로 통한다. 이처럼 단어를 치환하는 연습을 많이 해 보면 단어를 외우는 것보다 훨씬 독해에 도움이 된다. 어려운 단어 모음을 배웠다면 그 단어들을 의미가 유사한 것끼리 합쳐서 같이 기억하고, 기존에 알고 있던 단어에 통합시켜 보자. 어차피 지문에 나올 만한 모든 단어를 전부 알고 있기란 적성시험이란 특성상 불가능하다.
예컨대 "통제"라는 단어가 있다고 하자. 그런데 집단을 통제하는 것과 사람을 통제하는 것, 그리고 사람의 마음을 통제하는 것은 전부 다 다르며, 각각 "통솔, 금지, 조종"하고 의미가 유사하다. 역으로 말하면 이 세 단어 모두 '통제'라는 개념으로 같이 받아들일 수 있는 것이다. 이렇게 배운 단어들을 지문의 맥락에 맞게 쉬운 단어, 혹은 익숙하고 일반적인 단어로 수정하는 것이 필요하다. 이게 익숙해지면 어떤 분야의 학술적 용어, 혹은 은어라도 빠르게 이해할 수 있게 된다.

098 정답 ❸ 난이도 ●●●

문제유형 이해 > 핵심논지의 파악

접근전략 주장에 대한 평가를 묻는 문제에서는 각 주장의 핵심 내용을 파악하는 것이 가장 중요하다. 특히 2개 이상의 주장이 등장할 경우, 주제에 대한 각 주장 간의 비교가 선지로 출제될 수 있다. 따라서 주장에 대한 평가 문제를 풀 때는 가장 먼저 글의 핵심 논지와 각 주장의 논리 전개와 범위를 파악하는 것을 중점으로 글을 읽도록 한다. 또한, 주장 간 논리의 범위를 간단한 그래프나 벤다이어그램을 통해 그리면 선지의 판단이 훨씬 수월할 것이다.

다음 A ~ F에 대한 평가로 적절하지 않은 것은?

(1) 어느 때부터 인간으로 간주할 수 있는가와 관련된 주제는 인문학뿐만 아니라 자연과학에서도 흥미로운 주제이다. (2) 특히 태아의 인권 취득과 관련하여 이러한 주제는 다양하게 논의되고 있다. (3) 과학적으로 볼 때, 인간은 수정 후 시간이 흐름에 따라 수정체, 접합체, 배아, 태아의 단계를 거쳐 인간의 모습을 갖추게 되는 수준으로 발전한다. (4) 수정 후에 태아가 형성되는 데까지는 8주 정도가 소요되는데 배아는 2주경에 형성된다. (5) 10달의 임신 기간은 태아 형성기, 두뇌의 발달 정도 등을 고려하여 4기로 나뉘는데, (6) 1~3기는 3개월 단위로 나뉘고 마지막 한 달은 4기에 해당한다. (7) 이러한 발달 단계의 어느 시점에서부터 그 대상을 인간으로 간주할 것인지에 대해서는 다양한 견해들이 있다.
▶ 1문단

(1) A에 따르면 태아가 산모의 뱃속으로부터 밖으로 나올 때 즉 태아의 신체가 전부 노출이 될 때부터 인간에 해당한다. (2) B에 따르면 출산의 진통 때부터는 태아가 산모로부터 독립해 생존이 가능하기 때문에 그때부터 인간에 해당한다. (3) C는 태아가 형성된 후 4개월 이후부터 인간으로 간주한다. 지각력이 있는 태아는 보호받아야 하는데 지각력에 있어서 필수 요소인 전뇌가 2기부터 발달하기 때문이다. (4) D에 따르면 정자와 난자가 합쳐졌을 때, 즉 수정체부터 인간에 해당한다. 그 이유는 수정체는 생물학적으로 인간으로 태어날 가능성을 갖고 있기 때문이다. (5) E에 따르면 합리적 사고를 가능하게 하는 뇌가 생기는 시점 즉 배아에 해당하는 때부터 인간에 해당한다. (6) F는 수정될 때 영혼이 생기기 때문에 수정체부터 인간에 해당한다고 본다.
▶ 2문단

① A가 인간으로 간주하는 대상은 B도 인간으로 간주한다.
→ (O) A는 태아의 신체가 전부 노출이 될 때부터 인간으로 간주하고[2문단(1)], B는 출산의 진통이 시작되었을 때부터 인간으로 간주한다.[2문단(2)] 따라서 인간으로 간주하는 시기가 B가 A보다 빠르므로, A가 인간으로 간주하는 대상은 B도 인간으로 간주한다.

② C가 인간으로 간주하는 대상은 E도 인간으로 간주한다.
→ (O) C는 태아가 형성된 후 4개월 이후부터 인간으로 간주하고[2문단(3)], E는 배아에 해당하는 때부터 인간에 해당한다고 본다.[2문단(4)] 또한, 수정 후 태아까지 8주가 소요되는데 배아는 태아의 이전 단계이다. 따라서 인간으로 간주하는 시기가 E가 C보다 빠르므로, C가 인간으로 간주하는 대상은 E도 인간으로 간주한다.

③ D가 인간으로 간주하는 대상은 E도 인간으로 간주한다.
→ (×) D는 수정체부터 인간에 해당한다고 보고[2문단(4)], E는 배아에 해당하는 때부터 인간에 해당한다고 본다.[2문단(5)] 또한, 수정은 배아보다 앞선 단계이다. 따라서 E는 수정체 단계는 배아에 해당하지 않으므로 인간으로 간주하지 않는다.

④ D가 인간으로 간주하는 대상을 F도 인간으로 간주하지만, 그렇게 간주하는 이유는 다르다.
→ (O) D와 F 모두 수정체부터 인간으로 간주하지만, D는 수정체가 생물학적으로 인간으로 태어날 가능성을 갖고 있다는 이유로[2문단(4)], F는 수정될 때 영혼이 생긴다는 이유로 수정체를 인간으로 간주한다.[2문단(6)] 따라서 D와 F가 인간으로 간주하는 대상은 같지만, 그렇게 간주하는 이유는 다르다.

⑤ 접합체에도 영혼이 존재할 수 있다는 연구결과를 얻더라도 F의 견해는 설득력이 떨어지지 않는다.

→ (O) F는 수정될 때 영혼이 생기기 때문에 수정체부터 인간에 해당한다고 본다.[2문단(6)] 이러한 F의 주장과 접합체에도 영혼이 존재할 수 있다는 연구결과는 서로 양립 가능하므로, 설득력이 떨어지지 않는다.

제시문 분석

제시문 인간으로 간주할 수 있는 시기에 대한 다양한 주장

〈쟁점〉
어느 때부터 인간으로 간주할 수 있는가?[1문단(1)]

〈다양한 주장〉	
〈A〉	태아의 신체가 전부 노출이 될 때부터 인간에 해당한다.[2문단(1)]
〈B〉	출산의 진통이 시작될 때부터 인간에 해당한다.[2문단(2)]
〈C〉	태아가 형성된 후 4개월 이후부터 인간으로 간주한다.[2문단(3)]
〈D〉	수정체는 생물학적으로 인간으로 태어날 가능성을 갖고 있으므로, 수정체부터 인간에 해당한다.[2문단(4)]
〈E〉	배아에 해당하는 때부터 인간에 해당한다.[2문단(5)]
〈F〉	수정될 때 영혼이 생기기 때문에 수정체부터 인간에 해당한다.[2문단(6)]

합격자의 실전 풀이 순서

❶ 발문 확인 후 선지를 확인하면서 대강 어떤 것에 대해 묻고 있는지를 확인한다.

발문에서 'A~F에 대한 평가로 적절하지 않은 것은?'이라고 물어보고 있다. 6명 정도의 의견이 나올 것으로 추측할 수 있으며 주장 파악을 중심으로 글을 읽을 것이라는 전략을 세운다. 이때 선지를 확인하는 이유는, 발문이 특별하기 때문이다. 모든 문제에 대해 선지를 먼저 볼 필요는 없다(단, 독자 본인이 선지를 먼저 봐야 직성이 풀리는 스타일이라면 그것까지 말리진 않는다).

선지 구조에서 특이할 점은, 논리적 진술 구조를 띠고 있다는 것이다. 이때는 지문에서 각 정보의 참, 거짓 여부, 혹은 등장 여부를 아는 것보다 주장 간의 상호 관계가 어떻게 되는지를 파악하는 것이 중요하다. 즉 머릿속에 암기가 아니라 도식을 준비해야 한다(어찌 보면 상황판단형 문제와도 같다).

❷ 1문단을 읽으며 지문의 핵심 소재를 파악한다.

1문단은 '태아의 인권 취득'에 대해 이야기하고 있으며 수정체, 집합체, 배아, 태아의 단계를 거쳐 인간의 모습을 갖추게 되는 과정과 그 주기 범위에 대해서 이야기하고 있다.

이들 내용이 나왔다는 것 자체가 이미 다음 문단에서 '태아의 인간성 인정 시기'와 관련된 주장들이 나올 것임을 예기(豫期)하고 있다. 이때 1문단에서 모든 내용을 다 기억할 필요는 없다. 단지 개월 단위로만 기억하고 주 단위는 표시만 해 두면 된다. 심지어 시간의 흐름에 따른 이름 단계는 그냥 "단계"에만 표시해 두고 나중에 2문단에서 필요할 때 발췌독 한다. 즉 1문단 내용들은 2문단에서 선후를 파악할 때 쓸, 사전 같은 것이다. 단, 가장 중요한 흐름인 '개월'은 직접 여백에 표시해 두도록 한다.

❸ 2문단을 읽으며 각자의 입장들을 정리한다.

2문단을 읽다보면 A~F의 언제부터 태아를 인간으로 간주할 것인지에 대해 다른 여러 가지 의견이 나오고 있다. 시작 기준점이 다른 것이기 때문에 일직선을 그리면서 A~F 입장을 정리하는 방법도 좋다. 예를 들어 그림으로 그려보면 다음과 같다. 오른쪽으로 갈수록 인정 시점이 늦어진다.

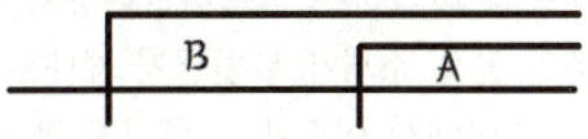

특히 이 문제는 앞에 나온 주장이 뒤에 나온 주장보다 무조건 번호가 빠르다는 특징이 있는데, 이는 굳이 그림을 시기 순으로 그리지 않아도 문제를 풀 수 있게 해 주는 단서이므로, 선지 구조를 먼저 보고 그리거나, 아니면 그냥 A부터 F까지 표 형식으로 정리만 해 주는 것도 좋은 방법이다(제시문 분석). 또한, 정리할 때 "처음부터 정리해서 6명을 다 관계도를 만들어 놔야지." 혹은 "A부터 시작해서 모두 다 표시해서 서열을 알아내야지!"라고 생각하는 수험생이 있을 텐데, 절대로 그러면 안 된다. 오히려 일부만(예컨대 A부터 D까지만) 정리하고 선지를 본 다음 모르는 부분만 다시 정리해야 한다. 6개를 다 나열하는 것은 비효율적이고 실수를 유도한다. 작은 공간 안에 많은 기호들이 우겨 넣어지기 때문이다. (이런 디테일이 점수를 올리는 것이다. 아이디어만으로는 절대 고득점을 받을 수 없다. 주변에 고득점자들을 한 번 살펴보면 머리가 좋은 사람도 있지만 왜 고득점인지 모를 사람도 있을 것이다)

❹ 오지선다를 파악해 정답을 체크하도록 한다.

만약 그림을 그려놓지 않은 경우 겉보기만 본 다음 선지 간에 서로 관련이 없다고 생각하고 선지 하나하나를 따로 확인하는 우를 범할 수 있다. 예컨대 A→C→E 순으로 차례차례 확인할 수 있는 게 없어서 어렵다고 생각할 수 있다. 그러나 사실 ③번과 ④번 선지는 각각 D를 잘 이해하고, D, E, F만 확인하는 것을 통해서 해결할 수 있는 문제다. 또한 그 과정에서 ⑤번 선지로 연결될 수도 있다.

①번 선지는 A와 B를 비교하는 것이므로 사실 선지라기보다 오히려 지문을 이해하는 데 도움을 주는 힌트로 간주할 수 있다. 이처럼 언어논리에는 이런 '힌트형 선지'가 자주 등장하므로 보충적으로 활용하면 정답률을 올릴 수 있다.

합격자의 시간단축 Tip

Tip ❶ 시각화할 수 있다면 입장을 시각화하는 것이 좋다.

가끔씩 문제처럼 특정 소재를 바라보는 시점 간의 차이를 비교하는 문제가 존재한다. 이에 위의 접근 전략처럼 시각화를 한다면 주장들을 비교하는 문제를 풀 때 더 빠르게 정답을 찾을 수 있다. 꼭 시점에 있어서 일직선이 아니더라도 벤다이어그램을 그려 포함되는 입장들이 있는지, 공통점이 있는 입장이 있는지 등을 표기하는 것도 좋은 방법일 것이다.

이때 모든 내용을 시각화할 필요가 없음에 주의한다. 이 지문에선 '개월 수'만 시각화하면 된다. 나머지는 곁가지에 불과하다. 이는 굳이 "3개월"로 다시 나눴다는 데서 도출된다. '주(week)'와 '기(period)' 사이에서 가장 균형 잡힌 개념이기 때문에 이게 중심이 된다는 것을 알자.

Tip ❷ 시각화시 유용한 테크닉

시작부터 1부터 9까지 전부 다 써놓을 필요는 없다. 0과 10만 써놓은 다음 2문단의 주장들에 맞춰서 필요한 만큼만 표기하면 된다. 또한, 반드시 기하학적으로 간격이 균일할 필요가 없다는 사실도 기억하자. 예컨대 5~9개월은 각 주장 간의 차이를 구분하는 데

별 의미가 없다. 반면 처음 부분은 더 세밀하고 상세해야 한다. 이쪽은 다시 그리는 한이 있더라도 상세히 표시해 줘야 한다(마치 보조하는 창을 띄운다고 생각하면 편하다).

Tip ❸ 소재와 주장의 핵심 내용 파악하기

주장 파악 문제에서 중요한 것은 핵심 논쟁 소재를 파악하는 것과 주장의 핵심 내용을 파악하는 일이다. 주장의 핵심 내용 파악하는 것만큼 지문의 공통 소재가 무엇인지 제대로 파악한다면 각자의 입장이 어떤 측면에서 어떻게 다른지를 빨리 파악할 수 있기 때문이다.

099 정답 ④

난이도 ●●○

문제유형 이해 > 내용 파악

접근전략 생화학 소재의 지문이다. 배경지식이 없는 수험생들에게는 호르몬 등 어휘의 특성 때문에 일반적으로 평균 이상 난이도로 느껴진다. 그러나 지문의 구조는 낯설지 않다. 1문단에서 기체 형태의 신호물질이라는 주제를 제시한 뒤, 2문단에서 그 사례로 산화질소를 소개하고, 3문단에서 산화질소의 작용 사례로서 다시 혈관 팽창을 제시한다.
생화학 지문은 생체 내 신호물질·호르몬·효소의 작용 방식 및 단계를 제시하는 경우가 많다. 따라서 지문을 읽을 때 화살표 등으로 시각화하면 정보 처리와 선지 판단에 도움이 될 것이다.

다음 글에서 알 수 없는 것은?

(1) 생체에서 신호물질로 작용하는 것에는 기체 형태의 신호물질이 있다. (2) 이 신호물질이 작용하는 표적세포는 신호물질을 만든 세포에 인접한 세포 중 신호물질에 대한 수용체를 가지고 있는 것이다. (3) 이 신호물질과 수용체의 결합은 표적세포의 구조적 상태를 변화시키고 결국 이 세포가 있는 표적조직의 상태를 변화시켜 생리적 현상을 유도한다. ▶1문단

(1) 대표적인 기체 형태의 신호물질인 산화질소는 다음과 같은 경로를 통해 작용한다. (2) 먼저 표적조직의 상태를 변화시켜 생리적 현상을 유도하는 자극이 '산화질소 합성효소'를 가지고 있는 세포에 작용한다. (3) 이에 그 세포 안에 있는 산화질소 합성효소가 활성화된다. (4) 활성화된 산화질소 합성효소는 그 세포 내에 있는 아르기닌과 산소로부터 산화질소를 생성하는 화학반응을 일으킨다. (5) 만들어진 산화질소는 인접한 표적세포에 있는 수용체와 결합하여 표적세포 안에 있는 'A 효소'를 활성화시킨다. (6) 활성화된 A 효소는 표적세포 안에서 cGMP를 생성하고, cGMP는 표적세포의 상태를 변하게 한다. (7) 결국 표적세포의 구조적 상태가 변함에 따라 표적세포를 가지고 있는 조직의 상태가 변하게 된다. ▶2문단

(1) 혈관의 팽창은 산화질소에 의해 일어나는 대표적인 생리적 현상이다. (2) 혈관에서 혈액이 흐르는 공간은 내피세포로 이루어진 내피세포층이 감싸고 있다. (3) 이 내피세포층의 바깥쪽은 혈관 평활근세포로 된 혈관 평활근육 조직이 감싸고 있다. (4) 혈관이 팽창되기 위해 먼저 혈관의 내피세포는 혈관의 팽창을 유도하는 자극을 받는다. (5) 이 내피세포에서는 산화질소가 만들어지고, 산화질소는 혈관 평활근세포에 작용하여 세포 내에서 cGMP를 생성한다. (6) cGMP의 작용으로 수축되어 있던 혈관 평활근세포가 이완되고 결국에 혈관 평활근육 조직이 이완되면서 혈관이 팽창하게 된다. (7) 이와 같은 산화질소의 기능 때문에 산화질소를 내피세포-이완인자라고도 한다. ▶3문단

① cGMP는 혈관 평활근육 조직의 상태를 변화시킨다.
→ (○) cGMP의 작용으로 수축되어 있던 혈관 평활근세포가 이완되고 결국에 혈관 평활근육 조직이 이완되면서 혈관이 팽창하게 된다.[3문단(6)] 따라서 cGMP는 혈관 평활근육 조직의 상태를 변화시킨다고 볼 수 있다.

② 혈관의 내피세포는 산화질소 합성효소를 가지고 있다.
→ (○) 표적조직의 상태를 변화시켜 생리적 현상을 유도하는 자극이 '산화질소 합성효소'를 가지고 있는 세포(=표적세포)에 작용한다.[2문단(2)] 이후 표적세포 안에 있는 산화질소 합성효소가 활성화되고[2문단(3)], 활성화된 산화질소 합성효소는 표적세포 내에 있는 아르기닌과 산소로부터 산화질소를 생성하는 화학반응을 일으킨다.[2문단(4)] 즉, 산화질소는 표적세포 내에서 생성되는 것이다. 이때 내피세포에서 산화질소가 만들어진다고 하였으므로[3문단(5)], 혈관 팽창 상황에서 표적세포는 내피세포를 의미한다는 것을 알 수 있다. 따라서 혈관의 내피세포가 산화질소 합성효소를 가지고 있다는 내용은 옳은 추론이다.

③ 혈관 평활근세포에서 A 효소가 활성화되면 혈관 팽창이 일어난다.
→ (○) 활성화된 A 효소는 표적세포 안에서 cGMP를 생성하고[2문단(6)], cGMP의 작용으로 수축되어 있던 혈관 평활근세포가 이완되어 결국에 혈관 평활근육 조직이 이완되면서 혈관이 팽창하게 된다.[3문단(6)]

④ A 효소는 표적세포에서 아르기닌과 산소로부터 산화질소를 생성시킨다.
→ (×) 활성화된 산화질소 합성효소는 그 세포 내에 있는 아르기닌과 산소로부터 산화질소를 생성하고[2문단(4)], 이러한 산화질소는 인접한 표적세포에 있는 수용체와 결합하여 표적세포 안에 있는 'A 효소'를 활성화시킨다.[2문단(5)] 즉, 'A 효소'가 산화질소를 생성하는 것이 아니라 산화질소의 작용으로 인해 'A 효소'가 활성화된다. 이 선택지는 원인과 결과가 제시문의 내용과 반대로 서술되어 있다.

⑤ 혈관 평활근세포는 내피세포-이완인자에 대한 수용체를 가지고 있다.
→ (○) '내피세포-이완인자'는 산화질소를 의미하므로[3문단(7)], 이 선택지는 결국 혈관 평활근세포가 산화질소에 대한 수용체를 가지고 있는지 여부를 묻는 것이다. 한편, 산화질소에 대한 수용체는 표적세포에 존재하고[2문단(5)], 표적세포 안에서는 cGMP가 생성된다.[2문단(6)] 혈관의 팽창에 관한 생리현상에 대하여, 산화질소는 평활근세포에 작용하여 세포 내에서 cGMP를 생성하므로[3문단(5)] 평활근세포가 산화질소에 대한 표적세포임을 알 수 있다. 따라서 평활근세포는 수용체를 가지고 있다.

제시문 분석

1문단 생리적 현상 유도 과정

〈신호물질〉	생체에서 신호물질로 작용하는 것에는 기체 형태의 신호물질이 있다.(1)
〈표적세포〉	신호물질을 만든 세포에 인접한 세포 중 신호물질에 대한 수용체를 가지고 있는 것.(2)
→ 〈생리적 현상〉	신호물질과 수용체의 결합은 표적세포의 구조적 상태를 변화시키고 표적조직의 상태를 변화시켜 생리적 현상을 유도한다.(3)

2문단 산화질소의 작용 과정

〈산화질소의 작용 과정〉	
① 산화질소 합성효소 활성화	표적조직의 상태를 변화시켜 생리적 현상을 유도하는 자극이 '산화질소 합성효소'를 가진 세포에 작용하고, 산화질소 합성효소가 활성화된다.(2),(3)
② 산화질소 생성 화학반응	활성화된 산화질소 합성효소는 그 세포 내에 있는 아르기닌과 산소로부터 산화질소를 생성하는 화학반응을 일으킨다.(4)
③ 'A 효소' 활성화	만들어진 산화질소는 표적세포 안에 있는 'A 효소'를 활성화시키고, 활성화된 A 효소는 cGMP를 생성하며 이는 표적세포의 상태를 변하게 한다.(5),(6)
④ 조직의 상태 변화	결국 표적세포의 구조적 상태가 변함에 따라 표적세포를 가지고 있는 조직의 상태가 변하게 된다.(7)

3문단 산화질소에 의한 혈관의 팽창

〈혈관의 구성〉
혈관에서 혈액이 흐르는 공간은 내피세포층이 감싸고 있고, 이 내피세포층의 바깥쪽은 혈관 평활근육 조직이 감싸고 있다.(2),(3)

〈내피세포 자극〉		〈산화질소 생성〉		〈혈관의 팽창〉
혈관이 팽창되기 위해 먼저 혈관의 내피세포는 혈관의 팽창을 유도하는 자극을 받는다.(4)	→	이 내피세포에서는 산화질소가 만들어지고, 산화질소는 혈관 평활근세포에 작용하여 cGMP를 생성한다.(5)	→	cGMP의 작용으로 수축되어 있던 혈관 평활근세포가 이완되고 결국에 혈관 평활근육 조직이 이완되면서 혈관이 팽창하게 된다.(6)

〈내피세포 - 이완인자〉	이와 같은 산화질소의 기능 때문에 산화질소를 내피세포-이완인자라고도 한다.(7)

합격자의 실전 풀이 순서

과학 비문학 유형

⓪ 유형 식별하기

과학 소재 비문학 유형이다. 본 문제는 생화학 소재로써 생체의 메커니즘이 작동하는 단계가 주된 테마다.

❶ 지문 훑어보기

지문의 주제와 키워드를 대강 파악한다. 눈에 띄는 부분이 있는지 체크하며 독해의 방향을 설정한다.

예 생체에서 작용하는 신호물질 중 산화질소에 대한 글이구나. 1문단에서 '기체 형태의 신호물질'을 소개한 뒤에 2문단에서 '산화질소'로 대상을 좁히고 있네. 3문단에서는 산화질소로 발생하는 결과로써 '혈관 팽창'을 들고 있구나. 산화질소가 어떤 단계를 거쳐 혈관 팽창이라는 결과를 낳는지에 집중해서 읽어야겠다.

❷ 발문 확인하기

다음 글에서 알 수 없는 것은?

'알 수 있는/없는 것은?' 유형에 해당한다. 알 수 '있는' 것인지, '없는' 것인지 확실히 표시하고 간다.

3-1 선지를 읽고 제시문 확인

선지를 하나씩 판단하는 경우

① cGMP는 혈관 평활근육 조직의 상태를 변화시킨다.

cGMP	⇨	표적세포의 상태를 변하게 함	⇨	표적세포를 가진 조직의 상태를 변하게 함	⇨	혈관 평활근육 조직의 상태 변화
	⇨	혈관 평활근세포가 이완	⇨	혈관 평활근육 조직이 이완	⇨	

두 가지 정보를 합치는 추론형 선지다. 'cGMP'를 키워드로 잡으면 지문에서 두 부분이 눈에 들어온다. 2문단에서는 cGMP의 일반적인 역할, 즉 표적세포의 상태를 변화시켜 결과적으로 표적세포를 가진 조직의 상태까지 변화시키는 역할[2문단(6),(7)]을 소개한다. 이 정보만 가지고서는 cGMP가 혈관 평활근육 조직에 어떤 영향을 끼치는지 판단할 수 없다. 다음으로 3문단에서는 cGMP의 구체적인 역할, 즉 혈관 평활근세포에 작용하여 혈관 평활근육 조직의 이완을 이끌어내는 역할[3문단(6)]을 소개한다. 이 정보만 가지고서는 평활근육 조직의 이완이 '상태 변화'에 해당하는지 판단할 수 없다. 따라서 2문단과 3문단의 정보를 합침으로써 선지 ①의 결론을 이끌어낼 수 있다.

② 혈관의 내피세포는 산화질소 합성효소를 가지고 있다.

두 가지 정보를 합치는 추론형 선지다. '산화질소 합성효소'를 키워드로 잡으면 2문단에서 일반적인 작용 원칙, 즉 '자극 → 산화질소 합성효소 활성화 → 산화질소 생성'의 단계를 소개한다.[2문단(2)~(5)]

그렇다면 혈관의 내피세포에도 이 원칙이 적용 가능한지 알아볼 차례다. '혈관의 내피세포'를 키워드로 잡으면 3문단에서 '자극 → 혈관의 내피세포에서 산화질소 생성'의 단계가 제시된다.[3문단(4),(5)] 여기에 2문단에서 소개된 단계를 적용하면, 혈관의 내피세포에도 산화질소 합성효소가 존재함을 추론할 수 있다.

③ 혈관 평활근세포에서 A 효소가 활성화되면 혈관 팽창이 일어난다.

인과관계가 등장하는 추론형 선지다. 인과관계의 경우 아래와 같이 화살표로 확실히 표시할 수 있다.

③ (혈관 평활근세포에서 A 효소가 활성화되면) → (혈관 팽창)이 일어난다.

'A 효소'를 키워드로 잡아 지문을 확인하면, 혈관 팽창에 대한 3문단에서는 직접 등장하는 바가 없다. 산화질소의 작용에 대한 일반론을 제시하는 2문단에 등장할 뿐이다. 즉, 본 선지는 2문단에서 A 효소의 작용원리를 이해한 뒤 3문단 혈관의 사례에 적용하는 구조다. 구조를 이해했다면 그대로 따르면 된다. 구체적인 과정은 해설의 선지 ③ 부분에서 다루고 있다.

④ A 효소는 표적세포에서 아르기닌과 산소로부터 산화질소를 생성시킨다.

메커니즘의 단계가 등장하는 선지다. 생화학 작용의 메커니즘 또한 인과관계의 일종이므로 선지 ③과 같이 화살표로 표시할 수 있다. 더하기 기호(+)는 엄밀한 화학반응과 맞지 않아도 무방하다. 지문에 제시된 정보를 간략화하는 정도면 충분하다.

④ (A 효소) 는 + 표적세포에서 (아르기닌) 과 + (산소) 로부터 → (산화질소) 를 생성시킨다.

'아르기닌과 산소'를 키워드로 잡아 지문을 확인하면, 산화질소 합성효소가 그 세포 내의 아르기닌과 산소로부터 산화질소를 생성시킴[2문단(4)]을 알 수 있다. 이를 화살표로 간략화하면 '산화질소 합성효소+아르기닌+산소 → 산화질소'다.

뒷부분까지 읽어보면, 이렇게 생성된 산화질소가 수용체와 결합하여 A 효소를 활성화시킨다.[2문단(5)] 이를 간략화하면 '산화질소+수용체 → A 효소'다.

두 부분을 합쳐 보면, '아르기닌+산소 → A 효소'의 방향이 도출된다. 그러나 본 선지는 잘못된 방향을 제시하고 있으므로, 지문과 상충한다. 메커니즘의 순서를 잘못 제시하는 것은 생화학 지문에 종종 출제되는 함정이다.

⑤ **혈관 평활근세포는 내피세포-이완인자에 대한 수용체를 가지고 있다.**

선지 ①, ②에 이어 두 가지 정보를 합치는 추론형 선지다. 우선 생소한 '내피세포-이완인자'가 무엇인지 확인해 보면, 산화질소의 재진술이다.[3문단(7)] 다음으로 '수용체'를 확인하면 일반론이 설명된 2문단에 등장한다. 즉, 본 선지는 2문단에서 수용체의 작용원리를 이해한 뒤 3문단 혈관의 사례에 적용하는 구조다. 구체적인 과정은 해설의 선지 ⑤ 부분에서 다루고 있다.

전체 선지를 읽고 제시문을 확인하는 경우

(1) **선지 확인**

선지에서 키워드를 잡는다. 예를 들어, 선지 ①은 cGMP, ②는 '산화질소 합성효소', ③, ④는 'A 효소', ⑤는 '내피세포-이완인자'로 설정할 수 있다.

(2) **지문 독해 및 선지 판단**

문단별 관계를 숙지하며 개별 문단의 핵심을 파악한다. 본 지문의 구조는 생물 지문에서 자주 등장하는 구조인데, '메커니즘 제시-메커니즘의 사례-메커니즘의 구체적 결과' 형태이다.

1문단에서 소개된 기체 형태의 신호물질이 2문단에서는 산화질소로 구체화되고, 3문단은 산화질소에 의해 발생하는 생리적 결과를 다루고 있다. 메커니즘 구조에서는 주로 어떤 순서로 메커니즘이 진행되고, 어떤 인과관계가 있는지를 자주 묻는다.

순서대로 읽다가 선지의 정오 판단이 가능할 것 같으면 독해를 중단하고 바로 선지로 내려가 지문-선지를 비교해볼 수 있다. 이하는 예시이다.

지문을 읽다가 2문단 1문에서 '경로'가 제시됨을 파악하고 다음 문장부터는 이러한 경로 순서에 화살표로 시각화를 한다.

2문단 2문에서 선지 ②로 내려간다. 현재 해당 선지의 판단을 보류해야 함을 알고 다시 지문으로 간다.

2문단 5문에서 선지 ③을 확인해 보는데 아직 판단할 수 없음을 알 수 있다.

다시 지문으로 가기 전에 선지 ④를 확인한다. 지문을 읽을 때 화살표로 시각화를 했다면 선지에 제시된 내용과 지문의 정보가 반대임을 한눈에 알 수 있을 것이다.

3-2 제시문 독해 후 선지 판단

(1) **제시문 독해하기**

독해는 모든 내용을 기억하기보다 어디에 어떤 내용이 있는지를 인지하고, 특징적인 내용을 표시하는 방식으로 진행한다. 생물학 지문의 경우 낯선 단어가 다수 등장하므로, 구분이 쉽도록 기호를 활용하여 읽는다. 또한, 1문단에 글의 방향이 제시되므로 시간을 들여 이해하며 읽으면 아래 내용을 이해하는데에 도움이 된다.

1문단에 기체 형태의 신호물질 및 표적세포라는 개념이 등장한다. 표적세포는 신호물질이 작용하는 대상으로, 신호물질에 대한 수용체를 가지고 있다. '신호물질+표적세포 수용체 → 표적세포 구조적 상태 변화 → 표적세포가 있는 표적조직 상태 변화 → 생리적 현상'이라는 과정을 이해한다.

2문단에는 대표적인 기체 형태의 신호물질인 '산화질소'를 예시로 생리적 현상이 유도되는 경로를 설명한다. 자세하게 기억하지는 못하더라도 1문단에 제시된 과정을 떠올리며 각 단계로 대강 분류하며 읽는다. 문장 (4)까지는 신호물질의 생성 과정을, (5)부터는 문단 1에 제시된 과정이 설명된다. '/'를 활용하여 구분해 두고, '산화질소', '산화질소 합성효소', '아르기닌', 표적세포 안의 'A 효소', 'cGMP' 등 특징적인 단어를 기호로 체크하며 읽는다.

3문단은 2문단의 과정에 의한 구체적 생리적 변화의 예시로 '혈관의 팽창'을 들며 그 과정을 설명한다. 3문단의 경우도 '산화질소' 생성 과정과 '산화질소'의 작용 과정을 '/'로 구분해둔다. 3문단도 '내피세포', '평활근세포' 등 특징적 단어들을 체크하되, 구체적 과정을 모두 외우기보다 정보의 위치를 기억한다.

전체적으로 글은 '(메커니즘) 일반론-일반적 예시-결과를 포함한 구체적 예시'의 구조로 볼 수 있다.

(2) **선지 판단하기**

① cGMP 및 평활근육은 3문단 후반부에 있었다. 문장 (6)의 내용과 같으므로 옳은 선지이다.

② 내피세포는 3문단 전반부에 있었고, 산화질소 합성효소는 2문단에 있었다. 산화질소 합성효소는 세포 내에서 신호 물질인 산화질소를 생성한다. 내피세포에서 산화질소가 만들어지므로 내피세포에는 산화질소 합성효소가 있을 것이다. 옳은 선지이다.

③ 3문단을 보면 혈관 평활근세포는 표적세포이다. 따라서 2문단 설명에 따라 'A 효소'가 있을 것이고, 'A 효소' 활성화 결과 cGMP가 생성되었을 것이다. 그 결과 혈관이 팽창한다고 하였으므로, 옳은 선지이다.

④ 산화질소 생성은 표적세포에서 일어나는 것이 아니다. 옳지 않으므로 정답이다.

⑤ 3문단과 1문단의 내용을 종합해보면 옳음을 알 수 있다.

합격자의 시간단축 Tip

Tip ❶ 눈에 띄는 키워드를 활용하자.

선지에서 겹낫표, 숫자에 이어 알파벳과 같은 문자도 눈에 띈다는 점에서 키워드가 되기 좋다. 선지 ①의 'cGMP'가 그 예다. 다만, 선지 ③과 ④의 'A 효소' 같은 경우 공통적으로 등장하므로, 두 선지의 차이를 반영하여 키워드로 잡는 것이 효과적일 수 있다. 합격자의 풀이 순서에서는 선지 ③에서 'A 효소'를 키워드로 잡아 개념을 파악한 후, ④에서 '아르기닌과 산소'를 키워드로 잡았다.

Tip ❷ 지문의 정보를 시각화하자.

앞서 접근 전략에서도 언급했지만, 이 문제와 같이 경로가 제시되는 지문의 경우 화살표로서 정보를 시각화하면 좀 더 수월하게 선지의 정오를 판단할 수 있다. 본 지문의 예를 들면 다음과 같다.

혈관이 팽창되기 위해 먼저 (혈관의 내피세포는 혈관의 팽창을 유도하는 자극을 받는다.) → 이 (내피세포에서는 산화질소가 만들어지고,) → (산화질소는 혈관 평활근세포에 작용하여 세포 내에서 cGMP를 생성) 한다. → (cGMP의 작용) 으로 → (수축되어 있던 혈관 평활근세포가 이완) 되고 → 결국에 (혈관 평활근육 조직이 이완) 되면서 → (혈관이 팽창) 하게 된다.

위는 지문 3문단 4문부터 7문까지의 단계를 시각화한 것이다. 산화질소가 기체인 신호물질로써 혈관 팽창이라는 결과를 만들어내는 각 단계를 표시해두면, 선지에서 해당 내용이 등장했을 때 순서가 옳은지 빠르게 확인할 수 있다.

Tip ❸ 어려운 분야에 익숙해지도록 연습하자.

일반적인 인문계 수험생의 경우 해당 지문의 독해는 쉽지 않은 것이 정상이다. 이런 소재의 지문을 모아놓고 지문의 구조를 파악하고, 선지가 어떻게 구성되는지를 분석해볼 필요가 있다. 특히, 과학/기술 제재의 경우 내용을 머릿속으로 단순하게 이미지화하는 연습을 할 필요가 있다. 또한, 과학/기술 제재의 경우 변수 간의 관계(인과관계, 비례/반비례 관계 등)를 위주로 문제가 자주 출제되니 이를 중점으로 읽도록 한다.

Tip ❹ 마지막 문단과 연관된 선지부터 보자.

만약 마지막 문단이 아닌 곳을 근거로 정답을 고를 수 있게 되면 글을 끝까지 읽지 않는 경우가 생길 수 있기 때문에, 마지막 문단이 정답과 연관이 있는 경우도 많다. 일반적으로 출제자의 의도는 지문을 전부 읽고 선지를 판단하게 하는 것이기 때문이다.

Tip ❺ 1문단을 이해하자.

메커니즘을 설명하는 복잡한 지문은 1문단을 이해하면 읽기가 수월해진다. 보통 1문단은 소재를 소개하거나, 개괄하거나, 일반론을 제시한다. 이런 내용은 이해 전개될 내용의 방향을 제시해주기 때문에 제대로 이해하면 낯선 내용을 읽을 때 특히 도움이 된다.

100 정답 ③

난이도 ●●●

문제유형 법규의 해석 및 적용

접근전략 본 문제의 경우 법조문을 〈상황〉에 적용하여 임금피크제 지원금을 받을 수 있는 사람을 고르는 규정응용유형에 해당한다. 법조문 유형을 풀 때는 조문의 구체적인 내용을 독해하는 것보다, 법조문의 구조를 파악한 후 〈상황〉에서 묻고 있는 정보를 찾아 올라가는 형태로 푸는 것이 좋다. 본 문제의 경우, 1항에서 임금피크제를 받을 요건을 제시하고, 해당 요건이 충족될 경우 〈얼마나〉 지급할 것인지를 2항에서 제시하고 있다. 상황에서 굉장히 많은 정보가 제시되는 것이 특징인 문항이다. 숫자정보(나이), 단서(법조항 마지막 문장) 등에 특히 유의할 필요가 있다. 다만, 너무 겁먹을 필요는 없다. 제시되는 정보의 종류가 많다는 것은 오히려 개별 함정의 깊이는 깊지 않다는 이야기이기도 하다.

다음 글과 〈상황〉을 근거로 판단할 때, 甲 ~ 丙 중 임금피크제 지원금을 받을 수 있는 사람만을 모두 고르면?

제○○조(임금피크제 지원금) ① 정부는 다음 각 호의 어느 하나에 해당하는 경우, 근로자의 신청을 받아 제2항의 규정에 따라 임금피크제 지원금을 지급하여야 한다.

1. 사업주가 근로자 대표의 동의를 받아 정년을 60세 이상으로 연장하면서 55세 이후부터 일정 나이, 근속시점 또는 임금액을 기준으로 임금을 줄이는 제도를 시행하는 경우
2. 정년을 55세 이상으로 정한 사업주가 정년에 이른 사람을 재고용(재고용 기간이 1년 미만인 경우는 제외한다)하면서 정년퇴직 이후부터 임금만을 줄이는 경우
3. 사업주가 제2호에 따라 재고용하면서 주당 소정의 근로시간을 15시간 이상 30시간 이하로 단축하는 경우

② 임금피크제 지원금은 해당 사업주에 고용되어 18개월 이상을 계속 근무한 자로서 피크임금(임금피크제의 적용으로 임금이 최초로 감액된 날이 속하는 연도의 직전 연도 임금을 말한다)과 지원금 신청연도의 임금을 비교하여 다음 각 호의 구분에 따른 비율 이상 낮아진 자에게 지급한다. 다만 상시 사용하는 근로자가 300명 미만인 사업장인 경우에는 100분의 10으로 한다.

1. 제1항제1호의 경우: 100분의 10
2. 제1항제2호의 경우: 100분의 20
3. 제1항제3호의 경우: 100분의 30

상황

甲~丙은 올해 임금피크제 지원금을 신청하였다.

- 甲(56세)은 사업주가 근로자 대표의 동의를 받아 정년을 60세로 연장하면서 임금피크제를 실시하고 있는 사업장(상시 사용하는 근로자 320명)에 고용되어 3년간 계속 근무하고 있다. 甲의 피크임금은 4,000만 원이었고, 올해 임금은 3,500만 원이다.
  → (○) 甲은 사업주가 근로자 대표의 동의를 받아 정년을 60세로 연장하면서 임금피크제를 실시하고 있는 사업장의 근로자이므로, 제1조 제1항 제1호의 임금피크제 지원금 대상자이다. 甲은 해당 사업주에 고용되어 36개월 이상 계속 근무하고 있으며, 피크임금은 4,000만 원이고 올해 임금은 3,500만 원으로 피크임금 대비 1000분의 125 비율만큼 낮아졌으므로 제1조 제2항 제1호에 따라 임금피크제 지원금을 받을 수 있다.
- 乙(56세)은 사업주가 정년을 55세로 정한 사업장(상시 사용하는 근로자 200명)에서 1년간 계속 근무하다 작년 12월 31일 정년에 이르렀다. 乙은 올해 1월 1일 근무기간 10개월, 주당 근로시간은 동일한 조건으로 재고용되었다. 乙의 피크임금은 3,000만 원이었고, 올해 임금은 2,500만 원이다.
  → (×) 乙은 정년을 55세로 정한 사업주에 의해 정년인 55세가 되자 재고용되면서 정년퇴직 이후부터 임금만을 줄이는 근로자이지만, 재고용 기간이 10개월로 1년 미만이므로 제1조 제1항 제2호의 임금피크제 지원금 대상자가 아니다. 따라서 乙은 제1조 제1항 제3호 소정에 '제2호에 따른 재고용'에 해당하지 않으며, 주당 근로시간이 단축되지도 아니하였으므로 제1조 제1항 제3호의 임금피크제 지원금 대상자도 아니다. 따라서 乙은 임금피크제 지원금을 받을 수 없다.
- 丙(56세)은 사업주가 정년을 55세로 정한 사업장(상시 사용하는 근로자 400명)에서 2년간 계속 근무하다 작년 12월 31일 정년에 이르렀다. 丙은 올해 1월 1일 근무기간 1년, 주당 근로시간을 40시간에서 30시간으로 단축하는 조건으로 재고용되었다. 丙의 피크임금은 2,000만 원이었고, 올해 임금은 1,200만 원이다.
  → (○) 丙은 정년을 55세로 정한 사업주에 의해 정년인 55세가 되자 재고용되면서 주당 근로시간을 30시간으로

단축하는 근로자이므로, 제1조 제1항 제3호의 임금피크제 지원금 대상자이다. 丙은 해당 사업주에 고용되어 24개월 이상 계속 근무하고 있으며, 피크임금은 2,000만 원이고 올해 임금은 1,200만 원으로 피크임금 대비 100분의 40 낮아졌으므로 제1조 제2항 제3호에 따라 임금피크제 지원금을 받을 수 있다.

① 甲 ➜ (×)
② 乙 ➜ (×)
③ 甲, 丙 ➜ (○)
④ 乙, 丙 ➜ (×)
⑤ 甲, 乙, 丙 ➜ (×)

합격자의 실전 풀이 순서

❶ 문제 유형 파악

본 문제의 경우 제시문으로 법조문이 주어졌으므로 법조문 유형임을 알 수 있다. 특히 법조문 유형 중에서도 규정의 내용을 주어진 〈상황〉에 적용하는 규정적용유형이다. 법조문 유형은 조문의 구체적인 내용을 독해하는 것보다, 법조문의 구조를 파악한 후 선지에서 묻고 있는 정보를 찾아 올라가는 형태로 푸는 것이 좋다. 또한, 본 문제가 임금피크제 지원금을 받을 수 있는 사람을 고르는 문제라는 것을 인지하기 위해 "받을 수 있는"이라는 단어에 밑줄이나 동그라미 등 표시를 한다.

> 다음 글과 〈상황〉을 근거로 판단할 때, 甲 ~ 丙 중 임금피크제 지원금을 받을 수 있는 사람만을 모두 고르면?

❷ 법조문 구조 분석

구조 분석이란 각 조문의 내용 및 조문 간 관계를 이해하는 것이다. 법조문 전체를 읽되, 세부적인 내용을 기억하기보다는 어떤 정보가 있는지 파악하는 것에 중점을 둔다. 이때 기호를 적절히 활용할 수 있다. 또한 이러한 분석 과정을 거치며 선지에 등장할만한 부분을 발견할 수 있다.

본문의 규정은 하나의 조와 두 개의 항, 그리고 각 항의 세부 규정으로 구성되어 있다. 조문의 제목에서 규정 대상을 알 수 있다.

제1조 전체가 임금피크제 지원금 지급 대상이 되는 조건을 규정하고 있다. 제1항은 정부가 임금피크제 지원금을 지급해야 하는 경우에 관한 내용이다. 제1항 제1호는 '정년을 60세 이상으로 연장', 제2호는 '재고용'에 표시한다. 2호 괄호의 내용은 예외 규정이므로 △로 표시한다. 3호가 2호의 내용을 이어받고 있으므로 화살표를 통해 두 호를 이어둔다.

제2항은 1항에 해당하는 경우, 호 별로 임금피크제 지원금 지급 조건을 규정한다. 2항 본문의 정보가 많으므로, 빗금을 활용해 문장을 적절하게 끊으며 대략적 내용을 파악한다. 또한 단서의 '300명 미만'과 '100분의 10'에 △로 표시한다. 또한, 제2항의 내용이 제1항을 이어서 설명하고 있다는 점에서 제1항을 먼저 본 후 제2항을 확인해야 함을 확인한다.

❸ 〈상황〉에의 적용 및 선지 판단

법조문 분석을 토대로 〈보기〉와 선지를 판단한다. 선지 판단 시에는 1조와 2조를 순서대로 확인한다. 제1항의 3호는 2호와 상황을 공유하므로, 1항을 확인할 때에는 1호 상황인지, 2호 상황인지를 먼저 판단한다. 2호 상황이라면 3호에 따른 근로시간 단축이 있는지까지 확인한다.

甲은 제1항 제1호에 해당한다. 2항 단서에 해당하지 않으므로 제2항 제1호를 적용한다. 피크임금 4000만 원, 신청연도 임금 3500만 원으로 10% 이상 낮아졌다.

乙은 제1조 제1항 제2호의 괄호 내의 단서에 의하여 임금피크제 지원금 지급 대상에 해당되지 않으므로 지원금을 받을 수 없다.

丙은 재고용되었으므로 제1항 제2호 상황인데, 근로시간이 단축 범위가 3호를 충족하므로 1항 3호에 해당한다. 2항 단서에 해당하지 않으므로 2항 3호를 적용한다. 피크임금 2000만 원, 신청연도 임금 1200만 원으로 30% 이상 낮아졌다. 정답은 ③번이다.

본 문제와 같이 선지가 〈상황〉의 조합으로 구성되어 있는 경우 하나의 〈상황〉을 판단한 후 해당 〈상황〉과 관련된 선지들을 지워나간다. 甲은 임금피크제 지원금을 받을 수 있으므로 선지 ②번과 ④번이 제외되고, 乙은 임금피크제 지원금을 받을 수 없으므로 선지 ⑤번이 제외된다. 마지막으로 丙을 확인하여 정답을 도출한다.

합격자의 시간단축 Tip

Tip ❶ 선지의 구체적인 내용은 〈상황〉 판단 시에 확인

법조문 유형과 같이 규정확인유형도 형식과 구조를 간략히 파악한 후, 구체적인 조건의 내용은 〈상황〉 판단 시에 검토한다. 제1항 각호와 같이 조건의 내용이 길다면 각 호를 구분할 수 있는 키워드에 표시하는 것이 도움이 된다. 또한, 보기에서 물어보는 상황이 3가지이고, 각 조의 호도 3개로 구성되어 있으므로 모든 호를 상황에 적용하여 판단하여야 할 것이다.

Tip ❷ 단서와 ※ 표시, 예외사항에 유의

법조문 유형과 마찬가지로 규정확인 유형도 단서와 예외사항이 선지에 자주 나온다는 점을 유의한다. 제1조 제1항 제2호에는 단서조항이 존재한다. 따라서 제1조 제1항 제2호에 해당하는 경우 재고용 기간이 1년 미만인지 여부를 중점적으로 확인한다. 제1항 조건을 충족한다면, 마찬가지로 제1조 제2항에 단서조항이 존재하므로 상시 사용하는 근로자가 300명 미만인 사업장인지 여부를 중점적으로 확인한다. 설문의 경우 乙의 사업장이 두 가지 단서와 모두 관련이 있는데, 재고용 기간이 1년 미만이므로 첫 번째 단서 조항에 의해 임금피크제 지원금 지급 대상이 아니므로 두 번째 단서를 확인할 필요가 없다.

Tip ❸ 복습 시 개별 요건들의 특징을 정리해보는 연습을 실시하자.

기출문제를 분석할 때는 개별 요건들과 선지를 꼼꼼히 분석하며 문제 출제의 원리를 익힌다. 1조 1항 요건에서는 정년연장시점(60세)와 제도시행시점(65세이후) 사이에 큰 시점 격차가 있으며, 1조 2항은 1항 대비 정년나이가 내려갔지만 재고용이 추가된 경우, 1조 3항은 1조2항의 경우에 추가적으로 근로시간 단축이 들어간 경우이다.

1항의 경우 60과 55라는 격차가 있는 숫자가 제시된다는 특징을 잘 잡아야 하고, 1-2-3항으로 갈수록 지급의 대상 기준인 〈낮아진 자〉의 기준이 높아진다는 것(10-20-30)을 잘 파악해야 한다. 즉, 3항에서는 10% 낮아진 자가 지원금을 받을 수 없다. 논의를 확장하면, 〈지원금을 얼마 주는지〉는 현재 문제에서 제시되지 않았다. 〈지원여부〉 기준만 제시되었을 뿐이다(지원금은 정액일수도 있고, 줄인 임금의 %로 주어질 수도 있다). 숫자 구성에 따라 1항에 해당되는 사람이 받는 지원금이 3항보다 크게 만드는 설정이 가능할 수도 있다.

Tip ❹ 조문의 마지막에 제시되는 단서에 유의

기본적인 팁이지만, 해당 조문의 마지막 문장에 유의한다.(다만~ 한다.) 해당 단서는 1조 2항의 세부 비율 조항을 무력화시키는 강력한 단서이다. 예외를 규정한 단서는 일종의 특례 규정이 되며, 가장 우선적으로 적용된다. 따라서 해당 단서 요건이 충족되면 1조 2항의 다른 비율정보를 볼 필요가 없으므로 풀이 시간을 단축할 수 있다.

101 정답 ② 난이도 ●●○

문제유형 사실적 이해 > 정보 확인

접근전략 정보 확인 문제이므로 선지를 먼저 읽고 관련 내용을 지문에서 찾는 방식으로 정답을 고른다. 본 제시문에는 다양한 인물이 나오고 인물별로 언급한 내용이 다르므로 헷갈리기 쉽다. 이처럼 여러 명의 인물이 나온다면 본인만의 기호를 이용하여 각 인물과 인물에 따른 세부 정보를 지문에 표시해두는 것이 좋다.

다음 글에서 알 수 없는 것은?

(1) 갈릴레오는 『두 가지 주된 세계 체계에 관한 대화』에서 등장인물인 살비아티에게 자신을 대변하는 역할을 맡겼다. (2) 심플리치오는 아리스토텔레스의 자연철학을 대변하는 인물로서 살비아티의 대화 상대역을 맡고 있다. (3) 또 다른 등장인물인 사그레도는 건전한 판단력을 지닌 자로서 살비아티와 심플리치오 사이에서 중재자 역할을 맡고 있다. ▶ 1문단

(1) 이 책의 마지막 부분에서 사그레도는 나흘간의 대화를 마무리하며 코페르니쿠스의 지동설을 옳은 견해로 인정한다. (2) 그리고 그는 그 견해를 지지하는 세 가지 근거를 제시한다. (3) 첫째는 행성의 겉보기 운동과 역행 운동에서, 둘째는 태양이 자전한다는 것과 그 흑점들의 운동에서, 셋째는 조수 현상에서 찾아낸다. ▶ 2문단

(1) 이에 반해 살비아티는 지동설의 근거로서 사그레도가 언급하지 않은 항성의 시차(視差)를 중요하게 다룬다. (2) 살비아티는 지구의 공전을 입증하기 위한 첫 번째 단계로 지구의 공전을 전제로 한 코페르니쿠스의 이론이 행성의 겉보기 운동을 얼마나 간단하고 조화롭게 설명할 수 있는지를 보여준다. (3) 그런 다음 그는 지구의 공전을 전제로 할 때, 공전 궤도의 두 맞은편 지점에서 관측자에게 보이는 항성의 위치가 달라지는 현상, 곧 항성의 시차를 기하학적으로 설명한다. ▶ 3문단

(1) 그렇다면 사그레도는 왜 이 중요한 사실을 거론하지 않았을까? (2) 그것은 세 번째 날의 대화에서 심플리치오가 아리스토텔레스의 이론을 옹호하면서 지동설에 대한 반박 근거로 공전에 의한 항성의 시차가 관측되지 않음을 지적한 것과 관련이 있다. (3) 당시 갈릴레오는 자신의 망원경을 통해 별의 시차를 관측하지 못했다. (4) 그는 그 이유가 항성이 당시 알려진 것보다 훨씬 멀리 있기 때문이라고 주장하였지만, 반대자들에게 그것은 임기응변적인 가설로 치부될 뿐이었다. (5) 결국 그 작은 각도가 나중에 더 좋은 망원경에 의해 관측되기까지 항성의 시차는 지동설의 옹호자들에게 '불편한 진실'로 남아 있었다. ▶ 4문단

① 아리스토텔레스의 철학을 따르는 심플리치오는 지구가 공전하지 않음을 주장한다.
→ (○) 심플리치오가 아리스토텔레스의 이론을 옹호하면서 지동설에 대한 반박 근거로 공전에 의한 항성의 시차가 관측되지 않음을 지적하였다.[4문단(2)] 이를 통해 심플리치오는 아리스토텔레스의 철학을 따르며, 지구가 공전하지 않음을 주장하고 있음을 알 수 있다.

② 사그레도는 항성의 시차에 관한 기하학적 예측에 근거하여 코페르니쿠스의 지동설을 받아들인다.
→ (×) 살비아티는 지동설의 근거로서 사그레도가 언급하지 않은 항성의 시차(視差)를 중요하게 다룬다.[3문단(1)] 이를 통해 사그레도는 항성의 시차에 관한 언급을 하지 않았음을 알 수 있다. 사그레도는 첫째, 행성의 겉보기 운동과 역행 운동에서, 둘째, 태양이 자전한다는 것과 그 흑점들의 운동에서, 셋째, 조수 현상에서 지동설을 지지하는 세 가지 근거를 찾아낸다.[2문단(3)]

③ 사그레도와 살비아티는 둘 다 행성의 겉보기 운동을 근거로 하여 코페르니쿠스의 지동설을 옹호한다.
→ (○) 사그레도는 행성의 겉보기 운동과 역행 운동에서 코페르니쿠스의 지동설을 옹호하는 근거를 찾아낸다.[2문단(3)] 살비아티 역시 지구의 공전을 입증하기 위해 코페르니쿠스의 이론이 행성의 겉보기 운동을 얼마나 간단하고 조화롭게 설명할 수 있는지를 보여준다.[3문단(2)] 즉, 사그레도와 살비아티 모두 행성의 겉보기 운동을 근거로 하여 코페르니쿠스의 지동설을 옹호한다.

④ 심플리치오는 관측자에게 항성의 시차가 관측되지 않았다는 사실에 근거하여 코페르니쿠스의 지동설을 반박한다.
→ (○) 심플리치오가 아리스토텔레스의 이론을 옹호하면서, 지동설에 대한 반박 근거로 공전에 의한 항성의 시차가 관측되지 않음을 지적하였다.[4문단(2)] 따라서 해당 선지의 내용은 옳다.

⑤ 살비아티는 지구가 공전한다면 공전궤도상의 지구의 위치에 따라 항성의 시차가 존재할 수밖에 없다고 예측한다.
→ (○) 살비아티는 지구의 공전을 전제로 할 때, 공전 궤도의 두 맞은편 지점에서 관측자에게 보이는 항성의 위치가 달라지는 현상, 곧 항성의 시차를 기하학적으로 설명한다.[3문단(3)] 따라서 살비아티는 지구의 위치에 따라 항성의 시차가 존재할 수밖에 없다고 예측한 것이다.

제시문 분석

제시문 갈릴레오의 책에서 다룬 지동설에 관한 대화

〈갈릴레오의 책의 등장인물〉		
〈살비아티〉	〈심플리치오〉	〈사그레도〉
갈릴레오는 『두 가지 주된 세계 체계에 관한 대화』에서 등장인물인 살비아티에게 자신을 대변하는 역할을 맡겼다.[1문단(1)]	심플리치오는 아리스토텔레스의 자연철학을 대변하는 인물로서 살비아티의 대화 상대역을 맡고 있다.[1문단(2)]	사그레도는 건전한 판단력을 지닌 자로서 살비아티와 심플리치오 사이에서 중재자 역할을 맡고 있다.[1문단(3)]
↓	↓	↓
〈지동설 지지〉	〈지동설 반박〉	〈지동설 지지〉
첫 번째 단계로 코페르니쿠스의 이론으로 행성의 겉보기 운동 설명[3문단(2)]		첫째는 행성의 겉보기 운동과 역행 운동[2문단(3)] 둘째는 태양이 자전한다는 것과 그 흑점들의 운동[2문단(3)] 셋째는 조수 현상[2문단(3)]

해설편 7일차 • 의사소통능력

사그레도가 언급하지 않은 항성의 시차(視差)를 기하학적으로 설명[3문단(1),(3)]	아리스토텔레스의 이론을 옹호하면서 지동설에 대한 반박 근거로 공전에 의한 항성의 시차가 관측되지 않음을 지적 [4문단(2)]	

합격자의 실전 풀이 순서

❶ 발문 읽기 및 문제 유형 파악

항상 발문을 먼저 제대로 읽자. 본 문제는 글에서 알 수 없는 것을 고르는 유형의 문제이다. 알 수 없는 것을 고르는 문제는 추론할 수 없는 것을 고르는 문제와 같다. 해당 유형은 제시문 내용과 부합하지 않거나 그로부터 추론 불가능한 선지가 정답이 되며, 제시문 내용과 일치거나 그로부터 추론할 수 있는 선지가 오답이 된다. 긴장되는 시험장에서 알 수 '없는' 것을 고르는 문제에서 알 수 '있는' 것을 고르는 문제로 잘못 보아 처음 검토한 선지를 고르는 실수를 할 수 있다는 사실을 명심해야 한다. 따라서 알 수 '없는' 것을 묻는 문제가 나오면 발문에 크게 × 표시를 하여 실수를 하지 않도록 유의해야 한다. 또한, 지문의 첫 문장에서 '갈릴레오'라는 인물이 등장하는 것으로 보아 과학 관련 지문이라고 추측한다. 지문을 훑어보았을 때 여러 인물이 등장하는데, 그들의 의견을 비교하는 것이 문제일 확률이 높다.

❷ 제시문 독해

제시문 독해 시, 제시문을 어느 정도로 꼼꼼히 읽을 것인지는 각자의 풀이법에 따라 달라진다. 언어논리 고득점자 중에는 선지로부터 키워드를 찾고, 키워드를 제시문에서 찾아가는 방식으로 정보확인유형 문제를 푸는 사람도 있다. 그러나 초심자에게 해당 방식을 채택하는 것을 추천하지 않는다. 선지의 키워드를 제시문에서 찾으려는 경우, 글의 구조가 어떻게 구성되는지 알지 못하거나 시험장에서 지나치게 긴장하여 해당 키워드를 찾지 못하는 불상사가 발생할 수 있기 때문이다. 또한, 최근에는 문단 간의 정보를 연결해야 하는 문제가 나와 키워드 찾기 방식의 효용이 떨어지고 있다. 따라서 처음에는 시간을 들여 모든 제시문을 꼼꼼히 분석하는 연습을 하고, 차차 자신이 안정적으로 선지를 판단할 수 있는 수준으로 제시문 독해 시간을 줄여가는 것을 추천한다.

독해 실력이 특출나지 않는 사람들 대다수에게는 제시문의 구조와 선지에서 나올만한 중요한 내용을 파악하며 1분에서 2분 사이 내에 제시문을 읽는 것을 추천한다. 이때 선지에서 나올만한 내용으로는, 두 대상의 공통점과 차이점, 인과관계, 두 대상의 성능 및 효과 비교, 접속어로 시작하는 문장의 주요 내용, '반드시', '필수적'과 같은 표현으로 강조되는 내용 등이 있다. 다양한 정보확인문제를 통해 선지에서 주로 묻는 내용이 무엇인지 정리한 뒤, 제시문에서 선지에 나올만한 내용을 미리 파악하며 읽는 습관을 들이자.

1문단에서는 갈릴레오의 책의 등장인물을 소개하고 있다. 즉, 선지에서 언급되었던 인물들은 실존 인물이 아님을 알 수 있다. 각 인물의 이름이 생소하므로 기호로 시각화하여 구분하여 읽는다. 이하 문단에서도 살비아티에 해당되는 내용에는 ◯로, 심플리치오에 해당하는 내용을 △로, 사그레도에 해당하는 내용은 □로 표시하며 읽는다. 또는 숫자를 활용할 경우, 살비아티에 1, 심플리치오에 2, 사그레도에 3을 표시할 수 있다. 이 경우 기호를 그리는 시간을 단축할 수 있어 효과적이다.

> 갈릴레오는 『두 가지 주된 세계 체계에 관한 대화』에서 등장인물인 살비아티에게 자신을 대변하는 역할을 맡겼다. 심플리치오는 아리스토텔레스의 자연철학을 대변하는 인물로서 살비아티의 대화 상대역을 맡고 있다. 또 다른 등장인물인 사그레도는 건전한 판단력을 지닌 자로서 살비아티와 심플리치오 사이에서 중재자 역할을 맡고 있다. ▶ 1문단

2문단에서 사그레도가 코페르니쿠스의 지동설을 인정했다는 것과 이를 뒷받침하기 위해 제시한 세 가지 근거가 나온다. 이처럼 세 가지 근거가 제시문에 나오는 경우 선지에서 이를 물을 확률이 높으므로 근거에 ①, ②, ③의 숫자를 메기며 정확히 파악하는 것이 좋다. 3문단에서는 살비아티가 지동설의 근거로 사그레도가 언급하지 않은 항성의 시차를 다뤘다는 정보가 나온다. 4문단은 사그레도가 항성의 시차를 언급하지 않은 이유와 심플리치오의 지동설에 대한 견해가 나온다.

❸ 선지 판단

①번 선지의 경우 선지를 앞부분과 뒷부분으로 나눠서 정오를 판단해야 한다. 즉, '심플리치오가 아리스토텔레스의 철학을 따랐는지', '그가 지구가 공전하지 않음을 주장하였는지'라는 두 가지 정보를 파악해야 한다. 심플리치오에게 부여한 기호는 △ 또는 2이므로 해당 기호를 제시문에서 찾아야 한다. 1문단 (2) 문장에서 선지의 앞부분을, 3문단 (2) 문장에서 선지의 뒷부분을 확인할 수 있으므로 옳은 선지임을 알 수 있다.

②번 선지는 사그레도에 대한 선지이므로, 그의 기호인 ㅁ 또는 3을 제시문에서 찾는다. 2문단에서 사그레도의 주장을 찾을 수 있는데, 항성의 시차에 대한 이야기는 없으므로 ②번 선지는 틀렸음을 알 수 있다.

이어서 나머지 ③, ④, ⑤번 선지도 선지에서 묻고 있는 인물들의 기호를 제시문에서 찾아서 해결할 수 있다.

합격자의 시간단축 Tip

Tip ❶ 인물의 이름에 표시한다.

본 문제는 여러 명의 인물이 번갈아 나오며, 각각의 인물과 관련된 정보는 선지를 판단하는 데에 필요하다. 따라서 인물과 그에 해당하는 정보를 헷갈리지 않게끔 본인만의 기호를 사용하여 대응하도록 표시해두는 것이 좋다.

Tip ❷ 앞의 내용과 대비되는 내용에 주목하며 읽기

주제와 등장인물이 낯설수록 전체적인 구도를 파악하는 것이 독해에 도움이 된다. 앞의 내용과 대비되는 접속사가 등장한다면 글의 대립 구도를 파악하는데 도움이 된다. 따라서 3문단의 문장 (1)의 '이에 반해', 4문단 문장 (1)의 '그렇다면'과 같이 앞의 내용과 대비되는 내용의 접속사에 주목하여 읽는 것이 좋다. 사그레도와 살비아티의 의견차와 그 이유가 드러나는 부분이다.

Tip ❸ 제시문을 완벽하게 이해하지 못해도 선지로 한번 내려가 보자.

한 번에 구도가 완벽히 이해되지 않을 경우, 곧장 선지로 내려간다.

해당 지문의 논쟁 구도는 인물이 3명이나 등장하며, 후속 문단에는 3명 모두를 언급하고 있지 않아 한 번에 읽으면서 내용을 완벽하게 정리하는 것은 어렵다. 이 경우, 특정 입장과 인물 간 관계성까지만 이해하고 넘어가는 것이 좋다. 후속 문단에서 세 인물에 대해 모든 내용을 정리해주지 않는 것을 볼 때, 선지 역시 전체 구도를 완벽히 이해하지 않은 상태에서도 풀 수 있게 나올 가

능성이 있기 때문이다. 또한, 선지로 내려가 문제를 푸는 과정에서 전체 구도에 대한 이해도가 높아질 수도 있다.

Tip ❹ 선지를 나누어 꼼꼼히 선지를 판단

최근 정보확인문제에서 선지의 앞부분은 옳은 설명이나, 뒷부분이 틀린 설명이어서 오선지를 구성하는 사례가 늘고 있다. 이러한 함정에 넘어가지 않기 위해서는 선지를 빗금으로 전단부와 후단부로 나누어 각각이 옳은 설명에 해당하는지 검토할 필요가 있다. 특히 앞부분이 틀린 설명이고 뒷부분이 옳은 설명인 경우, 이를 옳은 선지로 오인하는 경우가 많다. 따라서 선지의 내용을 여러 부분으로 나누고 하나하나 검토하는 습관을 반드시 들여야 한다. 예컨대, 본 문제의 ③번 선지는 '사그레도와 살비아티는/ 둘 다 행성의 겉보기 운동을 근거로 하여/ 코르페니쿠스의 지동설을 옹호한다.'라고 구분할 수 있다.

102 정답 ❹

난이도 ●○○

문제유형 이해 > 내용 추론

접근전략 해당 제시문의 1~2문단은 평범한 설명문이고, 3문단에서 뇌과학자 A의 견해가 제시되고 있다. 이렇게 특수한 구조를 가지고 있는 문단의 경우 읽는 전략에 따라 문제 푸는 속도를 더 단축시킬 수 있다. 이러한 구조의 경우에는 특정 인물을 지칭하여 언급한 경우, 그의 주장에 유의하도록 한다.
1문단은 냉동보존의 개념 제시, 2문단은 냉동보존 과정에서의 문제 및 대응하는 새로운 방법, 3문단은 새로운 방법에 대한 다른 측면의 문제 제기 순으로 지문이 전개되고 있다. 문제가 무엇인지를 확인한 후에, 그게 최종적으로 '해결'되었는지를 유심히 살펴볼 필요가 있다. 기존 문제를 보완할 새로운 방법으로 문제를 해결한 것 같았으나, 해당 해결책에 대해 다시 제기된 한계점에 대해서는 지문이 해결방법을 제시하지 않고 글이 끝났다는 것이 특이점이다.

다음 글에서 알 수 있는 것은?

(1) 수명 연장의 꿈을 갖고 제안된 것들 중 하나로 냉동보존이 있다. (2) 이는 낮은 온도에서는 화학적 작용이 완전히 중지된다는 점에 착안해, 지금은 치료할 수 없는 환자를 그가 사망한 직후 액화질소 안에 냉동한 후, 냉동 및 해동에 따른 손상을 회복시키고 원래의 병을 치료할 수 있을 정도로 의학기술이 발전할 때까지 보관한다는 생각이다. (3) 그러나 인체 냉동보존술은 제도권 내에 안착하지 못했으며, 현재는 소수의 열광자들에 의해 계승되어 이와 관련된 사업을 알코어 재단이 운영 중이다. ▶1문단

(1) 그런데 시신을 냉동하는 과정에서 시신의 세포 내부에 얼음이 형성되어 심각한 세포 손상이 일어난다는 것이 밝혀졌다. (2) 이를 방지하기 위하여 저속 냉동보존술이 제시되었는데, 이는 주로 정자나 난자, 배아, 혈액 등의 온도를 1분에 1도 정도로 천천히 낮추는 방식이었다. (3) 이 기술에서 느린 냉각은 삼투압을 이용해 세포 바깥의 물을 얼음 상태로 만들고 세포 내부의 물은 냉동되지 않도록 하는 방식이다. (4) 그러나 이 또한 치명적이지는 않더라도 여전히 세포들을 손상시킨다. (5) 최근에는 액체 상태의 체액을 유리질 상태로 변화시키는 방법을 이용해 세포들을 냉각시키는 방법이 개발되었다. (6) 유리질 상태는 고체이지만 결정 구조가 아니다. (7) 그것의 물 분자는 무질서한 상태로 남아 있으며, 얼음 결정에서 보이는 것과 같은 규칙적인 격자 형태로 배열되어 있지 않다. (8) 알코어 재단은 시신 조직의 미시적 구조가 손상되는 것을 줄이기 위해 최근부터 유리질화를 이용한 냉동방법을 활용하고 있다. ▶2문단

(1) 하지만 뇌과학자 A는 유리질화를 이용한 냉동보존에 대해서 회의적인 입장이다. (2) 그에 따르면 우리의 기억이나 정체성을 이루고 있는 것은 신경계의 뉴런들이 상호 연결되어 있는 연결망의 총체로서의 커넥톰이다. (3) 냉동보존된 인간을 다시 살려냈을 때, 그 사람이 냉동 이전의 사람과 동일한 사람이라고 할 수 있기 위해서는 뉴런들의 커넥톰이 그대로 보존되어 있어야 한다. (4) 그러나 A는 이러한 가능성에 대해서 회의적이다. (5) 인공호흡기로 연명하던 환자를 죽은 뒤에 부검해보면, 신체의 다른 장기들은 완전히 정상으로 보이지만 두뇌는 이미 변색이 일어나고 말랑하게 되거나 부분적으로 녹은 채로 발견되었다. (6) 이로부터 병리학자들은 두뇌가 신체의 나머지 부분보다 훨씬 이전에 죽는다고 결론을 내렸다. (7) 알코어 재단이 냉동보존할 시신을 수령할 무렵 시신의 두뇌는 최소한 몇 시간 동안 산소 결핍 상태에 있었으며, 살아있는 뇌세포는 하나도 남아있지 않았고 심하게 손상된 상태였다. ▶3문단

① 냉동보존술이 제도권 내에 안착하지 못한 원인은 높은 비용 때문이다.

→ (×) 인체 냉동보존술이 제도권 내에 안착하지 못한 것은 사실이지만[1문단(3)], 그것의 원인이 높은 비용 때문인지는 제시문에 언급되어 있지 않다. 따라서 이는 알 수 없는 정보이다.

② 유리질화를 이용한 냉동보존술은 뉴런들의 커넥톰 보존을 염두에 둔 기술이다.

→ (×) 유리질화를 이용한 냉동보존술은 시신 조직의 미시적 구조가 손상되는 것을 줄이기 위한 기술이다.[2문단(8)] A에 따르면 냉동 보존된 인간을 다시 살려냈을 때, 그 사람이 냉동 이전의 사람과 동일한 사람이라고 할 수 있기 위해서는 뉴런들의 커넥톰이 그대로 보존되어 있어야 한다.
[3문단(3)] 그러나 A는 이러한 가능성에 대해서 회의적이므로[3문단(4)], 유리질화를 이용한 냉동보존술이 뉴런들의 커넥톰 보존을 염두에 둔 기술이라고는 볼 수 없다.

③ 저속 냉동보존술은 정자나 난자, 배아, 혈액을 냉각시킬 때 세포를 손상시키지 않는다.

→ (×) 저속 냉동보존술은 심각한 세포 손상을 방지하기 위하여 제시된 방법이지만[2문단(1),(2)], 이 방법 또한 치명적이지는 않더라도 여전히 세포들을 손상시킨다.[2문단(4)]

④ 뇌과학자 A에 따르면, 알코어 재단이 시신을 보존하기 시작하는 시점에 뉴런들의 커넥톰은 이미 정상 상태에 있지 않았다.

→ (O) 커넥톰은 신경계 뉴런들이 상호 연결되어 있는 연결망의 총체이다.[3문단(2)] A에 따르면, 알코어 재단이 냉동보존할 시신을 수령할 무렵 시신의 두뇌는 최소한 몇 시간 동안 산소 결핍 상태에 있었으며, 살아있는 뇌세포는 하나도 남아있지 않았고 심하게 손상된 상태였다.[3문단(7)] 이를 통해 알코어 재단이 시신을 보존하기 시작하는 시점에 뉴런들의 커넥톰은 이미 정상 상태에 있지 않았다는 것을 알 수 있다.

⑤ 뇌과학자 A에 따르면, 머리 이외의 신체 보존 방식은 저속 냉동보존술이나 유리질화를 이용한 냉동보존술이나 차이가 없다.

→ (×) A는 유리질화를 이용한 냉동보존이 뉴런들의 커넥톰을 완전히 보전할 수 없다는 이유로 유리 질화를 이용한 냉동 방법에 회의적인 입장을 취하고 있다.[3문단(3),(4)] 즉, 커넥톰의 보존 측면에서 유리질화를 이용한 냉동보존에 대해서

만 비판할 뿐, 저속 냉동보존술에 대해서는 언급한 바가 없다. 따라서 A가 머리 이외의 신체 보존 방식은 저속 냉동보존술이나 유리질화를 이용한 냉동보존술이나 차이가 없다고 주장했는지는 알 수 없다.

제시문 분석

제시문 냉동보존과 관련된 두 가지 방법과 그에 따른 한계

〈냉동보존〉	
〈전제〉	낮은 온도에서는 화학적 작용이 완전히 중지된다.[1문단(2)]
〈방법〉	지금은 치료할 수 없는 환자를 그가 사망한 직후 액화질소 안에 냉동한 후, 원래의 병을 치료할 수 있을 정도로 의학 기술이 발전할 때까지 보관한다.[1문단(2)]
〈한계〉	시신을 냉동하는 과정에서 시신의 세포 내부에 얼음이 형성되어 심각한 세포 손상이 일어난다.[2문단(1)]

〈냉동보존의 두 가지 방법〉	
〈① 저속 냉동보존술〉	〈② 유리질화를 이용한 냉동방법〉
느린 냉각을 통해 세포 바깥의 물을 얼음 상태로 만들고 세포 내부의 물은 냉동되지 않도록 하는 방식이다.[2문단(3)]	액체 상태의 체액을 유리질 상태로 변화시키는 방법을 이용해 세포들을 냉각시키는 방식이다.[2문단(5)]
↓	↓
〈한계〉	〈한계〉
이 또한 치명적이지는 않더라도 여전히 세포들을 손상시킨다.[2문단(4)]	커넥톰을 그대로 보존할 수 있는지에 대해서 회의적이다.[3문단(3)]

3문단 뇌과학자 A의 견해

〈커넥톰 보존의 필요성〉	⊕	〈실제 시신 상태〉
냉동보존된 인간을 다시 살려냈을 때, 그 사람이 냉동 이전의 사람과 동일한 사람이라고 할 수 있기 위해서는 뉴런들의 커넥톰이 그대로 보존되어 있어야 한다.(3)		그러나 알코어 재단이 냉동보존한 시신을 수령할 무렵 시신의 두뇌는 최소한 몇 시간 동안 산소 결핍 상태에 있었으며, 살아있는 뇌세포는 하나도 남아있지 않았고 심하게 손상된 상태였다.(7)

〈결론〉
냉동보존된 인간은 냉동 이전의 사람과 동일한 사람이라고 할 수 없다.(1)

합격자의 실전 풀이 순서

과학 비문학 유형

⓿ 유형 식별하기

과학 소재의 비문학 문항은 지문의 길이도 짧지 않을뿐더러, 압축적으로 제시되는 정보량이 방대하여 비전공자 입장에서는 체감 난도가 높은 유형이다. 물론 어느 분야에서나 운 좋게 배경지식을 갖춘 전공 분야가 출제된다면 간단히 문제를 해결할 수 있겠지만, 일반적인 문제의 경우 많은 수험생이 처음 들어 보는 지식이라는 점에서 비전공자가 크게 불리할 것도 없다.

❶ 지문 훑어보기

지문의 주제와 키워드를 대강 파악한다. 눈에 띄는 부분이 있는지 체크한다.

예 인체 냉동보존에 대한 글이구나. 1~2문단은 냉동보존에 대한 설명문 같은데 3문단에서는 과학자 A의 주장을 다루고 있네.

❷ 발문 확인하기

본 문제는 '알 수 있는/없는 것은?' 유형에 해당한다. 이때 실수를 방지하기 위해 알 수 '있는' 것인지, '없는' 것인지를 확실히 표시하고 간다.

다음 글에서 알 수 있는 것은?

❸ 선지 적용하기

① 냉동보존술이 제도권 내에 안착하지 못한 원인은 높은 비용 때문이다.

냉동보존술이 제도권 내에 안착 실패 ⇏ 높은 비용
옳은 내용 1개(냉동보존술이 제도권에 들지 못함)에 옳지 않은 내용 1개(높은 비용이 그 원인)를 붙여 함정을 판 선지다.

② 유리질화를 이용한 냉동보존술은 뉴런들의 커넥톰 보존을 염두에 둔 기술이다.

유리질화를 이용한 냉동보존술 ⇏ 뉴런들의 커넥톰 보존
단순비교형 선지다. 뇌과학자 A에 따르면 유리질화를 이용한 냉동보존에도 불구하고 뉴런의 커넥톰이 보존되었을 확률은 낮다.[3문단(4)]

③ 저속 냉동보존술은 정자나 난자, 배아, 혈액을 냉각시킬 때 세포를 손상시키지 않는다.

저속 냉동보존술 ⇨ 정자, 난자, 배아, 혈액 등에 사용 ⇨ 치명적이지는 않더라도 여전히 세포 손상
간단한 단순비교형 선지다. 이런 선지에 시간을 많이 써서는 안 된다.

④ 뇌과학자 A에 따르면, 알코어 재단이 시신을 보존하기 시작하는 시점에 뉴런들의 커넥톰은 이미 정상 상태에 있지 않았다.

추론형 선지다. 3문단 뒷부분에(5, 7) 제시되는 2가지 사례(인공호흡기로 연명하던 환자의 시신, 알코어 재단이 수령한 시신)로부터 뉴런들의 커넥톰이 정상 상태가 아님을 알 수 있다.

⑤ 뇌과학자 A에 따르면, 머리 이외의 신체 보존 방식은 저속 냉동보존술이나 유리질화를 이용한 냉동보존술이나 차이가 없다.

추론형 선지다. 본선지가 참이려면 아래의 명제들이 모두 참이어야 한다.
머리 이외의 신체 보존 방식은 저속 냉동보존술과 유리화 냉동보존술이 차이가 없다.
이는 뇌과학자 A의 주장이다.
첫 번째 명제와 두 번째 명제 모두 지문에서 찾을 수 없는 내용이다. 둘 중 하나만이라도 찾을 수 없음을 눈치채면 바로 옳지 않음을 알 수 있다.

합격자의 시간단축 Tip

Tip ❶ 기술·과학이나 학자의 이름은 선지에 또 나온다.

앞서 살펴보았듯 본 문제의 특이한 점은 1~2문단과 달리 3문단에서 뇌과학자 A의 주장이 갑자기 등장한다는 것이다. 이처럼 기술·과학이나 학자의 이름이 지문에 있다면, 무조건 선지에서 이를 언급할 것이다. 또 그 선지 중에 정답이 있을 확률이 높아진다. 본 문제의 경우에도 뇌과학자 A가 등장하는 ④번 또는 ⑤번 선지를 가장 먼저 확인해 볼 수 있다.

Tip ❷ 문단의 흐름을 키워드로 짚자.

본 지문의 내용을 문단별로 짚으면 다음과 같다. 1문단은 개념 제시, 2문단은 문제 제기 및 이에 대응하기 위한 새로운 방법, 3문단은 새로운 방법에 대한 또 다른 문제 제기 순이다. 이러한

흐름을 좀 더 빨리 파악하기 위해서 '키워드'를 중심으로 사고해 보자. 예를 들어, 해당 제시문의 경우 기술의 단점을 보완하려는 기술 순으로 '냉동보존술'–'저속 냉동보존술'–'유리질화를 이용한 냉동 보존법'이 등장하였기 때문에 각각을 키워드로 삼아 표시하며 읽는다면, 글 전체의 흐름 파악하기 용이하며 제시문에 다시 돌아와 근거를 찾기도 수월할 것이다.

Tip ❸ 대안 풀이순서

발문 확인 후, 선지에서 키워드를 잡는다. 선지 ①은 '냉동보존술', '높은 비용', ②는 '유리질화를 이용한 냉동보존술', ③은 '저속 냉동보존술', ④와 ⑤는 모두 '뇌과학자 A'로 할 수 있다. 선지의 길이가 짧은 경우, 키워드를 고르면서 선지의 전체 내용을 파악하도록 한다.
지문을 읽어가다가 1문단 (3)에서 선지 ①을 확인할 수 있다. 비록 선지에서 키워드로 설정한 부분이 모두 등장하진 않았지만, 선지가 짧은 편이므로 키워드를 고를 때 선지를 전체적으로 파악했다면 이쯤에서 선지 ①으로 내려갈 수 있다.
다시 지문을 읽으며 2문단에서 '저속 냉동보존술'에 대한 내용을 파악하고 선지 ③의 정오를 판단한다.
2문단 마지막 부분에서 선지 ②을 확인할 수 있지만, 이것만으로 정오를 판단하기에는 이르므로 보류하도록 한다.
이어 3문단 (4)에서 선지 ②의 정오를 판단할 수 있다. 3문단에서 '뇌과학자 A'의 주장을 파악하고 관련된 선지 ④, ⑤의 정오를 판단하면 선지 ④이 정답임을 알 수 있다.

103 정답 ❸ 난이도 ●○○

문제유형 이해 > 내용 추론
접근전략 한 가지 주제에 대한 다양한 입장을 제시하고, 수험생이 각 입장을 명확히 구분 가능한지 묻는 문제다. 1문단을 통해 앞으로의 내용이 어떻게 전개될지 파악할 수 있으므로, 이에 따라 각 문단의 입장을 잘 이해하고 그들 간의 차이나 공통점을 잘 파악하도록 한다.
해당 지문은 미학 소재의 유형에 속하는데, 해당 소재에서는 순수미술적 가치, 그리고 도덕적 가치판단과 관련된 내용이 빈번하게 출제된다. 미학 지문은 일정한 틀 내에서 제시되는 경우가 많으므로, 다음 문제를 통해 빈출되는 포인트를 잘 확인해두자. (TIP 참조)

다음 글에서 추론할 수 있는 것만을 〈보기〉에서 모두 고르면?

(1) 예술과 도덕의 관계, 더 구체적으로는 예술작품의 미적 가치와 도덕적 가치의 관계는 동서양을 막론하고 사상사의 중요한 주제들 중 하나이다. (2) 그 관계에 대한 입장들로는 '극단적 도덕주의', '온건한 도덕주의', '자율성주의'가 있다. (3) 이 입장들은 예술작품이 도덕적 가치판단의 대상이 될 수 있느냐는 물음에 각기 다른 대답을 한다. ▶1문단

(1) 극단적 도덕주의 입장은 모든 예술작품을 도덕적 가치판단의 대상으로 본다. (2) 이 입장은 도덕적 가치를 가장 우선적인 가치이자 가장 포괄적인 가치로 본다. (3) 따라서 모든 예술작품은 도덕적 가치에 의해서 긍정적으로 또는 부정적으로 평가된다. (4) 또한 도덕적 가치는 미적 가치를 비롯한 다른 가치들보다 우선한다. (5) 이러한 입장을 대표하는 사람이 바로 톨스토이이다. (6) 그는 인간의 형제애에 관한 정서를 전달함으로써 인류의 심정적 통합을 이루는 것이 예술의 핵심적 가치라고 보았다. ▶2문단

(1) 온건한 도덕주의는 오직 일부 예술작품만이 도덕적 판단의 대상이 된다고 보는 입장이다. (2) 따라서 일부의 예술작품들에 대해서만 긍정적인 또는 부정적인 도덕적 가치판단이 가능하다고 본다. (3) 이 입장에 따르면, 도덕적 판단의 대상이 되는 예술작품의 도덕적 가치와 미적 가치는 서로 독립적으로 성립하는 것이 아니다. (4) 그것들은 서로 내적으로 연결되어 있기 때문에 어떤 예술작품이 가지는 도덕적 장점이 그 예술작품의 미적 장점이 된다. (5) 또한 어떤 예술작품의 도덕적 결함은 그 예술작품의 미적 결함이 된다. ▶3문단

(1) 자율성주의는 어떠한 예술작품도 도덕적 가치판단의 대상이 될 수 없다고 보는 입장이다. (2) 이 입장에 따르면, 도덕적 가치와 미적 가치는 서로 자율성을 유지한다. (3) 즉, 도덕적 가치와 미적 가치는 각각 독립적인 영역에서 구현되고 서로 다른 기준에 의해 평가된다는 것이다. (4) 결국 자율성주의는 예술작품에 대한 도덕적 가치판단을 범주착오에 해당하는 것으로 본다. ▶4문단

보기

ㄱ. 자율성주의는 극단적 도덕주의와 온건한 도덕주의가 모두 범주착오를 범하고 있다고 볼 것이다.
➜ (O) 자율성주의는 어떠한 예술작품도 도덕적 가치판단의 대상이 될 수 없다고 보는 입장이며[4문단(1)], 예술작품에 대한 도덕적 가치판단을 범주착오에 해당하는 것으로 본다.[4문단(4)] 그러나 극단적 도덕주의와 온건한 도덕주의는 각각 예술작품 전부 또는 일부가 도덕적 가치판단의 대상이 될 수 있다고 주장한다.[2문단(1),3문단(1)] 따라서 자율성주의는 극단적 도덕주의와 온건한 도덕주의가 범주착오를 범하고 있다고 볼 것이다.

ㄴ. 극단적 도덕주의는 모든 도덕적 가치가 예술작품을 통해 구현된다고 보지만 자율성주의는 그렇지 않을 것이다.
➜ (X) 극단적 도덕주의의 입장은 모든 예술작품을 도덕적 가치판단의 대상으로 본다.[2문단(1)] 이는 '도덕적 가치'가 〈평가 기준〉이 되어 〈평가 대상〉인 '모든 예술작품'을 평가한다는 것이다. 즉, 도덕적 가치는 예술작품을 평가하는 기준으로 작용할 뿐, 모든 도덕적 가치가 예술작품을 통해 표현되는 것은 아니다. 따라서 극단적 도덕주의는 모든 도덕적 가치가 예술작품을 통해 구현된다고 본 해당 선지의 내용은 옳지 않다.

ㄷ. 온건한 도덕주의에서 도덕적 판단의 대상이 되는 예술작품들은 모두 극단적 도덕주의에서도 도덕적 판단의 대상이 될 것이다.
➜ (O) 온건한 도덕주의는 오직 일부 예술작품만이 도덕적 판단의 대상이 된다고 보는 입장이고[3문단(1)], 극단적 도덕주의는 모든 예술작품을 도덕적 가치판단의 대상으로 보는 입장이다.[2문단(1)] 그러므로 온건한 도덕주의의 도덕적 판단의 대상 범위가 극단적 도덕주의의 범위에 포함된다. 따라서 온건한 도덕주의에서 도덕적 판단의 대상이 되는 예술작품들은 모두 극단적 도덕주의에서도 도덕적 판단의 대상이 될 것이다.

① ㄱ ➜ (X)
② ㄴ ➜ (X)
③ ㄱ, ㄷ ➜ (O)
④ ㄴ, ㄷ ➜ (X)
⑤ ㄱ, ㄴ, ㄷ ➜ (X)

제시문 분석

2·3·4문단 예술과 도덕의 관계에 대한 다양한 견해

〈① 극단적 도덕주의〉		
〈전제〉		〈결론〉
모든 예술작품을 도덕적 가치 판단의 대상으로 본다.[2문단(1)]	→	모든 예술작품은 도덕적 가치에 의해서 긍정적으로 또는 부정적으로 평가된다.[2문단(3)]

〈② 온건한 도덕주의〉		
〈전제〉		〈결론〉
일부 예술작품만이 도덕적 판단의 대상이 된다.[3문단(1)]	→	일부의 예술작품들에 대해서만 긍정적인 또는 부정적인 도덕적 가치판단이 가능하다.[3문단(2)]

〈③ 자율성주의〉		
〈전제〉		〈결론〉
어떠한 예술작품도 도덕적 가치 판단의 대상이 될 수 없다.[4문단(1)]	→	도덕적 가치와 미적 가치는 각각 독립적인 영역에서 구현되고 서로 다른 기준에 의해 평가된다.[4문단(3)]

합격자의 실전 풀이 순서

논지파악 유형

논지파악 유형은 지문을 제시한 후, 지문의 핵심 주장·내용을 선지에서 고르도록 하는 문제들을 말한다. 문제 구조에 따라 곧바로 유형을 식별 가능한 문제가 있는 반면, 곧바로 식별하기 어려운 경우도 있다. 함께 유형의 특성을 살펴보자.

⓪ 유형 식별하기

- 발문
  - 다음 글의 논지/주장/견해…과 부합하는/적합한 것은?
  - 다음 주장/논쟁…에 대한 분석/설명/추론…으로 옳은 것은? (본 문제)
- 지문
  - 주관적인 주장이 포함된 글
  - 일반적인 비문학 유형에 비해 정보량이 적은 대신 포괄적인 문장들이 제시

❶ 문제 구조 파악하기

먼저 발문을 확인한다.

> 다음 글에서 추론할 수 있는 것만을 〈보기〉에서 모두 고르면?

발문만 읽고는 문제 구조가 바로 파악되지 않는다. 따라서 선지로 내려가 보도록 한다.

선지는 옳은 보기를 고르는 형식이며, 보기 ㄱ~ㄷ을 보면 자율성주의, 극단적 도덕주의, 온건한 도덕주의의 3가지 주장을 비교하는 내용이다. 따라서 지문에 3가지 주장이 설명되어 있음을 짐작할 수 있다. 각 주장의 내용을 잘 비교해야겠다고 생각하면서 다음 단계로 넘어가자.

❷ 지문 이해하기

논지파악 유형에서는 무조건 지문을 먼저 읽고 이해한다. 지문의 논리 구조와 문제의식에 집중하여 읽어야 한다.

이를 본 문제에 적용해 보자. 본 지문은 1문단에서 글의 주제인 3가지 입장을 한 번에 개괄해준다는 점에서 난도가 낮다. 이후에는 1개 문단에서 1개 입장을 서술해주는 구조로 지문이 전개되고 있다. 2문단은 극단적 도덕주의, 3문단은 온건한 도덕주의, 그리고 4문단은 자율성 주의에 대해 설명하고 있다. 여기서 각 주장을 비교해보면 도덕적 가치판단의 대상이 되는 범위가 점점 좁아짐을 확인할 수 있다.

❸ 보기 고르기

마지막 단계에서는 정답, 즉 3가지 주장에 대해 올바르게 설명한 보기를 고른다. 앞선 단계가 튼튼히 잘 되었을수록 정답을 찾는 시간이 단축된다. 이 과정은 해설에서 구체적으로 설명하고 있다.

합격자의 시간단축 Tip

Tip ❶ 문단 순서는 중요하지 않다.

본 문제의 경우 각 문단이 병렬적으로 나열되었을 뿐, 문단 간에 논리적 흐름은 보이지 않는다. 문단별로 구체적인 연결성이 없는 정보를 담고 있는 경우 어떤 문단의 정보를 먼저 파악하든 상관이 없다. 대신, 문단마다 전달하고자 하는 정보가 뚜렷하게 구별되므로 내용 정리를 잘 해두도록 하자.

Tip ❷ 미학 소재 예상 주제

미학 분야에서 출제될 만한 대응 개념들을 정리하면 다음과 같다.

- 미적 가치 – 도덕적 가치
- 대중예술 – 엘리트 예술
- 작품의 소비자 – 창작자
- 순수예술 – 상업예술
- 가치의 고정 – 가변성
- 국가주도 – 민간주도

위 개념들은 언제든지 출제될 수 있다. 다만 쌍으로 묶인 개념들이 무조건 대립 내지는 충돌하는 관계로 출제된다는 것은 아니다. 서로 병존하거나 공생하는 관계로서 제시될 수도 있다. 다만 함께 엮여서 출제될 확률이 높으므로, 연관지어 숙지해 두자.

비단 위 개념들뿐 아니라, 지문에 등장하는 개체·가치들 간의 관계에 대해서는 항상 다양한 가능성을 고려해야 한다. 일방향 영향, 상호 무관, 쌍방향 영향, 특정 조건에서만 영향 등 다양한 관계 설정이 가능하다. 이처럼 가능한 관계의 종류를 예상해보는 사고방식은 지문과 선지 난이도가 까다로울 때 도움이 된다.

Tip ❸ 대안 풀이순서

발문 확인 후, 보기에서 키워드를 설정한다. 여기서는 모든 보기의 구조상 특정한 입장이 언급될 것임을 예상하고 바로 지문으로 올라가도록 한다.

1문단에서 보기에서 보았던 입장들이 언급됨을 알 수 있고 이와 함께 다음으로 전개될 내용이 무엇인지도 예측해볼 수 있다.

2문단에서 '극단적 도덕주의'에 대해 읽고 관련 보기 ㄱ, ㄴ, ㄷ을 확인한다. 아직 다른 입장에 대한 정보는 파악하지 않은 상태이므로 '극단적 도덕주의'에 대한 내용만 판단하도록 한다. 이때 보기 ㄴ은 지문을 통해 추론할 수 없음을 알 수 있다.

3문단에서 '온건한 도덕주의'에 대해 파악하고 보기 ㄱ, ㄷ을 판단해 본다. 보기 ㄱ은 판단을 보류해야 하지만 ㄷ의 경우 앞서 '극단적 도덕주의'의 입장을 파악한 상태이므로 추론할 수 있음을 알 수 있다.

마지막으로 지문 4문단에서 '자율성주의'에 대한 입장을 파악하면 보기 ㄱ의 정오까지 모두 판단할 수 있다.

104 정답 ⑤ 난이도 ●●○

문제유형 논리적 비판 > 논지의 일관성

접근전략 새롭게 출제된 유형이다. 두 개의 제시문을 비교해야 하므로 지문을 먼저 처리한 후 선지를 확인하도록 한다. 참고로, 이후 다시 출제된 적은 없는 유형이지만 그렇다고 출제 가능성이 전혀 없는 것은 아니니 접근법을 숙지해 두면 좋을 것이다. 〈보기〉가 길게 주어진 경우, 보기를 압축해서 이해하는 것이 필요하다.

다음 글의 (가)와 (나)를 비교한 것으로 적절한 것만을 〈보기〉에서 모두 고르면?

(가) (1) 1960년대 중반까지 대부분의 미국 사학자들은 19세기 미국의 경제 성장에서 철도 건설이 필수불가결한 것이었다는 생각을 받아들였다. (2) 포겔은 그러한 생각이 잘못된 추론에 기초한 것이라고 비판했다. (3) 그는 만약 철도가 건설되지 않았다면 대안이 될 운송 체계에 상당한 투자가 추가적으로 이루어졌을 것이라는 점을 고려해야 한다고 지적했다. (4) 예컨대 철도 건설을 위한 투자 대신에 새로운 운하나 도로 건설과 연소 엔진 기능 향상을 위한 투자가 이루어졌을 것이다. (5) 철도 건설이 운송비 변화에 초래하는 효과를 평가할 때 두 개의 인과 경로에 따른 효과들을 모두 고려해야 한다. (6) 첫째는 철도를 이용하여 물류를 운송하게 됨에 따라 운송비가 감소한 효과이다. (7) 둘째는 대안적인 운송 체계의 발전에 따라 가능했을 운송비 감소가 철도 건설로 인해 실현되지 못한 효과이다. (8) 따라서 철도가 건설되지 않았다면 19세기 미국의 놀라운 경제성장이 불가능했을 것이라는 생각은 두 개의 효과 중 하나만 고려한 추론에 따른 결론이라 할 수 있다.

(나) (1) 고혈압으로 고생하던 갑은 신약 A를 복용하여 혈압 저하 효과를 보았고, 그 이후 마라톤에도 출전할 수 있었다. (2) 갑은 친구들에게 신약 A가 아니었다면 자신이 마라톤에 출전할 수 없었을 것이라고 말했다. (3) 반면 을은 갑이 신약 A를 복용함으로써 혈압 저하에 기여하는 다른 방안을 취하지 못하게 되었다고 지적하며, 신약 A의 혈압 저하 효과를 평가할 때 두 개의 인과 경로에 따른 효과를 모두 고려해야 한다고 말한다.

보기

ㄱ. 철도 건설의 운송비 감소 효과를 평가할 때 철도 건설이 대안적인 운송 수단의 발전을 억제하는 효과를 고려해야 한다는 것은, A 복용의 혈압 저하 효과를 평가할 때 A의 복용이 갑으로 하여금 혈압 저하를 위하여 다른 방안을 취하지 못하게 하는 효과를 고려해야 한다는 것에 해당한다.

→ (O) '철도 건설의 운송비 감소 효과를 평가할 때 철도 건설이 대안적인 운송 수단의 발전을 억제하는 효과를 고려해야 한다.'라는 관점은, 만약 철도가 건설되지 않았다면 대안이 될 운송 체계에 상당한 투자가 추가적으로 이루어졌을 것이라는 점을 고려해야 한다는 포겔의 입장과 같다.[가(3)] 'A 복용의 혈압 저하 효과를 평가할 때 A의 복용이 갑으로 하여금 혈압 저하를 위하여 다른 방안을 취하지 못하게 하는 효과를 고려해야 한다.'라는 주장은, 신약 A를 복용함으로써 혈압 저하에 기여하는 다른 방안을 취하지 못하게 했다고 본다는 점에서[나(3)] 포겔의 입장과 동일한 맥락이다. 즉, '긍정적인 효과를 낳은 한 방식'이 '더 좋은 효과를 낳았을지도 모를 다른 방식'의 등장을 방해했을 것으로 생각할 수 있는 상황에서, 전자를 부정적 관점에서 생각해봐야 한다는 점에서 동일하다.

ㄴ. 철도가 건설되지 않았다면 대안적인 운송 수단의 발전에 따라 운송비가 감소했을 것이라고 말하는 것은, 갑이 A를 복용하지 않았다면 다른 방안을 취하여 혈압 저하가 이루어졌을 것이라고 말하는 것에 해당한다.

→ (O) 철도가 건설되지 않았다면 대안적인 운송 수단의 발전에 따라 운송비가 감소했을 것이라는 주장은 포겔의 논지에 해당한다.[가(6)] 또한, 갑이 A를 복용하지 않았다면 다른 방안을 취하여 혈압 저하가 이루어졌을 것이라고 말하는 것은 신약 A를 복용하지 않았다면 혈압 저하에 기여하는 다른 방안을 취하였을 것이라고 본다는 점에서 포겔의 주장과 동일한 맥락이다. 즉, '긍정적인 효과를 낳은 한 방식'이 '더 좋은 효과를 낳았을지도 모를 다른 방식'의 등장을 방해했을 것으로 생각할 수 있는 상황에서, 전자를 선택하지 않았다면 후자가 등장하여 더 좋은 효과를 만들었을 거라고 가정한다는 점에서 동일하다.

ㄷ. 대부분의 미국 사학자들이 19세기 미국의 경제 성장에서 철도 건설이 필수불가결한 것이었다고 생각한 것은, 갑이 자신의 마라톤 출전에 A의 복용이 필수불가결한 것이었다고 말하는 것과 마찬가지이다.

→ (O) (가)의 '철도 건설'은 (나)의 '신약 A 복용'과 대응되는 소재이다. 따라서 대부분의 미국 사학자들이 19세기 미국의 경제 성장에서 철도 건설이 필수불가결한 것이었다고 생각한 것은, 갑이 자신의 마라톤 출전에 A의 복용이 필수불가결한 것이었다고 말하는 것과 동일한 맥락이다. 즉, '긍정적인 효과를 낳은 한 방식'이 '더 좋은 효과를 낳았을지도 모를 다른 방식'의 등장을 방해했을 것으로 생각할 수 있는 상황에서, 후자 대신 전자의 방식을 택한 것이 필수불가결한 것이라고 했다는 점에서 동일하다.

① ㄱ → (×)
② ㄷ → (×)
③ ㄱ, ㄴ → (×)
④ ㄴ, ㄷ → (×)
⑤ ㄱ, ㄴ, ㄷ → (O)

제시문 분석

가 철도 건설과 경제 성장 간 관계에 대한 포겔의 비판

〈포겔의 비판〉
포겔은 19세기 미국의 경제 성장에서 철도 건설이 필수불가결한 것이었다는 생각을 비판하고, 만약 철도가 건설되지 않았다면 대안이 될 운송 체계에 투자가 이루어졌을 것이라는 점을 고려해야 한다고 지적했다.(2),(3)

〈철도 건설로 인한 두 가지 효과〉		
〈① 운송비 감소〉		〈② 대안적 운송 체계 발전 ×〉
철도를 이용하여 물류를 운송하게 됨에 따라 운송비가 감소한 효과.(6)	⊕	대안적인 운송 체계의 발전에 따라 가능했을 운송비 감소가 철도 건설로 인해 실현되지 못한 효과.(7)

해설편 7일차 • 의사소통능력

→	〈결론〉	따라서 철도가 건설되지 않았다면 19세기 미국의 놀라운 경제성장이 불가능했을 것이라는 생각은 두 개의 효과 중 하나만 고려한 추론에 따른 결론이다.(8)

나 갑의 신약 A 복용에 대한 두 가지 견해

〈상황〉
고혈압으로 고생하던 갑은 신약 A를 복용하여 혈압 저하 효과를 보았고, 그 이후 마라톤에도 출전할 수 있었다.(1)

〈갑의 견해〉		〈을의 견해〉
갑은 신약 A가 아니었다면 자신이 마라톤에 출전할 수 없었을 것이라고 말했다.(2)	↔	을은 갑이 신약 A를 복용함으로써 혈압 저하에 기여하는 다른 방안을 취하지 못했다고 지적하며, 두 개의 인과 경로에 따른 효과를 모두 고려해야 한다고 말한다.(3)

합격자의 실전 풀이 순서 사례비교 유형

사례비교 유형은 2019년에 처음 출제된 뒤, 2022년 현재까지 다시 출제된 바 없는 유형이다. 본 유형은 지문에 제시된 사례들을 비교하여, 두 사례의 논리 구조에서 유사한 부분을 찾도록 한다.

⓪ 유형 식별하기

- 발문: (가), (나)/A, B 등을 비교한 것으로 적절한/하지 않은 것
- 지문: 주제가 다른 사례를 둘 이상 제시함
- 보기 또는 선지
  - 사례 간의 공통점을 물음
  - 주장이 아닌, 논리 구조의 요소에 유사한 점이 있는지 물음

발문은 (가)와 (나)의 비교를 묻고 있으며, 지문은 (가)와 (나)로 나뉘어 있다. 이렇게 (가), (나) 혹은 A, B 등으로 지문이 나뉘어 있는 경우 각각 어떠한 주장을 하고 있고, 그들 간 관계를 파악하는 문제가 출제된다.

(가)와 (나)의 첫 문장을 읽어보면, (가)는 철도 건설, (나)는 신약 A에 대해 이야기한다.

다음으로 〈보기〉는 '~는 …에 해당한다.', '~는 …와 마찬가지이다'와 같은 문장구조이며, '~'에는 철도 이야기가, '…'에는 신약 A 이야기가 들어간다. (가)와 (나)의 유사성을 파악해야 하는 것이다.

❶ 지문 독해로 사례 파악하기

지문에 제시된 각 사례를 이해해야 한다.

(가)는 철도 건설의 효과로, (a)그 자체로 인한 운송비 감소 및 (b)철도 건설이 대안 운송 체계 발전을 가로막아 그로부터 얻을 수 있는 운송비 감소를 실현하지 못했다는 두 가지를 제시한다.

(나)는 신약 A의 효과로, (a)그 자체로 인한 혈압 저하 및 (b)신약 A를 복용함으로써 다른 방안을 시도하지 못해 그로 인한 혈압 저하를 실현하지 못했다는 두 가지를 제시한다. (가)와 (나)는 서로 다른 대상에 대하여 동일한 두 가지 인과경로를 제시하고 있다.

❷ 선지 적용하여 사례 비교하기

비교적 내용이 짧은 ㄷ을 먼저 확인한다.

ㄷ. 문장의 전단과 후단 모두 철도 건설과 신약 A 복용의 효과 중 전자인 (a)만을 고려한 것이다. 따라서 마찬가지라고 볼 수 있다. 옳은 내용이다.

ㄴ. 문장의 전단 후단 모두 효과 (b)를 고려한 것이다. 옳은 내용이다.

ㄱ. 마찬가지로 전단 후단 모두 효과 (b)를 고려한 것이다. 옳은 내용이다.

정답은 ⑤이다.

합격자의 시간단축 Tip

Tip ❶ 짧은 선지부터 체크하자.

선지의 키워드 또는 눈에 띄는 포인트를 별도로 발견할 수 없는 경우에는 문장 길이가 짧은 선지를 먼저 확인한다. 길이가 짧으면 일단 이해하기 더 쉬울 것이기 때문이다.

Tip ❷ 예시는 가볍게 읽자.

처음 제시문을 읽을 때는 예시 부분을 가볍게 처리하도록 한다. 다만, 선지에서 해당 부분을 언급할 수 있으므로 대략 어떤 것들이 예시로 활용되는지만 파악하고 넘어가자.

Tip ❸ 낯선 구조에 당황하지 말자.

외형이 낯설다고 해서 너무 겁먹을 필요가 없다. 본 문제는 외형의 특이함에 비해 선지 판단의 난이도가 쉽다. 오히려 신유형의 경우 출제진이 선지 판단의 난이도를 일부러 쉽게 배치할 수도 있다. 낯선 구성에 지레 당황하지 않도록 한다.

Tip ❹ 제시문을 꼭 순서대로 읽을 필요는 없다.

본 문제와 같이 지문의 각 단락이 독립적으로 제시된 경우, 수험생이 문제풀이에 더 효과적인 독해 순서를 결정할 수 있다. 단락 (나)는 길이도 더 짧을뿐더러, '질병 → 약 투여'라는 간단한 구조하에 전개되고 있다. 따라서 (나)를 먼저 독해하고 (가)로 넘어가는 것도 가능하다.

105 정답 ❷ 난이도 ●●●

문제유형 법규의 해석 및 적용

접근전략 법조문 유형 중 조문을 바탕으로 옳은 선지를 고르는 규정적용문제이다. 법조문 유형을 풀 때는 조문의 구체적인 내용을 독해하는 것보다, 법조문의 구조와 선지에 나올 만한 중요 표현들을 파악한 후 선지에서 묻고 있는 정보를 찾아 올라가는 형태로 푸는 것이 좋다. 본 문제의 경우 법조문에 나온 다양한 행정청의 명칭과, 기본계획과 종합계획의 구분에 유의한다.

다음 글을 근거로 판단할 때 옳은 것은?

제○○조 이 법에서 말하는 폐기물이란 쓰레기, 연소재, 폐유, 폐알칼리 및 동물의 사체 등으로 사람의 생활이나 사업활동에 필요하지 않게 된 물질을 말한다.

제○○조 ① 도지사는 관할 구역의 폐기물을 적정하게 처리하기 위하여 환경부장관이 정하는 지침에 따라 10년마다 '폐기물 처리에 관한 기본계획'(이하 '기본계획'이라 한다)을 세워 환경부장관의 승인을 받아야 한다. 승인사항을 변경하려 할 때에도 또한 같다. 이 경우 환경부장관은 기본계획을 승인하거나 변경승인하려면 관계 중앙행정기관의 장과 협의하여야 한다.

② 시장·군수·구청장은 10년마다 관할 구역의 기본계획을 세워 도지사에게 제출하여야 한다.

③ 제1항과 제2항에 따른 기본계획에는 다음 각 호의 사항이 포함되어야 한다.
1. 관할 구역의 지리적 환경 등에 관한 개황
2. 폐기물의 종류별 발생량과 장래의 발생 예상량
3. 폐기물의 처리 현황과 향후 처리 계획
4. 폐기물의 감량화와 재활용 등 자원화에 관한 사항
5. 폐기물처리시설의 설치 현황과 향후 설치 계획
6. 폐기물 처리의 개선에 관한 사항
7. 재원의 확보계획

제○○조 ① 환경부장관은 국가 폐기물을 적정하게 관리하기 위하여 전조 제1항에 따른 기본계획을 기초로 '국가 폐기물 관리 종합계획'(이하 '종합계획'이라 한다)을 10년마다 세워야 한다.
② 환경부장관은 종합계획을 세운 날부터 5년이 지나면 그 타당성을 재검토하여 변경할 수 있다.

① 재원의 확보계획은 기본계획에 포함되지 않아도 된다.
→ (×) 제2조 제3항 제7호에 따르면 기본계획에는 재원의 확보계획이 포함되어야 한다.

② A도 도지사가 제출한 기본계획을 승인하려면, 환경부장관은 관계 중앙행정기관의 장과 협의를 거쳐야 한다.
→ (○) 제2조 제1항에 따르면 도지사는 기본계획을 세워 환경부 장관의 승인을 받아야 하고, 환경부장관은 도지사가 제출한 기본계획을 승인하거나 변경승인하려면 관계 중앙행정기관의 장과 협의하여야 한다.

③ 환경부장관은 국가 폐기물을 적정하게 관리하기 위하여 10년마다 기본계획을 수립하여야 한다.
→ (×) 제3조 제1항에 따르면 환경부장관은 국가 폐기물을 적정하게 관리하기 위하여 제2조 제1항에 따른 기본계획을 기초로 종합계획을 10년마다 세워야 한다. 따라서 환경부장관이 10년마다 수립하여야 하는 것은 기본계획이 아닌 종합계획이다.

④ B군 군수는 5년마다 종합계획을 세워 환경부장관에게 제출하여야 한다.
→ (×) 제2조 제2항에 따르면 군수는 10년마다 관할 구역의 기본계획을 세워 도지사에게 제출하여야 한다. 따라서 B군 군수는 5년이 아닌 10년마다 종합계획이 아닌 기본계획을 세워 환경부장관에게 제출하여야 한다.

⑤ 기본계획 수립 이후 5년이 경과하였다면, 환경부장관은 계획의 타당성을 재검토하여 계획을 변경하여야 한다.
→ (×) 제3조 제2항에 따르면 환경부장관은 종합계획을 세운 날부터 5년이 지나면 그 타당성을 재검토하여 변경할 수 있다. 따라서 종합계획이 아닌 기본계획 수립 이후 5년이 경과하였더라도 환경부장관은 계획의 타당성을 재검토하여 계획을 변경할 수 없다.

합격자의 실전 풀이 순서

❶ 문제 유형 파악

본 문제의 경우 제시문으로 법조문이 주어졌으므로 법조문 유형임을 쉽게 알 수 있다. 특히 법조문 유형 중에서도 규정을 바탕으로 옳은 내용의 선지를 고르는 규정확인문제이다. 법조문 유형은 조문의 구체적인 내용을 독해하는 것보다, 법조문의 구조와 선지에 나올 만한 중요한 내용을 파악한 후 선지에서 묻고 있는 정보를 찾아 올라가는 방식으로 푸는 것이 좋다. 또한, 본 문제가 옳은 것을 고르는 문제라는 것을 인지하기 위해 "옳은"이라는 단어에 밑줄이나 동그라미 등 표시를 한다.

> 다음 글을 근거로 판단할 때 옳은 것은?

❷ 법조문 구조 분석

구조 분석이란 각 조문의 내용 및 조문 간 관계를 이해하는 것이다. 법조문 전체를 읽되, 세부적인 내용을 기억하기 보다는 어떤 정보가 있는지 파악하는 것에 중점을 둔다. 일반적으로 법조문을 분석할 때는 단서와 괄호, 그리고 내용이 이어지는 조문들에 주의한다. 특히 본 문제의 경우 다양한 행정청의 명칭과, 기본계획과 종합계획의 구분에 유의하여 법조문을 분석한다. 이때 기호를 적절히 활용할 수 있다. 또한 이러한 분석 과정을 거치며 선지에 등장할만한 부분을 발견할 수 있다.
본문의 규정은 세 개의 조로 구성되어 있다. 조문의 제목이 없으므로 읽으면서 키워드를 파악한다. 가독성을 높이기 위해 가로선으로 각 조를 구분하고, '1, 2, 3'으로 숫자를 써둔다. 이하 편의상 첫 번째 조부터 '제1조', '제2조' 등으로 표기한다.
제1조는 폐기물에 대한 정의규정이다. 만약 선지에서 폐기물 대신 쓰레기, 연소재 등의 다른 단어가 제시될 경우 제1조의 규정과 일치하는지 여부를 확인한 후 이를 폐기물이라고 읽는다.
제2조 제1항은 도지사의 폐기물 처리 기본계획 수립에 대한 규정이다. 하나의 항에 복수의 행정청이 나와 있으므로 각각의 역할을 혼동하지 않도록 주의한다. 2문에서는 승인사항을 변경할 때도 환경부장관의 승인을 받아야 하는 점에 유의한다. 후단은 환경부장관과 중앙행정기관의 장 간의 협의를 규정하고 있다. 이때 협의는 1문의 승인과 2문의 변경에 모두 적용된다는 점에 주의한다. 제2항은 시장·군수·구청장의 기본계획 수립에 대한 규정이다. 제3항은 기본계획에 포함되어야 할 사항을 규정하고 있다. 각 항의 내용은 일단 넘어가고, 선지 판단에 필요할 경우 구체적으로 읽는다.
제3조 제1항은 환경부장관의 종합계획 수립에 대한 규정이다. 이는 제2조 제1항의 기본계획을 기초로 하여야 하며, 수립 단위는 10년이다. 괄호를 통해 2조의 기본계획과 3조의 종합계획을 구분하고 있으므로 선지 판단 시 이 둘을 혼동하지 않도록 유의한다. 제2항은 종합계획의 변경에 대한 규정이다. 5년이 지나야 하며, 타당성 재검토를 거쳐야 변경이 가능하다.
또한, 본 문제와 같이 많은 행정청이 나올 경우 두문자 등을 따서 도식화함으로써 선지를 해결할 때에 헷갈리지 않도록 할 수 있다. 본 문제의 법조문은 다음과 같이 도식화된다.

> 관계 중앙행정기관장
> **기본계획**(수립) (제출) (승인) ↖ (+협의) ⇒ **종합계획**
> **시장/군수/구청장 → 도지사 → 환경부장관**

법조문에 구체적인 기간이 나오는 경우 10년은 계속 나오는 연도이므로, 이와 다른 5년에만 따로 체크한다.

❸ 선지 판단

법조문 분석을 바탕으로 선지를 검토한다. 선지의 내용을 읽어본 후 각 선지의 내용에 해당하는 조문을 찾아서 이동한다.
선지 ①번은 기본계획에 포함되어야 할 사항에 대한 내용이므로 제2조 제3항과 비교한다.
선지 ②번은 도지사의 기본계획 수립에 대한 내용이므로 제2조 제1항과 비교한다. 옳은 내용이므로 정답은 ②번이다.
선지 ②번을 넘어갔을 경우 선지 ③번은 환경부장관의 계획 수립에 대한 내용이므로 제3조 제1항과 비교한다. 또는, 기본계획에 대한 내용이므로 제2조 1항과 비교하여 주체인 행정청이 잘못 제시되었음을 알 수 있다.

선지 ④번은 군수의 계획 수립에 대한 내용이므로 제2조 제2항과 비교한다. 제출 대상을 확인하여야 한다.

선지 ⑤번은 환경부장관의 계획 변경에 대한 규정이므로 제3조 제2항과 비교한다. 선지 ⑤번에는 기속규정과 재량규정의 구분도 활용되었음을 알 수 있다.

합격자의 시간단축 Tip

Tip ❶ 중요성에 따라 법조문 독해의 강약을 조절

법조문 독해 시 정의나 목적과 같이 중요성이 떨어진다고 판단되는 부분은 간략하게 독해한다. 본 문제의 경우 제1조의 정의나, 제2조 제3항과 같이 구체적이고 전문적으로 서술되고 있는 내용은 선지에 출제되는 경우에만 비교하면 되므로 넘기면서 읽는다. 특히, 법조문 유형의 경우에는 선지를 읽고 다시 조문과 비교하는 과정이 필요하기 때문에 어느 위치에 어떤 내용이 있는지를 대략적으로 기억하는 것이 도움이 된다.

Tip ❷ 행정청의 주체 및 계획의 종류에 유의

행정청의 명칭과 단계적 계획은 선지에 빈출되는 테마에 해당한다. 도지사, 장관, 시장 등 주체인 행정청과, '기본계획', '세부계획', '시행계획', '종합계획' 등 상위계획과 하위계획이 공존하는 내용에 유의한다. 특히 기본계획과 종합계획 등 줄임말을 기준으로 크게 표시함으로써 계획수립의 주체와 요건 등을 혼동하지 않도록 주의해야 한다. 또한 계획별로 행정청별 단계를 도식화하여 실수하지 않도록 할 수도 있다. 선지 ③번의 경우 환경부장관의 기본계획 수립에 대한 내용인데, 조문을 읽을 때 환경부장관은 종합계획을 수립한다는 것을 기억했다면 바로 오답으로 처리할 수 있을 것이다. 마찬가지로 선지 ④번의 경우 군수의 종합계획 수립에 대한 내용인데, 군수는 기본계획을 수립한다는 것을 기억했다면 바로 처리할 수 있을 것이다.

Tip ❸ 기속규정과 재량규정의 구분에 유의

최근 기속규정과 재량규정의 차이를 활용한 선지가 자주 나오고 있다. 본 문제의 경우 선지 ⑤번과 관련하여, 법조문 유형에 익숙하지 않다면 기속규정과 재량규정의 차이를 명확하게 인지하지 못할 수 있다. 법조문에서 ~해야 한다(기속규정) 와 ~할 수 있다(재량규정) 의 차이는 매우 크므로, 선지에서 법조문의 기속규정을 재량규정으로 변경하거나 재량규정을 기속규정으로 변경한 경우 틀린 선지이다.

Tip ❹ 숫자에 유의

기간 등 숫자표현은 선지에 자주 등장한다. 따라서 법조문에 등장하는 숫자는 표시해두고, 정오 판단 시 빠트리지 않도록 한다. 본 문제의 경우 계획의 수립 단위는 모두 10년이고, 계획의 변경 가능 기간만 5년으로 규정되어 있다. 이를 확인했다면 선지 ④번과 같이 계획 수립 기간이 10년이 아닌 경우 쉽게 옳지 않음을 알 수 있을 것이다.

독끝 8일차 (106~120)

정답

106	①	107	①	108	⑤	109	③	110	①
111	②	112	②	113	⑤	114	②	115	①
116	③	117	①	118	③	119	⑤	120	④

106 정답 ①

난이도 ●●○

문제유형 비판적 사고 > 판단하기

접근전략 논지를 비판하는 진술을 찾는 유형의 경우, 지문의 논지를 정면으로 반박하는 선지뿐 아니라 논지와 반대되는 취지의 진술도 또한 모두 비판에 해당한다고 보아야 한다. 우선 논지 내용과 부합하는 선지를 먼저 지우고 정답을 찾는 것이 좋다.

다음 글의 논지를 비판하는 진술로 가장 적절한 것은?

(1) 자신의 스마트폰 없이는 도무지 일과를 진행하지 못하는 K의 경우를 생각해 보자. (2) 그의 일과표는 전부 그의 스마트폰에 저장되어 있어서 그의 스마트폰은 적절한 때가 되면 그가 해야 할 일을 알려줄 뿐만 아니라 약속 장소로 가기 위해 무엇을 타고 어떻게 움직여야 할지까지 알려준다. (3) K는 어릴 때 보통 사람보다 기억력이 매우 나쁘다는 진단을 받았지만 스마트폰 덕분에 어느 동료에게도 뒤지지 않는 업무 능력을 발휘하고 있다. (4) 이와 같은 경우, K는 스마트폰 덕분에 인지 능력이 보강된 것으로 볼 수 있는데, 그 보강된 인지 능력을 K 자신의 것으로 볼 수 있는가? (5) 이 물음에 대한 답은 긍정이다. (6) 즉 우리는 K의 스마트폰이 그 자체로 K의 인지 능력 일부를 실현하고 있다고 보아야 한다. (7) 그런 판단의 기준은 명료하다. (8) 스마트폰의 메커니즘이 K의 손바닥 위나 책상 위가 아니라 그의 두뇌 속에서 작동하고 있다고 가정해 보면 된다. (9) 물론 사실과 다른 가정이지만 만일 그렇게 가정한다면 우리는 필경 K 자신이 모든 일과를 정확하게 기억하고 있고 또 약속 장소를 잘 찾아간다고 평가할 것이다. (10) 이처럼 '만일 K의 두뇌 속에서 일어난다면'이라는 상황을 가정했을 때 그것을 K 자신의 기억이나 판단이라고 인정할 수 있다면, 그런 과정은 K 자신의 인지 능력이라고 평가해야 한다.

① K가 자신이 미리 적어 놓은 메모를 참조해서 기억력 시험 문제에 답한다면 누구도 K가 그 문제의 답을 기억한다고 인정하지 않는다.
→ (O) 제시문의 논지는 스마트폰의 작동이 두뇌 속에서 일어난다고 가정했을 때 그것이 사용자의 기억이나 판단이라 볼 수 있다면 그것이 우리의 인지 능력이라고 해야 한다는 것이다.(10) 그런데 선지의 내용도 미리 적은 메모의 내용이 우리 머릿속의 것이라고 가정했을 때 이것이 우리의 기억이나 판단이라 할 수 있는데도 불구하고, 이것이 우리의 인지 능력이라고는 하지 않는 사례이기 때문에 논지와 상충하므로 이를 비판하는 진술이 맞다.

② K가 종이 위에 연필로 써가며 253 × 87 같은 곱셈을 할 경우 종이와 연필의 도움을 받은 연산 능력 역시 K 자신의 인지 능력으로 인정해야 한다.
→ (×) 종이와 연필 진술은, 스마트폰으로 보강된 인지 능력을 인간의 인지 능력으로 볼 수 있다는 글의 논지를 지지한다.(4),(5) 종이와 연필이든, 스마트폰 계산기 어플이든 암산을 대체하는 것으로 판단한다.

③ K가 집에 두고 나온 스마트폰에 원격으로 접속하여 거기 담긴 모든 정보를 알아낼 수 있다면 그는 그 스마트폰을 손에 가지고 있는 것과 다름없다.
→ (×) 스마트폰 원격 접속을 통해 정보를 알아낸 것이 스마트폰을 손에 가지고 있는 것과 같냐는 내용은 스마트폰을 통해 보강된 인지 능력이 사용자의 것이냐는 지문 논지와는 관련이 없다. 따라서 지문의 논지를 지지하지도, 비판하지도 않는다.

④ 스마트폰의 모든 기능을 두뇌 속에서 작동하게 하는 것이 두뇌 밖에서 작동하게 하는 경우보다 우리의 기억력과 인지 능력을 향상시키지 않는다.
→ (×) 제시문에서는 스마트폰의 작동 메커니즘이 두뇌 속에서 작동한다는 가정한 뒤 이를 통해 인간의 인지 보강성을 긍정한다.(8),(10) 그러나 스마트폰의 기능이 두뇌 속에서 작동하느냐, 밖에서 작동하느냐를 비교하는 것은 지문의 논지와 무관한 내용이다. 따라서 지문의 논지를 지지하지도, 비판하지도 않는다.

⑤ 전화번호를 찾으려는 사람의 이름조차 기억이 나지 않을 때에도 스마트폰에 저장된 전화번호 목록을 보면서 그 사람의 이름을 상기하고 전화번호를 알아낼 수 있다.
→ (×) 선지의 내용은 스마트폰을 통해 인지 능력이 보강된 사례이며 이것이 이용자의 두뇌 속에서 일어난다고 가정했을 때 자신의 기억이나 판단이라 할 수 있다면 자신의 인지 능력으로 볼 수 있냐는 제시문의 내용(10)에 부합하는 사례이기 때문에 제시문의 논지를 지지한다고 볼 수 있다.

제시문 분석

제시문 보강된 인지 능력 사례

〈K의 사례〉		〈질문〉
K는 어릴 때 보통 사람보다 기억력이 매우 나쁘다는 진단을 받았지만 스마트폰 덕분에 훌륭한 업무 능력을 발휘하고 있다. 즉, 스마트폰 덕분에 인지 능력이 보강된 것이다.(3),(4)	→	이처럼 보강된 인지 능력을 K 자신의 것으로 볼 수 있는가?(4)

제시문 보강된 인지 능력에 대한 가정과 평가

〈주장〉
우리는 K의 스마트폰이 그 자체로 K의 인지 능력 일부를 실현하고 있다고 보아야 한다.(6)

〈가정〉		〈평가〉
스마트폰의 메커니즘이 K의 손바닥 위나 책상 위가 아니라 그의 두뇌 속에서 작동하고 있다고 가정해 보면 된다.(8)	→	만일 그렇게 가정한다면 우리는 필경 K 자신이 모든 일과를 정확하게 기억하고 있고 또 약속 장소를 잘 찾아간다고 평가할 것이다.(9)

→ 〈결론〉	이처럼 '만일 K의 두뇌 속에서 일어난다면'이라는 상황을 가정했을 때 그것을 K 자신의 기억이나 판단이라고 인정할 수 있다면, 그런 과정은 K 자신의 인지 능력이라고 평가해야 한다.(10)

합격자의 실전 풀이 순서

❶ 발문 제대로 읽기

항상 발문을 먼저 제대로 읽자. 글의 논지를 비판하는 문제는 제시문의 논지와 상충하는 내용이나 사례가 정답이 되고, 제시문 내용과 부합하거나 무관하면 오답이 된다. 그러므로 제시문을 먼저 제대로 읽어 논지를 먼저 제대로 파악하고, 이와 상충하는 내용을 정답을 고르면 된다. 또한, 제시문의 내용과 반대되는 내용을 묻는 문제이기 때문에 발문에 X 기호를 해 두면 논지를 지지하는 선지를 고르는 실수를 줄일 수 있다.

❷ 제시문 독해 및 선지 판단

(1) 제시문의 논지를 우선 잘 파악해야 한다.

이를 잘 정리해보면 우선 스마트폰의 인지 보강에 대해 설명한 후 보강된 인지 능력이 사용자의 것인지를 묻고 있다. 일반적으로 묻고 답하는 방식에서 답에 해당하는 부분이 논지나 주제가 되는 경우가 많다.

(2) 제시문에서는 스마트폰의 메커니즘이 두뇌 속에서 작동된다는 가정을 제시하고 그 작동이 사용자 자신의 기억이나 판단이라는 것이 인정된다면 자신의 능력이라고 볼 수 있다고 한다. 여기서 중요한 것은 '어떤 가정하에서 특정 사실이 인정된다면'이라는 조건이 충족될 때 글쓴이의 주장이 옳다는 것이다. 일반적으로 어떤 조건의 충족 여부가 선지 판단의 중요 요소가 되는 경우가 많으니 이를 주의해야 한다. 결론적으로 논지는 '보조장치의 메커니즘이 두뇌 속에서 작동된다는 가정하에, 사용자의 기억이나 판단이라 할 수 있다면, 이는 사용자의 인지 능력이라 할 수 있다'이다. 이때 항상 조건 하나마다 쉼표를 달아서 명제를 잘 구분하는 것이 사소하지만 중요한 디테일이다.

(3) 이 글의 논리 구조를 정리하면 아래와 같이 나타낼 수 있다.

(전제1) (3)K는 어릴 때 보통 사람보다 기억력이 매우 나쁘다는 진단을 받았지만 스마트폰 덕분에 어느 동료에게도 뒤지지 않는 업무 능력을 발휘하고 있다.

(전제2) (8)(9)스마트폰의 메커니즘이 K의 손바닥 위나 책상 위가 아니라 그의 두뇌 속에서 작동하고 있다고 가정한다면 우리는 필경 K 자신이 모든 일과를 정확하게 기억하고 있고 또 약속 장소를 잘 찾아간다고 평가할 것이다.

(전제3) (10)'만일 K의 두뇌 속에서 일어난다면'이라는 상황을 가정했을 때 그것을 K 자신의 기억이나 판단이라고 인정할 수 있다면, 그런 과정은 K 자신의 인지 능력이라고 평가해야 한다.

(결론) (6)즉 우리는 K의 스마트폰이 그 자체로 K의 인지 능력 일부를 실현하고 있다고 보아야 한다.

(3)+(8)+(9) + (10) → (6)

❸ 선지 판단

②번 선지와 ⑤번 선지는 둘 다 본문의 논지를 지지하는 선지다. 스마트폰이라는 단어에 집착하면 안 된다. 만약 둘 중 하나만 존재했다면 많이 헷갈렸을 테지만 선지끼리 서로 검증하는 것을 통해서 정답을 손쉽게 골라낼 수 있다.

합격자의 시간단축 Tip

Tip ❶ 쉬운 선지 먼저 판단하기

논지와 관련된 것을 묻는 문제에서는 세부적인 내용을 묻는 경우가 거의 없다. 그러므로 선지로 나올만한 세부적인 정보에 주목하기보다 글 전반이 무엇을 말하는지 빠르게 이해하며 읽도록 하자. 또한, 선지의 판단도 단순화할 필요가 있다. 선지 내용이 파악한 논지와 상충하면 정답, 무관하거나 부합하면 오답으로 판단되 판단이 어렵다면 그 선지는 넘기고 분명히 판단할 수 있는 선지를 먼저 보는 것이 효율적이다. 무관한 선지의 경우 본문에서 근거를 찾을 수 없으므로 본문으로 돌아가 해당 내용을 찾기 위해 제시문을 다시 읽는다면 정오판단에 시간이 낭비될 수 있다.

Tip ❷ 논지의 구성을 이해하고 선지로 넘어가기

비판하는 진술을 묻는 문제에서는 제시문의 중심 내용을 놓치거나 선지의 정오판단에 시간이 오래 걸릴 수 있다. 따라서 제시문을 빠르게 읽는 것보다 전제와 결론을 파악하는 것에 중점을 두는 것이 시간을 아끼는 방법이 될 수 있다. 더불어 반박 논리를 가볍게 떠올려보는 것도 좋다. 'A이면 B이다'의 반박 논리에는 1)'A이면 B가 아니다', 그 대우명제인 2)'B이면 A가 아니다', 그리고 3)전제 자체를 부정하는 것이 있다.

예를 들어, 제시문은 'K의 스마트폰이 K의 인지 능력 일부를 실현하고 있다'고 주장하며, 그 근거는 'K는 스마트폰 덕분에 어느 동료에게도 뒤지지 않는 업무 능력을 발휘하고 있'으므로, '스마트폰의 메커니즘이 K의 두뇌 속에서 작동하고 있다고 가정한다면(A이면) 우리는 필경 K 자신이 모든 일과를 정확하게 기억하고 있고 또 약속 장소를 잘 찾아간다고 평가할 것(B이다)'이라는 것이다. 즉, 주장의 근거도 'A이면 B이다'의 형식을 띤다.

(1) 이에 대한 반박은

1) '두뇌 속에서 작동한다고 가정해도, 정확하게 기억하고 있다고 평가할 수 없다'

2) '정확하게 기억하고 있다면 두뇌 속에서 작동한다고 가정할 수 없다'

3) '두뇌 속에서 작동한다고 가정하는 것은 불가능하다' 등이 있을 수 있다.

(2) 선지 ①은 반박 논리 중 1)에 해당한다. K는 '기억력 시험 문제에 답'을 했으므로, 메모가 '두뇌 속에서 일어난다고 가정'한다면(A이면) K가 문제의 답을 기억한다고 평가해야 한다(B이다). 그러나 ①은 '누구도 K가 그 문제의 답을 기억한다고 인정하지 않는다'고 하고 있다(B가 아니다). 즉, 선지 ①은 제시문이 주장의 근거로 제시한 'A이면 B이다'를 'A이면 B가 아니다'라고 비판하는 것이다.

(3) 글로 풀어쓰다 보니 복잡해 보일 수 있지만, 요점은 전제(A이면)와 결론(B이다)을 파악하고, A인데 B가 아닌 경우, A를 아예 부정하는 경우가 반박 논리임을 떠올리면 된다는 것이다.

Tip ❸ 항상 "내가 이걸 왜 읽고 있지?"를 생각한다.

개별 사례를 빠르게 읽다 보면 원 지문의 주장이 무엇인지 놓칠 수 있으며, 특히 해당 문항의 경우 선지를 구성하는 사례들이 말들이 비슷해서 더 판단 착오를 일으키기 쉽다. 이런 경우 지문에 대한 이해를 어느 정도만 마친 다음에 선지로 내려오는 것이 오히려 시간을 아끼는 방법이다. 어차피 선지 해결이 목적이기 때문이다.

107 정답 ①　　난이도 ●●●

문제유형 이해 > 내용 추론

접근전략 문단별 논리 구조가 병렬관계로 명확하므로 지문의 구성을 염두에 두며 정보를 파악하자. 단순히 과학 패러다임에 국한된 지문으로 보지 말고, '새로운 지식이 받아들여지는 과정'에 대한 모형이라고 생각하고 이해하는 것을 추천한다.

다음 글에서 추론할 수 없는 것은?

(1) 쿤이 말하는 과학혁명의 과정을 명확하게 이해하기 위해 세 가지 질문을 던져보자. (2) 첫째, 새 이론을 제일 처음 제안하고 지지하는 소수의 과학자들은 어떤 이유에서 그렇게 하는가? (3) 기존 이론이 이상현상 때문에 위기에 봉착했다고 판단했기 때문이다. (4) 기존 이론은 이미 상당한 문제 해결 능력을 증명한 바 있다. (5) 다만 기존 이론이 몇 가지 이상현상을 설명할 능력이 없다고 판단한 과학자들이 나타났을 뿐이다. (6) 이런 과학자들 중 누군가가 새 이론을 처음 제안했을 때 기존 이론을 수용하고 있는 과학자 공동체는 새 이론에 호의적이지 않을 것이다. (7) 당장 새 이론이 기존 이론보다 더 많은 문제를 해결할 리가 없기 때문이다. (8) 그럼에도 불구하고 기존 이론이 설명하지 못하는 이상현상을 새 이론이 설명한다는 것이 과학혁명의 출발점이다.

▶ 1문단

(1) 둘째, 다른 과학자들은 어떻게 기존 이론을 버리고 새로 제안된 이론을 선택하는가? (2) 새 이론은 여전히 기존 이론보다 문제 해결의 성과가 부족하다. (3) 하지만 선구적인 소수 과학자들의 연구활동과 그 성과에 자극을 받아 새 이론을 선택하는 과학자들은 그것이 앞으로 점점 더 많은 문제를 해결하리라고, 나아가 기존 이론의 문제 해결 능력을 능가하리라고 기대한다. (4) 이러한 기대는 이론의 심미적 특성 같은 것에 근거한 주관적 판단이고, 그와 같은 판단은 개별 과학자의 몫이다. (5) 물론 이러한 기대는 좌절될 수도 있고, 그 경우 과학혁명은 좌초된다.

▶ 2문단

(1) 셋째, 과학혁명이 일어날 때 과학자 공동체가 기존 이론을 버리고 새 이론을 선택하도록 하는 결정적인 요인은 무엇인가? (2) 이 물음에서 선택의 주체는 더 이상 개별 과학자가 아니라 과학자 공동체이다. (3) 하지만 과학자 공동체는 결국 개별 과학자들로 이루어져 있다. (4) 그렇다면 문제는 과학자 공동체를 구성하는 과학자들이 어떻게 이론을 선택하는가이다. (5) 하지만 이 단계에서 모든 개별 과학자의 선택 기준은 더 이상 새 이론의 심미적 특성이나 막연한 기대가 아니다. (6) 과학자들은 새 이론이 해결하는 문제의 수와 범위가 기존 이론의 그것보다 크다고 판단할 경우 새 이론을 선택할 것이다. (7) 과학자 공동체의 대다수 과학자들이 이렇게 판단하게 되면 그것은 과학자 공동체가 새 이론을 선택한 것이고, 이로써 쿤이 말하는 과학혁명이 완성된다.

▶ 3문단

① 심미적 관점에서 우월한 이론일수록 해결 가능한 문제의 범위와 수에서도 우월하다.
→ (×) 심미적 관점은 쿤의 두 번째 질문, "어떻게 기존 이론을 버리고 새로 제안된 이론을 선택하는가?"에서 선구적인 소수 과학자들이 새 이론에 대해 갖는 기대의 근거이다.[2문단(4)] 그러나 심미적 관점에서의 우월성과 해결 가능한 문제의 범위와 수 사이의 관계성은 제시문에서 언급되어 있지 않아 추론할 수 없다.

② 과학자가 이론을 선택하는 기준은 과학혁명의 진행 단계에 따라 변하기도 한다.
→ (○) 둘째 질문 단계에서는 소수의 선구적인 과학자들이 새 이론에 대한 기대감을 갖고 선택하며[2문단(3)], 이러한 기대는 이론의 심미적 특성 같은 것에 근거한 주관적 판단이다.[2문단(4)] 이와 달리, 셋째 질문 단계에서 과학자들은 새 이론의 심미적 특성이나 그에 대한 막연한 기대가 아니라 그것이 해결하는 문제의 수나 범위를 기준으로 새 이론을 선택한다.[3문단(5),(6)] 이를 통해 과학자가 이론을 선택하는 기준은 과학혁명의 진행 단계에 따라 변하기도 한다는 것을 추론할 수 있다.

③ 이론이 설명하지 못하는 이상 현상이 존재한다고 해서 과학자 공동체가 그 이론을 폐기하는 것은 아니다.
→ (○) 기존 이론이 몇 가지 이상 현상을 설명하지 못한다고 하더라도, 여전히 기존 이론이 새 이론보다 더 많은 문제를 해결할 수 있다.[1문단(7)] 또한, 새로 등장한 이론도 기존 이론의 문제 해결 능력을 능가하리라는 기대에 부합하지 못하면서 좌초되기도 한다.[2문단(5)] 따라서 과학자 공동체가 그 이론을 폐기하는 것은 아니다.

④ 기존 이론의 이상 현상을 설명하는 이론이 없이는 과학혁명이 시작되지 않는다.
→ (○) 기존 현상이 설명하지 못하는 이상 현상을 새 이론이 설명한다는 것이 과학혁명의 출발점이기 때문에[1문단(8)], 기존 이론의 이상 현상을 설명하는 이론 없이는 과학혁명이 시작되지 않는다.

⑤ 과학자 공동체는 해결하지 못하는 문제가 있더라도 더 많은 문제를 해결하는 이론을 선택한다.
→ (○) 과학자들은 새 이론이 모든 문제를 해결해야만 이를 선택하는 것이 아니라, 새 이론이 해결하는 문제의 수나 범위가 기존 이론의 그것보다 크다고 판단할 경우 새 이론을 선택할 것이다.[3문단(6)] 이를 통해 과학자 공동체는 해결하지 못하는 문제가 있더라도 어쨌든 더 많은 문제를 해결하는 이론을 선택한다는 것을 알 수 있다.

제시문 분석

1문단 과학혁명의 과정을 설명하는 첫 번째 질문

〈첫째 질문〉		
새 이론을 처음 제안하고 지지하는 소수의 과학자들은 어떤 이유에서 그렇게 하는가?(2)		
〈답변〉		〈의의〉
기존 이론이 이상현상 때문에 위기에 봉착했다고 판단했기 때문이다.(3)	→	기존 이론이 설명하지 못하는 이상현상을 새 이론이 설명한다는 것이 과학혁명의 출발점이다.(8)

2문단 과학혁명의 과정을 설명하는 두 번째 질문

〈둘째 질문〉
다른 과학자들은 어떻게 기존 이론을 버리고 새로 제안된 이론을 선택하는가?(1)

〈답변〉		〈주관적 판단〉		〈좌절 가능성〉
새 이론을 선택하는 과학자들은 그것이 앞으로 점점 더 많은 문제를 해결하리라고, 나아가 기존 이론의 문제 해결 능력을 능가하리라고 기대한다.(3)	→	이러한 기대는 이론의 심미적 특성 같은 것에 근거한 주관적 판단이다.(4)	→	물론 이러한 기대는 좌절될 수도 있고, 그 경우 과학혁명은 좌초된다.(5)

3문단 과학혁명의 과정을 설명하는 세 번째 질문

〈셋째 질문〉
과학혁명이 일어날 때 과학자 공동체가 기존 이론을 버리고 새 이론을 선택하도록 하는 결정적인 요인은 무엇인가?(1)

〈답변〉		〈의의〉
과학자들은 새 이론이 해결하는 문제의 수와 범위가 기존 이론의 그것보다 크다고 판단할 경우 새 이론을 선택할 것이다.(6)	→	과학자 공동체의 대다수 과학자들이 이렇게 판단하게 되면 그것은 과학자 공동체가 새 이론을 선택한 것이고, 이로써 쿤이 말하는 과학혁명이 완성된다.(7)

합격자의 실전 풀이 순서 비문학 유형

⓪ 유형 식별하기

이 유형은 어떠한 소재를 다루는 특정 유형에 해당하지 않는다는 것이 특징이므로 소거법으로 그 유형을 식별해낼 수 있다. 즉, 길이가 긴 지문이 등장하고, 선지들이 지문을 바탕으로 하며, 발문에서 지문에 대한 이해를 묻고 있다. 거기에 지문의 소재가 한국사, 과학 등 특징적인 내용과 관련되어 있지 않다면 비문학 유형이라고 판단할 수 있겠다.

❶ 지문 훑어보기

이 단계에서는 30초보다 짧은 시간 안에 지문의 주제와 키워드를 대강 파악한다. 눈에 띄는 부분이 있는지 체크한다.

예 과학혁명에 대한 글이구나. 1문단에서 질문 3개를 던지고, 각 문단에 질문 1개씩 맡아 설명하고 있네.

❷ 발문 확인하기

본 문제는 '알 수 있는/없는 것은?' 유형에 해당한다. 이때 알 수 '있는' 것인지, '없는' 것인지를 확실히 표시하고 간다.

> 다음 글에서 추론할 수 없는 것은?

발문은 '추론할 수 없는'이다. '추론할 수 없는'이 '알 수 없는'과 어떻게 다른지 궁금할 수 있는데, 최근 들어 일반적인 '알 수 없는'의 일치부합 유형에서 선지 난도가 상승함에 따라 둘은 이제 거의 차이가 없다고 봐야 한다.

❸ 선지 적용하기

① **심미적 관점에서 우월한 이론일수록 해결 가능한 문제의 범위와 수에서도 우월하다.**

추론형 선지다. '~일수록'이 등장하는 경우, 원론적으로는 가능한 경우의 수를 모두 찾은 후, 찾은 경우들의 경향을 비교해야 한다. (자세한 설명은 **Tip ❸** 참고)

하지만 본선지는 아예 틀린 내용을 제시하는 유형이므로 굳이 원론적으로 해결할 필요가 없다. '심미적 관점'과 '해결 가능한 문제의 범위와 수' 간에는 아무 관련이 없음을 파악한다면, 굳이 비교에 들어가지 않고 바로 옳지 않음을 판단할 수 있다.

② **과학자가 이론을 선택하는 기준은 과학혁명의 진행 단계에 따라 변하기도 한다.**

역시 추론형 선지다. 본선지를 판단하기 위해서는 2가지를 확인해야 한다.

과학혁명의 진행 단계에는 무엇이 있는가?

각 단계에서 과학자가 이론을 선택하는 기준이 변하기도 하는가?

과학혁명의 진행 단계를 지문에서 명료하게 나누어 주지는 않았지만, 간접적으로 각 문단에 한 단계씩 설명하고 있다는 것을 눈치챌 수 있다. 이를 파악한다면 손쉽게 참임을 알 수 있을 것이다.

본선지의 경우, 문장의 서술어가 '변한다' 가 아니라 '변하기도 한다' 이다. 즉, 개연성만 인정되어도 옳은 선지가 된다. 선지의 끝부분만 읽고도 확률상 '웬만하면 옳은 선지겠구나'라는 것을 짐작할 수 있다.

③ **이론이 설명하지 못하는 이상현상이 존재한다고 해서 과학자 공동체가 그 이론을 폐기하는 것은 아니다.**

기존 이론이 설명하지 못하는 이상현상이 존재 ⇒ 소수의 과학자들이 새 이론 제안 ⇒ 그럼에도 불구하고 과학자 공동체는 새 이론에 호의적이지 않음

추론형 선지다. 과학자 공동체가 새 이론에 호의적이지 않다는 부분(1문단 6)까지 확인하면, 자연스럽게 기존 이론을 바로 폐지하지 않음을 추론할 수 있다.

이는 '기존 이론–새 이론'이 패러다임의 자리를 두고 대립 관계에 있기 때문이다. 대립 관계를 금방 파악할수록 문제 풀이 속도도 빨라진다.

④ **기존 이론의 이상현상을 설명하는 이론이 없이는 과학혁명이 시작되지 않는다.**

추론형 선지다. '과학혁명의 시작'에 대한 선지이므로 당연히 맨 첫 단계를 다루는 1문단을 보아야 한다. 1문단에서 '새 이론' 없이 과학혁명의 시작을 설명하는 내용은 찾을 수 없으므로, 옳은 선지임을 알 수 있다.

⑤ **과학자 공동체는 해결하지 못하는 문제가 있더라도 더 많은 문제를 해결하는 이론을 선택한다.**

새 이론이 해결하는 문제의 수와 범위가 기존 이론보다 큰 경우 ⇒ 새 이론 선택

단순비교형 선지다. 정답은 상당히 직접적으로 제시되어 있지만(3문단 6) 글 전체의 맥락을 파악하지 못했다면 이 부분을 찾기까지 시간이 걸릴 수 있다.

합격자의 시간단축 Tip

Tip ❶ 상식과 다른 부분도 받아들이자.

지문의 정보를 파악할 때 물음이나 일반적인 상식과 다른 부분에 유의하도록 한다. 예를 들어 이 문제에서는 새 이론이 형성되는 초기에 기존 이론보다 더 많은 문제를 해결하지 못한다는 점을 들 수 있다. 또한, 출제자는 이러한 점을 이용해 함정 선지를 자주 만들기도 한다. 이처럼 일견 상식과 상충하는 부분이 나오더라도 지문에 제시된 내용을 그대로 받아들이는 것이 문제에 빠르게 대처할 수 있는 자세다.

Tip ❷ '일수록'에 주의하자.

'a일수록 b다.'라는 문장이 있다. 이 문장의 진위를 판별하려면 어떻게 해야 할까? 먼저 가능한 모든 개체의 a 정도를 파악한다. 다음으로 a 정도가 강한 개체일수록 b 정도도 강한지 확인해야

할 것이다.
본 문제의 경우, 선지 ①이 '일수록'을 사용하고 있다. 이 선지를 판단하려면 과학 이론을 심미성에 따라 서열화할 수 있는지 파악하고, 만약 가능하다면 심미성이 높은 이론이 낮은 그룹보다 해결 가능한 문제의 수와 범위 측면에서도 우월한지 파악해야 한다. 또한, 이 과정에서 과도한 추론을 할 가능성도 존재한다.
이처럼 '일수록'이 내포한 맥락은 생각보다 복잡하다. 비문학 유형의 선지에서 '일수록'이 등장하면 거의 무조건 추론형 선지라 보면 된다. 난도가 낮은 선지 여러 개를 빠르게 제거하고 싶다면 '일수록'이 나오는 선지는 일단 패스하자. 반면 난도가 높은 선지 중에 정답이 있을 확률이 높다고 생각한다면, '일수록'이 나오는 선지를 먼저 처리하는 것도 좋은 전략이다.

Tip ❸ 대안 풀이순서

발문 확인 후, 선지에서 키워드를 고른다. 선지 ①은 '심미적 관점에서 우월', ②는 '과학자가 이론을 선택하는 기준', ③은 '이상현상', '폐기', ④는 '이상현상 설명', '과학혁명 시작', ⑤는 '더 많은 문제를 해결하는 이론을 선택'으로 할 수 있다.
그 후 지문의 정보를 읽기 시작한다. 문단별 관계에 유의하며 개별 문단의 핵심을 파악한다. 특히 본 문제는 문단별 관계가 명확하므로 이 단계가 중요하다.
과학혁명의 과정이라는 화두 제시(1문단 앞부분)에서 시작해, 새 이론의 제시 단계(1문단 뒷부분), 새 이론의 선택 단계(2문단), 과학자 공동체가 기존 이론을 폐기하는 단계(3문단)로 구성된 지문이다. '기존 이론–새 이론', '소수의 과학자–다수의 과학자 공동체'라는 두 가지 대응 개념이 등장하고 있음을 유의하며 읽어내려갈 필요가 있는데 이는 개념들을 교차로 구성하여 오답 선지를 만들 수 있기 때문이다.
우선 지문 1문단까지 파악한 후 선지 ④를 확인할 수 있다.
이어서 2문단을 읽는다. 2문단 마지막 문장에서 선지 ①을 확인한다. 지금까지 파악한 정보만 근거로 하여 정오를 확실히 판단하기 이르므로 판단을 보류하도록 한다.
마지막으로 3문단 (5).(6)을 읽으면 선지 ①이 제시문으로부터 추론할 수 없는 내용을 담고 있음을 알 수 있다.

108 정답 ⑤ 난이도 ●●●

문제유형 비판적 사고 > 반론의 강화
접근전략 발문에서 묻고 있는 ㉠에 대해 먼저 파악하도록 한다. 그를 바탕으로 "왜 신뢰할 만하지 않은가?"에 대한 내용이 지문에 있는지 찾아본다. 해당 지문처럼 관련 내용이 만약 없다면 해당 지문 내용을 비판하는 선지를 고르는 것이 요구된다.

다음 글의 ㉠을 지지하는 것으로 적절한 것은?

(1) 공상과학 소설가였던 허버드는 1950년에 펴낸 그의 책 『다이어네틱스 현대 정신 치료학』에서 하나의 정신 이론이자 정신 질환을 치료하는 방법으로서 다이어네틱스를 제안했다. (2) 이것은 사이언톨로지의 교의가 됐다. (3) 그런데 ㉠ <u>다이어네틱스는 신뢰할 만하지 않다</u>는 평가를 받았다. (4) 다음은 다이어네틱스의 주요 내용이다. ▶1문단

(1) 정신은 '분석정신'과 '반응정신' 두 부분을 가지고 있다. (2) 반응정신은 생각하는 기능을 수행할 수 없다. (3) 반응정신이 할 수 있는 것은, 수면상태에서처럼 분석정신이 작동하지 않을 때 감각에 입력된 내용을 뇌의 특정 부위에 기록하는 것뿐이다. (4) 그럼에도 불구하고 그것은 청각, 후각 등 오감을 통해 입력된 모든 것을 기록하는 아주 성능 좋은 기록기이다. (5) 이렇게 기록된 것을 엔그램이라고 한다. ▶2문단

(1) 예를 들어 어떤 사람이 머리를 부딪쳐서 정신을 잃었다고 해보자. (2) 그때 근처에 있던 모터가 시끄럽게 돌아가고 있었다. (3) 자신도 모르게 반응정신이 작동하여 이 소음이 기록된 하나의 엔그램이 탄생하게 된다. (4) 그런데 나중에 비슷한 환경에서 정신을 잃을 정도는 아니지만 머리를 세게 부딪쳤을 때 예전에 기록된 엔그램으로 인해 주위에 모터가 없는데도 시끄러운 모터 소리 비슷한 소음을 듣는 경험을 하게 된다. (5) 이처럼 어떤 사람이 엔그램이 기록될 때와 비슷한 경험을 하게 되면 그 사람은 그때와 비슷한 일을 겪는 느낌을 받는다. (6) 바로 이러한 엔그램의 작용이 정신 질환의 원인이 된다. (7) 한편 반응정신은 출생 전 태아 상태에서부터 작동하며, 따라서 인간은 이미 상당히 축적된 엔그램을 지니고 태어난다. ▶3문단

(1) 이러한 이론에 입각해 다이어네틱스 치료법은 다음과 같이 진행된다. (2) 조용한 공간에서 청취자 역할을 하는 치료사가 질의응답 과정을 통해 치료를 받는 사람의 엔그램에 접근한다. (3) 이 중 문제가 있는 엔그램을 치료 받는 사람의 분석정신 앞으로 끌어내면 그 엔그램은 완전히 삭제되어 더 이상 문제를 일으키지 않게 된다. (4) 정신을 망가뜨리는 엔그램들이 모두 제거된 사람은 정신적으로 깨끗한 상태가 된다. ▶4문단

(1) 허버드의 책이 출판된 후 약 6년 동안 수백 명이나 되는 사람들이 치료사가 되는 훈련을 받았으며, 미국 전역의 수십 곳에 다이어네틱스 치료 센터가 세워졌다. (2) 그리고 대부분의 센터가 이 치료방법을 통해 다양한 유형의 정신 질환을 치료했다고 주장했다. ▶5문단

① **엔그램은 영구적인 것이 아니며 삭제되기도 한다는 것이 밝혀졌다.**
→ (×) 다이어네틱스 치료법에 의하면 문제가 있는 엔그램을 치료받는 사람의 분석정신 앞으로 끌어내면 그 엔그램은 완전히 삭제되어 더 이상 문제를 일으키지 않게 된다.[4문단(3)] 즉, 다이어네틱스 치료법은 엔그램이 영구적인 것이 아니라 삭제되기도 한다는 것을 전제한다. 따라서 해당 선지의 내용은 다이어네틱스 치료법의 전제가 되므로, ㉠을 강화하지 않는다.

② **상당수의 정신 질환이 태아 시절의 경험에서 비롯되었다는 것이 밝혀졌다.**
→ (×) 반응정신은 출생 전 태아 상태에서부터 작동하며, 따라서 인간은 이미 상당히 축적된 엔그램을 지니고 태어난다.[3문단(7)] 이러한 엔그램의 작용이 정신 질환의 원인이 되므로[3문단(6)], 다이어네틱스 치료법은 태아 시절 엔그램의 문제로 인해 정신 질환이 발생할 수 있다는 것을 전제한다. 따라서 상당수의 정신 질환이 태아 시절의 경험에서 비롯되었다는 것이 밝혀졌다면 이것은 앞선 전제를 확인한 것에 해당하므로 ㉠을 지지하지 않는다.

③ **엔그램의 기억에는 의식하지 못한 상태에서 기록된 것이 많이 있다는 것이 밝혀졌다.**
→ (×) 반응정신은 수면상태에서처럼 분석정신이 작동하지 않을 때 감각에 입력된 내용을 뇌의 특정 부위에 기록하는 부분이며[2문단(3)], 이렇게 기록된 것을 엔그램이라고 한다.[2문단(5)]
따라서 엔그램의 기억에는 의식하지 못한 상태에서 기록된 것이 많이 있다는 것은, 결국 엔그램이 반응정신을 통해 기록된

해설편 8일차 • 의사소통능력

것이라는 점을 확인한 것이므로 ㉠을 지지하는 선지에 해당하지 않는다.

④ 다이어네틱스 치료 센터는 프라이버시 보호 규정에 따라 환자의 신상 정보를 공개하지 않았다.

→ (×) ㉠은 다이어네틱스 치료법을 비판한 것이기 때문에, ㉠의 강화에 해당하기 위해서는 '다이어네틱스 치료법'에 대한 내용과 상충해야 한다. 그런데 프라이버시 보호 규정에 따라 환자의 신상 정보를 공개하지 않았다는 것은 다이어네틱스 치료법과는 아무런 관련이 없기 때문에 정답이 될 수 없다.

⑤ 뇌기능 검사를 통해 반응정신의 작동 결과를 기록하는 뇌 부위가 없다는 결과를 얻었다.

→ (○) 반응정신은 수면상태에서처럼 분석정신이 작동하지 않을 때 감각에 입력된 내용을 뇌의 특정 부위에 기록하는 부분으로[2문단(3)], 이렇게 기록된 것을 엔그램이라고 한다.[2문단(5)] 다이어네틱스 치료법은 이중 문제가 있는 엔그램을 분석정신 앞으로 끌어내어 삭제하는 방식이다.[4문단(3)] 그러므로 다이어네틱스 치료법은 '엔그램'의 개념을 전제한다. 그런데 뇌기능 검사를 통해 반응정신의 작동 결과를 기록하는 뇌 부위가 없다는 결과를 얻었다는 것은, 곧 엔그램 자체를 부정하는 것이기 때문에 다이어네틱스 치료법도 성립할 수 없게 된다. 따라서 해당 선지는 다이어네틱스의 신뢰성에 대한 합리적인 반박에 해당하므로 ㉠을 지지한다.

제시문 분석

2문단 다이어네틱스의 기본 개념: 반응정신과 엔그램

〈반응정신〉		〈엔그램〉
반응정신은 분석정신이 작동하지 않을 때 감각에 입력된 내용을 뇌의 특정 부위에 기록한다.(3)	→	이렇게 기록된 것을 엔그램이라고 한다.(5)

3·4문단 다이어네틱스 치료법의 논거

〈논거 ①〉		〈논거 ②〉
어떤 사람이 엔그램이 기록될 때와 비슷한 경험을 하게 되면 그 사람은 그때와 비슷한 일을 겪는 느낌을 받고, 이러한 엔그램의 작용이 정신 질환의 원인이 된다.[3문단(5),(6)]	⊕	반응정신은 출생 전 태아 상태에서부터 작동하며, 따라서 인간은 이미 상당히 축적된 엔그램을 지니고 태어난다.[3문단(7)]

〈다이어네틱스 치료법〉
문제가 있는 엔그램을 치료받는 사람의 분석정신 앞으로 끌어내면 그 엔그램은 완전히 삭제되어 더 이상 문제를 일으키지 않게 된다.[4문단(3)]

1문단 다이어네틱스 치료법 비판

〈다이어네틱스 치료법에 대한 비판〉
㉠다이어네틱스는 신뢰할 만하지 않다.[1문단(3)]

합격자의 실전 풀이 순서

강화약화 유형

이 문제는 강화약화 유형이다. 큰 틀은 유사하지만 세부적인 접근 방식에서 차이가 있다. 강화약화 유형의 다양한 풀이법에 유의해 접근해 보자.

⓪ 유형 식별하기

• 발문
- 다음 논쟁/학설/의견에 대한 평가/설명으로 적절한 것은?
- 다음 학설/지문을 강화/약화하는 것으로 적절한 것은? (본 문제)

• 선지 또는 보기

제시된 사례가 강화/약화의 대상에 적용 가능한지, 혹은 상충하는지 등을 물음

❶ 대상 파악하기

강화약화 유형에서는 가장 먼저 강화/약화의 대상, 즉 핵심 내용이 무엇인지 확인해야 한다. 그리고, 대상의 내용을 정확히 이해해야 한다.

이 방식으로 본 문제를 풀어보자. 대상은 발문을 통해 확인할 수 있으며, 대상의 내용은 지문을 통해 이해할 수 있다.

(1) 발문 확인

다음 글의 ㉠을 지지하는 것으로 적절한 것은?

평가의 대상이 ㉠임을 알 수 있다. ㉠이 소개된 지문으로 곧바로 내려간다.

(2) 지문에서 대상 확인

강화약화 유형의 대상은 지지·반박이 가능한 주관적인 주장인 경우가 많다. 본 문제의 경우, "다이어네틱스는 신뢰할 만하지 않다."라는 명제 ㉠이 대상이다.

대상 ㉠은 '다이어네틱스'를 부정적으로 평가하는 명제다. 따라서 우선은 '다이어네틱스'에 대해 파악해야 한다. ㉠이 1문단 (3)에 등장하고, 바로 다음 문장인 1문단 (4)에서는 앞으로 제시되는 2문단이 '다이어네틱스'에 대한 설명에 관한 것임을 안내하고 있다. 해당 문제는 외관상 지지하는 내용을 찾으라는 것이지만 ㉠은 특정 내용에 대한 비판이기 때문에 반박하는 근거를 찾는 문제에 가깝다. 일반적으로 반박형 문제는 상충하는 내용을 찾는 것이므로 다이어네틱스의 원리에 대한 내용들을 잘 파악한 후 이들과 상충하는 내용을 선택하면 된다는 생각을 해야 한다.

문단별 핵심을 알아보면 1문단은 다이어네틱스 소개, 2문단은 '반응정신'과 엔그램의 개괄, 3문단은 엔그램의 사례 제시, 4문단은 다이어네틱스 치료법, 5문단은 4문단의 부연이다. 엔그램의 개념을 파악하고, 이에 기반한 다이어네틱스 치료법의 핵심을 명확히 이해하는 것이 중요하다.

❷ 선지 판단하기

지문을 모두 이해했다면, 보기 또는 선지를 하나씩 읽고 옳은지 여부를 확인한다. 이때 다시 생각해야 할 점은 본 문제의 특이한 점은 ㉠을 한번 꼬았다는 점이다. 1문단의 ㉠은 다이어네틱스의 신뢰성에 대해 의문을 제기하는 반면, 이어지는 2문단에서부터는 다이어네틱스의 기본 전제들을 긍정하며 해당 방법에 대해 설명하고 있다. 하지만 우리가 골라야 하는 선지는 ㉠을 지지하는, 즉, 다이어네틱스에 대해 부정적인 입장을 취하는 내용이어야 한다. 이를 잊지 않도록 주의하자.

선지를 판단하는 경우는 3가지로 나뉜다.

(1) 대상을 강화함

예 ⑤ 반응정신의 작동 결과를 기록하는 뇌 부위가 없다는 결과

→ 엔그램을 기록하는 뇌 부위가 존재하지 않는다는 내용이므로, 다이어네틱스에 부정적인 입장이다.

(2) 대상을 약화함

예 ② 상당수의 정신 질환이 태아 시절의 경험에서 비롯되었다는 결과

→ 태아 시절의 경험으로 축적된 엔그램이 정신 질환의 원인이 된다는 내용이므로, 다이어네틱스에 긍정적인 입장이다.

(3) 강화도 약화도 하지 않음

가장 유의해야 하는 경우로, 대상과 아무 관련이 없는 정보를 서술하는 경우다. 지문의 일부 내용 혹은 특정 단어만을 이유로 성급하게 선지의 내용이 추론될 수 있다고 착각하면 오답이 된다.

예 ④ 다이어네틱스 치료 센터가 환자의 신상 정보를 공개하지 않았다는 정보

→ 다이어네틱스의 신뢰성과 아무런 연관이 없다. 따라서 ㉠을 지지하지도 반박하지도 않는다.

합격자의 시간단축 Tip

Tip ❶ 접속사 이후의 내용에 주목하자.

3문단에서는 사례가 제시되고 난 바로 뒤, (5), (6)의 문장에서와 같이 '이처럼', '바로' 등의 표현을 활용하여 사례를 정리해준다. 이처럼 사례를 단어 하나하나 기억하는 것보다, 해당 접속사 이후의 정리 내용에 더 집중할 필요가 있다.

Tip ❷ 지문 내용과 일치하는 선지를 소거하자.

평가 대상인 ㉠은 지문에서 다룬 다이어네틱스를 비판하고 있다. 즉 지문 내용과 상충하는 선지가 정답이 된다. 따라서, 지문 내용과 일치하는 선지는 빠르게 소거할 수 있다.

Tip ❸ 강조어구에 유의하자.

3문단 (7)의 '출생 전 상태부터 작동', 4문단 (3)의 '완전히 삭제' 등은 다이어네틱스가 성립하기 위한 기본 전제와 관련된 내용을 언급하고 있다. 따라서 이에 상충하는 사례를 담은 선지가 충분히 제시될 수 있으므로, 독해과정에서 유의한다.

109 정답 ❸

난이도 ●●○

문제유형 이해 > 핵심개념 파악

접근전략 논지파악 유형으로, 여러 문장에 밑줄이 그어져 있어 구조 면에서 다소 복잡하다. 이 경우 문장 단위로 확인하면 시간이 많이 소요될 수밖에 없다. 따라서 ㉠~㉣에 해당하는 단어의 성격만을 파악하고 지문을 읽는 것이 좋다.
특정한 주제에 대해 주체별로 서로 다른 견해를 보이는 경우는 논지파악 유형에서 빈번하다. 공통점이나 차이점과 같은 내용 간 관계를 파악하며 읽자.

다음 글의 ㉠ ~ ㉣에 대한 분석으로 가장 적절한 것은?

(1) 문화재라 하면 도자기와 같은 인간의 창작물만을 떠올리기 쉽지만, 어떤 나라는 천연기념물이나 화석과 같은 자연물도 문화재로 분류한다. (2) 하지만 A국의 문화재보호법은 그와 같은 자연물을 문화재가 아닌 '보호대상'으로 지정한다. (3) 이에 대해 "A국에서 보호대상으로 분류된 자연물은 단순한 자연물이 아니다. 그 사물들은 학술상의 가치뿐 아니라 인류가 보존하고 공유해야 할 무형의 가치도 지녔기 때문에 보호대상으로 지정된 것이다. (4) 그러므로 A국에서 보호대상으로 지정된 자연물을 문화재로 분류해야 마땅하다."는 ㉠ 견해가 있다. (5) 반면에 "인간의 창작물이 아닌 어떤 사물을 우리가 가치가 크다고 여기기 때문에 문화재로 보는 것은, 우리가 문화재로 여기기 때문에 문화재로 본다는 동어반복과 다르지 않으므로, 자연물을 문화재로 보아야 하는 근거를 설득력 있게 제시했다고 볼 수 없다."는 ㉡ 견해도 있다. (6) 이러한 견해들에 대해 A국 정부 관계자는 "문화재란 인간의 창작물만을 지칭한다. 그리고 오로지 보호대상만이 문화재가 될 수 있다. (7) 인간이 문화적인 생활을 영위하기 위해서는 자연도 그 중요한 요소로서 소중히 보존해야 하기 때문에 A국은 특정한 자연물을 보호대상으로 지정하고 있다."라고 ㉢ 설명한다. ▶1문단

(1) 한편 B국의 문화재보호법은 자연물을 문화재에 포함하고 있다. (2) 이에 대해 B국 정부 관계자는 "인간의 여러 활동은 인간이 처해 있는 역사적·사회적·문화적 환경이라는 다양한 환경의 영향을 받으며 행해진다. (3) 인간의 활동 가운데 특히 예술의 발전 과정에서 자연이 미치는 영향은 크다. (4) 또한 자연적 조건에 따라 풍속 관습의 양상도 변화한다. (5) 따라서 예술과 풍속의 기반으로서의 자연물을 파악하고 보존해야 함은 당연하다. (6) 그러한 사물들은 모두 보호대상이 되며, 모든 보호대상은 문화재에 포함된다."라고 ㉣ 설명한다. ▶2문단

① ㉠에 따르면 학술상의 가치를 지니지 않은 A국의 인공물은 모두 문화재에서 제외되어야 마땅하다.

→ (×) ㉠에 따르면 A국에서 보호대상으로 분류된 자연물은 학술상의 가치뿐 아니라 인류가 보존하고 공유해야 할 무형의 가치도 지녔기 때문에 보호대상으로 지정된 것이므로, 이들을 모두 문화재로 분류해야 마땅하다.[1문단(3), (4)] 따라서 학술상의 가치가 없어서 보호대상이 아니기 때문에 문화재에서 제외되는 것은 '자연물'에 한정된다. 그러나 '인공물'의 경우도 마찬가지로 학술상의 가치가 없는 것은 문화재에서 제외되는지에 대해서는 언급하지 않고 있다. 따라서 해당 선지의 내용은 알 수 없는 정보이다.

② ㉡에 따르면 화석은 인류가 보존하고 공유해야 할 무형의 가치를 지니지 않는다.

→ (×) ㉡에 따르면 인공물 외에 어떤 사물을 가치가 크다고 여기기 때문에 문화재로 보는 것은, 우리가 문화재로 여기기 때문에 문화재로 본다는 동어반복과 다르지 않으므로 자연물을 문화재로 보아야 한다는 근거를 설득력 있게 제시하지 못한 것이다.[1문단(5)] 그런데 화석이 인류가 보존하고 공유해야 할 무형의 가치를 지녔는지, 혹은 그렇지 않은지에 대해서는 언급하지 않고 있으므로 이는 알 수 없는 정보이다.

③ ㉢에 따르면 보호대상이면서 문화재인 것은 모두 인간의 창작물이어야 한다.

→ (O) ㉢에 따르면 문화재란 인간의 창작물만을 지칭하며, 오로지 보호대상만이 문화재가 될 수 있다.[1문단(6)] 또한, ㉢의 논리는 A국에서 자연물을 보호대상이라고 하지만 인간의 창작물은 아니기 때문에 문화재로 지정하지 않았다는 것이다.[1문단(6), (7)] 따라서 인간의 창작물이면서 보호대상인 것만이 문화재가 될 수 있으므로, 마찬가지로 보호대상이면서 문화재인 것은 모두 인간의 창작물이어야 한다. 그러므로 해당 선지의 내용은 옳다.

④ ㉣에 따르면 B국에서 문화재로 분류된 사물은 모두 자연환경의 영향을 받았다.

→ (×) ㉣에 따르면 인공물뿐만 아니라 예술과 풍속을 기반으로 하는 자연물 또한 모두 보호대상이 되며, 모든 보호대상

해설편 8일차 • 의사소통능력

은 문화재에 포함된다.[2문단(5),(6)] 따라서 B국에서 문화재로 분류된 사물에는 '인공물'도 포함되므로, 이들이 모두 자연환경의 영향을 받았다고 분석하는 것은 옳지 않다.

⑤ ㉠~㉣ 중에 자연물을 문화재에서 명시적으로 제외하는 것은 둘이다.

→ (×) ㉠은 인간의 창작물뿐만 아니라 보호대상으로 지정된 자연물도 문화재에 해당한다고 보기 때문에[1문단(4)], 자연물을 문화재에 포함시키고 있다. ㉡은 자연물을 문화재로 보는 것을 명시적으로 부정하는 것이 아니라 ㉠의 논리 전개 과정을 비판하고 있을 뿐이다.[1문단(5)] 따라서 ㉡이 자연물을 문화재에서 명시적으로 제외한다고 볼 수 없다. ㉢은 인간의 창작물이면서 보호대상이어야만 문화재에 해당한다고 보기 때문에[1문단(6)], 자연물을 문화재에서 명시적으로 제외하고 있다. ㉣은 창작물뿐만 아니라 예술과 풍속을 기반으로 한 자연물도 모두 보호대상으로서 문화재에 포함된다고 보기 때문에[2문단(5),(6)], 특정 자연물을 문화재에 포함시키고 있다는 것을 알 수 있다. 따라서 ㉠~㉣ 중에 자연물을 문화재에서 명시적으로 제외하는 것은 ㉢뿐이다.

제시문 분석

제시문 문화재의 범위에 대한 다양한 견해

〈문화재의 범위에 대한 쟁점〉
문화재라 하면 인간의 창작물만을 떠올리기 쉽지만, 어떤 나라는 자연물도 문화재로 분류한다.[1문단(1)]

〈논지〉	
〈㉠〉	인간의 창작물뿐만 아니라, 학술상의 가치와 무형의 가치를 지닌 자연물 또한 문화재로 분류해야 한다.[1문단(3),(4)]
〈㉡〉	인간의 창작물이 아닌 어떤 사물을 가치가 크다고 여기기 때문에 문화재로 보는 것은, 우리가 문화재로 여기기 때문에 문화재로 본다는 동어반복과 다르지 않으므로, 자연물을 문화재로 보아야 하는 근거를 설득력있게 제시했다고 볼 수 없다.[1문단(5)]
〈㉢〉	인간의 창작물이면서 보호대상이어야만 문화재에 해당한다.[1문단(6)]
〈㉣〉	창작물뿐만 아니라 예술과 풍속을 기반으로 하는 자연물도 모두 보호대상으로서 문화재에 해당한다.[2문단(5),(6)]

합격자의 실전 풀이 순서

논지파악 유형

⓿ 유형 식별하기

• 발문
  - 다음 글의 논지/주장/견해…과 부합하는/적합한 것은?
  - 다음 주장/논쟁…에 대한 분석/설명/추론…으로 옳은 것은? (본 문제)

• 지문
  - 주관적인 주장이 포함된 글
  - 일반적인 비문학 유형에 비해 정보량이 적은 대신 포괄적인 문장들이 제시

• 선지
  - 주장 간 비교/주장 관련 내용추론

해당 유형의 문제는 선지나 〈보기〉에서 어떤 내용이 지문의 주장과 부합하는지, 추론 가능한지를 묻는다. 즉, 주장을 파악하는 것 뿐 아니라 추론도 필요한 유형이다.

논지 파악 유형의 지문을 읽을 때에는 글쓴이가 어떤 문제의식을 갖고 있는지, 그 대안이 있다면 무엇인지 등 '문제의식'을 갖고 글을 읽는 것이 좋다.

또한, 한 가지 토픽에 대해 여러 주장을 나열하는 이러한 유형에서 출제자들은 각 주장의 공통점과 차이점을 이용해 선지를 구성한다. 주장 간의 관계는 섬세한 독해가 필수다. A라는 주장에 대해 ~A, 즉 온전한 반대만 존재하는 것이 아니라, 주장을 A-1, A-2, A-3과 같이 쪼개서 A-1과 같은 일부만 동의하고 나머지 A-2와 A-3에는 반대하는 상황도 얼마든지 있기 때문이다.

❶ 문제 구조 파악하기

(1) 발문 확인

> 다음 글의 ㉠~㉣의 견해에 대한 분석으로 가장 적절한 것은?

㉠~㉣의 견해 4개가 등장할 것임을 예상할 수 있다.

(2) 지문 확인

지문을 확인하니 A국과 B국의 문화재 보호 정책에 대한 글로, ㉠~㉣까지 4개 부분이 밑줄로 표시되어 있다. 주장은 지문 내 밑줄에 있기 때문에 지문을 먼저 읽으며 각 주장이 무엇인지 파악하는 것이 먼저이다.

(3) 선지 확인

㉠~㉣의 견해를 제대로 이해 및 비교할 수 있는지 묻고 있다. 이를 통해 본 문제는 각 견해의 특징을 잡아내고, 신속·정확하게 비교하는 작업을 요구함을 캐치한다. 또한 ①~④ 선지는 각각 하나의 주장에 대해서만 묻고 있다. 따라서 지문을 읽을 때 주장 하나를 파악했다면 바로 해당 내용의 선지로 내려가 정오를 판단하는 방법이 적합할 것이다.

❷ 지문 이해 및 선지 판단

1문단은 A국의 문화재보호법을 다루고 있다. 견해㉠ - ㉠에 반박하는 견해㉡ - 그에 대한 A국의 반응㉢으로 전개되며, 각 견해를 읽고 선지를 판단한다.

㉠은 '학술상 가치와 무형의 가치를 지닌 것은 문화재로 분류해야 한다'로 요약할 수 있다. ①은 일종의 '전건 부정의 오류'를 보이고 있다. 옳지 않다.

㉡은 ㉠의 논리적 오류를 지적할 뿐, 자연물이 '무형의 가치'를 지니는지는 판단하지 않는다. ②도 옳지 않다.

③을 판단하기 위해 ㉢과 ③의 문장을 간략화하면 다음과 같다.

- ㉢ 문화재 → 창작물, 문화재 → 보호대상
- ③ 보호대상∧문화재 → 창작물

문화재이면 창작물이므로 ③은 옳다.

정답의 근거가 명확하므로 실전이라면 2문단을 읽지 않고, ④, ⑤도 판단하지 않고 넘어간다.

합격자의 시간단축 Tip

Tip ❶ 명제 형식의 문장은 기호로 간략화하자.

명제 형식의 문장은 기호화를 활용하면 쉽게 이해된다. 간단하여 기호화 없이도 문제를 풀 수 있는 경우가 아니라면, 문장을 간략화하는 것이 빠른 풀이에 도움이 될 것이다.

Tip ❷ 정답을 찾으면 바로 넘어가자.

이 책과 같이 연습하는 단계에서는 모든 선지를 꼼꼼히 살펴보는 것이 좋다. 하지만 종종 ⑤까지 전부 확인하지 않아도 정답을 알 수 있는 문제들이 있다. 이 경우 현장에서는 당연히 곧바로 넘어

가야 한다. 단순히 압박감에 모든 선지를 다 확인하는 습관이 있다면 고치도록 하자. 물론 이 경우, 정답 선지에 대한 확신이 있어야 한다.

Tip ❸ 짧은 문단부터 읽어도 좋다.

2문단의 경우 '한편'으로 시작한다는 점에서 1문단과 독립된 내용이 전개됨을 알 수 있다. 또한, 길이도 짧고 이해하기도 쉬운 편이다. 따라서 1문단이 쉽게 읽히지 않는다면 2문단을 먼저 읽는 것도 좋은 방법이다. 즉 2문단을 빠르게 읽고, 해당 내용을 숙지한 채 1문단을 읽는 것도 시도해볼 수 있다.

110 정답 ①

난이도 ●○○

문제유형 법규의 해석 및 적용

접근전략 법조문 유형 중 조문을 바탕으로 옳은 선지를 고르는 규정적용문제이다. 법조문 유형을 풀 때는 조문의 구체적인 내용을 독해하는 것보다, 법조문의 구조와 선지에 나올 만한 중요 표현들을 파악한 후 선지에서 묻고 있는 정보를 찾아 올라가는 형태로 푸는 것이 좋다. 본 문제의 경우 감사청구 주체와 감사청구 대상이라는 큰 구조와 조문 내의 단서를 확인하는 것이 중요하였다.

다음 글을 근거로 판단할 때 옳은 것은?

제○○조 다음 각 호의 어느 하나에 해당하는 자는 감사원에 감사를 청구할 수 있다.
1. 19세 이상으로서 300명 이상의 국민
2. 상시 구성원 수가 300인 이상으로 등록된 공익 추구의 시민단체. 다만 정치적 성향을 띠거나 특정 계층 또는 집단의 이익을 추구하는 단체는 제외한다.
3. 감사대상기관의 장. 다만 해당 감사대상기관의 사무처리에 관한 사항 중 자체감사기구에서 직접 처리하기 어려운 부득이한 사유가 있거나 자체감사기구가 없는 경우에 한한다.
4. 지방의회. 다만 해당 지방자치단체의 사무처리에 한한다.

제○○조 ① 감사청구의 대상은 공공기관에서 처리한 사무처리가 다음 각 호의 어느 하나에 해당하는 사항으로 한다.
1. 주요 정책·사업의 추진과정에서의 예산낭비에 관한 사항
2. 기관이기주의 등으로 인하여 정책·사업 등이 장기간 지연되는 사항
3. 국가 행정 및 시책, 제도 등이 현저히 불합리하여 개선이 필요한 사항
4. 기타 공공기관의 사무처리가 위법 또는 부당행위로 인하여 공익을 현저히 해한다고 판단되는 사항

② 제1항의 규정에 불구하고 다음 각 호의 어느 하나에 해당하는 사항은 감사청구의 대상에서 제외한다.
1. 수사 중이거나 재판(헌법재판소 심판을 포함한다), 행정심판, 감사원 심사청구 또는 화해·조정·중재 등 법령에 의한 불복절차가 진행 중인 사항. 다만 수사 또는 재판, 행정심판 등과는 직접적인 관계없이 예산낭비 등을 방지하기 위한 긴급한 필요가 있다고 인정될 때에는 감사를 실시할 수 있다.
2. 수사 결과, 판결, 재결, 결정 또는 화해·조정·중재 등에 의하여 확정되었거나 형 집행에 관한 사항

※ 공공기관: 중앙행정기관, 지방자치단체, 정부투자기관을 의미한다.

① A시 지방의회는 A시가 주요 사업으로 시행하는 노후수도설비 교체사업 중 발생한 예산낭비 사항에 대하여 감사를 청구할 수 있다.

➜ (○) 제1조 제4호에 따르면 지방의회는 해당 지방자치단체의 사무처리에 한하여 감사원에 감사를 청구할 수 있다. 따라서 A시 지방의회는 A시라는 지방자치단체의 사무처리에 대하여 감사청구의 주체가 된다. 또한 제2조 제1항 제1호에 따르면 지방자치단체 등 공공기관에서 처리한 사무처리가 주요 정책·사업의 추진과정에서의 예산낭비에 관한 사항은 감사청구의 대상이 된다. 따라서 A시 지방의회는 A시가 주요 사업으로 시행하는 사업 중 발생한 예산낭비 사항에 대하여 감사를 청구할 수 있다.

② B정당의 사무총장은 C시청 별관신축공사 입찰시 담당공무원의 부당한 업무처리에 대하여 단독으로 감사를 청구할 수 있다.

➜ (×) 제1조에 따르면 감사원에 감사를 청구할 수 있는 자는 19세 이상으로서 300명 이상의 국민, 공익 추구의 시민단체, 감사대상기관의 장 및 지방의회에 한정된다. B정당의 사무총장은 제1조 각 호의 어느 하나에 해당하는 자가 아니므로 감사원에 감사를 청구할 수 없다. 또한, B정당은 제1조 2호의 단서인 정치적 성향을 띄는 단체에 해당하므로 제2호에 해당하여 감사청구 주체가 될 가능성이 없다.

③ D정부투자기관의 장은 해당 기관 직원과 특정 기업 간 유착관계에 대하여 자체감사기구에서 직접 처리할 수 있더라도 감사를 청구할 수 있다.

➜ (×) 제1조 제3호에 따르면 감사대상기관의 장은 해당 감사대상기관의 사무처리에 관한 사항 중 자체감사기구에서 직접 처리하기 어려운 부득이한 사유가 있거나 자체감사기구가 없는 경우에 한하여 감사원에 감사를 청구할 수 있다. 따라서 D정부투자기관의 장이 해당 기관 직원과 특정 기업 간 유착관계에 대하여 자체감사기구에서 직접 처리할 수 있는 경우, 감사원에 감사를 청구할 수 없다.

④ E시 지방의회는 E시 시장의 위법한 사무처리에 대하여 판결이 확정되었더라도 감사를 청구할 수 있다.

➜ (×) 제1조 제4호에 따르면 지방의회는 해당 지방자치단체의 사무처리에 한하여 감사원에 감사를 청구할 수 있다. 따라서 E시 지방의회는 E시라는 지방자치단체의 사무처리에 대하여 감사청구의 주체가 된다. 한편 제2조 제1항 제4호에 따르면 공공기관의 사무처리가 위법행위로 인하여 공익을 현저히 해한다고 판단되는 사항은 감사청구의 대상이 되나, 동조 제2항 제2호에 따르면 판결에 의하여 확정된 사항은 제1항에도 불구하고 감사청구의 대상에서 제외된다. 따라서 E시 시장의 위법한 사무처리에 대한 판결이 확정되었다면 이는 감사청구의 대상에서 제외되므로 E시 지방의회는 감사를 청구할 수 없다.

⑤ 민간 유통업체 F마트 사장은 농산물의 납품대가로 과도한 향응을 받은 담당직원의 위법행위에 대하여 감사를 청구할 수 있다.

➜ (×) 제1조 제3호에 따르면 감사대상기관의 장은 감사청구의 주체가 된다. 그런데 제2조 제1항에 따르면 감사청구의 대상은 공공기관에서 처리한 사무처리 중에서 결정되며 공공기관은 중앙행정기관, 지방자치단체, 정부투자기관을 의미한다. 따라서 민간 유통업체에서 처리한 사무처리는 공공기관에서 처리한 사무처리가 아니므로 감사청구의 대상이 될 수 없으며, 민간 유통업체 F마트 사장은 감사대상기관의 장이 아니므로 감사원에 감사를 청구할 수 없다.

합격자의 실전 풀이 순서

❶ 문제 유형 파악

본 문제의 경우 제시문으로 법조문이 주어졌으므로 법조문 유형임을 쉽게 알 수 있다. 특히 법조문 유형 중에서도 규정을 바탕으로 옳은 내용의 선지를 고르는 규정확인문제이다. 법조문 유형은 조문의 구체적인 내용을 독해하는 것보다, 법조문의 구조와 선지에 나올 만한 중요한 내용을 파악한 후 선지에서 묻고 있는 정보를 찾아 올라가는 방식으로 푸는 것이 좋다. 또한, 본 문제가 옳은 것을 고르는 문제라는 것을 인지하기 위해 "옳은"이라는 단어에 밑줄이나 동그라미 등 표시를 한다.

> 다음 글을 근거로 판단할 때 옳은 것은?

❷ 법조문 구조 분석

구조 분석이란 각 조문의 내용 및 조문 간 관계를 이해하는 것이다. 법조문 전체를 읽되, 세부적인 내용을 기억하기 보다는 어떤 정보가 있는지 파악하는 것에 중점을 둔다. 일반적으로 법조문을 분석할 때는 단서와 괄호, 그리고 내용이 이어지는 조문들을 중심으로 분석한다. 본 문제의 경우 내용이 서로 이어지는 조문들은 없으나 단서와 괄호가 많으므로 이에 유의한다. 이때 기호를 적절히 활용할 수 있다. 또한 이러한 분석 과정을 거치며 선지에 등장할만한 부분을 발견할 수 있다.
본문의 규정은 두 개의 조로 구성되어 있다. 조문의 제목이 없으므로 읽으면서 키워드를 파악한다. 가독성을 높이기 위해 가로선으로 각 조를 구분하고, '1, 2'로 숫자를 써둔다. 이하 편의상 첫 번째 조부터 '제1조', '제2조' 등으로 표기한다.
제1조는 감사청구의 주체를 규정하고 있다. '청구'에 표시하고, 제2호 내지 제4호의 경우 각각의 단서규정에 유의한다.
제2조 제1항은 감사청구의 대상을 규정하고 있다. '대상'에 표시하고, 각 호의 세부 내용은 선지 판단에 필요한 경우 돌아와 자세히 읽는다. 제2조 제2항은 '제1항의 규정에 불구하고'라는 것을 통해 감사청구 대상의 예외임을 알 수 있다. 즉, 제2항은 제1항에 해당함에도 감사청구의 대상에서 제외되는 사항을 규정하고 있다. 따라서 감사청구의 대상 여부를 판단할 때에는 제2항을 먼저 적용해야 한다. 제2항 제1호의 경우 단서규정이 존재하는데, 이때 단서규정은 감사청구의 대상이 되는 경우임에 유의한다. 또한, 제1호의 괄호 내의 헌법재판소 심판이 선지에 나올 가능성이 크므로 이에 유의한다.

❸ 선지 판단

법조문 분석을 바탕으로 선지를 검토한다. 제1조와 제2조가 각각 감사청구의 주체와 대상을 규정하고 있으므로 각 선지에서 청구 주체와 청구 대상이 모두 옳은지 확인한다. 선지의 구조를 파악해 볼 때, 법조문의 구조와 같이 ①감사청구를 할 수 있는 주체인지(제1조), ②감사청구 제외 대상인지(제2조 제2항), ③감사청구 대상인지(제2조 제1항) 순서로 검토하는 것이 효율적이다. 순서대로 검토하되 하나라도 충족하지 않는 경우 문제를 빠르게 풀기 위해 다음 선지로 넘어간다.
선지 ①번은 제1조 제4호 및 제2조 제1호를 충족하므로 옳다. 정답은 ①번이다.
나머지 선지도 판단한다면, 선지 ②번과 ⑤번의 경우 청구 주체가 될 수 없고, 선지 ③번은 청구 주체는 될 수 있으나 단서를 충족하지 못한다. 선지 ④번은 감사청구 제외 대상에 해당하여 옳지 않다.

합격자의 시간단축 Tip

Tip ❶ 단서와 괄호 내의 예외규정에 유의

법조문 유형에서는 단서와 괄호 속 예외규정의 내용이 선지에 나오는 경우가 많으므로 법조문 분석 시 이에 유의한다. 특히 본 문제의 법조문은 '다만'과 같은 단서 조항/예외 규정이 많은 조문임에 유의하여 실수하지 않도록 한다.

Tip ❷ 선지 판단 시 각주의 내용을 참고

법조문 유형에서 각주는 선지 판단 시 참고할만한 정보에 해당한다. 예컨대 각주에서 날짜 계산에 대한 정보가 주어지는 경우 정답을 도출하기 위해 반드시 날짜 계산이 필요하다. 본 문제의 경우 각주에 공공기관이 무엇인지 구체적으로 제시하였다는 점에 유의하여 조문 어떤 부분에 공공기관이 포함되는지 확인하고 선지 ⑤번과 같이 민간업체가 등장하는 경우 유의한다면 실수를 줄일 수 있다.

Tip ❸ 선지 판단 시 필요한 정보만 확인

선지 판단 시에는 선지 판단에 필요한 정보만을 도출하였다면 추가 정보를 확인하지 않고 넘어간다. 예컨대 본 문제는 감사청구 주체와 감사청구 대상을 확인해야 하는 문제에 해당하였다. 선지를 검토할 때 감사청구의 주체가 아닌 경우 감사청구의 대상인지 여부를 확인할 필요 없이 옳지 않은 선지이다.

Tip ❹ 법조문 해석 시 반대해석을 활용

제1조는 각 호의 어느 하나에 해당하는 자가 감사원에 감사를 청구할 수 있다고 규정하고 있다. 이를 반대로 해석하면 각 호의 어느 하나에 해당하지 않는 자는 감사원에 감사를 청구할 수 없다는 의미가 된다. 제2조 제1항 또한 감사청구의 대상을 각 호의 어느 하나에 해당하는 사항으로 한다고 규정하고 있는데, 이는 각 호의 어느 하나에 해당하지 않는 사항은 감사청구의 대상이 되지 않는다는 의미가 된다. 이를 파악하지 못하면 설문과 같은 문제를 해결하는 데 오랜 시간이 걸리므로 유의하자. 참고로 모든 사람이 모든 사항에 대하여 감사 청구를 할 경우 감사원의 업무가 마비되므로, 이를 방지하기 위하여 주체와 대상을 제한하는 것이 조문의 제정 목적이다.

Tip ❺ 선지 판단 시 예외 규정을 우선 적용

선지 판단 시, 어떤 대상을 제외하는 예외 규정이나 특례규정을 일반규정보다 먼저 적용하는 것이 효율적이다. 만약 예외에 해당하는 경우, 일반규정을 먼저 적용하고 예외 규정을 적용하면 조문 두 개를 적용해야 하므로 비효율적이다. 예외 규정을 먼저 적용하면 하나의 규정만 적용하여 정오를 판단할 수 있기 때문이다. 단, 제1조 제3호와 제4호와 같이 단서가 예외가 아닌 세부사항을 규정하고 있는 경우에는 일반규정을 먼저 적용해야 한다.

111 정답 ❷ 난이도 ●●○

문제유형 비판적 사고 > 지문에서 추론하기

접근전략 해당 제시문은 각 내용이 병렬적으로 주어져 있는데, 이 경우 선지는 내용 간 관계(대립-옹호 등)와 공통점 및 차이점을 위주로 묻기 때문에 이를 미리 파악하면서 읽자. 선지를 마주하고 주장 간 관계를 판단하기보다는, 미리 내용 정리가 된 경우 더 정확하고 빠르게 정답을 고를 수 있다. 단 이 경우 모든 주장을 다 정리하고 선지로 갈 필요는 없음에 유의한다.

(가) ~ (라)에 대한 설명으로 적절한 것만을 〈보기〉에서 모두 고르면?

(1) 최근 우리 사회에는 인문학 열풍이 불고 있는데, 이 열풍을 바라보는 여러 다른 시각이 존재한다. (2) 다음은 그러한 사례들의 일부이다.

(가) (3) 한 방송국 PD는 인문학 관련 대중 강좌가 인기를 끌고 있는 현상에 대해 교양 있는 삶에 대한 열망을 원인으로 꼽는다. (4) 그는 "직장 내 교육 프로그램은 어학이나 컴퓨터 활용처럼 직능 향상을 위한 것으로, 노동시간의 연장이다. (5) 삶이 온통 노동으로 채워지는 상황에서 정신적 가치에 대한 성찰의 기회를 박탈당한 직장인들의 갈증을 인문학 관련 대중 강좌가 채워주고 있다."고 한다.

(나) (6) 한 문학평론가는 인문학 열풍이 인문학을 시장 논리와 결부시켜 상품화하고 있다고 본다. (7) 그는 "삶의 가치에 대해 근본적인 문제제기를 함으로써 정치적 시민의 복권을 이루는 것이 인문학의 본질적인 과제 중 하나인데, 인문학이 시장의 영역에 포섭됨으로써 오히려 말랑말랑한 수준으로 전락하고 있다."고 주장한다.

(다) (8) A구청 공무원은 최근 불고 있는 인문학 열풍에 따라 '동네 인문학'이라는 개념을 주민자치와 연결시키고 있다. (9) 그는 "동네 인문학은 동네라는 공간에서 지역 주민들이 담당 강사의 지속적인 지도 아래 자기 성찰의 기회를 얻고, 삶에 대한 지혜를 얻어 동네를 살기 좋은 공동체로 만드는 과정이다."라고 말한다.

(라) (10)B대학에서는 세계적인 기업인, 정치인들 중에 인문학 마니아가 많이 탄생해야 한다는 취지로 CEO 인문학 최고위 과정을 개설했다. (11) 한 교수는 이를 인문학 열풍의 하나로 보고, "진정한 인문학적 성찰을 바탕으로 다양한 학문 분야에 몰두해야 할 대학이 오히려 인문학의 대중화를 내세워 인문학을 상품화한다."고 평가한다.

보기

ㄱ. (가)의 PD와 (나)의 평론가는 인문학 열풍이 교양 있는 삶에 대한 동경을 지닌 시민들 중심으로 일어난 자발적 현상이라 보고 있다.
→ (×) (가)의 PD는 교양 있는 삶에 대한 열망, 즉 삶이 온통 노동으로 채워지는 상황에서 정신적 가치에 대한 성찰의 기회를 박탈당한 직장인들의 갈증이 인문학 열풍의 이유가 된다고 주장하며(3),(5), 인문학 열풍을 자발적 현상이라 보았다. 반면 (나)의 평론가는 인문학 열풍을 인문학을 시장 논리와 결부시켜 상품화하고 있다고 했을 뿐(6) 시민들이 자발적이었는가는 언급하고 있지 않다.

ㄴ. (가)의 PD와 (다)의 공무원은 인문학 열풍이 개인의 성찰을 넘어 공동체의 개선에까지 긍정적인 영향을 미친다고 보고 있다.
→ (×) (다)의 공무원은 인문학 열풍에 따른 '동네 인문학'이 자기 성찰의 기회를 얻고 삶에 대한 지혜를 얻어 동네를 살기 좋은 공동체로 만드는 과정이라며(9) 인문학 열풍이 개인의 성찰을 넘어 공동체의 개선에까지 긍정적 영향을 미친다고 보았다. 반면, (가)의 PD는 인문학 열풍이 공동체와 관련되었다는 내용은 언급하지 않는다.

ㄷ. (나)의 평론가와 (라)의 교수는 인문학 열풍이 인문학을 상품화한다는 시각에서 이 열풍을 부정적으로 바라보고 있다.
→ (O) (나)의 평론가는 인문학 열풍이 인문학을 시장 논리와 결부시켜 상품화하고 있다고 보고 있으며(6), (라)의 교수는 인문학 열풍으로 인해 대학이 오히려 인문학의 대중화를 내세워 인문학을 상품화한다고 평가하였다.(11) 따라서 (나)와 (라)는 인문학 열풍이 인문학을 상품화한다는 시각에서 이를 부정적으로 바라보고 있음을 알 수 있다.

① ㄱ → (×)
② ㄷ → (O)
③ ㄱ, ㄴ → (×)
④ ㄴ, ㄷ → (×)
⑤ ㄱ, ㄴ, ㄷ → (×)

제시문 분석

제시문 인문학 열풍을 바라보는 다양한 시각

〈인문학 열풍을 바라보는 다양한 시각〉
최근 우리 사회에는 인문학 열풍이 불고 있는데, 이 열풍을 바라보는 여러 다른 시각이 존재한다.(1)

〈(가) – PD〉	〈(나) – 문학평론가〉
인문학 열풍은 교양있는 삶에 대한 열망이 원인이다.(3)	인문학 열풍은 인문학을 시장 논리와 결부시켜 상품화하고 있다.(6)
삶이 온통 노동으로 채워지는 상황에서 정신적 가치에 대한 성찰의 기회를 박탈당한 직장인들의 갈증을 인문학 관련 대중 강좌가 채워주고 있다.(5)	인문학이 시장의 영역에 포섭됨으로써 오히려 말랑말랑한 수준으로 전락하고 있다.(7)
〈(다) – A구청 공무원〉	**〈(라) – 교수〉**
동네 인문학은 동네라는 공간에서 지역 주민들이 자기 성찰의 기회를 얻고 삶에 대한 지혜를 얻어 동네를 살기 좋은 공동체로 만드는 과정이다.(9)	인문학 열풍으로 인해 진정한 인문학적 성찰을 바탕으로 다양한 학문 분야에 몰두해야 할 대학이 오히려 인문학의 대중화를 내세워 인문학을 상품화한다.(11)

합격자의 실전 풀이 순서

❶ 발문 제대로 읽기

발문에서 주장 간 비교가 핵심 내용이 된다는 것을 알 수 있고, 지문의 첫 부분에서 '한국의 인문학 열풍'이 소재임을 파악할 수 있다.

발문에서 지문의 첫 부분을 같이 보는 것은 두 가지 의미를 가진다. 첫째로 지문이 무엇을 중심 소재로 하는지, 그리고 무엇을 물을지와 관련하여 지문이 어떻게 전개될지를 추측하게 해 주고, 둘째로 선지를 먼저 읽는 사람에겐 보다 근본적인 영역의 키워드를 제공해 준다는 점이다. 예컨대 선지에서 〈그리스, 로마, 콘스탄티노플, 불교〉라는 키워드가 나왔다고 하자. 그리스와 로마는 비교적 익숙하지만, 나머지 두 개는 낯설고, 그사이 연결도 어려워 보인다. 그러나 여기서 "수학"이라는 키워드가 지문 첫 부분에 제시된다면 네 개를 동시에 연결하는 고리가 보일 것이다.

이처럼 지문의 첫 부분을 지문이라고 생각하지 말고, 발문의 일부로 생각하는 것은 굉장한 메리트를 가진다. 이 문제의 경우 주장 간 비교가 '인문학 열풍'을 중심으로 이뤄진다는 것을 미리 파악할 수 있다면, 주장들이 무엇을 기준으로 대립하는지도 더 쉽게 보인다.

❷ 제시문 독해

인문학 열풍에 대한 다양한 관점이 나열되어 있음을 확인하고 선지를 판단한다. ㄱ의 경우 (나)에서 시민의 자발성과 관련된 내용을 전혀 찾을 수 없어 틀렸다. ㄴ의 경우 (가)에는 인문학의 공동체에 대한 영향이 언급되어 있지 않아 틀렸다. (나), (라) 모두 인문학 열풍의 상품화를 지적하고 있으므로 ㄷ은 맞는 선지가 된다. ㄱ, ㄴ이 명확하므로 ㄷ이 답임을 알 수 있지만 실수를 방지하기 위해 ㄷ까지 확인하는 것이 좋다. 풀이와 별개로 제시문의 내용은 크게 어렵지 않다. (가)와 (다)는 인문학 열풍에 대해 대중의 욕구를 채워준다거나 좋은 공동체를 만들게 해주는 요소로 보는 등 긍정적인 시각을 갖고 있으며, (나)와 (라)의 경우 인문학이 시장의 논리에 포섭되고 상품화되고 있다며 부정적인 시각을 제시하고 있다. (가)/(다)와 (나)/(라)가 대립적인 관계를 갖고 있으며 (나)와 (라)의 경우는 부정적 견해뿐만 아니라 '인문학의 상품화'라는 공통적 견해를 갖고 있다.

물론 엄밀히 따지면, 사실 명시적으로 인문학 확산이 긍정적 or 부정적 현상인지 언급된 적은 없다. 그러나 그렇게 엄밀히 따지는 것은 논리의 영역이지 독해의 영역이 아니다. 언어논리를 너무 열심히 하다 보면 뉘앙스를 거부하고 따지게 되는데, 이런 실수는 피해야 한다(특히 ㄷ선지 판단에서 더 그렇다).

❸ 선지 판단

ㄱ의 경우는 (가)와 (나)의 공통점을 묻고 있는데, 해당 내용이 공통점이 될 수 없으므로 오답, ㄴ의 경우는 (가)와 (다)의 공통점을 묻고 있는데 이 둘은 인문학에 대한 긍정적 견해를 보이는 공통점은 있으나 공동체에 대한 영향에 대해서는 공통 견해를 보이지 않으므로 틀렸다. 마지막 ㄷ은 (나)와 (라)의 공통점에 대해 묻고 있고 이 둘은 인문학의 상품화에 대해 언급하고 있으므로 정답이 된다.

합격자의 시간단축 Tip

Tip ❶ 병렬적으로 주어진 개념이나 내용에 주목

병렬적이라는 의미는 내용상 대등하다는 의미이다. 어떤 개념이나 내용이 병렬적으로 주어진 경우 이들 간 관계(대립-옹호 등)와 차이점과 공통점은 선지로 매우 자주 구성되어 나오니 미리 주목하면서 읽자. 해당 제시문에서는 인문학 열풍에 대한 다양한 견해가 병렬적으로 주어졌고 그들 견해 간 공통점을 위주로 선지가 구성되었다. 일반적으로 이들은 선지를 먼저 보고 판단하기보다 제시문을 읽으면서 최대한 미리 파악하는 것이 더 정확하고 빠르다.

Tip ❷ 선지를 통해 문제의 유형을 파악한다.

제시문을 보면 특정 주제에 대한 다양한 견해가 나열되어 있음을 알 수 있다. 이러한 유형은 인물들의 주장 간 차이점과 공통점을 찾아야 하므로 선지를 먼저 보고 독해 전략을 짜는 것이 유용하다. 선지에서 묻는 바를 기준으로 잡고 그 내용을 찾는 것이 효율적이기 때문이다. 따라서 먼저 제시문 앞부분만을 가볍게 읽으며 인문학 열풍에 대한 다양한 인물의 관점이 나열된 것을 확인하고, 선지에 제시된 내용이 있는지를 찾는다, 예를 들어 선지 ㄱ에 따라 시민들의 자발적 현상인지 (가)와 (나)를 읽고 판단하는 것이다.

Tip ❸ 주장간 차이점을 단어 하나로 요약해 본다.

예컨대 (가)의 PD의 주장은 "힐링 인문학"이라 요약할 수 있고, (나)의 주장은 "팝아트 인문학"이라고 요약할 수 있다. 이런 명칭을 붙여서 기억하면 필기나 밑줄 없이도 선지를 빠르게 판단할 수 있다.(아마 10초 이상 절약 가능하다.) 나머지 부분도 만들어 보자. 무조건 독창적일 필요는 없고 지문에 나온 단어를 그대로 차용해도 된다. (예) 공무원의 '동네 인문학' 내지 '공동체 인문학')

112 정답 ❷ 난이도 ●●●

문제유형 이해 > 핵심논지의 파악

접근전략 해당 문제는 논지파악 유형으로, 각 관점을 구분하여 주제에 따른 각자의 주장을 명확하게 파악하고 선지를 판단할 때도 주장과 그에 따른 근거를 바탕으로 문제를 풀도록 하자는 것이다. 또한 연습 단계에서는 개별 관점을 실제로 활용할 수 있는 키워드로 축약하여 문단 옆에 적어서 주장의 핵심을 파악하는 연습을 해보도록 한다.

다음 글의 관점 A ~ C에 대한 평가로 적절한 것만을 〈보기〉에서 모두 고르면?

(1) 위험은 우리의 안전을 위태롭게 하는 실제 사건의 발생과 진행의 총체라고 할 수 있다. (2) 위험에 대해 사람들이 취하는 태도에 대해서는 여러 관점이 존재한다. ▶ 1문단

(1) 관점 A에 따르면, 위험 요소들은 보편타당한 기준에 따라 계산 가능하고 예측 가능하기 때문에 객관적이고 중립적인 것으로 인식될 수 있다. (2) 그 결과, 각각의 위험에 대해 개인이나 집단이 취하게 될 태도 역시 사고의 확률에 대한 객관적인 정보에 의해서만 결정된다. (3) 하지만 이 관점은 객관적인 발생가능성이 높지 않은 위험을 민감하게 받아들이는 개인이나 사회가 있다는 것을 설명하지 못한다. ▶ 2문단

(1) 한편 관점 B는 위험에 대한 태도가 객관적인 요소뿐만 아니라 위험에 대한 주관적 인지와 평가에 의해 좌우된다고 본다. (2) 예를 들어 위험이 발생할 객관적인 가능성은 크지 않더라도, 그 위험의 발생을 스스로 통제할 수 없는 경우에 사람들은 더욱 민감하게 반응한다. (3) 그뿐만 아니라 위험을 야기하는 사건이 자신에게 생소한 것이어서 그에 대한 지식이 부족할수록 사람들은 그 사건을 더 위험한 것으로 인식하는 경향이 있다. (4) 하지만 이것은 동일한 위험에 대해 서로 다른 문화와 가치관을 가지고 있는 사회 또는 집단들이 다른 태도를 보이는 이유를 설명하지 못한다. ▶ 3문단

(1) 이와 관련해 관점 C는 위험에 대한 태도가 개인의 심리적인 과정에 의해서만 결정되는 것이 아니라, 개인이 속한 집단의 문화적 배경에도 의존한다고 주장한다. (2) 예를 들어 숙명론이 만연한 집단은 위험을 통제 밖의 일로 여겨 위험에 대해서 둔감한 태도를 보이게 되며, 구성원의 안전 문제를 다른 무엇보다도 우선시하는 집단은 그렇지 않은 집단보다 위험에 더 민감한 태도를 보이게 될 것이다. ▶ 4문단

보기

ㄱ. 관점 A와 달리 관점 B는 위험에 대한 사람들의 태도가 객관적인 요소에 영향을 받지 않는다고 주장한다.
→ (×) 관점 A는 위험에 대한 사람들의 태도가 객관적인 정보에 의해서만 결정된다고 보고[2문단(2)], 관점 B는 위험에 대한 태도가 객관적인 요소뿐만 아니라 위험에 대한 주관적 인지와 평가에 의해서도 좌우된다고 본다.[3문단(1)] 따라서 관점 A와 관점 B 모두 위험에 대한 태도에 객관적인 요소가 영향을 미친다는 것을 인정한다.

ㄴ. 관점 B와 관점 C는 사람들이 동일한 위험에 대해서 다른 태도를 보이는 사례를 설명할 수 있다.

→ (O) 관점 B는 위험이 발생할 객관적 가능성은 크지 않더라도, 그 위험의 발생을 개인이 스스로 통제할 수 없는 경우에 사람들은 더욱 민감하게 반응한다고 말한다.[3문단(2)] 즉, 위험에 대한 주관적 인지와 평가라는 개념을 통해 동일한 위험에 대해 사람들이 다른 태도를 보이는 사례를 설명한다. 관점 C 또한 구성원의 안전 문제를 다른 무엇보다도 우선시하는 집단은 그렇지 않은 집단보다 위험에 더 민감한 태도를 보이게 된다고 말하며[4문단(2)] 개인이 속한 집단의 영향을 받아 동일한 위험에 대해 사람들이 다른 태도를 보이는 사례를 설명한다. 따라서 관점 B와 관점 C는 사람들이 동일한 위험에 대해서 다른 태도를 보이는 사례를 설명할 수 있다.

ㄷ. 관점 A는 민주화 수준이 높은 사회일수록 사회 구성원들이 기후변화의 위험에 더 민감한 태도를 보인다는 것을 설명할 수 있지만, 관점 C는 그렇지 않다.

→ (×) 관점 A는 위험에 대한 사람들의 태도가 객관적인 정보에 의해서만 결정된다고 보기 때문에[2문단(2)], 민주화 수준과 위험에 대한 태도 사이의 관계를 설명할 수 없다. 그러나 관점 C는 위험에 대한 태도에 개인이 속한 집단의 문화적 배경이 끼치는 영향도 고려하기 때문에[4문단(1)], 이를 설명할 수 있다. 따라서 해당 선지의 관점 A와 C에 대한 설명은 서로 바뀌어야 적절하다.

① ㄱ → (×)　② ㄴ → (O)
③ ㄱ, ㄷ → (×)　④ ㄴ, ㄷ → (×)
⑤ ㄱ, ㄴ, ㄷ → (×)

제시문 분석

제시문 위험에 대한 태도를 바라보는 다양한 관점

〈쟁점〉
위험에 대해 사람들이 취하는 태도.[1문단(2)]

〈관점 A〉		
〈주장〉		〈한계〉
위험에 대한 태도는 객관적인 정보에 의해서만 결정된다.[2문단(2)]	→	객관적인 발생가능성이 높지 않은 위험을 민감하게 받아들이는 개인이나 사회가 있다는 것을 설명하지 못한다.[2문단(3)]

〈관점 B〉		
〈주장〉		〈한계〉
위험에 대한 태도는 객관적인 요소뿐만 아니라 위험에 대한 주관적 인지와 평가에 의해 좌우된다.[3문단(1)]	→	동일한 위험에 대해 서로 다른 문화와 가치관을 가지고 있는 사회 또는 집단들이 다른 태도를 보이는 이유를 설명하지 못한다.[3문단(4)]

〈관점 C〉
〈주장〉
위험에 대한 태도는 개인이 심리적인 과정에 의해서만 결정되는 것이 아니라, 개인이 속한 문화적 배경에도 의존한다.[4문단(1)]

합격자의 실전 풀이 순서

논지파악 유형

논지파악 유형은 지문을 제시한 후, 지문의 핵심 주장·내용을 선지에서 고르도록 하는 문제들을 말한다.

⓪ 유형 식별하기

- 발문
  - 다음 글의 논지/주장/견해…과 부합하는/적합한 것은?
  - 다음 주장/논쟁…에 대한 분석/설명/추론…으로 옳은 것은? (본 문제)
- 지문
  - 주관적인 주장이 포함된 글
  - 일반적인 비문학 유형에 비해 정보량이 적은 대신 포괄적인 문장들이 제시

❶ 문제 구조 파악하기

먼저 발문을 확인한다.

> 다음 글의 관점 A~C에 대한 평가로 적절한 것만을 〈보기〉에서 모두 고르면?

지문에 관점 A~C가 제시됨을 알 수 있다. 〈보기〉에 관점에 대한 평가가 제시될 것이므로, 〈보기〉로 간다. 보기마다 2개의 관점을 서로 비교하며 공통점과 차이점을 찾도록 하고 있다. 이제 다시 지문으로 올라가 관점들끼리 어떤 공통점과 차이점이 있는지 알아본다.

❷ 지문 이해하기

논지파악 유형에서는 무조건 지문을 먼저 읽고 이해한다. 지문의 논리구조와 각 주장의 핵심 및 그들 간 공통점과 차이점에 집중하여 읽어야 한다.

이를 본 문제에 적용해 보자. 지문을 차근히 읽으면서 관점 A~C를 파악한다.

본 문제의 경우 1문단에서 글 전체의 주제를 제시하고 이하 문단은 각각 다른 주장을 안내하고 있어 독해가 수월하다. 이하 2~4문단에서는 관점 A~C를 하나씩 맡아 소개하고 있다. 2문단은 객관적 정보 중시, 3문단은 주관적 인지와 평가 중시, 4문단은 집단의 문화적 배경 중시가 각 관점의 핵심 내용이다.

❸ 보기 고르기

마지막 단계에서는 정답, 즉 3가지 주장에 대해 올바르게 설명한 보기를 고른다. 앞선 단계가 튼튼히 잘 진행되었을수록 정답을 찾는 시간이 단축된다. 이 과정은 해설에서 구체적으로 설명하고 있다.

합격자의 시간단축 Tip

Tip ❶ '그렇지'가 어디까지인지 주의하자.

보기를 해석할 때 '그렇지 않다'와 같은 부정표현이 등장한 경우, 부정의 대상이 어디까지인지 확실히 파악해야 한다.

예컨대 본 문제에서는 보기 ㄷ에 '그렇지 않다'가 등장한다. 이 '그렇지 않다'를 풀어 말하면 어떤 뜻일까? 스스로 생각해보고 아래에서 답을 확인하자.

해석은 다음과 같다. '관점 C는 민주화 수준이 높은 사회일수록 사회 구성원들이 기후변화의 위험에 더 민감한 태도를 보인다는 것을 설명할 수 없다.'

Tip ❷ 강조어구에 유의하자.

2문단 (2)의 '의해서만', 3문단 (4)의 '설명하지 못한다', 4문단

(2)의 '더 민감한' 등의 강조어구에 유의한다. 특히 '~만', '더' 등의 한정어구 또는 비교어구는 외형상 미세한 차이로도 정답을 가를 수 있는 중요한 부분이다.

Tip ❸ 접속어구에 유의하자.

2문단 (2)의 '그 결과', (3)의 '하지만', 3문단 (2)의 '예를 들어', (4)의 '하지만', 4문단 (2)의 '예를 들어' 등은 독해를 돕는 접속어구다. 사전에 이러한 접속사의 기능을 숙지하고, 실전에서 발견했을 때 빠르게 이해 및 적용할 수 있도록 연습하자.

Tip ❹ 대안 풀이순서

문단별로 끊어서, 즉 한 문단을 읽을 때마다 아래로 내려가서 보기를 판단할 수도 있다. 해당 문제는 갑, 을, 병 등을 등장시켜 각 견해를 제시하고 이에 관해 묻는 문제의 제시문과 거의 비슷하므로 이와 같은 풀이도 할 수 있다. 다만, 지문과 선지의 난도가 높은 경우 다른 문단과의 차이점을 잘 숙지하기 어려울 수도 있음을 주의하자. 아래 내용은 본 문제에 앞서 설명한 방법을 적용한 풀이다.
1문단에서 각 관점이 등장하는 배경에 대해 파악할 수 있다. 2문단에서 관점 A에 대해 파악하고 이와 관련된 보기 ㄱ, ㄷ의 일부에 대해 정오판단을 할 수 있다. 3문단에서 관점 B에 대해 읽은 후 보기 ㄱ, ㄴ에 대해 판단할 수 있다. 마지막으로 4문단에서 관점 C를 파악한 후 보기 ㄴ, ㄷ의 정오를 판단할 수 있다.
대안 풀이순서는 한 문제를 해결하는 다양한 방식의 경험이라는 점에서 의미가 있다. 여러 번 연습해 보았음에도 합격자의 풀이순서가 본인과 잘 맞지 않는다고 느낄 수도 있다. 그 경우 대안 풀이순서와 같이 다른 방법을 접하면서 자신만의 풀이법을 발전시키는 것이 중요하다.

113 정답 ⑤

난이도 ●○○

문제유형 이해 > 내용 파악

접근전략 평이한 난도의 한국사 비문학 유형이다. 지문의 내용은 대상의 변화와 그 변화에 영향을 미친 요소들에 대해 다루고 있다. 이러한 방식은 본 영역에서 흔히 출제되는 일반적인 형태의 문단 구성이므로, 지문의 구조에 유의하며 독해에 임해 보자.

다음 글에서 알 수 있는 것은?

(1) 고려 전기 문신 출신 문벌들의 정치적 특권과 경제적 풍요는 농민이나 무신 등에게 돌아가야 할 몫이 그들에게 집중된 결과였다. (2) 이에 대해 농민들과 무신들은 강하게 반발하였고, 결국 농민 출신 병사들의 지지를 얻은 무신들이 문벌들을 몰아내고 권력을 장악하였다. (3) 이 지배세력의 교체는 문화에서도 변화를 가져왔다. (4) 예를 들어 청자의 형태에도 영향을 미쳤다. (5) 문양을 새기지 않았던 순청자의 아름다운 비색 바탕에 문양을 더하여 상감청자가 만들어지게 된 것이다. ▶ 1문단

(1) 상감청자는 무신들의 생활 도구였다. (2) 무신들은 상감청자의 하늘처럼 푸른 빛깔과 아름다운 문양에 한껏 매료되었다. (3) 무신들을 주요 수요자로 하여 성행하던 상감청자는 13세기 전반 몽골과의 항쟁을 위하여 무신정권이 강화도로 피난한 시기에 전성기를 맞았으며, 몽골과의 강화 이후 친원세력이 집권하면서 쇠락하기 시작하였다. ▶ 2문단

(1) 도자기 생산에 상감기법이 등장하게 된 것은 문신의 문화가 청산되었기 때문이었다. (2) 특권 의식과 사대 의식을 특징으로 삼던 문신의 문화는 무신집권으로 인하여 사라졌다. (3) 문신의 문화를 대체하여 이전과는 다른 새로운 문화가 모색되었고, 중국의 영향에서 벗어나 자주적 문화를 창조하려는 시대적 분위기가 도자기 생산을 비롯한 여러 분야에 영향을 미쳤다. ▶ 3문단

(1) 상감기법의 기술적 배경이 된 것은 당시 전성기에 도달해 있던 나전기술의 이용이었다. (2) 나전기술은 나무로 만든 생활용구 표면에 무늬를 음각하고 그 자리에다 자개를 박아 옻칠을 하는 것이다. (3) 이러한 기술이 도자기 생산에도 적용되어, 독창적이고 고려화된 문양과 기법이 순청자에 적용된 것이다. ▶ 4문단

(1) 상감청자의 문양으로 자주 등장하는 것은 운학(雲鶴) 무늬이다. (2) 운학 무늬는 그릇 표면에 학과 구름이 점점이 아로새겨진 무늬를 일컫는다. (3) 학이 상서롭고 세속을 벗어난 고고한 동물이라는 점에서 고려 사람들은 이를 무늬로 즐겨 이용하였고 푸른 그릇 표면은 하늘로 생각했다. (4) 하늘은 소란스러운 속세를 떠난, 정적만이 있는 무한한 공간이었다. (5) 이러한 곳에서 세속을 벗어난 고고한 학처럼 살고 싶었던 무신들은 그들이 희구하던 세계를 그릇 위에 나타내도록 한 것이다. ▶ 5문단

① 나전기술이 무신집권기에 개발되어 상감청자를 만드는 데 적용되었다.
→ (×) 상감기법의 기술적 배경이 되었던 나전기술은 당시 이미 전성기에 도달해 있었다.[4문단(1)] 따라서 나전기술이 무신집권기에 개발되어 상감청자를 만드는 데 적용되었다는 해당 선지의 내용은 옳지 않다.

② 청자의 사용은 무신의 집권과 더불어 등장하게 된 자주적인 문화양상이다.
→ (×) 무신이 집권함에 따라 문양을 새기지 않았던 순청자가 문양이 있는 상감청자로 만들어지게 되었다.[1문단(5)] 이를 통해 청자가 사용된 것은 무신의 집권 이전부터이며 지배세력의 교체는 단지 청자의 형태 변화에 영향을 준 것임을 알 수 있다.[1문단(4)] 또한, 제시문에 청자의 사용 자체가 자주적인 문화양상이라고 볼 근거도 없다. 따라서 청자의 사용 자체가 무신의 집권과 더불어 등장하게 된 자주적인 문화양상은 아니다.

③ 몽골과의 전쟁이 발발하자 상감청자를 사용하는 문화는 쇠퇴하기 시작하였다.
→ (×) 상감청자는 13세기 전반 몽골과의 항쟁을 위하여 무신정권이 강화도로 피난한 시기에 전성기를 맞았으며, 상감청자를 사용하는 문화가 쇠퇴하기 시작한 것은 몽골과의 강화 이후 친원세력이 집권하면서부터이다.[2문단(3)]

④ 무신들은 최고 권력을 쟁취하고자 하는 꿈을 상감청자의 학 문양에 담았다.
→ (×) 고려 사람들은 학이 상서롭고 세속을 벗어난 고고한 동물이라는 점에서 이를 무늬로 즐겨 이용하였다.[5문단(3)] 이를 통해 고고한 학처럼 살고 싶었던 무신들은 그들의 희구하던 세계를 그릇 위에 나타내도록 하였다.[5문단(5)] 따라서 무신들이 최고 권력을 쟁취하고자 하는 꿈을 상감청자의 학 문양에 담았다는 설명은 적절하지 않다.

⑤ 문벌에서 무신으로 고려의 지배층이 변함에 따라 청자의 형태도 영향을 받았다.
→ (○) 문신에서 무신으로의 지배세력의 교체는 문화에서도

변화를 가져왔는데[1문단(3)], 예를 들어 청자의 형태에도 영향을 미쳤다.[1문단(4)] 즉, 문양을 새기지 않았던 순청자의 아름다운 비색 바탕에 문양을 더하여 상감청자가 만들어지게 된 것이다.[1문단(5)] 이를 통해 문벌에서 무신으로 고려의 지배층이 변함에 따라 청자의 형태도 영향을 받았음을 알 수 있다.

제시문 분석

1문단 무신 집권기의 의의

〈무신 집권기의 의의〉
문벌에서 무신으로의 지배세력의 교체는 문화에서도 변화를 가져왔고, 청자의 형태에 있어서 기존과 다른 상감청자가 만들어지는 데 영향을 미쳤다.(3),(5)

2문단 상감청자의 전성기와 쇠락

〈상감청자의 전성기와 쇠락〉		
〈전성기〉		〈쇠락〉
무신들을 주요 수요자로 하여 성행하던 상감청자는 13세기 전반 몽골과의 항쟁을 위하여 무신정권이 강화도로 피난한 시기에 전성기를 맞았다.(3)	→	몽골과의 강화 이후 친원세력이 집권하면서 쇠락하기 시작하였다.(3)

3문단 상감기법이 등장하게 된 배경

〈상감기법이 등장하게 된 배경〉		
〈문신의 문화 소멸〉		〈새로운 문화 모색〉
특권 의식과 사대 의식을 특징으로 삼던 문신의 문화는 무신 집권으로 인하여 사라졌다.(2)	→	문신의 문화를 대체하여 이전과는 다른 새로운 문화가 모색되었고, 중국의 영향에서 벗어나 자주적 문화를 창조하려는 시대적 분위기가 여러 분야에 영향을 미쳤다.(3)

4문단 상감기법의 기술적 배경 - 나전기술

〈상감기법의 기술적 배경 - 나전기술〉		
〈나전기술〉		〈도자기 생산에 적용〉
나전기술은 나무로 만든 생활용구 표면에 무늬를 음각하고 그 자리에다 자개를 박아 옻칠을 하는 것이다.(2)	→	이러한 기술이 도자기 생산에도 적용되어, 독창적이고 고려화된 문양과 기법이 순청자에 적용된 것이다.(3)

5문단 상감청자의 문양 - 운학 무늬

〈상감청자의 문양 - 운학 무늬〉
세속을 벗어난 고고한 학처럼 살고 싶었던 무신들은 그들이 희구하던 세계를 그릇 위에 나타내도록 하였다.(5)

합격자의 실전 풀이 순서

한국사 비문학 유형

⓪ 유형 파악하기
본 유형의 식별은 간단하다. 문항 번호가 비교적 명확할 뿐 아니라, 지문의 첫 문장만 읽어도 알 수 있다.

❶ 지문 훑어보기
이 단계에서는 1분보다 짧은 시간 안에 지문의 주제와 키워드를 대강 파악한다. 눈에 띄는 부분이 있는지 체크한다.

예 무신 집권이라는 시대적 변화가 문화에 미친 영향, 그중에서도 상감청자에 관한 글이구나. 1문단에서는 무신 집권의 배경, 2~5문단에서는 상감청자의 역사, 상감기법이 등장할 수 있던 시대적, 기술적 배경 그리고 상감청자의 대표적 문양이 키워드로 다루어지네.

❷ 발문 확인하기
본 문제는 '알 수 있는/없는 것은?' 유형에 해당한다. 이때 알 수 '있는' 것인지, '없는' 것인지를 확실히 표시하고 간다.

> 다음 글에서 알 수 있는 것은?

❸ 선지 적용하기
① **나전기술이 무신집권기에 개발되어 상감청자를 만드는 데 적용되었다.**

추론형 선지다. 본 선지가 참이려면 아래 명제 2개가 모두 참이어야 한다.

A: 나전기술이 무신집권기에 개발되었다.

B: 나전기술이 상감청자를 만드는 데 적용되었다.

명제 B는 지문에 명확히 제시되어 있지만(4문단 1) 같은 부분의 '전성기' 표현에서 명제 A는 옳지 않음을 알 수 있다. 따라서 선지 ①도 옳지 않다.

② **청자의 사용은 무신의 집권과 더불어 등장하게 된 자주적인 문화양상이다.**

무신의 집권과 더불어 등장한 자주적 문화 ⇒ 상감기법의 등장 ⇏ 청자의 사용

함정이 담긴 추론형 선지다. 3문단 내용으로부터 무신정권의 자주적인 문화양상은 청자 그 자체가 아닌, 청자에 사용되는 상감기법의 등장임을 알 수 있다.

③ **몽골과의 전쟁이 발발하자 상감청자를 사용하는 문화는 쇠퇴하기 시작하였다.**

상감청자 ⇒ 몽골과 항쟁 시기에 전성기 ⇏ 몽골과의 전쟁 시기에 쇠퇴 시작

단순비교형 선지다. '몽골과 전쟁'을 키워드로 잡아 지문에서 찾으면 금방 정오를 판단할 수 있다.

④ **무신들은 최고 권력을 쟁취하고자 하는 꿈을 상감청자의 학 문양에 담았다.**

상감청자의 학 문양 ⇒ 세속을 벗어나 살고 싶은 마음 ⇏ 권력의 쟁취

간단한 단순비교형 선지다.

⑤ **문벌에서 무신으로 고려의 지배층이 변함에 따라 청자의 형태도 영향을 받았다.**

문벌 귀족		무신 집권
순청자	→	상감청자

추론형 선지다. 지배층의 변화에 따라 청자의 형태가 어떻게 변화하였는지 지문 전체의 큰 맥락으로부터 파악할 수 있기 때문에 난이도는 비교적 쉽다.

합격자의 시간단축 Tip

Tip ❶ 중심 내용은 어디든 제시될 수 있다.

본 지문 전체를 관통하는 소재는 '청자'인데, 이는 1문단 맨 앞(두괄식) 또는 지문의 마지막 5문단(미괄식)이 아니라 1문단 중간에서 제시되고 있다. 이러한 내용 전개도 가능하다는 것을 확인하자.

Tip ❷ '시간'과 연관된 단어에 주목하자.

선지 ③의 '발발'은 시작 시기와 연관되었다는 것을 전제하는 어휘이다. 반면 '쇠퇴'는 흐름의 종결에 가까운 어휘다. 그 외에도

선지 ①의 '개발', ②의 '등장', ⑤의 '변화' 등, 한국사 비문학 유형에서는 선후관계를 내포한 표현이 거의 항상 등장한다. 직접적인 시대 표현 외에도 이러한 표현들이 선후관계 또는 인과관계를 표시해줄 수 있음을 염두에 두자.

Tip ❸ 대안 풀이순서

발문 확인 후 선지에서 키워드를 고른다. 여기서는 선지가 비교적 짧은 편이므로 키워드를 설정할 때 선지 내용도 읽으며 파악하도록 한다. 선지 ①의 키워드는 '나전기술', ②는 '청자의 사용', ③은 '몽골과의 전쟁', ④는 '상감청자의 학 문양', ⑤는 '청자의 형태도 영향'으로 할 수 있다.
지문을 읽기 시작한다. 1문단 (4)에서 선지 ⑤을 확인할 수 있는데 지문에서 알 수 있는 옳은 선지임을 바로 판단할 수 있다.

114 정답 ❷

난이도 ●●○

문제유형 논리적 비판 > 논지의 일관성
접근전략 유형 식별부터 까다로운 문제로, 논지파악 유형의 탈을 쓴 실험분석 유형이다. 어느 부분이 문제의 유형을 결정하는지는 풀이 순서를 참고하자. 발문을 확인할 때 제시문 첫 번째 문장을 함께 읽어본다면 두 변수 간 인과관계가 핵심이 될 것이라 예상할 수 있다. 선지를 보면 이를 더 확실하게 알 수 있다. 따라서 제시문을 처리할 때 원인과 결과에 유의하도록 한다.
실험이 3개나 제시되고, ㄱ, ㄴ, ㄷ의 보기 형태라 바로 답을 확정하기 어려워 난이도가 상당한 문제이다. 풀이순서를 우선순위 뒤로 가져가는 것이 바람직하다.

다음 글의 (가) ~ (다)에 대한 분석으로 적절한 것만을 〈보기〉에서 모두 고르면?

(1) 다음은 원인으로 추정되는 요인과 결과로 추정되는 질병 사이의 상관관계를 알아본 연구 결과이다.

(가) (1) 아스피린의 복용이 심장병 예방에 효과가 있을 수 있다는 것이 밝혀졌다. (2) 심장병 환자와 심장병이 발병한 적이 없는 기타 환자 총 4,107명에 대한 조사 결과에 따르면, 심장병 환자 중 발병 전에 정기적으로 아스피린을 복용해 온 사람의 비율은 0.9%였지만, 기타 환자 중 정기적으로 아스피린을 복용해 온 사람의 비율은 4.9%였다. (3) 환자 1만 542명을 대상으로 한 후속 연구에서도 유사한 결과가 나타났다. (4) 즉 심장병 환자 중에서 3.5%만이 정기적으로 아스피린을 복용해 왔다고 말한 반면, 기타 환자 중에서 그렇게 말한 사람은 7%였다.

(나) (1) 임신 중 고지방식 섭취가 태어날 자식의 생식기에서 종양의 발생 가능성을 높일 수 있다는 것이 밝혀졌다. (2) 이 결과는 임신한 암쥐 261마리 중 130마리의 암쥐에게는 고지방식을, 131마리의 암쥐에게는 저지방식을 제공한 연구를 통해 얻었다. (3) 실험 결과, 고지방식을 섭취한 암쥐에게서 태어난 새끼 가운데 54 %가 생식기에 종양이 생겼지만 저지방식을 섭취한 암쥐가 낳은 새끼 중에서 그러한 종양이 생긴 것은 21%였다.

(다) (1) 사지 중 하나 이상의 절단 수술이 심장병으로 사망할 가능성을 증가시킬 수 있다는 것이 밝혀졌다. (2) 이것은 제2차 세계대전 중에 부상을 당한 9,000명의 군인에 대한 진료 기록을 조사한 결과이다. (3) 이들 중 4,000명은 사지 중 하나 이상의 절단 수술을 받은 사람이었고, 5,000명은 사지 절단 수술을 받지 않았지만 중상을 입은 사람이었다. (4) 이들에 대한 기록을 추적 조사한 결과, 사지 중 하나 이상의 절단 수술을 받은 사람이 심장병으로 사망한 비율은 그렇지 않은 사람의 1.5배였다. (5) 즉 사지 중 하나 이상의 절단 수술을 받은 사람 중 600명은 심장병으로 사망하였고, 그렇지 않은 사람 중 500명이 심장병으로 사망하였다.

보기

ㄱ. (가)와 (나)는 원인으로 추정되는 요인이 적용된 집단과 그렇지 않은 집단을 나눈 후 그에 따라 결과로 추정되는 질병의 발생 비율을 비교하는 실험을 했다.
→ (×) (가)의 실험 결과, 심장병 환자 중 발병 전에 정기적으로 아스피린을 복용해 온 사람의 비율은 0.9%였지만, 기타 환자 중 아스피린을 정기적으로 복용해 온 사람의 비율은 4.9%였다.[가(2)] 이것은 원인으로 추정되는 요인인 아스피린을 적용한 집단과 그렇지 않은 집단을 비교한 것이 아니라, 심장병 환자 중 아스피린을 적용한 집단과 기타 환자 중 아스피린을 적용한 집단을 비교한 것이다. 즉, 두 집단 모두 원인으로 추정되는 요인이 적용되었다는 것이므로 선지의 내용과 부합하지 않는다. (나)의 실험 결과, 고지방식을 섭취한 암쥐에게서 태어난 새끼 가운데 54%가 생식기에 종양이 생겼지만 저지방식을 섭취한 암쥐에게서 태어난 새끼 중에서 그러한 종양이 생긴 것은 21%였다.[나(3)] 이것은 원인으로 추정되는 요인인 고지방식을 적용한 집단과 그렇지 않은 집단으로 나누어 새끼의 성기 종양 발생이라는 질병의 발생 비율을 비교했으므로 선지의 내용에 부합한다.

ㄴ. (가)와 (다)에서는 원인으로 추정되는 요인이 적용된 개체들 중 결과로 추정되는 질병의 발생 비율을 알 수 있다.
→ (×) (다)의 연구 결과, 사지 중 하나 이상의 절단 수술을 받은 사람 4,000명 중 600명은 심장병으로 사망하였으므로[다(5)], '원인으로 추정되는 요인'(=사지 중 하나 이상의 절단 수술)이 적용된 개체들 중 '결과로 추정되는 질병'(=심장병)의 발생 비율이 15%임을 알 수 있다. 그러나 (가)의 경우, '원인으로 추정되는 요인'(=아스피린을 복용하지 않음)이 적용된 개체들 중 '결과로 추정되는 질병'(=심장병)의 발생 비율이 제시문에 언급되어 있지 않아서 알 수 없다.

ㄷ. (나)에서는 연구에 사용된 개체에게 원인으로 추정되는 요인을 적용할 것인지의 여부는 연구자에 의해서 결정되지만, (다)에서는 그렇지 않다.
→ (○) (나)는 연구자가 임신한 암쥐 261마리 중 130마리의 암쥐에게는 고지방식을, 131마리의 암쥐에게는 저지방식을 제공했기 때문에[나(2)], '연구에 사용된 개체'(=암쥐)에게 '원인으로 추정되는 요인'(=임신 중 고지방식 섭취)을 적용할 것인지의 여부는 연구자에 의해서 결정된 것이다. 그러나 (다)의 연구의 경우 제2차 세계대전 중에 부상을 당한 9,000명을 대상으로 하였기 때문에[다(2)] 연구에 사용된 개체(=부상당한 군인)에게 '원인으로 추정되는 요인'(=사지 중 하나 이상의 절단 수술)을 적용할 것인지의 여부는 연구자에 의해서 결정된 것이 아니다.

① ㄱ → (×)
② ㄷ → (O)
③ ㄱ, ㄴ → (×)
④ ㄴ, ㄷ → (×)
⑤ ㄱ, ㄴ, ㄷ → (×)

제시문 분석

가 아스피린 복용과 심장병의 발병 간 관계

〈아스피린 복용 비율〉			
〈심장병 환자〉	0.9%(2)	〈후속 연구〉	3.5%(4)
〈기타 환자〉	4.9%(2)		7%(4)

→ 〈결론〉 아스피린 복용이 심장병 예방에 효과가 있을 수 있다.(1)

나 임신 중 고지방식 섭취와 생식기 종양 발생 가능성 간 관계

	〈생식기 종양 발생 비율〉
〈임신 중 고지방식을 섭취한 암쥐〉	54%(3)
〈임신 중 저지방식을 섭취한 암쥐〉	21%(3)

→ 〈결론〉 임신 중 고지방식 섭취가 태어날 자식의 생식기에서 종양의 발생 가능성을 높일 수 있다.(1)

다 사지 중 하나 이상의 절단 수술 경험과 심장병으로 사망할 가능성 간 관계

〈연구 결과〉		〈결론〉
제2차 세계대전 중 부상을 당한 9,000명을 대상으로 조사한 결과, 사지 중 하나 이상의 절단 수술을 받은 사람이 심장병으로 사망한 비율은 그렇지 않은 사람의 1.5배였다.(4)	→	사지 중 하나 이상의 절단 수술 경험이 심장병으로 사망할 가능성을 증가시킬 수 있다.(1)

합격자의 실전 풀이 순서 실험·연구분석 유형

실험분석 유형은 지문에서 자연과학 또는 사회과학 분야의 실험을 제시한 후, 실험의 구조 및 결과를 제대로 이해했는지 묻는 유형이다. 특징이 명확하기에 미리 접하고 대비함으로써 실전에서 큰 도움이 될 수 있다.

⓪ 유형 식별하기

- 발문: (가), (나)/A, B 등에 대한 '분석'으로 적절한 것/적절하지 않은 것은?
- 지문: 가상의 실험 상황을 제시함 (실험군, 변인, 실험결과가 뚜렷하게 나타남)
- 선지나 〈보기〉: 실험/연구 결과에 대한 내용추론

이러한 발문의 문제는 주로 각 기호의 주장 간의 비교, 주장에 따른 내용의 추론 등을 묻는다. 따라서 제시문을 읽으며 각각 어떤 주장을 하는지 파악해야 한다. 그런데 각 주장의 내용이 제시되기 전 첫 문장을 보면, 해당 지문의 내용이 연구 결과임을 알 수 있다. 따라서 각 지문의 주장은 연구의 결과가 될 것이며, 연구대상/종속변수/독립변수 등을 파악하며 읽어야 할 것이다. 이러한 지문의 내용에 따라 '실험·연구분석 유형'으로 분류하였다.

❶ 문제 구조 파악하기

(1) 발문 확인

> 다음 글의 (가)~(다)에 대한 분석으로 적절한 것만을 〈보기〉에서 모두 고르면?

(가), (나), (다) 각 주장을 〈보기〉의 내용을 기준으로 분석해야 한다. 〈보기〉가 분석의 기준이므로, 〈보기〉를 확인한다.

(2) 〈보기〉에서 분석 기준 확인

〈보기〉는 각 보기에서 세 주장 중 둘씩 묶어서 비교하고 있으며, 주장 간 공통점을 묻고 있다.

(3) 지문의 구조 확인

첫 문장에서 '원인으로 추정되는 요인-결과로 추정되는 질병'의 상관관계와 '연구 결과'가 제시된다. 구체적으로 (가)~(다)에서는 독립변수와 종속변수, 실험군 및 실험결과가 소개된다. 일반적으로 실험분석 유형은 독립변수와 종속변수 등 지문의 실험 구조를 먼저 이해한 뒤에 선지를 보는 풀이를 추천한다. 그러나 이 경우 〈보기〉에서 주장의 비교 기준을 제시하기 때문에, 보기를 먼저 읽고 지문을 읽는 방식을 취해도 문제는 없다. 또한 각 〈보기〉는 셋 중 두 주장씩 비교하고 있으므로, 두 주장을 먼저 읽고 보기 하나를 판단한 뒤 나머지 주장을 읽고 남은 보기를 파악하는 방법도 가능하다. 두 방법을 모두 소개한다.

2-1 지문 독해 선행

(1) 지문 독해 및 실험 구조 파악하기

지문 (가)~(다)를 읽고 이와 같이 실험 및 연구의 구조를 분석하는 연습을 해본다. 연구 집단 및 종속변수, 독립변수를 파악하는 연습이다. 이런 연습이 누적될 때, 시험장에서 처음 만나는 실험 및 연구지문을 익숙하게 독해할 수 있다.

(가)

실험 목적	아스피린 복용 - 심장병 예방 간 상관관계	
실험군	결과	변수
1	심장병 발병	
2	심장병 발병 x	

(나)

실험 목적	임신 중 고지방식 섭취 - 태아의 생식기 종양 간 상관관계	
실험군	조작	결과
1	고지방식 제공	
2	저지방식 제공	

(다)

실험 목적	사지 절단 수술 - 심장병 사망 간 상관관계	
실험군	결과	변수
1	절단 수술 경험	
2	절단 수술 미경험	

참고로 각 실험의 구조를 보면, (가)와 (다)는 엄밀히 말해 실험이 아니다. 실험자가 특정한 조작을 행하는 실험이 아니라, 결괏값을 분석하는 연구에 가깝다. 그러나 보기 ㄱ에서 (가)를 '실험'이라고 일컫는다면 이를 굳이 부정하지 않도록 한다.

(2) 보기 적용하기

지문의 구조를 모두 파악했다면 보기를 하나씩 판단한다. '실험의 가정 및 결과에서는 나올 수 없는가?' 하는 문제의식을 가지고 접근한다.

이 단계는 해설에서 상세히 설명하였으므로 넘어가도록 한다.

2-2 선지 확인 선행

〈보기〉 확인 및 독해

선지를 먼저 확인하고 선지별로 지문을 읽는다.

ㄱ. (가)와 (나)를 비교하여 연구 집단을 나누는 방법과 실험 방법이 설명과 일치하는지 확인해 본다.

	원인 추정 요인	결과 추정 질병	집단	결과
(가)	아스피린 복용	심장병	심장병O / 심장병X	

(가)는 원인 추정 요인이 아닌 결과 추정 질병을 기준으로 집단을 나누었다. 따라서 (나)를 읽지 않아도 ㄱ이 옳지 않음을 알 수 있다.

ㄱ을 소거하면 남은 선지는 ②, ④로, ㄴ만 판단하면 된다.

ㄴ. (가)의 경우 연구 집단을 심장병 발병 기준으로 분류하여, 아스피린 복용자 중 심장병 발생 비율은 알 수 없다. (다)를 읽지 않아도 ㄴ이 옳지 않음을 알 수 있다.

정답은 ②이다.

합격자의 시간단축 Tip

Tip ❶ 선지가 부정하는 내용, 사실에 주의하자.

선지에서 '그렇지 않다'를 항상 주의하여 해석하도록 한다. 예를 들어 이 문제의 경우, 선지 ㄷ에서 '(다)에서는 그렇지 않다'를 보고 문장을 다음과 같이 재구성하여 받아들인다. '(다)에서는 연구에 사용된 개체에게 원인으로 추정되는 요인을 적용할 것인지의 여부가 연구자에 의해 결정되지 않는다.'

Tip ❷ 선지를 나누어서 판단한다.

지문 3단락과 보기 3개로 구성된 문제인 만큼, 전체를 다 읽고 해결하기보다는 〈보기〉에 따라 나누어서 해결하도록 한다. 지문 전체를 한 번에 읽고 내용을 다 기억하기는 어렵기 때문이다. 예를 들어, (가), (나)를 읽고 ㄱ을 판단하거나, ㄱ을 읽고 (가), (나)에서 필요한 부분을 읽는 것이다.

Tip ❸ 〈보기〉가 주어진 문제는 선지를 활용하자.

〈보기〉가 주어진 문제는 모든 보기를 판단하지 않아도 문제가 풀리는 경우가 종종 있다. 따라서 보기 하나를 해결했다면 선지를 먼저 소거하여 판단이 필요한 보기를 줄일 수 있는지 확인하자. 이 문제도 ㄱ을 풀고 선지를 소거하면 ㄷ이 옳음을 알 수 있어 ㄴ만 추가로 판단하면 정답 도출이 가능했다.

115 정답 ①　　난이도 ●●●

문제유형 법규의 해석 및 적용

접근전략 법조문 유형 중 조문을 적용하여 발문에서 묻고 있는 정보를 도출하는 규정적용문제에 해당한다. 법조문 유형을 풀 때는 조문의 구체적인 내용을 독해하는 것보다, 법조문의 구조와 선지에 나올 만한 중요 표현들을 파악한 후 선지에서 묻고 있는 정보를 찾아 올라가는 형태로 푸는 것이 좋다. 본 문제의 경우 조문과 호에 귀휴를 허가할 수 있는 여러 조건이 제시되어 있으므로 조건을 놓치지 않도록 주의해야 한다. 또한, 법조문의 구조와 관련하여서는 제2항이 1항에 대한 예외규정이라는 점을 유의한다.

다음 글을 근거로 판단할 때, 소장이 귀휴를 허가할 수 없는 경우는? (단, 수형자 甲 ~ 戊의 교정성적은 모두 우수하고, 귀휴를 허가할 수 있는 일수는 남아있다.)

제○○조 ① 교도소·구치소 및 그 지소의 장(이하 '소장'이라 한다)은 6개월 이상 복역한 수형자로서 그 형기의 3분의 1(21년 이상의 유기형 또는 무기형의 경우에는 7년)이 지나고 교정성적이 우수한 사람이 다음 각 호의 어느 하나에 해당하면 1년 중 20일 이내의 귀휴를 허가할 수 있다.

1. 가족 또는 배우자의 직계존속이 위독한 때
2. 질병이나 사고로 외부의료시설에의 입원이 필요한 때
3. 천재지변이나 그 밖의 재해로 가족, 배우자의 직계존속 또는 수형자 본인에게 회복할 수 없는 중대한 재산상의 손해가 발생하였거나 발생할 우려가 있는 때
4. 직계존속, 배우자, 배우자의 직계존속 또는 본인의 회갑일이나 고희일인 때
5. 본인 또는 형제자매의 혼례가 있는 때
6. 직계비속이 입대하거나 해외유학을 위하여 출국하게 된 때
7. 각종 시험에 응시하기 위하여 필요한 때

② 소장은 다음 각 호의 어느 하나에 해당하는 사유가 있는 수형자에 대하여는 제1항에도 불구하고 5일 이내의 귀휴를 특별히 허가할 수 있다.

1. 가족 또는 배우자의 직계존속이 사망한 때
2. 직계비속의 혼례가 있는 때

※ 귀휴: 교도소 등에 복역 중인 죄수가 출소하기 전에 일정한 사유에 따라 휴가를 얻어 일시적으로 교도소 밖으로 나오는 것을 의미한다.

① 징역 1년을 선고받고 4개월 동안 복역 중인 甲의 아버지의 회갑일인 경우

➜ (×) 제1조 제1항 제4호에 따르면 소장은 6개월 이상 복역한 수형자로서 그 형기의 3분의 1이 지나고 교정성적이 우수한 사람이 직계존속의 회갑일인 경우에 귀휴를 허가할 수 있다. 그러나 甲은 4개월 동안 복역 중으로 6개월 이상 복역한 수형자가 아니다. 한편 甲의 아버지의 회갑일은 동조 제2항 각 호의 어느 하나에 해당하는 사유가 아니다. 따라서 소장은 甲의 귀휴를 허가할 수 없다.

② 징역 2년을 선고받고 10개월 동안 복역 중인 乙의 친형의 혼례가 있는 경우

➜ (○) 제1조 제1항 제5호에 따르면 소장은 6개월 이상 복역한 수형자로서 그 형기의 3분의 1이 지나고 교정성적이 우수한 사람이 형제자매의 혼례가 있는 경우에 귀휴를 허가할 수 있다. 乙은 징역 2년을 선고받고 6개월 이상 복역한 수형자로서 그 형기의 3분의 1인 8개월이 지났다. 따라서 乙의 친형의 혼례가 있는 경우 소장은 乙의 귀휴를 허가할 수 있다.

③ 징역 10년을 선고받고 4년 동안 복역 중인 丙의 자녀가 입대하는 경우

➜ (○) 제1조 제1항에 따라 6개월 이상을 복역하였고, 120개월 형기의 3분의 1인 40개월이 지난 48개월 동안 복역 중이다. 다른 조건은 문제되지 않으므로 동조항 제6호 직계비속이 입대하는 때로 귀휴를 허가할 수 있다. 제1조 제1항 제6호에 따르면 소장은 6개월 이상 복역한 수형자로서 그 형기의 3분의 1이 지나고 교정성적이 우수한 사람이 직계비속이 입대하는 경우에 귀휴를 허가할 수 있다. 丙은 징역 10년을 선

고받고 6개월 이상 복역한 수형자로서 그 형기의 3분의 1인 3년 4개월이 지났다. 따라서 丙의 직계비속인 자녀가 입대하는 경우 소장은 丙의 귀휴를 허가할 수 있다.

④ 징역 30년을 선고받고 8년 동안 복역 중인 丁의 부친이 위독한 경우
→ (○) 제1조 제1항에 따라 6개월 이상을 복역하였고 21년 이상의 유기형의 경우 7년이 지나면 귀휴를 허가할 수 있다. 부친이 위독한 경우는 동조항 제1호 직계존속이 위독한 경우이므로 허가할 수 있다. 제1조 제1항 제1호에 따르면 소장은 21년 이상의 유기형을 받고 6개월 이상 복역한 수형자로서 7년이 지나고 교정성적이 우수한 사람이 가족이 위독한 경우에 귀휴를 허가할 수 있다. 丁은 징역 30년을 선고받고 6개월 이상 복역한 수형자로서 7년이 지났다. 따라서 丁의 가족인 부친이 위독한 경우 소장은 丁의 귀휴를 허가할 수 있다.

⑤ 무기징역을 선고받고 5년 동안 복역 중인 戊의 배우자의 모친이 사망한 경우
→ (○) 제1조 제1항에 따라 무기형의 경우 7년 이상 복역해야 한다. 다만 동조 제2항 제1호에 따라 배우자의 직계존속이 사망한 때에는 특별히 귀휴를 허가할 수 있다. 제1조 제2항 제1호에 따르면 소장은 배우자의 직계존속이 사망한 때에는 제1항에도 불구하고 5일 이내의 귀휴를 특별히 허가할 수 있다. 따라서 戊의 배우자의 직계존속인 모친이 사망한 경우 소장은 귀휴를 특별히 허가할 수 있다.

합격자의 실전 풀이 순서

❶ 문제 유형 파악

본 문제의 경우 제시문으로 법조문이 주어졌으므로 법조문 유형임을 쉽게 알 수 있다. 특히 발문의 내용을 볼 때, 법조문 유형 중에서도 규정을 바탕으로 발문에서 묻는 정보를 도출하는 규정적용문제이다. 법조문 유형은 조문의 구체적인 내용을 독해하는 것보다, 법조문의 구조와 선지에 나올 만한 중요한 내용을 파악한 후 선지에서 묻고 있는 정보를 찾아 올라가는 방식으로 푸는 것이 좋다. 또한, 본 문제가 소장이 귀휴를 허가할 수 없는 경우를 고르는 문제라는 것을 인지하기 위해 "없는"이라는 단어에 밑줄이나 동그라미 등 표시를 한다. 한편 발문의 단서조항에 따르면 수형자의 교정성적은 우수하고, 귀휴를 허가할 수 있는 일수가 남아 있으므로 조문에서 이에 관한 내용은 고려하지 않는다.

> 다음 글을 근거로 판단할 때, 소장이 귀휴를 허가할 수 ~~없는~~ 경우는?

❷ 법조문 구조 분석

구조 분석이란 각 조문의 내용 및 조문 간 관계를 이해하는 것이다. 법조문 전체를 읽되, 세부적인 내용을 기억하기보다는 어떤 정보가 있는지 파악하는 것에 중점을 둔다. 일반적으로 법조문을 분석할 때는 단서와 괄호, 그리고 내용이 이어지는 조문들을 중심으로 분석한다. 본 문제의 경우 단서나 내용이 서로 이어지는 조문들은 없으나, 괄호 속의 내용과 귀휴를 허가하기 위한 여러 개의 조건에 유의한다. 이때 기호를 적절히 활용할 수 있다. 또한 이러한 분석 과정을 거치며 선지에 등장할만한 부분을 발견할 수 있다.

본문의 규정은 하나의 조와 두 개의 항, 그리고 각 항의 세부 규정으로 구성되어 있다. 조문의 제목이 없으므로, 읽으면서 키워드를 파악한다. 법조문의 구조는 크게 귀휴에 대한 일반적인 조문인 제1항과, 1항의 예외로서 특별 귀휴에 대한 제2항으로 나뉜다.

제1조 제1항은 수형자가 귀휴할 수 있는 조건을 규정하고 있다. 소장이 귀휴를 허가하기 위해서는 ① 수형자가 6개월 이상 복역해야 하고, ② 그 형기의 3분의 1이 지나야 하며, ③ 교정성적이 우수해야 하고, ④ 각 호의 어느 하나를 충족해야 한다. 따라서 조문의 조건들에 숫자를 붙임으로써 선지 판단 시 조건을 빼먹지 않도록 주의한다. 한편 21년 이상의 유기형 또는 무기형의 경우에는 형기의 3분의 1 대신 7년을 복역해야 한다는 괄호 내의 단서조항에 유의한다.

제2항은 1항의 예외사항으로서 특별 귀휴 허가 조건을 규정하고 있다.

❸ 선지 판단

법조문 분석을 바탕으로 선지를 분석한다. 하나라도 충족되지 않는 조건이 있다면 귀휴를 허가할 수 없으므로 정답을 고르고 다음 문제로 넘어간다. 선지를 볼 때에는 <u>①제1조 제2항에 해당하는 사안이라 복역 조건과 관계없이 귀휴 허가가 가능한지, ②불가능하다면 동조 제1항의 복역조건을 충족하였는지 및 각 호의 사안에 해당하는</u>지 순서대로 비교한다. 제1항의 복역조건을 충족하였는지와 관련하여 법조문 분석 시 파악한 네 가지 조건 중 무엇도 빠트리지 않도록 주의한다.

예외 사항인 제2항이 적용되는 선지가 있는지 먼저 확인한다. ⑤번이 이에 해당하므로, 귀휴를 허가할 수 있다.

다음으로 제1항 본문의 조건을 충족하지 않는 선지를 찾는다. 먼저 6개월 이상 복역 기준을 적용하면, 선지 ①번은 이를 충족하지 못하여 귀휴를 허가할 수 없다. 따라서 정답은 ①번이다.

합격자의 시간단축 Tip

Tip ❶ 시간을 단축할 수 있는 순서를 채택

법조문 분석을 통해 선지 판단 시 시간을 단축할 수 있는 법조문 확인 순서를 선택한다. 본 문제의 경우 선지를 볼 때 제1조 제2항에 해당하는지를 먼저 확인하면, 제1항의 구체적인 복역조건을 고려할 필요가 없기 때문에 제2항을 먼저 확인하는 것이 효율적이다.

Tip ❷ 단서와 괄호 내의 예외규정에 유의

법조문 유형에서 단서와 괄호의 내용은 오선지나 정선지를 만들기 위해 활용되는 경우가 매우 많다. 본 문제의 경우 제1항의 단서를 보면 형기에 따라 복역 조건이 다르므로, 특별한 경우 등은 별표, 〈 〉로 표시하여 눈에 띄게 한다.

Tip ❸ 호의 구체적 내용은 선지 판단 시에 확인

해당 문제는 단순히 옳거나 옳지 않은 것을 고르는 문제가 아닌, 5개의 선지 중 귀휴를 허가할 수 없는 경우를 고르는 문제이다. 이 경우 제1조 제1항 각 호의 내용은 먼저 읽지 않고 선지를 읽은 후 그에 맞는 호를 찾아간다. 내용이 많아 다 기억하지도 못하며, 특별한 단서규정도 존재하지 않으므로 발문의 특성상 정답에 결정적인 영향을 줄 가능성이 없기 때문이다.

Tip ❹ 본문의 조건에 별도로 표시

본문에 공통 조건이 있고, 각 호로 추가적인 세부 조건을 정하는 경우 본문의 공통 조건을 놓치기 쉽다. 그러므로 번호나 빗금 등으로 본문의 조건에도 표시를 하여 놓치지 않도록 유의한다. 특히 본 문제의 제1조와 같이 공통 조건이 여러 개라면 번호를 붙여 놓치는 조건이 없도록 하는 것이 좋다.

116 정답 ③ 난이도 ●●○

문제유형 사실적 이해 > 논리적 결론의 전제·원인 찾기

접근전략 지문에 이어질 내용으로 적절한 것을 찾는 유형의 문제다. 이 경우 글의 흐름과 구조를 파악하는 것이 우선시된다. 따라서 지문의 세부 내용을 일일이 기억하기보다는 각 문단이 말하고자 하는 바가 무엇인지를 문단별로 정리해나가며 지문을 읽는 자세가 필요하다.
해당 지문은 일반적인 설명문이면 〈그림〉과 함께 제시되었을 정도의 내용이다. 따라서 평균적인 지문보다 난이도가 어렵게 느껴지는 것이 이상하지 않다.

문맥상 다음 글에 이어질 내용으로 가장 적절한 것은?

(1) 테레민이라는 악기는 손을 대지 않고 연주하는 악기이다. (2) 이 악기를 연주하기 위해 연주자는 허리 높이쯤에 위치한 상자 앞에 선다. (3) 연주자의 오른손은 상자에 수직으로 세워진 안테나 주위에서 움직인다. (4) 오른손의 엄지와 집게손가락으로 고리를 만들고 손을 흔들면서 나머지 손가락을 하나씩 펴면 안테나에 손이 닿지 않고서도 음이 들린다. (5) 이 때 들리는 음은 피아노 건반을 눌렀을 때 나는 것처럼 정해진 음이 아니고 현악기를 연주하는 것과 같은 연속음이며, 소리는 손과 손가락의 움직임에 따라 변한다. (6) 왼손은 손가락을 펼친 채로 상자에서 수평으로 뻗은 안테나 위에서 서서히 오르내리면서 소리를 조절한다.

▶ 1문단

(1) 오른손으로는 수직 안테나와의 거리에 따라 음고(音高)를 조절하고 왼손으로는 수평 안테나와의 거리에 따라 음량을 조절한다. (2) 따라서 오른손과 수직 안테나는 음고를 조절하는 회로에 속하고 왼손과 수평 안테나는 음량을 조절하는 또 다른 회로에 속한다. (3) 이 두 회로가 하나로 합쳐지면서 두 손의 움직임에 따라 음고와 음량을 변화시킬 수 있다.

▶ 2문단

(1) 어떻게 테레민에서 다른 음고의 음이 발생되는지 알아보자. (2) 음고를 조절하는 회로는 가청주파수 범위 바깥의 주파수를 갖는 서로 다른 두 개의 음파를 발생시킨다. (3) 이 두 개의 음파 사이에 존재하는 주파수의 차이값에 의해 가청주파수를 갖는 새로운 진동이 발생하는데 그것으로 소리를 만든다. (4) 가청주파수 범위 바깥의 주파수 중 하나는 고정된 주파수를 갖고 다른 하나는 연주자의 손 움직임에 따라 주파수가 바뀐다. (5) 이렇게 발생한 주파수의 변화에 의해 진동이 발생되고 이 진동의 주파수는 가청주파수 범위 내에 있기 때문에 그 진동을 증폭시켜 스피커로 보내면 소리가 들린다.

▶ 3문단

① 수직 안테나에 손이 닿으면 소리가 발생하는 원리
→ (×) 지문에서 제시된 악기인 테레민은 손을 대지 않고 연주하는 악기이다.[1문단(1)] 또한, 선지에서 제시된 수직으로 세워진 안테나는 오른손의 영역에 해당하는데[1문단(3)], 지문에서 오른손으로 고리를 만들고 나머지 손가락을 차례로 펴면 안테나에 손이 닿지 않아도 음이 들린다[1문단(4)]는 점을 파악할 수 있다. 따라서 손을 대지 않아도 연주할 수 있는 테레민을 소개하는 지문에서 본 선지의 내용이 이어진다고 보기는 어렵다.

② 왼손의 손가락의 모양에 따라 음고가 바뀌는 원리
→ (×) 우선 테레민을 연주할 때 왼손은 손가락을 펼친 채로 소리를 조절하므로[1문단(6)] 손가락의 모양에 따라 음이 달라진다는 내용이 전개될 근거가 부족하다. 또한, 음고는 오른손에 의해 조절된다.[2문단(1)] 따라서 본 선지는 지문 내용과 모순되는 부분이 많아 다음 글에 이어질 내용으로 보기 어렵다.

③ 수평 안테나와 왼손 사이의 거리에 따라 음량이 조절되는 원리
→ (○) 수평 안테나는 왼손과 한 회로를 이루며 음량을 조절하는 것이므로[2문단(1), (2)] 본 선지에는 모순이 없음을 알 수 있다. 1문단에서는 테레민의 연주법과 특징에 대한 설명을, 2문단에서는 오른손과 왼손이 각각 안테나를 활용하여 소리를 변화시키는 방법에 대한 설명을 다루었다. 2문단에 따르면 오른손은 수직 안테나와의 거리를 통해 음고를 조절하고, 왼손은 수평 안테나와의 거리에 따라 음량을 조절함을 알 수 있다.[2문단(1)] 이어지는 3문단에서는 음고 조절 원리에 대해 설명하며[3문단(1)] 음고를 조절하는 회로인 오른손과 수직 안테나[2문단(2)]가 음고를 조절하는 과정을 제시하고 있다. 앞선 2문단에서는 오른손과 수직 안테나로 이루어진 회로 외에도 왼손과 수평 안테나로 이루어진 회로를 언급했으므로, 다음 글에 이어지는 4문단에서는 왼손과 수평 안테나로 이루어진 회로가 음량을 조절하는 원리가 제시되는 것이 가장 적절하다.

④ 음고를 조절하는 회로에서 가청주파수의 진동이 발생하는 원리
→ (×) 음고를 조절하는 회로는 가청주파수 범위 바깥의 주파수를 갖는 두 음파를 발생시키며[3문단(2)], 이 두 음파 사이에 존재하는 주파수의 차이 값에 의해 가청주파수를 갖는 새로운 진동이 발생한다.[3문단(3)] 따라서 음고를 조절하는 회로에서 가청 주파수의 진동이 발생하는 원리는 이미 3문단에서 설명하고 있는 내용이므로 다음 글에 이어질 내용이라고 볼 수 없다.

⑤ 오른손 손가락으로 가상의 피아노 건반을 눌러 음량을 변경하는 원리
→ (×) 본 글은 악기 '테레민'이 손을 대지 않고도 음이 나는 원리에 대해 설명하고 있다. 1문단에서는 테레민의 연주법에 대한 소개, 2문단에서는 음고를 조절하는 회로와 음량을 조절하는 회로에 대한 소개, 3문단에서는 음고를 조절하는 회로의 작동 원리를 다루고 있다. 따라서 흐름상 테레민의 음량을 조절하는 회로의 작동 원리가 오는 것이 적합하며, 이어질 내용으로 해당 선지의 내용은 부자연스럽다. 지문 내에 피아노가 등장하는 부분은 연속음에 대한 설명[1문단(5)]뿐이며 이마저도 오른손 손가락이나 음량과는 아무런 관계성이 제시되고 있지 않다.

제시문 분석

1문단 테레민의 연주법과 특징

〈테레민의 연주법〉
상자의 안테나 주위에서 오른손의 엄지와 검지 손가락으로 만든 고리를 흔들며 나머지 손가락을 하나씩 펴 연주한다.(3),(4)

〈테레민의 특징 1〉		〈테레민의 특징 2〉		〈테레민의 특징 3〉
악기에 손이 닿지 않고도 음이 나 연주할 수 있다. (1),(4)	⊕	현악기를 연주하는 것과 같은 연속음이 나며, 손과 손가락의 움직임에 따라 소리가 달라진다.(5)	⊕	펼친 왼손의 손가락을 상자에서 수평으로 뻗은 안테나 위에서 오르내리며 소리를 조절한다.(6)

2문단 음고·음량을 조절하는 회로

〈두 손의 움직임에 따른 연주법〉		
〈오른손–음고를 조절하는 회로〉		〈왼손–음량을 조절하는 회로〉
수직 안테나와의 거리에 따라 음고를 조절한다.(1),(2)	⊕	수평 안테나와의 거리에 따라 음량을 조절한다.(1),(2)

3문단 음고를 조절하는 회로의 작동 원리

〈음파 발생〉		〈진동 발생〉		〈주파수의 변화〉
가청주파수 범위 바깥의 주파수를 가지는 두 개의 음파가 발생한다.(2)	⊕	두 개의 음파 사이에 존재하는 주파수의 차이 값에 의해 가청주파수를 갖는 새로운 진동이 발생하는데 그것으로 소리를 만든다.(3)	⊕	두 음파가 가지는 바깥의 주파수 중 하나는 고정된 주파수를 가지고, 다른 하나는 연주자의 손 움직임에 따라 주파수가 바뀐다.(4)

→

〈결과〉
주파수의 변화에 발생한 진동이 가청주파수의 범위 내에 있어, 그 진동을 증폭시켜 스피커로 내보내면 소리가 들린다.(5)

합격자의 실전 풀이 순서

❶ 발문을 확인한다.

'문맥상 다음 글에 이어질 내용으로 가장 적절한 것은?'
문맥 파악을 중점적으로 지문을 읽는다. 해당 발문은 굉장히 특이한 발문이다. 해당 지문은 일치부합 문제로 제시되었다면 오히려 지금 문제보다 훨씬 어려웠을 가능성이 크다. 해당 발문을 확인한 후에, 해당 지문의 큰 맥락을 이해하면서 〈다음에 올 글이 무엇인지〉를 염두에 두며 글을 읽어나가야 한다. 연습단계에서, 해당 문제의 답을 맞췄다고 그냥 넘어가지 말고 해당 지문을 어떻게 잘 독해할 수 있는지를 점검해보도록 한다.

❷ 각 문단에서 말하고자 하는 바가 무엇인지 요점을 파악한다.

글의 세부 사항을 꼼꼼히 읽고 기억한다기보다는 각 문단에서 말하고자 하는 요지를 파악하는 것이 우선이다. 이를테면 1문단의 경우 테레민의 연주법이 상세하게 설명되어있다. 그러나 우리는 이 연주법을 상세히 기억하기보다는, '1문단은 테레민의 연주법에 대해 소개하는 글이구나.' 정도의 파악이 필요하다. 이때 각 문단에서 중심 내용 이외의 내용이 나왔는지도 체크하여 함정에 빠지지 않도록 주의한다.

❸ 선지를 확인한다.

이렇게 다음 글에 이어질 내용을 묻는 문제의 경우 선지 구성 유형은 제한적일 수밖에 없다. 몇 가지 경우를 나눠보자면
(ㄱ) 선지 자체에 모순이 있는 경우
(ㄴ) 이미 지문에서 제시된 내용인 경우
(ㄷ) 지문과 아예 관련이 없는 이야기인 경우이다.
따라서 이를 중점적으로 선지를 확인하면 된다. 본 문제의 경우에는 ①, ②번 선지가 (ㄱ)의 유형으로 구성된 선지였으며, ④은 (ㄴ), ⑤은 (ㄷ) 유형으로 구성된 선지였다.

합격자의 시간단축 Tip

Tip ❶ 문맥을 예측할 수 있게 하는 단서를 활용한다.

해당 문제는 다음 글에 이어질 내용으로 적절한 것을 고르는 유형으로, 문맥을 이해하는 것이 관건이다. 따라서 이런 문제 유형의 경우 '문맥'을 파악하기 쉽도록 단서를 던져주곤 한다. 본 지문에서는 2문단이 결정적인 단서 역할을 했다. 2문단에서는 음고를 조절하는 회로와 음량을 조절하는 회로를 각각 안내했고, 이어서 3문단에서는 음고를 조절하는 회로를 더욱 상세히 다루었다. 그렇다면 자연스럽게 4문단은 음량을 조절하는 회로를 상세히 다룰 것을 예측할 수 있다.
따라서 이런 단서를 파악해내는 것이 중요하며, 이를 찾는 것은 그리 어렵지 않다. 병렬 관계의 글감을 제시하는 부분을 찾으면 된다. 이를테면 "국가의 구성요소는 영토, 국민, 주권이다. 영토란 ~. 국민이란~." 이런 지문이 있을 때 다음 글에 이어질 내용은 '주권'에 대한 내용일 것이다. 이런 경우 단서는 "국가의 구성요소는 영토, 국민, 주권이다."라며 영토, 국민, 주권이라는 병렬적 관계의 글감을 제시한 문장이 된다. 따라서 이렇게 문맥을 파악하기 쉽도록 단서를 제공하는 문장을 찾아내는 연습만 이뤄진다면 매우 쉽고 간단히 풀 수 있는 문제다. 물론 '현상–원인', 'A–A–B–B' 등의 다양한 글의 구조와 맥락이 존재할 수 있다는 사실도 잊어서는 안 된다.

Tip ❷ 출제자의 장치가 어떤 것인지 있는지 반문하며 복습을 진행한다.

해당 지문의 기본적 난이도가 높은 관계로, 출제자가 지문의 난이도를 낮추기 위해 일부러 배치한 장치들이 존재한다.
2문단은 〈오른손〉으로 단락 구분을 해주고 있고(왼손은 1문단에 있다는 것을 순간적으로 확인하는 것이 필요하다.), 3문단은 문두부터 테레민에서 다른 음고의 음이 발생하는 메커니즘을 설명할 것임을 예고해주고 있다. 해당 장치들이 없다면 이 지문의 난이도는 더 올라갔을 것이다. 이런 지각을 평소에 가지고 있다면 실제 독해 시에 이런 장치를 빠르게 알아차려 독해의 정확도와 속도를 동시에 올릴 수 있다.

Tip ❸ 아직 무엇이 안 나왔는지 생각해 본다.

인터넷에서 임의의 글을 퍼오는 거라면 모르겠지만, 시험에 출제될 정도의 글은 지나치게 중복된 내용을 구태여 또 싣지는 않는다. 또한, 출제자 입장에서도 그렇게 뻔한 지문을 뒤에 나오게 함으로써 자신이 애써 공들여 준비한 장치가 무용지물이 되는 꼴은 방지하고자 할 것이다.
따라서 어떤 내용이 이미 나왔는지를 정리하는 것을 넘어, 무엇이 나왔으면 좋겠는지도 정리해보자. 평소에 연습을 많이 해 둬야 실전에서 자연스럽게 넘어갈 수 있다.

117 정답 ①

난이도 ●●●

문제유형 이해 > 내용 추론

접근전략 추론 문제에서 중요한 것은 다른 유형과 같이 지문 전체의 핵심 소재를 파악하는 것이고, 첫 문단을 통해 앞으로의 글의 전개 방향성을 예측하는 것이다. 소재와 방향성을 예측했다면 나머지 문단은 가볍게 읽으면서 오지선다에 나올 것 같은 특징들을 체크한다. 본 제시문에서는 고려시대의 전시과 중 '수조권'과 '면조권'에 대해 예시와 함께 서술하고 있다. 이후 시대의 흐름에 따라 전시과가 변화한 형태인 직전법과 관수관급제의 개념을 나열하였다. 개념별로 예시를 설명할 때 수학적 요소가 포함되어 있는데, 이러한 계산 문제는 다른 지문 내용과 다르게 x+y=z 같은 방정식, 혹은 그림의 형태로 직접 써보는 것이 좋다. 만약 지문을 이해하지 못했더라도 선지의 80%는 옳은 서술임을 이용해 선지를 훑어보고 독해를 하는 것도 좋다. 그러나 이러한 문제는 다른 정보 확인 문제와 달리 선지의 내용을 단순 비교하는 문제가 아니므로, 본문을 먼저 읽고 선지의 정오를 판단하는 것을 추천한다.

다음 글에서 추론할 수 없는 것은?

(1) 고려시대 A라는 관리가 전시과(田柴科) 규정에 따라 50결의 토지를 받았다면, 이는 실제 어떤 방식으로 국가에서 토지를 받았다는 것일까? (2) 그만큼의 토지를 직접 분급 받았다고 보아야 할까? (3) 그렇지 않다. 이는 50결의 토지에서 생산되는 총량 중 법정 조세율인 10분의 1만큼의 세를 거두어 가질 수 있는 권한, 즉 수조권(收租權)을 분급 받았다는 뜻이다. (4) A는 국가가 지정한 지역의 B라는 농민에게 매년 조세를 받아 사용할 수 있는 권리를 국가로부터 위임받은 것이다. (5) 수조권을 행사하는 일반적인 방식은 다음과 같다. (6) 예컨대 B가 100결을 소유하고 있을 경우, B는 100결에 대한 조세를 모두 국가에 내야 한다. (7) 그러나 전시과 규정에 따라 A가 B의 땅에서 수조권을 행사하게 되었으므로, B는 50결에 대한 조세는 A에게 내고 나머지 50결에 대한 조세만 국가에 낸다. ▶ 1문단

(1) 이 외에 수조권을 행사하는 또 다른 방식으로 면조권(免租權)이 있다. (2) 위의 A가 100결의 토지를 소유하고 있다고 가정해 보자. (3) 그는 100결에 대한 조세를 국가에 납부해야 하나, 전시과로 분급 받은 50결만큼의 조세는 내지 않고 나머지 50결에 대한 조세만 납부하는 방식을 채택할 수도 있었다. (4) 이러한 방식으로 수조권을 행사하는 것을 면조권이라 하였다. (5) 수조권 제도에서 국가는 수조권을 가진 A를 전주(田主), 조세를 납부하는 B를 전객(佃客)이라 규정했다. (6) B는 전주가 지정된 토지를 함부로 매매하거나 상속할 수 없었고, 매매나 상속을 하려면 반드시 국가의 허가를 받아야 했다. (7) 국가가 전객의 소유권보다는 전주의 수조권을 우선적으로 보호하였기 때문이다. ▶ 2문단

(1) 조선에 들어와 과전법의 성립으로 수조권 제도가 적용되는 지역은 전국에서 경기도로 축소되었으나, 과전법은 원리상 전시과와 마찬가지로 관리에게 수조권을 분급하는 제도였다. (2) 그러나 조선은 경기도를 제외한 나머지 지역에서 전주의 수조권을 철폐하여 국가로 환수하였고, 백성들의 토지소유권 행사 또한 보다 자유로워졌다. (3) 이후 과전법은 채 1백 년도 지나지 않아 현직 관리에게만 토지를 분급하는 직전법(職田法)으로 바뀌었고, 수조권을 행사하는 방식 또한 국가가 직접 조세를 거두어 관리에게 지급하는 관수관급제(官收官給制)로 변화하였다. (4) 그러나 이 또한 겨우 몇 십 년이 되지 않아 폐지되었고, 이후 관리들은 녹봉만을 받게 되었다. ▶ 3문단

① **수조권 제도의 축소에 따라 전객의 소유권은 약화되어 갔다.**
→ (×) 수조권 제도에서 국가는 수조권을 가진 A를 전주, 조세를 납부하는 B를 전객이라고 규정했다.[2문단(5)] 또한, 경기도를 제외한 나머지 지역에서 전주의 수조권을 철폐하여 국가로 회수하였고, 백성들의 토지소유권 행사 또한 보다 자유로워졌다.[3문단(2)] 그러므로 전객인 백성의 소유권은 수조권 제도의 축소에 따라 강화되었음을 알 수 있다.

② **전시과에서 과전법을 거치며 국가가 직접 수조하는 토지가 확대되었다.**
→ (○) 조선에 들어와 과전법의 성립으로 수조권 제도가 적용되는 지역은 전국에서 경기도로 축소되었다.[3문단(1)] 그러나 조선은 경기도를 제외한 나머지 지역에서 전주의 수조권을 철폐하여 국가로 환수하였으므로[3문단(2)], 전시과에서 과전법을 거치며 국가가 직접 수조하는 토지가 확대되었음을 추론할 수 있다.

③ **과전법에서 전주는 토지의 수조권자를, 전객은 토지의 소유권자를 가리킨다.**
→ (○) 과전법은 원리상 전시과와 마찬가지로 관리에게 수조권을 분급하는 제도였다.[3문단(1)] 또한, 수조권 제도에서 국가는 수조권을 가진 A를 전주, 조세를 납부하는 B를 전객이라고 규정하며[2문단(5)], 전객의 소유권보다 전주의 수조권을 더 우선적으로 보호한다고 하였다.[2문단(7)] 그러므로 과전법에서 전주는 토지의 수조권자를, 전객은 토지를 소유권자를 의미한다.

④ **전시과에 따르면 토지소유자는 경우에 따라 국가와 개인 모두에게 조세를 납부해야 하였다.**
→ (○) 전시과 규정에 따라 A가 B의 땅에서 수조권을 행사하게 되면, B는 50결에 대한 조세는 A에게 내고 나머지 50결에 대한 조세만 국가에 낸다.[1문단(7)] 이 예시는 전시과의 규정에 의해서 토지소유자가 경우에 따라 국가와 B라는 개인 모두에게 조세를 납부해야 하였음을 의미한다.

⑤ **면조권은 원리적으로 수조권을 분급 받은 전주가 자신이 소유한 토지에 수조권을 행사하는 것이다.**
→ (○) 전주인 A가 100결의 토지를 소유하고 있다고 가정할 때[2문단(2)], 전시과로 분급받은 50결에 대한 조세는 내지 않고 나머지 50결에 대한 조세만 납부하는 방식을[2문단(3)] 면조권이라고 한다.[2문단(4)] 따라서 면조권은 원리적으로 수조권을 분급받은 전주가 자신이 소유한 토지에 수조권을 행사하는 것이다.

제시문 분석

1·2문단 고려시대의 전시과

〈고려시대의 전시과〉

〈수조권〉		〈면조권〉
50결의 토지에서 생산되는 총량 중 법정 조세율인 10분의 1만큼의 세를 거두어 가질 수 있는 권한[1문단(3)]	⊕	A가 100결의 토지를 소유하고 있을 때 그는 100결에 대한 조세를 국가에 납부해야 하나, 전시과로 분급 받은 50결만큼의 조세는 내지 않고 나머지 50결에 대한 조세만 납부하는 방식[2문단(2),(3)]

3문단 조선시대의 과전법

〈과전법〉

- 과전법은 원리상 전시과와 마찬가지로 관리에게 수조권을 분급하는 제도였다.(1)
- 과전법의 성립으로 수조권 제도가 적용되는 지역은 전국에서 경기도로 축소되었다.(1)
- 조선은 경기도를 제외한 나머지 지역에서 전주의 수조권을 철폐하여 국가로 환수하였고, 백성들의 토지소유권 행사 또한 보다 자유로워졌다.(2)

↓

〈직전법〉

현직 관리에게만 토지를 분급한다.(3)

↓

〈관수관급제〉

수조권을 행사하는 방식 또한 국가가 직접 조세를 거두어 관리에게 지급한다.(3)

합격자의 실전 풀이 순서

한국사 비문학 유형

❶ 유형 파악하기

한국사 비문학 유형의 특징들을 1문에서 다룬 바 있다. 그중에서 본 문제에 등장하는 특징들은 다음과 같다.

- 구체적인 시대 표현이 등장한다. n년, n세기, OO시대 전·중·후기 등의 시대 표현은 선지에서 사건들이 발생한 선후관계를 묻는 기준점으로 사용된다.
- 한자 표기가 등장한다. 한자를 병기할 정도라면 중요한 고유명사이거나, 설명이 필요한 용어일 확률이 높다. 만약 중요하지 않다면 보통은 연속적으로 예술작품 등이 나열되는 식으로 활용된다.
- 상황판단 영역과 유사한 문항도 종종 있다. 지문에서 봉급, 세금, 형벌 등 체계를 제시하며, 간단한 수리적 사고를 통해 선지에 적용할 것을 요구한다.

본 문제는 상황판단 영역과 다소 유사한, '수조권' 제도를 이해하고 전용할 것을 요구하는 문항이다. 지문 길이도 긴데 수리적 사고가 더해지니 체감 난도가 높다. 차근차근 순서를 따라가 보자.

❷ 지문 훑어보기

지문을 읽으면서 한자어나 가장 보편적인 어휘에 집중한다. 예컨대 '조선' '고려' 등은 역사 지문에서 가장 중요하다. 이에 따라 생각해 볼 수 있는 요소는 다음과 같다.

예 고려, 조선 시대의 관리들이 국가로부터 토지를 받는 제도에 대한 글이구나. '전시과', '수조권', '면조권', '전객', '전주', '직전법', '관수관급제' 등에 한자가 병기되어 있네. 1문단에서 고려 시대, 3문단에서 조선 시대를 다루는 것을 보니 시간의 흐름도 출제 요소가 될 수 있겠다.

❸ 지문 이해하기

생소한 제도 여러 개를 시간의 흐름에 따라 제시하는 지문의 특성상, 제도를 완전히 이해해야지만 선지를 해결할 수 있다. 따라서 제도를 상호 비교할 수 있는 기준(즉 시대/내용/분배/전쟁 등)을 역사 지문에 맞춰 설정한 후 비교한다.

특히 제도를 비교하는 유형 중에서 이 지문은 난도가 높다. 왜냐하면 계산이 섞여 있고 제도별로 무엇이 변화했는지 헷갈리게 서술하고 있기 때문이다. 따라서 어떤 제도의 "어느 부분"이 변화했는지 숙지하면서 들어간다. 만약 계산이 선지에 나왔다면 계산의 목적(적용되는 제도)을 명확히 숙지해야 한다. 각 문단의 내용을 간단히 정리하면 다음과 같다.

- 고려시대 수조권 행사 방식 1) 일반적 방식 (전시과)
  - 토지를 직접 분급? (X) 세에 대한 권리를 분급? (O)
  - 수조권: 면적에서 생산되는 총량 중 1/10만큼 조세 거둘 권리, 국가로부터 위임받음

- 수조권 행사 방식 2) 면조권 (전시과)
  - 소유한 토지 중 전시과로 분급받은 면적을 제외하고 조세 납부
- 수조권자: 전주, 조세 납부자: 전객

- 조선시대 수조권 행사 방식

과전법: 경기도 한정 원리상 전시과와 동일	→	직전법: 현직 관리 한정
		관수관급제: 조세를 국가가 거두어 관리에 지급

→ 녹봉제

앞서 확인했듯 본 문제는 선지의 80%가 옳은 선지이므로, 이로부터 키워드를 잡아 지문 독해의 가이드로 사용해도 좋다. '소유권', '직접 수조', '전객', '면조권' 등이 그 예시이다.

❹ 함정 피해가기

(1) 발문 확인하기

본 문제는 '알 수 없는 것은?' 유형에 해당한다. 그렇다면 옳은 선지가 4개, 틀린 선지가 1개일 것이다. "알 수 있는"과 다른 기호를 사용하여 시각적으로 잘 보이도록 표시한다.

> 다음 글에서 추론할 수 없는 것은?

(2) 함정 선지 피해가기

① 수조권 제도의 축소에 따라 전객의 소유권은 약화되어 갔다.

시간의 흐름에 따라 제도가 어떻게 개편되었는지 묻는 추론형 선지다. 이를 해결하기 위해서는 두 가지를 확인해야 한다.

- 수조권 제도가 시간의 흐름에 따라 축소되었다.
- 수조권 제도의 축소는 전객의 소유권을 약화한다.

첫 번째 명제는 옳지만, 두 번째 명제가 옳지 않으므로 결과적으로 틀린 선지임을 알 수 있다.

② 전시과에서 과전법을 거치며 국가가 직접 수조하는 토지가 확대되었다.

역시 시간의 흐름에 따른 제도 개편을 묻는 추론형 선지다. 이 역시 두 가지를 확인해야 한다.

- 시간의 흐름에 따라 전시과 제도의 자리를 과전법이 대체하였다.
- 시간의 흐름에 따라 국가가 직접 수조하는 토지가 확대되었다.

둘 다 옳은 명제이므로, 옳은 선지이다.

③ 과전법에서 전주는 토지의 수조권자를, 전객은 토지의 소유권자를 가리킨다.

전주와 전객 ⇒ 전시과 제도 ⇒ 과전법

추론을 통해 난도를 높인 단순비교형 선지이다. 수조권 제도에서 전주는 토지의 수조권자, 전객은 토지의 소유권자를 가리키며 과전법은 원리상 전시과와 같다고 했기 때문에(3문단 첫째 줄) 이는 옳다 할 수 있다. 흩어져 있는 여러 정보를 취합해 판단을 내려야 했으므로 다소 어려운 선지였다.

⑤ 면조권은 원리적으로 수조권을 분급 받은 전주가 자신이 소유한 토지에 수조권을 행사하는 것이다.

제도의 '원리'를 완전히 파악했는지 묻는 추론형 선지다. 1문단 뒷부분의 A(수조권자)와 B(소유자) 구조를 이해한 뒤, 2문단의 면조권은 A가 소유자 역할까지 겸하는 경우라고 생각하면 된다.

합격자의 시간단축 Tip

Tip ❶ 1문단의 구조를 파악하자.

1문단이 '질문-소유하는 경우-전시과 규정의 경우'로 이뤄졌으며, 글 전체에서 화제를 제시하는 역할을 하고 있음을 빠르게 파악한다. '추론할 수 있는 것은?'이라는 발문의 비문학 문항에서 1문단은 일반적으로 글 전체의 화두를 제시한다. 문제의 난이도와 무관하게, 언제나 신경 써서 읽어야 하는 중요한 부분이다.

Tip ❷ 변화가 등장하면 최종 결론을 먼저 보자.

3문단 맨 마지막 줄에는 '몇십 년이 되지 않아… 관리들은 녹봉만을 받게 되었다.'라는 결론이 제시된다. 이에 1문단과 3문단의 문두에 제시된 시대 표현(고려시대, 조선시대)을 합쳐 고려해보면 고려시대의 관리가 직접 수조권을 행사하여 분급받는 1문단의 상황부터, 조선시대에 들어서서 시간이 지나 수조권이 완전히 폐지되고 녹봉만을 받는 상황까지의 변화를 제시하는 것이다. 이러한 스펙트럼을 빠르게 파악하는 것이 곧 실력이다.

Tip ❸ '소유권' 개념을 알아두자.

제시문의 소유권·수조권 등은 추후 다시 출제될 수 있는 개념이다. 토지 또는 재산의 소유권과 이로부터 세금을 걷을 수 있는 권리가 병존 가능하며, 제도에 따라 둘 사이에 우열이 존재할 수 있다. 이러한 개념이 체계화된 것이 현대의 민법이며, 오늘날에도 이 개념을 둘러싼 갈등은 빈번하다. 따라서 얼마든지 형태를 바꿔 문제가 출제될 수 있다. 이 기회에 잘 숙지해 두자.

Tip ❹ '경우에 따라'의 의미를 파악하자.

선지 ④에서 '경우에 따라'라는 표현이 등장한다. 이 표현의 뜻은 '그럴 때가 한 번 이상 있다.'라는 것이다. 선지가 '경우에 따라 A다.'의 형식을 취한다면, 어떤 경우에 참인 선지가 되고 거짓인 선지가 되는지 알아보자.

- **선지:** 경우에 따라 A다.
- **선지가 참인 경우:** 한 번 이상 A가 성립함
- **선지가 거짓인 경우:** 가능한 모든 경우에서 A가 성립하지 않음

이 선지를 빠르게 해결하려면 어떻게 할까? A가 성립하는 경우를 하나만 찾아도 바로 참임을 확인할 수 있다.

이와 반대되는 의미의 표현으로 '항상', '언제나' 등이 있다.

- **선지:** 항상 B다.
- **선지가 참인 경우:** 가능한 모든 경우에서 B가 성립함
- **선지가 거짓인 겨우:** 한 번 이상 B가 성립하지 않음

이 선지는 어떻게 해결하는 것이 좋을까? B가 성립하지 않는 경우를 하나만 찾아도 바로 거짓임을 확인할 수 있다.

여기서 파생되는 것으로, 'A라면 항상 B다.'라면 'A가 참인 경우 B도 참'이라는 형식논리 문장이 있다.

118 정답 ❸

난이도 ●●●

문제유형 이해 > 핵심논지의 파악

접근전략 논지 파악 유형은 논리의 구조가 뚜렷한 만큼, 지문의 구조 파악이 갖는 중요성도 일반 비문학 유형보다 크다. 만약 단순한 설명문이라면 글의 전반적인 소재와 방향성, 소재의 세부적인 특성을 파악하면 되지만 해당 지문처럼 글의 구조와 발문이 명확한 경우 그에 맞는 독해 전략이 필요할 것이다. 본 문제의 경우 1문단에 명예의 종류가 제시되어 이후 문단에서 다룰 내용을 개괄적으로 안내한다. 2문단 중간에 법학자 A가 등장하며, 2문단 마지막 줄에서 3문단은 A의 견해를 구체화하는 역할임을 알 수 있다. 이때, 발문에서 요구하는 것은 A의 견해이므로 주의 깊게 볼 문단은 3문단임을 알 수 있다. 실제로 선지 판단을 위해 사용한 정보는 모두 3문단에 위치한다.

즉, '1문단의 개념 정의 – 2문단의 통념 – 3문단 A의 주장'의 구조로 지문을 이해하고, 발문에서 묻는 A의 견해와 그 뒷받침 근거를 확인한 후 선택지에서 이에 부합하는 것을 찾아내면 된다.

다음 글에서 A의 견해로 볼 수 있는 것은?

(1) 명예는 세 가지 종류가 있다. (2) 첫째는 인간으로서의 존엄성에 근거한 고유한 인격적 가치를 의미하는 내적 명예이며, 둘째는 실제 이 사람이 가진 사회적·경제적 지위에 대한 사회적 평판을 의미하는 외적 명예, 셋째는 인격적 가치에 대한 자신의 주관적 평가 내지는 감정으로서의 명예감정이다. ▶1문단

(1) 악성 댓글, 즉 악플에 의한 인터넷상의 명예훼손이 통상적 명예훼손보다 더 심하기 때문에 통상의 명예훼손행위에 비해서 인터넷상의 명예훼손행위를 가중해서 처벌해야 한다는 주장이 일고 있다. (2) 이에 대해 법학자 A는 다음과 같이 주장하였다. ▶2문단

(1) 인터넷 기사 등에 악플이 달린다고 해서 즉시 악플 대상자의 인격적 가치에 대한 평가가 하락하는 것은 아니므로, 내적 명예가 그만큼 더 많이 침해되는 것으로 보기 어렵다. (2) 또한 만약 악플 대상자의 외적 명예가 침해되었다고 하더라도 이는 악플에 의한 것이 아니라 악플을 유발한 기사에 의한 것으로 보아야 한다. (3) 오히려 악플로 인해 침해되는 것은 명예감정이라고 보는 것이 마땅하다. (4) 다만 인터넷상의 명예훼손행위는 그 특성상 해당 악플의 내용이 인터넷 곳곳에 퍼져 있을 수 있어 명예감정의 훼손 정도가 피해자의 정보수집량에 좌우될 수 있다는 점을 간과해서는 안 될 것이다. (5) 구태여 자신에 대한 부정적 평가를 모을 필요가 없음에도 부지런히 수집·확인하여 명예감정의 훼손을 자초한 피해자에 대해서 국가가 보호해줄 필요성이 없다는 점에서 명예감정을 보호해야 할 법익으로 삼기 어렵다. (6) 따라서 인터넷상의 명예훼손이 통상적 명예훼손보다 더 심하다고 보기 어렵다. ▶3문단

① 기사가 아니라 악플로 인해서 악플 피해자의 외적 명예가 침해된다.

→ (×) A는 만약 악플 대상자의 외적 명예가 침해되었다고 하더라도 이는 악플에 의한 것이 아니라 악플을 유발한 기사에 의한 것으로 보아야 한다고 주장한다.[3문단(2)] 또한, 악플로 인해서 침해되는 것은 명예감정이라고 보는 것이 마땅하므로[3문단(3)], A는 악플로 인해 악플 피해자의 외적 명예가 침해되었다고 말할 수 없다고 본다.

② 악플이 달리는 즉시 악플 대상자의 내적 명예가 더 많이 침해된다.

→ (×) A는 인터넷 기사 등에 악플이 달린다고 해서 즉시 악플 대상자의 인격적 가치에 대한 평가가 하락하는 것은 아니므로, 내적 명예가 그만큼 더 많이 침해되는 것으로 보기 어렵다고 주장한다[3문단(1)] 즉, 악플이 달리는 즉시 악플 대상자의 내적 명예가 더 많이 침해되는 것은 아니다.

③ 악플 피해자의 명예감정의 훼손 정도는 피해자의 정보수집 행동에 영향을 받는다.

→ (○) A는 인터넷상의 명예훼손행위는 그 특성상 해당 악플의 내용이 인터넷 곳곳에 퍼져 있을 수 있어 명예감정의 훼손 정도가 피해자의 정보수집량에 좌우될 수 있다는 점을 간과해서는 안 된다고 주장한다.[3문단(4)] 즉, 명예감정의 훼손 정도는 피해자의 정보수집 행동에 영향을 받는다는 것이 A의 견해이다.

④ 인터넷상의 명예훼손행위를 통상적 명예훼손행위에 비해 가중해서 처벌하여야 한다.

→ (×) A에 의하면 인터넷상의 명예훼손이 통상적 명예훼손보다 더 심하다고 보기 어렵다.[3문단(6)] 그러므로 A는 인

터넷상의 명예훼손행위를 통상적 명예훼손행위에 비해 가중해서 처벌하는 것을 부정적으로 바라볼 것이다.

⑤ **인터넷상의 명예훼손행위의 가중처벌 여부의 판단에서 세 종류의 명예는 모두 보호하여야 할 법익이다.**

→ (×) 명예에는 내적 명예, 외적 명예, 명예감정 세 가지가 있다.[1문단(2)] 이때, A는 자신에 대한 부정적 평가를 모을 필요가 없음에도 부지런히 수집·확인하여 명예감정의 훼손을 자초한 피해자에 대해서 국가가 보호해줄 필요성이 없다는 점에서 명예감정을 보호해야 할 법익으로 삼기 어렵다고 했다.[3문단(5)] 따라서 명예감정은 보호해야 할 필요성이 없다는 것이 A의 의견이다.

제시문 분석

1문단 명예의 종류

〈명예의 세 가지 종류〉		
〈내적 명예〉	〈외적 명예〉	〈명예감정〉
인간으로서의 존엄성에 근거한 고유한 인격적 가치(2)	실제 이 사람이 가진 사회적·경제적 지위에 대한 사회적 평판(2)	인격적 가치에 대한 자신의 주관적 평가 내지는 감정(2)

2·3문단 쟁점에 대한 A의 주장

〈쟁점〉
인터넷상의 명예훼손이 통상의 명예훼손행위보다 가중해서 처벌해야 하는가? [2문단(1)]

〈법학자 A의 논거〉	
〈내적 명예〉	인터넷 기사 등에 악플이 달린다고 해서 즉시 악플 대상자의 인격적 가치에 대한 평가가 하락하는 것은 아니다. [3문단(1)]
〈외적 명예〉	악플 대상자의 외적 명예가 침해되었다고 하더라도 이는 악플을 유발한 기사에 의한 것이다.[3문단(2)]
〈명예감정〉	– 악플로 인한 명예감정 훼손은 자신이 부지런히 수집·확인한 정보에 의해 일어난다.[3문단(5)] – 명예감정의 훼손을 자초한 피해자에 대해서 국가가 보호해줄 필요성이 없다는 점에서 명예감정을 보호해야 할 법익으로 삼기 어렵다.[3문단(4)]

합격자의 실전 풀이 순서

논지파악 유형

❶ 유형 식별하기

논지파악 유형의 식별은 간단하다. 발문을 확인하면 곧바로 알 수 있다.

- 발문
  - 다음 글의 논지/주장/견해…과 부합하는/적합한 것은? (예 본 문제)
  - 다음 주장/논쟁/토론…에 대한 분석으로 옳은 것은? (예 4문)
- 지문
  - 주관적인 주장이 포함된 글
  - 일반적인 비문학 유형에 비해 정보량이 적은 대신 포괄적인 문장들이 제시

❷ 지문 이해하기

논지파악 유형에서는 지문을 먼저 읽고 이해하는 것이 좋다. 논지파악 유형의 지문은 대부분 설명하는 글이 아닌 주장하는 글이다. 따라서 정보량은 적은 대신 논리 구조는 명확해진다. 지문을 읽으며 수험생은 글쓴이의 '문제의식'을 염두에 두어야 한다. 그것이 곧 글쓴이의 주장(논지)이기 때문이다.

'글쓴이, 내지는 화자가 어떤 문제의식을 가지고 있는가?', '이에 대한 대안을 주장하고 있다면 무엇인가?' 등을 스스로 질문하며 지문을 읽는다.

이를 본 문제에 적용해 보자. A의 견해를 묻고 있으므로, 지문의 모든 내용은 'A는 어떤 생각을 가지고 있는가?'를 판단하는 근거로 사용되어야 한다.

이제 쭉 읽으면서 지문 전체의 구조를 파악할 차례다. 1문단에서 명예의 종류를 제시함으로써 글 전체의 주제를 안내함과 동시에 배경지식을 제시하고 있다. 2문단은 두 문장으로 이루어져 있다. 첫 문장은 여러 사람이 동의하는 임의의 주장, 이른바 통념이 제시되어 있다. 그리고 이 단계의 핵심 문장인 2문단 2문이 등장한다. '법학자 A는 다음과 같이 주장하였다.'라는 문장으로부터 3문단이 A의 주장임을 파악할 수 있다.

이처럼 각 문단이 글에서 맡은 역할이 다르므로, 각각 다른 독해법을 사용해야 한다. 1문단은 분류의 확인, 2문단은 통념의 특징이 무엇인지, 3문단은 A가 통념에 대해 어떤 견해를 취하는지를 중심에 놓고 읽는다.

❸ 선지 고르기

먼저 발문을 확인한다.

다음 글에서 A의 견해로 볼 수 있는 것은?

발문을 통해 'A의 견해'를 묻는 문제임을 바로 파악할 수 있다. 또한, 선지 중 4개는 A의 견해로 볼 수 없고, 1개만이 A와 상통함을 파악할 수 있다.

이 유형에서 오선지를 만드는 유형은 두 가지가 있다. 예시로는 한 선지씩만 꼽았지만, 각 선지가 둘 중에 어떤 유형에 해당하는지 확인해보기 바란다.

① A와 상충하는 견해(혹은 A가 반박한 견해)를 쓰거나 - ④번 선지 등

② A의 주장과 느슨하게 연결된 다른 개념으로 확장시키거나 - ⑤번 선지(혼합)

마지막 단계에서는 정답, 즉 A와 상통하는 선지를 고른다. 선지를 판단하는 과정에서 1문단의 명예 분류가 활용될 수 있음을 인지한다. 앞선 단계가 튼튼히 잘 되었을수록 정답을 찾는 시간이 단축된다. 이 과정은 해설에서 구체적으로 설명하고 있다.

합격자의 시간단축 Tip

Tip ❶ 주장과 반박 구조에 주목하자.

3문단의 마지막 문장에서는 인터넷 명예훼손 행위가 더 심하다고 보기 어렵다고 주장하고 있다. 이는 2문단에서 제시된 '가중처벌' 주장과 상반되는 내용이다. 이를 미리 인지하고 독해하면 문제해결이 한결 편해질 수 있다. 특히 선지 ④가 쉽게 소거된다.

Tip ❷ 강한 어구에 유의하자.

3문단에서 '오히려 ~ 마땅하다', '다만, ~을(를) 간과해서는 안 될 것이다.', '구태여' 등은 출제자가 의도적으로 강조한 문구이다. 독해 과정에서 이런 포인트에 유의해 독해의 강약을 조절할 필요가 있다.

Tip ❸ 까다로운 선지는 내 독해 능력을 고려해 접근하자.

선지 ②의 경우 '내적 명예'라는 특정 분야가 다른 명예에 비해 더 침해된다는 내용을 제시하고 있다. 이는 1문단의 개념 분류와

3문단의 주장이 결합된 선지이다. 지문을 읽고 나서 스스로의 독해 완성도가 높다고 생각된다면 바로 판단에 들어가고, 그렇지 않다면 비교가 쉽게 진행되지 않을 수 있으므로 후순위로 미룬다.

Tip ❹ 글에 나타난 분류법이 어렵다면 단순 숫자로 치환한다.

외적 명예, 내적 명예, 명예감정의 세 분류는 사실 수험생 절대다수에게 생소한 개념이다. 그나마 명예감정이 무엇인지 짐작해볼 수 있을 뿐이다.
그러므로 이들의 의미를 꼼꼼히 파악하기보다는 이들이 언제 어떨 때 변화하는지, 어디를 더 보호해야 하는지만 관심을 가지면 된다.

Tip ❺ 개념 설명 후 적용 구조에 주목하자.

법에 관련된 글이 나오는 경우, 먼저 특정 용어나 개념에 대한 정의를 제시한 뒤 이들을 이용하여 내용이 전개되는 경우가 적지 않다. 이 경우, 초반부에 나오는 특정 용어나 개념에 대한 정의와 그 후 내용을 연결해가며 읽으면 독해와 문제풀이가 빠르고 정확해진다.

119 정답 ❺

난이도 ●●○

문제유형 논리적 비판 > 논증의 강화 및 약화

접근전략 강화약화 유형이다. 밑줄 친 부분(㉠)이 속한 문장을 먼저 확인하도록 한다. ㉠을 '약화하지 않는' 진술을 묻고 있으므로, 헷갈리지 않도록 발문에 표시해둔다.
지문이 일견 어렵게 느껴질 수 있으나, '주장–반론–재반론'의 일반적인 구조다. 이해를 돕기 위해 1문단과 2문단 사이에 '인과적 연쇄'가 압축적으로 제시되어 있다. 당연히 이를 이용해 반쾌락주의자들의 주장을 이해하고, 더 나아가 쾌락주의자들의 주장과 어떤 차이가 있는지 비교해 보자.

다음 글의 ㉠을 약화하지 않는 것은?

(1) 쾌락주의자들은 우리가 쾌락을 욕구하고, 이것이 우리 행동의 원인이 된다고 주장한다. (2) 하지만 반쾌락주의자들은 쾌락을 느끼기 위한 우리 행동의 원인은 음식과 같은 외적 대상에 대한 욕구이지 다른 것이 아니라고 말한다. (3) 이에, 외적 대상에 대한 욕구 이외의 것, 가령, 쾌락에 대한 욕구는 우리 행동의 원인이 될 수 없다. (4) 그럼 반쾌락주의자들이 말하는 욕구에서 행동, 그리고 쾌락으로 이어지는 인과적 연쇄는 다음과 같을 것이다. ▶ 1문단

음식에 대한 욕구 → 먹는 행동 → 쾌락

(1) 이런 인과적 연쇄를 보았을 때 쾌락이 우리 행동의 원인이 아니라는 것은 분명하다. (2) 왜냐하면 쾌락은 행동 이후 생겨났고, 나중에 일어난 것이 이전에 일어난 것의 원인일 수 없기 때문이다. ▶ 2문단

(1) 그러나 이런 반쾌락주의자들의 주장은 두 개의 욕구, 즉 음식에 대한 욕구와 쾌락에 대한 욕구 사이의 관계를 고려하지 않고 있다. (2) 즉 무엇이 음식에 대한 욕구의 원인인지를 고려하지 않은 것이다. (3) 하지만 ㉠ <u>쾌락주의자들의 주장</u>에 따르면 위의 인과적 연쇄에 음식에 대한 욕구의 원인인 쾌락에 대한 욕구를 추가해야 한다. ▶ 3문단

(1) 사람들이 음식을 원하는 이유는 그들이 쾌락을 욕구하기 때문이다. (2) 반쾌락주의자들의 주장이 범하고 있는 실수는 두 개의 사뭇 다른 사항들, 즉 욕구가 만족되어 경험하는 쾌락과 쾌락에 대한 욕구를 혼동하는 데에서 기인한다. (3) 쾌락의 발생이 행위자가 쾌락 이외의 어떤 것을 원했기 때문이더라도, 쾌락에 대한 욕구는 다른 어떤 것에 대한 욕구를 발생시키는 원인이다. ▶ 4문단

① 어떤 욕구도 또 다른 욕구의 원인일 수 없다.
→ (O) ㉠의 쾌락주의자들의 주장에 의하면 쾌락에 대한 욕구는 음식에 대한 욕구의 원인이 될 수 있다.[3문단(3), 4문단(1)] 그런데 해당 선지처럼 어떤 욕구도 또다른 욕구의 원인이 될 수 없다는 것은, '쾌락에 대한 욕구'는 '음식에 대한 욕구'의 원인이 될 수 없다는 것을 의미한다. 따라서 이는 쾌락주의자들의 주장을 반박하는 것으로 ㉠의 주장을 약화하는 선지이다.

② 사람들은 쾌락에 대한 욕구가 없더라도 음식을 먹는 행동을 하기도 한다.
→ (O) ㉠의 쾌락주의자들의 주장에 의하면 쾌락에 대한 욕구는 음식에 대한 욕구의 원인이 되고[3문단(3)], 음식에 대한 욕구로 인해 음식을 먹는 행위를 하게 된다.[1문단(1)] 즉, 쾌락에 대한 욕구로 인해 음식을 먹는 행위를 하는 것이다. 그런데 '사람들은 쾌락에 대한 욕구가 없더라도 음식을 먹는 행동을 하기도 한다'라는 내용의 해당 선지는 쾌락에 대한 욕구가 음식을 먹는 행위의 원인이 아니라는 것을 의미하므로, ㉠의 주장을 약화한다.

③ 음식에 대한 욕구로 인해 쾌락에 대한 욕구가 생겨야만 행동으로 이어진다.
→ (O) ㉠의 쾌락주의자들의 주장에 의하면 쾌락에 대한 욕구는 음식에 대한 욕구의 원인이 되고[3문단(3)], 음식에 대한 욕구로 인해 음식을 먹는 행위를 하게 된다.[1문단(1)] 그런데 '음식에 대한 욕구로 인해 쾌락에 대한 욕구가 생겨야만 행동으로 이어진다'라는 내용의 해당 선지는, 쾌락에 대한 욕구가 원인이 아닌 결과로 보고 있으므로 ㉠의 주장을 약화한다.

④ 외적 대상에 대한 욕구는 다른 것에 의해서 야기되지 않고 그저 주어진 것일 뿐이다.
→ (O) ㉠의 쾌락주의자들은 '외적 대상에 대한 욕구'뿐만 아니라 '외적 대상에 대한 욕구 이외의 것'도 '쾌락에 대한 욕구'를 원인으로 해서 발생한다고 본다.[1문단(1)] 그런데 '외적 대상에 대한 욕구는 다른 것에 의해서 야기되지 않고 그저 주어진 것일 뿐'이라는 내용의 해당 선지는, 외적 대상에 대한 욕구는 쾌락에 대한 욕구에 의해서 발생한 것이 아니라는 것을 의미한다. 따라서 이는 ㉠의 주장을 약화하는 선지이다.

⑤ 맛없는 음식보다 맛있는 음식을 욕구하는 것은 맛있는 음식을 먹어 얻게 될 쾌락에 대한 욕구가 맛없는 음식을 먹어 얻게 될 쾌락에 대한 욕구보다 강하기 때문이다.
→ (×) ㉠의 쾌락주의자들의 주장에 의하면 쾌락에 대한 욕구는 음식에 대한 욕구의 원인이 된다.[3문단(3)] 그런데 '맛없는 음식보다 맛있는 음식을 욕구하는 것은 맛있는 음식을 먹어 얻게 될 쾌락에 대한 욕구가 맛없는 음식을 먹어 얻게 될 쾌락에 대한 욕구보다 강하기 때문'이라고 보는 해당 선지의 내용은 '쾌락에 대한 욕구'가 원인이 되어 '음식에 대한 욕구'가 발생한다는 것을 의미한다. 따라서 이는 쾌락주의자들의 견해와 일치하므로, ㉠의 주장을 강화한다.

제시문 분석

1문단 반쾌락주의자들의 주장

〈반쾌락주의자들의 주장〉		
〈외적 대상〉		〈외적 대상 이외〉
음식과 같은 외적 대상에 대한 욕구가 쾌락을 느끼기 위한 우리 행동의 원인이다.(2)	⊕	쾌락에 대한 욕구와 같은 외적 대상 이외의 것은 쾌락을 느끼기 위한 우리 행동의 원인이 되지 않는다.(3)

→ 〈인과적 연쇄〉 음식에 대한 욕구 → 먹는 행동 → 쾌락(4)

3문단 반쾌락주의자들에 대한 비판과 쾌락주의자들의 주장

〈반쾌락주의자들의 맹점〉		〈쾌락주의자들의 주장〉
반쾌락주의자들의 주장은 음식에 대한 욕구와 쾌락에 대한 욕구 사이의 관계를 고려하지 않고 있다.(1)	→	쾌락주의자들의 주장에 따르면 위의 인과적 연쇄에 음식에 대한 욕구의 원인인 쾌락에 대한 욕구를 추가해야 한다.(3)

→ 〈인과적 연쇄〉 쾌락에 대한 욕구 → 음식에 대한 욕구 → 먹는 행동

합격자의 실전 풀이 순서

강화약화 유형

강화약화 유형은 평가의 대상으로서 지문·학설·견해·실험 결과 등을 제시한 후, 보기 및 선지가 이를 강화하는지 또는 약화하는지 묻는 구조이다.

⓿ 유형 식별하기

강화약화 유형을 식별하는 것은 쉽다. 발문 또는 선지에 직접적으로 강화/약화, 지지/반박 등 표현이 등장할 것이다.

- 발문
  - 다음 논쟁/학설/의견에 대한 평가/설명으로 적절한 것은?
  - 다음 학설/지문을 강화/약화하는 것으로 적절한 것은? (본 문제)
- 선지 또는 보기
  제시된 사례가 강화/약화의 대상에 적용 가능한지, 혹은 상충하는지 등을 물음

강화약화 유형에서는 가장 먼저 강화/약화의 대상이 무엇인지 확인해야 한다. 그리고, 대상의 내용을 정확히 이해해야 한다. 대상은 발문을 통해 확인할 수 있으며, 대상의 내용은 지문을 통해 이해할 수 있다.

❶ 대상 파악하기

(1) 발문 확인

> 다음 글의 ㉠을 약화하지 않는 것은?

평가의 대상이 '㉠' 임을 알 수 있다. 따라서 ㉠이 무엇인지 찾기 위해 곧바로 지문으로 내려간다. 또한 '약화하지 않는 것'을 묻고 있으므로, 실수하기 쉽다. 선지 옆에 '약화X'라고 표시하거나, 강화는 'ㅇ', 무관은 '△', 약화는 '×'로 표시하는 등 스스로 알아볼 수 있는 기호를 활용하여 실수를 방지하자.

(2) 지문에서 대상 확인

강화약화 유형의 대상은 지지·반박이 가능한 주관적인 주장인 경우가 많다. 본 문제의 경우, ㉠로 표시된 부분, 즉 쾌락주의자들의 주장이다. 그 주장을 파악하기 위해 ㉠이 포함된 문장을 먼저 살펴본다. '하지만 ㉠에 따르면 위의 ~ 쾌락에 대한 욕구를 추가해야 한다'라는 구조에서 앞선 내용에 '쾌락에 대한 욕구'를 추가하면 ㉠이 됨을 알 수 있다. 따라서 먼저 앞의 내용이 무엇인지 파악해야 할 것이다.

앞의 내용은 '반쾌락주의자'들의 견해이며, 그들의 주장은 1문단과 2문단 사이에 '음식에 대한 욕구 → 먹는 행동 → 쾌락'으로 주어져 있다. 따라서 ㉠은 '음식에 대한 욕구'의 원인인 '쾌락에 대한 욕구'를 추가한 '쾌락에 대한 욕구 → 음식에 대한 욕구 → 먹는 행동 → 쾌락'이 될 것이다.

지문은 전체적으로 '쾌락주의자의 주장-반쾌락주의자의 반론-쾌락주의자의 재반론' 구조로 구성된다. 3, 4문단은 이 내용이 어떻게 1, 2문단 사이에 나온 도식을 반박하고 있는지에 중점을 두고 독해한다.

❷ 보기 판단하기

지문을 모두 이해했다면, 보기 또는 선지를 하나씩 읽고 옳은지 여부를 확인한다. 이때 보기를 판단하는 기준은 3가지로 나뉜다. '약화하지 않는' 것을 묻고 있으므로, 강화하거나 무관한 선지가 답이 된다. 선지마다 강화는 'ㅇ', 무관은 '△', 약화는 '×'로 표시한다.

(1) 대상을 강화함

대상과 합치하거나, 동일한 내용인 경우를 말한다.

예 ⑤ 맛없는 음식보다 맛있는 음식을 욕구하는 것은 맛있는 음식을 먹어 얻게 될 쾌락에 대한 욕구가 맛없는 음식을 먹어 얻게 될 쾌락에 대한 욕구보다 강하기 때문이다.

→ 음식에 의한 쾌락을 긍정하는 ㉠ 쾌락주의자들과 상통한다.

(2) 대상을 약화함

대상의 반례에 해당하거나 상충되는 내용을 말한다.

예 ① 어떤 욕구도 또 다른 욕구의 원인일 수 없다.

→ 쾌락에 대한 욕구가 쾌락을 불러일으키는 것에 대한 욕구의 원인이 된다는 ㉠ 쾌락주의자들과 상충한다.

(3) 강화도 약화도 하지 않음(무관)

가장 유의해야 하는 경우로, 대상과 무관한 정보를 서술하는 경우다. 지문과 보기가 주는 정보만으로 관련성이 추론된다고 착각하면 오답이 된다. 다만 본 문제에서는 이와 같은 보기가 없다.

①~④는 ㉠을 약화하며, ⑤는 강화한다. 정답은 ⑤이다.

합격자의 시간단축 Tip

Tip ❶ 발문이 요구하는 것을 표시하자.

발문에서 '약화하지 않는 것'을 묻는 경우, 선지 판단 시 혼동이 될 수도 있으므로 선지 옆에 '약화x'라고 쓰고 선지마다 o 또는 x로 표시한 후, x가 되는 선지를 고르도록 한다. 혹은 강화는 'ㅇ', 무관은 '△', 약화는 '×'로 표시하여 ×가 아닌 것을 고르는 표시 방식도 가능하다.

Tip ❷ 제시문의 장치를 활용하자.

1문단과 2문단 사이에 지문의 테마인 인과적 연쇄를 화살표로 압축해준 것은 출제자가 난이도를 낮추기 위해 마련한 특별한 장치이다. 이를 적극적으로 활용하여 2, 3, 4문단을 독해하도록 한다.

Tip ❸ 묻는 바를 대략 정해두자.

쾌락주의자의 주장을 약화하지 않는 것을 고르는 것이 문제라면,

이는 반쾌락주의자의 주장과 가까울 가능성이 크다. 정해진 1~2분 내에 지문의 모든 내용을 완벽히 이해하긴 어렵다. '㉠을 약화하는 것은 반쾌락주의자의 주장과 연관 있겠구나.'라는 대강의 감을 잡고 선지 판단에 들어가는 것이 필요하다. 다만, 주장을 강화하지도 약화하지도 않는 진술이 있을 수 있으므로 무조건 반쾌락주의자의 주장이 정답이라고만 단정하지는 말자.

Tip ❹ 강화약화 유형의 선지 구성

강화/약화하는 것을 묻는 문제의 선지는 추론할 수 있는 것을 고르라는 문제로 보고 풀이 기준을 단순화해서 기계적으로 풀면 문제풀이 시간을 크게 줄일 수 있다. 그 기준은 아래 표를 참고하자.

A가 강화한다.	A가 ① 지문 내용과 일치 또는 ② 그로부터 추론 가능
A가 강화하지 않는다.	A가 ① 추론될 근거 없음 또는 ② 지문 내용과 상충되거나 ③ 무관
A가 약화한다.	A가 지문 내용과 ① 상충
A가 약화하지 않는다.	A가 ① 지문으로부터 추론 가능 또는 ② 일치하거나 ③ 무관

120 정답 ❹

난이도 ●●●

문제유형 법규의 해석 및 적용

접근전략 본 문제는 제시문 형식으로 주어진 규정을 〈상황〉에 적용하는 정보확인유형과 규정적용유형이 결합한 문제이다. 해당 유형을 풀 때는 제시문 형식으로 주어진 규정의 구조를 먼저 파악한 후, 규정의 구체적인 내용은 〈상황〉 및 선지의 판단 시에 확인한다. 또한, 규정응용유형과 마찬가지로 '다만'으로 시작하는 단서의 내용에 유의한다.

다음 글과 〈상황〉을 근거로 판단할 때 옳은 것은?

(1) 저작자는 미술저작물, 건축저작물, 사진저작물(이하 "미술저작물 등"이라 한다)의 원본이나 그 복제물을 전시할 권리를 가진다. (2) 전시권은 저작자인 화가, 건축물설계자, 사진작가에게 인정되므로, 타인이 미술저작물 등을 전시하기 위해서는 저작자의 허락을 얻어야 한다. (3) 다만 전시는 일반인에 대한 공개를 전제로 하는 것이므로, 예컨대 가정 내에서 진열하는 때에는 저작자의 허락이 필요 없다. (4) 또한, 저작자는 복제권도 가지기 때문에 타인이 미술저작물 등을 복제하기 위해서는 저작자의 허락을 얻어야 한다. (5) 그런데 저작자가 미술저작물 등을 타인에게 판매하여 소유권을 넘긴 경우에는 저작자의 전시권·복제권과 소유자의 소유권이 충돌하는 문제가 발생한다. (6) 저작권법은 미술저작물 등의 전시·복제와 관련된 문제들을 다음과 같이 해결하고 있다. ▶ 1문단

(1) 첫째, 미술저작물 등의 원본의 소유자나 그의 허락을 얻은 자는 자유로이 미술저작물 등의 원본을 전시할 수 있다. (2) 다만 가로·공원·건축물의 외벽 등 공중에게 개방된 장소에 항시 전시하는 경우에는 저작자의 허락을 얻어야 한다. ▶ 2문단

(1) 둘째, 개방된 장소에 항시 전시되어 있는 미술저작물 등은 제3자가 어떠한 방법으로든지 이를 복제하여 이용할 수 있다. (2) 다만 건축물을 건축물로 복제하는 경우, 조각 또는 회화를 조각 또는 회화로 복제하는 경우, 미술저작물 등을 판매목적으로 복제하는 경우에는 저작자의 허락을 얻어야 한다. ▶ 3문단

(1) 셋째, 화가 또는 사진작가가 고객으로부터 위탁을 받아 완성한 초상화 또는 사진저작물의 경우, 화가 또는 사진작가는 위탁자의 허락이 있어야 이를 전시·복제할 수 있다. ▶ 4문단

• 상황 •

- 화가 甲은 자신이 그린 「군마」라는 이름의 회화를 乙에게 판매하였다.
- 화가 丙은 丁의 위탁을 받아 丁을 모델로 한 초상화를 그려 이를 丁에게 인도하였다.

① 乙이 「군마」를 건축물의 외벽에 잠시 전시하고자 할 때라도 甲의 허락을 얻어야만 한다.

➜ (×) 2문단 첫째 줄에 따르면 미술저작물 등의 원본의 소유자는 자유로이 미술저작물 등의 원본을 전시할 수 있으나, 둘째 줄에 따르면 건축물의 외벽 등 공중에게 개방된 장소에 항시 전시하는 경우에는 저작자의 허락을 받아야 한다. 따라서 「군마」의 원본 소유자 乙이 건축물의 외벽에 잠시 전시하는 경우에는 항시 전시하는 경우가 아니므로 저작자 甲의 허락을 얻지 않아도 된다.

② 乙이 감상하기 위해서 「군마」를 자신의 거실 벽에 걸어 놓을 때는 甲의 허락을 얻어야 한다.

➜ (×) 1문단 넷째 줄에 따르면 전시는 일반인에 대한 공개를 전제로 하는 것이므로, 가정 내에서 진열하는 등의 경우 저작자의 허락이 필요 없다. 따라서 乙이 감상하기 위해서 「군마」를 자신의 거실 벽에 걸어 놓는 경우 이는 가정 내에서 진열하는 경우이므로 저작자 甲의 허락이 필요 없다.

③ A가 공원에 항시 전시되어 있는 「군마」를 회화로 복제하고자 할 때는 乙의 허락을 얻어야 한다.

➜ (×) 3문단에 따르면 개방된 장소에 항시 전시되어있는 미술저작물 등은 제3자가 이를 복제하여 이용할 수 있다. 다만, 회화를 회화로 복제하는 경우에 해당하므로 단서에 의해 저작자의 허락을 받아야 한다. 이때 乙은 저작자가 아니고 소유자이므로 저작자인 甲의 허락을 받아야 한다.

④ 丙이 丁의 초상화를 복제하여 전시하고자 할 때는 丁의 허락을 얻어야 한다.

➜ (O) 4문단에 따르면 화가가 고객으로부터 위탁을 받아 완성한 초상화의 경우, 화가는 위탁자의 허락이 있어야 전시·복제할 수 있다. 따라서 화가 丙이 고객 丁의 위탁을 받아 완성한 초상화를 복제하여 전시하고자 할 때에는 위탁자인 丁의 허락을 얻어야 한다.

⑤ B가 공원에 항시 전시되어 있는 丁의 초상화를 판매목적으로 복제하고자 할 때는 丙의 허락을 얻을 필요가 없다.

➜ (×) 3문단 셋째 줄에 따르면 개방된 장소에 항시 전시되어 있는 미술저작물 등을 제3자가 판매목적으로 복제하는 경우에는 저작자의 허락을 얻어야 한다. 따라서 제3자 B가 공원에 항시 전시되어 있는 미술저작물인 丁의 초상화를 판매목적으로 복제하고자 할 때는 저작자 丙의 허락을 얻어야 한다.

합격자의 실전 풀이 순서

❶ 문제 유형 파악

제시문의 형식은 법조문이 아니지만 〈상황〉이 주어진 것으로 보아 규정 적용 유형임을 알 수 있다. 줄글의 제시문이 주어져

있으나, 글의 내용은 비문학이 아닌 규정이다. 법조문 형식의 규정은 아니나, 접근 방식은 법조문 문제와 유사하다. 먼저 제시문에 주어진 규정의 구조와 형식을 파악한 후, 구체적인 규정의 내용은 상황 및 선지 판단 시에 확인한다. 또한, 본 문제의 '옳은'에 동그라미 표시를 하여 옳지 않은 선지를 고르는 실수를 하지 않도록 한다.

다음 글과 〈상황〉을 근거로 판단할 때 옳은 것은?

❷ 제시문 구조 분석 및 규정 파악

규정 적용 유형이므로, 제시문에서 적용할 규정이 무엇인지 찾으며 읽는다. 글을 읽을 때에는 글의 구조를 파악하고, 기호를 활용하여 내용의 위치를 표시한다.

1문단에는 저작물과 관련된 세 가지 권리가 등장한다. 전시권, 복제권, 소유권이다. 전시권과 관련하여, 문장 (3)의 단서로 저작자의 허락이 필요 없는 경우를 설명하므로 별도로 △ 표시한다. 결국 1문단에서 규정으로 볼 수 있는 것은 〈① 타인이 미술저작물 등을 전시하기 위해서는 저작자의 허락을 얻어야 한다(전시권). ② 단, 일반인에게 공개하지 않는 전시는 허락이 필요 없다. ③ 타인이 미술저작물 등을 복사하기 위해서는 저작자의 허락을 얻어야 한다(복제권)〉 세 가지이다. 1문단에서 또 알 수 있는 것은 2~4문단의 내용이 〈미술저작물의 저작자와 소유자가 다른 경우의 전시권, 복제권의 적용〉이라는 것이다. 이를 염두에 두고 다음 문단을 읽는다.

2문단은 소유자의 허락을 얻은 경우의 전시권을 규정한다. 단서에는 △ 표시를 한다.

3문단은 개방된 장소에 항시 전시되어 있는 미술저작물의 복제권을 규정한다. 3문단의 단서에도 △ 표시를 해둔다.

4문단은 위탁자가 있는 미술저작물의 전시권 및 복제권을 규정한다.

각 문단이 어떤 경우를 규정하는지만 확인하고, 세부 내용은 선지 판단 시 자세히 읽는다.

각 문단에서 반복적으로 다만, ~ 의 예외사유가 제시되고 있다. 간단하게 기억·표시하고 다시 돌아와서 구체적인 내용을 확인할 때 놓치지 않도록 주의하면서 읽는다.

❸ 〈상황〉 독해 및 선지 판단

〈상황〉에서 두 가지 상황을 확인할 수 있다. 첫 번째 상황에서 甲의 그림 「군마」의 소유권은 乙에게 있다. 두 번째 상황은 4문단에 해당한다. 두 가지 상황을 혼동하지 않도록 각 상황에 해당하는 선지들은 한 번에 해결한다. 즉, 첫 번째에 해당하는 선지 ①~③번을 먼저 해결하거나 두 번째에 해당하는 선지 ④~⑤번을 먼저 해결한다.

4문단만 확인하면 되는 두 번째 상황이 더 간단하므로 먼저 처리한다. 위탁자가 있는 미술저작물의 전시, 복제는 위탁자의 허락이 있어야 한다. 따라서 ④번은 옳다. 정답은 ④번이다.

나머지 선지도 판단한다면, 선지 ①번은 허락을 얻는 경우에 대한 내용이므로 2문단과 비교한다. ①번의 판단에는 2문단의 단서가 적용되었음을 알 수 있다. 선지 ②번은 공개되지 않는 경우이므로 1문단 세 번째 문장과 비교한다. 이에는 1문단 (3)의 단서가 적용되었다. 선지 ③번은 개방된 장소에 전시된 저작물의 복제에 대한 내용이므로 3문단과 비교한다. ③번 선지는 회화를 회화로 복제하므로 3문단의 단서가 적용되고 저작자와 소유자를 구분해야 하므로 고난도 선지에 해당한다.

선지 ④번을 넘어갔다면 선지 ⑤번은 개방된 장소에 전시된 저작물의 복제에 대한 내용이므로 3문단과 비교한다. 이에도 판매 목적으로 복제한다는 3문단의 단서가 적용되었다.

합격자의 실전 풀이 순서

Tip ❶ 규정 적용 유형임을 파악하여 독해 전략 수립

제시문이 법조문 형식이 아니더라도 〈상황〉이나 〈예시〉 혹은 표가 있는 경우 '규정 적용' 유형임을 예상할 수 있다. 해당 유형에서는 제시문을 읽으며 적용할 규정을 찾아야 한다. 제시문 전체가 적용할 규정으로 구성되어 있다면 구조와 키워드만 파악하고, 세부 내용은 선지를 판단할 때 돌아와 읽는다. 반면 제시문의 일부만 적용할 규정이라면, 규정을 찾고, 해당 부분을 중점적으로 읽고 선지로 넘어간다.

본 문제의 1문단은 후자, 2~4문단은 전자에 해당한다. 따라서 1문단은 전체적으로 빠르게 읽으며 적용할 규정만 찾아 표시하고, 2~4문단은 구조를 파악하고 키워드에만 표시한 뒤, 선지 판단 시 세부 내용을 읽는다.

Tip ❷ 비교적 간단한 선지부터 판단

초상화와 관련된 내용은 4문단에 중점적으로 나오고 있으므로, 제시문과 선지 간의 비교가 간편하다. 따라서 화가 丙과 관련된 선지를 먼저 확인하면 빠르게 문제를 해결할 수 있다.

Tip ❸ 제시문에 주어진 사례를 활용

제시문과 같이 지문이 단순 정보를 제공하고 있을 경우 지문에 주어진 예시를 선지로 구성하는 경우가 많다. 예를 들어, 1문단 다섯째 줄에는 '예컨대' 이하로 가정에서 진열하는 경우에 대한 예시가 제공되는데, 이는 선지 ②번에서 활용되고 있다.

Tip ❹ 키워드를 중심으로 제시문 구조화

지문이 전반적으로 다 중요한 내용을 담고 있는데, 그렇다고 지문을 읽을 때 이를 다 기억해야 함을 의미하지는 않는다. 제시문의 내용이 복잡할 경우 키워드에 동그라미를 쳐두고 선지 판단 시 키워드를 찾아가는 방식으로 내용을 파악할 수 있다. 표시를 하는 것은, 내용을 미처 기억하지 못한 경우에 해당 내용이 어느 위치에 있었는지를 한 번에 찾아내기 위함이다. 이렇게 키워드를 중심으로 표시해두고 제시문을 구조화하면 내용을 찾기도 수월해진다.

〈구조화 예시〉	
1문단(미술저작물 등에 대한 권리)	① 전시권
	② 전시권의 적용 제외
	③ 복제권
2문단(소유자의 허락을 얻은 미술저작물 등의 전시권)	
3문단(개방된 장소에 전시된 미술저작물 등의 복제권)	
4문단(위탁을 받은 미술저작물 등의 전시, 복제권)	

Tip ❺ 예외 및 단서에 유의

단서의 내용은 선지로 빈출되므로 놓치지 않도록 꼭 별도로 표시를 해두는 것이 좋다. 모든 내용을 표시할 필요는 없고, 구분성이 있는 키워드에 △ 표시를 해두면 된다. 예를 들어, 본 문제에서는 1문단의 전시권의 예외 중 '가정 내', 2문단의 '개방된 장소', 3문단의 '판매목적'에 표시한다. 3문단 예외 중 앞부분은 특정 단어에 표시하기 어려우므로 일단 '다만'에 표시하고, 동일 형식의 작품으로 복제하는 것이라고 기억한다.

독끝 9일차 (121~135)

정답

121	②	122	⑤	123	④	124	⑤	125	②
126	②	127	④	128	④	129	⑤	130	④
131	③	132	④	133	④	134	②	135	①

121 정답 ❷ 난이도 ●●○

문제유형 비판적 사고 > 빈칸 채우기

접근전략 빈칸에 들어갈 내용으로 적절한 것을 추론해내는 문제 유형이다. 지문의 내용 자체는 구조적으로 정리가 잘 되어있어 쉽게 읽을 수 있다. 그러나 본 문제의 경우 선지가 다소 복잡하게 구성되어있어 헷갈리거나 착각을 하기 쉽다. 따라서 선지를 판단할 때 침착하게 정리를 해가며 푸는 능력이 요구된다.

다음 글의 빈칸에 들어갈 내용으로 가장 적절한 것은?

(1) 다른 사람의 증언은 얼마나 신뢰할 만할까? (2) 증언의 신뢰성은 두 가지 요인에 의해서 결정된다. (3) 첫 번째 요인은 증언하는 사람이다. (4) 만약 증언하는 사람이 거짓말을 자주 해서 신뢰하기 어려운 사람이라면 그의 말의 신뢰성은 떨어질 수밖에 없다. (5) 두 번째 요인은 증언 내용이다. (6) 만약 증언 내용이 우리의 상식과 상당히 동떨어져 있어 보인다면 증언의 신뢰성은 떨어질 수밖에 없다. (7) 그렇다면 이 두 요인이 서로 대립하는 경우는 어떨까? (8) 가령 매우 신뢰할 만한 사람이 기적이 일어났다고 증언하는 경우에 우리는 그 증언을 얼마나 신뢰해야 하는가? ▶ 1문단

(1) 이 질문에는 [　　　　　] 는 원칙을 적용해서 답할 수 있다. (2) 이 원칙을 기적에 대한 증언에 적용시키기 위해서는 먼저 기적에 대해서 생각해 볼 필요가 있다. (3) 기적이란 자연법칙을 위반한 사건이다. (4) 여기서 자연법칙이란 지금까지 우주의 전체 역사에서 일어났던 모든 사건들이 따랐던 규칙이다. (5) 그렇다면 자연법칙을 위반하는 사건 즉 기적은 아직까지 한 번도 일어나지 않은 사건이다. (6) 한편 우리는 충분히 신뢰할 만한 사람이 자신의 의지와 무관하게 거짓을 말하는 경우를 이따금 관찰할 수 있다. (7) 따라서 그런 사건이 일어날 확률은 매우 신뢰할 만한 사람이 거짓 증언을 할 확률보다 작을 수밖에 없다. (8) 결국 우리는 기적이 일어났다는 증언을 신뢰해서는 안 된다. ▶ 2문단

① 어떤 사람이 참인 증언을 할 확률이 그 증언 내용이 실제로 일어날 확률보다 작은 경우에만 증언을 신뢰해야 한다.
→ (×)

② 어떤 사람이 거짓 증언을 할 확률이 그 증언 내용이 실제로 일어날 확률보다 작은 경우에만 증언을 신뢰해야 한다.
→ (○) 지문에서는 충분히 신뢰할 만한 사람이 거짓말을 하는 경우가 있다는 언급을 통해[2문단(6)] 어떤 사람이 거짓 증언을 할 확률을 다루고 있다. 더불어 기적이란 아직까지 한 번도 일어나지 않은 사건이라며[2문단(5)] 그 증언 내용이 실제로 일어날 확률 역시 다루고 있다. 따라서 매우 신뢰할 만한 사람이 거짓 증언을 할 확률보다 기적이 일어날 확률이 작을 수밖에 없으므로 증언을 신뢰해서는 안 된다고 하였다.[2문단(7),(8)] 따라서 제시문의 질문을 '어떤 사람이 거짓 증언을 할 확률이 그 증언 내용이 실제로 일어날 확률이 작은 경우에만 증언을 신뢰해야 한다'는 원칙에 적용하면 해당 증언을 신뢰해서는 안 된다는 결론을 내릴 수 있다. 그러므로 해당 선지의 내용이 빈칸에 가장 적절하다.

③ 어떤 사람이 거짓 증언을 할 확률이 그 증언 내용이 실제로 일어나지 않을 확률보다 작은 경우에만 증언을 신뢰해야 한다.
→ (×)

④ 어떤 사람이 제시한 증언 내용이 일어날 확률이 그것이 일어나지 않을 확률보다 더 큰 경우에만 그 증언을 신뢰해야 한다.
→ (×)

⑤ 어떤 사람이 제시한 증언 내용이 일어날 확률이 그것이 일어나지 않을 확률보다 더 작은 경우에만 그 증언을 신뢰해야 한다.
→ (×)

제시문 분석

1문단 증언의 신뢰성을 결정하는 요인

〈증언의 신뢰성 결정 요인〉

〈첫 번째 요인〉		〈두 번째 요인〉
증언의 신뢰성은 증언하는 사람에 의해 결정된다.(3)	⊕	증언의 신뢰성은 증언 내용에 의해 결정된다.(5)
〈첫 번째 요인의 예시〉		〈두 번째 요인의 예시〉
만약 증언하는 사람이 신뢰하기 어려운 사람이라면 그의 증언의 신뢰성은 떨어진다.(4)		증언 내용이 우리의 상식과 매우 동떨어져 있다면 증언의 신뢰성은 떨어진다.(6)

1·2문단 증언의 신뢰성 결정 요인이 서로 대립하는 경우

〈두 요인이 대립하는 경우〉

매우 신뢰할 만한 사람이 기적이 일어났다는 신뢰하기 어려운 증언을 하는 경우, 그 증언을 얼마나 신뢰해야 하는가?[1문단(8)]

〈증언하는 사람〉		〈증언 내용〉
충분히 신뢰할 만한 사람이 이따금 거짓을 말하는 경우가 있다.[2문단(6)]	⊕	기적이란 지금까지 우주의 전체 역사에서 일어났던 모든 사건들이 따랐던 규칙을 위반한 사건, 즉 아직까지 한 번도 일어나지 않은 사건이다. [2문단(3),(4),(5)]

〈해석〉

기적이 일어날 확률 〈 매우 신뢰할 만한 사람이 거짓 증언을 할 확률 [2문단(7)]

〈결론〉

→ 매우 신뢰할 만한 사람이 증언했더라도, 기적이 일어났다는 증언을 신뢰해서는 안 된다.[2문단(8)]

합격자의 실전 풀이 순서

❶ **발문을 확인해 유형을 파악한다.**

다음 글의 빈칸에 들어갈 내용으로 가장 적절한 것은?

글을 읽고 빈칸에 들어갈 내용으로 가장 적절한 것을 추론하는 문제이다. 본 유형의 경우 지문 전체를 읽기에 앞서 빈칸을 먼저 확인하는 것이 좋다.

❷ **빈칸이 들어간 문장을 먼저 읽는다.**

> 이 질문에는 ____________ 는 원칙을 적용해서 답할 수 있다.

글에서 질문이 제시되며, 빈칸은 질문에 대한 답임을 알 수 있다. 빈칸이 들어있는 문장이 문단의 초반부에 등장하며 이 빈칸 문장 다음에도 여러 문장이 나열되어있는 것 또한 눈으로 대강 파악할 수 있다. 이를 통해 이 빈칸 문장 다음의 문장들은 빈칸 문장을 보충 설명하는 문장이라는 것을 예측할 수 있다. 따라서 글에서 제시하는 질문과 빈칸 문장 다음의 설명들에 주목하며 글을 읽어야겠다고 다짐한다.

❸ **지문을 읽는다.**

첫 문단에서는 증언의 신뢰성을 결정하는 두 가지 요인을 제시하고 있다. 그리고 첫 문단의 (7)문, (8)문이 우리가 답해야 할, 빈칸이 답변해야 할 질문임을 깨닫는다. 2문단의 (2)문부터 (5)문까지는 기적이 일어날 확률, 즉 증언 내용의 신뢰성을 따지고 있음을 확인하며 글을 읽는다. 이어지는 (6)문은 증언을 하는 사람의 신뢰성을 따지는 문장이다. (7)문에서는 증언 내용의 신뢰성과 증언을 하는 사람의 신뢰성을 비교하고 있다. 따라서 지문을 읽으며 빈칸에는 둘 사이의 신뢰성을 비교할 때의 원칙과 관련된 내용이 들어감을 예측한다.

❹ **선지를 확인한다.**

선지가 굉장히 복잡하고 헷갈리게 구성되어있다. 이런 경우 착각을 하기 쉽기 때문에 선지를 두세 번 확인하는 것이 꼭 필요하다. 또한, 2문단의 (8)문, 즉 이 글의 결론은 '신뢰해서는 안 된다.'는 부정문으로 끝나고 있으나 선지는 모두 '신뢰해야 한다.'는 긍정문으로 나타나고 있다. 이에 주의해서 선지를 판단한다.
선지를 읽어 답이 찾는 것이 어렵다면 2문단 (7)문, (8)문의 문장구조를 자유롭게 변형함으로써 정답을 찾을 수 있다. 문장구조 변형 방법은 다음과 같다.

(1) 우선 2문단 (7)문, (8)문을 쪼개어 정리해 본다.

> 그런 사건이 일어날 확률은 / 매우 신뢰할 만한 사람이 거짓 증언을 할 확률보다 / 작을 수밖에 없다. / 결국 우리는 기적이 일어났다는 증언을 신뢰해서는 안 된다.

(2) 한 눈에 비교하기 쉽게 수식으로 정리하자면

> 증언 내용이 실제로 일어날 확률 〈 어떤 사람이 거짓 증언을 할 확률 ⇒ 증언 신뢰 X

정리할 때에는 증언 내용의 신뢰성을 좌측에, 증언하는 사람의 신뢰성을 우측에 두어 헷갈리지 않게 한다.
(3) 선지는 모두 결론이 '증언을 신뢰해야 한다'이므로 제시문의 수식을 다음과 같이 변형한다.

> 증언 내용이 실제로 일어날 확률 〉 어떤 사람이 거짓 증언을 할 확률 ⇒ 증언 신뢰 O

(4) 위 수식의 형태로 선지를 정리한다.
선지 ①을 쪼개어보면

> 어떤 사람이 참인 증언을 할 확률이 / 그 증언 내용이 실제로 일어날 확률보다 / 작은 경우에만 / 증언을 신뢰해야 한다.

이며 수식으로 정리해보면

> 증언 내용이 실제로 일어날 확률 〉 어떤 사람이 참인 증언을 할 확률 ⇒ 증언 신뢰 O

선지 ②를 수식으로 정리해보면

> 증언 내용이 실제로 일어날 확률 〉 어떤 사람이 거짓 증언을 할 확률 ⇒ 증언 신뢰 O

선지 ③을 수식으로 나타내면

> 증언 내용이 실제로 일어나지 않을 확률 〉 어떤 사람이 거짓 증언을 할 확률 ⇒ 증언 신뢰 O

따라서 정답은 ②임을 찾을 수 있다. 본 지문은 증언 내용의 신뢰성과 증언을 하는 사람의 신뢰성을 비교함으로써 증언의 신뢰 가부를 따지고 있다. 그러나 ④, ⑤는 증언 내용의 신뢰성과 증언을 하는 사람의 신뢰성을 비교하고 있는 선지가 아니므로 정답이 될 수 없다.

합격자의 시간단축 Tip

Tip ❶ 빈칸이 포함된 문장을 먼저 읽는다.

빈칸에 들어갈 내용으로 가장 적절한 것을 찾는 유형에서는 빈칸이 포함된 문장을 먼저 읽는 것이 도움이 된다. 이를 통해 빈칸이 요구하는 바가 무엇인지 파악할 수 있기 때문이다. 더불어 빈칸이 들어있는 문장을 먼저 읽으면서 문장의 위치를 파악하는 것도 도움이 된다. 이를 통해 글 또는 문단의 구조를 예측할 수 있기 때문이다.

Tip ❷ 빈칸은 주로 글의 주제를 포함하게 된다.

빈칸에 들어갈 내용은 글 전체의 주제를 담고 있거나, 글의 주제와 상당한 관련을 지닌 내용으로 구성된다. 이는 출제구조 상 어쩔 수 없는 부분인데, 빈칸이 지엽적이거나 사소한 부분으로 이루어져 있다면 글을 통해 답을 찾아내는 것이 어렵기 때문이다. 특히 이 문제는 논리형식을 띠고 있으나 실제로는 독해문제나 마찬가지이므로 구태여 선지의 논리 정오판단에 열을 올릴 이유는 없다.
또한, 빈칸에 대한 단서를 주려고 하다 보면 결국 그 글은 빈칸 내용에 대해 중점적으로 쓰게 된다. 따라서 빈칸은 글의 주제를 관통하는 내용이 들어가게 된다. 이것을 알고 문제를 푼다면 어렵지 않게 문제에 접근할 수 있다.

Tip ❸ 연습단계에서는 표 형태로 정리해본다.

해당 지문은 확률개념을 담고 있으며, 최종적으로 실전에서는 해당 지문의 내용을 전부 표 형태로 정리하며 이해할 여유는 없다. 그러나 연습단계에서는 해당 지문의 내용을 표 형태로 정리해서 구조를 파악해보는 것이 필요하다. 반복적인 연습을 통해 확률 구조에 대한 이해도를 높이면, 새로운 지문을 만났을 사전에 학습한 틀을 활용해 새 지문을 빠르고 정확하게 이해할 수 있다.

Tip ❹ 유사지문을 많이 풀어본다.

확률지문은 유사지문을 많이 풀어보는 것이 최선의 대비 방법이다. 왜냐하면 연역과 귀납이 섞여 있는 경우가 많으며, 수리적 감각까지 요구되는 경우들이 있어 단순히 풀이 전략을 습득하는 것만으로는 해결되기 어렵기 때문이다. 시행착오를 겪으며 해법을 발전시켜나가야 한다.

122 정답 ⑤ 난이도 ●●○

문제유형 이해 > 내용 파악

접근전략 사건을 중심으로 하는 내용 파악 문제의 경우, 1문단에서 글을 읽으면서 글의 소재를 파악함과 동시에 전개 방향성을 살펴보는 것이 중요하다. 그 다음 문단부터는 글의 핵심 소재에 관한 특징들이 있다면 가볍게 체크해두는 방식으로 문제를 푼다. 특히 문단의 길이가 짧으면 각각의 문단별 핵심이 존재하므로 키워드를 정리하고, 이들이 각자 선지화될 수 있음을 유념하여 해당 부분에 언제든지 돌아올 수 있도록 한다. 또한, 해당 제시문은 '강제불임시술'이라는 화제를 다루는 지문이다. 인권, 헌법, 법률 등의 개념이 등장하며, 이런 주제의 경우 끊임없이 논쟁이 지속되어 왔으므로 지문에서도 주관적인 주장이 등장할 가능성이 높다. 지문이 주제에 대한 여러 주장을 비교·대조하는지, 아니면 그중 한두 주장을 골라 자세히 다루고 있는지 확인하며 읽는다.

다음 글에서 알 수 없는 것은?

(1) '캐리 벅 사건'(1927)은 버지니아주에서 시행하는 강제불임시술의 합헌성에 대한 판단을 다룬 것이다. (2) 버지니아주에서는 정신적 결함을 가진 사람들의 불임시술을 강제하는 법을 1924년에 제정하여 시행하고 있었다. (3) 이 법은 당시 과학계에서 받아들여지던 우생학의 연구결과들을 반영한 것인데, 유전에 의해 정신적으로 결함이 있는 자들에게 강제불임시술을 함으로써 당사자의 건강과 이익을 증진하는 것을 목적으로 하였다. (4) 우생학은 인간의 유전과 유전형질을 연구하여, 결함이 있는 유전자를 제거하여 인류를 개선하는 것이 주목적이었는데, 정신이상자, 정신박약자, 간질환자 등을 유전적 결함을 가진 대상으로 보았다. ▶ 1문단

(1) 이 사건의 주인공인 캐리 벅은 10대 후반의 정신박약인 백인 여성으로서 정신박약자들을 수용하기 위한 시설에 수용되어 있었다. (2) 법에 따르면, 캐리 벅은 불임시술을 받지 않으면 수십 년 동안 수용시설에 갇혀 기본적인 의식주만 공급받고 다른 사회적 권리와 자유가 제약받을 수밖에 없는 상황이었다. ▶ 2문단

(1) 미국 연방대법원은 강제불임시술을 규정한 버지니아주의 주법을 합헌으로 판단하였다. (2) 이 사건의 다수의견을 작성한 홈즈 대법관은 판결의 이유를 다음과 같이 밝혔다.
(3) "사회 전체의 이익 때문에 가장 우수한 시민의 생명을 희생시키는 일도 적지 않다. (4) 사회가 무능력자로 차고 넘치는 것을 막고자 이미 사회에 부담이 되는 사람들에게 그보다 작은 희생을 요구하는 것이 금지된다고 할 수는 없다. (5) 사회에 적응할 능력이 없는 사람들의 출산을 금지하는 것이 사회에 이익이 된다. (6) 법률로 예방접종을 하도록 강제할 수 있는 것과 같은 원리로 나팔관 절제도 강제할 수 있다고 해야 한다." ▶ 3문단

(1) 이 사건은 사회적 파장이 매우 컸다. (2) 당시 미국의 주들 가운데는 강제불임시술을 규정하고 있는 주들이 있었지만 그 중 대부분의 주들이 이러한 강제불임시술을 실제로는 하고 있지 않았다. (3) 하지만 연방대법원의 이 사건 판결이 나자 많은 주들이 새로운 법률을 제정하거나, 기존의 법률을 개정해서 버지니아주법과 유사한 법률을 시행하게 되었다. (4) 버지니아주의 강제불임시술법은 1974년에야 폐지되었다. ▶ 4문단

① 당시 우생학에 따르면 캐리 벅은 유전적 결함을 가진 사람이었다.
→ (○) 당시 우생학은 정신이상자, 정신박약자, 간질 환자 등을 유전적 결함을 가진 대상으로 보았다.[1문단(4)] 캐리 벅은 10대 후반의 정신박약인 백인 여성으로서 정신박약자들을 수용하기 위한 시설에 수용되어 있었다.[2문단(1)] 즉, 정신박약자에 해당한 캐리 벅은 당시 우생학에 따라 유전적 결함을 가진 사람이었다.

② 버지니아주법은 정신박약이 유전되는 것이라는 당시의 과학 지식을 반영하여 제정된 것이었다.
→ (○) 버지니아주법은 당시 과학계에서 받아들여지던 우생학의 연구결과들을 반영한 것이다.[1문단(3)] 당시 과학계에서는 정신이상자, 정신박약자, 간질 환자 등을 유전적 결함을 가진 대상으로 보았고[1문단(4)], 버지니아주는 이들에게 불임시술을 강제하였다.[1문단(2)] 이를 통해 버지니아주법은 정신박약이 유전되는 것이라는 당시의 과학 지식을 반영하여 제정된 것임을 알 수 있다.

③ 버지니아주법에 의하면 캐리 벅에 대한 강제불임시술은 캐리 벅 개인의 이익을 위한 것이다.
→ (○) 버지니아주법은 유전에 의해 정신적으로 결함이 있는 자들에게 강제불임시술을 함으로써 당사자의 건강과 이익을 증진하는 것을 목적으로 하였다.[1문단(3)] 그러므로 버지니아주법에 의하면 당사자인 캐리 벅에 대한 강제불임수술은 캐리 벅을 위한 것이다.

④ 홈즈에 따르면 사회가 무능력자로 넘치지 않기 위해서는 사회에 부담이 되는 사람들에게 희생을 요구할 수 있다.
→ (○) 홈즈 대법관이 밝힌 판결의 이유에 따르면, 사회가 무능력자로 차고 넘치는 것을 막고자 이미 사회에 부담이 되는 사람들에게 그보다 작은 희생을 요구하는 것이 금지된다고 할 수 없다.[3문단(4)] 다시 말해서, 홈즈는 사회에 부담이 되는 사람들에게 희생을 요구할 수 있다고 했다.

⑤ 버지니아주법이 합헌으로 판단되기 이전, 불임시술을 강제하는 법을 가지고 있던 다른 주들은 대부분 그 법을 집행하고 있었다.
→ (×) 연방대법원의 판결 전, 미국의 주들 가운데는 강제불임시술을 규정하고 있는 주들이 있었지만 그중 대부분의 주들이 이러한 강제불임시술을 실제로는 하고 있지 않았다.[4문단(2)] 이는 곧 불임시술을 강제하는 법을 가지고 있던 다른 주들도 실제로는 그 법을 집행하지 않았다는 의미이므로, 해당 선지의 내용은 옳지 않다.

제시문 분석

1문단 캐리 벅 사건

〈캐리 벅 사건〉
버지니아주에서 시행하는 강제불임시술의 합헌성에 대한 판단을 다룬 사건이다.(1)

3문단 미국 연방대법원의 판단과 논거

〈미국 연방대법원의 판단〉
미국 연방대법원은 강제불임시술을 규정한 버지니아주의 주법을 합헌으로 판단하였다.(1)

〈미국 연방대법원의 논거〉	
〈논거 1〉	사회가 무능력자로 차고 넘치는 것을 막고자 이미 사회에 부담이 되는 사람들에게 그보다 작은 희생을 요구하는 것이 금지된다고 할 수는 없다.(4)

〈논거 2〉	사회에 적응할 능력이 없는 사람들의 출산을 금지하는 것이 사회에 이익이 된다.(5)
〈논거 3〉	법률로 예방접종을 하도록 강제할 수 있는 것과 같은 원리로 나팔관 절제도 강제할 수 있다고 해야 한다.(6)

4문단 캐리 벅 사건의 영향

〈캐리 벅 사건의 영향〉		
당시 미국의 주들 가운데는 강제불임시술을 규정하고 있는 주들이 있었지만, 그중 대부분의 주들이 이러한 강제불임시술을 실제로는 하고 있지 않았다.(2)	→	연방대법원의 이 사건 판결이 나자 많은 주들이 새로운 법률을 제정하거나, 기존의 법률을 개정해서 버지니아주법과 유사한 법률을 시행하게 되었다.(3)

합격자의 실전 풀이 순서

비문학 유형

❶ 발문 확인하기

본 문제는 '알 수 있는/없는 것은?'을 묻는 유형에 해당한다. 이때 알 수 '있는' 것인지, '없는' 것인지를 확실히 표시하고 간다.

> 다음 글에서 알 수 없는 것은?

본 문제는 알 수 없는 것을 찾는 문제다. 즉 4개의 옳은 선지와 1개의 틀린 선지로 구성된다. 선지로부터 지문 독해의 도움을 받을 수 있음을 인식하고 독해를 시작한다.

❷ 지문 훑어보기

눈에 띄는 부분이 있는지 체크한다.

예 강제불임시술에 대한 글이구나. '캐리 벅 사건'에 작은따옴표로 강조가, 3문단의 판결 이유에 큰따옴표로 인용이 되어 있네. 1927, 1924년, 1974 등 연도 표현을 보니 20세기가 배경이구나.

특히 한국사 관련 지문이 아니더라도 지문에 연도가 나오는 경우 유의하자. 제시문에 연도가 나오는 경우, 선후관계와 시간에 흐름에 따른 차이 및 변화가 선지화되는 경우가 많다.

❸ 선지로 글 구조 판단하기

해당 문제의 선지는 "~에 따르면"으로 시작한다. 이를 통해 다양한 주장들이 소개됨을 짐작할 수 있으므로, 주장과 근거 위주로 독해할 수 있다. 동시에, 시간의 흐름에 따른 변화에도 주목할 수 있다.

❹ 함정 선지 피해가기

③ 버지니아주법에 의하면 캐리 벅에 대한 강제불임시술은 캐리 벅 개인의 이익을 위한 것이다.

개인의 이익 ⇒ 버지니아주법의 목적 ⇒ 강제불임시술을 통한 당사자의 건강과 이익 증진

"~에 따르면"이라는 표현에 주의할 필요가 있는 함정 선지다. 실제로 그랬는지의 여부를 떠나서 참/거짓 판단을 그것의 주장에 따라야 한다.

④ 홈즈에 따르면 사회가 무능력자로 넘치지 않기 위해서는 사회에 부담이 되는 사람들에게 희생을 요구할 수 있다.

홈즈 대법관 ⇒ 사회에 부담이 되는 사람들에게 희생 요구 가능

간단한 단순비교형 선지다. ③번과 같이 판단한다.

합격자의 시간단축 Tip

Tip ❶ 강조하는 문구에 유의하자.

2문단의 '~수밖에 없는 상황이다.', 4문단의 '사회적 파장이 매우 컸다.' 등은 출제자의 강조 의도가 들어간 문구들이다. 독해 시 해당 부분에 집중하여 강약 조절을 한다.

Tip ❷ 사건이 등장하는 경우 사건이 글 전체 중 얼마나 큰 비중으로 활용되는지 먼저 확인한다.

글 전체를 관통하는 사건이라면 이를 더 꼼꼼히 읽어야 한다. 일반적으로 이론적 독해보다 사건 중심 독해가 더 쉽기 때문에, 쉬운 것으로부터 어려운 것으로 나아감으로써 지문을 더 정확하게 이해하고 정답률을 높일 수 있다. 제시문의 경우 "캐리 벅" 사건은 중요한 사건이다.

만약 사건이 글 전체에서 그다지 중요하지 않다면 그때는 가볍게 선지 하나를 해석할 도구로써 활용하면 된다.

123 정답 ④

난이도 ●○○

문제유형 이해 > 내용의 추론

접근전략 본 문제는 하나의 지문에 2개 문제가 출제되는 1지문 2문항의 앞 문제에 해당한다. 1지문 2문항의 경우, 한 문항은 구체적인 암기 혹은 구조정리 없이 지문 일부만으로 답을 도출할 수 있는 경우가 많다. 본 문제의 경우 발문 및 선지를 먼저 간략하게 읽고 선지에서 요구하는 내용을 지문에서 찾는 전략을 택한다. 1지문 2문항의 문제의 경우 지문의 길이가 길어, 글을 꼼꼼하게 읽는 것보다는 개념 간 관계를 간략히 파악하며 글을 전체적으로 통독하는 것이 좋다. 동시에 소재의 특징이나 전체 내용을 요약하듯이 읽으면 훨씬 효율적인 문제해결을 할 수 있다. 본 문제의 경우 한자어가 많은 지문이므로 이에 당황할 수 있지만, 이 역시 단순 추론 문제의 확장일뿐이므로 모르는 영단어, 혹은 여타 학술 개념을 다루는 것과 다르지 않다. 필요한 정보를 찾아 침착하게 선지의 내용과 비교하도록 하자.

※ 다음 글을 읽고 물음에 답하시오.

(가) (1) 우리나라의 고분, 즉 무덤은 크게 나누어 세 가지 요소로 구성되어 있다. (2) 첫째는 목관(木棺), 옹관(甕棺)과 같이 시신을 넣어두는 용기이다. (3) 둘째는 이들 용기를 수용하는 내부 시설로 광(壙), 곽(槨), 실(室) 등이 있다. (4) 셋째는 매장시설을 감싸는 외부 시설로 이에는 무덤에서 지상에 성토한, 즉 흙을 쌓아 올린 부분에 해당하는 분구(墳丘)와 분구 주위를 둘러 성토된 부분을 보호하는 호석(護石) 등이 있다.

(5) 일반적으로 고고학계에서는 무덤에 대해 '묘(墓) – 분(墳) – 총(塚)'의 발전단계를 상정한다. (6) 이러한 구분은 성토의 정도를 기준으로 삼은 것이다. (7) 매장시설이 지하에 설치되고 성토하지 않은 무덤을 묘라고 한다. (8) 묘는 또 목관묘와 같이 매장시설, 즉 용기를 가리킬 때도 사용된다. (9) 분은 지상에 분명하게 성토한 무덤을 가리킨다. (10) 이 중 성토를 높게 하여 뚜렷하게 구분되는 대형 분구를 가리켜 총이라고 한다.

(11) 고분 연구에서는 지금까지 설명한 매장시설 이외에도 함께 묻힌 피장자(被葬者)와 부장품이 그 대상이 된다. (12) 부장품에는 일상품, 위세품, 신분표상품이 있다. (13) 일상품은 일상생활에 필요한 물품들로 생산 및 생활 도구 등이

이에 해당한다. (14) 위세품은 정치, 사회적 관계를 표현하기 위해 사용된 물품이다. (15) 당사자 사이에만 거래되어 일반인이 입수하기 어려운 물건으로, 피장자가 착장(着裝)하여 위세를 드러내던 것을 착장형 위세품이라고 한다. (16) 생산도구나 무기 및 마구 등은 일상품이기도 하지만 물자의 장악이나 군사력을 상징하는 부장품이기도 하다. (17) 이것들은 피장자의 신분이나 지위를 상징하는 물건으로 일상품적 위세품이라고 한다. (18) 이러한 위세품 중에 6세기 중엽 삼국의 국가체제 및 신분질서가 정비되어 관등(官等)이 체계화된 이후 사용된 물품을 신분표상품이라고 한다.

(나) (1) 영희는 삼국 시대를 연구하고 있다. (2) 그녀는 (가)의 글을 읽고 다음의 세 가설을 세웠다.

(3) A : 시신을 넣어두는 용기는 목관, 옹관뿐이다.

(4) B : 삼국 모두 묘 – 분 – 총의 발전단계를 보이며 성토가 높은 것은 신분의 높음을 상징한다.

(5) C : 관리들의 의관(衣冠)에 관련된 부장품은 신분표상품이다.

(6) 그리고 자료 조사를 통해 가설들을 약화하는 근거가 발견되지 않으면 해당 가설을 수용할 생각이다. (7) 영희가 최근 얻은 근거는 다음과 같다.

(8) a. 신라의 황남대총은 왕릉이다.

(9) b. 백제는 총에 해당하는 분이 없다.

(10) c. 부여 가증리에서 석관(石棺)이 있는 초기 백제 유적이 발견되었다.

(11) d. 삼국의 체제 정립 이전인 원삼국 시대 유물인 세발토기(土器)가 부장품으로 발견되었다.

위 글의 (가)에서 추론할 수 없는 것은?

① **묘에는 분구와 호석이 발견되지 않는다.**

➜ (○) 매장시설이 지하에 설치되고 성토하지 않은 무덤을 묘라고 한다.[가(7)] 이때 분구는 흙을 쌓아 올린 부분에 해당하며, 호석은 분구 주위를 둘러 성토된 부분을 보호하는 것이다.[가(4)] 그렇기 때문에 분구와 호석은 매장시설을 감싸는 외부 시설로, 무덤에서 지상에 성토한 곳에 설치된다.[가(4)] 그러므로 분구와 호석은 지상에 분명하게 성토한 무덤인 분과 총[가(9), (10)]에서 발견될 것이다. 묘는 매장시설이 지하에 설치되고 지상에 성토하지 않은 무덤을 의미하므로[가(7)] 해당 선지의 내용은 옳다.

② **묘는 무덤의 구성요소뿐 아니라 무덤 발전단계를 가리킬 때에도 사용되는 말이다.**

➜ (○) 우리나라의 고분, 즉 무덤은 크게 나누어 세 가지 요소로 구성되어 있다.[가(1)] 그중 목관, 옹관과 같이 시신을 넣어두는 용기가 있다.[가(2)] 묘는 목관묘와 같이 매장시설, 즉 용기를 가리킬 때도 사용되므로[가(8)] 무덤의 구성요소에 해당한다. 또한, 일반적으로 고고학계에서는 무덤에 대해 '묘(墓) – 분(墳) – 총(塚)'의 발전단계를 상정한다.[가(5)] 따라서 묘는 무덤의 구성요소뿐만 아니라 무덤 발전단계를 가리킬 때에도 사용되는 말이다.

③ **피장자의 정치, 사회적 신분 관계를 표현하기 위해 장식한 칼을 사용하였다면 이는 위세품에 해당한다.**

➜ (○) 위세품은 정치, 사회적 관계를 표현하기 위해 사용된 물품이다.[가(14)] 따라서 칼이 일상품에 해당하더라도[가(13)] 피장자의 정치, 사회적 신분 관계를 표현하기 위해 사용되었다면 이는 위세품에 해당한다.[가(17)]

④ **생산도구가 물자의 장악이나 군사력을 상징하는 부장품에 사용되었다면, 이는 위세품이지 일상품은 아니다.**

➜ (×) 생산도구나 무기 및 마구 등은 일상품이기도 하지만 물자의 장악이나 군사력을 상징하는 부장품이기도 하다.[가(16)] 이것들은 또한 피장자의 신분이나 지위를 상징하는 물건으로 일상품적 위세품이라고도 한다.

[가(17)] 즉, 생산도구가 부장품에 사용되었다면 이는 위세품이자 일상품에 해당하므로, 해당 선지의 내용은 옳지 않다.

⑤ **성토를 높게 할수록 신분이 높다면, 같은 시대 같은 지역에 묻힌 두 피장자 중 분보다는 총에 묻힌 피장자의 신분이 높다.**

➜ (○) 분은 지상에 분명하게 성토한 무덤을 가리키고[가(9)], 성토를 높게 하여 뚜렷하게 구분되는 대형 분구를 가리켜 총이라고 한다.[가(10)] 이를 통해 분보다 총의 성토가 더 높음을 알 수 있다. 따라서 성토를 높게 할수록 신분이 높다면 분보다는 총에 묻힌 피장자의 신분이 높을 것이다.

제시문 분석

가 무덤의 구성요소

〈무덤의 구성요소〉		
〈용기〉	〈내부시설〉	〈성토〉
목관(木棺), 옹관(甕棺)과 같이 시신을 넣어두는 용기(2)	용기를 수용하는 내부 시설로 광(壙), 곽(槨), 실(室) 등(3)	매장시설을 감싸는 외부 시설로 분구(墳丘)와 호석(護石) 등(2)

가 무덤의 발전단계

〈무덤의 발전단계〉	
〈묘(墓)〉	매장시설이 지하에 설치되고 성토하지 않은 무덤(8)
〈분(墳)〉	지상에 분명하게 성토한 무덤(9)
〈총(塚)〉	분 중에서 성토를 높게 하여 뚜렷하게 구분되는 대형 분구(10)

가 무덤의 부장품

〈무덤의 부장품〉		
〈일상품〉	일상생활에 필요한 물품들로 생산 및 생활 도구 등(13)	
〈위세품〉	〈착장형 위세품〉	당사자 사이에만 거래되어 일반인이 입수하기 어려운 물건으로, 피장자가 착장(着裝)하여 위세를 드러내던 것(15)
	〈일상품적 위세품〉	일상품 및 생산도구나 무기 및 마구 등 피장자의 신분이나 지위를 상징하는 물건(17)
〈신분표상품〉	위세품 중에 6세기 중엽 삼국의 국가체제 및 신분질서가 정비되어 관등(官等)이 체계화된 이후 사용된 물품(18)	

합격자의 실전 풀이 순서

비문학 유형

❶ **지문 훑어보기**

이 단계에서는 20초보다 짧은 시간 안에 지문의 주제와 키워드를 대략 파악한다. 눈에 띄는 부분이 있는지 체크한다.

예 (가)와 (나)로 구성된 지문이구나. (가)는 한국 고분의 요소 2가지를 소개하는 글 같고, (나)는 이를 기반으로 한 가설을 입증하는 내용 같네.

이 작업을 먼저 하는 이유는 1지문 2문제 유형이기 때문이다. 각 문제에서 원하는 정답을 도출하기 위해서는 1지문 2문제를 2지문 2문제처럼 분리해서 풀 필요가 있다.

이 과정을 거치고 나면 지문을 오랫동안 열심히 해석했으나 제대로 문제를 풀지 못해 2문제를 풀 시간에 1문제밖에 못 푼다거나 하는 불상사가 발생하지 않는다.

❷ 발문 확인하기

이 단계에서는 발문의 종류에 따라 대처가 달라짐을 설명한 바 있다. 본 글의 발문은 다음과 같다.

위 글의 (가)에서 추론할 수 없는 것은?

이는 '알 수 있는/없는 것은?' 유형이지만, 특정한 구역에 한정하는 경우다. 즉, 본 문제를 해결하는 동안 (나)에는 일절 신경을 쓸 필요가 없다.

동시에, 알 수 '없는' 것을 찾는 문제로써 4개의 옳은 선지와 1개의 틀린 선지로 구성된다. 선지가 지문 독해의 길잡이가 될 수 있음을 인식하고 독해가 막히면 선지를 통해서 지문을 이해한다.

❸ 지문 독해 및 풀이 - 해설을 참조할 것.

❹ 선지 적용하기(함정선지 피해가기)

① **묘에는 분구와 호석이 발견되지 않는다.**

묘	⇒	성토하지 않음	⇒	분구 없음	(○)
			⇒	호석 없음	(○)

성토가 분구한 부분에 해당함[가(4)]을 안다면 곧바로 풀 수 있는 추론형 선지다.

③ **피장자의 정치, 사회적 신분 관계를 표현하기 위해 장식한 칼을 사용하였다면 이는 위세품에 해당한다.**

위세품 ⇒ 정치, 사회적 관계를 표현하기 위한 물품

선지의 '장식한 칼'이 착장형 위세품에 해당하는지, 또는 일상품적 위세품에 해당하는지 고민될 수 있다. 하지만 이는 중요하지 않다. 정치, 사회적 신분 관계를 표현한 부장품이 위세품이며, '장식한 칼'이 정치, 사회적 신분 관계를 표현하므로 위세품이다. 이 점만 파악한다면 본선지는 해결된다.

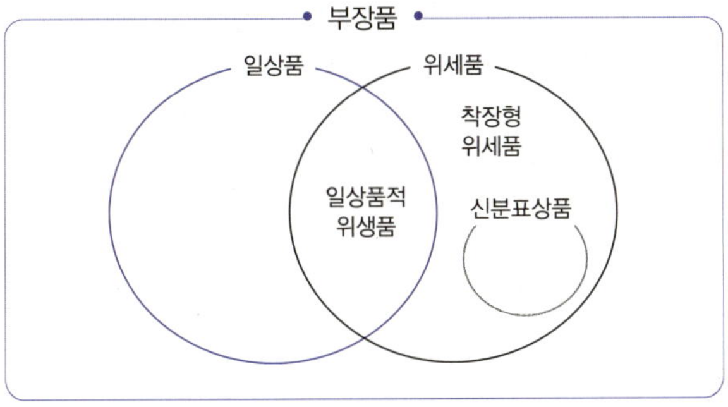

④ **생산도구가 물자의 장악이나 군사력을 상징하는 부장품에 사용되었다면, 이는 위세품이지 일상품은 아니다.**

물자의 장악·군사력을 상징하는 생산도구 부장품 ⇒ 일상품적 위세품 ⇒ 일상품이면서 위세품

추론형 선지지만, 일상품적 위세품은 일상품이면서 위세품에 해당한다는 부분[가(17)]만 이해했다면 곧바로 풀 수 있다.

⑤ **성토를 높게 할수록 신분이 높다면, 같은 시대 같은 지역에 묻힌 두 피장자 중 분보다는 총에 묻힌 피장자의 신분이 높다.**

전형적인 추론형 선지다. 선지의 전단 '성토를 높게 할수록 신분이 높다면'에서 지문에 없는 새로운 조건을 추가해, 후단의 명제가 옳은지 판단하도록 하고 있다. 결국 '분보다 총의 성토가 높은가?'를 확인하면 풀 수 있는 선지다.

합격자의 시간단축 Tip

Tip ❶ 한자 병기에 유의하자.

본 지문의 경우 한자어가 많이 등장하여 모든 내용을 완벽하게 이해하기는 어렵다. 그러나 전술했듯 한자어가 병기되는 데에는 이유가 있다. 본 지문에서 대부분의 한자 병기는 한글만으로 부족할 수 있는 의미를 보충해주는 목적이지만, 2문단의 '묘–분–총'의 경우 1음절인 3단계를 모두 한자어로 병기했다는 점에서 이것이 곧 핵심 내용임을 간접적으로 인식할 수 있다. 그 외에도 피장자와 착장, 관등 등의 용어들도 역시 독해 시 주요 내용 판별에 활용될 수 있다.

정리하자면, 한자어는 중요하든 중요하지 않든 독해 시에 눈여겨 봐야 한다. 다만 그 한자의 모양에 집착할 필요는 없고 오히려 한글 단어가 반복되는지 여부가 중요하다. 예컨대 〈묘–분–총〉의 경우 한 글자라서 찾기 어려울 수 있지만, "고분"이라는 상위요소로 묶는다면 〈무덤1–무덤2–무덤3〉으로 반복된다고 볼 수 있다. 이런 식으로 한글로 다시 반복되는 한자는 글에서 매우 중요하다.

유사한 것으로 목관–옹관(즉, 상위개념은 '관')이나 광–곽–실(즉, 상위개념은 '내부') 등이 있다. 〈광–곽–실〉의 경우 선지에 쓰이지 않았는데, 그 이유는 (가)의 다른 부분에 자세히 나오지 않았기 때문이다.

Tip ❷ 고유명사가 다양하게 제시될 경우 특징들을 잘 체크해 둔다.

지문에서 여러 가지 고유명사가 나오고 그에 대한 특징들이 나오는 경우 특징들을 잘 체크해 두는 것이 중요하다. 예를 들어 해당 문제처럼 다양한 무덤이 나오는 경우, 그 특징들이 문제로 나오기 쉽기 때문이다. 따라서 이들을 꼭 외우지는 않더라도 나중에 확인할 수 있도록 표기해 두는 것이 좋다.

특히, 상위요소–하위요소와 같이 이들의 관계를 파악하며 정리하고 읽는 것이 좋다. 예를 들어 제시문에서 언급된 부장품의 경우 그 하위요소들인 일상품, 위세품, 신분 표상품이 있는데 이들을 부장품의 하위요소로 인식하여 표시하고, 착장형 위세품과 일상품적 위세품은 위세품의 하위요소로 인식하고 표시하며 읽자는 것이다.

124 정답 ❺ 난이도 ●●○

문제유형 이해 > 내용 추론

접근전략 일반적인 비문학 유형과 크게 다를 것 없는 외형을 갖지만, 실질은 상황판단 영역과 유사하게 법칙의 적용을 요구하는 법칙이해 유형에 해당한다. 각각의 방식에 따라 선거 후보자들의 기호가 어떻게 달라지는지를 담고 있어, 여타 비문학 지문처럼 읽을 경우 전체 내용을 한 번에 파악하기 어렵다. 방식 간의 차이점이 무엇인지 먼저 파악하고, 해당 방식을 선지에 적용해야겠다는 전략으로 접근해야 한다.

다음 글에서 추론할 수 있는 것은?

(1) 1950년 국회의원 선거법 개정부터 1969년 국회의원 선거법 개정까지는 투표용지상의 기호가 후보자들의 추첨으로 배정되는

A 방식이 사용되었다. (2) 이때에는 투표용지에 오늘날과 같은 '1, 2, 3' 등의 아라비아 숫자 대신 'Ⅰ, Ⅱ, Ⅲ' 등의 로마자 숫자를 사용하였다. (3) 다만 1963년 제3공화국의 출범 후에는 '선거구별 추첨제'가 '전국 통일 추첨제'로 변경되었다. (4) 즉, 선거구별로 후보자 기호를 추첨하던 것을 정당별로 추첨하는 제도로 바꾸어, 동일 정당의 후보자들이 전국 모든 선거구에서 동일한 기호를 배정받도록 하였다. ▶ 1문단

(1) 이러한 방식은 1969년 관련법이 개정되면서 국회에서 다수 의석을 가진 정당순으로 '1, 2, 3' 등의 아라비아 숫자로 기호를 배정하는 B 방식으로 변화하였다. (2) 현재와 같이 거대 정당에게 유리한 투표용지 관련 제도가 처음 선을 보인 것이다. (3) 다만, 당시 '원내 의석을 가진 정당의 의석 순위'라는 기준은 2개의 정당에게만 적용되었다. (4) 원내 의석이 3순위 이하인 기타 정당의 후보자에게는 정당 명칭의 가나다순에 의해 순서가 부여되었다. (5) 이러한 순서 부여는 의석수 상위 2개 정당 소속 후보자와 나머지 후보자를 차별한다는 점에서 문제를 안고 있었다. ▶ 2문단

(1) 1981년 개정된 선거법에서는 다시 추첨을 통해 후보자의 게재 순위를 결정하는 C 방식이 도입되었다. (2) 이때 순위 결정은 전국 통일 추첨제가 아닌 선거구별 추첨제를 따랐다. (3) 하지만 정당의 공천을 받은 후보자들은 무소속 후보자들에 비해 우선적으로 앞 번호를 배정받았다. (4) 이 방식에는 정당 소속 후보자와 무소속 후보자를 차별하는 구조적 문제가 있었다. ▶ 3문단

(1) 현행 공직선거법은 현재 국회에서 의석을 가진 정당의 추천을 받은 후보자, 국회에서 의석이 없는 정당의 추천을 받은 후보자, 무소속 후보자의 순으로 후보자의 게재 순위를 결정하는 D 방식을 채택하고 있다. (2) 국회에서 의석을 가진 정당의 게재 순위는 국회에서의 다수 의석순(다만, 같은 의석을 가진 정당이 둘 이상인 때에는 최근에 실시된 비례대표국회의원선거에서의 득표수순)으로 정하고, 현재 국회에 의석이 없는 정당의 추천을 받은 후보자 사이의 게재 순위는 그 정당 명칭의 가나다순으로 정한다. (3) 그리고 무소속 후보자 사이의 게재 순위는 관할 선거구선거관리위원회에서 추첨하여 결정한다. ▶ 4문단

① **A 방식에서 '가'씨 성을 가진 후보자는 'Ⅰ'로 표기된 기호를 배정받는다.**
→ (×) A 방식은 투표용지 상의 기호가 후보자들의 추첨으로 배정되는 방식이며 가나다순과는 무관하다.[1문단(1)] 따라서 A 방식에서 '가'씨 성을 가진 후보자가 'Ⅰ'로 표시된 기호를 배정받는 것은 아니다.

② **B 방식에서 원내 의석수가 2순위인 정당의 후보자라 하더라도 정당 명칭에 따라 기호 '1'을 배정받을 수 있다.**
→ (×) B 방식은 국회에서 다수 의석을 가진 정당 순으로 '1, 2, 3'등의 아라비아 숫자로 기호를 배정하는 방식이다.[2문단(1)] 이는 원내 의석 수가 2순위인 정당까지 적용되므로[2문단(3)], 2순위인 정당까지는 정당 명칭에 따라 기호를 배정받을 수 없다.

③ **C 방식에서 원내 의석수가 3순위인 정당의 후보자들은 동일한 기호를 배정받는다.**
→ (×) C 방식은 추첨을 통해 후보자의 게재 순위를 결정하는 방식이기 때문에[3문단(1)], 원내 의석수가 3순위인 정당의 후보자들은 동일한 기호를 배정받는다는 내용은 추론하기 어렵다.

④ **B 방식과 D 방식에서 원내 의석수가 4순위인 정당의 후보자가 배정받는 기호는 동일하다.**
→ (×) B 방식에 의하면 국회에서 다수 의석을 가진 정당 순으로 기호를 배정받지만[2문단(1)], 원내 의석이 3순위 이하인 기타 정당의 후보자에게는 정당 명칭의 가나다순에 의해 순서가 부여되었다.[2문단(4)] 따라서 원내 의석수가 4순위인 정당의 후보자는 가나다순에 의해 기호를 배정받으므로, 몇 번의 기호를 배정받을지 알 수 없다. D 방식에 의하면 현재 국회에서 의석을 가진 정당의 추천을 받은 후보자 순으로 기호를 배정받는데[4문단(1)], 국회에서 의석을 가진 정당의 게재 순위는 다수 의석순으로 정한다.[4문단(2)] 따라서 같은 의석을 가진 정당이 없는 경우 원내 의석수가 4순위인 정당의 후보자는 기호 4를 배정받을 것이다. 그러나 B 방식에서 어떤 기호를 배정받을지 알 수 없으므로, 두 방식에서 배정받는 기호가 동일하다고 볼 수 없다.

⑤ **C 방식과 D 방식에서 원내 의석이 없는 정당의 후보자는 무소속 후보자에 비해 앞 번호 기호를 배정받는다.**
→ (○) C 방식은 추첨을 통해 후보자의 게재 순위를 결정하는 방식이지만[3문단(1)], 정당의 공천을 받은 후보자들이 무소속 후보자들에 비해 우선적으로 앞번호를 배정받았다.[3문단(3)] 따라서 C 방식에서 원내 의석이 없는 정당의 후보자는 무소속 후보자에 비해 앞번호 기호를 배정받는다. D 방식에 의하면 현재 국회에서 의석을 가진 정당의 후보자, 국회에서 의석이 없는 정당의 후보자, 무소속 후보자의 순으로 후보자의 게재 순위를 결정한다.[4문단(1)] 따라서, 원내 의석이 없는 정당의 후보자는 C 방식과 마찬가지로 D 방식에서도 무소속 후보자보다 앞번호 기호를 배정받는다.

제시문 분석

제시문 국회의원 선거에서 투표용지상의 기호를 정하는 방식

〈국회의원 선거에서 투표용지상의 기호를 정하는 방식〉		
〈A 방식〉	후보자들의 추첨으로 배정되는 방식.[1문단(1)]	
〈B 방식〉	원내 의석을 가진 정당 2순위까지는 다수 의석 정당순으로 기호 부여[2문단(1),(3)]	
	3순위 이하인 기타 정당 후보자에게는 정당 명칭의 가나다순으로 부여[2문단(4)]	
〈C 방식〉	추첨을 통해 후보자의 게재 순위를 결정하는 방식[3문단(1)]	
	정당의 공천을 받은 후보자들이 무소속 후보자들에 비해 우선적으로 앞 번호에 배정됨[3문단(3)]	
	정당 소속 후보자와 무소속 후보자를 차별하는 구조적 문제 존재[3문단(4)]	
〈D 방식〉	의석 가진 정당 소속	우선순위이며 다수 의석순, 같은 의석 가진 정당이 둘 이상인 경우 비례대표 국회의원선거에서의 득표수 순으로 정함[4문단(2)]
	의석 없는 정당 소속	두 번째 순위이며 정당 명칭의 가나다순으로 정함[4문단(2)]
	무소속	마지막 순위이며 관할 선거구선거관리위원회에서 추첨하여 결정함[4문단(3)]

합격자의 실전 풀이 순서 법칙이해 유형

법칙이해 유형은 문제에서 제시된 법칙을 제대로 이해하고 적용할 수 있는지 묻는 문항들이다. 상대적으로 상황판단 영역에 가까운 특성을 갖는 유형이라고 할 수 있다. 기출문제로는 14년도 19문이 있다.

⓪ 유형 식별하기

- 지문: 새로운 법칙을 제시함
- 선지: 어떤 방식을 적용한 사례나 설명을 제시함
- 발문: 추론할/알 수 있는/없는 것은? (지문에 소개된 법칙을 활용하여 해결 가능한 문제상황, 법칙을 적용 가능한 사례인지 등의 판단을 요구)

법칙 이해 유형은 선지에서 분명히 드러난다. 일반적인 내용추론 문제와 같이 본문의 설명을 선지에 적용한 내용이 옳은지 판단하면 되기 때문에 제시문을 먼저 읽고 선지를 판단해도 되고, 선지를 먼저 읽고 제시문에서 내용을 찾아 판단해도 된다.

다만, 이 문제의 경우 법칙 A, B, C, D가 순서대로 제시되며, 선지 ①~③은 각각 순서대로 A, B, C 방식을, ④, ⑤는 D 방식과 다른 방식을 함께 묻고 있다. 따라서 순서대로 선지를 하나씩 읽고 옳은 내용인지 제시문에서 찾는 방식으로 독해하는 것이 효율적일 것이다.

❶ 제시문 독해 및 선지 적용

본 문제의 지문은 한국의 국회의원 선거법에서 후보자들의 기호를 매기는 4가지 방식을 소개하고 있다. 문제를 해결하기 위해 선지와 본문을 번갈아 읽으며 하나씩 판단한다.

1문단은 A 방식을 설명한다. 후보들은 추첨으로 'Ⅰ, Ⅱ, Ⅲ' 등의 번호를 배정받으므로, '가'씨가 'Ⅰ'을 받을지는 알 수 없다. ①은 옳지 않다.

2문단은 B 방식을 설명한다. 거대 정당 둘에게는 의석 순위에 따라 1, 2가 부여되고, 3 이하는 가나다순으로 결정된다. ②도 옳지 않다. 필요할 수도 있으므로, 2문단 마지막 문장의 B 방식의 문제점에 밑줄을 그어 둔다.

3문단은 C 방식을 설명한다. 선거구별 추첨제를 실시하되, 정당 소속 후보자가 무소속 후보자보다 앞번호를 배정받는다. 선거구별 추첨이므로 동일 정당이라도 동일 기호를 배정받지 않을 수 있다. ③도 옳지 않다. C 방식의 구조적 문제점도 밑줄을 그어 둔다.

4문단은 D 방식을 설명한다. '의석 가진 정당 추천 후보자(의석순)〉의석 없는 정당 추천 후보자(가나다순)〉무소속 후보자(추첨)' 순으로 결정된다. 이때 다수의석순 뒤 괄호의 '다만' 이하에도 표시해둔다. 상대적으로 판단이 쉬운 ⑤부터 판단하면, C 방식과 D 방식 모두 무소속 후보자의 순위는 마지막이므로 옳은 내용이다.

④의 경우 B 방식은 의석 3순위 후보부터는 추첨이다. D 방식은 의석순이다. 따라서 옳지 않다.

합격자의 시간단축 Tip

Tip ❶ 구조가 다른 선지부터 보자.

선지 구조가 다른 선지 ④ 또는 ⑤를 먼저 해결해 볼 수 있다. 다만 이는 경향성일 뿐, 이러한 선지가 언제나 정답이리라 예측하는 것은 위험한 속단이다.

Tip ❷ 새로운 방식의 효과에 집중하자.

지문에 같은 상황을 해결하는 여러 가지 방식이 제시될 경우, 각 방식의 한계점과 뒷부분에 제시되는 방식이 기존 방식의 한계점을 해결하는 데 성공했는지에 방점을 두고 읽어야 한다. 이는 지문 전체의 큰 논리 구조로 이어질 가능성이 높다.

Tip ❸ 선지와 지문을 병행하여 읽으며 판단하자.

지문에 제시된 각 방식도 문단별로 독립적이고, 선지도 독립적으로 구성되어 있다. 따라서 첫 번째 방식부터 선지와 대응하며 읽고 바로 선지의 정오를 판단하는 것이 효율적이다.

125 정답 ②

난이도 ●○○

문제유형 법규의 해석 및 적용

접근전략 본 문제의 경우 규정과 조건을 〈상황〉에 적용하여 옳은 선지를 고르는 규정적용유형에 해당한다. 규정적용유형을 풀 때는 법조문 유형을 풀 때와 마찬가지로 규정의 구체적인 내용을 독해하는 것보다, 규정의 구조를 파악한 후 〈상황〉에서 묻고 있는 정보를 찾아 올라가는 형태로 푸는 것이 좋다. 본 문제의 경우 조문의 이름이 붙어있으므로 〈상황〉에 필요한 정보를 규정에서 찾기 어렵지 않다. 조문을 분석할 때는 조와 항 간에 긴 가로줄을 통해 구분해두고, 단서에 강조 표시를 해둔다.

다음 〈A대학 학사규정〉을 근거로 판단할 때, 〈상황〉의 ㉠과 ㉡에 들어갈 기간으로 옳게 짝지은 것은?

A대학 학사규정

제1조(목적) 이 규정은 졸업을 위한 재적기간 및 수료연한을 정하는 것을 목적으로 한다.

제2조(재적기간과 수료연한) ① 재적기간은 입학 시부터 졸업 시까지의 기간으로 휴학기간을 포함한다.

② 졸업을 위한 수료연한은 4년으로 한다. 다만 다음 각 호의 경우에는 수료연한을 달리할 수 있다.

1. 외국인 유학생은 어학습득을 위하여 수료연한을 1년 연장하여 5년으로 할 수 있다.
2. 특별입학으로 입학한 학생은 2년차에 편입되며 수료연한은 3년으로 한다. 다만 특별입학은 내국인에 한한다.

③ 수료와 동시에 졸업한다.

제3조(휴학) ① 휴학은 일반휴학과 해외 어학연수를 위한 휴학으로 구분한다.

② 일반휴학은 해당 학생의 수료연한의 2분의 1을 초과할 수 없으며, 6개월 단위로만 신청할 수 있다.

③ 해외 어학연수를 위한 휴학은 해당 학생의 수료연한의 2분의 1을 초과할 수 없으며, 1년 단위로만 신청할 수 있다.

상황

- A대학의 학생이 재적할 수 있는 최장기간은 (㉠)이다.
- A대학에 특별입학으로 입학한 학생이 일반휴학 없이 재적할 수 있는 최장기간은 (㉡)이다.

	㉠	㉡	
①	9년	4년	→ (×)
②	9년 6개월	4년	→ (O)

제2조 제2항 제1호에 따르면 수료연한이 가장 긴 경우는 외국인 유학생으로 총 5년이다. 외국인 유학생의 수료연한은 5년이므로, 제3조 제2항에 따라 외국인 유학생은 최대 2년 6개월의 일반휴학을 신청할 수 있다. 또한 제3조 제3항에 따라 외국인 유학생은 해외 어학연수를 위한 휴학도 신청할 수 있는데, 수료연한의 2분의 1인 2년 6개월을 초과할 수 없으며 1년 단위로만 신청할 수 있으므로 최대 2년의 해외 어학연수를 위한 휴학을 신청할 수 있다. 따라서 A대학의 학생이 재적할 수 있는 최장기간은 외국인 유학생의 수료연한 5년과 휴학기간 4년 6개월을 더한 9년 6개월이다.

한편 제2조 제2항 제2호에 따르면 A대학에 특별입학으로 입학한 학생의 수료연한은 3년이며, 내국인에 한하므로 제1호의 규정은 적용되지 않는다. 일반휴학도 없으므로 제3조 제2항 또한 적용되지 않는다. 제3조 제3항에 따르면 A대학에 특별입학으로 입학한 학생은 해외 어학연수를 위한 휴학을 수료연한의 2분의 1인 1년 6개월을 초과할 수 없으며 1년 단위로만 신청할 수 있으므로 최대 1년의 해외 어학연수를 위한 휴학을 신청할 수 있다. 따라서 A대학에 특별입학으로 입학한 학생이 일반휴학 없이 재적할 수 있는 최장기간은 수료연한 3년과 휴학기간 1년을 더한 4년이다.

③	9년 6개월	4년 6개월	→ (×)
④	10년	4년 6개월	→ (×)
⑤	10년	5년	→ (×)

합격자의 실전 풀이 순서

❶ 문제 유형 파악

본 문제의 경우 법조문 형식의 규정과 〈상황〉이 있으므로 법조문 유형 중 규정적용유형임을 알 수 있다. 법조문 유형은 규정의 구조와 중요 내용부터 파악한 후, 구체적인 규정의 내용은 〈보기〉 판단 단계에서 확인한다. 또한, 본 문제가 발문에서 옳게 짝지은 것을 고르는 문제라는 것을 인지하기 위해 "옳게"라는 단어에 밑줄이나 동그라미 등 표시를 한다.

> 다음 〈A대학 학사규정〉을 근거로 판단할 때, 〈상황〉의 ㉠과 ㉡에 들어갈 기간으로 옳게 짝지은 것은?

❷ 법조문 구조 분석

구조 분석이란 각 조문의 내용 및 조문 간 관계를 이해하는 것이다. 법조문 전체를 읽되, 세부적인 내용을 기억하기보다는 어떤 정보가 있는지 파악하는 것에 중점을 둔다. 이때 기호를 적절히 활용할 수 있다. 또한 이러한 분석 과정을 거치며 선지에 등장할만한 부분을 발견할 수 있다.

본문의 규정은 세 개의 조로 구성되어 있다. 조문의 제목에서 규정 대상을 알 수 있다. 가독성을 높이기 위해 가로선으로 각 조를 구분한다.

먼저 제1조와 같은 법조문의 목적은 중요하지 않은 정보가 대부분이므로 간략히 넘어간다.

〈A대학 학사규정〉 제2조 제1항은 재적기간에 대해 규정하고 있다. 재적기간에 휴학기간이 포함됨을 확인할 수 있다. 제2항은 수료연한이 4년인데 외국인 유학생 또는 특별입학의 경우 수료연한을 달리할 수 있다는 예외규정이 단서 및 각 호로 제시되고 있다. 제3항은 졸업기간과 수료기간이 동일함을 규정한다. 제1항의 '재적기간', 제2항의 '수료연한'과 각 호의 '외국인 유학생', '특별입학'에 표시한다. 특별입학의 경우에도 단서가 있음에 유의한다.

제3조는 휴학기간에 대해 규정하고 있다. 제1항은 휴학을 두 가지로 구분하며, 제2항과 제3항은 각각 일반휴학과 해외 어학연수를 위한 휴학에 대해 규정하고 있다. 제2항 '일반휴학', 제3항의 '어학연수'에 표시한다.

❸ 〈상황〉 및 선지 판단

법조문의 내용을 〈상황〉에 적용한다. 〈상황〉에서 최장기간을 묻고 있으므로, 구체적인 기간 및 이상·초과와 같은 말에 유의하며 학사규정을 파악하도록 한다. 첫 번째 상황의 경우 A대학의 학생의 최장 재적기간을 물어보고 있는데 이는 모든 학생을 대상으로 한다. 두 번째 상황의 경우 A대학에 특별입학으로 입학한 학생으로 대상을 제한한다. 따라서 대상이 제한되는 ㉡부터 해결한다.

㉡의 경우 특별입학으로 입학한 학생이므로 수료연한은 3년이다. 일반휴학은 없고, 해외어학연수를 위한 휴학은 단위가 1년이므로 제2조 제3항에 따라 1년까지만 가능하다. 따라서 재적최장기간은 4년이다.

㉠의 경우 먼저 수료연한은 제2조 제2항 제1호에 따라 외국인 유학생이 5년으로 가장 길다. 재적기간은 휴학기간을 포함하므로 제3조를 확인하면 외국인 유학생인 제3조 제2항에 따라 2년 6개월의 일반유학을, 제3항에 따라 2년의 해외 어학연수를 위한 휴학을 할 수 있다. 따라서 총 9년 6개월이 재적최장기간이다.

이때 휴학은 수료연한의 2분의 1을 초과할 수 없으므로 2분의 1까지 가능한 것이고, 일반휴학은 6개월, 어학연수를 위한 휴학은 1년 단위임에 유의하도록 한다.

합격자의 시간단축 Tip

Tip ❶ 계산 시 선지의 구성을 참고

계산을 구체적으로 위와 같이 할 수도 있지만, 선지를 보고 정답을 대략적으로 예측할 수 있다. 특히, ㉡의 경우 일반휴학이 없다는 것을 보고 이를 먼저 판단하는 것이 효율적이다.

- ㉡의 경우 일반휴학이 없으며, 해외 어학연수를 위한 휴학은 1년 단위로만 신청할 수 있다. 따라서 선지 ③번과 ④번의 '4년 6개월'은 정답이 될 수 없다.
- ㉠의 경우 최대 수료연한이 외국인 유학생의 5년이고, 제3조 제2항에 따르면 일반휴학은 최대 수료연한의 2분의 1까지 가능하다. 따라서 외국인 유학생은 2년 6개월의 일반휴학이 가능하며, 제3조 제3항은 1년 단위이므로 남은 선지 중 '6개월'을 포함하고 있는 선지 ②번이 정답이다. 다만 이렇게 풀이할 경우 〈A대학 학사규정〉을 읽을 때 각 조항에 제시된 숫자를 표시해 두어야 한다.

Tip ❷ 조문의 이름을 활용

본 문제와 같이 조문의 이름이 제시되어 있는 경우 조문의 내용을 보다 수월하게 파악할 수 있다. 조문의 이름은 법조문의 구조를 파악할 때나 선지 판단을 위해 필요한 정보를 법조문에서 찾아갈 때 활용할 수 있다.

126 정답 ② 난이도 ●●○

문제유형 비판적 사고 > 빈칸 채우기

접근전략 지문을 읽고 두 개의 빈칸에 들어갈 말을 찾는 문제이다. 이런 경우 지문을 읽기에 앞서 빈칸이 들어있는 문장을 먼저 읽는 것이 도움이 된다. 본 문제의 경우 빈칸의 해답을 찾기 위해서는 유비추론이 필요하므로 비유가 쓰인 문장, 혹은 지문에 등장하는 개념 중 비슷한 속성을 가진 개념 두 쌍을 찾으며 지문을 읽을 필요가 있다.

다음 ㉠과 ㉡에 들어갈 말을 바르게 나열한 것은?

(1) 이동통신이 유선통신에 비하여 어려운 점은 다중 경로에 의해 통신채널이 계속적으로 변화하여 통신 품질이 저하된다는 것이다. (2) 다중 경로는 송신기에서 발생한 신호가 수신기에 어떠한 장애물을 거치지 않고 직접적으로 도달하기도 하고 장애물을 통과하거나 반사하여 간접적으로 도달하기도 하기 때문에 발생한다. (3) 이 다중 경로 때문에 송신기에서 발생한 신호가 안테나에 도달할 때 신호들마다 시간 차이가 발생한다. (4) 이렇게 하나의 송신 신호가 시시각각 수신기에 다르게 도달하기 때문에 이동통신 채널은 일반적으로 유선통신 채널에 비해 빈번히 변화한다. (5) 일반적으로 거쳐 오는 경로가 길수록 수신되는 진폭은 작아지고 지연시간도 길어지게 된다. (6) 다중 경로를 통해 전파가 전송되어 오면 각 경로의 거리 및 전송 특성 등의 차이에 의해 수신기에 도달하는 시간과 신호 세기의 차이가 발생한다.

▶ 1문단

(1) 시간에 따라 변화하는 이동통신의 품질을 극복하기 위해 개발된 것이 A기술이다. (2) 이 기술을 사용하면 하나의 송신기로부터 전송된 하나의 신호가 다중 경로를 통해 안테나에 수신된다. (3) 이 때 안테나에 수신된 신호들 중 일부 경로를 통해 수신된 신호의 크기가 작더라도 나머지 다른 경로를 통해 수신된 신호의 크기가 크면 수신된 신호들 중 가장 큰 것을 선택하여 안정적인 송수신을 이루려는 것이 A기술이다. (4) A기술은 마치 한 종류의 액체를 여러 배수관에 동시에 흘려보내 가장 빨리 나오는 배수관의 액체를 선택하는 것에 비유할 수 있다. (5) 여기서 액체는 [㉠] 에 해당하고, 배수관은 [㉡] 에 해당한다.

▶ 2문단

	㉠	㉡	
①	송신기	안테나	→ (×)
②	신호	경로	→ (○)

A 기술은 여러 경로를 통해 수신된 신호 중 가장 크기가 큰 신호를 선택하여 안정적인 송수신을 이루려는 기술이다.[2문단(3)] 이를 배수관과 액체로 비유하고 있는데, 여러 배수관에 액체를 동시에 흘려보내 가장 빨리 나오는 배수관의 액체를 선택한다고 설명하고 있다.[2문단(4)] 2문단의 (3)문과 (4)문을 대조해보면 결국 경로가 배수관, 액체가 신호를 의미함을 파악할 수 있다.

③	신호	안테나	→ (×)
④	안테나	경로	→ (×)
⑤	안테나	신호	→ (×)

제시문 분석

1문단 이동통신의 품질 저하

〈다중경로의 발생〉		
〈직접 도달〉		〈간접 도달〉
송신기에서 발생한 신호가 어떠한 장애물도 거치지 않고 도달하는 경우를 이른다.(2)	⊕	송신기에서 발생한 신호가 장애물을 통과하거나 반사하여 수신기에 도달하는 경우를 이른다.(2)

↓

〈시간 차이와 이동통신 채널의 변화〉
신호가 송신기에 직접 도달하거나 간접 도달하면서 발생하는 다중 경로 때문에 신호들마다 시간 차이가 발생하고, 시간 차이 때문에 이동통신 채널이 빈번히 변한다.(3),(4)

↓

〈이동통신의 품질〉
이동통신은 다중 경로에 의해 통신채널이 계속적으로 변화해 유선통신보다 낮은 통신 품질을 가지고 있다.(1)

→ 〈결론〉	다중 경로로 전파가 전송되는 경우 각 경로의 거리 및 전송 특성 등의 차이에 따라 수신기에 도달하는 시간에 차이가 생기고, 신호 세기도 달라진다.(6)

2문단 이동통신의 품질 극복을 위한 A기술

〈A기술의 개발〉
하나의 송신기로부터 전송된 하나의 신호가 다중 경로를 통해 안테나에 수신되는 A기술은 이동통신의 품질 극복을 위해 개발됐다.(1),(2)

〈A기술의 원리와 비유〉		
〈A기술의 원리〉		〈A기술 원리의 비유〉
여러 경로를 통해 수신된 신호들 중 가장 큰 신호를 선택해 안정적인 송수신을 이루는 기술이다.(3)	→	여러 배수관을 통해 흘려보낸 액체들 중 가장 빨리 나오는 배수관의 액체를 선택하는 것과 같다.(4)

합격자의 실전 풀이 순서

❶ **발문을 확인하고 빈칸이 들어간 문장을 먼저 읽는다.**

> 다음 ㉠과 ㉡에 들어갈 말을 바르게 나열한 것은?

지문을 읽고 ㉠과 ㉡에 들어갈 말을 찾는 문제다. 이런 경우 ㉠과 ㉡이 들어있는 문장을 먼저 읽어보는 것이 좋다.

> 여기서 액체는 [㉠] 에 해당하고, 배수관은 [㉡] 에 해당한다.

이 문장의 '해당'이라는 단어를 통해 ㉠과 ㉡에 유비추론을 이용한 답이 들어감을 알 수 있다.

❷ **지문을 읽는다.**

유비추론은 일단 이론에 대한 개략적인 이해가 필요하므로 전체적인 흐름을 파악하는 것이 중요하다. 세부 요소 파악은 그 다음에 진행한다.

지문을 읽다 보면 생각보다 정보량이 많아 당황할 수 있다. 그러나 결국 1문단의 (1)문, (3)문, (4)문, (6)문은 모두 '이동통신은 다중 경로로 인해 통신 품질이 저하된다.'라는 메시지를 담고 있는, 의미가 매우 유사한 문장의 반복이다.

이처럼 의미가 반복되는 문장들은 1)한 번 원리를 이해하고 모두 다 소거시키거나 2)이해가 안 되더라도 공통되는 부분으로 한 뭉치로 묶음 표시를 해두는 것이다. (필자는 이 경우 { } 표시를 이용한다.)

따라서 1문단의 경우 너무 힘들이지 않고 읽어내려가도 좋다. 2문단 마지막의 정답 문장을 읽지 않아도, 사실 논지 파악에는 문제가 없었을 것이다. 이제 정답을 유비추론할 차례다. (2문단 4문장에 명시적으로 비유한다는 표현이 존재한다.)

❸ 선지를 판단한다.

모든 유비추론 문제가 그러하듯, 비슷한 속성을 가진 개념을 찾으면 된다. 고난도 유형에서는 유비추론을 문장 안에 숨겨두지만 이 경우는 각 요소를 정확히 제시해 주고 있다. 여기서 물길과 신호를 유사하게 두는 것은 대다수의 수험생들이 잘 했을 것이다. 경로인지 안테나인지만 판단하면 된다.

이때, '배수관을 고른다'는 개념 때문에 '가까운 안테나를 고른다'라는 진술로 잘못 대응시킨 수험생들이 많을 것이다. 2문단 (2)와 (3)의 '경로'라는 단어를 통해 배수관을 대응시킨다는 것은 수험생에게 너무 가혹한 명령이다. 이런 풀이는 사실 도움이 되지 않는다.

그래서 유비추론 시에는 역추론이 필요하다. 유비추론은 비유법인 만큼 논리적 화살표가 일방적으로 향하지 않는다. 얼마든지 역방향 추론이 가능한 것이다. 〈안테나/경로〉를 액체 실험에 대입하는 것은 애매모호하지만, 〈배수관〉을 원래 실험으로 두고, 〈안테나〉로 비유할지, 〈경로〉로 비유할지 고르는 것은 비교적 간단하다. 결국 안테나는 액체 실험에서 "관찰자"에 비유할 수 있는 것이다.

합격자의 시간단축 Tip

Tip ❶ 빈칸이 포함된 문장을 먼저 읽는다.

'합격자의 실전 풀이순서 1'에서 이야기했듯, ㉠과 ㉡이 포함된 문장을 지문 읽기에 앞서 먼저 살펴보는 것이 좋다. 이를 통해 글의 성격 및 빈칸이 요구하는 바를 파악할 수 있다. 그에 따라 글을 읽는 방법도 달라진다.

본 지문의 경우 ㉠과 ㉡이 포함된 문장을 통해 유비추론을 요구하는 문제임을 알 수 있게 되므로 대응되는 개념들을 찾는 것이 중요해진다. 그러나 예를 들어 ㉠과 ㉡이 포함된 문장이 글의 핵심 주제 및 결론을 담고 있는 문장이라면, 글 내용을 전반적으로 파악하는 게 중요해진다. 따라서 꼭 빈칸이 들어있는 문장을 먼저 읽는 습관을 들이자.

다만 문제의 난이도가 올라갈 경우, 해당 빈칸 문장만으로는 답이 도출되지 않는 경우도 있다. 이럴 때는 해당 빈칸 문장이 전체 지문에서 "어떤 역할을 하고 있는지"를 파악해보려는 접근이 필요하다.

Tip ❷ 지문을 읽으며 비유의 대상을 파악한다.

Tip ❶을 통해 알 수 있듯이, 해당 지문은 유비추론을 요하는 문제이다. 구체적으로 지문에서는 통신 기술을 설명하기 위해 신호 전달의 원리를 비유적으로 표현하였다. 빈칸을 채우기 위해 앞 문장을 통해 기술의 원리를 먼저 이해하며 비유의 대상을 파악한다. 이때, '마치', '처럼', '같이', '하는 듯' 등 비유법에 쓰이는 단어를 참고하면 개념을 연결하기 편리하다.

Tip ❸ 원리를 이해하는 첫걸음

사실 자연현상은 비교적 일정한 법칙을 따르기 때문에 어려운 개념이 나오면 익숙한 개념으로 치환해서 이해하는 것이 필요하다. 예컨대 이 지문은 사실 '지진'과도 굉장히 유사하다. 지진은 진앙에서 멀리 떨어질수록 세기가 약해지고, 여러 곳에 미치는 영향이 서로 다르다.

이런 추론은 사실 문제에서 제시하는 유비추론보다도 훨씬 난이도가 낮다. 유비추론의 연습이라고 생각하면서 읽어 보자. 스스로의 과학지식도 계속 늘어나는 것을 경험할 수 있을 것이다.

127 정답 ❹

난이도 ●○○

문제유형 이해 > 내용 파악

접근전략 해당 지문은 예술작품을 감상할 때 취해야 할 관점 두 개를 서로 비교하고 있다. 구체적으로 고전주의적 입장과 낭만주의적 입장에 대해 서술한 후, 화자와 청자 간의 관계를 중심으로 두 관점의 차이를 제시하고 있다. 문제에서 요구하는 것은 두 관점을 비교하는 것이므로, 지문을 읽을 때 구분되는 기호를 사용하여 비교할 대상에 표시해두자.

다음 글에서 알 수 있는 것은?

(1) 고전주의적 관점에서는 보편적 규칙에 따라 고전적 이상에 일치시켜 대상을 재현한 작품에 높은 가치를 부여한다. (2) 반면 낭만주의적 관점에서는 예술가 자신의 감정이나 가치관, 문제의식 등을 자유로운 방식으로 표현한 것에 가치를 부여한다.

▶ 1문단

(1) 그렇다면 예술작품을 감상할 때에는 어떠한 관점을 취해야 할까? (2) 예술작품을 감상한다는 것은 예술가를 화자로 보고, 감상자를 청자로 설정하는 의사소통 형식으로 가정할 수 있다. (3) 고전주의적 관점에서는 재현 내용과 형식이 정해지기 때문에 화자인 예술가가 중심이 된 의사소통 행위가 아니라 청자가 중심이 된 의사소통 행위라 할 수 있다. (4) 즉, 예술작품 감상에 있어서 청자인 감상자는 보편적 규칙과 정형적 재현 방식을 통해 쉽게 예술작품을 수용하고 이해할 수 있게 된다. (5) 그런데 의사소통 상황에서 청자가 중요시되지 않는 경우도 흔히 발견된다. (6) 가령 스포츠 경기를 볼 때 주변 사람과 관련 없이 자기 혼자서 탄식하고 환호하기도 한다. (7) 또한 독백과 같이 특정한 청자를 설정하지 않는 발화 행위도 존재한다. (8) 낭만주의적 관점에서 예술작품을 이해하고 감상하는 것도 이와 유사하다. (9) 낭만주의적 관점에서는, 예술작품을 예술가가 감상자를 고려하지 않은 채 자신의 생각이나 느낌을 자유롭게 표현한 것으로 보아야만 작품의 본질을 오히려 잘 포착할 수 있다고 본다.

▶ 2문단

(1) 낭만주의적 관점에서 올바른 작품 감상을 위해서는 예술가의 창작의도나 창작관에 대한 이해가 필요하다. (2) 비록 관람과 감상을 전제하고 만들어진 작품이라 하더라도 그 가치는 작품이 보여주는 색채나 구도 등에 대한 감상자의 경험을 통해서만 파악되는 것이 아니다. (3) 현대 추상회화 창시자의 한 명으로 손꼽히는 몬드리안의 예술작품을 보자. (4) 구상적 형상 없이 선과 색으로 구성된 몬드리안의 작품들은, 그가 자신의 예술을 발전시켜 나가는 데 있어서 관심을 쏟았던 것이 무엇인지를 알지 못하면 이해하기 어렵다.

▶ 3문단

① 고전주의적 관점과 낭만주의적 관점의 공통점은 예술작품의 재현 방식이다.

→ (×) 고전주의적 관점에서는 보편적 규칙에 따라 고전적 이상에 일치시켜 대상을 재현한 작품에 높은 가치를 부여한다.[1문단(1)] 반면 낭만주의적 관점에서는 예술가 자신의 감

정이나 가치관, 문제의식 등을 자유로운 방식으로 표현한 것에 가치를 부여한다.[1문단(2)] 따라서 고전주의적 관점과 낭만주의적 관점은 예술작품의 재현 방식이 다르다.

② 고전주의적 관점에서 볼 때, 예술작품을 감상하는 것은 독백을 듣는 것과 유사하다.
→ (×) 독백과 같이 특정한 청자를 설정하지 않는 발화 행위도 존재하며
[2문단(7)], 낭만주의적 관점에서 예술작품을 이해하고 감상하는 것도 이와 유사하다.[2문단(8)] 따라서 예술작품을 감상하는 것이 독백을 듣는 것과 유사하다고 본 관점은 낭만주의적 관점이다.

③ 낭만주의적 관점에서 볼 때, 예술작품 창작의 목적은 감상자 위주의 의사소통에 있다.
→ (×) 낭만주의적 관점에서는 예술작품을 예술가가 감상자를 고려하지 않은 채 자신의 생각이나 느낌을 자유롭게 표현한 것으로 보아야만 작품의 본질을 오히려 잘 포착할 수 있다고 본다.[2문단(9)] 반면에 고전주의적 관점에서는 화자인 예술가가 중심이 된 의사소통 행위가 아니라 청자가 중심이 된 의사소통 행위라 할 수 있다.[2문단(3)] 따라서 예술작품의 창작 목적이 감상자 위주의 의사소통에 있다고 보는 입장은 고전주의적 관점이다.

④ 낭만주의적 관점에서 볼 때, 예술작품의 창작의도에 대한 충분한 소통은 작품 이해를 위해 중요하다.
→ (○) 낭만주의적 관점에서 올바른 작품 감상을 위해서는 예술가의 창작의도나 창작관에 대한 이해가 필요하다.[3문단(1)] 즉, 예술가의 창작의도에 대한 충분한 소통은 작품 이해를 위해 중요하다는 것을 알 수 있다.

⑤ 고전주의적 관점에 따르면 예술작품의 본질은 예술가가 자신의 생각이나 느낌을 창의적으로 표현하는 데 있다.
→ (×) 고전주의적 관점에 의하면 예술작품의 가치는 보편적 규칙에 따라 고전적 이상에 일치시켜 대상을 재현하는 것에 있다.[1문단(1)] 예술가가 자신의 생각이나 느낌을 창의적으로 표현하는 데 있다는 관점은 낭만주의적 관점이다.[1문단(2)]

제시문 분석

1문단 고전주의적 관점과 낭만주의적 관점의 입장

〈고전주의적 관점〉	〈낭만주의적 관점〉
고전주의적 관점에서는 보편적 규칙에 따라 고전적 이상에 일치시켜 대상을 재현한 작품에 높은 가치를 부여한다.(1)	낭만주의적 관점에서는 예술가 자신의 감정이나 가치관, 문제의식 등을 자유로운 방식으로 표현한 것에 가치를 부여한다.(2)

2·3문단 예술작품 감상 시 두 관점의 차이

〈고전주의 작품 감상〉		〈청자가 중요하지 않은 경우〉		〈낭만주의 작품 감상〉
고전주의적 관점에서는 재현 내용과 형식이 정해지기 때문에 청자가 중심이 된 의사소통 행위라 할 수 있다. [2문단(3)]	→	의사소통 상황에서 청자가 중요시되지 않는 경우도 흔히 발견된다. [2문단(5)]	→	낭만주의적 관점에서 올바른 작품 감상을 위해서는 예술가의 창작의도나 창작관에 대한 이해가 필요하다. [3문단(1)]

합격자의 실전 풀이 순서

비문학 유형

❶ 지문 훑어보기

이 단계에서는 30초보다 짧은 시간 안에 지문의 주제와 키워드를 대략적으로 파악한다. 눈에 띄는 부분이 있는지 체크한다.

예 예술작품을 올바르게 감상하는 방법에 대한 글이구나. 고전주의적 관점과 낭만주의적 관점이라는 2가지 관점이 제시된 걸 보니 서로를 비교하는 선지가 나오겠네.

이처럼 여러 입장을 다루고 있는 지문에서는 필자가 어떤 입장을 취하는지 확인하며 읽는다. 한 관점이 옳다는 것인지, 아니면 단순히 여러 시점을 비교 및 소개하고 있는지 등이 이를 확인하는 과정에 해당한다. '한 관점만으로 충분한가?', '두 번째 관점이 등장한 필요성은 무엇인가?' 등의 질문을 던지며 읽는 것도 독해에 도움이 된다.

❷ 발문 확인하기

본 문제는 '알 수 있는/없는 것은?' 유형에 해당한다. 이때 알 수 '있는' 것인지, '없는' 것인지를 확실히 표시하고 간다.

> 다음 글에서 알 수 있는 것은?

❸ 지문 이해하기

2개 주장이 대립하는 경우 수험생들이 다급해질 수 있다. 주장이 어떤 식으로 대립할지, 어디와 어디를 연결해야 할지, 선지는 어떻게 접근할지 등에 대한 입체적인 이해가 필요하기 때문이다.

이를 극복하기 위해서는 병렬적 사고가 필수적이다. 어떤 주장 A가 있다고 할 때 그 주장이 무엇인지, 이를 뒷받침하는 근거가 무엇인지 스스로 정렬할 수 있어야 한다. 또한, 글에서 갑자기 다른 주장 B가 제시되었을 때 그것을 다르게 정리할 수 있어야 한다.

이를 실전에서 두 가지 방법으로 재구조화(표기)할 수 있다.

1) 한 주장에 대해서만 기억하면서 한 주장은 무시하면서 읽거나
2) 주장별로 서로 다른 기호를 써가면서 마치 서로 다른 상자에 넣듯이 글을 서로 다른 기호를 이용하여 구분하여 읽는 방법이 있다.

아래는 이러한 독해의 예시이다.

① 고전주의적 관점과 낭만주의적 관점의 공통점은 예술작품의 재현 방식이다.

예술작품의 재현 방식	⇒	고전주의적 관점	⇒	정형적 재현 방식
	⇒	낭만주의적 관점	⇒	자신의 생각이나 느낌을 자유롭게 표현

추론형 선지다. 고전주의적 관점의 재현 방식은 '정형적'(2문단 여섯째 줄)이라고 직접 제시되지만, 낭만주의적 관점의 재현 방식은 구체적으로 제시되지 않는다. 그러나 2문단과 3문단의 전체적인 맥락으로부터 낭만주의적 관점의 초점은 고전주의의 정형성에 구애받지 않는 것임을 추론할 수 있다.

이 지문의 또 다른 특징으로 1문단을 정독해야 한다는 것이 있다. 이것의 근거는 두 가지다. 1)1문단이 나머지 문단에 비해 지나치게 짧고 2)2문단 첫 문장이 의문문이기 때문이다. 이때, 1문단을 대충 읽어버렸다면 위로 올라가서 제대로 이해하고 내려오는 것이 차라리 더 좋은 전략이다.

합격자의 시간단축 Tip

Tip ❶ 뒤에 제시된 관점을 먼저 검토하자.

고전주의만 들어간 선지가 답이 되는 경우 수험생은 앞부분만 읽고도 답을 도출할 수 있으므로, 출제자는 낭만주의가 들어간 선지를 정답으로 낼 확률이 높다. 즉, 글의 후반부에 제시된 낭만주의가 포함된 선지를 우선 체크하는 것이다.
그러나 이는 어디까지나 확률적 접근이므로, 보조적으로 활용한다.

Tip ❷ 낭만주의 관점에 조금 더 유의하며 읽자.

Tip ❶의 확률적 접근 이외에도, 고전적 관점 이후에 낭만주의적 관점이 등장한 것에는 나름의 타당한 이유가 있을 것이다. 따라서 고전적 관점만으로 해결되지 않는 부분이 무엇인지, 낭만주의적 관점이 초점을 맞춘 부분은 어떤 상황인지 등을 생각하며 읽는 것이 좋다. 고전주의적 관점이 완벽했다면 낭만주의적 관점이 등장하지 않았을 것이다. 특히, 이들은 서로 상반되는 소재이므로 두 관점의 차이점이 무엇인가 생각하며 읽자.

Tip ❸ 사례를 왜 제시했는지 생각해보자.

본 문제에서도 3문단에 몬드리안의 예술작품을 사례로 제시하고 있다. 2문단과 다르게 특별히 사례를 제시한 것에는, 출제자가 낭만주의 관점의 의의를 강조하고자 하는 의미가 담겨있다.

Tip ❹ 첫 문단을 주의 깊게 읽는다.

일반적으로 첫 문단이 글의 소재와 더불어 앞으로의 글의 전개 방향성을 나타내는 경우가 대부분이다. 따라서 글을 읽을 땐 첫 문단을 정독하면서 글의 전체적인 소재가 무엇일지, 소재에 따른 앞으로의 글의 전개과정은 어떻게 될지 추측해보는 것도 글 읽기에 도움이 된다. 또한, 급한 상황에서 글을 짧은 시간 내에 간략히 파악해야 할 때 첫 문단에라도 집중하여 읽으면 간략하게라도 글 전반의 핵심을 파악할 수 있어 더욱 효과적이다.
해당 문제 또한 첫 문단에서 고전주의적 관점과 낭만주의적 관점이 제시됨으로써 본 글의 전체적인 소재를 추측할 수 있으며, 혹여 '앞으로 두 관점에 대한 비교나 공통점이 나오지 않을까?'라는 추측을 할 수 있다.

Tip ❺ 주관과 객관의 대립은 단골 출제 요소다.

특히 음악/미술/문학 등뿐만 아니라, 과학과 철학에서도 주관성을 중시하는 사조와 객관성을 중시하는 사조는 오랫동안 대립해 왔다. 주장 간 비교가 가장 뚜렷하고 쉽게 나타난다는 점에서 반드시 익혀두어야 할 대립구조다.
객관성이란 절대적 진리, 진실, 증명, 공통된 지식 등을 뜻하고, 주관성이란 해석, 표현, 맥락적 이해 등을 뜻한다. 이 지문에서는 고전주의와 낭만주의가 그 축을 담당하고 있다. 참고로, 고전주의는 르네상스를 그 시작점으로 한다.

128 정답 ④ 난이도 ●●●

문제유형 이해 > 핵심논지의 이해

접근전략 초두부터 "옛날" "태학" 등 단어를 이용해 한국사 지문임을 보여주고 있다.
한국사 지문에서 한자어는 (별 필요 없는) 고유명사이거나 중요 개념이다. 많은 한자어 중에서 정말 중요한 한자어를 독해하면서 구분하는 노력이 필요하다. 보통 한글을 이용해서 다시 뜻을 풀어주는 단어가 중요 개념이다. 이 지문에서는 '국자'가 될 것이다. 반대로 '오교' 같은 단어의 뜻은 덜 중요하다.

다음 글의 주장과 부합하는 것은?

(1) 옛날 태학에서는 사람들에게 풍악을 가르쳤기 때문에 명칭을 '성균관(成均館)'이라 하였다. (2) 그러나 지금 태학에서는 풍악을 익히지 않으니 이 이름을 쓰는 것은 옳지 않고 '국자감'으로 바꾸는 것이 옳다. (3) 국자(國子)란 원래 왕실의 적자(嫡者)와 공경대부의 적자인데, 지금 태학에는 국자만 다니는 것이 아니기에 명칭과 실상이 서로 어긋나지만 국자감이 그래도 본래 의미에 가깝다. ▶ 1문단

(1) 옛날에 사람을 가르치는 법은 원래 두 길이었다. (2) 국자는 태학에서 가르쳤는데 대사악(大司樂)이 주관했고, 서민은 향학에서 가르쳤는데 대사도(大司徒)가 주관하였다. (3) 순 임금이 "기여, 너에게 악(樂)을 맡도록 명하노니 주자(冑子)를 가르치되 곧으면서 온화하게 하라." 했으니, 이것은 태학에서 국자를 가르친 것이다. (4) 순 임금이 "설이여, 백성들이 서로 친근하지 않는구나. 너를 사도(司徒)로 삼으니, 공경하게 오교(五教)를 펼쳐라." 했으니, 이것은 향학에서 서민을 가르친 것이다. (5) 『주례』에 대사악이 육덕(六德)으로 국자를 가르쳤는데 이것도 순 임금이 기에게 명하던 그 법이고, 대사도가 향삼물(鄉三物)로 만민을 가르쳤는데 이것도 순 임금이 설에게 명하던 그 법이었다. (6) 오늘날은 국자가 어떤 인물인지, 성균이 어떤 의미인지 알지 못하여, 서민의 자식이 국자로 자칭하고, 광대의 노래를 성균에 해당시키니 어찌 잘못된 것이 아니겠는가? ▶ 2문단

(1) 왕제(王制)는 한(漢)나라의 법이다. (2) 왕제가 시행된 이래로 국자와 서민이 함께 태학에 들어가게 되었다. (3) 그 제도가 2천 년이나 내려왔으니, 옛 제도는 회복할 수 없게 되었다. (4) 비록 그렇지만 국자를 가르치던 법을 없어지게 해서는 안 된다. (5) 우리나라 제도에 종학(宗學)이 있어 종실 자제를 교육했었는데, 지금은 혁파되었다. (6) 태학은 종실 자제를 교육하던 곳인데 까닭 없이 서민에게 양보하고 따로 학교를 세워 종학이라 한 것도 잘못된 일인데 지금은 그것마저 혁파되었으니 개탄할 일이 아닌가? (7) 지금 태학의 명륜당은 종학으로 만들어 종실의 자제 및 공경의 적자가 다니게 하고, 비천당은 백성들이 다니는 학교로 만들어 별도로 운영하는 것이 합당할 것이다. ▶ 3문단

① 종실 자제 위주의 독립된 교육은 잘못된 일이다.
➜ (×) 제시문에서는 종실 자제 및 공경의 적자가 교육받는 곳과 서민의 학교를 분리해야 한다고 했다.[3문단(7)]

② 성균관에서 풍악을 가르치던 전통을 회복해야 한다.
➜ (×) 옛날 태학에서 풍악을 가르쳐 명칭을 '성균관'이라 하였으나[1문단(1)], 지금은 태학에서 풍악을 익히지 않으니 '국자감'이라는 명칭을 사용하는 것이 옳다고만 하였다.[1문단(2)] 그러나 제시문에 성균관에서 풍악을 가르치던 전통을 회복해야 한다는 내용은 없다.

③ 향학의 설립을 통해 백성에 대한 교육을 강화해야 한다.
➜ (×) 향학은 서민을 가르치는 곳이고[2문단(2)], 왕실의 적자와 공경대부의 적자인 국자[1문단(3)]는 태학에서 가르쳤다.[2문단(2)] 이처럼 제시문은 종실 자제 및 공경의 적자와 서민의 교육을 구분하여 운영해야 한다고 주장할 뿐[3문단(7)], 향학을 설립함으로써 백성에 대한 교육을 강화하는 것에 대해서는 언급하고 있지 않다.

④ 왕제보다는 『주례』의 교육 전통을 따르는 것이 바람직하다.
➜ (O) 『주례』에 따르면 국자는 태학에서 대사악이, 서민은 향학에서 대사도가 주관하여 가르쳤었으나[2문단(2)], 왕제의 시행으로 인해 국자와 서민이 함께 태학에 들어가게 되었

다.[3문단(2)] 제시문은 태학에 서민이 들어간 것이 옳지 않으며[3문단(6)] 국자와 서민의 교육을 분리해서 진행해야 한다고 주장하고 있다[3문단(7)]. 즉, 왕제 시행에 따른 교육 방식에 비판적이며, 국자와 서민을 분리해 교육해야 한다고 한 『주례』의 교육 전통을 따르는 것이 보다 바람직하다고 본다.

⑤ 국자와 서민의 교육 내용을 통합하는 교육 과정이 필요하다.
→ (×) 국자는 원래 왕실의 적자와 공경대부의 적자를 이르는 말이다[1문단(3)]. 『주례』에 따르면 국자는 대사악이 '육덕'으로 서민은 대사도가 '향삼물'로 가르쳤다[2문단(5)]. 또한, 제시문은 국자와 서민을 분리하여 가르치는 『주례』의 방식이 보다 바람직하다고 주장한다.[3문단(6),(7)] 따라서 제시문은 교육 내용의 통합에 반대하는 입장이다.

제시문 분석

1문단 태학의 이름을 국자감으로 바꾸는 것이 옳다.

〈옛날〉		〈현재〉		〈국자의 개념〉
옛날 태학에서는 사람들에게 풍악을 가르쳤기 때문에 명칭을 '성균관'이라 하였다.(1)	⊕	지금 태학에서는 풍악을 익히지 않으니, '국자감'으로 바꾸는 것이 옳다.(2)	⊕	왕실의 적자(嫡者)와 공경대부의 적자(3)

→ 지금 태학에는 국자만 다니는 것이 아니기에 명칭과 실상이 서로 어긋나지만 국자감이 그래도 본래 의미에 가깝다.(3)

2문단 사람을 가르치던 옛날 방식

〈옛날에 사람을 가르치는 법〉		
〈비교 요소〉	〈군자〉	〈서민〉
〈가르친 장소〉	태학에서 가르침(2)	향학에서 가르침(2)
〈주관자〉	대사악(大司樂)(2)	대사도(大司徒)(2)
〈순 임금의 명〉	"기여, 너에게 악(樂)을 맡도록 명하노니 주자(冑子)를 가르치되 곧으면서 온화하게 하라."(3)	"설이여, 백성들이 서로 친근하지 않는구나. 너를 사도(司徒)로 삼으니, 공경하게 오교(五敎)를 펼쳐라."(4)
〈『주례』〉	대사악이 육덕(六德)으로 국자를 가르침(5)	대사도가 향삼물(鄕三物)로 만민을 가르침(5)

→ 〈비판〉 오늘날은 국자가 어떤 인물인지, 성균이 어떤 의미인지 알지 못하여, 서민의 자식이 국자로 자칭하고, 광대의 노래를 성균에 해당시키니 어찌 잘못된 것이 아니겠는가?(6)

3문단 국자를 별도로 가르치던 법을 신설해야 한다.

〈왕제〉		〈회복 불가〉		〈종학〉
왕제(王制)는 한(漢)나라의 법인데 왕제가 시행된 이래로 국자와 서민이 함께 태학에 들어가게 되었다.(1),(2)	⊕	그 제도가 2천 년이나 내려왔으니, 옛 제도는 회복할 수 없게 되었다.(3)	⊕	우리나라 제도에 종학(宗學)이 있어 종실 자제를 교육했었는데, 지금은 혁파되었다.(5)

→ 〈주장〉	국자를 가르치던 법을 없어지게 해서는 안 된다.(4)
	국자와 서민의 학교를 별도로 운영해야 한다. 태학의 명륜당은 종학으로 만들어 종실의 자제 및 공경의 적자가 다니고 비천당은 백성들이 다니는 학교로 만들어야 한다.(7)

합격자의 실전 풀이 순서 논지파악 유형

논지파악 유형은 지문을 제시한 후, 지문의 핵심 주장·내용을 선지에서 고르도록 하는 문제들을 말한다. 대부분의 수험생이 큰 어려움을 겪지 않는 유형이므로 가벼운 마음으로 임해 보자.

⓿ 유형 식별하기

논지파악 유형의 식별은 간단하다. 발문을 확인하면 곧바로 알 수 있다.

- 발문: 다음 글의 논지/주장…과 부합하는/적합한 것은?
- 선지: 일반적인 비문학 유형('알 수 있는 것은?' 등)의 선지에 비해 정보량이 적은 대신 포괄적인 문장들이 제시됨

❶ 지문 이해하기

논지파악 유형에서는 무조건 지문을 모두 읽고 선지로 내려갈 것을 추천한다. 선지를 먼저 확인해도 이것이 글 전체를 포괄하는지 알 수 없기 때문이다.

논지파악 유형의 지문은 대부분 설명하는 글이 아닌 주장하는 글이다. 따라서 지문을 읽으며 수험생은 '문제의식'을 염두에 두어야 한다. 글쓴이가 어떤 문제의식을 가지고 있는가? 이에 대한 대안을 주장하고 있다면 무엇인가? 등을 스스로 질문하며 지문을 읽는다.

❷ 선지 고르기

지문을 끝까지 읽고 파악했다면 선지에서 핵심 논지가 될 만한 것을 찾는다.

논지파악 유형을 푸는 상황은 둘 중 하나다. 지문을 쭉 읽기만 했는데도 바로 정답이 보여서 지체없이 체크하고 넘어가는 경우나, 지문이 이해는 됐는데 선지를 훑어보니 2개 중에 무엇이 더 핵심인지 헷갈리는 경우가 그것이다. 헷갈리는 경우 소거법이 유용할 수 있다.

소거법이란 2단계에 걸쳐서 선지를 분석하는 방법이다. 논지가 될 만한 문장은 첫 번째로, 지문과 상충하는 부분이 없어야 한다. 지문에서 글쓴이의 주장에 해당하는 내용 일부라도 맞지 않으면 논지가 될 수 없다. 두 번째로, 지문 내용 전체를 포괄해야 한다. 지문의 일부분만 다루는 문장이라면 상충하는 부분이 없어도 핵심 논지가 아닌 뒷받침 문장일 뿐이다.

위의 2가지를 조건 삼아 선지를 소거하면 정답을 명확하게 찾아낼 수 있다. 물론, 지문을 읽는 것만으로 논지가 파악되어 정답이 바로 보인다면 모든 선지를 소거할 필요는 없다.

합격자의 시간단축 Tip

Tip ❶ 헷갈린다면 뒷부분에 주목하자.

지문의 뒷부분에 핵심 논지가 있을 확률이 높다. 앞부분에 바로 논지가 제시된다면 수험생은 굳이 뒷부분까지 읽으며 시간을 쓸 필요가 없을 것이기 때문이다. 즉, 지문이 총 3문단으로 구성되어 있다면 3문단에, 그 이상이라면 맨 뒤 문단을 더 유심히 보자. 핵심 논지를 포함하거나, 고전에서 발췌한 지문이라면 '어찌 ~하지 않겠는가?' 등으로 간접적으로 드러낸 문장을 찾을 수 있을 것이다.

Tip ❷ 〈옛날〉이라는 단어에 민감하게 반응하자.

옛날이야기를 하는 경우는 일반적으로 그와 대비되는 오늘날의 이야기를 하기 위한 경우가 많다. 해당 지문에서도 지금 태학에서는 풍악을 익히지 않으며, 오늘날에는 사람을 가르치는 길이 다르다.

이때 오늘날이란, 우리(독자)가 바라보는 오늘날이 아니라, 지문 내에서 형성된 과거와 현재의 대비임에 유의한다.

Tip ❸ 국사 지문에 고유한 개념과 구도를 숙지한다.

국사 지문에서는 신분별 대우의 차이, 대의명분의 중시, 과거와의 차이(일반적으로 과거의 시기가 오늘날보다 더 바람직한 경우도 상당히 많이 출제되며 해당 지문 역시 그렇다) 등 고유한 개념과 구도가 등장하므로 이를 숙지한다.

Tip ❹ 의문문에 유의한다.

2문단 마지막에 의문문이 사용되고 있다. 〈어찌 잘못된 것이 아니겠는가?〉라는 표현은 잘못되었다고 말해도 될 것을 특별히 강조한 표현이다.

129 정답 ⑤

난이도 ●●○

문제유형 이해 > 내용 파악

접근전략 평이한 난이도의 과학 소재 비문학 유형이다. 기본적인 일치/불일치 접근법을 적용하도록 한다. 또한 다양한 개념이 등장하므로, 도형으로 시각화를 하는 등 개념을 구분하여 정리할 수단을 동원하도록 한다. 개념 간의 위계 내지는 포함관계를 빠르게 파악하는 능력이 이 문제의 핵심이다.

다음 글에서 알 수 있는 것은?

(1) 대기오염 물질의 자연적 배출원은 공간적으로 그리 넓지 않고 밀집된 도시 규모의 오염 지역을 대상으로 할 경우에는 인위적 배출원에 비하여 대기 환경에 미치는 영향이 크지 않다. (2) 하지만 지구 규모 또는 대륙 규모의 오염 지역을 대상으로 할 경우에는 그 영향이 매우 크다. ▶ 1문단

(1) 자연적 배출원은 생물 배출원과 비생물 배출원으로 구분된다. (2) 생물 배출원에서는 생물의 활동에 의하여 오염 물질의 배출이 일어나는데, 식생의 활동으로 휘발성 유기물질이 배출되거나 토양 미생물의 활동으로 질소산화물이 배출되는 것이 대표적이다. (3) 이렇게 배출된 오염 물질들은 반응성이 크기 때문에 산성비나 스모그와 같은 대기오염 현상을 일으키는 원인이 되기도 한다. (4) 비생물 배출원에서도 많은 대기오염 물질이 배출되는데, 화산 활동으로 미세 먼지나 황산화물이 발생하거나 번개에 의해 질소산화물이 생성된다. (5) 그 외에 사막이나 황토 지대에서 바람에 의해 미세 먼지가 발생하거나 성층권 오존이 대류권으로 유입되는 것도 이 범주에 넣을 수 있다. ▶ 2문단

(1) 인위적 배출원은 사람들이 생활이나 산업상의 편익을 위하여 만든 시설이나 장치로서, 대기 중으로 오염 물질을 배출하거나 대기 중에서 유해 물질로 바뀌게 될 원인 물질을 배출한다. (2) 대표적인 인위적 배출원들은 연료의 연소를 통하여 이산화탄소, 일산화탄소, 질소산화물, 황산화물 등을 배출하지만 연소 외의 특수한 과정을 통해 발생하는 폐기물을 대기 중으로 내보내는 경우도 있다. ▶ 3문단

(1) 인위적 배출원은 점오염원, 면오염원, 선오염원으로 구분된다. (2) 인위적 배출원 중 첫 번째로 점오염원은 발전소, 도시 폐기물 소각로, 대규모 공장과 같이 단독으로 대량의 오염 물질을 배출하는 시설을 지칭한다. (3) 면오염원은 주거 단지와 같이 일정한 면적 내에 밀집된 다수의 소규모 배출원을 지칭한다. (4) 선오염원의 대표적인 것은 자동차로서 이는 도로를 따라 선형으로 오염 물질을 배출시켜 주변에 대기오염 문제를 일으킨다. (5) 높은 굴뚝에서 오염 물질을 배출하는 점오염원은 그 영향 범위가 넓지만, 배출구가 낮은 면오염원과 선오염원은 대기 확산이 잘 이루어지지 않아 오염원 근처의 지표면에 영향을 미친다. ▶ 4문단

① 비생물 배출원에서 배출되는 질소산화물은 연료의 연소 생성물이 대부분이다.
➜ (×) 비생물 배출원에서 배출되는 질소산화물은 번개에 의해서 생성된다.[2문단(4)]

② 산성비는 인위적 배출원보다 자연적 배출원에서 배출되는 오염 물질에서 더 많이 생성된다.
➜ (×) 식생의 활동으로 인한 휘발성 유기물질 배출, 토양 미생물의 활동으로 인한 질소산화물 배출은 반응성이 크기 때문에 산성비의 원인이 된다.[2문단(3)] 그런데 인위적 배출원에서는 산성비의 원인에 대해 언급하고 있지 않기 때문에 자연적 배출원과의 비교가 불가하다. 따라서 산성비가 인위적 배출원보다 자연적 배출원에서 배출되는 오염 물질에서 더 많이 생성되는지는 알 수 없다.

③ 자연적 배출원은 인위적 배출원에 비해 큰 규모의 대기 환경에 대한 영향력이 미미하다.
➜ (×) 자연적 배출원은 도시 규모의 오염 지역을 대상으로 할 경우에는 영향력이 그리 크지 않지만[1문단(1)], 지구 규모 또는 대륙 규모의 오염 지역을 대상으로 할 경우에는 그 영향이 매우 크다.[1문단(2)]

④ 미생물이나 식생의 활동이 대기 중에 떠돌아다니는 반응성이 큰 오염 물질들을 감소시키기도 한다.
➜ (×) 식생의 활동으로 휘발성 유기물질이 배출되거나 토양 미생물의 활동으로 질소산화물이 배출되고[2문단(2)], 이렇게 배출된 오염 물질들은 반응성이 크기 때문에 산성비나 스모그와 같은 대기오염 현상을 일으키는 원인이 되기도 한다.[2문단(3)]

⑤ 인위적 배출원에서 오염 물질을 배출할 경우, 오염원은 배출구가 높을수록 더 멀리까지 영향을 미친다.
➜ (O) 인위적 배출원에서 오염 물질을 배출할 경우, 점오염원과 같이 오염원의 배출구가 높을수록 그 영향 범위가 넓다.[4문단(5)]

제시문 분석

1문단 대기오염 물질의 자연적 배출원

〈자연적 배출원〉
밀집된 도시 규모의 오염 지역을 대상으로 할 경우에는 대기 환경에 미치는 영향이 크지 않지만, 지구 규모 또는 대륙 규모의 오염 지역을 대상으로 할 경우에는 그 영향이 매우 크다.(1),(2)

2문단 자연적 배출원의 유형

〈자연적 배출원의 유형〉	
〈생물 배출원〉	식생의 활동으로 휘발성 유기물질이 배출되거나, 토양 미생물의 활동으로 질소산화물이 배출되는 것이 대표적이다(2)
	이렇게 배출된 오염 물질들은 반응성이 크기 때문에 대기오염 현상을 일으키는 원인이 되기도 한다(3)
〈비생물 배출원〉	화산 활동으로 미세 먼지나 황산화물이 발생하거나 번개에 의해 질소산화물이 생성되는 것, 사막이나 황토 지대에서 바람에 의해 미세 먼지가 발생하거나 성층권 오존이 대류권으로 유입되는 것(4),(5)

3문단 대기오염 물질의 인위적 배출원

〈인위적 배출원〉
사람들이 생활이나 산업상의 편익을 위하여 만든 시설이나 장치로서, 대기 중으로 오염 물질을 배출하거나 대기 중에서 유해 물질로 바뀌게 될 원인 물질을 배출한다.(1)

4문단 인위적 배출원의 유형

〈인위적 배출원의 유형〉	
〈점오염원〉	발전소, 도시 폐기물 소각로, 대규모 공장과 같이 단독으로 대량의 오염 물질을 배출하는 시설.(2)
〈면오염원〉	주거 단지와 같이 일정한 면적 내에 밀집된 다수의 소규모 배출원.(3)
〈선오염원〉	대표적인 것은 자동차로서 이는 도로를 따라 선형으로 오염 물질을 배출시켜 주변에 대기오염 문제를 일으킨다.(4)

→ 〈영향 범위〉	높은 굴뚝에서 오염 물질을 배출하는 점오염원은 그 영향 범위가 넓지만, 배출구가 낮은 면오염원과 선오염원은 대기 확산이 잘 이루어지지 않아 오염원 근처의 지표면에 영향을 미친다.(5)

합격자의 실전 풀이 순서 과학 비문학 유형

⓿ 유형 식별하기

과학 소재의 비문학 문항은 지문 자체도 짧지 않은데 압축적으로 제시되는 정보량이 방대해, 비전공자 입장에서는 체감 난이도가 높은 유형이다. 이렇게 정보량이 많은 지문은 속도보다는 정확성을 높이는 방향으로 독해하는 것이 좋다.

❶ 지문 훑어보기

지문의 주제와 키워드를 대강 파악한다. 눈에 띄는 부분이 있는지 체크하며 독해의 방향을 설정한다.

예 대기오염 물질의 배출원에 어떤 종류가 있는지 소개하는 글이구나. 자연적 배출원-인위적 배출원의 대분류와 각 분류 안에서 다시 나뉘는 소분류를 구분해야겠다.

❷ 발문 확인하기

> 다음 글에서 알 수 있는 것은?

본 문제는 '알 수 있는/없는 것은?' 유형에 해당한다. 알 수 있는 것을 묻는지, 없는 것을 묻는지 확실히 표시하고 가자.

3-1 선지를 읽고 제시문 확인

선지를 하나씩 판단하는 경우

① 비생물 배출원에서 배출되는 질소산화물은 연료의 연소 생성물이 대부분이다.

연료의 연소 생성물 ⇒ 인위적 배출원 ⇏ 비생물 배출원

단순비교형 선지다. '연료의 연소 생성물'을 키워드로 지문을 확인하면 이는 인위적 배출원에 해당할 뿐[3문단(2)], 비생물 배출원과는 무관하다. 따라서 알 수 없다.

② 산성비는 인위적 배출원보다 자연적 배출원에서 배출되는 오염 물질에서 더 많이 생성된다.

비교급 표현이 사용된 선지다. 비교급 표현은 아래와 같이 부등호를 활용해 시각적으로 표시할 수 있다.

> ② 산성비는 / (인위적 배출원) 보다 〈 (자연적 배출원에서 배출되는 오염 물질) 에서 더 많이 생성된다.

'산성비'를 키워드로 지문을 확인하면 생물 배출원에서 배출된 오염 물질이 산성비의 원인이 되기도 한다는 부분[2문단(4)]을 찾을 수 있다. 생물 배출원은 자연적 배출원에 속한다.[2문단(1)] 그러나 인위적 배출원에서 배출되는 오염 물질과 산성비 간의 관계에 대해서는 지문에 소개된 바 없다. 비교 자체가 불가능한 것이다. 따라서 옳지 않다.

③ 자연적 배출원은 인위적 배출원에 비해 큰 규모의 대기 환경에 대한 영향력이 미미하다.

역시 비교급 표현이 사용된 선지다. 부등호로 표시하면 아래와 같다.

> ③ (자연적 배출원)은 〈 (인위적 배출원) 에 비해 큰 규모의 대기 환경에 대한 영향력이 미미하다.

'큰 규모의 대기 환경'을 키워드로 지문을 확인하면, 직접 지문에 등장하지는 않는다. 이번에는 '영향력'을 키워드로 지문을 확인하면, 1문단에서 근거를 찾을 수 있다. 자연적 배출원은 지구 또는 대륙 규모의 환경에 미치는 영향이 크다는 부분[1문단(2)]에서 본선지가 대소관계를 반대로 기술하였음을 알 수 있다. 따라서 옳지 않다.

④ 미생물이나 식생의 활동이 대기 중에 떠돌아다니는 반응성이 큰 오염 물질들을 감소시키기도 한다.

반응성이 큰 오염 물질 ⇒ 생물 배출원에서 배출되는 오염 물질 ⇒ 미생물이나 식생의 활동

단순비교형 선지다. '반응성이 큰 오염 물질'로 키워드를 잡으면 생물 배출원에서 배출된 오염 물질이 이에 해당함을 알 수 있다(2문단 2, 3). 즉, 미생물이나 식생의 활동은 반응성이 큰 오염 물질들을 증가시킬 뿐 감소시키지는 않는다. 따라서 옳지 않다.

⑤ 인위적 배출원에서 오염 물질을 배출할 경우, 오염원은 배출구가 높을수록 더 멀리까지 영향을 미친다.

비례관계가 등장하는 추론형 선지다. 먼저, 비례관계의 변수가 어떻게 되는가? 인위적 배출원의 배출구의 높이와 오염원이 영향을 끼치는 범위이다. 그렇다면 비례관계의 방향은? 정(+)의 관계다. 비례관계의 파악을 마쳤다면 지문에서 진위를 판단한다. '배출구'를 키워드로 지문을 확인하면 4문단에서 찾을 수 있다. 높은 굴뚝은 영향범위가 넓고, 낮은 굴뚝은 영향범위가 좁다는 각각의 사례[4문단(5)]가 선지에 제시된 비례관계와 상통함을 알 수 있다. 따라서 옳다.

전체 선지를 읽고 제시문을 확인하는 경우

(1) 선지 확인

선지에서 키워드를 추출한다. 선지 ①은 '비생물 배출원', ②는 '산성비', ③은 '대기 환경에 대한 영향력', ④는 '반응성이 큰', ⑤는 '배출구가 높을수록'이 키워드가 될 수 있다.

이때 선지의 일부 키워드만 기억해도 좋다. 모두 기억하려 애쓸 필요는 없다. 예컨대 지문을 읽으면서 선지 3개의 키워드 정도만 기억해도 된다는 생각을 가지도록 한다. 목표는 각 선지를 신속, 정확히 해결하는 것이지 키워드를 기억하는 게 아님을 명심하자. 설령 처음에는 좀 익숙하지 않더라도 지속적으로 훈련하다 보면 점점 더 많은 키워드를 기억할 수 있게 될 것이다.

(2) 지문 독해 및 선지 판단

문단별 관계에 유의하며 개별 문단의 핵심을 이해한다.

각 문단의 첫 번째 문장을 살펴보면, 자연적 배출원과 인위적 배출원에 대한 소개가 해당 지문의 핵심을 이룬다. 첫 문장에서 자연적 배출원과 인위적 배출원이 대응되는 개념이라는 것을 파악하지 못하면 2, 3문단의 관계를 파악하기 어렵다. 자연적 배출원과 인위적 배출원은 어떻게 다른지, 특히 1문단 마지막에 언급한 '영향' 측면에서 어떤 차이를 낳는지에 유의하며 독해한다. 이렇게 두 개념이 대비될 경우, 둘의 차이점과 공통점이 선지로 출제될 가능성이 높다.

독해를 하며 판단 가능한 선지는 바로 확인한다.

1문단 (1)을 읽고 선지 ③으로 내려가 정오 판단을 한다. 다시 지문으로 돌아가서 2문까지 읽으면 비로소 해당 선지의 판단을 완료할 수 있다.

2문단 (3)까지 읽고 선지 ④를 확인하면 현재까지 읽은 정보만으로는 정오 판단을 할 수 없는데, 여기에서 조금만 상식적으로 생각해봐도 주어진 정보상 ④가 정답이 되기 어렵다는 걸 알 수 있다.

다음으로 '산성비' 키워드를 포함한 선지 ②로 가면 인위적 배출원에 대한 정보가 아직 없기 때문에 아직 판단할 수 없다. 다음 문장부터 읽기 시작한다. 4문단 마지막 문장까지 파악하고 선지 ⑤를 판단하면 정답임을 알 수 있다.

3-2 제시문 독해 후 선지 판단

(1) 제시문 독해하기

독해는 모든 내용을 기억하기보다 어디에 어떤 내용이 있는지를 인지하고, 특징적인 내용을 표시하는 방식으로 진행한다.

1문단은 대기오염 물질의 자연적 배출원을 설명한다. '인위적 배출원에 비하여' 미치는 영향이 크지 않은 경우와 '하지만' 이하의 영향이 매우 큰 경우가 각각 언제인지 구분하여 체크하며 읽는다.

2문단은 자연적 배출원을 '생물 배출원'과 '비생물 배출원'으로 구분하여 각각의 사례와 특징을 설명한다. 각각 △와 ▽로 구분하여 표시한다.

3문단은 인위적 배출원의 사례를 설명한다. ○로 표시하며 읽는다.

4문단은 인위적 배출원을 '점/면/선'으로 구분하여 사례와 함께 설명한다. 각 단어에 ○ 표시를 하고, 해당 내용마다 '/'로 끊어가며 읽는다. 또한 마지막 문장에 이들을 비교한 내용에 주목하며 읽는다.

(2) 선지 판단하기

① 2문단에 관련 내용이 있었다. 질소산화물은 생물 배출원이므로 옳지 않다.

② 배출원별 '산성비' 생성량에 대한 비교는 없었다. 알 수 없는 내용이다.

③ 1문단에서 자연적 배출원은 큰 규모에서 영향이 크다고 하였다. 옳지 않다.

④ 2문단에서는 미생물이나 식생 활동이 대기오염의 원인이 된다고 설명하므로 옳지 않다.

⑤ 4문단 마지막 문장에서 높은 굴뚝의 점오염원이 배출구가 낮은 면/선오염원보다 확산이 잘 된다고 설명한다. 옳은 선지이다.

합격자의 시간단축 Tip

Tip ❶ 지문의 정보를 시각화한다.

여러 개념이 나열될 경우 지문 옆의 빈칸에 별도의 메모를 통해 정보를 정리할 수도 있지만, 지문 내에서 숫자를 매기거나 세모, 역세모, 네모 등의 도형을 활용하는 방법을 사용할 수도 있다. 어느 방법이든 자신에게 가장 편하고 시간이 덜 소요되는 것을 택하도록 한다.

Tip ❷ '~수록'에 주의하자.

'a일수록 b다'라는 문장이 있다. 이 문장의 진위를 판별하려면 어떻게 해야 할까? 먼저 가능한 모든 개체의 a 정도를 파악한다. 다음으로 a 정도가 강한 개체일수록 b 정도도 강한지 확인해야 할 것이다.

이처럼 '일수록'이 내포한 맥락은 생각보다 복잡하다. 비문학 유형의 선지에서 '일수록'이 등장하면 거의 무조건 추론형 선지라 보면 된다. 난이도가 낮은 선지 여러 개를 빠르게 제거하고 싶다면 '일수록'이 나오는 선지는 일단 패스하자. 반면 난이도가 높은 선지 중에 정답이 있을 확률이 높다고 생각한다면, '일수록' 먼저 처리하는 것도 좋은 전략이다. 본 문제의 경우, 선지 ⑤이 '~수록'을 사용하고 있다. 그리고 정답에 해당한다.

Tip ❸ 인위적 배출원을 언급한 선지부터 해결하자.

자연적 배출원만으로 정답이 나올 확률은 적고, 특히 마지막 문단에서 정답 선지가 나올 가능성이 높다. 이는 지문을 전부 읽지 않고 정답을 골라내는 것을 방지하기 위함이다. 본 문제의 경우 마지막 문단의 마지막 문장에서 정답 선지가 출제되었다.

Tip ❹ 원인-결과 표현에 주목하자.

원인과 결과는 선지에서 둘의 자리를 바꾸거나, 원인을 바꾸거나, 결과를 바꾸는 등의 방법으로 등장한다. 따라서 본문에 원인-결과 표현이 나오면 각각을 구분하여 봐 두어야 한다. 이 문제의 경우 2문단 (2), (3)에서 '원인이 되기도 한다'고 하여 원인-결과 표현이 나왔고, ④에서 결과의 내용을 반대로 바꾸어 출제하였다.

Tip ❺ 비교하는 내용이 나오면 체크하자.

대상을 비교하는 내용은 자주 선지로 출제되므로 눈여겨 봐 두어야 한다. 이 문제에서도 1문단의 자연적 배출원-인위적 배출원의 비교가 선지 ③에, 4문단의 점/선/면 오염원의 비교가 선지 ⑤로 출제되었다.

130 정답 ④ 난이도 ●○○

문제유형 법규의 해석 및 적용

접근전략 법조문을 바탕으로 발문에서 묻고 있는 정보를 도출하는 유형의 문제이다. 법조문 문제는 법조문의 구조와 중요 표현만을 파악한 후, 구체적인 조문의 내용은 선지 판단 시에 확인하는 것이 좋다. 본 문제의 경우, 조문 구조를 보면 단일 조항 하에 8가지 호가 제시되어있는 문항이다. 이 경우 개별 호를 전부 꼼꼼히 읽고 선지로 내려가기보다는 개략적인 경향만 파악한 다음에 선지로 내려가 선지와 지문을 오가며 정오판단을 진행하는 것이 좋다. 8가지 호에 해당하면 전부 〈경력조회 및 회보〉가 가능하다는 동일한 결과로 이어지므로, 개별 요건을 자세히 보는 것보다는 개별 선지의 내용이 1조의 각 호에 존재하는지를 빠르게 연결시키는 것이 필요하다.

다음 글을 근거로 판단할 때 허용될 수 없는 행위는? (단, 적법한 권한을 가진 자가 조회하는 것으로 전제한다)

제○○조(범죄경력조회·수사경력조회 및 회보의 제한 등) 수사자료표에 의한 범죄경력조회 및 수사경력조회와 그에 대한 회보는 다음 각 호의 어느 하나에 해당하는 경우에 그 전부 또는 일부에 대하여 조회 목적에 필요한 범위에서 할 수 있다.

1. 범죄 수사 또는 재판을 위하여 필요한 경우
2. 형의 집행 또는 사회봉사명령, 수강명령의 집행을 위하여 필요한 경우
3. 보호감호, 치료감호, 보호관찰 등 보호처분 또는 보안관찰 업무의 수행을 위하여 필요한 경우
4. 수사자료표의 내용을 확인하기 위하여 본인이 신청하거나 외국 입국·체류 허가에 필요하여 본인이 신청하는 경우
5. 외국인의 귀화·국적회복·체류 허가에 필요한 경우
6. 각군 사관생도의 입학 및 장교의 임용에 필요한 경우
7. 병역의무 부과와 관련하여 현역병 및 사회복무요원의 입영(入營)에 필요한 경우
8. 공무원 임용, 인가·허가, 서훈(敍勳), 대통령 표창, 국무총리 표창 등의 결격사유, 징계절차가 개시된 공무원의 구체적인 징계 사유(범죄경력조회와 그에 대한 회보에 한정한다) 또는 공무원연금 지급 제한 사유 등을 확인하기 위하여 필요한 경우

※ 회보: 신청인의 요구에 대하여 조회 후 알려주는 것

① 외국인 A의 귀화 허가를 위하여 A의 범죄경력을 조회하는 행위
→ (○) 제1조 제5호에 따르면 외국인의 귀화 허가에 필요한 경우 수사자료표에 의한 범죄경력조회를 할 수 있다. 따라서 외국인 A의 귀화 허가를 위하여 A의 범죄경력을 조회하는 행위는 허용된다.

② 회사원 B에 대한 사회봉사명령 집행을 위하여 B에 대한 수사경력을 조회하는 행위
→ (○) 제1조 제2호에 따르면 사회봉사명령의 집행을 위하여 필요한 경우 수사자료표에 의한 수사경력조회를 할 수 있다. 따라서 회사원 B에 대한 사회봉사명령 집행을 위하여 B에 대한 수사경력을 조회하는 행위는 허용된다(2조 1항이 적용되는 대상이 공공분야 종사자에 한정되는 것이 아닌 것에 유의한다).

③ 퇴직공무원 C의 공무원연금 지급 제한 사유를 확인하기 위해 C의 범죄경력을 조회하는 행위
→ (○) 제1조 제8호에 따르면 공무원연금 지급 제한 사유를 확인하기 위하여 필요한 경우 수사자료표에 의한 범죄경력조회를 할 수 있다. 따라서 퇴직공무원 C의 공무원연금 지급 제한 사유를 확인하기 위해 C의 범죄경력을 조회하는 행위는 허용된다(일반적으로는 퇴직공무원 관련된 것은 해당 안되는 경우가 많으나, 이 경우에는 〈연금〉 관련이라 해당된다는 것에 유의한다).

④ 취업준비생 D의 채용에 참고하기 위하여 해당 사기업의 요청을 받아 D의 범죄경력을 조회하는 행위
→ (×) 취업준비생의 채용은 제1조 각 호의 어느 하나에 해당하지 않으므로 수사자료표에 의한 범죄경력조회가 허용될 수 없다.

⑤ 징계절차가 개시된 공무원 E의 구체적인 징계 사유를 확인하기 위하여 E의 범죄경력을 조회하는 행위
→ (○) 제1조 제8호에 따르면 징계절차가 개시된 공무원의 구체적인 징계 사유를 확인하기 위하여 필요한 경우 수사자료표에 의한 범죄경력조회를 할 수 있다. 따라서 징계절차가 개시된 공무원 E의 구체적인 징계 사유를 확인하기 위하여 E의 범죄경력을 조회하는 행위는 허용된다.

합격자의 실전 풀이 순서

❶ 문제의 유형 파악

제시문의 형식이 법조문이므로 법규의 해석 및 적용 유형임을 알 수 있다. 특히 본 문제의 경우 법조문의 내용을 적용하여 발문에서 묻고 있는 정보를 도출해야 하는 법조문 응용 유형에 해당한다. 법조문은 규정의 구체적인 내용을 모두 독해하기보다, 조문의 구조를 파악한 후 선지에서 묻고 있는 정보를 찾아 올라가는 방식으로 접근하는 것이 좋다. 법조문의 세세한 정보를 모두 기억하는 것이 어렵기 때문이다. 또한 '허용될 수 없는 것'을 고르는 문제이므로, '없는'에 표시하여 허용될 수 있는 선지를 고르는 실수를 방지하자.

다음 글을 근거로 판단할 때 허용될 수 없는 행위는?

❷ 법조문 구조 분석

구조 분석이란 각 조문의 내용 및 조문 간 관계를 이해하는 것이다. 이 단계에서는 법조문 전체를 읽되, 세부적인 내용 기억보다는 법조문의 어느 위치에 어떤 정보가 있는지 파악하는 것에 중점을 둔다. 이때 중요 부분에 강조 표시를 하기 위해 ◯나 □ 같은 기호를 적절히 활용할 수 있다. 이러한 과정을 거치며 선지에 나올 내용을 예측해볼 수도 있다.

본문의 규정은 하나의 조와 여덟 개의 호로 구성되어 있다. 조의 제목에서 무엇에 대한 규정인지 알 수 있다. 조문에 따르면 각호에 해당하는 경우 필요한 범위에서 조회할 수 있으므로, 발문이 묻고 있는 허용되지 않는 행위를 고르기 위해서는 각호에 해당하지 않는 선지를 골라야 한다. 이때 각호를 대략적으로 읽고 선지로 넘어가도 되지만, 선지는 다섯 개이고 본문에 규정된 경우는 여덟 개이므로, 선지를 먼저 읽고 해당 내용을 찾는 방법이 더 효율적일 것이다.

괄호로 단서가 주어져 있다. 핵심적인 정보라기보다는 문제의 엄밀성을 확보하기 위한 전제로 보이므로 가볍게 확인하고 넘어간다.

또한, ※ 표시로 각주가 붙어있다. 법조문 유형에서는 이러한 각주가 문제 풀이에 중요한 정보를 제시하는 경우가 있으므로 각주의 내용을 놓치지 않아야 한다. 다만 본 문제의 각주는 사전지식이 부족한 수험생에게 추가 정보를 제공하는 역할에 불과하므로 가볍게 읽는다.

❸ **선지 판단**

선지를 읽고, 해당 내용이 기재된 규정으로 돌아가 꼼꼼히 읽고 선지의 정오를 판단한다. 이때 하나의 호가 여러 선지에 활용되는 경우는 극히 드물므로 이미 선지 판단에 활용한 호에는 '∨' 표시를 한다.

선지 ①을 판단하기 위해 규정에서 '귀화 허가'를 찾는다. 제5호에서 찾을 수 있다. ②는 '사회봉사명령 집행'을 제2호에서, ③은 '공무원연금'을 기준으로 제8호에서 근거를 찾을 수 있다, ④는 '채용'이나 '사기업'을 기준으로 찾아보아도 관련 내용을 찾을 수 없다. ⑤는 '징계절차 개시' 및 '공무원'을 기준으로 제8호에서 근거를 찾을 수 있다.

합격자의 시간단축 Tip

Tip ❶ 선지를 먼저 읽기

주어진 규정의 형식을 보고, 선지를 먼저 보는 것이 효율적이라는 판단을 할 수 있어야 한다. 법조문에서 '호'는 병렬적인 정보를 나열할 때 쓰인다. 특히 넷 이상의 호가 나열되어 있다면, 각호는 선지 판단에 활용되는 별개의 조건일 가능성이 높다. 선지보다 많은 개수의 호가 있다면 일부 조건은 문제 풀이에 불필요하다. 따라서 이 경우 호가 포함된 조항의 내용은 읽되, 각호를 읽지 않고 선지를 먼저 보는 것이 효율적이다.

Tip ❷ 사용한 조건에 체크

여러 개의 조건이 병렬적으로 나열되어 있을 때 선지에서 동일 조건을 두 번 묻는 경우는 드물다. 같은 조건이 두 번 등장한다면 두 번째 읽는 선지의 판단이 쉬워지기 때문이다. 출제자는 응시생이 최대한 많은 조건을 읽도록 유도하고 싶을 것이다. 따라서 읽었던 조건을 다시 읽는 것을 방지하기 위해 사용한 조건에는 '∨' 등으로 표시를 해두는 것이 좋다. 해당 문제에서는 제8호가 두 번 사용되었으나, 8호는 다른 호와 달리 세 가지의 경우가 나열되어 있으므로 별도로 표시하면 된다.

Tip ❸ 공–사 개념의 구분

선지 ④의 사기업 채용은 사적 영역의 행위로, 공적 영역의 행위를 묻는 나머지 선지와 차이가 있다. 주어진 조문이 공적 영역의 내용임을 인지했다면 선지 ④를 읽고 바로 정답임을 예상할 수 있었을 것이다. 그렇다면 '채용'을 찾아 규정을 다시 읽는 수고 없이, 바로 선지 ⑤로 넘어가 옳음을 확인하고 정답을 확정하여 시간을 단축할 수 있다.

131 정답 ③

난이도 ●●○

문제유형 사실적 이해 > 정보 확인

접근전략 지문의 내용과 선지를 비교해 글의 내용에 부합하는 것을 고르는 문제다. 가장 쉽고 간단한 유형에 속하는 만큼 어렵지 않게 풀 수 있는 문제였다. 지문을 읽고 난 뒤 선지를 보다 쉽게 비교·파악할 수 있도록 지문을 읽을 때도 맹목적으로 읽기보다는, 각 키워드나 내용의 위치를 기억하고 기호를 이용해 표시하는 것이 좋다. 또한, 지문에서 제시되지 않은 선지를 판단하는 과정에서 무리한 추리를 적용하지 않도록 주의해야 한다.

다음 글의 내용과 부합하는 것은?

(1) 화랑도는 군사력 강화와 인재 양성을 위해 신라 진흥왕대에 공식화되었다. (2) 화랑도는 신라가 삼국을 통일하기까지 국가가 필요로 하는 많은 인재를 배출하였다. (3) 화랑도 내에는 여러 무리가 있었는데 각 무리는 화랑 한 명과 자문 역할의 승려 한 명 그리고 진골 이하 평민에 이르는 천 명 가까운 낭도들로 이루어졌다. (4) 화랑은 이 무리의 중심인물로 진골 귀족 가운데 낭도의 추대를 받아 선발되었다. (5) 낭도들은 자발적으로 화랑도에 가입하였으며 연령은 대체로 15세에서 18세까지였다. (6) 수련 기간 동안 무예는 물론 춤과 음악을 익혔고, 산천 유람을 통해 심신을 단련하였다. (7) 수련 중인 낭도들은 유사시에 군사 작전에 동원되기도 하였고, 수련을 마친 낭도들은 정규 부대에 편입되어 정식 군인이 되었다. ▶1문단

(1) 화랑도는 불교의 미륵 신앙과 결부되어 있었다. (2) 진골 출신만이 될 수 있었던 화랑은 도솔천에서 내려온 미륵으로 여겨졌고 그 집단 자체가 미륵을 숭상하는 무리로 일컬어졌다. (3) 화랑 김유신이 거느린 무리를 당시 사람들은 '용화향도'라고 불렀다. (4) 용화라는 이름은 미륵이 인간세계에 내려와 용화수 아래에서 설법을 한다는 말에서 유래했으며, 향도는 불교 신앙 단체를 가리키는 말이다. ▶2문단

(1) 화랑도가 크게 활동하던 시기는 골품제라는 신분제도가 확립되고 확산되어 가던 시기였는데 화랑도는 신분 계층 사회에서 발생하기 쉬운 알력이나 갈등을 조정하는 데도 부분적으로 기여하였다. (2) 이는 화랑도가 여러 신분 계층으로 구성되어 있으면서도 그 집단 자체가 하나의 목적과 가치를 공유하여 구성원 상호 간의 결속이 긴밀하게 이루어졌기 때문이다. ▶3문단

① **평민도 화랑이 될 수 있었다.**
→ (×) 화랑은 진골 출신만이 될 수 있었다.[2문단(2)] 화랑도 내의 각 무리에 화랑, 승려, 그리고 낭도가 있는 것이고, 평민은 그중 낭도가 될 수 있었던 것이다.[1문단(3)]

② **화랑도의 본래 이름은 용화향도였다.**
→ (×) 화랑 김유신이 거느린 무리가 특별히 '용화향도'로 불린 것이지[2문단(3)] 화랑도의 본래 이름이 용화향도인 것은 아니다.

③ **미륵이라고 간주되는 화랑은 여러 명이 있었다.**
→ (O) 화랑은 도솔천에서 내려온 미륵으로 일컬어졌다.[2문단(2)] 또한, 화랑은 특정 인물의 이름이 아니라 무리 내 한 지위의 이름이다. 따라서 미륵으로 간주되는 화랑이 여럿임을 이해할 수 있다.

④ **낭도는 화랑의 추천을 거쳐 화랑도에 가입하였다.**
→ (×) 낭도들은 자발적으로 화랑도에 가입한다.[1문단(5)] 반면에 화랑의 선발은 진골 귀족 가운데 낭도들의 추대를 받아 선발된다는 점에서 다르다.

⑤ **화랑도는 신라의 신분제도를 해체하는 데 기여하였다.**
→ (×) 화랑도는 신라 기존의 신분사회에서 일어날 수 있는 갈등을 조정하는 역할을 일부 실행하였다.[3문단(1)] 이는 화랑도라는 하나의 집단 내에서 다양한 계층의 구성원들이 같은 목표를 두고 결속할 수 있었기 때문이다.[3문단(2)] 따라서 해당 선지는 글의 내용과 반대된다.

제시문 분석

1문단 화랑도의 개념

신라 진흥왕대의 〈화랑도〉		
〈목적〉	〈구성〉	〈활동〉
• 군사력 강화(1) • 인재 양성(1)	• 화랑 한 명: 진골 출신 • 승려 한 명: 자문 역할 • 낭도 약 천 명: 진골 이하 평민(3)	• 수련 중: 무예, 춤, 음악을 익혔으며 산천 유람을 통해 신임 단련, 유사시에 군사 작전에 동원(6),(7) • 수련 후: 정규 부대에 편입되어 정식 군인이 됨(7)

2문단 화랑도의 특징

〈화랑도〉와 불교
불교의 미륵 신앙과 결부(1) : 화랑(도솔천에서 내려온 미륵) + 화랑도의 무리(미륵을 숭상하는 무리)(2)

용화향도
화랑 김유신이 거느린 무리(3) : 용화(미륵이 인간세계에 내려와 용화수 아래서 설법을 한다는 말에서 유래) + 향도(불교 신앙 단체)(4)

3문단 화랑도의 역할

〈화랑도〉와 골품제	
역할	까닭
계층 간 갈등 조정을 통한 신분제도 확립 기여(1)	• 다양한 계층의 사람들로 구성된 집단 • 하나의 공동체로서 공유하는 목적의식과 가치(2)

합격자의 실전 풀이 순서

❶ 발문을 확인해 유형을 파악한다.

> 다음 글의 내용과 부합하는 것은?

글을 읽고 선지와 비교를 바탕으로 올바른 선지를 고르는 문제이다.

여기서 발문만 볼 것이 아니라 발문과 붙어 있는 글의 첫 마디만 보면 〈화랑도〉를 볼 수 있어 역사+제도와 관련된 지문임을 짐작할 수 있다. 만약 이걸 짐작했다면 선지를 먼저 봐도 어느 정도 지문의 중심 소재 파악이 가능하나, 수험생 자신이 지문을 먼저 읽는 스타일이라면 굳이 이렇게 눈을 산만하게 할 필요는 없다.

이 발문 유형은 지문의 중심 내용이 있는 것이 아니라 정보가 다수 주어지는 것을 암시한다. 따라서 글의 세부 내용을 꼼꼼히 파악하며 글을 읽어야 할 것이다.

❷ 지문을 읽는다.

발문을 확인했던 것을 바탕으로 글의 세부 내용까지 파악하며 글을 읽는다. 또한, 추후 선지와 지문을 비교하는 데 있어 보다 편리하도록 문단별 핵심 내용을 간단히 파악하거나 정리하며 지문을 읽는다. 이를테면 1문단의 경우 화랑도의 목적과 구성 등이 제시되었고, 2문단에는 화랑도와 불교의 관계, 용화향도 등이 언급된다. 3문단에는 화랑도가 신분제도에 미친 영향이 제시된다. 맹목적으로 지문을 읽어나가기보다는, 후에 선지를 판단하기 용이하도록 각 개념이 제시된 위치를 대략적으로 기억해두거나 핵심어를 동그라미와 같은 간단한 기호를 이용해 표시해가며 글을 읽는다. 이때 간단한 기호라는 뜻은, 최대한 간략하게 쓰라는 의미가 아니고 단순하게 쓰라는 의미도 아니다. 가장 '선명'해야 하며, 꼭 기호 종류가 하나일 필요도 없다. 의미가 다르면 다른 기호를 쓸 수 있다. 너무 다수를 써서 난잡해지지 않도록 주의하면서 자기한테 맞는 최적 기호의 개수를 직접 알아내자.

❸ 선지를 판단한다.

문단별로 내용이 다르게 있다면, 선지도 다양하게 나온다는 점을 기억하면서 선지를 판단한다. 이때 지문의 순서와 선지의 순서가 다를 수 있으므로 수험생은 당황하지 말고 반드시 하나의 기준을 잡고 풀어야 한다. 예컨대 선지 ②번의 〈용화향도〉라는 이름은 지문의 비교적 밑부분인 2문단 후반부에 언급되어 있다. 그래도 손해봤다는 생각을 하지 말고 차근차근 봐야 한다. 즉 지문을 위에서 아래로 내려가면서 선지와 대조(심지어 ⑤번 선지일 수도 있다. 지문의 경우 ④번 선지가 1문단 내용과 대응된다)하거나, 선지를 ①번부터 차근차근 확인해야 실수하지 않는다.

물론 나중에 익숙해진다면 순서를 뒤죽박죽으로 해도 되지만, 봤던 내용을 또 보지 않고 다른 선지에 다른 부분을 보아야 한다는 점은 변하지 않는다.

합격자의 시간단축 Tip

Tip ❶ 정보 확인, 일치-불일치 유형의 문제풀이 순서

정보 확인, 일치 불일치 유형의 경우 문제를 푸는 순서가 크게 두 갈래로 나뉜다. 첫 번째는 선지-지문의 순서로 문제를 읽는 법, 두 번째는 지문-선지의 순서로 문제를 읽는 법이다. '합격자의 실전 풀이순서'에서는 두 번째의 방법에 따라 문제에 접근했다. 일반적으로 첫 번째 방법은 지문이나 선지가 짧은 경우 유리하고, 두 번째 방법의 경우 선지의 구성이 복잡하거나 지문의 길이가 긴 경우에 유리하다. 본 지문의 경우 지문의 길이는 짧지도, 길지도 않았으며 선지는 매우 쉽고 간단하게 구성되어 있어 두 가지 방법 중 어떤 것으로 접근해도 무리가 없을 것이다. 무엇보다도 어떤 방법을 사용하는 것이 시간 단축에 유리한지는 개인차가 있을 수 있는 영역이므로, 두 가지 방법을 모두 사용해보며 자신에게 더욱 잘 맞는 방법을 찾아보도록 하자.

Tip ❷ 구분성이 뚜렷한 키워드를 중심으로 돌아가기

선지 판단 시 제시문으로 돌아가야 하는데 마땅히 어디로 돌아가야 할지 모를 때는 먼저 선지 내에 구분성이 뚜렷한 키워드를 중심으로 돌아가 근거를 찾자. 구분성이 뚜렷하다는 의미는 제시문 전반이 아닌 부분적으로 존재하는 키워드를 말한다. 예를 들어 본문의 ②번 선지 판단을 위해서는 글 전반에 걸쳐 존재하는 '화랑도'와 같은 키워드보다는 '용화양도'와 같이 특정 부분에만 존재하는 내용을 키워드로 삼는 것이 되돌아가기에 훨씬 유리할 것이다.

그렇다고 뚜렷한 키워드가 곧 고유명사를 뜻하는 것은 아니다. 어디까지나 고유한 내용을 가진 키워드를 말하는 것이다. 예컨대 '불교'라는 단어는 2문단에 새롭게 등장하며, 3문단에 등장하지 않으므로 2문단과 반드시 연결해야 한다.

또한, 한가지 더 말하자면, 왜 〈도솔천〉은 키워드가 아니고 〈용화양도〉는 키워드일까? 둘 다 구분성이 굉장히 뚜렷하지 않은가? 둘을 구분하는 것은 바로 반복 여부다. 일단 구분이 뚜렷하게 된다면 그때부턴 반복되는 키워드가 더 중요하다. 예컨대 용화향도는 이름이 나오고 그 다음 줄부터 또 설명이 들어간다. 그러나 도솔천은 오히려 〈미륵〉의 요소 중 하나다. 따라서 이 경우는 '미륵'이 키워드가 되어야 한다.

Tip ③ 지문이 쓰인 순서를 기억하는 법

어떤 수험생은 지문 자체를 체계적으로 기억하는 데 큰 어려움을 느낄 것이다. "대체 이 지문의 정보를 어떻게 요약할 수 있다는 거지? 다른 사람들은 어떻게 이걸 읽고 정리할 수 있는 거지?"라고 궁금해하는 것이다. 이는 글의 흐름을 잡지 못하기 때문이다. 글을 목차로 정리하려면 글이 쓰인 패턴을 통해 기억을 단순화시켜야 한다. 무질서하게 쓰인 글보다 체계적으로 쓰인 글이 훨씬 체계를 잡기 쉽고, 어디에 어떤 내용이 있었는지 기억하기도 쉽다. 따라서 많은 지문을 읽으면서 지문의 구조를 정리하는 연습을 많이 해보는 것이 필요한데, 그렇다고 무턱대고 정리하면 실력이 늘지 않는다. 흐름을 자신 나름대로 명칭을 붙여서 기억해야 하는 것이다.

예컨대 이 지문을 "아니 목적, 구성, 역할, 불교, 김유신, 신라 몇기 등등... 이런걸 어떻게 기억하란 말이지?"라고 궁금해하는 수험생이 있을 수 있다. 당연히 이 모든 걸 단순히 기억하려면 매우 어렵다. 그렇다면 어떻게 기억해야 할까? 그 예시를 들어보고자 한다.

필자의 기억법은 다음과 같다. ① 조직 내부구성 ② 조직 대외역할 ③ 조직을 둘러싼 환경 ④ 시대적 큰 환경. 이렇게 큰 흐름에 따라 기억해 보는 것이다. 마치 피라미드를 쌓아 올리듯, 등고선을 그리듯 기억하면 머릿속 이미지가 선명해진다. 물론 다른 방법으로 기억해도 좋다.

주의할 점은, 반드시 이런 기억법이 논리정연할 필요는 없다는 것이다. 어차피 자기 자신이 문제를 풀기 위한 요령인데, 그것의 정오를 판단하는 것은 어리석은 짓이다. 정합적이지 않더라도, 자기가 만들어 낸 흐름이 선명하다면 그것으로 충분하다. 지문을 요약정리할 때 이렇게 흐름으로 기억하는 연습을 해 보자.

132 정답 ④

난이도 ●●●

문제유형 이해 > 내용 파악

접근전략 중동이라는 말이 등장했다고 낯설게 여기지 않는 것이 중요하다. 1문단이 길게 쓰여져 있다는 것은 중심 주제가 2개 이상이라는 뜻과 같다. 즉 세부적으로 본다면 큰 주장이 두 개가 있거나, 짧은 주장이 여러 개가 나열되어 있는 식이다. 지문의 길이에 제한이 있기 때문에 다른 글쓰기 유형은 시험에 출제될 수 없다.

지문의 경우 제국 통치를 위한 여러 제도 및 그것의 영향을 다방면으로 서술하고 있다. 따라서 문단별 중심내용보다는 문장들을 여러 분야로 나열하면서 키워드 위주로 체크하는 것이 중요하다.

다음 글의 내용과 부합하지 않는 것은?

(1) 중동 제국이 발전함에 따라 제국의 개입으로 인해 소규모 공동체의 생활에 변화가 일어났다. (2) 종교 조직은 제국 조직의 한 구성 요소로 전락했으며 제사장은 사법적·정치적 권력을 상실했다. (3) 또한 제국은 소규모 공동체에 개입함으로써 개인이 씨족이나 종교 조직에 구속받지 않게 만들었다. (4) 광대한 영토를 방어하고 통제하며 제국 내에서의 커뮤니케이션을 더욱 활발하게 하기 위해서는 분권과 자치, 그리고 개인의 이동을 어느 정도 허용할 필요가 있었다. (5) 이에 따라 제국은 전사와 관리에게 봉토를 지급하고 독점적 소유권을 인정해 주었다. (6) 상인들은 자신의 자본으로 사업을 하기 시작했고, 생산 계급은 종교 조직이나 왕족이 아니라 시장을 겨냥한 물건을 만들기 시작했다. (7) 낡은 자급자족 경제 대신 시장경제가 출현하여 독립된 생산자와 소비자 사이의 교환을 촉진했다. (8) 시장이 확대되고 기원전 7세기경에 교환 수단인 화폐가 도입됨에 따라 고대 세계의 경제 구조는 획기적인 변화를 겪었다. (9) 점점 더 많은 사람들의 생계가 세습적 권위의 지배를 받는 메커니즘이 아니라 금전 관계의 메커니즘에 좌우되었다. ▶1문단

(1) 또한 제국은 개인이 씨족이나 종교 조직 또는 유력 집단에 흡수되는 것을 막는 언어적·종교적·법적 여건을 마련함으로써 개인이 좀 더 개방된 사회에서 활동할 수 있게 해주었다. (2) 지배 엘리트가 사용하는 언어가 사회의 보편적인 언어가 되었으며, 각 지방의 토속신은 왕과 제국이 섬겨왔던 범접하기 어려운 강력한 신들, 즉 일종의 만신전에 모신 우주의 신들에게 자리를 양보했다. (3) 아울러 제국의 법이 부의 분배와 경제적 교환 그리고 강자와 약자의 관계를 규제했다. (4) 고대 제국은 정치의 행위 주체였을 뿐만 아니라 사회의 문화적·종교적·법률적 토대를 제공했다. (5) 다시 말하면 제국은 중동 문명의 문화적 통합을 가능케 하는 강력한 힘이었다. ▶2문단

① 제국의 발전으로 인해 제국 내에서의 교류가 증대되었다.
→ (○) 제시문은 제국의 발전 이후 달라진 모습을 설명한다.[1문단(1)] 제국은 제국 내에서의 커뮤니케이션을 활발히 하려 했다.[1문단(4)] 개인이 씨족이나 종교 조직에 구속받지 않고[1문단(3)] 개방된 사회에서 활동할 수 있게 했다.[2문단(1)] 또한, 시장경제가 출현해 생산자와 소비자 사이의 교환이 촉진되었고[1문단(7)], 지배 엘리트가 사용한 언어가 보편적인 언어가 되는 등[2문단(2)] 제국의 발전 이후 제국 내에서의 교류가 증대되었음을 알 수 있다.

② 제국이 발전함에 따라 제국 내에서 특정 언어와 종교가 보편화되었다.
→ (○) 제시문은 제국의 발전 이후 달라진 모습을 설명한다.[1문단(1)] 지배 엘리트가 사용하는 언어, 즉 특정 언어가 사회의 보편적인 언어가 되었고, 왕과 제국이 섬겨왔던 신들, 즉 특정 종교가 각 지방의 토속신의 자리를 대체했다는 언급이 있다.[2문단(2)]

③ 제국이 발전함에 따라 자급자족 체제가 시장경제 체제로 발전했다.
→ (○) 제시문은 제국의 발전 이후 달라진 모습을 설명하는 내용인데[1문단(1)], 낡은 자급자족 경제 대신 시장경제가 출현하였다고 언급되어 있다.[1문단(7)]

④ 제국의 힘은 생산과 소비를 통제하는 경제의 독점으로부터 비롯되었다.
→ (×) 제국이 발전한 이후 상인들이 자신의 자본으로 사업을 시작하고, 생산 계급은 종교 조직 및 왕족이 아닌 시장을 겨냥한 물건을 생산했다.
[1문단(6)] 또 시장경제가 출현하여 독립된 생산자와 소비자 사이의 교환을 촉진했다.[1문단(7)] 따라서 제국이 생산과 소비를 통제했다고 보기 어렵다. 또, 제시문은 제국이 발전한 이후에 대해 설명하고 있지만, 제국이 발전할 수 있었던 힘에 대한 설명은 없다.

⑤ 제국은 개인이 씨족이나 종교 조직 등 기존 체제와 맺는 관계를 약화시켰다.
→ (○) 제국은 개인이 씨족이나 종교 조직에 구속받지 않게 만듦으로써 개인이 그들과 맺는 관계를 약화시켰다.[1문단(3)]

제시문 분석

1문단 제국의 개입으로 인한 소규모 공동체 생활 변화

〈소규모 공동체의 변화〉	
중동 제국이 발전함에 따라 제국의 개입으로 인해 소규모 공동체의 생활에 변화가 일어났다.(1)	
〈종교〉	〈씨족〉
종교 조직은 제국 조직의 한 구성 요소로 전락했으며 제사장은 사법적·정치적 권력을 상실했다.(2)	제국은 소규모 공동체에 개입함으로써 개인이 씨족이나 종교 조직에 구속받지 않게 만들었다.(3)

1문단 제국의 정책으로 인한 경제적 변화

〈정책의 필요성〉
광대한 영토를 방어하고 통제하며 제국 내에서의 커뮤니케이션을 더욱 활발하게 하기 위해서는 분권과 자치, 그리고 개인의 이동을 어느 정도 허용할 필요가 있었다.(4)

↓

〈변화①〉	제국은 전사와 관리에게 봉토를 지급하고 독점적 소유권을 인정해 주었다.(5)
〈변화②〉	상인들은 자신의 자본으로 사업을 하기 시작했고, 생산계급은 종교 조직이나 왕족이 아니라 시장을 겨냥한 물건을 만들기 시작했다.(6)

〈변화③〉	낡은 자급자족 경제 대신 시장경제가 출현하여 독립된 생산자와 소비자 사이의 교환을 촉진했다.(7)
〈변화④〉	시장이 확대되고 기원전 7세기경에 교환 수단인 화폐가 도입됨에 따라 고대 세계의 경제 구조는 획기적인 변화를 겪었다.(8)

→ 점점 더 많은 사람들의 생계가 세습적 권위의 지배를 받는 메커니즘이 아니라 금전 관계의 메커니즘에 좌우되었다.(9)

2문단 제국의 정책으로 인한 언어·종교·법적 변화

〈언어·종교·법적 변화〉		
제국은 개인이 씨족이나 종교 조직 또는 유력 집단에 흡수되는 것을 막는 언어적·종교적·법적 여건을 마련함으로써 개인이 좀 더 개방된 사회에서 활동할 수 있게 해주었다.(1)		
〈언어〉	〈종교〉	〈법〉
지배 엘리트가 사용하는 언어가 사회의 보편적인 언어가 되었다.(2)	각 지방의 토속신은 왕과 제국이 섬겨왔던 범접하기 어려운 강력한 신들, 즉 일종의 만신전에 모신 우주의 신들에게 자리를 양보했다.(2)	제국의 법이 부의 분배와 경제적 교환 그리고 강자와 약자의 관계를 규제했다.(3)

→ 고대 제국은 정치의 행위 주체였을 뿐만 아니라 사회의 문화적·종교적·법률적 토대를 제공했다. 다시 말하면 제국은 중동 문명의 문화적 통합을 가능케 하는 강력한 힘이었다.(4),(5)

합격자의 실전 풀이 순서

비문학 유형

본 문제는 가장 일반적인 비문학 유형에 해당한다. 즉, 지문을 읽고 선지에 그와 일치하거나, 문맥이 통하거나, 그로부터 추론 가능한 내용이 있는지 파악하는 문제다. 이처럼 특색이 옅은 문제는 기본기를 갖춘 수험생일수록 빠르게, 또 정확하게 해결한다. 내실을 탄탄히 하는 관점에서 접근해 보자.

⓪ 유형 식별하기

이 유형은 다른 유형에 해당하지 않는다는 것이 특징이므로, 소거법으로 식별할 수 있다. 즉 긴 지문이 등장하고, 선지들이 지문을 바탕으로 하며, 발문에서 지문에 대한 이해를 묻고 있다. 거기에 지문의 테마가 한국사, 과학 등 특징적인 내용을 담고 있지 않다면 비문학 유형이라고 판단할 수 있겠다.

❶ 지문 훑어보기

지문을 훑어볼 때는 주요 키워드가 무엇인지, 따라서 지문이 의도하는 분야가 무엇인지를 파악한다. 이 지문의 경우 제국, 종교, 생산, 문화 등이 제시되어 있다. 즉 사회(Society)가 중심 소재임을 알 수 있다. 더 많은 것을 건져가려고 하면 안 된다.

❷ 발문 확인하기

지문보다 발문을 나중에 확인하는 것은 선지 확인 직전에 발문을 체크하여, 발문이 묻는 것을 헷갈리지 않기 위함이다. 그러나 발문 먼저 확인하고 지문을 훑고 싶다면 그렇게 해도 큰 지장은 없다.

이 단계에서는 발문의 종류에 따라 대처가 달라진다.

(1) 다음 글에서 알 수 있는/없는 것은?

알 수 '있는' 것인지, '없는' 것인지를 확실히 표시하고 간다. 예를 들어 알 수 있는 것을 묻는다면 '있는' 위에 동그라미를 치고, 알 수 없는 것을 묻는다면 '없는' 위에 세모를 쳐 시각적으로 다시 한 번 나타낸다.

다음 글의 내용과 부합하지 않는 것은?

(2) 특정한 주제에 대해 묻는 경우_자급자족 경제에 대해 옳지 않은 것은?

먼저 지문에서 해당 단어를 찾아, 주제에 대한 정보를 제대로 이해한 뒤 선지로 간다. 다만 이 경우는 최근 매우 드물다.

❸ 지문 구조화

해당 지문은 다양한 변화에 대해 개괄하고 있으므로 세부 내용을 암기하려고 하면 안 된다. ①정보량이 많고 ②내용이 비교적 일관성이 있다면 글의 구조를 마인드맵에 그려보는 연습이 필요하다. 세부 내용보다 글 전체를 자신이 직접 구조화시켜보는 것이다. 이때 구조화의 기준은 '누가' '어디서' 등 육하원칙 중 하나를 택해서 정리하면 된다. 지문의 경우 '누가'를 기준으로 정리할 수 있다.

❹ 선지의 해결

(⇒) 기호는 단순한 순서를 나타내는 것으로, 인과관계 및 논리 관계와는 아무 관련이 없다.

① 제국의 발전으로 인해 제국 내에서의 교류가 증대되었다.

추론형 선지로, '교류'라는 표현은 커뮤니케이션[1문단(4)], 시장경제 및 교환[1문단(7)] 등 1문단에 제시된 다양한 변화를 모두 포괄해 이른다. 이런 것을 페러프레이징(paraphrasing)이라고 하는데 단어를 다른 것으로 치환, 가공하는 것을 의미한다. 특정한 문장이나 단어 등 명백한 근거로 진위를 판단할 수는 없지만, 글 전체를 이해했다면 해결할 수 있다.

② 제국이 발전함에 따라 제국 내에서 특정 언어와 종교가 보편화되었다.

보편화 ⇒ 사회의 보편적 언어 ⇒ 만신전에 모신 우주의 신들

'보편화'에서 시작해 비슷한 표현인 보편적 언어[2문단(2)], 그리고 다음 줄인 종교[2문단(4)] 순으로 이어지는

순서다.

③ 제국이 발전함에 따라 자급자족 체제가 시장경제 체제로 발전했다.

자급자족 ⇒ 낡은 자급자족 경제 대신 시장경제가 출현

단순비교형 선지에 해당한다. 문장의 의미 자체는 선지 ①과 유사한 흐름을 담고 있으나, 진위를 판단하는 방식은 정반대다. 글 전체를 포괄적으로 이해해야 하는 추론형 선지 ①과 달리 선지 ③은 1문단 (7)에서 시작되는 한 문장만 읽어도 바로 판단할 수 있다.

④ 제국의 힘은 생산과 소비를 통제하는 경제의 독점으로부터 비롯되었다.

생산과 소비를 통제하는 경제의 독점 ⇏ 경제적 교환을 규제한 제국의 법

추론형 선지에 해당한다. 글 전체를 읽고 나면 제국은 중동 사회의 경제적 메커니즘을 바꾸어 놓았으며 법을 통해 이를 규제하였음을 알 수 있다. 그러나 경제를 통제 및 독점하였음은 알 수 없으므로, 옳지 않다.

⑤ 제국은 개인이 씨족이나 종교 조직 등 기존 체제와 맺는 관계를 약화시켰다.

씨족이나 종교 조직 ⇒ 제국이 소규모 공동체에 개입함으로써 구속력 약화

단순비교형 선지로 1문단 (3)에서 바로 근거를 찾을 수 있으나, 1문단 전반의 내용으로부터 추론해 해결할 수도 있다.

합격자의 시간단축 Tip

Tip ❶ 일반적으로 양면적 내용이 대부분 담겨있다는 것에 유의한다.

해당 지문 1문단에서도 제국은 〈분권과 자치, 그리고 개인의 이동을 어느 정도 허용〉한다는 내용이 나온다. 통제나 허용 일변도의 정책은 보통 문제가 많기에 사회과학에서는 이렇게 양면적인 내용이 나오는 것이 보통이다. 이를 의식하고 읽으면 한결 수월하게 독해를 진행할 수 있을 것이다.

Tip ❷ 해당 지문에 등장하는 소재들을 기억한다.

지문에는 종교/소유권/시장경제/개인/제국의 법 등의 소재가 등장한다. 이러한 단어가 모두 언급되었다는 것은 제국의 통치라는 매우 넓은 주제에 등장할 수 있는 대부분의 영역이 나온 셈이다. 해당 지문에 등장하는 소재들을 한번 정리해보고, 유사 지문을 읽을 때 향후 전개 방향을 예측하는 데 사용해본다.

Tip ❸ 문단이 길 경우 반드시 핵심을 파악하려고 하지 않는다.

문단이 긴 것은 중심 내용을 숨기기 위한 출제자의 의도적인 장치이다. 본인이 생각하는 작은 소주제 2~3개로 분할해서 기억하는 편이 좋다.

133 정답 ④

난이도 ●●●

문제유형 이해 > 개념 파악

접근전략 한자도 다수 등장하며, 지문 전체에 걸쳐 정보가 빼곡하게 제시되는 지문이다. 한국사-일치부합의 경우 절대 난이도가 쉽지 않다. '알 수 없는' 이라는 발문을 통해 지문 내용을 짐작할 수 있는 정선지가 4개임을 이용하여 키워드를 잡고, 차분하게 독해를 진행한다.

다음 글에서 알 수 없는 것은?

(1) 조선은 국가적인 차원에서 산림을 보호하고 목재를 안정적으로 확보하기 위해 노력하였다. (2) 특히 가장 중요한 목재인 소나무를 보호하기 위하여 소나무의 사적인 벌목을 금지하는 금산(禁山)을 곳곳에 지정하였다. (3) 양인(良人)들도 조상들의 분묘를 중심으로 한 일정한 구역 내에서 타인의 경작, 채취, 건축, 묘지 조성 등을 금지시키는 분산수호권(墳山守護權)과, 그 범위 내에 있는 산림 특히 소나무를 기르고 독점할 수 있는 금양권(禁養權)을 가질 수 있었다. (4) 이러한 권리를 통해 이들은 그 구역을 사양산(私養山)이라 칭하면서 여기에서 나는 버섯, 꿀, 약용식물 등의 여러 경제적 산물을 배타적으로 소유하였다. ▶ 1문단

(1) 그런데 산림의 경제성이 증대됨에 따라 18세기에는 목재를 불법적으로 베어가는 투작(偸斫)이 광범위하게 확산되었다. (2) 특히 사양산은 금산에 비해 통제가 약하였기 때문에 투작의 피해가 더욱 클 수밖에 없었다. (3) 투작은 신분을 가리지 않고 시도되었다. (4) 힘 있는 사족(士族)들은 본인이 소유한 사양산의 경계를 넘어 투작하거나 친족의 나무를 도둑질하여 팔았다. (5) 또한 이들은 몰락한 양반 또는 돈 많은 평민들의 사양산이나 분묘 주변에서 다수의 인원을 동원하여 강제로 투작하는 늑작(勒斫)을 행하기도 하였다. (6) 지방 향리층의 투작에는 정해진 숫자를 초과해 벌목하는 난작(亂斫)이 많았다. (7) 그러나 사족이나 향리층의 투작은 평민층의 투작에 비하면 그 비중이 높지 않았다. (8) 평민층의 투작은 한 사람의 소규모 투작에서 수십 명이 작당하는 대규모 투작까지 그 종류와 규모가 다양하였다. (9) 일례로 충청도 임천에서는 산주가 출타한 틈을 타 인근 마을에 사는 평민들이 작당하고 27명을 동원하여 소나무 200여 그루를 투작하기도 하였다. ▶ 2문단

(1) 이러한 투작 현상을 확대시키는 데 일조한 것은 목상(木商)들의 활동이었다. (2) 목상들은 운반이 편리하며 굵고 큰 금산의 나무를 선호하였는데, 이들에 의해 유통된 목재는 개인 소유 선박인 사선의 제작에 주로 사용되었다. (3) 이에 따라 수군의 병선 제작이나 관선 제작이 어려움을 겪을 정도였다. (4) 목상의 활동으로 인해 피해를 입은 것은 사양산의 소나무도 예외는 아니었다. (5) 선박 한 척을 만드는 데 많을 경우 400여 그루의 소나무가 필요하였기 때문에 목상들은 닥치는 대로 나무를 구매하여 유통시켰다. (6) 이에 목상들에게 판매하기 위한 소나무를 확보하기 위하여 금산이나 사양산을 가리지 않고 무차별적인 투작이 행해졌다. (7) 투작은 가난한 평민들이 손쉽게 큰돈을 만질 수 있는 수단이었으나 그로 인해 전국의 산림은 크게 황폐해져 갔다. ▶ 3문단

① 금산보다는 사양산에서 투작하기가 더 쉬웠다.

→ (○) 제시문에서 사양산은 금산에 비해 통제가 약하였기 때문에 투작의 피해가 더욱 클 수밖에 없었다고 제시되어 있다.[2문단(2)] 따라서 금산보다는 사양산에서 투작하기가 더 쉬웠다.

② 수군의 병선이나 관선을 제작할 때 금산의 소나무가 사용되었다.

→ (○) 목상들은 운반이 편리하며 굵고 큰 금산의 나무를 선호했으며, 이들에 의해 유통된 목재는 개인 소유 선박인 사선의 제작에 주로 사용되었다.[3문단(2)] 이에 따라 수군의 병선 제작이나 관선 제작이 어려움을 겪을 정도였다고 제시되어 있으므로[3문단(3)], 수군의 병선이나 관선을 제작할 때도 금산의 소나무가 사용되었음을 알 수 있다. 또한, 선박 한 척을 만드는 데 많을 경우 400여 그루의 소나무가 필요하다고 제시되어 있다.[3문단(5)] 이러한 맥락을 통해, 앞서 나온 피

해의 예시인 수군의 병선 제작이나 관선 제작에 금산의 소나무가 사용되었다고 추론할 수 있다.

③ 목상들의 활동은 전국의 산림을 황폐하게 만드는 데에 일조하였다.
→ (○) 투작으로 인해 전국의 산림이 크게 황폐해져 갔으며[3문단(7)] 목상들의 활동은 투작 현상을 확대시키는 데 일조했으므로[3문단(1)], 목상들의 활동은 전국의 산림을 황폐하게 만드는 데 일조하였다고 추론 가능하다.

④ 사족의 투작보다 향리층의 투작이, 향리층의 투작보다 평민층의 투작이 더 큰 사회문제를 초래했다.
→ (×) 힘 있는 사족들은 본인이 소유한 사양산의 경계를 넘어 투작하거나 친족의 나무를 도둑질하여 팔았다.[2문단(4)] 또한, 몰락한 양반 또는 돈 많은 평민들의 사양산이나 분묘 주변에서 다수의 인원을 동원하여 강제로 투작하는 늑작을 행하기도 했다.[2문단(5)] 이때 지방 향리층의 투작에는 정해진 숫자를 초과해 벌목하는 난작이 많았다고 제시되어 있다.[2문단(6)] 사족과 지방 향리층이 주로 행하는 투작의 양상이 달랐을 뿐, 향리층의 투작이 더 큰 사회문제를 초래했는지는 알 수 없다. 그러나 평민층의 투작은 사족이나 향리층의 투작보다 비중이 높았기 때문에[2문단(7)], 향리층의 투작보다 평민층의 투작이 더 큰 사회문제를 초래한다고 할 수 있었다 볼 수 있을 뿐이다.

⑤ 사족들은 자신들의 분산수호권 범위 내에서 산출되는 약용 식물을 다른 사람이 가져갈 수 없게 하는 권리가 있었다.
→ (○) 사족들의 분산 수호권 범위 내는 사양산이라는 구역으로 칭해진다.
[1문단(4)] 이들은 이 구역에서 나는 버섯, 꿀, 약용식물 등의 여러 경제적 산물을 배타적으로 소유하였다.[1문단(4)] 즉, 다른 사람이 가져갈 수 없게 하는 권리가 있었다.

제시문 분석

1문단 조선의 산림 보호를 위한 여러 제도

〈조선의 산림 보호〉
조선은 국가적인 차원에서 산림을 보호하고 목재를 안정적으로 확보하기 위해 노력하였으며 가장 중요한 목재인 소나무를 보호하기 위하여 소나무의 사적인 벌목을 금지하는 금산(禁山)을 곳곳에 지정하였다.(1),(2)

〈분산수호권〉		〈금양권〉		〈사양산〉
조상들의 분묘를 중심으로 한 일정한 구역 내에서 타인의 경작, 채취, 건축, 묘지조성 등을 금지(3)	⊕	범위 내에 있는 산림 특히 소나무를 기르고 독점할 수 있는 권리(3)	⊕	그 구역을 사양산(私養山)이라 칭하면서 여기에서 나는 버섯, 꿀, 약용식물 등의 여러 경제적 산물을 배타적으로 소유(4)

2문단 산림에 대한 불법 행위들

〈투작의 확산〉	산림의 경제성이 증대됨에 따라 18세기에는 목재를 불법적으로 베어가는 투작(偸斫)이 광범위하게 확산되었다.(1)
〈투작의 양상①〉	특히 사양산은 금산에 비해 통제가 약하였기 때문에 투작의 피해가 더욱 클 수밖에 없었다.(2)
〈투작의 양상②〉	투작은 신분을 가리지 않고 시도되었다.(3)
〈투작의 양상③〉	힘 있는 사족(士族)들은 본인이 소유한 사양산의 경계를 넘어 투작하거나 친족의 나무를 도둑질하여 팔았다.(4)
〈투작의 양상④〉	평민층의 투작은 한 사람의 소규모 투작에서 수십 명이 작당하는 대규모 투작까지 그 종류와 규모가 다양하였다.(8)

〈늑작〉		〈난작〉
이들은 몰락한 양반 또는 돈 많은 평민들의 사양산이나 분묘 주변에서 다수의 인원을 동원하여 강제로 투작하는 늑작(勒斫)을 행하기도 하였다.(5)	⊕	지방 향리층의 투작에는 정해진 숫자를 초과해 벌목하는 난작(亂斫)이 많았다.(6)

3문단 산림에 악영향을 끼친 목상

〈목상의 활동〉
목상들은 운반이 편리하며 굵고 큰 금산의 나무를 선호하였는데, 이들에 의해 유통된 목재는 개인 소유 선박인 사선의 제작에 주로 사용되었으며 선박 한 척을 만드는 데 많을 경우 400여 그루의 소나무가 필요하였기 때문에 목상들은 닥치는 대로 나무를 구매하여 유통시켰다.(2),(5)

〈목상의 활동으로 인한 피해①〉		〈목상의 활동으로 인한 피해②〉
수군의 병선 제작이나 관선 제작이 어려움을 겪었다.(3)	⊕	목상들에게 판매하기 위한 소나무를 확보하기 위하여 금산이나 사양산을 가리지 않고 무차별적인 투작이 행해졌다.(6)

→ 투작은 가난한 평민들이 손쉽게 큰돈을 만질 수 있는 수단이었으나 그로 인해 전국의 산림은 크게 황폐해져 갔다.(7)

합격자의 실전 풀이 순서

한국사 비문학 유형

한국사 소재는 한국사능력검정시험과 연계되므로 출제자들이 교과서에서 그대로 싣기 싫어하는 소재다. 따라서 한국사 소재가 나올 경우 해당 부분이 국사의 어느 시대와 연관되는지를 파악하는 동시에, 세부 내용은 모른다는 것을 인정하고 독해를 시작해야 한다.
(한국사시험의 경우 대다수 공기업에서 가산점 요소로 채택하고 있으므로 반드시 연관될 수밖에 없음.)

0 유형 파악하기

국사를 바탕으로 한 지문 유형에는 다음과 같은 특징들이 있다.

- 사건의 인과관계, 연표에 따른 단순 선후 관계, 계급 체계에 따른 상하관계 등이 한 문제에 복합적으로 등장한다.
- 작은따옴표 ''를 통해 생소한 개념이 소개된다. 작은따옴표가 붙은 단어는 지문 전체에서 강조하고자 하는 개념인 경우가 많으므로 집중해 살펴야 한다.
- 홑낫표 「」, 겹낫표 『』 등으로 문헌·예술작품 등이 인용된다. 지문에 이름이 유사한 작품이 여러 개 등장한 뒤, 선지에서 혼동을 유도하는 경우도 종종 있다.
- 구체적인 시대 표현이 등장한다. n년, n세기, 00시대 전·중·후기 등의 시대 표현은 선지에서 사건들이 발생한 선후 관계를 묻는 기준점으로 사용된다.
- 상황판단 영역과 유사한 문항도 등장한다. 지문에서 봉급, 세금, 형벌 등 체계를 파악해 간단한 사칙연산을 통해 선지의 사례에 적용할 것을 요구한다.

이런 특징들을 암기해도 물론 유용하겠지만, 가장 효과적인 방법은 직접 다양한 문제를 풀어보면서 체득하는 것이다.

❶ 지문 훑어보기

지문을 읽으면서 눈에 띄는 부분이 있는지 체크한다. 특히 기존에 모르던 지식이 주요 체크포인트가 된다. 예컨대 공납, 조세 등은 익숙한 소재지만 벌목은 비교적 생소한 주제인만큼 목재의 수급과 관련된 것이 키워드가 된다.

이때 중요한 것은 한자가 병기된 분산수호권, 금양권, 사양산 등의 단어들이 중요한지 아닌지 모르므로 글의 다른 부분을 가볍게(5초 내로) 훑어보면서 단어가 다시 등장하는지 빠르게 확인하는 것이다. 또한, 역사 지문이니만큼 시대가 변화하거나 특정 시점이 나올 경우 체크한다. 예컨대 2문단 첫째 줄이 있다.

❷ 발문 확인하기

본 문제는 '알 수 있는/없는 것은?' 형식이다. 이 형식은 발문에서 바로 선지로 간다. 이때 알 수 '있는' 것인지, '없는' 것인지를 확실히 표시하고 간다.

❸ 선지 적용하기

앞서 해설에서 자세한 풀이를 하였으므로, 여기에서는 각 선지마다 시선과 펜이 이동한 경로를 소개한다.

① **금산보다는 사양산에서 투작하기가 더 쉬웠다.**

사양산 ⇒ 금산에 비해 약한 통제 ⇒ 투작의 피해 더 큼

단순비교형 선지로, 2문단 (2)의 한 문장만 확인하면 바로 판단할 수 있다.

② **수군의 병선이나 관선을 제작할 때 금산의 소나무가 사용되었다.**

수군의 병선이나 관선 제작 ⇒ 목상들이 금산 나무를 사선 제작에 유통하여 어려움을 겪음

추론형 선지로, 금산의 나무를 사선 제작에 주로 사용하며 수군의 선박 제작이 어려움을 겪었다는 부분[3문단(3)]에서 옳음을 알 수 있다.

③ **목상들의 활동은 전국의 산림을 황폐하게 만드는 데에 일조하였다.**

산림 황폐화 ⇒ 평민들의 투작 ⇒ 목상들에게 판매하기 위한 목적

단순비교형 선지로, 위 순서는 눈에 띄는 표현인 '산림 황폐화'에서 시작하여 지문에 제시된 인과관계를 반대로 추적하는 역진에 해당한다.

④ **사족의 투작보다 향리층의 투작이, 향리층의 투작보다 평민층의 투작이 더 큰 사회문제를 초래했다.**

사족과 향리층의 투작 ⇒ 평민층의 투작보다 비중 낮음

단순비교형 선지로, 사족과 향리층의 투작보다 평민층의 투작이 큰 문제가 되었음[2문단(7)]은 제시되어 있다. 그러나 사족의 투작보다 향리층의 투작이 더 큰 문제가 되었는지 여부는 알 수 없다. 함부로 머릿속에 피라미드 구조를 그려 지문에 등장한 내용이라고 착각하면 오답이 된다.

⑤ **사족들은 자신들의 분산수호권 범위 내에서 산출되는 약용 식물을 다른 사람이 가져갈 수 없게 하는 권리가 있었다.**

분산 수호권	→	그 범위 내의 금양권	→	약용식물 등을 배타적 소유	→	양인에 인정	→	사족의 약용식물 배타적 소유권 인정
사족	→	일반 평민보다 높은 신분			→			

추론형 선지로, '분산수호권'과 '사족'에서 각각 출발하여 둘을 합침으로써 결론에 도달하는 순서를 취했다. 핵심은 분산수호권과 이에 수반되는 약용식물의 배타적 소유권이 양인들에 인정되었고, '사족이 정확히 무슨 뜻인지 알지 못해도 이들이 일반 평민과 구분되는 높은 신분[2문단(7)]이라는 부분에서 양인에 인정되는 권리는 사족에도 인정될 것임을 알 수 있다.

합격자의 시간단축 Tip

Tip ❶ 한자어가 다수 등장하는 역사지문임에 유의한다.

한자가 다수 등장한다는 것은 해당 시대의 고유명사나 고유한 개념이 많이 등장한다는 것이고, 이를 잘 포착하는 독해를 진행해야 된다는 것을 의미한다.

이때 이런 어려운 한자어가 중요하지 않을 수 있는데, 이것을 가장 쉽게 확인하는 방법은 선지에 같은 단어가 존재하는지 찾아보는 것이다.

Tip ❷ 글 전체의 첫 문장과 마지막 문장을 연결해 본다.

글의 첫 문장과 마지막 문장을 연결한 후 해석하면, 국가적 차원에서 산림을 보호하고 목재를 안정적으로 확보하기 위해 노력하였으나, 전국의 산림은 결론적으로 더 황폐화되었다는 것이 지문의 결론이다. 이를 통해 조선의 국가적 목표가 달성되지 않았다는 것을 알 수 있으며, 그 이유는 무엇인지에 대한 의문을 가지고 지문을 읽을 필요가 있다.

134 정답 ②

난이도 ●●○

문제유형 이해 > 내용 추론

접근전략 법칙이해 유형이다. 지문에 〈게임 1〉과 〈게임 2〉가 등장하므로, 각 게임의 특성을 개별적으로 파악하는 접근법을 사용한다. '확률'이란 단어가 명시되지는 않았지만, 게임의 형식을 빌려 확률을 계산하는 문제이다. 언어논리의 외형을 띤 수리계산 문제이므로, 최대한 이런 개념에 익숙해진 다음에 해당 문제를 푸는 것이 필요하다. 일반적인 비문학 지문과는 접근 자체가 달라야 한다.

다음 글에서 추론할 수 있는 것만을 〈보기〉에서 모두 고르면?

(1) 가상의 동전 게임을 하나 생각해 보자. 이 게임의 규칙은 동전을 던져서 제일 높은 점수를 얻는 사람이 이기는 것이다. (2) 게임 참여자는 A, B 두 그룹으로 구분된다. (3) 두 그룹의 인원수는 100명으로 같지만, 각 참여자에게 같은 수의 동전을 주지 않는다. (4) A 그룹에는 한 사람당 동전을 10개씩 주고, B 그룹에는 한 사람당 100개씩 준다. (5) 모든 동전은 1개당 한 번씩 던지는 것으로 한다. ▶ 1문단

(1) 〈게임 1〉에서는 앞면이 나온 동전 1개당 1점씩 점수를 준다고 하자. (2) 이때 게임의 승자는 B 그룹에서 나올 가능성이 매우 높다. (3) B 그룹 사람들 중 상당수는 50점쯤 얻을 텐데, 그것은 A 그룹 사람들 중에서 누구도 이길 수 없는 점수이다. (4) A 그룹 인원을 아무리 늘리더라도 최고 점수는 10점일 것이기 때문이다. ▶ 2문단

(1) 〈게임 2〉에서는 〈게임 1〉과 달리 앞면이 나오는 동전의 개수가 아니라 앞면이 나온 비율로 점수를 매겨 가장 높은 점수를 받은 사람이 이긴다고 하자. (2) A 그룹 중에서 한 명쯤은 동전 10개 중 앞면이 8개 나올 것이다. 이 경우 그는 80점을 얻는다. (3) B 그룹은 어떨까? B 그룹 사람 100명 중에서 누구도 80점

을 받기는 어려울 것이다. (4) 물론 그런 일이 물리적으로 불가능하지는 않겠지만, 현실에서는 거의 벌어지지 않을 것이다. (5) 동전을 더 많이 던질수록 앞면과 뒷면의 비율은 50대 50에 더 가깝게 수렴되기 때문이다. (6) B 그룹에서 80점을 받는 사람이 한 명쯤 나오려면, B 그룹 인원수는 100명이 아니라 그보다 훨씬 더 커야 한다. (7) 이처럼 동전 개수가 증가했을 때 80점을 받는 사람이 한 명쯤 나오려면 그 동전 개수의 증가에 맞춰 그룹 인원수도 크게 증가해야 한다. ▶ 3문단

• 보기 •

ㄱ. 〈게임 1〉에서 A 그룹 참가자와 B 그룹 참가자의 동전 개수를 각각 절반으로 줄일 경우, 게임의 승자가 나올 그룹은 바뀔 것이다.

→ (×) 〈게임 1〉에서 A 그룹 참가자와 B 그룹 참가자의 동전 개수를 각각 절반으로 줄일 경우, A 그룹 참가자는 5개를, B 그룹 참가자는 50개를 가지고 게임에 참가할 것이다. 이때 B 그룹 참가자 1인이 평균 25개 앞면이 나온다고 하면 25점이 나오는데, A 그룹 참가자 1인이 던진 동전 5개가 모두 앞면이 나오더라도 5점에 불과하기 때문에 게임의 승자는 여전히 B 그룹에서 나올 개연성이 크다. 따라서 게임의 승자가 나올 그룹은 바뀌지 않을 것이다.

ㄴ. 〈게임 2〉에서 B 그룹만 인원을 늘릴 경우, 그 수를 아무리 늘리더라도 90점을 받는 사람은 A 그룹에서만 나올 것이다.

→ (×) 제시문에 따르면 〈게임 2〉에서 B그룹의 인원이 동전 개수의 증가에 맞춰 크게 증가한다면 높은 점수를 바는 사람이 나올 수 있다 했다. 따라서 〈게임 2〉에서도 B 그룹의 인원만 크게 늘린다면 B 그룹에서도 90점을 받는 사람이 나올 개연성이 존재한다.[3문단(7)] 결국, 〈게임 2〉에서 B 그룹의 인원만 늘릴 경우에는, 90점을 받는 사람이 A 그룹에서만 나올 것이라고 단정할 수 없다는 결론에 도달할 수 있다.

ㄷ. 〈게임 2〉에서 A 그룹만 참가자 각각의 동전 개수를 1,000개로 늘릴 경우, A 그룹에서 80점을 받는 사람이 한 명쯤 나오기 위해 필요한 A 그룹 인원수는 80점을 받는 사람이 한 명쯤 나오기 위해 필요한 B 그룹 인원수보다 훨씬 더 커야 할 것이다.

→ (○) 〈게임 2〉에서는 동전을 더 많이 던질수록 앞면과 뒷면의 비율이 50대 50에 가깝게 수렴되기 때문에[3문단(5)], 동전 개수가 증가했을 때 80점을 받는 사람이 한 명쯤 나오려면 그 동전 개수의 증가에 맞춰 그룹 인원수도 크게 증가해야 한다.[3문단(7)] 마찬가지로 〈게임 2〉에서 A 그룹만 참가자 각각의 동전 개수를 1,000개로 늘릴 경우, A 그룹의 한 사람이 동전을 던지면 앞면과 뒷면의 비율이 50대 50에 더 가깝게 수렴할 개연성이 크다. 따라서 A 그룹에서 80점을 받는 사람이 한 명쯤 나오기 위해 필요한 A 그룹 인원수는, 80점을 받는 사람이 한 명쯤 나오기 위해 필요한 B 그룹 인원수보다 훨씬 더 커야 할 것이다.

① ㄱ → (×)
② ㄷ → (○)
③ ㄱ, ㄴ → (×)
④ ㄴ, ㄷ → (×)
⑤ ㄱ, ㄴ, ㄷ → (×)

제시문 분석

1문단 가상의 동전 게임

〈가상의 동전 게임〉	
〈A 그룹〉	100명, 한 사람당 동전 10개(4)
〈B 그룹〉	100명, 한 사람당 동전 100개(4)
〈규칙〉	동전을 던져서 제일 높은 점수를 받는 사람이 이기고, 모든 동전은 1개당 한 번씩 던진다.(1),(5)

2문단 〈게임 1〉의 규칙과 예상되는 결과

〈〈게임 1〉의 규칙〉
앞면이 나온 동전 1개당 1점씩 점수를 준다.(1)

〈예상되는 결과〉		
B 그룹 상당수는 50점쯤 얻을 텐데, A 그룹의 최고점은 10점일 것이다.(3)	→	게임의 승자는 B 그룹에서 나올 가능성이 매우 높다.(2)

3문단 〈게임 2〉의 규칙과 예상되는 결과

〈〈게임 2〉의 규칙〉
앞면이 나온 비율로 점수를 매겨 가장 높은 사람이 이긴다.(1)

〈예상되는 결과〉		
동전을 더 많이 던질수록 앞면과 뒷면의 비율은 50대 50에 수렴된다.(5)	→	A 그룹에서 10개 중 8개가 앞면이 나와서 80점을 얻는다면, B 그룹에서는 승자가 나올 가능성이 거의 없다.(2),(3)

→	〈결론〉	동전 개수가 증가했을 때 80점을 받는 사람이 한 명쯤 나오려면 그 동전 개수의 증가에 맞춰 그룹 인원수도 크게 증가해야 한다.(7)

합격자의 실전 풀이 순서 법칙이해 유형

⓪ 유형 식별하기

- 지문: 새로운 법칙을 제시함
- 발문: 추론할 수 있는/없는 것
- 보기/선지: 지문에 소개된 법칙을 활용하여 해결 가능한 문제상황, 법칙을 적용 가능한 사례 등을 제시함

법칙 이해 유형은 선지에서 분명히 드러난다. 일반적인 내용 추론 문제와 같이 본문의 설명을 선지에 적용한 내용이 옳은지 판단하면 되기 때문에 제시문을 먼저 읽고 선지를 판단해도 되고, 선지를 먼저 읽고 제시문에서 내용을 찾아 판단해도 된다. 다만, 이 문제는 〈보기〉의 ㄱ에서 〈게임 1〉을, ㄴ과 ㄷ에서 〈게임 2〉에 대하여 묻고 있고, 본문에서는 2문단에 〈게임 1〉이, 3문단에 〈게임 2〉가 병렬적으로 제시되어 있다. 따라서 먼저 1, 2문단을 읽고 ㄱ을 판단하고, 3문단까지 읽고 ㄴ, ㄷ을 판단하는 것이 효율적일 것이다.

❶ 제시문 독해 및 선지 적용

법칙이해 유형임을 식별했다면, 지문에 제시된 법칙을 이해하는 것이 먼저다. 지문은 가상의 동전 게임 상황을 제시하며, 2개 그룹에 〈게임 1〉과 〈게임 2〉의 서로 다른 규칙을 적용했을 때 발생 가능한 상황을 소개한다.

1문단의 '(A 그룹) 100명, 한 사람당 동전 10개, (B 그룹) 100명, 한 사람당 동전 100개'는 기본 가정으로 보인다.

2문단에서 '앞면이 나온 동전 1개당 1점'이라는 〈게임 1〉의

룰을 확인한다. 본문의 논리에 따르면 동전 개수를 반을 줄이더라도 B그룹이 우승할 확률이 더 높을 것이다. ㄱ은 옳지 않다.

선지 ①, ③, ⑤가 소거되므로 ㄴ만 판단하면 된다.

3문단은 1문단의 공통 가정하에, '앞면이 나온 비율'로 점수를 매긴다는 〈게임 2〉의 룰을 제시한다. 높은 점수를 받는 사람이 나오려면 동전 개수에 맞춰 그룹 인원수도 증가해야 한다는 본문 논리에 따르면, ㄴ은 옳지 않다. 정답은 ②이다.

합격자의 시간단축 Tip

Tip ❶ 강조 표현에 주의하자.

제시문이나 선지의 강조 표현에 유의한다. 이는 모두 화자의 의도를 담고 있기 때문이다. 예컨대 위 문제에서 등장한 '훨씬', '아무리~하더라도' 등의 강조 표현이 이에 해당한다.

Tip ❷ 결론을 통해 정답을 추론하자.

확률 소재의 지문에서는 필자의 '결론'을 중요한 정보로 인식하여 수용하는 것이 필요하다.

지문의 2문단은 〈게임 1〉에서는 B그룹에서 승자가 나온다는 '결론'을, 3문단은 〈게임 2〉에서 A그룹은 80점을 얻는 경우가 나올 수 있지만 B그룹에서는 어렵다는 '결론'을 제시했다. 이 결론이 수학적으로 타당한지 시간을 들여 고민할 필요는 없다. 빠르게 문제를 해결하기 위해서는 해당 결론을 그냥 옳다고 받아들인다. 중요한 것은 보기의 추론이 옳은가이다.

Tip ❸ 선지와 지문을 병행하여 읽으며 판단하자.

지문에 제시된 각 게임도 문단별로 독립적이고, 〈보기〉도 독립적으로 구성되어 있다. 따라서 첫 번째 게임부터 선지와 대응하며 읽고 바로 선지의 정오를 판단하는 것이 효율적이다.

Tip ❹ 선지를 활용하기

ㄱㄴㄷ 혹은 ㄱㄴㄷㄹ로 구성된 〈보기〉가 등장하는 문제는, 〈보기〉 하나를 해결한 뒤 선지를 소거하면 모든 〈보기〉를 보지 않아도 답을 도출할 수 있는 경우가 종종 있다. 이 문제에서는 ㄱ이 옳지 않음을 판단하면 선지 ①, ③, ⑤가 소거되어 ㄷ을 판단할 필요가 없다.

135 정답 ❶ 난이도 ●●●

문제유형 법규적 내용의 적용

접근전략 제시문 형태로 주어진 규정을 선지에 적용하는 '규정 적용유형'에 해당한다. 본 문제는 실제 〈헌법, 국회법〉을 토대로 만든 문항이다. 법률안이 발의되었을 때 〈소관상임위〉, 〈본회의 부의여부〉가 단계적으로 정해져야 하며, 〈철회〉〈번안동의〉 등이 추가적으로 정해질 수 있다. 최종적으로 법률안은 〈본회의의결〉이라는 절차를 거칠 수 있다. 이런 전체 구조를 한 번에 이해하는 것은 상당히 어렵다. 실전에서는 문단별 중심내용과 키워드만 빠르게 파악해낸 후에 선지로 내려가 지문과 선지를 연결하며 푸는 것이 필요하다.

다음 글과 〈상황〉을 근거로 판단할 때 옳은 것은?

(1) A국 의회 의원은 10인 이상 의원의 찬성으로 법률안을 발의할 수 있다. (2) 법률안을 발의한 의원(이하 '발의의원'이라 한다)은 찬성의원 명단과 함께 법률안을 의장에게 제출하여야 한다. (3) 의원이 법률안을 발의할 때에는 그 법률안에 대하여 법률명(法律名)의 부제(副題)로 발의의원의 성명을 기재한다. (4) 만약 발의의원이 2인 이상이면 발의의원 중 대표발의의원 1인을 정하여 그 1인의 성명만을 기재해야 한다. ▶ 1문단

(1) 의장은 법률안이 발의되었을 때 이를 의원에게 배포하고 본회의에 보고하며, 소관상임위원회에 회부하여 그 심사가 끝난 후 본회의에 부의한다. (2) 법률안이 어느 상임위원회의 소관인지 명백하지 않을 때 의장은 의회운영위원회와 협의하여 정한 소관상임위원회에 회부하되, 협의가 이루어지지 않을 때는 의장이 소관상임위원회를 결정한다. ▶ 2문단

(1) 소관상임위원회에서 본회의에 부의할 필요가 없다고 결정된 법률안은 본회의에 부의하지 않는다. (2) 그러나 소관상임위원회의 결정이 본회의에 보고된 날부터 7일 내에 의원 30인 이상의 요구가 있을 때는 그 법률안을 본회의에 부의해야 한다. (3) 이러한 요구가 없을 때는 그 법률안은 폐기된다. ▶ 3문단

(1) 발의의원은 찬성의원 전원의 동의를 얻어 자신이 발의한 법률안을 철회할 수 있다. (2) 단, 본회의 또는 소관상임위원회에서 그 법률안이 의제로 된 때에는 발의의원은 본회의 또는 소관상임위원회의 동의를 얻어야 한다. ▶ 4문단

(1) 한편 본회의에서 번안동의(飜案動議)는 법률안을 발의한 의원이 그 법률안을 발의할 때의 발의의원 및 찬성의원 총수의 3분의 2 이상의 동의(同意)로 하여야 한다. (2) 이렇게 상정된 법률안을 본회의에서 의결하려면 재적의원 과반수의 출석과 출석의원 3분의 2 이상의 찬성이 필요하다. ▶ 5문단

※ 번안동의: 법률안 내용을 변경하고자 안건을 상정하는 행위

상황

- A국 의회 의원 甲은 △△법률안을 의원 10인의 찬성을 얻어 발의하였다.
- A국 의회의 재적의원은 200인이다.

① △△법률안 법률명의 부제로 의원 甲의 성명을 기재한다.
→ (O) 1문단 셋째 줄에 따르면 의원이 법률안을 발의할 때에는 그 법률안에 대하여 법률명의 부제로 발의의원의 성명을 기재한다. 따라서 의원 甲이 △△법률안을 발의하였다면 그 부제로 발의의원인 甲의 성명을 기재한다.

② △△법률안이 어느 상임위원회 소관인지 명확하지 않을 경우 본회의의 의결로 소관상임위원회를 결정한다.
→ (×) 2문단 셋째 줄에 따르면 법률안이 어느 상임위원회의 소관인지 명백하지 않을 때 의장은 의회운영위원회와 협의하여 소관상임위원회를 정하고, 협의가 이루어지지 않을 때는 의장이 결정한다. 따라서 △△법률안이 어느 상임위원회 소관인지 명확하지 않을 경우에도 본회의의 의결로 소관상임위원회를 결정하지 않는다.

③ 의원 甲은 △△법률안이 소관상임위원회의 의제가 되기 전이면, 단독으로 그 법률안을 철회할 수 있다.
→ (×) 4문단 첫째 줄에 따르면 발의의원은 찬성의원 전원의 동의를 얻어 자신이 발의한 법률안을 철회할 수 있으며, 둘째 줄에 따르면 본회의 또는 소관상임위원회에서 그 법률안이 의제로 된 때에는 발의의원은 본회의 또는 소관상임위원회의 동의를 얻어야 한다. 따라서 △△법률안이 소관상임위원회의 의제가 되기 전이라도 의원 甲이 자신이 발의한 법률안을 철회하기 위해서는 찬성의원 전원의 동의를 얻어야 하고, 단독으로는 법률안을 철회할 수 없다.

④ △△법률안이 번안동의로 본회의에 상정되면 의원 60인의 찬성으로 의결할 수 있다.
→ (×) 5문단 셋째 줄에 따르면 번안동의로 본회의에 상정된 경우 이를 의결하기 위해서는 재적의원 과반수의 출석과 출석의원 3분의 2 이상의 찬성이 필요하다. 〈상황〉에 따르면 A국 의회의 재적의원은 200인이므로 재적의원 과반수인 101명 이상의 출석이 필요하고, 출석의원 3분의 2 이상이 찬성하여야 하므로 101명의 3분의 2 이상인 68명의 찬성이 필요하다. 따라서 △△법률안이 번안동의로 본회의에 상정되더라도 의원 60인의 찬성만으로는 의결할 수 없다.

⑤ 소관상임위원회가 △△법률안을 본회의에 부의할 필요가 없다고 결정하더라도, △△법률안의 찬성의원 10인의 요구만 있으면 본회의에 부의할 수 있다.
→ (×) 3문단 첫째 줄에 따르면 소관상임위원회에서 본회의에 부의할 필요가 없다고 결정된 법률안은 본회의에 부의하지 않으나, 둘째 줄에 따르면 그 결정이 본회의에 보고된 날부터 7일 내에 의원 30인 이상의 요구가 있을 때는 그 법률안을 본회의에 부의해야 한다. 따라서 소관상임위원회가 △△법률안을 본회의에 부의할 필요가 없다고 결정한 경우, △△법률안의 찬성의원 10인의 요구만으로는 법률안을 본회의에 부의할 수 없다.

합격자의 실전 풀이 순서

❶ 문제의 유형 파악

제시문의 형식은 법조문이 아니나, 〈상황〉이 주어졌고 제시문 첫 문장의 '법률안 발의'가 눈에 띈다. 따라서 제시문 형태로 주어진 법률 관련 규정을 적용하는 문제임을 알 수 있다. 해당 유형은 일반적인 법조문 문제와 같이 제시문이 법률 규정이라 생각하고 접근한다. 먼저 제시문의 구조를 파악한 후 선지에서 묻고 있는 정보를 찾아 올라가는 것이다. 〈상황〉이 제시문의 내용을 알려주기도 하므로, 본 문제와 같이 주어진 상황이 짧다면 〈상황〉을 먼저 읽고 제시문을 읽는 것도 좋다. 발문에서 '옳은 것'을 묻고 있으므로, '옳은'에 표시하여 옳지 않은 선지를 선택하는 실수를 방지하자.

다음 글과 〈상황〉을 근거로 판단할 때 옳은 것은?

❷ 〈상황〉 및 제시문 구조 파악

먼저 〈상황〉을 빠르게 보며 대강의 글의 소재를 파악한다. 법률안 발의 관련 내용이며, 숫자가 눈에 띈다. '10인의 찬성', '재적의원 200인'에 ○ 표시하고 본문 독해를 시작한다.
해당 제시문은 각 문단의 모든 문장이 세부 규정이므로 모두 기억하며 읽기 어렵다. 따라서 제시문은 제목이 없는 법조문, 각 문단은 하나의 조항이라고 생각하고 구조를 파악한다. 또한, 각 문장의 키워드를 잡아서 선지 판단 시 참고해야 하는 문장을 빠르게 찾을 수 있도록 한다.
1문단은 법률안 발의 규정을 설명한다. '10인의 찬성'에서 〈상황〉의 법률안 발의에 필요한 인원이 충족되었음을 알 수 있다. 2문단은 법률안의 심사 절차로 '본회의 보고-상임위 회부-본회의 부의'를 설명하고, 3문단은 상임위에서 본회의에 부의할 필요가 없다고 결정된 경우의 규정, 4문단은 법률안 철회 규정, 5문단은 번안동의 규정을 설명한다. 이처럼 제시문의 세부 내용을 암기할 수 없으므로, 세부 내용보다는 문단별 중심 내용을 파악하고 키워드에 체크한다. 그리고 선지 판단 시에는 선지의 키워드를 제시문에서 찾아 선지와 제시문을 비교한다. 각 문단별 중심 내용과 체크해야 할 키워드는 다음과 같다.
- 1문단(법률안 발의): 의원의 법률안 발의 방법, 법률명의 부제, 만약 발의의원이 2인 이상
- 2문단(위원회 회부): 의장의 역할, 법률안의 소관이 명백하지 않을 때
- 3문단(법률안 폐기): 소관상임위원회에서 본회의에 부의할 필요가 없다고 결정된 법률안, 7일내 내에 30인 이상 요구, 폐기
- 4문단(법률안 철회): 찬성의원 전원 동의로 철회, 소관상임위원회에서 그 법률안이 의제로 된 때
- 5문단(번안동의): 번안동의 법률안을 본회의에서 의결

일반적인 키워드에는 ○로 표시하고, '그러나'나 '단'과 같이 앞의 내용과 반대되는 내용이 있다면 △로 표시하면 구별이 용이하다. 지나치게 세부적인 내용까지 키워드로 삼지 않도록 주의한다. 제시문의 키워드를 도출하는 방법은 다양한 법조문 유형의 풀이를 통해 숙지한다.

❸ 선지 판단

선지를 읽고, 해당 내용이 기재된 문단으로 돌아가 꼼꼼히 읽고 선지의 정오를 판단한다. 선지 판단을 위해 필요한 정보를 찾을 때는 선지와 제시문의 키워드를 활용한다.
선지 ①의 키워드는 '법률명의 부제'로 1문단의 내용임을 알 수 있다. 〈상황〉에서 발의의원이 甲이라고 하였으므로 옳은 선지이다. 시간적 여유가 있다면 나머지 선지까지 확인해본다. 다만 실전에서는 다른 선지들의 정오도 판단하기보다 답으로 예상되는 선지를 꼼꼼히 한 번 더 확인하는 것이 좋다. ②는 상임위 소관이 명확하지 않은 경우로 2문단, ③은 철회 관련이므로 4문단, ④는 번안동의이므로 5문단, ⑤는 상임위에서 본회의 부의가 필요 없다고 결정했다는 부분에서 3문단에서 근거를 찾을 수 있다.

합격자의 시간단축 Tip

Tip ❶ 규정 적용 유형임을 파악하여 독해 전략 수립

〈상황〉이나 〈예시〉가 있는 경우 제시문의 규정을 〈상황〉 및 〈예시〉에 적용하는 '규정적용' 유형임을 예상할 수 있다. 제시문이 줄글인 경우, 제시문에는 두 가지 유형이 있다. 첫 번째는 해당 문제와 같이 법률 규정을 그대로 옮긴 것이다. 이 경우 법조문을 읽을 때와 같이 규정의 구조와 키워드만 파악하며 읽고, 세부 내용은 선지 판단 시 자세히 읽는다. 이때 문단별 중심 소재를 조항의 제목이라고 생각하면, 내용을 찾기가 수월하다. 1문단을 제1조, 첫 번째 문장을 제1항으로 보는 것이다. 다만 이처럼 키워드를 도출하고 구조를 파악하기 위해서는 연습이 필요하므로 다양한 규정적용문제를 풀어본다.
두 번째는 비문학 글처럼 규정이 아닌 내용도 함께 기재된 것이다. 이 경우에는 〈상황〉 적용에 필요한 규정만을 찾아 표시하며 읽고, 선지 판단 시에도 표시해둔 규정 부분을 중심으로 읽으면 된다. 주로 〈상황〉에 적용되지 않는 제시문의 내용으로는 개념의 정의와 배경 설명이 있다.
더불어 제시문을 읽기 전 〈상황〉이나 〈예시〉가 길거나 복잡하지 않다면 이를 먼저 읽으면 제시문 이해에 도움이 된다. 이처럼 제시문이 법조문 형식이 아니더라도, 유사한 유형임을 빨리 파악하고 적합한 독해 전략을 세운다면 독해 시간을 단축할 수 있다.

Tip ❷ 정족수 계산의 순서

정족수를 묻는다면 먼저 재적의원 기준인지 출석의원 기준인지를 먼저 확인한다. 다음으로 필요 인원 비율을 곱할 때, 출석의원이 기준이라면 최소 인원을 가정하여 비율을 곱한다. '과반수의

출석'일 경우 최소인원은, 재적의원 총수가 짝수라면 그 절반에 1을 더하고, 홀수라면 재적의원 총수에 1을 더하여 절반으로 나누면 된다. 3의 배수가 아닌 경우의 3분의 2 계산도 평소에 빨리 계산하는 법을 찾아두면 좋다. 쉬운 계산이지만 실전의 시간제한 하에서는 실수하기 쉽기 때문이다.

Tip ❸ 법률안 발의 절차의 이해

제시문의 내용이 절차에 대한 설명일 때, 전체적인 흐름을 이해하면 선지 판단에 도움이 된다. 본 문제에서 법률안 발의 절차를 간략화하면 〈의원발의-위원회 회부-본회의 부의〉라고 할 수 있다. 제시문에서 이 절차를 파악했다면 선지 ②에서 위원회 회부 전에 본회의 의결이 등장하는 것이 부자연스럽게 느껴질 것이다.

독끝 10일차 (136~150)

정답

136	⑤	137	③	138	②	139	④	140	⑤
141	③	142	②	143	③	144	⑤	145	④
146	④	147	③	148	⑤	149	③	150	①

136 정답 ⑤

난이도 ●●○

문제유형 사실적 이해 > 정보 확인

접근전략 글의 내용과 부합하는 선지를 찾는 문제이다. 금군의 임무와 구성을 설명하는 지문인데, 세부적인 정보가 굉장히 많이 제시되어 있어 지문을 파악하기 다소 어려운 편이다. 이럴 때 수험생의 선택지는 두 가지다. 첫째로 지문을 일부만 읽고 선지로 넘어가는 것이고, 둘째로 지문에서 최대한 적은 정보를 얻어가면서 일단 끝까지 읽는 것이다. 둘 중 추천하는 것은 첫 번째 방법이며 선지를 먼저 읽는 것은 추천하지 않는다. 선지를 먼저 보는 습관을 들이게 되면 모든 문제를 그렇게 발췌독하게 되고, 오히려 정답률이 떨어질 수 있다.

다음 글의 내용과 부합하는 것은?

(1) 금군이란 왕과 왕실 및 궁궐을 호위하는 임무를 띤 특수부대였다. (2) 금군의 임무는 크게 국왕의 신변을 보호하는 시위 임무와 왕실 및 궁궐을 지키는 입직 임무로 나누어지는데, 시위의 경우 시립, 배종, 의장의 임무로 세분된다. (3) 시립은 궁내의 행사 때 국왕의 곁에 서서 국왕의 신변을 보호하는 것이고, 배종은 어가가 움직일 때 호위하는 것이며, 의장은 왕이 참석하는 중요한 의식에서 병장기와 의복을 갖추고 격식대로 행동하는 것을 말한다. ▶ 1문단

(1) 조선 전기에 금군은 내금위, 겸사복, 우림위의 세 부대로 구성되었다. (2) 이들 세 부대를 합하여 금군삼청이라 하였으며 왕의 친병으로 가장 좋은 대우를 받았다. (3) 내금위는 1407년에 조직되었다. (4) 190명의 인원으로 편성하였는데 왕의 가장 가까이에서 임무를 수행하였으므로 무예는 물론 왕의 신임이 중요한 선발 기준이었다. (5) 이들은 주로 양반 자제들로 편성되었으며, 금군 중에서 가장 우대를 받았다. (6) 1409년에는 50인으로 구성된 겸사복이 만들어졌는데, 금군 중 최고 정예 부대였다. (7) 서얼과 양민에 이르기까지 두루 선발되었고 특별히 함경도, 평안도 지역 출신이 우대되었다. (8) 겸사복은 기병이 중심이며 시립과 배종을 주로 담당하였다. (9) 우림위는 1492년에 궁성 수비를 목적으로 서얼 출신 50인으로 편성되었다. (10) 내금위와 겸사복의 다수가 변방으로 파견되자 이를 보충하기 위한 목적과 함께 서얼 출신의 관직 진출을 열어 주기 위한 목적도 가지고 있었다. (11) 이들은 겸사복이나 내금위보다는 낮은 대우를 받았다. (12)하지만 중앙군 소속의 갑사보다는 높은 대우를 받았다. ▶ 2문단

① 양민은 원칙상 금군이 될 수 없었다.
→ (×) 조선 전기 금군은 내금위, 겸사복, 우림위의 세 부대로 구성되어 금군삼청이라 하였으며[2문단(1)] 그중 금군 최고 정예 부대인 겸사복은[2문단(6)] 서얼과 양민에 이르기까지 두루 선발하였다.[2문단(7)] 따라서 양민도 금군이 될 수 있었다.

② 갑사는 금군보다 높은 대우를 받았다.
→ (×) 우림위는 나머지 금군 부대인 겸사복 혹은 내금위보다 낮은 대우를 받았지만[2문단(11)], 중앙군 소속의 갑사보다는 높은 대우를 받았다.[2문단(12)] 즉, 금군 중에서 가장 낮은 대우를 받는 부대도 갑사보다는 높은 대우를 받았음을 알 수 있다.

③ 우림위가 겸사복보다 먼저 만들어졌다.
→ (×) 겸사복은 1409년[2문단(6)]에, 우림위는 1492년[2문단(9)]에 만들어졌다. 따라서 해당 선지와 반대로 겸사복이 우림위보다 먼저 만들어졌다.

④ 내금위 병사들의 무예가 가장 뛰어났다.
→ (×) 내금위의 선발에 무예 수준이 중요한 선발 기준이긴 하였으나[2문단(4)], 금군의 최고 정예 부대는 겸사복이다.[2문단(6)] 따라서 겸사복의 병사들이 무예가 더 뛰어났을 것이라 할 수 있다.

⑤ 어가 호위는 겸사복의 주요 임무 중 하나였다.
→ (○) 겸사복은 기병 중심으로 시립과 배종의 업무를 주로 담당하였다.[2문단(8)] 그 중 배종 임무는 국왕의 신변을 보호하는 시위 임무의 일종으로 어가가 움직일 때 호위하는 것을 말한다.[1문단(3)] 따라서 해당 선지는 글의 내용에 부합한다.

제시문 분석

1문단 금군의 임무

〈금군〉	
왕과 왕실 및 궁궐의 호위 임무를 하는 특수부대(1)	
〈임무〉	
〈시위 임무〉	〈입직 임무〉
국왕의 신변을 보호하는 임무(2) └ 시립: 궁내의 행사 시 국왕 곁에서 신변 보호 └ 배종: 어가 이동 시 호위 └ 의장: 왕 참석 의식에서 격식을 따르는 것(3)	왕실 및 궁궐을 지키는 임무(2)

2문단 금군의 구성

〈금군삼청〉		
왕의 친병. 가장 좋은 대우를 받은 조선 전기 금군의 세 부대(2)		
〈내금부〉	〈겸사복〉	〈우림위〉
조직: 1407년 선발: 주로 양반 인원: 190명 특이사항: 왕의 신임이 중요한 선발 기준 대우: 금군 중 上 (3),(4),(5)	조직: 1409년 선발: 서얼~양민 인원: 50명 특이사항: 금군 최고 정예 부대, 특별히 함경도 평안도 지역 출신 우대, 기병 중심, 주로 시립과 배종 담당 대우: 금군 중 中 (6),(7),(8)	조직: 1492년 선발: 서얼 인원: 50명 특이사항: 궁성 수비, 인원 보충, 서얼 관직 진출 도움 목적 대우: 금군 중 下 (9),(10),(11),(12)

합격자의 실전 풀이 순서

❶ 발문을 확인해 유형을 파악한다.

다음 글의 내용과 부합하는 것은?

글을 읽고 선지와 비교를 바탕으로 올바른 선지를 고르는 문제다. 앞선 문제와 같이 발문과 동시에 지문의 첫 문구만(구체적으로 한 줄의 30% 정도만) 읽어 보면 옛날(역사적) 제도를 묻는 지문임을 파악할 수 있다. 제도가 나오는 경우 반드시 들어가는 요소가 있을 것이므로 확인할 준비를 한다.

❷ 지문을 다 읽기 전에 선지를 파악한다.

이 지문은 절대 한 번에 모든 내용을 파악할 수 없는 지문이므로 지문을 읽다가 반드시 선지로 내려가서 필요한 정보만 얻을 준비를 해야 한다.

특히 그때까지 읽은 내용이 선지와 관련이 없다면 X표시를 하고, 관련이 있다면 선지를 확인한다. 아마 대부분 수험생은 1문단조차 제대로 읽지 못할 것이므로 어려운 내용이라고 지레 짐작하여 1문단을 완전히 정복하겠다는 마음으로 읽으면 안 된다. 오히려 1문단을 읽다가 선지를 확인해야 하는 것이다.

어떤 수험생은 선지를 중간에 보는 것이 집중을 해친다고 느낄 수 있다. 그럴 때는 2문단으로 바로 넘어간다. 왜냐하면, 문단이 다르다는 것은 내용이 크게 달라진다는 뜻이기 때문이다. 또한, 문단이 길다면 문단 중간에 내용 전환이 있다는 뜻이므로 1문단과 내용이 크게 다른 내용이 반드시 나올 수밖에 없다.(심지어 그 내용은 대부분 쉽다. 지문의 모든 부분이 어려운 글은 출제되지 않는다)

이렇게 지문을 100% 이해하지 않고 50%, 심지어 30%만 이해하고도 선지 일부를 풀 수 있거나, 혹은 선지로부터 내용 이해에 도움을 받는 경우가 생긴다. 어렵고 정보가 산개되어 있는 지문은 이렇게 서로 도와가면서 독해하면 된다.

❸ 선지를 바탕으로 발췌독한다.

선지를 확인했다면 일부 독해 + 선지 키워드를 중심으로 독자 본인의 독해의 틀이 잡혔을 것이다. 이제 지문에서 선지 내용을 발췌독할 차례다. 그런데 지문의 어디로 가야 할지 막막한 경우가 있다. 지문을 제대로 읽지 않았기 때문에 불안하기도 할 것이다. 그러나 불안해할 필요가 없다. 왜냐하면, 어차피 다 읽었으면 앞의 내용이 기억나지 않아서 다시 불안했을 것이기 때문이다. 본 부분이 다를 뿐 독해한 총량은 비슷하므로 스스로를 믿고, 특히 앞에서 보지 않았던 부분을 위주로 발췌독을 해 본다.

예를 들어, ③번 선지는 지문에서 "숫자 표현"만 가지고도 풀 수 있는 선지였을 것이다. 또한, ⑤번 선지를 보면 어가 호위와 겸사복이 키워드인데, 어가 호위가 잘 기억나지 않아도 겸사복을 서술한 부분을 보면 뭔지 모를 단어들이 보이고, 뭔지 모를 단어들이 1문단에 많이 나왔다는 것을 상기한다면 1문단으로 다시 올라갈 수 있다. 이런 식으로 찾으면 된다.

합격자의 시간단축 Tip

Tip ❶ 정보가 많은 글의 풀이법

혹자는 정보가 너무 많다고 선지부터 읽는 방식을 추천하곤 하는데 이건 크게 잘못된 방법이다. 선지부터 읽으려면 차라리 웬만한 지문을 다 선지부터 읽어야 한다. 지문별로 어떤 내용이 있을 줄 알고 선지부터 읽거나 지문부터 읽거나를 선택할 수 있다는 말인가? 이는 사후적인 해석이다. 이미 문제를 풀어 놓고 "아... 이렇게 풀면 좋았을 텐데."라고 한탄하는 것에 불과하다.

그렇다면 정보가 많은 글은 어떻게 읽어야 하는가? 원래 지문부터 읽던 사람이라 해도 당연하지만 모든 내용을 다 읽고 선지를 보는 것은 미련한 짓이다. 따라서 생각을 약간 바꿀 필요가 있다. 정보가 많다는 것은 곧 내용 전환이 빠르고 각 내용이 굉장히 간략하게 서술되어 있다는 뜻이다. 그러지 않으면 지문이 지나치게 길어지기 때문이다. 그렇다면 대응책은 간단하다. 〈짧은 지문이 2개〉라고 생각하고 문제를 풀어 보자. 예컨대 이 지문의 경우 1문단, 혹은 2문단 첫 문장까지만 읽고 선지로 내려와 보자. 놀랍게도 ⑤번 선지를 빼고는 관련이 전혀 없다는 것을 알 수 있다. 그러면 이 내용은 기억에서 삭제해도 좋다. 이제 비교적 짧은 글만이 남게 되어 독해 난이도가 쉬워진(쉬워지지 않는다면 직접 필기구로 윗부분을 지워 보자. 시각이라는 것은 인간에게 굉장히 중요하다).

원래부터 선지를 먼저 읽던 사람의 경우 이 문제를 좀 더 쉽게 풀 수 있다. 하지만 사실 방심하면 안 된다. 왜냐하면, 선지를 구체적으로 몇 개를 보고 지문을 훑을지 조절이 필요하기 때문이다. 너무 많은 선지를 보고 지문을 갈 경우, 심리학적으로 초두효과와 말미효과에 의해 기억에 혼란만 가중된다. 또한, 선지를 하나만 보고 갈 경우 지문 내용을 여러 번 반복해서 보아야 하기 때문에 시간과 체력을 지나치게 많이 쓰게 된다. 그렇다고 선지 2~3개만 보면 특히 선지 두 개가 지문 상 서로 멀리 떨어진 경우 문제가 생긴다.

따라서 선지를 먼저 보는 사람의 경우, 서로 연관이 있는 선지를 같이 보는 것을 추천한다. 예컨대 ③번과 ⑤번 선지는 겸사복이 공통적으로 등장하고, ①번과 ②번 선지는 금군이 공통적으로 등장한다. 물론 이들이 실제로 공통된 내용인 것은 아니나, 사전적으로 지문을 읽지 않는다면 이런 식으로 묶는 것이 최선이다. 여기서 한발짝 더 나아가서, 겸사복, 금군으로 "상위 개념화"시켜서 기억하는 것도 좋다.

Tip ❷ 지문 암기법 – 사람을 중심으로 기억한다.

인간은 사회적 동물로, 사람 이름을 기억하는 공간이 따로 있다. 임의의 단어는 기억하지 못해도 사람 이름은 기억할 수 있다는 것이다. 이 지문의 경우도 〈시립, 배종〉등 단어보다 〈금군, 갑사, 우림위〉 등이 기억에 더 잘 남을 것이다. 우리가 한국사를 암기할 때 왕의 이름은 외울 수 있는 것도 그 때문이다.

137 정답 ③ 　　　　　 난이도 ●●●

문제유형 이해 > 내용 파악

접근전략 이 유형은 자주 등장하지 않고 비교적 난이도가 낮은 유형이다. 지문이 편향적인 주장을 하고 있기 때문에 사실상 논지 파악과 같은 유형으로 볼 수 있고 그것과 같이 독해하면 된다. 이 유형의 경우 선지가 글쓴이의 주장과 찬성하거나 반대하는 것이 비교적 뚜렷하게 드러나므로 글쓴이의 논지를 그 근거와 함께 파악하도록 한다.

다음 글에서 알 수 있는 것만을 〈보기〉에서 모두 고르면?

(1) 오늘날 우리는 모두 소비자이다. (2) 그냥 소비자가 아니라, 권리상, 의무상 소비자이다. (3) 우리는 골치 아픈 일에서 벗어나 만족으로 가는 길에서 마주치는 모든 문제의 해결책을 상점에서 찾는다. (4) 슈퍼마켓은 우리의 사원(寺院)이다. (5) 쇼핑 목록은 우리의 성무일도서(聖務日禱書)이고, 쇼핑몰을 거니는 것은 우리의 순례가 된다. (6) 충동구매를 하거나 보다 매력적인

물건들로 자유롭게 바꾸기 위해 더 이상 매력적이지 않은 물건들을 마음 내키는 대로 처분하는 것이야말로 우리를 가장 열광시킨다. (7) 젊은 세대에게도 이러한 열광은 잘 나타난다. (8) 이렇게 우리는 하나의 소비 대상을 쉽게 처분하고는 새롭고 향상된 소비 대상으로 계속 대체한다. (9) 그것은 사회적 지위와 성공적 삶을 위한 경쟁에서 우리가 올린 득점을 측정하는 주요 척도가 된다. (10) 소비를 통한 즐거움의 충만은 삶의 충만을 의미한다.

▶ 1문단

(1) '자격 미달'의 못 가진 소비자들에게, 쇼핑을 하지 못한다는 것은 충족되지 못한 삶을 나타내 스스로에게 불쾌하고 역겨운 흔적으로 남으며, 자신이 보잘 것 없고 쓸모없는 사람이라는 표지가 된다. (2) 단순히 쾌락의 부재가 아니라 인간적 존엄 부재의 표지이다. (3) 사실상 삶의 의미 부재의 표지이고, 결국은 인간성의 부재, 그리고 자기를 존중하고 다른 사람들의 존중을 받을 근거 부재의 표지이다. (4) 자격을 갖춘 신도들에게 슈퍼마켓은 섬김의 사원이자 순례의 목적지이다. (5) 자격 미달이라는 이유로 소비자들의 사원에서 파문을 선고받고 쫓겨난 사람들에게, 슈퍼마켓은 자신들을 내쫓은 땅을 차지하고서 경계를 짓는 자들의 성벽이 된다. (6) 엄중히 경계되는 이 성벽은 상품들에 대해 자격 미달된 사람들의 접근을 막고, 그 안에서 소비되는 상품들은 성벽 안에 남은 신도들을 추방의 운명으로부터 보호해 준다. (7) 오늘날 이 성벽은 추방된 사람들이 '정상적 상태'로 되돌아가는 길을 막고 있다. (8) 그것은 다가가기 어렵게 도도하고 거만한 태도로, "덤벼봐! 감히 너희들이 뭘 할 수 있는데?"라고 큰 소리로 도발하는 것처럼 보인다.

▶ 2문단

• 보기 •

ㄱ. 소비에의 몰입은 세대 간 적대감을 증대시킨다.

→ (×) 제시문에서는 자격을 갖추거나 미달인 소비자 간의 차단에 대해서는 언급되고 있으나[2문단(4), (5)] 세대 간 적대감에 대해서는 언급되지 않고 있다. 2문단 (1), (8)을 통해서 추론하는 것은 잘못된 추론이다. 왜냐하면 2문단 (1)은 '스스로에게' 라는 키워드가 들어있고, 2문단 (8)은 '세대 간'이 아니라 '계층 간'이기 때문이다.

ㄴ. 소비의 즐거움은 삶의 의미를 부여하는 근거가 된다.

→ (O) 소비를 하지 못한다는 것은, 삶의 의미 부재의 표지라고 제시되어 있다.[2문단(3)] 또한, 소비를 통한 즐거움의 충만은 삶의 충만을 의미한다.[1문단(10)] 따라서 소비에서의 즐거움은 삶의 의미를 부여하는 근거가 될 수 있다. 혹시 모를 비판에 대비하기 위해 출제자는 '우리는'을 초두에 넣고 있다.[1문단(1)]

ㄷ. 더 자유롭게 소비할 수 있다는 것은 더 높은 사회적 지위의 획득을 의미한다.

→ (O) 제시문에서 하나의 소비 대상을 쉽게 처분하고는 새롭고 향상된 소비 대상으로 계속 대체하는 것은[1문단(8)] 자유롭게 소비하는 것을 의미하며 이는 사회적 지위를 측정하는 주요 척도가 된다고 했다.[1문단(9)] 이를 통해 대상을 빠르게 처분하고 대체하는 것이 사회적 지위의 척도가 되므로 더 자유롭게 소비할 수 있는 것은 더 높은 사회적 지위의 획득을 의미한다고 볼 수 있다.

ㄹ. 슈퍼마켓은 자격 미달의 소비자에게 새롭고 향상된 상품의 소비를 촉진시킨다.

→ (×) 쇼핑을 하지 못하는, 자격 미달의 소비자들[2문단(1)]에게 슈퍼마켓은 자신들을 내쫓은 땅을 차지하고서 경계를 짓는 자들의 성벽이 된다.[2문단(5)] 이 성벽은 추방된 자들, 즉 자격 미달의 소비자들의 접근을 막고[2문단(6)], '정상적 상태'로 되돌아가는 길을 막는다.[2문단(7)] 따라서 슈퍼마켓은 자격 미달의 소비자에게 새롭고 향상된 상품의 소비를 촉진시키지 않는다.

① ㄱ, ㄴ → (×)
② ㄱ, ㄹ → (×)
③ ㄴ, ㄷ → (O)
④ ㄴ, ㄹ → (×)
⑤ ㄷ, ㄹ → (×)

제시문 분석

1문단 오늘날의 소비양상과 그 의미

〈오늘날의 소비자〉
오늘날 우리는 모두 소비자이며, 권리상, 의무상 소비자이다.(2) 우리는 골치 아픈 일에서 벗어나 만족으로 가는 길에서 마주치는 모든 문제의 해결책을 상점에서 찾는다.(3)

〈종교에 비유〉		〈빈번한 처분과 구매〉		〈소비 대상 대체〉
슈퍼마켓은 우리의 사원(寺院)이다. 쇼핑 목록은 우리의 성무일도서(聖務日禱書)이고, 쇼핑몰을 거니는 것은 우리의 순례가 된다.(4),(5)	⊕	충동구매를 하거나 보다 매력적인 물건들로 자유롭게 바꾸기 위해 더 이상 매력적이지 않은 물건들을 마음 내키는 대로 처분하는 것이야말로 우리를 가장 열광시킨다.(6)	⊕	이렇게 우리는 하나의 소비 대상을 쉽게 처분하고는 새롭고 향상된 소비 대상으로 계속 대체한다.(8)

→

〈소비의 의미〉	그것은 사회적 지위와 성공적 삶을 위한 경쟁에서 우리가 올린 득점을 측정하는 주요 척도가 되며 소비를 통한 즐거움의 충만은 삶의 충만을 의미한다.(9),(10)

2문단 자격 미달 소비자에 대한 차단

〈'자격 미달'의 못 가진 소비자〉
쇼핑을 하지 못한다는 것(1)
↓
충족되지 못한 삶을 나타내 스스로에게 불쾌하고 역겨운 흔적으로 남음 자신이 보잘 것 없고 쓸모없는 사람이라는 표지 단순히 쾌락의 부재가 아니라 인간적 존엄 부재의 표지 사실상 삶의 의미 부재의 표지(1),(2)
↓
결국은 인간성의 부재, 그리고 자기를 존중하고 다른 사람들의 존중을 받을 근거 부재의 표지(3)

〈자격을 갖춘 자〉		〈자격 미달인 자〉
자격을 갖춘 신도들에게 슈퍼마켓은 섬김의 사원이자 순례의 목적지이다.(4)	↔	자격 미달이라는 이유로 소비자들의 사원에서 파문을 선고받고 쫓겨난 사람들에게, 슈퍼마켓은 자신들을 내쫓은 땅을 차지하고서 경계를 짓는 자들의 성벽이 된다.(5)

〈성벽의 보호기능〉		〈성벽의 차단기능〉		〈성벽의 도발〉
엄중히 경계되는 이 성벽은 상품들에 대해 자격 미달된 사람들의 접근을 막고, 그 안에서 소비되는 상품들은 성벽 안에 남은 신도들을 추방의 운명으로부터 보호해 준다.(6)	⊕	오늘날 이 성벽은 추방된 사람들이 '정상적 상태'로 되돌아가는 길을 막고 있다.(7)	→	그것은 다가가기 어렵게 도도하고 거만한 태도로, "덤벼봐! 감히 너희들이 뭘 할 수 있는데?"라고 큰 소리로 도발하는 것처럼 보인다.(8)

합격자의 실전 풀이 순서 비문학 유형

❶ **지문 훑어보기**

이 단계에서는 30초보다 짧은 시간에 지문의 주제와 키워드를 대강 파악한다. 눈에 띄는 부분이 있는지 체크한다. 이때, 글 전체를 조망할 필요는 없고 글의 전반부를 대강 독해하는 것으로도 충분하다.

예 오늘날 소비자의 심리에 대한 글이구나. 작은따옴표로 강조된 표현이 2개, 큰따옴표로 인용된 부분이 1개 있네. 비유적 표현이 많이 사용된 걸 보니 주장하는 글에 가까울 것 같다.

→ 이러한 짐작이 잘 통하는 것이 바로 이런 유형이다. 글쓴이의 뉘앙스에 주의하면서 글의 논지를 짐작해 본다.

❷ **발문 확인하기 및 독해**

알 수 '있는' 것인지, '없는' 것인지를 확실히 표시하고 간다. 독해시에는 글쓴이의 주장과 근거를 분리한다. 지문의 구성은 필연적으로 주장은 짧고 근거가 길 수밖에 없다. 그러나 출제에 있어선 주장과 근거가 1:1로 비중이 주어지기 때문에 주장 및 그와 직접 관련된 〈최종단계 근거〉에 더 강세를 두어 읽는다.

❸ **보기 적용하기**

먼저 글쓴이의 주장에 맞는 선지를 확인한다. 이 문제에서는 ㄹ이 가장 글쓴이의 핵심에 근접한 선지가 된다. 그 다음이 ㄴ, ㄷ 선지가 되고 ㄱ 선지는 마지막에 확인하거나 확인하지 않을 수도 있다.

합격자의 시간단축 Tip

Tip ❶ 지문의 뉘앙스를 나타내는 단어에 집중한다.

2문단의 〈역겨운 흔적〉, 〈도도하고 거만한 태도〉 등은 평상시에 쓰지 않는 단어들이다. 해당 제시문의 필자가 이 주제에 대해 어떠한 태도를 가지고 있는지 나타내는 지표이므로 이런 류의 단어를 잘 포착해야 한다.

Tip ❷ 상식이나 어림짐작식의 선지판단을 지양한다.

선지 ㄴ은 제시문의 비판적 태도를 가지고 자칫 아니라고 판단할 수 있고, 선지 ㄹ은 슈퍼마켓에 대한 선입견을 근거로 맞다고 판단할 수 있다. 이를 피하기 위해서는 처음부터 선지에서 〈삶의 의미〉, 〈향상된 상품〉 등의 키워드를 잡고 독해를 진행할 때 해당 부분이 들어간 내용을 확인하면 바로 선지 판단을 진행한다.

Tip ❸ 공통되는 흐름이라면 하나로 묶는다.

예컨대 2문단 중간의 '자격'이라는 키워드를 통해 사람 계층의 분리가 일어남을 알 수 있다. 두 개가 서로 대비되고 있지만 목적하는 바는 〈계급〉이라는 키워드로 정리될 수 있다.

138 정답 ②

난이도 ●●●

문제유형 이해 > 핵심논지의 파악

접근전략 논지파악 유형은 쉬운 유형에 속한다. 거기에 지문의 길이가 길지 않으며 논지가 뚜렷하게 제시되어 있어 풀이법이 복잡하지 않다. 따라서 일반적인 접근을 통해 해결할 수 있다.

다음 글의 논지로 가장 적절한 것은?

(1) 아! 이 책은 붕당의 분쟁에 관한 논설을 실었다. (2) 어째서 '황극(皇極)'으로 이름을 삼았는가? (3) 오직 황극만이 붕당에 대한 옛설을 혁파할 수 있기에 이로써 이름 붙인 것이다. ▶ 1문단

(1) 내가 생각하기에 옛날에는 붕당을 혁파하는 것이 불가능했다. (2) 왜 그러한가? 그때는 군자는 군자와 더불어 진붕(眞朋)을 이루고 소인은 소인끼리 무리지어 위붕(僞朋)을 이루었다. (3) 만약 현부(賢否), 충사(忠邪)를 살피지 않고 오직 붕당을 제거하기에 힘쓴다면 교활한 소인의 당이 뜻을 펴기 쉽고 정도(正道)로 처신하는 군자의 당은 오히려 해를 입기 마련이었다. (4) 이에 구양수는 『붕당론』을 지어 신하들이 붕당을 이루는 것을 싫어하는 임금의 마음을 경계하였고, 주자는 사류(士類)를 고르게 보합하자는 범순인의 주장을 비판하였다. (5) 이들은 붕당이란 것은 어느 시대에나 있는 것이니, 붕당이 있는 것을 염려할 것이 아니라 임금이 군자당과 소인당을 가려내는 안목을 지니는 것이 관건이라고 하였다. (6) 군자당의 성세를 유지시킨다면 정치는 서설로 바르게 되기 때문이다. 이것이 옛날에는 붕당을 없앨 수 없었던 이유이다. ▶ 2문단

(1) 그러나 지금 붕당을 만드는 것은 군자나 소인이 아니다. (2) 의논이 갈리고 의견을 달리하여 저편이 저쪽의 시비를 드러내면 이편 또한 이쪽의 시비로 대응한다. (3) 저편에 군자와 소인이 있으면 이편에도 군자와 소인이 있다. (4) 따라서 붕당을 그대로 둔다면 군자를 모을 수 없고 소인을 교화시킬 수 없다. (5) 이제는 붕당이 아닌 재능에 따라 인재를 등용하는 정책을 널리 펴야 한다. (6) 그런 까닭에 영조대왕은 황극을 세워 탕평정책을 편 것을 50년 재위 기간의 가장 큰 치적으로 삼았다. ▶ 3문단

① 군자들만으로 이루어진 붕당을 만들어야 한다.
→ (×) 제시문은 붕당이 아닌 재능에 따라 인재를 등용하는 정책을 강조하였다.[3문단(5)] 군자들만으로 이루어진 붕당을 만들어야 한다는 주장은 제시문에 등장하지 않았다.

② 붕당을 혁파하고 유능한 인재를 등용하여야 한다.
→ (○) 제시문은 현재의 붕당을 그대로 둔다면 군자를 모을 수 없고 소인을 교화시킬 수 없다고 주장한다.[3문단(4)] 또한, 붕당이 아닌 재능에 따라 인재를 등용하는 정책을 널리 펴야 한다는 것을 강조하였다.[3문단(5)]

③ 옛날의 붕당과 현재의 붕당 사이의 조화를 도모해야 한다.
→ (×) 제시문은 군자의 무리인 진붕(眞朋)과 소인의 무리인 위붕(僞朋)으로 나뉘었던 과거의 붕당과[2문단(2)] 군자와 소인의 구별 없이 이루어진 현재의 붕당[3문단(3)]의 차이점을 서술하며 현재 붕당의 혁파 가능성에 대해 서술하고 있다. 옛날의 붕당과 현재의 붕당 사이의 조화를 도모해야 한다는 내용은 서술되어 있지 않다.

④ 강력한 왕권을 확립하여 붕당 간의 대립을 조정해야 한다.

→ (×) 제시문은 붕당이 아닌 재능에 따라 인재를 등용하는 정책을 강조하였다.[3문단(5)] 붕당 간의 대립을 조정하기 위해 강력한 왕권을 확립하여야 한다는 내용은 서술되어 있지 않다.

⑤ 붕당마다 군자와 소인이 존재하므로 한쪽 붕당만을 등용하거나 배격하는 것은 옳지 않다.

→ (×) 제시문에서는 어느 붕당에서나 군자와 소인이 모두 존재한다고 하며[3문단(3)] 붕당 혁파의 필요성과 재능에 따라 인재를 등용해야 할 필요성에 대해 언급하고 있다.[3문단(5)] 따라서 내용 자체는 옳지만 논지로 적절하지는 않다. 지문에서는 붕당이 아닌 〈재능〉이라는 인재등용 대안을 제시하고 있으므로[3문단(5)] 대안이 논지에 포함되어야 한다.

제시문 분석

1문단 황극(皇極)의 의미

〈황극(皇極)〉
책의 이름을 황극이라 지은 까닭은 오직 황극만이 붕당에 대한 옛설을 혁파할 수 있기 때문이다.(2),(3)

2문단 붕당 혁파의 어려움과 그 이유

〈진붕과 위붕〉		〈예상되는 부작용〉		〈구양수와 주자〉
군자는 군자와 더불어 진붕(眞朋)을 이루고 소인은 소인끼리 무리지어 위붕(僞朋)을 이루었다.(2)	⊕	만약 현부(賢否), 충사(忠邪)를 살피지 않고 오직 붕당을 제거하기에 힘쓴다면 교활한 소인의 당이 뜻을 펴기 쉽고 정도(正道)로 처신하는 군자의 당은 오히려 해를 입기 마련이었다.(3)	⊕	이에 구양수는 『붕당론』을 지어 신하들이 붕당을 이루는 것을 싫어하는 임금의 마음을 경계하였고, 주자는 사류(士類)를 고르게 보합하자는 범순인의 주장을 비판하였다.(4)

→

〈이유〉	이들은 붕당이란 것은 어느 시대에나 있는 것이니, 붕당이 있는 것을 염려할 것이 아니라 임금이 군자당과 소인당을 가려내는 안목을 지니는 것이 관건이라고 하였다. 군자당의 성세를 유지시킨다면 정치는 저절로 바르게 되기 때문이다.(5),(6)

3문단 붕당 혁파의 필요성

〈현재의 붕당〉		〈붕당 혁파의 필요성〉
그러나 지금 붕당을 만드는 것은 군자나 소인이 아니다. 의논이 갈리고 의견을 달리하여 저편이 저쪽의 시비를 드러내면 이편 또한 이쪽의 시비로 대응한다. 저편에 군자와 소인이 있으면 이편에도 군자와 소인이 있다.(1),(2),(3)	→	따라서 붕당을 그대로 둔다면 군자를 모을 수 없고 소인을 교화시킬 수 없다. 이제는 붕당이 아닌 재능에 따라 인재를 등용하는 정책을 널리 펴야 한다. 그런 까닭에 영조대왕은 황극을 세워 탕평정책을 편 것을 50년 재위 기간의 가장 큰 치적으로 삼았다.(4),(5),(6)

합격자의 실전 풀이 순서

비문학 유형

논지파악 유형은 지문을 제시한 후, 지문의 핵심 주장·내용을 선지에서 고르도록 하는 문제들을 말한다.

⓪ 유형 식별하기

논지파악 유형의 식별은 간단하다. 발문을 확인하면 곧바로 알 수 있다.

- 발문: 다음 글의 논지/주장…과 부합하는/적합한 것은?

❶ 지문 이해하기

논지파악 유형에서는 무조건 지문을 모두 읽고 선지로 내려갈 것을 추천한다. 선지를 먼저 확인해도 이것이 글 전체를 포괄하는지 알 수 없기 때문이다.

논지파악 유형의 지문은 대부분 설명하는 글이 아닌 주장하는 글이다. 따라서 지문을 읽으며 수험생은 '문제의식'을 염두에 두어야 한다. 글쓴이가 어떤 문제의식을 가지고 있는가? 이에 대한 대안을 주장하고 있다면 무엇인가? 등을 스스로 질문하며 지문을 읽는다.

❷ 선지 고르기

다음 단계에서는 선지 중 핵심 논지를 찾는다. 논지가 될 만한 문장은 첫째로, 지문과 상충되는 부분이 없어야 한다. 지문에서 글쓴이의 주장에 해당하는 내용 일부라도 맞지 않으면 논지가 될 수 없다.

둘째로, 지문 내용 전체를 포괄해야 한다. 지문의 일부분만 다루는 문장이라면 상충하는 부분이 없어도 핵심 논지가 아닌 뒷받침 문장일 뿐이다.

위를 조건 삼아 선지를 소거하면 정답을 명확하게 찾아낼 수 있다. 물론, 지문을 읽는 것만으로 논지가 파악되어 정답이 바로 보인다면 모든 선지를 소거할 필요는 없다.

합격자의 시간단축 Tip

Tip ❶ 문장의 뉘앙스를 통해 다음 내용을 예측한다.

〈옛날에는 붕당을 혁파하는 것이 불가능했다〉는 말 뒤에는 오늘날에는 가능하다는 내용이 오리란 것을 예상할 수 있다. 이 경우 옛날과 오늘날의 차이가 무엇이기에 가능하다고 바뀌었는지 의문점을 가지고 지문을 독해하면 수월하게 이해할 수 있다.

Tip ❷ 한자가 병기된 경우 반복되는 한자가 있는지 찾아본다.

예컨대 2문단의 〈진붕〉과 〈위붕〉의 경우 '붕'이 반복되고 있으며 이것이 〈진/위〉로 대비됨을 알 수 있다.

139 정답 ④ 난이도 ●●○

문제유형 이해 > 결론 도출

접근전략 빈칸 추론 유형은 다른 문제들과 달리, 빈칸을 먼저 읽고 나서 글 전체에 접근하는 방식으로 지문을 읽어야 한다. 빈칸의 위치를 먼저 파악한 후에, 빈칸 앞뒤 문장을 읽어 빈칸의 특성을 파악하는 것이다. 그 뒤에는 특성에 맞게 글을 전체적으로 통독하기도 하고, 일부분을 정독하기도 한다. 이처럼 빈칸 추론 유형은 지문과 빈칸의 특성에 맞게 유동적으로 글을 읽어야 함을 염두에 두고 문제를 풀도록 하자.

빈칸에 들어갈 진술로 가장 적절한 것은?

(1) 하늘이 내린 생물을 해치고 없애는 것은 성인(聖人)이 하지 않는 바이다. (2) 하물며 하늘의 도가 어찌 사람들에게 살아있는 것을 죽여서 자기의 생명을 기르게 하였겠는가? (3) 『서경』에서는 "천지는 만물의 부모이며, 인간은 만물의 영장이다. 진실로 총명한 자는 천자가 되고, 천자는 백성의 부모가 된다"라고 하였

다. (4) 천지가 이미 만물의 부모라면 천지 사이에 태어난 것은 모두 천지의 자식이다. (5) 천지와 사물의 관계는 부모와 자식의 관계와 같으며, 자식 가운데 어리석고 지혜로움의 차이가 있는 것은 사람과 만물 사이에 밝고 어두움의 차이가 있는 것과 같다. (6) 부모는 자식이 어리석고 불초하면 사랑하고 가엽게 여기며 오히려 걱정하거늘, 하물며 해치겠는가? (7) 살아있는 것을 죽여서 자기의 생명을 기르는 것은 같은 식구를 죽여서 자기를 기르는 것이다. (8) 같은 식구를 죽여서 자기를 기르면 부모의 마음이 어떠하겠는가? (9) 자식들끼리 서로 죽이는 것은 부모의 마음이 아니다. (10) 사람과 만물이 서로 죽이는 것이 어찌 천지의 뜻이겠는가? (11) 인간과 만물은 이미 천지의 기운을 함께 얻었으며, 또한 천지의 이치도 함께 얻었고 천지 사이에서 함께 살아가고 있다. (12) 이미 하나의 같은 기운과 이치를 함께 부여받았는데, 어찌 살아있는 것들을 죽여서 자신의 생명을 양육할 수 있겠는가? (13) 그래서 불교에서는 "천지는 나와 뿌리가 같고, 만물은 나와 한 몸이다"라고 하였고, 유교에서는 "천지만물을 자기와 하나로 여긴다"고 하면서 이것을 '인(仁)'이라고 부른다.

▶ 1문단

(1) 그렇지만 실천하여 행하는 것이 그 이상과 같아야 비로소 인의 도를 온전히 다했다고 할 수 있다. (2) 유교 경전인 『논어』는 "공자는 그물질은 하지 않으셨어도 낚시질은 하셨으며, 화살로 잠든 새는 쏘지 않으셨지만 나는 새는 맞추셨다"라고 하였고, 『맹자』도 "군자가 푸줏간을 멀리하는 것은 가축이 죽으면서 울부짖는 소리를 들으면 차마 그 고기를 먹지 못하기 때문이다"라고 말하고 있다. (3) 이것으로 보면, [ ]

▶ 2문단

① 유교는 『서경』 이래 천지만물을 하나의 가족처럼 여기는 인의 도를 철두철미하게 잘 실천하고 있다.
→ (×) 유교는 『서경』에서 살아있는 것을 죽여서 자기의 생명을 기르는 것은 같은 식구를 죽여서 자기를 기르는 것이라고 하였고[1문단(7)], 인의 도를 "천지만물을 자기와 하나로 여기는 것"이라고 하였다.[1문단(13)] 즉, 유교는 '천지만물을 하나의 가족처럼 여기는 것'을 인의 도라고 본 것이다. 그러나 『논어』에서는 공자가 '나는 새'를 사냥하였다고 언급되어 있으므로[2문단(2)], 이는 곧 같은 식구를 죽이는 살생이 일어난 것이다. 따라서 유교는 『서경』 이래 인의 도를 철두철미하게 잘 실천하고 있다고 보기는 어렵다.

② 유교에서는 공자와 맹자에서부터 살생하지 말라는 불교의 계율을 이미 잘 실천하고 있다.
→ (×) 『논어』에서는 공자가 '나는 새'를 사냥하였다고 언급되어 있고, 『맹자』 또한 군주가 푸줏간을 멀리한다고만 하였을 뿐 아예 고기를 먹지 않는다고 언급하지는 않고 있다.[2문단(2)] 따라서 이는 살생하지 말라는 불교의 계율을 잘 실천하고 있다고 보기는 어렵다.

③ 유교의 공자와 맹자는 동물마저 측은히 여기는 대상에 포함하여 인간처럼 대하였다.
→ (×) 『논어』에서 공자는 '나는 새'를 사냥하였다고 언급되어 있으므로[2문단(2)], 공자가 동물을 인간처럼 대하였다는 해당 선지의 내용은 빈칸에 들어갈 수 없다.

④ 유교는 인의 도가 지향하는 이상을 실천하는 데 철저하지 못한 측면이 있다.
→ (O) 유교는 인의 도를 "천지만물을 자기와 하나로 여기는 것"이라고 하였다.[1문단(13)] 이에 따르면, 살아있는 것을 죽여서 자기의 생명을 기르는 것은 같은 식구를 죽여서 자기를 기르는 것이므로[1문단(7)] 모든 살생을 지양해야 한다. 그러나 공자도 낚시질을 하고 나는 새를 맞추는 살생을 하였으며, 맹자도 고기를 먹었기 때문에[2문단(2)], 유교가 인의 도가 지향하는 이상을 완전히 실현하지는 못했다고 볼 수 있다. 따라서 해당 선지의 내용이 빈칸에 들어가기에 타당하다.

⑤ 유교에서 인의 도는 인간과 동물을 부모와 자식의 관계로 보고 있다.
→ (×) 유교에서 천지와 사물을 부모와 자식의 관계로 보는 것은 맞으나[1문단(5)], 인간과 동물 또한 부모와 자식의 관계가 성립하는지는 제시문에 언급되어 있지 않다. 따라서 이는 알 수 없는 내용이다.

제시문 분석

1문단 유교의 '인(仁)'

〈유교의 '인(仁)'의 도〉
유교에서는 "천지만물을 자기와 하나로 여긴다"고 하면서 이것을 '인(仁)'이라고 부른다.(13)

〈전제〉		〈결론〉
천지와 사물의 관계는 부모와 자식의 관계와 같다.(5)	→	살아있는 것을 죽여서 자기의 생명을 기르는 것은 같은 식구를 죽여서 자기를 기르는 것이다.(7)

2문단 유교의 이상 실현의 한계

〈전제〉		〈현실〉
실천하여 행하는 것이 그 이상과 같아야 비로소 인의 도를 온전히 다했다고 할 수 있다.(1)	↔	공자는 낚시질을 하고 나는 새를 맞추었으며, 맹자도 고기를 먹었다.(2)

→	〈한계〉	유교는 인의 도가 지향하는 이상을 실천하는 데 철저하지 못했다.(④번 선지)

합격자의 실전 풀이 순서

❶ 빈칸의 위치를 파악하고 빈칸 앞뒤 문장을 먼저 읽는다.

문제를 빠르게 해결하기 위해서는 가장 먼저 빈칸의 위치를 파악하는 것이 중요하다. 본 문제의 경우 빈칸이 가장 하단부에 위치함을 확인할 수 있다. 또한, 빈칸의 앞 문장은 논어와 맹자에 대해 이야기하고 있으며 빈칸은 '이것으로 보면,' 이라는 표현과 연결되어 있다.

이를 통해 본 마지막 빈칸의 성격은 앞내용을 요약하여 정리하는 결론의 특징을 가지고 있다고 생각할 수 있다. 또한 글의 소재는 동양 철학과 관련되어 있고, 동정심 같은 인간적인 가치가 주제와 관련 있다는 것을 알 수 있다.

❷ 지문 읽기

빈칸의 특성이 특정한 정보를 추가하는 것이 아닌, 앞의 내용을 요약하는 것이기 때문에 글의 전반적인 내용을 파악하는 것이 중요하다. 그러므로 1문단과 빈칸 앞 문장까지 글을 속도감 있게 통독하기 시작한다. 이때 글의 주요 내용을 담은 문장에는 별도의 표기를 하도록 한다. 단 표기는 절대 많아선 안 되고 핵심을 이해할 수 있는 정도로 족하다. 특히 '천지'의 개념이라든가, 손윗/손아랫단계 나열이라든가 '기운, 이치' 등의 단어라든가 하는 것에 집중하면 안 된다. 이 모든 요령은 빈칸 근처를 먼저 읽었기 때문에 성립하므로 반드시 빈칸 근처를 먼저 읽도록 한다.

이 지문은 1문단이 굉장히 길다. 심지어 용어도 비교적 낯설다. 문제 유형이 쉬워서 그렇지 사실 독해 난이도는 낮은 편이 아니다. 이 경우 긴 문단을 몇 개로 나눠서 봐야 한다. 나누는 기준은 여러 가지가 있지만 필자는 일단 물음표를 기준으로 의미를 구분한다. 물음표 다음에는 반드시 글쓴이가 하고 싶은 말이 나오기 때문이다.

물론 그렇지 않은 지문들도 많다. 그럴 때는 반복되는 구절을 중심으로 구분한다. 예컨대 이 지문에서는 1문단 (9)와 (10)이 같은 의미로 반복되고 있다. 이렇게 같은 말을 달리 하는 문장이 나오면 그 부근이 핵심 내용이란 뜻이므로 호흡을 쉬어 간다.

하지만 그마저도 찾기 힘든 경우가 있다. 그 경우에는 내용이 한 번에 바뀌는 부분에서 끊는다. 예컨대 이 지문에선 1문단 (13)의 경우 갑자기 불교와 유교라는 종교가 등장하여 나열되고 있다.

지금 설명한 것들은 핵심 주장을 찾는 기법이기도 하지만 거기까지 읽고 내용을 정리하는 기법이기도 하다. 이렇게 핵심 문장을 찾으면 그것을 이용할 줄 알아야 한다. 앞의 내용이 핵심과 관련이 없으면 기억에서 지우고, 핵심과 하나로 연결되면 뭉뚱그려서 이해한다. 이렇게 함으로써 두뇌 사용량을 줄일 수 있다.

❸ 다시 한번 빈칸의 앞 문장을 정독하고 빈칸에 들어갈 내용을 유추

글의 대략적인 내용을 파악한 후, 다시 빈칸의 앞 문장을 정독한다. 이 과정을 빠트리면 안 되는 이유는, 특히 빈칸 근처에 논리적 함정이나 중요한 단서가 들어가기 때문이다. 즉, 빈칸과 멀리 떨어진 곳은 그 내용이 중요하지만, 빈칸과 가까이 있는 곳은 세부 정보가 다 중요하다.

그 다음은 빈칸에 어떤 내용이 들어가야 할지 추측해보도록 한다. 이때 추측이란 완벽한 정답을 추측하는 것이 아니라 '들어갈 수 있을 만한' 내용을 대강 생각하는 것이다. 빈칸에 들어갈 정확한 문장은 어차피 선지에 제시되어 있으므로, 엄밀한 내용 추측에 너무 오랜 시간을 소요할 필요는 없다. 좀 심하게 말하면, "어차피 독자가 생각한 내용은 정답이 아니다."라는 것을 기억해야 한다.

❹ 선지를 보고 빈칸에 들어갈 정답을 고른다.

마지막으로는 오지선다를 보고 빈칸의 정답을 고르도록 한다. 앞선 단계에서 빈칸의 내용을 올바르게 추측했다면 어렵지 않게 정답을 고를 수 있다.

이 과정에서 추측한 내용과 전혀 다른 선지만 있거나, 혹은 유사한 선지가 두 개 이상 있는 경우가 있다. 이때는 지문 속 내용을 하나라도 더 많이 가지고 있는 선지를 고르는 것이 정답이다. 단, 지문에서 추론할 수 없는 내용이 들어갔다면 그것은 고르면 안 된다. '이어지는 내용'이므로 추론 선지를 골라야 할 것 같지만 그렇지 않다. 예컨대 3번 선지는 '천지 아래 가족'일 뿐이므로 인간으로 대했는지는 알 수 없다. 인간처럼 대했는지, 그리고 어떻게 해야 그럴 수 있는지는 지문에 나온 바 없다.

합격자의 시간단축 Tip

Tip ❶ 빈칸과 빈칸의 앞뒤를 먼저 읽도록 한다.

빈칸 추론 유형의 문제는 일반 문제와 다른 접근 방식을 사용해야 한다. 일반 문제의 경우에는 첫 문단을 먼저 정독한 후, 중심 소재와 흐름을 파악하며 나머지 내용을 읽어 내려가는 방식으로 푼다. 그러나 빈칸 추론 유형의 지문을 읽을 때는 빈칸이 있는 곳으로 먼저 시선을 돌리는 것이 중요하다. 결국 수험생이 찾아야 하는 것은 '빈칸에 어떤 내용이 들어가야 하는가?'이기 때문이다. 빈칸의 위치는 해당 문제와 같이 글의 마지막에 있을 수도 있지만, 글의 처음이나 중간 등에도 다양하게 배치될 수 있다. 따라서 발문을 확인한 후 가장 먼저 해야 할 일은, 빈칸의 위치를 찾고 빈칸의 앞뒤 문장을 정독하는 것이다. 그 이유는 빈칸의 위치와 특성에 따라 글을 읽는 방법이 달라지기 때문이다.

Tip ❷ 빈칸의 성격에 따라 집중해서 읽어야 할 부분을 판단한다.

위 지문 속 빈칸은 글의 핵심 내용을 요약하는 성격의 빈칸이었다. 그러나 빈칸이 언제나 이렇게 하단부에 위치하여 글 전체를 요약하는 성격을 가지는 것은 아니며, 글의 처음과 중간 등 다양한 위치에 배치될 수 있다.

빈칸이 글의 처음에 제시되는 경우, 일반적으로 빈칸이 포함된 문단을 요약하는 내용일 확률이 높다. 이때는 근처 문단은 가볍게 읽고, 빈칸이 속한 문단을 요약하는 데 집중한다. 이와 달리, 빈칸이 글의 중간에 위치하는 경우 해당 빈칸은 근처의 특정한 세부 정보를 물어볼 수도 있으므로, 빈칸이 포함된 문장과 앞뒤 내용을 읽어본 후 빈칸 주변을 정독하는 데 주의를 기울인다. 이처럼 빈칸의 위치와 특성에 따라 특히 집중해서 읽어야 할 부분이 달라지기 때문에, 글을 읽는 방식을 유연하게 택하도록 한다.

Tip ❸ 선지가 반드시 꼭 들어맞는다는 보장은 없다.

사실 빈칸에 들어갈 말은 여러 가지가 있을 수 있다. 공자와 맹자의 행위를 정당화하거나, 유교적 불살(不殺)의 개념이 불교와 다르다는 내용이 들어갈 수도 있다. 아니면 개나 고양이같은 생물과 다른 생물을 구분했다는 내용이 이어질 수도 있다. 그러나 이들은 모두 정답이 아니다.

이처럼 어떤 이에게는 정답 선지인 ④번도 불충분해 보일 수도 있다. 그러므로 선지가 꼭 블록 조각이나 자료 해석처럼 완벽하게 들어맞을 거란 생각을 버리자. 글의 흐름과의 부합성이 '다른 선지보다' 맞기만 하면 되는 것이다.

140 정답 ⑤ 난이도 ●○○

문제유형 법규적 내용의 적용

접근전략 〈행위–과태료부과–이의제기–재판진행–불복–재불복〉이라는 전체 틀을 개략적으로라도 빠르게 파악하는 것이 필요하다. 정식/약식 여부에 따라 재판의 중간과정과 불복절차가 달라지는 구조를 잡고 그 세부 내용을 지문–선지를 오가며 이해의 정도를 높여간다.

다음 글과 〈상황〉을 근거로 판단할 때 옳은 것은?

(1) 불법 주·정차 등 질서위반행위에 대하여 관할행정청은 과태료를 부과한다. (2) 관할행정청으로부터 과태료 부과처분의 통지를 받은 사람(이하 '당사자'라 한다)은 그 처분을 다투기 위하여 관할행정청에 이의를 제기할 수 있고, 이의제기가 있으면 과태료 처분은 효력을 상실한다. (3) 관할행정청이 당사자의 이의제기 사실을 관할법원에 통보하면, 그 법원은 당사자의 신청 없이 직권으로 과태료를 부과하는 재판을 개시한다. (4) 과태료 재판을 담당하는 관할법원은 당사자의 주소지 지방법원 또는 지방법원 지원이다. ▶ 1문단

(1) 법원은 정식재판절차 또는 약식재판절차 중 어느 하나의 절차를 선택하여 과태료 재판을 진행한다. (2) 정식재판절차로 진행하는 경우, 법원은 당사자 진술을 듣고 검사 의견을 구한 다음에 과태료 재판을 한다. (3) 약식재판절차에 의하는 경우, 법원은 당사자 진술을 듣지 않고 검사 의견만을 구하여 재판을 한다.

▶ 2문단

(1) 정식절차에 의한 과태료 재판에 불복하고자 하는 당사자 또는 검사는 그 재판의 결과(이하 '결정문'이라 한다)를 고지받은 날부터 1주일 내에 상급심 법원에 즉시항고하여야 한다. (2) 그러나 약식절차에 의한 과태료 재판에 불복하고자 하는 당사자 또는 검사는 결정문을 고지받은 날부터 1주일 내에 과태료 재판을 한 법원에 이의신청하여야 한다. (3) 이의신청이 있으면 법원은 정식재판절차에 의해 다시 과태료 재판을 하며, 그 재판에 대해 당사자 또는 검사는 상급심 법원에 즉시항고할 수 있다.

▶ 3문단

• 상황 •

청주시에 주소를 둔 甲은 자기 승용차를 운전하여 인천에 놀러갔다. 며칠 후 관할행정청(이하 '乙'이라 한다)은 불법주차를 이유로 과태료를 부과한다는 통지를 甲에게 하였다. 이 과태료 부과에 대해 甲은 乙에게 이의를 제기하였고, 乙은 甲의 주소지 법원인 청주지방법원에 이의제기 사실을 통보하였다.

① 甲은 乙에게 이의제기를 하지 않고 직접 청주지방법원에 과태료 재판을 신청할 수 있다.

→ (×) 1문단 둘째 줄에 따르면 당사자는 과태료 부과처분을 다투기 위하여 관할행정청에 이의를 제기할 수 있다. 한편 1문단 넷째 줄에 따르면 관할행정청이 당사자의 이의제기 사실을 관할법원에 통보하면, 그 법원은 당사자의 신청 없이 직권으로 과태료를 부과하는 재판을 개시한다. 즉 과태료 재판은 당사자의 신청을 요하지 않으므로, 과태료 부과통지를 받은 당사자 甲은 직접 청주지방법원에 과태료 재판을 신청할 수 없다.

② 甲이 乙에게 이의를 제기하더라도 과태료 처분은 유효하기 때문에 검사의 명령에 의해 과태료를 징수할 수 있다.

→ (×) 1문단 넷째 줄에 따르면 당사자의 이의제기가 있으면 과태료 처분은 효력을 상실한다. 따라서 당사자 甲이 관할행정청 乙에게 이의를 제기하는 경우 과태료 처분은 효력을 상실하므로 과태료를 징수할 수 없다.

③ 청주지방법원이 정식재판절차에 의해 과태료 재판을 한 경우, 乙이 그 재판에 불복하려면 결정문을 고지받은 날부터 1주일 내에 상급심 법원에 즉시항고하여야 한다.

→ (×) 3문단 첫째 줄에 따르면 정식절차에 의한 과태료 재판에 불복하고자 하는 당사자 또는 검사는 결정문을 고지받은 날부터 1주일 내에 상급심 법원에 즉시항고하여야 한다. 따라서 청주지방법원이 정식재판절차에 의해 과태료 재판을 한 경우 당사자도, 검사도 아닌 관할행정청 乙은 그 재판에 불복할 수 없다.

④ 청주지방법원이 甲의 진술을 듣고 검사 의견을 구한 다음 과태료 재판을 한 경우, 검사가 이 재판에 불복하려면 결정문을 고지받은 날부터 1주일 내에 청주지방법원에 이의신청을 하여야 한다.

→ (×) 2문단 둘째 줄에 따르면 정식재판절차로 진행하는 경우, 법원은 당사자 진술을 듣고 검사 의견을 구한 다음에 과태료 재판을 한다. 해당 선지는 〈甲의 진술을 듣고〉라는 단서를 통해 해당 재판이 정식재판이라는 숨겨진 정보를 제시하고 있다. 한편 3문단 첫째 줄에 따르면 정식절차에 의한 과태료 재판에 불복하고자 하는 당사자 또는 검사는 결정문을 고지받은 날부터 1주일 내에 상급심 법원에 즉시항고하여야 한다. 따라서 검사가 이 재판에 불복하려면 결정문을 고지받은 날부터 1주일 내에 청주지방법원에 이의신청을 하는 것이 아닌 상급심 법원에 즉시항고하여야 한다.

⑤ 청주지방법원이 약식재판절차에 의해 과태료 재판을 한 경우, 甲이 그 재판에 불복하려면 결정문을 고지받은 날부터 1주일 내에 청주지방법원에 이의신청을 하여야 한다.

→ (○) 3문단 넷째 줄에 따르면 약식절차에 의한 과태료 재판에 불복하고자 하는 당사자 또는 검사는 결정문을 고지받은 날부터 1주일 내에 과태료 재판을 한 법원에 이의신청하여야 한다. 따라서 청주지방법원이 약식재판절차에 의해 과태료 재판을 한 경우, 당사자 甲이 그 재판에 불복하려면 결정문을 고지받은 날부터 1주일 내에 과태료 재판을 한 청주지방법원에 이의신청을 하여야 한다.

합격자의 실전 풀이 순서

❶ 문제의 유형 파악

제시문의 형식은 법조문이 아니나, 〈상황〉이 주어졌고 제시문 첫 문장의 '과태료'가 눈에 띈다. 따라서 제시문 형태로 주어진 법률 관련 규정을 적용하는 문제임을 알 수 있다. 해당 유형은 일반적인 법조문 문제와 같이 제시문이 법률 규정이라 생각하고 접근한다. 먼저 제시문의 구조와 선지에 나올만한 중요 표현들을 파악한 후 선지에서 묻고 있는 정보를 제시문으로 찾아 올라가는 것이다. 〈상황〉이 제시문의 내용을 알려주기도 하므로, 〈상황〉을 먼저 읽고 제시문을 읽는 것도 좋다. 다만 〈상황〉과 제시문 중 무엇을 먼저 읽는 것이 시간 단축에 도움이 되는지는 사람마다 다르므로 여러 규정적용문제를 풀어봄으로써 자신만의 풀이법을 익힌다. 또한, 발문에서 '옳은 것'을 묻고 있으므로, '옳은'에 표시하여 옳지 않은 선지를 고르는 실수를 방지하자.

다음 글과 〈상황〉을 근거로 판단할 때 옳은 것은?

❷ 〈상황〉 및 제시문 구조 파악

〈상황〉의 길이가 짧지는 않지만 필요한 부분만 빠르게 보며 대강의 글의 소재를 파악한다. 등장인물 甲과 행정청 乙, 주소지와 위반행위가 일어난 지역이 다르다는 점, '불법행위-과태료부과-이의제기-법원통보' 정도의 개요를 파악할 수 있다.

해당 제시문은 각 문단의 모든 문장이 세부 규정이므로 모두 기억하며 읽기 어렵다. 따라서 제시문은 제목이 없는 법조문, 각 문단은 하나의 조항이라고 생각하고 구조를 파악한다.

1문단은 과태료 부과부터 과태료 재판까지의 절차이다. '과태료 부과처분 통지-이의제기-법원통보-재판개시'라는 절차의 흐름, 이의제기의 효력(과태료 처분 효력 상실) 및 각각의 주체와 대상에 표시를 해둔다.

2문단은 재판절차를 설명한다. 정식재판절차와 약식재판절차를 '/'로 구분하거나 1과 2의 숫자를 활용하여 표시해둔다. 전자는 당사자의 진술을 들으나 후자는 듣지 않는다는 차이가 있다.

3문단은 재판 불복에 관한 내용이다. 여기서도 정식절차와 약식절차에 대한 불복 절차를 '/'로 구분하거나 1과 2의 숫자를 활용하여 표시한다. 또는, 각각 ○ 및 △로 표시하여 구분할 수도 있다. '즉시항고' 및 '이의신청'의 신청 법원과 신청 기한이 중요하므로 강조 표시를 해두고, '이의신청'이 있을 경우 법원의 대응 방안을 다룬 마지막 문장을 주의 깊게 읽는다.

❸ 선지 판단

선지를 읽고, 해당 내용이 기재된 문단으로 돌아가 꼼꼼히 읽고 선지의 정오를 판단한다.

①은 '이의제기'는 과태료 부과절차이므로 1문단, ②는 이의제기의 효력이므로 1문단에서 근거를 찾을 수 있다. ③, ④, ⑤는 불복절차에 대한 것이므로 3문단에서 근거를 찾으면 된다. 특히 ③, ⑤ 선지는 정식재판과 약식재판의 불복 신청 기간과 신청 대상 법원의 차이점을 다루고 있다. 또한, ④는 정식재판, 약식재판이라는 용어가 아닌, '진술' 여부로 절차를 구분하여 나타내고 있음에 주의한다.

합격자의 시간단축 Tip

Tip ❶ 규정적용 유형임을 파악하여 독해 전략 수립

〈상황〉이나 〈예시〉가 있는 경우 '규정적용' 유형임을 예상할 수 있다. 본 문제는 제시문이 법률 규정과 유사하므로 구조와 키워드만 파악하며 읽고, 세부 내용은 선지 판단 시 자세히 읽는다. 이때 문단별 중심 소재를 조항의 제목이라고 생각하면, 내용을 찾기가 수월하다. 1문단을 제1조, 첫 번째 문장을 제1항으로 보는 것이다. 구조 분석 시 행위 주체와 객체를 놓치지 않도록 주의한다. 본 문제의 경우 이의제기는 당사자가 행정청에 하지만, 관할법원에 대한 통보는 당사자가 아닌 행정청이 주체이다.

더불어 제시문을 읽기 전 〈상황〉을 먼저 읽으면 제시문 이해에 도움이 된다. 본 문제와 같이 〈상황〉이 구체적으로 주어진 경우, 꼼꼼히 읽기보다는 누가 등장하는지와 어떤 행위를 했는지를 중심으로 읽으면 된다. 제시문을 읽기 전 도움을 받기 위한 것이므로 모두 이해하지 않아도 괜찮다.

Tip ❷ 〈상황〉이 제시문 어디에 해당하는지 확인

본 문제와 같이 〈상황〉이 제시문을 구체화하는 데 그친다면, 그 상황이 제시문의 어디에 해당하는지 확인하면 선지에서 물어볼 것을 예상할 수 있다. 예를 들어, 〈상황〉이 관할행정청의 관할법원에 대한 이의제기 통보로 끝났으므로 다음에는 법원이 과태료 재판을 개시할 차례이다. 따라서 재판 개시 및 불복에 대한 선지가 등장할 것을 예상할 수 있다.

Tip ❸ 병렬적으로 제시된 대상 간 차이점에 주목

대상 간의 차이점은 선지에 자주 등장하므로, 제시문에 대상 간 차이점이 나타난다면 조문 구조 분석 단계에서 표시해두자. 선지에서는 대상의 설명을 바꾸어 제시하기도 한다. 2문단의 정식재판과 약식재판의 차이점은 결국 '당사자 진술'의 여부이고, 선지 ④에서 이 차이점이 활용되었다. 또한, 3문단의 정식절차와 약식절차에 대한 불복 신청 기간 및 신청 대상의 차이점이 선지 ③과 ⑤에 활용되었다.

Tip ❹ 상식의 활용

선지 ②번의 경우 상식의 도움을 받을 수 있을 것이다. 상식에 의해서만 선지를 처리하는 것은 절대 하지 말아야 할 행동이지만, 상식을 바탕으로 지문과 비교할 때 약간의 도움을 받을 수 있다. 선지 ②번은 甲이 이의를 제기하더라도 검사는 과태료를 징수할 수 있다고 하였다. 그러나 과태료를 내지 않기 위해 이의를 제기하는데도 다른 절차 없이 과태료를 내야 한다는 것은 상식에 맞지 않다. 따라서 해당 선지가 옳지 않은 선지일 것이라고 의심하면서 지문과 비교하는 것이다. 이 경우 지문과 비교할 때 목적의식을 갖게 되어 보다 빠르고 정확하게 선지를 처리할 수 있다.

141 정답 ③ 난이도 ●●○

문제유형 비판적 사고 > 논리적 결론의 전제·원인 찾기

접근전략 해당 문제는 '적용'이라는 발문에 따라 ㉠에 대한 이해를 토대로 〈보기〉를 이해한 내용을 묻는 문제이다. 따라서 필연적으로 제시문과 〈보기〉의 내용을 연결하여 낼 수밖에 없으므로, 둘이 어떤 관계를 갖는지를 알고 가야 한다. 지문의 경우 사례 적용에 해당하므로 지문의 어떤 부분이 〈보기〉의 사례에 대응하는지 그 설명 부분을 찾아서 짝짓기해 보자.

다음 글의 ㉠을 〈보기〉에 올바르게 적용한 것은?

(1) 뇌의 특정 부위에 활동이 증가하면 산소를 수송하는 헤모글로빈의 비율이 그 부위에 증가한다. (2) 헤모글로빈이 많이 공급된 부위는 주변에 비해 높은 자기 신호 강도를 갖는다. (3) 우리는 피실험자가 지각, 운동, 언어, 기억, 정서 등 다양한 수행 과제에 관여하는 때와 그렇지 않을 때의 두뇌 각 부위의 자기 신호 강도를 비교 측정함으로써, 각 수행 과제를 관장하는 두뇌 영역을 추정할 수 있다. (4) 이 방법을 '기능자기공명영상법' 즉 'fMRI'라 한다. (5) 이 영상법을 이해하는 데 중요한 논리 중에 하나는 ㉠ 차감법이다. (6) 피실험자가 과제 P를 수행할 때 두뇌의 자기 신호 강도 양상을 X라고 하자. (7) 그 피실험자가 다른 사정이 같고 과제 P를 수행하지 않을 때 두뇌의 자기 신호 강도 양상을 Y라고 하자. (8) 여기서 과제 P를 수행하지 않는다는 말, 예컨대 오른손으로 도구를 사용하는 과제를 수행하지 않는다는 말은 도구를 사용하지 않을 뿐만 아니라 오른손도 움직이지 않는다는 뜻이다. (9) 이제 수행 과제 P를 관장하는 두뇌 영역을 알고 싶다면 우리는 양상 X에서 양상 Y를 차감하면 될 것이다.

• 보기 •

(1) 피실험자가 누워 아무 동작도 하지 않는 상태를 '알파'라고 하자. (2) 그가 알파 상태에 있을 때 두뇌의 자기 신호 강도 양상은 A이다. (3) 그가 알파 상태에서 벗어나 단순히 왼손만을 움직일 때 두뇌의 자기 신호 강도 양상은 B이다. (4) 그가 알파 상태에서 벗어나 단순히 오른손만 움직일 때 두뇌의 자기 신호 강도 양상은 C이다. (5) 그가 알파 상태에서 벗어나 왼손으로 도구를 사용하는 것만 할 때 두뇌의 자기 신호 강도 양상은 D이다.

① 피실험자가 손으로 도구를 사용하지도 않고 단순한 손동작도 하지 않을 때 두뇌의 자기 신호 강도는 0이다.
→ (×) 〈보기〉에서는 피실험자가 손으로 도구를 사용하지도 않고 단순한 손동작도 하지 않는 상태, 즉 누워 아무 동작도 하지 않는 상태를 '알파'라고 제시했다.[보기(1)] 알파 상태의 두뇌의 자기 신호 강도를 A[보기(2)]로 설명하였는데 이것이 0인지는 제시문이나 〈보기〉를 통해 알 수 없기에 해당 선지는 오답이다.

② 왼손의 단순한 움직임을 관장하는 두뇌 영역을 알고 싶다면 양상 C에서 양상 B를 차감하면 된다.
→ (×) 양상 C는 오른손만 움직이는 경우[보기(4)], 양상 B

해설편 10일차 • 의사소통능력

는 왼손만을 움직이는 경우[보기(3)]의 두뇌 자기 신호 강도이다. 따라서 왼손의 단순한 움직임이라는 수행 과제를 관장하는 두뇌 영역을 알기 위해서는 '왼손을 움직일 때의 자기 신호 강도'에서 '왼손을 움직이지 않고 아무 움직임이 없을 때의 자기 신호 강도'를 차감해야 하기에[제시문(9)] 〈보기〉에 따라 양상 B에서 양상 A를 차감하면 된다.

③ **오른손의 단순한 움직임을 관장하는 두뇌 영역을 알고 싶다면 양상 C에서 양상 A를 차감하면 된다.**
➜ (O) 양상 C는 오른손만 움직이는 경우[보기(4)], 양상 A는 아무런 움직임이 없는 경우[보기(2)]의 두뇌 자기 신호 강도이다. 따라서 양상 C에서 양상 A를 차감하면 '오른손의 단순한 움직임'이라는 수행 과제를 관장하는 두뇌 영역을 추정할 수 있다.[제시문(3)]

④ **왼손으로 도구를 사용하는 과제를 관장하는 두뇌 영역을 알고 싶다면 양상 D에서 양상 B를 차감하면 된다.**
➜ (×) 선지에서 언급하는 수행과제는 (1)왼손으로 (2)도구를 사용해야 하는 움직임이다. 따라서 양상 D는 왼손으로 도구를 사용할 때의 두뇌의 자기 신호 강도[보기(5)]이고 여기서 아무 동작도 하지 않는 알파 상태의 양상인 A를 차감해야 알고자 하는 수행 과제를 관장하는 두뇌 영역을 알 수 있다.

⑤ **도구를 사용하는 과제를 관장하는 두뇌 영역을 알고 싶다면 양상 C에서 양상 D를 차감하면 된다.**
➜ (×) 양상 C는 오른손만 움직이는 경우[보기(4)], 양상 D는 왼손으로 도구를 사용하는 경우[보기(5)]의 두뇌의 자기 신호 강도 양상이다. 그러나 선지에서 언급된 '도구를 사용하는 과제'가 왼손, 오른손, 혹은 양손 중 무엇으로 실행되는 것인지 명확하지 않다. 또한, 양상 C는 '도구를 사용하는 과제'와는 관련이 없으며, 양상 D는 '왼손으로 도구를 사용하는 경우'이므로 본선지의 내용은 적절치 않다. 만약 선지에서 알고자 하는 두뇌 영역이 '왼손으로' 도구를 사용하는 과제를 관장하는 영역이라면, '왼손으로 도구를 사용할 때의 두뇌의 자기 신호 강도 양상'인 D에서 '왼손으로 단순한 움직임을 할 때의 두뇌 자기 신호 강도 양상' B를 차감하면 될 것으로 기대할 수 있다[제시문(8)].

제시문 분석

제시문 fMRI를 이용한 차감법의 원리

〈기능자기공명영상법(fMRI)〉
두뇌 각 부위의 자기 신호 강도를 비교 측정하여, 어떠한 수행 과제를 관장하는 두뇌 영역을 추정하는 방법(3), (4)

〈차감법〉		
〈제시문〉		〈보기〉
수행과제 P 양상 X = P 수행 시 두뇌의 자기 신호 강도(6) 양상 Y = P 수행 않을 시 두뇌의 자기 신호 강도(7) 수행 과제 P를 관장하는 두뇌 영역 = 양상 X - 양상 Y(9)	➜	수행과제에 밑줄 양상 A = 알파 상태(동작 없음) 시 두뇌의 자기 신호 강도(2) 양상 B = 단순한 왼손의 움직임 시 두뇌의 자기 신호 강도(3) 양상 C = 단순한 오른손의 움직임 시 두뇌의 자기 신호 강도(4) 양상 D = 왼손으로 도구 사용 시 두뇌의 자기 신호 강도(5)

합격자의 실전 풀이 순서

❶ 발문을 확인해 유형을 파악한다.

> 다음 글의 ㉠을 〈보기〉에 올바르게 적용한 것은?

다음 글을 읽고 ㉠에 대해 올바르게 이해한 뒤, 〈보기〉의 사례에 ㉠의 원리를 올바르게 적용한 선지를 찾는 문제다. 제시문의 ㉠부터 명확히 이해한 후, 제시문 내용과 〈보기〉의 내용을 잘 연결하며 읽어야 한다.
이때 발문 확인 단계에서 지문의 맥락에 상관없이 바로 ㉠을 봐야 한다. 단어가 지문의 결정적 단서가 되는 경우가 있기 때문이다. 또한, 좋든 싫든 밑줄 주변이 보이기 때문에 지문의 소재를 파악하는 데도 유리하다. 여기서는 실험이나 두뇌라는 단어를 추가로 찾을 수 있으면 좋다.

❷ 지문을 읽고 ㉠을 파악한다.

㉠은 차감법으로, 9문에서는 '이제 수행 과제 P를 관할하는 두뇌 영역을 알고 싶다면 우리는 양상 X에서 양상 Y를 차감하면 될 것이다'라고 말하고 있다. 양상 X는 과제 P를 수행할 때 두뇌의 자기 신호 강도 양상이며, 양상 Y는 과제 P를 수행하지 않을 때 두뇌의 자기 신호 강도 양상을 말한다. 즉, [수행 과제 P를 관할하는 두뇌 영역] = [과제 P를 수행할 때 두뇌의 자기 신호 강도 양상] - [과제 P를 수행하지 않을 때 두뇌의 자기 신호 강도 양상] 이다. 이를 통해 ㉠에 해당하는 차감법이란 어떤 양이나 수, 상태를 다른 것과 견주어 빼낸 양이나 수, 상태를 말한다는 것을 알 수 있다. 이를 구조화시켜서 직접 써 보면 좋다. 예컨대 [두뇌 + 활동A = 혈류 + a]라고 써놓는 식이다. A와 a는 서로 대칭되는 것으로 부위나 활성화 정도를 나타낸다.
또한, ㉠의 윗부분의 내용을 흔히 의미가 없다고 생각할 수 있다. 그러나 윗부분은 절대 의미가 없는 것이 아니다. 차감법이 어디서 어디를 빼야 하는지 직관적으로 이해할 수 있게 해 주는 것이다. 예컨대 '두뇌 신호'라는 말이 무엇인지, 'fMRI'가 무엇을 뜻하는지, 강도가 왜 변하는지를 알 수 있게 해 준다.
따라서 "문제를 풀고 났더니 이게 아니더라"라는 후회를 할 필요가 없다. 왜냐하면, 첫째로 시간을 쓴 만큼 정답률이 올라갔을 것이고, 둘째로 밑을 먼저 읽었다가 이해가 안 돼서 위로 돌아가서 다시 읽으면 시간이 두 배로 낭비되기 때문이다. 일종의 보험으로 생각하면 된다.

❸ 〈보기〉를 파악한다.

〈보기〉에서는 차감법에 사용할 수 있는 여러 상태를 나열하고 있다. 왼손의 움직임인지, 오른손의 움직임인지, 도구를 사용하는 경우인지 등을 헷갈리지 않도록 주의한다. 여기서 D와 B가 상위호환 관계가 아님을 파악할 수 있으면 더 좋다. B, C, D 상태간 차이점을 빨리 파악하려면, 차이점보다 공통점이 있는지 파악하는 게 더 좋다. 예컨대 B와 C는 둘 다 '단순히'라는 단어를 공유한다. 그렇다면 자연스럽게 '둘이 같은 단어인데 왜 알파벳이 두 개일까?'라는 의문을 가질 수 있다. 그렇다면 차이점을 더 명확하게 찾을 수 있다. B와 D도 마찬가지다. 이 경우 '왼손'이 공통점이므로 왼손을 가지고 무엇을 하느냐에 따라 기호가 나뉘었다고 추측할 수 있다. 즉, 무턱대고 차이점만 찾기보다 공통점을 먼저 발견하는 것도 차이를 부각하는 좋은 방법이다.

❹ 선지를 판단한다.

선지 ①번은 예외적인 선지고 나머지 선지는 같은 형식을 공유한다. 이 경우 나머지 4개 중에 답이 있을 확률은 80%보다 높다. 이를 출제자 입장에서 살펴보면 이질적인 선지는 그만큼 집중해서 보기 때문에 함정을 섞기가 어렵기 때문이다. 따라서 ①번 선지는 우선 맞을 거라고 짐작하면서 확인해 본다. 확인해보면 그 취지를 알 수 있을 것이다.

아마 주요 오답은 ④번 선지에서 나왔을 것이다. 이는 도구사용이 움직임보다 상위호환적 움직임이라 생각하여, 기본+움직임+도구사용에서 기본+움직임을 제외한 혈류 흐름을 정답이라 판단했기 때문일 것이다. 아마 그 근거를 지문의 (8)번 문장에서 찾기도 했을 것이다. (즉, D-A는 움직임+도구사용이라는 결과값으로 추론했을 것이다.)

그러나 이는 잘못된 것이다. 이를 일반적으로 판단할 수 있는 요소를 제시해보면 첫째로 행동 측면에서 '움직임의 강도'가 나오지 않았고, 둘째로 두뇌 측면에서 '혈류 총량이 제한되어 있는 경우'가 있다는 것이다. 즉, 단순 움직임 시에는 70 : 30 : 0 이라고 친다면 도구 사용 시 60 : 20 : 20이 될 수 있는데, 이 경우 D에서 B를 빼버리면 맨 오른쪽 영역만 활용하는 것으로 착각하게 된다. 실제로는 도구를 사용하기 위해 가운데 영역도 활용하는데 말이다.

합격자의 시간단축 Tip

Tip ❶ 생물 지문 푸는법

그려보면서 푸는 것이 좋다. 여기서 그려야 할 것은 두뇌를 동그라미로 두고, 그걸 일종의 집합(내지 바구니)으로 생각하면서 활동할 때 어떤 원소가 들어가는지 상상하는 것이다.

단, 주의할 점은 이 문제에선 이를 머릿속으로만 상상하는 것이 좋으며 손으로 그리는 것은 최대한 따져도 동그라미 + '혈류'라는 단어밖에 없다는 것이다. 여기서는 혈류 A, B, C...를 들어가게 하는 것으로 충분하다.

Tip ❷ 적용 유형 풀이법

독해 시험에서 적용은 어떻게 쓰이는가? 두 가지로 나눌 수 있다. 1) 원칙을 주고 그에 따라 판단하는 경우를 적용이라 하기도 하고(이 문제는 여기에 해당한다) 2) 다양한 사례를 주고 어떤 일반원칙에 부합하는 사례인지 판단하는 것을 적용이라 하기도 한다(이를 유비추론이라 한다). 결국, 원칙과 사례의 짝짓기가 적용이라는 점은 같다.

무엇이 됐든 간에 주의해야 할 점은 원칙 그 자체보다 원칙을 이루는 구성요소들이다. 예컨대 이 문제의 경우 차감한다는 것보다 X와 Y를 구분하는 기준이 더 중요하다. 실제로 그것이 〈보기〉에서 자료가 된다. 적용이란 이 요소들을 바꿔서 하나의 이론으로 해석하는 것이기 때문이다. 따라서 이론을 파악할 때 이론의 핵심인 화살표만 이해할 것이 아니라 각 변수도 빠트림 없이 보도록 해야 한다.

142 정답 ② 난이도 ●○○

문제유형 이해 > 결론 도출

접근전략 제시문에서 설명하는 법칙을 이해한 후 사례에 적용하는 문제이다. 제시문을 읽으며 '탈무드의 물병'에 대한 개념을 잘 정리해두도록 한다. 해당 문제의 경우 원리에 대한 이해를 돕기 위해 그림이 존재하므로, 이를 활용한다.
특히 물이라는 점에 착안하여 세로로 채우지 않고 가로로 채워야 한다는 걸 이해할 수 있도록 한다.

[문142 ~ 문143] 다음 글을 읽고 물음에 답하시오.

(1) 재산보다 더 많은 빚을 진 사람이 세상을 떠나면 채권자들은 이 재산을 어떻게 나눠 가져야 할까? (2) 예를 들어 채권자 1, 채권자 2, 채권자 3에게 각각 100만 원, 200만 원, 300만 원을 빚진 이가 죽었다고 하자. (3) 그의 유산이 600만 원보다 적을 경우, 돈을 어떻게 나눠야 할까? (4) 탈무드에 나오는 현자는 다음과 같은 해결 방안을 제안한다. ▶ 1문단

- (1) 유산이 100만 원이라면, 모두 똑같이 3분의 1씩 나눠 가진다.
- (2) 유산이 200만 원이라면, 채권자 1이 50만 원, 채권자 2와 채권자 3은 각각 75만 원씩 가진다.
- (3) 유산이 300만 원이라면, 채권자 1이 50만 원, 채권자 2가 100만 원, 채권자 3이 150만 원을 가진다.

(4) 이와 같은 분배의 원리는 무엇인가? 히브리대학의 아우만과 매슐러는 '탈무드의 물병'이라는 개념을 가지고 이와 같은 분배를 일관성 있게 해석해 냈다. (5) 아래와 같이 생긴 물병에 물을 채운다고 생각해보자. (6) 물이 바닥부터 차츰 차면서 수면이 점점 올라온다. (7) 부어지는 물을 유산이라고 보자. (8) 예를 들어 100만 원에 해당하는 물을 부으면 물은 바닥에 고른 높이로 퍼질 것이고, 그 높이는 100만 원의 3분의 1에 해당하게 된다. (9) 이는 채권자들이 각각 대략 33만 원씩 가져야 한다는 것을 의미한다. (10) 유산이 200만 원이라면 어떨까? (11) 그 경우 먼저 물병에 부어진 150만 원은 세 채권자의 부분을 50만 원씩 고루 채우겠지만, 남은 50만 원은 더 이상 채권자 1의 부분을 채울 수 없기 때문에 채권자 2와 채권자 3에게 25만 원씩 추가로 배분될 것이다. (12) 이런 식으로 다른 경우에도 일관된 분배가 가능하다.

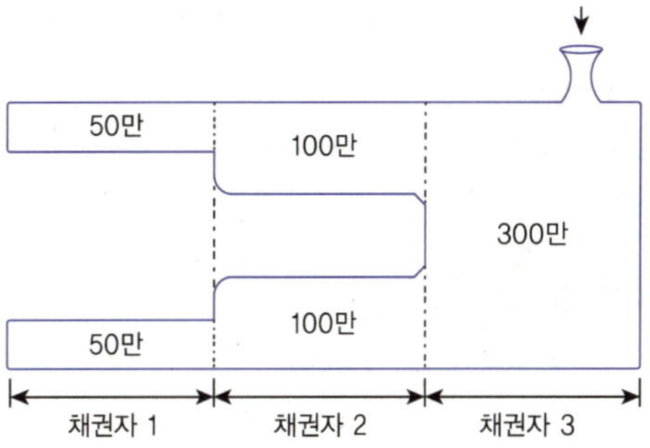

▶ 2문단

(1) 그런데, 설령 일관성이 있다고 해도, 사람들은 이런 분배를 과연 올바른 분배라고 생각할까? (2) 실제로 채권자들을 모아 놓고 서로 충분히 의논하여 재산을 나누라고 해 보면 어떨까? (3) 흥미롭게도, "의견 합일에 이르지 못하면 아무도 돈을 받을 수 없다." 등의 적절한 협상 규칙이 주어진 심리학 실험에서 사람들은 대략 '탈무드의 물병'이 제안하는 분배와 일치하는 결론에 도달하는 것으로 나타났다. ▶ 3문단

'탈무드의 물병'을 활용한 해법에 따를 때, 유산이 400만 원인 경우 세 명의 채권자에게 각각 분배될 금액은?

	채권자 1	채권자 2	채권자 3	
①	50만 원	100만 원	250만 원	→ (×)
②	50만 원	125만 원	225만 원	→ (○)

탈무드의 원리에 따르면 붓는 물을 유산이라고 생각했을 때(2문단 7) 제시문에 있는 물병 각 영역에 채워지는 물의 양을 배분된 유산이라고 볼 수 있다.

이에 따르면 채권자 1, 2의 아래쪽 영역이 전부 채워지고 채

권자 3이 200만 원까지 채워진 후부터 채권자 2의 위쪽 절반 부분인 50만 원까지는 채권자 2와 3이 동등하게 채워지기 시작한다. 따라서 우선 350만 원까지 채권자1은 50만 원, 채권자2는 100만 원, 채권자3은 200만 원으로 물의 양이 채워질 것이다. 그 후 남은 50만 원은 채권자2와 3의 각 영역에 물이 동등하게 나눠질 것이므로 채권자 2와 3이 25만 원씩 나누어 분배받는다. 결국, 채권자1은 50만 원, 채권자2는 125만 원, 채권자3은 225만 원이 될 것이다.

③ 75만 원 100만 원 225만 원 → (×)
④ 75만 원 125만 원 200만 원 → (×)
⑤ 75만 원 150만 원 175만 원 → (×)

합격자의 실전 풀이 순서 법칙이해 유형

법칙 이해 유형은 문제에서 제시된 법칙을 제대로 이해하고 적용할 수 있는지 묻는 문항들이다. 상대적으로 상황판단 영역에 가까운 특성을 갖는 유형이라고 할 수 있다.
본 유형의 해결 방법은 매우 간단하다. 제시문을 이해하고 다음으로 적용하면 된다.

⓿ 유형 식별하기

- **자문**: 새로운 법칙을 제시함
- **발문**: 지문에 소개된 법칙을 활용하여 해결 가능한 문제 상황을 제시함

❶ 법칙 이해하기

법칙 이해 유형임을 식별했다면, 지문에 제시된 법칙을 이해하는 것이 먼저다.
본 문제의 지문에서 소개되는 개념은 '탈무드의 물병'으로, 채무자의 유산을 분배하는 데에 사용된다. 문제를 해결하기 위해서는 지문을 꼼꼼히 읽고 개념을 정확히 이해하는 것이 먼저다.

❷ 법칙 적용하기

이해한 법칙을 활용하여 문제를 푸는 것이 다음이다. 이 단계는 해설에서 구체적으로 설명하였으므로 갈음하도록 한다.

합격자의 시간단축 Tip

Tip ❶ 그림을 적극적으로 활용하자.

시험에서 그림이 주어지는 경우는 흔치 않다. 그림은, 출제자가 해당 내용을 글만으로 판단하기 어렵다고 느껴서 수험생을 배려하기 위해 주는 장치이다. 해당 지문만 해도 그림 없이도 문제풀이가 불가능한 것은 아니다. 따라서 그림이 주어진 경우 이는 난이도를 낮추기 위한 장치라고 판단하고 반드시 활용하는 것이 필요하다.
또한, 독해의 초점 자체를 그림에 맞추어서, 그림을 이해하기 위한 독해를 하도록 한다. 즉 세부 내용에 집착하지 않고 그림을 설명하는 지문이라고 받아들이는 자세가 필요하다. 이 문제는 결국 그림을 이해하지 못하면 두 문제를 한 번에 놓치게 되는 문제고 그림을 이해한다면 문제당 2분이 안되는 시간에 풀 수 있는 문제다.

Tip ❷ 액수 일반화를 하려 하지 말자.

제시문에선 600만 원 이내의 경우만 해결할 수 있도록 물병이 설계되어 있다. 그렇다면 선지에서 1000만 원을 묻는가? 그렇지 않다. 지문에 나오는 도구는 문제를 풀기 위한 것이지 나의 지식이 될 필요가 없다. 그것은 3문단의 구절에도 불구하고 변하지 않는 진리이다.

143 정답 ③ 난이도 ●●○

문제유형 이해 > 내용 추론
접근전략 1지문 2문제 유형의 경우 통상적으로 지문에서 발췌하는 문제 하나와, 심화된 내용 이해가 필요한 문제 하나로 이뤄진다. 특히 선지 구성 방식이 계산이나 숫자, 논리가 들어가는 경우 심화된 이해가 필요하고 143번처럼 글로 이뤄진 경우 지문에서 발췌한다.

'탈무드의 물병'이 함축하는 분배 원칙에 대한 서술로 적절하지 않은 것은?

(1) 재산보다 더 많은 빚을 진 사람이 세상을 떠나면 채권자들은 이 재산을 어떻게 나눠 가져야 할까? (2) 예를 들어 채권자 1, 채권자 2, 채권자 3에게 각각 100만 원, 200만 원, 300만 원을 빚진 이가 죽었다고 하자. (3) 그의 유산이 600만 원보다 적을 경우, 돈을 어떻게 나눠야 할까? (4) 탈무드에 나오는 현자는 다음과 같은 해결 방안을 제안한다. ▶1문단

- (1) 유산이 100만 원이라면, 모두 똑같이 3분의 1씩 나눠 가진다.
- (2) 유산이 200만 원이라면, 채권자 1이 50만 원, 채권자 2와 채권자 3은 각각 75만 원씩 가진다.
- (3) 유산이 300만 원이라면, 채권자 1이 50만 원, 채권자 2가 100만 원, 채권자 3이 150만 원을 가진다.

(4) 이와 같은 분배의 원리는 무엇인가? 히브리대학의 아우만과 매슐러는 '탈무드의 물병'이라는 개념을 가지고 이와 같은 분배를 일관성 있게 해석해 냈다. (5) 아래와 같이 생긴 물병에 물을 채운다고 생각해보자. (6) 물이 바닥부터 차츰 차면서 수면이 점점 올라온다. (7) 부어지는 물을 유산이라고 보자. (8) 예를 들어 100만 원에 해당하는 물을 부으면 물은 바닥에 고른 높이로 퍼질 것이고, 그 높이는 100만 원의 3분의 1에 해당하게 된다. (9) 이는 채권자들이 각각 대략 33만 원씩 가져야 한다는 것을 의미한다. (10) 유산이 200만 원이라면 어떨까? (11) 그 경우 먼저 물병에 부어진 150만 원은 세 채권자의 부분을 50만 원씩 고루 채우겠지만, 남은 50만 원은 더 이상 채권자 1의 부분을 채울 수 없기 때문에 채권자 2와 채권자 3에게 25만 원씩 추가로 배분될 것이다. (12) 이런 식으로 다른 경우에도 일관된 분배가 가능하다.

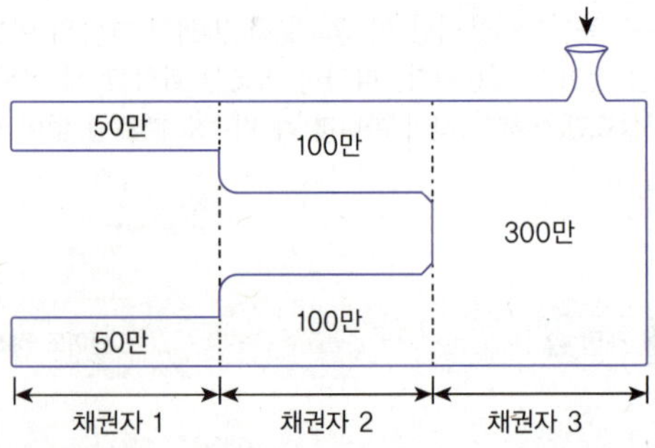

▶2문단

(1) 그런데, 설령 일관성이 있다고 해도, 사람들은 이런 분배를 과연 올바른 분배라고 생각할까? (2) 실제로 채권자들을 모아 놓고 서로 충분히 의논하여 재산을 나누라고 해 보면 어떨까? (3) 흥미롭게도, "의견 합일에 이르지 못하면 아무도 돈을 받을 수 없다." 등의 적절한 협상 규칙이 주어진 심리학 실험에서 사람들

은 대략 '탈무드의 물병'이 제안하는 분배와 일치하는 결론에 도달하는 것으로 나타났다. ▶3문단

① 유산을 빌려준 돈의 비율대로 분배하게 되는 경우도 있다.

→ (○) 각 채권자 1, 2, 3이 100만, 200만, 300만 원씩 총 600만 원을 빌려준다고 가정하자. 또한, 제시문에서는 물병이 모두 찼을 때 부어지는 물이 유산이 되고[2문단(7)] 각 영역에 채워진 물의 높이가 분배받는 돈이라고 했다.[2문단(8)] 그러므로 위 가정하에서 제시문의 그림에 해당하는 물병 600만 원만큼의 물을 붓게 되면 각 채권자 1, 2, 3 모두 100만, 200만, 300만 원 만큼의 돈을 분배받으므로 빌려준 돈 비율대로 분배받았음을 확인할 수 있다.

또한, 돌려받는 총액이 300만 원인 경우에도 각각 50, 100, 150만 원이라는 돈을 돌려받게 되므로 비율대로 상환받는 경우가 된다. 이는 제시문에 그대로 나와 있다.

② 채권자가 여럿인 경우, 어떤 채권자도 유산 전부를 가져갈 수 없다.

→ (○) 제시문에서는 물병이 모두 찼을 때 부어지는 물이 유산이 되고[2문단(7)] 각 영역에 채워진 물의 높이가 분배받는 돈이라고 했다.[2문단(8)] 제시문의 물병을 예로 들었을 때 부어지는 물은 고른 높이로 차기 시작한다. 따라서 누구든 유산을 조금씩은 분배받는다고 볼 수 있다.

결론적으로, 어떤 채권자도 유산이 얼마든 간에 유산 전부를 가져가는 것이 논리적으로 불가능하다.

③ 유산이 가장 큰 빚보다 작은 경우, 유산을 채권자 수로 나누어 똑같이 분배한다.

→ (×) 제시문에서는 물병이 모두 찼을 때 부어지는 물이 유산이 되고[2문단(7)] 각 영역에 채워진 물의 높이가 분배받는 돈이라고 했다.[2문단(8)] 또한, 제시문의 예시를 들어 가장 큰 빚인 300만 원보다 작은 200만 원이 유산이라 가정하자. 이때 물의 높이가 각 50만 원이 되면 그 후부터 부어지는 물이 다할 때까지 채권자 2와 3이 받는 유산은 각 75만 원씩으로 50만 원인 채권자 1보다 많은 유산을 받는다고 볼 수 있다.

일반화하면 (가장 작은 빚)×(채권자 수)보다 유산이 크다면 똑같이 분배되지 않는다. 즉 제시문의 경우 유산이 150만 원 초과라면 분배가 같은 경우는 존재하지 않는다.

④ 가장 많은 돈을 빌려준 채권자가 빌려준 돈을 모두 가져간다면, 나머지 채권자도 그래야 한다.

→ (○) 제시문의 사례에 따라 제시문의 물병이 채권자 2의 아래쪽 100만 원 부분이 아닌 위쪽 100만 원 부분이 절반(50만 원) 채워진 때를 가정해 보자. 이 순간부터 가장 많은 돈을 빌려준 채권자 3이 자신이 빌려준 돈인 300만 원 전부를 받는 때까지 채권자 1, 2, 3의 물 높이가 동시에 올라가다가 채권자 3의 물 높이가 모두 찼을 때는 채권자 1, 2 모두 물 높이가 찬다. 따라서, 가장 많은 돈을 빌려준 채권자 3가 돈을 모두 받을 때 나머지도 모두 돈을 돌려받는다 할 수 있다.

⑤ 가장 많은 돈을 빌려준 채권자가 가장 적은 돈을 빌려준 채권자보다 적은 돈을 가져가게 해서는 안 된다.

→ (○) 제시문의 사례에 따르면 가장 적은 돈을 빌려준 채권자 1은 물병의 중간 부분이 비어있고 가장 돈을 많이 빌려준 채권자 3의 부분은 비어있지 않다. 이러한 구조적 특징에 의해서 물을 따르기 시작한 때부터 모두 채운 순간까지 채권자 1의 물 높이는 채권자 3의 물 높이보다 항상 작거나 같다.

제시문 분석

1문단 채권자들의 재산 분배 문제

〈채권자들의 재산 분배 문제〉
예를 들어 채권자 1, 채권자 2, 채권자 3에게 각각 100만 원, 200만 원, 300만 원을 빚진 이가 죽었다고 하자.(2) ↓ 재산보다 더 많은 빚을 진 사람이 세상을 떠나면 채권자들은 이 재산을 어떻게 나눠 가져야 할까?(1)

2문단 탈무드 속 해결법

〈100만 원인 경우〉	모두 똑같이 3분의 1씩 나눠 가진다.(1)
〈200만 원인 경우〉	채권자 1이 50만 원, 채권자 2와 채권자 3은 각각 75만 원 씩 가진다.(2)
〈300만 원인 경우〉	유산이 300만 원이라면, 채권자 1이 50만 원, 채권자 2가 100만 원, 채권자 3이 150만 원을 가진다.(3)

2문단 탈무드 속 해결법의 원리

〈탈무드의 물병〉
히브리대학의 아우만과 매슐러는 '탈무드의 물병'이라는 개념을 가지고 이와 같은 분배를 일관성 있게 해석해 냈다. 특수하게 생긴 물병에 물을 채운다고 생각해보자. 물이 바닥부터 차츰 차면서 수면이 점점 올라온다. 부어지는 물을 유산이라고 보자.(4), (5), (6), (7)

〈100만 원인 경우〉	예를 들어 100만 원에 해당하는 물을 부으면 물은 바닥에 고른 높이로 퍼질 것이고, 그 높이는 100만 원의 3분의 1에 해당하게 된다.(8)
〈200만 원인 경우〉	먼저 물병에 부어진 150만 원은 세 채권자의 부분을 50만 원씩 고루 채우겠지만, 남은 50만 원은 더 이상 채권자 1의 부분을 채울 수 없기 때문에 채권자 2와 채권자 3에게 25만 원씩 추가로 배분될 것이다.(11)
〈그 외의 경우〉	위와 같은 방식으로 일관된 분배가 가능하다.(12)

3문단 탈무드 속 해결법에 대한 사람들의 태도

〈상황 제시〉		〈결론〉
실제로 채권자들을 모아 놓고 서로 충분히 의논하여 재산을 나누라고 해 보면 어떨까?(2)	→	"의견 합일에 이르지 못하면 아무도 돈을 받을 수 없다." 등의 적절한 협상 규칙이 주어진 심리학 실험에서 사람들은 대략 '탈무드의 물병'이 제안하는 분배와 일치하는 결론에 도달하는 것으로 나타났다.(3)

합격자의 실전 풀이 순서

비문학 유형

1지문 2문제 유형의 경우 다른 문제와 다른 특이한 풀이법이 필요하다. 지문 하나에 관련 문제가 많을수록 더 깊은 이해를 필요로 한다. 이는 모든 시험에서 공통되는 특성이다.

❶ 우선 2문제를 전부 확인함으로써 문제의 소재를 파악한다.(20초 이내)

2문제를 전부 확인함으로써 둘 중에 쉬운 문제가 무엇인지 확인하고, 어려운 문제가 지문의 어느 부분에 있는지 파악함으

로써 독해시 집중할 부분을 파악하기 위함이다.

❷ **제시문을 그림/표 등 시각자료에 맞춰서 이해한다.**

혹은 그림이 제시되지 않고 번호로 나열된 경우라면 직접 그림을 그린다.
(출제자가 절대로 쉬운 난이도로 출제하지 않기 때문이다.)

❸ **문제에 적용한다.**

이 경우 자신이 이해한 바를 바탕으로 뒤 문제를 먼저 푸는 것이 앞 문제를 푸는 데 도움이 된다. 300만 원과 200만 원을 분배해본 경험은 400만 원을 분배하는 데 도움이 된다.

합격자의 시간단축 Tip

Tip 제시문의 사례에 대입하여 생각한다.

지문에서 언급하고 있는 사례와 선지에서 제시된 사례를 연결지어 정오를 판단한다. 이를 위해 선지를 먼저 읽은 후, 제시문을 독해하며 필요한 정보에 미리 표시해 둔다.

144 정답 ⑤

난이도 ●●○

문제유형 이해 > 내용 추론

접근전략 과학 소재를 다루는 지문은 낯선 용어가 등장하는 경우가 많으므로, 내용 파악이 까다롭다고 느끼기 쉽다. 그러나 사실 풀고 나면 묻는 내용이 별 차이가 없다는 것을 알 수 있다. 과학은 겉껍데기에 불과하고, 중요한 것은 지문에 나온 개념을 분류하고, 연결하는 것이라는 마인드로 글을 읽자. 또한 '글에서 알 수 있는/없는 것을 묻는 내용 추론 유형은 내용 일치와 다르게 단순한 내용 비교뿐 아니라 정보 간의 연결 관계까지 생각해야 한다. 선지들이 단순한 내용 확인이 아닌 여러 가지 정보들을 조합해야 정오를 판단할 수 있게끔 구성되기 때문이다. 따라서 글을 읽을 때 정보와 정보 간 연결 관계에 주목하여 내용을 이해하도록 하자.

다음 글에서 알 수 없는 것은?

(1) 혈액의 기본 기능인 산소 운반능력이 감소하면 골수에서는 적혈구 생산, 즉 조혈과정이 촉진된다. (2) 조직 내 산소 농도의 감소가 골수에서의 조혈을 직접 촉진하지는 않는다. (3) 신장에 산소 공급이 감소하면 신장에서 혈액으로 에리트로포이어틴을 분비하고 이 호르몬이 골수의 조혈을 촉진한다. (4) 에리트로포이어틴은 적혈구가 성숙, 분화하도록 하여 혈액에 적혈구 수를 늘려서 조직에 충분한 양의 산소가 공급되도록 한다. (5) 신장에 산소 공급이 충분히 이루어지면 에리트로포이어틴의 분비도 중단된다. (6) 출혈이나 정상 적혈구가 과도하게 파괴된 경우 6배 정도까지 조혈 속도가 상승한다. ▶1문단

(1) 골수에서 생산된 성숙한 적혈구가 혈관을 따라 순환하려면 헤모글로빈 합성, 핵과 세포내 소기관 제거 등의 과정을 거친다. (2) 에리트로포이어틴의 자극을 받으면 적혈구는 수일 내에 혈액으로 흘러들어간다. (3) 상당한 출혈로 적혈구 조혈이 왕성해지면 성숙하지 못한 망상적혈구가 골수에서 혈액으로 들어온다. ▶2문단

(1) 운동을 하는 근육은 계속해서 에너지를 생성하기 위해 산소를 요구한다. (2) 혈액 도핑은 혈액의 산소 운반능력을 증가시키기 위해 고안된 기술이다. (3) 자기 혈액을 이용한 혈액 도핑은 운동선수로부터 혈액을 뽑아 혈장은 선수에게 다시 주입하고 적혈구는 냉장 보관하다가 시합 1~7일 전에 주입하는 방법이다. (4) 시합 3주 전에 450 mL정도의 혈액을 뽑아내면 시합 때까지 적혈구 조혈이 왕성해져서 근육 내 산소 농도는 피를 뽑기 전의 정상수준으로 증가한다. (5) 그리고 저장한 적혈구를 재주입하면 적혈구 수와 헤모글로빈이 증가한다. (6) 표준 운동시험에서 혈액 도핑을 받은 선수는 도핑을 하지 않은 경우와 비교해 유산소 운동 능력이 5~13 % 증가한다. (7) 이처럼 운동선수의 적혈구가 증가하여 경기 능력 향상에 도움이 되지만, 혈액의 점성이 증가해 부작용이 발생할 수도 있다. ▶3문단

(1) 합성 에리트로포이어틴을 이용한 혈액 도핑 문제도 심각하다. (2) 합성 에리트로포이어틴 투여는 격렬한 운동이 요구되는 선수의 경기 능력을 7~10 % 향상시킨다는 것이 입증되어, 많은 선수들이 암암리에 사용하고 있다. (3) 1987년 유럽 사이클 선수 20명의 사망 원인으로 합성 에리트로포이어틴이 의심되고 있지만, 많은 선수들이 이러한 위험을 기꺼이 감수하고 있다. ▶4문단

① 적혈구가 많아지는 것은 운동선수의 유산소 운동능력 향상에 도움이 된다.
→ (○) 저장한 적혈구를 재주입하면 적혈구 수와 헤모글로빈이 증가하고[3문단(5)], 이처럼 혈액 도핑을 받은 선수는 도핑을 하지 않은 경우와 비교해 유산소 운동 능력이 5~13% 증가한다.[3문단(6)] 이를 통해 적혈구 수의 증가가 운동선수의 운동능력 향상에 도움이 된다는 것을 알 수 있다.

② 혈액 도핑을 위해 혈액을 뽑으면 일시적으로 근육 내 산소 농도는 감소할 것이다.
→ (○) 적혈구가 성숙, 분화하면 혈액의 적혈구 수가 늘어 조직에 충분한 양의 산소가 공급된다.[1문단(4)] 따라서 혈액 도핑을 위해 혈액을 뽑으면 적혈구가 감소하여, 일시적으로 근육 내 산소 농도는 감소한다는 것을 유추할 수 있다. 더불어, 시합 3주 전에 혈액을 뽑아내면 시합 때까지 적혈구 조혈이 왕성해져서 근육 내 산소 농도는 피를 뽑기 전의 정상수준으로 증가한다는 설명을 통해서, 혈액을 뽑은 후 일시적으로는 근육 내 산소 농도가 감소한다는 것을 알 수 있다.

③ 혈액 도핑을 위해 혈액을 뽑으면, 운동선수의 혈관 내 혈액에서는 망상적혈구를 볼 수 있을 것이다.
→ (○) 상당한 출혈로 적혈구 조혈이 왕성해지면 성숙하지 못한 망상적혈구가 골수에서 혈액으로 들어온다.[2문단(3)] 혈액 도핑을 위해 혈액을 뽑는 행위 또한 상당한 출혈에 해당하므로, 운동선수의 혈관 내 혈액에서는 망상적혈구를 볼 수 있을 것이다.

④ 합성 에리트로포이어틴을 이용한 혈액 도핑을 하면 적혈구 수의 증가가 가져오는 효과를 볼 수 있다.
→ (○) 에리트로포이어틴은 혈액에 적혈구의 수를 늘리는 기능을 한다.[1문단(4)] 그렇다면 합성 에리트로포이어틴을 이용한 혈액 도핑은 선수의 경기 능력 향상이라는 효과를 가져오고[4문단(2)], 이는 곧 혈액 도핑과 마찬가지로 적혈구를 증가시키는 결과를 낳을 것이다(3문단 7). 따라서 합성 에리트로포이어틴을 이용한 혈액 도핑 또한 적혈구 수의 증가가 가져오는 효과를 볼 수 있다.

⑤ 혈액의 점성은 자기 혈액을 이용한 혈액 도핑보다 합성 에리트로포이어틴을 이용한 혈액 도핑을 할 때 더 증가한다.
→ (×) 제시문에서는 혈액 도핑을 하면 혈액의 점성이 증가해 부작용이 발생할 수도 있다고만 언급할 뿐[3문단(7)], 혈액 도핑과 합성 에리트로포이어틴을 이용한 혈액 도핑의 점성 증

가량의 차이는 설명하지 않고 있다. 따라서 이는 알 수 없는 정보이다.

제시문 분석

1·2문단 혈액의 기본 매커니즘

〈산소 공급 감소〉		〈에리트로포이어틴〉		〈망상적혈구〉
신장에 산소 공급이 감소하면 신장에서 혈액으로 에리트로포이어틴을 분비하고 이 호르몬이 골수의 조혈을 촉진한다. [1문단(3)]	→	에리트로포이어틴은 적혈구가 성숙, 분화하도록 하여 혈액에 적혈구 수를 늘려서 조직에 충분한 양의 산소가 공급되도록 한다.[1문단(4)]	→	상당한 출혈로 적혈구 조혈이 왕성해지면 성숙하지 못한 망상조혈구가 골수에서 혈액으로 들어온다.[2문단(3)]

3문단 혈액 도핑의 원리와 결과

〈혈액 도핑의 원리〉		〈결과〉
시합 3주 전 혈액을 뽑아내면 시합 때까지 적혈구 조혈이 왕성해져 근육 내 산소 농도는 피를 뽑기 전의 정상수준으로 증가하고, 저장한 적혈구를 재주입하면 적혈구 수와 헤모글로빈이 증가한다. [3문단(4),(5)]	→	운동선수의 적혈구가 증가하여 경기 능력 향상에 도움이 되지만, 혈액의 점성이 증가해 부작용이 발생할 수 있다. [3문단(7)]

4문단 합성 에리트로포이어틴을 이용한 혈액 도핑

〈효과〉		〈부작용 사례〉
합성 에리트로포이어틴 투여는 격려한 운동이 요구되는 선수의 경기 능력을 7~10% 향상시킨다는 것이 입증되었다. [4문단(2)]	→	1987년 유럽 사이클 선수 20명의 사망 원인으로 합성 에리트로포이어틴이 의심되고 있다.[4문단(3)]

합격자의 실전 풀이 순서

❶ 발문 확인

발문은 '알 수 없는' 것을 물으면서 밑줄을 주지 않았다. 이런 함정 때문에 별도의 기호를 독자가 직접 표시하는 게 필요하다. '알 수 있는' 것을 물을 때와 다른 기호(예컨대 세모, 네모, 엑스 등)로 표시하도록 한다. 이때 엑스(X)나 슬래시(/)기호를 쓰는 경우, 글자 위에 직접 써도 가독성에 전혀 지장이 없으니 안심하고, 과감하게 그어준다.

❷ 지문 독해

과학, 특히 생물 지문은 등장하는 요소 간의 연결이 중요하다. 이때 통상적으로 지문에는 2~3종류의 연결 메커니즘이 등장하는데 그중에서 핵심적인 연결을 하나만 골라서 암기하도록 한다. 암기가 어려우면 논리퀴즈를 풀듯이 가볍게 쓰면서 해도 좋다.

예컨대 이 지문에선 '신장 → 에리트로포이어틴 → 골수' 순으로 가는 순서가 가장 중요하다. 혈액 농도 감소, 혹은 골수 → 혈액 이라는 정보는 비교적 덜 중요하다. 어차피 혈액을 만드는 것은 피가 없기 때문인 것을 아주 쉽게 생각할 수 있기 때문이다. 또한 지문에는 별도의 조건도 등장하고 있지 않다. 또한, 에리트로포이어틴이라는 말은 너무 길기 때문에 그냥 '호르몬1' 이라는 이름으로도 충분하다. 이때 숫자를 붙이는 이유는 다른 호르몬이 등장할 수 있기 때문이다. 좀 더 직관적 이해가 필요하다면 '조혈 호르몬' 혹은 '조+호르' 라고 이름붙여도 좋다. 명심할 점은 원래 이름을 본따서 지을 필요가 전혀 없다는 것이다. 왜냐 하면 어차피 단어가 길어서 지문을 찾을 때 너무나도 눈에 잘 띠기 때문이다. 오히려 이럴 때는 의미와 기능을 상징하는 글자로 줄이는 것이 효율적이다.

3문단에 오면 이 도식을 이용한 운동선수들의 도핑에 관한 내용이 실려 있다. 이때는 위에서 정리한 연결 전체를 바탕으로 '같은 메커니즘을 이용하는지'를 확인하면서 읽어 내려가면 된다. 이때 같은 도식이 이용될 때 그 부분에 표시하면 더 좋다. 예컨대 3문단 (4)가 그 문장이다.

참고로 사례가 등장할 때 이것이 단순 예시에 불과한지 아니면 적용 사례로서 글의 중요한 부분을 차지하는지는 1) 문단의 길이와 2) 선지 등장 빈도를 통해 확인한다. 선지에는 이 부분이 숨겨진 경우도 많으므로 반드시 문단 길이가 최우선 기준이 되어야 한다.

지문의 결론부에서 주의할 점은, 합성 에리트로포이어틴이 사이클 선수의 사망 원인이라고 공식적으로 발표된 바 없다는 것이다. 이런 진술을 논리 문제에서는 쉽게 발견하면서 지문을 읽을 때는 놓치고 가는 수험생이 많다. 함정선지가 될 수 있으니 주의해야 한다.

❸ 이제 오지선다를 통해서 정답을 확인한다.

선지를 확인하고 다시 지문으로 올라갈 때 기준이 되는 키워드를 선정하는 것이 중요하다. 키워드는 일반적으로 '구분성'이 뚜렷한 단어다. 구분성이 뚜렷하다는 말은 글 전반에 걸쳐 언급되지 않고 비교적 특정 부분에 분포하는 키워드를 말한다. 이때 앞서 중요하게 연결고리까지 만든 주요 도식이 빛을 발할 수 있다. 특히 지문의 특정 부분으로 정보를 추론할 수 없는 경우, 도식을 이용하여 여러 군데를 이어서 확인한다. 그러나 핵심 도식만으로는 파악이 힘든 경우가 있다. 특히 이 문제는 결국 핵심 도식에 따른 도핑 사례를 이해하는 것이 문제 취지였으므로 3문단을 1,2문단과 대응시켜 정리하지 않으면 제대로 풀 수 없다. 핵심 도식을 응용한 연결고리를 다시 만들어 보자.

또한, 아래는 주요 함정 선지들이다.

①번 선지를 풀 때 주의할 점은, 적혈구도 호르몬도 모두 〈일련의 메커니즘 속에서 운동능력 향상〉에 도움을 준다는 것을 파악할 수 있어야 한다는 것이다.

③번 선지를 풀 때 '출혈이 없었는데 어떻게 망상적혈구가 생기는가?'라는 의문을 가질 수 있다. 특히 문제를 복기할 때 더욱 그렇다. 이때 출혈이란 상처가 생기는 경우뿐 아니라 혈액이 부족해지는 현상 전체를 포괄하는 의미다.

④번은 소정의 추론을 해야 한다. 이 선지를 옳다고 하려면 합성 호르몬도 같은 조혈 메커니즘으로 작동한다는 가정이 필요하다. 운동선수들의 도핑에 관한 문맥상 옳은 선지라 추론할 수 있다.

합격자의 시간단축 Tip

Tip ❶ 각 문단의 핵심 내용을 요약하는 형식으로 통독하고 핵심 키워드나 특징을 체크하도록 한다.

내용 추론의 문제에 있어서도 내용 일치의 문제에서처럼 우선 지문 전체에 대한 이해가 필요하다. 오히려 내용 추론의 문제의 경우 내용 일치 문제보다 지문 전체에 대한 이해를 하는 것이 중요한데, 내용 추론은 단순히 일치/불일치가 아니기 때문에 세부적인 내용을 정독하고 외우더라도 여러 가지 정보를 가지고 문제를 풀어야 한다. 이에 어떤 정보가 사용될지 알 수 없기 때문에 차라리 세부적인 내용을 꼼꼼하게 정독하려고 하기 보다는 전체적인

내용만 파악하고 세부적인 내용은 밑줄이나 동그라미로 체크해서 문제를 풀도록 한다.

문제의 경우에도 각 문단에 있어서 망상 적혈구, 합성 에리트로포이어틴과 같은 핵심 어휘에 체크하여 나중에 오지선다를 봤을 때 바로 관련 내용을 관련 문단으로 이동해 확인해 볼 수 있도록 한다.

Tip ❷ 과학적 원리와 그에 대한 적용을 다루는 구조는 서로 연결된다.

몇몇 지문은 어떤 과학적 원리에 대해 설명하고 이를 실생활에 적용하는 내용에 대해 다루는 경우가 있다. 이때 실생활로의 적용은 과학적 원리를 기반으로 하기 때문에, 양쪽 내용은 내용상 긴밀하게 연결되며 이들을 연결해 선지를 자주 구성할 것이다. 따라서, 선지 판단 시 굳이 제시문으로 돌아가지 않고 바로 판단할 수 있으면 좋겠지만 그러지 못해 제시문으로 돌아가야 한다면 이러한 연결성에 주목하여 근거를 찾자. 그렇게 한다면 더 수월하고 정확한 판단이 가능하다.

Tip ❸ 필요없는 문장을 합친다.

예컨대 1문단 (2)라든가 3문단 (1) 문장, (4)문단은 답 고르는 데 전혀 영향을 주지 않는 선지들이다. 이런 문장을 필요 없다고 해서 단순 소거해 버리면 글의 이해력을 저해시킬 뿐만 아니라 지문 내용이 효과적으로 구분되지 않아 찾아 올라갈 때도 불리하다. 따라서 필요 없는 부연설명이 나올 경우 앞이나 뒤 문장에 포함시키고, 포함시켰다는 표시를 명시적으로 해 주면 시간단축에 도움된다. 필자의 경우 지문 오른쪽에)표시를 하여 부연문장을 포함한 그룹영역을 표시하였다.

145 정답 ④ 난이도 ●●●

문제유형 법규의 해석 및 적용

접근전략 법조문을 〈상황〉에 적용하는 규정적용유형이다. 특히 본 문제는 표와 법조문, 상황이 동시에 제시된 특이한 문항이다. 문제의 외형과 제시되는 정보를 토대로 판단할 때, 풀기 전에 보기에는 최상급 난이도라고 봐도 무방하다. 난이도 상 처음에는 우선 넘기는 것도 방법이고, 풀 경우에 정보가 굉장히 많으므로 오히려 한 번에 모든 것을 파악하기보다는 표제 위주로 조문의 구조를 파악하고, 빠르게 상황과 연결해서 접근하는 것이 필요하다.

다음 글과 〈상황〉을 근거로 판단할 때 옳은 것은?

제○○조(포상금의 지급) 국세청장은 체납자의 은닉재산을 신고한 자에게 그 신고를 통하여 징수한 금액에 다음 표의 지급률을 적용하여 계산한 금액을 포상금으로 지급할 수 있다. 다만 포상금이 20억 원을 초과하는 경우, 그 초과하는 부분은 지급하지 아니한다.

징수금액	지급률
2,000만 원 이상 2억 원 이하	100분의 15
2억 원 초과 5억 원 이하	3,000만 원 + 2억 원 초과 금액의 100분의 10
5억 원 초과	6,000만 원 + 5억 원 초과 금액의 100분의 5

제○○조(고액·상습체납자 등의 명단 공개) 국세청장은 체납발생일부터 1년이 지난 국세가 5억 원 이상인 체납자의 인적사항, 체납액 등을 공개할 수 있다. 다만 체납된 국세가 이의신청·심사청구 등 불복청구 중에 있거나 그 밖에 대통령령으로 정하는 사유가 있는 경우에는 그러하지 아니하다.

제○○조(관허사업의 제한) ① 세무서장은 납세자가 국세를 체납하였을 때에는 허가·인가·면허 및 등록과 그 갱신(이하 '허가 등'이라 한다)이 필요한 사업의 주무관서에 그 납세자에 대하여 그 허가 등을 하지 아니할 것을 요구할 수 있다.

② 세무서장은 허가 등을 받아 사업을 경영하는 자가 국세를 3회 이상 체납한 경우로서 그 체납액이 500만 원 이상일 때에는 그 주무관서에 사업의 정지 또는 허가 등의 취소를 요구할 수 있다.

③ 제1항 또는 제2항에 따른 세무서장의 요구가 있을 때에는 해당 주무관서는 정당한 사유가 없으면 요구에 따라야 하며, 그 조치결과를 즉시 해당 세무서장에게 알려야 한다.

제○○조(출국금지 요청 등) 국세청장은 정당한 사유 없이 5,000만 원 이상 국세를 체납한 자에 대하여 법무부장관에게 출국금지를 요청하여야 한다.

상황

- 甲은 허가를 받아 사업을 경영하고 있음
- 甲은 법령에서 정한 정당한 사유 없이 국세 1억 원을 1회 체납하여 법령에 따라 2012. 12. 12. 체납액이 징수되었음
- 甲은 국세인 소득세(납부기한 : 2013. 5. 31.) 2억 원을 법령에서 정한 정당한 사유 없이 2015. 2. 7. 현재까지 체납하고 있음
- 甲은 체납국세와 관련하여 불복청구 중이거나 행정소송이 계류 중인 상태가 아니며, 징수유예나 체납처분유예를 받은 사실이 없음

① 국세청장은 甲의 인적사항, 체납액 등을 공개할 수 있다.

→ (×) 제2조에 따르면 국세청장은 체납발생일로부터 1년이 지난 국세가 5억 원 이상인 체납자의 인적사항, 체납액 등을 공개할 수 있다. 甲은 2015. 2. 7. 현재 납부기한이 2013. 5. 31. 인 국세 2억 원을 체납하고 있는데, 이는 체납발생일부터 1년이 지났으나 국세가 5억 원 미만이므로, 국세청장은 체납자 甲의 인적사항, 체납액 등을 공개할 수 없다.

② 세무서장은 법무부장관에게 甲의 출국금지를 요청하여야 한다.

→ (×) 제4조에 따르면 국세청장은 정당한 사유 없이 5,000만 원 이상 국세를 체납한 자에 대하여 법무부장관에게 출국금지를 요청하여야 한다. 따라서 국세청장이 아닌 세무서장은 법무부장관에게 체납자 甲의 출국금지를 요청할 수 없다.

③ 국세청장은 甲에 대하여 허가의 갱신을 하지 아니할 것을 해당 주무관서에 요구할 수 있다.

→ (×) 제3조 제1항에 따라 주무관서에 허가 등을 하지 아니할 것을 요구할 수 있는 주체는 세무서장이다. 제3조 제1항에 따르면 세무서장은 납세자가 국세를 체납하였을 때에는 허가의 갱신이 필요한 사업의 주무관서에 그 납세자에 대하여 허가의 갱신을 하지 아니할 것을 요구할 수 있다. 따라서 세무서장이 아닌 국세청장은 체납자 甲에 대하여 허가의 갱신을 하지 아니할 것을 해당 주무관서에 요구할 수 없다.

④ **2014. 12. 12. 乙이 甲의 은닉재산을 신고하여 국세청장이 甲의 체납액을 전액 징수할 경우, 乙은 포상금으로 3,000만 원을 받을 수 있다.**

→ (O) 제1조에 따르면 국세청장은 체납자의 은닉재산을 신고한 자에게 그 신고를 통하여 징수한 금액에 표의 지급률을 적용하여 계산한 금액을 포상금으로 지급할 수 있다. 2014. 12. 12. 乙이 체납자 甲의 은닉재산을 신고한 경우, 국세청장이 甲의 체납액인 소득세 2억 원을 전액 징수하였다면 징수금액 2억 원으로서 100분의 15의 지급률이 적용된다. 따라서 乙은 포상금으로 2억 원의 100분의 15인 3,000만 원을 받을 수 있다.

⑤ **세무서장이 甲에 대한 사업허가의 취소를 해당 주무관서에 요구하면 그 주무관서는 요구에 따라야 하고, 그 조치결과를 즉시 해당 세무서장에게 알려야 한다.**

→ (×) 해당 선지는 3조를 기준으로 판단할 수 있다. 〈허가 취소요구 및 주무관서의 반응〉이 판단대상이므로 3조 2항과 3항을 연계하여 판단해야 한다. 여기에서 甲은 3회 이상 체납한 자에 해당하지 않으므로, 3조 2과 3항은 아예 적용되지 않는다. 따라서 세무서장이 요구에 따라야 하고 조치결과를 알려야 한다는 ⑤번 선지는 틀렸다. 주의해야 할 점은, 국세체납 3회 이상에 해당하지 않으므로, 3조 3항의 〈정당한 사유가 없으면〉을 근거로 해당 선지가 오선지라는 해설은 잘못된 것이다. 애초에 요건에 해당하는지를 꼼꼼히 확인하는 습관을 들이도록 하자.

합격자의 실전 풀이 순서

❶ 문제의 유형 파악

제시문의 형식이 법조문이며, 〈상황〉이 주어졌으므로 법조문을 〈상황〉에 적용하는 규정적용 유형임을 알 수 있다. 법조문은 규정의 구체적인 내용을 모두 독해하기보다, 조문의 구조를 파악한 후 선지에서 묻고 있는 정보를 찾아 올라가는 방식으로 접근하는 것이 좋다. 법조문의 세세한 정보를 모두 기억하는 것이 어렵기 때문이다. 〈상황〉을 먼저 읽고 법조문을 읽는 것도 좋다.

또한 '옳은 것'을 고르는 문제이므로, '옳은'에 표시하여 실수를 방지한다.

다음 글과 〈상황〉을 근거로 판단할 때 옳은 것은?

❷ 〈상황〉 및 법조문 구조 분석

구조 분석이란 각 조문의 내용 및 조문 간 관계를 이해하는 것이다. 이 단계에서는 법조문 전체를 읽되, 세부적인 내용 기억보다는 어떤 정보가 있는지 파악하는 것에 중점을 둔다. 이때 기호를 적절히 활용할 수 있다. 이러한 과정을 거치며 선지에 나올 내용을 예측해볼 수도 있다.

〈상황〉의 경우, 주어진 정보가 많으므로 모두 읽는 것보다는 대략적인 소재만 파악하기로 한다. 사업자 甲이 등장하며, 체납자임을 알 수 있다. 이처럼 〈상황〉에서 다루는 정보가 많거나 이해하기 어려운 경우 〈상황〉보다 제시문이나 법조문을 먼저 분석하는 것을 추천한다.

본문의 규정은 네 개의 조로 구성되어 있다. 편의상 각 조를 가로선으로 구분하고 '1, 2, 3, 4'를 기재한다. 본 문제와 같이 각 조의 제목이 주어졌다면, 제목을 활용하여 이를 빠르게 훑어보며 법조문의 구조를 파악한다. 각 조의 제목과 앞서 읽은 〈상황〉과 조합해보면, 체납자에 대한 제재와 신고포상 관련 규정임을 알 수 있다. 특히 본 문제와 같이 행정청의 행위가 제시된 경우, 주체인 행정청의 명칭과 기속규정와 재량규정의 구분에 유의하며 법조문을 분석한다.

제1조는 국세청장이 지급하는 신고포상금액을 규정한다. 포상은 임의재량규정이다. 포상금 상한이 20억이라는 단서에 △로 표시한다. 표는 징수금액별 지급률이 차등 규정되어 있고 선지 판단을 위해 이 표가 활용된다는 정도만 확인한다.

제2조는 명단공개 요건을 규정한다. '국세청장, 1년, 5억'에 ○로 표시하고 공개 대상인 정보에 밑줄을 긋는다. 이 또한 임의규정이다. 단서의 예외규정에는 △ 표시를 해둔다.

제3조는 관허사업 제한에 대하여 규정한다. 제1항은 '세무서장'과 '요구할 수 있다'에 표시한다. 제2항은 '세무서장, 허가, 3회, 500만원, 요구할 수 있다'에 표시한다. 제3항의 주체는 '해당 주무관서'이다. '정당한 사유'에 표시한다. 제3항만 기속규정임에 유의한다.

제4조는 출국금지 요청 규정이다. 주체는 '국세청장'이다. '정당한 사유, 5000만 원, 법무부장관, 요청하여야 한다'에 표시한다. 앞의 규정들과 달리 기속규정임에 유의한다.

다시 〈상황〉을 구체적으로 살펴본다. 1)甲은 허가를 받아 사업을 하는 자로, 체납자라면 관허사업 제한의 대상이 된다. 2)징수되었으므로 일단 고려하지 않는다. 3)체납액 2억 및 납부기한과 현재 날짜를 체크한다. 4)명단공개의 단서조항에 해당하지 않음을 알 수 있다.

❸ 선지 판단

선지를 읽고, 〈상황〉과 규정을 고려하여 선지의 정오를 판단한다.

선지 ①은 정보공개 내용이므로 제2조와 비교한다. 체납액이 2억이므로 대상자가 아니다.

②의 출국금지는 제4조와 비교한다. 요청의 주체는 국세청장이다.

③은 관허사업 제한을 제3조와 비교한다. 요청의 주체는 세무서장이다.

④의 신고 포상금은 제1조와 비교하면 되나, 일단 계산이 불필요한 선지를 먼저 해결하기 위해 넘어간다.

⑤는 관허사업 제한이므로 제3조와 비교한다. 3회 이상 체납 요건을 충족하지 못한다.

①, ②, ③, ⑤가 옳지 않으므로 ④가 정답일 것이다. 계산해보면 체납액은 2억이므로 100분의 15가 적용되어 3000만 원이 맞다. 또한, 선지 ②와 ③ 같이 행정청의 명칭이 활용된 선지가 주로 나온다는 점을 주의한다.

합격자의 시간단축 Tip

Tip ❶ 〈상황〉의 활용

설문과 같이 상황에 많은 정보가 있는 경우 선지 해결에 있어 중요한 역할을 할 것이라고 예상할 수 있다. 상황의 개요를 살펴보면, 1억/1회/기간/소송중인지/유예받은지 여부 등이 제시되어 있다. 해당 내용을 눈여겨 볼 필요가 있음을 염두에 두고 조문을 독해한다. 즉, 가장 바람직한 풀이순서는 〈상황 확인 및 기준파악-법조문-선지-다시 상황으로 올라가 선지와 연결해서 정오판단〉이 되는 것이다. 주의할 점은 본문을 읽기 전 〈상황〉을 확인하는 데 오랜 시간을 쓰면 안된다는 것이다. 본문을 읽어야 상황이 이해되는 내용일 수도 있기 때문에 가능한 만큼만 머리에 넣고 본문으로 넘어가야 한다. 연습과 복습을 통해 스스로 가능한 범위를 확인해보자.

Tip ❷ 조문 제목만 읽고 구조 확인

본 문제의 법조문은 각 조마다 제목이 있고, 각 내용의 특정성도 있다. 따라서 각 조의 제목만 읽고 바로 선지를 확인하는 것도 시간을 절약하는 방법이 될 수 있다. 제목만 확인하여도 국세체납이 발생한 경우, ①신고자에게 포상금 지급 및 ②명단공개 ③관허사업제한 ④출국금지요청의 대상이 됨을 알 수 있다. 조금 더 확인한다면 주어까지 읽어본다. 관허사업 제한의 경우 주체가 세무서장으로서 국세청장 대비 하급관료로 변경된다는 점이 눈에 띈다. 이처럼 조문 제목만으로 전체조문이 국세체납에 행정청이 대응하는 방식을 규정해놓았다는 것을 파악할 수 있다. 다만, 이 경우 행정청의 유형과 기속규정 및 재량규정, 단서를 표시하지 않고 선지 판단에 들어가는 것이므로 선지 판단 시 법조문을 더욱 꼼꼼히 분석할 필요가 있다.

Tip ❸ 병렬적으로 제시된 대상 간 차이점에 주목(주체)

대상 간의 차이점은 선지에 자주 등장하므로, 제시문에 대상 간 차이점이 나타난다면 조문 구조 분석 단계에서 표시해두자. 선지에서는 대상의 설명을 바꾸어 제시하기도 한다. 본 문제의 경우, 체납자에 대한 제재 중 명단공개와 출국금지 요청의 주체는 국세청장이고, 관허사업 제한을 요구하는 주체는 세무서장이다. 따라서 선지에서 주체를 바꾸어 제시할 것을 예상할 수 있고, 선지 ②, ③의 장치로 활용되었다.

Tip ❹ 수치와 범위에 주목

숫자는 선지에 자주 등장하므로 법조문에 등장하는 숫자는 표시해두고, 정오 판단 시 빠트리지 않도록 한다. 본 문제의 경우 체납자에 대한 제재 요건 중 금액 요건이 서로 다르므로 각각 별도로 확인할 필요가 있다. 포상금 계산의 경우 무조건 빨리 계산하기 보다 금액의 범위를 보고 차근차근 계산하는 것이 실수를 줄이는 방법이다. 수치로 제시된 금액 횟수 요건과 계산은 선지 ①, ④, ⑤에 활용되었다.

Tip ❺ 재량규정과 기속규정 구분

재량규정과 기속규정도 바꾸어 출제할 수 있으므로, 구분하여야 한다. 선지에 '할 수 있다', '해야 한다'가 모두 있기 때문에 행위별로 구분이 필요하다. 본 문제에서는 모두 옳게 서술되어 있다.

Tip ❻ 단서에 주의

설문에서 활용되지는 않았으나, 제1조에 제시된 포상금이 20억을 초과하는 경우와 같은 단서조항은 눈에 띄게 체크할 필요가 있다. 조문의 초반이라 문제를 풀다 보면 기억이 잘 나지 않을 수 있고, 지급률 표와 같은 시각적·수리적 정보에 집중하다 보면 놓치기 쉬운 정보이기 때문이다.

146 정답 ④ 난이도 ●●○

문제유형 사실적 이해 > 정보 확인

접근전략 지문에서 제시된 정보를 바탕으로 선지를 판단하는 문제다. 이때 과도한 추론이 개입되지 않도록 주의함과 동시에 지문 속에 제시된 예시와 원리를 제대로 이해할 필요가 있다.

다음 글에서 알 수 있는 것은?

(1) 대부분의 컴퓨터 게임 프로그램은 컴퓨터의 무작위적 행동을 필요로 한다. (2) 이것은 말처럼 그렇게 쉬운 일이 아니다. (3) 모든 컴퓨터는 주어진 규칙과 공식에 따라 결과를 산출하도록 만들어질 수밖에 없기 때문이다. ▶1문단

(1) 비록 현재의 컴퓨터는 완전히 무작위적으로 수들을 골라내지는 못하지만, 무작위적인 것처럼 보이는 수들을 산출하는 수학 공식 프로그램을 내장하고 있다. (2) 즉, 일련의 정확한 계산 결과로 만든 것이지만, 무작위적인 것처럼 보이는 수열을 만들어 낸다. (3) 그러한 일련의 수들을 만들어 내는 방법은 수백 가지이지만, 모두 처음에 시작할 시작수의 입력이 필수적이다. (4) 이 시작수는 사용자가 직접 입력할 수도 있고, 컴퓨터에 내장된 시계에서 얻을 수도 있다. (5) 예컨대 자판을 두드리는 순간 측정된 초의 수치를 시작수로 삼는 것이다. ▶2문단

(1) 문제는 이렇게 만들어 낸 수열이 얼마나 완전히 무작위적인 수열에 가까운가이다. (2) 완전히 무작위적인 수열이 되기 위해서는 다음의 두 가지 기준을 모두 통과해야 한다. (3) 첫째, 모든 수가 다른 수들과 거의 같은 횟수만큼 나와야 한다. (4) 둘째, 그 수열은 인간의 능력으로 예측이 가능한 어떤 패턴도 나타내지 않아야 한다. (5) 수열 1, 2, 3, 4, 5, 6, 7, 8, 9, 0은 첫 번째 조건은 통과하지만, 두 번째 조건은 통과하지 못한다. (6) 수열 5, 8, 3, 1, 4, 5, 9, 4, 3, 7, 0은 얼핏 두 번째 조건을 통과하는 것처럼 보이지만 그렇지 않다. (7) 곰곰이 생각해 보면 0 다음의 수가 무엇이 될 것인지를 예측할 수 있기 때문이다. (앞의 두 수를 합한 값의 일의 자리 수를 생각해 보라.) (8) 현재의 컴퓨터가 내놓는 수열들이 이 두 가지 기준 모두를 통과하는 것은 아니다. (9) 즉, 완전히 무작위적인 수열을 아직 만들어 내지 못하고 있는 것이다. (10) 그리고 컴퓨터의 작동 원리를 생각하면, 이는 앞으로도 불가능할 수밖에 없다. ▶3문단

① 인간은 완전히 무작위적인 규칙과 공식들을 컴퓨터에 입력할 수 있다.

→ (×) 본 지문은 컴퓨터가 완전히 무작위적인 규칙이나 공식에 따라 수열을 산출할 수 없음을 설명하고 있다.[3문단(9),(10)] 인간이 무작위적인 규칙이나 공식을 컴퓨터에 입력할 수 있는지는 다루어지지 않았다.

② 완전히 무작위적인 수열이라면 같은 수가 5번 이상 연속으로 나올 수 없다.

→ (×) 본 지문에서는 완전히 무작위적인 수열이 되기 위한 조건 두 가지를 소개하고 있다. 횟수와 관련된 조건으로는 모든 수가 거의 다 비슷한 빈도로 등장해야 한다는 내용인데[3문단(3)] 같은 수가 5번 이상 연속으로 나온다고 하더라도 다른 수도 그만큼 나온다면 첫째 조건을 만족할 수 있다. 또한, 같은 수가 5번 이상 나온다 하더라도 그다음부터 규칙성 없이 수를 배열할 수 있으므로 예측 가능하지 않은 패턴을 표현해야 한다는 둘째 조건도 충족할 수 있다.[3문단(6)]

③ 사용자가 시작수를 직접 입력하지 않았다면 컴퓨터는 어떤 수열도 만들어 낼 수 없다.

→ (×) 무작위로 보이는 듯한 일련의 수를 산출하기 위해서는 시작수의 입력이 필수적이다.[2문단(3)] 그 시작 수는 사용자가 입력하지 않아도 컴퓨터에 내장된 시계를 통해 얻어낼 수도 있다.[2문단(4)]

④ 컴퓨터가 만들어 내는 수열 중에는 인간의 능력으로 예측하기 어려운 것처럼 보이는 경우도 있다.

→ (O) 현재의 컴퓨터는 무작위인 것처럼 보이는 수들을 산출하는 수학 공식 프로그램을 가지고 있다.[2문단(1)] 이는 비록 정확한 규칙과 공식에 따라 나온 결과이지만 무작위인 것처럼 보인다.[2문단(2)]

⑤ 어떤 수열의 패턴이 인간의 능력으로 예측 가능하다면 그 수열에는 모든 수가 거의 같은 횟수만큼 나올 수밖에 없다.

→ (×) 수열 5, 8, 3, 1, 4, 5, 9, 4, 3, 7, 0의 경우 두

번째 조건을 어기고 있다.[3문단(6)] 이 수열은 앞의 두 수를 합한 값의 일의 자릿수가 나열되는 패턴을 보이는데 이는 인간의 능력으로 예측할 수 있다. 하지만 해당 수열의 경우 모든 수가 같은 횟수로 나오고 있지 않음을 확인할 수 있기에 해당 선지의 반례가 된다.

제시문 분석

제시문 컴퓨터의 작동 원리: 무작위적 수열 생성의 한계

〈컴퓨터의 작동 원리〉
컴퓨터는 주어진 규칙과 공식을 통해서만 결과를 산출한다.[1문단(2)]

↓

〈무작위인 것처럼 보이는 수열〉을 산출하는 프로그램		
무작위적 수열의 조건 ①		무작위적 수열의 조건 ②
모든 수가 다른 수들과 거의 같은 횟수만큼 출현[3문단(3)]	⊕	인간의 능력으로 예측 불가능한 패턴 필요[3문단(4)]

〈무작위인 것처럼 보이는 수열〉을 만드는 방법
사용자가 직접, 또는 컴퓨터에 내장된 시계로부터 시작수를 필수로 입력해야 한다.[2문단(4)]

↓

〈컴퓨터의 무작위적 행동〉
완전히 무작위적인 수열을 아직 만들지 못했고, 앞으로도 불가능할 것이다.[3문단(10)]

합격자의 실전 풀이 순서

❶ 발문을 확인해 유형을 파악한다.

알 수 있는 것을 묻고 있으므로 정보 파악 유형이다. 다만 '부합하는 것'을 묻는 선지와 달리 약간의 추론이 개입된 선지가 나올 수 있다. 이때 주의할 점은, 추론이란 반례가 존재하지 않는 논리전개를 통한 명제 도출이라는 것이다. 즉, 지문 내 다른 내용으로 반증할 가능성이 열려있다면 그것은 추론이 될 수 없다.

❷ 지문을 읽는다.

수열을 다루고 있어 어려워 보이지만 사실 특별한 수학적 감각을 요하는 문제가 아니어서 난이도가 높지는 않다. 다만 사례를 이해할 수 있는지 반드시 확인해 가면서 읽어야 한다. 독해 시험에서 숫자가 나오면 그 숫자의 의미를 반드시 해석할 수 있어야 한다. 즉, 지문을 그냥 읽는 것이 아니라 그 논리를 이해하며 읽을 필요가 있는 지문이다.

이를테면 아래와 같은 방식이다.

> (4) 이 시작수는 사용자가 직접 입력할 수도 있고, 컴퓨터에 내장된 시계에서 얻을 수도 있다. (5) 예컨대 자판을 두드리는 순간 측정된 초의 수치를 시작수로 삼는 것이다. ▶2문단

1문단 5번째 문장에서 '예컨대' 이후에 제시하고 있는 예시는 1문단 (4)에서 말한

(a) 사용자가 직접 시작수를 입력하는 방법

(b) 컴퓨터에 내장된 시계로 시작수를 입력하는 방법

중 무엇에 해당하는지 생각하며 읽어야 한다는 것이다. 그렇지 않고서는 지문에서 제시한 예시가 무의미해진다.

아래도 같은 방식으로 글을 이해하며 읽어야 하는 부분이다.

> (6) 수열 5, 8, 3, 1, 4, 5, 9, 4, 3, 7, 0은 얼핏 두 번째 조건을 통과하는 것처럼 보이지만 그렇지 않다. ▶3문단

이 문장에서 말하는 '두 번째 조건'이란 무엇인지를 이해하며 읽어야 한다. 물론 본 지문에서는 '첫째', '둘째'와 같은 표지를 이용해 비교적 명확하게 '두 번째 조건'이 무엇인지 알 수 있다. 그러나 이렇게 친절하지 않은 지문도 종종 있으니 주의할 필요가 있다. 마지막으로

> (10) 그리고 컴퓨터의 작동 원리를 생각하면, 이는 앞으로도 불가능할 수밖에 없다. ▶3문단

이 문장 역시도 글자를 읽는다기보다는 내용을 이해한다는 느낌으로 전체적인 관점에서 글을 바라보고 '컴퓨터의 작동 원리'가 무엇을 의미하는지 정리하며 글을 읽어야 한다. 이 문장에서 '컴퓨터의 작동 원리'란 1문단 (3)에서 말하고 있는 것처럼, 모든 컴퓨터는 주어진 규칙과 공식에 따라 결과를 산출한다는 것으로 이해할 수 있다.

물론 이것이 반드시 (3)에서만 도출될 수 있는 것은 아니다. 거의 같은 내용이 2문단 전반에 걸쳐서 나와 있기 때문이다. 이처럼 이해가 필요한 지문들은 보통 그 최초의 개념으로부터 차근차근 단계를 밟아 가는 식으로 서술되기 때문에 그 중심 줄기를 놓치지 않는다면 굳이 특정 부분에 집착하지 않아도 된다.

❸ 선지를 판단한다.

지문과 선지의 일치·불일치를 판단하기보다는 해당 선지가 지문을 통해 확인할 수 있는, 즉 지문을 통해 제시된 내용인지를 먼저 파악해야 한다. 또한, 지문에서 제시한 예시를 적극적으로 활용하여 선지를 판단하고, 선지를 판단할 때는 반례가 존재하지는 않는지 꼭 생각해 보아야 한다. 지문에서 제시한 예시가 선지의 반례로 쓰이는 경우가 많다는 것도 기억해 두자.

⑤번 선지는 매력적인 오답에 해당하는데, 이 경우 반례를 떠올림으로써 쉽게 오답임을 판단할 수 있었다. 본 지문과 같이 예시가 제시돼있는 지문의 경우에는, 지문 속 예시가 선지를 판단하는 근거로 작용하는 경우가 많다. 풀이에서 써둔 경우도 마찬가지다. 또는 간단한 반례를 직접 생각해내는 것도 가능하다.

지문 3문단 (6)에서 제시하고 있는 예시인 5, 8, 3, 1, 4, 5, 9, 4, 3, 7, 0도 반례에 해당하지만, 더욱 간단하게 1, 1, 1, 1, 1, 1, 1이라는 수열을 떠올려보자. 본 수열은 인간의 능력으로 충분히 예측이 가능한 수열이다. 계속 1이 반복되는 구조이기 때문이다. 그러나 이 수열에는 모든 수가 거의 같은 횟수로 나오고 있다고 볼 수 없다. 1을 제외한 나머지 숫자는 하나도 등장하지 않을 것이기 때문이다.

합격자의 시간단축 Tip

Tip ❶ 예시가 나오면 연결해가며 이해하고 넘어가자.

지문에서 예시가 제시되면, 시간을 조금 들여서라도 예시를 확실하게 이해하고 넘어가는 것이 오히려 시간을 줄이는 방법이 될 수 있다. 간혹 지문 중에서 예시를 제시하고 있는 지문이 있는데, 굳이 지문에서 예시를 제시하는 것은 그럴 만한 이유가 있기 때문이다. 즉, 예시를 이용해 선지를 출제하거나 선지의 반례로 지문 속 예시가 이용되는 등의 방식이다. 따라서 지문 속에서 제시된 예시를 완벽하게 이해하고 넘어가도록 하자. 이때, 예시를 더 수월하게 이해하기 위해 예시의 대상이 된 내용과 연결하며 읽으면

좋다. 예를 들어, A라는 내용이 나오고 이에 대한 예시로 B라는 내용이 나온다면 A와 B를 연결해 읽으라는 것이다. 이렇게 한다면 A와 B 양쪽 내용 모두 수월히 이해할 수 있게 된다.
또한, 예시별로 비교를 해 보는 것도 좋다. 예시끼리만 비교하는 것이다. 보통 지문들은 완전 관련 없는 예시는 잘 내지 않는다. 특히 철학 지문의 경우 같은 소리를 살짝 변주만 줘서 다른 논증 구조를 표현하는 것을 즐긴다.

Tip ❷ 선지 판단 시 반례를 떠올린다.

해당 문제의 선지는 대부분 ~면 ~수 있다/없다의 형태로 구성되어 있다는 것이 특징이다. 따라서 선지 판단 시 조건에 적합한 예시를 떠올려 진술의 옳고 그름을 판별해야 한다. 예를 들어 선지 ⑤번의 경우 인간의 능력으로 예측 가능하지만, 모든 수가 같은 횟수로 나오지 않아야 함을 증명하는 사례를 떠올려야 한다. **Tip ❶**에서 언급한 대로 지문에 제시된 예시를 활용해도 되지만, 더욱 단순한 예시를 떠올리는 것도 좋다. 선지를 읽으며 제시문의 예시와 연결을 바로 하기 어렵다면 새로운 반례를 생각해내는 것을 추천한다.

147 정답 ❸

난이도 ●○○

문제유형 이해 > 개념 파악

접근전략 이 유형은 다양한 개념을 비교분석하는 문제다. 문단 구조가 A~E로 분절적인지 문단속에 숨어 있는지 확인하면서 독해를 진행한다. 단, A와 B 두 개만 나올 때는 구조 먼저 파악하려 해선 안 된다. 3개 이상일 때만 단순나열형으로 전개된다. 왜냐하면 3개 이상을 무질서하게 서술할 경우 지문의 길이 조절이 힘들기 때문이다.
또한 지문을 전부 이해하고 선지를 풀 생각하지 말고 선지 일부와 A~E중 일부를 해석하고 나서 전체를 해석하는 것을 추천한다.

다음 A ~ E에 해당하는 것을 〈보기〉에서 골라 알맞게 짝지은 것은?

(1) 심리적 장애의 하나인 성격 장애는 다음과 같이 몇 가지 유형으로 구분할 수 있다. ▶1문단

(1) A는 타인에 대한 강한 불신과 의심으로 적대적인 태도를 나타내는 성격 장애이다. (2) 이런 사람은 과도한 의심과 적대감으로 인해 반복적인 불평, 격렬한 논쟁, 공격적인 행동을 보인다. (3) 자신에 대한 타인의 위협 가능성을 지나치게 경계하기 때문에 행동이 조심스럽고 비밀이 많으며 미래를 치밀하게 계획하는 경향이 있다. ▶2문단

(1) B는 타인과의 친밀한 관계 형성에 관심이 없고 감정 표현이 부족하여 사회적 적응에 어려움을 나타내는 성격 장애이다. (2) 이런 사람은 타인의 칭찬이나 비판에 신경 쓰지 않고 반응하지 않는다. (3) 이들은 흔히 대인관계가 요구되는 업무는 제대로 수행하지 못하지만 혼자서 하는 일에서는 능력을 발휘하기도 한다. ▶3문단

(1) C는 타인의 애정과 관심을 끌기 위해 지나친 노력과 과도한 감정 표현을 하는 성격 장애이다. (2) 이런 사람은 마치 연극을 하듯이 자신의 경험과 감정을 과장되게 표현한다. (3) 그러나 이들은 감정 기복이 심하며 거절에 대한 두려움으로 자신의 요구가 관철될 수 있도록 타인을 조정한다. ▶4문단

(1) D는 지나치게 완벽을 추구하고 세부적인 사항에 집착하며 과도한 성취 의욕과 인색함을 보이는 성격 장애이다. (2) 이런 사람은 상황을 자기 뜻대로 조절할 수 없게 되었을 때 불안해하거나 분노를 느낀다. (3) 또한 씀씀이가 매우 인색하여 상당한 경제적 여유가 있음에도 만일의 상황에 대비해야 한다는 생각으로 가족들과 자주 갈등을 빚는다. ▶5문단

(1) E는 무한한 성공과 권력에 대한 공상에 집착하고 자신의 성취나 재능을 근거 없이 과장하며 특별대우를 바라는 성격 장애이다. (2) 이런 사람은 불합리한 기대감을 갖고 거만하고 방자한 태도를 보이기 쉽다. ▶6문단

〈보기〉

ㄱ. 타인에 무관심하여 사람을 사귀려는 노력을 하지 않으며, 개인 업무는 잘하나 공동 업무는 못함
ㄴ. 자신이 해고당할 것에 대비하여 회사의 비리에 대한 증거를 모아 놓고 항상 법적 소송에 대비함
ㄷ. 타인의 호감을 얻기 위해 자신의 경험을 과장하거나 극적으로 표현하며, 자신이 주목받지 못하면 우울해 함
ㄹ. 자신이 동료들보다 우월하다는 자만심에 빠져 있고, 자신의 승진은 이미 예정된 것처럼 행동함
ㅁ. 친척들이 집을 어지럽힐까봐 집에 오지 못하게 하며, 재난에 대비하여 비상 물품을 비축해 놓고 늘 점검함

① A – ㄱ
→ (×) 타인에 무관심하고 친밀한 관계 형성에 관심이 없는 성격 장애는 B이다.[3문단(1)] 이들은 대인관계가 요구되는 업무는 제대로 수행하지 못하지만 혼자 하는 일에서 능력을 발휘하기도 한다.[3문단(3)] 그러므로 B – ㄱ이다.

② B – ㄴ
→ (×) 자신이 해고당하는 상황에 대비해 회사의 비리에 대한 증거를 모으고 법적 소송에 대비하는 것은 타인을 믿지 않는 상황으로 볼 수 있다. 타인에 대한 강한 불신과 의심으로 적대적 태도를 나타내며[2문단(1)] 타인의 위협 가능성을 경계하기 때문에[2문단(3)] 치밀한 미래를 계획해 소송에 대비하는 상황으로 볼 수 있다. 그러므로 A–ㄴ이다.

③ C – ㄷ
→ (○) 타인의 호감을 위해 자신의 경험과 감정을 과장하며 '연극 하듯이' 표현하는 사람은 성격 유형 C이다.[4문단(2)] 그러므로 C–ㄷ이 맞다. 정답은 ③번이다.

④ D – ㄹ
→ (×) 자신이 동료들보다 우월하다는 자만심에 빠져 승진은 예정된 것처럼 행동하는 것은 불합리한 기대감을 가지고 거만하며 방자한 태도를 가진 모습[5문단(2)]으로 볼 수 있다. 그러므로 ㄹ 선지는 성격 유형 E를 의미한다. 따라서 E–ㄹ이다.

⑤ E – ㅁ
→ (×) 친척들이 집을 어지럽히는 상황은 자기 뜻대로 일이 벌어지지 않는 상황[5문단(2)]이다. 또한, 재난에 대비해 비상 물품을 비축하고 늘 점검하는 모습은 만일의 상황에 대비하는 것[5문단(3)]으로 해석할 수 있다. 그러므로 ㅁ의 상황은 성격 유형 D를 의미한다. 따라서 D–ㅁ이다.

제시문 분석

성격 장애 유형

〈성격 장애 유형〉		
	〈유형〉	〈특징〉
〈A〉	타인에 대한 강한 불신과 의심으로 적대적인 태도를 나타내는 성격 장애이다.[2문단(1)]	과도한 의심과 적대감으로 인해 반복적인 불평, 격렬한 논쟁, 공격적인 행동을 보인다. 자신에 대한 타인의 위협 가능성을 지나치게 경계하기 때문에 행동이 조심스럽고 비밀이 많으며 미래를 치밀하게 계획하는 경향이 있다. [2문단(3),(4)]
〈B〉	타인과의 친밀한 관계 형성에 관심이 없고 감정 표현이 부족하여 사회적 적응에 어려움을 나타내는 성격 장애이다.[3문단(1)]	타인의 칭찬이나 비판에 신경쓰지 않고 반응하지 않는다. 이들은 흔히 대인관계가 요구되는 업무는 제대로 수행하지 못하지만 혼자서 하는 일에서는 능력을 발휘하기도 한다.[3문단(2),(3)]
〈C〉	타인의 애정과 관심을 끌기 위해 지나친 노력과 과도한 감정 표현을 하는 성격 장애이다.[4문단(1)]	마치 연극을 하듯이 자신의 경험과 감정을 과장되게 표현한다. 그러나 이들은 감정 기복이 심하며 거절에 대한 두려움으로 자신의 요구가 관철될 수 있도록 타인을 조정한다.[4문단(2),(3)]
〈D〉	지나치게 완벽을 추구하고 세부적인 사항에 집착하며 과도한 성취 의욕과 인색함을 보이는 성격 장애이다. [5문단(1)]	상황을 자기 뜻대로 조절할 수 없게 되었을 때 불안해하거나 분노를 느낀다. 또한 씀씀이가 매우 인색하여 상당한 경제적 여유가 있음에도 만일의 상황에 대비해야 한다는 생각으로 가족들과 자주 갈등을 빚는다.[5문단(2),(3)]
〈E〉	무한한 성공과 권력에 대한 공상에 집착하고 자신의 성취나 재능을 근거 없이 과장하며 특별대우를 바라는 성격 장애이다.[6문단(1)]	불합리한 기대감을 갖고 거만하고 방자한 태도를 보이기 쉽다.[6문단(2)]

합격자의 실전 풀이 순서

사례적용 유형

⓪ 유형 식별하기

- 발문
  - 사례에 대한 판단으로 적절한 것은?
  - 다음 사례에 해당하는 것은?
- 특정한 주제에 대한 개념 제시
- 구체적인 사례 제시
- 사례가 특정한 개념에 적용 가능한지, 포함 가능한지, 반박하는지 등을 물음

❶ 개념 파악하기

이 단계에서는 지문의 핵심 내용은 무엇인지 파악한다.
본 문제는 지문에 분류의 틀이 되는 개념 A~E를 제시한 후, 보기에 제시된 사례들을 적용하는 구조이다. 지문을 간단히 정리하면 다음과 같다.

- 핵심 내용: 심리적 장애의 하나인 성격 장애에는 어떤 유형이 있는가?
- A: 타인에 대한 불신·의심·적대적 태도
- B: 타인과 관계 형성에 무관심, 감정 표현 부족
- C: 타인의 애정·관심 위해 과한 노력, 감정 표현
- D: 지나친 완벽추구, 성취 의욕
- E: 자신의 성취·재능 비합리적 과장

❷ 보기 적용하기

각 개념을 이해했다면, 이 단계에서는 보기 또는 선지에 적용하여 정답을 찾는다. 사례에서 추론할 수 없는 내용을 자의적으로 넘겨짚은 것은 아닌지 항상 주의하자.
본 문제의 〈사례〉를 분류하는 과정은 앞서 해설에서 설명하였으므로, 여기서는 넘어가도록 한다.

❸ 선지 고르기

선지를 고를 때 특히 ABCDE 나 ㄱㄴㄷㄹㅁ가 중복되는 것이 있는지 확인한다.
중복되는 것이 없으면 어느 하나에 속하면 어느 하나에는 속하지 않는다는 뜻이므로 좀 더 난이도가 쉬워진다.

합격자의 시간단축 Tip

Tip ❶ 경우의 수가 3개가 넘는 지문은, 한번에 읽으며 모든 내용을 파악하기 어렵다.

핵심 키워드 위주로만 내용을 이해하고, 선지로 내려가 지문과 연결하며 정답을 '골라낸다'는 마인드로 접근해야 한다. 왜냐하면 사람의 단기기억력으로 4~5개의 항목을 단번에 기억하는 것이 매우 어렵다.

Tip ❷ A와 ㄱ이 포함된 부분을 헷갈리지 않도록 주의한다.

내용 이해를 전부 해놓고 이런 것을 헷갈려서 틀리면 시간까지 버리는 셈이다. 그러면 안 푸느니만 못하다. 이런 것이 실질적으로 두 문제짜리 실수가 되는 셈이다. 반드시 선지에 표시를 해두도록 한다.

148 정답 ⑤

난이도 ●●●

문제유형 이해 > 내용 파악

접근전략 지문이 두 인물의 대화 형식인 경우 토론을 글로 정리한 것으로 볼 수 있다. 대화가 한 번씩만 나오는 경우 한 쪽이 근거가 빈약한 경우가 많아 근거가 충실한 쪽의 의견이 논지라 볼 수 있다. 만약 대화가 여러 번씩 반복되는 경우 둘의 의견을 정리하면서 읽는다. 이 글은 전자로, 임금의 말에 집중하면서 읽으면 된다.

다음 대화에서 알 수 없는 것은?

신하: (1) 죄인 박도경의 옥사(獄事)에 관해 아뢰옵니다. (2) 품위를 지켜야 할 양반이 그 격에 맞지 않게 가혹하게 노비를 때린다면 집안사람들이 만류하여 노비를 구하려는 것은 인정상 당연한 일입니다. (3) 그런데 박도경은 이를 말리던 아내에게 도리어 화풀이를 하여 머리채를 움켜쥔 채 문지방에 들이박고 베틀로 마구 때려 멀쩡하던 사람을 잠깐 사이에 죽게 하였습니다. (4) 피해자의 사인(死因)과 관련자들의 증언이 모두 확실하니 속히 박도경의 자백을 받아 내어 판결하소서.

임금: (5) 노비를 구타할 때 뜯어말리는 것은 집안에서 일상적으로 있는 일에 불과하다. (6) 그런데 박도경은 무슨 마음으로 아내에게 화를 옮겨 여러 해를 함께 산 배필을 순식간에 죽게 했는가. (7) 그 흉악함은 실로 보기 드문 일이다. (8) 박도경을 사형에 처할지 말지는 그가 아내를 죽인 것이 우연히 저지른 일인지 아니면 반드시 죽이고자 하였는지의 여부에 따라 판단해야 한다. (9) 박도경을 엄히 신문하여 그에 대한 자백을 기필코 받아 내도록 형벌을 담당하는 추관(秋官)에게 특별히 당부하라. (10) 지금까지 남편이 아내를 살해한 죄안(罪案)은 실정이 있든 없든 대부분 살려주는 쪽으로 결정하였다. (11) 이는 배우자를 죽인 죄가 용서할 만하고 정상을 참작할 만해서가 아니다. (12) 부부 사이에는 장난이 싸움으로 번지기 쉽고, 아내가 이미 죽었는데 남편까지 사형에 처한다면 죄 없는 자녀들이 그 해를 입게 되기 때문이다. (13) 본디 범인을 사형에 처하는 것은 죽은 자의 억울함을 달래 주기 위해서인데 죽은 자는 범인의 아내이다. (14) 만약 죽은 자에게 지각이 있다면 어찌 지아비를 법대로 처분하여 사형에 처하는 것을 통쾌히 여기겠는가. (15) 때문에 아내의 생명에 대해 남편의 목숨으로 보상하는 판결이 어려운 것이다. (16) 신임 관찰사로 하여금 관련 사안을 잘 살펴 보고하게 하고, 보고가 올라온 후 처리하도록 하라.

① 증거와 주변의 증언은 판결의 근거로 사용된다.
→ (○) 신하는 피해자의 사인과 관련된 자들의 증언이 모두 확실하니 이를 통해 박도경의 자백을 받아두라고 했으며(4) 여기서 사인은 증거로 볼 수 있다. 그러므로 증거와 주변은 판결이 근거로 사용된다고 볼 수 있다.

② 최종 판결은 박도경의 자백 이후에 이루어진다.
→ (○) 신하는 박도경의 자백을 받아 판결하라고 하고 있다(4). 임금 또한 박도경이 아내를 우연히 죽인 것인지 반드시 죽인 것인지에 대한 자백에 따라 판단해야 한다고 했으므로(8) 최종 판결은 자백 이후에 이루어짐을 알 수 있다.

③ 아내를 살해한 남편은 대개 사형에 처해지지 않았다.
→ (○) 임금의 말에 따르면 지금까지 남편이 아내를 살해한 죄안은 실정이 있든 없든 대부분 살려주는 쪽으로 결정했다고 하므로(10) 이는 옳은 말이다.

④ 살인의 고의성이 증명되면 박도경은 사형에 처해질 수 있다.
→ (○) 임금의 말에 따르면 박도경을 사형에 처할지 말지는 그가 아내를 죽인 것이 우연히 저지른 일인지 아니면 반드시 죽이고자 하였는지의 여부에 따라 판단해야 한다고 했으므로(8) 이는 옳은 말이다.

⑤ 남은 자녀에 대한 부양 책임이 참작되면 박도경은 방면될 것이다.
→ (×) 첫째로 임금에 말에 따르면 당시까지 남편이 아내를 살해한 죄안에 대해서는 대부분 살려주는 쪽으로 결정했다고 하며(10) 그 이유로 아내가 죽었는데 남편까지 사형에 처했을 시 죄 없는 자녀들이 해를 입는다고 하여 부양책임에 대해 언급한 것을 확인할 수는 있다(12). 그러나, 박도경을 사형에 처할지에 대해서 고의성을 따져 사형 여부를 결정한다고 한 것으로 보아(8) 고의성만 입증된다면 비록 자녀의 부양 문제가 있다고 할지라도 방면하지 않고 사형에 처할 수 있음을 알 수 있다.
둘째로 형 집행에는 사형과 방면뿐 아니라 감옥살이도 있음에 유의한다.

제시문 분석

신하 죄인 박도경 사건

〈노비 폭력〉		〈아내의 죽음〉		〈판결의 필요〉
품위를 지켜야 할 양반이 그 격에 맞지 않게 가혹하게 노비를 때린다면 집안사람들이 만류하여 노비를 구하려는 것은 인정상 당연한 일(2)	→	박도경은 이를 말리던 아내에게 도리어 화풀이를 하여 머리채를 움켜쥔 채 문지방에 들이박고 베틀로 마구 때려 멀쩡하던 사람을 잠깐 사이에 죽게 함(3)	→	피해자의 사인(死因)과 관련자들의 증언이 모두 확실하니 속히 박도경의 자백을 받아내어 판결해야 함(4)

임금 배우자를 죽인 남편의 옛 사례와 어명

〈사형 여부〉		〈의도〉
박도경을 사형에 처할지 여부(8)	→	죽이고자 하였는지의 여부에 따라 판단해야 한다.(8)

〈아내를 죽인 남편을 대부분 살린 이유〉	
배우자를 죽인 죄가 용서할 만하고 정상을 참작할 만해서가 아니다.(11)	
〈이유①〉	부부 사이에는 장난이 싸움으로 번지기 쉬움(12)
〈이유②〉	아내가 이미 죽었는데 남편까지 사형에 처한다면 죄 없는 자녀들이 그 해를 입게 되기 때문(12)
〈이유③〉	본디 범인을 사형에 처하는 것은 죽은 자의 억울함을 달래 주기 위해서인데 죽은 자는 범인의 아내이다. 만약 죽은 자에게 지각이 있다면 어찌 지아비를 법대로 처분하여 사형에 처하는 것을 통쾌히 여기겠는가.(13),(14)

→

〈어명①〉	박도경을 엄히 신문하여 그에 대한 자백을 기필코 받아 내도록 형벌을 담당하는 추관(秋官)에게 특별히 당부하라(9)
〈어명②〉	신임 관찰사로 하여금 관련 사안을 잘 살펴 보고하게 하고, 보고가 올라온 후 처리하도록 하라.(16)

합격자의 실전 풀이 순서 사실확인 유형

⓿ 유형 식별하기

본 문제는 복잡한 추론이나 논리학 규칙을 요하지 않는다. 제시된 지문을 정확히 읽고 이해했다면 누구든 풀 수 있는 문제다. 이처럼 별다른 기술이나 풀이법이 필요 없는 유형을 사실확인 유형으로 분류하도록 한다.

❶ 지문 파악하기

본 문제는 지문의 대화에 제시된 단편적인 정보들을 서로 연결하여 각 선지를 판단하는 구조다. 즉 대화를 정확하게 이해하는 것이 중요하다.
대화 내용을 정리하면 다음과 같다.

신하	• 박도경(양반): 옥에 갇힘, 자백 받기 전 • 노비를 구타하다가 말리던 아내를 때려죽임
임금	• 사형 여부: 우발적인지 의도적인지에 따라 판단 • 판단은 박도경의 자백에 근거 • 남편이 아내를 죽인 죄안은 대부분 사형을 하지 않음 • 원인은 부부 사이의 특수성, 자녀의 피해

❷ 정리하기

(1) 신하의 의견을 임금이 반박하는 요소 찾기
- 사형에 대한 반박
(2) 신하가 언급하지 않은 임금의 독자적 요소 찾기
- 고의성 여부
- 남겨진 아이
이를 통해서 정답선지를 포함한 ①, ③, ⑤번을 판단할 수 있을 것이다.

❸ 함정선지 피해가기

①의 경우 판단권자인 임금이 사형을 반대했다는 점에서 증거와 증언이 사용되지 않은 것으로 오해받을 수 있다. 그러나 사용된다는 것이 꼭 그것에만 의존해야 한다는 뜻은 아니다.

합격자의 시간단축 Tip

Tip 역사와 형법이 결합된 지문은 일반적으로 어렵다.

지금까지 적성시험에서 한국사와 형법이 결합된 문제는 예외 없이 어려웠다. 현대와 다른 형사법규, 사실관계 자체가 낯선 단어로 구성되어 있고, 판단의 주체가 현대 형사법과 다른 점 등이 원인으로 보인다. 적성시험 공부를 하다가 한국사-형법이 결합된 지문의 경우 따로 체크를 한 후 모아서 공부해보는 것이 필요하다. 특히 신분관계, 부부관계 등에 유의하며 독해하는 것이 필요하다.

149 정답 ❸ 난이도 ●●○

문제유형 이해 > 논지의 일관성

접근전략 발문은 'A의 견해'를 살펴보는 것이지만, 해당 문제의 풀이 방법은 결국 내용 일치 문제와 비슷하다. 만약 A뿐만 아니라 B, C, D와 같이 다양한 의견이 제시되어 있었다면 각각의 입장을 파악하고 비교하는 문제로 볼 수 있지만, 본 문제의 경우 여러 의견이 아닌 '왕'의 질문과 A의 답변으로만 이루어져 있다. 또한, A의 대답이 지문 내용의 대부분을 차지하므로 실질적으로는 내용 일치 문제와 다름이 없다. 따라서 A의 주장이 제시될 때마다 각 문단에서 말하고자 하는 내용이 무엇인지를 요약해서 기억하고, 키워드를 체크하면서 글을 읽어내려가도록 하자

다음 A의 견해로 볼 수 없는 것은?

(1) 왕이 말했다. "선생께서 천리의 먼 길을 오셨는데, 장차 무엇으로 우리 국가에 이익이 있게 하시겠습니까?" ▶ 1문단

(1) A가 대답했다. "왕께서는 어떻게 이익을 말씀하십니까? 오직 인의(仁義)가 있을 따름입니다. (2) 모든 사람이 이익만을 추구한다면, 서로 빼앗지 않고는 만족하지 못할 것입니다. (3) 사람의 도리인 인을 잘 실천하는 사람이 자기 부모를 버린 경우는 없으며, 공적 직위에서 요구되는 역할인 의를 잘 실천하는 사람이 자기 임금을 저버린 경우는 없습니다." ▶ 2문단

(1) 왕이 물었다. "탕(湯)이 걸(桀)을 방벌하고, 무(武)가 주(紂)를 정벌하였다는데 정말 그런 일이 있었습니까? (2) 신하가 자기 군주를 시해한 것이 정당합니까?" ▶ 3문단

(1) A가 대답했다. "인을 해친 자를 적(賊)이라 하고, 의를 해친 자를 잔(殘)이라 하며, 잔적(殘賊)한 자를 일부(一夫)라 합니다. (2) 일부인 걸과 주를 죽였다는 말은 들었지만 자기 군주를 시해하였다는 말은 듣지 못했습니다. (3) 무릇 군주란 백성의 부모로서 그 도리와 역할을 다하는 인의의 정치를 해야 하는 공적 자리입니다. (4) 탕과 무는 왕이 되었을 때 비록 백성들을 수고롭게 했지만, 그 지위에 요구되는 역할을 온전히 다하는 정치를 행했기 때문에 오히려 최대의 이익을 누릴 수 있었습니다. (5) 걸과 주는 이와 반대되는 정치를 행하면서 자신의 이익만을 추구하며, 자신을 태양에 비유하였습니다. (6) 하지만 백성들은 오히려 태양과 함께 죽고자 하였습니다. (7) 백성들이 그 임금과 함께 죽고자 한다면, 군주가 어떻게 정당하게 그 지위와 이익을 향유할 수 있겠습니까?" ▶ 4문단

① **인의에 의한 정치를 펼치는 왕은 백성들을 수고롭게 할 수도 있다.**
→ (○) A는 탕과 무는 그 지위에 요구되는 역할을 온전히 다하는 정치, 즉 인의에 의한 정치를 펼쳤지만[4문단(3)], 백성들을 수고롭게 했다고 하였다.[4문단(4)] 이를 통해 A는 인의에 의한 정치를 펼치는 왕은 백성들을 수고롭게 할 수도 있다고 보았다는 것을 알 수 있다.

② **인의를 잘 실천하면 이익의 문제는 부차적으로 해결될 가능성이 있다.**
→ (○) A는 탕과 무가 인의에 의한 정치를 행했기 때문에 오히려 최대의 이익을 누릴 수 있었다고 보았다.[4문단(4)] 따라서 A는 인의를 잘 실천하면 이익의 문제는 부차적으로 해결될 가능성이 있다고 본 것이다.

③ **탕과 무는 자기 군주를 방벌했다는 점에서 인의 가운데 특히 의를 잘 실천하지 못한 사람이다.**
→ (×) A는 공적 지위에서 요구되는 역할인 의를 잘 실천하는 사람이 자기 임금을 저버린 경우는 없다고 말하며[2문단(3)] 탕과 무는 비록 걸과 주를 죽였지만, 이들은 일부(一夫)이므로 자기 군주를 시해한 것은 아니라고 보았다.[4문단(2)] 이를 통해 A는 탕과 무를 자기 군주를 시해한 사람으로 보지 않았으며, 의를 실천하지 못한 사람으로 간주하지 않고 있음을 알 수 있다.

④ **군주는 그 자신과 국가의 이익 이전에 군주로서의 도리와 역할을 온전히 수행하는 데 최선을 다해야 한다.**
→ (○) A는 정치에는 이익이 아니라 오직 인의만 있을 뿐이라고 말하며[2문단(1)], 군주가 백성의 부모로서 그 도리와 역할을 다하는 인의의 정치를 해야 하는 공적 자리라고 보았다.[4문단(3)] 따라서 A는 군주가 그 자신과 국가의 이익 이전에 군주로서의 도리와 역할을 온전히 수행하는 데 최선을 다해야 한다고 볼 것이다.

⑤ **공적 지위에 있는 자가 직책에 요구되는 도리와 역할을 수행하지 않고 사익(私益)을 추구하면 그 권한과 이익을 제한하는 것은 정당하다.**
→ (○) 걸과 주는 인의를 행하는 정치가 아니라 자신의 이익만을 추구하였고[4문단(5)], 백성들은 이들과 함께 죽고자 하였다.[4문단(6)] 이에 따라 A는 백성들이 그 임금과 함께 죽고자 한다면 군주는 정당하게 그 지위와 이익을 향유할 수 없다고 말했으므로[4문단(7)], 공적 지위에 있는 자가 인의를 추구하지 않고 사익(私益)을 추구하면 그 권한과 이익을 제한하는 것은 정당하다고 보았을 것이다.

제시문 분석

4문단 군주에 관한 A의 견해

〈대전제〉
군주란 백성의 부모로서 그 도리와 역할을 다하는 인의의 정치를 해야 하는 공적 자리입니다.(3)

〈탕과 무, 걸과 주의 사례〉		
〈탕과 무〉		〈결과〉
탕과 무는 왕이 되었을 때 비록 백성들을 수고롭게 했지만, 그 지위에 요구되는 역할을 온전히 다하는 정치를 행했습니다.(4)	→	탕과 무는 최대의 이익을 누릴 수 있었습니다.(4)
〈걸과 주〉		〈결과〉
걸과 주는 자신의 이익만을 추구하며 자신을 태양에 비유하였습니다.(5)	→	백성들은 임금과 함께 죽고자 한다면, 군주가 어떻게 정당하게 그 지위와 이익을 향유할 수 있겠습니까?(7)

합격자의 실전 풀이 순서

❶ 발문 확인

발문을 보면 A의 견해를 묻고 있음을 알 수 있다. 또한 지문의 첫 부분을 보면 글이 문답형식이라는 것을 짐작할 수 있다. 이때 글의 전체적인 구조를 먼저 확인해서 질-답-질-답 구조라는 것을 확실히 확인한다.

이런 글의 형식은 문-답-반론-재반론(해명)의 식으로 구성되는 경우가 대부분이다. 말하자면 꼬리에 꼬리를 무는 질문인 것이다. 만약 두 질문이 병렬관계(서로 관련 없는 질문)였다면 최초의 질문 이전에 전제되는 내용, 혹은 상위 개념 설명이 있었을 것이다. 이 형식의 대표적인 경우가 바로 각종 회사 홈페이지의 FAQ 항목이다. FAQ는 상위 카테고리가 있고 그 안에서 여러 질문들이 병렬적으로 배치되어 있다.

❷ 1문단-2문단과 3문단~4문단을 기준으로 하여 A의 핵심 주장을 파악

* 주의점: 4문단 (6)의 문장은 계백의 결사대나 충성을 다한다는 뜻의 '함께 죽는다'는 뜻이 아니라, 상잔(相殘) 한다는 뜻의 함께 죽음이다. 즉, 백성들이 '태양'이라는 절대적인 존재에 반기를 들고, 자신이 죽는 한이 있더라도 태양을 끌어내리고자 했다는 의미다.

질-답 구조는 질문 및 답변이 하나의 세트(set)를 이룬다는 것을 명심해야 한다. 이때 키워드가 반복될 수밖에 없으므로 키워드 중심의 내용 독해를 한다. 세부적인 정보파악보다 그게 우선이다. 예컨대 1문단에선 '이익'이 핵심이 될 것이다. 3문단에선 '탕-무-신하' 와 '걸-주-군주'로 재배치할 수 있어야 한다. 머릿속으로 생각하기 힘들면 단어에 동그라미를 치고 같은 분류로 이어 보자(화살표는 사용하지 않아도 좋다).

이런 유형의 독해에서는 당연히 질문보단 답변에 중시하는 것이 맞으며 대다수의 수험생들이 그렇게 읽고 있을 것이다. 그런데 가끔 답변 내용이나 맥락이 잘 이해가 안 될 때가 있다. 이럴 때는 답변을 처음부터 다시 읽지 말고 일단 질문을 한 번 읽어 보자. 의문점이 해소되는 경우가 의외로 많고, 심한 경우 답변 문단을 처음부터 잘못 읽었다는 것을 파악하는 경우도 생긴다. 정리하면, 읽다가 막히면 질문으로 돌아가는 것이 최상의 선택이다.

또한, 해당 제시문의 경우 한 사람의 사상을 드러낸다는 점에서 철학 제재로 볼 수 있는데, 철학 제재의 가장 큰 특징은 같은 내용의 말을 달리 표현하는 〈재진술〉이 등장한다는 것이다. 재진술 관계를 보이는 내용들은 묶어서 인식하는 것이 좋다.

예를 들어, 4문단 내용에 따르면 탕과 무는 인의를 지키는 사람, 걸과 주는 그렇지 못한 사람으로 등장하여 내용상 대립 관계를 이루는 것을 확인할 수 있다. 여기서 재진술 관계를 따져본다면 도리와 역할을 다하는 사람이 인의의 정치를 실현한다고 했으므로 '도리와 역할 다함'과 '인의 정치 실현', '최대 이익 누림' 내용을 묶어서 인식한다. 반면 걸과 주는 인과 의를 해쳤으며 자신만의 이익을 추구하며 백성들이 함께 죽고자 하였으므로 '인과 의 해침'과 '자신만의 이익 추구', '백성들이 함께 죽고자 함'의 내용들을 묶어서 인식할 수 있다. 따라서, '도리와 역할 다함, 인의 정치 실현, 최대 이익 누림'과 '인과 의 해침, 자신만의 이익 추구, 백성들이 함께 죽고자 함' 두 묶음을 묶음과 묶음끼리 대립하는 단어로 보고 풀면 된다.

❸ 오지선다로 내려가 정오를 파악한다.

A의 견해로 볼 수 없는 것을 묻는 지문은, "A라면 이렇게 행동할 것이다"를 생각하고 답을 찾으면 좋다. 예컨대 ⑤번 선지의 경우 사실 진짜 논리적으로 따지면 '군주'가 아니라면 정당성이 떨어진다고 볼 수도 있다. 그러나 'A라면 어떠할 것이다.'라는 짐작을 가지고 푼다면 절대 정답이 될 수 없음을 알아챌 것이다.

이를 역으로 생각해 보자. '볼 수 없는' 것을 묻는다는 것은, 누가 봐도 "저건 좀 아니지?" 라고 말할 수 있는 것이어야 한다. 약간의 의구심은 들 수 있어도 "저럴 거 같아."라고 말할 수 있다면 그것은 답이 되지 않는다.

합격자의 시간단축 Tip

Tip ❶ 고전 글도 정보 전달 문제와 유사하다고 생각하자.

고전 글의 경우 사용하는 어휘도 다르고 말하는 어법도 일상 글과 달라서 아무래도 수험생들이 글을 읽고 오지선다의 정오를 분석함에 있어 조금의 어려움을 느낄 수 있다. 하지만 고전 글의 경우도 어휘, 어법, 어투가 조금 다를 뿐이지 결국 정보 전달 문제와 유사하다. 또한, 오지선다에 있어서도 지문의 내용을 표현하는 방식이 살짝 달라졌을 뿐이지 무엇을 말하고자 하는지를 정확하게 파악한다면 쉽게 정답을 찾을 수 있다.

그렇다면 어떻게 해야 다른 어법을 읽을 때 편하게 읽을 수 있을까? 사실 이에 대한 정답은 존재하지 않는다. 그러나 어려움을 조금 덜 수 있는 요령은 있다. 첫째로 어법에 신경쓰지 않는 것이다. 예컨대 1문단 (1)을 보면 의미는 아주 간단한데 굉장히 낯설다. 그런데, (2)의 앞부분만 떼 와서 (1)에 붙여 본다면 '이익은 잘못된 것이고 인의만이 중요하다'라는 해석이 가능해진다. 또한 (2) 역시 (3)의 앞부분을 떼어 온다면 '이익만을 추구하는 것은 사람의 도리가 아니다.'라는 해석이 가능하다.

둘째로 한자가 등장한다면 그것이 고유명사인지를 확인하는 것이다. 만약 고유명사고 의미가 해석되지 않는다면 그 자체로 그냥 기호(그림)라 생각해도 좋다. 만약 일반명사고 의미가 어렴풋이 짐작된다면 긴 단어를 잘라서 알고 있는 단어에 빗대서 기억하면 된다. 이 지문에선 '일부'라는 단어가 그렇다. 의미를 대강 파악하면 '군자'와 대비되는 단어임을 알 수 있고, 한자를 몰라도 '대장부'와는 다른 느낌이란 것을 알 수 있다.

셋째로 어투가 이상하다면 그것은 강제로 현대의 문체로 바꿨기 때문이다. 특히 옛날에는 한자를 썼다는 점에 주의하며 어투는 그냥 '번역투'라고 생각하고 실질적인 의미에 더 집중하자는 마인드로 읽으면 된다.

Tip ❷ 철학 지문은 재진술과 대립 관계에 주목해야 한다.

해당 제시문은 한 사람의 사상에 대해 다룬다는 점에서 철학 제재를 가진 글이라 볼 수 있다. 철학에서는 대체로 같은 말을 달리 표현하는 재진술과 대립을 통해 글을 전개하므로 이러한 내용 관계를 연결하여 선지를 자주 구성하며 이 경우 하나의 키워드를 잡고 제시문으로 돌아간다 해도 파악이 어려운 경우가 많다. 따라서 미리 재진술 관계는 한 덩어리로 묶고, 대립 관계를 파악하며 읽는다면 선지의 판단이 매우 쉽고 간단해질 것이다.
이 지문에선 대립 관계는 등장하지 않는다. (주나 걸은 대립적 존재라 할 수 없다. 그 나름의 논리가 없고 그냥 '악역'에 가깝기 때문이다.) 그러나 특히 주장 여러 개가 등장하는 경우, 혹은 딜레마가 등장하는 경우는 반드시 대립이 있으므로 그걸 중심으로 이해하도록 한다.

150 정답 ❶

난이도 ●○○

문제유형 법규의 해석 및 적용

접근전략 제시문으로 법조문이 주어졌으므로 법조문 유형임을 쉽게 파악할 수 있다. 특히 법조문의 내용을 빠르게 파악하여 법조문의 내용에 부합하는 선지를 선택하는 규정확인유형에 해당한다. 본 문제는 군인을 교육과정에 파견하여 지원하는 프로그램을 다루고 있는 법조문이 주어졌다. 또한, 각 조의 제목이 주어졌으므로 법조문 구조 파악 시 이를 활용하는 것이 좋다. 각 조의 제목을 바탕으로 〈누굴 군위탁생으로 임명하는지, 경비는 얼마나 지급하는지, 추가 진학단계는 있는지〉이 제시되는 구조 정도를 파악하고 선지로 내려가 선지의 정오를 판단한다.

다음 글을 근거로 판단할 때 옳은 것은?

제○○조(군위탁생의 임명) ① 군위탁생은 육군, 해군 및 공군(이하 '각군'이라 한다)에서 시행하는 전형과 해당 교육기관에서 시행하는 소정의 시험에 합격한 자 중에서 각군 참모총장의 추천에 의하여 국방부장관이 임명한다. 다만 부사관의 경우에는 각군 참모총장이 임명한다.
② 군위탁생은 임명권자의 허가 없이 교육기관을 옮기거나 전과(轉科)할 수 없다.

제○○조(경비의 지급) ① 군위탁생에 대하여는 수학기간 중 입학금·등록금 기타 필요한 경비를 지급한다.
② 국외위탁생에 대하여는 왕복항공료 및 체재비를 지급하며, 6개월 이상 수학하는 국외위탁생에 대하여는 배우자 및 자녀의 왕복항공료, 의료보험료 또는 의료보조비, 생활준비금 및 귀국이전비를 가산하여 지급할 수 있다. 이 경우 체재비의 지급액은 월 단위로 계산한다.

제○○조(성적이 우수한 자의 진학 등) ① 국방부장관은 군위탁생으로서 소정의 과정을 우수한 성적으로 마친 자 중 지원자에 대하여는 소속군 참모총장의 추천에 의하여 해당 전공분야 또는 관련 학문분야의 상급과정에 진학하여 계속 수학하게 할 수 있다.
② 국방부장관은 군위탁생으로서 박사과정을 우수한 성적으로 마친 자 중 지원자에 대하여는 소속군 참모총장의 추천에 의하여 해당 전공분야 또는 관련분야의 실무연수를 하게 할 수 있다.

① 해군 장교가 군위탁생으로 추천받기 위해서는 해군에서 시행하는 전형과 해당 교육기관에서 시행하는 시험에 합격하여야 한다.
→ (○) 제1조 제1항에 따르면 군위탁생은 각군에서 시행하는 전형과 해당 교육기관에서 시행하는 소정의 시험에 합격한 자 중에서 각군 참모총장의 추천에 의하여 국방부장관이 임명한다. 따라서 해군 장교가 군위탁생으로 추천받기 위해서는 해군에서 시행하는 전형과 해당 교육기관에서 시행하는 소정의 시험에 합격해야 한다.

② 육군 부사관인 군위탁생이 다른 학교로 전학을 하기 위해서는 국방부장관의 허가를 받아야 한다.
→ (×) 제1조 제1항 단서에 따르면 부사관이 군위탁생이 되려면 각군 참모총장이 임명한다. 한편 제1조 제2항에 따르면 군위탁생은 임명권자의 허가 없이 교육기관을 옮길 수 없다. 육군 부사관의 임명권자는 육군 참모총장이므로, 육군 부사관인 군위탁생이 다른 학교로 전학을 하기 위해서는 국방부장관이 아니라 임명권자인 육군 참모총장의 허가를 받아야 한다. 〈임명권자가 누구인지〉는 법조문에서 빈번하게 등장하는 선지이므로 집중해서 판단해야 한다.

③ 석사과정을 우수한 성적으로 마친 군위탁생은 소속군 참모총장의 추천이 없어도 관련 학문분야 박사과정에 진학하여 계속 수학할 수 있다.
→ (×) 제3조 제1항에 따르면 국방부장관은 군위탁생으로서 소정의 과정을 우수한 성적으로 마친 자 중 지원자에 대하여는 소속군 참모총장의 추천에 의하여 관련 학문분야의 상급과정에 진학하여 계속 수학하게 할 수 있다. 따라서 석사과정을 우수한 성적으로 마친 군위탁생이 지원할 경우 소속군 참모총장의 추천이 있어야 관련 학문분야 박사과정에 진학하여 계속 수학할 수 있다.

④ 군위탁생의 경우 국내위탁과 국외위탁의 구별 없이 동일한 경비가 지급된다.
→ (×) 제2조 제1항에 따르면 모든 군위탁생에 대하여 수학기간 중 입학금·등록금 기타 필요한 경비를 지급하며, 제2항에 따르면 국외위탁생에 대하여는 왕복항공료 및 체재비를 지급한다. 따라서 군위탁생의 경우 국내위탁생보다 국외위탁생에게 더 많은 경비가 지급된다. 이럴 때는 구체적으로 모든 항목을 비교하기보다는 〈동일한지〉에 초점을 맞춰 선지정오를 판단하는 게 좋다.

⑤ 3개월의 국외위탁교육을 받는 군위탁생은 체재비를 지급받을 수 없다.
→ (×) 제2조 제2항에 따르면 국외위탁생에 대하여 왕복항공료 및 체재비를 지급하며, 6개월 이상 수학하는 국외위탁생에 대하여는 배우자 및 자녀의 왕복항공료, 의료보험료 또는 의료보조비, 생활준비금 및 귀국 이전비를 지급할 수 있다. 따라서 6개월 미만인 3개월의 국외위탁교육을 받는 군위탁생도 체재비는 지급받을 수 있다.

합격자의 실전 풀이 순서

❶ 문제의 유형 파악
제시문의 형식이 법조문이므로 법규의 해석 및 적용 유형임을 알 수 있다. 법조문은 규정의 구체적인 내용을 모두 독해하기보다, 조문의 구조를 파악한 후 선지에서 묻고 있는 정보를 찾아 올라가는 방식으로 접근하는 것이 좋다. 법조문의 세세한 정보를 모두 기억하는 것이 어렵기 때문이다. 또한 '옳은

것'을 고르는 문제이므로, '옳은'에 표시하여 옳지 않은 선지를 택하는 실수를 방지한다.

> 다음 글을 근거로 판단할 때 옳은 것은?

❷ **법조문 구조 분석**

구조 분석이란 각 조문의 내용 및 조문 간 관계를 이해하는 것이다. 이 단계에서는 법조문 전체를 읽되, 세부적인 내용 기억보다는 선지에서 묻는 정보가 법조문의 어느 위치에 있는지 파악하는 것에 중점을 둔다. 이때 기호를 적절히 활용할 수 있다. 이러한 과정을 거치며 선지에 나올 내용을 예측해볼 수도 있다.

본문의 규정은 세 개의 조로 구성되어 있다. 편의상 가로선을 그어 조를 구분하고, '1, 2, 3'을 기재한다. 각 조의 제목에서 군위탁생에 대한 처우를 규정한 것임을 알 수 있다.

제1조 제1항은 임명권자를 규정한다. 각군, 소정의 시험 합격과 같은 내용은 이해하면 충분하고, '참모총장 추천, 국방부장관 임명'에 표시한다. 단서의 '부사관'은 임명권자가 '참모총장'으로 달리 규정되어 있다. 단서에는 △로 표시한다. 제2항은 군위탁생에 대한 제한으로 '허가'에 표시하고 허가 없이 기관을 옮기거나 전과할 수 없다는 내용을 이해한다.

제2조 제1항에서는 군위탁생에게 경비가 지급된다는 것을 이해하면 충분하고, 제2항은 '국외위탁생' 전체에 적용되는 것, '6개월 이상 수학하는 국외위탁생'에 적용되는 것을 '/'로 나누어 둔다. 후단의 '월 단위' 계산에는 ㅁ로 표시한다.

제3조 제1항은 제목의 '우수한 자'와 본문의 '국방부장관, 지원자, 참모총장 추천'에 표시한다. 제2항은 '국방부장관, 박사과정, 지원자, 참모총장 추천, 실무연수'에 표시한다. 제1항과 제2항 간에는 '박사과정', '실무연수'에서 차이점이 있음을 확인한다.

❸ **선지 판단**

선지를 읽고, 해당 내용이 기재된 규정으로 돌아가 꼼꼼히 읽고 선지의 정오를 판단한다.

선지 ①은 '군위탁생 추천'과 '시험 합격' 부분에서 임명에 관한 내용임을 알 수 있으므로 제1조 제1항과 비교한다. 옳은 선지이므로, 다음 선지를 보는 대신 '해군'이 각군에 포함되는 것과 '각군에서 시행하는 전형, 해당 교육기관에서 시행하는 소정의 시험에 합격' 부분을 다시 한번 확인하고 정답을 확정하고 넘어간다.

나머지 선지를 확인한다면, ②는 '전학'에서 제1조 제2항의 내용임을 알 수 있고, '임명권자' 확인을 위해 제1조 제1항과 비교가 필요하다. 단서에 표시한 '부사관' 부분을 확인하면 된다. ③은 '박사과정'에서 제3조 제2항의 내용임을, ④는 '경비'와 '국외위탁'에서 제2조의 내용임을, ⑤는 '국외위탁'에서 제2조 제2항의 내용임을 알 수 있다. '3개월'로 규정되어 있으므로, '6개월 이상 수학하는 국외위탁생'에게만 지급되는 것에 체재비가 있는지 확인하면 된다.

합격자의 시간단축 Tip

Tip ❶ 법조문 구조 분석

법조문 구조를 파악할 때는 조문의 제목과 본문의 키워드를 확인한다. 핵심 내용 외의 세부 내용은 그 위치만 표시하거나 기억하면 된다. '다만'과 같은 빈출 장치가 있다면 표시해둔다. 조문의 구조를 분석할 때 한 단계 더 나아가 구조를 해석해보는 것도 좋다. 예를 들어, 본 문제는 조문 제목에서 군위탁생의 임명, 경비, 진학 순으로 조문이 구성되었음을 알 수 있다. 이때 군위탁생의 경우 이미 진학을 한 상태인데, 또 '진학'이 있는 것에서 이것이 추가 커리큘럼일 것을 예측해볼 수 있다. 이러한 해석을 했다면 선지 ③과 같이 관련 내용이 나올 때 본문의 위치를 더 수월하게 찾을 수 있을 것이다.

Tip ❷ 개념의 포함관계에 유의

개념의 포함관계가 등장한다면 유의해서 보도록 한다. 법조문에서는 보통 개념을 가장 먼저 제시하고, 세부 규정은 그 다음에 제시한다. 개념의 포함관계를 활용하여 선지를 구성한다면 개념 부분과 세부 규정을 모두 보아야 하므로 선지 판단이 조금 더 까다로워진다. 본 문제에서는 '각군'에 '육군, 해군, 공군'이 포함된다. 선지 ①에서는 이 중 '해군 장교'를 활용하였다.

Tip ❸ 단서에 유의

단서의 내용은 선지로 빈출되므로 놓치지 않도록 꼭 별도로 표시를 해두는 것이 좋다. 모든 내용을 표시할 필요는 없고, 구분성이 있는 키워드에 △ 표시를 해두면 된다. 예를 들어, 본 문제의 제1조 제1항 단서에서는 '부사관'이 구분성 있는 키워드이다. '참모총장'과 '임명'은 다른 대상에게도 해당되는 내용이기 때문에 선지를 읽고 단서를 떠올리기 어렵다. '부사관'에 △ 표시하고, 선지에 '부사관'이 나온다면 꼭 단서를 확인하고, 정오를 판단한다.

Tip ❹ 숫자에 유의

숫자는 선지에 자주 등장하므로 법조문에 등장하는 숫자는 표시해두고, 정오 판단 시 빠트리지 않도록 한다. 본 문제에서 숫자는 제2조 제2항의 6개월 뿐이다. 따라서 선지 ⑤의 '3개월'과 같은 기간이 본문에 없지만, 바로 '6개월'이 기재된 조항을 떠올릴 수 있다.

Tip ❺ 정답이 ①번일 때

선지 ①이 정답이라고 판단되더라도, 나머지 선지를 모두 확인하는 것이 가장 안전하다. 그러나 시간의 압박이 있다면 다른 선지를 확인하기보다 ①번 선지가 맞는지 다시 한번 확인하고 일단 다음 문제로 넘어가자. 불안하다면, 해당 문제의 선지 ②~⑤를 묶어두고 문제에 표시한 뒤, 문제를 다 풀고 시간이 남는다면 다시 돌아와 확인한다.

Tip ❻ 복습 시 생각해볼 것

복습 시 각 조에서 왜 2항이 등장하는지도 고민해본다. 추후 비슷한 문제가 나왔을 때 법조문의 구조를 쉽고 빠르게 파악하는 데 도움이 될 것이다. 각 조문의 2항의 역할을 분석해보면, 1조의 경우 임명된 기관에서 다른 기관으로 가는 〈소재 내지 기관변경〉, 2조의 경우 군위탁생의 종류를 나눠 종류별로 경비를 차등 지급하는 〈구체화〉, 3조의 경우 1항 대비 〈상급과정/실무연수 추가〉가 그 역할이다. 이렇게 법조문이 확장되는 구조를 평상시에 머릿속으로 그려보면 실전에서 조문구조를 파악하는 데에 도움이 될 것이다.

독끝 11일차 (151~165)

정답

151	②	152	①	153	①	154	④	155	③
156	③	157	①	158	①	159	②	160	⑤
161	③	162	①	163	③	164	①	165	③

151 정답 ❷ 난이도 ●●○

문제유형 비판적 사고 > 지문에서 추론하기

접근전략 추론할 수 있는 것을 선택하는 문제는 제시문 내용과 부합하거나 그로부터 추론할 수 있는 내용을 고르는 문제이다. 글을 잘 이해하는 것이 중요한데, 과학이나 수학 제재의 경우 내용 자체가 어려운 경우가 있지만, 앞과 뒤 내용과 긴밀히 연결해 최대한 이해하되 그럴 수 없다면 해당 내용에 너무 연연하지 말고 넘어갈 수도 있어야 한다. 또한, '사례 관찰 방식'과 '연역 방식'이라는 두 내용이 대립 관계를 이룬다는 것을 잘 파악하며 읽어야 한다.

다음 글에서 추론할 수 있는 것을 〈보기〉에서 모두 고르면?

(1) 수학을 이해하기 위해서는 연역적인 공리적 증명 방법에 대해 정확히 이해할 필요가 있다. (2) 우리는 2보다 큰 짝수들을 원하는 만큼 많이 조사하여 각각이 두 소수(素數)의 합이라는 것을 알아낼 수 있다. (3) 그러나 이러한 과정을 통해 얻은 결과를 '수학적 정리'라고 말할 수 없다. (4) 이와 비슷하게, 한 과학자가 다양한 크기와 모양을 가진 1,000개의 삼각형의 각을 측정하여, 측정 도구의 정확도 범위 안에서 그 각의 합이 180도라는 것을 알아냈다고 가정하자. (5) 이 과학자는 임의의 삼각형의 세 각의 합이 180도가 확실하다고 결론 내릴 것이다. (6) 그러나 이러한 측정의 결과는 근삿값일 뿐이라는 문제와, 측정되지 않은 어떤 삼각형에서는 현저하게 다른 결과가 나타날지도 모른다는 의문이 남는다. (7) 이러한 과학자의 증명은 수학적으로 받아들일 수 없다. (8) 반면에, 수학자들은 모두 의심할 수 없는 공리들로부터 시작한다. (9) 두 점을 잇는 직선을 하나만 그을 수 있다는 것을 누가 의심할 수 있는가? (10) 이와 같이 의심할 수 없는 공리들을 참이라고 받아들이면, 이로부터 연역적 증명을 통해 나오는 임의의 삼각형의 세 각의 합이 180도라는 것이 참이라는 것을 받아들여야만 한다. (11) 이런 식으로 증명된 결론을 수학적 정리라고 한다.

• 보기 •

ㄱ. 연역적으로 증명된 것은 모두 수학적 정리이다.
→ (×) 수학적 정리는 연역적으로 증명된 것을 말한다.(1), (11) 그러나 모든 연역적으로 증명된 것이 수학적 정리라고 볼 수는 없다. 즉 '수학적 정리 ⇒ 연역적으로 증명된 것'은 옳으나, 그 역에 해당하는 '연역적으로 증명된 것 ⇒ 수학적 정리' 역시도 옳다고 보기에는 근거가 부족하다.

ㄴ. 연역적으로 증명된 수학적 정리를 거부하려면, 공리 역시 거부해야 한다.
→ (O) 의심할 수 없는 공리를 참으로 받아들였을 때, 그 공리를 바탕으로 연역적 증명을 진행하여 도출된 결론은 수학적 정리로 인정되어야만 한다.(10) 여기서 대우를 취해 보자. 만약 수학적 정리를 거부하고자 한다면, 그 정리의 기본 가정이 되었던 '공리가 참'이라는 명제부터 거부되어야만 가능하다. 이를 논리기호로 나타낸다면, 공리는 연역적 수학 정리의 충분조건이라 할 수 있고(왜냐면 모두 공리에서 출발하기 때문이다.) 연역적 수학 정리를 거부하는 것은 공리를 거부하는 것의 충분조건이라 할 수 있다.

ㄷ. 어떤 삼각형의 세 각의 합이 오차 없이 측정되었다면, 그 결과는 수학적 정리로 받아들일 수 있다.
→ (×) 이는 직접 측정하여 밝혀낸 귀납적 결론이기에 수학적 정리로 받아들여질 수 없다. 즉, 측정자가 오차 없이 측정한 삼각형에서는 그 세 각의 합이 일정한 값을 가진다고 말할 수 있겠지만 측정하지 않은 삼각형에서는 같은 결과를 확신할 수 없다.(6) 따라서 수학적 정리는 그 누구도 의심하지 않는 공리로부터 출발하여 연역적으로 증명하는 경우에만 인정된다.(10)

① ㄱ → (×)
② ㄴ → (O)
③ ㄱ, ㄷ → (×)
④ ㄴ, ㄷ → (×)
⑤ ㄱ, ㄴ, ㄷ → (×)

제시문 분석

제시문 연역적 증명 방법에 의해 도출된 수학적 정리

〈수학적 정리〉
'연역적인 공리적 증명 방법'에 의해 나온 결론(1),(11)

↓

〈연역적 증명이 아닌 것〉	↔	〈연역적 증명〉
다양한 크기와 모양을 가진 1,000개의 삼각형 직접 각 측정(4) ⇓ 임의의 삼각형의 세 각의 합은 180도라는 결론(5)		두 점을 잇는 직선은 하나라는 공리(9) ⇓ 임의의 삼각형의 세 각의 합이 180도(10)
↓		↓
〈수학적 정리 X〉		〈수학적 정리 O〉
측정의 결과는 근삿값이라는 문제와 측정되지 않은 삼각형에 대한 의문(6)		의심할 수 없는 공리로부터 연역적 증명을 통해 나오는 결론은 참(10)

합격자의 실전 풀이 순서

❶ 발문을 확인해 유형을 파악한다.

다음 글에서 추론할 수 있는 것을 〈보기〉에서 모두 고르면?

글을 읽고 지문을 바탕으로 추론할 수 있는 것으로 옳은 것을 모두 고르는 합답형 문제다. 첫 부분을 살펴보면 수학과 연역, 즉 논리가 소재라는 것을 파악할 수 있다. 이 경우 단순한 지문이 아니라 논증문이 나오는 경우가 많고, 선지도 논리명제를 묻는 경우가 많다.

❷ 〈보기〉를 훑어본다.

앞서 발문이 파악됐다면 논리퀴즈를 풀듯 글을 읽으면 되나, 한번 더 확실하게 하고 싶다면 선지로 가서 진짜 논리문제인지 확인하도록 한다. 단 이 과정은 3초 이내로 가볍게 끝내야 한다.

❸ 지문을 읽는다.

본 지문은 '수학적 정리'란 무엇인지에 대해 이야기하고 있다. 그러면서 수학적 정리가 아닌 경우를 두 가지 제시하고 있는데, (2) 문장과 (4), (5) 문장이 그것이다. 지문을 읽으며 이 두 경우 간의 유사성을 파악하는 것이 필요하다. 위 두 경우는 모두 계속해서 반복되는 경험을 일반화함으로써 결론을 내리고 있음을 알 수 있다. 이들을 묶어서 귀납적 방식이라 정리하면서 읽고, 그것이 수학적 정리가 아니라는 점을 확실히 기억한다. 또한, 그 후에 '수학적 정리'를 도출할 수 있는 연역적 방법이 소개되는데, 앞서 제시된 일반화의 방법과 연역적 방법을 대립 관계로 파악하여 이들 간 차이점을 잘 확인하자.

❹ 선지 판단

사실 〈보기〉의 ㄴ은 논리논증에 익숙하지 않으면 판단이 힘들다. 그러나 이 지문은 친절하게도 지문 내용만 이해했다면 풀 수 있는 ㄱ과 ㄷ선지만으로 답이 도출되게 되어 있다. 이처럼 어려운 선지는 일단 넘기고 보자. 자료해석과 달리, 언어논리형 문제는 상대적으로 모든 선지를 '확인'해야 풀 수 있게 되어 있다. 즉 ㄴ선지를 무작정 확인해서 ㄷ선지를 보지 않고도 답을 낼 수 있는 것이 아니라, "ㄴ선지는 봤더니 너무 어려운걸. 다른 선지부터 봐야겠어."정도로 모든 선지를 확인할 것을 요구하는 문제가 많다.

합격자의 시간단축 Tip

Tip 대립 관계 내용 잘 파악하기

대립 관계란 서로 상충하는 내용을 의미한다. 많은 언어논리 시험에서 이들의 관계를 통해 오답 선지를 자주 구성하기 때문에, 글을 읽을 때 이들을 잘 파악하는 것은 중요하다. 예를 들어, 제시문에서 A와 이에 반박하는 B라는 내용이 나오고, A가 A′ 이라는 내용의 주장을 했을 때 오답 선지로는 'B가 A′ 의 주장을 했다'라는 식의 오답 선지가 매우 잘 출제된다. 해당 제시문에서는 '사례 관찰을 통해 수학적 정리를 도출하지 못한 경우'와 '연역적 방식을 통해 수학적 정리를 도출한 경우'라는 대립 관계의 내용이 나왔고, 위에서 언급한 비슷한 원리로 ㄷ이 오답 선지로 구성되어 출제되었다. 따라서 대립 관계 파악에 주의를 기울이고 이러한 내용이 나올 시 △, ▽와 같은 기호로 구분하며 읽으면 좋다.

152 정답 ①　　난이도 ●●●

문제유형 이해 > 내용 파악

접근전략 초두부터 〈논쟁〉이라는 키워드가 있고 성리학이 등장하고 있다. 즉 국사 지문인지, 아니면 주장간 대립이 중심인지 두 접근이 존재할 수 있으므로 빠르게, 정확히는 10초 이내로 지문의 방향성을 확인한 후 독해에 들어가야 한다.
방향성을 확인하는 법은 다음 문단(들)의 구성을 살펴보는 것이다. 이 지문의 경우 낙학과 호학이라는 단어가 각각 문단 초두에 등장하고 있다. 따라서 국사 지문이라기보다 주장간 대립에 초점을 맞춰서 독해하는 것이 좀 더 쉽다.

물론 성리학-양란-논쟁과 전통 변화 라는 시간흐름에 따른 독해를 해도 무방하다. 중요한 것은 방향성을 하나로 정했으면 그대로 밀어붙이는 것이다.

다음 글의 내용과 부합하는 것은?

(1) 호락논쟁(湖洛論爭)은 중국으로부터 건너온 성리학을 온전히 우리 스스로의 역사적 경험과 실천 가운데 소화해 낸 그야말로 적공의 산물이다. (2) 그것은 이제 펼쳐질 새로운 근대 세계를 앞두고 최종적으로 성취해 낸 우리 정신사의 한 정점이다. (3) 낙학(洛學)과 호학(湖學)이 정립된 시기는 양란을 거치면서 사대부의 자기 확인이 절실히 필요한 시대였다. ▶ 1문단

(1) 낙학의 정신은 본체로 향하고 있다. (2) 근원적 실재인 본체에 접근하는 낙학의 방법은 이론적 탐색이 아니라 강력하고 생생한 주관적 체험이었다. (3) 그들은 본체인 본성에 대한 체험을 통해 현실 세계 속에서 실천하는 주체적인 자아로 자신을 정립하고자 하였다. (4) 그 자아는 바로 사대부의 자아를 의미한다. (5) 본체를 실천하는 주체에 대한 낙학의 관심은 마음에 대한 탐구로 나타났다. (6) 낙학은 이론의 구성에서는 주희의 마음 이론을 표준으로 삼았지만 호학이라는 또 하나의 조선 성리학 전통과의 논쟁을 통해 형성된 것이었다. ▶ 2문단

(1) 호학은 현실 세계를 규율하는 원리와 규범에 집중하였다. (2) 그들에게 절박했던 것은 규범의 현실성이며, 객관성이었다. (3) 본체인 본성은 현실 세계를 객관적, 합법적으로 강제하는 규범의 근저로서 주관적 체험의 밖에 존재한다. (4) 본체의 인식은 마음의 체험을 통해서가 아니라 세계에 대한 객관적 인식의 축적에 의해 달성되는 것이다. (5) 그런 점에서 호학의 정신은 이성주의라 할 수 있다. ▶ 3문단

(1) 호학의 정신은 기질의 현실 세계, 곧 생산 계층인 농민들의 우연적이고 다양한 욕망의 세계를 객관 규범에 의해 제어하면서 왕권까지도 규범의 제약 아래 두려한다는 점에서 역시 사대부의 자아 정립과 관련이 깊다. (2) 객관 규범에 대한 호학의 강조는 왕권마저 본체의 제약을 받아야 한다는 의미를 함축하고 있는 것이다. ▶ 4문단

① 낙학이 본체를 주관적 체험 대상으로 보았던 반면, 호학은 본체를 규범의 근저로 보았다.
→ (O) 낙학은 본체를 주관적 체험으로 보았고[2문단(1)] 호학은 본체를 규범의 근저, 즉 주관적 체험의 밖으로 보았기 때문에[3문단(3)] 옳은 설명이다.

② 호학은 본체의 실현이 마음의 체험을 통해 궁극적으로 달성되는 것으로 이해하였다.
→ (×) 호학에서는 본체의 실현이 세계에 대한 객관적 인식의 축적을 통해 이루어진다고 보았다[3문단(4)]. 본체의 실현이 마음의 체험을 통해 궁극적으로 달성되는 것이라고 본 것은 '낙학'이다.[2문단(2), (3)]

③ 낙학이 사대부의 자아 정립과 관련이 깊은 반면, 호학은 왕권 강화와 관련이 깊다.
→ (×) 낙학과 호학이 정립된 시기는 사대부의 자기확인이 절실히 필요했던 시기라는 문장[1문단(3)]을 통해 낙학과 호학이 모두 '사대부의 자기확인'을 위한 것임을 알 수 있다. 그리고 낙학이 실천하는 주체적 사대부 자아를 정립하는 것과[2문단(2), (3)] 호학이 사대부의 자아정립과 관련이 깊다는 것[4문단(1)]을 통해서도 두 대상 모두 사대부의 자아 정립이 공통적인 목적임을 알 수 있다. 또한, 호학은 사대부의 자아

정립과 관련이 있어서 오히려 '왕권 강화'가 아니라 '왕권'을 규범 아래 두어 제약하였다고 보았다.[4문단(1),(2)] 그러므로 본 선지는 오답이다.

④ **낙학이 본체를 본성으로 보았던 반면, 호학은 본체를 마음으로 이해하였다.**
→ (×) 낙학도 본체를 본성이라고 보았고[2문단(2)], 호학도 본체를 본성이라고 보았다.[3문단(3)] 그렇기에 해당 선지는 틀린 선지이다.

⑤ **낙학은 주희의 마음 이론에 대한 비판을 통해 형성되었다.**
→ (×) 낙학은 이론의 구성에서는 주희의 마음 이론을 표준으로 삼았다고 하였으므로[2문단(5)] 낙학이 주희의 마음 이론 비판을 통해 형성되었다고 볼 수 없다.

제시문 분석

'비교/대조' 파악 위주의 지문 / 지문을 독해한 후 2개 이상의 대상들 간의 차이점과 공통점이 분명하게 정리될 수 있도록 독해해야 한다.

1문단 호락논쟁의 의의와 시대적 배경

〈호락논쟁〉		〈의의〉		〈시대적 배경〉
호락논쟁(湖洛論爭)은 중국으로부터 건너온 성리학을 온전히 우리 스스로의 역사적 경험과 실천 가운데 소화해 낸 그야말로 적공의 산물이다.(1)	→	그것은 이제 펼쳐질 새로운 근대 세계를 앞두고 최종적으로 성취해 낸 우리 정신사의 한 정점이다.(2)	←	낙학(洛學)과 호학(湖學)이 정립된 시기는 양란을 거치면서 사대부의 자기 확인이 절실히 필요한 시대였다.(3)

2문단 낙학의 방식과 특징

〈낙학의 방식〉

근원적 실재(=본체=본성)에 접근(2),(3)
↓
강력하고 생생한 주관적 체험(≠이론적 탐색)(2)
↓
주체적인 자아=사대부의 자아인 자신을 정립(3),(4)

〈마음에 대한 탐구〉		〈낙학 형성 배경〉
본체를 실천하는 주체에 대한 낙학의 관심은 마음에 대한 탐구로 나타났다.(5)	⊕	낙학은 이론의 구성에서는 주희의 마음 이론을 표준으로 삼았지만 호학이라는 또 하나의 조선 성리학 전통과의 논쟁을 통해 형성된 것이었다.(6)

3문단 호학의 방식과 특징

〈호학의 특징〉		〈본체〉		〈본체의 인식〉
호학은 현실 세계를 규율하는 원리와 규범에 집중하였다. 그들에게 절박했던 것은 규범의 현실성이며, 객관성이었다.(1),(2)	⊕	본체인 본성은 현실 세계를 객관적, 합법적으로 강제하는 규범의 근저로서 주관적 체험의 밖에 존재한다.(3)	⊕	본체의 인식은 마음의 체험을 통해서가 아니라 세계에 대한 객관적 인식의 축적에 의해 달성되는 것이다.(4)

→ 〈이성주의〉 그런 점에서 호학의 정신은 이성주의라 할 수 있다.(5)

4문단 객관 규범으로서 호학

〈객관 규범〉		〈왕권 제약〉
호학의 정신은 기질의 현실 세계, 곧 생산 계층인 농민들의 우연적이고 다양한 욕망의 세계를 객관 규범에 의해 제어하면서 왕권까지도 규범의 제약 아래 두려한다는 점에서 역시 사대부의 자아 정립과 관련이 깊다.(1)	→	객관 규범에 대한 호학의 강조는 왕권마저 본체의 제약을 받아야 한다는 의미를 함축하고 있는 것이다.(2)

합격자의 실전 풀이 순서

비문학 유형

❶ **접근 전략에서 다룬 방식대로 훑는다. 이 전략은 자주 쓸 수 있는 것이 아니지만 이 글의 경우 초두에 언어논리에서 자주 등장하는 '논쟁'형식이 들어갔기 때문에 활용 가능하다.**

첨언하자면 〈논쟁〉이라는 것은 두 개의 대립을 서로 비교하는 것으로 NCS 문제해결 유형의 "원칙 / 예외" 구분과 사고 전개가 유사해야 쉽게 풀린다.
논리퀴즈 문제가 NCS에 나오는 이유도 이와 유사하다.

❷ **발문 확인하기**

본 문제는 '알 수 있는/없는 것은?' 형식이다. 이 형식은 발문에서 바로 선지로 간다. 이때 알 수 '있는' 것인지, '없는' 것인지를 확실히 표시하고 간다.

> 다음 글의 내용과 부합하는 것은?

❸ **지문 이해하기**

두 학파간 논쟁이 어떻게 이뤄지는지 비교하면서 독해한다. 만약 낙학을 읽다가 더 이상 기억 속에 저장할 수 없다면, 그에 해당하는 호학의 부분으로 내려가서 매칭시켜도 무방하다.
심지어, 시간이 모자라거나 더 이상 지문을 이해하기 어렵다면 거기까지만 비교해놓고 선지 일부를 소거하는 것도 가능하다!

❹ **선지 적용하기**

각 선지마다 시선과 펜이 이동한 경로를 소개한다. 본 문제는 5개 선지 모두 단순비교형으로 구성되어 난이도 하락의 요소가 되었다.

① **낙학이 본체를 주관적 체험 대상으로 보았던 반면, 호학은 본체를 규범의 근저로 보았다.**

낙학	⇒	주관적 체험	⇒	본체에 접근	(o)
호학	⇒	규범의 근저	⇒	본체	(o)

전단과 후단이 완전히 분리된 구조의 선지다. 따라서 낙학과 호학이라는 두 대상의 차이점을 대조하며 읽은 후 판단도 별도로 해야 한다. 본 제시문의 경우 낙학과 호학에 대한 설명이 각각 다른 문단에서 이루어지고 있으므로 선지에서 요구하는 정보를 찾기 쉽다. 이후 선지도 제시문에서 관련 정보를 찾는 방식으로 정오를 판단할 수 있다.

② **호학은 본체의 실현이 마음의 체험을 통해 궁극적으로 달성되는 것으로 이해하였다.**

호학	⇒	세계에 대한 객관적 인식의 축적	⇏	마음의 체험

①번과 마찬가지로 두 대상의 특징을 정확히 구분했다면 금방 해결할 수 있는 선지이다. 호학에 관한 내용은 3문단에서 제

시되고 있으므로 해당 문단을 살펴보자.

③ 낙학이 사대부의 자아 정립과 관련이 깊은 반면, 호학은 왕권 강화와 관련이 깊다.

낙학	⇒	주체적인 자아 정립	⇒	사대부의 자아 정립	(o)
호학	⇒	왕권의 제약	⇏	왕권강화	(x)

④ 낙학이 본체를 본성으로 보았던 반면, 호학은 본체를 마음으로 이해하였다.

낙학	⇒	본체인 본성					(o)
호학	⇒	본체인 본성	⇒	객관적 규범	⇏	마음	(x)

⑤ 낙학은 주희의 마음 이론에 대한 비판을 통해 형성되었다.

낙학	⇒	주희의 마음 이론을 표준으로 구성	⇏	주희의 마음 이론에 대한 비판

합격자의 시간단축 Tip

Tip ❶ 혼동이 무섭다면 기계적으로 표시하자.

본 문제처럼 한 가지 주제에 대한 여러 개념이 등장하는 지문은 언어논리 영역에서 자주 등장한다. 이때 수험생들이 의외로 많이 저지르는 실수가 선지의 개념을 다른 개념으로 잘못 읽는 것이다. 단순 실수로 점수를 잃지 않으려면 개념을 기계적으로 표시하는 방법이 있다.

지문에 등장하는 각 개념에 해당하는 모양을 하나씩 정한다. 그리고 지문을 쭉 읽으면서, 선지를 하나씩 확인하면서 해당 개념이 등장할 때마다 모양을 표시하는 것이다. 예를 들면 다음과 같다.

> 낙학의 정신은 본체로 향하고 있다. 근원적 실재인 본체에 접근하는 낙학의 방법은 이론적 탐색이 아니라 강력하고 생생한 주관적 체험이었다. 그들은 본체인 본성에 대한 체험을 통해 현실 세계 속에서 실천하는 주체적인 자아로 자신을 정립하고자 하였다. 그 자아는 바로 사대부의 자아를 의미한다. 본체를 실천하는 주체에 대한 낙학의 관심은 마음에 대한 탐구로 나타났다. 낙학은 이론의 구성에서는 주희의 마음 이론을 표준으로 삼았지만 호학이라는 또 하나의 조선 성리학 전통과의 논쟁을 통해 형성된 것이었다.

본 문제의 지문 2문단에 적용한 것이다. 낙학이라는 단어 또는 낙학을 나타내는 표현에는 동그라미, 호학에는 세모 표시를 하였다. 이때 개념 표시에 많은 시간을 들이지 않는 것이 중요하다. 눈과 손이 동시에 움직이면서 말 그대로 기계적으로 표시하는 것이다.

지문을 읽은 뒤 선지를 판단하는 단계에서도 똑같은 방식을 적용하면 된다.

> ① 낙학이 본체를 주관적 체험 대상으로 보았던 반면, 호학은 본체를 규범의 근저로 보았다.
> ② 호학은 본체의 실현이 마음의 체험을 통해 궁극적으로 달성되는 것으로 이해하였다.
> ③ 낙학이 사대부의 자아 정립과 관련이 깊은 반면, 호학은 왕권 강화와 관련이 깊다.
> ④ 낙학이 본체를 본성으로 보았던 반면, 호학은 본체를 마음으로 이해하였다.
> ⑤ 낙학은 주희의 마음 이론에 대한 비판을 통해 형성되었다.

실수를 줄이지 않기 위한 예시일 뿐이므로 수험생 개인의 성향에 맞추어 활용하는 것을 추천한다.

Tip ❷ 의식적으로 공통점과 차이점을 찾는다.

해당 지문에서 놓치지 말아야 할 부분은 1문단 마지막 문장이다. 낙학이나 호학 모두 사대부의 자기확인과 연관되어있다는 공통점을 반드시 기억하고, 그 후에 차이점을 이해한다. 낙학은 본체에 집중, 호학은 원리와 규범에 집중했다는 핵심을 잡고 독해를 진행하면 된다.

Tip ❸ 이성주의와 경험주의에 대한 한 줄 정리를 암기해 놓는다.

독해가 들어가는 모든 적성시험은 반드시 철학의 근본인 이성주의(합리주의)와 경험주의(현실주의)를 출제할 수밖에 없다. 그렇다고 이들 철학을 깊게 알 필요는 없고, 이성주의란 "인간의 육체는 절대적인 정신의 하향식(피라미드식) 통제를 받는다."라고 주장하는 사조이며, 경험주의란 "인간 육체가 곧 인간이고 생물이다. 현실적으로 내 눈에 보이는 것이 중요하다."라고 주장하는 사조라는 것만 알고 있으면 된다. 아마 상당수 수험생들도 이 정도는 알 것인데, 그것을 위 문제에 적절히 대입하는 것이 중요하다.

153 정답 ①

난이도 ●○○

문제유형 이해 > 내용 파악

접근전략 제시문은 연금술의 정의와 특징을 먼저 소개하고, 당시 연금술사의 관점을 소개하고 있다. 이어서 당시 연금술사의 관점이 현대 의학에 남긴 상징적 용례를 제시하며, 궁극적으로는 연금술이 당시의 치료법에 끼친 영향을 안내하고 있다. 제시문의 예시가 일부 사례일 뿐임을 인지하고 성급한 일반화를 하지 않는다면 쉽게 정답을 찾을 수 있다.

다음 글에서 알 수 없는 것은?

(1) 연금술은 일련의 기계적인 속임수나 교감적 마술에 대한 막연한 믿음 이상의 인간 행위다. (2) 출발에서부터 그것은 세계와 인간 생활을 관계 짓는 이론이었다. (3) 물질과 과정, 원소와 작용 간의 구분이 명백하지 않았던 시대에 연금술이 다루는 원소들은 인간성의 측면들이기도 했다. ▶ 1문단

(1) 당시 연금술사의 관점에서 본다면 인체라는 소우주와 자연이라는 대우주 사이에는 일종의 교감이 있었다. (2) 대규모의 화산은 일종의 부스럼과 같고 폭풍우는 왈칵 울어대는 동작과 같았다. (3) 연금술사들은 두 가지 원소가 중요하다고 보았다. (4) 그 중 하나가 수은인데, 수은은 밀도가 높고 영구적인 모든 것을 대표한다. (5) 또 다른 하나는 황으로, 가연성이 있고 비영속적인 모든 것을 표상한다. (6) 이 우주 안의 모든 물체들은 수은과 황으로 만들어졌다. (7) 이를테면 연금술사들은 알 속의 배아에서 뼈가 자라듯, 모든 금속들은 수은과 황이 합성되어 자라난다고 믿었다. (8) 그들은 그와 같은 유추를 진지한 것으로 여겼는데, 이는 현대 의학의 상징적 용례에 그대로 남아 있다. (9) 우리는 지금도 여성의 기호로 연금술사들의 구리 표시, 즉 '부드럽다'는 뜻으로 '비너스'를 사용하고 있다. (10) 그리고 남성에 대해서는 연금술사들의 철 기호, 즉 '단단하다'는 뜻으로 '마르스'를 사용한다. ▶ 2문단

(1) 모든 이론이 그렇듯이 연금술은 당시 그 시대의 문제를 해결하기 위한 노력의 산물이었다. (2) 1500년경까지는 모든 치료법이 식물 아니면 동물에서 나와야 한다는 신념이 지배적이었기에 의학 문제들은 해결을 보지 못하고 좌초해 있었다. (3) 그때까지 의약품은 대체로 약초에 의존하였다. (4) 그런데 연금술사들은 거리낌 없이 의학에 금속을 도입했다. (5) 예를 들어 유럽에 창궐한 매독을 치료하기 위해 대단히 독창적인 치료법을 개발했는데,

그 치료법은 연금술에서 가장 강력한 금속으로 간주된 수은을 바탕으로 하였다. ▶3문단

① 연금술사는 모든 치료행위에 수은을 사용하였다.
→ (×) 연금술사는 연금술에서 가장 강력한 금속으로 간주된 수은을 바탕으로 매독의 치료법을 개발하였지만[3문단(5)], 모든 치료행위에 수은을 사용했다는 사실은 제시문에 언급되어 있지 않다. 따라서 해당 선지의 내용은 알 수 없다.

② 연금술사는 인간을 치료하는 데 금속을 사용하였다.
→ (○) 연금술사는 연금술에서 가장 강력한 금속으로 간주된 수은을 바탕으로 매독의 치료법을 개발하였다.[3문단(5)] 이를 통해 연금술사는 인간을 치료하는 데 금속을 사용하였다는 사실을 알 수 있다.

③ 연금술사는 구리가 황과 수은의 합성의 산물이라고 보았다.
→ (○) 연금술사들은 수은과 황을 가장 중요한 원소로 보았고[2문단(3)], 이 우주 안의 금속을 비롯한 모든 물체들은 수은과 황이 합성되어 자라난 것으로 보았다.[2문단(6)] 따라서 연금술사는 구리 역시도 이 우주 안의 모든 물체에 속하므로, 황과 수은이 합성된 결과로 보았을 것이다.

④ 연금술사는 연금술을 자연만이 아니라 인간에게도 적용했다.
→ (○) 연금술은 출발부터 세계와 인간 생활을 관계 짓는 이론이었으며[1문단(2)], 우주 안의 모든 물체가 수은과 황으로 지어졌다고 보았다.[2문단(6)] 과거 연금술이 다루는 원소들은 인간성의 측면으로 보기도 했다.[1문단(3)] 더불어 3문단에 따르면 연금술사들은 거리낌 없이 의학에 금속을 도입해[3문단(4)], 매독이라는 인간의 질병을 치료하기 위해 가장 강력한 금속으로 간주되던 수은을 이용했다.[3문단(5)] 이를 통해 연금술사는 연금술을 자연만이 아닌 인간에게도 적용했음을 알 수 있다.

⑤ 연금술사는 모든 물체가 두 가지 원소로 이루어진다고 보았다.
→ (○) 연금술사들은 수은과 황을 가장 중요한 원소로 보았으며[2문단(3)], 이 우주 안의 모든 물체들은 수은과 황으로 만들어졌다고 생각했다.[2문단(6)] 따라서 해당 선지의 내용은 적절하다.

제시문 분석

1문단 연금술과 인간의 관계

〈연금술의 개념〉
연금술은 일련의 기계적인 속임수나 교감적 마술에 대한 막연한 믿음 이상의 인간 행위다.(1)

〈연금술의 특징 1〉		〈연금술의 특징 2〉
출발에서부터 연금술은 세계와 인간 생활을 관계 짓는 이론이다.(2)	⊕	물질과 과정, 원소와 작용 간의 구분이 명백하지 않았던 시대의 연금술이 다루는 원소들은 인간성의 측면들이기도 했다.(3)

2문단 연금술사의 관점

〈연금술사의 관점〉
인체라는 소우주와 자연이라는 대우주 사이에는 일종의 교감이 있었다.(1)

〈연금술사들이 중요하게 여긴 두 원소〉		
연금술사들은 두 가지 원소가 중요하다고 보았다.(3)		
〈① 수은〉		〈② 황〉
수은은 밀도가 높고 영구적인 모든 것을 대표한다.(4)	⊕	황은 가연성이 있고 비영속적인 모든 것을 표상한다.(5)

〈연금술사들의 유추와 현대 의학〉
연금술사들은 이 우주 안의 모든 물체들과 금속들은 수은과 황이 합성되어 자라난다고 믿었고, 이는 현대 의학의 상징적 용례에 그대로 남아 있다.(8)

3문단 연금술이 의학에 대해 가지는 의의

〈연금술의 의의〉
연금술은 당시 그 시대의 문제를 해결하기 위한 노력의 산물이었다.(1)

〈당시 치료법〉		〈당시 의약품〉
1500년경까지는 모든 치료법이 동식물에서 나와야 한다는 신념이 지배적이었기 때문에, 의학 문제들은 해결을 보지 못하고 곤경에 빠져 있었다.(2)	⊕	그때까지 의약품은 대체로 약초에 의존하였다.(3)

↓

〈연금술사들의 의학〉		〈연금술사들의 의학 사례〉
연금술사들은 거리낌 없이 의학에 금속을 도입했다.(4)	⊕	유럽에 창궐한 매독을 치료하기 위해 연금술사들이 개발한 독창적인 치료법은 수은을 바탕으로 하였다.(5)

합격자의 실전 풀이 순서

❶ 발문 확인 및 문제 유형 판단하기

발문을 확인한 결과, 글에서 '알 수 없는 것'을 고르는 문제이다. 알 수 없는 것을 고르는 문제는 추론할 수 없는 것을 고르는 문제와 같다. 해당 유형은 제시문 내용과 부합하지 않거나 그로부터 추론 불가능한 선지가 정답이 되며, 제시문 내용과 일치거나 그로부터 추론할 수 있는 선지가 오답이 된다. 이때, 발문의 '없는'이라는 단어나 선지 옆에 크게 'X'를 표시함으로써 발문 오독으로 인한 실수를 방지한다.

정보확인유형을 푸는 방법으로는 크게 선지를 먼저 읽고 제시문에서 선지의 내용을 찾는 방법과 제시문을 읽은 후 선지를 판단하는 방법 두 가지로 나뉜다. 첫 번째 방법은 선지로부터 키워드를 찾고, 키워드를 제시문에서 찾아가는 방식이다. 두 번째 방법은 제시문의 구조와 선지에서 나올만한 중요한 내용을 파악하며 1분에서 2분 사이 내에 제시문을 읽은 후 선지를 판단하는 방식이다. 이하에서는 첫 번째 방법인 키워드 찾기 식으로 본 문제를 풀어보겠다.

❷ 선지 읽기 및 키워드 도출

선지를 먼저 읽고 어떤 키워드를 중심으로 글을 읽어야 하는지 파악한다. 키워드의 예시는 다음과 같다.

① 모든 치료행위, 수은
② 인간 치료, 금속
③ 구리, 황과 수은, 합성
④ 연금술, 인간, 적용
⑤ 모든 물체, 두 가지 원소

동시에 모든 선지가 '연금술사는'으로 시작하기 때문에 제시문이 연금술에 관한 내용임을 추측할 수 있다.

선지의 내용을 토대로 문제에서 요구하는 정보를 제시문에서 찾는 방식으로 독해한다.

❸ 제시문 독해 및 선지 판단하기

제시문은 연금술과 인간과의 관계를 언급하며 당시 연금술사의 관점을 서술하고 있다. 이후, 연금술이 현대 의학에 미친 영향이 제시되어 있다. 이처럼 제시문의 제재와 구조만을 가볍게 파악하고, 세부 정보로부터 선택지에서 알 수 없는 것을 찾아내면 된다.

선지 ①번과 ②번은 모두 '치료'라는 단어가 포함되어 있다. 제시문에서 치료, 즉 의료와 관련된 정보가 나와 있는 부분은 3문단이므로 3문단에서 관련 내용을 찾는다. 이를 통해 선지 ①번은 제시문에서 언급되지 않은 내용이므로 옳지 않음을, ②번은 3문단 (4)문과 (5)문을 통해 옳음을 알 수 있다. 특히 ①번 선지처럼 '모든'이라는 표현이 들어간다면 반례가 하나라도 존재할 시 틀린 내용이 되므로 오선지가 될 확률이 높다는 점을 유의할 필요가 있다.

③, ④, ⑤번 선지는 연금술사의 관점이 나온 2문단 이후부터 관련 정보를 확인할 수 있다. 선지별 해결 과정은 다음과 같다.

③번 선지: 모든 물체가 '황과 수은'으로 만들어졌다는 연금술사의 주장(2문단 6, 7)과 구리 역시 모든 물체에 포함된다는 사실을 조합하여 정답임을 유추할 수 있다.

④번 선지: 3문단의 내용을 파악했다면 정답임을 알 수 있다. 특히 인체와 자연의 교감을 언급한 문장 (1), 모든 물체가 수은과 황으로 만들어졌다는 문장 (6)이 직접적 근거가 될 것이다. 연금술사는 인체와 자연을 따로 취급하지 않고, 모두 연금술의 적용 대상으로 삼았음을 알 수 있기 때문이다.

⑤번 선지: 2문단 6문에서 모든 물체가 수은과 황으로 만들어졌다고 보았다는 내용에서 옳음을 알 수 있다. 두 가지 원소라는 키워드가 그대로 제시되어 있지는 않지만, 제시문을 가볍게 읽은 후에 선지를 판단했다면 쉽게 정보의 위치를 찾을 수 있었을 것이다.

합격자의 시간단축 Tip

Tip ❶ 선지의 키워드를 중심으로 읽자.

문제에서 요구하는 것은 '연금술사의 관점'에 대한 정보로, 선지 역시 모두 '연금술사는'으로 문장이 시작된다. 결국, 해당 문제 역시 정보확인 문제의 확장이므로 선지를 먼저 읽는 방법을 선택할 수 있다. 즉, 선지에서 눈에 띄는 키워드를 먼저 고른 후, 이를 중심으로 제시문을 독해한다. 예를 들어, 선지 ①, ②는 모두 치료행위를 언급하므로 제시문에서 치료행위가 드러난 부분을 먼저 찾아 읽는 것이다. 다만 키워드가 직접적으로 지문에 제시되어 있지 않거나, 문단 간의 정보를 연결하여 선지를 판단하는 경우, 키워드 찾기 방식의 효용이 떨어지므로, 제시문을 먼저 읽는 방식도 연습해두고 자신에게 더 알맞은 방식을 사용하는 것이 좋다.

Tip ❷ 극단적인 내용의 선지를 우선 판단한다.

문제를 풀던 도중, 제시문을 모두 읽을 시간이 부족한 경우, 극단적인 선지의 내용을 중심으로 제시문을 빠르게 발췌독하는 것이 시간 절약에 도움이 되는 경우가 있다. 선지에 '모든'이라는 표현이 들어가는 것과 같이 선지의 내용이 극단적일 경우, 해당 내용이 존재하지 않음을 확인하거나, 반례가 존재함을 쉽게 찾을 수 있기에 해당 내용을 중심으로 보는 것이 유리하다.

위 문제에서는 ①번이 '모든 치료행위에 수은이 사용된다.', ⑤번이 '모든 물체가 2가지 원소로 이루어져 있다.'라는 선지이므로, 해당 내용을 중심으로 제시문을 발췌독한다면 제시문을 전부 읽지 않더라도 빠르게 선지의 정오를 파악할 수 있을 것이다.

Tip ❸ 복잡한 선지는 나중에 판단한다.

선지 파악에 정보의 조합이 필요한데 정확한 정보가 쉽게 눈에 띄지 않는 경우 간단한 선지를 먼저 판단하는 것이 좋다. 이 지문의 경우 복잡한 편은 아니지만, 지문의 정보가 많을수록 단순하거나 판단이 쉬운 선지를 먼저 판단하는 것을 추천한다. 정답이 아닌 선택지를 소거하는 것이 시간 낭비를 방지하는 방법이기 때문이다. 이 문제에 적용한다면 ①, ②, ⑤를 먼저 판단하고, 정보의 조합과 문단의 전반적인 이해를 필요로 하는 ③, ④를 나중에 판단할 수 있을 것이다.

154 정답 ④

난이도 ●●○

문제유형 이해 > 결론 도출

접근전략 밑줄이 제시된 문제는 가장 먼저 밑줄의 위치를 파악하고, 중점적으로 읽어야 할 부분을 확인한다. 이후 글의 전반적인 구조를 인지한 뒤 구하고자 하는 것에 따라 적절한 글 읽기 전략을 선택해야 한다. 이때 밑줄 주변으로부터 4문단이 글의 결론임을 알 수 있으므로 3문단까지 키워드와 맥락 이해 위주의 독해를 하면 된다.

다음 ㉠의 사례로 가장 적절한 것은?

(1) 보통 '관용'은 도덕적으로 바람직한 것으로 간주된다. (2) 관용은 특정 믿음이나 행동, 관습 등을 잘못된 것이라고 여김에도 불구하고 용인하거나 불간섭하는 태도를 의미한다. (3) 여기서 관용이란 개념의 본질적인 두 요소를 발견할 수 있다. (4) 첫째 요소는 관용을 실천하는 사람이 관용의 대상이 되는 믿음이나 관습을 거짓이거나 잘못된 것으로 여긴다는 점이다. (5) 이런 요소가 없다면, 우리는 '관용'을 말하고 있는 것이 아니라 '무관심'이나 '승인'을 말하는 셈이다. (6) 둘째 요소는 관용을 실천하는 사람이 관용의 대상을 용인하거나 최소한 불간섭해야 한다는 점이다. (7) 하지만 관용을 이렇게 이해하면 역설이 발생할 수 있다.

▶ 1문단

(1) 자국 문화를 제외한 다른 문화는 모두 미개하다고 생각하는 사람을 고려해보자. (2) 그는 모든 문화가 우열 없이 동등하다는 생각이 틀렸다고 확신하고 있다. (3) 하지만 그는 그런 자신의 믿음에도 불구하고 전략적인 이유로, 예를 들어 동료들의 비난을 피하기 위해 자신이 열등하다고 판단하는 문화를 폄하하려는 욕구를 억누르고 있다고 하자. (4) 다른 문화를 폄하하고 싶은 그의 욕구가 크면 클수록, 그리고 그가 자신의 이런 욕구를 성공적으로 자제하면 할수록, 우리는 그가 더 관용적이라고 말해야 할 것 같다. (5) 하지만 이는 받아들이기 어려운 역설적 결론이다.

▶ 2문단

(1) 이번에는 자신이 잘못이라고 믿는 수많은 믿음을 모두 용인하는 사람을 생각해 보자. (2) 이 경우 이 사람이 용인하는 믿음이 많으면 많을수록 우리는 그가 더 관용적이라고 말해야 할 것 같다. (3) 그런데 그럴 경우 우리는 인종차별주의처럼 우리가 일반적으로 잘못인 것으로 판단하는 믿음까지 용인하는 경우에도 그 사람이 더 관용적이라고 말해야 한다. (4) 하지만 도덕적으로 잘못된 것을 용인하는 것은 그 자체가 도덕적으로 잘못이라고 보는 것이 마땅하다. (5) 결국 우리는 관용적일수록 도덕적으로 잘못을 저지르게 될 가능성이 높아지게 되는데 이는 역설적이다.

▶ 3문단

(1) 이상의 논의를 고려하면 종교에 대한 관용처럼 비교적 단순해 보이는 사안에 대해서조차 ㉠ 역설이 발생한다. (2) 이로부터 우리는 관용의 맥락에서, 용인하는 믿음이나 관습의 내용에 일정한 한계가 있어야 함을 알 수 있다. ▶ 4문단

① 종교적 문제에 대해 별다른 의견이 없는 사람을 관용적이라고 평가하게 된다.
→ (×) 종교적 문제에 대해 별다른 의견이 없는 사람은, 종교적 문제라는 관용의 대상을 거짓이거나 잘못된 것으로 여기지 않는다.[1문단(4)] 이는 관용의 본질적 성립요건 중 첫째 요소를 결여한 것으로, '무관심'이나 '승인'에 해당한다.[1문단(5)] 따라서 종교적 문제에 대해 별다른 의견이 없는 사람은 관용의 사례에 해당하지 않기 때문에 관용의 역설이 발생할 여지가 없다.

② 모든 종교적 믿음은 거짓이라고 생각하고 배척하는 사람을 관용적이라고 평가하게 된다.
→ (×) 모든 종교적 믿음은 거짓이라고 생각하고 배척하는 사람은, 종교적 믿음이라는 관용의 대상을 용인하거나 불간섭하고 있지 않다. 이는 관용의 본질적 성립요건 중 둘째 요소를 결여한 것으로[1문단(6)], 관용의 태도에 해당하지 않는다. 따라서 모든 종교적 믿음은 거짓이라고 생각하고 배척하는 사람은 관용의 사례에 해당하지 않기 때문에 관용의 역설이 발생할 여지가 없다.

③ 자신의 종교가 주는 가르침만이 유일한 진리라고 믿는 사람일수록 덜 관용적이라고 평가하게 된다.
→ (×) 제시문에 따르면 관용의 역설이란 관용의 본질적인 두 요소를 충족하여 관용으로 보이면서도 그것이 전략적인 이유에 의한 것이거나[2문단(3)] 일반적으로 잘못된 것을 용인하는 경우에[3문단(3)] 관용의 역설이 일어난다. 그러나, 해당 선지는 관용의 둘째 요소인 관용의 대상에 대한 용인이나 불간섭에 대한 충족 여부를 알 수 없으므로 역설이라 할 수 없다.

④ 보편적 도덕 원칙에 어긋나는 가르침을 주장하는 종교까지 용인하는 사람을 더 관용적이라고 평가하게 된다.
→ (O) 보편적 도덕 원칙에 어긋나는 가르침을 주장하는 종교까지 용인하는 사람은, 관용의 대상을 잘못된 것으로 여기지만 그것을 용인한다는 점에서 일차적으로 관용의 본질적 두 요소를 충족한다.[1문단(3)] 그러나 이러한 경우를 '더' 관용적으로 평가하게 된다면, 도덕적으로 잘못된 것을 용인하는 결과가 발생하므로 '관용의 역설' 두 번째 사례에 해당한다.[3문단(4)] 따라서 해당 선지의 내용은 관용의 역설 사례로 볼 수 있다.

⑤ 자신이 유일하게 참으로 믿는 종교 이외의 다른 종교적 믿음에 대해서도 용인하는 사람일수록 더 관용적이라고 평가하게 된다.
→ (×) 자신이 유일하게 참으로 믿는 종교 이외의 다른 종교적 믿음에 대해서도 용인하는 사람은, 자신이 믿는 종교만이 참이고 다른 종교는 거짓으로 믿는 것이므로 관용의 첫째 요소를 충족한다.[1문단(4)] 동시에 다른 종교적 믿음에 대해서도 용인하고 있으므로, 관용의 둘째 요소까지 충족하여[1문단(6)] 관용에 해당한다고 볼 수 있다. 그러나 이는 어떤 전략적인 이유로 타 종교를 폄하하려는 욕구를 억누르고 있다거나[2문단(3)] 더 관용적일수록 도덕적 잘못을 저지르는 모순을 가져온다 볼 수 없기 때문에, 관용의 역설이 발생하지 않는다.[3문단(5)]

제시문 분석

1문단 관용의 본질적인 두 요소

〈관용의 본질적 요소〉		
〈첫째 요소〉		〈둘째 요소〉
관용을 실천하는 사람이 관용의 대상이 되는 믿음이나 관습을 거짓이거나 잘못된 것으로 여긴다.(4)	⊕	관용을 실천하는 사람이 관용의 대상을 용인하거나 최소한 불간섭해야 한다.(6)

2·3문단 관용의 역설

〈관용의 역설 예시〉		
〈첫 번째 경우〉		〈결과〉
자국 문화를 제외한 다른 문화는 모두 미개하다고 생각하는 사람이 타 문화를 폄하하려는 욕구를 억누르고 있다고 하자.[2문단(3)]	→	다른 문화를 폄하하고 싶은 그의 욕구가 크면 클수록, 그리고 그가 자신의 이런 욕구를 성공적으로 자제하면 할수록, 우리는 그가 더 관용적이라고 말해야 할 것 같다.[2문단(4)]
〈두 번째 경우〉		〈결과〉
자신이 잘못이라고 믿는 수많은 믿음을 모두 용인하는 사람을 생각해보자.[3문단(1)]	→	도덕적으로 잘못된 것을 용인하는 경우에도 그 사람이 더 관용적이라고 말해야 하고, 결국 우리는 관용적일수록 도덕적으로 잘못을 저지르게 될 가능성이 높아지게 된다.[3문단(5)]

4문단 결론

〈결론〉
우리는 관용의 맥락에서, 용인하는 믿음이나 관습의 내용에 일정한 한계가 있어야 함을 알 수 있다.(2)

합격자의 실전 풀이 순서

❶ 밑줄 친 ㉠부분을 읽어 구해야 하는 것을 정확하게 파악한다.

우선은 문제에서 '㉠의 사례로 적절한 것은'이라고 물어봤으므로 가장 먼저 ㉠이 무엇인지를 파악해야 하는 것이 중요하다. "이상의 논의를 고려하면 종교에 대한 관용처럼 비교적 단순해 보이는 사안에 대해서조차 ㉠ 역설이 발생한다."라고 나와 있는데 '역설'이라는 단어로부터 글의 구조를 파악할 수 있어야 한다.

역설의 사전적 정의는 '틀린 듯하나 맞는 것'으로, 글의 구성에 있어서 역설은 "독자는 틀리게 생각하고 저자는 맞게 생각하는 것"이라 생각하면 된다. 즉, 독자의 틀린 생각을 교정해주는 것이 글의 목적이다.

앞에 '종교에 대한 관용처럼 비교적 단순해 보이는 사안에 대해서조차'라고 나와 있기 때문에 종교에 관한 내용도 역설에 들어갈 수 있음을 알 수 있다. 이때 종교에 대한 관용이라는 게 실제로 단순한지는 전혀 중요하지 않다. 오히려 그 뒷문장에 '내용에 일정한 한계'라는 부분이 더 직관적이고 중요하다.

❷ 1문단부터 3문단까지 읽으면서 핵심 내용을 파악한다.

1문단의 경우 관용의 본질적인 요소 2가지를 이야기해주면서 이 2가지를 다 충족한 후 역설이 발생할 여지가 있다고 이야기하고 있다. 이때 1문단에서 이 요소 두 개를 전부 기억할 필요가 없다. 왜냐하면 1문단 (7)에서 앞으로 역설의 구체적

인 모습이 나올 것임을 알려주고 있기 때문이다. 역설이 발생하는 이유를 알려면 반드시 설명이 다시 나와야 하므로 그 역설 내용으로부터 암기를 올라가면서 하는 것이 훨씬 효율적이다.
2문단과 3문단은 둘 다 끝이 '역설적'이라는 단어로 끝나며, 문단 내용도 둘은 상당히 닮아 있다. 이런 경우 둘의 공통점을 찾고, 그것이 둘 다 1문단의 핵심 요소에 들어가는지 확인한다. 1문단의 (4)와 (6)에 성공적으로 대입될 수 있음을 파악할 수 있을 것이다.
이를 조건화하여 정리하면 다음과 같다.
(1) 우선 관용의 본질적인 두 요소(믿음 + 용인)를 충족해야 한다.
(2) 그것이 도덕적으로 바람직하지 못한 결과를 야기하는 역설이 있어야 한다.
사례를 통해 알 수 있는 역설은 '이기적 동기가 관용으로 이어지는 경우(2문단)'이거나 '관용하는 것이 비도덕적인 경우(3문단)'이다.
여담으로, 전략적 선택으로부터 이기적이란 말을 이끌어 낼 수 있는 이유를 스스로 생각해보면 좋다. 경제학적 동기라고 바꿔도 좋을 것이다.

❸ **선지로 내려가 정오판단을 진행한다.**
제시문을 통해 파악한 관용의 역설이 되기 위한 조건을 적용해 본다. ①, ②, ③번은 애초에 관용의 본질적인 두 요소 모두를 충족하지 못하므로 정답이 될 수 없다. ⑤번의 경우는 관용의 본질적인 두 요소는 충족하나 이를 역설로 볼만한 제시문의 사례와 부합하지 않으므로 정답이 될 수 없다.

합격자의 시간단축 Tip

Tip ❶ 사례 잘 활용하기
글의 구조에 있어서 이론 뒤에 특정 상황을 가정하고 사례를 설명하는 글의 형태가 존재한다. 이런 지문의 경우에는 지문을 쉽게 이해하고 문제를 빨리 풀려면 사례 부분을 잘 활용하고 이해하는 것이 중요하다. 세세한 곳까지 묻는 유형인 내용일치의 경우 정확한 유비추론이 중요해 함정이 군데군데 있게 출제되지만 결론을 묻는 문제에서 사례는 단순히 이해를 돕는 장치이므로 적극적으로 읽자.

Tip ❷ 밑줄 먼저 읽기
밑줄 부분에 관해 물어보는 문제의 경우 밑줄 부분을 먼저 읽고 나서 지문을 읽도록 한다. 밑줄 부분을 먼저 읽는 이유는 앞으로 내가 중점적으로 읽어야 할 부분에 포커스를 둘 수 있고, 대략적인 글의 내용을 추측해볼 수 있기 때문이다.
사안의 경우에 있어서도 '역설' 부분의 밑줄을 읽고 '종교에 대한 관용처럼 비교적 단순해 보이는 사안에 대해서조차 역설이 발생한다' 문장과 뒷 문장을 읽음으로써, 지문에서 전반적으로 다루고자 하는 주제가 관용과 관련되어 있고 또 그것의 역설에 대해서 파악하며 읽어야겠다는 생각을 할 수 있다. 이렇게 미리 대략적으로 방향성을 잡고 글을 읽기 시작하면 지문 읽기가 더 수월할 것이다.

Tip ❸ 조건화하기
제시문의 글을 읽다가, 만약 무언가가 되기 위한 조건이 될 만한 내용이 제시된다면 이를 미리 조건화하는 것이 좋다. 그렇게 되면, 이와 관련된 선지를 판단할 때 간단한 수학 공식을 대입하여 답을 내듯이 쉽게 판단할 수 있기 때문이다. 해당 제시문도 관용이 되기 위한 조건과 관용의 역설이 되기 위한 조건을 정리하여 간단한 선지의 판단이 가능했다.

어떤 지문은 조건이 굉장히 복잡하게 주어진다. 특히 이런 조건 요소가 4개 이상 등장하는 경우도 있는데, 이 경우 반드시 조건에 번호를 가시성 있게 매겨주어야 한다. 단, 단순나열형 문장에 번호를 섣불리 매기지 않도록 조심한다.

155 정답 ③

난이도 ●●●

문제유형 법규적 내용의 적용
접근전략 제시문이 주어졌으므로 내용확인유형으로 오인할 수 있으나, 제시문의 내용을 〈상황〉에 적용한다는 점에서 규정적용유형과 공통점이 있다. 즉, 본 문제는 제시문의 내용을 정확하고 빠르게 파악하고, 해당 내용을 〈상황〉에 적용한다는 점에서 내용확인유형과 규정적용유형이 결합한 문제에 해당한다. 해당 유형을 풀 때는 제시문 형태로 주어진 규정의 구조를 파악하고 선지에 나올 만한 표현들에 강조 표시를 하며 제시문을 독해한다. 또한, 선지 판단 단계에서 필요한 정보를 제시문으로 찾아 올라가는 방식으로 선지를 해결한다.

다음 글과 〈상황〉을 근거로 판단할 때 옳은 것은?

(1) 국제사법재판소(International Court of Justice)는 국가에게만 소송당사자의 지위를 인정하고 있다. (2) 따라서 투자자의 본국이 정치적인 이유에서 투자유치국을 상대로 국제사법재판소에 소를 제기하지 않는다면 투자자의 권리가 구제되지 못하게 된다. (3) 이러한 문제를 해결하기 위해 '국가와 타방국가 국민간의 투자분쟁의 해결에 관한 협약'(이하 '1965년 협약')에 따라 투자유치국의 법원보다 공정하고 중립적이며 사건을 신속하게 해결하기 위한 중재기관으로 국제투자분쟁해결센터(International Centre for Settlement of Investment Disputes : ICSID)가 설립되었다. (4) ICSID는 투자자와 투자유치국 사이의 투자분쟁 중재절차 진행을 위한 시설을 제공하고 중재절차 규칙을 두고 있다. (5) ICSID의 소재지는 미국의 워싱턴 D.C.이다. ▶ 1문단

(1) 한편 투자유치국이 '1965년 협약'에 가입했다고 해서 투자자가 곧바로 그 국가를 상대로 ICSID 중재를 신청할 수는 없다. (2) 투자자와 투자유치국이 ICSID 중재를 통해 투자분쟁을 해결한다고 합의를 했을 때 ICSID 중재가 개시될 수 있다. (3) 이처럼 분쟁당사자들이 ICSID에서 중재하기로 합의한 경우에는 원칙적으로 당사자들은 자국법원에 제소할 수 없다. (4) 다만 당사자들이 ICSID 중재나 법원에의 제소 중 하나를 선택할 수 있다고 합의한 때에는 당사자는 후자를 선택하여 자국법원에 제소할 수 있다. (5) 그리고 ICSID 중재에 관해 일단 당사자들이 동의하면, 당사자들은 해당 동의를 일방적으로 철회할 수 없다. (6) 따라서 투자유치국이 자국 법률을 통해 사전에 체결한 중재합의를 철회하는 것은 무효이다. ▶ 2문단

(1) ICSID 중재판정부는 단독 또는 홀수의 중재인으로 구성되며, 그 수는 당사자들이 합의한다. (2) 당사자들이 중재인의 수에 관해 합의하지 않으면 3인의 중재인으로 구성된다. (3) 당사자들 사이에 중재지에 관한 별도의 합의가 없으면 ICSID 소재지에서 중재절차가 진행된다. (4) 중재판정부가 내린 중재판정은 당사자들에 대해서 구속력과 집행력을 가지며, 이로써 당사자들 사이의 투자분쟁은 최종적으로 해결된다. ▶ 3문단

상황

A국과 B국은 '1965년 협약'의 당사국이다. A국 국민인 甲은 B국 정부의 허가를 얻어 특정지역에 관한 30년간의 토지사용권을 취득하여 그곳에 관광리조트를 건설하였다. 얼마 후 B국의 법률이 변경되어 甲이 개발한 관광리조트 부지가 B국에 의해 강제수용되었다. B국이 강제수용에 따라 甲에게 지급하려는 보상금이 시가에 미치지 못하여 甲과 B국 사이에 보상금을 둘러싼 투자분쟁이 발생하였다.

① **甲은 소송의 당사자로서 B국을 상대로 국제사법재판소에 보상금 청구에 관한 소를 제기하여 그의 권리를 구제받을 수 있다.**
→ (×) 1문단 첫째 줄에 따르면 국제사법재판소는 국가에게만 소송당사자의 지위를 인정하고 있기 때문에, 둘째 줄에 따르면 투자자의 본국이 투자유치국을 상대로 국제사법재판소에 소를 제기하지 않는다면 투자자의 권리를 구제할 수 없다. 따라서 甲의 본국인 A국이 B국을 상대로 국제사법재판소에 소를 제기하지 않는다면, 甲이 국제사법재판소에 소를 제기하더라도 권리를 구제받을 수 없다.

② **甲과 B국 사이에 ICSID에서 중재하기로 합의를 했다면, 甲은 투자분쟁을 B국 법원에 제소할 수 있다.**
→ (×) 2문단 넷째 줄에 따르면 분쟁당사자들이 ICSID에서 중재하기로 합의한 경우에는 원칙적으로 당사자들은 자국법원에 제소할 수 없다. 따라서 甲과 B국 사이에 ICSID에서 중재하기로 합의를 했다면, 분쟁당사자인 甲은 원칙적으로 자국법원에 제소할 수 없다.

③ **甲과 B국 사이에 ICSID 중재합의를 할 때, 중재지에 관해 별도의 합의가 없으면 워싱턴 D.C.에서 중재절차가 진행된다.**
→ (O) 1문단 마지막 문장에 따르면 ICSID의 소재지는 미국의 워싱턴 D.C.이다. 한편 3문단 셋째 줄에 따르면 당사자들 사이에 중재지에 관한 별도의 합의가 없으면 ICSID 소재지에서 중재절차가 진행된다. 따라서 甲과 B국 사이에 중재지에 관한 별도의 합의가 없으면 ICSID 소재지인 워싱턴 D.C.에서 중재절차가 진행된다.

④ **甲과 B국은 ICSID 중재판정부를 4인의 중재인으로 구성하는 것에 합의할 수 있다.**
→ (×) 3문단 첫째 줄에 따르면 ICSID 중재판정부는 단독 또는 홀수의 중재인으로 구성되며, 그 수는 당사자들이 합의한다. 따라서 甲과 B국은 ICSID 중재판정부를 짝수인 4인의 중재인으로 구성할 수 없다.

⑤ **甲과 B국 사이에 ICSID 중재절차를 진행하던 중 B국이 ICSID 중재합의를 일방적으로 철회하면 그 중재절차는 종료되고, 이후 B국 법원이 甲의 보상금청구를 심리하게 된다.**
→ (×) 2문단에 따르면 ICSID 중재에 관해 일단 당사자들이 동의하면, 해당 동의를 일방적으로 철회할 수 없다. 따라서 B국이 일방적으로 ICSID 중재합의를 철회하는 것은 무효이다. 2문단 둘째 줄에 따르면 투자자와 투자유치국이 ICSID 중재를 통해 투자분쟁을 해결한다고 합의를 했을 때 ICSID 중재가 개시될 수 있으며, 일곱째 줄에 따르면 ICSID 중재에 관해 일단 당사자들이 동의하면 당사자들은 해당 동의를 일방적으로 철회할 수 없다. 따라서 甲과 B국 사이에 ICSID 중재절차를 진행하였다면 분쟁당사자들이 ICSID에서 중재하기로 합의한 것이므로, 당사자인 B국은 ICSID 중재합의를 일방적으로 철회할 수 없다.

합격자의 실전 풀이 순서

❶ 문제의 유형 파악

제시문의 형식은 법조문이 아니나, 〈상황〉이 주어졌고 제시문 첫 문장의 '국제사법재판소'가 눈에 띈다. 따라서 제시문으로 주어진 법률 관련 규정을 〈상황〉과 선지에 적용하는 문제임을 알 수 있다. 해당 유형은 〈상황〉에 적용할 규정을 찾으며 제시문을 읽어야 한다. 불필요한 부분은 생략하고, 생략할 부분이 없다면 일반적인 법조문 문제와 같이 제시문이 법률 규정이라 생각하고 접근한다. 즉, 제시문 독해 단계에서는 제시문 형태로 주어진 규정의 구조를 파악하고 선지에 나올 만한 표현들에 강조 표시를 하며 제시문을 독해한다. 이어서 선지 판단 단계에서 필요한 정보를 제시문으로 찾아 올라가는 방식으로 선지를 해결한다. 또한, 본 문제와 같이 〈상황〉이 주어진 경우 〈상황〉이 제시문의 내용을 알려주기도 하므로, 〈상황〉을 먼저 읽고 제시문을 읽는 것도 좋다. 다만, 본 문제의 경우 법률적인 주제를 다루고 있어 〈상황〉의 내용이 어려우므로 제시문을 먼저 읽고 〈상황〉을 판단하는 것이 효율적일 수 있다. 〈상황〉과 제시문 중 무엇을 먼저 읽을지는 각자의 취향에 따라 결정한다.
마지막으로 발문에서 '옳은 것'을 묻고 있으므로, '옳은'에 표시하여 옳지 않은 것을 고르는 실수를 방지하자.

다음 글과 〈상황〉을 근거로 판단할 때 옳은 것은?

❷ 〈상황〉 및 제시문 구조 파악

먼저 〈상황〉을 빠르게 보며 대강의 글의 소재를 파악한다. A국, B국, A국 국민 甲이 등장한다. '1965년 협약'은 전제가 될 것이다. 분쟁이 甲과 B국 간에 발생하였다는 점을 확인할 수 있다. 제시문에 개인과 국가 간 투자분쟁 해결에 대한 내용이 있으리라 짐작할 수 있다.
1문단은 '1965년 협약'의 체결 배경과 국가와 타방국가 국민 간 분쟁해결 기관인 ICSID를 설명한다. 국제사법재판소와 ICSID의 개념은 선지에 적용할 규정이 설명된 것은 아니므로, 이해하면 충분할 것이다. 다만 (1) 문장의 '~에만'과 같은 표현은 다른 대상을 모두 배제하는 것이므로 확인해 둘 필요가 있다. 특히 (2) 문장에서 이에 대해 구체적으로 설명하고 있으므로 해당 내용을 묻는 선지가 나올 것을 예측할 수 있다. 실제로 ①번 선지가 이를 묻고 있다. 또한, ICSID와 그 소재지 워싱턴에는 선지 판단 시 키워드로 삼기 위해 ◯표시를 해 둔다.
2문단은 ICSID 중재 신청 관련 규정이다. 2문단 (2) 문장의 '중재 합의 → 자국법원 제소 불가'와 (4) 문장의 '선택 합의 → 자국법원에 제소 가능'이라는 구조를 이해하고, 각각 표시한다. 다음으로 (5) 문장의 철회 관련 규정에는 '일방적 철회 불가', '무효'에 표시한다. 각 문장을 법조문이라고 생각한다면 해당 문장들에 번호를 붙이며 제시문을 정리할 수 있다.
3문단은 중재 절차 관련 규정이다. 중재인, 중재지 사이에 '/'로 내용 구분을 하고, 중재판정의 효력도 확인한다.
제시문 내용 확인 결과, 〈상황〉에서는 처음에 파악했던 '국가와 타방국가 국민 간 투자분쟁이 있다'는 사실 이상으로 얻을 수 있는 내용은 없어 보인다. 따라서 자세한 독해는 생략하고, 선지 판단 시 필요하다면 다시 읽기로 한다.

❸ 선지 판단

선지를 읽고, 해당 내용이 기재된 문단으로 돌아가 꼼꼼히 읽고 선지의 정오를 판단한다.

선지 ①은 '국제사법재판소'로 1문단 첫 문장에서 근거를 찾을 수 있다. 개인인 甲은 국제사법재판소에 제소할 수 없고 ICSID에 중재를 신청해야 한다. ②의 자국법원 제소 관련 내용은 2문단에, ③의 중재지 관련 내용은 3문단에 있었다. 해당 부분의 '소재지'를 통해 ICSID의 소재지가 워싱턴이라는 1문단 마지막 문장의 내용도 찾을 수 있어야 한다. 최근 선지 ③번과 같이 문단과 문단을 연결하는 선지가 자주 출제되고 있다. 이를 염두에 두고 제시문 독해 시 미리 1문단 (5) 문장과 3문단 (3) 문장을 미리 연결해두었다면 빠르게 선지를 해결할 수 있었을 것이다. ④의 중재인은 관련 내용은 3문단 앞부분에, ⑤의 철회 관련 내용은 2문단 마지막 부분에 있었다.

합격자의 시간단축 Tip

Tip ❶ 문제 유형에 따른 탄력적 접근

문제 유형에 따라 독해 전략은 달라질 수 있다. 그런데 문제를 풀기 전 발문과 형식만 보고 100% 유형을 분류할 수는 없다. 따라서 규정적용 유형으로 판단하고 접근하였더라도 제시문의 내용이 단순 규정으로만 구성되지 않았다면 규정이 아닌 내용이라도 읽을 필요가 있다. 다만 배경 설명보다는 객관적 사실 설명을 중심으로 읽으면 될 것이다.

본 문제는 단순 규정적용 유형이라기보다, 내용확인과 규정적용이 혼합된 유형으로 볼 수 있다. 명확한 규정이라고 보기 어려운 1문단의 내용이 선지 판단에 활용되었기 때문이다. 따라서 1문단과 같이 배경 설명과 객관적 사실이 함께 제시되는 경우, 전체를 독해하되 객관적 사실에 별도로 표시를 해두면 정보를 놓치지 않을 수 있을 것이다.

Tip ❷ 〈상황〉은 필요한 만큼만 읽기

제시문을 읽어보면 〈상황〉의 내용 중 토지사용권을 취득해 관광리조트를 건설하였다거나, 강제수용을 당했다거나, 보상금이 시가에 미치지 못한다는 등의 개별적인 내용은 중요하지 않음을 알 수 있다. 왜냐하면 지문은 분쟁해결절차에 대한 내용이고 〈상황〉은 분쟁의 발생에 대한 내용이기 때문이다. 따라서 〈상황〉에서는 투자자와 투자유치국 간의 분쟁이 발생했다는 사실만 이해하면 된다. 〈상황〉과 제시문을 유기적으로 이해하여 필요한 정보만 활용하는 것이 중요하다.

Tip ❸ 병렬적으로 제시된 대상 간 차이점에 주목

대상 간의 차이점은 선지에 자주 등장하므로, 제시문에 대상 간 차이점이 나타난다면 조문 구조 분석 단계에서 표시해두자. 선지에서는 대상의 설명을 바꾸어 제시하기도 한다. 본 문제에서는 2문단에 중재하기로 합의한 경우와 중재와 제소를 선택하기로 합의한 경우가 병렬적으로 제시된다. 둘의 차이점은 '자국법원 제소 가능여부'이다. 두 경우의 설명을 바꾼 것이 선지 ②의 장치로 활용되었다.

Tip ❹ 숫자에 유의

숫자는 선지에 자주 등장하므로 법조문에 등장하는 숫자는 표시해두고, 정오 판단 시 빠트리지 않도록 한다. 본 문제에서 숫자는 3문단의 중재인의 수에서 찾을 수 있다. 따라서 선지 ④의 '4인'이 본문에 없지만, 홀수, 3인에 유의했다면 바로 해당 부분을 떠올릴 수 있다.

Tip ❺ 문단과 문단을 연결하는 선지에 주의

최근 선지 ③번과 같이 문단과 문단을 연결하는 선지가 자주 출제되고 있다. 따라서 서로 다른 문단에서 같은 대상을 설명하고 있는 경우 해당 문장들을 이어두고 해당 유형의 선지에 대비하는 것이 좋다. 해당 선지는 상황판단 영역뿐만 아니라 언어논리 영역에서도 나온다는 점을 유의한다.

156 정답 ③

난이도 ●●○

문제유형 비판적 사고 > 논리적 결론의 전제·원인 찾기

접근전략 글에서 제시하고 있는 전제 외에도 〈보기〉에서 추가해야 할 두 전제를 골라 복지사 A의 결론을 이끌어내야 하는 문제다. 따라서 지문에 제시된 전제 및 결론을 먼저 정리한 후 〈보기〉를 읽으며 추가해야 할 전제를 고른다. 이때, 머리로만 풀려고 하기보다는 이름이나 도식을 그려가며 접근한다면 보다 쉽게 풀 수 있다.

복지사 A의 결론을 이끌어내기 위해 추가해야 할 두 전제를 〈보기〉에서 고르면?

(1) 복지사 A는 담당 지역에서 경제적 곤란을 겪고 있는 아동을 찾아 급식 지원을 하는 역할을 담당하고 있다. (2) 갑순, 을순, 병순, 정순이 급식 지원을 받을 후보이다. (3) 복지사 A는 이들 중 적어도 병순은 급식 지원을 받게 된다고 결론 내렸다. (4) 왜냐하면 갑순과 정순 중 적어도 한 명은 급식 지원을 받는데, 갑순이 받지 않으면 병순이 받기 때문이었다.

보기

ㄱ. 갑순이 급식 지원을 받는다.

→ (×) 우리의 목적은 어떻게든 '병순이는 급식 지원을 받는다'는 결론을 끌어내는 것이다. 그런데 '갑순이가 받지 않으면 병순이가 받는다(4)'로 미루어보아 병순이가 급식 지원을 받기 위해서는 갑순이가 지원을 받지 않아야 한다. 따라서 갑순이가 급식 지원을 받는다는 〈보기〉－ㄱ은 오답이다.

ㄴ. 을순이 급식 지원을 받는다.

ㄷ. 을순이 급식 지원을 받으면, 갑순은 급식 지원을 받지 않는다.

ㄹ. 을순과 정순 둘 다 급식 지원을 받지 않으면, 병순이 급식 지원을 받는다.

→ (×) 갑순은 급식 지원을 받지 않아야 한다. 그런데 '갑순과 정순 중 적어도 한 명은 급식 지원을 받는다(4)'를 고려하면 갑순은 급식 지원을 받을 수는 없으므로, 정순이 무조건 급식 지원을 받아야 함을 알 수 있다. 이때 ㄹ은 정순이 급식지원을 받지 못하는 경우를 상정하므로 무의미한 진술이 되어 추가할 필요가 없다.

① ㄱ, ㄴ → (×)
② ㄱ, ㄹ → (×)
③ ㄴ, ㄷ → (○)
④ ㄴ, ㄹ → (×)
⑤ ㄷ, ㄹ → (×)

* 상기한 접근법처럼 오답을 먼저 찾는 방식 외에도 다음과 같은 풀이가 가능하다. '갑순이가 지원을 받지 않으면 병순이가 받는다(4)'는 전제를 통해 갑순이가 지원을 받아서는 안 된다는 사실을 알아차렸다면 ㄱ이 오답임과 동시에 ㄷ이 참이 될 여지가 있다는 것을 알 수 있다. 그렇다면 ㄷ에 따라 을순이 급식 지원을 받아도 병순이 급식 지원을 받는다는 결론에 문제가 없는지

파악해본다. 지문에서는 해당 내용이 적혀있지 않으므로 〈보기〉를 통해 확인한다. 그리고 ㄷ 전제의 실현을 통해 을순이 급식 지원을 받기 위해서는 ㄴ의 전제 역시 필요한 전제임을 알 수 있다. 따라서 정답은 ㄴ, ㄷ이 된다.

제시문 분석

제시문 급식 지원 후보 '갑순, 을순, 병순, 정순'(2)

〈복지사 A〉
담당 지역에서 경제적 곤란을 겪는 아동에게 급식 지원(1)

↓

〈전제 1〉
을순이 급식 지원을 받는다.
(보기 ㄴ)

⊕

〈전제2〉
을순이 급식 지원을 받으면, 갑순은 급식 지원을 받지 않는다.(보기 ㄷ)

→ 〈소결론-1〉
갑순(X) 을순(O) 병순(?) 정순(?)

↓

〈전제3〉
갑순이와 정순이 중 적어도 한 명은 지원을 받는다.(4)

⊕

〈전제4〉
갑순이가 지원을 받지 않으면 병순이가 받는다.(4)

→ 〈소결론-2〉
갑순(X) 을순(O) 병순(O) 정순(O)

↓

〈결론〉
적어도 병순이는 급식 지원을 받는다.(3)

합격자의 실전 풀이 순서

❶ 발문을 확인해 유형을 파악한다.

> 복지사 A의 결론을 이끌어 내기 위해 추가해야 할 두 전제를 〈보기〉에서 고르면?

지문에 제시된 복지사 A의 결론을 올바르게 파악한 뒤, 결론에 다다르기 위한 전제로 적절한 것을 〈보기〉에서 고르는 문제다. 복지사 A의 결론이 무엇인지를 파악하고, 지문에서 주어진 전제로는 무엇이 있는지 파악할 필요가 있다. 그리고 전제만으로 어디까지 도출할 수 있는지 확인한다.

❷ 지문을 읽는다.

지문을 읽으며 복지사 A의 결론이 무엇인지 파악한다. 본 지문에서는 '적어도 갑순, 을순, 병순, 정순 중 적어도 병순은 급식 지원을 받게 된다.'는 결론을 명시적으로 제시하고 있다. 이 외에도 지문을 통해 '갑순과 정순 중 적어도 한 명은 급식 지원을 받는다.'라는 전제와, '갑순이 급식 지원을 받지 않으면 병순이 지원을 받는다.'라는 전제를 알 수 있다.

이때, 결론보다 전제가 뒤에 나올 수 있음에 주목한다. "왜냐하면"이라는 말을 통해 근거가 제시되고 있다. 문장 순서를 바꾸면 "(전제)가 있기 때문에 (결론)이 도출된다."라고 정리가 가능하다. 또한 전제 간에도 우열이 있다. 예컨대 (2)의 〈갑, 을, 병, 정〉이라는 전제는 좀 더 근원적인 전제고 문제 풀이와 별 상관이 없다.

❸ 〈보기〉를 판단한다.

문제 풀이와 제시문 분석이 다소 복잡하게 쓰인 감이 있지만, 이는 풀이 과정을 설명하기보다는 정답과 오답의 근거를 작성했기 때문이다. 실제 풀이는 이름을 써두고 O, X 표시를 하는 방식으로 훨씬 간단하게 가능하다.

우선 시험지의 여백에 갑순, 을순, 병순, 정순을 쓴다. 시간 단축을 위해 갑, 을, 병, 정이라고만 써도 좋다. 본인이 알아볼 수 있는 어떠한 방법도 괜찮다.

갑순 을순 병순 정순

그리고 지문 (3) 문장을 통해 병순은 급식 지원을 받아야 한다는 점을 파악했으므로 병순에게는 동그라미(O) 표시를 한다.

갑순 을순 (병순) 정순

마찬가지로 지문 (4) 문장으로 미루어보아 갑순은 급식 지원을 받지 않아야 하므로 갑순에게는 가위(X) 표시를 한다. 또한, 갑순이 받지 않으면 정순은 받아야 하므로 정순에게는 동그라미(O) 표시를 한다.

~~갑순~~ 을순 (병순) (정순)

그리고 〈보기〉 차례이다. 우선 현재 O/X 상황에 맞지 않는 〈보기〉는 모두 오답이다. 갑순이 급식 지원을 받는다는 것을 전제하는 ㄱ과, 정순이 급식 지원을 받지 않는다는 것을 전제하는 ㄹ이 오답에 해당한다. 따라서 정답은 ㄴ, ㄷ이 된다. 이렇게 정답을 찾은 후에도 검증 절차를 반드시 다시 거쳐보도록 한다. ㄴ, ㄷ 간의 상충 관계는 없는지 파악해보는 것이다.

합격자의 시간단축 Tip

Tip ❶ 전제 찾기 문제 풀이 요령 익히기

문제가 다소 막막하게 느껴질 때가 종종 있다. 이번 문제도 막막하게 느껴졌다면, 문제의 풀이 방향을 따라보는 것도 좋은 방법이다. 본 문제 발문은 '복지사 A의 결론을 이끌어 내기 위해 추가해야 할 두 전제를 〈보기〉에서 고르면?'이었다. 즉, '복지사 A의 결론'을 파악하는 것이 우선이었고, 이를 위해 '추가해야 할 두 전제'를 찾아야 했다. 즉, 지문을 읽으며 복지사 A의 결론을 찾아내는 것이 우선이다. 이후 '추가해야 할 두 전제'라고 하였으므로 이미 존재하고 있는 전제가 있음을 알 수 있다. 따라서 이미 존재하고 있는 전제가 무엇인지 찾도록 한다.

선지를 판단할 때의 요령 또한 있다. 첫째로 우리가 찾은 제시문 안의 전제 및 결론과 상충하는 내용을 찾아 제거한다. 해당 문제를 포함해 이 단계에서 이미 정답이 도출되는 경우도 있다. 혹시 이렇게 하고도 정답이 확정되지 않았다면, 전제 및 결론과 연결고리가 존재하는 내용을 선택하도록 한다. 해당 문제를 예시로 들면, 제시문의 결론에는 '갑순이 급식 지원을 받지 않는다'라는 내용이 있는데 ㄷ에도 이러한 내용이 있으므로 ㄷ을 우선 정답 후보로 둘 수 있다. 그 후 정답 후보가 된 선지와 '을순이 지원을 받는다'라는 내용으로 연결고리가 존재하는 ㄴ선지를 정답으로 추가하여 최종적으로 ㄴ, ㄷ을 정답으로 확정할 수 있다. 결론적으로 선지 풀이의 순서는 이러하다.

(1) 제시문의 전제 및 결론과 상충하는 내용 제거
(2) 제시문의 전제 및 결론 또는 정답 후보 선지와 연결고리가 있는 내용 선택

이처럼 문제를 풀이할 방안이 잘 보이지 않을 때에는 문제가 쓰인 순서대로, 문제에서 요구하는 대로 차분히 짚어보며 문제를 풀어 나가도록 하자.

Tip ❷ 간단하게 필기하며 풀기

'합격자의 실전 풀이순서 3'에서도 나왔듯, 갑순, 을순, 병순, 정순의 이름을 모두 써둔 후 전제에 따라 O/X 표를 치며 문제를 풀면 훨씬 쉽고 빠르게 풀 수 있다. 본 문제처럼 여러 조건 또는 전제가 존재하는 문제의 경우, 필기나 도식 없이 머리로만 문제를 풀기는 쉽지 않다. 불가능한 것은 아니지만 착오가 생기기 쉽고 검증 과정을 거치기도 어렵다. 갑순, 을순, 병순, 정순의 이름을 쓰는 시간조차 아깝다고 느껴진다면 갑, 을, 병, 정처럼 앞글자만 적거나, 하다못해 ㄱ, ㅇ, ㅂ, ㅈ처럼 초성만 적어도 좋다. 여러 조건이 존재하는 복잡한 문제는 꼭 쓰거나 그리는 방법으로 문제에 접근하도록 하자.

157 정답 ❶

난이도 ●●●

문제유형 이해 > 내용 추론

접근전략 준거집합의 핵심적인 원리를 파악할 수 있느냐에 따라 문제 해결의 난이도가 달라진다. 이것이 직접적으로 제시문에 나타나지 않았으므로, 수험생 스스로가 예시를 통해 추론할 필요가 있다. 또 선지에서는 글에 제시되지 않은 정보를 물으며 혼란을 주고 있기에 어떠한 내용이 글에 나타나 있는지를 명확하게 파악해야 한다.

다음 글에서 ㉠의 물음이 생기는 이유로 가장 적절한 것은?

(1) 서울에 거주하는 초등학생 중에서 휴대전화를 가지고 있는 학생들은 얼마나 될까? (2) 서울에 거주하는 초등학생 중에서 일부를 표본으로 삼아 조사해보니 이 중 60 %가 휴대전화를 갖고 있다는 자료가 나왔다고 하자. (3) 이 경우에 '서울에 거주하는 초등학생'을 이 표본 조사의 '준거집합'이라고 한다. (4) 철수는 서울에 거주하는 초등학생이다. (5) 이 경우에 철수가 휴대전화를 갖고 있을 확률을 묻는다면, 우리는 60 %라고 해야 할 것이다. (6) 그런데 서울에 거주하는 초등학생이면서 차상위계층의 자녀 중에서는 얼마나 많은 학생들이 휴대전화를 갖고 있을까? (7) 이 경우에 준거집합은 '서울에 거주하는 초등학생이면서 차상위계층의 자녀'가 될 것이다. (8) 앞서 삼은 표본 조사에서 차상위계층의 자녀만을 추려서 살펴보니 이 중 50 %의 학생들이 휴대전화를 갖고 있다는 결과가 나왔다. (9) 철수는 서울에 거주하는 초등학생일 뿐만 아니라 그의 가족은 차상위계층에 속한다. (10) 이 경우 철수가 휴대전화를 갖고 있을 확률을 묻는다면, 우리는 50 %라고 해야 할 것 같다. (11) 마지막으로, 같은 표본 조사에서 이번에는 서울 거주 초등학생이면서 외동아이인 아이들의 집합에 대해서 조사해 보았는데, 70 %가 휴대전화를 갖고 있었다는 결과가 나왔다. (12) 철수는 서울 거주 초등학생이면서 외동아이이다. (13) 이 경우에 철수가 휴대전화를 갖고 있을 확률을 우리는 70 %라고 해야 할 것이다. ◐ 1문단

(1) 철수는 서울에 거주하는 초등학생이면서 차상위계층의 자녀이고 또한 외동아이인 것으로 확인되었다. (2) 그렇다면 ㉠ 철수가 휴대전화를 갖고 있을 확률은 얼마라고 해야 하는가? ◐ 2문단

① 한 사람이 다양한 준거집합에 속할 수 있기 때문이다.
➜ (O) 제시문의 철수는 다양한 준거집합에 속할 수 있는데 [1문단(4), (9), (12)], 어떠한 준거집합에 속하느냐에 따라 휴대전화를 갖고 있을 확률은 달라진다.[1문단(5), (10), (13)] 예를 들어, 준거집합을 '서울에 거주하는 초등학생'으로 설정했을 때와 '서울에 거주하는 초등학생이면서 차상위계층의 자녀'로 설정했을 때의 결과가 다르다. 따라서 ㉠의 물음이 생기는 원인으로 한 사람이 다양한 준거집합에 속할 수 있음을 들 수 있다.

② 준거집합이 클수록 표본 조사의 결과를 더 신뢰할 수 있기 때문이다.
➜ (×) 준거집합의 크기와 표본 조사 결과의 신뢰성이 어떤 관계가 있는지는 제시문에 나타나 있지 않다.

③ 준거집합이 작을수록 표본 조사의 결과를 더 신뢰할 수 있기 때문이다.
➜ (×) 준거집합의 크기와 표본 조사 결과의 신뢰성이 어떤 관계가 있는지는 제시문에 나타나 있지 않다.

④ 표본의 크기가 준거집합의 크기에 따라 달라지기 때문이다.
➜ (×) 제시문에서는 다양한 준거집합을 설정하며 표본조사를 실행하고 있지만, 준거집합과 표본의 크기 간 상관관계에 대해서는 언급하고 있지 않다. 또한, 철수가 휴대전화를 가지는 확률에 대한 물음이 생기는 것은 표본의 크기와 준거집합의 크기 간의 관계와는 상관이 없다.

⑤ 표본을 추출하는 방법이 얼마나 무작위적인가에 따라서 표본 조사의 결과가 변화하기 때문이다.
➜ (×) 해당 제시문에서는 표본 추출의 무작위성과 그 결과의 관계에 대해 언급하고 있지 않다.

제시문 분석

제시문 준거집합의 개념과 핵심 원리

〈준거집합의 개념〉		
어떠한 집단 중 일부를 표본으로 삼아 조사했다면, 그 집단을 준거집합이라고 한다.[1문단(2), (3)]		
〈경우〉	〈준거집합〉	〈확률〉
서울에 거주하는 초등학생의 핸드폰 소유 확률	서울에 거주하는 초등학생 [1문단(4)]	60%
서울에 거주하며 차상위계층인 초등학생의 핸드폰 소유 확률	서울에 거주하는 초등학생이면서 차상위계층의 자녀 [1문단(7)]	50%
서울에 거주하며 외동인 초등학생의 핸드폰 소유 확률	서울에 거주하는 초등학생이면서 외동아이인 아이들 [1문단(11)]	70%
서울에 거주하면서 차상위계층의 자녀이고 외동아이인 초등학생의 핸드폰 소유 확률	서울에 거주하는 초등학생이면서 차상위계층의 자녀이고 또한 외동안 아이들 [2문단(1)]	?

➜ 준거집합이 달라짐에 따라 철수가 휴대전화를 갖고 있을 확률이 달라짐을 알 수 있다.

합격자의 실전 풀이 순서

❶ 발문 확인 및 문제 유형 판단하기

발문을 확인한 결과, 글에서 ㉠의 물음이 생기는 이유를 묻고 있는 추론문제로 판단된다. 그러나 2013년도와 같이 오래된 기출 문제의 경우 발제문만을 보고 문제 유형을 파악하기 어려운 문제가 많다. 본 문제의 경우 ㉠의 물음이 생기는 이유를 묻고 있지만, ㉠의 질문이 제시문의 맨 마지막에 제시되는 점을 통해 주제문을 찾아야 하는 논지파악유형임을 알 수 있다. 제시문에 질문이 제기되는 경우 그에 대한 대답이 주제문이

되는 경우가 많기 때문이다. 또한, 제시문의 맨 마지막에 주어지는 문장의 경우 앞의 내용 전반을 반영해야 한다. 결국, 논지를 파악하려면 제시문의 전반적인 내용을 알아야 하므로 제시문을 먼저 읽고 선지를 읽는 방법을 택한다.

❷ **제시문 독해하기**

본 제시문은 '서울에 거주하는 초등학생 중에서 휴대전화를 가지고 있는 학생들은 얼마나 될까?'라는 질문을 제시한 후, 해당 질문에 대한 답을 찾아가고 있다. 제시문은 '철수'의 사례를 들어 특정 준거집합을 표본으로 할 때마다 휴대전화를 가지고 있을 확률이 달라짐을 설명하고 있다. ㉠의 질문은 다양한 준거집단에 해당하는 경우 휴대전화를 갖고 있을 확률을 판단하기 어려움을 나타낸다. 따라서 제시문의 구체적인 수치를 꼼꼼히 읽기보다 철수가 어느 준거집합에 속하는지에 따라 휴대전화를 가지고 있을 확률이 달라진다는 것 정도만 파악하면 된다. 정리하자면, 준거집합을 변화시킬 때 철수의 휴대전화 소지 확률이 달라지기 때문에 이전의 표본조사 결과만으로 현재의 결과를 예측할 수 없다는 것이 제시문의 내용이다. 이해한 바를 바탕으로 바로 선지를 판단할 수 있다.

❸ **선지 판단하기**

철수가 '서울에 거주하는 초등학생', '서울에 거주하는 초등학생이면서 차상위계층의 자녀', '서울에 거주하는 초등학생이면서 외동'일 경우일 때마다 휴대전화를 소지할 확률이 달라진다. 즉, 이는 철수가 속할 수 있는 준거집합이 다양하기 때문이므로 선지 ①번이 정답이다.

선지 ②, ③, ④번의 경우, 제시문에서 준거집합의 크기가 언급되지 않았으므로 오답이다. ④의 경우, '서울에 거주하는 초등학생'과 '서울에 거주하는 초등학생이면서 차상위 계층의 자녀'의 준거집단 크기 차이는 비교할 수 있기에 옳다고 생각할 수도 있으나, '서울에 거주하는 초등학생이면서 차상위계층의 자녀'와 '서울에 거주하는 초등학생이면서 외동아이'의 집단 크기 차이는 비교할 수 없으므로 틀린 진술이다. ⑤의 경우 표본 추출 방법에 대한 언급이 없으므로 오답이다.

합격자의 시간단축 Tip

Tip ❶ 글의 구조를 파악하자.

일반적으로는 지문의 앞부분에 일반론, 뒷부분에 그에 해당하는 사례 또는 부합내용이 제시되는 데 반해, 본 지문에서는 구체적인 예시와 수치가 먼저 제시된다. 이런 지문의 경우 1문단만 읽어서 핵심이 파악되지 않는다고 당황하지 말자. 1문단만 보고 무슨 내용인지 잘 파악이 되지 않을 경우, 뒷부분으로 넘어가 독해를 진행한 후 어떤 것에 대한 글인지를 이해하고, 그 부분에 집중하여 앞의 예시를 이해하는 것도 좋은 방법이다.

이 문제의 경우 2문단의 철수가 중첩된 준거집단을 가진 경우를 제시하므로, 초등학생, 차상위계층, 외동아이라는 준거집단과 그에 따른 확률 변화에 집중하여 1문단의 예시를 읽으면 될 것이다.

Tip ❷ 사례를 통해 개념을 이해한다.

해당 문제의 경우, 제시문에 준거집합의 원리가 직접적으로 명시되어 있지 않기에 사례를 통해 이를 추론해야 한다. 발문이 ㉠의 이유를 묻고 있으므로, 최초로 제시문을 읽을 때는 확률의 구체적인 수치와 같은 세부 정보는 꼼꼼히 읽을 필요가 없고, 사례를 통해 필자가 설명하고자 하는 내용을 파악하면 된다. 이후 선지를 확인하며 지문에서 언급되지 않은 내용을 고르지 않도록 주의한다. 예를 들어 준거집합의 크기 또는 표본 추출 방법과 휴대전화 소지 확률과의 관계는 알 수 없는 내용이므로, 선지 ①번만이 정답이다.

Tip ❸ 독해의 강약조절

중심 내용을 찾는 문제는 세부적인 내용은 가볍게 읽고 중심 내용을 찾는 것에 집중하여 빠르게 읽어야 한다. 일치부합 문제이므로 무의식적으로 꼼꼼하게 읽을 수 있다. 따라서 제시문을 읽기 전 발문을 먼저 보고 중심 내용을 찾는 문제임을 파악하는 것이 시간 단축의 길이다.

158 정답 ❶ 난이도 ●●●

문제유형 이해 > 내용 추론

접근전략 제시문의 내용을 바탕으로 논리적인 사고 과정을 거쳐 옳은 선지를 판단해야 하는 내용추론 유형이다. 정보확인 유형과 달리 선지의 내용을 제시문에서 그대로 찾기 어려우므로, 〈보기〉를 먼저 읽되 키워드만 파악하는 정도로 활용하고 곧장 지문을 읽기 시작한다. 이후 선지의 정오판단을 바로 하기 어렵다면 극단적인 사례를 들어 선지의 내용이 제시문의 정보와 충돌하지 않는지 확인한다.

다음 글에서 추론할 수 있는 것을 〈보기〉에서 모두 고르면?

(1) 부족 A의 사람들의 이름은 살면서 계속 바뀔 수 있다. 사용하는 이름의 종류는 '고유명'과 '상명(喪名)'이다. (2) 태어나면 먼저 누구나 고유명을 갖는다. (3) 그러다 친척 중 누군가가 죽으면 고유명을 버리고 상명을 갖는다. (4) 또 다른 친척이 죽으면 다시 새로운 상명을 갖는다. (5) 이런 방식으로 친척 누군가가 죽을 때마다 계속 이름이 바뀐다. (6) 만약 친척 두 명 이상이 동시에 죽을 경우에는 두 개 이상의 상명을 다 갖게 된다. ▶ 1문단

(1) 부족 B의 사람들도 이름이 계속 바뀔 수 있다. (2) 예를 들어 손자의 이름을 지어 준 조부가 죽으면 그 손자는 새로운 이름을 받을 때까지 이름 없이 그대로 있어야 한다. (3) 이렇게 어떤 사람이 죽으면 그 사람이 지어 준 이름은 쓸 수 없다. (4) 한편 여성이 재혼하면 새 남편은 전남편과의 사이에서 낳은 아이에게 새로운 이름을 붙여준다. (5) 부족 B의 여자는 일찍 결혼하는 데 반해 남자는 35세 이전에 결혼하는 경우가 매우 드물다. (6) 그래서 일반적으로 남편이 아내보다 빨리 죽는다. (7) 더구나 부족 B에는 여자가 부족하기 때문에 여자는 반드시 재혼한다.

▶ 2문단

보기

ㄱ. 부족 A의 어떤 사람이 죽을 때까지 가졌던 상명의 수는 그와 친척이었던 모든 사람의 수보다 많지 않다.

→ (O) 부족 A의 사람들은 친척 중 누군가가 죽을 때마다 새로운 상명을 가진다.[1문단(5)] 따라서 친척이 죽을 때마다 가지는 상명이 친척의 수보다 많을 수는 없다.

ㄴ. 부족 B의 사람들은 모친이 죽으면 비로소 최종적인 이름을 갖게 된다.

→ (×) 부족 B에서는 죽은 사람이 지어준 이름은 쓸 수 없고,[2문단(3)], 이후 새로운 이름을 받을 수 있다.[2문단(2)] 따라서 부족 B의 사람들은 모친이 죽으면 비로소 최종적인 이름을 갖게 되는 것은 아니다. 예를 들면 모친이 출산 직후 사망하고, 조부가 손자의 이름을 지어준 경우에는, 모친이 죽더라도 최종적인 이름을 갖게 되지 않는다.

ㄷ. 부족 B와 마찬가지로 부족 A에도 이름 없이 지내는 사람이 있을 수 있다.
→ (×) 부족 B의 경우에는 자신의 이름을 지어준 사람이 죽는다면 새로운 이름을 받을 때까지 그 이름은 사용하지 못해 이름 없이 지내게 된다.[2문단(2)] 그러나 부족 A는 태어나면서부터 고유명이 있고[1문단(2)], 친척이 죽을 때마다 상명이 계속해서 부여되기에[1문단(3)] 이름 없이 지내는 사람이 있을 수 없다.

① ㄱ → (○)
② ㄴ → (×)
③ ㄱ, ㄴ → (×)
④ ㄱ, ㄷ → (×)
⑤ ㄴ, ㄷ → (×)

제시문 분석

제시문 부족 A와 부족 B의 이름 문화

〈부족 A와 B의 이름 문화〉
살면서 이름이 계속 바뀔 수 있다.[1문단(1), 2문단(1)]

〈부족별 이름 문화의 특징〉		
부족 A	특징①	태어나면 먼저 누구나 고유명을 갖는다.[1문단(2)]
	특징②	그러다 친척 중 누군가가 죽으면 고유명을 버리고 상명을 갖는다.[1문단(3)]
부족 B	특징①	부족 B의 사람들도 이름이 계속 바뀔 수 있는데, 어떤 사람이 죽으면 그 사람이 지어 준 이름은 쓸 수 없다.[2문단(1),(3)]
	특징②	여성이 재혼하면 새 남편은 전남편과의 사이에서 낳은 아이에게 새로운 이름을 붙여준다.[2문단(4)]

합격자의 실전 풀이 순서

❶ 발문 확인 및 문제 유형 판단하기

발문을 확인한 결과, 글에서 추론할 수 있는 것을 고르는 문제이다. 추론할 수 있는 것을 고르는 문제는 알 수 있는 것을 고르는 문제와 같다. 해당 유형은 제시문 내용과 부합하거나 그로부터 추론 가능한 선지가 정답이 되며, 제시문 내용과 상충하거나 그로부터 추론할 수 없는 선지가 오답이 된다. 또한, 추론할 수 있는 것은 제시문 내용과 같은 방향의 선지를 고르는 문제이니 발문에 O표시를 해두고 풀면 추론할 수 없는 것을 고르는 실수를 크게 줄일 수 있다.

본 문제의 경우 넓은 의미에서 정보확인유형에 해당하지만, 문단 별로 부족 A와 부족 B를 비교하고 있으므로 견해비교유형과도 공통점이 있다. 즉, 본 문제는 정보확인유형처럼 구조와 중요한 문장을 파악하며 제시문을 쭉 읽고 선지를 판단하는 식으로 풀 수 있지만, 견해비교유형처럼 각 부족에 대한 설명을 읽고 해당 부족과 관련된 선지를 먼저 해결하는 식으로 풀 수도 있다.

❷ 제시문 독해 및 〈보기〉 판단하기

제시문의 1문단에서는 부족 A, 2문단에서는 부족 B에 대한 설명이 나와 있다. 문단마다 부족에 대한 설명이 나누어져 있으므로 1문단을 읽고 부족 A와 관련된 선지인 ㄱ, ㄷ을 먼저 처리할 수 있다. 이렇게 문제를 풀 경우, 제시문의 내용을 잊어버려서 제시문을 두 번 이상 읽는 문제를 방지할 수 있다. 또한, 하나의 주제에 대해 두 가지 대상이 제시되는 경우, 두 대상 간의 공통점과 차이점을 파악하는 것이 중요하다. 두 부족의 사람들 모두 살면서 이름이 바뀔 수 있다는 것이 공통점이다. 부족 A의 경우 이름이 고유명과 상명으로 구성되며, 친척 누군가가 죽을 때마다 이름이 바뀐다는 것이 특징이다. 부족 B는 이름을 지어 준 사람이 죽으면 그 이름을 사용하지 못하고, 여성이 재혼하면 아이가 새로운 이름을 갖는다는 특징이 있다.

〈보기〉는 제시문의 내용을 바탕으로, 추가적인 사고를 통해 옳고 그름을 판단할 수 있다. 특히 1문단을 읽고 부족 A와 관련된 선지를 먼저 파악할 경우 1문단만 읽고도 선지 ㄱ, ㄷ을 먼저 판단할 수 있다. 이어서 정답을 찾기 위해서는 2문단에서 선지 ㄴ과 관련된 부분만 찾으면 된다.

ㄱ은 '친척 누군가가 죽을 때마다 계속 상명을 갖는다'라는 정보를 통해 상명의 수가 친척이었던 수보다 작거나 같음을 알 수 있다. 예를 들어 친척이 모두 죽었다고 하더라도 상명의 수가 친척이었던 사람의 수와 같다.

ㄴ 역시 2문단 3문과 4문의 정보를 모두 활용한다면 해결할 수 있는 선지이다. 재혼한 경우 외에 이름을 지어주는 주체에 대한 제한은 드러나지 않는다. 이름을 지어준 사람이 죽으면 새로운 이름을 받을 때까지 이름 없이 있어야 한다는 정보만 주어져 있다. 따라서 어떤 이름을 최종적으로 갖게 될지는 모친의 사망 여부와 무관하게 결정된다. ㄴ 선지의 판단이 어렵다면 모친이 죽은 뒤 이름이 변화하는 사례를 상상해볼 수 있다.

ㄷ에서 2문단 2문을 통해 부족 B에서는 이름 없이 지내는 사람이 있을 수 있음을 알 수 있나. 그러나 1문단 2문에서 부족 A가 사용하는 이름은 고유명과 상명이며, 친척 사망에 따라 계속 새로운 이름으로 바뀌게 되므로 이름 없이 지내는 사람은 없다. 따라서 ㄱ만 옳다.

합격자의 시간단축 Tip

Tip ❶ 〈보기〉를 기준으로 제시문을 읽는다.

지문의 길이가 짧으나 내용 자체는 낯설다. 또한 단편적 설명으로 제시문이 구성되어 있어 전체를 이해하지 않고 선지 판단에 필요한 정보만 파악해도 쉽게 문제를 풀 수 있다. 특히 대상을 비교하는 선지가 있다면 제시되는 비교 기준을 알고 읽을 때 정보 파악이 수월해진다. 따라서 선지를 먼저 읽고 필요한 정보에 초점을 맞추어 제시문을 읽는 것이 효율적이다.

Tip ❷ 선지에 맞는 사례를 생각한다.

정보 확인 유형과 달리 선지의 내용이 제시문에 직접적으로 나타나 있지 않다. 지문의 정보를 활용하여 추론하는 문제이기에 논리적인 사고 과정이 필요하다. 이때 선지의 정오를 판단하기 까다롭다면 선지 내용과 관련된 사례를 생각해 본다. 앞서 언급했듯이 ㄱ과 ㄴ은 선지를 보자마자 옳고 그름을 판단하기 쉽지 않았다. 따라서 선지 내용에 부합하는 사례를 떠올려 제시문의 정보를 대입했을 때 가능한 일인지 따져본다. 해설과 같이 이름을 지어주신 조부가 모친보다 늦게 돌아가시는 등 다소 극단적인 예시를 들면 문제풀이에 더욱 도움이 된다.

Tip ❸ 대상별로 선지 판단

본 제시문은 부족 A와 부족 B에 대한 설명이 문단별로 깔끔히 나누어져 있다. 본 문제와 같이 제재 별로 문단이 깔끔히 나뉜 유형으로는 견해비교유형이 있다. 본 문제와 견해비교유형처럼 대상마다 문단이 깔끔히 나누어져 있고 선지에서 대상 간의 특징을 묻고 있다면, 하나의 문단의 읽고 그 문단에서 다루고 있는 대상에 대한 선지부터 판단하는 것이 좋다. 예컨대, 본 문제의 경우 부족 A를 다루고 있는 1문단만 읽고 선지에서 부족 A와 관련된 내용만 판단할 수 있다. 이러한 방식으로 문제를 푸는 경우, 운이 좋다면 읽어야 하는 제시문의 분량을 줄일 수 있는 한편, 부족 A에 대한 설명을 잊어버려서 제시문을 다시 읽는 불상사를 방지할 수 있다는 장점이 있다.

159 정답 ②

난이도 ●●○

문제유형 논리적 비판 > 논지의 일관성

접근전략 논쟁 지문의 유형에는 2가지 종류가 있다. 첫 번째 유형은 A와 B처럼 2명의 사람이 특정 소재에 대해 의견을 주고받는 것이며, 두 번째 유형은 A, B, C, D와 같이 하나의 소재에 대해 셋 이상의 다양한 입장을 제시하는 경우이다. 본 문제는 발문에서도 알 수 있듯이 전자에 해당한다.
주의해야 할 점은, 두 유형 모두 특정 사안에 대한 각각의 입장을 비교하는 것이 선지로 출제된다는 점이다. 따라서 지문을 읽으며 각자의 입장을 명확하게 파악하는 것이 가장 중요하다. 본 문제처럼 A와 B가 서로 대화를 주고받는 구성으로 글이 전개될 때에는, A와 B가 공통적으로 동의하는 부분과 의견 차이가 나는 지점이 양립하기 때문에 이러한 부분을 확실하게 구분하면서 글을 읽어야 한다.

다음 A, B 두 사람의 논쟁에 대한 분석으로 가장 적절한 것은?

A1: (1) 최근 인터넷으로 대표되는 정보통신기술 혁명은 과거 유례를 찾을 수 없을 정도로 세상이 돌아가는 방식을 근본적으로 바꿔놓았다. (2) 정보통신기술 혁명은 물리적 거리의 파괴로 이어졌고, 그에 따라 국경 없는 세계가 출현하면서 국경을 넘나드는 자본, 노동, 상품에 대한 규제가 철폐될 수밖에 없는 사회가 되었다. (3) 이제 개인이나 기업 혹은 국가는 과거보다 훨씬 더 유연한 자세를 견지해야 하고, 이를 위해서는 강력한 시장 자유화가 필요하다.

B1: (1) 변화를 인식할 때 우리는 가장 최근의 것을 가장 혁신적인 것으로 생각하는 경향이 있다. (2) 인터넷 혁명의 경제적, 사회적 영향은 최소한 지금까지는 세탁기를 비롯한 가전제품만큼 크지 않았다. (3) 가전제품은 집안일에 들이는 노동시간을 대폭 줄여줌으로써 여성들의 경제활동을 촉진했고, 가족 내의 전통적인 역학관계를 바꾸었다. (4) 옛것을 과소평가해서도 안 되고 새것을 과대평가해서도 안 된다. (5) 그렇게 할 경우 국가의 경제정책이나 기업의 정책은 물론이고 우리 자신의 직업과 관련해서도 여러 가지 잘못된 결정을 내리게 된다.

A2: (1) 인터넷이 가져온 변화는 가전제품이 초래한 변화에 비하면 전 지구적인 규모이고 동시적이라는 점에 주목해야 한다. (2) 정보통신기술이 초래한 국경 없는 세계의 모습을 보라. (3) 국경을 넘어 자본, 노동, 상품이 넘나들게 됨으로써 각 국가의 행정 시스템은 물론 세계 경제 시스템에도 변화가 불가피하게 되었다. (4) 그런 점에서 정보통신기술의 영향력은 가전제품의 영향력과 비교될 수 없다.

B2: (1) 최근의 기술 변화는 100년 전에 있었던 변화만큼 혁명적이라고 할 수 없다. (2) 100년 전의 세계는 1960~1980년에 비해 통신과 운송 부문에서의 기술은 훨씬 뒤떨어졌으나 세계화는 오히려 월등히 진전된 상태였다. (3) 사실 1960~1980년 사이에 강대국 정부가 자본, 노동, 상품이 국경을 넘어 들어오는 것을 엄격하게 규제했기에 세계화의 정도는 그리 높지 않았다. (4) 이처럼 세계화의 정도를 결정하는 것은 정치이지 기술력이 아니다.

① 이 논쟁의 핵심 쟁점은 정보통신기술 혁명과 가전제품을 비롯한 제조분야 혁명의 영향력 비교이다.

➜ (×) 핵심 쟁점은 정보통신기술 혁명이 인류 역사상 가장 큰 혁명이라 할 수 있는지 여부다. A는 그것이 맞다고 하고 있으며[A1(1)] B는 가전제품 혁명[B1(2)] 및 세계화의 동력[B2(4)]에 대한 반박을 통해서 정보통신기술 혁명이 작은 혁명에 불과함을 말하고 있다.[B1(4)]

② A1은 최근의 정보통신기술 혁명으로 말미암아 자본, 노동, 상품이 국경을 넘나드는 것이 보편적 현상이 되었다는 점을 근거로 삼고 있다.

➜ (O) A1은 정보통신기술 혁명이 물리적 거리의 파괴로 이어졌고, 그에 따라 국경 없는 세계가 출현하면서 국경을 넘나드는 자본, 노동, 상품에 대한 규제가 철폐될 수밖에 없는 사회가 되었다고 하였다.[A1(2)] 이를 근거로, A1은 기술력이 세계화를 결정짓는다는 논리를 주장하고 있으므로 해당 분석은 적절하다.

③ B1은 A1이 제시한 근거가 다 옳다고 하더라도 A1의 주장을 받아들일 수 없다고 주장하고 있다.

➜ (×) A1은 인터넷으로 대표되는 정보통신 혁명이 세계화를 가져왔다고 주장한다.[A1(2)] 그러나 B1은 인터넷 혁명의 경제적, 사회적 영향은 최소한 지금까지는 세탁기를 비롯한 가전제품만큼 크지 않았다고 보았다.[B1(2)] 따라서 제시문에서 B1이 A1의 근거를 다 옳다고 하며 받아들인 부분은 없다.

④ B1과 A2는 인터넷의 영향력에 대한 평가에는 의견을 달리하지만 가전제품의 영향력에 대한 평가에는 의견이 일치한다.

➜ (×) B1은 인터넷 혁명의 영향력보다 세탁기를 비롯한 가전제품의 영향력이 더 크다고 보는 반면[B1(2)], A2는 인터넷이 가져온 변화는 가전제품이 초래한 변화에 비하면 전 지구적인 규모의 동시적 변화라고 본다.[A2(1)] 따라서 B1과 A2는 가전제품의 영향력에 대한 평가 의견이 일치하지 않는다.

⑤ B2는 A2가 원인과 결과를 뒤바꾸어 해석함으로써 현상에 대한 잘못된 진단을 한다고 비판하고 있다.

➜ (×) B2는 A2가 세계화를 가져온 원인은 정치인데, 기술력으로 잘못 알고 있다고 비판하고 있다. 이는 원인과 결과를 뒤바꾸어 해석함으로써 현상에 대한 잘못된 진단을 한다고 비판하는 것이 아니라 원인을 잘못 해석한 것이라고 비판하는 것이다. 따라서 해당 분석은 옳지 않다.

제시문 분석

제시문 세계화에 대한 A, B의 견해

〈세계화에 대한 견해〉		
〈A의 논거〉		〈논지〉
인터넷이 가져온 변화는 가전제품이 초래한 변화에 비하면 전 지구적인 규모이고 동시적이라는 점에 주목해야 한다. [A2(1)]	➜	정보통신기술 혁명은 물리적 거리의 파괴로 이어졌고, 그에 따라 국경을 넘나드는 자본, 노동, 상품에 대한 규제가 철폐될 수밖에 없는 사회가 되었다.[A1(2)]

〈B의 논거〉		〈논지〉
인터넷 혁명의 경제적, 사회적 영향은 최소한 지금까지는 가전제품만큼 크지 않았다. [B1(2)]	→	세계화의 정도를 결정하는 것은 정치이지 기술력이 아니다. [B2(4)]

합격자의 실전 풀이 순서

⓪ 발문을 확인한다.

발문에서 논쟁이 등장하므로 글의 구성을 바라본다. A-B-A-B 순서로 글이 전개되는 것을 통해 1)중간에 논점이 바뀌거나 2)반박과 재반박이 있을 것을 추론할 수 있다.

❶ A1과 B1의 입장을 파악한다.

이런 구조는 1과 2를 구분해서 읽도록 한다. 비록 B1-A2역시도 이어지는 관계지만 그럼에도 불구하고 "반론"이란 "앞서 나온" 진술에 연결되어야 하기 때문에 A1과 B1을 연결시키는 것이 더 좋다. 물론 주장을 같이하는 경우에도 A1과 B1을 먼저 비교하는 것이 훨씬 타당할 것이다. 왜냐하면, A1과 A2는 사실 같은 사람이기 때문에 굳이 '비교'하지 말고 연결하면 되고, B1과 A2를 연결하려면 B2는 붕 떠버리기 때문이다. 따라서 우선 A1과 B1만 읽고 머릿속에 주요 내용을 비교, 정리하도록 한다. 특히 A만 읽고 주요 내용을 정리하려고 시도하지 않도록 주의한다. 반드시 B와 비교해야 핵심 쟁점을 파악할 수 있다.

B1의 첫 문장은 "변화를 인식할 때 우리는 가장 최근의 것을 가장 혁신적인 것으로 생각하는 경향이 있다"인데, 이 문장을 통해 B가 '우리의 생각'에 대해 부정적인 인식을 가지고 있음을 알 수 있다. 이는 논리가 아니라 일반적인 서술 방식의 문제다. 또한, 여기서 〈우리의 생각〉이란 독자가 아니라 A의 생각이라고 바로 이해할 수 있어야 할 것이다.

또한, 첫 문장과 B1의 주장을 읽으면서 "구체적으로 그래서 뭐가 큰데? 직접적으로 〈정보통신기술 혁명이 더 영향이 작다〉라고 진술한 적이 있나?" 라는 문제 의식을 가지고 해당 부분을 찾아야 한다. 답은 B1의 (2)문장이다.

❷ A2와 B2의 입장을 파악한다.

A2의 경우 B1의 입장을 받아서 자신의 기존 A1의 의견을 강화하고 있다. B1이 말했던 가전제품의 변화를 자신이 A1에서 주장했던 정보통신기술의 변화와 비교하면서 B1의 주장을 반박하고 있다. 그러면서 정보통신 기술의 영향력을 더욱 더 강조하고 있다. 사실 B의 주장을 인정하면서도 새로운 견해를 제시할 수 있음에도, 자신의 의견을 다른 근거를 들어 강화하고 있으므로 굳이 B1과 구체적인 비교를 할 필요가 없다. A2가 B1의 주장이 거짓임을 주장하는 것은 아니기 때문이다.

B2는 다시 A2와 비교하면서 읽는다. 유일한 연결고리기 때문이다. A2와 B2는 모두 전 세계적인 측면이라는 같은 소재에 대해 이야기하고 있음을 파악한다. 비교 시 B역시도 A의 의견을 수긍하지 않고 있다는 것을 파악할 수 있다. 특히 세계화의 정도를 결정하는 것은 정치라고 이야기하고 있는데, '기술력이 아니다'라는 문장까지 확실히 짚고 넘어가야 한다. A1~A2에 걸쳐서 계속 기술을 얘기하고 있으므로 '정치'라는 국소적 단어에 꽂혀서 주요 단어를 빼먹으면 안 된다. 이에 결국, B2도 기존의 자신의 입장을 고수하였으며 A의 의견에 동의하고 있지 않음을 알 수 있다.

❸ 오지선다를 통해 정오를 파악한다.

이제 A와 B의 대략적인 입장과 서로의 관계를 파악했기 때문에 오지선다를 통해서 정답을 고르도록 한다. 선지에서는 대부분 A와 B의 견해로 포괄적으로 묻는 것이 아닌 A1, 2와 B1, 2로 나누어 묻기 때문에 해당 부분으로 돌아가 판단하면 된다. 다만, ①번처럼 의견 간 차이/공통점이 아닌 쟁점 자체를 묻는 경우가 있는데, 일반적으로 논쟁에서의 쟁점은 의견 간 차이이므로 그동안 정리한 차이점을 간략하게 연결해 짚어가며 판단하면 된다.

특히 ①번 선지에 대해서, 단순히 근거와 반박에 집중할 것이 아니라 A와 B가 각자의 두 문단에서 하고 싶은 말이 무엇인지 추론해 보아야 한다. 과연 B는 가전제품 혁명이 중요하다는 말을 하고 싶었던 것인지 다시 확인해 보라.

④번 선지를 쉽게 비교하려면, $\frac{\text{정보통신기술 혁명}}{\text{가전제품 혁명}}$ 의 크기를 분수꼴로 나타내 보면 좋다. 임의의 숫자를 대입함으로써 참, 거짓을 쉽게 판별할 수 있다.

합격자의 시간단축 Tip

Tip ❶ 주장 문제의 경우 지문 독해 시 꼭 파악해야 할 3가지

주장 문제의 경우 지문 독해 시 파악해야 할 3가지가 있다. 첫 번째는 논쟁이 되는 핵심 소재이다. 대부분 주장 문제의 경우 특정 논쟁이 되는 주제가 있으며 이를 파악해야 A, B, C, D의 인물들이 논쟁을 어떤 시선에서 바라보고 있는지를 파악할 수 있다. 논쟁의 핵심 소재는 명확히 드러나는 경우도 있지만 그렇지 않은 경우, 일반적으로 주장 간 차이를 드러내는 부분이 논쟁의 핵심 소재가 된다. 동시에 인물들 간의 입장 관계도를 파악하기도 쉽다.

두 번째는 각 인물들의 주장 내용이다. 각 인물들이 현재의 논쟁을 어떻게 바라보고 있는 지 명확하게 파악하는 것이 중요하다. 극단적인 부정적(-)부터 극단적인 긍정적(+)까지 다양한 스펙트럼 중 지문 내용이 어디에 위치하는지 확인하면서 읽는다. 물론 정확한 위치를 파악하기는 어렵겠지만 대략적으로 어느 분포에 속해있는지 정도를 파악하도록 한다.

세 번째는 각 인물들의 주장의 상관관계이다. 각 인물들의 주장이 대립에 있는지, 동의에 있는지 등을 파악하는 것이다. 이때 아주 쉬운 경우 두 인물은 명확하게 대척점에 서 있으며 이 경우는 각 입장의 주장을 파악하기도 쉽고 문제를 해결하기도 쉽다. 하지만 대부분의 경우 각 입장들은 그렇게 극단적으로 대척점에 서 있지 않다. 각 주장들은 서로 특정 부분은 동의하지만, 일정 부분은 입장이 다른 경우가 있을 수 있다. 그렇기 때문에 이런 공통점과 차이점을 잘 파악하고 이런 부분에는 가볍게 체크를 하면서 글을 읽어내려가야 한다.

Tip ❷ 사람 간 논쟁의 유형은 총 3가지가 존재한다.

① 질문-답변의 형식

이 유형은 한 사람의 주장이 대부분이라 보통 논쟁이 아닌 것으로 생각하는 경우가 많으나, 사실 토론의 관점에서 보면 질문자의 말은 논리 허점을 지적하는 형태가 대부분이다. 반드시 평소에 연습해 보라.

② 두 사람이 서로 반론을 하는 형식

지문의 경우로, 서로 쟁점이 뚜렷하고 만족할만한, 절충가능한 결론이 존재할 수가 없다. (만약 스스로 그런 게 생각났다면, "정말로 이 사람이 이 생각을 좋아할까?" 라고 자문해 보라.)

③ 두 사람이 자기 할 말만 하는 형식

이 경우 서로 간 반론이 확실하지 않아 모순관계를 독자가 직접 파악해야 한다.

예컨대 〈모든 사람은 죽는다 / 잊히지 않는다면 죽는 것이 아니다.〉라는 진술들의 경우 비교적 명확하게 모순을 알아볼 수 있으나 〈펜은 칼보다 강하다 / 민주주의의 핵심 가치는 문민통제다〉 라는 문장이 있다고 하자. 이들이 실제 대립관계인지는 다른 문장을 통해 맥락적으로 파악되어야 한다.

이 세 유형은 사실 공통된 풀이 원칙이 있고, 그 원칙은 비교적 단순하다. 두 주장을 서로 비교하고 주장과 근거를 잘 파악하는 것이다. 그러나 구체적으로 실행하기가 어려운 이유는, 서술 방식 자체가 이렇게 다양하기 때문이다. 세 서술 유형을 따로따로 연습해 보자.

160 정답 ⑤ 난이도 ●○○

문제유형 규정 적용

접근전략 법조문이 주어지지는 않았지만, 제시문에 주어진 규정을 파악하고 이를 선지에 적용한다는 점에서 법조문 유형과 유사하다. 법조문 유형과 마찬가지로 첫 독해 시에는 규정의 구조와 규정 간의 관계를 파악하고, 〈보기〉 파악 시에 구체적 규정의 내용을 확인한다. 본 문제의 경우, 규정의 구조가 간단하므로 규정을 파악하기 어렵지 않았다. 또한, 〈쓰레기 분리배출 규정〉이라는 일상적 소재를 다루고 있으므로 상식도 활용할 수 있는 문제에 해당하였다.

다음 〈쓰레기 분리배출 규정〉을 준수한 것은?

쓰레기 분리배출 규정

- 배출 시간: 수거 전날 저녁 7시 ~ 수거 당일 새벽 3시까지(월요일 ~ 토요일에만 수거함)
- 배출 장소: 내 집 앞, 내 점포 앞
- 쓰레기별 분리배출 방법
  - 일반 쓰레기: 쓰레기 종량제 봉투에 담아 배출
  - 음식물 쓰레기: 단독주택의 경우 수분 제거 후 음식물 쓰레기 종량제 봉투에 담아서, 공동주택의 경우 음식물 전용용기에 담아서 배출
  - 재활용 쓰레기: 종류별로 분리하여 투명 비닐봉투에 담아 묶어서 배출
    ① 1종(병류)
    ② 2종(캔, 플라스틱, 페트병 등)
    ③ 3종(폐비닐류, 과자 봉지, 1회용 봉투 등)
    ※ 1종과 2종의 경우 뚜껑을 제거하고 내용물을 비운 후 배출.
    ※ 종이류 / 박스 / 스티로폼은 각각 별도로 묶어서 배출.
  - 폐가전·폐가구: 폐기물 스티커를 부착하여 배출
- 종량제 봉투 및 폐기물 스티커 구입: 봉투판매소

① 甲은 토요일 저녁 8시에 일반 쓰레기를 쓰레기 종량제 봉투에 담아 자신의 집 앞에 배출하였다.

➜ (×) 규정에 따르면 쓰레기 배출 시간은 수거 전날 저녁 7시부터 수거 당일 새벽 3시까지이며, 수거일은 월요일부터 토요일까지이다. 甲이 토요일 저녁 8시에 쓰레기를 배출하였다면 이는 일요일에 수거되어야 하나, 일요일은 수거일이 아니므로 배출 시간을 준수하지 않았다. 따라서 甲은 〈쓰레기 분리배출 규정〉을 준수하지 않았다.

② 공동주택에 사는 乙은 먹다 남은 찌개를 그대로 음식물 쓰레기 종량제 봉투에 담아 주택 앞에 배출하였다.

➜ (×) 규정에 따르면 공동주택의 경우 음식물 쓰레기는 음식물 전용용기에 담아서 배출해야 한다. 따라서 공동주택에 사는 乙이 먹다 남은 찌개를 그대로 음식물 쓰레기 종량제 봉투에 담아 배출하였다면 쓰레기별 분리배출 방법을 준수하지 않았으므로, 乙은 〈쓰레기 분리배출 규정〉을 준수하지 않았다.

③ 丙은 투명 비닐봉투에 캔과 스티로폼을 함께 담아 자신의 집 앞에 배출하였다.

➜ (×) 규정에 따르면 재활용 쓰레기는 종류별로 분리하여 투명 비닐봉투에 담아 묶어서 배출해야 하며, 종이류 / 박스 / 스티로폼은 각각 별도로 묶어서 배출해야 한다. 이에 따르면 캔과 스티로폼을 배출하는 경우 캔은 투명 비닐봉투에 담아, 스티로폼은 별도로 묶어서 배출해야 한다. 따라서 丙이 투명 비닐봉투에 캔과 스티로폼을 함께 담아 자신의 집 앞에 배출하였다면 쓰레기별 분리배출 방법을 준수하지 않았으므로, 丙은 〈쓰레기 분리배출 규정〉을 준수하지 않았다.

④ 丁은 사이다가 남아 있는 페트병을 투명 비닐봉투에 담아서 집 앞에 배출하였다.

➜ (×) 규정에 따르면 재활용 쓰레기는 종류별로 분리하여 투명 비닐봉투에 담아 묶어서 배출해야 하며, 페트병은 뚜껑을 제거하고 내용물을 비운 후 배출해야 한다. 따라서 丁이 사이다가 남아 있는 페트병을 투명 비닐봉투에 담아서 집 앞에 배출하였다면 쓰레기별 분리배출 방법을 준수하지 않았으므로, 丁은 〈쓰레기 분리배출 규정〉을 준수하지 않았다.

⑤ 戊는 집에서 쓰던 냉장고를 버리기 위해 폐기물 스티커를 구입 후 부착하여 월요일 저녁 9시에 자신의 집 앞에 배출하였다.

➜ (○) 규정에 따르면 쓰레기 배출 시간은 수거 전날 저녁 7시부터 수거 당일 새벽 3시까지이며, 수거일은 월요일부터 토요일까지이다. 戊는 월요일 저녁 9시에 쓰레기를 배출하였으므로 이는 화요일에 수거될 것이며, 따라서 배출 시간을 준수하였다. 또한, 쓰레기 배출 장소는 내 집 앞 또는 내 점포 앞인데, 戊는 자신의 집 앞에 배출하였으므로 배출 장소를 준수하였다. 한편 폐가구를 배출할 때에는 폐기물 스티커를 부착하여 배출하여야 한다. 戊가 집에서 쓰던 냉장고, 즉 폐가구를 버리기 위해 폐기물 스티커를 구입 후 부착하여 배출하였다면 분리배출 방법도 준수하였다. 따라서 戊는 〈쓰레기 분리배출 규정〉을 준수했다.

합격자의 실전 풀이 순서

❶ 문제의 유형 파악

제시문의 형식은 법조문이 아니나, 발문이 '규정을 준수한 것'을 묻고 있고, 〈쓰레기 배출 규정〉이 주어져 있다. 따라서 규정적용 유형임을 알 수 있다. 해당 유형은 일반적인 법조문 문제와 같이 제시문이 법률 규정이라 생각하고 접근한다. 먼저 제시문의 구조를 파악한 후 선지에서 묻고 있는 정보를 찾아 올라가는 것이다.

또한, 발문의 '준수'에 표시하여 규정을 준수하지 않은 선지를 고르는 실수를 방지하자.

> 다음 〈쓰레기 분리배출 규정〉을 준수한 것은?

❷ 〈규정〉의 구조 파악

〈규정〉은 배출 시간, 배출 장소, 배출 방법, 스티커 구입처로 구성되어 있고, 배출 방법도 일반 쓰레기, 음식물 쓰레기, 재

활용 쓰레기, 폐가전·폐가구로 분류되어 있다. 특히 재활용은 종류별로 분리하여야 하고, 별도의 각주(※)와 괄호가 있으므로 이를 놓치지 않도록 별도로 표시하여 둔다.

❸ 선지 판단

선지 별로 조건의 충족 여부를 판단할 수도 있겠지만, 조건별로 선지를 검토하며 규정을 준수하지 않은 선지를 소거하는 방식으로 접근한다. 가장 특징적인 쓰레기별 분리배출 방법을 먼저 적용하면 ②, ③, ④가 소거된다. ①과 ⑤ 중 하나를 골라 나머지 두 조건을 충족하는지 검토한다. ①은 배출 시간을 준수하지 않았다. 따라서 정답은 ⑤이다.

만약 선지 별로 조건을 검토한다면 선지를 여러 부분으로 구분하며 조건을 하나하나 확인하는 것이 좋다. 예컨대, 선지 ①번은 '甲은/ 토요일 저녁 8시에/ 일반 쓰레기를 쓰레기 종량제 봉투에 담아/ 자신의 집 앞에 배출하였다.'로 구분할 수 있다.

합격자의 시간단축 Tip

Tip ❶ 조건 충족 여부를 확인할 때의 접근법

여러 개의 조건을 모두 충족하는지 확인하는 문제의 접근 방법은 두 가지가 있다. 하나는 선지별로 각각 충족 여부를 판단하는 것이고, 다른 하나는 조건별로 선지를 확인하는 것이다. 문제의 내용에 따라 둘 중 시선의 이동 동선이 더 작은 방법을 택하면 된다. 또한, 조건을 모두 충족하는 선지가 정답이라면 정답 선지를 찾는 것보다 조건을 하나라도 충족하지 않는 선지를 먼저 빠르게 소거하는 것이 더 효과적이다.

Tip ❷ 특징적인 조건 활용

주어진 <규정>에서 가장 눈에 띄는 부분은 세부 내용이 많은 분리배출 방법이다. 그중에서도 특히 각주가 눈에 띈다. 선지에 각주의 내용이 등장할 확률이 높으므로, 일단 해당 부분을 묻는 선지를 먼저 판단하는 접근이 유용할 수 있다.

Tip ❸ 상식을 활용

상식에 근거해서 정답을 확정하는 것은 위험하지만, 정오를 먼저 추측하여 빠른 판단을 하는 데에는 상식을 활용할 수 있다. 선지에서 의도하는 바가 읽히는 경우에는 해당 규정만 빠르게 검토한다. 예를 들어 선지 ②와 같이 찌개를 그대로 담아 배출하는 것은 상식적으로도 옳지 않아 보이므로 배출방법을 확인하고, 선지 ①은 배출 방법에 문제가 없어 보이므로 남은 조건인 시간을 확인하여 틀린 것을 알 수 있다. 다만 옳은 선지라고 생각되는 경우에는 실수하지 않도록 배출시간부터 해당되는 내용을 차례로 검토하여 실수하지 않도록 한다.

161 정답 ❸

난이도 ●●○

문제유형 비판적 사고 > 빈칸 채우기

접근전략 빈칸 채우기 유형은 공통적으로 빈칸 주변을 최우선적으로 읽어야 하지만, 논리논증의 경우 논리 도식을 만들어야 하는 점이 특징적이다. 이때 문장간 조사를 이용하면 좀 더 쉽게 구조화할 수 있을 것이다. 주의할 점은, 글에서 제시하고 있는 조건과 전제 등을 놓치지 않는 것이다. 함정으로 나올 수 있기 때문이다.

다음 빈칸에 들어갈 말로 가장 적절한 것은?

(1) A국 정부는 유전 관리 부서 업무에 적합한 민간경력자 전문관을 한 명 이상 임용하려고 한다. (2) 그런데 지원자들 중 갑은 경쟁국인 B국에 여러 번 드나든 기록이 있다. (3) 그래서 정보당국은 갑의 신원을 조사했다. (4) 조사 결과 갑이 부적격 판정을 받는다면, 그는 전문관으로 임용되지 못할 것이다. (5) 한편, A국 정부는 임용 심사에서 지역과 성별을 고려한 기준도 적용한다. (6) 동일 지역 출신은 두 사람 이상을 임용하지 않는다. (7) 그리고 적어도 여성 한 명을 임용해야 한다. (8) 이번 임용 시험에 응시한 여성은 갑과 을 둘 밖에 없다. (9) 또한 지원자들 중에서 병과 을이 동일 지역 출신이므로, 만약 병이 임용된다면 을은 임용될 수 없다. (10) 그런데 [　　　　　　] (11) 따라서 병은 전문관으로 임용되지 못할 것이다.

① **갑이 전문관으로 임용될 것이다.**

→ (×) 적어도 여성 한 명 이상을 임용해야 하므로 여성인 갑이 임용되었다면 여성인 을은 임용이 될 수도, 되지 않을 수도 있다(7). 병과 을은 동일 지역 출신이므로 을이 임용되었다면 병은 무조건 임용되지 못하지만(6) 반대의 경우에는 병이 임용될 가능성도 있다. 따라서 해당 선지는 모든 경우에 같은 결론(11)을 보장하지 못한다.

② **을이 전문관으로 임용되지 못할 것이다.**

→ (×) 을이 임용되지 못했다면 갑은 임용이 되며(7) 병은 임용이 될 수도, 되지 않을 수도 있다(6). 병과 동일 지역 출신인 을이 탈락하게 되면 병이 무조건 탈락하는 상황은 아니지만 그 외 여건들을 고려하여 합격·불합격이 결정된다. 병이 임용되지 못하더라도 갑이 있으므로 조건 (1)을 충족할 수 있기 때문이다. 따라서 을이 임용되지 않는다는 조건이 병이 전문관으로 임용되지 못한다는 결론으로 무조건 이어지지는 않을 것이다.

③ **갑은 조사 결과 부적격 판정을 받을 것이다.**

→ (O) 갑이 조사 결과 부적격 판정을 받는다면 임용되지 못한다(4). 그러면 적어도 한 명은 여성으로 임용해야 하며 시험 응시 여성은 갑과 을 뿐이므로(7) 을은 무조건 임용이 될 것이다. 이에 따라 병은 을과 동일 지역 출신이므로 임용되지 못한다(6). 따라서 해당 전제를 추가한다면 기대하는 결론을 얻을 수 있다.

④ **병이 전문관으로 임용된다면, 갑도 전문관으로 임용될 것이다.**

→ (×) 대우를 취하면 갑이 전문관으로 임용되지 못할 시 병도 전문관으로 임용되지 못한다는 명제로 변환된다. 따라서 갑이 부적격 판정을 받는다는 전제가 추가로 필요하다.(4)

⑤ **갑이 조사 결과 적격 판정을 받는다면, 갑이 전문관으로 임용될 것이다.**

→ (×) 갑이 적격 판정을 받는다면, 일차적으로 임용 대상에서 배제되지 않는 것뿐이지(4) 무조건 임용이 될 것으로 볼 근거는 없다. (명제의 이는 성립하지 않는 것이다.)

제시문 분석

제시문 A국 정부가 유전 관리 부서 업무 민간 경력자 전문관 임용

〈A국 정부〉
유전 관리 부서 업무에 적합한 민간 경력자 전문관 한 명 이상 임용 (1)

↓

〈만약 1〉
갑의 신원조사 부적격 판정 → 임용 불가(4)

↓

〈임용 심사 기준 1〉		〈임용 심사 기준 2〉
동일 지역 출신은 두 사람 이상 임용하지 않음(6) (병, 을: 동일 지역)	⊕	적어도 여성 한 명을 임용(7) (갑, 을: 여성)

↓

〈만약 2-빈칸〉 (10)
갑은 조사 결과 부적격 판정을 받을 것이다.

→

〈소결론〉
갑(X), 임용 심사 기준 2에 따라 을(O)

↓

〈결론〉
병은 전문관으로 임용되지 못한다.(11)

합격자의 실전 풀이 순서

❶ 발문을 확인해 유형을 파악한다.

다음 빈칸에 들어갈 말로 가장 적절한 것은?

빈칸에 들어갈 말이 무엇인지 추론하여 가장 적절한 것을 선지에서 고르는 문제다. 일반적인 빈칸 채우기 유형뿐 아니라 논리논증의 연결고리를 찾는 빈칸 문제도 큰 틀은 비슷하다. 빈칸이 들어간 문장 근처를 먼저 읽음으로써 맥락을 파악하고 최종 결론을 먼저 안 뒤 지문 독해에 들어가는 것이다. 이때 논리논증적 빈칸 채우기가 맞는지 확인하기 위해서 선지의 서술 방식을 보충적으로 활용하는 것도 좋다.

❷ 빈칸이 무엇인지 파악한다.

빈칸이 들어있는 문장을 살펴보며 빈칸에 들어가는 말로 적절한 형태가 무엇인지, 이를테면 단어인지, 문장인지 또는 근거인지, 결론인지 등을 대강 파악한다. 이 작업은 선지를 보조로 활용할 수 있다. 최소한 이 지문의 경우 단어는 아닌 것으로 보이며, 빈칸 바로 다음 단어로 "따라서"가 등장하므로 총체적 결론(혹은 논지)은 아닌 것을 알 수 있다. 이 작업은 지문 내용과 상관 없이, 문법 문제를 풀듯 기계적으로 이뤄져야 한다.

이제 지문의 성격을 파악하기 위해서 선지의 문장이나 (9)의 문장을 읽어 본다면 논리논증 지문이란 것을 파악할 수 있다(아직 파악하지 못했다면 절대적인 공부량 부족이므로 이런 지문 자체에 익숙해져야 한다). 논리논증 지문에서 빈칸은 결론이거나 생략된 전제이므로 이 지문은 전제를 묻고 있다고 결론내릴 수 있다.

❸ 지문을 읽는다.

논리논증적 지문은 사실 출제자가 어떤 논리적 추론/오류를 보고 문장을 만든 다음, 그 문장에 해당하는 글을 만드는 식으로 출제가 이뤄진다. 즉, 글을 논리적으로 요약하는 것이 아니라 어떤 정답을(예컨대 A or B ⇒ C, not A) 먼저 기호로 써 놓고 문장이라는 살을 붙이는 식으로 출제되는 것이다. 따라서 지문의 의미에 집착하거나 문장을 합쳐서 논지를 파악하는 식으로 이해하려 하면 절대 좋은 점수를 거둘 수 없고 시간도 오래 걸린다.

따라서 문장 하나 하나를 직접 논리도식화 시키면서 읽어야 한다. 특히 절대적 진리에 주의한다. 절대적 진리라는 것은 조건문이 아닌 것을 말한다. 이 지문의 경우 (1), (6), (7), (8,), (11)번 문장이 그에 해당한다. 이렇게 절대적 진리가 많으면 사실 굉장히 쉬운 논리논증이다. 경우의 수(혹은 분기)가 없기 때문이다.

또한, 논리논증이라는 유형 특성상 표현 하나하나에 집중해서 읽는 것이 중요하다. 예를 들어 한 명 임용과 한 명 이상 임용은 엄연히 다른 의미이다. 또한, 6번째 문장에서 두 사람 이상을 임용하지 않는다는 표현 역시 주의해야 한다. 두 사람 이상을 임용하지 않는다는 표현을 두 사람만 임용한다는 의미로 받아들이는 것도 곤란하다. 0명이나 1명만 임용하는 것도 충분히 가능하기 때문이다. 이처럼 개별 표현이나 조사에도 주의하며 읽는 것이 좋다.

(4) 문장, (6) 문장, (7) 문장에 밑줄을 그었다면 전제에 밑줄을 올바르게 친 것으로 볼 수 있다. 이 외에도 (8) 문장이나 (9) 문장 역시 중요한 표현이지만, 각각 6번째 문장과 7번째 문장 속 전제에서 파생된 부가 설명 및 조건으로 볼 수 있다. 따라서 전제에 밑줄을 그어 편하게 찾아볼 수 있도록 함으로써 지문에 대한 이해도를 높이도록 한다.

이때, (2), (3), (5)문장이 논리도식으로 만들어지지 않는다는 점 때문에 헷갈리는 수험생이 있을 수 있다. 물론 이 문장들은 무의미하다. 이를 어떻게 알 수 있을까? 예컨대 (2)의 경우 B라는 단어가 나오는 것도 그렇고 "기록이 존재한다"는 것도 어찌 보면 전제 문장으로 보이기 때문이다. 그를 해결하기 위해 (2), (3)을 같이 보면, "그래서"라는 접속사가 등장한다. 이는 두 문장이 필연적 관계에 있다는 것을 뜻하고, 이를 치환하면 〈갑이 가진 특수성〉이라고 환원 가능하다. 이는 다음에 다른 '조사'라는 단어가 나오기 전까지는 갑의 어떤 조건일 뿐이다. 그리고 그것이 (4)로 연결되어 결국 조건문까지 흘러가므로, 〈결과〉가 나오는 조건이 아니라면 (2), (3)은 (4)에 흡수되는 무의미한 문장이 되는 것이다.

❹ 선지를 판단한다.

앞서 파악한 전제들을 바탕으로 빈칸에 들어갈 진술이 무엇인지 파악해본다.

갑, 을, 병의 이름을 적어두고 문제를 푸는 것도 좋은 방법이다. 지문을 읽고 빈칸에 들어갈 문장이 쉽게 떠오르지 않거나 헷갈리는 경우에는 선지의 문장들을 하나씩 대입해보며 정답을 찾을 수 있다. 이 경우, 선지의 답을 넣어 봤을 때 1)앞서 제시된 전제들과 충돌하지 않는지 2)빈칸에 들어갈 내용이 뒤 문장의 결론 부분의 도출을 보장하는지 따져보면 된다.

이때 ③번 선지처럼 명확한 답이 있을 경우 구태여 ④번이나 ⑤번같은 어려운 보기는 보지 않는 것이 좋다. 오히려 정답률을 떨어트릴 수 있기 때문이다.

합격자의 시간단축 Tip

Tip ❶ 빈칸 문제는 빈칸이 포함된 문장과 전후 문장을 먼저 읽는다.

지문을 읽기에 앞서 빈칸을 먼저 파악한다. '합격자의 실전 풀이 순서 2'에서 설명했듯이 빈칸이 있는 유형에서는 빈칸을 먼저 살펴보는 것이 시간 단축 효과가 있을 뿐만 아니라 문제 풀이에도 많은 도움을 준다. 이때 빈칸이 들어있는 문장을 통째로 살펴보며 빈칸에 들어갈 말이 단어인지, 문장인지 또는 근거인지, 결론인지 등을 파악하도록 한다. 이 과정을 통해 어떤 부분을 중점적으로 글을 읽어야 할지 파악할 수 있다.

Tip ❷ 수학과 논리도 일정 부분 겹침에 유의한다.

예컨대 한 명 이상과 한 명은 다른 것이다. 이를 직접 수직선과 부등호, 등호로 나타내 보자. 한 명 이상일 경우 ┌모양으로 표시가 될텐데 이는 집합의 벤 다이어그램과 다를 것이 없다. 즉 논리와 수학 사이에 공통점이 있는 것이다. 이런 사고를 배양한다면 이런 표현이 함정이 아니라고 생각할 수 있다.

162 정답 ❶

난이도 ●○○

문제유형 논리적 비판 > 논지의 강화와 약화

접근전략 강화·약화 유형에 속하는 문제로, A의 논증을 약화할 수 '없는' 주장을 찾아야 한다. 이때, 논증을 약화할 수 없는 것은 논지를 강화하거나, 논지와 상관없는 주장이다. 따라서 A 논증의 전제나 결론과 무관한 서술을 하는 선지 역시 정답의 후보가 될 수 있음을 유의한다.

다음 글에서 B가 A의 논증을 비판하기 위해 사용할 수 있는 주장으로 적절하지 않은 것은?

(1) 두 사람의 과학자가 외계인의 존재에 대해 논쟁하였다. (2) 물리학자 A는 이렇게 반문하였다. (3) 우주에 우리와 같은 지성을 갖춘 존재들이 넘쳐난다면 그들은 어디에 있는가? (4) A가 생각한 것은 외계 지적 생명체가 지구 바깥에 아주 많이 있다면, 적어도 그들 중 일부는 기술적으로 우리보다 앞서 있을 것이라는 점이다. (5) 그들은 우주를 탐사하는 장치를 만들었을 것이고, 우주선으로 우주여행을 할 수 있었을 것이다. (6) 그렇다면 우리가 오래 전에 외계 지적 생명체의 증거를 보았어야 하지만, 아직까지 그러한 증거는 발견된 적이 없다. (7) 따라서 A는 외계 지적 생명체가 존재하지 않는다고 결론을 내렸다. ▶1문단

(1) 이에 대해 천문학자 B는 다음과 같이 반박하였다. (2) 우리의 태양, 행성, 또는 우리의 물리 화학적 구조에 특별한 것이 없으므로, 그와 비슷한 태양과 행성들도 많이 있을 것이다. (3) 그리고 우리와 마찬가지로 탄소에 기반을 두고 진화한 생물이 은하계에 많이 있을 것이다. (4) 그렇다면 은하계의 많은 곳에는 우리와 크게 다르지 않은 존재들이 분명히 있을 것이다. (5) 따라서 B는 은하계에 지성을 갖춘 인간과 같은 생명체가 많이 있을 것이라 결론을 내렸다. ▶2문단

① 생물학의 법칙은 전 우주에서 동일하게 적용된다.
→ (×) 천문학자 A의 핵심 논거는 외계 지적 생명체가 존재한다면 우리는 그 증거를 보았어야 하지만, 아직까지 그러한 증거가 발견되지 않았다는 것이다.[1문단(6)] 이처럼 천문학자 A는 그의 전제나 결론에 생물학의 법칙을 언급한 적이 없으므로, 해당 내용은 천문학자 A의 논증에 대한 비판으로 사용할 수 없다.

② 행성 간의 거리 때문에 외계 생명체와의 상호작용이 일어나기 어렵다.
→ (○) A는 외계 지적 생명체가 존재한다면 우리는 그 증거를 보았어야 하지만, 아직까지 그러한 증거가 발견되지 않았기 때문에 외계 지적 생명체가 없다고 주장한다. 그런데 매우 넓은 우주 공간의 특성상, 같은 은하계일지라도 그들이 움직이는 공간은 우리와 상호작용이 일어나지 않을 정도로 먼 거리에 있을 수 있기에 외계 지적 생명체를 아직 발견하지 못한 것일 수 있다. 즉, 해당 선지의 내용이 참이라면, 외계 지적 생명체가 존재하지만 아직 발견하지 못한 상황이 가능해지는 것이다. 따라서 해당 선지는 A의 논증을 비판한다.

③ 외계 생명체의 증거를 포착할 만큼 우리의 측정기술이 발전하지 못했을 수 있다.
→ (○) 다른 외계 지적 생명체들이 우리보다 앞선 기술로 우주를 탐사하고 그 증거를 남겼다고 해도[1문단(6)], 우리가 그 증거들을 포착할 수 있는 기술을 가지고 있다고 확신할 수 없다. 이는 곧 존재하는 외계 생명체들을 우리의 기술 부족으로 만나지 못한 것이기 때문에, A의 주장을 비판할 수 있다.

④ 외계 지적 생명체는 우주 탐사 장치를 만들 정도로 기술을 발달시키지 못했을 수 있다.
→ (○) 천문학자 A는 우주에 다른 외계 지적 생명체들이 존재한다면 그들 중 일부는 우리보다 반드시 기술이 앞섰을 것이라고 주장한다.[1문단(4)] 그러나 해당 선지의 내용처럼 외계 지적 생명체가 존재하더라도 그들이 우주 탐사 장치를 만들 정도로 기술을 발달시키지 못했을 수 있다. 이 경우 우리는 외계 지적 생명체가 존재하더라도 만날 수 없기 때문에, A의 논증을 약화한다.

⑤ 외계 지적 생명체의 증거가 없다고 해서 외계 지적 생명체가 존재하지 않는다고 단정할 수 없다.
→ (○) 천문학자 A는 외계 지적 생명체들이 존재한다면 그 증거가 반드시 있을 것이라고 주장한다.[1문단(6)] 하지만 그들이 존재한다는 증거가 없다는 것이 곧 존재하지 않는다는 증거가 되는 것은 아니다. 외계 지적 생명체들이 존재하더라도 그 증거를 남기지 않았을 가능성도 충분히 있기 때문이다. 따라서 해당 선지의 내용은 A의 논증을 약화한다.

제시문 분석

1문단 외계인의 존재에 대한 A의 논증

〈A의 논거 1〉		〈A의 논거 2〉		〈A의 논거 3〉
지구 바깥에 외계 지적 생명체가 존재한다면, 적어도 그들 중 일부는 우리보다 기술적으로 앞섰을 것이다.(4)	→	우리보다 앞선 외계인들은 우주를 탐사하는 장치로 우주여행을 할 수 있었을 것이다.(5)	→	우리는 이러한 증거를 보았어야 하지만 아직까지 발견하지 못했다.(6)

→ | 〈A의 결론〉 | 외계 지적 생명체는 존재하지 않는다.(7) |
|---|---|

2문단 외계인의 존재에 대한 B의 논증

〈B의 논거 1〉		〈B의 논거 2〉		〈B의 논거 3〉
우리의 태양, 행성, 또는 우리의 물리 화학적 구조는 특별하지 않다.(2)	→	또한 우리처럼 탄소에 기반을 두고 진화한 생물이 은하계에 많을 것이다.(3)	→	은하계의 많은 곳에 우리와 크게 다르지 않은 존재들이 분명 있을 것이다.(4)

→ | 〈B의 결론〉 | 은하계에 지성을 갖춘 인간과 같은 생명체가 많이 있을 것이다.(5) |
|---|---|

합격자의 실전 풀이 순서

❶ 발문 확인 및 문제 유형 판단하기

우선 발문을 제대로 읽자. A의 논증을 비판, 즉 약화하는 주장을 찾아야 하므로 본 문제는 강화약화 유형에 해당함을 알 수 있다. 이러한 강화약화 유형은 조금만 복잡하게 나올 경우, 난이도가 급상승한다. 따라서 강화약화 유형에 대한 자신만의 풀이 기준을 마련해두어야 한다. 먼저 강화약화 유형을 제대로 풀기 위해서는 강화 또는 약화해야 하는 대상이 무엇인지를 정확히 파악해야 한다. 본 문제의 경우 평가의 대상으로 A의 논증을 명시하고 있지만, 단순히 제시문 전체에 대한 평

가를 묻고 있다면 구체적인 강화 또는 약화의 대상으로서 주제문을 찾아야 한다. 강화 또는 약화해야 하는 대상을 파악한 후에는 선지의 내용이 대상의 내용과 일치하는지 또는 대상으로부터 추론 가능한지를 판단하며 문제를 해결해 나가야 한다. 또한, 본 문제의 경우 옳지 않은 것을 골라야 하므로 실수를 방지하기 위해 '약화'나 'X' 등 본인만의 기호로 눈에 띄게 표시를 해 둔다.

이러한 강화약화 유형을 식별하는 것은 쉽다. 발문 또는 선지에 직접적으로 강화/약화, 지지/반박 등 표현이 등장할 것이다.

• 발문
  - 다음 논쟁/학설/의견에 대한 평가/설명으로 적절한 것은?
  - 다음 학설/제시문을 강화/약화하는 것으로 적절한 것은?
• 선지 또는 보기
  제시된 사례가 강화/약화의 대상에 적용 가능한지, 혹은 상충하는지 등을 물음

또한, 옳지 않은 것을 골라야 하므로 실수를 방지하기 위해 '약화'나 'X' 등 본인만의 기호로 눈에 띄게 표시를 해 둔다.

❷ 강화약화의 대상 파악 및 제시문 독해

강화약화 유형에서는 가장 먼저 강화/약화의 대상이 무엇인지 확인해야 한다. 그리고, 대상의 내용을 정확히 이해해야 한다.

이 방식으로 본 문제를 풀어보자. 대상은 발문을 통해 확인할 수 있으며, 대상의 내용은 제시문을 통해 이해할 수 있다.

(1) 발문 확인

> 다음 글에서 B가 A의 논증을 비판하기 위해 사용할 수 있는 주장으로 적절하지 않은 것은?

평가의 대상이 'A의 논증' 임을 알 수 있다. 따라서 곧바로 제시문으로 내려간다.

(2) 제시문에서 대상 확인

본 문제의 제시문은 1문단에서는 A의 주장이, 2문단에서는 이에 대해 반박하는 B의 주장이 언급된다. 평가의 대상이 A의 논증이기 때문에, 이를 다룬 1문단에 주목해야 한다. 따라서 강약을 조절하여 1문단을 주의 깊게 읽고 2문단을 가볍게 읽거나, 아예 1문단만 읽고 선지 판단을 시도해도 좋다.

구체적으로 A는 외계인의 존재 여부에 대해 부정하는 입장이다. 외계 생명체가 존재한다면 그 증거가 있어야 하는데 증거가 발견된 적이 없다는 것이다. 반면 B는 긍정하는 입장이다. B가 약화대상인 A를 비판하기 위해 사용할 수 있는 주장은 A 논증의 전제나 전제와 결론 사이의 인과관계 등을 부정하는 것이다. 즉, 구체적으로 1문단 (4), (5), (6) 문장을 반박함으로써 A의 논증을 비판할 수 있다. 제시문을 독해하며 A, B의 전제 및 결론을 정리해둔 후 선지를 읽으며 발문에서 요구하는 바를 찾는다.

❸ 선지 판단하기

A의 논증을 약화하기 위해서는 A의 전제가 옳지 않다거나, 전제와 결론 사이의 인과성이 없다거나, 결론이 사실과 다르다는 것을 밝혀야 한다. 따라서 비판하고자 하는 내용이 A의 전제 또는 결론과 관련이 있어야 한다. 이러한 점을 유의하며 선지를 판단한다.

예를 들어, ①번 선지의 경우 A 논증과는 관련이 없다. A는 외계 생명체의 증거가 없음을 근거로 그 존재를 부정하고 있으므로 생물학의 법칙이 적용되어도 A의 논증에 따르면 외계 생명체는 존재하지 않을 수 있다. ①번 선지가 B 논증을 강화하는지에 대하여 논란의 여지가 있으나, 엄밀히 말하면 B 논증은 물리 화학적 구조를 말할 뿐, 생물학의 법칙을 직접 이야기하고 있지 않으므로 무관하다고 평가하는 것이 타당하다. 또한, 본 문제의 목적은 A 논증을 반박하는 것이므로 ⑤번 선지가 B 논증을 강화한다 해도 B 논증의 경쟁 논증으로서 A 논증을 곧바로 반박하고 있다고 볼 수 없다는 점을 유의해야 한다.

나머지 선지는 외계 생명체가 존재함에도 증거가 발견되지 않을 수 있음을 주장하므로 A의 논증을 약화하기 위해 사용할 수 있기에 옳다. 이에 대한 자세한 해설은 상기한 내용을 참고한다.

합격자의 시간단축 Tip

Tip ❶ 강화/약화하고자 하는 대상을 파악한다.

강화·약화 문제의 경우 제시문을 먼저 독해하며 강화하거나 약화하고자 하는 대상을 먼저 파악해야 한다. A의 주장을 약화할 수 있는 주장이 무엇인지 판단하기 위해 A와 이에 반박하는 B의 논리 전개를 정리해둔다. 1문단에서는 A의 견해를, 2문단에서는 B의 견해를 설명하고 있으므로 문단별 전제 및 결론을 다른 기호로 표시해두면 시간 단축에 유리하다. 다만, B 논증을 강화하는 선지가 곧바로 B 논증의 경쟁 논증으로서 A 논증을 반박하고 있다고 볼 수 없다. 따라서 B 논증을 읽는 것이 더 혼돈을 유발할 것 같다면 A 논증을 다룬 1문단만 읽고 선지 판단을 시도해보아도 좋다.

Tip ❷ 제시문을 단순화하여 이해한다.

주장을 약화하려면 반례를 제시하거나, 전제 자체를 부정해야 한다. 전제와 결론을 단순화하여 이해하면 약화 주장을 쉽게 찾을 수 있다. 단순화한다는 것은 A이면 B이다 (A → B)와 같이 명제화 하여 이해하는 것이다.

예를 들어, A의 전제와 결론은 다음과 같다.

(전제1) 외계 생명체가 존재하려면 증거가 발견되어야 한다. [A→B]
(전제2) 증거가 발견되지 않았다 [~B]
(결 론) 외계 생명체는 존재하지 않는다. [~A]

이 논리를 약화하려면,

(1) 반례를 제시한다. 반례는 외계 생명체가 존재하지만, 증거는 발견되지 않은 사례이다. [A∧~B]
(2) (전제1)을 부정한다. 외계 생명체가 존재해도, 증거가 발견되지 않을 수 있다고 주장하는 것이다. [A∧~B]
(3) (전제2)를 부정한다. 증거가 발견되었다고 주장하는 것이다. [B]

선지 ②~⑤는 모두 (전제1)을 부정하는 주장으로, 2)에 해당한다.

참고로 사용한 기호는 아래와 같다.

기호	~A = not A	A∧B = A and B	A∨B = A or B
관계	~(A∧B) = ~A∨~B		
	~(A∨B) = ~A∧~B		
	A이면 B이다 = A → B = ~B → ~A (대우) = ~A∨B		
	A이면 B이다의 반례 = ~(~A∨B) = A∧~B = A이나 B가 아니다.		

Tip ❸ 강화/약화의 판단 기준을 암기한다.

강화약화 유형의 경우, 강화 또는 약화의 기준을 암기해두어 선지 판단을 자동화하는 것이 도움이 된다.

A가 강화한다.	A가 본문 내용과 일치 또는 본문 내용으로부터 추론 가능
A가 강화하지 않는다.	A가 추론될 근거 없음 또는 A가 본문 내용과 상충하거나 무관함
A가 약화한다.	A가 본문 내용과 상충
A가 약화하지 않는다.	A가 본문으로부터 추론 가능 또는 일치하거나 무관함

위 표에 덧붙여 어떠한 명제를 약화한다는 것은 그 명제의 반례가 되거나, 명제의 전제 자체를 부정하는 것을 의미한다.

163 정답 ❸

난이도 ●●●

문제유형 이해 > 내용 파악

접근전략 글에서 알 수 있는 것을 고르는 정보확인 문제이다. 선지를 먼저 읽고 키워드를 중심으로 지문을 읽는 것도 좋지만, 해당 지문이 논지가 뚜렷한 논설문이라는 점에서 지문의 전반적인 내용을 파악한 후 선지를 읽는 것도 효과적이다. 글쓴이는 예시를 통해 언어적 표현이 부재한 그림만으로 성공적인 의사소통이 불가능하다는 점을 언급하며, 약속을 통한 기호의 의미 전달이 필요함을 간접적으로 설명하고 있다.

다음 글에서 알 수 있는 것은?

(1) 어떤 사람이 러시아 여행을 가려고 하는데 러시아어를 전혀 모른다. (2) 그래서 그는 러시아 여행 시 의사소통을 하기 위해 특별한 그림책을 이용할 계획을 세웠다. (3) 그 책에는 어떠한 언어적 표현도 없고 오직 그림만 들어 있다. (4) 그는 그 책에 있는 사물의 그림을 보여줌으로써 의사소통을 하려고 한다. (5) 예를 들어 빵이 필요하면 상점에 가서 빵 그림을 보여주는 것이다. (6) 그 책에는 다양한 종류의 빵 그림뿐 아니라 여행할 때 필요한 것들의 그림이 빠짐없이 담겨 있다. (7) 과연 이 여행자는 러시아 여행을 하면서 의사소통을 성공적으로 할 수 있을까? (8) 유감스럽게도 그럴 수 없을 것이다. (9) 예를 들어 그가 자전거 상점에 가서 자전거 그림을 보여준다고 해보자. (10) 자전거 그림을 보여주는 게 자전거를 사겠다는 의미로 받아들여질 것인가, 아니면 자전거를 팔겠다는 의미로 받아들여질 것인가? (11) 결국 그는 자신이 뭘 원하는지 분명하게 전달할 수 없는 곤란한 상황에 처하게 될 것이다. ▶1문단

(1) 구매자를 위한 그림과 판매자를 위한 그림을 간단한 기호로 구별하여 이런 곤란을 극복하려고 해볼 수도 있다. (2) 예컨대 자전거 그림 옆에 화살표 기호를 추가로 그려서, 오른쪽을 향한 화살표는 구매자를 위한 그림임을, 왼쪽을 향한 화살표는 판매자를 위한 그림임을 나타내는 것이다. (3) 하지만 이런 방법은 의사소통에 여전히 도움이 되지 않는다. (4) 왜냐하면 기호가 무엇을 의미하는지는 약속에 의해 결정되기 때문이다. (5) 상대방은 어떤 것이 판매를 의미하는 화살표이고, 어떤 것이 구매를 의미하는 화살표인지 전혀 알 수 없을 것이다. (6) 설령 상대방에게 화살표가 의미하는 것을 전달했다 하더라도, 자전거를 사려는 사람이 책을 들고 있는 여행자의 바로 옆에 있는 사람이 아니라 바로 여행자 자신이라는 것은 또 무엇을 통해 전달할 수 있을까? (7) 여행자가 사고 싶어 하는 물건이 자전거를 그린 그림이 아니라 진짜 자전거라는 것은 또 어떻게 전달할 수 있을까? ▶2문단

① 언어적 표현의 의미는 확정될 수 없다.

➜ (×) 제시문은 언어적 표현이 없고 오직 그림만을 가지고 의사소통을 하는 경우, 의미가 확정될 수 없음을 언급하고 있다.[1문단(10),(11)] 따라서 언어적 표현의 의미가 확정될 수 있는지의 여부는 제시문에 서술되어 있지 않아서 알 수 없다.

② 약속에 의해서도 기호의 의미는 결정될 수 없다.

➜ (×) 기호가 무엇을 의미하는지는 약속에 의해 결정된다.[2문단(4)]

③ 한 사물에 대한 그림은 여러 의미로 이해될 수 있다.

➜ (O) 자전거 그림을 보여주는 것이 자전거를 사겠다는 의미로 받아들여지기도, 자전거를 팔겠다는 의미로 받아들여지기도 한다.[1문단(10)] 이처럼 한 사물에 대한 그림은 여러 의미로 이해될 수 있다.

④ 의미가 확정된 표현이 없어도 성공적인 의사소통은 가능하다.

➜ (×) 한 사물에 대해 여러 의미로 해석되고[1문단 10], 구체적인 의사를 전달할 수 없을 경우[2문단(3),(4)], 의미가 확정된 표현이 없어 성공적인 의사소통이 불가능하다.[2문단(5)]

⑤ 상이한 사물에 대한 그림들은 동일한 의미로 이해될 수 없다.

➜ (×) 제시문은 동일한 사물에 대한 그림이 다양한 의미로 이해될 수 있음을 설명할 뿐[1문단(10)], 상이한 사물에 대한 그림들이 동일한 의미로 이해될 수 있는지에 대해서는 언급하지 않고 있다. 따라서 해당 선지의 내용은 제시문을 통해 알 수 없다.

제시문 분석

1문단 그림책을 통한 의사소통 방식과 문제점

〈상황〉		〈어려움〉
러시아 여행 시 의사소통을 하기 위해 어떠한 언어적 표현도 없고 오직 그림만 들어있는 특별한 그림책을 이용할 계획을 세웠다.(2),(3)	➜	자전거 상점에서 자전거 그림을 보여주면 자전거를 사겠다는 의미인지, 팔겠다는 의미인지 여러 의미로 이해될 수 있어 곤란한 상황에 처하게 될 것이다.(11)

➜ 〈문제〉 언어적 표현 없이 오직 그림만으로는 자신이 뭘 원하는지 분명하게 전달할 수 없다.(11)

2문단 해결책들과 그 한계

〈해결책 ①〉	
구매자를 위한 그림과 판매자를 위한 그림을 간단한 기호로 구별하여 이런 곤란을 극복하려고 해볼 수도 있다.(1)	
〈한계〉	하지만 이런 방법은 의사소통에 여전히 도움이 되지 않는다.(3)
〈이유〉	왜냐하면 기호가 무엇을 의미하는지는 약속에 의해 결정되기 때문이다.(4)

〈해결책②〉	
상대방에게 화살표가 의미하는 것을 전달(5)	
〈한계①〉	자전거를 사려는 주체가 누구인지 전달해야 하는 문제(6)
〈한계②〉	사고 싶어 하는 것이 진짜 자전거인지 그림 자전거인지 전달해야 하는 문제(7)

합격자의 실전 풀이 순서

❶ **발문 확인 및 문제 유형 판단하기**

발문을 확인한 결과, 글에서 '알 수 있는 것'을 고르는 정보확인 유형이다. 알 수 있는 것을 고르는 문제는 부합하는 것을 고르는 문제와 같다. 해당 유형은 제시문 내용과 일치하거나 그로부터 추론 가능한 선지가 정답이 되며, 제시문 내용과 상충하거나 그로부터 추론할 수 없는 선지가 오답이 된다. 이 유형에서는 '제시문에 명확한 근거 없음'으로 오답인 선지가 구성되는 경우도 존재하므로 조심해야 한다. 이때, 발문의 '있는'이라는 단어에 크게 O 표시를 해놓음으로써 발문 오독으로 인한 실수를 방지한다.

정보확인유형을 푸는 방법으로는 크게 선지를 먼저 읽고 제시문에서 선지의 내용을 찾는 방법과 제시문을 간략히 읽은 후 선지를 판단하는 방법 두 가지로 나뉜다. 첫 번째 방법은 선지로부터 키워드를 찾고, 키워드를 제시문에서 찾아가는 방식이다. 두 번째 방법은 제시문의 구조와 선지에서 나올만한 중요한 내용을 파악하며 1분에서 2분 사이 내에 제시문을 읽은 후 선지를 판단하는 방식이다. 첫 번째 방법의 경우 키워드가 명확한 과학 소재 제시문이 나올 때 효과적이다. 다만, 문단 간의 정보를 연결하는 선지나 제시문의 표현이 변형된 선지를 풀 때는 효율적이지 않다. 본 문제의 경우 키워드가 명확하지 않고, 제시문의 표현이 변형된 선지가 많으므로 두 번째 방법으로 푸는 것이 효과적일 것으로 판단된다.

❷ **제시문 독해하기**

제시문은 러시아 여행객을 사례로 들며 어떠한 언어적 표현도 없고 사물의 그림만 있는 책만으로 의사소통이 가능한지에 대해 서술하고 있다. 제시문을 독해할 때는 접속어의 변화에 주의하여 글의 흐름을 파악하는 것이 좋다. 1문단에서는 뒤에서 예를 들어 설명하고자 하는 (4) 문장, 앞선 질문에 대한 답이자, 뒤에서 예를 들어 설명하고자 하는 (8) 문장, '결국'으로 시작하는 (11) 문장이 문단의 흐름에 중요한 역할을 하였다. 2문단에서는 뒤에서 예를 들어 설명하는 (1) 문장, '하지만'으로 시작하는 (3) 문장이 문맥 흐름에 중요하다.

이처럼 문맥을 파악하며 읽은 결과 1문단에서는 러시아 여행을 간 사람의 상황을 예로 들며 그림만 있는 책만으로 의사소통하려 할 때 겪는 어려움을 제시하고 있을 알 수 있다. 이후 2문단에서는 이러한 어려움을 극복할 해결방안을 언급하지만, 결국 독자에게 회의적인 질문을 던지며 한계가 존재함을 암시한다. 결국, 본 제시문은 그림만으로는 의사소통이 어렵다는 것을 주장하는 글임을 알 수 있다.

❸ **선지 판단하기**

지문의 세부 정보와 부합하지 않는 선택지를 찾는다. 선지별 참고할 정보의 위치 및 정오를 판단하기 위한 사고 과정은 다음과 같다.

①번 선지: 제시문에서는 언어적 표현의 의미가 확정될 수 있는지에 대해 언급하고 있지 않다. 지문의 세부 정보보다는 전체적인 내용을 파악한다면 해결할 수 있는 선지이다.

②번 선지: '약속'이라는 단어는 2문단에서 언급된다. 2문단 4문에서 기호의 의미는 약속에 의해 결정된다고 설명하고 있으므로 옳지 않은 선지이다.

③번 선지: 1문단의 예시를 통해 한 사물에 대한 그림이 여러 의미로 해석될 수 있음을 알 수 있으므로 옳다.

④번 선지: 글쓴이는 '언어적 표현이 없는 그림'만으로는 분명하게 의사를 전달할 수 없음을 주장한다. 그림만을 이용한 의사소통의 문제점을 밝힘으로써 확정된 표현 없이 성공적인 의사소통이 불가능하다고 주장한다.

⑤번 선지: 지문에서 '상이한 사물에 대한 그림'은 다루고 있지 않기에 오답이다.

해당 문제의 경우 제시문에서 선지를 키워드를 찾지 않아도 지문의 논지를 이용하여 해결할 수 있었다.

합격자의 시간단축 Tip

Tip ❶ 지문의 유형을 파악한다.

일반적인 정보확인 유형의 문제를 풀 때는 선지를 먼저 읽는 전략을 택하는 것을 선택할 수 있다. 그러나 해당 제시문의 경우 논설문의 형태이기에 '알 수 있는 것'은 곧 지문의 전반적인 내용을 묻는 것과 같았다. 이처럼 논설문에서 '알 수 있는 것'을 물을 때는 제시문의 논지를 요구할 때가 많다. 따라서 선지를 읽고 제시문을 읽을 때, 제시문이 논설문의 유형임을 파악했다면 전체적인 논지에서 선지가 출제될 수 있음을 생각해두면 좋다.

Tip ❷ 판단이 어려운 선지는 일단 넘어간다.

해당 지문의 경우 선지를 기준으로 한 발췌독이 어려울 수 있다. 선지 ①과 같은 경우 지문에서 내용을 찾을 수 없기 때문이다. 그러나 정답 선지인 ③이 2문단에서 쉽게 도출되므로, 판단이 어려운 선지는 일단 정오 판단을 보류하고 쉬운 것부터 푸는 것이 좋다. 알 수 있는 것의 근거는 항상 지문에 있지만 알 수 없는 것의 근거는 지문에 없을 수 있음을 염두에 두고, 상대적으로 판단이 쉬운 지문에 있는 내용을 먼저 판단하도록 하자.

제시문을 먼저 읽을지 선지를 먼저 읽을지를 결정할 때는 수험생 본인에게 적합한 방식을 선택하는 것이 좋다. 앞서 일치부합, 내용추론 등 제시문의 정보확인이 필요한 문제의 경우 선지를 먼저 읽을 것을 추천해왔다. 그러나 본인에게는 제시문을 먼저 읽는 것이 더 적합하게 느껴진다면 무리하여 선지를 먼저 읽는 방법을 선택할 필요는 없다. 발문이 '알 수 있는 것'을 고르는 문제이지만 이 문제처럼 제시문을 먼저 읽고 선지를 보더라도 제시문을 이해했다면 선지를 고르는 데 무리가 없는 문제가 많기 때문이다. 또한, 문제 유형별로 어떤 문제는 제시문을 먼저, 어떤 문제는 선지를 먼저 보는 것이 오히려 시간이 오래 걸리는 수험생도 있을 것이다. 중요한 것은 본인에게 맞는 풀이법을 택하여 일관성을 유지하는 것이다. 기출과 모의고사를 통해 다양한 방식을 시도해보고, 본인에게 맞는 방법을 체화하기를 바란다. 낯선 제시문을 독해하는 연습을 한다면 제시문을 먼저 읽는 풀이 방식으로도 충분히 시간 내에 모든 문제를 풀 수 있다.

164 정답 ❶ 난이도 ●●○

문제유형 논리적 비판 > 논지의 강화 및 약화

접근전략 논지를 강화하거나 약화하는 문제는 주로 하나의 주장과 그에 따른 근거를 나열하는 방식이나, 본 문제처럼 하나의 소재에 있어서 다양한 주장을 소개하는 방식으로 글이 전개된다. 후자의 경우, 각 문단이 다른 주장을 하고 있으므로 글 전체를 파악하면서 읽는다기보다는 각 문단이 하나의 짧은 글이라고 생각하고 독립적으로 지문을 읽는 것이 좋다.

이때 가장 중요한 것은 주장하는 바와 근거를 명확히 파악하는 일이다. 강화/약화 문제의 경우 선지에서 주장의 근거를 변형하여 강화/약화 여부를 물어보기 때문이다. 혹은 근거로 내세우지 않은 것을 가져와 강화/약화 여부를 물어볼 수도 있으므로, 주장과 근거를 확실히 이해하며 글을 읽도록 하자.

다음 글의 내용에 대한 평가로 가장 적절한 것은?

(가) (1) 우울증을 잘 초래하는 성향은 창조성과 결부되어 있기 때문에 생존에 유리한 측면이 있었다. (2) 따라서 우울증과 관련이 있는 유전자는 오랜 역사를 거쳐 오면서도 사멸하지 않고 살아남아 오늘날 현대인에게도 그 유전자가 상당수 존재할 가능성이 있다. (3) 베토벤, 뉴턴, 헤밍웨이 등 위대한 음악가, 과학자, 작가들의 상당수가 우울한 성향을 갖고 있었다. (4) 천재와 우울증은 어찌 보면 동전의 양면으로, 인류 문명의 진보를 이끈 하나의 동력이자 그 부산물이라 할 수 있을지도 모른다.

(나) (1) 우울증은 일반적으로 자기 파괴적인 질환으로 인식되어 왔지만 실은 자신을 보호하고 미래를 준비하기 위한 보호 기제일 수도 있다. (2) 달성할 수 없거나 달성하기 매우 어려운 목표에 도달하기 위해 엄청난 에너지를 소모하는 것은 에너지와 자원을 낭비할 뿐만 아니라, 정신과 신체를 소진시킴으로써 사회적 기능을 수행할 수 없게 하고 주위의 도움이 없으면 생명을 유지하기 어려운 상태에 이르게도 할 수 있다. (3) 이를 막기 위한 기제가 스스로의 자존감을 낮추고 그 목표를 포기하게 만드는 것이다. (4) 이를 통해 고갈된 에너지를 보충하고 다시 도전할 수 있는 기회를 모색할 수 있다.

(다) (1) 오늘날 우울증은 왜 이렇게 급격하게 늘어나는 것일까? (2) 창조성이란 그 사회에 존재하고 있는 기술이나 생각에 대한 도전이자 대안 제시이며, 기존의 기술이나 생각을 엮어서 새로운 조합을 만들어 내는 것이다. (3) 과거에 비해 현대 사회는 경쟁이 심화되고 혁신들이 더 가치를 인정받기 때문에 창조성이 있는 사람은 상당히 큰 선택적 이익을 갖게 된다. (4) 그렇지만 현대 사회처럼 기존에 존재하는 기술이나 생각이 엄청나게 많아 우리의 뇌가 그것을 담기에도 벅찬 경우에는 새로운 조합을 만들어 내는 일은 무척이나 많은 에너지를 요한다. (5) 또한 지금과 같은 경쟁 사회는 새로운 기술이나 생각에 대한 사회적 요구가 커지기 때문에 정신적 소진 상태를 초래하기 쉬운 환경이 되고 있다. (6) 결국 경쟁은 창조성을 발휘하게 하지만 지나친 경쟁은 정신적 소진을 초래하기 때문에 우울증이 많이 발생할 수 있다.

① 창조적인 사람들은 정서적으로 불안정하고 우울증에 걸릴 수 있는 유전자를 가질 확률이 높다는 사실은 (가)를 강화한다.
→ (O) (가)는 우울증을 잘 초래하는 성향은 창조성과 결부되어 있다고 주장한다.[가(1)] 따라서 창조적인 사람들은 정서적으로 불안정하고 우울증에 걸릴 수 있는 유전자를 가질 확률이 높다는 사실은 (가)의 논지와 일치하므로 (가)를 강화한다.

② 우울증에 걸린 사람 중에 어려운 목표를 포기하지 못하는 사람들이 많다는 사실은 (나)를 강화한다.
→ (×) (나)는 우울증이 달성할 수 없거나 달성하기 매우 어려운 목표를 포기하게 만드는 기능을 수행한다고 주장한다.[나(3)] 그러나 우울증에 걸린 사람 중에 어려운 목표를 포기하지 못하는 사람들이 많다는 사실은, (나)가 주장한 우울증의 기능이 실현되지 않은 것이므로 (나)를 약화한다.

③ 정신적 소진은 우울증을 초래할 가능성이 높다는 사실은 (다)를 약화한다.
→ (×) (다)는 지나친 경쟁은 정신적 소진을 초래하기 때문에 우울증이 많이 발생할 수 있다고 보았다.[다(6)] 즉, 정신적 소진은 우울증의 발생을 높인다는 것이다. 따라서 정신적 소진은 우울증을 초래할 가능성이 높다는 사실은 (다)의 논지와 일치하므로 (다)를 강화한다.

④ 유전적 요인이 환경에 적응하는 과정에서 정신질환이 생겨난다는 사실은 (가)와 (나) 모두를 약화한다.
→ (×) (가)는 우울증과 관련이 있는 유전자가 창조성과 결부되어 있어서 생존에 유리한 측면이 있으므로, 사멸하지 않고 살아남아 현대인에게도 우울증 관련 유전자가 존재한다고 보았다.[가(1),(2)] 그러나 이는 환경과의 적응과는 무관하므로 해당 선지는 (가)를 약화하지도, 강화하지도 않는다. 또한, 유전적 요인이 환경에 적응하는 과정에서 정신질환이 생겨난다는 사실은 (나)의 논지와 관련이 없으므로 (나)를 강화하지도, 약화하지도 않는다.

⑤ 과거에 비해 현대 사회에서 창조적인 아이디어를 만들어내기 어렵다는 사실은 (가)를 강화하고 (다)를 약화한다.
→ (×) (가)는 우울증과 관련이 있는 유전자가 창조성과 결부되어 있다고 주장하며, 우울증 관련 유전자가 가진 선천적인 측면에 주목한다. 그러나 과거에 비해 현대 사회에서 창조적인 아이디어를 만들어내기 어렵다는 사실은 환경이라는 창의성의 후천적인 측면과 관련이 있으므로, (가)의 논지와 관련이 없다. 따라서 이는 (가)를 약화하지도, 강화하지도 않는다. 한편, (다)는 현대가 경쟁사회라며 경쟁은 창조성을 발휘하게 한다 했으므로[다(4),(5)] 현대 사회에서 창조적인 아이디어를 만들어 내기 어렵다는 것은 (다)와 상충하므로 이를 약화한다 할 수 있다.

제시문 분석

제시문 우울증의 원인에 대한 세 가지 주장

〈쟁점 - 우울증이 나타나는 원인〉

근거		논지
〈(가)의 논거〉		〈(가)의 논지〉
우울증을 잘 초래하는 성향은 창조성과 결부되어 있기 때문에 생존에 유리한 측면이 있었다.[가(1)]	→	우울증과 관련이 있는 유전자는 오랜 역사를 거쳐 오면서도 사멸하지 않고 살아남아 오늘날 현대인에게도 그 유전자가 상당수 존재할 가능성이 있다.[가(2)]
〈(나)의 논거〉		〈(나)의 논지〉
달성할 수 없거나 달성하기 매우 어려운 목표에 도달하기 위해 엄청난 에너지를 소모하는 것은 에너지와 자원을 낭비할 뿐만 아니라, 사회적 기능을 수행할 수 없게 하고 생명을 유지하기 어려운 상태에 이르게도 할 수 있다.[나(2)]	→	우울증은 자신을 보호하고 미래를 준비하기 위한 보호 기제일 수도 있다.[나(1)]
〈(다)의 논거〉		〈(다)의 논지〉
현대 사회에 창조적인 아이디어를 만들어내는 일은 무척이나 많은 에너지를 요하고, 지금과 같은 경쟁 사회는 정신적 소진 상태를 초래하기 쉬운 환경이 되고 있다.[다(4),(5)]	→	지나친 경쟁은 정신적 소진을 초래하기 때문에 우울증이 많이 발생할 수 있다.[다(6)]

합격자의 실전 풀이 순서

❶ 문제를 읽고 글의 구조를 전반적으로 파악한다.

발문의 〈평가〉라는 단어로부터 강화/약화 문제임을 간접적으로 파악한다. 이에 글의 전반적인 구조를 파악해 어떻게 읽을 것인지 전략을 세우도록 한다. 본 글의 경우 (가), (나), (다)의 형식으로 되어 있으며 오지선다를 봐도 (가), (나), (다)를 독립적으로 다루고 있음을 알 수 있다.
그렇기 때문에 (가), (나), (다)를 분절적으로 읽으며 각각의 핵심 내용과 근거를 요약하는 방식으로 글을 읽겠다는 전략을 세운다.

❷ (가), (나), (다)를 읽으며 주요 주장을 파악한다.

주장과 근거를 파악하면 되기 때문에 이를 중심으로 각 문단을 읽는다.
(가)의 경우 우울증이라는 병리적 현상과 창조성이라는 긍정적인 측면을 연결하고 있으므로 이를 반드시 기억하도록 한다. 이런 역설적인 내용은 지문 전반에 걸쳐서 유용하게 쓰이거나, 혹은 최소한 (가)의 가장 핵심적인 구분내용이 될 것이 자명하기 때문이다.
(나)의 경우 우울증을 자신을 보호하고 미래를 준비하기 위한 보호 기제로 보고 있다. 그 근거로 달성하기 매우 어려운 목표에 도달하기 위해 에너지를 소모할 때 나타나는 우리 신체의 어려운 상태를 들고 있다. 즉, (가)와 더불어 우울증의 '쓸모'를 말하고 있다. 둘 다 우울증이라는 핵심 소재를 바탕으로 〈유용성〉을 말하고 있으므로 각각의 유용성을 반드시 비교해서 기억하도록 한다. 기억이 어렵다면 여기서 바로 선지로 가서 (가)와 (나)만 가지고 쓰인 선지만이라도 확인하도록 한다. ①, ②, ④번을 확인할 수 있을 것이다.
(다)의 경우 우울증이 많이 발생한 이유가 지나친 경쟁이라는 이야기를 하고 있다. 그 와중에도 우울증의 긍정적 측면(창조성 촉진)이 서술되어 있다는 측면에 주의하도록 한다.

❸ 오지선다를 통해 정답을 찾는다.

각 주장의 내용을 다 파악했으면 오지선다를 통해 정답을 찾는다. 오지선다의 경우 헷갈릴 수 있을 만한 문항을 중심으로 분석하도록 한다.
'강화한다/약화한다/강화하지 않는다/약화하지 않는다'와 관련된 문제의 경우 상황마다 판단하는 패턴이 정해진 편이므로 이를 정리해두고 미리 숙지해두면 선지 판단이 빠르고 정확해진다. 아래 표를 참고해 이를 기준으로 하여 선지를 판단하도록 하자.

A가 강화한다.	A가 본문 내용과 일치/부합 또는 본문 내용으로부터 추론 가능
A가 강화하지 않는다.	A가 추론될 근거 없음 또는 A가 본문 내용과 상충하거나 무관함
A가 약화한다.	A가 본문 내용과 상충
A가 약화하지 않는다.	A가 본문으로부터 추론 가능 또는 일치/부합하거나 무관함

이때 다른 선지는 문제될 것이 없으나 ⑤번 선지 판단이 조금 까다로울 수 있었다(물론 정오판단과는 상관이 없다). 이는 (다) 판단에 있어서 문장이 중의적이기 때문이다. 창조적인 아이디어를 만들어내기 어렵다는 말은 (6)에 따르면 (다)의 (3,5)에 따르면 약화지만 (4)에 따르면 강화한다고 볼 수 있다. (과거에 비해 요구치가 높아졌다는 뜻이다.)
다시 한번 글을 읽어 보면, "창조성을 발휘할 이익이 늘고, 창조성을 발휘하기 쉬워졌다"라고 했지, 〈만들어내기 쉽다〉라는 결론은 도출되지 않는다는 것을 알 수 있다. 거기에 들어가는 에너지 비용이 늘어났기 때문이다. 따라서 ⑤ 선지의 (다)에 대한 진술을 강화로 만들기 위해선 〈사회적 요구란 아이디어의 양을 의미한다〉 등의 진술이 추가되어야 한다. 반대로 약화한다고 하기 위해서는 〈새로운 조합을 만들기 힘들수록 사회적 요구가 커진다〉 등의 진술이 추가되어야 한다. 한번 확인해 보라.

합격자의 시간단축 Tip

Tip ❶ 각 주장의 근거를 확실히 파악하는 것이 중요하다.

어떤 사실이 주어지고 강화와 약화 여부를 판별하는 법은 그 사실이 해당 주장의 근거를 직접적으로 뒷받침하냐 정면으로 반박하냐를 기준으로 판별한다. 그렇기 때문에 주장을 파악하는 것도 중요하지만 주장에서 내세운 근거를 파악하는 것도 중요하다. 내세운 근거 외의 사실을 가져오게 된다면 강화도 약화도 아닌 무관한 관계가 될 수 있기 때문이다.
예를 들어 사안에서도 ④번 선지의 경우 "유전적 요인이 환경에 적응하는 과정에서 정신 질환이 생겨난다는 사실"이 (가)와 (나) 모두를 약화한다는 선지에서 (나)의 경우를 살펴보자. (나)에서는 근거에 유전자에 대한 이야기가 존재하지도 않을뿐더러 우울증의 기능으로 자신의 보호기제에 대해 이야기하고 있다. 즉 '매우 어려운 목표가 있을 때 → 우울증이 그 목표를 포기하게 만들어 준다.'의 주장과 근거다. 이에 본 선지에서 제시된 유전적 요인은 (나)와 아무런 관계도 없다는 결론을 도출할 수 있다.
이렇게 특정 사실이 주장이 내세운 근거와 관련있는지 살펴보는 것이 중요하며 강화/약화 여부를 물어보는 경우가 존재한다면, 가장 정답의 가능성이 있는 한쪽을 우선 살펴보도록 한다. 하나만 틀려도 그 문항은 틀린 것이 되기 때문이다.

Tip ❷ 어느 한 쪽만 맞다고 생각하지 말아 보자.

주장 간 대립은 크게 두 종류로 나뉜다. 하나는 각 주장이 첨예하게 대립하는 것이고 다른 하나는 주장 간에 서로 보완점이 있는 것이다. (이 경우 소위 '장님 코끼리 만지듯' 서로 다른 측면에서 분석하거나 모자란 점을 채우거나, 이론을 확장하는 식으로 나온다.) 이 지문의 경우는 후자로, 이 경우는 암기할 때 오히려 각 주장을 연결해 가면서 읽는 것이 더 편하다. 실제로 선지도 다른 부분을 물어서 헷갈리게 하지 않고 선지에 제시된 부분만 읽어도 풀 수 있게 되어 있다.
이를 사실 먼저 알고 접근할 수는 없고, 독자는 글을 읽어 가면서 '대립하는지' 여부를 따져 보며 실시간으로 접근법을 갱신해야 한다. 주장 간 대립이 심해 보이면(예컨대 틀렸다는 말이 등장하는 경우) 바로 윗 문단과 해당 문단을 비교 대조하면서 읽고, 그렇지 않고 서로 다른 측면에서 접근하고 있다면 보완해가면서 읽어 본다.

165 정답 ③ 난이도 ●○○

문제유형 법규의 해석 및 적용
접근전략 법규정 유형 중 규정을 확인하여 옳은 선지를 고르는 문제이다. 법조문 유형을 풀 때는 조문의 구체적인 내용을 독해하는 것보다, 법조문의 구조를 파악한 후 선지에서 묻고 있는 정보를 찾아 올라가는 방식으로 푸는 것이 좋다. 본 문제의 경우 조문의 제목이 제시되어 있고 단서나 괄호가 많지 않으므로 법조문의 구조 분석이 어렵지 않다. 따라서 예외규정이나 선지에 나올 만한 중요 표현에 강조 표시를 하며 법조문을 분석한다.

다음 글을 근거로 판단할 때 옳지 않은 것은?

제○○조(보증의 방식) ① 보증은 그 의사가 보증인의 기명날인 또는 서명이 있는 서면으로 표시되어야 효력이 발생한다.
② 보증인의 채무를 불리하게 변경하는 경우에도 제1항과 같다.
제○○조(채권자의 통지의무 등) ① 채권자는 주채무자가 원본, 이자 그 밖의 채무를 3개월 이상 이행하지 아니하는 경우 또는

주채무자가 이행기에 이행할 수 없음을 미리 안 경우에는 지체 없이 보증인에게 그 사실을 알려야 한다.
② 제1항에도 불구하고 채권자가 금융기관인 경우에는 주채무자가 원본, 이자 그 밖의 채무를 1개월 이상 이행하지 아니할 때에는 지체없이 그 사실을 보증인에게 알려야 한다.
③ 채권자는 보증인의 청구가 있으면 주채무의 내용 및 그 이행 여부를 보증인에게 알려야 한다.
④ 채권자가 제1항부터 제3항까지의 규정에 따른 의무를 위반한 경우에는 보증인은 그로 인하여 손해를 입은 한도에서 채무를 면한다.
제○○조(보증기간 등) ① 보증기간의 약정이 없는 때에는 그 기간을 3년으로 본다.
② 보증기간은 갱신할 수 있다. 이 경우 보증기간의 약정이 없는 때에는 계약체결 시의 보증기간을 그 기간으로 본다.
③ 제1항 및 제2항에서 간주되는 보증기간은 계약을 체결하거나 갱신하는 때에 채권자가 보증인에게 고지하여야 한다.

※ 보증계약은 채무자(乙)가 채권자(甲)에 대한 금전채무를 이행하지 아니하는 경우에 보증인(丙)이 그 채무를 이행하기로 하는 채권자와 보증인 사이의 계약을 말하며, 이때 乙을 주채무자라 한다.

① **보증인 丙이 주채무자 乙의 甲에 대한 금전채무를 보증하기 위해 채권자 甲과 보증계약을 서면으로 체결하지 않으면 그 계약은 무효이다.**
➜ (○) 제1조 제1항에 따르면 보증은 그 의사가 보증인의 기명날인 또는 서명이 있는 서면으로 표시되어야 효력이 발생한다. 따라서 보증인 丙의 기명날인 또는 서명이 있는 서면으로 보증이 체결되지 않는 경우, 그 계약은 효력이 발생하지 않아 무효이다.

② **보증인 丙이 주채무자 乙의 甲에 대한 금전채무를 보증하기 위해 채권자 甲과 보증계약을 체결하면서 보증기간을 약정하지 않으면 그 기간은 3년이다.**
➜ (○) 제3조 제1항에 따르면 보증기간의 약정이 없는 때에는 그 기간을 3년으로 본다. 따라서 보증인 丙이 채권자 甲과 보증계약을 체결하면서 보증기간을 약정하지 않으면 그 기간은 3년이다.

③ **주채무자 乙이 원본, 이자 그 밖의 채무를 2개월 이상 이행하지 아니하는 경우, 금융기관이 아닌 채권자 甲은 지체없이 보증인 丙에게 그 사실을 알려야 한다.**
➜ (×) 제2조 제1항에 따르면 채권자는 주채무자가 원본, 이자 그 밖의 채무를 3개월 이상 이행하지 아니하는 경우 지체없이 보증인에게 그 사실을 알려야 한다. 따라서 주채무자 乙이 원본, 이자 그 밖의 채무를 2개월 이상 이행하지 아니하는 경우, 3개월이 지나기 전까지는 그 사실을 보증인에게 알려야 할 의무가 없다.

④ **보증인 丙의 청구가 있는데도 채권자 甲이 주채무의 내용 및 그 이행 여부를 丙에게 알려주지 않으면, 丙은 그로 인하여 손해를 입은 한도에서 채무를 면하게 된다.**
➜ (○) 제2조 제3항에 따르면 채권자는 보증인의 청구가 있으면 주채무의 내용 및 그 이행 여부를 보증인에게 알려야 하고, 제4항에 따르면 동조 제3항의 규정에 따른 의무를 위반한 경우에는 보증인은 그로 인하여 손해를 입은 한도에서 채무를 면한다. 따라서 보증인 丙의 청구가 있으면 채권자 甲은 주채무의 내용 및 그 이행 여부를 丙에게 알려야 하고, 이를 위반한 경우 丙은 그로 인하여 손해를 입은 한도에서 채무를 면한다.

⑤ **보증인 丙이 주채무자 乙의 甲에 대한 금전채무를 보증하기 위해 채권자 甲과 기간을 2년으로 약정한 보증계약을 체결한 다음, 그 계약을 갱신하면서 기간을 약정하지 않으면 그 기간은 2년이다.**
➜ (○) 제3조 제2항에 따르면 보증기간을 갱신할 수 있으며, 만약 보증기간의 약정이 없는 때에는 계약 체결 시의 보증기간을 그 기간으로 본다. 따라서 채권자 甲과 보증인 丙이 2년 약정 보증계약을 체결한 다음 그 계약을 갱신하면서 기간을 약정하지 않는 경우, 그 기간은 계약 체결 시의 보증기간인 2년이다.

합격자의 실전 풀이 순서

❶ 문제의 유형 파악

제시문의 형식이 법조문이므로 법규의 해석 및 적용 유형임을 알 수 있다. 법조문은 규정의 구체적인 내용을 모두 독해하기보다, 조문의 구조를 파악한 후 선지에서 묻고 있는 정보를 찾아 올라가는 방식으로 접근하는 것이 좋다. 법조문의 세세한 정보를 모두 기억하는 것이 어렵기 때문이다.
또한, '옳지 않은 것'을 고르는 문제이므로, '않은'에 표시하여 옳은 선지를 고르는 실수를 방지한다.

다음 글을 근거로 판단할 때 옳지 ~~않은~~ 것은?

❷ 법조문 구조 분석

구조 분석이란 각 조문의 내용 및 조문 간 관계를 이해하는 것이다. 이 단계에서는 법조문 전체를 읽되, 세부적인 내용 기억보다는 어떤 정보가 있는지 파악하는 것에 중점을 둔다. 이때 기호를 적절히 활용할 수 있다. 기호의 예시는 Tip으로 별도 기재하였다. 이러한 분석 과정을 거치며 선지에 나올 내용을 예측해볼 수도 있다.
본문의 규정은 세 개의 조로 구성되어 있다. 편의상 가로선을 그어 조를 구분하고, '1, 2, 3'을 기재한다. 각 조의 제목에서 채무 보증 관련 규정임을 알 수 있다. 편의상 첫 번째 조를 '제1조', 이하 '제2조', '제3조'로 표기한다.
제1조는 보증의 효력발생 요건이다. 제1항 '기명날인 또는 서명', '서면'에 표시하고, 제2항의 '불리하게 변경', '같다'에도 표시한다.
제2조는 채권자의 통지의무를 규정한다. 제1항에서 통지의 대상이 '보증인'임을 알 수 있다. '3개월', '미리 안 경우'에 표시한다. 제2항은 제1항의 예외 규정으로서 채권자가 금융기관인 경우이다. '금융기관', '1개월'에 표시한다. 제3항은 '보증인의 청구', 제4항은 '의무 위반'에 표시한다.
제3조는 보증기간을 규정한다. 제1항은 '약정이 없는 때', '3년', 제2항은 '갱신', 제3항은 '보증인에게 고지'에 표시한다.
각주에서는 보증계약과 보증인, 주채무자의 개념을 소개하고 있다. 이는 문제 풀이를 위한 새로운 정보를 주는 것이 아니라, 개념을 모르는 수험생을 위한 각주이므로 개념을 모르는 경우에만 간략히 독해한다.

❸ 선지 판단

선지를 읽고, 해당 내용이 기재된 규정으로 돌아가 꼼꼼히 읽고 선지의 정오를 판단한다. 선지에는 채무자, 채권자, 보증인이 등장한다. 보증계약은 채권자와 보증인 간 계약이며 채권자의 의무이행의 상대방은 보증인이다. 따라서 헷갈리지 않도록 보증인에 표시하며 선지를 읽는다.
선지 ①은 '서면'이 있는 제1조와 비교한다. ②는 '약정'과 '3

년'이 있는 제3조 제1항과 비교한다. '효력이 발생'이라는 법조문의 내용이 선지에서 '무효'라는 말로 활용된다는 점을 유의한다. ③은 '2개월'과 '금융기관이 아닌'에서 제2조 제1항의 내용임을 알 수 있다. '3개월 이상 이행하지 아니한 경우'로 규정되어 있으므로 옳지 않다.
나머지 선지도 확인한다면, ④는 '보증인의 청구'가 있는 제2조 제3항 및 그 위반 시 제재를 규정한 제4항과, ⑤는 '갱신'이 있는 제3조 제2항과 비교하면 된다. 이처럼 선지와 관련된 법조문을 빠르게 찾기 위해서는 법조문 독해 시 적절한 키워드를 도출해두는 과정이 필요하다.

합격자의 시간단축 Tip

Tip ❶ 조문 제목만 읽고 구조 확인

본 문제의 법조문은 각 조마다 제목이 있고, 제2조와 제3조는 특정성도 있다. 따라서 각 조의 제목만 읽고 바로 선지를 확인하는 것도 시간을 절약하는 방법이 될 수 있다. 예를 들어, 선지 ①은 통지도 아니고, 기간도 아니므로 '보증의 방식'을 규정한 제1조의 내용이라고 판단하는 것이다. ②, ⑤는 '기간'이라는 단어에서 제3조의 내용임을, ③, ④는 '알려야 한다', '알려주지 않으면'이라는 부분에서 제2조의 내용임을 알 수 있다.

Tip ❷ 기본적인 법률용어 숙지

'채권자'와 '채무자'는 각각 '돈을 빌려준 자'와 '빌린 자'를 뜻한다. 어려운 용어는 아니지만 자주 등장하는 기본적인 법률용어이므로 낯설다면 숙지하도록 하자. 규정을 읽으며 용어의 뜻을 떠올릴 필요 없이 바로 이해가 가능하다면 그만큼 독해 시간도 줄일 수 있다.

Tip ❸ 병렬적으로 제시된 대상 간 차이점에 주목/숫자에 유의

대상 간의 차이점은 선지에 자주 등장하므로, 제시문에 대상 간 차이점이 나타난다면 조문 구조 분석 단계에서 표시해두자. 선지에서는 대상의 설명을 바꾸어 제시하기도 한다. 본 문제에서는 '채권자/금융기관', '3개월/1개월'이라는 차이가 눈에 띈다. 이는 선지 ③에 활용되었다.

Tip ❹ 숫자에 유의

숫자는 선지에 자주 등장하므로 법조문에 등장하는 숫자는 표시해두고, 정오 판단 시 빠트리지 않도록 한다. 본 문제에서는 '3개월', '1개월', '3년'이 등장하며, 선지 ②, ③에 관련 내용이 등장하였다.

Tip ❺ 선지의 '보증인'에 표시

선지에 둘 이상의 인물이 등장하면 인물의 역할 파악에 시간이 걸린다. 따라서 인물의 역할에 따라 표시를 해두면 도움이 된다. 예를 들어, 채권자와 채무자만 등장한다면, ○과 △로 구분하여 표시할 수 있다. 본 문제에서는 세 명이 등장하였으므로, 가장 특징적인 역할에 ○ 표시를 하면 된다. 보증계약에 따라 채권자가 의무를 이행해야 하는 '보증인'이 가장 특징적인 역할이 된다.

Tip ❻ 법조문 유형 풀이의 기본

(1) 법조문에 대한 이해

법조문 유형은 선지가 규정과 일치하는지 확인하는 '규정확인' 유형과, 규정의 내용을 예시에 적용하는 '규정적용' 유형으로 나뉜다. 규정적용은 단순 적용의 경우도 있지만 보험료, 인지세 등 계산을 요하는 경우도 있다.
두 유형 모두 기본은 규정을 파악하는 것이기 때문에 기본적인 법조문의 구조와 용어에 익숙해지면 문제 풀이가 비교적 수월해진다. 법조문은 '○○조-○○항-(1, 2, …)호-(가, 나, …)목' 순으로 구성된다.

- 하나의 '조'는 하나의 주제에 대하여 설명한다. 그 주제는 '○○조' 옆에 괄호로 표시되기도 한다.
- '항'은 조에서의 주제를 세분화하여 설명할 때 사용한다.
- '호'는 조와 항 내에서 대상을 나열할 때 사용한다.
- '목'은 호 내에서 대상을 나열할 때 사용한다.
- '단서'는 "다만,"으로 시작하며 앞 문장의 주된 내용에 대한 예외를,
- '후단'은 "이 경우"로 시작되며 주된 내용에 대한 부수적·보완적 사항을 규정할 때 사용한다.
- 부수적 내용이 괄호로 제시되는 경우도 있다.

법조문 유형은 빠르게 풀기보다는 정확하게 푸는 것을 전략으로 하는 것이 좋다. 상황판단 과목은 모든 문제를 빠르게 푸는 것이 아니라 풀 수 있는 문제와 풀 수 없는 문제를 구분하여 풀어, 푼 문제의 정답률을 높이는 것이 일반적인 접근 방법이다. 난해한 퀴즈 문제와 달리 법조문은 제시문 내에 정답이 있으므로, 특별히 어려운 문제가 아니라면 꼭 맞춘다는 생각으로 접근하자.

(2) 법조문 유형 접근법

일반적인 법조문 유형에서는 제○○조 옆의 조문 제목 및 규정의 키워드로 조문의 구조만을 파악하고, 선지를 판단할 때 세부 내용을 읽는 접근방식을 추천한다. 법조문의 세부 내용을 모두 기억하기 어렵고, 독해에도 시간이 걸리기 때문이다. 어떤 조항에 어떤 내용이 있는지를 파악하고, 세부 조건인 호나 목은 선지에서 묻는 경우 발췌독하면 된다. 다만 '규정적용' 유형 중 계산형 문제는 계산에 필요한 구체적 내용을 파악하며 조문을 읽어야 한다.

(3) 선지에 자주 활용되는 내용의 특징

법조문의 구조를 파악할 때 선지로 등장할만한 부분을 미리 체크한다면 풀이 시간을 단축할 수 있을 것이다. 아래 내용은 주로 선지에 등장하는 내용의 특징과 선지에 등장하는 방식이다. 기출 분석을 통해 빈출 패턴을 익히면 실수를 방지하고 풀이 속도를 높이는 데에 도움이 될 것이다.

- 단서(다만): 단서가 적용됨에도 적용하지 않거나, 적용되지 않음에도 적용하여 제시
- 후단(이 경우)이나 괄호(보완 내용): 해당 내용을 사례로 제시
- 날짜, 시기, 횟수, 수치 등: 숫자를 바꾸어 제시
- 어느 하나: 모든 조건이 적용되는 것으로 제시
- 하부 개념: 상부 개념과 하부 개념을 바꾸거나, 복수의 하부 개념의 특징을 서로 바꾸어 제시
- 주어: 행위 주체를 바꾸어 제시
- 술어: 허가를 신고로, 신고를 허가로 바꾸어 제시
- 재량(임의규정)과 기속(강행규정): '할 수 있다'와 '해야 한다'를 바꾸어 제시

이 밖에도 기출 풀이 과정에서 놓치는 부분이 있다면 추가하여 익혀두자.

(4) 법조문 구조 분석 시 기호 활용의 예시

구조 분석이란 각 조문의 내용 및 조문 간 관계를 이해하는 것이다. 이 단계에서는 법조문 전체를 읽되, 세부적인 내용

기억보다는 어떤 정보가 있는지 파악하는 것에 중점을 둔다. 이때 밑줄 등 기호를 적절히 활용할 수 있다.

- 가로선: 조문의 길이가 긴 경우 각 조를 구별하는 데 활용
- ○: 각 조의 제목, 조항별 대표 키워드
- △: 단서(다만), 원칙에 대한 예외, 앞의 내용과 반대되는 내용 등
- □: 후단(이 경우), 세부 상황별 규정
- 화살표: 조문 간 연결 관계가 있는 경우, 일반법과 그 세부 내용을 규정한 대통령령
- 괄호 안의 내용에도 그 기능에 따라 적절한 기호를 사용

위의 기호들은 예시일 뿐이다. 기호는 선지와 관련된 내용을 쉽게 찾을 수 있도록 하는 이정표이므로 자신에게 맞는 것을 잘 활용하면 된다.

정답									
166	⑤	167	②	168	④	169	⑤	170	④
171	④	172	③	173	④	174	④	175	①
176	③	177	②	178	④	179	②	180	④

166 정답 ⑤ 난이도 ●●○

문제유형 비판적 사고 > 판단하기

접근전략 4명의 주장을 비교하고 공통점과 차이점을 찾으며 지문을 읽어야 하는 유형이다. 발화자가 4명이나 되는 만큼 대립/공통 관계 등 각 의견 간 관계를 간단히 적어두는 식의 방식을 이용한다면 선지 판단 시 용이하다. 이처럼 문제를 빠르게 풀기 위한 전략적인 접근법을 숙지해두는 것이 필요하다. 특히 고난도로 출제될 경우 찬반이 헷갈리는 의견이 있을 수 있음에 유의한다.

다음 갑 ~ 정의 주장에 대한 분석으로 적절한 것을 〈보기〉에서 모두 고르면?

(1) 북미 지역의 많은 불임 여성들이 체외수정을 시도하고 있다. (2) 그런데 젊은 여성들의 난자를 사용한 체외수정의 성공률이 높기 때문에 젊은 여성의 난자에 대한 선호도가 높다. (3) 처음에는 젊은 여성들이 자발적으로 난자를 기증하였지만, 이러한 자발적인 기증만으로는 수요를 감당할 수가 없게 되었다. (4) 이 시점에 난자 제공에 대한 금전적 대가 지불에 대해 논란이 제기되었다.

갑: (1) 난자 기증은 상업적이 아닌 이타주의적인 이유에서만 이루어져야 한다. (2) 난자만이 아니라 정자를 매매하거나 거래하는 것도 불법화해야 한다는 데 동의한다. (3) 물론 상업적인 대리모도 금지해야 한다.

을: (1) 인간은 각자 본연의 가치가 있으므로 시장에서 값을 매길 수 없다. (2) 또한 인간관계를 상업화하거나 난자 등과 같은 신체의 일부를 금전적인 대가 지불의 대상으로 만들어선 안 된다.

병: (1) 불임 부부가 아기를 가질 기회를 박탈해선 안 된다. (2) 그런데 젊은 여성들이 자발적으로 난자를 기증하는 것을 기대하기가 어렵다. (3) 난자 기증은 여러 가지 부담을 감수해야 하기에 보상 없이 이루어지기에는 한계가 있다. (4) 결과적으로 난자 제공에 대한 금전적 대가 지불을 허용하지 않을 경우에 난자를 얻을 수 없을 것이고, 불임 여성들은 원하는 아기를 가질 수 없게 될 것이다.

정: (1) 난자 기증은 정자 기증과 근본적으로 다르다. (2) 난자를 채취하는 것은 정자를 얻는 것보다 훨씬 복잡하고 어려운 일이며 위험을 감수해야 할 경우도 있다. (3) 예컨대, 과배란을 유도하기 위해 여성들은 한 달 이상 매일 약을 먹어야 한다. (4) 그 다음에는 가늘고 긴 바늘을 난소에 찔러 난자를 뽑아 내는 과정을 거쳐야 한다. (5) 한 여성 경험자는 난소에서 난자를 뽑아 낼 때마다 '누가 그 부위를 발로 차는 것 같은' 느낌을 받았다고 보고하였다. (6) 이처럼 난자 제공은 고통과 위험을 감수해야 하는 일이다.

〈보기〉

ㄱ. 을은 갑의 주장을 지지한다.
→ (O) 갑과 을은 모두 '난자 제공에 대한 금전적 대가 지불'에 반대한다. 갑은 인간의 생식 세포를 상업화하는 것에 반대하고[갑(2)] 을은 그런 기능을 할 수 있는 신체 일부를 상업화하는 것에 반대한다.[을(2)] 따라서 을은 갑의 주장에 동의한다.

ㄴ. 정의 주장은 병의 주장을 지지하는 근거로 사용될 수 있다.
→ (O) 정과 병은 모두 '난자 제공의 금전적 대가 지불'에 대해 찬성한다. 정은 난자 채취의 위험성과 고통을 언급하고[정(6)] 병은 난자 기증 과정에서의 여러 가지 부담으로 인해 보상 없이 난자 제공이 이루어지기에는 한계가 있음을 주장한다.[병(3)] 병이 주장하는 난자 기능 과정에서의 여러 가지 부담 안에는 난자 채취의 위험성과 고통이 포함된다고 볼 수 있다. 따라서 정의 주장은 병의 주장을 지지하는 근거로 사용될 수 있다.

ㄷ. 난자 제공에 대한 금전적 대가 지불에 대해서 을의 입장과 병의 입장은 양립불가능하다.
→ (O) 양립은 두 가지가 동시에 같이 성립할 수 있음을 의미한다. 해당 쟁점에 대하여 병은 난자에 대해 금전적 대가를 지불하여 불임 부부의 체외수정의 기회를 보장해주어야 한다고 주장한다.[병(4)] 그와 반대로 을은 인간의 가치는 돈으로 매겨질 수 없기에 신체 일부에 대한 상업적 거래는 불가능하다고 주장한다.[을(1), (2)] 이렇게 을과 병은 난자 제공의 상업화에 대해 상반되는 주장을 하고 있기에 동시에 성립할 수 없다.

① ㄱ → (×)
② ㄷ → (×)
③ ㄱ, ㄴ → (×)
④ ㄴ, ㄷ → (×)
⑤ ㄱ, ㄴ, ㄷ → (O)

제시문 분석

제시문 난자 제공에 대한 여러 주장

〈난자 제공에 대한 여러 주장〉

정	을
난자 채취의 고통스러운 과정과 (5) 그 위험성을 고려하여(3) 난자 기증에 대한 금전적 대가 필요	인간 본연의 가치는 숭고하기에 (1) 신체 일부에도 금전적 가치가 매겨질 수 없음.(2)

병	갑
난자 기증 과정의 여러 가지 부담으로 보상 없이 이루어지기 힘들고(3), 그것은 불임 부부가 아기를 가질 기회를 빼앗는 것(4)	인간의 성기능과 관련된 것들(난자, 정자, 대리모 등)의 상업화는 불법화 되어야 함. (2)

합격자의 실전 풀이 순서

❶ 발문을 확인해 유형을 파악한다.

다음 빈칸에 들어갈 말로 가장 적절한 것은?

발문 상 4개의 주장이 서로 이합 집산하고 있을 것을 바로 유추할 수 있다. 또한, 주장들 이외의 지문이 나올 수 있음을 염두에 둔다. 이 문제는 지문 첫 부분에서 무엇이 대립할지

알 수는 없으므로, 구태여 쟁점이나 소재 파악에 집착할 필요는 없다. 눈을 움직이는 것도 노동이다.

❷ 지문을 읽는다.

이렇게 여러 명의 주장을 분석하는 유형에서는 갑, 을, 병, 정 각각의 의견 내용을 제대로 파악하고, 서로 대립 관계 또는 공통 관계에 있는지 파악하며 읽는다. 또한, 각자 주장의 근거는 무엇인지 살펴보도록 한다. 이를 위해서는 제일 먼저 쟁점을 파악해야 한다. 왜냐하면, 쟁점을 파악해야 그에 대한 찬/반 여부가 드러나기 때문이다. (만약 드러나지 않는 글이 있다면 그건 제3의 영역으로 별도로 표시해 준다.)

이후 각각의 대화문 옆에 간략하게 찬/반 여부를 써 준다(이때 기호는 자유롭게 해도 무방하다). 이때 이 지문에 비록 나오진 않았지만 〈상업성 여부에 상관없이 전면적 금지〉하는 주장도 있을 수 있음도 생각해 볼 만하다.

이렇게 찬반여부를 쓸 때 주의할 점은 근거가 서로 다를 수 있다는 것이다. 근거가 다른 점을 고려하면 안 되고 반드시 주장 및 결론만 먼저 표시하도록 한다. 자칫하면 온건파와 과격파를 헷갈릴 수 있기 때문이다.

그 다음은 각자의 근거를 파악하는 것이다. 이때 근거는 찬/반을 하나의 묶음으로 하여 묶음별로 파악해 주도록 한다. 결론이 같다는 점은 생각보다 굉장한 이점으로 작용한다. 근거가 여러 개라면 근거 간의 관계를 맞춰보는 것도 좋다.

이 지문에서, 무엇이 주장인지 헷갈리는 지점이 있었을 것이다. 갑이 "난자 기증은 이타주의적인 이유에서만 이루어져야 한다(1)"고 주장하는 것과 달리 병이 "젊은 여성들이 자발적으로 난자를 기증하는 것을 기대하기 어렵다(2)"고 주장하는데, "기대하기 어렵다"는 것이 〈찬반 입장과 상관없이 현실적으로 불가능함〉을 의미하는 것은 아닌지 의구심이 들 수 있다. 그러나 한번 더 생각해 보자. "기대하기 어렵다"라는 말은 사실 병의 생각일 뿐이다. 결국 사실상 병은 타인의 입을 빌어서 자기주장을 하는 것에 불과하다.

❸ 선지를 판단한다.

본 유형처럼 여럿의 주장에 대한 분석을 요구하는 유형의 선지는 제시된 주장 간의 관계를 물어보는 선지로 구성될 수밖에 없다. 따라서 앞서 '합격자의 실전 풀이순서 2'에서 말한 대로 각자의 주장을 제대로 파악한 뒤 그들의 근거와 상충/유사 관계를 파악했다면 어렵지 않게 선지를 판단할 수 있다. 특히 ㄷ선지의 경우 '양립불가능'이라는 단어를 어려워하는 수험생들이 많다. 이는 양립의 뜻을 제대로 익혀두지 않았기 때문이다. '양립'이라는 것은 둘 다 참인 상황을 의미한다. 예컨대 점수를 90점 받는 것과 89점을 받는 것은 명백히 양립 불가능하다. 그러나 점수가 85~90 사이에 있는 것과 82~88 사이에 있는 것은 양립 가능하다. 85, 86, 87인 경우 가능한 것이다.

물론 숫자와 언어가 같냐고 질문할 수 있다. 그러나 1, 2, 3 등 숫자들에 저 상황들을 대입해보자. 상황 1은 난자 제공+금전 지불이며 상황 2는 난자 제공 + 금전 미지급인 것이다. 이 경우 둘 중 하나만 참이 될 수 있음을 알 수 있다.

합격자의 시간단축 Tip

Tip ❶ 쟁점을 우선적으로 파악하도록 하자.

개인의 의견을 읽기에 앞서 쟁점을 파악하는 것이 주장 간 차이점을 쉽게 하는 가장 빠른 방법이다. 본 지문에서는 '~에 대해 논란이 제기되었다.'와 같은 표지를 이용해 쟁점을 나타내고 있다. 그렇다면 이 쟁점에 대해 어떤 입장을 보이는지, 각자의 근거는 무엇인지 파악한다면 쉽고 빠르게 문제를 풀 수 있다. 설령 쟁점을 명시적으로 제시하고 있는 표지가 존재하지 않는다고 하더라도, 각자의 주장을 들으며 쟁점이 무엇인지 파악하는 것을 최우선으로 해야 한다.

Tip ❷ 명시되지 않은 의견도 있을 수 있음을 평소에 생각해 보자.

이 팁은 실전에선 쓸 수 없는 팁임을 미리 알리고 서술하겠다. 실전 풀이순서에도 적었듯이 〈상업성 여부에 상관없이 전면적 금지〉하는 의견이 있을 수 있으며 정자 기증에 대한 논의도 별도로 난자 기증 논의만큼 있을 수 있다. 또한, 갑의 주장에만 나온 대리모 관련 논의도 있을 수 있다. 공부할 때 이런 식으로 강제적 대립구조를 만들어 보면 실전에서 지문 내용을 추측할 때 굉장한 도움이 된다.

167 정답 ❷ 난이도 ●●●

문제유형 이해 > 내용 파악

접근전략 '글에서 이끌어낼 수 있는 주장이 아닌 것'을 찾는 정보 확인 문제이다. 따라서 선지를 먼저 읽고 키워드를 정한 후 지문을 읽으며 관련 정보를 찾는다. 각 문단의 주제가 뚜렷하기에, 제시문을 읽으며 구조 정리를 해둔다면 선지 판단 시 도움이 될 것이다.

다음 글에서 이끌어낼 수 있는 주장이 아닌 것은?

(1) 조선시대의 연좌제는 죄형법정주의의 원칙에 따라 시행되었다. (2) 조선시대에는 태조부터 모법(母法)으로 삼았던 『대명률』을 형법의 일반법으로 적용했는데, 이 법률에 따라 연좌제가 적용되는 죄목은 새로운 왕조를 세우려는 모반(謀反), 현재의 군주를 갈아치우려는 모대역(謀大逆), 외국과 내통하여 본국을 멸망시키려는 모반(謀叛)의 세 가지 정치적 범죄로 한정되었다. ▶1문단

(1) 연좌제의 적용을 받는 범죄의 처벌 대상은 우리가 흔히 알고 있는 것보다 훨씬 제한적이었다. (2) 우리는 흔히 3족을 멸한다는 말을 쓸 때, 3족을 친가, 외가, 처가로 이해한다. (3) 그러나 다산 정약용이 『목민심서』에서 지적한 바와 같이 이는 잘못된 것이다. (4) 『대명률』에 따르면 친족의 범위는 친가, 외가, 처가의 3족이 아닌, 아버지와 아버지의 형제를 포함하는 조족(祖族), 본인의 형제와 그 소생을 포함하는 부족(父族), 본인의 아들 및 그 소생을 가리키는 기족(己族)의 3족에 국한된다. ▶2문단

(1) 그런데 조선시대에 가장 가혹하게 연좌제가 적용된 모반(謀反)과 대역죄의 경우에도, 본인 및 공모자는 능지처사, 아버지와 16세 이상의 아들은 교수형, 16세 미만의 아들과 어머니·처첩·조손·형제자매·아들의 처첩은 노비로 삼고, 백부와 숙부, 조카들은 동거 여부를 불문하고 유배형에 처하였으나 장인의 일로 사위를 벌 주지는 않았다. (2) 또한 범죄당사자의 출가한 누이와 그 배우자 역시 연좌의 대상으로 삼지 않았다. ▶3문단

(1) 하지만 조선시대에도 사위들이 연좌제에 걸려 처벌을 받은 일이 전혀 없었던 것은 아니다. (2) 갑자사화 때 연산군은 폐비 윤씨에게 사약을 전달한 이세좌를 죽이면서 그의 사위도 유배시켰고, 곧 사사(賜死)했다. (3) 또한 중종 반정 이후 연산군의 매부로 좌의정이었던 신수근을 죽이면서 그의 사위 역시 멀리 귀양을 보냈다. (4) 이처럼 법 규정을 넘어 연좌의 대상이 확대되는 일이 벌어지기도 했다. ▶4문단

① 조선시대에는 3족의 범위에 장인이나 사위가 포함되지 않았다.
→ (○) 조선시대의 태조부터 모법으로 삼았던 『대명률』에 따르면 3족의 범위는 아버지와 아버지의 형제인 조족, 본인의 형제와 그 소생인 부족, 그리고 본인의 아들 및 그 소생인 기족에 국한된다.[2문단(4)] 따라서 해당 범위에는 혼인 관계로 엮이는 장인이나 사위가 포함되지 않는다.

② 조선시대에 대역죄인의 기족에게 적용된 형벌의 종류는 동일했다.
→ (×) 『대명률』에 따르면 기족은 본인의 아들 및 그 소생을 가리키는 말이다.[2문단(4)] 하지만 조선시대에 모반과 대역죄의 경우 연좌제를 적용할 때 16세 이상의 아들은 교수형에, 16세 미만의 아들과 그 소생은 노비로 삼는 것처럼 다른 종류의 형벌을 내렸다.[3문단(1)]

③ 조선시대 법률체계에서 대역죄인의 출가한 여동생은 연좌의 적용 대상이 아니었다.
→ (○) 『대명률』에 따르면 연좌의 적용 대상에서는 범죄당사자의 출가한 누이와 그 배우자는 배제되었다.[3문단(2)]

④ 친형수가 아들을 출산해 나에게 조카가 생겼을 때, 이 조카는 나에게 부족에 해당한다.
→ (○) 『대명률』에 따르면 부족의 범위는 본인의 형제와 그 소생을 포함한다.[2문단(4)] 친형수의 아들은 곧 나의 형제의 아들이므로, 그 조카는 나에게 부족에 해당한다.

⑤ 조선시대에 모반(謀反)죄를 범했을 경우 처벌이 본인과 그 3족에만 국한된 것은 아니었다.
→ (○) 연좌의 대상이 법 규정에 따른 3족을 넘어 그 적용 범위가 확대되는 일이 발생하기도 했다.[4문단(4)] 예를 들어, 갑자사화 때는 연산군은 이세좌를 죽이며 그 사위도 유배시켰고 곧 사약을 내렸다.[4문단(2)] 또한, 중종반정 이후 연산군의 매부로 좌의정이었던 신수근을 죽이며 그 사위 역시 멀리 귀양을 보내기도 하였다.[4문단(3)] 이는 모반의 처벌 대상에 사위가 포함되지 않는다는 규정[3문단(1)]보다 확대된 것이다.

제시문 분석

1문단 연좌제 적용 죄목의 범위

〈조선시대의 연좌제〉
조선시대에는 태조부터 모법(母法)으로 삼았던 『대명률』에 따라 연좌제가 적용되는 죄목은 다음 세 가지 정치적 범죄로 한정되었다(2)

〈연좌제가 적용되는 범죄〉				
모반(謀反)		모대역(謀大逆)		모반(謀叛)
새로운 왕조를 세우려는 죄목(2)	⊕	현재 군주를 갈아치우려는 죄목(2)	⊕	외국과 내통하여 본국을 멸망시키려는 죄목(2)

2문단 연좌제 처벌 대상의 범위

〈3족에 대한 오해〉		〈3족에 대한 올바른 이해〉
우리는 흔히 3족을 멸한다는 말을 쓸 때, 3족을 친가, 외가, 처가로 이해한다(2)	→	연좌제의 적용을 받는 범죄의 처벌 대상은 우리가 흔히 알고 있는 것보다 훨씬 제한적으로 조족, 부족, 기족이 있다(1)

〈3족의 범위〉				
조족(祖族)		부족(父族)		기족(己族)
아버지와 아버지의 형제(4)	⊕	본인의 형제와 그 소생(4)	⊕	본인의 아들 및 그 소생(4)

3문단 연좌제 적용 사례

〈모반과 대역죄의 경우〉	
〈대상〉	〈처벌〉
본인 및 공모자	능지처사(1)
아버지와 16세 이상의 아들	교수형(1)
16세 미만의 아들과 어머니·처첩·조손·형제자매·아들의 처첩	노비(1)
백부와 숙부, 조카들	유배형(1)

↕

사위 출가한 누이와 그 배우자	연좌의 대상이 아님. 즉, 처벌받지 않음(2)

4문단 연좌제 확대적용 사례

〈이세좌 사례〉		〈신수근 사례〉		〈예외〉
갑자사화 때 연산군은 폐비 윤씨에게 사약을 전달한 이세좌를 죽이면서 그의 사위도 유배시켰고, 곧 사사(賜死)했다.(2)	⊕	또한 중종 반정 이후 연산군의 매부로 좌의정이었던 신수근을 죽이면서 그의 사위 역시 멀리 귀양을 보냈다.(3)	→	이처럼 법 규정을 넘어 연좌의 대상이 확대되는 일이 벌어지기도 했다.(4)

합격자의 실전 풀이 순서

❶ 발문 확인 및 문제 유형 판단하기

발문을 확인한 결과, '글에서 이끌어 낼 수 있는 주장이 아닌 것'을 찾는 정보확인 문제이다. 앞서 언급하였듯이 2013년과 같이 예전에 출제된 문제의 경우 발문의 형태가 최근 기출문제와 다름을 언급한 바 있다. 본 문제의 경우, 최근에 출제된다면 '다음 글에서 알 수 없는 것은?'의 발문으로 출제될 것으로 예상된다. 알 수 없는 것을 고르는 문제는 추론할 수 없는 것을 고르는 문제와 같다. 해당 유형은 제시문 내용과 부합하지 않거나 그로부터 추론 불가능한 선지가 정답이 되며, 제시문 내용과 일치하거나 그로부터 추론할 수 있는 선지가 오답이 된다. 또한, 본 문제와 같이 제시문에서 도출할 수 없는 선지를 골라야 하는 경우, 발문의 '아닌'이라는 단어에 크게, 혹은 선지 옆에 'X' 등으로 표시함으로써 발문 오독으로 인한 실수를 방지한다.

정보확인유형을 푸는 방법으로는 크게 선지를 먼저 읽고 제시문에서 선지의 내용을 찾는 방법과 제시문을 간략히 읽은 후 선지를 판단하는 방법 두 가지로 나뉜다. 첫 번째 방법은 선지로부터 키워드를 찾고, 키워드를 제시문에서 찾아가는 방식이다. 두 번째 방법은 제시문의 구조와 선지에서 나올만한 중요한 내용을 파악하며 1분에서 2분 사이 내에 제시문을 읽은 후 선지를 판단하는 방식이다. 이하에서는 두 가지 방법을 모두 활용하여 본 문제를 해결해보겠다.

2-1 선지부터 읽고 제시문 독해

(1) 선지를 읽고, 키워드 도출

선지를 먼저 읽고 어떤 키워드를 중심으로 글을 읽어야 하는지 파악한다. 키워드의 예시는 다음과 같다.
① 3족의 범위
② 대역죄인의 가족, 형벌
③ 대역죄인의 출가한 여동생, 연좌
④ 친형수, 조카, 부족
⑤ 모반죄, 3족, 국한
선지를 통해 본 지문에서 형벌 및 연좌제의 범위에 대해 다루고 있음을 알 수 있다. '조선시대'라는 시대 표현이 등장하지만, 나머지 시대에 대해 언급하고 있지 않으므로 시간의 흐름을 다루지 않음을 판단할 수 있다.

(2) 제시문 독해 및 선지 판단하기
첫 번째 방법으로 본 문제를 풀기 위해서는 제시문을 읽으며 선지에서 요구하는 정보가 나오면 해당 선지를 해결하는 방식으로 푼다. 제시문은 조선 시대에서 연좌제가 적용되는 죄목, 연좌제의 적용을 받는 범죄의 처벌 대상과 그 범위를 설명하고 있다.
구체적으로 1문단에서는 대명률에 따라 연좌제가 적용되는 죄목을 세 가지 정치적 범죄로 한정하였음을 서술한다. 2문단에서는 연좌제의 적용을 받는 3족의 범위를 조족, 부족, 기족에 국한됨을 언급하였다. 따라서 3족의 범위에 대한 정보를 요구하는 ①번 선지와 '부족'이라는 키워드가 존재하는 ④번 선지의 정오를 판단할 수 있다. 장인이나 사위는 조족, 부족, 기족에 포함되지 않고, 친형수의 아들은 본인 형제의 소생이므로 부족이다. 따라서 ①, ④는 옳다. 3문단에서는 실제 처벌 과정에서 연좌 대상 범위가 축소되었음을 설명한다. 따라서 대역죄인의 기족에게 동일한 형벌을 가했다는 ②번이 틀렸음을 알 수 있다. 또한, '출가한 여동생'은 연좌의 대상이 아니라고 언급하고 있는 ③번 선지에 관한 정보 역시 해당 문단에서 찾을 수 있다.
4문단은 반대로 연좌의 대상 범위가 확대된 경우를 다룬다. ⑤번 선지는 연좌가 3족이 아닌 사람에게도 적용된 경우에 대한 내용이다. 3족이 아닌 사위가 연좌제에 따라 처벌되었다는 4문단의 사례를 통해 ⑤번 선지가 옳음을 알 수 있다.

2-2 제시문을 먼저 읽고 선지 판단

(1) 제시문 독해
두 번째 방법을 본 문제를 풀 때는 첫 번째 방법과 달리 선지를 읽는 단계를 생략할 수 있으므로 제시문을 첫 번째 방법보다 꼼꼼히 읽을 수 있다. 따라서 선지에서 물어볼 만한 중요 표현들에 표시하며 제시문을 독해한다. 정보확인유형에서 병렬적인 대상을 구분하고 있는 경우, 그리고 예외적 상황이 제시되는 경우 이에 대해 선지에서 물을 확률이 높음을 명시할 필요가 있다. 본 문제의 경우 1문단 (2), 2문단 (4), 3문단 (1)에서 각각 죄목, 친족의 범위, 가족 별로 겪게 되는 형벌이 나열되어 있다. 이처럼 병렬적인 대상이 나열되는 경우, 괄호와 숫자를 활용하여 시각적으로 구분해둘 필요가 있다. 또한, 3문단 (1) 문장 마지막 부분과 (2) 문장에서 사위와 출가한 누이와 그 배우자는 다른 가족들과 달리 연좌의 대상에서 예외적으로 배제됨이 언급되어 있다. 4문단에는 이와 같은 원칙의 예외로서 조선시대에는 사위가 처벌을 받은 적이 있음을 소개하고 있다. 이처럼 특정 부분을 짚어서 예외임을 지적해주는 부분이 있다면 선지에서 반드시 물어본다고 생각하고 시각적 표시를 해두는 것이 좋다.

(2) 선지 판단
제시문을 독해한 후 선지를 내려가 보면, 선지에 나올 것으로 예상하여 시각적으로 표시해둔 부분에서 선지가 출제되었음을 알 수 있다. ①번과 ④번 선지는 2문단 (4)의 친족의 범위에 그 근거를 찾을 수 있다. ②번 선지의 경우 3문단 (1)의 가족 별로 겪게 되는 형벌의 종류에 근거가 있다. 이처럼 병렬적인 대상이 나열되는 경우 활용한 선지가 자주 나옴을 알 수 있다. ③번 선지는 3문단 (2)의 출가한 누이의 사례가, ⑤번 선지는 4문단의 사위가 처벌을 받은 사례가 활용되었다. 역시 제시문에서 예외적 상황을 제시하는 경우 선지에서 이를 주로 묻는다는 점을 알 수 있다. 이처럼 선지에서 나올만한 표현을 표시해두며 제시문을 읽으면 문제 풀이 속도가 빨라질 수 있다.

합격자의 시간단축 Tip

Tip ❶ 선지의 키워드를 중심으로 읽자.
해당 문제는 글에서 이끌어 낼 수 있는 주장이 아닌 것을 묻고 있다. 즉, 네 개의 선지는 옳은 내용이다. 옳은 선지에서 얻을 수 있는 정보가 많을 것이므로 선지를 먼저 읽는 전략을 택하는 것이 유리하다. 선지를 통해 제시문 독해 시 어떤 내용을 중심으로 읽어야 하는지 판단한다. 각 문단에서 다루고 있는 주제가 명확하므로 선지의 키워드를 제시문에서 찾으며 독해한다. 제시문을 끝까지 읽은 후 선지를 판단해도 되지만, 시간 단축을 위해 제시문을 읽으며 정답을 찾는 것을 추천한다.

Tip ❷ 역접 접속사와 부정하는 내용에 주목하자
'그런데', '하지만' 등 역접 접속사와 부정하는 내용의 지문은 선지로 자주 등장한다. 따라서 독해 시 이러한 부분에 주의하여 읽는 것이 좋다. 이러한 역접 접속사 뒤에 나오는 문장에 주목해야 하는 이유는, 일반적인 사회적 신념이나 일부 주장을 먼저 제시한 후 이를 반박함으로써 글쓴이의 주장을 강조하는 글이 많기 때문이다. 즉, 역접 접속사 뒤에 중요 문장이 나올 확률이 높다. 문제의 경우 3문단과 4문단은 앞의 내용에 반하는 내용으로 전개된다. 3문단의 '그런데' 이하는 선지②로 등장하여 정답이었고, 4문단의 '하지만' 이하의 부정하는 내용은 선지⑤에 등장하였다.

Tip ❸ 선지에 나올 만한 내용에 주목
제시문을 먼저 읽는 두 번째 방법으로 정보확인유형을 풀 경우, 제시문의 내용을 단지 수용하는 단계에서 나아가 선지에 나올 만한 내용을 적극적으로 모색하며 제시문을 독해해야 한다. 주로 선지에서 자주 나오는 내용으로는, 두 대상의 공통점과 차이점, 인과관계, 두 대상의 성능 및 효과 비교, 접속어로 시작하는 문장의 주요 내용, '반드시', '필수적'과 같은 표현으로 강조되는 내용, 숫자의 응용, 예외적 사례로서 제시되는 내용, 시간의 흐름에 따른 변화 등이 있다. 다양한 정보확인문제를 통해 선지에서 주로 묻는 내용이 무엇인지 정리한 뒤, 제시문에서 선지에 나올만한 내용을 미리 파악하며 읽는 습관을 들이자.

168 정답 ④ 난이도 ●●●

문제유형 논리적 비판 > 논증의 강화 및 약화
접근전략 특정 쟁점에 대해 다섯 명의 논증을 열거한 후, 각 인물의 견해를 비교하는 문제이다. 구체적으로 한 인물의 주장이 특정인의 논지를 강화하는지 또는 약화하는지를 묻고 있으므로, 주장 간의 관계를 정리해두는 것을 추천한다. 예를 들어 해당 지문은 쟁점에 대해 부정하는 견해/긍정하는 견해, 긍정·부정 모두 하지 않는 견해로 나뉘어 서로 대립하고 있다. 제시문을 읽으며 이를 구분한다면 선지 판단에 들이는 시간을 단축할 수 있다.

갑~무가 A팀의 조사를 바탕으로 펼치는 논증에 대한 평가로 적절하지 않은 것은?

갑: (1) 최신 연구에 의하면 유기농 식품이 건강에 별 도움이 되지 않는다고 한다. (2) A팀은 유기농 식품과 일반 식품을 비교하는 약 200개의 논문을 조사하였다. (3) 이 중에는 임신 중 유기농 식품 섭취가 신생아의 아토피 피부염이나 다른 알레르기 질환을 유발한다는 조사 결과가 있었다. (4) 어떤 연구는 유기농 식품 섭취가 오히려 특정 박테리아의 감염 가능성을 높인다고 보고한다. (5) 따라서 유기농 식품이 건강에 별 도움이 되지 않는다는 A팀의 결론은 매우 설득력이 있다.

을: (6) 유기농 식품이 건강에 이롭다는 결정적인 증거는 부족할지 모른다. (7) 하지만 갑이 제시한 증거는 유기농 식품의 유해성에 관한 것이다. (8) 또한 A팀이 검토한 연구는 2년 이하의 짧은 기간 동안 섭취한 유기농 식품의 영향을 대상으로 한다. (9) 2년은 건강에 대한 전체적인 영향을 평가하기에는 충분하지 않다. (10) 따라서 유기농 식품이 유익한 것이 아니라고 결론짓는 것은 성급하다.

병: (11) 유기농 식품이 특별히 유익한 것은 아니라는 다른 증거도 있다. (12) A팀이 조사한 논문 중 상당수는 잔류 농약 성분의 수준에 관한 것이었다. (13) 이 조사에서 유기농 식품의 잔류 농약 성분 수준이 일반 식품의 그것에 비해 상대적으로 낮은 것으로 나타났지만 A팀은 이 차이에 의미를 부여하지 않았고, 그것은 올바른 판단이었다. (14) 그 이유는 일반 식품 또한 잔류 농약 기준치를 넘지 않았고 기준치 이하에서는 두 식품의 인체에 대한 유해성을 논하는 것이 무의미하기 때문이다.

정: (15) 유해성 여부만으로 결론을 내리는 것은 여전히 성급하다. (16) 유기농 식품의 영양소에 대해서도 따져봐야 한다. (17) 유기농 식품에 관련된 많은 연구들이 유기농 식품이 비타민 같은 영양소를 더 많이 가진다고 한다. (18) 유해성에 대한 연구들의 한계와 영양소 측면을 종합적으로 고려할 때, 유기농 식품은 건강에 도움이 된다고 할 수 있다.

무: (19) A팀이 검토한 어떤 연구는 일반 토마토보다 유기농 토마토에서 더 많은 잔류 항생제가 검출되므로 유기농 토마토가 오히려 유해하다고 한다. (20) 하지만 다른 곡물과 채소에 대한 보다 광범위한 연구들이 갑, 을, 병, 정이 언급했던 연구들과 반드시 일치하는 것은 아니다. (21) 이렇듯 유기농 식품에 관한 연구 결과가 엇갈리는 이유는 유기농 농사 방법뿐 아니라 유전적 다양성, 토질, 기타 환경 등 다양한 요소들이 농산물에 영향을 주기 때문이다. (22) 따라서 유기농이냐 아니냐를 건강에 더 좋은 식품이냐 아니냐를 결정하는 단일한 기준으로 삼을 수는 없다.

① 을의 논증은 갑의 논지를 약화한다.
→ (○) 을은 갑이 제시한 근거와 활용한 연구가 유기농 식품의 유해성에 대해 말하고 있으며, A팀 연구의 섭취 기간을 근거 삼아 유기농 식품이 유익하지 않다는 결론을 짓는 데 불충분하다고 말한다(10). 따라서 을은 유기농 식품이 건강에 도움이 되지 않는다고 주장하는 갑의 주장이 성급한 결정이라고 주장하며 논지를 약화한다.

② 병의 논증은 갑의 논지를 강화한다.
→ (○) 갑은 유기농 식품이 건강에 별 도움이 되지 않는다는 A팀의 결론에 동의한다(5). 병 역시 유기농 식품이 특별히 유익한 것이 아니라는 잔류 농약 성분의 수준에 관한 증거를 제시하며(12), A팀의 판단을 긍정하고 있다. 따라서 병은 갑의 논지를 강화하고 있음을 확인할 수 있다.

③ 정의 논증은 병이 간과한 측면을 지적한다.
→ (○) 병은 유기농 식품과 일반 식품의 잔류 농약 성분 수준이 모두 기준치 아래로 유해성의 측면에서 실질적으로 다르지 않다고 주장한다(14). 이에 대해 정은 유기농 식품의 유해성 여부만이 아니라 영양소에 대해서도 고려해야 하며(15), 그 결과 유기농 식품이 일반 식품보다 영양소가 더 많아 건강에 도움이 된다고 한다(18). 따라서 정은 병이 간과한 식품의 영양소의 측면을 지적했음을 확인할 수 있다.

④ 무의 논증은 갑과 병의 논지를 강화한다.
→ (×) 갑과 병은 모두 유기농 식품은 건강에 도움이 되지 않는다고 주장한다. 하지만 무는 유기농 식품인가, 아닌가가 건강에 좋은 식품인지를 결정하는 단일한 기준이 되지 못하며 유전적 다양성, 토질, 기타 환경 등 다양한 요소를 따져봐야 한다고 주장한다(22). 따라서 무의 논증은 갑과 병의 논지를 약화한다.

⑤ 무의 논증은 정의 논지를 약화한다.
→ (○) 정은 유해성에 대한 연구들의 한계를 지적하며 영양소 측면을 고려할 때 유기농 식품이 건강에 도움이 된다고 말한다(18). 하지만 무는 어떤 식품이 유기농인지, 아닌지가 건강에 유익한 식품인지, 아닌지를 결정하는 단일한 기준이 되지 못한다고 주장하므로(22), 정의 논지를 약화한다.

제시문 분석

제시문 유기농 식품이 건강에 유익한가에 대한 갑~무의 주장

〈A팀의 결론〉
유기농 식품이 건강에 이롭지 않다(1)

〈유기농 식품에 대한 찬반〉			
		주장	근거
찬성	을	유기농 식품이 유익한 것이 아니라고 결론짓는 것은 성급하다.(10)	• 갑의 증거는 '유기농 식품의 유해성'과 관련(7) • A팀이 검토한 연구 대상의 유기농식품 섭취 기간은 충분하지 않다.(9)
찬성	정	유해성에 대한 연구들의 한계와 영양소 측면을 종합적으로 고려할 때, 유기농 식품은 건강에 도움이 된다고 할 수 있다.(18)	• 유기농 식품에 관련된 많은 연구들이 유기농 식품이 비타민 같은 영양소를 더 많이 가진다고 한다.(17)
반대	갑	유기농 식품이 건강에 별 도움이 되지 않는다는 A팀의 결론은 매우 설득력이 있다.(5)	• 신생아의 아토피 피부염이나 다른 알레르기 질환 유발(3) • 특정 박테리아의 감염 가능성 높임(4)
반대	병	유기농 식품이 특별히 유익한 것은 아니라는 다른 증거도 있다.(11)	• 잔류 농약 기준치 이하에서는 일반식품과 유기농 식품의 인체에 대한 유해성을 논하는 것은 무의미(14)

해설편 12일차 • 의사소통능력

기타	무	유기농이냐 아니냐를 건강에 더 좋은 식품이냐 아니냐를 결정하는 단일한 기준으로 삼을 수는 없다.(22)	• 유기농 식품에 관한 연구 결과가 엇갈리는 이유는 유기농 농사 방법뿐 아니라 유전적 다양성, 토질, 기타 환경 등 다양한 요소들이 농산물에 영향을 주기 때문이다.(21)

합격자의 실전 풀이 순서

❶ 발문 확인 및 문제 유형 판단하기

발문은 A팀의 조사에 대한 갑~무의 논증에 대한 평가를 묻고 있다. 발문과 제시문, 선지의 형태를 파악한 결과, 본 문제는 견해파악유형과 강화약화유형이 결합한 문제임을 알 수 있다. 따라서 본 문제를 풀 때도 해당 유형들을 푸는 방법을 결합하여야 한다.

먼저 견해파악유형은 제시문을 제시한 후, 제시문의 핵심 주장·내용을 선지에서 고르도록 하는 문제들을 말한다. 이 유형은 각 견해의 특징을 잡아내고, 신속·정확하게 비교하는 작업을 요구한다. 견해파악유형을 풀 때는 각 주장을 읽은 후 해당 주장과 관련된 선지부터 푼다. 이어서 강화약화유형은 제시문 간 지지 또는 반박 관계를 파악하는 문제들을 말한다. 강화약화유형을 풀 때는 강화 또는 약화의 대상이 무엇인지 명확히 밝힌 후, 선지의 내용이 대상의 내용과 일치하는지 또는 대상으로부터 추론 가능한지를 판단한다. 본 문제의 경우 갑~무의 논증이 강화약화의 대상이 되는데, 이처럼 하나의 논증이 통으로 강화약화의 대상이 되는 경우 주제문을 찾아야 한다. 위 내용을 결합해보면, 먼저 제시문을 갑~무의 주장 별로 주제문을 찾으며 읽은 후, 해당 주장과 관련된 선지를 먼저 해결하며 본 문제를 푼다. 또한, 발문의 '않은'이나 선지 옆에 'X' 표시 등을 해두어 발문을 잘못 읽는 실수를 방지한다.

❷ 제시문 독해하기

본 제시문을 독해 시 주의해야 할 점으로 세 가지가 있다. 첫째, 본 문제의 제시문을 읽을 때는 각 견해의 논지를 파악하며 읽고, 견해별로 해당 견해와 관련된 선지를 바로 판단하는 것이 좋다. 예컨대 갑과 을의 주장을 읽은 후, 이들에 내용을 다루고 있는 ①, ②번 선지를 먼저 해결한다. 둘째, 강화약화의 대상으로서 주장별 논지를 파악할 때는 첫 문장과 마지막 문장, 그리고 '하지만', '따라서' 등의 접속어로 시작하는 문장에 주목할 필요가 있다. 마지막으로, 갑~병의 견해가 주요 주장과 그 주장에 대한 근거로 구성되므로 해당 구조를 인지하며 견해를 읽는 것이 좋다.

갑의 주요 주장은 '따라서'로 시작하는 마지막 문장인 (5) 문장에 있다. 즉, 갑은 유기농 식품이 건강에 별 도움이 되지 않는다고 주장하고 있으며, 그에 대한 근거를 A팀의 조사에서 찾고 있다.

을의 주요 주장 역시 '따라서'로 시작하는 마지막 문장에 있다. (10) 문장을 읽어보면 을은 유기농 식품이 유익한 것이 아니라고 결론짓는 것은 성급하다고 보고 있으며, 그에 대한 근거는 A팀의 조사에서 찾고 있다.

병의 주요 주장은 첫 문장인 (11) 문장에 있다. 병은 유기농 식품이 특별히 유익하지 않다고 주장하고 있으며, 그에 대한 근거는 A팀의 조사를 언급하며 해당 주장을 뒷받침하고 있다.

정은 주요 주장은 마지막 문장인 (18)에 있다. 정은 유해성에 대한 연구의 한계와 영양소 측면을 고려할 때 유기농 식품은 건강에 도움이 된다고 주장하고 있으며, 그 근거는 (17) 문장의 '많은 연구들'에서 찾고 있다.

마지막으로 무의 주장은 '따라서'로 시작하는 마지막 문장인 (22)에 있다. 무는 유기농이냐 아니냐를 건강에 좋은 식품인지 여부를 결정하는 단일한 기준이 될 수 없다고 주장하며, 그 근거는 (20) 문장의 '곡물과 채소에 대한 보다 광범위한 연구들'에서 찾고 있다.

제시문을 독해한 결과, '유기농 식품이 건강에 도움이 되는가?'라는 쟁점에 대한 갑~무의 견해를 알 수 있다. 갑과 병은 부정하고 있으며 을과 정은 긍정하고 있다. 무는 긍정·부정 모두 하지 않았다는 것이 특징이다. 또한, 각 인물의 견해 대립의 구도가 명확하므로 시각적으로 기호를 표시하는 것도 선지 판단에 도움이 될 수 있다. 각 인물의 견해를 정리했다면 선지를 판단한다.

❸ 선지 판단하기

해당 문제는 일반적인 강화·약화 유형처럼 제시문이 다루는 대상에 대한 설명을 강화·약화하는 선지를 고르는 것이 아니라, 인물별 견해를 비교하는 것을 요구한다. 따라서 지문을 읽으며 각 인물이 주장한 바를 통해 선지를 판단한다. 이때 선지에서 강화 또는 약화의 의미는 다음과 같다.

(1) 대상을 강화함

대상과 합치하거나, 동일한 내용인 경우를 말한다.

(2) 대상을 약화함

대상의 반례에 해당하거나 상충되는 내용을 말한다.

갑, 병의 의견과 을, 정의 의견은 서로 상충하므로 ①, ②는 옳다.

무의 견해는 갑, 을, 병, 정 모두와 상충하므로 ④는 옳지 않고, ⑤는 옳다.

③의 경우 병과 정의 견해가 상충하지만 이것만으로 옳다고 판단할 수는 없다. 정의 논증이 병이 '간과한 측면'을 지적하였는지도 확인하여야 한다. 병은 유해성 측면에서 유의미한 차이가 없음을 근거로 A팀의 조사 결과를 지지하지만, 정은 유해성 여부만으로 결론을 내리는 것을 성급하다고 지적한다. 따라서 ③도 옳다.

합격자의 시간단축 Tip

Tip ❶ 인물의 논지가 드러난 부분에 표시한다.

제시문은 특정 쟁점에 대해 인물들의 견해를 소개하고 있으며 이들 간 관계를 파악하는 것이 문제이다. 따라서 제시문을 읽으며 인물들이 주장한 내용을 정리한 후 선지를 판단한다. 해당 문제의 경우 문단이 구분되어 있어 인물의 주장을 한눈에 파악하기 쉬웠다. 하지만 인물 간 대화로 구성된 지문이 주어질 때는 대사가 번갈아 가며 나오므로, 특정 인물의 주장이 명시되는 부분을 찾기 어렵다. 따라서 인물의 논지가 드러난 부분에 표시하는 것을 습관화하여 선지 판단 시 시간을 단축하도록 한다.

Tip ❷ 논지 간 관계를 쟁점에 대해 간단하게 구분한다.

해당 지문은 유기농 식품이 건강에 도움이 되는지에 대한 갑~무의 의견을 열거하고 있다. 이때 갑과 병은 건강에 도움이 되지 않는다고 주장하고, 을과 정은 건강에 도움이 된다고 언급하였다. 또한, 무는 유기농인지 아닌지는 건강에 대한 단일한 기준이 될 수 없다고 하며 쟁점에 대해 중립적인 입장을 취한다. 즉, 다섯 명의 견해는 크게 쟁점에 부정하는 인물(갑, 병)/긍정하는 인물(을, 정)/긍정·부정 모두 하지 않은 인물(무)로 구분할 수 있다. 제시문을 읽으며 쟁점이 무엇인지 파악한 후, 간단하게 정리해둔다면 빠르게 정답을 찾을 수 있다. 이때 기호를 활용하여 견해를 구분하는 것도 도움이 된다. 예컨대 A팀의 결론에 동의하는 갑과 병에게는 ○을, 동의하지 않는 을과 정에게는 △을, 중립적인 무에게는 □을 표시해둘 수 있다.

(인물별 논지, 근거 및 상호관계 표시의 예)

갑 최신 연구에 의하면 유기농 식품이 건강에 별 도움이 되지 않는다고 한다. A팀은 … 다른 알레르기 질환을 유발한다는 조사 결과 … 특정 박테리아의 감염 가능성을 높인다고 보고한다. 따라서 유기농 식품이 건강에 별 도움이 되지 않는다는 A팀의 결론은 매우 설득력이 있다. 을 … 하지만 갑이 제시한 증거는 유기농 식품의 유해성에 관한 것이다. 또한 A팀이 검토한 연구는 2년 이하의 짧은 기간 … 전체적인 영향을 평가하기에는 충분하지 않다. 따라서 유기농 식품이 유익한 것이 아니라고 결론짓는 것은 성급하다. 병 유기농 식품이 특별히 유익한 것은 아니라는 다른 증거도 있다. A팀이 조사한 논문 중 … 유기농 식품의 잔류 농약 성분 수준이 일반 식품의 그것에 비해 상대적으로 낮은 것으로 나타났지만 A팀은 이 차이에 의미를 부여하지 않았고, 그것은 올바른 판단이었다. 그 이유는 일반 식품 또한 잔류 농약 기준치를 넘지 않았고 기준치 이하에서는 두 식품의 인체에 대한 유해성을 논하는 것이 무의미하기 때문이다. 정 유해성 여부만으로 결론을 내리는 것은 여전히 성급하다. … 유기농 식품이 비타민 같은 영양소를 더 많이 가진다고 한다. 유해성에 대한 연구들의 한계와 영양소 측면을 종합적으로 고려할 때, 유기농 식품은 건강에 도움이 된다고 할 수 있다. 무 … 다른 곡물과 채소에 대한 보다 광범위한 연구들이 갑, 을, 병, 정이 언급했던 연구들과 반드시 일치하는 것은 아니다. … 따라서 유기농이냐 아니냐를 건강에 더 좋은 식품이냐 아니냐를 결정하는 단일한 기준으로 삼을 수는 없다.

Tip ❸ 하나의 주장을 읽고 이와 관련된 선지부터 해결

제시문에서 2개 이상의 주장이 제시되는 경우, 하나의 주장을 읽고 해당 주장과 관련된 선지부터 풀고 넘어가는 것이 좋다. 여러 개의 주장을 읽는 경우 앞부분의 주장이 어떠한 내용이었는지 까먹어서 제시문을 다시 읽게 될 가능성이 크기 때문이다. 또한, 맨 처음 제시된 주장만을 읽고 정답을 빠르게 찾을 수 있는 행운이 있을 수 있다. 따라서 견해파악유형을 풀 경우, 주장 하나를 읽고 해당 주장과 관련된 선지부터 해결하는 습관을 들이는 것이 좋다. 예컨대 본 문제의 경우 갑, 을, 병의 주장을 읽고 ①, ②번 선지를 먼저 푼다.

169 정답 ⑤

난이도 ●●○

문제유형 이해 > 개념의 파악

접근전략 제시문은 건축물에서 쓰이는 기법 두 가지, '귀솟음 기법'과 '안쏠림 기법'을 소개한다. 예를 들어 어떤 착시현상을 교정하기 위해 어떤 기법이 사용되는지, 그리고 구조적 안정성에 대해서는 어떤 역할을 하는지 등을 제시한다. 이처럼 낯선 개념이 다수 등장하는 만큼, 해당 기법의 원리 자체를 충분히 이해하며 둘을 비교·대조하는 문제에 접근해야 한다.

다음 글의 ㉠과 ㉡을 비교 설명한 것으로 옳지 않은 것은?

(1) 목조 건축물에서 지붕의 하중을 떠받치고 있는 수직 부재(部材)는 기둥이다. (2) 이 기둥이 안정되게 수직 방향으로 서 있도록 기둥과 기둥의 상부 사이에 설치하는 수평 부재를 창방이라고 한다. (3) 이 때, 기둥을 연결한 창방들이 만들어내는 수평선은 눈높이보다 높은 곳에 위치하고 있어 양쪽 끝이 아래로 처져 보이는 착시 현상이 발생한다. (4) 이러한 착시 현상을 교정하기 위해 건물의 중앙에서 양쪽 끝으로 가면서 기둥이 점차 높아지도록 만드는데, 이것을 ㉠ 귀솟음 기법이라고 한다. ▶ 1문단

(1) 귀솟음 기법은 착시 현상을 교정하는 효과 외에 구조적인 측면에서의 장점도 지닌다. (2) 전통 구조물의 일반적인 지붕 형태인 팔작지붕의 경우, 건물 끝부분의 기둥이 건물 중간에 위치한 기둥보다 지붕의 하중을 더 많이 받게 된다. (3) 건물 끝부분 기둥이 오랫동안 지속적으로 많은 하중을 받으면 중간 기둥보다 더 많이 침하되는 부동(不同) 침하 현상이 발생하기도 한다. (4) 귀솟음 기법은 부동 침하 현상에 의한 구조적 변형에도 끝기둥이 중간 기둥보다 높거나 동일한 높이를 유지할 수 있는 장점을 가지고 있다. ▶ 2문단

(1) 한편 일렬로 늘어선 기둥의 수직선 때문에 건물의 좌우 끝으로 가면서 건물의 상부가 바깥으로 벌어져 보이는 착시 현상이 발생한다. (2) 이러한 현상을 교정하기 위해 좌우 끝기둥의 상부를 건물의 중앙 쪽으로 기울어지게 하는 ㉡ 안쏠림 기법을 사용하기도 한다. (3) 그러나 단층 건물에서 안쏠림 기법은 귀솟음 기법과 달리 착시 현상을 교정하는 효과는 그리 크지 않다. (4) 왜냐하면 단층 건물의 기둥 높이가 건물 앞면의 수평 길이에 비해 상대적으로 짧아서 착시 현상이 느껴지지 않기 때문이다. (5) 하지만 층수가 많은 중층 구조에는 안쏠림 기법을 두는 경우가 많은데, 이는 끝기둥에 안쏠림 기법을 사용하면 건물의 무게 중심을 아래로 낮출 수 있기 때문이다. (6) 중층 건물에서 안쏠림 기법은 시각적인 효과뿐만 아니라 건물의 구조적 안정성을 실현하는 데도 중요한 역할을 한다. ▶ 3문단

※ ㉠ 귀솟음 기법, ㉡ 안쏠림 기법

① ㉠과 ㉡은 착시 현상을 교정하는 기법이다.
→ (O) ㉠은 수평부재인 창방들이 눈높이보다 높은 상부에서 만드는 수평선으로 인해 양쪽 끝이 내려가 보이는 착시현상을[1문단(3)], ㉡은 평행하게 세워진 기둥들의 상부가 바깥으로 벌어져 보이는 착시현상을 교정하는 기법이다.[3문단(2)]

② ㉠과 ㉡이 적용되는 부재는 모두 수직 부재이다.
→ (O) 제시문에서 목조 건축물에 쓰이는 수직 부재로 소개하는 것은 기둥이다.[1문단(1)] ㉠은 건물 중앙에서 양쪽 끝으로 갈수록 기둥의 높이를 조절하는 것이고[1문단(4)], ㉡은 양쪽 끝기둥의 기울기를 조절하는 방법이다.[3문단(2)] 따라서 해당 기법들을 사용하는 부재는 모두 기둥으로 수직 부재에 해당한다.

③ ㉠과 ㉡은 건축물의 구조적인 안정을 가능케 한다.
→ (O) ㉠은 부동 침하 현상으로 인한 구조적 변형을 최소화하여 건축물의 구조적 안정성에 이바지한다.[2문단(4)] 또한 ㉡은 끝기둥을 삼각대처럼 상부에 비해 하부가 바깥쪽으로 벌어져 있는 형태로 만들어 건물의 무게 중심을 아래로 낮추므로[3문단(5)], ㉠과 ㉡ 모두 구조적 안정성을 도모하는 기법임을 알 수 있다.[3문단(6)] 더하여 '구조적인 측면에서의 장점'[2문단(1)], '건물의 구조적 안정성을 실현하는 데도 중요한 역할'[3문단(6)]이라는 설명을 통해서도 이를 확인할 수 있다.

④ ㉠은 부재의 높이를 ㉡은 부재의 수직 기울기를 조절한다.
→ (O) ㉠은 건물 중앙에서 양 바깥쪽으로 가면서 기둥을 점차 높아지도록 만드는 기법[2문단(4)], ㉡은 건물의 끝기둥

의 윗부분이 안쪽으로 쏠리게 기울게 하는 기법이다.[3문단(2)] 기둥은 곧 수직 부재이므로[1문단(1)], 해당 선지의 내용은 옳다.

⑤ **㉠은 건물이 높을수록 ㉡은 건물이 넓을수록 그 효과가 커진다.**
→ (×) 층수가 많은 중층 구조에는 ㉡안쏠림 기법을 두는 경우가 많은데, 이는 끝기둥에 안쏠림 기법을 사용하면 건물의 무게 중심을 아래로 낮출 수 있기 때문이다.[3문단(5)] 따라서 ㉡안쏠림 기법은 건물이 높을수록 그 효과가 커진다고 볼 수 있다. 즉, 건물의 넓이와는 상관이 없다. ㉠의 경우에는 건물이 높을수록 그 효과가 커지는지 제시문을 통해 확인할 수 없으므로, 해당 선지는 옳지 않다.

제시문 분석

1문단 귀솟음 기법 개념과 효과

〈창방〉		〈문제점〉		〈귀솟음 기법〉
목조 건축물에서 기둥이 안정되게 수직 방향으로 서 있도록 기둥과 기둥의 상부 사이에 설치하는 수평 부재를 창방이라 함(2)	→	기둥을 연결한 창방들이 만들어내는 수평선은 눈높이보다 높은 곳에 위치하고 있어 양쪽 끝이 아래로 처져 보이는 착시 현상이 발생(3)	→	이러한 착시 현상을 교정하기 위해 건물의 중앙에서 양쪽 끝으로 가면서 기둥이 점차 높아지도록 만드는데, 이것을 귀솟음 기법이라고 함(4)

2문단 팔작지붕의 문제와 귀솟음 기법의 장점

팔작지붕	특징	전통 구조물의 일반적인 지붕 형태이며 건물 끝부분의 기둥이 건물 중간에 위치한 기둥보다 지붕의 하중을 더 많이 받음(2)
	문제	건물 끝부분 기둥이 오랫동안 지속적으로 많은 하중을 받으면 중간 기둥보다 더 많이 침하되는 부동(不同) 침하 현상이 발생하기도 함(3)

↓

귀솟음 기법의 장점	부동 침하 현상에 의한 구조적 변형에도 끝기둥이 중간 기둥보다 높거나 동일한 높이를 유지할 수 있음(4)

3문단 안쏠림 기법 개념과 효과

〈착시 현상〉		〈안쏠림 기법〉
일렬로 늘어선 기둥의 수직선 때문에 건물의 좌우 끝으로 가면서 건물의 상부가 바깥으로 벌어져 보이는 착시 현상이 발생(1)	→	이를 교정하기 위해 좌우 끝기둥의 상부를 건물의 중앙 쪽으로 기울어지게 하는 안쏠림 기법을 사용하기도 함(2)

〈단층 건물〉		↔	〈중층 건물〉	
한계	그러나 단층 건물에서 안쏠림 기법은 귀솟음 기법과 달리 착시 현상을 교정하는 효과는 그리 크지 않다(3)		효과	층수가 많은 중층 구조에는 안쏠림 기법을 두는 경우가 많은데, 끝기둥에 사용하면 건물의 무게 중심을 아래로 낮출 수 있기 때문(5)
원인	단층 건물의 기둥 높이가 건물 앞면의 수평 길이에 비해 상대적으로 짧아서 착시 현상이 느껴지지 않기 때문(4)		중요성	중층 건물에서 안쏠림 기법은 시각적인 효과뿐만 아니라 건물의 구조적 안정성을 실현하는 데도 중요한 역할을 함(6)

※ 수직(세로), 수평(가로)

합격자의 실전 풀이 순서

❶ 발문 확인 및 문제 유형 판단하기

지문에 ㉠, ㉡으로 밑줄이 그어져 있고, 발문에서 '글의 ㉠과 ㉡의 차이'를 묻고 있으므로 제시문에 나온 개념의 특징을 비교하는 정보확인유형임을 알 수 있다. 본 문제의 경우 넓은 의미에서 정보확인유형에 해당하지만, ㉠과 ㉡을 비교하고 있으므로 견해 비교 유형과도 공통점이 있다. 즉, 해당 유형은 정보확인유형처럼 구조와 중요한 문장을 파악하며 제시문을 쭉 읽고 선지를 판단하는 식으로 풀 수 있지만, 견해 비교 유형처럼 각 대상에 대한 설명을 읽고 해당 대상과 관련된 선지를 먼저 해결하는 식으로 풀 수도 있다. 본 문제의 경우 ㉠과 ㉡을 설명하는 1, 2문단과 3, 4문단이 뚜렷이 구분되어 있으므로 견해 비교 유형을 풀 때와 마찬가지로 개념별로 선지를 해결할 것을 추천한다. 이렇게 풀 경우, 선지를 판단하던 중 ㉠의 내용을 잊어서 제시문을 여러 번 읽는 문제점을 방지할 수 있다. 또한, 운이 좋다면 ㉠만 읽고 정답을 찾아내는 행운이 있을 수 있다. 그러나 만약 본 문제와 달리 제시문에서 ㉠과 ㉡에 대한 설명이 한 문단에서 섞여 있는 경우에는 정보확인유형과 같이 제시문을 모두 읽고 푸는 방법을 추천한다.

❷ 제시문 독해하기

위에서 언급하였듯이 본 문제의 경우 ㉠에 대한 설명인 1, 2문단만 읽고 선지를 판단할 수 있다. 해당 방법으로 문제를 풀 경우, ㉠과 ㉡에 대한 설명을 시각적으로 구분하여 그 내용을 비교할 필요 없이 ㉠만 읽고 문제를 풀면 된다. 이하에서는 정보확인유형처럼 제시문을 쭉 읽고 선지를 판단하는 방식으로 본 문제를 풀 경우, 제시문을 어떻게 독해할 것인가를 설명하겠다. 제시문은 목조 건축물에서 지붕의 하중을 떠받치고 있는 '수직 부재'에 특정 교정을 가하는 두 기법을 설명하고 있다. 지문의 소재가 다소 낯설 가능성이 있지만, 해당 문제 역시 정보확인유형의 확장에 불과하다. 그렇기에 제시문에서 정보를 찾는 방식으로 문제를 풀면 된다. 대신 각 기법이 구체적으로 어떤 작용을 하는지는 제시문을 독해하면서 함께 이해하는 것이 좋다. 1문단과 2문단은 ㉠ 귀솟음 기법을, 3문단은 ㉡ 안쏠림 기법을 설명한다. 두 개념의 특징이 시각적으로 구분되도록 기호를 활용하여 읽는다. 예를 들어, '귀솟음 기법'에 대한 설명에는 ○표시를, '안쏠림 기법'에 대한 설명에는 △표시를 해 둔다. 기호를 표시하며 제시문을 읽는 예시로는 아래와 같다.

> 목조 건축물에서 지붕의 하중을 떠받치고 있는 수직 부재(部材)는 기둥이다. … 양쪽 끝이 아래로 처져 보이는 … 이러한 착시 현상을 교정하기 위해 건물의 중앙에서 양쪽 끝으로 가면서 기둥이 점차 높아지도록 만드는데, 이것을 ㉠귀솟음 기법이라고 한다. ▶1문단
>
> 귀솟음 기법은 착시 현상을 교정하는 효과 외에 구조적인 측면에서의 장점도 지닌다. … 귀솟음 기법은 부동 침하 현상에 의한 구조적 변형에도 끝기둥이 중간 기둥보다 높거나 동일한 높이를 유지할 수 있는 장점을 가지고 있다. ▶2문단
>
> 한편 일렬로 늘어선 기둥의 수직선 때문에 건물의 좌우 끝으로 가면서 건물의 상부가 바깥으로 벌어져 보이는 착시 현상이 발생한다. 이러한 현상을 교정하기 위해 좌우 끝기둥의 상부를 건물의 중앙 쪽으로 기울어지게 하는 ㉡안쏠림 기법을 사용하기도 한다. 그러나 단층 건물에서 안쏠림 기법은 귀솟음 기법과 달리 착시 현상을 교정하는 효과는 그리 크지 않다. … 하지만 층수가 많은 중층 구조에는 안쏠림 기법을 두는 경우가 많은데, 이는 끝기둥에 안쏠림 기법을 사용하면 건물의 무게 중

심을 아래로 낮출 수 있기 때문이다. 중층 건물에서 안쏠림 기법은 시각적인 효과뿐만 아니라 건물의 구조적 안정성을 실현하는 데도 중요한 역할을 한다. ▶ 3문단

제시문의 내용을 파악해보면 1문단에서는 '귀솟음 기법'의 창방의 양쪽 끝이 아래로 처져 보이는 착시현상을 교정하는 기능을, 2문단은 구조적 변형에도 기둥의 높이를 유지하는 구조적 기능을 설명한다. 3문단에서는 '안쏠림 기법'의 건물의 상부가 벌어져 보이는 착시현상을 교정하는 기능과 중층 건물에서 구조적 안정성을 실현하는 구조적 기능을 설명한다. 두 기법에 대해 통일적으로 착시현상을 교정하는 기능과 구조적 안정성을 실현하는 기능을 설명하고 있다. 이처럼 병렬적인 두 대상을 설명하는 경우 대상들의 같은 측면을 다룸으로써 이들을 비교하는 구조가 흔하므로 주의하며 읽는다.

또한, 두 대상을 비교하는 제시문이 나올 시 두 대상 간의 공통점과 차이점을 파악하며 읽는 것이 좋다. 대게 정보확인유형에서 해당 내용이 선지로 나오는 경우가 많기 때문이다. 본 제시문의 경우, 두 기법 모두 기둥을 활용한 건축 기법이며, 착시현상 교정 및 구조적 안정성을 유지하는 기능을 수행한다는 공통점을 지닌다. 그러나 건축 방식, 교정의 대상이 되는 착시현상의 종류 및 구조적 안정성 유지의 방법이 다르고, '귀솟음 기법'에 비해 '안쏠림 기법'의 교정 효과가 크지 않음을 알 수 있다.

❸ 선지 판단

선지는 모두 '귀솟음 기법'과 '안쏠림 기법'을 비교하는 형태를 보인다. 제시문을 통해 정리한 정보를 이용하여 선지를 해결한다. ①, ②, ③, ④번 선지는 모두 제시문의 설명으로 알 수 있으므로 옳지만, ⑤번 선지는 지문에서 근거를 찾을 수 없다. 구체적으로 귀솟음 기법의 효과는 건물의 높이와 상관이 있는지 알 수 없으며, 안쏠림 기법의 효과는 건물의 높이와 비례하지만 건물의 넓이와의 관계는 알 수 없다. 따라서 ㉠과 ㉡에 대한 설명이 모두 잘못되었으므로 오답이다. 만약 ㉠을 다룬 1, 2문단부터 읽고 ㉠에 대한 선지를 판단했더라도 정답인 ⑤번을 빠르게 찾을 수 있었을 것이다.

합격자의 시간단축 Tip

Tip ❶ 각 기법의 특징을 정리하며 독해한다.

제시문은 건축물에서 쓰이는 두 기법을 비교하며 설명하고 있다. 각 기법은 모두 수직 부재에 대한 기법이라는 점은 같지만, 그 효과가 다르다. 제시문에서 각 기법의 공통점과 차이점을 정리하며 독해하자. 정보가 많다면 각 개념을 구분하는 기호나 숫자를 활용하는 것이 도움이 된다. 이후 세부 정보와 선지를 꼼꼼히 대조한다면 빠르게 정오를 판별할 수 있을 것이다. 특히 이러한 방법은 한 문단 내에서 병렬적 대상을 여러 개 비교하는 경우 효과적이다.

Tip ❷ 대상별로 선지 판단

본 제시문은 ㉠과 ㉡에 대한 설명이 문단별로 깔끔히 나누어져 있다. 본 문제와 같이 제재 별로 문단이 깔끔히 나뉜 유형으로는 견해 비교 유형이 있다. 본 문제 같은 견해 비교 유형처럼 대상마다 문단이 깔끔히 나누어져 있고 선지에서 대상 간의 특징을 묻고 있다면, 하나의 문단의 읽고 그 문단에서 다루고 있는 대상에 대한 선지부터 판단하는 것이 좋다. 예컨대, 본 문제의 경우 ㉠을 다루고 있는 1, 2문단만 읽고 선지에서 ㉠과 관련된 내용만 판단해보았다면 빠르게 답을 찾을 수 있었다. 이러한 방식으로 문제를 푸는 경우, 운이 좋다면 읽어야 하는 제시문의 분량을 줄일 수 있는 한편, ㉠에 대한 설명을 잊어버려서 제시문을 다시 읽는 불상사를 방지할 수 있다는 장점이 있다.

Tip ❸ 선지를 나누어 꼼꼼히 선지를 판단

하나의 선지에서 여러 정보에 대해 묻고 있는 경우, 선지를 빗금으로 여러 부분으로 나누어 각각이 옳은 설명에 해당하는지 검토할 필요가 있다. 해당 문제의 선지는 모두 ㉠과 ㉡에 대한 정보를 동시에 요구하고 있다. ①, ②, ③번 선지는 두 기법의 공통점을, 나머지 선지는 차이점을 묻고 있다. 따라서 선지의 설명이 두 기법에 대해 모두 부합하는지 확인해보아야 한다. 선지의 설명이 두 개념 각각에 해당하는지 개념별로 나누어 판단하는 것이다. 예컨대, 본 문제의 ⑤번 선지를 '㉠은 건물이 높을수록/ ㉡은 건물이 넓을수록/ 그 효과가 커진다.'라고 나누어서 정오를 판단할 수 있다. 본 문제의 선지는 비교적 길이가 짧은 편이라 실수할 여지가 적었으나, 선지의 길이가 길거나 요구하는 정보가 많은 경우라면 실수를 방지하기 위해 선지의 진술을 나누어 판단하도록 하자.

Tip ❹ 제시문의 첫 문장을 놓치지 않는다.

선지 ②는 제시문의 첫 문장에서 근거를 찾을 수 있다. 귀솟음 기법과 안쏠림 기법의 특징에 집중해서 읽다 보면 기둥이 수직 부재라는 첫 문장의 정보를 간과할 수 있다. 첫 문장에 선지 판단의 근거가 있거나, 중요한 전제가 제시되는 경우가 있으므로 첫 문장을 놓치지 않도록 주의한다.

170 정답 ④

난이도 ●○○

문제유형 법규적 내용의 적용

접근전략 법조문을 바탕으로 발문에서 묻고 있는 금액을 계산해야 하는 법조 계산형 문제이다. 지나치게 빠르게 풀려고 하기보다는, 문제의 틀과 단서를 이해하고 정확하게 계산할 수 있어야 한다. 특히 이런 유형은 단서를 놓친 상태에서 계산한 결괏값이 보통 선지에 등장하므로, 자칫 시간을 많이 쓰고 정답을 골랐다고 예 상했으나 결과적으로 틀릴 위험성이 매우 크다. 따라서 한 번에 정확히 푸는 것이 오히려 시간을 아끼는 지름길이다.

다음 글과 〈상황〉을 근거로 판단할 때, 甲이 납부하는 송달료의 합계는?

송달이란 소송의 당사자와 그 밖의 이해관계인에게 소송상의 서류의 내용을 알 수 있는 기회를 주기 위해 법에 정한 방식에 따라 하는 통지행위를 말하며, 송달에 드는 비용을 송달료라고 한다. 소 또는 상소를 제기하려는 사람은, 소장이나 상소장을 제출할 때 당사자 수에 따른 계산방식으로 산출된 송달료를 수납은행(대부분 법원구내 은행)에 납부하고 그 은행으로부터 교부받은 송달료납부서를 소장이나 상소장에 첨부하여야 한다. 송달료 납부의 기준은 아래와 같다.

- 소 또는 상소 제기 시 납부해야 할 송달료
  가. 민사 제1심 소액사건: 당사자 수 × 송달료 10회분
  나. 민사 제1심 소액사건 이외의 사건: 당사자 수 × 송달료 15회분
  다. 민사 항소사건: 당사자 수 × 송달료 12회분
  라. 민사 상고사건: 당사자 수 × 송달료 8회분
- 송달료 1회분: 3,200원
- 당사자: 원고, 피고
- 사건의 구별

가. 소액사건: 소가 2,000만 원 이하의 사건
나. 소액사건 이외의 사건: 소가 2,000만 원을 초과하는 사건
※ 소가(訴價)라 함은 원고가 승소하면 얻게 될 경제적 이익을 화폐단위로 평가한 금액을 말한다.

• 상황 •

甲은 보행로에서 자전거를 타다가 乙의 상품진열대에 부딪쳐서 부상을 당하였고, 이 상황을 丙이 목격하였다. 甲은 乙에게 자신의 병원치료비와 위자료를 요구하였다. 그러나 乙은 甲의 잘못으로 부상당한 것으로 자신에게는 책임이 없으며, 오히려 甲 때문에 진열대가 파손되어 손해가 발생했으므로 甲이 손해를 배상해야 한다고 주장하였다. 甲은 자신을 원고로, 乙을 피고로 하여 병원치료비와 위자료로 합계 금 2,000만 원을 구하는 소를 제기하였다. 제1심 법원은 증인 丙의 증언을 바탕으로 甲에게 책임이 있다는 乙의 주장이 옳다고 인정하여, 甲의 청구를 기각하는 판결을 선고하였다. 이 판결에 대해서 甲은 항소를 제기하였다.

① 76,800원 → (×)
② 104,800원 → (×)
③ 124,800원 → (×)
④ 140,800원 → (○)
甲은 자신을 원고로, 乙을 피고로 하여 소송을 제기하였으며 丙은 증인이다. 그런데 소송의 당사자는 원고와 피고이므로 〈상황〉에서 당사자 수는 2인이다.
한편, 각주에 따르면 소가란 원고가 승소하면 얻게 될 경제적 이익을 화폐단위로 평가한 금액을 말하는데, 甲은 병원치료비와 위자료로 합계 금 2,000만 원을 구하는 소를 제기하였으므로 소가는 2,000만 원이다. 소가 2,000만 원 이하의 사건은 소액사건이며 민사 제1심 소액사건 제기 시 납부해야 할 송달료는 당사자 수 × 송달료 10회분이다. 또한, 민사 항소사건 제기 시 납부해야 할 송달료는 당사자 수 × 송달료 12회분이다. 甲은 민사 제1심 소액사건과 항소사건을 제기하였으므로, 각각의 사건에서 납부해야 할 송달료는 2인 × 32,000원과 2인 × 38,400원이다. 따라서 甲 이 납부하는 송달료의 합계는 64,000원 + 76,800원 = 140,800원이다.

⑤ 172,800원 → (×)

합격자의 실전 풀이 순서

❶ 문제의 유형 파악

제시문의 형식은 법조문이 아니나, 어떤 규정이 주어져 있고, 〈상황〉이 별도로 존재한다. 그리고 발문은 '송달료의 합계'를 묻고 있다. 따라서 규정을 적용하는 문제, 그중에서도 계산이 필요한 문제임을 알 수 있다. 해당 유형에서는 적용할 규정을 찾으며 제시문을 읽어야 한다. 불필요한 부분은 생략하고, 생략할 부분이 없다면 일반적인 법조문 문제와 같이 제시문이 법률 규정이라 생각하고 접근한다. 먼저 제시문의 구조를 파악한 후 발문과 선지에서 묻고 있는 정보를 찾아 올라가는 것이다. 〈상황〉이 제시문의 내용을 알려주기도 하므로, 〈상황〉의 길이가 짧고 복잡하지 않다면 이를 먼저 읽고 제시문을 읽는 것도 좋다.

❷ 제시문 규정 파악 및 〈상황〉에의 적용

〈상황〉의 길이가 길고 내용이 복잡하다. 또한, 제시문을 읽지 않은 상태에서는 〈상황〉의 어떤 부분이 송달료 계산을 위해 중요한지 알 수 없다. 따라서 제시문을 먼저 읽고 〈상황〉에 적용하도록 한다. 다만 발문이 '甲이 납부하는 송달료'를 묻고 있다는 점에서 甲과 송달료 액수를 중심으로 〈상황〉을 파악해야 함을 알 수 있다.
송달료를 계산해야 하므로, 송달료 납부 기준 위의 설명은 적용할 규정이 아닌 것으로 보인다. 따라서 가볍게 읽고 송달료 납부 기준을 살펴본다. 1심/항소/상고가 나뉘며, 1심에서는 소액/이외 사건으로 나뉜다. 모두 당사자 수를 곱해야 한다. 송달료 1회분의 금액, 당사자, 소액사건의 기준 및 각주를 확인한다. 다만 본 문제의 각주는 문제 풀이를 위한 정보를 제시하기보다 사전지식이 부족한 응시자를 위해 개념을 제시하고 있으므로 가볍게 읽고 넘어간다.
〈상황〉에서는 甲이 제기한 소송의 종류와 그 당사자를 파악해야 할 것이다. <u>1)甲은 乙을 피고</u>로 <u>2)소가 2000만 원의 소를 제기</u>하였고, 기각 후 <u>3)항소도 제기</u>하였다. 소액사건이며 당사자는 두 명이다. 따라서 제시문 첫 번째 규정의 '가'와 '다'를 적용하여 (2*10*3200)+(2*12*3200)를 계산하면 된다.

합격자의 시간단축 Tip

Tip ❶ 규정 적용 유형임을 파악하여 독해 전략 수립

〈상황〉이나 〈예시〉가 있는 경우 제시문의 규정을 〈상황〉 및 〈예시〉에 적용하는 '규정 적용' 유형임을 예상할 수 있다. 해당 유형에서는 제시문을 읽으며 적용할 규정을 찾아야 한다. 제시문 전체가 적용할 규정으로 구성되어 있다면 구조와 키워드만 파악하고, 세부 내용은 선지를 판단할 때 돌아와 읽는다. 반면 제시문의 일부만 적용할 규정이라면 해당 부분을 중점적으로 읽고, 선지로 넘어간다. 본 문제는 후자에 해당한다. 송달료 납부 기준 외의 설명은 적용규정이 아니므로 가볍게 읽어도 무방하다.

Tip ❷ 〈상황〉은 필요한 만큼만 읽기

발문과 규정을 읽고 필요한 정보를 파악하고, 〈상황〉에서는 필요한 정보만을 찾아 읽는 것이 효율적이다. 발문과 제시문을 읽어보면 필요한 정보는 甲 이 제기한 소송의 종류와 당사자의 수이다. 따라서 〈상황〉의 내용 중 소 제기 앞의 설명은 불필요함을 알 수 있다.

Tip ❸ 상황판단에서의 계산 방향

상황판단에서는 자료해석과 계산방향이 달라야 한다. 자료해석의 경우 이런 계산문제에서 실제 값을 다 구하거나, 어림산을 진행하는 것을 목표로 하는 경우가 많다. 그러나 상황판단에서 계산문제, 특히 이렇게 〈조건〉이 많은 계산 문제의 경우는 무턱대고 바로바로 덧셈과 곱셈을 진행하는 것보다 계산할 항목을 길게 써보는 것이 좋다. 그 과정에서 어디를 괄호로 묶어서 곱하는 것이 좋을지, 즉 항별 공통점이 무엇인지나 소거할 게 무엇인지 등을 쉽게 파악할 수 있다.
예를 들면 2*3,200*10+2*3,200*12를 그대로 쓴 후, 3,200을 공통으로 빼내서 묶은 후에 실제 계산을 진행하는 것이 좋다. 이를 통해 계산의 속도와 정확도 모두를 상향시킬 수 있다.

Tip ❹ 선지의 수 구성 파악

송달료 1회분(3,200원)을 특별히 할인한다는 전제가 없으므로, 결국 정답선지는 3,200의 배수로 이뤄져야 한다. 선지 ②번같은 경우는 그래서 애초에 답이 될 수 없다. 해당 문제에서는 중요하게 쓰이는 장치는 아니었으나 법조계산형에서 경우에 따라서는 선지를 많이 소거할 수 있는 경우도 있다.

171 정답 ④ 난이도 ●●○

문제유형 비판적 사고 > 논지 강화·약화하기

접근전략 제시문 내용을 강화하는 선지를 선택하는 문제는, 결국 글의 핵심 내용 즉 논지와 관련된다. 이는 일반적으로 정답이 글의 논지와 부합하는 내용이 되기 때문이다. 단 논지파악 유형과 다르게 강화약화는 근거가 있는 부분을 놓치지는 말자. 근거를 기억할 필요는 없지만 위치는 기억함으로써 세부적 선지파악에 대비하도록 한다.

다음 글의 입장을 강화하는 내용으로 가장 적절한 것은?

(1) 고대사회를 정의하는 기준 중의 하나로 '생계경제'가 사용되곤 한다. (2) 생계경제 사회란 구성원들이 겨우 먹고 살 수 있는 정도의 식량만을 확보하고 있어서 식량 자원이 줄어들게 되면 자동적으로 구성원 전부를 먹여 살릴 수 없게 되고, 심하지 않은 가뭄이나 홍수 등의 자연재해에 의해서도 유지가 어렵게 될 수 있는 사회를 의미한다. (3) 그러므로 고대사회에서의 삶은 근근이 버텨가는 것이고, 그 생활은 기아와의 끊임없는 투쟁이다. (4) 왜냐하면 그 사회에서는 기술적인 결함과 그 이상의 문화적인 결함으로 인해 잉여 식량을 생산할 수 없기 때문이다.

▶1문단

(1) 고대사회에 대한 이러한 견해보다 더 뿌리 깊은 오해도 없다. (2) 소위 생계경제의 성격을 지닌 것으로 간주되는 많은 고대사회들, 예를 들어 남아메리카에서는 종종 공동체의 연간 필요 소비량에 맞먹는 잉여 식량을 생산했다는 점에 주의를 기울일 필요가 있다. (3) 기아와의 끊임없는 투쟁을 의미하는 생계경제가 고대사회를 특징짓는 개념이라면 오히려 프롤레타리아가 기아에 허덕이던 19세기 유럽 사회야말로 고대사회라고 할 수 있을 것이다. (4) 사실상 생계경제라는 개념은 서구의 근대적인 이데올로기의 영역에 속하는 것으로 결코 과학적 개념도구가 아니다. (5) 민족학을 위시한 근대 과학이 이토록 터무니없는 기만에 희생되어 왔다는 것은 역설적이며, 더군다나 산업 국가들이 이른바 저발전 세계에 대한 전략의 방향을 잡는 데 기여했다는 사실은 두렵기까지 하다.

▶2문단

① 고대사회가 경제적으로 풍요로웠던 것은 생계경제 체제 때문이었다.

→ (×) 윗글은 고대사회를 정의하는 '생계경제'의 개념 자체에 대한 부정적인 입장을 취한다. 해당 용어는 객관적인 과학적 개념의 도구가 아니라 서구의 근대 이데올로기의 산물이라며 이를 비판한다.[2문단(4)] 그러나 생계경제 '덕분에' 고대사회가 경제적으로 여유로워졌다는 것과 관련된 내용은 제시문에서 찾을 수 없다. 따라서 해당 선지는 이 글의 입장을 강화하는 데 쓰일 수 없다.

② 산업사회로 이행하면서 경제적 잉여가 발생하였고 계급이 형성되었다.

→ (×) 필자는 남아메리카를 언급하여 고대사회에서부터 이미 공동체의 연간 필요 소비량에 맞먹는 잉여 식량을 생성할 수 있는 능력이 있었음을 주장한다.[2문단(2)] 따라서 산업사회로 이행해서야 경제적 잉여가 발생하였다는 해당 선지의 내용은 윗글의 입장 강화에 도움을 주지 못한다.

③ 자연재해나 전쟁으로 인해 고대사회는 항상 불안정한 상황에 처해 있었다.

→ (×) 고대사회를 생계경제로 정의하는 입장에서는 고대사회의 구성원들은 잉여 식량을 확보하지 못해 자연재해가 일어나면 사회 유지에 실패한다고 주장한다.[1문단(2)] 그러나 필자는 이러한 주장이 오해라며 생계경제 개념을 비판하고 있다.[2문단(1)] 따라서 해당 선지는 윗글의 입장에 상충하는 내용이다.

④ 고대사회에서 존재하였던 축제는 경제적인 잉여를 해소하는 기제로 작용했다.

→ (○) 윗글은 고대사회는 잉여 식량을 생산할 수 있는 능력이 없었다는 생계경제[1문단(2)]의 개념에 반대한다.[2문단(1)] 그 근거로 남아메리카에서 공동체의 연간 필요 소비량만큼의 잉여 식량을 만들었다는 사례를 지문에서 제시하였다.[2문단(2)] 해당 선지는 고대사회가 생계경제의 성격을 가졌다는 오해에 대해 반박할 수 있는 근거로 사용될 수 있기에 적절하다.

⑤ 유럽의 산업 국가들에 의한 문명화 과정을 통해 저발전된 아프리카의 생활 여건이 개선되었다.

→ (×) 윗글은 생계경제의 개념이 과학적인 개념이 아니라 서구의 근대적 이데올로기일 뿐이라고 주장하고 있다.[2문단(4)] 더불어 이런 비균형적인 시각을 가진 산업 국가들이 저발전 세계에 영향을 끼친 것에 대한 우려를 표하고 있기도 하다.[2문단(5)] 따라서 해당 선지는 이 글의 입장을 강화할 수 있는 내용에는 상충한다.

제시문 분석

1문단 '생계 경제'로 정의하는 고대사회

〈생계경제 사회〉의 개념
기술·문화적 결함으로 잉여 식량을 확보할 수 없는 사회(4)

↓

〈고대 사회〉의 정의
기아와의 끊임없는 투쟁을 하며 버텨가는 삶을 사는 사회(3)

2문단 서구의 근대적 이데올로기에 대한 비판

고대사회에 대한 오해		
① 잉여 생산물 확보 불가	⊕	② 기아와의 끊임없는 투쟁
고대사회인 남아메리카의 경우 종종 공동체의 연간 필요 소비량 수준의 잉여 식량 생산(2)		오히려 19세기 유럽 사회의 프롤레타리아들이야말로 기아와 끊임없는 투쟁을 함(3)

↑

〈생계경제〉 개념 자체의 오류
서구의 근대적인 이데올로기의 산물(4)

합격자의 실전 풀이 순서

❶ 발문을 확인해 유형을 파악한다.

> 다음 글의 입장을 강화하는 내용으로 가장 적절한 것은?

강화하는 내용을 선택하는 문제는 일반적으로 제시문의 논지와 부합하거나 그로부터 추론 가능한 내용이 정답이 된다. 따라서, 세세한 내용을 파악하려 하기보다는 글 전체 핵심 내용, 즉 논지를 파악한 후 이와 부합하는 선지를 찾으면 된다. 결국, 이는 논지 파악 문제와 크게 다르지 않은 문제라 할 수 있다. 단, 접근 전략에서 언급했듯 강화는 원칙적으로 근거에도 이뤄질 수 있으므로 반드시 근거가 어디 있는지 자체는 파악하면서 읽어야 한다. 특히 난이도가 올라갈수록 주장을 직접 강화하는 선지는 잘 나오지 않는다.

❷ **지문을 읽고 논지를 파악한다.**

1문단에서는 생계경제 사회의 개념을 정의하며 고대사회의 양상에 대해 설명하고 있다. 여기까지만 읽어보면 글쓴이는 고대사회가 생계경제 사회의 모습을 띠고 있다고만 말한다고 생각해 이를 논지로 생각할 수 있다. 하지만, 논지에 관련된 문제는 글의 흐름이 언제 바뀔지 모르기 때문에 반드시 끝까지 읽어봐야 한다.

2문단에서부터는 앞서 1문단에서 고대사회를 생계경제 사회로 보았던 시각에 대한 비판적인 서술을 하며 글쓴이의 견해를 드러내고 있다. 결론적으로, 해당 글의 논지는 고대사회를 생계경제 사회의 틀에서 바라봤던 시각에 대한 비판이라고 할 수 있다. 따라서 이에 관련된 선지가 정답이 될 것이다.

❸ **선지를 판단한다.**

글의 전체적인 논지를 알고 근거를 파악했다면 핵심 근거를 보충하는, 혹은 입증하는 진술을 정답으로 고르면 된다. 특히 글과 상충하는 내용을 먼저 소거한 후 정답을 고르면 시간 단축에 도움이 된다. 단계를 더하는 것 같아서 비효율적으로 보여도, 논점을 좁히면 터널비젼에 갇히지 않을 수 있어서 오히려 속도를 높인다.

여기서 특이한 선지가 하나 등장하는데, ①번 선지는 사실 생계경제 때문이 아니라, 궁핍한 생활을 상징하는 단어가 생계경제이므로 잘 생각해 보면 성립하지 않는 문장이다. 그나마 이런 선지가 출제될 수 있었던 이유는 '강화하는' 선지를 묻는 것이었기 때문이다.

합격자의 시간단축 Tip

Tip ❶ 강화의 뜻을 제대로 알자.

제시문의 내용을 강화하는 선지를 찾는 문제는 일반적으로 제시문 내용과 부합하거나 제시문 내용으로부터 추론할 수 있는 내용이 정답이 된다. 특히 가장 쉬운 것은 주장이나 근거를 '실증하는 사례'를 보여주는 것이다. 대표적으로 ④번 선지도 사례로 볼 수 있다.

Tip ❷ 핵심 논지의 중요성

여기서 중요한 것은 제시문의 핵심 내용 즉 논지와 부합하는 것이 강화하는 것이 된다는 것이다. 따라서, 해당 문제 유형은 논지를 파악하는 것이 일차적인 목표가 되어야 한다.

일반적으로 논지를 찾는 문제는 글 전체의 주제를 찾으면 곧 정답이 된다. 이때 논지(論旨)라는 말은 단순히 주장뿐 아니라 핵심 근거를 포괄함을 잊으면 안 된다. 주제는 주제문을 찾음으로써 쉽게 파악할 수 있는데 대부분 글에서 주제문은 첫 문단의 후반부나 마지막 문단의 초반부에 존재한다. 따라서, 논지를 찾는 문제는 위에서 언급한 두 부분을 유의하며 읽으면 좋다. 다만, 글의 흐름이 바뀌어 후반부에 논지가 바뀌는 경우도 분명 있으니 첫 문단의 후반부의 내용만 파악한 뒤 이를 논지로 확정하여 바로 정답만 선택하는 방식은 지양하자.

Tip ❸ 두 문단만 있는 경우 글의 구성

단, 이 지문의 경우 문단이 두 개밖에 존재하지 않아 어디에 논지가 있을지 궁금해할 수 있다. 문단이 세 개 이상인 경우와 달리 두 개밖에 없는 지문은 각 문단이 비교적 완성된 구조를 가지고 있다. 또한, 두 개밖에 없는 만큼 길이도 비교적 길다. 이 특징에서 유추해 보자. 두 글이 각각 완결되어 있으면서 서로 관련이 있다면, 두 내용은 반드시 대립하는 지점이 크든 작든 있을 가능성이 크다. 이때, 대립이란 반드시 찬반 대립이 아닐 수 있다. 과거와 현재의 대립, 동서양의 대립 등 굉장히 이질적인 두 요소를 비교하기만 하면 되는 것이다. 이 지문의 경우 1문단에 고대사회와 생계경제가 나왔으므로 2문단에서는 근대가 나올 것이라는 추측이 가능하다. 이 두 글의 중심 내용을 각각 살펴봄으로써 종합적인 논지를 도출할 수 있다.

Tip ❹ 강화/약화하는 선지의 특징

다른 지문/선지들과 달리 강화/약화 유형에서는 선지가 비교적 비논리적으로 구성되는 경우가 많다. 이때 당황하지 말고 "그래서 누구 편을 들고 있지?"를 항상 생각하면서 푼다. 좀 더 좋은 생각은, "선지로 압축되었을 뿐 저 주장들 자체도 각각 하나의 지문이 숨어 있다."라고 생각하는 것이다.

예컨대 실전 풀이순서에서 선지 ①을 성립하지 않는 문장이라고 했지만, 사실 이 글을 좀 더 깊게 해석한다면, 〈생계경제를 통해 인구가 자동으로 조절됨으로써 더 적은 인구가 더 넓은 토지 확보가 가능했고, 따라서 땅에서 자라나는 다양한 식량을 개인이 섭취할 수 있게 되었다〉라는 진술로 풀어쓰는 것도 가능하다.

또한, ④번 선지도 답이 아니라고 생각해서 답을 고르지 못한 수험생들이 상당수 있었을 것으로 사료된다. '잉여를 해소하면 생계경제에 직면하는 것이 아닐까?'라는 의구심을 품는 것이다. 물론 합리적인 생각이다. 실제로 고대 금주령은 그런 의미에서 발효되는 경우도 있었다. 그러나 잘 생각해 보라. 잉여를 해소하여 생계경제에 직면한다는 것은, "반론"이며 선지에서 '언급하지 않은' 부분이다. 강화하는 내용을 물은 것이지 역사적 진실을 물은 것이 아니다.

172 정답 ❸ 난이도 ●●○

문제유형 이해 > 내용 추론

접근전략 제시문은 '극기복례'의 해석에 대한 견해의 차이를 가지는 A학파와 B학파의 주장을 소개한다. 이어서 '극기복례'의 해석을 다르게 하는 이유를 제시하며 계속해서 대비한다. 따라서 핵심은 어떤 주장이 A학파의 것이고, 어떤 주장이 B학파의 것인지 명확히 구분해가며 각 학파의 주장을 이해하는 것이다.

다음 글에서 이끌어 낼 수 없는 것은?

(1)『논어』 가운데 해석상 가장 많은 논란을 일으킨 구절은 '극기복례(克己復禮)'이다. (2) 이 구절을 달리 해석하는 A학파와 B학파는 문장의 구절을 구분하는 것부터 견해가 다르다. (3) A학파는 '극기'와 '복례'를 하나의 독립된 구절로 구분한다. (4) 그들에 따르면, '극'과 '복'은 서술어이고, '기'와 '예'는 목적어이다. (5) 이에 반해 B학파는 '극'을 서술어로 보고 '기복례'는 목적어구로 본다. (6) 두 학파가 동일한 구절을 이와 같이 서로 다르게 구분하는 이유는 '극'과 '기' 그리고 '예'에 대한 이해가 다르기 때문이다.

▶ 1문단

(1) A학파는 천리(天理)가 선천적으로 마음에 내재해 있다는 심성론에 따라 이 구절을 해석한다. (2) 그들은 '극'은 '싸워서 이기다'로, '복'은 '회복하다'로 해석한다. (3) 그리고 '기'는 '몸으로 인한 개인적 욕망'으로 '예'는 '천리에 따라 행위하는 것'으로 규정한다. (4) 따라서 '극기'는 '몸의 개인적 욕망을 극복하다'로 해석하고, '복례'는 '천리에 따라 행위하는 본래 모습을 회복하다'로 해석한다.

▶ 2문단

(1) 이와 달리 B학파는 심성론에 따라 해석하지 않고 예를 중심으로 해석한다. (2) 이들은 '극'을 '능숙하다'로, '기'는 '몸'으로 이해한다. (3) 또 '복'을 '한 번 했던 동작을 거듭하여 실천하다'로 풀이한다. (4) 그리고 예에 대한 인식도 달라서 '예'를 천리가 아닌 '본받아야 할 행위'로 이해한다. (5) 예를 들면, 제사에 참여하여 어른들의 행위를 모방하면서 자신의 역할을 수행하는 것이 이에 해당한다. (6) 따라서 이들의 해석에 따르면, '기복례'는 '몸이 본받아야 할 행위를 거듭 실행함'이 되고, '극'과 연결하여 해석하면 '몸이 본받아야 할 행위를 거듭 실행하여 능숙하게 되다'가 된다.

▶ 3문단

(1) 두 학파가 동일한 구절을 달리 해석하는 또 다른 이유는 그들이 지향하는 철학적 관심이 다르기 때문이다. (2) A학파는 '극기'를 '사욕의 제거'로 해석하면서, 용례상으로나 구문론상으로 "왜 꼭 그렇게 해석해야만 하는가?"라는 질문에 답하는 대신 자신들의 철학적 체계에 따른 해석을 고수한다. (3) 그들의 관심은 악의 문제를 어떻게 설명할 것인가라는 문제에 집중되고 있다. (4) B학파는 '극기복례'에 사용된 문자 하나하나의 용례를 추적하여 A학파의 해석이 『논어』가 만들어졌을 당시의 유가 사상과 거리가 있다는 것을 밝히려 한다. (5) 그들은 욕망의 제거가 아닌 '모범적 행위의 창안'이라는 맥락에서 유가의 정통성을 찾으려 한다.

▶ 4문단

① A학파는 '기'를 극복의 대상으로 삼고, 천리를 행위의 기준으로 삼을 것이다.

→ (○) A학파는 '극기'를 해석할 때 '기'(사욕)를 '극'(싸워서 이기다)의 대상으로, '복례'의 경우에는 '예'(천리에 따라 행위하는 것)를 '복'(회복하다)의 대상으로 이해한다.[2문단(4)] 따라서 A학파는 '기'를 극복의 대상으로, '천리'를 행위의 기준으로 삼는다고 볼 수 있다.

② A학파에 의하면, '예'의 실천은 태어날 때부터 마음에 갖추고 있는 원리에 따라 이루어질 것이다.

→ (○) A학파에 따르면 '예'의 실천은 '천리에 따라 행위하는 것'[2문단(3)]이기 때문에 행위의 기준이 되는 원리가 곧 '천리'임을 알 수 있다. 또한, A학파는 심성론을 '천리'가 '선천적으로 마음에 내재해 있다.'라고 보기 때문에[2문단(1)] 해당 선지는 적절하다.

③ B학파는 마음의 본래 모습을 회복함으로써 악을 제거하려 할 것이다.

→ (×) B학파는 욕망의 제거가 아닌 '모범적 행위의 창안'에 관심을 두고 그를 본받아 반복하여 익히는 것을 '극기복례'라고 본다.[3문단(6)] 그러나 A학파에 따르면 '극기'는 사욕의 제거이며, '복례'는 곧 선천적으로 내재되어 있는 천리를 회복하는 것이다.[2문단(4)] 따라서 해당 선지의 내용은 B학파가 아닌 A학파의 설명이다.

④ B학파는 '기'를 숙련 행위의 주체로 이해하며, 선인의 행위를 모범으로 삼을 것이다.

→ (○) B학파는 '기'를 '몸'으로 이해한다. 그리고 '몸'이 '본받아야 하는 행위를 반복하여 능숙'하게[3문단(6)] 만들기 때문에 '기'를 숙련 행위인 '예'의 주체로 이해할 수 있다. 또한, 본받아야 하는 행위인 '예'는 어른들의 행위를 모방하면서 자신의 역할을 수행하는 것이라고 보았으므로[3문단(5)], 선인의 행위를 모범으로 삼았다고 볼 수 있다.

⑤ B학파에 의하면, '예'의 실천은 구체적 상황에서 규범 행위의 모방과 재연을 통해서 이루어질 것이다.

→ (○) B학파는 '예'를 '본받아야 할 행위'로 이해하고, '기복례'의 의미를 '몸이 본받아야 할 행위를 거듭 실행함'이라고 본다.[2문단(4)] 따라서 B학파에 따르면, 구체적인 상황에서 모범 행위를 따라 실제로 반복하여 해보는 것이 곧 '예'의 실천이라 할 수 있으므로[3문단(6)] 해당 선지는 옳다.

제시문 분석

제시문 A학파와 B학파의 〈극기복례〉 해석 차이

〈극기복례(克己復禮)〉의 해석
A학파와 B학파는 『논어』의 동일한 구절, '극기복례(克己復禮)'를 다르게 해석한다. [1문단(1),(2)]

A학파		B학파
몸의 개인적 욕망을 극복하고 천리에 따라 행위하는 본래 모습을 회복한다.[2문단(4)]	←	몸이 본받아야 할 행위를 거듭 실행하여 능숙하게 되다.[3문단(6)]

2·3문단 해석 차이의 이유 ①

〈'극', '기', '예'에 대한 견해의 차이〉

〈A학파〉[2문단]			〈B학파〉[3문단]	
〈원리〉	심성론		〈원리〉	예
〈극〉	'싸워서 이기다'		〈극〉	'능숙하다'
〈기〉	'몸으로 인한 개인적 욕망'	←	〈기〉	'몸'
〈복〉	'회복하다'		〈복〉	'한번 했던 동작을 거듭하여 실천하다'
〈례〉	'천리에 따라 행위하는 것'		〈례〉	'본받아야 할 행위'

4문단 해석 차이의 이유 ②

〈지향하는 철학적 관심의 차이〉

〈A학파〉		〈B학파〉
악(욕망)의 문제를 어떻게 설명할 것인가라는 문제에 집중(3)	←	모범 행위의 창안이라는 맥락에서 유가의 정통성을 찾으려 함(5)

합격자의 실전 풀이 순서

❶ 발문 확인 및 문제 유형 판단하기

먼저 발문을 잘 읽자. 발문은 다음 글에서 이끌어 낼 수 없는 것을 묻고 있다. 발문을 통해 본 문제가 정보확인 혹은 추론유형임을 알 수 있다. 다만, 형식적으로는 정보확인유형에 해당하지만, 제시문에 A와 B의 견해가 나오고, 선지에서 이들의 견해의 구체적 내용을 묻고 있는 것으로 보아 실질적으로는 견해파악유형임을 유의할 필요가 있다. 2013년과 같은 과거의 기출문제의 경우 최근의 문제 출제 발문과 다르다. 따라서 본 문제가 최근에 출제된다면 'A학파와 B학파의 주장에 대한 분석으로 적절하지 않은 것은?'과 같이 견해파악유형의 발문으로 출제될 것으로 예상된다. 본 문제를 견해파악유형으로 볼 경우, 견해파악유형은 제시문을 제시한 후, 제시문의 핵심 주장·내용을 선지에서 고르도록 하는 문제들을 말한다. 특히 본 문제는 각 견해의 특징을 잡아내고, 신속·정확하게 비교하는 작업을 요구하고 있다.

❷ 제시문 독해

본 제시문은 논어 중 '극기복례' 구절을 해석하는 과정에서 나타난 두 학파의 대립을 설명하고 있다. 이때 A학파와 B학파

가 해석한 바가 각기 다른 문단에 서술되어 있으므로 두 학파의 주장을 기호를 활용하여 시각적으로 구분하여 읽는다. 예컨대 A학파에는 ○를, B학파에는 △를 표시할 수 있다. 이렇게 두 견해를 시각적으로 구분해야 하는 이유는 A와 B 학파의 내용이 반대로 조합되어 오선지를 구성할 수 있기 때문이다.
1문단은 두 학파의 차이점의 요인으로 '극과 기, 예에 대한 이해의 차이'를 제시하며, 2문단은 A학파의 주장을, 3문단은 B학파의 주장을 제시한다. 4문단은 이러한 해석의 차이의 두 번째 요인으로 '철학적 관심의 차이'를 제시한다.
A학파와 B학파의 내용이 함께 언급되는 1문단, 4문단의 경우 기호를 활용한 구분이 유용하다. 또한, 두 학파의 견해 차이의 요인으로 두 가지가 제시되고 있으므로 이에 대하여도 괄호 등을 활용하여 표시해두면 좋다. (기호를 활용한 독해의 예시는 다음의 Tip ❶을 참고하면 된다.)

❸ 선지 판단

A학파에 관하여 묻는 ①, ②번 선지에 대한 근거는 2문단에서, B학파에 대하여 묻는 ③, ④, ⑤번 선지에 대한 근거는 3문단에서 찾는다. 4문단에도 두 학파의 주장에 대한 내용이 있으므로, 2, 3문단에서 근거를 찾을 수 없다면 4문단을 확인하여 근거를 찾는다.
본 문제에서 오답인 ③번 선지는 B학파가 아니라 A학파에 대한 설명이다. 이에 대한 근거는 4문단에 있다.

합격자의 시간단축 Tip

Tip ❶ 각 견해를 다른 기호로 표시한다.

지문을 읽으면서 A학파에 대한 설명과 B학파에 대한 설명을 각각 다른 기호로 표시한다. 선지 판단 시 특정 정보가 어디에 위치하는지 바로 알 수 있게 하기 위함이다. 해당 문제의 경우 각 학파에 대한 정보가 다른 문단에 있어 헷갈릴 위험이 적었다. 그러나 두 개 이상의 견해를 비교하면서 정보가 뒤섞여있는 문제도 있으므로, 지문을 읽으며 표시하는 습관을 들이도록 하자.
기호를 활용한 독해의 예시는 다음과 같다.

> … A학파는 '극기'와 '복례'를 하나의 독립된 구절로 구분한다. 그들에 따르면, '극'과 '복'은 서술어이고, '기'와 '예'는 목적어이다. 이에 반해 B학파는 '극'을 서술어로 보고 '기복례'는 목적어구로 본다. 두 학파가 동일한 구절을 이와 같이 서로 다르게 구분하는 이유는 '극'과 '기' 그리고 '예'에 대한 〈이해가 다르기 때문〉이다.
> ▶ 1문단
> A학파는 … ▶ 2문단
> 이와 달리 B학파는 … ▶ 3문단
> 두 학파가 동일한 구절을 달리 해석하는 또 다른 이유는 그들이 지향하는 〈철학적 관심이 다르기 때문〉이다. A학파는 '극기'를 '사용의 제거'로 해석하면서, … 그들의 관심은 악의 문제를 어떻게 설명할 것인가라는 문제에 집중되고 있다. B학파는 '극기복례'에 사용된 문자 하나하나의 용례를 추적하여 A학파의 해석이 『논어』가 만들어졌을 당시의 유가 사상과 거리가 있다는 것을 밝히려 한다. 그들은 욕망의 제거가 아닌 '모범적 행위의 창안'이라는 맥락에서 유가의 정통성을 찾으려 한다. ▶ 4문단

Tip ❷ 집단간 특성이 명확히 구별될 경우, 문단별로 선지와 대조한다.

모든 지문을 다 읽고 정확히 파악해서 문제를 푸는 것이 좋지만, 시간 관리상 어려움이 발생할 가능성이 크다. 위와 같이 각 문단에서 비교 집단 간 특성이 명확하게 구분되는 지문의 경우, 각 문단에서 드러난 집단 간 특성을 파악한 후, 앞서 읽었던 선지에서 답을 찾거나, 오답을 제거하는 것이 중요하다. 이 방법은 특히 견해파악유형을 풀 때 유용하다. 본 문제도 정보확인유형과 견해파악유형이 결합되어 있다는 점에서 해당 방법을 통해 문제 풀이 시간을 줄일 수 있다.

Tip ❸ 판단이 어려운 선지는 일단 넘긴다.

이 문제의 경우 옳은 선지를 판단하는 것보다 정답인 틀린 선지를 판단하는 것이 더 쉬웠다. 이처럼 정답인 선지는 오답보다 쉽게 제시되는 경우가 종종 있으므로, 헷갈리는 선지 판단에 시간을 쓰기보다 판단이 쉬운 선지를 먼저 확인하는 것이 시간을 절약하는 방법이 될 수 있다.

173 정답 ④

난이도 ●●○

문제유형 이해 > 내용 추론

접근전략 두 문제가 이어진 연속 문제의 경우, 둘 중 하나는 내용 일치/추론 유형인 경우가 대다수다. 세트형 문항의 경우 다른 지문에 비해서 지문의 길이가 길기 때문에 호흡을 잘 조절하며 글을 읽어야 하고, 지문이 긴 만큼 오지선다의 내용이 여러 곳에 산재되어 있으니 글을 읽으며 지엽적인 부분에 너무 집착하지 않도록 해야 한다. 즉, 일부를 이해하지 못했더라도 그냥 우직하게 읽어나가야 한다.
따라서 일반적인 내용 일치/추론 유형과 달리 세부 내용을 파악하지 말고 중심 소재를 파악하고 글을 통독하며 문단별 핵심 내용을 이해 및 가볍게 정리하는 방식으로 글을 읽도록 한다.

[173~174] 다음 글을 읽고 물음에 답하시오.

(1) 오늘날 인류가 왼손보다 오른손을 선호하는 경향은 어디서 비롯되었을까? (2) 무기를 들고 싸우는 결투에서 오른손잡이는 왼손잡이 상대를 만나 곤혹을 치르곤 한다. (3) 왼손잡이 적수가 무기를 든 왼손은 뒤로 감춘 채 오른손을 내밀어 화해의 몸짓을 보이다가 방심한 틈에 공격을 할 수도 있다. (4) 그러나 이런 상황이 왼손에 대한 폭넓고 뿌리 깊은 반감을 다 설명해 준다고는 생각되지 않는다. (5) 예컨대 그런 종류의 겨루기와 거의 무관했던 여성들의 오른손 선호는 어떻게 설명할 것인가? ▶ 1문단

(1) 오른손을 귀하게 여기고 왼손을 천대하는 현상은 어쩌면 산업화 이전 사회에서 배변 후 사용할 휴지가 없었다는 사실과 관련이 있을 법하다. (2) 인류 역사에서 대부분의 기간 동안 배변 후 뒤처리를 담당한 것은 맨손이었다. (3) 맨손으로 배변 뒤처리를 하는 것은 불쾌할 뿐더러 병균을 옮길 위험을 수반하는 일이었다. (4) 이런 위험의 가능성을 낮추는 간단한 방법은 음식을 먹거나 인사할 때 다른 손을 사용하는 것이었다. (5) 기술 발달 이전의 사회에서는 대개 왼손을 배변 뒤처리에, 오른손을 먹고 인사하는 일에 사용했다. (6) 이런 전통에서 벗어난 행동을 보면 사람들은 기겁하지 않을 수 없었다. (7) 오른손과 왼손의 역할 분담에 관한 관습을 따르지 않는 어린아이는 벌을 받았을 것이다.
▶ 2문단

(1) 나는 이런 배경이 인간 사회에서 널리 나타나는 '오른쪽'에 대한 긍정과 '왼쪽'에 대한 반감을 어느 정도 설명해 줄 수 있으리라고 생각한다. (2) 그러나 이 설명은 왜 애초에 오른손이 먹는 일에, 그리고 왼손이 배변 처리에 사용되었는지 설명해주지 못한다. (3) 확률로 말하자면 왼손이 배변 처리를 담당하게 될 확률은 1/2이다. (4) 그렇다면 인간 사회 가운데 절반 정도는 왼손잡이

사회였어야 할 것이다. (5) 그러나 동서양을 막론하고, 왼손잡이 사회는 확인된 바 없다. (6) 세상에는 왜 온통 오른손잡이 사회들뿐인지에 대한 근본적인 설명은 다른 곳에서 찾아야 할 것 같다.
▶ 3문단

(1) 한쪽 손을 주로 쓰는 경향은 뇌의 좌우반구의 기능 분화와 관련되어 있는 것으로 보인다. (2) 보고된 증거에 따르면, 왼손잡이는 읽기와 쓰기, 개념적·논리적 사고 같은 좌반구 기능에서 오른손잡이보다 상대적으로 미약한 대신 상상력, 패턴 인식, 창의력 등 전형적인 우반구 기능에서는 상대적으로 기민한 경우가 많다.
▶ 4문단

(1) 비비원숭이의 두개골 화석을 연구함으로써 오스트랄로피테쿠스가 어느 손을 즐겨 썼는지를 추정할 수 있다. (2) 이들이 비비원숭이를 몽둥이로 때려서 입힌 상처의 흔적이 남아 있기 때문이다. (3) 연구에 따르면 오스트랄로피테쿠스는 약 80 %가 오른손잡이였다. (4) 이는 현대인과 거의 일치한다. (5) 사람이 오른손을 즐겨 쓰듯 다른 동물들도 앞발 중에 더 선호하는 쪽이 있는데, 포유류에 속하는 동물들은 대개 왼발을 즐겨 쓰는 것으로 나타났다. (6) 이들 동물에서도 뇌의 좌우반구 기능은 인간과 본질적으로 다르지 않으며, 좌우반구의 신체 제어에서 좌우 교차가 일어난다는 점도 인간과 다르지 않다.
▶ 5문단

(1) 왼쪽과 오른쪽의 대결은 인간이라는 종의 먼 과거까지 거슬러 올라간다. (2) 나는 이성 대 직관의 힘겨루기, 뇌의 두 반구 사이의 힘겨루기가 오른손과 왼손의 힘겨루기로 표면화된 것이 아닐까 생각한다. (3) 즉 오른손이 원래 왼손보다 더 능숙했기 때문이 아니라 뇌의 좌반구가 인간의 행동을 지배하는 권력을 갖게 되었기 때문에 오른손 선호에 이르렀다는 생각이다. (4) 그리고 이것이 사실이라면 직관적 사고에 대한 논리적 비판은 거시적 관점에서 그 타당성을 의심해볼 만하다. (5) 어쩌면 뇌의 우반구 역시 좌반구의 권력을 못마땅하게 여기고 있는지도 모른다. (6) 다만 논리적인 언어로 반론을 펴지 못할 뿐.
▶ 6문단

위 글에서 알 수 없는 것은?

① 위생에 관한 관습은 명문화된 규범 없이도 형성될 수 있다.
→ (○) 기술 발달 이전의 사회에서는 대개 왼손을 배변 뒤처리에, 오른손을 먹고 인사하는 일에 사용했으며[2문단(5)], 오른손과 왼손의 역할 분담에 관한 관습을 따르지 않는 어린아이는 벌을 받았을 것이다.[2문단(7)] 이를 통해 위생에 관한 관습은 명문화된 규범 없이도 형성될 수 있다는 것을 알 수 있다.

② 직관적 사고보다 논리적 사고가 인간의 행위를 더 강하게 지배해 왔다고 볼 수 있다.
→ (○) 논리적 사고는 좌반구 기능에 해당하며, 좌반구 기능은 오른손잡이에게서 뛰어나게 발휘된다.[4문단(2)] 필자는 뇌의 좌반구가 인간의 행위를 지배하는 권력을 가지게 되었기 때문에 오른손 선호에 이르렀다고 주장한다.[6문단(3)] 실제로 오스트랄로피테쿠스부터 현대인에 이르기까지 왼손잡이보다 오른손잡이가 훨씬 많이 나타나므로[5문단(3),(4)], 좌반구 기능인 논리적 사고가 우반구 기능인 직관적 사고보다 인간의 행위를 더 강하게 지배해 왔다고 볼 수 있다.

③ 인류를 제외한 대부분의 포유류의 경우에는 뇌의 우반구가 좌반구와의 힘겨루기에서 우세하다고 볼 수 있다.
→ (○) 왼손잡이는 좌반구 기능에서 오른손잡이보다 상대적으로 미약한 대신, 우반구 기능에서는 상대적으로 기민한 경우가 많다.[4문단(2)] 포유류에 속하는 동물들은 대개 왼발을 즐겨 쓰는 것으로 나타났으며, 이들 동물에서도 뇌의 좌우반구 기능은 인간과 본질적으로 다르지 않다.[5문단(6)] 또한, 뇌의 두 반구 사이의 힘겨루기가 오른손과 왼손의 힘겨루기로 표면화된 것이라는 필자의 주장에 따르면, 인류를 제외한 대부분의 포유류의 경우에는 대개 왼발을 즐겨 쓰므로 뇌의 우반구가 좌반구와의 힘겨루기에서 우세하다고 볼 수 있다.

④ 먹는 손과 배변을 처리하는 손이 다르게 된 이유는 먹는 행위와 배변 처리 행위에 요구되는 뇌 기능이 다르기 때문이다.
→ (×) 맨손으로 배변 뒤처리를 하는 것은 불쾌할뿐더러 병균을 옮길 위험을 수반하는 일이었으므로[2문단(3)], 이런 위험의 가능성을 낮추기 위해 음식을 먹거나 인사할 때와는 다른 손을 사용하였다.[2문단(4)] 이를 통해 먹는 손과 배변을 처리하는 손이 다르게 된 이유는 먹는 행위와 배변 처리 행위에 요구되는 뇌 기능이 다르기 때문이 아니라, 위생상의 이유라는 것을 알 수 있다. 따라서 해당 선지의 내용은 옳지 않다.

⑤ 왼손을 천대하는 관습이 가져다주는 이익이 있다고 해서 오른손잡이가 왼손잡이보다 압도적으로 많은 이유가 설명되는 것은 아니다.
→ (○) 위생상의 이유로 오른손잡이가 많다는 주장은 왜 애초에 오른손이 먹는 일에, 그리고 왼손이 배변 처리에 사용되었는지 설명해 주지 못한다.
[3문단(2)] 따라서 왼손을 천대하는 관습이 가져다주는 위생상의 이익이 있다고 해서, 오른손잡이가 왼손잡이보다 압도적으로 많은 이유가 설명되는 것은 아니다.

제시문 분석

1·2·3문단 예상되는 주장과 그에 대한 반론

〈문제 제기〉
오늘날 인류가 왼손보다 오른손을 선호하는 경향은 어디서 비롯되었을까?[1문단(1)]

〈오른손 선호에 대한 통설①〉		〈글쓴이의 반론〉
왼손잡이 적이 무기를 든 왼손은 뒤로 감춘 채 오른손을 내밀어 화해의 몸짓을 보이다가 방심한 틈에 공격을 할 수도 있었기 때문에 왼손에 대한 반감이 있었을 것이다.[1문단(3)]	↔	겨루기와 거의 무관했던 여성들의 오른손 선호를 설명할 수 없다.[1문단(5)]

〈오른손 선호에 대한 통설②〉		〈글쓴이의 반론〉
기술 발달 이전의 사회에서는 대개 왼손을 배변 뒤처리에, 오른손을 먹고 인사하는 일에 사용했다.[2문단(5)]	↔	왜 애초에 오른손이 먹는 일에, 그리고 왼손이 배변 처리에 사용되었는지 설명해 주지 못한다.[3문단(2)]

4·6문단 글쓴이의 주장

〈글쓴이의 주장〉		
〈대전제〉		〈소전제〉
왼손잡이는 좌반구 기능에서 오른손잡이보다 상대적으로 미약한 대신, 우반구 기능에서는 상대적으로 기민하다.[4문단(2)]	⊕	뇌의 두 반구 사이의 힘겨루기가 왼손과 오른손의 힘겨루기로 표면화되었다.[6문단(2)]

〈결론〉
뇌의 좌반구가 인간의 행동을 지배하는 권력을 갖게 되어, 오른손을 선호하게 되었다.[6문단(3)]

합격자의 실전 풀이 순서

❶ 첫 문단을 읽으며 글의 핵심 소재를 유추하도록 한다.

글의 핵심 소재를 파악해야 문제를 풀 수 있다. 일반적 문제와 달리 1지문에 다수의 문제가 나오는 경우는 중심 소재에 대한 깊은 이해가 필요하므로 첫 문단에 힘을 줘야 한다. 이는 PSAT뿐 아니라 NCS에도 공통적으로 적용되는 사항이다. 특히 프로그래밍 문제에서도 알 수 있듯, 한 자료에 여러 문항이 겹쳐서 나올수록 첫 부분을 해석하는 것은 더욱더 중요해진다. 특히 의문문이 등장할 경우 앞으로 나오는 모든 내용은 전부 이것과 연관된다는 뜻이므로 반드시 확인한다. 이 지문은 '오른손 선호의 발생 원인'에 대해 묻고 있음을 파악할 수 있을 것이다.

❷ 2문단부터 6문단까지 각 문단의 핵심 내용을 요약하는 느낌으로 글을 읽으며 특정 키워드는 표시를 해둔다.

2문단부터 6문단까지 지문 길이가 길기 때문에 지엽적이거나 세부적인 것을 체크하기보다는 전체를 조망하는 방법으로 글을 읽는다. 또한 첫 문단에서 왜 왼손보다 오른손을 선호하는지에 대한 의문점을 제기했으므로 글을 읽을 때 이 점을 기억하면서 읽으면 글 내용을 파악하기 수월할 것이다.

이때 지문의 세부 내용은 어차피 뒷 문항을 풀 때 다시 봐야 하기 때문에 여기선 빠르게 핵심만 파악한다는 느낌으로 간다. 지금 제대로 읽어 봤자 많은 정보량에 함몰될 수밖에 없으므로 그런 싸움은 피하는 것이 상책이다. 예컨대 다음과 같이 정리할 수 있다.

2문단과 3문단의 경우 "배변 후 뒤처리를 담당한 손이 왼손이었다는 점이 오른손을 선호하게 된 이유가 될 수 있지 않을까"라고 이야기하면서도 본 이유가 오른손잡이 선호 현상을 설명하는 데에 적합하지 않은 이유를 말하고 있다. 이때 중요한 것은, "그 이유가 구체적으로 무엇인지"는 내용 이해와 무관하다는 것이다. 그것은 나중에 선지에서, 혹은 뒷문항에서 파악하면 된다.

4문단부터 6문단까지는 뇌의 좌우반구와 오른손 선호의 상관관계에 대해 다루고 있다. 또한, 마지막 6문단에서는 마무리로 오른손을 선호하게 된 이유가 뇌의 좌반구가 인간 행동에 대한 권력을 잡았기 때문이라고 이야기하면서 글을 마무리하고 있다.

(비고: 사실 '권력을 잡았다'라는 표현은 신체 부위에 적용하기 힘들다. 직관적으로 와닿지 않을 수도 있다. 이 경우는 좌뇌 위주로 진화했다 혹은, 좌반구가 선택되었다. 라는 표현으로 순화해서 기억해도 좋다.)

❸ 오지선다를 통해 정답을 확인한다.

오지선다를 통해 정답을 확인한다. 한 번에 선지를 판단할 수 있다면 좋겠지만, 그럴 수 없다면 구분성이 뚜렷한 키워드를 중심으로 제시문으로 돌아간다. 여기서 구분성이 뚜렷하다는 의미는 글 전반이 아닌 일부 부분에 존재하는 내용과 관련된 키워드를 말한다. ①, ⑤번은 관습, ②번은 '직관적 사고' 또는 '논리적 사고', ③번은 '우반구' 또는 '좌반구', ④번은 '배변'과 같은 키워드를 통해 해당 문단으로 돌아가 찾을 수 있다. 그러나 지나치게 구분성이 뚜렷하면 찾는 것이 불편해질 수 있다. 예컨대 "명문화된 규범", "포유류" "천대" 등의 단어는 찾기 힘들다. 어디까지나 앞서 정리한 '문단별 핵심 주제'에 맞춘 키워드를 중심으로 체크해야 할 것이다.

합격자의 시간단축 Tip

Tip ❶ 글의 전체적인 흐름을 파악하는 방식의 글 읽기가 필요하다.

이러한 문제의 경우 지문의 길이가 길기 때문에 각 문단의 특징들을 일일이 기억하기란 어려우며 글을 세심히 읽다가는 지칠 수 있다. 그렇기 때문에 제시문의 문단별 핵심을 파악하며 글을 전체적으로 조망하는 형식으로 읽어 내려가는 것이 중요하다.

사안의 경우에 있어서도 1문단에 있어 글의 핵심 주제를 파악했고 그 뒤의 문단들의 대략적인 내용을 요약하며 1문단의 핵심 주제와 연결 지어 글의 내용을 이해하는 방식으로 문제에 접근하였다. 어차피 오지선다의 정보의 경우 각 문단에 산재되어 있을 가능성이 높아서, 각 문단의 핵심 내용과 핵심 키워드만 숙지하더라도 정보를 해당 문단에 가서 쉽게 찾을 수 있다.

Tip ❷ 선지에서 좋아하는 단어를 확인한다.

이 지문의 경우 '명문화된 규범' '행위를 지배' '이익' 같은 단어는 지문의 구체적인 내용을 추상화하는 좋은 키워드다. 각각 지문에서 어떻게 등장할지 생각해 보고 다른 지문에도 적용할 수 있도록 한다. 예컨대 명문화된 규범은 반드시 기록이 남아있을 것이고, 행위를 지배한다는 것은 영향력과 관련이 있다. 이익이란 경제적 동기, 쓸모, 기능과 궤를 같이 한다.

이뿐 아니라 선지에는 추상적인 단어들이 자주 나온다. 이는 지문의 내용을 얼마나 잘 축약했는지 테스트함과 동시에, 같은 단어(특히 굉장히 특징적인 단어)를 지문에서 마치 틀린그림찾기를 하듯 찾을 수 없게 숨겨두기 위함이다. 예컨대 바로 윗 문제의 ④번 선지에 나온 '환경에 적응'이란 단어로부터 '외부의 위협, 조건, 상황' 등이 유추될 수 있음을 파악하여야 한다.

174 정답 ④ 난이도 ●●○

문제유형 이해 > 내용 추론

접근전략 세트형 유형의 두 번째 문제에 해당하는 본 문제처럼 강화/약화를 비롯한 다양한 유형으로 출제될 수 있다. 이미 앞 문제를 풀면서 핵심 논지를 파악한 상태이므로, 다시 돌아가 글의 논지를 점검할 필요는 없다. 따라서 곧바로 오지선다로 가서 정답을 찾으면 된다.

강화/약화 여부를 물어보는 것이 아닌 '강화하는 진술', '약화하는 진술'을 찾는 문제는 지문에서 주장을 뒷받침하는 근거를 확실하게 알아두는 것이 중요하다. 정확하게 근거를 뒷받침한다면 '강화', 근거와 대립한다면 '약화'라고 볼 수 있을 것이다. 이때, 제시문의 내용과 무관한 진술을 정답으로 고르지 않도록 주의한다.

위 글의 논지를 약화하는 진술로 가장 적절한 것은?

① 오스트랄로피테쿠스의 지능은 현생 인류에 비하여 현저하게 뒤떨어지는 수준이었다.

→ (×) 제시문에서는 오스트랄로피테쿠스의 80%가 오른손잡이였다는 내용만 서술되어있을 뿐[5문단(3)], 이들의 지능과 관련된 내용은 서술되어 있지 않다. 따라서 오스트랄로피테쿠스의 지능이 현생 인류에 비하여 현저하게 뒤떨어지는 수준이었다는 진술은 글과 무관한 내용이므로, 글쓴이의 논지를 강화하지도, 약화하지도 않는다.

② '왼쪽'에 대한 반감의 정도가 서로 다른 여러 사회에서 왼손잡이의 비율은 거의 일정함이 밝혀졌다.

→ (×) '왼쪽'에 대한 반감의 정도가 서로 다른 여러 사회에서

왼손잡이의 비율은 거의 일정함이 밝혀졌다는 것은, 왼손잡이의 비율은 왼쪽에 대한 반감이라는 '후천적인 사회적 요인'에 영향을 받지 않는다는 것을 의미한다. 이를 통해 왼손잡이의 비율이 선천적인 요인에 의해서 결정된다는 것을 추론할 수 있으므로, 뇌의 좌우반구와 같은 선천적인 요인에서 오른손 선호의 원인을 찾는 글쓴이의 주장과 같은 맥락이다.[6문단(2)] 따라서 해당 진술은 글쓴이의 논지를 강화한다.

③ 오른손잡이와 왼손잡이가 뇌의 해부학적 구조에서 유의미한 차이를 보이지 않는다는 사실이 입증되었다.
→ (×) 글쓴이는 뇌의 기능 분화와 그것의 권력 관계에서 오른손 선호의 원인을 찾고 있다.[6문단(2)] 그러나 해부학적 구조는 절개 시 드러나는 물리적 구조이므로 이것의 차이가 없다는 것을 근거로 기능의 차이까지 부정한다고 볼 수는 없다. 따라서 오른손잡이와 왼손잡이가 뇌의 해부학적 구조에서 유의미한 차이를 보이지 않는다는 사실은, 뇌의 기능 분화와 그것의 권력 관계와 무관하므로 논지를 강화하거나 약화하지 않는다.

④ 진화 연구를 통해 인류 조상들의 행동의 성패를 좌우한 것이 언어·개념과 무관한 시각 패턴 인식 능력이었음이 밝혀졌다.
→ (O) 왼손잡이는 상상력과 패턴 인식, 창의력 등을 담당하는 우뇌가 발달한 반면, 오른손잡이는 읽기와 쓰기, 논리적·개념적 사고를 담당하는 좌뇌가 발달하였다.[4문단(2)] 따라서 글쓴이는 이를 통해 인간의 뇌에서 좌뇌가 승리하여 오른손잡이가 더 많아졌다고 주장한다.[6문단(3)] 그러나 진화 연구를 통해 인류 조상들의 행동의 성패를 좌우한 것이 좌뇌가 담당하는 언어·개념이 아니라, 우뇌가 담당하는 패턴 인식 능력이었음이 밝혀졌다면, 인간의 뇌에서 우뇌가 승리하여 왼손잡이가 더 많아졌어야 한다. 이는 글쓴이의 논지와 상반되는 진술이므로, 글쓴이의 논지를 약화한다.

⑤ 태평양의 어느 섬에서 외부와 교류 없이 수백 년 동안 존속해 온 원시 부족 사회는 왼손에 대한 반감을 전혀 갖고 있지 않았다.
→ (×) 태평양의 어느 섬에서 외부와 교류 없이 수백 년 동안 존속해 온 원시 부족 사회가 왼손에 대한 반감을 전혀 갖고 있지 않았다는 진술은 글쓴이의 논지와 무관하다. 따라서 논지를 강화하지도, 약화하지도 않는다.

합격자의 실전 풀이 순서

오지선다로 정답을 도출한다.

이미 지문을 한 번 읽었고, 앞 문제를 통해 어느 정도 내용을 파악했으므로 바로 오지선다를 통해 바로 정답을 도출하도록 한다. 강화한다/약화한다/강화하지 않는다/약화하지 않는다'와 관련된 문제의 경우 상황마다 판단하는 패턴이 정해진 편이므로 이를 정리해두고 미리 숙지해두면 선지 판단이 빠르고 정확해진다. 아래 표를 참고해 이를 기준으로 하여 선지를 판단하도록 하자.

A가 강화한다.	A가 본문 내용과 일치/부합 또는 본문 내용으로부터 추론 가능
A가 강화하지 않는다.	A가 추론될 근거 없음 또는 A가 본문 내용과 상충하거나 무관함
A가 약화한다.	A가 본문 내용과 상충
A가 약화하지 않는다.	A가 본문으로부터 추론 가능 또는 일치/부합하거나 무관함

이에 따르면 ①번 선지는 제시문 논지와 무관하여 약화한다 할 수 없고, ②번 선지는 제시문 내용과 부합하기 때문에 약화할 수 없으므로 오답이다. 또한, ③, ⑤번 선지는 제시문 내용과 무관하므로 약화할 수 없고, ④번 선지는 제시문 내용과 상충하므로 오답이 된다.

합격자의 시간단축 Tip

Tip 주장과 무관한 사실을 주의하도록 한다.

'다음 논지를 약화/강화하는 진술로 알맞은 것은?'의 문제는 해당 주어진 지문에서의 근거와 오지선다에서 제시한 진술이 적합성이 있는지를 먼저 살펴보아야 한다. 지문에서 제시한 근거와 직접적으로 반대되는 진술이 아닌 이상, 무관한 진술으로 오답이 될 수 있기 때문이다. 해당 문제에서는 선지 ③번과 ⑤번의 진술이 제시문의 내용과 무관하여 글의 논지를 약화한다고 볼 수 없었다. 이처럼 선지의 내용이 제시문과 관련이 있는지를 먼저 확인한다면 오답을 빠르게 정답의 후보에서 제외할 수 있다. 그러므로 무관한 진술의 존재를 유의하며 문제에 접근하도록 하자.

175 정답 ① 난이도 ●●○

문제유형 사실적 이해 > 정보 확인

접근전략 제시문 형태로 제시되었으나 제시문 전체가 사실상의 법조문의 내용을 담고 있다. 2문단이 상당히 여러 문장으로 구성되어 있으나 접속사 등이 제시되어있지 않아, 쓱 읽어서는 구조화시켜 이해하기가 상당히 어렵다.

1문단의 경우 입후보자 수에 따라 선출방식이 달라진다는 점, 2문단에서는 정회원의 요건과 유지기간, 박탈규정, 3문단에서는 선거 참여 회원기준을 제시하고 있다는 정도를 파악하고 빠르게 선지로 내려간다. 선지를 읽은 후, 지문과의 교집합을 찾으러 빠르게 지문으로 올라오는 것이 필요하다.

다음 글을 근거로 판단할 때 옳지 않은 것은?

(1) A협회는 매년 12월 열리는 정기총회에서 다음해 협회장을 선출한다. (2) 협회장의 선출은 ① 입후보자가 1인인 경우에는 '찬반투표'로 이루어지고, ② 입후보자가 2인 이상인 경우에는 '선거'를 통해 이루어진다. ▶ 1문단

(1) '찬반투표'에 참여할 수 있는 회원의 자격은 투표일 현재까지 A협회의 정회원인 사람으로 한정한다. (2) A협회의 정회원은 A협회의 준회원으로 만 1년 이상을 활동한 후 정회원 가입 신청을 하고 연회비를 납부한 자를 말한다. (3) 기준에 따라 정회원 가입을 신청하고 연회비를 납부한 그 날부터 정회원 자격이 부여된다. (4) 정회원은 정회원 자격을 획득한 다음해부터 매해 1월 30일까지 연회비를 납부하여야 그 자격이 유지된다. (5) 기한 내에 연회비를 납부하지 않은 정회원은 그 자격이 유보되어 권리를 행사할 수 없고, 정회원 자격을 회복하기 위해서는 그 다음해 연회비 납부일까지 연회비의 3배를 납부하여야 한다. (6) 2년 연속 연회비를 납부하지 않은 사람은 A협회의 회원 자격이 영구히 박탈된다. ▶ 2문단

(1) 한편 '선거'에 참여할 수 있는 회원의 자격은 선거일을 기준으로 정회원 자격을 얻은 후 만 1년을 경과한 정회원으로 한정한다. (2) 연회비 미납부로 정회원 자격이 유보된 사람도 정회원 자격을 회복한 후 만 1년을 경과하여야 선거에 참여할 수 있다. ▶ 3문단

① 2019년 10월 A협회 정회원 자격을 얻은 甲은 '2020년 협회장' 선출을 위한 '선거'에 참여할 수 있었다.

→ (×) 선거에 참여하기 위하여는 3문단에 따라 선거일을 기준으로 정회원 자격을 얻은 후 만 1년을 경과한 정회원이어야 한다. '2020년 협회장' 선출을 위한 선거는 1문단에 의해 2019년 12월 정기총회에서 선출하고, 이 시점을 기준으로 甲은 정회원 자격을 얻은 지 만 1년이 경과하지 않았기 때문에 선거에 참여할 수 없다.

② 2018년 10월 A협회 정회원 자격을 얻은 乙은 2019년 연회비 납부 여부와 관계없이 '2019년 협회장' 선출을 위한 '찬반투표'에 참여할 수 있었다.

→ (○) 찬반투표에 참여하기 위하여는 2문단에 따라 A협회의 정회원인 사람이어야 한다. '2019년 협회장' 선출은 2018년 12월에 실시하고 이때 乙은 2019년 연회비 납부 여부와 관계없이 정회원 자격을 유지하고 있으므로 찬반투표에 참여할 수 있다.

③ 2017년 10월 A협회 정회원 자격을 얻은 丙이 연회비 미납부로 자격이 유보되었다가 2019년에 정회원 자격을 회복하였더라도 '2020년 협회장' 선출을 위한 '선거'에 참여할 수 없었다.

→ (○) 선거에 참여하기 위하여는 3문단에 따라 연회비 미납부로 정회원 자격이 유보된 경우 정회원 자격을 회복한 후 만 1년을 경과하여야 한다. 2019년에 정회원 자격을 회복하였다면 2019년 12월을 기준으로 정회원 자격을 회복한지 만 1년이 경과하지 않았기 때문에 선거에 참여할 수 없다.

④ 2017년 10월 A협회 준회원 활동을 시작한 丁이 최소 요구 연한 경과 직후에 정회원 자격을 획득하였다면 '2019년 협회장' 선출을 위한 '찬반투표'에 참여할 수 있었다.

→ (○) 2문단에 따르면 A협회의 정회원은 A협회의 준회원으로 만 1년 이상을 활동한 후 정회원 가입신청을 하고 연회비를 납부한 자를 말한다. 따라서 이 최소 요구 연한 경과 직후 정회원 자격을 획득하였다면 2018년 10월에 정회원 자격을 획득한 것이고, 2018년 12월에 열리는 2019년 협회장 선출을 위한 찬반투표에 참여할 수 있다.

⑤ 2016년 10월 처음으로 A협회 정회원 자격을 얻은 戊가 2017년부터 연회비를 계속 납부하지 않았다면 협회장 선출을 위한 '선거'에 한 번도 참여할 수 없었다.

→ (○) 戊은 2016년 10월 정회원 자격을 얻었으므로 연회비를 지속적으로 납부하였다면 2017년 12월에 열리는 선거부터 참여할 수 있었다. 다만, 2017년부터 연회비를 납부하지 않았기 때문에 선거에 한 번도 참여할 수 없다.

합격자의 실전 풀이 순서

❶ 문제 유형 파악

제시문을 보고 문제의 유형을 판단한다. 줄글 형태의 제시문이 주어지기 때문에 정보확인유형이라고 판단할 수 있으나, 제시문의 내용이 비문학이 아닌 규정이다. 따라서 규정확인 혹은 규정적용 유형이라고 보아야 한다. 선지까지 확인해보면 제시문의 규정을 파악하고 이를 상황에 적용한다는 점에서 규정적용문제와 유사함을 알 수 있다. 따라서 제시문을 법조문이라고 생각하고, 처음 읽을 때는 구체적 내용을 파악하기보다 제시문의 구조와 선지에 나올만한 표현들을 파악하며 독해한다. 또한, 본 문제가 옳지 않은 것을 고르는 문제라는 것을 인지하기 위해 "옳지 않은"이라는 단어에 밑줄이나 동그라미 등 표시를 한다.

다음 글을 근거로 판단할 때 옳지 않은 것은?

❷ 제시문 구조 파악

1문단은 A협회의 협회장 선출 방식을 소개한다. 1문단 (1)문장에서는 A협회의 정기총회가 '12월'에 열리며, '다음해'의 협회장을 선출한다는 점에 유의한다. 또한, '찬반투표'와 '선거'가 구분되어 설명되고 있으므로, 이후의 문단에서는 '찬반투표'와 '선거'가 순서대로 설명될 것임을 예측할 수 있다.

2문단은 찬반투표에 참여할 수 있는 자격을 설명하고 있다. 2문단 (2), (3) 문장은 정회원 자격의 부여 조건을, (4)문장은 유지 조건을 설명하고 있다. 또한, (5), (6) 문장은 연회비 미납이 회원 자격에 미치는 효력을 설명한다. 각 내용을 빗금으로 구분하고, 내용을 찾기 쉽도록 중심 키워드에 표시한다.

이어서 3문단은 선거에 참여할 수 있는 자격을 설명하고 있다. (1) 문장은 원칙에 대한 설명이며, (2) 문장은 예외로서 연회비 미납부로 자격이 유보된 자를 다루고 있다.

❸ 선지 판단

선지의 내용을 훑어본 후, 각 선지의 내용에 해당하는 조문을 찾아서 이동한다.

선지 ①번은 정회원 자격을 얻은 자의 선거 참여 자격을 묻고 있으므로 3문단 문장 (1)과 비교한다. 甲은 2021년 협회장을 선출하는 2020년 12월 총회부터 선거에 참여할 수 있다. 옳지 않으므로 정답이다.

시간이 부족하다면 다음 문제로 넘어가고, 여유가 있다면 나머지 선지도 확인한다. 선지 ①번이 '선거'에 대한 내용이었으므로, 선거 관련 선지인 ③번, ⑤번을 먼저 해결하고, ②번, ④번을 해결한다. 주의할 점은 선거에 대한 내용을 판단할 때에도 2문단의 정회원 자격 유지 조건을 함께 확인해야 한다는 것이다. 또한 '다음해' 협회장을 뽑는다는 사실, 협회장 선출을 위한 정기총회가 열리는 시기, 연회비 납부 시기 등에 유의하며 선지와 지문을 비교하여야 한다.

합격자의 시간단축 Tip

Tip ❶ 선지에 활용될 포인트에 주목하며 제시문 독해

제시문 독해 시 미리 선지에 활용될 만한 오선지 출제 포인트를 파악하며 읽는 것이 좋다. 특히 이러한 출제 포인트가 맨 앞 문장에 제시되는 경우 제시문 독해 단계에서 빼먹을 가능성이 있으므로 주의한다. 본 문제의 경우 1문단 (1) 문장에서 매년 12월 열리는 정기총회에서 '다음해' 협회장을 선출한다고 하였으므로 '2020년 협회장' 선출은 2019년 12월에 열린다는 점에 유의한다.

Tip ❷ 제시문의 구체적 내용은 선지 판단 시에 확인

정보확인유형이나 규정파악유형과 마찬가지로 제시문 독해 시에는 제시문의 구조와 선지에 나올만한 중요한 내용만을 대략적으로 파악한 후, 구체적인 제시문의 내용은 선지 판단 시에 확인한다. 이는 제시문의 내용이 복잡해질 경우 그 내용을 잊어버려서 제시문을 두 번 이상 읽는 문제를 방지하기 위해서이다.

Tip ❸ 제시문의 내용을 구조화하여 제시문 독해

줄글이지만 법조문 유형과 유사한 내용이므로, 구조화하여 글을 읽는 것이 중요하다. 각 문단이 조문 제목이 주어지지 않은 하나의 조라고 생각하고 접근하는 것이다. 우선 글의 구조와 1문단 (2) 문장을 통해 선거와 찬반투표 요건이 구분되고 있음을 파악해야 한다. 다음으로 2문단에서 정회원 자격을 인정받기 위한 요건을 상세히 서술하고 있으므로, 각 문장이 어떤 경우를 설명하고 있는지 개략적으로 파악하고 구체적인 선지 내용과 비교할 수 있어야 한다. 아래는 키워드 표시와 제시문 구조화의 예시이다. 왼쪽과 같이 빗금이나 번호를 활용하여 읽으면, 오른쪽과 같이 구조화하여 제시문을 이해할 수 있다. 제시문이 법조문 형식은 아니더라도 유사하게 접근할 수 있는 것이다.

> A협회는 매년 12월 열리는 정기총회에서 다음해 협회장을 선출한다. 협회장의 선출은 ① 입후보자가 1인인 경우에는 '찬반투표'로 이루어지고, ② 입후보자가 2인 이상인 경우에는 선거를 통해 이루어진다.
>
> '찬반투표'에 참여할 수 있는 회원의 자격은 투표일 현재까지 A협회의 정회원인 사람으로 한정한다. A협회의 정회원은 A협회의 준회원으로 만 1년 이상을 활동한 후 정회원 가입 신청을 하고 연회비를 납부한 자를 말한다. 기준에 따라 정회원 가입을 신청하고 연회비를 납부한 그 날부터 정회원 자격이 부여된다. / 정회원은 정회원 자격을 획득한 다음해부터 매해 1월 30일까지 연회비를 납부하여야 그 자격이 유지된다. / 기한 내에 연회비를 납부하지 않은 정회원은 그 자격이 유보되어 권리를 행사할 수 없고, 정회원 자격을 회복하기 위해서는 그 다음해 연회비 납부일까지 연회비의 3배를 납부하여야 한다. 2년 연속 연회비를 납부하지 않은 사람은 A협회의 회원 자격이 영구히 박탈된다. /
>
> 한편 '선거'에 참여할 수 있는 회원의 자격은 선거일을 기준으로 정회원 자격을 얻은 후 만 1년을 경과한 정회원으로 한정한다. / 연회비 미납부로 정회원 자격이 유보된 사람도 정회원 자격을 회복한 후 만 1년을 경과하여야 선거에 참여할 수 있다. /

↓

> 제○○조(협회장 선출방식)
> 입후보자 1인: 찬반투표
> 입후보자 2인 이상: 선거
>
> 제○○조(찬반투표)
> ① 자격: 정회원
> ② 정회원 자격 부여 조건
> ③ 정회원 자격 유지 조건
> ④ 연회비 미납의 효력
> 자격 유보
> 자격 박탈
>
> 제○○조(선거)
> ① 자격: 만 1년 경과 정회원
> ② 연회비 미납으로 자격이 유보된 자의 경우

Tip ④ 제시문과 선지의 형태를 통해 선지 출제 포인트를 예측

제시문의 내용과 선지의 형태를 통해 핵심적인 선지 판단 포인트를 예상할 수 있다. 본 문제의 경우 여러 가지 〈기간〉이 지문에 제시되었고, 선지에는 연도와 월이 제시된다는 것에 유의한다. 2문단에는 만 1년, 매해 1월 30일, 다음해 연회비 납부일, 2년 연속 등 여러 가지 기간이 제시되어 있다. 처음 선지의 레이아웃을 보고, 기간의 기산점을 정확히 판단하여 그로부터 얼마가 지났는지를 계산하는 것이 핵심 선지로 등장하리라는 것을 예상할 수 있어야 한다. 실제로 선지 ①번의 경우, 〈매년 12월, 다음해〉 등이 핵심정보로 제시되었으며, 이를 2019년 10월에 연결시켰을 때 선거에 참여가 불가능하다는 추론을 할 수 있는지를 묻기 위해 출제되었다.

Tip ⑤ 1문단을 읽고 규정 확인/적용 유형임을 파악

〈상황〉이 따로 주어지지 않은 경우, 줄글 형식의 제시문만을 보고 규정 확인/적용 유형임을 파악하기는 어렵다. 그러나 제시문의 첫 문단을 읽었다면 일반적인 정보 확인 유형과 다르다는 것을 알아채야 한다. 일반적인 비문학 유형과 달리 규정만이 나열되어 있기 때문이다. 바로 선지를 확인해보면 규정 확인/적용 유형임을 더욱 확실히 알 수 있다. 문제의 유형을 알았다면 2문단부터는 모든 내용을 확인하기보다는, 제시문의 구조와 핵심 키워드를 파악하며 독해하면 된다.

Tip ⑥ 정답이 ①번일 경우

정답이 선지 ①번에서 도출되었다면, 일단은 한 번 더 확인 후 다음 문제로 넘어가는 것이 좋다. 해당 문제와 같이 확인할 정보가 많고 복잡한 경우는 더더욱 그렇다. 하지만 본인이 실수가 잦은 편이라면 문제에 체크를 해 두었다가 시간이 남는 경우 돌아와 나머지 선지까지 확인하는 것을 추천한다.

176 정답 ③ 난이도 ●●○

문제유형 비판적 사고 > 판단하기

접근전략 제시문 내용에 대한 평가를 묻는 경우에는 선지의 내용이 해당 내용을 강화하느냐/약화하느냐를 묻는 경우가 많다. 이 경우 제시문 내용과 부합하거나 그로부터 추론 가능하면 강화, 제시문 내용과 상충하는 경우 약화라고 할 수 있다. 따라서, 제시문의 내용을 잘 파악하여 정리한 뒤 이들과 선지 내용 간 관계를 파악해 정답을 파악할 수 있다.

다음 글의 가설 A, B에 대한 평가로 가장 적절한 것은?

(1) 진화론에서는 인류 진화 계통의 초기인 약 700만 년 전에 인간에게 털이 거의 없어졌다고 보고 있다. (2) 털이 없어진 이유에 대해서 학자들은 해부학적, 생리학적, 행태학적 정보들을 이용하는 한편 다양한 상상력까지 동원해서 이와 관련된 진화론적 시나리오들을 제안해 왔다. ▶ 1문단

(1) 가설 A는 단순하게 고안되어 1970년대 당시 많은 사람들이 고개를 끄덕였던 설명으로, 현대적 인간의 출현을 무자비한 폭력과 투쟁의 산물로 설명하던 당시의 모든 가설을 대체할 수 있을 정도로 매력적으로 보였다. (2) 이 가설에 따르면 인간은 진화 초기에 수상생활을 시작하였다. (3) 인간 선조들은 수영을 하고 물속에서 아기를 키우는 등 즐거운 활동을 하기 위해서 수상생활을 하였다. (4) 오랜 물속 생활로 인해 고대 초기 인류들은 몸의 털이 거의 없어졌다. (5) 그 대신 피부 아래에 지방층이 생겨났다. ▶ 2문단

(1) 그 이후에 나타난 가설 B는 인간의 피부에 털이 없으면 털에 사는 기생충들이 감염시키는 질병이 줄어들기 때문에 생존과 생식에 유리하다고 주장하였다. (2) 털은 따뜻하여 이나 벼룩처럼 질병을 일으키는 체외 기생충들이 살기에 적당하기 때문에 신체에 털이 없으면 그러한 병원체들이 자리 잡기 어렵다는 것이다. (3) 이 가설에 따르면 인간이 자신을 더 효과적으로 보호할 수 있는 의복이나 다른 수단들을 활용할 수 있었을 때 비로소 털이 없어지는 진화가 가능하다. (4) 옷이 기생충에 감염되면 벗어서 씻어 내면 간단한데, 굳이 영구적인 털로 몸을 덮을 필요가 있겠는가? ▶ 3문단

① 인간 선조들의 화석이 고대 호수 근처에서 가장 많이 발견되었다는 사실은 가설 A를 약화한다.
→ (×) 호수, 즉 물 근처에서 발견되는 인간 선조들의 화석이 발견되었다면, 인간이 수상생활을 즐겼다는 것을 알 수 있다. 가설 A는 초기 인류의 오랜 수상생활로 털이 없어졌다고 주장하고 있기에[2문단(4)] 해당 선지는 A를 강화한다.

② 털 없는 신체나 피하 지방 같은 현대 인류의 해부학적 특징들을 고래나 돌고래 같은 수생 포유류들도 가지고 있다는 사실은 가설 A를 약화한다.
→ (×) 가설 A에 따르면 고대 초기 인류의 수상생활이 털을 없애고 피하 지방의 생성을 유발했다.[2문단(4),(5)] 이러한 인류의 해부학적 특징들이 물속에서 사는 생물들과 유사하다는 사실은 해당 주장을 강화할 것으로 기대할 수 있다.

③ 호수나 강에는 인간의 생존을 위협하는 수인성 바이러스가 광범위하게 퍼져 있었으며 인간의 피부에 그에 대한 방어력이 없다는 사실은 가설 A를 약화한다.
→ (O) 가설 A는 고대 초기 인류가 오랜 수상생활을 함으로써 털이 없어졌다고 주장한다.[2문단(4)] 만약 해당 선지의 내용대로 인간의 생존을 위협하는 바이러스가 물에 있었다면 인간은 수상생활을 즐기지 못했을 것이다. 그렇다면 가설 A는 기존의 주장을 유지하기가 어렵게 되므로 해당 선지가 정답이 된다.

④ 열대 아프리카 지역에서 고대로부터 내려온 전통 생활을 유지하고 있는 주민들이 옷을 거의 입지 않는다는 사실은 가설 B를 강화한다.
→ (×) 가설 B에 따르면 피부를 보호할 수 있는 옷과 같은 수단이 털의 기능을 대체할 때 털은 사라지게 된다.[3문단(3)] 따라서 해당 선지에서 소개한 경우처럼 전통적으로 쭉 옷을 입지 않은 사람들이 있다면, 그들의 털은 사라지지 않아야 한다. 그러나 해당 선지만으로는 그들의 털이 사라졌는지 알 수가 없다. 따라서 해당 선지는 글의 입장을 강화하는 근거로 쓰이기에 부족하다. 만약 해당 선지의 내용이 '옷을 거의 입지 않는 주민들이 현대 인류보다 많은 털을 가지고 있다'라는 내용이라면 가설 B를 강화하는 입장으로 볼 수 있을 것이다.

⑤ 피부를 보호할 수 있는 옷이나 다른 수단을 만들 수 있는 인공물들이 사용된 시기는 인류 진화의 마지막 단계에 한정된다는 사실은 가설 B를 강화한다.
→ (×) 가설 B는 인류가 몸을 보호할 수 있는 옷과 같은 수단을 활용할 수 있었을 때, 털이 사라졌다고 말한다.[3문단(3)] 그리고 진화론에서는 인간에게 털이 사라진 시기를 고대 인류 초기인 약 700만 년 전이라고 주장한다.[1문단(1)] 하지만 해당 선지에 따르면 털의 기능을 대체할 수 있던 인공물들은 인류 진화 마지막 단계에 한정되기 때문에 본선지의 내용은 가설 B를 약화한다.

제시문 분석

제시문 인간의 털이 없어진 이유에 대한 진화론적 가설

"인류 진화 초기에 인간에게서 털이 거의 없어졌다."[1문단(1)] 왜 없어졌을까?	
〈가설 A〉(2문단)	〈가설 B〉(3문단)
인류 진화 초기 시작한 수상생활(4) • 즐거움 목적의 수상생활(3) • 털 대신 피부 아래 지방층 생성(5)	의복의 활용으로 인한 털의 보호적 기능을 대체(3) • 털에 서식하는 기생충으로부터의 해방(2) • 더 효과적인 보호의 수단이 되는 의복의 활용이 계기(3)

합격자의 실전 풀이 순서

❶ 발문을 확인해 유형을 파악한다.

> 다음 글의 가설 A, B에 대한 평가로 가장 적절한 것은?

일반적으로 어떤 내용에 대한 평가를 묻는 경우 선지의 어떤 내용이 제시문의 내용을 강화하는지, 약화하는지 묻는 경우가 많다. 일반적으로 제시문의 해당 내용과 부합하거나 그로부터 추론할 수 있는 경우에는 선지가 해당 내용을 강화한다고 보며, 제시문의 내용과 상충하는 경우는 약화한다고 한다. 따라서, 각 내용을 잘 파악하여 정리한 뒤 선지의 내용과 이들이 어떤 관계를 갖는지 따져보면 된다. 특히 지문 첫부분의 '진화론'이라는 단어에 주목하여 향후 내용이 "무엇의 진화"를 다루는지 반드시 먼저 파악할 준비를 해야 한다.

❷ A와 B 각각의 내용을 잘 파악하여 정리한다.

1문단부터 읽어 보면, 해당 글의 핵심 내용은 인류가 털이 없어진 이유에 대한 다양한 시나리오임을 알 수 있다. 따라서, 2문단과 3문단의 내용도 여기에 초점을 맞추어 인류가 털이 없어진 이유에 대해 어떻게 설명하는지 잘 파악할 필요가 있다. 이처럼 1문단 후반부에는 독해 시 어디에 초점을 맞춰야 하는지 방향을 제시해 주는 경우도 있다.

2, 3 문단은 가설 A와 B가 나오고 있는데 이 두 의견은 서로 대립관계가 아님에 유의한다. 또한 "가설"이라는 말은 저자의 주장이 되기에 모자라다는 뜻이다. 글쓴이가 어떤 가설에 동의할지 안할지 확인해보면 좋다. 이 글에선 지금 글쓴이는 어떤 평가도 내리고 있지 않음을 알자. 나중에 논지 파악 유사 유형에서 큰 도움이 될 것이다.

❸ 선지를 판단한다.

앞서 언급했듯 선지를 판단할 때에는 A, B 각 의견과 부합하거나 이로부터 추론할 수 있는 내용이라면 강화한다고 판단할 수 있으며 이와 상충하면 약화한다고 할 수 있다.

①번 선지의 경우 사실 수상생활과 호수 근처는 연관성이 없을 수도 있다. 그냥 식수를 구하기 쉬운 곳이었을 수 있기 때문이다. 옛날에는 수도는커녕 펌프도 없었고, 호수는 각종 물고기가 있어 식량창고이기도 할 수 있었을 것이다. 따라서 가설 A와 호수 근처의 화석은 사실 관련이 없다.

③번 선지는 물속에 인류를 위협하는 바이러스가 존재하고 있다는 점을 보아 고대 인류가 수상생활을 했을 것이라는(그리고 그것이 후손을 남길 수 있었다는 전제를 추가하면 좋다. 큰 틀 안에서 진화론이기 때문이다.) A의 의견과 상충하여 약화한다고 할 수 있다. 따라서 이는 정답이다.

④번 선지의 경우 전통 생활을 유지하고 있는 주민들이 털을 얼만큼 가지고 있었는지 제시되어 있지 않다. 따라서 해당 선

지의 설명만으로 글의 입장을 강화한다고 할 수 없다. 만약 1문단 1문의 내용에 따라 이들도 보통의 현대 인류처럼 털을 적게 가지고 있다고 한다면, 이는 옷과 같은 수단을 발견해 털이 없어지는 진화가 가능해졌다는 B의 내용과 상충하므로 약화한다고 해야 할 것이다.

⑤번 선지는 옷과 같은 수단을 만들 수 있었던 것이 인류 진화의 마지막 단계에서나 가능해졌다고 한다. 그러나 1문단 1문에 따르면 털이 없어진 것은 인류 진화 계통의 초기 단계이며, B는 이 단계에서 옷과 같은 수단을 발견하여 털이 사라지는 방향의 진화가 일어났다고 하므로 상충한다. 즉, 오히려 B의 가설을 약화한다고 해야 할 것이다.

합격자의 시간단축 Tip

Tip ❶ 강화/약화하는 것을 묻는 문제의 선지 구성

강화/약화하는 것을 묻는 문제의 선지는 추론할 수 있는 것을 고르라는 문제로 보고 풀이 기준을 단순화해서 기계적으로 풀면 문제풀이 시간을 크게 줄일 수 있다. 그 기준은 아래 표를 참고하자.

A가 강화한다.	A가 본문 내용과 일치 또는 본문 내용으로부터 추론 가능
A가 강화하지 않는다.	A가 추론될 근거 없음 또는 A가 본문 내용과 상충하거나 무관함
A가 약화한다.	A가 본문 내용과 상충
A가 약화하지 않는다.	A가 본문으로부터 추론 가능 또는 일치하거나 무관함

Tip ❷ 평가 유형이 강화약화 선지를 낼 수밖에 없는 이유

평가라는 것은 시험처럼 객관적이고 공정한 경우도 있지만 지문에 대한 평가는 주로 글의 논리정연함과 타당함을 수험생(독자)이 어떻게 평가할 수 있는지를 보는 것이다. 즉 수험생이 논리적 연결이 매끄러운지, 그리고 전제와 결론이 사실에 가까운지를 분별할 수 있는지 보는 것이다. 그런데 이를 명시적으로 말할 수는 없다. 왜냐하면, 난이도가 너무 쉬워지고 정답시비가 붙을 수 있기 때문이다. 예컨대 어떤 주장이 A라는 한계가 있다고 할 때, A를 직접적으로 언급하면 당장 반론에 부딪히게 될 것이다(현실 사례로는 경제정책같은 것이 있다).

그래서 독해 시험은 내용 이해 + 논리 검증을 동시에 하기 위해, 지문을 보조하는 내용을 강화/약화 내용으로 집어넣어서, 간접적 평가를 하게 한다.

177 정답 ❷

난이도 ●●○

문제유형 이해 > 핵심논지의 이해

접근전략 제시문은 근대 공론장 이론을 소개한 후, 그에 대한 비판적 견해를 한국의 근대적 상황과 함께 제시하고 있다. 논지가 근대 공론장 이론에 대한 비판이라는 것을 염두에 두고 선지에 제시된 키워드 중심으로 정보를 확인해야 한다.

다음 글의 논지와 부합하는 것은?

(1) 근대적 공론장의 형성을 중시하는 연구자들은 아렌트와 하버마스의 공론장 이론을 적용하여 한국적 근대 공론장의 원형을 찾는다. (2) 이들은 유럽에서 18 ~ 19세기에 우후죽순처럼 등장한 신문, 잡지 등이 시민들의 대화와 토론에 의거한 부르주아 공론장을 형성하였다는 사실에 착안하여 『독립신문』이 근대적 공론장의 역할을 하였다고 주장한다. (3) 또한 만민공동회라는 새로운 정치 권력이 만들어낸 근대적 공론장을 통해, 공화정의 근간인 의회와 한국 최초의 근대적 헌법이 등장하는 결정적 계기가 마련되었다고 인식한다. ▶ 1문단

(1) 그런데 공론장의 형성을 근대 이행의 절대적 특징으로 이해하는 태도는 근대 이행의 다른 길들에 대한 불신과 과소평가로 이어지기도 한다. (2) 당시 사회의 개혁을 위해서는 갑신정변과 같은 소수 엘리트 주도의 혁명이나 동학농민운동과 같은 민중봉기가 아니라, 만민공동회와 같은 다수 인민에 의한 합리적인 토론과 공론에 의거한 민주적 개혁이 올바른 길이라고 주장하는 것이 대표적 예이다. (3) 나아가 이러한 태도는 당시 고종이 만민공동회의 주장을 수용하여 입헌군주제나 공화제를 채택했더라면 국권박탈이라는 비극만은 면할 수 있었으리라는 비약으로 이어진다. ▶ 2문단

(1) 이러한 생각의 배경에는 개인의 자각에 근거한 공론장과 평화적 토론을 통한 공론의 형성, 그리고 공론을 정치에 실현시킬 제도적 장치가 마련되어 있는 체제가 바로 '근대'라는 확고한 인식이 자리 잡고 있다. (2) 그들은 시민세력으로 성장할 가능성을 지닌 인민들의 행위가 근대적 정치를 표현하고 있었다는 점만 중시하고, 공론 형성의 주체인 시민이 아직 형성되지 못한 시대 상황은 특수한 것으로 평가한다. (3) 또한 근대적 정치행위가 실패한 것은 인민들의 한계가 아니라, 전제황실 권력의 탄압이나 개혁파 지도자 내부의 권력투쟁 때문이라고 설명한다. ▶ 3문단

(1) 이러한 인식으로는 농민들을 중심으로 한 반봉건 민중운동의 지향점, 그리고 토지문제 해결을 통한 근대 이행이라는 고전적 과제에 답할 수가 없다. (2) 또한 근대적 공론장에 기반한 근대국가가 수립되었을지라도 제국주의 열강들의 위협을 극복할 수 있었겠는지, 그 극복이 농민들의 지지 없이 가능했을지에 대한 문제의식은 들어설 여지가 없게 된다. (3) 더 큰 문제는 이런 인식이 농민운동을 근대 이행을 방해하는 역사의 반역으로 왜곡할 소지가 있다는 것이다. (4) 이러한 의문들이 적극적으로 해명되지 않는다면 근대 공론장 이론은 설득력을 갖기 어려울 것이다. ▶ 4문단

① 『독립신문』은 근대적 공론장의 역할을 하지 못하였다.

→ (×) 근대적 공론장의 형성을 중시하는 연구자들은 독립신문이 한국에서 근대적 공론장의 역할을 하였다고 주장한다.[1문단(2)] 글쓴이는 공론장의 형성을 근대 이행의 절대적 특징으로 이해하는 태도에 대해 비판적인 것은 사실이나, 독립신문이 근대적 공론장의 역할을 수행했는지, 하지 못했는지에 대해서는 언급하지 않았다.

② 농민운동이 한국의 근대 이행을 방해했다고 볼 수 없다.

→ (○) 근대적 공론장의 형성을 중시하는 연구자들은 공론장의 형성을 근대 이행의 절대적 특징으로 이해한다.[2문단(1)] 글쓴이는 이러한 태도는 공론장을 제외한 동학 농민 운동과 같은 민중봉기는 근대 이행을 방해하는 역사의 반역으로 왜곡할 소지가 있음에 문제의식을 표한다.[4문단(3)] 글쓴이는 이러한 인식을 경계할 필요성을 주장하며 근대적 공론장 형성을 중시하는 연구자들에 대해 비판하고 있으므로, 해당 선지는 제시문의 논지에 부합한다.

③ 제국주의 열강의 위협이 한국의 근대 공론장 형성을 가속화하였다.

→ (×) 제시문에서는 근대적 공론장에 기반한 나라가 수립되었어도 제국주의 열강에 의한 위협을 극복할 수 있었겠는지에

대한 의문을 제기하고 있을 뿐이다.[4문단(2)] 제국주의 열강의 위협이 한국의 근대 공론장 형성을 가속화했는지에 관한 내용은 언급하고 있지 않다.

④ **고종이 만민공동회의 주장을 채택하였다면 국권박탈의 비극은 없었을 것이다.**

→ (×) 해당 선지의 내용은 글의 논지가 아니라, 글에서 비판하고 있는 근대 공론장의 형성을 중시하는 연구자들의 논지이다.[2문단(3)] 글쓴이가 그들의 주장에 대해 '비약'이라는 부정적 단어를 사용했다는 점을 통해 글쓴이의 논지와는 상반된다는 것을 알 수 있다.

⑤ **근대 공론장 이론의 한국적 적용은 몇 가지 한계가 있지만 근대 이행의 문제를 효과적으로 설명하였다.**

→ (×) 글쓴이는 근대 공론장 이론의 한국적 적용에 대한 한계점을 제시하며, 해당 이론이 설명하지 못하는 의문들에 대한 해명의 필요성을 주장하고 있다.[4문단(4)] 따라서 공론장 이론이 근대 이행의 문제를 효과적으로 설명했다고 보는 해당 선지의 내용은 글쓴이의 주장과 상반된다.

제시문 분석

1문단 근대 공론장의 형성을 중시하는 연구

〈근대 공론장의 원형 연구〉
근대적 공론장의 형성을 중시하는 연구자들은 아렌트와 하버마스의 공론장 이론을 적용하여 한국적 근대 공론장의 원형을 찾는다.(1)

〈한국의 근대 공론장 근거 1〉		〈한국의 근대 공론장 근거 2〉
독립신문 → 근대적 공론장의 역할(2)	⊕	만민공동회 → 공화정의 근간인 의회와 한국 최초 근대적 헌법의 결정적 계기(3)

2문단 근대 공론장의 형성을 중시하는 연구의 한계 ①

〈한계〉		〈예시〉		〈비약〉
공론장의 형성을 근대 이행의 절대적 특징으로 이해하는 태도는 근대 이행의 다른 길들에 대한 불신과 과소평가로 이어지기도 한다(1)	→	만민공동회와 같은 다수 인민에 의한 합리적인 토론과 공론에 의거한 민주적 개혁이 올바른 길이라고 주장.(2)	→	입헌군주제나 공화제를 채택했더라면 국권박탈이라는 비극만은 면할 수 있었으리라는 비약.(3)

3문단 근대 공론장의 형성을 중시하는 연구의 한계②

〈근대 공론장 형성 이론의 비판과 한계〉
개인의 자각에 근거한 공론장과 평화적 토론을 통한 공론의 형성, 그리고 공론을 정치에 실현시킬 제도적 장치가 마련되어 있는 체제가 바로 '근대'라는 확고한 인식이 자리 잡고 있다.(1)

〈한계 내용 1〉		〈한계 내용 2〉
공론 형성의 주체인 시민의 미형성을 특수한 상황으로 치부함.(2)	⊕	근대적 정치행위의 실패 원인으로 인민을 고려하지 않음.(3)

4문단 근대 공론장 이론의 한계(=글쓴이의 입장)

〈한계 내용 1〉		〈한계 내용 2〉		〈한계 내용 3〉
농민 중심의 반봉건 민중운동, 토지 문제 해결을 통한 근대 이행이라는 고전적 과제 해결 불가(1)	⊕	제국주의 열강들의 위협에 대한 극복이 농민들의 지지 없이 가능했을지에 대한 문제의식 부재(2)	⊕	농민운동을 근대 이행을 방해하는 역사의 반역으로 왜곡할 소지 있음(3)

→ 〈결론〉	이러한 의문들이 적극적으로 해명되지 않는다면 근대 공론장 이론은 설득력을 갖기 어려울 것이다.(4)

합격자의 실전 풀이 순서

❶ **발문 확인 및 문제 유형 판단하기**

발문에서 '다음 글의 논지와 부합하는 것'을 묻고 있다. 해당 문제의 경우 단순한 논지파악유형과 달리, 제시문의 논지를 파악한 후 해당 주장과 같은 주장을 하는 선지를 골라야 한다. 다만 결국 제시문의 논지, 즉 주제문을 찾아야 한다는 점에서 주제문 찾기 유형과 같다고 볼 수 있다. 따라서 지문의 형태가 주장하는 글임을 알 수 있고, 학설·견해·실험 결과 등을 제시할 것임을 예상할 수 있다. 제시문을 먼저 읽고 글의 논지를 파악한 후, 선지를 판단한다.

❷ **제시문 독해하기**

글의 논지는 세부 정보에 반하지 않으면서도 전체적인 내용을 함축해야 한다. 이를 유념하여 제시문을 처음부터 끝까지 빠르게 읽는다. 글의 논지, 즉 주제문을 찾는 쉬운 방법으로는 '하지만', '따라서' 등의 접속어에 주목하고, '무엇보다도', '가장 중요한 점은'과 같이 중요한 내용이 나올만한 표현을 찾는 것이다. 특히, '그러나', '그런데'와 같이 전환을 의미하는 접속어 뒤에 주제문이 나오는 경우가 많다는 점에 유의할 필요가 있다. 전환의 접속어 뒤에 주제문이 나오는 이유는 일반적인 견해를 먼저 제시한 후, 이에 대조되는 내용의 주제문을 제시하는 경우가 많기 때문이다. 본 제시문의 경우 2문단 (1)에서 '그런데 공론장의 형성을 근대 이행의 절대적 특징으로 이해하는 태도는 근대 이행의 다른 길들에 대한 불신과 과소평가로 이어지기도 한다.'라는 내용을 찾을 수 있다. 즉, 본 제시문은 근대적 공론장의 형성을 중시하는 연구자들의 주장과 근거를 언급한 후, 이에 반하는 새로운 논지를 제시하고 있다. 따라서 글의 논지는 신문, 잡지 등이 근대적 공론장의 역할을 하였다는 근대 공론장 이론이 잘못되었다는 것이다. 근대 공론장 이론과 이에 반하는 글쓴이의 주장을 뒷받침하는 근거를 구분하여 기호로 표시한 후 선지를 판단한다. 예컨대, 글쓴이가 부정적으로 생각하는 주장에 대해서는 △표시를 하고, 글쓴이가 긍정적으로 생각하는 주장에 대해서는 ○표시를 할 수 있다.

> 근대적 공론장…『독립신문』이 근대적 공론장의 역할을 하였다고 주장한다. 또한 만민공동회라는 새로운 정치 권력이 만들어 낸 근대적 공론장을 통해, 공화정의 근간인 의회와 한국 최초의 근대적 헌법이 등장하는 결정적 계기가 마련되었다고 인식한다. ▶ 1문단
>
> …그런데 공론장의 형성을 근대 이행의 절대적 특징으로 이해하는 태도는 근대 이행의 다른 길들에 대한 불신과 과소평가로 이어지기도 한다. 당시 사회의 개혁을 위해서는 갑신정변과 같

은 소수 엘리트 주도의 혁명이나 동학농민운동과 같은 민중봉기가 아니라, 만민공동회와 같은 다수 인민에 의한 합리적인 토론과 공론에 의거한 민주적 개혁이 올바른 길이라고 주장하는 것이 대표적 예이다. 나아가 이러한 태도는 당시 고종이 만민공동회의 주장을 수용하여 입헌군주제나 공화제를 채택했더라면 국권박탈이라는 비극만은 면할 수 있었으리라는 비약으로 이어진다. ▶ 2문단

…이러한 인식으로는 농민들을 중심으로 한 반봉건 민중운동의 지향점, 그리고 토지문제 해결을 통한 근대 이행이라는 고전적 과제에 답할 수가 없다. 또한 근대적 공론장에 기반한 근대국가가 수립되었을지라도 제국주의 열강들의 위협을 극복할 수 있었겠는지, 그 극복이 농민들의 지지 없이 가능했을지에 대한 문제의식은 들어설 여지가 없게 된다. 더 큰 문제는 이런 인식이 농민운동을 근대 이행을 방해하는 역사의 반역으로 왜곡할 소지가 있다는 것이다. 이러한 의문들이 적극적으로 해명되지 않는다면 근대 공론장 이론은 설득력을 갖기 어려울 것이다. ▶ 4문단

❸ 선지 판단하기

선지 판단 시 연구자들의 주장이 아닌, 글쓴이의 주장을 골라야 한다는 것을 명심한다. 선지별 유의해야 하는 사항을 정리하면 다음과 같다.

① 근대적 공론장의 형성을 중시하는 연구자들은 『독립신문』이 근대적 공론장의 역할을 하였다고 보았다. 하지만 글쓴이의 논지가 연구자들의 논지에 반대된다고 하더라도, 제시문을 통해 알 수 없는 정보이므로 오답이다.

③ '제국주의 열강에 대한 위협'에 대해 언급은 하고 있으나, 이로 인해 한국의 근대 공론장 형성이 가속화되었는지는 지문에서 확인할 수 없다.

④ 글쓴이의 주장이 아닌, 연구자들의 주장이다. 글쓴이가 이를 '비약'으로 표현하는 것을 통해 이에 동의하지 않음을 알 수 있다. 앞선 선지들과 달리 지문에 나와 있는 설명이지만 글 전체의 논지가 아님에 유의한다.

⑤ 글쓴이는 근대 공론장 이론의 한국적 적용에 한계가 있기에 근대 공론장 이론은 설득력을 갖기 어렵다고 하였다. 따라서 본선지의 앞의 진술은 옳지만, 이후 설명이 틀렸으므로 글의 논지에 상반된다.

합격자의 시간단축 Tip

Tip ❶ 제시문의 논지가 후반부에 제시될 수 있음을 고려한다.

논지파악 문제는 난이도를 높이기 위해 제시문을 두괄식으로 구성하지 않고 지문 전체를 읽도록 유도할 수 있다. 이 문제의 경우에도 제시문의 초반에는 근대적 공론장의 형성을 중시하는 연구자들의 논지 및 이를 뒷받침하는 근거가 제시되고, 2문단부터 '불신', '비약' 등의 단어를 통해 글쓴이가 앞선 이론에 대해 반박하고 있음이 드러난다.

이러한 반론은 4문단에서 직접적으로 이루어지며, 마지막 문장에서 글쓴이의 논지를 파악할 수 있다. 즉, 논지가 후반부에 등장할 수 있음을 염두에 두고 특정 단어나 문장의 어조를 통해 제시문의 구조를 예측하였다면 앞의 내용보다 후반의 내용을 중점적으로 읽음으로써 시간을 절약할 수 있을 것이다.

Tip ❷ 제시문을 읽기 전 선지를 읽지 않는다.

논지 부합문제의 경우에는 제시문과 일치하는 내용이지만 글의 논지라고 보기에는 어려운 선지가 존재한다. 따라서 미리 선지를 보더라도 글의 논지파악에 큰 도움이 되지 않고, 오히려 글을 읽던 도중 글의 내용과 일치한다는 이유로 오답을 고를 가능성이 존재하기에, 선지를 먼저 읽는 것이 시간 절약 및 정확성을 높이는 데 큰 도움이 되지 않는 편이다.

Tip ❸ 반박하는 단어에 주목한다.

'반면', '그럼에도'와 같은 역접의 접속사나 반박의 단어는 독해할 때 체크 해 둔다. 제시문의 경우 2문단 (3)의 '비약', 4문단 (3)의 '왜곡' 등 글쓴이가 반박하는 근대 공론장 이론의 문제점을 지적하는 부분이 눈에 띈다. 이렇게 지문에서 앞선 내용과 반대되는 설명이 나온다면 선지에 등장할 수 있으므로 유의하며 읽을 필요가 있다. 이 문제의 경우 위 문장들은 선지 ②, ④에 등장하였다.

Tip ❹ 주제문 찾는 방법을 익힌다.

제시문의 주제문을 찾는 것은 '논지파악유형'뿐만 아니라 '빈칸 채우기 유형', '정보확인유형' 등에 자주 사용된다. 따라서 주제문 찾는 방법을 익혀두고, 해당 표현이 나올 때마다 별도의 표시를 해두는 것이 좋다. 주제문을 찾기 위해서는 '그러나', '따라서', '결론적으로' 등의 접속어로 시작하는 문장에 주의하고, '무엇보다도', 'A가 아닌 B'와 같이 중요한 내용이 주로 나오는 표현들에 주목한다면 주제문을 쉽게 도출할 수 있다. '그러나'라는 접속어 뒤에 주제문이 자주 나오는 이유는 일반적인 사회적 관념을 먼저 제시하고, 사회적 관념을 반박함으로써 주제문을 극적으로 강조하는 글이 많기 때문이다. 또한, 제시문에서 질문이 나올 경우, 해당 질문에 대한 답이 주제문인 경우가 많다.

178 정답 ④ 난이도 ●●○

문제유형 논리적 비판 > 논리적 일관성

접근전략 빈칸 문제는 일반적으로 빈칸을 포함한 문장을 먼저 읽고 빈칸의 특성을 파악하는 것이 우선이다. 그 후 제시문을 읽으며 논지를 파악하고 그 논지와 맞지 않는 선택지를 제거한 후, 남은 선택지는 빈칸의 앞뒤 문맥을 따지며 소거하며 풀어야 한다. 그러나 본 문제의 빈칸 난도는 그리 높지 않아서, 논지를 정확하게 판단하고 그에 따라 선택지 정오판단만 정확하게 이루어진다면 풀 수 있는 문제이다.

다음 빈칸에 들어갈 말로 가장 적절한 것은?

(1) 어느 시대든 사람들은 원인이 무엇인지 알고 있다고 믿었다. (2) 사람들은 그런 앎을 어디서 얻는가? (3) 원인을 안다고 믿는 사람들의 믿음은 어디서 생기는 것일까? ▶ 1문단

(1) 새로운 것, 체험되지 않은 것, 낯선 것은 원인이 될 수 없다. (2) 알려지지 않은 것에서는 위험, 불안정, 걱정, 공포감이 뒤따라 나오기 때문이다. (3) 우리 마음의 불안한 상태를 없애고자 한다면, 우리는 알려지지 않은 것을 알려진 것으로 환원해야 한다. (4) 이러한 환원은 우리 마음을 편하게 해주고 안심시키며 만족하게 하고 힘을 느끼게 한다. (5) 이 때문에 우리는 이미 알려진 것, 체험된 것, 기억에 각인된 것을 원인으로 설정하게 된다. (6) '왜?'라는 물음의 답으로 나온 것은 그것이 진짜 원인이기 때문에 우리에게 떠오른 것이 아니다. (7) 그것이 우리에게 떠오른 것은 그것이 우리를 안정시켜주고 성가신 것을 없애주며 무겁고 불편한 마음을 가볍게 해주기 때문이다. (8) 따라서 원인을 찾으려는 우리의 본능은 위험, 불안정, 걱정, 공포감 등에 의해 촉발되고 자극받는다. ▶ 2문단

(1) 우리는 '설명이 없는 것보다 설명이 있는 것이 언제나 더 낫다'고 믿는다. (2) 우리는 특별한 유형의 원인만을 써서 설명을 만들어 낸다.

(3) [   ] (4) 그래서 특정 유형의 설명만이 점점 더 우세해지고, 그러한 설명들이 하나의 체계로 모아져 결국 그런 설명이 우리의 사고방식을 지배하게 된다. (5) 기업인은 즉시 이윤을 생각하고, 기독교인은 즉시 원죄를 생각하며, 소녀는 즉시 사랑을 생각한다. ▶ 3문단

① 이것은 우리의 호기심과 모험심을 자극한다.

→ (×) 호기심과 모험심을 자극하는 것은 새로운 것, 체험되지 않은 것, 낯선 것이다. 이처럼 알려지지 않은 것은 우리의 마음을 불안하게 만들기 때문에 원인이 될 수 없다. [2문단(1), (2)]

② 이것은 인과관계에 대한 우리의 지식을 확장시킨다.

→ (×) 비록 원인이라는 단어가 계속 등장하지만, 이 글은 인과관계에 관한 글이 아니다. 불안한 상태를 극복하기 위해서 원인을 설정하는 기제에 관한 글이며, 그 원인이 진짜인지는 중요하지 않다. [2문단(6)]

③ 이것은 우리가 왜 불안한 심리 상태에 있는지를 설명해준다.

→ (×) 원인을 설정하는 것은 마음의 불안한 상태를 설명하고자 하는 것이 아니라 없애고자 하는 작업이며[2문단(3)] 해당 원인이 진짜 원인이기 때문에 떠오른 것이 아니다. [2문단(6)] 따라서 특별한 유형의 원인만 사용하여 설명을 만들어내는 것은 불안한 심리 상태를 '설명'하는 것이 아니라, 이를 '제거'하고 안정된 심리 상태로 바꾸는 것이라는 내용이 빈칸에 들어가는 것이 적절하다. [2문단(7)]

④ 이것은 낯설고 체험하지 않았다는 느낌을 가장 빠르고 가장 쉽게 제거해 버린다.

→ (O) 우리는 불안정한 심리상태를 제거하기 위해 익숙한 것을 원인으로 설정한다. [2문단(7)] 따라서 특별한 유형의 원인만을 써서 설명하는 이유가 알려지지 않은 것에서 뒤따라 나오는 불안함을 제거하기 위한 것이라는 해당 선지의 내용이 논지와 부합하므로, 빈칸에 들어가기에 적절하다.

⑤ 이것은 새롭고 낯선 것에서 원인을 발견하려는 우리의 본래 태도를 점차 약화시키고 오히려 그 반대의 태도를 우리의 습관으로 굳어지게 한다.

→ (×) 우리는 새롭고 낯선 것에서 이미 알려지고 익숙한 원인을 찾아 마음의 불안한 상태를 없애고자 한다. [2문단(5)] 우리가 특별한 유형의 원인만을 써서 설명을 만들어내는 것 역시 알려지지 않은 것을 알려진 것으로 환원하여 마음을 편안하게 하기 위함이다. [2문단(7)] 따라서 이것은 우리의 본래 태도에 따라 이루어지는 것이므로, 본래 태도가 약화되고 그 반대의 태도가 습관으로 굳어진다는 해당 선지의 설명은 적절하지 않다.

제시문 분석

2 · 3문단 원인에 대한 믿음의 기원

〈전제1〉		〈전제2〉
우리는 이미 알려진 것, 체험된 것, 기억에 각인된 것을 원인으로 설정하게 된다. [2문단(5)]	⊕	우리는 특별한 유형의 원인만을 써서 설명을 만들어 낸다. [3문단(2)]
우리 마음의 불안한 상태를 없애고자 한다면, 우리는 알려지지 않은 것을 알려진 것으로 환원해야 한다. [2문단(3)]		이것은 낯설고 체험하지 않았다는 느낌을 가장 빠르고 가장 쉽게 제거해 버린다. [3문단(3)]

↓

〈결론〉
특정 유형의 설명만이 점점 더 우세해지고, 그러한 설명들이 하나의 체계로 모아져 결국 그런 설명이 우리의 사고방식을 지배하게 된다. [3문단(4)]

합격자의 실전 풀이 순서

❶ 발문 읽기 및 문제 유형 파악

항상 먼저 발문을 반드시 제대로 읽고 시작하자. 해당 문제는 빈칸 채우기 유형이므로, 빈칸에 대응되는 내용을 찾아서 그를 근거로 빈칸을 채우는 문제이다. 빈칸 채우기 유형은 크게 두 가지 종류로 나뉜다.

첫 번째, 빈칸의 근거를 지엽적으로 찾아 푸는 유형이다. 이는 주로 글 전체의 결론과 관련이 적은 뒷받침 문장이 빈칸으로 제시되는 경우에 해당한다. 첫 번째 유형을 푸는 경우 수험생은 먼저 제시문의 핵심 내용을 확인한 뒤, 빈칸이 포함된 문장과 빈칸 앞뒤 문장들을 집중적으로 읽으며 문맥을 추론하는 접근을 취해야 한다.

두 번째, 전체적인 글의 흐름과 제시문의 주제문을 파악하여 빈칸에 들어갈 말을 찾는 유형이 있다. 두 번째 유형의 경우 수험생은 제시문을 처음부터 끝까지 읽은 후, 제시문이 말하고자 하는 최종적인 결론을 찾아내야 한다. 구체적인 지표나 통계 자료에 매몰되지 않고, '그래서 이 지표가 어떠한 결론으로 이끄는가?', '이 모든 문장이 함축된 결론은 무엇인가?'를 끊임없이 질문하며 읽어야 한다. 특히 제시문에 질문이 제기될 경우 해당 질문에 대한 답이 무엇일지 생각하며 읽어야 한다. 본 문제의 경우 1문단에 '원인을 안다고 믿는 사람들의 믿음은 어디서 생기는 것일까?'라는 질문을 던지고 있다. 또는, 제시문의 주제문이 글의 맨 앞이나 맨 뒤, '그러나' 등의 접속어 뒤에 제시되어 있어 이를 찾아 빈칸에 대입하여 푸는 경우도 존재한다.

본 문제의 경우 주제문을 파악하여 빈칸을 채우는 두 번째 유형에 해당한다. 빈칸을 채우는 근거가 빈칸 주변이 아니라 타 문단의 주제문에 있기 때문이다.

❷ 빈칸의 역할 판단하기

빈칸에 들어갈 내용이 중심 내용인지 판단하기 위해 첫 문단과 빈칸 앞, 뒤를 살펴본다. 제시문은 '원인을 안다고 믿는 사람들의 믿음은 어디서 생기는지'에 대한 글이며, 빈칸 뒤 문장이 '그래서'로 시작하므로, 내용상 글의 결론으로 볼 수 있다. 빈칸에는 결론의 이유에 해당하는 내용이 들어가야 한다. 따라서 빈칸에 들어갈 내용은 글의 중심 문장으로 볼 수 있고, 제시문 전체를 읽어야 함을 알 수 있다.

❸ 제시문 독해하기

이 단계에서는 지문을 처음부터 끝까지 읽으며 글의 얼개를 파악하고, 핵심 내용을 이해한다. 빈칸이 중심 내용에 들어가는 최근 출제 경향 하에서 발췌독은 추천하지 않으며, 글 전체를 통독하는 것이 바람직하다. 이 과정에서는 엄밀성보다 포괄성에 중점을 둔다. 지금까지 일반적인 비문학 문제들에서 숫자나 구체적인 용어가 등장하면 놓치지 않으려 집중했지만, 주제문을 찾아야 하는 빈칸 채우기 문제에서는 지문의 논지가 무엇인지 정도만 파악하면 된다.

논지를 파악하기 위해서는 제시문에서 질문을 제기할 경우, 해당 질문에 대한 답이 무엇인지를 생각하며 읽는 것이 좋다. 예컨대, 본 제시문의 경우 1문단에서 '원인을 안다고 믿는 사람들의 믿음은 어디서 생기는 것일까?'라는 질문을 던지고 있다. 해당 질문에 대한 답으로 2문단 (1) 문장에서 '새로운 것, 체험되지 않은 것, 낯선 것은 원인이 될 수 없다.'라고 말하고 있다.

주제문을 찾는 또 다른 방법으로는 '하지만', '따라서' 등의 접속어에 주목하고, '무엇보다', '가장 중요한 것은'과 같이 중요한 내용이 나올만한 표현을 찾는 것이다. 해당 제시문에서 주의할만한 문장으로는 '따라서'로 시작하는 '원인을 찾으려는 우리의 본능은 위험, 불안정, 걱정, 공포감 등에 의해 촉발되고 자극받는다.'라는 내용의 2문단 (8) 문장이 있다. 지문을 읽으면서 중심 내용과 밀접하다고 판단되는 문장 또는 단어에는 밑줄을 긋거나, 동그라미를 치는 등 시각적 표시를 한다.

❹ 선지 판단하기

주제문을 찾기 위한 근거로서 2문단 (1)과, 2문단 (8)을 결정하였다. 따라서 해당 문장과 같은 논지의 선지를 고르면 된다. 한편, 본 문제의 빈칸은 제시문의 전체적인 결론인 3문단의 구조를 읽음으로써 추론할 수도 있다. 빈칸은 결론과 관련이 있으면서, 뒤에 등장하는 결론의 이유가 되어야 한다. 결론은 '특정 유형의 설명'이 우세해지고 그 설명을 통해 사고방식이 지배된다는 것이다. 곧, 빈칸에는 특별한 유형의 설명을 사용하게 된 이유나 그 이점이 들어가야 자연스럽다. 또한, 그 이점은 2문단에서 언급된 '위험, 불안정, 걱정, 공포감'을 없애는 것과 관련되어야 한다. 이와 비슷한 맥락의 설명이 선지 ④번과 일치하므로 ④번이 정답이다.

합격자의 시간단축 Tip

Tip ❶ 중심 내용을 파악하자.

빈칸이 중심 내용을 묻는지 단편적인 내용을 묻는지 파악하기 어렵다면, 유형 파악에 시간을 쓰지 말고 바로 1문단부터 제시문을 읽는 것을 추천한다. 최근 빈칸 문제는 글의 주제와 관련된 핵심 내용을 고르는 것으로 출제되는 경향이 있다. 더불어 정답은 빈칸 앞, 뒤의 맥락과도 연결되는 문장이어야 한다. 따라서 처음부터 글을 읽으며 중심 내용을 파악하고, 빈칸 앞, 뒤 문장을 확인한 뒤, 선택지에서 중심 내용과 관련 없는 선택지는 제외한다. 그리고 빈칸 앞, 뒤 문장과 자연스럽게 연결되는 문장을 정답으로 고르면 정확도를 높일 수 있을 것이다.

Tip ❷ 주제문 찾는 법 익히기

제시문의 주제문과 문단 내의 주요 문장을 찾는 법은 본 문제와 같은 내용추론유형뿐만 아니라, 빈칸 채우기 유형, 강화약화유형 등 다양한 유형의 문제 풀이에 유용하게 사용된다. 따라서 주제문을 찾는 몇 가지 방법을 체화해두고 중요한 문장이 나올 때마다 해당 문장을 별표나 괄호 표시를 통해 시각적으로 강조해둘 필요가 있다. 주제문을 쉽게 찾는 방법으로는 '즉', '결국', '따라서', '요컨대'와 같은 접속어를 찾거나, 문단의 맨 앞 또는 뒤에 존재하는 문장을 읽어보는 방법이 있다. 또는 예시를 들어 설명하고자 하는 문장이 주요 문장인 경우도 있다. 이외에도 '무엇보다도', 'A가 아닌 B'와 같이 중요한 내용이 주로 나오는 표현들에 주목하는 방법이 있다. 가장 쉬우면서도 유용한 방법으로는 '그러나', '그런데'와 같은 전환을 의미하는 접속어를 찾는 것이다. 전환의 접속어 뒤에 주제문이 자주 나오는 이유는 일반적인 사회적 관념을 먼저 제시하고, 사회적 관념을 반박함으로써 주제문을 극적으로 강조하는 글이 많기 때문이다.

Tip ❸ 빈칸문제는 제시문을 읽기 전에 선지를 읽지 않는다.

빈칸 문제는 제시문을 읽기 전, 선지를 먼저 읽더라도 제시문 파악에 도움이 되지 않는다. 제시문을 먼저 이해한 후 선지를 읽는 편이 시간절약에 유리할 것이다.

179 정답 ②

난이도 ●●○

문제유형 이해 > 내용 추론

접근전략 내용 추론 문제 중 내용을 사례에 적용하는 문제가 등장할 수 있다. 이는 마치 실험과도 같다. 이론의 검증을 실험으로 하는 것처럼, 제도의 검증을 사회로 하는 것이다. 이 경우 둘이 연결되어 있음을 확실히 인지하면서 읽어 간다.

다음 글에서 알 수 있는 것만을 〈보기〉에서 모두 고르면?

(1) 조선후기에 들어와 아들이 없어 대를 이을 수 없는 양반들은 가계의 단절을 막기 위해 양자를 적극적으로 입양했다. (2) 양자는 생부와 양부가 모두 생존해 있을 때 결정되기도 하지만, 양부 혹은 양부모가 모두 젊은 나이에 사망했을 때는 사후에 정해지기도 했다. (3) 어떤 형식이든 간에 목적은 아들이 없는 집의 가계 계승이었다. ▶ 1문단

(1) 양반가에서 입양이 일단 이루어지면 양부모와 양자의 부자관계는 지속되었으며 세월이 흘러 세대가 바뀌어도 그 관계는 변하지 않았다. (2) 그러나 입양이 일시적으로만 유지되는 경우도 있었는데, 이는 하층민에게서 나타나는 현상이었다. (3) 호적을 보면 평민은 물론 노비층에도 양자가 존재했으며 때로는 양부와 양자의 성씨가 다른 경우도 있었다. (4) 양자의 성씨가 다른 경우는 가계 계승을 목적으로 하는 입양에서는 있을 수 없는 일이었다. (5) 그러므로 조선후기에 성씨가 다른 양자가 보인다면 이는 양반가가 아닌 하층민에서 노동력 확보나 노후 봉양 등을 목적으로 한 입양이었다. ▶ 2문단

(1) 양반 남성에게 양자는 자신과 성씨가 같으며 부계 혈통을 나누어 가진 자여야만 했다. (2) 더구나 가문 내에서 세대 간 순차적 연결을 위해, 입양하려는 사람은 입양 대상자를 자신의 아들 항렬에 해당하는 친족으로 한정했다. (3) 따라서 적당한 입양 대상자를 찾기 위하여 때로는 20~30촌이 넘는 부계친족의 협조를 받아 입양하기도 했다. (4) 입양된 양자는 양부모의 재산을 물려받고, 그들을 위해 매년 제사를 지냈으며, 호적에도 생부가 아닌 양부가 친부로 기록되며 이는 결코 변경되지 않았다. (5) 한편 적자와 서자의 차별이 강화되고 적자를 통해 가계를 계승해야 한다는 인식이 확산되면서, 적자는 없지만 서자가 있는 양반가에서도 양자를 들였다. (6) 하층민들도 부계의 아들 항렬을 입양하기도 했는데, 양반과는 달리 입양의 목적이 반드시 가계 계승에 있지는 않았다. (7) 가계 계승이 아닌 양부모 봉양 때문에

이루어진 하층민의 친족 입양은 그 목적이 사라지면 입양 관계가 종결되었다. ▶ 3문단

(1) 조선후기 호적에는 입양 사실을 보여주는 여러 기록이 있다. (2) 예를 들어 경상도 단성현 법물야면 호적에는 1750년에 변담이 큰아버지 변해석의 양자로 들어갔음이 기록되어 있는데, 1757년에 변해석이 사망한 후 1759년 호적에는 변담의 생부인 변해달이 변담의 친부로 기록되어 있다. ▶ 4문단

보기

ㄱ. 변해석은 노동력 확보를 위해 변담을 양자로 입양했다.
→ (×) 변담은 큰아버지 변해석의 양자로 입양되었으나, 변해석이 사망한 후에는 변담의 생부인 변해달이 변담의 친부로 기록되었다.[4문단(2)] 이는 곧 입양이 일시적으로 유지된 것이므로, 하층민의 입양 사례에 해당한다.[2문단(2)] 왜냐하면 하층민의 부계 항렬 입양은 그 목적이 반드시 가계 계승에 있지는 않았으며[3문단(6)] 가계 계승이 아닌 양부모 봉양 때문에 이루어진 하층민의 친족 입양은 그 목적이 사라지면 입양 관계가 종결되었기 때문이다.[3문단(7)] 따라서, 변담의 사례와 같이 입양의 일시적인 유지는 그 목적이 양부모 봉양에 있을 가능성이 높으므로 해당 선지의 내용은 옳지 않다.

ㄴ. 변담은 가계 계승을 목적으로 변해석의 양자로 들어갔다.
→ (×) 변담은 큰아버지 변해석의 양자로 들어갔지만, 변해석의 사망 후 생부인 변해달의 아들로 기록되었다.[4문단(2)] 이는 곧 입양이 일시적으로 유지된 것으로[3문단(4)], 변담이 가계 계승을 목적으로 변해석의 양자로 들어갔다는 분석은 옳지 않다.

ㄷ. 경상도 단성현 법물야면의 호적에는 평민 등 하층민에 대해서도 기록되어 있다.
→ (○) 경상도 단성현 법물야면 호적에는 변담이 큰아버지 변해석의 양자로 들어갔음이 기록되어 있는데, 변해석이 사망한 후 변담의 생부인 변해달이 변담의 친부로 기록되어 있다.[4문단(2)] 이는 곧 양부모 봉양 때문에 이루어진 하층민의 친족 입양은 그 목적이 사라지면 입양 관계가 종결되는 사례에 해당한다.[3문단(7)] 따라서 경상도 단성현 법물야면의 호적에는 평민 등 하층민에 대해서도 기록되어 있다는 것을 알 수 있다.

① ㄱ → (×)
② ㄷ → (○)
③ ㄱ, ㄴ → (×)
④ ㄴ, ㄷ → (×)
⑤ ㄱ, ㄴ, ㄷ → (×)

제시문 분석

1·2·3문단 조선 후기 양반가와 하층민 입양의 비교

〈조선 후기 입양 제도〉		
〈양반가 입양의 목적〉		〈하층민 입양의 목적〉
아들이 없는 집의 가계 계승.[1문단(3)]	←	성씨가 다른 양자는 노동력 확보나 노후 봉양 등을 목적으로, 친족의 입양은 양부모 봉양을 목적으로 이루어졌다.[2문단(5),3문단(7)]
↓		↓
〈양반가의 입양 요건〉		〈하층민의 입양 요건〉
성씨가 같으며 부계 혈통을 나누어 가진 사람이어야 했으며, 양자는 자신의 아들의 항렬과 동일해야 했다.[3문단(1),(2)]		성씨가 다른 경우도 있었으며 그게 아니라면 부계의 아들 항렬을 입양했다.[3문단(6)]
↓		↓
〈양반가의 입양 효과〉		〈하층민의 입양 효과〉
입양된 양자는 양부모의 재산을 물려받고, 그들을 위해 매년 제사를 지냈으며, 호적에도 생부가 아닌 양부가 친부로 기록되며 이는 결코 변경되지 않았다.[3문단(4)]		가계 계승이 아닌 양부모 봉양 때문에 이루어진 하층민의 친족 입양은 그 목적이 사라지면 입양 관계가 종결되었다.[3문단(7)]

4문단 하층민 친족 입양의 사례

〈하층민 친족 입양의 사례〉
경상도 단성현 법물야면 호적에는 1750년에 변담이 큰아버지 변해석의 양자로 들어갔음이 기록되어 있는데, 1757년에 변해석이 사망한 후 1759년 호적에는 변담의 생부인 변해달이 변담의 친부로 기록되어 있다.(2)

합격자의 실전 풀이 순서

❶ 글의 전반적인 구조와 문제의 구성 파악

발문을 보면 〈보기〉가 존재하고, 〈보기〉를 대략적으로 보면 변해석, 변담이 나오는 것으로 보아 사례에 대한 이야기임을 추측할 수 있다. 이는 선지 하나만 이름이 등장하는 것이 아니라, 두 선지에 걸쳐서 이름이 계속 나오기 때문이다. 별로 중요하지 않은 사례여서 한두 문장에 불과했다면 선지 두 개가 동시에 물을 이유가 없다.

❷ 원칙 파악

1의 순서를 따랐다면, 지문을 먼저 읽기 전에 지문을 틀린그림찾기 하듯 보면서 변해석과 변담의 이름을 찾아보는 것도 좋다. 특히 '사례'설명일 경우 지문을 역순으로 보면서 찾는 것이 좋다. 당연히 이론(혹은 제도) 설명이 먼저 나올 것이기 때문이다. 이 문제는 운이 좋게도 4문단에서 바로 찾을 수 있다. 여기서 추가적인 팁을 주자면, 후반부의 '짧은 문단'부터 찾으면 더 쉽다.

이처럼 구성을 파악했다면 이제 1문단부터 읽으면 된다. 사실 1문단부터 읽지 않아도 좋지만 비교적 짧은 문단이므로 읽지 않을 이유가 없다. 또한 처음부터 읽는다는 것은 굉장한 안정감을 준다. 앞으로 어떤 내용이 나오더라도 그 지식의 한계는 1문단의 한계를 벗어날 수는 없기 때문이다. 이제 1문단을 통해서 소재가 '입양'임을 쉽게 파악할 수 있을 것이다.

1문단 (2)문장에서 생존과 사망은 언뜻 보면 굉장히 중요해 보인다. 근데 잘 생각해 보자. A기도 하지만 B일 때도 있다는 것은, 상호 반례가 있다는 뜻이고 사실 있으나 마나한 진술이라는 뜻이다. 예컨대 〈나는 점심을 먹지만 굶을 때도 있다〉라는 진술은 사실 필요가 없다. 오히려 (3)이 훨씬 중요할 것이다.

2문단과 3문단은 양반가의 입양과 하층민의 입양을 일관된 논지로 계속 설명하고 있다. 차이를 강조하고 있으므로 잘 기억해둔다. 서로 다른 기호로 표시해도 좋다. 이때 같은 신분의 내용이라면 같은 기호로 묶을 수 있도록 한다.

❸ 사례 파악

4문단은 그 전체가 사례로 구성되어 있다. 이때 변담과 변해석만이 사례가 아니라, '경상도 단성면'부터 전부 사례임을 명심해야 한다. 앞서 초벌구이 단계에서 변담과 변해석 위주로 기억했다고 해서 그 단어에만 집중하면 안 되고, 사례가 어디부터 시작하는지를 알아야 한다. 또한 직접적인 내용은 없지만 4문단 (1)문장도 사례를 이해하기 위한 부분으로 볼 수 있다. 이렇게 사례가 무엇인지 파악했다면, 사례로부터 무슨 특징을 이끌어낼 수 있는지 선지를 읽기 전에 가볍게 생각해 보도록 한다. 반드시 정답에 가까운 생각을 할 필요가 없다. 예컨대 "그래도 성씨가 다르진 않네. 신분을 물을 수 있겠군." 정도의 생각만 하는 것으로 충분하다.

❹ 선지 파악

노동력 확보 및 가계 계승을 직접 신분하고 연결해서 풀면 된다. ㄱ의 경우 2문단에 있어 하층민의 입양 목적 중에 '노동력 확보'가 있기 때문에 ㄱ이 정답이라고 생각할 수 있다. 하지만 2문단에 제시되어 있는 하층민의 입양목적을 보면 '노동력 확보나 노후 봉양 등을 목적으로 한 입양이었다'라고 나와 있기 때문에 '노동력 확보'라고 단정 짓기가 어렵다. 이렇게 억측을 유의하도록 한다. 이를 다시 말하면, 〈노동력 확보를 위해 양자를 입양했다면 변해석은 평민이다〉라는 진술은 참이지만, 〈평민이라면 노동력 확보를 위해 양자를 입양한다〉라는 진술은 거짓이 되는 셈이다.

ㄴ의 경우, NCS에는 대개 등장하지 않지만, PSAT를 제대로 풀려면 '평민인데도 가계 계승을 위한 입양이 가능할까?'라는 의문을 가져보는 것이 좋다. 이때 3문단 (6)을 통하여 진위여부를 판단할 수 있을 것이다.

부가적으로 확실하게 ㄱ이 틀렸다면 오지선다에서 ㄱ을 제거하도록 한다. 이에 정답은 ②번 아니면 ④번이 되는 데, 이렇게 선지를 제거하면서 바로 답을 고를 수도 있다.

합격자의 시간단축 Tip

Tip ❶ 사례형 문제의 경우 사례를 잘 분석하는 것이 중요하다.

가끔 일반적인 내용을 사례형 문제에 대입하는 문제가 등장한다. 이 경우 일반적인 내용도 물론 중요하지만 사례가 나와 있는 일반적인 내용에 맞춰 잘 분석하는 것도 필요하다. 본 문제의 경우에도 〈보기〉를 보면 3개의 선지가 전부 사례에 일반적인 내용을 대입해서 물어보고 있는바, 일반적인 내용의 특징도 잘 체크해두되 이를 사례에 넣어 분석하는 것이 중요할 것이다. 특히, 일반적인 내용이 구분되어 제시되고 그에 대한 사례가 나타났는데 그 사례가 어느 부분에 해당하는지 드러나 있지 않다면 이는 선지를 통해 물어볼 가능성이 크다.

Tip ❷ 지문을 읽기 전에 초벌구이의 범위

초벌구이란 도자기를 유약을 바르지 않은 상태로 1차적으로 굽는 것을 말한다. 표의 내용을 이해하기 전에 먼저 제목과 단위, 혹은 모양을 보고 대략적인 내용을 추측하듯, 글 내용을 이해하기 전에 대략적인 형식을 살펴봄으로써 지문에서 강하게 읽어야 할 곳을 구분하는 것을 말한다. 발문을 제외하면 크게 1)글의 첫 부분 2)문단별 첫 부분 3)선지 키워드 4)첫 문단과 끝 문단의 처음과 끝 총 4종류로 나눌 수 있다. 각자의 개성에 따라서 한두개만 택하여 초벌구이하도록 한다. 3)을 행하는 사람들은 흔히 '선지 먼저 본다'고 하고, 2)는 주로 설명서 등 규칙제시형 유형에서 쓰인다. 4)가 주로 NCS형 지문해석 유형에서 효율이 좋은 방식이고, 1)은 고난도형 지문(주로 민경채 이상의 PSAT지문)에 가장 좋은 초벌구이 방법이라 할 수 있다. 단, 이들 분류는 2)를 제외하면 본인한테 맞는 방식을 선택해서 쓸 수 있다. 고난도에서도 선지를 먼저 보는 게 유리한 사람도 존재하므로 연습할 때 모두 시도해 보고, 본인에게 맞는 것을 찾아서 꾸준히 연습하도록 한다(단 규칙 제시형 문제에서 2)는 반드시 연습해야 할 것이다.)

180 정답 ④ 난이도 ●●○

문제유형 법규의 해석 및 적용

접근전략 본 문제의 경우 법조문을 〈보기〉에 적용하여 옳은 선지를 고르는 규정적용유형에 해당한다. 법조문 유형을 풀 때는 조문의 구체적인 내용을 독해하는 것보다, 법조문의 구조를 파악한 후 〈보기〉에서 묻고 있는 정보를 찾아 올라가는 형태로 푸는 것이 좋다. 본 문제의 경우, 각주가 3개나 등장하고 있으며 하나 같이 중요한 내용들이다. 선지를 판단 할 때 각주정보를 누락하지 않도록 유의한다. 전반적으로 조문에 기간이 중요하게 다뤄지고 있는데, 각주정보를 놓치면 오선지를 정답으로 착각하게 될 확률이 매우 높다.

다음 글을 근거로 판단할 때, 〈보기〉에서 민원을 정해진 기간 이내에 처리한 것만을 모두 고르면?

제○○조 ① 행정기관의 장은 '질의민원'을 접수한 경우에는 다음 각 호의 기간 이내에 처리하여야 한다.
1. 법령에 관해 설명이나 해석을 요구하는 질의민원: 7일
2. 제도·절차 등에 관해 설명이나 해석을 요구하는 질의민원: 4일

② 행정기관의 장은 '건의민원'을 접수한 경우에는 10일 이내에 처리하여야 한다.

③ 행정기관의 장은 '고충민원'을 접수한 경우에는 7일 이내에 처리하여야 한다. 단, 고충민원의 처리를 위해 14일의 범위에서 실지조사를 할 수 있고, 이 경우 실지조사 기간은 처리기간에 산입(算入)하지 아니한다.

④ 행정기관의 장은 '기타민원'을 접수한 경우에는 즉시 처리하여야 한다.

제○○조 ① 민원의 처리기간을 '즉시'로 정한 경우에는 3근무시간 이내에 처리하여야 한다.

② 민원의 처리기간을 5일 이하로 정한 경우에는 민원의 접수시각부터 '시간' 단위로 계산한다. 이 경우 1일은 8시간의 근무시간을 기준으로 한다.

③ 민원의 처리기간을 6일 이상으로 정한 경우에는 '일' 단위로 계산하고 첫날을 산입한다.

④ 공휴일과 토요일은 민원의 처리기간과 실지조사 기간에 산입하지 아니한다.

※ 업무시간은 09:00 ~ 18:00이다. (점심시간 12:00 ~ 13:00 제외)
※ 3근무시간: 업무시간 내 3시간
※ 광복절(8월 15일, 화요일)과 일요일은 공휴일이고, 그 이외에 공휴일은 없다고 가정한다.

보기

ㄱ. A부처는 8.7(월) 16시에 건의민원을 접수하고, 8.21(월) 14시에 처리하였다.
→ (O) 제1조 제2항에 따르면 A부처는 건의민원을 접수한 경우에는 10일 이내에 처리하여야 하며, 제2조 제3항에 따라 민원의 처리기간을 10일로 정한 경우에는 '일' 단위로 계산하고 첫날을 산입한다. 이 때 A부처는 8.7(월)을 포함하고 토요일과 공휴일을 제외한 10일

후인 8.21(월)까지 처리하여야 한다. 따라서 A부처가 8.21(월) 14시에 건의민원을 처리하였다면 정해진 기간 이내에 처리하였다.

ㄴ. B부처는 8.14(월) 13시에 고충민원을 접수하고, 10일간 실지조사를 하여 9.7(목) 10시에 처리하였다.
→ (×) 제1조 제3항에 따르면 B부처는 고충민원을 접수한 경우에는 7일 이내에 처리하여야 하며, 14일 이내의 실지조사 기간은 처리기간에 산입하지 아니한다. 한편 제2조 제3항에 따라 민원의 처리기간을 7일로 정한 경우에는 '일' 단위로 계산하고 첫날을 산입한다. 이 때 B부처는 실지조사 10일과 처리기간 7일을 더한 17일 이내에 고충민원을 처리해야 한다. 이는 8.14(월)을 포함하고 토요일과 공휴일을 제외한 17일 후인 9.6(수)까지 처리하여야 함을 의미한다. 따라서 B부처가 9.7(목) 10시에 고충민원을 처리하였다면 정해진 기간 이내에 처리하지 못하였다.

ㄷ. C부처는 8.16(수) 17시에 기타민원을 접수하고, 8.17(목) 10시에 처리하였다.
→ (O) 제1조 제4항에 따르면 C부처는 기타민원을 접수한 경우에는 즉시 처리하여야 하며, 제2조 제1항에 따라 민원의 처리기간을 '즉시'로 정한 경우에는 3근무시간 이내에 처리하여야 한다. 이 때 업무시간은 09:00 ~ 18:00(점심시간 12:00 ~ 13:00 제외)이므로 C부처는 8.16(수) 17시부터 3근무시간 후인 8.17(목) 11시까지 처리하여야 한다. 따라서 C부처가 8.17(목) 10시에 기타민원을 처리하였다면 정해진 기간 이내에 처리하였다.

ㄹ. D부처는 8.17(목) 11시에 제도에 대한 설명을 요구하는 질의민원을 접수하고, 8.22(화) 14시에 처리하였다.
→ (O) 제1조 제1항에 따르면 D부처는 제도에 대한 설명을 요구하는 질의민원을 접수한 경우에는 4일 이내에 처리하여야 하며, 제2조 제2항에 따라 민원의 처리기간을 4일로 정한 경우에는 민원의 접수시각부터 '시간' 단위로 계산하며 1일은 8시간의 근무시간을 기준으로 한다. 이때 민원의 처리기간을 '시간' 단위로 계산하면 32시간이며 업무시간은 09:00 ~ 18:00(점심시간 12:00 ~ 13:00 제외)이므로 D부처는 8.17(목) 11시부터 32근무시간 후인 8.23(수) 11시까지 처리하여야 한다. 따라서 D부처가 8.22(화) 14시에 제도에 대한 설명을 요구하는 질의민원을 처리하였다면 정해진 기간 이내에 처리하였다.

① ㄱ, ㄴ → (×)
② ㄱ, ㄷ → (×)
③ ㄴ, ㄹ → (×)
④ ㄱ, ㄷ, ㄹ → (O)
⑤ ㄴ, ㄷ, ㄹ → (×)

합격자의 실전 풀이 순서

❶ 문제 유형 파악

본 문제의 경우 제시문으로 법조문이 주어졌으므로 법조문 유형임을 알 수 있고, 발문을 통해 민원 처리 기간 관련 규정을 적용하는 문제임을 예상할 수 있다. 즉, 법조문 유형 중에서도 규정의 내용이 적용된 〈보기〉의 정오를 판단하는 규정적용문제이다. 특히 각주를 통해 날짜 계산에 필요한 정보를 주고 있으므로, 각주도 함께 적용하여야 함에 유의한다. 법조문 유형은 조문의 구체적인 내용을 독해하는 것보다, 법조문의 구조를 파악한 후 선지에서 묻고 있는 정보를 찾아 올라가는 형태로 푸는 것이 좋다. 또한, 본 문제가 정해진 기간을 넘기지 않는 것을 고르는 문제임을 인지하기 위해 "정해진 기간 이내에"라는 부분에 밑줄이나 동그라미 등 표시를 한다.

〈보기〉에서 민원을 정해진 기간 이내에 처리한 것만을 모두 고르면?

❷ 법조문 구조 분석

구조 분석이란 각 조문의 내용 및 조문 간 관계를 이해하는 것이다. 법조문 전체를 읽되, 세부적인 내용을 기억하기보다는 어떤 정보가 있는지 파악하는 것에 중점을 둔다. 이때 기호를 적절히 활용할 수 있다. 또한 이러한 분석 과정을 거치며 선지에 등장할만한 부분을 발견할 수 있다.

본문의 규정은 두 개의 조로 구성되어 있다. 조문의 제목이 없으므로 읽으면서 키워드를 파악한다. 가독성을 높이기 위해 가로선으로 각 조를 구분하고, '1, 2'로 숫자를 써둔다. 이하 편의상 첫 번째 조부터 '제1조', '제2조' 등으로 표기한다.

제1조는 민원의 유형별 처리기간을 규정하고 있다. 1~4항은 각각 '질의민원', '건의민원', '고충민원', '기타민원'을 규정하므로, 선지의 키워드를 빠르게 찾기 위해 민원의 종류에 표시를 한다. 제1항의 질의민원의 유형이 각 호를 통해 두 개로 구분됨에 유의하고, 제3항에 단서의 '실지조사'에는 별도로 △표시를 한다.

제2조는 민원의 처리기간 별 처리방법을 규정하고 있다. 1~3항 순서대로, '즉시', '5일 이하', '6일 이상'에 표시한다. 1조의 민원의 처리 기간을 확인한 후, 2조에서 처리 기간 별 처리방법을 확인해야 함을 알 수 있다. 제4항에서 공휴일과 토요일을 기간에 산입하지 않는다고 하므로, '공휴일'과 '토요일'에 △로 표시한다. 또한 민원 처리기간 뿐 아니라 실지조사 기간에도 산입하지 않는다는 점에 유의한다.

각주도 놓치지 않고 확인해야 한다. 세 번째 각주가 제2조 제4항의 적용에 쓰일 것이므로 연결하여 둔다. 상황판단형 문제, 특히 법조문 문제에서 ※표시된 각주내용은 문제풀이의 핵심이 되거나 함정장치로 빈번하게 사용된다.

❸ 〈보기〉와 선지 판단

법조문 분석을 토대로 〈보기〉와 선지를 판단한다. 선지 판단 시에는 1조와 2조를 순서대로 확인한다. 8월 15일이 포함된 기간은 광복절도 공휴일에 산입해야 함을 유의한다.

보기 ㄱ의 경우 건의민원을 접수하였으므로 제1조 제2항과 연결시키며, 건의민원의 처리기간은 10일이므로 제2조 제3항과 연결시킨다. 7일과 21일 사이에는 공휴일이 세 번, 토요일이 두 번이고, 초일을 산입하므로 7일에 14일을 더한 것이 민원처리 기간이 된다.

보기 ㄴ의 경우 고충민원을 접수하였으므로 제1조 제3항과 연결시키며, 실지조사를 했으므로 단서도 함께 확인한다. 한편 고충민원의 처리기간은 실지조사를 제외하더라도 7일이므로 마찬가지로 제2조 제3항과 연결시킨다. 공휴일이 네 번, 토요일이 세 번이며 초일을 산입하므로 총 처리기간은 23일 이내이다. 14+23=37이므로, 여기서 31을 빼면 9월 6일이 처리기한이다.

ㄴ은 처리 기간이 긴 편이므로 달력을 그려서 판단하는 것을 추천한다. 만약 시간이 오래 걸린다면 일단 ㄷ으로 넘어간다. ㄴ을 계산했다면 선지 ①번을 소거할 수 있고, 다음으로 ㄹ을 판단하면 된다.

보기 ㄷ의 경우 기타민원을 접수하였으므로 제1조 제4항과 연결시키며, 기타민원은 즉시 처리하여야 하므로 제2조 제1항과 연결시킨다. 3시간을 더하고 업무시간을 초과한 2시간은 다음날로 이월하면 된다.

보기 ㄹ의 경우 제도에 대한 설명을 요구하는 질의민원을 접수하였으므로 제1조 제1항 제2호와 연결시키며, 제도에 대한 설명을 요구하는 질의민원의 처리기간은 4일이므로 제2조 제2항과 연결시킨다. 4일이면 32시간 내에 처리해야 한다. 그런데 하루 업무시간이 8시간이므로 시간 계산을 하지 않아도 처리기한이 수요일 중 어느 시각임은 알 수 있다. 32시간은 "(목)n시간+3일(금·월·화)×8시간+(수)m시간"이기 때문이다. 따라서 화요일에 처리했다면 기한 내에 처리한 것이다.

본 문제와 같이 선지가 〈보기〉의 구성으로 이루어지는 경우 하나의 보기를 판단한 후 해당 보기와 관련된 선지를 지워간다. 따라서 보기의 처리 순서는, 보기 ㄱ을 확인하여 선지 ③번과 ⑤번을 지우고, 보기 ㄴ 또는 ㄷ을 확인하여 선지 1번을 지우고, 마지막으로 보기 ㄹ을 확인하여 정답을 도출한다.

합격자의 시간단축 Tip

Tip ❶ 법조문의 구체적 내용은 선지 판단 시 확인

법조문 유형 중에서 옳거나 틀린 것을 고르는 문제가 아니라 설문과 같이 구체적인 사례에 적용하는 문제의 경우에는 조문의 내용을 파악하기보다는 일정한 카테고리가 주어진다. 따라서 법조문 독해 시에는 구조를 중심으로 파악한 후, 법조문의 구체적 내용은 선지 판단 시에 확인한다. 예컨대 설문의 경우 제1조는 민원의 종류, 제2조는 민원의 처리기간이라는 카테고리가 주어져서 보기에 제시된 상황에 맞는 조문을 취사선택하는 방식으로 풀이한다.

Tip ❷ 법조문 유형의 특수성을 고려

조문에는 행정기관의 장이 민원을 처리하는 것으로 나오지만, 〈보기〉에는 부처가 민원을 처리하는 것으로 나온다. 행정법 문제가 아닌 상황판단 문제이고 모든 보기가 동일하게 부처로 되어 있으므로 이를 감안하여 문제를 해결하자.

Tip ❸ 선지 판단 시 선지의 구성을 활용

본 문제와 같이 선지가 〈보기〉의 조합으로 구성되는 경우 선지의 구성을 선지의 판단에 활용할 수 있다. 보기 처리과정에서 ㄱ이 옳고, ㄴ이 틀렸다는 것이 확인되었다면 ②번 혹은 ④번이 정답이다. ㄴ이 틀린 보기라는 것에 확신이 들었다면 ㄷ은 굳이 확인할 필요가 없다. 바로 보기 ㄹ의 정오확인으로 넘어간다.

Tip ❹ 날짜 계산 시 달력을 활용

날짜를 계산하는 상황판단형 문제에서는 문제지 여백에 간단한 달력을 그리는 것이 도움이 된다. 특히 8월 15일과 같은 공휴일을 기간계산에 산입하지 않도록 주의하여야 하며, 그린 달력에 별도로 표시하는 것이 도움이 될 수 있다. 이때 달력을 어느 정도 꼼꼼히 그려야 실수를 방지할 수 있는지는 다양한 날짜 계산 문제 풀이를 통해 숙지한다.

Tip ❺ 눈에 띄는 선지부터 먼저 해결

ㄴ 선지의 〈실지조사〉는 쉽게 시각적으로 잡아낼 수 있으므로, ㄴ선지를 가장 먼저 처리한다. ㄴ선지의 〈실지조사〉는 1조 3항과 연관되며 다른 선지의 단어들에 비해 더 눈에 띈다. 특히 1조 2항에서 〈산입〉이 한자어로 표기되면서 더 시각적으로 쉽게 찾을 수 있다. 이렇게 해서 ㄴ선지가 틀렸다는 것을 1순위로 판단하게 되면, ㄴ선지가 지워지므로 2, 4만 남게 되어 ㄹ만 판단하면 바로 정답이 도출된다. 이를 통해 문제풀이 시간을 상당히 단축할 수 있다.

Tip ❻ 〈보기〉에서 불필요한 정보를 판별

선지나 〈보기〉 판단 시 불필요한 정보는 배제하면 시간을 단축할 수 있다. 제2조 제3항이 적용되면 처리 시간은 고려하지 않아도 된다. 따라서 〈보기〉 ㄱ, ㄴ의 경우 시간을 읽을 필요가 없다. ㄹ은 제2조 제2항이 적용되어 엄밀히 계산한다면 시간 적용이 필요한 문제이다. 그러나 시간보다 먼저 찾아야 하는 것은 정해진 기간이 끝나는 요일이다. 그 결과 ㄹ도 처리 시간을 고려할 필요가 없었다.

독끝 13일차 (181~200)

정답

181	④	182	③	183	④	184	⑤	185	①
186	②	187	③	188	④	189	④	190	⑤
191	①	192	④	193	③	194	②	195	③
196	③	197	①	198	③	199	①	200	⑤

181 정답 ④

난이도 ●●○

문제유형 비판적 사고 > 판단하기

접근전략 특정 내용에 대한 비판을 찾는 문제의 경우 그 내용과 상충하는 내용을 가진 선지를 찾는다고 생각하면 된다. 해당 제시문의 경우는 사례의 길이가 길기 때문에 제시문을 먼저 읽는 것을 추천한다. 이에 따라서 해당 내용을 명확히 파악한 뒤에 그와 상충하는 선지를 찾아 정답을 고르도록 한다.

다음 글의 '도덕적 딜레마 논증'에 대한 비판으로 적절한 것만을 〈보기〉에서 모두 고르면?

(1) 1890년대에 이르러 어린이를 의료 실험 대상에서 배제시켜야 한다는 주장이 대두되었다. (2) 그 주장의 핵심적인 근거는 어린이가 의료 실험과 관련하여 제한적인 동의능력만을 가지고 있다는 것이었다. (3) 여기서 동의능력이란, 충분히 자율적인 존재가 제안된 실험의 특성이나 위험성 등에 대한 적절한 정보를 인식하고 그것에 기초하여 그 실험을 자발적으로 받아들일 수 있는 능력을 일컫는다. (4) 그렇기 때문에 어린이를 실험 대상으로 하는 연구는 항상 도덕적 논란을 불러일으켰고, 1962년 이후 미국에서는 어린이에 대한 실험이 거의 시행되지 않았다. (5) 이러한 상황에서 1968년 미국의 소아 약물학자 셔키는 다음과 같은 '도덕적 딜레마 논증'을 제시하였다. (6) 어린이를 실험 대상에서 배제시키면, 어린이 환자 집단에 대해 충분한 실험을 하지 않은 약품들로 어린이를 치료하게 되어 어린이를 더욱 커다란 위험에 몰아넣게 된다. (7) 따라서 어린이를 실험 대상에서 배제시키는 것은 도덕적으로 올바르지 않다. (8) 반면, 어린이를 실험 대상에서 배제시키지 않으면, 제한적인 동의능력만을 가진 존재를 실험 대상에 포함시키게 된다. (9) 제한된 동의능력만을 가진 이를 실험 대상에 포함시키는 것은 도덕적으로 올바르지 않다. (10) 따라서 어린이를 실험 대상에 포함시키는 것은 도덕적으로 올바르지 않다. (11) 우리의 선택지는 어린이를 실험 대상에서 배제시키거나 배제시키지 않는 것뿐이다. (12) 결국 어떠한 선택을 하든 도덕적인 잘못을 저지를 수밖에 없다.

보기

ㄱ. 어린이를 실험 대상으로 하는 연구는 그 위험성의 여부와는 상관없이 모두 거부되어야 한다. 왜냐하면 적합한 사전 동의 없이 행해지는 어떠한 실험도 도덕적 잘못이기 때문이다.

➜ (×) 해당 선지는 어린이는 제한적 동의 능력만을 가지고 있으므로 어린이를 의료 실험 대상에서 배제하는 것이 옳다는 내용이다(2). 이를 통해 '어린이를 실험 대상에서 배제하지 않는 것'을 도덕적 잘못으로 인지하고 있음을 확인할 수 있다. 하지만 이것은 도덕적 딜레마에서 어느 한쪽을 지지하고 있을 뿐, 다른 한쪽이 도덕적으로 잘못되지 않음을 밝혀 도덕적 딜레마를 비판하기까지는 나아가지 못했다.

ㄴ. 동물실험이나 성인에 대한 임상 실험을 통해서도 어린이 환자를 위한 안전한 약물을 만들어 낼 수 있다. 따라서 어린이를 실험 대상에 포함시키지 않더라도 어린이 환자가 안전하게 치료받지 못하는 위험에 빠지지 않을 수 있다.

➜ (O) 지문에서는 어린이에 대한 실험 부족으로 불완전한 약품을 제작하고, 그것으로 어린이를 치료하는 것은 도덕적인 잘못이라고 말한다(6). 하지만 ㄴ에서는 어린이 실험을 진행하지 않고서도 충분히 안전한 약품을 만들 수 있다고 말한다. 따라서 '어린이를 실험 대상에서 배제하는 것'이 도덕적 잘못이 아니라고 주장함을 이해할 수 있다. 따라서 ㄴ은 '도덕적 딜레마 논증'에 대한 비판으로 적절하다.

ㄷ. 부모나 법정 대리인을 통해 어린이의 동의능력을 적합하게 보완할 수 있다. 어린이의 동의능력이 부모나 법정대리인에 의해 적합하게 보완된다면 어린이를 실험 대상에 포함시켜도 도덕적 잘못이 아닐 수 있다. 따라서 이런 경우의 어린이를 실험 대상에 포함시켜도 도덕적 잘못이 아닐 수 있다.

➜ (O) 윗글은 완전한 동의 능력을 가지고 있지 못하는 어린이들을 대상으로 실험을 진행하는 것은 도덕적 잘못이라고 주장하고 있다(2). 하지만 만약 ㄴ에서처럼 완전한 동의 능력을 지닌 보호자를 동원하여 어린이의 제한된 동의 능력을 보완한다면, '어린이를 의료 실험 대상에서 포함하는 것'이 도덕적 잘못이 되지 않을 수 있다. 따라서 ㄷ은 '도덕적 딜레마 논증'에 대한 비판으로 적절하다.

※ '도덕적 딜레마 논증'에 대한 비판
= "이것은 도덕적 딜레마가 아니다."라고 주장하는 것
= 둘 중 하나가 도덕적 잘못이 되지 못함을 밝히는 것

① ㄱ ➜ (×)
② ㄴ ➜ (×)
③ ㄱ, ㄷ ➜ (×)
④ ㄴ, ㄷ ➜ (O)
⑤ ㄱ, ㄴ, ㄷ ➜ (×)

제시문 분석

제시문 어린이를 대상으로 한 의료 실험 문제의 딜레마

어린이를 의료 실험대상으로 둘 수 있는가		
어린이를 실험대상에서 배제시키는 도덕적 잘못		어린이를 실험대상에서 포함시키는 도덕적 잘못
제한적인 동의능력을 가진 존재를 실험 대상에 포함 =도덕적 잘못(9) ⇓ 어린이는 제한적인 동의능력을 지님(10) ⇓ 어린이를 실험 대상에서 배제시켜야 함.	↔	어린이 환자 집단에 대한 불충분한 실험으로 어린이 약품을 제작(6) ⇓ 불완전한 약품들로 어린이들을 치료하는 위험 존재(6) ⇓ 어린이를 실험대상에서 배제시키면 안됨.

↓

〈도덕적 딜레마 논증〉(5)
어린이를 실험 대상에서 ①배제시키거나 ②포함시키거나(11) 그 어떤 선택이든 도덕적인 잘못(12)

합격자의 실전 풀이 순서

❶ 발문을 확인해 유형을 파악한다.

> 다음 글의 '도덕적 딜레마 논증'에 대한 비판으로 적절한 것만을 〈보기〉에서 모두 고르면?

일반적으로 비판하는 것을 고르는 문제는 비판의 대상이 되는 내용을 우선 잘 파악한 뒤 선지에서 이와 상충하는 내용이 정답이 된다. 딜레마 논증이라고 해서 뭔가 반대로 해석하거나, 부정적으로 해석하려고 하면 안 된다. 애초에, 따옴표 안의 문구를 의미를 해석하려고 시도하지 말길 바란다.

❷ 지문을 읽는다.

딜레마를 비판하기 위해선 우선 딜레마가 무엇인지 알아야 한다. 딜레마란 두 가지 제안이 있을 때 둘 중 무엇을 받아들여도 난처한 상황에 처하는 것을 말한다. 이때, 논리학에서 난처한 상황이란 둘 다 의도치 않은 결론을 내리는 것을 의미한다. 이 지문에서는 "비도덕적"이라는 것이 의도치 않은 결론이다.

즉, 딜레마 상황을 정리하기 위해선 우선 의도치 않은 결론을 알고, 그다음 최초의 선택지 두 개를 알아야 한다. 그런데 최초의 선택지가 (11)이라는 후반부에 있으므로 일단 하나의 선택지만 건져가는 것으로 독해를 해야 한다. 딜레마라고 하지만 결국 하나의 상황만 봐도 그 상황 자체가 의도치 않은 결과로 이어지므로 다른 상황을 배제하면서 읽어도 좋다. 이 지문에선 둘 다 쉬운 상황이지만 그래도 좀 더 쉬운 상황을 꼽자면 아무래도 (6)의 첫 번째 상황일 것이다. 이를 토대로 쭉 결론부까지 내려가서, 그 근처를 살피면 최초의 선택지들을 알 수 있다(구태여 두 번째 상황 중간 어딘가에 선택지들을 나열할 이유가 없다. 논리논증 형식의 문법이다). 이후 상황별로 정리하면 된다.

❸ 선지를 판단한다.

가장 먼저 판단해야 하는 것은 ㄷ선지다. 딜레마 상황을 실용적으로 해결할 수 있는 선지는 아주 좋은 비판이 된다. 언어논리의 경우 반드시 앞 선지부터 볼 이유가 없다. 단, 선지를 처음부터 거꾸로 보지 말고, 생각을 하지 않고 선지들을 쭉 읽어 보면서 가장 쉬운 선지로 접근하는 것이 좋다.

ㄱ의 경우 양쪽 선택지 중 어린이를 실험 대상에 포함하는 데에서 생기는 문제점을 그대로 반복하는 선지이기 때문에 이를 딜레마의 비판으로 볼 수 없다. 딜레마를 비판한다는 것은 딜레마가 아닌 것을 말하고, 딜레마가 아니라면 〈둘 중 적어도 하나는 도덕적 잘못이 아님〉을 보여야 한다. 따라서 ㄱ은 비판으로 적절하지 않다.

합격자의 시간단축 Tip

Tip ❶ 지피지기면 백전불태다.

공부의 자세라든가, 인생의 격언이 아니다. 비판은 곧 토론이고, 토론은 곧 상대방 주장의 이해로부터 시작된다. 따라서 특정 내용에 대한 비판이 결국 그 내용과 상충하는 내용을 찾는 것일지라도 그 원래 내용에 대한 이해를 최선행조건으로 한다.

실제로 정답이 되는 선지인 ㄴ, ㄷ 모두 각 딜레마의 축을 이루는 두 가지 내용과 상충하는 내용이었다. 제시문에 나오는 딜레마의 내용은 어린이를 실험 대상에서 배제하나 포함하나 모두 문제이기 때문에 어느 쪽도 선택할 수 없다는 것이지만 ㄴ, ㄷ은 그에 대한 해결책들을 제시하며 둘 중 한쪽을 선택할 수 있다고 한다. 이처럼 제시문을 읽으며 발문에서 요구하는 내용을 정리한 후 이와 선지를 대조하는 방식으로 문제를 푼다.

Tip ❷ 지문의 어디를 먼저 읽어야 할까?

혹자는 "지문 가운데에 도덕적 딜레마 논증이 있으니 여기부터 읽는게 좋지 않을까?"라는 생각을 하기도 한다. 혹은 그렇게 읽지는 않았지만 사후적으로 후회하기도 한다. 그러나 반드시 그런 것은 아니다.

지문을 다시 보자. 밑부분에 나오는 '도덕적으로 올바르지 않다.'라는 의미를 위를 읽지 않으면 논리기호화 하여 정리할 수밖에 없다. 만약 밑 부분을 논리기호화시키는 동시에 〈보기〉에 등장하는 주장들도 요소별로 잘 추출하여 논리기호화 시킬 수 있다면, 그리고 그것이 빠르게 이뤄질 수 있다면 위를 읽을 필요가 없다. 그러나 절대다수 수험생들은 그렇지 않다. 그렇기에 그 이해를 도와주는(즉, 어린이+실험+의사+비도덕의 의미를 알게 해주는) 영역이 바로 위쪽 영역이라 생각하면 된다.

이처럼 논증이 들어간 경우는 지문에서 쓸모없는 부분은 없다. 이는 지문 길이가 비교적 짧기 때문이기도 하고, 애초에 딜레마에 대한 짧은 문장에서 시작해서 꼭 문제풀이에 필요한 만큼만 살을 덧붙이는, 출제기법 탓도 있다. 따라서 그냥 맨 위부터 읽도록 한다.

182 정답 ③ 　　　　난이도 ●●○

문제유형 이해 > 내용 파악

접근전략 제시문에는 '공간의 본성'에 대한 다양한 학자들의 의견이 나열되고 있다. 따라서 학자별로 의견을 정리할 필요가 있고, 각각의 견해의 공통점과 차이점을 구분하여 이해할 수 있어야 한다. 선지에서도 견해 간의 비교 위주로 내용을 묻고 있다.

다음 글에 나타난 견해들 간의 관계를 바르게 서술한 것은?

(1) 고대 그리스의 원자론자 데모크리토스는 자연의 모든 변화를 원자들의 운동으로 설명했다. (2) 모든 자연현상의 근거는, 원자들, 빈 공간 속에서의 원자들의 움직임, 그리고 그에 따른 원자들의 배열과 조합의 변화라는 것이다. ▶1문단

(1) 한편 데카르트에 따르면 연장, 즉 퍼져있음이 공간의 본성을 구성한다. (2) 그런데 연장은 물질만이 가지는 속성이기 때문에 물질 없는 연장은 불가능하다. (3) 다시 말해 아무 물질도 없는 빈 공간이란 원리적으로 불가능하다. (4) 데카르트에게 운동은 물속에서 헤엄치는 물고기의 움직임과 같다. (5) 꽉 찬 물질 속에서 물질이 자리바꿈을 하는 것이다. ▶2문단

(1) 뉴턴에게 3차원 공간은 해체할 수 없는 튼튼한 집 같은 것이었다. (2) 이 집은 사물들이 들어올 자리를 마련해 주기 위해 비어 있다. (3) 사물이 존재한다는 것은 어딘가에 존재한다는 것인데 그 '어딘가'가 바로 뉴턴의 절대공간이다. (4) 비어 있으면서 튼튼한 구조물인 절대공간은 그 자체로 하나의 실체는 아니지만 '실체 비슷한 것'으로서, 객관적인 것, 영원히 변하지 않는 것이었다. ▶3문단

(1) 라이프니츠는 빈 공간을 부정한다는 점에서 데카르트와 의견을 같이했다. (2) 그러나 데카르트가 뉴턴과 마찬가지로 공간을 정신과 독립된 객관적 실재로 보았던 반면, 라이프니츠는 공간을 정신과 독립된 실재라고 보지 않았다. (3) 그가 보기에는 '동일한 장소'라는 관념으로부터 '하나의 장소'라는 관념을 거쳐 모든 장소들의 집합체로서의 '공간'이라는 관념이 나오는데, '동일한 장소'라는 관념은 정신의 창안물이다. (4) 결국 '공간'은 하나의 거대한 관념적 상황을 표현하고 있을 뿐이다. ▶ 4문단

① 만일 공간의 본성에 관한 뉴턴의 견해가 옳다면, 라이프니츠의 견해도 옳다.
→ (×) 뉴턴은 공간을 정신과 독립된 객관적 실재로 보았던 반면, 라이프니츠는 공간을 정신과 독립된 실재라고 보지 않았다.[4문단(2)] 따라서 만일 뉴턴의 견해가 옳다면, 라이프니츠의 견해는 옳지 않다.

② 만일 공간의 본성에 관한 데카르트의 견해가 옳다면, 데모크리토스의 견해도 옳다.
→ (×) 데카르트는 아무 물질도 없는 빈 공간이란 원리적으로 불가능하다고 보았던 반면[2문단(3)], 데모크리토스는 모든 자연현상의 근거 중 하나로 빈 공간 속에서의 원자들의 움직임을 제시했다.[1문단(2)] 즉, 데모크리스토는 빈 공간의 존재를 전제한다. 따라서 만일 데카르트의 견해가 옳다면, 데모크리토스의 견해는 옳지 않다.

③ 만일 공간의 본성에 관한 라이프니츠의 견해가 옳다면, 데카르트의 견해는 옳지 않다.
→ (O) 라이프니츠는 공간을 정신과 독립된 객관적 실재로 보지 않았던 반면, 데카르트는 공간을 정신과 독립된 객관적 실재로 보았다.[4문단(2)] 따라서 만일 라이프니츠의 견해가 옳다면, 데카르트의 견해는 옳지 않다.

④ 만일 빈 공간의 존재에 관한 데카르트의 견해가 옳다면, 뉴턴의 견해도 옳다.
→ (×) 데카르트는 빈 공간이란 원리적으로 불가능하다고 보았지만[2문단(3)], 뉴턴은 3차원 공간은 해체할 수 없는 튼튼한 집과 같으며 사물들이 들어올 자리를 마련해 주기 위해 비어 있다고 보았다.[3문단(1),(2)] 즉, 뉴턴은 빈 공간의 원리가 가능하다고 본 것이다. 따라서 만일 데카르트의 견해가 옳다면, 뉴턴의 견해는 옳지 않을 것이다.

⑤ 만일 빈 공간의 존재에 관한 데모크리토스의 견해가 옳다면, 뉴턴의 견해는 옳지 않다.
→ (×) 데모크리토스는 빈 공간이 존재한다고 보았고[1문단(2)], 뉴턴 역시 3차원 공간은 튼튼한 집과 같으며 비어 있다고 보았다.[3문단(1),(2)] 즉, 뉴턴 또한 빈 공간의 존재가 가능하다고 본 것이다. 따라서 데모크리토스의 견해가 옳다면, 뉴턴의 견해도 옳다.

제시문 분석

1문단 자연 변화에 대한 데모크리토스의 견해

〈자연의 변화를 설명하는 방법〉		〈자연현상의 근거〉
데모크리토스는 자연의 모든 변화를 원자들의 운동으로 설명했다.(1)	→	모든 자연현상의 근거는, 원자들, 빈 공간 속에서의 원자들의 움직임, 그리고 그에 따른 원자들의 배열과 조합의 변화라는 것이다.(2)

2문단 공간과 운동에 대한 데카르트의 견해

〈연장〉		〈연장의 조건〉		〈'빈 공간' 부정〉
데카르트에 따르면 연장, 즉 퍼져있음이 공간의 본성을 구성한다.(1)	→	연장은 물질만이 가지는 속성이기 때문에 물질 없는 연장은 불가능하다.(2)	→	다시 말해 아무 물질도 없는 빈 공간이란 원리적으로 불가능하다.(3)

→

〈운동〉	데카르트에게 운동은 꽉 찬 물질 속에서 물질이 자리바꿈을 하는 것이다.(4),(5)

3문단 공간에 관한 뉴턴의 견해

〈공간에 관한 뉴턴의 견해〉
3차원 공간=해체할 수 없는 튼튼한 집(1)
⌄
사물이 존재하는 '어딘가'=뉴턴의 절대공간(3)
⌄
절대공간 = 실체 비슷한 것= 객관적인 것 = 영원히 변하지 않는 것(4)

4문단 공간에 관한 라이프니츠의 견해

〈데카르트와의 비교〉	〈뉴턴과의 비교〉
빈 공간을 부정한다는 점에서 데카르트와 의견을 같이했다.(1)	뉴턴과 마찬가지로 공간을 정신과 독립된 객관적 실재로 보았던 반면, 라이프니츠는 공간을 정신과 독립된 실재라고 보지 않았다.(2)

〈동일한 장소〉		〈하나의 장소〉		〈공간〉
보기에는 '동일한 장소'라는 관념으로부터 시작(3)	→	'하나의 장소'라는 관념을 거침(3)	→	모든 장소들의 집합체로서의 '공간'이라는 관념이 나오는데, '동일한 장소'라는 관념은 정신의 창안물이다.(3)

→

〈공간의 의미〉	결국 '공간'은 하나의 거대한 관념적 상황을 표현하고 있을 뿐이다.(3)

합격자의 실전 풀이 순서

❶ 발문 확인 및 문제 유형 판단하기

항상 먼저 발문을 반드시 제대로 읽고 시작하자. 본 문제는 '글에 나타난 견해들 간의 관계'를 묻고 있으므로, 견해파악유형으로 볼 수 있다. 견해파악유형은 제시문을 제시한 후, 제시문의 핵심 주장·내용을 선지에서 고르도록 하는 문제들을 말한다. 특히 본 문제는 각 견해의 특징을 잡아내고, 신속·정확하게 비교하는 작업을 요구한다. 또한, 본 문제처럼 선지의 앞부분에 주장의 비교 기준이 제시될 경우, 선지를 먼저 확인하여 주장 간의 비교 기준을 잡은 후, 선지에서 요구하는 내용을 제시문에서 찾는 방식으로 독해한다.

견해파악유형은 문제풀이 기준을 선지에 두느냐, 제시문에 두느냐에 따라 푸는 방법이 두 가지로 나뉜다. 첫 번째는 선지를 읽고 선지에서 묻고 있는 이들의 주장을 확인하는 방법이다. 본 문제의 경우 ①번 선지에서 공간의 본성에 대해 뉴턴과 라이프니츠의 견해를 묻고 있으면, 제시문에서 해당 내용을 찾아간다. 두 번째는 제시문에서 제시된 주장의 순서대로 해당 주장과 관련된 선지를 먼저 해결하는 방법이다. 본 문제의 경우 1문단에서 데모크리토스의 견해가 먼저 제시되면, 그의 주

장을 묻고 있는 ②번과, ⑤번 선지를 먼저 풀어본다. 첫 번째 방식의 경우 발췌독을 할 수 있다는 장점이 있으며, 두 번째 방식의 경우 하나의 주장을 여러 번 읽는 문제를 방지할 수 있다는 장점이 있다. 본 문제에서는 첫 번째 방식을 소개하고자 한다. 견해파악유형의 특징으로는 다음과 같다.

- 발문
  - 다음 글의 논지/주장/견해…과 부합하는/적합한 것은?
  - 다음 주장/논쟁…에 대한 분석/설명/추론…으로 옳은 것은?
- 제시문
  - 주관적인 주장이 포함된 글
  - 일반적인 비문학 유형에 비해 정보량이 적은 대신 포괄적인 문장들이 제시

❷ 선지 읽기

선지를 먼저 읽고 어떤 키워드를 중심으로 글을 읽어야 하는지 파악한다. 키워드의 예시는 다음과 같다.

① 공간의 본성, 뉴턴, 라이프니츠
② 공간의 본성, 데카르트, 데모크리토스
③ 공간의 본성, 라이프니츠, 데카르트
④ 빈 공간의 존재, 데카르트, 뉴턴
⑤ 빈 공간의 존재, 데모크리토스, 뉴턴

제시문을 읽으며 공간의 본성, 빈 공간의 존재라는 두 가지 기준으로 뉴턴, 라이프니츠, 데카르트, 데모크리토스의 견해를 파악해야 한다. 모든 선지의 형태가 ' ~의 견해가 옳다면 …의 견해는 옳다/옳지 않다'로 통일되어 있다. 따라서 제시문을 읽으며 인물 간 견해의 공통점과 차이점을 정리해야 한다.

❸ 제시문 독해 및 선지 판단하기

선지의 구성을 통해서도 알 수 있듯이 지문에는 '공간의 본성'과 '빈 공간의 존재'에 대한 데모크리토스, 데카르트, 뉴턴, 라이프니츠의 견해가 제시되어 있다. 본 문제를 견해파악유형을 푸는 두 가지 방법 중 첫 번째 방법으로 풀 경우, 선지를 읽고 선지에서 묻고 있는 이들의 주장을 확인하며 선지를 판단해야 한다. ①은 '공간의 본성'에 관한 뉴턴과 라이프니츠의 견해를 비교한다. 3문단에서 뉴턴의 견해를 확인할 수 있다. 4문단 (2)에서 라이프니츠가 공간의 본성과 관련하여 뉴턴 및 데카르트와 상이한 견해를 지님을 알 수 있다. 따라서 뉴턴의 견해와 라이프니츠의 견해는 양립할 수 없다.

②는 '공간의 본성'에 관한 데카르트와 데모크리토스의 견해를 비교한다. 데모크리토스는 1문단, 데카르트는 2문단에서 찾을 수 있다. 데카르트는 공간의 본성을 '연장'이라고 본다. 공간의 본성에 관한 데모크리토스의 입장을 분명히 알 수는 없지만 2문단이 '한편'으로 시작하며, 데카르트의 견해에 따르면 빈 공간이 원리적으로 불가능하나 데모크리토스는 빈 공간을 인정한다는 점에서 두 견해가 상반되는 것으로 이해할 수 있다. 따라서 데카르트의 견해가 옳다고 데모크리토스의 견해도 옳다고 판단할 수는 없다.

③은 '공간의 본성'에 관한 라이프니츠의 견해와 데카르트의 견해를 비교한다. 앞서 라이프니츠가 4문단에 언급됨을 확인하였다. 4문단 (2)의 '그러나 데카르트가 ~ 반면, 라이프니츠는 ~ 보지 않았다.'라는 문장을 보면, 이들 주장에는 대립된 부분이 있음을 알 수 있다. 따라서 ③은 옳다.

④는 '빈 공간의 존재'에 관한 데카르트와 뉴턴의 견해를 비교한다. 앞서 뉴턴은 빈 공간을 인정하지만, 데카르트는 인정하지 않음을 확인했으므로 ④는 옳지 않다.

⑤는 '빈 공간의 존재'에 관한 데모크리토스와 뉴턴의 견해를 비교한다. 데모크리토스와 뉴턴의 견해는 빈 공간을 인정한다는 부분에서 일치한다. 따라서 ⑤를 옳지 않다.

선지에서 묻고 있는 두 가지 기준으로 각 견해 간의 관계를 정리할 경우, 다음과 같이 정리할 수 있다.

〈중심 화제〉		
공간의 본성과 빈 공간 존재 여부		
	〈공간의 본성〉	〈빈 공간 존재〉
〈데모크리토스〉	자연의 모든 변화를 원자들의 운동으로 설명	빈 공간 원리가 가능하다고 전제함
〈데카르트〉	– 연장이 공간의 본성을 구성 – 물질 없는 연장은 불가능 ⇒ 공간은 정신과 독립된 실재 O	빈 공간 원리 불가능
〈뉴턴〉	– 공간은 절대공간이며, 객관적이고 영원히 변하지 않는 것임 ⇒ 공간은 정신과 독립된 실재 O	빈 공간 원리 가능
〈라이프니츠〉	공간은 정신과 독립된 실재 X – 공간은 하나의 거대한 관념적 상황을 표현함	빈 공간 원리 불가능

해당 표는 참고용이며, 실제로 독해하며 표로 정리할 필요는 없다. 각 문단별로 '공간의 본성'에 대한 내용과 '빈 공간 존재'에 대한 내용을 구분하여 표시하면 된다.

합격자의 시간단축 Tip

Tip ❶ 선지를 확인하여 전략적인 독해 방법을 택하자.

선지에서는 '공간의 본성'과 '빈 공간의 존재'에 대해서 서술되어 있다. 따라서 제시문을 읽을 때 이 두 단어에 대한 견해를 중심으로 읽으면 빠르게 문제를 해결할 수 있다. 즉, 제시문 독해 시 선지에서 묻고 있는 '공간의 본성', '빈 공간의 존재'에 초점을 맞춰 필요한 부분을 발췌하여 읽는다.

Tip ❷ 기호를 활용하여 인물들의 견해를 구분하자.

본 문제의 경우 각 인물의 견해별로 문단이 구분되어 있으면서도, 4문단에서 견해 간 비교가 나타나 있으므로 다음의 예시와 같이 키워드에 대한 정보를 ○과 △ 같은 다른 기호로 표시한다면 선지 판단 시 시간을 단축할 수 있다. 만약 두 개 이상의 대상을 비교해야 하는 경우, 기호가 아닌 1, 2, 3, 4의 숫자를 활용할 수 있다. 예컨대 제시문의 순서에 따라 데모크리토스에게 1, 데카르트에게 2의 숫자를 부여할 수 있다.

> 고대 그리스의 원자론자 데모크리토스는 …빈 공간 속에서의 …원자들의 배열과 조합의 변화라는 것이다. ▶ 1문단
>
> 한편 데카르트에 따르면 …빈 공간이란 원리적으로 불가능하다.… ▶ 2문단
>
> 뉴턴에게 3차원 공간은 …비어 있다. …객관적인 것, 영원히 변하지 않는 것이었다. ▶ 3문단
>
> 라이프니츠는 빈 공간을 부정한다는 점에서 데카르트와 의견을 같이했다. 그러나 데카르트가 뉴턴과 마찬가지로 공간을 정신과 독립된 객관적 실재로 보았던 반면, 라이프니츠는 공간을 정신과 독립된 실재라고 보지 않았다. …결국 '공간'은 하나의 거대한 관념적 상황을 표현하고 있을 뿐이다. ▶ 4문단

Tip ❸ '한편', '그러나', '반면'에 주목하자.

선지는 서로 다른 견해가 양립 가능한지를 묻고 있다. 따라서 독해 시 각 견해에 대립되는 내용이 있는지를 파악하며 읽어야 한다. 제시문에 드러난 역접 접속사에 주목하며 읽으면 대립되는 부분들을 쉽게 파악할 수 있다. 단순히 '빈 공간'을 인정하는지 여부에 대해서도 견해가 대립하지만, 공간이 객관적 실재인지에 대해서도 견해가 대립한다. 빈 공간 존재 여부에 대한 각 견해의 대립구도와 공간의 실재성에 대한 대립구도가 다르므로 이에 주의할 필요가 있다.

Tip ❹ 문장 구조를 확인하여 대립구도를 파악하자.

해당 문제의 경우 누가 공간이 독립된 실재라고 보는지를 판단하지 않고, 서로 견해가 대립되는지 여부만 판단하면 정답 선지를 고를 수 있다. 따라서 제시문의 내용 이해를 정확히 하지 않아도 **Tip ❷**의 접속사, 문장 구조 등으로 대립 구도만 파악하는 것으로 시간을 절약할 수 있다. 예를 들어, 공간의 본성에 대한 문장 중 4문단 (2)의 '그러나 데카르트가 …보았던 반면, 라이프니츠는 …보지 않았다.'라는 문장 구조만으로 선지 ③을 판단할 수 있었다.

183 정답 ❹

난이도 ●●○

문제유형 이해 > 내용 추론

접근전략 그림이 주어진 추론형 문제이다. 소리가 뇌에 전달되는 원리 및 과정을 설명하고 있으며, 정보량이 많기에 제시문을 읽으며 내용 정리를 해두는 것을 추천한다. 선지에서 눈에 띄는 키워드를 지문에서 찾고, 관련된 세부 정보를 조합하여 문제를 해결할 수 있다.

다음 글에서 추론할 수 없는 것은?

(1) 소리는 고막을 통해 내이(內耳) 기관인 달팽이의 난원창으로 전달된다. (2) 달팽이에는 전정관과 고실관이 있는데, 이 두 관은 외림프액으로 채워져 있고 한쪽 끝은 서로 연결되어 있다. (3) 전정관과 고실관의 나머지 한쪽은 각각 난원창과 정원창으로 덮여있다. (4) 달팽이의 속에는 내림프액으로 채워져 있는 달팽이관이 있는데, 그곳에는 내림프액의 압력 변화를 감지하는 털세포가 있다. (5) 전정관과 달팽이관 사이에는 전정막이라는 얇은 막이 있고 달팽이관과 고실관 사이에는 기저막이 있다. ▶1문단

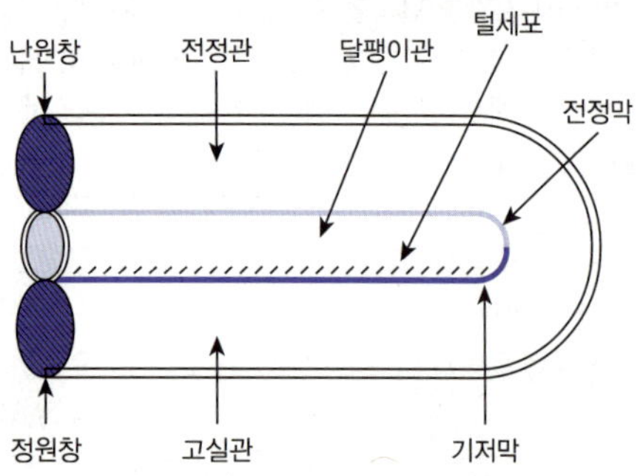

〈내이 기관인 달팽이의 모양〉

(1) 난원창으로 소리가 전달되었을 때 어떤 일이 일어날까? (2) 소리는 난원창을 진동시키고, 이 진동에 의해 전정관 내부에 있는 외림프액을 안쪽으로 밀면서 압력을 가한다. (3) 이 압력은 전정막을 통과하여 달팽이관의 내림프액에 전달된다. (4) 내림프액에 전달된 압력은 기저막을 가로질러 고실관을 통해 정원창으로 이동한다. (5) 이 때, 정원창이 진동하면서 이 압력은 달팽이 외부로 방출된다. ▶2문단

(1) 소리의 높낮이에 따라 압력이 기저막을 통과하는 위치가 달라진다. (2) 난원창에 가까운 기저막 부위는 빳빳하여 진동수가 많은 고음만 통과할 수 있고, 난원창에서 멀어질수록 기저막은 차츰 유연해지면서 진동수가 적은 저음이 통과하기 때문이다. (3) 결과적으로 털세포는 압력이 통과하는 기저막의 움직임을 감지하여 신호를 만들고, 뇌에 그 신호를 전달한다. (4) 이런 과정을 통해 사람은 소리를 들을 수 있다. ▶3문단

① 털세포가 없으면 소리를 듣지 못할 것이다.

→ (○) 털세포는 내림프액에 전달된 압력이 기저막을 통과할 때 그 움직임을 감지하여 신호를 만들고, 그 신호를 뇌에 전달하는 역할을 한다.[3문단(3)] 따라서 털세포가 없으면 소리를 듣지 못할 것이다.

② 기저막이 빳빳해지면 저음을 듣기 어려워질 것이다.

→ (○) 기저막의 부위가 빳빳하면 진동수가 많은 고음만 통과할 수 있고, 유연한 부위는 진동수가 적은 저음이 통과할 수 있다.[3문단(2)] 따라서 기저막이 빳빳하다면 고음만 통과하고 저음은 통과할 수 없기 때문에 해당 소리를 듣기가 어려워질 것이다.

③ 고음일수록, 난원창에서 더 가까운 기저막 부위를 움직일 것이다.

→ (○) 진동수가 많은 고음은 빳빳한 기저막 부위를 통과할 수 있다.[3문단(2)] 난원창에 가까운 기저막 부위는 빳빳하여[3문단(2)], 고음일수록 난원창에 가깝게 통과될 것이므로 해당 선지의 설명은 적절하다.

④ 정원창의 진동 여부를 알면 소리의 고·저를 구별할 수 있을 것이다.

→ (×) 소리의 고저에 따라 통과하는 기저막의 부위는 달라진다.[3문단(1)] 그러나 이와는 상관없이 정원창은 내림프액으로부터 전달된 압력으로 인해 진동하기 때문에[2문단(5)], 정원창의 진동 여부를 알더라도 소리의 고·저를 구별할 수는 없다.

⑤ 저음일수록, 고실관 내의 림프액의 압력 변화는 정원창에서 더 먼 곳에서부터 시작될 것이다.

→ (○) 난원창에서 멀어질수록 기저막은 차츰 유연해지고 진동수가 적은 저음이 통과한다.[3문단(2)] 제시문의 〈내이 기관인 달팽이의 모양〉 그림을 통해 난원창에서 멀다는 것은 즉, 정원창에서도 먼 것임을 이해할 수 있다. 따라서 저음일수록 정원창에서 먼 곳에서부터 압력 변화가 시작될 것이다.

제시문 분석

1문단 달팽이의 구성요소

〈소리의 전달〉	
소리는 고막을 통해 내이(內耳) 기관인 달팽이의 난원창으로 전달된다(1)	
〈달팽이의 구성 요소〉	
전정관	두 관은 외림프액으로 채워져 있고 한쪽 끝은 서로 연결되어 있다(2)
고실관	
난원창	전정관을 덮고 있다(3)
정원창	고실관을 덮고 있다(3)
달팽이관	내림프액으로 채워져 있으며 내림프액의 압력 변화를 감지하는 털세포가 존재(4)
전정막	전정관과 달팽이관 사이에 존재(5)
기저막	달팽이관과 고실관 사이에 존재(5)

2문단 달팽이의 소리 전달 과정

〈소리의 전달 과정〉
고막 ⇒ 난원창 진동 ⇒ 외림프액에 압력 ⇒ 전정막 통과 ⇒ 내림프액에 압력 ⇒ 기저막 통과 ⇒ 고실관에 압력 ⇒ 정원창 진동 ⇒ 달팽이 외부로 방출

3문단 소리의 전달과 인식

〈소리의 전달 과정〉	
소리의 높낮이에 따라 압력이 기저막을 통과하는 위치가 달라짐(1)	
〈고음〉	〈저음〉
난원창에 가까운 기저막 부위는 뻣뻣하여 진동수가 많은 고음만 통과할 수 있다.(2) ←	난원창에서 멀어질수록 기저막은 차츰 유연해지면서 진동수가 적은 저음이 통과할 수 있다.(2)

→

〈신호 전달〉	털세포는 압력이 통과하는 기저막의 움직임을 감지하여 신호를 만들고, 뇌에 그 신호를 전달한다.(3)

합격자의 실전 풀이 순서

❶ 발문 확인 및 문제 유형 판단하기

발문을 확인한 결과, 글에서 추론할 수 없는 것을 고르는 문제이다. 해당 유형은 제시문 내용과 상충하거나 그로부터 알 수 없는 선지가 정답이 되며, 제시문 내용과 일치하거나 그로부터 알 수 있는 선지가 오답이 된다. 제시문 내에 그림이 존재하므로 특정 구조에 대한 원리를 파악해야 하는 문제임을 추측할 수 있다. 또한, 옳지 않은 것을 골라야 하므로 발문이나 선지 옆에 크게 'X' 표시를 해두어 실수를 방지한다.

정보확인유형을 푸는 방법으로는 크게 선지를 먼저 읽고 제시문에서 선지의 내용을 찾는 방법과 제시문을 간략히 읽은 후 선지를 판단하는 방법 두 가지로 나뉜다. 첫 번째 방법은 선지로부터 키워드를 찾고, 키워드를 제시문에서 찾아가는 방식이다. 두 번째 방법은 제시문의 구조와 선지에서 나올만한 중요한 내용을 파악하며 1분에서 2분 사이 내에 제시문을 읽은 후 선지를 판단하는 방식이다. 본 문제의 경우 주제가 낯설기 때문에 선지의 키워드를 도출하여도 금방 잊어버릴 확률이 높다. 또한, 제시문에 제시된 그림을 활용하는 것이 중요하기 때문에 두 번째 방법으로 본 문제를 푸는 법을 소개하겠다.

❷ 제시문 독해하기

본 제시문은 구조가 명확하고 정보가 연속적으로 제시되는 정보전달문에 해당하므로, 제시문에서 주어진 정보를 빠르게 이해하는 것이 필요하다. 특히 본 문제는 제시문에 그림이 주어졌다는 특징이 있다. 제시문에서 그림이 제시되는 이유는 제시문의 내용을 이해하는 데 시각적 도움을 제공하기 위해서이다. 따라서 이를 문제 풀이에 적극적으로 활용하도록 하자. 그림을 보면서 제시문의 내용을 이해하고, 그림에 나와 있지 않은 새로운 정보가 제시된다면 그림 위에 추가로 메모한다.

본 제시문은 소리가 고막과 달팽이관을 통해서 뇌에 전달되는 원리와 과정을 설명하고 있다. 1문단은 달팽이관의 구성요소 및 구조에 대해 주어진 그림을 그대로 설명하고 있다. 따라서 그림을 보면서 1문단의 내용을 빠르게 이해한다. 또한, 그림에 표시되지 않은 내용으로, 소리가 난원창으로 전달된다는 점, 외림프액과 내림프액의 위치, 내림프액 압력 변화를 감지하는 털세포의 기능을 체크해둔다. 해당 정보를 시각적으로 표현할 수 있다면 주어진 그림 위에 정리해둔다.

(1) 2문단은 달팽이관을 통한 소리 전달 과정을 설명한다. 주어진 그림에 경로를 표시하며 읽는다.

(2) 3문단은 소리 높낮이에 따른 통과 위치 및 소리가 뇌에 전달되는 과정을 설명한다. 특히 고음과 저음의 비교가 제시되고 있는데, 이처럼 대립하는 개념이 나오는 경우 이들 간의 공통점과 차이점을 파악해야 한다. 또한, 선지 ②~⑤에서 소리의 높낮이가 언급되므로, 그 근거는 3문단 (2)에서 주로 찾을 수 있음을 염두에 둔다.

요컨대, 제시문에서 그림이 나왔다면 제시문을 읽으며 주어진 그림을 통해 확인할 수 있는 정보는 그림을 보며 빠르게 이해한다. 또한, 그림에서 알 수 없는 추가적 정보는 아래와 같이 주어진 그림 위에 메모해둔다.

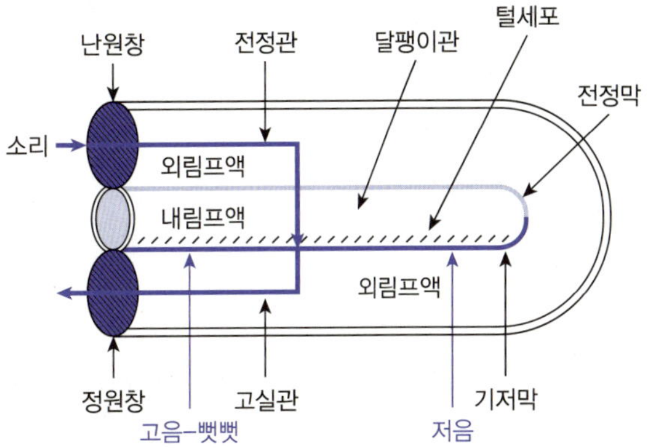

❸ 선지 판단하기

제시문의 세부 정보를 활용하여 선지의 진술이 옳은지 판단한다. 이때 선지의 키워드를 포함하는 문장을 중심으로 정오 판단의 근거를 찾는다. 또한, 정보확인유형의 선지의 판단 근거가 되는 문장들의 표현을 암기해두고, 해당 표현이 나올 때마다 선제적으로 중요 표시를 해두는 것이 좋다.

선지 ①번의 '털세포'에 관한 내용은 3문단에서 언급되고 있고, 그 역할은 뇌에 신호를 전달하는 것이므로 털세포가 없으면 소리를 듣지 못 할 것임을 추론할 수 있다. 해당 선지의 근거가 되는 문장은 3문단 (3)이다. 해당 문장에는 '결과적으로'라는 표현이 있음에 주의할 필요가 있다.

이외의 ②번부터 ⑤번 선지는 고음과 저음을 비교하고 있는 3문단에서 근거를 찾을 수 있다. 이처럼 대립되는 대상이 나오는 경우, 이를 선지에서 다룰 확률이 높으므로 주의 깊게 읽어야 한다.

합격자의 시간단축 Tip

Tip ❶ 선지의 키워드를 파악하는 풀이법을 시도해보자.

정보확인유형을 푸는 방법 중 선지를 먼저 읽고 선지에서 키워드를 도출한 후, 제시문에서 해당 키워드를 찾는 방식으로 시간을 단축하는 방법이 있다. 지문의 정보를 활용하여 추론하는 문제의 경우, 선지의 내용이 제시문에 직접적으로 나타나 있지 않을 수도 있다. 그러나 해당 문제는 특정 기관의 구조를 설명하므로 선지가 주로 고유어로 구성되어 있다. 따라서 제시문에서 특정 단어를 중심으로 관련 정보를 찾으면 수월하게 선지를 해결할 수 있다. 이처럼 추론 유형이더라도 선지를 먼저 확인하면 효과적인 문제풀이 방식을 채택하는 데에 도움이 된다. 다양한 풀이법을 시도해야 자신에게 가장 알맞은 풀이법을 알 수 있으므로 선지를 먼저 읽는 풀이법도 도전해볼 것을 권한다.

Tip ❷ 제시문의 그림을 활용한다.

지문의 특정 기관의 구조나 원리 등을 설명할 때, 독자들의 이해를 돕기 위해 문제에 그림이 주어진 경우가 있다. 글만으로 파악하기 힘든 정보를 쉽게 받아들일 수 있게 되므로 꼭 그림을 적극적으로 활용하도록 하자. 해당 문제의 경우 <달팽이의 모양>과 함께 구성요소가 그림에 모두 나타나 있었기에, 제시문을 읽으며 이해한 바를 확인하고, 그림에 제시되지 않은 새로운 정보를 그림 위에 메모할 수 있다.

Tip ❸ 시간이 들더라도 제시문과 그림을 이해한다.

선지 정오 판단 전 제시문을 제대로 이해해야 문제를 풀기 수월하다. 제대로 이해하지 않고 문제를 풀면 본문을 반복해서 읽게 되기 때문이다. 이는 특히 익숙하지 않은 과학 소재 제시문의 경우에 자주 발생하는 문제이다. 제시문 이해에 시간이 걸리더라도 중요한 부분은 이해를 하고 문제를 푸는 것이 오히려 시간을 절약하는 방법이다.

184 정답 ⑤

난이도 ●●○

문제유형 이해 > 관점 파악

접근전략 문제에서 ㉠과 ㉡을 물어보는 경우, 글의 전반적인 내용만을 우선으로 파악하기보다는, ㉠과 ㉡의 특징을 파악하는 것을 중심으로 글을 읽는 것이 중요하다. 즉, 일반적인 내용 일치 지문 접근법과 다르게 밑줄의 특징을 먼저 확인하도록 한다. 이렇게 비교하는 문제 중, 가끔씩 '눈치'로 풀 수 있는 문제가 있는데 이 경우 두 대상의 차이점을 확인한다면 선지로 바로 가 정답을 찾는 것이 더 용이할 수 있다. 글의 전체적인 내용은 마치 확인하듯이 부수적으로 파악하도록 한다.

다음 ㉠과 ㉡에 대한 판단으로 가장 적절한 것은?

(1) 니체는 자신이 가끔 '가축 떼의 도덕'이라고 부르며 비난했던 것을 '노예의 도덕', 즉 노예나 하인에게 적합한 도덕으로 묘사한다. (2) 그는 다음과 같이 말한다. "지금까지 지상을 지배해 온 수많은 도덕들 사이를 헤집고 다니면서 마침내 두 가지의 기본적인 유형, 주인의 도덕과 노예의 도덕을 발견했다." (3) 그 다음 그는 이 두 유형의 도덕은 보통 섞여 있으며 온갖 다양한 방식으로 함께 작동한다는 점을 덧붙인다. (4) 그의 주장에는 분명 지나치게 단순한 이분법이 스며들어 있다. (5) 그러나 『도덕의 계보』에서 그는 자신이 우리에게 제시하고 있는 것은 하나의 논쟁이며, 지나치게 단순화되긴 했지만 도덕을 보는 사유의 근본적인 쟁점을 부각시키는 데 목적이 있다는 점도 분명하게 밝힌다.

▶ 1문단

(1) 니체에 따르면 성경이나 칸트의 저서에서 제시된 도덕은 ㉠ 노예의 도덕이다. (2) 노예 도덕의 가장 조잡한 형태는 개인을 구속하고 굴레를 씌우는 일반 원칙으로 구성되는데, 이는 외적 권위 즉 통치자나 신으로부터 부과된 것이다. (3) 좀 더 섬세하고 세련된 형태에서는 외적 권위가 내재화되는데, 이성(理性)의 능력이 그 예라고 할 수 있다. (4) 하지만 조잡한 형태든 세련된 형태든 이 도덕을 가장 잘 특징짓는 것은 그것이 무엇인가를 금지하고 제약하는 일반 원칙의 형태로 나타난다는 점이다. (5) 칸트가 정언명령을 몇 개의 일반적 정칙(定則)으로 제시했을 때도 그 내용은 '너희는 해서는 안 된다'였다.

▶ 2문단

(1) 반면 ㉡ 주인의 도덕은 덕의 윤리이며, 개인의 탁월성을 강조하는 윤리이다. (2) 이는 개인의 행복과 반대되지 않으며 오히려 도움을 줄 수도 있다. (3) 니체와 아리스토텔레스는 인격적으로 뛰어나게 되는 것이야말로 그 사람을 행복하게 해 준다고 생각했다. (4) 자신의 목표나 만족을 희생해서 마지못해 자신의 의무를 완수하는 것은 그 사람을 불행하게 만든다. (5) 그에 비해 주인의 도덕을 실천하는 사람은 자신이 좋아하고 자신에게 어울리는 가치, 이상, 실천을 자신의 도덕으로 삼는다. (6) 주인의 도덕은 '지금의 나 자신이 되어라!'를 자신의 표어로 삼는다. (7) 그리고 자신이 다른 사람과 같은지 다른지, 혹은 다른 사람의 것을 받아들일 수 있는지 없는지에 대해서는 별 신경을 쓰지 않는다.

▶ 3문단

① **내가 '좋음'의 의미를 주체적으로 정립하여 사는 삶은 ㉠에 따라 사는 삶이다.**

→ (×) 내가 '좋음'의 의미를 주체적으로 정립하여 사는 삶은 개인의 탁월성, 즉 특수성을 강조하는 삶이다.[3문단(1)] 따라서 이는 자신이 좋아하고 자신에게 어울리는 가치, 이상, 실천을 자신의 도덕으로 삼는 ㉡에 따라 사는 삶이라고 볼 수 있다.

② **내가 나 자신의 탁월성 신장을 통하여 행복을 추구하여 사는 삶은 ㉠에 따라 사는 삶이다.**

→ (×) 내가 나 자신의 탁월성 신장을 통하여 행복을 추구하여 사는 삶은 자신에게 어울리는 가치, 이상, 실천을 자신의 도덕으로 삼는 것이다.[3문단(5)] 따라서 선지는 개인의 탁월성을 강조하는 윤리인 ㉡에 따라 사는 삶이다.

③ **내가 끊임없이 스스로를 갈고 닦아 자신만의 개성을 만들어 사는 삶은 ㉠에 따라 사는 삶이다.**

→ (×) 내가 끊임없이 스스로를 갈고 닦아 자신만의 개성을 만들어 사는 삶은 개인의 탁월성을 강조하는 것으로, ㉡에 따라 사는 삶이다.

④ **내가 내재화된 이성의 힘을 토대로 주체적인 삶을 영위하기 위해 노력하는 것은 ㉡에 따라 사는 삶이다.**

→ (×) 내가 내재화된 이성의 힘을 토대로 주체적인 삶을 영위하기 위해 노력하는 것은 '이성'이라는 세련된 형태의 외적 권위에 따르는 삶이므로, ㉠에 따라 사는 삶이다.[2문단(3)]

⑤ **내가 개인을 구속하는 일반 원칙에 얽매이지 않고 덕스러운 방식으로 행복을 추구하는 것은 ㉡에 따라 사는 삶이다.**

→ (O) 내가 개인을 구속하는 일반 원칙에 얽매이지 않고 덕스러운 방식으로 행복을 추구하는 것은 '덕의 윤리'에 해당하므로, ㉡에 따라 사는 삶이다.

제시문 분석

1문단 니체의 도덕관

〈도덕의 유형〉		〈도덕의 작동방식〉
"지금까지 지상을 지배해 온 수많은 도덕들 사이를 헤집고 다니면서 마침내 두 가지의 기본적인 유형, 주인의 도덕과 노예의 도덕을 발견했다."(2)	→	이 두 유형의 도덕은 보통 섞여 있으며 온갖 다양한 방식으로 함께 작동한다.(3)

〈의의〉
니체가 제시하고 있는 것은 하나의 논쟁이며, 지나치게 단순화되긴 했지만 도덕을 보는 사유의 근본적인 쟁점을 부각시키는 데 목적이 있다.(5)

2·3문단 노예의 도덕과 주인의 도덕

〈㉠노예의 도덕〉		〈㉡주인의 도덕〉
노예 도덕의 가장 조잡한 형태는 통치자나 신으로부터 부과된 것 등 외적 권위의 일반 원칙으로 구성되고, 좀 더 섬세하고 세련된 형태에서는 이성(理性) 등 내재화된 외적 권위가 작용한다.[2문단(2),(3)]	↔	덕의 윤리이며, 개인의 탁월성을 강조하는 윤리이다.[3문단(1)]

합격자의 실전 풀이 순서

❶ 발문 확인 후, 제시문에서 ㉠과 ㉡이 있는 곳을 찾아 확인한다.

발문 확인에서 특정 부분을 지칭하고 있다면 가장 먼저 그 부분을 확인하는 것이 중요하다. ㉠의 경우 노예의 도덕, ㉡의 경우 주인의 도덕이라고 나와 있다. 뉘앙스에 있어 두 도덕에 차이점이 있을 것이라고 짐작할 수 있다.

❷ 지문의 구조를 파악하여 선지를 확인할 준비를 완료한다.

다음으로 기호 주변 문장을 일부만 읽어서 둘을 대조시킨다. 이때 문단이 달라지면 실질적으로 그 연결고리 부분이 위와 아래 중 어느 곳에 연결될지도 파악한다. 예컨대 2문단 (5)의 경우 일반적으로 '이익 추구, 물질적 가치'가 아니라 '칸트의 도덕'이 나와 있는데, 이는 ㉠하고 부합하고 있으므로 여기서 "노예의 도덕이 2문단 전체구나"라는 사실을 파악할 수 있어야 한다. 칸트의 도덕이 무엇인지 아직은 구체적으로 파악할 필요가 없다.

❸ 선지를 보고 선지 간 유사성을 파악한다.

이 방법은 모든 지문에 적용할 수는 없고, 1)주장이나 개념 간 대립이 뚜렷하며, 2)선지가 단일 개념만을 묻고 있는 경우에만 쓸모가 있는, 일종의 요령이나 다름없다. 그러나 일반적으로 보더라도 1)번 조건만 충족한다면 선지를 빠르게 '초벌구이'로 확인하는 것이 지문 내용 이해에 도움이 된다.

다시 말하면, 논지가 일관되게, 혹은 내용이 같은 틀 안에서 쭉 써져 있다면 지문을 먼저 1회독 하는 것이 효율이 좋으나, 앞의 내용을 거의 이해하지 못했더라도 뒤의 내용이 독립적어서 이해가 가능한 지문의 경우는 선지를 한 번 확인하고 가는 방법을 사용 가능하다. 같은 이유에서 〈논리논증〉(필자는 이를 지문의 탈을 쓴 논리퀴즈라고 생각한다) 유형도 마찬가지다. 이 관점 하에 선지를 보면, 최소한 ②, ③번 선지가 같은 논조임을 알 수 있고 ①, ④, ⑤번 선지가 같은 논조임을 알 수 있다. 이를 통해 답을 골라내라는 것이 아니다. 실제로 판단할 내용이 기껏해야 두 종류라는 뜻이다. 이제 지문을 이해하면서 내용분류를 할 차례다.

* 팁을 주자면, NCS라면 여기서 정답 선지가 비교적 뚜렷하게 주어졌을 가능성이 높다. 그러나 5급, 7급 PSAT는 문제당 시간이 길다 보니 오답을 유도하는 만큼, 지문을 대충 이해하고 선지를 보는 것으로 바로 답을 구할 수 없도록, 여러 장치가 마련되어 있다. 그래서 사실 민간경력자 채용 PSAT를 보는 것이 NCS에 있어서 더 수험적합적이다.

❹ 1문단을 읽는다.

혹자는 "어차피 내용은 다 2, 3문단에 있는데 1문단을 읽는 것이 손해가 아닌가?"라고 생각할 수도 있다. 그러나 두 가지 이유에서 그러면 안 된다. 첫째로 1문단을 읽는 것은 앞으로 나올 개념들을 이해하는 데 도움을 주고, 둘째로 개념이 안 나왔다는 것은 둘 모두에게 적용되는 내용이 1문단에 등장한다는 뜻이기 때문이다. 특히 두 개념(주장)이 대립하는 경우에는 더욱 그렇다.

물론 이 지문에서만큼은 예외적으로, 1문단에서 동어반복을 통하여 같은 말을 단순히 분량을 늘리고만 있다(만일 잘 구분할 수 없다면 이 문단을 반복적으로 독해하여 훈련해 보자). 특히 (3)은 기억할 필요가 있으나 (4)(5)는 이전 내용의 반복임을 볼 수 있다. 이 경우 의심이 되면 지금 읽는 내용과 선지가 유사한지 확인하면서 빠르게 소거한다.

* [주의점] 단, NCS 지문은 대부분 1문단을 읽지 않아도 되게 설계되어 있다. 2문단을 먼저 '슬쩍' 확인해 보고 내용 이해가 어려운 경우에만 1문단을 읽는 것도 좋은 방법이다.

❺ 두 개념을 비교해가며 읽는다.

이때, 어느 한 문단만 읽어서 한 개념을 이해했다고 바로 선지를 풀면 안 된다. 한 문단을 읽으면서 어떤 개념, 예컨대 '노예의 도덕'을 이해했다고 하면, 그다음 문단에서 〈정말 그것이 맞는지, 예외는 없는지〉 '주인의 도덕'과 비교해가며 읽어야 한다. 이 과정에서 자연스럽게 '주인의 도덕'까지도 머릿속에 자리잡을 수 있다.

물론 "시간이 없는데 어떻게 그렇게 하냐"라고 반문할 수 있다. 그러나 2문단 보고 선지를 풀고, 3문단 보고 선지를 풀고, 헷갈리면 다시 2, 3문단을 비교해가며 선지를 풀던 기존의 방식보다 이게 더 효율적이다. 정말 그런지 스스로 다른 문제를 풀면서도 테스트해 보자.

중요한 점은 ㉠과 ㉡중 하나를 택했다면 반드시 그것만 기억하면서 읽어야 한다는 것이다. 이때 밑줄과 동그라미 등 기호를 써도 되는데, 억지로 두 개념을 비교하면서 기호를 쓸 필요가 없다. 하나를 기억하면 그것의 반대가 다른 한 개념이 될 것이고, 그 반대가 "어떤 반대인지"를 기억할 수 있도록 단 한 군데만 별도의 기호(예컨대 역삼각형)를 쳐 주면 된다. 예컨대 이 지문에서는 〈의무〉라는 개념어 자체가 될 것이다.

❻ 선지를 판단한다.

선지 구조상 한 개념에 대한 설명과 다른 기호를 매칭시켜서 오답을 유도하는 유형임을 알 수 있다. 연결관계를 잘 파악해가며 풀면 된다.

이때 ④번과 ⑤번 선지가 헷갈릴 수 있다. 특히 두 내용을 직접 비교해가며 푸는 경우 "자율과 타율"이라는 점만 기억하여 헷갈릴 수 있는 것이다. 2문단을 읽으면서 '노예의 도덕'을 파악할 때, 칸트와 이성, 그리고 의무를 한 번에 묶어서 기억하는 동시에, 3문단에서 억지로 주인의 도덕까지 이해하지 않았으면 쉽게 구분할 수 있는 선지였다.

다만 이렇게 독해하지 못하고, 특히 나머지 선지를 판단하기 위해 '주인의 도덕' 위주로 기억하면서 읽었다면, 3문단에서 언급되지 않은 단어임을 파악하고 그다음 2문단으로 돌아가서 '이성'이라는 키워드와 연관된 것을 찾아야 할 것이다. 예컨대 '합리성' '원칙' '규범' '규칙' 등이다.

합격자의 시간단축 Tip

Tip ❶ 대립이 있다면 그 지점을 잘 파악한다.

보통 '삶의 자세'에 대한 대립이 있다면 〈이성vs본능〉의 대립인 경우가 많다. 그러나 이 지문에선 그것을 뒤틀어서 이성을 부정적으로 바라보고, 본능을 승화시켜 '의지'라는 긍정적 의미로 해석하고 있다. 이렇게 관계를 얼마든지 뒤틀어서 지문을 구성할 수 있음에 유의해야 한다. 모듈형과 달리 PSAT형은 이런 '이상한' 것들을 빨리 잡아채서 이해했음을 보여주는 것을 목표로 해야 한다. 특히 〈전형적 주제 + 전형적 대립〉 이라면 지문을 20%만 읽고도 전체 내용을 파악할 수 있을 것이기 때문에 출제자들은 그것에 대비한 지문을 낼 수밖에 없다.

(NCS는 비교적 단순한 유형의 지문이 나오지만, 최근에는 그것

도 더 어려워지고 있음을 독자들은 잘 알고 있을 것이다.) 그러나 이것에 대비하기 위하여 어려운 책을 읽거나 공부를 할 필요는 없다. 단지 전형적인 기준 이외의 비교가 나올 수 있음을 항상 주시하면서, 정확히 대립하는 지점을 짚는 것이 중요하다. 이때 "일부러 나쁜 것부터 확인하기"도 좋은 방법이다. 예컨대 이 지문은 칸트의 도덕을 열등한 것으로 취급하고 있고 '주인의 도덕'을 마치 진짜 주장처럼 설명하고 있다. 심지어 글 전체에서 더 뒤에 나와서 더 중요한 것처럼 보이도록 서술하고 있다. 이걸 의도적으로 2문단을 더 중점적으로 읽어서 비교 기준을 확실히 잡으면 좋다. 단지 "아 도덕은 권위에 순종하는 거구나."라고 이해하는 것을 넘어서, "도덕은 왜 주인이 될 수 없을까?"라는 질문으로 바꿔 보자. 그러면 비교 기준이 더 잘 보일 것이다. 이런 방법은 모듈형 개념들을 암기할 때도 적용할 수 있다.

185 정답 ❶ 난이도 ●●○

문제유형 규칙 적용

접근전략 본 문제의 경우 규정과 조건을 〈보기〉에 적용하여 옳은 선지를 고르는 규정적용유형에 해당한다. 규정적용유형을 풀 때는 법조문 유형을 풀 때와 마찬가지로 규정의 구체적인 내용을 독해하는 것보다, 규정의 구조를 파악한 후 〈보기〉에서 묻고 있는 정보를 찾아 올라가는 형태로 푸는 것이 좋다. 상황판단의 핵심역량은 정보를 기준에 따라 분류하는 것인데, 본 문제의 경우 친절하게 표로 모든 기준결과를 제시해주고 있으며 새로운 정보는 선지에만 제시되고 있다. 이런 문제는 서두르지 말고 선지 요건을 정확하게만 표에 연결시키는 걸 목표로 한다.

다음 〈국내 대학(원) 재학생 학자금 대출 조건〉을 근거로 판단할 때, 〈보기〉에서 옳은 것만을 모두 고르면? (단, 甲 ~ 丙은 국내 대학(원)의 재학생이다.)

〈국내 대학(원) 재학생 학자금 대출 조건〉

구분		X학자금 대출	Y학자금 대출
신청 대상	신청 연령	• 35세 이하	• 55세 이하
	성적 기준	• 직전 학기 12학점 이상 이수 및 평균 C학점 이상 (단, 장애인, 졸업학년인 경우 이수학점 기준 면제)	• 직전 학기 12학점 이상 이수 및 평균 C학점 이상 (단, 대학원생, 장애인, 졸업학년인 경우 이수학점 기준 면제)
	가구소득 기준	• 소득 1 ~ 8분위	• 소득 9, 10분위
	신용 요건	• 제한 없음	• 금융채무불이행자, 저신용자 대출 불가
대출 한도	등록금	• 학기당 소요액 전액	• 학기당 소요액 전액
	생활비	• 학기당 150만 원	• 학기당 100만 원
상환 사항	상환 방식 (졸업 후)	• 기준소득을 초과하는 소득 발생 이전: 유예 • 기준소득을 초과하는 소득 발생 이후: 기준소득 초과분의 20 %를 원천 징수 ※ 기준소득: 연 □천만 원	• 졸업 직후 매월 상환 • 원금균등분할상환과 원리금균등분할상환 중 선택

• 보기 •

ㄱ. 34세로 소득 7분위인 대학생 甲이 직전 학기에 14학점을 이수하여 평균 B학점을 받았을 경우 X학자금 대출을 받을 수 있다.

➜ (O) X학자금 대출을 받기 위해서는 신청 연령이 35세 이하여야 하고, 성적 기준이 직전 학기 12학점 이상 이수 및 평균 C학점 이상이어야 하며, 가구소득 기준이 소득 1~8분위여야 한다. 대학생 甲은 34세이고, 직전 학기에 14학점 이수 및 평균 B학점을 받았으며, 소득 7분위이다. 따라서 甲은 X학자금 대출 신청요건을 갖추었으므로 X학자금 대출을 받을 수 있다.

ㄴ. X학자금 대출 대상이 된 乙의 한 학기 등록금이 300만 원일 때, 한 학기당 총 450만 원을 대출받을 수 있다.

➜ (O) X학자금 대출의 대출 한도는 학기당 등록금 전액과 생활비 150만 원이다. X학자금 대출 대상이 된 乙의 한 학기 등록금이 300만 원일 때, 乙은 등록금 300만 원과 생활비 150만 원을 더해 한 학기당 총 450만 원을 대출받을 수 있다. 대출한도에 등록금과 생활비 이렇게 두 항목이 있다는 것을 적극적으로 활용한다.

ㄷ. 50세로 소득 9분위인 대학원생 丙(장애인)은 신용 요건에 관계없이 Y학자금 대출을 받을 수 있다.

➜ (×) Y학자금 대출을 받기 위해서는 신청 연령이 55세 이하여야 하고, 성적 기준이 직전 학기 12학점 이상 이수 및 평균 C학점 이상이어야 하며, 가구소득 기준이 소득 9~10분위이어야 한다. 여기에 더해 금융채무불이행자 또는 저신용자가 아니어야 한다. 丙은 50세이고 소득 9분위이며, 장애인이므로 이수학점 기준은 면제된다. 그러나 신용 요건에 관계없이 Y학자금 대출을 받을 수 있는 것은 아니다. 丙이 금융채무불이행자 또는 저신용자일 경우 Y학자금 대출을 받을 수 없다.

ㄹ. 대출금액이 동일하고 졸업 후 소득이 발생하지 않았다면, X학자금 대출과 Y학자금 대출의 매월 상환금액은 같다.

➜ (×) 대출금액이 동일하고 졸업 후 소득이 발생하지 않았다면, X학자금 대출의 경우 기준소득을 초과하는 소득 발생 이전에 해당하므로 상환이 유예되어 상환금액은 0원이다. 반면 Y학자금 대출은 졸업 후 원금균등분할상환과 원리금균등분할상환 중 선택하여 매월 상환하여야 한다. 즉, X학자금 대출과 Y학자금 대출의 매월 상환금액은 매우 특정한 경우에만 같게 되므로, 해당 선지는 오선지라고 판단해야 한다.

① ㄱ, ㄴ ➜ (O)
② ㄱ, ㄷ ➜ (×)
③ ㄷ, ㄹ ➜ (×)
④ ㄱ, ㄴ, ㄹ ➜ (×)
⑤ ㄴ, ㄷ, ㄹ ➜ (×)

합격자의 실전 풀이 순서

❶ 문제 유형 파악

발문과 규정의 형식을 근거로 규정적용 유형임을 알 수 있다. 〈학자금 대출 조건〉이라는 표가 있고 발문의 괄호에 대학(원)의 재학생이라는 인물 甲~丙의 설명이 있는 것으로 보아, 각 인물에게 학자금 대출 조건을 적용할 것을 예상할 수 있기 때문이다. 규정의 형식이 법조문은 아니지만, 법조문 유형과 마찬가지로 규정의 구조와 중요 내용부터 파악한 후, 구체적인 규정의 내용은 〈보기〉 판단 단계에서 확인한다. 또한, 본 문제가 옳은 것을 고르는 문제라는 것을 인지하기 위해 "옳은"이라는 단어에 밑줄이나 동그라미 등 표시를 한다.

> 다음 〈국내 대학(원) 재학생 학자금 대출 조건〉을 근거로 판단할 때, 〈보기〉에서 옳은 것만을 모두 고르면?

❷ 규정 및 조건 파악

학자금 대출에는 X와 Y의 두 가지 종류가 존재하며, 각각의 학자금 대출에는 신청 대상(요건), 대출 한도, 상환 방식이 각각 규정되어 있다. 신청 연령부터 상환 방식까지의 구분 항목만 훑어보고 세부 내용은 선지 판단 시 읽는다.

어떤 부분을 물어볼지 예상을 해 본다면, 조건이 동일하지 않은 두 종류의 장학금이 있으므로 X와 Y 학자금 대출의 차이점을 물어볼 수 있다. 또한, 성적 기준의 괄호에 단서가 있으므로 단서를 묻는 〈보기〉가 있을 것이라 짐작할 수 있다.

❸ 〈보기〉 판단

파악한 규정을 바탕으로 〈보기〉와 선지를 판단한다. 표의 구성을 활용하기 위해 표의 구분 기준이 되는 X와 Y 학자금 대출의 해당 여부를 먼저 판단한다. 또한, 표의 내용을 위에서부터 〈보기〉에 적용하며 충족한 조건은 지워나간다.

보기 ㄱ의 경우 X 학자금 대출을 받을 수 있는지 여부를 물어봤으므로 X학자금 대출의 신청 대상(요건)과 비교한다. 〈35세 이하 → 12학점 이상 이수 및 평균 C학점 이상 → 소득 1~8분위〉 순서로 확인한다. 모두 충족하므로 선지 ③, ⑤번이 소거된다.

보기 ㄴ의 경우 X학자금 대출금액에 대한 내용이므로 X학자금 대출의 대출 한도와 비교한다. 〈등록금+생활비〉로 계산한다. 옳으므로 선지 ②번이 소거된다. 다음으로 ㄹ을 확인한다.

보기 ㄹ의 경우 X학자금과 Y학자금의 상환 방식과 비교한다. X는 유예, Y는 소득과 무관하게 상환이 시작되므로 상환금액은 다르다. 정답은 ①번이다.

보기 ㄷ의 경우 Y학자금 대출을 받을 수 있는지 여부를 물어봤으므로 Y학자금 대출의 신청 대상(요건)과 비교한다. 특히 보기 ㄷ에는 괄호 내의 단서가 적용되었음을 알 수 있다.

본 문제와 같이 선지가 〈보기〉의 구성으로 이어지는 경우 하나의 보기를 판단한 후 해당 보기와 관련된 선지를 먼저 지운다.

합격자의 시간단축 Tip

Tip ❶ 구체적인 규정의 내용은 〈보기〉 판단 시 확인

규칙을 적용하는 유형은 어차피 구체적인 상황이 보기에 주어질 것이므로 〈국내 대학(원) 재학생 학자금 대출 조건〉이 어떤 형식과 구조로 규정되어 있는지만 확인한 후 바로 보기를 확인한다. 구체적인 규정의 내용은 〈보기〉를 판단할 때 확인한다.

Tip ❷ 괄호 내의 예외사항에 주목

규정확인 유형 또한 법조문 유형과 마찬가지로 예외사항과 단서의 내용이 선지에 주로 나온다. 신청 대상 중 성적 기준에서는 대학원생, 장애인 또는 졸업학년인 경우 이수학점 기준을 면제해 주는 예외조항이 존재한다. 따라서 이러한 예외조항을 활용한 보기가 나올 것임을 염두에 둔다.

Tip ❸ 선지 판단을 위해 필요한 최소 정보만을 확인

보기 ㄹ의 경우 X학자금 대출과 Y학자금 대출의 상환금액의 구체적인 액수를 물어본 것이 아니라 동일한지 여부를 물어봤으므로, 차이가 난다면 바로 틀렸다고 처리하자. 여기에서 유의할 점은, 대출의 매월 상환금액이 같다는 선지가 정선지가 되기 위해서는 어떤 경우에라도 같아야 한다는 것이다. 기준소득 초과여부와 무관하게, 그리고 원금균등-원리금균등분할상환 선택과 무관하게 같아야 한다. 〈어떤 경우에라도〉가 성립하지 않다는 것을 개념적으로 파악한 이후에 바로 선지의 정오를 판단할 수 있다.

Tip ❹ 개별 선지를 판단할 때 표 전체를 확인할 필요가 없음에 유의

선지를 판단할 때는 시간 단축을 위해 선지 판단에 꼭 필요한 정보만을 확인한다. ㄱ 선지의 경우, 선지를 단순화하면 〈대학생 갑이 대출을 받을 수 있다〉이다. 이 정보에는 대출한도와 상환사항은 들어있지 않다. 그러므로 〈신청대상 정보〉만 빠르게 매칭하면 된다. 마찬가지 방향에서 ㄴ 선지는 대출한도, ㄷ 선지는 신청대상, ㄹ 선지는 상환사항만 집중적으로 검토하면 된다.

Tip ❺ 선지에 제시된 결과값을 적극 활용

선지에 나온 여러 가지 요건을 표에 대입하여 결과적으로 X, Y 학자금이 가능한지를 〈확인〉하지 말고, 특정 학자금을 결과값으로 대입하여 각 요건이 양립가능한지를 따지는 것이 좋다.

즉, 선지 ㄱ의 경우 X학자금 대출의 경우, 대학생 甲이 각 요건을 통과하는지를 확인하는 것이다. 간단한 사고이지만, 개별 정보값을 일일이 확인하여 미지의 값(X, Y)을 확인하는 것보다 X 요건에 매칭시켜보는 것이 훨씬 정확하고 빠르다.

Tip ❻ 표가 전체를 다 포괄하는지 생각

표가 학자금 대출대상 학생 전체를 포괄하는지 복습시에 생각해보는 것도 바람직하다. 실전에서는 표의 모든 부분을 이렇게 생각해보는 것은 어렵지만, 복습 시에 이런 분석을 해보는 것은 실전에서 선지화시킬 수 있는 〈빈칸〉을 선제적으로 생각해볼 수 있게 한다.

X와 Y 기준을 합쳐보면, 연령상 55세 이하, 대학원생-장애인-졸업학년 제외하고 학점이수조건, 소득 전분위(9, 10분위는 신용요건 존재) 등을 파악할 수 있다. 반대해석하면 소득 9, 10분위 중 신용요건이 안 좋은 학생은 X, Y 어디에서도 학자금 대출을 받을 수 없다. 해당 부분은 실제로 ㄷ선지에 그대로 출제되었다.

186 정답 ❷ 난이도 ●●○

문제유형 비판적 사고 > 지문에서 추론하기

접근전략 여러 이론가 또는 집단의 견해가 병렬적으로 제시되는 지문이다. 이들이 '문명'과 '문화'라는 두 개념의 관계를 어떤 관점에서 보는지 견해 간의 공통점/차이점 및 관계를 파악하며 읽자.

다음 글에서 추론할 수 있는 것은?

(1) 원래 '문명'은 진보 사관을 지닌 18세기 프랑스 계몽주의자들이 착안한 개념으로, 무엇보다 야만성이나 미개성에 대비된 것이었다. (2) 그러나 독일 낭만주의자들은 '문화'를 민족의 혼이나 정신적 특성으로 규정하면서, 문명을 물질적인 것에 국한시키고 비하했다. (3) 또한 문화는 상류층의 고상한 취향이나 스타일 혹은 에티켓 등 지식인층의 교양을 뜻하기도 했다. (4) 아놀드를 포함해서 빅토리아 시대의 지성인들은 대체로 이런 구분을 받아들였다. (5) 그래서 문명이 외적이며 물질적인 것이라면, 문화는 내적이며 정신과 영혼의 차원에 속하는 것이었다. (6) 따라서 문

명이 곧 문화를 동반하는 것은 아니었다. (7) 아놀드는 그 당시 산업혁명이 진행 중인 도시의 하층민과 그들의 저급한 삶을 비판적으로 바라보았다. (8) 이를 치유하기 위해 그는 문화라는 해결책을 제시하였다. 그에 따르면 문화는 인간다운 능력의 배양에서 비롯되는 것이다. ▶ 1문단

(1) 한편 19세기 인문주의자들은 문화라는 어휘를 광범위한 의미에서 동물과 대비하여 인간이 후천적으로 습득한 지식이나 삶의 양식을 총체적으로 지칭하는 데 사용하였다. (2) 인류학의 토대를 마련한 타일러도 기본적으로 이를 계승하였다. (3) 그는 문화를 "인간이 사회 집단의 구성원으로서 습득한 지식, 믿음, 기술, 도덕, 법, 관습 그리고 그 밖의 능력이나 습관으로 구성된 복합체"라고 정의하였다. (4) 그는 독일 낭만주의자들의 문화와 문명에 대한 개념적 구분을 배격하고, 18세기 프랑스 계몽주의자들이 야만성이나 미개성과 대비하기 위해 착안한 문명이라는 개념을 받아들였다. (5) 즉 문화와 문명이 별개의 것이 아니라, 문명은 단지 문화가 발전된 단계로 본 것이다. (6) 이것은 아놀드가 가졌던 문화에 대한 규범적 시각에서 탈피하여 원시적이든 문명적이든 차별을 두지 않고 문화의 보편적 실체를 확립했다는 점에서 의의가 있다. ▶ 2문단

① 독일 낭만주의자들의 시각에 따르면 문명은 문화가 발전된 단계이다.

→ (×) 독일 낭만주의자들은 문명을 물질적인 것에 국한시키고 비하했다. [1문단(2)] 문명을 문화가 발전된 단계라고 보는 관점은 타일러의 것인데[2문단(4)], 그는 독일 낭만주의자들의 문화와 문명에 대한 개념적 구분을 배격하였던 학자이다. [2문단(3)] 그러므로 문명은 문화가 발전된 단계라고 주장했던 것은 독일 낭만주의자들이 아니다.

② 타일러의 시각에 따르면 원시적이고 야만적인 사회에서도 문화는 존재한다.

→ (○) 타일러의 견해는 원시적이든 문명적이든 차별을 두지 않고 문화의 보편적 실체를 확립했다는 점에서 의의가 있다. [2문단(5)] 이를 통해 타일러는 원시적이고 야만적인 사회에서도 차별 없이 문화가 존재했다고 보았음을 알 수 있다. 왜냐하면 그의 입장에서 문화란 인간이 후천적으로 습득한 지식이나 삶의 양식을 총체적으로 지칭하는 것이기 때문이다. [2문단(1)]

③ 프랑스 계몽주의자들의 시각에 따르면 문화와 문명은 본질적으로 다른 것이다.

→ (×) 프랑스 계몽주의자들은 '문명'의 개념을 야만성이나 미개성에 대비된 것이라고 보았다. [1문단(1)] 이러한 시각으로 본다면 문화와 문명은 별개의 것이 아니라, 문명은 단지 문화가 발전된 단계에 해당한다. [2문단(5)] 문화와 문명이 본질적으로 다르다고 본 것은 독일 낭만주의자들이다.

④ 아놀드의 시각에 따르면 문화의 다양성은 집단이 발전해 온 단계가 다른 데서 비롯된다.

→ (×) 아놀드를 포함한 빅토리아 시대의 지성인들은 문화를 상류층의 취향이나 지식인의 교양을 뜻한다고 보았다. [1문단(3)] 또한, 아놀드는 그 당시 산업혁명이 진행 중인 도시의 하층민과 그들의 저급한 삶을 비판적으로 바라보며 이를 해결하기 위한 방법으로 문화를 제시했는데[1문단(7), (8)], 이것으로는 아놀드가 문화의 다양성은 집단이 발전해 온 단계가 다른 데서 비롯된다고 보았다고 할 수 없다.

⑤ 타일러의 시각에 따르면 문명은 고귀한 정신적 측면이 강조된다는 점에서 보편적 실체라고 할 수 없다.

→ (×) 타일러는 18세기 프랑스 계몽주의자들이 야만성이나 미개성과 대비하기 위해 착안한 문명의 개념을 받아들였다. [2문단(3)] 이러한 관점에서는 문명을 고귀한 정신적 측면이 강조된다고 보지 않고, 단지 문화가 발전된 단계로 본다. [2문단(5)]

제시문 분석

1문단 독일 낭만주의자들과 아놀드가 생각한 '문화'와 '문명'

〈18세기 프랑스 계몽주의자들이 생각한 '문명'〉	
〈문명〉	야만성이나 미개성에 대비된 것(1)

↕

〈독일 낭만주의자들이 생각한 '문화'와 '문명'〉	
〈문화〉	민족의 혼이나 정신적 특성(2)
	상류층의 고상한 취향이나 지식인층의 교양(3)
〈문명〉	내적이며 정신과 영혼의 차원에 속하는 것(5)
	외적이며 물질적인 것(5)

↓

〈아놀드의 견해〉		
아놀드는 그 당시 산업혁명이 진행중인 도시의 하층민과 그들의 저급한 삶을 비판적으로 바라보았다.(7)	→	이를 치유하기 위해 그는 문화라는 해결책을 제시하였다. 그에 따르면 문화는 인간다운 능력의 배양에서 비롯되는 것이다.(8)

2문단 19세기 인문주의자들과 타일러가 생각한 '문화'와 '문명'

〈19세기 인문주의자들이 바라본 '문화'〉
광범위한 의미에서 동물과 대비하여 인간이 후천적으로 습득한 지식이나 삶의 양식을 총체적으로 지칭하는 개념(1)

↓

인류학의 토대를 마련한 타일러도 기본적으로 이를 계승하였다.(3)

〈타일러의 견해〉				
문화는 "인간이 사회 집단의 구성원으로서 습득한 지식, 믿음, 기술, 도덕, 법, 관습, 그리고 그 밖의 능력이나 습관으로 구성된 복합체"이다. (2)	⊕	〈18세기 프랑스 계몽주의자들의 견해〉 18세기 프랑스 계몽주의자들이 야만성이나 미개성과 대비하기 위해 착안한 문명이라는 개념을 받아들였다.(4)	⊕	문화와 문명이 별개의 것이 아니라, 문명은 단지 문화가 발전된 단계로 본 것이다.(5)

→	〈의의〉	아놀드가 가졌던 문화에 대한 규범적 시각에서 탈피하여, 원시적이든 문명적이든 차별을 두지 않고 문화의 보편적 실체를 확립했다.(6)

합격자의 실전 풀이 순서

비문학 유형

❶ 제시문 파악

이 글은 비록 구조가 두 사상간 대립으로 이뤄져 있으나 처음 읽을 때는 구조를 파악하며 읽을 필요는 없다. 이해를 위해서는 '누가' 어떤 사상을 가졌는지보다 '어떤 사상인지' 자체를 이해하는 것이 훨씬 중요하다. 왜 그럴까?

그것은 1)어차피 어떤 구조든간에 '글'이라는 구조상 처음에는 한 이론밖에 소개될 수밖에 없기 때문이고 2)글의 대립구조를 처음에는 알 수 없기 때문이다. 예컨대 어떤 이론을 쭉 소개하는 내용으로 전개될 수도 있고, 어떤 이론을 계속 비판만 하는 글일 수도 있고, '여러' 견해가 제시될 수도 있고, 글의 전개는 무궁무진하기 때문이다. 처음부터 두 이론이 대비될 거라고 생각하고 읽는 것은 불가능하다.
따라서 어떤 전개든간에 처음에는 '어떤 주장인지'를 중심으로 파악하고 간다. 물론 1문단을 전부 읽기 전에 글의 얼개를 파악해야 할 것이다.

❷ 발문 확인하기

다음 글에서 추론할 수 있는 것은?

발문은 '추론할 수 있는 것'을 묻고 있다. '알 수 있는 것'과 차이가 있을까? 앞서 선지를 판단하는 방법으로 2가지를 알아본 바 있다. 단순비교형과 추론형이다.
'추론할 수 있는 것'은 엄밀히 살펴보면 추론형 선지들만 등장함을 의미한다. 즉 '알 수 있는 것'보다 좁은 개념이다. 다만 '추론할 수 있는 것' 발문에 단순비교형 선지를 출제한다 하더라도 오류가 있는 문제라고 볼 수는 없다. 결국, '알 수 있는 것'과 다른 발문이지만 같은 방식으로 풀면 된다.
마지막으로 추론할 수 있는 것인지, 없는 것인지 명확히 표시하고 간다.

❸ 함정선지 피해가기

③ 프랑스 계몽주의자들의 시각에 따르면 문화와 문명은 본질적으로 다른 것이다.

문화와 문명은 본질적으로 다른 것 ⇒ 문화와 문명이 별개의 것 ⇒ 독일 낭만주의자들의 문화와 문명에 대한 개념적 구분 ≠ 프랑스 계몽주의자들
추론형 선지다. '문화와 문명이 다른 것'을 키워드로 잡아 올라가면, 해당 표현의 재진술을 찾을 수 있다(순서대로 2문단 (5), (4). 그리고 이는 독일 낭만주의자들과 아놀드의 견해다.
이처럼 두 문단에 걸쳐서 선지를 해석해야 하는 경우 실수할 확률이 높다. 해결책은 크게 두 가지로 1)해당 내용이 다른 범주에 속하는지(독일 낭만주의) 보는 것이다. 지문에서 둘의 공통점이 등장하지 않았기 때문에 가능한 방법이다. 2)혹은 다른 선지를 먼저 해결함으로써 후순위로 미루는 것이다. 모든 선지에서 두 문단에 걸친 것을 물어볼 수도 없거니와, 여러 선지에서 물어볼 경우 그 과정에서 내용이 암기가 되면서 해결할 수 있게 된다.

④ 아놀드의 시각에 따르면 문화의 다양성은 집단이 발전해 온 단계가 다른 데서 비롯된다.

지문에서 추론할 수 없는 내용을 묻는 선지다. 집단의 발전 단계는 계몽주의의 입장이고 문화의 다양성은 낭만주의의 입장이다. 이 부분을 독자가 통합 이론으로 추론할 수 있다고 자의적으로 판단할 시 오답이 된다.
지문에 여러 이론가의 견해가 제시되고 있다. 이 경우 선지 판단 시 지문을 파악하기 쉽도록 그들의 이름을 동그라미와 같은 기호로 표시해두고 공통점, 차이점 등 그들 견해 간의 관계를 파악하며 읽자. 특히 대립되거나 유사한 관계를 발견했다면 별도의 화살표로 반드시 표기한다.
각 이론가의 이름을 표시하고 돌아가서 선지를 판단할 때 주의해야 할 점은, 유사한 이론가들의 내용 또한 참고해봐야 한다는 것이다. 예를 들어 타일러와 프랑스 계몽주의자들 의견간에는 공통성이 크기 때문에, 타일러의 견해에 대한 선지 판단을 해야 할 때는 타일러의 견해뿐 아니라 프랑스 계몽주의자들의 의견으로도 돌아가 봐야 한다는 것이다.

합격자의 시간단축 Tip

Tip ❶ 지문이 병렬적 구조인 경우

글 전반의 구조가 병렬적인 경우, 각 개념어와 내용이 어디에서 어디까지인지 잘 확인해두고 선지 판단 시 미리 파악해 둔 위치를 근거로 돌아가 근거를 확인해 풀자. 본 지문의 경우, 제시문 분석에서 보았듯 1문단에서는 독일 낭만주의자들과 아놀드, 2문단에서는 19세기 인문주의자들과 타일러의 견해를 소개하고 있다. 이에 더해 프랑스 계몽주의자들의 견해가 1문단 앞부분과 2문단 중간부분에 등장하여, 1문단과 2문단을 이어주는 가교로써 작용한다.
물론 이 지문은 단순 병렬구조가 아니라 내용들이 산개해있는 형태이다. 이 경우 독자는 '과연 글이 끝까지 병렬구조인가?' 하는 의심을 품을 수밖에 없다. 그러나 역으로 질문해 보자. "제3의 내용이 나오는데 문단이 2개밖에 없을 수 있을까?"

Tip ❷ 함께 등장하는 개념들은 관계를 보자.

지문에는 '문명'과 '문화'라는 두 개념이 등장한다. 1문단에서는 문화가 해결책이며 문명을 물질적인 것에 '국한시키고 비하했다'는 표현이 나온다. 그에 반해 2문단에서는 문명이 오히려 문화가 '발전된 단계'라고 제시된다. 문명-문화간 관계가 일관되게 제시되고 있는 것이 아니다. 따라서 지문의 각 부분에서 둘의 관계를 어떻게 보고 있는지 정확히 파악해야 한다. 이때 기준이 될 수 있는 것이 '이론가들'이다.
이론가들이 이들을 어떤 관계로 파악하는지 정리해보자. 독일 낭만주의자들과 아놀드의 견해는 두 개념의 차이를 인정했으나, 프랑스 계몽주의자들과 타일러의 견해는 두 개념을 대립하는 관계가 아닌 발전 관계로 보았다. 이처럼, 함께 묶어 등장하는 개념은 차이점과 공통점 등 그들 간 관계를 위주로 독해하자.

Tip ❸ 한국사 지문 독해법을 일반화하자.

이 글은 한국사가 아니지만 시대 표현과 인물이 등장한다. 따라서 시대에 유의하면서 이해할 수 있다. 실제로 2문단 마지막 문장을 보면 '의의가 있다.'라고 끝나면서 글쓴이의 주장이 나오고 있다.(비록 선지풀이에 도움은 안 되지만 서술 방식과 논리의 흐름에는 도움이 될 수 있다.)
한국사 지문을 왜 시대순, 인물중심으로 읽어야 할까? 그것은 사건의 흐름이 시간순으로 일어나고, 사건은 사람의 행동 때문에 일어나기 때문이다. 그렇다면 한국사가 아니더라도 '흐름'이 있다면 읽기 방식은 같다. 시간순으로, 누구의 행동인지 맞춰서 읽으면 되는 것이다.

187 정답 ③ 난이도 ●●○

문제유형 논리적 비판 > 논지의 강화 및 약화

접근전략 글의 논지를 약화하는 진술을 찾는 강화·약화 유형이다. 제시문을 먼저 읽으며 글의 논지 및 근거를 파악한 후 선지를 판단한다. 이때 글쓴이가 이용한 근거를 지지하는 진술인 경우, 논지를 약화하지 않는 것이므로 오답이다. 제시문을 읽으며 논지와 관련된 내용에 별도의 기호를 사용하여 표시한다면 문제를 더욱 빠르게 해결할 수 있다.

다음 글의 논지를 약화하는 진술은?

(1) 무기물의 세계는 인과법칙의 지배를 받기 때문에, 과거와 현재가 미래를 결정한다. (2) 그러나 생명체의 생장과 발달 과정에서는 현재의 상태가 미래의 목적에 맞게끔 조정되고, 그런 식으로 현재가 미래에 의해 결정되는 것처럼 보인다. (3) 이처럼 미래가 현재를 결정한다는 견해가 '목적론'이다. (4) 그러나 '결정된다'는 말을 인과법칙과 일관된 방식으로 사용한다면, 우리는 미래가 현재를 결정한다고 말할 수 없다. (5) 어떤 목적이든 그 실현 과정은 인과법칙에 따라 이루어져야 하며, 이런 관점에서 볼 때 생명체에서도 현재의 모습은 미래에 의해서가 아니라 이미 존재하는 어떤 청사진의 구현 과정에서 결정될 뿐이다. ▶1문단

(1) 실제로 우리는 인과법칙과 상충하는 요소를 끌어들이지 않고도 생명에 관한 목적론적 설명을 대체할 수 있다. (2) 우연이 낳는 변화와 자연에 의한 선택이라는 개념으로 진화를 설명한 다윈의 업적이 바로 그것이다. (3) 현존하는 종들을 하나의 체계적인 질서 속에 위치시켜 보면, 인간이 이 질서의 맨 위쪽에 있고, 그 밑에 영장류, 이어 포유동물이 있다. (4) 이런 계열은 조류, 파충류, 어류를 지나 여러 형태의 해양생물로 이어지고 마침내 아메바 같은 단세포생물에 이른다. (5) 다윈에 따르면 현존하는 종들 간의 이런 체계적 질서는 종 발생의 역사적 질서를 반영한다. (6) 그리고 목적론적 과정에 의해서가 아니라 인과법칙을 따르는 진화의 과정을 통해 단세포생물로부터 오랜 세월을 거쳐 고등생물이 나타났다. (7) 다양한 시대의 지층에 대한 지질학적 탐구의 성과 역시 이런 추리를 적극적으로 지지한다. ▶2문단

① 다윈의 설명은 목적론적 설명을 대체하는 힘을 지니지만 인과법칙 이외에 목적론적 개념을 필요로 하지 않는다.
→ (×) 다윈은 인과법칙과 상충하는 요소를 끌어들이지 않고, 우연이 낳는 변화와 자연에 의한 선택이라는 개념으로 진화를 설명하였다.[2문단(1),(2)] 이를 통해 다윈의 설명은 목적론적 설명을 대체하는 힘을 지님을 확인할 수 있다. 또한, 진화를 목적론적 과정이 아닌 인과법칙을 통해 설명하기 때문에[2문단(6)] 해당 선지는 글의 논지에 부합한다. 따라서 논지를 약화하는 진술이라고 보기 어렵다.

② 개체 간의 차이는 환경 조건의 변화에 생명체가 적응하는 과정에서 나타나고 생존에 유리한 개체와 불리한 개체를 만든다.
→ (×) 환경 조건의 변화에 생명체가 적응한다는 것은 다윈이 말한 자연에 의한 선택을 통한 진화에 해당한다고 볼 수 있다.[2문단(2)] 이는 곧 다윈의 논리에 따르는 주장이므로, 목적론에 의해 지배되는 것이 아니기 때문에 글쓴이의 논지를 약화하지 않는다.

③ 아무리 긴 시간이 주어져도 단순한 구조물로부터 고도의 복잡성과 자기복제 능력을 지닌 체계가 우연히 발생할 가능성은 사실상 없다.
→ (○) 다윈은 목적론적 설명을 대체하는 '우연이 낳는 변화'와 '자연에 의한 선택'이라는 개념을 통해서 단세포 생물부터 고등생물까지의 진화 과정을 설명한다.[2문단(2),(6)] 그러나 '아무리 긴 신간이 주어져도 단순한 구조물로부터 고도의 복잡성과 자기복제 능력을 지닌 체계가 우연히 발생할 가능성이 사실상 없다'라는 것은 진화론의 핵심인 '우연이 낳은 변화'를 부정하는 것이므로, 글쓴이의 논지를 약화한다.

④ 자연의 우연적 변화를 통해 새로운 종이 출현한다고 해도 그러한 과정에 인과법칙과 모순되는 특별한 힘이 작용했다고 볼 이유는 없다.
→ (×) 해당 선지는 우연이 낳는 변화[2문단(2)]와 인과법칙을 통한 진화[2문단(6)]를 지지하는 제시문의 내용과 상충하지 않으며, 다윈의 논리를 따르는 주장이라고 볼 수 있다. 따라서 글의 논지를 약화하지 않는다.

⑤ 지질학은 그 지층이 형성되던 시대에 살았던 동식물의 생태에 관한 기록을 왜곡 없이 보존하고 있을 뿐만 아니라 지층의 구조는 그 지층을 형성한 시간 질서를 반영한다.
→ (×) 해당 선지는 다양한 시대의 지질학적 탐구의 성과[2문단(7)]에 관한 구체적인 설명으로, 글쓴이의 주장을 강화한다. 따라서 글의 논지를 약화하지 않는다.

제시문 분석

1문단 목적론에 대한 반박

〈목적론〉		〈글쓴이의 주장: 인과법칙〉
미래가 현재를 결정한다는 견해(3)	←	어떤 목적이든 그 실현 과정은 인과법칙에 따라 이루어져야 하며, 생명체에서도 현재의 모습은 미래에 의해서가 아니라 이미 존재하는 어떤 청사진의 구현 과정에서 결정될 뿐이다.(5)

2문단 진화에 관한 다윈의 이론

〈생명에 관한 목적론적 설명 대체 사례〉
우연이 낳는 변화와 자연에 의한 선택이라는 개념으로 진화를 설명한 다윈의 이론으로 생명에 관한 목적론적 설명을 대체할 수 있다.(1),(2)

〈다윈의 이론을 강화하는 근거〉				
〈① 역사적 질서〉		〈② 인과법칙〉		〈③ 지질학적 탐구〉
다윈에 따르면 현존하는 종들 간의 체계적 질서는 종 발생의 역사적 질서를 반영한다.(5)	→	인과법칙을 따르는 진화의 과정을 통해 단세포생물로부터 오랜 세월을 거쳐 고등생물이 나타났다.(6)	→	다양한 시대의 지층에 대한 지질학적 탐구의 성과 역시 이런 추리를 적극적으로 지지한다.(7)

합격자의 실전 풀이 순서

❶ 발문 확인 및 문제 유형 판단하기

우선 발문을 제대로 읽자. 제시문의 논지를 약화하는 선지를 찾아야 하므로 본 문제는 강화약화 유형에 해당함을 알 수 있다. 이러한 강화약화 유형은 조금만 복잡하게 나올 경우, 난이도가 급상승한다. 따라서 강화약화 유형에 대한 자신만의 풀이 기준을 마련해두어야 한다. 먼저 강화약화 유형을 제대로 풀기 위해서는 강화 또는 약화해야 하는 대상이 무엇인지를 정확히 파악해야 한다. 본 문제의 경우 평가의 대상으로 제시문의 논지를 제시하고 있다. 따라서 구체적인 강화 또는 약화의 대상으로서 논지, 즉 주제문을 찾아야 한다. 강화 또는 약화해야 하는 대상을 파악한 후에는 선지의 내용이 대상의 내용과 일치하는지 또는 대상으로부터 추론 가능한지를 판단하며 문제를 해결해 나가야 한다.

이러한 강화약화 유형을 식별하는 법은 쉽다. 발문 또는 선지에 직접적으로 강화/약화, 지지/반박 등 표현이 등장할 것이다.

- 발문
  - 다음 논쟁/학설/의견에 대한 평가/설명으로 적절한 것은?
  - 다음 학설/제시문을 강화/약화하는 것으로 적절한 것은?

• 선지 또는 보기
제시된 사례가 강화/약화의 대상에 적용 가능한지, 혹은 상충하는지 등을 물음

❷ 강화약화의 대상 파악 및 제시문 독해

강화약화 유형에서는 가장 먼저 강화/약화의 대상이 무엇인지 확인해야 한다. 그리고, 대상의 내용을 정확히 이해해야 한다.
이 방식으로 본 문제를 풀어보자. 대상은 발문을 통해 확인할 수 있으며, 대상의 내용은 제시문을 통해 이해할 수 있다.

(1) 발문 확인

다음 글의 논지를 약화하는 진술은?

평가의 대상이 '글의 논지'임을 알 수 있다. 따라서 곧바로 제시문으로 내려간다.

(2) 제시문에서 대상 확인

약화의 대상이 글의 논지, 즉 제시문의 주제문이므로, 이를 찾는 것이 중요하다. 주제문을 찾기 위해서는 문단의 첫 번째, 또는 마지막 문장을 찾거나, '그러나', '따라서' 등의 접속어로 시작하는 문장에 주의한다. 특히 '그런데', '하지만', '그러나'와 같은 전환의 접속어 뒤에 주제문이 주로 나오는 경우가 많은데, 이는 일반적인 사회적 관념, 또는 반박하고 싶은 주장을 먼저 제시하고 이를 반대함으로써 주제문을 극적으로 강조하는 글이 많기 때문이다.
해당 방법으로 본 제시문의 주제문을 찾아보자. 1문단에서 '그러나'로 시작하는 문장은 1문단 (2) 문장과, (4) 문장이 있다. 해당 문장들을 결합해보면, 필자는 생명체의 생장과 발달 과정에 목적론을 적용하는 것에 반대하고 있다. 특히 (4) 문장을 해석할 때는 '미래가 현재를 결정한다.'를 (3) 문장을 반영하여 '목적론'으로 해석하는 것이 좋다. 2문단은 첫 문장인 (1) 문장과 (2) 문장이 가장 중요하다. 해당 문장들을 읽어보면 필자가 생명의 발달과정에 대한 목적론의 대안으로서 우연과 자연의 선택을 제시한 다윈의 견해에 동의하고 있음을 알 수 있다. 결국 생명체의 생장과 발달과정에 대해 글쓴이가 반대하는 내용은 목적론이며, 동의하는 내용은 다윈의 진화론의 '우연이 낳은 변화', '자연에 의한 선택', '인과법칙을 따르는 진화'이다. 따라서 글의 논지를 약화하는 진술은 이러한 전제를 부정하거나 결론이 사실과 상충하고 있다는 설명일 것이다.

❸ 선지 판단하기

논지를 약화하기 위해서는 논지의 전제가 옳지 않다거나, 전제와 결론 사이의 인과관계가 없다거나, 결론이 사실과 다르다는 것을 밝혀야 한다. 따라서 비판하고자 하는 내용이 논지의 전제 또는 결론과 관련이 있어야 한다. 이러한 점을 유의하며 선지를 판단한다.
①번 선지는 2문단의 내용을 요약한 것으로 논지를 지지한다.
②번 선지는 환경변화가 개체 간 차이를 낳는다는 것으로 인과법칙에 따른 설명이다. 따라서 논지를 지지한다.
③번 선지의 경우 '우연이 낳은 변화'라는 진화론의 핵심을 부정하고 있으므로 논지를 약화하고 있다.
④번 선지는 종 발생이 인과법칙에 모순되지 않는다는 내용으로 논지를 약화하지 않는다.
⑤번 선지는 2문단 문장 (5)와 (7)에 따라 종 발생에 대한 인과법칙 설명을 지질학적 탐구에 적용한 것이다. 따라서 논지를 지지한다.

정답은 ③이 된다.

합격자의 시간단축 Tip

Tip ❶ 논지에 대한 전제와 결론을 표시해둔다.

강화·약화 문제의 경우 제시문을 먼저 독해하며 강화하거나 약화하고자 하는 대상을 파악해야 한다. 해당 문제에서는 글의 논지가 1문단 (4)문과 2문단 (1)문에 명시되어 있으므로 기호로 표시해둔다. 필자는 목적론을 반박하고, 인과법칙을 수용하고 있으므로 목적론과 인과법칙을 구분하여 표시하는 것이 좋다. 또한, 2문단에서 논지의 전제가 되는 다윈의 진화론을 설명하고 있다. 이때 다윈의 진화론의 핵심으로 '우연이 낳은 변화', '자연에 의한 선택', '인과법칙을 따르는 진화'를 언급하였으므로 이 역시 눈에 띄는 기호로 표시해둔다. 선지에서 다루는 내용이 모두 진화론과 관련 있으므로 지문을 읽으며 논지의 전제를 미리 정리해둔다면 시간 단축에 유리할 것이다.

> …이처럼 미래가 현재를 결정한다는 견해가 목적론이다. 그러나 '결정된다'는 말을 인과법칙과 일관된 방식으로 사용한다면, 우리는 미래가 현재를 결정한다고 말할 수 없다. 어떤 목적이든 그 실현 과정은 인과법칙에 따라 이루어져야 하며, 이런 관점에서 볼 때 생명체에서도 현재의 모습은 미래에 의해서가 아니라 이미 존재하는 어떤 청사진의 구현 과정에서 결정될 뿐이다. ▶1문단
> 실제로 우리는 인과법칙과 상충하는 요소를 끌어들이지 않고도 생명에 관한 목적론적 설명을 대체할 수 있다. 우연이 낳은 변화와 자연에 의한 선택이라는 개념으로 진화를 설명한 다윈의 업적이 바로 그것이다. …다윈에 따르면 현존하는 종들 간의 이런 체계적 질서는 종 발생의 역사적 질서를 반영한다. 그리고 목적론적 과정에 의해서가 아니라 인과법칙을 따르는 진화의 과정을 통해 …지질학적 탐구의 성과 역시 이런 추리를 적극적으로 지지한다. ▶2문단

Tip ❷ 제시문의 개념을 정확히 파악한다.

제시문 독해 시 논지와 전제를 구성하는 주요 개념을 정확히 이해해야 한다. 해당 제시문의 주요 개념은 목적론과 인과법칙이다. 목적론의 개념은 1문단 문장 (3)에, 인과법칙은 문장 (5)에 드러난다. 배경지식으로 알고 있는 개념이더라도 문제를 풀 때는 제시문에 근거하여야 하므로 제시문에 언급된 개념으로 이해하도록 하자.

Tip ❸ 강화약화의 대상에 주목

강화약화 유형의 경우 강화 또는 약화해야 하는 대상을 찾는 것이 중요한데, 제시문 전체, 또는 글의 논지를 강화 또는 약화해야 하는 경우 강화약화의 직접적인 대상으로서 제시문의 주제문을 찾아야 한다고 언급한 바 있다. 주제문을 찾기 위해서는 '그러나', '따라서', '결론적으로' 등의 접속어로 시작하는 문장에 주의하고, '무엇보다도', 'A가 아닌 B'와 같이 중요한 내용이 주로 나오는 표현들에 주목한다면 주제문을 쉽게 도출할 수 있다. '그러나'라는 접속어 뒤에 주제문이 자주 나오는 이유는 일반적인 사회적 관념을 먼저 제시하고, 사회적 관념을 반박함으로써 주제문을 극적으로 강조하는 글이 많기 때문이다. 이러한 주제문 찾기 방법은 강화약화 유형뿐만 빈칸 채우기 유형, 정보확인유형 등에도 활용될 수 있으므로 익혀두는 것이 좋다.

188 정답 ④ 난이도 ●●○

문제유형 이해 > 내용 파악

접근전략 제시문에서는 문단마다 갑과 을, 병이 각각 시대적 구분을 어떻게 하고 있는지 소개하고 그에 대한 근거를 설명하고 있다. 따라서 제시문의 세부적 정보를 토대로 했을 때, 선택지에서 알 수 있는 것을 빠르게 찾는 것이 관건이다. 이를 위해 선지를 먼저 빠르게 읽고 문제 해결에 필요한 정보가 무엇인지 파악한다.

다음 글에서 알 수 없는 것은?

(1) 갑은 고려 전기까지를 고대 노예제 사회로, 무신 정권기에서 고려 말까지를 과도기로, 조선 시대부터는 중세 봉건제 사회로 본다. (2) 갑은 고려 전기 국가 수취의 준거를 토지가 아닌 노동력에 둔다. (3) 고대의 수취는 신라 장적문서에서 보이듯, 호의 등급이 토지가 아니라 정남(丁男)의 노동력으로 구분되었고 이러한 특징은 고려 전기까지도 바뀌지 않았다고 한다. (4) 물론 신라, 고려 때에도 토지에 대하여 부과하는 조세가 없지는 않았지만 수취의 중점은 노동력 수탈과 인신 예속에 있었다는 것이다. (5) 갑은 이러한 고대적 요소는 무신란 이후 점차 해체·극복되었으며, 조선조에 들어와 중세 봉건제 사회가 이루어졌다고 한다. ▶1문단

(1) 한편 을은 고려의 성립을 중세 봉건제 사회의 출발로 본다. (2) 을은 시대 구분의 기준을 경제적 측면은 물론 정치, 사회, 문화의 모든 면을 아울러 살펴보아야 한다고 주장한다. (3) 그에 따르면 고대적 혈연관계에 기반한 골품제가 사회생활 전반을 제약하던 신라 사회는 하대(下代)에 들어와 점차 무너지기 시작하였다고 한다. (4) 이러한 상황에서 호족 세력이 등장하여 나말·후삼국의 혼란기가 나타났지만 그것은 곧 고대 사회를 극복하는 과정이라고 할 수 있다. (5) 고려 건국에 성공한 태조 왕건이 노비를 풀어준다든가 백성들의 수취에 기준을 세워야 한다는 것을 주장하며 인신 예속의 약화를 표방한 것은 역사적 의미를 갖는 것이었다. (6) 이러한 사회 원리의 형성이 곧 중세 봉건제 사회의 성립이라고 보았다. ▶2문단

(1) 마지막으로 병은 삼국 시대를 고대 노예제 사회로, 삼국 항쟁기를 전환기로 보고 통일신라 이후를 중세 봉건제 사회로 구분하였다. (2) 그는 사회경제사적 입장에서 토지 소유자와 직접 생산자 간 생산 관계의 특질을 시대 구분의 중심으로 삼았다. (3) 고대 사회를 대토지 소유자인 귀족층과 직접 생산자인 하호층·노예 사이에 인신 예속을 기초로 한 생산 관계가 전개된 노예제 사회로, 중세 사회를 토지소유자인 지주와 경작자인 전호 사이의 생산관계와 신분제가 결합된 봉건제 사회로 보았다. (4) 특히 순장을 강력한 인신 예속의 지표로 보고 삼국 말기 순장의 소멸을 중세 사회가 성립되는 주요 계기로 파악하였다. ▶3문단

① 중세 봉건제 사회 성립을 가장 이른 시기로 설정한 사람은 병이다.
→ (○) 중세 봉건제 사회 성립 시기에 대해 갑은 조선 시대부터를[1문단(1)], 을은 고려의 성립부터를[2문단(1)], 병은 통일신라 이후부터를[3문단(1)] 해당 시기로 설정한다. 역사 시대의 순서가 '삼국 > 통일신라 > 고려 > 조선'인 것을 고려하였을 때 가장 이른 시기로 중세 봉건제 사회 성립을 설정한 사람은 병이라는 것을 확인할 수 있다.

② 갑, 을, 병은 모두 시대 구분 문제에서 경제적 측면을 고려하고 있다.
→ (○) 갑은 경제의 핵심인 조세 수취의 준거로 삼아 조선시대부터를 중세 봉건제 사회로 구분한다.[1문단(3)] 을은 경제적 측면뿐만이 아니라 모든 측면을 고려하여야 한다고 주장하고[2문단(2)], 병은 사회경제사적 입장에서[3문단(2)] 시대 구분의 기준을 정하고 있다. 따라서 갑, 을, 병 모두 경제적 측면을 고려하여 시대 구분을 하고 있음을 확인할 수 있다.

③ 시대 구분의 기준을 가장 다양한 측면에서 고려하고 있는 사람은 을이다.
→ (○) 을은 시대 구분의 기준을 설정할 때 경제적 측면은 물론 정치, 사회, 문화의 모든 면을 아울러 살펴보아야 한다고 주장한다.[2문단(2)] 이는 단순히 조세 수취가 어떤 식으로 이루어졌는지에 따라 시대를 구분한 갑이나[1문단(5)], 사회경제사적 입장에서 토지 소유자와 직접 생산자 간 생산 관계의 특질을 중심으로 시대 구분을 한[3문단(2)] 병보다 다양한 요소를 고려했다고 볼 수 있다. 따라서 해당 선지의 내용은 적절하다.

④ 갑, 을과 달리 병은 인신 예속이 강할수록 고대적 요소가 강하다고 하였다.
→ (×) 갑은 고려 전기까지 노동력 수탈과 인신 예속을 중점으로 수취가 이루어진 것을 고대적 요소로 언급하며[1문단(4)], 이것이 무신정변을 거쳐 해체·극복되는 조선조에 중세 봉건제 사회가 이루어졌다고 말한다.
[1문단(5)] 또한, 을 역시도 인신 예속 약화를 표방함으로써 중세 봉건제 사회가 성립되었다고 언급하였다.[2문단(5),(6)] 병 또한 인신 예속을 기초로 한 생산 관계가 전개되었을 때를 노예제 사회로 보았다.[3문단(3)] 따라서 갑, 을, 병 모두 인신 예속이 강할수록 고대적 요소가 강하다고 보았음을 이해할 수 있다.

⑤ 갑, 을, 병은 모두 삼국 시대가 중세 봉건제 사회에 진입하지 않았다고 보고 있다.
→ (○) 갑은 조선시대부터[1문단(1)], 을은 고려의 성립부터[2문단(1)], 병은 통일신라 이후부터[3문단(1)] 중세 봉건제 사회로 보았으므로, 갑, 을, 병 모두 삼국 시대가 중세 봉건제 사회에 진입하지 않았다고 보고 있다. 따라서 해당 선지의 내용은 적절하다.

제시문 분석

1문단 갑의 시대 구분

〈갑의 시대 구분〉				
갑은 고려 전기까지를 고대 노예제 사회로, 무신 정권기에서 고려 말까지를 과도기로, 조선 시대부터는 중세 봉건제 사회로 본다.(1)				
〈근거 설명1〉		〈근거 설명2〉		〈수취의 준거〉
고대의 수취는 신라 장적문서에서 보이듯, 호의 등급이 토지가 아니라 정남(丁男)의 노동력으로 구분되었고 이러한 특징은 고려 전기까지도 바뀌지 않았다고 한다.(3)	⊕	물론 신라, 고려 때에도 토지에 대하여 부과하는 조세가 없지는 않았지만 수취의 중점은 노동력 수탈과 인신 예속에 있었다는 것이다.(4)	→	갑은 고려 전기 국가 수취의 준거를 토지가 아닌 노동력에 둔다.(2)

→	〈결론〉	갑은 이러한 고대적 요소는 무신란 이후 점차 해체·극복되었으며, 조선조에 들어와 중세 봉건제 사회가 이루어졌다고 한다.(5)

2문단 을의 시대 구분

〈을의 시대 구분〉
한편, 을은 고려의 성립을 중세 봉건제 사회의 출발로 본다. 을은 시대 구분의 기준을 경제적 측면은 물론 정치, 사회, 문화의 모든 면을 아울러 살펴보아야 한다고 주장한다.(1),(2)

〈골품제 붕괴〉	→	〈혼란기〉	→	〈왕건의 행보〉
그에 따르면 고대적 혈연관계에 기반한 골품제가 사회생활 전반을 제약하던 신라 사회는 하대(下代)에 들어와 점차 무너지기 시작하였다고 한다.(3)		이러한 상황에서 호족 세력이 등장하여 나말·후삼국의 혼란기가 나타났지만 그것은 곧 고대 사회를 극복하는 과정이라고 할 수 있다.(4)		고려 건국에 성공한 태조 왕건이 노비를 풀어준다든가 백성들의 수취에 기준을 세워야 한다는 것을 주장하며 인신 예속의 약화를 표방한 것은 역사적 의미를 갖는 것이었다.(5)

→	〈결론〉	이러한 사회 원리의 형성이 곧 중세 봉건제 사회의 성립이라고 보았다.(6)

3문단 병의 시대 구분

〈병의 시대 구분〉
마지막으로 병은 삼국 시대를 고대 노예제 사회로, 삼국 항쟁기를 전환기로 보고 통일신라 이후를 중세 봉건제 사회로 구분하였다.(1)

〈시대 구분 기준〉	
그는 사회경제사적 입장에서 토지 소유자와 직접 생산자 간 생산 관계의 특질을 시대 구분의 중심으로 삼았다.(2)	
고대사회	대토지 소유자인 귀족층과 직접 생산자인 하호층·노예 사이에 인신 예속을 기초로 한 생산 관계가 전개된 노예제 사회(3)
봉건제사회	토지소유자인 지주와 경작자인 전호 사이의 생산관계와 신분제가 결합된 봉건제 사회(3)

⊕	〈순장〉	순장을 강력한 인신 예속의 지표로 보고 삼국 말기 순장의 소멸을 중세 사회가 성립되는 주요 계기로 파악하였다.(4)

합격자의 실전 풀이 순서

❶ 발문 확인 및 문제 유형 판단하기

발문을 확인한 결과, 글에서 '알 수 없는 것'을 고르는 문제이다. 다만 2013년처럼 과거의 기출 문제의 경우 발문만을 보고 문제의 유형을 바로 파악하기 어렵다는 특징이 있다. 선지를 보면 제시문에 나온 주장을 비교하고 있으므로 해당 문제는 견해파악유형에 해당한다고 본다. 해당 문제가 최근에 새롭게 출제될 경우, '다음 주장/논쟁…에 대한 분석/설명/추론…으로 옳은 것은?'과 같이 견해파악유형의 발문으로 출제될 것으로 생각된다. 견해파악유형은 제시문을 제시한 후, 제시문의 핵심 주장·내용을 선지에서 고르도록 하는 문제들을 말한다. 특히 본 문제는 각 견해의 특징을 잡아내고, 신속·정확하게 비교하는 작업을 요구하고 있다. 또한, 발문의 '않는'이라는 단어에 크게 표시함으로써 발문 오독으로 인한 실수를 방지한다.

견해파악유형은 각 주장이 문단별로 뚜렷이 구분된다는 특징이 있다. 따라서 견해파악유형을 푸는 방법으로는 제시문을 처음부터 끝까지 읽고 선지를 판단하는 첫 번째 방법과 한 문단을 읽고 해당 문단의 주장과 관련된 선지를 먼저 해결하는 두 번째 방법이 있다. 일반적으로는 각 문단을 읽고 해당 문단과 관련된 선지를 해결하는 두 번째 방법을 추천한다. 그러나 본 문제와 같이 하나의 선지를 풀기 위해서 모든 견해를 파악해야 하는 경우 제시문을 모두 읽고 선지를 판단하는 첫 번째 방법이 더욱 효과적일 수 있다. 이하에서는 두 가지 방법을 모두 소개하고자 한다.

2-1 문제풀이 방법 1: 제시문을 모두 읽고 선지 판단

(1) 제시문 독해

본 문제의 제시문은 시대적 구분에 대한 갑, 을, 병의 주장을 병렬적으로 제시하고 있다. 갑, 을, 병이 각각 시대를 어떻게 구분하고 있는지, 그리고 그러한 구분한 기준이 무엇인지를 파악하는 것이 중요하다. 1, 2, 3문단을 읽어보면 공통적으로 각 문단의 첫 번째 문장에서 갑, 을, 병이 시대를 어떻게 구분하고 있는지 제시한 후, 두 번째 문장에서 그들이 그렇게 평가한 기준을 제시하고 있다. 예컨대, 각 문단의 (2) 문장을 보면, 갑은 노동력, 을은 경제적 측면과 정치, 사회, 문화의 모든 면, 병은 토지소유자와 생산자 간 생산 관계를 기준으로 시대를 구분하고 있다. (3) 문장 이하에서는 이들의 주장에 대한 부연설명이 제시된다. 이처럼 하나의 주제에 대해 병렬적으로 여러 명의 주장을 병렬적으로 제시할 경우, 각 문단의 흐름이 동일하다는 점을 유의해야 한다.

(2) 선지 판단하기

①번 선지: 세 인물에 대해 중세 봉건제 사회 성립 시기를 언제로 보았는지 비교해야 한다. 따라서 각 문단의 첫 번째 문장을 참고한다면 중세 봉건제 사회 설립을 가장 이른 시기로 설정한 사람이 병임을 알 수 있다.

②번 선지: 세 인물이 시대 구분을 한 기준을 알고 공통점을 찾아야 한다. 각 문단이 두 번째 문장을 통해 해당 선지가 옳음을 알 수 있다.

③번 선지: ②번 선지와 동시에 해결할 수 있는 선지이다. 을은 경제적 측면과 정치, 사회, 문화의 모든 면을 고려하고 있다는 2문단 2문에서 그 근거를 찾을 수 있다.

④번 선지: ④번 선지의 경우 해당 선지가 오선지가 되기 위한 조건을 고려하는 것이 좋다. 즉, 병뿐만 아니라 갑과 을도 인식예속이 강할수록 고대적 요소가 강하다고 생각하는 경우 해당 선지는 오선지가 된다. 각 문단에서 '인신예속'에 대한 내용은 1문단 4문, 2문단 5문, 3문단 3문에 위치한다. 이때 2문단에서는 직접적으로 '고대'라는 단어가 언급되지 않았다. 그러나 인신 예속을 약화하여 중세 봉건제 사회로 진입할 수 있었다고 설명하고 있으므로, 인신 예속이 강할수록 고대적 요소가 강하다고 보았음을 추측할 수 있다.

⑤번 선지: ①번 선지와 동시에 해결할 수 있는 선지이다. 갑, 을, 병 모두 삼국시대가 중세 봉건제 사회에 진입하지 않았다고 보았으므로 옳다.

2-2 문제풀이 방법 2: 한 문단을 읽고 해당 문단과 관련된 선지를 판단

갑의 견해를 설명하는 1문단을 읽고 판단할 수 있는 선지는 ②, ④, ⑤이다. 갑은 수취의 준거를 시대 구분의 기준으로 삼으므로 ②는 소거되지 않는다. 갑은 조선조에 들어와 중세 봉건제 사회가 이루어졌다고 보므로 ⑤도 소거되지 않는다.

갑은 인신 예속을 고대적 요소로 본다. 그런데 ④는 결국 갑의 의견은 '인신 예속이 강할수록 고대적 요소가 강'한 것이 아니라는 내용이다. ④가 틀린 선지일 확률이 높으므로 2문단과 3문단을 읽고 ④의 정오를 판단한다.
2문단은 을의 견해를 설명하며, 을은 인신 예속의 약화가 고대 사회의 극복이자 중세 봉건제 사회의 성립을 의미한다고 본다. 이 또한 ④와 부합하지 않는다.
3문단은 병의 견해를 설명하며, 병 또한 인신 예속의 소멸이 중세 사회의 성립을 설명한다고 주장한다. ④의 '갑, 을과 달리'라는 부분이 틀린 것으로 판단되므로 정답은 ④이다.
정답은 도출하였으나 시간적 여유가 있다면 정답률을 높이기 위해 나머지 선지가 옳은지도 판단한다. 이 단계에서는 모든 문단을 읽었으므로, ①, ②, ③, ⑤ 각 선지의 근거를 제시문에서 찾을 수 있다.

합격자의 시간단축 Tip

Tip ❶ 각 문단을 읽고 바로 선지의 정오를 판단하자.

해당 문제는 각 문단에 갑, 을 병, 의 의견이 독립적으로 서술되어 있다. 따라서 앞서 제시한 풀이 방법 중 '2) 제시문 한 문단을 읽고 정오판단이 가능한 선지를 먼저 판단하는 방식'이 적합한 수험생의 경우, 한 문단을 읽고 판단 가능한 선지를 소거한다. 1문단을 읽고, 갑과 관련된 선지인 ②, ④, ⑤번의 진위를 판단하고, 추가적으로 2문단을 읽고 관련된 선지인 ②, ③, ④, ⑤번의 진위 여부를, 3문단을 읽고 다시 ①, ②, ③, ④, ⑤를 판단한다면 제시문을 읽고 한 번에 모든 내용을 기억하여 선지의 진위를 파악하는 것보다 쉽게 선지의 정오를 판단할 수 있다.

Tip ❷ 병렬적인 문단의 구조가 유사함을 고려하자.

해당 제시문과 같이 하나의 주장에 대해 갑, 을, 병의 주장이 병렬적으로 제시되는 경우, 각 문단의 글의 흐름이 동일하다는 점을 유의해야 한다. 본 제시문을 보면, 각 문단의 (1) 문장에서 갑, 을, 병의 시대 구분을, (2) 문장에서 그렇게 시대를 구분한 각각의 구분 기준을 소개하고 있다. 이처럼 병렬적인 문단이 제시되는 경우 문단 내에서의 글의 흐름의 대응관계가 있다는 점을 고려하면 제시문을 빠르게 파악할 수 있다.

189 정답 ④

난이도 ●●○

문제유형 논리적 비판 > 논지의 강화 및 약화

접근전략 논지의 강화 및 약화 문제는 제시문의 주장과 근거를 명확하게 파악하는 것이 가장 중요하다. 해당 유형은 대부분 '~한다면, ~가 강화/약화된다'와 같은 형식으로 선지가 구성되므로, 앞의 가정 부분이 지문에서 제시한 근거를 확실하게 지지 혹은 반박하는지, 또는 제시문의 주장과 무관한 가정인지의 정확한 구분이 중요하다. 이를 위해 핵심 소재나 논점에 대한 지문의 주장과 뒷받침하는 실험, 사실과 같은 근거들을 일련의 체계 속에서 잘 체크해 두도록 한다.

다음 ㉠을 약화하는 것만을 〈보기〉에서 모두 고르면?

(1) 2001년 인간 유전체 프로젝트가 완료된 후, 영국의 일요신문 『옵저버』는 "드디어 밝혀진 인간 행동의 비밀, 열쇠는 유전자가 아니라 바로 환경"이라는 제목의 기사를 실었다. (2) 유전체 연구 결과, 인간의 유전자 수는 애당초 추정치인 10만 개에 크게 못 미치는 3만 개로 드러났다. (3) 해당 기사는 인간 유전체 프로젝트의 핵심 연구자였던 크레이그 벤터 박사의 ㉠ 주장을 다음과 같이 인용하였다. (4) "유전자 결정론이 옳다고 보기에는 유전자 수가 턱없이 부족합니다. (5) 인간 행동과 형질의 놀라운 다양성은 우리의 유전자 속에 들어있지 않다는 것이죠. (6) 환경에 그 열쇠가 있습니다. 우리의 행동 양식은 유전자가 환경과 상호작용함으로써 비로소 결정되죠. (7) 인간은 유전자의 지배를 받는 존재가 아닌 것이죠. (8) 우리는 자유의지를 발휘할 수 있는 존재인 것입니다." 여러 신문들이 같은 기사를 실었다. (9) 이를 계기로, 본성 대 양육이라는 해묵은 논쟁은 인간의 행동을 결정하는 것이 유전인지 아니면 환경인지 하는 논쟁의 형태로 재점화되었다. (10) 인간이란 결국 신체를 구성하는 물질에 의해 구속받는 존재인지 아니면 인간에게 자유의지가 허락되는지를 놓고도 열띤 토론이 벌어졌다.

〈보기〉

ㄱ. 자유의지가 없는 동물 중에는 인간보다 더 많은 유전자 수를 가지고 있는 경우도 있다.
→ (×) ㉠은 인간의 유전자 수가 적으므로(4), 인간은 유전자의 지배를 받지 않고(7) 자유의지를 발휘할 수 있는 존재라고 주장한다(8). 이를 대우명제로 전환하면 '인간의 자유의지가 없다면 인간의 유전자 수는 많다.'가 된다. 해당 선지의 내용을 명제로 전환하면 '어떤 동물이 자유의지가 없다면 인간보다 더 많은 유전자 수를 가진다.'가 된다. 이는 ㉠과 동일한 논리구조를 가지므로, ㉠을 약화하지 않는다.

ㄴ. 유전자에게 지배되지 않더라도 인간의 행동이 유전자와 환경의 상호작용으로 결정된다면, 그 행동은 인간 스스로의 자유로운 의지에 따라 행한 것이라고 볼 수 없다.
→ (O) ㉠은 유전자와 환경의 상호작용에 의해 인간의 행동 양식이 결정되고(6), 따라서 인간은 자유의지를 발휘할 수 있는 존재라고 주장한다(8). 그러나 해당 선지는 인간의 행동이 유전자와 환경의 상호작용으로 결정된다면, 그 행동은 자유의지에 따라 행한 것이라고 볼 수 없다고 주장한다. 이는 곧 ㉠과 상반되는 주장으로, ㉠을 약화한다.

ㄷ. 다양한 인간 행동은 일정한 수의 유형화된 행동 패턴들의 중층적 조합으로 분석될 수 있고, 발견된 인간 유전자의 수는 유형화된 행동 패턴들을 모두 설명하기에 적지 않다.
→ (O) ㉠은 인간의 유전자 수가 적으므로, 인간은 유전자의 지배를 받지 않고 자유의지를 발휘할 수 있는 존재라고 주장한다(8). 그러나 해당 선지는 인간의 유전자 수가 행동 패턴을 모두 설명하기에 적지 않다고 본다. 즉, 유전자 수가 행동을 결정하기에 충분하다고 보는 주장이므로, ㉠을 약화한다.

① ㄱ → (×)
② ㄴ → (×)
③ ㄱ, ㄷ → (×)
④ ㄴ, ㄷ → (O)
⑤ ㄱ, ㄴ, ㄷ → (×)

제시문 분석

제시문 인간의 행동에 대한 벤터 박사의 주장

〈㉠ 벤터 박사의 주장〉
우리의 행동 양식은 유전자가 환경과 상호작용함으로써 비로소 결정된다.(6)

〈논거〉	
〈논거 ①〉	유전자 결정론이 옳다고 보기에는 유전자 수가 턱없이 부족하다.(4)
〈논거 ②〉	인간 행동과 형질의 놀라운 다양성은 우리의 유전자 속에 들어있지 않다.(5)
〈논거 ③〉	인간은 유전자의 지배를 받는 존재가 아닌, 자유의지를 발휘할 수 있는 존재이다.(7),(8)

합격자의 실전 풀이 순서

❶ 발문을 확인하고 밑줄 친 ㉠의 위치를 파악한다.

발문에 ㉠ 및 '약화'라는 정보를 통해서 지문에서 중점을 둬야 할 곳을 알 수 있다. 이에 ㉠으로 가서 밑줄 부분을 확인하도록 한다. 밑줄 부분을 보면 "크레이그 벤터 박사의 주장"이라고 나와 있으므로 이것과 밑줄 부분의 위치를 체크하도록 한다. 기호로 묶인 내용이 짧게 쓰여 있어도 항상 앞뒤를 같이 읽어서 맥락 속에서의 의미를 파악할 수 있도록 한다.

❷ 지문을 읽으면서 주장과 근거를 체크하고 정리해두도록 한다.

밑줄 쳐져 있는 ㉠의 주장 부분을 파악하고 이를 뒷받침하기 위한 근거들에 밑줄 혹은 〈 〉, ( )와 같은 기호를 사용해 표기를 해두도록 한다. 해당 지문에서 ㉠의 주장은 (4)부터 (8)문에 명시되어 있으므로 꼭 정리해둔다. 특히 〈같은 사람〉이 하는 말이므로 최대한 축약하여 하나의 도식을 만들 수 있도록 한다. 예컨대 (4)번 문장과 (7)번 문장은 사실상 같은 말로, (7)은 생략하도록 한다.

❸ 〈보기〉를 파악하며 ㄱ, ㄴ, ㄷ을 검토하고 정답을 찾는다.

주장이랑 근거를 잘 정리했으면 ㄱ, ㄴ, ㄷ을 검토한다. 여기서는 전부 다 검토하지 않고 약화가 아닌 보기와 약화인 보기를 하나씩 검토하며 어떻게 강화 약화 문제를 풀 수 있는지를 검토하도록 한다.

특히 보기 ㄱ의 경우 '자유의지가 없는 동물 중에는 인간보다 더 많은 유전자 수를 가지고 있는 경우도 있다'라고 나와 있다. 이에 정리된 근거와 반대되는지 여부를 살펴보는 방법도 있지만, '약화' 여부를 물었으므로 반대로 생각하는 방법도 있다. 즉 유전자가 적음에도 불구하고 자유의지가 없거나, 유전자가 많음에도 불구하고 자유의지가 있는 동물이 그 반례가 될 것이다. 이때 논리적인 관계로 푸는 것은 불충분하다. 왜냐 하면 인과관계를 말하고 있기 때문이다.

설명하자면 기본적으로 인과는 상관관계가 있음을 기반으로 하기 때문에, 유전자가 적은 것이 자유의지의 변수로 언급되었다면 유전자가 많은 경우 결정론의 변수로 환원이 가능해야 한다. 즉 어찌 보면 오히려 강화하는 것처럼 보인다.

또한, 동물의 유전자와 인간의 유전자가 무관하다고 판단하는 우를 범해선 안 된다. 동물 역시 유전자가 있는 생물체이며, 충분히 근거로 인용될 수 있다.

다만 이 선지는 "경우〈도〉" 라고 언급했기 때문에 근본적인 주장이 〈유전자 갯수와 자유의지는 관련이 없다〉 라는 진술이라 볼 수 있고, 이는 근본적으로는 결정론과 자유의지 중 무엇과도 관련이 없다(근거만을 달리 한다고 그것이 반드시 약화는 아니다. 예컨대 정치 이념상 같은 정당을 지지하더라도 그 근거는 사람마다 서로 다른 것으로 설명할 수 있다).

보기 ㄷ의 경우 시간단축 tip을 참조한다. 일반적인 풀이 원칙이기 때문에 따로 밖으로 분리해 놓았다.

합격자의 시간단축 Tip

Tip ❶ 발문에서 무엇을 물어보는지를 집중해서 보도록 한다.

강화/약화 문제의 경우 발문에서 무엇을 물어보는지를 먼저 염두에 두도록 한다. 예를 들어 단순히 발문이 일치 불일치 여부를 물어보고 오지선다의 구조가 '~한다면 주장은 강화/약화된다'의 형태가 있다면 각각의 오지선다에 집중하면 된다. 하지만 문제처럼 발문이 '강화하는 것은? 약화하는 것은?'이라면 각 선지들을 개별적으로 보기보다는 전체적으로 보는 것이 중요하다. 이러한 문제의 경우 표기해두었던 근거들을 다시 한번 살펴보도록 하는 것이 중요하다.

Tip ❷ 강화/약화하는 것을 묻는 문제의 선지 구성

강화/약화하는 것을 묻는 문제의 선지는 추론할 수 있는 것을 고르라는 문제로 보고 풀이 기준을 단순화해서 기계적으로 풀면 문제풀이 시간을 크게 줄일 수 있다. 그 기준은 아래 표를 참고하자.

A가 강화한다.	A가 본문 내용과 일치 또는 본문 내용으로부터 추론 가능
A가 강화하지 않는다.	A가 추론될 근거 없음 또는 A가 본문 내용과 상충하거나 무관함
A가 약화한다.	A가 본문 내용과 상충
A가 약화하지 않는다.	A가 본문으로부터 추론 가능 또는 일치하거나 무관함

Tip ❸ 강화/약화 여부와 해당 선지가 논리적 일관성이 있는지 여부는 별개다.

예컨대 ㄴ 선지는 박사의 주장과 정면으로 배치되지만, ㄷ선지는 어찌 보면 배치되지 않는 것처럼 보인다. 본문의 내용을 보충하여 새로운 지식인 것처럼 행세하는 선지인 셈이다. 이런 선지에 휘둘리지 말고 그 선지의 결론과 지문의 결론만을 우선적으로 비교해야 한다.

ㄱ 선지가 논리적으로 잘 와닿지 않는다면 박사의 주장을 잘 따져보면 된다. 환경이 영향을 미치는 이유가 "유전자가 적기 때문"인데, 유전자가 많다면 자유의지가 없다고 봐도 무방하다고 결론 내릴 수 있을 것이다.

190 정답 ❺ 난이도 ●●○

문제유형 법규의 해석 및 적용

접근전략 법조문 유형 중 규정을 〈현황〉에 적용하여 옳은 선지를 고르는 규정적용문제이다. 법조문 유형을 풀 때는 조문의 구체적인 내용을 독해하는 것보다, 법조문의 구조를 파악한 후 선지에서 묻고 있는 정보를 찾아 올라가는 형태로 푸는 것이 좋다. 또한, 본 문제에는 위원의 현황에 대한 표가 주어져 있으나, 표를 통해 단독적으로 추론할 수 있는 정보는 많지 않으므로 선지 판단 단계에서 표를 참고한다.

다음 글과 〈甲지방자치단체 공직자윤리위원회 위원 현황〉을 근거로 판단할 때 옳은 것은? (단, 오늘은 2018년 3월 10일이다)

제○○조 ① 지방자치단체는 공직자윤리위원회(이하 '위원회'라 한다)를 두어야 한다.

② 위원회는 위원장과 부위원장 각 1명을 포함한 9명의 위원으로 구성하되 위원은 다음 각 호에 따라 위촉한다.

1. 5명의 위원은 법관, 교육자, 시민단체에서 추천한 자로 한다. 이 경우 제2호의 요건에 해당하는 자는 제외된다.
2. 4명의 위원은 해당 지방의회 의원 2명, 해당 지방자치단체 소속 행정국장, 기획관리실장(이하 '소속 공무원'이라 한다)으로 한다.

③ 위원회의 위원장과 부위원장은 위원회에서 다음 각 호에 따라 선임한다.

1. 위원장은 제2항 제1호의 5명 중에서 선임
2. 부위원장은 제2항 제2호의 4명 중에서 선임

제○○조 ① 위원의 임기는 2년으로 하되, 한 차례만 연임할 수 있다.

② 지방자치단체의회 의원 및 소속 공무원 중에서 위촉된 위원의 임기는 제1항에도 불구하고 지방의회 의원인 경우에는 그 임기 내로 하고, 소속 공무원인 경우에는 그 직위에 재직 중인 기간으로 한다.

③ 전조 제2항 제1호에 따른 위원 중 결원이 생겼을 경우 그 자리에 새로 위촉된 위원의 임기는 전임자의 남은 기간으로 한다.

〈甲지방자치단체 공직자윤리위원회 위원 현황〉

성명	직위	최초 위촉일자
A	甲지방의회 의원	2016. 9. 1.
B	시민연대 회원	2016. 9. 1.
C	甲지방자치단체 소속 기획관리실장	2016. 9. 1.
D	지방법원 판사	2017. 3. 1.
E	대학교 교수	2016. 9. 1.
F	고등학교 교사	2014. 9. 1.
G	중학교 교사	2016. 9. 1.
H	甲지방의회 의원	2016. 9. 1.
I	甲지방자치단체 소속 행정국장	2016. 9. 1.

※ 모든 위원은 최초 위촉 이후 계속 위원으로 활동하고 있다.

① B가 사망하여 새로운 위원을 위촉하는 경우 甲지방의회 의원을 위촉할 수 있다.

→ (×) B는 시민연대 회원으로, 제1조 제2항 제1호에 따른 위원으로서 시민단체에서 추천한 자이다. 동호에 따르면 위원이 사망하여 새로운 위원을 위촉하는 경우 제2호의 요건에 해당하는 자는 제외된다. 甲지방의회 의원은 甲지방자치단체의회 의원으로, 제1조 제2항 제2호의 요건에 해당한다. 따라서 B가 사망하여 새로운 위원을 위촉하더라도 甲지방의회 의원은 위촉할 수 없다.

② C가 오늘자로 명예퇴직하더라도 위원직을 유지할 수 있다.

→ (×) C는 甲지방자치단체 소속 기획관리실장으로, 제1조 제2항 제2호에 따른 위원으로서 '소속 공무원'이다. 제2조 제2항에 따르면 소속 공무원 중에서 위촉된 위원의 임기는 그 직위에 재직 중인 기간으로 한다. 따라서 소속 공무원 C가 오늘자로 명예퇴직할 경우 그 직위에 재직 중이지 않으므로 위원직을 유지할 수 없다.

③ E가 오늘자로 사임한 경우 당일 그 자리에 위촉된 위원의 임기는 위촉된 날로부터 2년이다.

→ (×) E는 대학교 교수로, 제1조 제2항 제1호의 위원으로서 교육자이다. 제2조 제1항에 따르면 위원의 임기는 2년이므로 2016. 9. 1. 최초 위촉된 E의 임기는 그로부터 2년인 2018. 8. 31. 까지이다. 한편 제2조 제3항에 따르면 제1조 제2항 제1호에 따른 위원 중 결원이 생겼을 경우 그 자리에 새로 위촉된 위원의 임기는 전임자의 남은 기간으로 한다. 따라서 E가 오늘자로 사임한 경우 당일 그 자리에 위촉된 위원의 임기는 위촉된 날로부터 2년이 아닌 2018. 8. 31. 까지이다.

④ F는 임기가 만료되면 연임할 수 있다.

→ (×) F는 고등학교 교사로, 제1조 제2항 제1호의 위원으로서 교육자이다. 제2조 제1항에 따르면 위원의 임기는 2년으로 하되, 한 차례만 연임할 수 있으므로 위원의 최대 임기는 4년이다. 2014. 9. 1. 최초 위촉된 F의 임기는 2016. 8. 31. 까지이며 한 차례 연임할 경우 2018. 8. 31. 까지이다. 오늘은 2018년 3월 10일이므로 F는 한 차례 연임한 상태이고, 따라서 F는 현재 임기가 만료되면 연임할 수 없다.

⑤ I는 부위원장으로 선임될 수 있다.

→ (O) I는 甲지방자치단체 소속 행정국장으로, 제1조 제2항 제2호에 따른 위원이다. 동조 제3항에 따르면 부위원장은 동조 제2항 제2호의 4명 중에서 선임하는데, I는 동호 위원이다. 따라서 I는 부위원장으로 선임될 수 있다.

합격자의 실전 풀이 순서

❶ 문제 유형 파악

본 문제의 경우 제시문으로 법조문이 주어졌으므로 법조문 유형임을 쉽게 알 수 있다. 현황표가 있으므로, 법조문 유형 중에서도 규정을 표에 적용하는 규정적용유형이다. 법조문 유형은 조문의 구체적 내용을 독해하는 것보다 법조문의 구조와 중요 내용부터 파악한 후, 구체적인 내용은 선지 판단 단계에서 확인한다. 또한, 본 문제가 옳은 것을 고르는 문제라는 것을 인지하기 위해 "옳은"이라는 단어에 밑줄이나 동그라미 등 표시를 한다. 특히 발문에 오늘 날짜가 주어진 것으로 보아 날짜와 관련된 선지가 등장할 것임을 예상할 수 있다.

> 다음 글과 〈甲지방자치단체 공직자윤리위원회 위원 현황〉을 근거로 판단할 때 옳은 것은?

❷ 법조문 구조 분석

구조 분석이란 각 조문의 내용 및 조문 간 관계를 이해하는 것이다. 법조문 전체를 읽되, 세부적인 내용을 기억하기 보다는 어떤 정보가 있는지 파악하는 것에 중점을 둔다. 이때 기호를 적절히 활용할 수 있다. 기호 활용의 예시는 Tip에 별도로 작성하였다. 이러한 분석 과정을 거치며 선지에 등장할만한 부분을 발견할 수 있다.

본문의 규정은 두 개의 조로 구성되어 있다. 조문의 제목이 없으므로 읽으면서 키워드를 파악한다. 가독성을 높이기 위해 가로선으로 각 조를 구분하고, '1, 2'로 숫자를 써둔다. 이하 편의상 첫 번째 조부터 '제1조', '제2조' 등으로 표기한다.

제1조는 위원회의 구성을 규정한다. 제1조 제1항은 공직자윤리위원회의 설치를 규정하고 있다. 제2항은 위원회의 구성에 대한 규정이다. 위원장과 부위원장 각 1명을 포함한 9명의 위원이므로, '위원장+부위원장+7명'의 위원으로 구성됨을 알

수 있다. 각 호로 규정한 5명의 위원과 4명의 위원을 위촉하는 근거가 다름에 유의한다. 제1호에서 2호의 요건에 해당하는 사람은 제외된다고 하고 있으므로 제1호와 2호는 배타적 규정임을 알 수 있다. 제3항은 위원장과 부위원장의 선임에 대한 규정이다.

제2조는 위원의 임기를 규정한다. 제2조 제1항은 위원의 임기와 연임에 대한 일반규정이며 제2항은 제1항의 예외규정이다. 1항의 '2년'과 '연임'에 표시한다. 제2항의 예외는 제1조 제2항 제2호의 경우에 해당하므로, 두 규정을 서로 연결한다. 제3항 또한 제1항의 예외규정인데, 제3항이 적용되는 경우는 제1조 제2항 제1호의 위원으로 한정된다. 위의 두 규정도 서로 연결한다. 즉 제1조 제2항 각 호에 따라 적용되는 규정이 달라짐을 파악할 수 있다.

❸ 선지 판단

규정 분석을 바탕으로 선지를 검토한다. 제시된 표를 보아도 표에서 독자적인 정보를 도출할 수 있는 것은 아니므로, 표는 선지 판단 시에 참고용으로만 활용한다. 이때 선지에 제시된 각 위원의 직위를 보고 제1조 제2항 제1호의 위원인지 제2호의 위원인지를 우선적으로 판단한다.

선지 ①번의 B는 1조 2항 1호(이하 '1조 2항' 생략)에 해당하는 위원이다. 새로 위촉하려는 甲은 2호에 해당한다. 1호 5명, 2호 4명으로 위원 구성이 정해져 있으므로, 1호 위원 대신에 2호 위원을 위촉할 수는 없을 것이다.

선지 ②번의 C는 2호의 '소속 공무원'이다. 따라서 2호 위원의 임기를 정한 제2조 제2항과 비교한다.

선지 ③번의 E는 1호에 해당한다. 1호 위원의 결원으로 새로 위촉된 위원의 임기를 정한 제2조 제3항과 비교한다. E의 위촉일자와 발문의 오늘 날짜도 함께 참고해야 한다.

선지 ④번의 F는 1호에 해당한다. 1호 위원의 연임 여부는 제2조 제1항이 적용된다. 연임은 한 차례만 가능하므로, F의 위촉일자와 발문의 오늘 날짜 및 임기 2년을 고려하여 F가 연임을 했는지 확인해야 한다.

선지 ④번까지 옳지 않았으므로 정답은 ⑤번일 것이다. 시간 여유가 있다면 ⑤번의 정오도 판단한다. I는 2호에 해당한다. 부위원장의 요건을 정한 제1조 제3항 제2호는 2호 위원 중에서 부위원장을 선임한다고 규정한다. 옳은 내용이다.

합격자의 시간단축 Tip

Tip ❶ 구체적인 규정의 내용은 〈보기〉 판단 시 확인

조문에서 각종 단체, 직업 등을 나열하고 있는 경우나, 제2조와 같이 개별적으로 임기를 규정하는 경우처럼 구체적인 경우에는 조문을 꼼꼼히 읽기 보다는 어떤 대상에 대한 규정인지 대략적인 내용만 파악하고, 선지에 해당 내용이 나온 경우에만 비교하도록 한다.

Tip ❷ 비교적 간단한 선지부터 확인

선지 ②, ③, ④번의 경우 복잡하지는 않지만 임기를 구체적으로 확인할 필요가 있기 때문에, 선지 ①번이나 ⑤번처럼 비교적 간단한 선지를 먼저 해결한다. 다만 모든 선지의 난이도와 풀이 순서를 결정하는 것은 시간이 오래 걸리므로 선지 풀이 중 지나치게 복잡한 선지는 일단 생략하는 방법을 채택하는 것이 시간 단축에 유리할 수 있다.

Tip ❸ 연관되는 규정을 표시

앞의 규정의 내용을 전제로 특정 사항을 규정하는 경우, 두 규정을 연결해두면 해당 조문을 찾기 수월하다. 이때 '제○○조 제○○항의 경우' 혹은 '제○○항에도 불구하고' 등 조항을 언급하지 않더라도 앞의 내용을 전제로 한 규정임을 파악할 수 있어야 한다. 본 문제의 제2조 제2항은 전조 제2항 제2호의 위원을 대상으로 한 규정이지만 구체적 조항을 언급하지 않았다. 하지만 앞의 조항에서 괄호 안의 '소속 공무원'을 확인했다면, '소속 공무원'이 나왔을 때 앞의 2호를 떠올릴 수 있을 것이다.

제○○조 ① 지방자치단체는 공직자윤리위원회(이하 '위원회'라 한다)를 두어야 한다.
② 위원회는 위원장과 부위원장 각 1명을 포함한 9명의 위원으로 구성하되 위원은 다음 각 호에 따라 위촉한다.
1. 5명의 위원은 법관, 교육자, 시민단체에서 추천한 자로 한다. 이 경우 제2호의 요건에 해당하는 자는 제외된다.
2. 4명의 위원은 해당 지방의회 의원 2명, 해당 지방자치단체 소속 행정국장, 기획관리실장(이하 '소속 공무원'이라 한다)으로 한다.
③ 위원회의 위원장과 부위원장은 위원회에서 다음 각 호에 따라 선임한다.
1. 위원장은 제2항 제1호의 5명 중에서 선임
2. 부위원장은 제2항 제2호의 4명 중에서 선임

제○○조 ① 위원의 임기는 2년으로 하되, 한 차례만 연임할 수 있다.
② 지방자치단체의회 의원 및 소속 공무원 중에서 위촉된 위원의 임기는 제1항에도 불구하고 지방의회 의원인 경우에는 그 임기 내로 하고, 소속 공무원인 경우에는 그 직위에 재직 중인 기간으로 한다.
③ 전조 제2항 제1호에 따른 위원 중 결원이 생겼을 경우 그 자리에 새로 위촉된 위원의 임기는 전임자의 남은 기간으로 한다.

Tip ❹ 법조문 유형 풀이의 기본

1. 법조문에 대한 이해

법조문 유형은 선지가 규정과 일치하는지 확인하는 '규정확인' 유형과, 규정의 내용을 예시에 적용하는 '규정적용'유형으로 나뉜다. 규정적용은 단순 적용의 경우도 있지만 보험료, 인지세 등 계산을 요하는 경우도 있다.

두 유형 모두 기본은 규정을 파악하는 것이기 때문에 기본적인 법조문의 구조와 용어에 익숙해지면 문제 풀이가 비교적 수월해진다. 법조문은 '○○조-○○항-(1, 2, …)호-(가, 나, …)목' 순으로 구성된다.

- 하나의 '조'는 하나의 주제에 대하여 설명한다. 그 주제는 '○○조' 옆에 괄호로 표시되기도 한다.
- '항'은 조에서의 주제를 세분화하여 설명할 때 사용한다.
- '호'는 조와 항 내에서 대상을 나열할 때 사용한다.
- '목'은 호 내에서 대상을 나열할 때 사용한다.
- '단서'는 "다만,"으로 시작하며 앞 문장의 주된 내용에 대한 예외를,
- '후단'은 "이 경우"로 시작되며 주된 내용에 대한 부수적·보완적 사항을 규정할 때 사용한다.
- 부수적 내용이 괄호로 제시되는 경우도 있다.

법조문 유형은 빠르게 풀기보다는 정확하게 푸는 것을 전략으로 하는 것이 좋다. 상황판단 과목은 모든 문제를 빠르게 푸는 것이 아니라 풀 수 있는 문제와 풀 수 없는 문제를 구분하여 풀어, 푼 문제의 정답률을 높이는 것이 일반적인 접근 방법이다. 난해한 퀴즈 문제와 달리 법조문은 제시문 내에 정답이 있으므로, 특별히 어려운 문제가 아니라면 꼭 맞춘다는 생각으로 접근하자.

2. 법조문 유형 접근법

일반적인 법조문 유형에서는 제○○조 옆의 조문 제목 및 규정의 키워드로 조문의 구조만을 파악하고, 선지를 판단할 때

세부 내용을 읽는 접근방식을 추천한다. 법조문의 세부 내용을 모두 기억하기 어렵고, 독해에도 시간이 걸리기 때문이다. 어떤 조항에 어떤 내용이 있는지를 파악하고, 세부 조건인 호나 목은 선지에서 묻는 경우 발췌독하면 된다. 다만 '규정적용' 유형 중 계산형 문제는 계산에 필요한 구체적 내용을 파악하며 조문을 읽어야 한다.

3. **선지에 자주 활용되는 내용의 특징**

법조문의 구조를 파악할 때 선지로 등장할만한 부분을 미리 체크한다면 풀이 시간을 단축할 수 있을 것이다. 아래 내용은 주로 선지에 등장하는 내용의 특징과 선지에 등장하는 방식이다. 기출 분석을 통해 빈출 패턴을 익히면 실수를 방지하고 풀이 속도를 높이는 데에 도움이 될 것이다.

- **단서(다만)**: 단서가 적용됨에도 적용하지 않거나, 적용되지 않음에도 적용하여 제시
- **후단(이 경우)**이나 **괄호(보완 내용)**: 해당 내용을 사례로 제시
- **날짜, 시기, 횟수, 수치 등**: 숫자를 바꾸어 제시
- **어느 하나**: 모든 조건이 적용되는 것으로 제시
- **하부 개념**: 상부 개념과 하부 개념을 바꾸거나, 복수의 하부 개념의 특징을 서로 바꾸어 제시
- **주어**: 행위 주체를 바꾸어 제시
- **술어**: 허가를 신고로, 신고를 허가로 바꾸어 제시
- **재량(임의규정)**과 **기속(강행규정)**: '할 수 있다'와 '해야 한다'를 바꾸어 제시

이 밖에도 기출 풀이 과정에서 놓치는 부분이 있다면 추가하여 익혀두자.

4. **법조문 구조 분석 시 기호 활용의 예시**

구조 분석이란 각 조문의 내용 및 조문 간 관계를 이해하는 것이다. 이 단계에서는 법조문 전체를 읽되, 세부적인 내용 기억보다는 어떤 정보가 있는지 파악하는 것에 중점을 둔다. 이때 밑줄 등 기호를 적절히 활용할 수 있다.

- **가로선**: 조문의 길이가 긴 경우 각 조를 구별하는 데 활용
- **○**: 각 조의 제목, 조항별 대표 키워드
- **△**: 단서(다만), 원칙에 대한 예외, 앞의 내용과 반대되는 내용 등
- **□**: 후단(이 경우), 세부 상황별 규정
- **연결선**: 조문 간 연결 관계가 있는 경우, 일반법과 그 세부 내용을 규정한 대통령령
- 괄호 안의 내용에도 그 기능에 따라 적절한 기호를 사용

위의 기호들은 예시일 뿐이다. 기호는 선지와 관련된 내용을 쉽게 찾을 수 있도록 하는 이정표이므로 자신에게 맞는 것을 잘 활용하면 된다.

191 정답 ① 난이도 ●●○

문제유형 비판적 사고 > 판단하기

접근전략 강화약화 유형처럼 보이지만, 실질은 논리퀴즈에 가까운 문항이다. 명제와 그 역, 이, 대우 간의 논리관계를 정확히 숙지하고 있다면 풀이가 한결 쉽다. 또한 강화한다/강화하지 않는다, 약화한다/약화하지 않는다는 표현의 엄밀한 의미도 본 문제에서 다시 짚고 넘어가자.

다음 논증에 대한 평가로 적절한 것만을 〈보기〉에서 모두 고르면?

(1) 눈이나 귀에는 각각 고유의 기능이 있다. 그 기능을 잘 수행하는 상태가 훌륭한 상태이고, 그 기능을 잘 수행하지 못하는 상태가 나쁜 상태이다. (2) 혼이나 정신은 다스리는 기능을 한다. (3) 혼이나 정신도 눈이나 귀와 마찬가지로 훌륭한 상태에서 고유의 기능을 가장 잘 수행한다. (4) 따라서 훌륭한 상태의 혼은 잘 다스리지만 나쁜 상태에 있는 혼은 잘못 다스린다.

▶ 1문단

(1) 올바름 혹은 도덕적임은 혼이나 정신의 훌륭한 상태이지만, 올바르지 못함은 혼이나 정신의 나쁜 상태이다. (2) 올바른 혼과 정신을 가진 사람은 훌륭하게 살지만, 그렇지 못한 사람은 잘못 산다. (3) 또한 훌륭하게 사는 사람, 즉 도덕적인 사람은 행복할 것이며, 행복한 것은 그에게 이익을 준다. (4) 따라서 도덕적인 것은 이익이 되는 것이다.

▶ 2문단

보기

ㄱ. 도덕적으로 살고 있음에도 불행한 사람이 존재한다는 것은 이 논증을 약화한다.
➜ (○) 지문에서는 도덕적인 사람은 행복할 것이라고 주장한다.[2문단(3)] 그러나 도덕적으로 살고 있음에도 불행한 사람이 존재한다는 것은 이러한 주장과는 일치하지 않는 사례이므로, 논증을 약화한다. 따라서 ㄱ은 적절한 평가이다.

ㄴ. 도덕적으로 살지 않는 것은 이익이 되지 않는다는 주장이 이 논증으로부터 추론된다.
➜ (×) 지문에서는 도덕적으로 사는 것은 이익이 된다고 주장한다.[2문단(2),(4)] 그러나 잘못 사는 사람이 행복하지 않은지, 이익이 되지 않는지는 제시되어 있지 않다.[2문단(3)]따라서 추론되지 않는다.

ㄷ. 눈이나 귀가 고유의 기능을 잘 수행하더라도 눈이나 귀를 도덕적이라고 하지 않는 것은 이 논증을 강화한다.
➜ (×) 지문에서는 눈이나 귀가 고유의 기능을 잘 수행하는 상태가 훌륭한 상태인 것처럼[1문단(1)], 혼이나 정신 또한 훌륭한 상태에서 고유의 기능을 가장 잘 수행한다고 주장한다.[1문단(3)] 이와 같이 혼이나 정신의 훌륭한 상태는 곧 올바름 혹은 도덕적임이지만[2문단(1)], 눈이나 귀를 도덕적인 것과 연관 지어 말할 수 있는지는 알 수 없다. 따라서 ㄷ은 적절하지 못한 평가이다.

① ㄱ ➜ (○)
② ㄷ ➜ (×)
③ ㄱ, ㄴ ➜ (×)
④ ㄴ, ㄷ ➜ (×)
⑤ ㄱ, ㄴ, ㄷ ➜ (×)

제시문 분석

도덕과 이익 간의 관계

혼이나 정신의 고유 기능 = 다스리는 기능[1문단(3)]		
올바름/도덕적임[2문단(1)] (혼이나 정신의 훌륭한 상태)		올바르지 못함[2문단(1) (혼이나 정신의 나쁜 상태)
기능을 잘 수행함[1문단(4)] ↓ 훌륭한 삶[2문단(2)]	←	기능을 잘 수행하지 못함[1문단(4)] ↓ 잘못 사는 삶[2문단(2)]

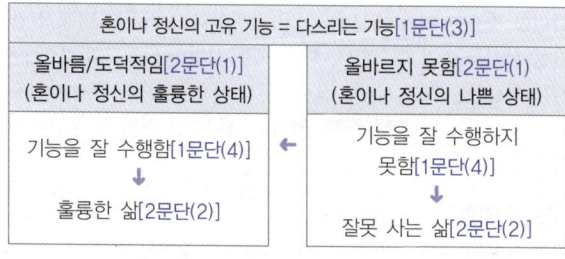

↓

행복 [2문단(3)전단]	➜	이익 [2문단(3)후단]

➜ | 〈결론〉 | 도덕적인 것은 이익이 되는 것이다.[2문단(4)] |

합격자의 실전 풀이 순서 논리퀴즈 유형

⓪ 유형 식별하기

본 문제는 강화약화 유형의 탈을 쓴 논리퀴즈 유형이다. 문제에서 요구하는 적절한 보기를 찾으려면 일반적인 강화약화 유형처럼 지문의 맥락을 이해하는 것이 아니라, 명제들 간의 논리적 관계를 파악하는 것이 중요하다. 강화약화 유형에서는 '평가의 대상을 찾아서 이해하기'가 중요하다고 설명한 바 있다. 본 문제도 평가의 대상인 '논증'을 찾아야 하지만, 그 실질이 논리퀴즈이므로 접근방법이 조금 다르다. 약화와 강화를 각각 '반례', '입증사례'의 존부로 치환해서 풀면 된다. 그러려면 지문의 문장들을 비문학처럼 내용을 이해하려 하기보다는 단순 기호로 받아들여야 한다.

지문의 각 문장들은 논리퀴즈의 명제이므로, 축약 또는 기호화를 거쳐도 문제 해결에 지장이 없다. 즉 토씨 하나 틀림없이 기억하려고 노력할 필요는 없다. 문장의 알맹이만 정확히 기호화하는 연습을 한다고 생각하고 접근하자.

❶ 지문 파악하기

지문에 제시된 거의 모든 문장이 명제로서 유의미한 정보를 담고 있다. 이를 정확하게 정리하는 것이 문제 해결의 핵심이라 할 것이다. 정리하는 방법은 수험생 자신에게 잘 맞는 대로 따르면 되지만, 기호화를 하는 경우 기본적인 논리 기호화 규칙은 지키도록 하자.

본 지문의 전반적인 구조는 제시문 분석에서 확인했을 것이다. 아래는 본 지문에서 평가의 대상에 해당하는 '논증'을 임의의 방법에 따라 기호화한 것이다.

올바른 혼과 정신을 가진 사람 ⇒ 훌륭하게 사는 사람 ⇒ 도덕적인 사람 ⇒ 행복한 사람 ⇒ 이익을 얻는 사람
즉, 도덕적인 것 ⇒ 이익을 주는 것

보통은 문제 아래 시험지의 빈 공간에 정리한다. 시간에 쫓기는 상황에서 손으로 직접 쓰기 부담스러울 수 있으나, 문장의 형식이 복잡한 논리 퀴즈는 눈으로만 풀기 쉽지 않다. 또한, 처음 연습하는 단계의 수험생일수록 문장 하나하나 기호화하는 연습을 많이 해 보길 추천한다. 숙련될수록 속도가 빨라질 것이다.

❷ 보기 고르기

마지막 단계에서는 지문을 이해한 것을 바탕으로 보기를 판단한다. 보기들은 강화하는 것/약화하는 것을 묻고 있다. 정답을 판단하는 기준을 아래 표로 살펴보자.

A가 강화한다.	A가 ①지문 내용과 일치 또는 ②그로부터 추론 가능
A가 강화하지 않는다.	A가 ①추론될 근거 없음 또는 ②지문 내용과 상충되거나 ③무관
A가 약화한다.	A가 지문 내용과 ①상충
A가 약화하지 않는다.	A가 ①지문으로부터 추론 가능 또는 ②일치하거나 ③무관

보기 ㄴ의 경우 본문 내용에 대한 '이'를 묻고 있다. 이 경우 원래 명제가 참이라 해도 참이라는 보장이 없으므로 절대 옳은 보기라고 단정할 수 없다. 그 근거가 명확히 존재하지 않는다면 추론할 수 없는 보기에 해당한다.

이를 일반화하면 다음과 같다. 지문에 'A이면 B이고, B이면 C이다. ~A이면 ~B이다.'라는 명제가 제시된다고 해 보자. 이때 지문과 상충하는 명제는 무엇일까?

답은 'A지만 ~B이거나, B지만 ~A이거나, B지만 ~C이다.'이다. 이 조건이 충족되지 않는 한 거짓이라고 단정할 수 없는 것이다. 선지 ㄴ은 단지 '~B지만 ~C'를 말하고 있으므로 관련이 없다.

보기 ㄷ의 경우 도덕성에 관한 이야기는 2문단 후반에서만 언급되었고, '눈과 귀'가 등장하는 앞부분에는 언급이 없었다. 이는 유비추론을 이용한 것으로, 각 소재의 기능이 다르다[1문단(1)]는 점을 고려하여 낸 함정이다.

합격자의 시간단축 Tip

Tip ❶ 역/이/대우의 참, 거짓 여부

유의해야 할 부분은 논증의 방향이다. 즉, 'A이면 B이다.'라는 명제의 경우 A⇒B의 방향으로 진행된다. 그러나 이 명제가 참일지라도 반대 방향인 역명제 'B이면 A이다.', 즉 B⇒A는 참이라고 할 수 없다. 따라서, 지문에서 A⇒B 방향이 참이라고 제시된 후 보기에서 B⇒A를 추론할 수 있는지 묻는다면 부정해야 한다. 아래는 명제가 참이라면 그 명제의 역, 이, 대우는 각각 어떻게 되는지에 대한 표이다.

	형식(~은 부정)	명제가 참/거짓인 경우
명제	A이면 B이다.	명제와 참/거짓이 같다.
역	B이면 A이다.	알 수 없음 (단, 이와 참/거짓 같음)
이	~A이면 ~B이다.	알 수 없음 (단, 역과 참/거짓 같음)
대우	~B이면 ~A이다.	명제와 참/거짓이 같다.

여기서 중요한 것은 역과 이의 경우 참/거짓 여부가 불분명해 직접 근거를 찾아봐야 한다는 것인데, 지문에 근거가 없다면 강화/약화할 수 없다.

원래 명제와 역/이/대우 간 참/거짓 패턴은 어느 정도 정해져 있다. 역/이가 나오는 경우는 참/거짓 여부가 불분명하므로 명확한 근거가 없으면 지문과 부합하지 않는 선지가 되고, 대우는 참/거짓 여부가 일치하기에 부합하는 선지가 된다. 따라서 명제와 역/이/대우의 논리적 관계는 필수로 암기해둬야 할 사항이다.

단, 이 문제처럼 상당수 명제가 '이'를 같이 써놓는 경우(1문단 1, 4) 논리적 동치(필요충분조건)임에 유의한다.

Tip ❷ 명제는 최대한 글자 수를 적게 해서 필기한다.

이 경우 혼이나 정신을 하나로 묶어서 표현해야 하고, 올바름(도덕)이 훌륭한 상태라는 것도 1문단 1의 '고유 기능'에 의해서 가능한 한 묶일 필요가 있다. 즉, '혼이나 정신이 훌륭한 상태로서의 올바름'을 4글자 이내로 요약해야 한다.

[참고] 각자가 익숙한 방식이 있겠지만 필자는 그냥 '도덕'이라고 하나만 써놓는 편이다. 왜냐하면 '도덕'이란 단어 자체가 보통 '훌륭함'과 연관되기 쉽고 지문에 도덕을 연결시킬 다른 신체 부위가 존재하지 않기 때문이다.

192 정답 ④ 난이도 ●●○

문제유형 이해 > 개념의 파악

접근전략 제시문에서는 키르케의 섬에 얽힌 오디세우스 이야기를 언급하며 그로부터 연결되는 인간의 두 가지 존재 방식을 설명한다. 망각의 전략에 대한 세부 설명을 토대로 확인할 수 있는 정보를 본문에서 찾아내면 된다. 이때, ㉠을 본인만의 언어로 재구성하여 이해할 수도 있고, ㉠의 주변 내용과 선지의 진술을 대조하여 문제를 풀 수도 있다.

다음 글의 ㉠에 해당하지 않는 것은?

(1) 키르케의 섬에 표류한 오디세우스의 부하들은 키르케의 마법에 걸려 변신의 형벌을 받았다. (2) 변신의 형벌이란 몸은 돼지로 바뀌었지만 정신은 인간의 것으로 남아 자신이 돼지가 아니라 인간이라는 기억을 유지해야 하는 형벌이다. (3) 그 기억은, 돼지의 몸과 인간의 정신이라는 기묘한 결합의 내부에 견딜 수 없는 비동일성과 분열이 담겨 있기 때문에 고통스럽다. (4) "나는 돼지이지만 돼지가 아니다, 나는 인간이지만 인간이 아니다."라고 말해야만 하는 것이 비동일성의 고통이다. ▶1문단

(1) 바로 이 대목이 현대 사회의 인간을 '물화(物化)'라는 개념으로 파악하고자 했던 루카치를 전율케 했다. (2) 물화된 현대 사회에서 인간 존재의 모습은 두 가지로 갈린다. (3) 먼저 인간은 상품이 되었으면서도 인간이라는 것을 기억하는, 따라서 현실에서 소외당한 자신을 회복하려는 가혹한 노력을 경주해야 하는 존재이다. (4) 자신이 인간이라는 점을 기억하고 있지 않다면 그에게 구원은 구원이 아닐 것이므로, 인간이라는 본질을 계속 기억하는 일은 그에게 구원의 첫째 조건이 된다. (5) 키르케의 마법으로 변신의 계절을 살고 있지만, 자신이 기억을 계속 유지하면 그 계절은 영원하지 않을 것이라는 희망을 가질 수 있다. (6) 그는 소외 없는 저편의 세계, 구원과 해방의 순간을 기다린다. ▶2문단

(1) 반면 ㉠ 망각의 전략을 선택하는 자는 자신이 인간이었다는 기억 자체를 포기하는 인간이다. (2) 그는 구원을 위해 기억에 매달리지 않는다. (3) 그는 그에게 발생한 변화를 받아들이고 그것을 새로운 현실로 인정하며 그 현실에 맞는 새로운 언어를 얻기 위해 망각의 정치학을 개발한다. (4) 망각의 정치학에서는 인간이 고유의 본질을 갖고 있다고 믿는 것 자체가 현실적인 변화를 포기하는 것이 된다. (5) 일단 키르케의 돼지가 된 자는 인간 본질을 붙들고 있는 한 새로운 변화를 꾀할 수 없다. ▶3문단

(1) 키르케의 돼지는 자신이 인간이었다는 기억을 망각하고 포기할 때 새로운 존재로 탄생할 수 있겠지만, 바로 그 때문에 그는 소외된 현실이 가져다주는 비참함으로부터 눈을 돌리게 된다. (2) 대중소비를 신성화하는 대신 왜곡된 현실에는 관심을 두지 않는다고 비판받았던 1960년대 팝아트 예술은 망각의 전략을 구사하는 키르케의 돼지들이다. ▶4문단

① 물화된 세계를 비판 없이 받아들인다.
→ (○) 망각의 전략을 선택한 자는 자신이 인간이었다는 기억을 모두 포기하고[3문단(1)], 인간이었던 기억에 매달리지 않으며[3문단(2)] 발생한 변화를 받아들이고 새로운 현실을 비판 없이 인정한다.[3문단(3)] 따라서 망각의 전략을 선택한 사람들은 물화된 세계를 비판 없이 받아들일 것이다.

② 고유의 본질을 버리고 변화를 선택한다.
→ (○) 망각의 정치학에서는 인간이 고유의 본질을 갖고 있다고 믿는 것 자체가 현실적인 변화를 포기하는 것이 되기 때문에[3문단(4)] 망각의 전략을 선택하는 자는 새로운 변화를 꾀하기 위해 고유의 인간 본질을 포기한다.[3문단(3)] 따라서 이 자들은 망각의 전략을 선택하여 인간 본질을 버림으로써 현실적인 변화를 꾀하는 것이 된다.

③ 왜곡된 현실을 자기합리화하여 수용한다.
→ (○) 망각의 전략을 선택하는 자는 물화된 스스로를 받아들이고 그 상태로 살아가기 위해서 망각의 정치학을 개발한다.[3문단(3)] 즉, 기억을 유지한 채 현실에 저항하며 살아가는 것이 아니라 스스로의 본질을 놓아버림으로써 키르케의 돼지가 되는 것이다. 이는 왜곡된 현실을 왜곡되지 않은 현실이라고 자기합리화하는 과정으로, 소외된 현실이 주는 비참함을 외면하는 것[4문단(1)]과도 일맥상통한다.

④ 자신의 정체성이 분열되었음을 직시한다.
→ (×) 망각의 전략을 선택하는 자는 인간이었다는 기억은 모두 포기한 채[3문단(1)], 키르케의 돼지로서 다시 태어난다. 이들은 인간 본질을 붙들고 있지 않기 때문에[3문단(5)] 인간과 돼지 두 개로 정체성이 분열되었다는 것을 직시하지 못한 채, 하나의 정체성인 키르케의 돼지로서 살아간다. 따라서 자신의 정체성이 분열되었음을 직시하는 자는 인간의 본성을 기억하기를 선택한 존재이다.

⑤ 소외된 상황에 적응할 수 있는 언어를 찾는다.
→ (○) 키르케의 돼지가 된 자는 새로운 현실을 인정하는 동시에 이 현실에 맞는 새로운 언어를 얻기 위해 망각의 정치학을 개발하는 것이므로[3문단(3)], 소외된 상황에 적응할 수 있는 언어를 찾을 것이다.

제시문 분석

1문단 변신의 형별과 비동일성의 고통

〈변신의 형벌〉		〈비동일성〉
변신의 형벌이란 몸은 돼지로 바뀌었지만 정신은 인간의 것으로 남아 자신이 돼지가 아니라 인간이라는 기억을 유지해야 하는 형벌이다.(2)	→	이는 비동일성과 분열이 담겨 있기 때문에 고통스럽다. "나는 돼지이지만 돼지가 아니다, 나는 인간이지만 인간이 아니다."라고 말해야만 하는 것이 비동일성의 고통이다.(3),(4)

2문단 물화된 사회에서 인간 존재의 모습 – ① 기억하는 자

〈물화〉
물화된 현대 사회에서 인간 존재의 모습은 두 가지로 갈린다.(1),(2)

〈① 기억하는 자〉

〈가혹한 노력〉		〈구원의 조건〉		〈기다림〉
인간은 현실에서 소외당한 자신을 회복하려는 가혹한 노력을 경주해야 하는 존재이다.(3)	⊕	인간이라는 본질을 계속 기억하는 일은 그에게 구원의 첫째 조건이 된다.(4)	⊕	키르케의 마법으로 변신의 계절을 살고 있지만, 자신이 기억을 계속 유지하면 그 계절은 영원하지 않을 것이라는 희망을 가질 수 있다.(5)

3·4문단 물화된 사회에서 인간 존재의 모습 – ② 망각하는 자

〈망각하는 자〉		
〈망각의 전략〉		〈망각의 정치학〉
자신이 인간이었다는 기억 자체를 포기하는 인간이다. 발생한 변화를 받아들이고 그것을 새로운 현실로 인정하며 그 현실에 맞는 새로운 언어를 얻기 위해 망각의 정치학을 개발한다.[3문단(1),(3)]	→	망각의 정치학에서는 인간이 고유의 본질을 갖고 있다고 믿는 것 자체가 현실적인 변화를 포기하는 것이 된다.[3문단(4)]

〈키르케의 돼지〉	
일단 키르케의 돼지가 된 자는 인간 본질을 붙들고 있는 한 새로운 변화를 꾀할 수 없다.[3문단(5)]	
특징①	키르케의 돼지는 자신이 인간이었다는 기억을 망각하고 포기할 때 새로운 존재로 탄생할 수 있다.[4문단(1)]
특징②	바로 그 때문에 그는 소외된 현실이 가져다주는 비참함으로부터 눈을 돌리게 된다.[4문단(1)]

→

〈예시〉	대중소비를 신성화하는 대신 왜곡된 현실에는 관심을 두지 않는다고 비판받았던 1960년대 팝아트 예술은 망각의 전략을 구사하는 키르케의 돼지들이다.[4문단(2)]

합격자의 실전 풀이 순서

❶ 발문 확인 및 문제 유형 판단하기

발문을 확인한 결과, ㉠에 해당하지 않는 것을 고르는 추론문제이다. 구체적으로 ㉠에 해당하지 않는 반례를 찾는 응용문제에 해당한다. 즉, ㉠을 내용을 바르게 이해하고 ㉠의 사례와 반례를 구분해야 한다. 따라서 제시문을 읽으며 ㉠이 무엇인지 먼저 파악한 후 선지를 판단한다. 보통 사례를 찾는 응용문제에서는 대조되는 두 대상이 나오고, 해당 대상들의 사례를 선지에서 제시함으로써 선지들이 어떤 대상의 사례인지 구분하는 문제가 주로 출제된다. 특히 오선지는 발문에서 묻고 있지 않은 대상의 사례인 경우가 대부분이다. 본 문제 역시 1, 2문단과 3, 4문단의 내용이 대조되고, 선지가 어느 문단의 사례인지 묻고 있다. 그리고 정답이 된 ④번 선지는 3, 4문단의 ㉠과 대조되는 1, 2문단에서 도출된 내용이다. 더불어 본 문제의 경우 ㉠에 해당하지 않는 선지를 찾는 문제이므로, 발문에 크게 X 표시를 해둠으로써 발문을 잘못 읽는 실수를 방지한다.

❷ 제시문 독해하기

본 문제의 경우 ㉠의 사례를 찾아야 하므로, ㉠ 이전의 내용은 가볍게 읽으면 된다. 또한, 앞서 언급하였듯이 사례를 찾는 응용유형에는 대조되는 대상이 두 개 이상 나오는 경우가 많으므로, ㉠과 대조되는 대상이 무엇인지 생각하며 읽는 것이 좋다. 만약 시간을 크게 단축하고 싶다면 ㉠이 들어간 3문단만 읽고 곧바로 선지 판단을 시도해보아도 된다.

본 제시문은 ㉠ 이전에 제시문의 제재를 소개하고, 1, 2문단과 3, 4문단의 내용이 대조되는 전형적인 사례 찾기 유형의 구조를 보인다. 제시문은 오디세우스의 부하들과 관련된 이야기로부터 '물화'를 언급하며, 물화된 현대 사회에서 나타나는 인간 존재의 두 가지 모습을 서술한다. 하나는 1, 2문단에 서술된 자신이 인간임을 기억하는 '비동일성의 고통'을 느끼는 인간이다. 다른 하나는 3, 4문단에 서술된 망각의 전략을 선택하여 자신이 인간이었다는 기억 자체를 포기하는 인간이다. 후자와 관련된 내용이 ㉠으로 표시되어 있으므로, 선지에서 해당 예시에 부합하지 않는 특징을 찾는다.

❸ 선지 판단하기

㉠에 해당하지 않는 특징을 찾기 위해 3문단의 내용을 참고할 수 있다. 망각의 전략을 선택한 자는 갈등이 존재하지 않는다는 것이 바로 그것이다. 따라서 ①번의 '비판 없이', ②번의 '변화를 선택', ③번의 '자기합리화', ⑤번의 '적응'이라는 단어를 통해 이들을 갈등이 존재하지 않은 경우로 분류할 수 있다. 이와 달리 ④번의 '분열'은 갈등을 의미하므로, 선지의 예시는 기억을 포기한 경우로 볼 수 없다.

특히 오선지가 ㉠이 포함된 3, 4문단과 대조되는 1, 2문단의 내용일 확률이 매우 높다는 것을 염두에 두었다면 쉽게 풀 수 있었다.

합격자의 시간단축 Tip

Tip ❶ ㉠의 위치를 확인한다.

제시문의 구조를 예상하고 독해하면 빠른 독해가 가능하다. 사례 찾기 유형은 전형적으로 제시문에서 대조되는 두 개 이상의 대상을 제시하고, 선지에서는 해당 대상들의 사례를 구분할 것을 요구한다. 본 문제 문제에서 묻는 ㉠은 제시문의 중간에 있고, ㉠의 앞에는 ㉠과 반대되는 내용이 대비적으로 제시된다. ㉠의 위치 및 근처의 눈에 띄는 접속사 등을 통해 글의 전반부 내용이 ㉠과 반대되는 내용임을 염두에 두고 독해한다면 독해 및 선지 판단을 보다 쉽게 할 수 있다. 또한, 오선지는 ㉠과 대비되는 1, 2문단의 내용일 확률이 높음을 염두에 둔다면 문제를 더욱 쉽게 풀 수 있다.

Tip ❷ 개념이 제시된 위치 주변의 내용을 참고한다.

해당 문제는 개념을 빠르고 정확하게 파악하는 것이 관건이다. 제시문에서 인간 존재의 모습을 두 가지로 나누어 설명하고 있는데, 그중 밑줄 친 부분은 인간이었던 기억을 포기하여 기억에 매달리지 않는 자를 의미한다. 이를 위에 상기한 방식처럼 '갈등이 없는 상태'로 정의하여 빠르게 문제를 풀 수 있지만, 제시문에서 정확히 표현된 바가 없어 이와 같은 사고를 하기 어렵다. 따라서 개념이 제시된 위치 주변에 있는 내용, 즉 3문단을 참고하여 추론형 문제 풀이 방식대로 문제를 해결할 수 있다. 예를 들어 선지 ①번의 경우, 3문단 3문의 '변화를 받아들이고'라는 내용을 통해 정오 여부를 판단할 수 있다.

193 정답 ❸ 　　　　난이도 ●●○

문제유형 이해 > 내용 파악

접근전략 두 인물의 견해 차이를 파악하는 문제이다. 제시문을 먼저 읽고 각 인물이 주장한 바를 이해한 후, 선지를 읽는다. 이때 두 인물이 전제한 내용이 상반됨을 인지했다면 쉽게 정답을 고를 수 있다. 정보확인 유형 문제를 풀듯이 소거법으로 해결할 수도 있다. 그러나 특정 키워드만을 보고 섣불리 정오 여부를 판단하지 않도록 주의한다.

A와 B의 견해 차이를 가장 잘 기술한 것은?

A: (1) 진화론이 인간에 대해 설명할 때 동원하는 두 개의 핵심 개념은 '생존'과 '번식'이다. (2) 그러나 그것만으로는 인간의 행동, 가치, 목표를 다 설명할 수 없다. (3) 현대 생물학이 인간 존재와 그의 행동에 대한 모든 답을 가진 것처럼 발언하

는 순간, 인문학은 생물학에 의심의 눈초리를 보내게 된다. (4) 물론 인간도 동물이고 생물인 이상 생물학의 차원을 떠날 수는 없다.(5) 인간은 다른 모든 생명체와 생물학의 차원을 공유한다. (6) 인간의 심리, 행동방식, 취향과 습관도 생물학의 차원에 뿌리내리고 있다. (7) 그러나 인문학의 관심 대상은 이런 차원 위에 만들어진 독특한 세계이다. (8) '인간을 인간이게 하는 것은 무엇인가'라는 질문은 인문학의 핵심 관심사이다. (9) 말하자면 인문학은 인간의 고유성을 말해주는 층위와 지점들을 찾아내는 작업이다. (10) 여기에는 사회·정치·윤리의 차원을 고려해야 한다. (11) 가령 평등이나 인간 존엄과 같은 사회 원칙과 이상을 생각해 보자. (12) 인간 사회에 이러한 가치와 규범이 유효해야 한다는 요구는 진화의 결과라기보다 선택의 결과이다. (13) 그런 점에서 분명 인간에게는 생물학만으로는 설명할 수 없는 생물학 너머의 차원이 있다.

B: (14) A의 생각은 '생물학'이라는 말에서 유전자 결정론을 연상하기 때문에 나왔다. (15) 한 인간은 유전과 환경 사이의 관계 속에서 탄생하고 성장한다. (16) 유전자에 의해서 발현되는 형질들과 환경 사이의 상호작용과 관련된 것이라면 무엇이든지 생물학에 포함된다. (17) 그래서 생물학에는 생리학, 생화학, 분자생물학, 신경생물학, 생태학, 환경생물학, 우주생물학 등이 포함된다. (18) 결국 우리 삶 전체가 생물학의 차원 안으로 들어오게 된다. (19) 생물학 너머의 차원이란 존재하지 않는다. (20) 법학은 인간의 법률 행위를 연구하는 인간 생물학이고 경제학은 인간의 경제 행위를 연구하는 인간 생물학이다. (21) 모든 학문은 인간 생물학의 일부이다.

① **한쪽은 유전자 결정론을 받아들이고 다른 쪽은 받아들이지 않는다.**
→ (×) B에서 A의 견해와 관련하여 유전자 결정론을 언급하기는 한다(14). 그러나 그것은 A가 생물학에서 '유전자 결정론'을 연상했기 때문에 인간에 대한 설명을 위해 생물학을 벗어나야 한다는 생각을 했다는 의미이지, A가 '유전자 결정론' 자체를 받아들였다는 이야기가 아니다. 또한, B도 인간은 유전자와 환경 사이의 관계 속에서 탄생하고 성장한 것이라 했으므로(15), A와 B 모두 유전자 결정론을 받아들였다고 볼 수 없다.

② **한쪽은 생물학의 역할을 부정하고 다른 쪽은 생물학의 역할을 높게 평가한다.**
→ (×) A는 인간의 심리, 행동방식, 취향과 습관이 생물학의 차원에 뿌리내리고 있다고 하여 생물학의 역할을 긍정하고 있으며(6), B는 법학과 경제학 등 모든 학문은 인간 생물학의 일부라고 설명하며 생물학의 역할을 높게 평가한다(19),(20). 따라서 A와 B 중 생물학의 역할을 부정하는 사람은 없다.

③ **한쪽은 인간 삶에 대한 모든 탐구가 생물학의 영역 내에 있다고 생각하고 다른 쪽은 이에 반대한다.**
→ (O) B는 유전자에 의해서 발현되는 형질들과 환경 사이의 상호작용과 관련된 것이라면 무엇이든지 생물학에 포함시키기에(16), 인간 삶에 대한 모든 탐구가 생물학의 영역 내에 있다고 생각한다. 반면, A는 생물학만으로는 인간의 행동, 가치, 목표를 다 설명할 수 없다고 주장하며 인문학이 생물학의 차원 위의 독특한 세계에 초점을 맞춘다고 본다(7). 따라서 A는 인간 삶에 대한 모든 탐구가 생물학의 영역 내에 있다고 생각하는 B의 견해에 반대한다.

④ **한쪽은 인문학이 생물학의 차원에 놓여 있다고 생각하고 다른 쪽은 사회과학의 차원에 놓여 있다고 생각한다.**
→ (×) B는 모든 학문이 인간 생물학의 일부라고 하였기 때문에(21), 인문학 역시 생물학의 차원에 놓였다고 생각한다. 반면 A가 인문학이 사회과학의 차원에 놓여 있다고 생각하는지는 제시문에서 언급하고 있지 않아 알 수 없다.

⑤ **한쪽은 인문학이 사회·정치·윤리의 차원과 구별되지 않는다고 생각하고 다른 쪽은 인문학이 그런 차원과 구별된다고 생각한다.**
→ (×) A는 인문학에서 사회·정치·윤리의 차원을 고려해야 한다고 말할 뿐이고(10), B는 모든 학문이 생물학의 차원 내에 있다고 하나(21) 생물학의 차원 내의 어떤 구별이 있어야 하는지에 대해서는 언급하고 있지 않다. 오히려 해당 선지의 내용은 인문학이 아니라 생물학에 대한 설명으로 이해하는 것이 더 적절하다. B는 인문학이 아니라 생물학이 사회·정치·윤리의 차원과 구별되지 않는다고 생각하고(16), 생물학 너머의 차원을 인정하는 A는(13) 생물학이 그런 차원과 구별된다고 생각할 것이다.

제시문 분석

제시문 인간 이해에 대한 A와 B 견해 비교

〈A와 B 견해의 공통점〉	
인간이 동물이고 생물인 이상 생물학의 차원에 존재한다.(4),(16)	
〈A와 B 견해의 차이점 〉	
A의 견해	'생존'과 '번식'만으로는 인간의 행동, 가치, 목표를 다 설명할 수 없다.(2) ⇨ 생물학이 인간 존재의 모든 답을 가지고 있는 것은 아니다.
	인간은 다른 모든 생명체와 생물학의 차원을 공유한다. 그러나 인문학의 관심 대상은 이런 차원 위에 만들어진 독특한 세계이다.(5),(7)
A의 결론	인간에게는 생물학 너머의 차원이 있다.(13)
B의 견해	유전자에 의해 발현되는 형질들과 환경 사이의 상호작용과 관련된 것이라면 무엇이든지 생물학에 포함된다.(16),(17) ⇨ 생물학이 인간에 대한 모든 답을 가지고 있다.
	우리 삶 전체가 생물학의 차원 안으로 들어오게 된다.(18)
B의 결론	생물학 너머의 차원은 존재하지 않는다.(19)

합격자의 실전 풀이 순서

❶ 발문 확인 및 문제 유형 판단하기

항상 먼저 발문을 반드시 제대로 읽고 시작하자. 본 문제는 A와 B의 논쟁에 대한 분석을 묻고 있으므로, 견해파악유형으로 볼 수 있다. 견해파악유형은 다양한 견해를 제시한 후, 견해의 핵심 주장·내용을 선지에서 고르도록 하는 문제를 말한다. 특히 본 문제는 각 견해의 특징을 잡아내고, 신속·정확하게 비교하는 작업을 요구한다. 견해파악유형의 특징으로는 다음과 같다.

- 발문
  - 다음 글의 논지/주장/견해…과 부합하는/적합한 것은?
  - 다음 주장/논쟁…에 대한 분석/설명/추론…으로 옳은 것은?

• 제시문
  - 주관적인 주장이 포함된 글
  - 일반적인 비문학 유형에 비해 정보량이 적은 대신 포괄적인 문장들이 제시

❷ 제시문 독해하기

본 제시문의 경우 견해파악유형치고 각 문단의 길이가 길다. 따라서 제시문을 읽을 때 해당 문장의 중요도에 따라 독해의 강약을 구분할 필요가 있다. 주장하는 글의 경우 주의 깊게 읽어야 할 문장으로는 첫 문장과 마지막 문장, '그러나', '그런데', '반면'과 같이 전환의 접속어로 시작하는 문장, '말하자면', '결국', '결론적으로'와 같이 결론을 도출하는 표현이 들어간 문장이 있다. 이러한 원칙에 따라 A의 견해를 읽는다면, (1), (2), (7), (9), (13) 문장을 주의 깊게 읽어야 한다. 해당 문장들은 모두 인간에게는 '생물학', '생존'과 '번식'을 넘어서는 차원이 있다고 주장하고 있다. 이것이 A의 견해의 주요 논지이다. B의 주장을 앞선 원칙에 따라 읽을 경우, (17), (18) 문장을 주의 깊게 읽어야 함을 알 수 있다. 즉, B는 인간의 삶 전체가 생물학의 차원 안에 있음을 주장하고 있다.

❸ 선지 판단하기

A와 B의 견해에 부합하지 않는 진술을 찾는다. 지문을 읽으며 A와 B의 견해 차이가 생물학의 범위에 의한 것임을 이해했다면 바로 ③번을 정답으로 고를 수 있다. 소거법으로 정답을 고르기 위한 사고 과정은 다음과 같다.

①번 선지: 제시문에서 A와 B가 유전자 결정론을 받아들이는지 알 수 없다. 이때, B가 유전자 결정론을 언급하고 있는 사실만으로 이론을 받아들였다고 판단할 수 없음에 유의한다.

②번 선지: A와 B의 견해 차이는 생물학의 역할 존재 여부가 아닌, 생물학의 역할 범위로부터 기인한다. 구체적으로 A는 4번째 문장에서 '인간은 생물이므로 생물학의 차원을 떠날 수 없다'라고 주장하고, B는 19번째 문장에서 '생물학 너머의 차원이란 존재하지 않는다'라고 하고 있다. 즉, 두 인물은 모두 생물학의 역할을 긍정한다.

③번 선지: 인간의 삶 전체가 생물학에 포함된다고 주장하는 B와 달리 A는 생물학의 범위를 '인간의 생존과 번식'에 한정하고 있다. 즉, 선지의 앞부분 설명은 B의 견해이며, 뒷부분 설명은 A의 견해이므로 옳다.

④번 선지: 21번째 문장에서 B는 모든 학문이 생물학에 포함된다고 하였으므로 선지의 앞부분 설명은 B의 견해에 해당한다. 그러나 A는 인문학이 사회과학 차원에 놓여 있는지에 대해 언급하고 있지 않으므로 오답이다.

⑤번 선지: 인문학이 사회·정치·경제 차원과 구별되는지는 지문에 언급되어 있지 않다. 두 견해의 차이는 '생물학'을 기준으로 존재한다.

지문을 읽으며 A와 B의 견해 차이가 생물학의 범위에 의한 것임을 이해했다면 바로 정답을 고를 수 있었다.

합격자의 시간단축 Tip

Tip ❶ 지문을 읽으며 인물별 견해를 정리한다.

두 인물의 견해 차이가 뚜렷한 해당 지문의 경우, 별도의 내용 정리나 메모 없이 정답을 고르기 수월했다. 그러나 여러 인물의 견해가 등장하거나, 각각의 견해가 비슷한 특징을 보인다면 헷갈릴 가능성이 크다. 따라서 지문을 읽으며 발문에서 요구하는 내용을 정리하는 습관을 들이도록 한다. 해당 문제의 경우 인물의 견해 차이는 각 인물이 전제한 내용, 즉 생물학의 범위 설정의 차이에서 기인한다. 이를 언급한 문장에 표시를 해두었다면 더욱 확신 있게 정답을 고를 수 있었을 것이다.

Tip ❷ 상대적으로 읽기 쉬운 견해를 먼저 읽는다.

낯선 주제의 글이거나 길이는 긴데 주장을 쉽게 파악할 수 없어 독해에 집중하기 어려운 경우에는 더 짧고 읽기 쉬운 견해를 먼저 읽는 것이 독해 시간 절약에 도움이 된다. 각 견해를 비교하는 문제는 어느 쪽이든 한쪽의 견해를 파악하면 상대편의 견해를 독해하기 쉬워진다. 따라서 더 빠르게 읽을 수 있는 견해를 읽는 것이 효율적이다. 예컨대 본 문제의 경우, A의 견해는 상대적으로 잘 읽히지 않고, A보다 B의 지문 길이가 짧다. 따라서 B의 견해를 먼저 읽는다. 발문에 근거하여 생각하면, B의 첫 문장이 'A의 생각은'으로 시작하는 것은 A의 주장에 반박하려는 의도임을 알 수 있다. B는 모든 학문이 생물학의 일부임을 주장한다. 따라서 A의 견해는 모든 학문이 생물학의 일부인 것은 아니라고 주장하는 내용일 것이라 예상할 수 있다. A의 견해를 읽어보면, A는 인문학을 내세워 생물학 너머의 차원이 있음을 주장한다.

194 정답 ❷

난이도 ●●○

문제유형 논리적 비판 > 논지의 강화 및 약화

접근전략 강화/약화 문제의 경우, 대상이 되는 주장과 근거를 명확하게 파악하는 것이 중요하다. 특정 견해를 강화하거나 약화하는 진술은 주장의 근거를 확실하게 뒷받침하거나 반박해야 하기 때문이다. 특히, 해당 유형의 선지에는 강화/약화하는 선지뿐만이 아니라 대상이 되는 논지와 무관한 경우도 포함되기 때문에, 이 점에 유의하여 문제를 풀어야 한다. 앞선 문제와 같이 핵심 소재가 무엇인지, 그것에 대해 지문의 입장은 어떤지, 그리고 주장을 위한 근거에는 무엇들이 있는지를 확인하면서 글을 읽도록 한다.

다음 A의 견해를 약화하는 진술로 적절하지 않은 것은?

(1) 어떤 사람들은 특별히 길을 잘 기억하고 찾아가는 반면 다른 이들은 길을 찾는 데 어려움을 호소한다. (2) A는 뇌신경에 대한 연구를 통해 이러한 차이가 나타나는 이유의 실마리를 찾았다. (3) A는 해마에 있는 신경세포의 하나인 장소세포를 발견하였다. (4) 해마는 대뇌의 좌·우 측두엽 안쪽 깊숙이 자리한 기관으로 기억을 저장하고 상기시켜 기억의 제조 공장으로 불린다. (5) A는 장소세포가 공간을 탐색하고 기억하는 역할을 하며, 우리가 장소를 옮기면 이 신경세포가 활성화되어 우리가 어디에 있는지 인식할 수 있다고 보고 있다. (6) A는 이런 장소세포의 기능을 쥐 실험을 통해 확인하였다. (7) 미로상자에 쥐를 가둔 뒤 행동을 관찰한 결과, 쥐는 처음에는 이리저리 돌아다니다가 시간이 흐를수록 지나갔던 장소에 가면 멈칫거리는 행동을 보였고 그 때마다 특정 장소세포의 활성화가 관찰되었다. (8) A는 쥐가 지나갔던 장소의 시각적 정보가 해마 속 장소세포에 저장되어 해당 지점에 도달했을 때, 장소세포가 신호를 보내 쥐가 이런 행동을 보인 것으로 분석했다. ▶ 1문단

(1) A는 장소세포와 더불어, 뇌의 내비게이션 시스템을 구성하는 데 있어 핵심적인 역할을 할 것으로 추측되는 격자세포를 발견했다. (2) 쥐가 상자 안에서 먹이를 찾아다닐 때의 뇌 신호를 분석한 결과 해마 바로 옆 내후각피질의 신경세포인 격자세포가 집단적으로 반응했다는 것이 A의 연구결과 내용이다. (3) 격자세포의 반응은 특정한 지점에서만 나타났는데, 이 지점들을 모아서 그려보면 일정한 간격을 가진 격자 모양으로 나타났다. (4) 상자

속 쥐가 아무런 규칙 없이 움직인 것으로 보이지만 실제로는 자기만의 좌표를 가지고 어느 지점을 지나고 있는지 알고 행동했다는 의미다. (5) 쥐를 이용한 동물 실험의 연구결과를 토대로 A는 해마의 장소세포가 특정 지점의 모양새에 관한 기억을 보관하고, 격자세포는 공간과 거리에 관한 정보를 저장하며 이를 장소세포에 효율적으로 제공함으로써 사람이 길을 찾아가도록 도와주는 것으로 본다. ▶ 2문단

① **해마의 신경세포가 거의 활성화되지 않아도 쥐가 길을 잘 찾는 연구 사례가 보고되었다.**

→ (○) A는 해마의 신경세포의 하나인 장소세포가 활성화되어 공간을 인식할 수 있다고 주장한다.[1문단(3),(5)] 즉, 길을 잘 찾는 데에는 장소세포라는 해마의 신경세포의 활성화가 큰 기여를 한다는 것이다. 그런데 해마의 신경세포가 거의 활성화되지 않아도 쥐가 길을 잘 찾는 연구 사례가 보고되었다면 이는 A의 주장을 반박하는 사례이므로, A의 견해를 약화한다.

② **사람의 장소세포는 쥐와 달리 해마뿐만 아니라 소뇌에서도 발견된다는 연구 사례가 보고되었다.**

→ (×) A는 해마의 신경세포의 하나인 장소세포가 활성화되어 공간을 인식할 수 있다고 주장한다.[1문단(3),(5)] 따라서 사람의 장소세포는 쥐와 달리 해마뿐만 아니라 소뇌에서도 발견된다는 연구 사례가 보고되어도, A가 주장하는 장소세포의 역할 자체를 부정한 것이 아니므로 A의 견해를 약화하지 않는다.

③ **공간과 거리에 대한 정보량은 산술적으로 매우 크기 때문에 신경세포가 저장할 수 있는 양을 초과한다.**

→ (○) A는 쥐가 지나갔던 장소의 시각적 정보가 해마 속 신경세포의 일종인 장소세포에 저장되고[1문단(8)], 신경세포의 일종인 격자세포가 공간과 거리에 관한 정보를 저장한다고 보았다.[2문단(5)] 그런데 공간과 거리에 대한 정보량이 산술적으로 매우 크기 때문에 신경세포가 저장할 수 있는 양을 초과한다면, 신경세포의 일종인 장소세포와 격자세포에 해당 정보를 저장할 수 없게 된다. 따라서 이는 A의 주장을 약화하는 선지이다.

④ **미로상자 속의 쥐가 멈칫거리는 행동은 이미 지나간 장소에 있던 냄새를 기억했기 때문이라는 것이 밝혀졌다.**

→ (○) A는 미로상자 속의 쥐가 멈칫거리는 행동을 보이는 것은, 쥐가 지나갔던 장소의 시각적 정보가 해마 속 장소세포에 저장되어 해당 지점에 도달했을 때 장소세포가 신호를 보냈기 때문이라고 보았다.[1문단(8)] 그런데 이러한 행동이 이미 지나간 장소에 있던 냄새를 기억했기 때문이라는 것이 밝혀진다면, 멈칫거리는 행동은 곧 후각적 정보로 인한 결과가 되므로 A의 주장과 상반된다. 따라서 해당 선지의 내용은 A를 약화한다.

⑤ **쥐에는 있지만 사람에게는 없는 세포 구성 성분이 발견된 것에 비추어 볼 때, 사람의 세포가 쥐의 세포와 유사하지 않다.**

→ (○) A는 쥐를 이용한 동물 실험의 연구결과를 토대로 사람의 공간지각 능력 발현의 과정을 도출하였다.[2문단(5)] 이는 곧 쥐와 사람의 세포 구성이 유사하는 전제 하에 도출된 결론이다. 그러나 사람의 세포가 쥐의 세포와 유사하지 않다면, A의 전제를 반박한 것에 해당되어 A의 견해를 약화한다.

제시문 분석

제시문 인간의 공간지각 능력에 대한 A의 연구

〈연구 주제〉
사람마다 공간지각 능력의 차이가 나타나는 이유는 무엇일까?[1문단(1),(2)]

〈연구결과〉		
〈장소세포〉		〈격자세포〉
해마의 신경세포 중 하나로, 공간을 탐색하고 기억하는 역할을 한다.[1문단(3),(5)]	⊕	공간과 거리에 관한 정보를 저장하며, 이를 장소세포에 효율적으로 제공함으로써 사람이 길을 찾아가도록 도와준다.[2문단(5)]

제시문 쥐를 이용한 공간지각 능력 실험 결과

〈쥐의 미로 실험을 이용한 연구결과 증명〉		
〈실험결과 ①〉		〈해석〉
미로상자에 쥐를 가두었을 때, 쥐는 처음에는 이리저리 돌아다니다가 시간이 흐를수록 지나갔던 장소에 가면 멈칫거리는 행동을 보였고 그 때마다 특정 장소세포가 활성화되었다.[1문단(7)]	→	쥐가 지나갔던 장소의 시각적 정보가 장소세포에 저장되어 해당 지점에 도달했을 때, 장소세포가 신호를 보내 쥐가 이런 행동을 보인 것이다.[1문단(8)]
〈실험결과 ②〉		〈해석〉
쥐가 상자 안에서 먹이를 찾아다닐 때의 뇌 신호를 분석한 결과 격자세포가 집단적으로 반응하였다.[2문단(2)]	→	상자 속 쥐가 아무런 규칙 없이 움직인 것으로 보이지만 실제로는 자기만의 좌표를 가지고 어느 지점을 지나고 있는지 알고 행동했다는 의미다.[2문단(4)]

〈결론〉
해마의 장소세포가 특정 지점의 모양새에 관한 기억을 보관하고, 격자세포는 공간과 거리에 관한 정보를 저장하며 이를 장소세포에 효율적으로 전달함으로써 사람이 길을 찾아가도록 도와준다.[2문단(5)]

합격자의 실전 풀이 순서

❶ **발문을 확인하고 글의 구조를 전체적으로 살피며 접근 전략을 세운다.**

우선 발문에서 〈약화〉하지 〈않는〉에 표기를 하여 실수를 하지 않도록 주의한다. 다음으로는 A의 견해를 찾아야 하는데, 지문에 따로 표기가 안 되어있어 막막하게 느껴질 수 있다. 이때는 글을 쭉 읽어 내려가면서 A의 견해를 "도출해낼 수 있도록" 한다. 지문 이곳저곳에 산개해 있거나, 혹은 그 견해를 이해하기 위한 사전 준비(다른 부분 독해)가 많이 필요하다는 뜻이기 때문이다.

❷ **실험 결과를 정리하고 A의 견해를 요약한다.**

실험 결과는 일련의 도식을 생각할 수 있을 정도로 지문에 화살표와 동그라미 등 표시를 적극 이용하여 정리한다. 그리고 A의 주장을 도출하는데, 지문의 2문단 (5)에 명시적인 주장이 있지만 이를 처음부터 파악하기는 힘들다. 이때는 그냥 1문단의 핵심을 중심으로 하여 요약하면 된다. 특히 구체적인 실험 내용에 운운하지 않고 (5)번 문장을 이용하여 요약한다. 이때 "지나갔던 장소인지" "해마 속에 있는지"는 부가 요소로,

기호로 표기한다.

마찬가지로 2문단에서도 격자세포에 대한 실험이 등장한다. 1문단보다 더 쉽게 읽을 수 있다는 것을 확인할 수 있다. 이는 다름이 아니라 1문단과 구조는 같은데 용어가 더 익숙해졌기 때문이다. 이처럼 실험 관련된 지문은 지문 전체가 연결된 경우가 많으므로 가급적 순차적으로 읽도록 한다.

❸ 오지선다를 보고 정오 판단을 진행한다.

정리해둔 근거를 토대로 정답을 구한다. 보기에서는 헷갈리는 것을 위주로 오지선다를 체크하도록 한다. 이하 유의미한 선지를 해설한다.

①번 선지를 풀 때 과도하게 논리적 진술로 바꿔 〈장소세포 활성화 → 길을 찾음〉을 이른바 "전건 부정"하여 약화가 아닌 것으로 보는 수험생이 있다. 그러나 이는 인과관계를 잘못 이해했기 때문이다. 인과는 상관관계가 존재해야 하므로 상관관계를 부정하면 약화하는 진술이나 마찬가지다.

굳이 이를 논리적 화살표로 풀면, 〈특정 장소에 간다 → 장소세포가 활성화된다 → 길을 찾는다〉의 3단계 구조에서, 맨 처음 "특정 장소에 간다"라는 조건이 거짓이 되는 경우여야 수험생이 생각하는 '전건 부정'이 성립하게 된다.

③번과 ⑤번 선지는 비슷한 듯하나 다르다. 둘 다 장소세포의 역할 자체를 반박하지 않고 간접적으로 세포의 성질을 말하는 것은 같지만, 하나는 동물 실험 결과를 함부로 인용할 수 없다는 주장이고, 하나는 세포의 일반적인 성질을 말하고 있다. 특히 ⑤번 선지의 '동물 실험 결과'는 이전 문제에선 추론 요소로 쓰였으나 이 문제에서는 잘못된 추론이라고 주장되고 있다. 이 차이는 어디서 오는가?

이전 문제에선 인간과 동물을 직접 비교하는 지문이었다. 따라서 동물의 유전자 역시 직접 추론대상이 되는 것이다. 그러나 이 문제의 ⑤번 선지에서는 연구 결과의 일반화 가능성을 논하고 있다. 따라서 단순 유비추론에 불과하므로 "유사하지 않음"을 직접 주장할 수 있는 것이다.

합격자의 시간단축 Tip

Tip ❶ 발문의 '약화하지 않는 것'에 유의한다.

'약화하지 않는 것'의 경우 주어진 오지선다의 내용들이 꼭 강화하는 내용일 뿐만 아니라 무관한 내용도 포함이 된다. 그렇기 때문에 만약 지문에서 제시한 근거와 아무 관련 없는 내용이라면 그것도 정답이 되므로 이에 주의하도록 한다.

Tip ❷ 선지가 정답일 때를 가정하여 오지선다를 역으로 추측해 본다.

근거를 정리해 오지선다에서 답을 고르는 방법도 있지만, 반대로 오지선다를 통해 반대로 추측하는 경우도 있다. 예를 들면 본 문제처럼 약화하지 않는 경우를 묻는 유형에서는 오지선다를 살펴보며 각 선지가 만약 정답일 경우 A의 주장이 약화가 되는지, A가 주장하는 근거들과 반대가 되는지를 살펴볼 수 있다. 만약 약화하지 않는다면 정답과 같은 식으로 정답을 판별해나간다.

Tip ❸ 실험 지문은 가급적 순차적으로 읽는다.

발문을 보고 처음 실험 내용을 본 다음, 억지로 결론을 찾겠다고 지문의 맨 끝으로 가는 것은 악수(惡手)다. 1문단을 조금 읽은 정도로는 격자세포가 무엇인지 알 수 없고, '모양새'라는 내용이 추가로 있을지 아닐지 알 수 없기 때문이다. 이런 새로운 단어에 집착하다 보면 지문의 전체적인 인식이 왜곡되게 되어 독해 속도가 느려진다. 지문을 왔다 갔다 하면서 주의산만해지는 부작용은 덤이다.

195 정답 ③

난이도 ●●○

문제유형 법규의 해석 및 적용

접근전략 법조문 유형 중 규정을 적용하여 〈보기〉에서 옳은 것을 고르는 규정적용문제이다. 법조문 유형을 풀 때는 조문의 구체적인 내용을 독해하는 것보다, 조항의 이름을 활용하여 법조문의 구조를 파악한 후 〈보기〉에서 묻고 있는 정보를 찾아 올라가는 형태로 푸는 것이 좋다. 본 문제의 경우, 길이가 긴 조문에서 여러 개의 조건을 파악하여 이를 〈보기〉에 적용해야 한다. 하나의 조문의 길이가 매우 기므로, 조문을 여러 구간으로 나누어 숫자를 붙여가며 조건을 꼼꼼히 파악한다.

다음 〈A국 사업타당성조사 규정〉을 근거로 판단할 때, 〈보기〉에서 옳은 것만을 모두 고르면?

A국 사업타당성조사 규정

제○○조(예비타당성조사 대상사업) 신규 사업 중 총사업비가 500억 원 이상이면서 국가의 재정지원 규모가 300억 원 이상인 건설사업, 정보화사업, 국가연구개발사업에 대해 예비타당성조사를 실시한다.

제△△조(타당성조사의 대상사업과 실시) ① 제○○조에 해당하지 않는 사업으로서, 국가 예산의 지원을 받아 지자체·공기업·준정부기관·기타 공공기관 또는 민간이 시행하는 사업 중 완성에 2년 이상이 소요되는 다음 각 호의 사업을 타당성조사 대상사업으로 한다.

1. 총사업비가 500억 원 이상인 토목사업 및 정보화사업
2. 총사업비가 200억 원 이상인 건설사업

② 제1항의 대상사업 중 다음 각 호의 어느 하나에 해당하는 경우에는 타당성조사를 실시하여야 한다.

1. 사업추진 과정에서 총사업비가 예비타당성조사의 대상규모로 증가한 사업
2. 사업물량 또는 토지 등의 규모 증가로 인하여 총사업비가 100분의 20 이상 증가한 사업

보기

ㄱ. 국가의 재정지원 비율이 50 %인 총사업비 550억 원 규모의 신규 건설사업은 예비타당성조사 대상이 된다.

→ (×) 제1조에 따르면 신규 사업 중 총사업비가 500억 원 이상이면서 국가의 재정지원 규모가 300억 원 이상인 건설사업에 대해 예비타당성조사를 실시한다. 국가의 재정지원 비율이 50%인 총사업비 550억 원 규모의 신규 건설사업은 총사업비가 500억 원 이상이지만, 국가의 재정지원 규모가 총사업비의 50%인 275억 원으로 300억 원 미만이다. 따라서 국가의 재정지원 비율이 50%인 총사업비 550억 원 규모의 신규 건설사업은 예비타당성조사 대상이 아니다.

ㄴ. 민간이 시행하는 사업도 타당성조사 대상사업이 될 수 있다.

→ (○) 제2조 제1항에 따르면 제1조에 해당하지 않는 사업으로서, 국가 예산의 지원을 받아 민간이 시행하는 사업 중 완성에 2년 이상이 소요되는 총사업비가 500억 원 이상인 토목사업 및 정보화사업 또는 총사업비가 200억 원 이상인 건설사업을 타당성 조사 대상사업으로 한다. 따라서 민간이 시행하는 사업도 타당성 조사 대상사업이 될 수 있다.

해설편 13일차 · 의사소통능력

ㄷ. 지자체가 시행하는 건설사업으로서 사업완성에 2년 이상 소요되며 전액 국가의 재정지원을 받는 총사업비 460억 원 규모의 사업추진 과정에서, 총사업비가 10% 증가한 경우 타당성조사를 실시하여야 한다.

→ (○) 제1조에 따르면 예비타당성조사는 신규 사업 중 총사업비가 500억 원 이상인 일부 사업에 대해 실시한다. 한편 제2조 제1항 제2호에 따르면 제1조에 해당하지 않는 사업으로서, 국가 예산의 지원을 받아 지자체가 시행하며 완성에 2년 이상이 소요되는 총사업비가 200억 원 이상인 건설사업은 타당성조사 대상사업이다. 또한 동조 제2항 제1호에 따르면 제1항의 대상사업 중 사업추진 과정에서 총사업비가 500억 원 이상으로 증가한 사업의 경우 타당성조사를 실시하여야 한다. 총사업비 460억 원 규모의 사업은 예비타당성조사 대상사업에 해당하지 않으며, 전액 국가의 재정지원을 받아 지자체가 시행하는 사업으로서 사업완성에 2년 이상 소요되며 총사업비 460억 원인 건설사업은 타당성조사 대상사업이 된다. 따라서 사업추진 과정에서 총사업비가 10% 증가하여 총사업비 506억 규모가 되었다면, 해당 사업에 대하여 타당성조사를 실시하여야 한다.

ㄹ. 총사업비가 500억 원 미만인 모든 사업은 예비타당성조사 및 타당성조사 대상사업에서 제외된다.

→ (×) 제1조에 따르면 예비타당성조사는 신규 사업 중 총사업비가 500억 원 이상인 일부 사업에 대해 실시한다. 한편 제2조 제1항 제2호에 따르면 예비타당성조사 대상사업에 해당하지 않는 사업으로서, 국가 예산의 지원을 받아 시행하는 사업 중 완성에 2년 이상이 소요되는 총사업비가 200억 원 이상인 건설사업은 타당성조사 대상사업으로 한다. 따라서 총사업비가 500억 원 미만인 모든 사업은 예비타당성조사에서 제외되지만, 총사업비가 200억 원 이상 500억 원 미만인 건설사업의 경우 타당성조사 대상사업에 포함된다.

① ㄱ, ㄴ → (×)
② ㄱ, ㄷ → (×)
③ ㄴ, ㄷ → (○)
④ ㄴ, ㄹ → (×)
⑤ ㄷ, ㄹ → (×)

합격자의 실전 풀이 순서

❶ 문제 유형 파악

본 문제의 경우 발문에 규정이라는 단어가 나와 있고, 제시문으로 법조문이 주어졌으므로 법조문 유형임을 쉽게 알 수 있다. 특히 법조문 유형 중에서도 규정을 확인하여 〈보기〉의 옳은 선지를 고르는 규정 확인유형이다. 법조문 유형은 조문의 구체적인 내용을 독해하는 것보다, 법조문의 구조를 파악한 후 선지에서 묻고 있는 정보를 찾아 올라가는 방식으로 푸는 것이 좋다. 법 조문의 구조 파악이란 각 조나 항마다 가로로 길게 선을 그어 조문들을 시각적으로 구분하고, 단서와 괄호에 강조 표시를 하는 것을 의미한다. 또한, 본 문제가 옳은 것을 고르는 문제라는 것을 인지하기 위해 "옳은"이라는 단어에 밑줄이나 동그라미 등 표시를 한다.

> 다음 〈A국 사업타당성조사 규정〉을 근거로 판단할 때, 〈보기〉에서 옳은 것만을 모두 고르면?

❷ 법조문 구조 분석

구조 분석이란 각 조문의 내용 및 조문 간 관계를 이해하는 것이다. 법조문 전체를 읽되, 세부적인 내용을 기억하기보다는 어떤 정보가 있는지 파악하는 것에 중점을 둔다. 일반적으로 법조문을 분석할 때는 단서와 괄호, 내용이 서로 연결되는 조문을 주의 깊게 읽는다. 다만 본 문제의 경우 구조가 복잡하기보다는 긴 조문에서 여러 가지 조건을 도출하고 이를 적용하는 문제이다. 따라서 구조를 파악한 후 1조와 2조의 복잡한 조건을 꼼꼼히 파악한다. 이때 기호를 적절히 활용할 수 있다. 기호 활용의 예시는 Tip에 별도로 작성하였다. 이러한 분석 과정을 거치며 선지에 등장할만한 부분을 발견할 수 있다.
본문의 규정은 두 개의 조로 구성되어 있다. 가독성을 높이기 위해 가로선으로 각 조를 구분하고, '1, 2'로 숫자를 써둔다. 이하 편의상 첫 번째 조부터 '제1조', '제2조' 등으로 표기한다. 조문의 제목이 있어 규정의 대상을 알 수 있다. 제1조는 예비타당성 조사 대상사업이 무엇인지, 제2조는 1조에 해당하지 않을 때 타당성조사 대상사업은 무엇인지 규정하고 있음을 알 수 있다. 또한, 2조 내에서는 1항이 '타당성조사 대상사업'을 규정하고 있고, 2항은 '1항 중 타당성조사가 필수인 사업'을 규정하고 있다. 각 세부 내용은 〈보기〉 판단 시 자세히 읽는다.
〈보기〉를 판단하기 위해 조문을 읽을 때, 긴 조문에서 여러 조건을 도출하기 위해서는 규정을 끊어가며 읽고 파악한 조건들에 숫자를 붙여가며 독해한다. 예컨대, 제1조는 '①신규 사업 중/ ②총사업비가 500억 원 이상이면서/ ③국가의 재정지원 규모가 300억 원 이상인/ ④건설사업, 정보화사업, 국가연구개발사업에 대해/ 예비타당성조사를 실시한다.'로 파악한다. 1조에는 500억 원, 300억 원 등 금액이 다양하게 나오므로 각각이 의미하는 바를 정확히 파악할 수 있도록 한다.
또한, 제 2조 1항은 '①제○○조에 해당하지 않는 사업으로서 / ②국가 예산의 지원을 받아/ ③지자체·공기업·준정부기관·기타 공공기관 또는 민간이 시행하는 사업 중/ ④완성에 2년 이상이 소요되는/ ⑤다음 각 호의 사업을/ 타당성조사 대상사업으로 한다.'로 분석할 수 있다.

❸ 선지 판단

법조문 분석을 바탕으로 선지를 판단한다. 선지의 내용을 읽어본 후 각 선지의 내용에 해당하는 조문을 찾아서 이동한다. 조건 충족 여부는 헷갈리지 않도록 법조문에 기재된 순서로 판단한다. 또한 본 문제와 같이 선지가 보기의 조합으로 구성되는 경우 하나의 보기를 판단한 후, 해당 보기와 관련된 선지들을 지워가며 판단한다.
보기 ㄱ은 예비타당성조사 대상인지 묻고 있으므로 제1조와 비교한다. 제1조의 예비타당성조사 대상의 조건을 번호 순서대로 꼼꼼히 검토한다. 국가 재정지원 규모를 충족하지 못하므로 옳지 않다. ①, ②번 선지를 지울 수 있다.
보기 ㄴ의 경우 타당성조사 대상사업인지 묻고 있으므로 제2조 제1항과 비교한다. '민간이 시행하는 사업'도 대상이 되므로 옳은 보기이고, 선지 ⑤번을 지울 수 있다.
보기 ㄷ과 ㄹ 중에서는 더 짧은 ㄹ을 판단한다. 제1조와 제2조의 사업비 조건만 확인하면 된다. 제2조 제1항 제2호에 500억 원 미만인 사업도 대상으로 규정되어 있으므로 옳지 않다. 정답은 ③번이다.
보기 ㄷ을 판단한다면, ㄷ은 타당성조사 실시의 필수 여부에 관한 내용이므로 제2조 제2항과 모든 조항을 검토해야 한다.

합격자의 시간단축 Tip

Tip ❶ 비교적 간단한 보기부터 판단

보기 중에서 옳은 것, 혹은 옳지 않은 것을 고르는 유형은 비교적 간단하게 검토할 수 있는 보기를 먼저 확인한다. 모든 보기의 난이도와 풀이 순서를 판단하기보다는 지나치게 시간이 오래 걸릴 것으로 보이는 선지나 복잡한 선지가 있다면 해당 선지를 일단 넘어가는 방식을 추천한다.

Tip ❷ 배경 지식을 적절히 활용

문제 풀이에 응용할 수 있는 배경 지식이 있다면 이를 적절히 활용한다. 예비타당성 조사, 타당성 조사와 같은 내용은 행정학을 학습한 경우 배경지식을 적절히 활용하되, 그 내용과 다를 수 있음을 염두에 두고 다른 경우 표시하여 시간을 절약할 수 있다.

Tip ❸ 유사한 형태의 조문을 활용

제2조 제1항 각 호에서 대상사업의 종류에 따라 총사업비 기준을 다르게 책정하고 있다. 해당 조문을 확인했다면, 앞의 제1조의 대상사업도 확인하고 기준 총사업비가 다른 사업(예를 들어 건설사업)이 있는지 확인할 필요가 있다. 이와 같이 유사한 주제들을 병렬적으로 다루는 법조문 유형에서는, 하나의 조문을 통해 다른 조문에서 확인해야 할 내용을 유추할 수도 있다.

Tip ❹ 조문의 이름을 활용

본 문제는 조문의 이름이 제시되어 있어 내용을 보다 수월하게 파악할 수 있다. 조문의 이름은 법조문의 구조를 파악하거나 선지 판단에 필요한 정보를 찾을 때 효과적이다. 본 문제의 경우 조문의 이름을 통해 법조문의 구조가 예비타당성조사 대상사업과 타당성조사의 대상사업으로 구분됨을 알 수 있다.

Tip ❺ 시간이 오래 걸리는 선지의 판단은 생략

제2조 제1항의 타당성조사의 실시는 제1조, 제2조 제1항 및 제2항 등 모든 조항을 다 포괄하게 된다. 따라서 타당성 조사의 실시를 묻는 보기 ㄷ의 경우 높은 확률로 시간을 많이 소모하게 되므로, 시간이 촉박하다면 타당성조사 실시여부를 묻는 보기를 배제하고 문제를 해결하자. 선지가 보기의 조합으로 구성된 경우 어차피 4개의 보기 중 3개만 처리하면 정답은 도출된다.

Tip ❻ 구체적인 규정의 내용은 〈보기〉 판단 시 확인

조문에서 세부 규정을 정하는 경우, 규정의 대상에 대한 대략적 내용만 파악하고 〈보기〉로 넘어간다. 대략적 내용으로는 각 규정을 구분할 수 있는 정도면 충분하다. 본 문제의 경우 제1조와 2조 각 항의 규정 대상은 조문 제목에서 쉽게 알 수 있다.

Tip ❼ 법조문 유형 풀이의 기본

1. 법조문에 대한 이해

   법조문 유형은 선지가 규정과 일치하는지 확인하는 '규정확인' 유형과, 규정의 내용을 예시에 적용하는 '규정적용'유형으로 나뉜다. 규정적용은 단순 적용의 경우도 있지만 보험료, 인지세 등 계산을 요하는 경우도 있다.

   두 유형 모두 기본은 규정을 파악하는 것이기 때문에 기본적인 법조문의 구조와 용어에 익숙해지면 문제 풀이가 비교적 수월해진다. 법조문은 '○○조-○○항-(1, 2, …)호-(가, 나, …)목' 순으로 구성된다.

   - 하나의 '조'는 하나의 주제에 대하여 설명한다. 그 주제는 '○○조' 옆에 괄호로 표시되기도 한다.
   - '항'은 조에서의 주제를 세분화하여 설명할 때 사용한다.
   - '호'는 조와 항 내에서 대상을 나열할 때 사용한다.
   - '목'은 호 내에서 대상을 나열할 때 사용한다.
   - '단서'는 "다만,"으로 시작하며 앞 문장의 주된 내용에 대한 예외를,
   - '후단'은 "이 경우"로 시작되며 주된 내용에 대한 부수적·보완적 사항을 규정할 때 사용한다.
   - 부수적 내용이 괄호로 제시되는 경우도 있다.

   법조문 유형은 빠르게 풀기보다는 정확하게 푸는 것을 전략으로 하는 것이 좋다. 상황판단 과목은 모든 문제를 빠르게 푸는 것이 아니라 풀 수 있는 문제와 풀 수 없는 문제를 구분하여 풀어, 푼 문제의 정답률을 높이는 것이 일반적인 접근 방법이다. 난해한 퀴즈 문제와 달리 법조문은 제시문 내에 정답이 있으므로, 특별히 어려운 문제가 아니라면 꼭 맞춘다는 생각으로 접근하자.

2. 법조문 유형 접근법

   일반적인 법조문 유형에서는 제○○조 옆의 조문 제목 및 규정의 키워드로 조문의 구조만을 파악하고, 선지를 판단할 때 세부 내용을 읽는 접근방식을 추천한다. 법조문의 세부 내용을 모두 기억하기 어렵고, 독해에도 시간이 걸리기 때문이다. 어떤 조항에 어떤 내용이 있는지를 파악하고, 세부 조건인 호나 목은 선지에서 묻는 경우 발췌독하면 된다. 다만 '규정적용' 유형 중 계산형 문제는 계산에 필요한 구체적 내용을 파악하며 조문을 읽어야 한다.

3. 선지에 자주 활용되는 내용의 특징

   법조문의 구조를 파악할 때 선지로 등장할만한 부분을 미리 체크한다면 풀이 시간을 단축할 수 있을 것이다. 아래 내용은 주로 선지에 등장하는 내용의 특징과 선지에 등장하는 방식이다. 기출 분석을 통해 빈출 패턴을 익히면 실수를 방지하고 풀이 속도를 높이는 데에 도움이 될 것이다.

   - 단서(다만): 단서가 적용됨에도 적용하지 않거나, 적용되지 않음에도 적용하여 제시
   - 후단(이 경우)이나 괄호(보완 내용): 해당 내용을 사례로 제시
   - 날짜, 시기, 횟수, 수치 등: 숫자를 바꾸어 제시
   - 어느 하나: 모든 조건이 적용되는 것으로 제시
   - 하부 개념: 상부 개념과 하부 개념을 바꾸거나, 복수의 하부 개념의 특징을 서로 바꾸어 제시
   - 주어: 행위 주체를 바꾸어 제시
   - 술어: 허가를 신고로, 신고를 허가로 바꾸어 제시
   - 재량(임의규정)과 기속(강행규정): '할 수 있다'와 '해야 한다'를 바꾸어 제시

   이 밖에도 기출 풀이 과정에서 놓치는 부분이 있다면 추가하여 익혀두자.

4. 법조문 구조 분석 시 기호 활용의 예시

   구조 분석이란 각 조문의 내용 및 조문 간 관계를 이해하는 것이다. 이 단계에서는 법조문 전체를 읽되, 세부적인 내용 기억보다는 어떤 정보가 있는지 파악하는 것에 중점을 둔다. 이때 밑줄 등 기호를 적절히 활용할 수 있다.

   - 가로선: 조문의 길이가 긴 경우 각 조를 구별하는 데 활용
   - ○: 각 조의 제목, 조항별 대표 키워드
   - △: 단서(다만), 원칙에 대한 예외, 앞의 내용과 반대되는 내용 등
   - □: 후단(이 경우), 세부 상황별 규정
   - 연결선: 조문 간 연결 관계가 있는 경우, 일반법과 그 세부 내용을 규정한 대통령령
   - 괄호 안의 내용에도 그 기능에 따라 적절한 기호를 사용

   위의 기호들은 예시일 뿐이다. 기호는 선지와 관련된 내용을

쉽게 찾을 수 있도록 하는 이정표이므로 자신에게 맞는 것을 잘 활용하면 된다.

196 정답 ③

난이도 ●●○

문제유형 비판적 사고 > 논리적 결론의 전제·원인 찾기

접근전략 결론을 이끌어내기 위해 추가할 전제를 묻는 문제는 반드시 지문을 먼저 읽는다. '추가되는' 내용이란 기존에 존재하는 내용이 아니므로 일부분만 읽었을 때 오답 선지를 고를 가능성이 매우 크기 때문이다. 지문의 각 문장에 숨은 명제를 찾은 뒤, 각 명제 간의 관계를 파악하는 것이 풀이의 핵심이다.

다음 밑줄 친 결론을 이끌어 내기 위해 추가해야 할 전제는?

(1) A국은 현실적으로 실행 가능한 대안만을 채택하는 합리적인 국가이다. (2) A국의 외교는 B원칙의 실현을 목표로 하고 있으며 앞으로도 이 목표는 변하지 않는다. (3) 그러나 문제는 B원칙을 실현하는 방안이다. (3-2) B원칙을 실현하기 위해서는 적어도 하나의 전략이 실행되어야 한다. (4) 최근 외교전문가들 간에 뜨거운 토론의 대상이 되었던 C전략은 B원칙을 실현하기에 충분한 방안으로 평가된다. (5) 그러나 C전략의 실행을 위해서는 과다한 비용이 소요되기 때문에, A국이 C전략을 실행하는 것은 현실적으로 불가능하다. (6) 한편 일부 전문가가 제시했던 D전략은 그 자체로는 B원칙을 실현하기에 충분하지 않다. (7) 하지만 금년부터 A국 외교정책의 기조로서 일관성 있게 실행될 E정책과 더불어 D전략이 실행될 경우, B원칙은 실현될 것이다. (8) 뿐만 아니라 E정책 하에서 D전략의 실행 가능성도 충분하다. (9) 그러므로 <u>A국의 외교정책에서 D전략이 채택될 것은 확실하다.</u>

① D전략은 C전략과 목표가 같다.

→ (×) D전략과 C전략이 목표가 같다고 해서 D전략이 채택되는 것은 아니다. 그리고 A국가는 B원칙 실현이라는 하나의 목표 달성을 위한 여러 가지 전략 중 하나를 선택하려는 것이기 때문에(2) 선지의 내용은 새로운 전제가 아니다.

② A국의 외교정책 상 C전략은 B원칙에 부합한다.

→ (×) A국의 외교정책 상 C전략이 B원칙에 부합한다는 전제는 이미 제시되어 있다(4). 그러나 과다한 비용 문제로 실행 불가능한 것이기 때문에, 본 전제를 추가하는 것은 중복 서술이며 D전략이 채택되는 결론으로 이어지지도 않는다.

③ C전략과 D전략 이외에 B원칙을 실현할 다른 전략은 없다.

→ (○) A국가는 1)B원칙을 실현할 수 있는 2)실행 가능한 3)적어도 하나의 전략을 선택해야 한다.(3-2) 만약 D전략 외에도 1)과 2) 조건을 모두 충족하는 또 다른 전략이 있다면, D전략이 채택되지 않을 가능성도 존재하게 된다. 따라서 다른 선택지가 없이 C전략과 D전략만이 고려 대상에 놓여야, C전략은 현실적으로 실행 가능성이 없기에 D전략이 채택될 것이다.

④ B원칙의 실현을 위해 C전략과 D전략은 함께 실행될 수 없다.

→ (×) C전략과 D전략이 함께 실행될 수 없다는 전제를 추가해도, D전략이 아닌 다른 제3의 전략을 선택할 수도 있기 때문에 이는 결론을 위한 필수적인 전제가 될 수 없다.

⑤ B원칙의 실현을 위해 C전략과 E정책은 함께 실행될 수 없다.

→ (×) B원칙의 실현을 위해 E정책과 같이 실행되어야 하는 전략은 D전략이고(7), (8) C전략과는 상관이 없다. 만약 해당 전제를 추가하더라도, A국가는 E정책 하에 D전략을 사용하거나 C, D 이외의 제3의 전략을 선택할 가능성이 여전히 존재한다. 따라서 해당 전제가 추가되더라도 무조건적으로 밑줄 친 결론을 이끌어 내지 못한다.

제시문 분석

〈A국의 외교 정책〉

목표		대안
① B원칙의 실현(2) (앞으로 변하지 않음)	⊕	② 현실적 실행 가능성(1) ③ 적어도 하나의 전략이 실행(3-2)

↓

〈실현 방안 1〉	
C전략	
목표달성가능성	실행 가능성
O(4)	X(5) (비용 과다)

〈실현 방안 2〉	
D 전략	
목표달성가능성	실행 가능성
X(6) (불충분)	X(8)

⊕

E 정책과 더불어 실행

↓

목표달성가능성	실행 가능성
O(7)	O(8)

⊕

추가 전제
〈선지〉

↓

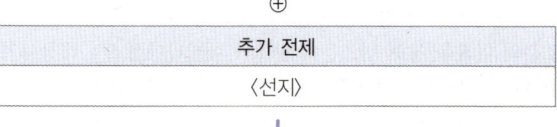

〈결론〉
<u>A국의 외교정책에서 D전략이 채택될 것은 확실하다.</u>(9)

합격자의 실전 풀이 순서

명제 합치기 유형

명제 합치기 유형은 단편적인 명제들을 합치면 어떤 결론이 도출되는지 묻는 유형이다. 많은 수험생이 비교적 난이도가 높다고 이야기하는 유형이지만, 풀이방법이 정형화되어 연습의 효과가 크다.

⓿ 유형 식별하기

명제 합치기 문항은 발문, 지문, 선지·보기의 3개 부분으로 이루어진다. 비교적 다양한 형식을 갖지만, 본질은 모두 같으므로 다양한 기출문제를 접하면서 익숙해지자.

- 발문
  - 다음 글의 ㉠~㉤에 대한 평가/분석/판단…으로 적절한 것은?
  - 다음 결론을 이끌어 내기 위해 추가해야 할 전제는? (본 문제)
- 지문: 중간중간 ㉠, ㉡ 등 기호가 붙은 문장 또는 개념들이 등장함
- 선지·보기: 기호가 붙은 문장·개념 간의 관계를 다룸 (ex: ㉠과 ㉡은 함께 ㉢을 도출한다.)

❶ 명제 간략화하기

명제 합치기 유형은 지문에서 논증을 구성하는 주요 문장들만 가지고 정답 도출이 가능하다. 즉, 어떤 문제가 명제 합치기 유형임을 확인했다면, 지문 전체의 구조에 관심을 가질 필요

가 없다. 곧바로 논증을 이루는 문장에는 어떤 것이 있는지 파악하는 단계로 들어간다.
본 문제의 지문을 도식을 통해 정리한 것은 제시문 분석에서 확인할 수 있다. 다만 실제로 문제를 푸는 과정에서 위처럼 도식화하기는 쉽지 않기 때문에, 보다 빠르게 활용 가능한 간략화를 추천한다. 간략화는 각 문장의 가독성을 높여 명제들의 관계 및 겹치는 구성요소를 쉽게 파악하기 위함이다. 본 문제의 지문을 논리 기호를 사용해 간략화하면 아래와 같다.

> (2) 목표: B
> (4) C ⇒ B
> (5) ~C
> (6, 7) E, D∩E ⇒ B
> (9) 결론: D

논리 기호는 대부분의 수험생이 친숙하게 느낄 것이기에 사용했을 뿐 필수는 아니다. 논리학의 기호 사용 규칙을 엄격히 지킬 필요도 없다. 편하게 사용할 수 있는 대로 하면 된다. 이렇게 간략화를 마쳤다면, 발문의 '추가해야 할 전제'를 의식해 명제 간 관계를 정리한다. 즉 '결론이 도출되지 않는다'는 것을 확실히 보여야 한다.본 문제의 경우 다음과 같은 허점을 찾을 수 있다.

> • (6, 7)의 두 명제를 합치면 D ⇒ B가 도출된다. 이를 설명문으로 풀면 D를 통해 (2)의 목표(B)를 달성할 수 있다는 것이다.
> • 다만 "D"자체가 참이라는 보장이 없다.

논리퀴즈 유형을 많이 접해 숙달될수록 이 단계에 걸리는 시간이 짧아질 것이다. 다만 실제 풀이 시에는 시간상 선지를 바로 대입하여 문제를 해결하는 편이 낫다.

❷ 보기 대입하기

명제를 정리했다면, 주어진 보기 또는 선지를 하나씩 대입하여 문제를 해결해 보자. 본 문제의 경우 결론을 이끌어 내기 위해 추가해야 할 전제를 묻고 있다. 이는 앞서 간략화 단계에서 찾아낸 허점과 상통할 것이다.
이를 바탕으로 선지를 하나씩 적용해 문제를 해결한다.

합격자의 시간단축 Tip

Tip ❶ 추가해야 할 전제 풀이법

발문에서 추가해야 할 전제를 묻는 경우, 두 가지 풀이가 가능하다. 첫째는 지문의 '허점'을 찾는 것이다. 지문의 명제 간 관계를 분석해 왜 이대로는 결론이 도출될 수 없는지 찾은 후, 선지에서 허점과 상통하는 선지를 바로 선택한다. 이는 본 유형을 가장 명확히 해결하는 방법이다.
둘째는 차근차근 오답 선지를 소거하면서 푸는 방법이다. 판단하는 기준을 미리 마련해두면 비교적 빠르게 소거할 수 있다. 추가해야 할 전제에 필요한 조건은 1)본문 내용과 상충하거나, 단순 일치하기만 해서는 안 되고 2)예외나 반례가 없어야 하고 3)결론에 대해 필요한 내용이어야 한다. 단순 일치가 안 되는 이유는 정답이 '추가되어야 하는' 새로운 내용이기 때문이다. 무심코 제시문 내용과 부합하기만 하는 선지를 골라서는 안 된다.
현실적으로, 1)~2)에 해당하는 선지들을 소거하고 나면 선택의 폭을 크게 좁힐 수 있다. 반례가 있을 것 같아 애매하고 불안한 선지는 △기호로 표시하고 확실한 선지부터 소거하는 것이 좋다. 다만, 이는 고난도 문항이 등장했을 때 어쩔 수 없이 사용하는 편법에 가깝다. 명확한 근거를 댈 수 있는 정석 풀이와는 거리가 있다.
본 문제는 어려운 유형(추가해야 할 전제)의 기초적인 형태라 할 수 있다. 풀이법의 기본을 다진다는 생각으로, 정답을 쉽게 맞췄더라도 첫 번째 방법으로 철저히 분석하고 대비해 두자.

Tip ❷ 마지막 결론에 집중한다.

여러 문장이 논리적 연관 관계를 맺고 있는 지문은 문제의식 없이 줄줄이 읽어내려가면 머릿속에 아무것도 남지 않을 위험이 있다. 이런 유형에서 유용한 팁은 '그래서 마지막 결론이 무엇인가?' 습관적으로 확인하는 것이다.
마지막 결론은 첫 문장에서는 불확정 정보인 것을, 최종적으로 불확실성을 제거하고 확정적인 상태로 만든 결과이다. 따라서 마지막 결론을 처음부터 주어진 결과로 받아들임으로써 효율적으로 문제를 풀 수 있다.

Tip ❸ 수직적으로 제시된 개념들간 관계를 명확히 한다.

지문에서는 하나의 국가와 원칙에 여러 정책이 제시되고 있다. 즉 일종의 바퀴살(허브) 모양을 띠고 있다 상상할 수 있다.(혹은 피라미드 구조도 좋다.) 이처럼 개념들 간 수직적 관계가 있는 경우 그 층위(layer)가 중요하다.
이를 통해 다시 구조화하면, '문제(과제)-해결(해소)'의 구조를 찾을 수 있다. 각 개념 간의 관계도 그러하다. 즉, 'B원칙'은 하나의 과제, 'C전략'과 'D전략'은 그에 대한 해결/해소책이 된다.

197 정답 ①

난이도 ●●○

문제유형 논리적 비판 > 논지의 일관성
접근전략 빈칸에 들어갈 단어를 추론하는 문제이다. 빈칸 채우기 유형의 경우 제시문을 읽으며 바로 정답을 고를 수 있다. 시간을 단축하기 위해 빈칸 앞뒤에 주어진 정보와 상충하지 않으면서 문맥에 어울리는 내용을 떠올리며 독해하도록 하자. 해당 지문의 경우 '피가 흐르는 방향'이 큰 실마리가 되므로, 관련 정보가 존재하는 부분을 참고하여 정답을 찾는다.

다음 옛 문서의 훼손된 부분 ㉠~㉣을 문맥에 따라 복원한 것으로 적절한 것은?

(1) 혈관에서 발견된 매우 얇은 돌출부와 이것의 기능을 면밀히 살펴볼 때, 피가 정맥을 통해서 심장으로 되돌아간다는 것은 분명해 보인다. (2) 정맥 내부에 있는 이 돌출부를 최초로 발견한 사람들은 해부학자인 파브리치우스와 실비우스이다. (3) 사람마다 위치가 조금씩 다르긴 하지만, 이 돌출부들은 정맥에만 있다. (4) 대부분 두 개의 돌출부가 한 쌍을 이루어 서로 마주보고 맞물려 있으며, 피는 돌출부가 향한 방향으로만 움직일 수 있고 그 반대 방향으로 움직일 수 없다. ▶1문단

(1) 이 돌출부를 발견한 사람들은 안타깝게도 그 기능에 대해서 제대로 알지 못했다. (2) 몇몇 사람들은 이 돌출부가 피가 신체 아래쪽으로 몰리는 것을 막는 기능을 한다고 생각했다. (3) 하지만 이는 잘못된 생각이다. (4) 왜냐하면 목 뒤의 핏줄에 있는 돌출부는 [㉠] 향해 있어 피가 [㉡] 가는 것을 막고 있기 때문이다. (5) 또 다른 몇몇 사람들은 이 돌출부가 뇌출혈을 막는 기능을 한다고 말하기도 한다. (6) 그러나 이런 생각 역시 잘못이다. (7) 왜냐하면 뇌출혈은 주로 동맥을 통과하는 피와 관련이 있지, 정맥을 통과하는 피와는 별 관련이 없기 때문이다. (8) 이 돌출부들은 신체의 중심부에서 말단으로 흐르는 피의 속

도를 늦추기 위해 있는 것도 아니다. (9) 피가 그런 방향으로 흐른다는 것은 그 피가 굵은 줄기에서 가는 가지 쪽으로 흐른다는 것이고, 이 경우는 이런 돌출부가 없어도 피는 충분히 천천히 흐를 것이다. ▶ 2문단

(1) 이 돌출부들은, 피가 굵은 줄기에서 가는 가지로 흘러들어가 정맥을 파열시키는 것을 막고 피가 말단에서 중심으로만 흐르도록 하기 위해서 존재할 뿐이다. (2) 이 돌출부 덕분에 피는 [㉢]에서 [㉣]만 움직일 수 있고 그 반대 방향으로는 움직일 수 없다. ▶ 3문단

① ㉠에 '아래쪽으로'가 들어가고 ㉡에 '위쪽으로'가 들어간다.
→ (O) 제시문에 따르면 돌출부가 피가 신체 아래쪽으로 몰리는 것을 막는다고 한 생각은 잘못됐으며[2문단(2),(3)] 이것이 향한 방향으로만 피가 움직일 수 있고 그 반대 방향으로는 움직일 수 없다고 하였다.[1문단(4)] 따라서 목 뒤의 핏줄에 있는 돌출부는 신체 중심부의 방향인 아래쪽을 향해 있어 피가 말단 쪽인 위쪽으로 가는 것을 막고 있음을 알 수 있다. 이를 바탕으로 빈칸의 ㉠에는 '아래쪽으로', ㉡에는 '위쪽으로'가 적절하다.

② ㉠에 '아래쪽으로'가 들어가고 ㉡에 '심장 쪽으로'가 들어간다.
→ (×) 피는 돌출부가 향한 방향으로만 움직일 수 있고 그 반대쪽으로 움직일 수 없다.[1문단(4)] 즉, 목 뒤의 핏줄에 있는 돌출부가 아래쪽으로 향해 있다는 것은 피가 신체 중심부 쪽의 방향인 아래쪽으로만 움직일 수 있다는 뜻이다. 이것은 피가 말단에서 신체 중심부인 심장으로 흐르는 것이기에 '심장 쪽으로' 가는 것을 막고 있다는 선지의 내용은 옳지 않다.

③ ㉠에 '두뇌 쪽으로'가 들어가고 ㉡에 '아래쪽으로'가 들어간다.
→ (×) 돌출부는 피가 말단에서 중심으로만 흐를 수 있도록 기능한다.[3문단(1)] 따라서 목 뒤의 핏줄에 돌출부가 '두뇌 쪽으로' 있다는 것은 피의 흐름과는 상반되게 말단으로 피를 흐르게 하고 중심으로 흐르지 못하게 한다는 것이다. 따라서 해당 선지는 ㉠과 ㉡의 내용이 바뀐 것으로, 적절하지 않다.

④ ㉢에 '중심부'가 들어가고 ㉣에 '말단으로'가 들어간다.
→ (×) 돌출부는 피가 말단에서 중심으로만 흐르게 하기 위해 존재한다.[3문단(1)] 따라서 돌출부로 인해 피는 '말단에서' '중심부로' 움직이는 것이므로 해당 선지의 ㉢과 ㉣이 바뀌어야 한다.

⑤ ㉢에 '굵은 줄기'가 들어가고 ㉣에 '가는 가지로'가 들어간다.
→ (×) 제시문에서는 피가 신체의 중심부에서 말단으로 흐르며, 그 피가 굵은 줄기에서 가는 가지 방향으로 흐른다는 것은 오해임을 언급하였다.[2문단(8),(9)] 실제로는 돌출부가 피를 말단에서 중심으로 흐르도록 만들기 때문에(3문단 1) 피는 가는 가지에서 굵은 줄기로만 움직일 수 있다. 따라서 해당 선지의 ㉢과 ㉣의 내용이 바뀌는 것이 자연스럽다.

제시문 분석

1·3문단 돌출부의 기능

〈돌출부의 특징〉
사람마다 위치가 조금씩 다르긴 하지만, 이 돌출부들은 정맥에만 있다.[1문단(3)]
대부분 두 개의 돌출부가 한 쌍을 이루어 서로 마주보고 맞물려 있으며, 피는 돌출부가 향한 방향으로만 움직일 수 있고 그 반대 방향으로 움직일 수 없다.[1문단(4)]
이 돌출부들은, 피가 굵은 줄기에서 가는 가지로 흘러들어가 정맥을 파열시키는 것을 막고 피가 말단에서 중심으로만 흐르도록 하기 위해서 존재할 뿐이다.[3문단(1)]

→ 이 돌출부 덕분에 피는 ㉢[말단]에서 ㉣[중심으로]만 움직일 수 있고 그 반대 방향으로는 움직일 수 없다.

2문단 돌출부의 기능에 대한 오해와 반박

〈오해 ①〉		〈반박의 근거 ①〉
몇몇 사람들은 이 돌출부가 피가 신체 아래쪽으로 몰리는 것을 막는 기능을 한다고 생각했다.(2)	→	목 뒤의 핏줄에 있는 돌출부는 ㉠[아래쪽]을 향해 있어 피가 ㉡[위쪽]으로 가는 것을 막고 있기 때문이다.(4)
〈오해 ②〉		〈반박의 근거 ②〉
또 다른 몇몇 사람들은 이 돌출부가 뇌출혈을 막는 기능을 한다고 말하기도 한다.(5)	→	뇌출혈은 주로 동맥을 통과하는 피와 관련이 있지, 정맥을 통과하는 피와는 별 관련이 없기 때문이다.(7)
〈오해 ③〉		〈반박의 근거 ③〉
이 돌출부들은 신체의 중심부에서 말단으로 흐르는 피의 속도를 늦추기 위해 있다.(8)	→	피가 그런 방향으로 흐른다는 것은 그 피가 굵은 줄기에서 가는 가지 쪽으로 흐른다는 것이고, 이 경우는 이런 돌출부가 없어도 피는 충분히 천천히 흐를 것이다.(9)

합격자의 실전 풀이 순서

❶ 발문 확인 및 문제 유형 판단하기

발문과 지문의 형태를 확인한 결과, 빈칸 채우기 유형 문제이다. 빈칸 채우기 유형은 빈칸에 대응되는 내용을 찾아서 그를 근거로 빈칸을 채우는 문제이다. 빈칸 채우기 유형은 크게 두 가지 종류로 나뉜다.

첫 번째, 빈칸의 근거를 지엽적으로 찾아 푸는 유형이다. 이는 주로 글 전체의 결론과 관련이 적은 뒷받침 문장이 빈칸으로 제시되는 경우에 해당한다. 첫 번째 유형을 푸는 경우 수험생은 먼저 제시문의 핵심 내용을 확인한 뒤, 빈칸이 포함된 문장과 빈칸 앞뒤 문장들을 집중적으로 읽으며 문맥을 추론하는 접근을 취해야 한다.

두 번째, 전체적인 글의 흐름과 제시문의 주제문을 파악하여 빈칸에 들어갈 말을 찾는 유형이 있다. 두 번째 유형의 경우 수험생은 제시문을 처음부터 끝까지 읽은 후, 제시문이 말하고자 하는 최종적인 결론을 찾아내야 한다. 구체적인 지표나 통계 자료에 매몰되지 않고, '그래서 이 지표가 어떠한 결론으로 이끄는가?', '이 모든 문장이 함축된 결론은 무엇인가?'를 끊임없이 질문하며 읽어야 한다. 또는, 제시문의 주제문이 글의 맨 앞이나 맨 뒤, '그러나' 등의 접속어 뒤에 제시되어 있어 이를 찾아 빈칸에 대입하여 푸는 경우도 존재한다.

본 문제의 경우 빈칸의 근거를 지엽적으로 찾는 첫 번째 유형에 해당한다. 즉, 빈칸의 근거를 빈칸이 들어간 문장의 앞뒤 문장에서 찾을 수 있다.

❷ 제시문 독해 및 선지 판단하기

본 문제의 경우 빈칸의 근거를 지엽적으로 찾을 수 있으므로, 먼저 빈칸 앞뒤 문장을 통해 빈칸을 채우고자 시도해본다. 빈

칸 ㉠과 ㉡을 살펴보면, 2문단 (2)에서 돌출부의 기능이 신체 아래쪽으로 몰리는 것을 막는 것이라는 몇몇 사람들의 주장이 제시되고, (3)에서 이것이 잘못된 생각임을 지적한다. 빈칸이 들어간 (4)에서는 그 이유를 설명한다. 이때 빈칸에는 (2) 문장의 사람들의 생각이 틀렸음을 뒷받침할 수 있는 내용이 와야 한다. 따라서 ㉡에는 '위쪽으로'가 들어갈 것이다. 그런데 2문단만 읽어서는 ㉠에 들어갈 빈칸을 채울 수 없다. 돌출부의 역할이 2문단에 나와 있지 않기 때문이다. 이를 확인하기 위해 빠르게 1문단을 읽어보면 (4) 문장에서 돌출부가 향한 방향으로 피가 흐른다는 사실을 알 수 있다. 결국 ㉠에는 '아래쪽으로'가 들어가야 한다. 이처럼 빈칸의 근거가 지엽적으로 있는 문제의 경우, 먼저 빈칸의 앞뒤 문장을 통해 빈칸의 내용을 추론해보고, 이로는 부족할 경우 필요한 정보를 제시문에서 찾아가며 푼다.

㉠과 ㉡만으로도 정답이 ①번임을 추론할 수 있지만, 학습을 위해 ㉢과 ㉣의 빈칸을 채워보겠다. ㉢과 ㉣은 빈칸의 근거를 바로 앞 문장에서 찾을 수 있으므로 ㉠과 ㉡보다 빈칸을 채우기가 쉬웠다. 3문단 (1)에서 돌출부들이 피가 굵은 줄기에서 가는 가지로 흘러 들어가는 것을 막고, 말단에서 중심으로만 흐르도록 한다고 언급하고 있으므로 ㉢-㉣은 '가는 가지'-'굵은 줄기' 혹은 '말단'-'중심'의 조합임을 추론할 수 있다. 따라서 ④, ⑤는 옳지 않다. 따라서 답이 ①임을 알 수 있다.

합격자의 시간단축 Tip

Tip ❶ 제시문을 읽음과 동시에 빈칸을 추론한다.

빈칸 채우기 유형의 경우, 제시문을 읽으며 빈칸에 들어갈 내용이 무엇인지 간접적으로 알 수 있다. 따라서 시간 단축을 위해 독해와 동시에 정답을 고르는 것이 좋다. 해당 문제의 경우 빈칸에 들어갈 내용은 모두 피가 흐르는 방향이다. 따라서 피가 흐르는 방향에 대한 정보가 빈칸 추론의 큰 단서가 된다. 즉, 빈칸 앞뒤의 문맥 및 지문에서 제시된 정보를 활용하여 빈칸에 들어갈 단어를 올바르게 복원한 것을 찾는다. 또한, 본 문제의 경우 1문단을 충분히 이해했다면, 2문단을 읽으며 ㉠㉡의 내용을 곧바로 추론 가능하므로, 나머지 제시문을 모두 읽기보다 ㉠㉡관련된 내용의 선지 진위를 판단한다면 제시문을 읽는데 드는 시간을 절약할 수 있다.

Tip ❷ 빈칸 근처 접속사에 주목한다.

빈칸에 들어갈 내용의 근거는 주로 빈칸이 들어간 문장 및 그 앞과 뒤에서 찾을 수 있다. 이 문제의 ㉠, ㉡의 경우, 빈칸 앞 문장의 '하지만' 및 빈칸이 들어간 문장의 '왜냐하면'을 통해 빈칸의 내용이 '하지만' 앞의 내용과 반대되는 내용임을 알 수 있다. 이를 근거로 빈칸 내용을 추론할 수 있다.

Tip ❸ 빈칸 채우기 문제의 근거 범위를 확정한다.

빈칸 채우기 문제가 등장했을 시 어떤 부분을 근거로 삼을지 기준을 미리 잡아 두면 문제 풀이가 훨씬 수월하고 빨라진다. 빈칸의 근거를 지엽적으로 찾는 문제에서는 빈칸이 포함된 문장, 앞뒤 문장, 빈칸이 포함된 주제문을 근거로 삼을 수 있다. 여기서 직접적인 근거를 얻지 못하더라도, 최소한 근거를 얻을 실마리는 얻을 수 있으니 이들부터 먼저 참고하도록 하자. 다만 이러한 방법은 전체적인 글의 흐름과 제시문의 주제문을 파악하여 빈칸을 채워야 하는 문제에는 타당하지 않을 수 있다. 주제문을 찾을 때는 '그러나', '따라서' 등의 접속어로 시작하는 문장에 주의하고, '반드시', '필수적'과 같이 중요한 내용이 주로 나오는 표현들에 주목한다. 이처럼 근거를 잡을 수 있는 범위를 확정시켜 훈련하면 선지 판단의 속도가 올라간다.

198 정답 ③

난이도 ●●○

문제유형 논리적 비판 > 논지의 일관성

접근전략 두 개의 빈칸이 한 문장 내에 존재하는 빈칸 채우기 유형으로, 앞에 올 단어에 따라 뒤에 올 내용이 달라진다는 특징이 있다. 구체적으로 본 문제의 빈칸에서는 특정 상황에 대한 책임을 한 사람에게 귀속시킬 때, 어떤 이유로 책임을 돌릴 수 있는지 묻고 있다. 1문단의 내용은 상황의 이해를 돕기 위한 글이기에 세부 정보에 연연하지 않도록 한다. 정답을 찾기 위한 근거는 선지에 있다.

다음 글의 ㉠, ㉡에 들어갈 말로 가장 적절한 것은?

(1) 선장은 파란 깃발이 표시되면 흰 상자 안의 숫자를, 붉은 깃발이면 검은 상자 안의 숫자를 입력하라는 매뉴얼을 다시 한 번 확인했다. (2) 모니터에 깃발이 표시되자 선장은 "흰 상자!"라고 말했다. (3) 선장은 흰 상자 안에 적힌 숫자를 확인하고 그것을 암호란에 입력하려 했다. (4) 그 순간 선장은 며칠 전 보안담당관이 말했던 주의 사항이 떠올랐다. "보안강화 차원에서 암호체계가 변경된 점을 다시 알려드립니다. 날짜가 홀수인 날은 전과 같지만 짝수 날은 그 반대, 즉 붉은 깃발이면 흰 상자, 파란 깃발이면 검은 상자입니다." (5) 암호를 한 번 잘못 입력하면 시스템 전체가 최소한 몇 시간 동안 작동되지 않는다. (6) "오늘이 22일이니까 흰 상자가 아니라 검은 상자로군!" 선장은 여덟 개의 두 자리 숫자로 된 암호를 입력했다. (7) 그런데 이게 어찌된 일인가! 컴퓨터는 "잘못된 암호입니다. 시스템을 닫습니다."라는 메시지를 띄우고는 작동을 멈추었다. (8) 선장은 비상전화를 들어 본부에 연락했다. "암호를 틀림없이 입력했는데 시스템이 마비되었습니다. 도대체 어찌된 일인지 확인 바랍니다." (9) 그러자 본부 측 책임자가 물었다. "본부에서 보낸 신호가 무엇이었습니까?" "파란 깃발입니다. 저는 매뉴얼에 따라 검은 상자의 암호를 입력했습니다." "파란 깃발이면 흰 상자가 아니었습니까?" "오늘은 22일이니까 그 반대가 아닙니까?" (10) "선장님이 계신 샌프란시스코의 시각을 말씀하고 계신 건가요? 암호의 작동은 본부가 있는 서울의 표준시를 기준으로 합니다. 지금은 23일 오전 다섯 시입니다." ▶ 1문단

〈사고에 대한 책임 귀속〉

(1) 이 사고가 보안담당관, 선장, 암호체계 기획자 중 어느 한편만의 잘못이라고 딱 잘라 말하기는 어렵다. (2) 하지만 만일 [㉠] 에게 책임을 돌린다면 그 이유는 [㉡] 이다. ▶ 2문단

① ㉠: 보안담당관, ㉡: 암호체계가 문제없이 작동하기 위한 필요조건은 체계의 일관성인데, 홀수 날짜와 짝수 날짜의 암호체계를 이원화하여 그런 일관성을 훼손시켰기 때문

→ (×) 홀수 날짜와 짝수 날짜로 암호체계를 이원화한 것이 암호체계의 일관성을 훼손시켰다고 볼 수 없다. 이원화된 체계 안에서 그 일관성을 유지하고 있기 때문이다. 따라서 보안담당관에게 책임이 있다고 볼 수 없다.

② ㉠: 보안담당관, ㉡: 암호체계 운용의 성공을 판가름하는 관건은 암호를 주고받는 쌍방 간의 약속인데, 제3자인 그가 불필요하게 개입하여 선장에게 애매모호한 정보를 전달하였기 때문

→ (×) 보안담당관이 변경된 암호를 전달하는 데 제3자가 개입하였던 적이 제시되어 있지 않다. 또한, 선장은 정보를 애매모호하게 전달받은 적도 없기에 보안담당관에게 책임을 물을 수 없다.

③ ㉠: 선장, ㉡: 암호체계가 잘 작동하려면 당연히 보편적인 기준에 따라 암호체계가 운용되어야 할 텐데, 선장 자신이 있는 곳의 시각은 항해 위치에 따라 다르기 때문에 암호의 기준이 될 수 없음을 생각하지 못했기 때문

→ (O) 선장은 자신이 있는 샌프란시스코의 시각을 기준으로 암호를 해석했다. 하지만 암호체계라는 것은 보편적인 기준을 중심으로 운용되어야 하는 것이기 때문에 이를 고려하지 못한 선장에게 사고에 대한 책임이 있다고 볼 수 있다.

④ ㉠: 선장, ㉡: 암호는 일종의 기호이고 기호는 고정된 의미를 지시할 때에만 신뢰할 만한 소통의 도구가 되는데도 지구상의 지역에 따라 달라지는 시각을 암호의 지시 관계에 포함시켰기 때문

→ (×) 지구상의 지역에 따라 달라지는 시각을 암호의 운용 체계에 포함시킨 것은 선장이 아니다. 선장은 그저 보안담당관으로부터 변경된 암호체계를 전달받았을 뿐이기 때문에 해당 이유로 선장에 책임을 물을 수 없다.

⑤ ㉠: 암호체계 기획자, ㉡: 암호체계 사용자들 간의 소통이 암호체계 운용이 성공하기 위한 필요조건인데, 현재의 암호체계에서는 보안담당관과 암호사용자 간의 소통이 구조적으로 불가능하기 때문

→ (×) 제시문에 암호체계 기획자가 만든 현재의 암호체계가 보안담당관과 암호사용자 간의 소통을 구조적으로 불가능하게 만들고 있다고 볼 근거가 없다. 따라서 암호체계 기획자에게 그 책임을 묻기는 어렵다.

제시문 분석

변경된 규칙

〈날짜가 홀수인 날〉(1)		
파란 깃발	→	검은 상자
붉은 깃발	→	흰 상자

〈날짜가 짝수인 날〉(4)		
파란 깃발	→	흰 상자
붉은 깃발	→	검은 상자

문제 상황

〈선장의 선택〉		〈결과〉
"오늘이 22일이니까 흰 상자가 아니라 검은 상자로군!"(6)	→	"잘못된 암호입니다. 시스템을 닫습니다."라는 메시지를 띄우고는 작동을 멈추었다.(7)

↓

〈이유〉
"선장님이 계신 샌프란시스코의 시각을 말씀하고 계신 건가요? 암호의 작동은 본부가 있는 서울의 표준시를 기준으로 합니다. 지금은 23일 오전 다섯 시입니다."(10)

∴ 암호체계는 보편적인 기준에 따라 운용되어야 한다.

합격자의 실전 풀이 순서

❶ 발문 확인 및 문제 유형 판단하기

발문과 지문의 형태를 확인한 결과, 빈칸 채우기 유형 문제이다. 빈칸 채우기 유형은 빈칸에 대응되는 내용을 찾아서 그를 근거로 빈칸을 채우는 문제이다. 빈칸 채우기 유형은 크게 두 가지 종류로 나뉜다.

첫 번째, 빈칸의 근거를 지엽적으로 찾아 푸는 유형이다. 이는 주로 글 전체의 결론과 관련이 적은 뒷받침 문장이 빈칸으로 제시되는 경우에 해당한다. 첫 번째 유형을 푸는 경우 수험생은 먼저 제시문의 핵심 내용을 확인한 뒤, 빈칸이 포함된 문장과 빈칸 앞뒤 문장들을 집중적으로 읽으며 문맥을 추론하는 접근을 취해야 한다.

두 번째, 전체적인 글의 흐름과 제시문의 주제문을 파악하여 빈칸에 들어갈 말을 찾는 유형이 있다. 두 번째 유형의 경우 수험생은 제시문을 처음부터 끝까지 읽은 후, 제시문이 말하고자 하는 최종적인 결론을 찾아내야 한다. 구체적인 지표나 통계 자료에 매몰되지 않고, '그래서 이 지표가 어떠한 결론으로 이끄는가?', '이 모든 문장이 함축된 결론은 무엇인가?'를 끊임없이 질문하며 읽어야 한다. 또는, 제시문의 주제문이 글의 맨 앞이나 맨 뒤, '그러나' 등의 접속어 뒤에 제시되어 있어 이를 찾아 빈칸에 대입하여 푸는 경우도 존재한다.

본 문제의 경우 1문단을 전체적으로 읽고 해당 문단의 글의 흐름이 빈칸의 근거가 되는 두 번째 유형에 해당한다.

❷ 제시문 독해하기

앞서 빈칸 추론 유형은 빈칸이 중심 내용인 유형과 맥락 연결 내용인 유형 두 가지가 있음을 설명하였다. 이 문제에서 빈칸의 역할은 앞선 1문단의 맥락을 파악하고 이를 응용하는 것이다. 빈칸이 속한 2문단은 별도의 제목이 붙어있고, 특정 상황의 책임 귀속을 설명하는데, 이는 1문단에 주어진 정보를 기반으로 판단할 수 있을 것이다. 따라서 주체별 책임 귀속의 사유를 염두에 두고 1문단을 읽는다.

1문단은 선장이 특정한 암호체계에 따라 암호를 입력했으나 암호가 잘못되어 시스템이 작동되지 않은 상황을 제시한다. 2문단에서는 이 상황이 선장, 보안담당관, 암호체계기획자 중 한 명만의 잘못이라고 할 수 없다고 언급한다. 이 상황에서 책임을 한 사람에게만 돌린다고 하면 그 이유가 무엇이 될지 판단하는 것이 문제이다. 따라서 특정인에게 책임을 귀속시켰을 때를 가정한 선지를 읽으며 옳은 진술을 고른다.

❸ 선지 판단하기

책임 귀속의 주체는 셋이다. 선지는 암호체계가 성공적으로 작동하기 위한 조건, 암호나 기호의 특징 등을 포함함으로써 판단의 기준을 제시하고 있다. 이때, 특정인에게 책임을 귀속시킬 만한 사유가 기준에 부합하지 않으면 틀린 진술이다. 선지를 순서대로 판단한다.

①은 보안담당관에게 책임을 귀속시키며 그 사유는 암호체계 일관성 훼손이다. 제시문에서 보안담당관은 문장 (4)에 등장하며, 암호체계 변경을 알려준다. 그런데 '암호체계 기획자'가 있음을 고려할 때 보안담당관이 암호체계를 만드는 주체는 아닐 것이다. 따라서 ①은 옳지 않다.

②는 제3자인 보안담당관의 불필요한 개입을 근거로 그에게 책임을 돌린다. 그러나 보안담당관을 제3자로 보기는 어렵다. 따라서 옳지 않다.

③은 선장에게 책임을 귀속시키며, 그 이유는 선장이 유동적이어서 기준이 될 수 없는 자신의 위치를 기준으로 암호를 판단했다는 것이다. 1문단 (10)에서 선장이 본인이 있는 샌프란시스코를 기준으로 암호를 입력했음을 알 수 있다. 따라서 ③은 옳은 것으로 보인다.

④는 유동적인 시각을 암호에 포함시킨 것을 이유로 선장에게 책임을 돌린다. 그러나 선장은 암호 설계자가 아니므로 타당하지 않다.

⑤는 암호체계 기획자에게 책임을 귀속시키며, 구조적으로 소통이 어려운 점을 이유로 든다. 그러나 암호체계 기획자가

조직 내 소통 구조 관리를 맡고 있다고 볼 수는 없을 것이다. 따라서 타당하지 않다.

가장 적절한 ③이 정답일 것이다.

합격자의 시간단축 Tip

Tip ❶ 선지의 진술을 근거로 독해의 강약을 조절한다.

빈칸 채우기 유형의 경우, 제시문을 읽으며 빈칸에 들어갈 내용이 무엇인지 간접적으로 알 수 있다. 그러나 해당 문제는 빈칸 채우기 유형이지만 ㉠에 무엇이 들어가는지에 따라 ㉡에 들어갈 말이 달라진다. 이에 선지를 읽는 것이 필수적이다. 사실상 1문단은 상황 설명을 위한 글이었기에 정답의 근거는 주로 선지의 진술에서만 찾을 수 있었다. 또한, 판단의 근거는 세 행위자의 역할을 파악하는 것으로 충분했다. 따라서 제시문의 세부 정보를 모두 기억하려고 하기보다는 상황에 대한 이해 정도만 하면 된다. 이후 선지에 주어진 정보를 적극적으로 활용하여 정답을 고르도록 한다. 본 문제의 경우 '책임 귀속 기준'이라는 대전제가 존재하기에 이를 판단의 근거로 삼을 수 있었다.

Tip ❷ 모든 선지를 판단한다.

가장 적절한 것을 묻고 있다. 따라서 답으로 예상되는 선지가 등장하더라도 성급하게 넘어가지 말고 꼭 모든 선지를 확인하여 가장 옳은 것을 판별하도록 하자. 이 과정을 통해 정답률을 높일 수 있으므로 시간 낭비가 아니다.

199 정답 ①

난이도 ●●○

문제유형 논리적 비판 > 논지의 강화 및 약화

접근전략 강화약화 유형의 경우 먼저 기준이 되는 핵심 논점을 찾은 뒤 논점에 대한 주장과 그에 대한 근거를 파악하는 것이 중요하다. 이후 문제로 내려가 지문의 주장을 지지하지 않는 선지들을 소거함으로써 정답을 골라낼 수 있다.

다음 글의 논지를 약화하는 것으로 적절하지 않은 것은?

(1) 지구 곳곳에서 심각한 기후 변화가 나타나고 있고 그 원인이 인간의 활동에 있다는 주장은 일견 과학적인 것처럼 들리지만 따지고 보면 진실과는 거리가 먼, 다분히 정치적인 프로파간다에 불과하다. (2) "자동차는 세워 두고, 지하철과 천연가스 버스 같은 대중교통을 이용합시다."와 같은, 기후 변화와 사실상 무관한 슬로건에 상당수의 시민이 귀를 기울이도록 만든 것은 환경주의자들의 성과였지만, 그 성과는 사회 전체의 차원에서 볼 때 가슴 아파해야 할 낭비의 이면에 불과하다. ▶ 1문단

(1) 희망컨대 이제는 진실을 직시하고, 현명해져야 한다. (2) 기후 변화가 일어나는 이유는 인간이 발생시키는 온실가스 때문이 아니라 태양의 활동 때문이라고 보는 것이 합리적이다. (3) 태양 표면의 폭발이나 흑점의 변화는 지구의 기후 변화에 막대한 영향을 미친다. (4) 결과적으로 태양의 활동이 활발해지면 지구의 기온이 올라가고, 태양의 활동이 상대적으로 약해지면 기온이 내려간다. (5) 환경주의자들이 말하는 온난화의 주범은 사실 자동차가 배출하는 가스를 비롯한 온실가스가 아니라 태양이다. (6) 태양 활동의 거시적 주기에 따라 지구 대기의 온도는 올라가다가 다시 낮아지게 될 것이다. ▶ 2문단

(1) 대기화학자 브림블컴은 런던의 대기오염 상황을 16세기 말까지 추적해 올라가서 20세기까지 그 거시적 변화의 추이를 연구했는데, 그 결과 매연의 양과 아황산가스 농도가 모두 19세기 말까지 빠르게 증가했다가 그 이후 아주 빠르게 감소하여 1990년대에는 16세기 말보다도 낮은 수준에 도달했음이 밝혀졌다. (2) 반면에 브림블컴이 연구 대상으로 삼은 수백 년의 기간 동안 지구의 평균 기온은 지속적으로 상승해 왔다. (3) 두 변수의 이런 독립적인 행태는 인간이 기후에 미치는 영향이 거의 없다는 것을 보여준다. ▶ 3문단

① **인간이 출현하기 이전인 고생대 석탄기에 북유럽의 빙하지대에 고사리와 같은 난대성 식물이 폭넓게 서식하였다.**

→ (×) 인간이 출현하기 이전인 고생대 석탄기에 북유럽의 빙하지대에 고사리와 같은 난대성 식물이 폭넓게 서식하였다는 것은, 인간의 행위가 지구 환경에 영향을 미쳤다는 환경주의자들의 전제를 부정하는 결과이다.

[1문단(1)] 해당 제시문 또한 환경주의자들을 비판하며 인간이 기후에 미치는 영향이 거의 없다고 주장하므로[3문단(3)], 제시문의 논지를 강화하는 사례이다.

② **태양 활동의 변화와 기후 변화의 양상 간의 상관관계를 조사해 보니 양자의 주기가 일치하지 않았다.**

→ (○) 제시문에서는 태양 표면의 변화가 지구의 기후 변화에 막대한 영향을 미친다고 주장한다.[2문단(3)] 그러나 태양 활동의 변화와 기후 변화의 양상 간의 상관관계를 조사해 보니 양자의 주기가 일치하지 않았다는 결과는 이러한 주장과 상충하므로, 해당 선지는 글의 논지를 약화한다.

③ **태양 표면의 폭발이 많아지는 시기에 지구의 평균 기온은 오히려 내려간 사례가 많았다.**

→ (○) 제시문에서는 태양 표면의 폭발이나 흑점의 변화가 지구의 기후 변화에 막대한 영향을 미친다고 주장한다.[2문단(3)] 이에 따르면, 태양 표면의 폭발이 많아지는 시기에 지구의 평균 기온은 올라가야 한다.[2문단(4)] 그러나 해당 선지처럼 평균 기온이 오히려 내려간 사례가 많았다는 것은 제시문의 논지와 일치하지 않으므로, 논지를 약화한다.

④ **최근 20년 간 세계 여러 나라가 연대하여 대기오염을 줄이는 적극적인 노력을 기울인 결과 지구의 평균 기온 상승률이 완화되었다.**

→ (○) 제시문에서는 기후 변화의 요인이 인간이 발생시키는 온실가스 때문이 아니라 태양의 활동 때문이라고 주장한다.[2문단(2)] 그러나 최근 20년간 세계 여러 나라가 연대하여 대기오염을 줄이는 적극적인 노력을 기울인 결과 지구의 평균 기온 상승률이 완화되었다는 것은, 인간의 행위가 지구의 기후 변화에 영향을 미친다는 것을 의미한다. 따라서 해당 선지는 제시문의 논지와 상충하므로, 논지를 약화한다.

⑤ **최근 300년 간 태양의 활동에 따른 기후 변화의 몫보다는 인간의 활동에 의해 좌우되는 기후 변화의 몫이 더 크다는 증거가 있다.**

→ (○) 제시문에서는 기후 변화의 요인이 인간이 발생시키는 온실가스 때문이 아니라 태양의 활동 때문이라고 주장한다.[2문단(2)]. 그러나 최근 300년 간 태양의 활동에 따른 기후 변화의 몫보다는 인간의 활동에 의해 좌우되는 기후 변화의 몫이 더 크다는 증거가 있다는 것은, 태양의 활동보다 인간의 행위가 지구 기온 변화에 더 큰 영향을 미친다는 것을 의미한다. 따라서 이는 제시문의 논지와 상충하므로, 논지를 약화한다.

제시문 분석

1문단 환경주의자들의 주장과 글쓴이의 비판

〈환경주의자들의 주장〉
지구의 심각한 기후 변화의 원인은 인간의 활동에 있다.(1)

→ | 〈비판〉 | 진실과는 거리가 먼, 다분히 정치적인 프로파간다에 불과하다.(1) |

2문단 글쓴이의 주장

〈글쓴이의 주장〉
기후 변화가 일어나는 이유는 인간이 발생시키는 온실가스 때문이 아니라 태양의 활동 때문이라고 보는 것이 합리적이다.(2)

〈근거〉		
〈태양 표면의 변화〉		〈지구의 기온 변화〉
태양 표면의 폭발이나 흑점의 변화는 지구의 기후 변화에 막대한 영향을 미친다.(3)	→	태양의 활동이 활발해지면 지구의 기온이 올라가고, 태양의 활동이 상대적으로 약해지면 기온이 내려간다.(4)

3문단 사례 연구

〈런던의 대기오염 추이〉		〈지구의 평균 기온 상승〉
런던의 매연의 양과 아황산가스 농도가 모두 19세기 말까지 빠르게 증가했다가 빠르게 감소하여 1990년대에는 16세기 말보다도 낮은 수준에 도달했다.(1)	←	반면에 수백 년의 기간 동안 지구의 평균 기온은 지속적으로 상승해 왔다.(2)

→ | 〈결론〉 | 두 변수의 독립적인 행태는 인간이 기후의 영향에 미치는 영향이 거의 없다는 것을 보여준다.(3) |

합격자의 실전 풀이 순서

강화약화 유형

⓪ 유형 식별하기

- 발문
  - 다음 논쟁/학설/의견에 대한 평가/설명으로 적절한 것은?
  - 다음 학설/지문을 강화/약화하는 것으로 적절한 것은? (본 문제)
- 선지 또는 보기

  제시된 사례가 강화/약화의 대상에 적용 가능한지, 혹은 상충하는지 등을 물음

❶ 대상 파악하기

강화약화 유형에서는 가장 먼저 강화/약화의 대상이 무엇인지 확인해야 한다. 그리고, 대상의 내용을 정확히 이해해야 한다.

이 방식으로 본 문제를 풀어보자. 대상은 발문을 통해 확인할 수 있으며, 대상의 내용은 지문을 통해 이해할 수 있다.

(1) 발문 확인

> 다음 글의 논지를 약화하는 것으로 적절하지 않은 것은?

평가의 대상이 지문의 논지임을 알 수 있다. 또한, 수험생이 찾아야 하는 것은 지문의 논지를 '약화하지 않는' 선지다. 이를 체크해 두고 지문으로 곧바로 내려간다.

(2) 지문에서 대상 확인

강화약화 유형의 대상은 지지·반박이 가능한 주관적인 주장인 경우가 많다. 본 문제의 경우, 평가의 대상이 곧바로 파악되지 않는다. 따라서 지문을 읽으면서 대상인 '글의 논지'를 파악하도록 한다.

1문단에서 글쓴이는 기후 변화의 원인이 인간의 활동이라는 것에 반대하는 입장임을 알 수 있다. 이어 2문단 (2)에서 주장이 직접적으로 드러난다. 이어지는 부분을 읽으면서 혹시 주장과 상충하는 내용이 등장하는지를 염두에 두고 읽도록 한다. 물론 일반적인 지문 전개에서 그럴 가능성은 적지만, 안전한 독해의 차원에서 추천하는 것이다. 본 문제에서도 이변 없이 3문단은 2문단의 내용을 부연하는 문단으로 전개된다. 3문단의 마지막 문장에서 앞선 연구를 정리하는 부분을 참고해 이해한 바를 정리한다.

❷ 선지 판단하기

지문을 모두 이해했다면, 보기 또는 선지를 하나씩 읽고 정오를 확인한다. 이때 발문이 부정형임에 유의하도록 한다. 앞서 확인했듯 지문의 논지를 '약화하지 않는' 선지를 찾아야 한다. 즉, 지문의 논지를 강화하거나, 강화하지도 약화하지도 않는 두 가지 경우가 정답이 될 수 있다.

선지를 판단하는 경우는 3가지로 나뉜다.

(1) 대상을 강화함

예 ① 고생대 석탄기 빙하지대에 난대성 식물이 폭넓게 서식했다는 내용

→ 인간이 출현하기 전에 빙하지대에 난대성 식물이 서식했으므로, 인간이 없어도 지구의 온도가 높을 수 있다는 사례다. 이는 인간이 기후에 미치는 영향이 거의 없다는 지문의 내용과 부합하므로 논지를 강화한다.

(2) 대상을 약화함

예 ② 태양 활동과 기후의 변화 양상이 일치하지 않았다는 내용

→ 태양 활동의 거시적 주기에 대응하여 지구 대기 온도가 변화한다는 지문의 내용과 상충한다.

(3) 강화도 약화도 하지 않음

가장 유의해야 하는 경우로, 대상과 아무 관련이 없는 정보를 서술하는 경우다. 지문의 일부 내용 혹은 특정 단어만을 이유로 성급하게 선지의 내용이 추론될 수 있다고 착각하면 오답이 된다. 다만 본 문제에는 이러한 경우가 없다.

본 문제의 정답은 선지 ①이다. 정답이 빨리 도출되었을 때 확실한 근거가 있다면 지체없이 다음 문제로 넘어가는 것이 실전 풀이방법이다. 다만 연습 단계에서는 선지 ①~⑤를 모두 확인해 보자.

합격자의 시간단축 Tip

Tip ❶ 선지 판단 결과를 표시하자.

본 문제는 발문을 복잡하게 꼬아 혼동을 유도한다. '약화'하는 것으로 적절치 '않은' 것을 고르는 이중부정을 사용했다. 집중해서 기준을 의식하지 않으면 지문을 올바르게 독해하고도 '약화하는 것'을 고르는 실수를 범할 수 있다.

따라서 선지에 시각적인 표시를 하여 실수를 줄일 필요가 있다. 표시 방법은 수험생 자신이 자연스럽다고 생각하는 대로 고르면 좋다. 예시를 하나 들자면 다음과 같다.

다음 글의 논지를 약화하는 것으로 적절하지 않은 것은?
① 인간이 출현하기 이전인 고생대 석탄기에 북유럽의 빙하지대에 고사리와 같은 난대성 식물이 폭넓게 서식하였다. 약화 X
② 태양 활동의 변화와 기후 변화의 양상 간의 상관관계를 조사해 보니 양자의 주기가 일치하지 않았다. O
③ 태양 표면의 폭발이 많아지는 시기에 지구의 평균 기온은 오히려 내려간 사례가 많았다. O

선지를 판단할 때 부근에 '약화'라고 적어둔 뒤 O, X 등의 표시로 정오판단 결과를 적시한 후 'X'가 표시된 선지를 정답으로 하도록 한다.

Tip ❷ 강조어구에 유의한다.

1문단 (1)의 '프로파간다에 불과', 2문단 (1)의 '직시하고, 현명해져야 한다', 3문단 (3)의 '영향이 거의 없다는 것을 보여준다.'라는 어구는 굉장히 강한 어감의 단어들로 구성되어 있다. 지문과 같은 주장하는 글에서 강조가 들어간 표현은 글쓴이가 하고자 하는 말과 주장과 연관이 깊으므로, 이러한 표현에 주목하며 읽는다.

Tip ❸ 강화/약화에 관련된 문제 풀이를 패턴화하자.

'강화한다/약화한다/강화하지 않는다/약화하지 않는다'와 관련된 문제의 경우 상황마다 판단하는 패턴이 정해진 편이므로 이를 정리해두고 미리 숙지해두면 선지 판단이 빠르고 정확해진다. 아래 표를 참고해 이를 익혀두도록 하자.

A가 강화한다.	A가 본문 주장 및 근거와 일치 또는 본문 내용으로부터 추론 가능
A가 강화하지 않는다.	A가 추론될 근거 없음 또는 A가 본문 내용과 상충하거나 무관함
A가 약화한다.	A가 본문 주장 및 근거와 상충
A가 약화하지 않는다.	A가 본문으로부터 추론 가능 또는 일치하거나 무관함

200 정답 ⑤ 난이도 ●●○

문제유형 법규의 해석 및 적용
접근전략 제시문으로 법조문이 주어졌으므로 법조문을 바탕으로 옳은 선지를 고르는 규정확인유형임을 알 수 있다. 법조문 유형은 처음부터 조문의 세부 내용을 확인하기보다 규정의 구조를 파악한 후 선지 판단 단계에서 규정의 내용을 확인한다. 본 문제의 경우 재량/의무를 명확히 구별하고, 책자형 선거공보 규정이 선거별로 다르다는 점, 별도의 점자형 선거공보의 경우 기준이 다르다는 큰 구조를 이해하고 세부정보로 넘어간다. 실전에서 해당 문항은 1조 1항의 중요성을 보여준다고 해도 과언이 아닐 정도로, 1조 1항의 재량규정이 전체 문제의 정답을 결정한 문항이다.

다음 글을 근거로 판단할 때 옳은 것은?

제○○조(선거공보) ① 후보자는 선거운동을 위하여 책자형 선거공보 1종을 작성할 수 있다.
② 제1항의 규정에 따른 책자형 선거공보는 대통령선거에 있어서는 16면 이내로, 국회의원선거 및 지방자치단체의 장 선거에 있어서는 12면 이내로, 지방의회의원선거에 있어서는 8면 이내로 작성한다.
③ 후보자는 제1항의 규정에 따른 책자형 선거공보 외에 별도의 점자형 선거공보(시각장애선거인을 위한 선거공보) 1종을 책자형 선거공보와 동일한 면수 제약 하에서 작성할 수 있다. 다만, 대통령선거·지역구국회의원선거 및 지방자치단체의 장 선거의 후보자는 책자형 선거공보 제작시 점자형 선거공보를 함께 작성·제출하여야 한다.
④ 대통령선거, 지역구국회의원선거, 지역구지방의회의원선거 및 지방자치단체의 장 선거에서 책자형 선거공보(점자형 선거공보를 포함한다)를 제출하는 경우에는 다음 각 호에 따른 내용(이하 이 조에서 '후보자정보공개자료'라 한다)을 게재하여야 하며, 후보자정보공개자료에 대하여 소명이 필요한 사항은 그 소명자료를 함께 게재할 수 있다. 점자형 선거공보에 게재하는 후보자정보공개자료의 내용은 책자형 선거공보에 게재하는 내용과 똑같아야 한다.
1. 재산상황
후보자, 후보자의 배우자 및 직계존·비속(혼인한 딸과 외조부모 및 외손자녀를 제외한다)의 각 재산총액
2. 병역사항
후보자 및 후보자의 직계비속의 군별·계급·복무기간·복무분야·병역처분사항 및 병역처분사유
3. 전과기록
죄명과 그 형 및 확정일자

① 지역구지방의회의원선거에 출마한 A는 책자형 선거공보를 12면까지 가득 채워서 작성할 수 있다.
→ (×) 제1조 제2항에 따르면 책자형 선거공보는 지방의회의원선거에 있어서는 8면 이내로 작성한다. 따라서 지역구지방의회의원선거에 출마한 A는 책자형 선거공보를 12면이 아닌 최대 8면까지 작성할 수 있다.

② 지역구국회의원선거에 출마한 B는 자신의 선거운동전략에 따라 책자형 선거공보 제작시 점자형 선거공보는 제작하지 않을 수 있다.
→ (×) 제1조 제3항 단서에 따르면 지역구국회의원선거의 후보자는 책자형 선거공보 제작시 점자형 선거공보를 함께 작성·제출하여야 한다. 따라서 지역구국회의원선거에 출마한 B가 책자형 선거공보를 제작한다면 반드시 점자형 선거공보를 제작하여야 한다.

③ 지역구지방의회의원선거에 출마한 C는 책자형 선거공보를 제출할 경우, 자신의 가족 중 15세인 친손녀의 재산총액을 표시할 필요가 없다.
→ (×) 제1조 제4항 제1호에 따르면 지역구지방의회의원선거에서 책자형 선거공보를 제출하는 경우 후보자, 후보자의 배우자 및 직계존·비속의 각 재산총액을 포함한 재산상황을 게재해야 한다. 다만 혼인한 딸과 외조부모 및 외손자녀의 재산총액은 제외되나, 친손녀의 재산총액은 제외되지 않는다. 따라서 지역구지방의회의원선거에 출마한 C가 책자형 선거공보를 제출할 경우, 15세인 친손녀의 재산총액을 표시하여야 한다.

④ 지역구국회의원선거에 출마한 D가 제작한 책자형 선거공보에는 D 본인과 자신의 가족 중 아버지, 아들, 손자의 병역사항을 표시해야 한다.
→ (×) 제1조 제4항 제2호에 따르면 지역구국회의원선거에서 책자형 선거공보를 제출하는 경우 후보자 및 후보자의 직계비속의 군별·계급·복무기간·복무분야·병역처분사항 및 병역처분사유를 포함한 병역사항을 게재해야 한다. 따라서 지역구국회의원선거에 출마한 D가 제작한 책자형 선거공보에는 본인과 아들, 손자의 병역사항은 표시해야 하나 직계존속인 아버지의 병역사항은 표시할 필요가 없다.

⑤ 지역구국회의원선거에 출마한 E는 자신에게 전과기록이 있다는 사실을 공개하면 선거운동에 악영향을 미칠 것이라고 판단할 경우, 책자형 선거공보를 제작하지 않고 선거운동을 할 수 있다.

→ (O) 제1조 제1항에 따르면 후보자는 선거운동을 위하여 책자형 선거공보 1종을 작성할 수 있으며, 제4항 제3호에 따르면 지역구국회의원선거에서 책자형 선거공보를 제출하는 경우에는 죄명과 그 형 및 확정일자를 포함한 전과기록을 게재하여야 한다. 즉 책자형 선거공보 작성 여부는 선택사항이나, 책자형 선거공보를 작성하기로 결정했을 경우 전과기록의 게재는 의무사항이다. 따라서 지역구국회의원선거에 출마한 E가 자신에게 전과기록이 있다는 사실을 공개하면 선거운동에 악영향을 미칠 것이라고 판단할 경우, 책자형 선거공보를 제작하지 않을 수 있다.

합격자의 실전 풀이 순서

❶ 문제의 유형 파악

제시문의 형식이 법조문이므로 법규의 해석 및 적용 유형임을 알 수 있다. 법조문은 규정의 구체적인 내용을 모두 독해하기보다, 조문의 구조를 파악한 후 선지에서 묻고 있는 정보를 찾아 올라가는 방식으로 접근하는 것이 좋다. 법조문의 세세한 정보를 모두 기억하는 것이 어렵기 때문이다. 또한 '옳은 것'을 고르는 문제이므로, '옳은'에 동그라미 표시를 하여 옳지 않은 것을 고르는 실수하지 않도록 한다.

> 다음 글을 근거로 판단할 때 옳은 것은?

❷ 법조문 구조 분석

법조문의 구조 분석이란 각 조문의 내용 및 조문 간 관계를 이해하는 것이다. 이 단계에서는 법조문 전체를 읽되, 세부적인 내용 기억보다는 어떤 정보가 있는지, 선지 판단을 위해 필요한 정보가 어디에 있는지 파악하는 것에 중점을 둔다. 이때 강조 표시를 위해 기호를 적절히 활용할 수 있다. 활용의 예시는 Tip으로 별도 기재하였다. 이러한 분석 과정을 거치며 선지에 나올 내용을 예측해볼 수도 있다.

본문의 규정은 하나의 조와 네 개의 항으로 구성되어 있다. 조의 제목에서 선거공보에 대한 규정임을 알 수 있다. 각 항의 키워드에 표시하며 대략적 내용을 파악한다.

제1항의 내용은 복잡하지 않지만, '할 수 있다'라는 재량규정임에 유의한다.

제2항은 세 종류의 선거에서의 선거공보 분량을 규정한다. 각 선거의 명칭에 표시하고, 눈에 쉽게 들어오도록 '/' 기호로 내용을 구분한다.

제3항 본문에서는 '별도의 점자형 공보', '(제2항과) 동일한 면수 제약', '할 수 있다' 등의 정보가 있다. 이 역시 재량규정임을 유의한다. 이보다 중요한 것은 '하여야 한다'고 규정한 기속규정인 단서이다. 본문의 점자형 선거공보에 ○, 단서에 △로 표시한다.

제4항에서는 각호의 내용을 '게재하여야 하며'라는 기속규정이라는 점, 이는 점자형 선거공보와 내용이 같아야 한다는 점, 각 호의 내용 및 괄호 내의 제외 대상이 중요하다. 제외 사항에는 눈에 띄도록 △로 표시한다.

❸ 선지 판단

선지를 읽고, 해당 내용이 기재된 규정으로 돌아가 꼼꼼히 읽고 선지의 정오를 판단한다. 이때 '해당 내용'은 선거의 종류보다는 분량, 점자형, 게재 내용과 같은 각 항의 설명 대상을 기준으로 해야 한다. 해당 규정을 찾았다면 다음으로 선거의 종류를 찾아 정오를 판단한다.

선지 ①은 '분량'을 설명하는 제2항으로 돌아가 '지역구지방의회의원선거'에 대한 설명을 찾아 비교한다. 또는 선지의 숫자를 기준으로 조문을 빠르게 찾을 수도 있다. ②는 '점자형 선거공보'를 설명한 제3항을 참고한다. 이에는 단서의 내용이 활용되었음을 알 수 있다. ③, ④는 게재 내용을 설명하는 제4항 제1호 및 제2호의 내용과 비교한다. 특히 선지 ③번에는 괄호 내의 예외사항이 적용되었다. ⑤는 제작 여부를 묻고 있으므로, 제1항과 비교한다. '전과기록'이라는 단어 때문에 게재 내용을 묻는 것으로 오인하지 않도록 주의한다. 또한, 제1항이 재량규정이라는 점을 놓치지 않아야 한다. 최근 선지 ②번과 ⑤번과 같이 재량규정과 기속규정이 활용된 선지가 자주 나온다는 점을 유의한다.

합격자의 시간단축 Tip

Tip ❶ 〈법조문 구조 분석〉 단계에서 보아야 할 것

법조문 유형은 규정 전체를 꼼꼼히 보는 것이 아니라, 전체적인 구조를 파악하며 읽어야 시간 단축이 가능하다. 구조 파악의 목적은 선지를 읽고 선지 판단에 필요한 내용을 빠르게 찾기 위함이다. 따라서 처음 독해할 때는 규정의 설명 대상을 먼저 파악하고, 선지에 등장할만한 특징이 있는 내용에는 별도로 표시하되, 세부적인 내용은 일단 넘어가야 한다. 별도로 표시할 내용을 찾는 데에는 '다만', '이 경우', '(괄호)' 등이 힌트가 된다. 그밖에 주의해야 할 특징은 **Tip ❸**에 기재하였다.

Tip ❷ 기속규정과 재량규정의 구분

최근 기속규정과 재량규정을 활용한 선지자 자주 나오고 있으므로 '해야 한다'(강행규정, 기속)와 '할 수 있다'(임의규정, 재량)는 반드시 구분하여야 한다. 그 법적 효과가 완전히 다르기 때문이다. 법조문의 대략적인 내용을 파악하는 데 집중하다 보면 서술어를 놓치기 쉬우므로, 구조 파악 단계에서 서술어를 놓치지 않는 습관을 들이는 것이 좋다. 구조 파악 단계에서 놓쳤더라도 선지에서 '해야 한다'거나, '하지 않아도 된다'는 내용이 나오면, 강행규정인지 임의규정인지를 꼭 확인해야 한다.

Tip ❸ 기본적인 법률용어 숙지

직계존속은 부모와 조부모 등 조상에서부터 자신까지 위에서 내려오는 혈족을 의미하고, 직계비속은 자신을 기준으로 아래 세대에 속하는 자녀와 손자녀를 의미한다. 이는 자주 등장하는 기본적인 법률용어이므로 숙지하고 있는 것이 좋다. 규정을 읽으며 용어의 뜻을 떠올릴 필요 없이 바로 이해가 가능하다면 그만큼 독해 시간도 줄일 수 있다.

Tip ❹ 병렬적으로 제시된 대상 간 차이점에 주목

대상 간의 차이점은 선지에 자주 등장하므로, 제시문에 대상 간 차이점이 나타난다면 조문 구조 분석 단계에서 표시해두자. 선지에서는 대상의 설명을 바꾸어 제시하기도 한다.

예를 들어, 제3항의 단서는 '대통령선거', '국회의원선거 및 지방자치단체의 장 선거'만 점자형 선거공보 작성·제출을 강행규정으로 두고 있다. 선거종류에 따라 적용의 차이가 있는 것이다. 이는 선지 ②에 활용되었다.

또한, 제4항 제1호는 '직계존·비속'을 모두 대상으로 포함하지만 제2호는 직계비속만을 대상으로 규정한다. 이 부분은 선지 ④에 활용되었다.

Tip ⑤ 단서와 괄호에 유의

특수하게 제외되는 사항, 원칙에 대한 예외 사항은 선지에 자주 등장한다. 이는 보통 단서나 괄호로 제시되기 때문에 구조 파악 단계에서 표시해두면 선지 정오 판단 시 유용하다. 해당 문제의 경우 제3항의 단서가 선지 ②에, 제4항 제1호 괄호의 제외 사항이 선지 ③에 활용되었다.

제외 사항을 이해할 때는 반대해석을 활용할 수 있다. 예를 들어, 제4항 제1호의 괄호를 반대해석하면 '혼인한 딸/외조부모/외손자녀를 제외하고는 모두 해당'이 된다. 선지 ③의 친손녀는 위의 반대해석 범위에 해당하여 제외되지 않는다.

Tip ⑥ 법조문 유형 풀이의 기본

1. 법조문에 대한 이해

   법조문 유형은 선지가 규정과 일치하는지 확인하는 '규정확인' 유형과, 규정의 내용을 예시에 적용하는 '규정적용'유형으로 나뉜다. 규정적용은 단순 적용의 경우도 있지만 보험료, 인지세 등 계산을 요하는 경우도 있다.

   두 유형 모두 기본은 규정을 파악하는 것이기 때문에 기본적인 법조문의 구조와 용어에 익숙해지면 문제 풀이가 비교적 수월해진다. 법조문은 '○○조-○○항-(1, 2, …)호-(가, 나, …)목' 순으로 구성된다.

   - 하나의 '조'는 하나의 주제에 대하여 설명한다. 그 주제는 '00조' 옆에 괄호로 표시되기도 한다.
   - '항'은 조에서의 주제를 세분화하여 설명할 때 사용한다.
   - '호'는 조와 항 내에서 대상을 나열할 때 사용한다.
   - '목'은 호 내에서 대상을 나열할 때 사용한다.
   - '단서'는 "다만,"으로 시작하며 앞 문장의 주된 내용에 대한 예외를,
   - '후단'은 "이 경우"로 시작되며 주된 내용에 대한 부수적·보완적 사항을 규정할 때 사용한다.
   - 부수적 내용이 괄호로 제시되는 경우도 있다.

   법조문 유형은 빠르게 풀기보다는 정확하게 푸는 것을 전략으로 하는 것이 좋다. 상황판단 과목은 모든 문제를 빠르게 푸는 것이 아니라 풀 수 있는 문제와 풀 수 없는 문제를 구분하여 풀어, 푼 문제의 정답률을 높이는 것이 일반적인 접근 방법이다. 난해한 퀴즈 문제와 달리 법조문은 제시문 내에 정답이 있으므로, 특별히 어려운 문제가 아니라면 꼭 맞춘다는 생각으로 접근하자.

2. 법조문 유형 접근법

   일반적인 법조문 유형에서는 제○○조 옆의 조문 제목 및 규정의 키워드로 조문의 구조만을 파악하고, 선지를 판단할 때 세부 내용을 읽는 접근방식을 추천한다. 법조문의 세부 내용을 모두 기억하기 어렵고, 독해에도 시간이 걸리기 때문이다. 어떤 조항에 어떤 내용이 있는지를 파악하고, 세부 조건인 호나 목은 선지에서 묻는 경우 발췌독하면 된다. 다만 '규정적용' 유형 중 계산형 문제는 계산에 필요한 구체적 내용을 파악하며 조문을 읽어야 한다.

3. 선지에 자주 활용되는 내용의 특징

   법조문의 구조를 파악할 때 선지로 등장할만한 부분을 미리 체크한다면 풀이 시간을 단축할 수 있을 것이다. 아래 내용은 주로 선지에 등장하는 내용의 특징과 선지에 등장하는 방식이다. 기출 분석을 통해 빈출 패턴을 익히면 실수를 방지하고 풀이 속도를 높이는 데에 도움이 될 것이다.

   - 단서(다만): 단서가 적용됨에도 적용하지 않거나, 적용되지 않음에도 적용하여 제시
   - 후단(이 경우)이나 괄호(보완 내용): 해당 내용을 사례로 제시
   - 날짜, 시기, 횟수, 수치 등: 숫자를 바꾸어 제시
   - 어느 하나: 모든 조건이 적용되는 것으로 제시
   - 하부 개념: 상부 개념과 하부 개념을 바꾸거나, 복수의 하부 개념의 특징을 서로 바꾸어 제시
   - 주어: 행위 주체를 바꾸어 제시
   - 술어: 허가를 신고로, 신고를 허가로 바꾸어 제시
   - 재량(임의규정)과 기속(강행규정): '할 수 있다'와 '해야 한다'를 바꾸어 제시

   이 밖에도 기출 풀이 과정에서 놓치는 부분이 있다면 추가하여 익혀두자.

4. 법조문 구조 분석 시 기호 활용의 예시

   구조 분석이란 각 조문의 내용 및 조문 간 관계를 이해하는 것이다. 이 단계에서는 법조문 전체를 읽되, 세부적인 내용 기억보다는 어떤 정보가 있는지 파악하는 것에 중점을 둔다. 이때 밑줄 등 기호를 적절히 활용할 수 있다.

   - 가로선: 조문의 길이가 긴 경우 각 조를 구별하는 데 활용
   - ○: 각 조의 제목, 조항별 대표 키워드
   - △: 단서(다만), 원칙에 대한 예외, 앞의 내용과 반대되는 내용 등
   - □: 후단(이 경우), 세부 상황별 규정
   - 화살표: 조문 간 연결 관계가 있는 경우, 일반법과 그 세부 내용을 규정한 대통령령
   - 괄호 안의 내용에도 그 기능에 따라 적절한 기호를 사용

   위의 기호들은 예시일 뿐이다. 기호는 선지와 관련된 내용을 쉽게 찾을 수 있도록 하는 이정표이므로 자신에게 맞는 것을 잘 활용하면 된다.

독끝 한 눈에 보는 (심화편) 정답

1일차 001~015

001	③	002	④	003	②	004	①	005	②
006	①	007	③	008	⑤	009	③	010	④
011	⑤	012	②	013	①	014	④	015	⑤

2일차 016~030

016	④	017	⑤	018	⑤	019	③	020	④
021	④	022	③	023	④	024	④	025	⑤
026	④	027	④	028	②	029	②	030	⑤

3일차 031~045

031	⑤	032	②	033	④	034	①	035	③
036	②	037	②	038	⑤	039	②	040	⑤
041	②	042	⑤	043	①	044	④	045	⑤

4일차 046~060

046	①	047	①	048	③	049	④	050	②
051	⑤	052	④	053	①	054	⑤	055	④
056	⑤	057	②	058	⑤	059	①	060	④

5일차 061~075

061	③	062	①	063	①	064	①	065	③
066	①	067	④	068	③	069	②	070	②
071	③	072	③	073	①	074	③	075	①

6일차 076~090

076	⑤	077	③	078	②	079	①	080	②
081	②	082	③	083	③	084	①	085	①
086	①	087	⑤	088	④	089	⑤	090	④

7일차 091~105

091	③	092	④	093	①	094	②	095	⑤
096	②	097	③	098	③	099	④	100	③
101	②	102	④	103	③	104	⑤	105	②

8일차 106~120

106	①	107	①	108	⑤	109	③	110	①
111	②	112	②	113	⑤	114	②	115	①
116	③	117	①	118	③	119	⑤	120	④

9일차 121~135

121	②	122	⑤	123	④	124	⑤	125	②
126	②	127	④	128	④	129	⑤	130	④
131	③	132	④	133	④	134	②	135	①

10일차 136~150

136	⑤	137	③	138	②	139	④	140	⑤
141	③	142	②	143	③	144	⑤	145	④
146	④	147	③	148	⑤	149	③	150	①

11일차 151~165

151	②	152	①	153	①	154	④	155	③
156	③	157	①	158	①	159	②	160	⑤
161	③	162	①	163	③	164	①	165	③

12일차 166~180

166	⑤	167	②	168	④	169	⑤	170	④
171	④	172	③	173	④	174	④	175	①
176	③	177	②	178	④	179	②	180	④

13일차 181~200

181	④	182	③	183	④	184	⑤	185	①
186	②	187	③	188	④	189	④	190	⑤
191	①	192	④	193	③	194	②	195	③
196	③	197	①	198	③	199	①	200	⑤

독끝 NCS

공기업 NCS

의사소통능력 PSAT

400제

* 정오표 확인은 애드투(www.addto.co.kr) 사이트 내 [교재정보]메뉴에서 확인 가능합니다.

초판 발행 : 2023년 5월 2일
개정판 2쇄 발행 : 2025년 6월 15일
발행인 : 박경식
저자 : 길잡이연구소, 애드투북스 공저
편집자 : 조재필, 심재훈, 한단비
발행처 : (주)애드투
등록번호 : 제 2022-000008호
이메일 : books@addto.co.kr
교재정오표 : addto.co.kr

저자와
협의하에
인지를 생략함

ISBN 979-11-93369-11-1 (2권 심화편)
979-11-93369-09-8 (세트)

정가 29,000원